国家出版基金项目
NATIONAL PUBLICATION FOUNDATION

海上絲綢之路文獻集成

總主编　陳支平　陳春聲

歷代史籍編

51

主編　范金民

海峽出版發行集團
THE STRAITS PUBLISHING & DISTRIBUTING GROUP
福建人民出版社

「十三五」國家重點圖書出版規劃重大出版工程規劃項目
國家新聞出版改革發展項目庫入庫項目
國家出版基金資助項目

本册目次

歸航陳跡一卷

〔清〕余思詒撰

《歸航陳跡》一卷，清余思詒撰。思詒（一八三五—一九〇七）原名斯沛，字雨亭，又字翼齋，晚號草廬一翁。江蘇武進（今常州）人。歷任駐英國使館隨員、美國使館參贊、古巴總領事、美國三藩市總領事等職。光緒十三年（一八八七），北洋海軍總查、英國海軍上校琅威理與鄧世昌等將領駕「致遠」、「靖遠」、「來遠」、「經遠」四艘巡洋艦歸國，余思詒隨行。途經抱士穆德、直布洛塔、波寨、蘇以士、亞丁、錫蘭、新嘉坡等地，各購影片，歸敘行程見聞而成此編。爲文簡潔精悍，所撰各篇解說，多不過百字，而於各處之地形、礦産、建築、兵備、器物、風俗等皆能一一道其梗概。可與其所撰《樓船日記》相互參照。據上海圖書館藏稿本影印。

光緒庚寅夏

歸航

汪學澂題

引

今人以管窺天曰天小天誠小矣若塞其管而窺之既不見有天並失其為管之本矣以蠡測海曰海淺海誠淺矣若覆其蠡而測之既不知有海並忘其為蠡之用矣夫六合之間有一地球地球上有萬國之分人物山川之衆而足蹟之所能至目力之所能見僅在乎是幾何不同管之窺蠡之測也蒙不敏少好遊凡中國之名山大川身所經歷者皆裹糧襆被不憚跋涉之勞惟域外之遊心焉嚮往積久未能如願歲乙亥

星使劉公奏調出洋丙戌春乘公司船隨

節而西所至僅三日留甚有半日即行者雖欲遊不可得逮至英國派駐倫敦於是縱遊附近各國之名勝又以限

於賫斧遊不得暢閱歲奉檄護兵艦東航每泊一埠必句留旬日休息兵力於是始得暢遊爰於所遊之地各購影片歸而什襲藏之每一展玩猶在目前洵足樂也然地球周七萬二千里其山川之曲折人物之繁庶倘一一訪求縱行七十萬里尚恐不能徧歷而況自英至華歷程止五萬里歷時止四閱月寄椗之所曰抱士穆德曰直布洛塔曰波寨曰蘇以士曰亞丁曰錫蘭曰新嘉坡過此即至香港已入中華境矣計所遊均在海濱並未能入腹地於此而後言遊歷是誠以管窺天以蠡測海矣重以蒙拘迂之見鄙陋之才又幾何不同塞管以窺天覆蠡以測海也是為引

光緒十四年冬十月武進余思詒易齋甫譔

抱士穆德考

英國倫敦南海之濱有省曰抱士穆德英之水師兵
船埠也西為平根城大船隝在焉港口礮臺迤邐口
對衛而司島石礮堡二鐵礮堡四分列衛而司島左

右輦固無匹距倫敦二百餘中里行鐵道一小時可

至凡言兵船埠者必首推抱士穆德也

抱士穆德攝影圖說 凡六

兵船集賀說

英君涖會說

大隝嚴整說

南海礮臺説

南水槲説

新水槲説

兵船集賀說

皇上御極之十三年夏五月朔為英君主維多利亞登位五十年之期國人競作盛會以悅之名曰久必利六月英水師兵船一百二十有三集於抱士穆德海中作久必利會鐵甲鋼甲巨艦七艘為一旗二旗為一隊隊後又三艘為殿凡二隊作雙魚貫陣列於海之中央魚雷艇凡五隊第一隊二十二艘二礮艦領之第二隊十四艘二礮艦領之第三隊十四艘一礮艦

領之第四隊八艘一礮艦領之第五隊十艘一礮艦領之作雙魚貫陣列於巨艦陣左蓋礮艦皆有魚雷機者也輜重船十四艘分三隊前五艘中七艘後二艘作單魚貫陣列於巨艦陣右各國兵船來觀者列於巨艦陣後白浴胡桃海口之西本地官商船則列於南島之下焉

英君涖會說

英水師既集於抱士穆德海中將於六月初三日舉行久必利會請其君主維多利亞涖會受賀並請各
國公使賁臨
星使劉公往會參贊官李太守潘觀察繙譯官張觀察馬格理從之隨員楊中書請行亦與焉是日
星使登英君主之船參贊官以次又別登一船皆海部所備也商家船隨之曲折繞陣一周兵艦一律滿

掛采旗同時奏樂鳴礮水師站桅歡呼極一時之盛未帀月而我致遠靖遠及魚雷艇駛列其間經遠來遠亦至自德國同作雙雁行陣波光月影中龍旗映射恍如千萬師船環峙兩島間樹木山川為之增色當我船之方至也礮臺鳴礮二十一響長隄水榭觀者如蟻男則脫帽女則揚巾大呼克歐羅以為敬克歐羅者譯言五福九如俱備也仰見

朝廷威德宣揚於異域焉是亦久必利之一證也

水師大隖說

隖在抱士穆德省西偏平根城之東海港内陸通鐵道水達西洋英水師之更代者咸於此息養焉隖内水師童練船二水師養病船一跨河數十里内皆工廠兵房礮臺並有輿圖局執役者兵士也港中一洲亦設工廠鐵機浮橋以通往來鐵鍊渡船以運物料

制極便捷丁亥七月初八日從
許星使
劉星使進隝閱礮一周備見木鐵各種材料度藏得
宜章程位置有條不紊馬港口左為抱士穆德露礮
臺右則哈司牌兵房及礮堡也

南海礮堡說

堡在抱士穆德正南海尖堅石為壘如城形外堆沙石作隄以招遊人填海以禦潮汐南至衛而司島約十英里英君主之消寒宮在焉海中建鐵礮堡二石礮堡一皆自海底築基望之兀然如堡形內建房兩

層上下周設巨礮四十四尊中為庭下於海底浚井
可汲淡水足供千人之用堡中糧餉軍火皆充一年
之用聞西偏尚有三堡未之見也堡右為燈塔左乃
芭克登石礮房也

南水榭說

船隝之西南海濱架木作水榭探入海中約十尋周以鐵闌近岸處作玻璃屏以蔽風正中架十二角亭上為圓頂繞以複閣亭内列座日夕奏樂可聚遊人千閣上周帀列榻外觀洋海内俯亭中亭右别為方亭園覆布幄長廣六丈可坐數百人夭暑奏樂爽氣

迎人亭左之北南向作層臺高四丈餘分層列鐵槅
南島佳景攬眺為宜鐵闌之外為廊分格間之為輪
舶碼頭就鐵闌作槅喚渡者待時於此榭之右側為
小艇登涉處故水師及商賈士女咸往來騁懷遊目
焉

新水榭說

南礮堡之東新築水榭一區探入海中約半里許前廣三十丈中覆八角亭亭內列座數百日夕奏樂外繞鐵闌就闌列榻分段作輪舶碼頭亭後左右二室一咖啡館一酒館就隄為門甚宏敞門者宿焉遊人

入者例納銅幣三華人則不取隄長里許花木清芬

丁亥七月初八日

許星使

劉星使蒞埠會勘新船寓樓即臨水榭夕陽在山驚

濤拍岸水天一色士女如雲憑闌遠眺洵足樂也

直布洛塔考

地中海西口有島曰直布洛塔日斯巴尼亞東南海濱地南至阿洲突尼斯國界九海里北距英國倫敦九百餘海里英人得之兵交幾及百年遂扼地中海

西來形勢設防之嚴尤為歐洲首及焉

直布洛塔攝影圖說 凡十

重城武庫説
城闉萃集説
甌脱嚴防説
海滏漁村説
鬬牛鼓勇説

島西巨浸說

直布洛塔島之西為吉的阿婁巨浸南北八海里東西六海里浸之東岸英人紆徐築隄建堡列礮設守島之中央平坡下則為船廠島之北則為軍火廠皆

築石磯圍之民居列肆則在隄堡之内西岸則西班牙邊界諸山也登高俯視小舟巨艦點水星星一覽無遺焉

南峯燈塔說

南峯高峙上建層樓備瞭遠也見某國船至則懸某國旗山坡有磯上設燈塔凡行地中海者東西南三路皆籍指迷焉磯下浪激石空嶙峋下垂舟不得近

磯之偏東築道尋丈可備舢艇登涉峯下坦坡有兵
房一叢循嶺而西可達北逕其東則峭壁百仞挺立
海陬巍巍蒼蒼不復設守矣

北峯礮窟說

北峯最高處距水面一千三百七十一英尺英人於峯頂建堡樹桿設燈旗為全山耳目焉空其腹為礮窟嘗從西麓登眺紆徐上行得一門入門東向不能辨色約半里向北微有光則三礮窟在焉高廣皆丈

許深倍之復黑行里許又得八窟又里許又八窟不
數武得門出為右磴廣畝許循磴側上行則兵房兩
區外環巨礮再上又得十七窟再上則礮堡矣窟皆
西北向彈圓如瓜叢積如阜用具悉備焉

海口兵房說

層層坦坡石磯臨海磯下築堅土為礮窟望如覆釜形備攻船之平水線也磯上設礮為露臺備礮力之不足而聚攻之也坦坡之上建鐵屋棲兵卒築地窟

儲軍火此直島之南偏西一角而扼吉的阿婁之口
者道皆剷平遍栽樹木從外海至此覺心定神怡焉

石磯水柵說

循隄而北路轉山迴得一石磯周可容十丈之舟數

十舉目則礮䆮如蜂窠焉南為軍火礮水中設木柵

繞之磯後築堅壁如城為門三設浮橋通往來有兵

稽出入内一廣場南為市肉廠北即通衢衢傍築隄
設巨廠曲折而下即甌脱地也

城闉萃集說

船廠之側棹輕舟進小灣可登岸循牆而進歷廠房

花圃別有一門如城進即街市凡衙署庫儲皆萃焉

比屋連綿晶窗洞達幾忘在山陬海澨間矣

甌脫嚴防説

島北一洲廣二海里縱倍之東為地中海西為巨浸西英兩國以中二里為甌脫地各於界上樹柵設守英人以罪人遣此剖山腹洞山窟循山作隄層層列

礮西人之南來者舉目惙惙焉

重城武庫說

島之東面峭壁臨海不設守而西則築隄環之既入
北門為一廣場其東又為一門南向西向皆兵房也
歷級上升乃礮隄也隄上為露臺下為軍庫或上建

兵房下為礮堡登高一望外則巨浸茫茫遠山如畫

內則礮彈叢積重牆環之皆烏里治官廠所製也

海澨漁村說

甌脫西濱漁舟三兩村市一叢為西班牙地內則列肆外則設柵兵房叢聚民居寥寥市廛不整街道不潔華人五十餘被掠賣於此工作甚苦傭主以狗邏

守之遁則狗能嗅跡跟尋見即嚙裾不釋直島在望
設守嚴密令人有興衰之感焉

鬭牛鼓勇說

西班牙人好鬭牛之戲少壯爭飼牛以備鬭設圜場張幄幕懸旗結采先期登新聞紙定價沽票及期士女雲集於是少壯各服采服策怒馬入圜場以視牛

鬭腹裂角崩咸嘖嘖稱賞少壯亦揚揚得意焉

波塞蘇以士考

地中海之東濱曰波塞俗名砵普埃及國境也為亞洲之西阿洲之北接壤地法國地師勒色布司開鑿新河同治十一年告成凡由歐洲至亞洲者可免由好望角而東省海程三萬七千中里世多稱之

蘇以士埃及國東北極邊一鎮也距波塞八十七海

里中多潴湖實止陸地三之一居新河之南口為近時之要地焉西距直布洛塔七千中里東南距錫蘭六千餘中里

波寨蘇以士攝影圖説 凡八

江口燈塔説

英商碟屯説

繫舟海口説

引港導舟説

疏河器具説

江口燈塔說

尼耳江為阿非利加洲東北大河埃及境江流北入地中海埃及都會改羅城即臨江濱江口實埃及之要隘也新河既鑿為地中海西來必由之道口外有

燈塔一座巍峙海中東望漫漫得此知指歸焉

英商碟屯說

波寨有碟屯爲地長里許濱臨新河之北口西岸積碟如山皆英產也碟爲出海之必需故各國之船往來皆購焉公司船行有定期將至之先即運碟斤集

人夫傾刻畢事若官商船登岸購買必終日始集英屬蘇格侖運碟至此凡一萬二千中里各國輪船行此者每年一千餘艘以每艘用碟二百噸計之年銷碟二十餘萬噸故英之碟船絡繹不絕焉

繫舟海口說

南來之船既出新河必繫船採購食物碟水為出海之需北來之船將進新河亦繫船採購食物碟水為前行之計蓋自外海至此食物碟斤定已告罄故也

口内地形如澳可泊多船既泊船舢板爭集商賈畢至回種為多

引港導舟說

新河為法地師勒色布司創開既竣工設公司榷稅以償本利定例夜不行舟輪不疾駛官商船必聽命於公司引港焉船至納稅後即派人導舟入河河身

原議廣二百尺近則沙土塌陷止一百二三十尺可容兩船往來深恐一往一來洄溜湍激更易冲決是以循隄設局瞭望必俟來舟既過方准前行亦慎重之道也

疏河器具說

新河既鑿慮易壅塞設挖泥機器船以導之按一海里植十標分段疏濬既往復來歲費不貲如遇損傷南口外設有船隝既備往來船不時之需亦以備機器

船之修理無須遠求於人也

公司旗語說

濱河設局以司行舟謂之司泰盛凡二百八十七海

里設司泰盛十餘處船必視其懸旗為進止焉藍質

斜角旗兼一球為前進兼二球為停泊兼三球為慢

行船自北來球在上船自南來球在下更有旗式以
示潮汐漲落循河磔氣燈自來水電報郵局水鼓浮
標木樁燈房咸具皆司泰盛理之

波寨街市說

自東而西則波寨已入阿境漸近泰西風尚自西而東則波寨已去歐境大都回教習俗此處實東西之樞紐不特新河為東西之要隘也街市房屋半皆西

式而商賈則回人為多貨物皆備映相片尤夥凡古
近各景及土爾其埃及兩國美女之相無鋪不備焉

蘇以士鎮說

蘇以士為阿洲極東北一鎮埃及境也設鐵道通都會改羅南北往來者必於此少息備用物而至埃及者即於此登陸昔年從

星使蒞臨同舟有日本遊歷大員谷干城率從員貴介數十人於此分道遊埃及蓋是鎮繁盛為阿洲之最焉

亞丁考

亞丁爲阿剌伯東南沙漠邊地扼紅海南口由東而西之要隘也常年元旱草木不生道光十八年英人以重金易得之置官以理事設廠以防守種樹以通

地脈築地以蓄雨水於是商民漸集紅海往來者必泊舟購碟水行旅亦於是休息焉梧林島者植立紅海北口英人以計佔取之設兵為犄角而亞丁之守乃固

亞丁攝影圖說 凡六

亞丁說一

亞丁說二

亞丁說三

亞丁說四

亞丁說五

亞丁說六

亞丁說一

亞丁為阿剌伯東北境道光十八年歸於英人土人皆回回天方教距此不千里為墨加城濱紅海乃回教之祖謨罕默德誕生處風俗强悍出入皆執標槍及洋槍英人順其性而理之不之禁也天氣炎熱土

人皆以布纏頭腰圍長巾外加半臂如中華背心形婦女裝如華式見人即避房屋尚清潔此間不嗜豬故牛羊為多負重以獨峯駝如洋布三捆一駝負之行沙漠可行千里土人車馬則未之見也

亞丁說二

亞丁山城之西北角在兩山間闢門為入山孔道凡由內地運貨至者必由之山左峯頂築圓式礟臺一內建兵房以司之右峯則嶙峋不可上右峯之麓迤

南則臨海澳環山澳西式樓房則皆泰西商人萃集

焉

亞丁說三

由澳登陸循隄入城則蒸水廠也廠設山城之外築

方池建平屋設機鑪用鞲鞴吸海水入鍋蒸之使汽

水滴入於池儲以供用外圍以牆牆外平房皆土人

之居西式則歐人之室也

亞丁說四

四圍皆山緣山為城方廣二英里居民無多皆居矮屋樓房三四層則皆衙署也街道清潔市廛寥寥繞城一周行人罕見城西穴山十丈為城門門外建兵房列巨礮近視之則下臨衢道也循山麓而南則夾

道植樹由此可至前山焉

亞丁說五

山城之側有公家園焉及門書名於簿驅車而入則花木芬芳迴環周帀中建一亭循花圃列椅坐行客一如西式有兵巡視無人攀摘外有水池以機喉吸之備衙署之用也

亞丁說六

蓄水池凡四層層以方石累砌環池築道通人行三面皆山山皆鑿平不留泥滓使雨水聚流於池憑高外望則公家園花木重重青翠滿目一變沙漠之景象矣

錫蘭考

印度之南有一大島為東西往來必經之地曰錫蘭古獅子國也縱二百七十海里橫一百四十海里明初為天方教人所據後為葡人商埠旋被和人所奪嘉慶元年英人逐和人並其土酋分東西南北中及北中西北七省中為故王都名坎光南省名巴得高

西省名科郎埠皆通商要口也科郎埠分九區土官治之巡撫駐焉昔年航海者皆泊巴得高今則改泊科郎埠以其澳深隄固可避風濤也

錫蘭攝影圖說凡十八

石隄障海說
曉色濤聲說
驅車渡江說
長橋臨巖說
穴山通道說
危崖行空說
博物院說
大客寓說
天竺遺民說
草莽有象說
山道分歧說

衙署清幽説
石佛長眠説
韋馱守門説
古寺得經説
佛國規模説
埋骨有塔説
曇花獻瑞説

石隄障海說

科郎埠西面臨海有灣廣約一英里可泊舟海多西南風濤從萬里來淜湃奔騰勢不可遏因就灣尖築長隄一道橫亘海中計四千二百十二尺於是為萬里行舟寄椗樂土石長五英尺方二英尺皆以沙用

器壓成斜方砌之距水面高約一丈工則役用犯人
閱時凡八年三箇月而後告成計費英金七十萬五
千二百零七鎊合印度銀質盧比八百五十萬枚云

曉色潮聲說

船泊錫蘭石隄內隄尖塔燈高百尺夜顯紅光照遠六十海里隄中設起重機器一具高數仞岸有鐵道通內地循海岸皆洋房為西商屯聚之所誠科郎埠一景也曉起登臺曙色靄靄濤聲淜湃既而浪擁潮

來西南風至層堆疊起雲湧瀑飛東則綠樹層樓西則蒼溟萬里旭日霞蔚青山煙籠擊楫高歌中流自在幾忘置身大海間矣

驅車渡江說

距岸約十里許有古寺爰乘車往遊道經一江乃山水匯流入海之處也廣約三十丈聯舟數十上覆木板繞以鐵繩為浮橋納以一盧比驅車徑行履如平地途中牛車運重行人往來河内小舟刳木為之別

以木板如舟形兩竿繫之使舟不致攲側橋上棲土人甚夥躶體赤身嘻笑自若見華人至咻咻不知作何語狀若驚奇亦一景也

長橋臨巖說

循鐵軌至坎光道經危巖有平橋可渡長廣半里圍以鐵闌橋長質重必藉鐵闌之力中間如不至下墜距數十丈又有一橋備行人往來也下視深邃泉流滚滚始悟聯車行空不覺惙惙焉

穴山通道說

鐵道貴直然有高山前阻繞越無從則有穴山之法視山石之堅輭開作隧道而以甎石砌作環洞如城門形傍則鑿溝泄水每十英尺約費英金五百枚自錫蘭登火車行一時許峯迴路轉遠見一山青翠濃

嶘行近則怪石危拱電桿遥立得一石穴昏黑莫辨
行五分時始得光出則樹木陰翳別有一天矣

危崖行空說

鐵道不宜曲曲則重車之速率不準鐵道不宜斜斜則汽車之汽力必加故曲徑大鐵道不可小於一千六百尺之半徑小鐵道不可小於一千三百尺之半徑斜度若十五尺高一尺則汽車僅能自行十九尺高一尺衹能在後推送三十七尺高一尺尚可勉力

曳行十五尺以内高一尺必籍牽曳而行矣故必二百尺高一尺坎光道中既出山穴行不半時遥見一峯上插層霄下臨絕澗幾疑無路可行曲折迴環已抵峯下循途而轉則石峯如隧深澗下臨車行瞬息已出危途回視高峯不覺心驚膽慑焉

博物院說

錫蘭博物院爲東西往來者必遊之地其間禽獸鱗介昆蟲之類以及古錢古軍器古佛像古石幢古竹木漆箸各器皿大略俱備分類陳設然猶不若歐洲博物院之多且備也即如倫敦則醫學地產繪畫種

植各門類設一院一院之中遊者竭終日之力不能
彈述其他鄉鎮之小博物院亦必分設重學光學聲
學電學醫學及古書古畫古石古銅鐵之類以備遊
人考訂非如錫蘭之具體而微也

大客寓說

臨海茂林中有大客寓一所為錫蘭之至精至潔者故西人寢食於斯樓僅兩層上為卧室下為飯廳外繞迴廊列椅可招涼避暑仰視檻外林木陰翳海水蒼蒼洵可樂也較之歐洲客寓重樓複閣鼎食鐘鳴

窮極侈麗使賓至如歸者有奢儉之分焉

天竺遺民說

坎光有映相者名手也室列錫蘭景多種內有僧人映相片爰購之服長服白布纏頭者天方教人服役於寺中者也黄布圍身縛腰帶以其餘向左肩背搭之由後繞前摔其末於腰赤足露項袒左肩者釋迦

教人也錫蘭之俗既變於天方教令歸英屬又變於耶蘇之教故稱之曰天竺遺民

草莽有象説

錫蘭居民大都畜牛而富厚之家則豢象曾於坎光道中見之躑躅榛莽間意逐逐也及時負重力逾恆流較之見月而喘者有間矣此圖與所見相似而不

同

山道分歧說

桂樹園側紆徐入山有衝道焉乃火車之首棧也凡
碟水及各種車輛咸聚於斯貨物亦萃於斯車馬自
為一道鐵軌別為一道英人紀功石幢巍然道左旁

有一圜有亭逸然花木芬芳遊人至此必寓目焉

衙署清幽說

坎光大寺之西有一池焉水碧無波旁有一亭聳立牆外内多棟宇者英人之衙署也所居官何等人何名則未之知其東則大寺也昔為和蘭所毀今為英

刑司署矣入遊一周仍至池側徙倚片刻登車而返

石佛長眠說

坎光映相處有石佛像長眠草地其像在何所則未之知也索價甚昂以比列測之自首至足約長三丈偌大軀體不得在大雄寶殿香花供養僅以數片木

板圍之想亦墮落塵寰者爰購之以驗佛法之盛衰
焉

韋馱守門說

坎光古寺為錫蘭名勝和蘭既據其地遂以寺為衙署嘉慶元年英人逐和人刑司居之以齋堂為聽事之所寺雖毀而一切仍其舊門外塑二像如世所稱

韋馱然此古獅子國遺像也

古寺得經說

天竺寺正殿供佛其左即方丈也見老僧枯寂若悟道然時年五十八矣因贈以孔林勝蹟圖一幀老僧導視貝葉真經曾持赴倫敦賽會得上等賞牌者見

華人恭敬諦視因出經一部見贈酬以英金一枚

佛國規模說

錫蘭寺宇規模大都與中華相似而莊嚴反不及中華之整齊嚴肅殿中塑佛若干尊上懸哈噠無數鐘磬鈸鼓形質陋儉僧人供奉亦不如中華禪門之誠

敬焉是殆不可思議矣

埋骨有塔說

寺中正殿之旁有佛骨塔不知始於何年周約十餘丈高約二丈塔上有頂外圍以牆牆上人字方孔以千計云備月望夜燃燈也傍揭高竿懸哈噠土人有

祈求者膜拜塔下食頃始起聞印度佛骨塔甚多想見當年佛法之相因焉

曇花獻瑞說

錫蘭多貝樹呼為達拉嘎必五十年而開花花落而生果果熟而樹萎花時齊開其不及五十年者必候再五十年而後花土人相傳見此花謂有福根坎光

道中適見花開就樹下諦視之樹高八九丈葉如芭蕉長二丈餘頂有白花一叢縷縷下垂瓣如甘露形每縷數十百朵蒂長三寸此即古所謂曇花也土人以見樹見花為大瑞云

新嘉坡考

新嘉坡又名星坡地縱二十四海里橫十五海里巫來由國南海之一大島也巫來由種俗布於南洋各島其國縱四百海里橫三百海里三面皆海一面界暹羅即古柔佛國也星坡實為東西往來要地嘉慶二十三年英人據而有之華人聚此蓋以十萬計云

新嘉坡攝影圖說 凡四

星坡全形說

華商會萃說

英設護衛司署說

英設總督衙門説

星坡全形說

新嘉坡又稱星坡乃巫來由之南一巨島實華洋往來要道也星坡四面坦平中有土山上建望臺豎高桿有某國船進口即懸某國旗焉山後皆華商聚居

迤邐東西市廛稠密山前之中乃西人聚居故馬車皆候於此沿海皆洋商屯貨行棧中西人航海至此舢艇爭集打槳招客中有石磯繞而入即為水柵登岸入柵則市廛縱横華屋櫛比焉

華商薈萃説

星坡為華商薈萃之所縱橫市廛層疊房屋皆如廣式客之至者幾疑在珠江粵海濱凡起居服食莫不有肆不特商賈叢集即女閭亦以千計閩幫董事陳

君金鍾首創宣講
聖
諭凡閩人之流落於此者具資遣歸故獨無閩倡沿海之
濱則為西商屯貨之所故由中道以北橫街之中皆
西人設肆焉

英設護衛司說

嘉慶二十三年英人據新嘉坡設總督治之兼設護衛司以理詞訟華人聚於此者以十萬計同治丙子郭侍郎出使外洋徵粤商胡君璇澤充新嘉坡領事今繼之者為左君秉隆廣東駐防漢軍也能操英語近更能巫來由語於是宣講

聖
諭創設文會來課者常有百人華民尊之曰海外文宗護
衛司署倒設各國領事聽審位以通土客情僞衙署
高崇規模宏敞各國領事府不逮也

英設總督衙門說

巫來由又稱馬蘯古柔佛國也縱橫各一千中里東西南三面界海東北界暹邏土人謂其酋曰蘇丹都會在新嘉坡之北柔佛新山之南即俗所謂石叻也又稱息力尚耕種華人皆祖地僱傭佃田終歲常稔獲資甚厚故徙聚日多凡賭博亡命案外逋逃皆出

其途今則以十萬計閩之汀漳泉廈粵之潮州人為多廣之省城及各省人則百之一焉其富有數百萬資者可屈指數而數十萬資者比比皆是由香港至此輪船五日程故閩粵文人遊此尤多英人既設總督以理民事歲納俸於蘇丹衙署備極壯麗陳兵護衛旦夕持槍守望焉

鋼甲快船攝影圖說

圖凡四說凡二　魚雷艇圖說附

致遠靖遠說

經遠來遠說

魚雷艇說

致遠靖遠圖說

致遠靖遠穹甲快船二艘英國阿模士莊廠承造於光緒十三年夏四月告成雙桅單筩外視鋼甲如穹形故曰穹甲船身通長二百六十七尺極寬處三十八尺極深處二十一尺前喫水十四尺後喫水十六尺鋼甲每尺重十五斤機器艙以下每尺重十七斤半中間水線以下每尺重二十斤令臺及礮罩皆鋼甲厚三寸壓水全重二千三百噸隨帶小輪艇長二十八尺者二隻格德艇定紀艇言格艇各一隻洋員提督銜瑯威理驗船時增舢板艇三隻皆繫於機器靈動自如船首上面設八寸徑後膛水力運動之機器礮二尊二寸鋼板遮護一座船尾上面設八寸徑

後膛人力運動之機器礮一尊鋼板遮護一座三礮可直擊亦可横擊備攻遠也兩旁設六寸徑後膛礮二尊六磅彈急放礮八尊機器礮六尊前桅中桅各設開花彈具備攻近也又有魚雷四尾一由船首一由船尾二存艙中備攻敵船也雙層底雙暗輪汽鑪分四股各自為主備不虞也艙位布置合宜什物電燈咸備其各種機器類皆最穩之式令臺傳語筒可與通船執事人說話並可同時用電線發五礮電光巡燈照遠二十海里開火門五千五百匹馬力開火門三千三百匹馬力裝磦二百四十噸可裝磦之地三百五十噸試海一小時行十八美又十分美之六合六十一中里有奇議者僉稱阿廠之傑構也

經遠來遠圖說

經遠來遠快船兩艘德國伏耳鏗廠承造與致遠靖遠同時告成單桅雙筩船身水線處通長八十二邁當寬十二邁當中艙至底深五邁當五中喫水四邁當後喫水五邁當鋼甲自上至水線下一尺厚九寸五分自此遞減至末厚五寸前後橫壁及礮臺厚八寸今臺壁厚六寸首尾穹面甲厚七十五密里礮堡甲厚四十密里即九寸半速率十五海里又四之一

馬力三千四百匹壓水全重二千九百噸裝礮二百噸可裝礮之地三百二十五噸雙層底相距一邁當船首上裝克虜伯二十一生的大礮二尊船旁後膛三十四寸徑大礮二尊臨敵四礮可同時同路開放此外小礮尚多桅設機器礮一尊魚雷四尾分前後置之船主在令臺可由傳語筒與通船執事人說話並可用電線同時發四大礮電光巡燈可照二十海里靈快不及致靖而堅巨過之

魚雷艇說

魚雷艇一艘長一百二十五英尺英國雅樂廠承造原議長一百英尺各種應用器具什物皆備價英金一萬鎊工竣用便船拖帶内渡廠商以一百英尺長之艇不能行海必加長二十五尺價亦加增星使劉公執以價則不增必以能由船拖帶行海為

率於是廠商允造一百二十五尺價則不增請後不為例今由來遠快艦拖帶內渡艇身狹而長遇狂風巨浪時未免側度過多駕駛之人不能行坐炊煮為不便耳至行近海之區雖有風浪則力能勝任矣

游歷日本圖經三十卷（卷一至卷六）

〔清〕傅雲龍撰

《游歷日本圖經》三十卷，清傅雲龍撰。雲龍（一八四〇—一九〇一）字楙元，一字懋元，號醒夫，浙江德清人。光緒十三年（一八八七）九月奉派赴日本考察，撰成此書前十卷，次年四月赴美，至十五年四月返日，停留至十月，其間完成後二十卷。其書博採日本地圖、報表、史籍等，並參稽見聞而成。倣傳統紀傳體史書之「志」，分天文、地理、河渠、國紀、風俗、食貨、攷工、兵制、職官、外交、政事、文學、藝文、金石、文徵等十五類，類下分一百八十餘子目。附圖表百餘種，如志地理則有各府縣地圖、四至八到表、府縣分疆表等，記疆域廣袤及政區沿革；志食貨則有礦表，記各地礦産資源，礦穴之營、未鑿、休、廢，及歲額諸情形，皆條理分明、脈絡清晰。末卷《敘例》，總括成書經歷及各卷内容。書中極重實地考察及各類統計資料，其所收數據最新者，距雲龍赴日僅早一年。又所敘多詳今略古，記明治維新以後情形尤詳，微寓變法圖强之意。據上海圖書館藏清光緒十五年（一八八九）德清傅氏排印石印本影印。

游歷日本圖經

三十卷

光緒十五年夏德清傅氏學于日本東京

懋元傅君譔游歷日本圖經余善其體例已嘗爲之敍矣今年五月懋元歸自亞墨利加將出草藁重訂以時促爲慮余謂果成完編雖踰限無傷也於是懋元倚余言爲壯發篋陳書晝夜排比朱鈎墨校用力益勤又得隨員陳君衡山頗與同志佐之蒐討未及四月圖經三十卷告成余雖不敢謂東倭事蹟遂已囊括無遺而巨細精粗條理燦秩亦極著書之能矣夫游歷官事也懋元不肯視爲官事直以千秋著書之業寓乎其閒宜其成書之既詳且速也推是心以治天下事則亦何適而不辦哉懋元采中西之法用聚珍銅石諸版合印工將竣以余之能鑒其甘苦也屬題其後故又識之如此己丑八月仲秋黎庶昌

游歷日本圖經敍

處今日而談洋務非身之所履目之所擊不足以為異身履目擊矣而或不能箸書箸書而或浮聞勦辭寡要尠實與不能施於政事皆君子所弗尚也鄒衍之談天也得海外九州形似惟其未嘗身履目擊故止於怪迂之變而已張騫雖鑿空能躬自應募傳至大宛大月氏大夏康居遂通西域三十六國之跡而傳聞大宛西旁國五六其言至今可覆驗衍之智豈出騫下哉而一則以供游談一則以開漢業成就各殊者見與不見之分也德清傅懋元駕部博學多通精攷据往年纂順天府志為表多至數十余頗善其書蓋表者史之要自遷固而降世多難言之此非好學深思不能也然以觀今日歐羅巴人之經國精粗巨細無不有表又益悟此即孟子條理之謂智者之事也懋元與顧比部少逸奉

命游歷其國有四先之以日本少逸措意新政懋元則兼及古事輒聞時

才六月成書二十六卷分目一百七十而表居十九屬艸稿未定又將有美利堅之行嗟乎余見懋元之游也舟行車息文酒談讌鉗紙槀筆叩擿不休夜則篝燈賡續指繭目眵勤亦至矣昔司馬子長二十而南游江淮上會稽探禹穴闚九疑浮沅湘北涉汶泗講業齊魯歷鄒嶧鄱薛彭城梁楚以歸奉使西征巴蜀略邛笮昆明反覲父於河洛之間始有史記之作今懋元足蹟遠過史公而學又足以經緯所見美之郊東西萬餘里輪車自金山七日行至紐約願益翔柀茲事利病歸爲天子獻余即以此弁君書附贈言之誼可乎光緒十四年四月黎庶昌敘於日本東京使署

游歷日本圖經目錄

奏派游歷日本美利加秘魯巴西等國英日屬地加納大古巴知府用兵部郎中臣傅雲龍述

纂喜廬所著書

兵制沿革　徵兵已未入伍表　徵兵分類表　徵兵志願表　徵兵身格表　徵兵本業表　陸軍分管表　陸軍人屬表　陸軍隊表　陸軍士卒生徒表　豫備後備士卒合表　豫備後備兵分數表　憲兵表　軍馬表　海軍人屬表　海軍士卒生徒表　兵船表　礮臺表

游歷日本圖經十七

職官

職官舊制　官制　官祿表　武官祿表　爵表　有位人表

游歷日本圖經十八

外交

中國交涉前事　往籍交際條目詩目坿　交際文　中外訂約通商年表　中國使臣表　別國使日本表　日本使別國表　中國流寓表　別國人在日本表　日本人在別國表　互受勳章員表

游歷日本圖經十九

政事

大事編年表　度量衡比較表　郵便表　電信局數綫路表　刑略

游歷日本圖經一

奏派游歷日本美利加秘魯巴西等國英日屬地加納大古巴知府用兵部郎中臣傅雲龍述

日本天文

經緯表

談日本經緯者輙襲陳言起經東京否則僅沿西說起經綠威撥之游歷紀載體有未安雲龍謹遵考成後編以黃赤大距北極高度爲立算樞紐我

大清京都北極出地三十九度五十五分北緯準此經度先起京都春秋例也次英吉利航海通例也次日本東京著所游國也其國緯綫起赤道北三十度五十八分四十五秒止四十五度三十一分二十五秒經綫起東京偏東十度止偏西十一度然如千島北緯五十一度東經十七度小笠原北緯二十六度有奇東經三度又難以四大島例之琉球別著述經緯表

日本圖經一

	北極高度 十度	十分	十秒	距中國京都緯度 南北	十度	十分	十秒	偏中國京都經度 東西 十度	十分	十秒	偏英國綠威緯度 東 百十度	十分	十秒	偏東京經度 東西	度	十分	十秒
東京府	三五	四〇	四九	南	〇四	一四	一一	二三	一七	一二	一三九	四六	〇六				
京都府	三五	〇一	二〇	南	〇四	五三	四〇	一九	一六	〇六	一三五	四五	〇〇	西	四	〇二	〇〇
大坂府	三四	四〇	四〇	南	〇五	一四	二〇	一九	〇〇	〇六	一三五	二九	〇〇	西	四	一六	〇〇
神奈川縣	三五	二六	五三	南	〇四	二八	七〇	二三	一〇	〇六	一三九	三九	〇〇	西	〇	〇六	四三
兵庫縣	三四	四一	〇〇	南	〇五	一四	〇〇	一八	四五	〇六	一三五	一四	〇〇	西	四	三四	〇〇
長崎縣	三二	四五	三〇	南	〇七	〇九	三〇	一三	二三	〇六	一二九	五二	〇〇	西	九	五五	三〇
新潟縣	三七	五八	〇〇	南	〇一	五七	〇〇	二三	三四	〇六	一三九	〇三	〇〇	西	〇	四四	〇〇
埼玉縣	三五	四二	三〇	南	〇四	一二	三〇	二三	三三	一二	一三九	三九	三六	西	〇	〇六	三〇
羣馬縣	三六	二〇	〇〇	南	〇三	三五	〇〇	二三	一〇	四二	一三八	五九	〇六	西	〇	四七	〇〇
千葉縣	三五	三七	〇〇	南	〇四	一八	〇〇	二三	四一	一二	一四〇	一〇	〇六	東	〇	二四	〇〇
茨城縣	三六	〇七	〇〇	南	〇三	四八	〇〇	二三	四七	一二	一四〇	一六	〇六	東	〇	三〇	〇〇
橡木縣	三六	二三	〇〇	南	〇三	三二	〇〇	二三	四七	一二	一三九	一六	〇六	西	〇	三〇	〇〇
奈良縣	三四	四一	〇〇	南	〇五	一四	〇〇	二三	二一	一二	一三八	五〇	〇六	西	〇	五六	〇〇

一

三重縣	三四 四三〇〇	南	〇五 一二〇〇	二三 〇〇一二	一三九 二九〇六	西	〇 一七〇〇
愛知縣	三五 一一〇〇	南	〇四 四四〇〇	二三 二四二二	一三八 五三一六	西	〇 五二五〇
靜岡縣	三四 五九〇〇	南	〇四 五六〇〇	二三 五三四二	一三八 二二三六	西	〇 二三三〇
山梨縣	三五 一五〇〇	南	〇四 一五〇〇	二三 〇六一二	一三八 三五〇六	西	一 一一〇〇
滋賀縣	三五 五五〇〇	南	〇四 五五〇〇	一九 二二一二	一三五 五一〇六	西	三 五五〇〇
岐阜縣	三五 二九三〇	南	〇四 二九三〇	二〇 一五四二	一三六 四四三六	西	三 〇一三〇
長野縣	三六 四二〇〇	南	〇三 四二〇〇	二一 二八一二	一三七 五七〇六	西	一 四九〇〇
福島縣	三七 一〇〇〇	南	〇二 一〇〇〇	二三 五七一二	一四〇 二六〇六	東	〇 四〇〇〇
宮城縣	三八 三八〇〇	南	〇一 三八〇〇	二四 二〇一二	一四〇 四九〇六	東	一 〇三〇〇
岩手縣	三九 四四〇〇	南	〇〇 一一〇〇	二四 四〇一二	一四一 〇九〇六	東	一 二三〇〇
青森縣	四〇 五四〇〇	北	〇〇 五九〇〇	二四 〇九一二	一四〇 三八〇六	東	〇 五二〇〇
秋田縣	三九 四二〇〇	南	〇〇 一三〇〇	二三 三九一二	一四〇 〇八〇六	東	〇 二二〇〇
山形縣	三八 一九〇〇	南	〇一 三六〇〇	二三 四八一二	一四〇 一七〇六	東	〇 三一〇〇
石川縣	三六 三三一七	南	〇三 二一四三	二〇 〇九一二	一三六 三八〇六	西	三 〇八〇〇
富山縣	三六 四一〇〇	南	〇三 一四〇〇	二〇 四五一二	一三七 一四〇六	西	二 三三〇〇

福井縣	三五 三九〇〇	南	〇四 一六〇〇	一九 三五一二	一三六 〇四〇六	西	三 四二〇〇
島根縣	三五 二八〇〇	南	〇四 二七〇〇	一六 四八一二	一三三 一七〇六	西	六 二九〇〇
鳥取縣	三五 三〇〇〇	南	〇四 二九〇〇	一七 四七一二	一三四 一六〇六	西	五 三〇〇〇
岡山縣	三四 四〇〇〇	南	〇五 一五〇〇	一七 二五四二	一三三 五八三六	西	五 五一三〇
廣島縣	三四 二四〇〇	南	〇五 三一〇〇	一五 五八一二	一三二 二七〇六	西	七 一九〇〇
山口縣	三四 一〇〇〇	南	〇五 四五〇〇	一五 五七一二	一三一 二六〇六	西	七 二〇〇〇
和歌山縣	三四 一四〇〇	南	〇五 四一〇〇	一八 四〇一二	一三五 〇九〇六	西	四 三七〇〇
德島縣	三四 〇五〇〇	南	〇五 五〇〇〇	一八 〇三一二	一三四 三二〇六	西	五 一四〇〇
高知縣	三三 三二〇〇	南	〇六 二三〇〇	一七 一二一二	一三三 四一〇六	西	六 〇五〇〇
愛媛縣	三三 〇五〇〇	南	〇六 五〇〇〇	一六 一四一二	一三二 四三〇六	西	七 〇三〇〇
福岡縣	三三 三四〇〇	南	〇六 二一〇〇	一三 四一一二	一三〇 一〇〇六	西	九 三六〇〇
大分縣	三三 一五〇〇	南	〇六 四〇〇〇	一五 〇六一二	一三一 三五〇六	西	八 一一〇〇
佐賀縣	三三 一五三〇	南	〇六 三九三〇	一三 四六四二	一三〇 一三三六	西	九 三二三〇
熊本縣	三二 四八〇〇	南	〇七 〇七〇〇	一四 一一四二	一三〇 四〇三六	西	九 〇五三〇
宮崎縣	三一 五六〇〇	南	〇七 五九〇〇	一四 五一一二	一三一 二〇〇六	西	八 二六〇〇

鹿兒島縣	三一 三五〇〇	南 〇八 二〇〇〇	一四 〇三四二	一三〇 三二三六	西 〇九 一三三〇
北海道廳	四三 〇三五六	北 〇三 〇八五六	二四 五三一二	一四一 二二〇六	東 〇一 三六〇〇

中國日本月朔表

日本初用大古〔厤〕其識夏時自欽明十四年百濟國遣博士傳元嘉〔厤〕始時中國梁承聖二年也越百四十年有奇文武年間改儀鳳〔厤〕即唐麟德〔厤〕淳仁用大衍〔厤〕當唐〔玄〕宗時天安用五紀〔厤〕當大中十一年用長慶宣明〔厤〕最久凡八百年有奇當我

大清康熙廿三年爲眞享元年改貞享〔厤〕即元授時〔厤〕也寶〔厤〕曰寶〔厤〕甲戌〔厤〕天保曰天保壬寅〔厤〕一在乾隆十六年一在道光十年其沿華〔厤〕非从朝鮮即繇琉球或謂義和之子出於暘谷以國爲氏殆出日官其說近臆大倭即今奈良縣大和

國其改日本實始唐時史𥳑非誣矣儻其國以精天算著而僅聞一賀氏學何歟明治以同治七年九月八日改元猶未改〔厤〕尋以西〔厤〕五年可省官祿二月遂于同治十一年十一月三日改爲明治六年一月一日以三百六十五日爲一年二月之日二十有八一三五七八十十二皆三十一餘則三十日四年閏一日即周髀三百六十五日者三三百六十六日者一也紀日用七政法以日月火水木金土爲敘繫以日月曜火曜亦曰安息日日曜給假所謂禮拜日是也當中〔厤〕之房虛昴星四宿不董理之動滋轇轕述中國日本月朔表

	同治十二癸酉	明治六	十三甲戌
正月朔	小 辛己	一 廿九	小 乙己
二月朔	小 庚戌	二 廿七	小 甲戌
三月朔	大 已卯	三 廿八	大 癸卯
四月朔	小 已酉	四 廿七	小 癸酉
五月朔	大 戊寅	五 廿六	大 壬寅
六月朔	小 戊申 閏大 丁丑	六 廿五 七 廿六	小 壬申
七月朔	大 丁未	八 廿三	大 辛丑
八月朔	小 丁丑	九 廿一	小 辛未
九月朔	大 丙午	十 廿	大 庚子
十月朔	大 丙子	十一 廿一	大 庚午
十一月朔	小 丙午	十二 十九	大 庚子
十二月朔	大 乙亥	一 十七	小 庚午

七	二	十六	三	十七	四	十五	五	十五	六	十三	七	十三	八	十一	九	十	十	九	十一	八	十二	九	一	九
光緒元 乙亥	大	己亥	小	己巳	小	戊戌	大	丁卯	小	丁酉	小	丙寅	大	乙未	小	乙丑	大	甲午	大	甲子	大	甲午	小	子
八	二	五	三	七	四	五	五	四	六	五	七	二	七	卅一	八	廿九	九	廿九	十	廿八	十一	廿七	十二	廿七
二 丙子	大	癸巳	大	癸亥	小	癸巳	小	壬戌	大 閏小	辛卯 辛酉	小	庚寅	大	己未	小	己丑	大	戊午	大	戊子	小	戊寅	大	丁亥
九	一	廿五	二	廿四	三	廿五	四	廿三	五 六	廿二 廿二	七	廿	八	十八	九	十七	十	十六	十一	十五	十二	十五	一	十六
三 丁丑	大	丁巳	大	丁亥	小	丁巳	小	丙戌	大	乙卯	小	乙酉	小	甲寅	大	癸未	小	癸丑	大	壬午	小	壬子	大	辛巳
十	二	十二	三	十四	四	十三	五	十二	六	十	七	十	八	八	九	六	十	六	十一	四	十二	四	一	二
四 戊寅	大	辛亥	大	辛巳	小	辛亥	大	庚辰	小	庚戌	大	己卯	小	己酉	小	戊寅	大	丁未	大	丁丑	小	丙午	小	丙子
十一	二	二	三	四	四	三	五	二	六	一	六	卅	七	卅	八	廿八	九	廿六	十	廿六	十一	廿四	十二	廿四
五 己卯	大	乙巳	大	乙亥	小 閏大	乙巳 甲戌	大	甲辰	小	甲戌	大	癸卯	小	癸酉	小	壬寅	大	辛未	小	辛丑	大	庚午	小	庚子
十二	一	廿三	二	廿二	三 四	廿三 廿三	五	廿一	六	廿	七	十九	八	十八	九	十六	十	十五	十一	十四	十二	十三	一	十二
六 庚辰	大	己巳	小	己亥	大	戊辰	大	戊戌	小	戊辰	大	丁酉	大	丁卯	小	丁酉	大	丙寅	小	丙申	小	乙丑	大	甲午
十三	二	十	三	十一	四	九	五	九	六	八	七	七	八	六	九	五	十	四	十一	三	十二	二	十二	卅一
七 辛巳	小	甲子	大	癸巳	小	癸亥	大	壬辰	小	壬戌	大	辛卯	大 閏小	辛酉 辛卯	大	庚申	大	庚寅	小	庚申	大	己丑	小	己未
十四	一	廿	二	廿八	三	卅	四	廿八	五	廿八	六	廿六	七 八	廿六 廿五	九	廿三	十	廿三	十一	廿二	十二	廿一	一	廿

饗喜廬所著書

日本圖經一　四　遊歷書十九之一

中國日本較時里差表

八 壬午	十五	九 癸未	十六	十 甲申	十七	十一 乙酉	十八	十二 丙戌	十九	十三 丁亥	二十	十四 戊子	廿一
小	二	小	二	大	一	大	二	大	二	大	一	大	二
戊子	十八	癸未	八	丙子	廿七	辛丑	十四	乙未	三	己丑	廿四	癸丑	十二
大	三	小	三	小	二	小	三	小	三	小	二	小	三
丁巳	十九	壬子	九	丁未	廿六	辛未	十六	乙丑	五	己未	廿三	癸未	十三
小	四	大	四	小	三	小	四	大	四	大	三	大	四
丁亥	十八	辛巳	七	丙子	廿六	庚子	十四	甲午	三	戊子	廿五	壬子	十一
大	五	小	五	大	四	大	五	大	五	大 閏小	四 五	大	五
丙辰	十七	辛亥	七	乙酉	廿四	己巳	十三	癸丑	三	戊午 戊子	廿三 廿三	壬午	十一
小	六	小	六	小 閏小	五 六	小	六	大	六	大	六	小	六
丙戌	十六	庚辰	五	乙亥 甲辰	廿四 廿二	己亥	十二	癸巳	二	丁巳	廿一	壬子	十
大	七	大	七	大	七	小	七	小	七	小	七	大	七
乙卯	十五	己酉	四	癸酉	廿一	戊辰	十一	癸亥	二	丁亥	廿一	辛巳	九
小	八	小	八	小	八	大	八	小	七	小	八	小	八
乙酉	十四	戊酉	三	癸卯	廿	丁酉	九	壬辰	卅一	丙辰	十九	辛亥	八
大	九	大	九	大	九	小	九	大	八	大	九	小	九
甲寅	十二	戊卯	四	壬申	十八	丁卯	八	辛酉	廿九	乙酉	十七	庚辰	六
大	十	大	十	大	十	大	十	小	九	小	十	大	十
甲申	十二	戊申	四	壬寅	十八	丙申	七	辛卯	廿八	乙卯	十七	己酉	五
小	十一	大	十	小	十一	小	十一	大	十	大	十一	小	十一
甲寅	十一	戊寅	卅一	壬申	十七	丙寅	六	庚申	廿七	甲申	十五	己卯	四
大	十二	小	十一	大	十二	大	十二	小	十一	小	十二	大	十二
癸未	十	戊寅	卅	辛丑	十六	乙未	五	庚寅	廿六	甲寅	十五	戊申	三
大	一	小	十二	大	一	大	一	大	十二	大	一	小	一
癸丑	十	丁未	廿九	辛未	十五	乙丑	四	己未	廿五	癸未	十四	戊寅	二

地體楕圓其動二一自轉晝夜而周一繞日凡三百六十五日六小時九分九秒有六而周曩聞人環地行順則多一周必多一日逆則少一周必少一日今游益信繇上海至日本逐日測時日出遞速十七分有奇然此卽東西里差法周髀所謂東方日出西方夜半晝夜隨東西不同之故也日本效西以半時爲一時謂午正曰十二時 雲龍 仍以地支計時有初有正各得四刻刻十五分分六十秒日本東京午正當我大清京都已正一刻十一分五十六秒繇此測彼自 雲龍 始述中國日本較時里差表

中華京都午正較		中國京都較日本東京
東京未初三十三分四秒	後四刻三十三分四秒	
札幌未初三十九分三十四秒	後四刻三十九分三十四秒	後六分二十五秒
仙臺未初三十八分三十二秒	後四刻三十八分三十二秒	後四分二十八秒

函館未初三十六分五十六秒	後四刻三十六分五十六秒	後三分五十二秒
長崎午初十六分二十八秒	前五十三分三十二秒	前三十九分三十二秒
熊本午初十三分九秒	前五十六分五十一秒	前三十六分十三秒
廣島巳正五十六分三十九秒	前四刻三分二十一秒	前二十九分十三秒
兵庫巳正五十五分十三秒	前四刻四分三十七秒	前十八分二十七秒
大坂巳正四十四分二秒	前四刻十五分五十八秒	前十七分六秒
西京巳正四十分五十七秒	前四四刻十九分三秒	前十六分一秒
名古屋巳正三十八分三十四秒	前四刻廿一分二十六秒	前十一分二十八秒
新潟巳正二十九分四十七秒	前四刻三十分十三秒	前二分五十一秒

晴雨寒暖表

讀宋史已知日本四時寒暑大類中國今以游歷知東西京與浙江江蘇畧似然南北互異東海道氣溫冬春間函嶺西海風強東多陸風畿內風少寒暄得平東山道霜早其岩代以北冬雪積春半漸融兩羽風力強甚動至撤屋北陸道寒時下冰點五六度而

熱逾九十度風強雪多山陰道寒暑俱強與北陸西似冬雪三四尺山陽道氣和風少與畿內相伯仲南海道暖非高處不積雪淡路夏買以夜如呂宋夜市土佐圃蔬午槁夜蘇西海道暖多寒少其南炎威獨酷北海道寒非夏晝無着單給冬雪封路人行簷下故屋簷獨寬五六月花木齊榮其晴雨寒暖固繇地氣而皆與空氣爲緣空氣之熱多自日光有受有散有水氣有電氣測厥壓力以風雨表日本人謂之晴雨計測厥溫度以寒暑表日本人謂之寒暖計雨降晴升暖漲寒縮其顯焉者又有露點器置庭中受露露入則器機起露多起益高視高出佛釐可測壓力視高出之度可測溫度亦夜測一法也英之佛釐當日本三釐三毫茲合日本十數年來氣候高低而平均之述晴雨寒暖表

	空氣壓力 最高佛釐	空氣壓力 最低佛釐	空氣壓力 平均	空氣溫度 最高度	空氣溫度 最低度	空氣溫度 平均
東京	七七五九	七三七九	七六一三	三三二	七八	一三四
西京	七七五四	七四二四	七六二〇	三四六	八一	一四二
大坂 堺	七七五三	七三二三	七六二一	三四八	四九	一四六
神奈川	七七五九	七三七九	七六一二	三三二	七八	一三三
兵庫	七七五三	七四二三	七六二〇	三四六	八一	一四二
長崎	七七四七	七四五一	七六二六	三三四	三六	一五六
新潟	七七五三	七四二六	七六一二	三四九	七二	一二一
埼玉	七七五五	七三八〇	七六一三	三三二	七八	一三四
羣馬	七七五九	七三八〇	七六一三	三三一	七九	一三四
千葉	七七五八	七三七九	七六一三	三三二	七八	一三四
茨城	七七五七	七三八〇	七六一四	三三二	七九	一三四
櫔木	七七五八	七三七九	七六一三	三三二	七八	一三四
奈良	七七五四	七四二四	七六二	三四六	八一	一四二

三重	七七五三	七四二四	七六二一	三四六	八〇	一四二
愛知	七七五〇	七四三〇	七六一二	三三五	七〇	一四六
靜岡 濱松	七七四八	七四二六	七六一三	三三六	五二	一四六
同 沼津	七七五四	七四四三	七六〇八	三一一	八七	一四五
山梨	七七四八	七四二六	七六一三	三三一	七七	一四六
滋賀	七七五三	七四二三	七六二〇	三四五	七九	一四三
岐阜	七七五五	七四〇三	七六二一	三三一	九九	一三五
長野	七七五四	七四〇二	七六二一	三三〇	九八	一三五
福島	七七五三	七四二六	七六一二	三四九	七二	一二一
宮城	七七四九	七四五二	七六〇一	三一七	一六六	八八
岩手	七七五〇	七四五三	七六〇二	三二六	一六五	八八
青森	七七四九	七四五二	七六〇二	三二七	一六六	八八
秋田	七七五一	七四二四	七六〇八	三五〇	一五九	一〇八
山形	七七五一	七四二三	七六〇七	三五〇	一五八	一〇八
石川 金澤	七七四九	七三四六	七六一九	三四四	七四	一二八

富山	七七四八	七三四六	七六一八	三四三	七四	一二八
福井	七七四九	七三四六	七六一九	三四四	七四	一二八
島根	七七四八	七四六二	七六一三	二三六	五二	一四六
鳥取	七七五三	七四二三	七六二〇	三四六	八一	一四二
岡山	七七五二	七四四六	七六二三	三四八	六六	一四二
廣島	七七五三	七四四七	七六二三	三四七	六七	一四二
山口下關	七七六五	七四七九	七六二八	三二七	二五	一四六
和歌山	七四七九	七三〇五	七六一九	三三六	四二	一四九
德島	七七五〇	七三九二	七六二一	三二八	四二	一五五
高知	七七五一	七三九三	七六二一	三二七	四一	一五五
愛媛	七七五〇	七三九二	七六二一	三二八	四二	一五五
福岡	七七四七	七四五一	七六二六	三三四	三七	一五六
大分	七七四八	七四五二	七六二六	三三五	三八	一五六
佐賀	七七四七	七四五一	七六二六	三三四	三七	一五六
熊本	七七四六	七四三九	七六二六	三五七	五四	一六四

宮崎	七七四七	七四三九	七六二六	三五七	五五	一六四
鹿兒島	七七四六	七四三九	七六二六	三五七	五四	一六四
北海道 札幌	七七四一	七四一八	七五九一	三一一	二五六	六五
同 函館	七七四九	七四四〇	七五九八	二八三	一八七	七九
同 根室	七七五二	七二六七	七五九一	二八七	二一一	四四

沿海氣候表

日本沿海之氣候視潮寒熱熱潮黑潮也凡海國熱潮所至氣候之暖因之日本夏季赤道下熱潮自九州沿日本島而東其北寒潮與遇从津輕峽入日本海既而熱潮入白令寒潮遂復至三陸東岸待熱潮勢殺乃離海岸總之北風起則熱潮退南風起則熱潮進其大略也小有異同山海形勢然也然或謂南風暖北風寒非也蓋風來赤道則暖黑道則寒日本在赤道北與中國同南風暖北風寒秘魯諸國之在赤道南者異矣寒暖繫日不繫南北地

繞日動此亦一證也述沿海氣候表

月	一 風雨	一 寒暑	一 天氣	一 風位	一 風力	二 風雨	二 寒暑	二 天氣	二 風位	二 風力	三 風雨	三 寒暑	三 天氣	三 風位	三 風力	四 風雨	四 寒暑	四 天氣	四 風位	四 風力
品川燈臺	二九、九五	三七	晴	西北	輕	三〇、〇七	四〇	陰	北	輕	三〇、一一	四三	陰	北	輕	三〇、〇三	五四	陰	北	輕
相州劒埼燈臺	二九、九七	四六	晴	北	輕	三〇、三九、	四五	晴	北	輕	三〇、四〇	四六	陰	北	輕	三〇、一七	五四	晴	南	輕
豆州神子元島燈臺	三〇、一一、	四三	晴	北	軟	三〇、二二	四五	晴	東北	軟	三〇、二三	四七	陰	東北	輕	三〇、〇六	五五	晴	西南	輕
志州安乘埼燈臺	三〇、〇〇	四四	晴	西北	輕	三〇、一五	四五	晴	西北	輕	三〇、一五	四八	晴	西北	輕	三〇、〇一	五八	雨	西北	輕
紀州潮岬燈臺	二九、八五	四五	晴	西	輕	二九、二九	四七	晴	西北	輕	三〇、〇三	五一	晴	北	輕	二九、九四	五九	晴	西北	輕
神戶竿燈	三〇、四四	三五	晴	西	輕	三〇、二〇	三八	晴	西	輕	三〇、一八	四二	陰	東	輕	三〇、一三	五五	晴	東	輕
隅州佐多岬燈臺	三〇、一九	五一	陰	西	輕	三〇、二三	五四	陰	西	輕	三〇、二三	五五	晴	西	輕	三〇、一一	六四	陰	西	輕
奥州金華山燈臺	二九、六四	四〇	晴	西	輕	二九、八三	三八	晴	西	輕	二九、九三	四一	晴	西	輕	二九、八四	四七	晴	西	輕
奥州尻矢埼燈臺	二九、八五、	三四	陰	西	烈	三〇、一三	三二	陰	西	烈	三〇、一八	三五	陰	西	軟	三〇、〇四	四四	晴	西北	輕
函館燈船	二九、九〇	五六	雪	西北	輕	三〇、一二	四九	雪	西	輕	三〇、二七	四四	晴	北	輕	三〇、一一	五二	陰	北	輕

日	項目										
五	風雨	三〇、〇四	三〇、〇二	二九、九五	三〇、〇〇	三〇、〇一	三〇、一七	三〇、〇八	二九、九七	五〇、〇〇	二九、九八
	寒暑	六六	六五	六四	六八	六七	六六	七一	五八	五三	五四
	天氣	陰	陰	陰	雨	雨	晴	陰	晴	晴	晴
	風位	南	南西	東北	北西	東	西	東	南西	西	南西
	風力	輕	輕	輕	輕	輕	輕	輕	輕	輕	輕
六	風雨	二九、九四	二九、七七	二九、七二	二九、八五	二九、九三	三〇、一一	三〇、〇三	二九、七九	二九、九八	二九、九一
	寒暑	七三	七一	七一	七三	七一	七四	七五	六四	六〇	五九
	天氣	陰	陰	雨	雨	陰	陰	陰	霧	晴	陰
	風位	南	北東	北東	南	東	南	東	南	南東	東
	風力	輕	輕	輕	輕	輕	輕	輕	輕	輕	輕
七	風雨	二九、八九	二九、六三	二九、六三	二九、八三	二九、九四	三〇、三〇	三〇、〇〇	二九、九六	二九、九七	二九、八八
	寒暑	七八	七六	七六	八二	七八	八二	八〇	七〇	六五	六三
	天氣	陰	晴	晴	晴	陰	晴	晴	晴	陰	陰
	風位	南	南西	南西	南東	東	南	東	北	東南	東
	風力	輕	輕	輕	輕	輕	輕	輕	輕	輕	輕
八	風雨	三〇、〇一	二九、五一	二九、五七	二九、八五	二九、九三	三〇、一五	三〇、〇一	三〇、〇一	二九、九七	二九、八八
	寒暑	八五	八一	八〇	八四	八二	七七	八三	七九	七三	六九
	天氣	晴	晴	晴	晴	晴	晴	晴	晴	陰	陰
	風位	南	南西	北東	南	東	南	南	南	南	北
	風力	輕	輕	輕	輕	輕	輕	輕	輕	輕	輕
九	風雨	三〇、〇五	二九、七〇	二九、六九	二九、九一	二九、九七	三〇、一九	三〇、〇五	三〇、〇五	三〇、〇八	三〇、〇三
	寒暑	七七	七三	七六	八〇	七八	七九	八〇	七四	七〇	六五
	天氣	陰	雨	陰	晴	晴	晴	晴	陰	陰	陰
	風位	北	南西	北東	東	東	東	東	北	南東	北

月	項										
	風力	輕	軟	軟	輕	輕	輕	輕	輕	軟	輕
十	風雨	三〇、〇八	二九、九六	二九、九四	三〇、〇一	三〇、〇一	三〇、二五	三〇、一六	三〇、一一	三〇、一〇	三〇、〇三
	寒暑	七四	六八	六七	六八	六八	六四	七三	六三	五八	五三
	天氣	陰	陰	晴	晴	晴	晴	晴	晴	陰	晴
	風位	北	北東	東	北西	北東	南	東	西	西	北
	風力	輕	輕	軟	輕	輕	輕	輕	輕	軟	輕
十一	風雨	三〇、〇六	三〇、〇九	三〇、〇五	三〇、〇六	三〇、〇二	三〇、一七	三〇、一九	三〇、〇八	三〇、一三	三〇、〇八
	寒暑	五五	六〇	五九	六〇	六一	五六	六六	五六	四九	四五
	天氣	晴	晴	晴	晴	晴	晴	晴	晴	雨	陰
	風位	北	北	北東	北西	北西	東	西	北西	北	北
	風力	輕	輕	軟	輕	輕	輕	輕	輕	軟	輕
十二	風雨	三〇、一一	三〇、三九	三〇、二四	三〇、二一	三〇、〇九	三〇、一二	三〇、一四	三〇、一三	三〇、二〇	三〇、一一
	寒暑	四一	五一	五一	四七	五二	四三	五八	四四	三四	三八
	天氣	晴	晴	晴	晴	晴	晴	陰	晴	雪	陰
	風位	北	北	北東	北西	北西	北西	北西	北西	北	西
	風力	輕	輕	軟	輕	輕	輕	輕	輕	軟	輕

偏多風方向表

測風方向以三百六十度四方居四之一爲九十度方分爲四曰北正北也微東曰北之東又少東曰北東又東北陽之東曰東北東餘可類推茲就日本之實測處述偏多風方向表

	東京	京都	大坂	大坂大堺	長崎	新潟	静岡濱松	静岡沼津	岐阜	宮古	青森	秋田	石川金澤	廣島
北	二五	七九	一〇五	四二	二三二	一一八	一〇	一六	二一四	二〇	一三三	六一	三二	四二一
北之東	三六	四五	一六	六九	三八	二四	二		三七	一八	一一	一〇	二一	一三
北東	五八	一一〇	二一二	二六	一一四	五九	九五	八四	四二	九二	九	一〇	九四	五六
東北東	六九	四一	四五	二九	七	二	四三	一二一		九	二七	五	二九	三
東	四四	四八	九六	七一	五九	二九	二一四	九一	一三	八八	七七	三五	一三二	三六
東南東	三九	一八	一一	一八	一四	二五	三〇	八一	一	一	七八	七三	四六	
南東	八九	三五	二五	一八	六八	二二九	五七	六七	四七	二二	七一	一四六	一〇七	二九
南之東	二八	一〇	四	二二	八	一七	四	三三	三	二	五一	一七	二二	一六
南	八二	四〇	一七	二二	五二	七三	二五	三五	一〇八	一〇九	六二	一〇	九五	二〇七
南之西	二七	七九	七	二四	三	四八	二三	四九	三八	一七	二四	二四	四二	一九
南西	一八	一二四	一一	八九	二三八	一二八	五八	一五六	九二	二二五	四二	七二	一一四	九四
西南西	八	四一	三六	一四二	二〇	七八	三九	五二	一四	九一	四八	二八	四〇	五
西	一五	四九	二三七	一一三	四五	一三一	二六五	五一	一三六	二三	一三三	一〇〇	一一一	一二七
西北西	三九	四七	二五	六八	五	一五	一二八	九五	一六	六	一〇〇	八五	三二	三
北西	一六五	一五六	一一一	一〇八	九〇	九三	九九	五二	二二五	四〇	九七	二一一	二九	四二
北之西	一六八	六四	三〇	五一	二四	一九	一〇九	一六	三〇	一〇	七五	三七	二四	一三
最多	北之西	北西	西	西南西	南西	南東	西	南西	北西	南西	西	北西	東	北

	山口下關	六九	三	八三	二四	一四三	二	三九	五	九	一	五八	一三	一三六	五	一一九	一三	東
	和歌山	一三九	三七	一〇四	六〇	三一	二	一二	六	七二	三八	六〇	一五	五二	六七	九四	二三六	北之西
	高知	八二	一六	七三	一五	一〇〇	八	二三	二一	一三三	六	二二	九	一八七	四四	二四五	二〇	北西
	宮崎	九	一二〇	一五	六九	一〇	一六四	二二	四六	二	三九	九	一六四	四八	二四八	二三	九六	西北西
	鹿兒島	一六三	一二	一〇七	六〇	一五一	一〇	四六	一四	七八	一〇	四三	一〇	七九	一二	二三	四四	北西
北海道	函館	二二三	一一	九	二七	七七	七八	七一	五一	六七	二四	四二	四八	一三三	一〇〇	九七	七五	西
	札幌	七三	一二	三一	一六	五三	四三	一八一	一三四	一〇〇	二一	三八	一〇	四〇	三七	一九三	八二	北西
	根室	七八	四〇	五〇	三二	三八	六三	八〇	六一	五七	七六	八七	五二	五八			五五	北西

沿海偏盛風表

海風以力言曰大以疾言曰暴以旋言曰颶颶一作颶以寒言曰颸氣與潮有兆視鍼沿海有避路視圖視經度日本海峽冬雨雪西北風偏盛四月當中國三月西風兼西南五月當中國四月南風而時變西南與東南居多九月當中國八月多晴而颸時起然不時之風往往而有述沿海偏盛風表

潮候表

潮之消長視月潮之寒熱視風日本南西信風間黑潮溫度最大

月（中國）	赤間關	長崎	佐多岬	潮岬	神子本	相摸岬	横濱	日本內海 釣島	日本內海 鍋島	日本內海 兵庫神戶
一（十二）	北及北西	偏北自北西至北東	北北西	北西	偏西	偏西偏東	偏北	北東	偏北	北西
二（正）	北西	偏北自北西至北東	北北西	北西	北東偏北	偏北偏東	偏北	北東北	北西	北西西
三（二）	南及南東	北及北東	北西	北北西	北東	北北東	北	北東	自偏北北東至北西	北西西
四（三）	南東及東	偏北自東至北西	北西偏東	北東偏西	北東西	北北東南西	北偏南	北東南	北東西	北南南東
五（四）	南東	東及北西	東北西	東北東	北東	北東北南南西	北北東南南西	北東	北東	自偏南東至西
六（五）	東	東南南東北北西	東	北東東偏西	北東	北東北南南西	南南西	北東南西	東	自偏南東至西
七（六）	南東及南	南南西	東西	北東西	西南西北東	南南西	南南西	北東南	東無風西	自偏南東至西
八（七）	東	偏南自東至南西	東西	自南至西	南西	南	南	北東南	東無風	自偏南東至西
九（八）	北北東東	北東	自北至東	偏北自北東至東	北東	北北東	北北東	東北東	偏北北東無風	東西
十（九）	東	東北北西	自北至東	北北東	北東	北北東	北北東	北東	東	東
十一（十）	偏北西	偏北自北東至北西	北北東	偏北自北東至北西	北東西	北東	北	一	無風	北北東
十二（十一）	偏北西	北北東	偏北自東至北西	北西西	北東	北東	北	北東南西	北西	西北西

日本圖經一　一一　圖經六之一

者八十六度半時速力三海里合華里廿餘五月至九月平均度八十有二時中國六月至十月也四月至十月當中國五月至十一月熱寒水交黑潮減七度十度有差十一月至三月當中國十二月至四月日本海岸降六十三度寒潮迎北風力半時速力僅二海里日本寰瀛水路誌所謂親潮與熱潮方向相反則亦寒潮也堪察加海南東岸及千島列島南北海道東岸日本島東岸沿犬吠崎而南約華里六百有奇速力冬強述潮候表

	潮候時	大潮漲	小潮漲
紀州大島	六點五十分	五尺	四尺
志州御坐	六點十五分		
豆州下田	五點二十分	六尺	
陸中釜石	三點五十分	五尺五寸	
奥州青森	二點五十八分	二尺五寸	
越前敦賀	一點三十分	二尺	
佐渡小木	四點四十九分	一尺七寸五	
長州油谷	十點二十五分	二尺	四尺
豐後佐賀關	七點二十一分	五尺六寸	一尺
己前口津	九點	一丈二尺	
薩州山川	七點三十二分	九尺五寸	
北海道函館	五點	五尺七寸五	

日本地理圖

養喜廬所著書

游歷日本圖經二

奏派游歷日本美利加秘魯巴西等國英日屬地加納大古巴知府用兵部郎中臣傅雲龍述

日本地理一

地圖

粵稽神農以里計地尚矣（據帝王世紀）地圖權輿亦其時也（據春秋元命苞）周之地圖大司徒職方氏掌之欲知利害舍圖奚自而況日本為啓齒國歟茲繪計里總圖而以朱文重於其上者舊闢新拓之鐵道與夫海陸四出之電綫也琉球而外又繪府若縣若廳四十有二其香川一縣分自愛媛已在書垂成時矣故補繪之日本之圖非不求精然雜英文分合輒非一律此異其例述地圖

圖一

東京府

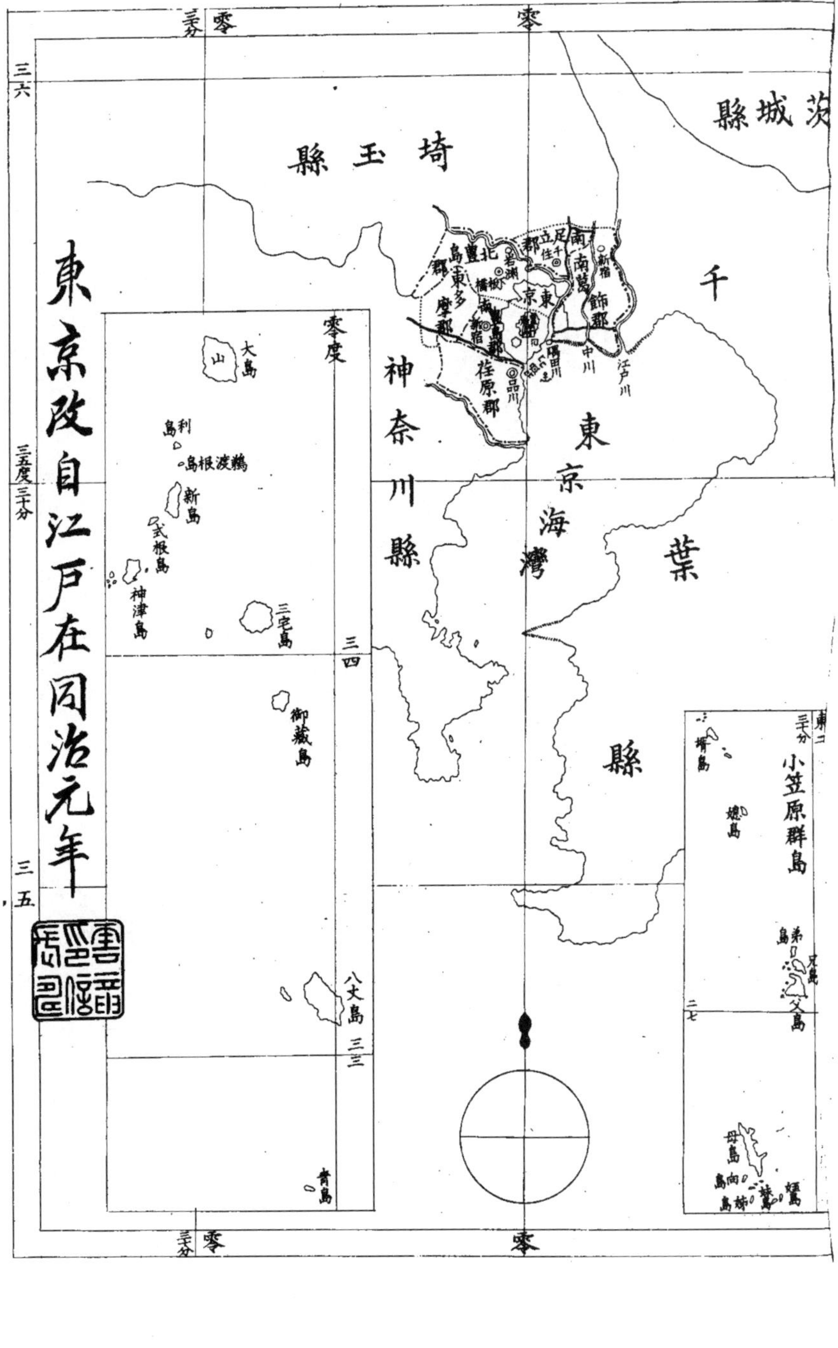
零
三十分
三六
埼玉縣
茨城縣
千
葉
縣
神奈川縣
東京海灣
東京改自江戶在同治元年
北豐島郡
東多摩郡
南葛飾郡
荏原郡
東京
岩淵
板橋
千住
新宿
品川
隅田川
中川
江戶川
零度
大島
利島
鵜渡根島
新島
式根島
神津島
三宅島
御藏島
八丈島
青島
三五度三十分
三五
三四
三三
小笠原群島
聟島
媒島
弟島
兄島
父島
母島
向島
姉島
妹島
二七

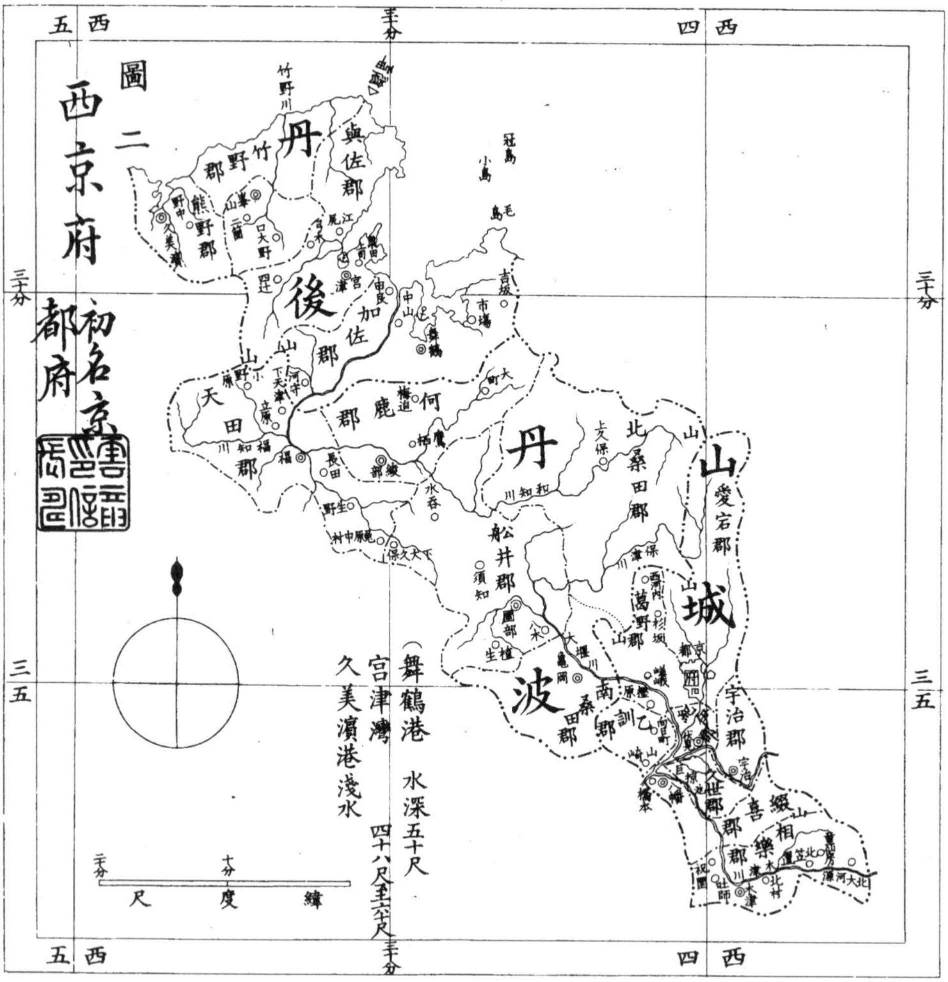
圖二
西京府
初名京都府
五西
四西
三十分
三五
丹後
丹波
山城
竹野郡
與佐郡
熊野郡
加佐郡
天田郡
何鹿郡
北桑田郡
船井郡
南桑田郡
愛宕郡
葛野郡
乙訓郡
宇治郡
綴喜郡
相樂郡
舞鶴
宮津
冠島
小島
毛島
（舞鶴港　水深五十尺
宮津灣　四十八尺至六十尺
久美濱港　淺水
緯度尺

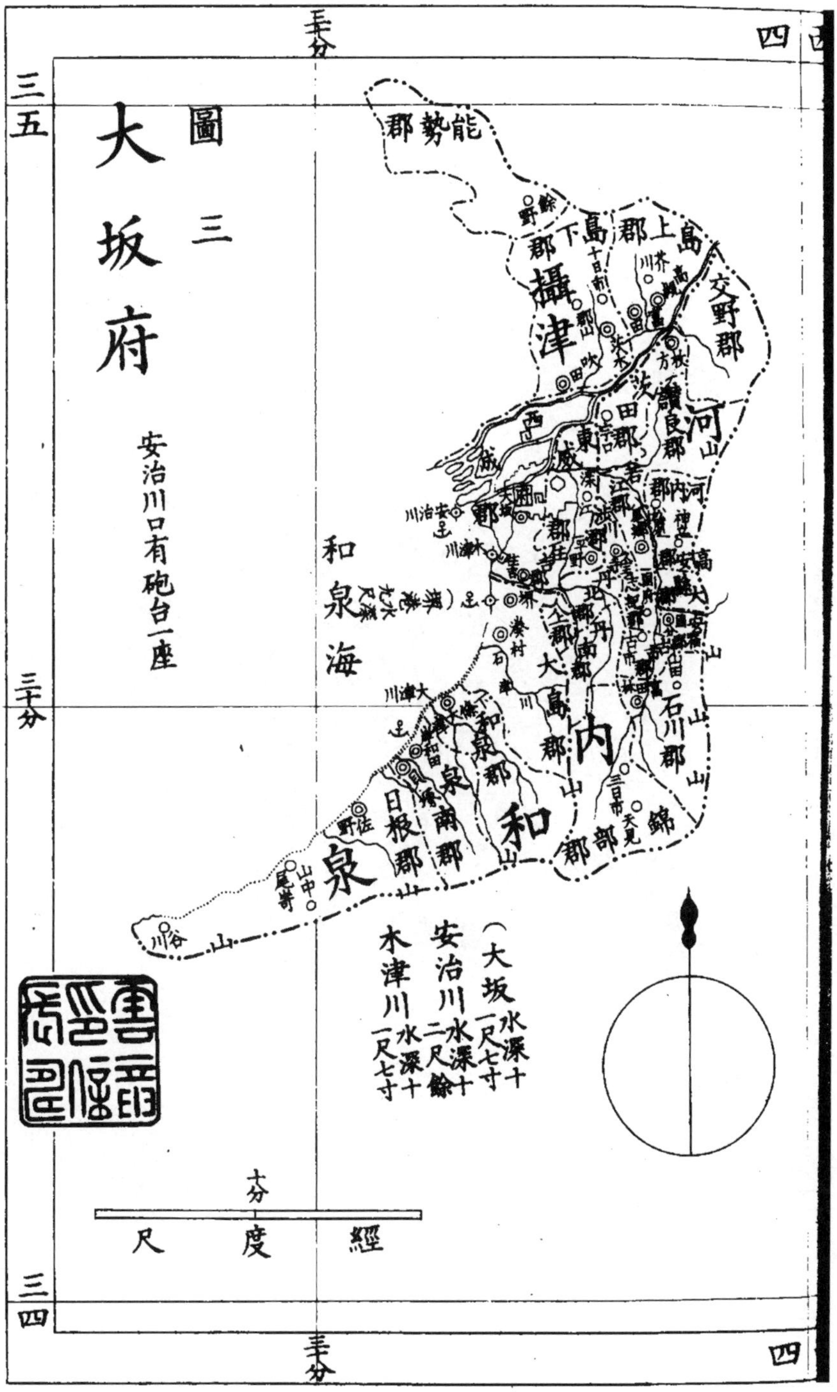
大坂府
圖三
安治川口有砲台一座
（大坂水深十一尺七寸
安治川水深十二尺餘
木津川水深十一尺七寸
經度尺
十分
三十分
三五
三四
四
攝津
河
內
和
泉
和泉海
能勢郡
島上郡
島下郡
交野郡
讚良郡
石川郡
錦部郡
大鳥郡
泉南郡
日根郡
和泉郡

圖四
神奈川縣
相模
橫須賀港
浦賀港
三崎港
真鶴港
武藏
橫濱港
金澤港
武
藏
相
模
東京府
東京海灣
千葉縣
相模海
西多摩郡
北多摩郡
南多摩郡
都筑郡
橘樹郡
久良岐郡
鎌倉郡
三浦郡
高座郡
愛甲郡
津久井郡
大住郡
足柄上郡
足柄下郡
淘綾郡
青梅
府中
八王子
厚木
藤沢
戸塚
鎌倉
横濱
横須賀
浦賀
小田原
大磯
平塚
江島
猿島
観音岬
剣岬
城島
真鶴崎
酒田川
相模川
馬入川
六郷川
本関
箱根
吉野
小原
関野
神奈川
保土谷
金沢
沖島
海獺島

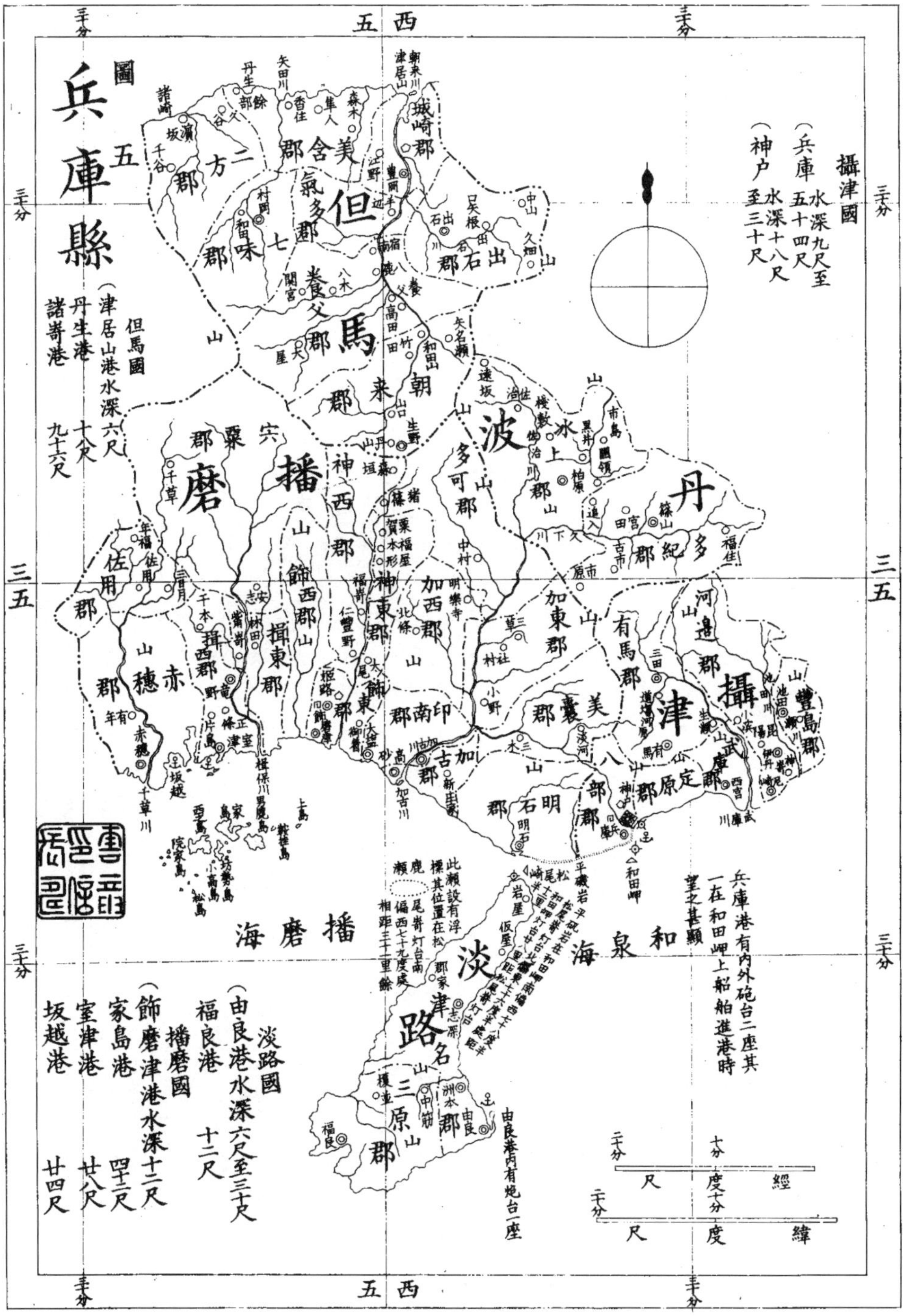
兵庫縣
圖五
攝津國
（兵庫　水深九尺至五十四尺
神戶　水深十八尺至三十尺）
但馬國
（津居山港水深六尺
丹生港　十八尺
諸寄港　九十六尺）
淡路國
（由良港水深六尺至三十尺
福良港　十二尺）
播磨國
（飾磨津港水深十二尺
家島港　四十二尺
室津港　廿八尺
坂越港　廿四尺）
兵庫港有內外砲台二座其一在和田岬上船舶進港時望之甚顯
由良港內有炮台一座
播磨海
和泉海
但馬
丹波
播磨
攝津
淡路
丹
馬
經度十分
緯度十分
五西

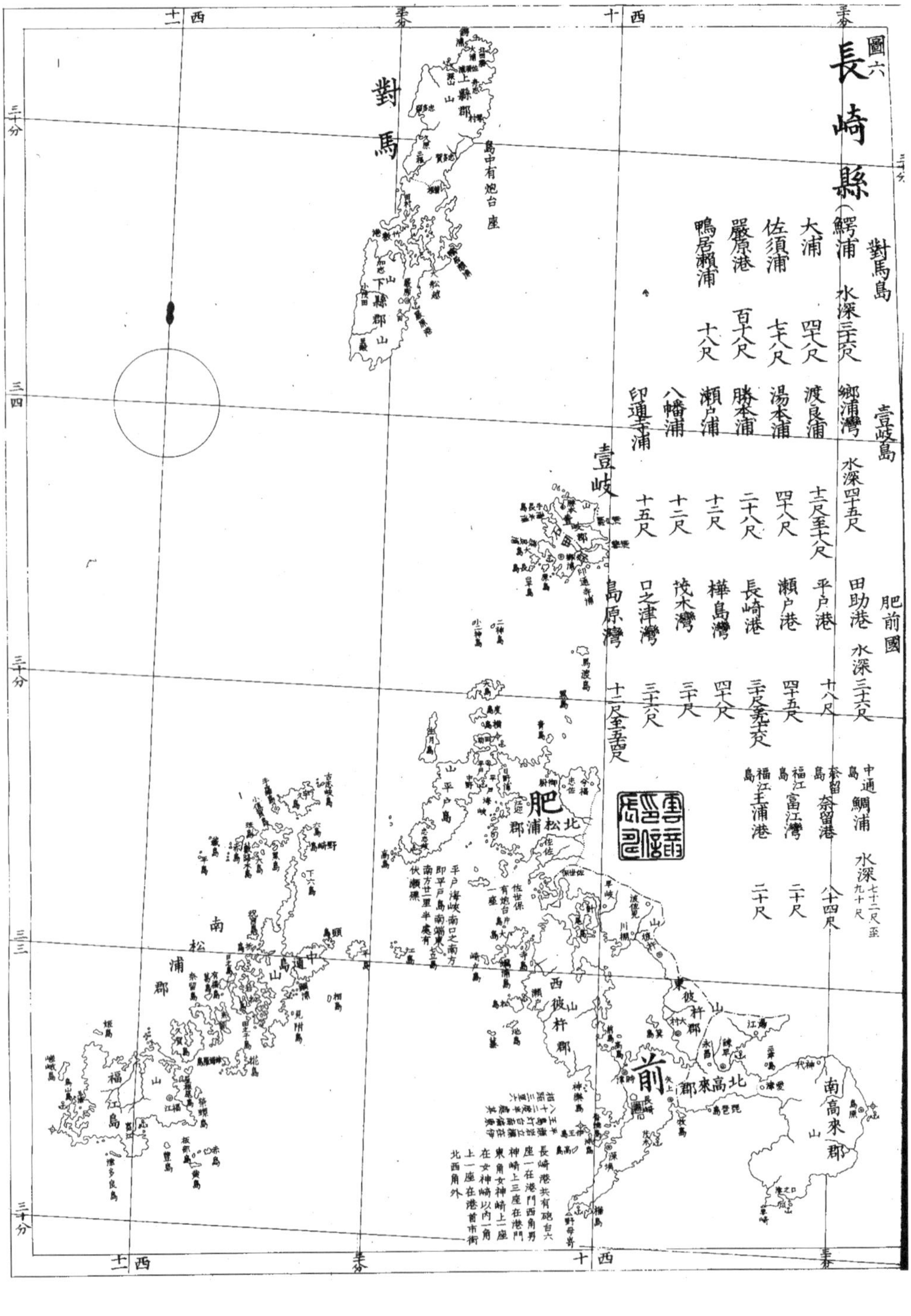
圖六
長崎縣
對馬島
（鰐浦　水深三十六尺
大浦　四十尺
佐須浦　七十八尺
嚴原港　百十八尺
鴨居瀨浦　十八尺
壹岐島
鄉浦灣　水深四十五尺
渡良浦　十二尺至十八尺
湯本浦　四十八尺
勝本浦　二十八尺
瀨戶浦　十二尺
八幡浦　十二尺
印通寺浦　十五尺
肥前國
田助港　水深三十六尺
平戶港　十八尺
瀨戶港　四十五尺
長崎港　三十尺至九十尺
樺島灣　四十尺
茂木灣　三十尺
口之津灣　三十六尺
島原灣　十二尺至五十四尺
中通島　鯛浦　水深七十二尺至九十尺
奈留島　奈留港　八十四尺
福江島　富江灣　二十尺
福江島　玉浦港　二十尺
對馬
上縣郡
下縣郡
島中有炮台一座
壹岐
平戶島
北松浦郡
南松浦郡
中通島
福江島
西彼杵郡
東彼杵郡
北高來郡
南高來郡
長崎港共有砲台六座一在港門西角男神崎上三座在港門東角女神崎上一座在女神崎以内一角上一座在港首市街北西角外
十二　西
十　西

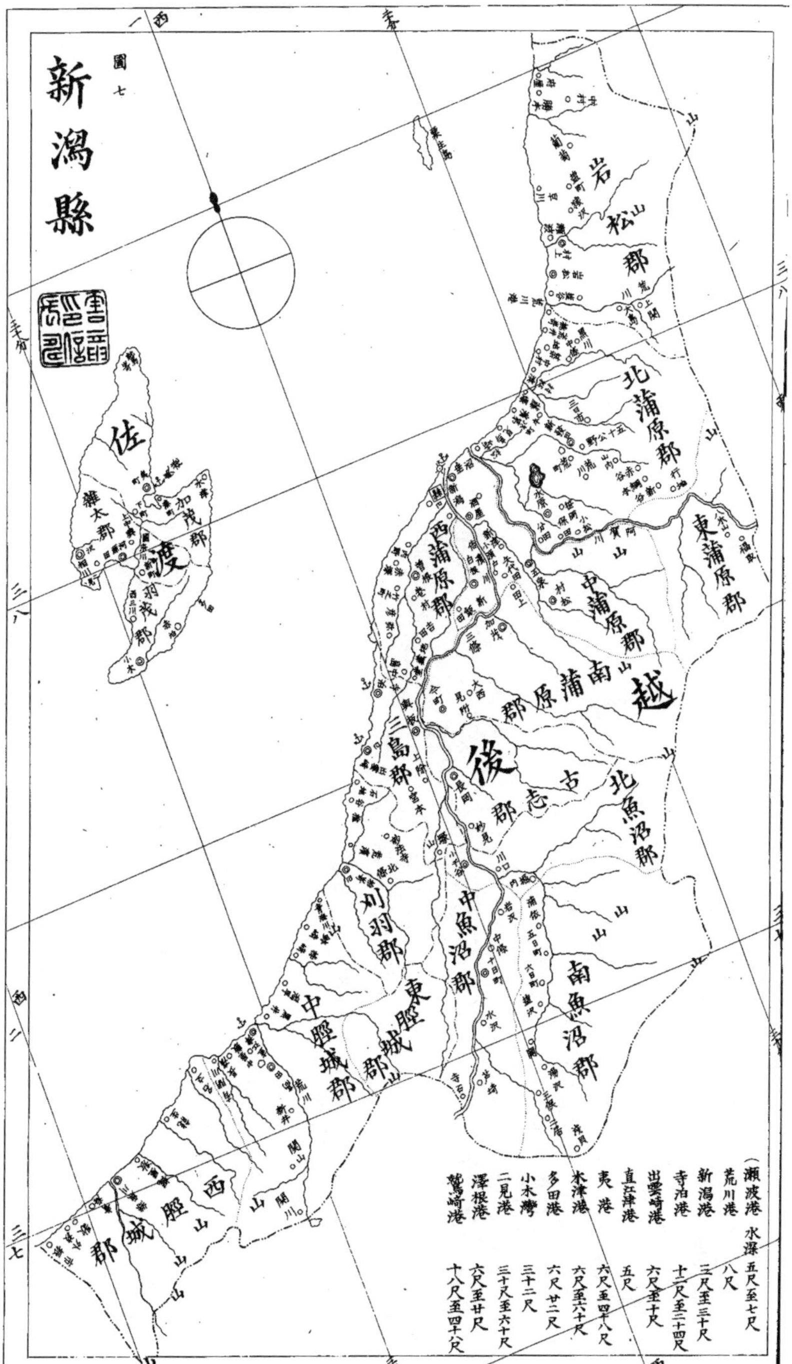

新潟縣
圖七
岩松郡
北蒲原郡
東蒲原郡
中蒲原郡
西蒲原郡
南蒲原郡
越
後
三島郡
古志郡
北魚沼郡
中魚沼郡
南魚沼郡
刈羽郡
東脛城郡
中脛城郡
西脛城郡
佐
渡
雜太郡
加茂郡
羽茂郡
（瀬波港 水深五尺至七尺
荒川港 八尺
新潟港 三尺至三十尺
寺泊港 十二尺至二十四尺
出雲崎港 六尺至十尺
直江津港 五尺
夷港 六尺至四十八尺
水津港 六尺至六十尺
多田港 六尺廿二尺
小木灣 三十二尺
二見港 三十尺至六十尺
澤根港 六尺至廿尺
鷲崎港 十八尺至四十八尺

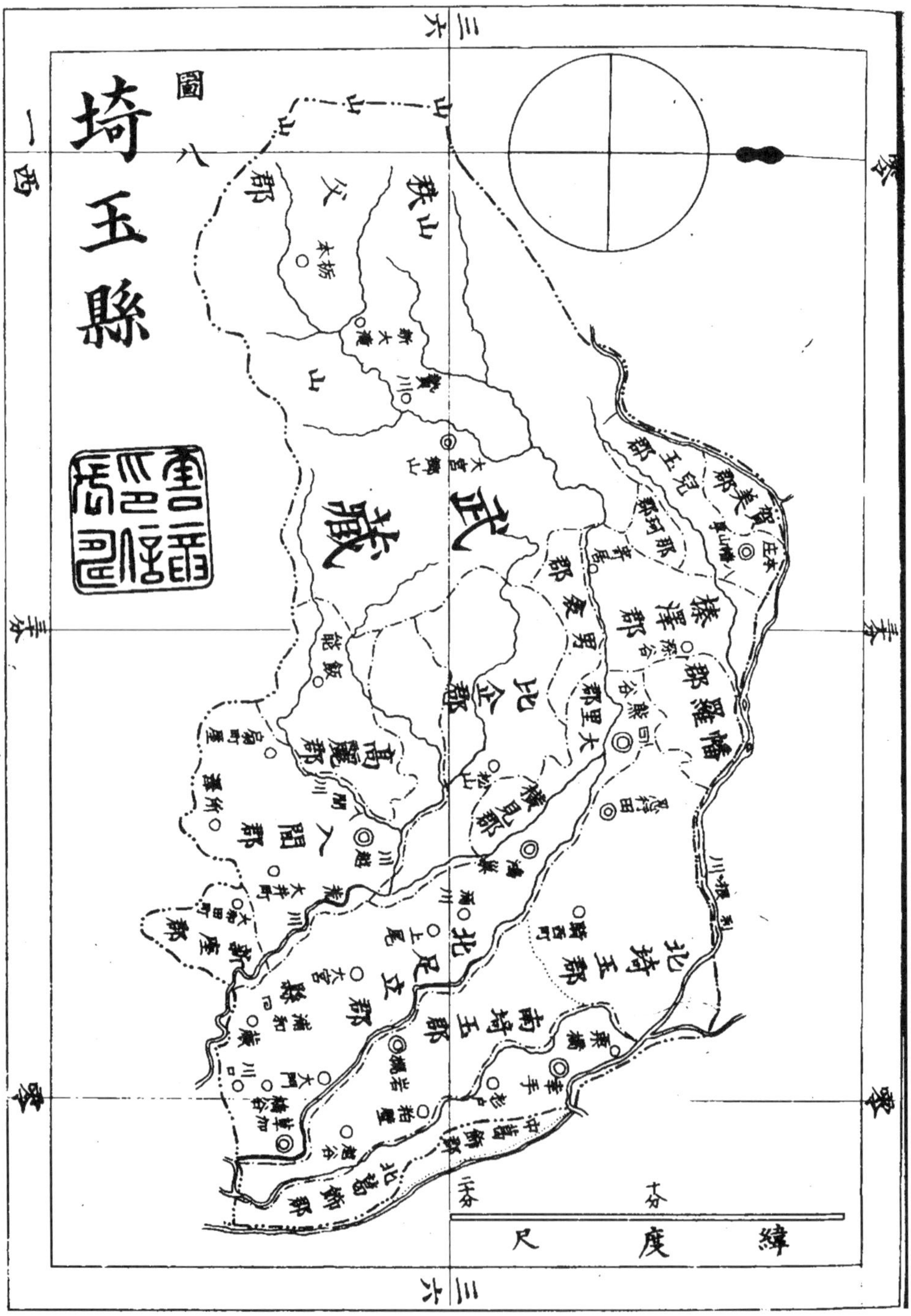

埼玉縣
圖八
武藏
秩父郡
兒玉郡
賀美郡
那珂郡
大里郡
榛澤郡
幡羅郡
男衾郡
比企郡
高麗郡
横見郡
入間郡
新座郡
北埼玉郡
南埼玉郡
北足立郡
中葛飾郡
北葛飾郡
緯度尺

群馬縣
圖九
上野
利根郡
吾妻郡
北勢多郡
南勢多郡
西群馬郡
碓冰郡
山田郡
新田郡
邑樂郡
佐位郡
多胡郡
北甘樂郡
南甘樂郡
沼田
前橋
三七
三十分
三六

圖十一
千葉縣
木更津 水深十三尺餘
館山
勝浦 二十四尺
銚子 十五尺
東葛城郡
南相馬郡
千葉郡
印幡郡
下植生郡
香取郡
海上郡
匝瑳郡
武射郡
山邊郡
長柄郡
市原郡
望陀郡
上植生郡
夷隅郡
周淮郡
天羽郡
長狹郡
平群郡
朝夷郡
安房郡
下總
上總
安房
東京府
東京海灣
神奈川縣
江戶川
利根川
犬吠岬
野島岬
此礁在野島岬燈台南偏西八十八度三十分其相距十三里五分里
零
東

茨城縣
圖十一
（那珂　水深六尺至五十尺
平潟　仝
零
三十分
一東
三七
三六
多賀郡
久慈郡
那珂郡
西茨城郡
東茨城郡
真壁郡
結城郡
新治郡
常陸
鹿島郡
行方郡
信太郡
河内郡
筑波郡
豊田郡
岡田郡
猿島郡
葛飾郡
北相馬郡
神岡
高荻
小木津
助川
太田
大和田
那珂川
久慈川
水戸
那珂湊
磯濱
笠間
石岡
土浦
鉾田
鹿島
江戸崎
龍崎
水海道
下館
下妻
結城
古河
霞浦
北浦
浮島
布川

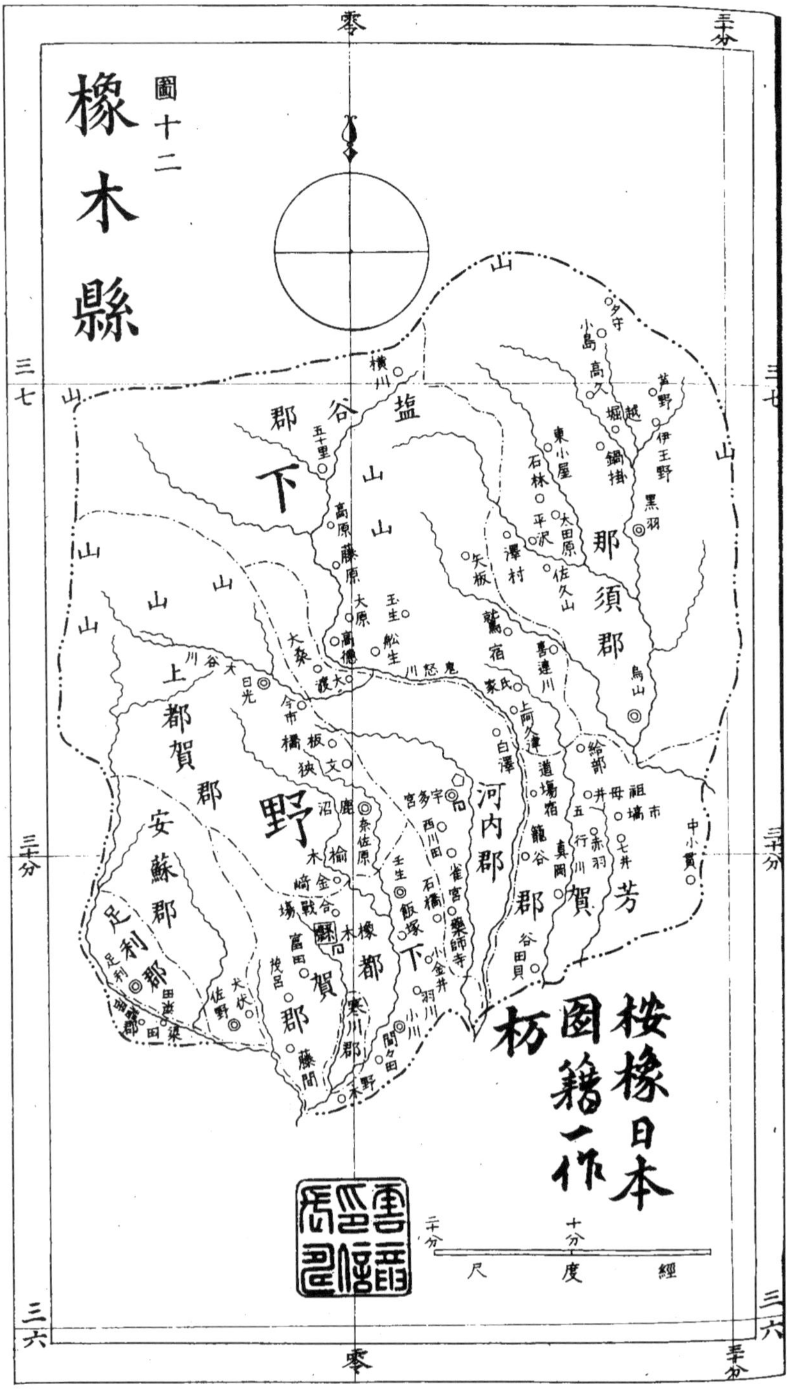
橡木縣
圖十二
按橡日本圖籍一作杤
下野
塩谷郡
那須郡
河内郡
上都賀郡
下都賀郡
安蘇郡
足利郡
芳賀郡
寒川郡
梁田郡
日光
宇都宮
烏山
黒羽
經度尺
十分
二十分

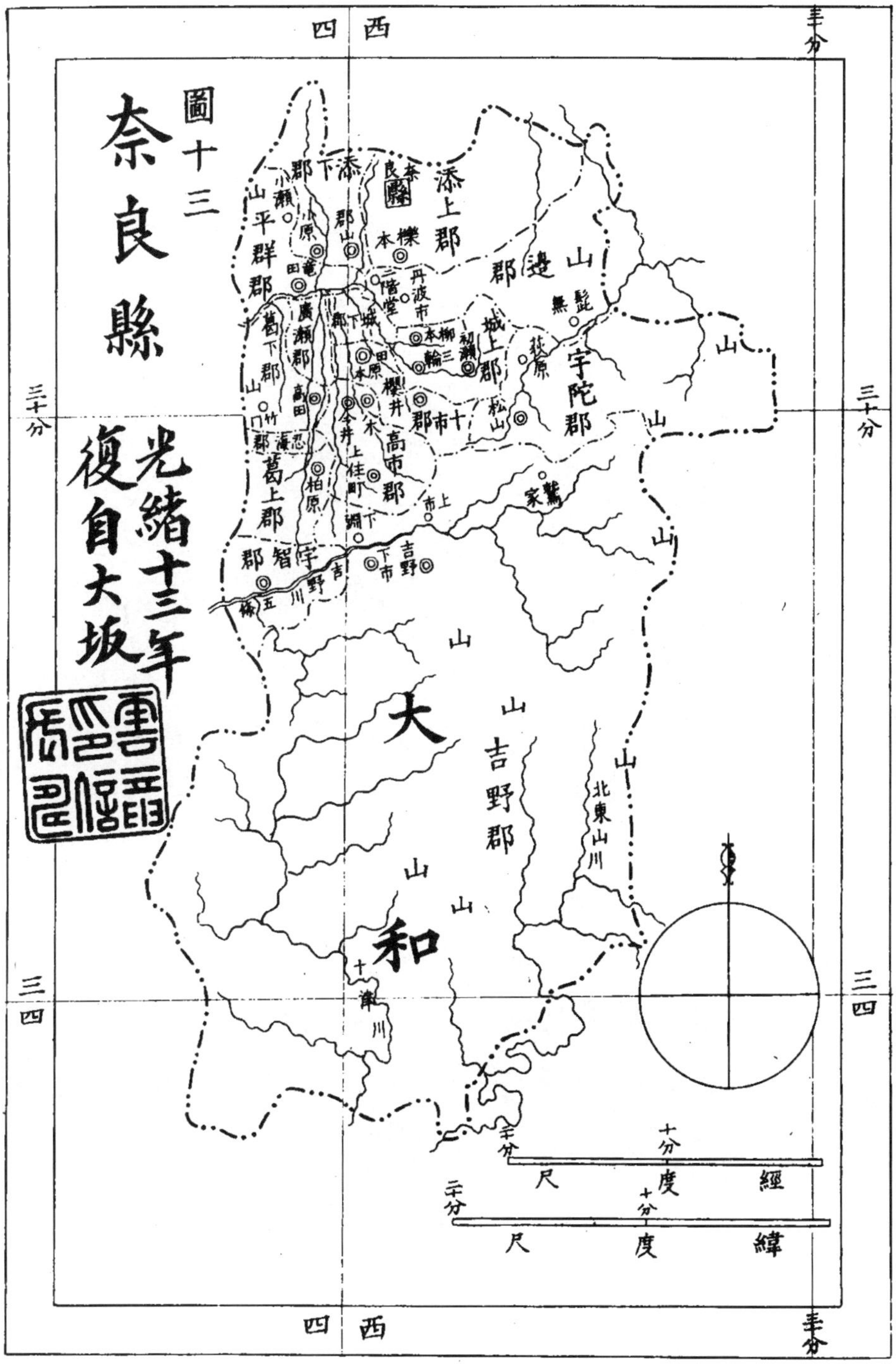
圖十三
奈良縣
光緒十三年
復自大坂
四西
三十分
添下郡
添上郡
山邊郡
平群郡
宇陀郡
廣瀬郡
城下郡
城上郡
十市郡
高市郡
葛上郡
宇智郡
大和
吉野郡
北東山川
經度尺
緯度尺

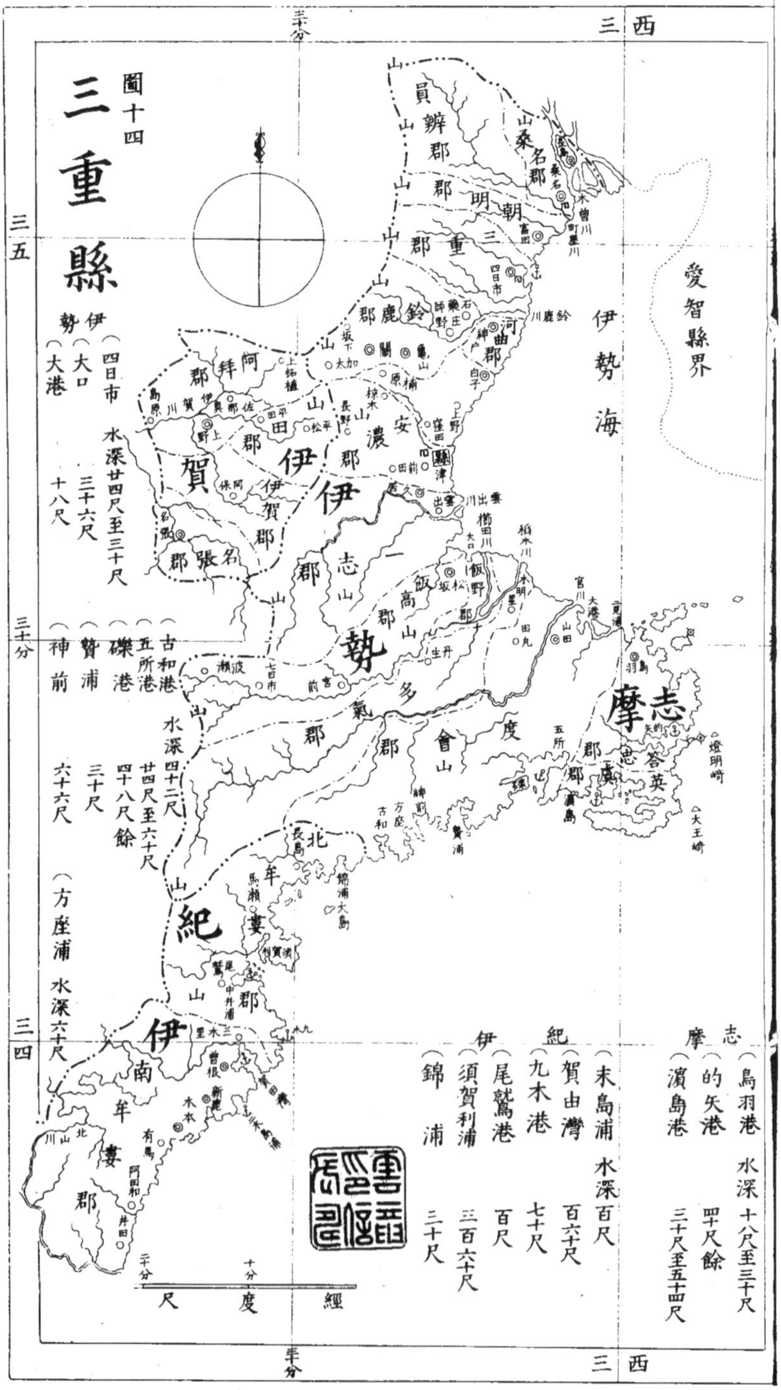
圖十四
三重縣
伊勢
（四日市 水深廿四尺至三十尺
（大口 三十六尺
（大港 十八尺
（古和港 水深四十二尺
（五所港 廿四尺至六十尺
（礫港 四十八尺餘
（贅浦 三十尺
（神前 六十六尺
（方座浦 水深六十尺
志摩
（鳥羽港 水深十八尺至三十尺
（的矢港 四十尺餘
（濱島港 三十尺至五十四尺
紀伊
（末島浦 水深百尺
（賀由灣 百六十尺
（九木港 七十尺
（尾鷲港 百尺
（須賀利浦 三百六十尺
（錦浦 三十尺
愛智縣界
伊勢海
員辨郡
桑名郡
朝明郡
三重郡
鈴鹿郡
河曲郡
阿拜郡
山田郡
伊賀郡
名張郡
安濃郡
一志郡
飯高郡
飯野郡
多氣郡
度會郡
答志郡
英虞郡
北牟婁郡
南牟婁郡
經度尺
十分
二十分

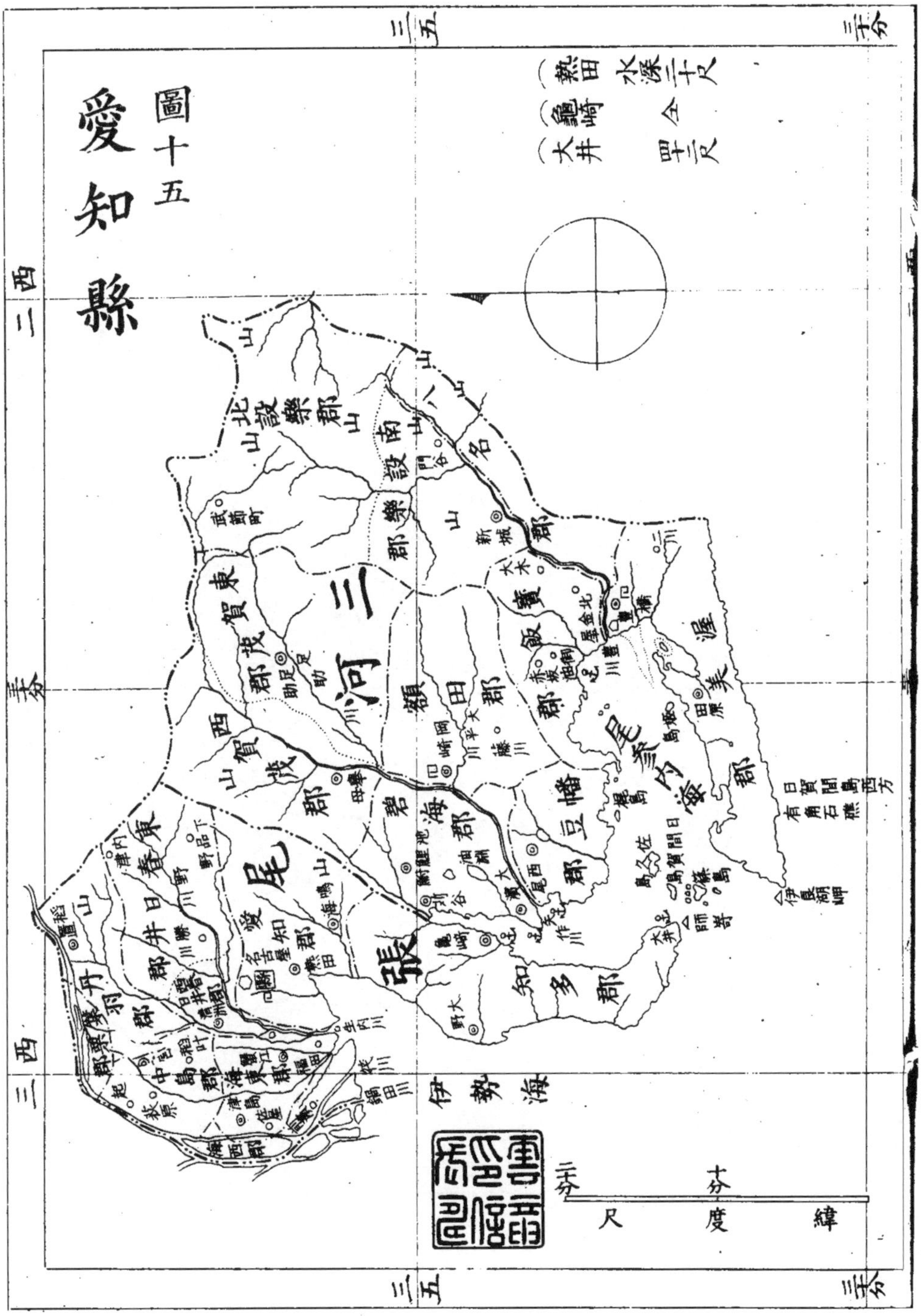
圖十五
愛知縣
熱田　水深二十尺
龜崎　仝
大井　四十二尺
三河
尾張
伊勢海
緯度尺

圖十六
靜岡縣

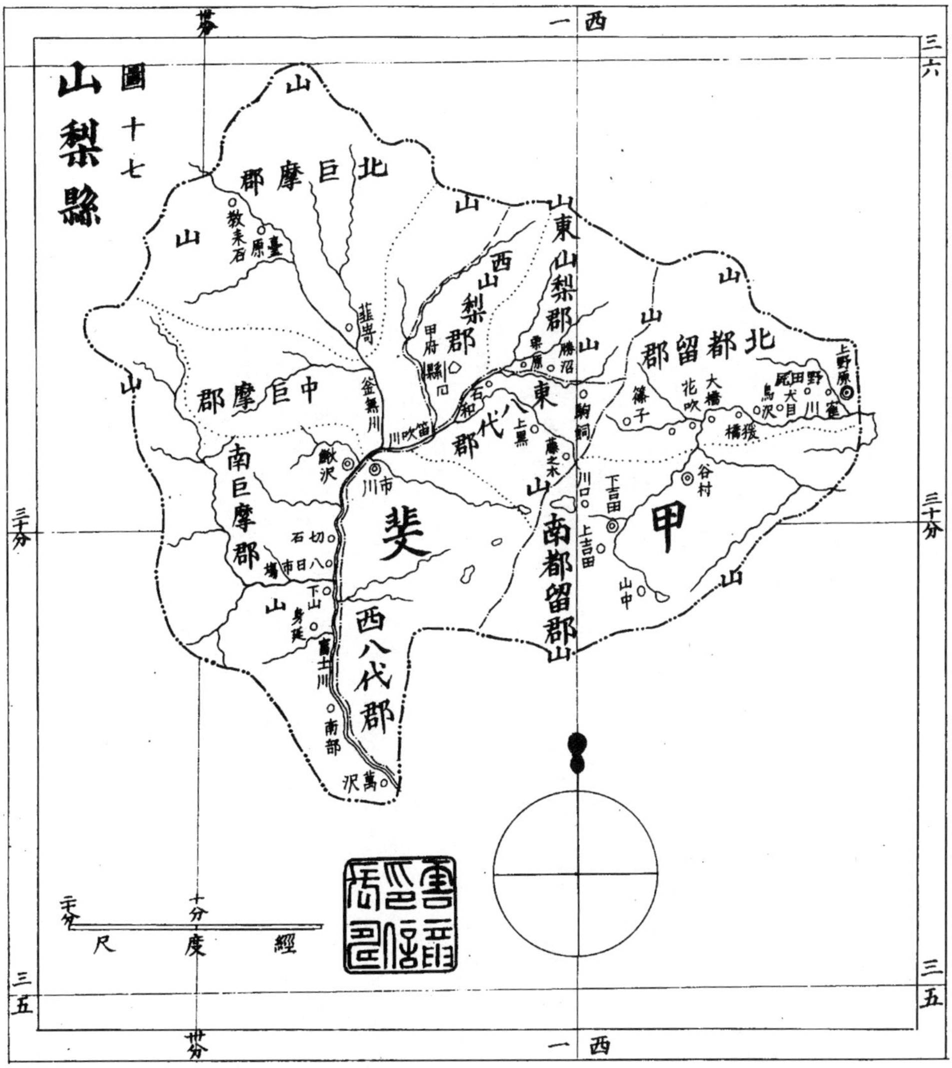
山梨縣
圖十七
北巨摩郡
中巨摩郡
南巨摩郡
西山梨郡
東山梨郡
東八代郡
西八代郡
北都留郡
南都留郡
甲
斐
甲府縣
經度尺
一西
三十分

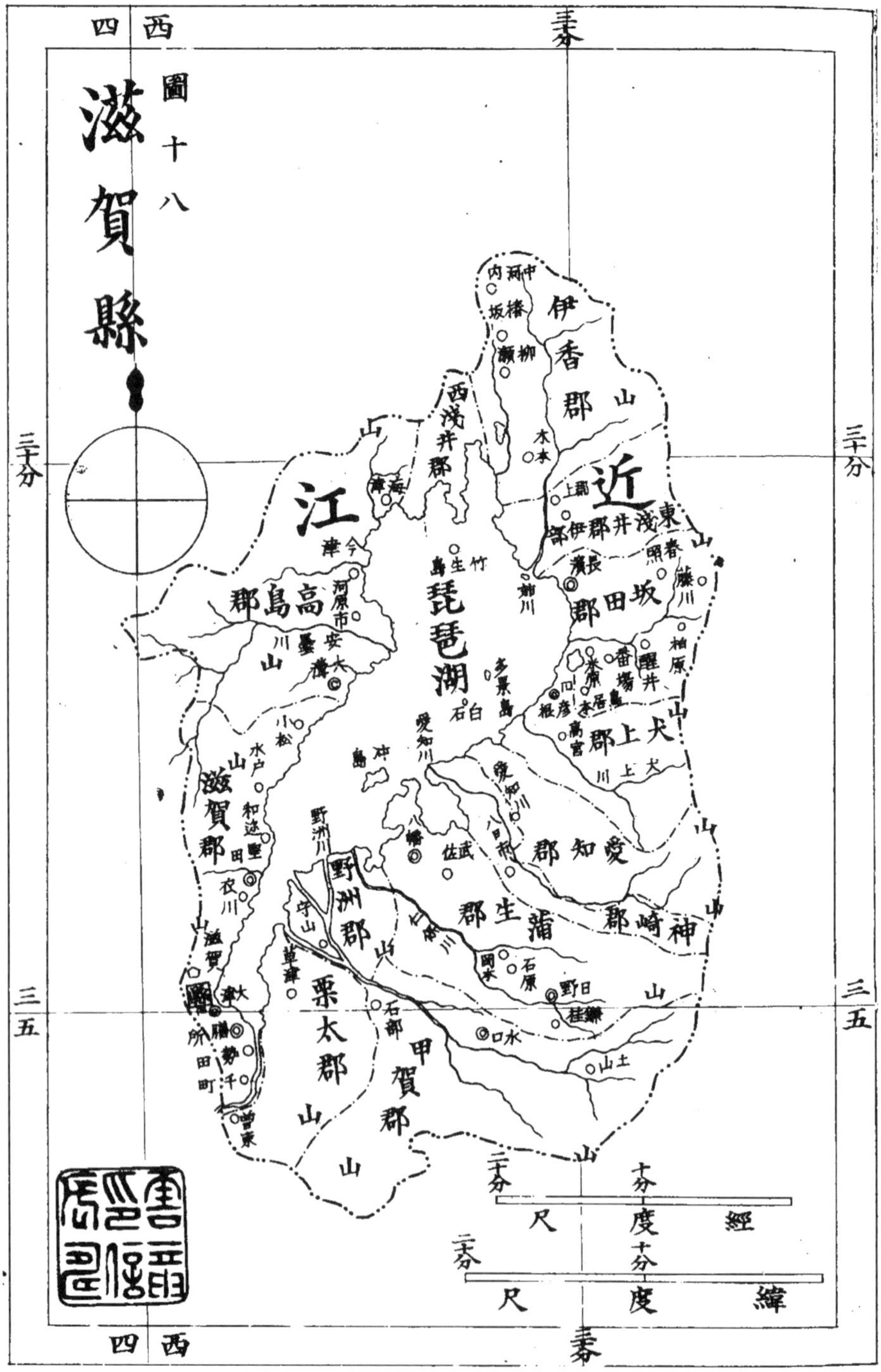
滋賀縣
圖十八
四西
近江
琵琶湖
伊香郡
西淺井郡
東淺井郡
坂田郡
犬上郡
愛知郡
神崎郡
蒲生郡
野洲郡
栗太郡
甲賀郡
滋賀郡
高島郡
竹生島
多景島
經度尺
緯度尺

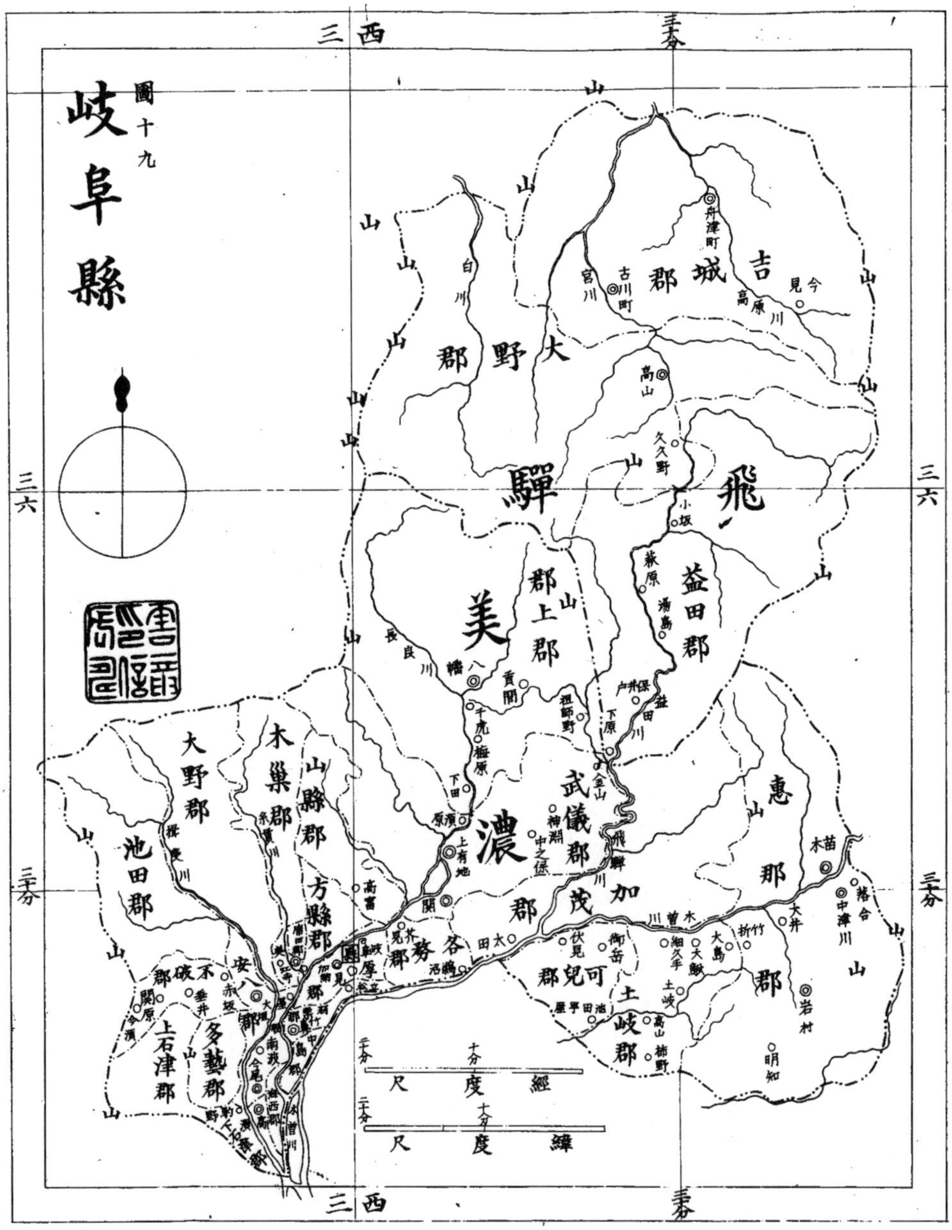
圖十九
岐阜縣
飛
驒
美
濃
吉城郡
大野郡
益田郡
郡上郡
武儀郡
加茂郡
惠那郡
土岐郡
可兒郡
各務郡
方縣郡
山縣郡
本巢郡
大野郡
池田郡
安八郡
不破郡
多藝郡
上石津郡
舟津町
古川町
宮川
高原川
白川
高山
久久野
小坂
萩原
湯島
下原
金山
長良川
八幡
關
上有地
木曾川
飛驒川
大井
中津川
岩村
明知
經度尺
緯度尺
三西
三六
三十分

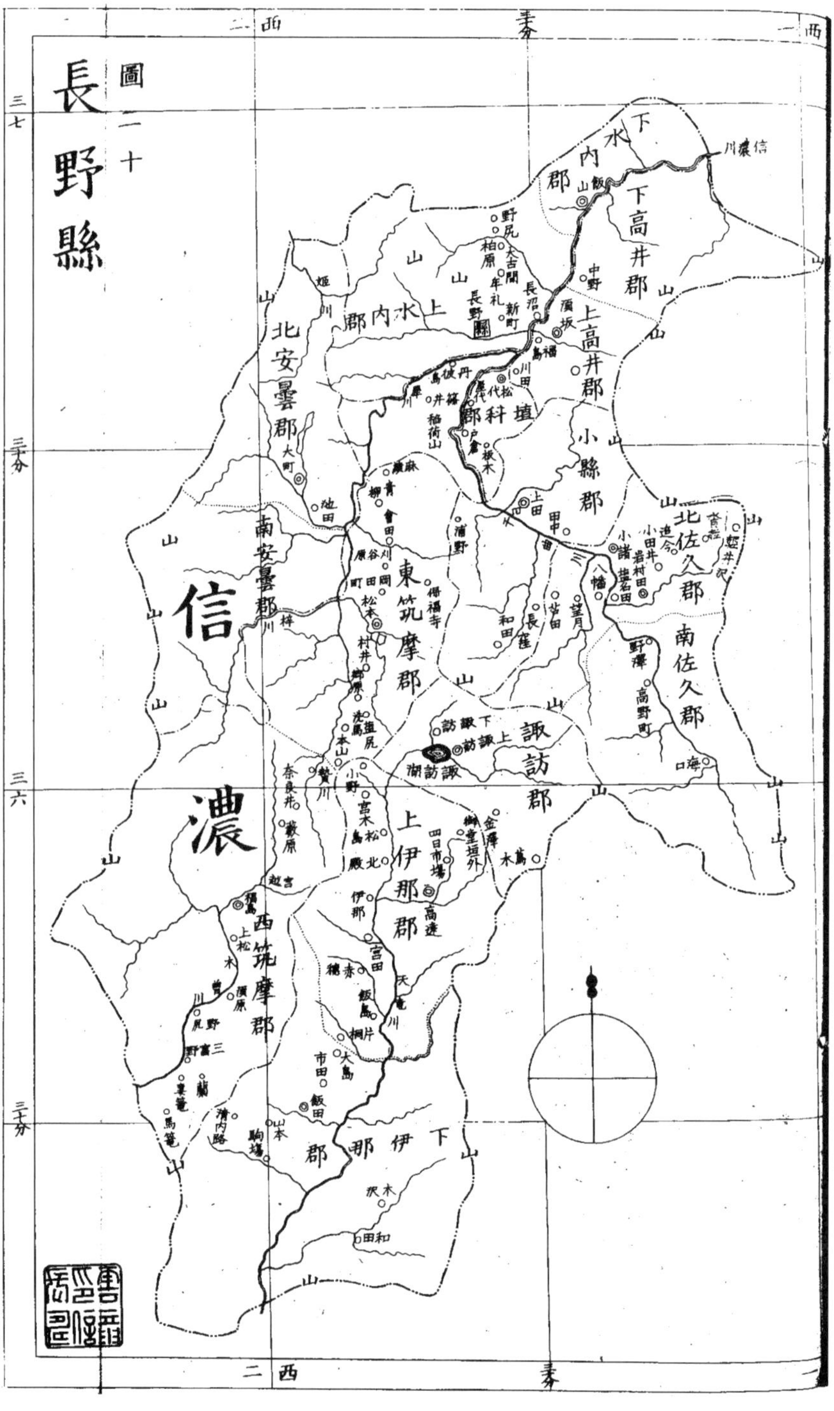
長野縣
圖二十
信
濃
下水內郡
上水內郡
下高井郡
上高井郡
北安曇郡
南安曇郡
埴科郡
小縣郡
北佐久郡
南佐久郡
東筑摩郡
西筑摩郡
諏訪郡
上伊那郡
下伊那郡
長野
松本
上田
飯田
諏訪湖
天龍川

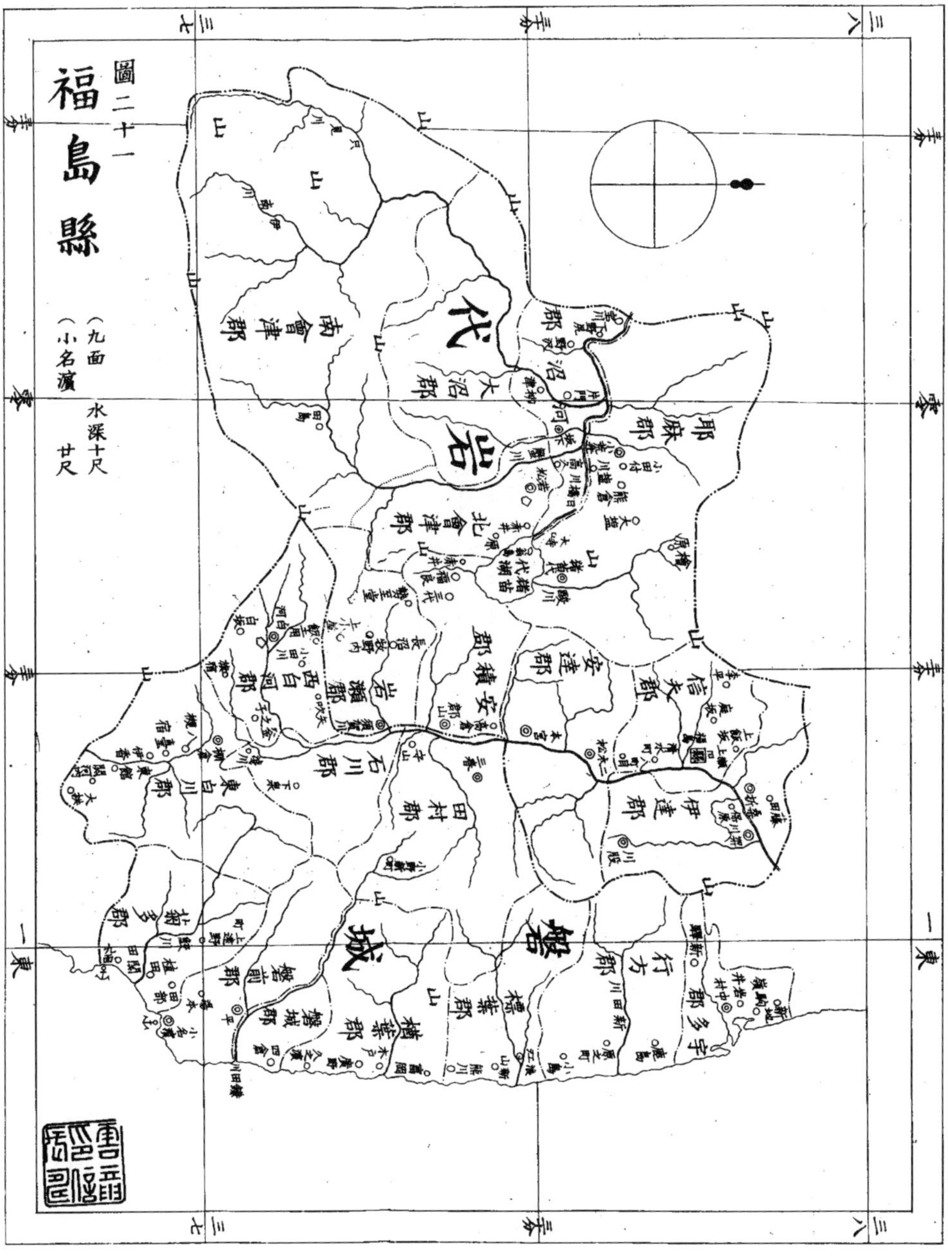
圖二十一
福島縣
（九面　水深十尺）
（小名濱　廿尺）
岩代
磐城
南會津郡
大沼郡
耶麻郡
北會津郡
河沼郡
安達郡
安積郡
岩瀨郡
西白河郡
石川郡
東白川郡
田村郡
信夫郡
伊達郡
行方郡
宇多郡
標葉郡
楢葉郡
磐城郡
磐前郡
菊多郡

圖二十二
宮城縣
寒風沢　十八尺至三十六尺
（松島灣内 石濱　水深五十四尺至六十尺
潜浦　四十二尺
（荒濱　水深十二尺至
（石卷　水深
（折濱　水深
（氣仙沼　水深
本吉郡
登米郡
桃生郡
牡鹿郡
栗原郡
玉造郡
加美郡
遠田郡
志田郡
黑川郡
宮城郡
前
陸
名取郡
柴田郡
伊具郡
亘理郡
仙臺
氣仙沼
石卷
松島
金華山
江島
田代島
出島
一東
尺度經

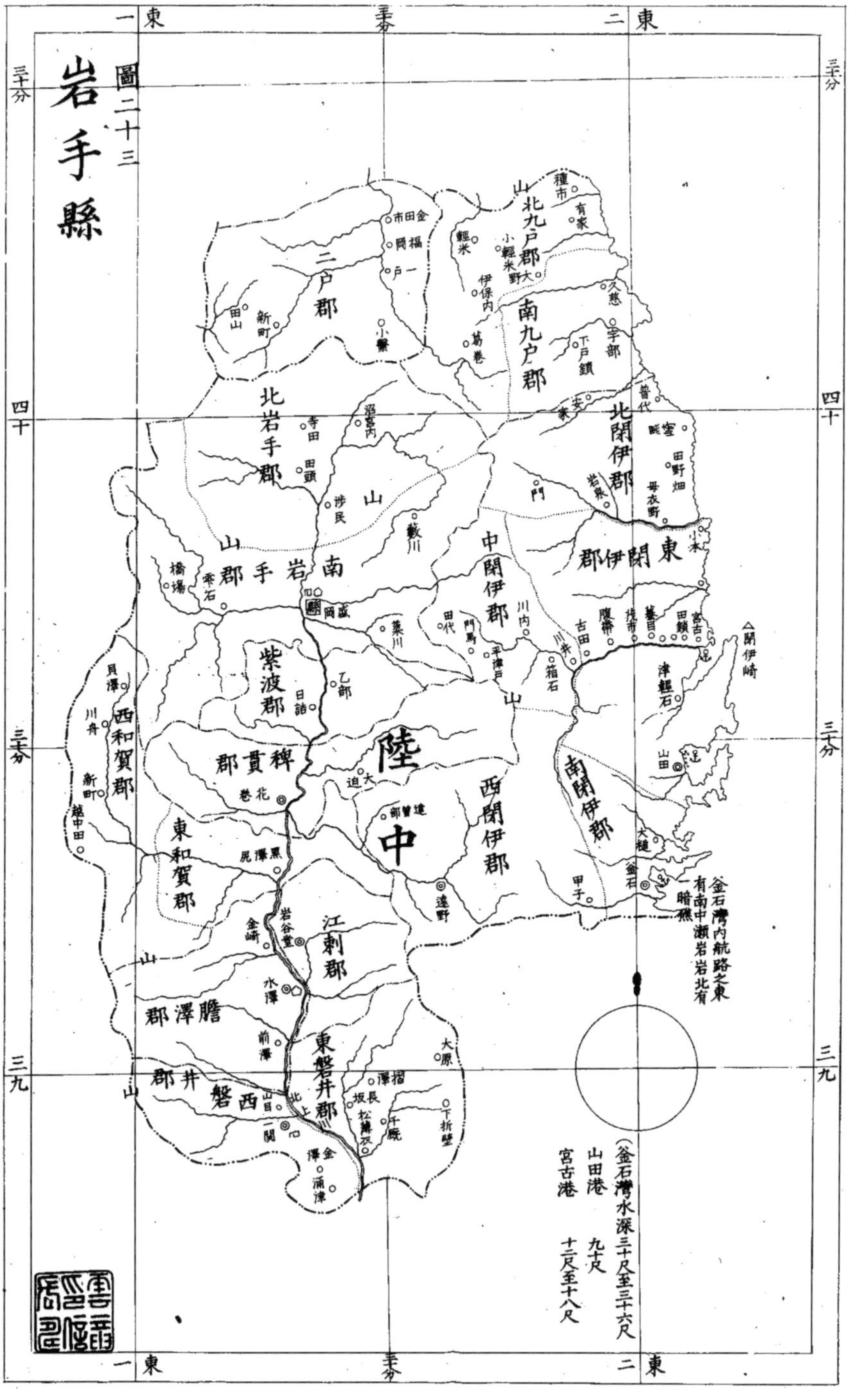
圖二十三
岩手縣
一東
二東
三十分
四十
三九
二戸郡
北九戸郡
南九戸郡
北岩手郡
南岩手郡
北閉伊郡
東閉伊郡
中閉伊郡
西閉伊郡
南閉伊郡
紫波郡
稗貫郡
西和賀郡
東和賀郡
江刺郡
膽澤郡
東磐井郡
西磐井郡
陸中
盛岡
花巻
遠野
釜石
宮古
山田
一關
水澤
閉伊崎
釜石灣内航路之東有南中瀬岩北有一暗礁
(釜石灣水深三十尺至三十六尺
山田港　九十尺
宮古港　十三尺至十八尺

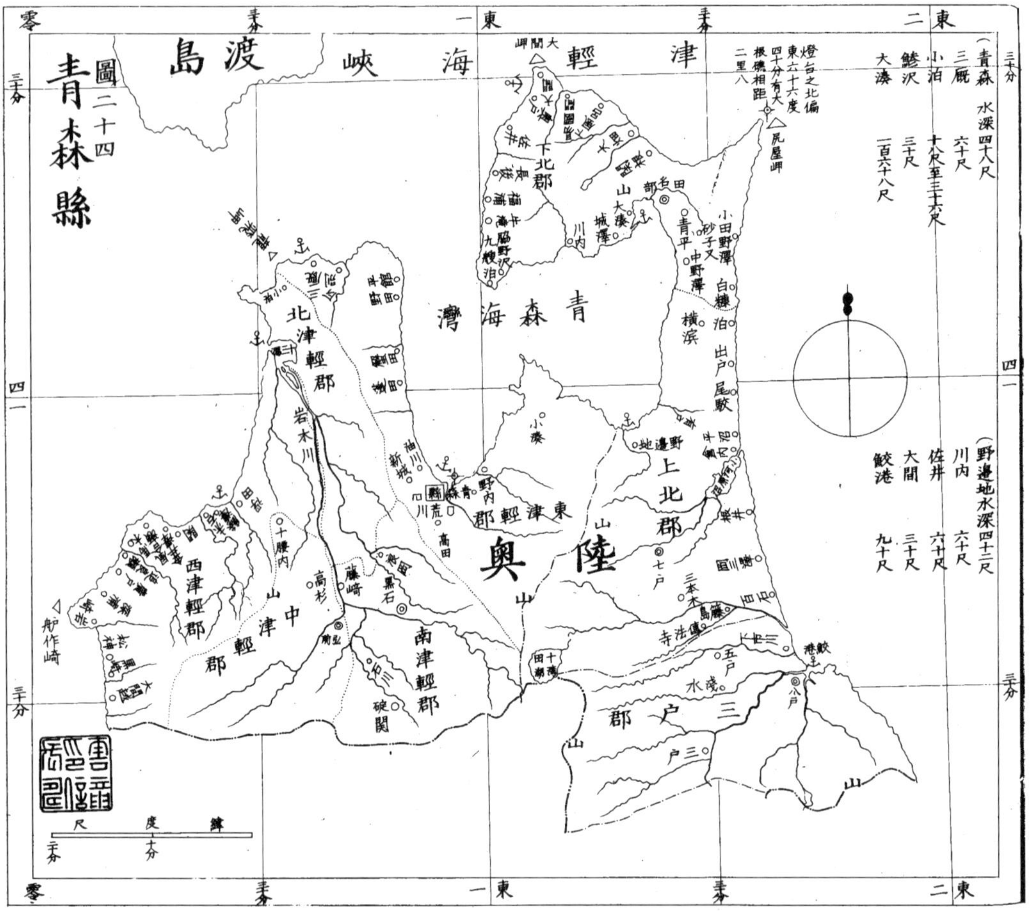
青森縣
圖二十四
渡島
津輕海峽
青森海灣
陸奥
燈台之北偏東六十六度四十分有大根標相距二里八
尻屋岬
大間岬
(青森 水深四十八尺
三廐 六十尺
小泊 十八尺至三十六尺
鰺沢 三十尺
大湊 一百六十八尺
(野邊地水深四十二尺
川内 六十尺
佐井 六十尺
大間 三十尺
鮫港 九十尺
下北郡
上北郡
東津輕郡
北津輕郡
西津輕郡
中津輕郡
南津輕郡
三戸郡
岩木川
小湊
野邊地
七戸
八戸
五戸
三戸
大湊
田名部
川内
横浜
黒石
碇関
艫作崎
尺度籍
零
東
三十分
四十一

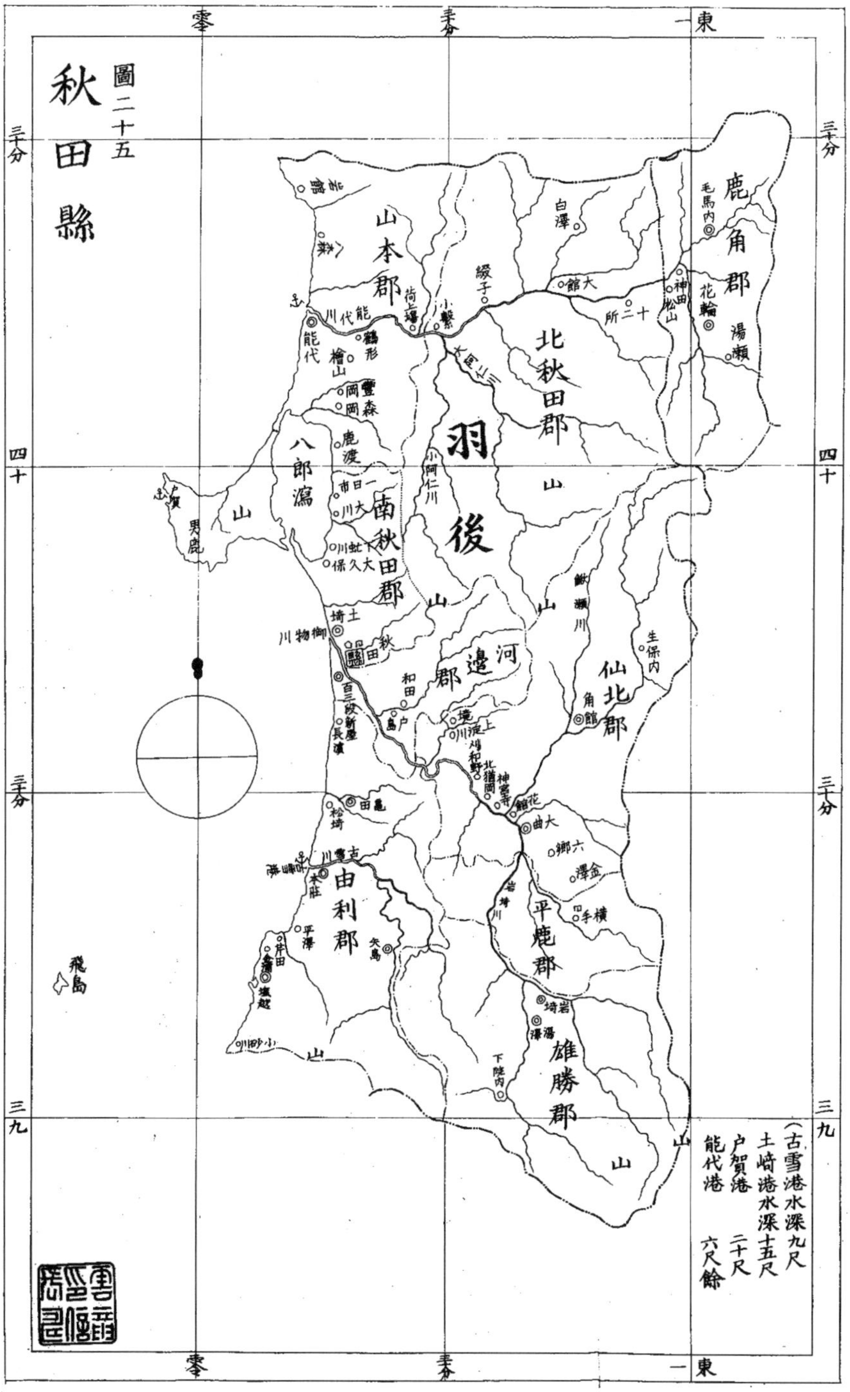
圖二十五
秋田縣
羽後
山本郡
北秋田郡
鹿角郡
南秋田郡
八郎瀉
河邊郡
仙北郡
由利郡
平鹿郡
雄勝郡
能代
能代川
白澤
毛馬内
花輪
湯瀬
大館
十二所
綴子
男鹿
土崎
秋田
新屋
長濱
本莊
平澤
矢島
角館
六鄉
金澤
橫手
湯澤
岩崎
飛島
(古雪港水深九尺
土崎港水深十五尺
戸賀港　二十尺
能代港　六尺餘

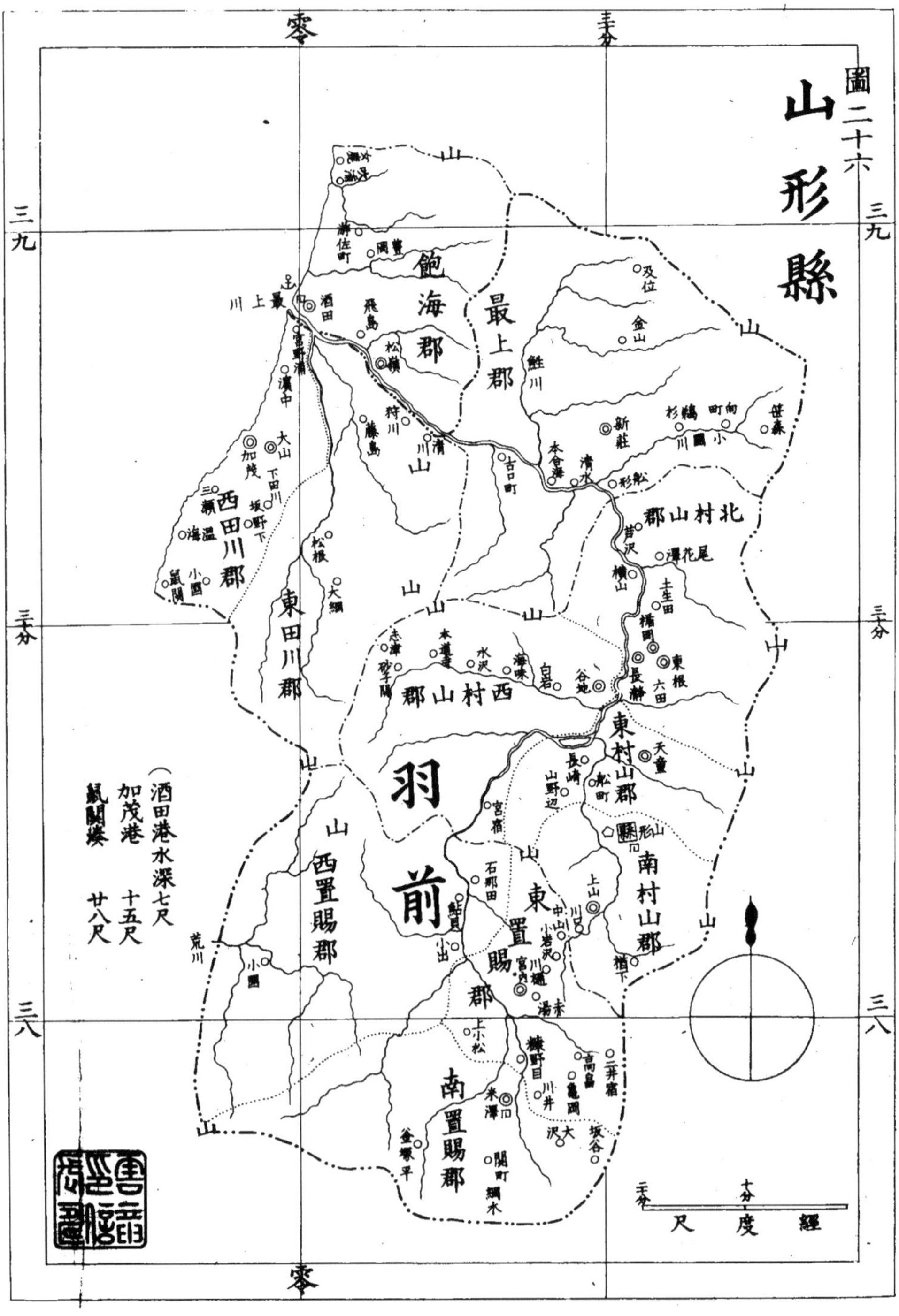
圖二十六
山形縣
零
三十分
三九
三八
羽前
飽海郡
最上郡
西田川郡
東田川郡
北村山郡
西村山郡
東村山郡
南村山郡
西置賜郡
東置賜郡
南置賜郡
最上川
酒田
松嶺
鶴岡
加茂
大山
溫海
鼠關
新莊
尾花澤
楯岡
東根
長崎
天童
山形
上山
宮內
米澤
小國
荒川
（酒田港水深七尺
加茂港　十五尺
鼠關灣　廿八尺
經度尺

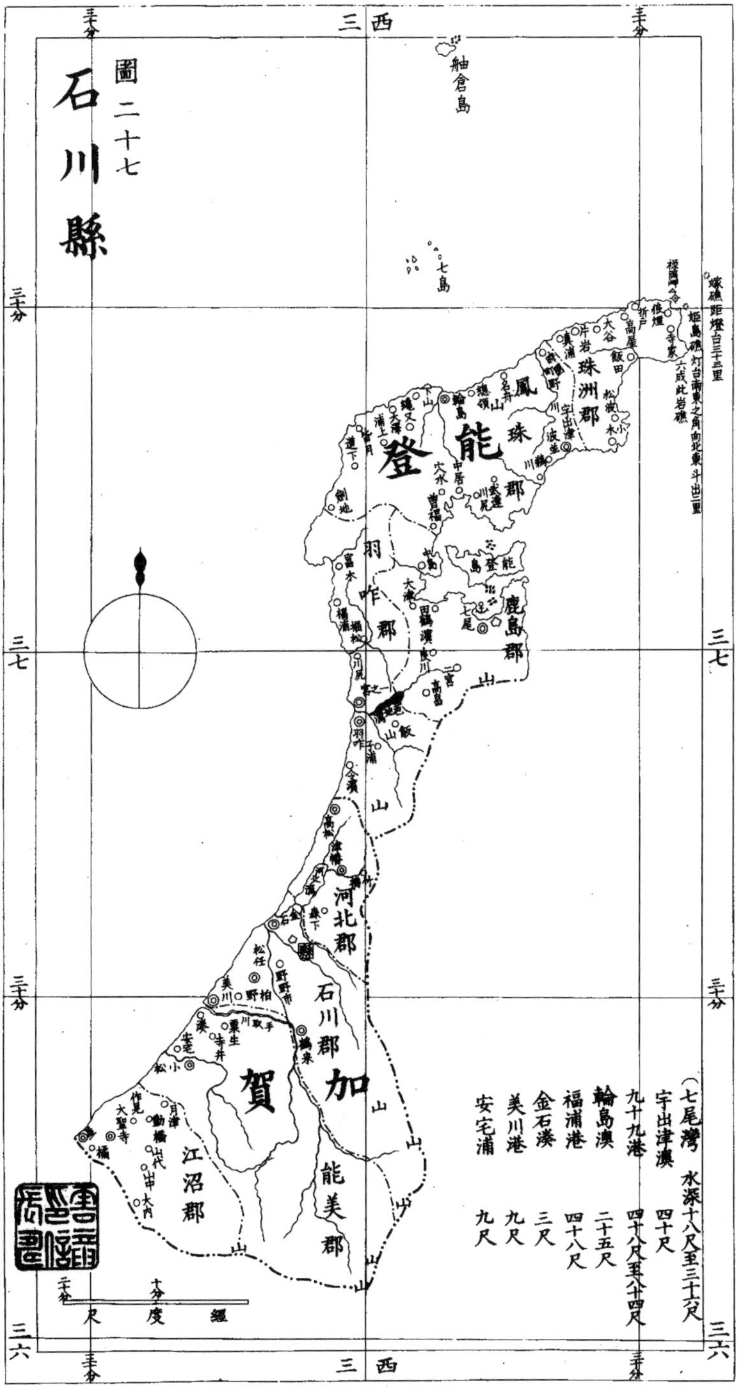
圖二十七
石川縣
舳倉島
七島
能登
鳳珠郡
羽咋郡
鹿島郡
加賀
河北郡
石川郡
能美郡
江沼郡
（七尾灣 水深十八尺至三十尺
宇出津澳 四十尺
九十九港 四十八尺至八十四尺
輪島澳 二十五尺
福浦港 四十八尺
金石湊 三尺
美川港 九尺
安宅浦 九尺
經度尺

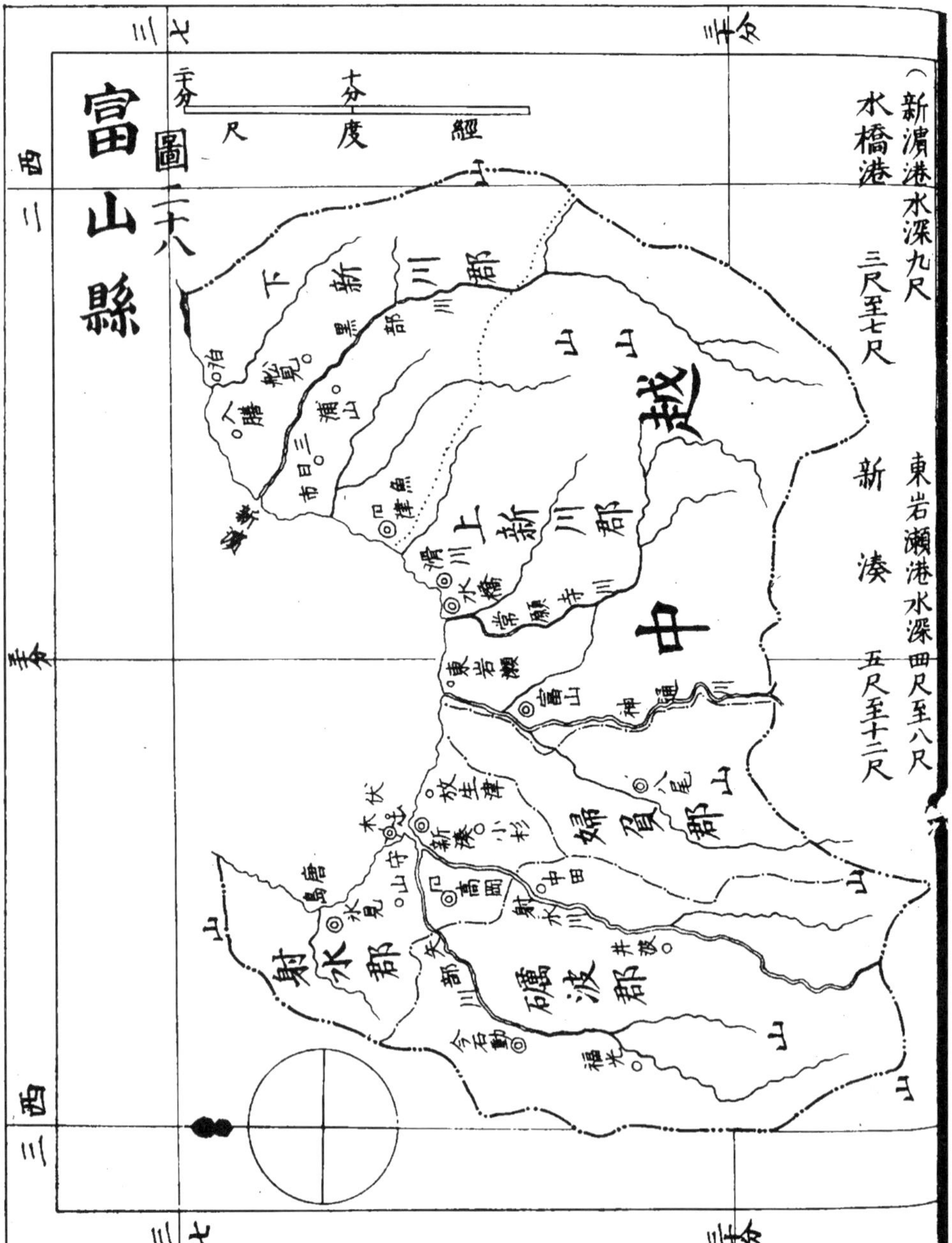
富山縣
圖二十八
度尺
（新濱港水深九尺
水橋港　三尺至七尺
東岩瀨港水深四尺至八尺
新湊　五尺至十二尺
越中
下新川郡
上新川郡
婦負郡
射水郡
礪波郡
富山
滑川
水橋
東岩瀨
新湊
高岡
氷見
伏木
八尾
福光
魚津
三日市
泊
今石動

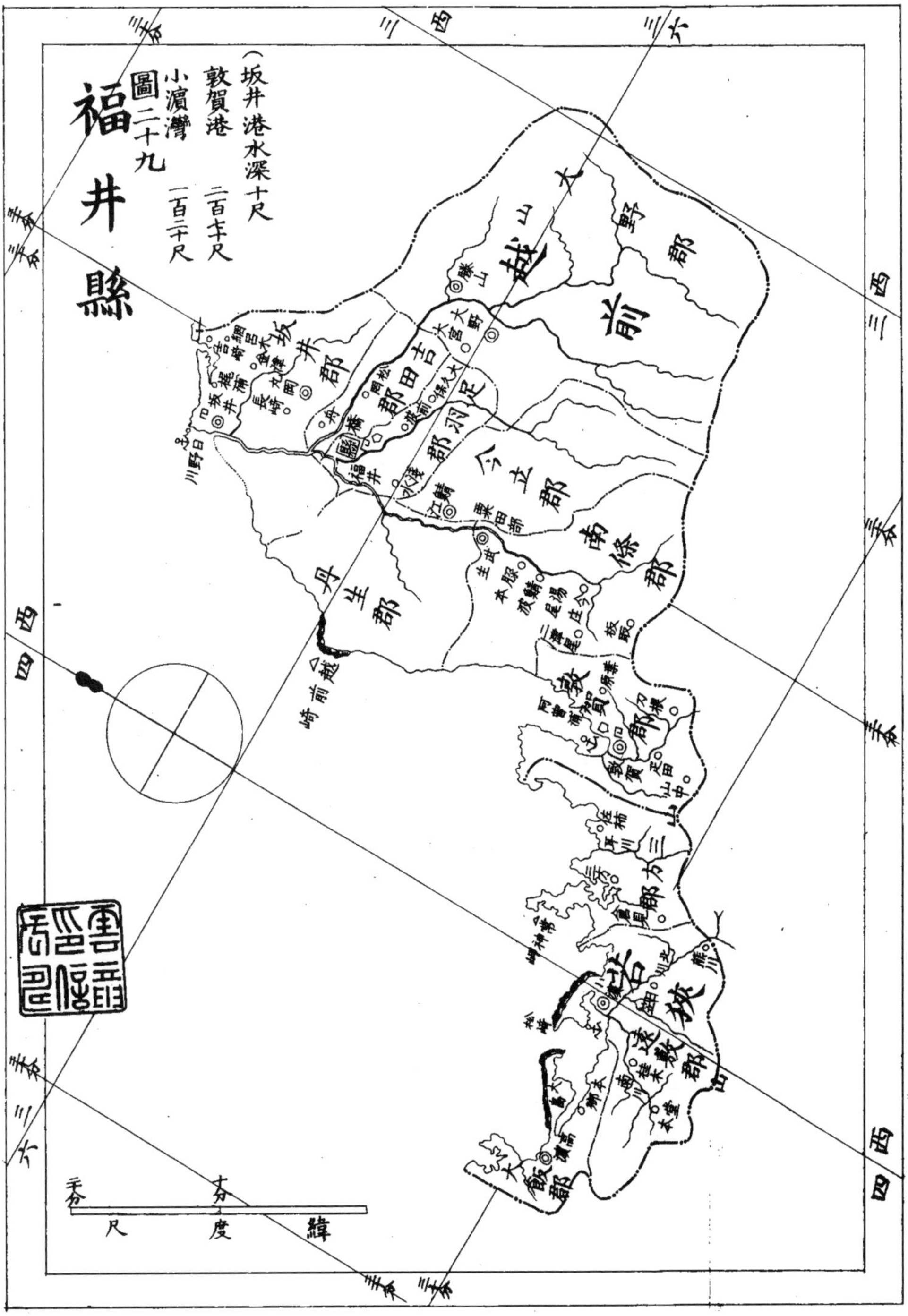
福井縣
圖二十九
坂井港水深十尺
敦賀港
小濱灣
大野郡
坂井郡
吉田郡
足羽郡
今立郡
南條郡
丹生郡
敦賀郡
三方郡
遠敷郡
大飯郡
越前
若狹
福井

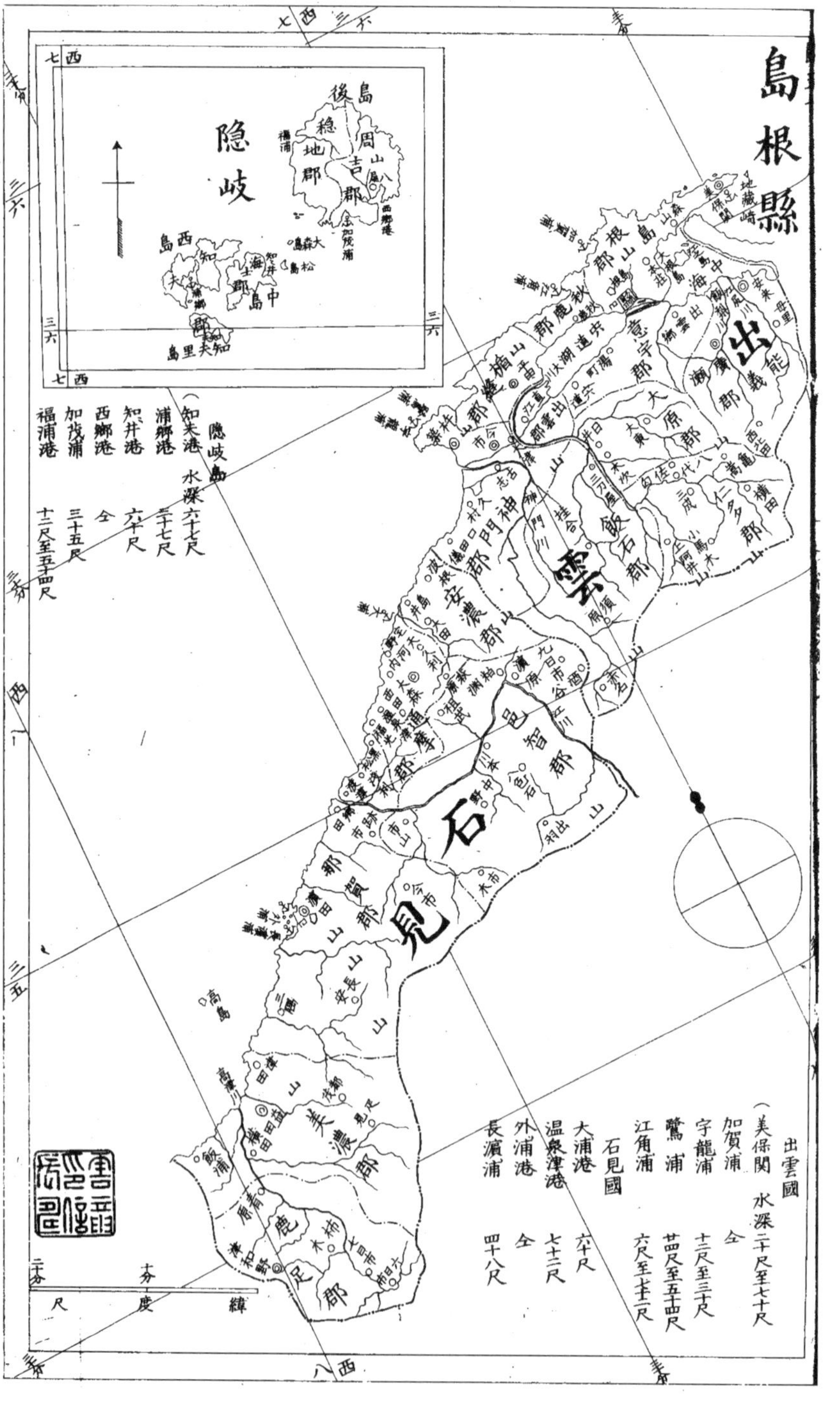
島根縣
隠岐
隠岐島
（知夫港 水深六十七尺
浦郷港 三十七尺
知井港 六十尺
西鄉港 仝
加茂浦 三十五尺
福浦港 十二尺至五十四尺
出雲
石見
出雲國
（美保関 水深二十尺至七十尺
加賀浦 仝
宇龍浦 十二尺至三十尺
鷺浦 廿四尺至五十四尺
江角浦 六尺至十二尺
石見國
大浦港 六十尺
温泉津港 七十二尺
外浦港 仝
長濱浦 四十八尺
緯度分尺

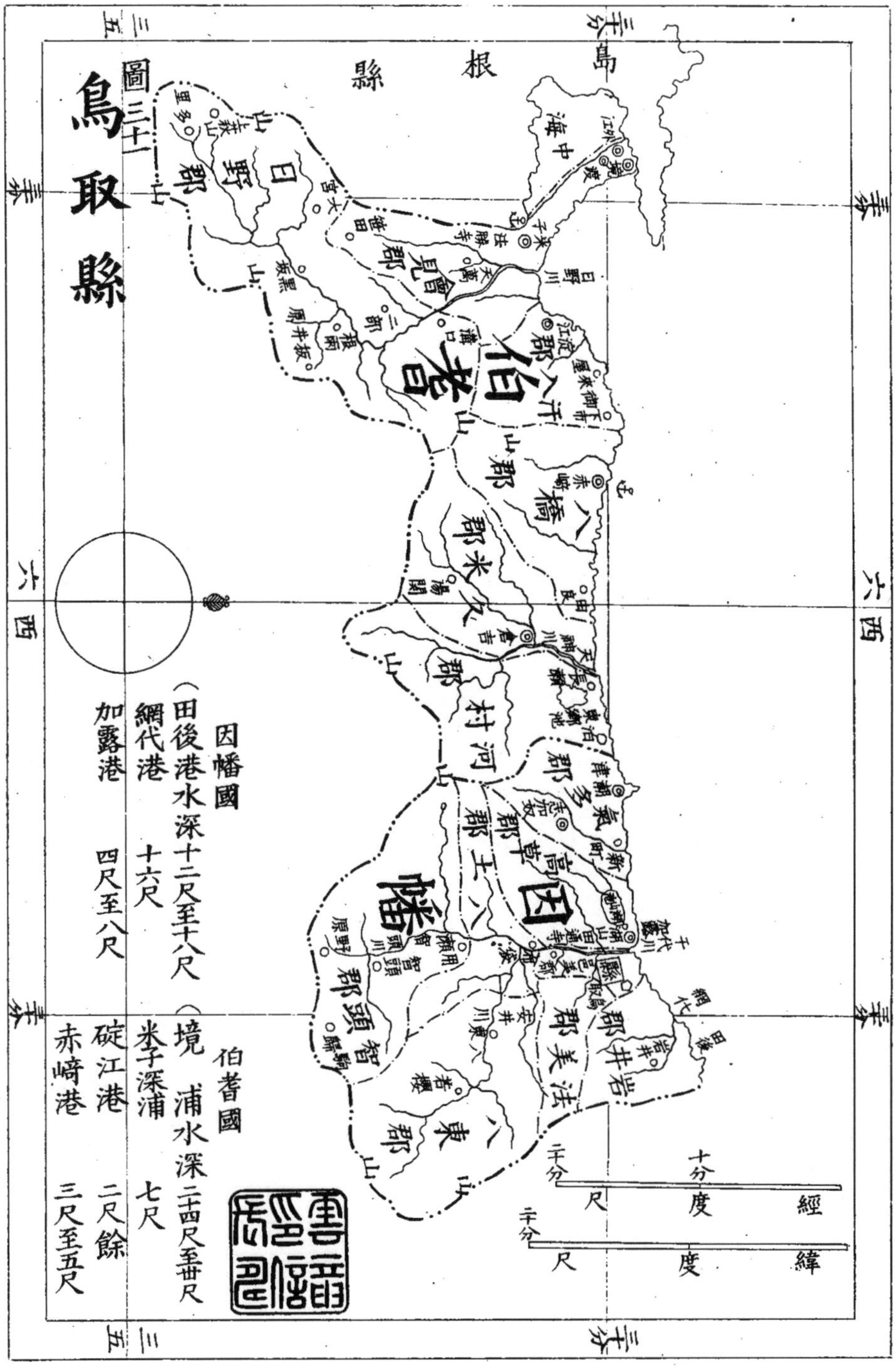
鳥取縣
圖三十一
島根縣
因幡國
田後港水深十二尺至十八尺
網代港　十六尺
加露港　四尺至八尺
伯耆國
境　浦水深二十四尺至卅尺
米子深浦　七尺
碇江港　二尺餘
赤崎港　三尺至五尺
伯耆
因幡
經度　尺
緯度　尺

圖三十二
岡山縣
美
作
備
前
中
内
海
真島郡
大庭郡
西西條郡
西北條郡
東北條郡
勝北郡
吉野郡
英田郡
勝南郡
久米南條郡
久米北條郡
哲多郡
阿賀郡
上房郡
川上郡
津高郡
赤坂郡
磐梨郡
和氣郡
邑久郡
上道郡
御野郡
賀陽郡
窪屋郡
都宇郡
後月郡
小田郡
下道郡
淺口郡
兒島郡
備前
大多府港水深十尺
牛窓港　四尺
日比港　十六尺
下津井港　十二尺
備中
玉島港　五尺至十二尺
笠岡港　六尺至二十尺
經度尺
緯度尺

圖三十三
廣島縣
備後御調郡大細島北方有長大夫岩隱伏水下
備後
安藝
（忠海港　水深三十二尺
御手洗港　三十八尺
竹原港　十二尺
（宇品港　水深十二尺至五十四尺
鹿者渡港　三十六尺
嚴島港　十二尺至十八尺

圖三十四
山口縣
長門
周防
福岡縣
(大浦港　水深三十尺
特牛灣　廿九尺
赤間關港　十八尺至六十三尺
福浦港在引島東岸　水深十二尺
(秋穗港　水深十五尺
大海港　二十尺
西浦港　三十尺
中關港　廿六尺
三田尻港　三十尺
笠戶港　六十尺
室積港　五十四尺
室津港　九尺
上關港　廿六尺
三浦港　百十尺
地家室港　廿尺
小泊港　十尺
油宇港　七十尺
新港　十六尺
緯度尺

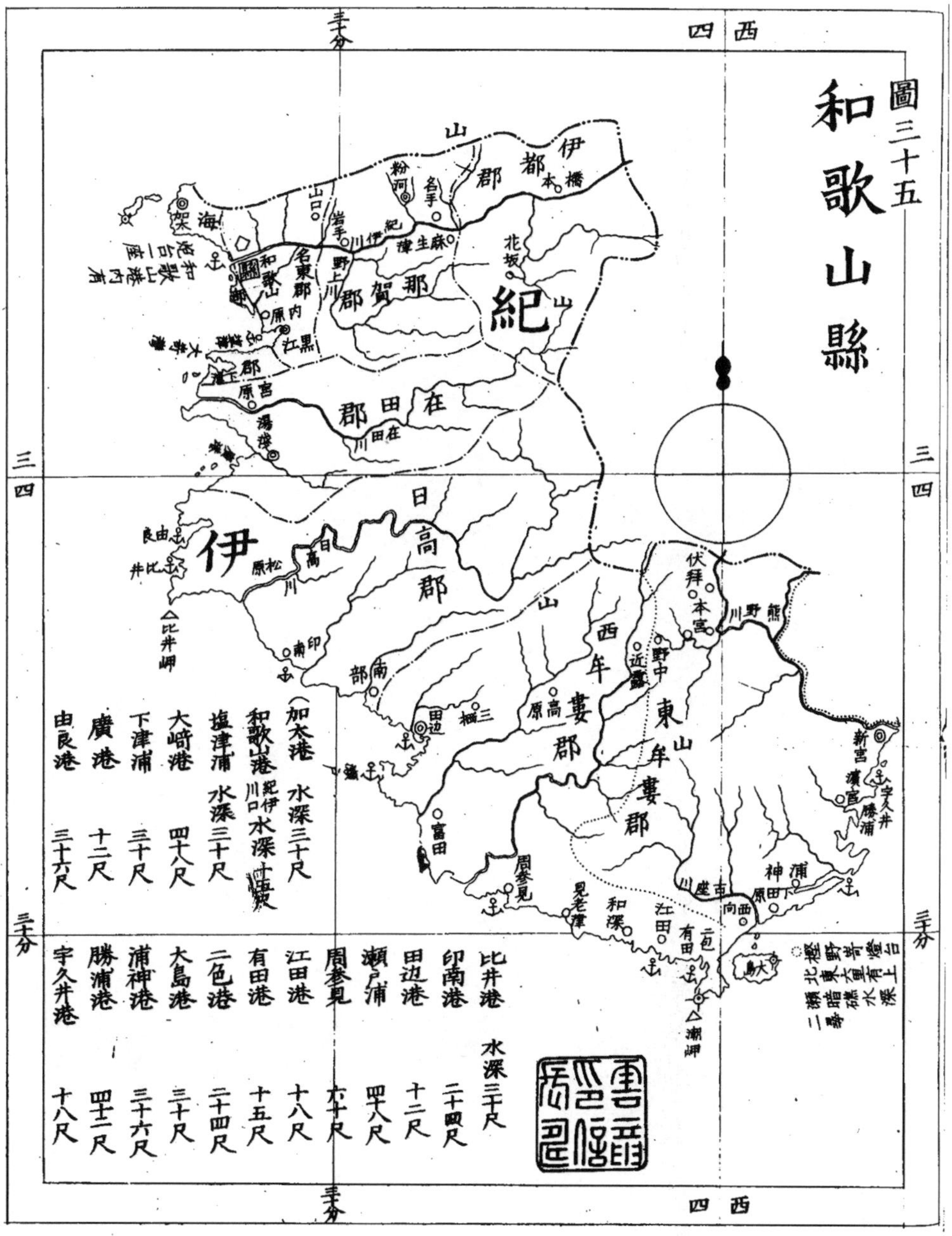
圖三十五
和歌山縣
伊都郡
那賀郡
海部郡
名東郡
在田郡
日高郡
西牟婁郡
東牟婁郡
紀
伊
和歌山
加太港　水深三十尺
塩津浦　水深三十尺
大崎港　四十八尺
下津浦　三十尺
廣港　十二尺
由良港　三十六尺
比井港　水深三十尺
印南港　二十四尺
田辺港　十二尺
瀬戸浦　四十八尺
周参見　六十尺
江田港　十八尺
有田港　十五尺
二色港　二十四尺
大島港　三十尺
浦神港　三十六尺
勝浦港　四十二尺
宇久井港　十八尺

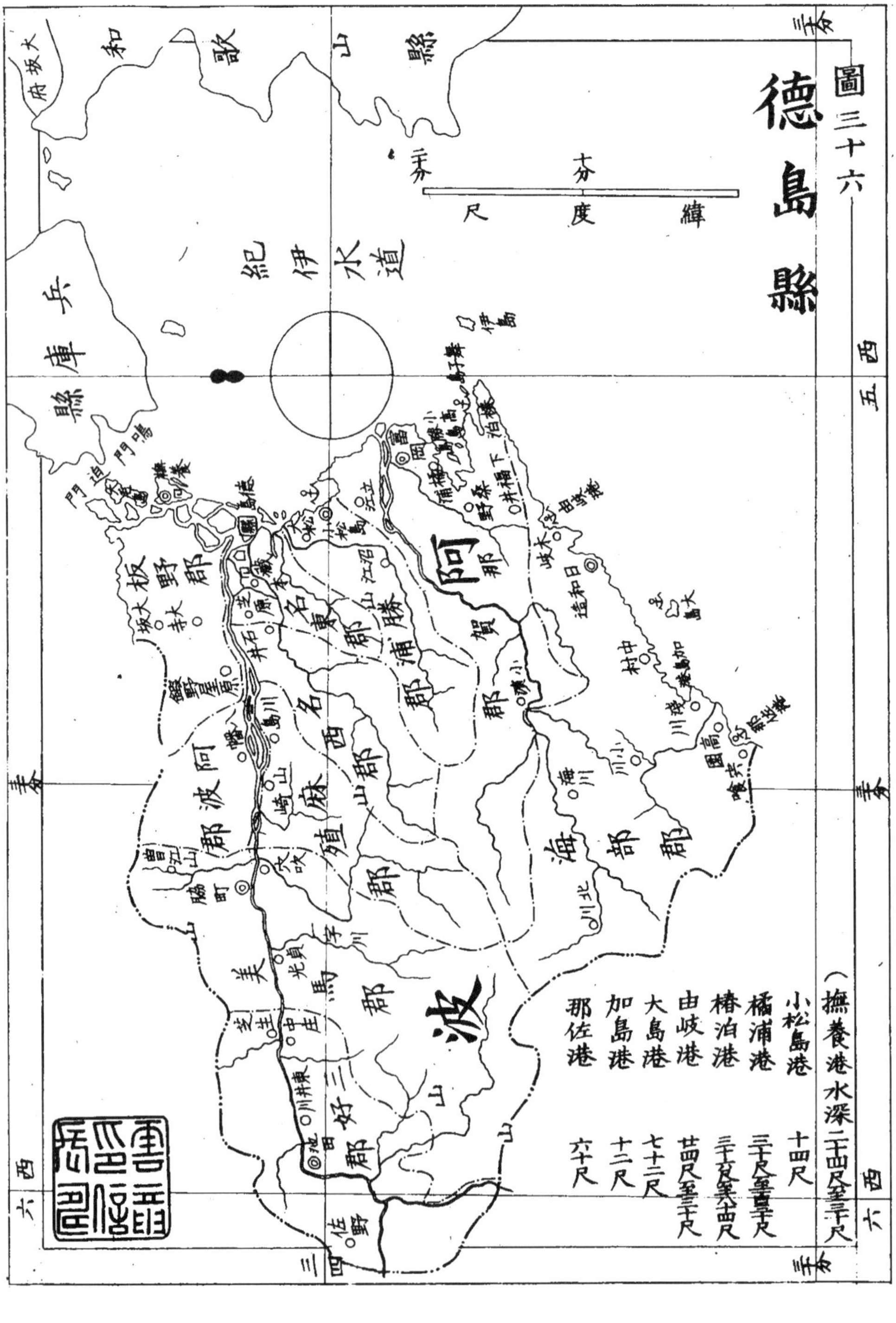

德島縣
圖三十六
緯度尺
紀伊水道
兵庫縣
和歌山縣
阿波郡
板野郡
名東郡
名西郡
麻殖郡
勝浦郡
那賀郡
海部郡
美馬郡
三好郡
（撫養港水深二十四尺至三十尺
小松島港
十四尺
橘浦港
椿泊港
由岐港
大島港
七十二尺
加島港
十二尺
那佐港
六十尺

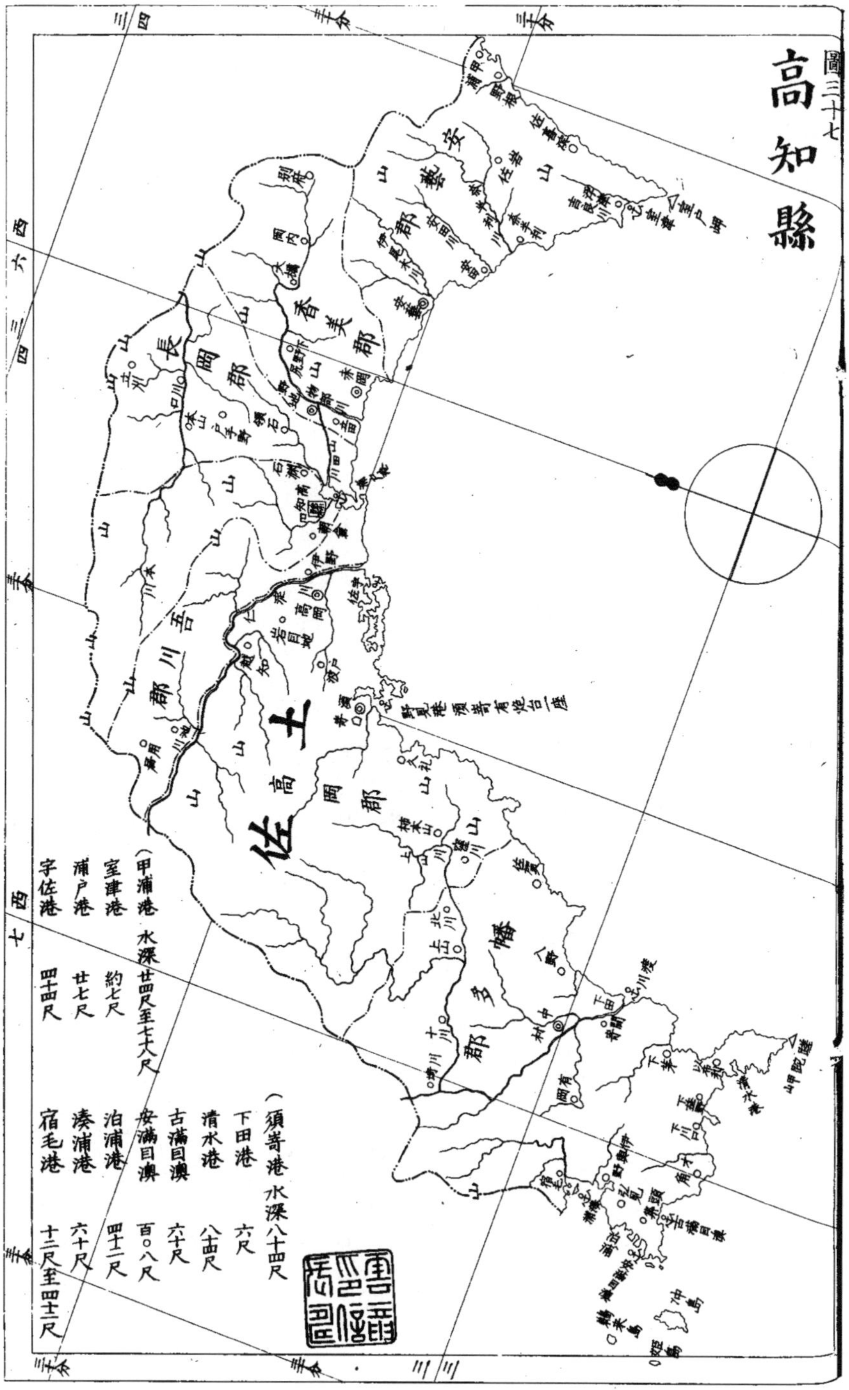
圖三十七
高知縣
安藝郡
香美郡
長岡郡
土佐郡
吾川郡
高岡郡
幡多郡
(甲浦港 水深廿四尺至七十八尺
室津港 約七尺
浦戶港 廿七尺
宇佐港 四十四尺
(須崎港 水深八十四尺
下田港 六尺
清水港 八十四尺
古滿目澳 六十尺
安滿目澳 百〇八尺
泊浦港 四十二尺
湊浦港 六十尺
宿毛港 十二尺至四十二尺

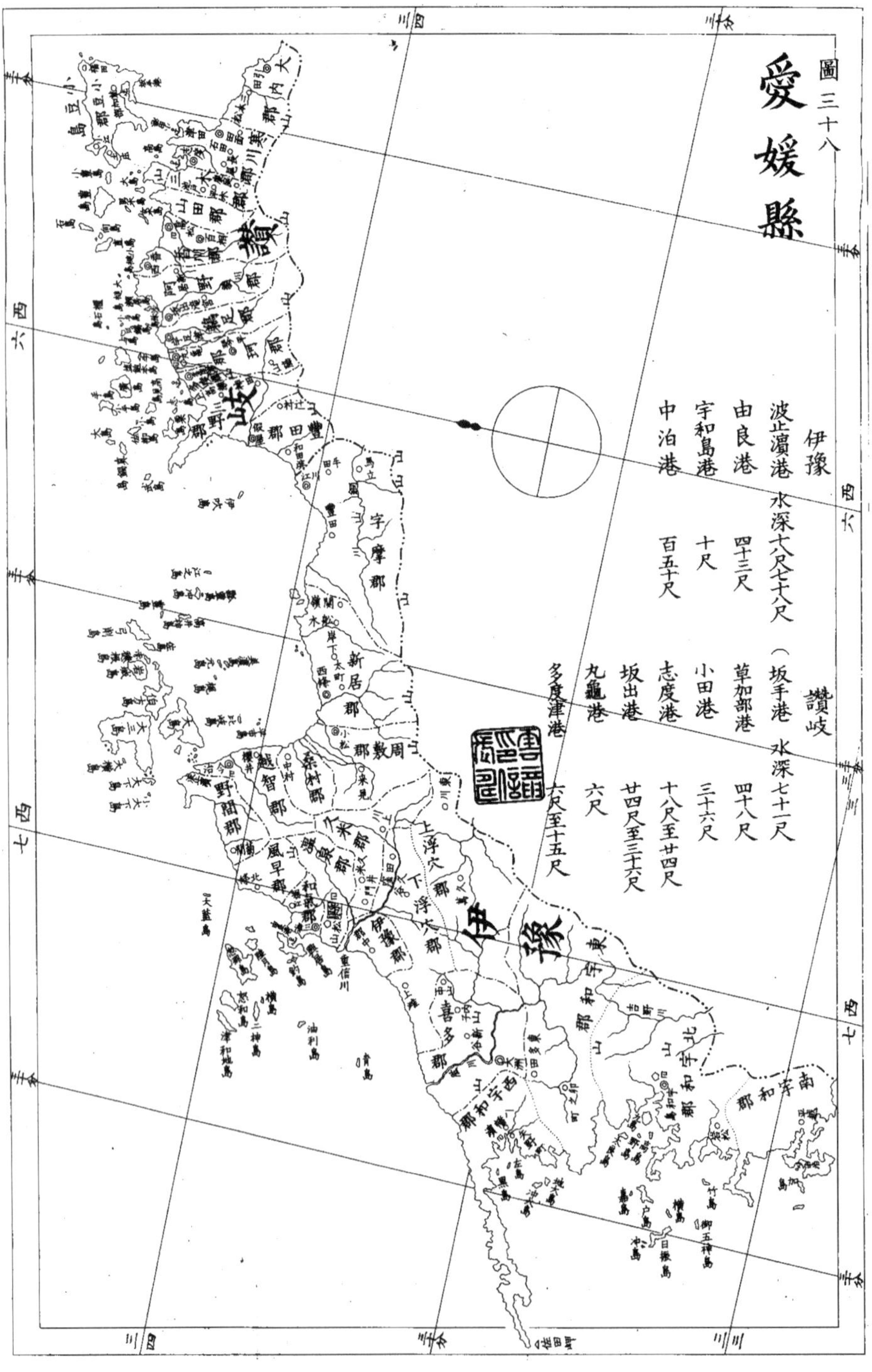
圖三十八
愛媛縣
伊豫
波止濱港　水深六尺七十八尺
由良港　四十三尺
宇和島港　十尺
中泊港　百五十尺
讚岐
（坂手港　水深七十一尺
草加部港　四十八尺
小田港　三十六尺
志度港　十八尺至廿四尺
坂出港　廿四尺至三十六尺
丸龜港　六尺
多度津港　六尺至十五尺
讚岐
伊豫
宇摩郡
新居郡
周數郡
越智郡
野間郡
風早郡
和氣郡
溫泉郡
久米郡
伊豫郡
下浮穴郡
上浮穴郡
喜多郡
西宇和郡
東宇和郡
北宇和郡
南宇和郡

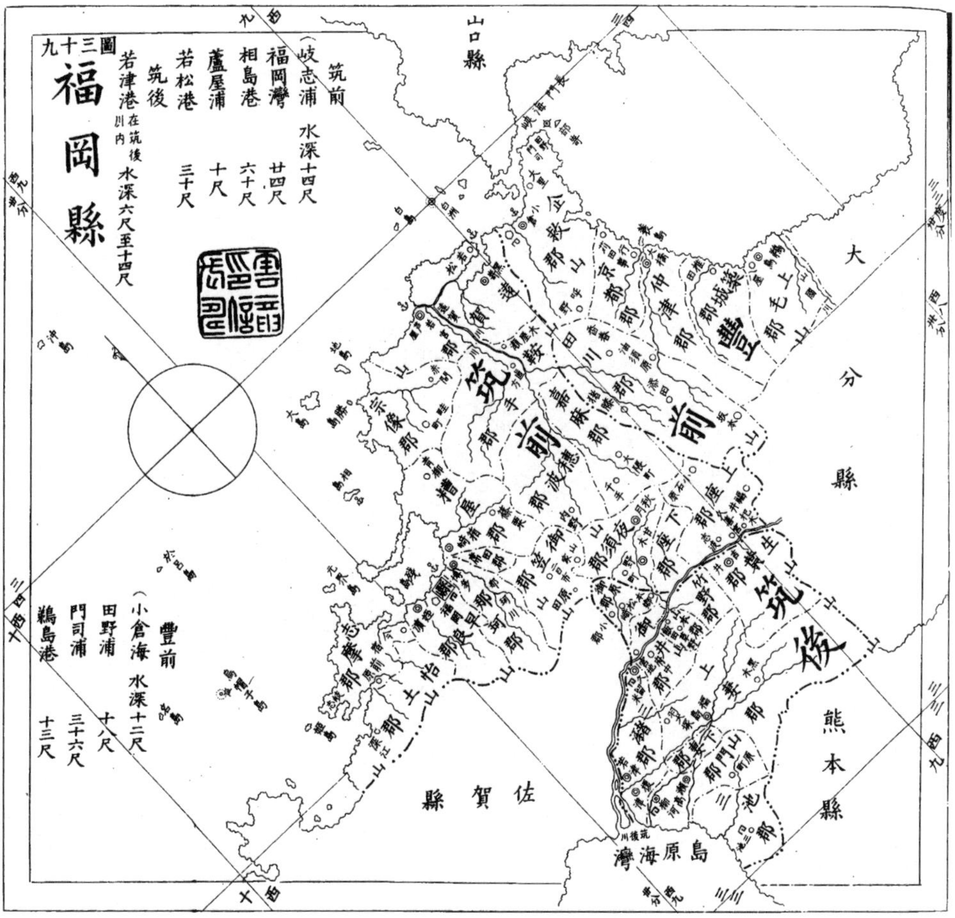
圖三十九
福岡縣
筑前
岐志浦　水深十四尺
福岡灣　廿四尺
相島港　六十尺
蘆屋浦　十尺
若松港　三十尺
筑後
若津港在筑後川內　水深六尺至十四尺
豐前
小倉海　水深十二尺
田野浦　十八尺
門司浦　三十六尺
鵜島港　十三尺
山口縣
大分縣
熊本縣
佐賀縣
島原海灣
筑前
筑後
豐前

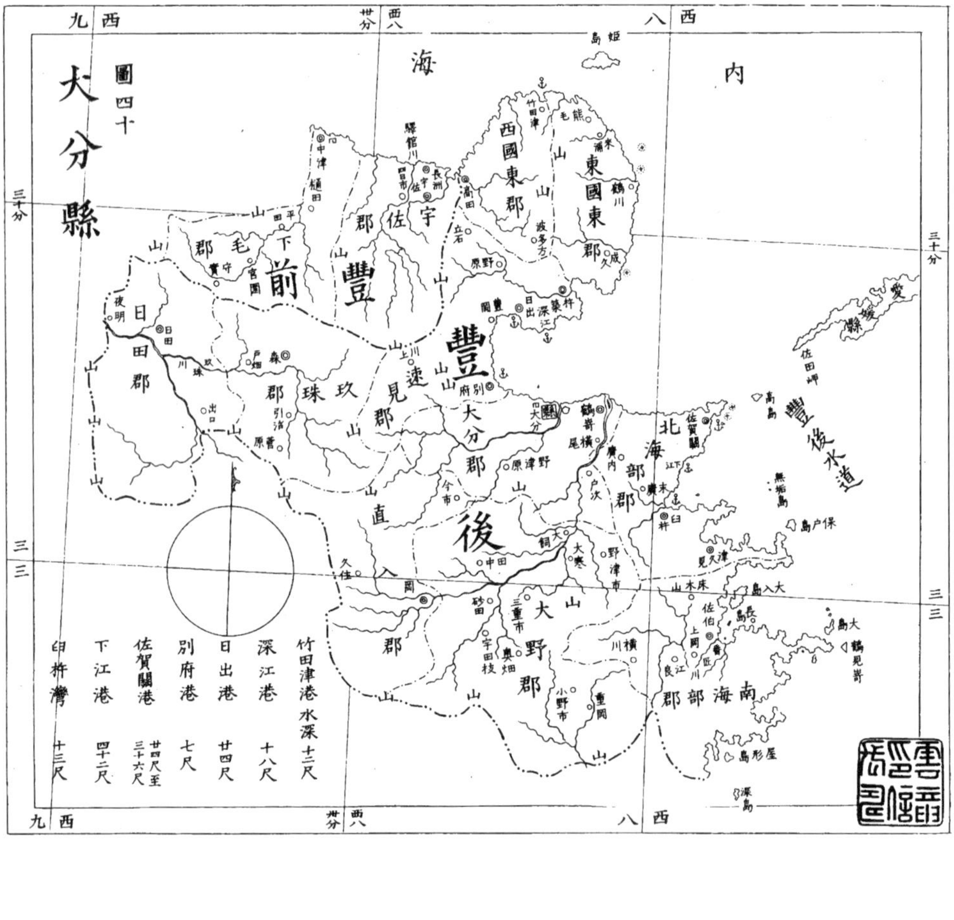
大分縣
圖四十
竹田津港水深十二尺
深江港十八尺
日出港廿四尺
別府港七尺
佐賀關港廿四尺至三十六尺
下江港四十二尺
臼杵灣十三尺
豐前
豐後
下毛郡
宇佐郡
西國東郡
東國東郡
速見郡
大分郡
北海部郡
南海部郡
大野郡
直入郡
玖珠郡
日田郡
豐後水道
愛媛縣
海
內
九西
八西
三十分
三三
姬島
高島
保戶島
大入島
大島
鶴見崎
屋形島
深島
佐田岬

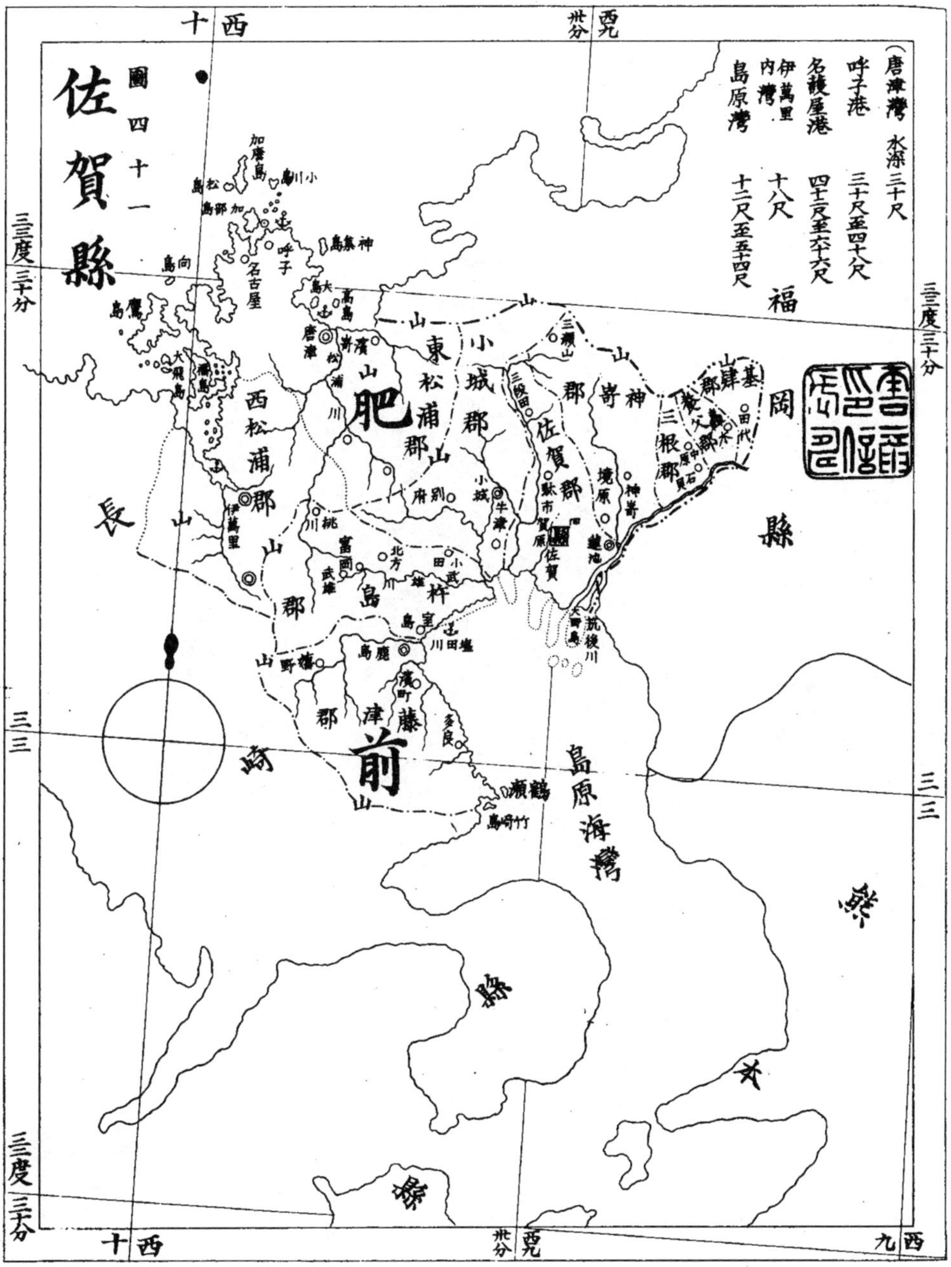
佐賀縣
圖四十一
唐津灣　水深三十尺
呼子港　三十尺至四十尺
名護屋港　四十尺至六十六尺
伊萬里內灣　十八尺
島原灣　十二尺至五十四尺
福岡縣
長崎縣
熊本縣
肥前
島原海灣
東松浦郡
西松浦郡
小城郡
佐賀郡
神埼郡
三養基郡
杵島郡
藤津郡
唐津
伊萬里
佐賀
呼子
名古屋
加唐島
松島
神集島
高島
向島
鷹島
大飛島
牛津
武雄
北方
鹿島
鶴瀨
竹崎島
多良
筑後川
三瀨山
西十
卅九分
三十三度三十分
三十三
九西

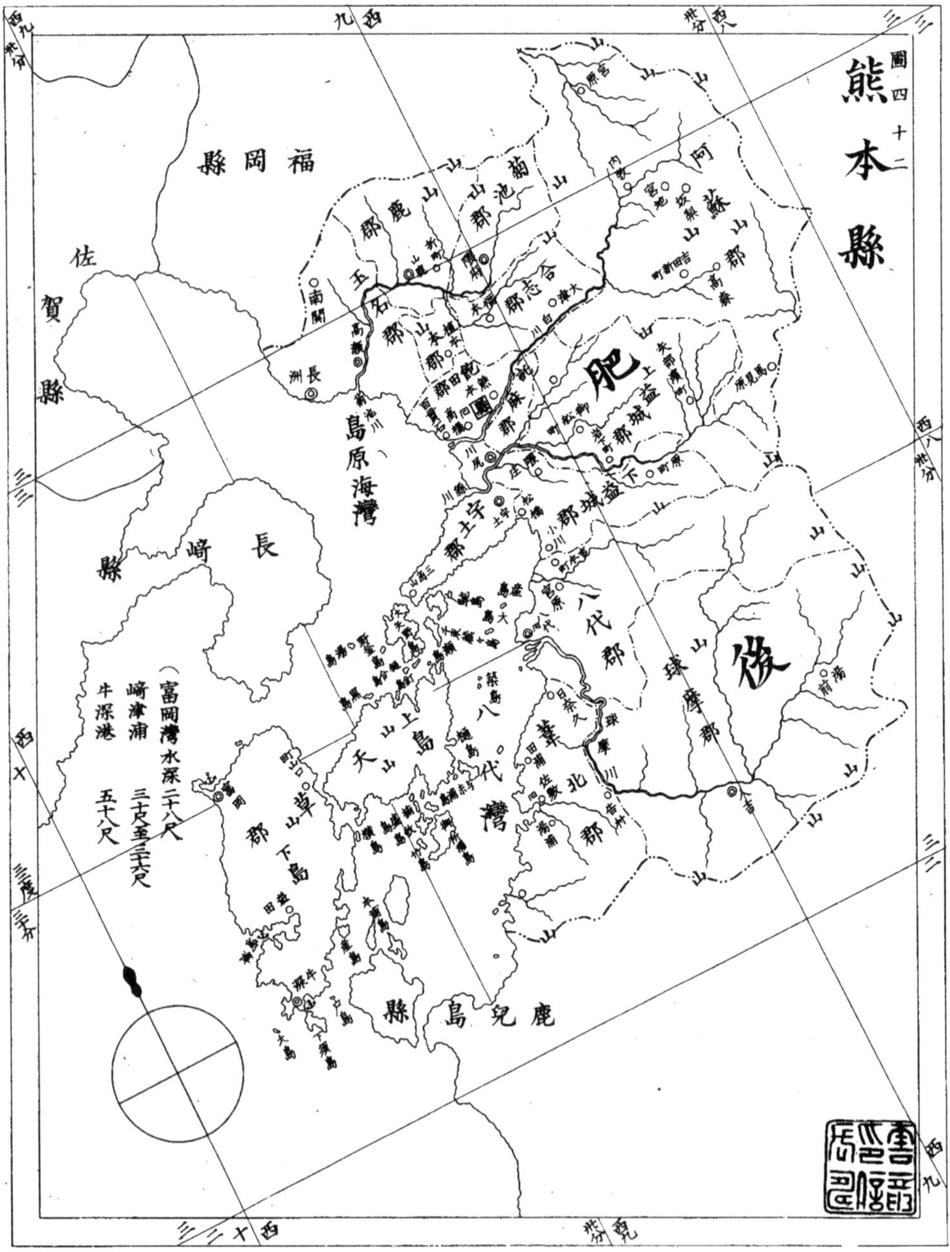
圖四十二
熊本縣
福岡縣
佐賀縣
長崎縣
鹿兒島縣
肥
後
島原海灣
八代灣
上島
下島
阿蘇郡
菊池郡
山鹿郡
合志郡
宇土郡
八代郡
球摩郡
葦北郡
下益城郡
（富岡灣水深二十八尺
崎津浦　三丈至三丈六尺
牛深港　五十八尺

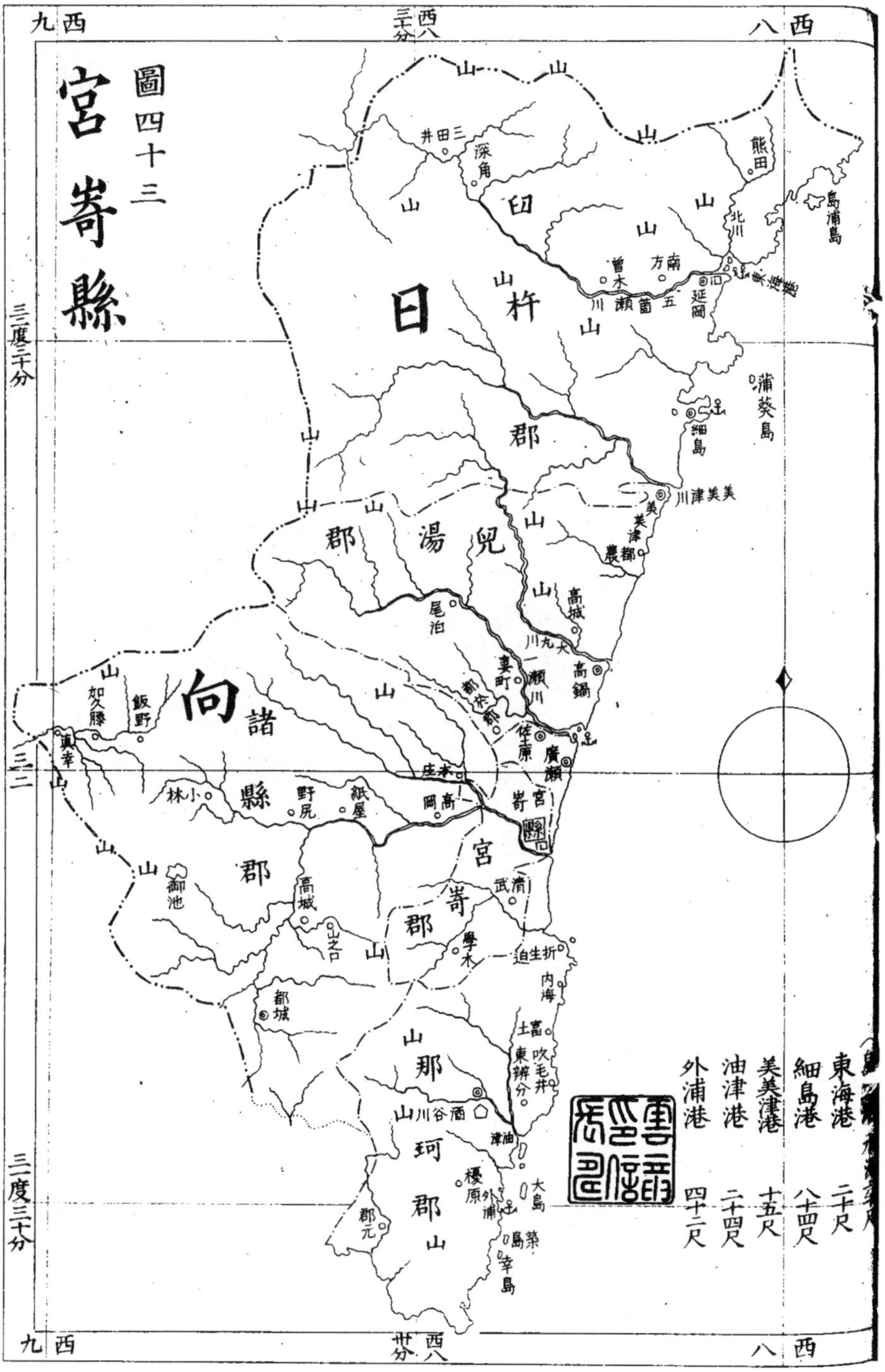
圖四十三
宮崎縣
日
向
臼杵郡
兒湯郡
諸縣郡
宮崎郡
那珂郡
延岡
細島
美美津
高鍋
高城
廣瀨
佐土原
都城
飫肥
東海港　二十尺
細島港　八十四尺
美美津港　十五尺
油津港　二十四尺
外浦港　四十二尺

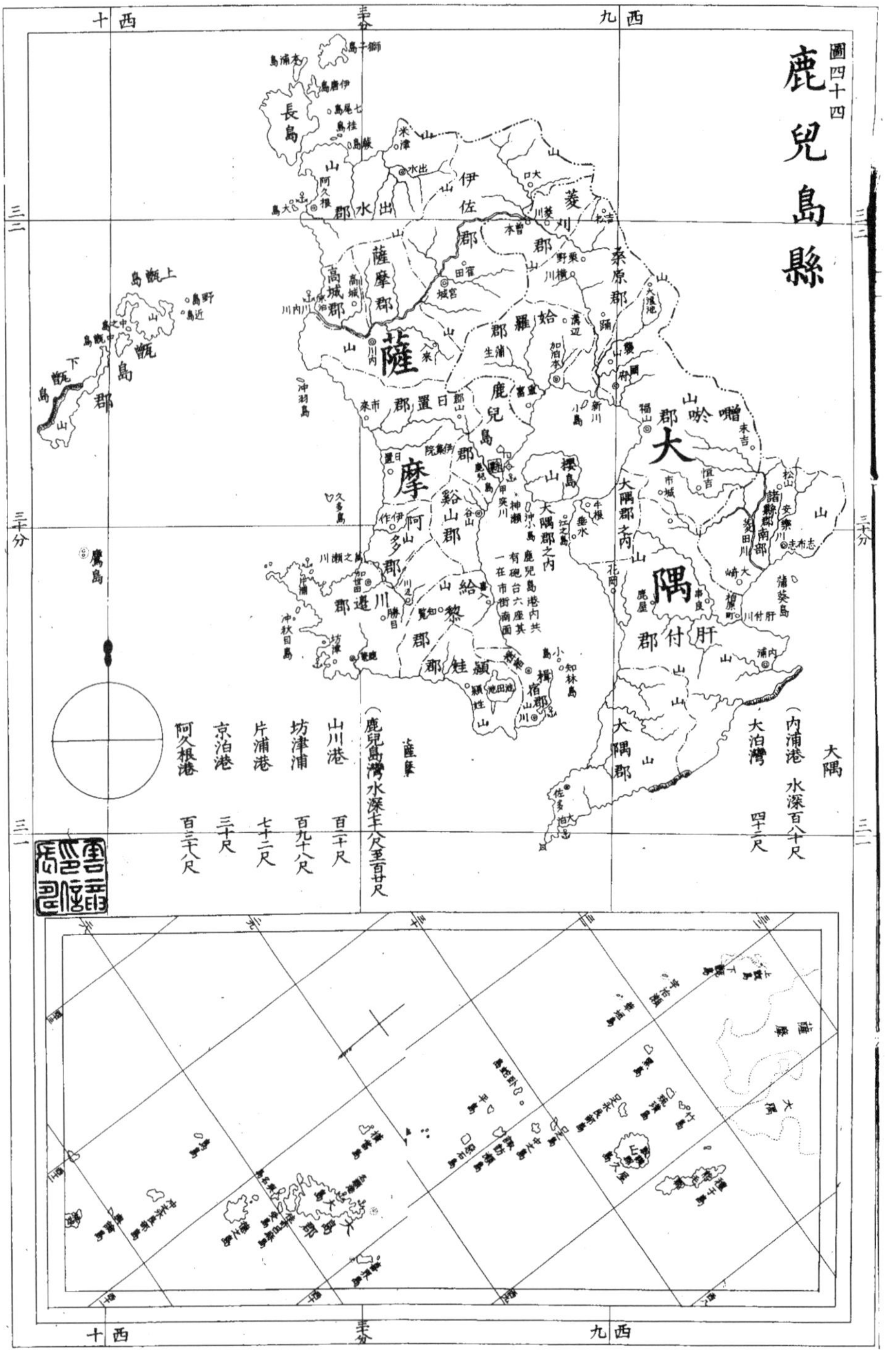

圖四十四
鹿兒島縣
薩摩
大隅
大隅
(內浦港 水深百八十尺
大泊灣 四十二尺
薩摩
(鹿兒島灣 水深十八尺至百廿尺
山川港 百二十尺
坊津浦 百九十八尺
片浦港 七十二尺
京泊港 三十尺
阿久根港 百三十八尺

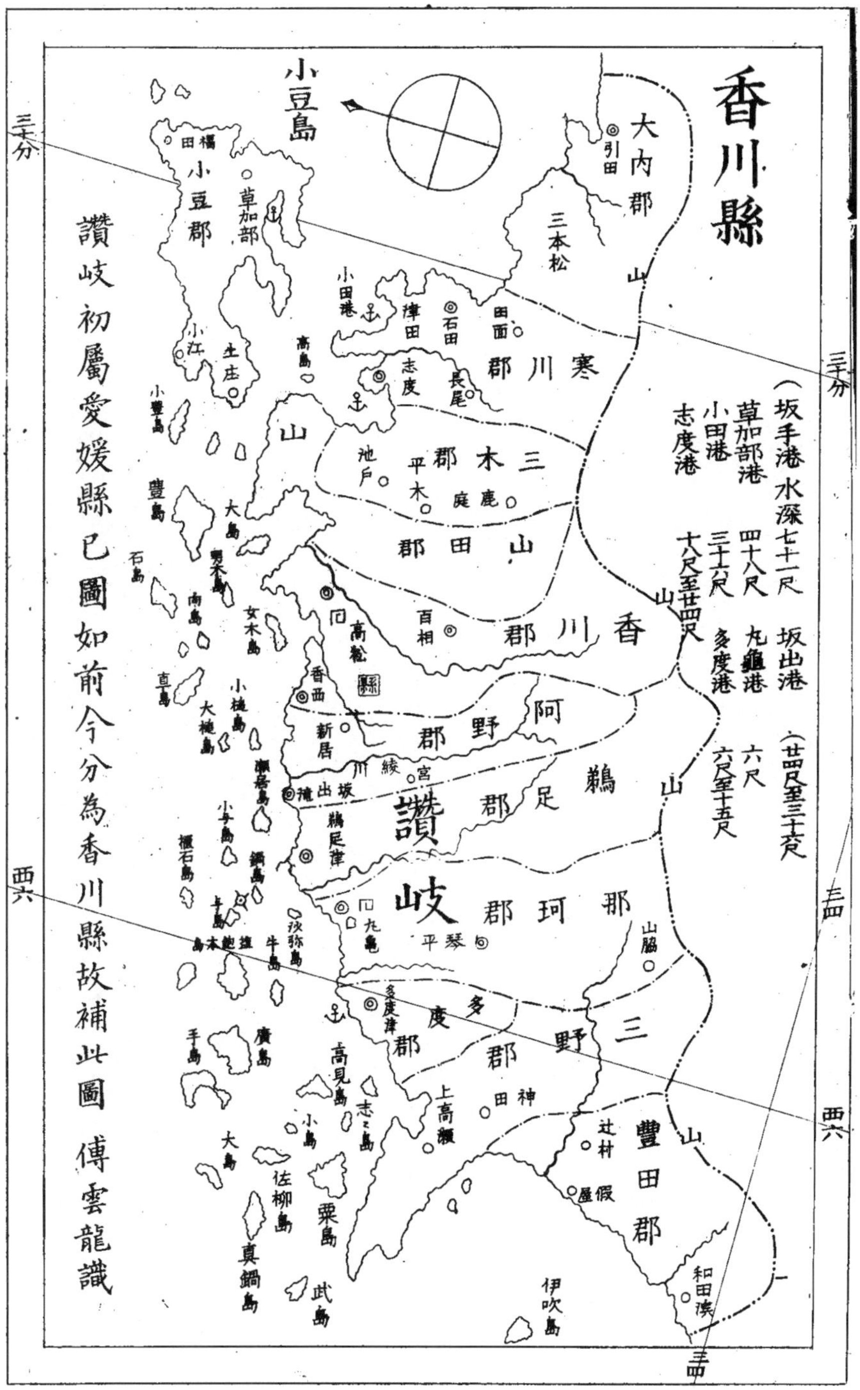
香川縣
讚岐初屬愛媛縣已圖如前今分為香川縣故補此圖　傅雲龍識
（坂手港水深七十一尺
草加部港四十八尺
小田港三十一尺
志度港十八尺至廿四尺
坂出港（廿四尺至三十尺
丸龜港六尺
多度港六尺至十五尺
小豆島
小豆郡
草加部
福田
小江
土庄
大內郡
引田
三本松
寒川郡
津田
石田
田面
志度
長尾
小田港
高島
三木郡
平木
池戶
鹿庭
山田郡
香川郡
百相
高松
縣
香西
阿野郡
新居
綾川
宮
坂出
鵜足郡
鵜足津
讚
岐
那珂郡
丸龜
平琴
多度郡
多度津
三野郡
山脇
神田
上高瀬
豐田郡
辻村
假屋
和田濱
伊吹島
小豐島
豐島
大島
石島
男木島
女木島
南島
直島
小槌島
大槌島
瀬居島
小与島
櫃石島
鍋島
与島
本島
塩飽
沙弥島
牛島
手島
廣島
高見島
志々島
小島
大島
佐柳島
粟島
真鍋島
武島
三十分
西六
三四

游歷日本圖經三

日本地理二

奏派游歷日本美利加秘魯巴西等國英日屬地加納大古巴知府用兵部郎中臣傅雲龍述

疆域

日本在中國東南其南曰薩峒馬即鹿兒島也與浙江溫臺直其西南與臺灣直其西北長崎之天堂二門兩島與浙江之定海江蘇之上海直對馬島近接朝鮮南竟亦中國東南行之一道也其北樺太島已割入俄羅斯不惟千島之北羣島斷續與堪察加逼而與庫頁亦未嘗不相通其東南爲太平洋四至八到另有表輒依隋書倭地東高西下例併其形勢言之述疆域

東海道十五國小笠原島坿之沿北而東出北海者曰東山道十三國其北面北海者曰北陸道七國與東山道爲向背西南曰畿內五國亦稱五畿五畿之名見宋史匪自今始其西面北海者曰

山陰道八國面内海者曰山陽道八國山脈來自東北依厥陰陽而名南海道六國在畿内南四國亦在其中九州爲西海道九國又在其西壹岐對馬二島爲二國坿之北海道十一國其北竟也或稱關東八州指東海道之東六國及接東山道之二國言往時置二關於箱根碓氷故名或稱畿内曰上方稱東山道北之國曰東北稱北陸道曰北國稱山陰山陽曰中國皆俗稱云魏志謂倭地絕在海中洲島或絕或連信然故測量家於日本面積方里先計分測曰日本島俗評本州島者是亦稱中土東海東山北陸山陰山陽五道及畿内之國惟佐渡隱岐自爲一島餘則與南海之紀伊國同列此島面積十萬里有奇（日本萬四千五百七十一）曰佐渡島北陸道七國之一面積三百八十里有奇（日本五十六）曰隱島岐山陰道八國之一積面百四十里有里（日本廿一）曰淡路島南海道六國之一面

積二百里有奇（日本三十一）曰四國島南海道阿波讚岐伊豫土佐四國也面積七千三百里有奇（日本千百八十）曰九州島西海道九面積萬八千有奇（日本千百八十）曰壹岐島面積五十里有奇（日本八）曰對馬島同曰北海道面積三萬五千里有奇（日本五千八十三）千島三十一島北海道十一國之一面積六千八百里有奇（日本千十一）小笠原島十七島面積廿里有奇（日本四）餘詳四至八到表

其形勢國之在東海道者武藏如木葉東西長於南北安房北望之如鴨喙西尾東而尾昂上總南寬如凸字之半下總北寬如側杯日本之測量自此國始常陸如衣褏相摸如欹胄伊豆如巨鏃甲斐如瓜駿河如凹字遠江加箕三河畧方尾張如鳥張尾志摩形方伊勢北狹伊賀南北稍長埒小笠原舊稱無人島在伊豆八丈島水程三更處合極小島凡八十有九在畿內者山城如櫛以

四山爲天然城故名大和南北較長如烏帽河內東西狹如圭諸河注內海而國在其間故名和泉南北較長如欹舟攝津西南受海如矩東山道近江南北圓而長有琵琶湖而近畿內故名美濃畧如箑面飛驒橢員信濃向東畧如凸字上野如海鷂魚接信濃處一頸突躍下野如甕而口南磐城如腓岩代如坐犬陸前如委地魚陸中如牛首雙角陸奧北望如氏字羽前羽後如兩翼然在北陸道者若狹如敗荷欹側越前加賀如比目魚躍上半爲加賀下半爲越前能登如側掌受丸越中如初月越後如蝙蝠舒翼佐渡孤島也如斜蜨在山陰道者丹波南北短於東西丹後畧同若狹特左右易耳但馬東出處如器柄因幡形方伯耆如倒菌出雲如獒首東向石見如海鼠隱岐如蛛在山陽道者播磨方而長美作如足掌備前西北狹作蓮房狀備中如烏備後如鷺首安藝如

髑髏周防如破鰒長門如折劍之鋒南海道南北縮而東西稍狹讚岐大和伊勢至此而斷紀伊如折磬淡路北狹阿波斜角東西稍狹讚岐如蓮葉之半伊豫如斜飛禽土佐如鎌首西海道西之大島也筑前如驢首筑後如三足器豐前北一大岬角豐後畧如猫之弄鞠鞠指防豐前而東突一地也肥前如孔雀張尾肥後向東如凹而北大日向凹而南高大隅如蝸曲頭左西南隅薩摩如蝦壹岐岬角四出如手對馬東西較短小岬亂出加蜈蚣在北海道者渡島三稜後志如雙凸字北大於南石狩如握四指張將指天鹽如人字北見如魚膽振如半鉤日高三角十勝斜角釧路缺東北隅根室如弓關而不發千島如碁就全國言作蛟騰狀本州島爲身南領四國西首九州北海道腰也千島尾也又如蜻蜓舊有蜻蜓州目以此

纂喜廬所箸書

四至八到表

魏志曰倭地周旋可五千餘里隋書曰倭人不知里數但計以月其國境東西五月行南北三月行各至於海都於邪摩堆卽魏志所謂邪馬臺也今境以華里計起東北訖西南斜長四千里有奇日本里六百餘周圍四百七十萬里有奇日本六十七萬二千於東西見廣於南北見袤於四至見方於八到見隅然非面積指掌仍難爰變元和郡縣志例而仍其名述四至八到表

	日本國			東京府	
面積方里	一四八四一四七〇			三一三〇一	
廣				一二〇	
袤				一一四	
東	美利加	太平洋海		千葉縣	
西	中國日本			神奈川	縣
南	南洋諸	島		東京灣	
北	俄羅斯	堪察加	北洋	埼玉縣	
東南	南美利	加太平洋		東京灣	
西南	中國黃海	○中國海		神奈川	縣
東北	北美利	加白林峽○	北洋	埼玉縣	千葉縣
西北	朝鮮	俄羅斯	日本海	神奈川	縣埼玉

											縣
西京府	一七七九三〇	三三六	二四〇	滋賀縣	大坂府	大坂府	福井縣	三重縣	大坂府	福井縣	兵庫縣
				福井縣	兵庫縣	奈艮縣	海		兵庫縣		
大坂府		七八	二五二	奈良縣	兵庫縣	和歌山	西京府	奈艮縣	海	西京府	兵庫縣
					海	海					
神奈川	一三七五〇二	二一六	二二八	東京府	山梨縣	海	埼玉縣	海	靜岡縣	東京府	山梨縣
縣				東京府	靜岡縣						
兵庫縣	二六八〇〇〇	三六〇	三九〇	西京府	岡山縣	海	海	大坂府	岡山縣	西京府	鳥取縣
				大坂府	鳥取縣				海		海
長崎縣	一四一〇九〇			佐賀縣	海	海	海	海	海	佐賀縣	海
新潟縣	四九四七五四	五四六	四五六	福島縣	海	羣馬縣	海	富山縣	山形縣	山形縣	海
						長野縣		羣馬縣			
埼玉縣	一五九五〇四	四九二	二〇四	茨城縣	羣馬縣	東京府	羣馬縣	東京府	山梨縣	羣馬縣	羣馬縣
				千葉縣	長野縣	神奈川				茨城縣	
					山梨縣	縣靜岡					

						縣					
羣馬縣	二四四三五〇	三六〇	三三六	櫟木縣	長野縣	埼玉縣	長野縣	櫟木縣	長野縣	櫟木縣	長野縣
							新潟縣	埼玉縣		新潟縣	
千葉縣	一九五八七〇	三六〇	三九〇	海	東京府	海	茨城縣	海	海	埼玉縣	茨城縣
					埼玉縣					海	
茨城縣	二三一〇九六	三〇六	四八〇	海	櫟木縣	千葉縣	櫟木縣	千葉縣	千葉縣	海	櫟木縣
					埼玉縣		福島縣	海	埼玉縣		
櫟木縣	二四七〇六二	三六〇	三四二	宮城縣	羣馬縣	羣馬縣	福島縣	茨城縣	茨城縣	福島縣	福島縣
				茨城縣		茨城縣					羣馬縣
奈良縣		三四二	二〇四	三重縣	和歌山	三重縣	三重縣	三重縣	和歌山	三重縣	大坂府
					縣大坂	和歌山	京都府		縣		
					府	縣					
三重縣	二三一一三〇	三〇六	四五〇	海	奈良縣	海	滋賀縣	海	和歌山	愛知縣	滋賀縣
					西京府		岐阜縣		縣	海	西京府
							愛知縣				

愛知縣	一八七六六八	四〇八	三九六	靜岡縣 三重縣 海 長野縣 靜岡縣 海 長野縣 岐阜縣
				岐阜縣 岐阜縣 海
靜岡縣	三〇二二九二	五六四	四八〇	神奈川 愛知縣 海 山梨縣 海 海 神奈川 長野縣
				縣 海 長野縣 縣
山梨縣	一七三九一〇	四二〇	三一八	神奈川 靜岡縣 靜岡縣 長野縣 神奈川 靜岡縣 神奈川 長野縣
				縣 長野縣 橡木縣 靜岡縣 縣
				縣
滋賀縣	一五五〇六四	二一六	三四二	三重縣 福井縣 三重縣 福井縣 三重縣 京都府 岐阜縣 福井縣
				岐阜縣 京都府 京都府 福井縣
岐阜縣	四〇二八七〇	四八六	五七〇	長野縣 石川縣 三重縣 富山縣 長野縣 滋賀縣 富山縣 石川縣
				福井縣 愛知縣 石川縣 愛知縣 三重縣 長野縣
				滋賀縣
長野縣	五一三三五六	三六〇	一三三八	羣馬縣 富山縣 靜岡縣 新潟縣 山梨縣 愛知縣 新潟縣 富山縣
				埼玉縣 岐阜縣 愛知縣
				山梨縣

福島縣	五〇七六四二	六七八	四九八	海	新潟縣	茨城縣	宮城縣	茨城縣	羣馬縣	海	新潟縣
						橡木縣	山形縣	海			山形縣
						羣馬縣					
宮城縣	三二四四七四	三二四	五四〇	海	山形縣	福島縣	岩手縣	海	山形縣	岩手縣	秋田縣
									福島縣	海	
岩手縣	五三九五一四	四六二	七一四	海	秋田縣	宮城縣	青森縣	海	秋田縣	海	秋田縣
青森縣	三六四二一八	五六四	五六四	海	海	岩手縣	海	岩手縣	秋田縣	海	海
					秋田縣		海	海			
秋田縣	四五二四〇〇	三八四	七三八	岩手縣	海	山形縣	青森縣	岩手縣	山形縣	青森縣	海
						宮城縣		宮城縣	海	岩手縣	
山形縣	五六〇〇九〇	三三六	五八八	宮城縣	新潟縣	福島縣	秋田縣	福島縣	新潟縣	秋田縣	海
					海						
石川縣	一六二四三三	二二二	一九六	富山縣	海	福井縣	海	岐阜縣	福井縣	海	海
				岐阜縣					海		
				海							

富山縣	一五九八四六	三四八	二八二	新潟縣	石川縣	岐阜縣	海	長野縣	岐阜縣	新潟縣	石川縣
				長野縣					石川縣		
福井縣	一六三四四〇	三〇六	二八二	岐阜縣	海	岐阜縣	石川縣	岐阜縣	京都府	石川縣	海
						滋賀縣	海		海	岐阜縣	
						京都府					
島根縣	二六一四九二	三〇六	二二八	鳥取縣	山口縣	廣島縣	海	廣島縣	山口縣	鳥取縣	海
				廣島縣	海	山口縣					
鳥取縣	一三四四九六	一四二	四五	京都府	島根縣	岡山縣	海	兵庫縣	廣島縣	京都府	島根縣
										海	海
岡山縣	二五一五八八	三九六	三八四	兵庫縣	廣島縣	海	鳥取縣	兵庫縣	廣島縣	鳥取縣	鳥取縣
								海	海	兵庫縣	
廣島縣	三一二四六八	五一〇	四〇八	岡山縣	鳥取縣	海	鳥取縣	岡山縣	山口縣	鳥取縣	島根縣
					山口縣		島根縣	海			
山口縣	三三三三九九四	五一〇	二八二	廣島縣	海	海	島根縣	海	海	島根縣	海
				海			海				

和歌山	一八六三七二	二四六	四〇八	奈良縣	海	海	奈艮縣	海	海	奈艮縣	海
縣				三重縣			大坂府				
				海							
德島縣	一六二七六八	三七二	二八二	海	高知縣	高知縣	愛媛縣	海	高知縣	海	愛媛縣
					愛媛縣	海	海				
高知縣	二七四八三三	五一〇	二八二	德島縣	愛媛縣	海	德島縣	海	愛媛縣	德島縣	愛媛縣
				海			愛媛縣		海		
愛媛縣	二七二八〇二	三八四	三九〇	德島縣	海	高知縣	海	德島縣	海	海	海
				海							
福岡縣	一九〇六八六	四三二	三七二	大分縣	佐賀縣	熊本縣	海	大分縣	海	海	海
				海	海	海					
大分縣	二四二二三八	四〇八	四五〇	海	熊本縣	宮崎縣	福岡縣	海	熊本縣	海	福岡縣
					福岡縣		海				
佐賀縣	九六〇四八	三〇六	二二八	福岡縣	長崎縣	海	福岡縣	福岡縣	長崎縣	福岡縣	長崎縣
							海				海

熊本縣	二七九二八三	四二六	四七四	大分縣	海	宮崎縣	大分縣	宮崎縣	海	大分縣	福岡縣
				宮崎縣		鹿兒島	福岡縣				海
						縣					
宮崎縣	二九一四〇四	三〇六	六六六	海	鹿兒島	海	大分縣	海	鹿兒島	海	熊本縣
					縣熊本				海		
					縣						
鹿兒島	三六一三八六	三三二六	五一〇	宮崎縣	海	海	宮崎縣	海	海	宮崎縣	海
縣				海			熊本縣				
北海道	三〇三七一四〇	九六〇	七二〇	海	海	海	海	海	海	海	海
廳											

沿革表

日本古倭國也亦曰倭奴其改日本始唐舊唐書云日本倭之別種國在日邊故名或曰倭自惡其名不雅改爲日本或云日本舊小國併倭國地唐書畧同今見日本書籍易倭爲和籍音轉爲避

就也封建本非初制今盡變之然就政治言變藩爲府爲縣爲廳而就地理言仍有不變之道與國與郡在其道無治國即宋史所載日本年代紀之稱州者是國有藩即諸侯也分合互殊不得以國數當藩數也郡與中國舊稱亦異不稽沿革猶車行之無指南也條分縷析請自雲龍始中國之史雖畧然首甄擇之次綜其國棄之雅馴者次道國藩次府縣廳而此二十一年中尤變之變者也遞沿革表

表一

	東京府	京都府	大坂府	神奈川縣	兵庫縣	長崎縣	新潟縣	埼玉縣	羣馬縣	千葉縣	茨城縣
同治七	江戶府	京都府	大坂府	神奈川	兵庫縣	長崎府	越後府	武藏知	岩鼻縣	下總知	常陸知
明治元	東京府	久美濱	堺　縣	府	攝津縣		新潟府	縣事無縣		縣　事	縣　事
	改自江戶	縣		神奈川			改自越後	名下仿此			
	武藏縣			縣　府改			柏崎縣				

年											
								佐渡縣			
八 二	品川縣		河内縣		豐崎縣	長崎縣	越後府	大宮縣		葛飾縣	若森縣
	改自武藏		狹山藩		改自攝津府改		復置	浦和縣		宮谷縣	
	小菅縣		二入堺		生野縣		新潟縣	改自大宮			
							府改尋廢				
							水原縣				
							改自越後併新潟				
							柏崎縣				
							廢而復				
							佐渡縣				
							廢而置				
九 三			堺縣廢				新潟縣				
							改自水原				
十 四	東京府	淀縣藩改	高槻縣	六浦縣	尼崎縣	島原縣	新發田	忍縣藩改	前橋縣	佐倉縣	水戶縣

日本圖經三　八

圖經　六之一

養喜廬所著書

併品川小菅	下八同	藩改下五同	藩改下二同	藩改下六同	藩改下五同	縣 藩改下九	下二同	藩改下七同	藩改下三同	藩改下十二同
	龜岡縣	麻田縣	荻野山	三田縣	平戸縣	同	岩槻縣	高崎縣	關宿縣	宍戸縣
	綾部縣	伯太縣	中　縣	笹山縣	福江縣	黑川縣	川越縣	沼田縣	曾我野	笠間縣
	山家縣	岸和田	小田原	柏原縣	大村縣	三日市	入間縣	安中縣	縣	下館縣
	園部縣	縣	縣	出石縣	嚴原縣	縣	改自川越〇六	伊勢崎	生實縣	下妻縣
	福知山	吉見縣	足柄縣	郁岡縣	鹿島縣	村松縣	年入熊谷	縣	印旛縣	松岡縣
	縣	丹南縣	併荻野山中小	豐岡縣	二縣入伊萬里	峯岡縣	埼玉縣	小幡縣	併葛飾佐倉關	土浦縣
	宮津縣	堺縣 併伯	田原	併生野笹山柏	長崎縣	村上縣	併浦和忍岩槻	七日市	宿曾我野生實	石岡縣
	舞鶴縣	太岸和田吉見	神奈川	原出石郁岡及	併島原平戸福	高田縣		縣	及詳茨城之古	志筑縣
	峰山縣	丹南	縣 併六浦	詳京都府之福	江大郁	清崎縣		館林縣	河結城	牛久縣
	京都府	大坂府		知山舞鶴峯山		與板縣		羣馬縣	鶴舞縣	龍崎縣
	併淀龜岡綾部山家	併高槻麻田		久美濱		椎谷縣		併館林前八縣	藩改下十四同	麻生縣
	〇餘詳兵庫			姬路縣		柏崎縣		以館林入橡木	松尾縣	松川縣
				藩改下九同		併高田消崎與			小久保	新治縣
				明石縣		板椎谷			縣	併若森土浦石

龍野縣	相川縣	櫻井縣	岡志筑牛久龍
林田縣	改自佐渡	菊間縣	崎痲生松川及
赤穗縣	新潟縣	鶴牧縣	詳千葉之多古
山崎縣	併新發田黑川	大多喜	高岡小見川
安志縣	三日市邨松峯	縣	結城縣
三日月	岡村上	久留里	藩改下一同
縣		縣	古河縣
三草縣		佐賀縣	二縣入印旛
小野縣		飯野縣	茨城縣
九縣入姬路		一宮縣	併水戸宍戸笠
飾摩縣		長尾縣	下館下妻松岡
改自姬路		花房縣	
兵庫縣		館山縣	
併尼崎三田		加知山	
		縣	

年			
			木更津
			縣 併宮谷及
			鶴舞等十五縣
			多古縣
			藩改下二同
			小見川
			縣
			高岡縣
			三縣入新治
十二　六		新潟縣	千葉縣
		併柏崎	併印旛木更津
光緒元		新潟縣	
		併相川	
二　九	神奈川 兵庫縣		
	縣 併足柄 併豐岡飾磨		

表二	橡木縣	奈良縣	三重縣	愛知縣	福岡縣	山梨縣	滋賀縣	岐阜縣	長野縣	福島縣	宮城縣
同治七	眞岡縣	奈良縣	度會縣	參河縣	駿河城	甲府城	大津縣	笠松縣	伊奈縣		
明治元		奈良縣		改自裁判所後入伊	代 無縣名	代	改自裁判所	飛驒縣			
		縣改		奈	韮山縣	府中縣		高山縣			
					後入足柄	市川縣		改自飛驒後入			
						石和縣		筑摩復入岐阜			
						甲斐府					
						改自三縣					
八 二	日光縣	奈良縣	度會縣			甲斐縣	大溝藩	高須藩	龍岡藩	福島藩	桃生縣
	併眞岡	府改	府改			府改	後入大津	後入名古屋	後入伊奈中野	白河縣	石卷縣
	喜連川									若松縣	改自桃生
	藩 後入日光										登米縣
											白石縣
											角田縣

日本圖經三　十　圖經　六之一

養喜廬所著書

改自白石

九　三　五條縣　中野縣　登米縣

併石卷

十　四　壬生縣　郡山縣　津縣藩改　名古屋　靜岡縣　山梨縣　膳所縣　大垣縣　松本縣　二本松　仙臺縣

藩改下八同　藩改下七同　下七同　縣藩改藩十　同藩改下一　改自甲斐　藩改下六同　藩改下七同　藩改下九同　縣藩改下六　藩改並登米角

吹上縣　小泉縣　龜山縣　一同　堀江縣　水口縣　野邨縣　飯田縣　同　田

佐野縣　栁生縣　桑名縣　犬山縣　濱松縣　西大路　今尾縣　高遠縣　磐城平

足利縣　田原本　長島縣　岡崎縣　併堀江　縣　高富縣　高島縣　縣

烏山縣　縣　神戶縣　西太平　彥根縣　郡上縣　松代縣　湯長谷

黑羽縣　高取縣　菰野縣　縣　山卜縣　岩邨縣　須坂縣　縣

太田縣　栁本縣　久居縣　重原縣　宮川縣　苗木縣　飯山縣　泉　縣

縣　芝邨縣　鳥羽縣　刈谷縣　朝日山　加納縣　岩邨田　三春縣

茂木縣　櫛羅縣　度會縣　西端縣　縣　岐阜縣　縣　棚倉縣

宇都宮　奈良縣　併久居鳥羽　西尾縣　長根縣　併笠松大垣野　小諸縣　中邨縣

縣併烏山黑　併前九縣　安濃津　舉母縣　併彥根山上宮　邨今尾高富郡　上田縣　平縣併前

十一　五
十二　六

羽太田原茂木
橡木縣　併日光壬生吹上佐野足利及詳毳馬之館森
橡木縣　併宇都宮

縣　併津龜山桑名長島神戸菰野
三重縣　改自安濃津

半原縣
豐橋縣
田原縣
額田縣　併岡崎西太平重原刈谷西端西尾舉母半原豐橋田原
名古屋縣　併犬山
愛知縣　改自名古屋併額田

川朝日山
大津縣　併膳所水口西大路
滋賀縣　改自大津併犬上

上岩郡苗木加納

筑摩縣　併伊奈松本飯田高遠高島及詳岐阜之高山
長野縣　改自中野併松代須坂飯山岩邸田小諸上田

六縣
磐前縣　改自平
福島縣　先與白河二本松入至是改此

宮城縣　改自仙臺

光緒二			三重縣		靜岡縣						
九			併度會		併濱松						

表三

	岩手縣	青森縣	秋田縣	山形縣	石川縣	富山縣	福井縣	島根縣	鳥取縣	岡山縣	廣島縣
同治七	盛岡藩									倉敷縣	
明治元											
八　二	膽澤縣	弘前藩		酒田縣				隱岐縣			
	江刺縣							大森縣			
	九戶縣							改自隱岐			
	八戶縣										
	改自九戶										
	三戶縣										
	改自八戶										
九　三	盛岡縣			山形縣			本保縣	濱田縣			
	藩改			改自酒田							

十四	一關縣	七戶縣	岩崎縣	天童縣	金澤縣	富山縣	福井縣	松江縣	鳥取縣	岡山縣	福山縣
	藩改併膽澤江刺	藩改下四同	藩改下四同	藩改下四同	藩改下一同	藩改	藩改下五同	藩改下二同	藩改後入島根	藩改下十二同	藩改入深津詳
		八戶縣	本莊縣	新莊縣	大聖寺	新川縣	丸岡縣	廣瀨縣		鴨方縣	岡山復入廣島
	水澤縣		矢島縣	上山縣	縣入金澤	改自富山	大野縣	母里縣		岡田縣	廣島縣
	改自一關	黑石縣	龜田縣	大泉縣			勝山縣			足守縣	藩改
		館縣	秋田縣	松嶺縣			小濱縣			庭瀨縣	
		斗南縣	併岩崎本莊矢	米澤縣			鯖江縣			新見縣	
		弘前縣	島龜田	置賜縣			敦賀縣			高粱縣	
		藩改併前五縣		改米澤			併小濱鯖江後			成羽縣	
		青森縣		山形縣			入石川			淺尾縣	
		改自弘前		併新莊上山			足羽縣			生坂縣	
				酒田縣			併自福井先併			津山縣	
				廢大泉松嶺復			本保福井丸岡			鶴田縣	
				置			大野勝山			眞島縣	
										深津縣	

日本圖經三　十二

圖經六之一

養喜廬所箸書

					游歷書十九之一
					併倉敷鴨方岡田足守庭瀨新見高梁成羽淺尾生坂及詳廣島之福山
					北條縣 併津山鶴田真島
十一 五	岩手縣 改自盛岡		石川縣 改自金澤併長尾		小田縣 改自深津
十二 八		鶴岡縣 改自酒田			岡山縣 併小田
光緒二 九	岩手縣 併磐井	山形縣 併鶴岡置賜	石川縣 併新川敦賀	島根縣 併濱田鳥取	

七　十四							福井縣		鳥取縣			
							分石川地		復			

表四

	山口縣	和歌山縣	德島縣	高知縣	愛媛縣	福岡縣	大分縣	佐賀縣	熊本縣	宮崎縣	鹿兒島縣	北海道廳
同治七							日田縣		富岡縣	富高縣		箱館府
明治元												改自裁判所
八　二												開拓使
												改自府
九　三	德山藩											樺太開
	入山口藩											拓使廢改
十　四	岩國縣	甲邊縣	德島縣	高知縣	松山縣	秋月縣	杵築縣	佐賀縣	熊本縣	高鍋縣	鹿兒島	
	藩改下三同	藩改下二同	藩改	藩改	藩改下十一同	藩改下五同	藩改下七同	藩改下五同	藩改下一同	藩改下二同	藩改縣	
	豐浦縣	新宮縣	名東縣		今治縣	豐津縣	日出縣	嚴原縣	人吉縣	延岡縣		
	淸末縣	和歌山縣	改自德島後併		小松縣	豐津藩初爲香	府內縣	唐津縣	八代縣	佐土原		
	山口縣	併田邊新宮	香川		西條縣	春藩	岡縣	小城縣	改自人吉	縣		

	併岩國豐浦清				石鐵縣	千東縣	森縣	蓮池縣		美美津
	末				宇和島	柳川縣	臼杵縣	鹿島縣		併高縣鍋延
					縣	三池縣	佐伯縣	伊萬里		岡佐土原
					吉田縣	久留米	中津縣	改自縣佐賀		飫肥縣
					大洲縣	縣	入小倉	併嚴原唐津小		藩改
					新谷縣	小倉縣		城蓮池鹿島		都城縣
					神山縣	併豐津千東中				改自飫肥
					高松縣	津	大分縣			
					丸龜縣	三瀦縣	併日田杵築日			
					香川縣	併柳川三池久	出府內岡森臼			
					併松山丸龜及	留米	杵佐伯			
					入倉敷之多度	秋月縣				
					併地後入名東	藩併改秋月				
十一五									白川縣	
									改自熊本	

十二六		愛媛縣		佐賀縣		宮崎縣		
		併石鐵神山		改自伊萬里		併美美都城		
						九年入鹿兒島		
光緒元		香川縣						
		復置						
二九		愛媛縣	福岡縣		熊本縣		鹿兒島	
		併香川	併小倉三潴		改自白川併八		併宮崎縣	
六十三	德島縣				代			札幌縣
八十五								函館縣
								根室縣
								廢開拓使置三
								縣

日本沿革漢前史笧無稽漢樂浪海中有倭人分百餘國漢書在韓東南依島居自武帝滅韓譯通於漢者三十許國國皆稱王其大

倭王居邪馬臺國樂浪郡徼去其國萬二十里去其西北界拘邪韓國七千餘里其地大較在會稽東治之東與朱崖儋耳近桓靈間倭大亂更相攻代歷年無主有一女子名卑彌呼年長不嫁鬼神惑衆共立爲主自女王國東渡海千里餘至拘奴國倭種而不屬女王南四千餘里至朱儒國人長三四尺東南行船一年至裸國黑齒國會稽海外有東鯷人分爲二十餘國又有夷洲澶洲後漢書

帶方郡至倭循海岸水行歷韓國乍南乍東到其北岸狗邪韓國七千餘里渡一海千餘里至對馬國居島方四百餘里南渡一海千餘里至一大國方三百里又渡一海千餘里至末盧國東南陸行五百里到伊都國屬女王國東南至奴國百里東行至不彌國百里南至投馬國水行二十日南至邪馬壹國壹漢書作臺女王所都水行十日陸行一月次有斯馬國巳百支國伊邪國郡支國彌

奴國好古都國不呼國姐奴國對蘇國蘇奴國呼邑國華奴蘇奴國鬼國爲吾國鬼奴國邪馬國躬臣國巴利國支惟國烏奴國奴國此女王境界所盡其南有狗奴國男子爲王不屬女王自郡至女王國萬二千餘里有抵閣國有市使大倭監之自女王國以北特置一大率檢察諸國諸國憚之常治伊都國於國中有如刺史遣使詣京都帶方郡諸韓國及郡使倭國皆臨津搜露傳送文書賜遺之物詣女王不得差錯魏志後立男王並受中國爵命梁書倭人自謂大伯之後晉書文身國在倭東北七千餘里大漢國在文身東五千餘里南史左右小島五十餘皆自名國而臣坿之唐書東接海島夷人所居身面皆有毛宋史即毛人云唐書倭國至六十四世畿內有山城大和河內和泉攝津五州統五十三郡東海道有伊賀伊勢志摩尾張參河遠江駿河伊豆甲斐相模武藏安房上總常陸十

四州統一百十六郡東山道有近江美濃飛驒信濃上野下野陸奥出羽八州統百二十二郡北陸道有若狹越前加賀能登越中越後佐渡七州統三十郡山陰道有丹波丹後但馬因幡伯耆出雲石見隱伎（伎今作岐）八州統五十二郡山陽道有播磨美作備前備中備後安藝周防長門八州統六十九郡南海道有紀伊淡路阿波讚岐伊豫土佐六州統四十八郡西海道有筑前筑後豐前豐後肥前肥後日向大隅薩摩九州統九十三郡又有壹伎對馬多褹三島各統二郡是謂五畿七道三島統五百八十七郡國小者百里大不過五百里（明史）此見正史然日本所謂國者一國或置數藩藩有侯古無王稱北史謂皆稱子亦未碻也

神武始都橿原就其八大洲定國造蓋在周惠王十七年也初稱豐葦原千五百秋瑞穗國亦曰八大洲國一淡路洲二伊與二名

之洲三筑紫洲四壹岐洲五對馬洲六隱岐洲七佐渡洲八大日本豐秋津洲又分八島曰愛止比賣是伊豫也曰飯依比賣是讚岐也曰大宜都比賣是阿波也曰速依別是土佐也曰自比別是筑紫也曰豐日別是豐國也曰晝日別是肥國也曰豐久土比泥別是日向也當漢永建六年成務分國造爲百四十四交置國司孝德時始設各洲國司郡司諸吏以國造任之後漸省國改郡大寶中定畿內七道名國司限年遷任治所曰國府嵯峨時大國十三上國三十五中國十一下國九四等六十八國實則倣唐郡縣治置守介無所謂封建也平源二氏執國柄守介令阻宋淳熙十二年爲文治元年源賴朝自請爲天下總追補使國衙置守護莊園置地頭而國司世襲浸成封建北條氏陪臣弄權足利氏兵起分南北朝以國郡封家臣正平四年置關東管領於鎌倉統八州

奥羽而封建成應仁後諸道割據織田氏畧定東海東山畿内山陰豐臣氏繼之二世德川氏子弟功臣封藩數十慶應中凡二百七十二藩據日本史神皇正統記諸書

東海道十五國曰武藏初國府置多摩郡又管豐島葛飾足立埼玉新座荏原入間高麗比企横見大里男衾幡羅榛澤兒玉賀美那珂秩父橘樹都筑久良岐凡廿二郡源平足利澁川北條諸氏開府德川氏城稱江戸同治十年間明治以江戸爲東京都之改忍川越岩槻岡部金澤五藩爲縣尋改東京府曰安房初國府置平羣郡又管安房長狹朝夷凡四郡後封知加山勝山改館山長尾花房四藩曰上總初國府置市原郡又管天羽周准望陀夷隅埴生長柄山邊武射凡九郡後封久留里大多喜佐貫飯野一宮鶴牧小久保菊間櫻井鶴舞松尾大網收請西藩十二藩曰下總初國府

置葛飾郡又管千葉猿島結城豐田岡田相馬印旛埴生香取匝瑳海上凡十二郡後封古河關宿佐倉生實高岡小見川結城多古八藩曰常陸初置國府茨城郡又管筑波河內信太新治行方鹿島眞壁那珂久慈多賀凡十一郡後封水戶石岡（府中改）宍戶土浦笠間牛久下館谷田部下妻麻生志筑守山松十三藩曰相模初國府置大住郡又管足柄下足柄上陶綾愛甲津久井高座鎌倉三浦九郡封藩曰伊豆初國府置田方郡又管君澤那賀凡四郡封藩曰甲斐初國府置八代郡又管都留山梨巨摩凡四郡封藩曰駿河初國府置安倍郡又管志太益津有渡庵原富士駿東凡七郡後封田中小島沼津三藩曰遠江初國府置豐田郡又管濱名敷智引佐麁玉長上盤田山名周智佐野城東榛原凡十二郡後徙濱松掛川橫須賀四藩地屬靜岡藩曰三河初國府置寶

飯郡又管碧海額田賀茂幡豆設樂八名渥美凡八郡後封豐橋（吉田改名）岡崎西尾田原刈谷擧母奥殿西大平西端重原半原（奥殿藩徙）十藩曰尾張初國府置中島郡又管愛智知多春日井丹羽葉栗海東海西凡八郡封藩曰志摩初國府置英虞郡又管答志郡襲藩曰伊勢初國府置鈴鹿郡又管桑名員辨朝明三重河曲奄藝安濃一志飯高飯野多氣度會凡十三郡後封長島神戶龜山薦野久居桑名忠雅七藩曰伊賀初國府置阿拜郡又管山田伊賀名張凡四郡襲藩幾內五國曰山城桓武定都葛野愛宕二郡國司府置乙訓郡建京都守護又管紀伊宇治久世綴喜相樂凡八郡封徙藩明治二年東遷置留守宮府曰大和神武初都橿原爲葛上郡之柏原邨和銅中遷平城爲今奈良縣地後封郡山高取小泉櫛羅芝邨柳本柳生七藩曰河內反正都丹比即丹北郡之

松原莊植田郵以丹比分南北二郡故名其後國府置大縣郡又管交野讃良茨田若江河內高安安宿志紀澁川丹南八上古市石川錦部凡十六郡後封丹南狹山二藩曰和泉靈龜中割河內置和泉後改國府置和泉郡又管大鳥泉南日根凡四郡封岸和田伯太吉見三藩曰攝津古浪速國仁德都高津宮即東成郡高津小橋天武六年設攝津職延(麻)中改國司府置西生郡生一作成東成西成而外又管住吉島下島上豐島能勢河邊武庫菟原八部有馬凡十二郡封尼崎高槻三田麻田四藩東山道十三國曰近江古淡海國成務都滋賀郡高穗穴太郵天智都大津後國府置粟太郡封藩曰美濃初國府置不破郡又管石津多藝池田大野安八海西中島羽栗厚見本巢席田方縣山縣各務武儀郡上加茂可兒土岐惠那凡廿一郡封新田今尾加納高須郡上岩郵

苗木七藩有增曰飛驒初國府置大野郡又管益田吉城凡三郡封藩曰信濃初國府置筑摩郡又管伊那安曇諏訪更級木內高井埴科小縣佐久凡十郡封松本松代上田高島高遠飯田須坂飯山小諸岩封田田野口十一藩曰上野初國府置羣馬郡又管吾妻碓冰甘樂片岡多胡綠野利根勢多山田那波佐位新田邑樂凡十四郡封川越館林白河高崎沼田吉井安中伊勢崎七日市九藩曰下野初國府置都賀郡又管安蘇足利梁田寒川河內芳賀鹽谷那須凡九郡封會津戶田忠眞烏山壬生足利佐野吹上高德九藩曰磐城先是磐城岩代陸前陸中陸奧五州本陸奧一州養老中置磐城磐背二州後併入陸奧國府置宮城郡又管白河白川石川菊多磐前磐城田郁楢葉標葉行方宇多伊具刈田凡十四郡若松磐城平福島三春中郁棚倉泉湯長谷曰岩代

國府詳磐城下三國同管會津大沼河沼耶麻岩瀨安積安達信夫伊達九郡二本松福島二藩曰陸前管柴田名取宮城黑川加美玉造栗原志田遠田桃生牡鹿登米本吉氣仙十四郡仙臺一藩曰陸中管磐井膽澤初置鎮守府江刺和賀稗貫紫波閉伊岩手九戶鹿角十郡盛岡一關二藩曰陸奥管津輕北三戶二戶四郡弘前八戶黑石七戶四藩曰羽前先是羽前羽後爲出羽州國府置出羽郡井口羽前管置賜郁山最上田川四郡封米澤鶴岡山形新莊上山天童長瀞米澤新田八藩曰羽後管飽海由利雄勝平鹿仙北河邊秋田山本八郡後封秋田松山本莊岩崎龜田八藩北陸道七國曰若狹初國府置遠敷郡又管三方大飯凡三郡封藩曰越前初國府置丹生郡又管敦賀南條今立足羽吉田坂井大野凡八郡改封丸岡福井北莊改封大野勝山木本鯖江六藩曰加賀初國府

置能美郡又管江沼石川河北凡四郡藩支封一曰能登初割越前四郡置本州國府置能登郡即所管鹿島郡府中邨又管羽咋鳳至珠洲凡四郡封藩曰越中初國府置射水郡又管新川婦負礪波凡四郡封藩曰越後初國府置頸城郡又管岩船蒲原三島古志刈羽魚沼凡七郡後封高田戸田白河長岡與板邨松椎谷淸崎黑川三日市後峰岡十一藩曰佐渡初國府置雜太郡又管羽茂加茂二郡封藩山陰道八國曰丹波初國府置桑田郡又管船井何鹿多紀冰上天田凡六郡越後福知山篠山龜山園部柏原綾部山家七藩曰丹後管加佐與板中竹野熊野五郡皆割自丹波封宮津田邊峯山三藩曰但馬初國府置氣多郡又管城崎出石美含二方七味養父朝來凡八郡封出石豐岡邨岡三藩曰因幡初國府置法美郡又管岩井邑美八東高草氣多八上智頭

凡八郡封鳥取若櫻鹿野三藩支封二曰伯耆初國府置久米郡又管會見日野汗入八橋河邨凡六郡封藩曰出雲初國府置意宇郡又管島根能義秋鹿楯縫出雲大原仁多神多飯石凡十郡封松江廣瀨母里三藩曰石見初國府置那賀郡又管安濃邇摩邑智美濃鹿足凡六郡封大森等藩曰隱岐初國府置周吉郡又管知夫海士穩地凡四郡封藩山陽道八國曰播磨初國府置飾磨郡即飾東郡東國府寺邨又管明石加古印南飾西美囊加東加西多可神東神西宍粟揖東揖西赤穗佐用凡十六郡姬路明石爾後龍野赤穗林田小野山崎三日月安志三草十藩曰美作初割備前六郡國府置苫田郡即西北條郡小原邨又管吉野英田勝南勝北東北條東南條西西條久米南條久米北條大庭眞島凡十二郡津山勝山等藩曰備前初稱吉備後分三備國府置

上道郡又管和氣邑久御野磐梨赤坂津高兒島凡八郡岡山藩曰備中初國府置賀陽郡又管小田淺口下道窪屋都宇上房阿賀哲多川上後月凡十一郡庭瀨足守淺尾松山岡田政吉輝祿新見八藩曰備後初國府葦田郡今爲府川郵凡管深津安那神石沼隈品治蘆田御調世羅甲奴三谿三上奴可惠蘇三次十四郡藩徙桑名曰安藝初國府置安藝郡又管豐田賀茂高宮高田山縣沼田佐伯凡八郡藩治廣島曰周防初國府置佐渡郡又管吉敷都濃熊毛玖珂大島凡六郡藩徙山口附庸岩曰長門初國府置豐浦郡又管阿武大津美禰厚狹見島凡六郡分封南海道六國曰紀伊初國府置名草郡又管海部那賀伊都在田日高牟婁凡七郡改藩田邊新宮曰淡路初國府置三原郡又管津名郡藩增城代曰阿波初國府置名方郡今名東郡府中郵也凡管板

野名東名西阿波麻殖美馬三好勝浦那賀海部十郡曰讃岐初國府置阿野郡又管大內寒川三木山田香川鵜足那珂多度三野豐田凡十一郡附小豆島直島鹽飽島封高松丸龜多度津三藩曰伊豫初國府置越智郡又管宇摩新居周敷桑邨野間風早和氣溫泉久米伊豫浮穴喜多宇和凡十四郡松山板島大洲西條川江小松新谷吉田八藩曰土佐初國府置長岡郡又管安藝香美土佐吾川高岡幡多凡七郡藩徙高知分封中邨西海道九國曰筑前古筑紫國分前後二州齊明西巡朝倉今上座郡須川邨也犯唐師尋死太宰府置御笠郡又管志摩怡土早良那珂席田糟屋穗波夜須下座上座嘉麻宗像鞍手遠賀凡十五郡藩治名島徙備前支封秋月直方曰筑後國府置御井郡又管三瀦御原山本竹野生葉上妻下妻山門三池凡十郡久留米柳河三池

三藩曰豐前初國府置仲津郡又管企救田川京都築城上毛下毛宇佐凡八郡小倉中津播磨三藩曰豐後初國府置大分郡又管國東速見玖珠日田直入大野海部凡八郡岡城佐伯城臼杵杵築日出府內森日田八藩曰肥前初國府置佐賀郡又管基肆養父三根神崎小城杵島藤津高來彼杵松浦凡十一郡唐津小城蓮池鹿島日向島原新田等藩曰肥後初國府置飽田郡又管玉名山鹿菊池阿蘇合志山本託麻上益城下益城宇土八代葦北球摩天草凡十五郡熊本宇土珠摩八代高瀨五藩曰日向初鴻荒世瓊瓊杵尊居高千穗遺址在今諸縣都城宮凡邨後國府置兒湯郡又管臼杵諸縣宮崎那珂凡五郡飫肥諸縣高鍋佐土原四藩曰大隅初管四郡割自日向後國府置贈唹郡又管菱刈桑原始羅肝付大隅熊毛馭謨大島凡九郡屬島津氏曰薩摩初

國府置高城郡又管鹿兒島谷山給黎揖宿頴娃川邊阿多日置
薩摩伊佐出水甑島凡十三郡藩徙鹿兒島曰壹岐初國府置石
田郡又管壹岐郡封松浦氏曰對馬初國府置下縣郡藩治府中
北海道十一國曰渡島管茅部龜田上磯福島津輕檜山爾志七
郡箱館在龜田郡中曰後志管久遠太櫓瀨棚島收壽都歌棄磯
谷岩內古宇積丹美國古平余市忍路高島小樽奧尻十七郡曰
石狩管札幌石狩厚田濱益樺戸夕張空知上川雨龍九郡曰天
鹽管增毛留萌苫前天鹽中川上川六郡曰北見管宗谷枝幸紋
別常呂網走斜里利尻禮文八郡曰膽振管山越虻田有珠室蘭
幌別白老更拂千歲八郡曰日高管沙流新冠靜內三石浦河樣
似幌泉七郡曰十勝管廣尾當緣十勝中川河西河東上川七郡
曰釧路管白糠釧路厚岸阿寒上川網尻足寄七郡曰根室管花

管根室野付標津目梨五郡曰千島管國後擇捉振別紗那蘂取五郡

其改府縣大氐在同治十年時明治四年也曰東京府先於明治元年五月十一日置江戶府七月十七日改東京府又改松郡爲武藏縣二年二月九日改品川縣治武藏國豐島郡品川又有小管縣二年二月十三日置治武藏國高飾郡小管四年十一月三日二縣並入東京府治武藏國南豐島東京幸町曰京都府先於元年閏四月廿四日改自京都裁判所二年徙治軍務官廳又有淀縣治山城國紀伊郡淀龜岡縣治丹波國桑田郡龜山綾部縣治丹波國何鹿郡綾部山家縣治何鹿郡山家園部縣治丹波國船井郡園部福知山縣治丹波國天田郡福知山宮津縣治丹後國與佐郡宮津舞鶴縣治丹後國加佐郡田邊峯山縣均于四年

七月十四日改自藩即以藩名名縣又有久美濱縣元年閏四月廿八日置二年八月十日屬轄地於生野縣四年十一月二日廢福知山宮津舞鶴峯山久美濱五縣置豐岡縣廿二日淀龜岡園部綾部山家五縣並入京都府管山城國及丹後國之船井何鹿桑田三郡九年八月廿一日兼管豐岡縣之丹後國及丹波國之天田郡曰大坂府先於明治元年正月廿二日置鎮臺廿七日改裁判所五月二日改大坂府二年正月二十日割河内攝津二國隷河内攝津二縣又有高槻縣麻田縣並四年七月十四日改自藩又有境縣元年六月廿二日置於和泉又有河内縣二年正月廿日置管河内國八月二日併入境縣又有狹山藩其藩知事治河内丹南郡狹山又有伯太縣治和泉國泉郡伯太岸和田縣治和泉國泉南郡岸和田吉見縣治近江國野州三上丹南縣治河

内國丹南郡丹直均于四年七月十四日改自藩又有堺縣四年十一月廿二日廢伯太岸和田吉見丹南等縣置此九年併奈良縣後廢而廢高槻麻田二縣入大坂府則在四年十一月二十日治攝津國西成郡大坂江子島町管攝津國島上島下豐島能勢西成東成住吉七郡十四年二月七日併堺縣添管大和河内和泉三國曰神奈川縣先於元年六月十七日改横濱裁判所爲神奈川府八月三十日管方十里地九月廿一日改縣三年三月十日管小田原藩之相模國津久井外二郡及大住郡免地又有六浦縣治武藏國久良岐金澤荻野山中縣治相模國愛甲郡荻野山中小田原縣治相模國足柄下郡小田原均於四年七月十四日改自藩又有足柄縣四年十一月十四日廢韭山（詳靜岡）小田原萩野山中三縣置之治相模國足柄下郡小田原四年十一月十

四日廢六浦縣入神奈川縣治武藏國久良岐横濱本町通管相模國三浦鎌倉二郡及武藏橘樹久良岐都筑三郡及多摩郡中五年八月十九日屬武藏國多摩郡外三十一邨於東京府九年四月十八日併足柄縣管相模國曰兵庫縣先於元年正月廿二日置兵庫鎮臺於攝津國二月二日改裁判所五月廿三日改兵庫縣二年八月二日併豐前縣三年九月廿五日管名古屋藩附屬在攝津國者十月四日管飯野藩地十五日管稻田郡植之地在淡路國者又有攝津縣元年正月廿日置管攝津國二年五月十日改豐崎縣八月二日廢又有尼崎縣治攝津國河邊郡尼崎三田縣治攝津國有馬郡三田均於四年七月十四日改自藩又有生野縣二年八月十日置於但馬管久美濱縣地十九日管生野鐵山三年十月四日管土浦藩地在美作國者又有篠山縣治

丹波國多紀郡篠山柏原縣治丹波國水上郡柏原出石縣治但馬國出石郡出石邨岡縣治但馬國七味郡邨岡豐岡縣治但馬國城埼郡豐岡亦於四年七月十四日改自藩十一月二日廢福知山舞鶴宮津峯山久美濱五縣詳京都府篠山柏原出石邨岡生野十縣入豐岡縣管丹後但馬二國及丹波國多紀冰上天田三郡九年八月廢縣地但馬及丹波多紀冰上二郡於兵庫縣丹後及丹波國天田郡於京都府又有姬路縣治播摩國飾東郡姬路後九縣二藩治所皆屬播摩明石縣治明石郡明石龍野縣治揖東郡龍野林田縣治揖東郡林田赤穗縣治赤穗郡赤穗山崎縣治宍粟郡山崎安志縣治宍粟郡安志三日月縣治佐用郡三日月三草縣治加東郡三草小野縣治加東郡小野亦均於四年七月十四日改自藩又有福本藩治神東郡福本三年十一月廿三日併于鳥取藩又

有姬路縣四年十一月二日廢明石龍野赤穗三日月三草山崎安志林田小野九縣入姬路縣四年十一月二日管播磨全國四年十一月廿日廢尼崎三田入兵庫縣治攝津八部郡神戶松屋町管攝津國八部兎原武庫川邊有馬五郡九年八月廿一日併豐岡兎問二縣管但馬播磨二國丹後國多紀冰上二郡及舊名東縣之淡路國曰長崎縣先於元年五月四日改裁判所爲長崎府八月廿九日併富岡縣詳熊本縣二年六月廿日改縣三年十二月廿五日屬肥後國八代郡於熊本藩又有島原縣治肥前國南高來郡島原平戶縣治肥前國北松浦郡平戶福江縣治肥前國南松浦郡五島大郵縣治肥前國被杵郡大郵嚴原縣治對馬國下縣郡府中鹿島縣治肥前國藤津郡鹿島六縣改自藩四年九月四日併嚴原於伊萬里縣十一月十四日廢唐津小城蓮池鹿島

四縣入伊萬里縣五年屬對馬國於長崎縣六年五月廿九日伊萬里縣改稱佐賀縣九年四月十八日併于長崎縣八月廿一日長崎管肥前國而廢島原平戶福江大郇四縣入長崎則在四年十一月十四日治肥前國西彼杵郡長崎外浦町管肥前國彼杵高來二郡松浦郡及壹岐國長崎縣管肥前國長崎區及西波杵東彼杵北高來南高來南松浦北松浦壹岐對馬二國十四年屬肥前國基肆十郡於佐賀縣曰新潟縣先於元年六月三日改裁判所爲越後府管越後國三島古志蒲原沼垂岩船五郡九月廿二日改新潟府管柏崎佐渡二縣二年二月八日分置越後府二月廿三日改新潟府爲縣置越後按察使府七月廿七日改越後府爲水原縣而併新潟縣割地屬佐渡縣八月廿五日又割地屬柏崎縣十月廿四日管三根山藩地之在越後國者十二月三日

管平野井下山郡三年三月七日改水原縣爲新潟縣而置分局於水原又有新發田縣治越後國北蒲原郡新發田黑川縣治越後國北蒲原郡黑川三日市縣治北蒲原郡三日市郡松縣治越後國中蒲原郡郡松峯岡縣初爲三根山藩治越後國西蒲原郡三根山三年十月改峯岡藩尋爲縣郡上縣治越後國岩船郡郡上六縣改自藩又有柏崎縣元年七月廿七日置於越後十一月五日併於新潟縣二年二月廿日越後國管之八月廿五日再置柏崎縣分管水原縣地又有長岡藩治越後國古郡長岡三年十月廿日併於柏崎縣又有高田縣治越後國中頸城郡高田淸崎縣西頸城郡糸魚川與板縣治越後國三島郡與板椎谷縣治越後國刈田郡椎谷四縣亦改自藩年月日同四年十一月廿日廢四縣置柏崎縣治越後國刈羽郡柏崎管越後國頸城古志魚沼

刈羽三島五郡又有佐渡縣元年九月二日改自裁判所十一月五日併於新潟府而管於越後府二年七月廿日復佐渡縣四年十一月廿日廢之置相川縣治佐渡國加茂郡相川廣間町管佐渡國同日廢新發田黑川三日市邨松峯岡邨上六縣入新潟縣治越後國西蒲原郡新潟西堀通管越後國蒲原岩船二郡八年四月十八日併相川縣管佐渡國曰埼玉縣先於二年正月廿八日置大宮縣四月十日屬武藏國比企郡於韮山縣九月廿九日大宮縣改浦和縣又有忍縣治武藏國北埼玉郡忍岩槻縣治武藏國南埼玉郡岩地川越縣治武藏國入間郡川越三縣四年七月十四日改自藩十一月十三日改川越縣爲入間縣管武藏國横見入間秩父男衾大里榛澤加美幡羅比企新座那賀兒玉高麗十三郡及多摩郡地十四日廢浦和忍岩槻三縣置埼玉縣治

武藏國北足立郡和鹿島臺管埼玉郡及葛飾足立二郡地六年六月十五日廢入間入熊谷縣羣馬同入詳羣馬縣九年八月廿一日管入熊谷縣之入間縣地武藏國十三郡及多摩郡地曰羣馬縣先是元年六月十七日置岩鼻縣治上野國羣馬郡岩鼻二年十二月併吉井藩初治多胡郡矢田又有前橋縣治上野國那波郡前橋高崎縣治上野國羣馬郡高崎沼田縣治上野國利根郡沼田安中縣治上野國碓氷郡安中伊勢崎縣治上野國佐位郡伊勢崎小幡縣治上野國北甘樂郡小幡七日市縣治北甘樂郡七日市館林縣治上野國邑樂郡館林八縣改自藩館林縣尋併於橡木縣四年十月廿八日廢岩鼻前橋高崎沼田安中伊勢崎小幡七日市八縣置羣馬縣治羣馬郡高崎旋徙前橋城六年六月十五日廢羣馬縣爲熊谷縣地入間同入詳埼玉縣九年八月廿一日復羣馬縣治羣馬

郡高崎十四年二月廿六日徙前橋移舊管武藏國之十三郡於埼玉而管上野國（橡木縣所管上野國之山田邑樂新田三郡皆屬之）曰千葉縣先於元年設下總知縣事時無縣名二年正月十三日置葛飾縣治下總國葛飾郡加坂臺又有佐倉縣治下總國印旛郡佐倉關宿縣治下總國葛飾郡關宿曾我野縣治下總國千葉郡曾我野生實縣治下總國千葉郡生實四縣改自藩四年十一月廢五縣及古河結城二縣（二縣詳茨城縣）置印旛縣治下總國印旛郡佐倉其設上總安房知縣事在元年七月二日明年二月九日置宮谷縣於上總又有鶴舞縣治上總國市原郡鶴舞松尾縣治上總國夷隅郡松尾小久保縣治上總國天羽郡小久保櫻井縣治上總國望陀郡櫻井菊間縣治上總國市原郡菊間鶴牧縣治上總國市原郡鶴牧大多喜縣治上總國夷隅郡大多喜久留里縣治上總國望陀郡久

留里佐貫縣治上總國大羽郡佐貫飯野縣治上總國周准郡飯野一宮縣治上總國長柄郡一宮長尾縣治安房國安房郡長尾花房縣治安房國朝夷郡花房館山縣治安房國安房郡館山加知山縣治安房國平群郡加知山十五縣改自藩惟松尾藩初名芝山藩由芝山移治松尾更名四年十一月十四日廢此十五縣及宮谷縣置木更津縣治上總國望陀郡木更津又有多古縣治下總郡香取郡多古小見川縣治香取郡小見川高岡縣治香取郡高岡三縣改自藩四年十一月十四日廢三縣置新治縣詳茨城六年六月十五日廢印旛縣木更津縣置千葉縣治下總國千葉郡千葉町管下總國結城猿島葛飾相馬岡田豐田千葉埴生印旛九郡及上總安房二國八年五月七日改管下總國香取匝瑳海上三郡而屬下總國猿島結城岡田豐田四郡及葛飾相馬郡

中之驛郵於茨城縣曰茨城縣地舊有水戶縣治常陸國茨城郡水戶宍戶縣治茨城郡宍戶笠間縣治茨城郡笠間下館縣治常陸國眞壁郡下館下妻縣治眞壁郡下妻松岡縣治常陸國多賀郡下手綱六縣改自藩又有若森縣未定縣名時於元年設常陸知縣事二年二月九日置若森縣常陸國新治郡若森又有土浦縣治新治郡土浦石岡縣治新治郡石岡原稱府中志筑縣治新治郡志筑牛久縣治常陸國河內郡牛久龍崎縣治河內郡龍崎麻生縣治常陸國行方郡麻生松川縣治常陸國松川七縣改自藩四年十一月廢七縣若森及多古高岡小見川（三縣詳千葉縣）十一縣置新治縣治新治郡土浦又有結城縣治結城郡結城古河縣治西葛飾郡古河四年十一月十四日廢結城古河等縣入印旛縣（詳千葉縣）而廢水戶宍戶笠間下館下妻松岡六縣置茨城縣治常陸

國東茨城郡水戸郭内三丸管常陸國多賀久慈那珂茨城眞壁五郡六年六月十五日廢印旛縣八年五月七日廢新治縣而常陸國新治筑波河内行方信太鹿島六郡及下總國猿島結城岡田豐田四郡葛飾相馬郡中驛郵爲茨城縣所管曰橡木縣先於元年六月四日置眞壁縣二年二月十五日置日光縣七月廿日併眞岡縣三年七月十七日併喜連川藩其藩初治下野國塡谷郡喜連川又有壬生縣治下野國都賀郡壬生吹上縣治都賀郡吹上佐野縣治下野國安蘇郡佐野足利縣治足利宇都宮縣治下野國河内郡守都宮烏山縣治下野國那須郡烏山黑羽縣治那須郡黑羽太田原縣治那須郡太田原茂木縣治下野國芳賀郡茂木九縣改自藩四年十一月十四日廢宇都宮烏山黑羽太由原茂木五縣入宇都宮縣廢日光壬生吹上佐野足利五縣與

館林縣詳群馬縣置橡木縣管下野國足利梁田寒川安蘇都賀五郡及上野國山田邑樂新田三郡六年六月十五日併宇都宮縣九年八月廿一日屬上野國山田邑樂新田三郡於羣馬縣曰奈良縣先於元年五月十九日置治大和七月廿九日改府二年三月六日管十津川鄉七月十七日復爲縣又有五條縣三年二月三日置於大和四月廿七日管堺縣之高野山十月管土浦藩之在和泉國者又有郡山縣治大和國添下郡郡山小泉縣治添下郡小泉柳生縣治添上郡柳生田原本縣治大和國十市郡田原本高取縣治大和國高市郡高取柳本縣治大和國城上郡柳本芝邨縣治城上郡芝邨櫛羅縣縣大和國葛上郡櫛羅八縣改自藩十一月廿三日五條郡山小泉柳生田原本高取柳本芝邨櫛羅九縣入奈良治添上郡奈良町十四年奈良縣入大坂府二十年

復奈良縣曰三重縣舊有津縣治伊勢國安濃郡津龜山縣治伊勢國鈴鹿郡龜山桑名縣治伊勢國桑名郡桑名長島縣治桑名郡長島神戶縣治伊勢國河曲郡神戶菰野縣治伊勢國三重郡菰野六縣改自藩元年七月六日於伊勢置度會府二年七月十七日改縣管笠松大津二縣地叉久居縣治伊勢國一志郡久居鳥羽縣治志摩國答志郡鳥羽二縣改自藩四年十一月廿二日廢二縣入度會縣治伊勢國度會郡山田四年十一月廿二日廢津龜山桑名長島神戶菰野六縣置安濃津縣五年三月十七日改稱三重縣治伊勢國安濃津五年三月十七日徙安濃郡三重郡四日市六年十二月十日徙安濃郡津舊城郭內管伊賀國及伊勢國安濃安藝鈴鹿河曲三重桑名員辨朝明八郡九年四月十八日併度會縣管伊勢志摩二國紀伊之牟婁郡曰愛知縣舊

有名古屋縣治尾張國愛知郡名古屋犬山縣治尾張國丹羽郡犬山二縣並改自藩又有參河縣元年六月九日改自裁判所二年六月廿四日併於伊奈縣（詳長野縣）四年十一月十五日併於額田縣又有岡崎縣治三河國額田郡岡崎西大平縣治額田郡西大平重原縣治三河國碧海郡重原刈谷縣治碧海郡刈谷西端縣治碧海郡西端西尾縣治三河國幡豆郡西尾擧母縣治三河國西加茂郡擧母半原縣治三河國半原（徙自武藏榛澤郡）豐橋縣治三河國渥美郡吉田田原縣治渥美郡田原十縣改自藩四年十一月十五日廢十縣置額田縣治三河國額田郡岡崎管三河國及尾張國知多郡廿五日廢犬山入名古屋縣五年四月二日改稱愛知縣治尾張國愛知郡名古屋郭內三丸管尾張國春井日愛知葉栗海東海西丹羽中島七郡五年十一月廿七日併額田縣曰

靜岡縣初無縣名置駿河城代（元年二月十日）二年八月七日改靜岡藩治駿河國安部郡府中四年七月十四日改縣又有韮山縣元年六月廿九日置於伊豆國武藏國比企郡三年三月十日管小田原藩之伊豆國君澤外二郡四年十一月十四日廢入足柄縣（詳神奈川縣）又有堀江縣治遠江國敷知郡曲江改自藩四年十一月十五日廢堀江縣置濱松縣治敷知郡濱松管遠江國徙靜岡縣治駿河國有渡郡靜岡札辻町管駿河國九年四月十八日管伊豆國（足柄縣廢）廿一日併濱松縣管遠江國曰山梨縣初無縣名置甲府城代（元年二月廿八）元年九月四日置府中市川石和三縣十月廿八日廢三縣置甲斐府二年七月廿日改縣四年十一月廿日廢甲斐置山梨縣治甲斐國山梨郡甲斐府錦町管甲斐國曰滋賀縣舊有大津縣元年閏四月廿五日改自裁判所管近江湖船四年六

月廿三日併大溝藩其藩治近江國高島郡大溝又有膳所縣治近江國滋賀郡膳所水口縣治甲賀郡水口西大路縣治蒲生郡西大路彥根縣治近江國犬上郡彥根山上縣治近江國神崎郡山上宮川縣治近江國坂田郡宮川朝日山縣治近江國淺井郡七縣改自藩四年十一月廿二日廢彥根山上宮川朝日山四縣置長濱縣治近江國坂田郡長濱廢膳所水口西大路三縣入大津縣五年正月十四日改稱滋賀縣治近江國滋賀郡別所邨管近江國高島滋賀栗田野洲甲賀蒲生六郡五年九月廿八日併犬上縣管近江國若狹國及越前國敦賀郡十四年二月七日屬敦賀郡及若狹國於福井縣曰岐阜縣先於元年閏四月廿五日改裁判所（初置美濃）爲笠松縣又有大垣縣治美濃國安八郡大垣野邨縣治大垣之新田今尾縣治安八郡今尾高富縣治美濃國山

縣郡高富郡上縣治美濃國郡上郡郡上岩邨縣治美濃國惠那郡岩邨苗木縣治美濃國惠那郡苗木加納縣治美濃國厚見郡加納八縣改自藩又有高須藩治美濃國石津郡高須三年十二月廿三日廢入名古屋藩（詳愛知縣）又有飛驒縣元年五月廿三日置六月二日改稱高山縣四年十一月廿日廢入筑摩縣（詳長野縣）廿二日廢笠松大垣野邨今尾高富郡上岩邨苗木加納九縣置岐阜縣治美濃國厚見郡今泉邨管美濃國（高須併自名古屋藩）九年八月廿一日管飛驒國（高山併自筑摩縣）曰長野縣先於元年八月二日置伊奈縣於信濃九月十一日管信濃國御影二年二月三十日管信濃國鹽尻御影中條中野三年九月十七日分地屬中野縣四年六月二日與中野縣分管龍岡藩地又有松本縣治信濃國筑摩郡松本飯田縣治信濃國伊奈郡飯田高遠縣治信濃國伊那郡高遠

高島縣治信濃國諏訪郡高島四縣改自藩四年十一月廿日廢四縣伊奈縣高山縣（高山詳岐阜縣）置筑摩縣治信濃國筑摩郡松本又有中野縣三年九月十七日割伊奈縣地置之四年六月廿二日改稱長野縣管龍岡藩地其藩舊治信濃國更級郡田野口又有松代縣治信濃國埴科郡松代須坂縣治信濃國高井郡須坂飯山縣治信濃國水內郡飯山岩邨田縣治信濃國佐久郡岩邨田小諸縣治信濃國佐久郡小諸上田縣治信濃國小縣郡上田六縣改自藩四年十一月廿日廢六縣入長野縣治信濃國水內郡長野管信濃國埴科高井水內佐久更科小縣六郡九年八月廿一日管信濃國筑摩伊奈諏訪安曇四郡（入自筑摩縣）曰福井縣二年七月廿日置又有二本松縣治岩代國安達郡二本松改自藩又有白河縣二年八月七日置（又置民政局於盤城）又有磐城平縣治磐城國

磐前郡磐城平湯長谷縣治磐前郡湯長谷泉縣治磐城國菊多郡泉三春縣治磐城國田邨郡三春棚倉縣治磐城國東白川郡棚倉中邨縣治磐城國宇多郡中邨六縣改自藩四年十一月二日廢六縣置平縣治磐城國磐前郡磐城平又有若松縣二年五月四日收酒井忠寶封地置若松縣又置岩代國巡察使四年十一月二日徙治岩代國會津郡若松縣福島白河二縣入二本松縣十四日改稱福島縣治岩代國信夫郡福島管岩代國信夫安達安積岩瀨伊達五郡九年八月廿一日併磐前若松二縣管磐城國行方標葉楢葉田邨磐城石川菊多白河磐前九郡宇多郡地及岩代國會津耶麻大沼河沼四郡宮城縣舊有仙臺縣治陸前國宮城郡仙臺改自藩又有桃生縣二年七月廿日置於陸前國八月十三日改稱石卷縣又有登米縣二年八月七日亦置陸前國三年

九月廿八日併石卷縣又有白石縣二年八月七日置於磐城國十一月廿一日移治磐城國伊具郡角田改稱角田縣設按察府於盤刈城田郡白石四年十一月二日廢登米角田二縣入仙臺縣五年正月八日改稱宮城縣治陸前國宮城郡仙臺勾當臺通管陸前國磐城國亘理伊具刈田三郡及宇多郡地九年四月十八日屬陸前國氣仙部於岩手縣曰岩手縣舊有盛岡縣治陸前國岩手郡盛岡三年七月十日改自盛岡藩又有一關縣治陸中國罄井郡一關亦改自藩又有江刺縣膽澤縣均置於陸中國一在二年八月七日一在十二日又有九戶縣二年八月七日置九月十三日改稱八戶縣十九日改稱三戶縣十一月廿八日併入江刺縣四年十一月二日廢膽澤江刺二縣入一關縣十二月十三日改稱水澤縣八年十一月廿二日改稱磐井縣五年六月五日自一關徙治

元登米縣廳八年十一月廿二日復治一關盛岡縣治四年十一月二日改治陸中國南岩手郡盛岡仁王郵管陸中國閉伊和賀稗貫紫波岩手九戶六郡九年四月十八日併鑿井縣增管陸中國膽澤江刺鑿井三郡其鑿井縣舊管陸前國本吉登米栗原玉造氣仙五郡屬於宮城縣曰青森縣舊有〔弘〕前縣治陸奧國中津輕郡〔弘〕前又有七戶縣治陸奧國上北郡七戶八戶縣治陸奧國三戶郡八戶郡黑石縣治陸奧國南津輕郡黑石館縣治陸奧國東津輕郡館新砦斗南縣治陸奧國下北郡田名部六縣改自藩四年九月九日併七戶等五縣廿三日改稱青森縣徙治陸奧國東津輕郡青森十一月十二日改治東津輕郡青森新町管陸奧國及松前地五年九月廿日屬舊館縣地方於開拓使九年五月廿五日屬陸奧國二戶郡於岩手縣曰秋田縣初爲久保田藩治

羽後國秋田郡秋田四年正月十三日改稱秋田藩七月十四日改縣又有岩崎縣治羽後國秋田郡秋田新田本莊縣治羽後國由利郡本莊矢島縣治由利郡矢島龜田縣治由利郡龜田四縣改自藩四年十一月二日廢四縣併於秋田縣治秋田郡秋田東根子屋町管羽後國平鹿雄勝仙北由利河邊秋田山本七郡陸中國鹿角郡曰山形縣舊有酒田縣二年七月廿日置於羽後國三年九月廿八日廢之置山形縣又有天童縣治羽前國邨山郡天童新莊縣治羽前國最上郡新莊上山縣治羽前國邨山郡上山大泉縣治羽前國田川郡鶴岡松嶺縣羽後國飽海郡松山五縣改自藩其大泉藩初名莊內藩（置于二年九月廿九）四年九月十二日廢大泉松嶺二縣入酒田縣八年八月三十一日改稱鶴岡縣又有米澤縣治羽前國置賜郡米澤改自藩四年十一月二日改置賜

縣又廢新莊上山二縣入山形縣治郵山郡山形香澄町管羽前國郵山最上二郡及置賜郡地九年八月廿一日併鶴岡置賜二縣管羽前國田川置賜羽後國飽海郡曰石川縣舊有金澤縣治加賀國石川郡金澤大聖寺縣治加賀國江沼郡大聖寺並改自藩又有七尾縣四年十一月廿日置治能登國鹿島郡七尾而廢大聖寺縣入金澤縣五年二月二日改稱石川縣徙治石川郡美川町六年一月十四日復徙金澤廣坂通管加賀國五年九月廿七日併七尾縣管能登國九年四月十八日併新川縣管越中國八月廿一日併敦賀縣管越前國今立南條足羽吉田丹生坂井大野七郡十四年三月七日屬七郡於福井縣後屬越中國於富山縣曰富山縣治越中國新川郡富山改自藩四年十一月廿日廢之置新川縣治新川郡魚津六年八月廿八日徙治新川郡富

山九年四月十八日併於石川縣後復置富山縣治如前管越中國曰福井縣治越前國足羽郡福井又有丸岡縣治越前國坂井郡丸岡大野縣治大野郡大野勝山縣治大野郡勝山三縣改自藩又有木保縣於三年十二月廿二日置於越前四年十一月廿日廢丸岡大野勝山木保四縣入福井縣十二月二十日改稱足羽縣又有小濱縣治若狹國遠敷郡小濱改自藩又有敦賀藩治越前國敦賀郡敦賀三年三月廿三日改稱鞠山藩又有鯖江縣治越前國今立郡鯖江改自藩四年十一月二十日改鞠山藩爲敦賀縣廢小濱鯖江二縣入之管若狹國及越前國今立南條敦賀三郡六年一月十四日併足羽縣九年八月廿一日廢敦賀縣屬越前國七郡於石川縣屬敦賀郡及若狹國於滋賀縣十四年二月七日復置福井縣治足羽郡福井管入自石川縣越前國七

郡入自滋賀縣越前國敦賀郡及若狹國曰島根縣舊有松江縣治出雲國島根郡松江廣瀨縣治出雲國能義郡廣瀨母里縣治能義郡母里三縣改自藩二年二月廿五日置隱岐縣管隱岐國八月二日廢隱岐縣置大森縣三年正月九日改稱濱田縣治石見國那賀郡濱田四年六月廿五日併津和野藩其藩初治石見國鹿足郡津和野十一月十五日濱田縣改管石見國而廢松江母里廣瀨置島根縣治出雲國島根郡松江殿町九年八月廿一日併濱田鳥取二縣管石見因幡伯耆隱岐四國十四年九月十二日屬因幡伯耆二國於鳥取縣曰鳥取縣治因幡國邑美郡鳥取改自藩其藩有坿庸二一治鹿奴一治若櫻四年十一月十五日改管因幡伯耆二國尋管隱岐國九年八月廿一日廢入島根縣十四年九月十二日復置鳥取縣治如前管因幡伯耆二國曰

岡山治備前國御野郡岡山改自藩又有倉敷縣元年五月十六日置於備中四年二月五日併多津藩（詳愛媛縣）又有鴨方縣治備中國淺口郡鴨方岡田縣治備中國下道郡岡田足守縣治備中國賀陽郡足守庭瀨縣治賀陽郡庭瀨新見縣治賀陽郡新見高梁縣治備中國上房郡高梁成羽縣治備中國川上郡成羽淺尾藩治賀陽郡淺尾生坂縣治備中國窪屋郡生坂九縣改自藩四年十一月十五日廢九縣倉敷縣及福山縣（詳廣島縣）置深津縣治備後國深津郡深津五年六月五日徙治備中國小田郡笠岡町小丸改稱小田縣又有津山縣治美作國北條郡津山鶴田縣治美作國久米北條郡和田南眞島縣治美作國眞島郡眞島三縣改自藩四年十一月十五日廢三縣置北條縣治美作國西北條郡津山縣舊城內岡山縣改治備前國御野郡岡山弓之町管備前國

八年十二月十日併小田縣管備中國及備後國沼隈深津安那品治蘆田神石六郡九年四月十八日併北條縣管美作國而屬備後國六郡於廣島縣曰廣島縣治安藝國沼田郡廣島又有福山縣治備後國深津郡福山改自藩四年十一月十五日廢福山縣入深津縣改小田（詳岡山縣）入岡山縣而改廣島縣治安藝國沼田郡廣島小町管安藝國及備後國御調世羅三谿三上奴可甲奴三次惠蘇八郡九年四月十八日管岡山縣所管備後國沼隈深津安那品治蘆田神石六郡（管備後全國）曰山口縣改自藩其藩於四年六月十九日併德山藩（原治周防國都濃郡德山）又有岩國縣治周防國玖珂郡岩國豐浦縣治長門國豐浦郡府中清末縣治豐浦郡清末三縣改自藩四年十一月十五日廢三縣入山口縣治周防國吉敷郡山口上宇野今管周防長門二國曰和歌山縣治紀伊國名

草郡和歌山又有田邊縣治紀伊國西牟婁郡田邊新宮縣治紀伊國東牟婁郡新宮三縣改自藩四年十一月廿二日廢三縣入和歌山縣治和歌山西汀町管紀伊國伊都郡那賀名草海部有田日田六郡及牟婁郡地曰德島縣治阿波國名東郡德島改自藩四年十一月十五日廢德島縣置名東縣治名東郡德島寺島管淡路阿波二國六年二月廿日併香川縣管讃岐國八年九月五日復屬讃岐國於香川縣九年八月廿一日廢名東縣而屬阿波國於高知縣淡路國於兵庫縣十三年三月二日復德島縣治阿波國名東郡德島管高知縣所管阿波國曰高知縣治土佐國土佐郡高知改自藩四年十一月十五日改治土佐郡高知西弘小路管土佐國九年八月廿一日管名東縣所轄阿波國十三年三月二日屬阿波國於德島縣曰愛媛縣舊有松山縣治伊豫國

溫泉郡松山今治縣治伊豫國越智郡今治小松縣治伊豫國周布郡小松西條縣治伊豫國新居郡西條石鐵縣治伊豫國溫泉郡松山宇和島縣治伊豫國宇和郡宇和島吉田縣治宇和郡吉田大洲縣治伊豫國喜多郡大洲新谷縣治新多郡新谷九縣改自藩四年十一月十五日廢吉田大洲新谷三縣入宇和島縣又有高松縣治讃岐國香川郡高松丸龜縣治讃岐國那珂郡丸龜二縣改自藩又有多度津藩治讃岐國多度郡多度津四年二月五日併於倉敷縣（詳岡山縣）十一月十五日廢松山丸龜二縣置香川縣治讃岐國香川郡高松管讃岐國六年二月廿日廢香川縣併於名東縣（詳德島縣）八年九月五日復置香川縣先是六年二月廿日廢石鐵神山二縣置愛媛縣治伊豫國溫泉郡松山宮古町管伊豫國九年八月廿一日併香川縣管讃岐國曰福岡縣初爲福岡

藩治筑前國早良郡福岡四年七月十四日改縣又有秋月縣治筑前國夜須郡秋月豐津縣治豐前國企救郡小倉千束縣治豐前國企救郡小倉新田三縣改自藩豐津藩初爲香春藩四年十一月十四日廢三縣置小倉縣治企救郡小倉室町管豐前國又有柳川縣治筑後國山門郡柳川三池縣治原岩代國伊達郡下手渡後筑後國三池郡三池久留米縣治筑後國御井郡久留米三縣改自藩四年十一月十四日廢三縣置三潴縣治筑後國三潴郡久留米兩替町管筑後國九年四月十八日併佐賀縣管肥前國藤津杵島小城佐賀神崎三根養父基肄八郡及松浦郡地五月廿四日屬肥前國杵島松浦二郡於長崎縣六月廿一日屬藤津郡於長崎縣四年十一月十四日廢秋月縣入福岡縣治筑前國甲良郡福岡舊城管筑前國九年四月十八日併小倉縣管

豐前國八月廿一日併三瀦縣管筑後國而屬豐前國宇佐下毛二郡於大分縣曰大分縣舊有日田縣元年閏四月廿五日置於豐後國又有杵築縣治豐後國速見郡杵築日出縣治速見郡日出府內縣治豐後國大分郡府內岡縣治豐後國大野郡岡森縣治豐後國球珠郡森臼杵縣治豐後國北海部郡臼杵佐伯縣治豐後國南海部郡佐伯中津縣治豐前國下毛郡中津八縣改自藩四年十一月十四日廢日田杵築日出府內岡森臼杵佐伯八縣置大分縣治豐後國大分郡大分町舊府內城址管豐後國九年四月十八日屬豐前國於福岡縣八月廿一日大分縣管福岡縣所轄豐前國宇佐下毛二郡曰佐賀縣治肥前國佐賀郡佐賀改自藩四年九月四日徙佐賀縣治肥前國西松浦郡伊萬里改稱伊萬里縣而併嚴原縣（詳長崎縣）又有唐津縣治肥前國東松浦郡

唐津小城縣治肥前國小城郡小城蓮池縣治肥前國佐賀郡蓮池鹿島縣治肥前國藤津郡鹿島四年十一月十四日廢唐津小城蓮池鹿島四縣入伊萬里縣治肥前國西松浦郡伊萬里管肥前國藤津杵島小島佐賀神崎三根養父基肄八郡及松浦郡地對馬國五年八月十七日屬對馬國於長崎縣六年五月廿九日改稱佐賀縣治佐賀郡佐賀水江邨九年四月十八日廢佐賀縣入三潴縣（詳福岡縣）八月一日初屬肥前全國於長崎縣十年復置佐賀縣管肥前國基肄養父三根神崎佐賀小城東松浦西松浦杵島藤津十郡曰熊本縣治肥後國飽田郡熊本改自藩其藩坿庸二一治肥前國宇土郡宇土一治肥後國玉名郡高瀨又有人吉縣治肥後國玖摩郡人吉改自藩又有富岡縣元年閏四月廿五日置於肥後八月廿九日併富岡於長崎府四年十一月十四日

廢人吉縣置八代縣治肥後國八代郡管肥後國下益城宇土球摩蘆北八代天草六郡五年六月十四日熊本縣徙治肥後國飽田郡二本樹郵改稱白川縣九年二月廿二日仍稱熊本縣復舊治初管肥後國山鹿菊池山本玉名阿蘇託摩飽田合志上益城九郡六年一月十五日併八代縣管肥後國下益城宇土球摩蘆北八代天草六郡曰宮崎縣舊有高鍋縣治日向國兒湯郡高鍋延岡縣治日向國臼杵郡延岡佐土原縣治日向國那珂郡佐土原三縣改自藩又有富高縣元年閏四月廿五日置於日向國臼杵郡八月廢富高縣併於日田縣（詳大分縣）四年十一月十四日廢高鍋延岡佐土原三縣置美美津縣治日向國兒湯郡美美津管日向國兒湯臼杵二郡及那珂宮崎諸縣三郡地又有飫肥縣治日向國那珂郡飫肥改自藩四年十一月十四日廢飫肥縣置都城

縣治日向國諸縣郡都城管大隅國始羅肝付囎唹大隅菱刈桑原六郡及日向國那珂宮崎諸縣三郡六年一月十五日廢都城縣而屬日向國三郡於宮崎縣大隅國六郡於鹿兒島縣而廢美津都城二縣置宮崎縣治日向國宮崎郡上別府邨六年一月十五日管日向國九年八月廿一日廢全縣併於鹿兒島縣十六年五月九日復宮崎縣管日向國宮崎那珂諸縣兒湯四郡曰鹿兒島縣治薩摩國鹿兒島郡鹿兒島四年十一月十四日徙治鹿兒島坂本邨管薩摩郡及大隅郡熊毛馭謨二郡九年八月廿一日併宮崎縣管日向國後管大隅薩摩二國及日向國南諸郡而屬宮崎那珂諸縣兒湯四郡於宮崎縣曰北海道廳先是元年四月十二日置箱館裁判所十四日以久保田盛岡弘前松前四藩置戍兵於箱館閏四月廿四日改裁判所爲箱館府二年七月八

日廢府置開拓使治石狩國札幌郡虻田通管十一國初置東京支廳三年閏十月九日廢之改出張所又有樺太開拓使三年二月十三日置四年八月七日併樺太開拓使於北海道開拓使五年九月十四日分北海道爲六郡札幌廳外設支廳五一函館一根室一宗谷一浦河一樺太七年五月又併浦河支廳八年五月七日廢樺太支廳而以其島屬俄羅斯十五年二月八日廢開拓使置札幌函館根室三縣十九年一月廿六日廢三縣置北海道廳治札幌管十一國其改自藩皆在四年七月十四日

明治二十一年十二月三日當光緒十四年分愛媛縣之讃岐國爲香川縣治香川郡高松

雲龍既述表與說始聞改縣曰香川如添於愛媛縣下與全書圖表不符是以坿述于篇

日本圖經三終

游歷日本圖經四

日本地理三

奏派游歷日本美利加秘魯巴西等國英日屬地加納大古巴知府用兵部郎中臣傅雲龍述

府縣分疆表

日本町多處爲區畧與郡異而郵聚爲郡郡聚爲國國聚爲道明治初藩改府縣矣不以府縣爲綱惟北海道以廳名非實錄也然道與國郡舊名未廢動滋轇轕難一或數國并一或瓜剖豆分難二聊沿陳言所不敢出今爲究厥分合琉球而外凡三府四十一縣一廳非轄全國者注郡名或一二郡它屬注除某郡全國郡別有表述府縣分疆表

府縣	東海道	畿內	東山道	北陸道	山陰道	山陽道	南海道	西海道	北海道
東京府 治武藏國東京	武藏國 六郡荏原								

○東多摩○南豐島○北豐島○南足立○南葛飾

十五區

麴町○神田○日本橋○京橋○芝○麻布○赤坂○四谷○牛込○小石川○本鄉○下谷○淺草○本所○深川

伊豆國七島

小笠原島

西京府 治山城國京都

山城國

丹後國

丹波

國五郡
除多紀氷上

大坂府
治攝津國大坂
河內國
和泉
國攝
津國七
郡住吉○東成○西成○島上○島下○豐島○能勢
四區○東西○南○北

神奈川縣
治相模國橫濱
相模國
武藏
國六郡
橘樹○久良岐○都

兵庫縣　治攝津國神戶

長崎縣　治肥前國長崎

筑摩○西多摩○北多摩　一區　橫濱

攝津國　五郡　八部○菟原○武庫○川邊○有馬　一區　神戶

但馬國

丹波國二郡　多紀○氷上

播摩國

淡路國

肥前國　六郡　西彼杵○東彼杵○北高來○南高來○南松浦　一區　長崎

壹岐島

對馬島
此二島不屬西海道坿箸於此

新潟縣
治越後國新潟
越後國
佐渡國

埼玉縣
治武藏國埼玉
武藏國
十七郡
南埼玉○北埼玉○北足立○新座○入間○高麗○比企○横見○大里○幡羅○榛澤○男衾○兒玉○加美○那珂○秩父○北葛飾

日本國總圖

	下總國		
	一郡中葛		
	飾		
羣馬縣			上野國
治上野國高崎			
千葉縣	安房國		
治下總國千葉	上總		
	國下		
	總國八		
	郡○千葉○下		
	埴生○印旛○東葛		
	飾○南相馬○香取		
	○匝瑳○海上		
茨城縣	常陸國		
治常陸國水戶	下總		

國六郡

猿島○結城○岡田○豐田○西葛飾○○北相馬

櫔木縣 治下野國櫔木		下野國	
奈良縣 治大和國奈良	大和國		
三重縣 治伊勢國津	志摩國 伊勢國 伊賀國		紀伊國 二郡 南牟婁○北牟婁
愛知縣 治尾張國名古屋	三河國 尾張國		

靜岡縣	駿河國		
治相模國靜岡	遠江		
	國　伊		
	豆國四		
	郡 除七島		
山梨縣	甲斐國		
治甲斐國甲府			
滋賀縣			近江國
治近江國大津			
岐阜縣			美濃國
治美濃國岐阜			飛驒
			國
長野縣			信濃國
治信濃國長野			
福島縣			岩代國

治岩代國福島	磐城
	國十一
	郡西白河○
	行方○標葉○田郁
	○楢葉○磐城○石
	川○菊田○東白川
	○磐前○宇多
宮城縣	陸前國
治陸前國仙臺	一郡一
	區除氣仙
	磐城國
	三郡亘理
	○伊具○刈田
岩手縣	陸前國
治陸中國盛岡	一郡氣仙

	陸中
	國十八
	郡除鹿角
	陸奧
	國一郡
	二戶
青森縣	陸奧國
治陸奧國青森	一郡除二
	戶
秋田縣	羽後國
治羽後國秋田	九郡除飽
	海陸
	中國一
	郡鹿角
山形縣	羽前國

治羽前國山形			羽後		
			國一郡		
			飽海筑前		
			國一區		
			福岡		
石川縣				加賀國	
治加賀國金澤				能登	
				國	
富山縣				越中國	
治越中國富山					
福井縣				越前國	
治越前國福井				若狹	
				國	
島根縣					出雲國
治出雲國島根					石見

		國　隱	
		岐國	
鳥取縣		因幡國	
	治因幡國鳥取	伯耆	
		國	
岡山縣			美作國
	治備前國岡山		備前
			國　備
			中國
廣島縣			備後國
	治安藝國廣島		安藝
			國
山口縣			周防國
	治長門國山口		長門
			國

和歌山	紀伊國	
縣	九郡一	
治紀伊國和歌山	區除南	
	牟婁北牟婁	
德島縣	阿波國	
治阿波國德島		
高知縣	土佐國	
治土佐國高知		
愛媛縣	讚岐國	
治伊豫國松山	伊豫	
	國	
福岡縣		筑前國
治豐後國福岡		筑後
		國豐
		前國六

大分縣
治豐後國大分

佐賀縣
治肥前國佐賀

熊本縣
治肥後國熊本

郡企救○田川○
京都○仲津○築城○上毛○
豐後國
豐前
國二郡
下毛○宇佐
肥前國
十郡基肄
○養父○三根○神
崎○佐賀○小城○
東松浦○西松浦○
杵島○藤津
肥後國

宮崎縣	日向國	
治日向國宮崎	除南諸縣	
鹿兒島	大隅國	
縣	薩摩	
治薩摩國鹿兒	國　日	
島	向國一	
	郡　諸縣	
北海道		渡島國
廳		後志
治渡島國箱館		國　石
		狩國
		天鹽國
		北見
		國　膽
		振國

日高國	十勝	國　釧	路國	根室國	千島	國

郡邨繫國表

日本所謂區者較郡爲小所謂町者較邨爲繁內務省地理局所箸郡區町邨一覽與報篩微有異同据知時或分合也就所訪聞凡郡八百有九區二十有六町一萬五百有九邨五萬五千七百九十七北海道郡在其中而若區若町若邨實所未詳述郡邨繫國表

府縣	郡區	町	邨
東京府郡六區十五町千三百六十八村三百七十八			
	荏原郡 武藏國	七	八三
	東多摩郡 同		三一
	南豐島郡 同	九	二二
	北豐島郡 同	一五	六二
	南足立郡 同	三	四〇
	南葛飾郡 同	一	一一五
	七島 伊豆國		二四
	麴町區 武藏國	七八	
	神田區 同	一二五	
	日本橋區 同	一三九	
	京橋區 同	一五三	
	芝區 同	一三二	
	麻布區 同	四九	
	赤坂區 同	五二	
岩手縣郡廿村六百四十二			
	南巖手郡 陸中國		四九
	北巖手郡 同		三八
	紫波郡 同		七三
	稗貫郡 同		六
	東和賀郡 同		六三
	西和賀郡 同		七
	江刺郡 同		一五
	膽澤郡 同		二四
	西磐井郡 同		二六
	東磐井郡 同		三五
	氣仙郡 同		二〇
	西閉伊郡 同		三三
	南閉伊郡 同		一五
	東閉伊郡 同		四一

四谷區	同	三四	
牛込區	同	七六	
小石川區	同	八〇	
本鄉區	同	六三	
下谷區	同	七一	
淺草區	同	一一〇	
本所區	同	七五	
深川區	同	九六	
京都府郡十八區三町二千三十八			
愛宕郡	山城國		五四
葛野郡	同		六〇
紀伊郡	同	一〇	二三
乙訓郡	同	一	四三
久世郡	同	三	二四
宇治郡	同	二	三五
綴喜郡	同		四二

中閉伊郡	同		一二
北閉伊郡	同		二三
南九戶郡	同		二七
北九戶郡	同		三二
氣仙郡	陸前國		
二戶郡	陸奧國		四三
青森縣郡八町八百八十八村八百二十八			
東津輕郡	同	一七	一三七
西津輕郡	同	一一	一〇八
中津輕郡	同	八九	一〇九
南津輕郡	同	二〇	一七五
北津輕郡	同		一〇八
上北郡	同		五〇
下北郡	同		三四
三戶郡	同	四三	一〇七
秋			
南秋田郡	羽後國	一七八	一五六

村千二百八十

相樂郡	同		七六
南桑田郡	丹波國		九二
北桑田郡	同		八五
船井郡	同	五	一四九
何鹿郡	同	一	八二
天田郡	同	一九	一一三
與謝郡	丹後國	三四	九五
加佐郡	同	一二	一五〇
中郡	同	一四	三五
竹野郡	同		七〇
熊野郡	同		五三
上京區	山城國	八八三	
下京區	同	八二六	
伏見區	同	二一九	
東成郡	攝津國	二	六〇

大

田縣十郡十町二百九十二村九百二十五

北秋田郡	同	四	一〇九
鹿角郡	同		二三
山本郡	同	二六	七〇
河邊郡	同	一	五八
由利郡	同	三一	一八九
仙北郡	同	二一	一四五
平鹿郡	同	三一	九〇
雄勝郡	同	三	八二
鹿角郡	陸中國		

山形縣　三十郡　三町　三百三十

南村山郡	羽前國	三七	八五
東村山郡	同	一	九七
西村山郡	同		一一九
北村山郡	同	二	一〇四
最上郡	同	二	六九
東田川郡	同		一九三

坂府郡二十七區四町五百五十六村千三百八十五

西成郡	同	一三	一二四
住吉郡	同	二	四四
島下郡	同		一〇二
島上郡	同	一	五八
豐島郡	同		八四
能勢郡	同		三二
大鳥郡	和泉國		一〇四
泉郡	同		八五
南郡	同	一四	七一
日根郡	同		七七
錦部郡	河內國		四八
安宿部郡	同		四
石川郡	同		四六
丹南郡	同		五二
古市郡	同		一五

九村千二百二十一

西田川郡	同	一一	一〇四
西置賜郡	同		一一六
東置賜郡	同		一一
南置賜郡	同	一三二	六二
築城郡	同		四五
上毛郡	同	一	七八
飽海郡	羽後國	六〇	一五五
福岡區	筑前國	一五五	

石川縣郡八區一町六百二十六村千七百六十三

河北郡	加賀國		二六五
石川郡	同	四	二二三
能美郡	同	三五	二四六
江沼郡	同	二六	八八
羽咋郡	能登國		二三五
鹿島郡	同	二四	一九五
鳳至郡	同	五	三〇四

志紀郡　同		二〇
丹北郡　同		四三
八上郡　同		一一
讃良郡　同		三五
交野郡　同		三九
茨田郡　同	一	八三
大縣郡　同		一一
澁川郡　同		三一
高安郡　同		一四
河内郡　同		二八
若江郡　同		六四
東區　攝津國	一五七	
西區　同	一七五	
南區　同	九七	
北區　同	九四	

富山縣郡五町二百七十五村千四百七十三

珠洲郡　同		一〇五
金澤區　加賀國	五三二	
礪波郡　越中國	一	七〇一
射水郡　同	八七	三三八
婦負郡　同	三〇	三六六
上新川郡　同	一二七	七五四
下新川郡　同	三〇	三一四

福井縣郡十區一町二百廿村一千七百

南條郡　越前國	二六	八八
今立郡　同	一	一九六
丹生郡　同		二二九
足羽郡　同	九二	一五四
吉田郡　同	八	一四二
大野郡　同	三〇	二四六
坂井郡　同	三〇	二四六
大飯郡　若狹國	五	六八

神奈川縣郡十五區一町二百二十村千二百〇八

久良岐郡	武藏國	一	四四
橘樹郡	同	一〇	一一一
都筑郡	同		六九
西多摩郡	同	二	九二
南多摩郡	同	一八	一一八
北多摩郡	同	一二	一一八
三浦郡	相摸國	三八	六七
鎌倉郡	同	五	八四
高座郡	同	一	一〇九
大住郡	同	五	一〇九
淘綾郡	同	一	一九
足柄上郡	同	一	八四
足柄下郡	同	八	八二
愛甲郡	同	一	三六
津久井郡	同	三	二四

三十四

遠敷郡	同	二四	一二九
三方郡	同		六〇
敦賀區	越前國	二四	七九

島根縣郡廿町四十三村九百四十九

島根郡	出雲國	二二	五七
秋鹿郡	同		二三
意宇郡	同	一二	四六
能義郡	同		八二
仁多郡	同		二八
大原郡	同		五七
出雲郡	同		二四
楯縫郡	同		三六
神門郡	同		八三
飯石郡	石見國		五一
邇摩郡	同		三七
安濃郡	同		二三

横濱區	武藏國	一一一	
兵庫縣郡三十三區一町四百二十二村二千九百八十			
八部郡	攝津國		三六
菟原郡	同		四三
武庫郡	同	二二	五五
川邊郡	同	四	一七七
有馬郡	同	四	八八
明石郡	播磨國	一六	一〇七
美囊郡	同	三	一〇八
加東郡	同	二	一一七
多可郡	同	四	八六
加西郡	同	一	一〇八
加古郡	同	三〇	七九
印南郡	同	二	九七
餝東郡	同	一一〇	六六
餝西郡	同	二	六七

邑智郡	同		一〇五
那賀郡	同	八	一〇七
美濃郡	同		七五
鹿足郡	同		六三
周吉郡	隱岐國	一	二三
穩地郡	同		一四
海士郡	同		八
知夫郡	同		五
鳥取縣郡十四町一百四十五村千			
日野郡	伯耆國	八	一〇九
會見郡	同	三〇	一四一
汗入郡	同	二	六三
八橋郡	同	二	八四
久米郡	同	二	一〇〇
河村郡	同	四	九八
氣多郡	因幡國	一	六五

揖東郡	同	一	一三二
揖西郡	同	一	八四
神東郡	同		四〇
神西郡	同		五八
赤穗郡	同	二	一〇二
佐用郡	同		七六
宍粟郡	同	一	一四〇
城崎郡	但馬國	一六	七七
美含郡	同		七二
出石郡	同	一七	八六
氣多郡	同		八〇
養父郡	同		一〇二
朝來郡	同	七	七二
七美郡	同	四	六八
二方郡	同		五六

九十四

岡山縣郡三十一區一町百二十七村千

高草郡	同		七六
八上郡	同		五八
智頭郡	同	三	七二
八東郡	同	二	八六
邑美郡	同	八六	三一
法美郡	同	四	五九
岩井郡	同	一	五二
御野郡	備前國		五三
津高郡	同		九〇
赤坂郡	同		七八
磐梨郡	同		五三
和氣郡	同		六九
邑久郡	同		六七
上道郡	同		一〇四
兒島郡	同		九一

氷上郡	丹波國	一三	一七四
多紀郡	同	一三	二一四
津名郡	淡路國	一八	六〇
三原郡	同		五〇
神戸區		一二九	一

長崎縣郡十區一町八十九村三百二十七

西彼杵郡	肥前國		四一
東彼杵郡	同		二〇
北高來郡	同	一	三三
南高來郡	同	一	三五
北松浦郡	同		四九
南松浦郡	同		一七
壹岐郡	壹岐國		一一
石田郡	同		一一
上縣郡	對馬國		四五
下縣郡	同		六五

六百四十二

都宇郡	備中國		三八
窪屋郡	同	一	四九
淺口郡	同		四四
小田郡	同		六六
後月郡	同		三一
下道郡	同		二二
賀陽郡	同		五一
上房郡	同	一	一六
川上郡	同		五〇
哲多郡	同		三〇
阿賀郡	同		三五
眞島郡	美作國		九〇
大庭郡	同		四六
西西條郡	同		五一
西北條郡	同	三六	二二

長崎區	肥前國	八七	
新潟縣郡十七區一町七百七十七村四千百七十八			
北蒲原郡	越後國	四七	六一四
中蒲原郡	同	八	三五一
西蒲原郡	同	一	三六四
南蒲原郡	同	一七	三〇四
三島郡	同	三八	二二六
古志郡	同	四〇	二八三
北魚沼郡	同	一六	一六三
南魚沼郡	同		一六七
中魚沼郡	同		八二
刈羽郡	同	三九	一七九
東頸城郡	同		一六八
中頸城郡	同	一〇六	七七〇
西頸城郡	同	八	一六八
岩船郡	同	二六	二四二
東南條郡	同	七	一三
東北條郡	同		三一
勝北郡	同		五三
勝南郡	同		六九
吉野郡	同		六〇
英田郡	同		五六
久米南條郡	同		六二
久米北條郡	同		五二
岡山區	備前國	八一	
廣島縣郡二十二區一町一百			
沼田郡	安藝國		三〇
高宮郡	同	一	三五
安藝郡	同		三五
佐伯郡	同		八七
山縣郡	同		七四
高田郡	同		五九

埼玉縣郡十八町三十九村千八百七十四

加茂郡	佐渡國	五	八三
雜太郡	同	八三	七二
羽茂郡	同	一	五三
新潟區	越後國	二四一	一
南埼玉郡	武藏國	八	二一六
北埼玉郡	同	五	一八八
北足立郡	同	一一	三三五
新座郡	同	一	二四
入間郡	同	二	二三〇
高麗郡	同		一一二
比企郡	同	三	一五三
横見郡	同		四三
大里郡	同	一	三九
旛羅郡	同		五八
榛澤郡	同	二	六七

三十一村千六十四

賀茂郡	同		八九
豐田郡	同	二	八七
御調郡	備前國	五	九〇
世羅郡	同	一	四八
三谿郡	同		三八
甲奴郡	同		三二
三上郡	同		一八
奴可郡	同	二	三九
深津郡	同	二九	二八
沼隈郡	同	一	三九
惠蘇郡	同		四一
三次郡	同		五〇
蘆田郡	同		二八
安那郡	同		二八
品治郡	同		二一

男衾郡	同		二九
兒玉郡	同	三	五八
賀美郡	同		二五
那珂郡	同		一一
秩父郡	同		八三
北葛飾郡	同	三	一六〇
中葛飾郡	下總國		

羣馬縣郡十七町一百七十七村千百有六

東群馬郡	上野國	二四	二三
南勢多郡	同	六	一五五
西群馬郡	同	四七	一七一
片岡郡	同		三
綠野郡	同	三	四一
多胡郡	同	一	二六
南甘樂郡	同		二五
北甘樂郡	同	六	八七

神石郡	同		三六
廣島區	安藝國	九二	二九

山口縣郡十二區一町六十一村六百二十

大島郡	周防國		三六
玖珂郡	同	二	一二一
熊毛郡	同	一	四七
都濃郡	同		五〇
佐波郡	同	一	五一
吉敷郡	同	一	三五
厚狹郡	長門國		五二
美禰郡	同		二五
豐浦郡	同	二	一一五
大津郡	同		二六
阿武郡	同	三二	五八
見島郡	同	一	
和名草郡	紀伊國		四八

碓氷郡 同	五	六一
吾妻郡 同	五	七五
利根郡 同	三	一〇六
北勢田郡 同		一三
山田郡 同	二	四九
新田郡 同	二	九七
邑樂郡 同	二	八八
佐位郡 同	二	三六
那波郡 同	二	五〇

千葉縣　郡二十一　町六十八

千葉郡 下總國	二	一二八
東葛飾郡 同	一四	二三七
印旛郡 同	二三	二二八
下埴生郡 同		六一
南相馬郡 同	一	三九
香取郡 同	二	二七一

歌山縣　郡九　區一　町四百三十七　邨千二百七

海部郡 同		四九
那賀郡 同		二五一
伊都郡 同		一四九
有田郡 同		一三七
日高郡 同		一六二
西牟婁郡 同	一三	一四〇
東牟婁郡 同	二四	一七一
在田郡 同		
和歌山區 同	四〇〇	

德島縣　郡十　町三十七　邨六

名東郡 阿波國	二九	五七
勝浦郡 同		三六
海部郡 同		七七
那賀郡 同	三	一四七
名西郡 同		三八
板野郡 同		一三五

郵二千三百七十一

海上郡	同		六七
匝瑳郡	同		六六
長柄郡	上總國	四	一一八
上埴生郡	同	一	四三
山邊郡	同	三	一一九
武射郡	同	一	一二四
市原郡	同		六六
望陀郡	同	二	一三七
周准郡	同	一	九三
天羽郡	同	一	五〇
夷隅郡	同	九	一五九
安房郡	安房國	二	七二
平郡	同		六七
朝夷郡	同		五八
長狹郡	同	一	二〇

百十

麻植郡	同	一	三一
阿波郡	同	二	二九
美馬郡	同	一	二八
三好郡	同	一	三三

高知縣郡七町五十四郵九百八十五

土佐郡	土佐國	五二	一一〇
幡多郡	同	一	二七〇
高岡郡	同		一九二
吾川郡	同		八六
長岡郡	同	一	一四六
香美郡	同		一〇八
安藝郡	同		七三

愛媛縣郡三十町

大內郡	讚岐國		二四
寒川郡	同		二六
三木郡	同		一六
山田郡	同		二九

茨城縣郡十八町四十二邨二千四十八

郡	國	町	邨
東茨城郡	常陸國	二六	一八一
西茨城郡	同	二	一〇〇
那珂郡	同	二	一二五
久慈郡	同		一四九
多賀郡	同		七五
鹿島郡	同		一二一
行方郡	同		七八
新治郡	同	二	一八二
筑波郡	同	二	一六六
眞壁郡	同	六	二三七
信太郡	同		九三
河內郡	同		一四四
猿島郡	下總國	四	七八
西葛飾郡	同	三	四八
結城郡	同	一	五〇

二百五十九邨千三百七十一

郡	國	町	邨
小豆郡	同		四四
香川郡	同	六〇	五三
阿野郡	同		三六
鵜足郡	同		二九
那珂郡	同	二三	四八
多度郡	同		二四
三野郡	同		三七
豐田郡	同		三五
宇摩郡	伊豫國		五〇
新居郡	同	四	五五
西宇和郡	同	一	四七
東宇和郡	同	一	七〇
北宇和郡	同	四一	一一三
南宇和郡	同		一七
周布郡	同		三九

日本圖經卷十六

圖經六之一

饗喜廬所著書

岡田郡	同		五二
豐田郡	同	一	七三
北相馬郡	同	三	九六
栃木縣郡十町五十二邨千百四十四			
足利郡	下野國	一	四一
梁田郡	同	二	一五
安蘇郡	同	六	五二
上都賀郡	同	八	九一
下都賀郡	同	一五	二一五
寒川郡	同		一二
河內郡	同	七	一八〇
芳賀郡	同	三	一八〇
那須郡	同	八	二二一
鹽谷郡	同	二	一三七
奈良縣			
添上郡	大和國	二〇三	一二九
添下郡	同	三九	六二
桑村郡	同		三〇
越智郡	同	八	一〇六
野間郡	同		三七
早風郡	同		八五
和氣郡	同	一四	二四
溫泉郡	同	一〇〇	三七
久米郡	同		三一
上浮穴郡	同		四四
下浮穴郡	同		六一
伊豫郡	同	三	四二
喜多郡	同	三	八三
福岡縣郡三十一			
糟屋郡	筑前國	一	八三
宗像郡	同	一	五九
遠賀郡	同		八二
鞍手郡	同	一	六八

郡十五町二百四十三邨千三百四十

式上郡同		五三
式下郡同		四三
葛下郡同		七三
平郡郡同		七三
山邊郡同		一二一
十市郡同		八一
忍海郡同		一六
高市郡同		一一六
廣瀨郡同		三一
宇陀郡同		一一二
宇智郡同		五九
葛上郡同	一	六四
吉野郡同		三〇七

三重縣

桑名郡伊勢國	五三	一二九
員辨郡同		一〇六

町二百七十五邨千七百八十七

嘉麻郡同	一	五七
穗波郡同		六一
上座郡同		三三
下座郡同		四二
夜須郡同		五二
御笠郡同		五七
那珂郡同		六八
席田郡同		九
早良郡同	一	五一
怡土郡同		五六
志摩郡同		四九
御井郡筑後國	三〇	五四
御原郡同	三	二九
山本郡同		一二
三潴郡同	二	一〇七

郡二十一町二百六十一邨千五百五十九

三重郡 同	二六	七八
朝明郡 同		五九
鈴鹿郡 同	一二	七五
奄藝郡 同		五三
河曲郡 同	一一	三七
安濃郡 同	八一	七八
一志郡 同		一三六
飯高郡 同	一二	九二
飯野郡 同		四二
多氣郡 同		一二五
度會郡 同	三〇	一八〇
阿拜郡 伊賀國	三四	七〇
山田郡 同		二六
名張郡 同		三九
伊賀郡 同		五九
山門郡 同	四六	七三
三池郡 同	二	七三
上妻郡 同	一	九六
下妻郡 同		二二
生葉郡 同	一	九二
竹野郡 同		二三
企救郡 豐前國	二八	一一一
田川郡 同	三	八一
京都郡 同		七三
仲津郡 同	一	七六
築城郡 同		
上毛郡 同		
大分縣十郡		
西國東郡 豐後國		四一
東國東郡 同		七九
速見郡 同		五七

答志郡 志摩國		三七
英虞郡 同		一九
北牟婁郡 紀伊國		三二
南牟婁郡 同		八九
愛知縣郡十八區一町三百六十八邨千九百四十二		
愛知郡 尾張國	一六	一〇五
西春日井郡 同	六	八一
東春日井郡 同		一一一
丹羽郡 同		一〇五
葉栗郡 同		四一
中島郡 同		一四七
海東郡 同		一四六
海西郡 同		七八
知多郡 同		四九
碧海郡 三河國		一五七
幡豆郡 同	二〇	一四九

二町六十四邨千三百十四		
大分郡 同	三	一四二
南海部郡 同		八二
北海部郡 同	一	八四
大野郡 同	一	一六二
直入郡 同	一	六八
玖珠郡 同		二六
日田郡 同	二	五〇
下毛郡 豐前國	六二	九七
宇佐郡 同		二四〇
佐賀縣郡十町三十一邨五		
藤津郡 肥前國		二七
杵島郡 同		五〇
小城郡 同	二	五六
佐賀郡 同	二六	八〇
神崎郡 同	一	四二
基肄郡 同		一三

額田郡	同	二六	一四二
西加茂郡	同		一四六
東加茂郡	同		一六七
北設樂郡	同		五三
南設樂郡	同		六〇
寶飯郡	同		一〇四
渥美郡	同	二九	六〇
八名郡	同		四五
名古屋區	尾張國	二七一	

靜岡縣郡二十三町百六十七

賀茂郡	伊豆國		一二〇
那賀郡	同		一七
君澤郡	同	一	六六
田方郡	同		六二
駿東郡	駿河國	六	一五五
富士郡	同	四	一二五

百八十三

養父郡	同		一六
三根郡	同		一〇
東松浦郡	同	一	一九九
西松浦郡	同	一	九〇

熊本縣郡十五區一町百七十六邨千二百四十七

飽田郡	肥後國	三	九七
託摩郡	同		四一
菊池郡	同		五七
合志郡	同	三	五三
山鹿郡	同	二	六三
山本郡	同	二	四六
玉名郡	同	七	一六六
阿蘇郡	同	二	一二八
上益城郡	同	四	一三三
下益城郡	同	三	一二八
宇土郡	同	一	五三

郵千八百二十四

庵原郡	同	七	七六
有渡郡	同	八一	八九
安部郡	同	四七	一一九
志太郡	同	三	一四一
益津郡	同	一	三五
榛原郡	遠江國	五	七二
佐野郡	同	五	六八
城東郡	同	一	八四
豐田郡	同		二〇九
山名郡	同	一	六九
磐田郡	同	一	
周知郡	同		五四
敷知郡	同	三	一一五
長上郡	同		一一七
濱名郡	同	一	一

八代郡	同	五	七三
蘆北郡	同	三	八二
球摩郡	同	一	四〇
天草郡	同	一	八五
熊本區	同	一三九	
宮崎縣 郡五町四十郵三百六十一			
諸縣郡	日向國	一四	一四一
宮崎郡	同	七	三〇
那珂郡	同	五	七三
兒湯郡	同	五	五一
臼杵郡	同	九	七六
鹿兒島縣 郡二十 町三十			
鹿兒島郡	薩摩國	四八	二六
谿山郡	同	一	八
熊毛郡	同		一五
馭謨郡	同		一八
給黎郡	同		一〇

引佐郡	同		三二
麁玉郡	同		五
山梨縣　郡九　町三十七　邨二百八十三			
東山梨郡	甲斐國		三一
西山梨郡	同	二七	一六
東八代郡	同		四二
西八代郡	同		三五
南巨摩郡	同		二五
中巨摩郡	同		五一
北巨摩郡	同		四四
南都留郡	同		二一
北都留郡	同		一八
滋賀縣　郡十三　町			
滋賀郡	近江國	九一	七六
栗田郡	同		一一一
野州郡	同		七七
甲賀郡	同		一二四

七十　邨九百七十二			
揖宿郡	同		一一
穎娃郡	同		八
川邊郡	同	一	四五
阿多郡	同		二〇
日置郡	同	三	五三
甑島郡	同		一四
高城郡	同		一二
出水郡	同		三八
薩摩郡	同	三	三三
伊佐郡	同		四五
菱刈郡	大隅國		一三
始羅郡	同	四	三九
桑原郡	同		二五
囎唹郡	同	六	五三
大隅郡	同		四三

二百八十五郡三千三百九十八

蒲生郡	同	六九	二〇六
神崎郡	同		八五
愛知郡	同		一一三
犬上郡	同	九三	一〇七
坂田郡	同	三一	一五六
東淺井郡	同		一二七
西淺井郡	同		一九
伊香郡	同		七六
高島郡	同		一一一

岐阜縣　郡二十五　町三百三十

厚見郡	美濃國	七八	五〇
各務郡	同		二九
方縣郡	同		四七
羽栗郡	同		五二
中島郡	同		三一
海西郡	同		二四

肝屬郡	同	三	四一
大島郡	同		二五二

北海道廳　郡八十一

龜田郡	渡島國		
茅部郡	同		
上磯郡	同		
福島郡	同		
津輕郡	同		
檜山郡	同		
爾志郡	同		
久遠郡	後志國		
奧尻郡	同		
太櫓郡	同		
瀬棚郡	同		
島牧郡	同		
壽都郡	同		

六郵千百九十七

下石津郡 同		三一
多藝郡 同		六二
上石津郡 同		二一
不破郡 同	四四	
安八郡 同	四三	一三二
大野郡 同		一〇二
池田郡 同		四九
本巢郡 同		五七
席田郡 同		九
山縣郡 同		四五
武儀郡 同		七八
郡上郡 同	一一	八八
加茂郡 同		八七
可兒郡 同		四九
土岐郡 同		二八

歌棄郡 同		
磯谷郡 同		
岩內郡 同		
古宇郡 同		
積丹郡 同		
美國郡 同		
古平郡 同		
余市郡 同		
忍路郡 同		
高島郡 同		
小樽郡 同		
石狩郡 石狩國		
札幌郡 同		
夕張郡 同		
樺戶郡 同		

郡	國	町	邨
惠那郡	同		六三
大野郡	飛驒國	三	六
益田郡	同		七
吉城郡	同	一	八

長野縣郡十六町二十二邨六百八十五

郡	國	町	邨
南佐久郡	信濃國	三	五九
北佐久郡	同	四	六七
小縣郡	同	五	八六
諏訪郡	同		二四
上伊那郡	同	二	二六
下伊那郡	同	一	三二
西筑摩郡	同		一六
東筑摩郡	同	二	四〇
南安曇郡	同		一五
北安曇郡	同		一八
更科郡	同	一	五七

郡	國	町	邨
空知郡	同		
雨龍郡	同		
上川郡	同		
厚田郡	同		
濱益郡	同		
增毛郡	天鹽國		
留萌郡	同		
苫前郡	同		
天鹽郡	同		
中川郡	同		
上川郡	同		
宗谷郡	北見國		
利尻郡	同		
禮文郡	同		
枝幸郡	同		

埴科郡	同	一	二三
上高井郡	同	一	四五
下高井郡	同	一	五四
上水內郡	同	三	一〇四
下水內郡	同	一	一八
福島縣郡二十三町八十七邨千六百九十七			
信夫郡	岩代國	一	六五
伊達郡	同		九三
安達郡	同	一	六一
安積郡	同		四五
岩瀨郡	同		五五
西白川郡	磐城國	一	七六
東白川郡	同		九二
菊田郡	同		五九
磐前郡	同		一一〇
磐城郡	同		四八

紋別郡	同		
常呂郡	同		
網走郡	同		
斜里郡	同		
山越郡	膽振國		
虻田郡	同		
有珠郡	同		
室蘭郡	同		
幌別郡	同		
白老郡	同		
勇拂郡	同		
千歲郡	同		
沙流郡	日高國		
新冠郡	同		
靜內郡	同		

石川郡 同		七三
田邨郡 同		一四五
楢葉郡 同		四〇
標葉郡 同		
行方郡 同		一二一
宇多郡 同		五〇
北會津郡 岩代國	八二	六八
南會津郡 同		九九
河沼郡 同	一	九三
耶麻郡 同	二	一〇二
大沼郡 同		九九
東蒲原郡 越後國	一	三二
標葉郡 同		六六
宮城縣　柴田郡 陸前國		三五
伊具郡 磐城國		三六

三石郡 同		
浦河郡 同		
様似郡 同		
幌泉郡 同		
廣尾郡 十勝國		
當緣郡 同		
十勝郡 同		
中川郡 同		
上川郡 同		
河東郡 同		
河西郡 同		
白糠郡 釧路國		
足寄郡 同		
釧路郡 同		
阿寒郡 同		

郡十七區一町三百五郵七百八

郡	國			數
刈田郡	同			三三
亘理郡	同			二六
名取郡	陸前國			六〇
宮城郡	同			七九
黑川郡	同			四九
加美郡	同			三八
志田郡	同			六四
玉造郡	同			一五
遠田郡	同			五六
栗原郡	同			五〇
登米郡	同			二三
桃生郡	同			六四
牡鹿郡	同			六〇
本吉郡	同			一九
伊達郡	岩代國			一

郡	國		
綱尻郡	同		
川上郡	同		
厚岸郡	同		
花笑郡	根室國		
根室郡	同		
野付郡	同		
標津郡	同		
目梨郡	同		

疆域險要

日本險要不在陸而在海而諸道疆域時亦有之魏志曰倭對馬國山險多深林道路如禽鹿徑其國險要之見正史始此然如偏舉焉而不全何襟山帶水亦與沿海相表裏也述疆域險要

東海道函嶺以東本蝦夷窟源氏平之地嶃險而港穩德川氏城武藏之江戶即今東京而橫濱其門戶也說者謂安房與上總下總恃利根川耳鴻臺難以久支然海濱東西有險可恃常陸水戶西之土浦與迤北之笠間西南之下館鼎立而三相模爲源氏北條氏雄據處東北有箱根之險可以防西可以制東志摩伊豆突峙相對甲斐居叢山間富士山屹立東南甲斐得其三之一然毗連信濃隱相制伏武田氏之興亡以此富士川奔湍如箭而上游

懸橋下流淺瀨平氏恃險所由潰歟其西阿部川大井川天龍川潦至舟梗潦退則投鞭可渡而今切瀨戶之水又淺甚日本人謂新被潮衝處爲今切瀨戶云信濃地勢高土人所謂四塞之地也三河尾張德川織田兩氏憑籍各一然非要地鈴鹿山東險而西則夷伊賀山多亦出大坂一間道也畿內之京都定自桓武積弱受陵乃戰之罪比叡愛宕東西嶮山勝敗倚之山崎八幡山勢所迫亦次要也大和山路四塞南朝之不易改殆繇是歟紀伊有和歌山未爲大要河內和泉與攝津接而地坦儻扼大坂二國受制矣然不如兵庫港之良東山道之要有磨針鳥井和田諸坂合渡木曾千隈三川而碓氷阪險與箱根敵上野爲新田氏之所爭下野爲足利氏之所起若日光山若那須原皆兵家所留意者北有白川絕險又北舊有陸奧出羽今分七國而地曠甚會津多山葦

名氏以之爲伊達氏所滅蒲生以之而制伊達氏出羽地平而田土漸多故如往時獨眼龍之以騎戰勝亦難矣陸前鳴瀨川東至松島北野蒜入海北上川來自陸中西合迫川江南近海分爲二一東一南南者不通大艦聞有鑿大渠導野蒜之議以北上川爲大南朝之南部氏勤王不受足利氏制亦地理之助乎羽前羽後多山險而通道則從海邊平地踰山脊而出東奧靑麻又在其北亦要害也北陸道諸國罔非南山北海故其出山東道之路輙苦崎嶇敦賀著名港也自是東北涂坦甚雖勇如左中將而力終屈地使然也緜越前而加賀而能登皆無險白山加賀峻山也與越中立山峙爲日本之脊議者謂以人工開水陸二道與近江通則富七尾在能登爲良港栗殼山（或譯爲俱利伽羅山）在加賀越中爲北陸第一險要信濃川則可扼之巨流也新潟北陸之港而佐渡則海表

孤島亦一大帑藏山陰道丹波山易霧兵家難可忽也後路峭拔出但馬稍平非用武國而彼國六分一公能雄視者以跨有山陽故也伯耆百川竝馳與越中仿佛其出山陽之路大率艱險隱岐之於山陰亦猶佐渡之在北陸而內帑則在但馬石見山陽道之明石岩屋皆要害也丹坂三石亦古人扼要地攝津以西備前備中備後皆無險昔有舍山陰趨山陽者攻腹心也長門鮮大河而赤馬關則海路要扼南海道紀伊淡路內海巨島也北狹南寬與紀伊對爲畿內之門戶東有熊野險甚淡路沿海環山而腹坦其對紀伊播摩阿波處皆海門之要口四國山競南北多島道而海邊無大險河以吉野川爲最志度與多渡津爲著名港西海道亦一巨島古稱筑紫或稱鎭西後則以筑紫專名筑前爲西海要路古置大宰府鈐制之筑前有博多港筑後肥前坦甚而筑後川可

禦一方菊池氏破敵於此知地要也長崎非小港比肥後地高且河巨也鎮西據此後有菊池氏以之抗室町將軍邦人多之近設鎮臺於熊本豐後山河多險日向與肥後勒薩摩僻而要大隅次之皆琉球之右臂北海道箱館咽喉也明治前英舶未入長崎先至箱館亦猶美舶之未入下田先犯浦賀俄舶之未入樺太先逼大坂也松前亦要路迤北岸崎嶇綴熊石而久遠而太櫓行旅皆取道於水程石狩之札幌今爲廳治地曠而石狩川貫通之浸趨繁盛而惜無港天鹽腹地可耕宗谷則西北要港也東岸諸國如日高之礦十勝之水膽振之室蘭港皆彰彰者自札幌至東岸之勇拂白老近鑿新道北近俄羅斯之堪察加則千島之幌筵島也

海道險要表

海道險、要非實測之、未綜周悉、日本初勘測量、享保中當中國康熙五十五年後有細井廣澤者測下總國是其始也國人伊能忠敬踵之測全國至於今海軍測量有專門學、險要日彰西北臨太平洋中土島之西南控日本內海中土島云者括五畿東海東山山陰山陽北陸諸道南海之紀伊淡路次曰四國島括土佐阿波伊豫讚岐次曰九州島括西海道次曰北海道括十國與千島列島它如日本內海諸島豆南諸島豆南諸島（指伊豆南）小笠原島州南諸島環海無慮五萬八千一百一十里（海里一萬五千三百）險突爲岬微獨宮津岬爲海門括囊嵒狹爲峽平出爲崎又豈獨銚子口不以峽名而實爲巨川鎖鑰大東崎（屬長柄郡）亂碓起伏爲東海險最云爾哉若此之流別列島表若灣若港若湊若濱要中有險若灘若礁若瀨若瀨戸亦險亦要瀨爲水淺而急瀨戸云者淺且狹也類而聚之述海道險要表

	本州東南岸	中土東岸
灣	金田　大津　深浦　內川　根岸　品川　舘山	折之濱　大原　鮫浦　女川　雄勝
港	浦賀　橫須賀　橫濱　行川	那珂　石之卷　大舟渡
湊		
濱	久里　九十九里	十八成　鮎川
灘		勒奪淺
礁		
瀨		
瀨戶		

九州南東岸

追波　志津川　小泉　氣仙沼　廣田　湊濱　釜石　兩石　大槌　船越　久慈　大泊

山田　閉伊埼宮古　油津　外浦　細島　猪之串

大

暗

倭額猓　紫波洲

四國南岸

高知須崎
野見
浦內

中土南岸

印南大島
南部浦神
田邊尾鷲
宇久井村五箇所
賀田濱島
尾鷲海的矢
四日市鳥羽
熱田小濱
渥美橫須賀
和多大野

和田

播之磨

籑喜廬所著書

中土南東岸

斤名浦	大井	白羽	重須					熱海	小和田	宮田		
常滑	須佐	師崎	天龍川	掛塚	戸田	安良利	田子	長津呂	下田	下田	網代	小網代
								七里	由比			
								横根	須佐利	大流	平島	岩

豆南諸島

小袋澤	二見		野陣	火山淺			
	巽		脇	勒奪淺			
	東						
	北						
	沖村						

日本內國

黑江	和田島	今在家	新		伊賀	鹿	柳之
大埼	由良		波止			室津	大畠之
塚原	加太					机	古基阿
山田	和歌山					錐	塞
馬篠	古川口					渡	
福田	由良					篠	
橘	比井					鳴	
坂手	岸和田					大磳根	

池田	堺
大部	鞆
伊津	長濵
伊津	猪之串
室津	高田
赤穗	室積
岡山	
津田	
小田	
屋島	
高松	
忠海	
由良	

壥寄

堀江　杵築　別府　日出　臼杵　津久見　佐伯　大埼　白浦　宇和島　菰淵　小熊毛　西中

綜論險要言人人殊日本人中根淑以楠正成防敵於兵庫港遂斷兵庫港爲第一要地不知此中權非首要也論者又謂兵庫港北稱神戶猶言西京之戶今都東京則横濱第一其說近是而非所見者狹也然則何爲東西咽喉何爲南北樞紐歟曰下關失則餉梗獲則援通長崎後路繫之横濱東障繫之神戶大坂之關鍵又繫之下關之道四一繇長崎而北一繇横濱而西一繇佐賀之關一繇山陰沿海西逼長門而翼下關之險翼險之道有二一爲長崎西之瀨戶內海兵可以伏一爲平戶之北二島南五島狹可以守此衝要最也次則横濱以浦賀爲要津來自中國其路有回一自香港一自長崎一自箱館一自大平洋而香港一道南洋罔有阻又次則長崎當江蘇浙江之衝亦鹿兒島西繞之道也又次則薩峒馬卽鹿兒島也爲福建廣東之要道山川港又鹿兒島灣

鎖鑰繇此東可以進武藏西可以薄長崎又次則箱館繇琿春圖們江而渡青森可以逕達此固北海道要害抑亦通國上游也又次則大坂神戶爲工商藪明石峽峙其西加太鳴門等峽列其東又次則壹岐對馬二島朝鮮衝涂也又次則新潟兵艦集之有陸直達東京又次則淡路繇南洋入加太等海峽此其衝云

港灣測深表

東京品川難可泊船灣淺故也小灣無慮千百今錄港灣三百一十有奇深經實測非繇臆度述港灣測深表

國	仞尺	國	仞尺	國	仞尺	國	仞尺	國	仞尺	國	仞尺
京都 丹後 舞鶴	八、二	佐渡 水津	自一、至十、	陸奥 小泊	自三、至六、	安藝 竹原	二、	阿波 大島	十二、	能登 輪島	五、
宮津	自八、至十、	千葉 安房 館山	自三、至九、	小三郡	二、	宇品	自二、至九、	加島	二、	佐賀 肥前 唐津	五、
平田	八、	上總 木更津	二、	鰺澤	五、	廣島		那佐	十、	呼子	自五、至八、
久美濱	甚淺	勝浦	四、	野邊地	七、	度老渡	六、	高知 土佐 甲浦	自四、至十三、	名護屋	自七、至十一、

日本圖經四　三十　圖經六之一

鶩喜廬所著書

大坂	攝津	大坂	一、五		下總	銚子	二、三			安渡	廿八、			草津	一、二			室津	一、二			伊萬里	三、
		木津川	一、五	茨城	常陸	那珂	自一、至八、二			川內	十、			嚴島	自二、至三、			浦戶	四、三		壹岐	鄉浦	七、三
		安治川	二、			平潟	自一、至五、三			佐井	十、	山口	周防	秋穗	二、三			宇佐	七、			渡良浦	自二、至三、
	和泉	堺	一、	三重	伊勢	四日市	自四、至九、			大間	五、			大海	三、二			須崎	十四、			印通寺浦	二、三
神奈	相模	眞鶴	三、五			阿瀰浦	自二、至四、			鮫港	十五、			西津	五、			清水	十四、			勝本浦	四、四
川		橫須賀	自二、至十五、			大口	六、	秋田	羽後	酒田	一、四			中關	四、二			古滿目	十、			湯本浦	八、
		浦賀	自五、至十、			大港	三、			古雪	一、三			三田尻	五、			安瀨地	十八、			八幡浦	二、
		三崎	自六、至九、			五所灣	自四、至十、			土崎	二、三			笠戶	十、			泊浦	七、			瀨戶浦	二、
		小網代	三、			礫港	八、			船川	二、三			室積	九、			小筑紫	五、		對馬	大口浦	八十、
	武藏	江戶灣	自四、至三、			贄浦	五、			戶賀	三、二			室津	十一、三			湊浦	十、			佐須那浦	十三、
		橫濱	自二、至六、			神前	十一、			能代	一、			上關	四、二			宿毛	自二、至七、			鰐浦	大、
		金澤	自一、至三、			方坐浦	十、	山形	羽前	加茂	二、三			三浦	十八、二	愛媛	讚岐	小田	六、			鴨居瀨浦	三、
兵庫	攝津	兵庫	自一、至九、			古和浦	自七、至八、			鼠關	四、四			地家室	三、二			志度	自三、至四、			嚴原	廿、
		神戶	自三、至五、		志摩	鳥羽	自三、至五、	富山	越中	東岩瀨	自一、二、至一、四			小泊	十、			坂出	自四、至六、	熊本	肥後	水俣	六、
	淡路	由良	自一、至五、			的矢	六、四			水橋	自一、一、至一、三			油宇	十一、四			丸龜	一、			袋郁	五、

福良 二、	濱島 自五、至九、	新濱 一、三	新港 二、四	多土津 自一、至二、三	富岡 四、四
但馬 津居山 一、	愛知 尾張 熱田 三、二	新港 自五、至二、	長門 赤間關 自三、至十、三	草賀部 八、	崎津 五、六
丹生 三、	龜崎 三、二	島根 出雲 美保關 自五、至十三、	特牛 四、五	坂手 十一、四	牛深 九、四
諸崎 十六、	師崎 十五、	加賀浦 自五、至十三、	福浦 二、	伊豫 波止場 自三、至十三、	宮崎 日向 細島 十四、
播磨 飾磨 二、	大井 七、	安來 自一、至五、	大浦 五、	由良 七、一	東海 三、二
家島 七、	靜岡 遠江 濱名 五、	宇龍 自二、至五、	和歌 紀伊 加太 五、	宇和島 一、六	島浦 十、
室津 四、四	掛塚 一、	鷲浦 自四、至九、	山 紀伊川口 二、三	中泊 廿五、	美美津 二、三
坂越 四、	福田 三	江角浦 自一、至十二、	鹽津 五、	福岡 筑前 志岐浦 二、二	油津 四
長崎 肥前 諸富 四	駿河 清水 十五、	石見 大浦 十、	大崎 八、	福岡 四、	外浦 七
早津江 五、	沼津 自四、至二、	溫泉浦 十二、	下津 五、	相島 十、	鹿兒島 大隅 內浦 卅、
鹿島 三、二	江浦 十二、	外浦 十二、	廣港 二、	蘆屋 一、四	大泊 七、
鯛浦 自十二、至十五、	伊豆 戶田 十八、	瀨戶島 五、二	由良 六、	若松 五、	薩摩 鹿兒島 自十三、至廿、
長崎 自五、至十六、	安良里 九、	長濱浦 八、	比井 五、	筑後 若浦 自六、至二、二	山川 廿、
瀨戶 七、三	田子 十五、	知夫 十一、一	印南 四、	豐前 小倉 二、	片浦 十二、
茂木 五、	子浦 五、	浦鄉 六、一	田邊江川 二、	田野浦 三、	坊津 卅六、

		榉島	八、			妻良	五、			知知井	十、			瀨戶	八、			門司	六、
																		京泊	五、
		口津	六、			長津呂	十三、			西鄉	十、			周參見	十、			鵜島	二、一
																		阿久根	廿三、
		島原	自二、至九、			下田	自六、至八、			加茂浦	五、五			江田	三、	大分	豐後	竹田津	二、
		平戶	三、			外浦	十二、			福浦	自二、至九、			有田	二、三			深江	三、
		田助	六、			須崎	五、	鳥取	因幡	田後	自二、至三、			二色	四、			日出	四、
		河內	五、三			網代	自六、至十三、			網代	二、四			大島	五、			別府	一、一
		網上	八、四	福島	磐城	九面	一、四			賀露	自一、二、至一、四			浦神	六、			佐賀關	自四、至六、
		奈留島	十四、			中作	三、二		伯耆	境浦	自四、至五、			勝浦	七、			下江	七、
		富江	三、二			小名濱	三、			米子深浦	一、一			宇久井	三、			臼杵	一、七
		玉浦	三、二			荒濱	自一、至二、			淀江	二			二木島	十六、四	福井	若狹	小濱	廿、
新潟	越後	新潟	自三、至五、	宮城	陸前	寒風澤	自三、至六、			赤崎	自三、至五、			賀田	廿六、四		越前	敦賀	卌五、
		荒川	一、二			石濱	自九、至十、			松名浦	自四、至一、五			九木	十一、四			阪井	一、四
		瀨波	自五、至一、二			濳浦	七、	岡山	備前	兒島灣				尾鷲	十六、四	石川	加賀	安宅	一、三
		寺泊	自一、至二、			石卷	自五、至十二、			片山灣				名倉	八、			美川	一、三
		出雲崎	自一、至一、四			折濱	自六、至七、			大多府	一、四			須賀利	六十、			金石	三、

	直江津	五、			小淵浦	自三、至四、			牛窓	六、四			錦浦	五、		能登	七尾	自三、至六、
佐渡	小木	五、二			氣仙沼	八、			下津井	二、	德島	阿波	撫養	自四、至五、			麥浦	十、五
	多田	自一、至三、四	岩手	陸中	宮古	自二、至三、			日比	三、			津田	二、二			乙崎	六、四
	澤根	自一、至三、二			釜石	自五、至六、		備中	笠岡	自一、至三、二			小松島	九、			福浦	八、
	二見	自五、至十、			山田	十五、			玉島	自五、至二、			橘浦	自五、至廿五、			輪島	四、一
	鷲津	自三、至八、	青森	陸奥	青森	八、	廣島	安藝	忠海	五、二			椿泊	自六、至十四			宇出津	六、四
	夷港	自一、至八、			三廐	十、			御手洗	六、二			由岐	自四、至五、			九十九	八、

燈臺表

燈臺形或近塔置竿省費也水深十尋如本牧七尋有半如函館非置碇用船則燈無着亦有用導船者臺質有鐵有木有石有煉化石煉化石即瓦也日本臺五十五竿七船二凡六十四而大坂長崎臺各二石川高知福岡臺各一三重宮城青森鹿兒島竿各一與夫觀音崎之副臺橫濱之試驗臺皆設自民燈臺亦日夜標

而晝遇霧雪則有霧鐘霧笛霧礮用礮者尠鐘較笛多鳴皆以機然或燈鐘㷔停年有定月如納沙布崎停在二月宗谷岬停在一二月是也其測光達距里法大約臺高海面百尺光達海里二十倍達二十四里五百尺高達三十五里今合華里入表航海經度輙準綠威燈臺指迷難易厥常經緯起十度而度而十分而分而十秒而秒最危險礁亦摘錄之若質若色若光若費與地與人罔弗具述燈臺表

通稱	府縣廳	國	置所	最險	北緯 東經	等	質	燈色	距水面	光達華里	始年	造費	守人	霧鐘
品川	東京	武藏	東京灣第二礮臺		三五、三七、三五 一三、九四、六二	五	瓦	不動紅	五丈二	六十八	同治九	三一五五	二	
羽根田	同	同	川崎六郷川口七里		三五、三一、五六 一三九、四八、〇三	四	鐵柱	不動綠	四丈	七十三	光緒元	一五三四五	三	
天保山	大坂	攝津	安治川口礮臺		三四、三九、四五 一三五、二六、〇〇	四	木	不動白	五丈三	八十五	同治十一	八一六〇	二	
木津川	同	同	大阪木津川口東岸		三四、三七、四八 一三五、二七、四四	六	瓦	不動赤	四丈	五十六	光緒四	二四八〇		
堺	同	和泉	堺港中波止塲		三四、三五、一二 一三五、二七、四四	五	木	不動綠	五丈三	六十八	光緒二	二四八六		

橫濱	神奈川	武藏	橫濱西波止場		三五、二六、五七 一二九、三八、一〇		鐵	不動赤	四丈八	四十	同治八	八二七	三	
橫濱試驗	神奈川	武藏	橫濱港近辨天燈臺		三五、二七、〇五 一三九、三七、三三		瓦		四丈四			七三五一	五	
本牧	同	同	橫濱港東南本牧鼻		三五、二六、二七 一三九、四〇、四一		木船	不動赤	三丈六	六十八	同	三〇二八七	二	每五分時鳴
觀音崎	同	相摸	東京灣口		三五、一五、一八 一三九、四五、一二	三	瓦	不動白	十七丈八	白十九	同	一一三一七	二	
同副	同	同	觀音崎		三五、一五、一八 一二九、四五、一二	三	瓦	不動赤	十四丈六	四十九	光緒四			
劒崎	同	同	東京灣口		三五、〇八、二七 一三九、四一、〇八	二	石	螺旋白	十一丈	白廿	同治十	三七一七九	四	
城島	同	同	三崎側		三五、〇八、〇八 一三九、三七、〇七	五	瓦	不動綠	十丈六	六十八	同治九	三七二三	二	
神戶	兵庫	攝津	神戶港東梲關		三四、四一、一八 一三、五二、三八		木竿	同	四丈二	四十一	光緒三	一四四三	二	
和田岬	同	同	神戶港西南寄洲	西南距平磯五十六里	三四、三九、二〇 一三五、一一、〇〇	四	鐵改木	不動赤	五丈二	九十一	同治十一	二七五八六	二	
江崎	同	淡路	北灣		三四、三七、〇〇 一三四、五九、四〇	一	石	不動白	十五丈八	百廿六	同治十	二九一三八	四	
鷹島	長崎	肥前	呼子港內		三三、三三、三八 一二九、五四、一五	六	木	同	十五丈六	五十六	光緒七	一八二五		
大瀨崎	同	同	福江島西南		三二、三六、四五 一二八、三六、〇六	一	鐵	螺旋白	廿六丈五	百六十	光緒五	四九〇九五	四	
伊王島	同	同	長崎伊王島北		三二、四三、〇〇 一二九、四五、一二	一	鐵	不動白	廿丈五	百四十六	同治十一	二七二八〇	四	
蔭尾島	同	同	長崎蔭尾島北		三二、四二、四二 一二九、四九、二〇	六	石	不動赤	四丈	五十六	光緒七	五三〇九	二	
口津	同	同	島原口津港西		三二、三六、一七 一三〇、一二、二〇	六	瓦	不動白	十二丈六	同	光緒六	四一六二	二	

島原	同	同	島原北口小島		三二、四六、〇〇 一三〇、二五、三〇		瓦	同	三丈七	四十二	光緒三	二五一七		
新潟	新潟	越後	信濃川口南岸		三七、五六、二六 一三九、〇二、五六		木	同	六丈八	六十八	同	一八八四	二	
犬吠崎	千葉	下總	崎東		三五、四三、三〇 一四〇、五二、三〇	一	瓦	螺旋白	十六丈八	百三十	同治十三	四四八二五	六	
野島崎	同	安房	極南	西南距女良礁廿一里	三四、五三、二〇 一〇一、九五三五七	一	瓦	不動白	十三丈三	百二十	同治八	二九五六八	三	
四日市	三重	伊勢	四日市港		三四、五七、二五 一三六、三九、四四	六	木	同	四丈二	五十五	光緒十二			
贊崎	同	同	津港		三四、四二、四五 一三六、三一、一四		木竿	同	同	四十二	光緒十			
菅島	同	志摩	鳥羽港		三四、三〇、四〇 一三六、五四、五〇	四	瓦	同	十七丈六	百有五	同治十二	九二一五	二	
安乘崎	同	同	的矢港口		三四、二一、五五 一三六、五四、四四	四	木	半螺白	十丈二	百二十	同	一三三四五	二	
神子元	靜岡	伊豆	田港南	東此距下田港口卅五里	三四、三四、二五 一三八、五六、五七	一	石塔	不動白	十六丈四	百卅六	同治九	一二六六二	四	
石室崎	同	同	南		三、四三、六二 一三八、五一、一二	五	木	不動赤	十八丈九	六十八	同治十	三八六六	二	
御前崎	同	遠江	極南駿河灣西	東南距御前岩十四里	三四、三五、五二 一三八、一四、一六	一	瓦	螺旋白	十七丈三	百三十	同治十三	三三四二三	四	
金華山	宮城	陸前	極南一島		三八、一六、五七 一四一、三六、〇〇	一	石	不動白	十七丈八	百三十	光緒二	五六二五五	三	每五十五秒隔五秒鳴
石卷	同	同	北上川口東岸		三八、二五、二〇 一四一、一九、四八		木竿	同	五丈二	四十	同治十三	一〇九八		
青森	青森	陸奧	青森市街海岸		四〇　五一、四五 一四〇、四五、一五		木竿	不動赤	四丈五	四十	同	八二五	二	
尻矢崎	同	同	津輕海峽東口		四一、二五、五八 一四一、二七、五九	二	瓦	不動白	十五丈	百三十八	光緒二	七三六〇〇	三	每一分時鳴十五又霧笛每一分時鳴六秒

祿剛崎	石川	能登	東北極地	西北六十八里嫁礁	三七、三〇、〇〇 一三七、一九、〇〇	二	石	同	十五丈二	百廿四	光緒九	三四六六六	二
伏木	富山	越中	伏木港口西北岸		三六、四七、四七 一三七、〇三、四二	五	木	不動白	三丈八	六十八	光緒三	三五一四	
立石岬	福井	越前	敦賀灣口西		三九、四五、三七 一三六、〇一、一〇	四	石	同	八丈九	百有二	光緒七	一四八一	二
角島	山口	長門	油谷港角島西北	西七里岩礁危險	三四、二一、三〇 一三〇、五〇、〇〇	一	石	螺旋白	十四丈二	百二十	光緒二	四七〇三八	四
六連島	同	同	關口峽西	西来避此礁腳	三三、五九、五三 一三〇、五二、三一	四	石	不動白	八丈九	百有二	同治十	二五六四〇	二
部崎	同	同	國北下關海峽東		三三、五七、四三 一三一、〇一、五二	三	石	同	十二丈二	百十六	同	二四九〇四	三
樫野崎	和歌山	紀伊	大島東岬	東北距上賴礁十四里	三三、二八、一五 一三五、五二、一〇	二	石	螺旋白	十丈二	一百十	同治九	一三三四五	四
汐岬	同	同	極南		三三、二六、二〇 一三五、四五、三三	一	石	不動白	十六丈三	百三十六	同治十二	六三九五二	四
苫島	同	同	苫島西		三四、一六、五〇 一三五、〇〇、四〇	三	石	同	廿丈八	百十六	同治十一	二五三一一	三
龍頭崎	高知	土佐	浦戶港口		三三、三〇、〇〇 一三三、三六、〇〇	五	木	同	十丈二	六十八	光緒九		
鍋島	愛媛	讚岐	小島		三四、二三、〇五 一三三、四九、一〇	四	石	同	八丈五	百有五	同治十一	一六八四一	二
三津濱	同	伊豫	波止場		三三、五二、三 一三二、四二、九		木	同	二丈九	四十一	光緒十二		
鉤島	同	同	興居島西		三三、五三、三五 一三二、三八、二六	三	石	同	十八丈六	白十七	同治十二	一九一四五	二
博多	福岡	筑前	博多港		三三、三六、二七 一三〇、二四、〇〇	五	木	同	四丈	六十八	光緒九		
白洲	同	豐前	藍島西南當低州		三三、五九、一一 一三〇、四七、五六	五	木	同	四丈四	六十八	同治十一	一〇二八三	三

燈標表

烏帽子	同	筑前	孤島與肥前壹岐連		三三、四一、三〇 一二九、五八、五〇	二	鐵	同	十八丈二	百三十六	光緒元	七一八八	五	
大詑間郎	佐賀	肥前	筑後山口		三三、一〇、〇 一三〇、二一、三〇						光緒十四			
鞍崎	宮崎	日向	浦港外大島南		三一、三二、二〇 一三一、二六、四五	一	三和土	螺旋白	廿丈	百四十三	光緒十	四二六九六	四	
佐多岬	鹿兒島	大隅	佐多岬		三〇、五九、三〇 一三〇、三九、三〇	一	木竿	不動赤	四丈五	四十	同治十	七一五〇一	五	
鹿兒島	同	薩摩	鹿兒島港辨天礮臺北		三一、三三、〇五 一三〇、三〇、一一		木竿	同	同	四十一	光緒五	一七七五		
函館	北海道	渡島	函館港北	南來暗礁	四一、四七、三六 一四〇、四一、五二		木船	不動紅改赤	三丈六	六十八	同治十	二九八九五	二	每五分時鳴
葛登支岬	同	同	函館港西		四一、四四、二八 一四〇、三五、四四	三	木鐵	不動白	十三丈七	百十七	光緒十一			
白神岬	同	渡島	南端		四一、二四、二〇 一四〇、一二、四四						光緒十四			
納沙布崎	同	根室	極東	東南七里猫頭礁	四三、二六、四七 一四五、五二、〇〇		木	同	七丈四	六十八	同治十一	五二一七	二	每一分時鳴十二 每年二月停
辨天島	同	同	根室灣		四三、二〇、三〇 一四五、三五、〇〇		木竿	不動赤	七丈五	四十一	同	一〇八七	二	
日和山	同	後志	高島郡東岬		四三、一四、二〇 一四〇、五四、一四	四	木	不動白	十六丈二	百廿三	光緒九		二	
神威岬	同	同	北西端		四三、二〇、〇 一四〇、二九、二五						光緒十四			
宗谷岬	同	北見	北		四五、三一、〇 一四一、五五、〇	二	鐵	白	十三丈二	百十六	光緒十一			每五分時鳴每年一二三月停
襟裳岬	同	日高	南端		四一、五五、〇 一四三、一四、〇						光緒十四			

險在潮用浮標險在礁則用立標陸標亦礁類澪標亦浮類或評燈爲夜標此外晝標統晝夜言曰海標日本晝標設始同治八年當彼明治二年廿年來浮標十有八而廢其一立凡九兵艦商舶均難可忽然燈臺設岸其地固繫府縣此則未盡專屬也述晝標表

浮標	位置	質	形	色	出水	潮深	立標	位置	質	形	色	礁高	潮礁
川崎	東京灣羽根田南	鐵	圓錐籠球	赤	一丈	六尋	伏瀨	肥前國平戶海峽南口又平戶	石	圓錐首球	赤白橫綫	四丈	水面露
富津	東京灣富津洲西	同	同	同	一丈五	九尋		島南四十五里伏瀨礁					四尺
本牧	武藏國久良岐郡本牧沖荒洲	同	同	黑白橫綫	一丈	五尋	平瀨	肥前國長崎港口平瀨岩	石	同	同	二丈	水面露
	東												七尺
神奈川	橫濱港北神奈川礮臺	同	同	赤	同	六尋	角石	尾張國師崎水道日間賀島西	石鐵架	同		二丈五	水面露
橫濱	橫濱港南北	同	同	同	同	四尋半		角石礁					二尺五
中根	相模橫須賀灣東中根礁	同	圓臺	同	三尺	一尋半	釜石	陸中國釜石港內航路東南中	鐵棒	方錐	赤	二丈六	水面露
鹿瀨	內海播磨洋江崎燈臺南又西	同	圓錐籠球	同	一丈五	十七尋		瀨岩北半一暗礁					二尺

民設舊燈明臺表

	五十七里鹿溉南						長太夫	備後國瀨戶網島北航路南長	石	圓錐	赤黑橫綫	二丈三	出礁
神殿島	內海大下瀨戶神殿島暗礁北	鐵	同	黑白橫綫	一丈	四尋半						尺	面
權現洲	尾張國知多郡半田灣內三河	鐵	同	赤	同	五尋	興治兵	下關海峽航路東興治兵衞岩	石	同	赤	二丈	水面露
	國碧海郡大濱村權現嚳西南						衞						四尺
	斗出洲						鳴瀨	下關海峽航路北鳴瀨礁	石	同其首	白	二丈	水面露
本山	長門國厚東郡御崎南	鐵	同	同	一丈五	五尋半				倒壺狀			二尺
中洲東	下關峽東中洲東部南	鐵	同	黑	一丈	三尋	組	下關海峽航路北組岩					
中洲西	下關峽東中洲浮標西	鐵	同	赤	同	同	平磯	明石海峽東北平磯礁南距播			黑白橫綫	三丈三	水面露
金伏	下關峽東方金伏岩南	鐵	同	黑白橫綫	同	九尋		磨地半里初浮改立				尺五	七尺五
門司	下關峽門司灣內	鐵	同	赤黑橫綫	同	二尋零							
大嶒根	下關峽西大嶒根瀨東南	鐵	同	赤	一丈二尺五寸	九尋							
藍根	下關峽北藍島北	鐵	同	同	一丈五尺五寸	五尋							
飛洲	下關峽東部崎燈臺北	鐵	同	赤黑縱綫	一丈	同							
平磯	光緒十三年廢置立標	鐵	同	赤	一丈五	同							

光緒十一年廢京都石川鳥取廣島愛媛熊本臺各一未廢而停京都廣島愛媛燈叉各一存臺與竿八十有三其造費臺百五十七元竿七十五圓炏出自民而維持費臺八千一百七十一竿一千五百七十九則徵自入港商舶凡臺費八千三百廿六圓竿費千五百有三圓謂之入高蓋其額也述民設舊燈明臺表

	木	石	鐵	合計	十尺以上	三十尺以上	光達七里以上	距四十里以上
京都	一			一	一		一	
大坂	一			一	一		一	
神戶	一			一	一		一	
兵庫	六	一		七	四	三	五	二
長崎		一		一	二	一	一	
新潟	二			二			二	
千葉	一			一		一		一
愛知	六	一		七	四	三	六	一

靜岡	一	一		二	一	一	一	一
青森	二			四	一	一		二
秋田	二			二		二	二	
石川	四			四	一	三	一	三
島根	一	一		二	二		二	
岡山	四	一		五	三	二	三	二
廣島	二	六	一	九	六	三	七	二
山口	五			五	二	三	一	四
和歌山	一			一		一	一	
德島	二	一		三	二	一	一	一
愛媛	七	九	三	一九	一七	二	一七	二
大分	二	一		三		三		三
佐賀	一			一		一		一
函館	四			四	一	三	四	
總	五六	二三	四	八三	四九	三四	五八	二五

暴風信號標表

風信號標凡三十七有球式而圓錐爲多其種二一上鈍下銳暴風南來視此夜以上二燈下一燈代之一上銳下鈍暴風北來視此夜以上一燈下二燈代之暴風尠處一燈或無燈述暴風信號標表

通稱	府縣廳	國	郡區	位置	號標	球燈數
東京	東京府	武藏		南品川利田新田	圓錐	三
大坂	大坂府	攝津	西成郡	天保町商船取締出張所	圓錐	三
橫濱	神奈川縣	武藏	橫濱區	西波止場	圓錐	三
長崎	長崎縣	肥前	長崎區	縣廳構內	圓錐	三
新潟	新潟縣	越後	新潟區	船見町海岸丘上	圓錐	三
鳥羽	三重縣	志摩	答志郡	鳥羽港舊城內	球	一
清水	靜岡縣	駿河	有渡郡	清水町受新田	圓錐	三
掛塚	同	遠江	長上郡	掛塚村字元八丁	圓錐	三

岐阜	岐阜縣	美濃	厚見郡	稻葉田內字權現山	圓錐	三
石卷	宮城縣	陸前	牡鹿郡	石卷北上川口	圓錐	三
青森	青森縣	陸奥	東津輕郡	青森濱町三丁目	圓錐	
酒田	山形縣	羽後	飽海郡	酒田船塲町字日和山北	圓錐	三
金澤	石川縣	加賀	金澤區	縣廳搆內	球	一
金石	同	同		金石町字日和山	球	一
七尾	同	能登	鹿島郡	七尾府中町	圓錐	三
伏木	富山縣	越中	射水郡	伏木港字亨田	圓錐	三
坂井	福井縣	越前	坂井郡	坂井港米脅浦	圓錐	三
敦賀	同	同	敦賀郡	蓬莢町	圓錐	三
廣島	廣島縣	安藝	廣島區	國奉寺村字冲新開堤上	圓錐	
尾道	同	備後	御調郡	尾道土堂町住吉社境內	圓錐	三
下關	山口縣	長門	赤間關區	觀音崎	圓錐	三
和歌山	和歌山縣	紀伊	和歌山區	男芝町吹上寺測候所	圓錐	
多度津	愛媛縣	讃岐	多度郡	多度津村港灣	圓錐	三

三津	同	伊豫 和氣郡	三津港	圓錐	三
博多	福岡縣	筑前 福岡區	博多須崎町濱地	圓錐	三
若松	同	同 遠賀郡	若松港	球	一
三池	同	筑後 三池郡	横須村三池鑛山局內國旗竿	球	一
鹿兒島	鹿兒島縣	薩摩 鹿兒島郡	生產町海岸	圓錐	三
函館	北海道廳	渡島 函館區	冲濱町海岸	圓錐	三
又	同	同	高砂町海岸	圓錐	三
福山	同	同 松前郡	福山端立町海岸	圓錐	
江差	同	同 檜山郡	江差鷗島	圓錐	
森	同	同 茅部郡	森村字柳原	圓錐	
壽都	同	後志 壽都郡	壹都開進町海岸	圓錐	
岩內	同	同 岩內郡	岩內字鷹野臺	圓錐	三
小樽	同	同 小樽郡	小樽港町	圓錐	三
室蘭	同	膽振 室蘭郡	室蘭港通札幌	圓錐	三

籑喜廬所著書

游歷日本圖經五

日本地理

奏派游歷日本美利加秘魯巴西等國英日屬地加納大古巴知府用兵部郎中臣傅雲龍述

國都表

當周惠王十七年其國王神武始都倭之橿原今爲奈良縣大和國可不謂棉蕞歟和爲倭之改字厥後都屢遷屢復至於今都武藏國江戶城改號東京先是權臣道灌宅此繼之者上杉氏北條氏德川氏凡五百一十二載明治元年王都徙自西京述國都表

當中國年	日本國代	都時 年	都時 月	都地	今地
周惠王十七	神武	元	正	橿原	奈良縣大和國
簡王	綏靖			葛城	大坂府和泉國
靈王	安寧			片鹽	同
敬王	懿德			輕	

元王	孝昭			掖上	
安王	孝安			室	大阪府和泉國
赧王	孝靈			黑田	
秦始皇三十六	孝元	四		輕	奈良縣大和國
漢文後元七	開化	元	十	春日	
太始二	崇神	三		磯城	
建始	垂仁			纏向	
永平十七	景行	四		同	
陽	成務			志賀	滋賀縣近江國
初平	仲哀			穴門	山口縣長門國
建安六	神功	元	正	盤余	奈良縣大和國
晉泰始六	應神			輕島	同
建興元	仁德	元	正	難波	大阪府播津國
隆安四	履仲	元	正	盤余	奈良縣大和國

義熙二	友正	元	十	丹北	大坂府河內國
同	允恭			飛鳥	奈良縣大和國
宋孝建元	安康	元		石上	
大明	雄略			泊瀨	
建元	清寧			盤余甕粟	
齊永元	武烈			泊瀨列城	
梁天監十	繼體	五		筒城	西京府山背國
	同			弟國	
	同			盤余	奈良縣大和國
中大通六	安閑	元	正	勾金橋	同
大同二	宣化	元	正	檜隈廬入野	
六	欽明	元	七	磯城島	奈良縣大和國
太建八	敏達	五		譯語由	
陳至德四	用明	元		盤余	奈良縣大和國

禎明二	崇峻	元		倉梯	
唐貞觀四	舒明	二	十	飛鳥岡	
十七	皇極	二	四	同	
十九	孝德	大化元	十二	豐崎	
顯慶元	齊明	二		飛鳥岡	奈良縣大和國
龍朔	天智			志賀	滋賀縣近江國
咸亨三	天武	鳳元白	正	飛鳥岡	奈良縣大和國
景雲元	元明	和銅三	三	平城	西京府山城國
天寶三	聖武	天平十六	二	難波	大坂府攝津國
興元元	桓武	延曆三		長岡平安城	西京府山城國
貞元十	同	延曆十三	十一	葛野	同
元至元二	後醍醐	延元元	十二	吉野	奈良縣大和國
明洪武廿	後小松	明德三	閏十	平安城	西京府山城國
大淸同治四	明治	明治元		江戶	東京府武藏國

宮室表

日本往籍言推古七年聖德太子奏歷代禁造或大或小未曾格理自今以定美疎者依時必不可大也方面三百六十五步二十八殿並立第二十五之一殿是爲祭神齋殿以他七十二殿爲天皇所領殿宜檜材造檜皮葺矣南面大殿移日少宮以柱支平棟而梁裏天井則攝萬機之殿也時以此法造小墾田宮桓武延曆十二年造新宮於山背國山背今名山城翌年十月自南京遷北京今之平安城是也謂之大內裏歷百六十餘年而大政之權操自武家遂爲小內裏矣繼體三遷它代或移或仍安閑宣化之宮同名勾金而地有異一在勾金橋一在檜隈廬入野明治維新營宮於江戶城於光緒十五年春居之其宮外參西法用瀛機焉而內沿舊制居多述宮室表

代	宮	今地	代	宮	今地
神武	橿原宮	奈艮縣大和國	安閑	勾金宮	奈艮縣大和國
懿德	曲峽宮		宣化	勾金宮	
孝昭	池心宮		欽明	金刺宮	奈良縣大和國
孝安	秋津島宮	大坂府和泉國	用明	池邊雙槻宮	同
孝元	境原宮		敏達	幸玉宮	
開化	卒川宮	奈艮縣大和國	崇峻	柴垣宮	
崇神	瑞籬宮		舒明	岡本宮	
景行	高穴穗宮		皇極	板蓋宮	
仁德	高津宮	大坂府攝津國	元明	都藤原宮	
履仲	稚櫻宮		明治	假皇宮	東京武藏國
應神	豐明宮	奈良縣大和國		新皇宮	同
反正	柴籬宮	大坂府河內國			
允恭	穴穗宮				
武烈	列城宮				

繼體	筒城宮	西京府山城國
弟宮		
玉穗宮	奈良縣大和國	

官署表

日本官制初概學唐厥署亦仿佛居多數數徙都署隨之變都東京初江戶城新宮未蔵故內閣宮內省皆近假皇宮光緒十五年春徙新宮側樞密院者先議院而設在光緒十四年明治二十一年它署亦不無變更也述官署表

樞密院

內閣　法制局行政部　司法部　法制部　撿查院　賞勳局

記錄局記錄課　圖書課　會計局恩給課　會計課　官報局

編輯課　繙譯課　統計局　鐵道局　修史局

宮內省　內事課　外事課　侍從職　式部職　皇太后宮職
皇后宮職　大膳職　內藏寮　主殿寮　圖書寮
內匠寮　主馬寮　諸陵寮　御料局　侍醫局
調度局　華族局　皇族職員

外務省　麴町霞關
官房　總務局　文書課　政務課　往復課　人事課　報告課　電信課
通商局　取調局　第一課　第二課　飜譯局　記錄局
會計局　出納課　用度課　撿查課

內務省　麴町大手町
官房　總務局　文書課　記錄課　往復課　戶籍課　報告課　圖書課
縣治局　府縣課　地方費課　郡區課　警保局　警務課　保安課
監獄課　土木局　治水課　計算課　道路課　衛生局
衛生課　醫務課　地理局　地籍課　觀測課　地誌課　社寺局

大藏省　麴町大手町

神社課　寺院課
會計局　出納課　用度課　檢查課
官房　總務局　文書課　傳票課　往復課　監督課　報告課　備荒儲蓄課
整理課　主稅局　調查課　印紙稅課　地租課　雜種稅課　酒稅課　地方稅課
監查課　徵稅費課　計算課　統計課　關稅局　常務課　製表課　調查課
主計局　主簿課　歲出第一課　總豫算決算課　歲出第二課　歲入課　地方財務課　雜種金課　調查課
官有財產物品會計課　出納局　配賦課　監查課　準備金課
國債局　公債課　恩給課　計算課　金庫局　主金課　計算課
收支課　銀行局　常務課　報告課　調查課　預金局
勘查課　計算課　收支課　記錄局　編集課　照查課

陸軍省　麴町永田町

官房　總務局　第一課　第四課　第二課　制規課　第三課
騎兵局　第一課　第三課　第二課　砲兵局　第一課　第二課

工兵局 第一課 第二課 會計局 第一課 第三課 第二課 第四課

醫務局 第一課 第三課 第二課

海軍省 赤坂葵町

官房 軍務局 將校課 兵員課 准將校課 法規課 艦政局

兵器課 需品課 造船課 海運課 機關課 建築課 艤裝課 會計局

整理課 供給課 出納課 用度課 艦費課

司法省 麴町有樂町

官房 總務局 文書課 報告課 往復課 記錄課 民事局

刑事局 會計局 出納課 用度課 撿查課

文部省 麴町竹平町

官房 總務局 文書課 報告課 往復課 記錄課 學務局

第一課 第三課 第二課 第四課 編輯局 第一課 第三課 第二課

會計局 出納課 用度課 撿查課

農商務省

官房 總務局 文書課 記錄課 往復課 分析課 報告課 博覽會課

麴町大手町	農務局	樹藝課 獸醫課	蠶茶課 編纂課	畜產課	商務局
	商事課 權度課	工務局	勸工課 試驗課	水產局	漁務課 製造課
	試驗課	山林局	第一課 第三課	第二課	地質局
	地質課 地形課	土性課	鑛山局	鑛山課 試驗課	專賣特許局
	商標課	會計局	出納課 用度課	檢查課	
遞信省	官房	總務局	文書課 記錄課	往復課 監查課	驛遞局
京橋木挽町	（第一部）	庶務課 主計課	（第二部）	規畫課 驛傳課	遞送集配課
	（第三部）	外國郵便課 繙譯課	外國爲換課	（第四部）	爲換課 貯金課
	電信局	（第一部）	庶務課 外信課	調查課 主計課	（第二部）
	工務課 倉庫課	電機課	燈臺局	主計課 工務課	管船局
	調整課 司檢課	登簿課	會計局	出納課 用度課	檢查課 收支課

元老院

大審院

控訴院

始審裁判所四十六　東京○橫濱○新潟○浦和○千葉○宇都宮○前橋○水戶○甲府○靜岡○長野○京都○大坂○神戶○和歌山○大津○德島○岡山○福井○金澤○富山○高知○松山○名古屋○岐阜○安濃津○廣島○山口○松江○鳥取○長崎○佐賀○福岡○熊本○大分○鹿島兒○宮崎○仙臺○福島○山形○盛岡○秋田○函館○弘前○札幌○根室

警視廳	警察署	分署	派出交番
東京	二七		三三八
京都	七	三七	一〇九
大坂	二〇	四八	一三六

	警察署	分署	派出交番
滋賀	一〇	一五	三六
岐阜	七	一九	四一
長野	七	三〇	九

	警察署	分署	派出交番
和歌山	八	二八	五
德島	九	一二	三五
高知	八	六	一八

東京街道表

神奈川	八	一六	二六
兵庫	一七	七八	二
長崎	九	一九	一六
新潟	九	三七	四一
埼玉	一六	一四	六〇
群馬	一〇	一〇	三四
千葉	一三	二四	四〇
茨城	一一	三六	一六
櫔木	九	一四	二五
奈良			
三重	一六		三〇
愛知	一五	二一	四〇
静岡	九	一八	二三
山梨	六	一一	六
福島	一一	一八	四四
宮城	五	三〇	四〇
岩手	七	一一	二六
青森	八	一一	一七
秋田	八	三三	五
山形	八	二一	一七
石川	一〇	一四	一七
富山	五	一六	一九
福井	七	一三	一一
島根	八	一六	三一
鳥取	四	一四	一七
岡山	五	三一	三七
廣島	八	三〇	四〇
山口	五	二九	一四
愛媛	八	四二	九六
福岡	九	三四	一五
大分	一〇	九	二一
佐賀	六	一六	二八
熊本	八	二六	二八
宮崎	五	七	六
鹿兒島	八	二六	八
函館	七	一七	一四
札幌	七	八	一四
根室	三	三六	三
總計	四二三	九七一	一六六五

東京街道凡十有五區曰麴町區廨町四十曰神田區廨町九十九曰日本橋區廨町九十五曰京橋區廨町八十八曰芝區廨町九十五曰麻布區廨町四十二曰赤坂區廨町廿三曰四谷區廨町廿九曰牛込區廨町六十七曰小石川區廨町六十二曰本鄉區廨町四十七曰下谷區廨町五十五曰淺艸區廨町八十六曰本所區廨町五十三曰深川區廨町八十九凡九百七十町光緒十四年議擴市區之道明年後加詳議凡河梁鐵道公園鳥市塲靑物市塲獸畜市塲屠塲火葬塲塋地因地分類廨等有差道廿間以上曰第一等第一類六尺曰間也中央馬車道十二間餘左右步道各三間餘又十五間以上曰第一等第二類中央十間餘左右各二間餘又十二間以上曰第二等中央八間餘左右視一等之第二類也又十間以上曰第三等中央六間以上左右各二

間半又八間以上曰第四等中央五間以上左右一間又六間以上曰第五等中央四間以上左右各半間然未鳩工也厥名亦未之改

迻東京街道表

麴町區

東代官町○西代官町○祝田町○竇田町○元千代田町○大手町○元衢町○竹平町○道三町○錢瓶町○永樂町○八重洲町○有樂町○外櫻田町○西日比谷町○霞關町○內山下町○內幸町○裏霞關町○三年町○永田町○隼町○元平河町○平河町○山本町○紀尾井町○麴町大街○元園町○一番町○上二番町○下二番町三番町○土手三番町○四番町○五番町○上六番町○中六番町○下六番町○富士見町○飯田町

神田區

一橋通町○今川小路町○南神保町○北神保町○表神保町○裏神保町○西小川町○三崎町○中猿樂町○猿樂町○表猿樂町○裏猿樂町○錦町○小川町○南甲賀町○北甲賀町○表甲賀町○鈴木町○西紅梅町○表紅梅町○淡路町○美土代町○三河

町○雉子町○鎌倉町○皆川町○松下町○關口町○的吳蘇骨町○永富町○旭町○新銀町○佐柄木町○千代田町○新石町○竪大工町○多町○西今川町○塗師町○上白壁町○鍋町○連雀町○鍛冶町○通新石町○須田町○紺屋町○下白壁町○松田町○黑門町○小柳町○西福田町○東乘物町○美倉町○東今川町○材木町○東福田町○元岩井町○北乘物町○東紺屋町○富山町○東松下町○松枝町○大和町○平永町○元柳原町○柳町○岩本町○東龍閑町○豐島町○江川町○橋本町○富松町○久右工門町○宮本町○佐久間町○臺所町○泉町○同朋町○花岡町○平川町○花房町○松永町○相生町○花田町○仲町○旅籠町○山本町○末廣町○榮町○元佐久間町○龜住町○松富町○五軒町○元久右工門町○八名川町○餌鳥町○松住町○金澤町○田代町

日本橋區

室町○本町○北鞘町○品川町○裏川町○本兩替町○駿河町○本小田原町○本船町○本銀町○本石町○十軒店○金吹町○瀨戸物町○長濱町○小田原町○岩

附町○伊勢町○安針町○通町○西川岸町○吳服町○數奇屋町○元大工町○檜物町○上槇町○箔屋町○榑正町○新右衞門町○川瀨石町○平松町○佐内町○青物町○萬町○元四日市町○錦町○本材木町○大傳馬町○旅籠町○通油町○鹽町○鐵砲町○小傳馬町○堀留町○田所町○新大坂町○元濵町○彌生町○富澤町○長谷川町○新乘物町○新材木町○岩代町○葺屋町○堺町○和泉町○高砂町○浪花町○住吉町○元大坂町○葭町○新葭町○松島町○堀江町○小舟町○小網町○小網仲町○蠣殼町○馬喰町○小傳馬上町○龜井町○通塩町○横山町○吉川町○元柳町○新櫻町○米澤町○藥研堀町○橘町○若松町○村松町○久松町○矢倉町○菖蒲町○濵町○兜町○南茅塲町○三代町○坂本町○北島町○新永代町○龜島町○北新堀町○箱埼町○下槇町

京橋區

南傳馬町○中橋廣小路町○北槇町○南槇町○桶町○南大工町○南鍜冶町○五郎兵衛町○疊町○北紺屋町○中橋和泉町○大鋸町○南鞘町○松川町○鈴木町○

因幡町○常盤町○具足町○柳町○炭町○水谷町○日比谷町○本材木町○岡崎町○八丁堀仲町○永島町○幸町○長澤町○元島町○松屋町○高代町○本八丁堀町○南新堀町○靈巖島四日市○靈巖島塩町○靈巖島濵町○靈巖島銀町○長崎町○靈巖島町○富島町○川口町○東湊町○新船松町○大川端町○越前堀町○銀座○三十間堀町○尾張町○金六町○京橋水谷町○南紺屋町○弓町○新肴町○彌左衛門町○鎗屋町○西紺屋町○元數寄屋町○尾張町○竹川町○出雲町○南金六町○宗十郎町○日吉町○南鍋町○瀧山町○加賀町○南佐柄木町○丸山町○山下町○八官町○山城町○釆女町○木挽一町○新富町○大富町○本湊町○南八丁堀町○南飯田町○舟松町○南本鄉町○上柳原町○入舟町○南小田原町○新湊町○新榮町○佃町○明石町○築地

芝區　芝口町○源助町○露月町○柴井町○宇田川町○宇田川横町○神明町○芝濵松町○汐留町○新錢坐町○新堀町○濵崎町○今入町○新櫻田町○櫻田本鄉町○新

幸町○二葉町○琴平町○南佐久間町○櫻田久保町○櫻田善右衛門町○櫻田太左衛門
町○櫻田伏見町○櫻田兼房町○櫻田備前町○櫻田鍛冶町○櫻田和泉町○烏森町○日
蔭町○西久保明舟町○巴町○葺手町○城山町○八幡町○櫻川町○神谷町○田村町○
愛宕町○愛宕下町○芝榮町○芝公園地○三島町○宮本町○七軒町○仲門前○片門前
○土手跡町○湊町○森本町○新門前町○金杉町○川口町○濵町○本芝町○芝田町○
車町○高輪北町○高輪南町○下高輪町○芝新堀町○西應寺町○本芝材木町○下夕町
○久横新町○通新道○松本町○赤羽町○三田町○四國町○同朋町○切通町○臺町○
裏毫町○伊皿子町○高輪臺町○西臺町○二本榎木町○三田小山町○綱町○豊岡町○
松坂町○北寺町○南寺町○老僧町○君塚町○白金志田町○臺町○猿町○品川臺町○
上三光町○下三光町○二本榎木町○二本榎木西町○舟場町○錦町○新濵町

麻布區

飯倉狸穴町○片町○我善坊町○市兵衛町○仲町○谷町○簞笥町○今井町○三川臺町○永坂町○東鳥居坂町○鳥居坂町○飯倉町○麻布六本木町○權田町○宮下町○北日窪町○材木町○日窪町○龍土町○新龍土町○網代町○阪下町○一本松町○宮村町○新宮村町○三軒家町○笄町○新笄町○霞町○山本町○山村町○廣尾町○富士見町○森岡町○西町○東町○竹谷町○田島町○木村町○澁谷廣尾町○管原町

赤坂區

元赤坂町○一木町○田町○表町○裏町○新町○仲町○福吉町○丹後町○臺町○氷川町○新阪町○檜町○溜池棧町○葵町○靈南阪町○青山南町○青山北町○三筋町○大間町○權田原町○高樹町○澁谷宮益町

四谷區

傳馬町○尾張町○鹽町○忍町○鹽町○坊町○北伊賀町○新堀江町○荒木町○舟町○愛住町○永住町○須賀町○仲町○南伊賀町○南寺町○寺町○大番町左門

町○東信濃町○左京町○平長町○元鮫橋町○千駄谷南町○大番町○伊賀町仲町○鮫橋谷町○元鮫橋南町

牛込區

一谷舟河原町○佐土原町○長延寺町○佐門坂町○鷹匠町○加賀町○山伏町○甲賀町○柳町○藥王寺町○仲町○片町○七軒町○谷町○河田町○大久保余町○富久町○本村町○八幡町○田町○神樂町○肴町○邏寺町○矢來町○天神町○東榎町○南榎町○榎町○辨天町○早稻田町○南早稻田町○北早稻田町○馬塲下町○若宮町○岩手町○拂方町○南町○仲町○藁筒町○橫寺町○納戶町○細工町○南山伏町○北山伏町○千騎町○原町○若松町○喜久井町○三十町○破損町○戶塚町○揚塲町○宮北町○宮下町○築土前町○八幡町○白銀町○西五軒町○東五軒町○赤城元町○赤城下町○築地町○改代町○水道町○中里町○山伏町○高田町

小石川區

小石川町○諏訪町○新諏訪町○江戶川町○大和町○水道町○西江戶川町○小石川大門町○南富坂町○中富坂町○上富坂町○下富坂町○表町○仲町○紺屋町○初音町○柳町○掃除町○指谷町○白山前町○戶崎町○金富町○同心町○竹早町○久堅町○原町○林町○大原町○丸山町○大塚原町○大塚町○阪下町○阪中町○阪上町○阪辻町○新小川町○小日向武島町○水道端町○第六天町○茗荷谷町○臺町○水道町○東古川町○西古川町○松枝町○小日向町○關口水道町○櫻木町○音羽町○西青柳町○東青柳町○小日向三軒町○關口駒井町○關口町○高田老松町○高田豐川町○雜司谷町○巢鴨原町○仲町○駕籠町○巢鴨町○小石川宮下町

本鄉區

湯島町○三組町○妻戀町○新花町○天神町○同朋町○梅園町○切通町○切通坂町○西門町○本鄉森川町○金助町○春木町○元富士町○龍岡町○向岡彌生町

○東竹町○西竹町○元町○弓町○眞砂町○菊阪町○臺町○田町○丸山新町○丸山福山町○駒込東片町○駒込西片町○追分町○肴町○淺賀町○曙町○蓬萊町○千駄木町○坂下町○片町○吉祥寺町○富士前町○富士上町○根津八重垣町○宮永町○宮永片町○淸水町○藍染町○須賀町○西須賀町○片下分町

下谷區

下谷二長町○徒町○竹町○練塀町○長者町○阪町○同朋町○下谷町○數寄屋町○茅町○西町○車阪町○上車阪町○南稻荷町○豐住町○萬年町○山伏町○阪本町○新阪町○新阪裏町○小照町○簞笥町○善養寺町○金杉上町○金杉下町○原宿町○藥王子町○通新町○眞正寺町○上西大門町○北大門町○西黑門町○東黑門町○元町○廣小路町○上町○三橋町○五條町○池端仲町○七軒町○上野山下町○上野花園町○櫻木町○公園地○谷中町○阪町○淸水町○初音町○茶屋町○眞島町○三崎町

○三崎南町○三崎北町○護持院町○七面前

淺艸區

茅町○平右衛門町○下平右衛門町○新片町○瓦町○須賀町○旅籠町○福井町○新福井町○栁原町○猿屋町○藏前片町○森田町○新森田町○新旅籠町○南元町○北元町○富坂町○八幡町○三好町○黑舟町○諏訪町○新福富町○北西坂町○壽町○駒形町○三軒町○材木町○並木町○茶屋町○西仲町○東仲町○田原町○北田原町○森下町○榮久町○若松町○松清町○福富町○西鳥越町○東鳥越町○西三筋町○東三筋町○北三筋町○小島町○七軒町○阿部川町○永住町○松葉町○南清住町○北清住町○神吉町○花川戶町○山宿町○金龍山下瓦町○公園地○猿若町○聖天町○聖天横町○山川町○馬道町○田町○東町○象潟町○田島町○芝崎町○谷町○光月町○新吉原江戶町○新吉原角町○新吉原京町○新吉原五十間町○新吉原揚屋町○今戶町

○橋場町○龜岡町○吉野町○山谷町○淺艸町○榊町○北松山町○元吉町○北東仲町

○新畑町○南松山町○高原町○新猿屋町

本所區

千歲町○松井町○林町○德右衛門町○菊川町○元町○橫網町○藤代町○

小泉町○松坂町○龜澤町○相生町○綠町○花町○永倉町○入江町○淸水町○長崎町

○吉田町○長岡町○三笠町○吉岡町○北二葉町○南二葉町○五橋町○南本所石原町

○東町○瓦町○本所太平町○番場町○新小梅町○北本所荒井町○柳島橫川町○本所

若宮町○外手町○松倉町○原庭町○瓦町○北本所表町○橫川町○新堀町○柳原町○

竹町○中鄉橫川町○南本所元町○本所錦絲町○中鄉八軒町○本所茅塲町○小梅瓦町

○業平町○花月町○柳島町○龜井戶町

深川區

松賀町○仲大工町○西大工町○佐賀町○伊勢町○伊勢崎町○山本町○永

代町〇中島町〇久永町〇松村町〇三好町〇一色町〇元加賀町〇蛤町〇兩元町〇富岡門前町〇富岡門前仲町〇東仲町〇小松町〇相川町〇數矢町〇熊井町〇大島町〇永堀町〇黑江町〇材木町〇和倉町〇山本町〇龜久町〇西永町〇萬年町〇入舟町〇東大工町〇簑町〇堀川町〇清住町〇今川町〇靈岸町〇東永代町〇東平町〇大住町〇吉永町〇島田町〇諸町〇中川町〇福住町〇富田町〇伊澤町〇西永代町〇龜住町〇島崎町〇大和町〇西平町〇冬木町〇扇橋町〇鶴步町〇常盤町〇舟藏前町〇東大間堀町〇西大間堀町〇面大間堀町〇東元町〇八名川町〇北松代町〇安宅町〇猿江裏町〇富川町〇東町〇西森下町〇東森下町〇下六島町〇猿江町〇石島町〇豊住町〇泉養寺町〇平富町〇上六島町〇牡丹町〇東扇橋町〇扇町〇末廣町〇淺森町〇洲埼町〇本場町〇西町〇越中島町〇富岡公園地〇越中島新田

府縣廳至東京里表

日本府縣不以治所爲主立木標於適中處書揭來里謂之元標元有長誼第一標也東京元標在日本橋測量家記里以之道難執一宜指所經合之華里逑府縣至東京里表

府縣	元標	經道	至東京里	府縣	元標	經道	至東京里
京都	三條大橋	東海道	九百十里	山形	七日町	米澤	六百五十八里
大坂	高麗橋	京都	一千〇〇一里	秋田	久保田大町	米澤	千五十里
神奈川	横濱本町	神奈川	五十六里	福井	照手上町	名古屋	千四十三里
兵庫	神戸市塲町	京都	千七十一里	石川	金澤尾張町	高田	八百八十九里
長崎	外浦町	京都小倉	二千四百十五里	富山	西町	中仙道長野魚津	七百七十里
新潟	本町	三國通	六百二十三里	鳥取		京都智頭	千四百里
埼玉	浦和中町	中仙道	四十二里	島根	松江堅町	京都津山	千五百六十一里
羣馬	前橋連雀町	熊谷伊勢崎	百九十六里	岡山	橋本町	京都姬路	千三百二十三里
千葉	本町	市川	七十里	廣島	細工町	京都姬路	千六百三十一里

府縣廳孔道支道表

茨城	水戸七軒町	土浦	二百三里
橡木	宇都宮	古河	百九十六里
奈良			
三重	津揭示場	四日市	七百八十四里
愛知	名古屋鐵砲町	熱田	六百五十八里
靜岡	吳服町	東海道	三百二十二里
山梨	錦町	甲州街道	二百四十五里
滋賀	大津上京町	東海道	八百八十九里
岐阜	白木町	名古屋	七百二十一里
長野	大門町	中仙道追分	四百〇六里
宮城	仙臺大町	陸羽街道	六百四十四里
福島	上町	陸羽街道	四百九十里
岩手	盛岡紺屋町	仙臺	九百八十里
青森	米町	仙臺	千三百九十里
山口	大市町	京都廣島	千八百八十三里
和歌山	京橋	大坂	千百二十七里
德島	西横町	明石淡路	千二百七十四里
高知	本町揭示場	下津井丸龜	千六百七十三里
愛媛	松山札辻	下津井丸龜	千七百三十六里
福岡	橋口町	小倉山家	二千百七十七里
大分	碩田橋	京都小倉	二千二百四十里
佐賀	白山町	東海道中國筋	二千二百十九里
熊本	新町	小倉久留米	二千三百二十四里
宮崎	上野町	東海道小倉	二千五百九十七里
鹿兒島	山下町	小倉熊本	二千七百十六里
北海道	札幌	仙臺函館	二千六百三十二里

雲龍於日本內地未遑周歷然孔道支道輒就日本里數合之華里分道十有六問道者或亦有取於斯迻府縣廳孔道支道表

表一

自東京逕東海道京都大坂山陽道豐前小倉至長崎

孔道

東京府日本橋有支十四里品川又十六里半神奈川縣川崎又十五里半神奈川有支又八里程谷已上武藏國又十六里半戸塚又十一里半藤澤有支又廿三里平塚有支又五里半大磯又廿九里小田原有支又廿九里箱根已上相模國又廿三里靜岡縣三島伊豆國有支又九里沼津有支又九里原又廿一里吉原有支又十七里半蒲原有支又六里半由比又十六里興津有支又八里半江尻有支又十七里靜岡又九里丸

支道

東京府日本橋逕大山街道至小田原百八十三里　新橋鐵路至橫濱四十八里　神奈川逕橫濱金澤橫須賀浦賀鎌倉至藤澤百八十六里　藤澤至大山百三十八里　平塚厚木橋本村百八十四里八王子　小田原塚原關本矢倉澤竹下村二百十二里御殿場　小田原吉濱熱海網代宇佐美白濱田子村戸田五百二里韮山　三島大場四十二里熱海　三島大仁村梨本村百十二里下田港　沼津百六十八里甲府　吉

子又十四里岡部又十里藤枝有支又九里島田已上駿河國又七里金谷有支又十里半日坂又十二里半掛川有支又十五里半袋井又九里半見附有支又三里中泉又廿二里濱松有支又廿一里半舞坂又八里新居又十里半白須賀已上遠江國又九里愛知縣二夕川又十四里半豐橋又十七里半御油有支又三里赤坂又十五里藤川又十四里岡崎有支又廿三里知立已上三河國又廿三里半鳴海又十里半熱田有支又二十二里福田又十四里前須已上尾張國有支又九里桑名有支又二十二里四日市有支又十九里石藥師又七里莊野又十四里半龜山又九里關有支又十里半坂下已上伊勢國又十七里滋賀縣土山有支又十九里水口有支又二十二里石部又十八里

原根原百四十里甲府　蒲原四十七里萬澤　輿津下山百五十九里甲府　江尻十里三保村　江尻久能山三十四里靜岡　藤枝百廿一里中泉　金谷四十二里橫須賀　掛川四十九里領家村　見附三百四十二里妻籠　濱松新所五十二里　二川　濱松三箇市八十九里御油　御油百三十六里根羽村　岡崎四十六里大濱　岡崎稻橋片桐　宮田平出三百四十四里下諏訪　岡崎舉母岩村百五十一里大井　知立半田有鐵道百七十九里熱田一名言宮　熱田名古屋小牧稻置六十六里鵜沼　熱田名古屋清洲一之宮加納七十五里岐阜美濃國有縣治　名古屋清洲稻葉荻原　墨股有火車　二里大垣　桑名高須加納　九十二里岐阜

草津(有支)又廿六里大津(已上近江國有支)又十九里京都府三條大橋(有支)又十六里半伏見(有支)又九里淀又八里半橋本(已上山城國)又十六里大坂府枚方又廿三里守口(已上河內國)又十五里大坂(有支)又十七里兵庫縣神崎(有支)又十二里尼崎又十一里半西之宮又廿九里半神戶又三里兵庫(已上攝津國)又三十二里半明石(有支)又三十八里加古川(有支)又十九里半御着又十一里姬路(有支)又廿九里正條(有支)片島又廿四里半有年(已上播磨國)又廿一里岡山縣三石又十七里西片上(有支)又三十三里藤井又十五里岡山(已上備前國有支)又十七里板倉又廿二里半川邊(有支)又廿五里矢掛又廿一里七日市(已上備中國)又十九里廣島縣神邊(有支)又三十二里今津又十四里尾

關(椋本)四十一里半　關(柘植村上野北村)百三十五里奈良縣廳(大和國)　土山(西大路武佐)六十五里八幡　水口四十九里上野　草津(矢橋)十四里大津　草津(千町)五十六里宇治(山城國)　大津(石馬馬塲大谷山科稻荷)鐵路

三十七里京都　京都(向日町山崎高槻茨木吹田)鐵路

大坂　伏見(奈良)百四十六里吉野(大和國)　大坂(住吉村堺山中)百二十一里和歌山(紀伊國)　大坂(堺西鄉村)百二十六里高野山(空海開之)　大坂(深江龍田)七十一里奈良　神崎(小濱生瀨廣野)百十一里篠山(丹波國)　明石(岩屋洲本撫養)二百七十二里德島(阿波國)　加古川二十一里高砂子　姬路(高岡鴨川篠山國領)百九十七里福知山(丹波國)　姬路(福崎粟賀)七十九里生野(但馬國)　正條(龍野)十七里觜崎　西片上五十八里蟲明　西片

籑喜廬所箸書

道有支又二十四里三原巳上備後國又廿一里本鄉有支
又廿七里田萬里又十八里西條又廿里上瀨野
又廿里海田市又十五里廣島有支又廿四里廿日
市又三十一里玖波巳上安藝國又十九里山口縣關
戶又三十里玖珂有支又十九里今市又廿一里花
岡又十二里德山又十四里福川又十九里富海
又十四里宮市有支三十五里小郡有支十九里半山
中又廿里半船木又十里厚狹又廿里吉田有支又
八里小月有支又十七里豐浦巳上長門國又十二里赤
間關又十里福岡縣大里又十一里小倉巳上豐前國有
支又廿二里黑崎又廿二里木屋瀨又八里直方
又廿七里飯塚又廿四里內野十二里山家有支又
九里半原田巳上筑前國又十五里長崎縣田代六又

上九十三里津山　岡山福渡百里津山　岡山四
十五里牛窓　岡山倉敷丸龜四百十三里松山伊豫國
岡山三百四十八里高知土佐國　岡山百十九
里半福山備後國　川邊高梁花見二百三十二里米子
伯耆國　神邊福山三十三里鞆津　尾道三次佐白三百
一里松江　本鄉百七十六里海田市　廣島中山
市木百八十五里濱田　玖珂柳井津室津室積百六十六
里德山周防國
宮市三十四里山口　宮市十四里中之關　小
郡山口八十九里萩　吉田河原明水百十里萩　小月
西市湯町八十三里正明　小倉添田小石原宮原二百五十
一里半內牧肥後國　小倉若松福岡三百三十四又唐
津　小倉香春猪膝大隈町千手秋月百十九里半甘木　山

里轟木有支十一里半中原十七里神崎十里半境
原十一里佐賀有支十七里牛津有支十五里小田十
六里北方十里柄崎有支廿五里半嬉野十九里彼
杵有支三十二里半大村十九里半永昌有支二十七
里矢上十七里半長崎有支

表二

自豐前小倉逕肥後熊本至鹿兒島

小倉百二十三里山家筑前國有支二十里松崎二
十一里府中二十二里羽犬塚十七里瀨高十
三里原町已上筑後國十四里熊本縣南關三十一
里山鹿支有二十七里植木二十一里熊有支十五

家四十二里福岡　山家甘木日田川上二百二十七里
大分豐後國　轟木府中百八里日田　佐賀榎津高瀨百五
十二里熊本　佐賀田村九十四里福岡　牛津百
二里名護屋　牛津唐津百六十六里勝本壹岐國
柄崎伊萬里及海路五百五里嚴原對馬國　彼杵百三十
里平戶　永昌百九十三里愛津　長崎浦上瀨戶三重
百十九里面高

山家轟木廿一里半久留米　羽犬塚南關百九十六
里熊本　山鹿六十八里半熊本　熊本高橋百貫石
六十八里島原港　熊本大津百廿二里大分　熊
本野尻百七十五里竹田　熊本馬見原三田井二百五十

里川尻十四里半宇土有支七里松橋十九里小川　六里半延岡　宇土三角浦下津浦百八十八里富岡
二十九里八代十七里半日奈久二十二里田浦　佐敷入吉高崎二百十里都城　佐敷大口入來二百一里
十五里佐敷有支三十四里水俣已上肥後國二十五　鹿兒島　阿久根八十五里半深港　市來百八
里鹿兒島縣米津十七里半出水二十二里阿久　里上甑島　伊集院百八里半坊津　鹿兒島喜入
根有支二十三里半西方二十七里向田町廿八里　枕崎百七十一里坊津　鹿兒島谷山勝目百五里半坊
市來有支二十四里伊集院有支三十一里鹿兒島　津
有支

表三

自豐前小倉逕豐後日向大隅至鹿兒島

小倉廿九里苅田十二里行事廿四里大橋　立石竹田津、杵築、百七十七里豐岡
椎田十五里八屋十四里大分縣中津廿九里　大分犬飼百五里竹田　大分五十四里佐賀關
四日市九里南宇佐已上豐前國廿六里半立石有支十　大分廣內臼杵江良百六十六里重岡　市場竹田菅生百八
二里野原廿里半豐岡廿里別府廿一里半大分　十九里熊本

有支廿五里半中戸次廿八里大寒廿里市場有支三
十四里小野市十四里半重岡已上豐後國　四十一里
鹿兒島縣熊田廿九里延岡四十里半宮高新町
十九里美美津有支十九里都農有支廿九里高鍋廿
六里廣瀨有支廿四里宮崎有支三十四里學木三十
一里山之口廿六里都城以上日向國有支　廿一里通山
廿五里福山有支廿一里國府十四里加治木十四
里重富已上大隅國　廿五里鹿兒島

美美津坪谷尾崎韮草越　百二十二里人吉　都農高城莊內
百八十三里半都城　廣瀨妻町湯前村　百八十四里
人吉　宮崎二百九十九里半福山　都城六十
里志布志　福山百四十一里半佐多　鹿兒島
吉田大村　八十七里半宮之城

表四

自滋賀縣大津逕伏見大坂堺紀伊國加太浦淡路島至松山及宇和島

大津廿五里半京都府伏見七十三里大坂府高
麗橋十四里住吉已上二所攝津國　十一里堺二十八里

德島八幡鹿庭　百四十四島半高松　德島川島芝生佐野　百
八十九里川江　德島宍喰野根高知越知久萬　五百九十二

岸和田三十里尾崎廿六里谷川浦已上和泉國十八
里紀伊國和歌山縣加太浦二十一里兵庫縣由
良滘十七里洲本十二里半中筋廿六里福良已上
淡路國廿一里德島縣撫養三十三里德島有支廿三
里大寺已上阿波國廿四里愛媛縣引田十二里三本
松四里西村有支十六里半津田十六里志度廿五
里高松有支新居廿一里半坂出十二里丸龜有支廿
七里上高瀨廿八里和田濱已上讚岐國十七里川江
有支廿三里豐田廿里半關嶺八里船木十里岸下
有支十三里大町十三里小松十八里來見三十里
半川上十九里久米十二里半松山廿三里郡中
廿八里中山廿五里半內子十一里新谷十二里
半大洲廿三里東多田十四里卯之町有支廿一里

里松山　西村長尾九十八里琴平　高松土庄小江八
十四里牛窓滘　丸龜琴平九里多度津　川江半田
立川川口領石百四十八里高知　岸下西條中村今治北條百五
十一里松山
卯之町八幡濱百六十六里佐賀關　宇和島宿毛頭集
松尾下田三百四十五里中村

半吉田十九里宇和島已上伊豫國

表五

自尾張國熱田逕四日市山田和歌山淡路至阿波國德島

熱田尾張國七十五里半三重縣四日市九里追分
十一里神戶十一里半白子十三里上野十七里
津有支十五里雲出十七里松坂有支廿里本明星十
八里山田有支十六里田丸十七里半相鹿瀨村廿
一里粟生村廿四里半阿曾村廿一里間弓村已上
伊勢國廿二里半長島村廿二里半馬瀨村廿二里
中井浦廿一里三木里村十里半曾根村十四里
半新鹿十四里木本廿五里半阿田和十九里和
歌山縣新宮有支廿一里濱宮二十八里半浦神九
里下田原九里西向八里姬村十二里江田十里

津長野平田名張百三十六里三本松　松坂大村名張初瀨八木
竹內古市二百廿四里堺　山田鷲円丸宮前家下淵橋本三百
十里和歌山
新宮本宮小森村天川辻村二百六十三里下市
田邊百三里本宮
和歌山名手五條戶毛八木百五十里奈良　和歌山名手花坂
九十四里半高野山

和深十五里見老津九里半和深川村十里周參見十三里半安居村廿三里富田廿三里田邊有支十四里半南部十九里半印南廿里小松原三十二里湯淺十里宮原十三里加茂谷十四里內原十里半和歌山有支廿二里加太已上紀伊國廿一里兵庫縣由良十里洲本十二里半中筋廿六里福良已上淡路國廿一里德島縣撫養三十三里德島

表六

自京都逕丹波國福知山因幡國鳥取出雲國松江至周防國山口

京都府三條大橋十九里樫原已上山城國廿二里龜岡有支十八里八木十四里園部十三里須知有支廿六里半下大久保八里菀原中村十四里生野九

龜岡埴生篠山栢原佐治高田宿南二百二十九里豐岡　須知

本庄綾部九十三里舞鶴

福知山黑井柏原中村北條百七十二里姬路　福知山河守

里半長田九里半福知山有支十一里立原十五里半小野原已上丹波國十里兵庫縣久畑十四里小谷十九里出石廿一里豐岡有支十四里手邊十三里宿南十里八鹿十一里八木十二里關宮十二里福岡九里村岡九里半和田十里春來十四里湯村十四里千谷已上但馬國十四里鳥取縣蒲生村八里岩井十六里半細川村三十里鳥取有支十里湖山十七里半新町十六里半潮津已上因幡國十一里半泊有支十五里半長瀬十九里由良十九里赤崎十七里下市十一里御來屋十七里淀江十八里米子已上伯耆國有支廿一里島根縣安來廿三里出雲鄉有支十三里松江有支十一里半湯町十九里半宍道十七里直江十一里今市廿八里久村十三里

五十七里宮津

豐岡和田山百七十九里半姬路　豐岡江野香住居組村

百四十一里鳥取

鳥取用瀨關本百四十里半津山　鳥取吉岡倉吉百二十九里赤崎　泊松崎村下長田百二十九里半久世

米子大宮三坂深瀨上根三百十八里廣島　米子堺浦美保關西鄉港豐田三百九十六里知夫里隱岐國知夫里島　出雲鄉廣瀨比和百三十九里三次　松江宍道赤名二百二里三次

波根鳥井天河內六十三里福光

益田田萬奈古萩正明市阿川特牛矢玉湯谷三百三十一里赤間關

地福生雲福井五十九里半荻

口田儀（已上出雲國）十三里波根（有支）十四里半太田十
里久利十一里大森十一里西田十二里福光九
里半黑松九里淺利六里渡津七里鄉田四十一
里半濱田四十里三隅三十五里半益田（有支）十六
里横田十一里靑原二十九里津和野（已上石見國）廿
一里山口縣德佐十三里地福（有支）三十里篠目二
十六里山口（已上長門國）

表七

自尾張國名古屋逕美濃國關原近江國柳瀨及越前若狹丹後
但馬之四國至因幡國鳥取

愛知縣名古屋十八里清洲廿里一之宮（已上尾張國）
十五里岐阜縣笠松八里加納十一里河渡七里
美江寺十六里半赤坂十里垂井九里關原（已上美濃）

柳瀨（中河內今庄脇本鯖江）百二十二里福井
敦賀（疋田）三十七里鹽津
宮津（四辻村口矢村）九十里半豐岡

國八里滋賀縣藤川十里春照廿三里伊部二里 二箇峯山廿二里綱野
郡上十六里木本十七里柳瀨已上近江國有支九里福
井縣刀根十一里半疋田十三里半敦賀已上越前國有支
廿四里佐柿十七里半三方十四里倉見十八
里日笠十五里小濱廿七里本鄉十四里高濱已上若狹國
十六里京都府吉坂十里市場九里舞鶴十
二里中山十一里由良九里半上司九里宮津有支
十二里半弓木十四里口大野十里半二箇有支野
十四里久美須已上丹後國二十一里兵庫縣但馬國
豐岡百八十七里鳥取縣因幡國鳥取

表八

自東京巡甲府至信濃國下諏訪

東京日本橋十四里內藤新宿有支十四里高井戶 內藤新宿田無飯野南川村百四十八里大宮鄉　內藤

十五里神奈川縣布田十二里府中十五里日野
十二里八王子（有支）十八里小佛（已上武藏國）十里小原
十里半吉野五里半關野（已上相模國）七里山梨縣上
野原三里鶴川八里野田尻六里犬目九里烏澤
五里猿橋十里大橋二里半花咲九里初狩（有支）十
一里篠子十六里駒飼十里勝沼六里栗原十一
里石和十一里半甲府（有支）二十五里韮崎（有支）廿九
里半臺原十里教來石（已上甲斐國）八里長野縣蔦木
廿三里半金澤（有支）廿四里上諏訪九里下諏訪（已上信濃國）

新宿（田無青梅　丹波山村）百五十七里甲府　八王子（青梅　箱根）
（崎川越　松山）百十六里熊谷
初狩（谷村小沼　御殿塲）百三十四里沼津
甲府（韮崎長澤村　海口高野町）百五十九里岩村田　韮崎（日野）
（春）四十六里松木坂　金澤（御堂垣外　高遠町）六十六里
伊那部

表九

自東京逕中仙道木曾路近江國守山驛東海道草津驛至京都

東京日本橋（有支）十九里下板橋（有支）十五里埼玉縣
東京日本出（岩淵村鳩谷　岩槻騎西村）百四十三里熊谷　下

蕨九里浦和有支十里半大宮十四里上尾七里桶川有支十四里鴻巢有支三十一里熊谷有支十九里半深谷有支廿里本庄已上武藏國羣馬縣新町十二里倉賀野八里半高崎十五里板鼻五里安中十七里松井田十六里坂本已上上野國二十里長野縣輕井澤九里沓掛七里半追分十里小田井八里岩村田十一里鹽名田五里八幡六里望月九里蘆田九里長窪有支十四里和田三十九里下諏訪有支十九里鹽尻有支十一里半洗馬有支六里本山十四里贄川十三里奈良井九里半藪原有支十四里宮越十三里福島有支十六里上松廿二里須原十二里半野尻十六里三富野八里妻籠十四里馬籠已上信濃國八里岐阜縣落合七里中津川有支十九里大

板橋白子川越大宮鄉釜川村二百九十四里甲府　浦和三十二里草加　桶川加須町七十四里館林　鴻巢川俣館林六十七里半佐野天明　熊谷太田町足利伊勢崎前橋九十一里半高崎　深谷七十九里小鹿野

長窪三十六里上田　下諏訪松島富田片桐飯田百七十八里妻籠　鹽尻二十六里半松本　洗馬松本村井

青柳篠井百三十九里長野　藪原野麥高山林村蟹寺村楡原村三百八里富山　福島開田村王瀧村百十七里福島

中津川加母子村百八十二里高山　大井高山內津百十九里名古屋

加納五里岐阜　加納關村金山下呂小坂二百三十八里高山　美江寺大垣高須八十九里桑名　關原五十九里木下　鳥居本彥根八幡八十里守山　愛知川

井有支 廿三里半大湫十二里細久手廿里半御嶽八里半伏見十三里太田十六里鵜沼廿九里加納有支 十一里河渡七里半美江寺有支 十六里半赤坂十里垂井九里關原有支 七里今須已上美濃國 六里滋賀縣栢原十里醒井七里番場九里鳥居本有支 十里半高宮十五里愛知川有支 十七里武佐廿八里守山九里草津廿六里大津已上近江國 十九里京都府山城國

十四里北澤村　愛知川八日市日野 六十五里土山

表十

自東京逕中仙道信濃國長野北國路越後國高田及越中加賀越前近江之四國至京都

東京日本橋四十二里半埼玉縣浦和已上武藏國 百五十二里半羣馬縣高崎有支上野國 九十里長野縣

高崎大戶羽根尾禰津輕井澤 二百四十九里

上田松本大町山口松本入山 百九十六里高山　屋代川田小布

追分廿二里小諸十六里半田中十七里上田有支廿一里坂木九里下戶倉十一里半屋代有支六里篠井有支十四里丹波島九里半長野有支八里新町十八里牟禮十二里大古間一里半柏原七里野尻已上信濃國　六里新潟縣關川十九里關山十九里半新井十八里高田有支十四里中屋敷十里長濱六里有間川十二里名立廿二里能生十六里梶屋敷八里半絲魚川十二里靑海十七里歌二里半外波十三里半市振已上越後國　十七里石川縣泊有支　十六里舟見十一里浦山十二里三日市十六里魚津十五里滑川有支廿八里半富山有支廿四里小杉十七里半高岡有支廿八里半今石動已上越中國有支廿里竹橋七里津幡有支十二里森下十二里金澤

施倉井村九十二里半野尻　篠井宮平七十一里半

長野新町飯山森十日市野澤北條二百六十六里　長野竹布七

十七里大町

高田栃崎柏崎出雲崎竹之町二百三十八里新潟

泊二十九里三日市

滑川岩瀬六十六里氷見　富山三十里八尾　高

岡氷見七尾港大津川尻宇出津二百八十里狼煙　高岡輪島片岩

二百六十八里　津幡富木百八十七里輪島　今

石動六十八里金澤　金澤九十二里大聖寺

金澤勝山二百五里福井

動橋山中丸岡七十八里福井　大聖寺吉崎四十六里

坂井港

福井三十六里半坂井港　福井砂子坂四十二里

有支十四里野野市九里松任九里半柏野十一里粟生四里寺井十一里半小松十四里月津六里半動橋有支五里作見九里大聖寺有支六里半橋已上加賀國八里福井縣細呂木十二里半金津十五里長崎十二里船橋十一里福井有支十四里淺水十五里上鯖江八里武生十二里脇本七里鯖波五里湯尾三里半今莊十三里二屋十四里半葉原有支疋田十二里山中已上越前國十九滋賀海津廿二里今津有支十五里河原市十二里半大溝十三里小松村十五里木戸郷八里和邇十三里衣川有支坂本十里大津已上近江國十九里京都

坂井港

葉原十六里敦賀

今津熊川六十一里小濱

衣川小出石村五十里半京都

表十一

自東京逕高崎長岡新潟之諸所及羽前路至羽後國酒田

東京日本橋武藏國百九十五里羣馬縣高崎十九
里金古十九里半澁川有支五里金井六里橫堀廿
里中山十二里塚原八里布施四里須川六里相
俣十里永井已上上野國廿一里新潟縣淺貝十五里
二居十七里三俣十五里湯澤十里關十三里鹽
澤六里半六日町十二里五日町十一里浦佐十
七里堀內十五里川口廿三半里妙見廿三里長
岡有支廿三里今町廿五里三條十三里半新飯田
十九里半白根廿一里大野十八里新潟有支四里
沼垂廿五里內見島廿二里新發田八里三日市
廿二里中條八里黑川有支十七里半林廿一里村
上十六里半猿澤十一里鹽町十四里蒲萄十六
里半中村廿里勝木八里府屋已上越後國十一里山

澁川四十三里三野倉　澁川沼田清水村百四十一
里六日町　澁川沼田戶倉山口村田島大內村三百六十二里
半若山
長岡中島赤塚百三十七里半新潟　長岡加茂新津水原荒川
百六十六里三日市　長岡寺泊赤泊多田水津二百七十
里夷港　新潟新發田津川町野澤高久二百三十一里半若
松　新潟水原川口二百十五里若松　黑川上關小國百
六十七里米澤
三瀨三十三里鶴岡　大山七里半加茂

雙喜廬所箸書

形縣鼠關十八里溫海廿五里三瀨有支廿五里半大山有支濱中十七里半野浦已上羽前國十里酒田羽後國

表十二

自東京逕千葉木更津加知山至銚子港

東京日本橋武藏國有支廿六里千葉縣市川五里半八幡有支九里船橋有支十二里馬加三里檢見川十六里千葉有支七里曾我野四里濱野已上下總國有支四里八幡六里五井有支十二里半姊崎十六里奈良輪十六里木更津十四里貞元有支佐貫十四里港村有支六里竹岡十三里金谷村已上上總國八里本鄉七里加知山五里半市部有支十五里上瀧田十八里北條有支十三里竹原十九里和田廿六里前原十二里天津七里內浦已上安房國十五里下植野十

東京行德船橋七十五里千葉　八幡白井木下佐原野尻百九十六里銚子港　船橋佐倉八日市場太田百六十四里銚子港　千葉佐倉木下布川九十二里取手　濱野長柄山大多喜百八里勝浦　五井鶴舞九十七里長者町貞元十四里富津　港村鹿野山久留里百十九里天津市部五十里白濱　北條洲崎松田九十二里和田一宮四天木三川百二十九里銚子港

四里半勝浦十二里御宿十七里大原十一里半長者町十九里一宮有支十七里茂原十二里本納十一里大網十里東金十二里成東九里松尾九里橫芝已上上總國十五里半八日市場十八里半太田四里綱戸六里三川五里飯岡廿二里荒野一里銚子已上下總國

表十三

自東京逕陸前濱街道水戸至仙臺

東京日本橋十五里千住十一里新宿已上武藏國八里半千葉縣松戸有支十二里小金有支二十里我孫子有支十一里茨城縣取手十二里藤代已上下總國七里若柴有支七里牛久十四里荒川五里中村七里土浦八里中貫六里稻吉十二里半石岡有支九里

松戸流山野田九十八里古河　小金山崎中里七十一里杉戸　小金海道田部百五里筑波町　小金布施水海道下館百五十里眞岡　我孫子木下佐倉九十二里千葉

若柴五十一里古渡郡　土浦島津佐原百五十六里銚子港　土浦町屋下館多功百五十六里半宇都宮

竹原九里片倉八里小幡十一里長岡十四里水戶有支六里枝川七里田彥八里佐和九里石神外宿六里大和田七里大沼十一里半下孫助川十三里半小木津十二里伊師五里高萩十五里半下櫻井九里半神岡已上常陸國有支十三里福島縣關田八里植田十二里田部村十三里半湯本有支十三里平有支廿一里四倉八里久野濱廿里廣野七里木戶廿一里富岡十里熊川十五里新山九里半浪江十七里半小高十八里原町有支十三里鹿島廿一里半中村有支六里岩井九里駒嶺有支七里新地十四里宮城縣坂本十一里山下十五里亘理已上磐城國十六里半岩沼十四里增田五里中田六里半長町七里仙臺已上陸前國

石岡四十四里笠間　水戶下市大足市塙石井百四十七里宇都宮　水戶下市石塚藤繩百四十九里宇都宮　水戶上市菅谷大宮百五十三里半喜連川　水戶大宮百三十八里東館　水戶上市菅谷太田德田郡東館棚倉中畑郡三十二里矢吹　神岡十五里關田　湯本下泉百三十七里須賀川　平中寺郡小野新町三春百四十九里郡山　原町八木澤郡川股百十一里福島　中郡玉野郡大波郡九十八里福島　駒嶺角田七十七里半白石

表十四

自東京逕陸羽街道福島仙臺一關盛岡至青森

東京日本橋十五里千住十四里埼玉縣草加十三里半越谷（有支）十八里粕壁十三里杉戶十里半幸手（有支）十四里半栗橋（已上武藏國）一里茨城縣中田十一里古河（已上下總國有支）五里半橡木縣野木十三里間間田十一里小山（有支）十里半羽川五里半小金井十一里石橋（有支）十二里半雀宮十五里宇都宮（有支）十九里白澤六里上阿久津六里氏家十四里喜連川（有支）廿里佐久山十二里半太田原（有支）廿一里鍋掛二里越堀十五里蘆野（已上下野國）廿一里福島縣白坂十四里白河（有支）十一里小田川十四里矢吹（已上磐城國）十七里半須賀川廿三里郡山十七

越谷四十四里關宿

幸手（關宿結城笠間）百七十九里水戶下市

古川五十三里橡木

古川（佐野天明足利）百四里半

小山（橡木鹿沼今市五十里川島郵）三百八里半若松

石橋（橡木佐野境町玉郵）百六十四里半高崎

宇都宮（大澤日光澤入郵伊勢崎）二百三十三里前橋

喜連川（大子小菅）百六十七里高萩

太田原（澤郵）八十三里日光

太田原（板室郵桑原）百七十八里若松

白河（長沼赤津若松宮下郵叶津郵）三百八十九里三條

白河（若松綱木）二百三十一里米澤

白河（若松橫向郵）二百五十四里福島

本宮（關脇）九十六里若松

二本松九十里梁川

福島（米澤）

里高倉八里本宮有支十八里半二本松有支十五里
半松川十里清水町十一里半福島有支十一里瀨
上有支九里桑折有支八里藤田巳上岩代國十一里半宮
城縣越河十里齋川十一里白石有支十一里刈田
宮巳上磐城國有支十里金瀨六里半大河原八里船迫
十一里半槻木十二里岩沼十四里增田五里中
田六里長町有支七里仙臺有支十四里七北田十七
里半富谷十一里吉岡有支廿四里三本木十里古
川町九里半荒谷十一里半高清水十七里筑館
四里宮野十三里澤邊四里金成十五里有壁巳上
陸前國十四里岩手縣一關有支四里半山目廿三里
前澤廿里水澤有支十二里半金崎廿一里黑澤尻
有支廿三里花卷三十三里日詰三十一里盛岡有支

中山百六十四里半山形　瀨上百一里槻木　桑
折二十四里半下戸澤　白石湯原米澤小出宮宿二百七
十里半山形　刈田三十三里川崎
長岡川崎百十三里山形
仙臺百十四里楯岡　吉岡下宮笹森百七十二里船
形
一關八十七里氣仙沼　水澤十七里橫手　黑
澤沼百十九里半橫手
盛岡門馬川井茂市千德百八十七里宮古
三戸關郵二十里大館　三戸八戸平沼白糖青平三百三十
里五大間
青森百九十九里半箱館

三十三里澁民廿九里沼宮內（已上陸中國）三十五里
小繫廿三里一戶十四里福岡七里半金田市廿
二里靑森縣三戶（有支）十四里半淺水十里半五戶
十一里半傳法寺六里半藤島八里三本木十九
里半七戶三十六里野邊地三十一里小湊三十
二里野內廿一里半靑森（已上陸奧國有支）

附

自仙臺逕沿海路釜石宮古久茲驛及陸奧國福岡至靑森

仙臺四里半原町十八里半利府（有支）十四里高城
十八里小野（有支）十七里半廣淵十五里和淵四里
半神取七里寺崎十三里半柳津（有支）十二里北澤
九里半折立十二里志津川十七里半伊里前十
三里小泉十九里大谷廿二里氣仙沼廿八里岩

利府（東名石卷）百十二里和淵
小野二十八里石卷　小野（中新田經井澤）百九十三里
尾花澤
柳津八十四里一關
釜石（遠野）百八十三里盛岡

手縣今泉四里高田廿九里盛廿八里吉濱二十
里半小白濱已上陸前國釜石港有支二十三里半大槌
三十五里山田二十五里津輕石十七里宮古廿
二里半田老廿六里半小本有支十四里母衣野廿
三里岩泉廿六里沼袋二十一里普代三十三里
半宇部十四里久茲有支三十四里大野十三里小
輕米二十里輕米十六里觀音林已上陸中國十九里
福岡六里半青森已上陸奧國

小本黑崎百十里久茲
久茲九十九里八戶

表十五

自東京逕陸羽街道福島山形久保田碇關至青森

東京日本橋武藏國百十四里半茨城縣古河下總國
七十二里橡木縣宇都宮下野國百五十里福島縣
白河磐城國百四十七里半福島十一里瀨上九里

山形野尻百三十里仙臺　山形楯西水澤鶴岡百二十二
里半酒田　六田三里長瀞　六田三里東根
船形松嶺酒田金浦道川三百十六里久保田

半上飯坂二十三里茂庭村已上岩代國三十六里宮城縣湯原磐城國二十三里山形縣楯下十五里半上山二十五里山形有支二十二里半天童十七里六田有支八里楯岡十三里半土生田十一里尾花澤十一里蘆澤十三里船形有支十六里新莊二十六里金山二十三里及位已上羽前國二十三里秋田縣院內二十八里湯澤有支三十三里橫手有支十四里金澤十一里六鄉有支十九里大曲四里花館七里半神宮寺五里北猶岡十二里半刈和野十六里上淀川二里境二十二里和田五里戸島二十三里久保田十二里土崎有支二十四里大久保三里下蚫川十三里大川一里一日市十九里鹿渡十二里森岡有支三里豐岡十五里檜山十里鶴形

湯澤矢島百十七里本莊　橫手越中畑見澤百六十六里盛岡　橫手四十九里大曲　六鄉橋場百五十六里盛岡

土崎五十五里船川

森岡岩館浦深赤石浮田二百六十四里弘前

弘前四十四里涙岡

藤崎五所川原百二十五里小泊港　涙岡四十九里青森

二十三里二井三里荷上場四里小繫二十一里

綴子三十二里半大舘十八里白澤已上羽後國三十

一里青森縣碇關二十七里石川十七里弘前有支

十二里半藤崎有支廿里半浪岡有支三十一里新城

十二里青森已上陸奧國

表十六

北海道

自箱館至札幌

箱館二十九里半七飯五十一里森已上渡島國海路

札幌四十九里石狩

八十四里室蘭三十五里幌別四十八里白老三

十九里苫小牧四十九里千歲廿八里島松已上膽振

國四十里札幌石狩國有支

自箱館逕後志國至札幌

箱館二十二里上磯十七里茂邊地二十一里泉澤十四里木古內十八里半知內四十九里福島九里吉岡二十六里福山二十三里茂草十二里江良町十三里原口十二里小砂子十五里半石崎十里鹽吹十九里半上國十五里江差二十三里乙部十里突符十二里蚊柱十一里泊川十三里熊谷十四里長磯（已上渡島國）八里貝取澗八里平田內十里久遠十九里太田三十一里太櫓十八里瀨棚十六里島歌十二里原歌十五里泊二十五里矢追十四里中歌八里潮路二十里島古丹三十七里岩內五十一里島付三十七里余市廿七里鹽谷十七里小樽（有支）二十七里錢函（已上後志國有支）三十六里札幌（石狩國有支）

小樽鐵路六十八里半札幌　錢函三十七里石狩

雲喜盧所著書

自箱館迳室蘭至根室

箱館(有支)八十里半森(已上渡島國有支)八十二里(海路)室蘭
二十里半鷲別十五里幌別四十八里白老三十
九里苫小牧廿一里勇振(已上膽振國)五十里佐留太
五十里新冠二十五里靜內十九里半三石三十
八里浦川二十四里半樣似四十八里幌泉四十
九里猿留(已上日高國)三十九里半廣尾三十六里歴
舟六十一里大津(已上十勝國)五十五里尺別二十八
里半白糠五十里半釧路廿六里昆布森三十九
里鳳仙趾三十六里厚岸(有支)六十七里半濱中(已上
釧路國)三十五里初田牛二十八里落石四十二里
根室(已上根室國)

箱館(戸井熊泊)二百二十四里森　森(黑岩)二百三十八
里室蘭
厚岸(厚別)百六十三里根室　根室(湧生雄別宗谷鬼鹿厚田)三
千百四十二里　根室百三十七里國後

商港繫年表

咸豐九年以前日本無所謂商港也商通而港遂開所謂五港者曰橫濱曰長崎曰神戶曰新潟曰箱館然如大坂諸處亦要港也長崎之嚴原博多山口之下關皆不能及夷港偶亦通商拓猶未已聊就所成述商港繫年表

開港年	港所	所隸
咸豐九安政六年六月二日	橫濱區本町	橫濱
同	長崎區外浦町	長崎
同	箱館	
同治六慶應三年十二月七日	神戶區下山手通	兵庫
七明治元年七月十五日	西區江之子島西町	大坂
七明治元年十一月十九日	新潟區東中通	新潟

中外名港里表

日本橫濵至上海當中國十一月至四月（日本七月至三月）航陸岸南在北緯三十度多東北風宜向大島東北行夏近陸岸行黑潮間然航內海爲宜內海者瀨戸內也在山口神奈川間非若大島四月至十一月（日本三月至十月）輒多大風長崎五島之近海即大瀨崎潮力曲壓常轉艦而北可畏也東北潮來自朝鮮駛此而男島而女島而怕拉拉斯岩而楊子江而上海自箱館至上海航津輕海峽遇偏西風行難甚然較日本島（即中土）東路可省華里一千一百有奇（海里三百）無大隅海峽逆流當西風西南風發函館過矢不來藻邊駛向口角而避險不一日至矢越崎水深二尋至十二尋相距廿餘里（海里七）有港最良然風變東則解纜難南東泝流強甚海底泥多故也風儻西來沿峽北至松角而向大崎可以橫駛津輕海峽但出峽口風恒退一二點矢越崎松前間亦險宜趁潮緩出津輕峽

至北緯三十七度風儻南來則繇日本島邊駛隱岐島庶穩至長崎之平戶水道也然小島多石難可恣意此至中國海路大要他國諸港航路撮其里數述中外名港里表

港	華里	日本里		海里
長崎至上海	一四四四	二〇六里	九町	四三七
上海至香港	二七六三	三九四	二四	八三七
香港至安南柴棍	二九八九	四二七	二〇	八九三
新嘉坡至錫蘭各耳	四九八四	七一二	二	一五一〇
錫蘭至亞剌比亞亞丁	七〇四四	一〇〇六	八	二一三四
亞丁至埃及蘇士	四三一七	六一六	二七	一三〇八
蘇士至義太利那不兒	四〇一七	五七三	三〇	一二一七
那不兒至法郎西馬耳塞	一六三七	二三三	三一	四九六
馬耳塞至德意志漢堡	七九二三	一一三一	二四	二四〇〇
橫濱至檀香山	一〇七〇五	一五二九	一一	三二四三
檀香山至美利加桑港	六二九五	八九九	九	一九一三
長崎至朝鮮釜山浦	五五四	七九	五	一六二
長崎至仁川	一五一二	二一五	三四	四五八
長崎至元山津	一七一三	二四四	二四	四六〇
柴棍至新嘉坡	二〇二七	二八九	一八	六一四
長崎至俄羅斯浦潮斯德	二一六〇	三〇八	二〇	六五五

北海道關路表

日本四十二尺謂之七間幅廿四尺謂之四間幅十二尺謂之二

間幅六尺謂之一間幅同治十一年以後北海道開路未已光緒十一年尚有未及六尺之道華里四十七里有奇日本五里十九町茲就六尺以上遞北海道闢路表

	四十二尺以上	廿四尺以上	十二尺以上	六尺以上	合
同治十一 明治五		二三四	一四二五	二一八二	二〇〇五
十二 六				四〇八	四〇八
十三 七			〇〇一	一七一八	一七一九
光緒元 八			〇一八	四二〇〇	四二一八
二 九		〇三四	九二五		一〇三三
三 十			〇一〇		〇一〇
四 十一	一二六		八一三		九二九
五 十二	一一八	〇一三	九〇〇		一〇三一

	四十二尺以上	十四尺以上	十二尺以上	六尺以上	合
六 十三	〇二九	五三三	五〇二	三〇〇	一四二八
七 十四	三〇一	一二五		四二七	九一七
八 十五	〇〇三	〇三四	三一五		四一六
九 十六	〇〇三	〇一三	三一四		三三〇
十 十七	〇一五	〇一四	〇二二	一一一	六二三
十一 十八	二〇二		二一五		一〇〇〇
總計	九二五	一三二〇	五七一六	七五一〇	一六五二九

日本圖經五終

籑喜廬所箸書

日本地理六

游歷日本圖經六

奏派游歷日本美利加秘魯巴西等國兼日屬地加納大古巴知府用兵部郎中臣傅雲龍述

島表

日本四大島云者一中土亦名本州二四國三九州四北海道層出四大島外與夫日本內海無慮三百有奇其次曰岬集韻或作砷訓山旁淮南原道訓注山脅也日本人謂山突出水間爲岬也曰峽集韻本作陜或作陿日本謂兩山夾水與古誼符曰嶼日本謂島之小者與說文訓島誼亦符曰埼亦作崎與集韻埼或作碕合正韻曲岸頭也日本人謂突出海中者高爲岬低且平爲崎此外若鼻若嘴大氐以形勢名沙洲坿箸於篇聊助圖說所未逮述島表

	島	岬	峽	嶼	崎	雜述 鼻○角○嘴
中土南東岸	海獺　猿　夏　鳥帽子	平舘			三　劍　松輪　千馱	本牧鼻　川崎角　盤洲鼻　小湊角

日本圖經六

	中土東岸	中土南岸	中土東南岸
	具 田代 砥面 鑑 沖三王 地三王 江之崎列 三貫	鑑 二又 大 鈴 九山 二子 大 小 菅 邊 答志 大築海 小築海 佐久	
	魹	田曾	
		伊良湖	
	松灣門小		
觀音 富津 妙金 洲 八幡 大東	犬吠 鹽屋 屁 實 花淵 野島 大釜 尾 黑 馬田 黑 三 尻矢	日之御 切目 市江 湖御 三輪 揖 大王 伊良湖 御前 大瀨	
岩和田角			

二　游歷書十九之一

	中土北岸	中土西北岸
神子本 鵰 初 姥 城	角 見 青 越濱半 高 知夫 西之 中之 七	佐渡 粟生 飛 男鹿半 辨天
	川尻 今 海 高山 日之 經 鷲 金 博奕 成生 當神 越前 海士	珠洲
		屏風崎 津輕
石室 真鶴 大根 小坪 森戸 尾	鷲石 地藏 淀江赤 犬 大 新井 波見 日置 獅子 黑 押田 鋸 松 立石 安島 五十洲 舳倉	祿剛 金剛 遭 宿 不動 新 三 鱸作 鳥井 大 龍飛
	三石鼻 大瀬鼻 十六島鼻 中江瀬戸口鼻 長崎鼻 片島鼻 無雙鼻	野野木鼻 槙鼻 通鼻

	四國南岸	九州東南岸	九州西北岸
	袖島	蒲葵 大 野 淡 枇榔 屋形 深	地之 筑前大 沖 相之 小呂 志賀 殘 玄界 高 神集 烏帽子 加部 鷹 臼 小川 加唐 松 馬治 向 黑 福
		佐多	鐘 鰐浦
			平戶 大船越 朝鮮
高野 夏泊 大間 燒山 尻矢	伊佐 室戶	觀音 火 都井 柴波洲 芹	西浦 佛 波戶 野 長 志自岐 豆酘
		赤水角	鮨鼻

九州西南岸

平戶 唐子 五貫 枯木列 神之小 神江 野鳥 廣瀨 伊 生月 度 的山大 二神 小二神 壹岐 名鳥巢 若宮 辰 對馬 赤

宇久 喜志岐 前小 手羅 六 野崎 小値賀 納 黑 大 鵜鵜 藪路木 礮驢 赤 班 藾 枇榊

笠山 野間 坊

白瀨 丹瀨

鴨瀨藏 長音 觀串 糸 黑瀨 大田 福神 男神 女母 野岐 志島 羽 戶 早 瀨尾 口喰 音

長崎鼻 崎山鼻 大述鼻

中通
下六
平江
黑
串之
日之
漁生
有福
若松
田之小
相之
葛

奈留
鶴
前小
蘇小
飛
久賀
樺
福江
姬
嵯峨
島山
小
辨天
美良
津多辰
黑

板部
島
男
寄

女
高
黑
大立
小立
大
寺
片
蠣浦

松 池 蓑 母子 出神 中 松 高鉾 鼠 薩尾 香燒 沖 伊王 高 飛鳥 二子 端 中 樺 牧 湯 大矢野 野釜 天草 通詞 三築 小築 䑓子 沖羽 久多 竹 橘 甑列 下甑 中甑 上甑 鷹 宇治

東雙

日本內海

沖秋目
知林

伊
大毛
高
飛
島田
淡路
沼
地之
沖之
友
淡路
伊毘
小豆
城
福部
西
松島郡
防勢
男鹿
鹿久居
鷂
大多府
長
香
曾
鶴
鎗海半
前
高
嶋
鷹

下難波
佐田

來島
伯方
上之關
小瀨戶

神列

大磯
鳴門
孫
小浦
潮
田倉
雜賀
江井
江
鎧
金
乃生
三
安藝
美濃
磯
蒲戶
鶴見
由良
自由良
長練
部
宮
于殊
滿珠
門司
岩屋

大角鼻
釋迦鼻
三岩沙嘴
梶石鼻
黑津鼻

鎧　大木　男木　女木　大槌　小槌　小瀨居　瀨居　上二面　鍋　本　生　廣　高見　佐柳　下二面　志志島　粟　六　宇治　走　豐　高井神　圖上　梶　元　化樁　四阪　比岐　平市　大　横　伯母　中島　來　百貫

弓削
因之
横
大細
宿根
佐木
大久野
松
阿波
大崎下
生野
幸殿
大三
大下
小大下
生口
伯方
岩城
赤穗根
鍔
廣
嚴
大藍
小藍
無須
忽那
高
怒和
興居
由良
二神
油利
大水無瀨
宇和
岩見
佐賀關半

	北海道西岸	北海道北岸
高、牛、萬、由久見、沖無垢、地無垢、保戸、大入、大、屋形、大良、戸、日振、竹、御五神、姬、津村、沖之家室、彦、嚴流、馬、白、盖井、藍、六連	奥尻、燒尻、天賣、利尻、禮文	
	黑岩、擔田、神威、積丹、救自志、野寒	能登、知床
	宗谷海	根室
	圓錐	
	青苗	
	角、拔海角	廐内角、沙嘴

豆南諸島

大利
鵜渡根
新
式根
神津
三宅
御倉
藺灘波
八丈
小
三子
婿
嫁
父
野羊
北
南
弟
兄
飄
西
東
母
向
平
姉
妹
姪
海底父

東
石門
乾
南

嶼

南
大野原

州南諸島	草垣 黑 硫黃 竹 馬毛 種子 屋久 口永良部 口之 中之 小卧蛇 卧蛇 平 諏訪瀬 惡石 島子 土噶嗹 横當 大 技手久 加計呂麻 與路 喜界 德之 鳥 沖之永良部 與論 沖繩 面那 伊江 魯嘉 伊平屋 具志川
	大隅海 屋久海 土噶嗹海 大島海 慶良間海 赤海
上之根	
	屋屯 曽津高 山谷 備瀬 邊戸 喜屋武 平瀬 御神 平久保
用之角	

伊是名
屋奈葉
慶伊三
前
黑
渡嘉敷
座間味
阿室
赤
慶留間
屋加比
久場
渡名喜

栗回
島
久米
宮古
男神
永良部
來間
多羅滿
水納

石垣
武富
黑
上離
小濱
西表
嶋間
沖之神
輿那國
尖閣部
低牙吾酥

山表

日本遷都東京無山非若西京在叢山間矣山脈北起樺太東出千島皆走北海道蟠結而南向東山蜿蜒起伏於畿內山陰山陽間甲斐駿河之富士山爲通國冠亦名不二山積太古雪下瞰連山如奔濤矗一萬四千一百七十尺四面略同巔有凹爲舊噴火處分脈南出伊豆半島也接南海羣島其北陸一脈走加越爲白山立山至近江分二一遜伊勢大和而吉野而紀伊一西爲山陽山陰二道界逕西海道豐前豐後筑前筑後折南有阿蘇霧島數山峙於熊本縣之肥後宮崎縣之日向與琉球羣島應其山陽紀伊餘脈結爲淡路島四國之雲邊石鎚諸山其淡西在山陽四國間是爲瀨戶北陸最高之山即白山也在古賀能美郡跨越前飛驒美濃其峯三南曰別山北曰大汝中曰御前險在中峯直立八

千四百尺後有劍峯狀如五劍四時雪擁白山之目以此東山道又有乘鞍岳横亘飛驒之增田大野吉城三郡又有日光山一名黑髮山在下野都賀郡直起六千四百八十尺外山小倉山皆其麓也岩城山在陸奥津輕郡一名津輕富士又有鳥海山在羽後飽海郡而跨由利低於日光山十有二尺山陰道有大山在伯耆會見郡西海道有阿蘇山在肥後高峯曰高嶽一名雲生亦名赤膚東脈曰根子嶽西脈曰御嶽猶尾嶽屬於黑川邨最西曰往生嶽屬狩尾邨稱阿蘇五嶽云山或不高其名日著者非陸路通衢即海涂標識也山凡一千有奇富士山其最高者也次加賀之白山信濃之御嶽兩山並駕無甚軒輊又次羽後之鳥海山又次則下野之日光山又次羽前之朝日山又次信濃之淺間山北見之湯輪尾山而北見之科見山越中之立山陸奥之岩木山日向之

祖母山大隅之八重山微與之遜又次羽後之森吉山日向之霧島山又次膽振之蟹寒山渡島之大川山又次伯耆之大山豐後之由布岳又次伊豫之鬼鬼森日向之法花山小松山渡島之黑岳千軒山河汲峠常陸之筑波山近江之伊吹山信濃之駒岳陸奥之兜山恐山北見之唐淵山下此皆不及三千尺矣輒就海面平測千尺以上者詳若干高餘錄厥名備指掌也繫山於郡繫郡於國繫國於府縣挈綱領也第而曰三神山今親見之坿會其說於游歷乎何裨述山表

縣	國	郡	山	高
京都	山城	愛宕	愛宕	二九〇四
			比叡	二七三
			笠取	一三八六
			荒船	五五四五
			穗高	六八
			十二	四一八六
		周智	光明	一五〇九
			惠那	七三九二
			栗木	二九九六
			豐岡	六四五
			矢立	四四五五
			横手	六五五三
			三國	三三
	越前	敦賀	野坂	二〇五三
			鐵糞	四七
			冷水嶽	三
	後志		毛無嶽	二五七
			太櫓嶽	三六

丹波	三國	三三		黑檜	六一七九	伊豆 君澤	天城	四五八三	福島 岩代 會津	駒岳	六八〇二		荒島	四一五七		幌目名嶽	三
大坂 河內 石川	葛城	三九六		三峰	二六四		伴次郎岳	五一三四	會津	燧岳	六五三四		大平	一九八七		本目名嶽	三
石川	金剛	四一九	千葉 安房 長狹	清澄	一一九三		本岳	三一九八	會津	赤安	六四一二	大野	大日岳	五九六九		蟹寒嶽	二八
	春日	一九八		峰岡	一一三五	君澤	達摩	三一〇二	耶麻	西吾妻	六四一八	福岡 豐前	彥	三三六六		狩場嶽	三丸
	信貴	一六五	上總 周准	鹿野	一一六		巢雲	二三三六	耶麻	磐梯	五八六四		鳥居	二三一七	烏牧	太平嶽	三四
	音羽	二九七	茨城 常陸	七曲	一〇五五	山梨 甲斐 巨摩	八岳	八九九一	大沼	博士	四八八一	筑前	宗像	二〇四		折川嶽	三
	多武峰	二六九九		西明寺	一四	巨摩	金峯	八六八四	磐城	蓬田	二九七六		霧兵	一九四七	壽都	黑松內嶽	二四
	小壺	四一四	筑波	筑波	二八九七	巨摩	七面	七三	白河	八溝	三三三三	大分 豐後	涌蓋	四八五一		幌別嶽	二二
和泉	大鳴	一八一五		彌太郎	一四八四		圓	一三	宮城 陸前 刈田	藏王	五九六	直入	黑岳	六六九九	美國	天狗嶽	二四五
	和七越	五九一九	久慈	高鈴	一九九三	巨摩	地藏岳	八八五七		三峰	五六八九	速見	鶴見	五九四	磯谷	雷電	三一五
攝津	二上	一一三	久慈	八溝	三三六二	巨摩	駒岳	八九八五	岩手 陸中	駒岳	五四〇三	速見	由布	五三一三	岩內	後方羊蹄	八
神奈川 相模	圓澤	五九九		鷲子	一三九二		萱岳	五八七四	岩手	巖手	六七九七		雨丁	一七一		幌內	二五二
足柄下	二子	三四八五	橡木 下野	大平	一〇八四		金岳	五四七八		姫嶽	三五三八		扇鼻	四八二		幌登	二五二
	硫黃	二〇三一		晃石	二三	青森 陸奧 津輕	御嶽	二九一三		八甲田	六五五三	熊本 肥後 球摩	白髭	四〇五九		硫黃	三六
	鞍嶽	二六九四		高原	五四一三	巨摩	身延	三三一八		磐城	五二六八	上益城	甲佐	一三二一		西強登	二五二

游歷書十九之一

國郡	山名	高
	小地藏	二二六五
足柄上	冠岳	四二二五
大住	大	四三三五
武藏	武甲	四三三三
	雲取	六九八七
	八八	一一五三
	三峰	三五四八
西多摩	御嶽	三八四九
	大洞	六三二五
西多摩	大嶽	三八九八
	三頭	四三八五
	三國	三三八五
長崎 壹岐	岳嶺	一八六
肥前 高來	溫泉兵	四九八三
佐賀 肥前	笹	三三七七

國郡	山名	高
	那須	六三四二
都賀	男体	八〇七
都賀	白	一二三五
	羽黒	一四九八
	大真名子	七五九
	小真名子	六六
	九	六二七
	白根	七九二
	外	一二〇三
	セタイン	四六三
奈良 大和	高見	四三九九
	生駒	二七六
三重 志摩 答志	青峰	二〇一三
	山伏	一一三
伊勢	望坂	三〇〇七

國郡	山名	高
	大羣	四八三二
	七面	五一五五
滋賀 近江 滋賀	比良	四〇五五
	蓬萊	四三〇九
坂田	伊吹	四四九七
	衣笠	一六五
	甲賀	四九六五
野洲	三上	一九八
	赤坂	二八〇五
岐阜 美濃 惠那	惠那	七三九三
	高賀	四九〇五
飛驒	三墓	三三二七
三郡	兼鞍兵	一〇四五
	硯	四七五
	漆	五〇八

國郡	山名	高
	七時兩	四〇六六
北	釜臥	三三九八
	大盡	三三一一
北	赤倉	六七一三
津輕	岩木	五二六
三戸	名久井嶽	二〇七
秋田 羽後 秋田	森吉	四八一
秋田	寒風	一一四一
秋田	本	二四八八
	鳥海	七二二八
秋田	大平	六八九七
山形 羽前	鳥海	七二一八
田川	月	六五六九
	葉	四九七六
	舩岳	四四三三

國郡	山名	高
鈍甲	金峰	一九八
	根子岳	五二八
阿蘇	阿蘇岳	六三三七
菊池	八方岳	三〇一
合志	鞍岳	三三六六
	六本	二七〇六
	胡摩	二〇〇九
宮崎 日向	小松	四一五八
	鈴岳	二七〇六
	東霧島	五一一五
	法華岳	三五九七
	尾鈴	四九八三
	祖母岳	五八四三
	杉越	四六二
	江代	三五六四

國郡	山名	高
	千勢登	二一六
	金峰	二一六
	朝里	三五
石狩	手稲	二九五
	武稲	三四五
	阿曾岩	二八
天鹽	暑寒別	七二
	雄冬	三四五
苫前	羽幌	六一二
	幌尻	六一二
天塩	辨花片	七二
	晞花片	六四八
膽振	鷹根嶽	三
蚖田	昆保	三三
蚖田	有珠嶽	三四二

					新潟									
					越後									
								魚沼		蒲原		魚沼	魚沼	蒲原
子蒲	虛空藏	天	釜伏	八郎岳	割引	大鳥帽子	柄澤	朝日	入道	大日岳	鋸	駒岳	米	管名
一一四二	二三一	三六九六	三七二九	一九八	六四六七	六四六四	六三八一	六一	六〇二	五九六六	二四四一	四九五六	三一三一	三八一四
												愛知		靜岡
									伊賀			三河	尾張	駿河
				一志	一志			一志					寶飯	駿東
朝倉	釋迦嶽	綾峰	思坂	尼嶽	局嶽	白倉	東官	朝熊	大臺原	春日峰	荷坂嶺	本宮	本宮	愛鷹
一二七三	三五九	二四九	二九六	三一〇二	三三一七	四〇四八	二四五	二〇一三	四二〇一	二三一	一七一六	二六三七	一〇七三	四〇七
				長野										
				信濃										
		吉城						佐久				筑摩		
橫手	小岳	笠岳	金	赤石	蓮花	國師岳	岩管	淺間	高妻	城	經岳	駒岳	笠松	甲
七五四四	七三六四	七〇八八	三三六三	一〇三四	九八〇六	九八九	八三	八二三	八三二	三八〇一	六六六六	七八〇八	四一五九	三三八一
						石川						富山		
						能登						越中		
		田川	田川	田川	置賜								礪波	
吹越	白鷹	羽黑	溫海	麻耶	朝日	寶達	城	黑峰	山油	別所	石動	蘆谷	膀越	庵
二七七二	三四七五	三〇八五	三三七六	三〇九八	六三三九	三三六五	二六七	一六七八	一三二	一六五	一七四九	一九三	三四二五	三七八九
鹿兒	島								北海					
大隅		薩摩							渡島					
			黎給	川邊	高城	諸縣	阿多		龜田	龜田			茅部	茅部
北岳	西霧島	金峰	開聞岳	野間岳	紫尾	國見	金	大岳	橫津嶽	三森嶽	二股嶽	絲川嶽	古部嶽	熊泊嶽
三三四三	五二八	二六〇七	三三三	二一七八	四七八五	一九八	一三三三	一五九四	三五三	三五三	二七	二二	二〇二	二〇四
							日高			十勝				
					千歲	千歲					廣尾			上川
於名振別	室蘭嶽	幌別	來馬	白老	漁	紋鼈	保奴加良	安保似	猿留	廣尾	樂古	音調津	歷舟	十勝
三三六	二	三	二八	三三	三四	二六	五四	五四	二五二	三六	四六八	二一六	二五二	二一六

							大坂							
	丹波						河內						和泉	
	桑田	船井		何鹿	天田		河內	讚良	高安	錦部			和泉	
一箇尾	知井	半國	八峯	彌仙	三嶽	鬼城嶽	鷲尾	飯盛	高安	巖湧	藏王嶺	天野	槙尾	牛瀧
							埼玉				群馬			
				佐渡			武藏				上野			
				加茂			高麗	比企			利根		吾妻	
黑倉	源臺	黑姬	八谷	五月雨	檀特	金剛	日和田	慈光	笠	兩神	白根	武尊	吾嬬	稻裏
											靜岡			
					尾張						駿河			
寶飯	設樂		八名		丹羽			春日井		愛知	志太	有渡		安倍
宮地	鳳來寺	鞍掛	嵩	石卷	二宮	小富士	綴鹿尾	小牧	白	二邨	高根	久能	宇津谷嶺	賤機
	福島													
	岩代													
	會津						大沼							
立科	帝釋	朝日	大鳥嶽	朝艸嶺	鬼面	境澤嶺	猩猩森	荒貝嶽	山王嶺	七森嶽	大户嶽	二岐嶽	駒户嶽	船鼻
								山形						
		陸中						羽前						
秋田		鹿角						置賜		邨山				
田代	馬場目	八幡平	硫黃	五宮嶽	青狹嶽	大國平	四岳嶽	吾妻	視瓶	虛空藏	龍	千歲	笹谷	五所
							岡山							
							美作							備前
		八橋	久米	河邨			吉野		勝北	西西條	久米		大庭	和氣
大倉	船通	船上	蛭	義德	三國	人形	後	雛倉	那岐	泉	高峯	二上	蛭	熊
高知														
土佐														
安藝			香美	長岡						土佐				吾川
野根	天狗森	鐘龍森	五在所	京柱	杖立峯	國見	三椅示	笹峯	白髮	三瀧	龜森	手箸	樫	雪光
						佐賀								熊本
						肥前								肥後
	宇佐					基肄	神崎	佐賀	小城	杵島			藤津	玉名
鹿熊嶽	鹿嵐	八見嶽	立石	烏帽子	馬城峯	基	背振	金立	天	杵島	黑髮	御船	多良嶽	木葉

日本圖經六　十二　圖經六之一

養喜廬所著書

日本圖經六　十二　游歷書十九之一

和 七越	泉南 葛城	神於	日根 飯盛	大鳴	攝津 島上 神峯	勝尾寺	豐島 箕面	能勢 妙見	神奈川 武藏 南多摩 高尾	神奈川 相模 足豆下 駒嶽	石垣	足柄上 明神嶽	明星嶽	早雲
岩寥	萬座	鳥居嶺	吾妻	碓冰 碓冰嶺	群馬 榛名	甘樂 御荷鉾	千葉 安房 平群 伊豫嶽	富	上總 天羽 鬼淚	望陀 愛宕	三石	市原 音信	茨城 常陸 新治 葦穗	加波
七峰	庵原 薩陀嶺	駿東 鷲巢	遠江 敷智 本坂	引佐 三嶽	豐田 觀音	周智 靑崩	本宮	城東 高天神	佐野 尾美	白光	伊豆 君澤 箱根	眞城	峯	竝卷
福永嶺	小野嶽	背炙嶺	籠嶽	明神	御神樂嶽	河沼 飯谷	鳥居嶺	耶麻 川桁	飯豐	赤明	高陽	高曾根	檜原嶺	東吾妻
田川 湯殿	金峯	丹狩	荒倉	稻郎嶽	胎藏	石川 加賀 能美 白	釋迦嶽	江沼 大日	富士瀉嶽	石川 妙法	笈嶽	三方嶽	河北 醫王	能登 羽咋 三國嶺
八塔寺	御野 金	磐梨 大王	赤坂 東宮	龍王	太平	津高 加茂	兒島 常	備中 小西 太平	龍王	鳶鳥	淺口 陽生	下道 彌高	賀陽 太和	上房 雞足
高岡 虛空藏	横倉	矢筈	五在所森	幡多 黑尊	笹	愛媛 讚岐 大內 登尾	三木 五劍	山田 屋島	香川 袋	阿野 松	鵜足 大川	龍王	飯	琴平
飽田 經嶽	熊野嶽	花岡	山鹿 高天	三國嶽	菊池 尾嶽	阿蘇 二重	三方	白岩嶽		蘇母	鏡	上益城 大矢	冠嶽	國見

足柄	矢倉嶽	猪鼻嶽	塔嶽	丹澤	淘綾 高麗寺	津久井 志田	兵庫 攝津 八部 神撫	再度	武庫 武庫	兜	菟原 摩耶	有馬 落葉	角	但馬 城崎 來日嶽
鹿島 砂	久慈 東金砂	西金砂	男體	神峯	堅破	花園	橡木 下野 都賀 日光	女貌	大真子	小真子	太郎嶽	小白根	出流	岩舟
矢筈	烏帽子	山梨 甲斐 都留 丹波	三峰	山梨 大菩薩嶺	天目	初鹿野	奥仙丈	八代 篠子嶺	三坂嶺	巨摩 茅嶽	鳳凰	白峯	滋賀 近江 滋賀 長等	石
中吾妻	岩瀬 布引	安積 御靈櫃嶺	安積	安達 安達太郎	信夫 鬼面	信夫	伊達 朽人	放鹿	靈	半田	阿津賀志	磐城 白河 旭嶽	甲子	關
寶達	高爪	鹿島 石動	別所嶽	鳳至 高洲	寶立	珠洲 山伏	富山 越中 新川 立	劍嶽	藥師嶽	布倉嶽	鷲羽嶽	婦負 祖父嶽	金剛堂	礪波 牛嶽
阿賀 赤瀧	大佐	哲多 三井	荒戸	川上 天神	廣島 備後 深津 藏王	安那 黄葉	神石 星居	仙養	二子	沼隈 熊嶺	品治 蛇園	武倍	藍田 亀嶺	御園 宇根
三野 大鼓木	中蓮寺峯	豊田 曼陀峯	伊豫 周敷 石鎚	新居 瓶森	篠峯	越智 楢原	風早 高縄	浮穴 小田	喜多 出石	神南	宇和 城森	泉森	鬼城	篠
月見	内大臣	目丸	間谷	雁俣嶽	薊	高楠	雁回	宇郡 三角嶽	八代 白山嶽	保口嶽	六本杉	矢山嶽	白鳥峯	葦北 鶴掛

圖經　六之一

	美舍	七味	養父	耶來	丹波多紀			冰上				播磨明石		卯南
三開	久斗	冰	妙見	朝來	八尾	畑	金	篠峯	三因嶽	栗鹿峯	大箕	太山寺	雄岡	中道
安蘇			那須				鹽谷		奈良大和添上					平群
庚申	二子	地藏嶽	大佐飛	小佐飛	男鹿嶽	茶白嶽	帚根	鷄須	春日	御益	嫩艸	高圖	月瀬	信貴
栗田	甲賀	蒲生				神崎	愛知	犬上			坂田	滿井	伊香	
太神	信樂	綿向	水晶嶽	衣織	長命寺	釋迦嶽	御池嶽	三國嶽	中靈	荒神	磨鍼嶺	小谷	横	賤嶽
菊多	磐前	磐城		猪葉			田邨	宇多	宮城陸前柴田					名取
佛具	湯嶽	閼伽井嶽	磐城	神樂	矢大臣	大嶽	移嶽	靈	韭神	神仙嶽	龍駒嶽	東奥嶽	熊野嶽	磐神
		福井若狹遠敷			大飯		越前敦賀	南條	今立	丹生		足羽		吉田
人形	礪波	後瀬	多太嶽	久須夜嶽	青葉	和田	木芽嶺	日野	部子	越智	緑青嶽	白椿	文珠	吉野嶽
世羅	甲奴		三精	三上	奴可			惠蘇		安藝豐田		賀茂	安藝	
天神嶽	高	嶽	岡田	大黒目	多飯辻	猫	御神	美古登	吾妻	鷹巣	用倉	野呂	灰峯	呉婆宇
福岡筑前台土				那珂		御笠				早良			糟屋	
浮嶽	深江嶽	脊振	東油	一之嶽	九千都	天拜	獅子舞嶽	雷山	井原	鬼鼻	酒盛	竈門	砥石	若杉
				球摩			天草			宮崎日向臼井	兒湯			鹿兒島大隅贈於
山川野	矢筈	鬼嶽	大関嶽	市房	烏帽子	鏡	倉嶽	老嶽	帽子嶽	速日嶺	市房嶽	石堂	天包嶽	霧島

高御位	飾東 麻生	飾西 書寫	明神嶽	雪彦	加東 三草	御嶽	加西 法華	多可 笠形	宍粟 黑尾	船越	赤穗 白旗	淡路 三原 先	諭鶴羽	長崎 肥前 彼杵 彦
宇陀 屏風嶽	雌雄嶽	三國	三畝	貝平	嶽	室生	國見	城上 三輪	卷臼	金平	高市 鷹鞭	十市 多武峯	音羽	葛上 葛城
行市	高島 杤木	三尾	岐皇 美濃 石津 烏帽子嶽	三國嶺	多藝 養老	多藝	不破 美濃中	大野 能鄉	厚見 稻葉	本巣 岩嶽	明神	屏風	大日嶽	惠那 水晶
磐	太白	宮城 泉嶽	高	黑川 七嶷峯	加美 藥來	栗原 花淵	牡鹿 日和	牧	大六天	遠田 箟嶽	田束	七表	御嶽	伊具 斗藏
坂井 丈競	高須	大野 飯降嶽	經嶽	兜	鷲嶽	島根 出雲 島根 枕木	澄水	嵩	能義 京羅木	意宇 星上	天狗	大原 三郡	清久	仁多 舩通
沼田 阿生	高宮 白木	高田 大土	犬伏	山賜 刈尾	瀧	佐伯 十方	鬼城	大峯	極樂寺	山口 周防 吉敷 東方便	蕎麥嶽	龍門	佐波 矢筈嶽	右田嶽
鉾立	穗波 龍王	大谷	根智	夜須 砥上	古處	上座 五狩倉	十石	嘉麻 馬見	宗像 孔大寺	鞍手 熊峯	福智	遠賀 湯川	坊住	筑後 御井 高良
白鹿嶽	肝付 國見嶽	大隅 高隅嶽	車水嶽	荒西嶽	櫻島嶽	取漢 八重嶽	薩摩 給黎 母嶽	川邊 長屋	日置 冠嶽	薩摩 御嶽	伊佐 朝日嶽	日向 飯盛嶽	犳留孫嶽	川中嶽

養喜廬所著書

松浦 領巾振	國見嶽	安滿嶽	壹岐 石田 嶽嶺	壹岐 魚釣	本宮	對馬 上縣 三嶽	下縣 城嶽	白嶽	有明	矢射立	龍艮	新潟 越後 蒲原 彌彥	角田	飯豐
戒那	葛下 二上	吉野 龍門嶽	吉野	山上嶽	稻邨嶽	小篠	國見	彌	七面	大日嶽	天狗嶽	地藏嶽	東屋嶽	仙
笠木	二森	大野 位	舟	川上嶽	三方明嶽	野谷障子	馬狩障子	三方岩	仙人窟	劍嶽	笈摺嶽	金剛嶽	白木峯	横嶽
仙翁嶽	岩手 陸前 氣仙 氷上	愛染	五葉	陸中 磐井 酢川嶽	室根	蓬	束稻	膽澤 駒嶽	紫波 南昌	閉伊 早池峯山	六角牛	岩手 兜神嶽	姫神嶽	鐙
三國	阿國馬	猿政	鋼集	飯石 大萬木	鍋	黑	烏屋九	琴引	神門 彌	出雲 佛經	楯縫 鼻高	雞烏帽子	旅伏	大舩
要害嶽	眞多嶽	且暮嶽	都農 金峯	羆	熊毛 太座	千坊	烏帽子	玖珂 水室	琴石	秘密	木谷	水尾	大將陣	小五郎
山本 耳納	竹野 鷹取峯	生葉 龍河內	無漏	熊渡	上妻 御前	黑塚	平野	鳶形	日向神岩	豐前 企救 平峽野	貫	戶上	田川 彥	福智
矢筈嶽	法華嶽	霧島	夷守嶽	白鳥	障泥嶽	北海 渡島 葛部 惠	大川嶽	上磯 烏嶽	當別圖	檜山 笹	八內	積丹 積舟嶽	余市 余市郡	高島 高島

													宕船	
二王子嶽	風倉	烏帽子嶽	蒜場嶽	五頭	菱嶽	鳴澤峯	御神樂嶽	五劍谷嶽	栗嶽	闇風嶽	白	八木	日倉	蒲萄

						三重								
						志摩		伊勢						
						苔志	英虞	桑名	員那		三重		鈴鹿	
伯母	備後	櫃嶽	荒神嶽	果無	玉置	日和	淺間	多度	藤原	三國	鎌嶽	御花所嶽	鈴鹿	雞足

							長野							
							信濃							
							伊那			筑摩		安曇		
北俁嶽	中俁嶽	拔戶嶽	槍嶽	穗高嶽	硫黃	燒嶽	惠儀嶽	茶磨嶽	風越	木曾	御嶽	穗高嶽	烏帽嶽	有明

							青森							
							陸奥							
九戶	二戶						津輕	北				三戶		
種市嶽	折爪嶽	浪打嶺	西嶽	安比嶽	稻庚嶽	盧名嶽	白神嶽	恐山	高田大嶽	八幡嶽	烏帽子嶽	戶來嶽	來滿	階上嶽

	石見													
秋鹿	安濃	邇摩					那賀						美濃	鹿足
朝日	三瓶	矢瀧城	大江高	冠	三石	丸瀨	高仙	島星	三階	漁	大麻	彌畝	匹見尾	青野嶽

		和歌山												德島
		紀井												阿波
	大島	名艸	那賀	伊都	在田		日高							板野
品包	嘉納	葛城	龍門	高野	生石嶺	白馬嶽	清冷	小清冷嶽	殿原	東峯	和田森	鉾尖嶽	尖笞嶽	大麻

				大分										
				豐後										
上毛				國東		速見	大分						玖珠	
岩嶽	犬嶽	松尾	雁股	文珠	兩子	雲嶽	鋒塔	四極	九嶺	有藏嶽	本宮	天面	平家	斷珠

石狩					北見		膽振					劍路		根室
上川	夕張	厚田			斜里	宗谷	山越	蛇田		河西	上川	上川	阿寒	目梨
石狩嶽	夕張嶽	斜芳嶽	黃金	幌羣別嶽	斜里嶽	宗谷	嶽	雄	千藏嶽	薩內嶽	竿呂嶽	雄阿寒嶽	雌阿寒嶽	目梨嶽

以東

安錫杖　濃嶽

箙嶽

秋羽雄　田後勝　鎗嶽

隱知　岐犬　燒火

名　東　大瀧

萬年

千國　島後　斧嶽

擇雞冠　捉嶽　振志登　別加不　紗散粒　那嶽　蓝樽與　取昌嶽

火山表

日本火井惟新潟越後國頸城郡有之遜中國四川遠甚而火山十數時噴灰石先是富士亦火山也戴雪而童其巔凹餘吐焰跡東復山曰寶永如贅傳言寶永中噴石一夕成山因名事在大清康熙時昔有今無非無徵矣地中流火無處無之泉近而溫山溢則火此質此理詳地學家述火山表

縣	國	郡	山	雜記
長崎	肥前	高來	溫泉嶽	時噴灰石
佐賀	同		阿蘇山	
靜岡	伊豆		大島	吐焰
	同		三原	
	同		樵	
岐阜	飛驒	吉城	燒嶽	吐焰

縣	國	郡	山	雜記
大分	豐後		鶴見	
鹿兒島	大隅	贈於	霧島	噴火
同			櫻島嶽	
北海道廳	渡島	茅部	惠	
同			大川嶽	
同			駒嶽	

長野	信濃		淺間	時噴灰石	同	膽振		有珠嶽
	同		御嶽		同	同		臼嶽
岩手	陸奥		恐	一名宇曾利山	同	北見		湯輪尾
宮崎	日向	南諸縣	霧島	二峯東名弟峯西名韓國嶽	同			男阿寒山
橡木	下野	那須	那須嶽	一名茶臼嶽	同	後志		岩內山
新潟	越後		妙高		同	渡島		樽前
群馬	上野		白根		同	同		駒岳
福島	岩代		磐梯					

日本圖經六終

国家出版基金项目
NATIONAL PUBLICATION FOUNDATION

海上絲綢之路文獻集成

總主編　陳支平　陳春聲

歷代史籍編

52

主編　范金民

海峽出版發行集團
THE STRAITS PUBLISHING & DISTRIBUTING GROUP
福建人民出版社

本册目次

游歷日本圖經三十卷（卷七至卷一三）

〔清〕傅雲龍撰

奏派游歷日本美利加秘魯巴西等國英日屬地加納大古巴兵部郎中臣傅雲龍述

日本河渠志一

日本無大川就川言大其利根川乎千年川次之自達於海者約二百六十有奇分合之水無慮千有奇其國河渠志未見嫥書善本雲龍曾修順天河渠志定厥體例以大水包小水綱曰過目曰逕小水入大水曰注大水合小水曰受由來曰從同流曰合分流曰出水穿山亦曰出水有所止曰至桑經酈注例也兩水敵曰會小注大曰入因水入水曰達正絕流曰亂順流而下曰沿又禹貢通例也凡水先源次流又次志厥歸宿就日本水道條分縷析一如順天河渠志例述日本河渠志

利根川

利根川出上野國

川源出利根郡藤原邨奥文珠山麓南流逕日夜野町受赤谷川又逕硯田邨受發知川薄根川又逕沼田片品川入之

片品川出利根郡戸倉邨山中尾瀨原南流逕東小川邨受大尻沼下流又受塗川平川根利川又逕穴原邨西折至沼田新町注利根川長三十里合華里二百有五寬三十間合十八丈

利根川又逕羣馬郡白井邨吾妻川入之

吾妻川出吾妻郡大笹邨奥鳥居嶺下東流受艸津川鹿野籠川四萬川上澤陂川又逕羣馬郡東南流至白井邨注利根川長十六里合華里一百有九寬一町合三十六丈

利根川又逕新町分流數支其大者曰廣瀨川出前橋少東逕那波郡沼上邨烏川入之

烏川出碓冰郡川浦邨山中碓冰嶺北方烏石東南流受榛名

川相馬川又逕豐岡邨受碓冰川又逕羣馬片岡綠野三郡蕪川入之
蕪川源二北曰西牧川出甘樂郡市萱邨山南曰南牧川出甘樂郡熊倉邨山分流逕河井邨而合又東流逕綠野郡阿久津邨注烏川長十六里合華里百有九寬四十間合二十四丈
烏川又逕笛木神流川入之
神流川出甘樂郡濱平邨山中東北流受野栗澤川思川沿坂原邨爲武藏界至綠野郡笛水新町注烏川長二十里合華里百三十六寬二十五間合十五丈
烏川又逕那波郡沼上邨注利根川長十四里合華里九十五寬四十五間合二十七丈
利根川又南流逕中島廣瀨川以分流復入經流又東逕邑樂

郡大久保郵出界凡逕利根勢多羣馬那波佐位新田邑樂七
郡諸水所萃浸成巨流凡長二十八里合華里百九十寬四十
間合二十四丈所謂上利根川者是也

又過武藏國

利根川從上野國逕武藏國埼玉郡本鄉受渡良瀨川其分自
利根川者曰中川

中川初從埼玉郡佐波外野間分自利根川南出道光年間(天保中)築堤後利根川分流數支合爲一水逕川口郵受會川又逕
郡之葛飾郡琵琶溜井又南流逕葛飾郡戶崎之西埼玉郡垳
郵足立郡六木新田之間受元荒川又分流曰綾瀨川又逕葛
飾郡新宿貫同郡至砂郵新田入海其在戶崎郵上稱古利根
川下稱中川長二十二里十七町三十七間合華里一百五十

三寬一町半合五十四丈
利根川南派支流有江戶川
江戶川分自葛飾郡向河岸邨南流逕關宿之南及江戶町間
又逕郡之金杉邨又逕武藏界至堀江邨入海長十七里三十
三町五十間合華里百十六寬一町五十七間合七十二丈
利根川出界
又過下總國入海
利根川從武藏國逕下總國栜利根川分南北二派南派從栗
橋驛葛飾郡吾妻邨間出武藏界逕關宿西沿河岸邨江川新
田間曰權現堂川長二里二十二町四十五間合華里一百五
十一寬二町三十五間合九十三丈又東北流稱逆川受赤堀
川而東是爲利根經流所謂赤堀川者分自中田所謂北派也

從關宿之北逕山王郵及猿島郡境町間會逆川長二里二十一町十九間合華里十五寬二町五十五間合一百有五丈經流二水既合洪湍驟增又東流受葛飾郡安部沼猿島郡長井戶沼市谷沼鵠戶沼諸水及相馬郡之鬼怒川蠶養川

鬼怒川一名絹川亦名古毛野川源出下野國鹽谷郡川又郵衣沼山衣沼東流逕川沼郵受五十里川又逕河內郡大渡郵大谷川入之

大谷川出都賀郡日光山中禪寺湖水東流受稻荷川溪澗諸水至河內郡大渡郵入鬼怒川長八里合華里五十四寬一町合三十六丈

鬼怒川又南流逕鹽谷芳賀沿河內都賀郡界長三十里合華里二百二十寬一町合三十六丈又逕下總國結城岡田豐田

三郡至相馬郡大木新田注中利根川長十一里二町三十一間合華里七十二寬九町三十八間合三百四十八丈
鷲養川一云小貝川源出下野鹽谷郡高谷邨逕常陸國眞壁筑波二郡南流爲常陸及下總國豐田郡界又逕下總國相馬郡平沼邨又東流逕高須邨又南流逕小文間邨注中利根川其逕下總長十四里三十三町七間合華里百有一其逕常陸長二十三里十八町合華里十九寬二十町五十間合七百五十丈
利根川又逕古河驛渡瀨川思川入之又一思川
渡瀨川源出都賀郡日光山安蘇郡庚申山間南流逕足尾又逕上野國勢多山田二郡折東而南又逕下野足利郡小俣邨受桐生川逕梁田郡又東逕都賀郡下宮邨受安蘇川又逕下

總至古河驛與思川同入利根川長三十里合華里二百寬二十間合十二丈

思川源二一出都賀郡古峰原山曰大蘆川一出安蘇郡糟尾邨曰糟尾川東南流受都賀郡之久賀粟野南摩諸溪流又逕半田邨而二流合曰小倉川至壬生合黑川是爲思川又逕飯塚邨受姿川又南流逕寒川郡界又逕下總至古賀驛會利根川長十三里合華里八十八寬一町合三十六丈

利根川又逕南相馬郡江藏地新田北布川驛之間出粟橋下曰中利根川長十里廿二町四十一間合華里七十一寬廿一町合七百五十六丈此下曰下利根川受印旛郡手賀沼印旛沼埴生郡長沼諸水逕安西新田自布川至此長八里十二町廿五間合華里五十七寬七町二十一間合二百六十四丈又

逕香取郡受大浦沼與田浦常陸浪逆浦北浦諸水至銚子港入海計自安西長十五里十一町合華里百有三寬廿五町二十間合九百十二丈綜厥源委凡七十里有奇合華里四百七十是弟一巨川也坂東太郎之目以此權現堂川關宿之南從江戸町南折爲江戸川又從香取郡中島邨佐原新田間分流橫出常陸霞浦牛堀曰橫利根川

荒川

荒川出武藏國入海

川源出秩父郡古大瀧邨木賊谷眞澤寺東流逕贄川大宮又北流逕小桂邨受赤平川又東北流從男衾榛澤二郡界逕大里郡明戸邨熊谷驛南又東南流逕橫見足立郡界又逕比企郡松永邨受市川又逕上老袋邨入間川入之

入間川出秩父郡東流一里許爲華六里有六逕高麗郡赤澤邨野田邨沿高麗入間二郡界東北流從平塚新田逕入間郡紺屋邨又東流逕福田邨西受越邊川沿比企郡伊艸宿界至入間郡上老袋邨注荒川其上流有名栗川之目長十八里合華里百二十三寬一町合三十六丈

荒川又沿新座郡界逕足立郡早瀨邨側東流豊島郡界逕東京北又南流稱隅田川至府下入海長七十四里合華里五百有三寬有差熊谷驛側十二町二十間合二里十二丈東京箱崎町側二町四十間合九十六丈

多摩川

多摩川出信濃國過甲斐國武藏國入海

川一名玉川源出信濃國倚沙耳喀嶽東流逕甲斐國都留郡

黑川郵丹波山邨有黑川一瀨川丹波川之目葢隨地易稱也又東流逕武藏國多摩郡留浦邨始稱多摩川又逕多摩郡靑梅邨曲折六十八盤又逕小川邨秋川入之

秋川一名秋留川源二一出多摩郡檜原邨數馬組山中曰南秋川一出檜原邨倉掛組山中曰北秋川出檜原邨橋下而合東流逕戶倉高尾之北又逕小川高槻二邨間入多摩川長十里合華里六十八寬一町餘三十六丈

多摩川又逕拜島日野沿荏原橘樹二郡界至荏原郡鈴木新田橘樹郡稻荷新田之間入海長三十八里合華里二百五十八最寬處八町二十間合三百丈其下流又有六鄉川之目上流寬四町有奇合百四十四丈

加茂川

加茂川出安房國入海

川源出長狹郡平塚邨東流逕郡之前原邨入海長五里合華里三十四寬五十間合三十丈

平久里川

平久里川出安房國入海

川一名湊川源出平羣郡荒山邨西南流至安房郡界入海長五里合華里三十四寬八間合四丈八尺海口寬十四間合七丈四尺

夸隅川

夸隅川出上總國入海

川源出安房國界夸隅郡臺宿邨北流十餘里約華里七十逕夸隅郡之大多喜邨亦名大多喜川又東流逕大福原至長柄

郡界入海長二十里合華里百三十六寬一町合三十六丈

一宮川

一宮川出上總國入海

川源出長柄郡笠森東流逕疏植生郡界受長栖郡之小林味莊千代丸植生郡之茗荷澤芝原五郵諸水至一之宮本鄉入海長二十里合華里百三十六寬一町合三十六丈

養老川

養老川出安房國過上總國入海

川源出安房國清澄山背逕夸隅郡葛藤郵又西北流逕上總國市原郡至五井入海長二十里合華里百三十六寬二町三十間合九十丈

小櫃川

小櫃川出安房上總二國合流入海

川源二一出安房國清澄山一出上總國望陀郡香木原邨各西北流逕望陀郡川俣而合又逕久留里一名久留里川至久津間入海長二十里合華里百三十六寬一町合三十六丈

小絲川

小絲川出上總國入海

川源二一出周准郡奧畑邨一出郡之奧米邨皆逕宿原邨而合西流逕六手邨至人見邨入海長十二里合華里百四十九寬三十間合十八丈

湊川

湊川出上總國入海

川一名天神山川源出天羽郡宇藤木邨受三小水西流逕大

川崎受淸水川又逕押切邨受山中川相川至湊邨入海長五里合華里三十四寬一町合三十六丈

筑波川

筑波川出常陸國入霞浦

川一曰櫻川源出茨城郡山口邨東南流逕眞壁筑波新治三郡至土浦南入霞浦長十里二十七町合華里七十二寬處三十間合十八丈

那珂川

那珂川出下野國

川源出那須郡男鹿嶽頂男鹿沼東南流逕寒井邨受黑川南流逕黑羽佐良土邨受箒川又東南流從烏山逕野上邨受荒川又東流逕芳賀郡小深邨出界長三十里合華里二百寬一

町四十間合六十丈
又東南流過常陸國入海
從下野國東南流逕常陸國茨城那珂二郡至那珂港入海其
在常陸長十二里合華里三十一寬處二町四間合七十四丈
四尺舟楫往徠凡十里有奇合華里七十
久慈川
久慈川出磐城國過常陸國入海
川源出磐城國八溝山白河郡東南流逕常陸國久慈郡又東
南逕那珂郡至久慈郗入海長二十四里合華里一百六十三
寬四十間合二十四丈然漲溢輒逾二町云
本曾川
木曾川出信濃國

川源出筑摩郡荻曾邨西西南流逕福島王瀧川入之
王瀧川亦名御嶽川出筑摩郡御嶽南流折東逕黑澤邨受末
川逕福島西入木曾川長十里餘合華里六十八寬有差
木曾川又南逕三十餘邨受衆小水逕筑摩郡山口邨出界長
二十一里合華里百四十三
又西過美濃國
木曾川逕美濃國惠那郡又逕加茂可兒二郡界又逕加茂郡
川合邨飛驒川入之
飛驒川一名益田川出飛驒國益田郡乘鞍嶽大池西流大西
邨南流逕大野郡益田郡又逕美濃武儀郡爲飛驒川又南流
逕郡上加茂二郡界又逕加茂郡川合邨入木曾川其逕飛驒
長三十里合華里二百有四寬有差其逕美濃長九里合華里

六十二寬一町合三十六丈

木曾川又逕各務郡羽栗郡中島郡長良川入之

長良川出郡上郡大日嶽南流受郡上郡武儀郡諸流又西南

流逕山縣厚見方縣本巢四郡系貫川入之

系貫川上流曰根尾川出本巢郡越波邨邊山中逕大野席田

二郡界又逕郡之本田生津間又東南逕只越邨入長良川長

三里十八町餘合華里二十二寬五町合一百八十丈

長良川又南逕安八郡堀津分爲二派東支逕海西郡至中島

郡小藪原邨入木曾川有郡上川河渡川黑股川之目隨地易

稱也長卅二里合華里二百十七里寬六町餘合二百十六丈

西支爲大榑川逕安八郡至土倉邨會楫斐川

楫斐川出大野郡德山谷南流界大野池田二郡受安八郡諸

流逕石津郡又逕伊勢國桑名入海有株瀨川呂久川澤渡川之目長三十里合華里二百有四寬五町合一百八十五丈

木曾川又逕各務羽栗諸郡出界

又分流過尾張伊勢諸國入海

木曾川從信濃逕尾張國丹羽郡分流爲五條川五條川逕丹羽郡初名稚川亦曰生田川又逕春日井郡清洲始有五條川之目與新川合長八里合華里五十四寬十間合六丈

木曾川又入美濃界南流逕伊勢界又逕中島郡十町野田郵分流曰佐屋川

佐屋川南流逕海西郡梶田郵又逕合同郵沿伊勢五明島分爲二流一曰筏川一曰鍋田川未分以前長五里合華里三十四寬四町四十間合一百六十八丈

筏川從前須郡東南流至飛鳥新田入海長二里二十町合華里十七寬二町合七十二丈

鍋田川亦東南流至稻狐新田入海是爲勢尾二州界長一里二十六町合華里十一里寬一町二十間合四十八丈

木曾川又逕伊勢國桑名郡油島郡受楫斐川沿長島至桑名入海計自美濃界長十二里合華里八十有一寬十町合六十丈其東派即佐屋川也又有支流曰日光川逕海東郡蟹江新田入海長七里十八町合華里四十九寬四十間合二十四丈

町屋川

町屋川出伊勢國入海

川一名員辨川源出員辨郡篠立山間南流受相塲川坂本川田切川山田川又東流至桑名入海長九里合華里五十一寬

二町二十間合八十四丈

朝明川

朝明川出伊勢國入海

川源二一出朝明郡田口一出郡之杉谷奥逕小島邨而合東流至南福崎邨入海長五里合華里三十四寬一町四十間合六十丈

三嶽川

三嶽川出伊勢國入海

川一名三瀧川源出三重郡御在所岳謙岳等至四日市入海長七里合華里四十八寬一町合三十六丈

鈴鹿川

鈴鹿川出伊勢國入海

川源出鈴鹿郡鈴鹿山加太谷受安樂川東北流逕阿曲郡又逕三重郡至楠邨入海長九里合華里六十一寬三町二十間合一百二十丈

安濃川

安濃川出伊勢國入海

川一名塔世川源出安濃郡河内谷錫杖岳受瀧川西南流入海長四里合華里二十七寬五十間合三十丈

雲出川

雲出川出伊勢國入海

川源出一志郡八知谷川上邨丹生俣邨東北流受大邨川八手俣川諸水逕久居之南東流逕島貫須川二驛間至矢野邨入海長十二里十二町合華里八十二寬三町二十八間合一

百二十四丈八尺

五十鈴川

五十鈴川出伊勢國入海

川源出度會郡神路山大林谷合大瀑小瀑諸水逕志摩路山與皇太神宮及風日神宮後淸流逕西鹿海邨受朝熊川又逕溝口邨分流而西逕今一色邨南至江邨入海長三里二十五町合華里二十三寬一町二十間合四十八丈

宮川

宮川出伊勢國入海

川源出伊勢大和紀伊界大臺原巴淵受多氣郡濁川度會郡之大內山川藤川又東流逕圓座邨受橫輪川至小林邨入海長三十二里八町合華里二百十一寬二町合七十二丈

櫛田川

櫛田川出伊勢大和界入海

川源出伊勢大和界高見山逕飯高郡家野郵受蓮川逕飯野郡法田郵分流曰稻木川其經流至松名瀬郵入海長十七里合華里百一十五寬二町合七十二丈

稻木川俗曰祓川或曰藤原川至多氣郡濱田郵入海長四里合華里二十七寬三十間合十八丈

玉野川

玉野川出美濃國過尾張國入海

川之上流出美濃國之多治見川土岐川三河國之猿投川三水合流是爲玉野川西南流逕春日井郡福德郵受矢田川莊內川支流也

莊內川又分流曰新川出春日井郡比良邨逕愛知郡一色邨又名一色川復注莊內川入海長四里十八町合華里三十寬三十五間合二十一丈

玉野川又南流逕愛知郡至永德新田入海長二十二里合華里百五十寬三町二十間合一百二十丈

天白川

天白川出尾張國入海

川源出愛知郡三本木邨三峯西南流逕柴田至新田入海長四里合華里二十七寬二十七間合十六丈

矢作川

矢作川出美濃國過三河國入海

川一云矢矧源出美濃惠那郡阿賀瀧山西南流爲國界又逕

加茂郡又南流逕渡合郵足助川入之逕額田郡岡崎又逕碧海郡河野川島之東至前濱新田入海長二十八里餘合華里一百九十寬三町二十八間合一百二十四丈四尺其末入海時受太平川

太平川一名大屋川源出額田郡千萬町郵西南流逕岡崎又西流逕八町郵注矢作川長七里合華里四十八寬四十三間合二十六丈

豐川

豐川出三河國入海

川源出設樂郡神山之麓西南流爲設樂郡八名郡之界逕有海郵寒狹川入之南流逕渥美郡至豐橋入海長十七里十八町合華里百十八寬二町四十五間合九十九丈

境川

境川出三河國入海

川一名古太平川源出賀茂川猿投山麓北筋生郁南流逕苅谷西尾張知多郡至碧海大濱入海長十里十八町合華里七十一寬二十間合十二丈

大井川

大井川出信濃甲斐界過遠江國入海

川源二出信濃甲斐二國界之白峯曰東俣川曰西俣川合流受諸淵水西逕遠江國榛原郡東逕駿河志太郡界東南流逕榛原郡川尻飯淵二郁間入海長四十六里餘合華里二百十三海口寬十八町合三里是川雖遠江駿河之界洪水屢溢深淺輒更榛原郡十數郁皆在河東

天龍川

天龍川出信濃國過遠江國入海

川源出諏訪郡諏訪湖西南流逕伊奈郡受大田切川又西南流三峯川大横川入之

三峯川出伊那郡地藏嶽西北流會黑川藤澤川逕郡之伊那部郵入天龍川長二十里合華里百三十六寬五十間合三十丈

大横川出伊那筑摩郡之界木雷山與横川小横川合流逕伊那郡諸郵入天龍川長七里合華里四十七寬一町餘合三十六丈

天龍川既受諸水西南流出信濃界長三十里有奇合華里二百寬二町四十間合七十五丈又逕遠江國豐田郡河合郵南

流遠江國西北隅曲貫中央逕諏訪郡小川郵氣田川入之氣田川出周知郡山住郵注天龍川又逕渡島郵受阿多古川分流沿瀨崎數郵逕松木島而合至掛塚郵入海其逕遠江長三十里有奇合華里二百有四寬七町半合一里有奇

馬籠川

馬籠川出遠江國入海

川源出麁玉郡宮口郵南流逕數知郡濱松之東至中田島郵入海長五里合華里三十四寬二十五間合十五丈

大田川

大田川出遠江國入海

川源出豐田川三倉郵南流逕周智郡大鳥居郵吉川入之吉川出佐野郡炭燒郵流注大田川長十五里合華里一百有

二

大田川又逕山名郡中郵原野谷川諸水入之

原野谷川二瀨川諸井川㕘出佐野郡居尻郵太田川長各十

里合華里六十八

菊川

菊川出遠江國入海

川源出榛原郡大代郵西南流逕城東郡受諸小水至國安郵

入海長六里十八町合華里四十三寬二十間合十二丈

安倍川

安倍川出駿河國入海

川一名安部川源三一出安部郡梅島曰大河內川一出井川

御大日嶺之北曰中河內川一出橫澤曰西河內川逕下落合

中河内川逕中澤又合大河内川是爲安倍川又南流逕向敷地郡藁科川入之

藁科川出安倍川大間郡後山七峯福養瀑南流三里合華里二十逕湯島郡小島郡又東流受諸小水逕羽鳥郡至向敷地復入安倍川長九里合華里五十八寬一町餘合三十六丈

安倍川又逕有渡郡中島郡入海長二十里餘合華里百三十六寬五町三十八間合二百二十八丈

富士川

富士川出甲斐國源三

上流有三一笛吹川一釜無川一蘆川

笛吹川一名子酉川源出山梨郡德輪山南流逕八幡南郡湍急如箭逕大野郡重川入之

重川出山梨郡上萩原郵山中南流至郡之大野郵注笛吹川長七里合華里四十七寬三十間合十八丈

笛吹川又逕一町田中郵日川入之

日川一名三日川出山梨郡天目山西流逕八代山梨二郡界至山梨郡一町田中郵注笛吹川長五里合華里三十四寬一町二十間合三十七丈

笛吹川又西南逕落合郵受金川小水也又西流逕巨摩郡三川郵荒川入之

荒川出巨摩郡金峯山官本山中南流界山梨巨摩二郡至巨摩郡大津郵注笛吹川長十里合華里六十八寬一町十一間合四十八丈

笛吹川又西南逕八代郡市川大門郵與釜無川蘆川合長二

十里合華里百三十六寬十間合六丈
釜無川出巨摩郡駒嶽北流逕大武川教來石東南流逕宇津谷郵鹽川入之
鹽川出巨摩郡金峯山南流至郡之宇津谷郵注釜無川長十一里合華里七十三有奇寬一町四十八間合六十五丈
釜無川又逕上高砂郵御勅使川入之
御勅使川出巨摩郡蘆倉山中東流至郡之上高砂郵注釜無川長五里餘合華里三十四寬五町五十間合一里弱
釜無川又逕八代郡市川大門郵與笛吹川蘆川合
蘆川源出八代郡上蘆川郵山中西流逕三帳高荻諸郵至郡之市川大門郵與笛吹川釜無川合
三水既合遂受富士川之目逕巨摩今福間爲八代巨摩界南

流早川入之
早川出巨摩郡白峯南流逕大島邨受兩畑川小水也又東流至郡之下山邨注富士川長十一里合華里七十三寬五町二十間合一里弱
富士川又南逕八代郡榮邨出界其逕甲斐長十三里合華里八十八寬六町四十間合一里二十四丈
又東南過駿河國入海
富士川逕駿河國富士庵原二郡界又逕庵原郡內房東南流
芝川入之
芝川一名古芝瀨川出富士郡原邨白絲瀑逕郡之長貫邨注富士川長六里合華里四十寬十間合六丈
富士川又東南流至蒲原驛東入海其逕駿河長十八里合華

里百二十三寬五町合百八十丈川水迅且險德川氏疏鑿之通甲斐水道也

相模川

相模川之上流曰桂川出甲斐國川源出都留郡山中郡山中湖北流自井郡又東流郡之花笑驛受篠子川又東北流逕猿橋驛兩崖一束漂流矢急逕鶴島郡出界長十三里合華里八十八寬一町四十間合三十八丈又東南流過相模國入海

桂川入相模國津久井郡小淵名倉二郡間易名相模川東南流逕高座愛甲二郡界又逕厚木郡中津川入之

中津川出丹澤山東流逕愛甲郡至厚木郡注相模川長七里合華里四十七寬一町三十間合五十四丈

相模川又東南流受小鮎川又逕高座大住二郡界又逕大住郡馬入郵有馬入川之目又逕郡之須賀郵及高座郡柳島郵間入海其在相模長十八里合華里百二十三寬三町十六間合百十七丈

狩野川

狩野川出伊豆國過駿河國入海

川源出天城山下水生池逕田方郡湯島郵曰湯島川受猫兒川北流逕郡之加殿郵受大見川修善寺川又逕大仁之福南條原木肥田諸郵君澤郡之御薗長伏二郵出界入駿河國駿東郡至沼津驛入海長十里合華里六十八寬一町合三十六丈

河津川

河津川出伊豆國入海
川源出天城山南流逕加茂郡梨本邨東流逕湯野筏場田中篠原數邨至谷津邨入海長五里合華里三十四寬十八間合十丈八尺
稻生澤川
稻生澤川出伊豆國入海
川源二一出賀茂郡加增野邨婆娑羅山一出郡之大羣山合流逕箕作邨曰稻生澤川東南流逕落合河内立野本鄉數邨至下田町入海長四里合華里二十七寬五十間合三十丈
八瀨川
八瀨川出小笠原島入海
川爲小笠原島諸水之最受八所溪澗水西流入海寬十五間

合九丈深通舟楫夏秋交輒溢

南袋澤川

南袋澤川出小笠原島入海

川出南袋澤西北流入海

金目川

金目川出相模國入海

川一名花水川源出丹澤山南春嶽山之瀧澤南流逕曾屋郡

受葛葉谷津水無三水東流逕南原郡會玉川

玉川源出大住郡日向郡墨坪谷東流逕愛甲郡又逕大住郡

曲折南流逕中原宿受鈴川至南原郡與金目川合長五里合

華里三十四寬十六間合九丈六尺

二川既合逕淘綾郡高麗寺郡入海長七里合華里四十七寬

二十五間合十五丈

境川

境川出相模國入海

川一名片瀨川源出津久井郡川尻邨龍居山麓沿高座郡界

武藏國多摩郡東流逕下鶴間又南流從高座鎌倉界逕高座

郡彌勒邨合柏尾邨至鎌倉郡片瀨邨間入海長十里合華里

六十八寬七間合四丈二尺

酒匂川

酒匂川出駿河國過相模國入海

川古名鞠子川出駿河國富士山麓東南流逕足柄上郡至下

郡酒匂邨入海長六里合華里四十一寬處五町合百八十丈

淀川

淀川之上流曰保津川出丹波國

保津川源出丹波國近江界桑田郡山谷逕山城愛宕郡北境又逕桑田郡周山邨合弓削川西南流逕船井郡受大谷園部之二水洪波雙引曲折而南逕桑田郡龜岡又北流逕保津邨曰大堰川又東流逕山城葛野郡改名桂川寬三町三間合一百有九丈八尺

保津川之下流曰桂川過山城國

桂川即保津川下流從丹波國入山城國葛野郡合清瀧川東南流逕紀伊郡下鳥羽邨受賀茂川

賀茂川源出愛宕郡岩屋邨山北合鞍馬貴船二水逕下鴨邨受高野川南流逕西京又西南流逕紀伊郡下鳥羽邨注桂川長四里合華里二十七有奇寬一町十間合四十二丈

桂川又西南流逕淀會宇治川爲淀川寬五町二十八間合一百十四丈

宇治川近江國琵琶湖下流也南流曰勢多川爲滋加栗太二郡界大戸川入之

大戸川一名田上郵亦名信樂川源出伊賀國界土岐嶺下流甲賀郡信樂黃瀨之北受甲賀川西流逕栗太郡大鳥居郵爲大戸瀑又逕太神山麓至黑津郵入勢多川長七里合華里四十八寬處五十間合三十丈

勢多川又西流逕山城國綴喜宇治二郡間謂之宇治川西流出伏水達淀會桂川爲淀川自近江界至淀五里四町二十三間合華里三十七寬一町四十八間合六十四丈八尺

會宇治川爲淀川又會木津川

桂川既合宇治川遂名淀川西南流逕綴喜乙訓二郡間會木
津川
木津川一名山城川其上流曰名張川源二爲東西二川東川
出伊勢國一志郡太郎生郵西流逕夏見郵受河内川其西川
又名宇陀川出大和國宇多吉野郡界山谷逕伊賀國名張郡
安倍田川北流受數小河逕梁瀨鍛治町與東川合謂之名張
川西流逕山城國相樂郡受上野川西流又受布目布當等水
又逕大河原郵伊賀川入之
伊賀川源三出伊勢鈴鹿郡加太曰柘植川一出近江甲賀郡
信樂谷曰河合川逕阿拜郡河合郵而合西南流逕服部郵受
服部川又逕波野田郵受長田川謂之伊賀川逕山城入木津
川長十五里合華里一百寬一町合三十六丈服部川出山田

郡布引長田川出伊賀郡大山嶽
木津川又有輪韓川泉川之目流逕木津北又逕綴喜郡八幡
合淀川長十三里合華里八十八寬五町四十間合二百有四
丈
又西南過河内國
淀川從山城西南流入河内國交野茨田二郡之北受天之川
天之川出大和國添下郡南田原郷星森逕河内交野郡至禁
野郷西茨田郡枚方北合淀川長二里三十一町二十四間合
華里十八寬三十五間半合二十一丈三尺上流有私市郷船
巖高二丈長五丈風利不泊瀾引舟形
又東南過攝津國入海
又出山城界逕河内攝津間自淀至界二里廿八町合華里十

五寬三町合二百有八丈
又逕島上郡唐崎受芥川爲神崎川中津川
神崎川一名三國川淀川支流也逕島下郡一屋鄉分流西出
逕豐島郡戶內鄉受池田川
池田川源出能勢郡丹波界宿野山曰大路次川逕柏原鄉受
栗栖山田二水南流逕河邊郡國崎鄉受倉垣川曰一庫川逕
畝鄉受多田川又逕豐島郡木邊鄉受久安寺川曰池田川又
逕河邊郡田能鄉分爲二派東出曰猪名川西出曰藻川各南
流至戶之內鄉同入神崎川長十一里餘合華里七十五寬一
町四十五間合六十三丈
神崎川又逕西成郡佃鄉分左門渠至諸新田入海計自一屋
長四里三十町餘合華里三十寬三町二十間或二町三十間

合九十丈
中津川一名長柄川亦淀川支流逕西成郡長柄郵分流西出俗曰三頭逕傳法郵又分二派爲南北傳法川入海計自長柄郵長三里九町二十八間合華里二十一有奇寬一町四十四間合六十二丈四尺或倍
淀川經流又西出難波橋分流曰安治川
安治川淀川支流也先是淀川出難波橋分流南北南曰土佐堀川北有二支曰裏川曰堂島川俱西逕中之島而二支合又逕江之子島分爲安治川逕攝津國西成郡西少南至天保山入海自安治川口他國人居留地至天保町波止場長一里十四町五十二間合華里九有奇
木津川即淀川分流南出土佐堀川下流也逕江之子島又南

流逕七瀨町難波島又逕一乘谷新田入海又一支流分自梅本町逕松島町西曰尻無川計自居留地至海口波止塲木津川長一里三十町三十四間合華里十二有奇
淀川自近江琵琶湖口勢多橋逕宇治川都十九里廿五町十六間合華里百三十一

大和川

大和川出大和國源二
上流亦名初瀨川源二一出山邊郡並松邨一出城上郡金平山各西流逕和田邨而合流逕山邊郡小島邨受布留川逕城下廣瀨葛下三郡北界奈良川富小川飛鳥川重坂川葛城川生駒川入之
奈良川出添上郡嫩草山鶯之瀑亦曰佐保川西流逕郡之川

上法蓮南流逕大安寺下三橋諸郡又逕平羣郡額田郡入大和川長三里三十町四十六間合華里二十二寬十一間合六丈六尺鶯之瀑高三丈寬四間一尺合二丈五尺

富小川出河內界添下郡龍王山南流逕平羣郡笠目郡入大和川長二里二十七町六間餘合華里十五寬十九町合六百八十四丈

飛鳥川源二一出高市郡畑郡一出十市郡多武峰曰細川會于高市郡岡郡北流逕廣瀨郡川合郡入大和川長七里合華里四十八寬七間合四丈二尺

重阪川出葛上郡重阪郡北流逕高市廣瀨二郡檜前川入之檜前川出高市郡鷹鞭山檜前郡逕眞弓郡沿畝火山受眞弓川土佐川西流入重阪川

重阪川又逕百濟郵北入大和川長七里二町合華里四十八
寬十六間合九丈三尺
葛城川出葛上郡葛城山北流逕廣瀨郡長樂郵入大和川長
六里合華里四十一濶八間四丈八尺
生駒川一曰龍田川出平羣郡生駒山溪㵎南流逕郡之龍田
郵至神南郵入大和川長三里三十三町二十八間合華里二
十三寬三十四間合二十丈四尺
大和川又西流出大和國界自源至此長八里合華里五十四
王子渡寬十三間合七丈八尺
又西過河內國
西逕大縣郡安宿郡又逕志紀郡船橋郵受石川
石川爲西條東條二川下流

西條川源四一出大和國大澤嶺西逕錦部郡石見郵曰石見川西流逕觀音寺郵又逕三日市曰三日市川稍北逕長野郵爲西條川一出紀伊見嶺北曰石佛川逕新町合三日市川一出九重嶺曰加賀田川北流沿岩湧山合石佛川一出藏王嶺曰瀧畑川又曰唐川北流逕長野郵合西條川逕石川郡北大伴郵會東條川爲石川長五里三十二町十九間合華里三十六寬一町十間合四十二丈

東條川源二一出石川郡金剛山一出石川郡水越嶺逕森屋郵而合西北流逕神山寬弘寺諸郵又逕北大伴郵合西條川爲石川長三里二十三町五間合華里二十二寬十五間半合九丈三尺

石川又北流逕古市郡古市謂之惠我川又逕安宿志紀二郡

界至志紀郡船橋郵入大和川長二里五十六間合華里十三有奇寬二町四十二間合九十七丈二尺

大和川又西逕丹北郡枯木郵出河内界其逕河内長三里五町十八間合華里二十一有奇寬二町合七十二丈

又西過攝津國入海

西流逕攝津國住吉郡至和泉入海逕界一里三十町三間合華里九海口寬二町十間合七十八丈

紀伊川

紀伊川上流曰吉野川出大和國

吉野川源出吉野郡大臺原山西北流逕入之波和田大瀧菜摘立野逕上市西流又逕宇智郡阿陁鄉五條上野受丹生川丹生川出吉野郡吉野山及赤瀧山西流逕丹生郵爲瀑布其

高三十丈逕加名生郵又西北流逕瀧郵復爲瀑布是曰王瀑
入宇智郡靈安寺郵會吉野川長九里十七町合華里六十三
寬五十間合三十丈
吉野川又逕相谷郵出界
又西過紀伊國入海
吉野川從大和國入紀伊國伊都郡始稱紀伊川逕橋本驛受
細川又逕宍伏郵受靜川又逕後田郵受名手川又逕尾崎郵
受海神川又逕丸栖郵野上川入之
野上川源二一出伊都郡高野大門之谷曰長谷川一出伊都
郡天野郵曰友淵川皆西流逕那賀郡福井郵而合稱野上川
北流逕丸栖郵入紀伊川其逕小畑郵通舟三里合華里二十
紀伊川又逕西野郵受根來川又逕名草郡分數堰又西流至

海部郡湊邨入海長三十里餘合華里二百有四寬八町合一里有奇自河口至州界十三里合華里八十八可通舟楫

熊野川

熊野川上流曰十津川出大和國

十津川源出吉野郡山上嶽西流逕坂本邨又南流逕十津川鄉諸邨又逕七色邨出界長二十二里九町八間合華里一百五十寬一町上流亦曰天之川然非入淀川之天之川也

又東南過紀伊國入海

十津川入紀伊國曰熊野川南逕牟婁郡凡三里十八町合華里二十二又逕熊野本宮受音無川又東流逕請川邨受筌川厥流猶微又逕宮井邨北山邨入之

北山川出大臺原山巴淵西南流逕北山鄉河口邨入紀伊國

南流逕牟婁郡桃崎邨合北山流爲郡界又逕七色邨西南流自玉置口邨曲折東南逕島津邨受入鹿川西流少南逕湯口邨復逕大和國吉野郡竹筒邨又入紀伊國牟婁花井邨南流逕宮井邨注熊野川其逕紀伊長十四里合華里九十五寬一町三十間合五十四丈自竹筒邨順流至新宮九里餘合華里六十一凡一再逕大和境長十一里合華里七十五寬一町三十間合五十四丈

大津川

大津川出和泉國入海

大津川源出和泉郡槇尾山亦名槇尾川西流逕郡之板原邨

受牛瀧川

牛瀧川源出郡之牛瀧山逕大澤內畑二邨又逕泉南郡積川

稻葉諸邨又逕和泉郡高月邨合松尾川至板原邨入大津川長五里一町五十三間合華里三十四寬七間合四丈二尺

大津川至宇田大津邨入海長五里八町五十五間合華里三十五寬一町三十二間合五十五丈二尺

石津川

石津川出和泉國入海

川源二一出大鳥郡鉢峯曰神谷川一出大鳥郡陶器山曰尾之井川逕草部邨而合曰草部川西流逕毛穴上石津諸邨至下石津邨入海長七里十一町四十五間合華里四十八寬三十間合十八丈

津田川

津田川出和泉國入海

川源出和泉國泉南郡塔原邨東西流逕泉南郡相川河合眞上新田半田久保諸邨有河合川阿間河川之目又逕津田邨入海長三里十一町一間合華里廿一寬十七間合十丈四尺

近木川

近木川出和泉國入海

川源二一出泉南郡蕎原邨東曰蕎麥川一出郡之大川邨東曰大川逕水間邨而合曰水間川又西流逕名越邨又逕日根郡橋本邨至澤邨入海長四里三十町十七間合華里二十九寬十九間二尺合十一丈六

大井關川

大井關川出和泉國入海

川一名岡田川導源日根郡犬鳴山分流逕郡之大木邨而合

西流逕大井堰菟田樫井諸郡至岡田郡入海長四里八町十間合華里二十八寬五十間合三十丈

男里川

男里川出和泉國入海

川一名菟砥川導源日根郡葛畑郡西流曰金熊寺川逕中畑代諸郡受山中井堰二川至男里郡入海長三里三十二町十六間四尺合華里二十五寬二町合七十二丈

武庫川

武庫川出攝津國入海

川源出丹波界有馬郡曰出坂衆水會井澤郡曰鹽田川南流逕三田曰三田川受南鹽田川舟坂川波豆川曰生野川又曰生瀨川逕武庫郡受衆水至鳴尾郡入海長十三里餘合華里

八十八寬五町餘合一百八十丈

橫田川

橫田川出近江國伊勢國入琵琶湖

川源出甲賀郡諸山合伊勢鈴鹿山水西流受田郡川松尾川杣川又逕野洲郡亦名野洲川又逕川田郡分流南北南逕水保郡之南至木濱北爲吉川至吉川郡均入琵琶湖長十五里合華里一百有二最寬處五町合一百八十丈

仁保川

仁保川出近江國入琵琶湖

川源出蒲生郡山中日日野川西流逕橫山郡受佐久良川是爲仁保川亦名橫關川至野洲郡野郡入琵琶湖長九里合華里六十一最寬處五十間合三十丈

愛知川
愛知川出伊勢國過尾張國至近江國入琵琶湖
川源出伊勢國界水晶嶽萱尾瀑西流受和南川杜葉尾川又
逕尾張國神崎郡中郵分流逕近江國境南至新海郵北至甲
崎南皆入琵琶湖長十里合華里六十八寬處六町合二百十
六丈
犬上川
犬上川出近江國入琵琶湖
川源出犬上郡道原郵三國嶽西流逕高宮南亦曰高宮川又
曰不知也川至八坂郵北入琵琶湖長六里合華里四十一最
寬處三十間合十八丈
善利川

善利川出近江國美濃界合流入琵琶湖

川源二一出坂田郡本靈山一出美濃國界土岐山分流逕犬山郡河内郵而合西流逕大堀郵北復分流北逕里根郵南逕彥根町中藪南西又南流逕山脇平田二郵皆入琵琶湖長五里合華里三十四最寬五十町合八里有奇

天川

天川出近江國入琵琶湖

川源不一出坂田郡柏原驛及膽吹山彌高山分流逕長岡郵合流逕梓河内郵受醒井川西流逕新莊箕浦飯郵至朝妻郵入琵琶湖箕浦川朝妻川皆其別稱也長四里合華里三十寬十五間合九丈

姉川

姉川出近江國入琵琶湖

川源出淺井郡加須川嶺南流甲津原板又西逕坂田郡又逕小田井口二郵北又西流逕龍鼻山岡山北受草野川亦曰國友川又逕小濱郵淺井郡又逕落合郵高時川入之

高時川一名高月川源二一出伊香郡中河内東越前虎杖嶺一出美濃國界金糞嶽麓逕大見郵合流南逕河合馬上諸郵又逕淺井郡曰馬渡川逕唐國郵西受田川又逕落合郵東南入姉川長十里合華里六十八寬二十間合十二丈

姉川又逕南濱郵入琵琶湖長九里合華里六十一寬五十間合三十丈

金吾川

金吾川出近江國入琵琶湖

川源二一出伊香郡余吾湖一出椿坂山中曰柳瀨川合流南過伊香郡又逕淺井郡西至尾上郫入湖又有尾上川之目長八里合華里五十四寬八間合四丈八尺

安曇川

安曇川出山城丹波若狹近江諸國合流復分入琵琶湖

川源三一出山城丹波若狹諸國界山中一出山城之愛宕郡百井郫逕滋賀郡坂下郫一出高島郡麻生郫山中分流逕近江國朽木谷市塲郫而合東流逕川島郫又分流一派曰新莊川同至舟木郫入琵琶湖長十里合華里六十八寬一町合三十六丈

宮川

宮川出飛驒國

川源不一出大野郡宫郵合川上嶽水川上川小八賀川諸流逕吉城郡谷郵高原川入之
高原川出吉城郡平湯郵大瀑北流至谷郵注宫川長二十里合華里一百三十六寬二十間合十二丈
宫川出界長二十二里餘合華里二百五十寬一町十間合四十二丈
又過越中國入海
宫川從飛驒國北流逕越中國新川郡婦負郡易名曰神通川又逕富士山西入東岩瀨港其逕越中長三十里合華里二百有四寬四町十間合一百五十丈
白川
白川出飛驒國

川源二一出大野郡寺河戶邨曰上白川一出白山白水瀑曰大白川東流逕平瀨邨而合又北流出界長十八里合華里一百廿二寬一町合三十六丈

又北過越中國入海

白川從飛驒國北流逕越中國礪波郡射水郡易名射水川亦曰雄神川又曰莊川又逕射水郡米島邨小矢部川入之

小矢部川出越中國礪波郡大門山東北流至射水郡米島邨注射水川長二十一里合華里一百四十三寬二十間合十二丈

射水川又北流入新湊其逕越中長四十里合華里二百七十二寬一町餘合三十六丈

上川

上川出甲斐國過信濃國入諏訪湖

川源出甲斐八嶽西流逕諏訪郡芹澤邨入諏訪湖亦名澁川又名芳野川長五里合華里三十四寬一町合三十六丈

千曲川

千曲川出信濃國

川源出信濃國佐久郡南甲斐金峯山北流逕佐久小縣二郡沿北國驛路又北逕埴科更級郡界更級郡川合邨犀川入之

犀川出筑摩伊那二郡界駒嶽上流曰奈良井川北流受田川女鳥羽川又逕安曇郡界梓川入之

梓川出飛驒國界乘鞍嶽合諸山水東北流逕筑摩安曇二郡至島內邨注犀川長十有八里合華里一百二十有二寬四十間合二十四丈

犀川又逕川中島高瀨川入之
高瀨川出越中國界五六嶽東南流逕安曇郡受乳川穗高川
中房川烏川諸水至押野邨入厚川長十六里合華里一百有
九寬三十間合十八丈
犀川又北流入千曲川凡長三十里合華里二百有四寬一町
二十間合四十八丈所謂川中島者即千曲川犀川間也
千曲川又北流爲水内高井二郡界出界長六十里合華里四
百有八最寬七町四十間合二百七十六丈
又過越後國曰信濃川入海
千曲川從信濃國入越後國曰信濃川著繇來也非隨地著稱
北逕魚沼郡宮原羽倉兩邨間受志久見川中津川諸流又東
北流逕卯木邨受清津川又逕川口邨魚沼川入之

魚沼川一名魚野川亦曰上田川又曰輪奈津川源二一出魚沼郡土樽邨小富士山一出土樽邨谷後而合北流逕湯澤驛又東北流受東方諸水又逕小出島驛受佐梨川又西流逕四日町邨受破間川至川口邨入信濃川長二十里合華里一百三十六寬一町二十間合四十八丈

信濃川又北流逕古志郡川袋邨蒲原郡又東北流逕地藏堂驛分一支北流稱曰西川又逕尾崎邨受茹谷田川又逕八王子邨分流爲中口川環流須頃井土卷七邨又逕三條受五十嵐水又北流逕酒屋邨受小阿賀川（另詳）又西北流逕大野町中口川復合爲一又逕平島邨會西川北流至新潟入海其他受大小諸水無慮數十俗有八千八水河之稱源流凡長百餘里合華里六百八十其逕越後四十里合華里二百七十二最寬

八町合二百八十八丈新潟港口四町十間合一百五十丈舟路泝西南至魚沼郡十日町二十九里合華里一百九十七魚沼川至六日町三十四里合華里二百三十一泝東從阿賀川至岩代耶麻郡舟楫四通惟信濃一路激湍阻之

阿武隈川

阿武隈川出磐城國過岩代國復過磐城國又過陸前國入海

川源出白河郡旭嶽及甲子山中雄瀑東流九里合華里六十一逕白河町又北流逕石川郡入岩代國岩瀨郡又北流逕田邨郡沿岩代磐城之界又逕安達信夫伊達三郡間其所受水曰釋迦堂川曰篠原川曰逢瀨川曰五百川曰杉田川曰瀨川曰須川曰松川曰摺上川曰廣瀨川

釋迦堂川出岩瀨郡牧野內邨受諸水及磐城白河郡新城川

又受江花川東北流逕須賀川驛西稱西川至中宿江持二郵間入阿武隈川長七里合華里四十八寬四十八間合廿八丈八尺

篠原川出安積郡下守屋山中東流逕篠原日出山二郵間入阿武隈川長五里合華里三十四寬十一間合六丈六尺

逢瀨川出安積郡河内郵西鬼域山東流逕郡山驛北入阿武隈川長七里合華里四十八寬二十間合十二丈

五百川一名高倉川出安達郡中山郵楊枝嶺麓又東流安積郡界至仁井田高倉二郵間入阿武隈川長七里合華里四十八寬二十間合十二丈

杉田川出安達太郎山中遠藤瀑屈曲東南至杉田郵入阿武隈川長五里合華里三十四寬三十二間合十九丈二尺

瀨川出磐城國田邨郡移山麓西北流入岩代國安達郡杉澤邨又西北流至下太田邨入阿武隈川長十五里合華里一百有二寬三十間合十八丈

須川出信夫郡吾妻嶽麓庭阪邨奧不動瀑天戶川荒川皆逕櫻本邨合流東至福島南入阿武隈川長七里合華里四十八寬一町四十間合六十丈

松川出羽前置賜郡五色溫泉奧十三瀑東流逕信夫郡李平邨至本內邨五十邊邨界入阿武隈川長十三里餘合華里八十八寬平水二十間合十二丈積州一町四十間合六十丈

摺上川出伊達郡茂庭邨摺上山麓東南流逕飯板邨東流逕信夫伊達二郡界至瀨上驛北長倉邨入阿武隈川長八里十八町合華里五十七寬五十間合三十丈

廣瀨川一名小手川出伊達郡朽木山麓北流逕下手渡邨東至梁川邨入阿武隈川長七里合華里四十八寬三十間合十八丈

大瀧根川出田邨郡大嶽北流逕常盤邨又西流逕瀧邨又西南流逕横川邨注河武隈川長十六里合華里一百有九寬十間合六丈

白石川出羽前界刈田郡湯原橧下嶺麓東流逕關邨渡瀨邨東北流逕白石北受鷹巢川又逕宮邨東受松川又逕陸前國界至柴田郡槻木驛南注阿武隈川長十八里餘合華里一百廿二寬五十八間合三十四丈八尺

阿武隈川既受諸水浸成巨流復東逕磐城國伊呉郡又北流逕陸前國界東流至亘理郡荒濱入海長五十里合華里三百

四十寬十町合三百六十丈

鮫川

鮫川出磐城國入海

川源出白川郡赤坂東野邨三株山北流逕鎌田邨東南流逕菊多郡又逕根岸邨受入上川又南流逕井上邨受大平川又東流至岩間邨入海長十七里合華里一百十六寬三十間合十八丈

鎌田川

鎌田川出磐城國入海

川一名夏井川源出田邨郡神股邨鞍掛山南流逕楢葉郡東南流爲磐城磐前界逕平北受好間川東流至大越入海長十六里合華里一百有九寬二十五間合十五丈

阿賀川

阿賀川上流曰日橋川出岩代國

日橋川初名新橋川源出耶麻郡豬苗代湖西流爲河沼耶麻

郡界逕耶麻郡鹽川南又逕河沼郡沼上邨黑川入之

黑川俗曰湯川出會津郡布引山西流逕湯本逕若松南又西

北流至河沼郡沼上邨注日橋川長十里合華里六十八寬十

八間合十丈八尺其在湯本邨爲伏見瀑一名不思議瀑二層

俗呼雌雄瀑高一丈有奇寬五間合三丈

日橋川又逕立川邨鶴沼川入之

鶴沼川一名大川源二一出會津郡鶴沼西流一出郡之山王

嶺北流逕田代邨小野邨間而合北流蘆牧邨逕會津大沼二

郡之界又逕上米塚邨分一支爲西派經流逕飯寺蟹川邨入

河沼郡至立川邨入日橋川長二十一里餘合華里一百四十三寬四十間合二十四丈西派仍逕大沼郡界和泉邨又逕河沼郡至東靑津邨入日橋川

日橋川又北流逕耶麻郡眞木邨松野邨側又西流逕館原邨只見川入之

只見川出會津郡尾瀨沼北流爲越後界逕只見邨伊南川入之

伊南川出會津郡檜枝岐邨北流逕古町山口邨西流逕大倉邨受布澤川又逕黑谷邨受黑谷川至只見邨入只見川長十九里合華里一百卄九寬三十間合十八丈

只見川又逕大沼郡水沼邨少東逕早戶邨受沼澤沼東北流逕河沼郡至耶麻郡館原邨入日橋川長三十七里十八町合

華里二百五十五寬五十間合三十丈

日橋川既受只見川出界長二十里合華里一百三十六寬一町五十間合六十六丈所謂舊津川者是也

又西北過越後國入海

日橋川從磐城入越後國蒲原郡新渡邨受實川出谷川又逕津川町受室谷川又西南流逕安養寺邨受早出川又西北流逕澤海邨分西南一派曰小阿賀川注信濃川其經流北折逕津島屋邨受新發田川加沼川至松崎邨入海長二十餘里合華里一百三十六寬八町合二百廿八丈川口三町二十間合一百廿丈其通舟道東北行由加沼川至三日市驛八里有奇合華里五十四

名取川

名取川出羽前國界過陸前國合廣瀨川入海

川源出羽前國越後國界名取郡馬塲邨二口嶺東流受郡之秋保瀑柴田郡諸水逕名取郡袋原邨會廣瀨川

廣瀨川出宮城郡大倉邨巨舟山麓東流逕熊根仙臺至名取郡會名取川長十五里合華里百有二寬二町合七十二丈又名取川既合廣瀨川又東流逕閖上濱入海長十二里二十町合華里八十五寬一町四十間合六十丈

有仙臺川長町川之目

七北田川

七北田川出陸前國入海

川一名冠川源出宮城郡福岡邨黑鼻山麓東流受山水衆流逕七北田川邨岩切邨至蒲生郡入海長八里合華里五十四

寬一町餘合三十六丈

鳴瀨川

鳴瀨川出陸前國入海

流逕志田郡石森邨折東南流一出黑川郡吉田邨山中出品

川一名三本木川源二一出加美郡小野田本鄉受不動瀑東

井沼逕桃生郡福田邨而合至野蒜邨入海長二十五里合華

里一百七十寬一町四十餘間合六十丈

北上川

北上川出陸中國

川出岩手郡御堂邨南流其所受水有磐井川衣川松川雫石

川猿石川和賀川

磐井川一名一關川出磐井郡五串邨酢川嶽渤化受酢川桂

川諸流至中里邨狐禪寺邨之間入北上川長十三里七町四
十二間合華里八十九寬一町二十八間合五十二丈八尺
衣川出膽澤郡上衣川邨高日王山西北間東流逕下衣川邨
至磐井郡中尊寺邨入北上川長十里二十四町合華里七十
二寬三十間合十八丈
松川出岩手郡寄木邨源太森屛風嶽東南流受赤川至川崎
邨好摩邨間入北上邨長七里十四町合華里五十寬五十間
合三十丈
雫石川出岩手郡西根長山兩邨間葛根田山受平出川志戶
前川東流至下厨川邨仙北町間入北上川長八里二十五町
合華里五十九寬一町合三十六丈
猿石川源二一出閉伊郡細越邨仙人嶺北流一出郡之早池

峯山間南流逕橫田郡二水合流西逕和賀郡至稗貫郡之高松郡高木郡間入北上川長十四里十三町合華里九十七寬一町合三十六丈

和賀川出和賀郡川舟郡和賀嶽受橫川大杉澤川諸流東流至黑澤尻郡下鬼柳郡間入北上川長十五里十町合華里一百有二寬一町三十間合五十四丈

北上川既受諸水又南流逕黑澤尻而流浸巨又逕岩手紫波稗貫和賀四郡又逕膽澤江刺二郡受宿內川膽澤川又南流逕磐井郡出界長七十六里合華里五百十九寬二町合七十二丈

又南流過陸前國分流入海

從陸中國入陸前國登米郡南流逕桃生郡小船越自源至是

長七十二里合華里四百九十最寬六町二十間分爲二流一南流至牡鹿郡石卷港入海長三里三十五町餘合華里三十寬四町一曰追波川東北流至本吉郡追波津桃生郡長面濱間入海長四里二十七町二十五間合華里三十二寬二町五十間漕運便之匪惟颿檣罔有滯而已計自源長七十六里合華里五十二寬二町合七十二丈其在陸前境所受水有江合川迫川

江合川一名玉造川出羽前界玉造郡中山邨東流紅鍛沼屋澤下宮之南逕志田栗原二邨界又逕遠田郡至桃生郡和淵邨入北上川長三十里合華里二十寬一町五十間合六十六丈

迫川出栗原郡沼倉邨栗駒山麓東西流曰三迫川合一迫川

二迫川逕登米郡界至遠田郡猪岡短臺郡入北上川長三十七里合華里二十五寛一町二十間合四十八丈舟楫競達

宮古川

宮古川出陸中國入海

川源出閉伊郡田代郡兜神嶽東流受江繋川大畑川諸流至宮古磯雞二郡入海長十二里二十町合華里八十五寛二町合七十二丈

能代川

能代川出陸奥國過陸中國羽後國入海

川一名米代川源出陸奥國二戸郡田山郡山間西流入陸中國鹿角郡又北流受大湯川毛馬內川又逕大欠郡西流入羽後國秋田郡又西北流逕川口郡受大館川又西流阿仁川入

之
阿仁川上流一名大叉川下流曰大阿仁川源出仙北郡界秋田郡荒瀨立受小叉川叉北流逕李臺邨小阿仁川入之
小阿仁川出仙北郡南澤邨河邊郡界龍峯北流注阿仁川長二十里合華里一百十六寬五十間計自川源三十一里合華里七十五巖石湍急且險謂之小錠
大阿仁川叉逕麻生邨入能代川長三十里合華里二百有四寬一町合三十六丈
能代川叉逕山本郡荷上塲邨受藤琴川至能代港入海長二十五里合華里一百七十寬一町四十間合六十丈
馬湖川
馬湖川出陸中國過陸奥國入海

川源出九戶郡遠別嶽西北流入陸奥國二戶郡北流受淨法寺川逕二戶郡大向郵受能原川東流至八戶湊郵入海長二十五里合華里一百七十寬一町四十間合六十丈

岩木川

岩木川出陸奥國入海

川一名弘前川源出津輕郡泊嶽北流受岩水山溪間諸流平川淺瀨石川至十三潟入海長二十二里合華里一百五十寬五十間合三十丈舟通者半

田名部川

田名部川出陸奥國入海

川源出北郡砂子又郵大尺山西南流至田名部入海長六里合華里四十一寬五十間合三十丈

內海川
內海川出陸奧國入海
川源出北郡川內邨山中受溪澗諸流至內邨入海長七里合華里四十八寬三十間合十八丈
相坂川
相坂川出陸奧國入海
川源出北郡十灣田湖受篤川法量川東流逕三戶郡至下市川邨入海長十二里合華里八十二寬一町十間合四十二丈
最上川
最上川出羽前國過羽後國入海
川上流曰松川源出置賜郡大平邨大日嶽北流逕中田邨受羽黑川又逕洲島邨受鬼面川又逕津久茂邨受諸細流逕邨

山郡杉山郵始稱最上川又逕左澤東流至小鹽郵分爲二派北曰新川逕長崎郵而合受酢川又北流逕仁田郵受寒河江又逕大石田流少南受丹生川又逕最上郡西流受小國川又逕新莊南受鮭川沿田川郡界會赤川

赤川源二一出田川郡湯殿山下曰梵字川西流一出田川郡大鳥池曰大鳥川亦名櫛引川又逕熊出郵而合又北流曰赤川逕鶴岡東受拂川至落目會最上川長十里合華里六十八寬一町三十間合五十四丈

最上川既會赤川逕羽後國飽海郡至酒田港入海長十二里合華里八十二寬十二町二十間合四百四十四丈

荒川

荒川出羽前國

川源出置賜郡五味澤邨朝日嶽麓南流逕小渡邨受横川又
西流逕玉川邨受玉出川界長八里合華里五十四寛三十間
合十八丈
又過越後國入海
從羽前國入越後國岩船郡八口金丸兩邨間受沼川大石川
又西北流逕大島驛海老江邨受胎内川又西流逕岩松郡鹽
谷驛蒲原郡桃崎驛間入海其逕越後長九里合華里六十一
寛一町四十間合六十丈
日向川
日向川出後國入海
川源出飽海郡升田邨山中日向瀑西流受荒瀨川至小湊邨
入海長三里合華里二十寛三十五間合二十一丈

御物川

御物川出羽後國入海

川源出雄勝郡院內銀山町東安嶽東北流逕横堀邨受役內川又逕逆卷邨又北流逕角間邨受岩崎川爲平鹿郡界

岩崎川出雄勝郡御駒山北流逕手倉川原邨西折爲手鹿郡界又逕戸波邨受稻庭川入御物川

御物川又北流逕角間邨横手川入之

横手川出平鹿郡黑澤邨受大松川又西北流至横手南入御物川

御物川又逕仙北郡花館驛玉川入之

玉川古曰副川出陸中岩手郡界仙北郡田澤邨大深嶽南流受小和瀨川大先立川生保內川又西南流逕小館邨受鰍瀨

川至神宮寺驛注御物川長二十七里十八町合華里一百八十七寬一町合三十六丈

御物川又西流逕河邊郡又西北流逕秋田郡界至土崎港入海長三十里合華里二百有四寬二町四十間合九十六丈

子吉川

子吉川出羽後國入海

川源出由利郡鳥海下麓東北流受諸小水又西北流逕由利郡矢島受薯蕷川又西流逕本莊至古雪港入海長十八里合華里一百有二寬一町四十間合六十丈

白雪川

白雪川出羽後國入海

川源出由利郡鳥海山受溪澗諸水西北流受安沼川鳥越川

是爲白雪川又逕畑郵立居地郵至芹田郵入海長六里合華里四十一寬二十間合十二丈水勢噴煙駛如奔馬

耳川

耳川出近江國若狹國界入海

川源出近江國界三方郡新莊郵西北流逕佐野興道寺河原市諸郵至和田郵入海長五里合華里三十四寬二十間合十二丈

北川

北川出近江國過若狹國會南川入海

川源出近江高島郡入若狹國遠敷郡西北流逕熊川神谷日笠諸郵受小水會南川入海長六里合華里四十一寬三十間合十八丈

南川一名湯川源出丹波國界東北流逕遠敷郡納田終郵歷受淵水逕尾崎湯岡至小濱合北川入海上流曰名田莊川長八里合華里五十四寬一町三十間合五十四丈

日野川

日野川出越前國合足羽川九頭龍川入海

川出南條郡岩屋郵左近諸山西北流逕武生又東北流逕丹生郡在田郵受天王川又逕淸水尻郵受志津川又逕足羽郡角折郵會足羽川

足羽川源四皆出今立郡一田代山一魚見坂其二導自子嶽而合北流足羽郡境寺郵受羽丹生川又逕獺口郵受蘆見川少西流穿福井街衢逕角折逕會日野川自足羽郡前波郵至福井長二里十八町合華里十八自福井至坂井港長六里十

二町十三間合華里四十三可通舟楫自源長二十五里合華里一百七十寬四十五間合二十七丈

日野川既合足羽川亦名安居川又北流逕吉田郡高屋郵會九頭龍川

九頭龍川源三皆出美濃國界大野郡一自油坂嶺曰油坂川西流一自白山別山曰石徹白川西南流逕朝日郵合而西北流一自下秋生郵蠅帽子嶽外三所北流秋生川又曰眞名川逕土布子郵與二水合逕勝山之西西流受數小河逕吉田郡舟橋稻多間又逕高屋郵會安居川自坂井郡鳴鹿郵至坂井港長十里合華里六十有八可通舟楫計自源長三十二里合華里二百十八寬三町三十間合一百二十丈

三川合流至坂井港入海自渡口至坂井港長十一里合華里

七十五可通舟楫自源長二十四里十八町合華里一百六十六寬三町二十間合一百二十丈

手取川

手取川出加賀國入海

川南北二源皆導自白山出大汝嶽者曰中又川亦曰尾添川北流漸折西北逕能美石川二郡界出別山者曰白山川西北流受數小河逕牛首郡又北流逕河原山郡而合爲手取川又北流逕河合郡又逕大日山北流受大日川又逕石川郡鶴來南又西流至湊美川間入海長二十里合華里一百三十六寬五町合三十丈

犀川

犀川出加賀國入海

川源出石川郡倉谷二叉等山西北流逕金澤市街南又逕高
畠郵沿倉嶽合一小水至金石港入海長十三里合華里八十
八寬二町十間合七十八丈

淺野川

淺野川出加賀國入河北潟
川源出石川郡順尾山界西北流逕河北郡穿金澤市街北又
北流入河北潟長九里合華里六十一寬五十間合三十丈

梯川

梯川出加賀國入海
川一名安宅川源出能美郡鈴嶽北流逕江指郵東北又逕荒
木田郵又西流逕小松受今江潟水北流至安宅浦入海長十
二里合華里八十二寬五十間合三十丈

大聖寺川

大聖寺川出加賀國入海

川源出江沼郡大日山西麓西北流逕九谷又西流逕我谷邨又北流逕河崎邨又西流逕大聖寺至鹽屋浦入海十八里合華里一百二十二寬三十間合十八丈

羽咋川

羽咋川出能登國入海

川源出羽咋郡寶達山東麓及澤川邨山谷北流逕子浦稱子浦川又逕塵濱邨南又逕出敷浪外二邨受樋川又北受邑知潟末流又西北流至羽咋邨入海長六里合華里四十一寬三十九間合二十三丈四尺

神代川

神代川出能登國入海

川源出羽咋郡荒屋邨南流逕米町邨稱米町川又逕市野谷邨受德田川又西南流逕矢藏谷邨受上棚川又西流至川尻邨入海長三里合華里二十寬四十一間合二十四丈六尺

常願寺川

常願寺川出越中國分流入海

川源出藥師嶽上嶽寺地等山西北流逕新川郡西又北流注水橋港長十八里合華里一百廿二寬五町四十間合二百有四丈又逕新川郡東又北流逕北野邨分東西二派東至高畠新田西至荒俣邨入海長二十里合華里一百三十六寬八町二十間合三百丈此川與神代川射水川神通川及加賀之手取川越前之九頭龍川越後之信濃川俗謂之北陸道七大河

早月川
早月川出越中國入海
川源出新川郡早乙女嶽北流至三箇邨入海長七里合華里四十八寛六町四十間合二百四十丈
片貝川
片貝川出越中國入海
川源出新川郡劍嶽受瀧倉嶽諸溪水北流逕大山新田受布施川至濱經田邨入海長七里合華里四十八寛四町合一百四十四丈
三面川
三面川出羽前國過越後國入海
川源出岩船郡三面邨以東嶽西流逕下中島邨受高根川又

逕下渡郡受相古川至瀨波町入海長二十里有奇合華里一百三十六寬一町十間合四十二

荒川

荒川出信濃國越後國合流過越後國入海

川源二一出信濃國水內郡戸隱山一出頸城郡燒山各東北流逕關山驛受信濃國野尻湖下流又逕妙香山麓爲苗名瀑又北流逕大鹿郡又逕稻增郡受別所川又逕長者原郡受矢代川又逕今池郡受岡川又逕高田東以上有關川目又西北流至直江津受保倉川入海長二十里合華里一百三十八寬一町四十間合六十丈

姬川

姬川出信濃國過越後國入海

川源出信濃國安曇郡受松川中谷川謂之姬川北流逕越後頸城郡大所邨受大所川小瀧川又逕川原邨受蟲川至寺島須澤二邨間入海長十七里合華里一百十六寬一町四十間合六十丈

國府川

國府川出佐渡國入海

川源出加茂郡新穗邨西南流逕雜太郡金丸邨受諸小河至四日町邨入海長五里合華里三十四寬二十三間合十三丈八尺

羽茂川

羽茂川出佐渡國入海

川源出羽茂郡外山邨受諸澗水南流至西方邨入海長六里

六町合華里四十七寬二十四町合八百六十四丈

和知川

和知川出丹波國

川源出桑田郡佐佐里邨山谷西南流逕島邨受棚野川又西流逕船井郡受高屋川又西北流逕何鹿郡山家受上林川又西流逕天田郡福知山曰福知川亦曰音無瀨川受土師川又北流出界長二十三里合華里一百五十六寬有差

又東北過丹後國入海

和知川從丹波國入丹後國曰由良川一名大川亦名大雲川東北流逕加佐郡曰藤邨又逕二箇邨地頭邨又北流至由良神崎二邨間入海其逕丹後長七里合華里四十八寬一町二間合三十七丈二尺驅檣鶩趨其逕丹波福知山川口曰由良

港碇泊所也

佐治川

佐治川出丹波國

川源出丹波國冰上郡山谷南流逕谷川郵久下川入之

久下川出丹波國多紀郡東北山谷西流逕篠山受諸小水至

冰上郡注佐治川長十里合華里三十八寬一町三十間合五

十四丈

佐治川出丹波界長九里合華里六十一寬五十間合三十丈

又過播磨國曰加古川分流入海

佐治川從丹波國入播磨國多可郡易稱加古川南流逕加東

郡瀧野曰瀧野川受三艸川東條川美濃川又逕印南郡美囊

川諸水合流入之

美囊川三木川及美囊郡之吉川小川淡河諸水分道競流逕三木町東而合又西流至印南郡國包邨入加古川長十里合華里三十八寬一町十間合四十二丈

加古川又西南流逕加古川驛西分流雙引至加古郡高砂港一至加古郡荒井皆入海其逕播磨長十九里合華里一百廿九寬二町合七十二丈

倉椅川

倉椅川出丹後國入海

川別名野田川一名沼田川源出與佐郡與佐邨山中東北流至岩瀧邨入海長四里合華里二十七寬二十四間合十四丈四尺

竹野川

竹野川丹後國入海

川源出中郡常郵奥大野二郵山中受諸澗水北流逕竹野郡至竹野間入海長六里合華里四十一寬三十間合十八丈川口之西爲間人郵小港東西一町三十五間合五十七南北二町三十間合九十丈厥深五仭

朝來川

朝來川出但馬國入海

川源出朝來郡圓山郵受諸小水北流逕養父郡上田郵受絲井川又西北流逕舞狂郵受廣谷川西八木川二水曲折北流逕氣多郡又逕城崎郡佐野郵出石川入之

出石川源二一出出石郡奥藤郵一出藥王寺郵西流逕出合郵而合又逕出石南又西北流逕伊豆郵至城崎郡佐野郵入

朝來川長八里二十町合華里五十八寬三十五間合二十一丈

朝來川又逕豐岡市坊東受六方川至津居山麓入海長十六里合華里一百九寬二町合七十二丈其在本川竹田郵曰竹田川養父川氣多郡曰氣多川又曰豐岡川蓼川葢隨地易稱云

矢田川

矢田川出但馬國入海

川源出七味郡冰山一名本谷川又名射添川北流受諸澗水逕郵岡西受小代川又逕美含郡矢田郵東至下濱郵入海長十三里餘合華里八十八寬三十六間合二十四丈四尺

濱坂川

濱坂川出但馬國入海

川源出七味郡二方郡界自諸山其上流曰溫泉川曰寺木川細谷川分導而合北流逕二方郡用土邨受熊谷川又西北流逕二日市邨受美含郡之久斗谷川又逕濱坂至鬼門港入海長六里餘合華里四十一有奇寬一町合三十六丈

千代川

千代川出因幡國入海

川源出智頭郡駒歸邨人坂嶺西北流受北俣川土師川又北流逕智頭驛受佐治川赤波川又逕八上郡中央受曳田川又逕片山邨八東川入之

八東川出八東郡落折邨戶倉嶺西流曰落折川逕中原邨又西北流逕淺井邨受舂米川又逕若櫻驛曰若櫻川又西流逕

八上郡受大江川私部川至片山郵注千代川長八里合華里五十四寬一町合三十六丈

千代川北流逕邑美高草二郡界又逕邑美郡濱坂郵受囊川又西北流逕高草郡賀露郵受湖山池水入海長十二里合華里八十二寬三町二十間合一百廿丈其川別名上流曰智頭川下流曰賀露川

日野川

日野川出伯耆國入海

川源一名皈川源出日野郡西南上萩山新屋野組湯谷四郵溪東流九里餘合華里六十一有奇逕洲河崎郵又北流曲折西北逕古市郵受二部谷川又逕大河郵又北流逕會見郡小野殿河内諸郵又逕觀音寺郵受尻燒川至皆生郵今郵間入

海長十七里餘合華里一百十五寬三町二十四間合一百廿二丈四尺其逕觀音寺郡別分一派曰米川西北流逕勝田車尾諸郡間至境浦西入海長五里康熙年享保中創鑿厥流雖小灌溉倚之

天神川

天神川出伯耆國入海

川源四一曰竹田川出阿郡郡粟祖郡西流逕穴鴨郡北流一出三朝川俵郡西流逕今泉郡合竹田川北流一出小鴨川久米郡野添郡東流逕生竹郡東北流一出新郡川河來見郡東流逕和田郡合小鴨川又逕倉吉北又逕久米郡田內郡與小鴨竹田二川合是爲天神川北流爲久米河郡二郡界至瀨驛入海長八里二十町合華里五十七寬一町四十八間合六十

四丈八尺

大川

大川出出雲國入宍道湖

川一名簸川源出仁多郡船通山受龜石谷水流所謂横田川即此受室原川又西北流受龜嵩川馬木川阿井川諸流是爲斐伊川北流逕湯郡及飯石大原二郡界受飯石郡之深野川三刀屋川大原郡之久野川阿用川牛尾川又逕神原郡又西流逕神門出雲二郡界又逕出雲郡出西郡北折分派曰新川水詳下又逕出雲楯縫二郡界又東流逕出雲郡坂田郡分二流同入宍道湖長二十里十一町合華里一百三十八寛二町三十間合九十丈

新川分自西郡東北流逕出雲郡中央至下莊原郡入宍道湖

長二里二十四町四十間合華里十八寬一町五十間合六十六丈

神門川

神門川出出雲國入海其支流入神西湖

川一名乙立川亦名古志川源二一出飯石郡琴引山曰小田川西流一出飯石郡女龜山曰赤名川北流逕上來島邨而合西北流受頓原川又西流逕獅子邨又北流逕神門郡受吉野川伊佐川東邨川又逕八幡原邨又東南流逕飯石郡受畑川又逕神門郡乙立邨又東北流受小野川稗原川又西流逕馬木邨至西園邨北折入海長十九里五町合華里一百三十寬一町二十間合四十八丈其自馬木邨大堰分引田間者曰十間川下流入神西湖長二里合華里三十六寬三間合十八丈

飯梨川

飯梨川出出雲國入中海

川一名能義川亦名富田川源三一出能義仁多二郡境玉峯山曰西比田川東北流一出能義郡猿隱山曰東比田川北流逕布部郵而合一出能義郡坊牀山北流西折逕布部管管澤二郵界合比田川謂之菅澤川北流逕下田原郵受能義大原仁多三郡界三郡山之山佐川叉東北流逕廣瀨南受祖父谷川及數小流至東赤江郵入中海長七里三十町合華里五十三寬一町三十間合五十四丈

江川

江川上流曰三次川出安藝石見二國界過備後國

川源二一出神石郡古川郵曰田房川一出甲奴郡小塚郵曰

本鄉川皆西流逕梶田邨又北折逕木屋邨而合又西北流逕三谿郡仁賀邨受木邨川又西流逕向江田邨南川西川入之南川出世羅郡上津田邨馬洗谷東流逕三谿郡述邨又北流逕吉舍川內邨受戶張川又逕海田原邨西北流郡至向江田邨入三次川

西川出世羅郡青木邨西北流逕敷名邨折東北逕三谿郡有原邨又逕向江田江田川內二邨界入三次川

三次川又逕江田川之內邨受和知川又西北流逕三次郡西城川入之

西城川一名門田川出奴可郡油木邨鳥尾山西南流逕西城町又東西流逕三上郡又少北逕惠蘇郡門田邨又逕濁川邨受比和川又西南流逕金田邨受泉川至三次郡三次町注三

次川長十六里二十六町合華里一百十三寬二十四間合十
四丈四尺三次川又南流吉田川從安藝國入之
吉田川一名山縣川出石見國界山縣郡大塚邨丸瀨山東南
流逕川東邨又南流逕壬生邨受志路原川又東流逕高田郡
又東南流逕土師長屋入江邨又東北流逕吉田町受多治比
川又逕小原邨受本邨川又逕下甲立邨秋町邨至粟屋邨注
三次川長二十六里有奇合里華一百七十七寬二町合七十
二丈
三次川又逕日下邨櫃田川入之
櫃田川一名高野山川出惠蘇郡上湯川邨俵原西流逕和南
原邨西北流逕高暮邨又南流逕三次郡櫃田邨又逕西八君
邨又西南流至日下邨入三次川長二十里十町合華里一百

三十七寬四十五間合二十七丈三次川又西流爲安藝國界
又逕門田邨又北流出界長二十一里八町合華里二百十二
寬二町合七十二丈
又西北流過石見國入海
三次川從備後國入石見國始稱江川一名石見川古名可愛
川西北流逕邑智郡下口羽邨受出羽川又北流逕川戶邨受
熊見川又西北流折西逕明塚邨又稍南逕乙原邨又西南流
逕因原邨受矢上川又西流逕小田鄉川戶邨受市木川又西
北流逕那賀郡至渡津入海長五十里餘合華里三百四十通
舟二十里合華里一百三十六寬三町十九間合一百十九丈
四尺
高津川

高津川出石見國入海

川源二一出美濃郡上道川邨溪谷曰廣瀨川西北流逕神田邨分二流同田邨南北曰横田川一出鹿足郡田野原邨西流逕六日市北流又逕木部谷邨又東北流逕枕瀨邨津和野川入之

津和野川出鹿足郡中山邨逕鷲原邨又東流逕津和野又東北流至枕瀨邨注高津川長七里合華里四十八寬二十間合十六丈

高津川又西北流逕添谷邨又東北流逕美濃郡横田邨受横田川之二流又東北流逕高津至中島入海長十四里十五町合華里九十七通舟楫七里合華里四十八寬一町四十間合六十丈

市川
市川出但馬國過播磨國入海
川源出但馬國朝來郡西南流入播磨國神西郡又南流逕寺前郵受小田原川又逕神西神東二郡界又逕山崎郵受神東郡之岡部川又逕飾東郡姬路東至阿成郵入海長十二里合華里八十二寬三町合一百有八丈支流曰御祓川又曰飾磨川分自姬路北中島郵西南流逕姬路西又逕飾西郡至飾東郡飾摩津入海
揖保川
揖保川出但馬因幡二國界過播摩國分三支入海
川源出但馬因幡二國界宍粟郡四箇山南流曰宍粟川逕東安積郵受三方川逕神谷郵受西谷川又逕山崎西折又南流

逕揖東郡又逕佐野郇受栗栖川又逕揖西郡龍野東曰龍野川又逕正條之東又東南流逕上川原郇受片吹川分爲三支逕揖西郡濱田揖東郡新在家二郇各入于海長十五里合華里一百二里寬二町三十間合九十丈

千種川

千種川出播磨國入海

川源出宍粟郡船越山北鍋之谷南流又西南流逕佐用郡久崎郇受久崎川又南流逕赤穗郡又東南流逕中山郇又逕北野中郇分而爲二各南流至中郇入海長十五里合華里一百有二寬一町四十間合六十丈

津山川

津山川出美作國

川源出西西條郡上齊原郵恩原驛南流受羽出川中谷川逕黑木郵又東南流古川郵受香香美川又逕久米北條界又東流逕久米南條西北條二郡界又逕津山南又東南流逕久米南條東界東南條勝南二郡界受久米川加茂川新田川江見川而江見川少大

江見川古曰英多川出吉野郡影石郵山南流逕下莊郵又西南流逕英田郡至勝北郡合倉穀川南流爲英田勝南二郡界又逕井口郵又西流逕勝南郡至飯岡郵入津山川

津山川又逕勝南郡高下郵出界長十九里三十五町四十七間合華里一百三十五寬一町二十四間合五十丈四尺

又過備前國入海

從美作國入備前國赤坂郡用匝郵爲和氣盤梨二郡界又逕

和氣郡受吉井川又西南流逕邑久上道二郡界至上道郡沖新田入海其逕備前長十一里合華里七十五寬一町十四間合四十四丈四尺

高田川

高田川出美作國

川一名西川源二一出大庭郡上德山邨龍王池一出上德山邨鷺溪東流逕下長田邨又南流爲大庭眞島二郡界又逕眞島郡小童谷邨受藤森川又逕豐榮邨受本莊川又曲折逕眞島又逕高田邨受神代川又東流逕大庭郡久世邨又東南流逕平松邨受目木川又逕下見邨久米北條久米南條二郡西南又逕備前國界受鶴田川弓削川又逕久米南條郡福渡邨出界長二十四里十八町四十七間合華里一百六十七寬一

町四十六間合五十三丈六尺
又東南流過備前國曰西大川入海
高田從美作國入備前國曰西大川一名旭川東南流逕津高
郡東北界又逕豐岡郵小森受忍木川又逕津高赤坂二郡又
南流逕金川郵受宇甘川又屈曲東南流逕上道御野二郡界
又西南流逕御野郡北方郵又南流逕岡山東又東南流至福
島郵入海其在備前長十三里合華里八十八寬三町十四間
合一百十六丈四尺

大川

大川出伯耆國界過備中國入海
川上流曰高梁川又曰松山川下流亦曰河邊川其源出伯耆
國界阿賀郡茗荷嶺南流爲阿賀哲多二郡界受新見川又東

折逕新見西受哲多郡川瀨川逕阿賀郡下唐松郵受唐松川
又東南流沿上房川上二郡界逕上房郡今津郵受鳥井川又
南流逕高梁之西東成川入之
東成川即成羽川上流出備後國奴可郡三坂郵道後山南流
又逕竹森郵繞西南受千鳥川又逕東城町又西南流逕神石
郡小野郵又東流出界長十三里三町三十六間合華里八十
八寬三十八間合二十二丈八尺
又入備中國曰成羽川東南流逕川上郡又東流逕成羽至阿
部郵注大川長七里餘合華里四十七寬四十六間合廿七丈
六尺
大川又南流東折爲下道賀陽二郡界逕賀陽郡分一支曰淺
尾東出大川又受板倉川逕下道郡江原川入之

江原川出備後國神石郡東南流入備中後月郡逕江原邨曰江原川又東流逕小田郡稱小田川亦名矢掛川至下道郡川邊邨注大川長十里三十町合華里七十三寬十四間合八丈四尺

大川出下道郡上秦邨南流爲下道窪屋二郡界逕川邊邨受小田川又逕窪屋郡古地邨分東西二支一南流出四十瀨邨入備前國兒島郡至浦田邨入海一西南流至淺口郡西之浦邨入海長廿八里合華里一百九十寬四町合一百四十四丈

蘆田川

蘆田川出備後國入海

川源二一出世羅郡藏宗邨大番谷曰大田川東流逕甲山驛北又東北流逕川尻邨一出甲奴郡階見邨山西流逕世羅郡

伊尾邨而合逕小谷邨又東南流逕蘆田郡父石邨御調川入之
御調川源二一出御調郡筋原邨屹立山一出吉田邨宇根山逕江木邨而合南流逕篝邨又東北流逕津蟹邨又東流逕岩根邨又東北流至蘆田郡父石邨入蘆田川長六里十八町合華里四十四寬三十七間合二十二丈二尺
蘆田川又東流逕目崎邨受荒谷川又逕品治郡新市邨受神谷川逕山守邨受阜屋川南流逕深津沼隈二郡界又逕深津郡中津原邨受加茂川又逕本莊邨分一派出本莊邨東南流逕福山至木端邨入海其經流又逕沼隈郡至水吞邨入海長十一里二十二町十六間合華里八十六寬二町十間合七十八丈

大田川

大田川出安藝國入海

川一名八木川源二一出佐伯郡吉和邨山中北流一出山縣郡八幡原邨刈尾山中南流東折逕戸河內邨才原而合東流逕加計邨受瀧山川又南流逕坪野邨受佐伯郡水內川又東流逕穴邨受西宗川又逕沼田郡久地邨又東南流爲沼田郡高宮郡界又逕八木邨又南折逕高宮郡中島邨受三田川又逕安藝郡界又逕牛田邨與沼田郡新莊邨間分東西二派東派逕廣島一本木北又分爲燕尾一曰京橋川南流逕安藝郡千本杭入海一曰猿猴川東流至仁保淵崎浦入海西派逕廣島中島町慈仙寺北分流一曰本川又名猫屋川至沼田郡江波邨入海長三里餘合華里二十寬三町十五間合一百十七

丈

一曰本安川沼田郡吉島新開入海西派逕楠木邨南又分一派爲西流曰橫川又分爲小屋川川田川已斐川各南流入海

沼田川

沼田川出安藝國入海

川源出豐田郡上竹仁邨防壽山東流逕戶野邨東南流曰戶野川逕上河內邨受入野川又逕中河內邨受椋梨川遂受沼田川之目東南流逕船木本鄉邨又東流至田野浦邨入海長十一里十三町合華里七十六寬一町十四間合四十四丈四尺

西條川

西條川出安藝國入海

川源出賀茂郡志和東邨並瀧寺池南流逕正力米滿諸邨又逕寺家邨東折逕御園宇邨爲吾妻子瀑西流逕大河內邨又東流逕馬木邨又西南流逕黑瀨莊諸邨曰黑瀨川逕鄉原邨又爲二級瀑逕廣邨分二派一曰廣大川一曰廣東川炇南流入海長十里二十七町合華里七十二寬四十間合二十四丈

木野川

木野川出安藝國入海

川源出安藝國一名大竹川亦名境川合佐伯郡中道邨飯山邨蟲所山邨諸流東南流逕栗栖邨又西南流逕大栗林邨峠川入之

峠川出佐伯郡玖島邨南流逕渡瀨邨又西南流入木野川長七里一町合華里四十八寬四十間合二十四丈

錦川

錦川出周防國入海

川一名岩國川源出石見國界都濃郡大潮郡山中東南流逕鹿野大向諸郡又東折北流逕長穗又北流逕中須郡玖河郡廣瀨郡又東流逕四馬神郡受出市川又東南流逕小川郡受長谷川又東流逕南桑郡受生見川又南流逕下郡又東流逕御莊郡曰御莊川又逕多田關戶二郡又南流逕岩國莊東流分爲二派一曰今津川同至今津入海寬三町二間合百九丈二尺長廿四里合華里百六十三其至廣瀨郡九里通舟

島田川

島田川出周防國入海

川源二一出玖珂郡祖生郡山中西流一出伊陸郡山中北流

逕下祖生郵而合北流逕玖珂本鄉又西流逕高森郵受獺越川又西南流逕熊毛郡小松原郵又逕小周防郵受呼坂川又南流逕立野郵又西流至島田淺江二郵間入海長八里餘合華里五十四寬三十間合十八丈至高森郵五里合華里三十四可通舟楫

佐波川

佐波川出周防國入海

川一名德地川源出佐波郡柚木郵山中南流受野谷郵水又逕船路郵受引回川又東流逕八坂郵逕三谷郵受三谷川又南流逕堀郵受島地川又折西逕伊賀地郵又南流逕右田郵又逕佐波令至西浦郵入海長十三里三十町合華里九十三寬一町三十間合五十四丈通舟九里合華里五十八

椹野川

椹野川出周防國入海

川源出吉敷郡仁保郵山中西南流逕長野郵西折逕問田郵姬山麓受宮野川木町川又西南流逕下宇野令矢原黑川諸郵又逕椹野莊上鄉又南流逕下鄉小郡郵至名田島西入海長七里合華里四十八寬一町十間合四十二丈其至黑川郵二里合華里十四通舟罔有滯

阿武川

阿武川出石見國界過長門國入海

川一曰萩川亦曰大川源出石見鹿足郡界入長門國又逕阿武郡片俣郵山中東南流逕德佐郡又西南流逕渡川郵又北流逕藏目喜郵受大山川又西流逕川上郵受佐佐並川又西

南流受明木川又西北流逕椿鄉抱川島莊分流西北其西即經流也從椿鄉西分逕山田郵玉江浦至萩之西入海寬二町二十六間八十七丈六尺其北曰松本川從椿鄉東分雁島狹鶴江臺又分左右支入海寬一町十七間合四十六丈二尺長共十五里合華里二百有二其至高瀨通舟靡滯約四里合華里廿七

厚東川

厚東川出長門國入海

川一名廣瀨川源出美稱郡嘉萬郵大瀑東南流逕岩永郵又逕厚狹郡小野郵界吉部郵又逕櫟原郡受綾木川又南流逕木田吉見棚井廣瀨末信諸郵至藤田郵入海長十四里合華里九十五寬三十間合十八丈其至吉部郵瀨戶通舟八里合

華里五十有四

厚狹川

厚狹川出長門國入海

川源出美禰郡逕福邨王嶺東南流逕大嶺邨又西流逕厚保邨又東南流逕厚狹郡原狹邨又南流逕鴨莊邨至末益邨入海長十里十三町合華里七十寬五十間合三十丈其至大嶺邨四郎原通舟四里十八町合華里三十

吉田川

吉田川出長門入海

川源出大津郡深津邨大甯寺嶺南流逕豐浦郡地吉邨又東南流逕大河內邨又南流逕殿敷阿坐上諸邨又逕上保木邨受田部川又東南流逕厚狹郡吉田邨至宇津井邨入海長十

里合華里六十八寬五十間合三十丈其至殿敷郵西市通舟五里合華里三十四

粟野川

粟野川出長門國入海

川源二一出豐浦郡木工路子郵狗留孫山東流一發江良郵貴飯嶺逕河内郵而合北流逕泉河内郵又西流逕殿居郵受大歲川又逕田耕郵又北流至粟野郵入海長七里合華里四十八寬五十間三十丈其至一之俣郵荒木通舟五里合華里三十四

在田川

在田川出紀伊國入海

川源出伊都郡高野山西流逕在田郡日物川郵南流受流山

保田石垣諸莊之澗水又逕粟生郵西流逕松原郵爲瀑又逕糸川郵又西北流逕糸野郵受早月谷川又西流至宫崎莊北湊郵入海長二十七里十八町合華里一百八十六寬五十間合三十丈至松原郵通舟五里合華里三十四

日高川

日高川出紀伊國入海

川源出在田日高二郡及大和州界山西南流逕日高郡東郵受丹生川又逕柳瀨郵又北流逕小家郵受寒川又西流逕廣瀨郵又西南流逕和佐郵受江川又西流至北鹽屋浦入海長五十五里十八町合華里三百七十七寬五十間合三十丈至瀧本郵通舟四里合華里二十有七盤渦螺旋迴風助之

富田川

富田川出紀伊國入海
川源出大和十津川界牟婁郡兵生邨安堵峰南流逕鮎川邨受愛賀川又西流逕岩田邨又西南流至中邨入海長二十五里合華里一百七十寬二町合七十二丈其至眞砂邨通舟九里合華里六十一岩田川其上流名也
安宅川
安宅川出紀伊國入海
川源出紀伊國一名日置川南流逕牟婁郡合川邨會廣見川熊野川前川將軍川諸流一合矢激不淵又逕市鹿郡安宅莊川以莊名也至南日置浦入海長二十五里合華里一百七十寬二町合七十二丈
古座川

古座川出紀伊國入海

川源出牟婁郡大塔東松根邨東南流逕大川邨受佐本川又逕立合邨又東流逕川口邨受小川至古座浦入海長二十七里十八町合華里一百八十六寬二町合七十二丈其至大川邨通舟六里合華里四十

太田川

太田川出紀伊國入海

川源出牟婁郡大雲取峯口色川邨上流曰色川東南流逕小色川邨受高野川至下里入海長二十二里合華里一百四十九寬二町合七十二丈通舟四里合華里廿七

三原川

三原川出淡路國入海

川源出三原郡馬回邨成相谷西北流逕上八木邨又逕浦壁邨受諭鶴羽谷川至湊浦受松本川入海長三里合華里二十寬四十間合二十四丈

桑間川

桑間川出淡路國入海

川源出三原郡鮎屋邨奧西北流逕納邨又東北流逕桑間邨又逕津名郡宇山邨受物部川至洲本北入海長三里合華里二十寬五十間合三十丈

吉野川

吉野川出土佐國

川源出土佐郡本川鄉寺川邨龜森山南麓曰本川東南流逕大森邨受大森川又東流逕川崎本川諸邨受數小流又逕船

戸郡又東南流爲土佐長岡二郡界又逕長岡郡中島郡受地藏川又逕汗見郡受汗見川又東流逕川口郡受川口川又逕穴內郡受穴內川又逕中屋郡受豐永川又東北流逕岩原郡出界長十五里合華里一百二寬四十間合二十四丈

又東北流過阿波國入海

吉野川從土佐國入阿波國三好郡北流逕下名郡山城谷又逕末貞伊豫川入之

伊豫川上流曰銅山川源出宇摩郡別子銅山東流逕馬立上山諸郡入阿波國曰伊豫川又逕山城谷有山城川之目入吉野川長十里餘合華里六十八寬三十間合十八丈有新宮郡渡場土佐官道

吉野川又逕川崎郡出祖谷山受松尾川又逕白地郡受佐野

川又東流逕三好美馬二郡又逕貞光郵受一宇川又逕穴吹郵受穴吹川又逕界麻殖阿波二郡界又逕麻殖郡宮島及阿波郡粟島知惠島諸郵又逕名西郡弟十郵分支東出曰北川北川亦曰別宮川從弟十郵東流逕名東板野二郡界又逕高崎郵鮎喰川入之

鮎喰川出名西郡上山郵奥屋敷骨川兩谷東流逕神領郵又東北流逕廣野郵又東流逕名東郡一宮郵又東北流至高崎郵入北川長十四里二十一町合華里九十七寬三十間合十八丈

北川又東流至板野郡別宮浦入海長三里十五町合華里二十二寬六町合二百十六丈

吉野川經流又逕高房郵分支南出曰南川

南川從高房郡南流逕十原郡又東流逕鯛濱郡又北流逕中島浦又東南流曰今切川至長原浦入海長二里十三町合華里十五寬二町合七十二丈

吉野川經流又北流逕中喜來浦分支東北流曰撫養川

撫養川從中喜來浦北流備前島郡又東流逕南濱郡又北流至岡崎大桑島二郡間入海長二里合華里十四寬一町合三十六丈

吉野川經流又有廣戶川之目東流至豐久新田入海其逕阿波長二十六里合華里一百七十七寬四町合一百四十四丈

勝浦川

勝浦川出阿波國入海

川源二一出勝浦郡瀨津郡殿河內山東流南折一出八重地

邨東流曰福原川逕福原邨而二水合東北流曰棚野邨受立
川又東流逕沼江邨又北流逕須賀邨分流曰大松川逕大松
邨論田浦復合又東流至鶴岡新田入海長十五里合華里一
百二寛四十間合二十四丈

那須川

那須川出阿波國入海

川一名長川源三一出海部郡木頭北川邨幸瀨山曰北川東
南流一出折宇邨勢河谷曰南川東北流分逕西宇郡合流而
東一出那賀郡岩倉邨鎗戸山東流逕小畠邨又東南流逕日
眞邨與二水合又逕雄邨又北折逕水井邨又東流逕下大野
邨南島邨分支曰那東川
那東川東北流至茆屋邨入海

經流分爲二水逕南島岡邨中原柳島横見五邨又逕富岡町受桑野川又逕領家邨二流復合至中島浦入海長二十八里十二町合華里一百九十一寬三町二十間合一百廿丈

海部川

海部川出阿波國入海

川源出海部郡平井邨槇小屋山東流逕小川邨又南流逕富田邨又東流至鞆浦入海長八里合華里五十四寬四十間合二十四丈

鴨部川

鴨部川出讚岐國入海

川源二一出寒川郡前山邨道免曰前山川逕宮西邨東流一出石田邨小倉山三重瀑曰小倉川北流逕神前邨而合逕鴨

部中筋郡至下莊郡入海長四里二十五町合華里三十寬二十間合十二丈夏漲它水類然而此輒涸

香東川

香東川出讚岐國入海

川源出香川郡安原郡相栗別紙諸山北流逕吉光大野郡受小田池水又逕成合郡分東西二流西爲經流逕圓座勅使諸郡至鄉東郡入海長九里十町合華里六十二寬二町合十二丈東爲支流曰福岡川亦曰御坊川東北流至東濱郡入海長二里三十四町合華里十八寬一町合三十六丈

綾川

綾川出讚岐國入海

川一名鴨川亦名北條川源出阿野郡粉所郡震割谷北流逕

山田上郵西北流逕羽床下郵又北流逕瀧宮府中諸郵又西北流至林田江尻二郵間入海長九里九町合華里六十二寬二町二十三間合八十五丈八尺

土器川

土器川出讚岐國入海

川源出鵜足郡勝浦郵窪谷西北流爲阿野鵜足郡界逕造田炭所西郵又逕阿野郡四條郵又北折逕鵜足郡岡田西郵又逕小川西分諸郵至土器郵入海長八里二十五町合華里五十七寬一町四十六間合六十三丈六尺

觀音寺川

觀音寺川出讚岐國入海

川一名染川源出那珂郡鹽入郵釜瀧西流逕十鄉郵又逕三

野郡財田中邨折西北逕大野本大諸邨逕寺家邨又西流逕豐田郡逕流岡觀音寺諸邨至假屋浦入海長八里合華里五十四寬一町四十六間合六十三丈六尺

柞田川

柞田川出讚岐國入海

川一名井關川源出豐田郡海老濟邨萬太谷北流逕井關邨注關池又北流逕荻原中姫諸邨至柞田邨入海長三里十二町合華里二十一寬四十三間合二十五丈八尺

加茂川

加茂川出伊豫國入海

川源二一出石鎚山曰西川一出瓶森山發曰東川分逕新居郡大保木山邨而合屈曲東北流逕黑瀨山邨鬼野山邨又逕

荒川山郵受來須川又逕千町山郵中野郵又西北流逕大町郵至西條西北受喜多川入海長十里合華里六十八寬一町合三十六丈

重信川

重信川出伊豫國入海

川源出浮穴郡砥部十六谷西流曰則內川逕吉久郵受山內川又逕田窪高井森松諸郵受九谷川又西北流逕伊豫郡中河原郵又逕市坪郵石手川入之

石手川出溫泉郡湯山郵水嶺西南流逕溝邊石手東野樽味諸郵松山又西南流逕久米郡淺生田和泉二郵間受石井川至伊豫郡市坪郵入重信川長四里合華里廿七寬十一間合六丈六尺其川從石手郵分流數支資灌溉也一支逕道後祝

谷山越諸郵至和氣郡和氣濱郵入海一支從道後逕萬味酒辻諸郵至三津町入海

重信川又西流至北河原郵今津入海長七里合華里四十八寬一町合三十六丈浚河築隄自足立重信所用八加藤嘉明重信川之名以此其逕今津又有今津川名

肱川

肱川出土佐伊豫二國界入海

川一名比志川源出土佐伊豫二國界宇和郡川津南郵麥切坂西流逕下相郵曰下相川北流逕男河內郵受野井川又西流逕坂石郵野郵川入之

野郵川出喜多郡正信郵南流逕宇和郡東多田郵又逕下松葉郵夘町又東南流逕下川明間諸郵又逕野郵又北折東流

至坂石郵入肱川寬三十六間合二十四丈

肱川又逕喜多郡成能郵受奈良野川又西流逕大洲東北又東北流逕德森郵受新谷川又西北流至長濱入海長十里合華里六十八寬一町十間合四十二丈自大洲至長濱通舟四里合華里二十有七

面河川

面河川出伊豫國

川古名替殿川一名神河源出石鎚山麓西南流游逕浮穴郡北番郵又逕有枝郵受有枝川大川又南流逕日浦郵受小黑川東折出界長七里合華里四十八寬一町三間合三十七丈二尺

又過土佐國曰仁淀川入海

面河川從伊豫國入土佐國界曰仁淀川東流逕吾川高岡二郡界又逕吾川郡桒野川邨受岩屋川森川又逕高岡郡野老山邨受分德川又逕今成邨受黑岩川繞北又折北而東逕能津邨宮之谷受吾川郡之八川又東南流逕日下邨受日下川又南流至新居浦入海長十九里餘合華里一百廿九寬三町餘合一百八丈其吾川郡八田邨分支東南流曰八田川至長濱邨入海

渡川

渡川出土佐國

川一名四萬十川源出高岡郡四萬川邨津之山南流逕檮原邨川口受檮原川又逕川井邨受北川又逕幡多郡田野邨上山川入之

上山川出高岡郡船戶郵山中東南流逕大野見郵又西南流逕仕出原郵又逕平串北川郵受北川西流至田野郵注渡川長十二里合華里八十一寬四十間合二十四丈

渡川又西北流逕大野郵受島川又西南流逕下山郵吉野川入之

吉野川出土佐國與出土佐入阿波者同名西南流逕伊豫國宇和郡父之川日向谷諸郵又逕下大野郵又南流逕興野野郵受宮野下川又逕延野野吉野諸郵又東南流逕土佐至幡多郡川崎郵入渡川長八里合華里五十四寬四十二間合廿五間二尺

渡川又逕津野川郵受伊豫大宮川東南流逕不破郵受有岡川又逕角崎郵受佐岡川又南流至下田浦東流入海長二十

里合華里一百三十六寬五十五間合三十三丈海口十町合
三百六十丈
野根川
野根川出土佐國入海
川源出阿波海郡久尾邨石谷山南流安藝郡逕野根浦入海
長五里十八町合華里三十五寬二十間合十二丈
奈半利川
奈半利川出土佐國入海
川源二曰東川曰西川皆出安藝郡魚梁瀨山南流逕魚梁瀨
邨二水合而東南流逕北山郡平鍋邨受二股川又西南流逕
小島和田邨西谷邨又受西谷川又逕加茂邨受野川又逕野
友邨至奈半利浦入海長十三里合華里八十八寬五十間合

三十丈

安田川

安田川出土佐國入海

川源出安藝郡馬路邨土川一之谷山受中川東川南流逕中山鄉至安田浦入海長十里合華里六十八寬五十間合三十丈

伊尾木川

伊尾木川出土佐國入海

川源出安藝郡別役邨受島邨小谷川南流逕古井邨黑瀨邨又逕伊尾木浦分二派一至松田島入海長一里西流入海長十里合華里六十八寬十六間合九丈六尺

安藝川

安藝川出土佐國入海

川源出香美郡槇山鄉大櫪郵仲津尾山東南流逕安藝郡畑山郵又南流受安藝川郵小川郵諸水又逕櫪木郵井口郵至安藝浦入海長四里合華里二十七寬十五間合九丈

物部川

物部川出土佐國入海

川源出香美郡槇山鄉白髮山西南流逕岡之內押谷諸郵又南流逕山崎郵又逕大櫪郵受久保川又西南流逕韮生鄉逕有獺郵受川口川至楠目郵分一支曰山田川

山田川從楠目郵分自物部川西南流逕岩郵鄉又逕長岡郡至高須郵入浦戶港

逕流南折逕片地父養寺深淵諸郵至物部吉原二郵間入海

長二十五里合華里一百七十寬十三間合七丈八尺

早良川

旱良川出筑前國入海

川源出早良郡椎原郵姥谷及八畝原小爪北流逕內野郵受小笠木川又西北流逕東入部郵又逕怡土郡飯塲郵受曲淵川逕金武郵又北流逕小田部郵又有室見川之目至莊郵姪濱之間入海長五里合華里三十四寬一町二十間合四十八丈

那珂川

那珂川

川源二一出那賀郡五箇山郵地燒嶺北流一出早良郡板屋郵東南流又逕五箇山郵大野而合又北流稱岩戶川逕市瀨

等二十餘郵受諸溪水又逕春吉郵分爲二派又逕博多中島
兩川復合入海八里合華里五十四寬一町三十間合五十四
丈
御笠川
御笠川出筑前國入海
川源出御笠郡北谷郵西北流逕宰府又逕席田郡至那珂郡
豐富郵入海長六里十四町合華里四十一寬二十五間合十
五丈
遠賀川
遠賀川出筑前國入海
川源出嘉麻郡桑野郵嘉麻嶺西北流逕漆生郵受泉河內川
北流逕鴨生郵受山田川又逕立岩郵受飯塚川又東北流爲

穂波郡界又逕鞍手郡直方町受下堺川又逕上塚邨赤池川入之

赤池川源二一出田川郡彦山西北流逕安永邨又西流曰添田川一出中元寺邨西北流曰中元寺川又逕金田邨又北流而合又逕赤池草塲邨又西流至筑前鞍手郡上堺邨入遠賀川長九里合華里六十一寬三十間合十八丈

遠賀川又北流逕本屋瀨驛受若宮川又逕遠賀郡楠橋邨分一支曰堀川

堀川從遠賀郡之楠橋邨壽命分一派東北流至陳原入海長二里合華里十三寬六間合三丈六尺明泰昌天啓間爲元和寬延年黑田氏疏鑿灌溉利之

遠賀川又逕鞍手郡又逕遠賀郡中間邨受香月川浸成巨流

又逕蘆屋郵受西川至蘆屋港入海長十四里三十一町合華里九十九寬二町合七十二丈漕運便之其川名於嘉麻郡曰嘉麻川於鞍手郡曰木屋瀨川於遠賀郡曰蘆屋川蓋隨地易稱云

千年川

千年川出肥後豐後二國

千年川即所謂三隈川也古名一夜川俗名上座川亦名日田川源二一出肥後阿蘇郡小國鄉獵師嶽曰杖立川亦曰田野原川西北流逕宮原町受市原川北流一出阿蘇郡湯田郵龜鼻山北流曰湯田川逕城郵受中原川黑淵川又逕土田郵合田野原川又逕下城郵合幸野川長田川穿涌蓋山西北流逕杖立郵又少西受志屋川及豐後國津江川入豐後國北流曰

大山川自源至此長八里合華里五十四寬四十間合二十四丈此千年川源之一也又一源出直入郡大船山女池諸水四合西北流逕玖珠郡曰玖珠川又逕引治驛受町田川田代川又東逕松木邨受龍門川又西北流逕塚脅邨受森川又西流逕戸畑邨爲瀑月纖懸洪數丈飛湍注壑又西南流逕日田郡又逕湯山又西北流逕日高邨又逕下井手與大山川合又逕隈町分爲二流既逕隈山復爲一流逕友田邨又逕豐前彥山南受花月川又西流爲筑前筑後二國界自女池至此長十七里合華里一百十五寬一町十二間合四十三丈二尺

又過筑前國

千年川入筑前國上座郡穗坂邨又西流受良松川林田川志波川又逕下座郡長田邨受三奈木川古江川入筑後國竹野

郡早田邨川之中央爲國界受夜須郡之依井川秋田川及御笠郡之蘆木川出界自源至穗坂邨長十七里合華里一百十五自穗坂至長田邨四里二十二町五十八間合華里三十寬一町四十間合六十丈

又過筑後國曰筑後川

千年川從豐後國入筑後國逕境較長故易其名曰筑後川西流爲筑前下座郡筑後生葉竹野二郡界又逕竹野郡床島邨

三牟田川入之

三牟田川出生葉郡今丸邨西流逕竹野郡柳瀨入筑後川長三里二十町合華里二十三寬十一間合六丈六尺下流曰古川

筑後川又南流逕山本郡常持邨巨瀨川入之

巨瀨川出生葉郡妹川郵元蟻又東北逕小坂郵又西流逕竹野郡至山本郡常持郵入筑後川長六里二十三町四十五間合華里四十三寬二十二間合十三丈二尺

筑後川又西流逕御井郡有御井川之目得川入之

得川出筑前夜須郡逕筑後御原郡津古郵南流至御井郡荒瀨郵注筑後川長二里二町合華里十三寬三十六間合廿一丈六尺有漕輸利之

筑後川又西南流逕久留米又逕肥前國界又逕三豬郡甘木川入之平松川正原川柳野川入之

甘木川一曰廣川出上妻郡北河内郵小鹽山中西南流逕六田郵又西北流逕三潴郡又逕上野驛又西流至黑田郵入筑後川長四里二十三町十四間合華里三十寬三十八間合廿

二丈八尺下流有藤田川荒木川宮本川之目

平松川爲矢部川別派（矢部川別載）分自上妻郡津江邨至三潴郡下向島邨入筑後川長十五里合華里一百二寬八間合四丈二尺

正原川爲星野川別派（星野川矢部川）西流至三潴郡城島郡入筑後川長十里廿二町合華里七十一寬十三間合七丈八尺下流有生津江川城島江川之目

柳野川源二一出豐後日田郡柚木邨一出日田郡堂尾邨逕筑後生葉郡小鹽邨二之瀨而合又西北流至福久邨入筑後川長三里十五町三十間合華里二十三寬廿間合十二丈又有隈上川之目

筑後川又逕筑後境十八里合華里一百廿二寬五町五十間

合二百四十六丈
又過肥前國入海
筑後川從筑前筑後界入肥前國亦名千隈川一名境川西南流逕基肆郡水屋郿受秋水川又逕養父郡下野受安良川又逕三根神崎諸郡寒水川田手川神崎川入之
寒水川一名綾部川出養父三根二郡界石谷山南流逕養父郡綾部郿寒水郿至江見江入筑後川長四里合華里二十七寛八間合四十八丈
田手川上流曰石動川出神崎郡久保山逕上石動郿受諸小水南流逕松隈田手郿至崎郿入筑後川長五里合華里三十四寛十間合六丈
神崎川出背振山上宮嶽之西溪逕久保山腹卷山仁比山諸

郡爲城原川南流逕神崎驛回蓮池之東南至蒲田江東南流入筑後川長七里合華里四十七寬十二間合七丈二尺
筑後川又逕天建寺郡又東南流逕夾賀郡大中島大託間島又逕筑後大野島西分諸富二重津東分筑後若津小保入海計自水屋郡長九里合華里六十一寬五町五十間合二百十丈綜計委長凡三十五里合華里二百三十八此日本西海第一大川也以媲關東利根川有筑波次郎之名此與肥後玖摩川薩摩川內川世稱筑紫三大河云

矢部川

矢部川出筑後國入海

川源出上妻郡北矢部郡黑塚山西流逕祈禱院郡星野川入之星野川出生葉郡熊凌山西南流逕上妻郡山內郡又南流

至祈禱院郵入矢部川長五里廿七町合華里三十八寬三十五間合廿一丈

矢部川又逕下妻郡長田郵爲二派一西南流至山門郡鳥堀切郵入海寬四十間合二十四丈一西流逕山門郡柳河之北南流至端地郵入海寬三十六間合二十一丈六尺長凡十五里合華里一百二其別派曰平松川詳所入之筑後川

蒲生川

蒲生川出豐前國入海

川一名紫川源二一出企救郡道原郵菅生瀑東北流一出市丸郵大清水社之池又西北流逕德光郵而合又北流逕德力蒲生郵至小倉入海長四里十八町合華里三十寬一町合三十六丈

令川

令川出豐前國入海

川源出田川郡彥山西北流逕下赤郡北流又逕仲津郡至大橋郡東入海長十里合華里六十八寬一町合三十六丈

山國川

山國川出豐前國入海

川一名高瀨川又曰廣津川古曰御木川源出彥山東南流逕下毛郡宮園郡又北流逕柿坂郡受山移川又逕上毛下毛二郡界又逕中津之西至上毛郡小犬丸郡入海長十三里合華里八十八寬一町廿間合四十八丈

驛館川

驛館川出豐後國過豐前國入海

川古名菟狹川源三一出豐後國速見郡油布山逕宇佐郡萱籠郵藥鑵口爲瀑曰津房川一出豐後玖珠郡曰出生郵福間嶽逕宇佐郡西椎谷爲瀑北流注惠良谷曰惠良川一出玖珠郡塞水郵蘆刈山曰深見川北流分逕下市郵東逕飯田郵合津房川又西北流逕香下郵合惠良川是爲驛館川又北流逕郡之中央至長洲浦入海長八里合華里五十四寬三町二十間合一百二十丈

大分川

大分川出豐後國入海

川源三一出速見郡川上郵溫湯池曰由布川西流逕下川郵東南流逕大分郡又東流逕西長寶郵透內又逕直入郡阿蘇野郵男池受阿曾野川曰透內川一出大野郡神角山東北流

逕大分郡東流曰赤坂川逕野津原驛稱七瀨川一出直入郡大船山麓南流逕柏木邨東北流受湯原川曰杤網川又逕大分郡小野邨合透內川東流又逕賀來邨受賀來川又逕下宗方邨合七瀨川又逕津守邨受寒田川又東北流逕府內爲二流至今津留津留二邨北流入海長十三里合華里八十八寬一町十間合四十二丈上流有堂尻川光吉川之稱

大野川

大野川出豐後國肥後國二源合流過豐後國復分入海

川源二一出直入郡九重山麓南流曰久注川逕下坂田邨受稻葉川又逕市用邨受志土知川又東流稱飛田川一出肥後阿蘇郡山谷之山田川葎原川各東流逕直入郡岩瀨邨而合曰玉來川又逕吉田邨惠良受吉田川曰阿藏川又逕岡之東

南受飛田川又逕狹田郡受十川狹田川又東流逕大野郡稱
大野川又逕臼尾郡鉢山緒方川入之
緒方川出直入郡九重野郡二派其代瀧部鹿風紺屋諸溪水
混濤逐流又逕次倉郡長迫併流而東曰門田川又逕高山凡
出嫗嶽諸流東匯一川又逕入田郡矢原受倉木川又逕大野
郡東北流受德田川宇田川又逕臼尾郡注大野川長九里合
華里六十一寬三十間合十八丈
大野川又逕矢田郡中角爲沈墮瀑渾洪最怒鼓若山騰受矢
田川又逕臼尾郡岩戶岩戶川入之
岩戶川出大野郡尾平山東北流曰宇田枝川逕宇多江郡井
崎受中津牟禮川至臼尾郡岩戶注大野川長十里合華里三
十六寬三十間合十八丈

大野川又東北流逕大寒邨戸上又逕三重鄉受赤嶺川又逕田原邨受品川又逕犬飼町受柴北川又逕柚木邨荻原受野津院川又逕大分郡北流有犬飼川利光川之稱逕海部郡夾大津留邨分流東西出大分郡東曰山川西曰乙津川各至鶴崎入海長三十四里合華里二百三十一山川寬二町十四間合八十丈四尺乙津川寬一町四十四間合六十二丈四尺

八坂川

八坂川出豐後國入海

川源二一出速見郡吉野渡邨楠原池東北流逕立石驛東南流一出速見郡久木野尾及日指溪東流逕倉成邨二水遂合逕杵築南至須崎入海長五里十六町合華里三十六寬十間合三十六丈

番匠水

番匠水出豐後國分三派入海

水源出海部郡山部郵樫峯東流曰山部川又逕堂野間郵受上津川曰因尾川又逕三俣郵受久留川又逕井崎郵受井崎川又南流始稱番匠川又逕上岡郵佐伯南至船頭町厥派三分東流入海長十里合華里六十八寬四十間合二十四丈

川上川

川上川出肥前國入海

川有數源出神崎郡名尾川三瀨川及佐賀小城二郡山谷各逕佐賀郡三段田郵而合川流所積奔湍浸亘南流逕川上郵曰喜瀨川至南麥新江入海長十里合華里三十六寬一町三十間合五十四浚疏既久灌溉利滋其支流曰布施川曰三溝

川曰蘆里川曰小寺川分逕佐賀故城至今宿江入海

多久川

多久川出肥前國入海

川一名納所川出小城郡女山郡鈴鹿山東流逕天山受本山川中川又逕別府邨羽佐間邨南流逕古賀邨至砥川江入海

長六里合華里四十一寬八間合四丈八尺

武雄川

武雄川出肥前國入海

川源出杵島郡矢筈邨東流逕永野邨又逕甘久邨高橋受潮見川又逕成瀨邨至佐留志大戸二邨間入海長廿一里三十町合華里一百四十八寬十五間合九丈

鹽田川

鹽田川出肥前國入海
川源出彼杵郡波佐見山藤津郡不動山名美野川亦名別當川東流逕彼杵郡嬉野又逕式波郡受多良嶽水又逕美野鹽田諸郡至常廣郡入海長七里合華里四十七寬十五間合九丈

伊萬里川
伊萬里川出肥前國入海
川一名天仙寺川源出松浦郡大川內山西流受棧敷嶺池之嶺溪水又逕今嶽郡至伊萬里入海長三里合華里二十寬十八間合十丈八尺

有田川
有田川出肥前國入海

川一名大里川源出杵島郡黑髮山西北流逕松浦郡大木郵北流至伊萬里日尾郵入海長四里合華里廿七寬十間合六丈

松浦川

松浦川出肥前國入海

川源出杵島郡船原郵北流受川古郵諸水逕松浦郡桃川郵曰桃川又東北流逕久保郵受東川又西北流逕橋本郵受波多川又北流至唐津入海長十里合華里六十八寬五町五十間合二百十丈

菊池川

菊池川出肥後國入海

川一名山鹿川亦名高瀨川源出菊池郡原郵深葉山西南流

逕高島郡又北流受迫間川又逕山鹿郡川崎郡受合志川又西北流逕湯町又西流逕玉名郡又逕下津原郡又南流逕高瀨町至滑石郡入海長十九里十八町合華里一百三十二寬二町三十間合九十丈其川口有小港曰晒

白川

白川出肥後國入海

川一名高橋川源出阿蘇郡南鄉白川郡西南流逕黑川郡黑川入之

黑川出阿蘇郡阿蘇山麓黑川郡南流逕黑流町郡受手野川又西流逕內牧町又西南流至南鄉黑川郡注白川長八里五町三十間合華里五十五寬三十間合十八丈

白川又西流少南爲合志上益城飽田託麻四郡界逕熊本南

又逕飽田郡小島邨至百貫石入海長十五里餘合華里一百二寬二町三十間合九十丈河口曰小島港漕泊鶩趨運輸使之

綠川

綠川出肥後國入海

川源出阿蘇郡南鄉河口邨三方山西流逕上益城郡受橫野川男成川釋迦院川諸流𣏟引濤勢濬發逕甲佐町北流少西又逕上島邨受御船川又西流逕犬淵邨加勢川入之

加勢川一名中瀨川又名木山川源出阿蘇郡南鄉小森邨山中西流逕上益城郡又逕木山町又西南流逕沼山津邨會江津廣湖環波怒溢傲睨微涓矣南折而西至犬淵邨注綠川長四里一町五十二間合華里二十七寬四十間合廿四丈

綠川又西南流逕託麻下益城二郡界北抱下益城郡杉島邨又南流逕飽田郡北走潟邨又西北流至二町邨入海長廿一里合華里一百四十三寬四町合百四十四丈

冰川

冰川出肥後國入海

川源出八代郡內桑邨山中西南流逕澤無田邨西流又西南流逕立神邨又西流逕宮原町爲南北二流迴抱鏡町至芝口邨入海長九里十八町合華里六十四寬一町四十間合六十丈

球摩川

球摩川出肥後國入海

川源二一出八代郡五箇莊樅木邨曰樅木川西流受山中諸

水逕椎原邨南流曰椎積川一出球摩郡江代邨片尾山西南流逕柳瀨邨而合又西流受胸川又逕人吉北又逕一勝地邨北流爲球摩葦北二郡界又逕八代郡又西北流逕上豐原邨又西流逕麥島邨南至彌次邨入海長廿四里廿町餘合華里一百六十六寬八町二十間合二百八十丈自人吉至海共長十六里餘合華里一百有八颿檣往來河口有小港曰八代港又西少北有可賀島爲入港望標

佐敷川

佐敷川出肥後國入海

川源出葦北郡杉園邨國見山北流逕見附邨又西北流逕佐敷町至計石邨入海長四里十八町合華里三十寬五十間合三十丈

水俣川

水俣川出肥後國入海

川源出葦北郡久野木邨山中西北流逕渡野邨又西流至濱邨入海長五里廿九町合華里卅九寬廿八間合十六丈八尺

五箇瀨川

五箇瀨川出日向國入海

川源出臼杵郡鞍岡邨山中北流界肥後合肥後阿蘇郡菅尾鄉諸水逕桑野內邨東南流逕岩戶邨受篠戶川又逕岩井川邨受日影川又逕七折邨受網瀨川又逕北方邨又東流逕南方邨分流南北二支一稱五箇瀨川逕延岡故城北一稱大瀨川逕延岡南又逕岡富邨祝子川入之

祝子川出臼杵郡川內名邨山中東南流逕祝子邨岡富邨內

大武町注五箇瀨川長七八里合華里五十四寬五十間合三十丈可泝漕船四里合華里二十七

五箇瀨川又逕川島郵北川入之

北川出豐後大野郡宇目鄉山中入日向國臼杵郡內名郵南流逕長井郵逕川島郵注五箇瀨川長十九里合華里一百廿九寬一町廿間合四十八丈可泝漕船五里合華里三十四

五箇瀨川又逕川島郵至東海港入海長三十里合華里二百四寬一町四十間合六十丈泝漕七里合華里四十七

美美津川

美美津川出日向國入海

川一名耳川源出臼杵郡那須椎葉山東流逕臼杵郡又逕山陰郵又東南逕兒島郡至美美津入海長廿八里合華里一百

九十寬三町廿間合一百廿丈漕船以五里爲率合華里三十四夏秋漲溢輒泝十三里合華里八十八

大丸川

大丸川出日向國入海

川一名高鍋川又曰蚊口川源出臼杵郡椎葉山津賀尾山各東南流逕兒湯郡川原邨又東流至高鍋邨蚊口浦入海長廿五里合華里一百七十寬四十間合二十四丈

一瀨川

一瀨川出日向國入海

川一名二瀨川源出臼杵郡大川内邨高塚山南流入兒湯郡米良谷曰米良川逕邨所邨受板谷川又東南流逕横野邨又東流逕越野尾邨出橋掛谷受小川又逕中尾邨上揚邨掛谷

所受銀鏡川又東南流逕黑生野鄉河原江川入之
河原江川出兒湯郡三納鄉植鼻山東南流逕淸水鄉受荒武
川又逕鹿野田鄉又東北流至黑生野鄉注一瀨川長十二里
合華里八十一寬三十五間合二十一丈
一瀨川又逕那珂郡過佐土原北東流逕下田島鄉至德淵港
入海長三十里餘合華里二百有四自海口上流廿町川身廣
甚中抱洲嶼北派寬一町十間合四十二丈南派寬四十間餘
合二十四丈

大淀川

大淀川出日向國入海
川一名赤江川源二一出肥後球摩郡皆越谷中南流入日向
國諸縣郡須木鄉木浦稱岩瀨川又逕東方鄉又東流曰野尻

川至笛水郡長十五里合華里一百二寬三十間合十八丈一出諸縣郡南鄉石原山中曰橋野川又西南流入大隅國噌唹郡吉永邨北流又入日向諸縣郡五拾町邨曰竹下川寬廿五間合十五丈又逕都城前川內邨受安永川又逕高城繩瀨邨又出霧島中嶽受繩瀨川又東北流逕笛水邨受野尻川又東流系原邨綾川入之

綾川源二一出兒湯郡米良越野尾邨山中東南流逕諸縣郡綾北方邨至森永邨稱綾北川長十里合華里六十八寬廿六間合十五丈六尺一出肥後球摩郡白髮嶽入日向國諸縣郡逕須木之深山又東南流逕綾南方邨綾南川長十五里合華里一百二寬廿間合十二丈逕森永邨南北而合至糸原邨入

大淀川長三里合華里二十

大淀川又東南流逕宮崎郡至那珂郡下別府邨福島邨間入海長廿五里合華里一百七十寬三町廿間合一百廿丈可泝漕船六里合華里四十日向國巨流此其最云

新川

新川出大隅國入海

川古名天降川上流曰霧島川曰大津川源出霧島山中南流逕囎唹郡川北邨又西南流逕東鄉邨受金山川又南流至桑原郡國府鄉濱市入海長八里合華里五十四寬一町合三十六丈

上別府川

上別府川出大隅國入海

川源出始羅郡蒲生鄉漆邨山中南流逕蒲生又東流逕中津

野郵受山田川又逕帖佐町東南流至東餅田木田二郵間入海長五里合華里三十四寬三十間合十八丈

小根占川

小根占川出大隅國入海

川源出始羅郡田代鄉六郎館嶽東南流逕大浦地東流曰花瀨川受大藤川又西北流逕川原郵受麓川又出荒西嶽逕小川爲小川瀑東流至小根占鄉之川北川南二郵間入海長六里合華里四十寬廿間合十二丈

肝付川

肝付川出大隅國入海

川一名境川源二一出肝付郡高隈郵前國山南流逕鹿屋郵又東南流曰鹿屋川一出肝付郡中嶽北流曰始良川逕始良

下名郡而合鹿屋川又東北流逕罔崎郡大隅郡長谷之串良川入之
串良川出大隅郡垂水嶽東流逕肝付郡高隈又東南流至罔埼郡入肝付川長七里合華里四十八寬二十間合十二丈肝付川又北流東折至柏原町入海長八里合華里五十四寬四十間合二十四丈
川内川
川内川出肥後日向二國合流過薩摩國入海
川源二一出肥後國球摩郡白髮嶽南流入薩摩國伊佐郡曰山野川逕金波田郡受市山川曰羽月川一出日向諸縣郡飯野鄉狗留孫山中南流逕飯野西流逕眞幸曰眞幸川南流入大隅國菱刈郡逕栗野西北流入薩摩伊佐郡牛山鄉下殿郡

合羽月川自源至此長十三里合華里八十八又逕鶴田邨受金山川又南流逕時吉邨受穴川又西流逕宮之城北又逕虎居邨受豐川又南流逕山崎又西流逕薩摩郡久住邨受樋脅川又逕東鄉南流逕平佐西流逕薩摩高城二郡界至薩摩郡高江鄉久見崎入海凡長四十六里合華里三十一寬一町四十間合六十丈其海口溯太良鄉十六里合華里一百有九通舟靡阻

江月川

江月川出薩摩國入海

川一名神月川或曰甲突川源出日置郡郡山鄉花尾山東南流逕鹿兒島郡貫兒島市街南至沖之邨洲崎入海長六里合華里四十一寬一町三間合三十七丈八尺

萬瀨川

萬瀨川出薩摩國入海

川源二一出給黎郡知覽鄉中嶽西流曰麓川一出阿多郡伊作山東南流逕阿多谷山二郡界又逕川邊郡又南流逕川邊合麓川又逕田部田邨又西北流逕長田邨又逕川邊阿多二郡界又逕川邊郡釜山邨又西流逕阿多郡高橋邨至吹上濱入海長六里合華里四十一寬一町合三十六丈

廣瀨川

廣瀨川出薩摩國入海

川一名泉川源出水郡上大川內邨山西北流折南逕上大川內邨受白木川又西流逕下大川內邨受高川折北又西北流至米津入海長五里合華里三十四寬一町合三十六丈川口

有港曰米津

住司川

住司川出州南島入海

川源出燒內間切大和濱方山東南流逕同間切又逕住用間切又逕西中間邨又南流至石原邨入海長一里合華里六里八寬四十間合二十四丈

幡鉾川

幡鉾川出壹岐國入海

川源出壹岐郡住吉邨山信東流逕石田郡物部邨又逕壹岐郡至深江邨川內尻入海長二里十町合華里十五寬七間合四丈二尺

谷江川

谷江川出對馬國入海

川源三其二源出壹岐郡立石郡布氣二水其一出自可須郡出一川逕新城郡高松而合又逕箱崎郡鱸淵受牧川又東南流至國分郡當田入海長一里二十町合華里十寛十二間合七丈二尺

佐護川

佐護川出對馬國入海

川源出上縣郡深山郡三嶽合仁田內惠古諸郡溪水又西北流至湊郡入海長三里合華里二十寛廿間合十二丈

佐須川

佐須川出對馬島入海

川一名小茂田川源出下縣郡佐須嶺西流逕鶴野樫根至小

茂田郵入海長二里十八町合華里十七寬十二間合七丈二尺

落部川

落部川出渡島國入海

川源出茅部郡濁川嶽北流至落部郵入海長十里合華里六十八寬四十間合二十四丈

有川

有川出渡島國入海

川源出濁川嶽南流至上磯郡有川郵入箱館港長十二里十五町合華里八十三寬三十間合十八丈

木古內川

木古內川出渡島國入海

川源出跨上磯檜山拉靄嶽耶子嶽東流至上磯部木古内邨入海長四里十八町合華里三十寬五十間合三十丈

知內川

知內川出渡島國入海

川源出千軒嶽東流至福島郡知內邨入海寬四十間合廿四丈

上國川

上國川出渡島國入海

川源出拉靄嶽脫卡立嶽西流至檜山郡上國邨入海寬五十間合三十丈

厚澤部川

厚澤部川出渡島國入海

川源出烏嶽濁川嶽西流至檜山郡柳崎邨入海寬一町十間合四十二丈

後志川

後志川出後志國入海

川源出膽振虻田郡當佛登西流逕後方羊蹄山腰至磯谷邨入海長十八里合華里一百廿二寬一町四十間合六十丈

古手川

古手川出後志國入海

川源出岩內郡界國分山北流逕古平郡至濱中邨入海長七里合華里四十八寬三十間合十八丈

堀株川

堀株川出後志國入海

川源出岩內郡山中西流至堀株郡入海長十一里合華里七十五寬四十間合二十四丈

余市川

余市川出後志國入海

川源出余市郡余市嶽北流受志狩別川登川諸流至黑川郡入海長十三里合華里八十八寬三十五間二十一丈

積丹川

積丹川出後志國入海

川源出積丹郡積丹嶽北流至積丹郡入海長十里合華里六十八寬十八間合十丈八尺

朱太川

朱太川出後志國入海

川源出膽振虻田郡禮文華北流至壽都郡樽岸邨入海長十四里合華里九十五寬凡一町合三十六丈

利別川

利別川出後志國入海

川源出膽振山越郡蟹寒嶽路可知嶽至瀨棚郡瀨棚邨入海長三十里合華里二百四寬一町合三十六丈

太櫓川

太櫓川出後志國入海

川源出太櫓郡太櫓嶽西流至太櫓邨入海寬五十間合三十丈

游樂部川

游樂部川出膽振國入海

川源出渡島爾志郡游樂部嶽東流至山越郡游樂部入海長三十四里合華里二百三十一寬五十間合三十丈

長萬部川

長萬部川出膽振國入海

川源出蟹寒嶽及後志黑松內嶽東南流至長萬部郵入海長十二里合華里八十二寬四十間合二十四丈

長萬部川

長萬部川出膽振國入海

川源出有珠郡山中西南流至長流郵入海長十六里合華里一百有九寬五十間合三十丈

敷生川

敷生川出膽振國入海

川源出有珠郡山中南流至敷生郡入海長八里合華里五十四寛三十間合十八丈

白老川

白老川出膽振國入海

川源出白老郡白老嶽南流至白老郡入海長十里合華里六十八寛三町廿五間合一百二十三丈

勇拂川

勇拂川出膽振國入海

川源出千歲郡界南流至勇拂郡勇拂入海長五里合華里三十四寛廿八間合十六丈八尺

鵡川

鵡川出膽振國入海

川源出勇拂郡山中西南流至鵡川邨入海長廿里合華里一百三十八寬四十五間合二十七丈

石狩川

石狩川出石狩國入海

川源出上川郡石狩嶽太瀑布屈曲流西南受諸水至石狩郡石狩入海長百六十七里合華里一千百三十五寬三町四十二間合一百三十三丈

天鹽川

天鹽川出天鹽國入海

川源出上川郡十勝石狩二嶽之北西北流受諸水逕中川郡至天鹽郡天鹽入海長七十里餘合華里四百七十六寬三町合一百八丈

留萌川

留萌川出天鹽國入海

川源出留萌郡幌尻山西流合諸水至留萌郡入海長十四里餘合華里九十五寬一町合三十六丈

沙流川

沙流川出日高國入海

川源出膽振石狩十勝三州高山西南流逕新冠郡合諸流屈曲至沙流郡佐瑠太入海長七里合華里四十八寬五十間合三十丈

厚別川

厚別川出日高國入海

川源出新冠郡二高山西南流合諸水至沙流郡厚別入海長

十五里合華里一百二寬五十間合三十丈

新冠川

新冠川出日高國入海

川源出十勝州界諸山西南流至新冠郡高江邨入海長廿六里合華里一百七十七寬一町合三十六丈

染退川

染退川出日高國入海

川源出十勝州界西南流合東枝川西枝川諸流至靜內郡下方邨入海長十五里合華里百二寬一町十五間合四十五丈

三石川

三石川出日高國入海

川源出三石郡志計別比利加位二山西南流合諸水至三石

入海長十一里三十町餘合華里八十寬一町四十四間合六十二丈四尺

帠舞川

帠舞川出日高國入海

川源出三石郡志毛禮滿津富山久別山西南流至帠舞入海長十一里三十町合華里八十寬五十間合三十丈

元浦川

元浦川出日高國入海

川源出浦河郡東保奴加良山西南流至元浦河入海長七里十八町合華里五十寬五十間合三十丈

豐居川

豐居川出十勝國入海

川源出廣尾郡神威山脈豐居山東南流至浦河郡豐居入海長四里十八町合華里三十寬八町合二百八十八丈

懋舟川

懋舟川出十勝國入海川源出當綠郡懋舟山南流懋舟郡入海長十里合華里六十八寬七町五十間合二百六十七丈

大津川

大津川出日向國入海川源出上川郡十勝山脈信滿山東南流逕河西中川諸郡至十勝郡大津入海長四十四里餘合華里二百九十九寬二町十六間合八十一丈六尺其支流曰十勝川至十勝郡十勝入海長二里合華里十四寬一町廿七間合五十二丈二尺

久壽里川

久壽里川出釧路國入海

川源出釧路郡釧路嶽東南流合阿寒瀨釣二川至釧路入海

長三十七里合華里二百五十一寬二町合七十二丈

西別川

西別川出根室國入海

川源出釧路上川郡西別嶽東流過根室野付郡界入海長三

十里合華里二百四寬一町餘合三十六丈

津川

津川出根室國入海

川源出標津郡標津嶽東流至標津郡入海長十六里合華里

一百有九寬三十間合十八丈

富別川

富別川出北見國入海

川源出天鹽二高山間北流合諸水至枝幸郡富別入海長十五里合華里一百二寬一町廿五間合五十一丈

紋別川

紋別川出北見國入海

川源出天鹽之界北流至紋別郡紋別入海長九里合華里六十一寬四十間合二十四丈

常呂川

常呂川出北見國入海

川源出石狩之高山東北流至常呂郡常呂郡入海長三十里合華里二百四寬五十間合三十丈

斜里川

斜里川出北見國入海

川源出斜里郡斜里嶽北流至斜里郡入海長八里合華里五十四寬四十間合二十四丈

流別川

流別川出千島國入海

川源出擇捉郡邊入蘢山入海長三里二町合華里二十一寬四十間合二十四丈

蘢取川

蘢取川出千島國入海

川源出蘢取郡模與呂沼西北流入海長五里合華里三十四寬十九間合十一丈四尺

日本圖經七終

日本河渠志二

奏派游歷日本美利加秘魯巴西等國英日屬地加納大古巴知府用兵部郎中臣傅雲龍述

游歷日本圖經八

籑喜廬所箸書

水道分合表

日本河渠巨細一千有奇厥名有同有異今著異名庶其同名易撿乎第著巨流之異名其細已見水道非漏也以水道爲綱領即以分合爲條目舉所逕國其府若縣若廳不煩更贅矣述水道分合表

大水	異名	合	分	所逕國
利根川	坂東太郎○上利根川○古利根川○權現堂川○逆川○橫利根川○中利根川○下利根川	赤合川○發知川○薄根川○片品川○大尻沼下流○塗川○平川○根利川○吾妻川○卿津川○鹿野籠川○四萬川○上澤被川○烏川○榛名川○相馬川○碓冰川○鏑川○西牧川○南牧川○神	廣瀨川○中川○綾瀨川○赤坂川○○江戶川○南派○堀川	上野○武藏○下野○下總

		流川○野粟澤川○思川○會川○元荒川○葛飾郡水○安部沼○長井戸沼○猿島郡水○市谷沼○鵠戸沼○鬼怒川○衣沼○五十里川○大谷川○日光山中禪寺湖氷○稲荷川○渡瀨川○桐虫川○安蘇川○思川　大蘆川○六賀溪○粟野溪○南摩溪○安川○鷺養川○手賀沼○印幡沼○長沼○溪潤諸水○大浦沼○田浦○浪逆浦○北浦		
荒川	名粟川○隅田川	赤平川○市川○入間川○越邊川		武藏
多摩川	玉川○黑川○一瀨川○丹波川○六鄉川	秋川○南秋川○北秋川		信濃○甲斐○武藏
加茂川				安房
平久里川	湊川			安房
夸隅川	大多喜川			上總
一宮川		小林味莊水○千代丸水○茗水○荷澤水○芝原水		上總

養老川				上總
小櫃川	久留里川	清澄山水○香木原邨水		安房○上總
小絲川		奥畑邨水○奥米邨水		上總
湊川	天神山川	三小水○清水川○山中川○相川		上總
筑波川	櫻川			常陸
那珂川	黒川○箒川○荒川			下野○常陸
久慈川				磐城○常陸
木曾川		末川○王瀧川○飛驒川○揖斐川○長良川○衆小水○系貫川○安八郡諸流○揖斐川	東支○大槫川○五條川○佐屋川○筏川○鍋田川○日光川	信濃○美濃○飛驒○尾張○伊勢
町屋川	員辨川	相塲川○坂本川○田切川○山田川		伊勢
朝明川				伊勢
三瀧川	三瀧川			伊勢
鈴鹿川		安樂川		伊勢
安濃川	塔世川	瀧川		伊勢
雲出川		大邨川○八手俣川		伊勢

五十鈴川		大瀑水○小瀑水○朝熊川		伊勢
宮川		濁川○大内山川○藤川○横輪川		
櫛田川		蓮川	稻木川	伊勢○大和
玉野川		多治見川○土岐川○猿投川○矢田川○莊内川	新川	美濃○尾張
天白川				尾張
矢作川	矢矧川	足助川○太平川		美濃○三河
豐川		寒狹川		三河
境川	古太平川			三河
大井川		東俣川○西俣川○潤水		信濃○甲斐○遠江
天龍川		大田切川○三峯川○大横川○横川○小横川○氣田川○阿多古川	分流	信濃○遠江
馬籠川				遠江
大田川		吉川○原野谷川○二瀨川○諸井川		遠江
菊川		諸小水		遠江
安倍川	安倍川	大河内川。中河内川。西河内川。藁科川。諸小水	藁科川	駿河

富士川		笛吹川○釜無川○蘆川○重川○日川○金川○荒川○鹽川○早川○芝川○御勅使川　雨畑川		甲斐○駿河
相模川	桂川○馬入川	篠子川○中津川○小鮎川		甲斐○相模
狩野川	湯島川	猫兒川○大見川○修善寺川		伊豆○駿河
河津川				伊豆
稻生澤川				伊豆
八瀨川		八所溪澗水		小笠原島
南袋澤川				小笠原島
金目川	花水川	玉川○葛葉水○谷津水○水無水○鈴川		相模
境川	片瀨川			相模
酒勾川	鞠子川			駿河○相模
淀川	保津川○大堰川○桂川○名張川	弓削川○大谷川二水○宇治川○木津川○伊賀川○服部川○長田川○河內川○布目水○布當水○清瀧川○加茂川○芥川○大戸川○甲賀川○上野川○鞍馬水○貴船水○高野川○池田川○栗栖水○山田川	神崎川○中津川○猪名川○藻川○三頭水○安治川○裏川○堂島川○土佐堀川○木津川○尻無川	丹波○山城○河內○攝津

		〇倉垣川〇多田川〇久安寺川〇天之川	南傳法川〇北傳法川	
大和川	初瀨川	布留川〇奈良川〇富小川〇飛鳥川〇重坂川〇檜前川〇眞弓川〇土佐川〇葛城川〇生駒川〇西條川〇東條川〇石川		大和〇河內〇攝津
紀伊川	吉野川	丹生川〇細川〇靜川〇名手川〇海神川〇野上川〇根來川		大和〇紀伊
熊野川	十津川〇天之川	音無川〇笠川〇北山川〇小口川〇入鹿川		大和〇紀伊
大津川	槙尾川	牛瀧川〇松尾川		和泉
石津川	神谷川〇尾之井川〇草部川			和泉
津田川	河合川〇阿間須川			和泉
近木川	蕎麥川〇大川〇水間川			和泉
大井關川	岡田川			和泉
男里川	菟砥川〇金熊寺川	山中川〇井堰川		和泉
武庫川	鹽田川〇三田川〇生野川〇生瀨川	南鹽田川〇舟坂川〇渡豆川		攝津
横田川	野州川	田郁川〇松尾川〇杣川	南支〇吉川	近江〇伊勢

仁保川	日野川○橫間川	佐久良川		近江
愛知川		萱尾瀑○和南川○杜葉尾川		伊勢○愛知○近江
犬上川	高官川○不知也川			近江
善利川		木靈山水○土岐山水	北支○南支	近江○美濃
天川	箕浦川○朝妻川	相原澤水○膽吹山水○彌高山水○醒井川		近江
姉川		草野川○高時川○田川		近江○美濃
金吾川	尾上川	金吾湖○柳瀨川		近江
安曇川			新莊川	山城○丹波○若狹○近江
宮川	神通川	川上嶽水○川上川○小八賀川○高原川		飛驒○越中
白川	射水川○雄神川○莊川	上白川○大白川○小矢部川		飛驒○越中
上川	澁川○芳野川			甲斐○信濃
千曲川	信濃川	犀川○田川○女鳥羽川○梓川○高瀨川○乳川○穗高川○中房川○烏川○志久見川○中津川○淸津川○魚沼川東方諸水○佐梨川○破間川○苅谷田川○五十嵐川○小	西川○中口川	信濃○越後

		阿賀川○數十瀑小水		
阿武隈川		旭嶽水○甲子山瀑○釋迦堂川○牧野內郝諸水○新城川○江花川○篠原川○逢瀨川○五百川○杉田川○遠藤瀑○瀨川○須川○奥不動瀑○天戶川○荒川○松川○奥十三瀑○摺上川○廣瀨川○大瀧根川○白石川○松川		磐城○岩代○陸前
鮫川		入上川○大平川		磐城
鎌田川	夏井川	好間川		磐城
阿賀川	日橋川○新橋川○舊津川	黑川○鶴沼川○只見川○伊南川○布澤川○黑谷川○沼澤沼○實川○出谷川○室谷川○早出川○新間田川○加沼川	小阿賀川	岩代○越後
名取川	仙臺川○長町川	廣瀨川○秋保瀑○柴田郡諸水		羽前○陸前
七北田川	冠川	山水衆流		陸前
鳴瀨川	三本木川	不動瀑○品井沼		陸前
北上川		磐井川○衣川○松川○雫石川○猿石川○	南流○追波川	陸中○陸前

		和賀川○酢川○桂川○赤川○平出川○志戸前川○宿內川○雕津川○江合川○迫川○一迫川○二迫川		
宮古川		江繫川○大畑川		陸中
能代川	米代川	大湯川○毛馬內川○大館川○阿仁川○小又川○小阿仁川○藤琴川		陸奧○陸中○羽後
馬湖川		爭法寺川○能原川		陸中○陸奧
岩木川	弘前川	岩水山溪澗水○平川○淺瀨石川		陸奧
田名部川				陸奧
川內川		溪水		陸奧
相坂川		篤川○法量川		陸奧
最上川	松川	羽黑川○鬼面川○諸細流○酢川○寒河江川○丹生川○小國川○鮭川○赤川○拂川	新川	羽前○羽後
荒川		横川○玉川○沼川○大石川○胎內川		羽前○越後
日向川		荒瀨川		羽後

籑喜廬所箸書

御物川		役內川○岩崎川○稻庭川○横手川○大松川○玉川○小和瀨川○大先立川○生保內川○鰍瀨川		羽後
子吉川		諸小水○薯蕷川		羽後
白雪川		溪澗諸水○安沼川○鳥越川		羽後
耳川				近江○若狹
北川		南川○諸小水		近江○丹波○若狹
日野川	安居川	足羽川○九頭龍川○天王川○志津川○羽丹生川○蘆見川○數小河○安居川		越前
手取川	中又川○尾添川○白山川	數小河○大日川		加賀
犀川		小水		加賀
淺野川				加賀
梯川	安宅川	今江潟水		加賀
大聖寺川				加賀
羽咋川	子浦川	樋川○邑知潟末流		能登

神代川	米町川	德田川○上棚川		能登
常願寺川			東流○西流	越中
早月川				越中
片貝川		瀧倉嶽溪水○布施川		越中
三面川		高根川○相古川		羽前○越後
荒川	苗名瀑○關川	野尻湖下流（別所川）矢代川○岡川○保倉川	苗名瀑	信濃○越後
姬川		松川○中谷川○大所川○小瀧川○蟲川		信濃○越後
國府川		諸小河		佐渡
羽茂川				佐渡
和知川	福知川○音無瀨川○由良川○大川○大雲川○由良港	棚野川○高屋川○上林川○土師川		丹波○丹後
佐治川	加古川○瀧野川	久下川○三草川○東條川○美濃川○美囊川○三木川○吉川○小川○淡河○諸小水		丹波○播磨
倉椅川	野田川○沼田川			丹後
竹野川		諸澗水		丹後

朝來川	竹田川○養父川○氣多川○豐岡川○藝川	諸小水○絲井川○廣谷川○西八木川○出石川○六方川		但馬
矢田川	本谷川○射添川	瀾水○小代川		但馬
濱坂川		温泉川○寺木川○細谷川○熊谷川○久斗谷川		但馬
千代川	智頭川○賀露川	北俣川○土師川○佐治川○赤波川○曳田川○春米川○若櫻川○大江川○私部川○蠶川○湖山池水		因幡
日野川	四郁溪○簸川	二部谷川○尻燒川	米川	伯耆
天神川		三朝川○小鴨川○新郁川○竹田川		伯耆
大川	簸川○横田川○斐伊川	龜石谷水○室原川○龜高川○馬木川○阿井川○深野川○三刀屋川○久野川○阿用川○牛尾川	新川○坂田郁分流	出雲
神門川	乙立川○古志川	小田川○赤名川○頓原川○吉野川○伊佐川○東郁川○畑川○小野川○稗原川	十間川	出雲
飯梨川	能義川○富田川○比田川○菅澤川	西比田川○東比田川○山佐川○租父谷川		出雲

		○數小流		
江川	三次川○石見川○可愛川	田房川○本鄉川○木郎川○南川○西川○戶張川○和知川○西城川○比和川○泉川○吉田川○志路原川○多治比川○本郎川○櫃田川○出羽川○熊見川○矢上川○市木川		安藝○備後○石見
高津川	廣瀨川	津和野川	横田川二流	石見
市川		小田原川○岡部川	御祓川	但馬○播磨
揖保川	穴栗川○龍野川	三方川○西谷川○栗栖川○片吹川	分流三支	但馬○因幡○播磨
千種川		久崎川	北野中郎分流	播磨
津山川		羽出川○中谷川○香香美川○久米川○加茂川○新田川○江見川○倉敷川○吉井川		美作○備前
高田川	西川○西大川○旭川	藤森川○本莊川○神代川○目木川○鶴田川○弓削川○忍木川○宇甘川		美作○備前
大川	高梁川○松山川○河邊川○千鳥川	新見川○哲多郡川○瀨川○唐松川○烏井川○東成川○板倉川○江原川○小田川	淺尾○東支○西支	伯耆○備中

蘆田川		大田川○御調川○荒谷川○神谷川○加茂川	本莊郡分流	備後
大田川	八木川	瀧山川○水內川○西宗川○三田川	東派○京橋川○猿猴川○西派○本川○本安川○横川○小屋川○川田川○己斐川	安藝
沼田川	戸野川	入野川○椋梨川		安藝
西條川	吾妻子瀑○黑瀨川○三級瀑		廣大川○廣東川	安藝
木野川	大竹川○境川	峠山川		安藝
錦川	岩國川	出市川○長谷川○生見川○御莊川	今津川	周防
島田川		瀨越川○呼坂川		周防
佐波川	德地川	野谷郕水○引回川○三谷川○島地川		周防
椹野川		宮野川○木町川		周防
阿武川	荻川○大川	大山川○佐佐並川	松本川○左支○右支	石見○長門
厚東川	廣瀨川	綾木川		長門
厚狹川				長門
吉田川		田部川		長門
粟野川		大藏川		長門

在田川		諸澗水○早月谷川		紀伊
日高川		丹生川○寒川○江川		紀伊
富田川	岩田川	愛賀川		紀伊
安宅川	日置川	廣見川○熊野川○前川○將軍川		紀伊
古座川		佐本川○小川		紀伊
太田川	色川	高野川		紀伊
三原川		諭鶴羽谷川○松本川		淡路
桑間川		物部川		淡路
吉田川	本川○廣戸川	木森川○川崎本川○地藏川○汗見川○川口川○穴內川○豐水川○伊豫川○松尾川○一字川○穴吹川○鮎喰川	北川○南川○撫養川	土佐○阿波
勝浦川	福原川	立川	大松川	阿波
那須川	長川	北川○南川○桑野川	那東川○分流	阿波
海部川				阿波
鴨部川		前山川○小倉川		讚岐

雲喜盧所著書

香東川		小田池水	福岡川	讃岐
綾川	鴨川○北條川			讃岐
土器川				讃岐
觀音寺川	染川			讃岐
柞田川	井關川			讃岐
加茂川		西川○東川○川來須川○喜多川		伊豫
重信川	今津川	山內川○九谷川○名手川○石井川	二支	伊豫
肱川	比志川○下相川	野井川○野郁川○奈良野川○新谷川		土佐○伊豫
面河川	贄殿川○神河川○仁淀川	有枝川○小黑川○岩屋川○森川○分德川○黑岩川○八川○日下川	八田川	伊豫○土佐
渡川	四萬十川	擣原川○北川○北川西流○上山川○渡川○島川○吉野川○宮野下川○伊豫大宮川○有岡川○佐岡川		土佐○伊豫
野根川				土佐
奈半利川		東川○西川○二股川○西谷川○野川		土佐

安田川		中川○東川		土佐
伊尾木川		小谷川	二派	土佐
安藝川		安藝川郝水○小川郝水		土佐
物部川		久保川○川口川	山田川	土佐
早良川	室見川	小笠木川○曲淵川		筑前
那珂川	岩戶川	諸溪水	分流	
御笠川				筑前
遠賀川	嘉麻川○木屋瀬川○蘆屋川	泉河內川○山田川○飯塚川○下堺川○赤池川○若宮川○香月川○西川	堀川○東北流	筑前
千年川	筑後川○三隈川○一夜川○上座川○日田川○大山川○御井川○千隈川○境川○筑波次郎	市原川○中原川○黑淵川○田野原川○幸野川○長田川○志屋川○津江川○玖珠川○町田川○田代川○龍門川○森川○纖月瀑○大山川○花月川○良松川○林田川○志波川○三奈木川○古江川○依井川○秋日川○蘆木川○三牟田川○巨瀬川○得川	隈町分流	肥後○豐後○筑前○筑後○肥前

饗喜廬所著書

		○甘木川○平松川○正原川○柳野川○秋水川○安良川○塞水川○田手川○神崎川○諸小水		
矢部川		星野川	西南流○西流○平松川○正原川	筑後
蒲生川	紫川			豐前
令川				豐前
山國川	高瀬川○廣津川○御木川	山移川		豐前
驛館川	菟狹川	津房川○惠良川○深見川○		豐後○豐前
大分川	堂尼川○光吉川	由布川○透内川○七瀬川○朽網川○塞田川	分流	豐後
大野川	飛田川○玉來川○阿藏川○大野川○犬飼川○利光川	稻葉川○志土知川○山田川○葎原川○吉田川○飛田川○十川○狹田川○緒方川○溪水○倉水川○德田川○宇田川○矢田川○岩戸川○中津牟禮川○赤嶺川○品川○柴北川○野津院川	沈墮瀑○山川○乙津川	豐後○肥後

八坂川				豐後
番匠川	山部川○因尾川	上津川○久留川○井崎川○	三派	豐後
川上川	喜瀨川	名尾川○三瀨川○山谷水	布施川○三溝川○蘆里川○小寺川	肥前
多久川	納所川	本山川○中川		肥前
武雄川				肥前
鹽田川	美野川○別當川	多良嶽水		肥前
伊萬里川	天仙寺川	嶺溪水		肥前
有田川	大里川			肥前
松浦川	桃川	川古鄉諸水○東川○波多川		肥前
菊池川	山鹿川○高瀨川	迫間川○合志川		肥後
白川	高橋川	黑川○手野川		肥後
綠川		横野川○男成川○釋迦院川○御船川○加勢川○江津廣湖		肥後
氷川			分流	肥後
球摩川	推積川	縱太川○西南流○胸川	山水	肥後

佐敷川				肥後
水俣川				肥後
五箇瀨川		肥後諸水○篠戶川○日影川○網瀨川○祝子川○北川	大瀨川	日向○豐後
美美津川	耳川			日向
火丸川	高鍋川○蚊口川			日向
一瀨川	二瀨川	板谷川○小川○銀鏡川○河原江川○荒武川○		日向
大淀川	赤江川	安永川○繩瀨川○野尻川○綾川		日向
新川	天降川○霧島川○大津川	金山川		大隅
上別府川		山田川		大隅
小根占川	花瀨川	大藤川○麓川	小川瀑	大隅
肝付川	境川	鹿屋川○串良川		大隅
川內川		羽月川○市山川○眞幸川○金山川○穴川○豐川○樋脅川		肥後○日向○薩摩

江月川	神月川○甲突川		薩摩
萬瀨川		麓川	薩摩
廣瀨川	泉川	白木川○高川	薩摩
住司川			州南島
幡鋒川			壹岐
谷江川			對島
佐獲川			對島
佐須川	小茂田川		對島
落部川			渡島
有川			渡島
木古內川			渡島
知內川			渡島
上國川			渡島
皇澤部川			渡島
後志川			後志

古手川			後志
堀株川			後志
余市川		志狩別川〇登川	後志
積丹川			後志
朱太川			後志
利別川			後志
太櫓川			後志
游樂部川			膽振
長萬部川			膽振
數生川			膽振
白老川			膽振
勇拂川			膽振
鵡川			膽振
石狩川		諸水	石狩
天鹽川		諸水	天鹽

留萌川		諸水		天鹽
沙流川		諸水		日高
厚別川		諸水		日高
新冠川				日高
染退川		東枝川○西枝川		日高
三石川		諸水		日高
鳧舞川				日高
元浦川				日高
豐居川				十勝
歴舟川				十勝
大津川			十勝川	日向
久壽里川		阿寒川○瀨釣川		釧路
西別川				根室
津川				根室
富別川		諸水		北見

紋別川				北見
常呂川				北見
斜里川				北見
流別川				千島
蘂取川				千島

東京神奈川引用水道表

日本西京水潔用不待引也東京資玉川神田千川三水先是玉川上水於承應元年爲順治九年疏自多摩郡羽邨小渠通四谷大木戸伏流謂之陰筧逕麴町赤坂芝金杉東南流逕京橋八町堀築地芝濱諸市其神田上水出井頭池古名御茶水多摩郡吉祥寺牟禮二邨間寛二萬坪清泉涌出凡七而夏轉涸寛永中當明天啓間德川家光鑿之㭊名井頭承應中工始引小石川亦曰陰筧出鍛冶橋而京橋而江戸橋而小網町而神田橋而柳原而

兩國橋而濱町神奈川引用之水亦資玉川通計所引水道六十八里三十九町五十間以華里計逕東京境三百七十里有奇逕神奈川境八十里用水處爲井曰並井常井也曰吹井涌泉也搬與繕皆有費用水有賦金述東京神奈川引用水道表

	東京郡區	長	並井 存	並井 搬	並井 閉	吹井 存	吹井 搬	吹井 閉	水車用	田用水	水賦金	納賦人	繕費	新設費
玉川上水	西多摩郡	一一四五六								四	八四元	一六	四六八三	
	北多摩郡	六〇八二五								四	六六四	六六	三	
	新座郡									一	一二八	一〇		
	入間郡										一七	一		
	東多摩郡	一一七四一								三	四二	八		
	荏原郡	三一七〇一							一	二	一二七八	三四	一二五	
	南豐島郡	一二三四九								三	六八	一四	七四三七	七三
	北豐島郡								一		一〇七	四〇		
	四谷區	三五〇六	九七	三	九	一〇	四				六九九	六四	一三六五	

麴町區	六一五一五	三六二	一七	一一二	一四〇	一〇	一九			四二六七	三〇六	二一四五	
赤坂區	三五二	五一	一七	三	六		四			三四五	三五	一五二四九	
芝區	三〇五一八	八〇九	六	二四	二	三				四八九五	四四〇	二六五〇	
京橋區	七二一四六	一〇一八	一七	九	八	九	三			五三三五	六三七	一〇〇一	一五五
日本橋區	二二一三	九七	九	一三			一			五〇六	六一	八	
麻布區	九一一四三八	一三四	九	一四	二九		三			一〇三一	一二七	七九	
合計	二一五三三一五二一	二五七一	七八	九五	二〇四	一七	三〇	二	一七	一九四六六	一八五九	三四七四四	二二八
神田上水　北多摩郡	一六一七								二	八	一	二三九	
東多摩郡	三三一五一								一八	一八八	一五	四五〇	
南豐島郡									二	二〇六	五	一二六九	
北豐島郡	一〇四五〇								一	一〇八	五	六三	
小石川區	二八一七	一八		一	九		一	三	一	六三九	二四	六〇七	
本鄉區	四〇九	一								六	一		
神田區	五二七三〇	一二八三	九	三三	八	一				七五六二	八一三	一二八八	
日本橋區	八一三三三三	二一七八	七	五二	三					一二七六七	一〇五五	四〇四四	

	京橋區	一〇六三七	二八五	一	九						一六五〇	二〇四	一一〇〇	
	麹町區	一一五五	三二	一		一	一				一九〇	七	三四三	
	牛込區		一			一	一				一一	二		
	合計	一五三三三三一8	三七八九	一八	九五	二三	二	二	三	二四	二三三三三五	二一一三二	九三〇四	
千川上水	北豐島郡	五三二												
	小石川區	二四五四	二	一	一						一二	一		
	本鄉區	三四一三	六三	四〇五							二五四八	八四		
	下谷區			六八五							二九三一	四		
	合計	二一一二八三九	六五	一		一〇九一					五四九一	八九		
	總數	三七九五六二九〇〇	六四三四	九七	一八〇	一三一七	一九	三二	五	四一	四八二九二	四〇八〇	四四四八	
	前一年	三七九五六三三三三	六五一七	九四	一二五	一三三〇	二三	一八	五	四二	四六八七八	五七五二	二一〇九八	三〇一四

	神奈川郡區長		並井	新開	閉井	田用水	水賦金	納賦人	繕費	新設費
玉川上水	橫濱區	三二四一八	一六〇	六五	三四		六一八六	八七	一九六七	
	橘樹郡	八二二三二	二			四	一〇八	三	三七五四	
	總計	八五三三一〇五〇	一六二	六五	三四	四	六二九四	九〇	五七二一	

水	前一年	八四 二〇九二九	一三二	二八	五〇	四	七四六八	六四	二九四三	四五三七

礦泉表

礦泉氣質有金銀鐵苦土鹽硫硝礬綠朱石炭石精鹹淸硫酸炭酸以及硫化苦土硫化水素酸性類難可枚舉苦土者鐵類而堅亦曰麻苦涅沙日本嗜浴故於溫度若干質性袪疾宜否罔弗辨化學可參也冣自衛生局說者謂單純泉溫六十三冷三十四酸性泉溫四十一冷三十五鹽類泉溫九十一冷六十硫泉溫七十九冷廿五雜泉溫廿四冷十九凡溫三百三十七冷百八十六此外未試驗者溫三百三十四冷三百廿一而未詳溫冷者十一然如長崎島島一泉船名明治丸者光緒十三年泊海南得之報衛生局測質與度類此滋多而觕說非複即奪就目質耳甄摎所信它若鹿兒島縣薩摩國有沙如蒸可熨筋攣謂之溫沙又有礦泉

質與效勒然泉非溫坿錄驗者述礦泉表

縣國郡	泉	質	溫度	縣國郡	泉	質	溫度	縣國郡	泉	質	溫度
神奈川 相模 足柄下	湯本	鐵	一〇〇		筥	同		栗原	荒		
	塔澤	硃石鹽	一一一		眞	同			寒風澤		
	宮下	鹽鐵	一四〇		大	同			吹揚		
	堂島	硫鐵	二八		小	同			轟		
	底倉	鹽硫	一四七		礦	同			宮澤		
	蘆	硫礬鹽鐵	一〇一		古奈	同			溫		一二七
	姥子	礬鐵	一一三		畑毛	硫硝			湯倉	金	
	河原	礬鹽			上船原	同			駒	硫	
	湯河原	硃銅鐵	一六三		吉奈	同		磐城 刈田	湯刈田	硫鹽	
	藥師	鹽硫			西平	同			釜崎	硫礬鹽	
	儘	鹽硫硃			瀨古瀑	同			湯戸		
足柄上	木賀	硫石灰	一〇〇	那賀	大澤	硫			新		
				賀茂	大	鹽酸曹達		岩手 陸中 磐井	酢山	金硫	

縣國郡	泉	質	溫度
	安並	同	
	又	同	
	利岡	同	
愛媛 伊豫 溫泉	道後	硫	二〇
新居	温泉谷	同	
越智	楠窪	同	
福岡 筑前 御笠	湯町	硫	
大分 豐後 速見	湯平	硫礬	一九七
	觀海	同	一四二
	濱脇	同	一一六
	龜川	同	
	鐵輪	同	一二七
	獄	同	

纂喜廬所箸書

兵庫攝津八部	湊川	硫礬	七一			加基苦土			新	金		玖珠	寶泉		一五二
菟原	馬淵	鹽			河原	硫			泉	金硫			湯坪		一二五
武庫	寶塚山	同		平左衛門		鹽		和賀	夏油	礬		日田	天瀨		一四五
河邊	平野	礬鹽			勘太郎	同			田中	鹽		直入	七里田	硫礬	
有馬	有馬	鹽酸	一〇〇	松原三湯					新	同			湯原	同	
但馬城崎	湯島	硫化水素	一三七		出來				鶴	礬			葛淵	同	
		硫酸鹽類			新				瀧	同		佐賀肥前小城	古湯	炭硫素等	九六
		綠鹽炭酸			豬戶			稗貫	鉛	同				酸石精	
		鹽			和田				大澤	同			熊川	鹽浮雜炭	二〇〇
二方	湯邨	硫			湯野				臺	同		杵島	柄崎	炭酸灰精	一一八
長崎肥前高來	小濱	鹽	二一二		北湯野			岩手	繫	同		藤津	嬉野	炭硫瓦斯	二〇三
	溫泉嶽	硫	一二九		河內				鶯	同		熊本肥後玉名	富尾	硫酸	
南松	鳥島	鹽			藤原	硫			國見	硫			立願寺	同	
浦					上條	同			綱張	同			小天	硫	
壹岐壹岐	湯野浦	鹽硫			藥師	礬硫			松川	同		飽田	船津	同	

新潟越後岩船	湯澤	礬	一三〇		三條	硫		大湯下湯		同		山鹿	山鹿	同	九三
	雲母	硫鹽			源佐	同			大湯川	礬			熊入	同	
蒲原	出湯	硫礬	一〇三	山梨甲斐山梨	湯村	硫			熊澤	硫礬			石郙	同	
	瀧谷	硫鐵	一五〇		川浦	同	二三		湯瀨	礬			平山	同	九六
	田上	硫			鹽山	同	六四	陸奥二戸	湯田	硫		阿蘇	杖立	礬鹽	一九九
	岩室	硫鹽		八代	下部郙	鹽		青森陸奥津輕	淺蟲	硫			峐	礬	
	郙杉	鹽	八五	巨摩	黑平	礬			酸	同			奴留	硫	
	兮坂	同			奈良田郡	礬硫			切明	綠礬			寺小野	礬	
	草生	硫		岐阜美濃加茂	鹿鹽	硫			大鰐	同	一六六		滿願寺	礬鹽	一〇四
	稍島	硫鹽		可兒	次月	同			藏館	同			田野原	礬	
	如法寺	鹽	六〇	土岐	木曾	同			岩木嶽	硫			黑川	同	
	矢田	硫	六〇		釜戸	礬鐵鹽			碇關	同			湯山	硫	
	北潟	同	六〇	惠那	小澤				溫				地獄	同	一〇四
	並槻	同			栗亢				板留				欂本	礬	
魚沼	大湯		一二〇		菖蒲			北	馬門				垂玉	同	

國郡	名	質	數
	橡尾服	淡酸	
	湯澤	鹽	一二〇
	鐘掛	酸日三變	
	逆卷	硫礬	
	小出	礬	
頸城	總	硫礬	
	沸	同	
	川原	同	
	綿	同	
	松山	硫鹽	一三〇
	赤倉	硫礬	
	元	同	
	關川		
	素		
	黑		

國郡	名	質	數
	沓掛		
飛驒益田	大洞		
	濁河		
	下呂鄉		
大野	宮		
吉城	平		
	山伏	硫	
	蒲田		
長野信濃筑摩	御座	礬	
	瀧	同	
	疝氣	同	
	疵	同	
	和多	同	
	白絲	硫石灰	一〇五
伊那	山室	硫	

國郡	名	質	數
	恐山	硫	
	藥研		
	下風呂	硫	
	湯川	同	
	大谷地	同	
	蔦		
秋田羽後雄勝	湯臺	硫	
	泥	鹽	
	小安	同	
仙北	岩倉	硫	
	黑	鹽硫	
	田澤	鹽	
	鶴	硫	
	蟹	同	
	鳩	鹽	

國郡	名	質	數
	湯谷	同	
山本	慈恩寺	硫酸	
華北	湯出	硫	一一四
	湯浦	礬酸	
	日奈久	硫鹽	一〇四
球摩	湯山	硫	
	林邨	同	一〇四
天草	下津深江	同	
鹿兒島大隅桑原	木房	硫礬	
	硫黃谷	硫	
	榮尾	同	
	明礬	礬	
	殿	同	
	栗川	同	
	大良	同	

國郡	名	性質	數
	藥師	硫礬	
	三國一	硫鹽類	
	黃金	硫礬金	
	新黃金	同	
	平岩	硫	
	蒲原	同	
	梶山	同	
	篠倉	同	
	燒山	硫酸鐵	
埼玉 武藏 秩父	芝原		
羣馬 上野 利根	川塲	硫	
	湯河原		
	寶川		
	湯小屋		
	谷川		

國郡	名	性質	數
安曇	白骨	同	九五
	中房	同	
	亢	同	
	五厤	同	
	金壺	同	
	橋本	同	
諏訪	上諏訪五	同	
	湯		
	下諏訪綿	硫鹽	
	湯		
	小	同	
	第三		
	澁湯		
	瀧湯		
高井	湯田中郵		一三六

國郡	名	性質	數
	酢	硫	
	大瀧		
	湯臺		
	湯本		
陸中 鹿角	大湯下	硫	
	大湯河原	礬	
	熊澤	硫礬	
	湯瀨	礬	
山形 羽前 置賜	小野川	鹽	
	高	礬	
	吾妻	硫	
	五色	同	
	滑川	同	
	姥	礬鐵	
	赤湯	硫	

國郡	名	性質	數
	鋒投	同	
	手洗	同	
	鹽浸	同	
	平落	同	
	安樂	同	
	栗野嶽	硫礬	
贈於	山	礬	
大隅	古里		
	有郵		
	黑神		
馭謨	尾神間		
	平內		
薩摩 揖宿	二月田		
	間水		
	又		

日本圖經八　十七

	川振				大湯				四大湯				摺濱		
	新卷				河原				尼湯丹波				港		
	草津	硫礬			安臺		一三二		湯森湯				大牟禮		
	鹿澤				澁	鐵礬	一四一		小玉川	金			三節		
	河原	硫礬			山田			郡山	鶴脛	礬鹽			彌次		
	河中	硫		福島岩代會津	東山	礬			高	硫礬			鰻		
	鳩	硫礬			湯原				銀山	銀			兒水		
	山口				蘆牧			最上	肘折	銀硫			大山兒水		
	新				湯岐				今能	硫鹽金		阿多	伊作	硫	
	湯島				木賊	硫			瀨見	硫		日置	市來	同	一一八
	法師嶺			大沼	早戶	鹽		田川	溫梅	硫礬		薩摩	湯河內	礬鹽	九九
	久保				荒	同			田川	礬鹽			市比野	礬	七四
	小瀧				小谷				湯野濱	硫		高城	湯田	硫礬	一二八
	藥師				玉梨			石川加賀江沼	山中	硫	一一八	伊佐	砂石		
	上澤渡				八町				山代	同	一六五		宮城	礬	

游歷書十九之一

	萬座	硫礬	
	花敷		
碓求	入之	硫	
羣馬	伊香保	硫鐵	一二一
	西明屋		八七
	鹽川		
多胡	豬田	硫鹽	
勢多	湯澤	硫	
茨城 常陸 久慈	湯島	礬	
橡木 下野 都賀	中禪寺	硫	
鹽谷	荒	同	
	古町	礬鹽	
	數卷瀑湯	礬	
	福渡戸	同	
	畑下戸	同	
	湯倉		
	大鹽		
耶麻	熱鹽		
	沼尻		一五〇
	横向		
	磐梯		
	川上		
	日中		
	大鹽		
岩瀬	湯本		
	二股野		
	中川		
	休石		
安達	熱海		八一
	嶽		
能美	粟津	同	一一六
	市瀬	同	
石川	湯涌	同	
	中宮	同	
能登 鹿島	和倉	硫鹽	一八〇
富山 越中 新川	有峰	硫鹽	
	黑薙	硫	
	西仙人	同	
	小黑部		
	西鐘釣	硫	
婦負	山田	硫鹽	一〇〇
	下之名	硫	七六
礪波	大牧	鹽	一〇一
	田向		
	祖山	鹽	
	鶴田	同	
出水	出水	同	
日向 諸縣	高原	礬鹽	
	白鳥	礬硫	
	吉田	礬鹽	
	加久藤		
北海道 渡島 茅部	惠山	硫水素	
	汲	同	
	古武井		
	鹿部	鐵	
	富湯		
	落部	鐵炭酸	
龜田	下泉	同	
	湯澤		
	軍川		

日本圖經十八

鹽釜	同	信夫	鯖湖		一〇五	島根出雲意宇	玉造	硫		上磯	茂邊地	
鹽湯	同		瀧		一三四	大原	牛尾	同		後志久遠	久遠湯	
大綱	同		赤川			仁多	三澤	同		壽都	壽都	
川沼	同		金瀧			石見安濃	小屋泉	同		岩內	雷電	硫水素
瀧	同		天王寺				志學	同	一〇八		硫黃山	
湯西川	硫礬		波古			邇摩	溫泉津	硫鹽	一一五	古宇		
川又	同		高				又	硫鹽鐵硝		石狩札幌	犬山谷	硫水素
日光澤	同		熱	硫鹽炭酸			福光下郡	硫鹽		上川	礦山	同
湯澤	同		疝氣	同			天河內			北見常名	硫黃山	硫
那須行人	硫	那須	玉子	同		那賀	有福	硫		膽振幌別	登別	同
鹿	同		溫	礬		鳥取因幡岩井	岩井	同	一一七		大湯湖	
御所	同		土			高草	吉岡	同	一三三	有珠	上	
北	礬		池			氣多	勝見	芒硝			下	
大丸	同		穴原			八上	曳田	鹽			半花別	
神	同		舟場	硫鹽		伯耆河郡	三朝	硫	一三七	十勝河東	音更川	

游歷書十九之一

所在	名	質	數	所在	名	質	數	所在	名	質	數	所在	名	質	數
奈良大和吉野	東泉寺	硫化水素			桐				山田	同		上川	頓羅宇志		
		硫酸鹽			狐				引地	鹽		釧路阿寒	阿寒	硫	
	柳本	同		磐城白河	甲子	鹽鐵硫酸		久米	湯關	硫			贈蔬	同	
	出谷	同			湯岐	礬		岡山美作勝南	湯鄉	鹽硫	九六	上川	屈斜路	同	
	入之波郡	鹽化炭酸		磐前	三箱	硫礬	一二七	大庭	湯原	硫	一二二		弟子屈		
		硫酸		宮城陸前柴田	青根	錄	一二七	眞島	眞加	同	一〇四	根室目藥	良牛	硫	
	菊平	同			名號	硫		西西條	奧津	同		千島國後	勢勢氣	同	
三重伊勢三重	湯山	硫			新	同						紗那	千世宇治	同	
	御館		六〇	名取	秋保	鹽硫		廣島備後甲奴	矢野郡	硫			勢勢氣	同	
	西坂部			宮城	作並	金礬		山口周防吉敷	湯田	硫					
一志	榊原	硫			定義			長門大津	湯本	礬	九二				
紀伊牟婁	湯崎	鉛		玉造	川度	硇砂	一二三		湯町	同	九三				
	濱	硫			赤			豐浦	湯谷町	同	九一				
	本宮	同			田中			和歌山紀井日高	龍神	鐵					
	川	同			鷲津				神場	硫					

日本圖經　十九　圖經六之一

養喜廬所箸書

	前山	同	車		高知 土佐 香美	別役	硫
靜岡 駿河 安部	梅島郁	硫	河原			又	同
伊豆 君澤	獨鈷	同	瀑布		土佐	圓行寺	同
	兒	同	鰻	二二二	高岡	鶴	同
	石	同	星		幡多	馬荷	同

湖沼

琵琶湖其巨擘乎受八百八水有淡海之目爲勢多川之源圍約華里五百有奇島嶼爲隄輪驅往徠無虛日雲龍游在光緒十四年冬十二月其它湖沼皆檜下矣雖然或分田溉或瀦山瀑或導川源無慮三百有奇未可汙潦例也述湖沼

武藏國

伊佐沼出入間郡川越之東東西三町合華半里南北十有七町合華三里弱

上總國

鳥喰池 出武射郡鳥喰郡周圍一里三十二町十間合華里十一有奇東西凡三十町合華五里南北凡二十町合華三里有奇

下總國

印旛沼 出印旛郡船尾郡之西北合諸水東流逕平賀郡折北為一大豬限東埴生郡有舟楫之便魚鰕之利下流逕埴生郡安食郡分為燕尾狀會下利根川周圍十二里合華里八十二東西二里合華里十三有奇南北七里合華里四十七

手賀沼 亘印旛相馬二郡源二一出西印旛郡呼塚郡十太夫新田一出南相馬郡粟野入道池又一源出相馬郡金山下流逕布佐郡會下利根川東三里合華里二十南北三十町餘合華五里

長沼 出埴生郡長沼郡東西一里合華六里有奇南北十町餘合華一里有奇其水西逕安西新田東至西大須賀入下利根川灌溉之利

大山沼 出葛飾郡大山郡東西十町合華一里有奇南北二十五町合華四里有奇其水入赤堀川

座生沼 出葛飾郡座生郡東西五町廿間合華一里南北一里十四町餘合華八里有奇下流入江戶川

長井戶沼 出猿島郡長井戶郡東西十町合華里一有奇南北二里合華里十三其水至境町入利根川

市谷沼 出猿島郡市谷郡東西十六町合華二里有半南北六町合華一里其水至百戶郡入中利根川

鵠戶沼 亦曰長須沼出猿島郡長須鵠戶二郡間東西六町合華

一里南北一里合華六里半至小山村入中利根川有**菅生沼**出相馬郡菅生邨東西十町五十間合華一里有半南北一里十四町四十一間合華八里有奇入中利根川**山川沼**出結城郡東西十町合華一里有半南北一里合華六里有半入鬼怒川

常陸國

霞浦亘河內信太新治行方四郡及下總香取郡周圍三十六里合華里二百四十東西七里十町十間合華里四十八南北六里三十三町合華里四十六下流爲浪逆浦合北浦受利根川入海湖多產魚鰕**北浦**出行方鹿島二郡之間周圍凡十五里合華里一百有二南北六里合華里四十上受霞浦之餘流下受浪逆浦入利根川**平須沼**一名須賀沼在河內郡接下總周圍一里六町合華七里有奇東西十八町合華三里南北二十二町合華三里有半**牛久沼**在河內郡牛久驛之西接筑波郡周圍六里六町二十間合華里三十七東西一里二十二町合華九里有奇南北十二町四十五間合華二里奇下流入蠶養川有**神池**出鹿島郡周圍一里十九町三十間合華九里東西十八町四十間合華三里有奇南北十九町三十間合華三里有半下流入利根川**涸沼**一名海老澤沼在鹿島茨城二郡之間周圍凡七里合華里四十七東西二里十二町合華里十五南北二十五町合華四里下流入那珂川**千波沼**出茨城郡千波邨之

北水戶之南周圍一里三十三町二十二間合華里十一東西二十五町五十間合華四里有半南北自二町四十八間至五町五十間合華半里有奇注那珂川

大寶沼 出眞壁郡大寶邨周圍三里九町四十五間合華里廿有一東西四町南北一里合華六里有奇下流爲絲依川入鬼怒川

砂沼 出眞壁郡砂沼新田周圍一里十九町五十三間合華九里有半東西十五町八間合華二里有半南北二町合七十二丈

村松沼 一名眞崎浦在那珂郡村松邨周圍一里九町合華六里有半東西十八町合華三里南北七町合華一里入海

伊勢國

笠田池 出員辨郡笠田新田周圍一里一町十五間合華六里有奇東西二町十七間合八十二丈二尺南北八町餘合二百八十八丈

風早池 出一志郡戶木邨周圍一里四町餘合華六里有奇東西五町二十間合一百九十二丈南北七町合二百五十二丈

五桂池 出多氣郡五桂邨周圍一里五町合華六里有奇東西十一町合三百九十六丈南北四町合二百有四丈

牛尾崎池 出度會郡上田邊邨周圍一里合華六里有奇東西六町合二百十六丈南北五町三十間合二百十四丈

尾張國

入鹿池出丹羽郡入鹿邨周圍凡三里合華里二十有奇東西二十町合華三里有奇南北三十町合華五里有奇灌田便之

三河國

油淵又曰北浦在碧海郡東端西端二村之間周圍凡三十五町合華五里有奇東西二町三十間合九十丈南北十五町合華二里有奇下流逕大濱入海菱池出幡豆額田二郡之界周圍二十一町四十五間合華三里有奇東西八町合華一里有奇南北七町合華一里下流爲小川入海蘆池出渥美郡蘆邨周圍二十六町合華三里有奇東西七町三十間合華一里有奇南北六町合華二百十六丈

遠江國

佐鳴湖出敷智郡周圍一里二十二町合華九里有奇東西八町合華一里有奇南北廿六町合華四里有奇逕入野邨引細流通濱名裏海高塚池出敷智郡高塚邨周圍一里六町合華六里有奇寬一町廿五間合五十一丈

駿河國

淺畑沼一作麻機曰古鴻池亘安倍郡池谷等六邨周圍一里餘合華六里有奇下流爲巴川東流逕清水港入海

浮島沼又曰富士沼古稱須戶湖在富士郡柏原郵之北東西三十五町五十四間合華六里有奇南北廿三町五十六間合華三里有奇西流注潤川達于海

甲斐國

川口湖出都留郡川口郵周圍四里十八町合華三十湖中有小島周圍二町合七十二丈里

山中湖出都留郡山中郵周圍三里十八町餘合華廿三里爲桂川源

精進湖出八代郡精進郵東西一里合華六里南北廿町合華三有奇里

本栖湖出八代郡本栖郵周圍三里餘合華廿里有奇

西湖出八代郡西湖郵東西一里合華六里有奇南北較狹

伊豆國

大池出加茂郡吉田郵山中周圍十八町二十間半合華三里有奇東西七町三十間合華一里有奇南北一町三十間合九十丈

相模國

蘆湖出足柄下郡箱根山頂東西廿町十五間合華三里有奇南北一里二十三町合華九里有奇周圍四里三十町五

十九間半合華三十二里深四十六仞下流曰早川東流五里合華里三十四逕小田原入海

山城國

巨椋池 俗曰大池跨紀伊東西三十一町五十間合華五里有奇南北廿六町四十間合華四里有奇周圍四里十町十九間合華里廿八

納所沼 跨紀伊郡數邨東西廿町合華三里南北十一町三十間合華一里半環二里十六町合華十五里

六地藏沼 出紀伊郡六地藏邨東西四町二十間合百五十六尺南北九町三十間合華一里有奇周圍二里十町十四間合華里十四

四谷邨沼 出紀伊郡四谷邨東西十町合華一里有奇南北十一町五十五間合華二里周圍一里二十町二十一間合華九里

一口沼 跨久世郡一口市田二邨東西十町二十四間合華一里有半南北七町二十五間合華一里餘周圍二里五町五十七間合華十四里以上五沼竝達於淀川

大和國

旗尾池 亘萬下郡高邨北今市中筋今泉上里數邨周圍一里合華六里有奇

河內國

狹山池 出丹南郡池尻邨錦部郡天野小山田之二水逕此爲池周圍里餘合華六里有奇東西七町五十六間合華

一里有奇南北五町廿五間合二百廿五丈

和泉國

久米田池 出泉南郡久米田寺邨方八町合華一里有奇周圍二十七町四間合華四里有奇有灌漑利僧行基鑿之始神龜二年二月竣於天平十年

近江國

琵琶湖 形相似故名又有淡海又鳰海之目亘十一郡日本第一大湖也受八百八水末流爲勢多川注山城周圍七十三里三十一町三十四間合華里五百一東西五里合華里三十四南北十五里合華里一百二近年湖中瀛船徃徠

余吾湖 出伊香郡賤嶽東北下流爲余吾川入琵琶湖周圍一里十七町三十九間合華八里有奇東西十一町合華一里有半南北十八町合華三里深三十五仞

美濃國

下池 亘多藝郡有尾邨外六邨周圍一里十九町餘合華九里有奇東西十一町合華一里有半南北十四町半合華二里餘入揖斐川

飛驒國

大池出益田郡乘鞍嶽巔下流爲益田川周圍三里合華里二十東西一里二町合華六里有奇南北三十町合華五里

大丹生池出大野郡池之俣郵周圍二里三十町合華里十八東西廿五町合華四里南北一里合華六里有奇下流爲青垂瀑入小八賀川

信濃國

諏訪湖亘諏訪郡高島之邊數郵周圍四里廿町十九間半合華里三十有奇東西一里餘合華六里有半南北一里合華一里有半深七仞世人稱下流爲天龍川

農池出伊那郡駒嶽絕頂周圍未詳東西十二丈南北十八丈流末爲大小二瀑

青木湖出安曇郡青木郵周圍二里二十町合華十三里有半東西二十町合華十八里南北三十町合五里

木崎湖出安曇郡木崎郵周圍一里二十五町四十六間合華里十一東西九町十間合華一里有半南北二十一町合華三里有奇不涸

中綱沼出安曇郡中綱郵東西三町二十間合十八丈有奇南北七町十間合華一里有奇

以上三湖相連下流爲農具川入于高瀨川

野尻池出水內郡野尻郵周圍三里三十町合華里廿五有奇東西一里十町合華七里有半南北一里三町合華六里有奇越後關川之源此出

大沼池出高井郡沓野郵山中周圍一

里四町二十五間合華七里有奇東西六町十八間合華一里南北七町二十八間合華里四十七下流受琵琶池爲星川入於千曲川

琵琶池 出高井郡周回十七町三十五間合華三里東西三町合華十八里南北六町廿七間合華一里弱

丸沼 東西二町合七十二丈南北一町四十間合十六丈

伊奈湖 出佐久郡松原郵周圍二十町合華三里有奇東西六町四十間合華一里南北三町二十間合華半里其下流入千曲川

南湖 周圍七町四十間合華一里有奇東西三町二十間合華半里南北三十間合華一丈八尺共深十有五仞

上野國

尾瀨沼 出利根郡戸倉郡沼嶺周圍三里合華二十里東西一里合華六里有半南北十八町合華三里界岩代下流入岩代曰只見川

大尻沼 出利根郡東小川郡周圍一里十八町合華九里東西十三町合華二里弱南北二十四町合華四里以下三沼下流共入片品川

菅沼 周圍二里廿町合華十里十六東西三十町合華五里南北十八町合三里

丸沼 周圍一里二町合華六里東西十二町合華二里南北同上

野反池 出吾妻郡入山郡周圍一里十六町合華八里東西二町合七十二丈南北十八町合華三里入洸澤川爲越後中津川源

榛名湖 出群馬郡榛名山上曰伊香保湖周圍三十五町合華五里有奇東西十一町五間合華一里有半南北十七町十二間合華三里下流入吾妻川

大沼出勢多郡赤城山周圍一里二町卅間合華六里有奇東西十五町合華二里有奇南北九町十五間合華一里有奇下流入利根川

板倉沼出邑樂郡板倉邨周圍三里三十二町合華里廿一東西三十町合華五里南北二十五町合華四里下流入渡瀨川

城沼出邑樂郡館林街周圍二里餘合華十三有奇東西五町合華半里南北十三町合二里有奇

下野國

中禪寺湖一名南湖在都賀郡日光山中周圍凡八里合華里五十四東西三里合華里十八南北一里合華六里有奇

赤間沼都賀郡赤間邨周圍凡四里合華二十七東西一里餘合華六里有半南北三十餘町合華五里有奇入思川

磐城國

大沼出白河郡白河舊城之南故稱南湖又有關湖之目周圍二十町四十間合華三里東西八町二十間合華一里有奇南北二町合七十二丈下流入藤川

岩代國

猪苗代湖 亘會津耶麻安積三郡以湖之中央爲部界周圍十六里二十一町合華里一百八東西四里二十町餘合華里三十南北三里十八町餘合華里廿一有奇在翁島戶口都之東南二町五十間合一百二丈東西二町三十間合九十丈南北二町餘合七十二丈

尾瀨沼 出會津郡檜枝岐郡周圍三里合華里廿東西一里餘合華六里有奇南北十八町合華三里中央界上野國

沼澤沼 出大沼郡沼澤邨周圍凡一里三十二町合華里十一有奇東西廿町餘合華三里有奇南北十九町合華三里有奇

陸前國

大沼 亘栗原郡畑岡新田大田八澤四邨周圍三里卅三町合華里廿五東西一里合華六里有奇南北十七町合華三里弱

長沼 亘栗原郡新田北方二邨周圍三里五町合華二十有奇東西一里十二町合華八里南北七町合華一里有奇

船越沼 亘栗原郡北方南方二邨周圍一里廿四町合華十里東西十四町五十二間合華二里有奇南北四町一間合華一百四十四丈

可沼 屬栗原郡石越邨亘陸中磐井郡西永井邨周圍一里三十間合華六里有奇東西十二町合華二里弱南北九町合華一里有奇以上四沼下流入迫川

品井沼 亘志田郡大迫廣長二邨周圍五里廿四町合華里三十七四至未詳下流一爲高城一入鳴瀨川

蕪栗沼 出遠田郡蕪栗邨周圍未詳東西一里十二町合華

七里南北一里十二町合華八里下流入迫川**名鰭川**出遠田郡馬塲谷地邨周圍未詳東西一里六町合華七里南北同上下流入江合川**廣淵沼**出桃生郡廣淵邨周圍二里廿九町合華里十七下流入定川**中田沼**亘登米郡及陸中磐井郡周圍二里十三町合華里十五東西十町合華一里有半南北一里合華六里流入迫川

陸中國

八郎沼出膽澤郡若柳邨周圍三十五町合華五里有奇東西八町合華一里有奇南北十町合華一里有半下流入膽澤川**十灣田湖**亘鹿角郡陸奥三戶郡詳陸奥

陸奥國

十三潟出津輕郡十三邨之東周圍六里十八町合華里四十三東西一里卅町四十間合華九里有半南北三里一町三十間合華里廿匯岩木川諸流湊合之末流匯十三邨入西海**十灣田湖**亘北郡奥瀨邨之西南三戶郡陸中鹿角郡周圍十里合華里六十八東西三里十八町合華里廿三南北二里十八町合十六相坂川源**小河原沼**一名倉內沼出三戶郡倉內邨之南甲地邨之東南周圍十三里廿四町合華里九十一東西二里十町合華里十四南北三里十八町合華里廿三受七戶川通東海**平沼**出三戶郡平沼邨西周圍二里八町合華里十三東西三町廿間合一里

南北同上

一柳沼周圍凡一里三町合華六里有奇東西十一町四十間合華一里有半南北五町合一百八十丈二沼共通東海

鷹架沼出三戶郡鷹架部之西周圍凡六里二十三町合華里四十四東西一里十八町合華九里南北八町廿間合華一里餘

尾駮沼出三戶郡尾駮部之西南周圍凡一里三十四町三十間合華里十二東西十一六町合華二里有半南北八町三十間合華一里有半以上二沼皆達東海

恐山湖出三戶郡田名部之西周圍凡一里合華六里有半東西二十三町合華三里有半南北五町合一百八十丈爲正津川東流至正津部入海

羽前國

白龍湖一名赤湯沼出置賜郡赤湯部周圍一里合華六里有半東西三町合一百八丈南北二町二十九間合五十三丈餘下流受吉野川入松川

長沼出村山郡沼山部周圍凡十三町五間合華二里東西三町二十間合一百有八丈南北五町合一百八十丈

大沼出部山郡大沼部周圍十五町四十二間餘合華二里東西五町合一百八十丈南北同上

大鳥池出田川郡大鳥部山中周圍未詳東西十九町五間合華三里有奇南北二十四町三十間合華四里下流爲七瀑入大鳥川

羽後國

八郎潟 一名琴湖亘秋田山本二郡周圍凡十五里合華里一百二東西三里合華里二十南北七里合華里四十七自船越典農二邨之間入海川口寛一町十間餘合華里四十二

淺內沼 在山本二郡淺內邨周圍三十二町二十間合華五里有奇東西三町半合一百十二丈南北凡十五町合華二里有半下流入八郎潟

田澤潟 出仙北郡田澤邨周圍三里餘合華里二十東西二十五町合四里南北三十三町合華五里有奇下流入院內川

若狹國

三方湖 出三方郡相接三湖一在三方邨之北周圍二里餘合華里十三東西廿三町四十間合華三里有半南北十一町三十間合一里有半深三仞一曰水月湖氣山邨之西周圍二里二十八町餘合華里十七東西二十町一間合華三里有奇南北十一町三十間合華二里弱深二十仞一在久久子邨之南周圍二里餘合華十三里東西三町五十五間合華半里有奇南北二十一町四間合華三里有奇深三仞下流逕早瀨浦入海

越前國

北潟入江 出坂井郡北潟邨州之西北偶通北海加賀大聖寺川注之周圍五里二十二町二十二間合華里三十九東西十一町四十間合華一里有半南北一里二十六町三十五間合華十里深一丈餘濱坂浦蓮浦細呂木邨赤尾邨吉

崎浦及加賀江沼郡鹽屋郝等地

加賀國

柴山潟 跨江沼能美二郡周圍三里二十二町合華里廿三東西廿六町合華四里有半南北十二町合華二里自大日山北麓所出東川即容勳橋川北通今江潟

木塲潟 出能美郡周圍一里三十一町合華里十一東西九町合華一里有奇南北二十二町合華三里有半西北通今江潟

今江潟 能美郡周圍凡二里二十町合華里十三有奇東西十八町合華三里南北十二町合華二里容木塲柴山之二水北注入梯川以上三湖為鼎足故州人之稱三湖

河北潟 一名八田潟在河北郡周圍凡六里二十町合華里四十東西一里合華六里有半南北二里十八町合華里十六容淺野川及數小河之水西南流逕粟崎自金石北入海

能登國

邑知潟 一名千路潟亘羽咋鹿島二郡周圍三里二十二町合華一里廿三東西一里五町合華六里有奇南北十三町合華二里弱容鹿島郡長澤川及羽咋郡飯山川西南流會羽咋川入於海

越中國

放生津潟亘射水郡新港石丸邨入江邨明神新邨堀岡新邨等數邨周圍一里十六町十三間合華八里東西十六町四十間合華二里有奇南北六町三十六間合華一里下流注西北逕新湊入海

氷見潟一名布施湖又曰十二町潟亘射水郡朝日邨十二町邨占江新邨等周圍一里三町廿五間合華六里有半東西二町合七十二丈南北十三町五十間合華二里有奇北注逕氷見入海

越後國

福島潟一名越之湖亘蒲原郡天王邨外數邨周圍三里三十一町合華里二十五東西二十六町五十間合華四里有奇南北三十一町三十間合華五里有半下流自濁川邨入阿賀川

鐙潟一名菱湖亘蒲原郡遠藤邨外數邨周圍二里三町五十間合華里十三有奇東西二十三町五十八間半合華三里有半南北凡十四町合華二里有奇下流入田潟大潟終會信濃川支流

田潟亘蒲原郡笠木邨外數邨周圍一里六町四十六間合華七里有奇東西十五町二間合華二里南北六町廿一間合華一里

大潟周圍一里四町卅二間合華六里半東西七町四十二間合華一里有奇南北八町合華一里餘連田潟

鳥屋野潟亘蒲原郡鳥屋野邨外數邨周圍一里三十町五十間合華十一里有半東西三十三町合華五里有半南北九町十間合華一里有奇下流經沼垂驛入信濃川口

白蓮潟又曰佐田潟俗作左

瀉一名瓢瀉在蒲原郡赤塚邨周圍一里五町三十四間合華六里有半東西十六町五十三間合華二里有奇南北三町五十四間合華半里以上諸湖魚鰕菱芡充斥

朝日池 亘頸城郡內雁子新田外五邨周圍一里二十二町四十三間合華九里有半東西凡二十四町合華四里南北凡九町合華一里有奇下流爲瀉川逕直江津入海

鵜之池 出頸城郡岩野古新田朝日池之南周圍一里十五町四十間合華八里有半東西十六町合華二里有半南北六町十四間合華一里下流同上

大池 亘頸城郡塔崎等八邨周圍三十五町三十八間合華五里有半東西十六町四十間合華二里有奇南北六町十四間合華一里下流漑田入保倉川

佐渡國

加茂湖 又曰夷湊瀉亘加茂郡加茂及瀉端等八邨周圍四里二十三町三間四尺合華里三十二東西凡十八町合華三里南北一里七町合華六里有奇湖口向北少東通海其間架一橋長十有七間合十丈有二尺左曰夷町右曰湊町

丹後國

淺茂川湖 出竹野郡淺茂川邨周圍二十六町四十四間合華里廿六有奇東西三町五十間合十丈九尺南北五町十間合華半里有奇入北海

小濱湖 出竹野郡小濱邨周圍三十三町五十一間合華里五里有半東西七町五十

間合華一里有奇南北十一町二十間合華一里有半湖中有小嶼周圍凡三町合一百八丈容島瀞川入西海

因幡國

湖山池 亘高草郡湖山邨外八邨周圍三里二十六町八間合華里二十三東西一里合華六里南北廿四町合華四里中央有青島周圍十四町四十二間合華二里有奇下流入千代川

伯耆國

東鄉池 出河邨郡周圍二里二十一町合華里十六東西二十四町合華四里南北二十七町合華四里有奇下流過上橋津邨入海

出雲國

中海 古名意宇海周圍十六里十一町五十二間合華里一百十有奇自南伯耆州界至北島根郡本莊邨五里二町一合華里三十四自西意宇郡揖屋邨至東伯耆會見郡弓濱外江邨三里十四町三十間合華里廿二有奇南西北亘意宇能義島根三郡東限伯耆會見郡容宍道湖及伯太川飯梨川田顆川意宇川以中江之海狹通海松江港在松江之南自大橋至島根郡西川津邨劍崎東西六町合華一里南北一町三十間合五十四丈深四仞

宍道湖 古相通中海故又有意宇

海之名周圍十三里二町十間合華八十八里自西楯縫郡出來洲郡至東島根郡松江之大橋四里十町合華里二十八自南意宇郡宍道郡至北楯縫郡小境郡一里二十町合華九里亘意宇島根秋鹿楯縫出雲五郡容大川宇賀川來待川玉造川乃白川等諸水自松江之南逕馬潟瀨戶入中海

神西湖古名神門湖在神門郡周圍一里二十三町四十五間合華九里有半亘神西分神西沖分二部三部四郡及指海浦東西十二町四十間合華二里有奇南北十九町十五間合華三里受十間川九景川島崎川山田川姊谷川爲指海川入于北海

石見國

波根湖出安濃郡波根郡周圍卅三町四十五間合華五里半東西十二町合華二里南北八町合華里餘東北通海

浮沼池又作浮布出安濃郡池田郡三瓶山麓周圍十九町廿八間合華三里東西二町五十一間合一百二十丈南北廿六町廿六間合華一里其下流曰和江川北流至邇摩郡靜間郡入海

菰澤又曰普化澤池在那賀郡淺利郡周圍二十五町合華四里東西三町五十五間合華半里南北三町二十間合華里有半

蟠龍湖出美濃郡高津郡堤築湖之中間分東西以便灌溉東湖周圍十七町四十間合華三里東西五町十間合華一里南北六町四十間合華一里有奇

美作國

勝間田池一名轟池出勝南郡岡邨周圍五町四十間合華一里東西一町二十間合四十八丈南北一町五十間合六十六丈下流注瀧川入梶並川

壺井池跨久米南條郡小原邨山之城邨周圍十五町二十八間合華二里有半東西一町四間合四十四丈四尺南北三町四十五間合一百三十四丈爲誕生川之源下流爲弓削川入高田川

備前國

大箇池亘和氣郡大內伊部西分二邨周圍凡十七町合華二里有奇東西八町四十六間合華一里有奇南北一町四十九間合六十五丈

大池出赤坂郡日古木邨周圍一里二町合華六里東西二町合七十二丈南北五町合一里

備後國

服部池出安那郡法成寺邨亘品治郡周圍廿五町廿間合華四里有半面積七万八千坪下流曰服部川南流入蘆田川

上野池在三上郡庄原邨周圍三十町合華五里東西七町合華一里有奇南北二町十五間合八十一丈

周防國

長澤池出吉敷郡臺道邨周圍一里二町廿間合華六里有半東西十町十九間合華一里有奇南北五町四十七間合華一里下流逕陶邨南入海

長門國

青海湖 出大津郡青海島周圍十八町五十七間合華三里東西六町十八間合華一里南北三町廿五間合華半里

常盤池 厚狹郡宇部邨周圍三里餘合華二十里東西廿町合華三里南北廿六町合華四里又西流至小串邨入海

紀伊國

龜池 出名草郡坂井邨東西六町四十間合華一里南北三町廿間合半里寶永七年鳩工創鑿灌漑倚之

阿波國

海老池 出海部郡淺川浦周圍一里合華六里有奇東西十町五十間合華一里有半南北五十八間合三十四丈下流入海牡蠣滋多

讚岐國

男井間池 出三木郡平木亘平木池戶二邨周圍一里一町四十間合華六里有奇東西五町五十間合華一里弱南北十町五十間合華一里有奇下流曰新川至山田郡西潟元邨入海

城池 出山田郡東埴田邨周圍一里一町二十三間合華六里有奇東西六町四十六間合一里南北六町八間合一里下流注西受松尾池內池之水北流爲春日川至春

日郡入海

松尾池出山田郡西埴田郡，周圍一里二十二町十五間，合華九里有奇，東西三町十六間，南北七町二十四間。以下二池共下流入春日川

神内池周圍一里二十六町五十九間合華里十有奇東西八町四十八間南北六町二十一間合華一里有奇

三谷池出山田郡亘三谷池田二郡周圍一里十九町五十四間合華九里有奇東西四町二十四間南北七町四十四間下流二曰詰田川至木太郡入海

北條池出阿郡萱原郡周圍二里八町五十八間合華里十五東西七町三十間南北五町十二間合華二里入綾川

仁池出鵜足郡岡田東郡周圍一里二町二十三間合華六里有奇東西三町十間半南北九町五十三間下流爲新町川逕宇足津入海

滿濃池出那珂郡眞野郡周圍二里三町許合華里十三東西七町三十間合華一里南北十五町合華二里下流曰野田川北流西折自五條郡又北流逕櫛梨金倉諸郡又曰櫛梨川入海凡三里合華里二十

岩瀨池出三野郡佐股郡周圍一里十二町十九間合華八里東西六町八間合華里一南北二町五十二間合九十三丈餘下流入新名川

一谷池在豐田郡中田井郡周圍一里二町許合華六里東西二町十五間合八十一丈南北二町五十六間合一百三丈二尺下流入于鹽入川

伊豫國

鹿子池出越智郡新谷郡周圍一里合華六里東西四町合一百四十四丈南北倍之下流入松木郡溝渠

土佐國

石土池 一名十市池出長岡郡十市郡周圍十町餘合華一里有奇自東南至西北一町廿二間合四十一丈二尺自東北至西南三町二十間合華半里有奇

住吉池 出越智郡池郡周圍十一町四十間合華一里有半東西十五町合半里有奇南北一町五十七間合三十九丈此二池多菰菱魚鮒相距六町合華一里小渠互通一閘時啓注南海然閘口時慮壅溢

筑前國

大牟田池 出那珂郡春日郄周圍一里三町九間合華六里有半東西一町四間餘合三十八丈南北四町二十七間合半里

大池 出那珂郡上白水郄周圍一里四町合華六里東西一町四十間餘合七十丈南北五町五十三間餘合半里有奇下流瀦田下皆同

駕輿丁池 出糟屋郡上仲原郄周圍三十三町三十五間合華五里有半東西四町四十六間合華半里南北三町三十間餘合一百十三丈

小野牟田池 出鞍手郡感田郄周圍一里五町四十間合華六里有半東西六町三十一間南北三町二十二間合華一里有奇

鴨生田池 出鞍手郡龍德郄周圍三里二町合華里十八東西十二町南北十三町四十間合華二十里有半

流池 出鞍手郡植木郄周圍一里二十九町餘合華

十里東西三町四十一間合華半里南北二町三十四間合一十六丈

浮牟田池周圍一里二十一町合華九里

東西一町四十一間合六十六丈南北三町五十間合一百三十三丈

筑後國

麻生池出生葉郡星野郡東西三町餘合百八丈南北二町合七十二丈

豐前國

小倉池出宇佐郡元重郡周圍一里二町餘合華六里東西七町三十間餘合華一里南北三町二十間合華半里深三仍流入以呂波川北流逕下莊郡入海

肥後國

江津廣湖源出託麻郡今郡水前寺之池爲沙取川至下江津郡爲巨浸周圍一里十五町十七間餘合華八里東西十六町五十間南北十二町三十間合華二十里下流注南受加勢川終入綠川

立岡池出宇土郡立岡郡周圍一里合華六里有奇東西三町四十八間合華里半南北二町四十二間合一百三十三丈下流注潤川受宇土川終入綠川

日向國

御池 一名雌池在諸縣郡西嶽邨蒲牟田邨界霧島山內木司穴字都山周圍一里十二町合華八里內三十二町合五里屬西嶽邨十六町合二里屬蒲牟田邨 **小池** 一名雄池出諸縣郡西嶽邨木司山周圍十六町餘合華二里有奇 **小池** 在距御池十八町餘東西四十間合二丈四尺南北一町廿間合四十八丈 **白鳥池** 出諸縣郡白鳥山之上周圜一里餘合華六里有奇霧島山中有四十八池

大隅國

大浪池 出霧島山中韓國嶽之半腹屬桑原郡踊鄉中津川邨周圍二里合華里十三東西五町合華里半南北三町廿間合百廿八丈

薩摩國

池田湖 出揖宿郡池田邨周圍四里廿九町十四間合華里廿九有奇深百三十仞至百五十仞

渡島國

大沼 出龜田郡峠下邨東北 **小沼** 出大沼西

膽振國

洞爺湖亘有珠虻田二郡周圍十里合華里六十八逕三里合華里二十入長流別川　洞爺沼同上周圍十里合華里六十八直徑二里七町合華里十四　降碓沼出白老郡周圍一里合華六里有半直徑廿二町五十間合華三里有奇　珍苗沼出勇拂郡周圍凡二里三町合華里十三東西一里合華六里有奇南北二十六町合華四里

支笏湖出千歲郡周圍凡七里合華里四十七東西三里合華里二十南北二里二町餘合華里十三下流爲千歲川東流逕千歲之北比折入石狩合石狩川　長都沼出千歲郡周圍凡五里餘合華里三十四逕一里七町餘合華七里

石狩國

篠沼池一名藻入洞在札幌郡篠路郡周圍三里四町合華里二十東西五町合華半里有奇南北二十町合華三里又有一沼周圍一里廿町合華九里

天鹽國

打內沼出天鹽郡水流東西八町合華一里有奇南北一里合華六里有奇

十勝國

保利加也仁沼出當緣郡周圍一里十八町合華九里　生花苗沼出當緣郡周圍三里十八町合

華里廿三

涌洞沼 出當緣郡周圍四里合華里廿七

長節沼 當緣郡周圍三里合華里廿一

往牛沼 出中川郡周圍四里合華里廿七

嘉門沼 出中川郡周圍八里合華里五十四

釧路國

岸厚沼 出岸厚郡東西三里十八町合華里廿三南北一里十八町合華九里

藻散布沼 出岸厚郡東西十八町合華三里南北一里合華六里有奇

火散布沼 出岸厚郡東西一里十八町合華九里南北一里餘合華六里有奇

阿寒沼 出阿寒郡東西一里十八町合華里九南北三里合華里廿

釧路沼 出釧路郡東西二里十八町合華里十六南北十八町合華三里

知植沼 出釧路郡東西二里合華里十三南北一里合華六里有奇

屈斜路沼 出上川郡東西八里合華里五十四南北五里合華里三十四

摩周沼 出上川郡東西一里合華六里有奇南北三里合華里二十

根室國

楓蓮沼 出根室郡周圍十五里合華里一百二東西三里十五町合華里廿二南北二十町合華三里

畝間沼 出根室郡周圍七里合華里四十七東西十町合六十丈南北二里合華里十三

北見國

猿拂沼出宗谷郡周圍二里合華里十三東西十五町合華二里南北同上猿摩湖出紋別郡東西八里十二町合華里五十五南北三里餘合華里二十一周圍十八里合華里一百二十二矢峻沼出紋別郡周圍一里十八町合華九里徑十五町合二里有半金氣沼出紋別郡周圍三里餘合華里二十徑二十町合華三里澁津沼出紋別郡周圍三里餘合華里二十徑十五町餘合二里有奇綱走沼出綱走郡周圍七里餘合華里四十七徑一里十八町合華十里藻崎沼綱走郡周圍一里合華六里徑廿町合華三里有奇能取沼綱走郡周圍四里餘合華里二十七徑一里十八町合華十里常丹沼出斜里郡周圍二里合華里十三徑一里十町合華七里久種沼出禮文郡周圍一里合華六里有奇

千島國

東沸沼出國後郡周圍三里合華里二十東西一里合華六里有奇得菱內沼出國後郡周圍一里十八町合華十里東西十町合一里有奇南北十五町合二里有奇珼岸寄沼出國後郡周圍二里合華里十三東西二十五町合華四里南北廿四町合華四里畒間沼出國後郡周圍二里合華里十三東西三十町合華五里南北十五

町合華里有半美祿沼出國後郡周圍二里合華里十三東西二十町南北三十町合華五里內保沼出擇

捉郡周圍二里合華里十三東北廿五町合華同上訪狀沼出紗那郡留別郝周圍三里四町合華里二十有奇東西

一里合華六里有奇南北同上哂止沼出紗那郝周圍一里十八町合華九里西南二十町合華里三東北十五町合

華二里有半當路沼出蕋取郡乙今牛郝周圍二里二十二町合華里十六有奇東西三十町合華五里南北同上

瀑布

日本瀑布著者已不下八百微瀧難枚指矣巨川洪流往往出此非第雄雌雙飛噴煙詭狀已也今溯所導爲某水源如水自有源而飛瀑注之則謂之入或謂之注謂瀑所自曰出畧如水道例紀伊國有觀音瀑二大瀑二越後國有大瀑八類此同名夥甚非複也述瀑布

武藤國

襖瀑一名寶瀑出多摩郡御嶽山南流分爲七代瀑於注多摩川凡七層第一高一丈第二二丈第三四各三丈第五第

六中間平流一町餘第六高五丈第七二丈寬一丈八尺

二重瀑出多摩郡棚澤邨龜甲山落二層高五丈寬五尺下流曰西川又爲一瀑曰朧瀑高五丈寬六尺入多摩川

速瀑水出多摩郡入川大丹波小丹波二邨爲瀑高十丈寬五尺末流爲銚子瀑外道瀑布瀑不動瀑高各二三丈下流入多摩川

拂澤瀑出多摩郡檜原邨時坂三層第一高二丈第二三丈第三七丈寬各三尺餘下流爲秋川入多摩川

大瀑出多摩郡大嶽山東南高三十丈寬一尺有奇入秋川

丸神瀑出秩父郡小森邨三層第一高三丈六尺第二高四丈二尺寬各五六尺第三高十五丈寬合三丈注谷川達入荒川爲越郡之最景

障子岩瀑出秩父郡浦山大久保谷高六丈寬凡四尺注浦山川達荒川

木下山瀑出秩父郡古大瀧邨高十八丈寬一丈八尺注荒川

不動瀑出大瀧邨又曰唐絲瀑高一丈二尺寬四丈八尺荒川源也

逆卷瀑出秩父郡中津川邨小神流川之上流高五十丈寬三丈注中津川達荒川

常陸國

玉簾瀑出久慈郡東河內邨玉簾禪寺源發高鈴山曲流七里至此寺爲瀑注里川入久之慈川高五丈八尺寬三尺

生瀨瀑出久慈郡小生瀨邨源有二一發久慈郡外大野邨袜坪一出多賀郡小中邨猪鼻嶽下流入久慈川高七丈寬一丈八尺

四度瀑在久慈郡袋田邨生瀨瀑下流高四十丈寬廿四丈六尺

伊賀國

山畑瀑 出阿拜郡山畑邨入柘植川高八丈寬五尺

阿彌瀑 一名赤目瀑出名張郡長坂邨入名張川飛流四十八大者高十八丈寬一丈

青蓮寺瀑 出名張郡青蓮寺邨入河內川分三上高四丈中廿丈下二丈寬有差

伊勢國

白瀑 出員辨郡川原邨入田切川高八丈寬六尺

青瀑 出三重郡菰野邨湯山爲三岳川源高十三丈寬四尺有奇

大宮谷瀑 出一志郡川上邨爲雲出川源高九丈寬六尺

浪切不動瀑 出一志郡小泉邨入雲出川高七丈二尺寬六尺

布引瀑 出飯高郡大俣邨入蓮川高九十丈寬一丈二尺

御所瀑 出大俣邨江回木屋谷入蓮川高廿丈寬一丈二尺

風折瀑 出大俣邨宮入蓮川高五十丈寬六尺

光瀑 出多氣郡大杉谷爲宮川源高二十五丈寬五尺

千尋瀑 出大杉谷宮川源厥地嶮峻難測高廣

嘉茂助瀑 出大杉谷幽谷中入宮川高廿七丈寬六尺

不動瀑 出大杉谷深山中入宮川高五十尺寬五尺

西瀑 出大杉谷入宮川高三十丈寬九尺

三河國

廣澤瀑出賀茂郡猿投山入矢作川高九尺寬一丈二尺

妙法瀑出設樂郡鳳來寺山入岩代川高五丈餘寬五尺

阿寺七瀑出八名郡吉田邨導源郡之巢山邨逕大野邨入三輪川凡七第一高三丈五尺第二高四丈五尺第三高二丈五尺第四高九丈五尺凡寬六尺第五高一丈五尺寬一丈二尺第六高一丈五尺寬九尺第七高一丈二尺寬八尺

遠江國

葛布瀑出周智郡葛布邨黒山分注三條一高七丈寬六尺一高七丈寬五尺有一高十丈寬六尺下流入太田川

瀧谷瀑出佐野郡上西鄉邨法泉寺山後分二高各五丈餘寬三丈入高萩川

大垂瀑出榛原郡高熊邨自白光山北落分爲二一曰雄垂瀑高五十丈寬廿四丈一曰雌垂瀑高廿二丈寬二丈四尺注井川

駿河國

白藤瀑出志太郡北方邨入白藤川高十一丈餘寬三丈六尺

宇嶺瀑出志太郡瀨戸谷邨源出志太郡笹間邨入瀨戸川高廿丈寬十一丈八尺

布澤瀑在安倍郡長妻村入安部川高十八丈寬五尺

福養瀑出安部郡大間邨入蘖科川高四十五尺寬一丈一尺

大瀑出安倍郡梅島村源出甲斐州界入安部川奔注二層上曰雄

瀑下曰雌瀑高卅三丈寬一丈二尺白絲瀑出富士郡原郡上井出郡之界入芝川高八丈七尺寬四十二丈有奇

甲斐國

一瀑出山梨郡釜川郡笛吹川上流高七丈五尺寬六丈二瀑同高六丈寬六丈滑澤瀑出釜川郡釜川入笛吹川高十丈寬四丈二尺大瀑出山梨郡菱山郡入重川高四十四丈幅三丈髮洗瀑出菱山郡入重川高十二丈寬一丈八尺千波瀑出八代郡畑熊郡入蘆川高四十五丈寬五丈四尺不動瀑出巨摩郡千須和郡入早川高五丈寬六丈大垂瀑出巨摩郡小繩郡入早川高十丈寬一丈八尺白絲瀑出小繩郡入早川高十丈寬一丈八尺大垂瀑出巨摩郡初鹿郡入早川高五丈寬一丈八尺不動瀑出巨摩郡雨畑郡入雨畑川高十丈寬九尺仙瀑出巨摩郡吉澤郡入荒川高十丈寬一丈二尺戾瀑出巨摩郡江草郡入鹽川高五丈餘寬六尺汁垂瀑出巨摩郡駒嶽入大武川高五丈寬三丈白絲瀑出巨摩郡清哲郡入小武川高十三丈寬二丈四尺義丹瀑出巨摩郡平林郡注利根川入富士川高十丈寬一丈二尺狗留孫瀑出巨摩郡戸川之源入富士川高六丈餘寬一丈二尺不動瀑出巨摩郡矢細工郡入夜子澤川高十五丈寬一丈八尺梯瀑出巨摩郡駒成白須二郡之界尾白川之源高三十六丈寬二丈四尺大瀨理瀑白川之源高十丈寬二丈四尺

伊豆國

淨蓮瀑出田方郡湯島郤狩野川之源奔注三層高十三丈八尺寬三丈旭瀑在田方郡大平郤源出池之洞入狩野川高三十四丈寬二間半合一丈五尺三瀧山瀑在那賀郡宇久須郤入宇久須川高八丈寬一丈五尺神洞瀑在那賀郡安良里郤入荒川高九間寬六尺三階瀑一曰兵太瀑在那賀郡大澤里郤入仁科川奔注三層高五丈八尺寬二丈四尺商子瀑在那賀郡池代郤入那賀川高八丈四尺寬六尺籠瀑在加茂郡梨本郤入河津郤高十一丈寬一丈八尺大瀑高八丈寬二丈一尺神泊瀑高五丈寬六尺共出梨本郤入梨本川

小笠原島

屏風瀑出旭山時雨瀑出大蝙蝠谷高六丈寬三丈六尺布瀑出距時雨瀑數十武高六丈注下一條八瀨川源也

相模國

調瀑出足柄下郡底倉又曰白絲瀑布瀑入早川高十五丈寬五尺木葉瀑出底倉村早川高六丈寬五尺龍門寺瀑出足柄下郡岩郤龍門寺山高五丈許飛泉激岩石奔下數條如驟雨蛇水瀑出足柄郡平山郤瀧

之源下流酒匂川凡三層上曰三之瀑高九丈餘寬一丈二尺中曰二之瀑高二丈餘寬一丈二尺下曰一之瀑高廿一丈三尺尺寬一丈八尺

二重瀑 出大住郡大山上層高三丈六尺下層高四丈四尺寬六尺下流曰大山川又鈴川逕中原宿寬三丈受玉川入金目川

鹽川瀑 一名鹽竈瀑在愛甲郡半原邨入中津川上層高二丈寬一丈下層高五丈寬二丈

山城國

空也瀑 出葛野郡上嵯峨邨入清瀧川高五丈二尺寬三尺二寸

樓門瀑 出愛宕郡如意嶽入加茂川高九丈二尺寬二尺

音羽瀑 屬愛宕郡修學院邨出比叡山雲母坂入高野川高二丈一尺寬六尺

瀧谷瀑 在愛宕郡久多莊爲二級入久多川高六丈六尺寬一丈八尺

音無瀑 在愛宕郡來迎院邨入八瀨川高六丈寬一丈七尺

龍王瀑 出愛宕郡貴船山爲貴船川高二丈四尺寬一尺

明神大瀑 伊賀之上野川逕相樂郡北大河原爲瀑布受名張川爲木津川高百五十丈

大和國

布留瀑 出山邊郡桃尾山爲布留川入大和川高四丈寬一丈

倶戸羅瀑 出葛上郡櫛羅邨不動寺源出戒那山入葛城川高五丈寬八尺

中之瀑 在吉野郡西野邨出大臺原山注北山川高凡百五十丈寬九丈有東瀑

西瀑

和泉瀑出西野郡注北山川高十五丈寬一丈五尺

白瀑在西野郡出大峯山注北山川高十八丈寬九丈

三重瀑出吉野郡前鬼鄉屏風岩山出釋迦嶽注北山西川高五十四丈寬六丈三尺

三公瀑在吉野郡入波鄉注吉野川高十六丈寬一丈五尺

蜻蛉瀑俗曰清明瀑在吉野郡西河鄉注吉野川高十丈寬九尺

龍門瀑出吉野郡山口鄉出龍門山注吉野川高二十四丈寬二丈四尺

阿古瀑出吉野郡小篠山注天之川高三十丈寬三丈

瀧之脇出吉野郡篠原鄉注十津川高三十六丈寬一丈二十尺

風屋瀑出吉野郡風屋鄉十津川之流一之瀑高一丈寬一丈二尺又隔廿間有二之瀑高百九尺寬九尺

高瀑出吉野郡高瀧鄉溪間注十津川高十五丈寬九尺

清納瀑出高瀧鄉出大野鄉溪間注十津川高五丈七尺寬一丈二尺

河內國

元寺瀑一名倉治瀑出交野郡倉治鄉注天之川高五丈寬三尺

長尾瀑出河內郡額田鄉長尾山落二層雄瀑高三丈五尺雌瀑高二丈寬二尺餘

潮瀑一名魚之飛出錦部郡日野鄉之東注瀧畑川入西條川高二丈五尺寬八尺

光瀑一名光明瀑出錦部郡瀧畑鄉光瀧寺瀧畑川之上流入西條川高九丈三尺餘寬八尺有餘山中有四十八瀑

和泉國

滿願寺瀑出和泉郡槇尾山高凡二十一丈寬三丈**兒瀑**高凡六丈寬一丈二尺以下諸瀑皆在槇尾山**千手瀑**高凡九丈寬一丈二尺**布引瀑**高凡六丈六尺寬一丈二尺**犬鳴瀑**高凡三丈寬一丈八尺

芋谷瀑高凡六丈寬一丈二尺**青谷瀑**高凡三丈六尺寬一丈二尺**唐瀑**高凡十八丈幅二間合一丈二尺共爲槇尾川源**牛瀑**出和泉郡牛瀑山落三層一之瀑高凡二十五丈二之瀑高一丈二尺三之瀑高三丈六尺寬各六尺餘爲牛瀑川源

犬鳴山七瀑出日根郡犬鳴山○第一兩界瀑又曰口之瀧高三丈寬三尺○第二塔瀑在兩界瀑之上高一丈二尺寬三尺五寸○第三辨才天瀑在塔瀑之上高一丈八尺寬六尺○第四固津喜澤瀑在辨才天瀑之上高十二丈寬三尺○第五奧瀑又在其上高七丈二尺寬四尺○第六千丈瀑在奧瀑之上高四丈二尺寬四尺○第七布引瀑在千丈瀑之上高三十六丈寬三尺田犬鳴及此七瀑皆大井關川源

攝津國

水無瀨瀑出島上郡東大寺邨源出山崎之奧深各末流爲水無瀨川有二層上七尺五寸下二丈二尺寬三尺

石澄瀑出豐島郡畑邨之上源出秦山之上五池斜注爲二層上層六丈三尺下層三丈五尺寬共三尺下流曰小壁

川入箕面川

箕面瀑 出箕面山上高十一丈一尺寬一丈八尺餘淵深三仞下流曰箕面川入池田川

最明寺瀑 在河邊郡中山與滿願寺之間高五丈寬一丈八尺

布引瀑 出菟原郡熊內村生田川之源下注二層故名 雌雄瀑高十五丈八尺雌瀑高七丈三尺餘寬各一丈二尺

鼓瀑 出有馬郡湯山町南澤高三丈六尺寬一丈八尺

近江國

楊梅瀑 出滋賀郡北小松郵小松山又曰布引之瀑高廿二丈七尺寬一丈八尺下流曰荒川逕小松郵入湖瀑布四邊稚松繁茂頗佳景自小松街道約三里

萱尾瀑 出神崎郡萱尾山中愛知川之源高一丈三尺寬三丈

瀧山瀑 出蒲生郡熊野入日野川高四丈寬六尺

美濃國

養老瀑 出多藝郡白石郵養老山下流曰津野川於安八郡小坪郵入揖斐川高七丈餘寬一丈二尺

阿彌陀瀑 出郡上郡前谷郵三國嶺下流入郡上川高六十丈寬一丈八尺

竈瀑 出郡上郡下田郵山中下流入郡上川高凡十二丈寬九尺

雌雄瀑 出郡上郡鷲見西洞郵山中注下二條高凡五丈寬一丈八尺

飛驒國

嶽谷瀑 出益田郡野麥鄉山中注益田川遠望高凡百二十丈寬六尺

根尾瀑 出益田郡落合鄉小坂川之源入益田川高凡卅九丈寬一丈八尺

靑垂瀑 出大野郡池之俣鄉山中小八賀川之源入宮川高四十五丈寬六尺

白水瀑 出大野郡平瀨鄉大白川之源高凡二百十六丈寬四丈二尺

高瀑 出大野郡荻町鄉注白川高凡四十八丈寬一丈八尺

二重瀑 出大野郡加須良鄉加須良川之源入白川高凡二十一丈寬一丈五尺

平湯大瀑 一名阿房瀑在吉城郡平湯鄉高原川之源高凡四十五丈寬二丈一尺

鼠餅瀑 出吉城郡鼠餅鄉注高原川高十二丈餘寬九丈

舊瀑 出吉城郡双六鄉注双六川入高原川高六丈餘寬六尺

小迫門瀑 出吉城郡西漆山鄉茂住鄉之邊注高原川高十二丈餘寬六尺

岩船瀑 出吉城郡柏原鄉注荒城川高十二丈寬六尺

三久瀑 出吉城郡宮地鄉注荒城川高十二丈寬六尺

大瀑 出吉城郡宇津江鄉注宮川高七丈二尺寬六尺以下五瀑在宇津江鄉

平瀑 高幅同上

銚子口瀑 高六丈六尺寬六尺下同

障泥瀑 高三丈

雙瀑 高四丈二尺

函瀑 高六丈

迫谷瀑 出吉城郡加賀澤村注宮川高十有二丈寬八丈

信濃國

清瀑 出筑摩郡王瀧鄉御嶽半腹注王瀧川高二十丈餘寬五尺

本瀑 出王瀧鄉流末亦同高二十五丈餘寬四

尺

鞍坡瀑出筑摩郡注木曾川高六丈寬四丈二尺

百間瀑出筑摩郡黑澤御嶽半腹注木曾川高五十丈餘寬六尺

雌雄瀑出筑摩郡妻籠驛之南左雄瀑右雌瀑注木曾川共高三丈餘寬二尺餘沿官路棧道最爲奇觀

小野瀑出筑摩郡藪原之山間小野注木曾川高六丈餘寬三尺餘

瀧入瀑出伊那郡美篤郡山中注大島川入天龍川高四丈八尺寬六尺

大瀑出安曇郡科布瀧之澤注梓川高六丈餘寬三尺

地震瀑屬水內郡野尻郡有四條一之瀑高十八丈寬二丈四尺二之瀑高同上寬一丈八尺三之瀑高十二丈寬同上四之瀑高六丈寬一丈八尺共眞川之源下流入關川

米子瀑出高井郡米子瀧澤有二條北曰權現瀑源出小縣郡四阿山高凡六十丈寬八尺南曰不動瀑源出千枚岩高凡九十丈寬凡七尺二瀑相距三十六丈合流逕高井野郡入千曲川平時水甚少

喊滿瀑在高井郡湯田中山中下流爲星川注千曲川高卅九丈寬三丈六尺

雄垂雌垂瀑出高井郡上木島郡雄垂高十丈八尺寬七尺雌垂高一丈八尺寬一丈五尺下流入千曲川

上野國

武尊瀑出利根郡藤原郡下流爲發知川終注利根川高九丈寬七尺

洞元瀑出藤原郡下流同上高九丈寬一丈二尺

湯原瀑出吾妻郡河原湯郡注吾妻川高十五丈寬四丈二尺

不動瀑出吾妻郡狩宿郡注地藏

川入吾妻川高八丈寬四丈二尺

中之瀑 狩宿郡下流入吾妻川高四丈餘寬三丈六尺

二重瀑 出吾妻郡原岩本郡下流同上高十一丈寬一丈二尺狹處三尺

大岩瀑 出吾妻郡上澤渡郡下流爲山田川注吾妻川高十六丈六尺寬六尺餘

眞谷瀑 出吾妻郡四萬郡注吾妻川高七丈二尺寬九尺

瀧澤瀑 出吾妻郡今井郡下流同上高十丈寬一丈一尺

赤川瀑 出今井郡下流同上高五丈寬一丈

不動澤瀑 出吾妻郡原町注吾妻川爲三層第一高二丈第二亦同第三高五丈寬一丈八尺

常布瀑 出吾妻郡草津郡下流同上高六丈寬一丈八尺

船尾瀑 出群馬郡船尾山下流注利根川高二十丈寬一丈五尺

妻瀑 出群馬郡榛名山麓下野田郡下流同上高二十五丈寬三尺

三重瀑 出群馬郡村上郡注吾妻川爲三層第一高七丈幅二間第二高一丈寬三尺第一高一丈寬五尺

不動瀑 出群馬郡上室田郡注烏川有四條一條高一丈六尺一條高二丈七尺一條高二丈四尺一條高一丈六尺寬有差

銚子瀑 丈甘樂郡三瀨郡注蕪川高五十丈寬六尺

黑瀑 出甘樂郡鹽澤郡下流同上高十五丈寬三尺

瀧澤瀑 出勢多郡赤城山下注粕川入利根川高十六丈三尺寬九尺

雄瀑 出勢多郡棚下郡注利根川高十三丈二尺寬九尺

下野國

華嚴瀑 出都賀郡日光山中，自中禪寺湖注下大谷川之源，高四十丈，寬凡九丈。**阿含瀑** 一曰荒澤瀑，在日光山中，以觀背著名，故有裏見瀑之目，高十餘丈，寬一丈八尺，下流入大谷川。**般若瀑** 在日光山中，高五丈，寬六尺，又有方等瀑。**布引瀑** 出日光山中寂光寺，高三丈餘，寬六尺，落二層。**霧降瀑** 出日光山中，注下數層，飛沫如霧，高凡三十丈，寬三丈。其它日光山中有龍頭瀑、湯瀑等數十條，里俗曰四十八瀑。**七瀑** 出都賀郡赤薙山之東北，分注七派，高十丈或廿丈，爲稻荷川源，注大谷川。

磐城國

雄瀑 出白河郡鶴生邨甲子山中，距溫泉凡三里，阿武隈川之水源。石吻磊砢，背熊羆狀，故曰大熊瀑。高三十丈，寬九尺。

雌瀑 出雄瀑之下流一里所，高三丈，寬一丈八尺。鶴生邨旭嶽山中又有一男女瀑，高幅難測，合雄瀑下流。**白水瀑** 出鶴生邨甲子溫泉之傍，下流入阿武隈川，高四丈餘，寬六尺，距同所溫泉六里許。**一里瀑** 高二丈，寬六尺。**鮫川瀑** 出菊多郡瀧邨，下流注鮫川，高一丈二尺，寬二丈四尺。**四時瀑** 出菊多郡大平邨大平川之上流，高四丈三尺，寬三丈。**石川瀑** 出石川郡龍崎邨阿武隈川至此爲瀑，高一丈五尺，寬九十丈。**合戶瀑** 出磐前郡合戶邨好間川上流，下流注鎌田川，高一丈，寬三丈。**逢瀨瀑** 出磐城郡八莖邨，男女二瀑高共七丈五尺，寬合九尺，下流注新田

川

松風瀑出八莖郡高六丈餘寬六尺

岩代國

馬尾瀑出會津郡鹽澤郡之奧二里許注鹽澤川入只見川高廿丈寬一丈二尺

三條瀑一名不動瀑出會津郡檜枝郡之奧只見川上流高二十丈寬四丈二尺

不動瀑出會津郡下大桃郡黑檜澤注檜枝岐川二層上層高三丈寬一丈八尺下層高四丈寬二丈四尺

鱒瀑出大桃郡高一丈餘寬四丈八尺

白絲瀑出會津郡瀧澤郡山中注渠川高八丈寬四丈八尺又隔奧十町有二之瀑三之瀑共高二丈許

波瀑出會津郡原郡山中下流注原川入猪苗名代湖高十五丈寬三丈六尺

柳瀑同上高十丈寬六尺

大瀑一名不動瀑出會津郡瀧原郡注荒貝川高一丈餘寬尺七丈八

龍神瀑在瀧原郡之西南一里餘注荒貝川高一丈五尺寬四丈二尺

夫婦瀑出距大沼郡瀧澤郡二里許夫瀑高八丈許寬一丈二尺婦瀑高六丈寬六尺自二澤合爲瀧澤入只見川

不動瀑出大沼郡胄中郡注中之川入只見川高入丈寬二丈四尺

都武知倉瀑出大沼郡高森郡大成澤郡之間注中之川高八丈許寬六尺

大瀑出大沼郡入谷地郡注宮川高十二丈寬三丈六尺

桶瀑出大沼郡觀音郡注松倉川入宮川高七丈寬一丈二尺

黑瀑出大沼郡高三丈寬一丈八尺

大瀑出河沼郡白坂郡山中鬼怒川之上流入

阿賀川高十七丈寬四尺

行瀑 高十五丈寬四丈

大瀑 出耶麻郡水澤郡小檜澤注日中川高十丈寬六尺

大冷水瀑 出耶麻郡檜原郡小野川高十丈寬六尺以下十瀑下流皆入長瀨川

不動瀑 高十五丈寬六尺

白絲瀑 出耶麻郡東吾妻嶽高二十丈寬六尺

三階倉瀑 高三十丈寬六尺

大瀑 倉川之上流高十五丈寬一丈二尺

小瀑 高廿丈餘寬一丈二尺

朱瀑 中津川之上流高十五丈寬六尺

布瀑 出耶麻郡中吾妻山注中津川上流高二十丈寬一丈

音無瀑 高十丈寬一丈二尺

三重瀑 在耶麻郡川桁山中高廿丈寬四尺

大瀑 出那麻郡日中郡日中川上流注十七級高凡六十丈寬六尺以下三瀑下流皆入日橋川

綠瀑 高三十丈寬六尺

三階瀑 出耶麻郡入田付郡入田付川之上流高八丈寬六尺

銚子瀑 出安達郡安達太郎山中石筵川之源合五百川高廿丈寬九尺以下六瀑下流皆入阿武隈川

遠藤瀑 仙人澤杉田川之源注二層上層高九尺下層高一丈三尺寬皆一丈二尺

相見瀑 出信夫郡吾妻山之內李平郡之奧天戶川之源入須川高十丈寬一丈八尺

不動瀑 出信夫郡庭坂郡須川之源高十三丈寬二丈四尺

幕瀑 出信夫郡土湯郡之奧荒川之源合須川高十五丈寬二丈四尺

綠瀑 出鬼面山之間鴉川之源合荒川高十七丈寬一丈二尺

陸前國

大瀑一曰秋保瀑出名取郡馬塲村名取川之源高十四丈八尺寬一丈八尺男瀑出宮城郡朴澤邨七北田川之源高三丈寬一丈二尺女瀑高一丈五尺寬一丈二尺鳳鳴瀑出宮城郡作並邨注廣瀨川高十丈寬五丈六尺俗曰四十八瀑外有小瀑八條行者瀑出栗原郡沼倉邨注追川高十六丈寬六尺魚留瀑出栗原郡川口邨高一丈五尺寬二丈一尺井戶瀑高一丈八尺寬一丈二尺不動瀑一丈寬一丈二尺相距各一町許下流入追川窻瀑出栗原郡沼倉邨入追川高五丈寬一丈二尺女瀑高三丈寬一丈二尺白絲瀑出栗原郡花山邨入追川高七丈寬二丈四尺赤如龍瀑出栗原邨照井川之源高四丈寬三丈白絲瀑出氣仙郡矢作邨高七丈寬一丈八尺下流注今泉川不動瀑出氣仙郡竹駒邨竹駒川源高七丈寬一丈二尺

陸中國

小黑瀑出磐井郡鳥海邨瀑高三丈寬一丈二尺下流數步又爲瀑曰之男女瀑高幅共同注坂川桶口瀑出磐井郡黑澤邨下流注磐井川高五丈三尺寬一丈二尺衣瀑出膽澤郡上衣川邨北又衣川之源高四丈八尺寬四丈八尺衣濯瀑衣瀑之下流十八丈許高一丈寬一丈八尺大瀑出膽澤邨傳花邨注衣川高五丈寬三丈上流一町許有小瀑高三丈二尺寬一丈四尺大瀑出膽澤郡西根邨潟苦澤下流入北上川高十丈寬一丈八尺大

空瀑出稗貫郡豐澤邨桂澤川高二十五丈幅六尺分二條落七層

白手瀑大空瀑之下流凡八町許高十丈寬九尺

阿佐利瀑出豐津川之源高十五丈寬一丈二尺

七倉瀑出羽澤川之源高三十丈寬六尺

權現澤瀑出羽澤川之下流距七倉瀑有五町許高五丈幅一間合六尺

鳥越瀑出岩手郡長山邨西根邨之境根葛田川之下流逕鳥越爲大瀑高十八丈寬三丈

銚子瀑出鹿角郡大湯邨大寬二湯川之源高十六丈丈

浦志內瀑出鹿角郡浦志內川邨能代川高五丈寬七尺

曾利瀑出鹿角郡谷內邨下流爲谷內川注能代川高十丈寬一丈

七瀑出鹿角郡藤原邨斷崖數丈落七層末流注毛馬內川寬有差

陸奧國

暗門瀑出津輕郡川原平邨目屋野澤川之源下流入岩本川有三上高二十四丈中二十丈下十八丈寬各一丈五尺

雌雄瀑出津輕郡小田川邨小田川之源下流入嘉瀨川雄瀑高六丈雌瀑高寬各四丈

新穗瀑出津輕郡田代邨山間下流入岩本川高十丈三尺寬二尺

銚子瀑出北郡奧瀨邨十灣田湖之下流高十六丈三尺寬四丈

奧入瀨瀑出奧入瀨川之源高三丈寬六尺

佛歌瀑出北郡牛瀧邨山間下流入海高五丈寬一丈

水晶瀑出二戶郡福岡邨橫山山間下流入馬淵川高五丈寬五尺

羽前國

燕瀑出置賜郡大平郡高三十丈寬五丈四尺以下三瀑出共松川之源火焰瀑高二十丈寬五丈四尺峻急瀑高六丈寬十六丈相生瀑高三丈寬一丈八尺布引瀑出置賜郡板谷郡高六十三丈寬四尺以下二瀑共注前川大瀑高二十丈寬六丈三階瀑高十丈寬一丈八尺大瀑一名潛龍瀑出置賜郡關郡鬼面川之源入松川高七丈餘寬九尺梅花皮瀑出置賜郡小玉川郡下流入玉川高二十丈寬一丈二尺白絲瀑出最上郡古口町注最上川高七丈寬二丈四尺大瀑出田川郡羽黑山中拂川之源高三丈餘寬一丈二尺千金瀑出田川郡瀧澤郡山中下流入青龍寺川高八丈寬一丈八尺

羽後國

日向瀉出飽海郡升田郡山中日向川之源巖崖聳立人跡罕至高凡四十六丈寬二丈四尺二之瀑出飽海郡鳥海山麓月光川之源高六丈三尺寬二丈一尺十二瀑出飽海郡北俣郡山中末流逕相澤郡注最上川一川爲十二之瀑故以名其最大者源原瀑高三丈三尺寬六尺四之瀑高三丈二尺寬六尺九之瀑高一丈七尺寬五尺蛇瀑高一丈五尺寬六尺喜鴉克瀑高三丈八尺寬三尺南瀑高三丈五尺寬八尺七釜

瀑 出由利郡百宅邨山中巖崖七層高各八九尺至一丈每層爲潭下流爲白瀑注法體川高凡十五丈寬一丈二尺

法體瀑 出由利郡百宅邨直根川之源高十六丈寬三丈

檜山瀑 一名瀧澤瀑出由利郡下直根邨下流注阿熊川高五十丈寬一丈八尺

赤瀑 出由利郡下川內邨大栗川之源高十六丈寬一丈二尺外一高十七丈寬一丈八尺

牛瀑 出由利郡畑邨白雪川之源高十七丈餘寬一丈八尺

白絲瀑 出由利郡鳥海山之西北嶮峻人跡不到寬有差中央挾巨巖降二層水漲時隔二里可望下流經橫岡邨本鄉邨爲奈曾川

奈曾之瀑 出由利郡小瀧邨西南白絲瀑之下流爲關川高七丈寬二丈四尺

湯瀑 出雄勝郡高松邨川原毛湯本下流注高原川高十六丈五尺寬六尺

女瀧澤瀑 出由利郡畑等邨小安湯本下流注稻庭川高十四丈寬一丈二尺

鐙瀑 出由利郡岩井川邨時宗澤下流注麻當川高十一丈寬八尺

檜內澤瀑 出仙北郡生保內邨檜內澤下流注生保內川高十丈寬一丈二尺

大瀑 出仙北郡白岩前鄉邨鯱足澤高五十丈寬一丈二尺外有十餘所自十丈至五十丈下流共注玉川

白絲瀑 出仙北郡峯吉川邨峯吉川之源落三層高二十五丈寬一丈八尺有不動堂

高瀑 出仙北郡田澤邨濁澤下流注玉川高十丈寬九尺

長八瀑 出河邊郡岩見川邨岩見川之源下流入御物川高十丈寬一尺

鷄鳴瀑 出秋田郡山谷邨皿見內下流注太平川入御物川高十六丈五尺寬一丈六尺

鈎瀑 出秋田郡八田邨金山澤下流

同上高十二丈五尺寬二丈外一高十丈寬五尺**大瀑**出秋田郡男鹿門前邨下流注海高十八丈寬一丈八尺外一所高十二丈寬一丈二尺**大瀑**出秋田郡小又邨下流注堀川高十丈寬二丈**白絲瀑**出秋田郡荒瀨邨注大又川下流入能代川高五十丈寬十二丈外三高十五丈至二十丈**四十八瀑**出秋田郡小雪澤邨小卷山高十丈寬五尺注巉巖又五步或十步爲數十步故得此名**七倉瀑**出秋田郡小澤田邨七倉山中下流注小阿仁川高五丈寬一丈二尺**白布瀑**在山本郡八森邨下流注海高五丈五尺寬四丈五尺

若狹國

三番瀑出遠敷郡池河內邨北川高九丈餘寬一丈二尺**田繩瀑**出遠敷郡奧田繩邨注南川高六丈餘寬一丈二尺**布瀑**出遠敷郡多太嶽下流同上高三丈二尺寬五尺**銚子瀑**出三方郡氣山邨高二丈五尺寬六尺有半下流入三方湖

越前國

五太子瀑出丹生郡五太子邨源出一光邨下流曰大丹生川入大丹生浦之海高六丈二尺寬四尺**一乘瀑**出足羽郡一乘山下流曰淨教寺川入足羽川高三丈九尺寬六尺餘**豐原瀑**出坂井郡豐原邨井勝川之源

入竹田川下流注坂井港高一丈寬六尺

辨瀑出大野郡法恩寺山女神川之源下流入九頭龍川高十丈寬七尺

勝

蓮華瀑出丹生郡勝蓮華邨吉野瀨川之源逕下司邨入日野川高四丈一尺寬二丈一尺

加賀國

千束瀑出江沼郡九谷邨入大聖寺川高十五丈寬六尺

女郎瀑出千束瀑之上流九谷川之源高三丈寬六尺

鶴瀑在江沼郡荒谷邨東川之源入柴山潟高十丈寬五尺

簾瀑出江沼郡大內邨七瀨川之源入大聖寺川高二丈餘寬一丈九尺

長瀑出能美郡長瀧邨入手取川高十二丈奔觸巖石寬有差

千仞瀑注能美郡白山中央御前峯絕壁尾添川之源高凡二百丈寬有差自美女坂可遠望

不動瀑出石川郡飯尾邨高廿丈寬一丈二尺注海谷川達手取川

能登國

樽見瀑出羽咋郡寶達山注子浦川高六丈寬五尺

不動瀑出鹿島郡井田邨三尾山下流入熊野川高六丈寬五尺

桃瀑出鹿島郡久江邨下流入久江川高十二丈寬三尺

櫻瀑一名深見瀑出鳳至郡猿山入深見川高十八丈寬一丈二尺

桶瀑出鳳至郡大澤邨山中入大澤邨川高九丈寬二尺

瀧山瀑出鳳至郡河內邨山中入

大川高七丈寬三尺**樽見瀑**出鳳至郡時國邨海岸注海高十二丈寬五尺

越中國

稱名瀑出新川郡早乙嶽源出立山地獄谷下流入常願寺川高凡百丈寬六十丈**虹瀑**一名魚泊瀑出婦負郡鍋谷邨源出百瀨山中下流入神通川高凡三丈寬一丈八尺**不動瀑**出蠣波郡刀利邨注小矢部川高五丈寬二尺**小矢瀑**高九丈寬二尺**布濕**高六丈寬二尺餘

越後國

眞津之瀑出岩船郡高根邨日倉山高根川之源入三面川高五十丈寬二丈一尺**千尋瀑**出岩船郡中束邨山中藤澤川之源入女川高凡五十丈寬三尺**不動瀑**出蒲原郡瀧谷邨大日嶽之麓加治川之源高三十丈寬三尺餘**大瀑**出蒲原郡小戶邨二王子嶽七瀑澤內川之源高卅丈寬一丈八尺**不動瀑**高十丈寬一丈二尺**赤熊瀑**高十五丈寬六丈**桶瀑**高八丈寬一丈二尺**曲瀑**屈曲凡十五丈寬七尺**飛込瀑**高五丈寬一丈**渡場瀑**高五丈寬六尺以上曰小戶七瀑其他木折銚子山葵野池瀑等共注內倉川入加治川**秋小**

屋瀑出蒲原郡大谷邨丸倉山大谷川之源高四十八丈寬一丈二尺**三目瀑**爲三層高凡三十丈寬一丈二

饗喜廬所箸書

尺三之瀑高十丈寬一丈八尺共入五十嵐川大瀑出蒲原郡吉平邨守門嶽牛尾川之源高七丈寬四間入
五十嵐川三十三丈嶽出蒲原郡宮崎上邨粟嶽加茂川之源高三十丈寬四丈八尺近年瀑出大保澤
高二十五丈寬四丈八尺岩右衛門瀑高十丈寬四丈八尺東風澤瀑出東風澤高十丈寬四丈二尺
法螺瀑出小俣澤高四丈寬四丈二尺共注加茂川入信濃川無澤瀑出蒲原郡田貝邨二王子嶽高三十
丈八尺魚留瀑高十五丈寬一丈二尺稱名瀑出蒲原郡板山邨二王子嶽高三十丈寬四尺姬田川之
源共入加治川赤瀑出羽津邨二王子嶽高二十丈寬十八丈但冬夏水涸堂澤瀑出蒲原郡熱田坂邨胎內
川之源高十八丈寬一丈二尺朝日瀑出西俣朝日澤高十五丈寬六尺大瀑出蒲原郡勝屋邨大荒川山才
川之源高十二丈寬四尺四階瀑三階瀑鷄冠瀑夏小屋瀑豐瀑優婆瀑皆注
福島潟清吉瀑出蒲原郡中澤邨大荒川山中之澤川之源入阿賀川高十丈寬三丈山葵澤瀑出蒲
原郡上三光邨太平山太平川之源入加治川高十五丈寬一丈二尺兩部瀑出蒲原郡拂川邨西條直下俗曰女
夫瀑入阿賀川高十丈寬九尺又有一瀑高五丈寬一丈二尺屏風瀑出蒲原郡橡堀邨御香澤入室谷川高二
十丈寬凡四尺裏見瀑一名吉良向瀑出蒲原郡室谷邨下流同上高凡十丈寬一丈二尺虹吹瀑出蒲原郡

飯豐山下牛澤實川距實川郡三里餘入阿賀川高三十丈餘寬三丈

大瀑出實川高九丈寬三丈餘

布瀑出古志郡橡堀邨赤花山菊田川之源高十丈九尺寬二丈

不動瀑出刈羽郡善根邨八石山注下三層第一高十丈第二高七丈第三高三丈寬共五尺下流入鯖石川

布引瀑出魚沼郡大白川邨守門嶽大白川之源入破間川高百二十丈寬一丈二尺

不動大瀑出古志郡下折立邨注尾瀨沼之下流入岩代只見川高七十五丈寬五丈六尺

不動瀑出古志郡結東邨志久見川之源入信濃川高六十丈寬一丈

不動瀑出古志郡長松邨五十澤川之源入魚沼川高十五丈寬一丈五尺

大瀑出古志野中邨芋川之源自三國川入魚沼川高七十丈寬一丈五尺有奇

大瀑出古志郡山口邨入海山田澤川之源入魚沼川高三十丈寬二丈

大瀑出古志郡大倉荒山二邨之間御月山水無川源入魚沼川高廿丈寬一丈

不動瀑出大倉邨入魚沼川高三十丈寬一丈五尺

幣瀑出中岳下流同上高四十丈寬六十丈二尺

富士瀑出古志郡土樽邨富士川之源入魚沼川有三條第一高十丈第二高八丈第三高七丈寬各一丈

苗名瀑出頸城郡杉澤邨關川之源高凡十丈寬三丈又有三瀑二之瀑上流隔十八町高寬共同上三之瀑四之瀑雖非直下迅流壯觀也

彥三瀑出頸城郡篠峯新田黑澤嶽入關川高十丈八尺寬一丈三尺入眞川高同上寬一丈二尺

白絲瀑出頸城郡上和邨產清水之流末注海一之瀑高四十二丈二之瀑

高四十八丈寬各三尺至六丈

大瀑 出頸城郡柵口邨權現山大湯澤川之源高九十六丈寬二丈以下共注能生川

童子瀑 出頸城郡飛山邨火打山高二十四丈寬六丈

夫婦瀑 男瀑高十八丈寬五尺女瀑高十八丈寬四尺

浪人瀑 出頸城郡田麥邨不動山高十八丈寬四尺

雨降瀑 出頸城郡大平邨前川之源入早川高卅丈寬一丈二尺

不動瀑 出頸城郡海邨黑姬山倉谷川之源高凡六十丈寬一尺二尺

大谷瀑 出頸城郡橋立邨尻高山入青梅川高十二丈寬六十丈二尺

西大瀑 出頸城郡小瀧邨西又澤小瀧川之源入姬川高四十二丈寬一丈二尺

魚留瀑 東俣下流同上高十二丈寬二丈四尺

痣切瀑 出痣切川入姬川高十八丈寬六尺許

西之平瀑 出頸城郡市振驛西之平下流注海高三十六丈寬五尺

三段瀑 出斜垂山爲三層上高九丈六尺中七丈二尺下四丈二尺寬有差下流注海

佐渡國

十郎瀑 出雜太郡竹田邨經塚竹田川之源入國府川高四丈五尺寬三丈六尺

白岩尾川 出羽茂郡大崎邨下流入羽茂川高十八丈寬五尺

船澤瀑 出雜太郡高崎邨下流入西三川高六丈五尺寬一丈八尺

大坪瀑 出雜太郡堂釜邨下流入瀧釜川高四丈五尺寬九尺

烏司卡瀑 出加茂郡新穗邨下流入國府川高七丈

一尺寬一丈一尺

虹瀑出新穗郡下流同上高九丈三尺寬六尺

丹波國

馬場瀑出桑田郡上弓削邨注和知川高十四丈四尺寬二尺

瀧文瀑出桑田郡瀧邨注小細川入保津川高六丈九尺寬一丈二尺

琴瀑出船井郡市森邨注高屋川高十丈寬一丈五尺

大瀑出多紀郡上篠見邨注大蛛川凡七條其最大者高五丈寶五尺

三瀑出多紀郡小原邨注大蛛川凡三條其最大者高七丈寬五尺

石舟瀑出永上郡下小倉邨注佐治川高六丈五尺寬四尺

丹後國

千丈瀑出加佐郡佛性寺邨千丈原下流入由良川高三丈五尺寬四尺

有田瀑出與佐郡有田邨山中下流入宮津川寬十八丈寬五丈四尺

布引瀑出與佐郡上本莊邨高六十丈餘寬三丈平時涸竭得雨奔注入本莊川寬三尺

世屋村瀑出與佐郡世屋邨淺田川逕日置邨入海高四丈寬三尺

白瀑出中郡常吉邨注竹野川高三丈寬

但馬國

八端瀑懸流氣多郡名色邨之河水下流注氣多川高十四丈四尺寬一丈二尺

猿尾瀑屬七味郡作山邨出養父郡妙見山之西麓高三十丈餘觸石分合無常下流逕邨岡注矢田川

芳瀑一名裏見瀑出養父郡鍛冶屋邨山中下流注矢田川高十丈寬有差

天瀑出養父郡筱邨山中高四十丈餘注下數十條分合無常注養父川

因幡國

小瀑出岩井郡牧谷邨注牧谷川高凡五丈寬九尺

雨瀑出法美郡雨瀑邨高十三丈寬六尺

布引瀑高七丈寬六尺

菅瀑高廿丈幅一間以上三瀑共注一囊川

權現瀑出八東郡春米邨高六丈五尺寬三尺

大鹿瀑出八東郡諸鹿邨高八丈寬六尺

諸鹿瀑高八丈寬六尺以上三瀑下流共入八東川

橫瀑出八上郡北邨高五十丈寬六尺

不動瀑高三十五丈寬六尺又魚留瀑共注曳田川達千代川

三瀑出智頭郡芦津邨注北俣川入千代川高八丈寬八尺

鳴瀑出智頭郡八谷邨入千代川高十三丈寬五尺

木鄉瀑一名谷福根瀑出智頭郡福園邨高二十二丈寬六尺

神瀑出智頭郡津野邨俗曰龜瀑又不動瀑高十二丈寬一尺以上二瀑共注佐治川達千代川

伯耆國

三尺

龍王瀑 出日野郡中宮邨注日野川高八丈寬三尺

清瀑 出日野郡湯谷邨之東五町許下流同上高五丈寬五三尺

劍谷瀑 出汗入郡前邨注阿彌陀川高十四丈寬六尺

岩谷瀑 高十二丈寬一丈二尺

千丈瀑 出八橋郡山川邨注勝田川高四十丈寬五尺

今瀑 出河邨郡北方邨下流入東鄉池高十丈八尺寬四尺

村上瀑 出河邨郡漆原邨下流同上高六丈寬三尺

眞瀑 出河邨郡曹源寺邨以上三瀑共注竹田川高五丈寬二尺

八人瀑 出河邨郡木地山邨高七丈寬三尺

牧瀑 出河邨郡牧邨高六丈寬三尺

阿彌陀瀑 出河邨郡門前邨注三朝川高十丈寬五尺

出雲國

御手洗瀑 出島根郡加賀浦澄水山瀧川之源高七丈寬一丈二尺

鰐淵瀑 出楯縫郡別所邨浮浪山注河下川高八丈五尺寬三尺

雌雄瀑 出仁多郡中湯野邨玉峯山雄瀑高五丈七尺寬三尺雌瀑高三丈一尺寬二尺合爲龜嵩川入斐伊川

鳥上瀑 出仁多郡竹崎邨船通山斐伊川之源高三丈寬三尺

龍頭瀑 出飯石郡松笠邨注三刀屋川高十三丈二尺寬一丈五尺

多久和瀑 出飯石郡多久和邨注三刀屋川高五丈寬二丈四尺

石見國

清瀑出安濃郡刺賀郡源出山中郡高十丈寬三丈半下流爲清瀧川入波根湖

岩瀧寺瀑出邇摩郡波積本鄉源出荻郡月照寺山爲四層第一高八丈第二六丈第三十丈第四十六丈寬凡六十丈下流至下河戶郡入江川

觀音瀑出邑智郡鹿賀郡源出中野郡爲二層上層高七丈六尺寬四丈二尺下層高十一丈六尺寬九丈九尺入江川

清水瀑出美濃郡都茂郡源出木山入益田川高七丈寬六尺

銚子山瀑出美濃郡澄川郡源出木山入廣瀨川高廿七丈寬五尺

瀧迫山瀑出美濃郡源委同上高二十五丈寬二丈四尺

郁多瀑出美濃郡坂井川郡源出茶之木川下流入那賀郡三隅川高九丈五尺寬一丈二尺

井谷雄瀑出鹿足郡小直郡源出本郡之溪澗入津和野川高十六丈寬三丈

引所雌瀑源委亦同高二十丈寬四丈八尺

魚切瀑出鹿足郡下須郡源出平栃谷川入吉賀川高九丈寬三丈六尺○下須郡有釜瀑中瀑掛橋天狗等瀑

隱岐國

壇鏡瀑出穩地郡那久郡橫尾山高十七丈寬五尺下流爲壇鏡川西北流入海

那知瀑出穩地郡油井郡高凡三十丈寬二丈四尺下流爲那知川西北流入海

播磨國

大田瀑出神西郡小田原邨峯山大田小田原川之源下流入市川高三十四丈二尺寬一丈八尺

七種瀑出神西郡七種山七種川之原入市川高廿一丈寬九尺

野原瀑出宍粟郡母栖邨野原山注揖保川高十三丈九尺寬七尺餘

瓦山瀑出穴粟郡上野邨伊澤川之源入都多川高四丈二尺寬一丈二尺

櫛田瀑又曰飛龍瀑在佐用郡上櫛田邨瀧川之源入千種川高五丈寬二丈四尺

美作國

田殿瀑出吉野郡田殿邨注倉敷川高六丈五尺寬六尺

三段田瀑出英田郡田原邨注山家川入江見川高九丈寬六尺餘

男瀑出英田郡白水邨高十丈寬一丈五尺

近藤瀑出勝北郡近藤邨新田川之源高五丈三尺寬六尺

大瀑出西北條郡百谷邨高九丈寬一丈二尺

小瀑高三丈九尺寬一丈八尺

大町瀑出西北條郡大町邨高十一丈四尺寬一丈八尺以上三瀑注香香美川

岩井瀑在西條郡上齊原邨高百八十丈寬二丈四尺以上諸瀑下流共入津山川

天魔瀑出久米南條郡松邨弓削川之源入高田川高十二丈寬三丈

上打穴瀑出久米北條郡上打穴邨源出大塀和邨郡注佐良川下流入津山川高十二丈寬一丈二尺

祖母瀑出久米北條郡祖母邨源出大塀和東邨注高田川高九丈寬三丈

神庭瀑出眞島郡神庭邨源出星山下流入高田川高

三十六丈寛四丈八尺本州第一奇觀也新莊瀑出眞島郡新莊郡高十二丈六尺寛二丈四尺乃登呂瀑出眞島郡高十丈二尺寛一丈八尺二瀑共神代川之源入高田川七尋瀑出眞島郡手谷郡注神代川高六丈六尺寛一丈二尺鹽瀑出眞島郡關郡下注高田川高九丈六尺寛二丈四尺不動瀑出眞島郡日名郡當摩川之源入高田川高四丈八尺寛六丈五尺

備前國

水引瀑出和氣郡大中山郡下流入東川高十二丈寛一丈五尺深谷瀑出和氣郡三石郡男瀑高五丈四尺寛一丈八尺女瀑高三丈寛九尺共注關川入吉井川

備中國

重瀑出賀陽郡岨谷郡注槇谷川入大川高七丈四尺寛一丈八尺不動瀑出阿賀郡草間郡注高梁川高十五丈寛一丈五尺花瀑出後月郡花瀑郡注江原川高十丈八尺寛二丈四尺西瀑出後月郡西江原郡高十一丈二尺寛二丈四尺入江原川東瀑出江原郡高六丈寛一丈八尺注江原川

備後國

龍頭瀑出安那郡山野郡源出神石郡時安郡溪間至本郡爲瀑入備中後月郡江原川高十丈寬一丈二尺神子瀑曰二之降出蘆田郡藤尾郡赤瀧山刀洗泉注金丸郡神谷川之高十丈八尺寬二丈四尺下二瀑亦出赤瀧山白瀑一之降高三丈寬六尺青木瀑三之降高二丈寬五尺魚切瀑出御調郡河面郡追奥川之源入阿郡面川高七丈二尺寬一丈八尺彌谷瀑出御調郡三郎丸郡彌谷川之源以下三瀑共入郡木頭川高十丈寬一丈八尺彭祖瀑出御調郡本庄郡落石川之源高六丈五尺寬二丈四尺櫻瀑出本莊郡高八丈五尺寬同上白絲瀑出三谿郡三若郡有二層上曰雄瀑五丈二尺下曰雌瀑高三丈五尺寬五尺後川源也入西川雪澤瀑出三上郡峯郡馬醉谷川之源入本郡川高二十六丈寬八尺紅葉瀑出三上郡高郡篠津原山崖巖淡紅色如霜葉故有此名谷山川之源入西城川高十五丈寬八尺那智瀑出奴可郡入江郡尺田川之源入西城川高六十五丈寬六尺觀音瀑出惠蘇郡三河內郡福田組三河內川之源入比和川以下亦同郡高十三丈寬一丈五尺瀧谷瀑一之瀑高十丈三尺二之瀑高同上三之瀑高二十三丈寬各一丈二尺日野瀑出惠蘇郡濁川郡注比和川入西城川高凡十丈寬一丈五尺手水瀑出惠蘇郡宮內郡田口川之源高七丈八尺寬一丈五尺鷄瀑出惠蘇郡桑內川之源共入泉川高七丈二尺寬一丈五尺雌雄瀑出惠蘇郡南郡入櫃田川雌雄相距六町餘雄瀑高五丈雌瀑高三

丈寬各二丈四尺

常青瀑出三次郡下作木郡作木川之源注下三層上層曰荒波高十二丈中層曰白絲高廿三丈下層曰玉水高七丈寬三丈六尺

稻瀑出下作木郡坂根谷高十三丈寬三丈共入三次川

安藝國

曝雪瀑又曰棲眞寺瀑出豐田郡船木別所二郡之界鄉原川之源入沼田川高十四丈寬二丈五尺

三級瀑出豐田郡別迫郡佛通寺川之源入沼田川高三十六丈寬一丈八尺

吾妻子瀑出賀茂郡田口御園宇二郡之界西條川至此爲瀑有左右二瀑左曰雄瀑高十八丈二尺右曰雌瀑高二十九丈寬各四丈二尺復相合流西南末爲二級瀑

二級瀑俗稱廣之大瀑出加茂郡廣鄉原二郡之界又西條川之下流高三十四丈七尺寬四丈二尺南流入海

白絲瀑一曰小瀑在賀茂郡廣郡入西條川高十六丈九尺寬六尺

二河瀑出安藝郡莊山田郡發灰峰二河川至此爲瀑有雌雄二條雌瀑高廿四丈雄瀑高十八丈有餘南流入海頗爲奇觀

八幡瀑出賀茂郡溫品郡砂川之源下流至仁保島入海高六丈寬三丈六尺

蘆谷瀑在高宮郡馬木郡前河內川之源入府中川高七丈八尺寬六丈七尺

加加津瀑出賀茂郡桐原郡穴鄉川之源入根谷川高二十七丈寬一丈二尺

明神瀑出賀茂郡大林郡入根谷川高十二丈寬一丈二尺

三瀑一名觀音瀑在沼田郡新莊郡雄二瀑與駒瀑稱三瀑雄瀑高九丈寬

一丈二尺雌瀑高三丈寬九尺共新莊川之源入安川駒瀑高四丈六尺寬六尺山手川之源入安川

龍口瀑出佐伯郡多田郡注水內川入大田川高二十丈寬一丈二尺

多羅多羅瀑出佐伯郡和田郡下流同上高十丈寬一丈八尺

大野瀑出佐伯郡大野郡太田新開川之源下流入海有二條夫婦高三丈三尺餘寬九尺女瀑高十五丈寬五尺

白絲瀑出佐伯郡嚴島彌山半腹瀧町川之源高十二丈寬三丈

龍頭瀑出山縣郡上筒賀郡正木山三谷川之源入大田川高十丈寬一丈二尺

龍口瀑出山縣郡戶河內郡大田川之源高三十丈寬三丈六尺〇郡中又有大返菴等瀑較小

鎧瀑又曰魚隈瀑出山縣郡橋山郡入瀧山川高六丈寬三丈

駒瀑又曰裏見瀑出山縣郡都志見郡龍水山戶谷川之源入大田川高六丈六尺寬二丈九尺

鳴瀑出山縣郡大朝郡宮迫川之源入入江川注下二層上層高三丈九尺寬二丈六尺下層高四丈一尺寬三丈八尺

觀音瀑出高田郡戶島郡赤芝川之源入吉田川高八丈寬一丈二尺

女夫瀑出高田郡向山郡瀧井谷川之源入根谷川高八丈五尺寬三丈六尺

周防國

金鷄瀑出吉敷郡上宇野令高十六丈八尺寬一丈八尺入木町川

梅峯瀑高六丈幅二間入中尾川

鼓瀑出吉敷郡吉敷郡一之瀑高八丈四尺寬七尺二之瀑高一丈一尺寬五尺三之瀑高五丈五尺寬八尺注中尾川

鳴瀑出吉敷郡下小鯖鄉高六丈五尺寬七丈六尺注小鯖川以上鄉共末流入椹野川

長門國

如意瀑出阿武郡小畑鄉下流注小川入海高十丈五尺寬四丈八尺　扇子落瀑出阿武郡川上鄉下流入阿武川高五丈寬三丈　阿宇雄瀑出阿武郡大井鄉下流同上高二丈寬四丈　大瀑一名白絲瀑出大津郡俵山鄉下流入吉田川高六丈五尺寬二丈四尺餘　大瀑一名晴嵐瀑出美禰郡嘉萬鄉厚東川源高十二丈寬四丈八尺

紀伊國

那智瀑出牟婁郡那智山源出山中爲那智川至天滿鄉入海高八十四丈寬十丈八尺自熊野洋遙望之爲皇國瀑布中第一○二之瀑距一之瀑四町三十間高十丈八尺寬一丈八尺○三之瀑距二之瀑五町餘高七十丈八尺寬一丈八尺

鳴瀑出名草郡園部鄉高一丈二尺寬五尺　新鳴瀑高十三丈三尺寬五尺共鳴瀑川之源入紀伊國　裏見瀑出海部郡橘本鄉注加茂川下流入海高五丈四尺寬五尺　乳瀑出伊都郡東谷鄉注東谷川入靜川高十二丈寬一丈八尺　西藪瀑高六丈寬一丈二尺　文藏瀑高八丈四尺寬一丈二尺　不動瀑出伊都郡

平郡注下津川入靜川高二十四丈寬一丈二尺

丹生瀑出伊都郡丹生川郡注丹生川高十六丈八尺寬二丈四尺

熊瀑高八丈四尺寬一丈八尺

大瀑源出高野山隱所川合衆流於伊都郡大瀧邨東北十一町合一里有半爲瀑田川之源高四丈八尺寬二丈四尺

次瀑出在田郡延坂邨注早月谷川入在田川高二十七丈六尺寬二丈四尺

黑藏瀑出在田郡冬邨下流高十二丈寬十二丈

糸川瀑出在田郡糸川邨糸川各注在田川高六丈寬四丈八尺

純白瀑出在田郡宇井苦邨白馬嶽注修理川入在田川高十八丈寬一丈二尺

銚子瀑出在田郡上湯川邨注室川入在田川高四十二丈寬二尺

下瀑高卅六丈寬三尺穴瀑高十四丈四尺寬二丈四尺

衛門加

門瀑出日高郡龍神邨注日高川高十丈八尺寬五尺

百間瀑出牟婁郡熊野邨注熊野川高六十丈寬一丈二尺○下流一里許有雨乞瀑高九丈許寬九尺上下深潭多奇觀

三階瀑出牟婁郡下木守邨前川之流至此注下三層高十三丈二尺寬五丈四尺

庵太瀑出牟婁郡高瀨邨注古座川高九丈寬五尺

仙人瀑出牟婁郡口色川邨注太田川高十八丈寬一丈五尺

三重瀑注太田川高十五丈寬六尺

入道瀑高九丈寬一丈五尺

八町瀑又曰横手瀑出牟婁郡船津邨注相賀川入海高四十二丈寬二丈四尺自須賀利浦引本浦海上遙可望

小笠原瀑出船津邨注古本邨合神淵入相賀川高十八丈寬一丈二尺

龍鼓瀑出牟婁郡新宮源出

千穗峯注熊野川高十二丈寛五尺**庚申瀑**高寛亦同**飛雪瀑**舊曰竹谷瀑出牟婁郡淺里郡瀧差山注熊野川以下諸瀑共同高十丈寛二丈四尺**水谷瀑**在松尾山高十四丈寛六尺**水谷瀑**高七丈一尺寛一丈**銚子瀑**出蛇爪山高十三丈二尺寛一丈五尺又有白見布引蛇和田瀑等**大瀑**出牟婁郡瀧本郡麥尾山注瀧本川爲小口川二層上層高一十五丈六尺寛六丈下層高十八丈寛一丈八尺**腹白瀑**出牟婁郡能城郡注熊野川高八丈二尺寛一丈二尺**楯谷瀑**出牟婁郡相須郡物見岡注熊野川高十二丈寛五尺**竹口瀑**出牟婁郡田代郡蓑尾谷一界東谷注笠川高八丈寛一丈二尺**平次瀑**出牟婁郡平川次郡要害山下注平次川入熊野川高十八尺寛九尺**布引瀑**出牟婁郡大河內郡注熊野川高十丈寛六尺**布引瀑**出牟婁郡鮒田郡度卡納山注大野川高卅二丈寛三尺**落內瀑**出牟婁郡大里郡藏光山注大野川高五丈八尺寛六尺**檀瀑**高二丈三尺寛九尺二瀑高三丈六尺寛六尺三瀑高三丈九尺寛同上四瀑高寛同上**雨瀑**出牟婁郡赤倉郡注大丹倉谷入北山川高十五丈寛六尺**觀音瀑**出牟婁郡神木郡注市木川入海高十五丈寛六尺**觀音瀑**出牟婁郡神山郡丸石山滑川之源入北山川高十六丈寛四尺**石瀑**又曰足谷瀑注牟婁郡粉所郡尾川入北山川高十五丈寛六尺此瀑北面直下至冬結一大氷柱奇觀也

淡路國

淺野瀑　又曰紅葉瀑在津名郡机南邨富島川之源下流入海高七丈四尺寬一丈二尺

鮎谷瀑　出三原郡鮎屋邨桑間川至此爲瀑高四丈八尺寬六尺漲時及三丈

鰻溪瀑　出三原郡志知川邨鰻溪有二條一之瀑高四丈八尺二之瀑高四丈三尺寬共一丈八尺相距二十一間許下流注松本川入海

河波國

神通瀑　出名西郡上山邨高十五丈寬一丈以下三瀑共入鮎喰川

雨乞瀑　出名西郡神領邨有雌雄二瀑雄瀑高十五丈雌瀑十三丈寬各七尺

建治瀑　出名西郡入田邨高八丈寬四尺

鳴瀑　出美馬郡西端山猿飼落三層高三十六丈寬七丈二尺入吉野川有巖洞形如巨鐺流泉洶沸俗稱怒釜

琶琵瀑　出美馬郡祖谷山閑定入祖谷川高十二丈寬一丈八尺

龍頭瀑　出三好郡加茂野宮邨有二瀑相距凡三十間一之瀑高四丈五尺寬一丈二尺二之瀑高十三丈寬六尺自龍谷川原潛流地中至清水邨界涌出遂入吉野川

神通瀑　出三好郡加茂邨高九丈寬一丈八尺以下三瀑共入吉野川

井口瀑　出三好郡毛田邨大藤高十二丈寬一丈二尺

來光瀑　出三好郡東井內谷大窪落二層上層高十八丈寬六尺下層高七丈二尺寬四丈八尺

嘉見瀑　出三好郡山城谷相川入

伊豫川高九丈寬九丈平時水少

音羽瀑出岩戶高十丈八尺幅九尺以下二瀑共入伊豫川

赤瀑出赤谷高九丈寬一丈八尺

日昏瀑出白川高九丈寬一丈二尺以下四瀑共入吉野川

有宮瀑高七丈寬一丈八尺

豐年瀑出光兼高十八丈寬三尺

轟瀑出下川落四層一之瀑高三丈五尺二之瀑四丈三之瀑二丈四之瀑一丈八尺寬各一丈八尺

千代瀑出三好郡西宇邨落二層上層高十丈下層八丈寬各一丈八尺以下三瀑共入吉野川

吳石瀑出三好郡白地邨井之久保高九丈四尺寬三丈

津紫瀑出符甲部馬路邨界高六丈三尺寬三丈一尺

灌頂瀑出勝浦郡藤川邨高四十六丈八尺寬九尺以下三瀑共入勝浦川

岩屋瀑出勝浦郡星谷邨高八丈四尺寬四尺

名流瀑一作鳴瀑出勝浦郡飯谷邨高七丈八尺寬三尺

大釜瀑出那賀郡澤谷邨高二丈寬五間以下六瀑共入那賀川

新田瀑高十丈寬一丈八尺

千本瀑出木頭名邨高九丈寬一丈八尺

碁盤瀑出那賀郡臼谷邨高六丈五尺寬三丈餘

老樂瀑出那賀郡水井邨高六丈五尺寬一丈

午王瀑出郡賀郡深瀨邨高九丈四尺寬五尺

雨霧瀑出海部郡折宇邨高十丈寬四丈八尺入北川

轟瀑一名鰈瀑出海部郡平井邨下流注鰈谷入海部川高十九丈五尺寬四丈八尺有源頭數瀑俗曰九十九瀑

上黑瀑出海部郡北河內邨注日和佐川入海高九丈寬一丈二尺

下黑瀑相距八町合華里一里有半高六丈寬一丈二

尺

冷谷瀑出海部郡久尾郵爲野根川入土佐高十五丈寬一丈二尺　石木屋瀑高六丈寬一丈二尺

讚岐國

三重瀑出塞川郡石田西郵鴨部川之源高十五丈九尺寬一丈五尺　虹瀑一名髭瀑出三木郡小蓑郵注十川高五丈寬有差　不動瀑出香川郡安原上郵注東川高十三丈寬七丈二尺　轟瀑出那珂郡十鄉郵黑郎山注觀音寺川高六丈三尺寬八丈　釜淵瀑出那珂郡鹽入郵觀音寺川之源高六丈寬二丈四尺

伊豫國

都良白瀑出宇摩郡津根郵高二十四丈寬一丈二尺斷崖水派分注恰如脈絡下流入津根川　淸瀑出宇摩郡馬立郵仙龍寺之奥入銅山川高十二丈寬一丈　大瀑出新居郡藤之石山郵以下四瀑入加茂川高二十六丈寬五丈　瓔珞瀑出川來須隔八九丈分注南北二條南瀑高十二丈北瀑高九丈　白絲瀑出新居郡大保木山郵東之川下流會西之川高十丈八尺寬一丈二尺　高瀑出周數郡千足山郵百三十丈寬三十丈　高松尾瀑出野間郡松尾郵山中入佐方川高五丈餘寬六尺　白猪瀑出浮穴郡河内郵注重信川高三十丈寬五尺許　唐岬瀑高二十四丈寬同上　轟瀑出喜多郡大谷郵有二瀑入肱川上瀑高三十六丈寬一丈二尺下瀑高十丈

八尺寬一丈八尺

天瀑出喜多郡成能郡中城山入肱川高四丈二尺寬六尺

雪輪瀑出宇和郡豐岡郄滑床山長二十丈寬一丈二尺奔流石上如波瀾崩雪以下十四瀑共注滑床川入吉野川

布瀑出宇和郡滑床川高三十丈寬一丈八尺

霧瀑高十五丈寬七丈

成王瀨瀑出宇和郡下大野郄高十五丈寬一丈

觀音瀑出宇和郡松溪郄下流入野郄川高三十六丈寬一丈二尺

土佐國

古不動瀑出安藝郡下山郄古不動谷高二十八丈寬一丈二尺

不動瀑出狼谷高二十一丈寬二丈四尺

毘沙門瀑出長岡郡甫喜山鄉北瀧本郄西瀧山北瀑注本川下流爲穴內川入吉野川高十八丈寬六尺

毘沙門瀑出長岡郡瀧本郄注瀑本川高八丈二尺寬一丈八尺

小金瀑一名三瀑在土佐郡本川鄉川崎郄注吉野川高三十六丈寬四丈八尺

銚子口瀑出長岡郡井之川郄注吉野川高十丈寬三丈

翠瀑一名御法瀑又作大樽瀑出長岡森鄉和田郄注能知川入吉野川高十丈五尺寬一丈八尺

池河內瀑出長岡郡領家鄉橫矢郄注西川所界領家地頭分兩鄉之間高十五丈寬二丈一尺

樽瀑出高岡郡上分郄東樽山注西樽川下遷須崎入海高十丈寬一丈八尺

筑前國

不動瀑一名筒瀑出怡土郡飯原邨自雷山之西入神在川三層上高十丈寬一丈中高同上寬一丈四尺相距上層四五間下落三條其間各六尺許高三丈幅一間相距中層二十間餘在幡振嶺故又有幡振瀑之名

兄瀑一名清瀑出怡土郡瑞梅寺邨自井原山ダルメキ谷高六丈餘寬一丈三尺或二丈六尺

鮎返瀑出兄瀑之下流非懸泉末入瑞梅寺川長五丈寬三尺奔大青石上下爲一潭深一丈廣二十步

鉢谷瀑出怡土郡上原邨下流入江口川奔流三丈直下二丈四尺寬一丈二尺

花欄瀑出早良郡石釜邨自合子嶽出下流入曲淵川高五丈寬一丈二尺本州第一壯觀

大瀑上流在西南高凡三丈有九尺寬六尺有餘

通天瀑一名紅葉瀑出早良郡西邨下流入早良川高八丈五尺寬二丈四尺雨後水漲時自福岡可望

一坂瀑出那珂郡後野邨袖須原下流入那珂川落三層高六丈五尺寬一丈二尺餘

御手水瀑出御笠郡山家邨池田山入山家川高八丈餘寬六尺

一之瀑出糟屋郡篠栗邨山之內高六丈五尺寬六尺後藤谷瀑高三丈寬二尺

虹瀑高一丈寬四尺共入金出川

馬落瀑出穗波郡八木山邨白本山及大古野山入鞍手郡宮田川三層其間隔十四五間高各六尺餘幅九尺

蛇瀑出穗波郡大分邨蛇谷入大分川奔流長二十四丈寬二尺水激峻巖屈曲恰似長蛇之勢

中谷瀑入大分川長十八丈寬一

尺

千丈瀑 出嘉麻郡泉河內郡畑川之源長六十丈寬一丈八尺雖非直下奔巖之狀頗爲奇觀

岩瀑 出嘉麻郡中益郡自杉谷池出末瀧爲田溝高七丈餘寬三尺懸一大巖高六丈寬十二丈之間

明星瀑 出鞍手郡黑丸郡清水之奧十五町白山瀨山大谷出入清水川高六丈五尺寬一間〇又下流有荒瀑高一丈三尺有奇

音羽瀑 在清水千手院中高同上寬一間四尺

筑後國

調音瀑 出生葉郡姉川郡御巨瀨川之源高九丈七尺寬一丈八尺

納股瀑 出上妻郡上橫山郡高五丈寬一丈八尺二寸注星野川

八瀑 出上妻郡北矢部郡御側御側川之源入矢部川高四丈二尺寬九尺

豐前國

菅生瀑 又作管王古曰須賀王子之瀑在企救郡道原郡山中蒲生川之源高十三丈寬二丈四尺

白絲瀑 出田川郡上野郡福智山中入赤池川高六丈八尺寬二丈四尺〇出福智山中七重瀑峻奧難到

琴彈瀑 出田川郡赤郡入今川高九丈八尺寬一丈八尺

西椎谷瀑 出宇佐郡西椎屋郡豐後玖珠郡日出生郡界惠良川之源入驛館川高十五丈六尺寬三十丈

東椎谷瀑 出宇佐郡萱籠郡雛戶山入津房川高十二丈幅四間相距西椎谷四里

許合華里廿七**龍泉寺瀑**出宇佐郡福貴野郡龍泉寺山入驛館川高二十二丈九尺寬六尺

豐後國

音原瀑出速見郡別府郡朝見上之瀑高十丈八尺寬一丈二尺下之瀑高四丈八尺寬六尺下流共爲朝見川入海

鮎返瀑高九丈寬一丈二尺**虬瀑**出速見郡中川郡水地入由布川高十丈寬一丈二尺**大井瀑**出大分郡畑田郡入由布川高六丈寬四尺**震動瀑**出玖珠郡田野郡玖珠川之上流高四十丈寬三丈**織月瀑**又曰魚返瀑出戶畑郡玖珠川再爲瀑高四丈寬三十丈**龍門瀑**出玖珠郡松木郡辻龍門川之源入玖珠川高五丈寬六丈**川底瀑**出玖珠郡出生郡城山側入玖珠川高七丈寬一丈**陽目瀑**出直入郡柏原郡陽目肥後州界高六丈許寬一丈八尺餘此瀑飛沫如雪俗稱白水瀑下流出陽目川入柏原川**魚釣瀑**出直入郡久保郡志土知川之源高七丈二尺寬四丈八尺**市坪瀑**出直入郡小塚郡原山入葎原川高六丈寬一丈七尺**高塚瀑**出直入郡白丹郡入稻葉川高六丈寬四丈八尺**蛇生瀨瀑**朽綱川至直入郡今市郡西北爲瀑高九丈餘寬七丈**沈隨瀑**大野川至大野郡矢田郡中角爲瀑高五丈七尺寬三十六丈直下分十三條**雌沈隨瀑**相合矢田川田代川逕同郡爲瀑高六丈寬七丈八尺入大野川**宇藤木瀑**出海部郡尺間郡宇藤木下流爲尺

間川入番匠川高五丈寬六尺銚子瀑出海部郡小川郡入因尾川高六丈寬六尺風神瀑出海部郡宇津郡高十丈寬六尺以下三瀑共入因尾川轟瀑出海部郡井上郡高十丈寬六尺軍神瀑出海部郡因尾郡高六丈寬六尺淺海井瀑出海部郡淺海井浦高五丈四尺寬四丈二尺直入海

肥前國

清水瀑出小城郡清水邨入祇園川高卅五丈寬四丈二尺鮎歸瀑出高來郡隈田邨注有家川入海高三丈六尺寬一丈矢代瀑出高來郡北有馬邨注坂下川入海高三丈寬一丈龍吐泉瀑出彼杵郡千綿邨千綿川之源下流入鯛浦高十丈寬二丈六尺御手洗瀑高十丈餘寬一丈八尺小樽瀑出彼杵郡江串邨江串川之源下流同上高九丈寬三丈山田瀑出彼杵郡大邨川之源下流同上有二瀑一曰迹鷲高六丈寬九尺一曰手洗高一丈八尺寬八尺螃蟹落瀑出彼杵郡雪浦邨雪浦川之源下流入海高七丈二尺寬六尺見歸瀑出松浦郡伊佐邨入松浦川高十七丈寬五尺白絲瀑出松浦郡新木場邨至高串邨入海高七丈八尺寬二丈六尺男瀑出松浦郡納所邨至駄竹浦入海高九丈寬四丈二尺女瀑高七丈二尺寬三丈六尺靑螺瀑出松浦郡大川內邨入伊萬里川高十二丈寬一丈八尺蘆山瀑出松浦郡中通島岩瀨注海高三十丈寬二丈

一尺雌雄有二瀑

潛龍瀑 出松浦郡猪調郡江迎川之源下流入海高七丈二尺寬二丈四尺

夕霧瀑 出松浦郡下寺郡末橋川之源下流入海高八丈四尺寬三丈六尺雌雄有二瀑

肥後國

大瀑 一名細永瀑出菊池郡原郡菊池川至此爲瀑高四丈八尺寬二十丈

城郡瀑 出阿蘇郡黑淵郡之城郡源出扇嶽曰黑淵川至此爲瀑高九丈寬四丈八尺下流入杖立川下之諸瀑皆入此川

下城瀑 出阿蘇郡下城郡源出涌蓋山高十六丈二尺寬四丈八尺

白渦瀑 高六丈六尺寬四丈二尺

土田瀑 出阿蘇郡土田郡源出豐後直入郡久住山曰田野原川高十二丈六尺寬九丈六尺

角落瀑 出直入郡飛瀨郡源流同上高十二丈寬三丈六尺

苧漬場瀑 出直入郡西里郡源出豐後直入郡眞野谷高六丈寬一丈八尺

白絲瀑 出直入郡杖立郡源出稻毛谷高十丈八尺寬二丈四尺

牛落瀑 出直入郡小郡源出矢津田郡至此爲瀑入川走川高六丈寬三丈下二瀑入川走川

鍵戸瀑 出直入郡木鄉郡源出祭場郡下流分入日向國高九丈六尺寬六丈

竿渡瀑 出直入郡竿渡郡源出河口郡三方山下流入日向高十丈二尺寬二丈四尺

白水瀑 出直入郡下山郡源出馬渡郡下流入豐後曰陽目川高六丈寬一丈二尺

垂玉瀑 出直入郡垂玉溫泉之上源出川後田郡入白川高九丈寬六

纂喜廬所箸書

尺宇計瀑出直入郡木原谷郡綠川至此爲瀑高九丈寬四丈二尺數鹿流瀑出直入郡黑川郡與合志
郡立野郡界源出藏原郡下流入白川高十九丈八尺寬九丈銅提瀑俗稱白絲瀑懸數鹿流瀑之下高十八丈六尺
寬六尺神龍瀑出合志郡眞木郡下流入菊池川高九丈寬四丈二尺七瀑一名七越瀑出上益城郡北上
野郡注八勢川入御船川高十丈八尺寬四丈八尺下二瀑亦入御船川觀音瀑出上益城郡中島郡高十八丈寬三
丈福良瀑高十二丈寬三丈五郎瀑出上益城郡小原郡源出下名連石郡大矢蓊原下流入男成川高
十六丈二尺寬三丈千瀑出上益城郡千瀧郡源出大石野下流入綠川高十二丈寬七丈二尺下之諸瀑皆入綠川
聖瀑出上益城郡小野尻郡源出上名連石郡御所山高十丈八尺寬四丈八尺鶬子瀑出益城郡下田所郡
源流同上高十五丈寬一丈二尺上河井野瀑出益城郡河井野郡源出鄉原郡高千穗屋高十二丈寬六丈
橫野瀑出益城郡橫野郡源流同上高十六丈二尺寬六丈越早瀑綠川至此爲瀑高二十一丈寬四丈八尺
白絲瀑出益城郡新藤郡高二十七丈寬六尺梅檀轟瀑出八代郡柿迫郡源出五家山中下流入縱木
川高三十七丈八尺寬一丈二尺走水瀑出八代郡下松球摩郡高二十七丈寬九尺以下諸瀑皆入球摩川不
動瀑出八代郡內鎌瀨郡高十二丈寬六尺八幡瀑出八代郡澀利郡上層高七丈二尺寬四尺中層高三丈

九尺寬三尺餘下層高六尺寬四尺

烏賊淵瀑出葦北郡洲口邨入二見川高二十二丈八尺寬六尺

皷瀑出葦北郡赤松邨入二見川高九丈九尺寬二丈一尺

大瀑出葦北郡湯鶴邨入內山川高十二丈寬二丈四尺小瀑高七丈二尺寬二丈四尺

白水瀑出球摩郡江代邨白水川之源入球摩川高四十二丈六尺寬四丈二尺

鹿目八重瀑出球摩郡西浦邨鳥越川之源入球摩川高十五丈九尺寬一丈

日向國

行縢瀑出臼杵郡南方邨行縢山入五箇瀨川高十八丈寬九丈

布引瀑出臼杵郡北方邨速日嶽之東山入五箇瀨川高二十四丈寬三丈

那智瀑出臼杵郡川島邨那智山入北川高七丈八尺上寬十八丈高七丈二尺似摺扇半披

藤木瀑出臼杵郡幸脇邨鳥川之源入美美津川高十丈餘寬一丈二尺餘

矢研瀑出兒湯郡川北邨尾鈴山之東南都農崎嶽名貫川之源高二十丈寬一丈

布水瀑出兒島郡米良小川邨布水山小川之源入米良川高四十丈餘寬二丈四尺

須木瀑出諸縣郡須木邨川之源入綾南川高十六丈五尺寬十八丈

觀音瀑出諸縣郡松尾城之北四町餘綾南川之源高廿一丈六尺寬一丈八尺

關尾瀑源出諸縣郡西嶽邨上床邨山來安永邨關尾爲瀑高六丈五尺寬十二丈入莊內川

川添瀑出諸縣郡穗滿坊邨三俣川至此爲瀑高六丈寬三

丈六尺頗爲奇觀

古布瀨瀑 出那珂郡飫肥酒谷郡丸野山麓入酒谷川高九丈寬一丈二尺

大隅國

犬飼瀑 出桑原郡踊鄉中津川郡源出霧島山谷入新川高十二丈寬六丈大隅第一瀑也

龍門瀑 出始羅郡加治木鄉小山田郡源出溝邊鄉山中爲網掛川入海高八丈四尺寬四丈二尺夏時分注三四

千里瀑 出贈吰郡田口郡霧島山中對瀑之下流入霧島川高十九丈八尺寬一丈對瀑相對東西故得名共高三丈餘寬九尺餘者在深谷中

廣襲瀑 出霧島神社之北五町下流入霧島川高十丈餘寬一丈

牡鹿野瀑 出贈吰郡松永郡霧島川之下流落三層高九丈六尺寬六尺餘

白木瀑 出肝付郡木谷郡古江浦自御手洗池出入古江浦上層高六尺餘寬一丈八尺下層分二條高十二丈餘

谷田瀑 出贈吰郡下高隈郡谷田高隈川至此爲瀑下流爲串良川高四丈八尺寬四丈八尺分注四條

曾木瀑 出菱刈郡曾木郡川內川之上流寬六十丈餘分注三條北曰一之口高三丈寬二丈四尺中央曰二之口高三丈六尺寬二丈四尺南曰三之口高寬同一之口

小川瀑 出大隅郡川原郡小川小根占川之下流高十五丈六尺寬三丈

赤瀨瀑 俗曰雄川瀑出大隅郡橫別府郡入小根占川高十九丈八尺寬七丈二尺

永良星瀑 俗曰雌瀑出大隅郡源出竹原山至永良星爲瀑高同上寬一丈八尺

大川瀑 中塚狩倉

出過佐多小根占二鄉之界至海邊爲瀑注大川浦高二十一丈寬四丈八尺

薩摩國

小山田瀑俗曰雄瀑出鹿兒島郡小山田鄉平城之北三町入江月川高五丈五尺寬狹水勢靡定**雌瀑**出平城南高二丈許下流入江月川**潮鶴瀑**出頴娃郡郡鄉注集川入海上瀑稍低中瀑高三丈六尺寬三四丈落二層隔二町許下瀑曰潮鶴高四丈九尺寬七尺**松轟瀑**出川邊郡田部田長田二鄉界萬瀨川之上流高凡十八丈飛泉數條其寬不定爲一壯觀**小野瀑**出川邊郡小野鄉小野川之上流入萬瀨川高十丈奔巖石上寬有差下同**手斧瀑**出小野上流高十三丈飛落五支厥路深阻人跡罕至**山中瀑**出川邊郡清水鄉入野崎川高二十丈落二層**轟瀑**出伊佐郡虎居時吉二鄉界出大隅菱刈郡曾木瀑之下流六里即川內川之上流左右絕壁高三丈寬九十尺奔流遠甚自曾木瀑下下舟迅急最危**長江瀑**出伊佐郡大鄉鄉南方鄉與黑木鄉界夾大巖奔時雙流下曰南川受穴川入川內川高六丈九尺寬四丈八尺

壹岐國

四見瀑亦名四劍瀑出壹岐郡可須鄉田尻之海濱高七丈八尺寬二丈

對馬國

鳴瀑 出上縣郡濱久須郵鳴瀧山之溪間入舟志浦鳴濱高四丈六尺寬四丈五尺

三面瀑 出上縣郡深山郵三嶽之麓入佐護川高六丈寬七丈八尺三面可望箭如雪如

後志國

於無李瀑 出古宇郡於無李山注海高一丈三尺寬一丈二尺

志左武內瀑 出古宇郡志左武內注海高三丈寬七尺

膽振國

壯瞥瀑 出有珠郡洞爺湖注高六丈寬三丈

支笏瀑 注千歲郡千歲川高五丈寬有差

石狩國

石狩瀑 出上川郡石狩嶽石狩川之源雙落高百五十丈寬四丈〇此外四瀑皆注石狩川高三十丈寬一丈二尺

十勝國

粉邊濱瀑 出廣尾郡海岸注海高二丈寬一丈八尺

所古部瀑 出十勝郡浦幌山注海高五丈寬三丈

釧路國

阿寒瀑出阿寒郡阿寒川下流高七丈寬二丈四尺

千島國

底保倍瀑出國後郡高十八丈寬九丈　刺鬼別瀑出蕋取郡蕋取邨注海高五十四丈寬一丈二尺

橋梁

日本橋梁有木有土有磚有石有鐵光緒十四年冬雲龍游厥內地無地無水無水無梁或且雙流貫邨一家一橋難更僕數矣今舉一百五十尺以上者述橋梁

武藏國

荒川

永代橋長一百四間合六十二丈四尺寬六間合三丈六尺

新大橋長一百八間合六十四丈八尺寬三間六尺合二丈四

尺
兩國橋長九十間合五十四丈寬六間合三丈六尺
廐橋長八十六間合五十一丈六尺寬三間二尺合二丈
吾妻橋一名大川橋長八十四間合三十四丈四尺寬三間三
尺合二丈一尺
世謂東京五大橋蓋合前五橋言也光緒十四年改木橋爲鐵
橋長八十五間合五十一丈寬八間合四丈八尺
千住驛大橋長六十六間合卌九丈六尺寬三間合一丈八尺
多摩川
玉川橋長六十間合三丈六尺寬三間合一丈八尺
鐵道橋長六十六間四尺合四十丈寬四間二尺四寸合二丈
六尺四寸

山城國
賀茂川
御幸橋長六十四間四尺八寸合三十八丈八尺八寸寬三間四尺八寸合二丈二尺八寸新架之
三條橋長五十七間四尺五寸合三十四丈六尺五寸寬三間五尺合二丈三尺
四條橋長四十八間合二十八丈八尺寬四間八尺合二丈三尺改架爲鐵橋
五條橋長六十四間合三十八丈四尺寬四間八尺合二丈四尺八寸
攝津國
安治川

居留橋鐵造長四十五間合二十七丈寬二間四尺合一丈六尺

中心柱上置臼形石受橋腹梁間八間五尺合六丈九尺

木津川

難波橋

大和川

大和橋長八十間合四十八丈

伊勢國

朝明川

朝明川橋在柿郵松寺郵之間架木冐土長九十六間合五十七丈六尺

駿河國

安倍川

安倍川新橋在靜岡彌勒町與手越村間長三百間合一百八十丈寬二間合一丈二尺

近江國

勢多川

東大橋長九十六間合五十七丈六尺寬四間合二丈四尺

西小橋長廿七間合十六丈二尺寬四間合二丈四尺

越前國

九頭龍川

舟橋在舟橋郇稻多郇之間長百二十間合七十二丈以四十八舟橫亘鐵鍊繫之明萬厤年間天正中柴田勝家造

越中國

神通川

舟橋在富山西北橫亘六十四舟鐵鍊繫之長四十四間四尺合廿六丈八尺寬六間二尺合三丈八尺

周防國

錦川

錦帶橋俗稱算盤橋在錦見橫山二郵間長一百廿五間合七十五丈

薩摩國

江月川

有橋四爲鹿兒島四大橋

日本圖經八終

灋喜廬所著書

游歷日本圖經九

日本國紀

奏派游歷日本美利加秘魯巴西等國英日屬地加納大古巴知府用兵部郎中臣傅雲龍述

世系表

日本史篇自言神武以前有神治高天原曰天御中主尊曰高皇產靈尊曰神皇產靈尊是爲三神然則三神山云者殆緜是傅會歟繼此曰可美葦牙彥舅尊曰天常立尊又次曰國常立尊曰豐斟渟尊曰泥土煑尊曰沙土煑尊曰角織尊曰大苫邊尊曰面足尊曰惶根尊曰伊奘册尊自國常立尊至諾册二神是爲天神七世有獨化有耦生非一人一世也曰天照太神曰正哉吾勝勝速日天忍穗耳尊曰天津彥彥火瓊瓊杵尊曰彥火火出見尊曰彥波瀲武鸕鷀草葺不合尊是爲地神五世此類名稱半出追述茲紀厥年斷自神武其元年爲周惠王十七年至於今當

國朝光緒十五年歷年二千五百四十有九其傳世一百二十有一雖權臣柄政君擁虛位者六百七十有六年而一姓相傳嗚呼僅矣如推古如持統如皇極傳后也又如元明元正孝謙明正後櫻町傳女也微獨傳兄傳弟傳子傳孫而已不傳位者男爲僧稱法親王女爲內親王而不字人倭漢三才圖會曰古以皇女未嫁者爲伊勢齋宮自垂仁天皇女日本媛命伊勢齋宮始又曰加茂齋院自嵯峨天皇女有智子內親王加茂齋院始無內親王則簡諸王女用之至土御門院以來齋宮院之事絕無今多爲尼宮矣凡稱踐位神武以次皆然天智而下或稱即位繼體以前無讓位者厥讓有順有逆讓輒爲僧謂之法皇仙洞落飾仙洞之言遁位也落飾之言薙髮也宇多天皇昌泰二年落飾法名曰金剛覺法皇其稱法皇始此太寶三年贈持統天皇曰太上天皇此又稱太

上天皇之始也湻仁光嚴崇光直書曰廢柄去久矣明治維新權臣頓革述世系表

中國年		日本世次	日本天皇即位	名	在位年	紀年
周惠王十七	辛酉	一世	神武 彥波瀲武鸕鷀草葺不合尊子	彥炎出見尊	七十六	
簡王五	庚辰	二世	綏靖 神武子	川耳尊	三十三	
靈王廿四	癸丑	三世	安〔寧〕 綏靖子	彥玉手見尊	三十八	
敬王十	辛卯	四世	懿德 安寧子	彥耟友尊	三十四	
元王二	丙寅	五世	孝昭 懿德子	觀松彥香殖稻尊	八十三	
安王十	己丑	六世	孝安 孝昭子	足彥國押人尊	百九	
赧王廿五	辛未	七世	孝靈 孝安子	根子彥太瓊尊	七十六	
秦始皇卅三	丁亥	八世	孝元 孝靈子	根子彥國牽尊	五十七	
漢文帝後七	甲申	九世	開化 孝元子	根子彥大日日尊	六十	
武帝天漢四	甲申	十世	崇神 開化子	御間城入彥五十瓊殖尊	六十八	
元帝建始四	壬辰	十一世	垂仁 崇神子	活目入彥五十狹芽尊	九十九	
明帝永平十四	辛未	十二世	景行 垂仁子	大帶彥忍代別尊	六十	

順帝永建六	辛未	十三世	成務	景行子	稚足彥尊	六十
獻帝初平三	壬甲	十四世	仲哀	成務子	足仲彥尊	五
建安六	辛巳	同	神功后攝政			六十九
晉武帝泰始六	庚寅	十五世	應神	仲哀子	譽田別尊	四十一
愍帝建興元	癸酉	十六世	仁德	前虛二年 應神子	大鷦鷯尊	八十七
安帝隆安四	庚子	十七世	履仲	仁德子	火兄去來穗別尊	六
義熙二	丙午	十八世	反正	履仲弟	蝮瑞齒別尊	六
八	壬子	十九世	允恭	反正弟	雄朝津間稚子宿禰尊	四十二
宋孝武帝孝建元	甲午	二十世	安康	允恭子	穴穗尊	三
大明元	丁酉	廿一世	雄略	安康弟	大泊瀨幼武尊	二十三
齊高帝建元二	庚申	廿二世	清〔寧〕	雄略子	白髮武廣國押稚日本根子尊	五
武帝永明三	乙丑	廿三世	顯宗	履仲孫	弘計尊	三
六	戊辰	廿四世	仁賢	顯宗兄	億計尊	十一
東昏侯永元元	己卯	廿五世	武烈	仁賢子	小泊瀨稚鷦鷯尊	八
梁武帝天監六	丁亥	廿六世	繼體	應仁五世孫	男大迹尊	二十九

中大通六	甲寅	廿七世	安閑 前虛二年○繼體子	廣國押武金日尊	二	
大同二	丙辰	廿八世	宣化 安閑弟	武小廣國押盾尊	四	
六	庚申	廿九世	欽明 安閑弟	天國排開廣庭尊	三十三	
陳宣帝大建四	壬辰	三十世	敏達 欽明子	渟名倉太珠敷尊	十四	
後主至德四	丙午	三十一世	用明 敏達弟	橘豐日尊	二	
禎明二	戊申	三十二世	崇峻 用明弟	泊瀨部若雀尊	五	
隋文帝開皇十三	癸丑	三十三世	推古 崇峻姊敏達后	豐御食炊屋姬	三十六	
唐太宗貞觀三	己丑	三十四世	舒明 敏達孫	息長足日廣額	十三	
十六	壬寅	三十五世	皇極 舒明女	天豐財重日足姬	三	
十九	乙巳	三十六世	孝德 皇極弟	天萬豐日	三	大化五 白雉七
高宗永徽六	乙卯	三十七世	齊明 皇極弟	皇極天皇再位	七	
龍朔二	壬戌	三十八世	天智 舒明子	天命別開	十	
咸亨三	壬申	三十九世	(弘)文 天智子	大友皇子	一	
四	癸酉	四十世	天武 天智弟	天渟中原瀛眞人	十五	白鳳十四
武后天授元	庚寅	四十一世	持統 前虛三年○天智女天武后	高天原廣野姬	十一	朱鳥

神功元	丁酉	四十二世	文武天武孫	天之眞宗豐祖父	十一	不紀元四大寶三慶雲四
中宗景龍二	戊申	四十三世	元明持統姊	津御代豐國成姬	七	和同七
元宗開元三	乙卯	四十四世	元正文武妹	日根子高瑞淨足姬	九	靈龜二養老七
十二	甲子	四十五世	聖武文武子	天璽國押開豐櫻彥	二十五	神龜五天平二十
天寶八	己丑	四十六世	孝謙聖武女	阿信	十	天平勝寶八天平寶字二
肅宗乾元二	己亥	四十七世	涫仁天武孫	大炊	六	天平寶字起三止八凡六年
永泰元	乙巳	四十八世	稱德孝謙再位	高野	五	天平神護二神護景雲三
化宗太(厤)五	庚戌	四十九世	光仁天智孫	天宗高紹	十二	寶龜十一天應一
德宗建中三	壬戌	五十世	桓武光仁子	皇統彌照	二十四	延(厤)二十四
憲宗元和元	丙戌	五十一世	平城桓武子	天推國高彥天	四	大同四
五	庚寅	五十二世	嵯峨平城弟	神野平城	十四	弘仁十四
穆宗長慶四	甲辰	五十三世	涫和嵯峨弟	天高讓彌遠	十	天長十
文宗太和八	甲寅	五十四世	仁明嵯峨子	天靈豐聰	十七	承和十四嘉祥三
宣宗大中五	辛未	五十五世	文德仁明子	道康	八	仁壽三齊衡三天安二
十三		五十六世	清和文德子	惟仁	十八	貞觀十八

僖宗乾符四	丁酉	五十七世	陽成 清和子	貞明	八	元慶八
光啓元		五十八世	光孝 文德弟	時康	三	仁和三
文德元		五十九世	宇多 光孝子	定省	九	寬平九
昭宗光化元	戊午	六十世	醍醐 宇多子	敦仁	三十三	昌泰三延喜廿二延長八
梁明宗長興二	辛卯	六十一世	朱雀 醍醐子	寬明	十六	承平七天慶九
漢高祖天福十二	丁未	六十二世	邨上 朱雀弟	成明	二十一	天(厤)十天德四應和三康保四
宋太祖開寶元	戊辰	六十三世	冷泉 邨上子	憲平	二	安和二
三	庚午	六十四世	圓融 冷泉弟	守平	十五	天祿三天延三貞元二天文五永觀二
太宗雍熙二	乙酉	六十五世	花山 冷泉子	師貞	二	寬和二
四	丁亥	六十六世	一條 圓融子	懷仁	二十五	永延二永祚一正(厤)五長德四長保五寬弘八
眞宗大中祥符五	壬子	六十七世	三條 花山弟	居貞	五	長和五
天禧元	丁巳	六十八世	後一條 一條子	敦成	二十	寬仁四治安三萬壽四長元九
仁宗景祐四	丁丑	六十九世	後朱雀 一條弟	敦良	九	長(厤)三長久四寬德二
慶(厤)六	丙戌	七十世	後冷泉 朱雀子	親仁	二十三	永承七天喜五康平七治(厤)四
熙(寧)二	己酉	七十一世	後三條 冷泉弟	尊仁	四	延久四

日本國紀大　四

六	癸丑	七十二世	白河 三條子	貞仁	十三	承保三承厤四永保三應德三
哲宗元祐二	丁卯	七十三世	堀河 白河子	善仁	二十一	寬治七嘉保二永長一承德二康和五長治二嘉承二
徽宗大觀二	戊子	七十四世	鳥羽 堀河子	宗仁	十六	天仁二天永三永久五元永二保安四
宣和六	甲辰	七十五世	崇德 鳥羽子	顯仁	十八	天治二大治五天承元長承三保延六永治一
高宗紹興十二	壬戌	七十六世	近衛 崇德弟	體仁	十四	康治二天養一久安六仁平三久壽二
廿六	丙子	七十七世	後白河 近衛兄	雅仁	三	保元三
廿九	已卯	七十八世	二條 白河子	守仁	七	平治一永厤一應保二長寬二永萬一
孝宗乾道三	丁亥	七十九世	六條 二條子	順仁	三	仁安三
五	已丑	八十世	高倉 二條弟	憲仁	十二	嘉應二承安四安元二治承四
淳熙八	辛丑	八十一世	安德 高倉子	言仁	三	養和一壽永二
十一	甲辰	八十二世	後鳥羽 安德弟	言仁	十五	元厤一文治五建久九
(寍)宗慶元五	已未	八十三世	土御門 後鳥羽子	爲仁	十二	正治二建仁三元久二建永一承元四
嘉定四	辛未	八十四世	順德 土御門弟	守成	十一	建(厤)二建保六承久三
十四	辛巳	八十五世	仲恭 順德子	懷成	一	
十五	壬午	八十六世	後堀河 高倉孫	茂仁	十一	貞應二元仁一嘉祿二安貞二寬喜三貞永一

游歷書十九之一

理宗紹定六	癸巳	八十七世	四條 掘河子	秀仁	十	天福一文厤一嘉禎三厤仁一延應一仁治三
淳祐三	癸卯	八十八世	後嵯峨 土御門子	邦仁	四	寬元四
七	丁未	八十九世	後深草 嵯峨子	久仁	十三	寶治二建長七康元一正嘉二正元一
景定元	庚申	九十世	龜山 後深草弟	恒仁	十五	文應一弘長三文永十一
帝㬎德祐元	乙亥	九十一世	後宇多 龜山子	世仁	十三	建治三弘安十
元至元廿五	戊子	九十二世	伏見 後深草子	熙仁	十一	正應五永仁六
成宗大德三	己亥	九十三世	後伏見 伏見子	胤仁	三	正安三
六	壬寅	九十四世	後二條 後宇多子	邦仁	六	乾元一嘉元三德治二
武宗至大元		九十五世	花園 伏見弟	富仁	十	延慶三應長一正和五文保二
仁宗延祐六年	己未	九十六世	後醍醐 後二條弟	尊治	廿一	元應二元亨三正中二嘉厤三元德二元弘三建武二延元四
順帝至元六	庚辰	九十七世	後邨上 後醍醐子	義良	廿八	興國六正平廿二
明大祖洪武元	戊申	九十八世	後龜山 後邨上子	熙成	廿五	正平二建德二文中三天授六弘和三元中九

元文宗至順三	壬申	光嚴 伏見子	量仁	三	正慶二
順帝至元三	丁丑	光明 光嚴弟	豐仁	十一	厤德四康永三貞和四
至正九	己丑	崇光 光嚴子	興仁	三	觀應二
十二	壬辰	後光嚴 崇光弟	彌仁	二十	文和四延文五康安一貞治六應安四
明洪武五	壬子	後圓融 崇光子	緒仁	十一	永和四康厤二永德三
十六	癸亥	後小松 圓融子	幹仁	廿五	至德三嘉慶二康應一明德四應永十五

○洪武二十六癸酉南北合一爲後小松明德四年

成祖永樂十一	癸巳	一百世	稱光 後小松子	實仁	十六	應永十五正長一
宣宗宣德四	己酉	一百一世	後花園 崇光孫	彥仁	三十六	永享十二嘉吉三文安五寶德三享德三康正二長祿三寬正六
憲宗成化元	乙酉	一百二世	後土御門 後花園子	成仁	三十六	寬正一文正一應仁二文明十八長享二延德三明德九
孝宗弘治十四	辛酉	一百三世	後柏原 土御門子	勝仁	二十七	文龜三永正十七大永七
世宗嘉靖六	丁亥	一百四世	後奈良 後柏原子	知仁	三十	享祿四天文廿三弘治三
三十七	戊午	一百五世	正親町 後奈良子	方仁	二十九	永祿十二元龜三天正十四
神宗萬〔厤〕十五	丁亥	一百六世	後陽成 正親町孫	周仁	二十五	天正五文祿四慶長十六
四十	壬子	一百七世	後水尾 後陽成子	政仁	十八	慶長三元和九寬永六
莊烈帝崇禎三	庚午	一百八世	明正 後水尾女	興子	十四	寬永十四
大清順治元	甲申	一百九世	後光明 明正弟	紹仁	十	正保四慶安四承應三
十二	乙未	一百十世	後西院 光明弟	良仁	八	明曆三萬治三寬文二
康熙二	癸卯	一百十一世	靈元 後西院弟	識仁	二十四	寬文十延寶八天和三貞享三
廿六	丁卯	一百十二世	東山 靈元子	朝仁	二十二	元祿十六寶永六
四十九	庚寅	一百十三世	中御門 東山子	慶仁	二十六	正德五享保二十

乾隆元	丙辰	一百十四世	櫻町 中御門	昭仁	十二	元文五寬保三延享四
十一	丁卯	一百十五世	桃園 櫻町子	遐仁	十五	寬延三寶曆十二
廿八	癸未	一百十六世	後櫻町 桃園姊	智子	八	明和八
卅六	辛卯	一百十七世	後桃園 桃園子	英仁	九	安永九
四十五	庚子	一百十八世	光格 東山孫	兼仁	三十七	天明八寬政十二享和三文化十三
嘉慶廿二	丁丑	一百十九世	仁孝 光格子	惠仁	二十九	文政十二天保十四弘化四
道光廿七	丁未	一百二十世	孝明 仁弟子	統仁	二十一	嘉永六安政六萬延元文久三元治元慶應三
同治七	戊辰	一百廿一世	明治 孝明子	睦仁		明治

權臣柄政年表

神武元年彼可美眞手令道臣命掌禁軍警衛而無將軍名崇神始置四道將軍而無大稱景行四十年拜皇子小碓征夷大將軍征東即日本武尊也而亦無擅政權三韓之役神功后親執鐵鉞推古十年以皇子久目爲征新羅將軍見於日本史箭据知大將

軍不常置厥後武置大將然皇子親王外無任者初亦恐權移也聖武神龜元年以藤原宇合爲持節大將軍高橋安麻呂爲副將軍擊陸奥蝦夷以小野牛養爲鎮狄將軍撫出羽蝦夷而猶非世任大將軍也武臣平清盛以戰任太政大臣而後源賴朝拜征夷大將軍時建久三年當宋紹熙三年自時厥後征夷大將軍遂爲武將覇府之恒制矣子賴家弟實朝繼之賴家子公曉殺實朝北條義時立賴經爲鎌倉主其拜征夷大將軍年裁二歲於是權歸北條以賴嗣繼其次曰宗尊曰惟康曰久明曰守邦曰護良曰成良實皆聽命北條足利尊氏起自任征夷大將軍至足利氏而大將軍位親王三公上矣次尊氏者曰義詮曰義滿受明封笧稱曰本國王由義持以至義昭其權則哀蓋自義植已漸寄食諸藩而織田信長繼覇明智光秀斃之豐臣秀吉出以非源氏不拜大將

軍而任關白然勢倍足利未幾讓職於義子秀次自稱太閤凡關白退者輒稱太閤也死子秀賴繼之德川家康拜征夷大將軍辭職稱大御所子秀忠繼家光其三世也寬永中有肥前島原之役四曰家綱五曰綱吉元祿有赤穗義士復讎事家宣家綱吉宗家重家治家齊家慶家定家茂凡十四世次之者慶喜也慶喜之歸權距賴朝爲大將軍權在武門凡六百七十有六年論者謂厥初政權非不在上藤原氏始以外戚擅權平清盛繼以武臣執權而源賴朝後北條義時浸以陪臣專權矣順德與其上皇徵兵討之義時使子泰時兵京師而勝遂遷其上皇於海島後醍醐時徵兵擊北條高時不利國君遷海島尋復足利尊氏據鎌倉叛君出吉野尊氏更立新君是爲南北兩朝經五十年而合織田豐臣以至德川君邑僅十萬石祭則寡人非㷀薩長土三大名以尊攘爲號

西海大名應之德川慶喜乃歸政權慶應四年改元明治時薩長土肥四藩各以兵數千入衛正月二日慶喜與四藩戰於伏見淀日暮收軍明日四藩兵擁仁和寺親王建錦旗旗繪日月國君旗也慶喜乃迎戰終日而敗退大坂明日慶喜火城浮海返江戶然明治以駿遠二國七十萬石封德川氏改置兵部省大將以下武職尋改海軍陸軍二省以皇族親王任大將其中將以下遴人補之而大將軍廢或猶震其前名曰五霸而霸跡斬矣述權臣柄政年表

權臣姓名	官	任 中國年	任 日本年	去任 中國年	去任 日本年
源賴朝	將軍	宋淳熙十三	建久三	宋慶元六	正治元年卒
賴家	將軍	嘉泰二	建仁二	開禧二	元久元年自殺
實朝	將軍	三	建久二	嘉泰十二	承久元年爲弒
藤原賴經	將軍	嘉定十三	嘉祿二	湻和元	仁治二年

賴嗣	將軍	湻和四	寬元二	湻和十二	建長四年廢
宗尊親王	將軍	十二	建長四	咸湻十	文永十一年卒
惟康王	將軍	咸淳二	文永三	元至元廿六	正應二年廢
久明親王	將軍	元至元廿六	正應二	至大元	延慶元年廢
守邦親王	將軍	至大元	延慶元	元統	元〔弘〕三年卒
護良親王	將軍	元統元	元弘三	至元元	建武二年被殺
成良親王	將軍	二	建武元	至元四	延元三年卒
足利尊氏	征夷大將軍	至元四	延元三	至正十八	正平十三年卒
義銓	將軍	至正十八	正平三	至正廿七	正平廿二年卒
義滿	將軍	明洪武元	正平廿三	明洪武廿七	應永元年卒
義持	將軍	二十七	應永元	宣德三	正長元年卒
義量	將軍	永樂廿一	應永三十	洪熙元	應永三十二年卒
義教	將軍	宣德三	永享元	正統六	嘉吉元年被殺
義勝	將軍	正統六	嘉吉二	正統八	嘉吉三年死
義政	將軍	十四	文安六	〔弘〕治三	延德二年卒

甕喜廬所著書

義尙	將軍	成化八	文明五	(弘)治二	延德元年卒
義植	將軍	(弘)治三	延德二	嘉靖二	大永三年卒
義澄	將軍	七	明應三	正德六	永正八年卒
義晴	將軍	正德十六	大永元	嘉靖廿九	天文十九年卒
義輝	將軍	嘉靖廿五	天文十六	四十四	永祿八年被殺
義榮	將軍		永祿十一	隆慶二	永祿十一年卒
義昭	將軍	隆慶二	永祿十一	萬厤廿五	慶長二年卒
織田信長	內大臣	萬厤元	天正五	十	天正十年被殺
豐臣秀吉	太政大臣	十四	天正十	廿六	慶長三年卒
秀次	關白	十九	天正十九	廿三	文祿四年自殺
秀賴	內大臣	廿八	慶長元	四十三	元和元年滅
德川家康	征夷大將軍	三十一	慶長八	四十四	元和二年卒
秀忠	將軍	三十三	慶長十	崇禎五	寬永九年卒
家光	將軍	天啓三	元和八	大清順治八	慶安四年卒
家綱	將軍	大清順治八	慶安四	康熙十九	延寶八年卒

綱吉	將軍	康熙十八	延寶八	四十八	寶永六年卒
家宣	將軍	四十八	寶永六	五十一	正德二年卒
家繼	將軍	五十二	正德三	五十五	亨保元年卒
吉宗	將軍	五十五	亨保元	乾隆十六	寶厤元年卒
家重	將軍	乾隆十	延亨二	三十	明和二年卒
家治	將軍	廿七	寶厤十二	五十一	天明六年卒
家齋	將軍	五十二	天明七	道光廿一	天保十二年卒
家慶	將軍	道光十七	天保八	咸豐三	嘉永六年卒
家定	將軍	咸豐三	嘉永六	八	安政五年卒
家茂	將軍	八	安政五	同治五	慶應二年卒
慶喜	將軍	同治五	慶應二	六	三年辭職

藩國表

日本古無藩而亦曰國神武時置大和國造其權輿也崇神置諸州國造疑且有城中古每州有府爲守介治所惟邊國如奧羽鎮

西有數城可考也後武臣擅政大名（將軍臣隸）各相地以築城壁（其蝦夷酋長築城曰柵）于是一州而有數城足利季年分爲十國國有十數城織田信長城岐阜豐臣秀吉城姬路此大城嚆矢也秀吉開覇府于大坂乃課諸侯築大城以甲陽流越後流爲最德川亦課諸侯築大城于江戸其最有制凡一萬五千石以上大抵得築一城稱之城主又諸侯大者稱之國主封內峙數城臣隸分守之雖曰初無封建足利氏已啓其制然非朝命也時食大邑領州郡者曰大名名者邑里之俗稱食小邑者稱小名應仁中細川山名兩大名二氏爭雄並稱足利老臣遂成割據之勢改封建大名于諸州其大者德川家康阪東八州米二百四十萬石次爲毛利輝元食山陽山陰十州一百六十萬石其他有食二三州或一州者有數人食數郡者有無慮數百大成武鑑靑標紙殿居囊等書有足徵者大

名之食祿自百萬斛至一萬斛約二百六十家朝覲之禮隔歲一至江戶知有覇府不知有京師也京師禮存餼羊而已即位與易代一行之尊攘之論既起慶應二年爲同治五年藩之移封二上野前橋移自武藏川越武藏川越移自陸奥棚倉明年移封五上總菊間移自駿河沼津上總大網移自駿河田中上總東金移自駿河小島上總成田移自遠江相良上總松尾移自遠江掛川明治元年移封者一駿河靜岡移自武藏江戶當前一年廢藩置知事而任舊侯之時厥等有三二十萬石以上爲大藩十萬石以上爲中藩九百石至萬石爲小藩置參事亦任舊臣然時易置之三年薩長土肥知藩事首還厥地還者踵相接於是廢知藩事者爲華族以舊藩士爲士族初藩知事以原祿十分之一爲食祿藩士亦減祿有差至是改縣與府與廳就明治五年諸藩姓氏與名與

職與祿與地與人箸于篇亦可知其梗概矣述藩國表

國	諸藩姓名	官位	治所 國郡名	治所 藩名	領地草額	領地米石	士卒人員	士卒祿	今府縣地
山城	稻葉正邦	侍從	山城國紀伊郡	淀	十萬二千石	四萬三千七百八十石	千三百二十人	一萬八千二百四十五石	西京
大和	柳澤保申	同	大和國添下郡	郡山	十五萬千二百八十八石	五萬九千四百九十石	千九百十六人	二萬千九百五十一石	奈良
	片桐貞篤	主膳正	同添下郡	小泉	一萬千百石餘	五千五百九十石	百九十一人	二千百四十二石	同
	柳生俊益	但馬守	同添上郡	柳生	一萬石	五千七百十石	百五十三人	千九百三十石三斗	同
	平野長裕	遠江守	同十市郡	田原本	一萬一石餘	三千七十石	百三十四人	千百三十六石	同
	植村家壺	駿河守	同高市郡	高取	二萬五千石	一萬二千七百石	四百六十六人	四千百七十二石	同
大和	織田信及	大和守	大和國城上郡	柳本	一萬石	六千六百石	百五十八人	千六百七十六石	奈良
	織田長易	攝津守	同城上郡	芝村	一萬石	五千二百十石	百七十六人	千九百二十九石	同
	永井直哉	信濃守	同葛上郡	櫛羅	一萬石	四千五百五十石	百二十八人	千百九十五石二斗五升	同
河內	北條氏恭	相模守	河內國丹南郡	狹山	一萬石	五千四百七十石	百二十人	千八百四十石七斗五升	堺
	高木正善	肥前守	同丹南郡	丹南	一萬石	六千六百石	百三十九人	千七百二十八石	同
和泉	渡邊章綱	丹後守	和泉國泉郡	伯太	一萬三千五百二十石餘	六千七十石	百四十四人	二千四石	同
	岡部長職	美濃守	同泉南郡	岸和田	五萬三千石	三萬四千九十石餘	千四十一人	一萬百十八石	同

	遠藤胤城	但馬守	同日根郡	吉見	一萬二千石	五千二百石	九十二人	千六十九石五斗	同
攝津	永井直諒	日向守	攝津國島上郡	高槻	三萬六千石	一萬七千四百四十石	七百三十八人	六千四白二十五石	大坂
	青木重義	民部少輔	同豐島郡	麻田	一萬石餘	四千七百九十二石	百三人	千百二十八石	同
	櫻井忠興	遠江守	同河邊郡	尼ヶ崎	四萬石	二萬七千六百七十石	九白七十二人	九千三百七十六石七斗二升五合	兵庫
	九鬼隆義	長門守	同有馬郡	三田	三萬六千石	一萬五千二白九十石	三百三十三人	三千九百五十四石	同
	藤堂高潔	大學頭	伊勢國安濃郡	津	卅二萬三千九白五十石	十二萬四千二白七十石	千九白四十七人	二萬九千四百十一石	三重
	石川成之	日向守	同鈴鹿郡	龜山	六萬石	二萬四千四百五十石	九百七人	八千三百六十一石三升	同
	松平定敎		同桑名郡	桑名	六萬石	二萬三千四百五十石	千三百二十五人	一萬二千三百五十六石八斗	同
	増山正同	備中守	同	長島	二萬石	七千三百九十石	二百七十五人	二千四百二十三石	同
	本多忠貫	河內守	同河曲郡	神戶	一萬五千石	六千六百七十石	百六十三人	千七百九十三石	同
	土方雄志		同三重郡	菰野	一萬千石餘	五千七百二十石	百六十一人	千四百五十六石	同
	藤堂高邦	佐渡守	同一志郡	久居	五萬三千石餘	二萬三千二百四十石	三百十一人	四千五百三石	同
志摩	稻垣長敬	對馬守	志摩國答志郡	鳥羽	三萬石	一萬二千九白二十石	三百六十二人	三千四百十九石	同
尾張	松平義宜	左中將	尾張國愛知郡	名古屋	六十一萬九千五百石	二十六萬九千七十石	一萬九百四十五人	十萬七千三百八十四石	愛知
	成瀨正肥	隼人正	同丹羽郡	犬山	三萬五千石	一萬二千八百四十石	五百十八人	四千六白十一石	同
三河	本多忠直	中務大輔	三河國額田郡	岡崎	五萬石	二萬千三百五十一石餘	七白五十六人	八千七百八十八石	同

	大岡忠敬	越前守	同	西大平	一萬石	三千二百五十石	九十二人	九百七石	同
	板倉勝達	內膳正	同碧海郡	重原	二萬八千石	八千八百八十石	三百十九人	三千六百四十八石四斗	同
	土井利敬	淡路守	同碧海郡	刈谷	二萬三千石	七千九十石	千六十六人	二千九百九十五石一斗七升九合	同
	本多忠鵬	對馬守	同	西端	一萬五白石	三千二百八十石	八十四人	八百二十四石二斗五升	同
	松平乘秩	和泉守	三河國幡豆郡	西尾	六萬石	二萬三千百九十石	七百五十一人	七千六百六十四石	同
	內藤文成	丹波守	同西加茂郡	擧母	二萬石	六千七百十石	二百四十一人	二千三百八十七石	同
	安部信發	攝津守	同	半原	二萬二百五十石餘	五千九百四十石	二百人	千六百九石	同
	大河內信古	刑部大輔	同渥美郡	吉田	七萬石	二萬六千二百石	七白七十人	一萬四百九十一石	同
	三宅康保	備後守	同	田原	一萬二千石餘	五千七百四十石	二百人	千九百二十二石一斗	同
遠江	大澤基壽	右京大夫	遠江國敷知郡	堀江	一萬六石	二千二百七十石	百二十人	八百三十三石七斗	靜岡
駿河	德川家達	中將	駿河國安倍郡	府中	七十萬石	二十一萬二百十石	一萬四千十五人	十二萬八千四白二十一石	同
相摸	大久保忠良	相摸守	相摸國足柄下郡	小田原	七萬五千石	二萬三千四百十石	千三百八十八人	一萬三千九百七石	同
	大久保敎義	中務少輔	同愛甲郡	萩野中山	一萬三千石	四千六百六十石	百三十人	千四百二十四石	同
武藏	米倉昌言	丹後守	武藏國久良岐郡	金澤	一萬二千石	二千七百石	九十六人	九百七十石	神奈川
	松平忠敬		同北埼玉郡	忍	十萬石	四萬二千七十石	千四百十三人	一萬七千五百三十六石	埼玉
	大岡忠貫	主膳正	同南埼玉郡	岩槻	二萬三千石	八千八百八十石	四百十八人	三千八百八十四石	同

松井康載	周防守	同入間郡	川越	八萬四百石餘	二萬千六百六十石	千五十八人	一萬四千七十三石	千葉…
安房 本多正憲		安房國安房郡	長尾	四萬石	一萬八千九百三十九石余	七百十六人	七千三百三十七石	同
西尾忠篤	隱岐守	同朝夷郡	花房	三萬五千石	一萬四千五百七十石	五百二人	六千三百八十石五斗	同
稻葉正善	備後守	同安房郡	館山	一萬石	三千四百九十八石余	百五十八人	千二百六十石	同
酒井忠美	大和守	同平郡	加知山	一萬二千石	四千二百八十石	百六十八人	千九十石	同
上總 井上正直	侍從	上總國市原郡	鶴舞	六萬石	二萬四千百五十石	八百七十人	一萬百五十二石	同
太田資美	備中守	同武射郡	芝山	五萬三十七石余	一萬九千五百四十石	六百四十九人	七千百九十七石	同
田沼意齊		同天羽郡	小久保	一萬石	四千四百石	百二十三人	千二百二十四石	同
瀧脇信敏	丹後守	同望陀郡	櫻井	一萬石	三千五百六十石	百十二人	千七十五石	同
水野忠敬	羽後守	同市原郡	菊間	五萬石	一萬九千二百六十石	六百四十四人	八千八百十六石	同
水野忠順	肥前守	同市原郡	鶴牧	一萬五千石	七千四十石	二百十七人	二千五百七十六石	同
大河內正質	豐前守	同夷隅郡	大多喜	二萬七千二百九十四石余	七千二百八十石	二百七人	二千七百二十七石	同
黑田直養	筑後守	同望陀郡	久留里	三萬石	一萬千百二十六石	三百八十四人	三千八百八十五石	同
阿部正恒	駿河守	同天羽郡	佐貫	一萬六千石	四千四百七十石	百五十八人	千四百石	同
保科正益	彈正忠	同周准郡	飯野	二萬石	七千五百石	二百八十四人	二千七百四十二石	同
加納久宜	遠江守	上總國長柄郡	一宮	一萬三千石	五千四百七十石	百二十四人	千八百七十七石	同

下總	久松勝慈	豐前守	下總國香取郡	多古	一萬二千石	二千七百五十石	白十九人	千三百八十八石	同
	內田正學	主殿頭	同	小見川	一萬石	二千七百十石	百二十一人	九百五十六石	同
	井上正順	宮內少輔	同	高岡	一萬石	三千五百四十石	百十八	千二十九石	同
	堀田正倫	相摸守	同印幡郡	佐倉	十一萬石	五萬百石	千四百七十四人	一萬七千百八十二石	同
	久世廣業		同葛飾郡	關宿	四萬八千石	一萬五千五百五十石	三百二十七人	二千六百三十五石	同
	戸田忠綱	備後守	同千葉郡	曾我野	一萬千百三十九石餘	三千七百二十石	百六十六人	千四百三石	同
	森川俊方	內膳正	同千葉郡	生實	一萬石	四千三十石	百九十三人	千二百八十九石	同
	水野勝寛		同結城郡	結城	一萬七千石	四千八百四十石	二百十八人	二千三白二石	同
	土井利與	大炊頭	同西葛飾郡	古賀	八萬石	二萬五千七百十石	千二十三人	一萬四百六十六石	同
常陸	德川昭武	少將	常陸國茨城郡	水戸	三十五萬石	五萬七千七白三十石	三千八百三十八人	二萬二千二白七十八石	茨城
	松平賴位	主稅頭	同	宍戸	一萬石	千八百九十石	百二十五人	八百十三石	同
	牧野貞寧		同眞壁郡	笠間	八萬石	二萬五千百八十石	七百五十一人	八千五百八十一石	同
	石川總管	若狹守	同眞壁郡	下舘	二萬石	七千九百十石	三百四十一人	四千八百四十五石	同
	井上正已	伊豫守	同	下妻	一萬石	二千九十石	百一人	八百九十石	同
	中山信徵	備中守	同多賀郡	松岡	二萬五千石	四千五十石	百八十五人	千八十石九斗五升五合	同
	土屋寅直	采女正	同新治郡	土浦	九萬五千石	二萬八千三白八十石	千七十九人	一萬千八百九十四石	同

	松平賴策	侍從	同	石岡	二萬石	五千二百六十石	二百九十八人	千九百五十一石	同
	本堂親久	式部少輔	同	志筑	一萬百十石	千九百五十石	百四十四人	五百八十七石	同
	山口弘達	周防守	同河內郡	牛久	一萬十七石	三千七百石	百十七人	九百七十三石	同
	米津政敏	伊勢守	同河內郡	龍崎	一萬千石	三千三百二十石	百十二人	八百二石	同
	新庄直敬	下野守	同行方郡	麻生	一萬石	四千七百十石	二百三十二人	千六百五十七石	同
	松平賴之		同	松川	二萬九千三百廿二石餘	六千百七十石	二百七十人	二千五百八十五石	同
近江	分部光謙		近江高島郡	大溝	二萬石餘	六千七百三十石	百三十一人	千五百七十三石四斗	滋賀
	本多康穰	主膳正	同滋賀郡	膳所	六萬石	二萬五千三百石	千九百四十四人	一萬千四百四十二石八斗	同
	加藤明實	能登守	同甲賀郡	水口	二萬五千石	一萬千七百十石	三百五十六人	二千八百三十六石	同
	市橋長義	下總守	同蒲生郡	西大路	一萬八千石餘	六千七百十石	二百七人	二千三百七十五石四斗	同
	井伊直憲	中將	近江國犬上郡	彥根	二十五萬石	九萬四千三十石	四千七百三十四人	三萬八千九百八十八石五斗三升二合	同
	稻垣太清	若狹守	同神崎郡	山上	一萬三千四十三石	四千九百石	百六十六人	千五百十二石	同
	堀田正養	豐前守	同坂田郡	宮川	一萬三千石	四千八百三十石	百十三人	千八十石	同
	水野忠弘	和泉守	同淺井郡	朝日山	五萬石	一萬七千五百石	千百八十八人	一萬四百石五斗八升五合	同
美濃	戶田氏共	采女正	美濃國安八郡	大垣	十萬石	五萬三百二十石	千五百三十八人	一萬七千三百六十六石六斗一升四合	岐阜
	戶田氏良	淡路守	同	野村	一萬三千九十九石餘	三千九百石	百二十六人	八百三石	同

竹腰正舊	伊豫守	同	今尾	三萬石	七千八百石餘	三百七十九人	三千三百三十七石	同
本莊道美	宮內少輔	同山縣郡	高富	一萬石	三千二百二十石	百三十四人	千百三十五石	同
青山幸宜	大膳亮	同郡上郡	郡上	四萬八千石	一萬五千九百七十石	六百十八人	六千三百三十六石	同
松平乘命	能登守	同惠那郡	岩村	三萬石	一萬三千二百七十石	四百五十七人	四千六百六十二石	同
遠山友祿	美濃守	同	苗木	一萬二十一石	四千九百二十石	百二人	千八百八十八石	同
永井尙服	肥前守	同厚見郡	加納	三萬二千石	一萬三千五十石	三百四十八人	三千二百五十六石四斗九升五合八夕	同
松平義勇		同石津郡	高須	三萬石	六千六百三十石	五百九十一人	五千百五十一石	同
信濃								
戶田光則	丹波守	信濃國筑摩郡	松本	六萬石	三萬六千八百五十石	千十九人	一萬七百二十七石	長野
堀親廣	美濃守	同伊奈郡	飯田	一萬七千石	一萬四十石	三百八十四人	三千三百二石	同
內藤賴直	若狹守	同	高遠	三萬三千石	一萬五千三百三十石	六百四十七人	六千四百一石	同
諏訪忠禮	伊勢守	同諏訪郡	高島	三萬石	一萬六千七十石	九百三十二人	八千八百三十二石	同
大給乘謨	縫殿頭	同更科郡	龍岡	一萬六千石餘	五千百四十石	百七十八人	千九百四十七石五斗三升	同
眞田幸民	信濃守	同埴科郡	松代	十萬石	三萬七千百五十石	二千三百三十五人	一萬五千九百二十六石二斗九升四合	同
堀直明	長門守	同高井郡	須坂	一萬五十三石餘	四千三百三十石	二百五十八人	千五百三十九石	同
本多助寶		同水內郡	飯山	二萬石	一萬千九百七十石	二百九十人	三千七百三十八石	同
內藤正誠	志摩守	同佐久郡	岩村田	一萬五千石	四千三百石	百四十四人	千七百十九石	同

	牧野康民	遠江守	同	小諸	一萬五千石	一萬二十石	二百九十一人	三千二百四十一石	同
	松平忠禮	伊賀守	同小縣郡	上田	五萬三千石	二萬二千八百八石餘	七百九十二人	九千五百九石七斗	同
上野	吉井信謹	侍從	上野國多胡郡	吉井	一萬石	二千百六十石	百二人	五百九十四石二斗五升	群馬
	松平直方		同那波郡	前橋	十七萬石	五萬四千四百五十石	二千四百八十一人	三萬七百七十六石五斗	同
	大河內輝照	右京亮	同群馬郡	高崎	八萬二千石	三萬三千百十石	千十三人	一萬八百七十一石	同
	土岐賴知	隼人正	上野國利根郡	沼田	三萬五千石	一萬五千百十石	六百六十四人	五千四百十三石	同
	板倉勝殷	主計頭	同碓氷郡	安中	三萬石	七千六百八十石	三百六十一人	二千八百十四石	同
	酒井忠彰	下野守	同佐位郡	伊勢崎	二萬石	五千五百十石	二百九十六人	千五百二十八石二斗九升	同
	松平忠恕	攝津守	同北甘樂郡	小幡	二萬石	四千百七十石	二百四十二人	千九百七十二石	同
	前田利昭		同	七日市	一萬十四石餘	二千六百石	百十六人	八百九十六石	同
	秋元禮朝	但馬守	同邑樂郡	館林	六萬石	三萬七千四百五十石	千七十二人	一萬八百七十六石	同
下野	足利聰氏	左馬頭	下野國鹽谷郡	喜連川	五千石	千九百三十石	百七十一人	九百二十七石八斗四升六合八夕	橡木
	鳥居忠文		同都賀郡	壬生	三萬石	一萬百七十石	四百人	四千百十五石	同
	有馬氏弘	兵庫頭	同	吹上	一萬石	三千五百三十石	百五十九人	千五百八十三石	同
	堀田正頌	攝津守	同安蘇郡	佐野	一萬六千石	五千二百九十石	百八十四人	千六百十六石	同
	戶田忠行	長門守	同足利郡	足利	一萬千石餘	二千七百石	百二十九人	千七十一石四斗二升	同

	戸田忠友	土佐守	同河內郡	宇都宮	七萬八百五十石	一萬八千八百三十石	九百七十三人	八千百十四石	同
	大久保忠順	佐渡守	同那須郡	烏山	三萬石	七千五百三十石	二百六十七人	二千二百十六石	同
	大關增勤	美作守	同	黑羽	一萬八千石	五千三百四十石	三百二十五人	二千百四十六石	同
	大田原勝清	飛驒守	同	大田原	一萬千四百石餘	二千五百二十八石餘	百九十一人	千百六十七石	同
	細川興貫	玄蕃頭	同芳賀郡	茂木	一萬六千三百石餘	三千八百五十石	百七十七人	千二百七十四石	同
磐城	安藤信勇	對馬守	磐城國磐前郡	磐城平	三萬石	六千七百六十石	五百十二人	四千二百八十九石	福島
	內藤政憲		同	湯長谷	一萬四千石	三千二百六十石	白六十七人	千七百三十二石	同
	本多忠伸	兵庫助	同菊多郡	泉	一萬八千石	四千五百五十石	百九十九人	二千六百九十四石	同
	秋田映季	信濃守	同田村郡	三春	五萬石	一萬二千五百八十石	五百二十人	四千八百四十九石	同
	阿部正功		同東白川郡	棚倉	六萬石	一萬百四十石	八百四十人	五千四百七十四石	同
	相馬季胤	因幡守	同宇多郡	中村	六萬石	三萬四千六百十石	二千四百八十人	一萬三千六百四十二石五斗二升	同
岩代	丹羽長裕		岩代國安達郡	二本松	五萬石	一萬二千八百六十石	八百七十八人	七千五百二十七石九斗一升	同
陸前	伊達宗基		陸前國宮城郡	仙臺	二十八萬石	六萬七千七百四十石	七千二百四十八人	四萬六千三百五石	宮城
陸中	南部利恭	甲斐守	陸中國岩手郡	盛岡	十三萬石	六萬八千五百八十石	千七百六十七人	二萬五千四百九十六石七斗	岩手
	田村崇顯	右京大夫	同磐井郡	一關	二萬七千石	一萬千二百十石	六百十三人	四千七百十六石七斗	同
陸奥	津輕承昭	少將	陸奥國津輕郡	弘前	十萬石	十四萬千三百四十五石	四千三百十九人	四萬五千九百十七石	青森

	南部信方		陸奥國上北郡	七戸	一萬三百八十四石	千六百二十石	六十五人	五百四十石	青森
	南部信順	侍從	同三戸郡	八戸	二萬石	九千四百四十石	五百五十九人	四千三百六十五石一斗五升	同
	津輕承敍	式部大輔	同南津輕郡	黒石	一萬石	八千二十石	二百七十二人	千九百二十六石四升	同
	松前德廣	志摩守	同東津輕郡	館	三萬石	二萬三千三百石	千六百七十九人	一萬七千百十九石	同
	松平容大		同下北郡	斗南	三萬石	七千三百八十石	三千三百六十五人	一萬三千二百七十七石一斗六升	同
羽前	織田壽童丸		羽前國村山郡	天童	一萬八千石	七千六百五十石	三百五十五人	二千七百九十五石	山形
	戸澤正實	中務大輔	同最上郡	新庄	六萬八千二百石	二萬六千七十石	千三百二十九人	一萬千三百三十四石	同
	松平信安		同村山郡	上山	二萬七千石	一萬四百八十七石餘	四百二十八人	三千九十八石	同
	酒井忠寶		同田川郡	大泉	十二萬石	六萬九千三百七十九石餘	四千四百八十人	四萬六千六百四石	同
	上杉茂憲	式部大輔	同置賜郡	米澤	十四萬七千二百四十八石	六萬百九十六石餘	五千九百七十一人	三萬八百九十六石	同
羽後	酒井忠匡	大學頭	羽後國飽海郡	松嶺	二萬二千五百石	一萬二千四百二十石	四百八十七人	五千七百八十石	同
	佐竹義堯	宰相	同秋田郡	秋田	二十萬五千八百石	十七萬九千四百石	六千八百七十七人	八萬八千二百八十八石二斗九升六合	秋田
	佐竹義理	壹岐守	同秋田新田	岩崎	二萬石	一萬千九百十石	二百七十五人	五千三十七石五斗	同
	六鄉政鑑	兵庫頭	同由利郡	本庄	二萬二十一石餘	一萬三千二百七十石餘	六百八十七人	六千九百十石	同
	生駒親敬	讚岐守	同	矢島	一萬五千二百石餘	六千二百二十石	百八十九人	千六百九十六石二斗二升五合	同
	岩城隆彰		同	龜田	一萬八千石	一萬二千二百石	五百八十一人	五千三百七十五石	同

若狹	酒井忠祿	前少將	若狹國遠敷郡	小濱	十萬三千五百五十八石餘	五萬五千七百三十石	千六百十七人	一萬五千四百六十五石	新潟
	酒井忠經	左京亮	同敦賀郡	鞠山	一萬石	四千九百五十石	百二十八人	八百五十石五斗五升	同
越前	間部詮道	下總守	越前國今立郡	鯖江	四萬石	一萬四千九百六十石	六百八人	六千百六十五石	同
	松平茂昭	越前守	同足羽郡	福井	三十二萬石	十一萬千十石	四千八百八十人	六萬三千二百八十二石一斗四升六合	同
	有馬道純	遠江守	同坂井郡	丸岡	五萬石	一萬七千三百六十石	六百七十一人	七千九百二十二石	同
	土井利恒	能登守	同大野郡	大野	四萬石	一萬二千六百三十石	四百五十七人	四千九百三十一石	同
	小笠原長守	左衛門佐	同	勝山	二萬二千七百七十七石	七千二百六十石	二百五十六人	二千五百七十六石	同
加賀	前田慶寧	宰相中將	加賀國石川郡	金澤	百二萬二千七百石	六十三萬六千八百八十石	一萬八千七百三十人	二十六萬八千二十五石	石川
	前田利鬯	侍從	同江沼郡	大聖寺	十萬石	二萬八千七百三十石	千六百七十七人	一萬六千四百八十二石一斗二升	同
越中	前田利同	淡路守	越中國新川郡	富山	十萬石	六萬六千十石	三千五百四十五人	三萬三千九百九十九石	同
越後	溝口直正	伯耆守	越後國北蒲原郡	新發田	十萬石	七萬九百二十石	三千百二人	三萬千七百二石	新潟
	柳澤光邦	刑部大輔	同	黒川	一萬石	四千七百六十石	百五十六人	千七百三十六石	同
	柳澤德忠	信濃守	同	三日市	一萬石	四千八百十石	百十九人	千四百四十三石	同
	堀直弘		同中蒲原郡	村松	三萬石	二萬六百九十石	九百五十九人	六千四百六十九石	同
	牧野忠泰	伊勢守	同西蒲原郡	峯岡	一萬千石	五千四百石	百二十四人	千五百八十二石六斗	同
	內藤信美	豐前守	同岩船郡	村上	五萬九十石餘	二萬九千四百八十石	七百七十八人	一萬三百四十石	同

	牧野忠毅		同古志郡	長岡	二萬四千石	一萬五百石	二千百五十五人	一萬八千四百二十四石二斗三合	同
	榊原政敬	侍從	同頸城郡	高田	十五萬石	四萬八千四百十石	千九百五十六人	二萬千八百九十四石	同
	松平直靜	日向守	同西頸城郡	清崎	一萬石	五千五百二十石	百四人	千二百二十三石	同
	井伊直安	右京亮	同三島郡	與板	二萬石	七千百九十石	三百二十六人	二千七百三十五石	同
	堀之美	右京亮	同刈田郡	椎谷	一萬石	四千三百九十石	百六人	千三百三十四石	同
丹羽	松平信正	圖書頭	丹波國桑田郡	龜岡	五萬石	二萬八千三百八十石	六百八十八人	七千五百六十石四斗二升	西京
	九鬼隆備	大隅守	同何鹿郡	綾部	一萬九千五百石	七千百六十石	百八十九人	二千三百三石	同
	谷衛滋	大膳亮	同	山家	一萬八十二石餘	四千三百八十九石餘	百四十七人	千三百八十石	同
	小出英尙	伊勢守	同船井郡	園部	二萬六千七百十一石餘	一萬三千五百三十石	五百三十人	四千三百五十二石	同
	朽木爲綱	近江守	同天田郡	福知山	三萬二千石	一萬三千三百三十石	四百七十一人	四千七百九十石	兵庫
	青山忠敏	左京大夫	同多紀郡	篠山	六萬石	三萬六千三百二十石	七百六十人	九千五百七十八石	同
	織田信親	出雲守	同氷上郡	柏原	二萬石	九千百九十石	二百十六人	二千五百七十一石	同
丹後	本庄宗武	伯耆守	丹後國與佐郡	宮津	七萬石	二萬七千百六十石	八百五十一人	一萬百九十九石一斗七升	同
	牧野弼成	内匠頭	同加佐郡	舞鶴	三萬五千石	一萬六千七百五十石	五百七十八人	六千百石	同
	京極高陳	備中守	同中郡	峯山	一萬千百四十四石餘	六千三十石	二百七人	二千百九十二石	同
但馬	山名義濟	因幡守	但馬國七味郡	村岡	一萬千石	三千七百九十石	百十九人	千百二十三石	同

	仙石政固	越前守	同出石郡	出石	三萬石	一萬三千八百四十石	六百七十一人	五千三百二十五石二斗	同
	京極高厚	飛驒守	同城崎郡	豐岡	一萬五千石	五千三百八十石	百八十九人	千五百十六石八斗七升五合	同
因幡	池田慶德	中納言	因幡國邑美郡	鳥取	三十二萬五千石	十八萬六千四百三十七石	六千九百八人	八萬千九百二十石四斗六升八合	鳥取
出雲	松平定安	少將	出雲國島根郡	松江	十八萬六千石	十四萬五千三百四十石	三千八百七人	五萬六千百三十三石	島根
	松平直己	佐渡守	同能義郡	廣瀨	三萬石	一萬四千三百九十石	三百七十人	四千八百九十二石	同
	松平直哉	主計頭	同	母里	一萬石	五千三百五十三石	百七十八人	二千二百三十石八斗四升七合	同
石見	龜井玆監	中將	石見國鹿足郡	津和野	四萬三千石	三萬七百五十三石	千四百六十五人	一萬七百六十八石八斗	同
播磨	酒井忠邦	侍從	播磨國飾東郡	姬路	十五萬石	八萬三千二百十石	三千百四人	二萬九千六百五十七石	兵庫
	松平直致	左兵衛督	同明石郡	明石	八萬石	四萬三千四百七十石	千四百四十六人	一萬四千二石	同
	脇坂安斐	淡路守	同揖東郡	龍野	五萬千八十九石餘	二萬七千七百七十六石	七百三十五人	八千三百二十七石	同
	建部政世	內匠頭	同	林田	一萬石	六千四百二十石	百二十七人	千五百八石	同
	森忠儀	越後守	同赤穗郡	赤穗	二萬石	一萬七百三十石	四百四十八人	二千七百四十一石	同
	本多忠明	肥前守	同宍粟郡	山崎	一萬石	六千六百八十石	二百八十三人	二千二百十四石	同
	小笠原貞孚	信濃守	同	安志	一萬石	四千五百六十石	百四十二人	千七十七石	同
	森俊滋	對馬守	同佐用郡	三日月	一萬五千石	八千三百九十石	三百十六人	二千七百三十二石四斗	同
	丹羽氏中	長門守	同加東郡	三草	一萬石	四千八百四十石	百九十七人	千四百十七石	同

	一柳末德	對馬守	同	小野	一萬石	五千二百八十石	百六十二人	千六百七十三石八斗	同
	池田喜延	但馬守	同神東郡	福本	一萬五百七十三石餘	三千二百四十石	百六人	九百七十石八斗一升四合	鳥取
美作	松平慶倫	中將	美作國北條郡	津山	十萬石	四萬三千百二十石	千六百四十三人	一萬四百六石	岡山
	松平武聰	右近將監	同久米郡	鶴田	六萬千石	二萬六百六十石	九百六十五人	一萬千二百四十二石	同
	三浦顯次	玄蕃頭	同眞島郡	眞島	二萬三千石	一萬千九百三十二石餘	三百五十九人	三千三百五十一石	同
備前	池田章政	少將	備前國御野郡	岡山	三十一萬五千二百石	十七萬九千五百八十五石	六千五百四十五人	六萬二百十二石	同
備中	池田政保		備中國淺口郡	鴨方	二萬五千石	九千二百二十石	三百九十三人	三千四百六十六石	同
	伊東長𧦅	播磨守	同下道郡	岡田	一萬三百石餘	七千七百五十石	三百一人	千四百二十八石	同
	木下利恭	備中守	同賀陽郡	足守	二萬五千石	一萬五白二十石	四百三人	三千六百五十一石	同
	板倉勝弘	攝津守	同	庭瀨	二萬石	一萬四百七十石	二百四十八人	二千五百五十九石三斗	同
	關長克	伊勢守	同	新見	一萬八千石	六千五百十石	三百五十二人	二千百九十二石	同
	板倉勝弼		同上房郡	高梁	二萬石	八千五百七十石	六百八人	四千百六十一石六斗	同
	山崎治祇	志摩守	同川上郡	成羽	一萬二千七百四十六石餘	四千二十石	百七十九人	千三百九十九石	同
	蒔田廣孝	相模守	同賀陽郡	淺尾	一萬石	四千百四十石	百五十人	千百六十八石	同
	池田政禮	丹波守	同窪谷郡	生坂	一萬五千石	五千六百八十石	二百四十七人	千八百四十二石	同
備後	阿部正桓	主計頭	備後國深津郡	福山	十一萬石	五萬五千五百八十三石餘	二千二百六十六人	二萬六千七百六十二石四斗	同

安藝	淺野長勳	中納言	安藝國沼田郡	廣島	四十二萬六千石餘	二十五萬八千三百七十石餘	一萬四千百五人	九萬七千二百四十石	廣島
周防	毛利元德	宰相	周防國吉數郡	山口	三十六萬九千石餘	二十三萬二千七百六十石	一萬四百五十五人	八萬三千百三十九石	山口
	毛利元蕃	淡路守	同都濃郡	德山	四萬十石	二萬千四百十石	千百七十七人	六千四百五十一石六斗一升	同
	吉川經健	駿河守	同玖珂郡	岩國	六萬石	三萬六千三百十石	千八百二十七人	一萬二千七十九石	同
長門	毛利元敏	左京亮	長門國豐浦郡	豐浦	五萬石餘	三萬九千九百七十二石	二千八十一人	一萬四千二百六十二石六斗	同
	毛利元純	讚岐守	同	清末	一萬石	七千六百石	四百三十人	二千三百六十二石一斗六升九合	同
紀伊	德川茂承	中納言	紀伊國名草郡	和歌山	五十五萬五千石	二十七萬四千五百九十石	一萬六百九十七人	七萬七千七百七十八石	和歌山
	安藤直裕	飛驒守	同西牟婁郡	田邊	三萬八千八百石	一萬五千六百四十石	七百九十七人	七千二百八石	同
	水野忠幹	大炊頭	同東牟婁郡	新宮	三萬五千石	一萬千七百九十九石餘	九百五十八人	六千九百二十七石	德島
阿波	蜂須賀茂韶	中納言	阿波國名東郡	德島	二十五萬七千九百石餘	十九萬三千百七十三石餘	七千四百二十人	十萬二千八百三十六石九斗四升三合	同
讚岐	松平賴聰	讚岐守	讚岐國香川郡	高松	十二萬石	十萬五千七百六十石	四千三百三十八人	三萬四千七百五十石五斗五升	香川
	京極朗徹	佐渡守	同那珂郡	丸龜	五萬五千百十二石餘	三萬三千百二十石	千七百一人	一萬千五百八十石八斗	同
	京極高典	下總守	同多度郡	多度津	一萬石	七千四百石	二百七十九人	二千百六十一石八斗二升	同
伊豫	久松勝成	少將	伊豫國温泉郡	松山	十五萬石	十一萬七百四十八石餘	四千百三十一人	六萬七千九百十一石二斗	愛媛
	久松定法	壹岐守	同越智郡	今治	三萬五千石	二萬二千七百二十石	六千七十六人	七千五十一石九斗	同
	一柳賴明		同周布郡	小松	一萬石	四千八百三十石	千九十三人	千六百七十一石五斗	同

	松平賴英	左京大夫	同新居郡	西條	三萬石	一萬八千百九十石	八百七十六人	七千百三十石	同
	伊達宗德	侍從	同宇和郡	宇和島	十萬石	五萬二千四百二十石	千四百五十七人	一萬八千百七十八石八斗	同
	伊達宗敬	若狹守	同	吉田	三萬石	一萬四千七百三十石	七百四十八人	六千三百二十三石	同
	加藤泰秋	遠江守	同喜多郡	大洲	六萬石	三萬四百七十六石餘	千百二十人	一萬七百七十一石	同
	加藤泰令	出雲守	同	新谷	一萬石	四千八百九十石	二百四十二人	千八百五十八石	同
土佐	山內豐範	少將	土佐國土佐郡	高知	二十四萬二千石	十九萬三千十石	七千九百四十七人	八萬六千七十石七斗二升七合五夕	高知
筑前	黑田長知	少將	筑前國早良郡	福岡	五十二萬石餘	二十三萬四千二百五十石	七千百七十二人	七萬七千五十六石	福岡
	黑田長德	甲斐守	同夜須郡	秋月	五萬石	二萬八百石	五百二十一人	六千百五十三石八斗	同
筑後	立花鑑寬	少將	筑後國山門郡	柳川	十一萬九千六百石	六萬六千八百九十石	二千七百二十二人	二萬九千二百三石	福岡
	立花種恭	出雲守	同三池郡	三池	一萬石	四千百三十石	百八十人	千六百二十七石	同
	有馬賴咸	中將	同三井郡	久留米	二十一萬石	十一萬八千百九十石	三千四百九人	四萬三千四百五十六石八斗七升三合	同
豐前	小笠原忠忱		豐前國企救郡	豐津	十五萬石	八萬八千百七十石	三千八百七十六人	三萬八千三百九十石四斗一升	同
	小笠原貞正	近江守	同	千東	一萬石	四千八百石	二百七十五人	千八百四十三石	同
	奧平昌邁	美作守	同下毛郡	中津	十萬石	五萬三千石	千七百五十人	二萬六十三石	同
豐後	松平親貴	河內守	豐後國速見郡	杵築	三萬二千石	二萬千四十石	六百三十一人	七千八百二十八石	大分
	木下俊愿	大和守	同	日出	二萬五千石	一萬二百八十石	五百五十九人	三千六百八十七石三斗	同

饕喜廬所箸書

	大給近說	左衛門尉	同大分郡	府內	二萬千二百石	一萬四千百六十石	六百四十八人	五千五百一石	同
	中川久成	內膳正	同大野郡	岡	七萬四百四十石餘	五萬二千四百石	千三百三十三人	一萬二千三百六十二石	同
	久留島通靖	伊豫守	同球珠郡	森	一萬二千五百石	六千百石	二百九十五人	二千四百四十一石	同
	稻葉久通	右京亮	同北海郡	臼杵	五萬六十石餘	三萬五千二百七十石	千三百三十六人	一萬五千七百十四石一斗三升八合	同
	毛利高謙	伊勢守	同南海郡	佐伯	二萬石	一萬二千二百二十石	四百九十八人	五千五百二十三石	同
肥前	松平忠和	主殿頭	肥前國南高來郡	島原	七萬石	四萬五千百二十石	千三百二十三人	一萬六千八百八十三石四斗	長崎
	松浦詮	肥前守	同北松浦郡	平戶	六萬千七百石	四萬六千四百十石	三千五百七十六人	二萬六千六石	同
	五島盛德	飛驒守	同南松浦郡	福江	一萬二千六百石	六千四百六十石	四百九十三人	三千百四石	同
	大村純熈	丹後守	同彼杵郡	大村	二萬七千九百七十七石餘	二萬三千六十石	二千七百五十二人	一萬千七百一石一斗二升八合八夕	同
	鍋島直大	少將	同佐賀郡	佐賀	三十五萬七千石餘	廿一萬三千七百二十七石餘	一萬千百九十人	五萬六千九百二十三石三斗三升三合	佐賀
	小笠原長國	中務大夫	同東松浦郡	唐津	六萬石	二萬九千四百二十三石餘	千九十四人	一萬二百九石	同
	鍋島直虎	紀伊守	同小城郡	小城	七萬三千二百五十二石餘	二萬七千三百七十二石餘	千三百六十四人	八千二百二十七石七斗五升七合一夕	同
	鍋島直紀	甲斐守	同佐賀郡	蓮池	五萬二千六百石餘	二萬四百三十石	千十八人	四千八百四十石	同
	鍋島直彬	備中守	同藤津郡	鹿島	二萬石	九千八百九十五石餘	七百九十三人	三千八石	同
肥後	細川護久	侍從	肥後國飽田郡	熊本	五十四萬石	三十二萬九千六百八十石	八千五百十九人	十二萬千三百七十五石七斗八升	熊本
	相良賴基	遠江守	同玖摩郡	人吉	二萬二千石	二萬五千九十石	六百二十九人	六千三百六十八石	同

日向	秋月種殷	長門守	日向國兒湯郡	高鍋	二萬七千石	一萬六千七百七十石	千四百三十四人	五千二百七十三石四斗九升七合五夕	宮崎
	内藤政擧	備後守	同臼杵郡	延岡	七萬石	二萬八千九百六石餘	九百三十六人	九千三百十一石九斗八升一夕	同
	島津忠寬	淡路守	同那賀郡	佐土原	二萬二千七十石餘	一萬八千百三十石	千三百八十二人	五千五百十五石六斗九升	同
	伊東祐歸	修理大夫	同	飫肥	五萬千八十石餘	二萬三千三百四十石	千十九人	七千二百四十一石一斗五合七夕	同
薩摩	島津忠義	宰相	薩摩國鹿兒島郡	鹿兒島	七十七萬八百石	三十一萬四千二石五斗	四萬八千三百八十七人	十四萬千九十九石一斗二升一合	鹿兒島
對馬	宗義達	少將	對馬國下縣郡	嚴原	五萬二千百七十四石餘	三萬五千四百十三石餘	九百九十四人	一萬千九百五十石一斗三升三合三夕	長崎

日本圖經九終

游歷日本圖經十

日本風俗

奏派游歷日本美利加秘魯巴西等國英日屬地加納大古巴知府用兵部郎中臣傅雲龍述

人情

後漢書曰倭在會稽東冶之東與朱崖儋耳近其俗多同父母兄弟異處惟會同男女無別多女子大人有四五妻餘或兩或三女不淫不妒俗不盜少爭訟魏志曰有所云爲輒灼骨卜吉凶先告所卜其辭如令龜法視火所占兆隋書曰人頗〔恬〕靜性質直有雅風此見正史者也雖然情以地異地以時異難目論矣述人情

日本兵要地理小志云東海道之人疏通慧敏就中甲斐人強而險東京府人俠而浮二總人溫和常陸人武而固畿內之人心匠精密就中京都人雅而約大阪人達而俗東山道人樸厚就中信濃上野人武而頑岩代以北朴直驍果所謂北方之強也惜情不

治產北陸道人實直就中加賀以北少固而越後甚强良山陰道人溫順而俠固山陽道人巽順而文雅南海道人敦厚就中土佐人稍武健阿波讚岐人稍寬裕所謂南方之强也西海道人剛毅就中薩摩大隅人鷙悍肥後人峭直肥前人矜嚴人情異者由往藩教養不同置縣後有均一勢北海道人在箱館者篤厚迤北强而魯日本人中根淑論曰北海道土人性順而武然情近歲就學强記多知或又謂千島民性和一國之人情由性異地氣然歟

形體

後漢書曰倭男黥面文身以文左右大小別尊卑女被髮魏志曰夏后少康子封會稽斷髮文身避蛟龍害倭人沈沒捕魚蛤文身亦以厭大魚水禽後稍以爲飾諸國文身各異或左或右或大或小尊卑有差南史曰文身國人體有文獸其額三文文直者貴小

文者賤今日本人文身往往而有黑齒亦其俗也文選注謂黑齒在東國海中豈虛也哉梁書曰西南萬里有海人身黑眼白裸而醜其肉美行者或射食之今非所聞矣就所見聞述形體

其身短且小然秀者多先是須髮並蓄河內道明寺藏菅原道眞像日本人自以爲不薙面之證蕣苑日涉公卿以下皆剃面多武峰護國院所藏鎌足公像大緐不退轉法輪寺所藏業平像河內道明寺所藏菅公像皆有鬚髯似當時未薙面矣士庶薙面蓋始近代土佐又平所畫人物皆有鬚髯當時士人未薙面應仁後爲中國明成化年間其國武士戴鍪久髮輒窟虱乃薙頂髮或亦去須德川將軍遂以薙頂髮削須髯爲武士例庶民效之成俗明治以來斷髮如西矣而內地隱居者流猶存古貌其黑齒婦人用鐵漿染之以比男子元服婦則不染以表志云禁裏男子元服後染齒以別于地下其事肇於鳥羽院時文選注黑齒國俗以草染齒是也倭漢三才圖會黑齒造鐵漿法取古鐵於器中和米屑少許漬水夏三日冬七日在煖處出鏽汁黃赤味微甘爲佳先以五倍子末染齒次傳鐵漿如此數四則黑染之日忌食菠薐堂上臣咸染齒婦無貴賤黑齒與女別嫠尼還白婦人薙眉以墨畫之蕣苑日涉婦人已嫁剃眉以墨畫於額上其來舊矣猗覺寮雜

記曰今婦人削眉畫墨蓋古法也釋名曰黛代也滅去眉毛以代其處也宋史曰日本婦人皆被髮是指未結髮時言也日本書紀神代有所謂髻鬘者〔弘〕仁先說解之曰御以那惰吉異稱日本傳曰御以那御結長也惰吉即墮髻之義今散髻也据此知中華古今注倭墮髻一云墮馬之餘形非臆說矣然近時其國老嫗且有斷髮者微獨男子已也又微獨北海道土人已也据中根淑論先是天武十一年四月二十三日議男女悉結髮其年六月六日始結髮見日本紀然則其國髮始被而結而斷凡三變北海道千島土人男或芟髮或薙須女髮或結或斷嫗頤之下亦或刺青其形體之異者應仁腕肉如鞆故名譽田方語謂鞆爲譽田也反正生而齒如骨凊〔寧〕有白髮天皇之目蓋生即鶴髮也仁德長九尺武尊長一丈皆其國賢君云其他或兩頭四手三足或身一尺六寸或齒長一寸聲響十里其然豈其然乎倭漢三才圖會應神生腕肉高如鞆時言鞆爲譽田故諱譽田反正初生容貌鐵妍齒形如骨故諱瑞齒別淸〔寧〕眙七月而生白髮有牙世曰白髮天皇仁德長九尺日本武尊長一丈皆賢君也二條院永萬元年有産兩頭四手三足兒者此異形也天智十年常陸國貢年十六之子長一尺六寸延寶中一侏儒名甫春年三十頭大手足短小長一尺書文字考八卦略卜吉凶東鑑足利又太郎忠綱齒長一寸聲響十里徒然艸元良親王元旦奏

賀自大極殿聞於鳥羽

族類

隋書曰開皇二十年令所司訪其風俗使者言倭王以天爲兄以日爲弟未明時出聽政跏趺坐日出便停理務云委我弟高祖訓令改之王妻號雞彌後宮有女六七百人名太子爲利歌多弗利稽厥族類正史缺有間矣然秦人徐福詳流寓携童男女三千居之見之史記後漢書又太平御覽七百八十有二引外國記曰周詳泛海落綜輿上多紵有三千餘家云是徐福後風俗似吳人今据日本人言來已三千其後不第惟是土著大率覆姓華裔之單姓皆隨徐福者之苗裔也然攷其引仁間姓氏錄凡出自中國者輒易覆姓信耳疑目所不敢也述族類

日本紀云允恭四年詔令萬姓名上下相爭難知其實故使羣臣

正錯諸氏姓人等沐浴齋戒各爲盟神探湯各著木綿手繦而赴釜探湯則得實者自全不得實者皆傷自是之後氏姓自定更無詐人其年爲中國晉義熙十一年据知前此氏族無別也復就其國史籍攷之世稱源平藤橘四姓藤原氏天智八年内大臣鎌足連賜藤原氏其始也橘氏聖武天平八年葛城親毋縣犬養宿禰譽其忠誠賜之浮杯之橘勅曰橘者果子之長上人所好柯凌霜雪而繁茂葉經寒暑而不彫與珠玉共競光交金銀以逾美也是以汝姓者賜橘宿禰也世稱葛城王後號井手左大臣諸兄公源氏嵯峨天皇弘仁五年皇子信初賜源氏其後亦皇子賜源氏平氏桓武之子一品式部卿葛原親王嫡子大學頭從四位下高棟王天長二年始賜平朝臣姓又有氏曰菅原延曆二十三年河內國人土師宿禰清貞始賜菅原朝臣姓曰高階寶龜四年治部安

宿已賜高階眞人姓是淨見原天皇皇子太政大臣高市皇子之後曰大江土師宿禰淨繼賜大枝朝臣姓貞觀八年三月廿二日改爲大江（据倭漢三才圖會）曰在原天長三年阿保親王上表高岳親王男女先停王號賜朝臣姓臣之子息未預改姓既爲昆弟之子於是詔賜姓在原朝臣（日本後紀）天武十三年定八種姓曰眞人曰朝臣曰宿禰曰忌寸曰道師曰臣曰連曰稻置此外有王公首造置生郵主使主吏之數姓日本姓氏錄作於弘仁五年爲唐元和十年萬多親王等譔而進其國君者也其類有三一曰神別言神代之後也二曰皇別國君支派也三則別自漢與百濟高麗諸國者其漢一類注所出甚悉大宰易其姓氏二字三字四字五字有差而無姓六字如神別之中臣酒人宿禰皇別之坂田酒人眞人（出自中國人裔者之姓氏悉注于篇太秦公宿禰○秦長藏連○秦忌寸○秦造○文宿禰○文忌寸○武生宿禰○櫻野首○伊吉連○常世連○山代忌寸○大崗忌寸○幡文造○楊侯忌寸○陽胡史○木津忌寸○淨村宿禰○清宗宿禰○清海宿禰○嵩山忌寸○榮山忌寸○長國忌寸○嵩山忌寸○

養喜廬所箸書

清川忌寸○清海忌寸○新長忌寸○當宗忌寸○丹波史○大原史○桑原宿禰○下村主○上村主○筑紫史○吉水連○牟佐村主○和藥使主○大石○坂上大宿禰○檜原宿禰○內藏宿禰○山口宿禰○平田宿禰○佐太宿禰○谷宿禰○畝火宿禰○櫻井宿禰○路宿禰○文忌寸○山田宿禰○志我閉連○長野連○山田造○高村宿禰○伊吉連○常世連○臺忌寸○錦織村主○檜前村主○廣階連○平松連○上村主○椋人○松野連○八清水連○楊津連○若江造○下村主○秦人○淨山忌寸○栗栖首○工造○田邊史○大山忌寸○高向村主○雲梯連○郡首○祝部○秦冠○民使首○錦部村主○谷直○眞神宿禰○豐岡連○桑原直○巳智○三林公○山村忌寸○櫻田連○朝妻造○額田村主○石占忌寸○檜前忌寸○藏人○葦屋漢人○志賀忌寸○大原史○竺志史○臺直○史戶○温義○高乇宿禰○山田連○長野連○志我閉連○三宅史○大里史○秦宿禰○高尾忌寸○秦公○秦姓○古志連○河原連○野上連○河原藏人○河內畫師○八戶史○高安造○板茂連○河內忌寸○火撫直○下曰佐○高道連○常世連○春井連○河內造○武丘史○當宗忌寸○交野忌寸○廣原忌寸○刑部造○茨田勝○伯禰○秦勝○古志連○池邊直○火撫直○栗栖直○楊候直○蜂田藥師○已上有同姓氏而所出稍異者

此姓氏大畧也明治以前世稱皇族曰親王家次曰公方蓋將軍家也次曰大名曰小名藩族也曰士族有文有武也曰卒步卒也曰平民則庶人族也又有稱穢多者倭漢三才圖會云屠兒古所謂餌取也屠牛馬猫犬剝皮爲業呼曰穢多天武詔禁食六畜肉以來神社忌穢避餌取者不許同居同火以異姓氏其別爲一類久矣今業艸履者亦曰穢多北海道土人即蝦夷種其千島土人有二一曰酷列羅人乃固有之土著也居占守郡第一島一曰

阿拉島篤人居撫郡第一島新知郡第一島國中士民皆不引爲同類也至于今其國分族爲四一曰皇族二曰華族三曰士族四曰民族

黨目

日本明治以前武臣柄政其公卿與陪臣非一黨矣然黨目未著至是曰守舊曰改進曰漸進曰大同團結曰順政曰自由出奴入主伐異之風不其熾而述黨目

守舊黨皆隱居者流而通漢文漢學者居多慨千百載學唐之規摸著書立說輒欷嗟不置云改進黨學泰西如不及改時易服猶以爲未嗛也然鑄幣置郵通電信拓鐵道未始無稗於國漸進黨鑑改進之欲速滋悔而欲徐圖者也大同團結黨意主調停順政黨一視政令爲唯諾而無所可否於其間自由黨則意以爲泥古

既昧於識時狗今又鄰於逐流儻所見果符於道其庶乎彼亦一是非此亦一是非恐聚訟之難乎免也

服飾

後漢書曰倭男衣皆橫幅結束相連女人被髮屈紒衣如單被貫頭而著之竝丹朱坋身徒跣魏志曰男子露紒以木棉招頭隋書曰男子衣裙襦袖微小履如屨形漆其上繫之於脚人庶多跣立不得用金銀爲飾故時衣橫幅結束相連無縫頭亦無冠但垂髮於兩耳上至隋其王始制冠以錦綵爲之金銀鏤花爲飾婦人束髮於後衣裙襦裳皆有襈櫼竹爲梳編草爲裏雜皮爲表緣以文皮唐書曰無冠帶跣以行幅巾蔽後貴者冒錦婦人衣純色裙長腰襦結髮於後至煬帝賜其民錦綫冠飾以金玉文布爲衣左右佩銀蘤長八寸以多少明貴賤宋史曰婦人一衣用二三縑與今

異矣述服飾

日本明治以前士民有笠無冠先是懿德𠬧制天地人三冠時中國周敬王年也開化八年當漢景帝七年制上中下三等冠後又增三一名烏頭今烏帽子二名兎腰三名蟾頭凡九冠也天武十一年爲唐弘道元年男女始結髮著漆沙冠改定禮儀今之紗冠烏帽子始此推古十一年爲隋仁壽三年擬隋唐式始定冠色品置十二階賜諸臣冠位孝德天皇製七色十三階冠又制十九階天智制二十六階冠令不用文武四年始置衣冠司有厚額薄額半額透額目透額者項有孔如𦡀以羅張之十五歲以上用之令洩壯氣聖武天平四年始服冕服纓曰卷纓大將以下五位以上帶箭輩用之曰細纓武官六位以下用之靈龜元年禁内外諸司薄紗朝服六位以下羅幞頭武官朝服之袋儲而勿著幞頭後脚勿過三

寸然製已古矣自言烏帽子製自日本色烏一名烏頭其制不一曰立烏帽子曰折烏帽子曰細烏帽子曰引立烏帽子曰風折烏帽子皆以紙而漆黑宿老較淡（据續日本紀倭漢三才圖會）應頭形圓淺名法樂頭巾（倭名抄）和銅元年爲唐景龍二年制自今以後衣襟口濶八寸已上一尺已下隨人大小爲之衣領得接作但不得襟口空小衣領細狹七年定布二丈六尺爲端官家衣冠之裝束式傳于高倉山科兩家（倭漢三才圖會）半臂冬用綾深紫色夏用生縠亦深紫故曰黑半臂（倭漢三才圖會背子即半臂異名倭名抄之背子當作褙子今樂人等所用乃褙子矣和名抄謂汗衫襧當爲二物）缺掖兩腋缺開也左右大將以下武人著之色黑四月朔爲更衣始用袷五月五日用布衫九月朔復袷重陽後用絮士庶褌與絺裕通用也直衣天服大臣用之雖中將勅免著之凡著直衣必冠烏帽子舊例也狩衣冬裏紫夏則生絹縫似布衣而袖少異大抵狩衣用烏帽子直衣用冠倭名抄以布衣

先是上世男女散髮帕頭貴者飾珠鬘促袖長裾窄皮履草鞋木履冬不裘纊衣而已中古公卿士夫大衣寬袖結髮着冠冠有差所謂冠位是也尋變冠制貴者往往繪車傍以徽號浸成風俗官民均自製徽章以繪衣服徽章所謂紋也今其國君之徽章有二曰菊曰桐浴衣夏用布冬用木棉（雲龍）按明衣即論語所謂齋必有明衣布也孔安國曰以布為沐浴之衣也日本布浴衣猶存古製可以證經此類是也靈龜二年（為唐開元四年）僧〔玄〕昉入唐學問准昉三品令著紫衣袈裟此紫袈裟之始用小布當兒腰尻曰襁褓兒生外祖母贈襁褓十二有閏十三凡帶所結曰繪世俗三歲始結帶其襘在後僧尼婦人結前（倭漢三才圖會）石帶有二曰巡方有文者節會用之無文者國王用之曰丸鞆有文者巡方通用無文者常用其文唐艸唐花鬼形獅子麛有定其用有差國君瑠璃也四位馬瑙也

四五位犀角也大外記白石也六位烏犀也厨女常蔽膝有名前垂亦韍之遺風也繖內用紅布關東用紺木綿葢俗又異也寢衣論語云長一身有半孔安國曰今之被也說文被寢衣也雲龍今游日本益信被首有領有褏其下與中國今製無異與長一身有半正合寢衣古製猶存非耳食矣可證宋儒解經之誤或曰倭人寢著單衣安知非寢衣耶曰非也其長未及一身也有寢褥用繒布木綿有坐褥用錦綺方三尺許夏以蒲藺作之曰蒲團白丁者純白布衣襱人繖持沓持之輩所著此輩總名仕丁也如庖丁駕輿丁之類又有退紅白丁高家下僕着之推古十三年爲隋大業元年令著褶日本紀按釋名褶襲也覆袴上之衣也日本袴餘於足三尺用一端半裁之肩衣即古之褶也相傳秩父重忠從賴朝狩于富士野以褶袖袴裾長而無益於武士之捷力故始裁裾解去袖

一幅士庶以爲式紑肩衣經緯麻縷爲之目麤如蚊帳宜暑日本人言大口袴仿魏文時唐慶舞袴也舞人用之非表袴也表袴者表白紋亦白攝家少將大臣大將弱年縮綫綾窠霰之浮紋而裏紅打平絹也大納言大臣等未兼大將則堅文藤丸尤非色人表白平絹裏紅打也十五歲前用濃打裏下袴一名赤大口表袴之下著之用生半絹染緋故名赤大口壯年晴日用之宿老人白張也奴袴尋常長袴而括裔者也裔之言邊也指袴似奴袴而不括裔如半袴據和漢三才圖會　桃花蕊葉云大帷子爲取汗用之倭名抄帷本幔幄類借用爲布襌名浴爲湯帷子有據矣大帷之小者名汗衫官家下著也夏通用之名帷子五月五日至九月朔着之端午淺葱色七夕八月朔用白帳子士庶通例也袿釋名訓婦人上服其下垂者上廣下狹如刀圭今士庶婦衣襲一衣褐之袪褁口也褁端

曰褾元明詔褾口濶八寸以上一尺已下隨八大小爲之蓋此裝束廣褎之法也今民間尋常袪半縫塞而男袪七寸女六寸褌襠以六尺布帛纒腰婦女以二幅縫合八歲始帶之叔母贈絳褌襠焉帨拭手也紛巾拭器也此仿禮記內則所謂左佩紛帨者爲之也行縢云者纒束其脛自足至膝按圖審製殆仿禮內則所謂偪者也小雅謂之邪幅日本舊製此外有三一曰股引自腰至膝下連脚絆下官著之二曰奴袴束三曰踏込皆類同而製異也草履不覆跗指有綦而不結其著與脫也捷木屐頭方婦人之履圓而漆初字以五采爲綦按介子綏死晉公伐木製屐廣博物志諸書載之晉書五行志初作履者婦人頭圓男子頭方太康初婦人屐乃頭方與男無別然則日本猶存古圓頭之製本艸綱目云屐江南以桐木爲底用蒲爲鞵麻穿其鼻日本下踏之製有由來矣詳物產

鼻繩以艸爲之

飲食

後漢書曰倭飲食以手而用籩豆隋書曰倭無盤俎藉以槲葉食用手餔之据知唐前其國食無筯也久之御料理每食輒易新筯至于今刀匀既兼飲食浸異其前矣述飲食

古者日本尠食獸肉否則七十五日不得拜神武士偶噉豕鹿常食惟魚蝦禽蔬而已自天武崇浮屠教禁肉食尤嚴肉非疾不得食於是業屠即所謂穢多者標所售獸肉曰藥食豚肉繪以牡丹鹿肉繪以丹楓落葉今則毛血塡市矣飯粥茶酒皆仿中國爲之（詳物產）嗜酒居多每當花月（櫻花開曰花月）社日赤面喃語者踵相接近則以葡萄香餅諸酒爲時尚或役或游輒携行厨即菜盒之類也木質高不及尺二三疊格表裏漆之朱黑不一鐵與竹亦往往而有飢則

冷食其餉工食無慮百十者亦曰行厨而食淡巴菰之風尤盛西人女不一食日本則男女同之

居處

後漢書云倭有屋室今攷其國古屋尙樸所謂伊勢大廟茅屋猶存下此可知已今昔異製述居處

晤客之室曰客坐敷必有所謂牀間者上懸書畫下置花瓶香爐之屬其一柱四無依傍或曲或擁腫或矗立無一勦襲其寢食處曰居間庖厨曰臺所或勝手凡築室鋪板距地尺餘藉以莞席入室則脫履戶外以足袋登席足袋之言韈也明治以來無論官商皆搆西式一屋革靴直入矣舊藩巨賈輒曲廊抱園霖潦不知也士夫家庋書畫之格純任自然寒儉之居曰長屋比戶輒數十計其間隔以土壁每家廣方三間飲食坐臥悉在于斯又其僻居者

流室內不設木板堆土藉席而已凡門細格從衡低頭出入裁足容身殆華門圭竇遺意歟近改舊式門容駟矣凡窻以竹若葦若藤揷泥壁間無定式亦無雕琢尠用木者今之百葉窻非其舊也無論居處巨細皆有庭院木石井井花艸得所雅潔兼而有之西人之居無出其右食案猶存古制席地侍者跽進食舉案古所謂舉案齊眉殆借食同志之誼歟舉案而與眉齊於日本見之中國之用胡牀始漢改胡牀曰繩牀始唐据風俗通韵海用椅亦始漢日本人卧不用牀席不用椅猶餘漢前古意或曰紫宸殿設黑梯椅子蓋以罕用而著也今屋設椅且設牀

俗禮

後漢書曰倭俗以蹲踞爲恭敬其死停喪十餘日家人哭泣不進酒食而等類就歌舞行來渡海令一人不櫛沐不食肉不近婦人

名曰持哀不謹便共殺之魏志曰倭有棺無槨封土作冢已葬舉家詣水中澡浴下戶與大人相逢道路逡巡入艸傳辭說事或蹲或跪兩手據地爲之恭敬對應曰噫比如然諾所敬但搏手以當跪拜隋書曰女多男少婚嫁不娶同姓男女相悅即爲婚婦入夫家必先跨犬乃與夫見死者妻子兄弟以白布製服貴人三年殯於外庶人卜日而瘞及葬置屍船上陸地牽之或以小輦此其俗禮之見正史者也然就聞質見有同有異述俗禮

舊俗兒生六日薙髮頂上髮同臍帶藏之始呼雅名悉薙厥髮以脫升陽氣三歲仲冬望日又薙頂髮十五歲薙顳顬而額爲方形謂之半元服廿歲頭顱過半髠而枕骨以下有髮謂之元服及長定名改呼其字此仿中國冠禮也將髮管籠紮爲一管兩鬢中央薙尖角形長三寸寬寸許近時十五歲即行此禮或曰十六非也

月代云者武士庶人元服以後薙頂髮之稱也士庶不便於冠服薙之以代冠禁裏守古風不髡今庶人猶有薙頂髮者在昔婚後三日壻餉饔與酒肴其饔五百八十七白赤色相半取陰陽義（据和漢三才圖會諸書）今異矣婚後七日壻與女偕之女家謂之壻入先是臨嫁以五釆縷結髻昆季姊妹送之其奩器髹漆描金居多無釆輿無鼓吹鹵薄無男子親迎禮賀者酒食環座新婦至則相將入席鼓掌飛觴歌舞樂之間亦賦詩頌之於是新婦易白衣見賓又易釆衣與夫同酌又易它衣者數四俗曰色直（或謂出門時易衣謁也）方册其國君輒取同祖女弟爲后凡曰傳女者細按之實某某子之后也士庶往往而有中國正史謂其不取同姓豈其然乎貧女非執役自具服飾難可字人且有爲權妻者權之言暫也其喪禮孝德二年詔葬墓事不可奢宜定一所而使收埋不得汙掠散埋（見日本紀）自此塋稍稍定

矣木棺直立高三尺如佛龕死者趺坐其中白紙糊表書南無妙法蓮華經七字或書南無阿彌陀佛六字前引紙幡自二至數十百有差白紙之燈爲導初沿途散錢謂之買路今惟僻壤厥風猶存火葬起於釋迦文武四年僧道昭火葬於栗原其倡也大寶三年持統火葬於飛鳥岡此其國君火葬之始也（据倭漢三才圖會）凡火葬編竹爲化人城視客多寡備艸履會葬入化人城中出則仍着己履送者衣白巾亦白而襯紅衣歸即去其白者凡從西教死自殮至葬皆教首主持號神父拍掌誦祝而已孝子不祭亦不泣送者輒供花鞠躬如平昔凡國喪下國旗示哀也它國使館兵艦亦下半旗示唁也葬之日鳴礮如爲在官者之喪礮視官級一等廿有一通十有四通以次減之無三年喪制視其重輕以給官假從西例也名刺以黑爲緣舊俗也亦有銘旌沿唐制也文武三年詔圖勳之

義墜自前修掫功之賞歷代斯重蓋所以昭壯士之節著不朽之名者也汝坂上忌寸老壬申年軍役不顧一生赴社稷之意出於萬死冒國家之難未加顯秩奄然隕殖可寵往魂懋慰冥路贈直廣從十位臺兼復賜物此日本賜謚之始歟其祭禮大者歲凡七正月朔曰元始祭晦曰孝明祭三月廿一日曰春季皇靈祭四月三日曰神武祭九月廿三日曰秋季皇靈祭十月十七日曰神嘗祭十一月廿三日曰新嘗祭其儀一如三大節在官停事一日

歌舞

隋書曰倭王朝會必奏其開樂樂有五絃琴笛有國中高麗二部然則日本之傳中國樂亦先自朝鮮來也至唐而歌舞一一學之中國古樂殘于五代坐武后時所存之清商三調（即平調清調瑟調）亦等廣陵散矣拓拔變律而樂律無古宋人略舉樂詩而已日本樂官世守

不絕如綫以至于今雖歌詩輒變而三調猶存物雙松樂律考以爲今樂家所傳黃鐘乃周漢黃鐘也非臆說矣源之熙蘐苑日涉益祖其說而衍之厥舞之節即寓于歌儻輯耑書未始不可補中國逸樂于十一也第而曰開元天寶之音節作如是觀云爾哉曰歌舞者明非樂志專門也述歌舞

樂律一曰一越調二曰斷金調三曰平調四曰勝絕調五曰龍吟調別名下無六曰雙調七曰鳧鐘調八曰黃鐘調九曰鸞鏡調十曰般涉調十一曰神仙調十二曰鳳音調別名上無伶工相承以一越爲黃鐘斷金爲大呂平調爲大簇勝絕爲夾鐘龍吟爲姑洗雙調爲中呂鳧鐘爲蕤賓黃鐘爲林鐘鸞鏡爲夷則般涉爲南呂神仙爲無射鳳音爲應鐘稽諸華夏燕樂有越調雙調般涉調仙呂調皆調名而非律名也龍吟聲即唐長鳴三聲之一鳳鸞商乃

琵琶獨彈曲破之名而斷金勝絕梟鐘絕無所考或當字誤上無下無爲此方所命獨巢笙平調子爲林鐘仙呂管爲夾鐘者實命其律然不與此方所傳者合矣樂原周漢遺音律亦周漢之律而第八黃鐘調聲乃周漢黃鐘也蕤苑日涉昔黃帝命伶倫制律呂而度量衡生三代秦漢莫有改作後漢尺度訛長魏杜夔制律而應鐘爲黃鐘律始變矣晉荀勗取協古器釐正復舊宋參覽陳一晉因之中間梁武時有議訂比終江南之朝周漢音尚有也拓拔氏妄意制作東魏以中呂爲黃鐘互換歌奏也宇文周以南無之間爲黃鐘隋承周統以南呂爲黃鐘平陳後始獲宋參舊樂高祖謂爲華夏正聲別置清商署號曰清商三調清商者其樂南呂爲黃鐘則宋參黃鐘爲夾鐘五音之序太簇爲商則夾鐘高一律故謂之清商此以其樂視宋參舊樂云爾唐以宇文周玉尺造律亦以無南之間爲黃鐘始變古制爲八十四調又演清樂爲燕樂二十八調於是周漢遺音遺制皆亡五代周時王朴造律其黃鐘在黃鐘大呂之間宋建隆時龢峴以應鐘爲黃鐘崇寧時魏漢津以夷則爲黃鐘明洪武時冷謙以中呂爲黃鐘此改律大槩也其未施行者宋李昭范鎭以林鐘爲黃鐘劉幾同唐制明鄭世子同崇寧制皆在古樂散亡之時妄以己意飾累黍者也本邦之樂受諸華夏其在唐以前具如樂制篇所述但樂律與東魏及明制符合東魏則朝聘弗通莫由傳習明則室町氏時亦嘗一二通聘未聞其有往學者然伶工獲其律管私相傳受今定爲周漢遺音隋已前所傳而第八黃鐘調聲即周漢黃鐘者其證有十以名求實其相傳謂爲黃鐘調者證一邦樂權輿於豐聰太子時太子創天王寺而今樂工有天王寺部卜兼好徒然草稱天王寺鐘中黃鐘調樂工以爲準而黃鐘十二律之根本可以爲律準是爲林鐘何以爲準證二古昔聖人造律時本諸人聲制樂時亦以歌聲爲主八音佐之今求諸人聲本邦樂家唱譜其聲古來相承一定不易是歌聲雖亡實存譜中其譜笙則最濁黃鐘調聲次般涉聲次神仙聲次鳳音聲次一越聲次平調聲次龍吟聲次雙調聲次鸞鏡聲次極清黃鐘調聲以極是黃鐘調聲獨有清聲它律則否笛則最濁至雙調而止清聲至般涉聲而止是倍律二子律二蓋自此而上下實不無聲所謂按不下揭不起者故中聲如此而已今以黃鐘調聲爲周漢黃鐘則與古樂唯黃太有清者合焉證三樂家稱龍吟爲下無鳳音爲上無今以黃鐘調聲爲周漢黃鐘則龍吟爲南呂鳳音爲姑洗按樂書倍律二無射應鐘而不下於南呂清律四黃鐘大呂大簇夾鐘而不上於姑洗又笙第十七管神仙爲夾鐘笙中清聲莫踰此者則下無上無命名之義可以見焉證四黃鐘調聲爲周漢黃鐘則五調本於琴

莫適不合具如樂制篇云證五琴調宮絃散聲黃鐘實聲中呂商絃散聲太簇實聲林鐘角絃散聲中呂實聲無射徵絃散聲林鐘實聲黃鐘羽絃散聲南呂實聲太簇古樂歌奏異均歌母則奏以子龢之歌子則奏以母龢之琴乃兼應歌奏歌以散聲奏以實聲所以爲堂上樂也今以黃鐘調聲爲周漢黃鐘則太簇般涉中呂一越林鐘平聲南呂龍吟無射雙調聲乃知後世琴法不傳歌奏異均之法絕廢樂家單傳奏聲誤以一越在宮絃謂爲黃鐘平調在商絃謂爲太簇雙調在角絃謂爲中呂黃鐘在徵絃謂爲林鐘般涉在羽絃謂爲南呂者理所必有也若或不然笙笛琵琶譜字皆互換母子以相命焉則此亦當然此其錯稱適是爲證證六隋書平調主角淸調主商今所傳平調樂乃黃鐘調聲在角雙調樂則黃鐘調聲在商雙調之爲淸調具如樂制篇所云黃鐘爲五音之主故諸調皆主焉證七求諸樂器黃鐘調聲爲周漢黃鐘則巢笙除第五第十三管外十七管排聲與今笙十七管者皆合焉是證八觱栗體中音雙調聲而沈存中引唐人小說謂其當黃鐘也黃鐘調聲爲周漢黃鐘則雙調聲爲唐黃鐘證九求諸尺度宋蔡西山据唐嘉量銘及隋書祖孝孫語斷以後周玉尺爲唐造律尺而唐常用尺卽明營造尺卽本邦曲尺也六分此尺之五卽玉尺也玉尺當周漢尺之一尺一寸五分八釐也周漢當玉尺之八寸六分三釐五毫五絲六忽而曲尺七寸一分九釐六毫三絲也曲尺當周漢尺之一尺三寸八分九釐六毫而玉尺之一尺二寸也唐開元錢徑卽曲尺之八分而王莽大錢五十徑卽周漢尺之一寸二分也二錢今尙現存校以尺度脗合無忒適以十二律長黃鐘九寸林鐘六寸零零六毫六絲太簇八寸零七釐七毫二絲南呂五寸三分五釐一毫四絲姑洗七寸一分四釐三毫三絲應鐘四寸七分六釐七毫三絲蕤賓六寸三分六釐三毫九絲大呂八寸四分九釐四毫二絲夷則五寸六分六釐九毫一絲夾鐘七寸五分六釐七毫二絲無射五寸零五釐零八絲中呂六寸七分四釐一毫九絲求諸今曲尺則黃鐘六寸四分七釐六毫六絲大呂六寸一分一釐二毫六絲太簇五寸七分六釐九毫四絲夾鐘五寸四分四釐五毫五絲姑洗五寸一分四釐零四絲中呂四寸八分五釐二毫六絲蕤賓四寸五分七釐九毫六絲林鐘四寸三分二釐二毫五絲夷則四寸零七釐九毫六絲南呂三寸八分五釐一毫無射三寸六分三釐四毫七絲應鐘三寸四分三釐一毫二絲也魏杜夔尺黃鐘當周漢尺九寸四分二釐三毫折半得四寸七分一釐一毫五絲爲應鐘也後魏黃鐘一尺三寸五分七釐二毫折半得六寸七分八釐二毫爲中呂也後周玉尺黃鐘一尺零四分二釐二毫折半得五寸二分一釐一毫爲南呂弱也隋開皇黃鐘九寸五分七釐六毫折半得四寸七分七釐八毫爲應鐘也隋萬寶常水尺黃鐘一尺零六分七釐四毫折半得五寸三分三釐七毫爲南呂也宋龢峴黃鐘同於開皇李照范鎭黃鐘一尺二寸一分五釐折半得六寸零七釐五毫爲林鐘也大晟黃鐘一尺一寸一分三釐折半得五寸七釐一毫爲夷則弱也明鄭世子黃鐘一尺一寸五分一釐折半得五寸七分九釐爲夷則強也冷謙黃鐘不可知何法獨以李之藻說推之則中呂徵強也此皆以律管長短挍之而知者其圍徑廣狹固致高下而大氏亦不多挍證十十證既傳黃鐘乃定黃鐘定而十二律得矣但當世黃鐘調聲適入大呂聞之近古樂律過低伶工龍秋者獲恩德院律管釐正

又古笛錫杖者其音易低又笙山口近來低短又令唱譜聲不上夾鐘乃下南呂由此觀之所謂低訛者正眞而釐正者過高耳

其它樂制曰管鮑譜管包今之調子管之類 曰燕樂書十字譜曰它曲解曰五常樂平調曲 曰安城樂黃鐘調 曰白柱杜當作紵盤涉調也 曰林歌高麗部 曰渾脫曰賀殿壹越調 其載魏氏樂譜之五十調螳乎後矣

江陵樂○壽陽樂○楊白花○甘露殿○蝶戀花○估客樂○燉煌樂○沐浴子○聖壽○喜遷鶯○關山月○桃葉歌○關雎○清平調○醉起言志○行經華陰○小重山○昭夏樂○江南弄○王胡蝶○遊子吟○太玄觀○陽關曲○杏花天○採桑子○思歸樂○宮中樂○平蕃曲○賀聖朝○瑞鶴仙○清平樂○隴頭吟○龍池篇○天馬○月下獨酌○秋風辭○萬年歡○白頭吟○洞仙歌○千秋歲○水龍吟○鳳凰臺○大聖樂○青玉案○大同殿○玉臺觀○長歌行○風中柳○慶春澤○齊天樂

其舞之近古雅者所謂舞樂是也曰雙風樂曰西海波曰秋風樂曰太平樂其次爲能樂曰熊野曰松風曰邯鄲曰井筒曰老松曰高砂曰紅葉狩此謠舞也又其次爲俗舞如老松鶴龜汐汲淺妻北洲梅春之類又有所謂連舞者曰紅葉舞它若淨瑠理諸舞僧下何譏

歲時

魏志注引魏略曰其俗不知正歲四節但記春耕秋收爲年紀梁書亦云

籑喜廬所箸書

不知正歲此倭未改日本以前事也隋唐以還歲華一依中土而變本加厲焉似同而異莫逞毛舉明治而後改用西厤雖農圃課時不改厥舊而商港學西如不及不有甄擇久且忘千百載餘風矣用荊楚歲時記之目述歲時

春正月一日亦謂元日又謂之大嘉節進齒固飧也飲屠蘇供雜羹蒳苑日涉正月一日謂之元日拜天地神祇祖先長幼以次拜賀進齒固齒固猶言膠牙也白飧爲之狀如鏡俗呼飧曰鏡累積飣盤以爲看食進屠蘇酒又炙飧合蘿菔牛蒡芋魁昆布豆乳等爲羹謂之雜羹賀者亦進屠蘇酒供雜羹至三日如之○又見全浙兵制爲看食謂之蓬萊或謂山棚歲首以柑橘橙柚榧栗朱梅霜柹海藻昆布草蘚龍蝦鰒魚削脯之類飣卓上插松竹于其上爲看食謂之蓬萊或謂之山棚有賀客先供之○凡据蒳苑日涉注出處元日後置薄賀客自記姓名藁索懸戶謂之司命索十四日除之元日至十四日懸藁索於戶上稻秸爲之其端尺餘下垂如條插讓葉及穗長草于其間謂之司命索戶外植雙松謂之門松又植雙松于戶外懸以司命索裝串柹橙橘及炭龍蝦之類謂之門松歲華紀麗曰元日松標高戶註筆勛間禮俗有歲首酌椒酒而飲之者何也以椒性芬香又堪作藥又折松枝干戶以同此義元日市民不開正戶元日市民皆不開正戶世傳在昔僧狂雲元旦掛髑髏於杖頭行示市人曰警悟警悟市人皆閉戶同避三朝不開正戶蓋自是始謂正月曰睦月元日己後親舊酒食相邀謂爲睦月元日後至十六日少年輩不執其業治遊行樂推槊撇錢投瓊賭彩以爲戲兒童分朋拋木毬以彩杖格而遏之以爲輸贏謂之毬杖或謂之玉打女兒屯綿爲毬繡以五綵謂之手毬築而躍之競以百躍不墜有手毬歌以爲之節又插羽于木欒子謂之筑羽根以彩板承而跳之翩翩如

胡蝶彩板謂之羽子板是月也市店羅列毬杖手毬羽子板斕爛若錦是月也度新曲者踏舞乞利物謂之春駒以祈蠶事是月優人提鼓三絃胡琴以度新曲使妖童持木偶馬頭蹈舞巡門乞利物謂之春駒以禱蠶神也七日以七種菜爲糜十五日食赤豆粥取門松司命索竪竹于四旁燎之謂之散鬼杖或謂之焞度言火熾也十五日食赤豆粥倭漢三才圖會四人被鬼面蒙赤熊髮二嫗攜皷二翁逐舞打之止牟止和謂之波冏是日取門松及司命索積庭中竪竹其四傍燎之謂之散鬼杖或謂之焞度二月十五日寺院爲涅槃會二月十五日寺院懸臥佛圖像爲涅槃會茶棚酒店糖果之舖藏擲呑刀舞盤沙書聚觀劇場在在叢集士女扺拈香遊觀者道路接踵俗以黃黑諸豆薢藪子糕炒之以供佛薦祖先春分前五日後二日謂之彼岸自春分前五日凡七日謂之彼岸浮屠爲彼岸會俗多供佛齋僧上巳食艾餻赤豆飯陳人勝醮女爲女兒節又謂之雛會日本人謂人勝爲雛藝文類聚劉臻妻陳上人勝是其所本三月三日上巳以艾糕爲節物是日家有女兒必陳人勝供艾糕赤豆飯置酒飲醼謂之雛會因以上己爲女兒節四月八日爲浴佛會寺院爲浴佛會以盆坐銅佛浸以甜茶水覆以花亭隨喜者以小杓灌佛五月五日揷艾蒲食粽競馬建旗戸內又竿揭紙鯉如其家之子數五月五日謂之端午揷艾及菖蒲于門簷飲蒲酒食粽始服布葛是日賀茂廟前比耦走馬謂之競馬士庶有男兒必竪彩旗陳武像及木刀槍以飲醼是日藤杜神會擐甲走馬亦謂之競馬凡三月三五月五九月九謂之節供略如歲朝神會四月日稻荷五月日藤杜六月日祇園八月日御靈京師神會四月有稻荷會五月

有藤杜會今宮會六月有祇園會八月有御靈會其最盛者莫祇園會若焉六月七日迎神十四日送神儀衛極繁盛先期街上設山棚山車陸船弄繖鼓吹喧闐動魂褫魄遍街燈燭煒煌如晝戶戶金屏猩氈軸簾褰幕張飲盡驩會日棚車過門之家賓客蟻會鱗崪士女塡街溢巷袂雲汗雨不啻

西京鴨河四條橋東洗神輿謂之御輿洗在五月晦六月十八日五月晦及六月十八日在鴨河四條橋東洗淨神輿謂之御輿洗是日也鴨東茶坊娼戶結夥醵錢歛翠裒香演雜劇戲文故事其人物則皆扮娼妓爲男裝謂之泥黎毛濃又纏結爲棚謂之冶臺樂則有三絃胡琴提鼓鉦鼓細腰鼓謂之囃子珠翠錦綺香紈白紵豔裝濃抹觀者每嘖嘖要不過勾引無賴子弟以爲奇貨耳自六月七日至晦日夜夜鴨河四條橋南北涼棚茶店鱗次櫛比兩岸一帶皆妓館分茶酒舖羹店襍錯其間小脚店則有泥鰍鯝魚之羹江鰻青鱗之鮓諸色海味諸色素食下酒下飰零碎作料不托水引河洛合羹胡餅鋏子牢丸包子糖糕糍糕諸色糖果西瓜甜瓜林檎杏桃楊梅諸色水菓琉璃店則魚餅葫蘆鼓鐺鐵馬燈碗各色蓋碟雜賣則煙管煙袋各色摺扇梳篦髮朶釵朶香囊彩勝水上浮紙畫兒遠視畫凡兒戲之物泥孩陶犬惜千千顆叫子之類甚夥伎藝則走索戴竿吞刀弄丸藏擫觔斗傀儡角觝口伎影伎獼猴猫鼠之戲演史學鄉談說諢話

六月一日食片餅倭漢三才圖繪曰民間用寒水造餅陰乾名片餅亦氷室之義

七月七夕設乞巧奠然六日之夕亦以爲七夕七月七日謂之七夕婦女懸彩絲於竹竿陳酒饌果瓜以祈牽牛織女謂之乞巧奠六日之夕兒女題詩於楮葉及彩牋繫竹枝懸燈毬數十嚾呼至鴨河投之因亦以爲七夕

十五日中元爲荷葉飰謂之盆節中元爲荷葉飰士庶互相拜賀略如歲朝俗自十四日至十六日具麪餌百味以荷葉貯菰果祀先靈嚫僧尼展掃墳墓謂之盂蘭盆因以中元爲盆節遂有盆前盆後之稱

十五十六兩日陸齋具百味謂之施餓鬼兩日近郊農戶各鄉結夥敲鉦擊鼓來往于市中或有請延者則團聚街上唱佛名鉦鼓喧闐殆聵人耳謂之陸齋僧尼於水次竪紙旛具百味擊銅鈸諷經乞施物於檀越謂之施餓鬼

十六日夕諸山燃火字燈中元後家家設燈籠前是市肆售各色華燈六稜萬眼蕎菪毬子人物馬騎紗綃琉璃品類不一十六日之夕城外諸山設火字東則如意嶽自北而西則松崎鹿苑西鴨清瀧諸山迤邐相次其字或畫皆積薪排定一時燃之一畫長咸數十丈如意嶽爲大字書法最遒勁傳爲僧橫川所製字蹟畢砌石爲溝云

送火十六日晚臨水次燃麻稭送先靈謂之送火既

望至晦踏舞曰踊有歌曰音頭（自十五日至晦日每夜亘索街上懸燈籠數百兒女袨服靚粧爲隊舞踏達旦謂之踊有歌以爲之節者謂之音頭樂則有三絃細腰鼓）八月一日謂之八朔又曰田實節殆漢貙劉遺風歟十五日爲看月會（中秋爲看月會釃酒啖芋）秋分前一日起凡歷七日謂之彼岸九月九日以栗爲節物（重陽以栗爲節物或作飦若糕或蒸食之）冬十月謂之上無月二十日爲蛭子會十三日曰天長節是其君光仁生日自寶龜五年始（据續日本紀是月二十日商賈罷市各具酒饌讌集謂之蛭子會蛭子神名所在廟祀祈福是日鴨東建仁寺街蛭子廟繁華浩鬧醉人載途又四條街東有誓文神祠是日士女麕至首過祈福謂之誓除）十一月謂之霜月冬至之日爲神農會（冬至醫家作赤豆飦爲神農會）十二月謂之四極又謂極月是月也潑寒戲出（丱者爲潑寒胡戲或丹黒塗面裝成鐘馗登門叫跳驅祟索錢乞米）比戶除塵謂之煤除二十日後春餈如鏡者曰鏡餈如貫珠者曰餈花如方解者曰霰子（廿日後家家舂餈具飲饌之料以爲新年儲舂聲相接市肆有以舂餈爲業者其餈圓如鏡者曰鏡餈以餈粘柳枝若枯柴如貫珠者曰餈花以供神佛又細切如方解石者曰霰子曬乾至二月十五日雜豆炒之以供佛薦祖先或以爲茶素）醫家饋屠蘇袋餞歲爲忘年讌除夕曰大歲（除夜謂之大歲天地神佛祖先竈井牖戶以至溷廁燃燈煇煌達旦）立春前一日謂之節分（立春前一日謂之節分至夕家家燃燈如除夜炒黃豆供神佛祖先向歲德方位撒豆以迎福又背歲德方位撒豆以逐鬼謂之儺豆老幼男女啖豆如歲數加以一謂之年豆街上有驅疫者兒女以紙包裹年豆及錢一文與之則唱祝壽驅邪之辭去謂之疫除）

方言

漢揚雄方言署題曰輶軒使者絕代語釋別國方言或遂謂方言始揚非也郭璞注方言序謂方言之作出乎輶軒之使巡遊萬國采覽異言車軌之所交人跡之所蹈靡不畢載以爲奏籍周秦之季其業隳廢揚生搆綴乃就斯文然則揚非身歷輶軒特就方言區分曲通耳雲龍爲郎之二十載游歷別國自日本始同文異聲非中國方言大同小異者比先就目見載籍綴厥殊稱曰謂庶乎物來能名也有異名有異誼有異聲次就耳聞諧厥方音曰語若依說文解字讀若例也偶有互證又依郭璞例注之宋史曰雍熙元年日本國僧奝然不通華言問其風土但書以對此其國人筆談之見正史者也雲龍指事諧聲亦筆舌互資焉述方言

日謂之尼知輪語若尼雞領　陽烏謂之夜太加良須語若壓他

嘎拉圖　月謂之都喜語若知格　望月謂之毛知豆岐語若摩知雞格　星謂之保之語若火西　天河謂之阿萬乃加波語若阿嫣猓嘎瓦　風語若嘎熱　颷謂之豆無之加世語若止姆吉嘎熱　微風謂之古加世語若可卡舍　雲謂之久毛語若古莫　霞謂之加須美語若卡司米　霧謂之岐利語若起立　虹謂之爾之語若里擠　雨謂之阿女語若阿每　霖謂之奈加阿女語若拉嘎阿每　暴雨謂之无良佐女語若哈鴉迭　霜謂之之毛語若喜抹　雪謂之由岐語若有基　雹謂之阿良禮語若阿拉勒　霰謂之美曾禮語若米左勒　露謂之都由語若止油

來日語若眇里基　去年語若覺年　明年語若眇年　今日語若工里基　寒語若沙拇一　熱語若阿止以　凉語若司司西　暖語若阿他他卡　山謂之美多利語若啞馬　峯謂之美爾

纂喜廬所箸書

語若米勒　巔謂之伊太太岐語若妥格　峽語若啞馬阿以岫謂之久岐語若苦吉　洞謂之保良語若火納　坂謂之佐加語若沙嘎　麓謂之布毛度語若輔抹多　島謂之之萬語若喜馬　岬謂之三佐木語若米沙格　巖謂之伊波保語若以洼我磐謂之以波語若以洼　石謂之以之語若以西　硝石語若學邪格　田謂之太語若打　旱田謂之波太介語若哈打格町謂之未知語若馬吉　畝謂之宇禰語若五勒　園謂之曾乃若語沙挪　野謂之能語若猓　林謂之波夜之語若哈鴉西藪謂之夜布語若鴉補　澤謂之佐波語若沙洼　原謂之波良語若哈拉　塞謂之曾古語若拖里得　土塊謂之豆知久禮語若之雞苦勒　泥謂之比知利古語若躲落　海謂之宇美謂之伍米　江謂之衣語若額　湖謂之美豆宇美語若米止伍米

波謂之奈美語若拉米　氷謂之古保利語若果里　潮謂之宇之保語若烏喜約　池謂之伊介語若倚格　堤謂之都都美語若止止米　溫泉謂之由語若有　淀語若約奪　井謂之爲語若伊奪　溝謂之美曾語若末曾　谿謂之太邇語若也宜　岸謂之岐之語若基西　浦謂之宇良語若烏拉　渚謂之奈岐佐語若拉格佐　濱謂之波萬語若哈馬　洲謂之須語若斯　汀謂之美岐波語若米擠瓦　湊謂之美奈度語若米拉乃多　屋宅謂之夜語若啞　殿謂之度能語若多猓　堂謂之度宇語若躲　樓謂之太加度能語若打嘎躲猓　臺謂之宇天奈語若烏帖納　廓謂之保曾度能語若火莎躲猓　假牀謂之佐受語枳語若卞里鴨　房謂之音望語若黑鴨　室謂之兂路語若木落亭謂之阿波良夜語若阿巴乃鴉　家謂之伊柄語若伊葉

庫謂之久良語若古拉　廚謂之久利夜語若古里鴉　廄謂之旡萬夜語若若馬鴉　肆謂之伊知久良語若伊基沽拉　店家謂之美勢語若米奢　瓦謂之都都美加波良語若卞瓦拉　庭謂之邇波語若泥瓦　厠謂之未度語若馬多　石灰謂之以之波比語若必西巴依　門謂之加度語若卞奪　鑰謂之加岐語若　額　鈎匙謂之戸乃加岐一云加良加岐語若拖落嘎額　關謂之世岐度語若寫吉　巷謂之知末太語若駿馬達　橋謂之波之語若哈喜　石橋謂之以之波之語若倚西巴西　浮橋謂謂宇岐波之語若烏基巴西　土橋謂之豆知波之語若止基巴西　獨梁謂之比度豆波之語若西多子巴西　驛謂之旡末夜語若搿馬鴉　君謂之岐美語若基米　臣謂之夜都加禮語若鷲知阿勒　父謂之知知語若擠擠　母謂之波波語若哈哈

祖父語若所父　祖母語若所皴　高祖父謂之止保豆於夜語若戈所父　高祖母謂之那波本曾語若戈所母　伯父語若哈古父　仲父謂之都加都乎遲語若舉父　叔父謂之於止乎知語謂叔古父　伯母謂之乎波語若哈古婆　叔母謂之乎波語若叔古婆　外祖父謂之母保乃於保知語若藹所父　外祖母謂之母方乃於波語若藹所婆　舅謂之母乎乃乎知語若朽奪　從舅謂之母方乃於保知於遲語若哈哈嘎打落我言　兄謂之古乃加美語若阿尼　弟謂之於止宇語若我多多　姊謂之阿爾語若阿乃　妹謂之以毛宇止語若衣抹奪　甥謂之乎比語若呵衣　姪謂之米飛語若美倚　子語若可　孫謂之无麻古語若馬可　曾孫謂之比比古語若喜馬可　玄孫謂之夜之波古語若鴉瞎馬可　壻謂之无古語若母可　婭謂之阿比

死古語若阿衣母可　婦謂之與女語若約麥　姒婦謂之於保與女語若阿宜約麥　娣婦謂之於斗與女語若我多約麥　妯娌謂之阿比與女語若阿衣約麥　夫語若窩多　妻語若支麻姑謂之之宇斗女語若休多麥　兄公與夫弟謂之古之宇斗語若可基伍多　女公謂之古之宇斗女語若可基伍多妹　若先生語若先協衣　弟子語若弟息　友語若脫摩打吉　客語恰古　人語若息多　男子謂之乎能古語若我多可　壯士謂之多計岐比都語若他客喀西奪　赤子謂之知古語若阿喀葛髫謂之宇奈井語若伍拉以　鰥謂之也毛乎語若啞抹鵝寡謂之夜毛女語若啞抹墨　孤子謂之美名之古語若米拉西各　叟謂之於岐奈語若我基納　嫗謂之於無奈語若我拔民謂之比止久佐語若他米　醫生謂之久須之語若醫薩　工

謂之𩑈人語若所古作　鍛冶語若卡及　陶者語若壓基抹𥜿
喜　巫語若米各　漁謂之伊乎止利語若掠息　市人謂之伊
知比止語若倚基微奪　商語若阿基拉以　圉人謂之旡末加
比語若㧡馬卡衣　奴謂之豆不彌語若喜抹比　婢謂之也豆
古謂若米日希每　屠兒謂之惠止利語若埃多里　盜謂之㧡
司米奪　首謂之加宇倍語若戈迫　顱謂之加之良語若嘎西
拉　腦謂之奈都岐今語乃宇語若𥜿　顖門謂之阿太萬語若
阿他馬　顔謂之加保語若嘎我　額謂之比太比語若西太揖
　頰謂之保保語若火　頸謂之久比語若古必　項謂之宇奈
之語若烏拉吉　耳謂之美美語若米米　目珠謂之墨語若眼
謂之萬奈古語若馬拉果　鼻謂之波奈語若哈那　口謂之久
知語若苦已　舌謂之之太語若喜打　脣謂之久知比留語若

苦已及魯　齒謂之波語若哈　咽喉謂之能元度語若猓朶唾謂之都波岐語若知拔格　鬢髮謂之加美語若卡米　髩謂毛斗斗利語若抹多多里　鬚謂之比介語若西格　眉謂之萬由語若馬由　身謂之美語若米　肩謂之加太語若卡答　腋謂之和岐語若瓦擠　背謂之世奈加語若奢拉嘎　胷謂之波爾語若木勒　乳謂之智語若基基　腹謂之波良語若哈拉脅肋謂之加太波良保爾語若卡答哈拉　骨謂之保爾語若火勒　髓謂之須爾語若史勒　筋力謂之須知語若史吉　肉謂之知知語若爾古　血謂之知語若擠　皮謂之加波語若卡瓦汗謂之阿勢語若阿塞　五臟語若我若　肝謂之岐毛語若其抹　脾謂之與古知語若喜倚　肺謂之布久布久知語若哈倚　腎謂之无良度語若井硬　六府語若六補　膽謂之以語

若起莫　胃謂之久曾布久路語若倚　掌謂之太那古古魯語若他拉果我祼　拳謂之古布之語若果補喜　指謂之由比俗曰於與比語若有筆　拇謂之於保由比語若我有筆　腕謂之太太无岐俗云字天語若五迭　臂謂之比知語若喜擠　股謂之毛毛語若抹抹　膝謂之比佐語若喜惹　足謂之阿知語若知喜　天神謂之賀美語若卡米　地神謂之久邇豆夜之路語若肯禰止鴉西羅　人神謂之於邇語若西奪狸卡米　靈謂之美太萬語若米打馬　雷謂之奈流加美語若卡米拉里　電語若以拉比卡里　山神謂之夜末乃加美語若馬祼卡米　海神語若伍米祼卡米　旱魃謂之比天利語若西特里　鬼語若俄禰　席坐語若司洼魯　坐几語若果西卡喀魯　再來語若馬打我已勒　再見語若馬打阿衣嫣司　好語若約樂喜　否語

饕喜廬所箸書

若瓦魯以　是語若說的是　非語若豈嘎衣馬士　喜語若約樂果布　怒語若卡魯　哀語若卡拉西米　樂語塔猓西米　姓氏語若眇鶖基　名語若納　年歲語若妥喜　緩語若油魯里　速語若海鴉古　問直語若衣古拉　問主人在家否語若我修謹瓦伍基勒士卡　舟謂之布爾語若輔勒　帆謂之保語若火　車謂之久留萬語若苦魯馬　金謂之古加爾語若可嘎勒　銀謂之之路加爾語若西那嘎勒　銅謂之阿加加爾語若阿嘎嘎勒　鐵謂之久路加爾語若苦落嘎勒　鉛謂之奈末利語若拉馬里　錫謂之之路奈利俗云壽壽語若司直　水銀謂之美豆加爾語若呢子卡勒　汞粉謂之美豆加爾乃賀須語若呢子卡勒那卡司　錢謂之世爾語若惹你　珠謂之之良太麻語若西拉他馬　玉謂之多麻語若他馬　璞謂之阿良太麻語

若阿拉他馬　水精謂之美豆止留太萬語若斯衣學　珊瑚語若珊鵞　錦謂之邇之岐語若爾西格　綺謂之於利毛能語若我里抹落　繡謂之奴比毛能語若魯衣抹落　綾謂之阿夜語若阿鵶　羅謂之宇須毛之語若烏絲抹落　絹謂之岐沼語若基魯　帛謂之波久乃岐沼語若哈古祼基魯　紗語若蝦　布謂之沼能語若魯祼　鐙謂之阿布美語若阿補米　鞍謂之久良語若苦拉　船謂之布爾語若輔勒　帚謂之保保木語若火擠　巾箱謂之美太禮波古語若米打勒拾葛　挾箱謂之波左美波古語若哈沙米八戈　鍬謂之久波語若苦瓦　畚謂之布吾語若輔葛　簟謂之多加無西呂（簟竹筵也）語若抹西落　席謂之無之呂蔣席謂之閉利止利（按周官司几筵注鋪陳曰筵籍之曰席或云重曰筵單曰席蓋席加筵上也席緣自禹始也韓子禹爲蔣席頳緣）語若黑里多里　疊席謂之塔塔密語若他他米　箱謂之波古語若

哈戈　枕謂之萬久良語若馬古拉　竈謂之加末止語若卡馬多　幕謂之萬久語若馬古　椅謂之椅須語若椅司　案謂之臺（倭名抄櫰圑案也倭漢三才圖會今皆方形名臺按中國浙人呼案曰臺子豈倭語沿之歟山谷詩集注俗名盤爲臺語若乃衣）將儿謂之牀儿又曰於之萬都岐（按闘將儿即中國俗呼馬凳者是据言中古軍將以之休息故名將儿而呼牀儿則無當矣脊息云者名出源順倭漢三才圖會云語若所格未詳依名會意當是欹息之義亦木息語之轉歟）足衣謂之足袋又云打比襪也語若他必　桐木履謂之下駄（駄即踏之變易字商標書下駄）語若額踏　冕謂之王乃冠語若卡撏力　褥謂之之止爾俗云蒲團（按蒲團當指夏日所用以坐者卅蒲蒻爲之倭漢三才圖會云俗呼褥曰蒲團殆未晰歟）語若西多勒　半臂曰半比（與中國語略同）語若罕比　小襦謂之羽織語若哈呵里　褶謂之素襖謂禁裏隨人等著之曰狩衣語若司窩　短袴謂之半袴長曰長袴語若哈嘎馬　紙衣謂之加美古語若卡米葛　帓幭謂之末止居語若馬多倚　盾謂之太天語若他特　甲謂之上旅語若卡補多甲裳謂之下旅又曰腰甲語若哈拉馬格　烽燧謂之飛火謂之

西拉奢猓喜　火檄謂之保久之續日本紀和銅五年廢河州高安烽始置高見烽及大倭春日烽以通平城語若火古擠　狼煙謂之乃呂知語若猓猓喜　弓謂之由美語若有米弦謂之由美都流語若有米子陸　刀謂之賀太奈語若卡打拉劒謂之都留岐語若知魯一　戟謂之保古語若火各　矛謂之天保古語若特火各　角謂之波良乃布江語若輔葉　鐘謂之於保加爾今語都利加爾語若卡勒　磬謂之宇知奈良知語若烏基卡勒　金鼓謂之比良加爾語若西拉卡勒　香爐語若果五那　裳謂之毛晉語若抹司索　木綿語若抹綿　龍眼木謂之佐賀岐語若沙嘎基　幣帛謂之美天久良語若密迭古拉紙錢謂之賀美勢邇一云勢邇賀太語若卡米惹泥　粢餅謂之之度語若岐西多格　粿米謂之加之與爾語若卡西納勒筆謂之布美天今語布天語若輔特　墨謂之須美語若司米

硯謂之須美須利今語須須利語若司知李　紙謂之賀美語若卡米　印色謂之印肉語若印泥沽　蓄印色者謂之印色池語若泥沽奇　卷子謂之末木毛乃語若馬擠抹粿　册謂之止知本語若多擠火本　簽謂之外題語若額帶一　穀謂之古久語若葛穀　米謂之與爾又古墨語若可墨　大麥謂之牟岐語若拇爾　小麥謂之古死岐又萬牟岐語若果拇爾　蕎麥謂之曾波牟岐語若所拔　粟謂之阿波語若阿禨　丹黍謂之阿賀岐岐比語若阿該擠米　大豆謂之末米語若馬墨　稗謂之比衣語若喜額　藻謂之毛語若抹　菜謂之奈語若拉　果謂之久多毛乃語若古打抹落　鳥謂之度利語若脫力　白鶴謂之大鷺一種畧小謂之蹶足鷙語若沙額　鷗謂之加毛米語若卡莫墨　水雞謂之久比奈語若古以拉　鶺鴒謂之爾波久奈布

里語若舍格勒以　鷂謂之知末語若喜格　雞謂之爾波度利語若紐瓦朶里　鶉謂之宇豆良語若伍止拉　鸜謂之比波里語若喜把里　鴿謂之以信八止語若哈奪　雀謂之須須女語若司知每　燕謂之豆波久良語若知鎊每　鶴謂之都流語若知陸　鴨謂之加毛語若卡莫　卵謂之加比古今語太摩古語若打馬果　狐謂之岐豆爾語若基知勒　豕謂之井語若補答

羊謂之比都之語若喜止吉　犬謂之惠奴語若倚魯　鼠謂之爾須美語若勒止米　鼬謂之以太知語若倚打擠　獼猴謂之佐流語若沙魯　鼢謂之宇古呂毛知語若拇古拉抹吉　牛謂之宇知語若伍喜　馬謂之無萬語若拇馬　驢謂之宇佐岐牟末語若烏沙伱伍馬　虎謂之止良語若拖拉　鹿謂之之加語若喜卡　狼謂之於保加美語若呵卡米　兎謂之宇佐岐語

養喜廬所箸書

若烏沙額　龍謂之太都語若塔子　蟲謂之无之語若搦喜
蛇謂之久知奈波語若赫筆　稻謂之以禰語倚勒若　白語若
希落衣　青語若阿呵衣　綠語若衣多里　黃語若金納衣
赤語阿嘎衣　黑語若古落衣　朱語若殊　紅語若古勒拉衣
五色語若我希吉　酸語若史一　苦語若你嘎衣　辛語若
卡拉衣　鹹語若希呵卡抱衣　甜語若阿嫣衣　一語若西多
子　二語若夫畜子　三語若米子　四語若約子　五語若衣
子子　六語若睦子　七語若拉拉子　八語若啞子　九語若
可可裸子　十語若躲　十一語若紐倚基　百語若瞎鼓　千
語若仙　萬語語馬　兆語若作　億語若我鼓

日本圖經十終

游歷日本圖經十一

奏派游歷日本美利加秘魯巴西等國英日屬地加納大古巴秘府用兵部郎中臣傅雲龍述

籑喜廬所箸書

日本前代人口表

魏志倭對馬國千餘戶南渡瀚海一大國三千許家末盧國四千餘戶伊都國千餘戶奴國二萬餘戶不彌國千餘家投馬國五萬餘戶邪馬臺七萬餘戶隋書倭戶十萬日本千數百年前戶口見之正史止此日本諸書亦缺有間錄足徵者而公家武家與夫浪人無業人無宿無籍人穢多朝鮮流寓非人丐民之類不在其數女數或多於男繇課役急而匿也以明治前爲斷述日本前代人口表

中國年	日本年	男 女	合	據書
隋開皇九	崇峻二	九一四一二〇 三〇一七〇三二	三九三一一五二	聖德太子傳記
大業六	推古十八		四九八八八四二	十〈玄〉遺稿
唐開元九	養老五	一九〇四〇八二 二五九〇八〇一	四四九四八九三	行基菩薩行狀記

年		男 女	合	據書
明嘉靖十二	天文二		二二三三〇九九七	田積口數增加求積比較表
康熙五五	享保六		二六〇六五四二二	竹橋餘事
雍正四	十一		二六五四八九九八	同

元和	大同弘仁	一九九四八〇〇	二九四四八二〇	四八九九六二〇	本朝古來戶口考
八	弘仁四年	一六九九三九二	一九九四九三九	三六九四三三一	同
大中天復	貞觀延喜			三七六二〇〇〇	同
五代宋	天曆正曆			四四一六六五〇	同
宋祥興	弘安	一九九四八二八	二九九四八三〇	四九八四八三〇	類聚名物考
	天文二			二二三三〇九九七	田積口數增加求積比較表
十	十七			二六九二一八一六	同
乾隆九	延享元			二五六八二二二〇	宮中秘策
		一三八三五六九四	一二〇一〇〇一七	二五九一七八三〇	同
十六	寶曆六	一二八三三三一九	一三二二八五一九	二六〇六一八三〇	同
嘉慶九	文化元	一三四二七二四九	一二二一九四七〇八	二五六二一九五七	諸國人數帳

戶口表

日本戶口琉球而外凡七百六十五萬一千七百七十戶三千七百七十七萬八千七百五人此光緒十二年數也當彼明治十九年其數不及中國百之一然較前滋多奈良析自大坂在二十年非漏也其第七統計年鑑戶口仍舊蓋調覈有時也以方里計人數淡路壹岐較密九州四國次之日本島及佐渡又次之其餘有差千島人極尠用平均法日本方里（除琉球地）二萬四千六百三十有

一方里八千五百四十合中國方里十六萬七千七百三十里有奇則每一方里八二百二十有五明治改編以來皇族而外大臣舊藩系曰華族陪臣及降自華族者曰士族下此曰平民而無籍在監者又在平民外述戶口表

光緒十二年	戶數		華族 戶主	華族 家族	士族 戶主	士族 家族	平民 戶主	平民 家族	棄兒	無籍及在監人	男女合計
東京	三一五一一六	男	四四〇	八五六	二四六二五	二五〇二二	二三九六一三	二四二五三七	五七	一五二	一〇五五八一七
		女	七	一五七四	一七二五	四八〇六五	三四一一二	四三七〇〇四	二八		
京都	二〇〇五〇二	男	五六	一三六	五九二一	七三六六	一七八七五八	二三一〇四五	四	七	八四七七一二
		女		二〇二	三〇〇	一三〇〇七	一五七五七	三九五一四九	四		
大坂	三七三九三六	男	四	三	七九一四	一〇三三五	三四七六五二	四四九六八四	五八	五八	一六三四二二九
		女		五	三五九	一六四二八	四三七九一	七五七八九四	四一	三	
神奈川	一七二四九八	男			二五〇六	三〇九三	一四九七九一	二六七六二五	四六	四八	八四一六一六
		女			一三〇	四九八四	七四七八	四〇五八八三	二八	四	
兵庫	三一九九三三	男			九一七〇	一一七八九	三〇〇八三〇	四二四五五四	四八	三三	一四六六六八六
		女			四四三	一九九二六	一八四四〇	六八一三九三	五五	五	
長崎	一四六九八四	男			一五三七八	二二三五九	一三二八六五	一八三九一二	一八八	一五	七一〇五六六
		女			三六〇	三八六八一	四八三六	三一一七七七	一九四	一	
新潟	三〇五三九八	男			六六二七	一〇三二六	二八四〇七七	五二八八六九	一四	三一	一六六〇一二一
		女			二〇六	一六六〇二	一一五七一	八〇一七八〇	一七	一	
埼玉	一七三一五〇	男			二二八二	三二三九	一七〇三三四	三二五五〇九	五〇	五五	一〇〇八九六〇
		女			七五	五七一九	四九一〇	四九六七三二	五一	四	
群馬	一二七九一八	男	一	一	四一七五	五七三六	一一七一〇二	一九二四五一	二四	六	六三九七六二
		女		二	一七六	九五二八	四七八三	三〇五七五四	二二	一	

千葉	二〇八六〇三	男			三九四四	五三八七	二〇四七二二	三五九三七四	二〇	一六	一一三七七九七
		女			九八	八九二五	三八七六	五五一四一八	一五	二	
茨城	一六八七七〇	男			六三四二	九三一〇	一五六五〇七	三〇九二五〇	九	四三	九五二二七四
		女			二一二	一五六八九	四七八四	四五〇一一九	六	三	
橡木	一〇一〇三六	男			二四八七	四〇九四	九五三六六	二一五四三一	一八	一九	六三四二六四
		女			七五	六三五二	二五九三	三〇七八一七	一	一	
三重	一七三三五九	男	二	五	四七三四	六四六三	一七四五九〇	二六一七二一	五	二八	八九三〇四一
		女		六	二〇七	一一一四一	一一二五〇	四二二八八二	三	四	
愛知	三一五〇〇五	男	一		一〇八〇六	一三五七〇	二七九六二七	三九六三四九	一六	四四	一四〇五六五八
		女		二	六三九	三三八〇二	一九三九七	六六一三八四	一七	四	
靜岡	一九二六六五	男			七二八五	八五八七	一八五九〇九	三一七一六〇	一四三	三四	一〇二四〇九三
		女			二八三	一五七三〇	六五八二	四八二二六一	一一八	一	
山梨	八〇六九三	男			二八四	四八三	七七〇八九	一三五二四三	一三	一五	四二七七六三
		女			一二	七九一	二四五二	二一一三六二	一九		
滋賀	一三八二六八	男	一		四〇〇一	四一一六	一四〇四九六	七一六三五一	四	五二	六五六八一九
		女		一	二九七	八九六七	八七一九	三一三八〇八		六	
岐阜	一七九七三一	男			三四八四	四四〇三	一七一五四五	二七八九二一	九	一九	八九八〇五六
		女			一八五	七五五九	八〇七三	四二三八五〇	七	一	
長野	二一七九三九	男			六二一七	九八〇〇	二〇一三七三	三一九九五五	三一	三七	一〇六五三九六
		女			一六一	一五七四七	八二一五	五〇三八一八	三九	三	
福島	一四一二八八	男			七四二三	一四三七一	一三〇四一一	二八二五六四	七	二一	八五五〇二八
		女			三〇三	二〇九六九	二九六四	三九六〇〇〇	四	一	
宮城	一〇一九八四	男			六四〇一	一一八三六	九二四〇七	二三四六一三	一七	一三六	六六八二三八
		女			二三六	一六九一五	二九四〇	三〇二七二〇	一六	一	
岩手	一〇八〇九五	男			二三八七	三八七三	一〇四一五八	二一七八七八	七	一	六三六六五八
		女			六〇	六六〇一	一八二五	二九九八六二	六		
青森	八三四四五	男			五六八九	九九三五	七六五三一	一七一二四七	一	六	五一一九八七
		女			一六〇	一五九七一	一一八七	二三一二五九	一		
秋田	一一七二三三	男			七四五九	一〇〇七一	一〇七九〇三	二一四三一九	四三	一〇	六四八三五八
		女			二二八	一七三〇七	二〇二〇	二八八九五四	四四		

		男	女	男	女	男	女	男	女	男	女	男	女	男	女	
山形	一一五二五〇					一一八一二	二四八	一六一九七	二七八五六	一〇五九〇六	二三〇三	二三一四九六	三二四九九九	一五	二一	二七	一	七二〇八八一
石川	一四八一八五					一三三三五	八五四	一二六〇五	二五〇五九	一四〇二一〇	七七七〇	二一〇一九一	三四四八七五	一	一	九	一	七五四九一一
富山	一四三〇四三					三六二四	一六六	四四七九	七九九六	一四二八八一	五三四七	二一六三九七	三四二八〇二	三		六	二	七二二三七〇三
福井	一一七八〇八					五六〇二	二六九	七三九九	一二七五二	一一五六〇一	九一一五	一七一三七三	二七九四八〇	三	一	四		六〇一五九九
島根	一四九三二二	四		一〇	三二	四六一〇	二二八	五八九〇	一〇四三八	一四三五七一	六六六二	一九七九八四	三一九〇六三	九	九	一八	三	六八八五二一
鳥取	八一九七九					五三一四	二七九	六一九七	一一〇〇八	七七七六二	三一七二	一〇八八一七	一七五七六〇	一		二四	五	三八八三三九
岡山	二二二二六五					八八四二	四七二	九九九一	一七五九八	二一七二九七	一〇六一四	三一三一八二	四七四二一五	二二六	二〇九	二三	三	一〇五二六七二
廣島	二六九九四二					七二三〇	三五九	九五〇〇	一六五八六	二五〇九六七	一一九三九	三九〇三五四	五九八五九五	一八	八	四		一二八五五六〇
山口	一八六七一八					一五四五五	五三九	二〇二四三	三五〇二九	一七八五三六	七二〇〇	二四七二五五	四〇一三九八	九三	七二	三九	三	九〇五八六二
和歌山	一三〇九六五	一		三	四	七一八八	四八三	七九三三	一四七九九	一二四六三八	六四六一	一七七〇九一	二八五九七三	四	四	三一	六	六二四六一九
徳島	一三二二三〇					七四七〇	二七六	一一六三六	一八九二九	一一九一五二	五四五八	一九五九九六	三〇一六六六	三六	三七	一五	五	六六〇六七六
高知	一二七三九二					九二一九	三三六	一一七一二	二〇三一六	一一八九五八	二八一七	一五〇五三八	二三八七六七	二	二	一二	二	五五二六七九
愛媛	三三三六一四					一三五一一	八六五	一六七二八	三〇四六五	三〇六九七九	一六四九三	四四六八三三	七〇四七七一	二七四	二九九	二五	二	一五三七二四五
福岡	二一三二四五	三		三	七	一六八四九	五七四	二一九六六	三七九二四	二一五七六七	四六五八	三三一六七六	五二五五一〇	一九八	二一二	四九	四	一一五四九〇〇
大分	一五二五八九	二		三	四	六六七七	一四五	一〇四三二	一七三四四	一四三七四八	四〇九八	二二五六〇三	二五六二八三	三二六	三六三	三六	五	七六五〇六九

佐賀	一〇九五〇一	男			一六四八八	二五五二六	九三二六一	一三四二九四	二二四	二	五二八六六五
		女			四五二	四一二四三	二一六九	二一四七三六	二六九	一	
熊本	二〇八四二七	男	一	四	一四四一〇	二四七四五	一八九八六八	二七三七四四	二	一六	一〇〇八二五二
		女		四	二五三	四〇九〇三	四三二三	四五九九五六	二	一	
宮崎	八〇五一六	男			一四五四四	二一二二〇	六五五四八	九六四五九		二	三八五一一〇
		女			二五七	三四三五六	一〇七四	一五一六四八	二		
鹿兒島	二〇六九九九	男			四六四三一	六七六〇七	一五五二〇一	二〇四六五九		一四	九四三二四五
		女			九三九	一一二〇四三	二九二四	二五三四二四	一	二	
北海道	五八七三〇	男			四一七一	六二七四	四〇一五一	五八八二五	七	一九七	二一五二九八
		女			二〇三	九四七七	四八九九	九一〇八九	四	一	
總數	七六五一七七〇										三七七七八七〇五
比較前一年	七六三六二一三										三七五〇二〇八五

北海道土人表

北海道初竄蝦夷明治五年開拓時當同治十一年繇是居民歲有竭來而土人碻數可按年稽亦別種之一端也迻北海道土人表

		渡島	後志	石狩	天鹽	北見	膽振	日高	十勝	釧路	根室	千島	男女合計	總計
同治十一 明治五	男	一四三	四九一	二七六	二八四	八〇四	二〇〇四	二〇三五	七二三	七三四	二四〇	二五〇	七九六四	一五二七五
	女	一三一	四三六	二七〇	一七〇	七三四	一七八〇	一九五六	六三二	七五〇	二三六	二一六	七三一一	
十二 六	男	一二九	五三八	二九二	二八二	七八六	一七六〇	二四六〇	七二二	七二七	二四二	二二九	八一六七	一六一九九
	女	一三二	四六四	二八四	二二五	六三五	一七七八	二五八八	七二七	七四九	二三七	二一三	八〇三二	

北海道屯田兵表

十三	七	一三四 一二五	五〇四 四六〇	二九一 二八四	二五七 一九七	七一八 七二二	一八二〇 一七三一	二五三一 二七〇五	七三二 七四三	七二五 七五〇	二三五 二三七	二二四 二一五	八一七一 八一六〇	一六三三一
光緒元	八	一二八 一二二	四九五 四一〇	七二九 一九三	二二九 一九三	六九五 七二四	一七七九 一七一五	二五七七 二七二〇	七三六 七八九	七一九 七四九	二三七 二三八	二二九 二一九	八五四七 八五八三	一七一三〇
二	九	一二五 一一七	五〇六 四三六	七二二 六九二	二五九 一七八	六七二 七一〇	一八二四 一七六六	二五四五 二七一七	七三九 七六二	七二一 七六二	二三七 二三五	二二九 二二三	八五七八 八五九八	一七一七七
三	十	一三三 一一九	四八六 四二七	七〇五 六八五	二五八 一七八	六三三 六六〇	一八〇二 一七〇〇	二五七三 二七三七	七二〇 七六二	七二九 七五七	二二三 二三二	二三一 二二六	八四八三 八四八三	一六九六六
四	十一	一二四 一二〇	四四一 三九四	六八二 六六八	二四七 一七四	六三四 六四〇	一八三二 一七九三	二五八九 二七〇〇	七六九 七五八	七五四 八一三	二一六 二二四	二四七 二三七	八五三七 八五二一	一七〇五八
五	十二	一二四 一二二	四二〇 三八五	六七二 六四四	二〇六 一七七	五九三 六二二	一八八四 一八六四	二六〇一 二七一四	七五六 六九四	七九〇 八三〇	二二二 二二四	二四五 二三九	八五一三 五五一九	一七〇二八
六	十三	一一〇 九九	四四九 四一三	六五五 六二九	二〇九 一七四	五八六 六〇四	一九二八 一八四四	二五九三 二七三九	七五六 七六四	八〇九 八三八	二二三 二二五	二四八 二四六	八五六六 八五七七	一七一四一
七	十四	一一〇 九九	四四九 四一三	六五五 六二九	二〇九 一七四	六五六 六六四	一八六五 一七七三	二六二〇 二七三二	七五三 七三七	七五一 七九五	二一七 二三一	二三三 二三三	八五四六 八六五二	
八	十五	一一六 一〇三	四二八 三九一	六三三 六四五	一七四 一四〇	一八九七 一八四三	二七〇一 二八五五	七六五 七九九	七五六 七九九	七五六 八〇一	二〇六 二三三	二三三 二三三	八三四六 八六五二	一七一九八
九	十六	一〇一 八九	三四九 三二八	二六八 二一九	八二三 六八六	六二二 五九八	一四三二 一四二〇	二八九六 五一七〇	八二六 七八三	七八四 八二八	二一二 二三二	二三九 二四一	八五五四 八五九六	一七一五〇
十	十七	一〇五 一五五	四四〇 三八二	六二五 六五二	一五四 一三七	六四二 六二四	一九三四 一八九〇	二八一三 二九六一	七五五 七一二	七三五 七九五	二五三 二八七	五八一 二三三	九〇五一 八七七八	一七八二九
十一	十八	一〇四 九八	三九二 三六九	二八五 二八九		四一八 四一九	一九〇一 一八九一	二七三九 二八九八	七二一 七八一	五〇四 五三八	二二五 二二六	二二七 二二八	七五一六 七七三五	一五二五一

屯田兵殆日本之學漢法歟光緒十二年生二百十八存一百十三總計五千四十三八一千一百四十五戶逃北海道屯田兵表

郡	邨	戸數	兵	家族男十五歲上	十五歲下	家族女十五歲上	十五歲下	合計
札幌	琴似	二〇八	一七四	一七〇	二四九	二九五	二三七	一一二五
	發寒	三二	二四	二四	三六	四四	四〇	一六八
	山鼻	二四〇	二〇一	二一八	二一六	三五六	二二五	一二一六
	江別	三八五	三九四	五一六	三五四	五六八	三五五	二一八七
石狩	篠津	六〇	五九	六三	六〇	九一	六一	三三四
花咲	根室	二三〇	二二〇	二〇二	一九九	二九一	一七三	一〇八五
總計		一一四五	一〇七二	一一九三	一一一四	一六四五	一〇九一	六一一五
前一年		五八七	五四三	六四八	五七三	八三三	五六一	三一五八

官民地表

日本言町有二誼一地里六尺爲間六十間爲町一地畝六尺四方爲步三十步爲畝十畝爲反十反爲町言町步者所以別間町也然非別地之官民耒緜知稅之有無其官有地内務省農商務省調察之凡千七百七十二萬三千五百六町步其民有地大藏

省調察之凡一千三百七萬八千四十八町步旱田曰畑民之雜地有網干場鰯干場濱地舟揚塲荷揚塲造船塲流木置塲布曬場物置塲土揚塲稻干塲海沙地土取揚之目鰯乾魚也揚猶言堆荷有古詛流木以木置淺水可不朽也迷官民地表

官地	町步	分類	地價
第一	四萬四千八百廿九	宮室神社	無租稅
第二	三萬三千三百十七	君族賜邸官署軍營	同
第三	千七百六十四萬五千八十	陵墓山水鐵道綫路之類	同
第四	二百八十	寺院學校之類	同

地價外

民地	町步	地價	平均町價
田	二百六十四萬九百八十五	十二億千四百廿六萬三千二百圓	百二十六圓
畑	百八十八萬五千九百圓	二億六千六百三十萬二千八百圓	百四十一圓
郡村宅地	三十三萬四千八百九十七	一億五百四十萬五千五百圓	三百十五圓
市宅地	一萬九千六百十八	三千二百三十萬八千九百圓	千六百四十七圓
山林原野	八百十七萬五千三百廿九	二千六百五十萬四千四百圓	三圓二百四圓
鹽田	五十四百	百三十四萬七千	十九圓
鑛泉地	二	五萬三千三百圓	二万六千六百五十圓
池沼	八千八十二	八萬六千百圓	四圓
餘地	七千八百廿六	六十二萬八千七百圓	八十圓

地租表

日本地租以地直計取百之二分有半北海道則百之一所謂一段者沿豐臣氏三百步例若畑若雜地詳官民地表平均者合地之肥瘠分租之多寡也鑛山借區稅不與焉述地租表

地別	地直 以一段計	地租
田	四十六圓十六錢四釐	一圓十五錢四釐
畑	十四圓七十四錢五釐	三十六錢九釐
郡邨宅地	三十一圓四十四錢七釐	七十八錢六釐
市街宅地	百六十四圓十五錢三釐	四圓十錢四釐
鹽田	二十八圓三十錢八釐	七十錢八釐
鑛泉地	二千六百五十六圓九十五錢	六十六圓四十二錢四釐
山林原野	三十四錢一釐	九釐
池沼	一圓十五錢三釐	二錢九釐

雜地	十三圓六釐	三十二錢五釐
平均	十三圓五十一錢三釐	三十三錢八釐

物產

漢書藝文志神農二十篇野老十七篇神農教田相土耕種十四卷昭明子釣種生魚鼈八卷種臧果相蠶十三卷類此爲物產設誠重之也日本宅東易孳易長雖載物蕞爾而水陸充斥不可勝數也今以類聚曰穀屬曰蔬屬曰蓏屬曰果屬曰花屬曰艸屬曰木屬曰藥屬曰雜植之屬曰鳥屬曰獸屬曰鱗介之屬曰蟲蛇之屬曰金屬曰石屬曰土屬曰雜鑛之屬曰布帛之屬曰冠履之屬曰舟車之屬曰兵器之屬曰器用之屬曰雜用之屬曰飲食之屬曰薪炭之屬凡二十有五述物產

穀屬

稻 美濃產爲最它產有差日本文イ子即稻也

早稻 武藏葛飾郡二合半領葛西領邊專播稻冠它

籑喜廬所箸書

郡七月早熟貢米古稱早稻米近江之高島郡美濃之宮田八幡相摸國丹後守山　中稻美濃之長島今嶺大津小町大

垣糯等處　糯米武藏諸國　唐黍即粟也肥後多　晚稻美濃之近江小粒黑穗　〔玄〕米

小米　薏苡米　大麥　小麥　蕎　大豆　黃大豆　豇豆武藏

諸處　豌豆　山黑豆　山菉豆　山扁豆　雁喰豆上野　大角豆

黑大豆武藏　綠大豆　赤小豆　蠶豆　馬鈴薯產于武藏甲斐飛驒信濃

上野岩代磐城陸前越中越後佐渡因幡岩見備後安藝紀伊阿波土佐豐後肥前後志石狩天鹽北見日高等國　佛掌

薯山城　胡麻產于信濃陸前伯耆阿波土佐日高大隅等國

蔬屬

菜種輸歐羅巴美利加諸國　辛子種產尾張常陸筑後河內諸國　百合產安房上

總下野大和越後乾者入中國　土百合售美利加　薑產武藏參河下野土佐豐後伊豫出雲長門等國　菘

武藏　萊菔產練馬德丸長三尺　蕪菁武藏　番椒武藏　茄　筍武藏諸國　蓴山城

等國　葱　鴉葱　山薤武藏駒場鼠山等處自生　水菜武藏木丁川　秋菜產物

水芹　薇　黃花菜　紫菜　杓兒菜　樟牙菜　毛連菜味苦

鹿角菜　石花菜　神仙菜　木耳　蕈　黃蕈　香蕈　玉蕈

天花蕈　椎茸蕈生木上如椎故名　松露蕈之小而圓者　岩茸山菌也　海茸水菌也

芋　慈姑　布海苔　刻昆布製自東京大坂　板昆布產渡島後志石狩天鹽膽振日高十勝根室釧路陸前陸奧

蓏屬　西瓜武藏國等　王瓜　番南瓜武藏國等　醬瓜同　甜瓜產物志云武藏鳴子邨上品

胡瓜武藏大和　越瓜長尺徑三四寸味佳　冬瓜

果屬　龍眼　葡萄　橄欖　榧子武藏國等　菩提子　栗產上野下野大和磐城

二度栗大和國等　梅武藏國等　李　落花生武藏國等　胡桃　桃

獼猴桃美濃國等　橘　蜜柑　柚　柿武藏　澁柿　杏　榴　枇

杷武藏國等　梨或赤或青　林檎　頻婆　楊梅西京尤多　櫻桃　櫨實　天仙

果即無花果也產小笠原島　小棗　菱　芡

花屬　櫻花　牡丹　荷包牡丹　秋牡丹　水仙安房國等　合歡

芎藭　艸芎藭　辛夷　棣棠　雞冠花　菊　野菊　六月菊

梔子　石榴花　玫瑰　翦夏羅　水楊梅　瑞香　白瑞草山城

水晶蘭楊理小識　伏牛花　玉蘭　仙入脂甲蘭　朱蘭　鳳

尾蘭　蓮　地涌金蓮　睡蓮　山茶科大葉一種花較大　木曾葉加木夫

容背有毛　山葵　罌粟花　朱藤花　茉莉　側金盞花　四照花

猿延花　珍珠花　紅花　燕子花

艸屬　杜衡　蔦　虎耳艸　蒿　佛甲艸　蘼艸　青茅信濃等國

蘆　藺織席用　荏　瓶爾小艸武藏信濃尾張等國皆有之　鹿尾藻　寒天

艸產攝津伊豆信濃肥前薩摩以之造粉條所謂寒天者是　萬年青

木屬　松矮松與它處異　五葉松　千年松　羅漢松　柏　卷柏

花柏信濃等國　扁柏　櫻　桃　柿　柞　檀　石灰水近江栗太郡地中出

猿木產薩摩國櫻島甚稀　槏　椈　榛　楓有數種色異葉亦異有楓蠶　樟有樟蟲之繭

桑　檜　樗　楮　守宮槐　蘖木　杉　樺　菩提樹　榆

榧　楢　槇　櫻櫚　黃楊　楊柳　楠　阿咀呢木名　扶桑

木是木之復出土者日光山居多　栗　橡　桐　槻　榎　膠木　茶產山城大和河內攝津伊賀尾張伊勢三河遠江駿河伊豆武藏上總下總常陸近江美濃上野岩代磐城陸前羽後加賀越中越後丹波丹後因幡出雲播磨美作紀伊阿波伊豫土佐筑前筑後豐前肥後日向大隅薩摩等國　番茶　粉茶

藥屬　蓡　樟腦產於遠江伊豆土佐薩摩日向等國　樟油輸歐羅巴美利加　山藥產野州常陸遠江　木附木產下野參河遠江駿河但馬大和丹波　黃連產下野加賀陸前越前大和　牡丹皮　桂皮產于紀伊土佐等國　茯苓產于常陸安房相摸等國　烏頭　吳茱萸產日向

萆發產大和　土當歸武藏　牛蒡武藏　紫蘇　蒿　元寶艸　黑三稜武藏不忍池　連錢艸　雞腸艸　天竺桂　堇堇菜　苧麻

門牛兔苗　半邊蓮　龍芽艸　香薷　龍珠　柴胡　南柴胡

前胡　萆薢　龍膽草　星宿菜　蒼朮　海金砂　烏頭

大戟　鼠尾艸　王不留行　天香百合　木防巳　黄精　甘遂　夏枯艸　雀翹　牛膝　燈心艸　石芥　麥門冬　及巳　陰地蕨　常山　〔玄〕參（產物志云傳漢種）　辛夷　劉寄奴艸　茜艸　木通　鹿蹏艸　雞腿兎　豨薟　薄荷　龍舌艸　山胡椒　苦艸　三白艸　蘿摩　苦參　合子艸　旋覆花　山藤　雞項艸　地楡　萎陵菜　括蔞　遠志　徐長卿　天麻　水澤瀉　防巳　漢防巳　石防風　淫羊藿　秦皮　狗舌艸　兎兒繖　石決明　綠青（武藏近江）　大青　地黄　大黄　黄芩　太一餘糧（近江）　黄蓍　肉蓯蓉　綠礬（近江）　陽越石（近江）　黑石脂（近江）　紫石英（伯耆）　無名異（伯耆）　蓡（產下野岩代信濃羽前出雲等國）　列當　續斷　牛躑躅　滑石　水灑石　獨活　桔梗　陀羅尼須計（治腹疾植物也產于大和）　紫艸　膽吹艾　五倍子　睡蓮　茵陳蒿　莭莭

艸　白芷　白薇　石龍膽　冬葵　蛇牀子　香附子　水鼈

植物　敗醬又植物　蓍　木本蕨精　山慈姑　車前葉山慈姑

野菰　大一餘糧　射干　紫參　拳參　王孫　鹿藥　升麻

劉寄奴　土參　金松　雙葉細辛　牛扁　白及　黃精

貝母　赤石脂　蔓荊子　山蓼　瞿麥　半夏　前胡　牛扁

沙蔘　赤車使者　羌活　白薇　石菖蒲　艸烏頭　貫衆

山北　小薊　大薊　澤蘭　鬼督郵　翻白艸　延胡索

川芎　牛皮消植物　邪蒿　廓大圖植物　冬蟲夏艸　陽起石

石英　延胡索　補骨脂　當歸　天門冬　枳實　巴戟天

雜植之屬　竹　萬壽竹　斑竹　孟宗竹　雲紋竹近江　唐竹

即慈竹　苦竹　棉　麻産于下野上野岩代陸奧美濃越前越中丹波但馬備後周防豐後日向等國

葛　蔗　淡巴菰　藍　蕉　鐵蕉

鳥屬　鶴秋來春去　鵠　鷺　鸛　鴻雁　信天翁　鶺鴒　赤水

雞　花雞　泉水雞　大水雞　山鷄雞　南京雞來自中國曰南京珍之也　山雞冠赤者名地南京　蜀雞來自中國閩鷄之强　暹羅雞來自暹羅　矮雞來自南京

雉　鴨　鵞鶩　鳧　鷗　鸕鷀日本紀　喈鶯續經禽　義禽

大眼雀　善知鳥鷗形口黃末內足淡赤奥州特津輕安鳩浦多有之　河鴉大似鷂鴿全體口足皆黑

飛不高而捷丹波大和吉野山中多有之　計里似鳩而首脊灰黑胸白尾短有斑口黃赤足脛長能捕魚其肉甘秋賣之治膈噎

山計里形同計里首脊翅青黑翅帶赤腹白口黑足赤黑　剖葦鳥似鷺　都鳥大如鸕鷀

唯口足赤關東多有之畿內無著聞集云建長六年有獻之者　保登鷸　胸黑鷸　眞鷸一名嘴長

黍鷸一名大目　黃脚鷸　京女鷸　羽斑鷸　杓鷸　燕　壤鳩

首背黑有赤班胸赤嘴蒼足淡赤聲短其味美　八幡鳩形小子壤鳩色白項下蒼黑口黑脛赤聲亮如言老來其肉不美山城八幡山多

南京鳩項春紫青班頭黑紋目邊微紅腹紫尾黑白口來自中國　孔雀鳩來自中國尾如張扇故名

布穀石見安藝有之　練鵲大如鳩狀似山鵲項黑春青尾尺許關東山中多有之畿內無

養喜廬所箸書

山鵲雨前鳴　交喙見農田餘話武藏信山多秋來春去　連雀鳴如日比伊比伊　杜鵑　黃
道眉百鳥圖　桃花鳥日本紀○一名紅雀　鸂鶒　魚狗　喚子鳥萬葉集
牧母鳥　鶡鶉　蘆虎　鷹　知更鳥武藏秩父多此其名依大寶遺事云　白
鳩鳥　白頭翁

獸屬　馬　牛　羊　麢羊　野羊　豕　野豕　犬　虎　獵
虎蝦夷島東北海中有獵虎島此物多有之入水食魚走疾如飛大如野豬頭短足亦短毛柔甚左右摩之無順逆或黑或黑中間白或曰本艸綱目狗類此　水豹蝦夷海中水豹大四五尺灰白有豹文毛短　海獺處處有之一名海鹿
熊　鹿　狼　猿　狐惟伊豫土佐讚岐阿波四國無狐和銅四年伊賀獻黑狐明年丹波獻黑狐靈龜元年遠江獻白狐養老五年甲斐獻白狐以爲瑞　狸　禰豆布出蝦夷海黑毛短　兎　貉日本紀推古三十五年陸奧有貉化人

鱗介之屬　鯛　鯉　魣　章魚相摸　鱧　鯧　鮑　田作魚
石伏魚　鱆產陸前陸奧能登周防伊豫出雲渡島後志　熨斗鰒　鰊一名鯑　鰹鮧

相摸　細鱗魚日本紀　年魚賦役令延喜令山城桂川爲多　○　香魚雨航雜錄　鱶

鰭　鰈　鰑　鰛　鱒　鯢魚形略近鱸　鰕虎魚　方頭魚

魦　鰌　鯰　鱣吾妻橋間爲最　鯽　荷包鯽　鱒　鮎　赤魚和名抄

白魚　鰯鹹水魚之一種　鯔和名抄　石斑魚遠江　虎魚和名抄　比目魚

乇魚　鰱　牛尾魚　鰺和名抄　鐵魚　鮠　鰻　山生魚相摸箱根

山下野日光山之谿生魚形如蝎有足治小兒疾　鼠頭魚武藏　鱸　鯊　鱵　青魚

鰶　公魚越後　鯇　冰魚　雷魚羽後最多　八目鰻產羽後最上川　烏賊

琵琶魚越中　鰤　玉筋魚　望潮魚　烏鮫魚　江豚　青鰕

草鰕　手長鰕小笠原島　櫻鰕　芝鰕　車鰕　車海老大鰕　蟹

監吹貝上總　水母　水母子肥前　瀨戶貝　甲烏賊產豐後日向備後　文

蛤品川深川　牡蠣　紅螺　海參產渡島後志石狩天鹽北見膽振志摩日高根室能登尾張參河伊勢淡

路長門讃岐伊豫隱岐播磨壹岐出雲安藝筑前豐後肥前陸奧常陸佐渡即海鼠也　蛤蜊　蜆　鱉

瓦衕子 介類

蟲蛇之屬 蠶 蠭 蜨 蜻蛉 螳螂 蟋蟀 蟬 蚨 金琵琶 螽斯 促織 蚱蜢 蝗 蝸牛 蛛 蟢 蝙蝠 蝱 蛾 螢 蜩蠅 黃蠅 蚊 蟻 蚓 蛇 蜴 壁虎 蜈蚣

金屬 金 銀 鉛 產武藏近江陸奧美濃上野 鐵 武藏 銅 續日本紀乙丑武藏國秩父郡獻和銅改慶雲五年曰和銅元年產近江等國 荒銅 產伊豫下野陸奧羽後出雲播磨陸中 熟銅 一名製銅 銅綫 潰銅 砂鐵 近江 潰鐵

石屬 介化石 武藏王子瀧川產此蛤蜆蠣化石 象齒 骨化石 慶應四年武藏橫須賀白仙山傾堀出此品蓋象骨或牙化石据日本產物志 異獸齒化石 嘉永二酉年夏武藏荏原郡上澁谷郡農家堀出在地下一丈五尺先獲斷石更堀而全形扁排如指長五寸弱寬上三寸色淡黑下二寸灰白色略黃据同上又見美濃 磁石 据續日本紀出近江 砥石 近江栗太郡桐生山砥上山甲賀郡仙人谷伊香郡田上山伊吹山其著者 蠣石 近江產如蠭窠質輕色黑俗云沫化 雲石 一云大理石產近江 代赭石 產近江 蚌化

石產近江琵琶湖側甲賀郡稈谷郡安樂寺東海道豬鼻北松尾明神森油火嶽水口近鄉神保郡太原郡沖郡岩倉山野寺日野谷湖西南條郡山中坂本化奧畑仰木郡等處亦產　石卵近江栗太郡　石鐘乳近江甲賀郡犬上郡

武藏秩父郡又見美濃　石牙美濃　方鮮石武藏秩父郡　爐甘石武藏　花斑石

美濃　更紗石美濃　石炭近江　長石近江伊吹山美濃赤坂金山　琥珀近江　木

葉石近江甲賀郡佐野郡志賀郡苗鹿郡又見美濃　木化石近江甲賀郡草津邊又見美濃　土蛹化

石美濃　石蟹山城　石螺同　石蛤同　鮫石同　鼠石同　橡實

化石同　松毬化石同　桃化石同　菊紋石同　蛇骨石同

蚌化石武藏　蛇含石美濃　靑礞石美濃金生山　雷斧美濃　石鏃同

石砮同　銀星石美濃　石麪同　王火石近江等國　礬石　金剛鑽

山城高下郡　馬蹏石　富士石　御影石　紫石　篠斑石　紅葉

石　霜降斑石　鼈甲斑石　燧石常陸　黑碁石若狹　砥石　切

石　太江石　葡萄蠟石但馬　溫石同　綿石　浪石　玻璃石

薩摩石之明而透者　瓊漿石秋田阿邇山中出含水石土人常鑿石巖采之圓白如瑪瑙大小不一承明視之其內皆含水或有如龍者在其中顛倒之則蜿蜒上下余嘗得數枚然大者絕少此即瓊漿石也周公謹煙雲過眼錄曰瓊漿石漿水石瑪瑙也二寸許廼塊石耳觀之滴水在內搖之則上下流動明會典有漿水玉蓋亦此物又格古要論曰瑪瑙有淡水花者謂之漿水瑪瑙此瑪瑙種非含水者

土屬　黃土近江產之水飛宜畫又產山城淡路諸處　白堊美濃伊豆　碧堊山城　七色

土伊豆　粘土　陶土

雜鑛之屬　硫黃越中陸奧岩代下野渡島後志根室　硝武藏山城攝津上野　酸化滿庵

地志提要云能登羽咋郡火打谷邨一年米出一千六百八貫　礬　石綠　磁石美濃　礬磨沙

伊勢尾張　雲母參河伯耆伊賀下野　雲母砂山城　水銀　水晶　黑水晶

馬腦　馬腦髓　硨磲　石腦油即石油也目出山石

布帛之屬　暈繝錦　高麗錦　軟錦　兩面錦　蜀江錦借名也厚

且美其綢多雲龍也今稀韵府續編謂日本麒麟錦金花炫目　金入綢綢織金文名金襴也織彩絲文金者名金入

綾 倭名抄綾似綺而網倭漢三才圖會綾有數品唯稱綾者似紗綾而地文皆二重菱呼名幸菱得嘉祝之名官家褧束素衣小兒產衣用之

唐綾 當自仿唐其文泛織也西京織之

紗綾 倭漢三才圖會云似綾而文如稻又如菱墻者名墻紗綾

花文綾 倭漢三才圖會飛沙綾地似紗綾有花文

無文綾 一名謂紗綾

小綾子 出東京薄而光倭綾子最良

紗綸 薄于東京綾子

木棉莫臥爾緞 西京織之俗以爲襦或爲涕紙袋

紋羅 似羅有飛文爲浮屠黑衣

光絹 西京爲最加賀次但馬又次

八丈絹 伊豆

黑八丈絹 甲斐

撰絲絹 倭漢三才圖會云昔唐船著泉州堺浦時大唐織工留此織撰絲絹土人習之出西京者佳

綟子紗 志摩

金紗 倭漢三才圖會云元和年明人來留泉堺織金紗土人錢屋何某松屋所織今偶有之名錢屋切松屋切賞之

紬 飛彈爲上次仙臺次大目

緯紬 經用綿絲緯用紬絲

八丈絹 伊豆南海有島曰八丈山藾織絹色不變官物不人商買西京贗織甚艷美

郡內絹 出甲州郡

日野絹 日野屬上野其國安中松井田富岡之絹爲上武州次之亦出丹波丹後但馬

羅紗 來於阿蘭陀毛織上品也有紅黑青白褐數色其絳者名猩猩皮

銚子縮 出下總海上郡銚子邨縮即紗也

羅世板

菟碣 兎毛織之和名抄謂之菟褐

天鵝絨 織勝它國

葛布

藤布 出奥緝藤皮爲之

曝布

出奈良布之上品緝羽州最上麻爲布煮舂上晒潔白爲上

紵布布未曝而粗爲越前之中同福居爲上　蚊帳紵

出江豫　縐布越後小千谷爲上　木綿布伊勢松坂爲上河內攝津次之參河尾張紀伊和泉爲中因幡

淡路爲之　屑布輸美利加　絓縞布　藤布伊豆　紙布撚紙如綫出奧白石人以爲襦

紙合羽油紙雨衣也塗荏油出和州龍田今攝津大坂作之用荏油密陀僧盧眼石燈心徐煎沫盡爲度　紋羽

和泉諸國　氈同　琥珀織甲斐　五日市織武藏　生絲產於武藏上野下野岩代磐城

陸前陸奧羽前羽後越前加賀越中丹波越後但馬伯耆播磨筑前參河駿河甲斐相摸近江美濃信濃等國　玉絲

熨斗絲　屑絲　殼絲　眞綿　青梅綿武藏　蠶紙輸美利加　晒木

綿常陸　木振木綿同　長濱絲糸即絲也近江　縮緬　絹縮近江　龍門

絹　飾絹　山蛹縮緬　烏帽子縮緬　高宮布一名生平繭麻　海宮

布讚岐

冠履之屬

帽　衣　裳　帶　女帶　足袋即襪也足大趾間別出壹岐以大和造爲良　筍笠

出近江水口越前福井　**臺笠**臺夫須也即莎草不用竹骨者曰編笠深且巨者名熊谷笠　**菅笠**與簦笠同以菅葉縫成也莞笠避日箬笠禦雨菅笠兩用出金澤者上品柳井次之　**塗笠**用薄竹板紙漆黑色出大坂西京　**葛籠笠**出江州水口婦女御暑　**檜笠**修行者用出和州吉野山　**草履**　**藁草履**以藁稈作之出奈良爲上　**藺艸履**出西京者良　**籜履**竹籜作之美淡竹籜次之　**履靪**倭名抄云賤人以牛皮補著履下也出和泉堺　**雪踏**倭漢三才圖會云雪踏茶人千利休始用之路逕著之笋皮爲表牛皮爲裏○按茶人家者也　**革踏**　**木履**廣博物志晉文公伐木製履日本之木履亦彷中華爲之有數種以櫸檜作歟二堅木爲齒名指木履泥中著之　**下踏**用桐鋸跡自如齒者輕半逕地著之

舟車之屬

舟初有天磐橡障松船以載蛭子也埴土船者素盞烏尊所乘也天鳩船者大已貴神所製也神武即位而後於吉備國高島宮備舟檝是其綿蕞崇神十七年詔曰船者天下之要用也今海邊民由無船以甚苦步運其令諸國始俾造船舶應神五年令伊豆國造舶華十丈名虛御是船之始來自中國唐時或稱廻船三百斛以上至千五百斛　**過書舟**西京運貨于通淀川載三百斛　**天舫舟**似過書舟載二百斛　**上荷舟**海船之剝船載廿斛　**茶舟**似上荷舟而小載十斛攝津多此　**颿**初用藁莚中古用茅近用布凡布三幅爲一端或六七端或其餘端　**人**

力車它國所無一名東洋車然未通商前無之　**籃輿**　**牛車**上下鳥羽多有之　**武藏鐙**二鐙稱一足武藏爲上故名

兵器之屬

四神旗文武天皇大寶元年正月朔大極殿正樹烏形幡左日像青龍朱雀幡右月像玄武白虎幡○据日本紀倭漢三才圖會諸書下同　**⿰巾匡幟**始于永祿元龜之比相傳北條氏康家臣同左衛門大夫始作之　**盾**仁德十二年高麗致鐵盾推古天皇十一年聖德太子作大楯及靫今有數品　**竹立牌**束竹以代大盾也武田信玄家臣有米倉丹後始作之高七尺橫一丈亦謂牛竹束　**車竹束**如車楯　**鐵甲**宜騎宜攻戰和州奈良岩井與左衛門作爲佳　**革甲**宜步宜野戰續日本紀云寶鑑十一年八月勅今革之爲甲靭固經久裹身輕便巾箭難貫殊易成自今以後皆宜用革前造鐵甲不可從爛其後桓武九年東征造革甲二千○牛皮朧月浸尼水晒乾爲甲漆則堅　**胄**始於神功皇后　**鐵礮**南浦文天文癸卯一船漂著種子島島主兵部亟時堯得二鐵礮以其一授杉坊而後時堯使鐵匠新時製數十　**天麑弓**日本紀　**強弓**重四十三貫目　**天雨矢**日本紀　**唐弓弦**　**蟇高**　**股鏃**以形名菊川清治郎越前櫻根口人名此等皆鏃土以鳴世　**音金**倭漢三才圖會弦中納銅鉛俗日音金射則增　**靫**日本紀大神負靫○徒然艸京洛五條神社掛釵避疫　**刀**詳金石　**長刀**仿唐爲之武備志云

日本刀大而長柄者擺道謂之先導以皮條綴鞘隨後所用謂之大制

眉尖刀 與偃月同

橫刀 續日本紀靈龜元年詔曰凡橫刀鐵者以纏造勿用素木令脆焉

槍 應仁文明始作之實矛也

郁田銃 此火器近人作

西洋鎗

龍吒 三才圖會云龍爪逐逃人倭漢三才圖會云有須皮如鐵衍而小四爪製出龍吒

器用之屬

研 紫石肌堅而潤夏不易長門下關若狹宮河產爲最青石爲中品近江高島西洛嵯峨出之又有天草石黃色爲檜下矣產於肥前天草今伊豫產亦稱天草則砥石也

鸜眼紫石 貴陽陳氏矩曾購得之

瓦研 古瓦細密不異于石以太宰府都府瓦爲珍

磁研 尾張國陶人製陳氏矩爲雲龍購其一背文曰文政庚辰花月應鈴公需製尾張瀨戶陶工潁濱○其年當我嘉慶廿五花月三月也櫻花開三月也

紙研 詳攷工

研屏 立研頭以屏風塵玉石爲之

墨 一名太平墨一名丸墨大坂奧州岩城作之皆松煙也可染布帛松煙出熊野燒松節日本人自言不如唐墨

朱墨 銀朱倍辰砂用黍皮水煮膠爲之

筆 兎狐狸毛居多今多鹿毛筆尚書所謂中冬氄毛者日本人語曰不由介其色白山四國島者佳夏毛變赤出秋田者良

石筆 石紫黑礫如筆可以備忘廣博物志盧山石墨此類歟

檀紙 大高引合蘓紙松皮紙等之數名厚白有皺文礫砢似松皮蘓之肌而墨色好爲禁裏柳營之御紙出滿中有大高中小高之三種新唐書云藤原葛野麿入唐善書其紙似蘓而人莫識者

奉書紙 即檀紙之屬肌濃不皺官家奉

書用故名有大小厚薄出於越前府中爲上出雲能義備後三好次之筑後伊豫加賀備中丹後但馬土佐又次之播磨安藝爲下

杉原 俗云糊入奉書紙之屬稍薄軟也播州杉原村始出之故名之今出於備後爲上豫州加州雲州次之備中丹後但馬土佐又次之和州吉野爲下

本杉原 俗云鬼杉原出於播磨色不鮮明而爲獻上一束一本之紙官家不易舊例誠殊勝也

尺長紙 太介奈賀奉書紙之屬幅長者以堪爲髻結出於越前府中者爲上丹後者綾部次之

延紙 乃倍加美小杉原也其大者縱七寸橫九寸謂之七九寸常藏懷中可拭去鼻涕因稱鼻紙出於和州吉野爲上出雲備中次之皆和米粉漉之令色白或有用蛤粉石灰等者雖美白肌膚不宜

三栖紙 美須加美即延紙之極美者出於吉野大於延紙而稍薄以爲官家之用

小菊紙 大如延紙而剛柔艷美全類障子紙美濃寺尾參河阿須介出雲杵築並出之蓋三栖小菊之二品爲鼻紙之極上周防石見因幡阿波備中之小半紙皆以爲上鼻紙

漆漉紙 似延紙而甚輕薄者可以漉漆及油出於吉野餘國全無

半紙 波牟之筑後柳川之產爲上周防岩國亦佳同之山代紙謂之本座紙津通德地鹿野熊毛小川等凡此長防二州之地皆多出半紙石州濱田同津和野次之雲州因州參州加州阿州但州藝州丹後筑前皆出之

障子紙 美濃紙出於美濃寺尾者最佳故呼曰美濃紙以寫書籍裏書翰障子及燈籠無加之者防州次之奧州岩城野州那須藝州廣島又次之

厚紙 阿豆加美有數品濃州紀州大張紙紀州和州加森下紙伊豫備後仙過紙甚厚

堅備中土佐阿波皆出厚紙可以爲簿帳紀州島包紙可以包綿帛常州西內同國程村和州宇多筑後百田藝州皆多以上厚紙訴狀券文及傘等用之紀州川根藝州津並又次之防州片折紙俗云十五束物御用紙俗云二十五束物普通券狀用之

宿紙 湊紙蒼灰色而軟可以飾壁腰後醍醐天皇朝京二條有川端道仙者來泉州湊始鹿出之故稱湊紙于今多出今京師及攝州山口亦出之播州石目紙白色如石理同木目紙如木標

半切紙 縱短尋常半分筑前筑後爲上攝州大坂同山口名鹽多出之播州亦次之

塵紙 知里加美用楮汁造紙以其麁末者漉之故有塵渣而最野卑者比唐馬糞紙也防州岩國爲上石州次之參河阿波筑後凡出半紙之所皆有之

牋紙 音煎與箋同來於南京色紙曰牋或煎成魚鳥花菓之象彩色甚美又有金華紙洒金出本朝越前筑後色奉書攝州名鹽色鳥子同大坂五色紙豆州修善寺柿色紙不悉記一種紺紙出於土佐者爲上京師者次之一稱藥袋紙出於土州爲上色肌似鐸而甚強可耐久攝州名鹽者爲下

鳥子紙 淡黃色似鳥卵而柔滑故名之其堅而滑者稱生漉俗云厚葉中葉薄葉之三種有又有幅廣合半間之間尺者俗云抹爾阿比可以張屏風共出於越前府中蓋此紙肌滑易書性堅耐久可謂紙王者乎近頃自泉州亦出之而逈劣一種天子鳥子出於攝州名鹽泉州湊村和泥土造之故厚重而易裂一種有雲紙即鳥子之屬有雲文以爲連誹壞紙有耑雲丸雲繪雲之品

毛邊紙 自中華來者總稱唐紙以南京官紙爲上朝鮮紙次之試之舐不粘舌者佳肌濃而厚重甚堅淺黃赤色似鷄卵者

俗呼曰保豆古利手爲上品色大白堅者爲下墨色變帶綠但唐紙皆用唐墨良

竹紙 知久之似倭薄葉而脆易裂易爛今所渡書籍多竹紙也但厚者爲良蘇易簡紙譜云蜀人以麻閩人以嫩竹北人以桑皮剡溪以藤海人以苔浙人以麥麪稻稈吳以藤楚人以楮爲紙今多用楮皮

雁皮紙 以雁皮木爲之

馬糞紙

閃刀紙 本綱云摺紙際一角疊在紙中謂閃刀紙俗云惠比寸紙蓋匠人不知而漏裁者也取之用入藥而今方中未見用之者

反故紙 曰反故日本謂之保宇久方語也齋春秋云況麟士字雲損之少清貧以反故寫書數千卷者是

代指 名與三柳軒雜識王氏談錄同蓺苑日涉博士家授人句讀菅原氏削象牙如筆上琢小浮圖鑿蓺鑿細條謂之角筆清原氏用竹長短大小皆有定以指點經籍俗云字沙式所謂代指也

尺 曲尺鯨尺矢服尺

釿 手斧有及片及

鏩 有大棹中棹止久利裏白數種

鉋 圖鉋底鉋脊鉋泉州堺土居原之作得名

甘堝 玉篇訓烹而日本則以爲冶土鑄金底有小孔金沸流於模範

拔鼻毛

鍬 倭漢三才圖會

剃刀 俗剃頂髮方額

庖刀

前挽鋸

紡錐

櫛 解櫛水櫛眞櫛唐櫛挿櫛五品

鉛粉 持統六年勸成姡造慶長元和中泉州堺商造浸多

釜 倭漢三才圖會釜鍔如鳥旭俗謂之羽羽以上謂之甑底外有小凸者謂臍暑鑄不佳古無鐵釜多瓦中古河內丹治郡始作之近江辻郇次之攝津大坂浸多

天明

釜 倭漢三才圖會東山殿東山時以關東天明釜爲良後利休敎洛冶工與次郎鑄阿彌陀堂尻張丸釜湍團大雲龍小雲龍數

品今希有之爲秘藏○按洛西京也

自在釜 山家搆大堪于席中每縋下鏝以爲炊爨其繩設機昇降自在故名

蘆屋釜 筑前蘆屋釜有繪文本繪或爲雪舟圖奇珍也今官家冶工洛陽西郡稱三右衛見倭漢三才圖會洛陽西京也

偏提 去注子之柄安系

湯桶 形似偏提略深

罌 備前爲最而不及華製

鍪 倭名抄鍪炒餅鐵盤即此

砂鍋 即瓦堝出嶓麻者良攝津多造之

壺 倭漢三才圖會河內大鳥郡陶邑上代既有其名陶人居矣天智朝僧行基教人作坏坩數品時河泉未屬泉州今陶器莊是也清和朝陶多貞觀元年河內和泉西國爭燒陶伐薪之山既而尾張瀨戶陶盛故磁器謂瀨戶物順德朝陶人名加藤四郎左衛門始作小坩爲茶入然未得手練樹口於下燒之故坩口兀不美謂之口兀手建厤中永平寺僧道元游中華加藤氏從之入宗習陶家之秘歸所作最貴重世略其名稱藤四郎後剃髮號春慶昔稱壺者漆器以可盛飯今出吉野挽食次是矣今壺坩混一稱壺不知坩字者多

碾茶壺 俗云茶入高二三寸大者四五寸小坩可以盛碾茶狀目難計所計文林肩衝小茄子尻膨丸壺文茄爲唐物古瀨戶春慶飛鳥川青江禾目手等爲倭物

茶盌 肥前伊萬里窑勝

茶筅 削竹作穗如帚甚纖密振茶發泡者也和州高山石政之作爲勝

茶匙 珠光宗紹鷗利休慶首座瀨田掃部少庵道安道珍等茶自所削者價貴爲時珍和泉堺有甫竹者世削茶題得名人

漆椀 倭漢三才圖會漆椀始於惟喬親王近江之日野紀伊之根來黑江奥州之會津攝津之大坂堺西京皆作之根來

最佳今以西京大坂爲上

食棜 亦曰食牀行牀飯臺皆一類也有蜨足猶足銀杏足之分

杯 初反故名酒土器出城州深草者良河內龍目次之日本紀云神武天皇取香久山埴土作平瓮以祭神祇平瓮今瓦器類

漆酒臺

樏子 酒器似盤有檽

筋 木筋桑槐筋良杉檜次之竹輭漆之

罋 前窑爲上近江信樂眼前唐津次之丹波小野泉泉州半田又可汲二斗許小坩甕也

急須 廿三餘贅筆吳人呼暖酒器爲急須菽園雜記亦謂急須飲器而日本人呼曰急蘇蓋沿中國名而音轉也

張貫茶壺 上總望陀郡木更津張貫猶言糊也蓋以紙粘而用漆者也

飯籮 上圓下方竹器量可一斛

⿱竹差 比籮少扁而小造酒造飯用之漉米

丹波籮 洗粲籮初出丹波

末醬漉 ⿱竹差之小者

七釐爐 中有鐵簀盛炭簀下橫有風口火自熾以煎藥暖酒炭直不至一分因名

風爐 出奈良爲茶爐最

雪洞 紙籠以覆茶爐

提爐 茶辨當

遞火 銅火斗

薑擦 銅造

漏斗 銅造清酒於樽竹造漏米於它器

幕

帷

珠簾

竹簾 伏見所作爲良

蘆簾 伊豫爲最呼伊豫簾

繩簾 倭漢三才圖會韃者艸簾也今垂繩名繩簾

水晶簾 以玻璃管貫繩直排之出大坂諸處

釣簾 一曰翠簾極細竹簾也以鉤揭卷西京有簾工家

百葉簾 肖西式

障子 倭名屏風之屬杉木纖削從衡組成單貼紙防風名明障子腰以下施板名腰障子避吹雨也

寢間障子 有鈕

鏁可禦盜　屏風日本屏風舒卷隨意高六尺以下者六曲低小者枕屏風寬而二曲名廉手屏風低者稱茶爐前皆兩枕
帖紙　梯　繩梯即詩所謂鉤援也亦名雲梯軍用宜救火尤宜　磨日本紀推古十八年高麗僧曇徵來造碾
磨此其始也石出攝津最佳豫雍伏見城山之石密理堪爲茶磨　臼杵用松木佳　竹籭攝津馬駿出竹籭外
圓內方而疏密爲八子一組製藥宜　筬織具也凡磨先梳絲使不亂也四十縷爲一紀二十縷爲絨俗或謂八半筬者三百
四十縷乃八紀一緎也四級曰一半　紡磚奈良大坂造　鋮應神十四年百濟國來縫衣二女曰眞毛津是夜縫
始不可無鋮西京近江大津攝津大坂作鋮凡五十本爲一率　莞蓆近爲最備前瀨毛次之丹波爲下　手島
席出播州北條狹短而用多　佳文席仿中國造長崎大坂居多亦間黑文　藁筵農家多用之以雙目片目
爲筵席之異　疊牀用藺踏堅厚寸餘縫因謂之疊狀以薦爲裏以藺席爲表有高麗緣纏綢緣絳絹緣尋常緣皆紺布
用近江高宮布爲上　表席出備後者上其莞短細席皆纖半而織目六十六疇近江丹波莞長不中纖而織目六十
禁裏御疊長七尺厚二寸二分三公門跡御疊長六尺六寸厚一寸八分吉野高野西山亦用之故呼高野間幾內民家
疊長六尺三寸厚一寸七分謂之京間關東民家疊長五尺厚一寸六分謂之田舍間　浮吳座席有紋者　疊
表亦席　藺筵盤城良藺席也　繩席　縿席越前　樗筵出羽後樗非無用矣　藺蕍

出讚岐佳　蒲蓆同上　行李藤織之沿左傳行李語而名之　柳行李即箸荖也形長而方多以柳條爲之但馬爲最　帚倭漢三才圖會有數品羽帚棕櫚皮帚棕櫚葉莎艸及桿心帚竹枝黍草帚　遠州行燈影燈書燈或云小堀遠江守正一始製之故俗曰遠州行燈　提燈日本判摺提燈甚善其小者曰酸漿提燈雨夜以板爲蓋曰箱提燈岐阜最著曰岐阜燈　耒耜　鍬　鋤　耖耙　杷香杆桂禾具也竹三長短相等上用筏轉之於田中上控禾　覆殼編竹如繩甲裏箸覆於皆下有卷通風　繖攝津大坂多作之

山伏笈修行負笈登山用　銅器　漆器乾漆印章產會津國滴漆漸增輙數十年或百餘年而成

象牙器　陶器　七寶燒器　豐樂燒尾張　鎗金器　剔人紅漆

器　角器　藤器　瓦　皮籠　石張皮籠　魚籠　魚網　扇

西皮以黑漆剔作連環

雜用之屬　木臘產丹後岩代岩見紀伊伊豫筑前筑後豐前豐後肥前日向薩摩　燭　菜種

油產河內和泉攝津伊勢尾張相摸美濃信濃岩代陸前越後伯耆安藝阿波讚岐伊豫土佐筑前豐後　桐油產甲斐若狹丹後駿河○凡木實油通稱絞油　柏油　荏油　橙油紀伊　橡實油　伽羅

油岩代爲最伽羅香木之名以罕見珍浸水添它香物婦女漬髮　薄荷油產羽前越後信濃　膠製東京大坂　漆　琉酸製自大坂　綫香　透頂香相摸　棕櫚皮產伊豫土佐豐後伊豆

莢皂　刈安染茶褐色之草煮汁用之　陶器畫藥尾張春日井　黐木皮製之爲捕小鳥之媒猶魚餌也　鯨油下總　鮏魚產陸奥渡島後志　鰒魚貝　鯨鬚　鯨筋

海藻花章魚乾也　馬尾輸美利加　牛革製自東京神戶大坂橫濱長崎　虎革　鹿革

鹿角　狐革　狐膽　狸革　貉革　木鼠革　熊膽加賀　熊皮越中　獺皮　麢羊角　螺鈿正韵蚌曰螺細即日本所謂螺細也說文鈿金華也隋志唐書之金鈿寶鈿通雅之螺細皆以金與寶與螺飾鈿蓋有異矣泊宅編曰螺填器本出倭國物象百態頗極工巧非若今市人所售者菽苑日涉近今此方所製殊不及漢渡者蓋其所用螺蛤品類不一而隹者絕不產此方故工雖有巧者必取漢產螺蛤製之法以螺片如紙淹釀醋中一夕螺乃始受刀欲紅光者以胭脂染其裏面欲翠光者以黛綠漢產螺四向皆有光國產者一面有光耳一種厚而白如膩者最爲難得五國故事曰以綠鈿刷隔眼糊以紅羅綠鈿即今所謂青具也　蚌珠　琿磲貝

飲食之屬

飯　盤游飯魚肉雞味調和焜於飯面其名蓋依華夸花木孜老學菴筆記諸書也通鑑(宗哲

宗記）之社飯集覽之骨董飯日下舊聞引自得話之王母飯肉盒飯北戶錄之油團飯皆此類也**荷包飯**即荷華燒飯其名廣東新談同**粥　乾飯**說文糒乾飯也菽苑日涉陸奧人製以充方物河內道明寺所製最精可稱瓊糇**糭**

槲葉餅疑即齊民要術所謂糦之類**餅　煮餅　蒸餅　湯餅　髓餅　葛餅**葛粉爲餅即鎮江府老所謂麪葛也**蕨餅**即物理小識名所謂黑腐也**斛斗餌**即琉球使略所謂象眼糕**鯽酢**以飯實鯽腹謂之酢**年魚酢**美濃爲最**白絲餅**菽苑日涉俗以糕如拇指大扭作捻絲狀者名曰白絲**薄脆**即通雅所謂寬焦**果子**日本以麪與飴爲果華禽魚用物之形通謂之果子蓋亦沿中國糖果之目而省餹字也見之倭名鈔江家治第拾芥鈔諸書不可勝數其食物曰餢飳曰糫餅曰結果曰捻頭曰餛飩曰餅餤曰餺飥曰煎餅曰餲餅曰黏臍曰饆饠曰鎚子曰歡喜團曰粔籹曰乳餅大氏自有俗名而借書中國古名者也**落雁**加賀國爲最即糖果子之一種似雁**麪麩**即食物本艸所謂麪筋也日本人殆仿中國爲之歟麪麩五名亦見舊京遺事西陽雜俎諸書**饅頭**菽苑日涉中古有漢人傳其法今醴亭不闕此物京師烏丸街有饅頭町傳爲漢人所居**饆饠**和名類聚鈔**索麪**周燁北轅雜索麪一名粉縷即此物也日本西京阿波伊豫備後美作等所製之亦有以秋製以秋田秋庭麪舖爲名品**索粉**綠豆粉也一名野狐泉俗名水綫見老學菴筆記食物本艸諸書**山芋餺飥**

饗喜廬所箸書

一名百合麪實薯藷麪也秋田爲最鮎並餅河漏一名黑兎即蕎麥麪也一名河洛沙踈糖豆

也光餅形如錢以索貫之與榕城詩話傳爲戚繼老行軍所作者同麥粉輸俄羅斯素麪

蜀黍粉藕粉百合粉豊前葛粉厥粉蒟蒻粉山慈

姑粉寒天即中國粉條也然日本以寒天艸爲之故名据云售與海爲多醬醬油其造仿中國法

味噌即豆醬也日本物名輒因中國之稱此則其國自名歟或曰傳自朝鮮又有高麗醬美蘇之名菽苑日涉謂味噌乃

高麗諺云金山寺豆豉即周必大高宗幸張府節略所謂金山鹹豉也日本以所自來名之殆亦不忘本歟鹹

豉又有唐納豆之目魚醬有周禮魚醢遺意鰕醬海膽醬一名海月俗呼烏儞以越前對馬爲最海

膽蚪蜉類見嶺書南雜記諸書鮑魚醬鮑即鰒也其殼即石決明鰒生海中石上一面坿石非鑿取之則因一再

觸粘石雖粉碎厥殼亦結如故鰹醬驗其形味則中國所謂鮀魚也鰹一作堅魚醬蓋分一字爲二也烏賊

醬越前人稱伊加黑造即說文鰞鰂也玉篇鰂作鱡八足絕短者集足在口縮喙左腹懷板含墨一名纜魚近岸則黏前一鬚爲

纜癸辛雜識墨魚即此沙噀醬以海參膓臟入監爲醬日本人云佳品也沙噀土筍泥筍沙蒜海鼠皆一物也

魚膾即五雜組所謂魚肉生也日本八魚膾鯉鱸鯛爲最水母膾湯膾羹鮮醒湯

酢　櫻　豆腐　冰豆腐　海鼠腸魚腸也產尾張　鰹節魷乾也　鱶皮　海扇柱　牛邊蚶柱　牛酪　鹿胎　牛脂　鹿足筋　雞子　露酒　燒酎　味淋　保命酒尾張　忍冬酒尾張　養老酒美濃　菊酒

薪炭之屬　石炭產武豫近江肥前肥後筑前伊豫讚岐播磨越中越後　櫻炭攝津豐島郡池田邨所製櫻炭爲通國最名池田炭　松炭大和等國

動植大要表

物產弗綜大要則取食所用安知其與生者相去幾何今撮植物二十動物三其中木竹有用有立謂未伐爲立也牛馬種有內有外有雜其用有力有農有孳若茶若礦此不復繆述動植大要表

	光緒六明治十三	七十四	八十五	九十六	十十七	十一十八
米	三一三五九三二六石	二九九七一三八三	三〇六九二三二七	三〇六七一四九二	二六三四九八八三	三四一五八一六九

麥	一二五〇五〇六三石	一〇五〇七八八三	一二九三八七五二	一一七六三八四六	一三一〇五八四一	一一九三五四六七
粟	一七三一一五三石	一五六二一七四	一六五一五五一	一五八七五〇三	一五七五三〇七	
黍	一九〇一二三	一七五四六〇	一七七四九三	一五〇三七二	二四〇四九二	
蜀黍	八三九七三	八八三六二	七一二七六	六〇五四八	一〇六七七五	
蕎麥	六七三四二二	六九七三四五	六七〇二七九	六一九〇七四	六七三二四一	
稗	八九三〇八五	九一七一三〇	九七四四二〇	九〇四一五八	一〇八三八三八	
甘藷	三〇八三七六七八五	二八〇八八七二六三	二六〇七二〇二四四	二六二九七九一七三	三六二〇八六八二八	
馬鈴薯	七五四五一四六	七八八九三三八	八九八五一六五	一〇〇七二二〇七	一〇七一五九〇二	
豆	二二八八九〇九	二一七五三三七	二三二五九三	二〇七三〇三二	二三三三四三五 二八九八九六	
甘蔗	七五三〇五三二六貫	六〇九四二七二九	九六九六五二二〇	四八七四八〇〇五		
菜種	一三七八〇五五	八七六〇一三	九三一五九二	九五二一九八	一〇七三七七〇	
石花菜		二七一八七九	三五七九二五	三八九六一四	三八〇四〇	
木綿	一四二四二二四四	一四四八一四六五	一三八一一二九四	一六一四四八五	一六一五六七三六	
大麻	一五六七八七三	一九一九二九五	一八〇八二六一	一五九九〇八二	二二八〇三九七	
藍葉	一二〇二七二五	一三四二〇三〇一	一二一九四六〇四	二六六四九二一〇〇	一一六一一五一二	

菸草	六二八八五四一	四三四二二五三	四五二四七四二	五六三三二四五	五九四五六二	
蘭	一五一四六一六	一四一四〇八六	二六七九五二五	三三四九〇三五	四一六〇一二六	
木	一八六〇四九一六四八	一八六三二八八三七七	一七六二七一〇五九五	一七六九三二〇八七〇	一八〇七三九五〇一三一	
竹	六三二〇七五一	六二五八六四三	六一五七九〇三	六〇五五四二五	七四五七六三八	
馬	二二四五六四	一一五五八一四	一一五九七五〇	一一二六七四一	一〇九三四七一	一〇六〇一七〇
茱	一六五五四三	一六四七四八四	一六四〇五二三	一五七五一六九	一五六四九九三	一五四八二三二
乾鰮	一五八六八一七〇	一一〇				

日本圖經十一終

游歷日本圖經十二

日本食貨二

奏派游歷日本美利加秘魯巴西等國英日屬地加納大古巴知府用兵部郎中臣傅雲龍述

貨幣表

南史文身國市用珍寶此與日本書上世以珠玉龜貝爲貨幣之說合宋史雍熙元年日本僧云國中交易用銅錢文曰乾文大寶正史之言日本錢法止此今攷鑄貨泉自天武白鳳三年對馬島貢白銀始時唐儀鳳三年也持統五年爲嗣聖八年置鑄錢司尋廢元明和銅元年當景龍二年廢銀鑄銅文曰和銅通寶舊錢文曰半兩曰五銖曰大錢五十而以年號爲文始此蓋學唐法也桓武延曆九年爲貞元六年復鑄錢司種凡十餘又廢然銅錢文曰太平通寶萬年通寶與明永樂通寶交行于市幣昂而物則賤應仁後諸藩自鑄小判而甲斐產金銀故武田氏造幣獨著今猶珍

之金幣曰板金曰一兩曰二分曰一分曰二銖銀幣准此豐臣執政鑄金曰大判五兩判小判半兩判二分判銀五兩判丁銀而砂金板多不便德川時甲斐尙模造古幣慶長六年爲明萬厤廿九年置銀坐改造大判小判二分一分金銀幣其銅幣文曰慶長通寶而仙臺侯亦造錢幣文曰仙臺通寶弗如遠甚九十年間凡造金幣小判一分判一千四百七十二萬七千五十五兩丁銀豆板一萬二千萬兩厚歛急坐是用乏初寬永中當明天啓間銷秀吉所造奈良大佛作錢文曰寬永通寶更鑄文同而元祿八年當我康熙三十四年改造金銀質益劣乃停慶長金幣令獻古金易新金民弗從寶永二年當康熙廿八年許新古竝用明年令易新五年更造當十錢文曰寶永通寶行一年廢七年改造愈下然乾字金少勝積奢滋匱而藩札起藩札者藩侯楮幣也正德四年當康

熙五十三年改鑄一依慶長制德川吉宗改鑄出慶長上謂之享保金銀元文元年當乾隆元年鑄元文金而小安永元年當乾隆三十七年鑄二朱銀文政中即嘉慶間鑄小判一分判丁銀豆板及其文二分判並劣七年造一朱銀二朱銀十一年鑄草文二分判越二年造一朱銀天保時當道光間造大錢文曰天保通寶而造二朱金在三年造五兩判一分銀小判一分金丁銀板銀在八年至十四年董理國中天保判一分判一朱金天保大判一分銀六種凡千五百十五萬三千八百有二兩古金九百五十三萬八千九百八十五兩古銀二百五十一萬八千五百九十七兩丁銀廿三萬七百九十五貫四百目安政元年當咸豐四年改鑄一朱銀明年又下新令尋鑄一分銀與西銀勒世稱弗銀而楮幣千不抵百同治七年明治改元綜計舊金幣六千四百萬兩銀幣五千

萬兩銅錢六百萬一千圓九年明治三大藏省設造幣局於大阪府然賴紙幣力居多有別表金銀銅便奇用而已先是幣形有橢圓有渾圓有方有長方皆無輪廓輕數銖重或數兩小二三分大或六七寸今鑄𠦜圓金有二十圓十圓五圓二圓一圓之分銀有貿易一圓五十錢二十錢十錢五錢按五十錢即半圓也銅二錢一錢半錢一釐有差其重其徑皆据日本權量法述貨幣表

金

面背文	重（錢分釐毛〇〇）	徑（寸分釐毛）	參和
二十圓大日本明治三年鏤龍 鏤日菊桐二旗	八八七、三、五七	一、一、五、七	金九銅一
十圓大日本明治三年鏤龍 鏤日菊桐二旗	四、四、三、六、七	九、七、一	同
五圓大日本明治三年鏤龍 鏤日菊桐二旗	二、二、一、八、三五	七、八、七、	同
二圓大日本明治三年鏤龍 鏤日菊桐二旗	八、八、七、三四	五、七、七、	同
一圓大日本明治三年鏤龍 鏤日菊桐二旗	四、四、三、六七	四、四、六、	同
一圓大日本明治四年鏤龍 鏤日菊桐二旗	四、四、三、六七	四、四、六、	同

銀			
五十錢大日本明治三年鏤龍　鏤日菊桐	三、三、二、九二五	一、〇、四	銀八銅二
二十錢大日本明治三年鏤龍　鏤日菊桐	一、三、三、一、七	七、七、〇、	同
十錢大日本明治三年鏤龍　鏤日菊桐	六、六、五、八五	五、八、〇、	同
五錢大日本明治三年鏤龍　鏤日菊桐	三、三、二、九二五	五、〇、〇、	同
一圓大日本明治三年鏤龍　鏤日菊桐	七、一、七、六	一、二、四、二、	銀九銅一
五錢大日本明治四年鏤龍　鏤日菊桐	三、三、二、九二五	五、〇、〇、	銀八銅二
五十錢鏤菊桐　大日本明治六年50sen鏤龍	三、三、五、八、	一、〇、二、〇、	同
二十錢鏤菊桐　大日本明治六年20sen鏤龍	一、四、三、五、二、	七、四、〇、	同
十錢鏤菊桐　大日本明治六年10sen鏤龍	七、一、七、六	五、八、〇、	同
五錢鏤菊桐　大日本明治六年5sen鏤龍	三、五、八、八	五、〇、〇	同
一圓鏤菊桐　大日本明治七年鏤龍	七、一、七、六、	一、二、四、〇、	銀九銅一
貿易銀鏤菊桐　大日本明治七年鏤龍	七、二、四、〇、五	一、二、四、〇、	同
貿易銀鏤菊桐　大日本明治七年鏤龍	七、二、四、五、	一、二、四、〇、	同
銅			
一錢大日本明治三年鏤龍　以百枚換一圓鏤日菊桐	一、八、九、七、五	九、〇、〇、	

半錢大日本明治三年鏤龍二百枚換一圓鏤日菊龍	九、四、八、七五	七、七、〇
一厘鏤日十枚換一錢明治三年鏤桐	二、四、一、五	五、二、〇
二錢五十枚換一圓鏤菊桐 2.sen大日本明治六年鏤龍	三、七、九、五	一、〇、五、〇
一錢以百枚換一圓鏤菊桐 1.sen大日本明治六年鏤龍	一、八、九、七、五	九、二、〇
半錢二百枚換一圓鏤菊桐 ½sen大日本明治六年鏤龍	九、四、八、七五	七、二、〇
一厘 1.RIN大日本明治六年鏤龍	二、四、一、五	五、二、〇
二錢五十枚換一圓鏤菊桐 2.sen大日本明治七年鏤龍	三、七、九、五	一、〇、五、〇、
一錢以百枚換一圓鏤菊桐 1.sen大日本明治七年鏤龍	一、八。九、七、五	八、四、〇、
半錢二百枚換一圓鏤菊桐 ½seu大日本明治七年鏤龍	九、四、八、七五	七、四、〇、
一厘 1.RIN大日本明治七年鏤菊	二、四、一、五	五、二、〇、

造幣局金銀料表

局刱於同治九年十一月造幣金銀謂之金銀地金地金獨言料也大藏省而外或輸自銀行或輸自外國就料造幣就幣計工光緒十一年以前成數有足徵者皆計至一錢重而止逑造幣局金

銀料表

中曆	日曆	金 官	金 民	金 外國人	金 合	銀 官	銀 民	銀 外國人	銀 合
同治九年	明治三年十一月至四年六月					一一五五〇五六一		三一一五五一	一一八六二一一二
十	四年七月至五年六月	二八一三七六五	二六三〇七三〇	一六六一六一八	七一〇六一一三	一三二五五六二四	一二五一八八五三	一三六九七七三八	三九四七二二一五
十一	五年七月至六年七月	六八九一四七六	三二一二〇六二	八四三五〇九	一〇九四七〇四七	二〇一四〇〇七三			二〇一四〇〇七三
十二	六年八月至七年七月	一七八八一〇六	一三六四七七〇	六三五一七六	三七八八〇五二	一四二七六〇〇一	三二八一六一四	一四九二三五九	一九〇四九九七四
十三	七年八月至八年六月	四〇七二五〇	八七八三八		四九五〇八八	五四六二八八九	二二七一五八三	三三二二六一	七七六六七三三
光緒元	八	七六四四三	八〇三九六	二五三六	一五九三七六	一二一三六〇九一	三六一二〇一	一二二〇七	一二五〇九四九九
二	九	一一五八八五	二八四一九四	七三九九〇	四七四〇六九	二四五七三四二三	一一二九七七六九	三三二七四〇八	三九一九八六〇〇
三	十	二九六六五	一三二四三二		一六二〇九七	二四七二一八八九	二一二八五四七		二六八五〇四三八
四	十一	七四〇〇九	一三二九四六	二九四〇	二〇九八九五	一二七九〇三七八	二〇九〇二五五		一四八八〇六三三
五	十二	七一四九九	一四〇五〇二		二一二〇〇一	一〇九一二〇二四	一二四七八二二一	七六八八〇七	二四一五九〇五二
六	十三	三四五一一	一八一二九〇		二一五八〇一	二六四六五三八一	六五七一一九〇	三一五一五三三	三六一八八一〇四
七	十四	一五一三九	三〇五六六六		三二〇八〇五	四七六〇二七六	一六九三二八六三	六〇一六八四七	二七七〇九九八六

八	十五	五一九五	一七四四七四		一七九六六九	七八一三一一二	六六六九九一六	三一二九六九九	二六六一二七二七
九	十六	一一五二五二	一一一五二一		二二六七七三	九三五六五六八	三五七八六二〇	一〇五六一四三七	二三四九七六二五
十	十七	一六八一八九	二〇三五六四		三七一七五三	三九四六九五一五	四五八七一四〇	二七六七九八二	四六八二四六三七
十一	十八	一六四九六〇	一二八一七八		二九三一三八	三一一九五六一八	三六〇七九九九	七九一六九一〇	四二七二〇五二七
十二	十九	二八二四五	五一五三七六	二三一四	五四五九二五	四〇九五九九三七	七一四一六六七	二三三九七二三三	七一四九八八三七
總計		一二七九九五八九	九六八五九三九	三三二二〇七三	二五七〇七六〇一	三〇九八三九三六〇	九五五一七四四〇	八五五八四九七二	四九〇九四一七七二
前一年比較		一二七七一三四四	九一七〇五六三	三三一九七六九	二五一六一六七六	二六八八七九四二三	八八三七五七七三	六二一八七七三九	四一九四四二九三五

造幣機器表

大坂造幣局金地金鎔解爐十二銀地金鎔解爐四十七鎔銅反射爐四燒生爐七其機器凡四百一十內有蒸瀛機關五組馬力百八十八有半又三組未用又瓦斯機關一組組有會意猶中國俗言一副也日需石炭三萬一千六百廿五磅骸炭四千三百廿磅內鑄銅錢需一萬四千三百五十八磅有奇約中國十二兩爲

一磅器直約廿五萬九千圓有奇其中金銀鑄造器約九萬二千圓精製分析器約八千二百圓銅鑄造器約四萬五千二百圓述

造幣機器表

所	器	數	所	器	數	所	器	數	所	器	數
試驗	秤量器	二七		錘	一組		水力鐵類試驗器	一		鑄造用起重器	二
	錘	五組		極印琢磨機	一		剪截及穿孔器	一		梁頭運動起重機	一
鎔解	壓車器	一	彫刻	螺旋壓搾極印機	一		貝珂氏吹子	一		水力荷揚器	一組
	剪截機	一		機印琢磨機	一		車臺付起重機	一		特別唧筒	一
	秤量器	五		極印製造用周旋盤	六		同間智	一	機關場	瀛罐	三
	錘	一組		金剛沙砥石	一		油質試驗器	一		鐵製水溜	一
伸金	伸金機	一〇		秤量器	一		蒸氣器馬力實驗器	二組		特別唧筒	二
	截斷機	二	工作	金剛沙砥石	一		特別唧筒	一		堂幾唧筒	一
	剪截機	一		孔機	二		瀛罐給水熂爐器	一組		瀛罐給水熂爐器	一組
	秤量器	九		鏇床	四		斯苦六日苦	二	銅機	瀛罐	三

所	器	數	所	器	數
	秤量器	四		銀沈澱函	一二
	錘	一組		硫酸斎詰釜	四
銅伸	伸金機	六		丹礬結昌函	一五
	截斷機	四		水溜	一
	施緣機	三		乾銀釜	一
	剪截機	一		送風蒸氣器	一
	金剛沙砥石	一		堂幾唧筒	一
	秤量器	五		瀛罐給水器	一
	錘	一組		木製沈澱函	四
銅極	壓印機	十三		木製丹礬結昌函	九

	錘	一組		銅伸延機	一		海土立苦日苦	二	關塲	鐵製水溜	一	印	鋸屑乾燥自動器	一		秤量器	一〇
秤量	自動秤量機	一五		車齒割器	二		秤量器	四		堂器喞筒	二		轆轤機	一		錘	三組
	秤量機	三九		秤量器	五		捲揚器	五		特別喞筒	一		秤量器	一	秤量	瓦斯機關一馬力之四分一	一
	錘	二組	製作	瀛罐	二		曲板器	一	瓦斯	瓦斯溜	二		錘	一組	工作	蒸氣機關馬力	一 二半
	削減器械	二		轆轤盤	一二		蒸氣消防喞筒	一	製造	同度量器	一	精製	瀛罐	一		蒸氣機關馬力	一 二〇
極印	壓印機	一三		截斷機	二		人力消防喞筒	一		同火力試驗器	一組	分析	壓車器	一	關	蒸氣機關馬力	一 六六
	施緣機	三		人力捻切盤	一	鍛工	蒸氣鐵槌	三		同精製器	五		水力壓器	一	塲		
	小旋盤	一		穿孔器	四		水力壓縮機附喞筒	一		同聚縮器	一		水揚器	一組	銅機	蒸氣瀛關馬力	一 八〇
	壓搾器	一		削平器	三		水力剪截器	一		同燒生竈	三		瓦斯米土	一組	關塲		
	乾燥器	一		金剛沙砥石	三		水力穿孔器	一	鎔銅	壓車器	一		精製分析釜	二〇	伸銅	蒸氣機關馬力	一 二〇
	秤量器	三		裝型機	一	鑄工	鑄鐵鎔解爐	一		風管	一		丹礬煑詰釜	一二	機關	蒸氣機另存馬力	三

貨幣鑄發表

造幣局置課三曰地金課地金猶言幣料曰會計課分調查納拂物品簿記四部納拂者職入與出也曰文書課曰營繕課曰庶務

課分監察雜務治療三部所十有四曰試驗分析所試金銀之地金囥或混曰鎔解所金銀有參銅規曰伸金所伸金銀板也曰秤量所輕則更鎔重可減也曰極印所成圓起輪廓洗垢膩曰機關所曰鎔銅所曰伸銅所曰銅極印所曰銅機關所曰彫刻所曰精製分析所曰工作所造西式器也曰製作所修機關器也場二曰瓦斯製造場造局用煤氣也曰骸炭製造場其官局長一技術官三十九屬官四十吏八十六外國人二兼管官一其工四百廿六內有彫刻工十二銅鑄工九十六（每日鎔銅成板一千五百枚二錢一錢半錢三種百一十萬六千枚印幣約三十五萬三千四百五十二枚）銅幣銅居百之九十八錫與亞鉛各一其鑄與供試與發行局存皆有額就光緒十二年數（明治十九）述貨幣鑄發表

種	數	鑄	供試	發行	局存
金	二十圓	九四五四〇〇	九〇〇	九四三九六〇	五四〇

	十圓	一八七一〇一三〇	一八三五〇	一八六九一五八〇	二〇〇
	五圓	三三二八一七二五	三三〇二〇	三三一七二七一五	七五九九〇
	二圓	一七六七四九八	三八二	一七六七〇六八	四八
	一圓	二〇三七〇五五	三九九	二〇三三三六七	三二八九
銀	貿易銀	三〇五七二五二	六一四	三〇五六六三八	
	一圓	三四五九五七七七	六七九八	三四五〇九〇七七	七九九〇二
	五十錢	四二九八八五六	二一三三	四二九五八六三	八六〇
	二十錢	七一〇三〇三七	三五〇〇	六九二二四五五	一七七〇八二
	十錢	七二四五三二三	三五九九	七一二五三三八	一一六三八六
	五錢	二五二九九六九	一二五九	二五二五八〇七	九〇三
銅	二錢	五五一四〇五四	一	五五一四〇四三	一〇
	一錢	四二一一六七八	四	四一七二〇二〇	三九六五四
	半錢	一五五六〇六五	一	一五四〇四一五	一五六四九
	一釐	四四四九二		四四四五四	三八
總計	同治九至光緒十二	一二六八九六三一一	七〇九六〇	一二六三一四八〇〇	五一〇五五一

比	光緒十一	五〇六三一二三	四八九八二九四
較	光緒十	七四六七九二九	七四四七九〇四

貨幣出入表

光緒十三年日本貨幣成數未綜輒依十二年數即明治十九年也前一年輸出者有朝鮮銅貨一千圓而是年無凡輸出九百六十二萬六千四百九十七圓輸入九百一十七萬一千八百七十四圓總計出入一千八百七十九萬八千三百七十一圓述貨幣出入表

貨幣	輸出	輸入
日本金貨	一六六六三五	
日本古金貨他國金貨	五八二〇二	二二三三九五
金地金	七七七〇五	一一三六〇七三
日本貿易銀貨補助貨	七四二三一一四	二五六四六

墨斯哥銀貨	一五四五八一四	八〇六五七
日本古銀貨他國銀貨	二一二七二九	五六八
銀地金	一四三二四八	七一八五五三五
日本銅貨	五〇	

紙幣表

日本紙幣用始諸侯謂之藩札在元祿寶永間時中國康熙年間也明治初覈其紙幣三千萬圓革舊更新於其四年七月置大藏省紙幣司十二月移八代洲河岸明年二月移今局在東京麴町區大手町二丁目用德國人剏造紙幣五年三月試印在同治十一年間越四年（明治九）印刷工塲其抄紙工塲置于東京北豐島郡王子郵成先印刷八月光緒十二年其工塲用煤一千三百一十萬七千七百六十九斤石炭直金三萬五千百八十八圓薪炭直金五千九十五圓紙幣初行賤於貨幣今足與勸國人便之詳攷

其部科幣種與數與器與工與費述紙幣表

部	課科	種	紙幣（光緒十二年明治十九年）	銀行紙幣	合計	器	印刷	抄紙	男工千五百三十六 等	日給	等外	日給	女工千二十二 等	日給	等外	日給
總務	庶務課	百圓	七七三〇〇		七七三〇〇	器	五六六	二九六	一	一二〇錢	一	四五	一	四〇	一	二五 二〇
會計	主計科	五十	二五〇五〇		二五〇五〇				二	一〇〇	二	四〇	二	三五		
	調度科	二十	一二〇一五三〇〇	五八二九二〇	五八二九二〇	蒸氣	四十馬力一	四十馬力一	三	九〇	三	三五	三	三〇	二	二〇
印刷	彫刻科	十	九二七一一六三	一一〇五三〇五	一三一二〇六〇五	機	十五馬力一	三十馬力一	四	八〇	四	三〇			三	十六 十五
	製肉科	五	九二七一一六三	一四八四九〇二二	二四一二〇一八六			十五馬力三	五	七〇	五	二五			四	十三
	刷版科	二	一九三六四七七	二三三三三一四	四二六九七九一			十馬力一	六	六〇	六	二〇			一級二級	十二 十〇
	活版科	一	三九〇一四二七九	一一一四四一一五	五〇一五八二九四	蒸氣罐	四十馬力二	四十馬力三	七	五〇	一級二級	二〇 十六			試驗幼	十〇 七
	色料科	半	五一八六九六四		五一八六九六四		三十馬力二	三十馬力三			試驗三級	十五 十三				
抄紙	抄紙科	五十錢	八八一四四九		八八一四四九		二十馬力二	二十馬力四				十二 十〇				
	製藥科	十	五〇〇〇八七六		五〇〇〇八七六		十五馬力一	十五馬力一			幼	十〇 七				
			五二二五九七〇		五二二五九七〇											
			七八六三四七二八	三〇〇一四六七七	一〇八六四九四〇五											
			前一年 八九八八〇五二六	三〇五八五四九八	一二〇四六六〇二四											

通商物直增減表

光緒十二年日本通商物直以銀錢計輸出者四千八百八十七萬六千二百六十三圓輸入者三千二百十六萬八千四百三十二圓合計八千一百四萬四千六百九十五圓較前一年出增千一百七十三萬八千九百十六圓入增二百八十一萬一千四百六十三圓出自外商四千一百六十三萬三千六百九十三入自外商二千八百三十三萬三千八百實較日本之商出入爲多述通商物直增減表

國	出物原直	入物原直	總直	增較前一年	減較前一年
中國	九五九五	七一二四	一三四一八	三三〇一	
美利加	一九九九三	三三五九	一八三三九	五〇一二	
英吉利	四一九五	一二七〇三	一四八二六	二〇七二	
法郎西	九六三三	一三三一	八〇六四	二九〇〇	

東印度	六四九	三五六一	三八八八	三二二	
德意志	八六四	二三一四	二一六	一〇五〇	
朝鮮	八二九	五六三	四六八	九二八	
豪斯多剌利亞	四七〇	八〇	三五五	一九七	
比利時	八	五〇八	三八五	一三一	
義大利	一八一	一二〇	二一五	八七	
瑞士	一九	二六三	三五〇		六八
俄羅斯	二三二	一三	二四六		一
澳斯馬假	一五六	一〇	二八	一三八	
和蘭	七二	四五	六二	五五	
日斯巴尼亞	二	三九	二九	一二	
丹		三一	二三	八	
其他各國	四四七	一〇三	三二九	二二一	

中國出入日本物直表

以光緒十二年計出入日本物直約銀錢一千六百萬圓有奇較

前一年增三百萬有奇此第就有成數者言它如米計石石炭計頓扇與屏風計箇摺坿木計打餘計斤皆从實錄有數減直轉增者今第較直述中國出入日本物直表

出入	物	數	直	增以前一年較直	減
輸出	茶粉茶香茶並計	八七二五八八	四四二二四	一六四	
	米	九〇二九一	二二二三九九	一六七四七七	
	煙草葉	九〇四三八	四九二四		一九五七八
	木菌類	一四〇一八七七	四三二九八九	一〇三四三〇	
	木蠟	一二九一八七八	一九四九九一	二一九九二	
	樟腦	三〇七七八五一	五一三四九二	一二八二八五	
	硫黃	二二〇五五四六	二八五八七		六五六一
	安質母尼	一六五八四六	七七九七		一六四二四
	銅	九三五一三六〇	一二六二一八一	一一四三一四	
	石炭	三四二七四〇二	六五四四四七	三七三四六	

陶磁器		三三六七八九	一六六三六二	
七寶器		六一六二	一七五八	
漆器		一九一〇〇八	二八九一	
青銅器		二四九一八	七七二八	
銅器		二三二五一	一〇一七八	
麥稈器		一九五九		一一二四
竹器		二三五七〇		
扇子團扇	三一二六五六六	五〇八七一	三二六四二	
屏風	六九二三	二一六八二	八七一五	
和紙		七二三三五	一六八三四	
摺附木	一四四五一九三六	三七四六四一	三一七三七〇	
生皮	一一九九八四五	一〇三六八九	一四四三七	
屑布	一二六三〇〇	二三七三	二三一〇	
木材		一三五九六六	五二一三七	
昆布（葉昆布 刻昆布）	三一七八二四五七	五九八四一五		五四三七二

寒天	一五四三三五〇	三九二六〇四	四六八八四
鯣	九四〇〇一〇四	一〇〇七六二一	一〇三八七九
乾鮑	一六五一三三八	四三六一六三	五一七一〇
海鼠	七三六〇三三	一九六四二五	一九一三九
輸入　絹布類		六七八四〇	四四〇〇
製皮	二六五七六八	一一三八三〇	二四二〇一
酒		一二八五四	三八二七

出入物直繫地表

日本客商五千有奇中國民居十之七八然商物出入美利加爲最英吉利次之其非國而爲出入之大宗亦依光緒十二年（明治五）日本年報甄摎述出入物直繫地表

出物	國	數	直	入物	國	數	直
輸出　絲（生絲、熨斗絲、屑絲）	美	一七〇三六一三	一〇二三〇八八三	輸入　綿織絲	英	一三五七五二九六	三一一六二〇七
出　絲	英	四七八〇〇八	九六一七一三	入	東印度	一一〇五五〇九〇	二七八九二五〇

日		法	三一六四五三九	八七七三八七一
本		諸國	三一二九〇八	二二九九九一
產	蠶卵紙	義太利	三八二五	三五二〇
		法	三〇	六二
		諸國	九三〇	四〇五
	茶 粉茶 番茶	中國	八七二五八八	四四二二四
		美	三四七六二五二二	七六六九五四五
		英	二五〇三七	五六四〇
		俄	二〇二〇五	一一四五
		德	一〇〇二	二七二
		豪斯多剌利亞	四八九	一五五
		諸國	一四八九五	二三四〇
	米	中國	九〇二九一	一二二三九九
		英	六二五五七七	一四〇六三六五
		朝鮮	二一八五七二	四八三〇三八

非	綿布類	英		二二九四一六六
日	生金巾、綿天鵞絨、緋			
木	金巾、更紗天竺木綿、			
產	染金巾、曬金巾、雲齋			
	木綿、綾金巾、綿繻子			
	寒冷紗、雜類			
	毛布類 縮緬	法	六六八〇四一六	七〇九五七四
	呂	德	一一四七七三八	一一一五〇六
		英	五七一八二	五八四九
		諸國	二六四八八	三八四五
	羅紗	英	四一三七五六	三七八二五四
		德	一八五六四二	二〇六九一
		法	六三九一	六九六九
		諸國	一四七六八	二三六六〇
	毛毯	英	八七三七二八	三四三八八四

	德	一六七五七九	四一一二四八
	豪斯多剌利亞	一二九三〇二	三九三八四五
	俄	三一二一六	七〇四六五
	諸國	一二五三四八	三一三八〇〇
葉菸艸	中國	九〇四三八	四九二四
	英	一三〇七三七〇	一一四三二二
	諸國	七五四九五	七三六七
水菌類	中國	一四〇一八七七	四三二九八九
	美	一一三〇〇	四二〇二
	諸國	八六九	二〇五
木蠟	中國	一二九一八六八	一九四九九一
	德	二八六四二九	四四二八六
	英	二二〇四二三	三四二二〇
	美	一七三一八六	二七〇五〇
	法	一五三九四二	二四四八六
	德	四〇五一三	一六一三二
	諸國	八一二三	二八六八
法蘭絨	德	九〇八〇八〇	二三六二五一
	英	二七六〇三三	六六七〇七
	法	五三三四二	一五一八八
	諸國	一一七	三四
綾吳呂	英	一〇五六九八	二六六二三
雜類			六〇五八八
毛綿布類	英		一一四〇四一五
毛繻子綿羅紗阿羅能紛			
絹布類	中國		六七八四〇
	諸國		四七五〇
絹綿布類	德	五五七六	六七七三五
	法	二五一二	二八四一〇

	東印度	五八三八	八七一
	諸國	一五六七	二七〇
樟腦	中國	三〇七七八五一	五一三四九二
	美	一三五六三三〇	二三九八二九
	英	七三五四九八	一二七一一二
	德	一九七五〇〇	三三八一三
	法	六七二〇八	一〇九九三
	東印度	一五六四六	二七八九
硫黃	中國	二二〇五五四六	二八五八七
	美	六八三七九三〇	四七七九三
	朝鮮	二一四七六	二九六
	諸國	六六六四	八七
安質母尼	中國	一六五八四六	七七九七
	英	二九二二八八三	一三六七六九
	法	一一九三八四	五七一五
	瑞士	二二七二	二八五九七
	英	五四七	一七六七〇
	諸國	三七	七三
熟鐵	英	三五〇一四八九六	七二五七一七
	比利時	六五一七九五六	一九〇一二四
	德	五四一四八三五	一七一一九〇
	法	三三四〇二六	一二六一三
	諸國	二〇〇五七二	五四二〇
塊鐵	英	一一〇六二一七一	九〇八八一
	德	五〇六六九五	二五八五
	法	一六四一七三	七五六六
	諸國	二五三	二
道鐵	英	一八五五七三五一	二七七九一七
	德	一一五九八〇一九	一六五六五五
	比利時	一八四七四八五	二八二四一

	美	七六六〇九	三七四〇
	諸國	一三八二八	二九八
銅	中國	九三五一三六〇	一二六二一八一
	東印度	三七三五六九六	五〇四一三一
	英	二六一一二二〇	三五一八六二
	法	三八五二九四	五一一二四
	德	二〇九五四四	二六二三一
	朝鮮	六七六六九	八七九四
	諸國	二〇〇	四四
石炭	中國	三四二七四〇二	六五四四七
	俄	三一一八一	六七九九
	諸國	一五九八〇一	三二七五六
	諸國汽船	七六二一五三八	一五一四九四七
陶磁器	中國		三三六七八九
	英		二二五二六九

	和蘭	一六六五〇七七	二六〇〇三
製皮	中國	二六五七六八	一一三八三〇
	東印度	五〇一七一	一六〇二八八
	美	四二四六六八	一四九八五三
	英	三三八三六	三五九〇一
	法	一〇五七一	一一八四三
	諸國	一二一〇七	一一五六〇
生牛皮	朝鮮	二六二六四五二	三九一七五七
洋酒類麥酒			四八八五五一
葡萄酒支那酒杜松子酒各種酒			
砂糖類白赤	美	一〇七七五八九二	五六〇三三五二
冰精製			
石炭油	美	二五一〇〇二二〇	二二三五八四九八
機械類	英		四〇一六二〇

	美	二〇九九三
	法	一二三八八八
	德	三三三五六
	東印度	二二三九八
	豪斯多剌利亞	一九五〇五
	諸國	三一一八六
七寶器	中國	六一六二
	法	一二七五一
	英	三四八九
	美	三三五七
	德	二二七三
	諸國	三七二三
漆器	中國	一九一〇〇八
	英	一六二四一八
	德	七四〇九八

	德		八四九七五
	比利時		四五七一六
	美		二九七五五
	法		一三四三一
	諸國		九七五三
汽船		二	九五〇〇
帆船		二	一一〇〇〇

	美	六六二九八
	法	三八〇八四
	東印度	一三五八七
	豪斯多剌利亞	一二三〇五
	諸國	一一三七二
青銅器	中國	二四九一八
	法	六八五八五
	英	四三八一六
	美	三三五一〇
	德	九九〇二
	諸國	一二五〇〇
銅器	中國	二三二五一
	美	八六二七
	豪斯多剌利亞	二六七二
	法	一一八六

	諸國		四三〇一
竹器	中國		二三五七〇
	美		七二四三〇
	英		四〇〇〇三
	法		二八五七二
	德		八九九八
	諸國		八九九八
扇子團扇	中國	二一二六五六六箇	五〇八七一
	美	六六七二一四九	一一〇〇一二
	英	一五七六二四八	二七六六七
	法	一〇〇四二〇二	三四九九二
	義大利	三九八八〇	一九四一
	諸國	六五四九九九	九二四八
屏風	中國	六九二三	二一六八二
	英	三〇一五三	九七六八一

	美	一七五八二	三八五五九
	法	六四三八	一八一二九
	諸國	四二一七	一七〇七四
摺附木	中國	一四四九一九三六	三七四六四一
	朝鮮	九〇〇八六	一五八〇
	俄	七八六九六	一六六三
	諸國	五三五二	一三九
和紙	中國		七二三三五
	英		二三八六九
	法		三一六
	美		七二七六
	諸國		五二一六
生皮	中國	一一九九八四五	一〇三六八九
	德	四二三四七九	四六一六
	英	二三六六九八	二四五四七

	美	一六八八一一	二〇三五〇
	法	一六〇〇一二	一八八六〇
	諸國	六六六六六	二二七九
屑布	中國	一二六三〇〇	二三七三
	美	一〇六九八七七四	一七三二二六
	諸國	九五〇〇	一二〇
木材	中國		一三五九六六
	朝鮮		四一六四
	諸國		九〇二
昆布	中國	三一七八二四五七	五九八四一五
寒天	中國	一五四三三五〇	三九二六〇四
鯣	中國	九四〇〇一〇四	一〇〇七六二一
乾鮑	中國	一六五一三三八	四三六一六三
	美	一四六五三三	四〇八九九
	諸國	六六八	一五六

海鼠	中國	七二六〇三三	一九六四二五

八港稅關物直表

關貨之出入物直之多寡橫濱港第一神戶港次之長崎大坂函館下關嚴原博多又其次也新潟夷港亦云通商然寡甚故畧之述八港稅關物直表

物直	橫濱	神戶	長崎	大坂	函館	下關	嚴原	博多
光緒十二年	神奈川縣	兵庫縣	長崎縣	大坂府	北海道廳	山口縣	長崎縣	長崎縣
出	三一八四八八一六圓	九九三三六六一圓	五二四三九二三圓	一〇二六八五五圓	六七九三三八圓	九九九九五圓	二九九七七圓	一一六九四圓
入	二〇一六四一二六	九四九九一七二	一四二四三六五	九九九五四四	一六一八五	五八二〇六	五七七〇	一〇四六
合	五二〇一二九四二	一九四三二八三三	六六六八二八八	二〇二八四〇三	六九五五二三	一五八二〇一	三五七四七	一六七五八
增較前一年	八七八三四六四	一三一一七三四	七〇一三		八三三六四	二二二二一	九八八八	九二二二
減較前一年				五五一五				

銀行表

同治十一年前日本無銀行今就光緒十一年明治十八名數計之日

本銀行一管自大藏省而民入資本者也國立銀行百二十四官民表裏者也正金銀行一專爲兌金而設其國立銀行自同治十二年始而官定條例在前一年（明治五年十一月五日）越四年（九年八月一日）復釐正之大恉在立券選人備支分股補毀抵物定時均利改管割賦數端及銀行閉後之開支外國銀行之禁合而一以信爲上凡百十有二條後先踵設百五十有奇然壅甚爰仿西法設一官行於東京曰日本銀行商民便之厥後商請之官設一行於橫濱專供交易曰正金銀行繇是國立銀行轉多今併二爲一者十八併三爲一者一廢者二金有預有貸有越有受戾曰政府預金官存也曰當座預金暫存也曰定期預金期約也預即先存意曰振出手形謂劵爲手形謂交劵爲振出也貸坿之目畧同曰預貸越越者以後挪前也貸出受戾炏有高受戾高者受還額如貸額也述銀

行表

	店	支店	資本	流通紙幣	積立	資本百元對 入	出	贏	賦
東	日本一	一	五〇〇〇〇〇〇		七二七五五	八八八四	八七六三	六七五三三三	一五〇〇〇〇 二五〇〇〇〇〇
京	東京十五	三一	二三一七六一〇〇	一七三七七〇八一	一八六二八〇二	一七七七	一七七〇	三〇五六八六八	二六九三七〇一
京都	京都三淀一		四〇〇〇〇〇	三〇三八五一	二六一七〇	一四三九	一四二二	五三八三九	四六八五〇
大坂	大坂十岸和田一郡山一	一二	二七三〇〇〇〇	一八二三〇九九	二九五〇七八	五五二八	五五二九	四〇四七五〇	三一六三一〇
神奈	横濱二八王子一	四	一一〇〇〇〇〇	七五九六二〇	一五一九七〇	二六六五	二六三七	一九二三七一	一四八〇〇〇
川	正金一	二	三〇〇〇〇〇〇		五一〇五四二	九七一四	九七九八	一三三九三九二	八〇〇〇〇 三二〇〇〇〇
兵庫		二	六五〇〇〇〇	四〇二六〇三	八八八一一	四二一八	四二三二	一〇四五四六	八七六二五
長崎		一	三七〇〇〇〇	二六五八六八	六七〇九〇	四五三七	四五一九	六四六二〇	五一〇〇〇
新潟	新潟一長岡一邮上一新發田一高田一	三	一三〇〇〇〇〇	四五五七七六	一二三五〇〇	二六四五	二六三八	二一五七三四	一七九〇〇〇
埼玉	川越一		二〇〇〇〇〇	一五一九二五	四二〇〇〇	二一四二	二一二六	四三二二二	一二〇〇〇〇
羣馬	前橋一舘林一	一	五七〇〇〇〇	三七九八一二	四七二〇〇	一〇二〇	一〇一九	九二九六三	八〇八五〇
千葉	八幡一千葉一		二一五〇〇〇	一六三〇二〇	一三一五〇	三〇四	三〇四	二七三二九	二六五四〇
茨城	土浦一水戸二古河一	一	四二〇〇〇〇	二八一〇六三	二五四七六	一七七八	一七七四	五二九六五	五〇〇五〇

橡木	橡木一	一	五〇〇〇〇	一五一九二五	三二二〇〇	九二九	九二九	三九九〇二	三六〇〇〇
三重	上野一津一龜山一桑名一	三	三五〇〇〇〇	二五八二七四	二二七七二	二四四六	二四一二	四五七七一	二八六二〇
愛知	豐橋一名古屋二半田一	一	六七〇〇〇〇	五〇八九四九	四七〇〇〇	一〇八〇	一〇六七	四三八七〇	三五九〇〇
靜岡	濱松一靜岡一二保一	五	七五〇〇〇〇	三二六六三九	八三四〇〇	三七五三	三七四二	一四三二三六	一〇三五〇〇
山梨	山梨一	二	二五〇〇〇〇	一八九九〇四	九五〇〇〇	六二八八	六二八四	五四六二〇	三六二五〇
滋賀	長濱一大津一彥根一	三	五〇〇〇〇〇	二六五八六五	一四九二九	二三六三	二三四五	四五四六五	四二五〇〇
岐阜	岐阜一多治見一高須一八幡一大垣一	二	七六〇〇〇〇	二五八二七五	六五六〇九	一〇八九	一〇八七	九一五八七	七一六二五
長野	松本一上田一松代一飯田一	六	同	三〇三八五二	五五九〇〇	二二四五	二一一七	四七九七七	三六五〇〇
宮城	仙臺一	二	二五〇〇〇〇	一八九九〇五	三九〇〇〇	六六二一	六六二〇	三七八七三	三〇〇〇〇
福島	福島二津川一三春一梁川一	五	九三〇〇〇〇	三七九八一四	九七七〇八	一五二三	一五二八	四一五六五	四〇〇〇〇
岩手	一關一盛岡一	一	一五〇〇〇〇	二三九四五	六七二〇	一四〇七	一四〇四	二二〇七四	一六五〇〇
青森	〔弘〕前一八戶一	二	三〇〇〇〇〇	一八九九〇七	二〇六六二〇	一〇六一	一〇三五	四五八五七	四三〇〇〇
秋田	秋田一		一〇〇〇〇〇	七五九六三	六八〇〇	二一四六	一四三六四	一四〇〇〇	一四三六
山形	鶴岡一酒田一山形一米澤一		五一〇〇〇〇	二八八六五八	二九三四二	一〇八五	一〇七四	三七三〇八	三三六〇〇
石川	金澤一大聖寺一		一九〇〇〇〇	七五九六四	一〇五五五	八八〇	八八三	七六四四	六〇〇〇

富山	富山一	三	三三〇〇〇〇	二一二六九三	四六五二一	九六〇九	九五六四	六三七七七	五二八〇〇
福井	福井二小濱一武生一	一	四三〇〇〇〇	二六五八七〇	二三七二一	二一九二一	二一八五	五二一〇二	四九八五〇
島根	津和野一	一	八〇〇〇〇	六〇七七〇	四六〇〇	二一一八	二一二〇	九七一三	八〇〇〇
鳥取	鳥取一	三	二〇〇〇〇〇	一五一九二五	一九〇〇〇	四七九七	四七六八	三一九五八	二六〇〇〇
岡山	岡山一高梁一	二	三八〇〇〇〇	二八一〇六一	三五九四八	四七二七	四七二五	五四二六六	四八二五〇
廣島	廣島一尾道一	二	四四〇〇〇〇	一九七五〇三	三三二〇〇	三〇〇〇	三〇〇三	七五六八五	五四〇八〇
山口	岩國一下關一	三	六八〇〇〇〇	四七八五六二	八七二〇〇	二九〇〇	二八八〇	九九四五六	八〇八〇〇
德島	德島一	二	二六〇〇〇〇	一五一二九九	一七二八〇	三〇八〇	三〇六〇	二七三八六	二六〇〇〇
高知	高知四	一	六五〇〇〇〇	四一〇一九七	六八四三五	二〇〇九	一九九〇	九九〇五七	八四五二五
愛媛	川石一松山一高松一 西條一	二	四四〇〇〇〇	二二七八九〇	四五二三一	四三五六	四三三二	八六七四七	六五〇〇〇
福岡	福岡一久留米一 大橋一柳川一	三	六四〇〇〇〇	三〇三八五一	五六八二〇	二八二四	二七九三	八二三〇〇	七四四八〇
大分	大分一中津一佐伯一		三四〇〇〇〇	二三五四八五	二八五六二	三一四九	三一三六	四六一七七	四一〇四〇〇
佐賀	小城一佐賀一		三九〇〇〇〇	二六五八六九	二八三七〇	七五六	七四二	五三七九二	五〇四〇〇
熊本	熊本二宇土一	一	二六五〇〇〇	一八六一〇九	二九五四九	七六七五	七六二二	五六一〇〇	四二六五〇
宮崎	飫肥一延岡一		一〇〇〇〇〇	七五九六四	一二五〇〇	九〇八	九一〇	一五五二九	一三六〇〇

鹿兒島	鹿兒島二	五	五三〇〇〇〇	三四八二六	七六三三四	四一三五	四〇九七	一〇二七三七	八〇二五〇
北海道	函館一	一	二〇〇〇〇〇		一八二〇〇	四〇三三	四〇四三	三七七一五	二八〇〇〇
總	日本銀行一	一	五〇〇〇〇〇〇		七二七〇〇	八八八四	八七六三	六七五三三三	一五〇〇〇〇 二五〇〇〇〇
	國立銀行百三十九	一一九	四四四五六一〇〇	三〇〇九三二〇八	四〇一八〇六三	二四二四	二四一四	六〇四六一五七	五一四二〇〇六
計	正金銀行一	二	三〇〇〇〇〇〇		五一〇五四一	九七一四	九七九八	一三三九三九二	八〇〇〇〇 三二〇〇〇〇
比）	日本銀行一	一	五〇〇〇〇〇〇		一〇五〇〇	五八六六	五八四五	六二三六九五	一三七五〇〇 二二九一六七
前一	國立銀行百四	一二四	四四五三六一〇〇	三〇九一四一四八	三七〇〇〇〇〇	二四七八	二四八四	六〇七〇二五八	五一六六五一五
（年	正金銀行一	一	三〇〇〇〇〇〇			六六七八	六六一二	五五一二四三	七〇〇〇〇 三一〇〇〇

民立銀行分類表

日本曰私立民立也官亦調覈然調或間年無定期光緒十一年明治十八新設十四增株三減株二十一鎖店十株言票根鎖店言閉行也厥類二一私立一類會社述民立銀行分類表

東京	私立	一六	資本	三七六三〇〇〇〇圓
	類會社者	三	資本	二三五〇〇〇圓
岩手	私立		資本	圓
	類者社會	一	資本	二〇〇〇〇圓

京都	四	二一〇〇〇〇		
大坂	一九	一一四〇〇〇〇	四	二三二四二〇
神奈川	一〇	九四五〇〇〇	四七	一一九二九〇三
兵庫	八	四三五〇〇〇	六	一一七〇〇〇
長崎	四	三八五〇〇〇	三	七五〇〇〇
新潟			七八	三一九一九六八
埼玉	一一	六〇二一五〇	二七	八〇三五〇三
羣馬	五	二〇二〇〇〇	三四	四一九九二一
千葉	二	一〇〇〇〇〇	四	一七五〇〇〇
茨城	三	一七三〇〇〇	一五	二八九四〇〇
橡木	二	一七〇〇〇〇	一二	八六九〇〇
愛知	六	七三〇〇〇〇	六	一三二五〇〇
靜岡	三六	二七九三三〇〇	四七	九五九一一三
山梨	三	二八〇四〇〇	七七	一七七二四二〇
滋賀	一	一〇〇〇〇〇	三	二一〇〇〇〇
青森	二	一〇三〇〇〇	七	七七九七三
山形	一	三〇〇〇〇	五	一四三五〇〇
石川	六	八五〇〇〇〇	五八	一〇一七一〇〇
富山	三	一四〇〇〇〇	三五	六一八〇〇〇
福井	三	一九〇〇〇〇	一一	九一五〇〇
島根	一	五〇〇〇〇	五	八九一〇〇
鳥取	一	同	二	二四〇〇〇
岡山	七	二七五〇〇〇	一八	四三五五一五
和歌山	一	八〇〇〇〇	三	六二〇〇〇
德島	二	五七〇〇〇〇	二	二〇六五〇
愛媛	二	一五〇〇〇〇	二一	五四五四四三
福岡	五	三七一〇〇〇	六	二〇二五〇〇
大分	二	八〇〇〇〇	三八	五三四二〇二
佐賀	六	七五〇〇〇〇	五	七五四〇八
熊本	一	二六五五〇	四	五三二八五

岐阜	八	三五六〇〇〇	八	一〇八一〇四
長野	三〇	一七三八三五〇	二〇	八四一七九八
福島	三	三八〇〇〇〇	二一	二四四八八三
宮城			三	三二〇七一
宮崎	一	四〇〇〇〇〇	九	二一一〇〇〇
鹿兒島			五	六六九〇〇
函館		一〇〇〇〇〇		
總數	二一八	一八七五八七五〇	七四三	一五二九七五八二

日本食貨三　游歷日本圖經十三

奏派游歷日本美利加祕魯巴西等國英日屬地加納大古巴知府用兵部郎中臣傅雲龍述

商賈數表

日本有商法會議所有商工會就都邑物價而平均之謂之平均相場者猶言行市商標大商曰大問屋轉販曰仲賣曰賣捌所賤賣曰大安賣零賣曰小問屋標輒書御如御茶御果子之類御之猶言上用也而商賈店數光緒十一年（明治十八）凡百二十八萬四千三百五十五較十年增十五萬有奇較九年增九萬七千有奇述商賈數表

商賈店	數	商賈店	數	商賈店	數	商賈店	數
穀類	一二二八七三	荒物	五一八八三	織物	三三五〇五	煙管類	三三六五
和洋酒	八五三三〇	蒟蒻諸物	四二八六五	飯食品	二八三一〇	玩弄物	三〇〇七
魚鳥獸肉	七二四六七	藥	三四四〇〇	植木類	三七〇〇	海草	二八六六

扇	二七七八	石蠣灰類	二一八五	藍及藍玉	四五〇五	陶器	一二七五四
石砂類	二四七三	諸皮細工	一八一四	紙屑	四〇五八	肥料	八三六九
神佛葬具	二二五二	木皮類	一四五〇	繪染印板印肉類	一六八八	桶檜物	七〇三八
書籍	二一七五	漆澁	一三〇〇	鼈甲象牙細工品	一四二五	竹藤細工	五三四一
薪炭類	四三二五七	硝子類	一二〇六	金銀玉細工	一二一二	瓦土器	五一二三
小間物	三六九二六	煙草	二一三一四	寒暖計眼鏡磁石	一〇九二	西洋小間物	五〇六九
石油水油蠟	三三九四四	銅鐵金類	一六九二〇	新聞繪雙紙照相類	一〇〇二	漆器	四〇九二
板類	三〇〇五五	麵粉類	一五六八五	薰物香具	九四七	農工機	三七二七
履堤	二三八〇六	絲類	一四四〇九	牛馬具	七五二	楮桑	三五三九
紙筆墨類	一九九八〇	砂糖	一三一二八	紡績器	五六〇	建具類	三〇三九
茶	一六四六九	衣類	一〇六九八	漬物佃煮類	二五七	車	二九四八
蠶繭類	一六四六九	鰹節鷄卵	八〇三五	糖果類	一一四二九四	衡算盤	一〇六一
種物類	二八六一	疊莚藺席類	六四六六	乾物青物	七六八二七	漁具船類	九九四
籠類	二六三〇	麻絲類	五二八三	未噌醬油酢	五六二八〇	綱網繩類	九三五
家具	二三一四	木貝類	五二八三	綿類	一三一八四	琴類	七三八

礮藥獵具	三七二	雜類	一〇五六三三
氷雪	一六二	總數	一二八四三五五
		前一年	一一三三九四二

商標表

商非著名不登錄領標一標料金十圓易舊曰改正標五設曰兼用標轉商曰讓與標支分曰分與標竝五圓光緒十二年明治十九標凡五百廿五領於其年者五百有六入金四千八百八十圓其類其地有可數者述商標表

商標分類 類	數	類	數	商標繫地 府縣	數	府縣	數
化學藥劑	五〇	糖果麪包	七	東京	六〇	秋田	一
染料顏料	一三	茶珈琲	一	京都	一三	山形	一
金屬加工	二	煙艸	一	大坂	二八	石川	三
金屬製品	六	穀蔬果種	一	神奈川	六	富山	五
貴金製品	二	挽粉澱粉	四	兵庫	七一	福井	六
利器刃類	九	味噌甞物漬物	六	長崎	二	島根	三

籑喜廬所箸書

陶磁	二	肉類海艸食品	三	新潟	九	岡山	五
玻璃	二	牛乳	二	埼玉	一二	廣島	六
機械	一	煙管袋	二	群馬	一二	山口	九
農工器	一	紙	一〇	千葉	二一	和歌山	四
運車類	一	筆墨	六	茨城	一五	德島	三
蠶子繭	五	皮革	一	橡木	四	高知	三
眞綿木綿	一三	燃材	一八	三重	一九	愛媛	一
生絲	四〇	油蠟	四	愛知	四八	福岡	三
綿絲	四	肥料	一六	山梨	七	大分	一
絹織	五	木竹藤漆物類	四	滋賀	三	鹿兒島	
木綿織	一二	藁及艸製類	一	岐阜	二	北海道	六
絹綿麈織物	二	齒磨及洗粉	一〇	長野	一一	總計	五二五
被服	五	刷子類	二	福島	五	前一年	九七三
釀造類	二一四	玩物	二	宮城	一二	坿觀覽所	三九六
砂糖	二	總計	五二五	青森	一		

許嫥賣表

先是日本邨田之槍因毛瑟後膛而自變其法與栁造等日本人所謂發明人此類是也以似亂眞智能往往却步蠹商浸病國矣西法國給專憑法至善也日本效之而劵料視年有差若追加若讓與若分與皆聽證劵再渡料𠁅有額再渡者易劵也述許嫥賣表

專賣	十五年間	十年間	五年間	合
學術器化學品	二二	七	四	一三二
紙燃料	一	一一		一二
庖器家具	五一	九	三	一七一
燈具及類	一〇三	五二	一二	一六七
算幣器衣具	二三	二	二	六三
織類扇類	二	四二	一	七二

栁造人	十五年間	十年間	五年間	合
東京	五四	六二	一八	一三四
京都	二		一	三
大坂	一		一	二
神奈川		一	一	二
新潟		一	一	二
埼玉	三	三	一	七

料額	光緒十一年件數	光緒十一年料金	光緒十二年件數	光緒十二年料金
五年十圓	二六	二六〇	三四	三四〇
十年十五	五四	八一〇	五三	七九五
十五年廿圓	八六	一七二〇	六九	一三八〇
追加五圓	五	二五	一一	五五
讓與五圓			一三	六五
分與五圓	一	五	七	三五

裝飾紡績器	一四	二四		三八
製茶米器	七一	七一	二	一六二
水運物器	一一	一	一一	三二
玩弄雜	一二	四一	一二	一七三
總計	五八	五三	二〇	一三一
前一年	五五	二七	一七	九九
千葉			二	二
愛知		二		二
靜岡	一			一
長野	三		二	五
岩手	一			一
富山		二		二
福井	二			二
岡山		二		二
總計	六七	七三	二七	一六七
前一年	六七	三七	一九	一二三
易券一圓			一	一
合計	一七二	二八二〇	一八八	二六七二

農表

日本農之專業二百七十五萬八千一百九十四兼八十三萬四千一百五十農入專業四十二萬七千八百一十七兼業一十二萬六千九百四十五萬此光緒十年所覈之數蓋居其四之三餘

所未詳十畝曰町十町曰反今表十數以上爲町其下爲反穫以石計米麥而外有粟有馬鈴粟有黍有蜀黍有稗有大小豆有甘藷類難枚舉輙摎大要述農表

	農 戶 / 人	粳米 町反 / 穫石	糯米 町反 / 穫石	陸米 町反 / 穫石	大麥 町反 / 穫石	稞麥 町反 / 穫石	小麥 町反 / 穫石	粳米 / 人麥 每反（石）	糯米 / 稞麥 每反	陸米 / 小麥 每反
東京	三四七七八 / 三〇二二六	一〇八五一五 / 一四七五三五	一八七一二 / 二三四二二	一二一三四 / 一一三二七	八一五八五 / 八八五四九	九九二六 / 七八三二	三九四七〇 / 二五四六八	一三六 / 一〇九	一二五 / 〇七九	〇九三 / 〇六五
京都	八五四三二 / 二七二三〇九	三五五九九〇 / 五一四〇二八	三〇二八七 / 四二五〇〇		一〇二九三〇 / 五六一〇九	五一六一六 / 四一一二八	二八二六七 / 一二六九三	一四四 / 〇五五	一四〇 / 〇八〇	〇四五
大坂（奈良）	一八三七八一 / 六六二五三九	六八八五七九 / 一一八一六一六	五九九〇三 / 九七二九二		三〇四二七 / 二四九一四	三〇二一四四 / 二八〇五九六	四九七二九 / 三三四五二	一七二 / 〇八二	一九二 / 〇九三	〇六五
神奈川		二四七〇五一 / 三七四五一七	三三五七八 / 四七七九七	三一二二五 / 一七五三一	二九八七〇七 / 三四八八四九	六七一八〇 / 六三二四六	二二〇六六四 / 一二三二四八	一五二 / 一一七	一四二 / 〇九四	〇五八 / 〇五六
兵庫	六六〇八一一	九三二七二九 / 一六〇八七一六	六八三二八 / 一一六一七	一七一 / 三一三	九三四〇五 / 四〇二一五	四三三三五二 / 三〇八三七六	一二六九三二 / 七八一六七	一七二一 / 〇四三	一六五 / 〇七一	一八三 / 〇六二
長崎	一一〇四四四 / 四九八九五八	二八三二六五 / 二六六六五〇	三四七六六 / 二九七六三	六三 / 四五	一三七三七五 / 一二四八八〇	二〇六六三八 / 一四四七八二	八五四二九 / 五〇一二一	〇九四 / 〇九一	〇八六 / 〇七〇	〇七一 / 〇五九
新潟	二一二三七六 / 九〇六八九八	一三六七六五八 / 一六七六五一九	一五五八七五 / 一七六〇六三	一一九 / 五一	一〇七五八四 / 三七一四三	七三 / 二五	八四七〇六 / 三〇四六四	一二三 / 〇三五	一一三 / 〇三四	〇四三 / 〇三六
埼玉	一六四四五一 / 七五二一九二	五七八二九六 / 七五五九一三	八一九三八 / 一〇三三〇三	一八八七六 / 二四九八八	五二五六一四 / 六二八〇四七	四四二七一 / 四三二八五	二五八九二〇 / 一八〇五二四	一三一 / 一一九	一二六 / 〇九八	一三二 / 〇七〇
羣馬	一二〇七七九 / 四四〇八一九	二四一二七〇 / 二九〇九七〇	四二一一七 / 四七〇六九	一四九三三 / 一〇七六七	三一一三六五 / 三〇五〇六五	四七七四 / 三六〇八	二七四八二二 / 一八一二〇三	一二一 / 〇九八	一一二 / 〇七八	〇七二 / 〇六六
千葉		八六九九八三 / 一四〇四五六〇	九八五九九 / 一五八四二〇	二四六二五 / 二七七六五	四六一九七四 / 四八二二〇七	一三七五一 / 二〇四三一	一五〇一九一 / 一五四一七八	一六一 / 一〇四	一六一 / 一四九	一一三 / 一〇三

茨城	一四四六三四 六三四四三七	七〇七五九四 九〇五九〇一	八一一九二 九二八一四	五八六〇〇 四二八〇九	四一二一五二 四六四〇一一	一〇七〇三九 七九六七〇	二二五九五〇 一五四八五〇	一二八 一一二	一一四 〇七四	〇七三 〇六九
櫔木		五五七〇九一 六〇一一五三	五八六八三 六六一三二	三四六三八 二七四八五	二一七一一〇 二八三九六四	二九八九九 二三三〇〇	一八一九八一 一三〇三八八	一〇八 一三一	一一三 〇七八	〇七九 〇七二
三重	一一八二九二 五二一五三五	六五五四九四 九一九三〇五	五五九六七 七四九八五	二六九 二〇六	五〇九一一 四九六四九	一三二四三五 九五二一六	七二九四六 三七九九八	一四〇 〇九八	一三四 〇七二	〇七七 〇五二
愛知	二三八〇〇七 九三九三六六	七六八九七七 一〇一七七六〇	八三四五〇 一〇〇七七〇	六四五 八五四	三一六九八九 三六四八四五	一四八八七六 一五一三八五	一三八四九八 一一六一五八	一三二 一一五	一二一 一〇二	一三二 〇八四
静岡	一五七一六七 六六一六六〇	五四〇四二〇 五三〇四二七	五二五三三 四七五九六	三一六三 一七二〇	二五二七〇一 二三九七三七	五一一六五 四〇四五〇	七五一八四 五二六五〇	〇七八 〇九五	〇九一 〇八一	〇五四 〇七〇
山梨	七七八四七 二七六〇二五	一六九五五八 二三三〇四五	一六三三七 二三二四一		一六二四七七 一五二三七一	三三三六 三〇〇二	一〇二八四七 六一四五四	一三七 〇九四	一二七 〇九〇	〇六〇
滋賀	一〇七七〇八 三二四五九四	五三三二三三 九三三二六八	三七六二八 五八二九九	八九二 一〇五七	六七一六一 六五六四七	一五一〇一 一四三四二	一六七四二 一二九九二	一七五 〇九八	一五四 〇九四	一一八 〇七八
岐阜	一五三二〇六 六八一八〇七	五二三三一六 五三三二五七	四八九一二 四四九六四	二四七一 二四四二	二三九一九七 一八二三八二	三四三〇三 二四三四四	七九三五二 四二四九〇	一〇二 〇七六	〇九一 〇七一	〇九九 〇五四
長野	一九二六二二 九三二〇八五	五四四六九七 七〇二七六〇	七三八〇八 九二七九五		一九九一四四 一四六七三六	五七三 三六八	三二二三二八 一一四九七七	一二九 〇七四	一二六 〇六四	〇三六
福島	一二四二四九 七四一七三〇	七八八〇〇八 九五八八五六	八三一三三 九一二九九	九二八七 九三七〇	一九〇四一二 一二九八三七	一九九六 一二一三	八一三一八 三九二五二	一二二 〇六八	一一〇 〇九一	一〇一 〇四八
宮城		六九一〇五四 九一三一二九	八二八四九 一〇二二四四	二二五 七三	二一八二五四 一六八四二六	五四三 三六五	四五八三五 三三〇二三	一三二 〇七七	一二三 〇六七	〇三二 〇七〇
岩手	九七八九八 五三五二三一	四二八九六八 三八五九一四	五二三八六 四六八九六	〇三 四	二二五一二四 一一九六四九	一五二二 七九九	八八一三五 三一七七三	〇九〇 〇五三	〇九〇 〇五三	一三二 〇三六
青森		四九二八五一 四九八三一一	三九六四九 三一八八三		二四八二三 一四五八四	〇八 六	一四六三三 五六九六	一〇一 〇五九	〇八三 〇七五	〇三九
秋田	八二一六二 四〇九一九七	八九六八七四 一〇四四一〇〇	六六〇〇九 七五五五二		四九八一 二二七八	一三四 四〇	一二七八三 六九一七	一一六 〇四六	一一四 〇三〇	〇五四
山形		七二八六三二 九七六八〇一	六九八八四 七九三四六	二〇五三三 二七六七四	四六二六六 三四三三二		一四四五九 六三一五	一三四 〇七四	一一四	一三五 〇四四

石川		四六五八七八 六一六二七五	二八五一一 三九四四七		六七八二九 四六九八二	八六五 一一三一	二六九〇三 二一六六八	一三二 〇六九	一三八 一三一	〇八一
富山		六七八三三二 一〇〇八八六〇	四六三五七 六三四二五		一六一三二 一一四七四	二四一四 一〇一四	一八二八三 七二九七	一四九 〇七一	一四一 〇四二	〇四〇
福井	七九二二〇 三〇三二九〇	四一七五八六 五一一三四七	三〇七九〇 三六〇六六		七〇三七一 四二二二九	三九三 二三二	一六〇八三 六〇六七	一二二 〇六〇	一一七 〇五九	〇三八
島根	一一一三五四	四九〇一〇一 五五四一三五	三四一六〇 三四三〇六	〇五 六	一五四六九六 一〇五二一三	二一七七五 一二二一八	二三五一七 一一七三四	一一三 〇六八	一〇〇 〇五六	一二〇 〇五六
鳥取	六二七七六 二三五二八八	二九二七六四 三四一七一八	二四七五二 二六二一五		一二三六九四 七七四九三	九九六四 八四五〇	一五五三三 八〇九一	一一七 〇六三	一〇六 〇八五	〇五一
岡山		六七九二六四 九七八六五七	六四一四六 八一四〇七	四四 四四	一五六六六四 一三七六六五	三〇一六一八 二一六五二八	七六七四九 四四三九三	一四四 〇八八	一二七 〇七二	一〇〇 〇五八
廣島	二一四七七九 七八七〇六二	六五〇八一六 六七九二〇一	五五〇一七 五四三四九	一二四 一五九	九七五一〇 五二八七四	三七〇四四七 二三三四二一	三六二二九 二〇一五二	一〇四 〇五四	〇九九 〇六三	一二八 〇五六
山口		四七八九八九 八〇八三六四	三八四八三 五九九六四	四〇五五 八〇五三	六〇三七〇 三八五九五	二三六五四三 一六二二七三	五五六八三 三六七八三	一六九 〇六四	一五六 〇六九	一九九 〇六六
和歌山	八二三六一 三二五八八七	、三〇〇八九一 四四九三五七	一七二〇六 二三八九二	一七 二二	四四八五 三〇九二	二〇七〇三三 一五八八六一	三六九〇八 二四二八七	一四二 〇六九	一三九 〇七七	一二九 〇六六
德島		二一一四五四 五〇一八九二	二二八六〇 三〇八二五	一七二六八 一三五六九	四六二九六 二九二一五	二二三一五五 二四四九二七	二三九九〇 一九〇四九	一四三 〇六三	一三五 一一〇	〇七九 〇七九
高知	八六七七八 三一七九九八	三二六九七三 四四六七〇五	二〇八九〇 二三三五八	六三三 五九五	一九八五七 一一一九六	九六二二五 七二五三五	一五八七八 一〇二一八	一三七 〇五六	一一二 〇七五	〇九四 〇六四
愛媛		七〇九二一三 一〇九〇五七二	五五八〇二 七七五六九	四六八三 四九三七	六三九八三 四八〇三八	六二七九六三 五九六一二八	一〇七五一一 六九六五二	一五四 〇七五	一三五 〇九五	一〇五 〇六五
福岡	一三〇六四一 四一八五三三	八五八八六八 一三〇〇二三〇	一〇一七三四 一四一三四四	四四二 三一〇	六七〇〇六 四七〇三一	三四七七二五 二五三四二五	一七〇二二五 一一一八九二	一五一 〇七〇	一三五 〇七三	〇七〇 〇六六
大分	一三二六二五 五五四七六二	四〇五五四九 四八八一九一	四五八七八 五二二四八	一四〇五一 一一六八四	五三五七六 三七〇三九	二八一六二三 二三二七三〇	一五一二二二 一〇二三六九	一二〇 〇六九	一一四 〇九三	〇八三 〇六七
佐賀	七七〇三五 三五〇〇八	四六六〇一二 六五二三三九	四一七六九 五六六八六		六二九九六 五四九九三	八四一七四 五四七一〇	一一五八一五 六四〇八七	一四〇 〇八七	一三八 〇六五	〇五五

熊本	一六〇三九一 七五二〇四一	五三四三七八 七六〇一九三	六八四二四 九二八六七	一六二三二 九四九八	一〇一七四四 六二一七四	五一九二〇〇 三四五六八	一九〇六三七 九二九三八	一四二 〇六一	一三六 〇六七	〇五九 〇四九
宮崎	五七九五一 二三七八二六	三一六八八二 三七〇九一四	三三九九三 四〇六五一	四〇四三一 一七二九四	四二四六九 三一六五二	一一三九三二 七二三三四	四四二二四 二二四七一	一一七 〇七七	一二〇 〇六三	〇四〇 〇五一
鹿兒島		四三一四三五 二八七四六六	四六一二二 二七五〇一	五三〇七四 一六一一〇	八九七九七 四一四九五	一五八〇八六 六〇二四八	六五五二九 二四五八〇	〇六七 〇四六	〇六〇 〇三八	〇三〇 〇三七
北海道		一三〇二二 一四二一四	二三〇六 二三八一		一〇六三六 一〇二八八	二六七九 二二九五	三三一三 二七八六	一〇九 〇九七	一〇三 〇八六	〇八四
合計	三五九二三四四 一五六一六二一一	二三四二八五〇八 三一〇三四六	二三〇七五二三 二八三四七六五	三八一一八三九 二八八七六二	六〇八八七七九 五四四三九六四	五二六五四七一 四〇七六五五七	三九八六六六七 二四一四九四六	一三二 〇八九	一二三 〇七七	〇七五 〇六一

漁獵表

日本漁獵亦資民食亦關國稅雖歲計有差而漁輙至一百六十萬有奇職獵游獵凡六萬六千有奇遜於漁環海故也述漁獵表

	漁				獵		
	戶	人	船	網	職獵	游獵	獵合計
光緒五明治十二					四四五八九	三九四	四四九八三
六十三	三五七四四六	一六〇一四六	一九〇〇四五	四四〇六九一	七二四三七	五一二	七二九四九
七十四					八〇七六六	六六一	八一四二七
八十五					七八一八五〇	六九七	七九五四七

六二〇九五　五三八　六二六三三

蠶絲表

此光緒十一年（明治十八）日本繭與絲與綿數也先是繭以斤計而生乾有差改以石量在九年（明治十六）其絲與綿仍以貫目計雖未及中國湖州府絲然近亦通商一大宗述蠶絲表

	繭（玉繭 繭屑 出殼繭）	絲（生絲 熨斗絲 絲屑）	綿
東京	七九四石	七八八貫	貫
京都	二五六一一	四六五〇	三一九
大坂	一八一	二九三	
神奈川	六一七一一	二八五〇五	四七一
兵庫	三四八五五	一七三五一	九四四
長崎	八六六	六八四	九四
新潟	二〇四二〇	一一二二五	一一〇一
埼玉	六九六五六	六八三五八	一二〇八
秋田	八七六三	九〇六六	一〇六七
山形	五〇三三〇	二七二九八	三〇五一
石川	一〇三二五	七六六八	八五
富山	七七七四	一〇三六三	一九〇三
福井	一三九二八	六一〇六	八九
島根	八九三	五九九	一〇〇
鳥取	一八〇五	八一六	五九
岡山	一四四六	一一二五	二四

羣馬	八六七六〇	一六一三一三	二六六一
千葉	一二五〇	四五	四
茨城	四六三三	三〇〇一	五七
橡木	五二三〇	三八四〇	一九
三重	二〇一〇	一四二三	九〇
愛知	五五〇〇	一一五一四	五〇七
靜岡	三六三五	三八八三	四〇一
山梨	四二三六一	三六〇四七	一四五四
滋賀	八二九六二	四九一一六	五一四一
岐阜	六〇四九七	一八六〇三	一四四七
長野	一五三四五四	九〇二五七	五四二五
福島	九七八三七	六七七一三	一五一二九
宮城	二三六三〇	一七〇〇二	一二六五
岩手	四三一五二	三四七四九	五六一七
青森	九二一	三四三	六五
廣島	五二六	一四五	一三
山口	八六九	六八六	二〇七
和歌山	三三九	二四一	五
德島	四五二四	三五四	一三
高知	一一三八	五九三	一〇三
愛媛	六一九	四二五	一五
福岡	一三九九	一〇三五三	三二
大分	二一九〇	一六一六	八〇
佐賀	六四三	一一九九	二三
熊本	二〇四三	一〇五四	一九
宮崎	九三〇	六五五	八九
鹿兒島	五一二	二五七	九一
北海道	四八四	九	三一
合計	九三八四〇六	七〇二四二一	五〇五一八
前一年	一〇六二四四七	七八二〇八八	五五一八七

鹽法表

山鹽出福島縣岩代磐城諸國（有大鹽村）餘多海鹽以播磨國爲最潔製法鹽田沙圍如井田形亦曰沙田被海潮三十日許而沙瀘泥去入釜田三百步爲一反每反謂之一反二付倒言與反別同鹽以箇計造買有鑑稅或曰無稅非也据光緒十一年數述鹽法表

	國	鹽田	鹽竈	食鹽產額	每反鹽額
京都	丹波	一九町二反	二八七	一四八九石	七七五石
神奈川	相摸武藏	五三八	二四八	一五六二〇	二九〇三
兵庫	播磨淡路	五六一一	五一〇	六五三七四四	一一六五一
長崎	肥前	一〇〇三	三三一	一七〇四五	一六九九
新潟	越後佐渡	一四五二	五五八	七一六六	四九三
千葉	上總下總	一九七三	一三〇	四四〇三五	二二三一
茨城	常陸		三二	二七四一	
三重	伊勢	一一〇六	三七八	五一七二六	四六七六
石川	加賀能登	二一四町一	一八六三	二一三一九八	九九五七
島根	出雲		二七五	三五〇〇	
岡山	備前備中	二八〇	二八二	三一八四二一	一一三七二
廣島	備後安藝	六七五	二四二	五八八三九一石	一七五三四
山口	周防長門	一〇二一	五六九	八六六一七	七九九七
和歌山	紀伊	六七一	二〇九	一八〇四五	二六八九
德島	阿波	五一二三	二五四	三九八七〇九	七七八二
高知	土佐	一一〇一	一五九九	九六六九	八七八

愛知	尾張三河	一八七七	一三一七	一四五四五四	七七四九
靜岡	遠江駿河	一一五四	一九七一	一七六四六	一五二九
福島	磐城	一四五七	二五二	一四三三二	九八三
宮城	磐城陸前	二〇七七	一五〇	八〇七九四	
岩手	陸前陸中	八八	九五	四五二〇六	五一三七〇
青森	陸奥		五	一四九二	
秋田	羽後	二九四	一〇七	一四八六	五〇五四
山形	羽前		三	七五一	
愛媛	讚岐伊豫	四五九〇	五八一	九一六四八二	一九九六六
福岡	筑前豐前	一六三九	一七四	八一三六六	四九六四
大分	豐前豐後	二二〇九	一三九	一二四四三五	五六八〇
佐賀	肥前	四〇八	一六三	七四六二	一八二八
熊本	肥後	二三一〇	三四二	八六四三二	三七四一
宮崎	日向	八八四	八一九	一三五一七	一五二九
鹿兒島	大隅薩摩	二七九三	一一五三	七二五三九	二五九七
合計		五四〇二六	一五一八四	四五六四五一五	八四四八
前一年		五二二九八		四〇二七一〇〇	七七〇〇

茶表

日本茶自僧最澄入唐得茶子歸國始唐元和十年爲嵯峨宏仁六年令其畿內近江丹波播磨諸國殖茶定年獻例興挽茶節會會尋廢宋淳熙十四年後鳥羽文治三年僧榮西復獲茶子種之筑前脊振山僧明惠等分種宇治見日本後紀喜遊笑覽諸書而

宇治茶遂爲日本冠亦今通商一大宗也歲可入金四百萬圓穀雨前茶曰頭春大暑後曰尾春繇橫濱出口美利加人購居多光緒七年（明治十四）農商務省調覈茶圃凡四萬二千廿三町九反茶五百六十萬一千一百五十九貫目十一年茶凡五百四千七萬七千九百廿八貫目其茶目七述茶表

	碾茶	玉露	煎茶	番茶	日乾釜熬黑口	紅茶	烏龍
東京		四七五貫	四一五〇六	五三三五	一二	四四〇	
京都	二六九八	二四二四四	二三二一八	一五三七九六	七八		
大坂	一	五六	一四九一二七	三五九八七			
神奈川		一一二	四二八〇四	六〇七五			
兵庫	一	四二九	五七二八四	一五四四五四			
長崎		一四四	八九〇七	一七〇九七	一四八〇四	六五	
新潟		一四五九	七八八〇六	四〇〇八三	一一〇〇		
埼玉		一〇〇	一二〇五七五	二二三九八	一五五		
秋田		一一六	二二三八	三二二	一三		
山形		三八一	四三七八	二五〇二	一		
石川		五三八	九一二五二四	五四四四六			
富山		二六二	三六四三二	一二八五七			
福井			二八一二二	三九九四三	二六		
島根		二	二六〇〇	五二五四一	三〇〇		
鳥取		二	一二八一	一六〇七二			
岡山		一三九五	三三二二一	七三九二七	四六八		

籑喜廬所箸書

羣馬		九	二八一九	一一五〇			
千葉		一〇一	五四〇五一	三四三三			
茨城	一四三	五九	一五八九九一	二六五三九	四二五		一二七
橡木		三〇	一一六〇七	一三五四			
三重		二五三三	三三三五九〇	七二〇一六		九五	三五二
愛知	一〇七	七五一	四〇一六六	六七二三七			
靜岡	九二一	一〇五	五九三一六九	七四六四〇	三一一八九		四五〇
山梨			四六〇九	二六〇三			
滋賀	五	四三七	一七八〇九五	五四九三一		三五五九	
岐阜		一五一一	五七二二二	一五三九七八	六八五八一	五〇	
長野		八六	八〇一	三三五	八五		
福島		四四	一一八六九	三五二五	五〇		
宮城		一八九	八九七五	一〇八七四	四〇六		二
岩手		五四	二三五一	一四一			
青森			一六				
廣島		一六五一	三一三八	七七〇九七	三五〇二		
山口	二	三三六	一一九五三	九四四〇四	三八六七		
和歌山		九	七〇二〇六	六七二四八			
德島		二三三一	二五二一一	六三五三八	四八三五		
高知		二五二八	二二四八六	八三五三九	二七八四一	九〇六九	一四
愛媛	一〇一	四四二	一五九一六	五四八九五	一四二七二		
福岡		三三五〇	六五九〇	六四三一一	三七九五一	六〇八	
大分			一三三四一	四一二一五	四九七二	三一八六	
佐賀			一三五一六	一九六九七	二五七六七		
熊本	三七九三	二四九三三	七九八八八	九四四〇八	八五七	九一一	
宮崎		八〇〇	一二七六六四	一六〇六五	三九七六四		四七九
鹿兒島	一五	四八〇	四一七一六	一五五四七	九二〇五一		八六一四七
北海道			四四	一三			
合計	三一六六	五一一四四	二八二八〇二七	一八四三〇四七	六四六九二五	一七九二九	八八六九一
前一年	二〇五六九	四五八六九	三一三九七五〇	二一五三九九九	五九二二七三	九三八九	五二一三三

酒表

日本人嗜酒效西以葡萄釀自山梨縣甲斐國勝愛知縣尾張國鈴谷多矣而兵庫縣伊丹酒爲最清酒濁酒夶近中國黃酒燒酎即化學家火酒也味淋銘酒不同而同皆中國燒酒類白酒味甜與中國白酒同醔麴酒麴也光緒十二年日本釀清酒三百五十七萬六千七百八十三石用米百九十萬八千七百五十三石造濁酒四萬一千三百一十八石用米二萬二千七百一石造燒酎四萬二千八百十四石用米雜穀一萬九千九百五十石糟五百廿八萬五千八百三貫腐敗酒類九千五十四石造白酒千三百五十五石用米八百四十六石酒類四百九十六石造味淋一萬五千四百五十二石用米萬七百八十八石酒類六千八十石造銘酒二千七百廿九石用米七百三十二石腐敗酒類二千一百

三十四石凡造酒五十七萬二千九百九十五石釀造場萬六千四百廿五造酒人萬六千一百八十四醬麴萬一千百三十八石

今據十一年（明治十八）成數述酒表

	釀酒場 自用酒	人 人	清酒 米	清酒 造	濁酒 米	濁酒 造	燒酎 米雜穀	燒酎 酒精酒類	燒酎 造	白酒 米酒類	白酒 造	味淋 米酒類	味淋 造	銘酒 米	銘酒 酒類及腐敗	銘酒 造	醬麴 人賣數
東京	一六七 一五〇	一六七 一九六	四五六	六五六	四二六五	七〇五四	五〇八一	二五九八八 一九三	二〇三七	二六九 二四三	四五二	一三 一一	一六	四二	四一四	五四三	
京都	五七八 五〇五〇	五七一 六五〇〇	六五九六九	九〇四五三			二一五	一四七〇九六 一五九八	六三九	一三	一九	四七五	六八六	三	九	二八	
大坂	五三三 二七〇四	五一七 三〇九一	九三一〇四	一三五六〇〇			五一九	一七二三八五 七五八	五五六	九八	一四四	二一三五 二三	四〇八〇	一二		二五	二 二四
神奈川	三三三 三三一一	七六六 三九二八	二三七五三四	三五三七一九	二〇	三二		一九四八八〇 五四一	五八五	五 三	七			七	三三	三八	
兵庫	八八六 四六六九	七六六 六〇六七	二三七五三四	二一五三七一九	二〇	三二		一九四八八〇 五四一	五八五	五 三	七	一六六三 二〇五八	二七九三	一	一	二	
長崎	二二四 一九七四六	二三〇 二二〇三七	二二四三九	二七九四二	一四一	一九五	八	八七一八三 六二	四三三	一 一	二			一	四	五	
新潟	六三一	六四九	六〇四八六	七六〇一一	一二二	一七八		一九二一三八 四〇二	一〇〇九	一六	二三	三四八	四一二	三		三	四八 七五五
埼玉	四八〇 一一五〇	四七七 一六二六	四一五二九	五八八七七	九四〇五	一五三一	四七	八六九〇〇 六一	四九一	二 二	三	七九 七七	一〇三	八九	四二二	四三一	一 三八
羣馬	四〇二 八六六	四〇一 一二三六	三〇〇四一一	四二三四三	九五七	一三二四		五六八五八 三五	二五九	四 四	六			二九	八七	一一〇	

千葉	五五四 二八五七三	五六四 三九八七四	四一一八九	五六七七八	三三一八〇	五四四五	一六九	二九三三三 一三四八	三五〇五	四一 二七	五九	三一二一 二五四五	三六四七	一六五	六三四	六五一	三 三七〇
茨城	五一八 一二三七一	五一〇 一六六六四	四八〇五九	七三〇八五	一七九九	二五〇五	二七	二七九六八九 三五	一八三四	一三 七	一二	四七 五	六	五	八	七	二四 二四
橡木	三三〇 八九七〇	三三〇 八三八八	三六一三〇	五一六二九	二九八	四八八	一六	九二六四一 五一五	六六七	三 三	五	一一八 一一九	一五八	一一一	三七八	四一三	四 四
三重	三六四 一九六八	三六七 二八七三	四五五二八	六〇三〇二		一三		一五五 九五	七〇六	四 六	八	三八四 一八六	二七三	三	一三	三	
愛知	四七三 一一七三	四六二 一六四九	七一四八八	一一〇八三二	一〇	一七	三五八	八八四八一 一一八	五六七	二四	三六	七七七	一一〇五	六	二八	一二	二 四三
靜岡	三八九 一〇七七	三九〇 一三四一	三九七八二	五七七九五	九七	一五八	五九	二二五九一五 二三二	一二四四	一九 一七	三一	一八二 一八五	二五三	八	一四	二二	
山梨	一九七 二〇二	一九九 四五六	二三四一二	三七七五〇	五	一六		一〇三一九一	六一六	一 一	三	二四 二三	二二				
滋賀	四一五 一三八九三	四一五 一八一四八	二九二五六	三九四五二	五	八		一〇一四三七 二一	四七三	二	三	三五	三九			八	一八 三二六
岐阜	四二三 二六二八	四三四 三七四三	三六二一六	五〇〇〇八	二	二		五二三八五 九五	一二四	四 四	七	一三八 一二九	一七八	五九	四七	六四	二 六八
長野	六九二 一七五九	六八五 二三七八	九八六一二	一〇五〇五二	三八	五一		一〇九三五九 五四	四九二			四九 五七	八七	六	一二	五	
福島	五六〇 五二六五九	五五四 五四七二五	四五七九七	五八九九四	一四二	二四六	二八一	四一九五八 一	二五一二	五三	六七	二五	一四	二	五	四	一二二 一七九六
宮城	一六九 四二五九八	一六七 四二六〇四	三三一八一	四一五四一	一一六二	一七一九		二五三六六七 一七〇	一〇四〇	四八		一〇	一一				一三四 一二四六七
岩手	二四二一 三二七一二	二四一 三三五三九	三九二六五	三五四三六	一二四八	一八五一		一〇一〇〇五 九八	三四二	三八 三二	九二	二 五	四				五二 一三三四
青森	一八五 四九七二	一八六 五五一七	三六三二八	四六七八七	七八八	一四三二		四一〇八五 七	一三四	二九 二三	五二	一 一	一				五 八八
秋田	二〇一 四〇一七〇	一九九 四二六八六	二六〇三九	三三五七六	九一〇	一二八六	五二〇	五五三二六 三八〇	一九四	六 五	一〇	二一 一五	二八	一六	五	二六	三六 六九二

山形	三一二三 三五七三三	三三一 三九五七八	四〇七〇二	五三九五	一一	一八		一五三八九五 二二八	七六三	二	三八	一	一八		一	二	六七 一一三三
石川	三九六 二二四〇	三九六 三〇七二	三四〇二二	四二七〇三	六	七		一八七七 一二六				九	九			一	
富山	二二三 七八二二	二二二 八五八四	二三五六六	三八四三一		九		一三八九二 六	七三	一	三	四 三	一二				一四 二〇二
福井	三三九 一二〇五	三四二 一四四七	三一二八五	三七九四二	四	一	八	三〇八五一 五五	九〇	六 三	九	二三 一〇	三〇	一	九	六	一 二二
島根	二八二 一八九〇三	二九四 二三九五八	一七九六五	二六八一六	四一	四九		四八二九〇	二五八	一	九 八	八					一 二一〇
鳥取	一八四 六九〇四	一八六 九四〇〇	一五四一四	一九二一八	二八	一〇五		二二七五四 一七	八四	二 二	三	一三 一二	一五				
岡山	四八七 二三二二	四八八 五〇七一	五二七五〇	七六九六八	一六	三一七	四	一六九七一七	八七八	五五 四四	七七	三一三 二一一	三〇五		一	一	
廣島	一二七〇 四〇五四	三六八 五三四八	四七七五九	六四六〇九	二〇	五一		九四九五三 一九	三九三	五五 四四	七七	一五三	二一〇	一一一		一三一	
山口	五五四 二九一一〇	五四九 三三六一四	五一三八七	六七七一四	五一	一三九		一五九九一五 六九	七〇九			一三	二〇	四		六	
和歌山	一二五 一三二	一二四 一七〇	三五二二四	三二四八七	一四	二一		三七八二八 五	一七八			九七 一〇三	一三〇	八	八	一一	
德島	三〇一 一三二	二九六 一七〇	三〇二二八	三二二〇六	三	四	三	八四六四一 三〇	四五九			一六四	二五七	一三		八	
高知	二六〇 一七〇五五	二五六 二八〇一五	四九九一二	三六九九二	一四五	二一〇		七四一六六 二七七	二三三			二二七 二九七	三六六				一 二一
愛媛	六三八 三五〇	六三三 四九一	九一六六六	一〇八〇六二八			四	二七〇四三九 五六	八九四	一一	一五	一一一	一七〇	二五		二九	
福岡	四一四 四〇二六三	四二七 四四三八一	七三七二〇	一〇四八一四	四六二	六七八	六	一一一二七〇 四三六	五五二	二 二	五						二 四〇
大分	四二八 二二二〇	四二五 八〇二一	四七八七五	六〇六五五	一〇九	一五五	一四	一三五一七〇 二六八	四五二	七 二	九	四 一	五				

佐賀	熊本	宮崎	鹿兒島	北海道	合計	前一年
一八二 二五七七六	二八二 二七〇九五	一一九 一三四四五	一三四 一六六四二	三八三 一〇〇	一六七〇〇 五七二九九五	一八三八七五 三三二五七
一八八 三〇二四六	二八一 四二一一九	一一五 二〇八二二	一三四 二一二七四	三八〇 一〇九	一六五六四 六九二一〇三	一八一五三 六五九四一二
二三〇九九	五〇二一九	五九四四	三五二九	一一八九九	一九〇八七五三	二三五三一二八
二八一三二	五二〇五四	六三一九	二七八五		二五七六七八三	二九九二一〇
一〇	一八九九	六五	一	五三二九	二二七〇一	二二五二七
一一	二八二五	八九	一		四一三一八	三五二八九
	一六八	五二九	二〇三八		一九九五〇	二六一五二
一〇七五四六 二〇三	三八二三三〇	五一八三五 九	三〇九〇五 五		五二八五八〇三 九〇五四	六八一七六二 三八八三七
五一九	四三三三	二五八六	七三〇三	一八二	四二八一四	四七九九二
					八四六 四九六	九七八
				一一	一三五五	一四九九
	一				一〇七八八 六〇八〇	一一六五七 五
	一				一五四五二	一六六四二
					七三二	一〇八三
					二一三四	二九五九
					二七二九	三六五四
八 一九〇				五 三二	五五一 一一一三八	五四二 一〇一三二

糖表

北海道歲出甜菜糖八千萬七百廿八貫目然遜蔗糖遠甚而蘆粟亦充糖料東京西京神奈川茨城山梨滋賀長野宮城青森秋田山形石川富山福井山口二府十三縣其國調箝無準數奈良初分今就光緒十一年明治十八可攷者述糖表

	白下	二度押	二半	三盆	黑糖	蜜糖
大坂	三一四〇八一				一五四八	
鳥取	一九五					

日本圖經二十三　圖經六之一

籑喜廬所箸書

淡巴菰工商表

兵庫	二八五四	三〇二九			八九〇	一五三七
長崎	一八八二七	六五八		一三	三六三三三二 釐二六二	五九四
新潟					八八〇	三七七
埼玉	釐二四一					八九
羣馬	六 釐三八				五七	釐一五
千葉	八〇〇〇 九〇五九				一七六	五五
橡木	釐一六三一					
三重	一三七四	六一八	五	一二六	一四八九七	六六〇
愛知	二八五九				三三一九二	六九
靜岡	三一三四七六	三一一三四	二九八一三	七五	一七四五六六	四九四二二
岐阜					七九一	
福島						
岩手	釐一三一					
島根	三七七 釐三				釐六三	二六 釐五
岡山	一八五九四六	一〇〇八			一八三一	二五四
廣島	三四四一一	二一八六二	一二五四六	一〇〇	九二	一六六六八
和歌山	二九八四七	七七一			七四三七二	九二九
德島	五三〇六五	五五九三〇	六三八五五	八一五三一	一一七九七	
高知	一七九六八四	六五五〇八	八六二二	一一〇〇	一二二五〇八	
愛媛	四三六三七四八	八二三〇三四	四五六〇〇	九〇九七七	二三七〇	
福岡	五七八八	一六〇〇	三二〇		九七〇一二	
大分	一二 三三三八				三二八四〇	
佐賀					五一一	
熊本	一七九五	八〇〇		六八七七一六	八〇〇	
宮崎	二四七七六				六八七七一六	八〇〇
鹿兒島	四一二〇	二三八	七八六		二二一八七一六	四七〇
北海道	八一七二八					
合	五五四五二四一 一四九六四	一〇〇六二〇〇	一六一五四七	一七三九二二	四〇〇七三九九 五二五	六六四一六九 一〇九

日本人語淡巴菰爲他巴苛一音之轉又訏多葉粉文箭亦稱煙艸國人知有毒而嗜先是文祿四年當明萬〔厤〕廿三年始得之葡萄牙見日本會津年譜然未種也種始慶長十年當萬〔厤〕三十三年繇長崎櫻島場而山城花山而和泉吉野或云薩摩人得子首種之光緒九年明治十一改定其稅則工曰製造轉販商曰仲買零售曰小賣鑑札已詳歲計產葉歲約五百萬有奇輸出英吉利居十之九茲就十一年明治十八國內工商述淡巴菰工商表

	製	販	小賣
東京	五六二	一四九	一八二四
京都	一三六	三二	六〇四
大坂	二〇三	一二〇	一四五三
神奈川	二七九	二一二	一三一六
兵庫	一九七	四五	一一三一
橡木	一〇一	一五〇	四八四
三重	一五一	三一	六五一
愛知	二四七	七〇	九四五
靜岡	一三六	三九	六四三
山梨	三四	一九	二六三
青森	一〇	一八	三〇〇
秋田	八九	二九	三六一
山形	八一	二三	三二一
石川	八五	四〇	四三〇
富山	五四	七	三六六
和歌山	一四一	一二	四七八
德島	一六三	九〇	三六六
高知	六四	二二	四八一
愛媛	一八〇	三一	八一六
福岡	一三二	三八	一〇八六

長崎	七八	一九	四七一
新潟	二三三	八〇	八五八
埼玉	七六	四二	七四六
羣馬	六一	六六	四九七
千葉	二三三	四一	一七四七
茨城	二三二	一七〇	八〇五
總	五四三五	二五〇四	二七四六三
前一年	六六九四	三一六六	三一四七三
滋賀	七八	二〇	五〇〇
岐阜	六四	一三	三二三
長野	七六	五〇	六二一
福島	一九三	一三四	六八六
宮城	三四	一六	五四〇
岩手	八二	五五	三五四
福井	八六	三九	二四二
島根	四二	三	二六五
鳥取	六五	八	一九〇
岡山	一八一	一七一	六〇四
廣島	一二四	四八	三七三
山口	六三	二六	六六九
大分	八一	七一	二九二
佐賀	六九	一一	三八〇
熊本	一六一	六五	五五八
宮崎	五五	二一	一五二
鹿兒島	五四	一〇八	一四四
函館			二九三七七
札幌			二二四七一

舟表

日本西形商船無論蒸氣風驅皆別五百頓以上爲一類次百頓以上次不及百凡九百七十艘此光緒十一年數也（明治十八）內有免狀者五百八十六無者蒸氣二百三十三風驅百五十一又曰海川小廻船非駛大洋之舟比與艀漁船皆記丈八尺以上七丈八尺以下曰游船記丈八尺以上四丈八尺以下曰免稅船則田船

水害豫備船渡船倉庫船也述舟表

	西形船 蒸氣	西形船 蒸氣 噸數	西形船 蒸氣 馬力	西形船 風驅	西形船 風驅 噸數	日本形船 商船	日本形船 石數	日本形船 孵漁船小廻船	日本形船 游船免稅船
東京	一三八	三八四三三	八四二三	三二	八七四一	三二七	四二〇五〇	一三七三七	四二〇八
京都	三	一六四	五二			一一二	一一四五七	七〇四一	八二七
大坂	一〇三	一〇九七七	二二六七	七六	七九六四	五七四	三一五一一七	一五五〇四	二二三四
神奈川	六	七一〇	二一九	一	四五	五一三	七六〇九二	一一〇三八	三六七
兵庫	五	一七七	六〇	三九	九四九六	一七一三	三二六五三九	一五三六	一八二四
長崎	二二	一八七三	五五一	九九	五五三一	四四一	七〇六四五	二八二四〇	八八〇
新潟	二五	七八一	六六七	三	二二三	五五七	一二〇五六四	二五四五九	二五五二二
千葉	一五	二一一	二七九	一	一八	六四六	六〇七二八	一一九八七八	五八六五
茨城	五	七六	五八	二	四六	九	一九五六	一九四六三	三六〇一
橡木								二七一四	八二四
三重	五	一八七	七二	二	一七九	三七二	五二四四九	一六一四〇	四三五五
愛知	三	四三二	一〇二	三五	四一八一	七九六	一六二七七四	二三〇七五	二七七七
山形				四	二〇一	六九	一三四〇二	四六八三	一一三八
石川	三	三〇	五七	一二	一〇〇三	四七〇	七四一七〇	一三七一六	七三五
富山	四	八七	五四	三	三八三	五六六	一二七八四九	七五六七	六六二
福井	四	一七三	一〇〇	一	九五	一四六	五三四一五	六六六三	四三八
島根	四	一二二	五五	五	四三四	四九一	五五九五一	一七〇九七	一二四二
鳥取				一	九〇	六二	九二三五	五五一三	五三八
岡山				一	四四	六六五	九三六四一	一五三六四	一三一一
廣島	二	六一	一八			一五一六	一九八〇六六	一七三〇一	一二八八
山口	五	一一一	三四	七	五一八	一一三〇	一九五三三八	一八八〇六	二〇三一
和歌山				二	三八六	六九九	一二七八五一	一〇四七八	八一八
高知				四	二一七	二二三	三四二四九	一二七〇	一二八二
愛媛	一	六	三	六	四八五	一七三〇	二二三五四一	二二五九三	二三三八

靜岡	一〇	一〇一八 二八八	一五	一〇五七	三〇七	八四〇〇五	一三六八三	二六〇九
滋賀	三一	一二七三 四六八					一三五九〇	二五〇九
福島	三	二七 三四	二	一四五	九	八七三	三〇八五	六七一
宮城	二	一〇 一五	六	一一七	六五	一〇九五七	一二二三五	一八四三
岩手	三	五七 七五	一〇	五五五	九四	九〇二七	六四二六	一〇八五
青森			一一	五一九	二七四	三六四六八	八四四五	六三三
秋田			七	三八〇	九三	二三四二三	七一八三	五〇四
合計	四六〇	五七四三〇 一五三四四	五〇五	二二七三	一六九九〇	二七三九八三	二五一六二七六	一一一二四九三
福岡	二	二二 二二	二	六六	三四八	三六一五五	一〇六七九	一〇九一
大分	一	五三 三五	二	九七	五一五	五六一八〇	一一四六八	七九八
佐賀			一	三八	一四一	一六〇〇八	六七四二	七一五
熊本	一	二 二			六二四	四五三三六一	五二〇五	七九四
宮崎			一	九二	一四一	四一五九四	四四一九	七三五
鹿兒島	七	五九六 一六八	一三	一五三一	三七二	三七四五八	一一五六五	五一〇
北海道	七	三三五 一三五	七五	四九三五	二七七	五八五五五	七一二二	三八〇
前一年	四一一	四七六六二 一五一一四	三九八	四四一〇六	一六三一一	二七八七三〇〇	四八八八二八	一五三〇〇一

車表

日本火車而外有馬車人力車即中國人所謂東洋車者是起自通商而後有荷積車有牛車其數夥自大藏省光緒十一年（明治十八）總計各車七十四萬六千八百二十有三較之前一年六十四萬二千七百七十有五增十萬四千有奇述車表

	馬車	人力車	牛車	荷積車
東京	九〇七	三〇九七一	一四八	四八六四五
京都	一二	七四五二	二四六	一九三二四
大坂	一三四	二一三三四	一八三八	四〇五〇六
神奈川	九九〇	六六九六	七一	二四九七四
兵庫	六三	七六〇五	一二二六	一三六三三
長崎		一四二七		一四六二
新潟	一〇	四二三八	一	七七〇〇
埼玉	一〇七八	三三〇三	六五	二四七八三
羣馬	九二六	二一六五	五一	一二五四六
千葉	二四六	四一三〇	一六	一〇九九四
茨城	七一四	三四八七	一二	一一一五
橡木	一七七一	二五三八	七	一〇八〇四
三重	一八六	五一一二	一九	一八六六一
愛知	二四〇	八三五九	九八	四〇二〇七
山梨	三三〇	六〇三	七九	三一九一
滋賀	一七	二七二七	一五四	一五四五六
岐阜	三〇	二六九一	一二	一一九三八
長野	四八九	二八一二	五二	一五五九二
福島	三七五	一七九六	二七	四九〇一
宮城	二七九	二二五三	九	五二五四
岩手	七	六九〇		五三二
青森	八八	八〇一		五八八
秋田	七	一七〇一	三	一六一七
山形	七四	二六二四	九〇	六九七六
石川	二	一九一六		三五六六
富山	五	一〇五七		二三三七
福井	七	一三五三		四五五九
島根		六七四		一〇二九
岡山	一一	四五一四	一	一〇五九二
廣島	二	二七〇五	一	七二〇八
山口	一	二五八五	六八	三四二二
和歌山	九	二三一一	一五八	四七七八
德島		五一八	九	二八九七
高知		八二六		六二五
愛媛	二	四七四四	一九四	一四〇〇七
福岡	三八	四八一九	一	一五七〇九
大分	三一	一五一八	一	一五七〇九
佐賀	一	二一三一		四三〇五
熊本	二	二二九九	三八	四〇九二
宮崎		三二五	三六三	五三
鹿兒島		六二〇	二三四	三七四
北海道	四二一	四八〇	八四	一六二〇

日本圖經十三　十四　圖經六之一

纂喜廬所箸書

靜岡	六八	四一三四	三七	一三六三四
鳥取	一	一一一九		七八四
合計	九五七四	一六九九〇八	五三八三	四五七九一〇
前一年	九五七四	一六九九八	五三八三	四五七九〇一

瓦斯燈表

日本沿英語謂煤氣燈爲瓦斯燈其製造瓦斯局在東京新橋西五里品川東五里華里燈臺云者支燈鐵座也東京有局其燈以同治十三年始蓋明治七年也就光緒十一年歲入贏數言凡三萬四千七百九十七有燈之地約華里四十有八日本之里數爲六里二十九町其下爲計間虛位也述瓦斯燈表

光緒	里數華里	戶	燈 街燈 基	瓦斯價	石炭	員傭	歲出 造	歲出 修	歲出 俸給	歲出 合出	歲入 燈料	歲入 引料	歲入 雜	歲入 合入	入贏
七年	四二三三一町間 三十二里半	二二二	四四七〇 / 四〇〇	二六〇四八	二六三〇	一四 / 五五	三三六四〇	二八三五	八七一一	四五一八六	一七〇六四	二六〇四九	五三八四	四八四九七	三三一一
	六二四二〇 四十七里	一六五	一六六七 / 三四七	四一九〇四	二一〇四	九 / 三五		三六三三三		三六三三三	四一九〇四			四一九〇四	五五八一
八	四二五二六 三十三里	二七五	四八六九 / 四〇〇	三五二五八	二七五九	一四 / 五五	二九四三六	一一六五八	九三六〇	四二四五四	一七〇六四	三五二五八	六二四九	五八五七一	一六二七
	六二六四五 四十七里	一七六	一七一七 / 三四九	四二四一六	二四四八	一〇 / 三四		三六四九六		三六四九六	四二四一六			四二四一六	六五九二〇
九	四二五二六 三十三里	三一七	五一九三 / 四〇〇	四〇八三六	二八四〇	一四 / 四一	二〇六九〇	五〇九七	九三六〇	三八八七三	一七〇六四	四〇八三六	八四七七	六六三七七	二七五〇四

	六二七〇〇 四十七里半	一九九	一一四四 三五〇	四三二七九	一四八四	八 三三		三六〇七二		三六〇七二	四三二七九			四三二七九	七二〇七
十	四二八四九 三十三里半	三一八	五二二八 四〇〇	四四九二七	二四五四	一二 五一	一六一七一	五六五〇	一三二七二	三五〇九三	一七〇六四	四四九二七	四二七九	六六二七〇	三一一七七
	六一五〇〇 四十五里	二一七	二二〇〇 三四二	六一四六		八 三四	一一一八六	五一八〇九	九一八五	二六一八〇	三六一四六			三六一四六	
十	四二八四九 三十三里半	三四三	六六七八 四〇〇	三四一〇五	一九三七	一二 四五	一二三一二	二三七六	一四〇九二	二八七八〇	一二七九六	三四一〇四	一二七五三	五〇六五三	一二八七三
一	六二九〇〇 四十八里	二二一	四〇四六 三三八	二六六四一	一五七七	八 三二	一〇七六一	三一三八	一二四〇四	二六三〇三	一二五八四	二六六四一		三九二二五	一二九二二

養喜廬所箸書

日本圖經十三

十五　圖經六之一

日本圖經十三終

本册目次

游歷日本圖經三十卷（卷一四至卷二一）

〔清〕傅雲龍撰

饕喜廬所箸書

游歷日本圖經十四

奏派游歷日本美利加秘魯巴西等國英日屬地加納大古巴知府用兵部郎中臣傅雲龍述

日本食貨四

礦表

日本山或數礦礦或非山如山梨縣甲斐國都留郡之金淵則釆金急流也而因山居多開礦以炸藥搬以機器成然日本營礦僅十之五未鑿居十之一歟費而休礦罄而廢各十之二礦數或指一年或指開後三四年非盡常額也欲判官民先綜礦穴述礦表

府縣	國	郡	礦	始年	歲額
金 新潟	越後	蒲原	向百丈		三三匁
			集寶		一一匁
			栗嶽	試	
		岩船	三西郿	同	沙
橡木	下野	河內	篠井郿	同	

府縣	國	郡	礦	始年	歲額
		郡瀧	綾瀧牛 金淵		急流無額
岐阜	飛驒	大野	地獄谷	同治十一	四分九釐七毛
			金山谷		
			松谷		
		吉城	金山谷		

府縣	國	郡	礦	始年	歲額
岩手	陸中	江刺	戶中山	水同治九	一〇〇匁
宮城	陸前	栗原	大土山		四八匁
		木吉	大黑	試	
秋田	羽後	雄勝	院內郿	同治十一	三三六〇匁
		秋田	大葛	同	一四四〇匁

府縣	國	郡	礦	始年	歲額
石川	加賀	能美	不動山	同治十一	六〇七匁
福井	越前	大野	鉢谷		四五〇匁
鳥取	因幡	八東	志子部	同治十二	
		智頭	江波郿	同	
大分	豐後	玖珠	陣山	試	

地方	地名	年	額
鹽谷	高穂郡		同
靜岡伊豆賀茂	日原		五〇〇匁
	運長山		三〇〇匁
	大松山		三〇匁
山梨甲斐巨摩	大金山		四九匁
	保川		七二匁
	雨畑川		五三匁
	菅澤		七一二貫四百餘匁
銀 大坂攝津河邊	永盛山		七一三匁
	間歩山	同治十一	三〇一匁
	多田山		四四〇匁
能勢	名月山		一貫
兵庫但馬朝來	生野	同治十一	一〇〇九〇貫
播磨赤穂	龜硯山	十二	
	細念郡		試
長野信濃筑摩	金寶山		
佐久	高梨郡		試
諏訪	金澤山		
福島岩代會津	牛墓郡	同治十一	四匁
	瀧澤村		一匁七分
河沼	黒澤郡		四匁
耶麻	下谷地		三匁
長野信濃安曇	平山	試	
	大通山		
福島岩代大沼	輕井澤		三二〇〇匁
磐城楢葉	上小塙		試
行方	押釜		
青森陸奥津輕	湯澤山	同治十	七二八匁
秋田羽前雄勝	院内郡	同治十一	三二九貫九二〇匁
仙北	松倉		試
	天狗平		
	六百目平		
山形羽前邨山	肘折鳥川	同治十一	七〇〇匁
田川	最上川		試
	立谷澤川		同
羽後飽海	最上川		二〇〇匁
石川加賀能美	不動山	同治十一	六〇百匁
秋田羽後河邊	三瀬		試
	鈴木森		
陸中鹿角	小坂	同治十二	九九貫七七〇匁
山形羽前邨山	關谷		
福井越中大野	谷谷戸山		四〇五〇匁
	黒谷		一一五〇匁
	仙翁山		九三一〇匁
鹿兒島大隅桑原	上之郡		七貫五〇〇匁
島薩摩日置	向甲坑		一貫二〇〇匁
川邊	鹿籠郡		同
北海道膽振山越	網山郡		
島根石見邇摩	佐摩郡		廿貫
	又		灰吹銀無額
岡山美作英田	棚木山		二六七三匁
久米	鏡山	同治十一	二二七匁
南條			
山口周防玖珂	二鹿郡		
鹿兒島薩摩日置	芹野		六七〇〇匁

日本圖經十四

所在	名	年	數
新潟 越後 蒲原	十石山	同治十一	一三〇貫內純二百五十
	栗嶽		試
橡木 下野 鹽谷	野門		
那須	向田		
岐阜 飛驒 吉城	大富		一七一貫五二〇匁
銅 大坂 攝津 河邊	間步山	同治十二	二一〇〇貫
能勢	名月山		一二〇一三貫
八部	長谷	七	
朝來	銅山		一二九六貫
新潟 越後 蒲原	草倉	十	一四二七〇貫
	舟打澤	同	二六八二貫
	滑瀧山	同	一三一二貫
	中岩澤	同	二三四貫
	蟬平山	同	一三五貫三六〇匁

所在	名	年	數
	田子內		試
	松岡郡	同	二四〇〇匁
秋田	阿仁	同	一一四貫五六〇匁
	白山向		試
山本	八森郡	同治十一	一四貫四〇〇匁
仙北	明通澤		試
	猿丸北洞		
岐阜 飛驒 吉城	蚊腹谷	同	一七三二四貫
	源藏谷	同	四三三一貫四〇匁
	取切山	同	二二九五一貫
益田	大古		
	井上		
	洞日影		
長野 信濃 佐久	大日向		
高井	沓野		

所在	名	年	數
	水無谷猿谷		四四五〇匁
	勢柄谷		六七二四匁
	大雲谷		一八八匁
	鶴尾山		五四七三匁
	面谷山		七三貫七五〇匁
	中天井		四三貫八七〇匁
山形 羽前 郡山	寶澤		二三貫
	金山郡		同
故上	南山郡	同	同
石川 加賀 能美	赤牙山	同治十一	八〇八貫八〇〇匁
	錦山	同	一六四八貫
	小無水谷		三八一貫一〇〇匁
	鶴尾山		一八四貫
	仙翁山		九九貫
	勝原		四二六貫三八二匁

所在	名	年	數
島			
北海 膽振 山越	網川郡		
道			
久米南條 久米南條	鏡山	同	四七七貫七〇〇匁
久米北條	金堀山	同	二六七〇貫
	總谷山	同	七三〇貫
備中 川上	吉岡山		八一六〇貫
	喜多賀太山		六四〇貫
山口 長門 阿武	藏目喜郡		
德島 阿波 名西	次郎山	同治十二	七二六三貫
麻殖	中郡山	同	三〇三六〇貫
	東山菅草		

鐵

	持倉山	同	七〇〇貫四〇〇匁
	香語山	同	一五貫
	集賓山	十二	四五貫七〇〇匁
	入會地		試
三島	間瀨郡	十	一七三貫
栃木 下野 安蘇	足尾		一四〇九二貫
鹽谷	寺島郡		
奈良 大和 吉野	天和山	七	四四四九四貫
	戸棚谷	八	四七八九貫
	又山	同	四三四一貫
滋賀 近江 甲賀	石部		五九〇〇貫
岐阜 美濃 郡上	畑佐		八〇〇〇貫
飛驒 大野	三谷		
	猿丸南洞		
兵庫 播磨 宍粟	三室山		四山年凡鐵七三

福島 岩代 會津	蒲生	同治十	四一七八貫四〇〇匁
磐城 楢葉	手岡		
	野上		
	井上		
宮城 陸前 玉造	本山	同治十一	二三二〇貫
秋田 羽後 仙北	川口郡	同	一〇七二〇貫
	荒山郡	同	一四四〇貫
秋田	阿仁	同	一〇四〇〇〇貫
	大葛郡		七二〇貫
	市取澤		
雄勝	東福寺郡		
	水澤		
	向澤		
陸中 稗貫	尾去郡	同	一二〇〇〇〇貫
楯縫	龍眼谷		八五一〇貫

	水無谷等		一六六貫二〇〇匁
	勢柄谷		一五九七貫三〇〇匁
	大雲谷		七五貫七〇〇匁
	面谷山		一七六五三貫
	上秋生郡		一二七〇貫七〇〇匁
坂井	山口郡		八〇〇貫
島根 出雲 意宇	寶滿郡		三二六四〇貫
神門	龍山船谷		二四〇〇〇貫
石見 邇摩	佐摩		一一五〇貫
鹿足	笹谷		眞次銅一三六〇貫
邑智	乙原		二〇二〇貫
鳥取 因幡 岩井	貨源山		四〇〇貫
岡山 美作 英田	栩木山	同治十一	八一〇貫
西牟婁	榮盛山	同	二〇六貫
	大澤山		一六八四八貫

那賀	白合郡金山	同	一三六五貫八〇〇匁
高知 土佐 土佐	樅木山		
幡多	後山		
愛媛 伊豫 宇摩	別子山郡		二二四八〇〇貫
福岡 筑後 上妻	別坑		試
大分 豐後 大野	大桐四		以上十
	杉谷四		所年出
	古邊津留		二四六貫
海部	津久見浦迫山		一八〇匁
熊本 肥後 葦北	木根山奧		一六〇〇貫
球磨	逆額川		九六〇貫
宮崎 日向 臼杵	日平山		三二〇〇貫
	植峯		一六〇〇貫
			銑三九三七五貫

國郡	鑛山	年	產額	國郡	鑛山	產額	鑛山	產額	國郡	鑛山	年	產額
	天兒屋山		六五〇貫 鋼三	大原	井谷	二七三四六貫七〇〇匁	久住山	五五〇八貫		金吉山	同	九七五〇貫
	阿舍利山		〇〇〇貫 鐵沙六一	島根 出雲 仁多	鹿谷	三一四四貫	大吉山	二三〇四〇貫				銑四六二一五貫
	音水山		六六二貫		八川郡	二〇四七貫	大倉山	一一七九七貫		立尾山	同	四三八七貫五〇〇匁
羣馬 上野 甘樂	小坂		四四三〇貫		野土	五六〇四九貫	金山	六八四〇貫	岡山 美作 大庭	東根山	同	九三〇一貫五〇〇匁
長野 信濃 水內	替佐		五一一〇〇貫		竹崎郡原	五四〇六五貫	牀吉山	六三九八貫				銑一五〇九三貫
	永江郡		二七五貫		龍駒	七六五〇貫	倉谷山	一〇八九〇貫	直島	鐵山	同	一四二五六貫
佐久	大日向		試		兩川郡鐵穴	四六九一八貫	鹽瀧山	二五二四五貫				銑四二八六一貫九〇〇匁
福島 磐城 楢葉	上手岡		二〇〇〇〇貫		槇原	四九〇三九貫	新田山	一二〇九六貫		鐵廣山	同	一三九五九貫
	上川內郡		試		宇根	四三九八〇貫	淸瀧谷尻	一二四三五貫				銑二八二五三貫七〇〇匁
磐前	上好間郡		同	神門	加賀谷	二二六五一貫	正土原山	一四四〇〇貫		幸家山	同	二九一六〇貫
田郡	上移		同		越堂	五九八七六貫	稻積山	四四八〇貫				銑五八四七三貫
標葉	石熊郡		同	飯石	立石	三五〇六三貫	石井谷山	一四〇二四貫	備中 阿賀	菅生郡		八六八三六貫
	大河原郡		同		丸山	三一一六〇貫	東山裾	七六〇三貫		成地分四		三二四〇〇貫
宮城 陸前 黑川	吉田三	同治十一	二七〇〇貫		堂谷	三一八〇八貫	鐵吹山	二一四九四貫		花見郡		二三七六〇貫
	宮牀	同	九〇〇貫		弓谷	三三二二一貫	佐木谷山	七一八一貫		井原十七		一八一八四五貫

栗原	花山邨	同	三二一〇貫		八重瀧		四三七二七貫		篠原山		一一七四三貫	哲多	釜邨		一二一五〇〇貫
本吉	臺田山	同	一三三二貫八〇〇匁		中谷		三一九九八貫		谷中山		二三〇〇五貫		上神代二十		一四九八七五貫九二〇匁
岩手陸中磐井	野山口山	同	二〇〇〇〇貫		菅谷		四七〇一〇貫		鐵吉山		四〇一四貫		千屋五		六九一六六貫九二〇匁
	釘子邨	同	三〇〇〇〇貫		杉戶		四四一七七貫		川平山		五七六〇貫	阿賀	大井野		試
江刺	古歌葉山	同	五〇〇〇〇貫	石見邑智	出羽		八六八〇貫		大原山		四五〇〇貫		山奥邨		試
	人首邨						銑同		折渡山		四五〇〇貫	廣島備後奴可	五百四十		二二三九〇六貫
閉伊	稻野		五三五〇〇貫		矢上邨		鋼		榮原山		二五六一九貫	安蘇	廿一		一八三六八〇貫
	甲子郡六橋	同	二六〇〇〇貫	隱岐周吉	大平山		試		福澤山		一二五五〇貫	三次	三百八十四		五四七五六〇貫
青森陸奥北	金掛山	十	一四七四九貫	鳥取伯耆會見	堂谷山		三六〇〇貫		秋原山		二二四二貫	安藝高田	畑迫等六		三一七二〇〇貫
秋田羽後仙北	生保內川			日野	間地山		一七二八〇貫	河邨	八形山		一二二四二貫		大谷山舟谷山		二九一六〇貫
	玉川湯本				大杉山		四三二〇貫		大瀧山		七六六一貫	山口長門豐浦	阿川邨		沙
山形羽前最上	角川邨				金榮山		四四六四貫		大谷山		九七〇九貫	高知土佐幡多	倚木迫		
島根出雲能義	布部		五四一八八貫		金澤山		一五一二〇貫	岡山美作西西條	西谷山	同治十一	七六二〇貫	北海道渡島茅部	古武井		沙
	幸谷		三六二八〇貫		吉延山		一四七六〇貫				銑一八六〇〇貫	北海道膽振山越	山越邨		沙
	市原		四二二六〇貫		井原山		二三一三九貫		代茂山	同	二三二二五貫				

日本圖經十四

圖經六之一

類	所在	名	年	數	所在	名	年	數	所在	名	年	數	所在	名	年	數
錫	山口 周防 玖珂	二鹿野			鹿兒島 薩摩 谷山	福元鄗		二八八〇貫								
鉛	兵庫 但馬 朝來	鉛山		二二九貫	宮城 陸前 栗原	勝袋山		四六四四貫一六〇匁	山形 羽前 最上	鳥越				面谷山		蒼鉛一二七貫
	新潟 越後 蒲原	詰板澤	同治十	一七八貫	青森 陸奥 津輕	湯澤山	同治十	四八貫	島根 出雲 意宇	穴釜山				中天井		二四八〇貫 蒼鉛二二二貫
		新山澤	九	七〇〇貫	秋田 羽後 秋田	阿仁	十一	四〇〇〇貫	大原	大平山			山口 周防 玖珂	二鹿		
	滋賀 近江 愛知	政所	十三	六九七八貫		市取澤			福井 越前 大野	谷谷戶山		一〇五〇貫 蒼鉛一三四貫	長門 大津	深山鄗		
	岐阜 飛驒 吉城	取切山	十	一三八貫百六十匁		矢櫃	二八	六四〇〇貫		小麻谷黑谷		八一〇貫九八〇貫 蒼鉛六六五貫	附武	藏目喜鄗		
	長野 信濃 伊那	上飯田鄗			仙北	日三市				熊谷		三三五六貫餘	美禰	長登		
		外五鄗				孫四郎澤				仙翁谷		一八三貫五〇〇匁	北海 渡島 龜田	三森山		
		大西山			山本	太良	十一	一九二〇〇貫		水無谷等		蒼鉛四六貫三〇匁	道 後志 岩內	金峯		
		白耆澤山				小佐塲				熱柄谷		五六五貫二〇〇匁				
		暗澤			福井 越前 大野	大雲谷		一六貫五〇八匁		鶴尾山		蒼鉛五四貫餘				
金	新潟 佐渡 雜太	青盤		一貫九五二匁		中尾坑		二〇一匁	新潟 佐渡 雜太	彌喜知坑		銀七八匁				
				銀四五貫四一七匁				銀九貫一四〇匁				三貫九八二匁				
		日向坑		二六六貫				銅二一貫				銀二三貫二〇〇匁				
				銀六貫五二一匁餘		中使坑		五二匁		彌十郎坑		一〇四匁				

雙喜盧所箸書

	彌平坑	一四三匁			銀一貫七七〇匁			銀五貫三一〇匁
		銀三貫五一三匁餘	新潟佐渡雜太	五左衛門	一〇五匁			銀六貫二〇〇匁
	赤塚坑	七匁九餘			銀七匁	三重紀伊牟婁	揚枝川郡	銀銅鉛
		銀二六四匁			銅三二貫三〇〇匁	山形羽前邨山	幸生郡	二十年出銀
	旭甚右衛門	一九匁		清次坑	八四九匁			銅二五六〇貫
		銀四七一貫銀六匁			銅五五貫餘		鶴子郡	銀鉛
	治助坑	五一匁			銅一二六匁	山口長門阿武	藏目喜	鉛白錫
		銀六六二匁		七助坑	七九匁			鏈
	甚五坑	六二二匁			銀五貫一一二匁	美郡	長登	碼鏈白鑞
		銀一五貫六二二四匁餘			銅一一匁		赤繪堂郡	白鑞
新潟佐渡雜太	彌兵衛坑	三五二匁		加賀彌十郎坑	一四八匁	阿武	四木松	白鑞鏈
		銀八貫六二〇匁三分			銀九貫一九九匁	愛媛伊豫新居	大野山	白鑞一六〇八匁
	青柳坑	一八匁		大切山	四貫一九九匁	大分豐後大野	灰木谷	銀一六四貫八〇〇匁
		銀七七〇匁			銀一三一貫餘			鉛七三貫餘
	烏越坑	四貫三五〇餘			銅一二二五貫二〇匁		高仙山	試

		銀一六八貫四七匁		百枚坑	一貫三四九匁							
		銅七一七貫三〇〇匁			銀六八貫四一六匁							
	次郎右衛門	三五匁			銅七八一貫餘							
		銀一貫餘										
		銅四貫八百匁										
大阪 攝津 河邊	多田	銀銅鉛紺青雲母綠礬丹	河邊	永盛	銅銀鉑八三五〇貫							
		鐫白										
		一八五一一貫										
兵庫 攝津 八部	鷹取		足利	名艸邨		山形 羽前 郡山	朧氣邨			嘉麻	五十四	
播磨 神東	大貫	五四〇〇〇貫	鹽谷	野門		最上	富田			穗波	二十一	
長崎 肥前 彼杵	香燒島等	六九五九三七六貫		金澤邨			川口			糟屋	十八	
	四十一		三重 紀伊 牟婁	宮井			堀內邨			鞍手	七十一	
松浦	瓜板邨等	四〇五三八一餘貫	山梨 甲斐 都留	鳥澤邨谷	一二八〇〇貫	田川	油戶邨			遠賀	十二	
	二百七十一			桐澤山	一二七五〇貫	石川 能登 鳳至	山田平	同治十三	一六〇〇〇貫	宗像	二	
對馬 上縣	湊邨舟江		岐阜 美濃 可兒	比衣邨	四二〇〇貫		坂尻	同	三五〇〇貫	筑後 三池	平野	

府縣／國／郡	地名	年	數
	濱		
下縣	嚴原白磯		
新潟／越後／蒲原	杉木澤		
	金山谷		
岩船	持㙇澤		
頸城	青柳		
羣馬／上野／片岡	石原		
	乘附		
千葉／安房／長狹	金東		
平羣	吉濱		
	鋸山		
	機根		
茨城／常陸／多賀	大塚	同治十二	二〇七八貫八八〇匁
	小豆島郡	同	二二〇四〇貫
		同	五五四二四貫

府縣／國／郡	地名	年	數
飛驒／吉城	宮地		四二〇〇貫
長野／信濃／小縣	岩清水郡		
更級	山布施郡		
福島／岩代／伊達	南半田村		
磐城／菊多	沼部		
	三澤		
	小山田郡		
磐前	白水郡		
	上湯長谷		
	下湯長谷		
	宮郡		
	下藤原		
楢葉	田綱		
	神小屋郡		
秋田／羽後／秋田	御札山		

府縣／國／郡	地名	年	數
岡山／美作／勝北	大日山	十一	三二〇一六〇貫
	寺谷	同	四八一八貫七六〇匁
山口／長門／厚狹	船木郡		
德島／阿波／勝浦	龍田山	同	一一四二三七貫
	掛谷		
	兼谷		
	打兼		
高知／土佐／安藝	奈半利郡		
愛媛／讚岐／小豆	湯谷	同治十二	九七五九〇〇貫
	前濱	同	二二一三四〇貫
	平見	同	六三七六〇貫
愛媛／伊豫／浮穴	高柳郡		
宇和	立間		
福岡／筑前／早良	三所		筑前共一八五所年
			一八三四一四四〇貫

府縣／國／郡	地名	年	數
	稻前郡		
豐前／田川	二十三	同治十二	一七〇九四八八貫
			石壳二五一四八俵
佐賀／肥前／小城	小待五十		五五八四二六二貫餘
杵島	老久郡等		五六四八〇貫
	二所		
熊本／肥後／天草	內田郡等六所		二八六九六〇〇貫
北海／渡島／龜田	石崎		
道／後志／岩內	茅沼		
石狩／石狩	石灰山		
釧路／白糠	白糠郡		

上田 小津 同 五二二八八貫	崎澤大川	席田 同			
橡木 下野 都賀 小曾戶郵	水上澤大川	上座 一			
硫 羣馬 上野 吾妻 草津 三〇〇〇貫	吾妻 葛座山				
石油 山梨 甲斐 都留 戶淵					

未鑿

金	石川 加賀 石川 石神山	富山 越中 新川 奥猫谷	新川 有峯谷		
銀	三重 伊勢 員辨 多志田山	員辨 西野尻郵	員辨 大貝戶郵	員辨 藤原岳	三重 水澤山	鳥取 因幡 岩井 銀山郵
銅	埼玉 武藏 秩父 小荒川	富山 越中 礪波 上下百瀨川村	喀奪 樂谷	土佐 黑瀧山	寺野	幡多 三岡
	三重 伊勢 員辨 西野尻	鳥取 因幡 岩井 銀山郵	土佐 香美 黑瀧山	土佐 吾川 長坂	吾川 奥谷	鳥取 因幡 岩井 銀山郵
	大目	高知 土佐 安藝 大櫻山	清水森	橘山	高連山	
	藤原嶽	白壁谷	長岡 北山郵	二瀧山	高岡 楠神山	
鐵	同	石川 加賀 石川 金山坂				
鉛	三重 伊勢 員辨 多志田山	鳥取 伯耆 河郵 鉛山郵				
金屬	高知 土佐 土佐 小麥畝〇白鐺	土佐 幡多 荒瀨山				
石炭	羣馬 上野 利根 上久屋	伊賀 藏繩手	都留 家下	磐城 磐前 西小郵	福井 越前 大野 中之娛	高知 土佐 香美 礦八

養喜廬所箸書

三重伊賀阿拜　久米	名張　田原	滋賀近江蒲生　鎌掛山	北好間	木根橋	吾川　中川内山
音羽	一志　宮野邨	甲賀　大川原	磐城　赤城	谷邨	高岡　礦二
島原	靜岡駿河都留　盤原	高島　黑谷	楢葉　淺見川		幡多　礦三
西山	輕澤	福島磐城匊多　北迫川			
伊賀　上神戸	上野石原	下小川			

休

金					
新潟越後蒲原　五十澤	山梨甲斐山梨　上萩原	河沼　黑澤三	秋田羽後仙北　小杉山邨	猿間	筑後生葉　小室山
磐城　高根	巨摩　黑桂	耶麻　檜原	雲然邨	早口	大分豐後速見　馬上山
頸城　橋立	滋賀近江甲賀　大川原	安積　守屋	小勝田	川原毛	宮崎日向臼杵　永尾山
埼玉武藏秩父　股澤	岐阜美濃吉城　天生邨	宮城陸前氣仙　竹駒	下檜木內邨	山形羽前邨山　谷澤五	
眞樣	長野信濃安曇　小倉	加美　宮崎	上檜木內邨	牛房野五	
靜岡駿河安倍　梅島	黑澤山	牡鹿　鮎川濱	秋田　坊山邨	石川能登鹿島　庵邨	
岩崎村笹山	福島岩代會津　石邨	綱地濱	曲田邨	福岡筑前遠賀　畑	
伊豆賀茂　青野	大沼　本鄉邨二	岩手陸中磐井　島海邨	秋田　輕井澤邨	宗像　礦十七	
銀					
新潟越後岩船　高根	滋賀近江栗太　富川邨	福島岩代會津　檜枝岐	秋田羽後雄勝　山野田	富山越中新川　龜谷	久米　中北上

	魚沼 折立	岐阜 美濃 武儀 金山郡	河沼 屋敷 二	仙北 荒川郡	長棟	久米南川郡
	栃木 下野 那須 三斗小屋	上之保	耶麻 岩尾	上檜木內郡	鳥取 因幡 岩井 銀山郡	愛媛 讃岐 河野 御供所
	武部郡	吉城 前平	伊達 北半田	秋田 馬場目	岡山 美作 英田 川北郡	宮崎 日向 臼杵 呂久山
	安蘇 足尾	東平 二	宮城 陸前 加美 北山內郡	山本 藻浦	洪西條 土生郡	
銅	大阪 攝津 河邊 多田院	立里	高島 海野郡	秋田 羽後 仙北 川崎	賀茂 仁賀郡	福岡 筑前 鞍手 礦 六
	能勢 下田尻	長野 信濃 埴科 關屋	福島 岩代 會津 岩下	下檜木內郡	沼田 八木郡	筑後 上妻 栗林
	兵庫 攝津 菟原 中尾	伊那 中瀨	叶津	羽後 河邊 船岡	高宮 下深川郡	尾久保
	蘆屋	安曇 安曇郡	大沼 玉梨	秋田 山館郡	和歌 紀伊 那賀 金屋	福岡 豐前 企救 野中
	有馬 唐櫃	西穗	阿沼 黑澤	雪澤	德島 阿波 名東 大瀧山	大城寺
	名來	三重 志摩 答志 赤崎	麻生	新澤	麻殖 川田山	宮尾
	船坂	滋賀 近江 栗太 荒張	伊達 半田	長走	大張	大分 豐後 大野 木浦 二
	新潟 越後 魚沼 田澤郡	蒲生 田津畑	宮城 陸前 紫田 砂金郡	富山 越中 新川 稻郡	內坪	尾平 二
	奈良 大和 古野 欙尾	甲賀 黑瀧	名取 新川郡	鳥取 因幡 岩井 銀山郡	高知 土佐 吾川 安居	海部 津久見浦
	紫園郡	大川原	加美 北川內郡	廣島 安藝 豐田 釜山郡	愛媛 伊豫 宇和 日土郡 三	松崎
鐵	群馬 上野 甘樂 熊倉	實郡 四	油野	三河內 三十	廣島 安藝 高田 桑田	福岡 筑前 志摩 四

	福島岩代河沼 出原	花見 三	廣島備後奴可 平子	三次 森山中 三	栗屋 三	糟屋 奈多
	宮城陸前栗原 川口	井原	惠蘇 古須 五	森山東 二	山縣 大塚 六	遠賀 矜田
	石川能登鳳至 谷內	阿賀 大井野	高暮 二	岡三淵 二	大朝 五	宗像 福間
	富山越中婦負 加賀津	田治部 三	上里原 三	茂田 二	若戶 五	
	岡山美作西西條 富東谷	哲多 上初代 二	白泉郡	光守	宮迫 三	
	備中阿賀 菅生郡 二	千層	惠蘇 竹地谷	調 西野郡奥	新在 二	
鉛	長崎對馬下縣 板	太河內	西平奈川	秋田羽後仙北 稻澤	岩瀨	廣島備後御調 小原
	椎根郡	小川口	曾倉谷	下檜木內郡	山田	安藝豐田 沼田下
	新潟越後魚沼 地平	大栗須	福島岩代會津 戶中郡	河邊 三內郡	山本 粕光	山縣 加計
	三俣新田黑又郡	岐阜美濃吉城 前平	河沼 黑澤 四	羽後秋田 大坡	木澤	大分豐後大野 轟山
	三重紀伊牟婁 牟婁	東平	出原	雪澤	大久保臺	宮崎日向臼杵 椿原山
	芝生	茂住	中野	茂內	目長田	
	和田	長野信濃筑摩 刈谷原	宮城陸前名取 新川郡	早口	富山越中新川 長棟	
金屬	埼玉武藏秩父 比良平 銀鉛	岐阜美濃阪東 下野 銀銅	越中射水 磯邊	島根出雲意宇 失田	高知土佐幡多 古味原 白鍚	
石炭	宮城陸前栗原 文字郡	福島岩代河沼 船渡	石川能登羽咋 寶達	富山越中婦負 深遺郡	下笹原	廣島安藝豐田 佛通寺

	一	二	三	四	五	六
	秋田羽後山本 八森	福島 鹽坪鄗	鹿島 不動山	鍋谷	角間	

廢

	一	二	三	四	五	六
金	兵庫但馬美含 金原	鏡尾	羣馬上野利根 戸倉	二又鄗	彌波 西赤尾町	殿山
	養父 中瀨	角行坑	山梨甲斐巨摩 黑柱鄗	能登羽咋 寶達	鳥取因幡八東 西谷	口繩山
	新潟越後岩船 大石鄗	雜多 新間步	青森陸奧津輕 原平鄗	富山越中新川 虎谷	福岡豐前企救 元山口	莫幾葛谷
	佐渡雜太 永庵坑	金町	岩船 大石鄗	河原波	唐人小屋山	猿畑山
	喜多見	雲子	秋田羽後由利 上笹子	松倉	小谷	
	龜脊	羽茂 岡山	石川加賀石川 倉谷	折戸	大道山	
銀	兵庫播磨神東 小畑	市勢	群馬上野甘樂 後箇鄗	富山越中新川 平澤	礪波 新山鄗	日野 金持鄗
	神西 川上鄗	總吉	三重志摩員辨 治田鄉	折戸	鳥取因幡智頭 西鄗	
	長崎對馬下縣 椎根	蒲原 瀧谷	宮城陸前刈田 小原	淺生	藍津鄗	
	新潟佐渡雜太 八壽	雜太 無名坑	秋田羽後由利 上笹子鄗	越中婦負 廢谷	氣多 光本鄗	
	不動澤	重一郎坑	石川加賀石川 熊走鄗	片懸	鳥取伯耆久米 山口	
銅	大阪攝津能勢 下田尻二	岩船 大石	青森陸奧津輕 砂子瀨	奧谷	三五郎二	和歌山紀伊名艸 禰宜
	出野四	大內淵	石川加賀能勢 平栗	楯縫 河下	廣島安藝豐田 宮原四	高知土佐高岡 長者郎

日本圖經十四　八

圖經　六之一

饗喜廬所著書

		大原		沼郡	富山越中新川	平澤	大原	刈畑	安藝	下瀨野		斗賀野
		吉川二		小見郡		東種	飯食	掛合	沼田	筒瀨		大植
	長崎對馬下縣	久須保	群馬上野甘樂	藤原	彌波	田向		入間	高宮	中深川	福岡豐前企救	呼野
	新潟越後蒲原	龍谷	三重紀伊牟婁	井關		大觀場二	鳥取伯耆日野	金持	高田	二		
		川內郡		藏土	福井若狹大飯	野尻	廣島備後三上	本郡	山縣	三		
		羽黑		佐野	島根出雲能義	山形帳	三谿	吉金	佐伯	四		
鐵	青森陸前津輕	今泉郡	鳥取伯耆會見	七	伯耆日野	九十九	岡山備中河城	大井野	廣島備後三次	上市野	廣島備後三次	東酒屋
		小國郡	八橋	鐵山								
鉛	長崎對馬下縣	久須田		戶倉	岩手陸中膽澤	澔民澤	秋田羽後由利	上笹子	島根石見邇摩	佐摩	宮崎日向臼杵	土呂久山
	新潟越後蒲原	瀧谷		宮崎	青森陸奧津輕	砂子瀨	富山越中新川	下田郡	廣島備後三次	東酒屋		黑高原山
		蛭野		上郡一		袋	婦負	庵谷	三谿	安田		大吹山
		川內郡	岐阜美濃郡上	寒水郡		相馬		片應	高知土佐幡多	窪浦浦		
金屬	岐阜美濃加茂	下野銀銅	高知土佐幡多	米原下谷 ○白鐺								
石岩	茨城常陸多賀	上手綱	員辨	川原	三重紀伊牟婁	鉛山郡		道湯小郡二		細見郡	島根意宇島根	西川津
	三重志摩桑名	古野	鈴鹿	原尾山		鮎川郡	岐阜美濃加茂	飯地郡		木巢村 松田郡		國屋郡

官礦表

石炭無所謂製也若金若銀若銅若鐵則采額與製額有差礦含金屬非以化學分之末繇知也沙金沙鐵並出自沙又有岩鐵云者出自山而礦以箇計述官礦表

縣	國	礦	數	坑坪數	種	出額	製礦支消	含有金屬	製出額	價額
新潟	佐渡	佐渡	四	一五四四八	金銀	一八八一〇五〇	二〇五〇〇二	二四二 七二五二	二七五一三 八一〇八八五	六八九〇四元 一二五五五五
兵庫	但馬	生野	四	四六九六一三	金銀	五〇〇七七七	五一九〇九〇	二六四 八五一〇	六四九四 三九八三九七	一九五一五 六一八〇八
					銀銅	三八三六八	三九一三七	八〇六六 八六九九九〇	一九九〇	一四一八
廣島	安藝	廣島	五四	三五六四五	沙鐵	一一三五六六七	二〇六三九七五		銑 四六七八二八 鍊 三四五六六六	二三〇八〇 五〇四四七
					岩鐵				本製鋼 七八一五 析地鋼 六〇九九	二一八八 六四五
福岡	筑後	三池	四	一三二八一二	石炭	四九三二三五八五			四九三二三五八五	三三五〇三七
北海	石狩	幌内	二二	六二〇〇〇〇	石炭	八九三二九二二			八九三二九二二	一五六六四四
總	計		八八	一三九二五一八	金銀	二三八一八二七	二五六九一一一		三四〇〇七 一二〇九二八二	八八四一九 一八七三六三
					銅鐵	三八三六八 一一三五六六七	三九一三七 二〇六三九七五		一九九〇 八二七四〇八	一四一八 七六三三六〇

				石炭	五八二六五〇七			五八二五六五〇七	四九一六八一
前一年		一一六	九一九九〇三九	金銀銅	三二六〇〇〇	三二七七九八七		一二四六八三六 六五六二九八六二	一一二六九六 四七三五六八
				石炭	六五六二九八一二			六五六二九八一二	四七三五六八

官礦工表

日本礦官未始非周官卝人遺意礦師初藉西力十餘年來徵獨自爲並可應需矣北海道札幌官工與鐵道之員之工專兼無定而佐渡生野三池廣島就光緒十二年言（明治十九）其事務技術諸官與夫吏而傭者凡二百七十有二工凡五十七萬六千二百四十七采夫運夫凡七十二萬九千六百三十四其日給工直謂之稼人賃錢稼人猶言苦工也官吏則曰俸給以月計月支金起圓日給金起釐而錢而幾十錢而圓準此箸摎述礦工表

	事務官 月支	技術官 月支	傭 月支	男工 日給	女工 日給	十六歲下 日給	掘採夫 日給	男運夫 日給	女 日給	十六歲下 日給
佐渡	三 三二五	三 一二〇	三六 四八一	一五二〇六四 一九九	三三四四〇〇 八五	五五一九四 五〇	七一七八七 二三三	二四九二八 一八〇		二三二五 五八

生野	二 二八〇		四〇 八一八	六一九四九 一五七	一二一二二 六二	五〇一一 八二	八九七三一 一九六	二六三五二 一五七	三五〇 一一五	八二四一 六九
三池	三 二九三	一 五五	九九 一〇五一	二五一四八八 一六六	二九八九 六一	二〇三〇 五八	四三九七一一 一〇三	六五二〇九 一四二		
廣島	一一 三二〇		七四 四六二							
合計	一九 一二一八	四 一七五	二四九 二八一二	四六五五〇一	一四八五一一		六〇一二二九	一一六四八九	三五〇	一〇五六六
前一年	三八 一一八五	二〇 一二九二	二五七 一五七七	五六二九二二	四〇〇四四	四六三八一	七〇二一六二	一三四一七九	四三四	八三二五

官礦售數年表

日本量礦之數起匁謂之量目售金起圓謂之代價一匁猶重一錢也每匁價數起分謂之價格亦曰一匁ニ付合金銀銅鐵石炭計之自開礦至光緒八年（明治十五）售金六百四十五萬七千五百五十一圓明年八十三萬八千三百八十三圓又明年一百六萬九千八百四十三圓凡入金圓九百二十一萬一千一十九述官礦售數年表

售數年表

開礦至光緒八年九				十				十一			
量數	售價	每匁	量數	售價	每匁	量數	售價	每匁	量數	售價	每匁

金			銀			銅			鐵	石	炭	
佐渡	生野	合	佐渡	生野	合	佐渡	生野	合	廣島	三池	幌內	合
二〇二八一二 匁	二七八〇九七	四八〇九〇九	六五〇九五九二	二八八〇八一五	九三九〇四〇七	一二三八九	八七八八	二一一七七	三四三三〇四二	二九五一二二三六五	三七六五七五	二九五四九九一四〇
六四七六五三	八一四七〇七	一四六二三六〇	一一七〇一五六	五二六八二九	一六九六九八五	一七八八五	一六二二九	三四一一四	一〇三〇三五三	二二二七二五五	六四八五	二二三三七四〇
三一九三 元	三九二九	三〇四〇	一七九	一八二	一八〇	一四四三	一八四六	一六一〇	三〇〇	七	一七	七
二二三一〇	二一九二	三三五〇二	九四四一五五	四〇五八六〇	一三五〇〇一五	一四三六〇	二六一六	一六九七六	一三八五九五三	四四三四四〇五四		四四三四四〇五四
六八三四八	三五四六八	一〇三八一六	一六三三九九	七二二二七	二三五六二六	一二七九五	二六二九	一五四二四	一五八五五九	三二四九五八		三二四九五八
三〇六三	三一六九	三〇九八	一七三	一七七	一七四	八九〇	一〇〇四	九〇八	一一四	七		七
二五四五一	九七七六	三五二二七	八六三六七六	三八三一六〇	一二四六八三六	四五六〇二	二八七五	四八四七七	一六三六三二	六五六二九八一二	四九一一七四六	七〇五四一五五八
八二八二七	三一二八八	一一四一一五	一五四三七一	六八〇五一	二二二四二二	二三七三二	二三一六	二六〇四八	一一二六九六	四七三五六八	一二〇九九四	五九四五六二
三二五四	三二〇〇	三二三九	一七八	一七七	一七八	五二〇	八〇五	五三七	八七	七	二四	八
二七五一三	六四九四	一二四〇〇七	八一〇八八五	三九八三九七	一二〇九二八二		一九九〇	一九九〇	八二七四〇八	四九三二三五八五	八九三二九二二	五八二五六五〇七
六八九〇四	一九五一五	八八四一九	一二五五五	六一八〇八	一八七三六三		一四一八	一四一八	七六三六〇	三三五〇三七	一五六六四四	四九一六八一
二五〇四	二一〇〇五	二六〇〇	一五四	一五五	一五四		七一二	七一二	九二	六	一七	八

官礦出入表

興業指開礦初言營業指歷年言營業下存則開除營業費而實

存此數也惟光緒九年興礦之費包以前數它則歲計述官礦出入表

		興業				營業						
		開	建	機械	雜	俸給	雜給	作場	器械	采	製	建築
佐渡	光緒九年	二〇八四五〇	一七二二一〇	八五四一九	九一八八二四	九二一一	三七六九	七〇六〇	五二五五	一〇二二一〇	一〇二四九六	四六二二
	十		一七			八三五七	四二九一	三三一〇	五二一一	一〇九六〇九	七八九二〇	七四三八
	十一					八一五三	四三四〇	一九五八	二一三九	九七五三四	六三七五九	一六四九
生野	光緒九年	五八六〇五八	一五七八四九	三二〇六六五	五三〇二七九	一四六二〇	一九五〇	一〇八三	一〇一五二	二五八七四	二二八〇九	三六〇一
	十					一四三九〇	一五五四	七九七	六九七三	二六〇六六	一四二八四	五七七八
	十一					一〇四三〇	一六八五	五九五	二九七四	二三四二一	九五〇五	三五三六
三池	光緒九年	二九一五五八	一一六四二八	一四九九二九	一五一六四九	一三四六四六	六七五一	九四一二	二三五八〇	二二三九八五		三六一四八
	十					一五六三九	五二四八	九一七二	二八四九六	二四九八八五		二一〇〇八
	十一					一三四三八	四六三一	八四六八	一九〇〇九	一四六四二二	四一三	三二五七九
廣島	光緒九年	九一九五一	一〇〇一三	一八七六	三四七四	八六八六	八二九二	三七〇二	二四六〇	二三一六八一	六〇五二〇	一一二六
	十					九〇〇三	八一四一	二八四八	二三九〇	一三四六〇	四一六〇〇	八五〇
	十一					八四一二	三三二三	二〇七二	二〇四二	一〇五九八	三二一二〇	九八四
幌內	光緒九年	一五六五五八										
	十											
	十一						四七二二八			五六六三五三		

日本圖經十四　十一　圖經六之一

養喜廬所箸書

他費	人 礦價	實 不用品價	合	營業下存
九四六四	二五八八八一	七六	二五八九五七	一四八七〇
八二七六	二六五六七六		同	四〇二六四
四二三四	二一八四二八		同	三四六六二
二〇一二〇	一一八〇八一	四六〇	一一八五四	一八三三二
一八八九五	一〇九八〇一		同	二一〇六四
二一一五九	八三二六五		同	九九六〇
四九〇九	三三八七四六	四一〇八	三四二八五四	二四四二三
四九二九	四七六九一六		同	一四二五三九
三八五一	三三六八九〇		同	一〇八〇八四
五五八	一〇二九二一		同	
八五六二	八二八七八		同	
七四三				
	一二〇九九四		同	
二四八五八	一五六六四四		同	

民礦金屬非金屬表

金屬安質母尼一名鑷滿俺一名錳酸化鐵即化學家所謂鐵銹也非金屬之大理石以似中國雲南大理石而名日本山鹽亦入此類別詳鹽法故不複記就光緒十年數述民礦金屬非金屬表

金屬

府縣國	金	銀	銅	鐵	鉛	安質母尼	錫	滿俺	酸化鐵	白目
京都山城										
大坂攝津兵庫		二六九〇三	一二九一六							
兵庫但馬		二五三三三	三七四		八〇〇					

日本圖經十四　　十二

京都 兵庫	丹波		五八三三	五九一八							
兵庫	播磨	一五一二	一八四七八五	二〇七八八	九八八八	五五七					
新潟	越後	二四六〇	七五	三〇三八三四	七五〇〇	一五八五					
橡木	下野			六一六七三三					二九五五 一五六二〇		
靜岡	遠江		一二五六七	三八二		一三一〇					
同	伊豆	二二一									
山梨	甲斐		二一五								
滋賀	近江								六二〇〇		
岐阜	美濃		五七二五七	一〇六四四		二五					
同	飛驒		七一一五三〇	五八〇四二		七五〇					
長野	信濃	四五	一三〇	一〇〇八		一					
福島	岩代	九五七八	二七七二八七五	四一五五		七二八					
宮城	陸前	二一四	七二八三	八〇四一		二九四〇					
岩手 秋田	陸中	二四四六	二六〇七八三	二〇〇六一三	一九九七八						
岩手 青森	陸奥		四四二六	四二九〇	三七七五	四八					

圖經　六之一

養喜廬所箸書

秋田山形羽後	六一四一	四九一七四	八三五一〇		一六七					
山形羽前	一〇一		一五四四二							
石川加賀	九九七		七三五八四							
同能登								一二一〇		
富山越中		四六	三四一二		二五一一					四五
福井越前		六八〇三三〇	五六九三八		五〇八					六八五
同若狹			一九九七							
島根出雲			五四八〇一	五七七八二〇						
同石見		二四六四五	二二九五一	四二五〇一一						
鳥取因幡		八一二	一三六二							
同伯耆				三七四三九六						
岡山美作			六五九二〇	一七五一九〇						
同備前		四五〇	一〇五三二							
同備中			九二七〇九	三五四五一	八七八					
廣島備後		三一四〇	一三五三二	二〇七五二	八七五					

同	安藝		一四五八	三二六三八							
山口	周防			二四							
同	長門		三三二五	三六九三六		二六八					五〇
和歌山	紀伊			二八九二							
德島	阿波	二八九二二									
高知	土佐			三〇八一五							
愛媛	讚岐			八							
同	伊豫			三一二九〇五			二四七九九〇 三二二		一〇二六六		
福岡	筑前	一四七		七六							
福岡大分	豐前			一八七五二							
大分	豐後		四五〇	一八六三		一八〇	一五一三 五七一〇〇				
熊本	肥後		二四二五			一一					
宮崎	日向	七八	一〇五〇〇	九九八二		一〇五九	一	三二六 二四一九			
鹿兒島	大隅	一〇九〇七	六三八五								
同	薩摩	二九四四	一一七五					五六一一 二〇一一四一			

合計	三八〇〇六	四八六〇二一	二三二一八一三	一七九一五六	三五一九〇	二九三二二七 四一一	七四六〇 二六〇六六〇	二九五五 三三二九六	一二五	九〇三
前一年	四一〇八四	二八〇二〇四一	一六二四九二四	二五七〇〇三一	四四一一五	六三六八二三	五五二九	四〇一二八	三九一	

非金屬府縣見上

國	石炭	石油	硫黃	石英屬	陶土	砒	緑礬丹礬	明礬	褐炭	黑鉛	土瀝青石灰花	大理石	蠟石屬	雲母
山城				一一三七五	二〇五四〇									
攝津					一六〇二									
相摸			一二五四七 一四六一											
但馬					四五五五〇									
播磨					五一八四									
淡路					五〇五八二									
肥前	三一三八三九四四		六四〇〇		二二九六〇二八									
越後	四一九八七九	九七九九二八〇				二〇〇〇〇 二〇〇〇〇			一二〇					
上野	六四九五九五		二四七〇〇 一五九〇〇		六〇七六八								一二八二七	
常陸	四六四八二七			三六四〇								一九一二六	五五七二三	
下野			三八八〇 四二八			一九五	一一六九六	一四一五						

大和	伊賀	三河	尾張	遠江	伊豆	甲斐	近江	美濃	飛驒	信濃	岩代	磐城	陸前	陸中
六〇〇〇		一八五〇	六八三〇									一〇六二〇三三	五二八七〇	一八六九
				一五一三六〇						一九二四〇				
										五七六一 二七九	二六二八二 三四六二			四四六四〇 七四四〇
			三八五〇			一二三三	五六〇〇							二一五四
七六〇	五九九〇〇	三二七六六一	一五六四五〇六		一〇〇二四二			一一四〇八一〇	三〇一六三	一三〇六五九	一〇三七九二	一八四五六八	一五〇〇	
													四〇 九三一五	
			四二三一五一											一九九六八
		六五二												
		三九一〇												

日本圖經十四　圖經六之一

纂喜廬所箸書

陸奥	一四七八四		六七〇〇〇											
羽後		一九九二〇	四七一八〇 九〇四六							二七四一三〇				
羽前	三八〇〇	一〇九二〇									七三三五			
越中	二八一五二		二二五 一六九	二二四										
越前							五七九二							
出雲	一二九二八二			八九										
美作	一〇三〇〇													
備前	三七二八一五						二九六七〇							
備中							六三五七六							
備後														
安藝							一八〇〇							
長門	一九四二四二										三三〇二			
紀伊	一七五八四													
阿波	三八八〇〇			一〇六〇〇										
讃岐	七二四三六〇													

民礦出入表

筑前	豐前	豐後	肥前	肥後	薩摩	大隅	後志	石狩	北見	膽振	釧路	合計	前一年
六八九七八〇四八	一一五六九三九二		一三一三八九四四	六五七五三九八								一三五八七三四〇五	二九〇六八五五五
								九二〇				一一八一六四〇	八六六三七七
		二七一四〇〇	六四〇〇	三六〇	三七一七八	二〇〇八〇	七七〇〇〇		三五七二二〇	二八三〇〇	五〇五〇〇〇	二七八三五〇六	一八五〇六六九
												三八七六六	四六九二三
			二二九六〇二八	四〇〇七六〇								六五六八三二三	六八八七五七一
												二〇二三五	二五八九
		二二三〇										一〇一三六〇 一一六九六	一〇三五八四 八一四五
		二二五五										五七六一	一八九三
												四四三一一九	六五一二四七
												六五三	四七五
												二八〇三八二 一二〇	四六五〇一八 一二一
				五六〇								二二九八八	一五三七七九五
												二二五六一〇	一二六二三八
												三九一〇	五六八八

日本圖經十四　十五

圖經六之一

饗喜廬所箸書

日本謂采額曰掘出高製額曰出來高賣數曰賣却高抵費贏絀曰差引益損就光緒十年出入箸于篇然較前年礦數增一千七百一十差引益金亦增十萬九千四百十二圓述民礦出入表

	礦	坪	借區稅	采額	製額	賣數	價	入	抵費 益	抵費 損	未出鑛額 礦	未出鑛額 坪	未出鑛額 借區稅
金	三四	一五〇五八四坪	二九七圓	六二一五三九貫	一二九八二貫	一二九八七	二五〇一〇	三〇〇五五	圓	一〇四五圓	一〇	四九四九一	九九
砂金											二		
金銀	一八	五四五六八五	一〇九一	九八九二一二二	二〇五七二 三〇八三〇七二	二〇三〇二 三〇九三七二一	五七六八二 四〇一四五二	三〇四二五七	一五四八七七		四	一七六八四	三五
金銀銅鉛	一	一六		二七五	金四五 銀一三〇 銅鉛一	四五 一八五 一	九〇 一八五 一	一三六		一二			
金鉛											二	四三〇〇	九
銀	一八	五九八五〇	一二〇	二九〇九七四〇	七六七三四四	七六七三四五	一一五五八三	一四四八七一		二九二八八	一九	九八一六四	一九六
砂銀	一			二九九五七五	四九八〇九	四九八〇九	七三四九	八三七二		一〇二三			
銀銅	八六	一四二〇三八	二八二	一七一八六八六	八三七一五五 九一二四六	八四二三七九 九四四七〇	一〇三五一六 八五五四五	一四二七六一	四六三〇〇		六	二二〇〇	二二
銀鉛鋼	二四	七〇一八一	一四〇	三七五五六八	七二五二二 一二〇七三 五一五四	七二八九四 一二六九三 三一七九	一一七〇五 三四〇〇 一五六二	二九七六三		三〇九六	二	二〇二五	四
銀鉛	一五	五〇六一二	一〇一	一〇一九〇〇	四五〇五三 五二一三	四五〇五三 五二一六	六八二七 一八九二	九二六一		五四二	三	三八九七	八

砂鉛銀	一			一九七〇〇	二五七〇 五〇三	二五七〇 五〇三	三七四 一八〇	四八七	六七				
銅	五〇七	二二六六五八五	四四七九	二三七〇七六二九	二一九二〇六一	二三一八三六一	二三〇〇二七六	二二六四四二九	三五八四七		三	一四〇〇〇	二三
銅鉛	一〇	三五七三三	七〇	三五一二七六	一七七一四 六八四〇	一七六二三 六八四〇	一六六五一 三四二三	二二六九五	二六二一		七	二三三五〇	四七
銅綠礬	三	四二一三	八	二五五九八二	八一七九 三一九九〇	八二二九 四八二五〇	一〇八三〇 二五二五	八六九九	四六六〇				
綠礬	六	七四〇五	一四	二〇六三〇〇	六九三七〇	七一六八八	四六九二	四八四五		一五三	八	三〇二一	四
鉛	二一	三一六一二	六三	二〇九六六九	七四七九	七五二三	三六一四	四八三三		一二一九	六	二五五〇	二三
鐵	一八	二三五七八	二四	一二二一四二	二九八七四	三六一〇三	二二二三	三三一二		一〇八九	五	一六五一四	一七
砂鐵	一二九七			三七一六五〇四	一八四九二八二	一八〇五三〇九	一五六四二三	一七五五〇八		一九〇八五	八		
錫	四	二三八二	五	二六〇六六〇	七四六〇	七〇〇二	一〇六一六	八六九二	一九二四		一	五二五	一
安質母尼	五一	一四七五二六	二九五	四一一一二三	一九三二二七	三六一五九九	八九五四七	七二三三四	一七二一三		四	五〇六〇	一〇
滿俺	一六	一六二三九	三三	三三二九六	二九五五	二四六七六	二〇一九	二〇五六		三七			
砒	三	二一一五	二	三〇六一八	二〇二三五	一六八五	七〇七	五七八	一二九				
鎢											四	二六三五	五
辰砂											二	二五〇五	五
綠青											一	一〇〇	

日本圖經十四　十六　圖經　六之一

籑喜廬所箸書

酸化鐵	一	三〇〇		一二五		一八二	二五	一三	一三		一	四四四	
白目					九〇三	九〇三	七七一		七七一				
石黃					五九一	五九一	二五〇		二五〇				
丹礬					一一六九六	五一一七	五一一七		五一一七				
石炭	一六一七	五七七〇六二八	五七七三	二三五八七三四〇五		二五〇九六五七二二	一八二五八一九	一五九七五二二	二二八六九七		二一	四三九八九	四四
褐炭	三七	二六八二二	二七	四四三一一九		四四四七七六	一三二三	一一八六	一三七				
黑鉛	一	八〇〇〇	八	六五二		七六〇	七五	一一八		四三	一〇	七一二	七
石油	一七七	五二四二五九	四四三	一一八一六四〇	二四八六二〇	一一三九六二四	一〇七九六四	七一六五二	三六三一二				
土瀝青	九一	一三三三二	一三	二八〇三八二	九七三	八六三六一	九五五	一三〇七		三五二			
硫黃	五五	三六八四六三	二八五	二七八三五〇六	六一二四一一五三	二四一九三〇七	一五九四四七	一〇六五八六	五二八六一		七	二五五九〇	二〇
石膏											三	二四〇〇	二
大理石											一	三〇〇〇	三
石灰花	二	二〇五一	二	一二〇		四一四	二九	八	二一				
明礬	四	七九一〇	八	五七六一	一八三〇	二〇一八	二八一	一九三	八八		一	四五〇	一
石英屬	四二	四七二二六	四七	三八七六六	四八〇一	三六一九六	二五〇二	四三二九		一八二七	九	一三一〇一	一三

蠟石屬	五七	六六二七四	六六	二二五六一〇	三二四三九	二一〇〇八一	一二六〇一	八七六二	三八三九				
陶土屬	二二二	一三二三八一	一三二	六五六八三三三	三六七〇七三	三八五八〇三三	一六二一〇	一四六〇三	一六〇七		一	四〇二	
耐火粘土											二	六六六	
柘榴砂											一	一〇〇〇	一
雲母	一〇	一〇〇〇	一	三九一〇		五二八二	七一	二三	四八				
合計	四三九四	一〇五五二六五二	一三八五七	四五一六四八〇九			五五八六三八一	五〇五七三四四	五二九〇三七		一六五	三六五〇一三	五五九

官民礦行合表

日本礦之大要曰金官行三萬四千有七匁民行三萬九千七十八匁曰銀官行一百二十萬九千二百八十二匁民行五百十四萬六千九百有九匁曰銅官行一千九百九十貫民行二百八十萬八千八百八十一貫曰鐵官行八十二萬七千四百八貫民行九十七萬七千七百九十二貫曰鉛民行二萬三千九百七十八萬曰石炭官行五千八百二十五萬六千五百七萬民行二萬七

千五百九十九萬九百四十三貫此光緒十一年數也明治十八　遞官

民礦行合表

年	金	銀	銅	鐵	鉛	石炭
光緒元 明治八	四六四三〇匁	一八六四八四一匁	六三九七二七匁	九一六六八三貫	六一二七四貫	一五二四六九〇七〇貫
二 九	五九二八〇	二三二九七二五	八四八四一九	一七一九〇四	四五七五三	一四六四八四九九五
三 十	九三四二一	二九四五四一七	一〇五一三一九	二一九一三三	七二六九一	一三四一五九六四一
四 十一	七二六八七	二六三七六三三	一一三五〇二三	二七一一三三	八〇六一六	一八二七〇二六〇五六
五 十二	六九六八八	二四二三二七八	一二三四八〇九	三四七四九七五	六九一八七	二三〇五〇九〇九四
六 十三	八三三一七	二七五六九七六	一二四五一九六	四三一五九二九	七一九六〇	二三七〇九六三二六
七 十四	八一二一三	四七六三〇〇一五	一二七二四七二	四三〇〇〇一六	六九二〇四	二四八六九三一六〇
八 十五	七二四五五	四六三四五五六	一四九七六二八	三二四三五八二	六二一六一	二四九七七二四一九
九 十六	八一二一三	四七六三〇〇五	一二七二四七一	四三〇〇〇一六	六九二〇四	二四八六九三一六〇
十 十七	七三三三三	六一〇七〇四七	二三七〇二九〇	三一六二七八八	二三一九〇	三〇六四一四九六三
十一 十八	七三〇八五	六三五六一九一	二八一〇八七一	一八〇五二〇〇	二三九七八	三三四二四七四五〇

備荒表

日本水火風災往往而有其備荒有繰越金謂前一年用額所贏也有儲畜金有諸益金謂公債證書子金也支出有數而差引云者謂抵數有差此則指所贏言也就光緒十一年數述備荒表

	繰越金 金	繰越金 證書	繰越金 穀價	儲額 官	儲額 民	益金	救助支出	差引贏額
大藏省	八九八六六七圓	八二一一一四	八六〇二〇〇	二二五〇〇〇		七四二一一三	一六七五六五	二七一一六二九
東京	九	一二五一八五		八九二五	九一〇五	五二一九二	三四三六	一四五〇八〇
京都	一六五九八	九三六二四	五二一五三	一二五二八	一二八八五	三九三八	一七二四〇	一七四四八六
大坂	四九六四九	二六七九五七	五七五七五	六一六七二	三三七五四	六一五二二	三四九二二九	一八一九〇五
神奈川	六五六二二	九三三八五		一二三四六	一二五六五	八四八一	一九五四	一九〇四四五
兵庫	一〇五二四	一九九二六四		三二九四一	三六六九一	一八六一七	八三〇八	二八九七二九
長崎	二二五〇	六四六一六	一八九六	七七四三	八〇五〇	三六四〇	一〇〇五	八七一九二
新潟	三八八六	二九九九〇一		二六五八七	二六八六八	二七九四一	三三三六四	三八六七三九
埼玉	二六〇一六	二一八二六三	七四七〇八	二二三五一六	二三四九六	一一二一四	二六四九六	三五〇七一七

羣馬	八九二一九	九六二八四		一二八一三	一二八五七	八三五七	一〇一三	二一八四一七
千葉	一二二三八〇	一三五八一九		二一〇二五	二〇八五九	一一二七二	三四七八二	二六六五七三
茨城	七八九三三	一三九九九〇		一八二七八	一八〇二九	六二四一	一四三〇四	二四七一六七
橡木	三〇八五二	八四九〇七	二六五〇六	一二五六三	一二七〇二	五〇五三	一一四〇五	一六一一七八
三重	六八四	三二七一一		二三三九五	二三四〇五	一四四八九	一九三八	三八七一四六
愛知	一三〇六六一	二五六二七〇		二九二〇七	二九三一四	二二九八二	二二四二八	四五五九〇六
靜岡	一二一三五	四九二一五	二一九九六	一九三六六	二〇〇五九	一〇五八七	二九七八一	一〇三五七七
山梨	一八一九六	五〇九三七	八四一六	六七九一	六八七一	二五五二	四一六五	八九五九八
滋賀	三四一五三	一二九一九〇	五七五九九	一九七一七	一九四三四	二八五二六	一四三二三二	一四五三八七
岐阜	一〇九九〇	一五六一三九	五四八八	一七二七七	一七三二三	一六七六六	四八五三七	一七五四四六
長野	二三六九二	一三六二四五	二七二一一	一五七九三	一六一四三	六五九六	一〇八八九	二一四七九一
福島	一七八五〇	九五六四三	六二四六八	一六八二〇	一七四七四	四八五九	五八三九	二〇九二七五
宮城	四二二八	五〇四一二	五一六三四	九六六九	一三〇七八	二九一九	五〇四九	一二六八九一
岩手	五九二五	四九九六六	二五一四六	八二七九	九一一八	二五九一	一六一六	九九四〇九
青森	四一三八	五五五五八		七四四三	七七三三	五一六八	二二二七	七七八一三

秋田	二七一六	九九八一九	二〇〇〇〇	一一一六〇	一一二五八	四二二六	六二一八	一四二九六一
山形	九九一六	九七二一五	三八七六〇	一三六七四	一四二三二	四三七五	五五七三	一七三一〇九
石川	六七六七八	三〇二二八		一二七〇五	一二五八三	二六三四	四九七五	一二〇八五二
富山	一〇四三〇	六一〇九六	二四二五一	一三八七五	一四〇〇五	二七八二	八四七一	一一七九三八
福井	五四五四六	五五六七九		一〇四八〇	一〇九〇三	四二六三	二〇九八二	一一四八八九
島根	二六四四五	一〇五九〇五	一五二九三	一一五〇五	一一六五四	七四九八	五〇四五	一七五二五五
鳥取	二四七七〇	五五二八三	二九九五二	九三八八	九一九六	四一一	一五四七一	二七二二九
岡山	四三六〇六	一六五九九五	一七八一八	二四一〇一	二四六〇九	一一一七四	六三四九	六〇九五五
廣島	二八二七七	一七七三四〇	一三九一九	二一〇五〇	二一七七七	一〇四四七	六〇八七	二六六九二三
山口	五八七	七三九〇五	三七一五三	九四五七	九八三一	三九五五	四九六五	一二九九二三
和歌山	一三三六三	四〇八五一		一二六六八	一五九二一	八〇一二	三一〇五	八七七一〇
德島	一一四六三	七三〇三〇	二二三三七	一〇〇四二	一一〇〇〇	三九〇六	八一六〇	一二三六一八
高知	一八五五七	九八七三八	一五二〇〇	九六八六	九六八四	四四〇四	一一二九一	一四四九七八
愛媛	七三四九	二三三八二〇	一〇六	二四一〇八	二五〇六一	一〇一七三	二五六〇	二九七〇五七
福岡	二四九五二	二二〇三七〇		三一二二	二四〇一六	七七八五	一四〇二〇	二八六一九八

大分	三一五四三	五五九六〇	三五六六九	一一七五六	一一九〇七	五一七二	一九四六四	一三一五四三
佐賀	三七四九六	八二六六五		一一八七二	一〇八七三	六五九五	三〇〇〇	一四六五〇一
熊本	一五〇八四	二八八八八		一六七七一	一七四〇一	七七五七	七六二二	七八二七九
宮崎	一七一七五	五四八七七		七五六六	七八五八	四四七六	一九〇一	九〇〇五一
鹿兒島	七七二二	二八〇〇二		一二七六一	一三八四〇	二一四三	三三九五五	三〇五一三
合計	二一三六七五三	五八三六三七一	一六〇三四五四	九二七二一四二	六九四四二二	四七七六四七	一一二五〇〇九	一〇五五〇九七九
前一年	二〇二九五三五	四五五八八〇一	一五六三六一二	一二九〇〇三〇	九〇一三〇三	五八五八七四	一三五二五七八	九五七六五七七

保險表

日本初無保險會社光緒五年（明治十二）始設海上社於東京其本店也代理店散設橫濱四日市神戶大坂高知下關長崎石卷石濱鹽釜宮古八戶靑森土崎舟川酒田新潟直江津伏木高岡敦賀函館小樽根室釜山浦中國上海朝鮮釜山浦元山津仁川英倫敦香港法巴里十二年入金一千五百三十六萬八千二百有九圓其生命保險會社後二年設（明治十四）中有子女教育保險十二年

金入七萬三千三百九十八圓支出有額述保險表

東京海上保險會社	代理店	資本金	營業入	營業出	積立金	險損金	資本入	資本出	益金 資本	益金 前剩	益金 營業	益金 合計	賦金	保險船 蒸氣帆船	險損金	收入
光緒五 明治十二	一八	六〇〇〇〇	九七七七	五三二三	四四五四		一五二七七		一五二七七			一五二七七	一五〇〇〇			
六 十三	二五	六〇〇〇〇〇	七三一九八	二四〇四三	四一六六九		五二九七〇		五三九七〇	二七七	七四八六	六一七三三	六〇〇〇〇			
七 十四	二六	六〇〇〇〇〇	七八九七九	二六〇六一	四〇九七九	三二七二二	四七四四九		五七四四九	一七三三	一一九三八	七一一二〇	六九〇〇〇			
八 十五	二八	六〇〇〇〇〇	七五三六〇	二〇九〇一	五〇二〇一	九六八八四	五七〇九一	四一	五七〇五〇	二一二〇	四二五九	六三四二九	六三〇〇〇			
九 十六	二八	五六五〇三八	八九二三五	二五二六七	六〇九九七	一〇三六五五	五八〇三一	七五三	五七二七一	四二九	二九七二	六〇六七二	六〇〇〇〇			
十 十七	三一	九九七四六〇	七二四九四	二五四七一	四二八二五	一〇四〇二	五四五四三	一〇〇	五四五四三	六七一	四一九八	五九三一二	五八五〇〇	一三		六九〇八
十一 十八	三三	〇九七四	七五三三二	二八〇三四	四七二九八	七〇六一九	五三二三九		五三二三九	八一二		五四〇五一	五四〇〇〇	一三		九八四八
十二 十九	三六	一〇〇〇〇〇〇	九八七四〇	二六二九八	六九三四九	四二八七	五七三五二	八八〇	五六四七二	五一	三〇九四	五九六一七	五七〇〇〇	一三	七七五	一〇〇五〇

明治生命保險會社	支店	代理店	資本金	積立金	出金 渡金	出金 解約	出金 敎育資	出金 敎解約	出金 利及賦	出金 合出	入金 生命	入金 敎育	入金 利	入金 合入
光緒七 十四	一	三	一〇〇〇〇〇	七七八三				八	四三四四	四三五二	八七五四	一四五八	一九二二	一二一三四
八 十五	一	二〇	一〇〇〇〇〇	二四七四四	四六六三			二三一	一四八五四	一九七四八	二〇八九五	五二六〇	一〇五五四	三六七〇九
九 十六	一	二四	一〇〇〇〇〇	四三九七六	六九一三			一四三八	一七二八一	二五六五二	二五一四四	六一三五	一三五八五	四四八六四
十 十七	一	二三	一〇〇〇〇〇	七一七五七	九四〇六	一五三		二三八四	一九六五八	三一六〇一	三五九五〇	九五九二	一三八四〇	五九三八二

十一十八	一	三三	一〇〇〇〇	九一六七九	一六三一八	五九六		一八八〇	二五一九	一九九六五	四一二七八	三五六七七	八三七七
十二十九	一	二六	一〇〇〇〇	一二一八二六	一九八〇〇	二二一九	四〇〇	二〇一九	二八二	一九五一二〇	四三二五〇	三八五一七	一一五七三

十一十八	一五一二七	五九一八二
十二十九	二三三〇八	七三三九八

博物館博覽共進會表

日本博物館六學術物品居多又有官立動物園一凡四百四十七種覽者歲約十八萬有奇博覽會以博爲主共進會則書畫農蠶茶食爲其大宗牛馬與焉兩會出品分等由特別而一而二而三而下此賞與有差就光緒十一年明治十八數述博物館博覽共進會表

博物館

會所	數	物品	覽
東京	三	三三五五三	二〇八五二七
大坂	一	三五〇	八一四二二
島根	一	四九	九三
福岡	一	四五六四	一〇二八〇

共進會一

會所	會數	日數	物數	人數	賞與人	覽人
農商務省	一	八〇	二二〇一七	一一八七一	二四二	一六三三三七
東京	三	一二	一四〇六	一四四	五九	一二七二
京都	四	七	二三四五	一五〇五	四五五	九六八五
兵庫	五	三二	一一六九	九七三	四一九	三四六五

共進會二

會所	會數	日數	物數	人數	賞與人	覽人
秋田	一	三	一五六	一四五	二八	三六五〇
石川	六	五六	五九六二	三九一七	一二六九	三四八二三
富山	一	二〇	一八一二	一七五六	二三四	一六九八九
島根	七	二七	二六六〇	一六九七	四三二	二六七九八

合	六	三四〇五一六	三〇〇三二二
前一年	七	三四九九〇二	四八二七三六

博覽會

府縣	會日數	物人數	賞與人	覽人
京都	四 七	一八七五七一 一〇三一	二五一	二四三五
大坂	一 七六	九七八三 一二七七		
靜岡	一 一〇	二六二七 一〇二	五三	五一九六
岐阜	一 二	二二〇 一三八	六七	四八五五
島根	一 二	七四六 二四七	七〇	二八三四
廣島	一 三	六五四 五三二	二〇四	三八三五
山口	一 一〇	一三〇〇 八〇〇		
愛媛	一 一〇	一四五〇 七八六	九七	一二三四
合	八 二一三	二〇四三九二 四九一三	七四二	一五一〇
前一年	一三 三八五	四九九六七二 九二三五	二三〇五	三九三九九八

長崎	八 五四	五九一九 四四〇四	五七四	一七七三四
新潟	五 一八	二一三八 一一九四	三八七	九四一五
羣馬	一 一〇	二三一 八五	四五	三一五〇
千葉	二 二〇	八三〇 七〇四	一〇六	九一七三
茨城	六 五九	一五九四 一〇二三	四五九	一二七六八
橡木	三 一〇	五六九 五二九	一六五	
三重	六 二七	一四五一 七七〇	三三〇	八五九五
愛知	一 三〇	六六四 三二三	一〇七	一六〇四一
靜岡	七 三五	一九八七 一八〇四	七三四	一〇七三四
山梨	三 四二	一九九九 一八三五	三三四	三四九五八
滋賀	一 一	一三四 一一三	八五	三五〇
岐阜	五 一九	二三四八 二一九九	六二〇	六七一三
長野	一 一五	三一五 八九五	一四五	一〇四六六
福島	四 一八	七一五 五二四	四八八	一六二一八
宮城	三 四一	一五一五 一三七七	三三二	四四七四
廣島	三 二四	七一四七 二九五八	八六三	一三五三一
山口	五 三八	六六八四 六四八七	七〇九	二四一六八
和歌山	二 六	三二九 二九〇	五四	一五〇三
德島	一 六	九六 四八	二三	七六七〇
高知	一 二〇	二五六 一一〇七	一七六	一三八四〇
愛媛	三 三三	一七二四 七〇六	三〇九	二二三五六
大分	五 二四	一七九一 一七七三	二六七	二六二七二
岩手	一 三	九七二 六六	二八	三六五〇
鹿兒島	一 七	三八八 三六八	六五	二八五
札幌	一 六	五四五 三〇六	九六	二三〇三
根室	一 六	三四二九 八五七	四〇一	五三七四
東京外六縣	一 五〇	三五二二 三一四〇	四六七	一二九五八
佐賀外六縣	一 四〇	九二五二 七六七八	一四六八	九八一九三
總計	一一二 九二四	九八六二五 六六〇七一	一三一八七	六五〇五二五
前一年	七二 七四五	五三七七六 三七一二〇	一一四二二	四六四三一〇

土木費表

日本土木局隸內務省而府縣土木支自地方稅區町邨費篤志金曰地方支不盡出於國庫明治十三年當光緒六年曰河川費庫支五十三萬三百地方支二百五十八萬九千六百九十五曰道路費庫支三十三萬六千九百七十有七地方支二百七十四萬五千一百六十曰橋梁費庫支六萬九千五百六十七地方支七十一萬六百五十九曰港灣樋櫃溜池諸費庫支十萬二千有六地方支二百十五萬七千三百十六述土木費表

局府縣	河川	道路	橋梁	港灣	潮除	雜	合計	庫支出	地方支出
土木局	三三〇、五五七元					九、九〇七	三四〇、四六四	三三〇、九六三	九、五〇一
東京	七三、二三〇	一二〇、〇二九	七二、三六二	三八、四三三	三〇四	七四、〇六五	三七八、四二三	四九五、七二	三二八、八五一
京都	三八、二四八	三六、七七七	一三、〇四七	二七		二七、〇六九	一一五、一六八	六、〇〇〇	一〇九、一六八
大坂	六七、三六六	六七、五〇八	二七、〇一七	二五、三二〇		七九、七七二	二六六、九八三		二六六、九八三

神奈川	六七、一二三	五七、二五一	二一、二三二		一、八四四	四七、六五九	一九五、一〇九	三九、七二〇	一五五、三八九
兵庫	六七、八七一	一一七、〇七八	三〇、六四三	一八、四九四	三六三	二二〇、三五五	四五四、八〇四	一〇、〇九一	四四四、七一三
長崎	六、七七四	一一、五二〇	二、七七二	一〇、九五八	一、〇二五	一一、五八四	四四、六三四	一一、九二五	三二、七〇九
新潟	二一三、九七三	九〇、二四五	一〇、六三四			一八、〇一〇	三三二、八六二		三三二、八六二
埼玉	一〇七、〇六六	三一、九八四	一〇、一〇五			四四、八四三	一九三、九九八		一九三、九九八
羣馬	三九、一一三	五一、四二一	一六、五四七			三一、六六六	一三八、七四七		一三八、七四七
千葉	五一、一三八	六八、二七〇	一四、九八九		五、三八四	二〇、六三八	一六〇、四一九		一六〇、四一九
茨城	四五、二六八	五〇、〇三五	九、八七七	四五七		二二、四八八	一二八、一二五		一二八、一二五
橡木	三四、二八九	五五、二三〇	一二、七七四			三四、八〇二	一三七、〇九五	四六、八〇二	九〇、二九三
滋賀	九五、五二一	一五、七三八	二、二〇四	三六、三九八		四、一八七	一五四、〇四八		一五四、〇四八
三重	八二、一六六	一九、九〇五	七、二二六		一四、八一七	五〇、六四九	一七四、七五九		一七四、七五九
愛知	一五一、七五〇	四五、七八六	二二、三〇五	一、九九七	二一、六三一	一六九、六二一	四一四、〇九〇		四一四、〇九〇
靜岡	一〇六、二四一	四〇、六八一	一三、五一五	六〇八	三、三五五	二六、〇一三	一九〇、四一三		一九〇、四一三
山梨	二〇八、七一五	二一、〇六六	一八、〇七三			二四、二九二	二七二、一四六	一〇八、四二四	一六三、七二二
岐阜	八六、〇九六	八〇、九六五	一九、八四九			一五、四八四	二二二、三九五		二二二、三九五

長野	一四一、六七六	一四七、六〇八	二三、八四二			九九、五四二	四一一、六六八	二八、四四八	三八三、二二〇
福島	二九、八二三	六四八、八四九	四九、一六一		一、三三一	二五、六二一	七五四、七八五	一七二、二六九	五八二、五一六
岩手	一八、三四八	四六、七一八	二七、七六八	二四一		一四、二一六	一〇七、二九一	一五、九一二	九一、三七九
青森	三一、四〇四	三一、七四五	一一、三三六	一、一二六		二一、〇六二	九六、六七三	二、五〇〇	九四、一七三
秋田	二一、五八七	五二、六七七	二二、七二七	一、四九六		三一、八五四	一三〇、三四一	一、七五三	一二八、五八八
山形	八九、一五八	七〇、一五五	一五、〇五二			一二、八八七	一八七、二五二		一八七、二五二
石川	四三、九七四	二七、六四九	二七、六四九		五、八三二	八九、三三九	二三九、九七二		二三九、九七三
富山	一〇五、九五一	二三、五七二	一八、四九〇		八、九四七	一〇七、一一六	二六四、〇七六		二六四、〇七六
福井	七二、五一二	三五、四七三	二五、九七二	五七七		五七、四一五	一九一、九六九		一九一、九六九
島根	二一、七三九	一五、八〇〇	七、二〇〇		三六三	二〇、八三一	六五、九三三		六五、九三三
鳥取	一四、八〇五	一三七、九四八	二四、〇九四			一五、四五八	一九二、三〇五	五一、〇四〇	一四一、二六五
岡山	二七、〇八一	五二、一三五	二、一九一		三〇六	一三、九〇六	一〇四、六一九		一〇四、六一九
廣島	二〇、九四九	四六、四三四	一三、七八五	六三	五〇三	二八、六六一	一一〇、三九五		一一〇、三九五
山口	八、六七一	一〇〇、八四六	一七、八六七	三六三	四、二四七	二三、三〇五	一五五、二九九		一五五、二九九
和歌山	五二、六三三	三七、五七八	五、九五六	九五二	四、五四一	三九、七九七	一四一、四五七		一四一、四五七

國債表

德島	四九、一二三	一三、三七八	二、八五一		二、〇七一	二三、三九八	八〇、八二一		八〇、八二一
宮城	九八、八〇九	七四、二三〇	一六、七〇七	三、六九四	二、八四八	二〇、四六九	二一六、七五七	三、五六七	二一三、一九〇
高知	三三、二〇八	二三、一一三	五、六八六	五六一	一、一四三	六二、五〇七	一二六、二一八		一二六、二一八
愛媛	四六、七九二	三九、三二一	九、八五四	七五九	九、四四六	八一、一〇五	一八七、二七七		一八七、二七七
福岡	五八、九〇九	七五、一六八	二四、四七四	七、八一〇	五、〇三三	八六、八一七	二五八、二一一	一九、〇〇〇	二三九、二一一
大分	七、八〇八	四六、四二〇	一二、六〇二	五二六		二五、〇一〇	九二、三六六		九二、三六六
佐賀	五三、八七〇	二九、二五七	一六、九五七		二、二三七	六二、四五一	一六四、七七二		一六四、七七二
熊本	四八、一二六	二一三、三〇二	三〇、一七四	一九、八九六	一、四七〇	四八、七六五	三六一、七三三	三三、三三四	三二八、三九九
宮崎	三〇、一三九	九、〇九二	一二、〇九四		七一一	一三、八八四	六五、九二〇		六五、九二〇
鹿兒島	一二、七六五	二七、三六八	九、七一一	一一、三四八	一〇、九一六	四、九四〇	七七、〇四八		七七、〇四八
函館		二一、三三〇	一、八九六	一、六七四		九二六	七、八二六		七、八二六
札幌	一〇八、四二三	一八、八九〇	七、八四八	一四四			一三五、三〇五	一〇四、四五一	三〇、八五四
根室		三、四九五	一、九六一	一七六			五、六三二		五、六三二
總計	三一一九九九四	三〇七九三八五	七八〇〇七九	一八四〇九八	一一〇六六八	一九六四三八三	九二一一三七六	一〇三五七七一	八二〇二八三三

國債之類凡十子金有差曰舊曰無利曰新利四分曰金札引換金札亦謂之證書引換指散失言其利六分曰無記名是憑劵不憑人也利同曰金祿借自舊藩利五分六分七分一割不等一割猶中國一錢曰神官配當祿借自神社利八分曰起業合築港鑿道疏水言利六分曰中山道鐵道利七分曰平南即借征討費也曰紙幣無利此內債也外國新債以七分計其數多寡可比較見也述國債表

	內債	外債	合計
光緒四 明治十一	三億六千二百六十三萬圓	千二百六十二萬圓	三億七千五百廿五萬圓
五 十二	三億五千百五十萬圓	千百八十三萬圓	三億六千三百三十三萬圓
六 十三	三億四千七百三萬圓	千百一萬圓	三億五千三百四十三萬圓
七 十四	三億四千二百廿六萬圓	千十七萬圓	三億五千二百四十三萬圓

八 十五	三億四千四十六萬圓	九百三十一萬圓	三億四千九百七十七萬圓
九 十六	三億二千六百四十六萬圓	八百九十一萬圓	三億三千五百三十七萬圓
十 十七	三億千六百廿三萬圓	八百四十八萬圓	三億二千四百七十一萬圓
十一 十八	三億二千九十五萬圓	八百一萬圓	三億二千九十六萬圓
十二 十九	三億千四百八十四萬圓	七百五十二萬圓	三億二千二百三十六萬圓
十三 廿	三億百廿三萬圓	七百五十二萬圓	三億八百七十五萬圓

歲計出入表

日本會計率在年終亦或逾年未定而歲計則有豫算法光緒十四年春二月其明治廿一年出入數已散見官報新聞紙譯厥入額視所出贏八千八十有奇述歲計出入表

歲入八千有七十五萬五千九百二十三圓有奇		歲出八千有七十四萬七千八百五十三圓有奇	
分部三	萬千百十圓	分部四	萬千百十圓
國 地租	四二〇八九一四九	第 國債	二〇〇〇〇〇〇〇

內	所得稅	一〇一二三七八
稅	國立銀行稅	二二一八五〇
海	證劵印稅	六二七四一二
關	訴訟印紙	三三四一三四
稅	北海道水產稅	二〇九八〇二
第	米商會所稅	一二二五二四
一	株式取引所稅	八八三四五
	酒造稅	一四二二六六八〇
	醬麴營業稅	二五八六〇
	醬油稅	一二二〇一六八
	果子稅	五四三九二五
	煙草稅	一二四四六〇八
	賣藥稅	四三三五五一
	船稅	二四七九五三
	車稅	五二四七三三

一	公債償	四三二三三一六
	公債利	一四九四二五四五
	公債手數料	六六三一九
	大藏省證劵	六六七八一八
	賞勳年金	一四一七九八
	終身年金	一三九二九八
	有期年金	二五〇〇
	恩給	三八三五八二
	文官	一八三三九五
	陸軍	一八〇三一八
	海軍	一九八六八
	非職給俸	三〇五四五一
		合計二〇九八六三五〇
第	君室費	二五〇〇〇〇〇
二	神社費	二五二一六五
	神宮費	一六六九三
	神宮營繕	七九〇
	招魂社費	二六八三
	招魂社營繕	八七五〇
	國幣社例祭幣帛	一七六五
	官幣社保險	九六三四二
	國幣社保險	六九九九四
	神社補充	四七五九八

	度量衡稅	一九七九
	牛馬買賣免許稅	六五四二八
	銃獵免許稅	四九四〇六
		合計六六二八九五七六
海	免許料	二一一五七六九
關	手數料	二〇九六三四三
稅	郵便電信入款	三二一七五四八
及	森林貸下料	一三八七三
雜	森林拂下代	五六三三八六
入	雜入	七二四一
第	官有物貸下料	二三五〇三六
二	官有物拂下代	一〇五五六〇
	貸付返納金	三一二三三二八
	鑛山借區稅	二二三三〇
	官報賣下代	二〇一二四〇

	靖國神社寄附金	七五五〇
		合計二七五二一六五
第	內閣	五五二三六二
三	俸給	二六五〇一八
	廳費	五二〇二七
	旅費	四五〇〇
	官報	一一〇二二六
	褒賞	一八二六六
	營繕	一二三二五
	機密費	九〇〇〇〇
	外務省	一七四〇六五
	俸給	一二九八四七
	廳費	一二八六二一
	旅費	七三九七
	宴會	三五〇〇
	營繕	四七〇〇
	在外公館	六五九八八九
	俸給	四四一五五〇
	廳費	一一二〇五四
	宴會	一〇〇五〇
	旅費	三一九六二
	裁判及囚徒	一六九〇
	外國留學生費	一三八七八

	懲罰及沒收金	三九四一八二
	辨償	九一八七
	雜入	三七八六四六
	官業益金	九九七二二四
	官業收入	八九一六
		合計八五七二四七二
防	海軍公債募集金	五三五七九一〇
海	防海費獻納金亦稱操越金	五三五九六三
費		合計五八九三八七四
第		
三		

機密費	四一〇〇〇
在外國難民貸與	一〇〇〇
營繕	六七〇五
	合計八三三九五四
內務省	八八六〇九九
俸給	二七九四七一
廳費	六四三三三
旅費	二四六四五
營繕	九八八八
集治監費	四九四二六二
警官練習所費	一三五〇二
土木費	一四二五〇〇
土木監督區署費	一五五〇〇
利根川筋改築費	八〇五〇〇
富士川筋改築費	五九四二五
天龍川筋改築費	四二五〇五
大井川筋改築費	五〇〇
北上川筋改築費	八四八五〇〇
最上川筋改築費	五四四〇〇
阿武隈川筋改築費	一〇〇〇
信濃川筋改築費	一二七三三三
阿賀野川筋改築費	五〇〇
莊川改築費	六八〇
淀川筋改築費	七二三七二
木曾川筋改築費	一三六六三九
吉野川筋改築費	六七二〇一

筑後川筋改築費	一六七一〇〇八
對馬國嚴原開路	一五〇〇八
土木費補助	四五九九九一
補營繕保險	六六五三二
營繕補助	五六五三二
古社寺保險	一〇〇〇〇
警視廳	三九七六二四
俸給	三九〇六一四
廳費	三一四三〇
馬	五〇〇
機密費	三八〇〇
賞	二〇〇
旅費	四一六二
營繕	五七七九
東京外國人居取締	三三九一
伊豆七島警察	一五八〇
特別警察	四二一四八
府縣	五七一三〇六八
俸給	二七一六四七六
廳費	三四一六一二
旅費	六〇五一八七
賞助	一〇一七三〇
難破船海員取扱	一八〇八
船	六一二
警察	一二五〇二五二
官地償丈量	八一二四

外國人居取締	八一七六九
土木	一四六六三九
橫濱改水道授產	二五〇〇〇〇
授業補助	五一六四
小笠原島費	八三一三
警察	一六三八九
	合計八四一三一四
大藏省	一二五二九三三
俸給	四一九八八
廳費	一三七七四八
貨幣取扱	四四七七四八
旅費	六〇一〇〇
證券印紙及買戻	一五二一四七
海軍公債募集	二三三九四
營繕	一二五〇〇
稅關	一七八九五九
俸給	一三八九五九
廳費	二九〇八五
舶	一九六七
旅費	四一五二
營繕	四一四〇
從價稅品買上代	七二〇〇
內國稅徵費	一七一三八七〇
諸拂戾及缺損	二八一九八七

租稅過誤納下戾	一七〇〇五三
租稅拂戾	二八八〇〇
收入過誤納下戾	七二四〇〇
缺損	三七〇五〇
備荒及下渡金	一二〇〇〇〇〇
鐵道會社補助	三七六六四八
勸業資本	三七〇〇〇〇
銷紙幣元資錄入	三三〇〇〇〇〇
森林賣金錄入	四六九四二八
國庫豫借金	一〇〇〇〇〇〇
	合計一〇一四三八二五
陸軍省	二八五五一六
俸給	一九二四五六
廳費	五一六三三
旅費	四一四二六
軍事費	一一五五二〇〇一
俸給	四一七六三四五
廳費	七七六七七六
機密費	一〇三八〇
演習費	三三七〇七一

兵器彈藥	八九六七七六
旅費	三二七七九一
糧食	一七一四一五七
被服	一七三八四五七
營繕	九二〇四九二
馬	四四〇一八八
療疾	三七三四〇
囚徒	五一〇〇六
供奉	一二一五
測量	一二四〇〇〇
憲兵費	三一八九五六
俸給	二四〇二六九
廳費	五八五六二
旅費	九八〇四
營繕	一一五〇
機密費	七二〇〇
囚徒	一九七〇
	合計一二一五六四七四
海軍省	
俸給	二四九二四五
廳費	五〇二三七
旅費	四五一六四
營繕	六六二六
軍事費	五五七〇三六〇
俸給	二五六一六〇五
廳費	五八九〇二六

旅費	一四九六三三
營繕	一三四七六
機密費	一五三〇〇
石炭	九八九一九
下士卒被服	三〇六九七八
囚徒	八四二〇
造船	一二九〇〇
修艦	四三二八七三
兵器水雷	九〇〇一八〇
療疾	二八一六八
學生	八三五七九
扶助	一三三一八五
演習	二〇〇〇〇
特別費	五三三四五一六
造船	四五二五四二八
海防水雷	四八〇〇〇〇
設吳鎮守府	一九七四六〇
設佐世保鎮守府	一三一六二七
	合計一一二五六五五五
小野濱造船資	四〇五
司法省費	二二二六〇〇六
大審院及裁判所	二九四一六三〇
	合計三一六七〇三六

文部省	二五五六三五
學校	五八九二〇〇
獨逸學協會補助	七〇〇〇
東京盲啞學校	三〇〇〇
	合計八五四八三五
農商務省	四七四四五三
俸給	二五九九六八
廳費	七七一〇二
旅費	三三五二九
營繕	一五三〇六
試驗	四五五六
府縣共進會	一二〇〇〇
農林學校	七一九九〇
農工業會補助	一一七四九
	合計四八六二〇二
遞信省	四六九二一四
俸給	二八二二二四
廳費	五五七三三
旅費	二五一一八
營繕	八八〇七

燈臺事業	六九一四七
商業學校	二八一八五
遞信費	二九八二三八三
俸給	七二四六二四
廳費	二〇〇六七四
旅費	六二七四四
執業	一七九七〇二七
電信機營繕	一四七〇二七
萬國郵便聯電	九〇〇
營繕	二六九一九
東京電信學校	二一六七一
航海補助	九五八〇〇〇
大坂商船學校助	二〇〇〇
	合計四四一一五九七
元老院費	二八二四八一
會計撿查院	九二四四一
鐵道局費	一八七六八
北海道廳	二〇六六一四九
	合計五四八〇四五九五
假皇居御造	五〇〇〇〇〇
第	

四	神宮御造	五二三四九
	官衙議院建築	五〇〇〇〇
	法律取調	三四五六八
	博覽會費	一一七八二五
	內國勸業博覽會	五〇〇〇〇
	巴里府萬國博覽	六七八二五
	礮臺築費	九〇〇〇〇〇
	對馬礮臺	二九六二八
	下關礮臺	一六九五〇〇
	東京灣礮臺	一二三九二二
	建築部費	四〇九七六
	製礮	五三五九六三
	海防水雷費	一〇〇〇〇
		合計二二〇四七四二

日本初仿唐制立賦税法取於民者二十之一割據既起税歛轉厚明萬厤時豐臣執國柄正界平税以三百六十步爲一反者改爲三百步税如初取十之四謂之四公六民德川專政陪臣世祿

取民浸至十之六七當我
大清同治時明治改藩爲府縣而賦稅一變先是田賦徵糧光緒
元年其國乃更米折徵錢而所重在稅其歲入者曰地租另有表
曰所得稅謂民產歲獲金三百圓以上者稅百之一逾千稅百之
一有半逾萬稅百之二逾二萬稅百之二有半逾三萬稅百之三
不及三百圓或孤若寡若疾免曰國立銀行稅紙幣下渡高稅千
之七渡之言交高之言額也曰證券印紙其類五一切手類切手
云者郵便所貼印紙通行以之厥數有差亦名人頭紙其稅五釐
一文狀類稱證文者有遺有讓有借有送有記高約期耕地定屋
之目金與地與物證此又有物品切手會社株劵結社之書雇人
之狀稅一錢株票根也一帳簿類通帳簿稅一錢判取帳簿稅二
十錢一印紙許可類營業送關狀及請取書金在五圓以上其稅

一錢多寡聽貼者若借若質若貿金逾一圓亦稅一錢遞增有差至四千圓以上則稅一圓一手形類手形亦證劵之一種有爲換手形蓋易地取金猶中國兌票也有約束手形猶中國合同劵也有荷爲換手形荷有運物意兌物如兌金故亦云爲換此三者五十圓弱稅一錢遞增亦有差二千圓強稅五十錢曰訴訟印紙有二一視訴請之金額五圓稅二十錢遞增五千圓則稅二十五圓一視訴事如鑑人如辯事如解紛稅二十錢如願換官吏如公賣物產如身代處分則稅五十錢此正本也謄本有差又有代言免許紙料滿一年其稅十圓曰北海道水產稅一生一乾與鹽生者鰊鮭鱒鰤鮪鱈鮊鯡也海馬也乾與鹽者魚粕也乾身缺鰊也乾胴鰊也乾脊割鰊也乾外割鰊也乾二割鰊也鮊鯑粕也鹽鮭鰤鮪鱈鯡也乾鮊鯡鮑鯣河豚海鼠海扇牡蠣昆布細布海苔若布

銀杏草也稅百之五曰米商會所稅約交米直有期稅千之二曰株式取引所稅公債證書以之定期稅萬之三諸商買賣以之定期稅萬之六曰酒造稅每場一期稅三十圓釀酒每石稅四圓蒸餾酒五圓再製酒六圓家用料酒鑑札料一期稅八十錢鑑札以木烙字工商官許据此曰醬麴營業稅一期稅五十圓曰醬油稅製造場年稅五圓所造高石稅一圓曰果子稅營業鑑札料稅廿錢仕入鑑札料謂轉販爲仕入也出賣鑑札料指零賣於市言然稅十錢以一枚計曰煙艸稅製造者十五圓仲買同仲買轉販也小賣稅五圓小賣零賣也然以期計營業鑑札料稅廿錢仕入鑑札料出賣鑑札料稅然十錢以一枚計然非印紙則非官許印紙稅視量之輕重仍準直之多寡如同五匁也直不及廿五錢稅二釐不及五十錢稅三釐逾五十錢則稅四釐緜五匁而十而廿而

五十而百倣此五夊當中國五錢曰賣藥稅營業一年稅二圓鑑札一枚稅廿錢印紙凡藥直一錢稅一釐數增倣此曰船稅西形瀛船年稅十五圓風颿船年稅十圓以百頓計日本形船年稅二圓以百石計未及五十石年稅三十錢以長三間計（起舢訖艦）三間一丈八尺也浮漁船小廻船如之逾一間增稅五十錢游船年稅五十錢亦以三間計曰車稅以一年計馬車二馬稅三圓一則二圓荷積馬車一圓人力車一人乘者一圓二人乘者倍牛車一圓荷積車大七大八二種㚘一圓大六以下五十錢曰度量衡稅製作所賣捌所㚘納廿四之一曰馬牛賣買免許稅免許亦以鑑札年稅每枚一圓凡牛馬一鼻綱其數七鑑札一曰銃獵免許稅職獵稅一圓游獵稅十圓以一期計此內國稅也曰免許料專賣特許不許他人賣也追加特許繇後許前也稅三圓再渡證換券也稅

一圓專賣而讓而分其稅五圓凡請特許證年增則稅減如五年十圓十年十五圓二十年則二十圓日手數料料之言錢手數言手工數也以登記手數料言每登記一本稅五錢而登記料之稅視交易原數未滿五圓者五錢未滿十圓者倍未滿百圓者一圓未滿千圓者七圓未滿五千圓者十圓遞增以五千圓爲率海外旅劵手數料稅五十錢外國船乘組證書手數料稅十錢西式船免狀手數料稅十圓船長試驗免狀料稅七圓或五圓運轉手試驗免狀料一等五圓或三圓二等三圓或二圓機關手試驗免狀料一等七圓或五圓二等五圓或二圓小船機關手試驗免狀料二圓西式商船雇人公認手數料被雇者月給百一米商會所仲買認許料三十圓株式取引所仲買認許料三十圓日郵便稅凡書狀重二匁稅二錢書畫重八匁稅二錢葉書一葉稅一錢往復

稅倍蓋指不封之一葉書言也電信別詳曰森林貸下料木多謂之森林民貸官地有料料指金言曰森林拂下代民買官地謂之拂下代猶言額也官物視此曰貸付返納金民還所借也曰鑛山借區稅凡坑區有鑛質面積方里五百坪年稅一圓無鑛或鐵稅五十錢曰官報賣下代曰懲罰沒收金曰辨償曰官業益金曰官業收入从有額曰雜入甚至產婆藝妓之免許罔弗具曰海軍公債募集金則軍貸也曰海防獻納金民輸也亦稱繰越金今挪前也而所出少八千八十有奇

歲計比較表

光緒十四年爲明治廿一年日本豫計入金八千七十五萬五千九百廿三圓有奇出金八千七十四萬七千八百五十三圓有奇

今稽其前十年出入數述歲計比較表

年	入	出	較入（以光緒十年比）		較出	
光緒四（明治十一）	六二四四三七四九	六〇九四一三三五	少	一八三一二一七四	少	一九八〇六五一八
五（十二）	六二〇五一七五一	六〇三一七五七八	少	一八七〇四一七二	少	二〇四三〇二七八
六（十三）	六三三六七二五四	六三一四〇八九六	少	一三八八六六九	少	一七六〇六九五七
七（十四）	七一四八九八八〇	七一四六七三二一	少	九二六六〇四三	少	九二八〇五三二
八（十五）	七三五〇八三〇〇	七三四八〇五四〇	少	七二四七六二三	少	七二六七三一二
九（十六）	八三一〇八四八二	八三一〇八四八二	多	二三五二五五九	多	二三六〇六二九
十（十七）	七五九八二九六九	七五九八二五六二	少	四七七二九五四	少	四七六五二九一
十一（十八）	五六六二二一七三	五六六二〇二七五	少	二四一三四六五一	少	二四一二七五七八
十二（十九）	七四六九五四一五	七四六八九〇一四	少	六〇六〇五〇八	少	六〇五八八三九
十三（廿）	七六九三六八七〇	七九九三五五五三	少	三八一九〇五三	少	八一二三〇〇

鑒喜廬所箸書

日本圖經十四終

游歷日本圖經十五

日本攷工

奏派游歷日本美利加秘魯巴西等國英日屬地加納大古巴知府用兵部郎中臣傅雲龍述

攷工

後漢書倭知織績爲縑布其兵有矛楯木弓竹矢以骨爲鏃隋書有弓矢刀稍弩穳斧漆皮爲甲宋史織絹薄緻可愛日本前代工之巧也正史止此今之震西工者疑爲空前然百工之事皆聖人之作周官攷工其椎輪歟輒就大要述攷工

劍工以備前爲冠備前今隸岡山縣天羽斬大葉刈部靈諸劍皆名工造而天叢雲劍爲傳國三器之一崇神天皇畏神代寶劍之神威使天目一箇神之苗裔改造一劍是劍工之著者文武大寶年中和用宇多郡天國天座平城大同年中豐前宇佐社僧神見等爲中古劍工之雄後鳥羽院有勅作劍召諸國良工僉相更鏃

之稱番鍛治於是巧手滋多稱靈劍者如宗近三條小鍛治國賴粟田吉光同國友同國吉同國綱同國宗備前三郎正宗相州五郎貞宗同息定秀彥山僧行平紀新太夫近忠備前長船之祖延房福岡權守兼定信濃守國行來之類難更僕數

刀工後鳥羽時國王躬董謂御所鍛時宋湻熙間也源氏之鬼斬平氏之小烏益著名建武時元延祐年兵革起國工輩出相模有兼氏而正宗尤著姓岡崎氏游訪鍛師數十神明厥法國人稱正宗刀數千金不易也相刀者言切鐵如泥有玉光有金綫有閃電有流星有廻瀾利而潤堅而柔鎮密而栗彼露鋒難可逼視者贗也義宏以銳稱歐陽歌日本刀惜非目驗

礮工造礮在大坂據言鍊鋼法得自克虜伯所製鋼銅礮亦名文珠礮刱於法人文珠故名礮之後門當火藥室間石綿即火浣綿

取不熱也礮用於野與攻城防海畧異所鑄大者重二十頓以次有差厥等凡七工一千二百器另有表它場則修礮工也

銃工於東京礮兵工場造邨田銃陸軍大佐邨田經芳因毛瑟鎗而剏心得故名輕斤許較遠且便可及千七百碼歷十四秒時可發五次一銃直銀廿圓

彈工日造三萬

炸藥工

銅工大坂有製銅會社非設自官然礮工所用之銅帶出此

鐵工大坂有鐵工會社鐵甲船時修於此造載泥船底有窗所謂浚沙握摑機械船者明治十一年大坂鐵工造時光緒四年首尾兩桔槹各懸浚沙機器入水自開得泥自合形肖口中牙牀握沙入載泥船浚河或可參歟

船工礦工貨幣紙幣工鐵道工从詳表

堀井機器工爲鐵棒取泉用竹管與中國四川打鹽井火井法畧似而巧倍棒續而下泉噴而上井戸便之日本石川縣人抽木周平繪圖坿說試辦未效然日本效非虛語

車工造人力車其法剏自日本然明治前無之馬車輪車皆西製廿年以前無之其製轎如中國擡盒然

革工東京有櫻組製皮塲大阪有內外用達會社牛皮居多有五馬力瀛罐爲分皮器皮捲一過分厚爲薄一而二矣出光器工以皮接如手磨然叉製兵用背袋火藥袋皮帽工凡二百有奇

硫曹工硫酸工大阪有硫曹硫酸兩會社名異工同硫酸礦強水也旣煆石灰居礦十之一入爐蒸瀛謂之淡礦強水和別管水瀛入煖室盤旋出管入煤筒者再磚筒者一是爲濃礦強水鐵屑與

硫酸底淡藍可染類礬味酸硝酸者硫硝參半硫十鹽六爲硫酸曹達其水即鹽酸曹達也磺強礦石灰高島粉三者等量燒合爲粗性曹達浸水再熬爲苛性曹達可去油汗它塲大率類此

硝子工即玻璃工也料稱煤藥曹達與硝石同用碎玻璃搗粉入之機若舂米鎔爐上若煙筒鎔鍋用石以玻璃細筒醮汁吹之入模立成瓶碗日本舊式也亦用西法大小倚物而旋不用模玻璃器之動植紋則磚工爲之據言所造歲直七萬圓

磁工爲器堅遜華工然樸拙自然入古大者瓶高六七尺徑五六尺碗受斗米近競肖西轉失眞面

陶人据日本紀云垂仁天皇三年新羅王子天日槍來止此國是以近江國鏡谷陶人即天日槍從人也垂仁三年當漢和平二年其時出雲國有野見宿禰者勇力且能以埴作人形及陶器厥後

雄畧十七年命土師造淸器當東晉元徽三年泉州有陶器郵傳言行基菩薩教人作陶器於此今稱行基燒者不多見矣形色亦不甚精厥後陶工以尾張瀨戸爲最總稱瀨戸物肥前伊萬利工與之埒而加賀九谷之輸外國者則盤金繪卉也足利時有伊勢五郎者游景德鎭嫥攻靑花歸年七十所造署欵五郎大夫其香合之種七以繪愛蓮茂叔爲絕品楮薄磬聲類定汝云茶爐有奈良風爐之陶工稱通國一宗四郎

漆器工爲五大洲冠設色之工大而龕屏小而盤盂繪金欲其鮮也組釆欲其華也雕嵌之工螺者象者摩滓無痕西人輸貨此一大宗寬政文政時物國人珍之雲龍於遞信大臣榎本武揚處見念佛硯嵌漆合中漆有縱文有沙文云三百年前物七修類稿謂諸製捌自日信本

漆硯工刱自玉楮氏字象谷讃岐高松人漆鏤多刱意一器之微直金數十硯尤著木內欲其輕也漆外欲其潤也國人寶之入農商務省官選漆工傳陶史子四曰藏黑曰拳石曰玉堂曰藤樹林爲名工而玉堂僅存博覽會賜一等牌云

紙工精且夥先是推古十八年三月當隋大業六年高麗僧曇徵法定來能造紙時太子與之試造引麻書文節縑爲之非楮也性弱易蝕豐明宮時用三韓紙太子遂造雲紙縮印紙白柔紙俗薄紙四種且植楮以製法教國人（据日本紀聖皇太子記）今攷厥工法用楮子而鳥子紙生漉紙則用雁皮木也采枝及根畧蒸煑剝皮隨無滓浸水去麤皮入木灰汁復煑投之清流瀞砧搗十二三次（七八次者賤）盛一巨盤於槽以櫂攪之解之和鰾木汁一合調之則稠而滑以簀輕手扱之二三度（欲厚則重手扱）洩滴置之板隔用藁稗層層無慮數

百覆板壓石其上絞汁盡分張於板曬之冬以黃蜀葵汁代縹木汁亦良奉書杉原紙和米粉少許令白凡漉紙以谷川水爲最而紙工以美濃爲最舊法抄紙與中國同今沿西機由紙料汁而濃而結而堅而乾而截以器遞受頃刻而成堅厚有餘然較雁皮之光而薄則遜

版摺職

銅板工先以蠟薄舖銅板融無迹就字若圖以鐵畫之凹而不穿綴粉覆蠟面依痕鐫之

活板工以鉛居多自一號至六號華字日本字西字皆有之

磚工稱煉化石工

瓦工剏自崇神間當漢天漢年精者一瓦重四十兩謂之瓦博士倭漢三才圖會云聖德太子誅守屋連後爲天王寺處處伽藍召

瓦工於百濟國今攝津大坂瓦工其遺技也

席工曰疊刺以藺爲之備後其最也稱日本席精者曰錦席

銅鐵器工越中爲最象嵌銅器則數加賀之金澤

鍛冶職機巧弗如美利加而精細自擅攷其冶人始于河州我子孫郡近江辻郡次之攝津大坂又次之

磨工羅山文集云後鳥羽院掄鍛冶之良易自代番令作御劍于時洛陽八澤田國弘者善巧發硎令磨御劍子孫相續得磨工之名

竹器工駿河爲最

製度量衡工另有表

紡績工有綿絲紡績所十有七在東京曰鹿島在大坂曰川崎曰堂島曰桑厚曰豐井在長崎曰長崎在橡木曰野澤在三重曰三

重在愛知名古屋曰愛知在靜岡曰島田在山梨曰古川在岡山曰岡山曰玉島曰下邨在廣島曰廣島在鹿兒島曰鹿兒島有紡績會社三在大坂曰大坂在靜岡曰遠州在宮城曰宮城明治十九年當光緒十二年凡紡筒（日本言錘）六萬五千四百二十視紡筒數即知紡績數矣出綿絲七十七萬八千四百三十三貫目分之爲繰絲八十八萬八千一百十二貫目落棉六萬九千二百七十七貫目屑絲六千九百九十一貫目每一貫目相塲九十圓八角七分相塲價格也屑落劣也民績則甲斐第一家家七襄云

織工爲絹撚織爲木綿織爲麻織爲交織雜織男女帶地其常用也畿內織文冠通國先是元明天皇和銅四年遣桃文師於諸國始教習織錦綾時唐景雲二年也六年正七位上按作磨心能織錦綾子孫免雜戶賜姓柏原

絨工東京千住製絨所凡工四萬有奇然資機器曰洗毛曰乾毛取諸潔也曰紡毛曰整紡曰經綫曰整經曰整緯取諸齊也曰塗糊曰乾綫取諸緻也曰織絨曰縮絨取諸巧也曰洗絨曰起毛曰乾絨再洗再乾而工同取諸成也曰染絨曰翦絨緯曰翦絨經曰刷絨曰發釆取諸精也一日成絨二千六百四十尺

毳布工紀伊居多

裁縫工曰仕立職先是應神天皇三十七年當晉光熙元年使於吳求縫工女得吳工女兄媛弟媛吳織漢織四人是爲女工之始或曰攜工四百後師厥法謂之吳服工其工用鯨尺裁衣而法有二取衿袵於一幅中謂之木綿裁其衿狹一也一幅斜裁爲袵其衿取餘帛謂之帛裁凡裁長四尺裏一尺四五寸以上衣則不三丈有餘帛者不成

大工建屋工也飛驒多木人精於藝故飛驒工爲冠

石工日本墻岸甎砌大石尖橢形上狹上寬大者逾丈無傾者碑

任夫然無定形鐫日本艸書動合晉唐筆意

石器工姓氏錄云和泉國石作連者火明命六世孫建眞利根命

之後也垂仁天皇世爲皇后日葉酸媛作石棺賜姓石作大連公

也倭漢三才圖會云泉州鳥取鄉攝津大坂石工多以御影山之

石作石器

屋上板工曰家根職

葢瓦工曰瓦葺

伐木工曰木挽

窗戶工曰建具職

泥工曰左官

染工詳表

油工曰油絞職

米工大坂精米會社爲最火機水輪大同小異鹽工酒工茶工糖工皆詳表淡巴菰工曰煙艸刻職

醬油工視營業人一萬三千六百八十餘而數有增其塲與營業人等歲造五十七萬四百九十五石

果子工凡六萬四千以糖爲之肖動植物其用因地不少雜如紅葉館造物用紅葉形之類

官工表

日本官工塲大者十四其營業費合明治十六十七十八等年而言當光緒九十十一年間其平均法役員以一年三百六十五日計職工則以就業日數計工內十五歲以下者光緒十一年印刷

局男二百廿八女百七十二東京礮兵工廠男五十五大坂礮兵工廠男廿四小野濱造船所設自光緒十年今就十一年明治十八平均數述官工表

	工場	機關 數	機關 馬力	男員 女員	日支	男工 女工	日支	外國 員	外國 日支	營業費	入金額擬人格
大藏省	造幣局大坂	瓦斯一 蒸氣六	四分三 三二〇	五九	一、〇三	三八六		二	二二一、八四	三三四四、九七一	七二一、〇五四
	印刷局東京	蒸氣三	一六一	四四七 四〇	〇、九八 〇、四五	一、一二四 九九九	〇、三四 〇、一三	一	一二四、〇〇	一、四四〇、一九三	一、四五〇、八〇三
陸軍省	礮兵工廠東京大坂	蒸氣三 同九	四〇四 一六三			二、〇二四 一、二〇七	〇、五〇 〇、三三			一、一七九、七九一	一、一三〇、二四七
海軍省	横須賀造船所	蒸氣	三三六	二四六	〇、八五	三、〇八〇		二	三、九五	八七八、四七九	一、〇二五、二五二
	火藥製造所	蒸氣	一九五	二二	〇、七一	一二八	〇、三五	一	一三、一五		
	兵器製造所	蒸氣	二〇五	六六	〇、九二	七六八	〇、三八				
農商務	小野濱造船所	蒸氣	四五	五五	〇、七六	一、〇一五	〇、三〇	八	四、九〇	四〇九、二八九	四八〇、八九〇
	富岡製絲所	蒸氣一	五	一八	〇、七四	五四	〇、二八			三六一、二〇三	一一五、九四八
	千住製絨所	蒸氣四	一一三	一九	〇、九二	一二四	〇、二五			七六、三二四	七四、九二八
	新町紡績所	蒸氣一 水車一	六〇	一〇	〇、三二	七六 一五〇	〇、二九 〇、一七			九七、四七〇	七八、八一二

省	愛知紡績所	水車一	三〇		六〇、六〇	二二〇、二二 七一〇、〇七	三〇、八三一	二五、七六三
北海道廳	札幌紡織場	蒸氣一	六	傭一三六〇	〇、二五	二、一二六〇、三〇 二〇、六六四〇、一〇	一三、二〇二	一一、七二七
	別海紗那鑵詰場	蒸氣二	三〇	傭三〇五八	〇、一六	四、三五〇〇、二三	七、八六四	七、三二九
	紋別製糖場	蒸氣五	一四五	傭八六八八	六、一一	八、九三一〇、二九 七六三〇、一七	二六、四七九	一一、七〇六

工器表

不先利器工奚繇善日本製絲之瀛罐百一十四馬力千有七十機關四十二精米之瀛罐五十三馬力四百六十四機關四十九製鐵鑄物之瀛罐九馬力九十八機關印字活版之瀛罐八馬力五十二機關九雜製之瀛罐四馬力五十三機關四染物之瀛罐四馬力十八機關三開鑛鑿巖之瀛罐三馬力三十七機關三鑛業之瀛罐廿六馬力四百廿六機罐十七鎔鑛之瀛罐二馬力廿七機關二伸銅及黃銅綫之瀛罐三馬力百有八機關四炭坑之瀛罐四十八馬力千有二機關四十六製糖之瀛罐二馬力廿三

機關三綿綟之瀛罐二馬力十五機關二帽屬之瀛罐一馬力九機關三製革之瀛罐二馬力十四機關二石炭瓦斯之瀛罐二馬力十二造船之瀛罐十六馬力二百三十五機關十八製紙之瀛罐十二馬力二百六十七機關十二摺付木之瀛罐二馬力三十五機關二硝子之瀛罐二馬力十三機關二雜用之瀛罐十三馬力百一十八機關十一其停工之絲米鑛炭銅鐵糖諸瀛罐三十二馬力三百三十三機關廿一不在其內就地覈數述工器表

	瀛罐數	馬力	機關
東京	四七	五八一	四六
羣馬	七	七四	四
岐阜	一三	四三	
富山	一	一〇	
熊本	三	一二	二
西京	五	二六	三
茨城	二	七	三
福島	二	三〇	
福井	一	一五	一
宮崎	一	一二	一
大坂	三〇	四九三	二九
橡木	七	九四	七
宮城	二	三〇	二
岡山	五	八三	四
鹿兒島	七	一四一	四
神奈川	九	八二	四
三重	二	五四	三
岩手	二	二八	二
山口	二	二八	二
北海道	八	七三	七
兵庫	二五	二六六	一六
愛知	一〇	八九	八
青森	二	一七	二
和歌山	二	一八	一
合	三二九	四〇九六	二四三

長崎	二七	七三	二〇
靜岡	二		
秋田	一四	二六八	八
愛媛	一	八	一
新潟	五	三六	四
山梨	二六	一三三	
山形	一二	三二一	一
福岡	四〇	四八三	四五
埼玉	七	三五	六
滋賀	三	五八	二
石川	一	九	一
佐賀	三	一六	三

坿停工品

東京	二	一四	二
新潟	一	一五	
滋賀	一	二五	
秋田	四	七〇	一
福岡	五	四八	四
京都	一	六	
埼玉	一		一
岐阜	一		
山形	一	一八	一
北海道	一	二	一
大坂	三	三九	四
愛知	三	三	三
福島	一	二	
山口	一	九	一
合	三二	三三三	二一
兵庫	三	三〇	一
山梨	二	六	
岩手	一	二〇	一
愛媛	一	八	一

工直表

左官泥工之抹壁者也木挽伐木工也疊刺業席也建具修窻戶工也若酒傭若醬油傭𠀤稱稼人油絞製油工也綿打彈綿工也糖果謂之果子日傭計日中國俗評短工者也餘中國畧同其直謂之賃錢分上中下等凡三上下二等𠀤分十八年十六年十五

年中等多一十七年錢有差就光緒十一年數述工直表

	農月金 男	農月金 女	農日錢 男	農日錢 女	蠶 男	蠶 女	繰絲女	製茶男	織 男	織 女	大工	左官	石工	木挽	家根	瓦葺	疊刺	建具	經師職	指物職	仕立和	仕立洋	鍛冶	陶	漆	酒	醬油	油絞	染物	綿打	刻煙草	版摺	船大工	糖果	活字	日傭	僕	婢
東京	二五〇〇錢	一五〇〇	二五〇	一五〇	二八〇	一八〇	二〇〇	三五〇		二五〇〇	五〇〇	五五〇	六五〇	六六〇	四〇〇	五〇〇	五〇〇	四五〇	五〇〇	四五〇	三〇〇	五〇〇	六〇〇	五〇〇	二八〇	二八〇	二八〇	二六〇	三五〇	三〇〇	四二〇	三〇〇	四〇〇	四〇〇〇	五〇〇	三五〇	一〇〇〇〇	一〇〇〇〇
京都	一七二四	九五五	一三三	八七	一四五	一〇	一二六	二七七	三三五〇	一六三八	三二〇	三三〇	三二〇	二八五	三〇五	二七〇	三〇〇	二八〇	二九〇	二七五	二一五	三七五	二九五	二五〇	二九〇	二九五	二四〇	三一〇	二三〇	一九〇	二三〇	二一五	三〇〇	五四二〇	二五〇	二二五	一五七〇	九五五
大坂	五〇〇〇	二〇〇〇	二二〇	一五〇				三〇〇	三〇〇〇	二一〇〇	三八〇	三八〇	五〇〇	四〇〇	四〇〇	七五〇	三四〇	三五〇	五〇〇	三〇〇	三〇〇	五五〇	六〇〇	二〇〇	三五〇	二五〇	一五〇	五一〇	三〇〇	二四〇	二五〇	二五〇	四五〇	八一〇〇	五〇〇	三〇〇	二〇〇〇	八四〇
神奈川	一七一六	六四三	一八四	一四〇	二三八	一六四	一九〇	三七五	一六七〇	一七七四	五一六	三二七	三七五	三三八	三〇〇	三八五	三三三	三四五	三二八	三六〇	二八六	六〇〇	三一七	七二五	三三〇	二八二	二三九	二七〇	二六二	三〇二	二三八	二九〇	四六七	五四〇〇	二〇〇	二三二	一四一	一〇〇〇
長崎	一〇〇〇	六三七	二〇	九〇	一五〇	九〇	一五〇	二三〇	三〇〇〇	二〇〇〇	三二〇	三二〇	二八〇	三二〇	二八〇	二八〇	三二〇	三二〇	二八〇	三二〇	三〇〇	四五〇	四五〇	二二〇	二八〇	二〇〇	二八〇	二九〇	二八〇	二八〇	二八〇	二八〇	三二〇	八四〇〇	二五〇	二五〇	二五〇〇	一五〇〇
新潟	二二〇〇	一三〇〇	一六五	一〇〇	一二五	九五	一八〇	一五〇	四八〇〇	一五〇〇	一八三	一七五	一七〇	一七〇	一六〇	一七〇	一六〇	一七三	一七三	一七〇	一四五	二五〇	一七〇	一六〇	一七〇	一七〇	一七〇	一六〇	一六〇	一五五	一五〇	一六〇	二〇〇	三八〇〇	一八〇	一六〇	一五〇〇	八〇〇
埼玉	一四一六	八二六	一六三	一三四	二〇〇	一二四	一二二	二五八		一五〇〇	二八五	二九五	三三八	二六〇	二七〇	二八〇	二六〇	三一四	二八三	二七八	二一四	三二五	二七五	二〇八	二二八	二四六	一九四	二一八	二〇六	二八〇	二〇六	二八〇	二四八	三四四〇	三四〇	一五八	一三八〇	九〇〇
羣馬									七五〇〇	六〇〇〇	三五〇	四五〇	三八〇	三五〇	三〇〇	七〇〇	四〇〇	三〇〇					二七〇	二五〇	三五〇			三〇〇	一五〇									
茨城	二五〇〇	二〇〇〇	二〇〇〇	一一〇	二〇〇〇	一三〇	一三三	三〇〇			二八〇	二八〇	三〇〇	二八〇	二八〇	二五〇	三〇〇	二八〇	三〇〇	二八〇	三〇〇	六〇〇	三〇〇		二〇〇	四七〇	二七五	一五〇	一六〇	一二〇	一六〇	三〇〇	二八〇	三〇〇〇	五〇〇	二〇〇	一〇〇〇	七五〇
三重								二〇〇	三六〇〇		一五〇	二〇〇	二〇〇	一五〇	一二五	二〇〇	二〇〇	一六〇							一五〇	一四〇		二〇〇	一二〇									
愛知	三五〇〇	一五〇〇	二〇〇	一二〇	二二〇	一五〇	一五〇	三一〇	四〇〇〇	三五〇〇	二八〇	三〇〇	三〇〇	二〇〇	二五〇	四五〇	二五〇	三〇〇	二七〇	二〇〇	二五〇	三〇〇	一八〇	三〇〇	二五〇	二五〇	二〇〇	二〇〇	二五〇	一八〇	一八〇	二五〇	三〇〇	五四〇〇	五〇〇	一八〇	二五〇〇	一五〇〇
山梨	一八〇〇	一七〇〇	一八〇	一五〇	二七〇	二二〇	一八〇		七五〇〇	六〇〇〇	二四八	三一一	二四五	二四〇	二四六	二四五	二八三	三〇〇	四〇〇	二〇〇	二五〇		二二四		二〇〇	一五〇	一五〇	二二五	二〇〇	二〇八	一七五	二〇〇		六〇〇〇	二五〇	一七〇	二〇〇〇	一〇〇〇
滋賀										七五〇〇	二三〇	二三〇	二六〇	一四〇	二四〇	二五〇	二〇〇	三〇〇	三〇〇	二一二〇	二一〇	五〇〇	二五〇	一四二	一二〇	二五〇	二一〇	二二〇	一九〇	一七〇	二四〇	二〇〇	二九〇	四八〇〇	一五〇	一三〇		

長野	一八〇〇 一五〇〇	二五〇 一二〇	三五〇 三〇〇	二〇〇 三八〇	七五〇〇 四五〇〇	三五〇 二五〇	三五〇 三〇〇	三〇〇 三八〇	三二〇 三五〇	三八〇 三五〇	三〇〇 五〇〇	三五〇 三〇〇	二八〇 三六〇	三二〇 三五〇	三五〇 三五〇	五二〇 三〇〇	三八〇 六〇〇〇	三五〇 二〇〇	一五〇〇 一〇〇〇
宮城	三五〇 六〇	二五〇 一八〇	二五〇 一八〇	二〇〇 三〇〇	三四〇〇 二四〇〇	三〇〇 三二〇	三五〇 三〇〇	三〇〇 三五〇	三六〇 三三〇	三〇〇 三〇〇	二五〇 四五〇	二七〇 一八〇	二五〇 一八〇	二五〇 二五〇	二五〇 二〇〇	二〇〇 三〇〇	一一〇〇 三〇〇〇	三〇〇 二五〇	一五〇〇 一二五〇
秋田					七五〇〇 一三五〇	二〇〇 二〇〇	二〇〇 一七〇	二〇〇 一七〇	二〇〇 二〇〇	一八〇 二〇〇	二五〇 三〇〇	一五〇 二五〇	二〇〇 二五〇	二〇〇 二〇〇	一五〇 二〇〇	二〇〇	二〇〇 四五〇〇	一五〇	
石川	一〇〇〇 六〇〇	二〇〇 一五〇	一二〇 一〇〇	九〇 二〇〇	三〇〇〇 二〇〇〇	一五〇 一三〇	一五〇 一二〇	一三〇 一七〇	一二〇 一〇〇	一五〇 一三〇	一〇〇 二五〇	一五〇 一五〇	一〇〇 五〇	五〇 八〇	一〇〇 一二〇	一〇〇 一五〇	一五〇 三七〇〇	一八〇 一〇〇	八〇〇 七〇〇
富山	一五〇〇 七一〇	一三〇 八〇	一〇〇 九〇	九〇 一五〇	一八〇〇 一八〇〇	二三〇 二三〇	二九〇 二三〇	一八〇 一七〇	二〇〇 二五〇	二五〇	二〇〇 二〇〇	二三〇	二〇〇 二〇〇	二〇〇 一八〇	一七〇 一七〇	一五〇 一五〇	二五〇 三〇〇〇	二〇〇 一八〇	一六〇〇 六〇〇
島根	一二五〇 一〇〇〇	一〇〇 七〇	九〇 三〇	八〇 一五〇	三六〇〇 三〇〇〇	一七〇 一五〇	一七〇 一二〇	二〇〇 二〇〇	一二〇 一〇〇	一二〇 八〇	一五〇 一五〇	一〇〇 一〇〇				一〇〇 八〇	一一〇 三〇〇〇	三五〇 一五〇	一五〇 七五〇
鳥取													一〇〇 一二〇	一〇〇 一三〇	一〇〇 八〇				
廣島	一八〇〇 四六〇	一四〇 四〇	一二〇 一〇〇	一〇〇 二五〇	六〇〇〇 三〇〇〇	二五〇 二五〇	二五〇 二五〇	二五〇 二五〇	二五〇 二八〇	一八〇 二三〇	一五〇 二五〇	二〇〇	二五〇 一八〇	一八〇 二〇〇	一七〇 一八〇	一八〇 二五〇	二五〇 五〇〇〇	七〇 一〇〇	二〇〇 七五〇
和歌山	三六〇〇 一八〇〇	二〇〇 一二〇	二〇〇 一五〇	一五〇 三一〇	一七五〇	三五〇 三五〇	二四〇 三〇〇	二八〇 二五〇	二五〇 二一〇	二五〇 二一〇	二〇〇 四〇〇	二二〇	五〇〇 二〇〇	二五〇 一八〇	二九〇 二六〇	二四〇 二一〇	四〇〇	五五〇 二一〇	三〇〇〇 六〇〇
德島	一五〇〇 五〇〇	一八〇 八〇		二五〇	四〇〇〇 二〇〇〇	二三〇 二四〇	二六〇 二三〇	二三〇 二六〇	二〇〇 二五〇	二五〇	二〇〇 五〇〇	二二〇 一八〇	二五〇 二〇〇	一八〇 一八〇	一七〇 一三〇	一八〇	二三〇 四五〇〇	一八〇	一五〇〇 一〇〇〇
高知	三二〇〇 二五〇〇	二〇〇 一三〇	一五〇 一〇〇	一五〇 三〇〇	六五〇〇 三〇〇〇	三〇〇 二五〇	二五〇 三〇〇	三〇〇 三〇〇	三〇〇 三〇〇	三五〇 三〇〇	三〇〇 四〇〇	三〇〇 二五〇	三〇〇 三〇〇	二七五 三〇〇	二五〇 三〇〇	二八〇 一一〇	三〇〇 六〇〇〇	二八〇 二五〇	六〇〇〇 二〇〇〇
愛媛	一二五〇 五〇〇	一八〇 七〇	七〇	五〇 二〇〇	三六〇〇 二一〇〇	三〇〇 二五〇	三五〇 三五〇	三〇〇 二五〇	三〇〇 三〇〇	三五〇 三五〇	三〇〇 四〇〇	二五〇 二〇〇	二五〇 二五〇	三〇〇 三〇〇	二五〇 二〇〇	一八〇 一五〇	二七〇 七五〇〇	一五〇 一八〇	二〇〇〇 一五〇〇
福岡	一五〇〇 七六〇				五〇〇〇 二五〇〇	二一〇 二〇〇	二二〇 二一〇	二四〇 一九〇	二〇〇 二一〇	二〇〇		一九〇 二〇〇	一九〇 二〇〇	一九〇 二二〇	二〇〇 一六〇	二〇〇 二〇〇	二〇〇 三八〇〇	二二〇 一七〇	一三〇〇 八八〇
大分	一一六六 五八三	一三〇 七〇	一六〇 九〇	九〇	五〇〇〇 三〇〇〇	二〇〇 二〇〇	二三〇 二二〇	二〇〇 二〇〇	二五〇 二〇〇	二〇〇 二〇〇	二二〇 五〇〇	二四〇	三五〇 一一〇	一〇〇 一九〇	二〇	一七〇 二〇〇	二五〇 二七〇〇	一九〇 一五〇	一〇〇〇 五八三
佐賀	三〇〇〇 八五〇	一八〇 一二〇	二〇〇 一五〇	一三〇 一八〇	三九〇〇 二四〇〇	二〇〇 二五〇	二五〇 一八〇	二八〇 五〇〇	二二〇 二〇〇	二二〇 二〇〇	二五〇 二〇〇	二五〇 二〇〇	二〇〇 一三〇	二五〇 二〇〇	二〇〇 二〇〇	二〇〇 一八〇	二〇〇 七五〇	二〇〇 二〇〇	一五〇〇 八五〇

熊本	鹿兒島	北海道	平均	前一年
一六七〇 一二五〇	七〇〇 二〇〇	五五〇〇 四五〇〇	二一一七 一一九九	一六七一 八二八
一二〇 一〇〇	一二〇 七〇	四三五 三九〇	一八六 一二一	一六九 一一二
一五〇 一〇〇	一三〇 八〇		一八三 一二七	一五七 八九
三二〇 二五〇	二〇〇 一六〇		一四九 二五三	一九四
七五〇〇 四五〇〇			四六四〇 二九三	一六三 一一四
二五〇 二五〇	二八〇 二八〇	五〇〇 五〇〇	二七七 二八二	二二五 二三九
二五〇 三〇〇	二八〇 二八〇	六五〇 四八五	三〇三 二七〇	二六一 二〇九
一七五 四〇〇	二八〇 二八〇	五〇〇 四五〇	二六三 三〇六	三五七 二五五
二五〇 二五〇	二五〇 三〇〇	三七五 五五〇	二六七 二七二	二二七 二一九
二〇〇 二五〇	三〇〇 三〇〇	四〇〇 五七五	二八五 二六八	二五五 二二九
二〇〇 三五〇	三〇〇 三〇〇	五二五 六二五	二四七 三八九	二一八 一九二
二五〇 三〇〇	一〇〇 一四〇	六〇〇	二七八 三五〇	二一五 一九〇
二〇〇 二五〇	一八〇 一三三	三八〇 二一〇	二六〇 二一五	二二〇 二二四 一六五
二五〇 三〇〇	一三三 一〇五	二七五	二〇七 二二四	一八〇 一七七
二〇〇 二〇〇	二〇〇 一二〇	四五〇 三〇〇	二一五 二〇五	一八〇 一六〇
二五〇 一七五	二六〇 一五〇	三五〇	二一二 二一八	一四五
二五〇 七五〇〇	二五〇 四五〇〇	五一五 六二五〇	二八七 五二〇〇	二五五
二〇〇 一七五	八〇 二三〇	三七七 二五〇	二八〇 一九五	一八三
九五〇 七五〇	三〇〇〇 一〇〇〇	四〇〇〇 三〇〇〇	一八八九 一〇五六	一九一〇 一〇八五

罪人工表

日本依西法課已決囚工曰出役場未定罪者謂之懲治作工於獄日給有額而在獄不支就光緒十一年（明治十八）可稽者述罪人工表

	已決囚	懲治者	合
大工	六五〇		六五〇
木工	二五五		二五五
泥工	二六		二六
石工	二一		二一
製紙	二〇九九	一七	二一一六
綿	四〇八	五	四一三
藁工	一四二四九	五四	一四三〇三
竹木細工	四一五	二	四一七
看病	四二〇		四二〇
理髮	一七六		一七六
炊	一六七三		一六七三
濯	六一四	二	六一六

鍛冶	二五四		二五四
麥藁細工	三三六	三七	三七三
浴湯	一五		一五
裁縫	一六九五	二	一六九七
笠織	一〇二五	三	一〇二八
掃	六三七		六三七
製絲	一〇六一	四	一〇六五
履類	三九五		三九五
雜業	二二二九五	四	二二二九九
機織	一九一六	四	一〇六五
疊	一〇九		一〇九
總計	五六六〇七	一三五	五六一四二
染物	一〇一		一〇一
雜工	四二六二	二	四二六四

製度量衡工表

工之長短輕重大率資度量衡中國工部尺每尺當日本曲尺一尺一寸七分鯨尺一尺一寸四分九釐分銅云者天平也就光緒十一年計（明治十八）凡製度所六十製量與衡各六十一較前一年少製量所二又製西式臺秤三百七十五羅馬秤九十六書翰秤四百有八天秤六十五分銅二百廿二不在其內高知縣北海道廳間無碻數述製度量衡工表

度		量			衡		
曲尺	鯨尺	穀量	水量	斗概	稈秤	天秤	分銅

度		量			衡		
曲尺	鯨尺	穀量	水量	斗概	稈秤	天秤	分銅

東京	一三四六六	三五一三一	五二九七	六七〇七	一一三五	一〇二九六	九	四二三
京都	七五八五	九七五八九	四三七二	五五七一	一二一一	三一八三	三	一三七
大坂	七五四六九	二七八二五六	一五九三九	一九一三一	三四九一	九三〇三	五	二五三
神奈川	一二〇四五	三九四三六	四八五五	七九五八	八八〇	二五九一	七	六六
兵庫	一一四七四	二〇五七九	一三一六八	一七五五四	四一二三	六二二四		一一
長崎	五三五	五五〇八	一〇三二	二四九〇	三二二	二一七八		
新潟	五七〇		五二七	三一六〇	六二	一六八二		
埼玉	二六九二四	四二二五六	五九七四	八二九六	四七四	七三七一		
羣馬	二〇〇		一七四九	二六八八	一八三	一二一四	五	一〇五
千葉	二八九六四	五三八四九	三四一五	五五五六	五二八	四三一六〇		
茨城	一三三七	五四二二	五八〇	三三三六		一六六九		
橡木	三三四三	九九五八	二七七六	五七八七	一四五七	四八八八		
三重	一〇三六	七一七一	四〇二九	四二六六	二二四一	二四二三		
愛知	一〇八〇八	二二六六七	八〇〇七	七三三九	三三二六	五九六九		八
靜岡	四〇五一	五二一〇	一二一五	五〇七七	四〇〇	四一九六		

青森	二一九		一八四〇	五七五四	一〇一			
秋田	五二九四	三四八六	九七三	一三九三	一五二	八五五		
山形	一七五五		八五二	二〇一二		六六九		
石川	一八一六	一二六五五	二〇六〇	三三一三	四七二	四〇七〇		
富山	二一三〇	八八五七	二七〇八	三三六二	八四四	三六二一		
福井			一四一六	一九三七	九七	一八二二		
島根	八八	三〇	二一五九	二七二〇	一九	七六〇		
鳥取	五二		四五五	八三二	五三	三〇三		
岡山	一一七二	八三四〇	二六四四	三二八二		三〇五八		
廣島	五八七九	一七二〇七	八四八二	一一七二一	二八九五	四六九九		
山口	九六	二三九	二二七四	三〇六二	三八二	一六九〇		
和歌山	四一七	二五二四	二五七六	一二九五	一二〇八	一二〇九		
德島	八七一八	四六八四一	二八六四	三六七一	一八二〇	九三九		
高知	二一九七		一七八四	六〇〇二	一二六〇			
愛媛	七三九	三七八五	二五一四	四二八二	一五四五	三七六三		

山梨	六二三一	一六七〇		一六一		六九六	九	一三三
滋賀	三一二七	一八〇四七	四四三八	四四四八	一九八八	三六七二	二	一六二
岐阜	二二〇三	一〇六一九	二九五七	二七七二	五一〇	二四七九	五	一一五
長野	一一一〇	三〇〇二	二二二六	六七八六	五三〇	一七九八		
福島	六八〇八	六〇五四	二三二〇	八九七七	二五七	六六九		六
宮城	七五二八	一九四〇	一三八三	四二六一	八七九	一一八二		
岩手	六一七一	四一六二	六五五	一五五八	一〇	三九二		
福岡	二三八三	一四六三八	六七二三	七〇三六	七三九	四五〇九		
大分		一〇〇〇	三六〇	一六三〇	一二八	六四四		
佐賀			二六六		二五〇	二五〇		
熊本	一四		一八四五	一〇四一三	一九七	三七六〇		
鹿兒島	一五四四	一八五二	二七七〇	六〇七八	九			
合	二六六一〇八	七八六二七八	一四五五七八	二一三六四〇	三七三八三	一三九七八八	四五	一四四七
前一年	二三九一三六	八四三二七七	九七四五七	二三八一五七	二八〇八三	一三八一六六	一〇五	九四八

橫須賀造船所表

日本造船所莫橫須賀若矣在神奈川相模國橫須賀港東南隅設始慶應元年時同治四年也前一年日本與駐橫濱法公使翁囉哀議明年聘法技師來翁烏愛魯惟而廠遂興其地山環濤翕所謂繫留塲者容巨艦十數名修船渠以閘阻水閘亦艦形一名船閘渠三一縱百十九米突深六米突一縱百五十三米突深八

米突六百五十的希米突一縱九十四米突深五米突百五十的希米突沿淺浮標十一其灣岬西南爲造船所初賴法人四十餘課工明治十一年當光緒四年日本卽自爲之官工二千八百餘其舍所曰官廳曰官舍曰覺舍曰醫局曰製圖所其工塲曰船臺曰塡隙曰船渠曰製驅曰製網曰船具曰鋸鉋曰製檣曰端船曰滑車曰煉鐵曰撓鐵曰整飾曰製鑵曰製管曰鑄造曰摸型曰旋盤曰鑪鑿曰組立曰營繕曰築造又有船材儲蓄塲倉庫及火藥庫其陸有起重器三十頓水有起重器十五頓鐵一重三千基錨二重八百基畧鐵浮一重千五百四十二基畧鎖三一長五十米里十五米突二長四十米里十五米突其定章二十一報日二改期三料數四課工三月一日至十一月四日午前六時三十分起十一月五日至二月廿八日午前七時起二月四日至九月三

十日午時三十分止十月一日至二月三日午後五時止以午前十一時三十分後十二時三十分餐五運費六圖費七辭災損費八浮錨九移船費十烈風十一陸行受狀十二舟着岸十三貸工十四塵芥有場十五搆內勿車十六出入禁濫十七禁歌十八携物視證十九出入定午後十時二十洗濯外晞二十一防火續章廿一一記艦幅二入渠有時十七練兵由長許可餘與前章畧同

泊地水深七八尋港無淡水以管引自十餘里外走水郵場設水溜蒸瀛機水得無缺又有長崎造船所在港西飽浦南船渠長四百廿尺入口八十九尺高潮閾上水深廿七尺又官許斜板修船處軌道長五百五十尺臺車長廿尺朔望高潮前部水深十一尺後部水深十九尺而軌道總設石上者足架一千六百頓船體小野濱造船所在灣西三百尺積八百頓之船皆引入修理然長崎

非官設小野濱官設而非橫須賀比工與器詳官工表茲就塲與渠與臺述橫須賀造船所表

名	長	寬	深（地平至渠底）	深（潮面至渠口底）	渠底斜度	入渠船尺度
船渠第一	全長百廿二米突 上部百九十米突 下部百十五米突	渠内廿九米突 渠口上廿五米突 渠口下廿三米突	渠内九米突 渠口八米突	最大潮七米突 大潮六米突九百米里 小潮六米突六百米里	平而無 斜	盤水上九十八米突 最大長 吃水：最大潮六米突五百米里 大潮六米突三百米里 小潮六米突 盤木高一米突二百米里
第二	全長百五十六米 突五百米里 上部百五十 三米突 下部百四十 七米突	渠内三十二米突 渠口上廿八米突七 百八十米里 渠口下廿五米突二 百八十米里	渠内十一米突 六百米里 渠口十米突二百 五十米里	最大潮五米突六百 五十米里 大潮五米突四百 五十米里 小潮五米突五 十米里	每一米 突斜五 米里	盤上 最長百四十米突 吃水：大最九米突 大八米突七百米里 小八米突二百米里
					前部	前部六十米突 後部七十米突
第三	全長九十六米突 五百米里 上部九十四米突 下部八十八米突 三百米里	渠内十八米突 渠口上十三米突 八百米里 渠口下十一米突 八百米里	渠内七米突 六百米里 渠口六米突 九百米里	最大潮五米突六百 五十米里 大潮五米突四百 五十米里 小潮五米突百 五十米里	每一米 突斜十 米里	盤上八十二米突 最長二百米突 吃水：最大五米突四百五十米里 大五米突二百五十米里 小四米突九百五十米里
						盤木高九百米里

鐵道費計里表

同治十一年以前日本無鐵道有之自十一年始即明治五年也初費甚巨倚泰西人力居多今自爲之日益省光緒十一年明治廿一日本綜覈費數因地計里厥用有差其東京横濱間起靜岡訖濱松四十七里合華里百四十五里今成矣然綜數時未成而預計罔有舛其直江津綫路內自關山至長野廿八里又長野上田間廿一里又上田新輕井澤間廿五里其東海道綫路內大府濱路間五十五里又國府津靜岡間七十一里皆英里也修在光緒十三年六月以後其費計銀以圓而止述鐵道費計里表

	英里	合華里	英一里費	合華一里費
横濱至東京	一八	五四·三	一五八六〇二	四八〇六〇
横濱至大垣	二五八	八五一·四	四二二二三	一二四九一
敦賀至大垣	四九	一六一·七	六八四二〇	二〇七六三
神戸至大津	五八	一九四·七	一三六一一七	四一二四七

高崎至横川	一八	五四·三	二五六三八	七七六九
輕井澤至直江津	九二	三〇三·六	三二五〇六	九八五〇
總計	四九三	一六二六·九	五七七〇三	平均二三三六三

鐵道資本表

光緒十四年（明治廿一）日本鐵道綜計資本凡銀三千三百三十九萬一千二十有七圓較之前一年增七百一十萬六千一百七十五圓蓋因東海道橫須賀湖東之修未已也迻鐵道資本表

綫路	成數	預計	合計
東海道	四〇七〇一六〇	七五〇四七三	四八二〇六三三
湖東	八四八二三七	一六二九二一	一〇二一五八
橫須賀	二二三一八一	七一八八三	二九五〇六四
直江津	九八八〇二八	一一〇二六〇	一〇九八二八八
總數	六一二九六〇六	一〇九五五三七	七二二五一四三

官立鐵道局費表

鐵道之非由民集股者是其官立非會社比也曰哥背而奪者合明渠暗渠而言日本人亦沿西語用之曰波戶者臨水鐵道時出半段與波止塲異矣厥費之屬大約有廿述官立鐵道局費表

	東京橫濱間	神戶大津間	敦賀大垣間	高崎直江津間	橫濱大垣間	戶塚橫須賀間	大津長濱間	合計
綫路豫測費	二四二七五	六七三五〇	九八六二六	三九四三九	三〇五八一	三九五四	二九九五	二六七二二一
督工費	七四八四〇	二〇二一八	四七五九二	一〇九〇七五	二二二六一九	五二八〇	一二七三八	六七四二六三
地費	二四四七三六	三六二八〇三	八六二〇八	二一一五九〇	一六三九九一	三六二六	二	一〇七二九五六
土工費	四六四八〇八	八六四三九三	五九九六三一	九七三六二三	一九九一八五八	五二五四七	三三三二二〇	五二八〇〇八〇
橋梁費	六四七六一七	二〇五一〇五〇	一六九八一〇	三九八五〇九	三四一八四七一	一三一一八	二六〇五一〇	六九五九〇八四
哥背而奪費	一五六八一	四〇八二七七	八三四八八	一一九〇七三	三三三三七二	七六四八	九三〇四二	一〇六〇五八一
伏樋費	二三五二一	一三三六〇	九三一一	四一九二六	五七三〇三	二〇〇	一二〇二八	一五七六五一
隧道費		五〇三一二五	五二五四三〇	六九七〇六	一〇二〇七八二	九三六五三	六五五二五	二二七八二二二
軌道費	五二一九三〇	七九二二二九	六一五九五七	七七九四八七	一六九一四四四	六五二〇二	二三九七八	四四九〇二二五
停車場費	一九五三六九	八七九六一〇	一一九四三九	六七〇六八	一三五五九二	四一五二	七五九	一四〇一九八九

車費	三三八八〇〇	一〇一七二五〇	六四二六九五	一八三二五八	二七七一二六			二四五九一二九
器械場費	一四三二五四	三一五〇八六	九三六六三	三七九四一	四四七九七			六三四七四〇
建物費	三一一〇五	一四七五三六	二五三一八	四六五一九	四二一八〇	一五七三	二六〇八	二九六八三九
運送費		六四	二一二五	一六二九〇三	三九三六七八	八八〇二	一九二四〇	五八六八一二
建築用滊車費	五二二五	一七五三一	一七一八〇	二〇〇一四	六二八〇五	四〇〇〇	一六四四	一二八三九九
建築用具費	六七五九一			一五七〇六	七九八〇〇	五一七	二九九九	一六六六一二
柵垣及經界費	四三三〇	三二五五五	八二一	三〇九九	四一二九	五九	二六九	四五二六二
雜費	四九七六〇	一三四八五七	一〇八二四〇	五三五八九	一四七七七二	一九一七	一六一四六	五一二二八一
電信線架費		一六三八四	四七六一	九二〇八	一八五五	五六二	五三三	五〇〇八九
波戶費		一六二二	一〇二二八四		六〇〇〇			一〇九九〇六
成數	二八五二八四二	七八二七二〇二	三三五二五八〇	三三四一八三四	一〇一四二八三八	二六六八〇九	八四八二三七	二八六三二三四二
預算	二〇〇〇	六七五五四		一一〇二六〇	七五〇四七三	七一八八三	一六二九二〇	一一六五〇九〇
合計	二八五四八四二	七八九四七五六	三三五二五八〇	三四五二〇九三	一〇八九三三一一	三三八六九二	一〇一一一五八	二九七九七四三三
預計通融								三五九三五九五
總數								三三三九一〇二七

民立鐵道會社費表

民立鐵道亦官爲護持日本人會社云者即泰西所謂公司也近年以日本會社爲巨綫路分爲四區其次曰兩毛曰水戶曰甲武合四會社之費述民立鐵道會社費表

	日本會社綫路本資 第一區	第二區	第三區	第四區	第五區	合計	兩毛會社本資	水戶會社本資	甲武會社本資	總數
綫路豫測費	七三二三	四〇〇〇	五六三五	一〇六八四	一〇五〇五	三八一四八	四五六〇	五六五七	一一七五	四九五四〇
督工事費	六一五〇一	三八〇八〇	四〇三六〇	一〇九七六	一五五九六	一六六五一三	一八一二六	一二四九七	六九四三	二〇四〇七九
地費	一七六五〇六	二八六五一	五九八七〇	三八	五三一一	二七〇五七六	一四三	三〇		二七〇七四八
土工費	一八五六〇五	一六七七〇五	五四八一三二	二五〇五五二	三七八三六九	一五三〇三六三	一三七五一九	一一七二六三	二四〇七九	一八〇九二一三
橋梁費	四四九九三七	六一三五三二	三三二五一〇	三二七三〇	四一三九	一四三二八四八	九四六〇〇	一二〇〇六六	四五七一六	一六九三二三一
哥背而奪費	七二五八〇	三三三九九	六六五〇六	一一九四六	三六七〇	一八七一〇二	三五八一九	一五二九四	六八七一	二四五〇八五
伏樋費	一二六八七	七二〇九	二〇九五一	九三四九	三〇四七	五三二四四	一〇〇九〇	九六四八	一五一一	七四四九三
隧道費		一四三九六	四八二七五	八五六五	一一四八四	八二七三		一三八二		八四一〇三
軌道費	九〇六四七六	六八六二八五	七〇三六二一	五七四五五三	四一五三八四	三二八六三二〇	三五九七二〇	三〇六一六二	一三二四七二	四〇八四六七四

停車里數表

停車場費	一三九六五五	六三九八一	五三九二一	一二二	一一四	二五七七九三	一〇六三五	一一〇〇五	五五二	二七九九八五
波戸費	一六七五	六二	四二三一		三五四四	九五一二				六五一二
車輛費	四一〇〇〇〇	四七〇五二九	一〇九五六四	八	六〇二	九九〇七〇三	三八八六三	三二六五七		一〇六二二二三
器械場費	二六六五六	一六九六一	一七五六六	二六四	一二三	六一五七〇	六九	二三		六一六六二
諸建物費	三五三九一	一三〇〇四	一四八一三	二二三一	四〇八七	六九五二六	五六六二	四六一九	七一	七九八七九
運輸費	四〇一〇〇	二〇七六八	六〇二四二	五三六三八	四八一九八	二二二九四六	二六八二一	二四三三三	一〇五四六	二八四六四五
建築用滊車費	一五九五一	二六〇三四	二六八四五	五七七九	一八二四	七六四三四	七九八六	六〇六二	四二〇九	九四六九一
建築用具費	三六八七五	三四二七	一四四一九	五七四	八〇八	四六一〇一	一九五〇	二一六四	七八一	五〇九九五
柵垣及經界費	二九七八	七四五	二三六四	三一九	一〇七三	七四七九	一一七四	三〇五	一一三	九〇七一
雜費	六六三六一	五〇二七三	三二〇八六	七七四四	九一〇七	一六五五七二	四一五七	一八四七四	一九七七七	二〇七九七九
電信線架設費	一三九四四	一〇五〇七	二〇五二七	三一六三	三四八五	五一六二七	二七〇二	四〇六四	六一三	五九〇〇六
成數	二六六二三九九	二二六八五四九	二一七二四三九	九八三二三九	九二〇四六九	九〇〇七〇九五	七六〇五九五	六九一七〇五	二五五六二九	一〇七一四八二四
預算						一九八九八四一	二三四二五一	五三四一三	一九五〇七二	二四七二五七七
總數						一〇九九六九三六	九九四八四六	七四五一一七	四五〇五〇〇	一三一八七四〇〇

日本停車里數皆以英里計今如所計甄摎華里可約而觀也非鐵道綫路比故不贅計日本人量以鐵鍊百鍊當英一里表中黑點上計里黑點下計鍊

述停車里數表

東京神戶間

新橋 品川	三、一八	燒津 藤枝	四、〇六	垂井 關原	三、三五
品川 大森	二、五八	藤枝 島田	四、五五	關原 長岡	六、二八
大森 河崎	四、一二	島田 金谷	三、二九	長岡 米原	六、五四
河崎 鶴見	二、一七	金谷 堀內	五、五四	米原 彥根	三、五七
鶴見 神奈川	四、〇〇	堀內 掛川	四、三〇	彥根 能登川	八、四五
神奈川 橫濱	一、五五	掛川 袋井	五、三六	能登川 八幡	五、三〇
橫濱 程谷	二、三八	袋井 中泉	四、六九	八幡 草津	一〇、五〇
程谷 戶塚	五、四六	中泉 濱松	六、七三	草津 馬場	六、四三
戶塚 大船	三、四〇	濱松 舞阪	六、三三	馬場 大谷	一、七二
大船 藤澤	二、六七	舞阪 鷲津	五、五八	大谷 山科	三、二七

藤澤	平塚	七、七四
平塚	大磯	二、三七
大磯	國府津	六、一二
國府津	松田	六、二六
松田	山北	三、四五
山北	小山	五、四二
小山	御殿塲	六、五六
御殿塲	佐野	九、三五
佐野	沼津	五、七四
沼津	鈴川	九、四一
鈴川	岩淵	五、一八
岩淵	興津	九、〇七
興津	江尻	三、二八
江尻	靜岡	六、五五
靜岡	燒津	八、〇三
鷲津	豐橋	一〇、四六
豐橋	御油	五、一九
御油	蒲郡	五、三二
蒲郡	岡崎	九、二三
岡崎	苅谷	九、七三
苅谷	大府	二、七九
大府	大高	四、三六
大高	熱田	三、三九
熱田	名古屋	四、一五
名古屋	清洲	四、三九
清洲	一宮	六、〇三
一宮	木曾川	三、四三
木曾川	岐阜	四、六二
岐阜	大垣	八、五六
大垣	垂井	五、〇三
山科	稻荷	三、〇一
稻荷	京都	一、六三
京都	向日町	四、〇七
向日町	山崎	四、六〇
山崎	高槻	四、五七
高槻	茨木	四〇五
茨木	吹田	四、三一
吹田	大坂	四、六四
大坂	神戶	四、四八
神戶	西宮	四、五二
西宮	住吉	五、二一
住吉	三宮	四、六三
三宮	神戶	一、〇三
合計		三七六、三一

高崎橫川間

高崎 飯塚	一、三八	安中 磯部	四、二九	松井田 橫川	三、一六
飯塚 安中	五、〇六	磯部 松井田	三、七一	合計	一八、〇〇

輕井澤直江津間

輕井澤 御代田	八、〇〇	屋代 篠井	三、二〇	田口 關山	四、三三
御代田 小諸	五、五五	篠井 長野	五、五〇	關山 新井	七、五六
小諸 田中	五、六五	長野 豐野	六、六八	新井 高田	六、二一
田中 上田	五、二八	豐野 牟禮	四、七〇	高田 直江津	四、二四
上田 阪城	六、三五	牟禮 柏原	六、二二	合計	九二、一〇
阪城 屋代	五、七六	柏原 田口	五、二七		

大府武豐間

大府 龜崎	六、二九	半田 武豐	三、五〇	合計	一二、五四
龜崎 半田	二、五五				

米原金崎間

米原 長濱	四、五〇	木本 中鄉	二、七一	敦賀 金崎	〇、五八

長濱 高月	六、五五	中鄉 柳瀨	二、七三	合計	三一、〇一
高月 井口	〇、七三	柳瀨 疋田	六、三九		
井口 木本	一、五三	疋田 敦賀	四、〇九		

馬場大津間

馬場 石場	〇、四二	石場 大津	〇、六一	合計	一、〇三

鐵道車數表

機器車外上中下有差曰龍車者國君所乘也謂快慢車曰緩急車亦常語也以光緒十四年數爲主（明治廿一）而以前一年較增減焉

述鐵道車數表

官立

車類	機器車	龍車
自東京迳横濱至静岡	二六	一
高崎直江津間	一〇	
神戶大津間	二二	一
敦賀濱松間	二〇	
東海道線建築用	七	
合計	八五	二
較前一年	六三	二
增減	二二	

民立

車類	機器車	龍車
日本會社綫路	二五	
較前一年	二九	一
增減（兩毛及水戶鐵道會社綫）	四	一

上等車	一六		五			二一	一七	四		一	一			
混合上中等車	一	二	一一			一四	一三	一		一七	一七			
中等車	一九		一一	九		三九	三八	一		四		四		
混合中下等車							七		七					
混合中等緩急車				五		五		五						
下等車	四五	二三	八五	一〇三		二五五	二〇三	五二		八三	七二	一一		
混合下等緩急車	一一	七	二七	九		五四	二八	二六		八	八			
緩急旅客車	八	七	六	一六		三七	三〇	七		二二	一七	五		
運送馬車車	三		一			四	四							
運送馬車	二		一			三	三			一	一			
運送魚車	六		一〇	六		二二	二二			五	五			
運送家畜車	三		一	一		五	五							
運送材木車	七		一六	八		三一	三一			五	三	二		
運送砂車		五三	六〇	六七	一四六	三二六	三一九	七		一七七	一五三	二四		
有蓋貨車	八九	二	二二九	一五一		四七一	四三一	四〇		一八七	一一九	六八		三〇

無蓋貨車	九〇	三九	一一三	四一		二八三	二二四	五九		一六六	一三〇	三六	
緩急貨物車	一四	一三	一〇	一八		五五	二八	二七		一八	八	一〇	
運送石車			一			一	一						
運送油車	一〇		一	一		二	二	一〇		一〇		一〇	
非常車	一		一			二	二			三	三		
總計	三五二	一五五	六一二	四五五	一五三	一七二七	一四七三	二六一		七七三二	五六七	一七〇五	三〇

鐵道計入表

鐵道之利有二一計所入夫人而知之矣一則因往來既便農與工與商罔弗日進非第沾沾目前小利可同年語日本人言資少道短則孤立難本大道長則滋利易公司宜合不宜分分則役增物增車塲增而費亦日以增泰西初亦公司蠭起厥後大合細入補短續長前一公司不過數十里鐵道者今一公司輒數千里然則合其資本連其綫路可不謂樞紐歟日本純益云者即除用淨

存意也出入細數有分量奇數難可校舉今依算學家四舍五入法如一圓九角五分八釐度之爲二圓即五入法也如一圓有四分變之爲一圓即四舍法也奇數五以上爲一小數五以下爲虛數雖於合計少差而省篇幅多矣据光緒十五年二月以前一年之數明治廿二年三月卅一日前一年間述鐵道計入表

	營業收入				營業出費					
	客車收入	貨車收入	雜收入	合計	線路保存費	滊車費	運送費	總係費	合計	純益
東京橫濱間	四九九三四八	六八四〇〇	四五四二六	六一三一七五	三二二九二	七九六〇九	五二四〇八	三五四一六	一九九七二六	四一三四四九
神戶大津間	六二六九四三	一六七一九九	一二四〇二	八〇六五四三	七五〇八〇	二〇九二六	六九一七九	二六一五七	二八一三四三	五二五二〇一
敦賀大垣間	九〇七六七	六七五七五	一三一九	一五九六六〇	二四八六九	三八七四七	一六四一九	四三六八	八四四二三	七五二三七
大垣武豐間	一五一六四	三二八九八	六二四	一八四五八七	二五〇二一	二三八七四	一五四二六	三九四三	六八二六四	一一六三二二
高崎橫川間	五二一九九	二〇二八〇	六九九	七三一七八	一一二一〇	一一六七四	四一一六	七四六	三〇七四五	四二四三三
輕井澤直江津	一一九五九	七九一五七	二五三	一九九〇〇四	九二四三七	三一一九〇	二二八二二	五一五六	一五一六〇五	四七四〇〇
橫濱靜岡間	一八五四一四	二一五七三	一〇六	二〇六九九三	五〇〇二六	五〇六三〇	一九八八六	一三五〇	一二一八九六	八五一〇一
大府濱松間	六〇二九四	一〇二一七	一六〇	七〇六七一	七三〇五	一二〇四四	九一六〇	一〇七九	二九五八八	四一〇八三
總數	一七八五五二四	四六七二九七	六〇九九一	二三一三八一一	三一八二五〇	三五八六九三	三二四一六	七八二二七	九六七五八五	一三四六二二六

鐵道年表

光緒十四年（明治廿一年三月）日本鐵道已修十有八年矣曰大津長濱間湖東鐵道其馬塲停車塲在大津湖岸繇此東走勢田川而草津驛而守山驛而野州川而八幡驛而淨樂寺能登川諸郵而愛知川高宮川及彥根之右而沿湖至米原自馬塲至此三十五英里六十鍊合華里百廿地勢東南負山西北臨湖諸水自東而西入湖故橋夥米原者名古屋鐵路與敦賀鐵路承接要地也自米原右向沿天川逕醒井長岡二驛出春照東逕材木郵與既成鐵路相聯約七英里三十五鍊合華里廿五叉別一道自米原北向渡天川沿湖岸至長與既成之鐵路接約英四里三十鍊合華里十四故名湖東鐵路凡長四十七里四十五鍊合華里百五十其地面二萬七千七百坪（一坪六尺四方）築堤廿六萬八千六百餘坪其橋

百尺者四又七十尺者三十九又六十尺者三十七又五十尺者十一又四十尺者三十三又三十尺者十又二十尺者七凡七千六百三十六尺又二十尺以下橋三十二陸橋五其隧道狼川草津川屋棟川皆川流下隧道也山中隧道一即腰越山也隧道凡長九百八十尺曰橫須賀鐵道綫路土工四萬四千餘坪築堤三萬七千餘坪石工一千有九坪橋八隧道亦八最長者一千三百二十尺凡五千三百二十六尺延長綫自大船停車場分岐處至橫須賀停車所凡十里五鍊有半合華里三十四中間停車所二一曰鎌倉一曰逗子此近修道也類此皆在覈計中日本所謂度末者起某年某月某日訖某年某月某日也與計年首尾者異其末即其訖也如濱松名古屋間鐵道其修在光緒十五年前（明治廿二年三月前）而通客車則在計數後矣雖東京神戶往徠無異它道而是

表末克甄摎非漏也述鐵道年表

中國年	日本年月日	東京橫濱間 線路延長	東京橫濱間 客數	東京橫濱間 貨物量	神戸大津間 線路延長	神戸大津間 客數	神戸大津間 貨物量	敦賀武豐間 線路延長	敦賀武豐間 客數	敦賀武豐間 貨物量	高崎橫川間 線路延長	高崎橫川間 客數	高崎橫川間 貨物量
同治十一	明治五年五月至十二月	一八	四九五〇七八	四五七									
十二	六年一月至十二月	一八	一四一五二二五	二三五一		五月開業							
十三	七年一月至十二月	一八	一五八九四二八	一七二四九	二〇	五〇四一三二	四五二						
光緒元	八年一月至六月	一八	八九五一八八	一〇三六九	二〇	五八六五七三	三二三四						
二	八年七月至九年六月	一八	一六六七七二四	一六六六七	二〇	一〇八八七五八	四一五一五						
三	九年七月至十年六月	一八	一五八四一六二	二七〇九二	四七	一三四九〇九八	三二二四九						
四	十年七月至十一年六月	一八	一五八四五〇九	三一二三二	四七	一五一二一九八	五三六五五						
五	十一年七月至十二年六月	一八	一六〇六〇四八	三三四六五	四七	一八一七八五六	六六七六六						
六	十二年七月至十三年六月	一八	一七九〇〇七二	四〇〇六八	五五	二五四七三五〇	一二三一四八						
七	十三年七月至十四年六月	一八	二〇八四二二一	四二五二一	五八	三二四八〇九七	一五〇三九九		三月開業				
八	十四年七月至十五年六月	一八	二一一一〇七八	四五八九二	五八	三五七三九九八	一七八七一二	二五	七三六五八	五七三			
九	十五年七月至十六年六月	一八	二二一三五五一	三五九七六	五八	三四八六三六三	一八五六九一	三九	三〇三九八八	九一八八			

	輕井澤直江津間 綫路延長	輕井澤直江津間 客數	輕井澤直江津間 貨物量	橫濱靜岡間 綫路延長	橫濱靜岡間 客數	橫濱靜岡間 貨物量	大府濱松間 綫路延長	大府濱松間 客數	大府濱松間 貨物量	日本國總計 綫路延長	日本國總計 客數	日本國總計 貨物量
十 十六年七月至十七年六月	一八	二一五四八九五	三五二〇九	五八	二六六五三五六	一八一九一三	四八	三四〇九五五	二四一三			
十一 十七年七月至十八年六月	一八	一九六三一七四	六一一一六	五八	一八九六八七六	二一四四二五	四八	二三九二一〇	三八六三九		十月開業	
十二 十八年七月至十九年三月	一八	一三五九三四六	四四六七二	五八	一一〇三六五七	一〇八〇三一	六九	一三三八三七	二九三三七	一八	三九九四四	六三三三
十三 十九年四月至廿年三月	一八	一七四〇四四二	八四九一三	五八	一四九九三〇五	一九〇七七七	九二	三三七七四六	五九一六二	一八	一二五八三七	二九七七六
十四 廿年四月至廿一年三月	一八	二一七四七八二	一〇一八七八	五八	二二二一·六六七	二三七〇五	一二〇	七八三五四一	八三一八四	一八	二〇三二四一	三三七四六
十五 廿一年四月至廿二年三月	一八	二四四八〇二二	一一五八四一	五八	二八五三〇〇八	二五八四七〇	一二〇	一三一五三一五	一三一五五九	一八	三〇四八三六	三〇六二三
合計		三〇八七六九四五	七四六九六八		三一九五四二九二	二〇二六四九二		三五二八二五〇	三七五七六三		六七三八六〇	一〇〇四七八
同十一 明治五年五月至十二月										一八	四九五〇七八	四五七
十二 六年一月至十二月										一八	一四一五二二五	二三五一
十三 七年一月至十二月										三八	二〇九三五六〇	一七七〇一
光緒元 八年一月至六月										三八	一四八一七六一	一三六〇三
二 八年七月至九年六月										三八	二七五六四八二	五八一八二
三 九年七月至十年六月										六五	二九三三二六〇	五九二四[illegible]

四	十年七月至十一年六月										六五	三〇九六七〇七	八四八八七
五	十一年七月至十二年六月										六五	三四二三九〇四	一〇〇二三一
六	十二年七月至十三年六月										七三	四三三七四二二	一六三二一六
七	十三年七月至十四年六月										七六	五三三二三一八	一九二九二〇
八	十四年七月至十五年六月										一〇一	五七五八七三四	二二五一七七
九	十五年七月至十六年六月										一一五	六〇〇三九〇二	二三〇八五五
十	十六年七月至十七年六月										一二四	五一六一二〇六	二四一二四三
十一	十七年七月至十八年六月										一二四	四〇九九二六〇	三一四一八〇
十二	十八年七月至十九年三月		八月開業								一六三	二六三六七八四	一八八三七三
十三	十九年四月至廿年三月	一八	五八一四三	九二一〇		七月開業					二〇五	三七六一四七三	三七三八三八
十四	廿年四月至廿一年三月	一八	一三四七四七	一九七〇四	三一	四〇一四〇五	九九〇二		九月開業		二四五	五九一九三九三	四八五四七〇
十五	廿一年四月至廿二年三月	九二	四八五一八五	四九三八七	一〇二	七八五六五八	二四八九〇	六五	二一二七五〇	六一四三	四四六	八四〇四七七六	六一六九一三
合計			六七八〇七五	七八三〇一		一一八七〇六三	三四七九三		二一二七五〇	六一四三		六九一一一二三五	三三六八九三八

日本圖經十五終

日本兵制

游歷日本圖經十六

奏派游歷日本美利加秘魯巴西等國英日屬地加納大古巴知府用兵部郎中臣傅雲龍述

兵制沿革

後漢書云倭兵有矛楯木弓竹矢或以骨爲鏃隋書倭弓矢刀矟弩穳斧漆皮爲甲骨爲矢鏑雖有兵無征戰宋史云咸平五年日本人滕木吉以所持木弓矢挽射矢不能遠詰其故國中不習戰鬬其兵之術與器之見正史者止此今攷日本兵之新法步兵以百三十六名爲一中隊五百六十五名爲大隊一千七百七名爲一聯隊而一大隊出自四中隊一聯隊出自三大隊礮兵之編制不在此例山礮野礮均一百有二爲一中隊二百有十爲一大隊合山礮大隊一野礮大隊二爲一聯隊其騎兵以一百三十有二爲一中隊以二百九十有七爲一大隊工兵輜重兵亦編之爲中

隊爲大隊又以步兵二聯隊爲一旅團坿以騎與礮與輜重諸兵此平時兵制也戰則步兵一大隊增爲八百三十有二騎與礮與工輜重增數有差異古制矣而令改未已述兵制沿革

周惠王時日本神武東征兵數無攷崇神置四道將軍巡撫海內當中國漢建初時景行西征及日本武尊東征兵亦無稽神功皇后征韓之役兵艦蔽海時中國漢建安五年也第廿七世繼體使近江毛野率衆六萬往任那復新羅所侵故地大寶三年爲唐嗣聖二十年詔諸國兵士每國分爲十番每番教習十日令條之外不得雜使置健兒多者不過二三百健兒者常備兵也又三分一國之丁取其一以充軍平時歸伍此預備兵也編伍法五人爲伍伍二爲火火五爲隊隊二爲旅旅十爲團數團爲陳數陳爲軍軍即一萬人也其法折衷孫吳置陣法博士厥後平源兩氏柄兵權

額兵浸多保元平治之際當宋紹興間兩氏爭雄治承四年爲宋湻熙十二年源兵西上十九萬平亦數萬元曆元年爲宋湻熙十一年一谷之役平兵十萬源與之勒賴朝原伐藤原泰衡兵廿八萬四千泰衡六十萬其九國四州兵士十餘萬時海內兵士大約五十萬承久中爲宋嘉定間北條義時遣男泰時等犯其京師葢廿萬云元弘中爲元至順間北條高時遣兵八十萬犯其京師號稱非實數也應仁後在明成仁年割據四方天文永祿之際爲嘉靖年間小藩皆爲大藩附庸大者織田信長也領十餘州甲廿萬次毛利元就領山陽山陰十州甲十萬北條早雲領坂東八州甲十萬武田信玄領五州甲五萬上杉謙信同其它島津氏領薩隅二州龍造寺氏領南肥北肥二州有馬氏領豐筑三州今川氏領駿遠參三州伊達氏領陸奧半州佐竹氏領常州長曾我部氏領

四州之半伊藤氏領豐甲二州並帶甲四五萬或二三萬凡兵士九十萬有奇兵家數十而著名者曰甲陽流也越後流也楠流也北條流也三島流也里見流也它藩輒剏兵制不相下越後流兵書武門要鑑所載全國兵賦四萬五千騎其法曰以兵廿爲一騎蓋九十萬人他說不一然以兵賦五萬騎爲額其法以兵十爲一騎五十萬人也九十萬者舉全國也五十萬者除留守兵也豐臣秀吉征韓之役諸國大舉會肥前名古屋其奧羽關東大名出半賦多寡有差言藩內兵數三之一或四分也凡全賦者乃出藩內兵士之過半以老弱充留守也兵士之會名古屋者四十八萬由此推之兵可七八十萬德川氏定出征兵賦其略曰封邑萬石者騎士十五旄旗弓銃稱之每騎役五士二卒三侍衛士卒二十併弓銃手百五十人輜重在外凡諸候食邑萬石者如舉一藩則當士卒

二三百人今以百五十人爲兵賦者蓋以其餘兵充留守也二萬石以上至十萬石皆倍十萬石之兵賦則騎士百五十名旌旗弓銃官侍衛士卒稱之凡千五百人輜重隊在外留守士卒稱此內外士卒凡二三千人自十一萬至十九萬石稱之中藩兵賦之數少加二十萬石以上大藩其兵賦之騎士四五百名始成一軍如至三四十萬石或至六十萬石以上其老臣有食二萬石或三四萬石者兵賦愈多按全國米粟約三千萬石兵賦約五十萬人留中士卒稍減大約三十萬人總計士卒八十萬此明治前兵數也明治維新常備兵約十九萬著徵兵令六年而後改令不翅三五其令大恉謂凡國中男子自十七歲至四十歲皆服兵役不代其兵役數種近衛而外有陸軍海軍常備國民兵役其常備兵有現役有豫備役現役以年二十者服役三年爲豫備嗣是服役四年

爲國民兵其國民兵役以十七歲至四十歲者服之其陸軍現役兵每歲撿壯丁就其身材藝能職業或步或騎或礮或工或礮重及雜輜職工之屬皆掣籤而定之其海軍現役兵以沿海島嶼人充或水兵或火兵或職工亦掣籤如陸軍法又攷海軍志願兵徵募規則海軍士不拘前法雖年未滿二十願爲兵士亦許之或年滿十七以上二十七以下嘗在公立學校府縣學校受卒業證書自備衣食費用服役一年者得免豫備兵者遇戰入伍平時祗演習技術而已後備兵招爲常備兵法國民兵者後備兵不足則招補之老幼廢疾免兄弟同時應募者除一人役死戰傷與疾而兄弟在役者除戶主年六十以上一子者除又學校受卒業證書及現爲教員者除又在官立大學校官立學校之本科生徒者除其爲海陸軍生徒及海軍夫工或身幹不滿定尺或因病未能服役

養喜廬所箸書

者或脩學業在外或犯刑審判未決或在官學校一年未滿六年課程皆爲猶豫兵其徵兵區有軍管師管府縣管三目從軍管者歸軍管徵兵區從師管者歸師管徵兵區從府縣管者歸府縣徵兵區至步兵之屬鎭臺者以師管區役徵之餘兵以軍管區役徵之違者罪有罰此徵兵令之大畧也其兵之定額有足徵者陸軍之近衛兵步兵四大隊騎兵一中隊礮兵一大隊工兵一中隊凡三千七百四十六人鎭臺六軍弟一軍東京鎭駐武藏分置三師一東京二佐倉三高崎東京營所三曰小田原曰靜岡曰甲府計本臺野礮兵一大隊步兵三大隊工兵一大隊山礮兵一大隊騎兵一大隊輜重兵一中隊共三千六百二十三人佐倉營所三曰木更津曰水戶曰宇都宮計步兵三大隊二千二百三十九人高崎營所三曰新潟曰高田曰新發田計步兵三大隊二千二百四

十五人凡八千百七人弟二軍仙臺鎮駐陸前分置二師一仙臺二靑森仙臺營所三曰水澤曰福島曰若松計本臺步兵三大隊工兵一中隊山礮兵一大隊輜重兵一小隊共二千九十三人靑森營所三曰秋田曰盛岡曰山形計步兵三大隊千七百四十八人函館礮兵海岸隊八十八人凡三千九百二十九人弟三軍名古屋鎮駐尾張分置二師一名古屋二金澤名古屋營所三曰岐阜曰豐橋曰松本計本臺步兵三大隊工兵一中隊山礮兵一大隊輜重兵一小隊凡二千五百七十五人金澤營所二曰七尾曰福井計步兵三大隊二千二百十九人合計四千七百八十四人弟四軍大坂鎮駐攝津分置三師一大坂二大津三姬路大坂營所三曰和歌山曰兵庫曰西京計本臺步兵三大隊野礮兵一大隊山礮兵一大隊工兵一大隊輜重兵一小隊共三千百六十八

人大津營所二曰敦賀曰津計步兵三大隊二千二百二十七人姬路營所三曰岡山曰鳥取曰豐岡計步兵三大隊共二千二百四人凡七千五百九十九人弟五軍廣島鎮駐安藝分置二師一廣島二丸龜廣島營所三曰松江曰濱田曰山口計本臺步兵三大隊山礮兵一大隊工兵一中隊輜重兵一小隊凡二千五百七十九人丸龜營所三曰德島曰須崎港曰宇和島計步兵三大隊二千二百五十二人凡四千八百三十一人弟六軍熊本鎮駐肥後分置二師一熊本二小倉熊本營所四曰鹿兒島曰飫肥曰千歲曰琉球計本臺步兵三大隊山礮兵一大隊工兵一大隊野礮兵一大隊輜重兵一小隊凡三千百九十五人小倉營所三曰長崎曰福岡曰對馬計步兵三大隊二千二百三十四人凡五千四百廿九人椄日本之兵統計陸軍步兵十六聯隊四十六大隊三

萬三千百八十五人騎兵一大隊一中隊四百九十人礮兵十大隊海岸隊二千八百八十三人工兵三大隊四中隊千二百七十一人輜重兵一中隊五小隊五百九十六人合計六十大隊六中隊五小隊三萬八千四百二十五人又士官學校生徒四百三十一人教導團生徒千四百四十人憲兵千四百五十三人電信隊百十五人諸工生徒五十人屯田兵四百七十五人其豫備兵後備兵國民軍無事不恒入營其在營者陸軍人員凡四萬二千三百八十九人海軍提督府二第一提督府駐相摸三浦郡大津邨第二提督府駐薩摩鹿兒島郡鹿兒島海軍兵隊屬提督者二千一百四十八人內長官二十六上官一百七十七下官三百五十二水火工一千五百八十五海軍本部水兵共一千六百十八人內長官十上官一百十二礮隊三百八十四銃隊九百四十七樂隊六

十六鼓隊九十一凡三千七百五十七人兵船兵屬凡七千三百五十四此明治十九年數也在光緒十二年後有增易分詳諸表

徵兵已未入伍表

日本之兵海陸炊徵表以光緒十二年明治十九為主二十歲壯丁爲一科計徵兵之年也前年越人員爲一科謂前一年二十歲人也現役志願人員自願入兵者也此一千一百八十一人有前一年六百一人在內逃徵兵已未入伍表

徵集人員				先入兵不參人員	入營延期不參人員
現役	補充	第一隊備徵兵	計		
一三二五七	一六一三九〇	一二	一七四六五九	五一〇九	
四三四四	一三四三八	六	一七七八八	二三三六〇	九三
六六二			六六二		
一八二六三	一七四八二八	一八	一九三一〇九	二八四六九	九三
二七六八四	一五二七三八		一八〇四二二	二五六一一	一六〇
二六一六九	三二八六四		五九〇三三	三五九一	
二三六〇七	八四二九	七九〇八	三九九四六	二一九九一	
一九七八〇	六〇三三	一七九一	二七六〇四	一七八三八	
一八三九一	五六七七	三〇八三	二七一五一	一三四八八	
一九八八五	四〇九二		二二九七七	九六五八	
八六〇五	二一九〇		一〇七九五		
九八一九	二八一九		一二六三八		

徵集猶豫人員	一一一四九〇	七四一四		一一八九〇四	一一八五四二	二七三六七七	二三七八三八	二一六四七〇	二五七三三〇	二三四〇〇八	二二〇五七二	三一四四〇七
除役人員	六五七二三	一四四六一	五一九	八〇七〇三	六二六六四	一一四四七	八九四九	八八九九	八七二四	五六三九	二二七	二四四
總計	三五六九八一	六三一一六	一一八一	四二一二七八	三八七三九九	三四七七四八	三〇八七二三	二八〇八一一	三〇六六九三	二七三二八二	三二一五九四	三二七二八九

徵兵分類表

日本徵兵以二十歲爲率身材以五尺爲率所謂先入兵不參人員者身材未逮定尺且不及歲也雖及歲而猶有待謂之入營延期不參人員參之言補入也雖身材未逮定尺翌年可卜謂之徵集猶豫人員然或先入兵格其亦可也光緒十二年之數較前有異述徵兵分類表

光緒十二年二十歲壯丁

兵類	軍管第一	第二	第三	第四	第五	第六	第七	計	前並名人員	今役志願	合計
步兵	二〇七	二〇一	一八〇	一九二	一八四	二〇六		一一六四	三〇	八五	一二七九
騎兵	九	九	九	一一	六	七		五一	二	一九	七二
礮兵	一七	一四	一二	一五	一三	一六		八七	五	一五	一〇七

徵

現

集人員					徵集									
役					現役									
近衛					鎮臺									
工兵	看護卒	看馬卒	鞍工	計	步兵	騎兵	砲兵	工兵	輜重兵	輜重輸卒	看護卒	看馬卒	鞍工	計
八	一		一	二三七	一六四二	六三	一五六	七三	五一	二八	七三	二	三	二〇九一
六	一			二三一	一六〇三		一三六	三一	一三	六九	三六		三	一八九一
八	二		一	二一二	一六四六		一二八	三四	一五	一二七	五〇	一	四	二〇〇五
九	二	一		二三〇	一六七〇		一一九	六七	四七	一二〇	三三	二	三	二〇六一
六	一	一		二一一	一三九一		一二四	三三	三一	五五	四七	一	三	一六八五
八	一			二三八	一五五三		一二五	六七	二九	六六	二九	一	三	一八七三
							一八							一八
四五	八	二	二	一三五九	九五〇五	六三	八〇六	三〇五	一八六	四六五	二六八	七	一九	一一六二四
三			一	四一	一三三一	三	一五〇	四七	二一	二六九七	三一	一	四	四二八五
三	二			一二四	三六〇	一四	四一	八	三三	七	六四	二	一	五三〇
五一	一〇	二	三	一五二四	二一九六	八〇	九九七	三六〇	二四〇	三一六九	三六三	一〇	二四	一六四三九

人員 海軍水兵	四六	五〇	四五	四八	四二	四三		二七四	一八	八	三〇〇
人員 小計	二三七四	二一七二	二二六二	二三三九	一九三八	二一五四	一八	一三二五七	四三四四	六六二	一八二六三
補充 近衛	一〇〇	一〇一	一二三	一〇八	九五	一〇一		六二七	二一		六四八
補充 鎮臺	三三八九四	二六二一七	二八一二四	二六〇九二	二四二九七	二二〇〇六	一七	一六〇六四七	一三四〇九		一七四〇五六
補充 海軍水兵	一九	一七	一九	二〇	二一	二〇		一一六	八		一二四
補充 小計	三四〇一三	二六三三五	二八二六五	二六二二〇	二四四一三	二二一二七	一七	一六一三九〇	一三四三八		一七四八二八
第一豫備徵兵	三	一	四		三	一		一二	六		一八
員 合計	三六三九〇	二八五〇八	三〇五三一	二八五五九	二六三五四	二四二八二	三五	一七四六五九	一七七八八	六六二	一九三一〇九
先入兵不參人員 失踪及逃亡	七四五	一〇六二	八五四		六一二	一五九	四一	三四七三	一七七九〇		二一二六三
公權停止	二八		一	七	一	一		三八	四九四		五三二
不到檢查場者	二六五	一二一	九三	八三三	一〇三	三二	四	一四五一	四四八六		五九三七
刑事裁判未決者	一七	四五	一	一	二	二		六八	四〇九		四七七
刑期及懲罰內者	一				一			二	三五		三七
疾病雜事			九		五七	一	八	七五	九七		一七二
身幹未滿定尺				一			一	二	四九		五一

計	一〇五六	一二二八	九五八	八四二	七七六	一九五	五四	五一〇九	二三三六〇		二八四六九
入營延期不參人員									九三		九三
徵集猶豫　兄弟同時徵集及現役兵兄弟	九三	七八	一〇八	九一	一一八	九〇		五七八	一二五		七〇三
現役中死亡及爲公務負傷兄弟	一一	一〇	一三	二一	八	一二		七四	一二		八六
係戸主六十歲以上之嗣子及承祖之孫	二六七八	一三九八	三二四〇	三六四九	三一二五	三〇八六	三五	一七二一	一八四		一七三九五
癈疾不具者嗣子及承祖之孫	二五二	一一三	一九七	二一四	一七七	三八七	一	一三四一	八五		一四二六
戸主	一三五五七	六八〇〇	一三五八五	一七二六九	一一三九二	一三七八八	一二四	七六五一五	二二〇三		七八七一八
舊教正			二					二			二
官立學校教員	一一六	一四五	九八	一一一	一二八	一二五		七二三	九九		八二二
官立大學校生徒	八	二三	一七	一七	一〇	一七		九二	一三		一〇五
陸海軍生徒及海軍工夫	一二六	七〇	一五六	一一二	一五二	一六四		七八〇	五六		八三六
身幹未滿定尺	一〇九六	九二八	一一〇九	八八七	一二二五	六一八	五	五八六八	二六二一		八四八九
疾病	六五三	三四〇	八二二	六二三	六〇九	三七九		三四二六	五〇八		三九三四
留學外國	三一	七	一七	一二	八	一五		九〇	七		九七
刑事裁判未決	五九	一四	二五	四八	八〇	五三〇		七五六	八六一		一六一七

豫　人　員	公權停止	一八〇	四四	二一五	二九二	二二六	一一六		一〇七三	三一八		一三九一
	於官立學校卒一年以上課程者	四二六	二七五	八二四	二八四	二〇八	二七五	一	一七五三	四〇		一七九三
	太政官決裁	七八	五	一四	九	九	五	一	一二一	四		一二五
	陸海軍將校下士卒	二一二	五五	一一九	一一九	二九六	二一九		一〇二〇	一三		一〇三三
	寄留徵兵未行地	一	一三	四	一				一九	一		二〇
	航海不便不經撿查者						二〇		二〇			二〇
	取調中	一三				二			一五	二四五		二六〇
	他行及刑期懲罰中	二	一一						一三	一九		三二
	計	一九五九二	一〇三二九	二〇〇二四	二三七五九	一七七七二	一九八四六	一六七	一一一四九〇	七四一四		一一八九〇四
除役人員	疾病	七四一三	一一八六六	八八四九	八二七二	一一一四七	一一四四六	三三	五九〇二六	一三五二〇		七二五四六
	闕損	三八九五	四九二	五九七	一〇四〇	一三〇	三三六	一二	六五〇三	八一二		七五一三
	重罪處刑	八二	五	二五	四五	二八	九		一九四	一二九		三一三
	計	一一三九〇	一二三六四	九四七一	九三五七	一一三〇五	一一七九一	四五	六五七二三	一四四六一		八〇一八四
總計		六八四二八	五二四二九	六〇九八四	六二五一七	五六二〇八	五六一一四	三〇一	三五六九八一	六三一一六	六六六二	四二〇七五九
前一年		六六一五九	五〇八九九	五六七二八	六〇二四七	五四二七三	五三〇五九	三六二	三四一七二七	四四六四五	一〇二七	三八七三九九

前二年	五七六四四	四三八一二	五〇六七〇	五一三一三	四八九二九	四六〇一二	三〇四	二九八六八五	四九〇六三		三四七七四八
前三年	六八五二七	三〇五〇二	三七〇四六	五二四〇一	四三六五〇	三九四四八	三〇一	二七一八七五	三六八四八		三〇八七二三
前四年	六四〇〇六	二八二八三	三三四六九	四六七五二	四三五六三	三七二九四	二九六	二五三六六三	二七一四八		二八〇八一一
前五年	七〇六一六	三一七三三	三八七〇六	五六四六一	四八二六五	四〇九六六	三二〇	二八七〇七七	一九六一六		三〇六六九三
前六年	六三四一二	二八四八二	三五二七七	五二八〇七	四四九一二	三五四三二	二六八	二六〇五九〇	一二六九二		二七三二八二

徵兵志願表

光緒十二年明治十九海陸兵之現役志願者凡一千一百七十三前一年一千有一十五前二年一千五百四十一以軍地萃之以年歲限之以兵職之異同判之述徵兵志願表

分類	前一年人員 軍管							
	第一	第二	第三	第四	第五	第六	第七	合計
徵現役 近衛	五	八	六	七	八	七		四一
徵現役 鎮臺	六二三	一〇三八	五四五	六七四	八五四	五四七	五	四二八五
徵現役 海軍水兵	四		四	二	三	五		一八

分類	軍管第一	第二	第三	第四	第五	第六	第七	合計
集人員・補充・小計	六三一	一〇四六	五五五	六八三	八六五	五五九	五	四三四四
近衛	三	四	二	三	七	二		二一
鎮臺	二九五一	一五四七	二六六八	二一八六	二四六六	一五八九	二	一三四〇九
海軍水兵	一	三	二	二				八
小計	二九五五	一五五四	二六七二	二一九二	一四七三	一五九一	二	一三四三八
徵集第一豫備徵兵	二	二	二					六
人員合計	三五八八	二六〇二	三二二九	二八七四	三三三八	二二五〇	七	一七七八八
入營延期不參人員	一三	二七	九	九	一四	二一		九三
先入兵不參人員	五三九〇	七六五二	三三八一	二六九三	二七九八	一四三四	一一二	二三三六〇
徵集猶豫人員	一一七六	七〇六	一六〇二	一〇八一	一五四八	一二九二	九	七四一四
除役人員	二九四二	三八五二	二三八二	二二九〇	二八〇七	一六二三	三二	一四四六一
總數	一三一〇九	一三七三二	一〇五〇三	八九四七	一〇五〇五	六五二〇	一六〇	六三一一六
現役志願・十七歲以上二十歲未滿	四四	八二	二〇九	七〇	三〇〇	一〇〇	五	八一〇
二十歲以上二十八歲未滿	一九	一二	六九	二八	一五六	七九		三六三

人員合計	十七歲以上二十八歲未滿	總數	現役近衛步兵	現役近衛騎兵	現役近衛礮兵	現役近衛工兵	現役近衛看護卒	現役近衛計	志願鎮臺步兵	志願鎮臺騎兵	志願鎮臺礮兵	志願鎮臺工兵	志願鎮臺輜重兵	志願鎮臺輜重輸卒
六三	一	六四	八	三				一一	一九	一四	三	一	三	
九四		九四	九	三	一	一	一	一五	四二		二		六	二
二七八	四	二八二	二七	三	六			三六	五七		三	一	三	四
九八		九八	一五	一	一			一七	六二		一一		八	
四五六	一	四五七	二二	六	五	二	一	三六	一三四		一三	五	七	
一七九	二	一八一	四	三	二			九	四五		九	一	六	一
五		五												
一一七三	八	一一八一	八五	一九	一五	三	二	一二四	三五九	一四	四一	八	三三	七

人員：看獲及看馬卒	鞍工	計	海軍水兵	合計	步兵	鎮臺看護卒	計	不合格：疾病	闕損	短尺	計	總數
七		四七		五八				五		一	六	六四
一五		六七		八二				一二			一二	九四
四		七二	一	一〇九				七二		一〇一	一七三	二八二
		八一		九八								九八
二一		一八〇	五	二二一		一	一	六七		一六八	二三五	四五七
一七	一	八〇	二	九一	一	一	一	八五	四		八九	一八一
一		一		一				二	二		四	五
六五	一	五二八	八	六六〇	一	一	二	二四三	六	二七〇	五一九	一一八一

徵兵身格表

徵兵身材之定格厥等有七一曰五尺五寸以上二曰五尺四寸

以上三曰五尺三寸以上四曰五尺二寸以上五曰五尺一寸以上六曰五尺以上七曰四尺九寸以上光緒十二年明治十九入徵格者凡十九萬三千一百有七述徵兵身格表

軍管鎮臺	身幹尺度 五尺五寸以上		五尺四寸以上		五尺三寸以上		五尺二寸以上		五尺一寸以上		五尺以上		四尺九寸以上		人員合計
第一東京	一四、二三	三、五八	二八、一二	七、〇二	五、九六〇	一四、八九	八、二五二	二〇、六一	九、一五一	二三、八六	七、六四一	一九、〇九	四、七八七	一一、九六	四〇〇、三六
第二仙臺	一二、九九	四、一六	二四、七九	七、九五	四九、二八	一五、八〇	六七、四四	二一、六二	七二、八三	二三、三五	五五、一八	一七、六九	二九、四一	九、四三	三一一、九二
第三名古屋	一二、四六	三、六八	二四、八六	七、三四	五二、一二	一五、三九	六九、八一	二〇、六一	七八、六八	二三、二三	六三、一四	一八、六四	三七、六一	一一、一〇	三三八、六八
第四大坂	一五、〇四	四、七七	二五、五〇	八、〇九	五〇、四七	一六、〇一	六六、六二	二一、一三	六八、八〇	二一、八二	五四、四五	一七、二七	三四、四三	一〇、二九	三一五、三一
第五廣島	一〇、四〇	三、四八	二〇、五八	六、八八	四五、一九	一五、一一	六一、六九	二〇、六二	六七、九七	二二、〇五	五七、九四	一九、三七	三五、三六	一一、八二	二九九、一三
第六熊本	一二、三四	四、六五	二三、二九	八、七八	四六、五一	一七、五四	五五、五九	二〇、九六	五九、二二	二二、三三	四四、三七	一六、七三	三三、九二	九、〇二	二六五、二四
第七	八	一八、六〇	一三	三〇、二三	二二	五一、一六									四三
總計	七七、六四	四、〇二	一四七、二七	七、六三	三〇三、三九	一五、七一	四〇三、六七	二〇、九〇	四三九、〇一	二三、七三	三五一、四九	一八、二〇	二〇八、六〇	一〇、六〇	一九三一、〇七
前一年	七六、一一	四、二二	一三九、九五	七、七六	二八二、一六	一五、六四	三八五、四九	二一、三七	四一六、三九	二三、〇八	三三八、三〇	一八、一九	一七五、八二	九、七四	一八〇四、二二
前二年			五〇、九三	三、六三	六九、四四	一一、七六	一〇七、七二	一八、二五	一二六、四三	二一、四一	一一三、七四	一九、二七	一二二、〇七	二〇、六八	五九〇、三三

徵兵本業表

日本所徵之兵光緒十二年明治十九凡十九萬三千一百有七若農若工若商與夫漁人輿人雜人無業人皆入其中計歲量體不問所出也雖然素所經營亦必入簿述徵兵本業表

軍管鎮臺	職業 農 人員		工 人員		商 人員		漁夫 人員		舟夫 人員		雜業 人員		無職業 人員		人員合計
第一東京	二一〇、五六九	七六、三三五	一六、八四	四、二二	二一、六六	五、四一	一〇、九二	二、七三	三、六二	〇、九〇	三四、四六	八、六一	七、一七	一、七九	四〇〇、三六
第二仙臺	二四七、四四	七九、三三	一四、〇〇	四、四九	一四、一〇	四、五二	五、八二	一、八七	一、二〇	〇、三八	一三、二八	七、四六	六、〇八	一、九五	三一一、九二
第三名古屋	二四〇、五三	七一、〇二	一六、四一	四、八五	二〇、〇二	五、六二	一二、一七	三、五九	五、二三	一、五四	三七、九〇	一一、一九	六、四三	一、九〇	三三八、六九
第四大坂	二二五、二六	七一、四四	一二、三八	三、九三	二五、六七	八、一四	六、四九	二、〇六	三、〇二	〇、九六	三六、五七	一一 六〇	五、九二	一、八八	三一五、三一
第五廣島	二二二、三八	七四、三四	一二、四一	四、一五	一五、三五	五、一三	一〇、四二	三、四八	五、四〇	一、八一	二七、二八	九、一二	五、九〇	一、九七	二九九、一四
第六熊本	二〇三、一四	七六、五九	一〇、四一	三、九二	一六、七九	六、三三	八、二四	三、一一	二、六二	〇、九九	二〇、二八	七、六五	三、七六	一、四二	二六五、二四
第七			二	四、六五	一四	三二、五六	九	二〇、九三			一七	三九、五三	一	二、三三	四三
總計	一四四四、四四	七四、四四	八二、四七	四、二七	一一三、七三	五、八九	五四、一五	二、八五	二一、〇九	一、〇九	一七九、九四	九、三二	三五、二七	一、八三	一九三一、〇九
前一年	一三六一、一七	七五、四六	八二、八四	四、五九	一〇七、一〇	五、九三	四四、九五	二、四九	一七、四二	〇、九六	一五九、〇〇	八、八一	三一、七四	一、七六	一八〇四、二二
前二年	四六七、五六	七九、二〇	二五、一〇	四、二五	二四、一五	四、〇九	九、二九	一、五七	三、八二	〇、六五	五二、五八	八、九一	七八三	一、三三	五九〇、三三

陸軍分管表

陸軍鎮臺有七東京其一也所轄武藏神奈川山梨靜岡伊豆羣馬長野信濃埼玉下總千葉茨城橡木及伊豆小島小笠原島其地面人七百五十一萬二千一百一十七仙臺其二也所轄宮城陸前磐城福島羽前新潟山形岩手靑森秋田其地面人五百七十九萬二千一百九十六名古屋其三也所轄愛知尾張三河靜岡遠江駿河長野信濃三重伊勢志摩紀伊岐阜石川富山福井越前其地面人六百五十二萬二千一百十八大坂其四也所轄大坂奈良和歌山西京山城滋賀三重伊賀兵庫福井若狹岡山鳥取其地面人六百四十一萬九千五百九十三廣島其五也所轄廣島岡山島根山口德島愛媛高知其地面人六百一十萬一千四百六十三熊本其六也所轄熊本鹿兒島宮崎福岡長崎佐

賀大分及琉球國其地面八五百九十一萬三千四百五十四北海道其七也其地面八二十二萬六千二百三十六其分轄地與府縣知事地界互有異同述陸軍分管表

軍管鎮臺	師管	面積	戶數	人口
第第	東京內	四六、〇三	二九九三、四二	八九九九、五八
東	神奈川	二三九、一七	一七一〇、三七	八五三七、八九
	山梨	二八九、八五	八〇四、四七	四三三〇、三八
	靜岡內	八七、六一	二八〇、七〇	一五一七、七六
	羣馬	四〇七、二五	一二八五、九〇	六四八五、四五
	長野內	四三三、三三	一一四二、〇五	五五三九、二四
一	埼玉內	二二一、四七	一一六五、六九	六七二四、〇七
第	東京內	六、一四	五八五、五七	七五三、四五
	埼玉內	四四、三七	五八二、三四	三五二一、三八
	千葉	三二六、四五	二一二三、三〇	一四九九、三五

軍管鎮臺	師管	面積	戶數	人口
第大第	大坂內	二八六、〇八	三〇二二、〇九	一三八四九、五八
	和歌山	三一〇、六二	一二八二、四八	六二〇、六二〇
	京都內	七三、〇八	一一四一、二五	四六八六、一七
	滋賀	二五八、四四	一三四八、一五	六六〇〇、三九
七	三重內	四七、三四	二一五、五〇	一〇四二、九〇
第	大坂內	三一、〇六	〇五四、四八	二四三五、一六
	京都內	二二三、四七	八〇〇、八四	三七五五、三三
	兵庫	五五六、六八	三一三三、〇三	一四七七八、三五
	福井	五四、七五	一七四、七九	九一〇、九五
	岡山內	二六四、六五	一二六二、六〇	六〇一九、一四

京	茨城	三八五、一六	一七一一、七五	九七五四、九四
一 三	橡木	四一一、七七	一〇五、四九	六四七七、六八
	合計	二八八八、六〇	一五四六一、〇五	七五一二一、一九
第 第	宮城內	二〇三、〇一	三八〇、四四	二二六五、三四
仙	福島	八四六、〇七	一四七五、九八	八七〇六、五四
	山形內	五四三、五三	一三三三、七三	八三六、三六
三	新潟	八二四、五九	三〇一四、四二	一六六九八、七七
第	宮城內	三三七、七八	六七八、六八	六一、三五
	山形內	五三、五二	一三三、七二	八三六、三六
臺	岩手	八九九、一九	一〇八一、六〇	六四八五、九五
	青森	六〇七、〇三	八一四、三五	二七二、五二
二 四	秋田	七五四、〇〇	一一五二、五二	六五九八、九〇
	合計	五〇七一、八二	九七四二、六九	五七九二一、九六
第 名 第	愛知內	二七九、九九	二六五二、八三	一二〇九一、〇二
	靜岡內	四一六、二一	一六五五、四五	八八六二、三八

四 坂 八	鳥取	二二四、一六	八二六二、六〇	三九一一、七六
	合計	二三三〇、三三	一五七六、五九	六四一九五、九三
第 第	廣島	五二〇、七八	二六三五、五八	一二八〇四、九二
廣	岡山內	八九八、二六	八九八、二六	四四九六、六六
	島根	四三五、八二	一四九四、七二	六八八四、〇九
九	山口	三八九、九九	一八七〇、一二	九〇四六、六七
第	德島	二七五一、二八	一三一六、〇八	六六七七、〇八
島	愛媛	四五四、六七	三二九一、六二	一五四二五、五一
五 十	高知	四五四、七二	一二七五、七三	五五七九、七〇
	合計	二六八三、五九	一二七八二、一一	六一〇一四、六一
第 第	熊本	四六五、四七	二〇九七、七六	一〇二三一、七四
熊 十	鹿兒島	六〇二、三一	二〇五七、四一	九四九六、五三
一	宮崎	四八七、三四	八〇六、二六	三九〇九、八二
第	福岡	三一七、八一	二一五六五、七四	一一六四九、一〇
十	長崎	二三五、一五	一四五二、一六	七二一二、〇八

長野內	四二〇、四三	一〇六五、三八	五二七半、五五
五　三重內	三二一、二一	一五一八、二七	七九八六、四七
古第　愛知內	三二、七九	四六六、〇〇	二一〇四、七二
岐阜	六七一、四五	一七八八、六八	九〇四四、二一
石川	二七〇、七二	一五八、四六	七四九八、五八
富山	二六六、四一	一四九〇、六一	七二九二、一二
三屋六　福井內	二一七、六五	九六、六九三	五〇六五、一三
合計	二八九六、八六	一、三二〇四、六一	六五二二、二八
本　佐賀	一六四、四八	一〇六二、八〇	五三七四、六八
六二　大分	四〇二、七三	一五一一、四〇	七六八七、六八
合計	二八、二七、八〇	一、一九〇六、五六	五、九三三四、五四
第屯　函館	五一四、五七	三〇一、八六	一二七一、四七
兵田　札幌	三、二四五、五一	二四、八二二	八一、〇四四
七部本　根室	二、三三五、二八	三、七二二	七、一〇七
合計	六、〇九五三六	五八、七三〇	二一五、二九八

陸軍人屬表

陸軍軍人或分役他國或留學海邦其原職繫軍未之去也故編入屬如初凡分役職官一上長官二士官十判任二又留學士官十一判任二生徒一光緒十一年（明治十八）前其等外與夫准等外皆入所計六年以前（明治十三）則計現在人數豫備後備者非在計中茲据光緒十四年册仍十二年報告也述陸軍人屬表

區別	軍人：將官及相當官	軍人：上長官	軍人：士官及准士官	軍人：下士	軍人：諸卒	軍人：職工	軍人：生徒	軍人：計	軍屬：勅任及奏任	軍屬：判任及准判任	軍屬：事務傭	軍屬：計	合計
陸軍省	四	四二	一三二	一〇七	一七四	一〇	一三二	六〇二	勅任二 一九	二八三	一六	三二〇	九二二
士官學校	一	九	九四	六四	二七		七六九	九六四	一二	三八	七	五七	一、〇二一
戶山學校		四	二〇	三五	三七		三〇九	四〇五		五	三	八	四一三
礮兵射的學校		一	四	八			六七	八〇			一	一	八一
教導團		五	九九	三二二	一〇八	七	一、八五一	二、三九二		一〇	三	一三	二、四〇五
憲兵本部		六	五一	三七九	九八六			一、四二二					一、四二二
屯田兵本部	一	五	三〇	四二	一、〇三四			一、一一二		二九	四五	七四	一、一八六
礮兵方面		二	九	一一				二二		二六	九	三五	五七
礮兵工廠		五	一六	七四	二		九九	一九六	二	八三	七九	一六四	三六〇
工兵方面		四	一四	三二				五〇		七	一〇	一七	六七
臨時礮臺建築部			三					三		三		三	六
參謀本部陸軍部	二	二五	一〇二	三七	三二		二二	二二〇	一二	二八四	一四	三一〇	五三〇
近衛	三	二四	二五六	五三八	三、七七八			四、六〇九	一	一五	一一	二七	四、六三六
東京	三	三六	三八七	九五八	六、六八六	一八		八、〇八八	七	三一	八	四六	八、一三四

仙臺	仙臺	三	三三	三三八	八八一	六、〇九一	七		七、三五三	五	一七	九	三一	七、三八四
	名古屋	三	三四	三四〇	七七八	六、〇二八	一一		七、一九四	五	二()	七	三二	七、二二六
	大坂	三	三四	三五一	九〇四	六、二三六	一二		七、五四〇	三	二二		二五	七、五六五
	廣島	三	三一	三〇〇	七五三	四、八一二	八		五、九〇七	五	一九	一	二五	五、九三二
	熊本	三	三五	三二〇	八二五	五、五二八	一四		六、七二五	五	二二	三	三〇	六、七五五
待命		六	七	六					一九					一九
非職			一四	八二					九六					九六
豫備軍軀員及豫備軍					一〇三	一〇七、五七〇			一〇七、六三七					一〇七、六七三
後備軍軀員及後備軍			一三	一四七	九〇六	三二、八二五	一二		二一三、九〇三					三三、九〇三
總計		*三五 一三	三六九	三、一〇二	七、七五七	一八一、九五四	一〇九	三、二四九	一九六、五八八	勅任二 六七	九一四	二二六	一、二一八	一九七、八〇六
前一年		四一	三三九	二、九二七	七、四四一	一六三、三五〇	一一一	三、一一二	一七六、三二一	勅任一 七三	九四九	五三〇	一、五五三	一七七、八七四
前二年		三四	三二八	二、六三六	七、一七一	一三七、〇八八	六七	一、七六七	一四九、〇九一	六六	九〇九	三九三	一、三六八	一五〇、四五九
前三年		三二	二八一	二、五四二	九、〇四〇	一二七、九〇七	六二	一、五八八	一三九、四五二	三五	七六二	三六九	一、一六六	一四〇、六一八
前四年		二九	二五七	二、四二七	六、九四七	一〇九、一八七	六三	六四七	一一九、五五七	五四	七一九	三二八	一、一〇二	一二〇、六五八
前五年		二八	二三六	二、三九〇	六、六〇七	九一、七六二	七三	八〇四	一〇一、九〇〇	一六	六七〇	一九二	八七八	一〇二、七七八

前六年	二五	二四四	二、四六三	五六六一〇	三一、一〇二	六四	一、三一五	四〇、八二三	一三	五三〇	一六三	七〇六	四一、五二九
前七年	二五	二〇四	二、〇一四	四、七六七	三二、五〇八	五七	一、九〇五	四一、四八〇	一二	四七五	一九一	六七八	四二、一五八
前八年	二〇	一八八	二、〇六〇	四、六八九	三一、四二四	二八	二、〇二二	四〇、四三一	一五	四九二	二三四	七四一	四一、一七二

陸軍隊表

陸軍之隊有步有騎有礮有警備有工有軍樂其輜重兵即就小隊區畫者也不離伍曰營所戍它地曰分遣而以近衛隊冠焉今冊仍光緒十一年（明治十九）數也述陸軍隊表

所管	兵類	隊數 大隊	隊數 中隊	配置人員 將官	上長官	士官及准士官	下士	兵卒及生兵	職工	合計
近衛	步兵第一旅團本部			二		四	六			一二
	步兵四聯隊	七			一三	一八一	三六一	三、〇八七		三、六四二
	騎兵	一			一	一五	三二	二〇四	四	二五六
	礮兵一聯隊	二			三	二三	五七	二九七	六	三八六
	工兵		一			九	二五	一四九		一八三
	軍樂隊					一	一八	三三		五二

合計		一〇	一	二	一七	二三三	四九九	三、七七〇	一〇	四、五三一
東京一臺	步兵第一旅團本部			一		二	三			六
	步兵第二旅團本部			一		二	三			六
	鎮臺東京 步兵二聯隊	六			一二	一二六	三三八	二、八四七		三、三二三
	鎮臺東京 騎兵	一			一	一六	三〇	二一五	六	二六八
	鎮臺東京 礮兵一聯隊	三			四	三一	七四	四五七	一〇	五七六
	鎮臺東京 工兵	一			一	一三	四六	二六二		三二三
	鎮臺東京 輜重兵		一			八	二〇	一三九	二	一六九
	營所佐倉步兵一聯隊	三			四	六七	一五七	一、四三四		一、六六二
	分營高崎步兵一聯隊	二			三	四七	一一四	一、〇四二		一、二〇六
	分遣神奈川礮兵					一	六	二五		三二
	合計	一六	一	二	二五	三一三	七九一	六、四二一	一八	七、五七〇
仙	步兵第三旅團本部			一		二	三			六
	步兵第四旅團本部			一		二	三			六
	步兵二聯隊	五			一二	一〇四	二六七	二、三八〇		二、七六三

臺鎮臺	本臺仙臺砲兵一聯隊	三			三	二六	六九	四〇五	五	五〇八
	本臺仙臺工兵		一			七	二四	一二二		一五三
	本臺仙臺輜重兵		一			七	一七	九三	二	一一九
	營所青森步兵一聯隊	二			二	四二	一〇九	九六四		一、一一七
	分營新發田步兵一聯隊	三			四	六五	一、七〇	一、四四〇		一、六七九
	分遣函館步兵	一			一	二〇	五四	四八四		五五九
	函館砲兵					四	一九	七四		九七
	合計	一四	二	二	二三	二七九	七三五	五、九六二	七	七、〇〇七
名古屋鎮	步兵第五旅團本部			一		二	三			六
	步兵第六旅團本部			一		一	三			五
	本臺名古屋步兵一聯隊	六			一一	一二六	二五三	二、九七八		三、三六八
	本臺名古屋砲兵一聯隊	三			二	二六	六五	二八九	七	三八九
	本臺名古屋工兵		一			七	二六	一二〇	一	一五四
	本臺名古屋輜重兵		一			七	一八	九三	三	一二一
	營所金澤步兵一聯隊	三			五	六六	一六四	一、四三〇		一、六六五

鎮臺	部隊	1	2	3	4	5	6	7	8	9
臺	分營豐橋步兵一聯隊	二			三	四四	一一二	九七三		一、一三二
臺	合計	一四	二	二	二一	二七九	六四四	五、八八三	一一	六、八四〇
大阪鎮臺	步兵第七旅團本部			一		二	三			六
大阪鎮臺	步兵第八旅團本部			一		一	三			五
大阪鎮臺 本臺大阪	兵步二聯隊	五			一一	一〇五	二八三	二、三九五		二、七九四
大阪鎮臺 本臺大阪	礮兵一聯隊	三			三	三一	六七	四四五	八	五五四
大阪鎮臺 本臺大阪	工兵	一			一	一五	五四	二三七	一	三〇八
大阪鎮臺 本臺大阪	輜重兵		一			八	二三	一二〇	三	一五三
大阪鎮臺	營所姬路步兵一聯隊	三			四	六四	一六五	一、四二六		一、六五九
大阪鎮臺	分營大津步兵一聯隊	三			四	六四	一六五	一、四二六		一、六五九
大阪鎮臺 分遣	兵庫礮兵					一	二	二六		二九
大阪鎮臺 分遣	目標山礮兵						二	八		一〇
大阪鎮臺	合計	一五	二	二	二三	二九一	七六六	六、〇八三	一三	七、一七七
廣	步兵第九旅團本部			一		二	三			六
廣	步兵第十旅團本部			一		二	三			六

鎮臺	營所	部隊									
廣島鎮臺	本臺廣島	步兵二聯隊	五			九	一〇〇	二五一	一、八九四		二、二五四
廣島鎮臺	本臺廣島	礮兵一聯隊	三			三	二六	六三	四〇〇	五	四九七
廣島鎮臺	本臺廣島	工兵		一			七	二七	一二一	一	一五六
廣島鎮臺	本臺廣島	輜重兵		一			八	二〇	一二〇	二	一五〇
廣島鎮臺	營所松山	步兵一聯隊	二			四	三二	九三	七一六		八四五
廣島鎮臺	分營丸龜	步兵一聯隊	三			五	六三	一六六	一、四三七		一、六七一
廣島鎮臺	合計		一三	二	二	二一	二四〇	六二六	四、六八八	八	五、五八五
熊本鎮臺		步兵第十一旅團本部			一		二	三			六
熊本鎮臺		步兵第十二旅團本部			一		二	三			六
熊本鎮臺	本臺熊本	步兵二聯隊	五			一二	八九	二五五	二、一六二		二、五一八
熊本鎮臺	本臺熊本	礮兵一聯隊	三			四	三三	八一	四七七	八	六〇三
熊本鎮臺	本臺熊本	工兵	一			一	一五	五三	二三九	二	三一〇
熊本鎮臺	本臺熊本	輜重兵		一			八	二一	一一八	三	一五〇
熊本鎮臺	營所小倉	步兵一聯隊	三			四	六七	一六五	一、四二六		一、六六二
熊本鎮臺	營所福岡	步兵一聯隊	二			三	三五	八四	七一七		八三九

臺　分遣沖繩兵步兵		一			五	一一	一一七	一	一三四
警備隊對馬　步兵		一			五	一三	二一九		一三六
警備隊對馬　礮兵					一	七			八
合計	一四	三	二	二四	二六二	六九五	五、三七五	一四	六、三七二
總計　步兵旅團本部,			一四		二六	四一			八二
步兵二十八聯隊	七一	二		一二六	一、五一七	三、七四九	三三、八九四	一	三八、二八七
騎兵	二			二	三一	六二	四一九	一〇	五二四
礮兵七聯隊	二〇			二二	二〇三	五一二	二、九〇三	四九	三、六八九
工兵	三	四		三	七三	二五五	一、二五〇	五	一、五八六
輜重兵		六			四六	一八八	六八三	一五	八六二
軍樂隊					一	一八	三三		五二
合計	九六	一二	一四	一五三	一、八九七	四、七五六	三八、一八二	八〇	四五、〇八二
前一年	八六	七		一三〇	一、七七九	四、二〇七	三五、一四九	七四	四一、三三九
前二年	七六	九		一一七	一、五八五	四、二六九	三三、三三二	五八	三九、三六一
前三年	六〇	七		九二	一、四六六	三、九三一	三二、八八七	四九	三八、四二五

前四年	五五	七		八五	一、四四三	四、四四〇	三一、〇八一	四六	三八、〇九五
前五年	五五	七		八三	一、四八二	四、四六六	三一、七四一	四八	三七、八二〇
前六年	五五	七		七七	一、四三五	四、四四七	三〇、五七二	四七	三六、五七八
前七年	五五	七		六四	一、一七八	三、七六五	三二、〇六七	三一	三七、一〇五
前八年	五五	七		五八	一、一七九	三、五〇〇	三〇、八四一	二四	三五、六〇二
前九年	五六	二		四六	一、〇四二	四、一〇七	二九、一二三	一八	三四、三三六

陸軍士卒生徒表

陸軍隊有上長官次曰士官又次下士而曰生徒曰諸卒曰職皆有額光緒十一年（明治十九）綜數六千有五述陸軍士卒生徒表

所管	分類	隊長	人員						
		大隊	上長官	士官	下士	生徒	諸卒	職工	合計
士官學校	生徒隊		三	四五	五四	七六九	一九		八九〇
教導	步兵隊		一	五〇	一七二	一、三九六	二八		一、六四七
	騎兵隊			九	二八	一〇四	六	三	一五〇
	礮兵隊		一	一八	五〇	二一三	七	四	二九三

豫備後備士卒合表

團 工兵隊			一〇	三三	八二	六	一三一
團 軍樂基本隊			一	二三	五六	四二	一二二
團 合計		二	八八	三〇六	一、八五一	八九	七二、三四三
東京憲兵本部 東京本部 東京憲兵隊	二	二	三四	二八五		六七〇	九九一
東京憲兵本部 分遣 大阪憲兵隊	一	一	一一	八三		三一四	四〇九
東京憲兵本部 合計	三	三	四五	三六八		九八四	一、四〇〇
參謀本部兵 電信隊		一	六	一九		二九	五五
騎兵局 調馬隊		一	一九	二四		一六八	二二一四
屯田兵本部 步兵隊		二	二六	四一		一、〇三四	一、一〇三
總數	三	一二	二二九	八一二	二、六二〇	二、三二二	九六、〇〇五
前一年	六	六	一八〇	九〇〇	二、九四二	一、九七二	九六、〇〇九
前二年	四	八	一七一	九〇五	一、五四七	一、七五七	一二四、四〇〇

豫備云者備補伍闕也其員有下士後備云者凡徵兵役滿而後年至四十即備出兵時調用也其員有上長官有士官有下士二備之兵有步有騎有礮有工有輜重有雜（日本冊亦謂之其他）雜兵之中有軍醫會計軍吏諸工下長之屬又有後備軍士官憲兵士官光緒十一年（明治九年）三人前一年一人亦在其中光緒十一年（明治十九）陸軍省曾調覈之述豫備後備士卒合表

光緒十一年即明治十九年軍管

分類	豫備下士	後備上長官	後備士官	後備下士	後備計	合計
第一東京	三一	八	八一	二七九	三六八	三九九
第二仙臺	一三		一二	一三八	一五〇	一六三
第三名古屋	一八	一	一一	一一六	一二八	一四六
第四大阪	一八	三	一六	一二八	一四七	一六五
第五廣島	一五	一	一七	一四三	一六一	一七六
第六熊本	八		一〇	一〇二	一一二	一二〇
合計	一〇三	一三	一四七	九〇六	一、〇六六	一、一六九
光緒十一	一一六	一二	一三三	九九一	一、一三六	一、二五二
十	一四九	一二	一一九	八四八	九七九	一、一二八
九	一六〇	八	一六〇	一、一五六	一、三二四	一、四八四
八	八七	九	九三	八六八	九七〇	一、〇五七
七	四一	七	九七	二二七	三三一	三七二

右兵種別												
步兵	三二五	一四五	一〇八	一三六	一六〇	一〇一	九七五	一、〇五六	九三八	一、三三一	九五九	三二六
騎兵	三	一	六	五		二	一七	一七	一五	二六	一五	一四
礮兵	二四	一二	九	八	五	六	六四	七九	八四	六二	四二	一七
工兵	一七	二	一二	三	四	三	四一	五三	五〇	二九	一九	五
輜重兵	八	一	二	四	二	一	一八	一三	一五	二一	一四	七
雜他	二三	二	九	九	五	七	五四	三四	二六	一五	八	三
合計	三九九	一六三	一四六	一六五	一七六	一二〇	一、一六九	一、二五二	一、一二八	一、四八四	一、〇五七	三七二

豫備後備兵分數表

豫備後備之兵分繫于七鎮東京一也仙臺二也名古屋三也大坂四也廣島五也熊本六也北海道七也光緒十一年明治十九調筋核計凡十三萬九千二百二十一述豫述後備分數表

軍管			第一
豫備	步兵		五、九八〇
	騎兵		三八七
	砲兵		五六三
	工兵		二八一
	輜重兵		七九
	其他		一〇、七七七
	計		一八、〇六七
後備	步兵		五、〇三五
	騎兵		二五一
	砲兵		三五五
	工兵		二三三
	輜重兵		一一〇
	職工		一
	計		五、九八五
合計			二四、〇五一

第二	五、三二三	二八	三〇九	七九	八〇	一五、一〇一	二〇、九二〇	四、四七二	八	一七三	三九	一四		四、七〇六	二五、六二六
第三	六、五三三	二八	三六一	九六	八二	一〇、四六一	一七、五四二	五、二一八	五	一五二	五五	一〇		五、四四〇	二二、九八二
第四	六、二三六	九	五九三	三〇六	四二	八、四九〇	一五、六六七	四、三九九		四一三	二〇一	四七		五、〇六〇	二〇、七二七
第五	五、三八二		一九三	三七	六八	一三、〇八六	一八、七六六	五、〇五三	二	六九	一六	二	一	五、一四三	二三、九〇九
第六	五、一二〇		六七三	三三四	六〇	一〇、二七六	一六、四六八	四、三六八		五二三	二七〇	五〇	三	五、二一四	二一、六七七
第七	二六		八三		一	三五	一四五	四二		六〇			一	一〇二	二四八
[合計] 近衛	三〇四六	二一三	三〇六	一八一		七	三、七五三	二、一三八	八五	一八〇	八五			二、四八八	六、二四一
[合計] 鎮臺	三一、五五四	二一一	二、四六九	九五二	四一二	六八、二一九	一〇三、八一七	二六、四四九	一八一	一、五六五	七二九	二三二	六	二九、一六三	一三二、九八〇
[合計] 總數	三四、六〇〇	四二四	二、七七五	一、一三三	四一二	六八、二二六	一〇七、五七〇	二八、五八七	二六六	一、七四五	八一四	二三三	六	三一、六五一	一三九、二二一
[前一年] 近衛	二、八七三	一六六	二七一	一六二			三、四七二	一、八五七	七五	一四六	九四			二、一七二	五、六四四
[前一年] 鎮臺	三〇、四三四	二六七	二、一四四	八三九	三八八	五三、八三〇	八七、九〇二	二八、〇七三	二六三	一、四二四	六六六	二二七	一二	三〇、六六五	二八、五六七
[前一年] 總數	三三、三〇七	四三三	二、四一五	一、〇〇一	三八八	五三、八三〇	九一、三七四	二九、九三〇	三三八	一、五七〇	七六〇	二二七	一二	三二、八三七	一二四、二一一
前二年總數	三二、〇六六	三八六	二、二九四	九五二	三四九	三九、八二五	七五、八七三	二三、一三四	二八七	一、一〇八	五八〇	一七四	二二	二五、三〇五	一〇一、一七〇

憲兵表

憲兵者非戰陣之隊亦非警察署之伍蓋以蹤跡兵邪之兵也屬陸軍省就光緒十二年（明治十九）官若兵之數述憲兵表

大佐	軍醫正	尉官	軍吏	軍醫	獸醫	曹長	軍曹	會計書記長	看護長	看馬卒	合計

	1	2	3	4	5	6	7	8	9	10	11	12
憲兵部	二	一	一	二		一	七	三	一		二	二〇
東京管區 第一	一		六		三		五四	一	三		一三二	一九九
東京管區 第二			四				四八	一			一二六	一七九
東京管區 第三			四				四三	一			一二〇	一六八
東京管區 第四	一		五				四七	一	三		一二〇	一八〇
東京管區 第五			五		三		五一	一			一二九	一八六
東京管區 第六			四				四七	一			一二八	一八〇
大坂分遣	一		九	一	二		七八	三	二		二三〇	三二六
總計	五	一	三八	三	八	一	三七五	一二	九		九八六	一、四三八
前一年	三	一	三八	三	八	一	三七七	一一	九	一	一、〇〇五	一、四五七
前二年	三		三二	二	八		三六七	八	八		一、〇七一	一、五〇〇

軍馬表

軍馬所屬一騎兵局也二近衛也三七鎮也四士官學校也五教

導團也六諸縣貸下也七雜也雜一云其他蓋指憲兵部及東京陸軍諸官廨而言也年以西厤十二月三十一日調覈然光緒十五年册仍十一年數明治十九述軍馬表

年次	騎兵局	近衛	鎮臺 東京	鎮臺 仙臺	鎮臺 名古屋	鎮臺 大阪	鎮臺 廣島	鎮臺 熊本	士官學校	教導團	諸縣貸下	雜	合計
光緒二 明治十九	八四九	五〇九	七四〇	三七四	三九〇	五三三	四二〇	四八三	二八三	三五四	二九	三〇六	五、二七〇
十一 十八	六六五	四七九	六七七	三三三	三二四	四六七	三二八	四〇七	二六七	三一六	三四	二九八	四、五九五
九 十六	二九三	三六三	七〇一	一六七	一六五	三八六	一六三	三七〇	一三六	二五四	七二	二一一	三、二八一
七 十四	三三七	三五五	六八五	一二〇	一二六	三八三	一三〇	三七三	一〇〇	二四五	一九〇	九〇	三、一三四
五 十二	二〇二	三三八	六四六	五〇	五四	三七四	五〇	三二一	一〇〇	二九四	八三	七七	二、五八九
三 十	九八六	一五九	九七	一五	二七	二六二	三五	二四五	一二八	四四二	三一	八五	二、五一二

海軍人屬表

光緒十九年日本海軍募兵受撿者一萬一千五百七十而合格者一千六百四十有九會議官員凡三十有六自將官以至士與

卒與傭莫不有額可屈指也述海軍人屬表

分類	軍人 將官及相當官	軍人 上長官	軍人 士官及准士官	軍人 候補生	軍人 生徒	軍人 下士	軍人 卒	軍人 傭夫	軍人 計	軍屬 勅任及奏任	軍屬 判任	軍屬 事務及技術傭	軍屬 計	合計
海軍省	三	二八	三八			一一	四		八四	勅任二 四	二〇一	一四一	三四八	四三二
募兵使		一	五			二			八					八
將官會議	一		一						二		二		二	四
兵器會議	一		一						二		一	一	二	四
造船會議	一								一		二		二	三
兵學校	一	七	三四	五	二一二	一四	一		二七四	七	一四	一〇	三一	三〇五
機關學校		一	一二		一二〇	八	三		一四四	一	六		七	一五一
水路部	一	三	一〇			三	一		一八	一	四七	二四	七二	九〇
督買部		四							四		一二	九	二一	二五
衛生部	一	二	一	一					五		八	二	一〇	一五
醫學校		一	四		一七				二二		四		四	二六
會計檢查部		二	三	二					七		一二	八	二〇	二七

		1	2	3	4	5	6	7	8	9	10	11	12	13	14
兵器製造所			四	四				三		一一		五四	四七	一〇一	一一二
火藥製造所			一	三				一		五		一七	一九	三六	四一
主計學校				三		四五	二	一		五一	一	四	一	六	五七
小野濱造船所			二	四						六		一九	四〇	五九	六五
橫須賀鎮守府	本府	一	九	二七			二一			五八		七六	八八	一六四	二二二
	橫須賀軍港司令部	一	四	九			一九			三三			八	八	四一
	橫須賀屯營		四	五〇	二		四二九	一三五六	三	一八四四					一八四四
	浦賀屯營		三	二五	二		八一	一二八一	八	一四〇〇					一四〇〇
	水雷營		一	二六	一		五九	一三五	一	一二三					一二三
	軍法會議			九			一一			二〇		六		六	二六
	監獄署			六			一五	二		二三		四		四	二七
	海軍病院		一	七	四		一三	六三		八八		四	一	五	九三
	東京海軍病院		二	七	八		一一	五三		八一		四	二	六	八七
	造船所		三	六			二	一		一二		八八	一〇六	一九二	二〇四
	唐津石炭用所			一						一		三	一二	一五	一六

艦船	一	三二	四六六	四二		九一六	三四九二	三四	四九八三					四九八三
兵學校練習所			五			三七	八五		一二七					一二七
參謀本部海軍部	一	一一	三九			一			五二		二五	二一	四六	九八
外國在留		四	三		一一				一八					一八
待命		二	四						六					六
非職	五	九	二〇						三四					三四
總計	一八	一四一	八三三	六七	四〇五	一六五五	六四八二	四六	九六四七	勅任二一四	六一一	五四〇	一一六七	一〇八一四
前一年	一二	一〇一	八四三		三二一	一五六四	五四八五		八三二六	勅任二八五	五八六	九三七	一六一〇	九九三六
前二年	一四	八七	八二七		二四七	一二四七	四三六八		六七九〇	七六	五七〇	八一九	一四六五	八二五五
前三年	一三	八七	七八九		一八七	九九七	三六四二		五七一五	七三	五二五	六四四	一二四二	六九五七
前四年	一四	八一	七六一		一三九	八六八	三八〇九		五六七二	五九	四五八	五五九	一〇七六	六七四八
前五年	一〇	七四	六一八		一一三	九五四	三五五七		五三二六	三四	四一四	九一五	一三六三	六六八九
前六年	九	六三	五四七		一七二	八二二	四一〇六		五七一九	二九	三六五	二九四二	三三三六	九〇五五
前七年	七	六一	五二四		二二〇	七六一	三五七六		五一四三	二一	三四五	三二九七	三六六三	八八〇六

海軍士卒生徒表

海軍法取諸英其厨夫樂生雜人在士卒外東京大學委托生徒十三學醫者七學造艦者六非日本人亦得與學而費有額作海軍士卒生徒表

		人	一人平均年費 俸	糧食費	被服費	雜	合計	一年總費
士卒人數	下士十一等	三八一	一七三八一圓	六五七〇圓	一八五〇圓	一九五圓	二五九九六圓	九九〇四四圓
	十二等	四〇八	一一七五七圓	同	二二二三	同	二〇七四五	八四六三九
	十三等	七七五	九四八四	同	三三四六	同	一八五九五	一四四一一
	士合計	一五六四	三八六二三	一九七一〇	六四一九	同	六五三四〇	三二七七九四
卒費數	水兵	三七五一	四八一九	同	二四五二	同	一四〇三七	五二六五一九
	火夫	七五一	四四八一	同	同	同	一三六九九	一〇二八七七
	雜	四七六	六四〇四	同	二二八七	同	一五四五六	七三五六二
	合計	四九七八	四九一九	同	二四二七	同	一四一二一	七〇二五六二
准卒		五〇七	五五四二	同	一九七五	同	一四二八二	七二四一一
總計		七〇四九	六五三五	六五七〇	二三五〇	一九五	一五六五〇	二〇三一六三

養喜廬所箸書

	中國	俄	英	法	朝鮮	合計	前一年
前一年	五六一三	六七九六	六五八八	二七三三	一九五	一六三一二	九二五六一三
兵學校 乘艦	二〇	一〇六〇〇	一二三二三	一〇一七七	二四九	三三五四九	六七一〇
兵學校 本科豫科	一六七	五二〇	六五七〇	七四五〇	一五九五	一六一三五	二六七四六
機關學校	七〇	同	同	五七四三	一二五〇	一四〇八三	九八五八
主計學舍	三八		同	四九五六	四七四	一二〇〇〇	四五六〇
軍醫學舍	一八	一二〇〇〇				同	二一六〇
東京大學委托	一三	同				同	一五六〇
總計	三二一六	二四七〇	六九六〇	六八五八	一二七八	一七五六六	五一七九四
前一年	二三八	二八〇一	五八七八	五五九二	一〇八六	一五三五七	三六五四九
別國留學生 人數	二	一	二	一	二	八	七
別國留學生 一人平均年費	七二〇	六〇〇	一〇〇〇	一〇〇〇	三〇〇	七〇五	八四〇
別國留學生 總計國費	一四四〇	六〇〇	二〇〇〇	一〇〇〇	六〇〇	五六四〇	五八八〇

兵船表

日本無弟一等兵船扶桑二等也仿英士斐梯布侖德之製爲鐵甲船式餘若金剛比叡木質傅鐵光緒十二年在法造畝傍一艦下艙鋼面一寸四分長三十二丈一尺寬四丈三尺一寸排水三千六百五十頓馬力六千速率海里十五礮廿二未至日本而失弟一丁卯弟二丁卯兩礮艦近亦非其所有魚雷船繇小野濱海軍造船所定造二十舊造僅有存者而難與兵船竝論日本兵船將士謂之乘組馬力有公稱有實今以游歷得實逑兵船表

隸	服務	等	船名	類	質	長	寬	入水	排水	馬力	礮	速率華里	速率海里	始造	將官	長官	士卒
中	常	二	扶桑艦	兵船	鐵甲體	二丈廿尺五寸	四丈七尺餘	丈八尺四寸	三七一四噸	三五〇〇	一〇	四〇	一三	光緒二	一	五	三九一
	備	三	金剛艦	同	鐵帶鐵骨木皮	廿三丈一尺	四丈八寸	丈七尺四寸	二二〇〇	二〇三四	九	四四	一四	四		二	三一〇
		三	比叡艦	同	同	同	同	同	同	二二二七	九	四〇	一三	三		二	三〇五
艦		三	筑紫艦	巡海快船	鋼	廿丈一寸	三丈五尺一寸	丈五尺一寸	一三五〇	二四〇〇	六	四九	一七	八	一	二五	一六一
		三	海門艦	同	木	同	二丈九尺四寸	丈六尺四寸	一三五八	一二五〇	七	三六	一二	八	一	二二	一九一

		四	清輝艦	同	木	十九丈三寸	二丈九尺六寸	丈三尺一寸	八九七	四四三	五			二〇一	一二五
	備	五	磐城艦	同	木	十四丈六尺四寸	廿丈五尺三寸	丈二尺一寸	六五六	五九〇	四			一五一	七七
隊		五	孟春艦	礮船	鐵骨木皮	十五丈四尺四寸	二丈一尺七寸	六尺六寸	三五七	一九一	四			一〇一	七一
横	旗艦	三	東艦	小錢帶	鐵甲木質	十五丈七尺六寸	二丈七尺	丈三尺一寸	一三五八		三	二七九		一七一	一九六
須		二	天龍艦	巡海快船	木	廿丈一寸	二丈九尺二寸	丈六尺四寸	同		三			二三一	一九八
賀	常	四	春日艦	同	木	廿四丈二尺九寸	廿丈六尺六寸	丈六寸	一二六九	一二〇〇	五			二三一	一二七
鎮	備	四	天城艦	同	木	十九丈七尺一寸	二丈九尺一寸	丈三尺九寸	九三六	七二〇	七			一一一	一三一
守	航	三	龍驤艦	鐵甲	鐵帶木質	廿丈三尺三寸	五丈九尺二寸	丈七尺四寸	二五三〇	八〇〇	八			三二二	三三五
府	海	三	筑波艦	巡海快船	木	十九丈七尺	廿丈九尺二寸	丈五尺一寸	一九七八	三五〇	八			二八二	二七六
	練	四	日進艦	同	木	廿丈三尺五寸	廿丈九尺	丈四尺一寸	一四六八	七一〇	六			一七一	一五八
	習	四	肇敏艦	風驅	木				八八五		四			一三一	一八〇
	礮術運用	三	淺間艦	同	木				一四二二		一〇			二五一	二四五
	練習	三	富士山艦	同	木				一〇〇〇		一〇			三五二	一四一
	屯	五	雷電艦		木				三七〇	一二八	四			四	三九
	營	六	千代田形		木				一三六	六〇	一			三	二〇

	練		滿珠艦	風驅	木	十三丈四尺六寸	三丈四尺六寸	丈三尺	八七六		四		光緒十三		
	習		千珠艦	同	木	同	同	同	同		四		同		
		七	石川丸	同	木				二四九						八五
		無等	第一回漕丸	同	木				五二九		二				四四
	豫		赤城艦	礮船	鐵	十五丈四尺三寸	二丈七尺一寸	九尺八寸	六一四	九〇〇	十〇	三一十〇	十二		
	備		摩耶艦	同	鐵	同	廿丈七尺一寸	九尺八寸	同	七〇〇	四		同		
		四	迅鯨艦		木	廿四丈六尺一寸	三丈一尺	丈三尺九寸	一四五〇	一四〇〇	二		光緒三	三	八
		七	蒼龍艦		木	十二丈五尺	二丈二尺一寸	八尺	一九八	五二			咸豐六	三	八
		五	鳳翔艦		木				三一六	二一四	四			三	一二
兵學校	泊練	四	攝津艦	風驅	木				九二〇		八			二七一	四一九
		二	浪速艦		鋼	三十丈	四丈六尺	丈八尺四寸	三六五〇	七五〇〇	八			三一四	一五七
		二	高千穗艦		鋼	同	同	同	三六五〇	同	八				
		三	葛城艦		鐵骨木皮				一四七六	一六〇〇	七				
			大一	雷艇	鋼板	十六丈五尺八寸	丈九尺四寸					六〇一九			
			小六												

礮臺表

礮臺不如礮艦臺偏於守艦利於戰不待智者而知雖然扼水師禦陸敵往往倚之日本明治以前之臺舊式居多磚石之製遜於泥沙佐世保一臺造於光緒十年（明治十七）越三年（十九）修對馬島礮臺厥費無慮八十三萬五千圓有奇其它新造勝舊多矣述礮臺表

府縣	國郡	臺名	臺數
東京府	武藏國荏原郡	品川海	六
大坂府	攝津國西成郡	天保山	一
兵庫縣	攝津國武庫郡	兵庫港	二
同	淡路國津名郡	由良港	一
長崎縣	肥前國西彼杵	長崎港	六
同	肥前國南松浦	五島	一
同	同	佐世保	一

府縣	國郡	臺名	臺數
長崎縣		安治川口	一
同	對馬國	對馬島	一
鹿兒島縣	薩摩國鹿兒島	鹿兒島	六
北海道廳	渡島國龜田郡	箱館	六
和歌山縣	紀伊國海部郡	和歌港	一
高知縣	土佐國	野風港	一

日本圖經十六終

日本職官　　游歷日本圖經十七

奏派游歷日本美利加秘魯巴西等國英日屬地加納大古巴知府用兵部郎中臣傅雲龍述

職官舊制

魏志倭對馬國大官曰卑狗副曰卑奴母離南渡瀚海一大國官亦曰卑狗副曰卑奴母離東南陸行到伊都國官曰爾支副曰泄謨觚柄渠觚奴國官曰兕馬觚副曰卑奴母離不彌國官曰多摸副曰卑奴母離投馬國官曰彌彌副曰彌彌郡利邪馬壹國官有伊支馬次曰彌馬升次曰彌馬獲支次曰佳（佳南史作住）鞮狗奴國官有狗古制卑狗女王國使詣中國皆自稱大夫隋書內官十二等一曰大德次小德次大仁次小仁次大義次小義次大禮次小禮次大智次小智次大信次小信員無定數有軍尼百二十人猶中國牧宰八十戶置一伊尼翼如今里長也十伊尼翼屬一軍尼此見之正史然與日本史籍未盡符也豈傳聞異耶據日本紀諸書神武時眞手命道臣命等掌禁軍警衛二年定功行賞以可美眞手命天日方命爲申食國政大夫以珍彥爲大和國造天種子命天富

命侍左右執政時周惠王十七年也崇神四年當漢大治三年以建膽心命爲大彌田畔命爲宿彌又置四道將軍成務五年當陽嘉四年國郡立造長縣邑置稻置然則造長之與郡守稻置之與縣令名異而職同也仲哀元年當晉初平三年以大伴武爲大連厥後官制漸具文則大政大臣左右大臣國俗尚左故右次之又有內大臣大納言中納言八省長官大辨中辨奏議少納言少辨八省大輔少侍從諸州守介郡吏武則大將中將少將佐尉曹錄源賴朝以征夷大將軍兼六十餘州總追捕使而任陪臣一州或二三州追捕使其覇府置政所侍所別當評定衆等官北條氏自稱執權世襲其職足利氏置管領探題寄合衆等官又以陪臣任諸守介稱之大名豐臣秀吉開覇府置五奉行三奉行等官德川氏大名小名改稱州守介然領雲州輒稱羽州守領東奧輒稱西肥守名實之不符類此預政者曰大老長官曰奉行武曰番頭又大名亦置文武官掌事者曰家老而京師公卿徒存舊名而已先是顯官多世祿任公卿者僅二三百家耳稱公卿家士大夫稱北

面士北面士上中下有差得補公卿然稀甚武官有之如坂上田邨麻呂拜大將軍敍三位是也關白庶政者曰關白常時相也而攝政亦官名則設於幼主女王時八省長官及大中納言參議並稱卿以敍三位或三位任之公卿家采邑多者二三千戶有寄食者明治初同爲諸侯爲華族十七年始置公侯伯子男五等爵賜華族有差其位階猶中國品級也位階初制所謂尊一位命一位者二等也皇族曰尊公卿大夫曰命大化三年爲唐貞觀廿一年始制冠位十三階越二年改十九階蓋以冠色分位階天智三年爲咸亨九年改廿六階（據冠名略）後改冠位曰位自一位至九位凡三十階倣唐制也特以品爲位耳三位以上有正從四位以下有正從上下親王則曰品一至四無正從也武臣擅權獨位階受自國君而已然則日本之仿中國官制肇於隋而肖於唐學唐而後幾於步亦步趨亦趨一千餘年之臣職豈苟立異者哉武臣柄政不無變更然稽其因革撮其正副未始不可與明治變制後參損益也

述職官舊制

養喜廬所箸書

隋開皇十三年爲日本推古天皇十二年聖德太子攝政正月始
定冠位十二階據職原抄下同○日本紀推古十一年冬十二月始行冠位大德小德大仁小仁大禮小禮大信小信大義小義大智小智並十二階爲孝德天皇大
化五年始置八省百官先是大臣有大連號爲文武天皇大寶元
年正一位藤原太政太官淡海公不比等是也奉勅撰律令以官位及職員爲其
首其後多有減省新加官謂之令外官內大臣大寶以前有中納言等
然不載官位令其官有神祇官依唐大常寺又云祠部大常令以當官置諸官之上伯一人從四位下近代至二三位帶之唐名太常伯又大卜令又祠部尚書大副權
大副唐名大常卿祠部員外郎相當從五位下少副權少副唐名大常少卿近代六位中不分正從皆是正六位上也以前三姓及中臣氏等任之中臣者本大中臣一種也史大少唐名大常主簿大政官當唐尚書省官之惣號近代稱
辦官大政大臣一正從一位唐名太師相國大尉左大臣一正從二位唐名太傅左丞相左僕射右大臣一同左大臣唐名太保右丞相右僕射已上
謂之三公十二代景行初以武內宿禰爲棟梁臣成務御宇初號大臣仲哀朝以太伴武持號大連大臣大連相並知政事嗣後代有大臣大連之任皇極四年乙巳始置左右大臣止大連孝德天皇御宇以中臣鎌子連始爲內臣
天智朝舉爲內大臣光仁時藤原良繼魚名等任之初次左右大臣下又太政大臣者天智時初置皇子大友任之天武時皇子高市任之孝謙改云太師藤原惠美押勝任之又改大政太臣道鏡法師任之後代皆云太政大臣贈官居多[弘]安六年太政大臣
基具堀川太政大臣于時大納言敘一位辭大納言七年准大臣攝政關白大臣兼之或去大臣職帶之東三條入道攝政例也關白者漢霍光還政宣帝猶令關白万機關白之號依之仲哀後其攝政其始也又執柄者必蒙一
座之旨故稱一人又云一所然而閑院太政大臣公季若關白左大臣賴道上久我太政大臣雅實若關白左大臣忠通上是變例也大納言令四人正從三位今從二位唐名亞相獻納中納言令外官也唐名
納言持統六年始置尋罷大寶二年爲唐嗣聖十九年定官位無此慶雲四年爲唐景龍元年又置之三位參議八正四位下謂之公座唐名諫議大夫少納言三從五位下唐名給事中外記大二人正六位上近代五位少三人正
七位上唐名外史或門下錄事辨七人左右大辨二從四位上唐名尚書左右大丞左右中辨二正五位上唐尚書左右中丞或左右司郎中左右少辨二正五位下唐名尚書左右司郎史八左右大史各二正六位上唐名尚書左右大都事左右少史各二正七
位上近代六位唐名尚書主事所謂八史者也史生二十唐名行署官掌四人唐名掌國中務省官當唐中書省八省以中務爲重當卿以下雖文官亦帶劒也卿一正四位上唐名中書令親王任之四品上大輔一權大輔一人正

五位上唐名中書大卿或中書監名家殿上人任之少輔一權少輔一人從五位上唐名中書少卿或中書侍郎大少丞大正六位
上少從六位上唐名中書舍人其任常虛大少錄大正七位上少正八位下侍從八從五位下唐名拾遺補闕內舍人九十唐名通
事舍人可然後任帶劒官也內記唐云內史局又云柱下大一人正六位上唐名柱下起居郎少二人正七位上唐名著作郎監物
大從六位下唐名城門郎少正七位下主典從七位上主鈴大正七位下少正八位上典鎰大從七位下唐名門僕少從八位上太
皇太后宮職皇太后宮
職皇后宮職謂之三宮

中宮職官

中宮者后也大夫一從四位下唐名長秋監近代華族納言等兼之權大夫一亮從五
位下唐名內常侍權亮華族四位五位中少將等兼之大進一從六位上唐名內給事
少進權從六位下屬大正八位下唐名內侍少從八位上大舍人寮唐名宮闈局掌宮中駈使事昔八百人頭一從五位上唐名宮
闈令助權助正六位下唐名宮闈少令允大主事或錄事正七位下唐名宮闈主事少從七位上屬大從八位下唐名宮闈令史少
大初位上圖書寮唐名秘書省頭一從五位上唐名秘書監或著作郎助權助正六位下唐名秘書少監允大唐名秘書丞屬大少
秘書主事內藏寮唐名倉部又云少府掌御服御膳等事頭一從五位上唐名倉部郎又少府監或尙衣奉御又藏𥟍令權頭一諸
大夫五位任之助權助正六位下唐名倉部員外郎允大或無大少少唐名倉部丞少府丞六位侍等可任之屬大從八位下唐名
倉部主事少大初位上縫殿寮唐名尙衣局掌裁縫事頭一無權官相當從五位上唐名尙衣奉御或腋遮令彩縫監諸大夫五位
任之助權正六位唐名尙衣少監同六位任之允大少唐名尙衣直長六位侍任之屬大少唐名尙衣令史陰陽寮唐名司天臺或
云大史局掌天文厤數事昔合今分蕃賀茂保憲以厤傳子光榮以天文傳弟子安倍時明也頭一人從五位下唐名司天監大史
監祠部郎中五行尹助權從六位上唐名司天少監大史少監五行少尹五位六位共任之允大少唐名司天丞大司丞屬大少唐
名司天主簿陰陽博士權正七位下唐名大卜正陰陽師從七位上唐名大卜師厤博士權從七位上唐名司厤或司厤正保天文
博士權正七位下唐名司天又靈臺郎漏剋博士權從七位下唐名司辰又挈壺正或司辰司剋內匠寮令外唐名少府頭一
人從五位上唐名少府監或中匠令助權正六位下唐名少府監允大唐名少府丞屬大唐名少府主事少已上中務官也

式部省官

唐吏部卿一人正四位下唐名吏部尙書每年於本省行諸國一分召也一分召者任諸國史生之名也史生謂之
一分大輔一權正五位下唐名吏部大卿又吏部侍郎考功郎中少輔一權從五位下唐名吏部郎中吏部員外郎
又大常少𢌿大丞二正六位下七省丞相當皆同唐名吏部郎中少丞二從六位上丞又云侍郎錄大正七位上少正八位上唐名
吏部主事大學寮唐名國監頭一人從五位上唐名國子祭酒助權助正六位下唐名國子司業允大少七位唐名國子丞屬大少
唐名國子主簿文章博士二從五位下唐名翰林博士一正六位下唐名大學博士助教二正七位下唐名國子助教直講二正七
位下唐名直學士算博士二從七位上唐名算學博士卿一正四位下唐名禮部尙書大常卿四位以上任之大輔一權大輔一正
五位下唐名禮部侍郎少輔一權少輔一相當從五位下唐名同五位任之丞大少唐名禮部郎錄大少唐名禮部主事雅樂寮唐
名大樂掌音樂事也頭一從五位上唐名大樂令協律郎助一權助正六位下唐名大樂郎允大少唐名大樂丞六位侍任之屬大
少唐名樂大主事玄蕃寮唐名鴻臚寺頭一從五位上唐名鴻臚卿典客郎中助一權助正六位上唐名鴻臚少卿允大少唐名鴻
臚丞屬大少唐名鴻臚史典客主事諸陵寮唐名廟陵署頭一人從五位上唐名廟陵令助一權助唐名廟陵監允大少唐名廟陵
丞屬大少
諸陵錄事

民部省官

當唐戶部卿一正四位下唐名戶部尙書大輔一權大輔正五位下唐名戶部侍郎少輔一權少輔
從五位下唐名員外郎亟大二人少二人唐名戶部郎中錄大少唐名戶部主事主計寮唐名金部

纂喜廬所箸書

又度支頭一從五位上唐名金部郎中又度支郎中五位任之助一權助正六位下唐名金部員外郎六位任之允大少唐名金部丞屬大少唐名金部主事筭師金部主事唐名金部計史主稅寮唐名倉部又云屯田同前

兵部省官依唐兵部卿一正四位下唐名兵部尚書衛尉卿大輔一權大輔正五位下唐名兵部侍郎少輔一權少輔從五位下唐名同丞大少唐名兵部郎中錄大少唐名兵部主事隼人同唐名布護署此下諸司無權官並次官正一人正六位下唐名布護將軍佑唐名布護少尹元者正八位官也令史唐名布護主簿相當大初位下

刑部省官依唐刑部卿一正四位下唐名刑部尚書大理卿大輔一權大輔正五位下唐名刑部侍郎相當從五位下少輔一權少輔員外郎乎唐名同丞大少唐名刑部郎中大判事一正五位下唐名司直大理正評事決斷令理正司中判事一小判事二從六位下唐名大理丞屬大少唐名大理錄事○評事○主簿四獄司唐名斷獄署正一人正六位上唐名斷獄令佑從七位下唐名斷獄丞令史唐名獄史

大藏省官唐名大府寺卿一正四位下唐名大府卿四位以上任之大輔一大輔正五位下唐名大府侍郎少輔權從五位下唐名大府少卿丞一大少唐太府郎中錄大少唐名太府主簿織部司唐名織染署正一人正六位下唐名織染令佑正八位上唐名織染丞令史唐名織染史

宮內省官唐工部又云司農卿一正四位下唐名工部尚書殿中監光祿少卿四位以上任之大輔一權正五位下唐名工部侍郎少輔一權從五位下唐名同員外郎歟丞大少唐名工部郎中錄大少唐名工部主事大膳職唐名太官署光祿大夫一權大夫正五位下改五位上又從四位下唐名太官令亮權亮從五位下唐名光祿侍郎進大少六位侍任之唐名太官丞屬大正八位下少從八位上唐名太官史木工寮唐名將作監頭一人權從五位上唐名木作尹工部尚書將作大匠助權正六位下唐名工部侍郎六位諸大夫任之允唐名工部郎中將作丞木作丞大少屬大少唐名工部主事左校史將作主簿筭師唐名將作計史大炊寮唐名大倉署頭一人從五位下唐名太倉令導官令助權助唐名主爨六位諸大夫任之允大少唐名太倉丞六位侍任之屬大少唐名太倉史主殿寮唐名尚舍局頭一人從五位下唐名尚舍奉御殿監五位諸大夫任之後小槻家隆職流相傳任之助權助唐名尚舍直長六位諸大夫任之允大少六位侍任之唐名尚舍丞屬大少唐名尚舍令史典藥寮唐名太醫署尚藥局頭一人從五位下唐名太醫令尚藥奉御醫極官也助權助從六位下唐名大醫正五位六位共任之允大少唐名太醫丞屬大少唐名太醫史醫博士權唐名大醫博士醫藥儒正七位下女醫博士唐名同針博士從七位下唐名主針儒侍醫正六位下唐名侍御醫權侍醫五位六位任之醫師從七位下唐名司醫掃部寮唐名酒掃署頭一人從五位下唐名酒掃尹守宮令助權助從六位上六位諸大夫任之唐名酒掃少尹允大少唐名酒掃史屬大少唐名酒掃史司正親唐名宗正寺正一人正六位上唐名宗正卿五位任之佑從七位下唐名宗正丞令史唐名宗正錄事宗正主簿內膳司唐名尚食局正一人正六位上唐名尚食奉御奉膳一人唐名同上典膳從七位下唐名尚食直長令史唐名尚食史造酒司唐名良醞署正一人正六位上唐名良醞令佑從七位下唐名良醞丞令史唐名釆女史正一人正六位下唐名釆女令

主水司官唐名上林署或云膳部署正一人從六位上唐名上林藏氷佑正八位下唐名上林丞令史唐名上林監事此八省略也

彈正臺唐名御史臺尹一從三位初從四位上唐名御史大夫大弼一從四位下初正五位下唐名御史中丞小弼一正五位下唐名御史中丞忠大正六位上少正六位下唐名侍御史疏大少唐名御史錄事

左京職唐名京兆大夫一從四位下唐名京兆尹權大夫一亮權亮從五位下唐名京兆少尹進大從六位下少正七位下唐名京兆司錄屬大正八位下少從八位下唐名京兆錄事

東市司唐名市署

正一人正六位上唐名市令佑從七位下唐名市丞令史唐名市錄事右京職同左西市司同東 東宮 唐名龍樓又鶴禁又銀榜傳一人正四位上唐名太子大傅學士二人從五位下唐名太子賓客 春宮坊 唐名春坊

大夫相當從四位下唐名太子詹事又太子少尹或端尹權大夫一亮一從五位下唐名太子詹事權亮一華族中少將兼之 太進 權三人元從六位上唐名詹事丞少進一權從六位下屬大少唐名詹事錄事 主膳監 唐名

典膳局正一從六位上唐名典膳郎佑令史 主殿署 唐名典設局首一人從六位下唐名典設郎佑令史 主馬署 唐名廄牧署首一人從六位下唐名廄牧令佑令史 伊勢齋宮

寮 无唐名頭一人從五位下助權正六位允大少屬大少 賀茂齋院司 无唐名長官從五位下同上次官判官主典 修理職 唐名匠作大夫一從四位下唐名匠作大尹權大夫一亮從五

位下權亮唐名匠作少尹進大少唐名匠作丞屬大少唐名匠作錄事等師唐名匠作計史 勘解由使 云勾勘長官從四位下次官從五位下判官從六位下主典從七位下 鑄錢司 長官次官判官主典

修理宮城使左右使弁官兼之多左右中弁兼任之判官官史常兼之主典 造寺使 東大興福等兩寺外無此長官東大寺大弁必兼之興福寺南曹辨兼之次官判官東大寺一史兼之主典 防鴨河使

一使判官一主典 施藥院司 司儀令一使一判官一主典宣下官一撿非違使此曰使聽別當一人唐名大理卿佐二左右唐名廷尉尉稱之判官左大尉二右大尉二 左右少尉 員數不定

志執筆人左大少右大少府生左右 藤氏長者源氏長者獎學院別當淳和院別當學館院

別當內豎所別當 知內豎所事 內教坊別當 知女樂事 內膳別當 知內膳司事 御厨子所別

當大歌所別當 知大歌事 記錄所 上卿一辨一開闔一寄人一 樂所別當一 知樂所事 大學別當一

藏人所 嵯峨弘仁年中始置之少納言及侍從爲近習宣傳之職以公卿第一人爲別當四位侍臣中殊撰其人爲頭五位中又撰補三人六位中又撰補四人謂之職事又爲籍駈使六位中撰良家子令候殿上謂之非藏人別當

一公卿第一人補之世俗稱一人者執柄也頭二仙籍貫首五位藏人三唐名仙郎六位藏人四非藏人無員數出納小舍人一雜色一所衆一六位侍瀧口一 諸國 大國守有權守相當從五位上介有權介相當正六位下掾大正七位下

有權大掾少從七位上有權少掾目大從八位上少從八位下上國守從五位下有權守介從六位上有權介掾從七位上有權掾目從八位下中國守正六位下介官位令中國無介掾正八位下目大初位下下國守從六位下掾從八位下目少初位下守依唐

刺史使君宰吏牧宰國宰大守介依唐長史別駕掾依司馬目依唐主薄郡司依唐縣令 諸衛 左右近衛府當唐羽林又云親衛元者近衛中衛也大將從三位唐名羽林大將軍常云幕府又云幕下又云大樹中將權中將從四位下唐名羽林中

郎將親衛中郎將或曰虎賁郎將少將權少將相當正五位下唐名羽林次將親衛郎將歟將監從六位上唐名親衛校尉將曹從七位下唐名親衛錄事府生唐名衛史大將判授之番長近衛舍人中撰用之外衛左右衛門府唐名金吾又云監門督一從四位

下唐名金吾將軍佐一從五位上唐名金吾次將五位殿上人中任之權佐一尉大相當從六位上少相當正七位上唐名金吾校尉志大少唐名金吾錄事府生唐名金吾衛史或監門衛史左右兵衛府唐名武衛督一從四位下唐名武衛大將軍中納言參議
散二三位非參議四位等皆任之佐一從五位上唐名武衛次將權佐一尉大從六位下少相當正七位上唐名武衛校尉志大少唐名武衛錄事府生唐名武衛史左右馬察唐名典廐頭一從五位上唐名典廐令權頭一助一權助一正六位下唐名典廐少令
允大少唐名典廐丞屬大少唐名典廐主事兵庫寮唐名武庫署頭一從五位上唐名武庫令助正六位下唐名武庫少令允大少唐名武庫丞屬大少唐名武庫主事外武官**大將謂之元帥**出左傳崇神天皇十
年命四道將軍遣四方將軍之號正起於此歟其後景行四十年以皇子日本武尊爲大將軍以武日命武彥命爲左右將軍東征蝦夷**鎮守府**將軍一從五位上唐名鎮東將軍副將軍二後無軍監正七位下唐名兵曹參軍事曹曹從八
位上唐名上鎮錄事傔仗二征夷使大將軍一征夷者始於日本武尊毎有兵事遣將帥也**親王**敘三四品**公卿**攝政關白及三公公也散一位及三位已上卿也**諸王**雖一世二世未爲親王未給姓者皆諸王
也**諸臣**四位以下初位已上**公達者**三家等華族也稱三家者中院具平親王子孫源氏也本曰土御門流雅定大臣以後有中院號**閑院**九條右大臣師輔公十一男公季大臣子孫也彼大臣號閑院
太政大臣當時雖爲三流惣曰閑院**華山院**京極關白息家忠大臣稱華山院右大臣仍其子孫曰華山院也此外大炊御門流家忠大臣弟經實大納言子孫也雖別流世存華山院一家之由**諸大夫**諸大夫者
益起於執柄事也自補家僕後也**侍者**五位六位**正一位**唐名文散位天平勝寶二年以從一位左大臣諸兄始敘正一位其後藤原押勝同永手等公敘之此外無存生之例皆以贈位也**從一位**
唐名開府儀同三司**正二位**唐名特進上柱國**從二位**唐名光祿大夫**正三位**唐名金紫光祿大夫**從三位**唐名銀青光祿大夫**正四位**
上唐名正議大夫**正四位下**唐名通議大夫**從四位上下**唐名上大中大夫下中大夫**正五位上**唐名中散大夫**正五位**
下唐名朝議大夫**從五位上下**唐名上朝散大夫下朝散大夫**正六位上**唐名朝議郎**正六位下**唐名承議郎**從六位**
上下唐名上奉議郎下通直郎此十八階也**正七位上下**唐名上朝議郎下宣德郎**從七位上下**唐名上朝散郎下宣議郎**正八位上**
下唐名上給事郎下徵事郎**從八位上下**唐名上承奉郎下承務郎**正九位上**唐名儒林郎中國目等相當也**大初位上下**唐名登仕郎相當同
之**少初位上下**唐名上文林郎下時仕郎此三十階也**院廳之官**大別當大臣公卿任之執事名家任之年預同判官代諸大夫任之主典代廳官宿老任之官人曰廳官代字限院中者
也宮宮者宮司等在之親王執柄大臣家謂之政所別當諸大夫宿老任之令重代侍任之知家事下家司也大從同少從同大書吏同少書吏同**女官**其國謂大皇太后宮皇太后宮皇后宮曰三宮也又曰中宮曰女院曰國母曰內親王曰女王

曰女御女御代曰御息所曰更衣曰北政所曰御臺盤所曰御匣殿曰宣旨曰藏人曰命婦曰女官曰主殿曰得選曰刀自曰東豎司曰雜仕曰上童曰下仕內侍司尚侍二典侍四掌侍四從五位女孺一百藏司尚藏一典藏二掌藏四女孺十書司尚書一典書一藥司尚藥典藥兵司尚兵典兵闈司尚闈典闈殿司尚殿典殿掃司尚掃水司膳司酒司縫司上﨟著赤青色候御陪膳也小上﨟着織物並表着也中﨟不着織物類也是婦侍臣女以下也下﨟諸侍加茂日吉社司等女也院司曰別當曰執事曰年預曰殿上人曰藏人曰非藏人判官代主典代廳官曰文殿曰所衆曰御厩曰女院關白家有僧官位僧正准參議曰法印曰法務曰僧都准四位殿上人位法眼曰律師准五位曰凡僧又有法印大和尚位僧正法服和尚位大少僧都法橋上人位律師傳燈大法師位威儀師或尼僧傳燈法師位從儀師傳燈滿位修行位誦持位傳燈住位准六位傳燈入位准七位其位階僧正大正權僧都大正權少律師正權法印法眼法橋謂之僧綱己謂內供阿闍梨謂之有職上座寺主都維那謂之三綱寺務撿校別當座主長者長吏執行勾當專當竪者

官制

日本職官既述光緒十年明治九年前之舊制矣明治更始而後至今無大差違惟于十二年明治十九增遞信省大臣十四年明治廿一增樞密院十五年增香川縣知事諸官其著者也述官制

內閣總理大臣一大臣九內閣書記官長一以上勅任總理大臣秘書官三書記官二以上奏任屬廿三判任賞勳局總裁一副總裁一議定官十二勅任書記官二奏任屬十五判任法制局長官一勅任書記官二參事官廿五奏任屬廿九判任文官試驗局長官一勅任書記官二委員十以上奏任屬五判任會計撿查院長一勅任部長二書記官一撿查官八以上奏任屬一百三十八判任鐵道局長官一勅任事務官十二奏任屬二百有三判任技監一勅任技師廿九奏任技手六十九判任記錄局長一奏任判任廿一會計局長一次長一奏任判任廿六官報局長奏任一判任廿七統計局長一次長一奏任判任廿樞密院議長一副議長一勅任顧問官十五書記官長一以上勅任議長秘書官一書記官四以上奏任屬官十判任

明治二十一年四月二十八日內閣總理大臣伯爵伊藤博文奉勅令第二十二號朕撰元勳及練達之人諮詢國務倚其啓沃之力而察重要設樞密院為朕至高顧問之府茲將官制及事務章程裁定而公布之樞密院官制第一章組織即設立也第一條樞密院者天皇親臨諮詢重要國務之所第二條樞密院設立第一議長一人第二副議長一人第三顧問官十二人以上第四書記官長一人及書記官數人第三條樞密院之議長副議長顧問官為親任書記官長為敕任書記官為奏任第四條不論何人年歲

未到四十歲者不得任議長副議長及顧問官第五條議長得以於書記官之內兼秘書官第二章職掌第六條樞密院者照左開事項開會議具意見上奏請敕裁一爭議憲法及附屬於憲法之法律解釋以及預算並此外會計上之疑義二改正憲法及改正附屬憲法之法律草案三重要敕令四新法之草案又關現行法律之廢止改正草案列國交涉之條約及行政設立之計畫五前諸項所載之外行政或會計上重要事件有經特旨諮詢者又依法律命令特經樞密院諮詢者第七條前條第三項所載敕令須將所經諮詢樞密院之旨記載第八條樞密院關行政及立法之事雖爲天皇之至高顧問而於施政無所干與第三章會議及事務第九條樞密院之會議非顧問官十名以上到座者不得開會議第十條樞密院之會議以議長爲首席議長有事故時副議長爲首席議長副議長共有事故時顧問官依其位次爲首席第十一條各大臣中其職權上於樞密院有顧問官地位列於議席者有斷決之權又各大臣得以派委員於會議時演述及說明等事惟不加決斷第十二條樞密院之議事從衆論決之但平常可否之節即依會議首席之決斷第十三條議長總管樞密院所屬一切事務及樞密院所發一切公文署名副議長輔佐議長之職務第十四條書記官長受議長監督管理樞密院平常事務一切公文副署名審查會議事件查發報告書列會議時當辨明之任但不加決斷第十五條除特別開議之外非先將審查報告書並其會議必要書類配送各員後不得開會議議事日期及報告預先通報各大臣樞密院事務章程第一條樞密院者由敕令下付會議事件陳述意見第二條樞密院者帝國議會或別一院或官署或臣民禀單及此外信件皆不得受領第三條樞密院者祇內閣及各省大臣公務上之交涉而已其他官署帝國議會或臣民間往復文書或此外之交涉不得而有第四條議長將樞密院所到之事件交書記官長審查及辦理會議事項之報告議長者認重要事件親當報告之任或顧問官一人或數人任之亦可第五條審查報告書由報告之員將此呈議長倘臨時有緊急事件得以口頭報告惟於此情節將其要領簡敘記入第八條所載件名簿第六條議長整頓審查報告書得以限定期日報告須速辦理不許遷延內閣於至急要事件得以通知其由及限定會議期日第七條審查報告書其附屬文書由開會之日至少亦須三日前將此分送各員第八條件名簿者於會議之期日依次序記入登載於件名簿之事項第一事件之性質第二會議之前分送文書之日時第三會議之期日會議各件同前項辦理議事日程由開會議日之三日以前通報各員此通報兼會議請帖第九條樞密院之會議時日議長定之但各大臣得以自求更換時日第十條樞密院之會議依左列之規程議長或副議長整理之書記官長或書記官將其事件性質簡明演述以取議決將要處辦明後各員自由討論惟非受議長許可不得發言討論既盡之後由議長定問題依左列次序爲斷決第一在席之各大臣第二依位次所列之顧問官倘議長之討論有參差者得聽其自由議決之結果須議長言明之第十一條議事日程所揭載之會議事件其當日不能了結得以將此事於他日再會惟於此等情節不必更踐行常例之定式第十二條樞密院會議之意見書記官長或書記官依斷決之結果將此起草請議長撿閱於此意見附其事由若重要事件即附屬討論要領書第十三條前條之意見由議長上奏於天皇亦同時通報內閣總理大臣第十四條樞密院會議之議事筆記議長及書記官長又在席之書記官署名以表明其確証朕茲將樞密院議長及顧問官年俸裁定樞密院議長六千圓樞密院副議長五千圓樞密院顧問官四千圓敘任樞密院議長內閣總理大臣從二位勳一等伯爵伊藤博文朕因卿之情願解重任而仍持命列於內閣農商務大臣陸軍中將從二位勳一等伯爵黑田清隆任內閣總理大臣遞信大臣海軍中將從二位勳一等子爵榎本武揚臨時兼任農商務大臣元老院議長從二位勳一等伯爵大木喬任兼任樞密院顧問官宮中顧問官兼議定官海軍中將正三位勳一等伯爵川村純義任樞密院顧問官兼議定官如故

宮內省

大臣一次官一勅任書記

七勅任二奏任五秘書官二奏任內事課長一次長一奏任屬十三判任外事課長一次長一書記官二奏任屬五判任侍從職長一勅任侍從四勅任二奏任十二內豎八奏任屬八判任式部職長官一次官一勅任主事三奏任式部官十五奏任屬廿一判任掌典長一勅任掌典七奏任皇太后宮職大夫一勅任亮一奏任屬五判任皇后宮職大夫一勅任亮一奏任屬八判任大膳職大夫一勅任書記官一奏任屬八判任內藏寮頭一勅任助一權助一奏任屬廿一判任主殿寮頭勅任權助奏任屬十九判任舍人七十判任皇宮警察署長一奏任次長一奏任屬廿四判任圖書寮頭一勅任助一奏任屬十六判任內匠寮頭一勅任屬十六判任匠師三奏任匠手四十二判任主馬寮頭一勅任權頭助各一奏任屬十一判任技術官四十九判任諸陵寮頭一奏任助一奏任屬七判任御料局長官一勅任主事補一理事五各奏任屬四十一判任技術官十奏任技手九判任侍醫局長官一勅任侍醫十八勅任二奏任十五內大臣一宮中顧問官七勅任內大臣秘書官二奏任

外務省

大臣一次官一勅任秘書官三奏任総務局長一勅任書記官六奏任屬廿六判任通商局長一次長一奏任書記官四奏任屬七判任取調局長一書記官二奏任繙譯局長一繙譯官八奏任屬三判任記錄局次長一奏任屬十五判任會計局次長一奏任屬三十二判任特命全權公使八勅任無任所外交官二十勅任四奏任十六

內務省

大臣一次官一勅任秘書官三奏任屬七判任総務局長一勅任書記官五奏任屬五十七判任縣治局長一次長一奏任屬二十七判任警保局長一次長一奏任屬三十四判任土木局次長一奏任屬百卅判任衞生局長一次長一奏任屬七十二判任地理局長一次長一技師三奏任屬十七判任社寺局長一次長一奏任屬十四判任會計局長一次長一奏任屬廿判任臨時建築局総裁一勅任事務官六奏任屬十判任技師四奏任技手八判任

大藏省

大臣一次官一勅任秘書官二奏任參事官四奏任総務局長一書記官六奏任屬三十八判任主稅局長一次長一主稅官十四奏任屬四十四判任關稅局長一次長一屬百有三判任主計局長一勅任次長一奏任主計官十一奏任屬百有九判任出納局長一次長一主計官二奏任屬五十六判任國債局長一次長一主計官一奏任屬二十八判任金庫局長一奏任屬九十九判任銀行局長一次長一屬廿二判任預金局長一次長一屬廿四判任記錄局長一次長一屬七十五判任造幣局長一勅任次長一奏任屬廿二判任技師七奏任技手三十判任印刷局事務長一次長一奏任技師五奏任技手三十八判任稅關長六奏任屬二百十二判任

司法省

大臣一次官一勅任秘書官二參事官十九奏任總務局長勅任書記官五奏任屬六十二判任民事局長一次長一奏任參事官五奏任屬十二判任刑事局長一參事官三奏任屬九判任會計局長一奏任屬二十四判任大審院長一勅任評定官二十一奏任檢事長一勅任檢事十一奏任

文部省

大臣一次官一勅任秘書官二奏任総務局長一書記官七奏任參事官六奏任視學官五奏任屬六十八判任帝國大學總長一勅任評議官九奏任屬十二判任教授七十奏任

農商務省

大臣一次官一勅任秘書官二奏任參事官三奏任總務局長一勅任書記官八奏任屬四十八判任農務局長一次長一技師八奏任技手四十二判任商務局長一次長一技師三屬十五判任工務局長一次長一技師十奏任屬卅一判任水產局長一次長一奏任技師四奏任屬三十六判任山林局長一次長一奏任林務官五奏任屬六十九判任地質局長一次長一技師十奏任屬三十六判任鑛山局長一技師二奏任屬十八判任特許局長一次長一審判官十一以上奏任屬二十七判任會計局長一次長一奏任屬三十五判任

遞信省

大臣一次官一勅任秘書官二奏任參事官二書記官三奏任總務局長一屬四十六判任內信局次長一技師一奏任

屬八十八判任外信局次長一技師一奏任工務局長一奏任技師六奏任技手三十一判任屬十九判任爲換貯金局次長一奏任屬百三十二判任燈臺局長一次長一奏任屬一百十九判任管船局長一次長一司撿所長四奏任屬五十一判任會計局長一次長一奏任會計監督官三奏任屬一百〇二判任

元老院

議長一副議長一議官九十一勅任書記官四奏任屬四十九判任

府縣官

東京府勅任知事一奏任書記官二收稅長奏任一判任二百九十九西京府勅任知事一奏任書記官二收稅長警部長各一判任三百九十六大坂府知事一勅任書記官二奏任收稅長警部長各一判任三百七十五神奈川縣勅任知事一奏任書記官二收稅長警部長各一判任二百八十二兵庫縣知事勅任一奏任書記官二判任三百四十四長崎縣奏任知事一奏任書記二收稅長警部長各一判任二百五十一新潟縣奏任知事一奏任書記官二收稅長警部長各一判任三百七十四埼玉縣奏任知事一奏任書記官二收稅長警部長各一判任二百六十群馬縣勅任知事一奏任書記官二收稅長警部長各一判任二百一千葉縣勅任知事一奏任書記官二判任二百二十五茨城縣勅任知事一奏任書記官二收稅長警部長各一判任三百八栃木縣奏任知事一奏任書記官二收稅長警部長各一判任百八十奈良縣勅任知事一奏任書記官二收稅長警部長各一判任百五十二三重縣奏任知事一奏任書記官二收稅長警部長各一判任二百二十三愛知縣奏任知事一奏任書記官二收稅長警部長各一判任百六十三靜岡縣勅任知事一奏任書記官二收稅長警部長各一判任二百二十三山梨縣奏任知事一奏任書記官二收稅長警部長各一判任百七十六岐阜縣勅任知事一奏任書記官二收稅長警部長各一判任二百三十三長野縣奏任知事一奏任書記官二收稅長警部長各一判任二百三十二宮城縣勅任知事一奏任書記官二收稅長警部長各一判任百九十七福嶋縣勅任知事一奏任書記官二收稅長警部長各一判任百八十三巖手縣勅任知事一奏任書記官二收稅長警部長各一判任百九十六靑森縣勅任知事一奏任書記官二收稅長警部長各一判任百七十四山形縣勅任知事一奏任書記官二收稅長警部長各一判任百九十九秋田縣勅任知事一奏任書記官二收稅長警部長一判任二百七十六福井縣奏任知事一奏任書記官二收稅長警部長各一判任二百十一石川縣勅任知事一奏任書院官二判任二百三十五富山縣奏任知事一奏任書記官二收稅長警部長各一判任二百十五鳥取縣奏任知事一奏任書記官二收稅長警部長各一判任百八十二島根縣奏任知事一奏任書記官二收稅長警部長各一判任二百三十一岡山縣奏任知事一奏任書記官二收稅長警部長各一判任官二百五十八廣嶋縣奏任知事一奏任書記官一收稅長警部長各一判任二百五十六山口縣奏任知事一奏任書記官二收稅長警部長各一判任二百有八和歌山縣奏任知事一奏任書記官二收稅長警部長各一判任百六十一德島縣奏任知事一奏任書記官二收稅長警部長各一判任百七十九香川縣奏任知事一奏任書記官二收稅長警部長各一判任百二十愛媛縣奏任知事一奏任書記官二收稅長警部長各一判任二百十三高知縣奏任知事一奏任書記官二收稅長警部長各一判任百九十八福岡縣奏任知事一奏任書記官二收稅長警部長各一判任二百三十二大分縣奏任知事一奏任書記官二收稅長警部長各一判任三百有八佐賀縣奏任知事　奏任書記官二收稅長警部長各一判任百九十八熊本縣勅任知事一奏任書記官二收稅長警部長各一判任二百一宮崎縣勅任知事一奏任書記官二收稅長警部長各一判任二百有三鹿兒島縣勅任知事一奏任書記官二收稅長警部長各一判任二百二十二

官祿表

日本中古以課戶之數定祿制延喜式謂諸州守介與漢代均則祿千石或二千石也課戶三四百或五六百計米粟曰束曰把見古風土記稻一束多寡有差上田每束得米三升中田二升五合下田二升稻一把約一束稻十之一也源賴朝漸成封建將軍臣隸將校皆食大邑東鑑載賴朝入朝前驅後乘步騎數萬將校從者二三百人多者至五百或一千二千封建後穀祿以銀錢計故大名小名食祿有萬貫千貫百貫之稱銀錢一貫抵米十石國俗謂千錢爲一貫百貫乃千石也千貫乃萬石萬貫乃十萬石也豐臣秀吉掌政權始計食祿以斗石謂食五萬石以上者爲大名謂四萬石以下至一萬石爲小名或曰食萬石以上爲大名謂九千石以下爲小名其大名之大者則德川家康也食阪東八州二百四十萬石臣隸尚有食十萬石者食萬石以上者數十家次之爲毛利輝元食百六十萬石次爲前田利家食百二十萬石次爲島津氏蒲生氏然食八十萬石其他見十萬石以下至百石者多德川家康開覇府大名食邑有沿革以百萬石爲最凡食萬石以上

者約二百六十家並爲大名而稱諸侯者襲中國古稱耳凡一萬石之邑民口約一萬課戶蓋二三千而藩士之家在外其他大將麾下將士（謂九千石以下至百石者爲麾下士）萬餘家皆世祿其大名藩士亦皆世祿然封自覇府故爵位亦卑聞藩侯見日本國君必先賂左右公卿否則故遇途必下車跪道左也明治改府縣官食公租四年而後改穀祿爲俸金二十一年爲光緒十四年日本國初設樞密院其議長副議長顧問官書記官長書記官歲祿有差此外與明治初年大署相同厥任有三授自君曰敕大臣言之君而授職曰奏由奏任一等之局長請之大臣而授事曰判然祿之多寡視院與閣與省諸任所難可以敕奏判一例視也綜厥官祿區而別之錄內閣各省敕任奏任官祿第一內閣各省判任官祿第二各省工長判任官錄第三內閣賞勳局官祿第四樞密院官祿第五宮內省敕任官祿第六宮內省奏任官祿第七主殿寮門舍人月俸第八宮內警部官月俸第九主獵局官祿第十內匠寮官祿第十一御料局官祿第十二使臣祿第十三末使官屬祿第十四元老院官祿第

十五警視廳官祿第十六裁判官檢察官大審院控訴院祿皆刑官也祿第十七大林區署林務官補祿（掌山林屬農商務省）第十八府縣官祿第十九或以月計或以歲計述官祿表

內閣各省勅任奏任官祿第一

官	等	上	中	下
勅任官	內閣總理大臣	九千六百圓		
勅任官	各省大臣	六千圓		
勅任官	一等	五千圓		四千五百圓
勅任官	二等	四千圓		三千五百圓
奏任官	一等	三千圓	二千八百圓	二千六百圓
奏任官	二等	二千四百圓	二千二百圓	二千圓
奏任官	三等	千八百圓	千六百圓	千四百圓
奏任官	四等	千二百圓	千百圓	千圓
奏任官	五等	九百圓	八百圓	七百圓
奏任官	六等	六百圓	五百圓	四百圓

內閣各省判任官祿第二

等	上	下
一等	七拾五圓	六拾圓
二等	五拾圓	
三等	四拾五圓	
四等	四拾圓	
五等	三拾五圓	
六等	三拾圓	
七等	二拾五圓	
八等	二拾圓	
九等	拾五圓	
十等	拾二圓	

各省工長判任官祿第三

	一等技手	二等技手	三等技手	四等技手	五等技手	六等技手	七等技手	八等技手	九等技手	十等技手
上	八拾圓	七拾圓	五拾五圓	五拾圓	四拾五圓	四拾圓	三拾五圓	三拾圓	二拾五圓	拾八圓
中	七拾圓	六拾圓	五拾圓	四拾五圓	四拾圓	三拾五圓	三拾圓	二拾五圓	二拾圓	拾五圓
下	六拾圓	五拾圓	四拾五圓	四拾圓	三拾五圓	三拾圓	二拾五圓	二拾圓	拾五圓	拾二圓

內閣賞勳局官祿第四

勅任官		奏任官				
一等	二等		一等	二等	三等	四等
四千圓	三千圓	上	二千四百圓	二千圓	千六百圓	千二百圓
		下	二千二百圓	千八百圓	千四百圓	千圓

樞密院官祿第五

議長	副議長	顧問官
銀六千圓	銀五千圓	銀四千圓

宮內省勅任官祿第六

勅任官

一等

官	等	祿
內大臣（宮內大臣）		六千圓
侍從長		五千五百圓
宮內次官	上	五千圓
	下	四千五百圓
宮中顧問官		四千圓
式部長官 皇太皇后大夫 皇后宮大夫	上	四千圓
	下	三千五百圓

二等

官	等	祿
宮內次官 內藏頭	上	四千圓
	下	三千五百圓
侍醫局長官		四千圓
侍醫	上	四千圓
	下	三千八百圓
宮中顧問官		三千五百圓
主殿頭 圖書頭 內匠頭 主馬頭 御料局長官	上	三千五百圓
	下	三千圓
式部次官	上	三千圓
	下	二千七百圓
大膳大夫 華族局長官 親王家別當	上	三千圓
	下	二千五百圓
掌典長	上	二千四百圓
	下	二千百圓

宮內省奏任官祿第七

奏任官

一等
二等
三等
四等
五等
六等

主殿內寮舍入月俸第八

官職	等	月俸
書記官、秘書官、內藏權頭、侍醫、調度局長官	上	三千圓
	中	二千八百圓
	下	二千六百圓
侍從、主殿權頭、圖書權頭、內匠權頭、主馬權頭、諸陵權頭、御料局主事	上	二千六百圓
	中	二千四百圓
	下	二千二百圓
式部官		二千四百圓
皇太后宮亮、皇后宮亮、華族局主事	上	二千四百圓
	中	二千二百圓
	下	二千圓
大膳亮	上	二千二百圓
	下	二千圓
掌典		千二百圓
書記官、秘書官、內藏助、侍醫	上	二千四百圓
	中	二千二百圓
	下	二千圓
侍從、主殿助、圖書助、內匠助、主馬助、諸陵權頭、御料局主事、皇宮警察長	上	二千圓
	中	千八百圓
	下	千六百圓
式部官		千八百圓
華族局主事	上	千八百圓
	中	千六百圓
	下	千四百圓
掌典		千二百圓
書記官、秘書官、內藏權頭、侍醫、調度局次官	上	千八百圓
	中	千六百圓
	下	千四百圓
皇宮警察長	上	千五百圓
	中	千四百圓
	下	千三百圓
侍從、主殿權助、圖書權助、主馬權助、諸陵助、御料局主事補	上	千四百圓
	中	千二百圓
	下	千百圓
式部官		千二百圓
華族局主事補	上	千二百圓
	中	千百圓
	下	千圓
掌典		九百圓
書記官、秘書官、侍醫、皇宮警察次官	上	千二百圓
	中	千百圓
	下	千圓
侍從、御料局主事補	上	千圓
	中	九百圓
	下	八百圓
式部官、家令		九百圓
諸陵權助、華族局主事補	上	九百圓
	中	八百圓
	下	七百圓
掌典		六百圓
皇宮警察次官	上	九百圓
	中	八百圓
	下	七百圓
侍從試補	上	八百圓
	中	七百圓
	下	六百圓
家令		八百圓
式部官		六百圓
掌典		五百四拾圓
雅樂師長		四百二拾圓
家令		七百圓
侍從試補		五百五拾圓
式部官		五百四拾圓
掌典		四百八拾圓
內豎	上	四百圓
	中	三百圓
	下	二百五拾圓
雅樂師副長		三百六拾圓

判任	六等	七等	八等
	三十圓	二十五圓	二十圓

宮內警部月俸第九

判任	一等	二等	三等	四等	五等	六等	七等	八等	九等	十等
警部	五十圓	四十五圓	四十圓	三十五圓	三十圓					
警部補						二十五圓	二十圓	十八圓	十五圓	十二圓

主獵局官祿第十

	勅任二等	奏任一等	奏任二等
長官主事	上 三千五百圓 下 三千圓	上 二千六百圓 中 二千四百圓 下 二千二百圓	上 二千圓 中 千八百圓 下 千六百圓

內匠寮祿第十一

匠師年俸

奏任官			
	上	中	下
三等	千八百圓	千六百圓	千四百圓
四等	千二百圓	千百圓	千圓
五等	九百圓	八百圓	七百圓
六等	六百圓	五百圓	四百圓

匠手匠手補月俸

判任官			
	上	中	下
一等匠手	八十圓	七十圓	六十圓
二等匠手	七十圓	六十圓	五十圓
三等匠手	五十五圓	五十圓	四十五圓
四等匠手	五十圓	四十五圓	四十圓
五等匠手	四十五圓	四十圓	三十五圓
六等匠手	四十圓	三十五圓	三十圓
七等匠手	三十五圓	三十圓	二十五圓
八等匠手	三十圓	二十五圓	二十圓
九等匠手	二十五圓	二十圓	十五圓
十等匠手	十八圓	十五圓	十二圓

等外		
	上	下
一等匠手補	十一圓	十圓
二等匠手補	九圓	八圓

御料局奏任官祿第十二

技師

奏任官	
一等	一等技師
二等	二等技師
三等	三等技師
四等	四等技師
五等	五等技師
六等	六等技師

判任官

年俸	上	中	下
	三千圓	二千八百圓	二千六百圓
	二千四百圓	二千二百圓	二千圓
	千八百圓	千六百圓	千四百圓
	千二百圓	千百圓	千圓
	九百圓	八百圓	七百圓
	六百圓	五百圓	四百圓

判任官	技手	月俸上	月俸中	月俸下
一等	一等技手	八十圓	七十圓	六十圓
二等	二等技手	七十圓	六十圓	五十圓
三等	三等技手	五十五圓	五十圓	四十五圓
四等	四等技手	五十圓	四十五圓	四十圓
五等	五等技手	四十五圓	四十圓	三十五圓
六等	六等技手	四十圓	三十五圓	三十圓
七等	七等技手	三十五圓	三十圓	二十五圓
八等	八等技手	三十圓	二十五圓	二十圓
九等	九等技手	二十五圓	二十圓	十五圓
十等	十等技手	十八圓	十五圓	十二圓

使臣祿第十三

	特命全權公使 上	同 下	辨理公使 上	同 下
中國	七千圓	六千五百磅	六千圓	五千五百圓
英法德義	千五百五十磅	千五百磅	千四百五十磅	千四百磅
俄美墺和	千五百磅	千四百五十磅	千四百磅	千三百五十磅
朝鮮	七千圓	六千五百磅	六千圓	五千五百圓

	總領事 上	同 中	同 下	領事 上
上海	四千五百圓	四千四百廿圓	四千三百四十圓	四千二百五十圓
香港 天津	四千圓	三千九百廿圓	四千三百四十圓	三千七百五十圓
芝罘 漢口 浦潮	三千五百圓	三千四百廿圓	三千八百四十圓	三千二百五十圓
仁川 京城	四千五百圓	四千四百廿圓	三千三百四十圓	四千二百五十圓
釜山	四千圓	三千九百廿圓	四千三百四十圓	三千七百五十圓
元山	三千五百圓	三千四百廿圓	三千三百四十圓	三千二百五十圓
倫敦 馬耳塞 紐育	四千圓	三千八百五十圓	三千八百五十圓	三千八百五十圓

代理公使	上	五千圓	千磅	九百三十磅	五千圓
同	中	四千八百圓	九百八十磅	九百三十磅	四千八百圓
同	下	四千六百圓	九百六十磅	九百磅	四千六百圓
參事官	上	三千八百圓	八百磅	七百八十磅	三千八百圓
同	中	三千六百圓	七百六十磅	七百四十磅	三千六百圓
同	下	三千五百圓	七百三十磅	七百十磅	三千五百圓
書記官	上	三千二百圓	七百磅	六百八十磅	三千二百圓
同	中	三千百圓	六百八十磅	六百六十磅	三千百圓
同	下	三千圓	六百七十磅	六百五十磅	三千圓
同三等	上	二千九百圓	六百五十磅	六百三十磅	二千九百圓
同	中	二千八百圓	六百三十磅	六百十磅	二千八百圓
同	下	二千七百圓	六百卄磅	六百磅	二千七百圓
同四等	上	二千五百磅	六百磅	五百八十磅	二千五百磅
同	中	二千四百圓	五百八十磅	五百六十磅	二千四百圓
同	下	二千三百圓	五百六十磅	五百四十磅	二千三百圓

同	中	四千百七十圓	三千六百七十圓	三千百七十圓	四千百七十圓	三千六百七十圓	三千百七十圓	三千七百七十五圓
同	下	四千九十圓	三千五百九十圓	三千九十圓	四千九十圓	三千五百九十圓	三千九十圓	三千五百九十圓
同三等	上	四千圓	三千五百圓	三千圓	四千圓	三千五百圓	三千圓	三千五百圓
同	中	三千九百卄圓	三千四百二十圓	二千九百四十圓	三千九百卄圓	三千四百卄圓	二千九百四十圓	三千四百卄五圓
同	下	三千八百四十圓	三千三百四十圓	二千八百八十圓	三千八百四十圓	三千三百四十圓	二千八百八十圓	三千三百五十圓
同四等	上	三千七百五十圓	三千二百五十圓	二千八百圓	三千七百五十圓	三千二百五十圓	二千八百圓	三千二百五十圓
同	中	三千六百七十圓	三千百七十圓	二千七百二十圓	三千六百七十圓	三千百七十圓	二千七百二十圓	三千百卄五圓
同	下	三千五百九十圓	三千有九十圓	二千六百四十圓	三千五百九十圓	三千有九十圓	二千六百四十圓	三千百圓
副領事	上	二千百圓	二千圓	二千圓	二千百圓	二千圓	二千圓	二千二百五十圓
同	中	二千圓	千九百圓	千九百圓	二千圓	千九百圓	千九百圓	二千二百圓
同	下	千九百圓	千八百圓	千八百圓	千九百圓	千八百圓	千八百圓	二千百五十圓
同	上	千七百圓	千六百圓	千六百圓	千七百圓	千六百圓	千六百圓	二千百圓
同	中	千七百圓	千六百圓	千六百圓	千七百圓	千六百圓	千六百圓	二千五十圓
同	下	千六百圓	千五百圓	千五百圓	千六百圓	千五百圓	千五百圓	二千圓
領事代理		三千四百圓	二千九百圓	二千五百圓	三千四百圓	二千九百圓	二千五百圓	三千圓

末使官祿第十四

勅任官		奏任官						
一等	二等	一等	二等	三等	四等	五等	六等	七等
自二千三百圓至三千圓	自千七百圓至二千三百圓	自千四百圓至千七百圓	自千二百圓至千四百圓	自千百圓至千二百圓	自九百圓至千百圓	自六百圓至八百圓	自五百圓至七百圓	自三百圓至五百圓

元老院官祿第十五

勅任官				奏任官							
一等			二等	一等		二等		三等		四等	
議長	副議長	議官	議官	書記官							
				上	下	上	下	上	下	上	下
五千圓	四千圓	三千五百圓	三千圓	二千四百圓	二千二百圓	二千圓	千八百圓	千六百圓	千四百圓	千二百圓	千圓

警視廳官祿第十六

判任官										
官等		一等	二等	三等	四等	五等	六等	七等	八等	九等	十等
警部	上	七十五圓	五十圓	四十五圓	四十圓	三十五圓	三十圓	二十五圓	二十圓		

消防司令 中	消防司令 下	看守長 上	看守長 中	看守長 下	警部補 消防司令補 看守副長
六十圓	五十圓				
四十五圓	四十圓				
四十圓	三十五圓				
三十五圓	三十圓				
三十圓	二十五圓	三十五圓	三十圓	二十五圓	
二十五圓	二十圓	三十圓	二十五圓	二十圓	
二十圓	十八圓	二十五圓	二十圓	十八圓	
十八圓	十五圓	二十圓	十八圓	十五圓	
					十五圓
					十二圓

刑官祿第十七

官等		年俸		
勅任		五千五百圓		
勅任	一等	上 五千圓	下 四千五百圓	
勅任	二等	上 四千圓	中 三千五百圓	下 三千圓
奏任	一等	二千八百圓	二千六百圓	二千四百圓
奏任	二等	二千二百圓	二千圓	千八百圓
奏任	三等	千六百圓	千四百圓	千二百圓
奏任	四等	千百圓	千圓	九百圓
奏任	五等	八百圓	七百圓	六百圓
奏任	六等	五百圓	四百圓	三百圓

大林區署林務官補祿第十八

判任官

官名	俸		一等	二等	三等	四等	五等	六等	七等	八等	九等	十等
林務官補	年俸	上	七百圓	六百圓	五百四十圓	四百八十圓	四百二十圓	三百六十圓	三百圓			
		中	六百六十圓	五百八十圓	五百二十圓	四百六十圓	四百圓	三百四十圓	二百八十圓			
		下	六百二十圓	五百六十圓	五百圓	四百四十圓	三百八十圓	三百二十圓	二百六十圓			
營林主事	年俸	上				四百八十圓	四百二十圓	三百六十圓	三百圓	二百四十圓	百八十圓	
		中				四百六十圓	四百圓	三百四十圓	二百八十圓	二百二十圓	百六十圓	
		下				四百四十圓	三百八十圓	三百二十圓	二百六十圓	二百圓	百五十圓	
營林主事補 書記	月俸	上							二拾五圓	二拾圓	拾五圓	一級 拾二圓　二級 拾一圓
		中							貳拾三圓	拾八圓	拾四圓	三級 拾圓　四級 九圓
		下							二拾一圓	拾六圓	拾三圓	五級 八圓　六級 七圓
森林看守	月俸	一級										拾圓
		二級										九圓
		三級										八圓
		四級										七圓
		五級										六圓
		六級										五圓
		七級										四圓
		八級										三圓
		九級										二圓五拾錢

籑喜廬所箸書

府縣官祿第九

勅任官		奏任一等	
知事	上 四千五百圓	三千五百圓	東京府知事有時得陞勅任一等
	下 四千圓	三千圓	

判任

警部收稅	一等	二等	三等	四等	五等	六等	七等	八等	九等	十等	計
上	七十五圓	五十圓	四十五圓	四十圓	三十五圓	三十圓	廿五圓	廿圓	十五圓	十二圓	勅奏任俸給以年計
中	六十圓	四十五圓	四十圓	三十五圓	三十圓	二十五圓	二十圓	十八圓		十圓	判任以月計
下	五十圓	四十圓	三十五圓	三十圓	二十五圓	二十圓	十八圓	十五圓	十二圓	八圓	

武官祿表

日本國近衛武職有大佐中佐少佐大尉中尉少尉其屬有曹長軍曹陸軍海軍大將有事則置平時置中將少將等官厥祿有差今錄近衛第一陸軍第二海軍第三述武官祿表

近衛第一

將校

官名	等級	平均月額	歲額
礟兵大佐 工兵大佐		百九十六	二千三百五十二

下士

官名	等級	日額	平均月額
礟兵曹長	一	二十八錢一釐	八圓五十四錢七釐
工兵曹長	二	二十六錢	七圓九十錢八釐

日本圖經十七

騎兵大佐 輜重兵大佐		百九十三	二千三百十六
步兵大佐		百九十	二千二百八十
礮兵中佐 工兵中佐		百四十六	千七百五十二
騎兵中佐 輜重兵中佐		百四十三	千七百十六
步兵中佐		百四十	千六百八十
礮兵少佐 工兵少佐		九十六	千百五十二
騎兵少佐 輜重兵少佐		九十三	千百十六
步兵少佐		九十	千八十
礮兵大尉	一	五十九	七百八
工兵大尉	二	五十五	六百六十
騎兵大尉	一	五十七	六百八十四
輜重兵大尉	二	五十三	六百三十六

十四

騎兵曹長 輜重兵曹長	一	二十七錢五釐	八圓三十六錢五釐
	二	二十五錢二釐	七圓六十六錢五釐
步兵曹長	一	二十六錢七釐	八圓十二錢一釐
	二	二十四錢三釐	七圓三十九錢一釐
礮兵一等軍曹 工兵一等軍曹	一	二十錢一釐	六圓十一錢四釐
	二	十八錢六釐	五圓六十五錢八釐
喇叭長 砲兵一等軍曹	一	二十一錢七釐	六圓六十錢
	二	二十錢二釐	六圓十四錢四釐
喇叭長 步兵一等軍曹	一	二十錢二釐	六圓十四錢四釐
	二	十八錢九釐	五圓七十四錢九釐
騎兵一等軍曹 輜重兵一等軍曹 鍬兵長 步兵一等軍曹	一	十九錢四釐	五圓九十錢一釐
	二	十七錢九釐	五圓四十四錢五釐
步兵一等軍曹	一	十八錢六釐	五圓六十五錢八釐
	二	十七錢三釐	五圓二十六錢二釐

圖經六之一

纂喜廬所著書

陸軍第二

將校

官職名	等級	平均月額	歲額
步兵大尉	一	五十五	六百六十
步兵大尉	二	五十一	六百十二
礮兵中尉	一	三十九	四百六十八
工兵中尉	二	三十五	四百二十
騎兵中尉	一	三十七	四百四十四
輜重兵中尉	二	三十三	三百九十六
步兵中尉	一	三十五	四百二十
步兵中尉	二	三十一	三百七十二
礮兵少尉 工兵少尉		二十九	三百四十八
騎兵少尉 輜重兵少尉		二十七	三百二十四
步兵少尉		二十五	三百

下士

官職名		等級	日額	平均月額
礮兵二等軍曹		一	十六錢五釐	五圓一錢九釐
工兵二等軍曹		二	十五錢	四圓五十六錢三釐
騎兵二等軍曹		一	十五錢七釐	四圓七十七錢五釐
輜重兵二等軍曹		二	十四錢二釐	四圓三十一錢九釐
步兵二等軍曹		一	十五錢	四圓五十六錢三釐
步兵二等軍曹		二	十三錢七釐	四圓十六錢七釐
喇叭長	礮兵二等軍曹	一	十七錢八釐	五圓四十一錢四釐
	工兵二等軍曹	二	十六錢五釐	五圓一錢九釐
	騎兵二等軍曹	一	十七錢	五圓十七錢一釐
	輜重兵二等軍曹	二	十五錢七釐	四圓七十七錢五釐
	步兵二等軍曹	一	十六錢三釐	四圓九十五錢八釐
	步兵二等軍曹	二	十五錢	四圓五十六錢三釐

大將	五百	六千
中將	三百五十	四千二百
少將、監督長、軍醫總監	三百	三千六百
參謀官大佐、憲兵大兵	百九十六	二千三百五十二
礮兵大佐、工兵大佐、軍醫監	百九十三	二千三百十六
騎兵大佐、輜重兵大佐、一等監督	百九十	二千二百八十
步兵大佐	百八十七	二千二百四十四
參謀官中佐	百四十六	千七百五十二
憲兵中佐	百四十六	千七百五十二
礮兵中佐、工兵中佐、一等軍醫正	百四十三	千七百十六

憲兵曹長	一	三十七錢五釐	十一圓四十錢六釐
	二	三十四錢七釐	十圓五十五錢五釐
砲兵曹長	一	二十七錢	八圓二十一錢三釐
工兵曹長	二	二十三錢三釐	七圓八錢七釐
騎兵曹長、輜重兵曹長、一等書記、一等看護長	一	二十六錢四釐	八圓三錢
	二	二十二錢七釐	六圓九十錢五釐
步兵曹長	一	二十五錢七釐	七圓八十一錢七釐
	二	二十二錢	六圓六十九錢二釐
砲兵看護	一	五十七錢八釐	十七圓五十八錢一釐
工兵看護	二	四十七錢二釐	十四圓三十五錢七釐
火工長		二十六錢五釐	八圓六錢
軍樂次長		二十八錢三釐	八圓六十錢八釐
憲兵一等軍曹	一	二十八錢一釐	八圓五十四錢七釐
	二	二十六錢	七圓九十錢八釐
砲兵一等軍曹	一	十八錢九釐	五圓七十四錢九釐

騎兵中佐 輜重兵中佐 二等監督		百四十	千六百八十
步兵中佐		百三十七	千六百四十四
參謀官少佐 憲兵少佐		九十六	千百五十二
砲兵少佐 工兵少佐 二等軍醫正 藥劑監		九十三	千百十六
騎兵少佐 輜重兵少佐 三等監督		九十	千八十
步兵少佐 獸醫監		八十七	千四十四
參謀官大尉	一	五十八	六百九十六
	二	五十四	六百四十八
憲兵大尉	一	五十九	七百八

工兵一等軍曹		二	十七錢一釐	五圓二十錢一釐
喇叭長	砲兵一等軍曹	一	二十錢五釐	六圓二十三錢五釐
		二	十八錢七釐	五圓六十八錢八釐
	步兵一等軍曹	一	十九錢二釐	五圓八十四錢
		二	十七錢四釐	五圓二十九錢三釐
騎兵一等軍曹 輜重兵一等軍曹 鍬兵步兵一 長等軍曹 二等書記 二等看護長		一	十八錢三釐	五圓五十六錢六釐
		二	十六錢五釐	五圓一錢九釐
步兵一等軍曹		一	十七錢六釐	五圓三十五錢三釐
		二	十五錢八釐	四圓八十錢六釐
火工下長			二十二錢四釐	六圓八十一錢三釐
鞍工長 銃工長 木工長 鍛工長 鑄工長			四十五錢四釐	十三圓八十錢九釐
蹄鉄工長			三十錢三釐	九圓二十一錢六釐

	二	五十四	六百六十
礮兵大尉 工兵大尉 一等軍醫 一等藥劑官	一	五十六	六百七十二
	二	五十二	六百二十四
騎兵大尉 輜重兵大尉 監督補	一	五十四	六百四十八
	二	五十	六百
一等軍吏	一	八十七	千四十四
	二	七十五	九百
	三	六十四	七百六十八
	四	五十四	六百四十八
	五	五十	六百
步兵大尉 一等獸醫	一	五十二	六百二十四
	二	四十八	五百七十六
參謀官中尉	一	三十八	四百五十六
	二	三十四	四百八
憲兵中尉	一	三十九	四百六十八

一等軍樂手	一	十九錢四釐	五圓九十錢一釐
	二	十七錢四釐	五圓二十九錢三釐
憲兵二等軍曹	一	二十三錢一釐	七圓二錢六釐
	二	二十一錢	六圓三十八錢八釐
礮兵二等軍曹	一	十四錢五釐	四圓四十一錢
工兵二等軍曹	二	十二錢七釐	三圓八十六錢三釐
騎兵二等軍曹 輜重兵二等軍曹 三等書記 三等看護長	一	十三錢九釐	四圓二十二錢八釐
	二	十二錢一釐	三圓六十八錢
步兵二等軍曹	一	十三錢二釐	四圓一錢五釐
	二	十一錢四釐	三圓四十六錢八釐
喇叭長 礮兵二等軍曹	一	十五錢八釐	四圓八十錢六釐
喇叭長 工兵二等軍曹	二	十四錢	四圓二十五錢八釐
喇叭長 騎兵二等軍曹	一	十五錢二釐	四圓六十二錢三釐
喇叭長 輜重兵二等軍曹	二	十三錢四釐	四圓七錢六釐
喇叭長 步兵二等軍曹	一	十四錢五釐	四圓四十一錢

	二	三十五	四百二十
礮兵中尉 工兵中尉	一	三十六	四百三十二
二等軍醫 二等藥劑官	二	三十二	三百八十四
騎兵中尉 輜重兵中尉	一	三十四	四百八
二等軍吏	二	三十	三百六十
步兵中尉	一	三十二	三百八十四
二等獸醫	二	二十八	三百三十六
憲兵少尉		二十九	三百四十八
礮兵少尉 工兵少尉 三等軍醫 三等藥劑官		二十六	三百十二
騎兵少尉 輜重兵少尉 三等軍吏		二十四	二百八十八
步兵少尉 三等獸醫		二十二	二百六十四
礮兵上等監護	一	五十五	六百六十
	二	五十	六百

	二	十二錢七釐	三圓八十六錢三釐
蹄鐵工下長		十七錢九釐	五圓四十四錢五釐
鞍工下長 銃工下長 木工下長 鍛工下長 鑄工下長		二十六錢八釐	八圓十五錢二釐
二等軍樂手	一	十四錢五釐	四圓四十一錢
	二	十二錢七釐	三圓八十六錢三釐

	三	四	五	六	七
工兵上等監護	四十五	四十	三十五	三十	二十五
	五百四十	四百八十	四百二十	三百六十	三百

	一	二
一等軍樂手	四十	三十五
	四百八十	四百二十
二等軍樂手	三十	二十五
	三百六十	三百

海軍第三

高等武官				
官名				
大將				
中將				
少將	軍醫總監	主計總監		
大佐一等奏任	機關大監同同	軍醫大監同同	主計大監同同	
大佐二等奏任	機關大監同同	軍醫大監同同	主計大監同同	
少佐	機關少監	軍醫少監	藥劑官	主計少監
大尉四等奏任	大機關士同同	大軍醫同同	大藥劑官同同	大主計同同
大尉五等奏任	大機關士同同	大軍醫同同	大藥劑官同同	大主計同同
少尉	少機關士	少軍醫	少藥劑官	少主計

纂喜廬所箸書

	甲	乙	丙
	八千圓		六千圓
	五千五百圓	四千八百圓	四千四百圓
	四千六百圓	四千圓	三千六百圓
	三千圓	二千七百圓	二千五百圓
	二千三百圓	二千百圓	千九百圓
	千七百圓	千四百八十圓	千二百八十圓
	上九百八十圓 下九百二十圓	上九百二十圓 下八百六十圓	上八百八十圓 下八百二十圓
	上七百八十圓 下七百二十圓	上七百二十圓 下六百六十圓	上六百八十圓 下六百二十圓
	上五百六十圓 下五百圓	上五百圓 下四百四十圓	上四百六十圓 下四百圓

官名	上	中	下
機技總監	四千五百圓	四千圓	三千五百圓
大技監奏任一等	二千九百圓	二千七百圓	二千五百圓
大技監奏任二等	二千三百圓	二千百圓	千九百圓
少技監	千六百八十圓	千四百八十圓	千二百八十圓
大技士奏任四等	千百八十圓	千八十圓	九百八十圓
大技士奏任五等	八百八十圓	七百八十圓	六百八十圓
少技士	五百八十圓	四百八十圓	四百圓

准士官月俸

俸等	一	二	三
甲	五〇圓	四五	四〇
乙	四七圓	四二	三七
丙	四五圓	四〇	三五
俸等	四	五	六
甲	三五圓	三〇	二五
乙	三〇圓	二七	二二
丙	三〇圓	二五	二〇

海軍

七十五錢			一等警吏一等
六十錢		一等艦內教授一等	一等警吏二等
四十八錢	一等兵曹一等	一等艦內教授二等	一等警吏三等
三十七錢	一等兵曹二等	二等艦內教授一等	二等警吏一等
三十四錢	二等兵曹一等	二等艦內教授二等	二等警吏二等
三十一錢	二等兵曹二等	三等艦內教授一等	三等警吏一等
二十八錢	三等兵曹一等	三等艦內教授二等	三等警吏二等
二十五錢	三等兵曹二等		

下士日給							
		一等軍樂手一等	一等軍樂手二等	二等軍樂手一等	二等軍樂手二等	三等軍樂手一等	三等軍樂手二等
	一等機關手一等	一等機關手二等	一等機關手三等	二等機關手一等	二等機關手二等	三等機關手一等	三等機關手二等
	一等船匠手一等	一等船匠手二等	二等船匠手一等	二等船匠手二等	三等船匠手一等	三等船匠手二等	
	一等水雷工手一等	一等水雷工手二等	一等水雷工手三等	二等水雷工手一等	二等水雷工手二等	三等水雷工手一等	三等水雷工手二等
	一等鍛冶手一等	一等鍛冶手二等	二等鍛冶手一等	二等鍛冶手二等	三等鍛冶手一等	三等鍛冶手二等	
		一等看護手一等	一等護看手二等	二等看護手一等	二等看護手二等	三等看護手一等	三等看護手二等
		一等書記一等	一等書記二等	二等書記一等	二等書記二等	三等書記一等	三等書記二等
		一等主厨一等	一等主厨二等	二等主厨一等	二等主厨二等	三等主厨一等	三等主厨二等

爵表

日本公侯伯子男其位自從一至從五或有位或無位其員非有定額就光緒十二年（明治十九）言述爵表

	從一位	正二位	從二位	正三位	從三位	正四位	從四位	正五位	從五位	無位	合計
公	二	一	二		一		五				一一
侯	一	五	一	二	四		二	一	六	三	二五
伯			九	三	六	一一	一八	五	一八	六	七六

	子	男	総計	前一年	前二年
			三	三	三
			六	七	八
	五		一七	六	六
	一〇		一五	一五	一五
	一一	一	二三	二三	二二
	九		二〇	二八	二七
	四五	二	七二	八〇	七六
	二二	四	三二	二〇	二一
	一七八	五一	二五一	二六六	二七三
	四五	一七	七一	六四	五八
	三二三	七五	五一〇	五一二	五〇九

有位人表

日本官階初十有二漸改漸增今自從一至從九階十有七其正一位不置也光緒十二年明治十九合華族士族平民之有位者計七千七百九十有五述有位人表

位	文官華族	文官士族	文官平民	武官華族	武官士族	武官平民	非役華族	非役士族	非役平民	女官及非役女 女官華族	女官士族	女官平民	非役華族	非役士族	合計華族	合計士族	合計平民	合計計
從一	二						二								四			
正二	二						一一								一三			
從二	一二	二					六						一		一九		二	
正三	九						六								一五			
從三	二四	五四	三	一一	三		二一	一							五六	五八	三	一一七

正四	從四	正五	從五	正六	從六	正七	從七	正八	從八	正九	從九	總計	前一年	前二年
二	三六	六	六〇					二				一六四	二〇一	一六四
七	六三	三三	一〇四	一四六	二七〇	三九四	四八四	二六三				一、八二〇	一、四〇八	一、二四五
	四	七	一八	二六	五〇	七三	九九					三五九	二三三	二〇六
二	四		八			二						二七	二六	一九
	三一	一三	四四	一一五	二九一	一、〇三〇	一、一〇二	一、〇五四				三、六八三	三、三六四	三、〇三〇
		一	二	一一	一九	一二五	一四五	三五				六一八	四九九	四〇五
一九	五六	四九	三〇一									四七一	四四八	四八七
五	二	一一	三二	三七	七二	一四三	八九	一一〇	八	八	一四	五三二	五二九	五四四
		一	一	六	一一	三一	一五	一五				八〇	七四	七九
	三	一		六		四						一四	一五	一五
						七	二	八				一七	一六	一三
						一	一					二	二	二
二		一	三									七	七	八
				一								一	一	
三四	九九	五七	三七二	六		六		二				六八三	六九七	六九三
一二	九六	五七	一八〇	二九九	六三三	一六七七	一、五七四	一、四三五	八	八	一四	六、〇五三	五、三一八	四、八三三
	四	九	二一	四三	八〇	二三〇	二六〇	四〇九				一、〇五九	八〇八	六九二
四六	一九九	三三	五七三	三四八	七一三	一、八一〇	一、九三七	一、八四六	八	八	一四	七、七九五	六、八二三	六、二一七

日本圖經十七終

日本外交

奏派游歷日本美利加秘魯巴西等國英日屬地加納大古巴知府用兵部郎中臣傅雲龍述

中國交涉前事

中國日本交涉久矣貢始周賜印綬始漢求工於吳人始晉學儒術國制始唐互市時亦肇端嗣是正史使不絕書未聞一矢西指元世祖兵艦忽東遇風不捷黷武非歟明時日本之政操之權臣受封捕冦而寇時聞汪直徐海輩導之其盡然歟論者謂日本疇昔之學唐不減于今茲之效西維新可也詆舊不可也此猶目論也厥黨自分厥議難合然如實心計國弗沾沾焉爲進身計者必不作中東可勿同心語也雲龍請一言蔽之曰近交諸葛氏言不翅爲中東設矣前事大氏與時勢異然亦後事鑑也述中國交涉前事

周時倭人貢鬯艸見論衡儒增篇成王時倭人貢暢見論衡恢國篇漢書地理志樂浪海中有倭人分為百餘國以歲時來獻見云後漢書東夷傳倭百
餘國自武帝滅朝鮮使驛通於漢有三十許國皆稱王漢建武中元二年垂仁八十八倭使朝貢後漢書光武中元二年倭國遣使奉貢朝賀使人自稱大夫光武賜以印
綬永初元年景行四十四倭有獻後漢書安帝元初元年倭國王帥升等獻生口百六十人魏景初三年神功三十八倭貢答之
魏志明帝景初二年倭女王遣大夫難升米等朝獻生口班布詔報制詔親魏倭王卑彌呼以絳地錦罽答貢正始元年四十倭謝魏使魏志齊王芳正始元年遣建中校尉梯儁等奉詔書印綬詣倭
拜假倭王賜金帛錦罽刀鏡采物倭王因使上表答謝恩詔四年四十三倭使獻方物魏志倭王遣使大夫伊聲耆掖邪狗等八人上獻生口倭錦絳青縑緜衣帛布丹木短弓矢六年
四十五賜倭使魏志詔賜倭難升米黃幢付郡假八年四十八倭使說與狗奴國攻擊狀詔為檄喻
之見魏志延熙十五年五十二倭貢魏志倭獻男女生口三十人貢白珠五千孔青大白珠二枚異文雜錦二十匹晉泰始初神功六十餘年遣使
重譯入貢見晉書光熙元年應神卅七求女工日本書記春二月遣阿知使主都加使主於吳令求縫工女二使者渡高麗不知道路高麗王乃副久禮波久禮志二人為鄉
導由是得通吳吳王與工女四○按應神三十七年己為晉惠帝光熙元年曰吳工就地言之非三國時吳也安帝時履中反正間倭使朝貢見南史宗永初二年
允恭十二月倭遣使朝貢見南史○宗書高祖詔曰倭國讚萬里修貢遠誠宜甄可賜除授元嘉二年允恭十四表獻方物宗書讚又
遣司馬曹達奉表獻方物讚死弟珍立遣使貢獻自稱使持節都督倭百濟新任那秦韓慕韓六國諸軍事安東大將軍倭國王表求除正詔安東將軍倭國王廿年三十二使獻方物宗書倭國王濟遣使奉獻
復以為安東將軍倭國王二十八年四十加使持節都督六國宋書二十八年加使持節都督倭新羅任那加羅秦韓慕韓六國諸軍事安東將軍如故大

明六年雄略五使貢宋書詔授爵號安東將軍倭國王昇明二年二十二遣使表勾驪狀宋書昇明二年遣使齊建元元年清寧元年除鎮東大將軍見南齊書隋大業三年推古十五倭使朝貢致書見隋書然按日本推古記云太子作書惟有東天皇聞西皇帝之語無日出處語豈譯詞異耶四年十六使倭隨使來貢隋書上遣文林郎裴清使於倭國度百濟行至竹島南望𨈭羅國經都斯麻國逈在大海中又東至一支國又至竹斯國又東至秦王國其人同於華夏以爲夷洲疑不能明也又經十餘國達於海岸自竹斯國以東皆附庸於倭王遣小德阿輩臺從數百人設儀仗鳴鼓角來迎後十日又遣大禮可多毗從二百餘騎郊勞既至彼都其王與清相見大悅曰我聞海西有大隋禮義之國故遣朝貢我夷人僻在海隅不聞禮義是以稽留境內不即相見今故清道飾館以待大使冀聞大國惟新之化清答曰皇帝德並二儀澤流四海以王慕化故遣行人來此宜諭既而引清就館其後清遣人謂其王曰朝命既達請即戒塗於是設宴享以遣復令使者隨清來貢方物此後遂絕唐貞觀五年舒明三倭使獻方物唐錄貞觀五年倭國遣使獻方物太宗矜其路遠無令歲貢又遣使者高表仁持節往撫之表仁無綏遠之方與王爭禮不宣朝命而還永徽五年白雉五倭使獻物唐錄永徽五年倭國使獻虎珀馬腦高宗撫之云王國與百濟高麗接若有危急宜遣使救之顯慶四年蝦夷國使隨倭使入朝通典蝦夷海中小島也其使鬚長四尺善弓矢插箭於首令人載瓠而立四十步射之無不中者十月隨倭使入朝長安元年文武五日本貢方物唐書長安元年其王遣朝臣眞人粟田貢方物朝臣眞人者猶唐尚書也三年七日本貢方物唐錄長安三年日本國遣其大臣朝臣眞人來貢方物因言其國近日所出故號曰日本開元初和銅年日本使來朝唐書開元初粟田復朝請從諸儒授經詔四門助敎趙〔玄〕默即鴻臚寺爲師獻大幅布爲贄悉賞物貿書以歸其副朝臣仲滿慕華不肯去易姓名曰朝衡歷左補闕儀王友多所該識久乃還唐錄〔玄〕宗開元初又遣使來朝因請儒士授經盡市文籍而還天寶十一年天平勝寶四日本使入中國求內外教典見日本佛祖統紀十二年五日本使朝貢唐書天寶十二載朝衡復入朝上元中擢左散騎常侍安南都護新羅梗海道更繇明越州朝貢又見唐錄貞元二十年延厤廿三使

來朝唐祿貞元廿年遣使來朝留學生橘逸學問僧空海開成三年嘉祥三日本貢眞珠絹見唐書四年六使入貢見唐書唐會要開成四年四月遣使藤原常嗣等來朝貢宋景德三年寬弘三日本使僧入貢楊文公談苑景德三年予知銀臺通進司有日本僧入貢右問之僧不通華言以牘對云住天台山延厤寺名寂照號圓通大師國王年二十五大臣十六七人群僚百餘每歲春秋二時集貢士所試或賦或詩凡及弟者常三四十人國中專奉神道多祠廟書有史記漢書文選五經論語孝經爾雅醉鄉日月御覽玉篇蔣魴歌老列子神仙傳朝野僉載白氏六帖初學記本國有國史秘府略日本記文觀詞林混元錄等書釋氏論及疏抄傳集之類國中多習王右軍書寂照頗得其筆法上台見賜紫衣束帛其徒皆賜紫衣復館于上寺寂照願遊天台詔令縣道續食因留止吳門寺漸通此方言通內外學寂照東遊予遺以印本圓學經幷詩送之后寄書舉予詩中兩句云身隨客槎遠心與海鷗親不可忘也圓覺固目不暫舍云大中祥符中寬弘中日本入貢皇朝類苑祥符中日本國忽梯航稱貢蓋日本國東有祥光現其國素傳中原天子聖明眞宗勅本國建一佛刹賜額曰神光咸淳三年元至元三日本文永三元使致書日本詔高麗導使見元史八年元至元九日本文永八日本遣使朝元元史日本始遣彌四郎者入朝帝宴勞遣之十年元至元十一日本文永十一元征日本元史至元十一年三月敕鳳州經略使忻都高麗軍民總管洪茶丘等將屯田軍女直軍水軍合萬五千人戰船九百艘征日本德祐元年元至元十二日本建治元元遣使日本元史至元十二年二月遣禮部侍郎杜世忠兵部郎中何文著賫書使日本國景炎二年元至元十四日本建治元日本遣商人持金來易銅錢元許之見元史祥興元年元至元十五日本弘安元元通日本市舶元史至元十五年十一月詔諭沿海官司通日本國人市舶二年元至元十六日本弘安二元造征日本戰船見元史在至元十六年二月六月七月元至元十七年弘安三日本殺元使元議征日本見元史十八年弘安四元軍船大失利十存一二見元史○明史云元世祖命忻

都范文虎等帥舟師征之至五龍山遭暴風軍盡沒終元世未相通也十九年五高麗國王請自造船助征日本見元史二十年六發五衛軍二萬征日本四月免見元史二十一年七遣王積翁使日本賜錦衣玉環鞍轡積翁被舟人害見元史二十三年九罷征日本見元史二十九年正應五日本來互市元史風壞三舟惟一舟達元慶路大德三年正安元使僧一山詔日本通問詔見元史据日本善鄰國寶記云竟不至至正二十三年正平十八蓬州守將劉暹擊寇敗之見元史

明洪武二年應安二使諭日本明史二年三月遣行人楊載詔諭其國詰入寇故謂宜朝則來廷不則修兵自固倘必寇即命將征耳王其圖之三年三使責讓之日本遣僧祖來貢方物明史三年三月遣萊州府同知趙秩責讓之至折木崖守關者弗納以書抵良懷延秩入曰使亦趙姓豈蒙古裔耶亦將訹我以好語而襲我也秩曰非蒙古使者後能兵兵我良懷禮遇優遣其僧祖來奉表稱臣貢馬及方物且送還明台二郡被掠人口七十以四年十月至京大祖嘉之宴賚其使命僧祖闡克勤等八人送使還國六年六遣僧瓦官諭日本見善鄰國寶記七年七其大臣遣僧貢方物却之明史是年七月其大臣遣僧宣聞溪等齎書上中書省貢馬及方物而無表帝命却之仍賜其使者遣還未幾其別島守臣氏久遣僧奉表來貢帝以無國王之命亦却之而賜其使者命禮臣移牒責以越分私貢之非又以頻入寇掠命中書移牒責之九年天授二日本使僧貢明史四月遣僧圭廷用等來貢且謝罪帝惡其表詞不誠降詔戒諭宴賚使者如制十二年五來貢見明史十三年六復貢無表却之明史十三年復貢無表但持其征夷將軍源義滿奉丞相書却其貢遣使齎詔譙讓十四年弘和元復來貢却之明史命禮官移書責其王幷責其征夷將軍良懷上言不加兵也十九

年元中三遣使來貢却之見明史二十四年八特授王子滕祐壽觀察使明史先是胡惟庸謀逆籍日本爲助其王遣僧如瑤率兵卒四百餘詐稱入貢且獻巨燭藏火藥刀劍其中惟庸已敗計不行然其時王子滕祐壽者來入國學帝猶善待之二十四年五月特授觀察使留之京師後著祖訓列不征之國十五日本與焉自是朝貢不至而海上之警亦漸息建文三年應永八日本獻方物詔賜錦綺見善鄰國記寶四年九復獻方物成祖以登極使諭詔見善鄰國寶記明史成祖即位以登極詔諭其國永樂元年十使日本末行日本使來明史永樂元年又遣左通政趙居任行人張洪偕僧道成往將行而其貢使已達寍波禮官李至剛奏故事番使入中國不得私攜兵器鬻民宜敕所司覈其舶諸犯禁者悉籍送京師帝曰外夷修貢履險來遠所費實多有所齎以助資斧亦人情豈可槩拘以禁令至其兵器亦準時直市之毋阻向化十月使者至上源道義表及貢物帝厚禮之遣官偕其使還賚道義冠服龜鈕金章及錦綺紗羅○詔載善鄰國寶記二年十一日本使來賀立皇太子勅捕島賊明史十一月來賀冊立皇太子時對馬壹岐諸島賊掠濱海居民因諭其王捕之王發兵盡殲其衆縶其魁二十八人以三年十一月獻於朝且修貢帝益嘉之遣鴻臚寺少卿潘賜偕中官王進賜其王九章冕服及錢鈔錦綺加等而還其所獻之人令其國自治之使者至〔寍〕波盡置其人於甑烝殺之○記載善鄰國寶記三年十二獻日本俘詳上使日本詔見善鄰國寶記四年十三璽書褒賜封其山日本使來謝冕服明史正月遣侍郎俞士吉齎璽書褒嘉賜賚優渥封其國之山爲壽安鎮國之山御製碑文詳金石其上六月使來謝賜冕服五年十四日本入貢明史日本入貢○詔載善鄰國寶記六年十五日本入貢獻俘十一月貢十二月賜源道義謚明史六年入貢獻所護海寇使還請賜仁孝皇后所製勸善內訓二書即命各給百本十一月再貢十二月其國世子源義持遣使告父喪命中官周全往祭賜謚恭獻且致賻又遣官齎勑封義持爲日本國王時海上復以倭警告再遣官諭義持勦捕○賜源道義謚曰恭遣內官致祭並慰其子義持見善鄰國寶記八年十七獻海寇明史四月義持遣使謝恩幷獻所護海寇帝嘉之九年

十八使敕褒賚明史二月遣王進齎勅褒賚收市物貨其君臣謀阻進不使歸進進潛登舶從他道還十五年廿四勅責海寇明史十五年倭寇松門金鄉平陽有捕倭寇數

十人至京者廷臣請正法帝曰威之以刑不若懷之以德宜還之乃命刑部員外郎呂淵等齎勅責讓命悔罪自新中華人被掠者亦令送還十六年廿五日本使隨使來貢明史四月

其王十七年廿六攻海賊勝明史十七年倭船入王家山島都督刑榮率精兵疾馳入望海堝賊數千人分乘廿舟直抵馬雄島進圍望海堝榮發伏出戰奇兵斷其歸路賊奔櫻桃園榮合兵攻之斬首七百

四十二生擒八百五十七召榮至京封廣寧伯自是倭不敢窺遼東二十年廿九寇象山見明史宣德七年永享四日本貢方物明史七年

正月帝念四方蕃國皆來朝獨日本久不貢命中官柴山往琉球令其王轉諭日本賜之敕○表載善隣國寶記八年五再貢明史王源義教遣使來帝報之賚白金綵幣秋復至○按明宣宗諭日本使載善隣國寶記勅諭日

本國使道淵爾究通佛氏之旨曉達君臣之義九年六入貢表見善隣國寶記十年七日本使來正統元年八日本使

還又見明史四年十一來寇明史四年五月七年七月嘉吉二擊倭寇皇明實紀七月倭寇大嵩跳渚千戶所浙江僉事陶成討誅之八年三

寇海甯明史五月寇海甯景泰二年寶德三日本使來朝按善隣國寶記載表後書景泰二年辛未奉正朔也然署日本國王臣源義成則其將軍也四

年享祿二日本入貢明史四年入貢至五年三勅賜銀幣見善鄰國寶記天順初長祿初日本移書朝

鮮請許貢使見明史成化元年寬正六獻方物其表未達表載善鄰國寶記四年夏應仁二貢

馬又貢明史四年夏遣使貢馬謝恩禮之如制○入貢亦見明史十年文明六日本致書朝鮮望其使歸自中國

書見善隣國寶記十一年七貢方物表見善隣國寶記十三年九九月來貢求佛祖通紀諸書

詔以法苑珠林賜之（見明史又云使者述其王意請常例外增賜命賜錢五萬貫）二十年十一月（十六）貢（見明史）弘治九年三月（明應五）日本使來（王源義使見明史）十八年（永正二）來貢時武宗即位命如故事鑄金牌勘合給之（見明史）正德四年（六）冬來貢（見明史）五年（七）春來貢（明史其王源義澄遣使臣宋素卿來貢時劉瑾納其黃金千兩賜飛魚服前未有也）七年（九）來貢（見明史）嘉靖二年（大永三）日本使互爭眞僞（明史其貢使宗設抵寧波未幾素卿偕瑞佐復至互爭眞僞素卿賄市舶太監賴恩宴時坐素卿於宗設上船後至又先爲驗發宗設怒與之鬬殺瑞佐焚其舟追素卿至紹興城下素卿竄匿他所免凶黨還寧波所過焚掠執指揮袁奪船出海都指揮劉錦追至海上戰沒巡按御史歐珠以聞且言據素卿狀西海路多羅氏義興者向屬日本統轄無入貢例因貢道必經西海正德朝勘合爲所奪不得已以弘治朝勘合由南海路起程比至寧波因詰其僞致啓釁章下禮部部議素卿言未可信不宜聽入朝但釁起宗設素卿之黨被殺者多宜諭素卿還國移咨其王令察勘合究治帝已報可御史熊蘭給事張翀交章言素卿罪重不可貸請并治賴恩及海道副使張芹分守參政朱鳴陽分巡副使許完都指揮張浩閉關絕貢振中國之威寢狡寇之計事方議行會宗設黨中亦望古多羅逸出之舟爲暴風飄至朝鮮朝鮮人擊斬三十級生禽二賊以獻給事中夏言因請逮赴浙江會所司與淅卿雜治因遣給事中劉穆御史王道往至四年獄成素卿及中林望古多羅並論死繫獄久之皆瘦死時有琉球使臣鄭繩歸國命傳諭日本以禽獻宗設還袁璡及海濱掠被之人否則閉關絕貢徐議征討）九年（亨祿三）日本請賜勘合（明史九年琉球使臣蔡瀚者道經日本其王源義晴附表言向因本國干戈梗道正德勘合不達東都故素卿捧弘治勘合行乞貸遣還望幷賜新勘合金印修貢如常禮官驗其文無印言難信宜敕琉球傳諭仍遵前命）十八年（八）日本貢使來明年至京（明史十八年七月義晴貢使至寧波守臣以聞時不通貢者已十七年敕巡按御史督同三司官覈果誠心效順如制遣送否則却回且嚴居民交通之禁明年二月貢使碩鼎等至京申前請乞賜嘉靖新勘合還素卿及原留貢物部議勘合不可遽給務繳舊易新貢期限十年人不過百舟不過三餘不可許詔如議）廿三年（十三）七月來貢却之（明史二十三年七月復來貢未及期且無表文却之其人利互市留海濱巡按御史高節請制治沿海文武將吏罪嚴禁奸豪

交通得旨允行而內地諸奸利其交易二十六年十六日本使來待期入貢却之明史其王義晴遣使周良等先期來貢用舟四人六百泊於海外以待明年貢期守臣沮之則以風爲解十一月事聞帝以先期非制且人船越額敕守臣勒回十二月倭賊犯甯台二郡大肆殺掠二郡將吏獲罪二十七年十七納日本貢明史嘉靖二十六年命副都御史朱紈巡撫浙江兼制福興漳泉建寧五府軍事明年六月周良復求貢紈以聞禮部言日本貢期及舟與人數雖違制第表辭恭順去貢期亦不遠若槩加拒絕則航海之勞可憫若稍務含容則宗設素卿之事可鑑宜敕紈循十八年例起送五十人餘留嘉賓館量加犒賞諭令歸國若互市防守事宜在紈善處之報可紈力言五十人過少乃令百人赴都部議但賞百人餘罷勿賞良訴貢舟高大勢須五百人中國商舶入海往往藏匿島中爲寇故增一舟防寇非敢違制部議量增其賞且謂百人之制彼國勢難遵行宜相其貢舟大小以施禁令從之日本故有孝武兩朝勘合幾二百道使臣前此入貢請易新者而令繳其舊至是良持弘治勘合十五道言其餘爲素卿子所竊捕之不護正德勘合留十五道爲信而以四十道來還部議令異時悉繳舊乃許易新亦報可當是時日本王雖入貢其各島諸倭歲常侵掠濱海奸民又往往勾之紈乃嚴爲申禁獲交通者不俟命輒以便宜斬之由是浙閩大姓素爲倭內主者失利而怨紈三十二年廿二汪直勾倭寇見明史三十四年九月弘治元擊倭寇於楊林橋十月復擊之嵊縣兩殲之見明史三十六年三表請勘合修貢明史宗憲請遣使諭日本國王禁戢海寇招還奸商許立功免罪得旨遂遣甯波諸生蔣洲陳可願往言遇汪直毛海峯謂日本內亂諸島不相統攝留洲傳諭而送可願還蔣洲宣諭諸島宣諭諸島至豐後被留令僧人往山口等島傳諭禁戢於是山口都督源義長具咨送還掠人口而咨乃用國王印豐後太守源義鎮遣僧德陽等具方物奉表謝罪請頒勘合修貢送洲還前楊宜所遣鄭舜功出海哨探者行至豐後島島主亦遣僧清授附舟來謝罪言前後侵犯皆中國奸商潛引諸島夷衆義鎮等實不知於是宗憲疏陳其事言洲奉使二年止歷豐後山口二島或有貢物而無印信勘合或有印信無國王名稱皆違朝典然既以貢來又送還被掠人口實有畏罪乞恩意宜禮遣其使令傳諭義鎮義長轉諭日本王禽献倡亂諸渠及中國奸究方許通貢詔可四十二年夏四月永祿六副總兵戚繼光大破倭寇于平海衛見明政統宗四十三年七春二月戚繼光擊仙游縣

殘倭大破之見明政統宗萬曆二年天正二擊倭勝之明史倭犯浙東寧紹台溫四郡又陷廣東銅鼓衛雙魚所三年犯電白四年犯定海八年犯浙江韭山及福建澎湖東湧十年犯溫州又犯廣東十六年犯浙江然時疆吏懲嘉靖之禍海防頗飭賊來輒失利其犯廣東者爲蜑賊梁本豪勾引勢尤猖獗總督陳瑞集衆軍擊之斬首千六百餘級沉其船百餘艘本豪亦授首帝爲告謝郊廟

往籍交際條目

中國文獻足爲日本徵者錄不勝錄藉非提其條目奚以究其綱領耶行篋書尠挂漏之譏非所敢避然亦得十之七八矣因目稽文不無小補拾遺訂墜請俟暇日若夫酬答之篇什感物造端可觀薄厚亦未始非交際一端也況墨蹟時出彼籍亦散見耶拊箸于篇非區區爲補逸計也述往籍交際條目

漢前

〔山海經〕南倭北倭屬燕卷十二海內北經○倭俗見郭璞注

漢

〔史記〕徐市求神藥卷六秦始皇紀徐福求神異物卷百十八淮南王傳〔漢書〕樂浪海中有

饗喜廬所箸書

倭人分爲百餘國（卷廿八地理志八下趙地〔注如淳說師古說）〔後漢書〕倭（卷百十五傳七十五）中元二年倭奴國王使獻（卷一光武紀）倭善綱捕（卷九十鮮卑傳）〔論衡〕（漢王充）貢鬯艸（卷八儒增）貢暢（卷十九恢國）暢艸貢於倭（卷十三超奇）

三國

〔魏志〕倭（卷三十〇按日本史籍神功皇后無女嗣位者其子應神也壹與殆譌傳與）〔吳志〕夷洲亶州（卷二〇按日本書記載應神三十七年）〔魏畧〕倭依山島復有國皆倭種（漢書卷廿八地理志八下注）

晉

〔晉書〕倭人（卷九十七傳六十七）〔續博物志〕（晉李石）倭書（卷五）

宋

〔宋書〕倭國（卷九十七傳五十七）

齊

〔南齊書〕倭（卷五十八傳三十九）〔南史〕倭（卷七十九傳六十九）〔北史〕倭（卷九十四傳八十二）

梁

〔梁書〕倭卷五十四傳四十八〔玉篇〕梁顧野王倭烏禾切國名卷三

隋

〔隋書〕倭卷八十一傳四十六

唐

〔唐書〕日本卷二百二十傳百四十五倭國遣使入朝自陳願得蕭夫子爲師者中書舍人張漸等諫止卷二百二文藝傳一百廿七蕭穎十一〇按倭舊唐書云新羅〔舊唐書〕倭國日本國卷百四十九〔曲江集〕張九齡勅日本國王書卷七〇又見文苑英華〔通典〕杜佑倭卷百八十五邊防蝦夷同上〔周禮註疏〕漢鄭康成註唐陸德明釋文倭人拜以兩手相擊如鄭大夫說春官宗伯大祝辨九捧注釋文〔法苑珠林〕僧道世倭國人學內外傳卷五〔臨海水土志〕沈瑩夷州見後漢書夷傳倭注〔述異記〕梁任昉扶桑桃日本金桃卷上〇按通典一百八十五卷載日本一百八十六卷載扶桑扶桑之初殆非即日本歟〔酉陽雜俎〕唐段成式倭僧金剛三昧卷三

五代

宋

〔宋史〕日本（卷四百九十一傳二百五十）〔文獻通考〕（馬端臨）倭國樂日本國樂（卷百四十八樂考）倭（卷三百廿四裔考）

〔雲笈七籤〕（宋張君房）騰黃獸龍翼出日本國（卷百）〔太平御覽〕（宋李昉等）引後漢書

倭（卷七百八十二）引魏志倭（同○按與魏志異）三引唐書（同）引外國記綜顛（同）引唐書蝦夷

國（同）〔太平廣記〕韓志和倭人（卷七十五）又（卷二百廿七）日本王子（卷二百廿八）新羅與日本

鄰（卷四百八十一）使新羅（同）〔文苑英華〕（宋李昉等）張九齡勑日本國王書（卷四百七十一○按此與集字有異同）

旄人奏散判（卷五百八）張秀明對（同）常無欲對（同）旄人奏散判（卷五百五十一）率木脩

防判（同）對（同）〔皇朝類苑〕（宋江少虞）日本僧（卷四十三）僧贊〔寍〕（卷五十九）日本扇（卷六十）談諧戲

詭（卷六十三）日本僧（卷七十八）〔歐陽全集〕（修）日本刀歌（卷十五○按司馬溫公集誤入此歌）〔玉海〕（宋王應麟）唐日本

獻樂（卷百八音樂）日本貢方物（卷百五十四朝貢）〔書言故事〕（宋胡繼宗）冷暖碁（卷四）〔書史〕（宋米元章）日本

書有唐氏雜迹字日本書及日本告吳融〔中華古今注〕（宋馬縞）倭墮

髻（卷中）〔鼠璞〕（戴埴）倭自謂日出處天子〔鶴林玉露〕（宋羅大經）日本國僧（卷十六）〔僧

史畧〔宋僧贊寧一〕日本僧圓載○倭賜僧傳燈法師號〔歷朝釋氏資鑑〕
大業一年倭國書曰日出處天子云云帝覽之甚悅卷五○按甚悅與隋書不悅異〔教行
錄〕僧宗曉答日本國師廿問卷四再答十問同遣僧日本求仁王經疏同〔釋
門正統〕僧宗鑑晁序卷一義寂傳卷二弟子志卷三宗印卷七〔宋高僧傳〕僧贊寧日本沙
門卷十四鑑眞傳最澄卷廿九道邃使圓載卷三十廣脩傳〔景德傳燈錄〕宋僧道原思大和尙卷十七〔嘉泰傳
燈錄〕宋僧正受日本覺阿卷廿〔佛祖統紀〕宋僧志磐最澄卷八吳越王使日本取教典
同至道六年日本遣寂照持源法師問目廿七同吳越忠懿王求遺
書日本卷十日本國師遣紹良等學卷十二源信同後仍卷十七子麟往日本卷廿三
空海從慧果學卷卅道昭卷四十智通同開元四年日本沙門元昉入中國
卷四十一十四年榮睿普照同大中四年常曉入中國卷四十三十二年慧鍔禮
五臺山同殘經卷四十四奝然同嘉因祈乾同寂照卷四十五使貢同尋成卷四十六乾道
三年使卷四十八譯大般若經同知禮卷五十茲雲卷五十一〔菊譜〕宋劉蒙新羅一名倭菊

元

〔元史〕至元二年至五年四條卷六　七年八年三條卷七　十年至十二年四條卷八　十五年十六年五條卷十　十七年十八年廿五條卷十一　十九年二十年廿三條卷十二　二十一年二十二年十四條卷十三　二十三年二十六年四條卷十四　二十九年二條卷十七　大德三年二條卷廿　七年至十年三條卷廿一　泰定三年卷三十　至元二年卷三十九　至正十二年卷四十二　二十三年卷四十六　以征日本命高麗置省卷九十二百官志　鎭戍二條卷九十九兵志　征日本卷百廿二傳九　月里麻思卷百廿三傳十　艾貌同　阿剌罕卷百廿九傳十六　阿塔海同　囊加歹卷百三十一傳十八　昂吉兒卷百三十二傳十九　叉同　哈剌䚟同　也速䚟兒卷一百三十三傳二十　鐵木兒塔識卷百四十傳廿七　月魯不花卷百四十五傳三十二　俊奇卷百五十一傳四十　趙良弼卷百五十九傳四十六　王磐卷百六十傳四十七　李庭卷百六十二傳四十九　張禧卷百五十五傳五十二　管如德同　綦公直同　王綧卷百五十六傳五十三　楚鼎同　王國昌卷百六十七傳五十四　劉宣卷百六十八傳五十五　申屠致遠卷百六十傳五十七　王克敬卷百八十四傳七十一　張唐卷二百三傳九十　高麗導使卷二百八倭九十五　日本同　〔居家必用事類〕水晶卷十

饗喜廬所箸書

〔書史會要〕元陶宗儀日本字母卷八釋永仁釋中巽同〔圖繪寶鑑〕元夏文彥〔韵府羣玉〕元陰時夫手譚池卷二引杜陽編〔事文類聚〕元祝穆冷暖玉碁卷四十二

明

〔明史〕洪武二年三年四年六年各一條七年二條八年九年十二年十三年各一條卷二太祖紀十七年二十年二十四年各一條二十七年二條三十一年一條卷三太祖記永樂元年二年三年四年五年各一條六年二條八年卷六成祖記二十四年十九年各一條卷七成祖記三正統四年七年十三年各一條卷十英宗前記景泰四年一條卷十一宣宗紀成化四年一條卷十三憲宗記十三年二十年各一條卷十四憲宗二弘治九年一條卷十五孝宗記正德五年七年各一條卷十六武宗記嘉靖十八年二條卷十七世宗記二十三年一條卷十八世宗記廿七年一條廿八年一條三十一年三條三十二年二條三十三年六條三十四年十一條三十五年五條三十六年三條三十七年三十八年七

條三十九年一條四十一年二年三條四十三年三條卷十八世宗記隆慶四年一條六年二條卷十九穆宗記萬厤十年一條二十年二條卷二十神宗一之十二二十一年四條二十三年二條二十四年二條卷二十神宗記二十五年五條二十六年五條二十七年二條三十七年二條四十一年一條卷二十神宗記二

職官志卷七十三官二官四市舶官五總兵官總督備倭都司備倭守備選舉志卷六十九食貨志卷八十一河渠志卷八十六四運河下○河六直省水利○蘇州

兵志卷九十一兵二一條兵三第十頁至二十頁兵四三條藝文志卷九十七藝文二李言恭日本考五卷侯繼高日本風土記四卷卜大同備倭圖記四卷倭寇上海卷一百廿六傳十四

湯和捕倭卷一百四十六傳卅四王友備倭卷一百六十六傳五十四李震備倭船卷一百七十二傳六十馬謹備倭卷一百七十五傳六十三衛青洪武時

倭寇卷百九十九傳八十七鄭曉却倭卷二百二傳九十潘恩坿周廷傳李楷禦倭卷二百三傳九十一李中倭寇卷二百五傳九十三朱紈討倭卷二白九傳九十三張經與倭戰卷二百五傳九十三胡宗憲禦倭同○曹邦輔平倭同○李遂禦倭同○唐順之倭患起卷二百八傳九十六錢薇破

倭賊卷二百十二傳一百俞大猷擊倭同○戚繼光擊倭同○劉顯擊倭同○李錫擊倭同○張元勳倭卷二百十六傳一百四翁正春戮奸

商通倭者改日本封貢議卷二百二十一傳一百九趙參魯擊倭卷二百二十二傳一百十譚綸擊倭卷二百二十三傳百十一吳桂芳倭

躙朝鮮卷二百廿七傳一百十五萬象春倭客卷二百二十九傳一百十七王用級倭願封卷二百三十八傳一百二十八李如松坿李成梁與倭鄰卷二百三十七傳一

百廿五傳好禮倭卷二百三十八傳一百廿六麻貴倭卷二百四十七傳一百三十五劉綎禦倭同陳璘○敗倭卷二百七十七傳百五十八張可大儒林傳一條卷二百八十三傳二許孚遠文苑一條卷二百八十七傳三文徵明文苑傳一條卷二百八十七傳三茅坤忠義傳七條卷二百九十傳二王鐵錢錢錞米裒孫鏜杜槐黃釧王德孝女傳被害八人卷二百九十七傳二倭亂東南孝子以衛父母見殺者王在復王鍇向敘蔡元銳殷士望陳經孚龔可正伍氏憲方伎傳一條卷二百九十九周述學列女傳四條卷三百二宦官傳一條卷三百五傳二陳矩奸臣傳四條卷三百八胡惟庸嚴嵩趙文華土司傳三條卷三百十琉球傳五條卷三百二十三外國呂宋傳一條同雞籠山同〔皇明資治通鑑〕明陳建洪武元年二年一條卷二四年十八年二條卷三永樂元年一條四年二條十八年一條卷五成化五年十三年二條卷八嘉靖二年四年廿六年廿八年各一條三十年三條三十四年六條三十五年六條三十七年一條三十八年二條三十九年一條四十二年一條四十四年二條隆慶六年一條卷十〔明政統宗〕明涂山洪武二年二條卷二六年七年九年各一條卷三十四年二條卷四三十四年一條永樂元年二年三年各一條卷七十六年十七年卷八正統七年八

年成化五年各一條卷十一嘉靖廿五年一條卷廿五廿九年三十一年各一條三十三年二條三十四年六條三十五年九條卷廿六三十六年三條三十七年四條三十八年五條三十九年二條卷廿七四十一年三條四十二年一條四十三年一條卷廿八〔皇明實紀〕明陳建陳龍可洪武七年一條卷三正統七年一條卷九嘉靖廿五年一條廿八年一條三十三年四條三十四年九條三十七年二條三十八年一條卷十七萬厤廿年四條廿一年四條廿二年二條廿三年二條廿四年一條卷二十廿五年七條廿六年六條廿七年三條廿八年一條卷廿一三十七年一條四十年一條四十四年一條卷廿二天啓四年一條卷廿五〔兩朝平壤錄〕明諸葛元聲日本上卷四日本下同〔明太祖御製文集〕諭日本國王詔卷上設禮部問日本國王卷十二設禮部問日本國王將軍同〔明一統志〕日本國卷八十九〔明會典〕驛傳卷百廿一兵部十六船卷百六十工部十四備倭官卷百七十二鴻臚寺賜衣服卷百七十

三國子監〔紀效新書〕倭戰卷八戰勝追賊防伏之法敗倭軍令卷十八臨敵號令軍法〔月令廣譯〕明馮應桃李春卷六日本數譯卷一冷暖綦卷二如意珠卷廿三〔劉氏鴻書〕明劉仲達引滴露漫錄卷六地理三引原始秘書引思域志引立覽引夷事畧卷八地理五引翦勝野聞卷六十九文史四〔萬姓統譜〕明凌迪知日本使朝臣眞人朝臣大父卷百四十複姓朝臣卷七氏族博攷明潘賜卷廿五〔瑯琊代醉編〕明張鼎思外國書卷九〔三才圖會〕補陀落迦山地理九日本國地理十三日本人人物十三錢珍寶二〔五燈會元續略〕明淨柱道成卷三上法嗣卷三下〔釋鑑稽古略續集〕明幻輪印原卷二日本國同啓原卷三〔適情錄〕明林應就自序云日本僧虛中善奕〔玉堂煙〕唐法書載日本人書三〔醫學綱目〕明樓英疔方卷十九〔文房器具箋〕明屠隆潘鐵浙人〔本草綱目集解〕水精卷八琉黄卷十琥珀卷三十七〔五雜俎〕明謝肇淛地部一有六條卷四人部一有一條卷五人部三有一條卷七物部二有一條卷十物部四有一條卷十二事部三有一條卷十五〔潛確類書〕明陳仁錫日本卷十三屋宇明霞錦麒麟錦

（卷九十三服御）〔閩書〕崇禎四年熊文燦序（卷一）福州府侯官縣臥龍山（卷三）長樂縣利充山（卷四十）福清縣福盧山龍江（卷六）晉江縣彭湖嶼屯兵防倭（卷七）同安縣嘉禾嶼又名廈門海險也（卷十二）福甯州羅浮山（卷三十方域志）○以上福州城社稷壇防倭門羅源縣栅凡四條（卷三十二建置志）東洋行縣（卷三十七建置志）洪武廿年嘉靖萬曆年嘉靖季三條（卷四十扞圉志）倭商舶（卷四十四文莅志以下十二卷皆文莅）阮鶚劉燾游震得譚綸殷從儉商爲正（卷四十五）汪宗元（卷四十六）卜大同陶大年邵梗（卷四十八）舒春芳梁士楚（卷四十九）向辰（卷五十二）盧仲田林咸葉春（卷五十四）徐栻（卷五十六）陳瑞龍盧堯佐（卷六十一）陳大有（卷六十二）彭應麟吳國倫（卷六十三）龔有成（卷六十六）鍾一元柴應賓夏汝礪章文粹章弘信陸鵬程箕李堯卿林時芳（卷六十六）閔賢徐棠趙[illegible]盧鼎臣王澎夏啓賢載棟楊桂劉仲恩張灼朱忠胡福戴尚忠劉師琦（卷六十八武軍志下三卷皆武軍）王鎧章乾露唐海歐陽深俞大猷鄧起張養正張榮（卷六十九）賴榮廖安（卷七十）王源顧達黎春吳眞（卷七十一）蔡海（七十六英舊志下六卷皆英舊）項志德（卷八十）王用

汲卷八十七黃葉蒙歐陽模卷八十八魏良臣卷九十四謝應元林騰蛟卷百三林富卷百九龔騰霄卷百廿四弁輪志下同鄭靜夫鄭天挺卷百廿六陳繼思謝介夫陳言伍民憲黃元謙邵棟張德卷百三十一閩巷志下同戴僥陳廷聲常白吳汝韜程伯簡卷百卅三趙天麟妻方陳九敍妻吳許鐸妻吳林侹妻何卷百四十閨閣志下同王式妻吳蔡士訓妻洪林鳳翔妻葉郭民守妻楊歐陽寀妻與姑等朱冕妻陳卷百四十一江華妻葉葉憲勝妻陣林壽妻花卷百四十二嘉靖壬戌與倭難四十三八卷百四十四莆田左承芳妻陳龔佐妻左林文班繼室謝嘉靖中與倭難十七人卷百四十五日本國卷百四十六呂宋一條之南倭有文字同

〔圖書編〕明章潢古倭考畧日本國序圖日本考海寇圖說海中泊舟海中畧港海戰用舟邊海守備海中風帆海寇淸獘禦倭問答日本國考計處倭酋制倭八策卷五十雜見八條日本入寇圖沿海界倭要害之地禦寇要地禦倭總論卷五十七

〔武備志〕劍刀卷八十六鎧鈀引紀效諸書卷八十七日本患

于今志在通市祖訓四夸條卷二百廿三日本考卷二百三十日本考二卷二百卅一海外
諸國考洪武二年使日本卷二百卅六朝鮮考有日本事〇卷二百三十九〔續文章正宗〕明鄭相
吳萊論倭卷五〔續資治通鑑綱目〕明商輅等元至元十七年十八年二十
年二十一年二十三年卷廿三大德三年卷廿四〔大學衍義補〕明仁濬日本卷百
五十五四方夸落之情元至元十八年擊日本卷百五十六刼誇窮黷之失〔聽雨紀談〕明都穆日本眞本
尚書〔五倫書〕明宣宗元至元八年卷廿一君道命將元王磐欲伐日本卷廿三臣道諫諍趙
秩使日本卷四十二臣道奉使〔不求人全編〕明龍陽子日本國卷十三〔皇明世法錄〕明陳
仁錫江南倭防海防江防嘉定縣總論卷七十六日本志日本攷卷七十九〔普陀
山志〕明周應賓蓮花洋日本僧慧諤嘉靖三十六年倭犯慧諤從五臺
山還梁惠鍔花腦浪岡之捷卷二元美萊甫東山水古蹟記卷四〔遵生
八箋〕倭爐卷八文具匣倭用鉛銲口卷十六〔事林廣記續〕明元靚倭韓栗
大如雞子〔唐類函〕明俞安期倭卷百十六〔博物典彙〕明黃道周日本卷廿〔晉

韻字海〕明陳明廷等 今語音釋卷首〔弇州稿選明王世貞 日本松皮紙卷五〔蒼霞艸〕
明葉向高 日本考卷十九〔國朝獻徵錄〕明焦竑 仇鉞墓志卷十 胡惟卷十 秦鳴夏墓志銘
卷十九 宋濂行狀卷廿 張洪傳卷廿 盛訥神道碑卷廿六 王本固傳卷廿 程嗣巧行狀
卷三十二 忠肅傳卷三十八 許論墓志銘卷三十九 王崇古墓志銘同 譚綸傳同 趙孔昭傳
卷四十一 蕭廩墓志銘同 許孚神道碑同 郭宋日本卷二十四 郝杰神道碑同 王積
行狀同 陸穩墓志銘同 朱鴻謨傳同 沈應龍傳卷四十九 王鈁傳卷五十二 唐大和
墓志銘同 張鉞行狀卷五十 劉慤傳同 韓宜可傳卷五十五 黨以平行狀同 許論
傳卷五十七 朝宗竄劉徐海本末同 宋應昌神道碑銘同 李頤行狀同 王
忬墓志銘卷五十八 又同 王詰墓表卷五十九 吳桂芳行狀同 朱紈自撰壙志卷六十二 司
汝濟墓志銘卷六十二 阮鶚墓志銘卷六十三 唐順之言行錄同 唐都御史傳同 王
鎬傳同 李際春傳卷六十七 趙居任傳同 宋儀望傳卷六十八 張朝瑞墓表卷七十六 陳實
墓志銘卷八十三 范檟墓志銘同 錢錞傳同 又卷八十四 張文墓志銘同 唐錦行狀

養喜廬所箸書

卷八十六錢佇墓志銘同林萬朝墓志銘卷八十七朱訥墓志銘卷八十九卜大同墓志銘卷九十沈啓原行狀卷九十四梁策傳同任環墓志銘同顧翀墓志銘卷九十八王允武墓志銘卷百五戚繼光墓志銘卷百六叙劉顯准上戰功同俞大猷行狀卷百八尹鳳墓志銘同宗禮傳卷百十麴祥傳卷百十二舉三孝子疏同徐霖墓志銘卷一百十五梵綺塔銘卷百十八日本志卷百廿〔登壇必究〕明王鳴鶴浙江圖敘第六又第十賞罰一卷十二總圖敘第廿一江防一卷廿五輯水戰說卷廿五備倭船同報書卷三十九〔宋文憲護法錄〕明宋濂日本瑞龍山重建轉法輪藏禪寺記〔志齋集〕明方孝儒倭硯銘〔九靈山房集〕清瀧硯銘並序

坿交際詩目

唐

玄宗送日本使大日本史○按其使藤原清河也日本史云清河勝寶中使于唐玄宗見異之及歸贈詩日下非殊俗天中嘉會朝念余懷義遠矜爾畏途遙漲海寬秋月歸帆駛夕颸因驚彼君子王化遠昭昭海上遭暴風復入唐改名河清會安祿山兵起路梗不得歸

李白哭晁卿衡集○按日本書籍載阿部仲麿靈龜中爲遣唐留學生玄宗擢用　又送王屋山

人魏萬還王屋詩有身著日本裘句（楊齊賢注裘朝卿所贈日本布爲之）　王維送秘書晁監還日本國并序（集○按監即卿衡也）　劉禹錫贈日本僧智藏（唐詩鼓吹○文苑英華）　皮日休送圓載上人歸日本國（唐詩鼓吹）　重送圓載上人歸日本國（唐詩類苑）　儲光義洛中貽朝校書衡（全唐詩○按朝衡亦晁卿衡）　趙驊送晁補闕歸日本國（唐詩類苑）　高鶴林因使日本願謁鑒眞和尚既滅度不覲嗟而述懷（鑒眞傳）　貫休送僧歸日本（禪月集）　錢起送僧歸日本（文苑英華二百十九）　重送陸侍御使日本（二百九十七）　方干送僧歸日本（二百廿三）　送人之日本（二百八十）　項斯日東僧（二百廿三○按三體詩題日本病僧詩詞頗有異同）　司空圖贈日東鑒禪師（二百廿四）　楊夔送日東僧游天台（同）　賈島送褚山人歸日本（二百三十二）　釋無可送朴山人歸日本（同）　沈頌送金文學還日東（二百七十一）　胡衡衡命使日本（二百九十六）　包佶送日本國聘賀使晁臣卿東歸（同）　徐凝送日本使還（二百九十七）　曹松送王中丞使日本（同）　吳融送僧歸日本國（瀛奎律髓）　吳顗送最澄上人還日本國并

序 顯戒緣起○按序署貞元二十一年巳日台州司馬吳顗　孟孔 同○台州錄事參軍　毛渙 同○台州臨縣令　崔謩 同○鄉貢進士　全濟時
同○廣文館進士　行滿 同○天台沙門　許蘭 同○天台歸眞弟子　幻夢 同○天台僧　林暈 同○前國子監明經　馬總贈
空海 鄰交徵書○注云空海在日作離合詩與僧惟上總見歎賞贈詩云　胡伯崇贈空海 性靈集　朱千乘送日本三
藏空海上人朝宗我唐兼貢方物而歸海東詩并序 弘法大師正傳　朱少
端送空海上人朝謁後歸日本 同　曇靖奉送日本國使空海上
人橘秀才朝獻後却還 同　鴻漸 同　鄭壬 同　悽白送國仁三藏
歸日本國 唐詩品彙　許棠送金吾侍御奉使日東 同　無可送朴山人
歸日本 白蓮集　韋莊送日本僧敬龍歸 晚唐詩選　劉長卿同崔載華贈日
本聘使 萬首唐詩絕句　林寬送人歸日東 百家唐詩　李達奉和大德思天台次
韵 眞蹟本三井唐院藏本詩云金地爐峯秀氣濃近離雙澗憶青松劇泉控錫淨心相遠傳法敎現眞容按大德名圓珍　詹景全次韵 二首眞蹟本唐院藏○詩云大理車廻敎正濃乍離金地意思松滄溟要過流
杯送禪坐依然政法容一乘元議道無蹤居憩觀心靜倚松三界永除幾外想一誠歸禮釋迦容　顏萱送圓載上人 全唐詩　陸龜蒙奉送
圓載上人歸日本國 唐詩類苑　聞圓載上人挾儒家書洎釋典歸日本國

更作一絕以送全唐詩　清觀詩二句按智證大師傳圓珍寓國清寺日與清觀元璋友善歸後觀寄詩云叡峯新月冷台嶠古風清

宋

歐陽脩日本刀歌全集　王淶贈日本國僧天台霞標　鐘唐傑送僧還日本眞蹟本浪華篠崎氏藏○鄰交徵書小竹云二詩家藏其眞蹟鐘袁州淶鄉人竇丹陽皆朱子弟子云　竇從周送僧歸日本眞蹟本浪華篠崎氏藏　勾令〔玄〕居士拜瓦屋塔本朝高僧傳　師範天神二首天授院古寫本　懷敞與榮西靈洞院古寫本　道璞送圓爾上人歸日本聖一年譜　紹曇送日本爾侍者貞和集　大觀和靜照詩韻二絕臨本　普度同上同　普濟同上同　妙弘同上同　智愚日本照禪者欲得數字徑以述懷贈之眞蹟本雲濤藏○按國人相傳曾有二人爭售此書竟破之俗曰破虛堂書

又送日本南浦知客虛堂錄　惟俊送南浦公歸日本一帆風　道東同上同　慧開日本覺心禪人遠來炷香請益求語迅筆贈之法燈年譜

又人至收書知得心座元安樂蒙惠數珠水晶者金重十二錢一收訖山偈奉贈同　了惠送日本俊上人西巖錄○按貞和集錄此詩爲竺元作　行輩送空

維那石林錄○按隣交徵書順空字藏山論圖鑑聖一法嗣東福寺僧嘗游宋　心月寄日本相模平將軍貞和集　蘇轍句活所備忘錄○詩二句曰扇是日本扇風非日本風　姜世昌句同○按詩二句云畫鼓雷鳴天不雨綵旗雲聳地生風宋史日本傳咸平五年建州海賈周世昌遭風飄至日本七年得還與其國人滕木吉至上皆召見世昌以其國人唱和詩上隣交徵書姜世昌周世昌蓋同人和藤原爲時詠當時爲時爲越前守詩曰去國三年孤館月歸程萬里片帆風　楊億贈寂照句楊文公談苑　如日

謹成詩一章贈送日本國師參天台五臺山記○按國師成尋也　朱定日本國師隨詔都下拙什拜餞同○按詩成題熙寧五禩仲　善湊呈成尋闍梨同○按隣交徵書宋熙寧六年神宗令成尋及文鑑善湊等祈雨於瑤津寺至三日雨

省感偶成一頌呈上人同○按上人成尋也　又同　普濟送日本國僧大川錄　又同　□導送日本僧江湖風月集　法照送海法師還日本聯芳集抄○按詩後題淳祐四年九月望日書于南湖方丈後十二年當寶祐乙卯再來上天竺因見舊蹟相覩感歎余年七十一矣水面萬里宜爲敎門保重晦岩法照隣交徵書云湛海字聞陽泉涌寺僧嘗入宋日工詩載此詩爲唐陸淯所送傳敎之作　智愚送亢藏主

遊方虛堂錄　又日本智光禪人同　又送日本源侍者游台鴈同　心月送日本合上人貞和集　大觀贈惟僊高僧傳○按惟僊字樵谷信濃安樂寺僧建長中入宋　簡禪師贈思順同○按思順號天祐勝林寺僧游宋嗣法北磵　宗會寄歸海南侍者眞蹟本　□齊餞眞如無學膺日本福山之命貞和集　普度付法衣瓊林偈延寶傳統錄○按隣交徵書云瓊林勝林寺僧文永中入宋嗣法虛舟　廣

聞答日本國丞相令公假溪錄

元

丁復扶桑行檜亭稿○按詩送餂仲剛東歸　張伯湻送王耕存使日本養蒙先生集　揚維楨送僧歸日本鐵崖集　宋无贈日本僧翠寒集　善住贈日本僧谷響集　道惠送瓊鐵山禪師赴日本國廬山外集　子有元選侍者遠來山中孳孳學道命之侍香能處寮舍職滿求偈巡禮書以爲時中警策古寫本○按此子有贈元選詩元選字無文遠江方廣寺僧康永中入元　□覩示日本揀禪人無見錄　正印與周及卯餘集　又贈周及遊方同　契了愚中將歸本國偈以留之同　正印賀愚中充東藏職同　梵碕寄愚中同　曇噩謙侍者既見予於鄞而無所餘欠遂索餞行語以歸予不得止而書也眞蹟本崇蘭館藏　至仁送謙上人還日本幷簡天龍石室和尚澹居稿　□一贈日本謙藏主了堂錄○隣交徵書三謙侍者謙上人謙藏主皆謂妙謙　又次韻贈日本敬藏主同　清茂送景印高僧傳○按景印字鐵牛　師說扶桑友雲首座命居第

二位東歸偈以張志（同） 守常送日本均上人遊天台（天授院寫本○按慈均字平田） 梵琦次

正印送日本吾藏主禮虛堂師祖塔（石城遺寶） 清欲次韻（同）

韻（同） 清欲與海東震侍者（貞和集） □宣與祖能（高僧傳） 元長依無言韻

與祖能（同） 德輝和祖能韻（同○按祖能號大拙南禪僧康永中入元） 正印和士偲韻（高僧傳） 無

慍次南堂韻送壽首座歸扶桑（恕中錄） 克新送奫上人歸日東（雪廬稿）

送日東成上人（同） 正印悼明極俊禪師（貞和集○按楚俊字朝極） 可舉悼無學和

尚（幼居山人雜錄） 如芝悼無學和尚（同） 清茂悼日東智侍者（貞和集○按大智字祖縱） 貢

性之倭扇（隣交徵書） 吳萊倭人小摺疊畫扇子歌（淵潁集） 黃鎮成島夷行

（秋聲集） 王乙海寇（太平記） 鄭思省元賊謀取日本二絕（鐵函心史） 又元韃攻

日本敗北歌（同） 覺恩嘆大元伐樹木頌（貞和集） 陳深送畊存大參

使日本（元詩選） 成廷珪送秀巖山人歸日本（同） 虞集送日東祖上人

（隣交徵書） 道原岱宗歌爲日本僧齊嶽賦（碧山集） 梵琦大岳贈日本積首

座楚石錄○按鈔積字大岳圓覺寺僧入元依楚石　桂巖贈日本淨居月長老同　智及示日本春禪人三首愚庵錄　□古和明投韵延寶傳統錄　淸茂送友梅雪邨行道記○按友梅字雪邨　送珠藏主廻海東貞和集　元長贈日本義上人千巖錄　送日本透侍者同　德輝寄中巖東海一漚集　宗廓中巖書記自雄峯來訪余湫上出示行藁因得擊節盡讀茲其還千尺山中也輒奉和首篇以寫盛藏之意同

正印奇日本淸拙三首貞和集　德眞同　寄日本淸拙同　正印題禪居法語後大鑑錄　薩都剌天滿宮薩天錫雜詩

明

明太祖和宗泐送祖闡克勤使日本詩籌海圖編○按詩後有宋濂跋　又和絕海韵隣交徵書　倭扇行御製文集　宗泐送祖闡克勤二師使日本同　道彝鹿苑絕海和尚曩遊中華卓錫千龍河時當大明洪武九年春也太祖高皇帝召見英武樓顧問海邦遺跡熊野古祠勅令賦詩欣蒙賜和未幾

東還寶藏瑮護積有年矣□□壬午秋余使日本國一見萬年山中沐以舊游爲懷數相詢㖃一日捧示御製詩軸幸獲欽覽既而徵次嚴韵執筆未敢辭固弗容謹拜頓首書其末云（蕉堅稿）□如書太祖和絶韵後（同）　宋濂賦日東曲十首（羅山集）　張羽贈僧還日本（明詩別裁）

林鴻游樓雲湖禪室贈日東圭上人得必字（列朝詩集）　惠鑑爲絶海畫并賦（蕉堅稿）　張以寍題日本僧雲山千里圖（題畫詩類）　道彝與一慶（雲章行狀）

立理贈聞溪上人（東海一漚集）　宋泐空華室歌爲義堂禪師作（空華集）　來復白牛爲日本純上人（列朝詩集）　送日本希白上人禮祖塔之金華（同）

淸灇呑碧樓（同）　陸仁贈要關上人併簡義堂（日工集）　旭元明題瑞泉一覽亭（同）　智及建長明南浦四會錄（大應錄）　唯實策日本廬山天台講寺照瑮侍者（眞蹟本廬山寺藏）　盧希玉贈了庵歸國（眞蹟本崇蘭館藏）　揚端夫贈日本了庵禪師（眞蹟本平安浦井氏藏）　方梅厓送日域正使湖心尊宿歸國（三脚稿）

又賡次朝使謙齋公賞牡丹詩韻（眞蹟本鳴瀑妙光寺藏）　王恭送人奉使日本（隣交徵書）　祝允明答日本使（枝山集）　唐寅餞彥九郎還日本詩（眞蹟本姬藩河合氏藏）　金湜予答日本詩人金子亞（眞蹟本平安須靜堂藏）　徐璉送日東雲谷長老（眞蹟本尾張柘植氏藏）　詹僖題雪舟畫芙蓉峯圖（眞蹟本肥藩藏）　又贈日本山科實如老上人（眞蹟本本願寺藏）　張式之題竹居清事後（竹居清事）　洪恕天神（活所備忘錄）　唐順之日本刀歌（列朝詩集）　王穉登楊伯翼日本刀歌（同）　李攀龍東光（滄溟集）　皇甫汸海波平（列朝詩集）　王志堅觀馮生所藏倭王錦袍歌（同）　許儀□送朱均旺（全浙兵制）　守仁送勸無逸使日本（蓼觀集）　宋廉贈簡中要師游江西偈并序（宋文憲公護法錄）　與僧全俊（蘿山集）　懷渭畣絕海藏主（隣交徵書）　來復次絕海藏主韵（同）　夷簡兪絕海藏主（蕉堅稿）　如遊高雄山（日件錄）　祖闡寄題碧吞樓（石城遺寶）　克勤寄題碧吞樓（同）　王幼倩寄題碧吞樓（同）　朱本寄題碧吞樓（同）　詹鈺寄題碧吞樓（同）　□宗泐送吾長老歸日本（同）

王冕送頤上人歸日本列朝詩集　徐㬊送僧歸日本同　妙聲送僧歸日
本同　陳鳴鶴送僧歸日本續明詩選　朱夢炎送日本國僧活所備忘錄　陳贄
送僧歸日東同　曾烜贈日本僧演此宗同　□□贈雪舟鄰交徵書　思肖和
尊通大師韻眞蹟本唐院藏　世宗送日本使策彥策彥入明記　和周良韻同　朱祐
於上林苑寄策彥同　李恒又同　程詢又同　韓紀又同　揚鶱又同　世
宗和策彥韻同　趙月川贈送臨川策彥叟正使周老大人歸國詩
眞蹟本妙智院藏　葉寅齊贈專使謙齋老禪師歸日域圖序同　培竹翁送
副使芳光西堂東歸眞蹟本大津河邨氏藏　徐楓岡送即休師歸國序眞蹟本崇蘭館藏
李春亭送居士五郎太夫歸日本眞蹟本伊勢神宮藏　屠隆贈陳將軍使日本
由拳集　王問送路都司征倭明詩正聲　王穉登海夷八首列朝詩集　韓上桂東
征歌四首同　□□識詩一首兩朝平攘錄附　穆考巧寶刀行明詩正聲　陽顯祖
倭王刀子歌答丁右武活所備忘錄　謝矩詠本人歷代詩選　徐一貫仙巢記仙巢稿

徐□□一貫兄　懷鄉臥雲日件錄　徐□□一貫弟　懷鄉同

交際文

凡文見中國書與夫雜出之詩已具往籍交際條目矣隋前交際文鮮厥後或爲中國逸文或爲彼國筆札或中東載籍互有異同或未入成書墨蹟不絶如綫若此之類好古者片羽珍之識時者直龜鑑借之矣獵之萃之不其重歟僞爲者不錄已引者不複錄

述交際文

隋

煬帝國書

皇帝問倭皇使人長吏大禮蘇因高等至具懷朕欽承寶命臨御區宇思弘德化覃被含靈愛育之情無隔遐邇知皇介居海表撫寍民庶境內安樂風俗融和深氣至誠遠脩朝貢丹款之美朕有

嘉焉稍暄比如常也故遣鴻臚寺掌客裴世一本無世清等稱宣往意并送物如別日本書紀○按蘇因高妹子也日本書紀云推古天皇十五年小野臣妹子使于隋鞍作福利爲通事明年妹子歸其國遣書

倭書

東天皇敬白西皇帝使人鴻臚寺掌客裴世清等至久憶方解季秋薄冷尊一有候何如想清悆此即如常今遣大禮蘇因高大禮乎那利等往謹白不具同○按此與隋史日出處天子云云互異故述於篇隣交徵書云乎那利吉士雄成也推古十六年遣妹子雄成等復賫璽書送世清還國

唐

憲宗位記

日本國判官正五品上兼行鎮西府大監高階眞人遠成右可大中大夫試太子中允餘如元敕日本國使判官正五品上兼行鎮西府大監高堦眞人遠成等奉其君長之命赴我會同之禮越溟波而萬里獻方物於三檢所宜褒奬並錫班榮可依前件元和元年正月二十八日○朝

野群載

陸淳印記

最澄闍梨形雖異域性實同源特禀生知觸類懸解遠求天台妙旨又遇龍象邃公揔萬行於一心了殊途於三觀親承秘密理絶名言猶慮他方學徒不能信受所請當州印記安可不任爲憑大唐貞元廿一年二月廿日朝議大夫持節台州諸軍事守台州刺史上柱國陸淳給（臨本）按宋高僧傳佛祖統紀等之道邃傳載此文頗有異同

鄭審則印記

孔夫子云吾聞西方有聖人焉其教以清淨無爲爲本不染不着爲妙其化人也具足功德乃爲圓明最澄闍梨性禀生知之才來自禮義之國萬里求法視險若夷不憚艱勞神力保護南登天台之嶺西泛鏡湖之水窮智者之法門探灌頂之神秘可謂法門龍象靑蓮出池將此大乘往傳本國求玆印信執以爲憑昨者陸台

州已與題記故具所覩爰申直筆大唐貞元廿一年五月十五日朝議郎使持節明州諸軍事守明州刺史上柱國滎陽鄭審則書○眞蹟本橫川松禪院藏

道邃付法文

比丘僧道邃稽首頂禮天台大師竊以法王出世一音演說機感不同所聞蓋異故權實之義接於諸部大小之文森然殊流要其所歸無越一實故曰雖示種種道其實爲佛乘又曰開方便門示眞實相喩之以衆流入海標之以不二法門自他兩得同詣秘藏此經所由作之所以雖泊鶴林滅而法綱散神足隱而宗殊塗不若只是得一心三觀而取證如反掌而一言一心三觀者本體不生能離因果常住不滅遍一切處當知天眞獨朗之一言本來所具之三諦也三即一相亦非一又曰非異一相一切相相即不相卽不相卽非相非無相故此謂一言唯佛與佛知一切法教本一切法義中一切戲論息也雖名一心不通義理雖稱三觀不及毀讚是以經

曰諸法寂滅相不可以言宣又曰諸佛兩足尊知法常無性佛種從緣起是故說一乘說一心三觀只在斯一言而巳於是古德相傳曰昔智者大師隋開皇十七年仲冬二十四日平旦告諸弟子曰吾滅後二百餘歲生於東國興隆佛法若有感應先呈瑞靈則一法鑰投空忽而入空舉衆雖慕瞻終不知所屆云云而今聖語有徵矣遇最澄三藏不是如來使豈有堪難辛然則開宗示奧以法傳心化隔滄海相見杳然共持佛慧同會龍華（大唐貞元二十一年歲次乙酉二月朔癸丑十五日丁卯天台沙門道邃付日本國最澄三藏○天台霞標）

圓鏡等復釋圓行等書（開成四年正月廿二日得日本國傳燈法師圓行將實慧和尚等八人書問圓鏡等十人選狀）

開函見書信增頂符雖鄉居海外人近日宮知音之道不遺重教之誠彌切今我開成皇帝化周四極八表來朝聖德巍巍皇道蕩蕩左衛巧德使驃騎爲股肱之濟濟實文武之蕣蕣粤在鴻濱渤

海巨浪之東是金烏玄象始明之地乃陽德之出處也國號日本即曦和之直上翔于天乃輝赫之域也國君命宰臣使朝宗我大唐因知彼土大師八人等並習胎藏大牟尼法宗金剛界光明相會學蘇悉地密嚴威儀悉是故空海大師去貞元中來此國投之故內供奉灌頂教主慧果和尚處習學至永貞初還本國弘三部大法爲彼土大灌頂師遂有門弟子八人奉教流化乃西望瞻我祖師之靈遂奉冬夏法服□羅之珍媿不遠乎數萬里來寄之也并練絁廿匹綿一百屯剃刀廿枚并餞素等物敬以捧投之皆列之故大師影前十一人等垂啼寫塔拜首墳前感異鄉之重教媿殊之國懇誠也今相國使還傳燈師歸國當之今月春風習習鶯吟新聲流水涓涓氷開舊沼去去君意遙遙我心謹附書於東國傳燈大德阿闍梨等首春尚寒伏惟動止康裕圓鏡等與此國諸大

德等並蒙國恩悉安法儀伏謝遠遺珍寄物及方物頂荷之誠翰簡難喻此地亦奉酬之信備如別紙并經法道具等俯望幸賜撿到雲路阻遠滄波淼然望東日以瞻之申西天之同志既法無異源亦期之於華藏謹附狀不宣謹狀開成四年正月卅日大唐青龍寺內供奉三教講論大德沙門圓鏡傳敎內供奉持念大德當寺寺主沙門久正傳敎內供奉持念大德沙門令則同常明同義眞同法閏同義丹同常堅同義圓同文眞同契宗狀日本國律大德傳燈大法師實慧阿闍梨等座前謹空

青龍寺東塔院傳法灌頂承襲弟子義眞等十八人上信物道具經法等五鈷鈴一三鈷杵一獨鈷杵一已上三事故大德慧果先師受持道具充空海阿闍梨影前供養金剛頂經眞言敎法共五十卷羯磨杵一金剛輪一獨鈷杵一三鈷杵一白縠子二匹黃屑異紋綾一匹褐結紗一匹雜綾四匹兎褐綺一匹白熟滑州紗一匹黃綾袜肚二紫綾袜肚二黃綾香畫褥子一紫羅履一白疊手巾一右件物伏望不責輕尠遠國之信也其物并請實慧阿闍梨與

圓行阿闍梨等九人同受用分散謹狀上開成四年閏正月三日傳法阿闍梨義眞等○弘法大師正傳○隣交徵書空海諡弘法大師

高野金剛峯寺開祖延厤中遊唐受法慧果承和五年圓行持寶慧等書及贈物入唐達青龍寺居二年將其復書至

沈懽國淸寺止觀堂記

嚮者我大中七年九月十日有日本國大德僧法號圓珍俗姓殷自扶桑而來抵于巨唐福建旋適五臺復止天台國淸傳西域金人之教我師幼能拔俗剃度出家以慧鏡內明戒殊外朗作昏夜之燭爲苦海之舟誓願維持三乘妙理以彼方尙闕此土可求俄拂麻衣飛玉錫至遊歷此寺數換星霜陟華頂之峯禮大師之迹此地自會昌廢坼之後大中恩旨重興佛殿初營僧房未置白衣居士經行而曉泊浮雲青眼沙門座定而夜棲磐石師乃瞑心起念言發響從爰得郢人伐幽林之樫栢丁丁之響朝發南山落落之材暮盈北塢妙運斤斧長短得規巧引繩墨曲直成準功不逾

月其如化城翬飛而彩曜菴園勝概而光揚鷲嶺以十年九月七日建成矣法師即住持此院苦節修行以無爲心得無得法遂挈瓶錫告別東歸即十二年六月八日矣有趙郡李處芳名達爰來告愚與師有舊東望雲外空增浩然仰梵宇之寬斯其功莫大乃命予實錄其事唯慙不文咸通二年五月十日記○智證大師傳○鄰交徵書圓珍論智證大師三井園城寺開祖傳教弟子仁壽中遊唐本朝高僧傳云貞元中最澄剏一院於國清寺會昌之後漸毀圓珍捨財建止觀院以補師志令清觀主之衆稱其有後

嚴修睦與圓珍上人印記

圓珍上人遠辭本國來赴大唐問法尋師頗得宗旨傳寫經義益見精勤洞曉清淨之門深知生滅之理懇請印狀以表行由便遂所懷亦足爲美大中十二年四月八日朝散大夫使持節台州諸軍事守台州刺史嚴修睦批給○眞蹟本三井唐院藏

漆邁與圓載闍梨印記

圓載闍梨是東國至人洞西竺妙理梯山航海以月繫時涉百餘

萬道途之勤歷三大千世界之遠經文翻於貝葉鄉路出於扶桑破後學之昏迷爲空門之標表遍禮白足淹留赤城遊巡既周巾錫將返懇求印信以爲公憑行業衆知須允其請開成五年□月□日朝議郎使持節台州刺史上柱國賜緋魚袋滕邁給○眞蹟本唐院藏

行滿付法最澄法師書

比丘僧行滿稽首天台大師行滿幸蒙嘉運得遇遺風早年出家誓學佛法遂於毗陵大歷年中得値荆溪先師傳燈訓物不揆暗拙忝陪末席荏苒之間已經數載再於玅樂聽聞涅槃教是終窮塠爲宿種先師言歸佛隴已送餘生學徒雨散如犢失母纔到銀峰奄徙灰滅父去留藥狂子何依且行滿掃灑龕墳修持院宇經今廿餘祀諸無可成忽逢日本國求法供奉大德最澄法師云親辭聖澤面奉春宮求妙法於天台學一心於銀地不憚勞苦遠涉

滄波忽夕朝聞忘身為法觀茲盛事亦何異求半偈於雪山訪道塲於知識且行滿頒以法財捨以法寶百金之寄其有茲乎願得太師以本念力慈光遠照早達鄉關弘我教門報我嚴訓生生世世佛種不斷法門眷屬同一國土成就菩提龍華三會共登初首天台霞標

道邃答最澄三藏書

乍別增悵春憶數行不知平善達船所否過去傳法菩薩備受難辛今日弘揚寍無勞慮也邃日向衰老諸皆未能色心俱頹刀風非遠觀浮雲水月以遣餘生耳化隔滄海相見杳然各願傳持共期佛慧也勉旃先進奉使向來何當定發信遠相報因然投施往畧附數字三月二十一日傳菩薩戒師道邃告日本國最澄三藏處義眞行者意不殊前各各共弘揚宗敎也○同

李璘答義空上人書

去年十一月中信到奉廻示兼惠及龍鬚席一領謹依命撿受訖滄溟遠地遺及珍寄不勝感戴孟夏漸熱伏惟和尚法體萬福即日璘蒙恩不審近者何如伏計不失調愼伏奉來示承國家供養勤厚頗深長幼官僚無不欽奉此亦和尚道德所感方獲如斯久承眷怜遙賚忻慨拜頂未由空增馳結伏惟珍重謹因信附狀不宣弟子李璘再拜　○璘交徵書

雲叙答義空上人書

蕚闍梨至枉蒙手字兼惠方物大海間濶如此留意不忘細微寄以方物若非吾人情至曷臻於是捧受不勝悚佩吾人在彼雖是異域行於大法利物爲心沾濡品類彼此豈殊況又國恩渥澤稠疊亦人間盛事也勉之勉之雲叙以大教淪替曾爲所耻慙慙顏裓縫掖之衣未路阻望烟之食尋遇王臣外護塔寺爰興禪林重

暢揄材朽質蒙狀入籍微願既通永固可修鄙情不勝慶幸今蒙衆令勾當造寺道力輕微庶事荒淺且竭蹇鈍敢怠息無物表微誠白角如意謹寄上望垂撿納幸甚廻使還狀不宣僧雲叙狀上○周○隣交徵書義空唐人也齊安弟子嘗應橘皇后請來創檀林寺夢闍梨慧萼也

常雅上圓珍大德書

一別□年每常思詠詹四郎到伏枉來書更蒙見惠□□□□難以喩懷仲夏盛熱伏惟大德動止萬福即此常雅年老今且隨分遣日不審歸彼剛氣如何願善加保重發時云相送到海門又見廻書却歸本國彼處主上崇重三寶見歸歡喜便請爲供奉大德三教大師遙聞深深羨羨忻慶之至在寺之時更無主人至今惆悵不知何當更得相見深思仁德相見未前促多思仰謹因詹四郎回信附狀申情不宣謹狀五月十九日大唐國台州開元寺僧常雅狀上珍供奉大德座前

寺內徒衆總此申奉不及一一有狀特見附水銀肆斤更謝遠遠用心促多愧荷一斤常雅自收二斤闊丘和尚身已遷化衆議又無徒弟便廻入功德訖一斤季皐和尚有弟子五人在便收設齋被用訖雖稱中華並無一土物相獻天台南山角子茶壹又生黃角子貳謹上不見輕尠伏垂見到又見書云前年中曾附陳寶手書及信物不蒙見到更謝重重用心實當悚惻相見未期千千萬萬善爲保重閑靜律師善告行奉待爲勞不及有書常雅身邊小□文試在隨分供頂伏垂見悉謹宣（真蹟本唐院藏）

維蠲上滌台州書

六月一日天台山僧維蠲謹獻書於郞中使君閤下維蠲言去歲不稔人無聊生皇帝憂勤擇賢救疾朝端選於衆得郞中以恤之伏惟郞中天仁神智澤潤台野新張千里之幨再活百靈之命風

雨應祈稼穡鮮茂凡在品物罔不悅服南嶽高僧思大師生日本爲王天台教法大行彼國是以內外經籍一法於唐約二十年一來朝貢貞元中僧最澄來會僧道邃爲講義陸使君給判印歸國大闡玄風去年僧圓載奉本國命進太后納袈裟供養大師影聖德太子法華經疏鎮天台藏賫衆疑義五十科來問抄寫所欠經論禪林寺僧廣修答一本巳蒙前使李端公判印竟維蠲答一本幷付經論疏義三十本伏乞郎中賜以判印光浮日宮不冒退裔恩流永劫道德日新煩黷聽覽不任悚懼（僧維蠲謹言唐決集）

漆邁答僧維蠲書

開士維蠲弘傳天台智顗大師教教跡貫微妙門了最上乘旨曉諸經諸論之秘密得先佛後佛之定慧非天與玄機神授朗智雖白首枯心不能了達今維蠲上人者傳此教巳十餘年決疑義如

泉流導幽樞若氷釋聽者受者甚聞韶之甘利根鈍根同一雨之潤豁圓載之來叩答彼土之遙仰兩地空齋一朝玲瓏仁智相逢一何盛也煙波萬里掬玄珠而還雲山藹然搖風期之念又二十載何其𩓣邪邁佩竹符於名嶽之下聆高僧之嘉話洗浙煩慮如挹靈泉深懋謏才不稱所請開成五年八月十三日朝議郎使持節台州刺史上柱國賜緋魚袋滕邁白○同

宋

神宗賜號成尋牒

中書門下牒日本國延曆寺阿闍梨大雲寺主傳燈大法師位賜紫成尋牒奉勅宣特賜號善惠大師牒至准勅故牒熙甯六年三月日牒禮部侍郎參知政事王□右諫議大夫參知事馮京禮部侍郎平章事王安石○參天台五臺山記

了惠日本國丞相藤原公捨經之記

非教無以求佛語非禪無以悟佛心囿於名相蔽於玄關未見其

得也必曰頓悟自心明見自性拔永劫之疑蹈大方之表則知教非佛語也禪非佛心也吾心之常分耳得不爲出塵大丈夫之能事哉雖然佛距中華雪嶺沙漠之外跨闊逾十萬里禪教所化之國所備之機莫不係於時韜光鶴樹千有餘載而大教東漸更五百年而正宗荐至使不以教乘誘熟之而正宗驟至則靑天霹靂得不駭怪於當時梁迄宋興閱歲既久道傳器受不易絲毫派列五宗之後倏翕倏張濟北一燈實爲震耀正續崛起而振之是爲十六世光明雋偉奔走海內學者指雙徑爲道之所在而迫趨之猶夕陽之済道人圓爾來自日本一語投機擢置近侍坐閱再朞挾正續之道而歸大坐故山一香供淩霄示不忘本竊謂日域名相之學與宋相將而正宗之傳則兆於覺阿向金牛作舞處勘破瞎堂國人歆艶蔚爲之宗逮今爾公益佐興之與有力也將見一

燈傳無盡燈燁然不夜先以謂係乎時者厥有旨哉公重爲先攝政藤原道家見知特加師禮而道家之子左丞相實經稟父之志崇篤教門欲報先妣准三后大夫人之德也相與聚族而謀之課其兒女昆弟親書法華等經四部總三十二卷貯以層匣貫以霞縚縷金鈿螺極窺天巧尊經也衰昇濟之具報罔極之恩率本於孝噫不事外慕而手書佛經可謂知所向矣圓爾重惟先師之恩德一毫亡報陳請是經歸鎮徑山正續先師圓照塔院如經所謂是中已有如來全身舍利者豈細故哉丞相欣然諾之其亦喜法寶之有所歸而聖善之有所託矣爾公與余敦同稟之義屬了惠被旨此山也拳拳致書附以四十二臂旃檀大士重以斯經爲託囑爲之記將以紀實行遠嘗試爲爾言曰先師握單傳直指之柄掃文字語言之學今公以是報之余又從而爲記得不厚辱於師

門貽咻於衆楚若曰碎單傳直指者此經也破文字語言者此經也則强爲爾記之大宋寶祐三年三月望慶元府太白名山天童德禪寺住持嗣祖比丘了惠記四明陳洪刊○碑拓本東福寺藏

樓鑰太白名山千佛閣記

淳熙五年孝宗皇帝親灑宸翰大書太白名山以賜天童山景德禪寺寺之門甚雄敬刻雲章尊閣其上又於方丈專建一閣以藏眞蹟實爲禪林盛事前所未有也初西晉永康中沙門義興卓菴此山有童子手給薪水後既有衆遂辭去曰吾太白一辰上帝以師篤於道行遣侍左右因忽不見自是始有太白天童之名山在郡東南六十里許太白一峯高壓千嶺雄尊深秀爲一郡之望紹興初宏智禪師正覺欲撤其寺而新之謀於衆有蜀僧以陰陽家言自獻曰此寺所以未大顯者山川宏大而棟宇未稱師能極土木之工爲層樓傑閣以倍蓰於今則淑靈之氣始得發越而此山

之名且震耀於時矣覺深然之乃拓舊址謀興作內外鼎新以次就成智匠高妙務極崇侈門爲高閣延袤兩廡鑄千佛列其上前爲二大池中立七塔交映澄澈遊是山者初入萬松關則靑松夾道凡二十里雲棟雪脊層見林表而倒影池中未入寶樓閣已非人間世矣中建廬舍那閣尤爲壯麗住山三十年其爲久遠之計皆絕人遠甚後有慈航了樸一坐亦二十年起超諸有閣於廬舍那閣之前複道聯屬至今巋然相望又大築海塗增益歲入由是天童不特爲四明甲剎東南數千里亦皆推爲第一遊觀者必至至則忘歸歸而詫於人聲聞四方江湖衲子以不至爲歉皇子魏惠憲王出鎮一見慈航懽若平生暇日來游顧瞻山林登玲瓏坐宿鷺或累日不忍去因圖以進於上會稽郡王太師史文惠公又從容奏請遂有四大字之賜瑰奇絕特之觀無以加矣十六年虛

菴懷敞自天台萬年來主是刹百廢具舉追跡二老而千佛之閣歲久寖圮且將弗支猶以前人規模爲未足以稱上賜欲從而振起更出舊閣及前二閣之上僉以爲難師之志不回也先是日本國僧千光法師榮西者憤發願心欲往西域求教外別傳之宗若有告以天台萬年爲可依者航海而來以師爲歸及遷天童西亦隨至居歲餘聞師有改作之意請曰思報攝受之恩糜軀所不憚況下此者乎吾忝國主近屬他日歸國當致良材以爲助師曰唯未幾遂歸越二年果致百圍之木若干挾大舶泛鯨波而至焉千夫咸集浮江蔽河輦致山中師笑曰吾事濟矣於是鳩工度林雲委山積列楹四十多日本所致餘則取於境内之山始建於紹熙四年季秋之甲申才三載告畢費緡錢二萬有奇是歲海莊倍稔羸穀三千斛如有相之者不求於人見者樂施以迄於成凡爲閣

七間高爲三層棟橫十有四丈其高十有二丈深八十四尺衆楹俱三十有五尺外開三門上爲藻井井而上十有四尺爲虎座大木交貫堅緻壯密牢不可拔上層又高七尺舉千佛居之位置面勢無不曲當外檐三內檐四檐牙高啄直如引繩旅楹有閑翬飛跂翼周延四阿繚以欄楯內爲綺疏表裏明豁自下仰望如見崑閬梵唄鍾磬半空振響徜徉登覽四山下瞰河漢星斗如在欄檻御書金榜巍乎中峙翊以翔龍護以絳綃高出雲霄之上眞足以彈壓山川傳示千古善財童子大壯嚴藏入見樓閣廣博無量則不可知若經行四方室屋巨麗殆未見其比也鑰奉祠東歸嘗往游焉驚歎傑特目眩神駭過於百聞敝請記其事老矣學落不能形容姑記大概以表吾鄉之勝海內好奇之士欲游而未遂者覽此則太白之景思過半矣虛菴道價素高禪子向方島夷亦聞其

名而歸之加以願力深重才又恢恢巧匠瑰才成此勝事觀者無不欽歎或請飾之敞曰殫力竭材事濟登兹行且謝去若丹艧華飾尚有賴後之人云慶元四年清明日顯謨閣直學士大中大夫提舉江州太平興國宮奉化縣開國男食邑三百戶樓鑰撰並書山門知事僧道珂立石陳希李顯摸刋碑柘本建仁寺藏○鄰交徵書碑搨本聖一賫歸物也舊藏東福寺天明中住持師孝因建仁住持東陵請贈之惜失于火天童寺志載此記頗有誤脫

虞樗日本國千光法師祠堂記

太白名山甲天下而千佛閣尤爲第一後世欲過之其材無及焉盖杜植繇日本國僧千光法師所致也詳見大參樓公閣記宜爲畫像以祠師諱榮西備州人孝靈賀陽氏六十二世孫母夢明星感孕生年十一出家延歷寺薙髮染初學具舍婆娑論十三受大戒習天台教觀掩關八年以爲未至誓往西域求道二十八杭海達四明遊台山萬年寺禮石橋羅漢瀹茶現花又見二青龍俄頃尊者現全身益堅素志遂居之會虛菴敞公移主天童因與偕行

建閣即東還願有以助之越二載大木果至而閣成師之力也師自幼敏悟晚通唐朝內外典持律終身過午不食本國賜號僧正廣修佛事茲不具書臨終預期兩手結印安坐而化壽七十五臘六十二後十年其徒明全復來山中捐楮劵千緡寄諸庫轉息為七月五日忌設齋飯衆本孝也全生伊州蘇姓傳師之道教戒亦精入山三年示寂於了然齋火後得堅固子無數付道元藏歸故國併刻于祠大宋寶慶元年八月九日修職郎監臨安府都稅務虞樗記並書陳祥刊○清住院寫本○鄰交徵書明全號了然齋建仁寺僧千光法嗣貞應中遊宋

懷敞付法語千光國師

日本國千光院大法師西宿有靈骨頓捨世間深重恩愛從佛剃髮著僧伽梨洪持此法不遠萬里航海而入我炎宋探頤宗旨乾道戊子年遊天台見山川國土勝妙道場清淨殊特生大歡喜嘗施淨財供十方學般若菩薩已而至石橋拈香煎茶敬禮住世五

百大阿羅漢尋復本國夢境恰恰二十季雖音問不相聞而山中老宿歷歷記其事今又懷舊遊復之宿緣不淺志愍一操茲深不可不示法旨夫昔釋迦老人將欲圓寂時以涅槃妙心正法眼藏付囑摩訶迦葉乃至嫡嫡相承至於予今以此法付囑汝汝當護持佩其祖印歸國布化末世開示衆生以繼正法之命又授汝袈裟大師昔傳衣爲法信而表本來無物然至六祖衣止不傳云云其風雖絶今爲外國法信授汝僧伽梨而已又授菩薩戒柱杖應器衲子道具不留一付囑畢聞傳法偈云云興禪護國論○鄰交徵書榮西字明菴一字葉上謚千光國師建仁寺開祖仁安文治之間再入宋嗣法虛菴本文本朝高僧傳塔銘等大同小異

師範付法語聖一國師

道無南北弘此在人果能弘道則一切處揔是受用處不動本際而歷遍南方不涉別求而普參知識如是則非特此國彼國不隔

絲毫至於及盡無邊香水海那邊更那邊猶指諸掌耳此吾心之常分非假於它術如此信得及見得徹則逾海越漠陟嶺登山初不惡矣圓爾上人傚善財遊歷百城參尋知識決明已躬大事其志不淺炷香求語故書此以示之丁酉歲十月住大宋徑山無準老僧書○圓爾名辨圓諡聖一國師東福寺開祖嘉禎中入宋嗣法無準眞書東福寺藏

瑞律師俊芿畫像贊

稽首天人大導師家住海東太宰府秋中片月爲肺肝雪後諸峯作眉宇來杭一萬里慈航歸降七十州法雨斯何人也斯何人日本傳律第一祖○俊芿字告我禪號不可棄泉涌寺僧建久中入宋嗣法北峯修法有驗士庶崇尊瑞畫像繫贊納菩提律院祖堂云

智普成尋畫像贊

禀粹日天爲釋之賢分燈智者接踵奝然觀國之光蒙帝之澤畢遘良工遽傳高格慈相克肖乾城妄觀滄浪萬里秋空一蟾退寄歸舸衆仰無厭譯經證義文慧大師智普述熙寧六年癸丑孟夏初吉日記○成尋號善慧大師大雲寺僧延久中遊宋神宗召見賜紫衣禱雨有驗神宗寵待不許歸卒於彼土虎關云遊大雲寺觀成尋像容質渾

厚實有德之儀也元亨釋書

居簡應眞贊

鳳鳴寺十八應眞乃日本國所製密印僧典於沈氏沈施於鳳鳴傳的的之宗自擧氷壺春未回而痕垢無些玉林月巳上而清光有許湛存此箇宗乘肯壞人家男女黃梅之鉢笑夜偷少室之衣疑浪與方徹地區圓該天宇神發幽而空谷應呼聲出凝而霜鐘忽杵面目古怪氣宇深清淵月夜白松雪寒明舜岩之身兮誰前誰後首蘿之眼兮不縱不横相隨來也流水浮萍

全心之相全相之心寫成這个聊應而今天蒼蒼兮白鳥沒水深深兮紅鱗沈日鈎雲餌玉線金針一般料理兮妙出威音貞和集

文博日本國贊

孰分彼土此土相去纔咫尺爾鱗鱗六十六州渺渺三千餘里金

剛無盡藏山寶相多莊嚴地四諦凝凝流通三尊幽幽安置等閑舉目便見何待足行而至興禪護國論○按隣交徵書云文傳峨嵋山居士

正受日本國覺阿上人

覺阿上人日本國滕氏子也十四得度受具習大小乘有聲二十九屬商者自中都回言禪宗之盛阿奮然拉法弟金慶航海而來歲餘始至乾道辛卯夏也袖香拜靈隱佛海禪師海問其來阿輒書而對復書曰我國無禪宗唯講五宗經論國主無姓氏號金輪王以嘉應改元捨位出家名行眞年四十四王子七歲令受位今已五載度僧無進納而講義高者賜之某等仰服聖朝遠公禪師之名特詣丈室禮拜願傳心印以度迷津且如心佛及衆生是三無差別離相離言假言顯之禪師如何開示海曰衆生虛妄見見佛見世界阿書云無明因何而有海便打卽命海陞座決疑明年秋辭游金

陵抵長蘆江岸聞鼓聲忽大悟始知佛海垂手旨趣旋靈隱述五偈敘所見辭海東歸偈曰航海來探教外傳要離知見脫蹄筌諸方參遍草鞋破水在澄潭月在天掃盡葛藤與知見信手拈來全體現腦後圓光徹太虛千機萬機一時轉妙處如何說向人倒地使起自分明驀然蹈著故田地倒裏蹼頭孤路行求眞滅妄元非妙即妄明眞都是錯堪笑靈山老古錐當陽抛下破木杓竪拳下喝少賣弄說是論非入泥水截斷千差休指注一聲歸笛囉囉哩海稱善書偈贈其行阿少親文墨善諸國書至此未數載徑躋祖域其於華語能自通湻熙乙未與其國僧統遣僧訊海副以水晶降魔杵及數珠二臂綵扇二十事貯以寶函壬寅夏王請住持其國叡山寺復遣僧通嗣書時海已入寂矣嘉泰普燈錄

省岳等大日本國皇帝捨經記

大宋國河東道代州五臺山大華嚴寺眞容菩薩院文殊聖容殿當殿今月廿八日有大日本國延歷寺阿闍梨大雲寺主傳燈大法師位大宋國賜紫僧成尋賫到大日本國皇太后宮降來先帝御書經卷妙法蓮華經一部八卷無量義經一卷觀普賢經一卷

阿彌陀經一卷般若心經一卷右前件經依教領得於文殊師利菩薩眞容面前如法安置永充供養所集福利廻向大日本國先皇帝伏願覺心超悟通明佛性之源寳界安居速紹法王之位皇太后伏願長芳凝德賛寳曆於千齡永著坤儀茂瑤圖於億世然後普願國清君壽俗富民康台衡賛堯舜之風藩屏曜唐虞之化法輪永茂鳳曆延鴻虔禱文殊冀垂昭覽謹祝大宋國熙寧五年十一月日五臺山眞容院知菩薩殿講經律論沙門省岳等廻向〇原署有眞容院僧溫著溫琦溫道溫淮溫明省廣順潛省斯省挑省順延□承鏑順行等十三人連署位官共具〇隣交徵書〇隣交徵書先帝後冷泉天皇也皇太后宮藤太后寬子

日本國藤原公施物記

大宋國河東道代州五臺山大華嚴寺眞容菩薩院文殊聖容殿今月二十八日有大日本國延曆寺阿闍梨大雲寺主傳燈大法師位大宋國賜紫僧成尋賫到大日本國故右丞相從一位藤原朝臣第六女子爲太皇太后宮亮藤原朝臣師信家室產生去逝藤

原朝臣以云□親身物所施鏡一面髮三結右前件物尋附文殊師利眞容殿內如法安置持伸供養所集善因朝臣家室伏願雲軿高駕追隨三島之仙鏡智澄輝證悟一乘之位更冀居家賛國咸承吉善之因莅公處私悉獲安寍之報文殊在聖力昭彰謹祝

大宋國熙寧五年十一月日五臺山眞容院知菩薩殿講經律論沙門省居等廻向○連署同○隣交徵耆右亟相藤師實也師信見水無瀨家譜任內藏頭

周文德奉復源信大德書

大宋國台州弟子周文德謹啓仲春漸暖和風霞散伏惟法位無動尊體有泰不審不審悚恐悚恐唯文德入朝之始先向方禮拜禪室舊冬之內喜便信啓上委曲則大府貫首豐島才人附書狀一封奉上先畢計已經披覽歟鬱望之情朝夕不休馳憤之際遇便脚重啓達唯大師撰擇往生要集三卷捧持詣天台國淸寺附入既畢則其專當僧請領狀予也爰緇素隨喜貴賤歸依結緣男

女弟子伍伯餘人各發虔心投捨淨財施入國淸寺忽飾造五十間廊屋彩畫柱壁莊嚴內外供養禮拜瞻仰慶讚佛日重光法燈盛朗興隆佛法之洪基往生極樂之因緣只在於斯方今文德忝遇衰弊之時免取衣食之難仰帝皇之恩澤未隔詔勅幷日之食甑重欲積塵何避飢饉之惑伏乞大師垂照鑑弟子不勝憤念之至敬表禮代之狀不宣謹言二月十一日大宋國弟子周文德申狀謹上天台楞嚴院源信大師禪室法座前○往生要集

師範答圓爾長老書

師範和南手白日本承天堂頭長老維時隆暑緉惟道體安穩去秋初能上人來收書且知住持有況老懷慰喜又荷遠念山門興復重大特化千板爲助良感道義不謂巨舟之來爲風濤所鼓其同宗者多有所失此舟幸得泊華亭又以朝廷爲內地不詳抽解維特一年方得遂意今到華亭已領五百三十片其三百三十片尙

在慶元未得入手餘乙百四十片別船未到且留能上人在此少住後見數目分曉却津發其歸方得作書致謝綱使謝丈大檀越也嘗聞日本教律甚盛而禪宗未振今長老既能豎立此宗常一一依從上佛祖所行無有不殊勝矣便中畧此布復未及詳具約宜爲大法多多珍愛是祝（眞蹟本雲舊藏○隣交徵書按聖一年譜仁治二年師聞徑山有災勸謝國明化千板贈之國明宋人也嘗投化住博多津）

了惠上圓爾法兄書

了惠頓首再拜上覆東福堂上禪師法兄大和尚侍者即曰春事告闌共惟尊候有相萬福了惠竊審以道福住山王臣贊護聲稱奕奕遠被中夏乃知先師左券全歸老手矣欽羨欽羨切乞爲師門益加琛護以永眞風不宣（大宋寶祐乙卯三月二十五日天童初祖比丘了惠頓首再拜○眞蹟本東福寺藏）

若楫寄日本東福山叟雲公書

雲師兄座元禪師尊几前若楫每思勝集時則朗吟壁間佳偈如

對蒼眉玉色然濤瀾際天可望而不可即此心又當如何聞歸舊隱任道之器偉如弘法之量溫如雖隻字不能詷候時於鄉人中粗知出處大概適足以慰依慕靈兄前年出世秀之上海觀□先師塔所香灶不繼徒有四壁俾若楫奉守法眷中多貧窶欲置香灶田庶爲塔下悠久計今苟得與普賢見師兄可假借重言贊助以成此一段因緣老師兄亦能興念及否先師塔中定身肉猶暖在不磨之功又豈淺淺哉義侍者良便謹拜爲久濶之敬所恨鯨波萬里不能附微物見意尚幸尊照切冀自玉以前顯擢至禱不宣若楫頓首拜覆○禪居菴寫本○鄰交徵書山叟名慧雲東福寺僧正嘉中遊宋嘗見斷橋倫問祖師西來之意倫指壁間墨梅雲立呈一偈倫笑曰和闍梨得梅意

紹曇示日本平將軍書

士大夫處身富貴不被富貴所籠罩又能擘破娘生面皮銘心此道非夙具般若種智何以臻此所患不能捹死做眞實工夫多見

思量計較將心待悟擬心休歇喜入密證欲人稱贊纔起此念便是生死根本況此事一超直入如來地不歷地位階差豈以輕心慢心螢火之見可擬議哉須是揎箇無面目漢痛與打併使肖次無元字脚道佛一字漱口三年方有少分相應若打亂師門下過喫痛棒有分豈不見李都尉參石門得道乃云參禪須是鐵漢着手心頭便判直趣無上菩提一切是非莫管此是士大夫參禪樣子往往以思量計較爲窟宅聞恁麼說話便道莫落空否譬如過海波濤怒作舟未翻先自驚懼忙跳下水去此深可憐愍閣下灼然欲究明此段大事直須將從前思量計較求證悟待休歇底心盡情颺下百不知百不會致君澤民游双兒戲驀地喚醒如睡夢覺如蓮花開掀髯一笑豈不快哉然後以斯道覺斯民引大地人下成佛種庶不負靈山付屬亦不枉來南閻浮提打一遭佛法東

流入海因承大願力隱菩薩相示宰官身爲內外護至祝至祝山野生于西蜀失脚南方五十餘載參見四十餘員具大眼目眞實履踐大名宗匠恨未能究徹向上巴鼻以此疚心久聞鈞譽穹護法城時爲舞蹈遠隔滄溟無由瞻見惟初年斗山之仰昨承建長鄉老禪師賜書爲閣下需語三思前輩大老與士大夫交遊未深不知造蘊不敢輕易通信恐誤於人況小僧邪溫英二兄裝軸懇言甚切不獲已老草奉呈萬丐目至希叟錄○按隣交徵書平將軍北條時宗也鄉老禪師蘭溪也按弘安中時宗遣詮藏主英典座如宋招禪伯溫英二兄蓋是乎

晁說之仁王護國般若經疏序

陳隋間天台智者遠禀龍樹立一大教九傳而至荊溪荊溪後又九傳而至新羅法融法融傳理應理應傳瑛純皆新羅人以故此教播於日本而海外盛矣屬中原喪亂典籍蕩滅維此教是不爲

可亡者亦難乎其存也然杲日將出而曉霞先昇眞人應運而文明自見我有宋之初此教乃漸航海入吳越今世所傳三大部之類是也然尚有留而不至與夫至而非其本眞者仁王經疏先至有二本衆咸斥其僞昝法智既納日本信禪師所寄辟支佛髮答其所問二十義乃求其所謂仁王經疏信即授諸海舶無何中流大風驚濤舶人念無以息龍鼉之怒遽投斯疏以慰安之法智乃求強記者二僧詣信使讀誦以歸不幸二僧死于日本至元豐初海賈乃持今仁王疏三卷來四明於是老僧如恂因緣得之其文顯而旨微言約而意廣以奏譯爲本義勢似觀心論疏實章安所記智者之說也恂道孤而寡偶學古而難知食貧而力不足無以爲此經毫髮之重每指而嘆曰其來勉學而艱如此盍封野馬而飽蠹魚不能下凡案以視人嗚呼此疏曾不得輩行於三大部中

而匿光瘞彩猶若流外之遠歟恂今年七十有六歲乃一日抱之而泣曰殆將與吾俱滅耶吾前日之志非也遇嵩山晁說之曰曷不爲我序而流通之說之自顧何足以與此亦嘗有言曰智者若生齊梁之前則達磨不復西來矣盡法性爲止觀而源流釋迦之道囊橐達磨之旨今方盛於越中異日會當周於天下豈獨是書之不可掩哉顧予老不及見之爲恨姑序其所自云爾政和二年壬辰四月癸卯序〇本書〇按信禪師源信也釋門正統智禮傳曰日本國師源信嘗遣學徒寂照等持二十七問詢求法要

遵式南嶽禪師止觀後序

止觀用也本乎明靜明靜德也本乎一性性體本覺謂之明覺體本寂謂之靜明靜不二謂之體體無所分則明靜安寄體無不備則明靜斯在語體則非一而常一語德乃不二而常二秖分而不分秖一而不一耳體德無改強名爲萬法之性體德無住強名爲

萬法之本萬法者復何謂也謂舉體明靜之所爲也何其然乎良
由無始本覺之明強照照生而自惑謂之昏無始無住之本隨緣
緣起而自亂謂之動昏動旣作萬法生焉揑目空華豈是他物故
云不變隨緣名之爲心隨緣不變名之爲性心昏動也性明靜也
若知無始卽明而爲昏故可了今卽動而爲靜於於聖人見其昏
動可卽也明靜可復也故因靜以訓止止其動也因明以教觀觀
其昏也使其究一念卽動而靜卽昏而明昏動旣息萬法自亡但
存乎明靜之體矣是爲圓頓是爲無作是如來行是照性成修修
成而用廢誰論止觀體顯而性泯亦無明靜豁然誰寄無所名焉
爲示物旨歸止成謂之解脫觀成謂之般若體顯謂之法身是三
卽一是一卽三如伊三點如天三目非縱橫也非也異也是謂不
思議三德是爲大般涅槃也嗚呼此法自鶴林韜光授大迦葉迦

葉葉授之阿難阿難而下燈燈相屬至第十一馬鳴鳴授龍樹樹以此法寄言于中觀論論度東夏獨淮河慧文禪師解之授南嶽大師南嶽從而照心即復于性獲六根清淨位隣乎聖斯止觀之用驗矣我大師惜之無聞後代從大悲心出此數萬言目爲大乘止觀亦名一乘亦名曲示心要分爲二卷初卷開止觀之解次卷示止觀之行解行備矣猶目足焉俾我安安不遷而運到清涼池噫斯文也歲月遼遠因韜晦于海外道將復行也果咸平三祀日本國圓通大師寂照錫背扶桑杯汎諸夏既登鄮嶺解篋出卷天竺沙門遵式首而得之度支外郎朱公頔冠首序出俸錢摸板廣而行之大矣哉斯法也始自西傳猶月之生今復東返猶日之昇素影圓暉終環回於我土也因序大畧以紀顯晦耳天竺別集

元粹佛牙讚佛牙今在泉涌寺

氣衝牛斗豐城劍光透波心合浦珠爭似聖人眞舍利亘微塵劫照昏衢（佛牙緣起）

守堅普門先住持日本國釋圓通眞讃

扶桑海國有山峻雄師蘊靈粹挺生厥中少慕釋氏早脫塵籠歸我聖代愛我眞風一錫破浪萬里乘空祥符天子延對彌隆是身之來空花可喩是身之化水月還同長天雲散高巖雪融謂相非相稽首圓通（治平元年五月初一日前住持法印大師守堅重修述讃○參天台五臺山記○隣交徵書按記成尋至普門院謁圓通大師影堂莊嚴甚妙前立常燈常花常香臺有影贊使行者某寫之云）

元

世祖書

上天眷命皇帝聖旨諭日本國主向者彼先遣使入覲朕亦命使相報已有定言想置於汝心而不忘也頃因信使執而不返我是以有舟師進問之役古者兵交使在其間彼輒不交一語而拒王

師據彼己嘗抗敵於理不宜遣使茲有補陀禪寺長老如智等陳奏若復興師致討多害生靈彼中亦有佛教文學之化豈不知大小強弱之理如今臣等賫奉聖旨宣諭則必多救生靈彼當自省懇心歸附准奏令遣長老如智提舉王君治奉詔往彼夫和好之外無餘善焉戰爭之外無餘惡焉果能審此歸順即同去使來朝所以諭乎彼者朕其禍福之變天命識之故詔示想宜知悉善隣　寶記○按隣交徵書引如智接待菴記云至元癸未奉旨同王君治奉使和國宿留海上八箇月過黑水洋遭颶風半月後忽飄至寺山之外幸不葬魚腹依之覩之是使蓋不至我邦

趙良弼書關所寄名

大蒙古國皇帝差來國信使趙良弼欽奉皇帝聖旨奉使日本國請和於九月十九日到太宰府有守護所小貳殿阻隔不令到京又十餘遍堅執索要國書欲差人持上國王并大將軍處去良弼本欲付與緣皇帝聖訓直至見國王并大將軍時親手分付若與

饕喜廬所箸書

了別人收受卽當斬汝所以不分付守護所小貳殿先以將去國書副本並無一字差別如有一字冒書本身萬斷死於此地不歸鄉國良弼所賫御寶書直候見國王幷大將軍親自分付若使人強取卽當自刎於此地伏乞照鑒至元八年九月廿五日陝西四州宣撫使小中大夫秘書監國信使趙良弼○眞蹟本東福寺藏○隣交徵書小貳殿筑後守資能也祝髮號覺惠此書寺僧傳云所贈聖一也今以語勢推之良弼於太宰府應接之筆語也大應錄有和良弼韻詩因意當時大應聖一輩充應對任乎亦不可知

趙孟頫爲一山寍公贊

藏彼南山一仰之極嵩嶽之寍中流砥石補陀孤絕東海茫茫紫雲垂錫承天子之寵光巨浪浮杯顯使星之皇皇聲聞華夷名振扶桑泰山之重東流之長雲郎行道記寫本○隣交徵書按雪村行道記子昂見村書歎賞遺以一大辟煤則其爲舊識可知因意此贊辭爲其師一山求之也

梵碕辟支佛牙贊幷引

日本成藏主入吳逢一童子施辟支佛牙得而寶之請贊贊曰有一衆生出無佛世曾從往刧受獨覺記花開葉落心融神會觀此

因緣豁然超詣於三界中如鳥出籠雖不說法但現神通手磨日月年臥虛空十有八變開豁羣蒙至涅槃時吐三昧火自化形骸惟留骨鎖妙設利羅雨若干顆累累如珠頭頭而墮維道人成得其大牙堅如金剛淨如蓮花砧杵不碎玉雪無瑕再拜稽首盍小幸耶我作賛辭仰其高躅冥薰法界淨洗心目神物訶護無忘付囑人能敬信莫不生福楚石錄

□□與一山牒

中書左丞行浙東道宣慰使記事寶陀堂上一山總統大師今奉省劄有燕右丞賫擎宣命盍一山授妙慈弘濟大師江浙釋教總統又賜錦襴袈裟鈔一百定隨行伴當五名段□□并賫擎詔書前來慶元起發倭船今令本路并僧錄司□官詣請□□一山總統就將行隨行伴當五名即便到城欽受宣命賞賜理會倭船□

□更不別來附此致意愚溪長老爲禱併希法照不備五月二十有一日修寶陀堂上一山總統

大師臨本

吳萊論倭

臣愚不佞撥今之世提封萬里東西止日所出入南北皆底於海邊徼無烽燧之警士卒無矢鏃之費外夷重譯鄉風効順梯山航海莫不來獻方物漢唐之盛所未有也然以倭奴海東蕞爾之區獨違朝化三十餘年奉使無禮恃險弄兵嘗剪其鯨鯢以爲誅首可也而迄今未即誅意者有說乎臣切即前事觀之海東之地爲國無慮百數北起拘耶韓南至耶馬臺而止旁又有夷州紵嶼人莫非倭種度皆與會稽臨海相望大者戶數萬小者僅一二百里無城郭以自固無粟米以爲資徒居山林捕海錯以爲活漢魏之際已通中國其人弱而易制慕容廆嘗掠其男女數千捕魚以給

軍食其後種類繁殖稍知用兵唐攻百濟百濟借其兵敗於白江口乃逡巡歛甲而退今之倭奴非昔之倭奴也昔雖至弱猶敢拒中國之兵况今之恃險且十此者乎鄉自慶元航海而來艨艟數干戈矛劍戟莫不畢具銛鋒淬鍔天下無利鐵出其重貨公然貿易即不滿所欲燔焫城郭抄掠居民海之兵猝無以應追至大洋且戰且卻戕風皷濤皷湧前後失於指顧相去不啻數十百里遂無奈何喪士氣虧國體莫大於此然取其地不能以益國掠其人不可以強兵徒以中國之大而使見侮於小夷則四方何所仰觀哉唐太宗擒頡利而靺鞨來朝太宗曰靺鞨來突厥既服也今倭奴不及於突厥遠甚若其內屬如靺鞨者又多臣恐其有効尤於後也以臣度之倭奴之國去高麗耽羅不遠今戍高麗耽羅者當不下數百萬戍慶元海道者亦不下數百萬每歲水教以作士卒

之氣大艦數百薄海上下然迄未能以兵服之者地絕大海險故也間往征之三軍之士感激嗚咽誓不再見父母妻子颶風連晝夜大魚跋扈驚篙桅勁弩不暇發齒舌相視不幸而有覆艦之虞衣衿結聯溺死枕籍幸而一存投刀斫莖手指可掬雖親戚不相救援生死尚未能保何暇較勝負者哉昔隋人統五十二萬人伐高麗高麗終拒守不下所恃者鴨綠一小江耳今倭奴之強固不如高麗而大海之險甚於鴨綠水者奚啻幾十倍其人率多輕悍其兵又多銛利性習於水若鳧鴈然又能以攻擊爲事而吾海道之兵擐甲而重戍無日不束而望洋而歎使其恃強不服雖盡得而勦之摧朽拉腐也彼乃肆然未嘗一懼非恃險也何敢若是吳嘗浮海伐夷州矣獲其人三千而兵不助強隋嘗浮海伐留仇矣拔其城數十而國不加益也何則人非同我嗜欲弗能生也地非

接我疆土弗能有也爲今之計果出兵以擊小小之倭奴猶無益也古之聖王務修其德不敢勤兵於遠當其不服則有告命之詞而已今人往往遣使臣奉朝旨飛舶浮海以與外夷互市是有利於遠物也遠人何能格哉魏文帝謂辛毗曰昨張掖獻徑寸大珠今欲求之曷若辛毗對曰聖王惟德之務四夷畢獻方物求而得之不足貴也今不若罷我互市從彼貿易中國免徼利之名外夷知効順之實計莫便於此彼倭奴者心嗜利甚我苟不以利徼之雖不煩兵猶服也何以知其然也漢建安中鮮卑軻比能冠遼東三郡其後來朝則詰之曰我雖夷狄亦人也禽獸猶知擇美水草以居況我人乎哉前者守臣數徼我以利使吾不得畜牧吾故叛去今反其法吾故來又況倭奴之人稍知文字豈反不及軻比能耶而獨不知効順者此臣所以日夜扼腕切齒爲朝廷惜也臣年

長矣每思傅介子班超之所爲慨然嘆息使二子不自奮於絕域未免爲田里之匹夫功或不成於漢朝至老死亦無聞於後世臣自揆不能如二子之智而欲有二子之功罪不容於死幸而朝廷假臣一命奉其告辭得往諭之亦一奇也議者必曰鄉曾數遣使猶不得要領近自對馬絕景等島渡大海經趨太宰府高麗耽羅沮撓百出留使臣不使遽見中夜守護排垣破戶喧呶器號兵燧交舉後雖僅得其使介來廷終至渝平而不服意者一泛使之遣未足以服之乎自臣觀之今則高麗耽羅已服所未服者倭奴而已然亦不勝其懼矣故今遣使不可與鄉遣使並論也臣必謂其王曰海東之地曾不能當中國一大州其兵衆之多寡可料而知也以今中國之盛不即加誅於海東者天子之德不忍煩兵於遠非有愛於海東也鄉者王之衆航海而來驚我海道之兵且戰且

郤王之輜重喪失者太半而我曾不損一毫三軍之士忿然含怒甚惟寢忘之當慶元海道者莫不被堅甲蹶勁弩帶利劒飛艦弊海而東超足距躍輕風濤萬里之險決死生以問罪於王兼之高麗躭羅之衆其識海道習水性與王國同是王數面受敵也然迄今不即加兵者意王猶有人心欲以禮義服之又不忍煩兵以苦王以故遣使臣來今朝廷攻王之土地非如伐夜郎略朝鮮可以置城守也雖得之越海弗能有也寶珠金帛積如丘山不恃外夷之貢獻也殊方異物來獻于庭又不假王之重貨也罷我之互市從王之貿易吾土地之所產王反得而用之也然王之名物不譯於舌人也久邊隙一開市易且有禁非王之利也且夕大兵且來王必悔之若聽使臣是得效順之美名而免受敵之實患也此臣諭之之說也續文章正宗

克新送壽上人還日本序

日本壽上人將返其國乞言於嘗所遊者而屬予序上人首參南堂禪師復登諸大老之門其聞見之博造詣之深盖不言可知矣況其所得之妙有非文字所能形容者雖言之而奚益也夫上人由中國而還也宜知中國之事諭其國人而中國之事浩以繁非上人所能悉然則吾所宜言者莫大於是歟共惟我皇元奮起朔方撫有諸夏四夷八蠻罔不臣服幅員之廣疆宇之大雖三代無有也都邑城郭人民生聚之繁中外百司文武材能之盛禮樂文章紀綱制度燦然可述漢唐而下無有也著令西天佛子爲皇帝師自皇帝諸王公卿大夫士咸稟其戒法崇立招提蘭若殆遍寰區象教之隆漢明以來無有也猗歟休哉億萬斯年之基可見矣天地之高厚無不覆載也日月之明無所不照也雨露之潤無所

不濡也中國之大無所不統也越裳氏之言曰天無烈風海不揚波意者中國有聖人乎今海外諸國熈熈以樂其生而安其土者皆吾聖天子深仁厚德之所涵煦也猗歟盛哉今上人之還也有問焉則以斯言告之使而國之人知越裳氏之言爲不誣也上人自號椿庭嘗典藏秀之天寍端恪勤敏有志異日其將鳴南堂之道於日本也歟雪廬集○隣交徵書椿庭名海壽一號大杯南禪寺僧竺仙法嗣貞和中遊元留二十一年源公尊氏之季子云

克新送謙上人序

日本謙上人以慕諸夏吾道之隆乃航海而至謁諸師而叩焉前年留福建去年寓浙東今又愛斯文之懿乃躡蹻來浙西造予而請也上人昔也涉洋海蛟龍之險今也冒兵戈貔虎之虞可謂艱且勞矣以上人之難且勞如是孰不欲須其所蓄而進也況予之庸昧其敢愛而靳乎夫文於道一而二二而一者也經云治世語

言不違實相是也儒云文武之道布在方册不其然歟上人苟能明乎道則於吾文何有莊周云筌者所以在魚得魚而忘筌蹄者所以在兎得兎而忘蹄言者所以在意得意而忘言上人行也於是□而求之其庶幾乎上人字以亨同○以亨名妙謙號無礙諡佛眞伊豆國淸寺祖笠仙法嗣時嘗游中國

悟逸住豐之蔣山山門疏

山門今請龍山見首座住持豐州蔣山興聖萬壽禪寺開堂演法祝延聖壽無疆者靑鳳羽毛覽德輝翺翔而下黃龍頭角際風雲慶會之期顧聲名文彩難藏奈歲月腥香莫掩某眼瞰西江碧色胷吞東海層瀾三十年吳楚爛遊二六時巳體不昧靖退小節堅尊宿鉄限之何堪一步大方慰太守金城之遠慕出匣劍眉間高掛豐山鐘霜降自鳴爲寂庵爲東巖孤踪胷中自定得大愚得黃蘗恩義句下難瞞石樓一瓣香金闕萬年壽龍山錄○隣交徵書德見號龍山諡眞源大照兩足院開祖貞和中遊元嗣法東岩

留彼數年
歷年名刹

明

惠帝書

奉天承運皇帝詔曰覆載之間土地之廣不可以數計古聖人疆而理之於出貢賦力役知禮義達於君臣父子大倫者號曰中國而中國之外有能慕義而來王者未嘗不予而進之非有它也所以牽天下同歸于善道也朕自嗣大位四夷君長朝獻者以十百計苟非戾於大義皆思以禮撫柔之茲爾日本國王源道義心存王室懷愛君之誠踰越波濤遣使來朝歸逋流人貢寶刀駿馬甲冑紙硯副以良金朕甚嘉焉日本素稱詩書國常在朕心弟軍國事殷未暇存問今王能慕禮義且欲爲國敵愾非篤於君臣之道疇克臻茲今遣使者道彝一如班示大統歷俾奉正朔賜錦綺二

十四至可領也嗚呼天無常心惟敬是懷君無常好惟忠是綏朕都江東於海外國惟王爲最近王其悉朕心盡乃心思恭思順以篤大倫毋容逋逃毋縱姦宄俾天下以日本爲忠義之邦則可名于永世矣王其敬之以貽子孫之福故茲詔諭宜體眷懷建文四年二月初六日○善隣國寶記

成祖書

奉天承運皇帝制曰天地之中華夷一體帝王之道遠邇同仁昔者虞德誕敷外薄四海咸建五長周室方興無有遠邇畢獻方物不能外於範圍咸得蒙其福澤也咨爾日本國王源道義知天之道達理之幾朕登大寶即來朝貢歸嚮之速有足褒嘉用錫印章世守爾服眷茲海甸密邇東郊素稱文物慕尚詩書朕今命爾惟謙勤可以進學惟戒懼可以治心惟誠敬可以立身惟仁可以撫

衆惟信可以睦鄰惟忠順可以事上惟德可以動天地感鬼神於戲朕守帝王之道仰承天地之仁爾堅事大之心亦有無窮之福永惟念哉毋替朕命永樂元年十一月一十七日〇同

又

皇帝勑諭日本國王源道義使臣回言王修悳樂善忠良恭謹朕深爾嘉又能遵奉朝命禁止壹岐對馬諸島之人不爲海濱之害用心勤至尤爲可嘉自今王更宜戒戢其民使皆就農樂業王亦有無窮之令名故勑永樂二年十月初二日〇同

又

勑諭日本國王源道義朕惟天生萬物覆育無不周君統萬方仁恩無不被古之帝王體天之悳順物之情以爲治而天下之民咸得其所者率由是道朕荷上天眷命皇考聖靈福延朕躬君主天

下凡海內海外皆朕赤子咸欲其安寍以遂其生即位之初遣詔
諭王明示朕意王克欽承效須識達朕心報使之來懇欵誠至朕
念王稟資湻懿賦性聰明惪行超乎國人之上信義著乎遠邇之
間非惟朕心所悅實乃天心所鑑庸賜印章申之以誥命重之以
褒錫比歲及今屢遣朝貢誠意益至敬謹愈加寔能恭順上天下
爾士眞可謂賢達矣近者使臣由王國回言王嘗夢見朕皇考葢
福以皇考神靈在天鑑觀四方無遠弗屆王心寢寐不忘恭敬精
神感格故形爲禎夢朕皇考爾夢於王即所以監臨於王也皇考
監臨即天之監臨也豈惟王一身之慶將見王之子孫國人皆有
無窮之慶且以王之感格于朕皇考之心與上天之心者言之若
對馬壹岐等遠島海寇出沒劫掠海濱朕命王除之王即出師殲
其黨類破其舟檝擒其渠魁悉送京師王之尊敬朕命雖身在海

外而心實在朝廷海東之國從古賢達未如王者朕心喜慰深用褒嘉自今海上居民無劫掠之虞者王之功也如此豈不可以上合天心與朕重考之心乎王之令名自茲永著光昭靑史傳於不磨豈惟王一身有無窮之譽雖王之子孫世濟其美亦永有無窮之譽矣今遣使諭朕茲意加以寵錫王其益懋厥德以副朕懷故

永樂四年正月十六日〇同

又

勑諭日本國王源道義朕誕撫萬方愛養黎庶一視同仁無間彼此咸欲其無寇攘灾沴之虞無飢寒疾疢之苦老者得養幼者得息暨鳥獸魚鱉飛走蠕動跂行喙息之類咸欲其生遂此上天之道仁政之大也故四方萬國之來庭者諄諄誨諭欲其上順天心保䘏生靈惟王資性溫淳敦厚周慎惠和膚敏恭儉慈仁聰明特

達而賢聲素彰律已愛民而善道益著奉藩守職欽承罔違昔者海寇攘竊肆虐邊隅彼此爲梗民罹其殃朕命王殄滅之以除蠹蠹王即發兵掩捕破其舟艦戮其黨與擒其首賊遣人繫送來京而渠魁遠竄海島偷息鯨波魚蝦出沒莫適其鄉舟楫猝不能及鋒鏑猝不能加施之以恩不能以懷動之以威不能使畏王乃晝夜謀思至忘寢食四出追襲百計以擒之茲焉遣使上表獻俘于庭詞意懇悃哀情溢見朕覽讀再三甚深慰悅嘉歎不已王之忠誠可以貫金石可以通神明允合天心式慰朕望自今海隅肅清居民無警得以安其所樂雞豚狗彘舉得其宜者皆王之功也眷茲偉績寤寐不忘臨風顧懷良切于中夫治天下國家者能體天地生物之心去災捍患使天下國家大安萬民熙皞功莫大焉則天心悅鑒使享有無窮之福子子孫孫不替益盛此爲善之報理

固然也王之脩身體道樂善不倦昭令悳於東島播芳譽於中國垂光靑史與天地悠久誠所謂賢人君子有志丈夫哉日本自有國以來如王之賢達者蓋未之有也自古賢者無不好善而好善者無不蒙福若王之好善則必享有福祿永永無窮矣茲遣人以勑諭王申以寵賚用致朕嘉奬之意王懋膺隆替眷體朕至懷故諭永樂五年五月二十六日〇同

宣宗諭日本使

勑諭日本國使道淵爾究通佛氏之旨曉達君臣之義在彼境內超於羣倫比者以其國王之命遠涉海波來脩朝貢達其王敬天之懇款其王事大之心言調有常進止有禮從容恭謹朕甚嘉之今特授僧錄司右覺義之職俾歸本國住持天龍寺爾其益精善道闡宗風益堅至誠用副嘉奬欽哉故諭宣德八年六月初六日〇同

代宗諭日本國王書

勅諭日本國王源義成惟王聰明賢達敬天事大以福一國之人良用爾嘉朕恭承天命嗣登大寶主宰華夷王又差正副使允澎等賫捧表文并以方物來貢見王之勤誠茲因使回特令賫勅諭王并賜妃及妃銀兩綵幣王其體朕至懷故諭景泰五年五月初九日○同

又與日本二使書

勅日本國正使圭密副使中立爾國王源道義忠賢樂善上能敬順天朝恭事朝廷下能祛除寇盜肅清海邦王之誠心惟天知之惟朕知之朕君臨萬方嘉與民物同囿泰和亦惟爾王能知朕心今爾將王命遠至京師達王悃欵敬恭使職朕甚爾嘉特賜勅獎勞仍賜時果四品爾其受之故勅永樂五年五月廿五日○眞書相國寺藏

神宗賜玄蘇本光禪師號并蜀錦伽梨劄

兵部爲欽奉聖諭事照得頃日因關白具表乞封皇上嘉其恭順特准封爲日本國王已足以遠慰內附之誠永堅外藩之願矣但關白既受皇上錫封則行長諸人即爲天朝臣子似應酌議量授官職令彼共戴天恩永爲臣屬恭候命下將僧玄蘇授日本禪師官職以示奬勸擬合給劄爲此合劄本官遵照劄內事理永堅恭順輔導國王恪遵天朝約束不得別有他求不得再犯朝鮮不得擾掠沿海各保職位共享太平一有背違王章不宥須至劄付者

右劄付日本本光禪師玄蘇准此（萬曆貳拾參年二月初四日給○按玄蘇字景轍號仙巢以酊菴祖嗣法湖心從朝鮮役掌書牘之事○仙巢稿）

又諭日本國王平秀吉

皇帝勅諭日本國王平秀吉朕恭承天命君臨萬邦豈獨乂安中華將使薄海內外日月照臨之地罔不樂生而後心始慊也爾日本平秀吉比稱兵于朝鮮夫朝鮮我天朝二百年恪守職貢之國

也告急于朕朕是以赫然震怒出偏師以救之殺伐用張原非朕
意迺爾將豐臣行長遣使藤原如安來具陳稱兵之由本爲乞封
天朝求朝鮮轉達而朝鮮隔越聲教不肯爲通輒爾觸冒以煩天
兵既悔禍矣今退還朝鮮王京送回朝鮮王子陪臣恭具表文仍
申前請經畧諸臣前後爲爾轉奏而爾衆復犯朝鮮之晉州情屬
反覆朕遂報罷邇者朝鮮國王李昖爲爾代請又奏釜山倭衆經
年無譁專俟封使具見恭謹朕故特取藤原如安來京令文武羣
臣會集闕庭譯審始末并訂原約三事自今釜山倭衆盡數退回
不敢復留一人既封之後不敢別求貢市以啓事端不敢再犯朝
鮮以失鄰好披露情實果爾恭誠朕是以推心不疑嘉與爲善因
勑原差遊擊沈惟敬前去釜山宣諭爾衆盡數歸國特遣後軍都
督府僉事署都督僉事李宗誠爲正使五軍營右副將左軍都督

府署都督僉事楊方亨爲副使持節齎誥封爾平秀吉爲日本國王錫以金印加以冠服陪臣以下亦各量授官職用溥恩賚仍詔告爾國人俾奉爾號令毋得違越世居爾土世統爾民蓋自我成祖文皇帝錫封爾國迄今再封可謂曠世之盛典矣自封以後爾其恪奉三約永肩一心以忠誠報天朝以信義睦諸國附近夷衆務加禁戢毋令生事于沿海六十六島之民久事徵調離棄本業當加意撫綏使其父母妻子得相完聚是爾之所以仰體朕意而上答天心者也至于貢獻固爾恭誠但我邊海將吏惟知戰守風濤出沒玉石難分效順既堅朕豈責報一切免行俾絕後釁遵守朕命勿得有違天鑒孔嚴王章有赫欽哉故諭萬曆二十三年正月二十一日頒賜國王紗帽一頂展角全金箱犀角帶一條常服羅一套大紅織金胷背麒麟圓領一件靑褡護一件綠貼裏一件皮弁冠一副七旒皂縐紗皮

弁冠一頂（旒珠金事件全）玉圭一枝（袋全）五章絹地紗皮弁服一套大紅素皮弁服一件素白中單一件纁色素前後裳一件纁色素蔽膝一件（玉鈎全）纁色粧花錦綬一件（金鈎玉玎璫全）紅白素大帶一條大紅素紵絲寫一雙（襪全）丹礬紅平羅銷金夾包袱四條紵絲二疋黑綠花一疋深青素一疋羅二疋黑綠一疋青素一疋白[illegible]絲布十疋（眞蹟本○肥前蓮池成留氏藏）

瓦官寄天台僧書

大明皇帝神聖威武驅羣□而出境復前宋之故土中原既平邊境亦靖時則游神內典思欲振之故於今春正月望日詔天下三宗碩德一千餘員建普度會于京之蔣山寺帝自齋戒一月禁天下屠殺率文武百官詣壇設拜又勑制樂章命樂師奏以獻佛衆見廟光燭天夜雨五色之物狀若珠璣時帝大悅天界白庵禪師以吾宗耆宿而數召對經論稱旨迺奏復瓦官爲天台教寺衆卽

推某主之蓋前兩年皇帝凡三命使干日本關西親王皆自納之于時以祖來入朝稱賀帝召天寧禪寺住持祖闡瓦官教寺住持某命曰朕三遣使干日本者意在見其持明天皇今關西之來非朕本意以其關禁非僧不通故欲命汝二人密以朕意往告之曰中國更主建號大明改元洪武卿以詔來故悉阻於關西今密以我二人告王知之大國之民數寇我疆王宜禁之商賈不通王宜通之與之循唐宋故事修好如初又命曰朕聞其君臣上下咸知奉佛敬僧非汝僧不足以取信彼有禪教僧欲訪道中國悉使之來無禁惟汝二人往哉無忽即賜之三衣與十八淨物之切於用者又恐至彼言語不通選關東禪僧之在中國者得東山長老椿庭壽公中竺藏主權中巽公以其參方有行命貳以行某謂通國使命佛所戒也使無補于佛之教而欲犯佛之戒其雖死弗爲也

今皇帝既以我爲可信而遣之則是我持不妄戒也勸人禁寇不盜戒也修兩國之好使商賈交通民安其生兵不加境不殺戒也持佛之戒而爲帝者使則是爲佛之使也故承命之日以此而不辭五月廿日命舟四明五日至五島五日而抵博多

楊鎬與平秀吉書

欽差經理朝鮮軍務都察院右僉都御史楊□咨爾平秀吉大明
皇帝因朝鮮王代爾請封嘉爾恭順不忍爾兩地之相戕傷天朝用遣使臣渡海勅封爾秀吉爲日本王爾得據有名號雄長諸島自宜銜戴皇恩韜戈修德以樂爾餘年貽慶爾幼子斯爲永圖胡使臣甫歸遽敢違制背盟以朝鮮禮文爲辭又復侵占釜山機張之間乎今朝鮮赴告皇帝震怒已逮讉使臣更置兵部總督別設經畧經理興問罪之師於海上爾度爾之力即抗朝鮮且勝負難

必若天朝視蕞爾日本即爾六十六島中之一島耳況爾既受王封已爲臣屬臣與君抗天理不容神明且殛之昨年爾國地大動搖此其兆也尚不安靜祈福而欲日尋于兵乎爾已六十餘歲壽命幾何子未十齡孤弱何恃聞各島之酋俱覘爾之隙爲復讎報怨之舉爾不銷兵綏衆安妥人情乃使悍將擁兵于外一旦諸島內變蕭墻禍起即清正諸將各思爲君豈肯久居爾下將來又豈肯居爾子之下者以理勢論之爾不如速行罷兵脩好朝鮮懇請天朝之威靈默消諸島之睥睨其前所乞朝廷與爾處分者何非可明白奏來朝廷量包乾坤視爾與朝鮮皆爲臣子無必偏重爾若不自悔禍任爾以數十萬百萬壓朝鮮在天朝仁恩極溺義必討逆亦不遠勦大兵但勅馬步十萬濟釜山助朝鮮之順兩浙水兵十萬分兩道以樓船從南海與爾秀吉見于烏沙蓋且問山城

君安在也爾其慎思之萬曆二十五年五月十六日眞蹟本肥藩辛島氏藏○按此書日本現已石印入會餘錄

李□諭日本國諸酋長書

提督總兵官都督李□諭日本國諸酋長朝鮮世奉天朝正朔不失臣節故加其義而列之藩國如遇外寇侵陵必相救援此天朝柔遠字小之仁也往者關白逞兇狡焉啓疆虔劉其人民焚爇其廬舍走其君臣而掠其玉帛與爾國有不共戴天之讎者我聖天子赫然震怒不吝帑金不靳糧餉命將興師驅逐憑陵還其土地復其宗社此俱往事今無論已顧朝鮮爲爾國破殘瘡痍未甦元神未復聖天子惓惓軫念屬藩慮其衰弱不能自振乃專勑經理撫院遴選本鎭提督拔擢將領提兵十萬分守要地善後朝鮮爲屯牧長久之計且簡書諄諄惟務蕩平外寇殄絕片帆戰守機宜本鎭專責即今爾輩返其原使似有悔心之萌但連年戰爭干戈

相向卽一旦改心易慮誰復信之但今送還人役乃昔年三提督所遣也本鎭繼來朝鮮安得與聞第念爾國不羈使人不戮俘獲遣將輸誠翻然有恭順之意乃特加爾優賚發還此後毋得假事差遣窺伺海濱雖一价相通亦所必謬且朝鮮既奉我命令亦不敢擅自通和自起昔年招侮之漸爾國雖越在海外亦我天地覆載赤子也誠能無事侵陵恪守境土我皇上天地存心亦且包容茹納盡收之覆載中矣豈獨愛字朝鮮而故仇爾國耶爾其思之如諭奉行萬厤二十八年四月二十一日○異稱日本傳

居頂送右闡教鷲峰禪師奉使日本頌序

皇帝卽位改元永樂之初天地淸寧雨暘時若凡四方薄海內諸國莫不遣使朝賀貢獻水土之物於是皇上推恩柔遠一視同仁分遣使者賷詔往諭嘉荅其意載念日本邈乎鯨濤數萬里外而

其國雅尚佛乘是宜參用名德沙門密贊聖化乃選僧錄司右闡教兼天界禪寺住持臣某偕朝之近臣等往使彼國導揚德意禪師嘗受知太祖皇帝被選入朝爲僧錄掌教又蒙宸褒美兼領天界住持天界實天下首刹也自禪師居之中外信嚮龍象駢集動盈數千指自非道契佛祖行服幽顯者曷能臻此哉及是命宗門莫不以朝廷出使得人爲賀僚宷諸友咸爲詩頌以贈而屬某序諸首簡惟日本距中國雖甚遠然自漢唐以來遣使朝貢恒不絕其國素尊佛教知慕中國宗傳之盛前代遣僧涉海來遊學焉今皇上誕膺天命寵綏四海聲教所被靡不稽首臣順而爭先賓貢者宜矣禪師持節以往竊意天威所加海若山君効職驅使而祥風送颿神物迎掉雖數萬里跬步也滔天鉅浸平陸也何足計慮哉而禪師德望之重師法之尊宗傳之懿才辨之贍皆足以化服

彼方遠人遠人見之吾知胥爲悅從矣而師也震之以法雷潤之以法雨襲之以慈風煦之以慧日將俾窒者通晦者明咸獲充其所願焉一時拜伏西向稱謝吾君吾佛之大賜矣然則禪師是行也其於朝命榮幸何若哉其於宗教增重何若哉余因作序姑言其概至若弘化偉績倘俟他日還朝執筆繼書焉圖菴集○按明史日本傳永樂元年又遣左通政趙居任行人張洪偕僧道成往五燈會元續畧續稽古略等書云道成出使日本及歸有恩賜

又送松岩住上人侍師奉使日本國序

凡爲吾徒者貴有明道然明道必資于師師也者教誥之本也苟得其師則階之以脫去塵累成就慧身而永謝生死輪轉逍遥于三界之表厥恩大矣然則師恩如是而以事親者事之豈忝乎哉故昔之高僧曰智藏曰常超皆能謹奉其師載于方册不可湮沒者此也金陵松岩住上人師事右闡教天界雪軒翁有年矣致力

幹蠱尅志問問學兢兢業業維日不足也永樂元年秋雪軒翁應選往使日本其國邊于扶桑出日去吾華夏絶遠鯨濤際天魚龍颶風之變不測往者靡不目眩股栗惟松岩出衆投誠願充侍行之列有司以聞上許之亦蒙錫賚行有日松岩詣余徵言甚勤至辭弗獲乃曰汝之師雪軒翁福德深厚素藴專對之才今兹膺命而行胸次浩然畧無留戀之意是非忠乎國家者能如是乎汝知師恩侔乎二親故能奮志相從心悦誠服畧無畏難之色是非孝乎師者能如是乎惟忠與孝可以動天地感鬼神况聖人在上朝命之嚴乎然則溟渤雖廣一葦可航神物護持曾不幾何飃飃歸旆揚于龍江矣行矣松岩余曰俟焉同

道聯送繕上人序

上人昌繕者扶桑望族以材能爲國主所知永樂元季其國貢方

物來大明脩新天子賀禮繕預其行由是國中之僧與之遊者咸作詩以餞成一華軸惟鈌序引及奉旨還國道過吳會踵門求予爲之夫稠人中獨能感人攀戀之情睠睠形諸咏歌者必其胸中有以異於人者矣雖然予觀繕貌僧而服俗察其動靜又似僧也筆通其言乃普明國師門人又禪者也不當以山川風物衣冠禮樂朝廷燕饗主賓揖讓世間之事可以變夷者告當以出世間法告之俾其脩煉精神不爲物化循致其極可爲佛也佛之道廣大無所不容隨類攝化不拘形相阿那羅王之惡婆須密女之婬皆善財所參知識獨不可以俗服通使命成兩國之歡乎况其國俗一受歸戒即剃落而稱沙彌繕雖爲大僧而乃退就沙彌之列亦足見其謙德自持其他予不知也繕能因予之說以悟無說之旨則德山末跨船舷之棒柬之高閣不謬爲禪者矣繕其勉之永樂二年甲申春正

月既望杭淨慈住山道聯序○眞蹟本平安崇蘭館藏按明史日本傳永樂元年十月使者至上王源道義表及貢物

王守仁送日東正使了菴和尚歸國序

世之惡奔競而厭煩拏者多遯而之釋焉爲釋有道不曰清乎撓而不濁不曰潔乎狎而不染故必息慮以浣塵獨行以離偶斯爲不詭於其道也茍不如是則雖皓其髮緇其衣梵其書亦逃租繇而已耳樂縱誕而已耳其於道如何耶今有日本正使堆雲桂悟字了菴者年踰上壽不倦爲學領彼國王之命來貢珍於大明舟抵鄞江之滸寓館於驛予嘗過焉見其法容潔脩律行堅鞏坐一室左右經書鉛朱自陶皆楚楚可觀愛非清然乎與之辨空則出所謂預修諸殿院之文論教異同以並吾聖人遂性閑情安不譁以肆非淨然乎且來得名山水而遊賢士大夫而從靡曼之色不接于目淫哇之聲不入于耳而奇邪之行不作于身故其心日益

淸志日益淨偶不期離而自異塵不待浣而已絕矣茲有歸思吾國與之文字以交者若太宰公及諸搢紳輩皆文儒之擇也咸惜其去各爲詩章以艶餙迥躅固非貸而濫者吾安得不序皇明正德八年歲在癸酉五月既望餘姚王守仁〇眞蹟本伊勢正住氏藏〇隣交徵書桂悟諡佛日住南禪寺退居大慈院院在東福寺永正中爲足利氏使人明按籌海圖編正德八年五月夷船三隻使僧桂悟貢方物

宋濂日本瑞龍山重建轉法輪藏禪寺記

我佛如來其正法之流通者有三藏焉一曰修多羅藏二曰阿毘曇藏三曰毘尼藏惟此三藏諄諄化導使一切有情滅妄趨眞誠昏衢之日月苦海之舟航也琅函玉軸多至五千四百四十八卷衆生根鈍莫能融貫善慧大士以方便力造爲毘盧寶藏函經其中一運轉間則與受持讀誦等無有異攝大千于機輪所聚功德不可思議由是薄海內外凡有伽藍者必設置藏室焉日本沙門文珪介鄉友令儀來告予曰本國平安城北若干里有禪寺曰轉

法輪藏舊名寳福廢壞已久無碑碣可徵莫知其何時建立正應元年肯菴全公從周防法眼藤道圓之請嘗就遺址而一新之而僧本覺及梅林竹春巖玲相繼來蒞法席自時厥後風雨震凌又復摧塌弗支白草荒煙蒭蕘之跡交道矣貞治三年衆以文珪或可以起廢力舉主之初寺無正殿唯有藏室一區藏之八楹皆刻蟠龍作升降之勢數著靈異因祀之爲護伽藍神至應安二年文珪欲建殿于其前忽神降于一比丘曰我神泉苑善如龍王也伽藍神來云大藏將傾乃視之漠如而欲有事于殿功是棄所急而不知務也宜亟易爲之否則我足一搖此地當爲湖苟遵吾言改奉王家神御則國祚佛法皆悠長矣言訖仆地覺而詢之絕無所識知事聞于王王大悅曰余憶幼時乳母時禱八龍之神事正相符即遣中納言藤元賜今額元之行有雙白鷺飛翔前導至寺而

止人巽之末幾王遜位號太上天皇給地若干畝以廣寺基文珪殫厥志慮出衣盂之資簡材陶甓使其堅良崇室上覆機輪下承鉅木中貫方格層列經匭櫛比繪像精嚴神君鬼伯翼衛後先所謂楹上八龍者塗以金泥鱗瓜焜燿角鬣森張陰颷肅然似欲飛動國人聚觀無不慶愜文珪復奉今王之命請贖一大藏經安署櫳中規制整飭視舊有加焉經始于某年月日訖功于某年月日縻錢若干貫米若干斛役人若干功太上既棄羣臣文珪別于寺東若干步建盤龍院以奉神御如神之所言云文珪近受王命出持使節貢方物于上國大明皇帝嘉其遠誠寵賚優渥文珪敢籍是有請于執事願爲文持歸勒諸堅砥以示無極予聞七佛尊經實貯龍宮海藏在昔龍樹尊者嘗入其中覩華嚴經上中下三本因記下本以歸西土是則天龍雖以戒緩在龍種中而其向乘之

急得于華嚴會上圍繞盧舍那佛與聞大乘圓頓之教終非他族可及經藏所在其能擁護而顯靈異也宜哉日本初無輪藏有之其從茲寺始文珪承國君之命孜孜弗懈以起廢爲巳任亦可謂流通大法者巳予既爲記其事演說藏中眞實了義爲偈以繫之文珪字延用篤志禪觀善繼大林育公之學者也偈曰世尊大慈父憐憫諸有情自從鹿野苑直至跋提河說無量妙法普度于人天根雖有利鈍隨機獲饒益弟子所結集汗牛復充棟善慧施善巧收攝在轉輪圓樞運動間地軸相回旋法王所說法一一皆現前譬如日月燈能放大光明無非眞般若不見有一法似茲功德聚盡在轉移內一轉詰習空浮如靑琉璃二轉加精進直入智慧海三轉到彼岸安住涅槃城以至千百轉轉轉俱一同循環若弗停我輪未嘗動此以何因緣動靜無相故瑞龍有精藍重建毗盧

藏中函貝葉多字如恒河沙沙沙各具佛不翅那由他還以一佛攝攝盡無復餘大包于無外小則入無內是謂神通藏萬劫終不磨非比有漏因成壞每相仍所以天龍衆在在悉護持有時著靈異雷電儵變幻守此清淨域外道不敢干我持如意輪讚此大乘法告爾諸佛子晝夜須勤行有悟片言間全體即呈露不著前後際廓然無聖凡豈惟佛子等龍神亦當聽乘戒二俱急共成無上道宋文憲公護法錄

來復龍山大定菴記按菴在南禪寺今已墟矣

日本爲國居大海之東其俗崇佛敬僧精舍伽藍棋布城內聲教之美往往取法中夏而其禪居皆遵百丈舊制云云其傳法之徒又嘗參承中夏諸名宿藉爲世家以著其宗系焉自其國王臣庶樂善好施者咸得執弟子禮而師尊之至施私第以創寺割腴田

以飯僧悉如所願欲也龍山大定菴者乃南禪住山在菴禪師退
休地南禪爲海東首刹非有道者不得與其選在菴蓋爲亞相大
夫源公義滿所知特奉國命主其席而是菴之施其源公捌以奉
師修老焉開基於德應安甲寅春落成於是年冬某月某日也奉
佛有殿安僧有堂門廡庖湢完具無遺菴據獨秀峯之趾萬松擁
翠合磵爭流蓋勝處也師之徒一光問法南來以事實謁余而請
記夫如來世尊微妙法音大千普聞無間幽顯若凡若聖所尊奉
然以衆生從無始來迷已爲物昏沈掉舉心識靡寍是故如來隨
機演法開方便門以稜嚴示其大定以般若明其大慧欲令末世
諸修學人定無勝慧慧無勝定必使定慧均等不墮於偏然後爲
圓證之妙功也今在菴脩於慧學而能以大定名菴蓋有見於斯
矣然所以自利利他者寍不爲無窮之慧乎余因一光之請弗獲

辭姑以定慧之旨喻之俾來者燕處是菴益思所以自勉俾無徇乎名而遺其實也在菴學通內外訓徒有軌則嗣法東海源公遡源而上爲東山九世云天授院寫本

來復石城山呑碧樓記按樓在博多津今墟

吾無我上人搏桑產也參歷中國有年矣一日謁余而告曰吾受經之地瀕瀕東海四顧混然水雲一碧嘗作小樓爲先師月堂禪燕之所因顏曰呑碧以識其勝敢請師一言記之余曰噫子之所謂呑碧者獨有見於海乎海於虛空其猶印水耳即一隙而窺其明舉一滴而測其廣虛空亦大海也然則孰爲優劣哉蓋虛空之量包括無外空體廓周充徧法界紺潔虛朗如淨瑠璃覩之不無攬之不有心存目寓融接無邊呑碧之義豈不有得於是乎雖然空不自空即空是色色不自色即色是空空色一如無染無襍故

知如來妙心菩薩妙色皆同一眞非有□法譬之普賢毛孔世間種種名像等物悉入其中無有留礙登斯樓者作是觀已廼至百億利土百億日月百億須彌帝青光明洞照眉睫曾何有間於毫芒也哉余以是說記呑碧之義上人其諭之否乎嗚呼天下好樓居者多矣吸光飲綠然率以燕酣相歡鮮有休息于禪悅者今上人獨見於道而識以呑碧則斯樓高顯殊特視慈氏之宮不爲侈矣余記之何辭洪武歲在閼逢接提格春二月二十有四日抗州府靈隱禪寺住持豫章釋來復記○石城遺寶○按月堂名宗規筑前妙樂寺開祖大應法嗣無我名省吾貞和中再入元歷明特延見賜紫衣卒

汪鏜重修補陀山寶陀禪寺記

明郡當溟渤之會其東屬邑曰定海補陀山在定海外二百餘里遠望滄茫杳靄隱見明滅如鳧鳬帖帖伏水中佛書稱補陀洛伽山海岸孤絕處是也或云梅岑山子眞爍藥處因以名焉今皆不可考矣自山東行西折爲潮音洞廼觀音大士現化之地石壁中

裂傍罅兩岐又西爲善財洞石齒齒不容足緣崖泉滲滴若垂纓不斷前入海數尋有礁突起如瓶爐狀又自山北轉得磐石巖頂上有竇可以下瞰海天孤潤洞府幽深波濤際空茫無畔岸烟霧晝暝四景若一倒影凌虛排雲御風誠上聖之窟宅而非塵寰俗界所可彷彿者也昔梁貞明間日本僧惠鍔得觀音瑞相於五臺山將迎歸本國舟抵新螺礁蓮花當洋舟藏不前鍔禱之曰是我國無緣見佛當從何所立建精藍有頃舟行泊于潮音洞遂此地創建梵宇憑依佛乘宋元豐間賜寶陀寺額歷代因之崇尚不廢至我國朝益加尊禮世百千年休祥蒙賴於戲盛矣哉維我觀音大士通明圓覺神應變化運慈悲定慧以闡教利生開迷救苦奇功妙道不可殫述故能使千百萬億人無貴賤賢愚無遠近大小起心歸向開口誦念合掌恭敬焚香頂禮四方善士及緇羽輩每

於春月即洞中參禮求現而王侯妃嬪貴戚貂璫薦金寶以致誠懺悔愆以祈宥使者冠蓋相屬於道然乘筏渡海觸犯風濤竟無濡足之患而爲觀音必相之則證應從可識矣嘗聞故老說補陀佛屢著靈異凡我衆生意念精虔往往聖像放光金色身照耀天日靑蓮擁瑞天樂發音金橋矗空祥鳥繞樹百靈祕怪恍惚呈露隨刹現身形不可測識亦異矣嘉靖癸丑島夷犯順據爲巢穴軒搆摧圮緇錫解散國朝勅賜碑文俱斷裂仆海中所僅存者獨聖壽寺琉璃無梁等殿而梵音虛寂鼎篆塵蕪者垂數年然教不終否有五臺龍樹寺僧眞松北遊來京師聞其事于禮部時宮保大學士養齊嚴公爲太宗伯亟下其議于郡縣俾給劄住管崇奉香火而演律儀以資景福靈山勝會一旦光復非我嚴公道契百靈德兼三教其能洽和幽明興舉廢墜有如是哉維時我郡侯太恒

吳公總戎草堂劉公相與恊贊規畫次第脩舉一號令之餘而改觀易聽矣適御馬監太監松菴馬公景慕名山起心發願迺範金成佛綉綵結旛不惜重貲歸誠于佛一時輻輳增重叢林豈非事有待而化有緣耶而謂我觀音佛法力冥助神功默相誠不誣也闡茲靈異普濟羣生其俾我四方息警雨暘時若災厲不興物生蕃阜環海內外斷惡脩善佑我邦家用臻康乂則百千萬年永賴洪庥酬德報恩者寍有紀極耶鍠生長海濱習聞靈蹟且身享康竊濫竽祿位母氏年踰大耋高堂無恙藉此福德敢忘厥自故因眞松之請不諱鄙陋爲文以紀其事而復系之以詩曰縹緲靈山嵯峨蹟石廻抱滄溟吞吐潮汐石洞峭深瓊泉滴瀝爽氣飛揚嚻塵斷隔佛祖壇場天神窟宅昔我觀音來自五臺覩茲靈境息駕徘徊梵宮夜廠寶刹朝開金容璀璨廣樂喧豗星繁電爍倏往忽

來自昔稱奇於今爲烈貝影扶踈蘭缸明滅百千萬人無論愚哲向山歸禮嘆水致潔蠢爾醜夷據爲巢穴几席荒凉棟宇摧裂道無終否感則必通卿士協吉上下和同垂增雲構弘闡佛風燕還舊壘僧依故宮光復盛美伊誰之功維我觀音慈悲成性我願衆生咸歸清淨聖壽綿延帝圖昌盛默佑陰扶永綏吉慶勝水名山萬年輝映小子顓蒙稽首歌詠補陀山志

豐存叔謙齋記

日本昔被箕子之化而徐市避秦航海攜古詩書以去實出坑焚之前歐陽公所謂令嚴不許傳中國者是也是以其人往往好學謹禮忠義誠慤賢人之澤章章可徵李唐時乃通中國本朝聖德廣被職貢尤勤其允正使者必其國君懿親儀度器識足爲其人領袖者乃行昭其敬也策彥上人凡再至十年前余已知其人比

貢不及期留海上歲餘霜露之霑濡波濤之震撼豺虎之出入鯨鯢之起伏蓋備嘗之必致其命而不敢歸也今年秋得旨許貢乃適鄞焉上奉聖天子威德下遂其君恭順之誠眞善使哉上人初號怡齋今更謙齋葢慕易地中有山之義云爾傳曰天道虧盈而益謙地道變盈而流謙人道惡盈而好謙鬼神禍盈而福謙謙尊而光卑而不可踰君子之終也昔老聃語孔子亦曰功葢天下守之以謙孔子且舉以告仲由是知聖賢相傳謙固心法之要也上人德性醇粹通儒佛二教能詩善書言不妄發動必循禮其精進如摩訶迦葉知慧如舍利弗悟空如須菩提多聞如阿難陀威儀如優婆離其有得乎謙之道者哉古語云欲知其君視其臣日本有臣如上人則其君知人善任使亦可謂賢矣其殆爲天之所益人之所好神之所福以永終譽以上下相親以長守富貴以克光

吾聖天子無外之治庸有涯哉庸有涯哉上人嗣前住天龍心翁安嗣前住南禪竺雲連連嗣前南禪大岳崇崇嗣前臨川點翁誠誠嗣天龍開山正覺國師夢窻石石嗣佛國國師高峯日日嗣佛光國師無學元元嗣中華徑山無準範則知上人所學之源流固出自吾中華而被古聖賢之道化者無疑矣大明嘉靖二十七年歲在戊申孟冬十月壬寅朔旦賜進士天官尚書郎南寓外史

○眞蹟本嵯峨妙智院藏

黃相日東了菴禪師轉職育王寺疏并序

了菴異域叢林之彥也僧臘八十餘龎眉鶴髮動止雅恂尤不苟於言笑清齋習靜之餘默究經典秘義而已初在本國大檀越征夷大將軍以瑞龍山南禪禪寺丈室乏人特命主之緇流允服頃啣國王之命遠使中華得窺聲名文物之盛聞宼波有育王寺琳宮梵宇金碧焜煌乃轉職此寺而居者久之大脩教典寺之懽騰

以盂波府衛諸官僚亦喜其能不墜迦葉而像教之中有人矣予故爲之疏

竊以大教顯于西方流慈于東域分形分跡之時大開廣濟常現常光之世每覺凡愚及于衣鉢失傳劫灰易代金容掩色不鏡三千之光麗象開圖空端四八之相微言拯含類於三途遺訓導羣生於十地況日本乃扶桑之鄰壤而徐僊託蓬島以潛形間生異士今在了菴飛錫瑞龍山究一乘五律之道浮杯育王寺了八藏三篋之文萬派必朝江千岐同適國塵塵刹刹現一毫端去去來來無千界外大海法流洗塵勞而不竭智燈長燄歸幽暗而長明不減不增無垢無淨袖裏千年鐵柱骨本自西來手中萬歲胡孫藤行將東去堇疏正德八年癸酉四月吉日賜進士出身奉訓大夫提督浙江司舶司事華人黄相書于雙柏亭○禪居菴古寫本

張應麒一休和尚讚

學通儒典道闡禪宗爲叢林之表率致譽望之尊崇源源才思落落心胷觀止水而自安行藏有定取狂雲以爲號變化無蹤是宜衍兒孫之昌盛續燈燄於海東也耶成化乙巳秋七月既望都臺後人四明仕隱張應麒焚香拜讚一休名宗純大德寺僧華曇法嗣○眞書眞珠菴藏

柯雨窻怡齋策彥禪師像讚并序

師日本高僧也奉使中華寓于明州有威儀文學予幸辱知於師其徒三英藏主偶出師小影視予予爲之贊曰

姿溫如潭頷珠內藏儒巾釋裳跏趺肅莊琅函時張道心清涼容止可望蘊蓄難量筆翰琳琅詩風曰唐奉表天王蹐趾賓堂明聲震揚宸寵輝光壯覽勝方倦休扶桑身升頤康壽曰無疆大明嘉靖二十年次赤奮若端月四明南遯柯雨窻書○眞蹟本妙智院藏

□□麯祥傳

麯祥字景德其先永平人永樂初侍父百戶亮調任金山年十四

被倭虜去轉商日本其王知爲中國人召見之留左右改名元貴因得力學遂爲土官畜妻子然心未嘗一日忘中國也屢諷主入貢宣德中與使臣抵京上疏陳情臣夙遭虜抱釁痛心死生路梗流離困頓辛苦萬狀生還中國夫豈由人伏乞歸省侍上柔遠方隆不欲遲留之遣令還國許給驛暫詣金山乃惟母存耳母曰果吾兒則耳陰有赤痣驗之信然抱持慟哭悲動鄰里感嘆異爲再生未幾重違上命別去祥至日本啓以聖諭蕃王允之仍令入貢復申前請詔許襲職歸養母子相失幾二十載又有華夷之限得遂初志難矣祥事母備甘旨聞言及父事輒哽咽不已後母寢疾三載朝夕扶持不離左右及卒哀毀骨立哀經三年祥博覽經史通左氏春秋學善吟咏年八十餘以壽終獻徵錄

懷讓慈峯玄周居士像贊幷引

慈峯居士者日本優婆塞也有膂力爲其國之武士而嘗立諸戰功中歲向道授法於龍室和尚遂更爲善人會今其子鶩藏主携其像來求賛爲題數語如左熊蹲氣勢□冠丰姿人物乃扶桑俊秀冠裳肖華夏威儀膂力絶人嘗好爭樸之戲勇謀服衆能防侵負之危收聲名於武畧斂鋒鍔於無爲露柱既參入一指高明禪域法華再聽斷三乘下劣根機在家出家念茲在茲以慈峯而爲表誰非斯人攸宜也大明弘治丙辰夏五月之吉四明天童住山直菴懷讓書于金臺隆福寓所○眞蹟本平安天香閣藏

大虛題日本東曜禪師眞像賛

阿呵呵强出頭成更若何覿面當機無回互淸提明月影婆娑噫不依本分平地風波大明成化一年歲次乙巳仲春下澣僧錄左街善世勅賜隆國開山第一代住持大虛○眞蹟本心源院藏○按東曜名利寅東福寺僧住擇勝菴菴今廢

源道義表

日本准三后臣源道義上書大明皇帝陛下日本國開闢以來無

不通聘問於上邦某幸秉國鈞海內無虞特遵往古之規法而使肥富相副祖阿通好獻方物金千兩馬十匹薄様千帖扇百本屏風三雙鎧一領筒丸一領劒十腰刀一柄硯筥一合同文臺一箇搜尋海島漂寄者幾許人還之焉某誠惶誠恐頓首謹言善隣國寶記○按表建文三年

又

表臣聞太陽升天無幽不燭時雨霑地無物不滋矧大聖人明並曜英恩均天澤萬方嚮化四海歸仁欽惟大明皇帝陛下紹堯聖神邁湯智勇戡定弊亂甚於建瓴整頓乾坤易於返掌啓中興之洪業當太平之昌期雖垂旒深居北闕之尊而皇威遠暢東濱之外是以謹使僧圭密梵雲明空通事徐本元仰觀清光伏獻方物生馬貳拾匹硫磺壹萬斤馬腦大小參拾貳塊計貳百斤金屛風三副槍壹千柄太刀壹百把鎧壹領匣硯一面并匣扇壹百把爲

此謹具表聞日本國王源同○按此在建文四年

又

天啓大明萬邦悉被光賁海無驚浪中國茲占泰平凡在率濱孰不惟賴欽惟大明皇帝階下四聖傳業三邊乂安勛華繼體從昔所希宣光中興不圖復覩貢茀不入固緣幣邑多虞行李往來願復治朝舊典是以謹使其人仰觀國光伏獻方物同○按此在宣德七年

又

大明宣悳九年甲寅惟省製之寶隣修好所愧乘韋惟先溟量包荒何唯雜佩以報爭覩使者光釆則知官儀中興阡陌竦瞻山川增重中謝共惟皇帝陛下奉天紹運濟世安民眷惟僻居於遐方孰不興起於盛際事大誠仍舊貫權宜要在更張秋水長天極目雖迷上下春風和氣同仁豈阻東西勿替斯言克昌厥後同

又

日本國王臣源義成律應東風懸知好道之君出於中國木入南斗具瞻殊常之讖驗於當朝是以傾葵藿之至誠通鴻雁之遠信伏以大明皇帝陛下化孚有截澤洽無垠南桂海北氷天西月峁東日域同文同軌相應相求天戈所麾無不賓順矣臣源義成欽承先志紹知陋邦守在遐方專存外衛屬國多虞有稽職貢見恕爲幸焉耳方今以允澎長老爲專使以僧芳貞爲綱司奉問皇家之安否兼貢方物之不腆瀕蒙嘉澍仰荷鴻庥謹奉表以聞臣源義成誠惶誠恐頓首頓首謹言景泰二年歲次辛未秋八月日日本國王臣源義成同

又

黃河北流一清以生上聖白日西照再中以發皇明既安億兆之

心孰敢二三其德共惟大明皇帝陛下統接千載威加四方重熙累洽誕膺昌期合慶同歡覃及弊邑渺茫海角雖不隸版圖中咫尺天顔猶如在輦轂下兹遣專使清啓長光謹捧方物親趨闕庭伏望寛容曲賜省察謹表以聞同○按表出僧瑞溪手而未之達

源義政致朝鮮國王書

日本國王源義政奉書朝鮮國王殿下比年兩國往來不絶交修隣好莫勝感幸之至抑壬辰載所遣使者尚留滯上國日夜望其歸安否如何萬萬不審仍告先是捧表文具方物朝貢大明國且又求新勘合之符信然弊邑適屬軍旅之事報書并所求勘合皆爲盜賊所奪不一到於此況其餘乎但得使歸國耳今又以事通信大明賴有景泰年中勘合以此爲驗或不諭事者置我於嫌疑之地耶竊承上國之於大明也封域連接聘門頻煩請紹介于我

此事見告則上國之賜孰加焉故以士官性春爲專使往達其意伏冀察我懇求垂仁采納季秋霜冷若時保愛龍集甲午年九月日同

上明憲宗表

日本國王臣源義政上表大明皇帝陛下日照天臨大明式朝萬國海涵春育元化爰及四方華夏蠻貊歸仁草木虫魚遂性共惟大明皇帝陛下神文聖武睿智慈仁皇家一統車書攸同弊邑多虞鼓角未息禹貢山川之外身在東陬洛邑天地之中心馳北闕茲遣正使妙茂長老副使慶瑜首座謹捧方物親承寵光翼推丹衷曲賜素察謹表以聞臣厥義政誠惶誠恐頓首謹言成化拾壹年乙未秋捌月廿八日別幅自別幅兩字到咨一字同幅書之馬肆疋散金鞘柄太刀貳把硫黃壹萬斤馬腦大小貳拾塊貼金屏風參副黑漆鞘太柄刀壹百把槍壹百把硯壹面并匣扇壹百把計奏計成化五年伏奉制書時頒今塡勘合并底簿等物

聖恩至重手足失措感戴感戴然而弊邑搶攘所謂給賜等件件皆爲盜賊所剽奪只得使者生還而已爰有景泰年間所頒未塡舊勘合請以此爲照驗也今後濫行今塡勘合者必賊徒也罪當誅死抑銅錢經亂散失公庫索然土瘠民貧何以施永樂年間多有此賜記之又書籍焚于兵火蓋一秦也弊邑所須二物爲急謹錄奏上伏望兪容書目列于左方佛祖統記全部三寶感應錄全部教乘法數全部法苑珠林全部賓退錄全部兎園策全部遯齋閑覽全部類說全部百川學海全部北堂書鈔全部石湖集全部老學者筆記全部石咨禮部

中外訂約通商年表

日本立約自英吉利始然其互市新羅爲先据日本史筋神護景雲二年賜錦帛於左右大臣納言等使其易買新羅交關之物殆

通商綿蕞歟時唐大厤三年也嘉祥二年當唐大中三年唐船泊於大宰府即筑前國地是中國商往之證延喜三年當唐天復三年其國禁和買唐物尋弛禁天文十年當明嘉靖二十年葡萄牙人至豐後神宮寺浦與國君互約是爲泰西通商之權輿厥後西通者曰朱章船西京堺長崎三處巨商於將軍府領朱章航海故名船限以九寬永十四年爲中國明崇禎十年天草島禁天主教遂禁國民通商其許入港者中國及和蘭人耳而朱章船毀殆盡歷二百年復開港通商先是法俄英吉利美利加等相繼要約互市始拒之力美利加水師泊兵艦四俄羅斯礮輪亦相逼而來咸豐甲寅戊午間要盟開港至于今訂約者之國凡十有八孛漏生云者即中國所謂普魯士與德意志二而一者也曰露西亞即俄羅斯也曰大不列顛即英吉利也曰獨逸即德意志也曰白耳義

即比利士也曰丁抹即丹也曰白露即秘魯也曰布哇即檀香山也餘與中國譯名略同述中外訂約通商表

年（中國）	年（日本）	中國	法郎西	英吉利	俄羅斯	德意志	朝鮮
咸豐三	嘉永六			立約八月廿五			
四	安政元				立約十二月廿一		
七	四				通商七月十一		
八	五		約通商九月三日				
九	六		修約九月廿二				
十	萬延元					普魯斯	
						約十二月十四	
同治元	文久二			倫敦約五月九日			
三	元治元		議下關九月廿三				
五	慶應二		修稅約五月十三				
六	三		修木稅約十一月廿五				
八	明治二		輸銅正月十日				

			稅約四月廿一				
			減糯秥稅九月廿				
			免炭稅十月廿七				
十二	六		輸米麥七月十八				
			輸米麥粉十一月廿四				
十三	七		熟鐵稅五月十				立約二月廿六
光緒二	九		坿約八月廿四				
三	十		釜山港借地一月三十				
			漂船七月三				
			祖元山津地八月四				
			定約租元山津地				
			八月三十				
			運炭十二月廿				
四	十一		漂民費	償舟約十二月五			
五	十二		開元山津地八月三十	郵便約十月十二			

七	十四			郵便約			
八	十五		修約八月三十				
九	十六		商約七月廿五				
			仁川港借地九月三十				
		美利加	和蘭	日斯巴尼亞	葡萄牙	義大利	澳地利
咸豐十	萬延元				立約通商六月十七		
四	安政元	和約三月三日					
五	二		立約十二月廿三				
七	四						
同治五	慶應二	屬約七月十六			改約七月廿七	立約七月十六	
七	明治元			立約通商九月廿八			
八	二						立約通商九月十四
		瑞西	瑞典那威	比利士	丹	秘魯	檀香山
同治二	文久三	立約通商十二月廿九					
五	慶應二			立約通商六月廿二	立約通商十二月七		

六	三　改約三月廿二					
七	明治元	立約通商九月廿二				
十	四					立約通商七月四日
十二	六				立約通商八月廿一	

中國使臣表

堯命和仲宅西獨不限地殆命使椎輪歟嗣是聘問居多漢張騫游歷濫觴也非我

朝出使大臣比同治二年

命使無定期定期三載自光緒二年使英美諸國始日本出使之

命繼之而許大臣鈴身許大臣景澄李大臣興鋭皆未至國橫濱神戶長崎設領事凡三初曰理事然今公牘亦稱領事與置之泰西者同神戶往號事簡鐵道一通非昔例矣繫地繫時隨使多寡有差述中國使臣表

欽差大臣
何如璋 光緒三年十一月二十六日
副使張斯桂

東京使署
參贊
黃遵憲
隨員
沈文熒
楊守敬
陳文忠
張鴻淇
陳衍蕃
潘任邦
李郁階
何定求
暫派王治本
西繙譯

橫濱
領事
范錫明
隨員
劉坤
西繙譯
蔡國昭
東通事
羅庚齡

神戶
領事
劉壽鏗 未滿差
廖錫恩
隨員
吳廣霈
西繙譯
張宗良
東通事
楊錦庭

長崎
領事
余瓗
隨員
任敬和
西繙譯
梁殿勳
東通事
蔡霖

	黎庶昌	七年十二月二十六日
楊樞 沈鼎鐘 東繙譯 馮昭煒 洋員 麥嘉締	隨員	郭俊 杜紹棠 楊守敬 謝祖沅 藍文淸 黃超曾 姚文棟
	領事	陳允頤 隨員 陳嵩泉 西繙譯 陳瑞英 東通事 羅庚齡
	領事	馬建常 未滿差 黎汝恒 隨員 于德楙 西繙譯 蔡國昭
	領事	余瓗 隨員 羅星垣 西繙譯 鍾進成 東通事 蔡霖

張沆
方濬益
醫官
江景桂
武弁
葉蘭芬

東通事
楊錦庭

徐承祖
十年十一月十日

參贊
陳明遠
參贊兼西繙譯
楊樞
隨員
淞林
解錕元
嚴士琯

領事
阮祖棠
副領事
劉坤
隨員
張晉
西繙譯
沈鐸

領事
徐承禮
隨員
陳嵩泉
西繙譯
徐廣坤
東繙譯
楊錦庭

領事
蔡軒
隨員
梁偉年
西繙譯
鍾進成
東繙譯
劉慶汾

黎庶昌　十三年十一月十九日

參贊　陳明遠

陳衍蕃
姚文棟
謝傳烈
陳家麟
徐致遠
梁繼泰
醫官　葛能存
洋員　羅祝謝
武弁　黃國春

領事　羅嘉杰

東繙譯　羅庚齡

領事　蹇念咸

領事　楊樞

參贊兼文案隨員
錢德培
隨員
莊兆銘
孫點
蔣子蕃
李昌洵
蕭瓊
徐致遠
陳矩
醫官
廖宗誠
西繙譯
鄭汝騤

隨員兼築地彈壓
曾紀壽
隨員兼學堂監督
張晉
隨員
金采
西繙譯
梁殿勳
沈鐸
東繙譯
盧永銘

隨員
劉漢英
羅培鈞
黎汝恒
西繙譯
徐廣坤
東繙譯
楊錦庭

隨員
梁修年
許之琪
左元麟
東繙譯
羅庚齡

東繙譯兼箱館副領事	劉慶汾
東繙譯	陶大均
武弁	孫國珍

別國使日本表

使自別國者日本人謂之在留猶言其留在此也使之在東京十有三又橫濱三總領事領事副領事之在東京橫濱神戶長崎函館五十有一此合中國言也述別國使日本表

使

	公使	辨理公使	臨時代理公使	外交事務官
中國駐東京下同				

英吉利			
法郎西			
俄羅斯			
德意志			
美利加			
義大利			
澳地利			
日斯巴尼亞			
葡萄牙恒不在此		葡萄牙	
秘魯			
檀香山			
比利士駐橫濱			

領事

	總領事	領事	副領事
中國		橫濱○神戶○長崎	函館

英吉利		東京○橫濱○神戶○長崎○函館	
法郎西		橫濱	神戶
俄羅斯		橫濱○長崎○函館○神戶德領事兼理	
德意志	橫濱	神戶及大坂○長崎○橫濱	橫濱
美利加	橫濱	神戶及大坂○長崎	
義大利	橫濱以德領事兼理	橫濱以德領事兼理○長崎以俄領事兼理	
澳地利		橫濱○橫濱外港以英吉利領事兼理	
日斯巴尼亞		橫濱以澳領事兼理○神戶以英領事兼理○長崎以英領事兼理	
葡萄牙	濱橫以丹總領事兼理	神戶及大坂○長崎以美領事兼理	橫濱
和蘭	東京橫濱函館新潟以德總領事兼理	神戶大坂西京○長崎	
比利士		橫濱○神戶○大坂代理○長崎	
丹	橫濱	神戶○長崎○函館	
瑞典那威	橫濱○東京○函館○新潟以德總領事兼理	神戶○大坂○西京	
瑞士		神戶大坂以德領事兼理	橫濱
秘魯		橫濱代理	

檀香山	東京	神戸及大坂

日本使至別國表

使於外曰在勤猶言勤勞也有特命全權公使有辨理公使有臨時辨理有總領事有領事有副領事有貿易事務官代理領事凡十有六此外名譽領事云者就其地之人以理其事也述日本使至別國表

全權公使	辨理公使	臨時代理公使
中國	和蘭	法郎西
英吉利		俄羅斯
德意志		澳地利
美利加		朝鮮
義大利		

總領事	領事	副領事	代理領事

中國		上海	芝罘	
		天津		
		漢口		
		香港		
英吉利		倫敦		
法郎西		里昂		
俄羅斯			哥爾薩	浦潮斯德
美利加	紐約	三法郎昔斯哥		
朝鮮		釜山	元山津	
		仁川		
壇香山			檀香山	

流寓表

日本姓名錄有漢姓一類所姓之氏罕一字者曰山田宿禰周靈王太子晉後也曰松野連吳王夫差後也若此之類皆在徐福以

前其它秦漢三國隋唐人後裔居多無姓其本氏者何莫非寓公歟書缺有間初至者之名無攷今錄所知備忘云爾述流寓表

年代 中國	年代 日本	名氏字與籍貫	事蹟	据書	按語
秦	孝元	徐福 字君房秦人○男女三千名不可攷	求蓬萊藥秦皇遣男女三千賫之五穀種百工而行遂止此所居邨名徐家邨日本向皆覆姓其單姓徐配所攜男女也世世相承數萬家熊野熊指山下有徐福墓	史記○後漢書	按史記始皇記徐市淮南王傳市作福非有異名也市與市井之市異即古韍字說文市韠也天子朱市諸侯赤市易困朱紱之紱即市也豐其沛釋文鄭作芾云祭祀之蔽据知芾市韍古通用
宋淳祐元	仁治二	謝國明	聖一年譜仁治二年師範開經山有書勸謝國明化千板贈之國明宋人嘗投化住博多津	僧師範答圖爾長老志書眞蹟本○聖一年譜○隣交徵書	按眞蹟本已錄入交際文
		僧成覺 慶元府人	見空公行狀		
元至元初	弘安	僧祖元	悼元兵覆艦樹浮圖弔之	燕澤碑	
大德五	正安三	僧子曇	相摸國圓覺寺鐘題住持傳法宋沙門	圓覺寺鐘銘	按銘鐘時已屬元而曰宋沙門豈宋遺民歟
明成化	文明	通事三人佚名 自言寧波邨民幼爲賊掠市與日本	成化四年日本貢馬通事三人本寧波民請假道省祭許之戒勿同使至家引中國人入海	明史	
正德	永正	宋素卿 鄞縣朱氏子名縞	素卿即朱縞也叔澄負倭史使直以縞償正德五年源義澄遣使臣	明史	

			素卿來貢至蘇州與澄見事覺當死鑵庇免嘉靖四年素卿獄死	
萬厤	天正	陳元贇字義都浙人	日本之有拳枝自元贇始著元元唱和集昇菴詩話	先哲叢談
崇禎元	寬永五	僧覺海	居長崎興福寺開山	長崎古今集覽
		了然	同	同
		覺意	同	同
二	六	僧超然	崇福寺開山	同
五	九	僧如定	興福寺二世住持	同
		吳五官任顯福建龍溪縣人	崇禎五年來長崎娶日本人小山角右衛門女延寶六年卒有墓碑	紀伊國名所圖會
		吳傳次五官子		
十二	十六	僧晉定	崇福寺寺監	長崎古今集覽
		孟士式	明末來日本	嚴島名所記
崇禎	寬永	鄭芝龍福建南安人妻田川長崎人	明錄台灣封平國公大清兵收泉州降妻死之	臺灣紀事○海外異事
		戴笠字曼公浙江錢塘諸生	博學能詩工篆隸明末遁入沙門號獨立又號天外閒人著有焚餘艸何有菴偶艸天外老人集	瓊浦通○先哲叢談
	同	湯來賀	明兵部侍郎寓長崎曾爲文壽義公	存文一首

泰昌	元和	僧眞圖 姓劉氏江西浮梁人	不仕而寓長崎時庚申年於東明山麓建興福寺學宗閩洛通商後改所居爲三江會館		
		鄭成功 初名森字大木小字福松芝龍長子	隨父歸隆武賜姓朱人稱國姓爺自號忠孝伯招討大將軍明亡憤得疾卒	明史傳○延平王碑錄	
		朱之瑜 字魯嶼號舜水浙江餘姚貢生子二大成早卒大咸歸華女一	寓長崎年六十日本人稱舜水先生崇閩洛學受業者多年八十三卒源光國署墓日明徵士諡文恭著有文集廿八卷	文集○先哲叢談○碑陰紀事○長崎古今集覽○近世叢話	按孔廟祀禮及修史事宜之瑜與有力焉
大清順治元	正保元	僧逸然	興福寺三世住持	長崎志○長崎古今集覽	
	慶安	陳明德 字完我杭州人易姓穎川氏名入德	儒而醫至長崎日本人安東省菴譔唐醫陳明德碑銘明德著有心醫錄	光民傳○長崎古今集覽○瓊浦通	
三	正保三	僧百拙	崇福寺二世住持	長崎古今集覽○長崎志	
		僧淨達	崇福寺寺監	長崎古今集覽	
五	慶安元	僧蘊謙	福濟寺中興開山住持	長崎古今集覽○長崎志	
六	二	僧戒琬		長崎古今集覽	
八	四	僧道者	崇福寺三世住持	長崎古今集覽○長崎志	
十一	承應三	林鐘琦 字隱元福建福清人	從黃檗賜紫鑑源禪師爲僧名隱元來長崎後建一寺於山城國曰黃檗山萬福禪寺年八十二卒	長崎今古集覽○瓊浦通事○隱元偈	
		僧慧林 初名獨知	萬福寺住持	長崎古今集覽	

十二	明歴元	僧木庵	福濟寺後至萬福寺著有年譜一卷語錄六卷	同
		僧茲岳	福濟寺	長崎志〇長崎古今集覽
		僧澄一	興福寺住持	同
十四	三	僧即非	開崇福寺及福原寺僧明洞著行狀一卷	同
		僧悅山	萬福寺	同
康照	寛文	魏九官之琰 與其子高貴改姓鉅鹿	壬子來日本後寓長崎	瓊浦通
		魏高 見前		同
		魏貴 見前		同
		魏嘉 魏九官之琰從僕也改姓 魏嘉五左衛門		同
十三	延寶	僧雪堂	居崇福寺後至伊豫松山	長崎古今集覽〇長崎志
		僧玉岡	崇福寺	同
十四	三	何清	與林上珍皆明遺老同寓長崎日本人大高季明芝山會稿有謝贈何林二老書各一	
		林上珍		
十六	五	僧慧雲	興福寺後至伊豫	長崎古今集覽〇長崎志

		蔣興儔浙江金華人爲僧名心法	興福寺後至江戶著有東渡編年略東渡述志百韵	長崎古今集覽○常山文集○上野國志
十七	六	朱毓仁字天生舜水孫	延寶六年來長崎	舜水文集○耆舊得聞
		姚江	延寶六年來長崎	
		張斐字非文初名宗升浙江餘姚人	與朱毓仁姚江等同至長崎義公求奇士或以斐應之作祭舜水文而去復來著有莽蒼園文張斐筆語	
	萬治三	僧曉堂		長崎古今集覽
		僧化林		同
		僧千獃	崇福寺住持	長崎古今集覽○長崎志
		僧高慧慧林弟子	萬福寺住持	近代名家著述目錄○長崎古今集覽
		僧東瀾	福濟寺住持	長崎古今集覽○長崎志
廿五	貞享三	僧悅峰	興福寺後至伊豫	同
卅二	元祿六	僧靈源	崇福寺移黃檗山	長崎古今集覽
		僧大衡	崇福寺住持	同
		僧雷音初名子嚴	興福寺住持	同
		僧獨文初名梅山	福濟寺住持	同

卅三	七	僧喝浪	同	同
四十二	十六	陸文齋浙江杭州人	癸未至長崎知醫	瓊浦通
四十八	寶永六	僧別光	崇福寺住持	長崎古今集覽
		僧義勝	同	同
四十九	七	僧全巖	福濟寺住持	同
五十	正德元	僧旭如	與福寺住持移萬福寺	同
五十六	亨保二	吳載江蘇蘇州人	丁酉來長崎知醫	瓊浦通
五十八	四	僧道本	崇福寺住持	長覺古今集覽
六十	六	僧果堂	興福寺移萬福寺	同
六十一	七	僧伯珣	同	同
		僧大鵬	福濟寺移萬福寺	同
雍正元	八	僧竺庵	與福寺移萬福寺	同
三		朱佩章福建汀州人	乙巳來長崎知醫	瓊浦通○清人問答
		朱子章同	同	同
		朱來章同	同	同
不知年		徐敬雲	其來年月未詳其後人隸籍日本世爲通事今改姓東海德右衛門	瓊浦通義○長崎志

馮六 居長崎下三十二人同云長崎華嶽寺山有唐事東海氏徐敬雲墓爲爲崎陽墳弟

高壽覺、林公琰、陳沖一、林楚玉、歐陽雲臺、劉一水、陳潛明、陳九官、何毓楚、劉焜台、俞惟和、樊玉環、馬榮宇、陸一官、王心渠、陳亦山、盧君玉、何海庵、張三峯、周辰官、薛性由、鄭崇明、揚一官、吳宗圓、鄭次官、薛八官、江七官、陳一官、蔡三官、曾二官、吳泰官、黃二官、

別國人在日本表

就雲龍所游及假道之國言之華人僑居之多莫美利加若矣其它亦復不少日本僑居光緒十年計七千一百四十一較前一年少一千一百八十八較前二年多二百四十一述別國人在日本表

國	居內外地	公使領事館	官傭私傭	合計
中國	三九五五	一〇	一七八	四一四三
英吉利	一一七九	一三	二三八	一四三〇
德意志	二八六	五	五四	三四五
俄羅斯	三	六		二七
法郎西	一七八	四	一六	一九八
和蘭	六三	三	一五	八一
丹	六四	三	二七	九四
葡萄才	四四	四	一	四九
義太利	二九	三	九	四一
比利士	四	二	一	七
瑞典	二八		一〇	三八
瑞西	三二	一	一	三四
日斯巴尼亞	三	三		六
印度			二	二
朝鮮	一		一	二
檀香山		一		一

澳地利	三五	二	七	四四	秘魯		一		一
總數	六四一九	七〇	六五二	七一四一					

日本人在別國表

光緒十五年春雲龍游巴西國有日本人六羅疫者二同舟至紐約者四此日本籍所未逮類此何可勝數徵之册籍爲前三年數明治十九凡一萬三千五百四十有一前四年光緒十一明治十八約一萬一千五百八十前五年約八千八百九十六可比較也述日本人在別國表

國	公用	留學	商業雜用	合計	國	公用	留學	商業雜用	合計
中國	八四	二一六	一九五六	二二五六	義太利	二三	四	二二	四九
英吉利	五〇	八〇	一八三	三一三	瑞典	一		一	
法郎西	五二	七八	六七	一九七	波斯	二		二	四
俄羅斯	二八	一七	七九五	一二四五	印度	三	四	六	一三
德意志	五一	一二四	二〇	一九五	安南			三	三

濠洲	一〇		八八	九八
美利加	七七	六九九	五七六	一三五二
澳地利	七	一	一九	二七
日斯巴尼亞	一		八	九
葡萄牙	二			二
和蘭	七	一	六	一四
比利士		四		四
暹羅	二			二
秘魯			二	二
丹			一	一
朝鮮	二四二	六九	四七二五	五〇三六
檀香山	一〇	五	二七七九	二七九四
諸國巡游	一一九	六六	一四五	三三〇
總數	七六六	一三六八	一一四〇七	一五四一三

互受勳章表

日本人之受中國印綬自漢始其受官職自唐始史筴彰彰矣日本勳章云者即寶星也就光緒十二年言（明治十九）其受別國勳章凡四百七十三人較前一年增八十三較前二年增一百八十九其給別國者凡八百有四較前一年增七十四較前二年增一百三十二述互受勳章表

日本人受別國勳章					別國人受日本勳章	
國	文	武	雜	合計	等	人數
中國				二	大勳位	二九

法郎西	一四	二三	一	三八	勳一等	一三一
俄羅斯	四三	三四	五	八二	勳二等	一八六
德意志	一三	二七		四〇	勳三等	一六六
澳地利	一六	二〇	三	三九	勳四等	一七九
日斯尼亞	一五	三	一	一九	勳五等	一二七
葡萄牙	一二	二	一	一四	勳六等	三五
和蘭	五	一	一	七	勳七等	一〇
比利士	一七	四		二一	勳八等	一一
義大利	五四	二四	四	八二		
瑞典	一四	五		一九		
波斯	一四	二	一	一七		
丹	六	二		八		
土耳古	二	五	一	八		
雜受宅國	二三	三		二六		

日本圖經十八終

游歷日本圖經十九

纂喜廬所箸書

日本政事

奏派游歷日本美利加秘魯巴西等國英日屬地加納大古巴知府用兵部郎中臣傅雲龍述

大事編年表

光緒十五年（明治廿一）**爲日本議立國會之前一年輒定憲法以令其下憲法之大要首立事權次爲大臣之權次爲民人之權以此三者爲君民共治例也**

西二月十一日爲中國正月十二日頒憲法曰朕以頒布憲法勅語朕以國家隆昌臣民慶福中心欣慰朕承祖宗之大權對來茲之臣民宣布此不磨大典惟我祖我宗倚我臣民之祖先協力輔翼肇造我帝國以垂於無窮此固我祖宗之神聖威德並臣民之忠實勇武愛國殉公有此光輝以貽國史之成跡也朕思我臣民即祖宗忠良臣民之子孫其當奉體朕意匡助朕事相與和衷協同益我帝國之光榮宣揚於中外深望將祖宗遺業永久鞏固同分此擔負而無疑也朕承祖宗之遺烈踐萬世一系之帝位朕所親愛之臣民即朕祖宗所親愛之臣民也願增進其康福發達其懿良並望其贊翼政務以扶持國家之隆運茲履踐明治十四年十月十四日之詔制定此大憲示朕所率由以令朕後嗣及臣民並臣民之子孫永遠循行之國家統治之大權朕承之祖宗而傳於子孫者也朕及朕子孫將來須照此憲法章程循行之而不愆朕固重我臣民之利權及財產之安全而欲保護之此憲法及法律所定皆保護其安享完全帝國議會以明治廿三年召集開會之時此憲法須期有効若將來須改此憲法或例條者朕及朕繼統之子孫自執發議之權而使臣工會議會議者照憲法所定要件定議此外朕子孫及臣民不得輕議紛更在廷之大臣須爲朕任施行憲法之責現在及將來之臣民須永遠遵守此憲法也日本帝國憲法第一章天皇即皇帝第一條大日本帝國萬世一系之皇帝統治之第二條皇位須照皇室典範所定皇男子孫繼承之第三條皇帝神聖不可侵犯第四條皇帝爲國之元首總攬治統之權依此憲法條例行之第五條皇帝俟帝國會議之協贊以行立法之權第六條皇帝裁定法律公布執行第七條皇帝召集帝國議會其開會閉會停會及解散衆議院時日悉俟勅命第八條皇帝爲保持公衆安全及避災厄有緊要之件於帝國議會停閉期內發勅令以代法律此勅令於下次議會交帝

國議會議之若議會皆以爲不可則政府須公布廢此勅令第九條皇帝執行法律而爲公衆保持安寍及臣民增長慧福有緊要之事則發命令或令大臣發令但不得將命令變更法律第十條皇帝定行政各部及文武官之薪俸以及文武官之升用降革但須依此憲法及法律所定條例第十一條皇帝統帥海陸軍旅第十二條皇帝定海陸軍之編制及常備兵額第十三條皇帝掌宣戰講和及訂各項條約第十四條皇帝宣告戒嚴等事戒嚴之効力以法律定之第十五條皇帝賜爵位勳章及一切榮典第十六條皇帝掌大赦特赦減刑及復權之命第十七條如置攝政照皇室典範所定攝政以皇帝之名行大權第二章臣民之權利第十八條日本臣民之要件照法律所定第十九條日本臣民照法律所定資格均得任文武及一切公務第二十條日本臣民須照法律所定有就兵役之義第二十一條日本臣民須照法律所定義應納租稅第二十二條日本臣民於法律內居住及轉移均得自由第二十三條日本臣民非照法律無受逮捕監禁審問處罰等事第二十四條日本臣民不得侵奪裁判官裁判之權第二十五條日本臣民除法律所定此外未經許諾不得侵入家室及搜索等事第二十六條日本臣民除法律所定外不得私拆秘密信件第二十七條日本臣民不得侵其所有之權因公處分須照法律所定第二十八條日本臣民若不害安寍秩序及不背臣民之義則其信奉各教准其自由第二十九條日本臣民於法律內准其隨意言論印行著作集會及結社等事第三十條日本臣民守應分敬禮照另章所定章程而欲稟求事件者許第三十一條本章所載條規當有戰時或國家有事變時不得礙皇帝施行大權第三十二條本章所載條規不抵觸海陸軍法令及紀律者準行於軍人第三章帝國議會第三十三條帝國議會立貴族衆議兩院第三十四條貴族院照貴族院令所定以皇族華族及勅任爲議員第三十五條衆議院照選舉法所定公選議員第三十六條不論何人不得同時爲兩院議員第三十七條凡法律須經帝國議會協贊第三十八條兩議院決議政府所擬法律及自擬各法律第三十九條法律經兩議院之一所批駁者不得於同會期內再交會議第四十條兩議院於法律及一切事件各得將意見條陳政府但未經採納者不得於同會期內再議第四十一條帝國議會每年召集開議第四十二條帝國議會以三個月爲期若有要事以勅命展限第四十三條臨時有要事常會之外開臨時會臨時會期限以勅命定之第四十四條帝國議會之開會閉會會期之延展及停會兩院同時行之衆議院有解散之命則貴族院同時停會第四十五條命衆議院解散時以勅命新舉議員自解散之日起五個月以內召集之第四十六條兩議院議員非三分之一到院者不得開議事及定議第四十七條兩議院之議事決以過半數如可否同數時依議長所決第四十八條兩議院之會議本係公開但政府有事要求或其院決議間有秘密會議第四十九條兩議院各得上奏於皇帝第五十條兩議院可以收受臣民稟單第五十一條兩議院除此憲法及議院法所載之外得以定內部整理各規條第五十二條兩議院之議員於議院條陳意見及議決等事於院外無得負其責任但議員自將言論演說筆記刊行及公布一切方法時照一般之法律處分第五十三條兩議院議員除現犯罪或關係內亂外患之罪外會期中未經其院

許諸不得逮捕第五十四條國務大臣及政府委員不論何時得臨各議院會議第四章國務大臣及樞密顧問第五十五條國務大臣輔弼皇帝是其責任凡法律勅令及關一切國務詔勅須國務大臣連名第五十六條樞密顧問照樞密院官制所定應皇帝之諮詢議重要之國務第五章司法第五十七條司法之權以皇帝之名照法律所定令裁判所行之第五十八條裁判官具有法律所定之資格者任之裁判官除宣告刑法及懲戒處分之外不黜其職懲戒條規另定法律第五十九條裁判之對審判决係公同開堂但有時恐害安寧秩序及有害風俗之虞照法律裁判所定案可以停止公聽第六十條凡屬特別裁判所之營轄者另定法律第六十一條凡行政官廳犯法處分傷害權利之訴訟係另定法律歸行政裁判所審理司法判裁所不得受理第六章會計第六十二條新課租稅及變更稅則另定法律但屬報効行政上之辨公費及一切收納金不在前項之內除起國債及預算所定者之外其國庫支發契約須經國會協議第六十三條現在所行之租稅於法律所不改者照舊徵收第六十四條國家之歲入歲出每年預算須經國會協議第六十五條若超過預算之款項或預算外另生支發之款須俟下次國會議准預算須預先交衆議員第六十六條皇室經費照現在定額每年由國庫支發除將來要增額外不必帝國議會協議第六十七條據憲法大權凡既定之歲出及法律所議定並法律上所屬政府之歲出非經政府同意帝國議會不得廢除而削減第六十八條若因別有要需政府預定年限集繼續費須得帝國議會協議第六十九條有不得己須補預算之不足又預算外另生要用須另設預備費第七十條爲保護公衆安全有緊要需用依內外形勢政府未能將帝國議會召集時則依勅命爲財政上必要之處置如前項等事須於下次會期交帝國議會許諾第七十一條帝國議會若未議定預算或預算未成時政府照前年預算施行第七十二條國家歲出歲入之决算由會計撿查院撿查確定政府將其撿查報告倶付帝國議會會計撿查權職另定法律第七章補則第七十三條將來如有必須改正此憲法時則以勅命將此議案交帝國議會會議彼時兩院非三分以上議員到塲不得開議非到塲議員三分以上同心者不得定改正之議第七十四條皇室典範之改正不必經帝國議會之議以皇室典範不能變更此憲法條規第七十五條置攝政時不得將此憲法及皇室典範更變第七十六條現在所行之法律規則命令及無論何項名目凡於此憲法不矛盾者總須遵行凡歲出上關政府之事者其現在之契約或命令總照第六十七條○朕所定議院之法曾咨詢樞密顧問等官而始公布其貴族與民議兩院應由設立之日起各遵法律第一章帝國召集會議及開會之事第一條帝國會議員須先降旨預定集會之期至遲亦須四十日前公布第二條各議員須遵上諭所定之日各聚集於議院第三條民議院議長副議長應於本院之內選舉候補者三人候旨委任議長副議長未接任之時書記官長應代行議長之事第四條各議院須依抽籤之法將總議員分爲數部應於每部之中互相選一部長第五條兩議院設成之後須遵上諭所定開會之日兩議員均會合於貴族院以行開會之式第六條於前項所載之日貴族院長須行議長之事第二章議長書記官及經費第七條各議院議長副議長各一員第八條各議院

議長副議長之任期與議員同第九條民議院議長副議長辭職或有他故開缺其後任者之任期與前任同第十條各議院議長應保持議院秩序整理事務以及向院外而表揚議院第十一條議長於會議停止之時仍指揮議院之事第十二條議長對平常委員會及特等委員會可以發言立論但不能算入議決之數第十三條苟各議院長有碍則副議長代之第十四條苟各議院議長及副議長均有碍則暫選一議長行議長之事第十五條各議院議長副議長任期滿後其後任尚未定之間仍須各行其事第十六條各議院設書記官長一員書記官數員書記官長爲勅任書記官爲奏任第十七條書記官長須遵議長指揮總理書記官事務署名於公文書記官作議事錄掌理文書案件之事第十八條兩議院之經費應由國庫支出第三章議長副議長及議員之年俸第十九條各議院議長年給俸銀四千元副議長年給俸銀二千元貴族院被選議員欽命議員以及衆議院之議員年給俸銀八百元至於資應披條規發給若不應召者不能給俸銀議長副議長不得推辭俸銀官吏充當議員者不得再領年俸按第二十五條所載第一項年俸之外依議院所定每日多不得給過五元第四章委員第二十條各議院委員有三種一全院委員一常任委員一特別委員全院委員者以議院之全員爲委員也常任委員者據事務之緊要分爲數科擔任其事各部應向總議員中按所需之數選擧而用之稽至於任期以一會期爲限特別委員者議院之所選擧特托之以審查一事件也第二十一條全院委員長每當會期應於開會之初選擧第二十二條全院委員會議員人數須到三分之一以上常任委員會及特別委員會委員人數凡到過半均不得議開亦不得議結第二十三條當任委員會及特別委員會除議員外不得聽聞其議但委員會議決之後須準議員傍聽第二十四條各委員長須將委員會之情形以及如何議結之事報諸議院第二十五條各議院須依政府意見同心會議至停止會議之間當會委員審查議案第五章會議第二十六條各議院長定議事日期將報告議院議事日期須先將政府議案提出若有緊急會議之議事其意議政府相同者不在此例第二十七條法律議案須會議三次始能定局若政府有要求或議員中有十八以上之要折或當會議之時議員三分之中有二分皆曰可者則不必經三次會議第二十八條政府所提出之議案須經委員審查後方能定局若有緊要之事係政府所要求者不在此例第二十九條凡向議案發議論及向議案發改正之議者人數不到二十名以上不得作爲議題第三十條既出之議案無論何時政府有改正及徹回之權第三十一條凡議案最後議定者由議院長申諸國務大臣由該大臣轉奏但一議員所提出之議案若他議案以爲不然者則照第五十四條第二項章程辦理第三十二條兩議院議決之案業已奏明奉旨允者到第二期會議之時必公佈第六章停會閉會第三十三條不論何時政府於十五日內可命議院停止會議議院停止之後若再開之時須繼續前未議決之事弟三十四條民議院解散之後貴族院亦命其停止會議則不必用第三十三條再開會續議之例第三十五條停止會議之時未經議決之案後會不續議者則照第廿五條所載之例第三十六條有旨命閉會兩議院須合會奉行第七章機密會議第三十七條各議院會議若有如左之事則可停止開

會一議長或議員十人以上建議者議院應允之時二受政府有要求之時第三十八條議長或議員十人以上有機密事相議議長須速屏退傍所之人不得許從傍討論須撰其議之可否行之第三十九條機密會議之事不許刊行第八章豫算之議案第四十條政府向民議院提出之豫算案豫算委員自領該案之日起十五日以內審查定時報告議院第四十一條在議院會議之時有向預算案建議及改正者非三十人以上贊成之不能久行第九章國務大臣及政府委員第四十二條國務大臣及政府委員不論何時俱得發議但不得因此從中禁止議員演說第四十三條議院將議案付諸委員之後不論何時國務大臣及政府委員得入委員會中述其意見第四十四條委員會由議長得求說明政府委員之言第四十五條國務大臣及政府委員除身爲議員之外不得與議會院會議第四十六條常任委員及特別委員凡有開會之事項由該會長報告國務大臣暨政府委員第四十七條議事日期暨有關議事之報告分派與議員之日即申送國務大臣及政府委員第十章質問第四十八條兩議院議員有質問政府之時其贊成者須要三十人以上質問者須先作一簡明主意書贊成者連名署印呈諸議長第四十九條質問主意書由議長申送國務大臣即行答辦並定以答辦之期若不答辦之時須特理由不明第五十條得國務大臣之答案或未得答案之時議員得向質問之事發言建議第十一章上奏及建議第五十一條各議院有上奏之事及欲進呈表章或將議長推爲首領陛見躬親進呈亦許各議院之建議須將以表章呈諸政府第五十二條各議院有上奏或建議之事然有三十人以上贊成之不能允行第十二章兩議院關係第五十三條除豫算外政府所交付兩議院議案須執先執後各聽其便第五十四條甲議院以政府之議案爲然議決而移之於乙議院乙議院以甲議院之議爲然或否之時欲將此入奏者須通知甲議院甲議院提出之議乙議院以爲不然之時亦須將此通知甲議院第五十五條甲議院移送至乙議院之議案乙議院修正之後須回送甲議院甲議院以乙議院之修正爲然之時而欲入奏當時須通知乙議院若彼此之意不同兩院當協同會議甲議院向乙議院請協同會議乙議院不得拒之第五十六條兩院協同開會每院各選舉委員十人以下會同相議委員將議案立成之後由政府先交甲議院後頻交乙議院協同議會之成案不准更改第五十七條國務大臣政府委員及各議院長無論何時得入協同會議席述其意見第五十八條兩院協同會議不許傍聽第五十九條兩院協同會議會用無名投票法決其可否若可否之數相同則聽議長所決第六十條兩院協議會議長於協議委員中各選一員每會輪次代其第一會時議長以抽籤定之第六十一條本章所定之外兩議院涉交事件章程須協議定之第十三章稟請第六十二條人民向各議院所呈之稟單若有議員介紹者議院收之第六十三條各議院將稟單交稟請委員審查若稟請委員以稟單爲不合章程之時議長則將原稟命介紹之敎員退回第六十四條稟請委員作稟單文書等件須錄其要領每一禮拜報告議院第六十五條各議院有採用稟請之事經議決後時則將原稟單幷自附意見書一封呈諸政府第六十二條除遵守法律之外名目呈遞稟單者各議院不得收之第六十七條若稟單有變更憲法者各議院不得

收之第六十八條禀單總須用哀求之体式若不遵禀求之名或違背体式者各議院不得收之第六十九條禀單中若對皇室有不敬之語於政府議院有侮辱之詞各議院不得收之第七十條禀單有關司法及行政裁判之事者各議院得不收之第七十一條各議院各收禀單不得互相干預第十四章議院與人民及官廳地方會議之關係第七十二條各議院不得向人民書告示第七十三條各議院有審查之事不得召喚人民亦不得私將委員派出第七十四條各議院有關涉稽查之事向政府禀請緊要報告及文書等類除有關機密等件外政府須應其請第七十五條各議院除國務大臣及政府委員外不得與各官廳暨地方會議所有照會往來之事第十五章免職及議員資格第七十六條衆議院之議員以及貴族院之議員按法律而不能勝任議員之事者免其職第七十七條衆議院之議員若與選舉法所載之資格不符者則免其職第七十八條各議院有關議員資格生質議之時則定期設立委員稽查俟委員報告之後再行議定第七十九條訴訟之案經裁判官者各議院不得再行稽查第八十條議員關涉資格之事未經證明者仍有在議院發議員權但有關稽查已身資格之事自行辨明者不能作數第十六章請假辭職及補缺第八十一條各議院議員如請假不過一禮拜者議長當許之僅過禮拜者亦許之若無期限者不許第八十二條各議院議員非有正當理由禀告議長凡會議均須親到會議所第八十三條衆議員有辭其職者當許之第八十四條無論何等事件衆議院缺員之時議長須請內務大臣選員以補其缺第十七章紀律及警直第八十五條各議院開會之際若有保持紀律之事照法律及各議院所定章程議長得以施所內部警查之數第八十六條各議院所需警查官吏由政府委派以所議長指揮第八十七條會議之際若議員建法律及議事條規或紊亂會議所秩序議長可以警戒禁止或阻止議論不從命令此當日議事中議長須禁止議員開口或逐出議院之外第八十八條若會議所騷擾難以整頓之時當日會議議長須即停止或閉會不議第八十九條傍聽人有妨害會議所之時議長須即將該名逐出若有關緊要之事可將該名押交警查所傍聽地方若有騷擾之事議長須將傍聽之人同行逐出第九十條若有紊亂會議所秩序之人國務大臣政府委員及議均員得告知議長留意第九十一條各議院不得對皇室有不敬之言語議論第九十二條在各議院不得出無禮之言亦不得出有關地人身上之語第九十三條在議院或委員會中被人誹毁侮辱之議員將此訴訟議院禀請處治不私行報復第十八章懲罰第九十四條各議院向其議員有懲罰之數第九十五條各議院類稽查懲罰事犯須設懲罰委員若懲罰事犯不時議長須先度委員稽查後衆議院議定始行宣告在委員會或在各部有事犯之時由委員長或由部長告知議長求處治之第九十六懲條罰如左一在公議之地遣責之二在公議之地令述謝罪之辭三所定時刻之間不準入四除名會第九十七條除名之議員再被選者議院不得許之第九十八條議員有二十人以上贊成則可後其懲罰贊成之須在事犯三日以內第九十九條議員無正當之理由於上諭所定日期一禮拜內不應召者或無正當理由不入會議不到委員會所或愈請假期限或議長寄函邀請一禮拜之內不到者則不準入貴族院幷將其事奏明

廳旨裁奪衆議院亦除其名後事之變不可知就厥往事撮大要焉昔宋祖謙取司馬遷年表所書編年系目以記春秋後事曰大事記茲仿其意不盡用其例也述大事編年表

中國年	日本年	
周惠十七	神武元	神武即位
襄一三	二一	國號秋津洲
靈二四	安寧元	安寧即位
一一	懿德二	遷都輕稱曲峽宮
安一〇	孝安元	孝安即位
秦始皇三三	孝元元	孝元即位
文四	三九	六月大雪
天漢四	崇神元	崇神即位
太始四	五	疫死過半
征和後元	一〇	始置將軍於四道

中國年	日本年	
十八	二	定功行賞
簡五	綏靖元	綏靖即位
敬十	懿德元	懿德即位
元元	孝昭元	孝昭即位
赧二五	孝靈元	孝靈即位
三六	四	遷都輕地曰境原宮
文後七	開化元	開化即位
太始二	三	遷都磯城號瑞離宮
征和二	七	定天社國社神邑神戶
始元	一二	校人民戶口課男女調役

始元六	一七	始令諸國造船
建昭三	六二	開水利
竟寍四	垂仁元	垂仁即位
河平二	三	新羅王子天日槍至
建平四	二七	始以兵器爲祭幣〇置屯倉于來日
建初七	景行一二	筑紫熊襲反親征之
永元一〇	二八	筑紫又亂遣王子伐之
延建	五五	遣宗室彥狹島王都督東山諸國
永建六	成務元	成務即位
陽嘉四	五	界山河分國縣國郡置造長
初平四	仲哀二	熊襲反征之
建安五	九	國君殂后征新羅
建安一〇	神功六	百濟新羅使至
晉泰始八	應神三	蝦夷貢
二	七	高麗百濟新羅任那使至穿韓池
建昭	六〇	出雲國亂平之
竟寍	六五	任那始使至日本
河平	二	遷都纏向號珠城宮
四	五	妃兄狹惠彥反伏誅妃亦死
建初五	景行一〇	近江竹生島一夕出
章和二	一八	師歸自筑紫
建光三	五三	君巡視東山東海諸州踰年返
永建三	五八	令諸國興田部屯倉君巡近江
陽嘉	三	始以武内宿禰爲大臣
初平三	仲哀元	仲哀即位
建安四	八	國君親征筑紫不克
六	神功一	神功后攝政麛坂忍熊二王舉兵反平之
一一	七	遣荒田別等援百濟討新羅
十	五	定諸國海人山守部
太康四	十四	百濟饋縫衣女

太康五	一五	百濟饋良馬使通經典
元康七	二八	高麗使至
光熙	三七	遣使求吳織縫女工
六		王子菟道稚子讓位與大鷦鷯
永昌	仁德一〇	始科課役造宮室
三	一三	始置茨田屯倉定春米部
興寧三	五三	新羅不貢田道擊破之
太元一三	七六	武內大臣卒壽三百八載或云三百三十
義熙一〇	允恭三	國君疾徵醫新羅
孝武孝建二	安康三	國君暴卒眉輪伏誅
前廢帝景和	雄略九	遣將伐新羅
六	十四	吳人贈吳織漢織穀使
元徽三	一九	高麗滅百濟
成永明	清寧四	宴諸蕃使親錄囚徒
四	顯宗二	始設曲水宴

六	一六	百濟博士王仁來傳論語千字文
永康	三一	以官船枯野餘材始作琴
永嘉四	四一	大山守反
愍帝建興	仁德元	遷居難波
太寧二	一二	高麗饋鐵盾
咸和四	一七	新羅不使貢之
太和二	五五	蝦夷反田道討之敗死
義熙二	反正元	遷都河內
一一	四	其國詔定姓氏
大明七	雄略七	吉備田狹據任那而叛
五	一三	始造樓閣
元徽二	一八	物部菟代自誅伊勢賊
順昇明	二一	百濟汶川王復國
二	五	角刺立尋卒
二	仁賢六	使高麗求工

梁武天監四	武烈七	百濟使至
一一	繼體六	遣使百濟百濟遣五經博士段楊爾來
普三	一六	梁使司馬達至
太通	二一	筑紫國造磐井反
太同三	宣化二	新羅侵任那禦之
七	欽明二	詔百濟興復任那
一一	六	報良馬戰船于百濟
簡文太寶二	一二	償麥種千斛于百濟
承聖二	一四	百濟遣醫厤算諸博士來
文天嘉二	二三	新羅使來饗減使怒歸
四	二四	大使狹手彥伐高麗破之
宣大建三	三二	高麗使至大臣蘇我稻目卒
一二	九	新羅使至却之
一四	一一	新羅又使却之
至德二	一三	佐伯連齎佛像來馬子奉之始佛教
八	繼體三	檢百濟民貲遣囘國
一七	一二	遷都弟國郡
七	二〇	遷都磐余
二	二三	討磐井平之
六	欽明元	遷都敷島
九	四	百濟入扶南貨財及人口
大清二	九	助百濟擊高麗
元承聖	一三	百濟入佛像經論〇大疫
三	一五	遣將伐新羅
三	二三	新羅攻滅任那毀日本公廨
廢光大	二八	大水飢人相食
六	敏達三	新羅使至
一三	一〇	蝦夷寇
後主至德	一二	百濟日羅使至
三	十四	遷都磐余

複明	用明二	君卒馬子殺君子而立君弟
開皇一四	二	君詔建佛寺廣傳佛教
二〇	八	新羅與任那戰遣兵救任那
仁壽三	一一	始定冠位十二階
煬帝大業二	一四	使大禮小野妹子于隋
六	一八	新羅任那至
武德六	三一	伐新羅克之
太宗貞觀四	舒明二	遷都飛鳥岡側
八	六	八月彗星見南方
一一	九	蝦夷反平之
一六	皇極元	皇極改元
二〇	大化二	其君子反伏誅
二三	四	罷古冠○高麗新羅使至
高宗永徽四	白雉四	百濟新羅使至
顯慶四	齊明五	坂合石布津守吉祥使于唐

隋文帝開皇一三	推古元	蘇我馬子弒其君后即位
一七	五	法興寺成○百濟主遣子阿佐至
仁壽二	一〇	百濟入厤書天文書
四	一二	撰憲法十七條改制朝禮
四	一六	妹子歸自隋
唐高祖武德	二六	高麗入隨俘
七	三二	始置僧官
七	五	唐使歸
九	七	正月彗星又見南方
一五	一三	其君卒后寶皇女嗣
一九	孝德大化	傳位君子孝德始建年號爲大化元年
二一	三	遷都豐崎
二三	五	改制冠十九階依唐制置八省百官
顯慶二	齊明三	土火羅國使至
龍朔	七	國君卒

龍朔二	八	其君子素服制軍國事
麟德	十	唐使劉德高通好
咸亨	天智三	制朝廷揖讓行路相避禮
三	朱雀元	大友立尋卒大海卒
儀鳳	四	置兵政司
弘道	一一	令君子同聽政
嗣聖三	朱鳥	國君卒○后攝政子大津反賜死
一○	持統四	遣陣法博士講諸國
一二	六八	其君子高市卒
一五	文武二	夏大旱
一九	大寶二	頒新律度量○其國太上皇卒
景龍	慶雲四	國君卒天智女阿閉嗣
睿宗景龍	和銅三	遷都平城置左右京坊
玄宗開元	六	令諸國作風土記
三	露龜元	明禪位子氷高

三	九	伐新羅不克
總章	天智元	三韓使至
二	四	國君卒王子立
上元	二	對馬島貢白銀始造銀錢
永淳	一○	分臣民族爲八等
中宗嗣聖	一二	改加爵位號
六	朱鳥四	其君子草壁卒○徵諸國正丁四分爲兵
一一	五八	置鑄錢司○遷都藤原
一三	七一	立君孫珂瑠爲太子○禪位
一八	大寶	始釋奠大學
二一	慶雲	始鑄諸國印
二	元明和銅三	陸奧越後蝦夷反討之
先天	五	太安麻呂撰古事記成
二	七	立文武子美麻斯爲太子
四	二	以多治比縣守爲唐使

五	養老	美濃國多度山醴泉出
八	四	遣使察靺鞨風土○舍人王上日本書
一二	神龜	聖武即位蝦夷反
一五	四	渤海始聘
二〇	天平四	使唐○始冕服
二六	一〇	立女阿部親王爲太子
天寶	一四	正月陸奥雨赤雪
八	孝謙 天平勝寶	孝謙女聖武自稱三寶奴
肅宗 至德	八	立道祖爲太子
乾元二	三	大炊即位
代宗 廣德	七	夏大旱五穀不登
永泰	孝謙 天平神護	孝謙再位以道鏡爲太政大臣禪師
五	光仁 寶龜	白壁即位放道鏡下野
七	三	渤海使至后太子廢
九	五	蝦夷入寇平之

七	三	始置案察使巡省諸道太子聞政
九	五	平隼人蝦夷
一三	二	平蝦夷
一八	天平二	始置后官
二三	七	太政官事舍人親王死○遣唐使還
二八	一二	藤原廣嗣反討平之
二	一五	建筑紫鎭西府置將軍
一三	六	使唐吉備眞備等還
二	天平寶字	廢太子以藤原仲滿爲紫微內相大炊王爲太子
上元二	五	遷都近江保良
二	八	押勝謀反伏誅○上皇廢君爲淡路公
四	三	流和氣淸麻呂于大隅
六	二	立井內親王爲后
八	四	立子山部爲太子
一一	七	大蝗

一二	八	遣小野石根于唐遇風沒
一四	一〇	唐使至
德宗建中	一一	蝦夷作亂殺紀廣純
二	天應	伐蝦夷平之〇禪位太子富士山焰熾
三	桓武延厤	冰上川繼反流伊豆
貞元	四	以安殿爲太子
二	五	太政官院成百官始就朝位
四	七	建延厤寺〇紀古佐美爲征討大將軍
七	一〇	遣大伴弟麿坂上田村麿討蝦夷
八	一一	令習學漢音
一〇	一三	遷都山城曰平安城
一一	一四	大伴弟麿等至自討蝦夷
一三	一六	坂上田村麿爲征夷大將軍〇續日本紀成
一六	一九	富士山吐煙
一七	二〇	蝦夷人寇淸見關遣田村麿平之
一九	二二	遣唐使
憲宗元和三	平城大同三	大同類聚方成
四	四	禪位于弟〇立高丘爲太子
五	嵯峨弘仁	誅藤原仲成廢太子立大伴爲太弟
七	三	綿麿征蝦夷〇田村麿卒
八	四	新羅犯肥前禦之
九	五	萬多親王上姓氏錄
一〇	六	令諸國植茶
一二	七	空海開高野山
一三	九	鑄富壽神寶錢
一五	一一	弘仁格式
穆宗長慶三	一四	禪位大伴立子正良爲太子
四	淳和天長	平城卒
文宗太和	四	勅空海迎佛舍利禁中〇立王氏爲后
三	六	始作水軍

四	七	新撰格式成
七	一〇	令義解成〇禪位太子
開成	三	使藤常嗣小野篁於唐
二	八	嵯峨卒
宣宗 太中五	嘉祥三	國君卒太子嗣〇立惟仁爲皇太子
九	齊衡	奥賊作亂討平之
懿宗 咸通	二	君始受經
四	五	詔撰仁明帝記
一〇	一一	貞觀格式續日本後記成
僖宗 乾符三	一八	大極殿火〇禪位太子
元慶六	三	文德實錄成
中和二	六	渤海使至
光啓三	光孝 仁和三	君卒子定省嗣
昭宗 龍紀	寬平	鑄寬平大寶錢
景福二	五	以敦仁爲太子

五	八	秘府略成
九	承和二	僧空海寂
武宗 會昌	七	淳和卒
三	九	廢太子恒貞
七	文德 仁壽二	小野篁卒
一一	天安	對馬亂平之
二	三	頒行長慶宣明厤
五	六	富士山噴火
一三	一四	渤海遣使來
五	元慶二	奥羽叛平之
廣明	四	清和卒
四	八	基經廢其君立時康
文德	宇多 四	萬機關白基經關白始此
景福	四	管原道眞上類聚國史納基經女爲女御
三	八	廢二條后

四	九	傳位太子
天復三	延喜三	道眞卒
二	五	紀貫之上古今集
五	八	渤海遣使來
七	一〇	夏大旱
一二	一五	鑄隆平通寶錢
一七	二〇	渤海使至
三	延長三	以寬明王爲太子
長興	八	君卒太子嗣
閔帝 應順	四	藤原純友反
晉高祖 天福	六	純友寇南海
三	天慶	地大震〇大雪
五	三	秀鄉貞盛等討將門尋誅
七	五	新羅七舟至隱岐
乾祐	天暦二	夏旱秋大風雨

天復	延喜	貶管原道眞〇三代實錄成
天祐	四	立保明王爲太子
四	七	鑄延喜通寶錢〇藤原時平等上延喜格
六	九	左大臣時平卒
一一	一四	三善清行上封事
一三	一六	貞純親王卒〇三善清行卒
莊宗 同光	延長	太子保明卒
明宗 天成二	五	左大臣忠平撰延喜式
長興四	承平三	其京盜起
末帝 清泰	五	新羅亡
二	七	富士山火熾
四	二	出羽賊起平將軍僣號
六	四	藤忠平爲關白純友平
開運三	九	禪位太子
隱帝 二	三	藤忠平卒〇陽成帝卒

三	四	以憲平王爲太子
世宗顯德二	九	菅丞相諡天滿天神
恭帝建隆	四	宮火
乾德二	康保	中宮藤原卒
五	四	君卒
開寶五	天祿三	兼道爲關白
八	天延三	武德殿火
太平興國二	貞元二	兼通卒○賴忠爲關白
四	天元二	中宮媓子薨○立遵子爲中宮
七	五	皇宮火
雍熙二	花山寬和二	君遜位入花山寺
淳化	正曆	兼家卒○道隆爲太政大臣○立中宮定子
四	四	道隆爲關白
至道	長德	道隆卒○道長爲關白
成平五	長保四	僧寂照如宋

周太祖廣順二	六	朱雀卒○稱朱雀院院號始此
五	天德二	立女御藤原安子爲中宮
恭帝建隆二	應和	君還新宮
四	三	其京大水
開寶二	冷泉安和二	讓位太弟
六	天延	立藤原媓子爲中宮
太宗太平興國	貞元	皇宮火○地大震
三	天元	賴忠爲太政大臣
五	三	皇宮火
雍熙	永觀二	禪位太弟
端拱二	永祚	賴忠卒○兼家爲太政大臣
二	二	一條后削髮女院始此
五	五	天皇始視除目
眞宗咸平二	長保	西戎寇邊
大中祥符	寬弘五	花山法皇卒

大中祥符四	八	君卒○冷泉卒○立敦成爲太子
天禧	後一條寬仁	立敦良爲太子
乾興	治安二	地大震
天聖六	長元	平忠常反殺安房守惟忠
九	四	源賴信討忠常平之
康定	長久	皇宮火
慶厤四	寬德二	天皇崩君卒
八	永承三	受宋厤
皇祐四	七	安倍賴時作亂
嘉祐二	五	賴時死
治平三	治厤二	宗致藥物鸚鵡
神宗熙寗三	後三條延久	以關白敎通爲太政大臣
五	四	禪位太子
永豐三	承厤四	以信長爲太政大臣
七	應德	中宮卒
九	長和五	禪位太子
四	四	南蠻入寇薩摩擊却之
仁宗天聖五	萬壽四	道長卒
七	二	遣平直方討忠常不克
明道	五	大旱諸大川涸○富士山火
慶厤二	三	皇宮火
七	後冷泉永承	清原守武坐私如宋流佐渡
皇祐	四	宋人張守隆寄籍
嘉祐	天喜四	源賴義討安倍賴時
七	康平五	賴義平陸奥
神宗熙寗	四	國君卒
四	三	奥賊爲亂源賴俊討平之
八	承保二	關白敎通薨以師實爲關白
五	永保二	宮火○源賴義卒
哲宗元祐	二	立善仁爲太子讓位仍決事

三	寬治二	出羽清原武衡作亂
紹聖	嘉保	關白師實罷師通代任
元符二	康和	關白師通薨
崇寧四	長治二	以右大臣忠實爲關白
大觀二	鳥羽天仁	源義親亂平正盛討之
宣和二	保安	罷關白忠實內覽文書
五	四	法皇立顯仁爲太子其君禪位
建炎四	五	立忠通女爲后
紹興一一	永治	讓位太弟
一八	久安四	皇宮火
二三	仁平三	源賴政射怪禽
二六	後白河保元	鳥羽法皇卒○崇德舉兵使義朝清盛等伐之
二九	二條平治	信賴義朝作亂
孝宗隆興二	長寬二	崇德卒于讚岐
乾道二	六條仁安	立憲仁爲太子

六	五	源義家滅武衡家衡
三	永長	其國上皇落髮稱法皇
崇寧二	五	立宗仁爲太子
大觀	嘉承二	國君卒太子立以忠實爲攝政
三	二	勅源爲義討源義綱近江
三	二	藤忠道爲關白
南宋建炎三	大治四	白河法皇卒
紹興九	保延五	立體仁王爲太弟
一四	天養	詞花集成
二〇	六	立賴長女爲皇后
二五	久壽二	國君卒
二八	三	禪位
三〇	永曆	長田忠致殺義朝○流賴朝於伊豆
乾道	永萬	國君卒子順仁立
三	二	平清盛爲太政大臣

四	三	讓位于憲仁
六	嘉慶二	殺爲朝於大島○藤秀衡爲鎮守府將軍
淳熙二	安元	重盛贈金於育王山
四	治承二	立言仁爲太子
七	四	賴政奉高倉舉兵賴朝義仲起○二月讓位
九	壽永二	義仲入京平宗盛奉其君奔讚岐
一三	後鳥羽二	源賴朝爲總追捕使
一六	五	泰衡殺義經○賴朝殺泰衡
紹熙二	二	攝政兼實爲關白
四	四	賴朝狩于富士野
慶元四	九	立爲仁爲太子禪位
嘉泰三	建仁三	實朝任將軍○時政殺賴家子一幡
開禧	元久二	義時爲執權
嘉定六	建保	泉親衡起兵討北條不克○義盛敗死
一一	六	懷成爲太子實朝任右大臣

五	高倉嘉應	後白河削髮稱法皇
七	承安	立清盛女爲中宮
三	二	六條卒
六	三	清盛幽法皇流基房師長○平重盛卒
八	安德養和	平清盛卒○高倉卒
一二	四	國君卒于海
一四	三	千載集成
光宗紹熙	建久	賴朝朝于其京
三	三	後白河卒○賴朝拜征夷大將軍
寧宗慶元二	七	關白兼實罷
六	土御門正治二	賴朝卒
四	元久	時政殺賴家
嘉定三	承元四	讓位太弟
八	三	時政卒
一二	承久	公曉殺實朝

一四	承久三討北條義時不克○禪位太子
理宗寶慶	嘉祿泰時爲執權廣元卒
紹定四	寬喜三立秀仁爲太子
端平	文暦後白河卒
湻和二	延應三君卒土御門子邦仁立○泰時死
六	寬元四禪位太子經時卒賴時執權
一二	建長四宗尊親王任將軍
寶祐四	康元前將軍賴經賴嗣卒
開慶	正元十一月讓位
景定四	弘長三時賴卒
咸湻二	文永三惟康任將軍
五	六元使至對馬
九	一○元使至
恭宗德祐	後宇多建治時宗斬元使
祥興二	弘安二斬元使周福等

一七	元仁義時卒
二	二賴經任將軍
五	貞永傳位太子頒式目五十條
嘉熙三	延應後鳥羽卒于隱岐
湻和四	後嵯峨寬元二北條經時廢將軍賴經藤賴嗣任將軍
一一	建長三時賴廢賴嗣
寶祐	五建建長寺
五	正嘉立恒仁爲太弟
景定	弘長時宗執權
度宗咸湻	文永二續古今成○時宗逐宗尊
三	四東鑑成
八	九後嵯峨卒
十	一一正月讓位○元伐對馬
端宗景炎	二續拾遺成
元世祖一八	四元伐之

纂喜廬所箸書

二二	七	時宗卒貞時執權
二五	伏見 正應二	胤仁爲太子○久明任將軍
大德二	永仁六	七月禪位太子
五	正安三	正月禪位太子○師時執權
八	嘉元二	後深草上皇卒
十一	德治二	貞時廢久明
至大四	應長	師時貞時卒
皇慶二	正和二	玉葉集成
延祐四	文保	伏見卒
六	後醍醐 元應	立藤原嬉子爲中宮
至治二	元亨二	大旱○奥人亂討之不克
泰定三	嘉曆	惟康親王卒
至順二	元弘	楠正成起兵
順宗 元統	三	新田義貞滅鎌倉
盈元	建武二	時行亂○足利高氏反○直義殺護良王

二四	一〇	十月讓位
三一	永仁二	關白兼平卒
三	後伏見 正安元	僧寧一山歸化
七	嘉元	新後撰成
九	三	龜山上皇卒
武宗 至大	花園 延慶	立尊治爲太子○守邦親王任將軍
仁宗 皇慶	正和	高時執權
延祐三	五	建金澤文庫
五	文保二	二月禪位
英宗 至治	元亨	天皇始御記錄所
泰定	正中	後宇多法皇卒○高時殺賴兼國長
明宗 致和 文宗 天曆	三	久明親王卒
三	二	遷隱岐○護良起兵
二	建武	藤房去囚護良王於鎌倉
二	延元	國君如芳野正成戰死

三	二	金崎城陷義顯戰死
六	興國	義助卒○正統記成
至正八	正平三	正行破北軍
一〇	五○北觀德元	直義降○直冬反討之
一二	七	義興取鎌倉
一四	九北三	直冬請降親房卒○直冬伐高氏
一七	一二	立熙成爲太子
一九	一四	武光大破賴尙
明洪武二	二四	正儀叛
四	建德二	武政遣使於明
一一	四	山名氏清兵起
一五	弘化二	正儀與氏清戰敗
二四	八北明德二	氏清作亂平之
二六	後小松明德四	後圓融上皇崩
二八	應永二	義滿辭太政大臣

四	三	顯家義貞戰死
至正	二	帝在吉野
九	四	正行戰死
一一	六	師入其京
一三	八北文化二	師復京○義詮奔美濃
一五	一〇	賊入其京
一八	一三北延文三	天皇如觀心寺義興戰死○義詮侵芳野
二六	二一北五	高麗人至
三	建德	和田正武攻正儀
一〇	三北永和三	高麗使至
一四	弘化	楠正儀歸順
二三	元中七	楠氏與山名畠山戰敗
二五	九	與北朝和○傳三神器於後小松帝
二七	應永	經嗣爲關白義滿太政大臣
三一	五	崇光卒

賨喜廬所箸書

惠宗建文	六	大內義弘作亂
四	九	明封義滿日本王
永樂七	一六	南寇起
一四	二三	上杉氏憲作亂
一八	二七	明使至
二二	三一	後龜山卒
宣德三	正長	君卒義教任將軍
英宗正統	一〇	新續古今集成〇鎌倉持氏作亂
六	嘉吉	赤松滿祐殺大將軍義教〇義勝誅滿祐
九	文安	南朝遺臣據叡山
景宗七	寶德二	後崇光卒
天順四	寬正	朝鮮聘使至
憲宗成化三	應仁	勝元宗全作亂
九	五	勝元宗全死
二三	長享	兩上杉作亂

三	八	皇宮火〇義滿遣使於明
太宗永樂六	一五	忠嗣關白
一〇	一九	禪位太子躬仁
一五	二四	討氏憲平之
二一	三〇	義量任將軍
宣德二	三四	赤松滿祐反
八	正長五	後小松法皇卒〇義教遣使於明
正統四	十一	討持氏
八	三	南朝遺臣奪神器
景泰二	寶德三	行平均德政
九	長祿二	南人擁神器入吉野〇赤松氏獲神器
八	寬正五	七月讓位
六	應仁二	後花園卒
一〇	六	義尚任將軍
孝宗弘治	二	義尚改名義煕

三	二	義植任將軍
七	三	義澄任將軍
一四	後柏原 文龜	停義植官職
一八	永正二	兩上杉和
一三	一五	大飢○義輿歸周防
一五	一七	復停義植官職義晴任將軍
世宗 二二	天文一二	波兒人初傳礮術
二五	一五	義輝任將軍
三一	二一	陶晴賢殺大內義隆
三六	弘治三	其君卒
四〇	四	甲起戰於川中島
穆宗 隆慶二	一一	信長入其京
五	天正五	信長叙內大臣
一三	一三	秀吉定四國
一五	後陽成 一六	其君幸秀吉第

六	二	義植代畠山氏敗奔周防
一三	九	後土御門卒
一七	永正	大飢
武宗 正德三	五	大內義輿奉義植入其京○義植復任
一四	一六	北條早雲卒
世宗 嘉靖五	大永六	後柏原卒
二三	一二	大友氏臣齋藤某至波兒國病死
二六	一六	大內義隆使于明
三四	弘治	元就討陶氏晴賢
三九	正親町 永祿三	信長擊義元於桶峽斬之
四四	八	久秀殺將軍義輝
神宗 萬厤	天正	信長幽義昭○足利氏亡
一〇	一〇	光秀殺信長
一四	一四	神君與秀吉和禁耶蘇教○豐臣秀吉嗣立
一九	十九	秀次爲關白

二〇	文祿	秀吉征朝鮮置長崎奉行
二三	四	秀次自殺○禁耶蘇教
二五	慶長二	伐朝鮮
二七	四	明年英蘭舶來堺
二九	六	鑄大小判○定五十三驛
三一	九	山田長政入暹羅○韓和親
三五	一二	朝鮮入貢使至○中國舶至長崎
三九	一六	傳位太子○清正卒○琉球入貢
四三	元和	攻大坂陷之○豐臣亡
四七	五	使於羅馬法王
天啓三	元和九	家光爲征夷大將軍
思宗崇禎二	六	傳位太子
九	一三	朝鮮使至○鑄寬永錢
一一	一五	島原賊平
一五	一九	大饑

二一	二	正親町帝卒○明使至
二四	慶長	明使不報
二六	三	秀吉卒征韓兵還
二八	五	有關原役三成行長等伏誅
三一	八	秀賴爲內大臣○神君爲征夷將軍○東照罷講書禁
三三	一〇	秀忠爲征夷將軍○台德公立○始種菸艸
三七	一四	和蘭始通商○義久蹙琉球
四二	一九	攻大坂城○鑄大佛鐘○與大坂和
四四	二	英人通商○禁耶蘇教○神君卒
熹宗天啓	七	英辭通商
四	寬永元	朝鮮使至
六	一〇	置小老官
一〇	一四	島原賊乱
一二	一六	停異船
一六	二〇	朝鮮使至○諸家系圖成

大清順治元	後光明 正保	國郡都成
八	慶安四	大猷卒
十一	承應三	國君卒
一四	明厤三	大城災○江都火
一六	二	朱之瑜至
康熙二	寬文三	傳位太子禁殉葬
七	八	禁新建寺院
一○	一一	琉球貢
一九	延寶八	後水尾院卒○水府上扶桑拾葉集
二二	天和二	朝鮮使至○琉球貢
二三	貞享	更新厤
三四	元祿八	鑄元字金銀
四三	寶永	疏新大和川建濱御殿○鑄寶字錢
四六	四	富士山火出
四八	六	家宣爲征夷將軍

順治七	慶安三	家綱爲征夷將軍嚴有立
九	承應	王宮火○玉川水道成○琉球貢
十二	後西院 明厤	朝鮮使至
一五	萬治	明鄭成功乞師○伊勢兩宮火
一八	寬文	皇宮火
四	五	定布帛丈尺
九	一○	通鑑成○蝦夷亂平之
一二	延寶	英人欲通商
二○	天和	綱吉爲征夷將軍○常憲立
二三	三	冬經攝政○尋得無人島
二九	元祿三	移聖廟於湯島
四二	一六	東海道地大震
四五	寶永三	鑄當十錢
四七	五	皇室火
五○	正德	朝鮮使至○停鑄銀錢

五一	正德二	水府上禮儀類典
五三	四	改中國通商旅券○琉球貢○鑄新銀
五五	享保	吉宗公爲征夷將軍
五九	五	朝鮮使至
六一	七	廢下田置浦賀奉行
雍正二	九	大坂火
四	一一	鑄錢
七	一四	交趾象至
一一	一八	營宮○西國大飢○米騰貴
乾隆	櫻町 元文二	鑄錢○鑄文字金
四	四	鑄鐵錢
一一	延享三	傳位皇子
一四	寬延二	減市舶數○琉球貢
二一	六	米貴
二七	一二	家治爲征夷將軍

五二	三	家繼爲征夷將軍
五四	五	大日本史成減中國和蘭市舶數
五八	享保四	琉球貢
六〇	六	關東大水○水府上大日本史
雍正	八	停鑄銀錢
三	一〇	鑄金
六	一三	立昭仁爲太子○八經考文成
九	一六	江都大火
一三	二〇	傳位太子
乾隆三	元文三	減市舶
一〇	延享二	家重爲征夷將軍
一三	寬延	朝鮮使至
一九	四	頒厤法
二三	七	關東大水
二八	後櫻町 一三	禁携銀出洋

二九	明和	朝鮮使至○製火浣布○琉球貢
三〇	明和二	鑄五錢銀
三二	四	鑄當四錢
三三	五	俄羅斯人至阿波
三五	七	旱○禪位
三七	安永	江都火鑄二朱銀
三九	安永三	六月大風
四四	八	國君卒
四八	天明三	淺間嶽噴火
四九	天明四	大飢
五一	六	疏通印幡沼○大饑○江戶大水
五二	七	家齊爲征夷將軍
五三	八	皇宮火
五四	寬政	減和蘭使節儀○設預備倉
五五	寬政二	重建王宮減荷蘭市舶○琉球貢
五六	三	八月大風
五七	四	肥前溫嶽噴火○建和學所
五八	五	俄羅斯船來至松前
六〇	七	獵小金原
嘉慶	八	琉球貢
嘉慶三	一〇	行寬政厤
九	文化	俄羅斯使至長崎
一一	文化三	俄羅斯兵蝦夷島○琉球貢○江都火
一二	四	俄羅斯再兵蝦夷○置松前奉行
一三	五	英船擾長崎
一四	六	立惠仁爲太子
一六	八	朝鮮使來
一九	一一	復加茂臨時祭
二〇	一二	畿內大水海邊測量圖成
二三	文政	英船至浦賀鑄二分金

二四	文政二	畿內近國地震改鑄金銀
道光八	一一	越後地震○九州大水
一〇	天保	西京地震
一三	四	八月大風
一五	六	鑄當百錢
一七	八	鹽賊爲亂○鑄五兩判及一分銀
二〇	一一	旱
二四	弘化	和蘭使至大城災
二六	三	美利加通商○江都火○東海道大水
二九	嘉永二	英人傳牛痘
咸豐二	五	西京大水
四	安政	鑄一朱銀○俄羅斯船至
六	三	七月亞船來泊下田上書言事○建講武所
八	五	家茂爲征夷將軍○痧疹流行五國條約
一〇	萬延	三月水戶藩士狙擊井伊直弼○遣使於美利加

道光四	七	鑄一朱金
九	一二	江都火
一二	天保三	琉球貢○鑄二朱金
一四	五	鑄二分金
一六	七	國中大饑
一八	九	家慶爲征夷將軍
二二	一三	頒壬寅厤建習學所○琉球貢
二五	弘化二	美利加船至浦賀○江都火
二七	孝明四	信濃地大震
三〇	嘉永三	琉球貢江戶火
咸豐三	六	家定爲征夷將軍○築砲臺○美國使至
五	安政二	江戶地震
七	四	十月墨使入江戶謁大將軍
九	六	橫濱開港鑄金幣
一一	文久	和宮歸于德川內親王嫁始此

同治	二	痲疹商船始市香港
三	元治	德川將軍上洛置諸關
六	慶應三	開兵庫港○發將軍○行紙幣○改江戸爲東京
八	明治二	再至東京○十二月設東京橫濱電線○槪郵政
一〇	四	中國立約○置三府七十二縣
一二	六	始造人力車改兵制
光緒二	九	朝鮮立約
四	一一	島田一郎等狙擊參議大久保利通
九	一六	始鳩工造宮
一二	一九	置內閣總理大臣
十四	廿一	立樞密院○吾妻橋成○福島縣磐梯山噴火人死數千
同治二	三	鑄文久錢○置京守護職
五	慶應二	慶喜爲征夷將軍
七	明治	至東京○割奧羽爲七國○諸道兵
九	三	禁民佩雙刀
一一	五	東京橫濱間鐵道成○改陽厤○改服色○置銀行
一三	七	佐賀賊爲亂侵我臺灣
光緒三	一〇	西鄉隆盛爲亂平之
六	一三	定國會開設期
一一	一八	中國兵艦至長崎
一三	二十	修對馬礮臺
一五	廿二	一月十一日移宮○二月十一日頒憲法○東西京至姬路鐵道成

度量衡表比較表

中國工部尺八寸有八釐七毫爲日本曲尺一尺曲尺一尺一寸一毫三釐有七當中國工部尺一尺曲尺一尺八寸四分當中國廣東尺一尺木工尺類推其鯨尺加曲尺四分之一是曲尺一尺二寸五分爲

鯨尺一尺也又有吳服尺續日本記應神卅七年遣使於吳求織縫工攜女工四而還時爲晉光熙元年尺名吳服以此吳已入晉此以地言也光緒十五年爲其明治九年改以曲鯨二尺爲準其度法有三曰長短尺十毫爲釐十釐爲分十分爲寸十寸爲尺十尺爲丈皆曲尺也所謂端者鯨尺之二丈六尺曰距離尺六尺爲間六十間爲町三十六町爲里一里當中國六里七分有八先是間數或六尺五寸或六尺三寸或六尺里數或五十町或七十町今歸一律曰量地尺一間平方爲步三十步爲畝十畝爲反十反爲町其量法十束爲撮十撮爲抄十抄爲勺十勺爲合十合爲升十升爲斗十斗爲石而升以米六萬四千八百廿七粒爲率舛俗譌舛又加木爲桝語桝音若麻斯其種有三曰古桝徑四寸九分深二寸五分曰京桝徑四寸九分深二寸七分曰武佐桝徑四寸

六分有五深二寸三分九釐八毛今改量一例京桝云其衡法十弗爲毛十毛爲釐十釐爲分十分爲匁千匁爲貫百六十匁爲斤尋常斤百匁唐目斤百六十匁或一斤百八十匁大目斤二百匁沈香目斤二百十匁山目斤三百五十匁詳攷厥制作度量衡比較表

度

		比度	較日本度
長短尺	中國	分	一分一釐〇〇一三七
		寸	一寸一分〇〇一三七
		尺	一尺一寸一毛三七
		丈	一丈一尺一厘三毛七
		引	十一丈一分三厘七毛
	英美	來因	六厘六毛九六
		因基	八分三厘八毛

量

		比量	較日本量
常量	英美	治路	七勺八抄七七
		平土	三合一勺四抄八三七
		個土	六合二勺九抄六七五
		波士路	一升二合五勺九抄二
		瓦蘭	二升五合八勺七抄
		北基	五升三勺七抄
		市希基	二斗一合四勺九抄六

衡

		比衡	較日本衡
秤量	中國	分	一分〇〇八
		錢	一匁八毛
		兩	十匁八厘
		斤	百六十一匁二分八厘
		引	三百廿二匁五分六厘
		擔	十六貫百廿八匁
		石	十九貫三百五十三匁八分

英俄美	夫土	一尺五厘七毛
英	牙土	三尺一分七厘四毛
	破路	一丈六尺七寸六分三厘
德	里尼	七厘二毛
	昨路	八分六厘二毛九
	來因夫斯	一尺三分五厘
	也列	二尺二寸
	路最	一丈二尺四寸二分八厘九毛
法	米利美土	三厘三毛
	三基美土	三分三厘
	的希美土	三寸三分
	美土	三尺三寸
	的客美土	三丈三尺
	黑土美土	三十三丈
	基路美土	三百三十丈

液量

	克莫	八斗五合九勺四抄
	個土路	一石六斗一升一合九勺六抄
中國		二勺二抄八八
		二合九勺九抄七
	斗	二升三合六勺
德	也西路	三合一勺七抄五
	個智路	六合三勺五抄
	愛美路	三斗八升八勺
	夫的路	四石五斗七升
法	美里里土	五圭五四三五二三五
	三基里土	五抄五四三五二三五
	的希里土	五勺五抄四三五二三五
	里土	五合五勺四抄三五二三五
	的個里土	五升五合四勺三抄五二三五
	黑土里土	五斗五升四合三勺五抄二三五

英美	辯林	一厘七毛二八
	斯若路布	三分四厘五毛六
	土蘭	一匁三厘六毛八
	安土	七匁五分六厘
	磅土	百二十匁九分六厘
	斯唐	一貫六百九十三匁四分六厘
	個土路	三貫三百八十六匁八分
	猥土列土維土	十三貫五百四十七匁八分
	噸	二百七十一貫九百五十三匁
法	美里若蘭	二絲六六六七
	千知若蘭	二毛六六六七
	的希若蘭	二厘六毛六六七
	若蘭	二分六厘六毛六七
	的克若蘭	二錢六分六厘六毛七
	黑土若蘭	廿六匁六分六厘七毛

距離尺

澳 里尼	七厘二毛二七
昨路	八分六厘九毛二二
夫斯	一尺四分三厘一毛六
若拉夫的	六尺二寸五分九厘
俄 理你牙	六厘九毛九
土因	八分三厘九毛五
維路學若	一寸六分六厘六毛
而新	二尺三寸四分六厘九毛
沙人	七尺四分七毛四
意 美土路	三尺三寸
角美土路	三百三十丈
中國 里	五町六間
英 埋路	十四町四十五間
澳 埋列	一里三十三町三十二間三尺八寸
英 埋路海	十六町五十八間三尺

穀量

基路里土	五石五斗四升三合五勺
澳 才的路	一合九勺六抄一八
看尼	三合九勺二抄四二六
麻斯	七合八勺四抄三五三
費路的路	七升八合四勺三抄五三
愛美路	三斗一升三合七勺四抄有八
俄 波維土路	三升四合八抄九八五
維土路	六升八合一勺七抄九七
意 里土路	五合五勺四抄三五二三五
越里土路	五斗五升四合三勺五抄
和 賓外路	五抄五四三五二三五
麻土日	五勺五抄四三五二三五
中國	四勺二抄四六
斗	四升二合五勺二抄
	六斗七升八合一勺

貨幣

基路若蘭	二百六十六匁六分七厘
俄 風土	百九匁四厘
布土	四貫三百六十二匁
意 辯郎馬	二分六厘六毛六七
基路郎馬	二百六十六匁六分七厘
因土美林	廿六貫六百六十七匁
屯尼多拉	二百六十六貫六百七十匁
中國 厘	一厘六毛六八
分	一錢六厘六毛八
錢	十六錢六厘八毛
兩	一圓六十六錢八厘
英 片 片尼	二錢一厘
志 志林辯	二十五錢
磅 磅土	五圓
德 片尼喜	二錢五厘

日本圖經十九　圖經 六之一

養喜廬所箸書

國	名	數
德	昨路	一寸二分四厘三毛
	夫斯	一尺二寸四分三厘
	路也	二間四寸二分八厘
	維路斯土	九町四十六間四尺
量地尺		
英漢	也苦路	四段二十四步
澳	約若	五段八畝一步
	磨約昆	二段五畝廿二步二合二勺
法和比	阿路	一畝二合五勺
	也若多路	一町二十五步
俄	的沙金	一町一段四步五合
立積尺		
英漢	嚬頓船積	曲尺四十二坪三合三勺七抄五二
	克土夫土	同十六坪二合八勺一抄
	克土	同百三十坪二合四勺八抄
	拔列勃客	同五坪八勺七抄八
	若拉夫的	同百十九坪九合

國	名	數
		四合七勺六抄三
		一升九合七抄一二
		七升六合一勺六抄四七
		三斗四合六勺五抄八八
		三石六斗五升五合九勺
法	謝替	五斗五升四合三勺五抄二三五
	斯地路	五石五斗四升三合五勺二抄三五
澳	別黑路	二合六勺五抄六四五
	若來尼斯麻西路	五合三勺二抄六九
	若路西斯麻西路	一升六勺五抄〇二
	阿夫的路	四升二合六勺一抄二
	費路的路	八升五合二勺一抄四
和	馬地	五勺五抄四三五二三五
	葛布	五合五勺四抄三五二三五
	西給比路	五升五合四勺三抄五二三五

國	名	數
	麻路若	二十五錢
	揄路田	四十二錢五厘
	因比亞	二圓五十錢
法	棧金	二厘
	的新	二錢
法比	弗蘭若	二十錢
法	銀拿破侖	一圓
澳	金拿破侖	四圓
	若累醉	四厘九毛七
	弗路林	四十九錢七厘七毛
德澳	到列路	七十五錢
澳	日克土	一圓九十九錢
	克路雲	三圓九十八錢二厘
俄	克背若	七厘五毛
	路波路	七十五錢

法和比斯的路	同三十五坪九合三勺七抄
謝替	五斗五升四合三勺五抄
意聖清水	二錢
里拉	二十錢
知仙土	四厘〇八二
幾路田	四十錢八厘二毛
美米路	一厘
仙土	一錢
泰莫	十錢
士拉	一圓

郵便表

同治八年前（明治二年前）日本無所謂郵政也通商開港郵政乃肇初費患絀繼浸贏矣光緒十二年（明治十九）置遞信大臣誠重之也郵便曰實里數幾路正里也曰延里數合岐出之郵路言也曰郵便切手賣下所切手之言券也官賣于民謂之賣下也曰郵便函即路側受郵書之函也曰私書函凡信多者自置一函于郵其信一至局人

代投于中而自取之曰郵便用車運信車也所寄書物之類曰書狀叉曰葉書無函之信片也曰新聞紙及雜誌類皆減稅別一格也曰書籍及見本凡欲售紙先寄樣子也曰免稅公言之信往徠也曰貨幣封入寄鈔也曰書留收信之證據也合計一萬二千一百二十六萬五千四百五十六其浮沈者二萬七千三百七十八所謂振出高者兌鈔票也拂渡高者據票交所兌銀也拂渡猶言付交也謂兌銀曰爲換料猶言銀之質也其常語也其國內兌費凡六萬四千九百三十二圓兌費之收自外國者五百四十三圓綜之計之凡郵便入銀二百二十六萬二千三百一十四圓皆光緒十二年數也述郵便表

	郵便線路 實里數	郵便線路 延里數	管理局	郵便局	郵便受取所	郵便切手賣下所	郵便函	私書函	郵便用車
東京	四九、五二（里分厘）	一一五、九〇八、二三（里分厘）	一	三二	七六	一、一一二	一八六	六〇	一六〇
山形	三五二、八八（里分厘）	二九一、二〇五、七九（里分厘）	一	一二〇		五一四	五一三		二七

京都	二二九、五四	二三五、八八三、〇八		八〇	六九	七四八	八一五	三〇	一〇
大坂	二八六、四八	三一〇、八九一、一五	一	一二六	八三	一、五三二	一、六五一	八	二三
神奈川	一四二、九九	一六八、二六七、七七		五一	六	八三六	八〇八	二三三	
兵庫	三七九、五一	三九六、五四一、三一		一六七	五〇	一、〇〇六	一、〇七二	一三六	八
長崎	二三五、八四	一四七、六〇六、七四		九一	三	一九三	一九〇	三〇	三
新潟	四五一、九一	四二七、四〇七、九六	一	一七二	一〇	七四三	七六一	九	
埼玉	一八三、六二	一九三、四八六、六七		六六	七	一、四二八	一、四二八		
羣馬	二〇九、五七	二〇三、一一九、一一		七七	四	四三七	四二六	一六	
千葉	三二四、七七	二八一、〇〇三、九七		一二七	一三	七一二	七一九		
茨城	三二一、〇五	二四七、五九九、二八		一一〇	一〇	四三八	四一八	二	
橡木	二九〇、八六	二四二、三〇七、九四		一〇九	六	七四三	七三七		
三重	二四八、二五	二〇三、四八八、二九		九四	二	八二二	八三八	一二	
愛知	二九六、一四	二四四、六三九、一三	一	一一〇	二五	八〇二	八〇五	二五	
靜岡	三三五、〇八	二七五、一五九、七七		一〇三	一四	五三三	五一九	四	
山梨	一四九、〇七	一一九、六〇三、六〇		五八		一六四	一五九		

秋田	二三八、三四	一九四、七二五、五七		七八		二	二五二		三二
福井	一五九、〇七	一三八、四〇四、一七		四八		一〇	四四〇		一〇
石川	一五四、四二	一二八、三六三、三五	一	四一		二五	二四八		八
富山	一三二、六七	一一五、九〇六、九六		五一		七	五五五		五
鳥取	一三三、八七	一〇七、五二四、八九		四三		八	二一〇	四	
島根	三三六、三八	二六二、二八二、〇八	一	九九		七	四四七		八
岡山	二八二、七〇	三三五、八三七、九〇	一	一〇〇		一八	一、三三三	八	
廣島	四五六、三四	三五四、四三〇、二六		一四八		八	六〇九	六	
山口	三〇六、三八	二六八、三六一、九二	一	一一二		二	三二〇	一八	
和歌山	二二三、〇三	一七七、二七一、〇四		八〇			五三七	六	四
德島	一五〇、六二	一一〇、八一五、八六		四八		四一	二二八		
愛媛	三四八、七〇	二八五、〇〇一、二四	一	一三〇	五	八七五	八八八		
高知	二八九、一九	二〇六、八二六、八七		九〇		二三一	二三六		三
福岡	三三四、六一	二〇五、七六一、七九		九一	一二	五一〇	五二六		四一
大分	二四八、六四	一九七、四一六、一六		八九	一	五四八	五四四		一二

日本圖經十八

二十

圖經 六之一

養喜廬所箸書

滋賀	一一九、〇八	一三〇、八一七、二六		四六	八	五七四	五六四	一三	
岐阜	三一三、〇七	二四〇、八八八、九六		一〇〇	一三	六二一	六五一		
長野	三三六、八〇	二七〇、九四六、八二		九七	四二	七一九	七一〇		
宮城	二七三、七四	二二五、三三七、二二	一	八六	二二	三四二	三六四		
福島	四八〇、七二	三六九、一八三、三二	一	一四〇	八	六二三	六二三	二	
岩手	三三二、六四	二五二、二六二、五七		七三	五	二五八	二六二		
青森	二五一、二二	一六二、二五〇、四三		六一	一	一九九	一九四		八
佐賀	一三六、二八	一一五、二七五、八一		五四		一八六	一九三		
熊本	三三五、五六	二五八、〇五二、七八	一	一五〇	二	三一九	三一八		一五
宮崎	二三九、七〇	一七五、〇三八、〇六		六二		一四一	一四二		
鹿兒島	二九七、一四	一九一、九二二、九三		一〇五	六	一八三	一七六		
北海道	六二四、九七	三〇四、五九六、七七	一	一二〇	一一	七九	八六	三三	六
中國				一			一	一二〇	一
朝鮮				三		八	二		

電信局數綫路表

日本電綫自同治八年（明治二）設於橫濱辨天燈臺寮始本町裁判所東京築地繼之明年神戸大坂長崎漸增漸遠十一年（明治五）綫長二百三十里有奇（日本里三十四）十三年長九千里有奇（日本里千三百三十三）光緒二年（明治九）長萬五千里有奇（日本里二千二百十四）四年長二萬三千里有奇（日本里三千三百八十）六年長三萬一千里有奇（日本里四千四百八十四）八年（明治十五）長三萬八千里有奇（日本里五千五百廿三）十年（明治十七）

四萬七千里有奇（日本里六千九十五）十一年（明治十八）長四萬九千里有奇（日本里六千百十六）凡費十六萬四千二百七十四圓電綫所延之地多爲鐵道所逕之路商民便之海綫在函館濱名港淡路四國下關市川利根川最上川約三百里有奇（日本里四十六）通信曰技手曰驅使凡一千五百有奇報有官有私信有發有着而皆有音信數通數發信者發電也着信者來電也音信者電信之詞也通數者發電之數也售電信票處謂之切手賣下所光緒十一年入銀五十二萬六千九百九十四圓述電信局數綫路表

	局		綫路長（里分厘）	綫路延長（里分厘）	取扱所	綫路長	綫路延長
東京	五〇	二一	二七六四	一七二二三	三六	一五八六	二五一〇
京都	五	八	五六六六	一九四八一	三	〇六二	二一〇
大阪	九	二〇	二五二八	一五一六八	四五	三四一八	四六七四
神奈川	一〇	一五	四六五七	二〇二五五	一五	六八二	九八六
島根	二	四	六一三六	六一六三			
鳥取	三	六	三六七六	四八三四			
岡山	二	四	三七九六	一七八七一	四	〇九四	一二〇
廣島	二	五	三八二六	一九一四〇	三	〇六一	〇七一

兵庫	一一	二〇	八六七八	三七八五五	九	一九四	二〇九
長崎	二	三	一八六二	一二一七一	六	〇三一	〇三一
新潟	一一	二〇	一〇一四〇	二〇九五五	二	〇五三	〇五三
埼玉	一三	五	三八一一	一五五一七			
羣馬	八	八	二五〇四	七四八九	六	〇五三	七七一
千葉	五	一〇	三九四二	六一〇四			
茨城	三	二	九三八	六〇七			
橡木	五	六	五一五六	一七四七一			
三重	七	一二	三六五二	八〇六四			
愛知	六	一三	五〇九六	二二三六六			
靜岡	一〇	一九	六五四四	三三三四一	二	〇五三	〇五三
山梨	二	三	二六八一	五三六二			
滋賀	四	一〇	四一九三	二二九七一	六	〇四四	一三一
岐阜	三	五	三〇六二	一〇三六二			
長野	一〇	一八	九七三〇	二一五六八			
福島	七	一〇	五三四五	一五八五一			
山口	五	一二	六二七二	二六三六七			
和歌山	一	三	四一〇	四一〇			
德島	二	三	八六一	一七二三			
高知	二	四	一八五九	三七一八			
愛媛	七	一二	九八一八	一八〇八一			
福岡	五	一二	五三〇二	一八四五九			
大分	三	四	三四八四	三四八七			
佐賀	四	八	三八三八	一七八八一			
熊本	二	五	三四八八	五五八二			
宮崎	四	七	五二三六	五三五一	二		
鹿兒島	一	二	二八九八	三四四一	二	〇二七	〇二七
北海道	一九	二六	二六四六七	三六一七一	一〇	二五〇八	二五二一
合計	二七九	四一〇	二二五一一六	六一六八五	一五九	九五三五	一四八一七
海 函館			一七一四	三四二九			
海 濱名港			〇二九	一七六			
海 淡路			一二八	一二八			

宮城	四	八	四九四二	一三六八	五	六〇八	六一五
岩手	五	九	八〇〇四	一七五三四			
青森	三	六	六六一七	一六二九七			
秋田	三	四	六二九三	九八九六			
山形	五	一〇	七六二〇	一一三五五			
石川	四	八	三三五三	五七二二			
富山	五	一〇	二八七一	五九七一			
福井	五	一〇	五〇〇〇	一一一九六	三	〇五二	一六九二
底線							
四國			二二八	六八三			
下關			〇二六	一五七			
市川			〇〇五	一一〇			
利根川			〇一〇	〇四七			
最上川			〇一七	〇六九			
合計			二一五七	四六九九			
總計	二七九	四一〇	二三七二七三	六一八三八四	一五九	九五三五	一四八一七
合華里							

刑畧

隋書云倭殺人強盜及姦皆死盜者計賊酬物無財者沒身爲奴自餘輕重或流或杖每訊究獄訟不承引者以木壓膝或張強弓以短鋸頂或置小石於沸湯中令所競者探之云理曲者即手爛或置蛇公瓦中令取之云曲者即螫手南史云犯法輕者沒其妻子重滅宗族又云文身國犯輕罪者鞭杖犯死則置猛獸食之有

枉則獸避而不食經宿則赦此日本刑罰之見於正史者攷之日本史籍初無所律例也曰解除以犯而償殆猶罰贖曰逐罪稍重也曰死刑謀爲不軌之屬也若懲役若沒官若降官若左遷若火刑若梟刑至推古時爲隋大業中畧具笞杖徒流死五等刑大寶元年爲唐淡海公奉勅撰律令倭漢三才圖會依唐律居多後增閏刑定贖法謂之大寶律數百年來無大更變然武臣執政刑趨干酷明治變之迹刑畧

據宋淯熙九年傳抄本和律文永十年本目凡十二名例第一凡六儀若犯死罪皆條所坐及應議之狀北奏請議議定奏裁議者原情議罪稱定刑之律而不正決之流罪以下減一等其犯八虐者不用此律凡應議者祖父母父母伯叔姑兄弟姊妹妻子姪孫若五位及勳四等以上犯死罪者上請請謂條其所犯及應請之狀正其刑名奏請流罪以下減一等其犯八虐殺人監守內奸他妻妾盜略人受財枉法者不用此律凡七位勳六等以上及官位勳得請者之祖父々母妻子孫比孫不及曾玄犯流罪以下各從減一等之例凡應議請減及八位勳十二等以上若官位勳位得減者之父母妻子犯流罪以下聽贖若應以官當者自從官當法其加役流反逆緣坐流子孫犯過失流不孝流及會赦猶流者各不得減贖除名配流如法除名者免居作即本罪不應流配而特者雖無官亦免居作其於二等以上尊長及外祖父母夫夫之父母犯失殺傷應徒若故毆人至疾應流男夫犯盜謂徒以上及妻妾犯奸者亦不得減贖有官者各從除免官當法凡婦人有官位犯罪者各依其位從議請減贖當免之律凡五位以上妾犯非八虐者流罪以下聽以贖論凡一人兼有議諸減各應得減者唯得以一高者減之不得累減若從坐減自

首減故失減公坐相承減者又以議請減之類得累減凡贈位及外位與正位同職事初位與八位同外六位以下不在蔭親之例用蔭者存亡同若籍尊長蔭而犯所蔭尊長及籍所親蔭犯所親祖父母者並不得為蔭即毆吉三等尊長四等尊屬者亦不得以蔭論其婦人犯夫及義絕者得以子蔭雖出亦同凡無官犯罪有官事發流罪以下聽以贖論謂從初位及庶人而得八位以上位記者不以官當除免犯八虐及五流者不用此律卑官犯罪遷官事發在官犯罪去官事發或事發去官犯公罪流以下各勿論餘罪論如律其有官犯罪無官事發有蔭犯罪无蔭事發無蔭犯罪有蔭事發並從官蔭之法凡犯私罪以官當徒者私罪謂私自犯及對詔詐不以實受請枉法之類一品以下三位以上以一官當徒三年五位以上以一官當徒二年八位以上以一官當徒一年若犯公罪者公罪謂緣公事致罪而無私曲者各加一年當以官當流者三流同比徒四年其有二官謂官位為一官勳位為一官先以官位當次以勳位當行守者各以本位當仍各解見任若有餘罪及更犯者聽以歷任之官當歷任謂降所不至者凡犯八虐故殺人反逆緣坐本應緣坐老疾免者亦同獄成雖會赦猶除名獄成謂贓狀露驗及省斷訖未奏者即監臨主守於所監守犯奸盜略人若受財枉法者亦除名奸謂犯良人妻妾盜及枉法謂盜三端枉法一端者獄成會赦者免所居官會降者同免官法其雜犯死罪即在禁身死若免死別配及背死逃亡者並除名皆謂本犯合死而獄成者會降者聽從當贖法凡犯奸謂奸佗妻妾及與和者盜略人受財而枉法並謂斷徒以上若犯流徒獄成逃走祖父父母母犯死罪被囚禁而作樂及婚娶者免官謂二官並免降所不至者聽留凡祖父父母母老疾無侍委親之官在父母喪生子及娶妾兄弟別籍異財者免所居官謂免所居之一官若兼帶勳位者免其官位凡除名者官位勳位悉除課役從本色六載之後聽敘若本犯不至免官而特除名者敘法同免官例免官者三載之後降先位二等敘免所居官及官當者朞年之後降先位一等敘若本犯不至免所居官及官當而特免官者敘法同免所居官其免官者若有二官各聽依所降位敘即免官免所居官及官當斷訖更犯餘有歷任位記者各依當免法兼有二官者先以高者當仍累降之所降雖多各不得過四等各謂二官各降不在通計之限若官盡未敘更犯流以下罪者聽以贖論謂後敘合得八位以上者敘限各從後犯計年不在課役之限雖有歷任之位記不得預朝參之例凡以官當徒者罪輕不盡其官留官收贖官少不盡其罪餘罪收贖其犯除免者罪雖輕從例除免罪若重仍依當贖法凡除名者比徒三年免官者比徒二年免所居官者比徒一年初位不用此律謂以輕罪證人及入出之類故制此此若所枉重自從重若證僧尼應還俗者比徒一年其應若役者十日比笞十官司出入者罪亦加之凡犯流應配者三流俱役一年本條稱加役流者配遠所役三年役滿及會赦免役者即於配處從戶口例妻妾從之家人不在從例父祖子孫欲隨者聽移鄉人家口亦准此若流移人身喪家口雖經附籍六年內願還者放還即造畜蠱毒家口不在聽還之例下條准之凡流配之人在道會赦計行程過限者不得以赦原謂從上道日惣計行程有違者有故者不用此律若程內至配所者亦從赦原逃亡者雖在程內亦不在免限即逃者身死所隨家口仍准上法聽還凡犯死罪非八虐而

祖父父母老疾應侍家無二等之親成丁者上請犯流者權留養親謂非會赦猶流者不在赦例仍准同季流人未上道限內會赦者從赦原課調依舊若家有進丁及親終三月者即從流計程會赦者依常例即至配所應侍合居作者亦聽親終三月然後居作凡犯徒應役而家無兼丁者妻年廿一以上同兼丁之限婦女家无男夫兼丁者亦同徒一年加杖一百廿不居作一等加廿流至配所應役者亦如之若徒年限內无兼丁者惣計應役日及應加杖數准折決故盜及傷人者不用此律親考疾合侍者仍從加杖法凡雜戶陵戶犯流者近流決杖一百一等加三十留住俱役三年犯加役流者役四年犯徒者准無兼丁例加杖還依本色其婦人犯流者亦留住造畜蠱毒應流者配流如法近流決杖六十一等加可俱役三年若夫犯流配者聽隨之至配所免居作凡犯罪已發及已配而更爲罪者各重其事即重犯流者依留住法決杖於配所役三年若已至配所更犯者亦准此即累流徒應役者不得過四年若更犯流徒罪者准加杖例其杖罪以下亦各依數決之累決笞杖者不得過二百其應加杖者亦如之凡年七十以上十六以下及癈疾犯流罪以下收贖犯加役流反逆緣坐流會赦猶流者不用此律至配所免居作八十以上十歲以下及篤疾犯反逆殺人應死者上請盜及傷人亦收贖有官者各從官當除免法餘皆勿論九十以上七歲以下雖有死罪不加刑緣坐應配役者不用此律即有人教令坐其教令者若有贓應備受贓者備之凡犯罪時雖未老疾而事發時老疾者依老疾論若在徒限內老疾亦如之犯罪時幼小事發時長大依幼小論凡彼俱罪之贓謂計贓爲罪者及犯禁之物則沒官若盜人所盜之物信贓亦沒官取與不和若乞索之贓並還主即薄斂之物赦書到後罪雖決訖未入官司者從赦原若罪未處決物雖送官未經分配者猶未入即緣坐家口雖已配沒罪人得免者亦免衞禁第二職制第三戶婚第四廐庫第五擅興第六賊盜第七鬬訟第八詐僞第九雜律第十捕亡第十一斷獄第十二笞罪五笞十贖銅一斤笞廿贖銅二斤笞三十贖銅三斤笞四十贖銅四斤笞五十贖銅五斤杖罪五杖六十贖銅六斤杖七十贖銅七斤杖八十贖銅八斤杖九十贖銅九斤杖一百贖銅十斤徒罪五徒一年贖銅廿斤徒一年半贖銅三十斤徒二年贖銅四十斤徒二年半贖銅五十斤徒三年贖銅六十斤流罪三近流贖銅一百斤中流贖銅一百廿斤遠流贖銅一百四十斤死罪二絞斬二死贖銅各二百斤又有所謂八虐者曰一曰謀反二曰謀大逆三曰謀叛四曰惡逆五曰不道六曰大不

敬七曰不孝八曰不義有所謂六議者一曰議親二曰議故三曰議賢四曰議能五曰議功六曰議貴至明萬曆間（慶長時）更代笞杖同治七年明治與之更始除火罪鋸挽闕所入墨諸刑九年（明治三）更定新律以笞杖徒流死五者爲正刑士族閏刑設謹慎閉門禁錮邊戍自裁諸律知廉恥者廢爲庶人六年五月復改刑律廢笞杖流代以懲役又廢士族閏刑代以禁錮其他改革甚多十二年廢梟首刑十三年改刑律而廢斬爲絞矣第一死刑（絞首致死）第二無期徒刑（發遣遠島服役婦女留內地懲役場服役滿二十五年免除）第三有期徒刑（同上滿二十年免除）第四無期流刑（同上滿二十五年免除）第五有期流刑（同上滿二十年免除）第六重懲獄（重禁獄十五年滿期免除）第七輕懲役（輕禁獄十年期滿免除）第八重禁獄（內地服役刑期九年以上十一年以下）第九輕禁役（同上刑期六年以上八年以下）第十重禁錮（刑期五年以下留禁錮場服役）第十一輕禁錮（遞減一等）第十二罰金（視所犯之罪罰金贖之）第十三拘留（刑期一日以上十日以下）第十四科料（自五錢起至一圓九十五錢止）

日本圖經十九終

纂喜廬所箸書

游歷日本圖經二十上

奏派游歷日本美利加秘魯巴西等國英日屬地加納大古巴知府用兵部郎中臣傅雲龍述

日本文學上

學派源流

日本初以神道設教班固所謂獨任淸虛可以爲治非歟佛教繼之轉熾而堯舜禹湯文武周公孔子之教則晉前未之逮也道東而後一道同風其庶乎所繇源遠矣及拘者爲之不免於居今反古而僞者爲之又輒譁衆取寵儒固若是耶西學起遂詆不遺力然問天文學算學地理學化學氣學水學火學光學力學電學植物學動物學日本又推之爲衛生學非不多且奇也而能出格致外乎多學而識與一以貫之又孰愈乎嗚呼堯舜禹湯文武周公孔子之道菽粟也布帛也不可須臾離也而豈有窮乎日本種學代有通人以爲何如述學派源流

儒學自晉太康五年始是其國應神十五年也据日本史籍言百濟國使阿直岐能讀經典大學菟道師之始學儒詔曰汝國勝汝博士有耶對曰王仁是秀逸也徵仁明年仁來大子習諸典籍莫不通厥後難波大子亦然論語千字文皆授自仁而實傳自中國也與宋史所云始于百濟得中國文字合惟宋史言應神天皇甲辰是仁來前一年矣唐書開元初粟田復朝請從諸儒授經詔四門助助教玄默即鴻臚寺爲師獻大幅布爲贄此日本人留學之權輿貞元末遣使者朝其學子橘免勢浮屠空海願留肄業是日本大寶元年爲唐長安元年二月丁己仿唐釋奠先聖先師於大學州守歲時亦行釋奠禮保元平治間爲宋紹興武臣假權學校浸廢儒學翻寓浮屠中國又以其尚佛僧使往來不絕德川氏克鑑征韓一役以不通漢學而議乃薉首聘儒士藤原肅林道春等

授士夫學而人知向儒釋奠復行革僧道官並爲士族其久於豐臣諸氏未始非儒學爲之也洪武時王子勝祐壽者來入國學善待之日本有官生入監讀書載在明史其經學倡於伊藤維楨而物雙松成之其理學始於藤原肅而林忠繼之合格致誠正而一以貫之誰歟儒學已不絕如綫然如支分之藝專門之術猶有存者一則曰詩學也日本紀云天武天皇第三子大津有才學尤愛文筆詩賦之興自大津始然大津前已有大友之詩大友天智天皇子也倭漢三才圖會云日本紀及紀淑望古今倭歌集不言大友殆壬申亂大友天命不遂而天武得志舍人親王（天武子）撰日本紀時諱而不言乎大友之時不傳于世淑望亦未見（大友戮時十一歲大津叛於持統被誅年二十四歲）按大友在唐咸亨間大津則在儀鳳後矣就所存詩言日本五言始于大友七言始于大津七言長篇始於紀古麻呂七言絕句始于

紀男人國王詩始于文武天皇釋氏詩始于智藏女詩始于大伴姬和韵始于大津首倭漢三才圖會云國王好詩以嵯峨村上爲最倭詞易名和詞亦謂之國詩日本紀載伊奘册尊伊奘諾尊各七言一句爲歌之始盖在中國五帝時也初用國文今譯漢字耳又有味耜立彥根神之妹下照媛謌二首而字數未定其定三十一字自素盞嗚尊於出雲之淸地建營詠謌始上三句十七字下二句十四字也景行四十年爲漢元初四年皇子小碓東征凱旋至甲斐爲牙營小碓作謌二句秉燭奴賡續謌二句其聯句始歟百濟王仁賀仁德帝歌爲歌父陸奧采女奉葛城王歌爲歌母自時厥後其體有長歌短歌（五七五七連綿多少任意下以七七終）有旋頭歌（尋常詞一句有餘或五字或七字）有混本歌（尋常一句詞不足或五或字七字）有折句歌（每句上一字約照物名）有沓冠謌（每句上下照其事）有打越歌（指未來）有鵰反歌（轉助語一字即爲反詞）有隱題（置物名於詞中）有廻文歌有無同字歌以古今集中三

烏六木等之秘爲傳授大氏短歌三十一字爲正七字十六字皆變風也亦可以觀俗矣一則曰學書也（字學音韻學詳下）善書自空海始桓武天皇時（當唐聿中元年）與使唐者偕往學書得筆妙平城天皇大同元年（當元和元）歸日本人所謂三筆者嵯峨也空海也但馬守橘速勢也又三蹟云者小野道風也參議佐理也大納言行成也大納言藤原行成有草聖目三條時人餘難枚舉得晉唐筆法居多一則曰醫學也其知有中國醫自允恭時爲晉義熙年新羅遣醫士金武至國始日本紀云大已貴命少彥名命定禁厭法倭漢三才圖會云二神爲醫藥神欽明天皇十一年（梁大寶元）百濟知藥色味者來曰王有陵陀元正天皇養老七年（唐開元十一）始置女醫博士聖武天皇天中二年（開元十八）始建藥院及悲由院於奈良桓武天皇延曆六年（唐貞元三）典藥寮奏新修本草其精醫學者聲聞四出（花山時高麗王后疾求醫不至有扁鵲不入雞林語）然以丹波和氣二氏

爲巨擘也今賫藥水刀圭輒詡西法爲新奇云一則曰兵學也（兵制別詳）續日本紀云天平寶字四年十一月遣授刀舍人春日部三關中衛舍人土師宿禰開成等六人於太宰府就吉備朝臣眞備令習諸葛亮八陣法孫子九地結營向背倭漢三才圖會云吉備遣唐致軍法而後大江匡房長于軍術爲中興祖源義家得其口授乃源氏統道濫觴源義經楠正成亦其得者也倭漢三才圖會劍術以源義經爲祖（又云游偵軍中必用術也江州甲賀人善之有家秘相續）此外雜學不遑盡述

附錄

道教日本初謂之神教故曰神代也（詳國紀）徐福受祖龍命求仙藥於此盖亦聞所聞而來歟州郡建神祠置神官佛教熾而道教微

釋教隋書已謂倭敬佛法矣其宗十有一天台也眞言也淨土也臨濟也曹洞也黄檗也眞也日蓮也時也融通念佛也法相也空

海爲眞言宗日本學儒以王仁始而以空海盛空海于小學韵學頗能強識而傳之其國雖曰浮屠不翅儒學功臣而可多得歟日本僧有所謂法皇或讓或避意自有在故日本之釋當从別論明治以來減畝入官而寺院仍存七萬二千有奇攷厥椎輪日本紀司馬達等之子多須郡爲用明天皇出家教佛法是爲僧始時在陳末隋初也崇峻天皇元年蘇我馬子大臣請百濟僧等問受戒法日本紀又云敏達天皇十三年蘇我馬子大臣訪播磨國僧俗名高麗惠以爲師令度司馬達等女島曰善信尼年十一歲此日本尼始也內親王多爲尼

西教初禁之犯輒極刑今則學如不及

日本文表異字音學坿

隋書倭刻木結繩於百濟求得佛經始有文字與日本人古字類

梵之說合宋史應神天皇甲辰始於百濟得中國文字與日本書百濟博士王仁教國王子稚郎子論語千字文之說又合甲辰爲十五年或云十六非也當晉泰康五年然始教指象居多虛字無可指先實後虛至今讀猶顛倒崇峻時當陳隋間聖德太子著舊事記此嫥用漢文著書之始沿厥例著日本書記三十卷者聖武時一品舍人親王也當唐開元中古字浸廢代以伊呂波四十八字艸書實此四十七字也如伊作い呂作ろ類皆平常通用謂之平假名聯爲七字前六句七字末一句五字增ん字於句尾又有五十字者楷書之省文也伊作ィ呂作ロ類皆漢字之半謂之片假名片猶言不全片半音近謂文爲名與漢儒解合ィエ二字有二用同訓同所異於四十八字者此耳又謂之五十字母五字爲句用以反切葢日本音學也第一句母音餘爲子音伊呂波三字

散見於後此不得沿伊呂波之目五十字母相傳受自唐王化言詳音學四十七字或謂桓武時當唐建中間僧空海假漢文而作婦孺便之假漢文譯俗語亦謂之俗文其體四曰古文足利前文也曰新文豐臣後文也曰官府文曰通俗文大同小異片假名雜用漢文而官府文一變近雜蟹行文而通俗文又一變國史紀錄史畧類用漢字餘雜假名其音有清有濁而片假名又有次音用濁音字於去聲處加二點用次清音字則加小墨圍雲龍將游日本時子范初已譯日本之文與音凡京音所無增注它省方音以諧之爰就初藁與繙譯生澤郁繁一再審訂述日本文表

平假名四十八字稱伊呂波

平假	漢文	日本音	濁字	濁音
い	伊	伊京音		
ろ	呂	諸京音		

片假名五十字

片假	漢文	日本音	濁字	濁音	次清	次清音
ア	阿	阿注詳上				
イ	伊	伊				

は	波	哈讀若大笑在句末讀窪	ぱ	拔浙音
に	仁	你上平聲舌音		
ほ	保	火上聲京音	ぼ	博
へ	邊	黑京音	べ	别
と	土	多京音	ど	脱
ち	知	基京音	ぢ	
り	利	利上聲		
ぬ	奴	路短音略近洛音		
る	留	路長音		
を	遠	鵝我		
わ	和	窪		
か	加	開嘎客上平	が	安阿
よ	與	約四川音		
た	太	塔	だ	亥上一字即借伊呂波中云字音
れ	禮	内京音		

ウ	宇	烏		
エ	江	葉平聲		
オ	於	窩		
カ	加	開嘎切	ガ	安阿
キ	幾	基	ギ	額
ク	久	姑	グ	鷗我
ケ	計	客以	ゲ	宜額
コ	已	鍋	ゴ	餓
サ	左	撒	ザ	日阿
シ	之	細	ジ	日亦
ス	寸	司	ズ	日師
セ	世	舍	ゼ	日葉
ソ	曾	索	ゾ	若
タ	多	塔	ダ	亥
チ	知	基京音	ヂ	宜基

そ	曾	索去聲	ぞ	若四川音
つ	津	訾	づ	日師四川音
ね	禰	内耶		
な	奈	拿四川音此字音尾略帶然字音		
ら	良	人而人讀上平聲		
む	武	母去聲		
う	宇	烏		
ゐ	爲	意		
の	乃	懦四川音		
お	於	我下平		
く	久	姑	ぐ	鴎我
や	也	牙		
ま	末	麻		
け	計	客以四川音	げ	宜額四川音
ふ	不	夫	ぶ	母上平聲

ツ	津	訾	ヅ	曰師		
テ	天	疊	デ	劣		
ト	土	多	ド	脫		
ナ	奈	拿				
ニ	仁	你				
ヌ	奴	路短洛				
ネ	禰	内耶				
ノ	乃	懦				
ハ	波	哈	バ	拔	パ	怕
ヒ	比	西	ビ	迷比	ピ	比
フ	不	夫	ブ	母	プ	布
ヘ	邊	黑	ベ	別	ペ	背
ホ	保	火	ボ	博	ポ	波
マ	末	麻				
ミ	美	米				

籑喜廬所箸書

こ	已	鍋	ご	餓 意近惡去聲
江	江	葉		
て	天	疊 四川音	で	劣 上聲四川音
あ	安	阿 加鴉聲		
さ	左	撒 上聲	ざ	日阿 阿上聲京音
き	幾	基 牙音	ぎ	額以 四川音
ゆ	由	由 上聲		
め	女	妹		
み	美	米 去聲		
し	之	細	じ	曰亦 四川音
ゑ	惠	唯 上聲四川音		
ひ	比	西	び	迷比
も	毛	磨		
せ	世	碎 山東音	ぜ	日葉 四川音
す	寸	四	ず	日師 四川音

ム	武	母
メ	女	墨
モ	毛	磨
ヤ	也	牙
イ	伊	同前
ユ	由	由
エ	江	
ヨ	與	約
ラ	良	人而
リ	利	利
ル	留	路
レ	禮	內
ロ	呂	諾
ワ	和	窪
井	井	烏以

ん	云	讀若南人語你我之你
ウ	宇	同前
ヱ	惠	維
ヲ	遠	我
附		
ン	云	讀若南人語你我之你
フ	事	鍋多
ヰ	時	多基
ヒ	共	多磨
え	也	奈利
｜	長音之符	

坿錄日本異字

畠源親房姓北畠氏與中國畕字異畠从由古皇字此與畑同爲旱田也音若哈打格　畑同畠　仱男子也音若寫卡勒　𫟊童子也朝臣名此往往有之音若馬洛　円圓之俗字音與中國同　匁以爲量目字即錢之省文亦猶中國俗寫錢爲匁也音若抹娟墨　辻同衢音若之寄有姓辻子禮氏者見栗山文集　込入也音若可姆　迚倒底之謂音若妥迭　適嘆美詞音若阿窪勒　俤面容也音若我抹卡額　偖然字也音若沙特　扨與偖同　掟政府令也音若我溪特　抔與誼同日本文彼抔猶言彼等也音若那奪　拵作也音若可洗拉額魯　挘無倦意也音若卡寫吾　働音若哈打拉若　嘸語助辭音若沙作　宍

（肉塊之意音若西喜姆拉）誂（先訂後作之誼音若阿知拉額）椙（同杉音若司額）梶（同柁音若卞擠）杣（樵夫也音若所馬）榊（獻神木也音若沙嘎雞）枠（階級也音若瓦古）桁（椽字音若卞擠）樫（木名音若喀洗）栬（楓也音若抹米擠）籾（穀也音若抹米）粂（合久米二字爲之多以命名日本數十年前有笠原氏名粂之進類此甚多音若古麥）糀（麴音若柯五擠）峠（嶺之俗字音若掩五額）閂（關門鐵條也音若卞姆魯喀）躾（確之別體音若西喀多）躮（兒之別體音若寫喀勒）躵（漸也音若啞嘎特）軈（同躵）鰯（海鰮也音若倚瓦洗）鱈（大口魚也音若打洛）鮱（鯔也）

日本音學無專書今於源之熙蒴苑日涉得其五十母字與夫漢音吳音及反名之說輒删冗錄之見音學之無不貫攷方言者可㕘焉

〔日本國音五十母字〕音韻有五十母字相傳爲吉備朝臣眞備從遣唐使留學從王化言所定據唐書則吉備朝臣所師乃趙玄默而非王化言（續日本紀曰靈龜二年八月下道朝臣眞備從遣唐使多治比眞人縣守等游唐留學十八年天平五年歸賜姓吉備朝臣天平勝寶四年爲遣唐副使唐書曰開元始粟田復朝請從諸儒授經詔四門助敎趙玄默即鴻臚寺爲師舊唐書無粟田二字者是矣蓋天寶中粟田眞人爲遣唐執節使開元始請留學者吉備朝臣也）豈以化言精于音韻特受其傳乎皆一字一音謂之假名名即字也（周禮外史掌達書名于四方註曰古曰名今曰字）假名有眞草眞者相傳爲吉備朝臣所製取字偏旁以假其音故謂之片假名片

之言偏也草者僧空海所製就五十母字除重出者塡國風詩今之伊路發四十七字是也（簾中鈔以爲上半截空海所作下半截釋護命所作然頓阿高野日記三東密要竝爲空海所作又出雲神門郡鹽冶神門寺有空海眞蹟伊路發則爲空海之作明矣）其字全本于草書以假其音故謂之平假名平之言全也然伊路發之作唯便兒童之記誦耳於音韻無所取也五十母字天地萬物之音皆備細別之則十五音（正喉淺喉深喉舌頭舌上卷舌縱脣縱脣重脣輕脣牙腭正齒半齒半舌半舌半齒）一音各含五聲合七十五聲開合徐疾輕重清濁有定而無定出入靈動可以極一切之音雖鶴唳風聲雞鳴狗吠雷霆驚天蚊虻過耳皆可以譯大抵聲無非喉而脣爲總門腭爲中堂齒爲中門舌爲轉鍵沖氣輪于丹田而上竅于鼻故梵學亦有折攝二聲（夢溪筆談曰梵學則喉牙齒舌脣之外又有折攝二聲折聲自臍輪起至脣上發如斜浮金反之類是也攝字鼻音如歆字鼻中發之是也通雅曰聲氣不壞風力自轉五音皆宮五行皆土臍鼻折攝爲◎恩翁切脣舌腭齒俱不動而疑泥明心皆喉是其端矣又曰用在脣舌齒聲在喉腭鼻無非臍也）白石以爲本出于悉曇（東音譜曰五十母字蓋本于悉曇金剛文珠問而數字重出者猶華嚴字母兩阿藏）因詳延厤中傳教空海二師從遣唐使留學蓋當唐貞元年間並受悉曇學於梵僧故

其徒相傳受以距于今然余未嘗聞其說比者讀悉曇字記悉曇藏悉曇三密鈔等諸書知國音五十母字之出於悉曇蓋金剛頂經字母品文珠問經字母品大涅槃經文字品莊嚴經示書品大日經具緣眞言品及字輪品㕘說五十字母書史會要所載天竺字母亦五十（書史會要曰梵者不囉䋈也合而言之爲梵此云光音天也其字之母凡五十曰悉曇章此云能成諸義也其中十六字爲轉聲之範三十四字爲五音之祖或一或二或三至於聯截互合而有輕重清濁非清非濁等聲其詳見天竺字源翻譯名義集曰西域悉曇章本是婆羅賀天所作自古迄今更無異書但點畫之間微有不同悉曇此云成就所成悉曇章是生字之根本又華嚴大般若字母四十二詳見名義集）悉曇字記曰西域記梵王所製原始垂則四十七言（摩多十有二體文三十有五）今日本國音字母亦五十而除伊烏咽三字重出者則四十七言且短阿（上聲短呼近惡）長阿（依聲長呼）短伊（上聲聲近於翼反）長伊（依字長呼）短甌（上聲聲近屋）長奧（長呼）短藹（去聲聲近櫻係反）長藹（近於界反）短奧（去聲近汙）長奧（依字長呼）短暗（去聲近於鑒反）長痾（去聲近惡）十二韻及迦（居下反音近姜可反）者（止下反音近作可反）吒（卓下反音近卓我反）那（捺下反音近那可反餘國有音曩）波（缽下反音近波我反）麼（莫下反音近莫可反餘國有音莽）也（藥下反近藥可反）羅（洛下反音近洛可反）嚩（房下反音近房可反又音穌〇音詮㕘見悉曇字記）等之次第㮣有相似者矣三密鈔以梵文書國音五十母字其說頗詳悉慧

仲正濫鈔從之其略曰悉曇字母四十七字其初十二字謂之摩多（此云母或云點畫或云韻）次卅五字謂之體文以國音五十母字言之則阿伊烏噎嘔五字爲韻猶梵書摩多也加沙多那發麻藥洛話九字爲聲猶梵書體文也五韻九聲合爲十四音涅槃經文字品曰善男子有十四音名爲字義僧信範以爲即此十四音今以五韻合九聲則生下基苦結呫詩須奢蘇等三十音假令如加伊反爲基加烏反爲苦加噎反爲結加嘔反爲呫沙伊反爲詩沙烏反爲須沙噎反爲奢沙嘔反爲蘇（餘皆倣之）是也故基詩餘聲爲伊苦須餘聲爲烏結奢餘聲爲噎呫蘇餘聲爲嘔（餘皆倣之）其韻皆歸五韻所謂摩多也故五韻爲母九聲爲父三十六音爲子悉曇亦以母爲先故摩多在體文之前以摩多之功生諸音聲故也譬之摩多爲緯體文爲經經緯錯綜而成布帛故所生之音謂之業聲以動作業用也又體文

謂之男聲業聲謂之女聲男聲剛女聲柔梵語男子呼天爲泥嚩女子呼天爲泥尾猶國語男子呼天云阿麻女子呼天云阿吽也又曰阿字乃開口第一聲喉內自然之音隨嘘噏而生故經曰有情及非情阿字第一命此之謂也此字兼韻與聲竪生伊烏噎嗢四音橫生加沙多那發麻藥洛話九聲此一切聲音之源也故書梵字下筆第一點爲阿此諸字諸音之種子也阿一轉生伊故伊字爲根本之義（大莊嚴經曰唱伊字時出諸根本廣大聲）譬之果實之始生根焉阿音又觸脣而生烏伊音觸舌而生噎嗢乃生於烏此四音皆阿字之所生也九聲內加發話三音以喉音外轉觸牙故亦謂之牙音梵音以迦爲作業字（金剛頂經及大日經所說）以其聲始動出於外也沙多那三音以爲舌音沙音激舌本觸齒頭故亦謂之齒音多音觸舌心彈齶那音以舌頭彈齶凡那音奴泥耨五聲塞鼻則不得呼之故陀羅尼中謂之鼻

音發麻二音𣏟爲脣音而有輕重之分發音觸脣內而輕麻音觸脣外而重藥落話三音名曰遍口聲（又名滿口聲）其聲遍滿口中（字記曰也囉羅嚩奢沙婆訶濫叉十字遍口聲）三音內藥音兼舌落音捲舌彈齶其音全在舌故梵文以羅字（字記曰羅洛下反音近洛可反）爲火大種子蓋舌屬心臟心於五行屬火火以炎上爲性此自然之符也話音喉兼脣比之發音則在脣內更輕此其大略也熙謂漢字入聲之外皆有餘聲梵語亦有餘聲連帶調韻故有短阿長阿短伊長伊等之呼法有二三音若四五音相合爲一字者如此方言語無有餘聲故一字一音字雖有定體而有音無義數字相待爲一義故如漢字入聲而讀爲平上去三聲以其無餘聲也蓋當初製母字之時梵漢兼舉以成章所以與悉曇相似而不得全同耳漢土七音之學沈存中鄭夾漈亦以爲起自西域（夢溪筆談曰切韻之學本出于西域漢人訓字止曰讀如某字未用反切然古語已有二聲合爲一字者如不可爲叵何不爲盍如是爲爾而已爲耳之乎爲諸之類似西域二合之音蓋切字之源也如輭字文从而犬亦切音也殆與聲俱生莫知從來今切韻之法先類其

纂喜廬所箸書

字各歸其母脣音舌音各八牙音喉音各四齒音十半齒半舌音二凡三十六分爲五音天下之聲總于是矣通志七音略曰七音之源起自西域流入諸夏梵僧欲以其教傳之天下故爲此書音韻日月燈曰大唐舍利創字母三十後溫首坐益以孃牀幫滂微奉六母是爲三十六母合之爲七音然劉熙釋名有合脣開脣舌腹舌頭蹴口等說則似漢以前已有七音之說慢聲爲二一鉦之爲丁寍左傳著於丁寍註丁寍鉦也廣韻丁中莖切丁寍正切鉦字縠之爲句瀆春秋桓十二年縠邱左傳作句瀆之邱句瀆正切縠字銘之爲明旌禮記檀弓銘明旌也明旌正切銘字是也急聲爲一蒺藜之爲茨詩墻有茨傳茨蒺藜也蒺藜正切茨字子居之爲朱列子楊朱南之沛莊子楊子居南之沛子居正切朱字壽夢之爲乘左傳襄十年會吳子壽夢也註吳子乘也十二年吳子乘卒服虔云壽夢發聲吳蠻夷言多發聲數語共成一言按夢古音莫登切壽夢二字合爲乘字詳見韻學五書是也乃知反切之語漢以上已有之反切之名蓋始於魏晉以後矣張守節史記正義論例曰魏秘書孫炎始作反音至契丹書史會要曰遼太祖耶律氏諱億字阿保機小字啜里只多用漢人教以隸書半增損之製契丹之字數千以代刻木之約女直又曰金完顏希尹本名谷神完顏部人金人初無文字國勢日強與鄰國交好迺用契丹字太祖命希尹撰本國字希尹乃依倣漢人楷字因契丹字製度合本國語製女直字太祖大悅之命頒行之其後熙宗亦製女直字與希尹所選字並行希尹所撰謂之女直大字熙宗所撰謂之女直小字蒙古又曰帝師巴思八土波國人有元肇基朔方俗尚簡古刻木爲信猶結繩也既而頗用北庭字書之羊革猶竹簡也及奄有中夏爰命巴思八采諸梵文創爲國字字之母凡四十三切韵多本梵法或一母獨成一字或二三母湊成一字但只一字具平上去三聲而無入聲入聲輕呼則同平聲矣凡詔誥宣勑表牋並以書寫其書右行其字方古嚴重翰墨大全曰至元六年國朝詔書云考諸遼金以及遐方諸國例各有字今文治寖興而字書方闕其於一代制度寔爲未備故特命國師八思馬爲蒙古新字譯寫一切文字期於順言達事而已又曰自今已往凡有璽書頒降並用蒙古新字仍以其國字副之畏吾兒囘回字母並見書史會要滿州滿字即清書正字通所載十二字頭是也廖綸璣十二字頭引曰書分十二字頭即漢音之四韵內載千三百餘字即漢字之六書或以清書一音止有

一字蓋對未通滿語者言非所論于滿字也夫滿字必相連書以成滿語文意始見而千變萬化不可窮詰今滿字內漢音無字者效佛經二合之法二字連呼成一音以肯口吻如搭矣呼慨戞矣呼改哈矣呼海是也其字形俱自左旋右書字者亦自左至右讀亦如之呂種玉言鯖曰本朝圖書無四聲而有反切十二字頭後合字者反切也今塾中子弟多不講反切一入館選習清書不易通曉不知反切上取字母下合本韻隨口念出即得之矣池北偶談曰本朝之文移書疏之制國書則自後而前漢書則自前而後凡宮城榜書率用清漢蒙古三體按草木子載元朝行移文字漢字自前而後蒙古字自後而前畏吾兒字則橫書之

朝鮮慵齋叢話曰世宗設諺文廳命申高靈成三問等製諺文初終聲八字中聲十一字其字體依梵字爲之本國及諸國語音文字所不能記者悉通無礙洪武正韻諸字亦皆以諺文書之遂分五音而別之曰牙舌脣齒喉脣音有輕重之殊舌音有正反之別字亦全淸次淸全濁不淸不濁之差雖無知婦人無不瞭然曉之○按慵齋叢話朝鮮成俔所著世宗莊憲王名裪明永樂十七年即位

文字各殊然祖梵音或一母獨成一字或二三母揍成一字所謂半滿二體耳正字通曰西域以偏旁爲半字獨體爲文也以結搆爲滿字合體爲文也翻譯名義集曰悉曇此云成就所生悉曇章是生字之根本說之爲半餘章文字具足說名爲滿又十二章悉名爲半自餘經書記論爲滿類如此方由三十六字母而生諸字如日本五十母字一字一音有音無義雖數音相合而成義字有定體載音以導意故無合字之法白石東音譜僧文雄大觀鈔本于琴譜倣梵文及外國字作合字之法然而五方之音七音之轉不得復同易通而有難者要之非製作本旨是以罕用其說萩苑日涉○下同

五十母字舊圖

	開	合開	合	開合	合	拗音開合
喉	ア（イヤ ウワ）	イ（イイ ウイ）	ウ（イユ ウユ）	エ（イエ ウヱ）	ヲ（イヨ ウオ）	開合
牙	カ（キヤ クワ）	キ（キイ クヰ）	ク（キユ クウ）	ケ（キエ クヱ）	コ（キヨ クオ）	開合
齒	サ（シヤ スワ）	シ（シイ スヰ）	ス（シユ スウ）	セ（シエ スヱ）	ソ（シヨ スオ）	開合
舌	タ（チヤ ツワ）	チ（チイ ツヰ）	ツ（チユ ツウ）	テ（チエ ツヱ）	ト（チヨ ツオ）	開合
舌	ナ（ニヤ ヌワ）	ニ（ニイ ヌヰ）	ヌ（ニユ ヌウ）	子（ニエ ヌヱ）	ノ（ニヨ ヌオ）	開合
脣輕	ハ（ヒヤ フワ）	ヒ（ヒイ フヰ）	フ（ヒユ フウ）	ヘ（ヒエ フヱ）	ホ（ヒヨ フオ）	開合
脣重	マ（ミヤ ムワ）	ミ（ミイ ムヰ）	ム（ミユ ムウ）	メ（ミエ ムヱ）	モ（ミヨ ムオ）	開合
喉	ヤ（イヤ ユワ）	イ（イイ ユヰ）	ユ（イユ ユウ）	エ（イエ ユヱ）	ヨ（イヨ ユオ）	開合
舌	ラ（リヤ ルワ）	リ（リイ ルヰ）	ル（リユ ルウ）	レ（リエ ルヱ）	ロ（リヨ ルオ）	開合
喉	ワ（ヰヤ ウワ）	ヰ（ヰイ ウヰ）	ウ（ヰユ ウウ）	ヱ（ヰエ ウヱ）	オ（ヰヨ ウオ）	開合

ア音瀉齒而生イ故各行第二位皆瀉齒ア音觸脣而生ゥ故各行第三位皆觸脣拗音開合各五十音其開口發聲瀉齒者自各行第二位出以淺喉收合口發聲觸脣者自各行第三位出以深喉收

右五十母字一字一音謂之直音每字下分註者乃二合音右爲開口呼左爲合口呼謂之拗音日本國音反切歸字法如古靈切經古音コ靈音レイ二合先就第九行第四位求レノ字却歸第二行

尋コノ字便就第四位取ケノ字收聲用反切下字爲韻乃知音ケイ合二蓋レノ字取其位コ字取其韻方戎切風方音ホウ方府良切音ヒヨウ三合ヒヨ直音ホ戎音ジユウ合三シユ即ス字拗先就第三行第三位求ス字於第六行尋ホ字便就第三位取フ字用反切下字爲收聲乃知音フウ合二古牙切筎古音コ牙音ガ先就第二行第一位求力字就第五位尋コ字却歸第一位則力字就是歸字凡七音清濁取反切上字爲準收聲取下字爲準大抵詳于七音而四聲無一定漢字反切第見崖略耳然而音韻之妙自然契合

〔五聲十五韻新譜〕五音之法舊說以脣爲羽舌爲徵牙爲角齒爲商喉爲宮然樂家所用五音則隨律命之本無定音夢溪筆談曰五音之法亦不一如樂家所用則隨律命之本無定音常以濁爲宮稍清爲商最清爲角清濁不常爲徵羽切韻家則定以脣齒牙舌喉爲宮商角徵羽其間又有半徵半商者如來日二字是也皆不論清濁若舊說則喉音止宮脣音止徵其義不協故諸家有遷就爲之說者通雅曰管子謂五音出於五行此初配位圖也王宗道以牙爲宮溫公以

（四時序配橫圖以喉爲羽韵會依之章道常又改其半徵傳朱子法以河圖生序脣舌腭齒喉爲羽徵角商宮）要之皆爲漢字所設方音不得不異焉從五行生序以角徵宮商羽橫配發承轉縱合五聲而後喉舌牙齒脣無不各具五音者矣雖古人所未言而恊之人聲合其自然則無不可者徐景安以上平爲宮下平爲商角爲入徵爲上羽爲去（見玉海）五音正韵削去平上去入之號表以宮商角徵羽之名（見米芾書史）方密之以啌嗹上去入配開承轉縱合（通雅曰平上去入以一統三則曰平仄仄無餘聲聲皆平也平中有陰陽張世南以聲輕淸爲陽重濁爲陰周德淸以啌喉淸平爲陰以堂喉濁平爲陽智故以啌嗹定例便指論耳郝京山以四聲後轉一聲爲五何如此乎西士謂之淸濁上去入故曰翁翁公東翝五聲也承開轉縱合亦五聲也）如日本國音四聲無一定聲從讀變故不用平上去入之號橫配發承轉縱合五聲以叶角徵宮商羽五音凡聲氣無非風風在五行爲木在音爲角ア（惡平聲）乃開口第一聲喉內自然之音故ア爲角木生火火音徵今ア音觸齒生イ（伊）故イ爲徵風火聲氣之原也故アイ二音爲音韵之父母火生土土音宮土本無音借火而後生音今イ音觸

脣生ウ烏故ウ爲宮土生金金音商金本無音借火而後生音故イ音亦觸舌生エ噎上聲故エ爲商金生水水音羽水本無音激土而後生音故ウ音抵腭生ヲ嘔平聲故ヲ爲羽水生木故ヲ音又入喉餘十四音皆仿之若以發承轉縱合五聲配之張牙湧脣謂之角其喔喔確確然今發聲開口呼其音出於喉故以角配之齒合脣開謂之徵其音倚倚戲戲然今承聲開口之合齒合脣開故以徵配之合口通音謂之宮其音雄雄洪洪然今轉聲合口呼齒開脣合聲升鼻故以宮配之開口吪聲謂之商其聲鏘鏘倉倉然今縱聲合口之開聲出於臍觸舌心故以商配之齒開脣聚謂之羽其音詡詡吁吁然今合聲合口呼聲出於臍觸腭入喉故以羽配之五音之解見續文獻通考舊譜唯有喉舌牙齒脣輕重釋文雄大觀鈔以那爾奴泥耨五字爲半齒半舌首落利縷列路五字爲半舌半齒音然那爾奴泥耨

全屬舌上落利縷列路乃係卷舌且加基苦結呫沙詩須奢蘇多知追底姤發非夫嚩䑃廿字各有輕重淸濁之分音韵大不相同今攷之韵鑑諸書釐爲十五音曰正喉曰淺喉曰深喉曰牙曰腭曰齒曰舌頭曰舌上曰卷舌曰半齒半舌曰半舌半齒曰縱脣曰縫脣曰重脣曰輕脣凡十五音七十五字每字亦各含五聲都合百七十五音除重出者三字十五音得三百六十音以應朞之日天下之音總于此阿音聲氣出於臍而脣舌腭齒俱不動爲諸音之本阿音瀉齒生伊觸脣生烏所謂一生二二生三凡物之生至三極矣故伊音激舌生噎烏音激腭入喉生嘔是二生四三生五而歸于一也凡音無非喉而阿爲喉之正音觸脣舌腭齒生伊烏噎嘔四音其音發於喉而以喉收凡音無非喉故始于正喉終于深喉阿伊烏噎嘔五音各横生十四音故引其聲則每字生阿伊

烏噎嗢之韵假令加阿沙阿多阿那阿發阿麻阿藥阿落阿話阿基伊詩伊知伊儞伊非伊彌伊爲伊利伊伊伊之類餘聲皆歸第一行餘仿之凡聲有發送餘收發聲在字頭餘收並在字尾發聲有一音一字者有二合者二合音與翻切不同舊譜每字下分註者是也送聲者送氣聲也本音不轉以送其氣不可以混餘聲餘聲者尾聲也烏阿之餘聲即本聲其餘如支開之餘聲爲意邪哆之餘聲爲耶見通雅凡漢字除入聲之外皆有餘聲如日本國語一字一音無有餘聲故以漢字譯每字省除餘聲但呼其發聲始合本音今倣梵文之例謂之短呼又謂之半音又如追字知遂伊三音合爲一音今以追字譯ッ字則三音合急呼之如入聲便爲ッ音謂之促呼正字通所載滿字之譯語亦復類之阿因呼案納由呼惱哈矣呼海之類是已即梵文徙也呼寫婆許呼盤之類而皆可爲譯語字及外國語之

籑喜廬所箸書

例耳七十五字之外有ン字讀若分合口以鼻轉是爲鼻音即ム
姥音之別唯尾聲有此音凡元文删先等收聲開口升鼻者爲ン
侵監覃凡等尾閉之音聲將盡而閉之者爲ム而ンム二音不獨
有開合之別而已ム爲輕脣音ン爲鼻音東冬江陽庚諸韵唐音
收聲同眞元諸韵國讀皆以ウ烏收與蕭豪肴尤相似葢ンム二
音皆ウ之轉聲耳ウ乃正喉音第三位喉音觸脣而所生ンム亦
脣音第三位ウ音所生輕脣爲ム重脣爲ブ其舛鼻爲ン故無武
等字唐音ウ引國讀漢音ブ吳音ム一轉舛鼻爲ン音字母四聲
無一定平仄互通假令發詩二合呼爲平聲則爲端上聲則爲橋去
聲則爲箸非讀爲平聲則爲閙上聲則爲日去聲則爲火故譯語
無正音各從連讀之便而填之可也故今每字附以四聲字以便
對譯輟耕錄曰眞定新軍張萬戶與祖平生射虎數十自是人目之曰殺虎張後以國言賜名拔突拔突即拔都與突字雖異而聲相近葢譯語無正音故也國讀有平上去三聲

而入聲輕呼同平聲矣大氐漢語以字爲文梵語以音爲文日本國語亦猶梵語也音出於自然字生於人爲出於自然者萬國皆同書史會要曰蒙古字四十二一字具平上去三聲而無入聲入聲輕呼則同平聲矣通雅曰外域知七音而不知唑堂上去入金尼亦言入中土乃知之即古韵亦平仄互通者也言鯖日本朝國書無四聲而有反切出於人爲者五方各異蓋自然音之天籟耳不異乎𣪍音合二三音而後爲義中山傳信錄曰琉球字母四十七名伊魯花有一字可作二三字讀者有二三字可作一字讀者或借以反切或取以連書如春色二字琉人呼春爲花魯二音則合書八口二字即爲春字也色爲伊魯二音則合書イロ二字即爲色字也若有音無字則合書二字反切行之如村名泊與泊舟之泊炏讀作土馬伊則一字三音矣村名喜屋武讀作腔字則又三字一音矣國語多類此董越朝鮮賦註曰其國音有二樣讀書則平聲似去加以星爲聖以炬爲燕之類常語則多類女直甚至以一字作三四字呼者加以八爲也得理不之類是也以一字作二字呼者尤多有義而後有字在古倉史就其方言以製字字彙曰上古有音無字中古以字通音輓近又沿字而失其音四聲互相通轉通雅曰古人平仄互通但𧥄叶耳詳攷經傳史漢註疏說文沉孫以至臧釋皆屬音稣但於粗細不審而舌齒常借脣縱常溷耳此各塡其方言或各代之口吻然也音學五書曰四聲之論雖起江左然古人之詩已有遲疾輕重之分故平多韵平仄多韵仄亦有不盡然者而上或轉爲去或轉爲平入或轉平上去則在歌者之抑揚高下而已故四聲可以竝用又曰凡上去入之字各有二聲或三聲四聲可遞轉而上同以至於平古人謂之轉注其臨文之用或浮或切在所不拘不過發言輕重之間而非有此疆爾界之分也故古讀無定音如諧聲聲義互用形容之疊仄平語抑揚無非就聲配字四聲轉變亦猶國音耳如星散頭獨口空頤養林立摩娑末殺之類皆方俗之音字從讀變

見水經註坴有五音見焦氏筆乘從有七音差有八音辟有十一音見丹鉛錄不賁益有十四音敦苴益有十七音見通雅方密之以謂凡字皆有陰陽平上去五轉轉一韵即有十聲但古人未盡借用今方言未盡呼及也故曰音有一定之填而字隨填入非如後世定爲典要也況古今流變舛訛相承者蓋不鮮矣攷之說文核說文从木亥聲古哀切玉篇爲革戶骨二切廣韵下革切樗說文从木雩聲讀若華乎化切玉篇胡覇胡郭二切廣韻丑居切栘說文从木多聲玉篇余支成兮二切廣韵弋支切又說文移从禾多聲鉉曰多與移聲不相近蓋古有此音簫說文从竹肅聲玉篇先幺切廣韵蘇彫切又說文簫从艸肅聲論語蕭牆鄭註蕭之言肅也牆謂屏也君臣相見之禮至屏而加肅敬焉韵輯嘯簫蕭皆息六切說文切引蕭牆玉篇蕭蘇條切廣韵蘇彫切堲古垐垐土次聲疾資切玉篇在力切又音喞廣韵子力子栗二切餳說文从食易聲同緆錫先擊切玉篇徒當切與錫混廣韵除盈切之類不暇枚舉所謂雙音傍音叶音弱侯以爲轉注之變其實時有古今地有南北清濁輕重徐疾開合各隨言話之便而轉移國人之通信于西土漢巳來巳有之則文字之傳固在周顒沈約之前何知日本國音之於古音不大相逕庭乎凡先秦之書用韻每異乎沈韵於是後世有叶韵之說叶之不可叶於是有五部三聲

兩界回互之說豈知各時之方言各異執一定之譜欲通其所不通不亦惑乎學者輒以唐音正日本國音之轉訛者何以得其要領乎且日本國字一音五聲一轉十聲字從讀變不可定以四聲爲界限猶之五音十二律旋相爲宮焉今所譯字皆在彷彿閒覽者以意逆之可也字母皆一字一音呼如入聲今所譯字唯用半音不引餘聲始合本音如釋書翻譯亦多用半音溫鬱鄔優難那陀闥婆縛羅陵蘭羅之類通轉頗廣可以類推凡日本國字讀爲濁音則字傍加二點ガギグゲゴ是也次清則用一圈パピプペポ是也

角	徵	宮	商	羽
開口發聲出自喉	開合承聲出自喉齒合脣開	合口轉聲升鼻齒開脣合	合開縱聲出自臍觸舌心	合口收聲出自臍觸腭入喉

正喉	阿 ア 脣舌腭齒俱不動 諸音之本	伊 イ 所生 ア音瀉齒	烏 ウ 所生 ア音觸脣	噎 エ 所生 イ音觸舌	嗢 ヲ 所生 ウ音抵腭	
牙	加 カ 激腭	基 キ 橫牙間	苦 ク 激腭	結 ケ 橫牙間	呫 コ 激腭	聲激腭而橫出者爲牙音故牙音無非腭者
腭	伽 ガ	祇 ギ	寠 グ	傑 ゲ	箇 ゴ	重濁 隨鼻
正齒	沙 サ	詩 シ 兼舌頭	須 ス 兼舌頭	奢 セ	蘇 ソ	是爲送氣聲出自臍瀉齒又與舌頭通
半齒半舌	楂 ザ	時 ジ	聚 ズ	絕 ゼ	徂 ゾ	重濁 升鼻
舌頭	多 タ 舌點腭	知 チ 瀉齒兼正齒	追 ツ 兼正齒升鼻	氐 テ	妬 ト 舌點腭	
半舌半齒	驒 ダ	治 ヂ	鎚 ヅ	唬 デ	度 ド	重濁升鼻 凡國讀漢音屬半舌半齒者與音多讀爲舌上

舌上	那ナ 重濁與ダ通	儞ニ 重濁與ヂヅ通	奴ヌ	泥子 重濁爲デ輕濁爲子	嬲ノ	清濁隨鼻ヌノ相通 開爲ノ合爲メ
縱脣	發ハ	非ヒ	夫フ	嫳ヘ	轐ホ	縱脣聲在內輕
	聲氣直出自喉篇脣	舌抵下脣聲激上脣其聲揚	ウフ一音之轉故國語多通轉ウ音在內フ音在外齒合脣開聲升鼻爲ウ齒開脣合聲在脣爲フ	舌抵下脣聲激上脣直出	齒開吻聚其聲在喉脣之間	
縱脣	𨑥パ	譬ピ	普プ	瞥ペ	朴ポ	次清 縱脣激發聲在外重
重脣	爬バ	避ビ	蒲ブ	別ベ	暴ボ	重濁 隨鼻
輕脣	麻マ	彌ミ	姥ム	乜メ	麽モ	清濁 隨鼻

パマビミブムベメボモ互相通轉輕重清濁之分耳凡國讀漢音屬重脣者吳音多讀爲輕脣

鼻音ン

吽除發聲ム音之別也是爲閏位唯尾聲用之ム音齒開脣聚聲在口內ン音齒合脣開聲升鼻脣舌牙齒俱不動凡元文寒刪先等韵收聲開口升鼻者爲ン音

淺喉	藥ヤ	爲井	逾ユ	悅エ	欲ヨ	喉音外出牙間者爲淺喉在喉腭間微升鼻者爲深喉
	聲氣出自喉橫牙象舌	喉音濇齒爲イ一轉橫牙爲井	喉音觸脣爲ウ一轉橫牙爲ユ	開口呼比第一行エ字差重喉音觸舌心爲エ一轉橫牙爲エ	抵腭橫牙聲在口內	
卷舌	落ラ	利リ	縷ル	列レ	路ロ	
深喉	話ワ	イ	ウ	ヱ	沃オ	合口呼微觸脣升鼻故與縱脣音相通縱脣重呼深喉輕呼
	ア音滿口中微升鼻者爲ワ音	比第一行イ字差輕第一行イ字喉音直出濇齒在此行者微觸脣升鼻凡國語在一言中及語終者屬此行多與ヒ相通以其觸脣也	比第一行ウ字差重凡字頭用ウ音者屬第一行收聲用ウ音者屬此行一轉觸脣則爲フ音故國書ウフ多通用	比ヤ井ユヨ之エ更重	與第一行チ字相似而有輕重之分チ開口呼オ合口呼	

日本圖經二十上終

游歷日本圖經二十下

日本文學下

奏派游歷日本美利加秘魯巴西等國英日屬地加納大古巴府用兵部郎中臣傅雲龍述

學校合表

日本學校厥類大畧有九曰小曰高等中曰尋常中曰大曰高等師範曰尋常師範曰專門曰高等女曰雜學同治十二年明治六約學校一萬二千五百九十七至光緒十二年明治十九歷年十有三增至三萬三百八十八述學校合表

		學校	教員 男	教員 女	教員 合計	生徒 男	生徒 女	生徒 合計	卒業生徒 男	卒業生徒 女	卒業生徒 合計
小學校	公立	二七九八八	七五五九九	三三一六	七八九一五	一九六六九四四	七九四九二九	二七六一八七三	一九五八二三	五〇三〇九	二四六一三二
	私立	五六八	六二四	一三七	七六一	二一二五五	一九五二一	四〇七六六	二二一〇	一七七六	三九八六
	合計	二八五五六	七六二二三	三四五三	七九六七六	一九八八一九九	八一四四四〇	二八〇二六三九	一九八〇三三	五二〇八五	二五〇一一八
高等中學校	官立	二	八七		八七	一五八五		一五八五			
尋常中學校	官立	二	四六	六	五二	四三七	二〇六	六四三			

	公立	五四	六二九		六二九	九九九一		九九九一	五一七		五一七
	私立	二	一五		一五	三〇九		三〇九			
	合計	五八	六九〇	六	六九六	一〇七三七	二〇六	一〇九四三	五一七		五一七
大學校	官立	二	一三九		一三九	八九七		八九七	三〇四		三〇四
高等師範學校	官立	一	二七	四	三一	一一八	五五	一七三	一五五	二六	一八一
尋常師範學校	公立	四六	五三九	五一	五九〇	四二三二	五九五	四八二七	一七九五	一〇八	一九〇三
專門學校	官立	一六	六八六		六八六	四七一四		四七一四	一九〇八		一九〇八
	公立	四六	三五九		三五九	四九六五	四	四九六九	四一九		四一九
	私立	四三	一八二		一八二	五七三三	一〇八	五八四〇	三三三	四	三三七
	合計	一〇五	一二二七		一二二七	一五四一一	一一二	一五五二三	二六六〇	四	二六六四
高等女學校	官立	一	三	六	九		一三四	一三四		一一	一一
	公立	六	三〇	三一	六一		七六四	七六四		二二	二二
	合計	七	三三	三七	七〇		八九八	八九八		三三	三三
雜學校	官立	六	三九	四	四三	三八八	一二	四〇〇	七三		七三
	公立	四三	一二一	一四	一三五	一六六〇	三九三	二〇五三	八六	一九	一〇五

私立	合計	總計 官立	公立	私立	通計	前一年	前十年
一五六二	一六一一	三〇	二八一八三	二一七五	三〇三八八	三〇〇二六	二五四七三
二四五〇	二六一〇	一〇二七	七七二七七	三三七一	八一五七五	一〇〇二二六	五二六九二
三〇五	三三三	二〇	三四一二	四四二	三八七四	五二八五	一四二五
二七五五	二九三三	一〇四七	八〇六八九	三七一三	八五四四九	一〇五五一一	五四一一七
五六一六〇	五八二〇八	八一三九	一九八七七九二	八三四五六	二〇七九三八七	三四一一〇四	一五六七〇九三
九七九二	一〇一九七	四〇七	七九六六八五	二九四一一	八二六五〇三	九五四〇六六	五三二二五四
六五九五二	六八四〇五	八五四六	二七八四四七七	一二二八六七	二九一五八九〇	三一〇〇一七〇	二〇九八三四七
	一五九	二四四〇	一九八六四〇	二五四三	二〇三六二三	一一六五七九	
	一九	三七	五〇四五八	一七八〇	五二二七五	四〇三六七	
	一七八	二四七七	二四九〇九八	四三二三	二五五八九八	一五六九四六	

己未入學表

日本簿籍所謂學齡者指可入學年而言七歲以上爲率也光緒四年（明治十一）其國可入學者三千五百萬二千有二十入學者二百一十七萬九千二百六十七越五年（明治十六）可入學者三千七百五十四萬七千百五十入學者三百一十五萬七千二百八十九至十二年（明治十九）可入學者三千八百八十一萬四千五百三十二而

入學者三百有六萬三千一百八十六轉減於前何也且有琉球在內述

己未入學表

府縣	性別	人	學齡人員	學齡修學 就學	學齡修學 卒業退學	學齡修學 合計	學齡不修學 未就學	學齡不修學 未卒業退學	學齡不修學 合計	生徒 小學校	生徒 他學校	生徒 合計
東京	男	八三〇〇八八	一〇三七三九	三九五三四	一一七九九	五一三三三	四〇四二一	一一九八五	五二四〇六	四〇二四一	三二八八五	七三一二六
東京	女	七一三七三〇	九六四九三	三〇三七四	七四三八	三七八一二	四八六三八	一〇〇四三	五八六八一	三〇五一四	二五七二	三三〇八六
京都	男	四二七四九九	七七六八一	四七五五四	四五一二	五二〇六六	一七〇四九	八五六六	二五六一五	四五一一五	二九六四	四八〇七九
京都	女	四二五四三五	七三二八一	三〇五四九	二六五九	三三二〇八	二八八四九	一一二二四	四〇〇七三	二七九〇八	一〇三一	二八九三九
大阪	男	八四三一〇七	一五二六二五	九四六六六	四〇〇六	九八六七二	三八七五九	一五一九四	五三九五三	九一八六七	六六五一	九八五一八
大阪	女	八二一四四三	一三六四五六	六四四五一	一九四一	六六三九二	五四九一九	一五一四五	七〇〇六四	六二〇三三	二五一五	六四五四八
神奈川	男	四六一九八八	七七四五二	四二一五七	二四三七	四四五九四	二七四〇一	五四五七	三二八五八	四〇七六七	一七四〇	四二五〇七
神奈川	女	四四六二〇四	七三〇六四	二二八九〇	一三三六	二四二二六	四二七八六	六〇五二	四八八三八	二二〇二三	六四六	二二六六九
兵庫	男	七六六六五一	一三二〇七四	六六一八二	七七八九	七三九七一	四四一〇七	一三九九六	五八一〇三	六四〇三八	九八九	六五〇二七
兵庫	女	七二一三〇七	一一八九四五	三三七九四	三八三四	三七六二八	六七二八九	一四〇二八	八一三一七	三一六三一	六一	三一六九二
長崎	男	三七〇〇九三	五九四三七	二五三一五	三九四八	二九二六三	二七五五八	二六一六	三〇一七四	二六〇二五	一一九八	二七二二三
長崎	女	三六六六四九	五四五七八	六八〇一	四八〇	七二八一	四六〇〇九	一二八八	四七二九七	六八八四	一〇〇	六九八四
新潟	男	七九八七五五	一四九五〇三	八〇三六六	四五六〇	八四九二六	四九八五四	一四七二三	六四五七七	八〇九六〇	一六六三	八二六二三
新潟	女	八三八九六六	一三九六九六	二〇四〇四	一二二五	二一六二九	一〇五八九二	一二一七五	一一八〇六七	二〇八五六	一七三	二〇九九四
埼玉	男	五二一六二六	九五二一七	五二四七六	一六九九	五四一七五	三四三五〇	六六九二	四一〇四二	五一四八六	一〇七	五一五九三
埼玉	女	五一四五〇九	八九一七一	一九九七八	六四四	二〇六二二	六二四六四	六〇八五	六八五四九	一八七八八		一八七八八
群馬	男	三三三五〇二	六一九八七	三四二九二	三五七〇	三七八六二	一八二五六	五八六九	二四一二五	三四四九九	一四一三	三五九一二
群馬	女	三三二六八八	五八三〇五	一七八七六	一九〇〇	一九七七六	三一三七〇	七一五九	三八五二九	一七〇三八	一五〇	一七一八八
千葉	男	五七九六四〇	九七八六〇	六〇九一三	四五九四	六五五〇七	二八四四二	三九一一	三二三五三	六〇六〇九	一五〇五	六二一一四
千葉	女	五六八九二七	八三九〇八	二〇二四七	一六九六	二一九四三	五八九五三	三〇一二	六一九六五	一八七七八	四二	一八八二〇
茨城	男	四九二〇一二	八三七八七	五一六四七	二六一〇	五四二五七	二四〇四一	五四八九	二九五三〇	五三二二五	三五〇	五三五七五
茨城	女	四八一五八八	七一一〇三	一五一二二	一〇七一	一六一九二	五一九六七	二九四四	五四九一一	一五九一〇		一五九一〇

櫔木	男	三三三七三一	六六六二八〇	四〇六一三	一六二三	四二二三六	二〇三七一	三六七三	二四〇四四	四〇七六六	七六六	四一五三二
	女	三三二八六三	五八四一五	一七七三四	七〇五	一八四三九	三七三三四	二六四二	三九九七六	一七八三三	七一	一七九〇四
三重	男	四四九三六七	八二二二〇	五一一三九	四四〇一	五五五四〇	一八二一九	八四六一	二六六八〇	五〇八六七	一〇五四	五一九二一
	女	四四六七六〇	七五七四二	二七一八二	二二七一	二九四五三	三四九二二	一一三六七	四六二八九	二六〇五九	三四三	二六四〇二
愛知	男	七〇五〇〇三	一一九八六六	八四五四八	七二五〇	九一七九八	一七四四五	一〇六二三	二八〇六八	八一三五五	二六五四	八四〇〇九
	女	七一二二九四	一一〇七三九	四四八五六	四八六三	四九七一九	四五四二八	一五五九二	六一〇二〇	四一二三四	四四八	四一六八二
靜岡	男	五二二七四四	八四三〇〇	五一七六二	五三五二	五七一一四	一八〇九三	九〇九三	二七一八六	五一一二三	九八四	五二一〇七
	女	五一〇一三七	七九〇四〇	二七七六四	一九四六	二九七一〇	三七一一八	一二二一二	四九三三〇	二六五三九	二五五	二六七九四
山梨	男	二一八四七七	三九七一五	二五九六二	三〇四三	二九〇一〇	六六六一	四〇四四	一〇七〇五	二六五〇八	四二五	二六九三三
	女	二一九六〇二	三五三一四	七九四二	六三七	八五七九	二二七九六	三九三九	二六七三五	八〇七三	一五四	八二三七
滋賀	男	三二五〇〇〇	六三五一六	三五四二〇	四九八〇	四〇四〇〇	一三〇二五	一〇〇九一	二三一一六	二九五八一	六六九	三〇二五〇
	女	三三二二〇〇	五六八三八	二〇一六〇	二三八一	二二五四一	二一七二七	一二五七〇	三四二九七	一五五一三	四二	一五五五五
岐阜	男	四五三五四四	八一八五五	四七三二八	四八五二	五二一八〇	一九五八五	一〇〇九〇	二九六七五	四三五七三	一〇五六	四四六二九
	女	四二三四一六	七六三〇〇	二八九六八	三一九七	三二一六五	三一七二三	一二四一二	四四一三五	二六三一一	四八	二六三五九
長野	男	五三八三一九	九五二三九	七二一四九	三一一一	七五二六〇	一四二五一	五七二八	一九九七九	七〇一四五	四九二	七〇六三七
	女	五三〇六五〇	八〇八三八	二六八二三	一二六二	二八〇八五	四二六四七	一〇一〇六	五二七五三	二五〇二四	二	二五〇二六
宮城	男	三五四八三九	六九九二二	五一〇七五	二四八四	五三五五九	一二四六九	三八九四	一六三六三	四八八一四	一〇六六	四九八八〇
	女	三二七一六七	五五一七〇	一五一三〇	五六五	一五六九五	三六六八三	二七九二	三九四七五	一六三〇八	三五八	一六六六六
福島	男	四四二〇四三	八三四二五	五七四七三	三三四五	六〇八一八	一七四二六	五一八一	二二六〇七	五七一三三	七四三	五七八七六
	女	四二八五七六	七六二六〇	七八八六五	七五〇	一九六一五	五二〇〇四	四六四一	五六六四五	一七八〇〇	六	一七八〇六
岩手	男	三三三三五一	五八〇九六	三九三五一	三六〇	四〇七一	一四四五三	二九三三	一七三八五	三九九四六	四六九	四〇四一五
	女	三一五三三八	四九三一六	一一二六一	二一二	一一四七三	三四三六六	三四七七	三七八四三	一一四〇八	四五	一一四五三
青森	男	二六七〇九二	五〇八九一	二七〇五八	二二七一	二九三二九	一七四〇〇	四一六二	二一五六二	二五七四〇	四七七	二六二一七
	女	二五三八二三	四七九二六	四七二九	四〇五	五一三四	四一一三三	一六五九	四二七九二	四一六〇	三三	四一九三
山形	男	一二〇六八三五	六七八九八	四二五五五	二六六九	四五二二四	一六四九八	六一七六	二二六七四	四二七四二	五三五	四三二七七
	女	三五二四六四	五七一〇四	一〇六七七	七三一	一一四〇八	四一八四九	三八四七	四五六九六	一〇四一九		一〇四一九
秋田	男	三四五四〇八	五五六七九	三二五三〇	七〇七三	三三六〇三	一七六七五	四四〇一	二二〇七六	三二八五八	四三三	三三二九一
	女	三一四四七三	四五〇九四	五〇二九	三一七	五三四八	三六七八二	二九六四	三九七四六	五〇六九	四七	五一一六
福井	男	二九七九五一	五六九八八	三四九八四	一七二八	三六七一二	一五八六八	四四〇八	二〇二七六	三五一二七	三四一	三五四六八
	女	三〇〇一三〇	五三六五九	一一五五九	一五七四	一三一三三	三六一五〇	四三七六	四〇五二六	一一三二〇		一一三二〇

石川	男	三七五九三六	七五六四六	四八〇四一	四一九三	五二二三四	一七二〇四	六二〇八	二三四一二	四八九四七	七三一	四九六七八
	女	三七六四五六	七〇七六八	二一六一五	一六〇〇	二三二一五	三九一三一	八四二二	四七五五三	二二〇三九	一四八	二二一八七
富山	男	三七〇五一一	七七三五二	五一四九九	九二六	五二四二五	二〇五一八	四四〇九	二四九二七	四九〇九一	五五〇	四九六四一
	女	三五八六九七	七二〇一六	二〇八三六	二二五	二一〇六一	四五五四五	五四一〇	五〇九五五	一九八九二	九三	一九九八五
鳥取	男	一九六七九四	三二三六一	一九七一八	四九七	二〇二一五	一〇〇八七	二〇五九	一二一四六	二〇八〇四	六三七	二一四四一
	女	一九〇八一九	二七六九二	五四二五	一六六	五五九一	二〇五七八	一五二三	二二一〇一	五五八九	一六	五六〇五
島根	男	三五四七五一	五八一四四	三六七〇八	一二二七	三七九三五	一六五九一	三六一八	二〇二〇九	三八七五七	一〇一四	三九七七一
	女	三三九二三八	五三九一三	一四三二三	三五四	一四六七七	三五四〇六	三八三〇	三九二三六	一四二七四	三七	一四三一一
岡山	男	五四六二七七	九一一八五	六八八三六	三四八	六九一八四	二一七三六	二六五	二二〇〇一	七二〇八九	二八六五	七四九五四
	女	五〇一〇九一	八〇四九八	四三九七七	五〇八	四四四八五	三五六八四	三二九	三六〇一三	四四九七九	一四七三	四六四五二
廣島	男	六五〇二三二	一一三九四九	五六六六二	二一一一	五八七七三	四二六六〇	一二五一六	五五一七六	六五四一九	一三二六	六六七四五
	女	六三〇一〇〇	一〇五三六〇	二八六八七	七〇九	二九三九六	六二二七六	一三六八八	七五九六四	二九九二九	四六	二九九七五
山口	男	四六〇四二二	七七〇一三	四六四四〇	二五二三	四八九六三	一九三八二	八六六八	二八〇五〇	四三六五〇	一六五七	四五三〇七
	女	四四四七三五	七三二七二	一八二二四	一七四七	一九九七一	四四三四七	八九五四	五三三〇一	一六二三六	一二一	一六三五七
和歌山	男	三〇二七五五	五八一四八	三〇七三五	一四四九	三三一八四	二一一二三	四八四一	二五九六四	二九二七四	一五四〇	三〇八一四
	女	二九四四八六	五〇九七三	一〇八二〇	三九四	一一二一四	三六七三〇	三〇二九	三九七五九	一〇五七一	一三三	一〇七〇四
德島	男	三三〇六五七	五五六三三	二三三七八	一四〇二	二四七八〇	二〇九四三	九九一〇	三〇八五三	一九七九九	九七六	二〇七七五
	女	三三五九一六	五一三一四	七三二〇	三四五	七六六五	三八一〇三	五五四六	四三六四九	三九〇八	一六八	四〇七六
愛媛	男	七七一九三一	一三九三六一	八一八八二	一二〇一	八三〇八三	四四〇五二	一二二二六	五六二七八	七六五六八	一五四三	七八一一
	女	七四二五八五	一三〇六三三	三七四一一	七〇〇	三八一一一	七九五七八	一二九四四	九二五二二	三二八六三	一六一	三三〇二四
高知	男	二九四四六五	四四三六四	二六八五三	一〇七四	二七九二七	一二七六三	三六七四	一六四三七	二六四一九	一一二四	二七五四三
	女	二六九〇一〇	三八二七一	一一二九二	七七七	一二〇六九	二一七四三	四四五九	二六二〇二	一〇八一一	三三	一〇八四四
福岡	男	五八三一七九	一〇八六〇七	四九〇八九	七二九六	五六三八五	四五〇八一	七一四一	五二二二二	四七五三〇	二四〇四	四九九三四
	女	五六九一二二	九九五六七	一四六三七	一八八六	一六五二三	七七九二一	五一二三	八三〇四四	一二九七〇	一九五	一三一六五
大分	男	三八五九三九	六五一二一	四〇〇九三	五三四	四〇六二七	一九二五二	五二四二	二四四九四	三八七五〇	一〇七二	三九八二三
	女	三七八五〇八	六〇五四六	一五一一〇	二一二	一五三二二	四〇〇二〇	五二〇四	四五二二四	一四四八六	三	一四四八九
佐賀	男	二六二九四九	四七八八九	二八三三七	八〇六	二九一四三	一四九五二	三七九四	一八七四六	二九九四六	八六五	三〇八一一
	女	二五三二三七	四二四四四	八六三四	一八一	八八一五	三一一七六	二四五三	三三六二九	九一七三		九一七三
熊本	男	五〇九一三五	八六八四八	三八六三〇	一一九四八	五〇五七八	二九八〇一	六四六九	三六二七〇	四七七七四	二三三三	五〇一〇七
	女	五一三九九三	八一六五二	一八〇二一	二九五五	二〇九七六	五三四六四	七二一二	六〇六七六	一九三九二		一九三九二

三

	宮崎		鹿兒島		北海道	
	男	女	男	女	男	女
	二〇六一三	一九一一〇〇	三八四〇三八	三七八八〇〇	一六〇一三八	一三八八二〇
	三三三四五	三〇二一八	七八〇九四	六〇一六六	二五〇一五	二二一一三五
	一七四四四	三三三九	四二二五六	六一〇五	一二七四〇	四三六〇
	一一〇	一二	二四三九	一四四	二九四	九四
	一七五五四	三三五一	四四六九五	六二九四	一三〇三四	四四五四
	一三九四六	二五六一八	二九二三〇	五二九四二	一一〇〇一	一六九一三
	一八四五	一二五九	四一六九	九七五	九八四	七六八
	一五七九一	二六八七七	三三三九九	五三九一七	一一九八五	一七六八一
	一七九三二	三二一六	三三五九五	四三八五	一二六七三	四二六二
	二〇九		一〇七五	九三	四〇四	一四
	一八一四〇	三二一六	三四六七〇	四四七八	一三〇七七	一二七六

小學校師弟子表一

日本簡籍教員者師也授業生云者弟子爲師轉相授學者也簡易科云者七歲以下弟子入此科也尋常科云者七歲至十歲四年間學科也過此入高等科學今以師爲一類（公立者七萬八千七百九十三私立者七百六十一次以生爲一類（公立者二百七十五萬七千七百三十三次以卒業生爲一類（公立者二十四萬六千有一十九私立者三千九百八十六皆光緒十二年數也明治十九近年册未修入○琉球在外又以平均每日入學生爲一類述小學校師弟子表

師類										弟子類						
學校				教員		授業生		合計		生徒						合計
簡易科	尋常科	高等科	合計	男	女	男	女			簡易科		尋常科		高等科		
										男	女	男	女	男	女	

東京	公立		二四四	七〇	三二四	四八三	四七	二一三	七〇	八二三			一九〇〇四	一一九〇二	四〇〇七	三二八三	三七二〇三
東京	私立		四一五	五四	四六九	一四二	三七	二九二	五四	五二五			一六四〇七	一五七三七	八二三	五八五	三三五五二
京都	公立		五二	一九七	七〇八	八六六	一五一	二八四	二三五	二四三八			四四四三一	二七八九	六八四	八九	七三〇三
大坂	公立		八四六	一〇三	九四九	一二三六	八	一五〇六	六二	二八一二			八九三〇〇	六二二六一	二二八四	五一七	二五三三六二
大坂	私立		六		六	八		四	一	一三			二八三	二五五			五三六
神奈川	公立		五六八	一一七	六八五	三九四	五	一二二六	四四	一六六九			三八二二七	二〇七〇九	一五六四	三九四	六〇八九四
神奈川	私立		二五	四	二九	八	二	四四	七	六一			九一八	八九二	五八	二八	一八九六
兵庫	公立		五八〇	一〇	五九〇	七〇九	三	三〇八五	一〇三	二九〇〇			六三七四五	三三五九七	二九三	三四	九五六九
長崎	公立	二六四	一八〇	一七	四六一	四三〇	九	六八九	二〇	一四八	七二一	一三五七	一七〇一〇	五二〇	一八〇四	三一七	三三九九
新潟	公立		一〇一六	二〇七	一二三四	一一一七	二一	二八七一	五五	四〇六四			七二四七七	一八六四五	八四八三	二一七六	一〇七八一
埼玉	公立		三二九		三二九	八四七	四	一一二五	一三	一九八九			四五四五九	一七七三〇	六〇二七	一〇五八	七〇七四
群馬	公立	一二一	三七七	一六	四一五	七六六	一二	五八四	二七	一三八九	三八三	一二二	三一五四七	一五九七七	二三三一	六二九	五〇五二
群馬	私立		四	一	五	三		六	四	一三			一八九	二三七	四九	一〇	四八五
千葉	公立		七五一	一九六	九四七	一〇三一	三一	八九〇	二六	一九七八			五五五五三	一七七二五	四五五九	七七三	七八八一〇
千葉	私立		七	二	九	一三	二	六		二一			四九七	二八〇			七七七
茨城	公立		二九六	一八	三一四	三三六	七	一〇四五	一〇	一三九八			四八五七七	一五〇〇二	四六四八	九〇八	六九三五
栃木	公立		三九五	八四	四七九	四六四	二四	一七四六	一〇六	二三四〇			三九九四一	一七六二一	八〇一	二〇七	五八五七〇
栃木	私立		一	一	二	二				二			二四	五			二九
三重	同		四四九	四二	四九一	四五四		三二九五	一〇七	二八五六			五〇〇六七	二六〇〇五	七六三	五四	七六八九
三重	同			一	一	四				四					三七		三七
愛知	公立		一〇五八	三五二	一四〇九	一〇六七	二三	一五九九	九一	二七八〇			七九五八一	四一〇八五	一七七四	一四九	一三五八九
静岡	公立	五	二四三	四	二五二	五九九	二	一三六九	二六	一九九六	八六五	六三九	四九六一五	二五七三〇	五八二	一四七	七七五七八
静岡	私立		一		一	一		三		四			六一	三			八四

山梨	公立		二〇五	九三	二九八	三七一	三	一〇〇六	一七	一三九七			二五四七八	八〇二一	一〇三四	五二	三四五八一
滋賀	公立	四〇四	一〇五	九	五一八	五九〇	二一	三七二	一一	九九四	一五四一四	七八二〇	一三五六八	七四七一	五九九	二二二	四五〇九四
岐阜	公立	六五〇	二六〇	三〇	九四〇	六八三	二三	七一	三〇	一四四七	二二五九六	一四五九四	二〇四六〇	一二七五	一五一七	四四二	六九八〇四
長野	公立		六〇一	四九	六五〇	六四五	三	三七七八	一六八	四五九四			六八七〇八	二四八五九	一二八二	六一	九四九一〇
	私立		三		三	一		七		八			一五五	一〇四			二六九
宮城	同	一九四	三八五	三三	六一二	四三九	一〇	一〇六八	六三	一五八〇	六〇〇八	二九四〇	四〇〇一七	三六二一	二七五五	七一二	六五〇五三
	同		一		一			一		一			三四	三五			六九
福島	公立		八六四	一〇五	九六九	六一五	一二	一三五一	八七	二〇六五			五四八六二	一六九六	三七一	八四四	七四九三
岩手	公立		七四七	一五九	九〇六	六六二	一	五九〇	一二	一二六五			三六九二九	一〇八三九	二八八七	四四〇	五一〇九五
	私立		四	一	五	二	一	三	三	九			一二	一二六	九	三	二五九
青森	公立	九一	四四五	一八	五五四	四三四	三	三七二	二〇	八二九	三一九二	二六九	二五六八	三八一四	九九〇	七七	二九九〇〇
山形	公立		五四八	四一	五八九	六四六	一〇	一五七九	八〇	二三一五			四一四八一	一〇三六七	二二五四	四七	五三四九
	私立		一		一	一				一			七	五			一二
秋田	同		四八三	九二	五七五	四八一	三四	八〇五	四一	一三六一			三〇五四三	四八六七	二二五九	一七五	三七八四
	同		一	一	二	一		二	一	四			五四	二七	二		八三
福井	公立		五七七	八八	六六五	六四四	一七	六三	三一	一三四			三四六六〇	一二七五	四六七	四五	四六四四七
石川	公立		四五四	六四	五一八	八二四	一八八	五七九	一三三	一七二四			四三五一七	二〇六三八	五三四	一二三二	七〇七三
	私立		七		七	七	六	九	一〇	三		一	八六	一六九			二五
富山	公立		四五三	三六	四八九	四九五	七九	五七二	一一五	一二六一			四八九八四	一九八八	一〇七	四	六八九三
鳥取	公立		一六一	六三	二二四	四七三	三〇	一四三	三	六四九			二〇二〇	五五五五	五八四	三四	二六三五三
島根	公立		四二七	一三〇	五五一	四二五	一〇	一一六八	八一	一六八四			三八〇二七	一四二〇九	六三八	三六	五二九一〇
	私立			一	一	一		三		四					九二	二九	一三

府縣	公私立	卒業生徒 簡易科 男	簡易科 女	尋常科 男	尋常科 女	高等科 男	高等科 女		合計		每日出席生徒平均數	每一學校 教員	每一學校 生徒	每教員一人生徒	每生徒百人 卒業		每生徒百人 出席
岡山	公立	一七六	五〇八	一四〇	八二四	九四五	三	一五八八	八一	二六一七	五五〇七二	三九九九三	二五三九八	四八八三	一六二〇	一〇三	二七〇六八
廣島	公立		八六〇	一三	八七三	一〇四一	一八	七七三	三二	一八六四			六四四四〇	三九五四九	四〇一	七五	九四四六五
廣島	私立		三	一	四	七		一二	三	二二			五七五	三三	三	二	八八三
山口	同		七三〇	一二五	八五五	五九二		一八一四	一六六	二五七二			四二七六〇	一六一五六	八六一	五七	五九八三四
山口	同		一		一			一		一			二九	二三			五三
和歌山	公立		五八二	四八	六三〇	五六三	六	一九〇	七	七六六			二九〇二七	一〇五六八	二四七	三	三九八四五
德島	公立	一三九	一三一	一〇	二八〇	二四九	一	一三〇	六	三九二	三七九三	一〇二八	一四五四九	二七八五	一四五七	九五	二三七〇七
愛媛	公立		一一二七	一八三	一三一〇	一〇八五	九	一六七九	六四	二八三七			七五七二三	三三六七二	七一五	七五	一〇九八五
愛媛	私立		二		二	二		一		三			一三〇	一一六			二四〇
高知	公立		六七二	三三二	一〇〇四	三一六	七	七四六	三八	一一〇七			二五九四四	一〇七七四	四七五	三七	三七三〇
福岡	公立	四五〇	三〇一	三一	七八二	一〇八四	一〇	八四三	二五	一九六二			四六六六二	二二九〇九	八六八	六一	六〇五〇〇
大分	公立		五二九	一〇六	六三五	三四四	二	一二一四	二八	一五八八			三七九七二	一四四〇一	七七九	八五	五三三六
佐賀	公立		二一〇	五三	二六三	四七七		六九八	一五	一一九〇			二六九八六	八五三七	二九六〇	六三六	三九二九
熊本	公立		六八七	七四	七六一	四八〇	二	一五〇五	四一	二〇二八			四六二四〇	一九一八〇	一四七三	一六一	六七〇五四
熊本	私立		三		三			三	二	五			六一	五一			一二
宮崎	同		二七八	二九	三〇七	七九	一	六四二	六	七二八			一七六三四	三一一五	二九七	九	二二〇五五
宮崎	同		一	一	二			五	二	七				八五		七	九二
鹿兒島	同		三五七	一四七	五〇四	二〇七	一二	一三四七	二九	一五九五			三二六二	四二七五	九七四	四	三七八七四
鹿兒島	同		一		一		二			二				一〇六			一〇六
北海道	公立		二六一	一〇	二七一	二四〇	二六	一〇八	三	四七八			一二〇七〇	三九八九	五二	五	二八一一六
北海道	私立		一三		一三	一一		八		一九			五五一	二六八			八一九

東京	公立			四三四五	二五〇〇	二二五	一四四	七二一四	二九二二八	二、六二	二一八、四八	四五、二〇	一九、三九	七八、五六
	私立			一七七六	一五〇八	六八	四二	三三九四	二五六三二	一、一二	七一、五四	六三、九一	一〇、一二	七六、四〇
京都	公立			五四九二	二一一三	一一二	一六	七七三三	四九八八二	三、四四	一〇三、一四	二九、九五	一〇、五九	六八、三一
大阪	公立			六四〇四	二〇七八	七九		八五六一	八一三〇五	二、九六	一六一、六〇	五四、五四	五、五八	五三、〇二
	私立			三四	七			四一	四七七	二、一七	八九、六七	四一、三八	七、六二	八八、六六
神奈川	同			二四六三	八一九	一六七	四一	三四九〇	五三四六二	二、四四	八八、九〇	三六、四九	五、七三	八七、八〇
	同			四一	二六	一〇	一	七八	一八六八	二、二〇	六五、三八	三一、〇八	四、一一	九八、五二
兵庫	公立			六九一三	二一二三	六六	一〇	九一一二	五七二九四	四、九二	一六二、一五	三二、九九	九、五二	五九、八九
長崎	同	一五五九	一〇三	二五二七	三三三	六	二	四五三〇	二三〇八〇	二、四九	七一、三九	二八、六七	一三、七七	七〇、一三
新潟	同			六三二〇	一一三〇	一〇八四	一三三	八六六七	七〇〇九三	三、三二	八三、三二	二五、〇四	八、五二	六八、八七
埼玉	同			二一三一	四二九	三九二	三七	二九八九	五二八八六	六、〇五	二一三、六〇	三五、三三	四、二五	七五、二六
群馬	公立	一九六	五一	四一三三	一五二〇	一四〇	二二	六〇六二	四〇五〇四	三、三五	一一三、〇二	三六、七五	一一、八七	七九、三四
	私立			一九	二八			四七	三八二	二、六〇	九七、〇〇	三七、三一	九、六九	七八、七六
千葉	同			一〇一〇五	二四四五	四三二	四二	一三〇二四	六一五一六	二、〇九	八三、〇一	三九、二四	一六、五七	七八、二五
	同			八三	四二			一二五	六七三	二、三三	八六、三三	三七、〇〇	一六、〇九	八六、六二
茨城	公立			二二一九	五二四	二四八	四〇	三〇三一	四七七七一	四、四五	三〇、一八	四九、四五	四、三八	六九、一〇
栃木	公立			四四二二	一七六六	九四	二五	六三〇七	三九〇五二	四、八九	一二二、二八	二五、〇三	一〇、七七	六六、六八
	私立			一〇	三			一三	二六	一、〇〇	一四、五〇	一四、五〇	四四八三	八九、六六
三重	同			七三三七	二一九一	一二七	九	九六六四	四九〇一三	五、八二	一五六、六〇	二六九二	一二、五七	六三、七五
	同					二一		二一	二四	四、〇〇	三七、〇〇	九、二五	五六七六	六四、八六
愛知	公立			八二五五	二三〇八	三五九	一九	一〇八四一	八一四四七	一、九七	八七、〇〇	四四、一〇	八、八四	六六、四四
静岡	公立			四二五二	一五二一	一八	四	五七九五	四七八〇二	七、九二	三〇七、八五	三八、八七	七、四七	六一、六二
	私立								七三	四、〇〇	八四、〇〇	二一、〇〇		八五、九〇

山梨	公立			一四四三	四二九	二五四	九	二一三五	二四〇六九	四、六九	一一六〇四	二四七五	六、一七	六九、六〇
滋賀	同	二六六〇	九五八	二〇一八	四七七	八〇		六一九三	三五二〇〇	一、九二	八七、〇五	四五、三七	一三、七三	七八、〇六
岐阜	同	四三一四	一九九二	三〇〇〇	一一一五	二二二	一七	一〇六六〇	四二二七九	一、五四	七四、三四	四八、三〇	一五、二五	五九、〇七
長野	公立			八四六一	一七〇五	二三一	二	一〇三九九	六一四六三	七、〇七	一四六、〇二	二〇、六六	一〇、九六	六四、七六
	私立								一二一	二、六七	八六、三三	三二、三八		四六、七二
宮城	同			四九一七	一〇五九	一〇九	九	六〇九四	四四二六三	二、五八	一〇六、三〇	四一、一七	九、三七	六八、〇四
	同								四四	一、〇〇	六九、〇〇	六九、〇〇		六三、七七
福島	公立			五二四八	八六三	一八八	四八	六三四七	五四二三二	二、一三	七七、三三	三六、二九	八、四七	七二、三七
岩手	公立			三四八一	三七三	一五四	一〇	四〇一八	三〇一五二	一、四〇	五六、四〇	四〇三九	七、八六	五九、〇一
	私立			二一	一七	一		三九	二〇八	一、八〇	五一、八〇	二八、七八	一五、〇六	八〇、三一
青森	公立	七六五	二八	二六五八	四〇六	七六		三九三	二〇一二六	一、五〇	五三、九七	三六、〇七	一三、一五	六七、三一
山形	公立			五七三一	一二七八	一〇四	二	七一一五	四〇六六三	三、九三	九〇、二四	二二、九六	一三、三九	七六、五一
	私立								九	一、〇〇	一二、〇〇	一二、〇〇		七五、〇〇
秋田	同			四〇〇	一〇四	一六二		六六六	二七七二九	二、三七	六五、八二	二七、八一	一、七六	七三、二七
	同								六〇	二、〇〇	四一、五〇	二〇、七五		七二、二九
福井	公立			二〇八三	八三〇	三八	二	二九五三	三二八三二	一、九九	六九、八五	三五、〇八	六、二六	七〇、六九
石川	公立			四九四〇	一三二三	一四二	一四	六四一九	三四七二五	三、三三	一三六、五五	四一、〇三	九、〇八	四九、〇九
	私立			二一	三六			五七	二四	四、五七	三六、四三	七九七	二二、三五	八三、九二
富山	公立			一八八七	三六七	三		二二五七	二六七八三	二、五八	一四一、〇七	五四七〇	三、二七	三八、八三
鳥取	同			三四九一	五七三	三四		四〇九八	一七四二一	二九〇	一一七、八三	四〇、六七	一五、五三	六五、九七
島根	公立			四〇八四	五七二	八七	三	四七四六	二六八六六	三、〇二	九四、九八	三一、四二	八、九七	五〇、七八
	私立								八八	四、〇〇	一三一、〇〇	三〇、二五		七二、七三

岡山	公立	五三〇七	一六九一	九八二	九二	二二三	三	八二九八	五六四五四	三、一八	一四二、〇七	四四、七三	七、〇九	四八、二二
廣島	公立			二七七一	六八二	一九	二	三四七四	五二八三三	二、一四	一〇八、二一	五〇、六八	三、六八	五五、九三
	私立			七一	三四			一〇五	五七一	五、五〇	二二〇、七五	四〇、一四	一一、八九	六四、六七
山口	公立			三、七九九	一〇一八	一三二	一六	四九六五	四五三四一	三、〇一	六九、九八	二三、二六	八、三〇	七五、七八
	私立								三二	一、〇〇	五二、〇〇	五二、〇〇		六一、五四
和歌山	公立			三四五一	八〇九	二九	二	四二九一	二九七六二	一、二二	六三、二五	五二、〇二	一〇、七七	七四、六九
德島	同			二八〇〇	六一六	九三		三五〇九	二〇七六一	一、四〇	八四、六七	六〇、四八	一四、八〇	八七、五七
愛媛	公立			二四四六	七三一	一〇二	一六	三二九五	六五〇一九	二、一七	八三、三五	三八、四九	三、〇二	五九、五五
	私立								一三二	一、五〇	三三、〇〇	八二、〇〇		五三、六六
高知	公立			三四四六	七六七	五七	三	四二七三	二一二七二	一、一〇	三七、〇八	一二三、六三	一一、四八	五七、一四
福岡	同			八二七二	一四七七	一二七	一〇	九八八〇	四二六八三	二、五一	七七、三七	三〇、八四	一六、三四	七〇、五五
大分	同			五八八	七一	一〇〇	一五	七七四	三〇〇五一	二、五〇	八三、八四	三三、五二	一、四五	五六、四五
佐賀	同			一七九四	三三二	一一一	二八	二二六五	二七一一六	四、五二	二四八、八四	三二、八七	五、七九	六九、三二
熊本	公立			六九七四	二〇七四	三一三	一二	九三七三	四四七六三	二、六六	八八、一一	三三、〇六	一三、九八	六六、七六
	私立			二二	一六			三八	九八	一、六七	三七、三三	二二、四〇	三三、九三	八七、五〇
宮崎	同			一三三七	一二一	六四		一五二二	一二一五〇	二、三七	六八、五八	二八、九二	七、二三	五七、七一
	同				一四		二	一六	七〇	三、五〇	四六、〇〇	一三、一四	一七、三九	七六、〇九
鹿兒島	同			二六六四	四九九	四八二	二一	三六六六	三〇九四五	三、一六	七五、一五	二三、七五	九、六八	八一、七〇
	同								九一	二、〇〇	一〇六、〇〇	五三、〇〇		八五、八五
北海道	同			一一三五	二三五	五		一三七五	一一七五四	一、七六	五九、四七	三三、七二	八、五三	七二、九三
	同			一二				一二	六四一	一、四六	六三、〇〇	四三、一一	一、四七	七八、二七

尋常中學校表

凡小學高等科卒業者入尋常中學校何以謂之尋常中學校也曰別高等中學校言也高等中學校通國二而已已見學校合表而此學校以英學算學爲主其它則兼習云爾述尋常中學校表

		學校	師	生徒	卒業生
東京	府立	一	二四	四七八	一九
京都	同	一	一七	二四九	一九
大阪	同	二	二四	四二一	二
兵庫	町村立	一	一一	一五八	
長崎	縣立	一	女 一二	一九一	
	私立	一	六	一四三	
新潟	縣立	二	一一	三三八	一四
群馬	同	一	一一	一六八	七
千葉	同	一	九	一三一	二八
茨城	同	一	一〇	二〇六	九
石川	縣立	一		一九四	一三
富山	同	一	一二	一七九	
鳥取	同	一	九	八三	
島根	同	一	九	一四四	一二
岡山	同	一	一二	一四一	
廣島	同	二	二〇	三三〇	七
山口	同	五	五四	四九六	一六
和歌山	同	一	一三	二七五	一五
德島	同	一	一一	二二一	一八

櫟木	縣立	一	一〇	一二二	一六
三重	同	一	一五	二九七	六
愛知	縣立	一	一六	二二九	二四
	町村立	一	四	三一	
靜岡	縣立	一	二四	三四一	八
山梨	同	一	八	一四〇	一四
滋賀	町村立	一	五	一〇三	四
岐阜	縣立	一	一五	一三七	
長野	同	一	一八	二六八	二七
宮城	同	一	一七	二〇四	二九
福島	同	一	一一	一七七	
岩手	同	一	一八	一九五	
青森	同	一	九	一一五	
山形	縣立	一	一〇	一〇三	五
	私立		九	一六六	
秋田	縣立	一	一四	九四	
福井	同	一	一二	一九三	二五
愛媛	縣立	一			六
高知	同	一	二二	五三一	
福岡	同	三	五〇	八九八	一三一
大分	同	一	九	九九	
佐賀	縣立	一	一六	四〇六	二〇
	町村立	三	二一	二九一	八
熊本	縣立	一	一二	一七九	一五
鹿兒島	同	一	一六	三三三	
總計	府縣立	四七	五八七 女一	九三〇六	五〇五
	町村立	六	四一	五八三	一二
	私立	二	一五	三〇九	
	合計	五五	六三六 女一	一〇一九八	五一七

尋常師範學校表

凡欲爲小學中學之師者先受業於師範學校卒業視可爲師則有書契爲證延小學中學師者憑之述尋常師範學校表

	學校	師 男	師 女	師 合計	生徒 男	生徒 女	生徒 合計	卒業生 男	卒業生 女	卒業生 合計
東京	一	一三		一三	五九		五九	一七		一七
西京	一	一四	四	一八	一〇五	五二	一五七	二六	五	三一
大阪	一	二四		二四	一二五		一二五	四八		四八
神奈川	一	九		九	一〇二		一〇二	三七		三七
兵庫	一	五		五	一〇四		一〇四	四〇		四〇
長崎	一	一二	二	一四	八一	四五	一二六	三五		三五
新潟	一	二		二	一六四	四八	二一二	七八	一二	九〇
埼玉	一	一四		一四	一〇七		一〇七	一二		一二
群馬	一	一四	一	一五	七五		七五	三三		三三
千葉	一	一六	三	一九	一一一	二八	一三九	四五	一三	五八
山形	一	八		八	一三五		一三五	四一		四一
秋田	一	二七	四	三一	五五	三三	八八	一四	一六	三〇
福井	一	一二		一二	八六		八六	六五		六五
石川	一	二〇	四	二四	一一六	一〇三	二一九	六四	二三	八七
富山	一	一二	二	一四	八一	四七	一二八	三七	一三	五〇
鳥取	一	七		七	六九		六九	二		二
島根	一	八	二	一〇	一一一	一五	一二六	三九		三九
岡山	一	一二		一二	一五七		一五七	四六		四六
廣島	一	一三	三	一六	一一九	二七	一四六	二二	五	二七
山口	一	一四	二	一六	一〇二	四七	一四九	五四		五四

茨城	一	九		九	七九		七九	五七		五七
栃木	一	一二		一二	五五		六七	三一	一○	四一
三重	一	一三		一三	八四		八四	四四		四四
愛知	一	一一		一一	五四		五四	二二		二二
靜岡	一	一五	一	一六	九○		九○	三九		三九
山梨	一	八	二	一○	七五	五五	一三○	六一	四	六五
滋賀	一	一○	七	一七	六四	二三	八七	一○		一○
岐阜	一	一三	五	一七	八○	一六	九六	九四	七	一○一
長野	一	一五		一五	七九		七九	五四		五四
宮城	一	一二		一二	一○七		一○七	四六		四六
福島	一	七	一	八	一二一		一二一	四二		四二
岩手	一	九		九	四六		四六	七五		七五
青森	一	八	一	九	五七		五七	六七		六七
和歌山	一	一二		一二	九九		九九	一○二		一○二
德島	一	一一		一一	一三四		一三四	四四		四四
愛媛	一	一四		一四	一○○		一○○	四八		四八
高知	一	一七	三	二○	一二三	二二	一四五			
福岡	一	一八		一八	九七		九七	三六		三六
大分	一	九		九	七七		七七	二八		二八
佐賀	一	一二		一二	七二		七二	二五		二五
熊本	一	一三		一三	一三九		一三九	四三		四三
宮崎	一	八		八	七四		七四			
鹿兒島	一	一一		一一	一三六		一三六	二六		二六
北海道	二	一一	四	一五	六五	一一	七六			
總數	四五	五三四	五一	五八四	四一六○	五九五	四七五五	一七四九	一○八	一八五七

專門學校表

學以兼習而博學又以專門而精日本專門學校云者東京曰法

日本圖經十下　九

圖經六之一

養喜廬所著書

曰物理曰農曰醫曰藥曰獸醫曰職工曰航海曰測量曰數曰畫
曰獨乙語卽德意志語也西京曰醫曰商曰畫大坂曰醫曰商神
奈川曰商兵庫縣曰醫曰藥曰商長崎縣曰醫曰商曰農新瀉縣
曰醫曰藥曰農曰商千葉縣茨城縣竝曰醫三重縣曰航海愛知
縣曰醫曰商業滋賀縣曰商宮城縣與愛知同福島縣曰醫岩手
縣曰獸醫靑森縣曰文學山形福井岡山廣島和歌山高知大分
熊本鹿兒島竝曰醫秋田縣曰醫曰獸醫石川縣曰法理文學一合
曰醫曰農鳥取縣曰醫曰農山口縣曰農曰商福岡縣曰醫曰農
曰外國語北海道曰航海綜而言之則法學物理學醫學農學商
學工學測量學航海學數學畫學語學凡十一科或問漢語無專科
乎曰一千二百六十年前葢有之矣續日本紀云神龜二年粟田
朝臣馬養播磨直乙安陽胡史直身奏元丈元貞等五人各取弟

子五人令習漢語時唐開元十一年也其學視此異乎不異乎述

專門學校表

學科		學校	教員	生徒 男	生徒 女	生徒 合計	卒業生
東京 法學	私立	七	六七	二七四〇		二七四〇	一三三
物理學	同	一	一六	九九		九九	二
醫學	同	二	一四	五二五	一四	五三九	一二九 女四
藥學	同	一	四	一二四		一二四	
農學	同	一					
獸醫學	同	一	六	一三		一三	一三
職工學	同	二	三	四五		四五	
航海學	同	一	三	三		三	三
測量學	同	一	三	三三		三三	一七
數學	同	二〇	三四	一三九六	六四	一四六〇	一〇
畫學	同	二	二	二〇		二〇	三

學科		學校	教員	生徒 男	生徒 女	生徒 合計	卒業生
滋賀 商業學	縣立	一	七	一三三		一三三	
宮城 醫學	同	一	一〇	一四三		一四三	一八
農學	同	一	四	五六		五六	
福島 醫學	同	一	一〇	七六		七六	
岩手 獸醫學	同	一	三	一六		一六	九
青森 文學	私立	一	一二	三〇五		三〇五	
山形 醫學	縣立	一	七	三四		三四	
秋田 醫學	同	一	八	七五		七五	一九
獸醫學	同	一	三	二		二	
福井 醫學	同	一	五	六二		六二	一四
石川 醫學	同	一	一六	一八三		一八三	一〇

饕喜廬所箸書

	德意志語學	同	一	一五	四二七		四二七	
西京	醫學	府立	一	九	一四二		一四二	一三
	商業學	同	一	五	一〇六		一〇六	
	畫學	同	一	四	八一	四	八五	五
大阪	醫學	同	一	九	三三八		三三八	一六
	商業學	同	一	一〇	二六八		二六八	一
神奈川	商業學	町村立	一	五	五一		五一	三
兵庫	醫學	縣立	一	一〇	一六四		一六四	二六
	藥學	同	一	一	三九		三九	十二
	商業學	同	一	七	一二		一二	四
長崎	醫學	同	一	一三	一三三		一三三	一二
	商業學	同	一	七	一〇三		一〇三	
	農學	町村立	一	三	一八		一八	
新潟	醫學	縣立	一	三	一五一		一五一	一一
	藥學	同	一		二〇		二〇	五
	法理文學	同	一	二四	二五		二五	八
	農學	同	一	八	七三		七三	一一
鳥取	醫學	同	一	六	四〇		四〇	
	農學	同	一	四	三〇		三〇	
岡山	醫學	同	一	一二	三〇九		三〇九	一二
廣島	醫學	同	一	一〇	一一四		一一四	六一
山口	農學	同	一	八	三一		三一	五
	商業學	町村立	一	五	七八		七八	
和歌山	醫學	縣立	一	七	一〇〇		一〇〇	三〇
高知	醫學	同	一	六	一一三		一一三	
福岡	醫學	同	一	八	二二八		二二八	二三
	農學	同	一	一〇	四二		四二	三
	外國語學	同	一	五	九三		九三	
大分	醫學	同	一	六	八八		八八	七
熊本	醫學	同	一	八	一九四		一九四	三五

	農學	同	一	九	一五〇		一五〇	
	商業學	私立	一	二	三三		三三	七
千葉	醫學	縣立	一	九	三三		三三	三
茨城	醫學	同	一	六	六五		六五	
三重	航海學	私立	一	一	一〇		一〇	七
愛知	醫學	縣立	一	一二	二三六		二三六	一〇
	商業學	同	一	七	七二		七二	
鹿兒島	醫學	同	一	六	一〇五		一〇五	八
北海道	航海學	廳立	一	七	三三		三三	
數		廳府縣立	四三	三四六	四八二八	四	四八三二	四一六
		町村立	三	一三	一四七		一四七	三
		私立	四三	一八二	五七三二	一〇八	五八四〇	三三三 女四
		合計	八九	五四一	一〇六九七	一一二	一〇八〇九	七五二 女四
			九九	五八九	九一七六	一〇五	九二八一	五四二 女一

高等女學校表

雲龍嘗謂婦學之名見周官之天官內職未可以學德或分遂謂婦學可廢也日本七歲入學男女同之凡女子既於小學高等科卒業即入高等女學校所學不外英學日本學縫工音樂諸科就光緒十二年明治十九數述高等女學校表

學校	師 男	師 女	師 合計	生徒	卒業生

學校	師 男	師 女	師 合計	生徒	卒業生

京都	一	一三	一〇	二三	三五三	四
大阪	一	六	六	一二	九〇	
橡木	一		三	三	三〇	二
山口	一	二	一	三	六四	
德島	一	四	七	二	一三六	二
鹿兒島	一	五	四	九	九一	五
總數	六	三〇	三一	六一	七六四	二二
前二年	八	二二	五〇	七二	五〇四	四七

官立學校表

日本官立學校有屬文部省者有屬宮內省者有屬陸軍省者有屬海軍省者有屬司法省者有屬農商務省者有屬遞信省者有屬北海道者就光緒十二年（明治十九）數述官立學校表

所轄	學校	學科	師：奏任	師：判任及傭囑託	師：合計	師：外國人	生徒：官給費	生徒：私費	生徒：合計	生徒：入學	生徒：卒業	生徒：退學	生徒：卒
文部省	大學	大學院					一五	八	二三	二八		五	
		法科大學	八		二	一〇	四	六六	六四	一三〇	六	一一	一二	一
		醫科大學	一四	七		二一	三		四七三	四七三	四四	二〇七	八一	九
		工科大學	一七	二		一九	五	二九	四八	七七	六	一七	一一	一
		文科大學	五		六	一一	二	九	七一	八〇		三三	一五	一

理科大學	選科	合計	高等師範學校 師範學科	初等中學師範學科	小學師範學科	小學師範學科 女	女子師範學科	體操專修科	合計	合計 女	第一高等商中學校 本科	豫科	合計	第三高等商中學校 豫科	別課豫科	合計
一八		六二			一一				一一		二五		二五	四		四
一一		二〇			九	四			九	四	一三		一三	一六		一六
		八			五				五		一一		一一			
二九		九〇			二五	四			二五	四	五九		五九	二〇		二〇
二		一六			二				二		六		六	二		二
一三		一三二	二二	六五			五五	三〇	一一八	五五						
九	七〇	七四三									四一三	七七六	一一八九	一四九	二四七	三九六
二二	七〇	八七五	二二	六五			五五	三〇	一一八	五五	四一三	七七六	一一八九	一四九	二四七	三九六
一	三七	一二二	二七	一一	二			九六	一三六		一六	三二一	三三七	二七	一三三	一六〇
六	一一	二九五		五	五〇		二六	一〇〇	一五五	二六						
一六	二九	一六九	四	一七	八		六	二三	五二	六	六	一八四	一九〇	三一	七六	一〇七
		一三									一	二	三	三	三	六

東京商業學校 本科						九	一七九	一八八	五六	一二	一三八	
附屬商工徒弟別科	五	二八	一	三四	二	六	一五一	一五七	一八一		二四	
講習所職工科							二〇	二〇	二〇			
附屬銀行專修科							六一	六一	一一八	一六	四一	
計	五	二八	一	三四	二	一五	四二一	四二六	三七五	二八	二〇三	
東京職工學校（大學附屬） 本科	二	一一	二	一五	一	一〇	一六二	一七二	七二	二四	三〇	二
速成科							一七	一七	一三		二	
計	二	一一	二	一五	一	一〇	一七九	一八九	八五	二四	三二	二
東京高等女學校 高等女學科 女		六		六								
高等女學科		一	一	二	一		一三四	一三四	九九	一一	六六	
音樂教場 音樂 女		一	一	二		三	一	四	一			
音樂		二	四	六	一	九	八	一七	一〇		三	
訓盲啞院 尋常科及盲生 女		二		二		一	一	二			三	
尋常科及盲生		四		四	一	一	九	一〇	六		七	
技藝科啞生 女							六	六	五		五	
技藝科啞生						二	一五	一七	六		二	二
計 女		二		二		一	七	八	五		八	
計		四		四	一	三	二四	二七	一二		九	二
合計 女		一三	一	一四		五九	一四二	二〇一	一〇五	三七	八〇	
合計	一〇九	一一四	三三	二五五	三二	二八七	二九五〇	三三三七	一三二七	五〇二	七六五	三四
學習院 中學科							一七四	一七四	二九		二一	二

日本圖經十……　游歷書十九之一

內省										陸軍省							
			華族女學校										教導團				
小學科	選科	合計	中學科	小學科		合計		總計		陸軍大學校	士官學校	戶山學校	步兵	騎兵	駁兵	工兵	軍樂
六		六		三	女一	三	女一	九	女一								
二五		二五		八	三	八	三	三三	三								
一		一			二		二	一	二								
三二		三二		一一	六	一一	六	四三	六	三二	一二九	三三				三一六	
三		三						三		一	二	二				一	
										二二	六二○	三二○	一三五六	一○○	二○四	七七	五六
二一○	五三	四三七	五八	一四八		二○六		四三七	二○六		一四八						
二一○	五三	四三七	五八	一四八		二○六		四三七	二○六	二二	七六九	三二○	一三五六	一○○	二○四	七七	五六
九一		一二○	六	六八		七四		一二○	七四	一八	五一四	四二七	五九三	七五	七○	三七	五四
				一九		一九			一九	九	四二八	二○○	七八○		一三九	一三四	三
八	二	三一	七	二		九		三一	九	四	一二	六	九一	四	一二	二	二
		二		一		一		二	一		八	三	二一		三		

陸軍省

學校	科目	1	2	3	4	5	6	7	8	9	10	11	12
	喇叭						五八		五八	三二	四〇	一五	二
	合計				三六		一二八五一		一八五一	八六〇	一〇九六	一二六	
騎兵射的學校	騎兵射的學校				五		六七		六七	六七			
軍醫學舍	學生醫官									一九	一八	一	
軍醫學舍	講習生				六						五五	三	
軍醫學舍	計				六					一九	七三	四	
軍吏學舍	軍吏學				一九		三〇		三〇	三〇			
蹄鐵學舍	蹄鐵工				六		八一		八一	四七	六	一	
東京砲兵工廠生徒學舍	火工						二九		二九			一	
東京砲兵工廠生徒學舍	銃工						三〇		三〇				
東京砲兵工廠生徒學舍	木工				五		二〇		二〇	二〇			
東京砲兵工廠生徒學舍	鍛工						二〇		二〇	二〇			
東京砲兵工廠生徒學舍	計				五		九九		九九	四〇		一	
	合計				五五一		六三〇九一	一四八	三二三九	二〇二三	一八一二	一五四	三七
兵學校	本科						二〇三		二〇三	五三	一九	四	二

海軍省 豫科	海軍省 合計	海軍省 機關學校	海軍省 醫學校	海軍省 主計學校	海軍省 合計	司法省 法學校 法學	農商務省 東京農林學校 農學	農商務省 東京農林學校 獸醫學	農商務省 東京農林學校 林學	農商務省 東京農林學校 農學速成	農商務省 東京農林學校 獸醫學速成	農商務省 東京農林學校 林學速成	農商務省 東京農林學校 豫備	農商務省 東京農林學校 合計
三一	三一	一一	八	九	五九	八				二七				二七
三	三	一		一	五	一				五				五
九	二二三	一二〇	一七	四五	三九四	一〇〇								
五	五		二七		三三	五八	二三	一	一四	二〇	六三	三六	一四〇	二九六
一四	二一七	一二〇	四四	四五	四二六	一五八	二三	一	一四	二〇	六三	三六	一四〇	二九六
	五三	五〇	一八	一六	一三七	四七	一		二	一		三一	三	三八
	一九			八	二七			五	一三					一八
	四		三	一	八	二七	二			二		二	一三	一九
	二				二	二								

遞信省 東京商船學校 航海科 機關科	二	三		五		六五	一九	八四	一七	一二	二	一
遞信省 電信修技學校 電信通信		八		八	一	一二二		一二二		四六	一二	
遞信省 大阪電信修技分校 同		七		七		四二		四二		二一	四六	
遞信省 合計	二	一八		二〇	一	二二九	一九	二四八	一七	七九	二一	一
北海道廳 札幌農學校 本科	一	七		八	三	四二	一	四三		二		
北海道廳 札幌農學校 豫備科							五五	五五	二六		一八	一
北海道廳 合計	一	七		八	三	四二	五六	九八	二六	二	一八	一
總計	一二七 女一	一七四 一六	三三 三	九七二 二〇	五六	四一四三 五九	三九九六 三四八	八一三九 四〇七	三六三四 一七九	二四四〇 五六	一〇四三 八九	七九 一
前一年	一五七 女一	二九一 一八	二三 三	一〇七二 二二	四六 二	四三二〇 七六	三八〇〇 二七九	八一二〇 三五五	五四五四 四〇	一九六四 四〇	八一〇 五六	

雜學校表

此猶之中國義學也或府縣官立或町邨合資或家塾自設光緒六年（明治十三）凡一千八百六十有九至十二年（明治十九）減一百五十有四何也述雜學校表

學校	師 男	師 女	師 合計	弟子 男	弟子 女	弟子 合計	卒業弟子 男	卒業弟子 女	卒業弟子 合計

府縣	類										
東京	町村立	五	四		四	五三		五三			
	私立	五二四	九三九	六二	一〇〇一	二四〇六九	二三六四	二六三三			
西京	府立	一	一三	二	一五	七一	三六	一〇七	四	一	五
	町村立	二	二		二	八八		八八			
	私立	八七	一〇六	四六	一五二	二一二二	三八六	二七〇八			
大阪	同	一	四		四	二〇七		二〇七	一二		一二
	同	一		四	四		五五	五五		三	三
	同	二三三	二六一	七六	三三七	四八七六	二三七〇	七二四六			
神奈川	町村立	二	五		五	六二		六二			
	私立	四八	九三	六	九九	一五二五	六四六	二一七一			
兵庫	同	八	一九	一	二〇	四〇三	六一	四六四			
長崎	町村立	一	三		三	六二		六二			
	私立	一三	一九		一九	四六七	五五	五三二			
新潟	縣立	一	一	一	二		二七	二七		一五	一五
	私立	二三	四四		四四	八〇七	九八	九〇五			

群馬	私立	三七	四四	三	四七	一一七○	一三○	一三○○			
千葉	同	三七	四七		四七	一○四一	一四	一○五五			
橡木	同	一二	一三		一三	五八九	二九	六一八			
三重	同	四○	四一	二三	六四	六六三	三四三	一○○六			
愛知	町村立	二	九		九	一四八		一四八	二五		二五
	私立	五六	七一	五	七六	一八九五	四四八	二三四三			
靜岡	同	二	七	二	九	一三一	一二五	二五六			
	同	一九	三三	二	三五	四三二	一三○	五五二			
山梨	私立	五	一二	一	一三	二一○	九九	三○九			
滋賀	同	二○	一八	二	二○	三七九	一九	三九八			
岐阜	同	二四	三五		三五	八三九	三二	八七一			
長野	同	五	一一		一一	一四五	二	一四七			
宮城	同	二○	三七	一七	五四	五五四	三五八	九一二			
福島	同	六	一九		一九	三六九	六	三七五			
岩手	縣立	一	三		五	一四		一四			

雜學校科表

雜學校不名一科未學西學之初自少至長大氐學漢而已今者其學細大不捐有所謂哲學者西學中之性學也有所謂化理學者則西學中之化學物理學也條目具在述雜學校科表

學科		學校	教員 男	教員 女	教員 合計	生徒 男	生徒 女	生徒 合計
日本學	町村立	一八	六一		六一	七八二	四	七八六
	私立	八〇二	一二七	六三	一八〇	二四八三	三六三	二八四四
英學	同	一	二		二	二		二
	同	二二〇	五四一	五〇	五九一	一六六五	九五四	一七五九
佛學	私立	九	一四		一四	二四五		二四五
	同	三五	一一九		一一九	二二七〇	四	二二七四
俄語學	同	一	六		六	一〇九		一〇九
法學	同	九	二七		二七	四八三		四八三
醫學	廳縣立	二	一〇		一〇	三三		三三
數學	私立	一〇九	一二三	一	一二三	四〇四八	一〇八	四二六
記簿	同	四二	五一		五一	一八六六		一八六六
習字	同	一六	一〇三	一九	一二二	二四六七	一四二七	三八九四
書學	同	一〇	一四		一四	一八五	八	一九三
漢英學	町村立	三	九		九	二一四		二一四
算術	私立	二七	九八	二	一〇〇	一五五七	五二	一六〇九
家事經濟	縣立	一		二	二		三六	三六
統計	私立	一	一		一	一〇		一〇
筆記	同	三	三		三	三七		三七

	私立	五	二八		二八	二七五		二七五
獸醫學	私立	三	九		九	八六		八六
藥學	同	四	一二		一二	一二五		一二五
哲學	同	一	九		九	一七三		一七三
理化學	同	一	一		一	三六		三六
航海學	府立	一	四		四	二〇七		二〇七
師範豫備	町村立	二	三		三	四四		四四
中學豫備	町村立	二	七		七	八五		八五
	私立	二	六		六	一三九		一三九
造船學	私立	一	五		五	一三〇		一三〇
商業學	町村立	七	九		九	二〇三		二〇三
	私立	九	二四		二四	三五六		三五六

盲啞	府立	一	一三	二	一五	七一	三六	一〇七
	私立	一	一		一	一一	四	一五
手藝	町村立	二	二	六	八		二六九	二六九
	私立	三八	三	一四八	一七〇	一二	三三二	三三四
產婆	縣立	三	一	四	五		四八	四八
	私立	一九	三	三	三四		三九	三九
音樂	私立	一	一		一	一三	二	一五
體操	同	一	二		二	五〇		五〇
韵學	同	二	三		三	五〇		五〇
總計		一六〇五	二五七一	三一九	二八九〇	五七八二〇	一〇八五	六八〇五

幼穉園表

八歲以前未克入簡易學科而欲于嬉戲之時導以入學之路未嘗無樂育之意存其中此光緒十二年數也述幼穉園表

	園數	保姆	幼兒 男	幼兒 女	幼兒 合計
東京 官立	一	四	一〇五	六一	一六六
東京	一一	一五	二一八	一八五	四〇三
大阪	九	二〇	五三九	三九八	九三七
長嵜	一	二	二四	二四	四八
群馬	二	七	七三	八一	一五四
茨城	一	二	三〇	二三	五三
靜岡	一	二	二八	二七	五五
宮城	一	三	六九	五九	一二八
福島	一	一	三三	一七	五〇
石川	一	三	五九	四六	一〇五
島根	二	二	三二	二六	五八
岡山	二	六	五四	三二	八六
廣島	一		一八	一七	三五
愛媛	一	二	二七	二三	五〇
高知	二	九	六三	四三	一〇五
鹿兒島	一	五	八六	六五	一五一
總計	三八	八三	一四五八	一一二七	二五八五
前一年	三〇	六二	一一〇六	七八七	一八九三

書籍館表

未讀西書以前守漢籍如拱璧千百年物猶有存者今散佚多矣然府縣有館若中國若日本若西分類庋之可數也已此光緒十二年數也（明治十九）述書籍館表

	館數	書籍部數 和	書籍部數 西	書籍部數 合計
東京	二	二五二〇四	五〇六九四	七五八九八
大阪	一	六三二三	四九四	六八一七
新潟	二	一〇四一		一〇四一
橡木	一	八八三	一〇六	九八九
三重	一	二三一八		二三一八
愛知	一	一〇八八	六〇	一一四八
静岡	二	三一六四	二三八八	五五五二
滋賀	一	二八八七	二七一	三一五八
岐阜	一	七七八	二七〇	一〇四八
宮城	一	二二四一	九一〇	三一五一
青森	三	二二五七	三〇	二二八七
島根	一	二〇九九	一九九四	四〇九三
廣島	一	六〇六	一二一	七二三
德島	一	一五八四三	一四八一	一七三二四
高知	一	一九九三	一〇三六	三〇二九
鹿兒島	一	八五		八五
總計	二二	七八六一〇	六〇三九五	一三九〇〇五
前一年	三三	八一八五一	六五七三七	一四七五八八

日本人留學別國計費表

光緒十二年（明治十九）日本之學於別國者文部省二十有一司法六陸軍省十有四海軍省十有一　其費可㪷計也述日本人留學別國表

文部省

在留國	學科	留學生
德意志	醫學	六
	法學	二
	師範學	一
	製藥學	一
	哲學	一
	製造化學	一
	數學	一
	地質學	一
	物理學	一
	政治學	一
法郎西	理財學	一
	法學	一
英吉利	機械工學	一
美利加	師範學	女一

文部省

在留國	學科	留學生
德意志	礮兵	一
	軍醫	二
	製砲	一
法郎西	步兵	二
	騎兵	二
	礮兵	二
	工兵	一
	獸醫	一
	軍樂	二
合計		一四
中國	語學	二
佛蘭西	造船學	四
英吉利	醫學	二
	造船學	一

	土木工學	一
合計		二
司法省		
德意志	法學	六
俄羅斯	造船機械學	一
	電氣學	一
合計		二

	學資	旅費	其他諸費	合計
文部省	一七〇八六圓	五九九二圓	圓	二三〇七八圓
陸軍省	七二九一	七二一七	七六二	一五二七〇
海軍省	五三五五	三三二九	三四	八七一八
工部省	二七〇圓	圓	圓	圓
總計	三〇〇二	一六五三八	七九六	四七三三六

公學費歲入表

謂舊存曰前年越高謂束脩曰授業保育及觀覽料謂贈金曰有志寄附金謂公費利曰積金利子謂地方出費曰區町村費謂出自地賦曰地方稅謂補不足曰雜納金光緒十二年明治十九凡入二萬九千五百七十八圓琉球別詳述公學費歲入表

	舊存	束脩	贈金	公費利	地方出費	出自地賦	補不足	合計	每百人口比例
東京	八五二二円	八二九三〇円	四八二四円	四三九九円	六二四二五円	一〇一九九円	七三八二円	一八〇六六九円	一一円一五

京都	九八九三	一七三二五	六四五二	二八六二六	二〇六五二八	二八三二一	一一二六三	三〇八三六六	三四、九
大阪	四三七八四	四一八一九	四五〇三	一七二四八	三二四九六七	三八三五八	一四六三八	四八五三二七	二六、五三
神奈川	六三四三	二八九一四	四四八二	二四二六九	八四三六三	七七〇二	二二三	一五八三〇五	一六、七三
兵庫	五八四七三	七三四二	三四四八	七五五	二六六二六五	三一五八七	五九六二	三七四七八二	二二、六
長埼	一一八二八	七二六六	一二一九	九六〇三	八四四六	三九二三	六五七	一六五二三四	二〇、八一
新潟	二九二二一	一八二三〇	三八六七八	一一六九七〇	一三四三四六	四八〇三	一一六三八	三九七〇九六	三三、四六
埼玉	一二四九五	四五八一〇	一九三八三	四九三六	八七九五六	六四八二八	三一〇四	二三八五一四	二二、八一
群馬	一〇三七四	一六二四七	一三二〇	一四一三〇	一二六二九二	一八二二四	一〇二〇	一八七四九六	二六、五九
千葉	一一〇八五	三四一一五	六六三七	六六五一五	九二四一六	二九八五五	一〇七三八	二五一三六	二〇、九二
茨城	一二八五一	二三五七八	五二一四〇	一四九六四	二一八四九三	二七六九四	二三八一	二〇五二〇一	一九、七六
櫔木	七六七一	二〇八三八	一〇七五	五八四二	一三〇六七五	二五三八四	一〇一〇	一九二四九三	二七、七三
三重	三七四九八	一五九四八	五八九九	七三二六	一四七一三	五七六九七	二九九一	二七四四七二	二六、四四
愛知	二五七二〇	一二〇九八	一〇九一〇	一六四八八	一四八九八九	三三一四六	四九一四	二五一二六五	一五、九一
静岡	一一九五八	二三九八〇	一一四四七	二八九〇八	一〇九八八一	三七六三四	二八四二	二三五六五〇	二〇、六九
山梨	二八二〇	七〇二	三五六七	一〇二六〇	九二二五四	一五五一〇	三七三四	一三三一六六	二九、七五

日本圖經

滋賀	四三九三	七一七二	三三四〇	六六九一	一三七六八〇	一一七八四	四一七二	一七五二三一	二五、九九
岐阜	一五〇六九	一四七二七	三六六六	二一八〇	九〇八二六	二五七〇九	一二六三八	一六四八一五	一七、〇八
長野	三八一〇七	二三七七六	三二四二	三一九七	三三三九九九	三一三三九	三三〇二	四三七〇六二	三七、三三
宮城	七四四七七	一六九七一	一八八四二	三〇六	二〇六九四一	四九二〇四		三六六七四一	四二、八五
福嶋	四一九二〇	一二七七三	三八九四	八八一二	二二四七四四	三九八〇八	二八三六	三二四七八七	三二、四九
岩手	二二四七八	六四五五	四六〇〇	三〇五四七	七〇六九二	三四三二四	三二一〇	一七一一九六	二三、〇八
青森	八九六一	五二一六	一四六一	三一八	九八六六八	一三三八五	一二四五	一二九二七四	二三、一〇
山形	六一四九	一六七六三	一八三	一七八四	一五六五三七	五九九一八	四八三	二四三四六七	三三、二七
秋田	一六九九八	一一一八一	四八八	一三八一	九七〇二九	二五八七三	三〇二五	一五五九七五	二一、〇六
福井	六〇一三	二〇二一	二五五八	一四七七	七〇四一四	二五一五四	七五八	一一二四九五	一七八〇
石川	一二五五〇	九二一四五	三二〇七	二三四	二二一三六五	六七二四〇	八七九	二一三六三〇	二六七三
富山	一六三八二	五一八五	二八二三	二四九	九一一八	四六七六九	二九六	一六二八八四	二〇〇九
鳥取	五四六〇	三三三三	二〇六一	三七一九	五八三七四	一六八四七	一〇五	八八七九八	二一五〇
嶋根	一三九〇五	二二七二	三三六九	七一六〇	一一三三二七	二九一七三	七五一二	一七六七一八	二三四六
岡山	二七三五三	四四四五	二三八六	一一三九	一八八六三九	二八五六五	一七四一	二五四二六八	二一六七

二一

游歷書十九之一

八　公學費歲出表

廣嶋	二一一八〇	八〇二三	一九九	七九二	二四六二二〇	二七七九七	一〇六三	二〇五二七三	一四三八
山口	五七五〇二	一五八〇二	三八四四	三三三五	一七四三九	一九九八七	三七七四	三七五四四三	二四〇八
和歌山	七五三	八七〇四	一八二三	四七二〇	五七二二〇	三一五六二	一〇九九	一〇五八八一	一七六〇
德嶋	八一五九	五八七〇	一二三四	六九一	五七五三三	三五一六七	二一〇九	九六八六三	一三五一
愛媛	一四六五七	一三九九八	五五七四	三三九九五	一六八八八二	三〇四七七	六〇一六	二七三五九九	一七一〇
高知	四一九四	一六八五九	三〇九三	九六五四	四六一六八	二一五五六	六五五四	一〇八〇七八	一八四四
福岡	一三三七六	一二二二二	四四〇六	二四五六	二九二五二〇	四八三〇一	五〇〇七	二七八二八八	二三九九
大分	八〇八二	六八二三	三〇三九	六七八二	七一〇八五	二五一五九	二四七一	一二三四四一	一五〇九
佐賀	一四八一八	四二六一	七二八六	二九六六	九一二九四	一六三一〇	一六二三	一三八五五七	二三九七
熊本	二〇七七二	一九五三二	三三一八	一五二五八	七八八七五	五五五七二	七〇二〇	二〇〇三四七	一七五五
宮崎	三八二四	四四一	一五八五	八八〇六	三九七三七	六四一九	二七〇	六二〇八二	一四六二
鹿兒嶋	一七七二七	三一八一	一二四七二	六四一三七	二八二一七六	一七〇六五	九二三一	一六三〇七九	一八九二
北海道	六三四九	一〇五三七	三九〇六	五九九〇	六〇二一一	四〇九九二	九七七〇	一三七六五五	四三九二

厥費名目與中國異師與保姆之費曰校長數員保姆給料高弟爲師費曰授業生給料又曰諸給料曰雜給不一費也合之佗費光緒十二年明治十九凡八百二十二萬二千三百九十一圓琉球別詳述公

學費歲出表

府縣及北海道	校長及保姆	授業生給料	諸給料	雜給	生徒給費	借地借屋	書籍器械	營膳	諸雜費	合計	每公學生徒一人比例
東京	八六九六八		一〇八〇八	五二九七	八三九	二四四一	四七五五	一六五二一	一五七七〇	六五三八〇	四三五
京都	一三四九九五	六四〇九〇	一七四一四	九三六九		一〇六三	一一三一八	一四一六九	三四〇九三	三八六五一一	三八六
大坂	一七九〇七三	一〇六〇八一	二四八五〇	一〇二六三	二六一三	五三三六	一三六一二	二八八四三	一九八七三	三九九五四四	二五四
神奈川	四八四六二	六二七四二	四〇二	六九〇七	二三七一	三一六五	四四四八	七八八三	一五一六七	一五一五四七	二五〇
兵庫	一〇四二五八	一〇二四三五	二一六三七	九四二七	四二七四	四一一二	一〇九四二	一八八五〇	三二〇八九	三〇八〇三一	三二〇
長崎	六七三五三	二六四一九	七六八七	三〇四五	五六七四	九七四	六三四八	一四六六〇	一〇五二八	一四一六八八	四二五
新潟	一四三七五三	八九五七七	一八〇五一	一七四七七	七五六一	四八三〇	一六〇五〇	一三六〇一	四〇四三九	三五一三三九	三四二
埼玉	一〇二〇四四	五一三〇六	一二一五二	五三五五	二七一二	四三八七	八二四〇	一〇三一三	一五九五〇	二一二三五九	三〇二
群馬	九八四一〇	二九七四二	九〇九六	四八五七	一七八	四〇一四	六八七七	七〇七〇	一四四五五	一七四六九九	三四〇

千葉	一二六六〇七	三七六五七	一六〇六六	三四七八	一一九六	四九二四	八四九二一	一〇一六八	二五七七九	二三四三六四	二、九六
茨城	七二七二八	四五六二七	五三一〇	七九六〇	一二二八	三八九二	八七五六	一一二四九	一四四二四	一七二一六四	二、四六
栃木	六六二二六	六三九六九	七九二一九	四九三三	二四五四	一九四八	七〇三九	一〇七一一	一三二七九	一七八二八七	三、〇三
三重	七二二八〇	九一七九〇	三〇五五	四二〇一	二九九四	二六七六	七六九三	一六四六七	二二七五〇	二三二八〇六	二、六八
愛知	一一六七七二	四三二八二	九一八一	二二七八	一三七五	四六〇八	九三一四	一二九九〇	三三六三二	二三三四三二	一、八九
靜岡	八三四〇五	五九四五七	七〇六九	二三二三	二一八七	一九三〇	七〇五六	一四二六三	一三九六七	一九一六四六	二、四五
山梨	四九〇七一	三四六八三	一〇〇五六	五二〇七	二三八二	一一五〇	五八九八	八五八八	一二六二五	一二九五五〇	三、七二
滋賀	七八二三三	四〇九九九	五二一九	三六四三	八一八	二四九五	一三六〇九	八一五〇	一六六五〇	一六九八〇六	三、七四
岐阜	六六八七九	三二八五一	一一六三三	三四七三	一六七九	二四二八	六六〇四	六六三八	一三〇二八	一四七二一三	二、一〇
長野	一一五九八九	一四一三四三	一一五八六	一〇五九二	二六四九	六六三三	一五八〇四	二二〇二八	三八九五五	三六五五七九	三、八四
宮城	一一〇八五六	七〇〇二五	一三〇六八	七七八九	五三六〇	九一六	一八三四〇	五八一〇七	一七一四一	三〇一六〇二	四、五八
福嶋	一〇〇五八四	六二〇一一	一〇四〇四	七八二三	七一〇六	一九四八	一一三一五	二六三九三	二七六六九	二五五二四三	三、三九
岩手	七四五〇五	二三三六九	六五六〇	三二九一	四一一八	一六〇四	四六三四	六九七四	二二〇四一	一四六〇九六	二、八四
青森	五三八二一	二一〇一三	五七七〇	四一七二	二〇〇八	六七八	五二一二	一一五四二	一一三九五	一一五六〇〇	三、八一
山形	九一九三一	六七九一四	一〇二五六	六三六二	五八九〇	二四八八	八三六三	八三八五	二一〇三八	二三三〇一七	四、一七

秋田	六六四三〇	二六八五六	六三三五	三一九八	四〇三八	二一三三	四〇五一	四五四七	一二七四五	一三〇三三	三、四三
福井	五七三二八	一七八三九	四七七四	三八九二	一三一三	一四一八	三八七九	四五一六	九三五二一	一〇四五〇一	二、三三
石川	一一一八〇二	三一二五二	六四一七	五一四三	六一九一	六〇八三	六二八九	六〇一四	一一六三一	一九〇八三三	二、六七
富山	六六五〇九	三九四一六	六〇六六	三五〇七	二一〇一〇	四九三一	五四七八	七二九九	八八四四	一四四〇六〇	二、〇八
鳥取	四九九七四	五二六二	二九九三	一七九九	五八八八	九八九	三六一六	二六七一	七四三二	八〇六二四	三、〇三
嶋根	五七五〇六	四〇五三四	七六八六	三八四二	三〇五九	三一〇一	七四一六	五九八〇	一四八一七	一四三九四一	二、七一
岡山	一〇〇九十八	五九七五五	八一八八	一五九四	二〇六七	三九五八	一二〇六九	一四四四五	一三〇〇九	一三六〇三	一、九二
廣嶋	八六九二六	二二七五三	三九〇六	四〇二三	三三二九	三四八四	八一三八	六八九四	一四一二七	一五二四八九	一、六二
山口	七三三六一	六六五三一	六六六五	七三三四	三四四八	一七五六	一三四六三	五六四二六	二一八五九	二五〇六三三	四、一三
和歌山	六三六三四	八三三五	五三二七	一三〇一	五九二五	一五〇二	五三七八	三八七〇	八七七六	一〇二九二八	二、五五
德嶋	四三三七五	一七二六三	三九〇六	二五三三	一五八二	一六三六	五八一六	三六三三	六三七九	八六二一一	三、五六
愛媛	一〇三九一二	六八四七一	八〇三二	六七四七	二七六五	三九四九	一一一七七	二七〇三八	二二五四八	二五三六四〇	二、三二
高知	三八九八九	三四三三五	五八三五	二〇九一	一三一	七二一	三一七二	六二九〇	六九一〇	九八四六四	二、五八
福岡	一三〇五四六	六三七六一	九五二三	六九七三	一三九一	二三九九	一一三三二	一二四五三	一五六五九	二五四〇三七	四、〇九
大分	四一七八三	三九四五二	四八〇〇	五〇六四	二〇六六	一一二五	五一五三	五三六四	九六三九	二一四四六	二、一四

佐賀	五八六一九	二七〇七九	一九八四	三九〇二	一八〇二	六二七	六四五〇	八三六九一	七九七四	二一七八〇六	二九五
熊本	五五四七〇	六六一七七	一二〇三一	四六四〇	一九	九二三	九五四三	一〇〇八	一七二四三	七六〇五四	二六二
宮崎	九〇一五	二八六九一	四五七	一九四八	一六一五	一八六	二五二八	四三一九	三三七三	五二一三二	二四六
鹿兒嶋	三八六二七	五〇六二三	一四四六七	三〇二七		八四	五八二八	一〇七八八	一四八六五	一三八三〇九	三五八
北海道	五八四八一	六四八六	九六四三	五一三三	八八一三	二七八	四九五一	一二三〇三	一九一一七	二五二〇五	七七一

日本圖經廿下終

日本藝文志一

奏派游歷日本美利加秘魯巴西等國英日屬地加納大古巴知府用兵部郎中臣傅雲龍述

漢班固本劉向七畧作藝文志後世述者輒以詩文受藝文志之名其於漢書例合耶否耶志中國書目已不免書徵義乖追問別國耶雖然誦訓掌方志以詔觀事以知地俗周制然矣今豈有異中國固然矣外籍豈或有異茲分類二一為中國人紀錄日本事之書然非專書不錄一為日本人箸述或刊或寫梓本齋籍目錄家學所不廢也就雲龍所游言之同文國獨此耳或道分東魯或文譯西書舍短取長未始不可以見聖王之道之無不貫而欲通萬方之畧或亦有取於斯班固曰安其所習毀所不見終以自弊此大患也旨哉是言欲約先博庶其免乎述藝文志

中國人紀錄日本事之書

明

日本考五卷李言恭〇結明史藝文志

日本風土記四卷侯繼高〇据同

備倭圖記一卷卜大〇同

據同日本考畧一卷薛俊○得月簃刊本

國朝

使東述畧何如璋○刊本日本雜事詩二卷黄遵憲活字本○使東奏議二卷黎庶昌○寫本使東文牘二卷黎庶昌○寫本日本地理兵要姚文棟活字本○扶桑遊記三卷王韜○活字本東槎聞見錄四卷陳家麟活字本○東瀛詩選四十卷補遺四卷俞樾○光緒九年刊東瀛詩記二卷俞樾○光緒九年刊入春在堂全書

凡十有三書明前非有傳述嗣是寖滋矣所錄以游歷前之箸書為斷然或已成未見或畧見轉引而卷題未詳與其譌述曷若闕如之為愈也

日本人箸述

周易古義一卷伊藤維楨○寫本○日本訓詁學始于維楨故私謚古學稱仁齋先生大極論同○寫本周易參考十二卷太田元貞○寫本周易會通纂要同○寫本繫辭詳說四卷同○寫本周易經傳通解十卷伊藤長允維楨子○寫本○周易解六卷物雙松○寫本○學於伊藤維楨為經學最人稱徂徠先生本姓物部氏慕中國單姓遂去部字周易反正十二卷太宰純○寫本易道撥亂一卷同○寫本易占要畧同○寫本周易相錯記八卷坿圖說筮義

井上立元○寫本論語鈔解井上潛○寫本論語翼大成小田煥章○寫本論語師說述義南宮大湫○寫本論語古義四卷伊藤維楨○寫本論語徵十卷物雙松○刊本論語古訓五卷太宰純○刊文久四年本論語古訓外傳十卷坿錄同○延享二年刊論語考六卷宇野明霞○寫本論語一貫五卷片山兼山○寫本論語徵解十卷中根紀○寶麻十二年刊○此就物雙松論語徵而解之論語徵考六卷宇佐美惠○寫本論語徵集覽二十卷源賴寬○寬麻十年刊冢註論語十卷冢田虎○文政三年刊論語羣疑考十卷同○文政五年○刊論語繹解翼十卷武井簡○寫本論語約說一卷仁說一卷高岡秀成○寫本正平本論語札記一卷市野光彥○刊本論語繹解十卷皆川淇園○寫本論語集說安井息軒○寫本論語集解考異四卷吉田篁墩○寫本論語折衷唐公愷○寫本大學定本一卷伊藤維楨○寫本大學解物雙松○寫本古本大學講義七卷千葉繁伯○享保十八年刊大學私衡一卷龜田興○寬政十一年刊大學或問中邨之欽○寫本大學章句新疏二卷室直清○天明六年刊大學雜義中井履軒○寫本大學辨錦一卷葛因是○寫本中庸章句新疏二卷室直清○文政七年刊中庸發揮一卷伊藤維楨○寫本中庸解一卷物雙松○寫本中庸發揮標一卷伊藤長胤○寫本○就其父維楨中庸發揮標之中庸考二卷太田元貞○寫本中庸首章發蒙圖解一卷坿錄十二說藤孝肇○刊本學庸繹解二卷皆川淇園○寫本學庸管規一卷高岡秀成○寫本

學庸原解六卷岡龍洲○寫本孟子古義四卷伊藤維楨○寫本孟子義標注伊藤長胤○寫本孟子口
解十四卷皆川淇園○寫本孟子考二卷太田元貞○寫本讀孟子二卷高岡秀成○寫本孟子解七卷
岡龍洲○寫本孟子精蘊四卷同○寫本孟子補注二卷海保漁村○刊本孟子約解大槻清○寫本論孟字義
二卷伊藤維楨○寫本四書示蒙句解廿七卷仲欽○享保四年刊四書辨論中江一貫○寫本四書鈔說
中邨之欽○寫本四書集注同○寫本四書精意鈔說蟹江安○寫本四書考證山中如心之○寫本經義諸說
井上潛○寫本四經標注宇都宮的○寫本四書集注標注伊藤長胤○寫本詩書古傳三十四卷太宰純○寫本
七經孟子考文補遺一百九十九卷山井鼎○物觀補遺○刊本○中國阮元刊本○校考文原卷三十有三餘詳阮序七
經雕題中井履軒○左傳雕題刊本餘皆寫本七經逢原同○寫本七書講義通考菊地東句○寫本九經述
赤松弘○寫本九經談四卷太田錦城○寫本古經文視大槻崇○寫本小學句讀集疏五卷貝原篤信○明治十
六年刊小學雕題二卷中井履軒○明治十五年刊和名類聚抄五卷源順○天文寫本和名類聚抄二十
卷同○寬文七年刊箋注倭名類聚抄十卷同○明治十七年活字本類聚名義抄十卷寫本和名釋義
二十卷高津阿闍梨○寫本和爾雅八卷貝原好古○元祿七年刊和訓栞四十五卷谷川士清○文政十三年刊和訓
類林七卷和訓指掌略一卷寫本日本釋名抄一卷貝原篤信○寫本東雅二十卷新井

君美○寫本　下學集二卷釋破衲○刊本○寫本　下學集類字一卷寫本　洪韻解鎰五卷圓明院阿闍梨○寫本
磨光韻鏡二卷釋文雄○天明七年刊　冠辭考十卷加茂真淵○寬政七年刊　續冠辭考二卷別記一
卷平高保○寫本　字音假名遣一卷本居宣長○安永五年刊　類字假名遣七卷荒木田盛徵○明和七年刊　漢字三音
考一卷本居宣長○天明五年刊　假字類纂關根為寶○嘉永七年刊　倭字通例書八卷橘成員○元祿九年刊　熟字便
覽七卷梅隱○元祿十二年刊　發字便蒙解一卷平野幹等○明治十五年刊　傭字例一卷附錄關政方○刊本　雜
字類編七卷紫貞穀○明治七年刊　詞之敷波十卷寫本　言葉寄一卷刊本　成語字彙三卷
寫本　經史摘語二卷鈴木煥卿○刊本　事物類字七卷釋了阿○寫本　語學新書二卷中橋宦峯○刊本
新撰字鏡一卷考異一卷壬岬俊平○享和三年刊　物品識名二卷拾遺二卷水谷豐文○刊本　名物
摭古小識三浦義德○天保三年活字本　物類稱呼五卷越谷吾山○安永四年刊　鄉談雜字寫本　譯點一卷寫本
轉注說一卷狩谷望之○嘉永七年活字本　體格字府二十卷凡例序目等一卷寫本　節用集
二卷慶長二年刊　合類節用集八卷若耶三胤○延寶八年刊　合類大節用集十卷槙郁○明和三年刊
真草二行節用集三卷刊本　增字早引節用集一卷山下重政○明治八年刊　字貫節
用十六卷高井伴寬○寫本　真草和玉篇五卷慶安三年刊　倭玉篇三卷慶長十八年刊　增續大廣

益會玉篇大全十卷毛利貞齋○明治十六年刊 廣益正字通一卷鐮田禎○明治九年刊 增補文選字引一卷風月莊左衛門○明治十七年活字本 運步色葉集寫本 以呂波字類十卷寫本 以呂波字類抄寫本 以呂波韻一卷享保十九年刊 名乘指南一卷黑河芳蘭○文久二年刊 桑家漢抄十卷楊梅顯直○寫本 經音畫索寫本 麗本一卷釋行智○寫本 詳譯通類略五卷岡孝祖○寫本 雅俗語類五卷岡島援之○享保十一年刊 梵漢對譯字類編一卷釋行智○天保六年刊 西音發微一卷 西洋字原考一卷大槻玄幹○文政九年刊 倭名類聚鈔略本十卷源順○寫本 新撰字鏡十二卷今本一卷僧昌住○寫本 平他字類抄四卷釋迦院實守○寫本 和注切韻一卷藤原敦光○寫本 海藏略韻十卷今本二卷虎關禪師○寫本 眞草下學集二卷寬文六年刊 增補下學集六卷山脇道圓○寫本 伊京集一卷寫本 書言字考二十卷槇島昭武○寫本 多識篇五卷林道春○寫本 羅浮涉獵抄多識篇一卷林道春○寫本 東雅文通考四卷源君美○寶麻十年刊 倭楷正訛一卷太宰純○明和三年刊 漢字和訓八卷井澤長秀○享保三年刊 勅撰和訓十卷共房○寫本 以呂波字考錄二卷僧全長○寫本 以呂波聲母傳一卷多田義俊○寫本 以呂波訓義一卷同○寫本 本語口傳一卷同○寫本 語意考一卷加茂眞淵○寬政元年刊 假名文字遣一卷行阿○寫本 和字解一卷貝原篤信○元文丁巳刊 和字正濫鈔五卷

沙門契沖○寫本和字正濫要略二卷同○寫本假名字例四卷橘成員○寫本和字大觀抄二卷桑門文雄○寶麻四年刊古言梯一卷揖取魚彥○寫本字音假名用格一卷本居宣長○寫本

〔補錄〕孝經定本松本豐多○明治二十一年刊○黎庶昌有敘孝經外傳村瀨觀○寬政五年刊

右經類日本伊藤維楨治漢魏傳注有古學之稱殆彼國漢學椎輪歟後起如物雙松不數數見其講程朱學自藤原肅始嗟嗟孔孟之學一而已自末至一貫者爲之不至泒别不止微獨彼國然也雖然末裔亦衣也既非達離道本則見仁見知有足多者

日本書紀三十卷紀清人○慶長四年刊日本紀私記十五卷寫本日本紀竟宴歌二卷寫本釋日本紀二十八卷卜部懷賢○寫本日本紀纂疏二卷藤原兼良○寫本日本紀通證三十五卷谷川士清○寫本日本書紀註三十一卷寫本日本書紀考四十一卷八重垣翁○寫本日本書紀通證三十五卷谷川士清○寶麻十二年刊書紀集解三十卷河村秀根○刊本日本書紀或問私考二卷多田義俊○寫本日本書紀文字錯亂備考三卷大關增業○刊本日本書紀麻考一卷保井算哲○寫本日本書紀私抄三卷寫本舊事本記麻考一卷安藤有益○寫本神武

卷一卷寫本神武紀集解二卷龍熙近○寫本續日本紀四十卷菅野真道○明麻三年刊續日本紀
考證十二卷村尾元融○刊本續日本紀綱要一卷寫本續紀歷朝詔詞解六卷本居
宣長○刊本日本後紀二十卷寫本日本後紀纂一卷寫本日本後紀鈔本十卷藤原等○
寫本日本逸史四十卷鴨祐之○享保九年刊續日本後紀二十卷藤原良房○寫本文德實錄
十卷都良香管○寬永六年刊三代實錄五十卷寫本三代實錄故事考三卷足羽敬明○寫本編史
凡例二卷寫本古事記三卷太安麻侶○寬永廿一年刊古事記傳四十四卷目錄三卷附
錄一卷本居宣長○天保十五年刊古事記頭書三卷賀茂真淵○寫本訂正古訓古事記三卷本居宣長○寬政十一
年刊古事記傳說八卷藤以正○寫本舊事紀十卷聖德太子等○寬永十一年刊鼇頭舊事紀十卷寫本鼇頭
古事記三卷寫本舊事紀偽譔考一卷多田義俊○寫本先代舊事本紀七十二卷寫本舊事本記剥偽
一卷伊勢貞丈○寫本類聚國史二百卷菅原道真○寬平五年寫本類聚國史六十三卷考異三卷
仙石政和○文化十三年刊本朝世紀三十卷僧信西○寫本本朝世紀拔萃三卷寫本扶桑略記十四
卷拔萃一卷僧皇圓○文政三年刊扶桑略記殘册摘要一卷阿闍梨皇圓○寫本日本紀略十
一卷寫本本朝通鑑二百七十三卷林道春○寫本本朝通鑑提要三十卷林恕○寬文十年

國史實錄八十卷林恕○元祿十六年 大日本史二百四十六卷西山○寫本 大日本史贊叢二卷寫本 本朝通紀五十五卷長井定宗○寫本 日本春秋五十卷僧日初○寫本 古史通五卷源君美○寫本 讀史餘論九卷源君美○寫本 假字日本紀三十卷寫本 山問文神代卷二卷賀茂眞淵○寫本 大日本史刑法兵法三卷德川光圀○刊本 本紀論贊二卷寫本 大日本史贊數五卷明治二年刊 倭史後編三卷栗山愿○寫本 本朝編年祿十六卷 王代系圖一卷林道春○寫本 本朝通紀前編二十五卷後編三十卷長井定宗○刊本 國史略五卷岩垣松苗○文政十年刊 皇朝史略十二卷青山延于○刊本 續皇朝史略五卷青山延于○刊本 日本政記十六卷賴襄○刊本 國史紀事本末四十卷青山延光○刊本 國史纂論十卷山縣禎○刊本 神皇紀略五卷賴復○刊本 日本野史二百九十七卷飯田忠彥○寫本 六國史厤考六卷安藤有益○寫本 神字古事紀四卷藤原政興○明治四年刊本 神道五部書五卷寫本 神道十二部書十二卷寫本 倭姬世紀一卷寫本 御鎮坐次第記一卷寫本 御鎮坐本紀一卷寫本 御鎮坐傳記一卷寫本 寶基本紀一卷寫本 倭姬命世紀抄二卷秦信慶○寫本 葦水草一卷寫本 神道五部書抄六卷寫本 五部書說辨十二卷源幸和○寫本 太神宮儀式帳二卷寫本 太神宮心御柱記

一卷寫本神宮實錄一卷藤原國人○寫本天地麗氣記十八卷寫本神別記十卷本居宣長○寫
本天書紀十卷藤原濱成○寫本古語拾遺一卷齋部廣成○寫本古語拾遺言餘抄五卷龍尚舍○
貞享二年刊古語拾遺句解二卷寫本唯一神道名法要集二卷卜部兼延○寫本神道深秘二
卷天台僧徒○寫本神道大意一卷卜部兼直○寫本神道大意一卷卜部兼俱○寫本神道秘說一卷寫本神懷
錄一卷寫本類聚神祇本源十五卷度會家行○寫本 元元集八卷北畠親房○承應二年刊 東家
秘傳一卷北畠親房○寫本 廿一社記一卷北畠親房○寫本 神風和記三卷僧慈遍○寫本 舊事
玄義十卷僧慈遍○寫本 自從抄一卷山崎垂加○寫本 古老口實傳一卷寫本 寶鏡
開始一卷寫本神祇秘抄三卷寫本神祇拾遺一卷寫本諸神記二卷寫本十種神
寶圖一卷寫本十種神寶問目一卷寫本瑚璉集二卷寫本神道集八卷寫本大裏
神道一卷寫本兩部神道口決鈔六卷源慶安○寫本兩部神道口訣心鏡錄五卷
僧鳳潭○寫本神道八重垣傳五卷藤齋延○寫本神道名目類聚抄六卷正德四年刊陽復記二卷
出口延佳○寫本神宮秘傳問答一卷出口延佳○寫本古今神學類聚抄百卷真野時繩○寫本神國決
疑編三卷玄賢○寫本神風記五卷匹田以正○寫本神家常談三卷真野時繩○貞享年中刊本朝神社考六

卷（林道春○寫本）神社考詳節一卷（林道春○寫本）神社啟蒙八卷（白井宗因○寫本）春日權現驗記二十卷（寫本）春日神社記改正三卷（祐舍○寫本）日吉社神道密記一卷（行丸○寫本）住吉秘記一卷（寫本）墨江紀畧二卷（巨妙子○享保三年刊）八幡宮本紀七卷（貝原好古○元祿十年刊）太子流神秘卷一卷（寫本）橘家蟇目口傳九卷（寫本）興名草前後編一卷（淺井重遠○寫本）玉籤集八卷（玉木正英○寫本）原根錄三卷（玉木正英○寫本）宗廟社稷答問二卷（源幸和○寫本）喪葬記一卷（寫本）神儒問答一卷（寫本）和學通二卷（留守友信○寫本）神璽辨一卷（多田義俊○寫本）神拜恐惶抄一卷（多田義俊○寫本）創禊辨一卷（多田義俊○寫本）葵祭記一卷（多田義俊○寫本）直字辨一卷（多田義俊○寫本）三種神器辨書一卷（多田義俊○寫本）神明憑談二卷（多田義俊○寫本）獸肉論一卷（多田義俊○寫本）神道辨惑二卷（持寶院聖應○天明五年刊）神京問答一卷（大江吉利○寫本）天祖都城辨辨一卷（本居宣長○寫本）神代卷二卷（寫本）神代口訣五卷（忌部正通○寫本）日本紀神代抄十一卷（寬永十七年刊）日本書紀神代合解十二卷（寬文四年刊）神代講述抄五卷（山本廣足○寫本）神代評注四卷（龍熙近○寫本）神代紀上秘解十五卷（源雅胤○寫本）神代卷風俗抄五卷（秦信慶○寫本）神代卷剬義箋二卷（高屋近文○寫本）日本書紀三元卷四卷（横山當永○寶永四年刊）日本紀三元卷

鈔解八卷橫山當永○寫本神代卷藻鹽草五卷玉木正英○寫本神代卷藻鹽草一卷玉木正英○元文己未刊神代小囊草十七卷寫本日本書紀神代卷統節五卷寫本神代卷風葉集十卷山崎垂加○寫本神代卷私語草二卷寫本神代卷日蔭草一卷岡田正利○寫本神代卷鹽土傳五卷谷重遠○寫本日本神代卷口義十卷多田義俊○寫本神代卷秘要抄二十卷多田義俊○寫本神代卷髮華山蔭一卷本居宣長○寬政十二年刊神代正語三卷本居宣長○寬政元年刊中臣祓一卷寫本中臣祓抄二卷常盤大連○寫本中臣祓考索一卷和田宗允○寫本中臣祓瑞穗抄二卷出口延良○寫本中臣祓纂言一卷宮木春意○寫本中臣祓白雲抄二卷白井宗因○寫本中臣祓風水艸一卷山崎垂加○寫本中臣祓風水草管窺一卷玉木正英○寫本中臣祓大全十卷淺利太賢○寫本六根祓松風鈔一卷藤原永孔○寫本中臣祓松風鈔一卷藤原永孔○寫本中臣祓古義三卷松崎義克○享保辛亥刊中臣祓氣吹抄三卷多田義俊○寫本六根清淨大祓淺說一卷宮木春意○寫本大祓解一卷源安範○寬政十二年刊祝詞解五卷賀茂真淵○寫本祝詞考三卷賀茂真淵○寬政十二年刊大祓詞後釋一卷本居宣長○寬政八年刊出雲國造神壽後釋二卷本居宣長○寬政八年刊水鏡三卷藤原忠親○寫本水鏡異本三卷活字本大鏡八卷藤原爲業○寫本增鏡十卷一條冬良○寫本榮花物語四十卷目錄系圖一卷明曆二年刊

榮花物語拔萃九卷寫本續世繼十卷寫本世繼物語一卷寫本保元物語三卷葉室時長○寫本平治物語三卷葉室時長○寫本參考保元物語九卷寫本參考平治物語六卷元祿六年刊保建大記二卷栗山愿○寫本保建大記打聞三卷谷重遠○享保五年刊源平盛衰記四十八卷葉室時長○寫本平家物語十二卷前司行長○寫本平家物語長門本十六卷寫本平家物語嵯峨本十二卷寫本東鑑五十二卷慶長十年刊東鑑脫漏一卷寫本愚管抄七卷慈鎮和尚○寫本承久記二卷寫本保曆間記三卷寫本神皇正統記六卷北畠親房○慶安二年刊續神皇神皇記一卷明和丁亥刊櫻雲記三卷寫本南朝紀傳四卷寫本梅松論一卷寫本伯耆卷三卷寫本舩上記一卷寫本吉野拾遺四卷寫本一卷太平記四十一卷寫本參考太平記六十四卷寫本明德記三卷寫本應永記一卷寫本嘉吉記一卷寬文九年刊椿葉記一卷道欽親王○寫本應仁記二卷寫本穴太記寫本鎌倉大艸子一卷寫本神明鏡二卷寫本文明一統記一卷一條兼良○寫本日本王代一覽七卷林春齋○寬文四年刊本朝編年小史七卷鵜飼石齋○寫本本朝歷史略評註四卷元祿三年刊和漢合運圖四卷圓智重○寫本和漢編干支合圖一卷虎關和尚○寫本皇帝年代記一卷慈鎮和尚○寫本如

是院年代記六卷寫本　和漢年契一卷高昶○寬政九年　掌中和漢年契一卷寫本　雍州府志十卷黑川道祐○刊本　京羽二重六卷孤松子○貞享二年刊　京童子六卷中川喜雲○明厤四年刊　都林泉名勝圖會五卷秋里湘夕○刊本　京之水二卷秋里湘夕○刊本　花洛名勝圖會四卷川喜多真彥木村明啟○文久二年刊　詩仙堂志四卷三橋成烈○寬政年中刊　大和名勝圖會六卷秋里湘夕○寬政三年刊　堺鑑三卷衣笠一閑○貞享元年刊　難波鑑一無軒道治○延寶年中刊　住吉名勝圖會五卷秋里湘夕○寬政六年刊　兵庫名所記二卷寶永七年刊　伊賀風土記一卷寫本　勢陽五鈴遺響七十七卷首卷三卷安岡親毅○明治十六年活字本　勢州古今名所集五卷寫本　伊勢名所參考抄二卷坿錄別記二冊松坂常守○寫本　伊勢參宮名所圖會五卷　巡島勝覽一卷寬政九年刊　尾張國風土記一卷寫本　尾張名所圖會前編七卷岡田啟野口道直○天保十五年刊　尾張名所圖會後編六卷岡田啟野口道直○明治十三年刊　甲斐國志百十八卷坿錄五卷松平定能○明治十七年活字本　甲斐叢記前輯五卷大森快庵○嘉永四年刊　富岳寫真小泉斐○弘化二年刊　芙蓉圖說一卷　禹稷碑圖附莊田允益○寬保三年刊　伊豆海島風土記三卷寫本　三浦志二卷寫本　新編鐮倉志八卷序目一卷河井恒久○刊本　江島大草紙二卷釋因靜○寶厤九年刊　武藏風土記一卷寫本　紫之一本二卷遺佚入道○寫本　武藏野話初編一卷附錄一卷鶴磯樵夫○文

化十二年刊武藏名所考四卷晁嶠陳人○文政七年刊江戶沙子六卷菊岡沾涼○刊本續江戶沙子五卷菊岡沾涼○享保廿年刊新編江戶志十一卷懷山子○寫本西苑記一卷菊池純○明治十七年刊江戶名所圖會七卷齋藤幸雄○天保七年刊江戶名所記七卷寬文二年刊江戶名所話六卷元錄七年刊繪本江戶土產一卷刊本江戶雀十二卷延寶五年刊江戶鹿之子六卷藤田理兵衛○刊本江都總鹿子名所大全七卷奧村玉華○寬延四年刊江戶年中行事一卷刊本南向茶話一卷寫本武江披沙五卷太田南畝○寫本都鳥名所字類一卷寫本多濃武之雁一卷陽盛亂○寫本四神地名錄古松軒○寫本淺草志二卷寫本元吉原之記一卷寫本葛飾志二卷寫本古河志二卷寫本香取志二卷小林重規○天保四年刊鹿島名所圖繪二卷北條時鄰○刊本常陸風土記天保年中刊水戶溫古錄一卷寫本飛州志九卷坿錄一卷藤原忠崇○寫本下野國志十二卷河野守弘○文久元年刊日光山志一卷植田孟縉○寫本日光雜話四卷寫本陸奧郡鄉考二卷關元龍○天保五年刊奧羽觀蹟聞老志二十卷佐久間義和○明治十六年活字本越前名所指南草二卷釋祐可○寫本北越雪譜三卷二編三卷鈴木牧之○刊本佐渡事略二卷別錄中原廣通○寫本播磨名所巡覽圖會五卷秦石田○文化元年刊備陽國志寫本出雲風土記一卷寫本出雲風

風土記一卷寬政十二年刊長崎聞見錄五卷廣川獬○安政三年刊日向經緯記一卷佐藤信淵○寫本薩藩經緯記二卷佐藤信淵○寫本麑藩名勝志三卷寫本日本総國風土記寫本風土記逸文土記考一卷荷田春滿○寫本　訂正出雲風土記一卷文化三年刊懷橘談二卷寫本南紀名勝略志七卷寫本愛媛面影五卷半井梧庵○明治八年刊豐後國風土記一卷寫本肥前國寫本風土記釋文坿攷出雲陸奥○賀茂真淵○寫本先代國造本紀一卷寫本地勢提要二卷橘景保○寫本國花萬葉記上下二十一卷方寸子○元祿十年刊　日本輿地通志畿內部六十一卷關祖衡○享保廿一年刊攷正人國記二卷北條時頼○刊本國分記一卷神谷八右衞門○寫本三都雀延寶六年刊道中記一卷刊本懷之友一卷臨琴軒○享保廿年刊　武跡譚十五卷貝慶子○寫本游囊賸記二十五卷大鄉良則○寫本遊方名所略十四卷寫本名所便覽寫本觀瀑圖誌二卷鎌田政舉○刊本御陵考寫本谷陵記一卷奥村正明○寫本前王廟陵記二卷松下見林○元祿十一年刊天祖都城辨辨一卷本居宣長○刊本蝦夷島物語一卷寫本邊要分界圖考七卷近藤守重○寫本續日本史及紀畧重野安繹藤野正啓巖谷修長松幹等○新修寫本未見先朝紀畧二十卷藤野正啓○寫本支那通信始末五卷總叙坿錄二卷同尊攘紀事四十篇岡千仞○刊本○黎庶昌有叙國史紀事本末七

十四卷青山延光○寫本　野史纂略五卷同○刊本　海軍歷史廿五卷勝安芳○寫本　陸軍歷史三十卷同○寫本　吹塵錄四十卷坿圖五十卷同○寫本　日本紀事名倉信敦○寫本　紫宸清涼二殿及太政官圖考一卷紀宗直○寫本　元明史略後藤芝山○寫本　職原抄考同　和漢年鑑一卷同　皇朝史略十二卷續五卷青山延于○刊本　帝都雅景一覽四卷刊本　日本里程總覽一卷吉田晉○刊本　江戶外史十五卷青木可笑○寫本　求言錄六卷源定信○寫本　元寇紀略二卷大橋順周○嘉永六年刊　東京府志藤野正啟○寫本　地方沿革略譜一卷保科保○活字本　長崎縣地理小誌一卷師範學校　明二直隸十三省考定圖一帖寫本　明律國字解三十七卷物雙松　善鄰國寶三卷僧周鳳○刊本寫本　鄰交徵書初編二卷二編二卷伊藤松貞一　偉人傳十八卷蒲生重章○刊本　佳人傳同　孝子傳三卷伊藤藏○刊本　近世孝子傳城井壽章○刊本　唐土名勝圖會初集六卷岡田尚友○刊本　西洋紀聞三卷坿錄一卷新井君美○刊本　西京全圖池田東籬亭○刊本　新增細見京繪圖大全文久三年刊　花洛細見圖元祿十七年刊　伏見桃山御殿御城之圖寫　石山古城圖寫　太門御代大坂御城天守圖寫　浪速古圖寫　浪速古圖後考寫　正德大坂地圖正德五年刊　輿地之全圖

纂喜廬所著書

日本圖經卷十一　圖經　六之一

秋山永年○刊武藏國全圖菊地修藏○安政三年刊古代江戶御繪圖元和二年刊江戶大繪圖寬永十三年刊江戶大繪圖元祿元年刊江戶大繪圖延寶九年刊調布玉川繪圖相澤伴主○刊船路圖自筑後九艘泊至筑後川○寫船路圖自藝州下黑島至肥前平戶○寫大日本道中行程細見記醉雅子○明和七年刊大日本國細圖玄玄堂綠山○元治二年刊朝鮮國全圖臺灣全島之圖林子平○明治七年刊海島風土記一卷藤原寫本坪碑考林子平○明治十年刊款識百例一卷畑時習○刊本好古小錄二卷坿錄一卷藤原貞幹○寬政七年刊好古日錄二卷同○刊本好古雜錄未見集古十種松平○刊本徵古圖錄一卷藤原美波留○文化八年刊求古圖譜一卷高島千春○刊本觀古雜帖初篇穗井田忠友○刊本集古一滴一卷寫本鑑識錄寫本漢倭奴國王金印考一卷上田秋成○寫本扶桑鐘銘集三卷岡崎信好○刊本金石年表一卷西田直養○天保九年刊本○潘氏滂喜齋叢書本埋麝發香刊本史徵墨寶考證內閣修史局活字本六卷尾崎雅嘉○刊本博物館書目解題略三十卷村山德淳○刊六卷足利學校書籍目錄一卷寫本經籍訪古志六卷補遺二卷澁江全善森立之○徐大臣承祖活字本史籍年表一卷伴信友○刊本右文故事十六卷近藤守重○寫本正齋書籍考經部二卷首卷一卷近藤守重○文政六年刊掌中群書一覽一卷多田直洪○文化九年刊群書備考二十卷寫本倭版書籍考五卷元祿十五年刊書

籍名數三卷中村治重。天明元年刊番外雜書解題十七卷國字分類書目二卷撰者小傳六卷戶田氏德。寫本物語書目備考一卷伴直方。寫本辨疑書目錄三卷中村富平。寶永七年刊地理書目一卷寫本御請來目錄一卷釋空海。正保四年刊國朝書目三卷藤原貞幹。寬政三年刊合類書籍目錄大全十二卷多田勘兵衛。享和元年刊彙刻書目外集六卷補遺一卷松澤老泉。刊本官府書目六卷寫本九條家藏書目錄寫本林崎文庫書目三卷寫本所藏書目錄一卷寫本五十槻園藏書目錄一卷寫本春迺屋藏書目錄四卷中根長章。寫本運籌堂藏書目錄一卷平山剛藏。寫本輶軒書目一卷齋藤正謙。活字本伊吹能舍著撰書目刊本

右史類日本神代史籍大氏荒邈難可徵信其正史以源光圀日本史為大較而賴襄外史政記諸書其彰彰者近日重野安繹等編年與紀略有告成之說所未見也厥類滋多著要而已

日本圖經廿一終

本　毛詩六義考同○寫本　詩學庸解龜井昱○寫本　毛詩合解櫻井篤忠○寫本　讀詩要領中村明遠○寫本　詩經古義解八田繇○寫本　詩說統細合離○寫本　詩問同○寫本　冢註毛詩二十卷冢田虎○寫本　毛詩名物質疑七卷井岡冽○寫本　詩經名物辨七卷江利如圭○享保十六年刊　典禮考澁井孝德○寫本　周禮說筌加藤矩直○寫本　儀禮解箋同○寫本　禮記鄭注補正同○寫本　周禮解清水江東○寫本　周禮詁訓同○寫本　儀禮解同○寫本　儀禮詁訓同○寫本　禮記纂成同○寫本　儀禮繹解八卷皆川淇園○寫本○按日本人治禮罕甚　筆記禮記集說十五卷中邨欽○活字本　春秋胡傳中邨之欽○寫本　春秋三傳南宮岳○寫本　春秋釋例圖久野俊明○寫本　春秋孔志山本信○寫本　春秋講義賴襄○寫本　春秋胡傳辨義語伊藤長久○寫本　春秋大義一卷藤川忠猷○明治十六年刊本　春秋左傳例事一卷源文卿○刊本　左傳觽十卷岡龍洲○寫本　左傳輯釋安井息軒○寫本　左傳考三卷宇野明霞○寫本　左傳讚考龜井晤明○寫本　孝經儒鍾二卷貞享五年刊本　孝經發揮一卷津坂孝綽○明治十六年刊本　孝經纂釋一卷土屋弘○明治十六年刊　古文孝經私記定本三卷朝川善庵○寫本　增攷孝經鄭氏解補正一卷東條一堂○寫本　孝經攷觀唐公愷○寫本　論語集義鄰瀨熙○寫本　論語博議原公逸○寫本　論語箋注原田直○寫本　論語啓發細谷離○寫本　論語證解松浦交翠軒○寫本　論語拔萃三宅邦○寫本　論語定書同○寫本　論語發蘊山中恕之○寫本　論語集說

首言林恕○寫本　洪範指要蠁維安○寫本　尚書孔傳纂註十二卷太田元貞○寫本　尚書精義同○寫本　尚書補註十三卷冢田虎○寬政十三年刊本　書經二典解二卷岡龍洲○寫本　書經繹解皆川淇園○寫本　壁經辨正十二卷岡龍洲○寫本　書經集傳中村之欽○寫本　書經解疏八田繇○寫本　洪範孔傳辨正河野子龍○寫本　書說統細谷離○寫本　尚書精蘊山中恕之○寫本　尚書疑孔編井上立元○寫本　書十一篇傍訓荻生道濟○寫本　洪範箋法同○寫本　尚書古傳小田煥章○寫本　今文尚書定本纂南宮岳寫本　禹貢地理指掌圖考同寫本　古文尚書考山本信有○寫本　書經通考國字箋新井祐登○寫本　書經諺解宇野東山○寫本　尚書類考片山世璠○寫本　尚書考疑同○寫本　書經考戶崎元明○寫本　洪範全書埘績三宅重固○寫本　南書考古序翼龜井昱○寫本　毛詩品物圖攷七卷岡元鳳○天明五年刊本　詩經小識八卷稻義寫本　詩經繹解皆川淇園○寫本　詩經毛傳補義十卷岡龍洲○寫本　詩經集傳中邨之欽○寫本　詩經古義解八田繇○寫本　詩說統細谷離○寫本　毛詩翼松本秀雲○寫本　毛詩撰說井上立元○寫本　毛詩知原山中恕之○寫本　毛詩古傳小田煥章○寫本　詩經國風衍義松本秀雲○寫本　詩經毛傳補義岡白駒○寫本　毛詩證龍公美○寫本　詩經解新井祐登○寫本　翼詩解詩名物伊藤善韶○寫本　毛詩鄭標注宇野成之○寫本　詩經國字解同○寫本　朱注詩經標解同○寫本　詩精義太田元貞○寫

一卷釋慧愷○安永九年刊 冢注周易八卷冢田虎○文化十三年刊 周易約解六卷高岡秀成○寫本 讀易餘
論一卷同○寫本 周易釋解六卷皆川愿○刊本 易原一卷同○寫本 易學開物一卷同○寫本 蓍
卜蓍誤辨正同○寫本 復古周易眞勢中州○寫本 左國易一家言三卷同○寫本 範圍圖說
一卷同○刊本 周易象義十卷太田錦城○寫本 繫辭詳說六卷同○寫本 周易古占法二卷海保漁郎○刊
本 周易校勘記舉正一卷同○寫本 周易程傳鈔說中邨之欽○寫本 讀易要領同○寫本 大
極圖說解同○寫本 易學啓蒙翼傳同○寫本 學易要領中村蘭林○寫本 周易說疏八田繇○寫本 周易
彙攷續貂原公逸○寫本 周易啓蒙圖說同○寫本 周易說統細合離○寫本 易啓蒙古合解評林
毛利瑚珀○寫本 讀易小言增島固○寫本 周易講義眞勢達富○寫本 周易象徵同○寫本 周易象徵音
義松井暉晨○寫本 象徵樞機同○寫本 解故同○寫本 解故翼同○寫本 象圓變通同○寫本 象變辭
古考同○寫本 立象盡意同○寫本 活用解同○寫本 感通方諸同○寫本 感通掌故範圍秘
鑰同○寫本 神武不殺精義入神篇同○寫本 周易考證山中恕之○寫本 周易發蘊同○寫本 周
易彙攷井上立先○寫本 易學辨疑同○寫本 入易門庭荻生道濟○寫本 讀易雜抄同○寫本 讀易草
同○寫本 周易古傳小田煥章○寫本 周易拾象稿村瀨熙○寫本 周易新疏室直清○寫本 太極圖述同○寫本

朱易衍義山崎嘉○寫本易象義解山本信有○寫本周易解岡千里○寫本周易象徵赤松鴻○寫本讀易會澤安○寫本古易一家言新井祐登○寫本古易一家言補同○寫本古易斷坿外篇同○寫本古易時言坿外篇同○寫本古易通同○寫本周易精蘊同○寫本周易精義同○寫本易學小筌同○寫本易學類編同○寫本廣易學必讀同○寫本梅花心易評註同○寫本周易本義考同○寫本周易啓蒙考同○寫本周易經翼通解伊藤長胤○寫本讀易私記同○寫本易乾坤古義同○寫本讀易圖例同○寫本周易義例同○寫本周易卦變考同○寫本周易傳義考異同○寫本周易古傳小田煥章○寫本周易解片岡基成○寫本易學啓蒙解同○寫本易林圖解同○寫本易術傳同○寫本易術手引草同○寫本易術妙境同○寫本易術便蒙同○寫本易術夢斷同○寫本周易折衷要削水谷君龍○寫本周易衡同○寫本周易聚象徵同○寫本周易正字考同○寫本定本洛新說同○寫本非易學啓蒙同○寫本易占通同○寫本易占的同○寫本歷代占例考同○寫本中華龜卜考同○寫本日本龜卜考同○寫本易道撥亂辨森鐵○寫本○刊本太極圖說大意講義二卷石王明誠○寫本易學流論阪本俊豈○寫本易經小解熊澤伯繼○寫本周易欄外書十卷圖考一卷佐藤坦○寫本易學啓蒙諺解榊玄補○寫本周易手記林忠○寫本周易本義

国家出版基金项目
NATIONAL PUBLICATION FOUNDATION

海上絲綢之路文獻集成

總主編 陳支平 陳春聲

歷代史籍編 54

主編 范金民

海峡出版發行集團
THE STRAITS PUBLISHING & DISTRIBUTING GROUP
福建人民出版社

本册目次

游歷日本圖經三十卷（卷二二至卷二五上）

〔清〕傅雲龍撰

日本藝文志二

奉派游歷日本美利加祕魯巴西等國兼日屬地加納大古巴知府用兵部郎中臣傅雲龍述

博覽古言十卷菅原道真○天明五年刊　六諭衍義大意一卷附録二卷勝田知鄉○弘化四年刊　六諭衍義大意一卷室直清○明治十五年刊　前輩諸説一卷同○寫本　春鑑抄一卷林道春○寫本　藤樹精言一卷橘明○文化十年刊　宇佐問答一卷熊澤伯繼○寫本　素行記一卷山鹿高祐○寫本　鬼神論二卷新井君美○寬政十二年刊　不亡抄四卷室直清○寫本　大疑録二卷貝原篤信○明和四年刊　初學知要三卷貝原篤信○明治十七年刊　復性辨二卷伊藤長胤○享保十五年刊　辨道一卷荻生茂卿○寬政元年刊　辨名二卷荻生茂卿○寬政元年刊　續辨名二卷杜敎○寫本　非物篇六卷非徵八卷附○五井純禎○天明四年刊　草茅危言五卷中井積善○活字本　復竹山先生答豬飼倫藏書一卷中井積善○寫本　竹山國字牘後篇五卷中井積善○寫本　復讎論一卷野公臺○刊本　席上腐譚一卷原田直○寶曆二年刊　柳子新論一卷山縣昌貞○明治十七年刊　山子垂統三卷後篇三卷附○片山世璠○安永四年刊　喰囈録一卷盧艸拙○刊本　今書一卷蒲生秀實○文久三年刊　價原一卷三浦晉○寫本　迂言二卷同○寫本　洗心洞劄記二卷附録一卷附○大鹽後素○明治十七年刊　執中論一卷附譯一卷○丹羽賁明○文政八年刊　名實大意一卷權論附○丹羽賁明○刊本　詶言七卷藤森大雅○寫本　及門遺範一卷

會澤安○明治十五年刊 辨妄一卷 安井衡○明治六年刊 標註辨妄一卷 安井衡○明治十四年刊 佐氏遺言 佐久間象山○明治十七年刊 喪祭略冊一卷 神山貞規○寫本 寬文釋菜次第一卷 延寶釋菜儀式一卷 寫本 寶訓集鈔三卷 古寫本 十訓抄十二卷 享保六年刊 十訓抄略書三卷 寫本 最明寺教訓一卷 北條時賴○刊本 神君御文章一卷 寫本 東照宮御遺訓一卷 附錄一卷○寫本 黑田長政遺言並定則一卷 寫本 義公命令一卷 寫本 求言錄一卷 松平定信○寫本 和論語十卷 清原良成等○寬文九年刊 和小學六卷 辻原沙本子○寶曆九年刊 假名性理一卷 藤原肅○寫本 五倫談五卷 源勵○寬政四年刊 五常訓四卷 貝原篤信○寶永八年刊 刪定初學訓二卷 貝原篤信○明治十七年刊 松翁道話十五卷 布施道矩○文化十一年刊 道二翁道話十五卷 中澤道二○刊本 鳩翁道話九卷 柴田鳩翁○文久二年刊 心學道話廿四卷 奥田在中○刊本 童子通一卷 山本蕉逸○明治十三年刊 子弟訓一卷 寫本 飛鳥川三卷 釋識丁子三郷○慶安五年刊 我守 高田重克○天明四年刊 寤寐記六卷 承應二年刊 婆心錄一卷 刊本 民家分量記五卷 常盤貞尚○安永六年刊 食時九思御代恩一卷 寫本 物覺早傳授 兵門○天明四年刊 金玉根地帛紗八卷 章花堂○寶永七年刊 姬鑑十二卷 中村欽○正德二年刊 壺石文十三卷 元祿十一年刊 鐵醬訓一卷 三浦晋○寫本 新堪忍記七卷 白梅園鷺水○寶永五年刊 世中百首繪抄 荒木田守武○享保七年刊 民間諭草一卷

竹里館○享和元年刊菜根百事譚五卷黒荒逸士○活字本咬菜百做錄五卷大華公明○寫本道樂一卷河上市之烝○明治十六年刊傍訓實語教並童子教一卷明治十六年刊女今川一卷明治十六年刊孝諭一卷明治十六年刊管子纂詁二十四卷安井衡○慶應元年刊老子道德經補註二卷宋林希逸○明治十七年刊老子本義二卷近藤舜政○享保十六年刊析玄一卷廣瀨建○天保十二年刊莊子口義大成俚諺鈔廿一卷毛利貞齋○元祿十六年刊郭註莊子考六卷埼允明○寫本讀莊子一卷市川匡子人○寫本晏子春秋集解八卷大關惟孝○寫本孫子讀本三卷保岡孚○明治十六年刊韓非子解詁全書二十卷津田鳳卿○刊本註釋韓非子全書二十卷藤澤南岳○明治十七年刊說苑纂註二十卷關嘉○寬政五年刊劉向說苑考二卷桃源藏○寬政十二年刊寶石類書一百卷紀宗直○寫本莚響錄二卷草廬漫錄一百卷同○寫本盍簪錄二卷伊藤長胤○寫本寶貨通用事略一卷刊本北清聞見錄六編二禮敬之○享刊半寫日本古代儒學因革考黒木安雄○寫本賓館縞紵集祇園南海○刊本藝苑日涉十二卷村瀨煕○刊本常山紀談湯淺元禎○寫本佩弦齋雜著八卷青山延光○刊本隔鞾論一卷鹽谷世弘○安政六年刊本兵要錄二十二卷長沼宗敬○刊本銃戰必携地圖論一卷菊野善谷○寫本銃戰必携行軍論一卷同○寫本歐米鐵道經濟論榊原浩逸○明治十八年刊和漢研譜二卷石希聰○寬政九年刊古筆

鑑一卷古筆了佐○慶安四年刊新撰古筆名葉集二卷本刊古今名家真蹟集三卷二編三卷赤松香雲等○慶應元年刊和漢名畫苑六卷大岡春卜○寛政九年刊繪本會寳袋九卷橘有税○元治元年刊畫圖醉芙蓉三卷鈴木老蓮○文化六年刊光琳百圖二卷後篇二卷本刊諸職畫譜一卷北尾蕙齋○寛政六年刊一蜨畫譜三卷鈴麟松○明和七年刊名人蘭竹畫譜二卷澤景山○明治十二年刊竹田畫譜二卷田能村孝憲○明治十六年刊東谿畫譜二卷附冊一卷龜東谿○刊本百老婆圖養雲憓堂筆○寫本百華鳥五卷守範○享保十四年刊一掃百態一卷渡辺華山○明治十七年刊本朝畫史五卷本朝畫印一卷狩野永納等○元祿六年刊本朝畫史三卷續二卷同○明治十六年石版本本朝古今新增書畫便覽一卷河津山白○文久二年刊養德錦顯文鈔一卷嘉永六年刊墨林今話人名錄二卷明治十五年刊書畫便覽新井白石○寫本畫乘要略二卷白井廣○天保三年刊無聲詩話一卷詩蛆一卷金井鰲○明治十七年刊題畫詩冊二卷附錄森川世廣○明治十三年刊浮世繪類考一卷杏花園山東庵○寛文十二年刊錦繡一覽一卷大化[illegible]年刊嘐々村[illegible]畫卷後編四卷三編六卷木内小繁○安永二年刊操觚清供二卷一名四寳三友○寫本雜紋漫錄六卷大穀叢書○文化九年刊觀古雜帖初編穗積田忠友○天保十二年刊辨道一卷物雙松○刊本辨名一卷孫子國字解十三卷同○刊本呉子國字解四卷讀荀子四卷讀韓非子二三卷讀呂氏四卷讀

文筌蹄八卷蘐園隨筆五卷樂制篇一卷樂律考一卷鈴錄二十卷坍三卷幽蘭譜抄一卷琴學大意抄一卷葬禮略一卷詩題苑三卷南留別志五卷廣象棊譜一卷文罫一卷古文矩一卷同○寫本相刀劍書五卷三河前田○刊本論理學二卷清水友輔○寫本儒學本論上下編長尾稹太郎○寫本江亭記一卷宮島誠一郎藏寫本傳箏系圖卷子寫本體源鈔十二卷豐原統秋○寫本樂家錄五十卷總目一卷安倍季尚○寫本神樂東遊考一卷催馬樂考一卷賀茂眞淵○寫本梁塵愚案抄二卷刊本梁塵後抄四卷熊谷直好○万延元年刊神樂入綾三卷橘守部○刊本催馬樂入綾三卷同○刊本樂章類語鈔四卷目錄附言一卷高田與清○文政二年刊樂部小錄一卷鴨村野人○寫本狛氏新錄狛近寛○寫本田樂法師由來之事一卷寫本謠曲内百番金剛右近○明治十五年刊幸正能口傳言寫本能之圖式六卷元祿十年刊能脇侍所作鑑一卷寫本脇仕舞抄一卷寫本舞樂圖一卷高島千春○文政十一年刊舞閑大全二十二卷愛水子○貞享四年刊笛會釋附四卷狂言會釋一卷諸流能名寄一卷政香○寫本花傳書八卷刊本謠表題一卷寫本五尺手拭一卷元祿三年刊照葉狂言杼子定木一卷後編一卷中井恒次郎○明治十六年刊須磨譜一卷今樣在原行平等○寫本須磨之枝折

一卷眞鍋豊平○嘉永元年刊和歌今樣譜一卷寫本吾嬬箏譜一卷山田撿校○刊本增訂撫箏雅譜集三卷同○明治十六年刊箏曲大意抄六卷山田松黑○寬政四年刊系竹初心抄三卷中村宗三○寬文四年刊紙鳶三卷元祿十二年刊松之葉五卷秀松軒主人○元祿十六年刊吟曲古今大全一卷基琴○刊本聲曲類纂五卷齊藤月岑○弘化四年刊舟唄一卷寫本壽世嗣三番叟一卷寫本狂言記二卷寬文五年刊續狂言記四卷刊本拾遺狂言記五卷嘉永元年刊歌舞名物異同鈔上中二卷竹田廣貞○刊本總角助六狂言之記一名雲曇稱享保年中刊千本櫻一卷刊本年代記九卷自初篇至五篇淡洲樓焉馬○天保十二年刊芝居年中行事一卷安永六年刊芝居畫史二卷流光齋如圭○刊本外題年鑑一卷一樂子○安永八年新刻役者綱目五卷八文舍○刊本古今役者大全六卷八文字其笑等○刊本樂屋雜談一卷七文舍鬼笑○刊本戲塲樂屋圖會二卷拾遺二卷好松齋半兵衛○寬政十二年刊戲塲節用集一卷好文舍青氏○享保元年刊戲塲雜記一卷草茅危言○寫本客者評判記三卷式亭三馬○明治十六年刊紙屑籠二卷二三治○寫本淨瑠理大系圖二卷竹本筆太夫○刊本淨瑠理由來記二卷寫本淨瑠理道之枝折一卷豐竹四季太夫○刊本淨瑠理三國志四卷音同舍○刊本儀太夫評判記一卷安永十年刊諸國盆踊唱歌一卷我自刊我本和漢茶誌三卷三谷宗鎮○享保十三年刊茶之湯故實

輿儀鈔六卷附錄元祿十一年刊茶湯評林刊本茶道筌蹄五卷默默齋主人○弘化四年刊茶事口訣一卷寫本茶式湖月抄自初篇至五篇十卷湖月老隱○明治十七年峒版本茶家醉古集五卷湖月老翁○弘化三年刊茶道表具書一卷寫本茶具備討集一卷一漚軒宗全○享和二年刊喫茶南方錄四卷拾遺二卷寫本煎茶仕用集一名青灣茶話二卷附錄大枝流芳○刊本三百箇條上中下三卷目一卷樂心庵○寫本眞臺子莊置之記一卷寫本數寄屋寸法圖一卷寫本千家七事記一卷寫本和泉草十卷寫本弊帚記六卷寫本草人木三卷正保三年刊木之茅之說一卷前田夏蔭○文政十二年刊名物茶器譜錄一卷寫本古今名物類聚茶入七卷雜記五卷拾遺四卷陶齋尚古老人○寬政四年刊名物類聚寫本勅撰六種薰秘抄一卷後小松院○寫本東山殿御香合一卷大枝流芳○刊本香道瀧之系二卷同○享保十九年刊香道傳書九卷寫本香道拾遺一卷寫本香道八重垣八卷寫本御家流香道組古中新三拾組掟一卷寫本御家流香道組香追加一卷寫本御家流香道百箇條口傳秘書日月星三卷寫本御家流改正香道秘書一卷寫本御家流組香集五卷寫本御家流香道順達掟書一卷寫本香道手引集一卷寫本諸家名香集一卷寫本米川流組

香六卷 寫本 十炷香十種香傳書一卷 寫本 十種香暗部山二卷 寫本 聞香辨一卷 寫本 香字抄一卷 寫本 眞花月香相傳式法書一卷 寫本 富淺抄二卷 市村勻水○寫本 香木生成論一卷 寫本 仙傳抄一名萬花活樣一卷 刊本 立花圖勢灘圖三卷 秘傳抄五卷 富春軒仙溪○貞享五年刊 立花正道集一卷 刊本 正風挿花墨江卷五卷 岸松齋一貞等○寫本 古流活花出生卷一卷同分體秘傳同口傳集各一卷 寫本 古流活花再撰百瓶圖 松盛齋理遊○天保十一年刊 遠州流挿花口傳一卷 寫本 石州流活花口傳一卷 寫本 替花傳秘書一卷 寬文元年刊 築山庭作傳一卷 刊本 築山庭造傳前編三卷 北村援琴○刊本 梅品二卷 松岡玄達○刊本 花譜三卷 貝原損軒○元祿十一年刊 花壇綱目三卷 刊本 花信風一卷 十千亭○寬政七年刊 櫻史新編一卷 青山春夢○明治十三年活字本 怡顏齋櫻品 松岡玄達○寶曆八年刊 怡顏齋蘭品二卷圖 同○明和九年刊 松葉蘭譜一卷 刊本 常盤草集一卷 寫本 紫陽三月記二卷 木陳居士○元祿四年刊 花壇朝顏通二卷 壺天堂主人○文化十二年刊 朝顏水鏡前編一卷 秋水茶寮痩菊○文政十二年刊 朝顏譜初編一卷 同○文化十五年刊 朝顏花譜一卷 寫本 紅葉花譜一卷 寫本 千代見草三卷 西京園丁○元祿十二年刊 秋菊一卷 寫本 百菊譜二卷 兒素仙○享保二十一年刊 當世風流後之花三卷 霽月堂丈竹○正德

五年刊 菊花羽二重一卷志水閑事○享保元年刊 北野花大會享保二年刊 九山菊大會享保二年刊 秋野七草考一卷北野秋芳○文化九年刊 增補地錦抄十六卷附録四卷享保四年 春鳥談一卷隅田舍主人○刊本 諸禽萬益集三卷左馬介○刊本 鳥韻鼓吹抄一卷藤村如皋○安永四年刊 鶉書一卷蘊生堂○安永二年刊 鵰尾圖譜一卷寫本 鷹之書一卷寫本 百千鳥一卷泉花堂三蝶○寬政十一年刊 囀子鳥寬永七年刊 貝盡浦之錦大枝流芳○寬延四年刊 文字之知畫一卷十返舍一九○刊本 碁經衆妙三卷附録一卷船橋元美○明治十五年刊 將棊精妙二卷伊藤宗印○明治十六年刊 將棊新撰圖式二卷福泉藤吉○明治十六年刊 旅下筌二卷刊本 拳獨稽古一卷山櫻漣漣等○刊本 投扇新興一卷葵岡○安永三年刊 相撲勝負附一卷寫本 診病奇侅二卷丹波元簡○王仁乾活字本 傷寒論國字解十卷雲林院了作○明治八年刊 傷寒名數解五卷中西惟忠○安永三年刊 傷寒論集成十一卷山田宗俊○天保三年刊 傷寒論輯義七卷丹波元簡○文政五年刊 傷寒論述義四卷坿補丹波元堅○天保十五年刊 傷寒啓微三卷片倉元周○寬政五年刊 傷寒精義六卷原元麟○刊本 傷寒論[illegible]卷早川宗安○文政八年刊 傷寒論正解八卷中莖謙○文政九年刊 傷寒論抄註一卷[illegible]井楓亭○寫本 金匱要略述義三卷丹波元堅○嘉永七年刊 和劑局方發揮諺解六卷岡本爲竹○寶永五年刊 十四經絡發揮和語鈔六卷岡本爲竹○元祿六年刊 溫疫論解五卷明吳又可○文政七年刊 古今方彙四卷刊本

和方一萬法四十一卷村井椿〇寫本　和方經驗錄二卷大淵堂主人〇寫本　觀聚方要補十卷丹波元簡〇安政四年刊　醫心方三十卷丹波康賴〇刊本　醫略抄一卷丹波雅忠〇刊本　醫賸四卷丹波元簡〇刊本　醫官玄稿三卷望月三英〇刊本　本朝醫考三卷黑川道祐〇刊本　本朝醫談一卷奈須恒德〇文政五年刊　古訓醫傳二十五卷宇津木益夫〇明治十六年刊　皇國醫系一卷萬年純〇文久三年活字本　合類醫學入門十七卷八尾玄長〇享保年中刊　新增愚按口訣集三卷土佐道壽〇延寶九年刊　牛山方考三卷香月啓益刊本　牛山活套三卷香月啓益〇刊本　普救類方七卷林良適等〇享保十四年刊　經絡發明一卷菊池玄藏〇寶曆三年刊　疝徵積聚編一卷大橋尚因〇天明七年刊　黴癘新書二卷片倉元周〇天明六年刊　產科發蒙六卷片倉元周〇刊本　青囊瑣探二卷片倉元周〇刊本　靜儉堂治驗三卷片倉元周〇文政五年刊　療治茶談十卷津田玄仙〇文政六年刊　蔓難錄七卷柘彰常〇文化三年刊　經穴纂要五卷小坂元祐〇刊本　校正方輿輗十五卷有持桂里〇嘉永六年刊　病家須知八卷華谿道人〇天保三年刊　囦學穴法二卷石坂井〇天保六年刊　德本翁遺方二卷齋藤貴〇刊本　蘭軒遺稿一卷伊澤信恬〇明治七年刊　桃洞遺筆八卷小原良直〇天保七年刊　脈原三卷大西葆光〇文久元年刊　貝原養生訓九卷貝原篤信〇天保五年刊　按摩手引一卷齋藤良伯〇寬政十二年刊　導引秘傳指南鈔一卷一愚子〇寬政五年刊　藥治通義十二卷丹波元堅〇天保十

年刊藥能真桂三卷大淵棠圭人〇寫本藥徵三卷吉益爲則〇文化九年刊藥徵續編二卷坿圖錄邑井純〇文政八年刊
大和本草二十卷坿錄一卷貝原篤信〇正德五年刊大和本草紀聞二十卷寫本
本草和名二卷深江輔仁〇刊本康賴本草二十七卷丹波康賴〇寫本本草綱目
啓蒙四十八卷小野蘭山〇享和三年刊重脩本草綱目啓蒙三十六卷小野蘭山〇天保十五年活字本本草圖彙十
本草綱目纂疏十三卷曾槃〇寫本本草啓蒙名疏七卷小野職孝〇文化六年刊本草圖彙十
二卷寫本本草正譌三十二卷鎌井正壽〇寫本本草藥名備考和訓鈔七卷丹波賴理〇天保二
年刊救荒本草啓蒙十四卷小野職孝〇天保十三年刊救荒野譜啓蒙二卷小野職孝〇刊本南紀
採藥志一卷小野蘭山〇寫本勢州採藥志一卷小野蘭山〇寫本甲駿豆相採藥志一卷小野
蘭山〇寫本常野採藥志一卷小野蘭山〇寫本廣參說一卷小野蘭山〇刊本廣參品熊谷慎憲〇寶曆十一年刊
採珍堂日摘三卷行方清溪〇活字本西州木狀一卷植村政勝〇寫本本朝食鑑十二卷野必大〇元祿十
年刊薰類或問一卷岩永兼英〇寫本耋筵小牘一卷小野蘭山〇文化五年刊十品考一卷小野蘭山〇寫本
拾品考一卷野田青葭〇刊本魚鑑武井周作〇天保二年刊蛸志三卷喜多村直〇嘉永二年刊物類品騭六卷
平賀國倫〇寶曆十三年刊醫家千字文一卷惟宗時俊〇刊本農家益三卷大藏永常〇享和二年刊農家益續編

一卷大藏永常○刊本農家益後編二卷大藏永常○文化八年刊再板農業全書十一卷宮崎安貞○刊本農具古持籠二卷飯塚生清○延享五年刊農具古雛一卷飯塚生清○延享五年刊除蝗錄一卷大藏永常○文政九年刊草木育種二卷岩崎常世○文化十五年刊草木育種後編二卷阿部喜任○文化十五年刊草木錦葉集七卷水野某○文政十二年刊千草根指二卷岩村常久○刊本製葛錄一卷大藏永常○天保十一年刊蕃薯考一卷条川某○文政六年刊二物考一卷高野長英○明治十六年刊藍葉寐方寫本煙草百首一卷橘薰○弘化三年刊諸菜譜三卷貝原篤信○享保十九年刊山相秘錄二卷佐藤元伯○寫本勸農備要田俊年中行事三卷佐藤信淵○明治十年刊致富小記一卷佐藤信淵○明治十四年刊養蠶秘錄三卷上垣守國○享和三年刊機織彙編五卷刊本海之幸二卷龍水○刊本皇和魚譜二卷栗原某○刊本水族寫真說奧倉辰竹○刊本金魚育艸一卷安達喜之○弘化三年刊河蝦考二卷源惠眞○刊本怡顏齋介品二卷松岡玄達○寶曆八年刊介私記寫本加佐佐伎考一卷伴信友○寫本橐駝考一卷唐公愷○刊本菌譜阪本浩然○刊本怡顏齋菌品二卷松岡玄達○寶曆十一年刊和漢絹布重寶記一卷田楚洲○天明九年刊新撰紙鑑一卷木村青竹○安永六年刊染物早指南一卷好染翁○嘉永六年刊手鑑模樣節用一卷梅丸○刊本繪本衣服雛形模樣享保十二年刊樂燒秘囊二卷中田潛龍子○元文元年刊古今陶甕攷一卷寫本溫古甓彙二卷

春工永年○寫本　陶器樂草一卷茶顛庵主人○寫本　陶器窯法草一卷寫本　製油錄二卷大藏永常○天保七
年刊　鉎酒薦印三卷寫本　酒菓等拵方之書一卷寫本　御蒸菓子圖八卷虎屋伊織○寫本
江戶町中喰物重寶記天明七年刊　多識鑑七卷寫本　菩多尼訶經宇田川榕菴○文政五年刊　武江產物
志一卷岩崎常正○文政七年刊　長防產物名寄三卷田智庵○寫本　世寶大成萬金產業袋三卷三宅也○刊本
日本山海名物圖會五卷平瀨徹齋○寬政九年刊　山海名產圖會五卷法橋關月畫○寬政十一年刊　廣益
國產考八卷大藏永常○刊本　大工規矩尺集三卷元祿十三年刊　增補軒廻檣離形立川富房○明
治十六年刊　初心雛形一卷大賀範國○明治十六年刊　和漢船用集十二卷金澤兼光○明和三年刊　內洋經
緯記一卷佐藤信淵○明和十三年刊　石川銀山紀聞寫本　改正增補頭書長曆三卷小泉松卓○貞享五年刊　天
朝無窮曆一卷垳錄一卷平田篤胤○寫本　歲時釋名三卷丘思純○寫本　民用晴雨便覽一卷中西敬房○明
和四年刊　風雨賦國字辨二卷中西如環○弘化三年刊　日次記事四卷黑川道祐○寫本　改正月
令博物筌十六卷鳥飼洞齋○天保十二年刊　十二月品定圖菱川吉兵衛○元祿四年刊　水戶歲時記一卷
寫本　東都歲時記五卷齋藤幸成○天保八年刊　歲華一枝一卷補遺一卷端安○刊本　因歸算歌一卷今村知商○寬
永十七年刊　萬用不求算二卷寬永二十年刊　童蒙算梯十九卷原田萬山○刊本　本朝度量權衡

攷四卷 狩谷望之○寫本 赤縣度制考三卷 平田篤胤○寫本 簠簋五卷 安部清明○寬永九年刊 簠簋秘傳抄一卷 安部清明○貞享五年刊 簠簋抄三卷 正保四年刊 卜法類書一卷 寫本 龜卜秘傳一卷 寫本 古易精義指南 新井篤光○天保十一年刊 推命書三卷 櫻田虎門○明治十七年刊 方鑑秘傳集二卷 松浦琴窪○明治十七年刊 九量圖說 日用精義大成二卷 松浦琴窪○明治十五年刊 家相方位指南三卷 宍戶賴母○明治十五年刊 大雜書一卷 寬永十三年刊 萬厤大雜書三世相大全一卷 刊本 安政雜書萬厤大成一卷 銅版 古事談六卷 寫本 古事談類字一卷 寫本 續古事談六卷 寫本 續古事談類標一卷 寫本 和事始六卷附錄一卷 貝原好古○元祿十年刊 漢事始六卷 同○元祿十年刊 藻鹽草二十卷 寬文九年刊 壒囊鈔十五卷 釋行譽○正保三年刊 塵添壒囊鈔二十卷 刊本 開宗事類一卷 寫本 珍書一卷 寫本 檔學山錄六卷 藤原明遠○刊本 口遊一卷 源為遠○寫本 十三部類語十一卷 類聚三代格○內裏式○新儀式○憲法十七條○意見十二事○封事三箇條○建厤宣旨○世俗淺深秘抄○弘安禮節○二判問答○三內口決○貞永式目抄○類聚符宣抄○寫本 十略類考四卷 釋日本紀○神代口決○日本紀纂疏○神代合解○西宮記○貞觀儀式○北山抄○朝野群載○政事要略○百鍊抄寫本 近代世事談五卷 菊岡沾涼○天保七年刊 箋注桑華蒙求三卷 豐臣公○明治十五年刊 藝林蒙求初編六卷 松田順之○嘉永四年刊 蒙求抄十卷 寬永十五年刊 蒙求詳說十六卷 宇都宮由的○天保三年刊 補註蒙求國字解六卷 田興甫○明治

十六年刊　蒙求拾遺三卷江廣保○寶曆二年刊　世說訂正二卷附錄[illegible]憲等○安永三年刊　世說新語補系譜二卷附錄一卷柚木太玄○天明五年刊　和漢駢事二卷釋虞淵○天保五年刊　和漢名數一卷續編一卷三編一卷上田元周○弘化四年刊　和漢古諺二卷貝原篤信○寶永三年刊　和漢三才圖會百五卷目錄二卷寺島良安○刊本　訓蒙圖彙二十卷目次二卷中村惕齋○刊本　唐土訓蒙圖彙十四卷平住專庵○享保四年刊　和漢訓蒙故事要言五卷文政十二年刊　訓蒙要言故事十卷宮川道達○明治十七年刊　人倫訓蒙圖彙七卷元祿三年刊　女用訓蒙圖彙奥田松柏○刊本　故事成語考集註二卷三宅元信○刊本　如不及齋別號錄四十八卷鈴木汪學○文政十年刊　淵鑑類函纂要六卷藤江浩○明治十六年刊　廣益俗說辨自正編至殘編四十五卷井澤長秀○文化九年刊　萬寶全書十三卷刊本　萬寶鄙事記八卷貝原篤信○寶永二年刊　日本居家祕用十二卷三宅建治○元文二年刊　錦囊智術全書十二卷目次目錄一卷刊本　妙術博物筌十九卷目錄一卷刊本　祕事思案袋三卷刊本　祕傳世寶袋三卷不錄子○明和二年刊　開卷得寶一卷[illegible]主人○寫本　百工秘術之技書一卷寫本　奇書寫本　丹鶴叢書三十三種源忠友○刊本　中古叢書刻本三十四種寫本　明遠館叢書五十六種寫本　羽陽叢書甘棠編五十三

種翹楚篇 新貝卓次○明治十三年刊 五事略五種 新井君美○明治十六年活字本 耕餘錄二十九種 楫守袋五十五種 寫本 百瀨川五十七種 太田覃○寫本 怡顏齋口纂一名稗說摘抄十二種 松崎堯臣○寫本 嚶鳴館遺草十二種附錄 細井德民○天保六年刊 介壽筆叢十四種 弊函一掃四十四種二掃二種 寫本 般若心經闡註傳一卷 釋玄瑞○明治十七年刊 法華經大意八卷 釋日法○明治十六年刊 觀音懺法 六衆寺讀點附明治十一年刊 甘露門 明治十六年刊 當麻曼陀羅捜玄疏聽書九卷 釋立禪○明治十七年活字本 金剛錍科解一卷 釋癡空○明治十七年刊 須追直道金剛錍三卷 房圓大○明治十二年刊 碧巖錄方語解一卷 服蘇門○明治十六年活字本 註解參同契寶鏡三昧一卷 釋指月○明治十六年刊 菩薩戒諺註一卷 釋淨嚴○明治十三年刊 悉曇藏八卷 釋安然○寬政年中刊 悉曇字記眞釋八卷 釋行智○寫本 悉曇微細字一卷 寫本 原人論便蒙一卷 釋廣瀾○明治十五年刊 鼇頭原人論發微錄五卷 釋淨源○明治十二年刊 冠註教觀綱宗會釋二卷 明釋智旭○明治十二年刊 冠註略述法相義三卷 小林大空○明治十六年刊 十住心論十卷 釋空海○慶安四年刊 垂葭館詩稿 鳥山宗茂○寫本 性靈集便蒙十卷 釋運敞○刊本 增註鼇頭寶慶記一卷 釋道元○明治十三年刊 訂正鼇頭學道用心集一卷 釋道元○明治十一年刊 註永平元禪師清規二卷 釋道元○明治十五年刊 註解永平衆寮

清規一卷〈古田梵仙○明治十五年刊〉正法眼藏辨註二十二卷〈釋天桂○明治十四年刊〉增註信施論一卷〈野野部至遊○明治十四年刊〉立正安國論一卷〈明治十五年刊〉毒語注心經一卷〈釋白隱○明治十七年刊〉闍陀羅綱十五卷〈釋空存○元祿十二年刊〉從容錄辨解二卷〈釋天桂○明治十六年刊〉釋辨圖錄一卷〈釋智明○明治十七年活字本〉訓誨寶海一卷〈釋晦巖○明治十七年刊〉三歸法語一卷〈葛城慈雲○明治十一年刊〉永平假名法語一卷〈梅村單山○明治十五年刊〉鹽山假名法語一卷〈釋拔隊○明治十五年刊〉科分入出二門偈大意一卷〈釋慧然○明治十七年刊〉宏智禪師偈頌斷壁閒解二卷〈釋鈍斧○明治十五年刊〉永平承陽大師頌古聞解一卷〈釋鈍斧○明治十六年活字本〉標註永平元和尚頌古一卷〈釋詮慧○明治十七年刊〉七祖聖教三卷〈南條神興○明治十二年刊〉三部假名鈔言釋二卷〈賀茂眞淵○安永四年刊〉淨土三部妙典延書三卷〈明治十六年刊〉淨土宗略名目見聞三卷〈釋明秀○明治十七年刊〉改悔文講義一卷〈釋深勵○明治十五年刊〉圓光大師行德和讚〈明治十六年刊〉眞宗三帖和讚方軌會本十一卷〈釋僧鎔○明治十五年刊〉帖外和讚啓蒙錄一卷〈內田寬壽○明治十五年活字本〉現世利益和讚蘐導續編二卷〈釋大行寺○明治十六年刊〉現益教行信證大意略釋一卷〈遠藤玄雄○明治十五年刊〉眞宗和語聖教正信偈大意一卷〈明治[illegible]〉偈句題和歌一卷〈釋超然○明治十五年刊〉白骨御文法話二卷〈香川[illegible]○明治十六年刊〉𢿨刻御文章御

如一卷釋蓮如○明治十七年刊　御文明燈鈔十五卷釋道隱○明治十六年刊　寶章訓函一卷釋[illegible]○明治十[illegible]
年治[illegible]　蓮如上人九十箇條一卷釋道悟○明治十四年刊　裁斷申明書[illegible]
卷釋[illegible]治十六年[illegible]　歸命本願鈔諺注六卷釋湛澄○元祿二年刊　西要鈔諺注四卷釋湛澄○元祿二年刊
刊　父子相迎諺注四卷釋湛澄○元祿二年刊　如來十力得勝論一卷釋貞極○明治十七年刊　念佛
醍醐秘要藏一卷釋諦忍○明治十七年活字本　聖人一流法語三卷法雨寺○明治十六年刊　七祖聖教宗假名聖教[illegible]
要類文二卷釋斷鎧○明治十五年刊　和語安心定鈔二卷明治十五年刊　和語一念多念證[illegible]
哀一卷明治十五年刊　和語尊號真像銘文一卷明治十五年刊　和語出世元意二卷明治[illegible]
十六年刊　和語唯信鈔一卷明治十六年刊　和語最要鈔一卷明治十六年刊　和語執持鈔
一卷明治十六年刊　真宗和語聖教親鸞聖人御消息集一卷明治十六年刊　真言和語聖教願願鈔一卷[illegible]
十六年刊　和語本願鈔一卷明治十六年刊　和語女人往生聞書一卷明治十五年刊　觀心本
尊抄一卷釋日蓮古寫本　增補御義口傳鈔二卷釋日遠○明治十七年刊　高祖遺文錄三十卷釋日
明○[illegible]治十五年刊　高祖遺書三卷齋藤日一○明治十五年活字本　祖書綱錄外徵考二卷釋日好○明治十五年活字本　祖書拾
遺[illegible]講記二卷釋日性○明治十六年活字本　法華禮誦要文集補遺一卷釋台巖○明治十七年刊　法華歡
心贊一卷釋日輝○明治十五年刊　法華即身成佛義一卷釋日導○明治十五年活字本　法華信心道知音

一卷釋日春〇明治十七年活字本　法華要解㐮鋼記三卷釋大哉〇明治十七年活字本　法華宗略名目一卷釋日運〇明治十七年活字本　和解法華十王讚嘆鈔二卷釋了義〇明治十六年活字本　改補崑玉撮要集二卷小林特統〇明治十六年刊　五種法師解說法則二卷釋日輝〇明治十五年刊　改訂八宗綱要鈔二卷釋凝然〇明治十九年刊　勅會御式略圖一卷寫本　白隱禪師假名諱二卷明治十七年刊　改正歎佛洞上唱禮法明治十五年刊　首書傍解普勸坐禪儀不能語一卷釋本光〇明治十二年刊　僧侶三罪錄二卷釋德竜明治十七年刊　僧尼令一卷釋雲照〇明治十五年刊　重正大布薩講式明治十六年刊　重函歎佛會法式釋釋山〇明治十六年刊　地藏菩薩講式峯觀道〇明治十五年刊　諸寺塔供養記二卷　報恩講私記二卷明治十五年刊　護摩私鈔二卷刊本　東大寺大佛殿緣起一卷天明三年刊　江島辨財天緣起一卷寫本　桂川地藏記二卷寫本　八尾地藏通夜物語明治八年刊　標註扶桑伽藍紀要一卷田島象二〇明治十七年刊　東要記一卷寫本　紀州寺之事寫本　四國八拾八箇所山開一卷井上佐七〇明治十七年銅版本　府內諸宗寺鑑集一卷守野清兵衛〇明治十六年刊　興福寺英俊法印日記一卷寫本　山門三井確執起[illegible]卷寫本　天台登山記四卷寫本　妙宗先哲本尊鑑三卷村上專精〇明治十七年刊　空海大師傳記一卷釋[illegible]寫本　叡山大師傳二卷寫本　梅尾關

遍上人傳記三卷釋高信○刊本　慈惠慈眼兩僧傳記五卷釋胤海○寛政元年刊　鎮西禪師繪詞
傳十八卷釋了吟○刊本　西山鑑知國師圖會全傳五卷釋實導○刊本　本願寺親鸞傳繪二
卷明治十七年刊　惠燈大師御傳記二卷明治十六年刊　惠燈大師御傳記勸誘録五卷淨信房○明治十五年刊
元享釋書便蒙三十一卷釋師錬○享保二年刊　東國高僧傳十卷釋性潡○貞享五年刊　本朝高僧傳七十
六卷釋師蠻○寶永四年刊　紫巖譜略一卷刊本　羅漢圖讃集三卷釋徹定○文久年中刊　墨蹟祖師三卷秦野宗甲○文
化二年刊　水鑑二人比丘尼一卷釋一休○刊本　二人比丘尼二卷刊本　七人比丘尼三卷
刊本　三人懺悔册子二卷寫本　日本靈異記攷證三卷狩谷望之○刊本　日本靈異記類
標寫本　靈異記索引一卷伴信友○寫本　寶物集七卷平康賴○元祿六年刊　撰集抄九卷釋西行○慶安三年
刊　夢中問答三卷北朝康永年中刊　沙石集十卷釋無住○正保四年刊　長明發心集八卷鴨長明○慶安
四年刊　閑居友二卷寛文二年刊　月見之友三卷松雲子了意○元祿十六年刊　往生捷徑集一卷釋圖信○明治
十一年刊　和字繪入往生要集三卷釋惠心原○明治十六年刊　往生傳類語一卷寫本　成佛示心二卷
十五年刊　□神本懷集二卷釋源空○明治十五年刊　雜談集十卷釋無住○明治十九年刊　衣裏寶珠
刊　十卷釋□□○明治十六年活字版　海上物語二卷寛文六年刊　老人心得草二卷攬晃○寛永二年刊　秋之初
風一卷釋□澄○明治十六年刊　三世之光八卷釋皓月尼○明治十五年刊　通俗三世因果實驗録四卷

釋義讓○明治十六年刊因果可咲說一卷丹羽貴明○天明六年刊他利利他辨一卷釋大濤○明治十六年活字版十六鐘鳴二卷釋奥龍○明治十六年刊幸心鈔四卷寫本赤倮倮二卷服天游刊本三河雀四卷刊本出定後語二卷富永仲基○文化二年刊釋教王林和歌集一卷釋辨惠○明治十五年刊梵語千字文二卷釋義淨○安永二年刊弘法大師正傳刊本高山寺法鼓臺聖教錄中川實範錄慧範錄刊本秘藏寶鑰三卷空海撰下同辨顯密二教論二卷寫本即身成佛義一卷寫本聲字實相義一卷寫本吽字義一卷寫本般若心經秘鍵一卷寫本秘藏記二卷有廣畧二本廣本者大唐文秘撰畧本空海撰秘密曼荼羅教付法傳二卷寫本畧付法傳一卷寫本三教指歸三卷寫本遍照發揮性靈集十卷真濟撰中古散逸纔有七集濟暹續集三卷今合成十卷大日經儀軌三卷寫本大日經略釋一卷寫本大日經秘釋一卷寫本大日經開題五卷寫本大日經開題寫本金剛頂經開題二卷寫本金剛頂經略釋一卷寫本金剛頂一字頂輪王儀軌音義一卷寫本秘音義一卷寫本教王經開題五卷寫本秘釋一卷寫本義記三卷寫本理趣經開題五卷寫本經釋四卷寫本真實經文句一卷寫本仁王經開題二卷寫本法華經開題五卷寫本密號一卷寫本十不同一卷寫本秘釋一卷寫本梵網

經開題一卷寫本最勝王經開題二卷寫本畧釋一卷寫本伽陀一卷寫本金剛般若經開題一卷寫本心經略釋一卷寫本諸經開題一卷一作一切經大佛頂經開題一卷寫本孔雀經開題一卷寫本阿彌陀經開題一卷寫本無量義經釋一卷寫本千手經開題一卷十一面經開題一卷浴像經開題一卷瑜祇經行法記一卷守護經釋二卷金剛王經秘密伽陀一卷文殊讃法身體注釋一卷如意輪菩薩觀門義注秘訣一卷釋摩訶衍論指事二卷大日經疏文次第二卷上新請來等經等目録一卷真言所學經律論目録一卷三摩耶戒序二卷授三摩耶戒文一卷灌頂文一卷表白一卷平城天皇灌頂文一卷嵯峨天皇灌頂文一卷真言宗灌頂御願記一卷結緣灌頂表白集一卷遺告一卷遺誡二卷遺告真然大德等文金剛峰寺遺記一卷五部陀羅尼問答宗秘論一卷陀羅尼義釋一卷諸尊真言梵字句義一卷阿字義釋一卷真言二字義一卷萬字義略記一卷持念真言理觀啟白一卷十二真言王儀軌一卷真言傳授作法一卷真言問答書四卷真言雜

問答書一卷四種曼荼羅義三卷口訣一卷問答一卷五種供養義一卷梵字悉曇字母釋一卷大悉曇章一卷悉曇雜傳鈔一卷兩部大法緣起一卷傳法問答一卷秘書鈔記四卷顧文集一卷慧日寺亙徵一卷高野往來集二卷高野雜筆集二卷文鏡秘府論六卷文章肝心鈔一卷玉造小町壯衰記一卷自高山寺法鼓臺聖教錄以下皆空海譔

右子類日本儒家之書唐後頓起至今寖微矣以道肇之以釋乘之雜家蠭涌蠏文變習然舊籍亦弗焚也

菅家文章十二卷菅原道真○刊本菅家後艸一卷同○刊本羅山詩集七十五卷林忠○刊本梅洞詩集三十卷林春信○刊本古學詩文集八卷伊藤維楨○刊本覆醬集四卷續集二十卷石川凹○刊本錦里文集十五卷木貞幹○刊本芝軒吟稿六卷鳥山輔寬○刊本徂徠文集三十一卷物雙松○刊本白石詩草一卷源君美○刊本鶴臺遺稿十卷瀧長愷○刊本南郭文集四十卷服元喬○刊本東野遺稿三卷安藤煥圖○刊本樵漁餘適十五卷富逸□○刊本紹述文集三十卷伊藤長胤○刊本芰荷園集五卷石正猗○刊本蘭亭詩集十卷高野惟馨○刊本草廬集三十五卷龍公美○刊本生駒

山人詩集七卷孔文雄○刊本鳩巢集十三卷室直清○刊本蛻巖集四卷梁田邦美○刊本北海詩鈔二卷又二編五卷江村綬○刊本蹈海集八卷服元雄○刊本元圃集五卷大江資衡○刊本藍水詩草六卷谷友信○刊本熊耳集十六卷餘承裕○刊本藍田文集東龜年○刊本東陽集五卷守屋元泰○刊本栲亭初稿六卷源之熙○刊本滄洲詩集六卷源義質○刊本東海上下篇十五卷岳融○刊本龍川詩鈔五卷清田勳○刊本錦城百律一卷大田元貞○刊本嶰谷詩集七卷岸鳳質○刊本愚山詩稿二卷松本慎○刊本觀海樓小藁一卷小栗孝允○刊本鵬齋詩鈔龜田興○刊本獅巖存稿二卷藤必賀○刊本鉅野詩集六卷牧野履○刊本蘭室詩文集十卷赤松勳○刊本黃葉夕陽村舍詩八卷菅晉帥○刊本恥庵詩草一卷菅晉寶○刊本嚶鳴館遺稿紀德民○刊本詩牛鳴草一卷牧畏犧○刊本臥牛山人集十卷赤田元義○刊本春草堂詩鈔八卷賴惟柔○刊本春水遺稿十一卷賴惟完○刊本新甫遺詩一卷賴元鼎○刊本愛日樓文三卷詩一卷佐藤坦○刊本寬齋遺稿五卷市河世甯○刊本帛川詩稿三卷藤田安正○刊本桂林遺稿五卷繩惟直○刊本琴峯集八卷江源高朗○刊本稻川詩草七卷山梨治憲○刊本清音樓集五卷山邨良田○刊本桐陽詩鈔一卷尾池槃○刊本星巖集二十有五卷閏集一卷梁緯○刊本梅磵初集一卷森田居敬○刊本春樵隱士家稿二十卷琴希聲○刊本米華遺稿二

卷中島大賚○刊本　遠思樓詩鈔初編二卷二編二卷廣瀨建○刊本　聿脩館遺稿四卷松平定通○刊本　獨喻集二卷澤徽○刊本　溪琴山房集六卷菊池保定○刊本　椶隱軒集六卷金帚集六卷水流雲在集二卷中島規○刊本　詩聖堂集初編十卷二編十三卷三編十卷大窪行○刊本琴鶴堂詩鈔三卷古賀壽○刊本　坤齋詩存三卷西島長孫○刊本　致堂詩稾八卷横山孝○刊本　昇平樂事集一卷久家朗○刊　懷風藻一卷淡海三船○寶永二年刊寬政年刊　和漢朗詠集詩私註六卷大夫房覺明○寬政年中刊　梅花無盡藏七卷寫本　皇朝正聲一卷物生茂卿○明和八年刊　搏桑名賢詩集五卷首卷補遺各一卷林義端○寶永元年刊　扶桑名勝詩集三卷吉田元俊○延寶八年刊　松蔭詩集一卷釋琴齋○寫本　元元唱和集二卷釋元政陳元贇唱和○明治十六年活字本　稱心病課一卷聖風唱和一卷釋元政○明治十六年活字本　北禪詩草六卷釋大典○寬政四年刊　北禪遺草八卷釋大典○文化四年刊　六如庵詩鈔六卷二編六卷遺編三卷釋慈周○天明三年刊遺編文政六年刊　仙巢稿三卷釋玄蘊○寫本　白石詩草一卷新井君美○正德二年刊　名山樓詩集初篇三卷咏物百首一卷島津天錫○寬政十一年刊　南溟詩集原名滄浪居文集四卷江忠囿○安永四年刊　淇園詩集初編三卷皆川愿○刊本　寬齋遺稿五卷市河世寧○刊本　梅坡詩鈔一卷寺崎憲○明治五年刊　靜軒詩撰一卷寺門良○明治十五年刊　兜城詩

輯初編五卷高橋利貞○寫本漫遊詩草三卷小畑行簡○天保十二年刊日本詠史新樂府一卷中島子玉○明治十二年刊日本樂府一卷賴襄○明治十年刊新居帖解一卷桑原元吉郎○明治十三年刊竹外二十八字詩評本二卷後篇二卷藤井啓○明治十六年刊月瀨詩鈔二卷森田碉○明治十七年刊晝錦行一卷冢田虎○刊本松陰詩集二卷吉田寅○明治十六年刊慨士遺音二卷附錄一卷吉田寅等○明治二年刊奎堂遺稿二卷松本衡○明治二年刊藜園遺草二卷橋本紀○明治三年刊蕉廬詩鈔四卷佐藤信古○刊本填詞圖譜二卷田能村孝憲○文化三年刊古詩大觀二卷津坂孝綽○文政十二年刊中華若林詩鈔二卷釋如月○正德四年刊唐詩選國字解七卷服部元喬○明治十五年刊唐詠物詩選十卷平信好○安永五年刊唐土歷代絕句類選二卷市川王民○明治十五年刊弇州七絕解考證四卷宇佐美惠○明和七年刊思玄亭遺稿菊地禎○寫本市隱艸堂集初篇二篇遺篇安達修○寫本淇園詩話一卷皆川愿○天保九年刊竹田莊詩話一卷田能村孝○刊本淡窓詩話二卷廣瀨謙○明治十六年刊淡唐詩選一卷市川寬齋○文政二年刊詩本草一卷柏昶○万延元年刊詩律兆九卷餘考一卷附錄一卷中井積善○安永五年刊詩律法門二卷菅晉帥○明治十四年活字本詩律論一卷小野達○明治十六年刊詩藻行潦四卷山本北山○刊本詩語金聲二卷詩礎玉振二卷明治十六年刊掌中詩韻異同辨二卷沖冠嶺○明治十一年刊詩韻幼學便覽二卷天保十三年刊幼

學詩韻一卷續篇一卷（成德齋等○明治十二年刊）　朝野群載廿一卷（三好爲康○寫本）　朝野群載類標一卷（寫本）　南浦文集三卷（釋玄昌○寬永二年刊○慶安二年刊）　小雲棲稿十二卷（釋大典○寬政八年刊）　南海集初篇五卷（祇園瑜○天明四年刊）　不動尊詩一卷（釋空海○見弘法大師正傳）　不能詩一卷（同）　東洞遺稿三卷（吉益爲則○寬政十二年刊）　邀翠館集五卷附錄（伊藤縉○天明五年刊）　淇園文集三卷後編三卷三編十二卷（皆川愿○刊本後篇以下活字本）　洗心洞詩文二卷（大鹽平八○明治十二年刊）　小竹乙未文稿（篠崎弼○自筆本）　大峯文集六卷（冢田虎○刊本）　尚不愧齋存稿四卷（原忠成○明治十七年刊）　青谷遺稿四卷（宮崎憲○明治十七年活字本）　韡村遺稿文二卷詩一卷（木下業廣○明治十七年刊）　詩山文草二卷（小畑行簡○慶應元年刊）　遜齋文鈔一卷（巽世大○明治十一年刊）　江月齋遺集二卷附錄（久坂實甫○明治十年刊）　松嶹文鈔一卷（家里衡○明治十三年刊）　飯山文存二卷（松林漸○明治十一年刊）　奎堂文稿三卷（松本衡○明治四年刊）　蒲生君平遺稿三卷（□□□○明治十二年刊）　東畡文集十卷（藤澤東畡○明治十七年刊）　節齋遺稿二卷（森田益○明治十五年刊）　幽室文稿六卷（吉田寅○明治十四年刊）　竹堂文鈔三卷（齋藤馨○明治十二年刊）　續竹堂文鈔三卷（同○明治十六年刊）　鶴梁文鈔續編二卷（林長孺○明治十三年刊）　杷山遺稿一卷（口羽德祐○明治十六年刊）　新川詩集（土肥元成○寫本）　柏原集（多湖安○寫本）　小竹齋詩鈔五卷（筱崎弼○刊本）　山陽詩鈔八卷（賴襄○刊本）　象山詩鈔二卷（佐久間啓○刊本）　艮齋

詩略一卷安積信○刊本湖山樓十種共十六卷鄭僑餘意一卷小野長愿○刊本梅墩詩鈔
十二卷廣瀨謙○刊本𡒄篪小集青山延光等○刊本珮川詩鈔四卷草場韡○刊本春雨樓詩鈔九卷藤森
大雅○刊本佛山堂詩鈔三卷村上剛○刊本得齋詩文鈔三卷長戶讓○刊本五山堂詩稿菊池桐孫
海紅園詩稿野田逸○刊本鐵硯齋存稿齋藤謙○刊本松陰餘事後藤機○刊本虎山詩稿坂井華○刊本竹
外二十八字詩二卷藤井啓○刊本渭水詩鈔十卷福田思恭○刊本小山堂詩鈔二卷奧野純○刊本
雲如山人集二卷遠山澹○刊本它山存稿文二卷詩五卷唐公愷○刊本綠芋村莊詩鈔二
卷劉蠡○刊本真齋遺草一卷高野進○刊本石桂堂集二卷荻原承○刊本梅外詩長允○刊本才田詩鈔
一卷蒲池鎮俊○刊本樂山堂詩鈔四卷拾遺一卷金本相觀○刊本鍊石餘響一卷廣瀨滿忠○刊本
蘭齋遺稿五卷藤仲導○刊本丹生樵歌八卷山田信○刊本無所苟齋詩鈔一卷天浦□○刊本復
堂遺稿一卷芳野長毅○刊本枕山詩鈔三卷大沼厚○刊本遷喬書屋集鷲津宣光○刊本竹雪山房
詩鈔二卷宇都□□○刊本磐溪詩鈔四卷二編二卷大槻清崇○刊本鐵心遺稿八卷別錄
一卷小原寬○刊本蕉廬詩鈔四卷佐藤信古○刊本樸堂詩鈔六卷中內惇○刊本蓉塘詩鈔二卷橋本
甯○刊本三洲詩鈔一卷長炗○刊本龍泉遺稿一卷川路利良○刊本東旋詩紀一卷岡千仞○刊本超

海集一卷鱸元邦○刊本南泉遺稿二卷宇野義以○刊本藜園遺草二卷橋本紀○寫本春濤詩鈔四卷森魯直○刊本棧雲峽雨詩草一卷竹添光鴻○刊本南海詩集初篇祇園南海○寫本一夜百首同○寫本後編同○寫本耕齋詩集菊地東句○寫本秀餐梅集菊地保定○寫本觀鵞詩集永田忠原○寫本蓬蒿舍集西川瑚○寫本拙齋詩鈔西山正○寫本東溟詩稿林義卿○寫本六石亭詩文鈔二卷片山直造○明治十六年刊吾愛吾廬詩六卷山田亥○寫本講筵餘吟二卷餘吟追加一卷五樂園詩鈔一卷別鈔一卷元田永孚○活字本皆山閣詩鈔二卷隈正勝○明治十八年刊靖獻遺言八卷淺見正安○刊本宮詞百首後藤芝山○刊本菁莪館詩集一卷附文七首江松柏○寫本蠖堂詩鈔三卷山田政苗○寫本楯溪詩鈔千坂琢磨○寫本三餘堂詩鈔八卷窪田茂遂○寫本黃石齋詩一集二卷二集二卷三集二卷四集三卷五集三卷六集三卷岡本迪○刊本震齋遺稿一卷長尾卣○寫本浪跡小藁一卷宇津木靖○刊本雪堂詩鈔二卷中川脃○寫本樹堂遺稿二卷青本可笑○明治廿年刊海南遺稿四卷藤野正啟○刊本敬宇文集十六卷中村正直○前六卷有別刊本餘皆寫本五龍文抄一卷詩鈔一卷玉乃世履○明治廿二年刊海外集中島雄○寫本養浩堂詩集五卷續集二卷宮島誠一郎○刊本最齋詩稿宮島大八○寫本覆瓿餘稿城井壽童○寫本萬葉集二十卷橘諸兄○文化二年刊萬葉集二十卷權少

（僧都成俊○刊本）萬葉集總考一卷（釋契沖○寫本）萬葉集抄二十卷（釋仙覺○刊本）萬葉集略解二十卷目錄上下一卷（加藤千蔭○寬政三年刊）萬葉集類句五卷（藤原美波留○刊本）萬葉集考證六卷（岸本由豆流○寫本）萬葉問目六卷再問一卷（本居宣長問賀茂真淵答○寫本）厚顏抄上中下六卷（釋契沖○寫本）日本紀竟宴和歌二卷（寫本）八代集百四十卷（正保四年刊）十三代集二百六十卷（正保四年刊）古今和歌集二十卷（刊本）古今和歌集二卷（明治十七年活字本）千載和歌集二十卷（藤原俊成○寫本）拾遺和歌集增抄二十卷（寫本）僻案集（藤原定家○刊本）勅撰作者部類三卷（寫本）續作者部類二卷（寫本）新撰和歌六帖六卷（寫本）古今和歌六帖標注六卷（天保十四年刊）新葉和歌集二十卷（宗良親王○寶厤元年刊）禜葉和歌集八卷（寫本）松葉名所和歌集十五卷目錄一卷（六字堂宗惠○寬文七年刊）新明題和歌集六卷（刊本）萬代和歌集二十卷（寫本）月詣和歌集十二卷（釋祐盛○寫本）夫木和歌抄三十六卷（藤原長清○寬文五年刊）夫木類葉抄十二卷（寫本）夫木抄類標（寫本）歌林拾葉集十二卷（小幡正信○天和三年刊）和歌題林愚抄八卷（元錄五年刊）和歌呉竹集十卷（寬文十三年刊）掌中怜野集一卷（清原雄風○刊本）類題和歌集三十卷公事一卷（元祿十六年刊）春之夜和歌集一卷（刊本）折桂和

歌集一卷冷泉爲村○寫本和歌烏之迹六卷梨本茂睡○元禄五年刊和歌伊勢海一卷享保五年刊古今夷曲集十卷生白庵行風○元禄五年刊和漢朗詠集刊本倭漢十題集六卷釋立詮○寫本蒙求和歌集十四卷源光行○寫本三部抄寫本聖廟二十六家集寫本六家集長秋詠藻三卷月清集四卷拾玉集七卷山下集二卷拾遺愚草三卷同員外二卷壬二集三卷文禄三年刊古家集寫本歌仙家集一名三十六人集十五卷正保四年刊歌仙家集類標一卷寫本歌仙二葉抄三卷百川堂春幸延享四年刊赤染衛門集一卷寫本左大臣高明集一卷源高明○寫本隆音家集拔書一卷寫本後鳥羽院御集一卷承應二年刊元厤御集二卷寫本鎌倉右大臣家集三卷一名金槐和歌集○源實朝○貞享四年刊散木弃歌集標註十卷源俊賴○刊本爲清卿歌書一卷寫本為家集八卷元禄七年刊清原雄風家集二卷刊本藤原親房卿集一卷寫本源淑野集一卷寫本松言葉一名月明集一卷藤原保之○文政十年刊秋篠月清集四卷後京極良經○刊本右京大夫家集一卷寬文元年刊林下集標註二卷弘化二年刊慕景集一卷太田道灌○寫本逍遊集一名貞德家集六卷松永貞德○寶厤四年刊宗祇和歌集一卷宗祇○寫本漫吟集二十卷釋契沖○寫本草庵集蒙求諺解十五

卷續五卷（釋宣阿○享保八年刊）岡之屋歌集二卷（藤原土滿○刊本）大澤信詮詠草一卷（寫本）千
千廼屋集初編二卷（千種有功○安政二年刊）縣門遺稿五集（清水濱臣○刊本）井上文雄翁家集
七卷（井上文雄○明治十七年刊）千五百番歌合二十卷（刊本）六百番歌合十卷（寛政十二年刊）左大將
家六百番歌合八卷（寫本）歌合部類三十五卷（刊本）職人盡歌合三卷（明曆三年刊）江
戶職人歌合二卷（刊本）年中行事歌合三卷（慶安二年刊）年中行事歌合類語一卷
（寫本）女房卅六人歌合一卷（古六家○寫本）御室撰歌合一卷（寫本）文龜三年歌合一卷
（寫本）建保二年東北院之歌合一卷（寛政元年寫本）寶曆八年公宴御會始一卷同九
年御會始（寫本）百人一首古說五卷（賀茂真淵○寫本）百人一首嵯峨之山吹三卷（藤原
彥麿○刊本）百人一首抄一卷（刊本）百人一首一夕話九卷（尾崎雅嘉○天保四年刊）百人一首時
代鈔書一卷（寫本）常國百人一首一卷（明治九年刊）列女百人一首一卷（綠亭川柳○弘化四年刊）
堀河兩度百首四卷（寫本）藤川百首一卷（藤原定家○天和三年刊）富士百首和歌一卷（釋契
中○寛政十一年刊）寄人心述懷百首一卷（寫本）百首部類十五種目錄一卷（刊本）宇佐八
幡宮奉納千首和歌一卷（寫本）賀歌六十首一卷（寫本）後水尾院八十御賀

詩歌一卷(寫本)大樹五十御賀之和歌一卷(寫本)長雅居士追悼百首一卷(寫本)左中將宗村朝臣五十回追善一卷(寫本)蒼生子追悼和歌一卷(寫本)道歌一卷(寫本)夢想勸進一卷(小川安房○寫本)心之空一卷(寫本)東國風流一卷(大野廣城○寫本)丙午瓦礫一卷(寫本)代代之榮一卷(寫本)美濃之家裹五卷同折添三卷(本居宣長○刊本)尾張之家裹五卷(石原正明○刊本)伊勢之家裹二卷(井上文雄○刊本)八雲御抄六卷(順德院○刊本)八雲御抄類標一卷(寫本)清輔與儀抄八卷(藤原清輔○慶安五年刊)清輔袋草紙四卷(藤原清輔)面授口決一卷(烏丸光廣○寫本)基俊和歌口傳抄一卷(藤原基俊○寫本)和歌口傳抄一卷(一名肖花一葉抄○春睡軒○寫本)俊賴口傳一卷(源俊賴○寫本)懷中抄一卷(寫本)袖中抄二十卷(釋顯昭○慶安四年刊)愚祕抄二卷(刊本)無名抄二卷(鴨長明○刊本)無言抄一卷(釋興山○刊本)古語深祕抄二十一卷(惠藤一雄○元祿十五年刊)國歌臆說十帖(賀茂真淵○寫本)歌體約言一卷(賀茂真淵○寫本)國歌八論斥非一卷(中養父獲美○寫本)國歌八論評一卷(伴蒿蹊○寫本)八論餘言一卷拾遺一卷(田安源公○寫本)宗祇法師和歌言葉一卷(宗祇○寫本)耳底記別錄一卷(寫本)東野州聞書一卷(寫本)歌袋六卷(北邊成壽○寬政五年刊)歌林樸樕(松永貞德○寫本)和歌色葉集九

卷寬文五年刊和歌入門相見之記一卷歷代詮賢○寫本明題部類抄七卷慶安三年刊增補和歌明題部類二卷尾崎雅嘉○寬政六年刊知題抄一卷寫本古今類句山本春正○寬文六年刊古葉類聚五卷村上真澄○寫本古葉略類聚抄五卷寫本和歌入學抄一卷雅親○寫本和歌初學抄一卷藤原清輔○寫本和歌梯一卷明治十六年刊和歌麓塵二卷有賀長伯○明治十四年刊詞玉緒七卷本居宣長○寬政四年刊詞玉緒繰分四卷序目一卷釋義門○刊本詞通路三卷本居春庭○刊本詞八衢二卷本居春庭○文化五年刊詞八衢補遺一名蔭踏道○中島廣足○安政五年刊詞八衢二卷清水濱臣○明治十三年刊

右集類漢藝文志載詩賦家而不名集隋經籍志序云別集之名漢東京所創也日本以空海菅原道真為較早亦不以集名後滋多矣

〔補錄〕篆隸字書三十卷空海○寫本○一名篆隸萬象名義有六卷本度量考二卷物雙松○寫本絕句解三卷拾遺一卷同　高島易斷十卷高島嘉右衛門○刊本易占四編同　篆體正變中井敬所○寫本○雲龍星岡小記籾山逸也雲龍有叙○石印本景蘊集向山榮○寫本日本八家文石川英編黃遵憲沈文熒黃錫銓姚文棟黎汝謙評

雲龍桉自來目錄家類聚一也而出入輒殊矧日本著述體例又自不同耶提要之述請俟它日茲錄書目聊備采覽云爾

游歷日本圖經二十二卷坿

奏派游歷日本美利加秘魯巴西等國英日屬地加納大古巴知府用兵部郎中臣傅雲龍述

日本藝文志二

中國逸藝文志

應神十六年百濟博士王仁傳論語十卷千字文一卷見日本國史紀事本末此中國書入日本之始時晉太康六年乙巳與宋史應神天皇甲辰歲始於百濟得中國文字亦符惟求於甲辰得於乙巳耳其得自中國始唐唐書云開元初粟田復朝貢物貿書以歸宋史云雍熙元年日本僧奝然云國中有五經書及佛經白居易集七十卷並得自中國文武天皇大寶三年當長安元年遣粟田真人入唐求書籍律師道慈求經天平勝寶四年當天寶中遣使及僧入唐求內外經教傳戒其國多有中國典籍奝然之來復得孝經一卷越王孝經新義弟十五一卷皆金縷紅羅褾水晶為軸孝經即鄭氏註越王乃太宗時越王貞新義書記室參軍任希古等撰也又求印本大藏經詔亦許之明史云永樂六年請賜仁孝皇后所製

勸善内訓二書卽命各給百本成化十三年來貢求佛祖通記諸書詔以法苑珠林賜之此見正史者也國史紀事本末大寶元年春二月丁巳釋奠帝定大學之制凡經周易尚書周禮儀禮禮記毛詩春秋左傳各爲一經孝經論語令學者兼習之教授正業周易鄭玄王弼註尚書孔安國鄭玄註三禮毛詩鄭玄註左傳服虔杜預註孝經孔安國鄭玄註論語鄭玄何晏註天平七年遣唐學生吉備眞備還自唐獻唐禮一百三卷大衍經一卷大衍曆立成十二卷景雲三年大宰府言本府人子弟但蓄五經未有三史勅賜史記兩漢書三國志晋書各一部類此數見彼籍難更僕數矣武臣抑文豐臣秀吉征韓之役和議尋破豈戰之罪哉不通漢文耳德川鑒之設學校重儒書久于豐臣諸氏其在是乎其在是乎西書沓來睎漢文如弁髦一二漢學老儒硜硜抱殘不置嗚呼尠矣自太康六年至于今不下一千六百有九年彼都人士于書善珍藏所緜野獲不虛求也出使黎大臣古佚叢書之刋籍彼抱遺資吾訂墜不其偉哉誰歟續蒐而盡付手民也輒徵厥目著于篇述中國逸藝文志

論語義疏十卷

梁皇侃　舊寫本五一藏求古樓一藏容安書院一藏足利學校一藏九折堂一藏弘前星野某家　根本刊本　黎大臣咨呈總理各國事務衙門云其書每卷有曷曰皆係節錄邢疏至述而以下并邢疏亦無是原書之鈔存實在宋真宗咸平重修以後非唐卷子本可知因用鮑刻本比校除何晏敘疏文增多一十五條外其餘無甚出入惟分段時有不同間有一二異文於全書非關得失且缺皇侃原敘似不得以古本善本目之　雲龍按是書南宋後已逸乾隆間鮑氏据日本根本遜志所刊入知不足齋叢書亦竄改本也經籍訪古志云弘前星野舊鈔本每篇首引邢疏第二卷有裏云字乃知舊鈔原於唐卷子本承學者以邢疏錄之背紙而傳寫誤混之正文又記裏字以爲識別信斯言也足利本殆亦然歟非真面目矣其敘注多十五條一漢中壘注東西南北四人有將軍目北方之夷官也校尉者考古以奏事官也二善言也注又曰劉者氏也向者名也中壘官名也校尉者官也校者數也尉安也校數中壘之軍衆而安之故曰校尉也漢世學者又有魯論齊論古文論三本之異也魯人所引論語謂之魯論吾則有二十篇如今之題目次弟也（論吾當爲論語）三傳之注又曰太子者漢武帝之太子衛也夏侯者氏勝者名也太子太傅夏侯勝常山都尉魯共伯也四頗多於魯論注又曰齊論者齊人所引論吾謂之齊論齊論則其中二十篇前題目次弟與魯論不殊以學而爲時習也章句者古之解書之名也分經文章句而說之也五有齊論注又曰王者氏也卿者尊之號也不審名也中尉者佐於中壘校尉者也故曰中尉也王者亦氏吉者名郎邪王卿及膠東庸生昌邑中尉王吉以教授也六得古文論語注又曰古文者則魯恭王壞孔子之宅於屋壁所得也案此論吾似孔子撰集便已其異本亦爲難解將亦遇秦焚學士解散失其本經口所授故致此異邪七多於魯論二篇注又曰齊論下章有問王知道二篇二篇成辭句與魯論亦微異也八古論亦無此二篇注又曰古文則篇名與魯論略同准也九凡二十一篇注又曰有孔安國注先傳學篇次弟不與齊魯同古文凡二十一篇而次弟大不同以鄉黨爲弟二以雍也爲弟三二十篇而內辭句亦大倒錯其微子篇先功言章子罕篇先主忠信章憲問篇先君子恥其言章述而篇先於是日哭則不歌子不食於喪側章鄉黨篇先色斯舉矣山梁雌雄時哉子路拱也三臭而作文其餘甚多也十號曰張侯論注又曰侯者爵也張者氏也禹者名也安昌侯張禹從建受魯論兼說齊論又問庸生吉等擇其善者而從之號曰張侯論也十一孔安國爲之訓說注又曰孔安國者漢武帝時之人也訓說者文字解之耳十二以爲之注注又曰注者自前漢以前解書皆言傳去聖師猶近傳先師之義也後漢以還解書皆言注注己之意於經文之下謙不必是之辭也十三皆爲之義說注又曰近者近今之世辭也故者古爲司空而今不爲司空故曰古司空也太常者掌天下之書官名也義說者解其義之辭也十四名曰論語集解注又曰集解者魏末吏部尚書何晏又因魯論本文集此七家兼取古文孔安國及下

己意名曰集解十五臣何晏等上注又曰光祿者掌秩祿之官之名故曰光祿大夫也散騎古以四馬爲乘也漢以來而散之爲騎也掌侍中者掌內仕之官長也領軍世上書之官長也駙馬掌官馬官名也都尉兼總諸壘中之軍衆而安之故曰都尉尉安也何晏孔安國馬融苞氏周氏鄭玄陳羣王肅周生烈義等示己意思故謂之集解也

孝經鄭注

漢鄭玄　寬政五年刋本　岡田挺之敘孝經有古文有今文孔安國爲古文作傳而鄭康成注今文孔傳世多有刻本鄭注則否南齊時國學置鄭玄孝經陸澄乃與王儉書論之曰世有一孝經題爲鄭玄注觀其用辭不與注書相類案玄自序所注衆書亦無孝經儉答曰鄭注虛實前代不嫌意謂可安仍舊立置據之則鄭注之行其來尚矣是本與陸德明經典釋文脗合無差其爲鄭注審矣頃者讀知不足齋叢書所載古文孝經鮑廬諸家序跋乃知唯得孔傳未得鄭注瀛海之西其亡已久嗚呼書之災厄不獨水火靳祕之甚其極有至澌滅者豈不悲乎今刻是本予之志在傳諸瀛海之西與天下之人共之家置數通人挾一本讀之誦之則聖人之道由是而弘悠久無窮海舶之載而西者保其無恙冀賴神明護持之力鮑廬諸家得是本再附剞劂則流傳遍於寰宇當我世見其收在叢書中所翹跂以俟之也癸丑之秋　雲龍按孝經鄭注中國逸久矣臧庸輯孝經鄭氏解輯一卷嚴可均輯孝經鄭氏注一卷皆纂自它書日本羣書治要有孝經鄭注我乾隆五十八年日本岡田刋之旁加日本文蓋欲便其國人誦之也朱子曾以孝經分章爲疑茲本無分章目然則古本固如朱說歟雲龍獲是書於陳氏矩擬刻入纂喜廬叢書

碣石調幽蘭一卷

寶素堂藏影寫唐本　古逸叢書本　經籍訪古志標背題□譜丘公傳蓋琴譜十一卷也首有小序稱碣石調幽蘭序一名倚蘭丘公字明會稽人也梁末隱於九疑山妙絕楚調於幽蘭一曲尤特精絕以其聲微而志遠而不堪授人以陳禎明三年授宜都王叔明隋開皇十年於丹陽縣卒□年九十七無子傳之其聲遂簡耳次題幽蘭第五卷尾又題碣石調幽蘭第五注云此弄宜後消息彈之後記楚調千金調云云原本京師某氏所藏界長七寸八分幅六分每行二十一二字書法遒勁字字飛動行間細楷亦妙絕審是李唐人真蹟蓋昔時樂家傳藏祕卷雖非完帙實爲罕覯之書豈可不貴重乎攷現在書目樂家類載雜琴譜百廿卷亦或此類

幽蘭調手法並圖一卷

白河松平家藏舊寫本　按陳氏矩獲此本與世行琴譜不應物雙松荅問曰源氏物語諸書古亦有琴五六百年來廢而不傳矣嘗訪諸狛近寬渠家有猗蘭琴譜予借而覽之乃隋人作桓武以前筆蹟其譜與明朝琴譜大異乃知古樂中華失傳而我邦有之按其譜而鼓琴亦容易耳所悲臺閣皆不學不能讀其書況伶工乎

樂書要錄零本三卷

唐武后　舊寫本　經籍訪古志原十卷現存五六七三卷每卷首有子目此書世久失傳寬政己未林祭酒以活字印行收在佚存叢書弟一集林跋云史稱吉備真備靈龜二年爲遣唐留學生入唐天平七年歸獻樂書要錄十卷傳於國此時爲始年代邈遠佚亡過半予嘗得抄本一通無復他本可以勘對則誤以傳誤耳

急就篇一卷

玉煙堂法帖本　顏師古注本　宋太宗定本　僧高野眞蹟本　皇本　古逸叢書本　經籍訪古志此篇有數本一玉烟堂法帖所收本所存僅三之一乃影摸石本者極爲善本也一顏師古注本凡三十二章無齊國山陽二章王應麟作補注以附玉海後一宋太宗定本凡三十四章有齊國山陽二章見王應麟所引王氏以爲二章並爲後漢人所續也一高野大師眞蹟本爲讚州善通寺藏凡三十三章有齊國一章與顏本或本多合其爲摹唐本審矣而有齊國章全存則可知太宗所据亦係唐本也一皇本凡三十三章無焦滅胡一章卽吳皇象所書宋時石刻猶完王應麟引以校同異者

玉篇零本四卷半　唐顧野王　舊寫卷子本　古逸叢書本　雲龍按中國行本自唐孫強加字而陳彭年等又重修之日本舊鈔雖非完帙其爲野王原卷無疑黎大臣刊之言部至幸部爲一卷卽本書弟九卷也有闕放部至方部爲一卷卽本書弟十八之後分也水部泠至洗爲一卷卽本書弟十九卷有闕糸部至素部爲一卷卽本書弟廿七卷續得糸部後半已刊入古逸叢書

一切經音義百卷　唐僧慧琳　朝鮮刊本　日本白蓮社刊本　雲龍按日本依朝鮮本重刊之不無亥豕其原本藏增上寺別無副本此卽宋高僧傳所謂大藏音義百卷也　四庫未收書目提要以爲今已不傳儻刊行於中國誠小學家拱璧也

續一切經音義十卷　遼僧希麟　日本北室院刊本

注千字文三卷　梁李暹　求古樓藏舊寫本　刊本活字本　經籍訪古志前有梁大夫司馬李暹注千字文序卷首題纂圖附音集注千字文上次行勅員外散騎侍郎周興嗣次韻其中下卷首題云纂圖附音增廣古注無界欄每半葉十二行行二十一字無界欄長六寸七分幅四寸七分又有活字板本取原於舊鈔者每卷題云纂圖附音增廣古注又有整板本依活字板按見在書目載千字文一卷李暹注今本作邏者恐暹訛但今本卷數不合蓋編目錄時各爲卷軸則不稱一卷中小目也周發殷湯注云姐已變作九尾狐狸他書所不載凡如此類不少其爲李唐以前之遺編無疑也　雲龍獲活字本於陳氏矩

韻鏡一卷　享祿戊子覆宋本　古逸叢書本　經籍訪古志首有紹興辛巳三山張麟之子儀識語其略云反切之要莫妙於此不出四十三轉而天下無遺音因撰字每括要圖復解數例以爲沿泝求源者之端又有嘉泰三年麟之序云韻鏡之作其妙矣余年二十始得此學字音往昔相傳類曰洪韻釋子之所撰也有沙門神珙號知音韻嘗著切韻圖載玉篇卷末竊意是書作於此僧世俗訛呼珙爲洪爾次調韻指微次三十六字母歸納助紐字次歸字例次橫呼韻五音清濁四聲定位列圍末題韻鑑序例終次本文有內轉第一至弟四十三識語後有慶元丁巳重刊木記卷末有享祿戊子清原朝臣宣賢跋謂泉南宗仲論鏤梓始末聞又有永祿刊本

龍龕手鑑八卷　遼僧行均　求古樓藏朝鮮刊本活

字本　雲龍按此較中國多四
卷有統和五年沙門智光敘　**歷代帝王紹運圖一卷**　宋諸葛深　覆宋本　雲龍跋歷代帝王
紹運圖中國逸書也貴筑陳君衡山縣六
合徐君少芝得宋熙寧本將付梓人屬雲龍跋按晁公武郡齋讀書志馬端臨通攷並云未詳何人撰陳振孫
書錄解題紹運圖一卷諸葛深通甫撰元祐中人未詳爵里書頗行世而經籍訪古志稱歷代帝王編年圖一
卷蓋所見爲日本重刊者也益熙寧後紀年以元終是本有熙寧九年會稽虞云敘曰友諸葛深字通甫綜集
歷代帝王年紀斷自三皇至于宋編之爲圖名曰紹運訪古志易名編年圖何也其書成于元祐以前九載書
錄詳題謂爲元祐中人亦似未確以名氏所出與德與都與與作與在位與壽終分格旁行表例也偶亦系連
譜體也而以圖名其十二諸侯戰國七雄沿革之系作牽綱形亦它書所未見半葉六行至十行字數有差殷
匡敬貞恒字皆闕筆發作癈號作號殺作殺昔作㫺圖作啚古俗兼
用覆而刊之不失宋本真面可寶也已光緒十五年夏五月二日　**史略六卷**　宋高似孫　昌平黌藏
宋刊本古逸叢書本
首有寶慶元年自序　四庫書總目載
高似孫子畧四卷而未言此蓋逸久矣　**唐才子傳十卷**　元辛文房　舊刊本重刊本　經籍訪古志首有
目錄卷端題唐才子傳卷第一西域辛文房撰
每半板十二行行二十二字左右雙邊界長七寸幅五寸卷末朱書文安己巳六月十八日申刻於瑞松西窓
朱點終即知此本爲應永前後所刊卷首有善慧軒印記　雲龍按　四庫書目八卷從永樂大典錄僅存二
百七十八人今得日本重刊本所載三百九十七
人與辛著原數合誠舊本也指海足本可資斠勘　**姓解三卷**　宋邵思　北宋刊本古逸叢書本　書首
有欽題大宋景祐二年上祀圜丘後五日
以偏旁分部
一百七十　**玉燭寶典十一卷**　隋杜臺卿　舊寫子本古逸叢書覆卷子本　雲龍按書錄
解題以後無載此者爲日本人佐伯毛利氏獻本之一　**琱玉**
集零本二卷　舊寫卷子本古逸叢書影刊本　雲龍按原卷十五所存十二二十
四兩卷通志藝文略云二十卷入類書類寶小說家言撰人未詳　**遊仙窟一卷**　唐
張
文成　昌平學舊寫八行本容安書院舊寫九行本尾張真福寺舊寫六行本刊本　卷首題遊仙窟寗州襄
樂縣尉張文成作小說家言也寗州注云屬關內道在去京三百里西北也日本人言是書作嵯峨天皇時渠
爾則唐元和間也　**冥報記三卷**　唐唐臨　舊寫卷子本　雲龍按是書新舊唐志入於史部雜傳宋志入子
陳氏矩得刊本
部小說並云二卷本傳亦同然此本依唐本傳錄經籍訪古志謂史志偶誤
耳諸家書目不載
逸已久云　**造菩薩願文零卷**　舊寫卷子本　經籍訪古志現存第八卷零片七行首題造菩薩
願文卷第八次垂拱二年十二月四日大唐皇太后奉爲高宗大
帝敬造繡十一面觀世音菩薩一千鋪願文一首奉爲先王先妃造十一面觀世音菩薩願文一首奉爲（以下
缺）此書史志諸家皆不著錄撰人卷數並不可攷特因其所存可得知編書概略與撰集時代耳紙背有良弁

大德天平廿一年天下感寶元年等記界長七寸四分幅六分強　雲龍按唐時日本寫經攽頗支居多亦效唐一端也

黃帝內經太素　唐楊上善　仁和寫本　第廿七卷刊本　雲龍按是書原三十卷日本仁和三年寫本缺第一第四第七第十六第十八第二十第二十一平安福井刊第廿七卷

黃帝內經明堂　唐楊上善　唐卷子本影鈔本　經籍訪古志唐通直郎守太子文學臣楊上善奉勅撰注界行高四寸二分弱是書僅存第一卷卷末有永仁中丹波長高題識五條其一云永仁第六年仲夏以所讀之祕說授嫡男長高員外醫儒丹波朝臣其一云受嚴說了權侍醫長高授序云是以十二經脈各爲一卷奇經八脈復爲一卷合爲十三卷則舊唐志所載楊上善黃帝內經明堂類成十三卷者是也但此本无類成字可疑惜所存僅一卷從無照對然今撿其體手太陰一經自肺藏形象以至經行腧穴纖悉具載更有注文解腧穴名義及主治病證極爲精審實係千金外臺等所不有　雲龍按日本又有黃帝明堂具經一卷北宋刊本躋壽館藏

黃帝蝦蟇經一卷　卷子本影寫本　經籍訪古志是書和氣氏奕世所傳櫟窓先生借之閣老白川侍從鈔而藏之以爲隋經籍志載黃帝蝦蟇忌一卷正即斯書文政中柳沜先生收入衛生彙編中刊行按是書與醫心方所引合然据校之所逸殆數十條因攷此條後人節略本恐非全帙也

新修本草十一卷　舊寫卷子本　籑喜廬叢書覆刊卷子本　陳矩跋神農本草三卷漢李氏重加修校梁陶宏景增注釋唐高宗顯慶四年命司空英國公李勣等二十二人重脩增名醫別錄及新增爲二十卷曰新脩本草宋後遂佚日本天平三年使臣入中國曾影寫新脩本草以歸久亦湮晦闕存者十一卷耳至於今僅獲其三一第四一第五一第十五爲日本西京士人家舊藏天平三年當唐開元十九年距顯慶四年僅七十有一其爲唐本影鈔無疑明李時珍妄易名曰英公唐本草又謂顯慶中右監門長史蘇恭重加定注表請脩定帝太尉趙國公長孫無忌等二十二人與恭詳定案唐書長孫無忌削官封於顯慶四年四月偪令自縊安得七月與恭等重脩本草耶孔志約時兼太子洗馬弘文殿學士時珍則謂禮部郎中以新脩本草與時珍所引宏景注相校亦多顛倒錯亂豈所据別有異本耶此本既非時珍所得見字體亦非宋元槧所能髣髴德清傅懋元駕部至自美利加見而愛之遂贈之刊入籑喜廬叢書駕部樸學有聲著述千卷有奇所刊則猶有待然物必聚於所好此其一也

雲龍跋新修本草二十卷唐李勣等脩於顯慶四年越七十一年傳鈔日本而唐本宋後轉佚久之日本亦遺其卷之十今觀舊鈔本書目存僅五卷是本居五之三雲龍得自陳君衡山即所謂卷子本也行十七八字注二十一字或二十六字字有差第十五卷末結銜後有天平三年歲次辛未七月十七日書生田邊史十八字按經籍訪古志云當時遣唐之使所齎而歸令以唐氏證類校之異同錯出可互是正久晦不顯棭齋狩谷

卿雲西上瓛一摺紳家舊鈔卽五六百年前人据天平鈔本錄者存弟四弟五弟十二十三十四十五十七十八十九二十凡十卷聿修堂藏今復佚其七然此三卷出唐天平中卷子本無疑在槧本未起以前其字體偏旁木手艸竹心火示衣輒互通用他如熱作𤎩弱作弱臭作臭蟲作虫徽作徽煞作煞鹹作鹹蛇作虵鐵作鐵珊作珊酒作酒國作国困作囷硼作硐棗作棗蠱作蠱盤作盘福作福脩作修類此大率爲秦漢後沿習俗字金石時有同者唐鈔蝕餘比於獲野玄遂等字謹嚴末筆餘嚴寅㦹易存眞面也光緒十五年夏　又跋雲龍既從陳君得唐卷子本新修本艸四與五與十五凡三卷付手民矣一日書估踵門則經籍訪古志所云存凡十卷者罔弗具是爲小島知足家藏舊鈔本不弟惟是十卷而外有弟三卷補寫本行款一仿天平原鈔蓋有尚眞者就厥文䡞本手錄而以政和本艸大觀本艸一再校之亦一善本也同志求之久不獲今皆得之無誤剞劂中國佚書一旦歸璧可不謂會逢其適與日本之傳鈔唐卷子本自天平三年始時唐開元十五年也距顯慶四年新修本艸已七十有三年越五十九年其國內府迺有存本据倭漢三才圖會云延厤六年典藥寮奏新修本艸是其證也至于今存者半耳然中國宋嘉祐中已罕有完本尋佚無一卷存嘉祐三年有勅譔本艸圖經詔書又其證也是書修後三百餘年而佚佚後一千餘年而雲龍乃以日本之不絕如綫者刋之藉彼守殘聊增輶采來始不與重九譯致殊俗相表裏也亦游歷責也米部上品卷弟三玉部中品卷弟四下品卷弟五木部上品卷弟十二中品卷弟十三下品卷弟十四獸禽部卷弟十五果部卷弟十七菜部卷弟十八米部卷弟十九有名無用卷弟二十覆本開雕於夏五既望訖六月十三日

傷寒百問經絡圖九卷　聿脩堂藏元刋本　經籍訪古志此本不記刋行年月朱氏傷寒百問讀書後志外三卷其經絡圖一卷見於通志藝文略此本合二書更析爲九卷非朱氏舊也卷首有嘉定六年張松之序是弁於其所編究原方者不知何以移此張書失傳

大宋新修太平聖惠方一百卷目錄一卷　尾張藩藏宋槧本五十卷餘爲舊寫本　經籍訪古志半頁高七寸五分幅五寸十三行行二十五六字弟一百卷末云福建路轉運司今將國子監太平聖惠方一部一百卷二十六冊計三千五百三十九板對證內有用藥分兩及脫漏差悞共有一萬餘字各已修改開板並無訛舛於本司公使庫印行紹興十七年四月日次有邵大盜宋藻陳畢黃訥范寅賓馬□官銜六行按此爲南宋槧本每卷末有金澤文庫印密行細字字畫遒勁殆遍汴京物其所存凡五十卷係弟五弟六弟七弟八弟九弟十弟十七弟十八弟廿五弟廿六弟廿九弟三十弟三十三弟三十四弟四十五弟四十六弟四十九弟五十弟五十一弟五十二弟五十三弟五十四弟五十五弟五十六弟五十九弟六十弟六十一弟六十二弟六十三弟六十四弟六十九弟七十弟七十五弟七十六弟七十七弟七十八弟七十九弟八十弟八十一弟八十二弟八十三弟八十四弟八十七弟八十八弟九十一弟九十二弟九十五弟九十六弟九十九弟百計五十卷其餘五十卷及目錄字行全同蓋据宋本補足者遂卷首頁格頂鈐御本二字朱印乃駿

府秘府書本也寛政甲寅大朝借之尾藩使於醫庠影摹一本以備之延閣聿修堂藏有宋本五卷序第七十三第七十四第七十九第八十第八十一卷亦有金澤文庫印蓋醫經治散者也崇蘭館藏殘本五卷亦有金澤文庫印卷數有與尾藩本複者蓋文庵所謂不止一部也醫方類聚所引亦同宋本可據以校鈔卷又寶日精盧藏書志載零本脈訣兩卷三卷而他書目未見著錄者知其全帙固已佚也

傳家秘寶脈證口訣並方三卷　孫用和　鈔本缺上卷及下治雜病方　經籍訪古志　是書世久失傳天保壬寅小島學古獲鈔本與瓌寶也

經效產寶三卷　宋槧本首二葉舊寫本陳氏藥足本　雲龍眼經效產寶三卷中國逸書也衛山陳君影宋槧舊鈔本待付手民如醫跋曰是書結銜首署節度隨軍昝殷撰集次署相國白敏中家藏善本有丁巳秋八月周頲序云凡五十二篇三百七十一方兼拾昝氏之遺作小論三篇次於敘末校丁巳爲唐乾寧四年晁氏郡齋讀書志云唐昝殷撰殷蜀人大中初白敏中守成都家有免乳者訪醫或以殷對迎之殷集驗方藥二百七十八周頲又作三論考唐書敏中爲劍南西川節度使當大中六年而宅書或云偽蜀殷撰以其蜀人而譌也或云偽蜀周頲撰以頲增論而誤也晁云二卷二百七十八方通考沿之然醫方類聚所收猶存三百二十方有奇足見二百之二當作三徵獨三卷之數與宋志符已也半葉縱六寸一分衡四寸二分十二行行十八字經籍訪古志訂爲南宋本其原槧本存誠桑室藏首二葉餘皆舊鈔然葉勒闕先是日本人有影刊本曾於上海印行之闕方與序目凡二十七葉半此本僅闕下卷十三至廿十六葉陳君訪它本效補一如舊式既爲足本復擬影刻可寶也已光緒十五年秋八月跋

婦人寤寐醫簡集　蘇軾　舊寫本　是書原署蘇軾名推蘇軾談之校軾子三海過而去擁觀史冊無徵是書夫婦啓答皆設詞也起正月訖十二月前注其後跋稱小東坡云陳氏經傳鈔自向山榮而鈔較精亦未見書也

杜工部草堂詩箋四十卷　黃鶴集注　宋刊元修本古逸叢書本

杜詩補遺十卷詩話二卷年譜一卷　舊鈔本古逸叢書本

謝幼槃文集十卷　求古樓藏宋刊本　首有呂本中行書敘及紹興壬申出昌善題詞趙士鵬等官銜五名居易錄載宋謝邁幼槃竹友集十卷詩七卷雜文三卷謝方伯在杭手鈔本另有跋云幼槃詩文不傳於世此本從內府借鈔

文選集註零本　賜廬文庫藏舊鈔卷子本　舊鈔存第五十四第百十五第百十六每卷首題文選卷幾下記梁昭明太子撰及集注二字注引李善五臣陸善經音決鈔諸書注來往往有今案語　經籍訪古志　與溫故堂藏舊鈔本標記所引合似分爲百二十卷集注不知出於何人或疑皇國紀傳儒流所編且所引陸

舊音次鈔等書亦已久小田切某又得零片二張於稱名寺敗簏中一爲第九十四卷一不知卷第今歸僧徹定架中聞某氏亦藏第百二卷

翰林學士集零本一卷

尾張眞福寺舊寫卷子本傳鈔本　雲龍跋陳君衡山所獲傳鈔本蓋依舊鈔爲之者也存第二卷其目載四言奉陪皇太子釋奠詩一首應令銀青光祿大夫中書侍郎行太子右庶子弘文館學士高陽郡開國男臣許敬宗上其詩序一其詩六十大半侍宴應詔并唐大宗詩其作詩人許敬宗鄭元璹于志寧沈叔安張後胤張文琮陸贇長孫无忌楊師道朱子奢褚遂良上官儀高士廉劉洎岑文本鄭仁軌劉子翼等皆列書當時官爵而御製題云太宗文皇帝則編是書在永徽後矣據目錄下稱同作幾首參之結銜其爲許敬宗編無疑翰林學士集非其自題也目錄家罕載及此兩集詩多可補全唐詩之遺尾張國眞福寺所藏卷子本今存首葉數行耳然則賴此鈔以傳其亦不絕如綫者歟

文館詞林十三卷半

唐許敬宗等　舊鈔本古逸叢書影刊本　文館詞林存二本一爲千卷本原修也一爲五十卷本摘陽新錄也此則千卷本也刊入古逸叢書者第一百五十六卷詩一百五十七卷詩一百五十八卷詩三百四十七卷頌四百五十二卷碑四百五十三卷碑四百五十七卷碑四百五十九卷碑六百六十五卷（詔此殘卷）六百六十六卷詔六百六十七卷詔六百七十卷詔六百九十一卷敕六百九十九卷敕此十三卷半之內已有七卷半爲經籍訪古志所未舉而其所舉第六百六十二第六百六十四第六百六十八第六百九十五猶未獲也然所獲已多於經籍訪古志三卷有半

二李唱和詩集一卷

北宋刊本陳氏刊本　陳田敘二李倡和集一卷家弟隨蒓齋黎公奉使東國所得也嘗見錢遵王古文集云吾家子弟仕官者但以俸祿所餘購置書籍佳子弟也吾弟足當斯言矣余遍檢兩宋羣賢小集吳曾鈔存樊榭紀事均未見此本著錄家亦罕及可謂希如星鳳復刊精審與西崑酬唱并行殆藝家所樂觀也　陳榘跋二李唱和詩一卷趙宋文正明遠侍中言幾所作也首尾均有缺葉何人所刊不可攷然爲北宋槧本載日本森立之訪古志中國佚此書久矣光緒乙丑春余于東京書肆收獲讀爲爭證重鐫購還讀其詩體格并近香山異猶稷記所論家說也余嘗謂二公當宋室均以諫稱丈服膺文正并讀史傳至文正對太宗誦白居易山詩怨女三千放出宮死囚四百來歸獄句輒嘆其膽識遠邁群臣敢以諷詠折服君心而以來議讀詩猶恨今獲是集亟付剞工鏤木與北宋本無毫髮異佚而不佚讀者當同爲一快也校式行款均載傳懸元兵部跋中　雲龍跋二李唱和集中國逸傳已陳君衡山得北宋本影刊之爾雲龍跋從李昉李至宋史東都事略並有傳昉與李至同宋同里辭翰讌從家李昉爲西家李昉饒陽人至真定人非同里矣是詩署昉上至上其爲唱和原某文式無疑昉文集白居易今觀二李詩皆與白近纖穠昉誦白句結太宗知己也行十九字至廿四五經籍訪古志云十九至二十絮存葉五至廿五中間闕第十三葉字體靈細有楚國筆致字外有奪有蝕景雕一如麻傳可珍也已餘詳陳君跋語光緒十五年夏

督學文集四卷

明孫應鼇　○原刊本

黎大臣庶昌重刊敘云吾黔僻在西南隅自後漢時道真尹公從許慎應奉受經書圖緯還敎鄉里以北學開南中之陋仕至荆州刺史歷有名德惜無傳書厥後士宇乖分黔服陷於蠻夷鬱千餘年不能振拔遂無人焉能繼起以昌明聖學興起斯文爲己任者至明乃得文恭孫淮海先生先生當明中世傳陽明王氏之學於貴谿徐樾波石即能洞徹良知之縈嗣又討論於蔣道林其學以求仁爲宗以誠意慎獨爲要以盡人合天爲求仁之終始其於成己成物位育參贊天人一體之原心契微眇温故知新浩然自得晚歲築學孔精舍以居尤致精於易理生平難進易退不以依違徇人亦不以激烈取異匡君德鐫巨璫論華除清國學兢兢焉惟以維持風敎作育人才爲急務物來順應沛乎有餘海内群以名臣大儒歸之可謂命世賢豪不待文王而興者也惜其身没之後傳業無人明史未爲立傳雖有郭青螺表章於前田山薑揚擢於後而遺書湮晦行蹟無存三百年來通人學士幾至不能舉其名氏况於黔之後生小子乎先生之書見於明史志者淮海易譚四卷律呂分解發明四卷論學會編八卷莊義要删十卷學孔精舍彙稿十六卷　本朝四庫著録已少論學莊義二種而其散見於黔書理學傳及温純恭毅集毛在遺稿序黄虞稷千頃堂書目者復有春秋節要四書近語左粹題評教秦語録雜論學孔精舍續稿道林先生粹言教秦總録歸來漫興等編道光咸豐中獨山莫友芝子偲搜求郘故竭數十年之力僅得易譚四卷四書近語六卷左粹題評十二卷教秦緒言一卷幽心瑤草一卷學孔精舍詩稿六卷因爲先生立傳詳載黔詩紀畧中光緒四年子偲之弟祥芝彙刊爲文恭遺書別輯雜文一卷坿於其後餘皆不可復得今年夏庶昌偶於日本友人中村正直家獲先生督學文集四卷取以與雜文校增多八十四餘篇首末完備雖不能復還彙稿舊觀庶幾先生遺文粗具於是遂舉而刻之將使吾黔人士由先生之書以推知先生志業講明而昌大之使聖學復明於時又益知先生之文如星日之氣歷久彌光遲之三百年猶於海外遇之終不可磨滅然則士之有志於聖慨然以斯道自任者可以興已光緒十五年八月黎庶昌

舜水文集二十八卷坿録一卷　明朱之瑜○日本源光圀編○刊本○寫本○按是書首載明監國魯王敕諭貢生朱之瑜昔宋相陳宜中託論占城去而不返背君苟免史氏譏之蓋時雖不可爲明聖賢大道者當盡回天衡命之志若恝然遠去天下事伊誰任乎予國家運丁陽九幾脈猶存重光可待况祖宗功德不泯人心中興局面應遠過于晉宋且今陝蜀黔楚悉入版圖西粤久尊正朔即閩粤江浙亦正在紛紜舉動間非若景炎之代勢處其窮故宜中不復求亦不聞有命往召其還也爾矯矯不折遠避忘家陽武之椎尚堪再試終軍之請豈竟忘情予多艱求賢延佇以俟旌時鼎軾乃爾可即言旋前來佐予恢興事業當資爾節義文章毋安未免濡滯他邦欽哉特敕監國魯玖年參月日

莽蒼園文藁　明張斐○刊本

筆語一卷　同

日本圖經　廿二　終

日本金石志一

游歷日本圖經二十三

奏派游歷日本美利加秘魯巴西等國英日屬地加納大古知府用兵部郎中臣傅雲龍述

金石文一

往無中國人錄日本金石竱書翁氏方綱僅跋日本殘碑即所謂建多胡郡辨官苻碑者是實未之殘徵信不其難歟日本人松平氏集古而撫之刊之然求如狩谷望之之能援古則百不獲一自詡故實者爲之又置真面目不一傳雲龍非好賈餘勇也叵文殘徵而欲救敝于後舍金石其奚以哉或久疑而忽信或求彼而獲此若法隆寺釋迦銅

立像背銘之類一似待之久待之又久而急以付託者而愈不敢不勉也訪古之助賴貴陽陳氏矩力居多生平友益極不能忘矧其受多聞益於海外鄰昔歐趙錄金石目跋尾成帙洪适隸釋有續嘗合一編雲龍既廣益集思依歐趙例箸跋尾文復參洪續例續錄所見刀劍自有志然彼繫於工此重厥文而草薙劍無文時尚無文也彼重神器以類聚之難可分見惟行篋書尠舟車時促未克於經學史學有裨適滋媿矣述日本金石志

金石文一篇目次第

連枚人墓志七十二　涅槃經摩崖七十三　紀廣純女繼墓志七十四　陸奥國大元帥社碑七十五　沙門勝道上補陀洛山碑七十六〇七十七　南圓堂銅燈臺銘七十八　慈尊院邨斷碑七十九　益山寺花盤款識八十　大和州益田地碑銘八十一　陸奥介高道墓碑八十二　神護寺鐘銘八十三〇八十四　牛島牛御前社造像碑八十五　鐵鉾款識八十六　東大寺銅鉢款識八十七　道澄寺鐘銘八十八〇八十九　遠江國長福寺鐘款識九十

（以上五代前）佛足石和歌九十一〇九十二　室生山畑中碑九十三　三城目邨碑九十四

（以上未詳年）

傳國神器三

八咫鏡

草薙劍

八阪瓊之曲玉

傅雲龍繪圖

纂喜廬所著書

雲龍按日本傳國神器三一八咫鏡亦曰神鏡二天璽亦曰八坂瓊之曲玉三草薙劍亦曰寶劍據日本國史往往言此三種天照太神授之皇孫天津彥彥火瓊瓊杵尊當中國黃帝時也傳至御閑城入彥天皇懔懔神威遂依舊鏡與劍別造之而傳世之八咫鏡草薙劍置倭之大和國笠縫邑立磯城神籬命皇女豐鋤入姬齋守焉而天璽則仍置宮中溫明殿鎮座內侍所爲護身御璽非出人爲是自然璽也厥後八咫鏡置伊勢國（今屬三重縣）五十鈴川即天照太神宮草薙劍置於尾張國（今屬愛知縣）吾湯市邨即天叢雲神宮也天璽在宮至今不替據神寶圖形神祕書（詳藝文）云鏡日也玉月也劍星也仲哀天皇時有奏宜慎而莫忽者又按此三者無字時無文也中國劍始神農有管子越絕書可據潛確類書曰黃帝液金以作神物於是爲鑑豈物已

流傳歟又按日本紀云素盞烏尊配於出雲州時持十握劍割大蛇尾尾中有寶劍初此蛇帶劍時其尾常有雲氣曰天藂雲劍尊以此劍納皇太神宮神曰我所失劍也後名草薙劍或曰倭漢三才圖會神代令石凝姬神造寶鏡爲三種之一於傳有之此類是也其人言之鑿鑿難可以削輒据圖說箸錄之

天璽瑞寶十種

瀛都鏡

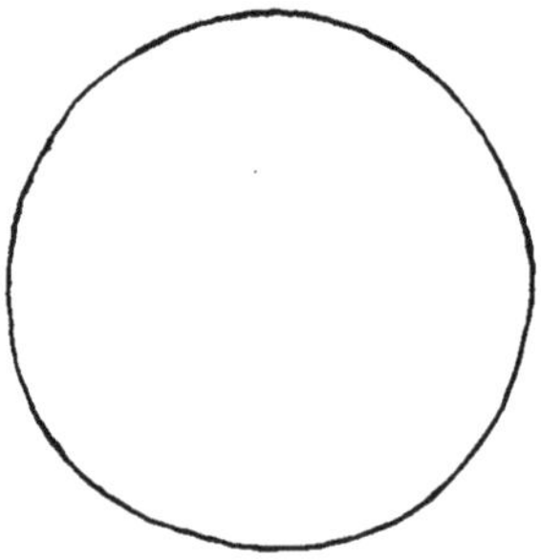

邊都鏡

生玉

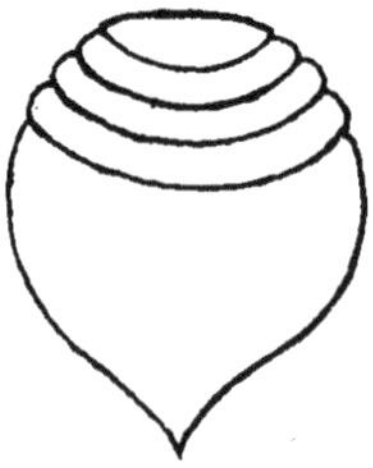

色赤

死反玉

色白

足玉

色青

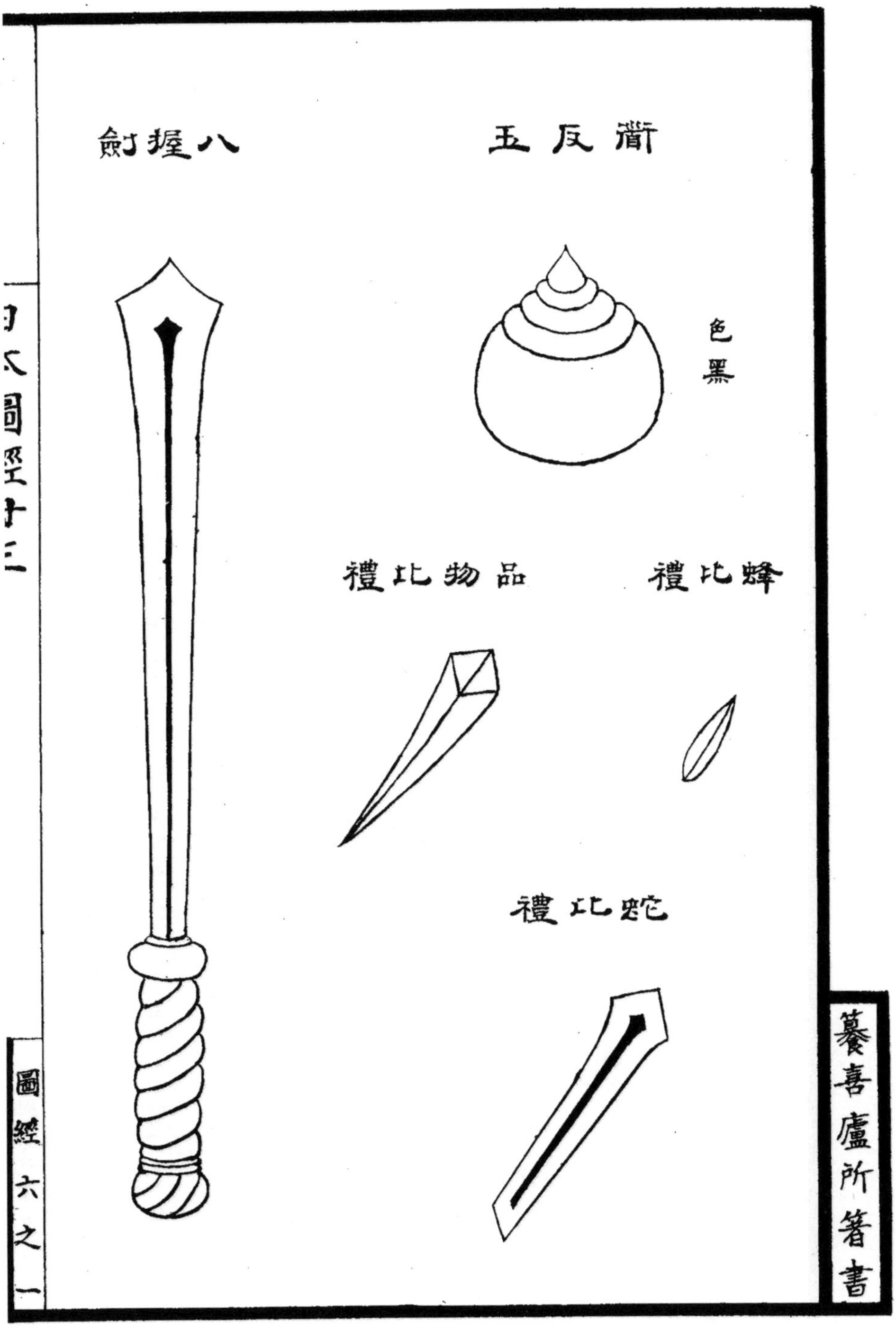
日本圖經十三
八握劍
衜反玉
色黑
品物比禮
蜂比禮
蛇比禮
圖經六之一
養喜廬所箸書

雲龍按日本所謂天璽瑞寶十種者一嬴都鏡亦曰圓輪鏡二邊都鏡亦曰八葉鏡三八握劍四生玉五死反玉六足玉七道反玉八蛇比禮九蜂比禮十品物比禮據神寶圖形神祕書言天神彥靈尊賜天孫櫛玉饒速日尊或謂皇孫天津彥彥火瓊瓊杵尊非是其子宇麻志摩治命獻日本盤余彥天皇奉之皇殿行鎮魂祭教詔曰若有痛處者令茲十種謂一二三四五六七八九十而布留部由良由良止布留部如此爲之者死又反生矣又云布留之言本詔呪法也日本神武以前謂之神代其目後世易之未可知也比禮云者以毒溥刃之濫觴相傳已久存而不論可也

伊豫道後碑

法興元年十月歲在丙辰我法王大王與惠總法師及葛城臣道遙夷與村正觀神井歎世妙驗欲敘意聊作碑文一首　惟夫日月照於上而不私神井出於下無不給萬所以機妙應百姓所以潛扇若乃照給無偏私何異于壽國隨華臺而開合沐神井而瘳疹詎升于落花池而化溺窺望山岳之巖崿反冀子平之能往椿樹相廕而穹窿實相五百之旅蓋臨朝啼鳥而戲吐下何曉亂音之聒耳丹花卷葉映照玉菓彌葩以垂井經過其下可優遊豈悟洪灌霄庭意與才拙實慚七步後定君子幸無蚩咲也以岡本天皇并皇后二軀爲一度以後岡本天皇近江大津宮御宇天皇淨御原宮御宇天皇三軀爲一度此謂幸行五度也

豫州道后温泉記夫膚桑國雒陽之西南海中秀出而有四洲

之嶹𠂻一嶹號之曰豫州遺道后爲濫觴爲其靈地也温泉涌出而已矣風土記如言之則大穴持命兼少名彦名命治斯國而撫育蒼生加慈悲恩重恰齊夏后氏之浬洪水有𠂻病則採求藥草教頤神妙術不异神農氏祭報田矣大穴持命忿怒威烈而不忍能國家自慚愧懺悔以絶入矣少名彦名命驚愕而爲欲活之一浴此温湯則蹔起而蘇甦蹈𦧲湯中玉石而起矣温湯爲德也除万病延壽驪山不可言遼玉石之爲精也歷千刧莫泯崐崵亦如在茲豈虚發乎哉人皇十二代天皇以往諸君王凌海路風波進幸於温湯之宫而浸聖躬澡室焉無弗靈驗則龍顔無弗憘可謂𠽿鼂死雙靈湯也觭哉蓋臨西南則平田曠埜之中間有數百餘丈高山嶮崕千尺兮石壁萬仞是窠山也賢君大守源朝臣拾遺補闕定行公寬永旃蒙大淵獻之厤

管領豫陽冪山矣自爾已降歯雖攝提格皆夏交之鄉所謂當金城東北之地鑿舊塋溫泉之池疊石於激流之上築龕於丘谿之畔兮士農工商者憩之以灌沐鰥寡孤獨者沐之以澡浴病者愈以忘憂詠者伸以潔心然而四顧有清絕佳景南浦之雲橫北窓半嶺東山月映西海之萬波矣亦復玄黙敦牂之間新脩營黏城再疊連臣石普架舉高閣廣開闢法基矣或爲歌舞樓皆花光影之朝洋々乎盈耳者歌臺暖響也秋月清涼之夕飄々然如慕者舞殿冷袖也視聽之娛駭奏仙樂以何如之哉或欲雨欲晴而蒼波之渺茫於前者依俙寫滕閣筆端或籠霧籠烟而翠巒之崎嶇於後者彷彿望沃州於簾間其景象千變萬化不可勝計寔是萬古城郭也山埜竊慮五十六代清和天皇源家華胄前大相國公昏壹門貴族定行公家譜門塋不

痺累代髙武雄之名者有所以哉源深者流徳根大者枝茂然則無不出群拔崪詡匍施博愛之仁正忠恕之道而胷中甲兵文韜也武畧也全兼備繇是爲其幕下之臣者亦無不堅甲利兵矣古人豈不曰乎芳蘭所生其艸皆芳美玉所積其山有光其斯之謂乎如每父子有親君臣有義而誠其意正其心脩其身齊其家治其國是故遂日盛哉松保萬年之武運風唱盛舉之大平矣閑暇之日左右侍醫家兩翁來告余曰賢君之命耆之道后温湯記製作也否余奮曰初學時昬說凡記者大鑾錄其經歷所者云然余天性愚魯皃才慚懞他傍篤之嘲殊夫教外傳不立文字宗弄詩文豈爲家業兩翁云雖然恁麼文字是載道之器也豈不知拈華微笑以來門竿倒却之後才涉言句非文字無以傳余黙而思茲淨名曰但除其執不除其法若夫

無執則止何必拾文字余越不獲謙讓漫綴川八之卑詞一絶曰述道后温泉之再記最飢大守延長之萬毗員爾伏乞趁讚后埊兼寰寓等上皇進幸隔東京賢君再建改其舊衆客往來賀大平愛宕山高新築廟敷陀境勝勢連甍浴治萬病靈方術千古温泉第一名維旹寬永龍集閼逢涒灘蕤賓仲澣良日出住妙心現住天德雲巖埜衲漫誌焉

雲龍楼伊豫道後碑好古小錄題伊豫國道後湯碑据言文云法興元年十月歲在丙辰爲推古即位四年丙辰元一作六誤也法興願盡五年復轉元年也碑佚文見釋日本紀所引伊豫國風土記今依錄文聊著綿蕞云爾伊豫國風土記述立碑之由其言曰湯郡大穴持命見悔恥而宿奈毗古那命欲活而大分速見湯自下樋持度來以宿奈毗古奈命而浴漬者蹔間有

活起居然詠曰眞蹔寝哉踐健跡處今在湯中石上也凡湯之貴奇不神世時耳於今世染疹痾萬生爲除病存身要藥也天皇等於湯幸行降坐五度也以大帶日子天皇與大后八坂入姬命二軀爲一度也以帶中日子天皇與大后息長帶姬命二軀爲一度也以上宮聖德皇爲一度及侍高麗惠總僧葛城臣等也于時立湯岡側碑文記云服部元喬有道後溫泉碑蓋寶厤中爲松山藩譔也近始上石藤野正啓作碑陰記云聖德大子立碑湯岡信矣惜其碑不知所在天武十三年四國地大震土佐田圃五十萬頃陷爲海伊豫溫泉壅塞意碑亦此時沒土歟天武十三年當唐武后垂拱元年乙酉

如意輪觀音大士造像記

右金銅二臂如意輪觀音像藏在大和國法隆寺綱封庫記勒其座下按丙寅推古天皇十四年也正月生十八日謂正月月始見之後第十八日也當時未用曆書非依月之明晦莫知其更改故以月初見於西方爲朔訓爲月立猶尚書云哉生魄其後雖行曆法然邊鄙猶認月見而數日故天智天皇紀十年十一月對馬國司上言云月生二日是也是足以見古時素樸之風也高屋連河内神別神魂神十世孫伊己止足尼大連之後

見姓氏錄伊己止足尼舊事紀作五十琴宿祢世系見其第五卷大夫名諱世代皆不可攷凡金石文之傳于今日莫有先於是者而又前人所未見余客歲西遊始得遇之一何幸耶狩谷望之

古京遺文

雲龍按大和國法隆寺有銅觀音像座之記二行弟一行十四字弟二行二十四字正書作於日本推古十四年當中國隋大業二年狩谷望之謂金石文之傳今不有先於是者今蒐伊豫道後碑在隋開皇十六年先此十年矣然金文莫前於是望之又云前人未見此拓本罕見之證其友松崎遊法隆寺使和田持正鈔望之文納之寺僧在文政己丑其記見之古京遺文及金石文字墨帖一覽丙作丙寅與多賀城碑同顛作顛禮作礼皆別體字無作旡則古體字此精拓本得自中井兼之

金堂藥師造像記

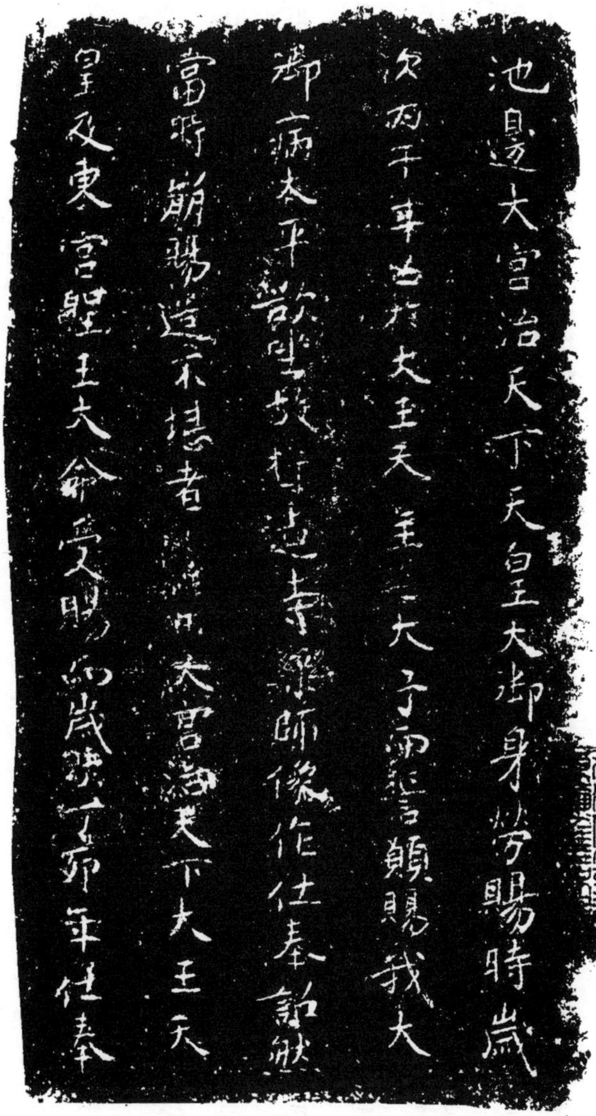
池邊大宮治天下天皇大御身勞賜時歲
次丙午年召於大王天皇與太子而誓願賜我大
御病太平欲坐故將造寺藥師像作仕奉詔然
當時崩賜造不堪者小治田大宮治天下大王天
皇及東宮聖王大命受賜而歲次丁卯年仕奉

右藥師佛像在法隆寺金堂天平廿年法隆寺資財帳所載即是像也記在光燄背池邊大宮治天下天皇後謚曰用明天皇

丙午其元年小治田大宮治天下大王天皇後謚曰推古天皇丁卯其十五年也太子及東宮聖王並謂厩戸皇子仕奉猶言奉造河内國西林寺僧總持記載天平十五年縁起云天忍羽廣庭天皇己夘年九月七日始大山上文首阿志高時率諸親屬等仕奉此寺并阿弥陁丈六佛像注云仕奉者造佛立寺之詞也即是与神代紀恐之仕奉語意自別古京遺文

雲龍梭銅像在大和國法隆寺其記見火燄背五行正書長九寸三分寛四寸六分造像後於觀音像一年丁夘當隋大業三年記池邊大宮者用明天皇宮曰池邊雙槻也以丙午即位与記符其後推古天皇爲欽明天皇中女用明同母妹也其太子曰厩戸豊聰耳即記所謂東宮也西田謂之藥師如來其文御歲召坐皆干祿字書之俗體邊欲藥然堪夘皆別體字

上太子藏聖德太子瑪瑙石記

雲龍按瑪腦石記在畿内道大阪國河内國叡福寺高四寸有奇寬五寸有奇正書六行弟一行泐弟二行存今年辛巳四字弟三行存足稱美政四字弟四行存千四百餘四字弟五行存王大臣寺四字考之日本史日本紀扶桑略記水鏡法王帝説大子傳厤太子傳補闕記聖德太子為用明弟六子母至馬官廐戸而産因名曰廐戸推古廿九年卒于班鳩宮卒之年為辛巳當唐武德四年与碑辛巳字合真耶贋耶非所敢知集古十種已箸録矣

釋迦佛造像記

法興元卅一年歲次辛巳十二月鬼
前太后崩明年正月廿二日上宮法
皇枕病弗悆干食王后仍以勞疾並
著於床時王后王子等及與諸臣深
懷愁毒共相發願仰依三寶當造釋
像尺寸王身蒙此願力轉病延壽安
住世間若是定業以背世者往登淨
土早昇妙果二月廿一日癸酉王后
即世翌日法皇登遐癸未年三月中
如願敬造釋迦尊像并俠侍及莊嚴
具竟乘斯微福信道知識現在安隱
出生入死隨奉三主紹隆三寶遂共
彼岸普遍六道法界含識得脫苦緣
同趣菩提使司馬鞍首止利佛師造

右釋迦佛像上宮殿户皇子妃某氏為皇子造亦在法隆寺金堂記刻在光燄背天平廿年法隆寺資財帳云王后敬造者謂此也按上宮法王帝說載太子娶膳臣傾子女蘓我馬子女及尾張王女橘王而膳氏先太子薨則資財帳所云王后非蘓我氏則橘王也寺僧謂山背大兄王造者謬傳耳上宮法王帝說謂法興元卅一年者是時廐户皇子與蘓我大臣謀興隆佛法故云爾非年號也辛巳推古天皇二十九年鬼前大后乃是穴太部間人女王而廐户皇子之妣其謂之鬼前未詳何義明年即推古天皇三十年壬午年王后廐户皇子之妣膳部氏諱菩岐岐美郎女即傾子之女也翌日謂廿二日則知廐户皇子以推古天皇卅年二月廿二日薨法隆寺繡帳文亦云歲在辛巳十二月廿一日癸酉孔部間人母王崩明年二月廿二日甲戌夜

半太子崩正與此合日本書記云廿九年二月己丑朔癸巳五日半夜廐户豐聰耳皇子命薨者蓋史筆之誤當以是記及繡帳為正也癸未推古天皇卅一年也安穩即安穩說文新附云穩安也古通穏按穩字古所無鄭玄尚書注漢郙閣頌穩皆作隱佛經亦多用安隱字㟁即岸字見北齊劉碑造像銘鞍首止利佛師推古天皇紀作鞍作鳥鳥祖司馬達等父多須奈而司馬達以繼體天皇十六年二月歸化見扶桑略記鳥為造佛之工見推古天皇紀按敏達天皇紀云鞍部村主司馬達等用明天皇紀云鞍部多須奈蓋司馬其本族而達等歸化之後賜鞍部姓也其云鞍首云鞍部村主云鞍作皆同古京遺文

雲龍按釋迦佛造像亦銅也正書一百九十六字在火燄背十四行高廣㒳一尺一寸一分推古二十九年皇子廐户豐聰耳

卒當唐武德四年即辛巳也越二年癸未爲武德六年据狩谷氏云廐户之卒實在此年金石年表題大和法隆寺釋迦師如來即此

法隆寺釋迦銅立像背銘

雲龍按釋迦如來銅立像在畿內道奈良縣大和國法隆寺銘在佛背有字處高四寸有奇寬二寸許正書四行均十二字文

曰戊子年十二月十五日朝風文將其零濟師慧燈爲囑加大臣誓願敬造釋迦佛像以此願力七世四恩六道四生俱成正覺戊子爲推古三十六年當唐貞觀二年先是雲龍致書半井眞澄拓觀音座下字書發已得之矣而覆書以此易彼此古京遺文所未逮適爲雲龍所得旁觀詫爲神助云

宇治橋斷碑

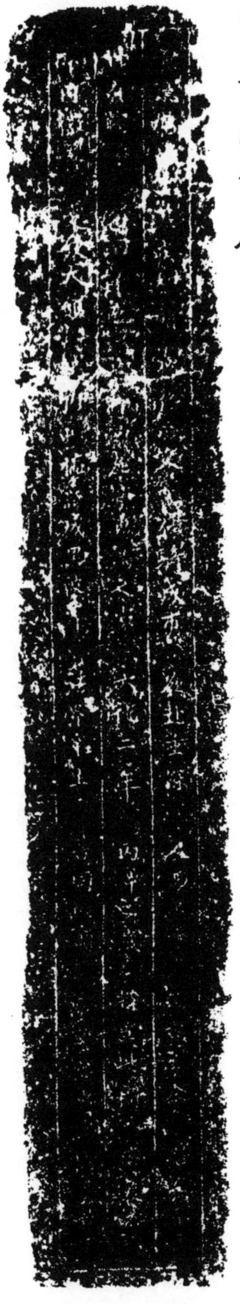

右斷碑在山城國宇治常光寺寛政三年四月發土獲之碑全碑全文載在歷代帝王編年集成據以補錄匡以別之道登見孝德天皇大化元年及白雉元年紀道登營宇治橋又見現報靈異記而續日本紀則云道昭造宇治橋按續日本紀又云昭以文武天皇四年物化時年七十二泝數之大化二年時年十八猶弱齡恐無有造橋之事蓋以登昭共元興寺僧名字亦相涉修史者誤認為昭也賴遺此一片石而得以糾千歲之謬亦

可喜也弘安七年二月太政官符云河上有一橋元興寺道登道昭建立之若登昭戮力造之則石銘豈特載登遺昭耶蓋彼欲據碑為道登則與史乖欲從史為道昭則據碑迕不能詳考審定歸之一人以兩存之則是言亦不足據也古京遺文

雲龍按碑在畿内西京府山城國常光寺行書三行文曰浼浼横流其疾如箭修修□人□騎成市欲赴重深人馬□命從古至今莫□□□世有釋子名曰道登出□□□□滿之家大化二年丙午之歲搆立此橋濟渡□□即因微善爰發大願結因此橋成果彼岸法界衆生普同此願夢裏空中導其苦□水湮入土尋出而失其半近人補之造宇治橋者道登非道昭也足證續日本紀之誤大化二年為唐貞觀二十秊去今一千二百四十五年或謂之莵道斷碑蓋日本方音語宇治與莵道同也

二天造像記

雲龍按二天造像記為金石年表所未逮法隆寺金堂有四天像此在二像銅光燄背墨帖一覽題二天像造像記其記二一二行弟一行六字弟二行八字長四寸四分一亦一行弟一行七字弟二行六字長增前記九分竝正書二記次序依拓本與狩谷異其定為白雉元年已詳古京遺文時唐永徽元年工首一為德保而鐵師則手古也一為大口而木閑次以閑為閑段注說文閑下云王逸少書黃庭經三用閑字即閑也中从午蓋許書本作門午午所以歫門舂字下云午杵者也然則午亦杵省歫門用直木如杵轉寫昧其本始信如段說此記閑字猶存古體摹本誤閑今從中井兼之獲精拓本入圖集古本題銅斛銘誤也好古日錄云百濟國造

敦賀常宮鐘銘

太和七年三月日菁州蓮池寺
鐘成內節傳合入金七百十三廷
古金四百九十八廷加入金百十廷
成典和上　惠門法師　緇惁法師
上坐　則忠法師　都乃法昧法師
鄉村主　三長及手　朱雀䏚柔
作韓舍　宝清軍師　龍碎軍師
史六　三忠舍知　行道舍知

養喜廬所著書

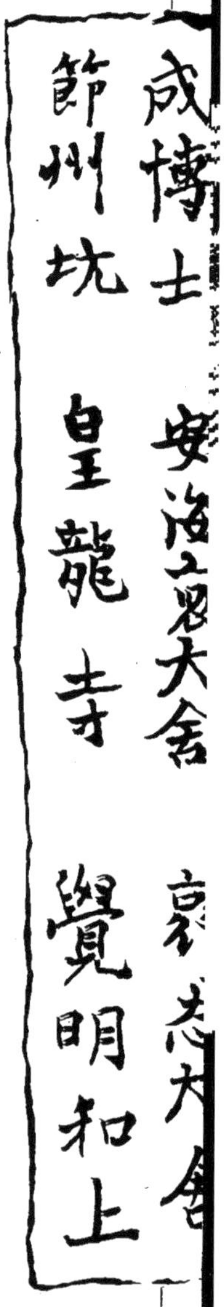

雲龍桉鐘在北陸道福井縣越前國敦賀常宮正書十行行字有差太和爲新羅年號其元年當唐貞觀廿一則太和七年為唐永徽四年時日本白雉四年也東國通鑑新羅景德十六年（唐至德二年）十二月置九州改郡縣名以沙伐州爲尚州領一郡十縣三十歃良州領州一小京一郡十二縣三十四菁州為康州領州一郡十一縣二十七鐘文曰菁州在未改康州前一百有四年

船首王後墓誌

右銅版墓志藏在河内國古市郡古市村西琳寺王後推古天皇紀作船史王乎王智仁姓氏録作智仁君欽明天皇紀云十四年遣王辰爾數録船賦即以王辰爾為船長因賜姓為船史王辰爾即王智仁始賜姓故此以王智仁為船氏中祖也乎娑陁宫治天下天皇後謚曰敏達天皇等由羅宫治天下天皇後謚曰推古天皇後遷御小墾田宫故或稱曰小墾田天皇阿須迦宫治天下天皇後謚曰舒明天皇大仁推古天皇所制冠位十二階之第三等故云品第三辛丑舒明天皇十三年也是歳十月帝崩故云天皇之末戊辰天智天皇七年也藤蒙齋以為孝德天皇時物何那此版以殯為葬伊福部氏墓志云火葬即殯此處及萬葉集以真弓岡陵為日並知皇子殯宫亦同禮記檀弓季武子成寢杜氏之葬在西階之下漢書哀帝紀載作杜氏之殯荀子禮論三月之殯何也楊倞注云此殯謂葬之也則知彼

亦有謂葬爲殯者

松岳山在安宿郡國分村往年山崩出是版云古京遺文

雲龍桉日本銅版墓志之存今者以船首王後墓志爲最古在大坂府河内國古市郡古市郷西琳寺天智七年當唐總章元年去今一千二百二十八年長九寸七分寬二寸二分面背各四行面第一行廿四字第二行廿三字第三行廿三字第四行廿四字背第一行廿四字第二行廿二字第三行廿字第四行十二字闕字十有二氏作氏等作荨能作能寶作寳皆干祿字書通字干祿躭通聃俗此志作耶又兒作児第作苐丑作丒牢作窂皆干祿字書所謂俗也沛作沛須作湏異作異葬作塟凡作兄靈作霊皆別體字

小野朝臣毛人墓志

面

飛鳥淨御原宮天下天皇御朝任太政官兼刑部大卿位大錦上

背

小野毛人朝臣之墓　營造歲次丁丑年十二月上旬即葬

飛鳥淨御原宮治天下天皇後謚曰天武天皇大錦上天智天皇所制冠位廿六階之第七等按山城名勝志載愛宕郡高野河北有崇道天皇社上方一許町踏之鏗鏗有響慶長十八年十二月村人高村政重者發之獲石槨內有銅版長二尺許濶二寸許面背有文伊藤東涯曰高野村一名小野版長一尺九寸濶一寸九分以元祿初年親往見此版後再訪之村人云自

掘得墓志之後村落衰弊疑是小野氏為祟取志埋藏舊處天武天皇紀十三年十一月小野臣等五十二氏賜姓曰朝臣此版以丁丑年造丁丑天武天皇之六年也而豫云朝臣與史不合毛人日本書紀無載續日本紀小野朝臣毛野傳云小治田朝大德冠妹子之孫小錦中毛人之子也則知毛人為妹子之子毛野之父今云大錦上亦與史異蓋西土碑碣與史不同者不一而足皆此類也愚謂小野臣等賜姓朝臣在天武天皇十三年此志六年所造而云朝臣者獨毛人先是而賜與同姓諸人不同也史所載是類不遑枚舉但大錦上可以糾史謬小野臣孝昭天皇皇子天押日子命之裔見古事記及姓氏錄名勝志引小野氏系圖以為敏達天皇曾孫妹子孫毛野男者非是蒙齋亦襲此誤撿部書類從所收小野氏系圖敏達天皇子春日皇子子妹子王子毛人子毛野紹運錄同名勝志作妹子孫

毛野男者偶誤耳然系圖紹運錄以為敏達天皇之裔者以小野臣同族有春日臣敏達天皇皇子有春日皇子遂誤也應以古事記姓氏錄為正好古小錄載此志脫治字誤古京遺文

雲龍椄小野朝臣毛人墓志在畿內道西京府山城愛宕郡高野河北山上一町許金石年表云今亾狩谷氏亦未之見輶軒小錄云銅版長一尺九寸寬一寸九分盍簪錄收之好古小錄云濶二寸圖依原式面文一行廿四字背文上八字下十四字少小正書所見撫本也天武六年丁丑當唐儀鳳二年後船首王後墓志九年

新田部碑

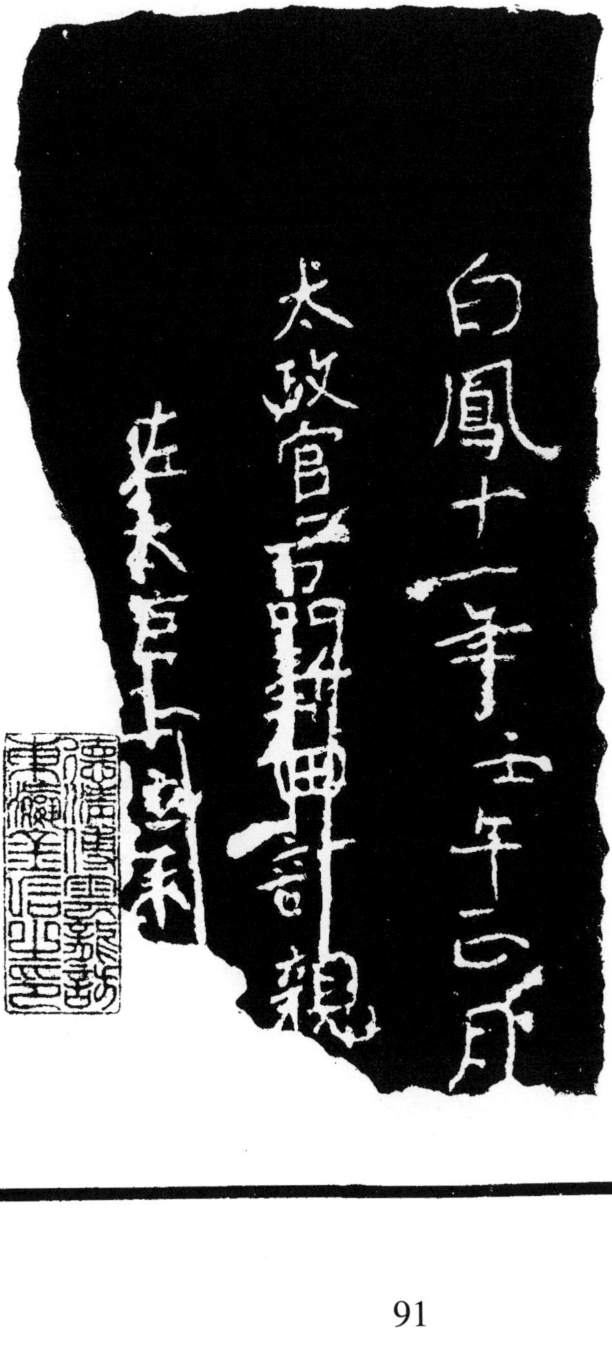

雲龍按新田部碑集古十種箸錄之下截漫滅以穗積碑例此親下當是王字存者弟一行曰白鳳十一年壬午正月弟二行曰太政官二品新田部親弟三行曰左大臣口位口正書其立碑時當唐永湻元年

日本圖經十三

那須直韋提碑

永昌元年己丑四月飛鳥浄御原大宮那須国造
追大壹那須直韋提評督被賜歳次康子年正月
二壬子日辰節殄故意斯麻呂等立碑銘偲云尓
仰惟殞公廣氏尊胤国家棟梁一世之中重被貳
照一命之期連見再甦砕骨挑髓豈報前恩是以
曾子之家无有嬌子仲尼之門无有罵者行孝之
子不改其語銘夏堯心澄神照乾六月童子意香
助坤作徳之大合言喩字故無翼長飛无根更固

饔喜廬所著書

圖經　六之一

碑在下野國那須湯津上村俗称笠石舊在荊棘中土人觸犯者必蒙殃祟有僧圓順以是事語梅平村人大金重貞者梅平在水戶府封內重貞以聞義公實貞享四年之秋也義公好古即命匠佐々宗淳就搨之元祿四年三月更命有司封築安碑於其上建亭以護之巋然存于今者公之賜也蒙齋曰永昌元年當作朱鳥四年蓋係洗者改作今審觀之字樣不類其說或似可存朱鳥四年五年六年七年見萬葉集朱鳥七年見現報靈異記不得據史斷言朱鳥之號止一年也飛鳥清御原宮天武天皇所營帝崩持統天皇嗣御是宮至八年（朱鳥九年）始還都藤原故碑謂持統天皇之時猶称淨御原大宮猪名大村墓志所言後清原聖朝即是也追大壹天武天皇所制冠位四十八階之第三十三等那須直姓也所謂胙之土而命之氏者姓氏錄

不載莫詳其祖韋提名也佐〻氏釋作那須宣事提非是評督須後世郡領既於妙心鍾跋詳之白石新井先生云評督是都督之誤蓋不知古時有是職耳康子即庚子係文武天皇四年借康為庚又見伊福吉部氏墓志及余架中所揷天平二年都菩臣足嶋寫大般若經跋尾唯未見西土人以康為庚耳殄故猶言病死也殄字傍从夕下文殞字同漢李翊夫人碑殄字作殂與此同變彡為尒漢唐碑碣皆然佐〻氏釋作弥故疑為物故之譌皆非偲訓志奴布思慕其人之義萬葉集多用之蓋是間會意字非詩所謂美且偲之偲白石先生釋為德亦非是棟樑即棟梁連上字增木旁者猶鳳皇作鳳凰琅邪作琅琊也淮南主術訓魏崔浩沈法會文北魏文帝弔比干文唐虞世南書破邪論皆用是字銘文多不可讀合言喻字故為此艱讀亦黃

絹幼婦之類已諸家所釋皆強作解事不可據信今姑從佐佐氏釋碑末云無翼長飛無根更固與唐高宗三藏聖教記名無翼而長飛道無根而永固同一用管子戒篇語蒙齋以是碑為持統天皇時物則誤古京遺文

雲龍按碑高三尺八寸五分寬一尺五寸八分文字所逮高一尺九寸三分寬七寸七分正書八行行十九字在東山道橡木縣下野國那須湯津上邨俗稱笠石那須直其姓氏也韋提其名日本無永昌年號唐武后初元曰光宅明年改垂拱越四年改永昌己丑即永昌元年與碑正合日本人強謂為朱鳥四年係洗者改為永昌元年今碑石拓本具在無改作形日本對馬島八幡宮鐘為新羅國造而曰天寶四載朝鮮錢文偶鑄洪武類此可證也大和國興福寺有南圓堂銅燈臺銘云歲次景申諱丙

為景非唐制耶而日本貞金且从其諱國人無異辭何獨於紀年年疑也一碑年號無關紀年輕重以信而疑安用金石為凡作贗物欲亂真也既無永昌年號改此何為改四為元又何為如曰隨意改作又安能與己丑無紊耶原拓石印以質中東信古者臆說舌辨均非雲龍所屑為矣督作瞀辰作辰乾作乹古通用字節作莭嬌作嬌尼作尼喻作喻古俗字千祿字書可覈也碎作碎髓作髓類皆別體

釆女墓所碑
飛鳥淨原大朝庭大弁
官直大貳釆女竹良卿所
請造墓所形浦山地四千
代他人莫上毀木犯穢
傍地也
已丑年十二月廿五日

古庭廷通用詩陟降庭止漢書匡衡傳作廷古今人表大廷氏注廷讀曰庭左傳釋文廷本又作庭皆可證弁亦辨字建多胡郡辨官符碑亦用之國策齊貌辨呂覽作劑貌辨古今人表作昆辨元和姓纂作昆弁則知辨辨弁古通用也直大貳天武天皇所制爵位四十八階之第十一等釆女氏姓氏錄載在右京

及和泉國神别並云神饒速日命之後古事記所云亦同竹良天武天皇紀作竹羅云直大肆此云大弁官直大貳皆可補史闕形浦山蒙齋云在河内國石河郡春日村土俗訛云帷子山碑今移在同村妙見寺代者古人量地之法見類聚三代格上宮聖德法王帝説法隆寺資財帳等書萬葉集歌所謂五百代小田亦是日本書紀頃字亦讀與代同㪅事要畧載弘仁十三年明法博士額田國造今足勘文云以大方六尺為歩二百五十歩為五十代拾芥抄云田以方六尺為一歩卅六歩為一段頭三百六十歩為一段積一十二歩為十代百四十歩為廿代百四十下恐脱四字二百六十歩為卅代六十恐六之誤十二百八十歩為四十代八十下恐脱八字五十代為一段二説不同或時有沿革歟蒙齋釋四千代為四十代釋毀木為欵木並誤已丑持統天皇三年也

古京遺文

雲龍椄采女墓所碑原高一尺七寸五分寬七寸文字所存高八寸文五行第一行九字二三兩行𠀤十字四行九字五行三字六行九字為紀年低二字正書金石年表河内形浦山碑即此河内國石河郡春日郷形浦山在畿内道大坂府境土人諱呼帷子山碑後徙建同郷妙見寺不得仍沿河内形浦山碑之目矣古今遺文抄本見二一藏之中井曰采女氏塋域碑一藏之黄郷曰采女氏冢地碑雲龍則謂不如取碑中文定其目曰采女墓所碑已丑為持統三年當唐永昌元年庭作庭丑作丑干祿字書所謂俗字者也庭廷古通用采女其氏也卿作卿形作𢒈毀作毁皆別體

右刻在大和國奈良西京藥師寺東塔刹柱上西面隅東那佐先生有檫銘釋精核可喜按清原宮即清御原宮當時文人厭冗長刪御字者藤原繼繩公上史表襲山肇基以降淨原御寓之前古事記序飛鳥清原大宮形浦山碑飛鳥清原大朝庭豬名大村墓誌清原聖朝皆是也以郡為羣出唐昭仁寺碑是銘造在文武天皇之時故謂持統天皇為太上天皇續日本紀文武天皇二年十月庚寅以藥師寺構作畧了詔衆僧令住其寺可見持統天皇之時未落成也蒙齋以為天武天皇時亦屬踈謬古京遺文

雲龍按藥師寺東塔檫銘在今奈良縣大和國藥師寺東塔檫柱西狩谷氏云字所存高一尺三分濶一尺五分正書十二行弟一行六字二三兩行並十五字四行十四字五行十五字六

行十三字七行三字八行十三字九行十二字十行十一行並十一字十二行一字日本金石家定為文武二年据續日本紀也是為唐聖厤元年其文建作建此作此龍作龍傳作傳皆与干祿字書所通者合而作丙導作導業作業誓作誓式作式發作發願作願剎作剎寂作寂溢作溢齡作齡皆別體也書此銘者舍人親王舍人其名也持統九年授淨廣貳文武時為親王敘二品養老三年賜一品先是舍人修日本書紀四年五月成紀三十卷系圖一卷後於書此銘時二十有二年

藥師寺東塔檫銘

維清原宮馭宇
天皇即位八年庚辰之歲建子之月以
中宮不悆創此伽藍而鋪金未遂
龍駕騰仙大上天皇奉遵前緒遂
成斯業照先皇之弘誓光後帝之玄
功道濟郡生業傳曠劫式於高躅
敬勒貞金

其銘曰
巍巍蕩蕩藥師如来大發誓願廣
運慈哀倚檝聖王仰逐冝助爰
鎸靈宇莊嚴調御亭亭寶閣
森羿法域福崇德劫慶隘叢
齡

妙心寺鐘欵識

戊戌年四月十三日壬寅
收糟屋評造舂米連
廣國鑄鍾

戊戌文武天皇二年也以長厤推之四月十三日壬寅正合收
謂取而收之也糟屋筑前國郡名扶桑鐘銘集爲精屋者誤釋評造猶言郡
領古時郡縣用評字太神宮儀式帳云難波朝庭天下立評給

襄喜廬所著書

續日本紀天平寶字八年紀載紀寺奴益人等訴云本國氷高評人內原直牟羅是也郡司亦稱評督或稱評督領文武天皇四年紀有衣評督衣君縣衣讀如穎今薩摩國穎娃郡是也神護景雲元年紀載阿波國百姓上言云評督凡直麻呂那須直韋提碑評督被賜太神宮儀式帳小乙下久米勝麻呂評督領仕奉皆可證繼體天皇紀韓地名有背評傍訓邊己富里本邑在內曰啄評則知注云背評地名亦名能備己富里新羅其評字又訓己富里並古時郡縣韓國方語用春米連左京神別神饒速日命之後見姓氏錄廣國書傳無載鍾即鐘字古書及漢唐諸碑皆通用千祿字書鍾鐘上酒器下鐘磬字今並用上字五經文字鍾鐘上樂器下量名又聚也今經典通用鍾為樂器是也鐘今在嵯峨妙心寺相傳舊法金剛院物徒然草所謂律中黃鐘者即是鐘也古京遺文

雲龍按鐘腹款識一行廿二字正書高一尺三寸八分初置大

和國藥師寺金剛院故金石年表謂之法金剛院鐘也後懸山城國妙心寺庫院西樓扶桑鐘銘集云古老傳世亂有壯夫數人擔此鐘來粥錢五千去蓋緑林客也豈天正慶長間耶知者謂此法金剛院鐘吉田兼好所謂黄鐘調者是也岡崎氏見本收評二字漫漶且誤糟為精不知糟屋為筑前國郡名也今見舊拓評字不泐糟亦分明戊作戊戌作戌寅作寅與觀音大士造像記多賀城碑同國不作国傳抄作国非也鑄作鑄戊戌為文武二年當唐聖曆元年去今一千一百六十三年也

威奈大邨墓志

少納言正五位下威奈卿墓誌銘并序
卿諱大村檜前五百野宮
御宇天皇之四世後岡
本聖朝紫冠威奈鏡公之
第三子也卿温良在性恭
倹為懐簡而廉隅柔而成
立後清原聖朝初授務廣
肆藤原聖朝小納言闕於
是高門貴冑各望備員
天皇特擢卿除小納言授
勤廣肆居無幾進位直廣
肆以大寶元年律令初定
更授從五位下仍兼侍從
卿對揚宸扆參賛絲綸之

越後城司四年二月進爵
正五位下卿臨之以德澤
扇之以仁風化洽刑清令
行禁止所冀享茲景祐錫
以長齡豈謂一朝遽成千
古以慶雲四年歳在丁未
四月廿四日寢疾終於越
城時年卌六粤以其年冬
十一月乙未朔廿一日乙
卯歸葬於大倭國葛木下
郡山君里狛井山崗天潢
疏派若木分枝標英啓哲
載德形儀惟綱除謚餘慶

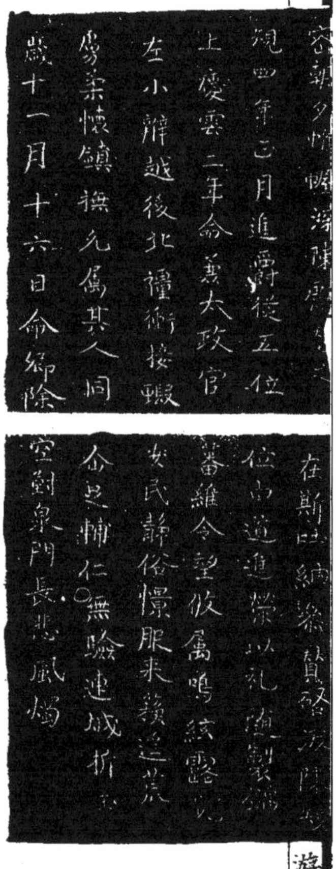

右誌鐫於銅合子蓋上蓋大村真人在越後卒焚尸盛骨歸葬也天明中大和國葛下郡馬場村農夫墾而獲之今藏四天王寺□□院威柰古事記作韋那日本書紀作偉那續日本紀作猪名姓氏錄作為柰並同紀記並云惠波王之後姓氏錄以為火焰王之後惠波火焰並是宣化天皇皇子未知孰是也五百野宮古事記日本書紀三代實錄並作廬入野宮楱廬訓伊富利或省云伊富則知宮名亦或省稱伊富能也五百野宮御宇天

皇後謚曰宣化天皇後罡本謂齊明天皇之朝後清原持統天皇籐原文武天皇也鏡公史傳無載紫冠孝德天皇所制冠位十九階之第五六等務廣肆天武天皇所制爵位四十八階之三十二等勤廣肆第二十四等直廣肆第十六等誌云大寶元年律令初定更授從五位下（蒙齋誤釋史授作受下文景祐亦誤作景祐）續日本紀大寶元年三月甲午始依新令改制官名位號看是也誌又云四年正月進爵從五位上按紀正月癸巳敘位大村真人進爵蓋有是時然紀是日有授正四位上從四位下從五位下之事無授從五位上之文疑紀有缺脫也誌云同歲（慶雲三年也）十一月十六日命卿除越後城司紀云四年閏正月庚戌以從五位上猪名真人大村為越後守與紀少異誌乃當時人之所書當據以為正也仕小納言兼侍從左少辨敘正五位下紀皆失載是

誌少字皆作小盖古人通用大倭國即大和國天平勝寶四年改今字見神代卷口決及拾芥抄葛木下郡即葛下郡時未有國郡名二字爲定之制天武紀葛城上郡亦是山君里未詳廣本倭名類聚抄葛下郡有山直鄉或是山君之誤西京遺文

雲龍梭威柰大邨墓志鐫於塗金銅合蓋盛骨器也圓徑八寸字居三寸九分題一行序銘三十八行行十字正書据好古小錄云明和中大和國葛下郡穴蟲山崩出此慶雲四年爲唐景龍元年其文奈作柰岡作罡本作夲廉作廉藤作藤備作偹干祿字書以偹爲俗以夲爲通

文忌寸禰麻呂墓版

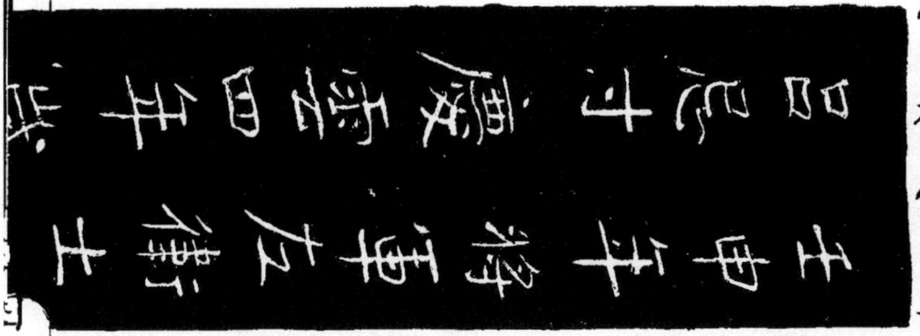

墓版用銅造天保二年九月大和國宇陁郡八瀧村農夫於圃內堀得之按文忌寸者應神天皇十六年歸化百濟博士王仁之裔始賜文首所謂河內文首也日本書紀作書首其讀同祢麻呂日本書紀作根麻呂續日本紀或作尼麻呂皆同天武天皇之發吉野至伊勢也祢麻呂等二十餘人從之天皇遷美濃令祢麻呂等將兵討大友皇子於近江平之是年歲次壬申誌云壬申年將軍者謂是也天武天皇十二年改姓賜連十四年再改賜忌寸文武天皇大寶元年以壬申年功賜

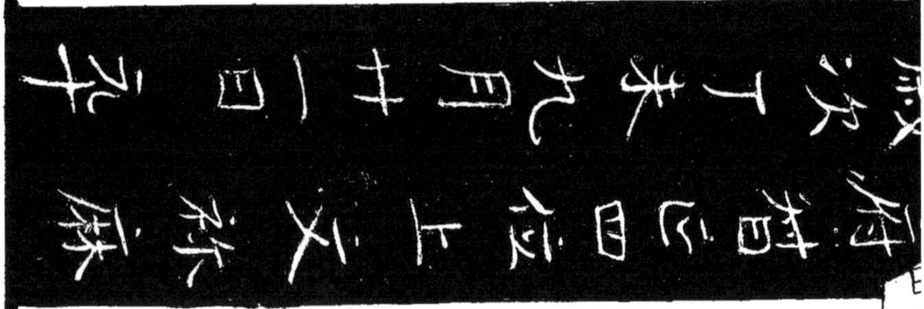

食封一百戸又以中功賜功田八町傳二世見天平寶字元年十二月紀云先朝所定慶雲四年卒續日本紀云慶雲四年十月戊子從四位下文忌寸祢麻呂卒遣使宣詔贈正四位上并賻絁布以壬申年功也據誌云十月戊子者疑史筆之誤但正四位上是贈位靈龜二年四月紀天平寶字元年十二月紀亦云贈正四位上可以證也誌不曰贈者蓋書人之誤耳其為左衛士督史不載乃缺文也　文氏有二一即王仁之後世居河内文首號河内文首一即阿智王之後世居大和號大和文直河内在西大和在東故謂文首為西文謂文直為東

文其後東西二文皆為連又為忌寸又為宿祢但遷都平安西文隸左京東文隸右京是可以為别也古京遺文

雲龍桉文忌寸祢麻呂墓版以銅為之長八寸三分寬一寸四分凡三十四字正書在畿内道奈良縣大和國宇陁郡八瀧邨文忌寸者百濟博士王仁之裔也祢麻呂狩谷已詳攷於前慶雲四年當唐景龍元年督作暂禰作祢慶作慶卒作卆皆别體字

穗積碑

雲龍桉穗積碑見集古十種文四行一行曰和銅二年正月廿二行曰太政官二品穗積新王三行曰奉行四行曰左大臣正二位石上尊正書日本紀慶雲二年九月詔二品穗積親王知太政官事與此碑合石上尊不比等公也與建多胡郡辨官符碑太政官二品穗積親王左大臣正二位石上尊同此先於彼二年時唐景龍二年穗尊等字可互參也

伊福吉部臣德足比賣墓志

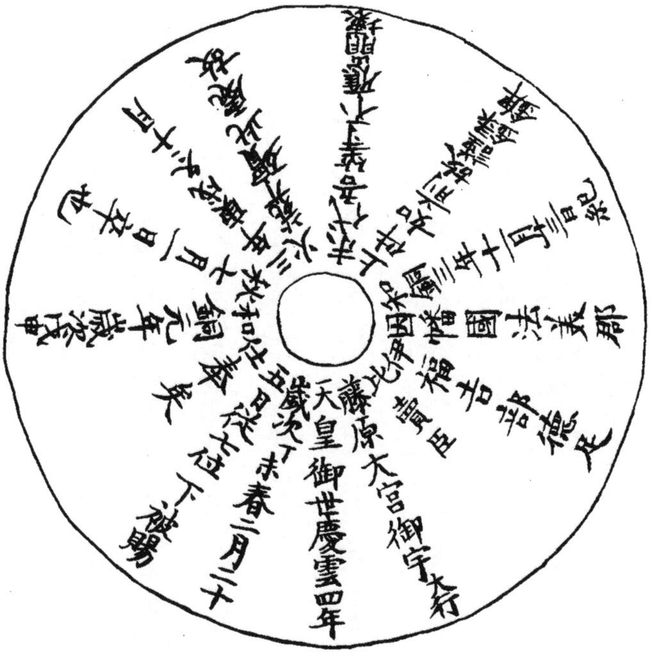

右盛骨銅合子文鐫在蓋上制度與前器約畧相似安永三年六月廿六日因幡國府中山中發土獲之伊福吉部姓氏録作伊福部或五百木部皆同火明命之後也德足比賣書傳無見謂文武天皇爲大行天皇萬葉集亦同蓋當時誤認大行爲先帝之義也末代君猶言後世諸君蒙齋釋爲末代吾者誤矣錍即碑字器用銅造故變石从金耳非此金錍之字猶墓楬古以木作之周禮蜡氏職云若有死於道路者令埋而置楬焉書其日月焉漢書尹賞傳云楬著其姓名顏師古曰楬杙也楬杙於瘞處即書死者名也楬杙字並从才後世代以石故字亦从石作碣遂與東海碣石字混爲一也然謂誌爲碑所未有見恐謬也古京遺文

雲龍桉伊福吉部臣德足比賣墓志鐫於銅合蓋與威奈大邨墓志同此則好古小録有原合圖可撫也器高七寸圓徑九寸厚一寸一分五釐十五行弟一弟二兩行竝六字三行三字四

行五行六行廿八字七行九字八行三字九行八字十行十一行十二行十三行廿七字十四行一字十五行八字十六行紀年十二字和銅三年當唐唐隆元年金石年表謂之因幡伊福吉部氏墓誌

建多胡郡辨官符碑

弁官符上野國片岡郡緑野郡甘
良郡并三郡内三百戸郡成給羊
成多胡郡和銅四年三月九日甲
寅宣左中弁正五位下多治比真
人太政官二品穂積親王左太臣
正二位石上尊右太臣正二位藤原尊

碑在上野國多胡郡池村續日本紀云和銅四年三月辛亥割上野國甘良郡織裳韓級矢田大家緑野郡武美片岡郡山等六鄉別置多胡郡此碑蓋刻當時符文也按碑云九日甲寅則辛亥為六日碑史相差三日給羊字不可讀俗傳羊大夫之事不經甚矣棠齋曰應作半義粗可通然文理不穩不如闕疑之為勝也太政官即知太政官事慶雲二年九月紀云詔二品穗積親王知太政官事是也石上尊麻呂公藤原尊不比等公也尊訓美古登古時尊重其人之稱谷川淡齋誤以為朝臣之省着可笑矣二公官銜亦皆與續紀合棠齋曰多治比真人三宅麻呂也三宅麻呂為左中辨續紀不載然位階適合亦後為左大辨則或其人也古京遺文

雲龍桉碑在東山道羣馬縣上野國多胡郡高三尺九寸寬一

尺九寸正書六行弟一弟二兩行竝十三字三行四行五行竝十四字六行十三字金石年表謂之多胡郡碑今依狩谷箸目此碑曾流傳中國葉氏雙鉤刻本翁氏方綱跋云可與焦山瘞鶴銘並峙誠重之也呼爲日本殘碑實未之殘和銅四年當唐太極元年岡作罡寅作𡨚尊作尊穗作穗它碑字體往往同此

粟原寺塔鑪盤銘

寺壹院四至　限東竹原谷東岑　限南太谷
限樫村谷西岑　限北忍坂川
此粟原寺者仲臣朝臣大嶋惶惶誓
願奉為大倭國浄美原宮治天下天
皇時日並御宇東宮敬造伽藍之尓
故比賣朝臣額田以甲午年始至於
和銅八年合廿二年中敬造伽藍而
作金堂仍造釋迦丈六尊像
和銅八年四月敬以進上於三重寶
塔七科鑪盤矣
仰願藉此功德
皇太子神靈速證无上菩提果
願七世先靈共登彼岸
願大嶋大夫必得佛果

粟原寺今廢大和志云廢趾在十市郡粟原村鑪盤今藏多武峯妙樂寺按仲臣即中臣姓氏錄中臣雷大臣或作仲臣又漢宣帝號中宗漢西嶽華山廟碑作仲宗孝廉柳敏碑五行星仲廿八舍柳宿之精亦以仲為中中仲古通用可知也中臣朝臣大島天武天皇持統天皇兩紀數見日並御宇東宮天武天皇皇子草壁太子也太子為文武天皇元正天皇皇考天平寶字二年八月追尊奉称岡宮御宇天皇但和銅時未上尊號而云御宇頗似可疑然天武天皇之時既為皇太子攝萬機至持統天皇三年薨雖未嗣皇統其實與天子之尊無異古以帝位比之大陽之精所謂天日嗣是也故當時称曰日並御宇東宮謂與帝相並統御天下也日並御宇當讀為比奈美志續日本紀

作日並知萬葉集作日雙斯皆可證讀御宇爲志者與萬葉集八隅知訓爲也須羨志之志同或讀爲比奈免志者非是以賣臣額田無攷甲午持統天皇八年也伽藍多度寺資財帳作伽濫皆是梵語對譯不必拘文字也余往讀崇峻天皇紀有鑪盤博士某時無辨鑪盤是何物今見之始知鑪盤今俗所謂伏鉢其狀似火鑪故以名之耳七科即七階猶云七層四天王寺本本願爲託願緣起云寶塔第一露盤誓手鏤金亦謂露盤第一層也緣起係後人一條帝時則可以攷然其書出於中古制度故取證之古京遺文

雲龍按文字所在高一尺寬一尺二寸五分正書題一行五字注兩行各十一字文十行弟六行十一字八行五字九行六字十行十二字餘皆十四字後三行其前二行㒷九字後一行八字集古十種本四至移後後三行移高皆非真面矣今依舊式

和銅八年即靈龜元年也當唐開元三年金石年表集古本皆題露盤然文内作鑪不作露依狩谷本盤作盤粟字蝕半島作呾倭作倭凈作淨日並半剝籃作檻爾作尔賣作竟頟作頌於作扵銅作銅科作料頋作頋成作成

近江新田邨碑

雲龍桉碑在東山道滋賀縣近江國草津驛西南新田邨正書十四字養老元年當唐開元五年立上一字杣不可識明作明

元明御陵碑

大倭國添上郡平城
之宮馭宇八洲
太上天皇之陵是其
所也、
養老五年歲次辛酉
冬十二月癸酉朔十
三日乙酉葬

長二尺六寸五分

長二尺二寸五分

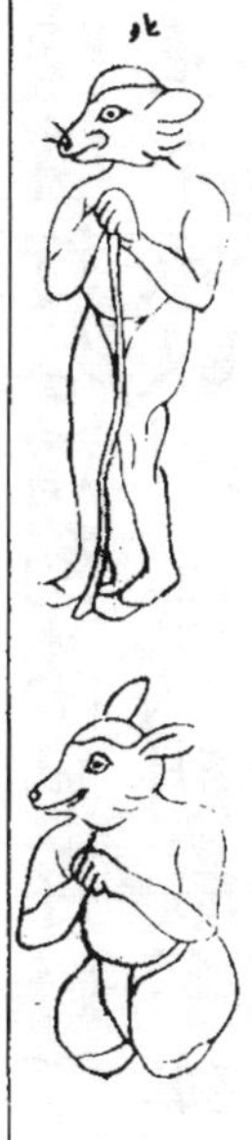

雲龍桉元明御陵碑狩谷謂剝落無存好古小録碑字非真面矣舊撫本漫漶僅添城馭洲老歲刖數字碑高三尺寬二尺餘厚一尺文居碑十之四下段無字續日本紀養老五年十月庚寅大上天皇詔喪地者皆植常葉之樹即立刻字之碑癸亥詔謚號稱其國其郡朝廷馭宇天皇流傳于後世詔出元明陵碑浸多然傳今此其始也初没土後出置畿内道奈良縣大和國奈良坂春日社庭養老五年當唐開元九年續日本紀天平九年十二月改大倭國為大養德國十九年三月依舊為大倭天平寶字元年改為大和法隆寺所藏法華經義疏及醍醐地藏院所傳古記兹署大委國委殆倭省與說文倭委聲倭委古通用此碑在改大養德前十七年故稱大倭國也陵所養盲刖皆别體字坿狗裝隼人圖三一立二踞亦陵上物

上野贊鄉碑

雲龍按上野下贊鄉碑集古十種謂之上野國山名邨碑在東山道羣馬縣上野國石高二尺有奇寬一尺七寸初末之見明和中山頽而出正書九行弟一行十二字弟二行十三字弟三行弟四行十六字弟五行十七字弟六行十五字弟七行十二字弟八行二字弟九行紀年十一字文多漫漶譯曰上野國羣馬郡下贊鄉高田里三家子孫為七世父母現在父母現在侍家刀自□□君□□刀自人紀□部刀自後物部君千足吹駄刀自次□□刀自合六口又知識所結人三家氏人□□次知万呂鍐師礒了君牛麻呂今三口如是知識結而天地誓願仕奉石文神龜三年丙寅二月廿九日凡可徵者一百有三字不可辨者十一字神龜三年當唐開元十四年

興福寺觀禪堂鐘銘

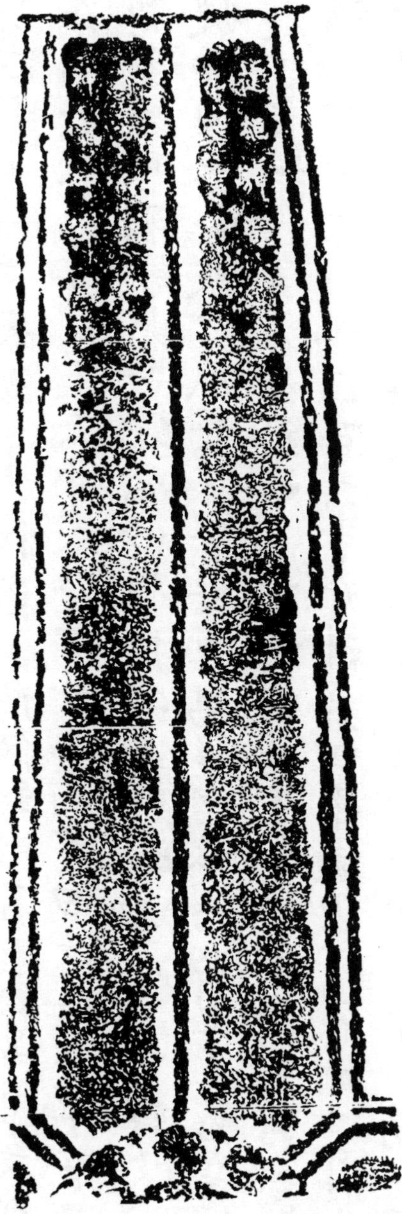

古昔鐘銘皆欸文此獨為識文銘多漫漶殆不可讀奈良人松井元孝精意繹文如斯德因時蓋願主人名疑是韓人也古京遺文雲龍桉興福寺觀禪堂鐘銘集古十種謂之南都興福寺勸善院鐘銘金石年表謂之大和勸善院鐘銘注在興福寺其文所在高一尺八寸寬上三寸八分下五寸正書四行行廿字惟漫漶多難可辨識裁廿餘今以原拓著述輒据金石諸書譯文曰揵搥神器金皷仁風聲振鷲岳響暢龍宮奉為四恩先靈聖躬遊神壽域晤言天衆釦輪息下折機清空芥城伊竭弘擔無窮鑄銅四千斤白鑞二百六十斤神龜四年歲次丁夘十二月十一日鑄□主德因時凡八十字鼓作皷響作響卯作夘鑞居銅四十之一据此可知鑄鐘法神龜四年當唐開元十五年也

天平銅鏡識

雲龍於光緒十五年夏得自日本東京書坊為搜訪者陳榘也
算法每徑一寸合圜圓三寸有一分四釐一毫是鏡徑二寸三
分凡得圜圓七寸二分二釐五毫六忽八絲雙螭夾正書一行
曰天平五年三月當唐開元廿一年去今一千一百五十六年
也五字闕上一筆日本人今俗體字猶然

楊貴氏墓志

從五位上守右衛
士督兼行中宮亮
下道朝臣真備葬
亡妣楊貴氏之墓
天平十一年八月十
二日記
歲次己卯

右墓志用瓦造刻字填以朱砂享保十三年大和國宇智郡大澤村民源八者堀地得之置之村中蓮花寺其地近時連不收或曰楊貴氏爲祟村老相議埋之舊處新井鳴門豹近在同郡五條里見其事爲余語如此真備公官位與續紀所載合楊貴氏姓氏録右京蕃別所載八木造即此古京遺文

雲龍樓楊貴氏墓志在畿内道奈良縣大和國宇智郡享保十三年山頽而出或曰民掘也尋復入土墓志瓦製之傳今始此高屋枚人墓志紀廣純女吉繼墓志皆瓦造一後此三十七年一後此四十五年此瓦高六寸九分寬九寸厚二寸餘八行前四行文各七字紀年三行一爲八字一爲三字一爲四字天平十一年當唐開元廿七年氏作氐卯作夘其文正書

石浮圖文

雲龍桜石浮圖在畿内道奈良縣大和國龍福寺凡四層上第一層高九寸五分方一尺一寸有半蓋石厚五寸方一尺四寸第二層高一尺五分方一尺三寸有半蓋石厚五寸方一尺四寸第三層高一尺一寸有半方一尺四寸蓋石厚六寸方一尺

四寸第四層高一尺六寸方一尺四寸五分蓋石厚七寸方二尺七寸惟此層有字据日本人云正面舊有天平字様今未之見右側似有字五而不可辨左側僅存昔阿育三字下一字雖餘數筆不可知矣存此三字其為無垢淨光塔可知百万木塔所藏無垢淨光經後此十有餘年

山名村碑

碑在上野國綠野郡山名村山上觀音堂傍文義古拙不可讀佐野在山名村北廿餘町古歌所詠佐野船橋即此距佐野村一許町有一小堂俗呼云放光山顛邊寺或云是放光寺之蹟又上野國神名帳有群馬郡放光明神然則放光寺在於此亦

未可知也蒙齋以其文似高田里碑其所在亦相近云或出一手定以辛巳為天平十三年余則謂高田里碑以神龜紀年此特不可舍天下之號以干支紀則辛巳當在天武天皇之十年也蒙齋曰集月又見古銅牌銘文疑是韓語（古銅牌銘載在好古日録云横本傳在一友人家長一尺二寸濶二寸強厚一分弱陰識文云大邑利活辦慶著師盡可来觀都我往還三倉利如寛忠良哉願望元九貞口口戊子集月銘文文不可讀亦莫知為何器蒙齋疑為韓物或然○古京遺文）雲龍按碑在東山道群馬縣上野國緑野郡山名邨山上正書文曰辛巳歲集月三日記佐野三家定賜健守命孫黑賣刀自此新川臣兒斯多禰足邊孫大兒臣娶三兒長利僧母為記定文也放光寺僧凡五十二字文體似下贊碑好古小録西田金石年表均定為天平十三年果爾則時為唐開元廿三年

竹野王墓碑

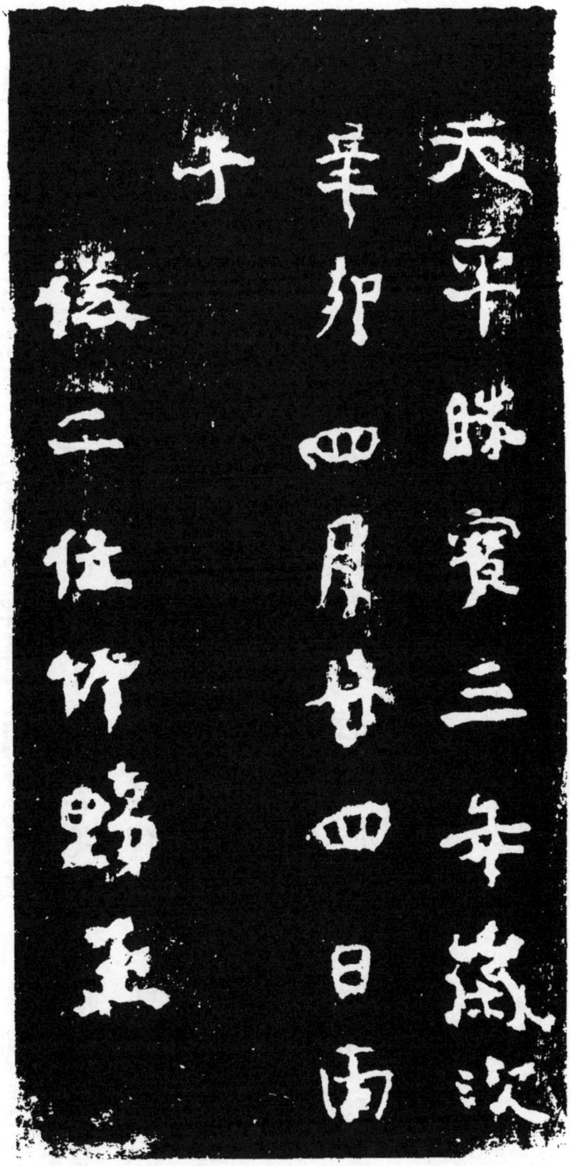

雲龍桉碑在畿內道柰良縣大和國高市郡稻淵邨龍福寺石浮圖處正書四行前二行各八字三行一字四行六字文曰天平勝寶三年歲次辛卯四月廿四日丙子從二位竹野王其年為唐天寶十年据大和志云二位竹朝臣四月三日葬于朝風南然稱二位非也公卿補任云天平寶字二年三位亦誤續日本紀云天平二十一年四月丁未授從三位竹野王正三位是也距天平勝寶三年已十有八載据碑已授從二位可補史闕為集古本所未及今以舊拓本縮影

佛足石圖記

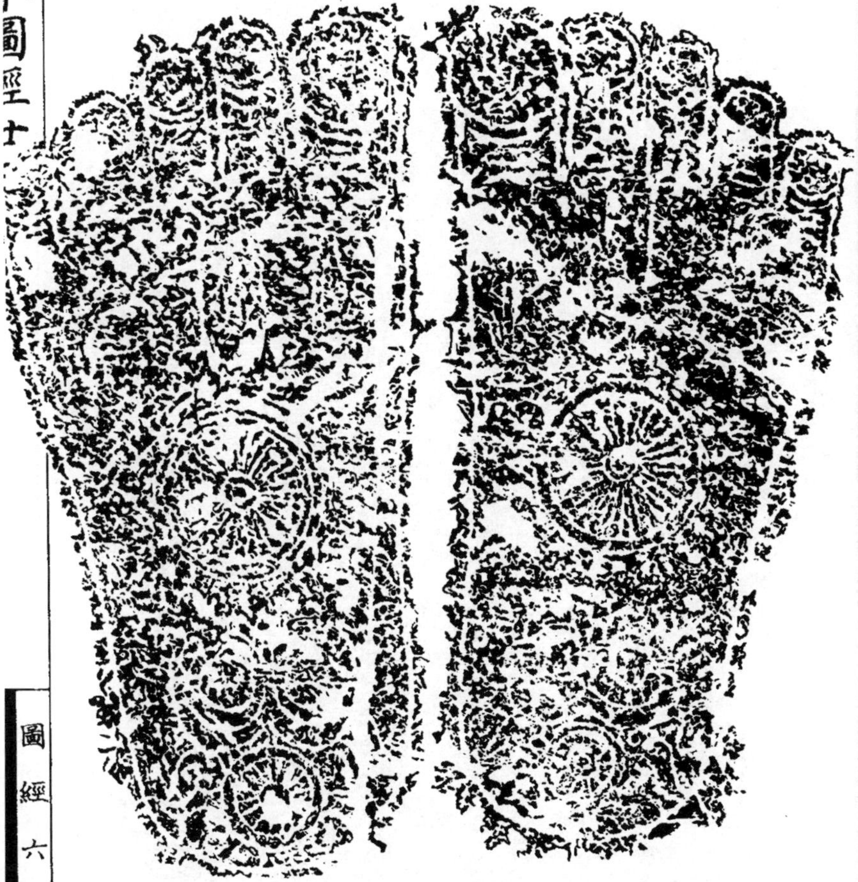

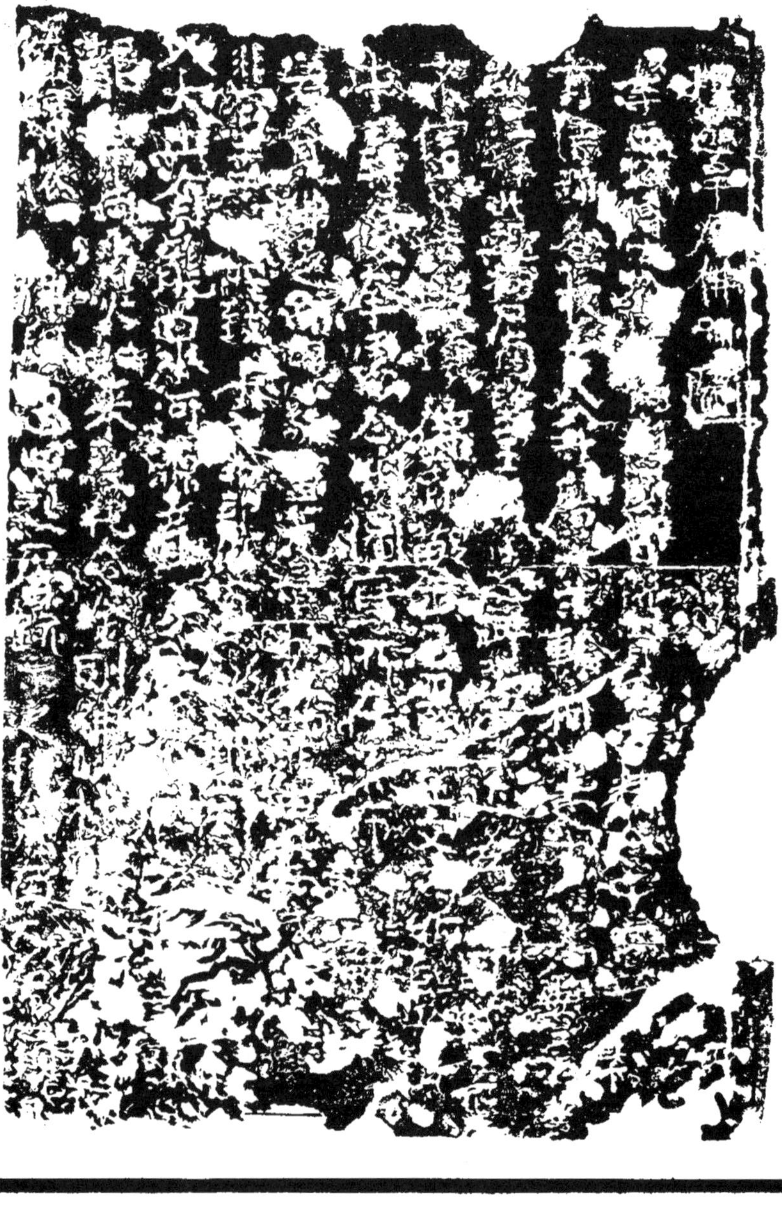

日本圖經十三

圖經六之一

纂喜廬所著書

釋迦牟尼佛跡圖

案西域傳今摩揭陁國昔阿育王方精舍中有一大石有佛跡各長一尺八寸廣六寸輪相花文十指各異是佛欲涅槃北趣拘尸南望王城足所蹈處近爲金耳國商迦王不信正法毀壞佛跡鑿已還生文相如故又捐於河中尋復本處今現圖寫所在流布觀佛三昧經云若人見佛足跡内心敬重无量衆罪由而滅今俱□非有幸之所致乎又北印度烏仗那國東北二百六十里入大山有龍泉河源春夏含凍晨夕飛雪有暴惡龍常雨水災如來往化令金剛神以杵擊崖龍□伏歸依於佛恐惡心起齊跡示之於泉南石上現其□跡隨心淺深量有長短今丘茲國城北四十里寺佛堂

二

中玉石之上亦有佛跡齊日放光道俗至時同住慶
修觀佛三昧經佛在世時若有衆生見佛行者及
見千輻輪相卽除千劫極重惡罪佛去世後想
佛行者亦除千劫極重惡業雖不想行見佛迹者見
像行者步步之中亦除千劫極重惡業觀如來
足下平滿不容一毛足下千輻輪相轂輞具足魚鱗相次
金剛杵相足跟亦有梵王頂相衆蠡之相不遇諸惡
是爲休祥

正面方圍外下方題字

知識家口男女大小

石臺前左側佛像漫滅不可拓

石臺前右側佛像

記文及佛像上刻残文

泐難悉拓

左側方圍外右方題名

三國真人淨足

石臺左側刻字在西

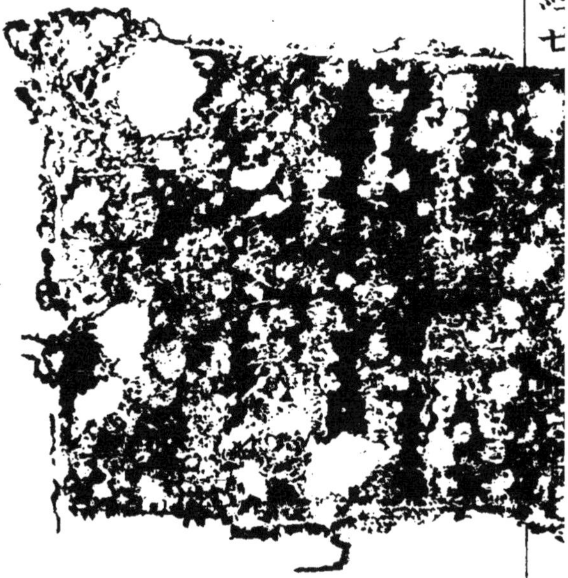

大唐使人王玄榮向中天竺磨
□茲國中轉法輪□曰見
跡得轉寫搭是第一本□
日本使人黃書本實向
大唐國於普光寺得轉
寫搭是第二本此本在
右京四條一坊禪院向禪
院壇披見神跡敬轉寫
搭是第三本從天平勝
寶五年歲次癸巳七月十五日盡
廿七日并一十三箇日作□檀
主從三位智努王以天平勝

寶四年歲次壬辰九月七日

改王寫成文室真人智努

畫師越田安万書寫□石手

□□□呂人足□仕奉□□□人

譯文

左側方圓外題名在第十行下方

三國真人淨足

石臺背面刺字

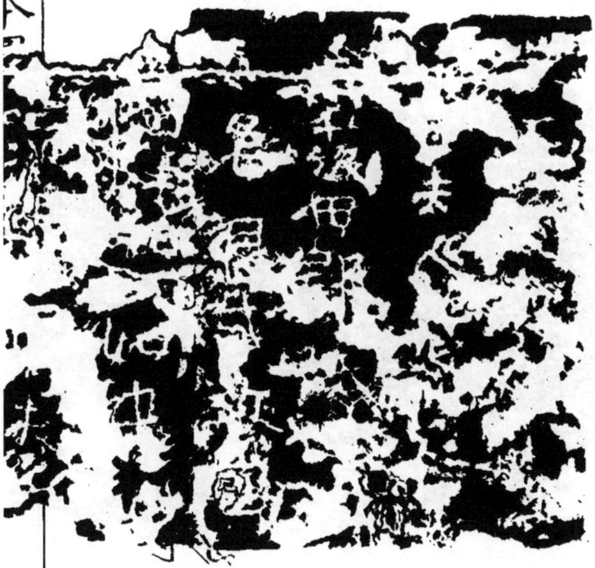

至心發願爲
亡夫人從四位下
茨田郡王法
名良式敬寫
釋迦如來神
跡伏願夫人
之靈駕遊入
无勝之妙郷
受□□□□之
聖訁□永□脱有
漏高證无爲同
霑三界共契一真
文譯

石臺右側刻字 在東

諸行無常
諸法无我
涅槃寂静

譯文

佛跡圖石在西京藥師寺所引西域傳文與西域記法苑珠林畧同所記佛跡尺寸西域記釋迦方誌慈恩寺三藏傳續高僧傳皆同今以唐大尺度之其廣正合其長慊二寸不知何謂嘗齋以記中一尺八寸為一尺六寸之誤未檢西域記諸書也所引觀佛三昧經校之藏本事同文異蓋係操觚者之纂節王玄策使天竺見唐書西域傳法苑珠林云貞觀廿三年有使圖寫迹者即是也左側磨下二缺字當是揭陁輪下缺字蓋處字黃文連出自高麗國人久斯那王見姓氏録本實天智天皇紀持

統天皇紀文武天皇紀並載而無向唐國之事史逸也按天智天皇十年紀黃文造本實獻水臬豈非得於唐國而獻之耶普光寺唐貞觀五年爲太子承乾建見佛祖統記禪院道昭所建初在飛鳥後移平城詳見續日本紀三代實錄按續日本紀智努王天武天皇之孫長親王之子天平十九年正月授從三位天平勝寶四年八月乙丑賜文室真人姓（按以長暦推之八月無乙丑九月廿二日即得乙丑然不與此記云九月七日合可疑）天平寶字五年改名淨三授正三位六年正月爲御史大夫八年正月敘從二位九月致仕寶龜元年十月薨野呂氏摹刻是文卷末所附淨三卿履歷訛謬頗多故余爲正之亡夫人茨田郡王法名良式未詳按續紀云天平十一年正月丙午授無位茨田女王從四位下位階適合或其人也三國真人繼體天皇皇子椀子王之後見姓氏錄淨足無攷

文中石字王字休字磨滅不可讀野呂氏摹本有之疑係意增令匡以分之又野呂氏摹本桒作尋十指作帶相商作商相作彩捐於河中脫於字內心作恩由其而滅作由共滅有暴惡龍脫有字以杵擊崖崖上衍山字龍□□伏作暴龍出伏寺佛堂作在佛堂迹作跡不遇作不異天竺磨□□國脫磨□二字因見作回見此本作日本四條一坊作四行坊盡作至一十三箇日脫一字畫師安万作安方三國真人淨足作文室真人淨三皆誤末本石手字呂字足字仕奉字人字野呂氏不刻蓋闕疑之意不足責也野呂氏摹本不及背後右側二面豈不獲搨本邪是記石質頑堅不易深刻高卑坳堗字隨其勢筆畫隱晦艱讀故世罕有搨本余親至西京經七日之久精撫一通纔得釋之其方圓下方二題字埋在塵土中余磨崖數日之後始獲之

前人所未嘗見也（古京遺文）

雲龍梭佛足石圖記在西京藥師寺上面佛足圖花文作卍字形通身之文寶劍雙魚瓶螺千輻輪相梵王頂相長一尺六寸寬計其中六寸足四隅有紋前面一行題字曰釋迦牟尼佛跡圖其文十九行第一行廿一字第二行廿二字第三行廿三字第四行廿字第五行十九字第六行廿字第七行廿一字第八行廿字第九行廿字第十行廿字第十一行廿二字第十二行廿字第十三行十九字第十四行十八字第十五行廿字第十六行十八字第十七行廿二字第十八行廿字第十九行四字四面高一尺七寸四分寬一尺九寸左右佛像下方題八字左側字十七行第一行十二字第二行十字第三四五六行並九字第七行十字八九行並九字第十行十三字第十一行十二

字十二行十三行並十一字十四行十字十五行八字十六行九字十七行七字四面高一尺九寸寬一尺九寸四分上有垂雲左有花紋其外右方題名六字第十行下方題名六字背面十二行第一行五字第二行七字三四五六七八九十行並五字十一行六字十二行七字四面高一尺八寸寬二尺三分上有花紋右側三行行四字方圍高五寸五分寬三寸七分左右佛像二有花紋石輒凹凸文泐滋多傳譯又互有異同今以狩谷望之古京遺文本爲主擇長補闕而以它本異同校而著之備互糾也佛足石臺前面刻文第一行釋迦牟尼佛跡圖文字第二行紊野呂本白田本竝作尋石据野呂本補第三行十指野呂本云帶相松屋本作□相白河氏集古本無是字第四集古本闕城字處在近上商下無迦王二字第五行相宅本作彩

無於字第六行集古本闕昧經云三字狩谷本無云字据松屋本補第七行内心松屋集古本作恩集古本無由其而三字俱下無□松屋本其作此第九行闕有暴惡第十行闕崖龍第十二行無□寺作有闕堂字第十三行闕慶第十四行闕及第十五行闕相第十六行闕見第十七行者下云出步之□來作平第十八行闕次第十九行闕家遇作異惡作西第二十行狩谷据野呂本補休字其石臺左側刻字第一行集古本闕磨無□第二行狩谷本闕茲据集古本補第三行集古本有□第五行於字据狩谷本第六行此集古本誤日狩谷本不誤第七行條一集古本作行院作陀第八行集古本闕轉寫第十行集古本云元年歲次己巳天寶元年己丑非己巳也松屋本作己丑而狩谷本定爲五年癸巳是也金石年表列之四年蓋以下文四

年壬辰而誤盡松屋集古本竝作至第十二行努松屋集古竝作奴無以字第十三行七松屋集古竝作十第十四行王松屋本作之第十五行万松屋野呂集古竝作方而狩谷定為万畫松屋集古本竝作書松屋本石作神第十六行呂人云作主仕云匠集古本此行僅云杉原甲注曰以下漫滅其石臺左側刻字三國真人淨足野呂本云文室真人淨三其石臺背面刻字第一行集古本闕至心二字發作伏第三行王松屋作主第七行駕松屋本集古本作高第八行邦集古本作拜第十行訁□名本無惟狩谷本有之永狩谷本存其半然松屋本集古本作永据補其右側刻字三行各本無異下方二題字獲入著錄自狩谷始拓本有明滅拓時有先後拓手有精麤而譯文則繇學識而有異同也剝落久矣非資舊譯浸同沒字故互斠之

日本圖纂七三

十一

游歷書十九之一

東大寺聖武銅版勅書

菩薩戒弟子皇帝沙弥勝満稽首十方三世諸佛法僧去天平十三年歳次辛巳春二月十四日朕發願緣廣為蒼生遍求景福天下諸国各令敬造金光明四天王護国之僧寺并寫、金光明最勝王經十部僧廿人施封五十戸水田十町又於其寺造七重塔一區別寫金字金光明最勝王經一部安置塔中又造法華滅罪之尼寺并寫妙法蓮華經十部尼十人水田十町所冀聖法之盛与天地而永流擁護之恩被幽明而恒滿天地神祇共相和順恒將福慶永護国家開闢已降先帝尊靈長幸珠林同遊寶刹又願太上天皇太皇后藤原氏皇太子已下親王及大臣等同資此福俱到彼岸藤原氏先後太政大臣及皇后先妣從一位橘氏太夫人之靈識恒奉先帝而陪遊淨土長顧後代而常衛聖朝乃至自古已来至於今日身為大臣竭忠奉国者及見在子孫俱因此福各繼前範堅守君臣之禮長紹父祖之名廣洽群生通該庶品同辭愛網共出塵籠者今以天平勝寶五年正月十五日莊嚴已畢仍置塔中伏願前日之志悉皆成就若有後代聖主賢卿承成此願乾坤致福愚君拙臣改替此願神明効訓

纂喜廬所著書

右銅版詔書藏在東大寺二月十四日續紀天平十九年十一月己卯詔所云亦同然於十三年紀則係之三月廿四日未知何謂也是詔在讓位後數年而言皇帝又謂既崩元正天皇為太上天皇謂太皇太后宮子為皇太后謂今上寶字稱德孝謙皇帝為皇太子謂皇太后光明子為皇后者皆是天平十三年發願時之語非勝寶五年落成時之文先後太政大臣鎌足公不比等公橘氏大夫人縣大養宿祢東人女三千代也適不比等公生光明子和銅元年十一月賜橘宿祢姓天平五年正月薨天平寶字四年八月贈正一位為大夫人然此詔豫曰大夫人殊不可曉古京遺文

雲龍按聖武銅版敕書大日本紀注稱勅書集古十種全右年表合在大和國東大寺高一尺七分寬六寸八分其文凡十四行行廿八字唯第一

行廿九字正書天平為聖武年號天平勝寶為聖武子孝謙年號聖武之發願在鐫勅於銅前十一年也觀勅云天平十三年發願語而知大日本史注云東大寺所藏勅書為元年閏五月二十五日正與第二勅書後署元年合此勅原文至共出塵籠者而止其下五十九字孝謙續也既言以天平勝寶五年正月十五日莊嚴已畢仍置塔中願前日之志悉皆成就其為刊於五年當中國唐天寶十三年夫奚疑金石年表列之天平勝寶元年則天寶八年也殆未審第二勅書標年而誤與薩作薩彌作弥滿作満稽作稽國作国經作経置作置尼作尼冀作兾與作与永作永恩作恩恆作恒靈作霊刹作刹等作苐橘作橘衛作衛守作守禮作礼辭作辞網作網塵作塵字體之古俗通用者承作羕則日本相沿俗字國君而有法名往往然也

又銅版勅書

施

封五千戸

水田一万町

以前捧上件物遠限日月窮未來際敬納彼三寶分依此發願太上天

皇沙弥勝滿諸佛擁護法藥薰質万病消除壽命延長一切所願皆使

滿足令法久住拔濟群生天下太平人民快樂法界有情共成佛道以

代代国王為我寺檀越若我寺興複天下興複若我寺衰弊天下衰弊

復擅其後代有不道之主邪賊之臣若犯若破障而不行者是人必得

破辱十方三世諸佛菩薩一切賢聖之罪終當道大地獄無數劫中永

無出離十方一切諸天梵天護塔大善神王及普天率土有勢威力天

神地祇七廟尊靈并佐命立功大臣將軍靈共起大禍永滅子孫若不

犯觸敬勤行者世世累福終隆子孫共塵域早登覺岸

天平勝寶元年

平城宮御宇太上天皇法名勝滿

右刻在前詔背按續日本紀天平感寶元年閏五月癸丑捨諸寺絁綿布稻墾田地詔文略同遠江國相良平田寺亦藏是日勅書蓋是所賜大安寺寺廢後在于此也其紀年云天平感寶與史同按是歲七月讓位於皇太子改元勝寶然今詔在閏五月而云勝寶者是刻蓋同在刻勝寶五年詔之時故記以故號耳其在帝位而稱太上天皇續紀及平田寺勅書皆同疑不能明也又按續紀是日所捨東大寺墾田一百町七月乙巳定諸寺墾田地限亦大倭國分金光明寺四千町並不與此詔合續紀又曰天平勝寶二年二月壬午益大倭金光明寺封三千五百戶通前五千戶此詔豫曰五千戶亦蓋追刻時所改增也古京遺文

雲龍按高寬與前勅同十四行前一行一施字二行封五千戶

三行水田一万町四行以下行廿七字第十三行紀年第十四行署名正書大日本史天平勝寶元年十二月二十七日丁亥幸東大寺施封四千戶二年二月二十二日辛巳幸東大寺益封為五千戶今勅先云五千戶矣狩谷氏言刻時改增其信以万為萬不用假借字也分作分發作發願作願壽作壽彌作弥快作快叟作叟濟作濟復作複弊作弊國作国越作越邦作邦永作永薩作薩率作率勢作勢離作離廟作廟靈作靈尊作尊切作切臣作臣孫作孫觸作觸隆作隆登作登御作御類多別體與唐寫經本往往而符以佐為佐則日本俗字相沿至今

天平勝寶驛鈴識

鈴式

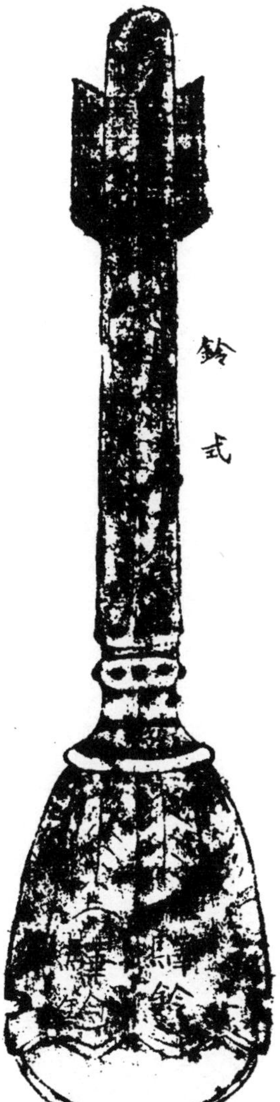

鈴文

雲龍梜銅驛鈴長七寸八分鈴寬處一寸九分柄三出如矢羽然文居柄中一行曰天平勝寶年鈴六面有驛鈴二字㸃正書銅舌尚存其音律中黄鍾天平勝寶當唐天寶間後天平銅鏡十有餘年今亦歸雲龍矣所見日本驛鈴率多無字有之亦莫前於此

東大寺枚幡鎮鐸欵識

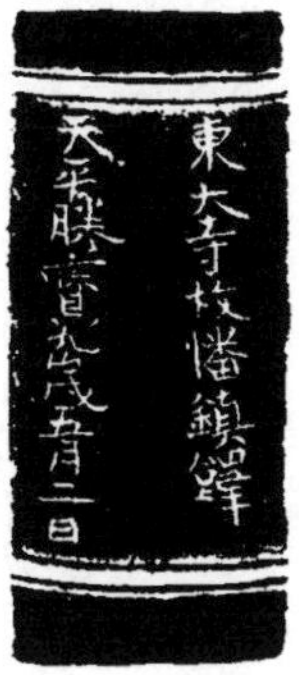

雲龍桉此為枚幡之風鎮銅鐸十有奇刻字竝同藏東大寺正書二行前行七字後行十字有字之處高二寸寬一寸二分所謂天平勝寶九歲者即天平寶字元年也當唐至德二年其五月二月則已酉也有聖武周忌御齋道場幡可据幡之銘簡白綾朱字枚幡之銘簡緋絁墨字並天平勝寶九歲歲次丁酉夏五月二日巳酉書其幡尚存東大寺

養喜廬所著書

修造多賀城碑

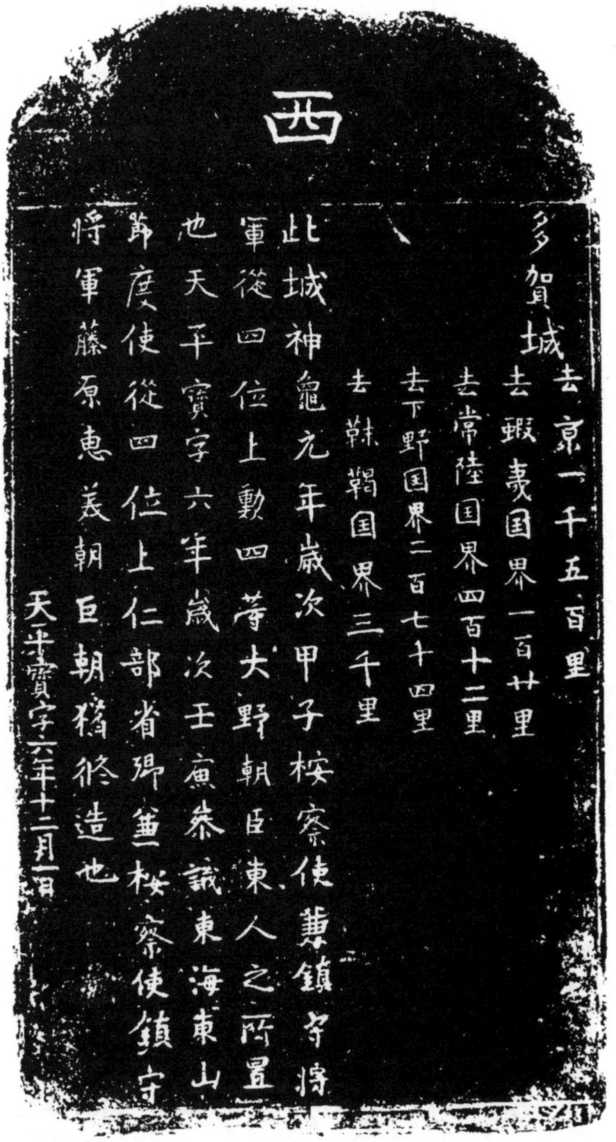
西

多賀城　去京一千五百里
去蝦夷国界一百廿里
去常陸国界四百十二里
去下野国界二百七十四里
去靺鞨国界三千里

此城神龜元年歲次甲子按察使兼鎮守將
軍從四位上勳四等大野朝臣東人之所置
也天平寶字六年歲次壬寅參議東海東山
節度使從四位上仁部省卿兼按察使鎮守
將軍藤原惠美朝臣朝獦修造也

天平寶字六年十二月一日

碑在陸奧國宮城郡市川村即多賀城廢趾也多賀柵始見天平九年三月紀碑上有西字其義未詳按續日本紀東人神龜元年二月授從五位上二年閏正月授從四位下勲四等天平三年正月授從四位上其為鎮守將軍見天平元年九月紀為按察使見九年正月紀碑所書冠位皆得于置是城之後其後十一年四月為參議十三年閏三月敘從三位十四年十一月薨于職碑不言參議從三位者何也若以置城之時言之未嘗為勲四等從四位上疑朝獦暗記之誤耳朝獦官銜與續紀所載皆合但寶字五年十一月丁酉紀曰為東海道節度使不曰東山然紀載其所管國有上野下野則知東山兼在其中也又據六年十二月八年七月紀及九月押勝傳並云從四位下不載至從四位上是碑為自己署名當以史為遺漏也古京遺文

雲龍桉修造多賀城碑在東山道青森縣陸奥國宮城郡市川邨高五尺二寸寛二尺四寸餘正書十一行前五行紀里而題多賀城三字於前二行上第六行至十行其文也行十七字惟第十行十三字第十一行紀年十一字皆在方圍中圍外上端有西字較大多賀城舊址猶見市川邨也蝦夷國今爲北海道五代史勃海本號靺鞨高麗之别種又曰黑水靺鞨本號勿吉後魏時見中國其國東至海南界高麗西接突厥北鄰室韋蓋肅慎氏地也分數十部黑水靺鞨最北勁悍無文字其兵角弓楛矢此靺鞨之見正史者是碑京蝦国龜桉將勲所窴卿兼惠美修等字古俗兼用

日本圖纂　七三

游歷書十九之一

鑑真和尚墓志

雲龍桉鑑真和尚墓志在東山道橡木縣下野國藥師寺邨龍興寺墓作塔形正面題鑑真大和尚五字長凡二尺四寸字寬約五寸許側書天平寶字七壬寅五月五日十一字長凡二尺二寸餘皆正書也當唐廣德元年寶作宝餘無別體字

東大寺甲銀壺銘

雲龍按東大寺在畿內道奈良縣大和國銀壺有甲字為弟一壺高一尺四寸口徑一尺四寸圍七尺四寸此日本曲尺量也銘云重大五十五斤合日本今秤二貫百六十匁又云蓋實并臺惣重大七十四斤十二匁合日本今秤二貫百六十匁甲壺臺重大十二斤徑一尺四寸二分高四寸据觀古雜帖今權衡二十四銖為兩三兩為大兩之一十六兩為斤銀銅為大此外用小金貴於銀鐵賤於銅貴者用小其大者一斤今秤之一百八十匁小者一斤少二十匁續日本紀天平十一年四月令諸國改馱馬一匹所負之重大二百斤以百五十斤為限蓋三十六貫改減廿七貫云漢文無匁字日本謂一錢之重為匁壺蓋已佚拓本亦未之見中國貞金以銀箸錄如此銘者尠

東大寺乙銀壺銘壺形視甲

雲龍桉乙壺銘重大五十二斤少於甲三斤壺臺銘重大十斤八両八両云者半斤也少于甲六十四斤四両觀古雜帖亦未及蓋天平神護止二年此日三年即神護景雲元年
當唐大厤二年二壺銘紀年竝同

織田郇社鐘欵識

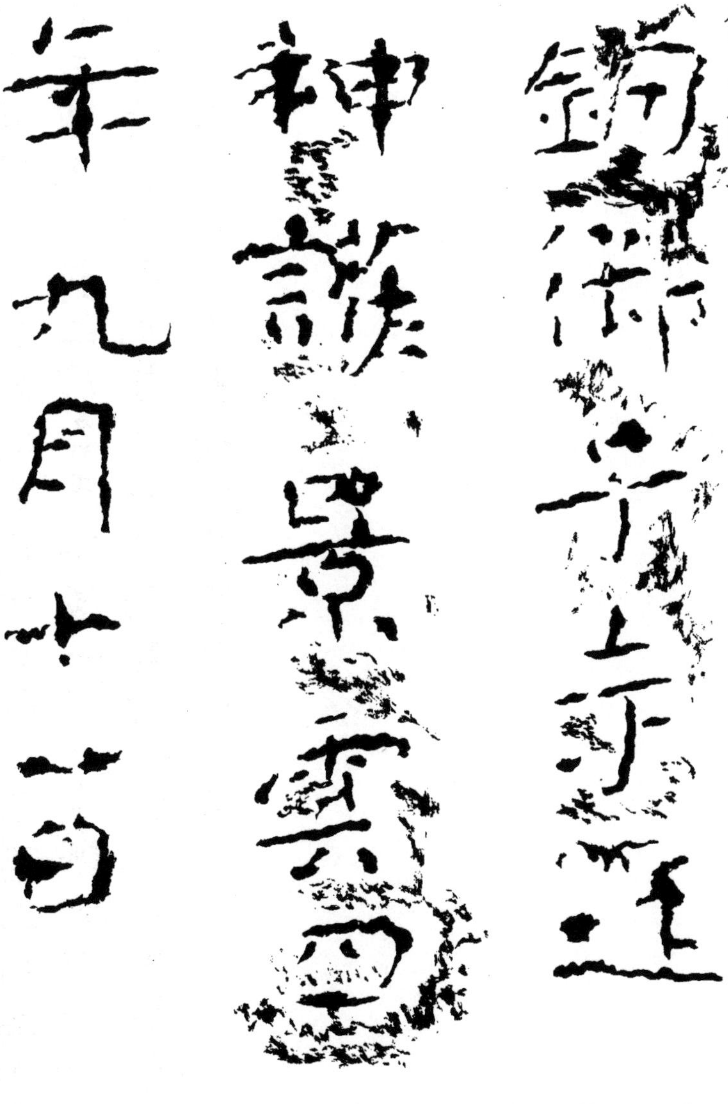

雲龍按鐘在北陸道福井縣越前國織田邨社正書三行高四寸五分寬三寸五分前二行各五字後一行六字譯文曰釼御宇寺鐘神護景雲四年九月十一日沕者釼鐘雲三字其年即寶龜元年當唐大厤五年也精拓本假自中井兼之

高屋連枚人墓志

故正六位上常陸國
大目高屋連枚人之
墓寶龜七年歲次丙
辰十一月乙卯朔廿
八日壬午葬

河內國石河郡□□山崩而出此志志似石非石似瓦非瓦土沙合成未經火化者其制與紀氏墓志全同今藏在郡中叡福寺按高屋氏為河內國神別故歸葬于此也古事記云安閑天皇御陵在河內國古市高屋村延喜式有河內國古市郡高屋神社皆可證高屋之為河內地名也枚人史傳無見古京遺文

雲龍按高屋連枚人墓志在畿內道大阪府河內國石河郡瓦石莫辨墨帖一覽高八寸三分濶五寸七分好古小錄云長八寸濶六寸厚二寸餘度自國人已參差矣或曰藏叡福寺東南院寶龜七年當唐大厤十一年朔作朔與紀吉繼墓志同

涅槃經摩崖

右刻在大和國宇智河就崖書按諸行無常偈及如是偈句一章出聖行品如來證涅槃偈及若有書寫一章出高貴德王品其就崖書者蓋本於□□品我於爾時深思此義然後處々若石若壁若樹若道書寫此偈之文也後彫佛像一區未完似鐫鏤不卒業者字頗漫漶以碑首有大般字或謂大般若經碑者誤碑書寂滅為寐威按毛詩赫々宗周褒姒威之昭元年左傳

及韋昭國語注引作滅則知威滅通用古京遺文雲龍按此在畿内奈良縣大和國宇智川金石年表稱大和宇智川磨崖碑古京遺文稱宇智河崖涅槃經碑集古十種稱摩崖碑皆有未安今為定厥目曰涅槃經摩崖正書居崖高三尺二寸寬二尺四寸五分題一行文五行紀年二行凡八行文蝕多矣据舊譯曰大般涅槃經題一行　諸行无常是生威法生威乚己寂威為樂文一行　如是偈句乃是過去未來現在諸佛所説開空法道文二行　如來證涅槃永斷於生死若有至心聽文三行　常得无量樂文四行　若有書寫讀誦為他能説一經其身於劫後七劫不隨悪道文五行　寶龜九年二月四日工少□□□紀年一行　知識□□紀年二行　大般之般不从木摹手多譌寶龜九年當唐大厤十三年无威寂墮悪等字古俗兼用

紀廣純女吉繼墓志

維延曆三年歲次甲子朔癸酉丁
百叅議從四位下陸奥国按察使
兼鎮守副將軍勳四等紀氏
諱廣純女吉繼墓志

日本圖經十二

圖經六之一

籑喜廬所著書

河內國石川郡妙見寺有一丘陵土人呼為茶臼山往年出此墓志志瓦造堅緻如唐製澄泥古研上下二片片各厚三寸餘一片刻志一片為蓋今藏在木寺按延麻三年正月癸酉朔丁酉廿五日也然不言正月直書朔癸酉別屬一例廣紀卿官銜皆與史合遺諒

雲龍按紀廣紀女吉繼墓志在畿內道大阪府河內國石河郡春日郎妙見寺是瓦造也上下二片長八寸三分寬五寸三分厚三寸有奇延麻三年當唐興元元年書朔癸酉不書月它碑尠見延作廷朔作𦍩酉作莤國作国兼作兼副作副將作将諱作諱繼作継古俗兼用體雜篆隸

陸奧國大元帥社碑

雲龍桉碑在東山道青森縣陸奥國高五尺一寸寛三尺六寸有奇正書剥落然大平寺大同四年己丑歲三月十二日町田碑陰有供曰建等字分明可辨時唐元和四年也拓本係出分摹

日本圖經卷廿三

沙門勝道上補陀洛山碑

圖經六之一

纂喜廬所著書

雲龍桉沙門勝道上補陀洛山碑在東山道橡木縣下野國補陀洛山集古十種僅目為日光山碑失之疏漏矣高三尺九寸寬一尺七寸横額篆曰沙門勝道上補陀洛山碑正書文十七行弟一行弟二行均七十二字弟三行七十一字弟四行弟五行均七十二字弟六行七十一字弟七行至弟十二行均七十二字弟十三行七十一字弟十四行至弟十六行均七十二字弟十七行四十九字銘四行前三行均五十六字後一行八字又文一行一百廿七又署欵一行九字沙門勝道者俗姓若田氏開補陀洛山者也先是開二荒山神護景雲元年天應元年再登再阻延厤元年漸達于頂為文與銘且書之碑者僧空海也遍照金剛空海法號也弘仁之年敦牂之歲弘仁五年甲午也月次壯朔三十之癸酉九月三十日也時唐元和九年弘法

大師正傳云八月晦為沙門勝道撰上補陀洛山碑文即此先是閏七月八日獻梵字并雜文于廷梵字悉曇字母并釋義一卷古今文字讚三卷古今篆隸文體一卷梁武帝草書評一卷王右軍蘭亭碑一卷曇一律師碑銘一卷大廣智三藏影讚一卷善書有聲用狸毛筆是碑篆書正書皆有法

南圓堂銅燈臺銘

銅燈臺銘
弘仁七載歲次景申伊
豫權守正四位下藤原
朝臣公等追遵
先考之遺敬志造銅燈
臺一所心不乖靈器期
於撲墜景傳而不窮慈
光燭而無外遺教經云
燈有明明命也燈延命
譬喻經云為佛燃燈後

世得天眼不生冥靈普
廣經云燃燈供養噬諸
幽冥苦病衆生蒙此光
明緣此福德皆得休息
炎則上天下地匝日不
明向海入冥逝人不服
是故以斯功德奉招
先雪七覺如遠一念孔
近庶幾有心有色並超

於九横無小無大共獨
於八苦昔光明普燃燃
燈說咒善樂如來供油
上佛居今望古豈不美
哉大標良因照厥來者
古大雄降化應物開神
三乘分轍六度成章台
非洗篠万善惟斯吏昇
佐利示以祭無薰於揭

右銅燈臺在興福寺南圓堂前燈臺六方銘亦六版末二版逸失今所存四版耳景申即丙申唐人為太祖諱丙為景此襲用之孝謙皇帝所寫一切經跋亦去神護景雲二年歲在戊申五

月十三日景申與此同藤原朝臣名諱不可知俟後攷或謂冬嗣公非是冬嗣以弘仁二年正月為參議見日本後紀弘仁五年四月辛冬嗣閑院授從三位見類聚國史與此云弘仁七年伊豫權守正四位下不合追遵先考之遺敬志造銅燈臺一所按敬志恐倒置匪大不照亦應作火皆書者偶誤也古奈遺文

雲龍按銅燈臺銘在畿內道奈良縣大和國興福寺南圓堂其臺六方銘原六版今存銘版四耳董修福以下闕如存字二百四十有五弘仁七年當唐元和十一年日本無諱景之說其為遵唐諱無疑也等羌福佅迹薩来度攸等字古俗兼用藤與它文異同滋多賀城碑从禾道澄寺鐘銘从禾又从木古印章亦有从木者光明后寫經跋从糸古延喜卷从水

慈尊院邨斷碑

雲龍按碑在南海道三重縣紀伊國高野山慈尊院邨正書石斷僅存五行凡一百六十字弘仁七年當唐元和十一年文有大師入李唐其為述入唐之僧無疑

益山寺花盤款識

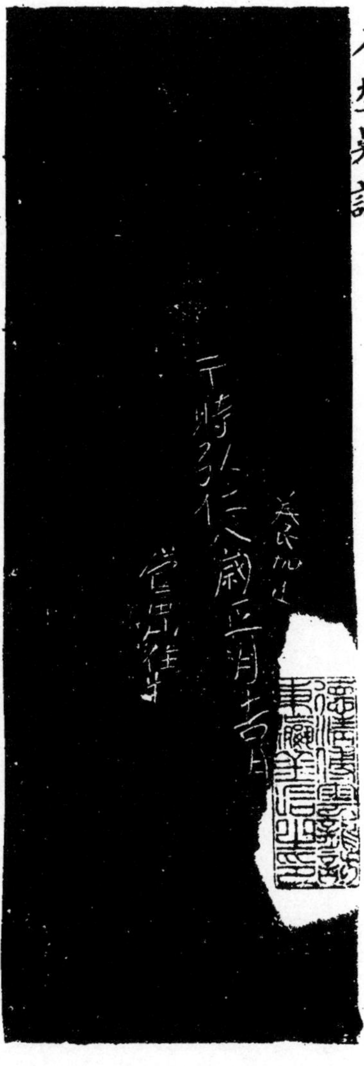

雲龍按盤在東海道靜岡縣伊豆國君澤郡增山邨益山寺文三行第一行曰養加山第二行曰于時弘仁八歲正月吉日第三行曰當山住持凡十七字弘字原闕末點蓋省筆也渾日數曰吉日持字闕寺金石年表所謂伊豆益山寺金剛盤即此集古十種謂之花盤銘實非銘也弘仁八歲時當唐元和十二年丁酉君澤郡分自那賀其西濱海

大和州益田池碑銘

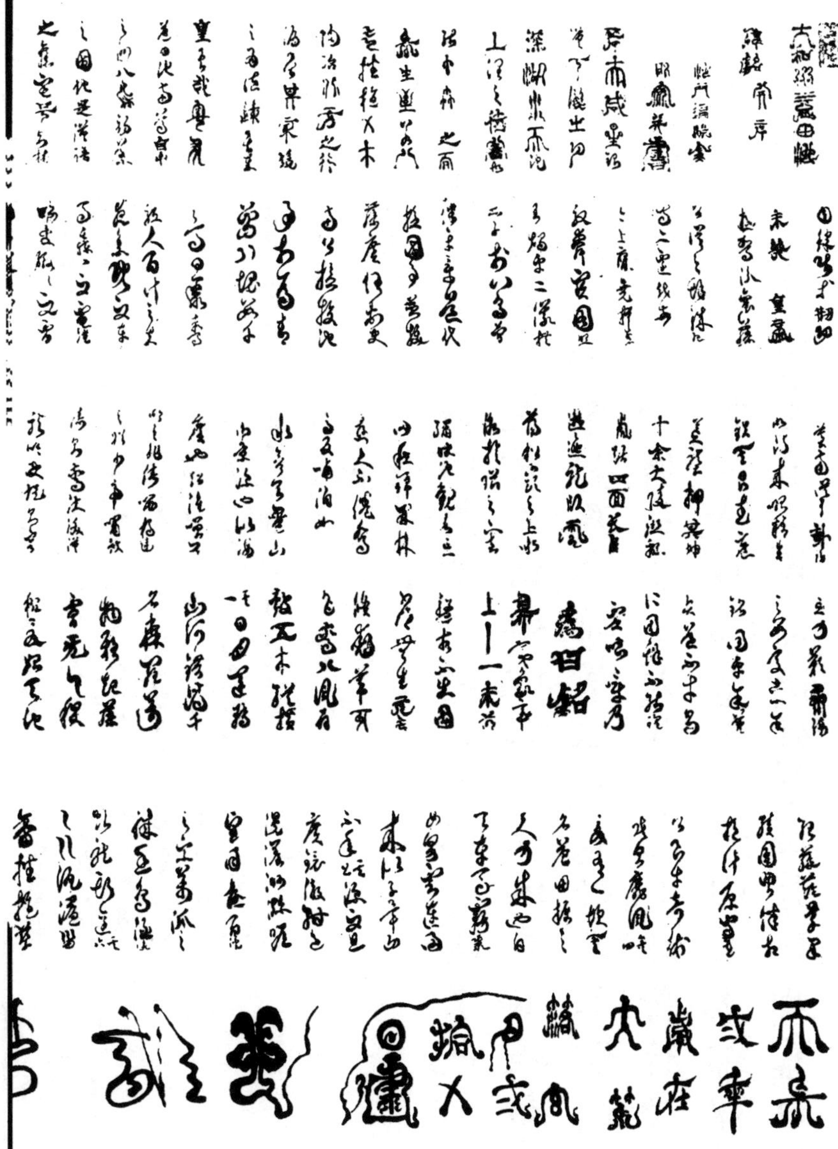

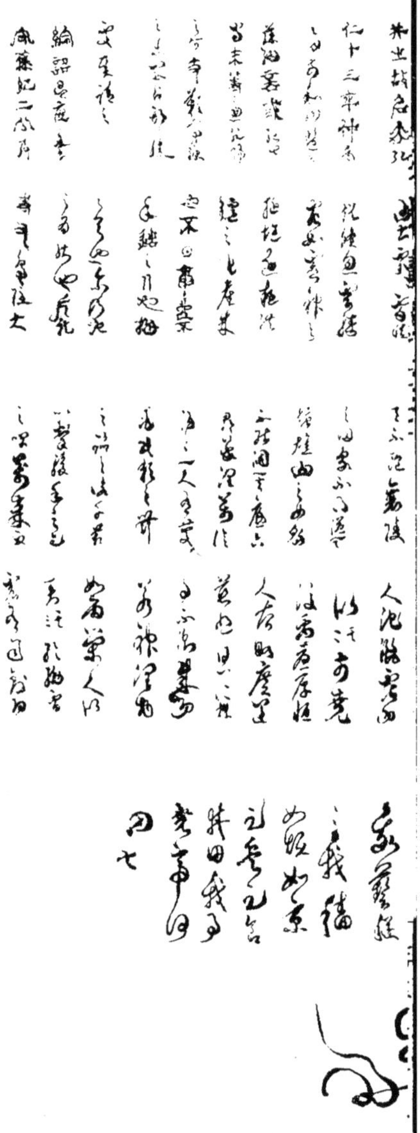

雲龍按益田池碑舊在畿内道奈良縣大和國空海書也體兼篆隸國人多之益田池湮倉夫析碑以砌高取城其石垣裁露一霤字拓者聣如吉光片羽其真跡草本藏高野山上智院白田氏撫刋集古本中据知碑巨字亦大草本頗小匪當時摸入石者雖然較之轉寫猶勝茲將石拓霤字列前以草本縮印坿箸于篇天長六年當唐寶麻二年目仍碑舊曰太和州益田池碑銘國亦曰州相沿久矣

陸奧介高道墓碑

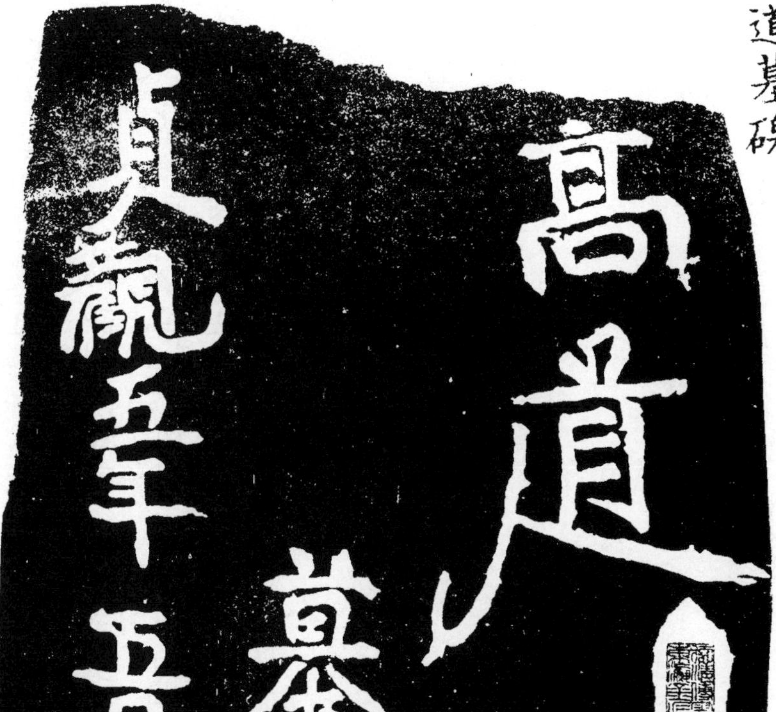

雲龍按陸奥介高道墓碑在東山道青森縣陸奥國樫木邨土人相傳高道與蝦夷戰死文德實録云天安二年正月甲申授正六位上坂上大宿禰高道從五位下己酉為陸道介貞觀五年當唐咸通四年癸未碑字凡九正書

神護寺鐘銘

愛當之山神護之寺三寶具備六度無虧唯所有梵鐘形小音實故禪林寺少僧都真紹和尚始發弘願有心改鑄鎔範未成衣裓早化檀越少納言從五位上和氣朝

臣彝範悼和尚之遺志尋先祖之舊蹤以貞觀十七年八月廿三日屬冶工志我部海繼以銅一千五百斤今鑄成焉想年代久遠後人不知仍聊記於鐘側右少辨橘

朝臣廣相之詞也

銘一首八句

傳奇在器　諸果惟因
余祖初業　厥孫聿遵
容皆三尺　今日千斤
體有寬窄　功無舊新
山聲萬疊　谷響曲旬
聞宜覺夢　扣即歸真

慈周世界　感及非人
雕琢勝趣　叢更當仁

參議正四位下勘解由長官兼式部大輔播磨權守菅原朝臣是善銘

圖書頭從五位下藤原朝臣敏行書

神護寺在山城國葛野郡高雄山舊號高雄寺天長元年九月和氣朝臣真綱等請以為定額名曰神護國祚真言寺見類聚國史元亨釋書云釋真紹幼事弘法大師長受灌頂于實慧齊衡之間建禪林寺貞觀十五年七月七日滅序云鎔範未成衣祴早化者是也按系圖彝範清麻呂公四世之孫真綱之曾孫真典之孫時盛之子也廣相是善敏行並是顯人俗稱為三絶鐘銘非虛也序仍聊記於鐘側山城名勝志脫聊字銘厥孫聿遵名勝志鐘銘集並釋作幸遵又慈周世界鐘銘集作沙界皆誤彫瑑勝趣瑑即琢字荀子彫琢刻鏤陸賈新語彫琢刻畫古本羣書聚要並作瑑漢書東方朔傳琱瑑刻鏤即與彫琢刻鏤同顔師古曰瑑音篆非是文選司馬子長報任少卿書彫瑑曼辭以自飾漢書司馬遷傳載作雕瑑顔師古又曰瑑音篆非是莊子彫瑑復朴列子載

其事亦作雕瑑殷敬順音特及亦非是隋杜乾緒等造象銘瑑鏤契崖唐
張旭書郎官石記序微進瑑之良工此用詩追琢其事之字也皆是也與喙
字或作瑑同義俱書家故求茂美耳干祿字書瑑琢上珪璧文
音篆下瑑玉竹角反又云喙喙上許穢反下丁角反唐人瑑喙
字多作瑑喙故顏氏正之也按說文瑑圭璧上起兆瑑也廣韻璧上文也特兗切周禮典瑞瑑圭璋璧琮繅是禮記禮器大圭不琢鄭玄曰琢當為篆字之誤也釋大字亦作瑑漢書董仲舒傳良玉不琢似得義通然瑑字所不多用雕琢追琢後世用字面此竟非瑑字也熟
撿說文家字古文作家又漢孔謙碣
作家孔龢碑豕作豙張納功德頌遯作遁後魏中岳嵩高傷寺碑
喙作喙隋洺州南和縣澧水石橋記豚作豚則瑑作瑑亦有由
而來古京遺文
雲龍梭神護寺鐘銘在東山道西京府山城國葛野郡之高雄
山神護寺跋自高雄寺雄一作尾雲龍游西京時半井真澄睎

鐘銘初拓本曰寺艸於其祖先是鐘橘廣相文菅原是善銘藤原敏行書世所謂三絕鐘者是貞觀十七年造鐘當唐乾符二年去今一千四十五年也簇度發鑄繼曰帰瑑等字古俗兼用

牛島牛御前社造像碑

籑喜廬所著書

雲龍桉牛島牛御前社造像碑在東海道東京府武藏國牛島高三尺九寸八分寬一尺九寸五分正書四弟一行八字弟二行七字弟三行三字弟四行七字貞觀十七乙未天當唐乾符二年以天為年不弟唯是以釈為釋則日本俗字

鐵鉾欵識

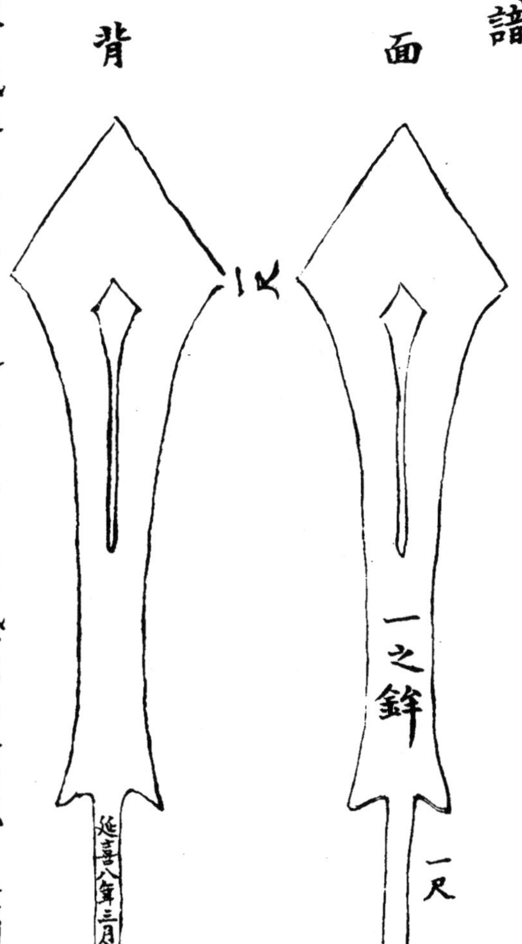

雲龍桉鐵鉾在畿内道西京府山城國白河邨天滿宮亦曰天神宮長約二尺四寸鉾端側面九寸五分寬處一尺柄一尺面文近柄曰一之鉾背文在柄曰延喜八年三月十三日時五代梁開平二年戊辰金石年表謂之山城白川天滿宮鉾

日本圖纂　七三

游歷書十九之一

東大寺銅鉢欵識

雲龍棱銅鉢欵識一行廿八字長一尺一寸餘鉢臺文一行
六字長二寸餘日本廿四銖為兩三兩為大兩之一十六兩

為斤量銅例也此曰大兩視此五斤五兩合今日本秤九百
五十六錢二分五釐一斤七兩合二百五十八錢七分五釐
兩廷書別體字延喜十四年當五代梁乾化四年鉢在畿内
道西京府山城國東大寺今東京大藏省印刷局撫圖矣

道澄寺鐘銘

道澄寺者從三位守貽本緣於來代期同
大納言兼右近衛大志於他生也藤亞相
將行皇太子傅藤原爰命島匠乃鑄鴻鐘
朝臣參議左大辨從且將令長夜昏迷閻
四位上兼行勘解由妙聲而知曉苦海沉
長官播磨權守橘朝溺驚梵吼而通津延
臣爲報四恩濟六趣　喜十七年十一月三
合識勠力所建立也　日銘之其詞云

堂宇比甍南北輪奐
尊像接座前後跏趺
兩相公宿殖香火之
緣生爲從嵩之感非
唯現世結契闊之情
亦欲淨刹與安養之
樂故各取其名首字
以爲此寺額題所以

儼師施治菩提催緣
靈處必應響高自傳
從夕至曉並定入禪
傍唱衆聖遥警大仙
法音增感耶夢驚眠
通阿鼻獄達有頂天
劫數億萬世界三千
一音利益無限無邊

道澄寺中古廢絶今時再建在山城國紀伊郡斜橋傍鐘今在大和國宇智郡小島村榮山寺蓋道澄寺廢時移此也拾芥抄云道澄寺道明澄清二人合力建立則知藤原朝臣道明卿橘朝臣澄清卿也按系圖道明武智麻呂公五世孫保蔭之第二子澄清諸兄公六世孫良基之第五子也鐘序所載官銜皆與公卿補任合又按良基之女適保蔭生道明則澄清與道明舅姪序云生為瓜葛之戚者契闊約束也韓詩說見經典釋文陸機贈弟士龍詩云安得攜手俱契闊成騑服從梁陳詩誰謂伏事淺契闊踰三年江淹雜體詩契闊承華内綢繆踰歲年又盧諶姻媾久不虛契闊豈但一皆當以約束解之李善或引毛傳契闊勤苦也為注非是後或以為疏遠之義亦非此義也銘云響亮自傳亮即亮字楊貴氏墓版智證大師寫經亦作此體序

皀字作鳥亦同法鐘銘集釋為高非是大田南畝覃曰格古要論云趙景安雲麓漫抄引會稽志云智水與其兄惠欣本住郡之嘉祥寺右軍舊宅也梁武以二僧能從釋教合二名改賜額永欣云以道澄為寺額蓋本于此小島靜齋知足云道澄二公並預撰延喜式見忠平公序世知有二公賴此鐘銘耳竟不知其文學為當時之器也是言誠然故余為表出之（古今遺文）

雲龍枝是鐘今在畿內道奈良縣大和國宇智郡小島邨榮山寺蓋道澄寺廢而移之此金石年表謂之山城道澄寺鐘道澄寺初建於山城國也延喜十七年當五代梁貞明三年澄從兼衛將藤藤權蒉冕座為伭来禪喜缶邉古俗通用

遠江長福寺鐘欵識

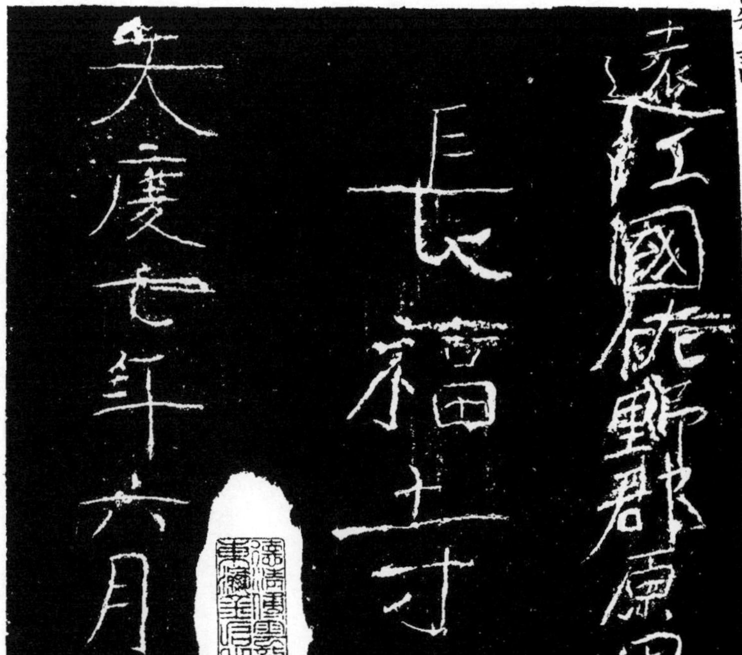

雲龍桉鐘在東海道静岡縣遠江國佐野郡原田鄉長福寺凡
廿一字正書佐野郡在周智郡東轄邨九十有五町一亦巨郡
也天慶七年當五代晉開運元年鐘文欵識耳集古十種謂之
鐘銘非以佐為佐日本俗字遠國卿慶年皆别體也

佛足石和歌

纂喜廬所著書

日本圖經十三

圖經六之一

右歌碑建在佛足石之後所鐫歌廿一首其十七首咏贊佛跡四首呵責生死碑嘗罹灾以故四邊有剥脱者中亦有磨泐不存者其剥脱而後人取舊文補刻者今圈以别之其磨泐不存者從野呂氏摹本塡入亦匡以識之第二首歌拾遺和歌集載之云光明皇后自書于山階寺佛蹟皇后崇奉佛教其吟咏想當如此桉義楚六帖載西域記云佛在摩竭陁國波吒離城石上印留跡記弉法師親禮聖迹自印將來今在坊州玉華山鐫碑記讚皇后蓋倣此也契冲律師曰山階寺即興福寺或云佛跡石及此碑古昔在興福寺後移置藥師寺然第十五首詠藥師佛則似從來在於此方外友西教寺潮音駁之曰第十五首使用客醫舊醫之事見涅槃經亦喻釋迦之敎勝於餘教非謂藥師佛契師之言非是愚按第九首第十四首並云舍加乃美

阿止非謂藥師佛明矣雖是寺安藥師像又有釋迦佛跡亦何害拾遺集在山階寺之說恐傳聞之誤或以為移建者以碑見在藥師寺不與拾遺集合臆度為說不足據也潮音近日考證記文注釋和歌並精審可據以有專書此不贅古京遺文

雲龍梭光明后和歌廿一首第二首自書碑高六尺二寸寬一尺五寸五分文居四尺六寸五分上段十一行下段十行每行一首恭泐上半作伱松屋本作恭狩谷本脱呵責生死四字發後補刻佛跡二字及上段一首美十首麻須良乎能下段一首注字礼志久毛阿留可十首理師毛止牟與伎比止毛止旡佐麻佐牟我米尒今影拓本其泐字見摹本者上段一首礼下知々二首志下阿止止可下毛三首與下伎比祁下牟乎下和多是多字四首豆上呂六首乃須下為須重文七首己下礼利八

首弟一字已弟十四至十六字與伎比弟廿八字毛十首與下波宇下都利下伊其注麻多下乃与乃□□十一首弟七字阿弟八字止下段一首麻佐下米尓弥祁牟阿止乃止毛志佐乎其注宇礼志久毛阿留可二首注都下利三首伎米之間木無字四首可上止其注利下鷄五首志上奴非如注末一字可六首弟九字久弟十字留閇下保呂支其注止下麻伎七首弟四字嶺弟八字多其注須下重文八首伊下都ゝ奈上有多字奈下伎九首伊下加波上嶺祢下尓十首弟二字都弟十字至弟十二比多留尚可辨也十五至三十一乃多尓久須理師毛止牟與伎比止毛无其注佐麻佐牟我多米雖為補刻亦難盡識和歌集古本猶稱倭歌歌載石始此萬葉集有歌仙歌聖目長短靡定然三十一言之體輙以為率

室生山畑中碑

雲龍棲碑在畿內道奈良縣大和國室生山高一丈餘正書大界外相四字每字長五寸六分側有未申二字据集古十種注云弘法大師真蹟

三城目郵碑

雲龍桉碑在東山道青森縣陸奥國白川郡三城目郵高二尺七寸寬一尺八寸右半有梵文一左半日本文上二行前一行クハン譯音為廣〻不可詳也合之為古地名フツ其義為北ハウ其義為方後一行力詳音曰哥〻未詳又ㇾリ三字譯音曰奴列利合五字為一地名タウ之義為東ハウ亦方也下二

行前一行亦日本文カナイニ子ノエ譯其音曰喀治以宜勤口奴葉其義所未詳也廿八之義爲申或曰是爲紀年干支其信然與後一行正書六月二十六日凡六字日本文古碑不輕入錄錄此聊備一格

金石文二篇目次

清見寺鐘銘五十八　鶴岡八幡宮鐘銘五十九　安福寺鐘六十　椎津邨古墟碑六十一　如法寺碑六十二　下總國八幡宮鐘銘六十三　日蓮書名號碑六十四　奈良招提寺金堂鮪字六十五　天王寺碑六十六　善願上人舍利瓶記六十七　松浦碑六十八　潮來長勝寺鐘銘六十九　久米邨將軍塚碑七十　東明寺鐘銘七十一　東慶寺鐘銘七十二　金色院款識七十三　西念寺鐘銘七十四　多福院山吉野碑七十五　泉福真福二寺鐘銘七十六　陸奧中尊寺鐘銘七十七　毛越寺鐵燈款識七十八　藤澤寺鐘銘七十九　稻邨碑八十　地藏堂鐘銘八十一　（以上元）　三島社鐘銘

密寺鐵燈扉識　為尼上智造石塔款識　布留社鐘款識　行者溝田碑　盛福寺鐘銘　淺草寺鐘銘　清澄寺鐘銘　藏王權現鐘銘　廣國寺鐘銘　妙覺寺鐘銘　棚倉馬場鐘銘　觀音院鐘銘　岩峯寺鐘款識　明王院鐘銘　鉢峯山長福寺石燈款識　西琳寺鐘款識　中禪寺應永釜款識　高藏寺鐘銘此當宋時誤印於此　舛屋重藏半鐘識　新熊野山鐘銘　普照寺鐘銘　藏王堂鐵燈款識　清水寺鐘銘　南都般若寺鐘款識　鹽竈宮鐘銘　光明院碑　一品吉備津宮鐘銘　最勝寺鐘款識　舛屋水鉢識　龍華寺鐘銘　道明寺鐘銘　上太子

叡福寺鐘款識（以上明）

此十葉明一八十二明二八十三明三八十四明四八十五明五八十六明六八十七明七八十八明八八十九明九九十明十九十一

忍海原連魚養碑九十二　古碑九十三　勝手明神古鐘銘九十四　猿丸太夫墓志九十五　苔清水碑九十六　二階堂墓九十七　法隆寺銅斗識九十八　永手墓志九十九　石浮圖文（以上未詳年）

鍔口款識五百　研款識十三百一百二　瓦當文十七百三（以上雜錄）

此二十葉續一百十四續二百十五續三百十六續四百十七續五百十八續六百十九續七百二十續八百二十一續九百二十二續十百二十三續十一百二十四續十二百二十五續十三百二十六續十四百二十七續十五百二十八續十六百二十九續十七百三十續十八百卅一續十九百卅二續二十百卅三

青砥郡古城跡碑百卅四（又續）

附錄金石文自有次第

吉祥院鐘銘　元慶寺鐘銘　右大臣劍銘　壽安鎮國山碑　僧佛光塔銘　僧大鑑舍利塔銘　山州橋本新造橋銘　重建和歌浦菅神廟碑銘　子元新造瓦研銘　紫石荷葉研銘　星槎研銘　水戶城鐘銘并序　文庫銘　研銘二首　琴研銘　勉亭林春信碑

纂喜廬所著書

日本圖纂　七四

二

游歷書十九之一

日本圖經廿四

大重院碑

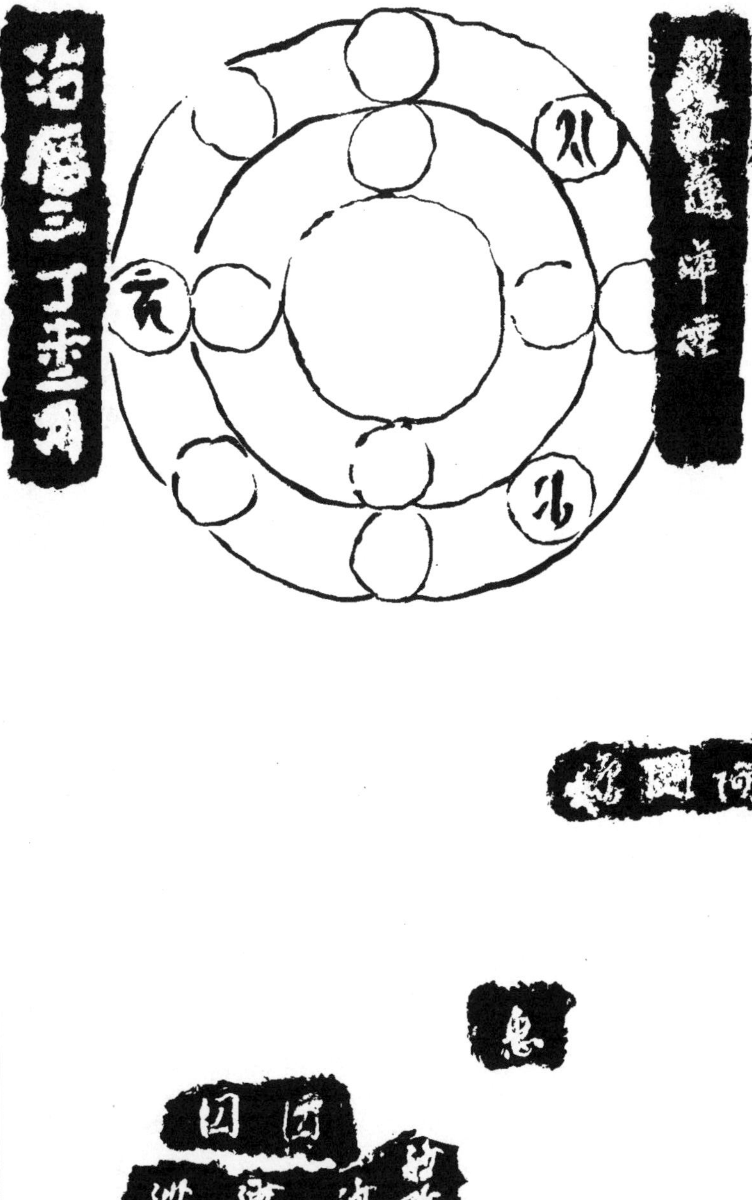

養喜廬所著書

雲龍桉碑在東山道青森縣陸奥國安積郡大重院石銳頂高二尺四寸正面高四尺八寸下寬四尺上狹於下六寸行書漫漶存者不及廿字矣其頂梵文不存一字治厤三丁未二月蓋省年字時當宋治平四年

三鈷寺門碑

雲龍桉碑在西京府西山三鈷寺門正書三行二十字承保元年即宋熙寍七年甲寅以羕為承日本俗字以刀為寅今無用者殆省文與元年甲寅而曰元甲刀年亦一俗例也

天養瓦經

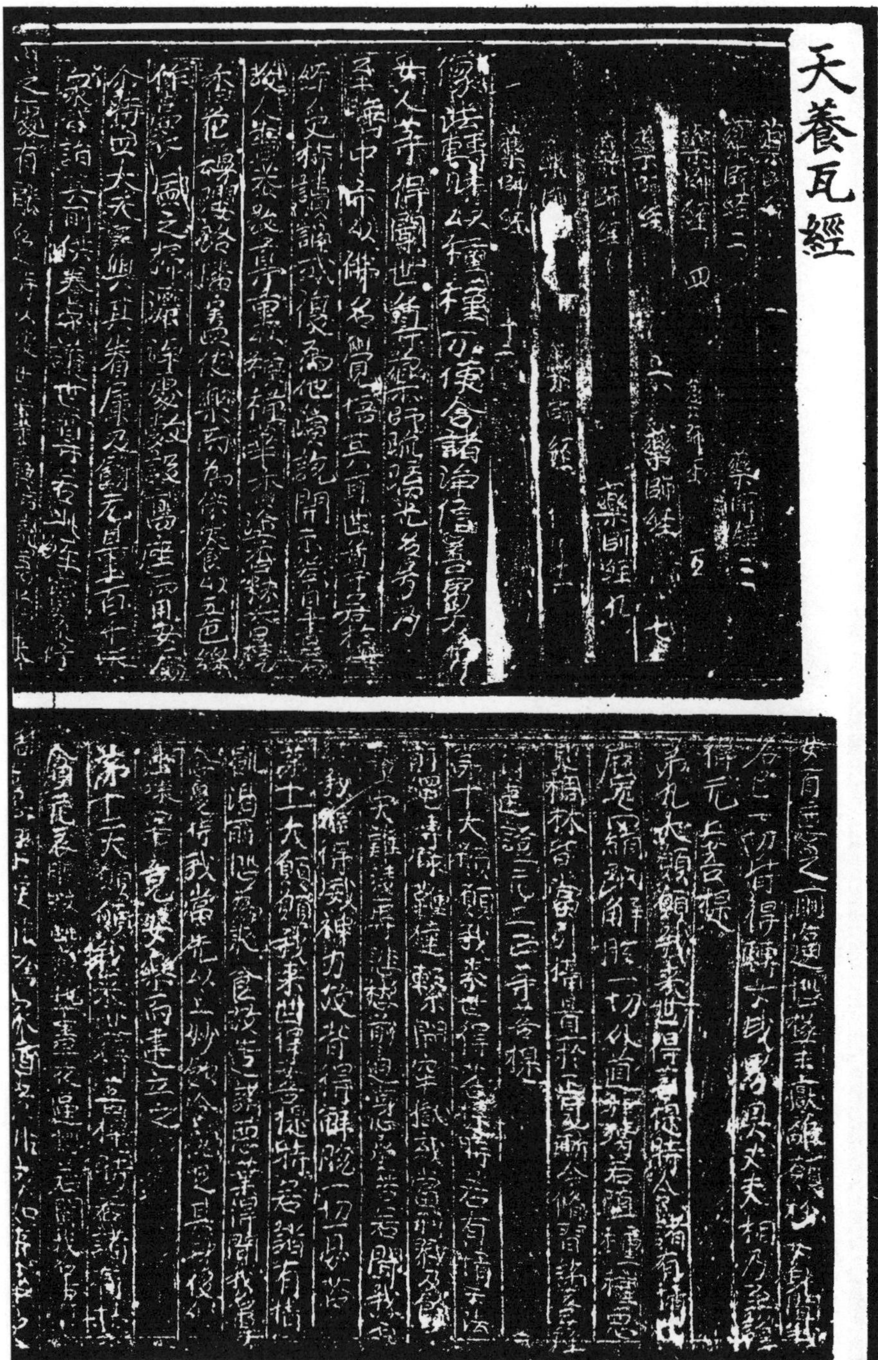

饔喜廬所著書

衆今頒功德及聞名号竆知是處元復狐疑
復不爲諸惡鬼神奪集其精氣[illegible]
骨[illegible]身体[illegible]
[illegible]者[illegible]盡[illegible]根[illegible]
[illegible]精氣
爾時世尊告阿難言如我稱揚佛[illegible]
所有[illegible]如來所有功德此是諸佛甚深行
處難可解了汝爲信不阿難白言大德世尊
我於如來所說契經不生疑惑所以者何一
切如來身語意業元不清淨世尊此日月輪
可令墮落妙高山王可使傾動諸佛所言元
異也世尊有諸衆生信根不具聞說諸佛
[illegible]行處作是思惟云何但念藥師琉璃光
[illegible]一佛名号便獲尓所功德勝利[illegible]不
[illegible]生誹謗彼於長夜失大利樂墮諸惡
[illegible]佛告阿難是諸有情若聞世
[illegible]
施果報愚[illegible]元智[illegible]聚[illegible]勤加守[illegible]

[illegible]
[illegible]毀他[illegible]見[illegible]甚深[illegible]
[illegible]不[illegible]佛行[illegible]
[illegible]得[illegible]論
復次曼殊室利若諸有情[illegible]
彼當從惡趣出元[illegible]
若已從彼命終來生人間[illegible]
[illegible]
人[illegible]作[illegible]役使不得自在
若昔人中曾聞世尊藥師琉璃光如來名号
由此善因今復憶念至心歸依以佛神力衆
苦解脫諸根聰利智慧多聞恒求勝法常
遇善友永斷魔羂破元明殼竭煩惱河解脫
一切生老病死憂悲苦惱
[illegible]一切[illegible]
自[illegible]之而[illegible]身分施來求者況餘財物
復次曼殊室利若諸有情[illegible]
復次[illegible]
[illegible]

見乞者來其心不喜設不獲已而行施
時如割身宍深生痛惜復有無量慳貪有情
積集資財於其自身尚不受用何況能與父母
妻子奴婢作使及來乞者彼諸有情從此
命終生餓鬼界或傍生趣由昔人間曾得暫
聞藥師琉璃光如來名故今在惡趣暫得憶
念彼如來名即於念時從彼處沒還生人中
得宿命念畏惡趣苦不樂欲樂好行惠施
念受持如其所好即得種種上妙衣服亦得
一切寶莊嚴具華鬘塗香鼓樂眾伎隨心所
翫皆令滿足
曼殊室利是為彼世尊藥師琉璃光如來應
正等覺行菩薩道時所發十二微妙上願
復次曼殊室利彼世尊藥師琉璃光如來行
菩薩道時所發大願及彼佛土功德莊嚴我
若一劫若一劫餘說不能盡然彼佛土一向
清淨無有女人亦無惡趣及苦音聲瑠璃為
[illegible]

見而棄多聞於佛所說契經深義不能解
了有雖多聞而增上慢由增上慢覆蔽心故
自是非他嫌謗正法為魔伴黨如是愚人自行
邪見復令無量俱胝有情墮大險坑此諸有
情應於地獄傍生鬼趣流轉無窮若得聞此
藥師琉璃光如來名號便捨惡行修諸善法
不墮惡趣設有不能捨諸惡行修行善法墮
惡趣者以彼如來本願威力令其現前暫聞
名號從彼命終還生人趣得正見精進善調
持學處以此善根願生西方極樂世界無量
壽佛所聽聞正法而未定者若聞世尊藥
師琉璃光如來名號臨命終時有八菩薩乘神
通來示其道路即於彼界種種雜色眾寶華
中自然化生或有因此生於天上雖生天中
而本善根亦未窮盡不復更生諸餘惡趣天
上壽盡還生人間或為輪王統攝四洲威德
自在安立無量百千有情於十善道或生剎
[illegible]

佛告曼殊室如是如是如汝所說曼殊室
利若有淨信善男子善女人等欲供養彼
世尊藥師琉璃光如來者應先造立彼佛形像
敷清淨座而安處之散種種花燒種種香
種種幢幡莊嚴其處七日七夜受八分齋戒
食清淨食澡浴香潔著新淨衣應生無垢濁
心無怒害心於一切有情起利益安樂慈悲喜
捨平等之心鼓樂歌讚右遶佛像復應念
彼如來本願功德讀誦此經思惟其義演說
開示隨所樂願一切皆遂求長壽得長壽求
富饒得富饒求官位得官位求男女得男女
若復有人忽得惡夢見諸惡相或怪鳥來集
或於住處百怪出現此人若以眾妙資具恭
敬供養彼世尊藥師琉璃光如來者惡夢惡
相諸不吉祥皆悉隱沒不能為患或有水火
刀毒懸嶮惡象師子虎狼熊羆毒蛇惡蠍蜈
蚣蚰蜒蚊虻等怖若能至心憶念彼佛恭敬
供養一切怖畏皆得解脫若他國侵擾盜賊

[illegible]
[illegible]身分具足[illegible]聰明智慧[illegible]
擾如人丈夫士若是女人得聞世尊藥師如來名号
至心受持於後不復更受女身
爾時曼殊室利童子白佛言世尊我當誓於
藥師琉璃光如來名号至心受持不生疑惑
墮惡趣者無有是處阿難此是諸佛甚深所行
難可信解汝今能受當知皆是如來威力阿
難一切聲聞獨覺及未登地諸菩薩等皆悉
不能如實信解惟除一生所繫菩薩阿難
身難得於三寶中信敬尊重亦難可得得聞
世尊藥師琉璃光如來名号復難於是阿難
彼藥師琉璃光如來無量菩薩行無量善巧方
便無量廣大願我若一劫若一劫餘而廣說
者劫可速盡彼佛行願善巧方便無有盡也
爾時眾中有一菩薩摩訶薩名曰救脫即從
座起偏袒一肩右膝著地曲躬合掌而白佛
言大德世尊像法轉時有諸眾生為種種患
之所困厄長病羸瘦不能飲食喉脣乾燥

散亂隱念恭敬彼如來者亦皆解脫
復次曼殊室利若有淨信善男子善女人等
乃至盡形不事餘天唯當一心歸佛法僧受
持禁戒若五戒十戒菩薩四百戒苾芻二百
五十戒苾芻尼五百戒於所受中或有毀犯
怖墮惡趣若能專念彼佛名號恭敬供養
者必定不受三惡趣生或有女人臨當產時受
於極苦若能至心稱名禮讚恭敬供養彼如
來者眾苦皆除所生之子身分具足形色端
毒藥厭禱咒詛起屍鬼等之所中害
飢渴困不得飲食而便橫死是為如來略說橫
死有此九種其餘復有無量諸橫難可具說
復次阿難彼琰魔王主領世間名籍之記若
諸有情不孝五逆破辱三寶壞君臣法毀於
信戒琰魔法王隨罪輕重考而罰之是故我
今勸諸有情然燈造幡放生修福令度苦厄
不遭眾難
爾時眾中有十二藥叉大將俱在會坐所謂

前恭敬供養
爾時阿難問救脫菩薩曰善男子應云何恭
敬供養彼世尊藥師琉璃光如來續命幡燈
復云何造救脫菩薩言大德若有病人欲脫
病苦當為其人七日七夜受持八分齋戒應
以飲食及餘資具隨力所辦供養苾芻僧晝
夜六時禮拜供養彼世尊藥師琉璃光如來
讀誦此經四十九遍然四十九燈造彼如來
形像七軀一一像前各置七燈一一燈量大
大如車輪乃至四十九日光明不絕造五色綵
幡長四十九搩手應放雜類眾生至四十九
可得過度危厄之難不為諸橫惡鬼所持
復次阿難若剎帝利灌頂王等災難起時所
星宿變怪日月薄蝕非時風雨過時不雨
難彼剎帝利灌頂王等爾時應於一切有
情起慈悲心赦諸繫閉依前所說供養之法
供養彼世尊藥師琉璃光如來由此善根及
彼如來本願力故令其國界即得安隱風雨
順時穀稼成熟一切有情無病歡樂

宮毗羅大將　伐折羅大將　迷企羅大將　安底羅
頞你羅大將　珊底羅大將　因達羅大將　波夷羅大
摩虎羅大將　真達羅大將　招杜羅大將　毗羯羅大將
此十二藥叉大將一一各有七千藥叉以為
如來說有九橫死耶是故勸造續命幡燈
脩諸福德以脩福故盡其壽命不經苦患
難問言九橫云何救脫菩薩言有諸有情
得病雖輕然無醫藥及看病者設復遇醫授以非
藥實不應死而便橫死又信世間邪魔外道
妖孽之師妄說禍福便生恐動心不自正卜
問覓禍殺種種眾生解奏神明呼諸魍魎請
乞福祐欲冀延年終不能得愚癡迷惑信邪
倒見遂令橫死入於地獄無有出期是名初
橫二者橫被王法之所誅戮三者畋獵嬉
戲耽婬嗜酒放逸無度橫為非人奪其精
氣四者橫為火焚五者橫為水溺六者橫為
種種惡獸所噉七者橫墮山崖八者橫為

[illegible]
中無有暴惡藥叉等神惱有情者一切惡相
皆即隱沒而剎帝利灌頂王等壽命色力無
病自在皆得增益阿難若帝后妃主儲君王
子大臣輔相中宮綵女百官黎庶為病所苦
及餘厄難亦應造立五色神幡然燈續明
放諸生命散雜色花燒眾名香病得除愈
眾難解脫
尒時阿難問救脫菩薩言善男子云何已盡
之命而可增益救脫菩薩言大德汝豈不聞
屬同時舉聲白佛言世尊我等今者蒙
佛威力得聞世尊藥師琉璃光如來名不復
更有惡趣之怖我等相率皆同一心乃至盡
形歸佛法僧誓當荷負一切有情為作義
利饒益安樂隨於何等村城國邑空閑林中
若有流布此經或復受持藥師琉璃光如來
名號恭敬供養者我等眷屬衛護是人皆使
解脫一切苦難諸有願求悉令滿足或有疾
厄求度脫者亦應讀誦此經以五色縷結我名

[illegible]

……三十三……有情……

[illegible]

龍集[illegible]

籑喜廬所著書

第三大願願我來世得菩提時以無量無邊智慧方
便令諸有情皆得無盡所受用物莫
令衆生有所乏少
第四大願願我來世得菩提時若諸有情行
邪道者悉令安住菩提道中若行聲聞獨
覺乘者皆以大乘而安立之
第五大願願我來世得菩提時若有無量無邊
有情於我法中修行梵行一切皆令得不
缺戒具三聚戒設有毀犯聞我名已還得清
淨不墮惡趣
第六大願願我來世得菩提時若諸有情其
身下劣諸根不具醜陋頑愚盲聾瘖啞
攣躄背僂白癩顛狂種種病苦聞我名已一切皆
得端正黠慧諸根完具無諸疾苦
第七大願願我來世得菩提時若諸有情
衆病逼切無救無歸無醫無藥無
親無家貧窮多苦我之名號一經其耳衆
病悉除身心安樂家屬資具悉皆豐足乃至證得無上菩
提
第八大願願我來世得菩提時若有女人爲

說法
[illegible]利益[illegible]佛[illegible]
[illegible]
[illegible]合[illegible]
[illegible]諸有情[illegible]
[illegible]
[illegible]
[illegible]依天[illegible]之勸進
[illegible]奉[illegible]寫已畢[illegible]
[illegible]
[illegible]功德[illegible]一切[illegible]

雲龍按天養瓦經拓本今存三百八十行有奇中有二行裁餘字邊其目曰藥師經一至十二凡六行皆正書也既非覆紙亦異書丹益呂錐畫坏然後燒之丹波元簡之受自夏姬路侯者五百片瓦之文散佚久矣今存十不逮一日本人大淵棟旍得此贈向山氏榮癖古者也顧氏澐至日本見之耆蹋甚易以齊刀雲龍假而影之入志有元簡跋寛政己未年播州神西郡須賀院邨瑞雲山常福寺僧掘寺後山得瓦版佛典凡可五百片表裏鐫字側面記卷頁數而多破碎不可辨者乃天養元年極樂寺大法師禪慧所書有顧文十頁詳載其顛末云未燒之時以錐書之書畢積薪燒之蓋是八百年前物古色佛〻遍人何啻汲冢之佚篇甘泉之遺瓴哉享和辛酉夏姬路侯与侍臣手自拂拭勿論其完好即湊破碎零斷之餘遂版聯接詳其文理摹搨得若干部其片〻追尋之苦心殆類乎瘞鶴什石焉噫侯既有好古之癖而其封內出如是法寶豈得非有大因緣乎侯賜予是經一部予頂戴喜躍將裝潢適有一友贈楮素冊子尺度頁數正與此相稱如故製者是亦有因緣邪遂連屬而盡上之以加護云是歲盂蘭盆日記櫟蔭拙者簡崖畧可藉證也据言寛政辛未播州神西郡須賀院邨

瑞雲山常福寺僧掘寺後山得瓦版佛典五百片表裏鐫字側面記卷頁數蓋瓦經出土在嘉慶四年播州即播磨國也夏姫路侯拓若干部以其一賜元簡在享和辛酉距出土時二年元簡又言天養元年極樂寺大法師禪慧寫有願文十頁其年為宋紹興十四然据願文實沙門嚴智所書非禪慧也元簡誤耳向山氏榮已碣鑿言之元簡病間紀談記瓦經一事亦誤為禪慧書所當辨也元簡瓦經跋署櫟蔭拙者簡印二一曰丹波元簡一曰櫟窗病間紀談署櫟散生問之此方人云元簡字桂山號櫟窗拙者散生皆別號也為德川侍醫文政七年卒好古其次子元堅即跋經籍訪古志者也通稱多記樂春院多記其氏也丹波其姓也樂春院猶中國俗稱其堂也

廣隆寺鐘銘

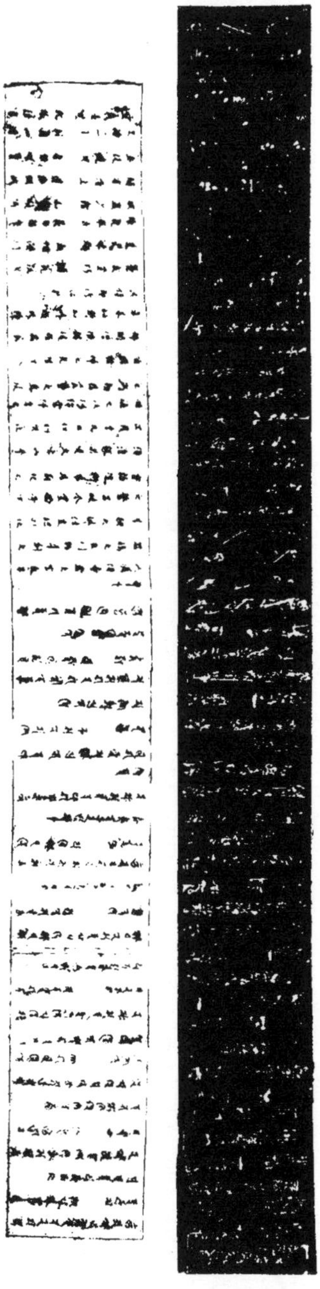

雲龍楼鐘在畿內道西京府山城國太秦莊廣隆寺字具二體文判陰陽前三十餘行為陰文梵字又十八行為陽文梵字又正書一百七十九字亦陽文也鑄於久安六年當宋紹興二十年正書內説呈成等字半雜俗體

養喜廬所箸書

基衡室安倍宗任女墓碑

雲龍桉比墓碑也金石年表謂爲墓志在東山道青森縣陸奧國盤手郡平和泉邨高三尺八寸二分寬九寸三分正書三行中一行曰前鎮守府將軍基衡室安倍宗任女墓左側一行曰仁平二壬申年右側一行曰四月二十有日凡廿七字以壬申入二年間未著奇而用有字殆俗例與仁平二年爲宋紹興二十有二年壬申

中川寺鐘銘

歲[illegible][illegible][illegible]大治四年
四月七日鑄[illegible]佐奉
治比頼文壽[illegible][illegible]願
次[illegible]吾根於[illegible][illegible][illegible]
[illegible]於人[illegible]乃主群生

共成佛道[illegible]
既[illegible]卅六[illegible][illegible]乃
長寛二年甲[illegible]六月
廿日[illegible]有[illegible]合力[illegible]
[illegible][illegible]聖人[illegible][illegible]仁

雲龍梭鐘在畿内道奈良縣大和國吉野山中川寺吉野山即所謂南都者也正書陽文十行行各八字据鐘文大治四年鑄當宋建炎三年改鑄於長寛二年宋隆興二年也中間相去三十有六年牽頼善群卅寛等字有古有俗

八幡神宮寺鐘欵識

宿院極樂寺鍾
治承二年六月初日

雲龍椄鐘在畿内道西京府山城國八幡神宮寺内正書陽文二行第一行六字第二行八字治承二年當宋湻熙五年宿院極皆别體字樂非原闕承日本俗字作羕此作承

平重盛公墓志

雲龍桉墓志在畿内道兵庫縣攝津國正書三行十九字不無漫漶然治承三年猶可識也時宋湻熙五年戊戌日本金石承輒作羕此則作承不用俗字也

建保磁鈴款識

雲龍棲磁鈴為顧氏澐獲自東海道愛知縣尾張國名古屋其大如圖正書陽文四行一曰筑前國二曰宇佐神寶三曰建保三乙亥四曰九月日凡十五字筑前國屬西海道福岡縣是鈴為宇佐社神之寶建

保三年乙亥其省三
年日本金石往往然
也時宋嘉定八年鈴
以磁為之罕見物也
佐作佐日本俗字

鹽竈鐵燈欵識

雲龍桉鐵燈在東山道陸奥國草書二行一曰奉寄進二曰文治三年七月十日和泉三郎忠衡敬白凡十有九字時宋淳熙十四年也有欵識而無銘集古本曰鹽竈大明神鐵燈銘所不敢沿

譽田八幡宮鐘欵識

八幡宮
譽田山陵鐘也
建久七年丙辰七月日
鑄之

圖經六之一

養喜廬所著書

雲龍桉鐘在畿内道大坂府河内國譽田八幡宫正書陽文四行凡二十字八幡其神也文内明言山陵鐘也故金石年表曰鍾極是而集古本目為燈籠銘非也建久七年當宋慶元二年播陵鍾皆俗體字

極樂寺鐘銘

極樂寺鐘銘 并序

相模国之内大住郡之邊有一伽藍

名極樂寺濫觴年[illegible]劫驗日新蓋

乃曾祖父藤原氏[illegible]之福田也

弟子左兵衛尉有[illegible]尊先祖之本

願恩當寺之興隆遂鼓修復[illegible]之

殺道場之具於此備盡真俗之聖亦

復之矣於國中依闕洪鐘而已是以

採銅鑄一口抽微力一音初報十方

[illegible]發露[illegible]以

此音革[illegible]而平穢[illegible]而[illegible]下[illegible]無

[illegible]

與樂之誠[illegible]

丙辰夏四月十八日作[illegible]日

凱想此和　過適[illegible]　夜漏[illegible]

曉更破夢　[illegible]隨[illegible]識　福慶[illegible]

一念疑信　三時[illegible]功　諸大有漏

悉地無量　[illegible]律居者　聽流鈞[illegible]

開識[illegible]　[illegible]識圖[illegible]　故皆云洽

利土[illegible]　仰[illegible]化　禽獸與[illegible]

逃[illegible]彼又　[illegible]緣可問　誰[illegible]

已用多銅　[illegible]是神力　豈思[illegible]工

作銘首　天章三[illegible]

清書[illegible]

[illegible]

雲龍按鐘在東海道神奈川縣相摸國秋山郡極樂寺建久七年當宋慶元二年正書陽文廿五行行六字至十六字有差極鐘銘国遏季福左興戣以鑄嵗遠嵗夘乹遍疑挺迯𪘏獸蟲韻金古俗兼用

如法寺碑

雲龍桉碑在東山道青森縣陸奥國郡山如法石形長方上段佛像一下段正書三行中行曰兼元二年八月十□□前行曰右志者為慈父也後行曰□□壬慶造立凡廿二字以兼爲承承元二年當宋嘉定元年戊辰

日光山中禪寺鐘銘

日光山權現御寶前
奉施入鐘金一口事
右志者為右衛門尉藤原政經
并藤原氏所生兩家子孫御息
災延命恒受又現世心中所念
決定之成就之也
建保三年丙子三月廿二日
願主右衛門尉藤原政經

雲龍按鐘在東山道橡木縣下野國日光山中禪寺銘正書陽文八行以中為中以三為四皆與古合识定逮弗左類此為俗體字建保四年當宋嘉定九年

如法寺釜堂碑

雲龍桉碑在東山道青森縣陸奥國郡山如法寺釜堂高三尺寬二尺六寸鐫像七其右角正書曰建寶七年己卯天二月日凡十字蓋當宋嘉定十二年己卯以天為年而先曰七年亦一俗例也撫其碑像

千光院鐘銘

奉鑄
讃岐國屋嶋寺千光院鐘一口
右此鐘者勸進聖人當國住
人沙門遣阿彌陀佛為所興
郡生發可奉鑄當院洪鐘之
願云以承久元年四月令上
洛於六條町勸十方檀那以
貞應二年癸未十月廿六日
勸進聖人道阿彌陀佛
鑄師散位上師宗成

雲龍桉鐘在南海道愛媛縣讚岐國屋島峰千光院銘爲正書陽文十行貞應二年當宋嘉定十六年島作嶋承作兼久作久條作絛彌作弥土作土古俗兼用

光德寺雁林堂鐘銘

南無无量壽佛

夫松谷者風水地靈而登東廣
舊林春日山兀　明陽懸軒窓西
海入舡艫夕月　北倚貴寶殿南
色法喜金剛靈山集四時美景
後雁林堂傍有一井泉名曰龍
水福井一汲頭延壽福德輒味
不捨其樂佛法　成德以可敬信
于時寬喜己丑　別當俊圓誌焉
冶工　藤原家綱

雲龍桉鐘在畿内道大坂府河内國雁田尾畑邨光德寺雁林堂其銘正書陽文一百有八字寛喜己丑是其元年當宋紹定二年无靈跡船傍延壽以丗等字古俗兼用

觀心寺鐵燈鑪銘

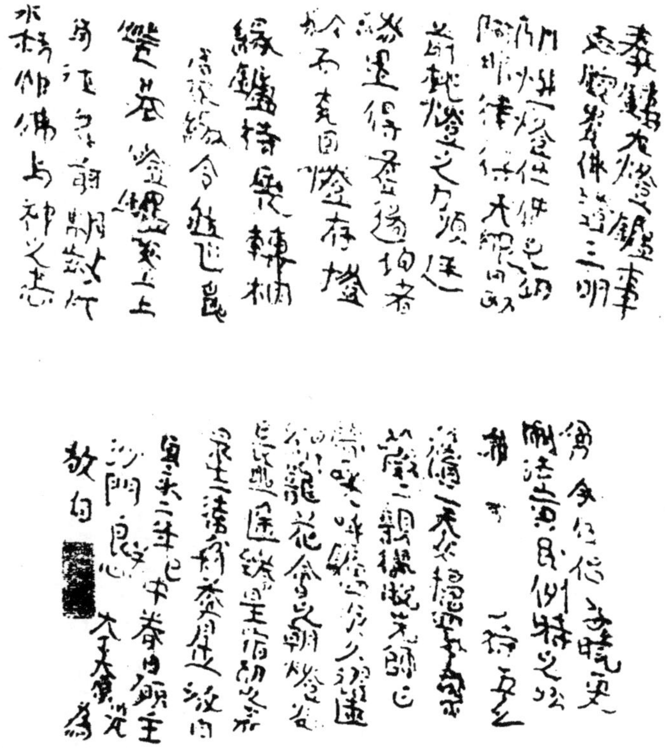
奉鑄大燈爐壹事
右觀音佛道三明
門燃一燈法佛光明
[illegible]佛大照同照
前挑燈之力須臾
然還得登遙拘者
於今不免因燈存燈
緣鑪持兒轉柄
[illegible]令鐵匠畫
燈基燈爐安上上
前後多朝朝致代
永持佛上神之志

爲令信信晝曉更
佛法興民例特之公
利一得五之
[illegible]一天之燈照[illegible]
嚴之親標微芳師已
[illegible]之呼燈之光之徹遠
[illegible]龍花會之朝燈省
[illegible]匿鐵星宿胡之光
衆生之諸師春日之波内
貞永二年巳中春日願主
沙門良心　大工大實[illegible]為
敬白

雲龍桉鐵燈鑪在畿内道大坂府河内國觀心寺正書陽文廿四行文内明言鑄大燈鑪集古本目之為燈籠何耶貞永二年即天福元年當宋紹定六年癸与等字動與古符事曰燈眷頗類皆別體

鴻橋寺鐘銘

夫罽賓泥毗毗刀元二年乘射九月
輪於十願消朝晉作銘曰
則足夢綃於十匹銅是土于纏爲
撞鐘之判發遠徹金聲鳥代物合
于梵瀨佛子卜阿蘇氏鍬成應賓
練若而排堂舍以之韻如雷兮鳴
淨鴻寺而爲題額聞於百里器以
仍命鳥氏有鐵鑄五更梵響所及
鐘此聲之處躰聽永消易驚比累
鳥之繫懸物号苓久能我存無傾
然則每鳴之舍那傳之三會刹其
淨滿之衣躰普納群生
得衆嫌每叩之弥　南無阿彌陀佛　願主沙門
陀誓願之名聲廣　讃望
法傳三有于聽覺

雲龍桉鐘在畿內道兵庫縣攝津國多田莊鴻橋寺正書陽文
寬元二年當宋湻祐四年五代延喜卷子本文選昵作胒此銘
有胒字遠躰每弥韻皆別體字兵庫縣今有多田邨

世尊寺鐘銘

日本圖經十四

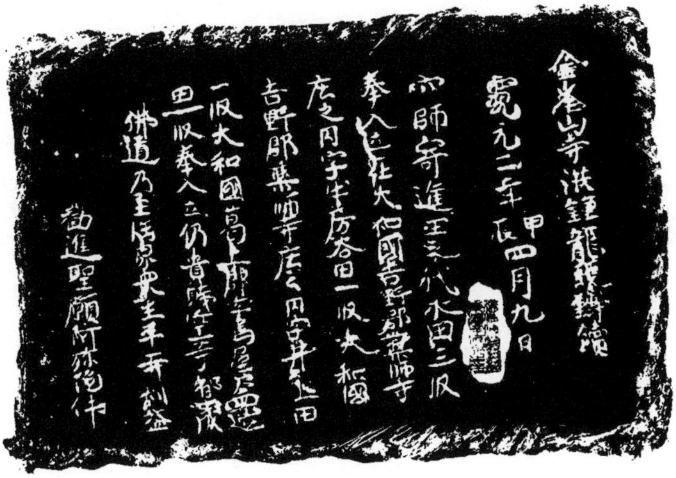

圖經六之一

纂喜廬所著書

雲龍按鐘在畿内道大和國吉野郡世尊寺行書寬元二年甲辰當宋淳祐四年金辰亢佛皆别體字

金剛山寺鐘銘

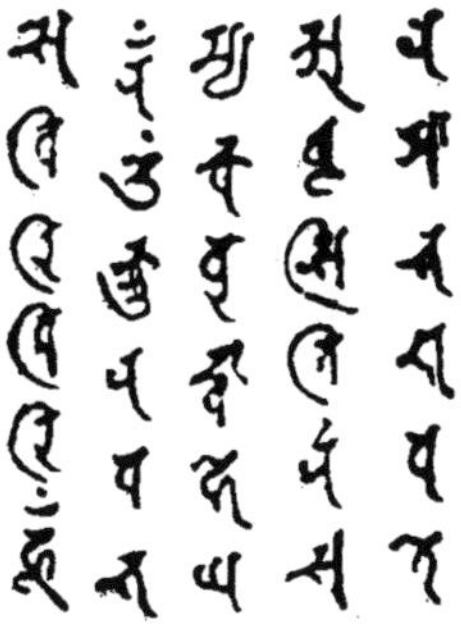

諸行無常
是生滅法
生滅滅已
寂滅爲樂

寬元四年丙午六月
金剛山寺
大勸進

雲龍按鐘在畿内道奈良縣大和國矢田山金剛山寺陽文十四行前五行梵書後九行正書寬元四年當宋淳祐六年以寛為寬

建長寺鐘銘

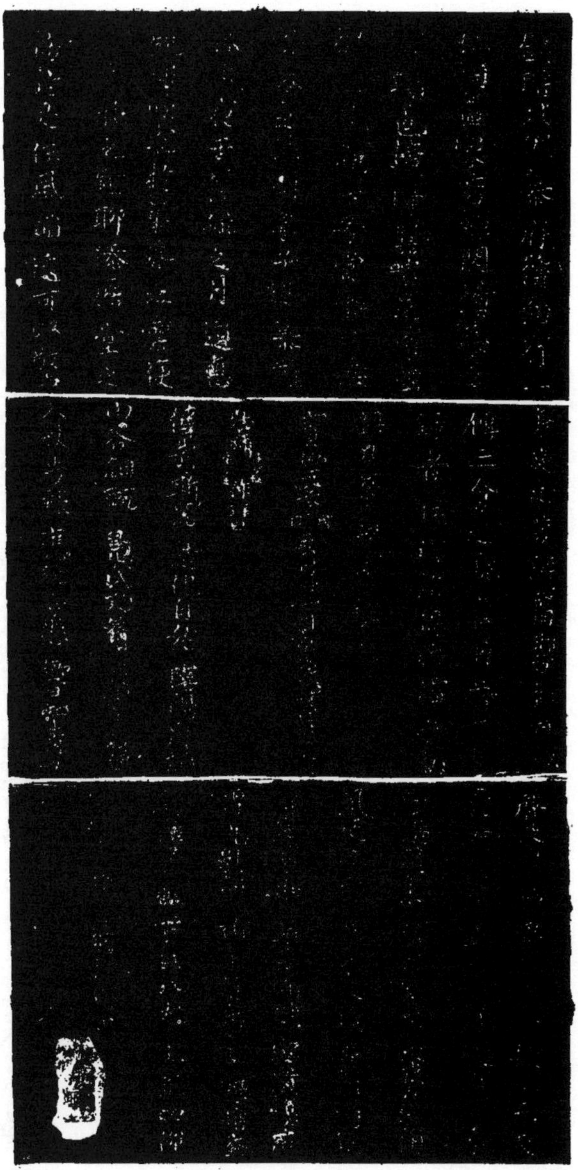

雲龍桉鐘在東海道神奈川縣相摸國鎌倉巨福山建長寺正書寶治二年當宋湻祐八年鑴倭禪道㦤蘭坐号刹休厲讃遠以以後夅𧭑𢦔佖詞氏舊罕響似鑄福古俗兼用字也

六所明神鐵佛銘

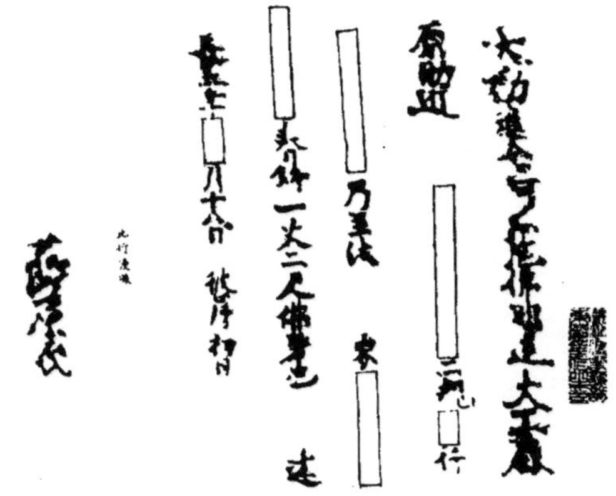

雲龍桉鐵佛在東京府武藏國多麻郡六所明神地内其文正書陽文八行弟六弟八二行全泐餘多漫漶依集古本目曰銘建長五年當宋寶祐元年其佛一大二尺猶見之文中云

野本寺鐘銘

奉鑄鐘一口二尺七寸
野本寺
諸行無常　是生滅法
生滅滅已　寂滅爲樂
右紀忠清并橘氏女爲大
施主爲佛法興隆爲衆生
利益也
建長六年　二月十五日

養喜廬所著書

雲龍按鐘在東海道東京府武藏國野本寺正書陽文八行弟一行八字弟二行三字弟四行五行皆八字弟六行七行皆十字弟八行三字弟九行九字建長六年當宋寶祐二年鑄鐘本彛紀檮陞衆皆俗體字

建長寺鐘銘

巨福山建長禪寺鐘銘
南閻浮提各以音聲長
爲佛事東州勝地那容
榛莽剏此道場天人影
向龍象和光雲斂霏開
兮樓觀百尺嵐敷翠掃
兮勢壓諸方事既前定
法亦恢張圍範洪鐘結
千人之緣會玄韸高架
撞四海之安康脫自一
撥重而難擧圓成大器

鳴則非常沭牢籠凡聖
斗梅藏群峰吞響心境
俱亡扣之大者其聲遠
徹扣之小者其應難量
東迎素月西送夕陽昏
寐未惺攪之則寤宴安
猶忘警之而莊被塵勞
之大夢息物類之顛狂
妙覺覺空根塵消殞
遂聞闍書夲性全彰共

證圓通三昧永臻檀施
千祥回此善利上祝
親王氏豊歳稔地久天
長。
建長七年乙卯二月二十一
本寺大檀那相模守平朝臣
時頼 謹勸千人同成大器
建長禪寺住持宋沙門道隆謹題
都勸進監寺僧 琳長
大工大和權守物部 重光

雲龍桉鐘在東海道神奈川縣相摸國鎌倉巨福山建長寺正書陽文三十一行建長七年當宋寶祐三年徒作徥聊作聠恭作莽翠作翆難作難答作荅寐作寐寤作寤豐作豊類此皆别體字大工即治工首也

北條寺時賴墓志

雲龍桉碑在東海道東京府武藏國品川海晏寺正書存陽文三行陰文一行弘仁三年爲宋景定四年癸亥

眞言院鐘銘

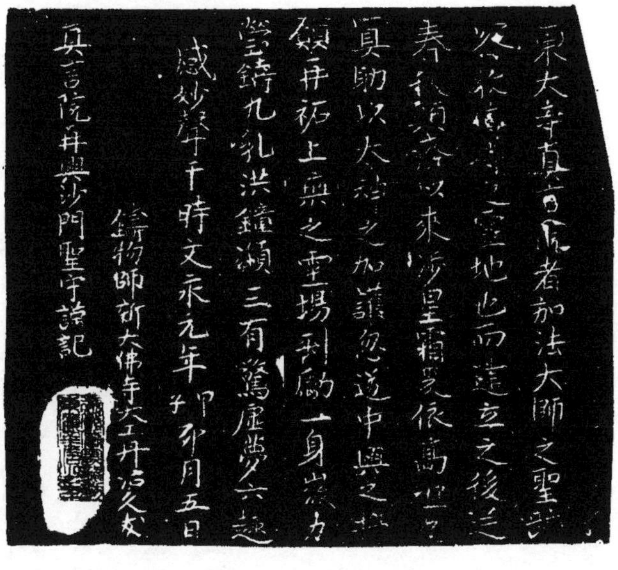
東大寺眞言院者弘法大師之聖跡
終於廢壞之靈地也而建立之後送
春秋須終以來涉星霜更依萬世之
冥助以大神之加護忽遂中興之功
願并祈上與之靈場利勵一身炭力
營鑄九乳洪鐘願三有驚屈夢六趣
感妙響于時文永元年甲子卯月五日
鑄物師新大佛寺大工丹治久友
眞言院再興沙門聖守謹記

雲龍桉鐘在畿內道奈良縣大和國眞言院正書九行凡百廿三字文永元年甲子當宋景定五年卯月蓋二月也先於金峯山藏王堂鐘六月院有空海舊跡集古本目曰南都眞言院鐘銘者大和國吉野為後醍醐南朝之都也弘作加廢作癈護作讙遂作遂興作與卯作夘鑄作鑄皆別體字鑄物師即冶工也

新長谷寺鐘銘

新長谷寺

椎鐘威力　十方施主

皆除不祥　皆除災難

心中所願　決定成就

檀波羅蜜　具足圓滿

文永元年甲子七月十五日

當寺住持真光

勸進沙門淨佛

大工物部季重

雲龍桉鐘在東海道神奈川縣相摸國鎌倉長谷寺正書陽文九行凡六十四字文永元年當宋景定五年字檀容圓永等字古俗兼用

金峯山藏王堂鐘款識

雲龍梫鐘在畿内道奈良縣大和國吉野郡金峯山藏王堂正
書九行是其款識集古本以銘目之末安文永元年甲子當宋
景定五年藏文鑄類皆别體字

法華堂銅瓶欵識

瓶一

瓶二

雲龍桉銅花瓶二皆在畿内道奈良縣大和國東大寺法華堂集古本謂之南都東大寺法華堂花瓶銘實無銘也文永二年閏四月七字二瓶同第一瓶有乙丑二字或疑文字似延精審之文字無疑特有蝕迹耳以巳為丑與已異法華堂鑄二瓶之年月日然同時宋咸淳元年也而西田表列之文安三年誤矣

日本圖經七四

游歷書十九之一

般若寺鐘銘

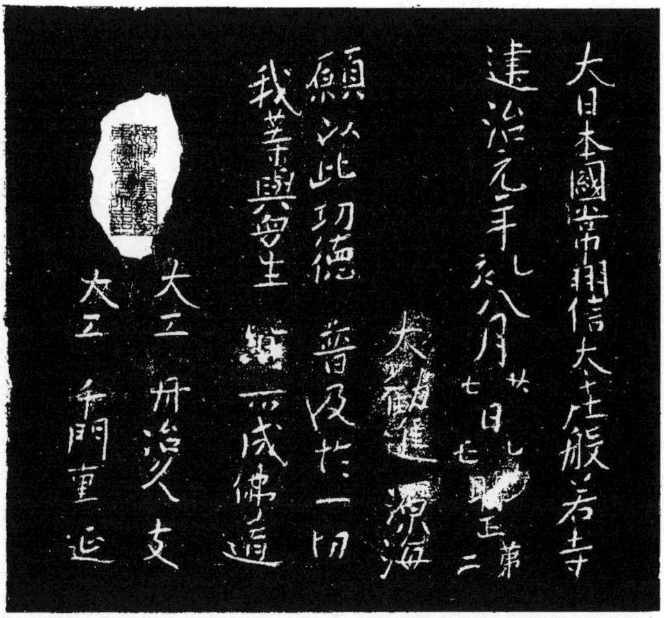
大日本國常州信太庄般若寺
建治元年乙亥八月廿七日
大勸進源海
願以此功德　普及於一切
我等與衆生　皆共成佛道
大工　丹治久友
大工　千門重延

雲龍梵鐘在東海道茨城縣常陸國土浦寃冢邑般若寺正書
七行庄達重皆俗體字建治元年當宋德祐元年

如法寺碑文

雲龍梭碑在東山道青森縣陸奥國安積郡高三尺六寸寬二尺三寸正書上截左一行曰建治二年丙子右一行曰三月□日下截七行第一行曰夫□□□□三第二行曰世諸仏内證功第三行曰德得道群□類第四行和□□苦指□□礼第五行曰離三遂造立□第六行曰凡品仍當悲母第七行曰三七日所立如件孝子敬白凡五十有七字泐十字建治二年當宋景炎元年先於天野道知碑八閲月金石年表謂之陸奥如法寺鐘譌也

陸奥山王社碑

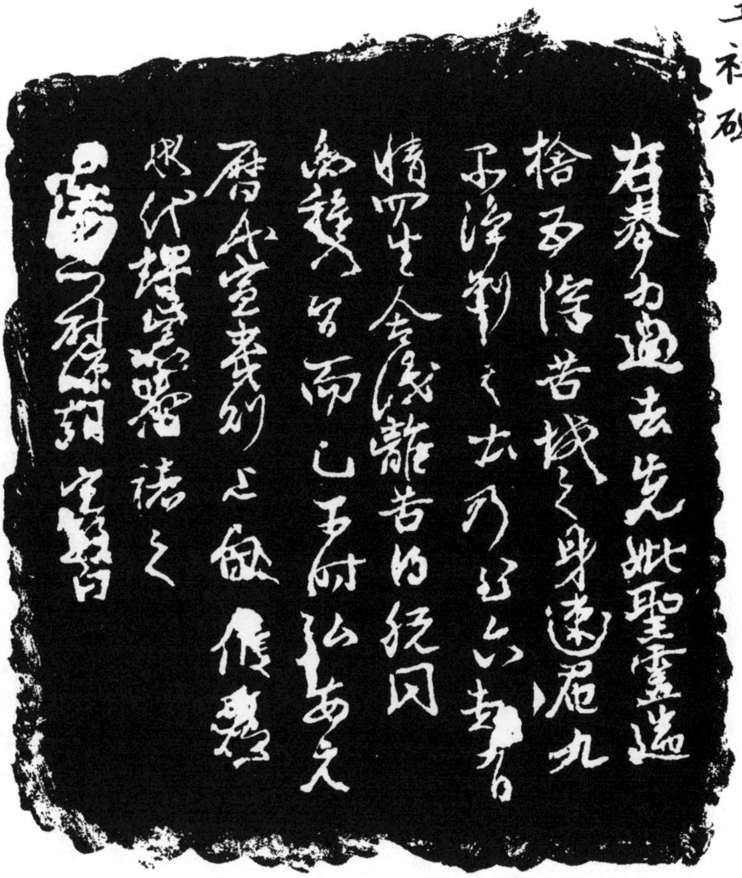

雲龍桉碑在東山道青森縣陸奥國信夫郡宮城邨山王社地
高四尺三寸有奇寛三尺七寸有奇石形如山有梵字一行書
八行有差弘安元年當宋祥興元年戊寅

燕澤碑

夫以發語辭以意也人直宜并道人直者不邪曲則宜從道也并者相從也人正益舉敎人正
者從道敎令益舉揚也自就有道而正焉可思蓋聰明正直者神之德以所稱歸入之化乎正直敎道之儷語回照菁死後壇
也此文雖不雅馴亦有意云言辭刈丘斷囟砥刈丘者茇上毛除荆蘇也斷囟砥者上項之砥石如腦蓋斷底
而營墳樹碑也今之兆域非舊隴五十年前鄉民請釋天嶺於此碑背銘大乘妙典之數字勒而為今碑面舊隴在今地之以
北此說親聞邨老附于此弔亾魂追悼死亡之魂魄也元前死元或國名本前死者元冦之戰死有前後也大
日本史卷六十三日弘安四年六月四日元兵侵大宰府十三日大破元兵殺獲千餘人是可謂元前死也又國名隱蘖為辭
意許遁顯露之忌諱也次後殞矣元史卷二百八曰八月一日風破舟五日文虎等諸將各自擇堅好船乘之棄
士卒十餘萬于山下衆議推張百户為主帥號之曰張總官聽其約束方伐木作舟欲還七日日本人來戰盡死餘二三萬為
具虜去九日至八角島盡殺蒙古高麗漢人謂新附軍為唐人不殺而奴之閭輩是也蓋行省官議事不相下故皆棄軍歸久
之莫青與吳萬五者亦逃還十萬之衆得還者三人而耳弘安第五天皇朝後宇多天皇統御當元世祖至元十
九年玄默敦牂爾雅云大歲在壬曰玄默在午曰敦牂仲秋彼岸梵語波羅蜜此翻云到彼岸論曰依
彼岸作小善一切羣期自然成佛云云里末清俊謹拜五家為鄰五鄰為里末若端也草野里端之緇盧對

叢林之大剎則為讖辭

碑額刻梵文羅字以代小浮圖大日經九字秘譯云羅字金剛火大成日輪觀復次譯若觀日月輪允成佛救迷途狂魄者要有此一字矣譯文私注

雲龍梭燕澤碑在東山道宮城縣陸前國仙臺之燕澤邨長六尺有奇寬三尺石面從欄五行弘安五年當元至元十九年壬午故曰玄黓敦牂元師東伐在前一年撰文并書者元人僧祖元也陸前國人藤塚知明燕澤碑考云祖元所使托空門子清俊封奥辟不毛地也故其文難解祖元弘安二年依北條時宗邀招東航五年相州開瑞鹿山圓覺寺後謚佛光禪師先是元兵颶風覆艦五年[illegible][illegible]仲秋因以彼岸功德之佛日樹浮圖弔焉藤塚氏之考碑也在天明三年為我乾隆四十八年有譯文

私注爰箸于篇碑文以吕為以以衜為道以㱏為正以𠄌為云以乂為刈以丠為丘以凷為囟以歬為前以𣦵為死以兲為天以五為五以𢷎為拜與古文多合夘為教之古文省夘𢽾皆闕末筆也丿𢿍也乀弗也合之為人丩與糺糾通刋之言斷乍之言相次也謂年曰天日本金石往往然也

一宮燈臺欵識

雲龍按集古本謂此為一宮燈臺銘實欵識也正書兼行書五行弟一行三字餘並七字弘安辛未其六年也當元至元廿年造尊能化弘辛皆別體字

日本圖經十四

游歷書十九之一

榮山寺燈臺欵識

雲龍桉燈臺二在畿内道柰良縣大和國宇知郡榮山寺皆正書也其一惟榮山寺三字其二字二行曰弘安七艸□□一行勸進□□二行弘安七年爲元至元二十一年甲申

蓮華寺鐘銘

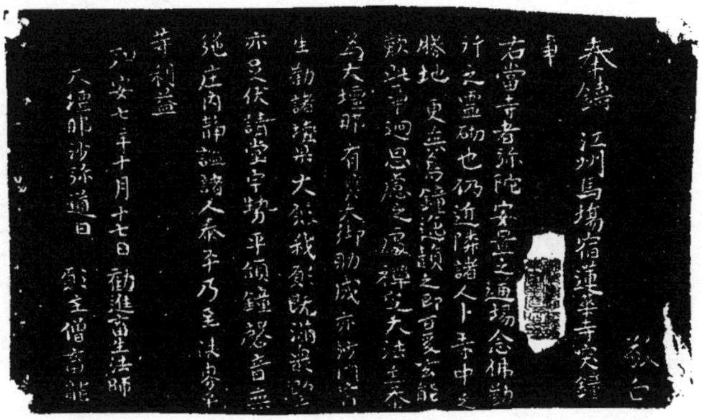
敬白
奉鑄　江州馬場宿蓮華寺突鐘
事
右當寺者弥陀安置之道場念佛勤
行之靈砌也仍道俗諸人卜寺中之
勝地　更無鳥鐘之韻之即有[illegible]能
歎此事廻思慮之處禪空大法主奉
為大壇那　有[illegible]大御助成亦[illegible]門[illegible]
生勸諸壇那大然我[illegible]既滿[illegible]
亦是伏請堂宇勢平頌鐘聲音無
絶庄内静謐諸人泰平乃至法界平
等利益
[illegible]安七年十月十七日　勸進當生法師
大檀那沙弥道日　　鑄主僧當能

雲龍桉鐘在東山道滋賀縣近江國番場蓮華寺正書凡一百五十四字弘安七年當元至元廿一年吽近江為江州今日本人猶然曰突鐘亦俗稱也鑄場宿華祢霊隣逓韻慮禪衆望勢庄衆芋勧壇類此多别體字

信田小太郎古館跡碑

雲龍桉碑在東山道青森縣陸奧國宮城郡信田岩切山正書
弘安十年當元至元廿四年丁亥此先於元貞二年碑九年

長福寺鐘欵識

雲龍按鐘在東海道茨城縣常陸國中郡莊長福寺正書六行三十四字正應二年為元至元二十有六年己丑莊作庄餘鮮别體

慈雲寺碑

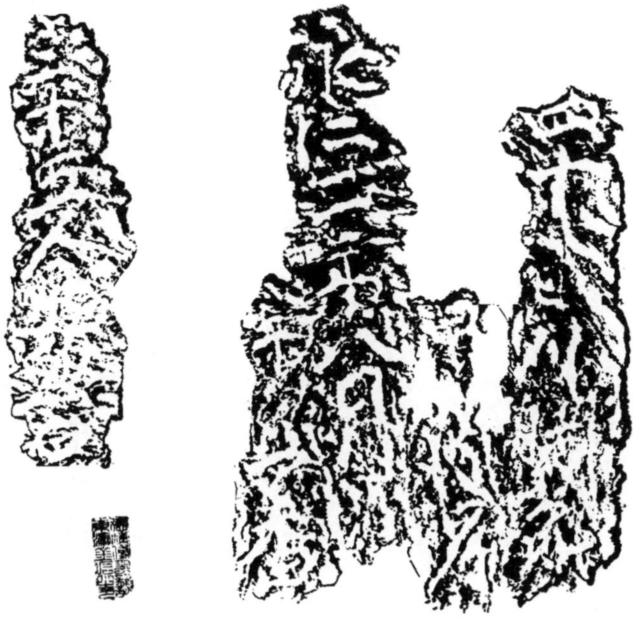

雲龍桉碑在東山道青森縣六奧國宮城郡南宮邨慈雲寺高一尺三寸寬一尺五寸正書第一行八字曰四十□□□□□□第二行八字曰永仁二年八月□□第三行□□一番第四行七字曰三十五人□敬白泐者十一字永仁二年為元至元三十一年

陸奥守山堂坂妙音寺碑

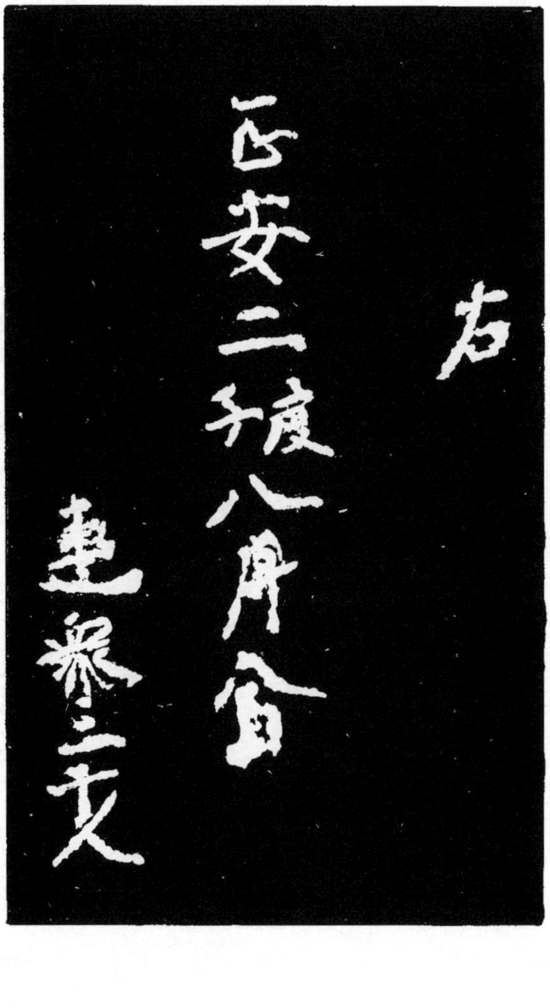
右
正安二子度八月八日
逢衆二十人

雲龍桉碑在東山道青森縣陸奥國守山堂坂妙音寺高三尺五寸寬一尺九寸上有梵字一下有正書其可辨者十有七字曰正安二亦省年字當元大德四年

定仙和尚塔碑

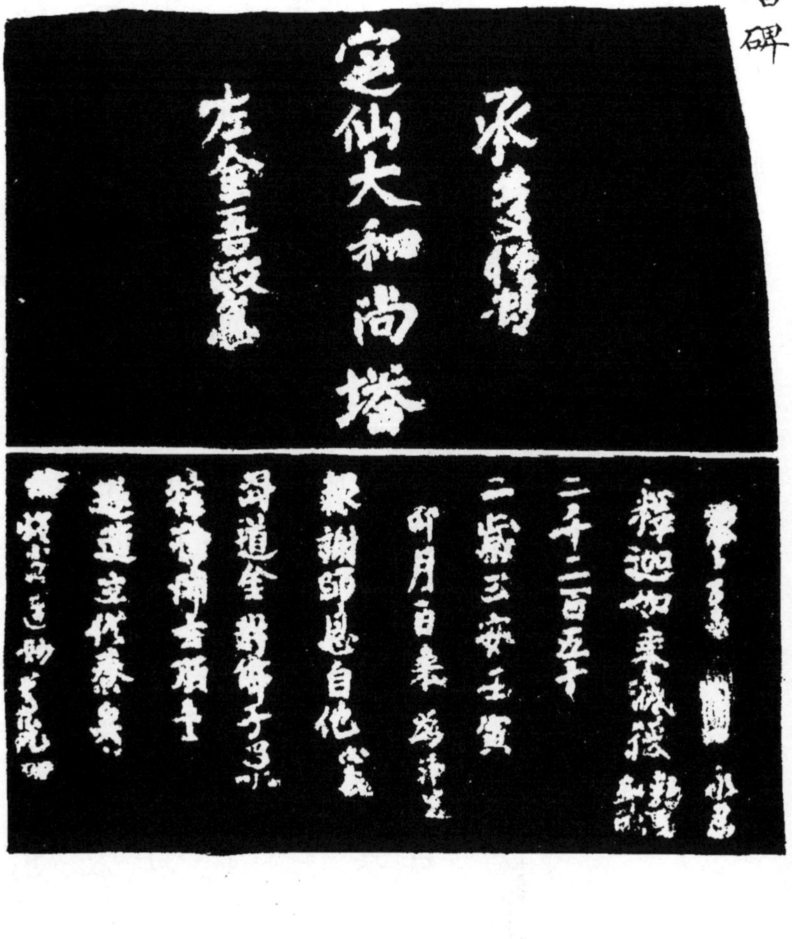

饔喜廬所著書

雲龍按碑在東海道靜岡縣伊豆國田方郡善名邨高一尺五寸寬二尺二寸其碑表字中一行曰定仙大和尚塔左一行字曰承慶僧都右一行字曰左金吾政□碑裏字十行曰□□万□□□永□一行釋迦如來滅後□□□□二行二千五百五十□□三行二歲正安壬寅四行卯月二日奉為□□五行報謝師恩自他六行□道金剛佛子七行□□權律師□項□□八行遂造立供養矣九行□□□妙尊光如十行皆正書也正安壬寅是其四年然正安無四年也即乾元元年當元大德六年壬寅集古本所謂善名邨碑即此

圓覺寺鐘銘

[illegible]模州瑞[illegible]
[illegible]禪寺鐘銘
鯨[illegible]當[illegible]之東
有大圓覺[illegible]氏[illegible]
[illegible]廓賢聖[illegible]象龍
[illegible]同太地[illegible]命[illegible]
[illegible]大[illegible]洞
[illegible]大法[illegible]家
[illegible]源風月幽合傳[illegible]
[illegible]土號令[illegible]天[illegible]
[illegible]民贊
國[illegible]德雄忠[illegible]
[illegible]
目[illegible]
皇風[illegible]
[illegible]中
正安叁年辛丑八月初
七日本寺
[illegible]那從四位上行相模守

平[illegible]大[illegible]謹銘
七月十七日巳時大鐘
[illegible]洪音[illegible]謹
其名曰千佰
[illegible]勸緣[illegible]共[illegible]
千[illegible]日人本[illegible]
貳伯五十[illegible]
[illegible]
[illegible]
頭首[illegible]
[illegible]
[illegible]事[illegible]
父[illegible]
西堂[illegible]
[illegible]
當寺住持宋西澗和尚
[illegible]
當寺住持傳法宋沙門

[illegible]
行[illegible]
[illegible]源朝[illegible]
[illegible]
[illegible]寺僧[illegible]
[illegible]

皇帝萬歲重臣
千秋風調雨順國泰民安

日本圖經廿四

圖經六之一

纂喜廬所著書

雲龍桉鐘在東海道神奈川縣相模國鎌倉瑞鹿山圓覺寺正書有銘無叙銘者住持傳法宋沙門于曇也助貲者一千五百寺僧二百五十正安三年當元大德五年叁衲旨博等字類皆俗體相摸之摸俗从手此鐘从木

陸奧天王寺碑

雲龍梭碑在東山道青森縣陸奧國信夫郡飯坂高三尺八寸
寬二尺頂有梵字一其下行書四十五字嘉元二年當元大德
八年甲辰

長勝寺鐘銘

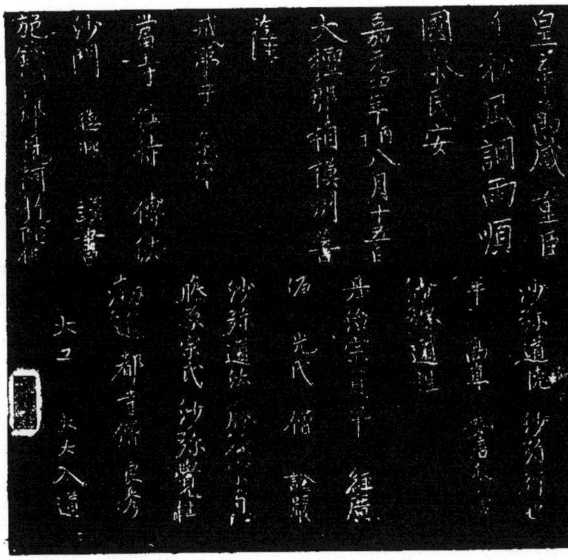

雲龍桉鐘在東山道青森縣陸奧國津輕弘前長勝寺正書嘉元四年為元大德十年丙午風民檀皁濱傳祢貞皆别體字

日本圖經十四

御島碑

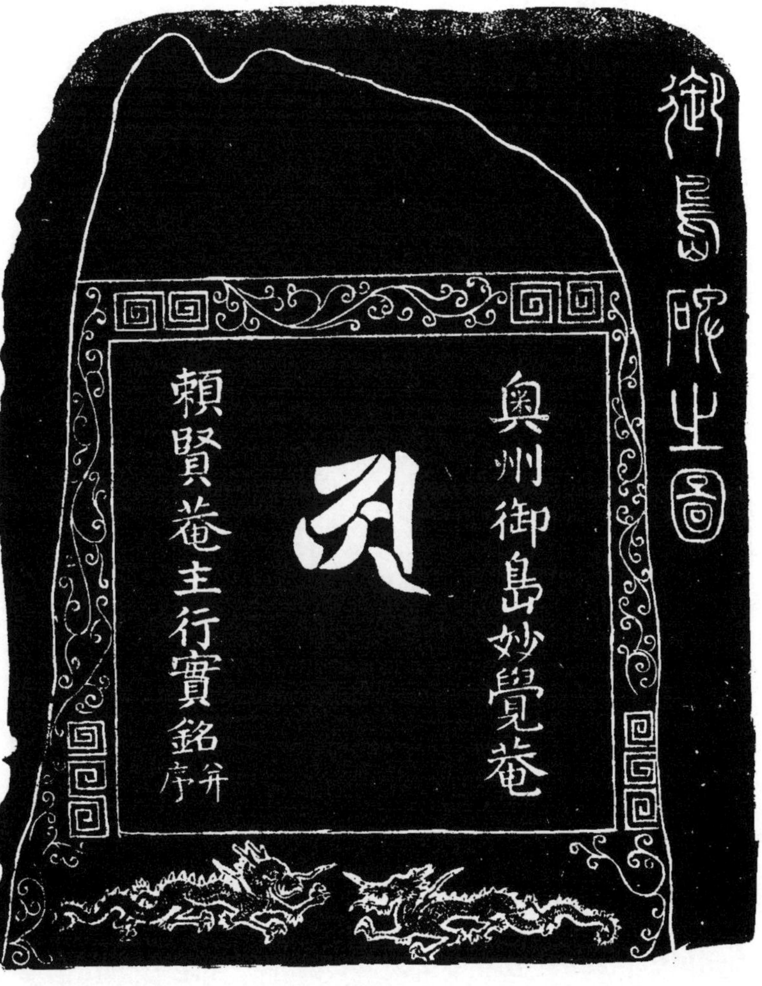

圖經六之一

養喜廬所著書

接上為一碑

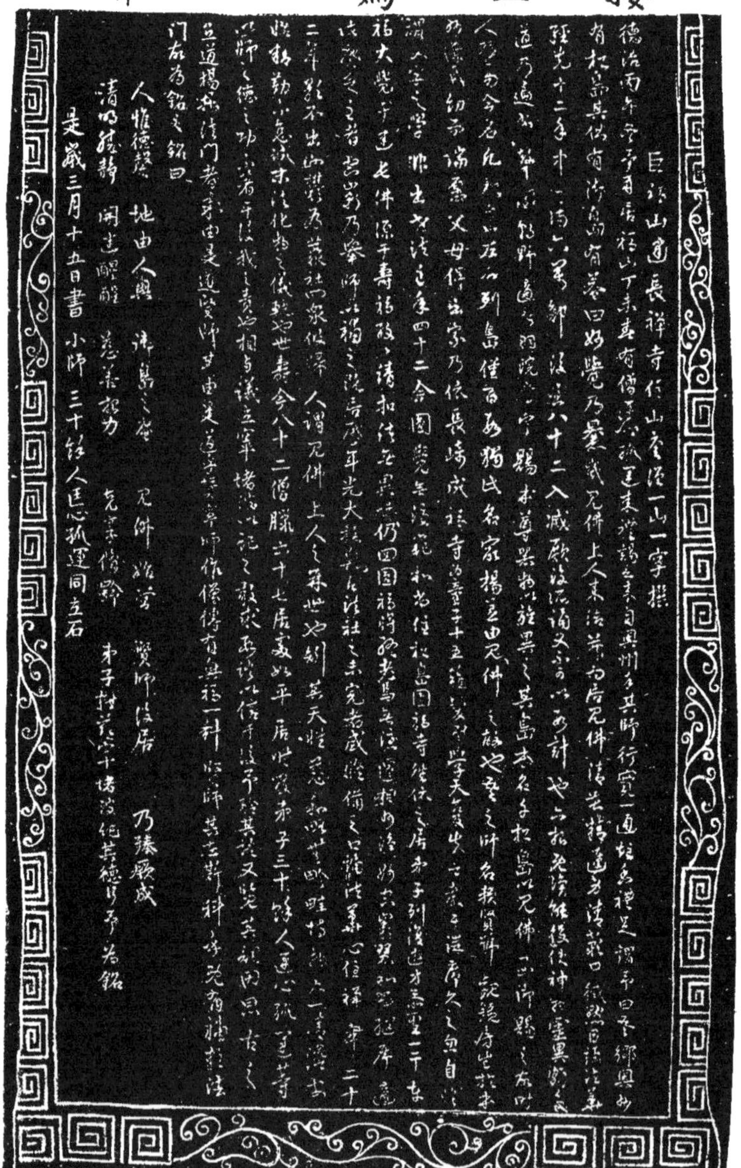
巨福山建長禪寺住山[illegible]一山一寧撰

德治丙午冬予自[illegible]福山丁未春有僧[illegible]孤運來[illegible]來自奧州[illegible]其師行實一通[illegible]禪足[illegible]予曰吾鄉[illegible]

有松島其[illegible]有[illegible]島有寺曰[illegible]覺乃[illegible]兄佛上人來[illegible]居兄佛[illegible]若[illegible]曰[illegible]

[illegible]先十二年[illegible]八十二入滅[illegible]

[illegible]

人[illegible]名兄[illegible]列島[illegible]名家[illegible]兄佛[illegible]

[illegible]父母[illegible]宗乃依長[illegible]成[illegible]寺[illegible]十五[illegible]學天[illegible]

[illegible]四十二[illegible]

福大覺[illegible]兄佛[illegible]壽福[illegible]和[illegible]四國[illegible]

[illegible]年光大[illegible]

二年[illegible]人謂兄佛上人之[illegible]世也[illegible]天[illegible]

[illegible]世壽今八十二僧臘六十七[illegible]平[illegible]弟子三十餘人[illegible]

[illegible]

[illegible]

門[illegible]為銘之銘曰

人惟德馨　地由人興　佛島之[illegible]　兄佛[illegible]　贊師[illegible]居　乃臻厥成

清明[illegible]靜　開[illegible]醒醐　慈[illegible]智力　克[illegible]　弟子[illegible]千[illegible]其德[illegible]銘

是歲三月十五日書　小師三十餘人匡心孤運同立石

雲龍桉碑在東山道宮城縣陸前國松島高一丈二尺四寸有奇寬三尺八寸有奇分計之碑首末刻處高一尺有奇額上花紋高五寸額高二尺五寸八分額下雙龍處高七寸碑文正面高七尺有奇其下花紋六寸許其寬額面二尺六寸五分碑面三尺二寸五分額正書曰奥州御島妙覺庵賴賢庵主行實銘并碑行書十八行字有差德治丙午是其元年當元大德十年据古城郡人言其郡古碑凡三一多賀城碑一燕澤碑一即此也

鎌倉八幡宮燈臺銘

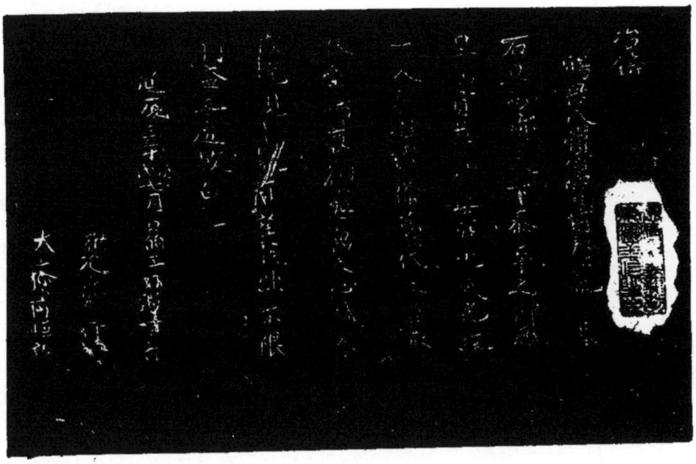

雲龍桉燈臺在東海道神奈川縣相摸國鎌倉八幡宮正書十一行行二字至十五字有差延慶三年當元至大三年庚戌鑄鑄邑寶龕基成規焘邉皆别體字

愛宕山碑

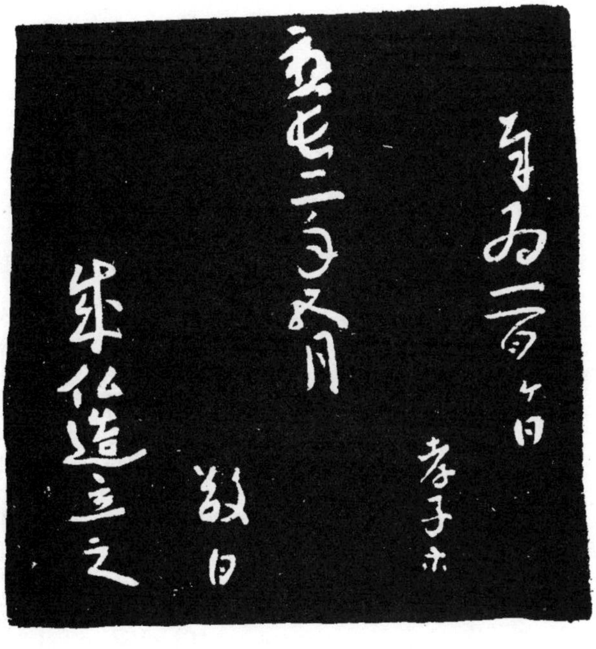

雲龍桵碑在東山道青森縣陸奥國須賀川愛宕山高一尺六寸寛一尺一寸草書五行第一行奉為一百百日第二行孝子等第三行應長二年五月第四行敬白第五行成佛造立之月廿二字以ホ為等以仏為佛皆俗體字應長二年元皇慶二年也歲次壬子

醫王寺碑

雲龍桉碑在東山道青森縣陸奥國佐場野醫王寺高二尺八寸有奇寬一尺七寸有奇行書横額四字曰識除理如中一行曰正和二年癸十月上旬日左一行曰右造立之□忍王逆三字漫漶舊譯据□右一行曰□業兼法界拜明正癸故也其時為元皇慶二年癸丑集古本譯為正和三年誤也

巨鼇山清見寺鐘銘

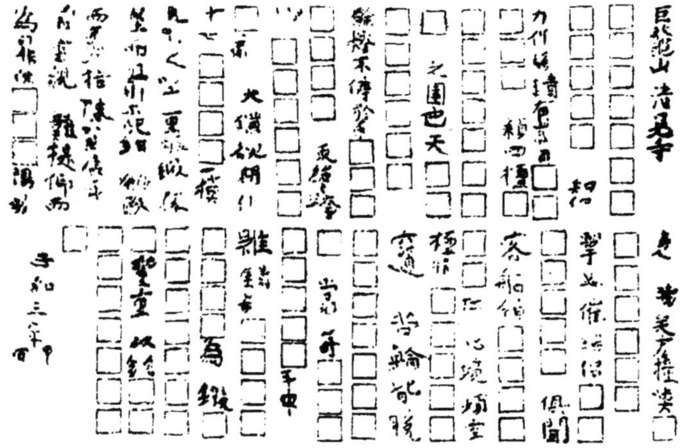

雲龍按鐘在東海道静岡縣駿河國巨鼇山清見寺正書陽文剝蝕過半僅餘一百十七字其中全字亦尠永和三年之永字已難可辨幸有甲寅二字可据也蓋當元延祐元年

鶴岡八幡宮鐘銘

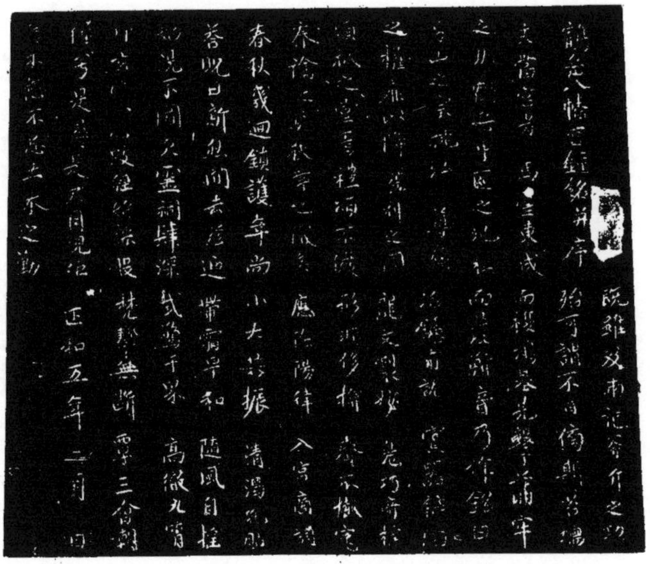

雲龍按鐘在東海道神奈川縣相摸國鎌倉鶴岡八幡宮正書一百一十九字正和五年當元延祐三年丙辰鶴鶴揺斷皆别體字以商為商則音誼迥異矣

安福寺鐘欵識

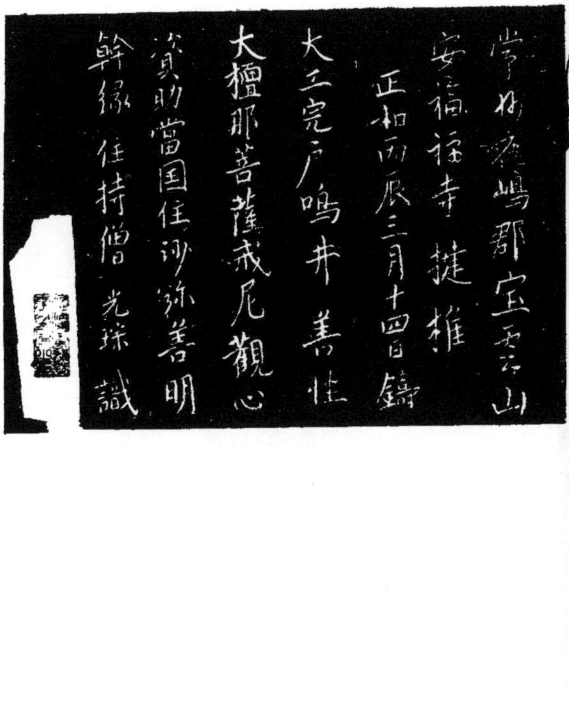

雲龍桉鐘在東海道茨城縣常陸國鹿島郡安福寺正書兼草書五十有八字正和丙辰是其五年當元延祐三年宝福鑄檀国弥善皆别體字以嶋為島則日本俗字

椎津邨古墟碑

養喜廬所著書

雲龍按碑在東海道千葉縣上總國市原郡推津邨初湮沒土中邨人掘墟間地出之僅存文保二年六月日七字正書也其上有梵文其年為元延祐五年戊午

如法寺碑

雲龍桉碑在北陸道新潟縣越後國蒲原郡如法寺高一尺九寸寬一尺五寸近上居中有梵文一其下有元亨元三字左有八郎二字右有誓阿二字正書畧兼行書元亨元爲元至治元

年辛酉以亭爲亭與天王寺碑同

下總國八幡宮鐘銘

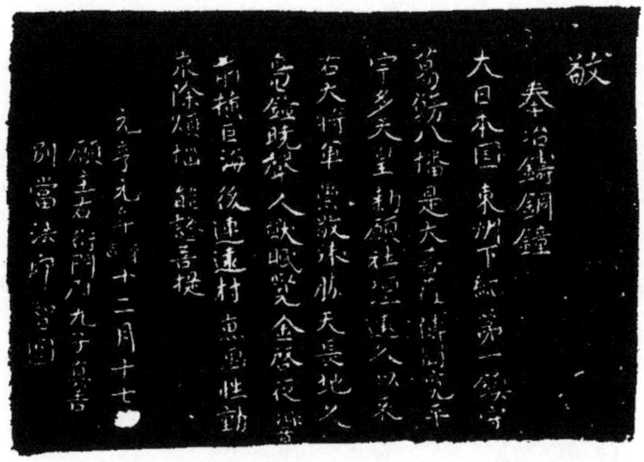

敬
奉治鑄銅鐘
大日本国東州下総第一鎮守
葛飾八幡是大菩薩傳聞寛平
宇多天皇勅願社壇遠久以来
右大将軍崇敬深胁天長地久
邑鐘既懸人歡賦覺金聲徳響
前擬巨海後連遠村無為性動
永除煩惱能證菩提
元亨元年辛酉十二月十七日
願主右衛門入道九子善
別當法印智圓

雲龍桉鐘在東海道下總國第一鎮守葛餝八幡宮正書元亨元年當元至治元年辛酉鑄総播薩寬宇社逵惠永[illegible]證首圓俗字居多

日蓮書名號碑

雲龍桉碑在東山道椽木縣下野國那須山高四尺五寸有奇
寬一尺九寸有奇正書中一行曰南無妙法蓮華經左行曰右
志者爲一結衆現安穩另附一行曰元亨貳年壬戌卯月十三
右行曰後生成佛乃至法界另附諸衆二字元亨二年當元至
治二年壬戌

奈良招提寺金堂鮪字

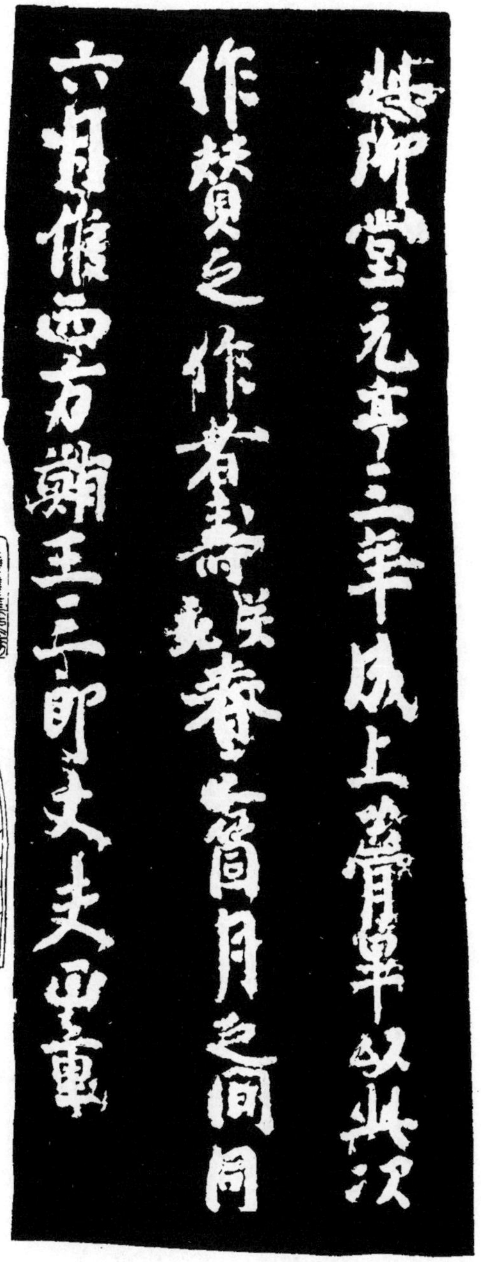

日本圖經十四

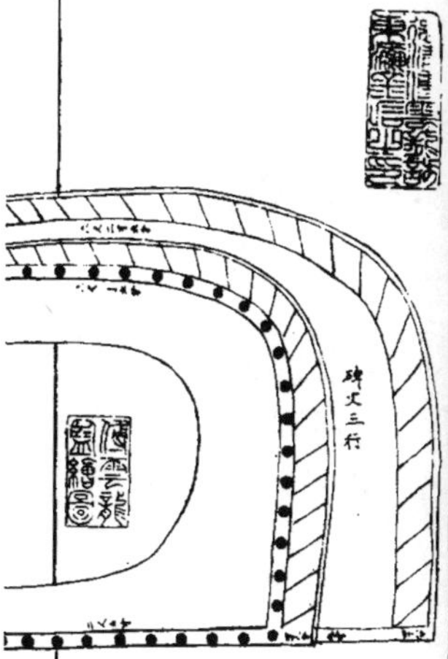

圖經　六之一

養書廬所著書

雲龍桉鮹者如中國屋脊之首所謂鼇頭者也集古本入碑類蓋瓦質也日本人謂瓦為煉化石此鮹在畿內道奈良縣大和國奈良招提寺金堂正書三行弟一行十四字弟二行十五字弟三行十三字文曰此御堂元亨三年成上葺畢以此次作賛之作者壽癸亥春三箇月之間同六月候西方鮹王三郎丈夫正重其意謂三閱月之功與六閱月等堂西之鮹作自王三郎丈夫也正重殆鄭重意歟御堂猶言尊堂也今影字而埘鮹圖然詳尺寸著異製也元亨三年為元至治三年癸亥成無點與松浦碑同次作汉賛作賛壽作壽箇作箇鮹作鯆皆別體也

天王寺碑

雲龍梭碑在東山道青森縣陸奥國信夫郡飯坂天王寺山高一尺二寸有奇寬五寸行書一行曰元亨弟四甲子一月十三日款白凡十四字其年為正中元年正月猶未改元也當元泰定元年甲子亨作亭弟作才

日本圖經十四

善願上人舍利瓶記

極樂寺第二代長老善願上人
舍利瓶記
先師大德諱順忍俗姓藤原
建久鎌府士辛加藤判官景廣
孫也父加藤五郎其母天藤氏
之承二十一廿七誕生弘安三十六歲
隨忍性大德出家受具修興正菩薩
別受公家專崇故得府大守與師
萬人歸願然之行化一朝嘉滴主之
慈願善意加歷元年八月十日承赴
端坐入寂俗年六十二夏臈四十二

圖經六之一

養喜廬所著書

雲龍按此即集古本所謂骨壺銘也而實非銘今依瓶文定其目曰善願上人舍利瓶記其字所在高三寸五分寬四寸八分正書十一行行四字至十五字有差嘉麻元年為元泰定三年其出土在東海道静岡縣伊豆國田方郡牧野邨蓋掘地者獲之也第善願建薩霏鵺皆别體字文永二十一廿七云者二十一年廿七日也文體亦異

松浦碑

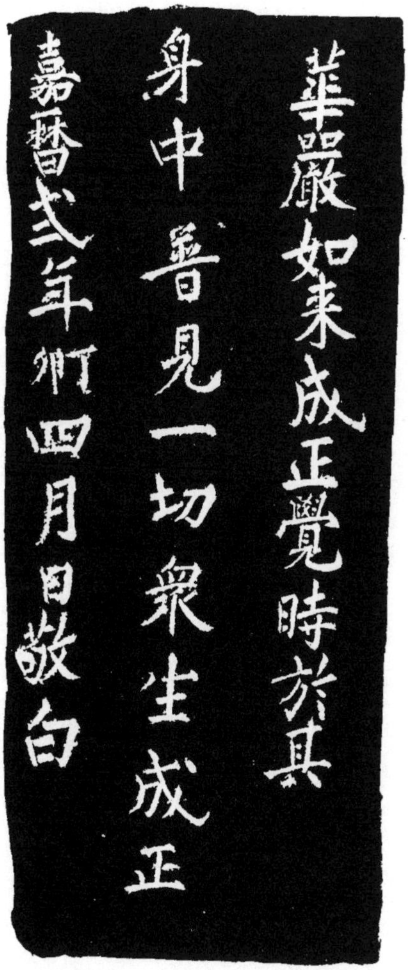
華嚴如来成正覺時於其
身中普見一切衆生成正
嘉曆弍年卯四月日敬白

雲龍桉碑在東山道青森縣陸奧國宮城郡松浦正書每字長三寸有奇三十一字惟丁卯二字雙行華来卯皆别體字成字有二一無點一有點晉闕一筆嘉厤二年當元泰定四年

潮來長勝寺鐘銘

雲龍按鐘在東海道茨城縣常陸國潮來邨海雲山長勝寺正書兼行書二十六行行字有差元德庚午其二年也當元至順元年去翔寺之始已百二十年有奇矣乃為是鐘勒四言銘二十有八句徽番鯨杒禅定類此皆别體難枚舉也

久米邨將軍塚碑

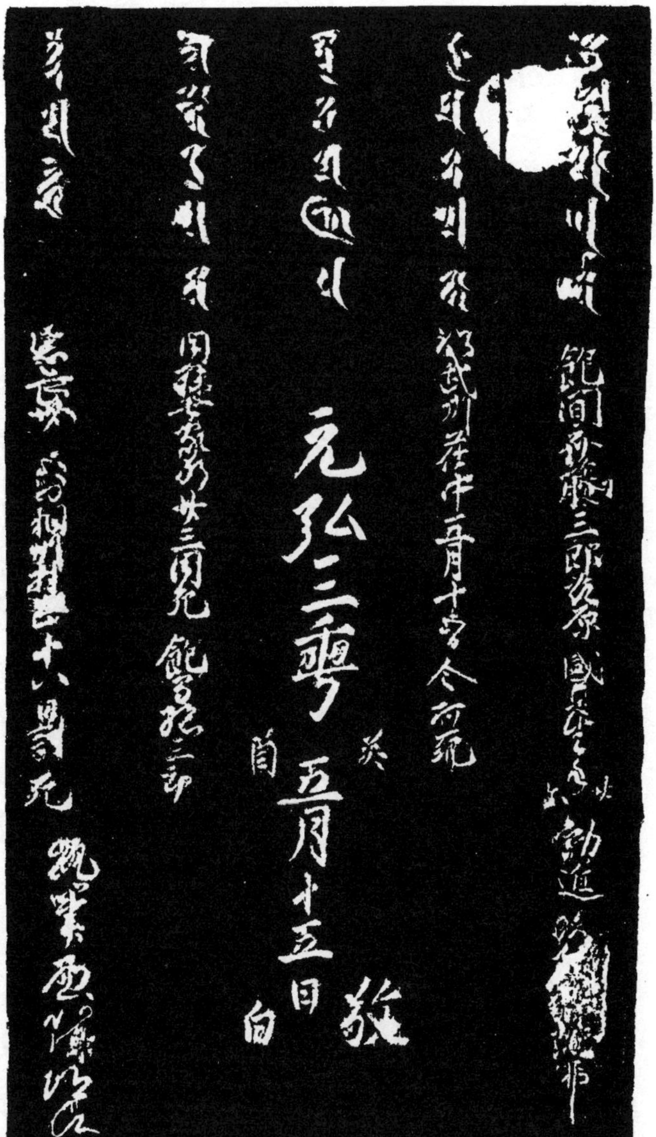

雲龍按碑在東海道武藏國入間郡久米邨上段梵書五行前四行五字後一行三字下段正書五行中一行紀年曰元弘三𡕀癸酉五月十五日敬白前二行一為十九字一為十三字後二行一為十四字一為廿一字以𡕀為年蓋唐武后所制字而小變者也唐書后作曌𠀑埊𡆠囝〇𠁈恖𥘉𢍺𠡦𡔈十有二文自名曌宣和書譜以𠡦為武后造十九字之一通志以𠡦為武后十八字之一集韵𠡦與通志同與唐書異佩觿作𠡦金石文字記作𡕀王觀國學林作𠡦然制字本恉謂千千万万為年當以作𡕀為是空海所書益田池碑年作𠡦與唐書符此碑作𡕀與諸書略異元弘三年當元元統三年

東明寺鐘銘

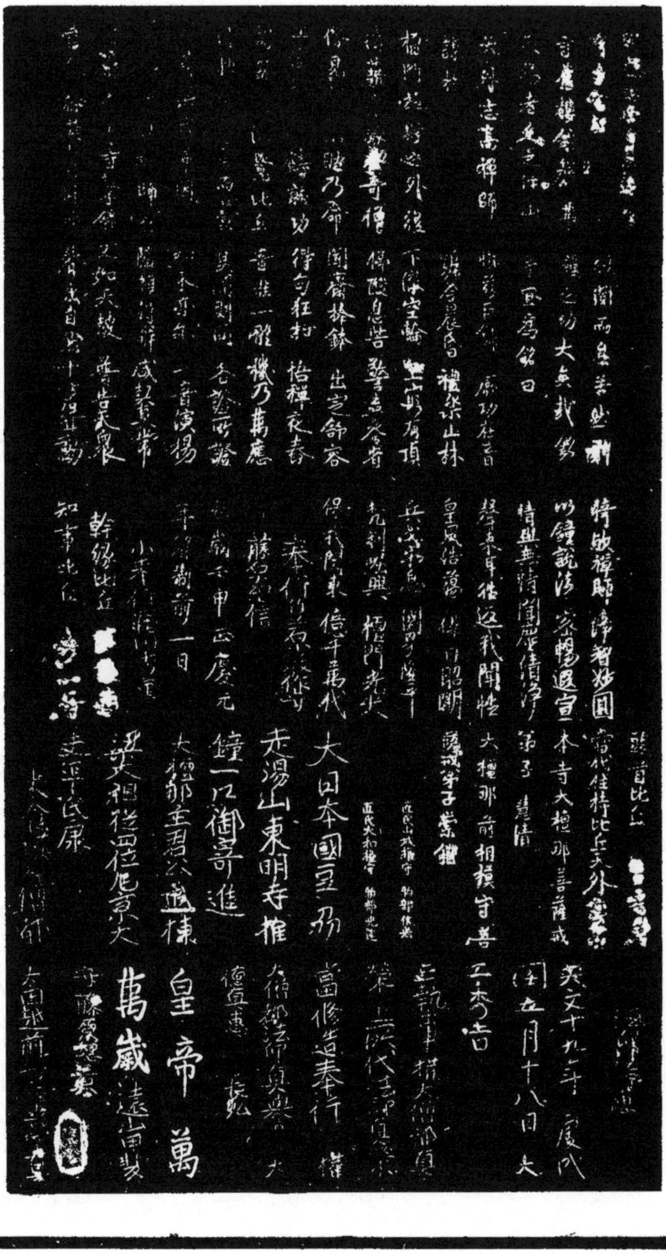

[illegible] 天文十九年庚戌閏五月十八日 [illegible]

大日本國豆州走湯山東明寺 [illegible] 當修造奉行 [illegible]

鐘一口御寄進

皇帝萬萬歲 [illegible]

日本圖經十四

圖經六之一

雲龍按鐘在東海道靜岡縣伊豆國走湯山邨東明山正書正慶元年爲元至順三年壬申子兼古俗僧命僊賛䳱萬皷明鬩重氏康之類難更僕數

東慶寺鐘銘

相陽崎松岡山東慶禪寺鐘銘
梵刹[illegible]今大休息論首刹為大
義松岡[illegible]寺用百緡鑄
洪鐘東[illegible]圖[illegible]

松岡之山　金鳥水處　鐵[illegible]
來山[illegible]　[illegible]羅　[illegible]
[illegible]洪鐘　[illegible]詮全　孔方[illegible]
[illegible]是命　[illegible]功　[illegible]尋迹
[illegible]說張　[illegible]　[illegible]
[illegible]少[illegible]　[illegible]音一吼　[illegible]
[illegible]　[illegible]迹[illegible]　新[illegible]
迷[illegible]　[illegible]　[illegible]
十虛消殞　五國清淨　[illegible]
[illegible]閒性　[illegible]門[illegible]　[illegible]勝
千秋萬年　國家安靜
壬申元德[illegible]結制後十一日
都寺比丘庄　遠[illegible]性玄
首座比丘尼　無[illegible]
住持比丘尼　梁[illegible]
大檀那[illegible]

雲龍按鐘在東海道神奈川縣相摸國相陽山内松岡東慶寺正字陽文二十行行八字至十五字有差元德四年當元至順三年壬申鐘識輒以三為四與古文符此則以二為四别一體也陽消趁廖层首道善古俗兼用

金色院鐘款識

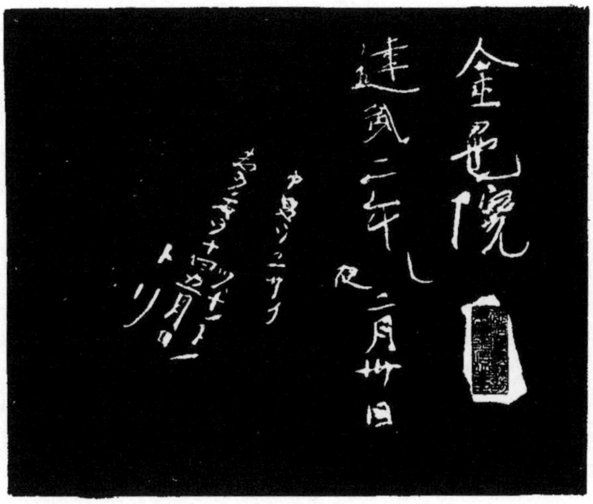

雲龍桉鐘在畿内道西京府山城國宇治白山金色院行書二行凡十有三字建武二年為元至元元年乙亥鐘文亥字蝕後四行字數有差雜伊呂波文

西念寺鐘銘

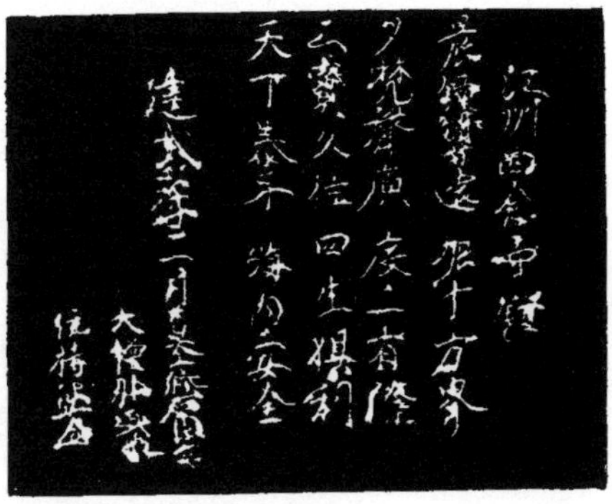

雲龍桉鐘在東山道滋賀縣近江國西念寺正書八行弟一行目也弟二行至五行銘也後三行紀年署欵建武二年之二字漫漶然猶可辨金石年表列之二年是也當元至元元年乙亥謂近江曰江州

多福院山吉野碑

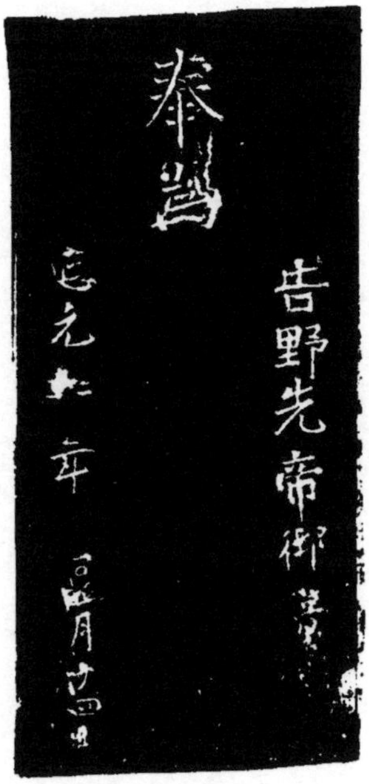

雲龍樓碑在東山道宮城縣陸前國牡鹿郡石巻水門里多福院山正書三行中一行二字左一行存七字右一行十有一字延元四年己卯當元至元五年以二二為四

泉福真福二寺鐘銘

雲龍桉鐘在東海道埼玉縣武藏國豐島郡赤塚為泉福寺真福寺同用鐘正書一百九十五字厤應三年當元至元六年庚辰以豐豐為豐以島嶋為島以釰為鈌以迹為邇

陸奥中尊寺鐘銘

雲龍按鐘在東山道青森縣陸奥國平泉中尊寺正書陽文十八行行字有差康永二年之康字少泐然猶可辨雲龍斷爲康永與日本人小林辰手錄金目合葢元至正元年癸未也其敘曰長治二年爲宋崇寧四年曰建武年爲元元統年皆前事也

毛越寺鐵燈欵識

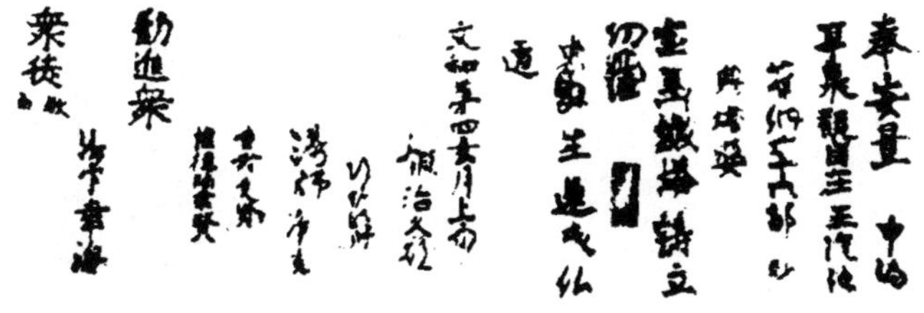

雲龍桉鐵燈在東山道青森縣陸奥國平泉毛越寺正書陽文謂文和四年曰文和年四亠一俗例也當元至正十五年乙未置作㬥自作臼衆作衆

藤澤寺鐘銘

夫鴻鐘者天地為鑪陰陽之炭聞我瞿子釋種芋將重溫淵文枝母之衣乃至高和満月遠流嚴霜
為銅萬物為鍛造化為工欲法燈於斯光照遠傳迦含靈同悟唯聞之聲衆生願思破夢拜感起行
以成大器之者其德澹使獵雀熟聞官之思經寤演園而却魔林朋鯨聲之響人民福豫村里吉祥
住而洪大鳴乎自得兮哉風伽倻部之螺鋳山之資鐘鏤開鑿者寂而聽響仍以書曆重万世祚續百王
韻相應之中有通天之響鐵之功甫就鏤錄之鑄造銘曰　真宗道人　精舍席長
者何物若之故梵宮之鄰磨於戴那子乳以足謂之東流佛法　則得遐邇　結緣開法　共満願望
要有之者也伏以聲塵此發分審餘若得之者師曉命開藤澤　清淨之光　佛家春風　同壽無量
界者妙觀察智能所攝化嘆而可為調染帝若澤之砌前湛海　覺花發嘗場　時也延文元年七月五日
也是以宗祖曰於鐘聲者隨麻般而可為非何剔梵風瑟瑟　法水洋洋　沙彌　寅存
必待和而方鳴大聖慈悲輪化之德楊殿松青納日　雲燕夕陽　治大和權守[illegible]
必待請而當說以拾謂秘者嘆不受之靜然則明王卜之勝地　巍彼樂方　住持他阿彌陀佛花押
未甚推聲即無生之玄旨驚眠之月秋遠和四海八不離飛浴　以序花藏　願主沙彌陰阿等
可爰相州藤澤山清淨光院之波大守鐘民之厭夜鳳鐘徹響　雄拉徹松
院寓宇基久而危鐘未有　白毫益映　金色遠擴

南無阿彌陀佛

雲龍楼鐘在東海道神奈川縣相摸國藤澤寺正書陽文五十四行行字有差延文元年為元至正十六年陰銅拾僞龢鑄躰万世捺弥等字別體居多

稻邨碑

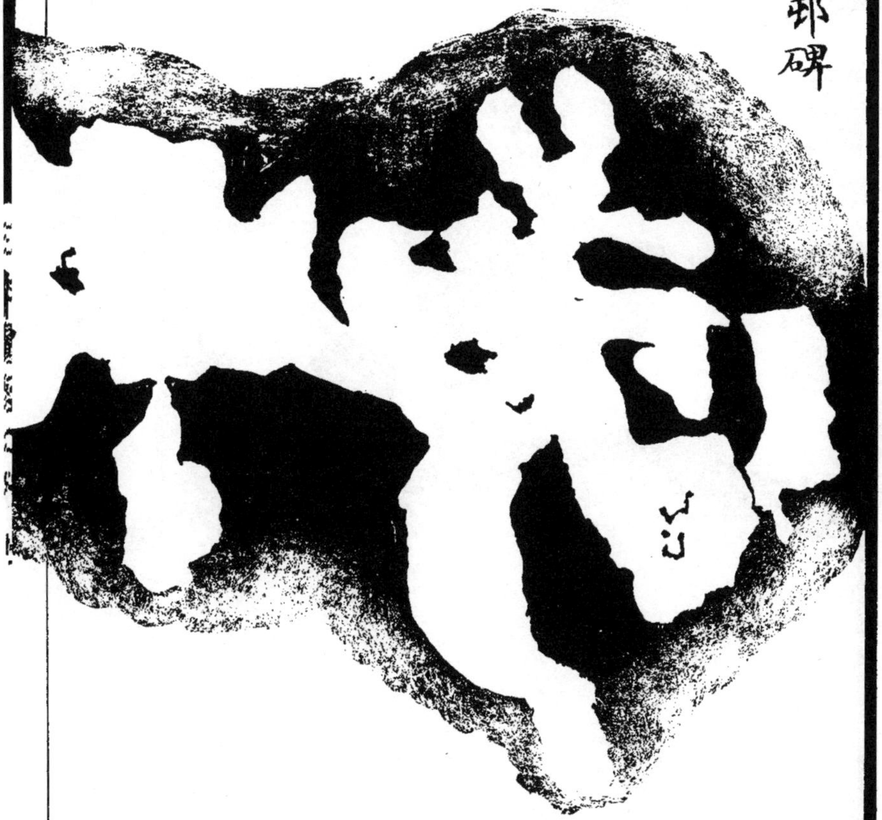

雲龍椄碑在東山道青森縣陸奥國盤瀨郡稻邨高二尺五寸寬一尺六寸上段梵文一下段正書一行延文五七月日凡六字延文是日本北朝年號時為南朝正平十五年當元至正廿年庚子

地藏堂鐘銘

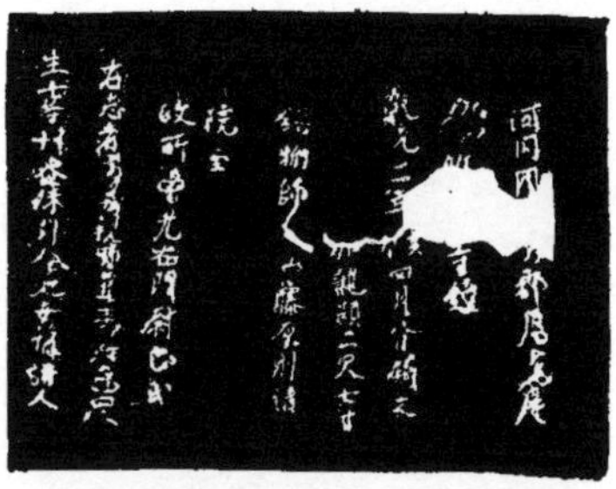

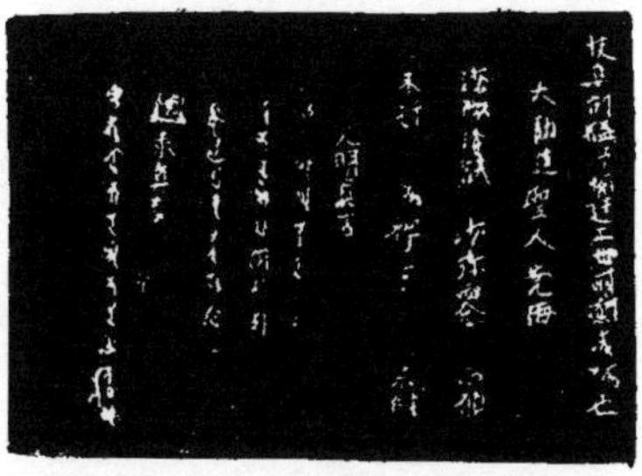

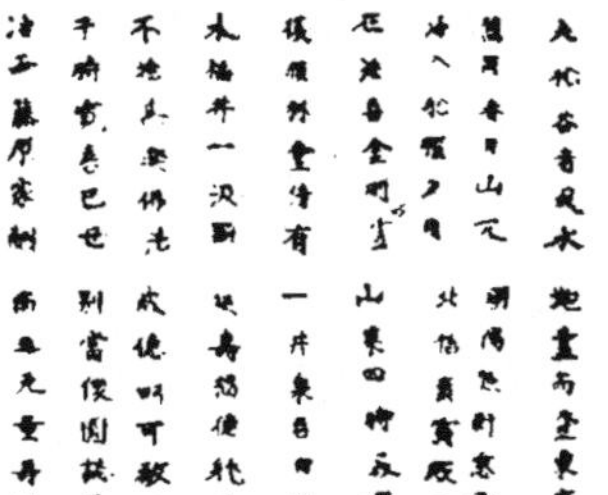

雲龍桉鐘在畿内道大阪府河内國大縣郡雁田尾正書行書梵書三者凡二十有八行行字有差初鑄於乾元二年當元大德七年癸卯改鑄於正平二十一年當至正二十六年又陽文二層〻各九行

三島社鐘銘

雲龍按鐘在東海道東京府武藏國金澤鄉瀨戶郡三島社蓋神社鐘也有銘無敘其後署款紀年正書陰文應安七年為明洪武七年

密寺鐵燈扉識

永和大乙年

二月吉日

雲龍按鐵燈在南海道和歌山縣紀伊國密寺其扉正書陽文二行識年月而已永和元年為明洪武八年

為尼上智造石塔欵識

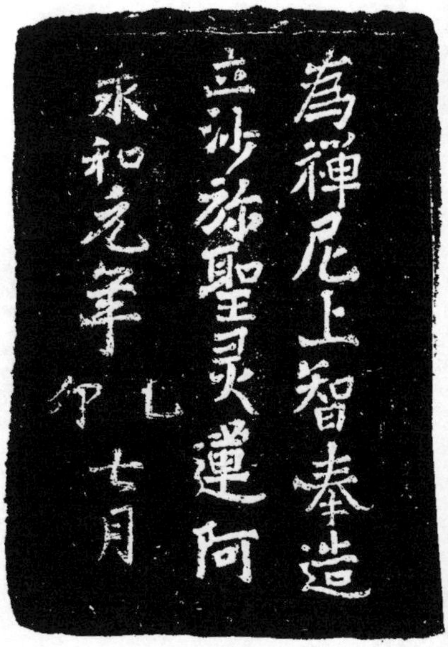

雲龍按石塔在南海道和歌山縣紀伊國高野山正書陰文三行其文曰為禪尼上智奉造立沙彌聖靈蓮阿永和元年乙卯七月　而集古本目為永和年間石塔銘所不敢沿永和元年爲明洪武八年

布留社鐘款識

雲龍梭鐘在畿內奈良縣大和國布留社行書陽文五行永和二年為明洪武九年其社名布留者殆本神詛歟詳天璽瑞寶十種

行者講田碑

雲龍梭碑在畿內大坂府和泉國山邊郡梵文一正書十八字曰龍福伇行者講田永和二年乙卯六月十日皆陰文也永和二年是日本北朝年號時其南朝天授二年也為明洪武九年

盛福寺鐘銘

雲龍桉鐘初在畿内攝津國西成郡盛福寺今徙大坂府攝津國武庫郡西宮六湛禪寺塔中茂松菴然稱名輒沿厥舊文永十一年爲宋咸淳十是初鑄之時再鑄於嘉慶元年當明洪武二十年即其南朝元中四年

淺草寺鐘銘

雲龍桉鐘在東海道東京府武藏國豐島郡淺艸寺正書陰文至德四年即嘉慶元年爲南朝元中四年當明洪武二十年

清澄寺鐘銘

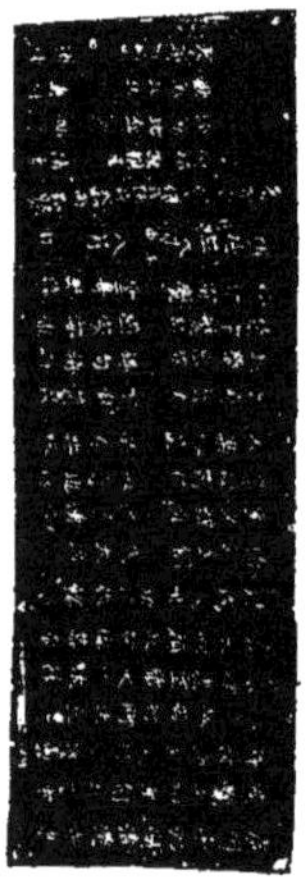

雲龍桉鐘在東海道千葉縣安房國千光山清澄寺寺開自僧慈覺鐘久剩蝕不可鳴更鑄於明德三年壬申有銘有序正書陰文廿一行行字有差其年爲明洪武二十五年

藏王權現鐘銘

雲龍桉藏王權現鐘在東海道武藏國池田郡井頭鄉御嵩山行書陰文十八行明德四年癸酉為明洪武廿六年澄覺虛發聖壽疆季皆別體字

廣國寺鐘銘

雲龍桉鐘在東海道東京府武藏國兜率山廣國禪寺正書陰文十二行行字有差應永四年丁丑為明洪武三十年

妙覺寺鐘銘

雲龍梫鐘在畿内京都府平安城高辻大宮法華堂右妙覺寺行書唫文十四行行字有差長享二年戊申為明弘治元年其銘則在應永八年為建文三年以辻為衢是日本俗字

棚倉馬場鐘銘

明四

雲龍桉鐘在東山道岩手縣陸奥國棚倉馬場行書陰文應永八年為明建文三年

觀音院鐘銘

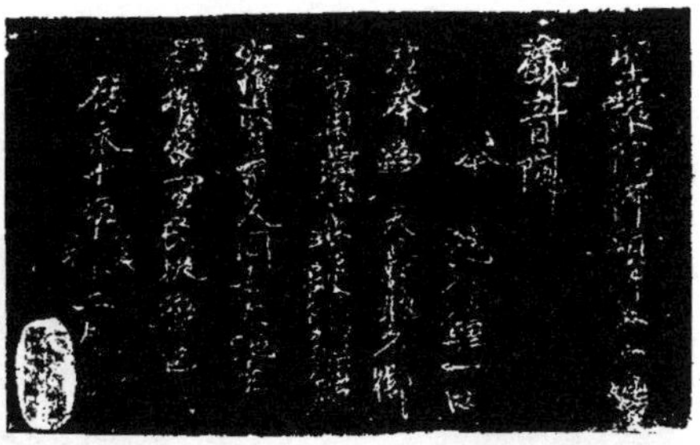

雲龍桉鐘在西海道長崎縣肥前國觀音院正書陰文應永十年癸未為明永樂元年以乖為年猶沿唐習

岩峰寺鐘款識

雲龍按鐘初在東山道青森縣陸奥國石河莊大賓山岩峰寺後移三春藩行書陰文八行行字有差應永十一年為明永樂二年

明王院鐘銘

雲龍按鐘在東海道神奈川縣相摸國鎌倉明王院葢佛寺鐘也正書七行行字有差應永十二年乙酉當明永樂三年

鉢峯山長福寺石燈款識

雲龍按石燈在畿内西京府和泉國鉢峯山長福寺正書陰文
三行曰鉢峯山應永十九年五所權現勸進良秀長福寺三月
十七日其年為明永樂十年壬辰

西琳寺鐘款識

雲龍椄鐘在畿内西京府河内國西琳寺行書陰文應永廿二
乙未為明永樂十三年

中禪寺應永釜款識

雲龍椄釜在東山道栃木縣下野國日光中禪寺施之者藤原
朝臣也正書陽文三行應永廿三年丙申為明永樂十四年

高藏寺鏡銘

雲龍桉鐘藏畿內京都府和泉國高倉郡高藏寺行書陰文曰

久安五年己十月八日造之大修惠院凡十六字時宋紹興十

九年（此當宋時誤印於此）

舛屋重芳藏半鐘識

宝徳

二年

庚午

雲龍桉鐘在畿內大坂府正書陽文三行寶德二年庚午為景泰元年

新熊野山鐘銘

雲龍按鐘在山陽道岡山縣備前國兒島兒林莊新熊野山凡日本佛寺皆別有山名此並寺字省之也新者對舊寺言正書陰文康正三卄蓋省年字為明天順元年以巳為丑往往然也

普照寺鐘銘

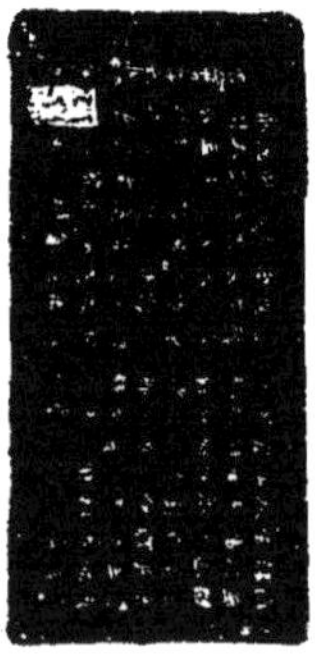

雲龍按鐘在東海道靜岡縣伊豆國伊濱郡普照寺正書陰文十七行寬正五年甲申為明天順八年

藏王堂鐵燈款識

雲龍按鐵燈在畿內奈良縣大和國吉野郡金峯山行書陰文

文明二年為明成化六年

清水寺鏡銘

雲龍按鐘在山陽道愛媛縣播磨國清水寺行書陰文六行文明十四年壬刀即明成化十八年壬寅以刀為寅不自此始也

南都般若寺鐘款識

雲龍按鐘在畿內奈良縣般若寺而鐘前署目曰南都般若寺鐘所謂南都者即奈良縣別名也往昔其國君都此而又在西京之南故名延德三年辛亥為明弘治四年延炙頗壽祢皆別體字

鹽竈宮鐘銘

明八

雲龍桉鐘在東山道宮城縣陸奥國宮城郡鹽竈宮行書陰文
明應六年為明弘治六年

光明院碑

雲龍桉在南海道和歌山縣紀伊國高野山光明院梵文一左
右正書各二行永正八年辛未為明正德六年

一品吉備津宮鐘銘

雲龍梜鐘在山陽道岡山縣備中國一品吉備津宮正書陰文

永平十七年庚辰為明正德十七年

最勝寺鐘款識

雲龍梜鐘在東山道福島縣陸奥國白川鹿島最勝寺行書陰

文十五行行字有差然非銘也集古本誤矣天文十三年為明

嘉靖廿三年此當移龍寺鐘銘之

舛屋水鉢識

寄進　水鉢

宝珠庵

天文五歲丙申六月日

雲龍樓鉢在畿內大坂府舛行書陽文三行行字有差天文五歲丙申

為明嘉靖十五年

龍華寺鐘銘

雲龍按在東海道東京府武藏國六浦莊金澤鄉知足山龍華寺正書陰文天文十年辛丑當明嘉靖二十年

道明寺鐘銘

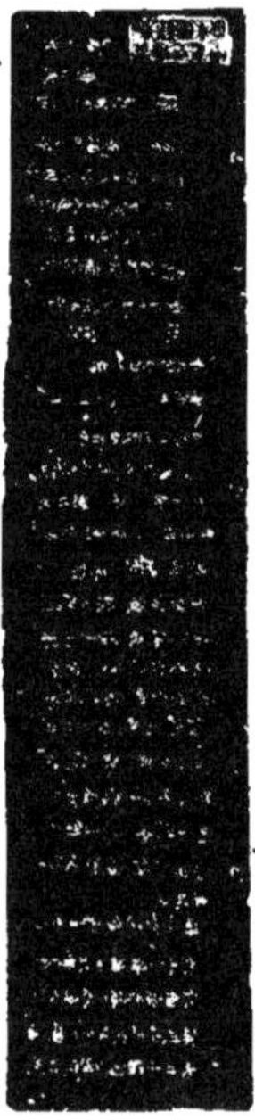

雲龍按鐘在畿內京都府河内國道明寺行書陰文三十二行永祿十二年己巳為明隆慶三年

上太子叡福寺鐘款識

雲龍按鐘在畿內京都府河內國石州郡叡福寺行書陰文慶長八年為明萬厤三十一年

明十

忍海原連魚養碑

虚忌分別有於此二都无
此中唯有空於彼亦有此
故説一切法非空非不空
有无及有故是則契中道
名事互爲客其性應當遍
於二亦當及唯量及唯假
實智觀无義唯有分別三

彼无故此无是則入三性
我法非有空識非无離有
離无故契中道觀遍計所執唯
虚妄起都无體用應正遣空
情有理无故觀依他圓成諸法體
實二智境故應正存有理有情
无故　彼
訶　悪　正

雲龍梭碑在畿內道奈良縣大和國奈良十輪院境正書無年
分据裝冊拓本箸述

日本圖經十四

古碑

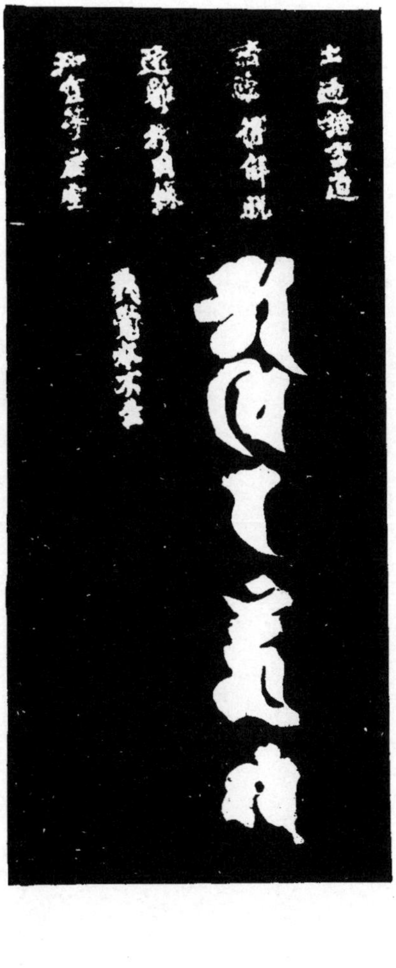

雲龍按古碑集古本箸錄未詳何所正書五行行五字又梵書五字一行在正書下

勝手明神古鐘銘

雲龍按鐘在畿內道奈良縣大和國吉野正書存十四行行字有差多漫漶不可識識者數字耳

猿丸太夫墓志

雲龍按墓志石在畿内道兵庫縣攝津國蘆屋邨高三尺三寸四分寬一尺七寸正書猿丸太夫分為左右各二字中書一行曰南無阿弥陀佛字與多胡郡碑相似下有石紋如蓮

苔清水碑

雲龍桉碑在東海道奈良縣大和國吉野山正書一行三字字長四寸許碑字之無俗體無省筆似此蓋寡

養喜廬所著書

二階堂墓志

雲龍桉墓志在東海道武藏品川海晏寺字餘二行然皆漫漶

法隆寺銅斗識

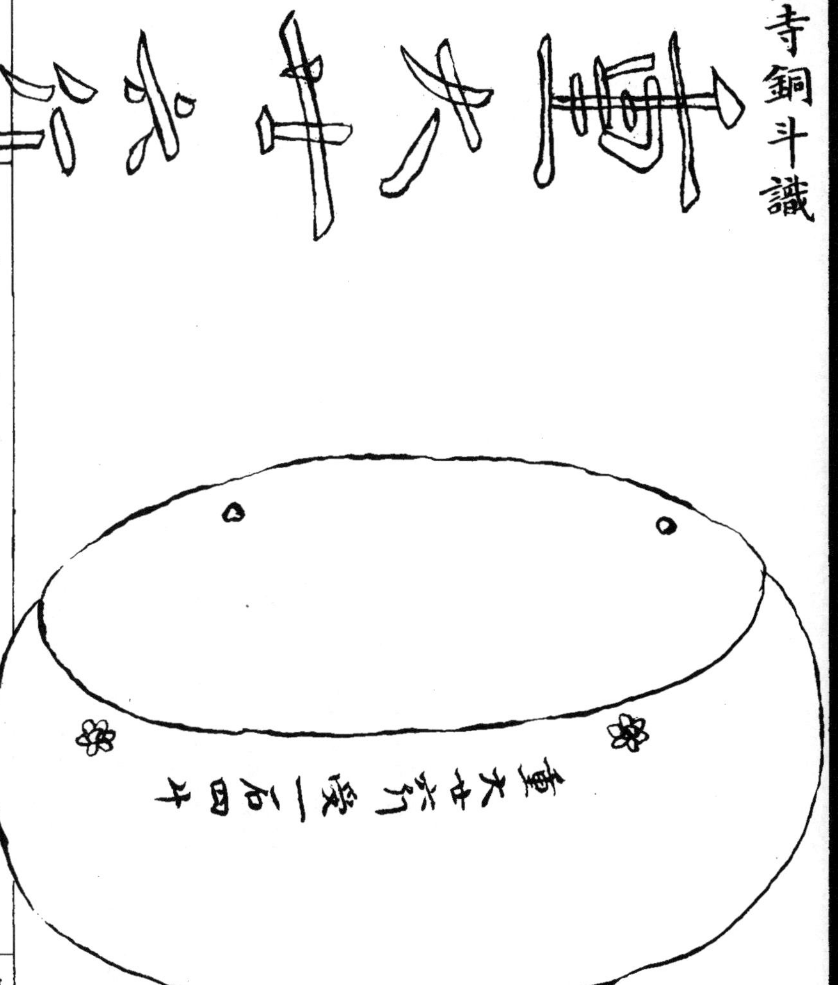

雲龍梭銅斗藏法隆寺口圓徑二尺二寸五分腰圍七尺八寸三分深一尺四分底破環逸斤兩之不詳職此其文曰重大廿六斤受一石四斗凡十字以斗為升今撫文圖形

永手墓志

雲龍桉墓石在畿内道大阪府河内國古市郡駒谷邨金剛輪寺境内篆書四字曰永手之墓然日本似此絶少真贋非所敢知矣姑入録俟攷

鍔口款識五

雲龍按此鍔口皆舊拓本也其一文曰金峯山寺天平十五年河内國古市郡飛鳥郵下郵尚有數字難可悉辨它皆陰文此文獨陽時為唐天寶二年其二文曰京法華寺金堂建長八年丙卯七月十日鑄立之此宋寶祐四年物也其三文曰大和國山邊郡布大明神御靈前永正九壬申年八月二日施主正屋十郎益明正德七年物也其四文曰金峯山寺守社鍔口豐富朝臣秀賴卿再興御建奉行建部內匠頭慶九甲辰歲三月吉日此又明萬厤三十二年物也鍔玉篇訓刀刃廣韵訓劍端而日本所謂鍔口者鍔當作鰐背面如鏡中空其口向下懸神社門祀者鳴之乃跽而搏掌以鯨鐘木魚例之則名鰐口為宜鰐鱷古通用○東海道東京府伊豆國八丈島藥師堂前鍔口行書陰文明德元年庚午益明洪武二十三年物也然拓本略具其字故未寫圖

研款識十三

大化瓦研

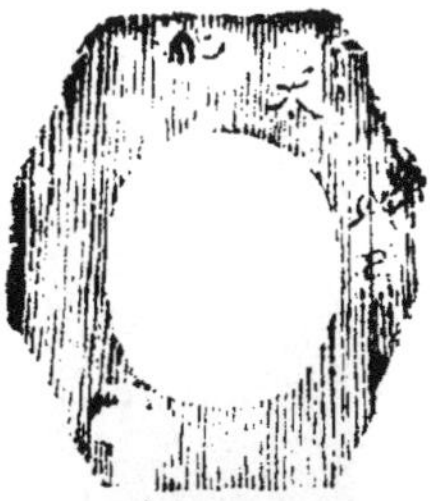

源賴朝馬韉研

永祚瓦研

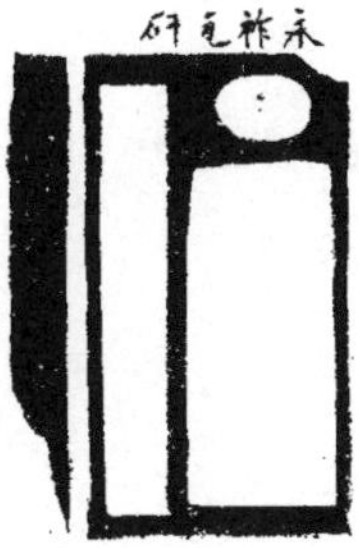

後醍醐天王研

熊朴研

弘誇研

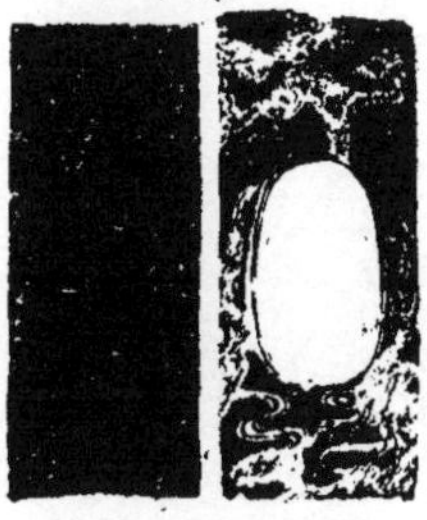

文安瓦研

文明研

曾我堂瓦研

忠冢研

亭研

平重衡卿研

僧弘法研

琴研

道山研

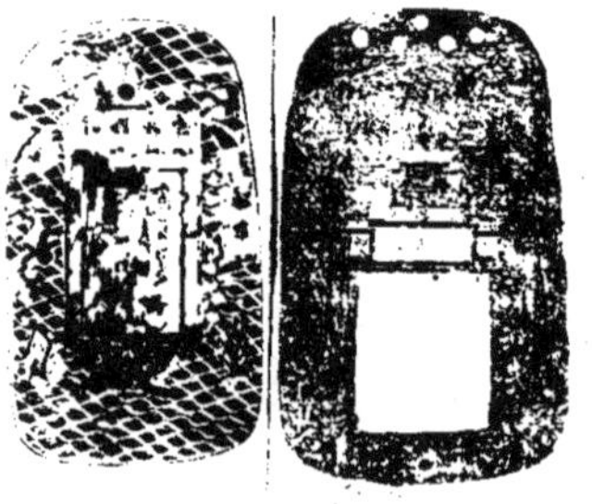

研一

雲龍按日本研有石有瓦有磁錄近古者一曰大化瓦研其面行書陽文大化二字猶可辨也唐貞觀時物二曰源賴朝馬蹏研背有天長元年四字陰文東海道神奈川縣相摸國鎌倉八幡宮藏時為唐長慶四年三曰永祚瓦研正書曰永祚三年辛卯六月日陰文葢即正厤二年為宋湻化二年四曰後醍醐琨玉研背有琨玉二字正書陰文葢元延祐至治間製五曰乾卦研其質紫石也面畫乾卦陽文背有正書曰天授棐兆執徐仲夏自造陰文是永和二年為明洪武九年六曰松陰研背有正書曰永享四年十二月二十五日陰文時明宣德七年七曰文安瓦研好古小錄云古瓦研背有行書曰食堂常住文安二年丁卯七月日兵衞太郎陰文以二二為四時明正統十二年八曰文明研背有分書云主相川住松田中衞門尉賴秀文明十四年壬寅弗劘燭龍陽文時明成化

十八年九曰曾我堂瓦研面行書曰曾我堂虎建立瓦背有虎瓦二字又有押皆陰文十曰忠峰研側有行書忠峰二字畿內京都府山城國壬生寺藏十一曰平重衡卿研面篆書有元氣精英四字陽文　西京百萬篇藏十二曰道山研其端五眼下有道山二字背文泐惟識宮蟾蜍等字陰文僧佛乘研也鎌倉報國寺藏十三曰亨研背有正書亨字飛白文畿內大坂府河內國譽田八幡宮藏日本研譜之屬錄中國研居多彼產不第唯是而舟車往徠莫違枚舉也

瓦當文十七

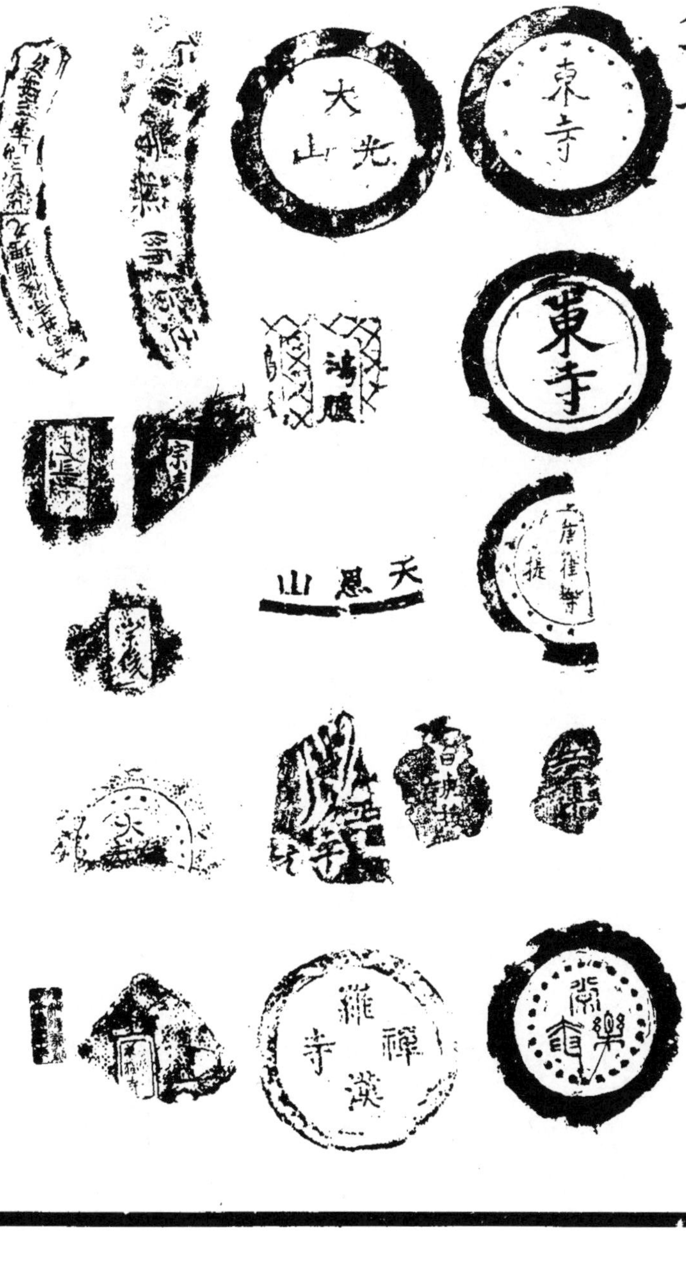

雲龍按日本瓦當曰東寺瓦見二皆正書東寺二字一舊拓一獲自陳氏矩

曰唐招提寺瓦陳得大半正書鈌招字寺在奈良縣大和國曰葛井寺瓦正書一行而交互之云葛井寺後修理瓦久安三年丁卯六月十七字時宋紹興十七年寺在大阪河內國曰藥師寺瓦西京府藥師寺造正書曰壬寅師樂寺治仁互讀為仁治壬寅藥師寺時宋淳祐二年曰常樂菴瓦篆文常樂菴三字僧聖一塔瓦也建于寬元元年當宋淳祐三年据顧拓本曰大光寺瓦正書大光山西京本國寺瓦建于興國六年為元至正五年曰鴻臚瓦正書鴻臚彼大內裏瓦也謂宮曰大內裏曰天恩山瓦正書天恩山曰白虎樓瓦正書白虎樓彼亦大內裏瓦曰菊地古城瓦行書正平元城在熊本縣肥後國元至正六年物曰兵庫瓦正書兵庫二字出治承古城治承當宋淳熙間又於鎌倉僧海雄古瓦譜得五曰宗清正書賴朝屋瓦也曰支長正書足利屋瓦也曰宗俊行書曰大慈寺正書泐半矣曰□居□永福正書又得瓦當一曰羅漢寺正書皆陽文

武智麻呂墓志

雲龍按武智麻呂墓志在畿內奈良縣大和國榮山寺山中
槿餘五字其可辨者天平乙三字耳乙下為亥字無疑弟五字
丁真耶贋耶所未詳也然集古十種已入錄乙亥為天平七年
當唐開元廿三年

八幡宮鐘銘

天寶四載乙酉思仁大角干為賜夫只山村无盡寺鐘成教受内成記時頎助在衆卧僧村宅方一切壇越并成在願旨者一切衆生苦離樂得教受成在節雀乃秋長幢主

雲龍按鐘在西海道長崎縣對馬島八幡宮為新羅所造俗呼楊妃化妝鐘蓋緣天寶四載而傳會也大角干云者新羅位階名也二天造像記傳云造自百濟已箸錄矣依例箸此然未見拓本輒依好古日錄述文天寶四載為日本天平十七年時號大和國也

僧空海所造陶佛掌圖款識

雲龍椄佛掌圖款識顧氏澐拓自愛知縣名古屋此陶佛也正面佛與侍者像凡十有九車一馬一背則佛掌圖也正書陽文其可辨者曰天長七□月七日旅江嶌□□秘密護法□□空海一万座□修此形像□者地然則此為万座之一天長七年當唐太和四年造像以陶者多而範文如鏤如鑄罕見物也謂與佛足圖對待也亦宜

天長經筒

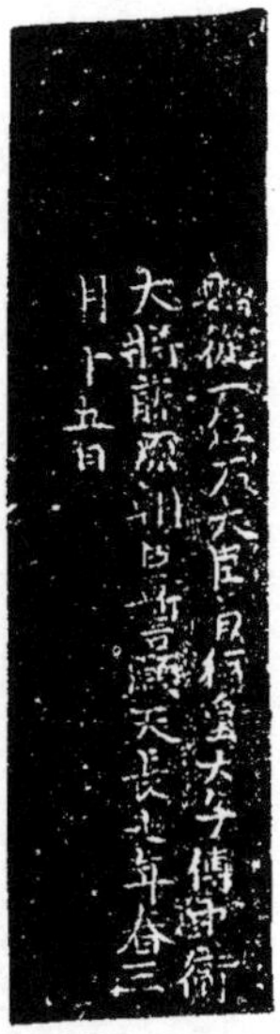

雲龍椄經筒陳氏明遠藏正書三行製之者藤原朝臣也天長七年當唐太和四年

昌泰經筒

雲龍桉經筒顧氏漂藏其質銅高七寸二分徑二寸有口八行書三行其第二行曰菅原氏其第三行昌泰二年可辨也當唐光化二年

白峯寺古瓦款識

雲龍桉瓦在南海道愛媛縣讚岐國白峯寺遍照院弘法大師堂長尺餘寬八寸餘正書飛白文凡五行第一行七字第二行

八字第三行十一字第四行三字第五行六字讚叅扩皆别體也空海别號遍照金剛院名遍照以此　天治元年當宋宣和六年

伊都岐島鐘銘

雲龍梭鐘在山陰道廣島縣安藝國伊都岐島正書陰文治承元年丁酉為宋湻熙四年以嶋為島以旅為彌以羕為承以季為年以苜為酉以施為施以将為將以烕為盛

法然上人行業碑

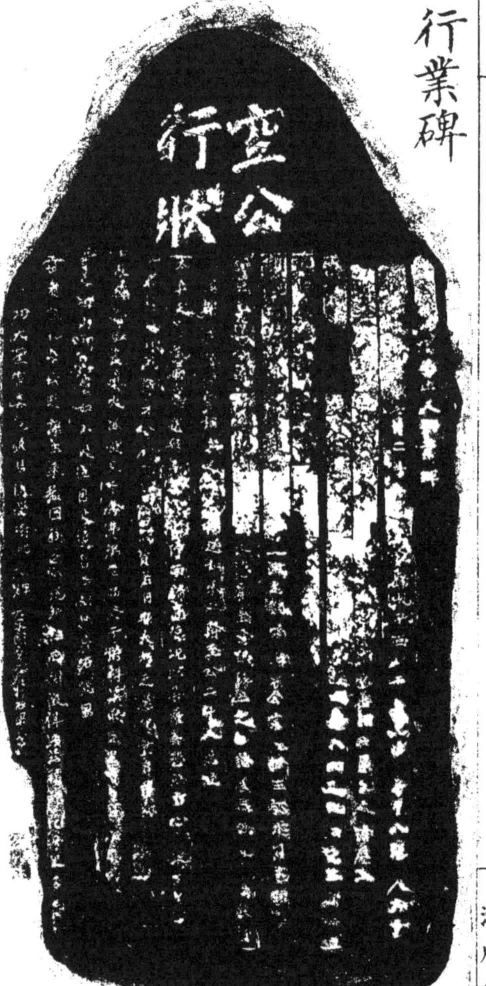

雲龍椄碑在畿內西京府山城國西山二尊院額曰空公行狀文十四行行書空公智恩院僧名法然字源空姓漆氏元祿十年其君勅贈圓光大師寶永八年加東漸二字其卒在建厤二年當宋嘉定五年碑年已剝蝕後題大宋慶元府打石梁成覺蓋其立碑僧也宋慶元府在兩浙路今浙江甯波府鄞縣治也

日光山新宮佛器款識

雲龍桉佛器在東山道橡木縣下野國日光山中禪寺集古本謂之御供器金石年表謂之佛器日本方言御之言尊也尊佛故曰御器也正書四行凡十有九字仁治三年當宋湻祐二年

以治爲治殆出工手不足責也

驛鈴款識

背面

寛元五年

雲龍按鈴藏福羽家銅古色如鐵其面驛鈴二字正書其背字如正面又有寛元五年四字當宋湻祐七年此外所見日本古鈴撫本曰乎字鈴其鈴攅五上一而左右各二也和卅八木郡出土曰万字鈴其鈴四出而鐫卍字于其間也信濃國小縣郡出土此二者皆以形名非有乎字万字也曰鬼向鈴舊水戸藩家藏曰五鈴皆一在其下而左右各二也柏木政矩藏既無款識非此驛鈴比矣

般若寺碑銘

雲龍桉碑在畿內道奈良縣大和國般若寺正書第一行銘曰大界外相第二行年號凡十字建長三年當宋湻祐十一年字尠別體惟以界爲界

法性寺廢趾鐵燈欵識

籑喜廬所著書

雲龍按鐵燈舊在西京淺草法性寺荒廢湮沒尋掘出土正書四行第一行四字第二行第三行皆六字第四行四字第五行二字凡二十有二弘長二年當宋景定三年

秩父碑銘

續五

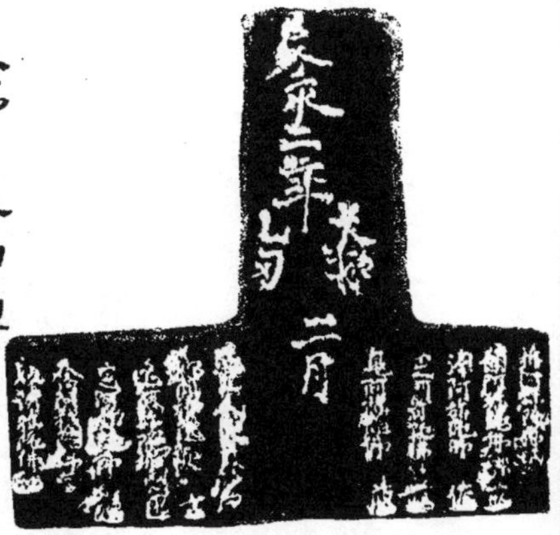

雲龍捿碑在東海道東京府武藏國高三尺九寸有奇寬一尺八寸有奇造像一正二侍正書中一行前五行後六行其下猶露字九丈永二年當宋咸湻元年乙丑碑文丑作刅不似石蝕殆省文歟

高野山天野道知碑

雲龍按碑在南海道和歌山縣紀伊國高野山正書刊石三面正面六字左側九字每字從衡四寸餘右側八字大小有差勝爲僧建治年皆别體字建治二年當宋景炎元年

瑞泉寺碑

雲龍按碑在東海東京府武藏國葛飾郡寺島邨瑞泉寺高一尺六寸寛七寸上有梵文一下有行書曰弘安二年□月日皆陰文其年當宋祥興二年己卯明年元矣

野火留平林寺碑

雲龍按碑在東海道東京府武藏國野火留平林寺正書六行弘安〻年以〻為四當元至元十八年辛巳

稱念寺鐘銘

雲龍按鐘在東山道椽木縣下野國都賀郡小藥邨稱念寺鑄鐘者藤原氏加賀國其籍也正書廿五字永仁四年當元元貞二年丙申陌岐堙祢皆別體字

相應寺碑

雲龍按碑在東山道青森縣陸奧國安達郡西内邨相應寺高三尺有奇寬一尺九寸有奇正書三行中一行曰相應寺嘉元三年乙巳七月八日旦那妙田敬白旦至白字雙行六前一行曰奉施法花經一部粉五石□平太郎下四𢾀書字後一行曰右願者為天

長地久御願円満也凡四十有四字施字今見拓本已泐據舊本補以花為華用今字也以了為部省文也以円為圓日本人今謂銀錢一圓為一円體少異也以乢為願以ㄜ為長以湳為满雜草書也嘉元三年當元大德九年而集古本譯為二年無乙巳二字奪且譌也

海藏寺造像碑

雲龍桉碑在東海道神奈川縣相摸國鎌倉扇谷海藏寺佛像中有嘉元四年八月六字可辨時元大德十年丙午

山目邺碑

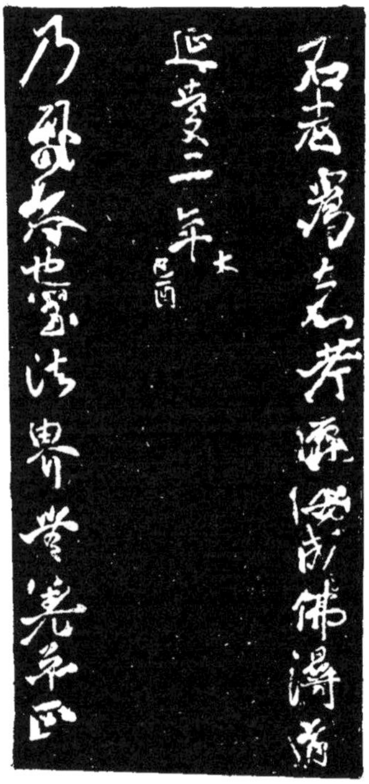

雲龍按碑在東山道青森縣陸奧國山目邨行書三行紀年居中延慶二年當元至大二年以界為界與般若寺古碑銘大界外相之界同集古本曰山之目邨蓋日本地名輒增虛字今依地誌諸書

蓮花寺鐘銘

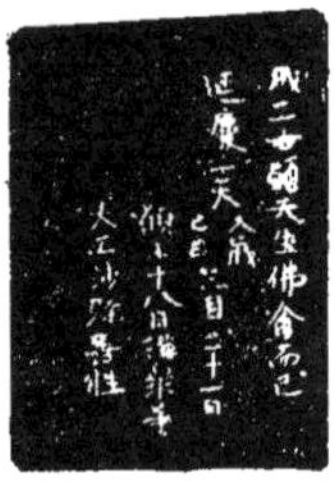

雲龍按鐘初在東海道茨城縣常陸國久慈郡戸崎邨蓮光寺鐘文可證今置東山道橡木縣下野國都賀郡小藥邨稱念寺正書十一行延慶二天猶言延慶二年當元至大二年己酉鑄鐘爲穏叓鎛韵延弥壽皆別體字

清巖寺鐵碑

八葉白蓮一肘間　夫斯碑者四恩之元也孝者百行之源也茲當一十
炳現阿字素光色　二忌之盡卒沐聖之治謹彌陀之種子三尊之
禪智俱入金剛縛　莊嚴碑婉先考之菩提則旅諸佛之照覽果而六趣之
召入如來寂靜智　等覺遺妻九品之淨刹以乃至法界平等利益故也
正和元年壬子　月　日　孝子

雲龍按鐵碑在東山道橡木縣下野國宇都宮清巖寺高九尺五寸寬一尺有六分厚一寸六分趾石方三尺頂作人字形正面梵字一佛像三其下正書陽文四行行字有差其文曰八葉

白蓮一肘間夫母者四恩之元也孝者百行之源也因茲當一十行一炳現阿字素光□二□□□率都□之冶□弥陀之種子三尊之禪智行二俱入金對縛□□□先妣之菩提則持諸佛之照覽早出六趣之行三以入如來寂靜智若域連生九品之淨□乃至法界平等利益祇白行四正和元年壬八月日孝子別一行列下段四行之間凡一百十有七字祇之言敬或譯為敬非碑字矣正和元年為元皇慶元年

和田邨碑

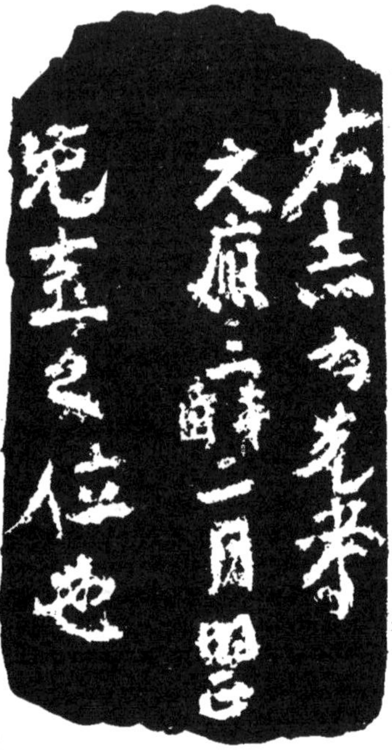

雲龍按碑在東山道青森縣陸奥國安達郡和田邨高三尺六寸有奇寬一尺九寸有奇行書三行中一行曰元應三辛酉二月時正前後各一行其文相聯曰右志爲先考口口之位也行各五字上段梵字一元應三年省年字時元至治元年辛酉

橘正成鏡銘

愛

建武元

敬神●橘正成

國

甲戌年

雲龍按鏡爲陳氏矩藏陽文正書楠正成爲左大臣橘諸兄之裔故是

鏡曰橋正成其母禱志貴山毘舍門而生小字曰多聞据日本人言凡命名輒鑄鏡祀神敬神愛國正成之志已見建武元年甲戌當元元統二年

馬塲近津明神地内碑

雲龍椄碑在東山道青森縣陸奥國棚倉塲近津明神地内掘土者出之土中高二尺二寸有奇寬一尺五寸有奇上鋭右斜石任尺然梵文一具下正書五行中一行紀年戊寅二字孝子

敬白四字皆夾注也凡十四字泐日字前二行各八字後二行一行七字一行四字末二字泐建武五年即厤應元年也當元至元四年戊寅西田氏表僅有陸奥馬場社鐘無此

供養碑

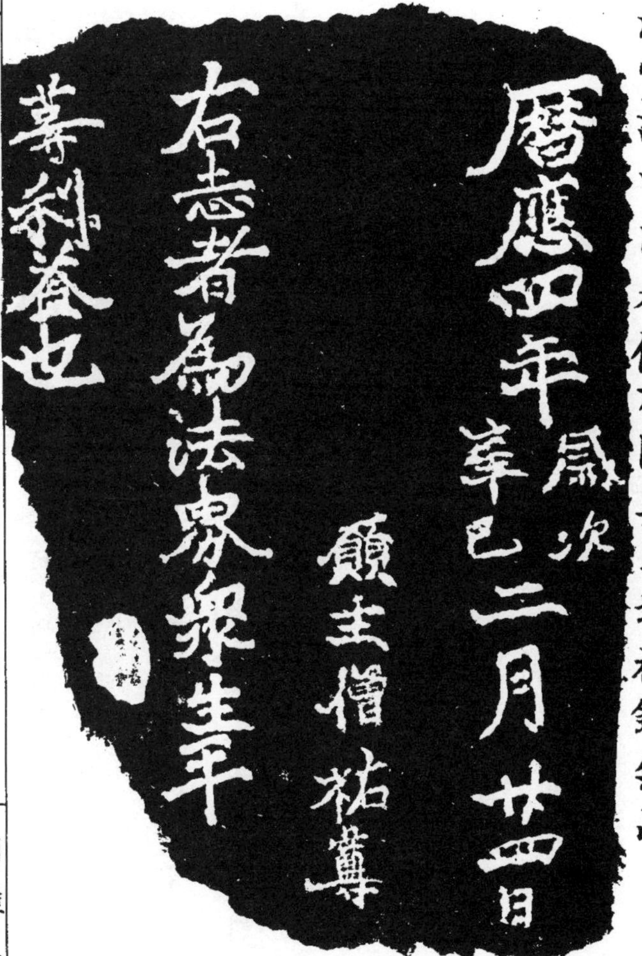

雲龍椄碑在攝津國野間邨高五尺有奇寛三尺二寸有奇石具天然上有梵文一正書四行文曰麻應四年歲次辛巳二月廿四日願主僧祐尊右志者為法界衆生平等利益凡三十一字麻應為日本北朝年號即南朝興國二年也當元至正元年辛巳歲辛願尊界等多俗體字

掘氏所藏鐘款識

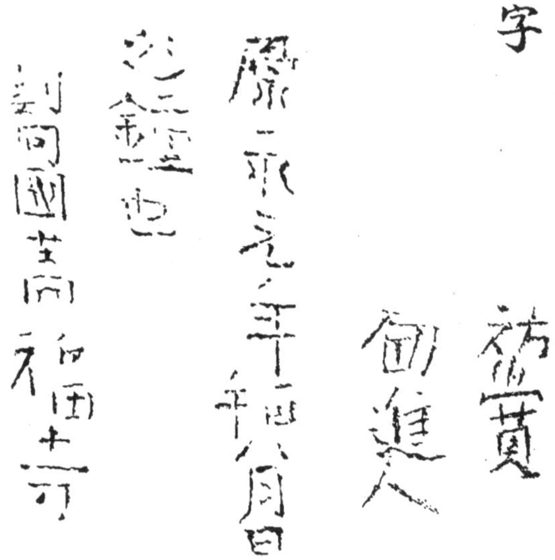

雲龍桉碑在畿内奈良縣大和國吉野郡正書陽文五行行字有差康永二年壬午當元至正二年

高野山佛號碑

雲龍桉碑在南海道三重縣紀伊國高野山高四尺四寸有奇寬二尺六寸有奇正書畧兼行書五行長短有差凡五十字康

養喜廬所箸書

永三年是日本北朝紀年為南朝興國五年當元至正四年甲申以頊為順以迫為追以善為善以康為康以秊為年

中禪寺貞和釜欵識

貞和二年
丙戌二月日聖純
阿弥陀佛奉
施入中禪寺

雲龍按釜在東山道椽木縣下野國日光山中禪寺正書陽文每文約二寸有奇曰貞和二年丙戌二月日聖純阿彌陀佛奉施入中禪寺凡二十一字時元至正六年也

地藏堂石階銘

雲龍桉石階在畿內道奈良縣大和國矢田地藏堂正書一行廿三字貞和三年為日本北朝紀年是其南朝正平三年當元至正八年戊子碑文三剝落為二撫本譌三為三非戊子矣

久米邨碑

雲龍桉東海道東京府武藏國入間郡久米邨正書一行貞和五年□月已八日猶存月上一字泐邨人以碑跨流為梁謂之念佛橋云貞和五年當元至正九年己丑

法明碑

雲龍棲碑在南海道和歌山縣紀伊國高野山正書第一行曰法明上人第二行曰貞和五年九月廿二日凡十三字貞和五年是日本北朝年號當以南朝為正時正平四年也當元至正九年

南都水屋長尾石水船款識

雲龍桉水船在畿內奈良縣春日山水屋長七尺七寸五分有奇寬二尺二寸深九寸正書陰文曰西金堂長尾水船文和二年癸巳三月日置之凡十八字時元至正十三年

延福寺鐘銘

雲龍桉鐘在畿內兵庫縣攝津國兵庫經島延福寺行書陰文十四行行字有差延文丙申即其元年為元至正十六年

勝願寺舊地碑

雲龍桉碑在東海道東京府武藏國足立郡登田郡松岡山勝願寺舊地高三尺四寸有奇寬一尺五寸有奇上段佛像六居石十之六下段正書五方中一行紀年曰康安二年十一月廿五日五日二字附側前二行一書光明遍照一書十方世界下有性佛道四字後二行一書念佛衆生一書攝取不捨下有八郎五郎并祐六字不以字行限也康安二年即貞治元年當元至正廿二年壬寅

酒見寺鐘銘

雲龍桉鐘在山陽道兵庫縣播磨國酒見寺正書兼行書九行銘行八字其餘行字有差貞治三年當元至正廿四年甲辰鐘文辰字半蝕稱播磨國曰播州酒見寺之見作見亦奇

東明寺鐘銘

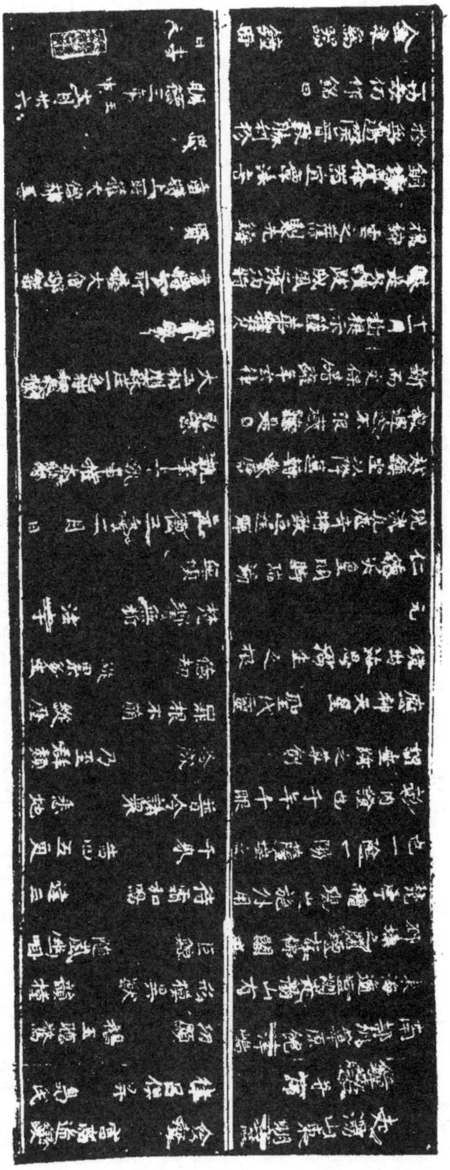

雲龍按鐘在東海道靜岡縣伊豆國走湯山東明寺其銘有序正書陰文
明德三年為明洪武廿五年

勝尾寺石塔銘

雲龍按石塔在畿内大坂府攝津國勝尾寺四面鐫文由前而左而後而右每面文二行皆正書陰文永享三年為明宣德六年

南都藥師寺銅佛背款識

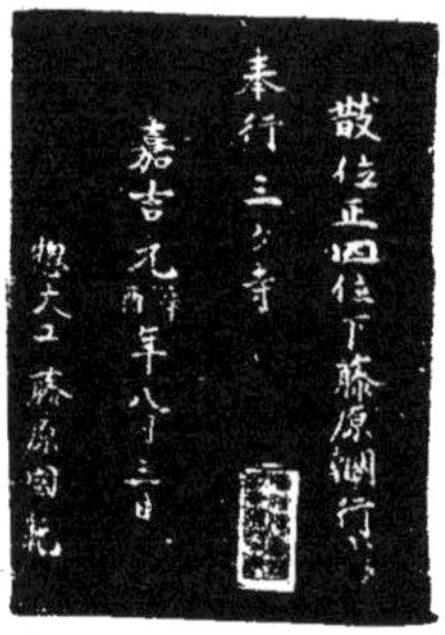

雲龍按銅佛背款識在畿内奈良縣大和國藥師寺正書陰文四行嘉吉元年辛酉當明正統七年以臣字入朝字中亦罕見也

辻地藏碑

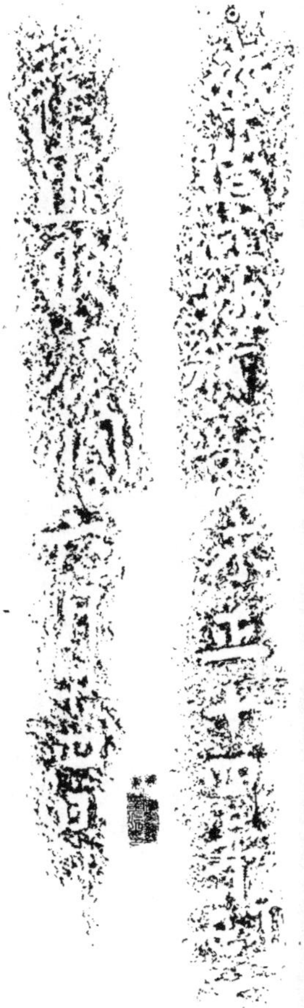

雲龍桵碑在畿內奈良縣大和國奈良永正十四年當明正德十二年

三條橋銅柱銘

雲龍桵銘在畿內道西京府三條橋天正十八年庚寅為萬厯十八年長盛為豐臣秀吉造此初之云者刱此議也本之言柱此文鐫于紫銅柱第十有八

南都東大寺燈臺銘

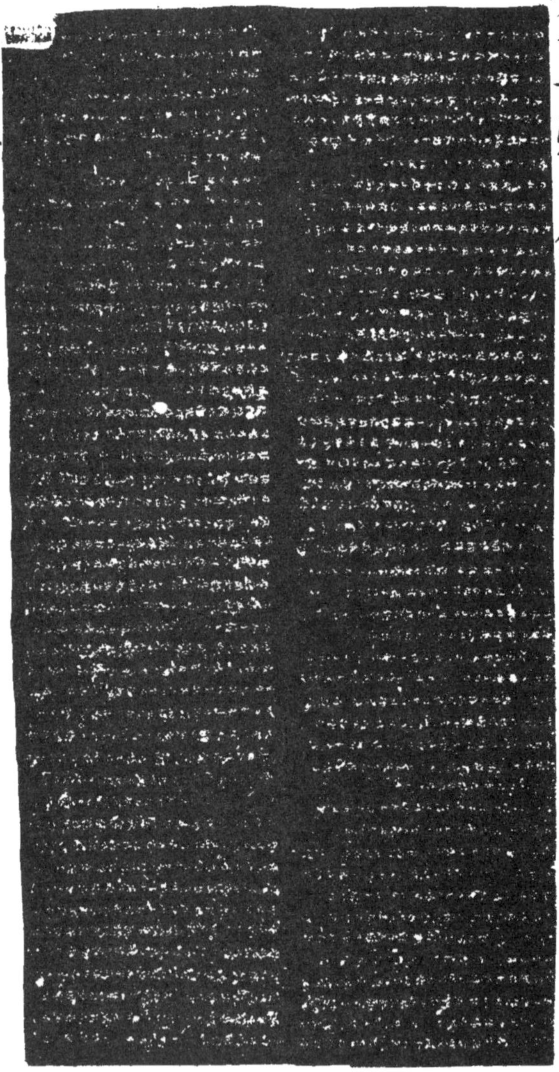

雲龍樓鐵燈臺在畿內奈良縣東大寺正書陰文凡九十六行行字有差其寺建于天平十五年爲唐天寶二年是日本最早寺也其君聖武所建

宇知川磨崖

雲龍梂摩崖在畿內道奈良縣大和國宇知川正書三行凡二十二字字多漫漶字右有像一

江島碑

雲龍梭碑在東海道神奈川縣相模國高四尺三寸五分寬二尺三寸七分篆額曰大日本國江島靈跡建寺之碑左右縷龍其下正面碑文正書約十餘行漫漶不可識僅餘十人上三字十在第一行人在第三行上在第四行皆第一字也以(乙)為日是唐武后自制之字見唐書通志諸書

桃尾山門院石壁銘

雲龍梭石壁在畿内奈良縣大和國桃尾山門院一行陰文曰歸命本覺心法身南無大□功德天

楠正成墓碑

嗚呼忠臣楠子之墓

忠孝著乎天下日月麗乎天天地無日月則晦蒙否塞人心廢忠孝則亂賊相
尋乾坤反覆余聞楠公諱正成者忠勇節烈國士無雙蒐其行事不可概見大
抵公之用兵審強弱之勢於幾先決成敗之機於呼吸知人善任體士推誠是
以謀無不中而戰無不克誓心天地金石不渝不爲利回不爲害怵故能興復
王室還於舊都諺云前門拒狼後門進虎廟謨不臧元兇接踵構殺國儲傾移
鐘簴功垂成而震主策雖善而弗庸自古未有元帥妒前庸臣專斷而大將能
立功於外者卒之以身許國之死靡佗觀其臨終訓子從容就義託孤寄命言
不及私自非精忠貫日能如是整而暇乎父子兄弟世篤忠貞節孝萃於一門
盛矣哉至今王公大人以及里巷之士交口而誦說之不衰其必有大過人者
惜乎載筆者無所考信不能發揚其盛美大德耳

右故河攝泉三州守贈正三位近衛中將楠公贊明徵士舜水朱之瑜字
魯璵之所撰勒代碑文以垂不朽

雲龍椄碑在畿內兵庫縣攝津國神戶隸書署前其文正書延元元年楠正成受後醍醐命與足利尊氏決戰被創死之時元至元二年也明徵士朱之瑜于明季至日本譔文并書

阿彌陀寺阿彌陀經碑

雲龍椄碑在西海道福岡縣筑前國阿彌陀寺鐫阿彌陀經三藏鳩摩羅什譯正書 據裝冊拓本

肥後石敢當碑

雲龍栊碑在西海道熊本縣肥後國高三尺八寸四分寬一尺三寸一分正書石敢當三字一行此亦效華俗之一端也漢史游急就章石敢當顏師古注衛有石碏石買石惡鄭有石制皆為石氏周有石速齊有石之紛如其後以命族敢當所向無敵也輟耕錄今人家正門適當巷陌橋道之衝則立一小石將軍或植一小石碑鐫其上曰石敢當以厭禳之

佛頭山碑

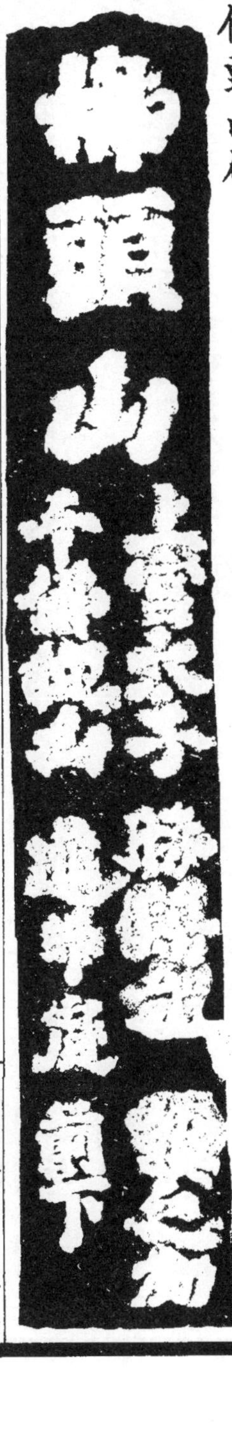

雲龍桉碑在畿内奈良縣大和國橘寺一名橘寺碑正書廿二字陰文

高貴寺下乘碑

雲龍桉碑在畿内河内國高貴寺高二尺五寸寬一尺七分正書

高野山町石縮圖文

雲龍桉石縮圖文在南海道和歌山縣紀伊國高野梵文三行書二十七皆陰文

八稜驛鈴字
六稜驛鈴字

雲龍按二驛鈴竝藏山陰道島根縣隱岐國若玉酢神社一為八稜古製也一為六稜不知何時摹製各鐫驛鈴二字篆書見好古小錄

駒谷邨碑

雲龍按碑出土於駒谷邨正書陰文三行

陸奥宮城郡坪碑

雲龍桉陸奥風土記殘篇云陸奥宮城坪碑在鴻之池今廢為故鎮守門碑惠美朝獦立之見雲真人清書也記異域東邦之行程令旅人不為迷

弘川寺下馬碑

雲龍桉碑在大坂府河内國弘川寺高二尺九寸五分寬一尺有二分正書下馬二字陰文上有梵文一

信田小太朗古館跡碑

雲龍桉碑在東山道青森縣陸奧國宮城郡岩切山正書四行弟一行六字弟二行十一字弟三行七字弟四行一字永仁四年當元元貞二年丙申

筥根山鐘銘

大筥根山鐘銘并序
當山者蓋山嶽之神
秀者也
孝謙皇帝御宇天
平寶字年中萬卷上人
負錫杖此三所權現於
壇場垂應今降鎮坐餘
五百歲鑑應被十二州
衛護之德外現風聲
周遍之願門誰月明

希洪之道心言亡及
與若走溺物洽之潤
仰冬嚴霜之天照
成鐘洞趣尺其是以
便設土木之深功將
從瑞籬之外傳湖光
鐘響鑄備之聲宜
達遠音於遊途救
勝利於群類仍作銘
口

異恐山高　冶鑄功新
聲飛晚夕　韻徹霄晨
霜後嘉和　嵐壓遠隣
善利三界　遠濟六塵
劫城猶盡　劫石難磷
寶器應存　聲響無懷
永仁三年五月日
大工番匠頭　物部安弘

雲龍桉鐘在東海道神奈川縣相摸國筥根山正書陽文廿八行行字有差惟弟十三行嚴字下忽出一陰文字所未詳也永仁四年為元元貞二年譔字乎剏坐明粤曆迻韵三等字古俗通用

青砥邨古城跡碑

雲龍按碑在東海道茨城縣下總國西葛飾郡青砥邨正書文餘三行漫漶居多然前一行文龜三年隱隱可辨後一行三月二字無蝕中一行餘妙祐進等字所餘不過十二字而已立碑在明弘治十六年

坿録金石文

雲龍既述金石文復雜采彼籍若菅原道真若藤原肅落落如晨星矣雖物雙松服元喬輩金石之文有足多者然其生晚故不入録中國文之為彼人作者壽安鎮國山碑而外揭僕斯文固難可遺而朱之瑜所箸為其士夫誦之不置不獨楠正成墓碑已也述坿録金石文

吉祥院鐘銘

科限非器遠覃是仁和心播響應手成因他利弘誓我歸至真魔降伏刀劍解摧輪

元慶寺鐘銘

此寺之有此鐘弘誓甚深至心無等元胎發願遇其人之開八萬藏九乳翹誠待彼力之及三千界是故日融内應霜氣外催皇帝

馭厤之四歲己亥月建庚午八日丁酉金火用事治鑄施功謹禪
器也唱梵音也欲使有緣行道之徒窺圭漏以知警誡無明受若
之宅逐槌風以證菩提如是功德不可思量國土衆生同大歡喜
乃有勑勒銘曰鳳厤無限龍銜有機磨情一往凡識三歸念發丹
懇功成翠微令辰器備旁午聲飛動自虛揩盛於漸稀見聞踊躍
幽顯庶幾滿恒沙界超大鐵圍累劫離縛長夜排扉合應皆是知
音孰非以無礙意施彼神威

右大臣劍銘

曉霜三尺秋水一條利器惟服飛揚在腰

雲龍樓吉祥院鐘銘作於貞觀十七年當唐乾符二年元慶寺鐘銘作
於己亥當唐乾符六年右大臣劍銘作于元慶六年當唐中和二年皆
菅原道真譔据菅家文章

壽安鎮國山碑

朕惟麗天而長久者日月之光華麗地而長久者山川之流峙麗於兩間而永久者賢人君子之令名也朕皇考太祖聖神文武欽明啓運俊德成功統天大孝高皇帝知周八極而納天地於範圍道貫三星而亘古今之統紀恩施一視而溥民物之享喜日月星辰無逆其行江河山岳無易其位賢人善俗萬國同風表表茲世固千萬年之嘉會也朕承鴻業享有福慶極所覆載咸造在近周爰咨詢深用嘉嘆邇者對馬壹岐諸小島有盜潛伏時時出寇掠爾源道義能服朕命咸殄滅之屹為保障誓心朝延海東之國未有賢於日本者也朕嘗稽古唐虞之世五長迪功渠搜即叙成周之隆庸蜀羌髳微盧彭濮率遏亂畧光華簡冊傳誦至今以爾道義方之是大有光於前哲者也日本王之有源道義又自古以来

未之有也朕惟繼唐虞之治舉封山之典特命日本之鎮山號壽安鎮國之山賜以銘詩勒之貞石榮示於千萬世

雲龍按壽安鎮國山碑明成祖為源道義所製文今碑未見其文載殊域周咨錄据隣交徵書云成祖所封阿蘇山也明一統志云日本壽安鎮國山國之鎮山永樂初自製文賜之刻碑立其地

僧佛光塔銘

佛法入中國至宋末莫盛於吳越之間簡公奮響於淨慈範公揚英於徑山月公擢穎於靈隱聞公揭照於育王靈鷲則愚公建其標大慈則觀公振其軌天童則一公抗其旌升其堂入其奧并包翕受融液暢朗則佛光禪師師會稽鄞人許伯濟之子也初母陳夢一僧抱嬰兒來遂有娠將産夜見白衣女子登其牀端妙殊麗不類常世人忽不見俄頃而産白光滿

室及晬試以百玩唯笑取佛書一卷而已七歲入小學沈鷙寡言功兼諸生平居與姊妹坐必異席遇酒肉如見惡臭惟聞入山寺聞禪誦聲即欣然慕之年十三遭父憂遂祝髮淨慈事簡禪師爲俤子明年入徑山禮範公語輙不契居五年忽夜四更聞廊前板響乃大悟遂下靈隱見月公之育王謁聞公聞公移淨慈以記室召辭再上徑山還淨慈留知藏參愚公於靈鷲叩觀公於大慈一日見井上轆轤大發無碍機凡昔聞諸老言未契者皆脫然若固有不假磨礱自出光澤不待刻劃自入規矩於是師之道益隆德益尊四方傾企慕向者日益衆里人羅季勉治萍鄉辟主白雲居七年終母喪再還靈隱貫太傅悅其道請主台之眞如又居七年歸之如水赴壑德祐初辟地鴈峯大兵忽臨白刃交師頸師堅坐說法不顧衆斂兵作禮而去明年還天童依一公而宋亡明年夏五月日本有賢大夫曰平將軍者遣使來迎慨然赴之六月至日本平將軍而下傾國郊迎入

主建長寺平將軍躬執弟子禮越五年平將軍建寺曰圓覺復延師主之一據講席群鹿咸集因號其山曰瑞鹿之山正平十八年庭前桂橘忽夏枯師曰吾將逝矣九月三日手書別諸方至夕舉偈竟端坐而逝後三日葬其骨建長之後山壽六十一僧臘四十九後四十有一年其徒惠廣來遊袁之仰山道過余乞銘余聞西域諸國去中土至遐遠然車馬可計日而至而其人不知有孔氏者諸佛之所興也東南諸國邈在海中而皆言孔氏蓋去中土近人居巽離文明之方然尊信佛法與西域同特以海路不能限之耳佛光禪師起會稽其道甚尊顯平將軍得以坐致之者其地近又適其時也嗚呼佛光亦忠孝人哉師諱祖元字子元又自號無學云

銘曰邈矣前聖萬化之宗孔釋雖異忠孝則同有聞佛光其德靡晦火德既微東入于海孰知我元參天配地孔釋並隆無遠不至東望大海混混茫茫惟師之道其大莫量載瞻扶桑杲杲出日惟師之德照曜四溢師其

往矣國人具來惟師之化永世弗摧應奉翰林文字登仕郎同知制誥兼國史院編修官揭傒斯撰并書資政大夫禮部尚書全岳柱篆額

雲龍桉僧佛光塔銘揭傒斯譔載佛光録佛光本鄞人許氏子宋亡至日本爲圓覺寺住持至正平十八年當元至正二十三年卒越四十一年即明永樂二年也其銘作於此時所謂平將軍者北條時宗也

僧大鑑舍利塔銘

佛之爲道以心爲宗身有滅沒心無變遷囿裹十虛而不畐者心之體也普應群機而不膠者心之用也凡生有識者悉皆具之豈居異域習殊俗者不有心之與道乎達磨大師自乾竺傳是道而來震旦以裨梁魏卒弘五宗羅什法師亦自西天傳是道而來東土以裨姚秦卒弘三藏大鑑禪師今自大元傳是道而之日本期弘佛宗裨國化豈外古耶師諱正澄字清拙稱唐連江邑劉氏子世業儒母孫氏夢僧伽授以神珠有娠咸湻甲

戌正月十三日生白光滿室幼敏不群至元丙戌年十三父母知其志送
依城南之報恩伯父月溪圓禪師下髮既受具即參方造杭之淨慈佛心
愚極惠禪師之室語契機俾執侍掩入寂方山寶禪師補處改典法藏職
滿巡禮至袁之仰山虛谷陵禪師嘉其造詣延以第一座谷遷徑山晦機
熙禪師嗣席舉以雞足出世偈佛心之道立三關語透者難之既謝事復
吳浙省其同伯氏月江印禪師于真淨因留以養高泰定丙寅三月日本
慕其道聘以法禮舟由高麗遭風濤變師惟長哦自若以安衆心天為開
霽是年十一月達相州館于建長正中丁卯正月便請開法百辟交會群
衲交參故者更新廢者並舉帥府為施貿積莊田以廣食鉢又給山前官
地以為菟裘榜曰禪居庚午移金山之淨智明年補瑞鹿圓覺皆改前作
建武癸酉文保聖主復寶位勅關東道起師住都城之建仁法化左加建
長丁丑復勅主瑞龍之南禪召對稱旨前羽林征夷武衛大將軍與其仲

氏左典厩源公及諸僚屬咸以師禮共事公又獨建開善仁祠以報德己卯正黙世匪堅記以衰病引退乃自着表進謝主上及遺語諸殿諸檀諸山交舊手書兼垂誡諸徒語尤切至即以是月十七日書偈示衆泊然而逝前典厩藤公既聞亟馳至前泣拜仍張目視之爲授戒法衣號即閉目如初龕奉七日顏色如生稟命於禪居舉闍維禮公侯子男緇素士庶莫不哀慕追送如失怙恃火餘設利五色大如菽者不以數計塔于建長謚曰大鑑嗚呼師自元國至于本國六坐道場包笠共謚之者無虛往車騎共扣之者無虛還惠珠應現又若爾得不爲嗣佛宗隆國化者之良師歟俗壽六十有六僧臘五十有三依法祝髮稟戒弟子人總若干予與師生同里傳同宗弟子堅瑤出師事狀以請銘故不讓勉爲其要者序而銘之銘曰猗歟覺皇善啓覺場炎炎三界濯以清涼幽幽六趣燭以淨光羸羸窮子導以寶方繫大知識得寶王力既贊皇元復昌王國宰執効忠兇頑

化德軍旅解嚴安邦安域雲山蒼蒼雲海茫茫木兮可折水兮可量惟施法雨彌滿八荒澤物無端壽君無疆國界法界無邊無外土廣穹高何載何蓋日東月西何明何昧潭北湘南同小同大骨相斯塋光明何敝上貫三辰下徹三際宗嗣繩繩燈傳世世萬祀千靈式呵式衞大元至正四年歲次甲申四月己巳朔一日庚申佛通禪師浙西道鎮江路金山龍游禪寺住侍傳法沙門釋契了文并書篆

雲龍按僧大鑑舍利塔銘見大鑑録坿大鑑於元時從中國至止日本其銘文保云者後醍醐也師府云者北條高時也大將軍云者足利也左典廐源公云者小笠原貞宗也契了讃銘并篆在元至正四年爲日本南朝興國五年北朝康永三年

山州橋本新造橋銘

惟地之險莫過乎江河之大也江河之大莫如乎橋梁之備也然則橋梁

之備者守土者一日可廢之哉前博陸公將有事乎大明命諸國開道路作舟梁而欲得往還轉運之便事絕古今慶傳遐邇時哉矣山州八幡橋本之津華夷出入之咽喉也百川之合流九重之深淵而黿鼉魚鼈之所不能游也故行旅雖數有漂溺之患竟無骨謀者於是山口玄蕃頭豐臣宗永奉武命主其役作長橋遠取材于伊丹之二州集匠氏設奇巧自同勞苦與齊俱入與汨偕出從水之道而不為私脩梁竣址以架以植矣其長一百八十間其廣五間柱數一百三十八柱根入地丈餘規模之宏壯偉麗罕見其比八月九日資始十二月初四日以成僅數月之間而畢大功者不亦奇乎蓋經始勿亟庶民子來者也耶鄉所謂江河之險卻成闡堂之安夫是政教之所化智巧之所施可觀焉維時士女和會闐郭溢郛相共賀之宗永因請予記其功勞而將貽來者其詞曰國屬寬仁笑子產乘輿之惠渡憂覆沒施杜預建橋之工睠茲萬代雄基寔是一時壯觀深

則厲淺則揭未若得步於長空近者悅遠者來正好免勞於艱險不求刻舟劍何浮帶帛環雞聲月殘時誰歟吟霜之客馬蹏雷生處彼豈問津之人天公呈祥河神受職懷哉治水聖智政化無疆哿矣濟川奇才功勲不朽

重建和歌浦菅神廟碑銘

於乎神姓菅三其字諱道真世冑儒宗也天生岐嶷多材多藝幼年章章焉竟甄拔登甲科居翰林也在試局也調於右相也經術史學之博敷奏議論之詳職業履歷之實班班乎遺文殘稿矣百千載之後廟食於京師而祀典肅肅也上而王公搢紳下而廝徒負養信奉欽慕而不敢止載在口碑不俟勒彝鼎何其盛也哉雖然窺測其家乘立論遣辭之際如不免雜駁于寂滅之教人或疑焉彼　大道宜攘斥拒絕之不遑而從遹之若儒名何矣讒口嗸嗸竄紫陽都府樓之瓦觀音寺之鐘幽鬱無聊之懷不

可掩矣蓋素位之學未明而然乎非耶當時之有職者詠赤舄几几有乎無乎不少概見者奚也人亦疑焉何其劣也哉於乎神可欺一人而不可欺衆人可欺一世而不可欺後世豈無有其中而長可飾其外哉豈無有其實而久可為其名哉必有所以令人信奉之故也睠吾邦上下渾殽陷溺釋氏者由來遠矣神其無意哉時其不可得焉犯人主之怒濟天下之溺談何容易故以漸然消潛奪其邪辟之氣而欲使之歸至正域乎非耶其若儒名何神必不然齊王好貨色孟子不直掃之而先導之魯人為獵較孔子不卒改之而小同之於乎神意果在茲乎姬旦其亦不可學哉彼一時此一時憂君憂民雖欲無不豫色不可得焉是亦不可為非素位之學宜矣人欽慕不止矣復何疑之有矣南紀和歌浦置菅廟者遞代尚矣今國主豐臣姓淺野氏幸長君就胙土之封之五年相舊制之隘陋而於邑不措焉然神之主先成民而後致力於神鑿開兆域依崖壁疊鉅石躋

攀崢嶸百工子來廟堂不日以落矣刻畫華彩丹漆黝堊延袤之宏壯照顏奪目昔狄梁公毀江淮淫祀一千七百區所存者惟夏禹伍子胥二廟君子猶以為存伍子胥廟未是國主之於此廟可毀乎以新焉可廢乎以崇焉所為可知而已維時世道么麽日甚矣列國侯伯達官唯有倭賣瞿曇衒耶蘇者之譸張為幻而未聞有崇儒教者彝倫攸斁是之懼偶因衆人之信奉此神之有善名而作振以擴充其秉彝之德降衷之性不亦韙哉賴之士知所學民得所由國主為之倡則列國嚮風慕化有如日矣此舉豈淺淺哉然則今日神廟則他日聖廟也今日國政則他日天下之政治也夫神之所學之道先聖之道也所欲之教先聖之教也於乎神其道屈于昔日而伸于今日其教晦于昔日而顯于今日於是神始得為神神若有知則可謂國主者千載之知己矣神其安焉神其饗焉於乎神千載之精爽也何其幸也哉初余應國主之佳招入國境縱觀焉徒矼舟梁以

得往還轉運之便列樹以表道立郵食以守路塘于池沼陂于川澤以備水旱民高其閈閎厚其墻垣倚畚揭而無縣耜食力樂生含哺鼓腹熙熙然以安矣暇則講罘罶設穽鄂魚鼈禽獸不可勝用也雖不佃作而足矣凡腴田之饒園圃之利乎千樹棗栗橘柚梨柹千畝漆枲桑麻竹葦卮茜千畦老芋母薑衣食於是乎生梗柟櫲樟松柏檜杉有周廻數十里之山也材器於是乎成積雪百里之鹽惟金三品銀及鉛錫汞怪石綠青財用於是乎出有大洋也荒服異域之産重寄象鞮譯而來貢奇貨於是乎居此皆所取給仰足也可謂天府國也豈哉秦徐福逃難而投化明太祖題詩而想像矣紀之為州雖鄰京畿地迫南裔嘗聞前世其民恃嶮潛幽爭捷於猨狖比猛於犲狼狡猾暴悍不可測有事則枯木朽株盡為難矣守土者以為憂而至不可奈何焉今也昏爽闇昧得耀乎光明而化為樸魯質直之民想是教養兼施刑賞並設駕御之術有在矣由是見之敬神之

至誠實出聖教若其托荒誕迂僻奇怪恍惚卜祝禳禱之説而扇惑善良者得逞其淫巧則有愧狄公之手段於乎神雖獨豊其何福之有矣余適抵和歌浦浦之勝古今風人韻士不絶口然獨山部明人之歌載乎萬葉集僉曰雋永無窮矣先是因歌而以知斯地之絶景今也因地而以知斯歌之警策試高歌數闋不覺此身遊此地歟此心在此歌歟憑欄繞廊道遥徜徉矣山之偃蹇而長也横或側圓或尖更斷復連如笑如睡如延竚如俛仰水之汪洋而遠也如走如逐如遊如倒如狂似驚似怒地勢坼而島嶼出潮聲退而岩石高飛鳥之為聯翩風破烟跳魚之為撥剌波碎月或一望千里曙雲共遠帆消少頃多時歸牛載寒鴉過遠淡近濃雨抹晴粧一日千態四序萬狀不可具述焉至若人事絡繹蔥烝椒漿迎神送神有來集而祭者山酒海物上交下交有相伴而遊者攜幼扶老夫唱婦隨主先奴從漁者樵者耕牧者商賈者雜遝盤桓矣開眼人之與物倫理炳

焉本無隱百姓之日用知者之知仁者之仁先覺覺之後覺亦覺之東西海之聖人同之南北海之聖人亦同之是以八政得用五倫得敘四民安業是乃神之歌詩也文章也史論也經義也命性道敎也豈外求哉於乎神孰無此心一撥轉一提醒信其所可信益知有信疑其所可疑終至無疑然後神人以和是所以我敬神而所以神助我歟於乎神以爲何如人其欽哉國主屬余書斯事其辭曰據海堧兮封神丘廟貌嚴兮遺徽猷名而實兮人焉廋數敎化兮使民由綿歷邈兮涵天休

子元新造瓦研銘

貞順子元鈞軸轉過陶于嵯峨水土和火爲硯精工堅潤多可嗚呼貞元之間造化在我哉

紫石荷葉研銘

洞庭紫波粵峯玉井有蓮虛中虛中石靜類聚群分斯文壽永

星槎研銘

片石之泓研而是水黑質白章天潢雙起天地人文渾然一理旋乾轉坤造化在己

雲龍桉藤原肅明時人也輯所譔五一曰山州橋本新造橋銘文祿元年當明萬厤二十年一曰重建和歌浦菅神廟碑銘一曰子元新造瓦硯銘子元名貞順一曰紫石荷葉硯銘一曰星槎硯銘

水戸城鐘銘并序

夫鐘者所吕警君臣之逸豫而鼓勵上下於明作者也洪鐘聲動遠邇咸聞天子諸侯興求衣問治之思孤卿百僚振佩玉鳴騶之度賢妃不必壓會歸之憎群工不必聽絳幘之籌爲益弘已是故天子之都邑及侯封宮省膠庠省會莫不建焉下而郡邑莫不建焉況於水戸大邦哉今水戸侯參議公好學博古知此爲邦家重

器君民之急需於是鎔精金㠯鑄之懸於城中㠯警有位㠯警庶士庶民㠯警庶人之在宮者而先㠯自警其志亦大矣特其制度之長短大小弇哆聲音之宏亮悠揚清咽手揣輕重未必盡協然而鐘簴不移夫故物勤民蚤戒於夙興他日之爲效豈淺鮮哉銘曰天開地闢斯鐘則鳴萬籟猶寂鍧鍧震驚宵衣求治噦噦鸞衡君曰咨爾如何民生臣曰吁哉王田民情文王追蠡遹駿有聲遹求厥寍遹觀厥成垂謨萬禩永勒鴻名

文庫銘

兵有機呼吸變化爭於希微兵有要奇正循環窮神盡妙晉將首推穎祐叔子緩帶輕裘而元凱號庫爲武武庫之中縹緗萬帙是故陳之則丙丁甲乙斂之則卷藏於密

研銘二首

筆與墨運動役役惟茲靜安而自適然欲紀績㠯庸勳必藉乎他山之石

硯㠯文重文巨人重參贊經綸龍蛇揮縱勒名旂常瑚璉伯仲苟違斯義瓦礫無用

琴研銘

靖節蓄琴無絃曰但得琴中趣何勞絃上聲蓋研磨得趣則腹中之徽軫自調擲地卽作金聲矣孔子所謂無聲之樂意在斯乎意在斯乎

勉亭林春信碑

謚者朝廷易名之重典自天子天子之子㠯及公侯卿大夫蓋棺之定論也其他優䘏特予不在此限是故一字之褒榮於華袞一字之誅嚴於斧鉞所㠯錫泉壤之光所㠯操激揚清濁之柄所㠯

通慶賞刑威黜陟之窮者也例以屬纊之後既殮之厥明成服喪主與典喪衰輯其父祖生前行事不文不飾不次謂之行實喪主率諸子若孫捧册匍匐稽顙泣血懇請於鄉先生之德業隆備言足為當世所尊信者以為之狀鄉先生辭之不獲而後允其請據其事實又復考覈鄉評采其實而信者補其逸者芟其冗者削其虛而闕其疑者撰次而潤色之謂之行狀上之撫按監司撫按官具題特請一面洛呈禮部禮部牒儀制祠祭等司一面咨送吏部及太常寺移會禮科等衙門吏部牒行考功稽勲等司一面移會吏科一面按行本官生平歷任之所各該撫按考覈其在任有無政績遺愛有無貪殘瘢類各該撫按官詳細覈實咨呈吏禮二部必南北兩京吏禮二科各無評駁抄參然後申呈內閣移咨翰林院議謚議既定然後知會會集內閣翰林院五府九卿吏禮二科

及河南道御史等官公議於中朝松棚之下松棚者亦猶前古之三槐九棘也凡枚卜凡推轂及會推諸大臣及婚喪諸大典皆於此議焉故有朞功之親見任當路則引嫌迴避懼干請也懼撓權也議既定然後具疏上請奉旨俞允然後頒發該司依勅奉行其間少有齟齬違錯遂不可得考按若斯之密集議若斯之公何地可容其私是故繆戾厲靈朝臣不敢以阿天子之父幽剌昏荒天子不得以私其子魏武追痛蒼舒吳王悼登無已二公不難舉神器而睥睨之而獨不敢犯天下之公議是以義斷恩也何人敢庇其私王文成爵列通侯其父海日公華以殿元冢宰而無謚殿元科名之大魁冢宰百官之冠冕緣人子不敢以勢力求宰執不敢以私恩市故不議謚也何代可殉其私如以私謚爲可也則孔子顏淵不宜無謚如以私謚爲必不可也則展禽索讓不宜有謚況

其後文中康節節孝紛紛不一乎今者勉亭林君厭世其友野節宜卿坂嘉之其門人某等其茅藼傷其志而悲其亡謂九原不可作也㠯無聊之極思羣爲議謚謚之曰顥定先生介野子而請文於余謂欲垂之不朽也余先已先機而逆拒之而野子請之不已其意切其容慘其言懇懇欵欵余不得已應之內翰君姓林諱春信亦諱慤字孟著號勉亭又稱梅花洞主其大父羅山先生文名播於邦域弘文院學士紹述其緒當今現掌文衡而林君則羅山先生之嫡長孫而弘文學士之冢子也㠯寬永癸未八月十一日生於武州㠯寬文六年丙午九月朔日卒年二十四越三日辛巳葬於忍岡别莊艮隅林君生而頴異大父期之爲千里之駒生六歲初讀大學唐宋詩若干首皆成誦又三年大父口授論孟中庸讀過輒不忘乃祖愈喜明年口授毛詩又明年癸巳中秋勉亭初

纂喜廬所著書

試賦詩大父喜而和之年十二讀尚書禮易左氏傳明年冬侍學士往晤朝鮮使臣李明彬即賦詩再爲酬答李大奇之李爲朝鮮兩榜大父復口授文選東坡山谷諸集而篤好遷固史語人曰孫年十三讀書十倍吾幼時次年謁大君復爲作中庸孝經聯珠詩格等諺解口授之復授後漢書曰汝既有志班馬吾并以此授爾勉之哉又明年正月大父捐館舍學士儼然衰經之中旋以公事埤遺繼又以講授經書故就季父讀耕子學季父視之猶子勤勤督課如秋題百品藝餘千題或押難和之韻或限刻燭而成無不揮洒立就時髦賡和郵筩往來於是聲名籍甚壬寅讀耕子物故勉亭不勝悽愴厚撫其孤以報叔父恩先是學士病餘編本朝一人一首俾作評註口授而草立成一字無改今梓行於世復代學士評隲諸生詩文皆服其博贍曰君年猶弱而工於屬文如此自

是年冬賜學料若干其後癸卯賜宅地甲辰台德公忌日奉命紀事復蒙寵賚列侯班瑞循職効勞叨沐恩澤乙巳有事於日光山事竣奉旨慰勞賜黃金衣服恩寵頻承侈爲異數及其據皐比纍重席論議風生雄辨足驚四筵如姬路故拾遺如加賀羽林聞其講貫莫不推服而勿齋藤子默尤爲莫逆至忘形骸往時吟詠日繁著述日富輯錦囊蠹餘惟患其少旋復嚴較舊作搜之剔之號行餘雕蟲惟患其多或問其故答曰樂天三千首或嗤俗體信明五字邠老七字人皆寶愛已是觀之孰多孰少然猶有素所撰輯詩文各十卷其弟戇不忍棄捐復彙詩集二十卷暇則臨摹古帖手錄諸詩甲辰冬命編輯本朝通鑑學士總裁之而勉亭充分較敘述百餘年事遺佚能考損益從宜饒有史才蓋有得於馬班左范也休沐則講杜律課諸生選本朝三十六將作爲小傳當宁甚

爲賞鑑敏而能勤至於如此五月學士設家塾五科分經史詩文倭學署大員長左右員長實特秀萌等生㠯勉亭爲左員長而虛其大員意蓋有爲也而勉亭心猶嗛之然而善者懲（按善者下疑有缺誤）上述箕裘下開來學未嘗少倦也秋七月娶故因幡守源資爲女㠯爲之配下旬畢姻逾月五日罹瘧痢之災煩悶譫語亦惟言詩言學無一語他及終㠯是不起矣臨終念念不忘君恩不忘父母恩惓惓於其弟暨從弟憲至於親友門生叮嚀告戒一皆勉之㠯正既而曰近來學者惟要一超直入憚於自漸做來又曰余平生酷嗜詩賦文章未究四書六經蘊奧志既墜矣遺恨如何汝等宜切思之或曰詩賦文章垂名不朽荅曰汝言非也雖垂名何益予唱曰似拙不拙似弱不弱奄然而逝其爲人沉潛貞靜和惠愛人寬裕亮直不迫不阿好揚人善勸改己愆孝友誠信顧行謹言余初

至東武於逆旅主人見其二詩清新流利灑灑出群一月之間接之者四初見於竹洞齋中論議之次偶及杜少陵元次山勉亭曰少陵詩聖翁奈何與次山並稱奈曰少陵特擅名詩壇耳其他無少概見抗章論救旣失之於房琯倚毗留連復失之於嚴武次山遠謫道州未嘗放情詩酒拳拳愛君化民憂公靖位錄此言之殆不及也豈特並稱乎勉亭不復枝梧一語其見已及此矣人不間於父母閔騫之所㠯爲孝議不私於弟友程子之所㠯爲明卽其所議文辭貞敏曰顥純行不爽曰定謚曰顥定過而非黨矣昔者孔圉敏而好學得謚爲文漢帝營表未作遂謚爲成豈爲溢美也哉今勉亭英英未見而晚年卓識乃欲窮搜六經身體大道是究是圖誠足輔翼當世斯人不死騃其有興乎蓋天而不欲日本之與於斯文也何爲而生若人天果欲日本之興起於斯文也又何

養壽廬所著書

爲而翦若人既知浮華瀚漫之非學已則其學必有所歸既知敦行漸進之爲學已則其學必有所立夙悟方開趨向既卓雰雪飛霜芝摧蘭萎訃音初至莫不驚疑父母於斯呼天搶地然此智愚賢不肖之所共哀之非獨戚黨親暱之私哀之也吾方爲日本學道之機傷之非爲學士階庭之樹傷之也水戶宰相上公初聞其疾稔稱其學業繼聞其喪矜惜其行誼上公最爲憐才而不輕爲許可其必有㠯動之矣余初允墓碑之請野子不勝欣抃轉戚爲歡徐謂之曰碑文則不敢㠯固陋辭然撰文例當署銜則不敢爲也野子復極力慫臾曉譬多方余深自痛悔又可自食其言卒勉强成之俄頃之間失於三思遂詒伊戚二十三年之自同於販屨織席者何爲也哉人之有言也信於金石堅於貞珉垂之千古使感發而興起可不慎乎銘曰鼎新華故必生才賢秀實修短夫豈

偶然余厚望於是邦也俗可易而聖可傳何爲其於若人也縱之吕脱潁而靳之吕永年吾低徊而不得其解歎曰何然也而帝何然也而天

雲龍桉明徵士朱之瑜所譔日本金石文續摎㕤六一曰水户城鐘銘一曰文庫銘一曰硯銘有二一曰琴研銘一曰勉亭林春信碑

日本金石志三上　　　　游歷日本圖經二十五上

奏派游歷日本美利加秘魯巴西等國英日屬地加納大古巴知府用兵部郎中臣傅雲龍述

印志

史記世紀曰黃帝合符於釜山注今之印章也然則印始黃帝歟或謂時有璽章春秋斗樞黃帝時黃龍負圖中有璽章文曰天黃符璽河圖周禮璽節注印章如今斗檢封史記蘇秦傳佩六國相印通典三代之制人臣皆以金玉為印龍虎鈕漢書百官表諸侯王黃金印盩綬徹侯黃金印紫綬凡吏秩比二千石以上銀印光祿大夫無秩比六百石以上大夫博士等皆銅印師古曰刻文其官之印此中國漢前印制也日本印文傳今以漢光武賜委奴國王為最倭漢三才圖會曰文武天皇慶雲元年始印令鑄諸國時中國唐長安四年也謂令諸國鑄印而曰印令鑄諸國其國文之顛倒大率類此今萃廠大要影而印之漢倭奴國王及親魏倭王兩印大小

如圖錄皆縮其半其亦印證見端歟述印志

漢委奴國王印

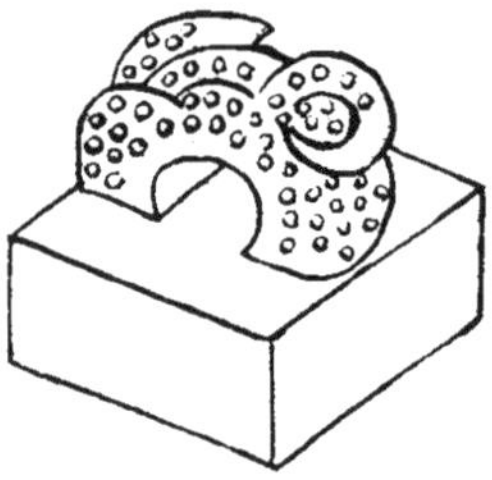

雲龍桵印曰漢委奴國王五字白文其質黃金其鈕蛇据好古日錄云曲尺度方八分弱厚二分五釐重二十九錢天明四年甲辰二月廿三日筑前國那珂郡滋賀島土中巨石下掘出蓋印之出土在我乾隆十九年而賜印之年後漢書可攷也倭傳曰建武中元二年倭奴國奉貢朝賀使人自稱大夫倭國之極

南界也光武賜以印綬其即此印歟說文倭从人委聲然則倭委初無異聲古通用以此其印黃金與漢書百官表王印之制符漢書禮樂志曰漢據土數五故五字為印文此印漢委奴國王五字其文之數又與禮樂志符建武中元二年是其國垂仁八十六年

親魏倭王印

雲龍樓印曰親魏倭王四字白文載在宣和集印史日本好古日錄亦載之其鈕未詳魏志景初二年六月倭女王遣大夫難升米等詣

郡求詣天子朝獻大守劉夏遣吏將送詣京都其年十二月詔書報倭女王曰詔親魏倭王卑彌呼以為親魏倭王假金印紫綬來使難升米為率善中郎將牛利為率善校尉假銀印青綬正始元年太守弓遵遣建中校尉梯儁等奉詔書印綬詣倭國拜假倭王四年倭王復遣使伊聲耆掖邪狗等八人掖邪狗等壹拜率善中郎將印綬惜兩賜使印令皆不見其文見者此耳景初二年即蜀漢延熙元年為日本神功后攝政之三十有八年與魏志倭女王符

天皇御璽

天皇御璽

天皇御璽

天皇御璽

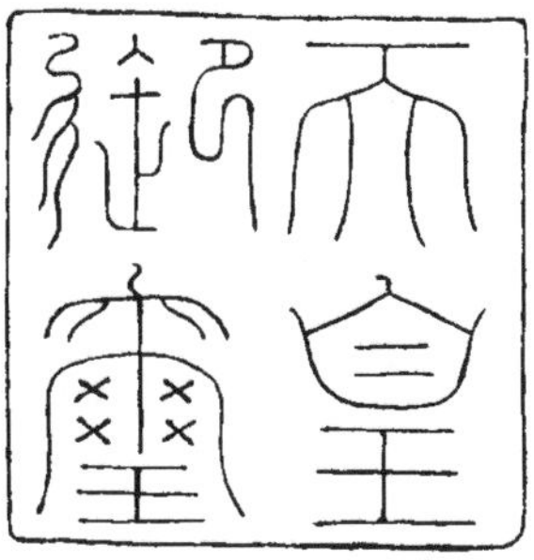

天皇御璽

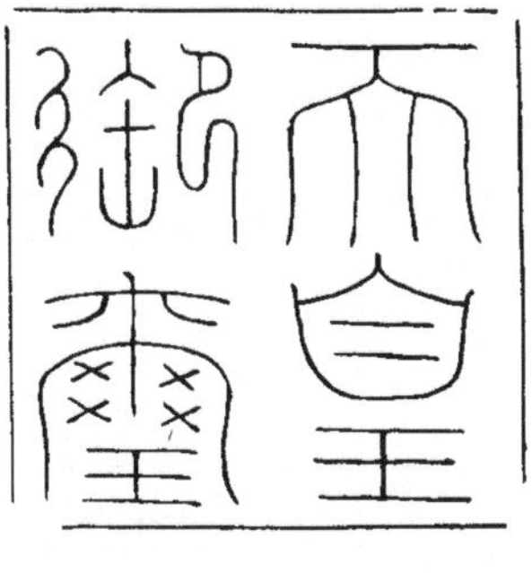

皇帝官印

天皇御璽

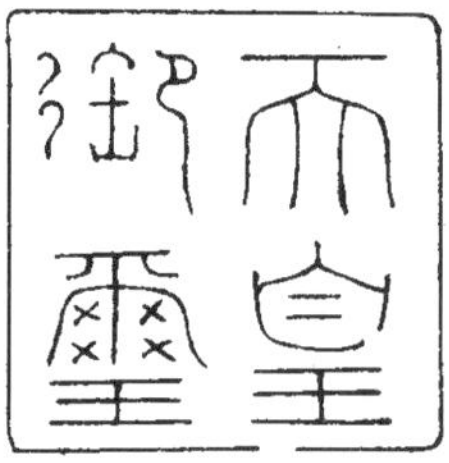

天皇御璽

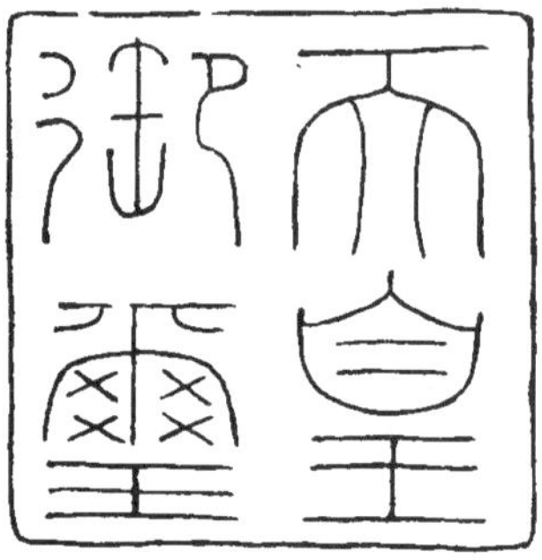

建武之寶

嵯峨院印

冷泉院印

太政官印

太政官印

太政官印

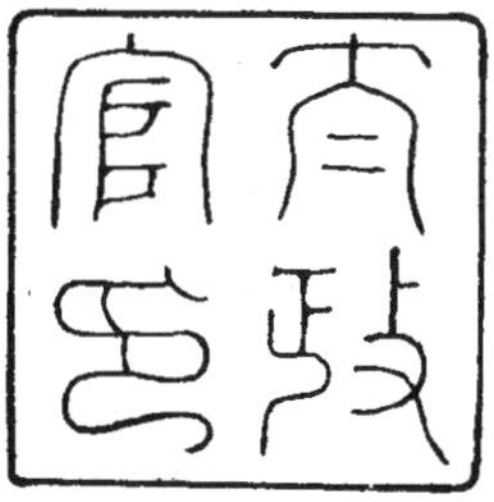

太政官印

太政官印

太政官印

太政官印

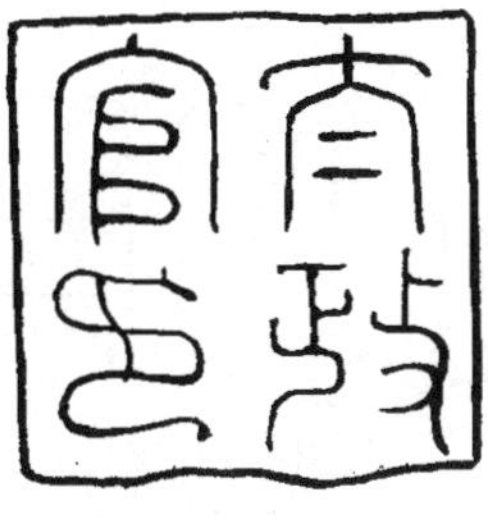

太政官印

乾政官印

主殿寮印

兵部之印

圖書寮印

中務之印

刑部之印

大學寮印

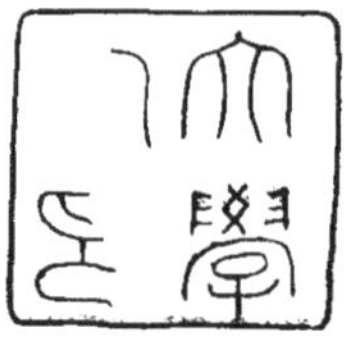

式部之印

大藏之印

神祇官印

治部之印

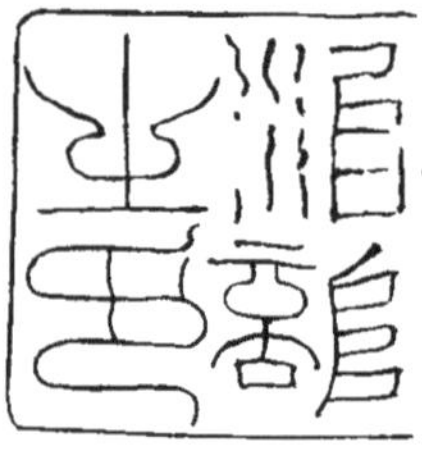

民部之印

宮內之印

內侍之印

勸學院印

宮內之印

左京之印

勸學院印

春宮之印

左京之印

雅樂寮印

內侍之印

右京之印

雅樂寮印

典藥寮印

遣唐使印

伊賀國印

施藥院印

遣新羅使之印

伊賀國印

鎮守府印

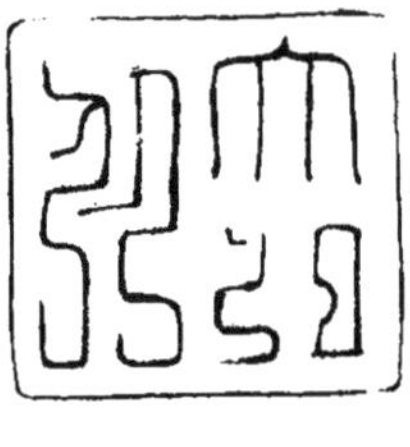

承和年間民部省文書所印

伊勢國印

遣唐使印

伊豆國印

志摩國印

尾張國印

尾張國印

遠江國印

駿河國印

甲斐國印

伊豆國印

相模國印

安房國印

下總國印

下總國印

常陸國印

常陸國印

山背國印

山背國印

山城國印

山城國印

山城國印

山城國印

山城國印

大倭國印

大和國印

大和國印

大和國印

大和國印

大和國印

大和國印

大和國印

河内國印

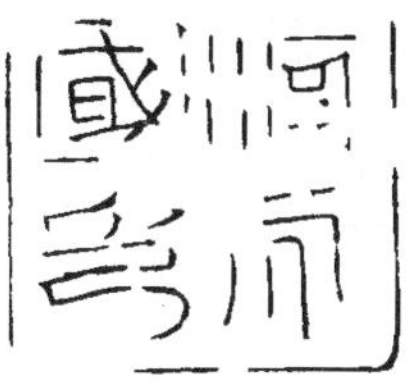

和泉國印

攝津國印

攝津國印

近江國印

近江國印

近江國印

近江國印

近江國印

美濃國印

美濃國印

陸奥國印

越前國印

越中國印

越中國印

越中國印

越後國印

佐渡國印

丹波國印

丹波國印

丹波國印

丹波倉印

丹後國印

丹後國印

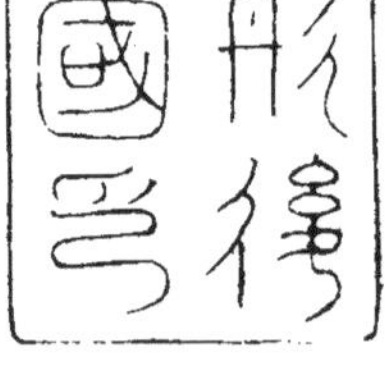

但馬國印

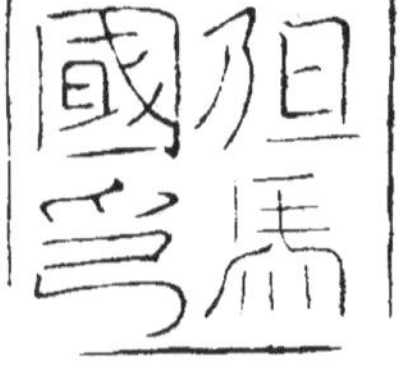

因播國印

因幡國印

因播倉印

出雲國印

隱岐國印

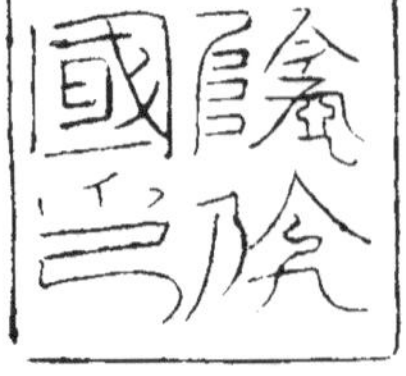

隱岐倉印

播磨國印

播磨倉印

備前國印

備中國印

備後國印

安藝國印

安藝國印

周防國印

長門國印

紀伊國印

紀伊國印

紀伊國印

淡路國印

阿波國印

阿波國印

阿波國印

讚岐國印

筑後國印

豐前國印

豐後國印

日向國印

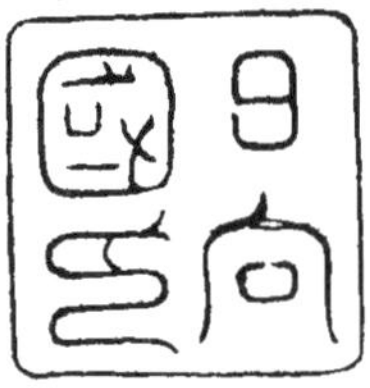

日向國印

薩麻國印

宇治郡印

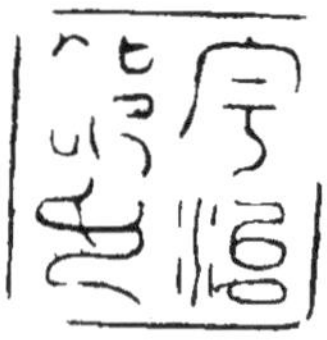

宇治郡印

宇治郡印

宇治郡印

添上郡印

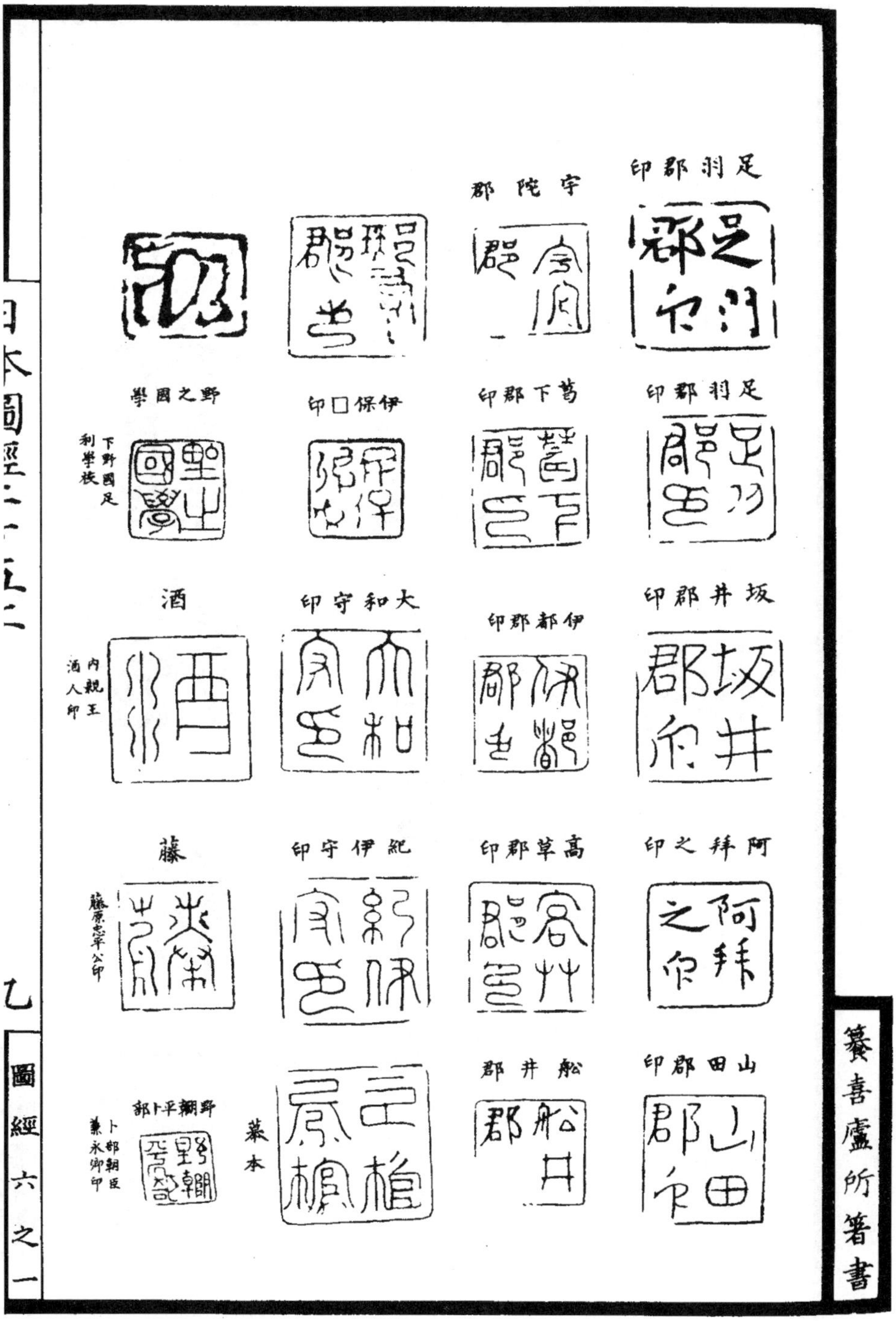
日本圖經二十五之二
乙
圖經 六之一
養喜廬所著書
足羽郡印
宇陀郡
足羽郡印
葛下郡印
伊保口印
野之國學
下野國足利學校
坂井郡印
伊都郡印
大和守印
酒
內親王酒人印
阿拜之印
高草郡印
紀伊守印
藤
藤原忠卒公印
山田郡印
船井郡
摹本
野翻平卜部
卜部朝臣兼永卿印

木曽義仲印

德有隣

足利家印

小田原北條家印

最上出羽守義光印

駿河守藏印

體信達順

普廣院義教公印

顯山

勝定院義持公印

顯山

同上

天山

慈照院義政公印

平信長公印

豐臣秀吉公印

豐臣秀家

豐臣秀家鄉印

多福文庫

管家

尊純親王印

陸奥國出土印

歷代弘賢藏印

賴

賴印

有自私印

信濃佐久郡農家藏印

日本圖經二十五上

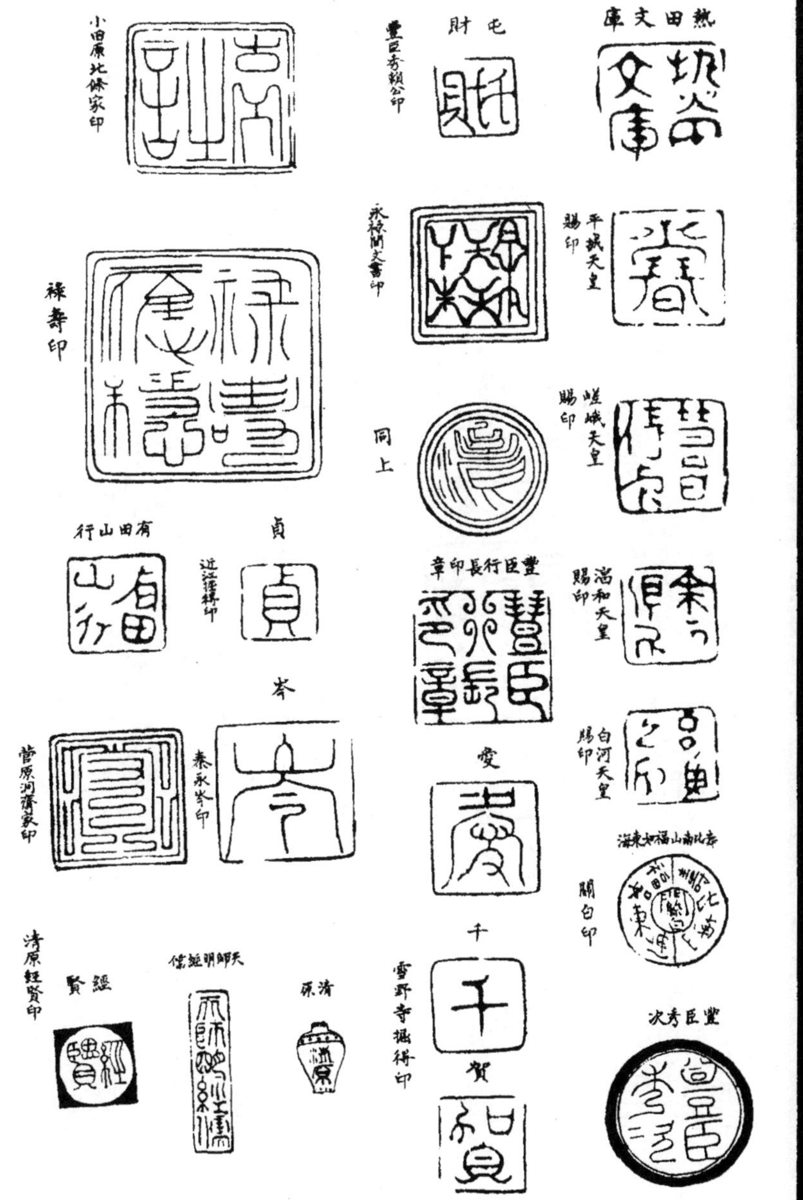

熱田文庫

平城天皇賜印

嵯峨天皇賜印

淳和天皇賜印

白河天皇賜印

赤比南山福如東海

關白印

豐臣秀次

乇財

豐臣秀賴公印

永祿間文書印

同上

豐臣行長印章

愛

千

雪野寺掘得印

賀

小田原北條家印

祿壽印

有田山行

貞

近江鐸銘印

岑

泰永岑印

菅原洞齋家印

清原經賢印

經賢

天師明經儒

清原

圖經六之一

纂喜廬所著書

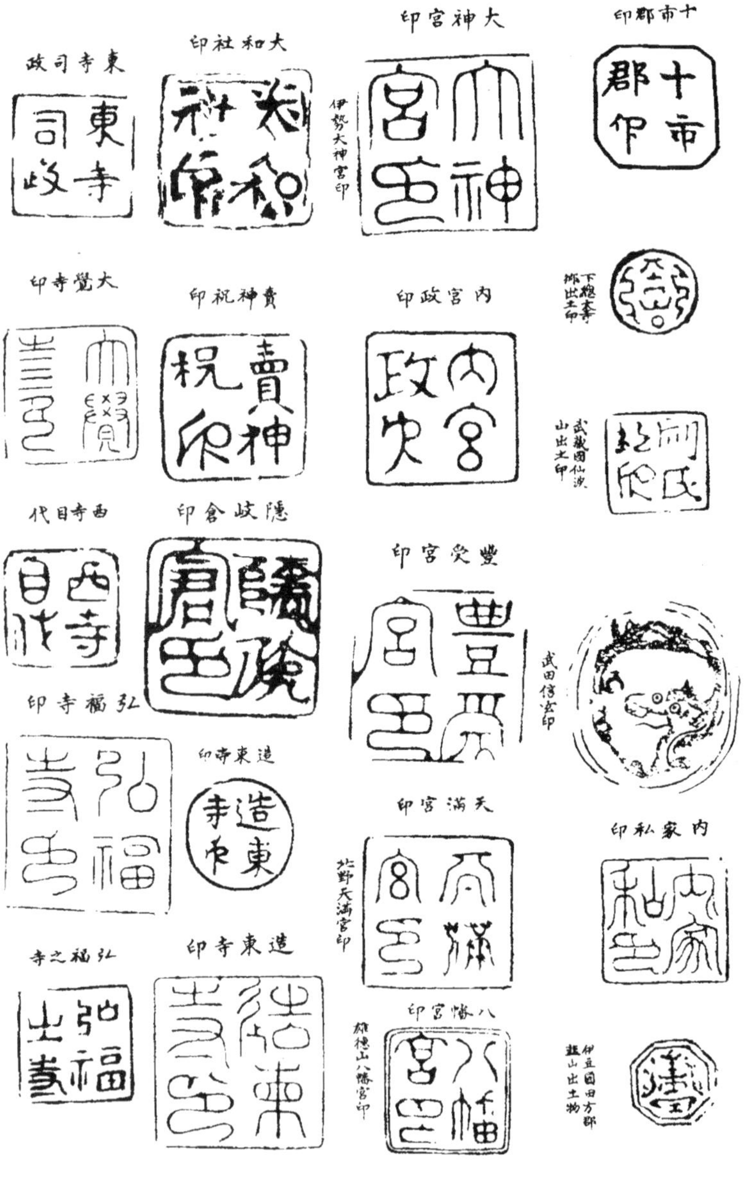
十市郡印
大神宮印
伊勢大神宮印
大和社印
東寺司政
下總香取郡出土印
內宮政印
貴神祝印
大覺寺印
武藏國仙波山出土印
隱岐倉印
西寺目代
豐受宮印
武田信玄印
弘福寺印
造東寺印
內家私印
天滿宮印
北野天滿宮印
八幡宮印
雄德山八幡宮印
伊豆國田方郡韮山出土物
造東寺印
弘福之寺

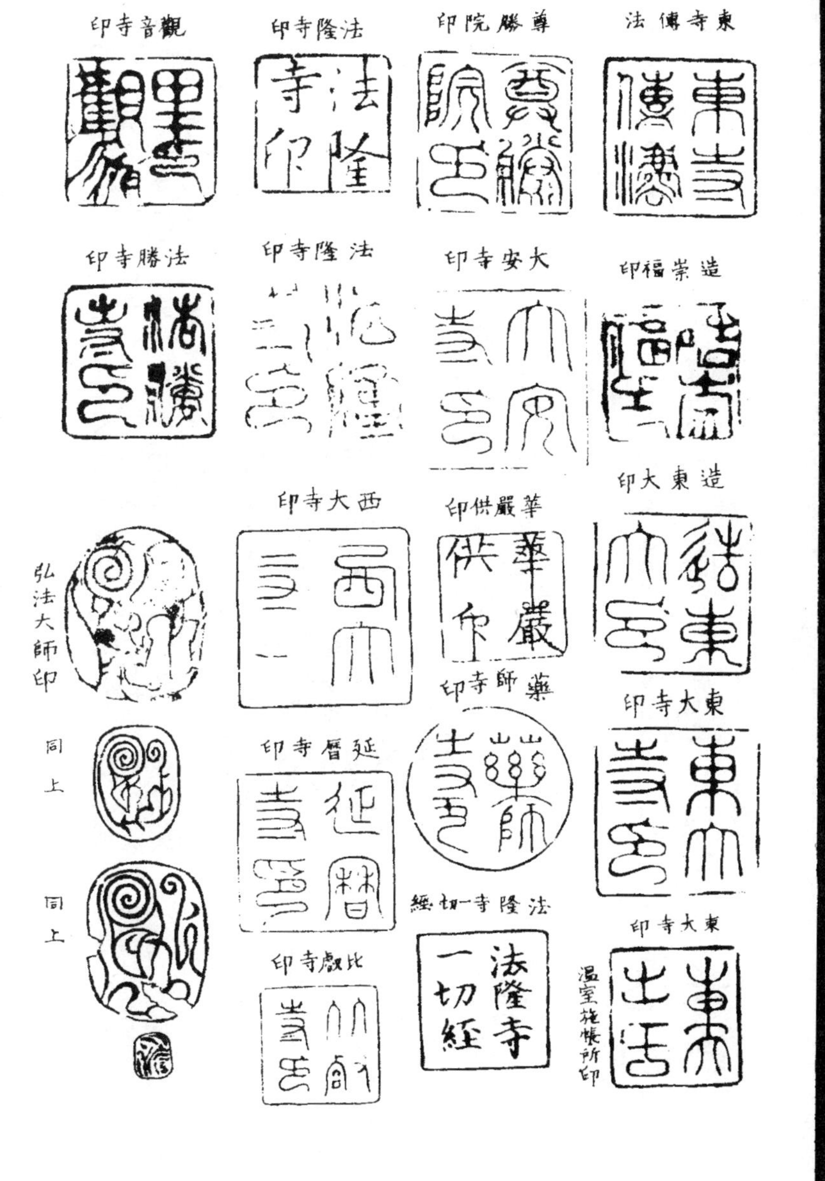
東寺傳法
尊勝院印
法隆寺印
觀音寺印
造崇福印
大安寺印
法隆寺印
法勝寺印
造東大印
華嚴供印
西大寺印
弘法大師印
藥師寺印
東大寺印
延曆寺印
同上
同上
法隆寺一切經
東大寺印
溫室施帳所印
比叡寺印

籑喜廬所著書

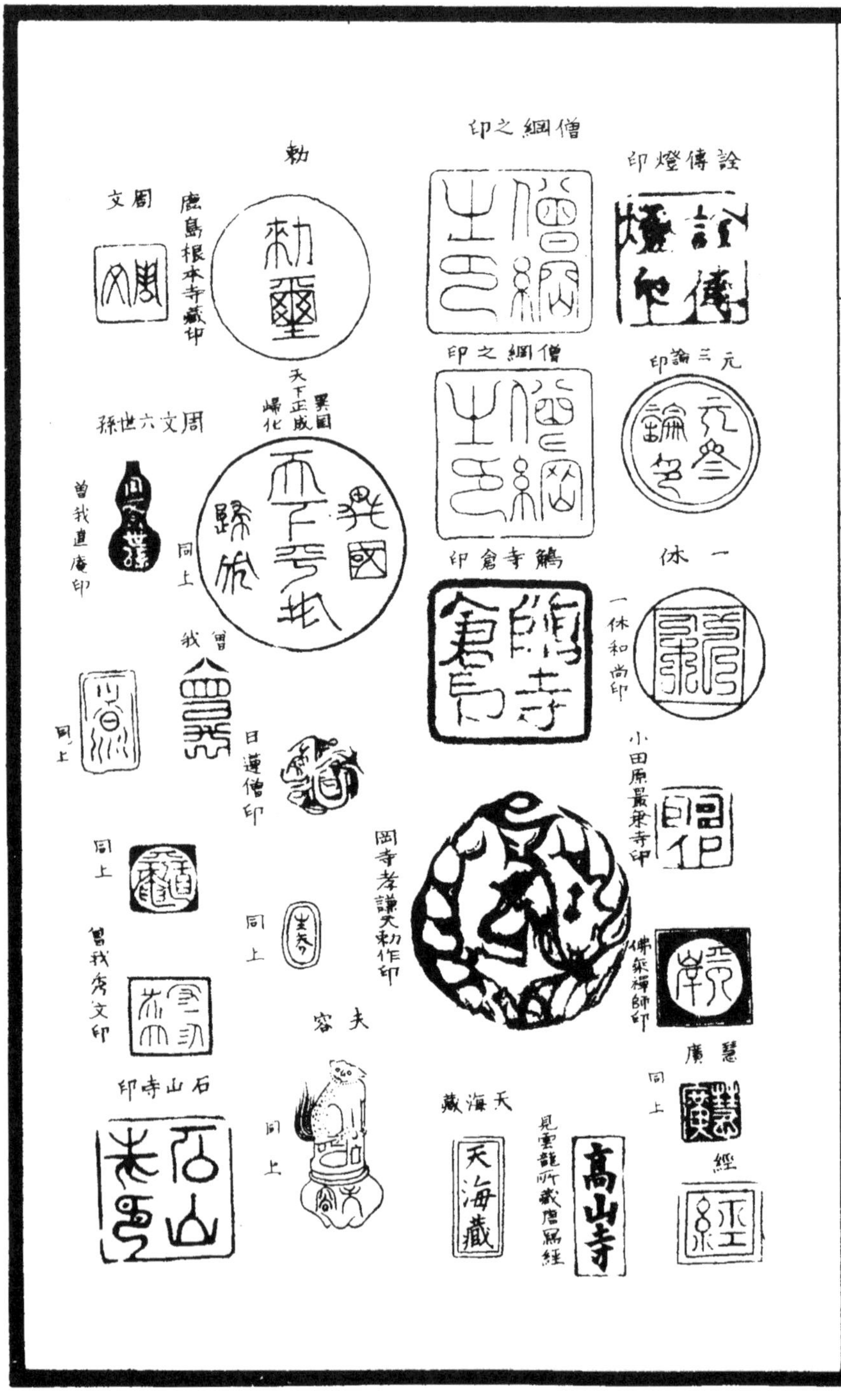
僧綱之印
詮傳燈印
勅
周文
鹿島根本寺藏印
僧綱之印
元三論印
天下正成
異國歸化
周文六世孫
曾我道庵印
同上
鶴寺倉印
一休
一休和尚印
曾我
同上
日蓮僧印
小田原最乘寺印
同上
岡寺孝謙天勅作印
同上
曾我秀文印
佛乘禪師印
夫容
慧廣
同上
石山寺印
同上
天海藏
見雲龍所藏唐扇經
經

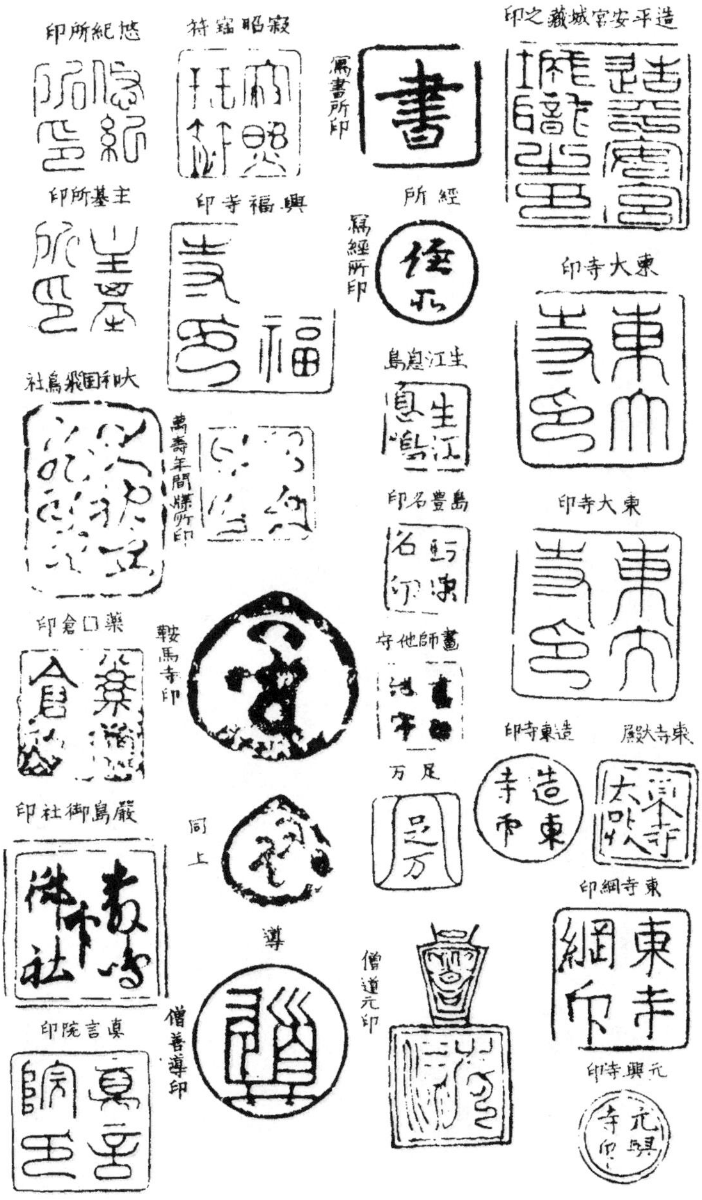

悠紙所印
寂昭窟持
寫書所印
造平安宮城藏之印
主基所印
興福寺印
經所
寫經所印
東大寺印
大和国飛鳥社
萬壽年間樣所印
生江息島
島豊名印
東大寺印
藥口倉印
鞍馬寺印
書師他守
造東寺印
東寺大殿
足万
嚴島御社印
同上
東網寺印
導
僧善導印
僧道元印
元興寺印
眞言院印

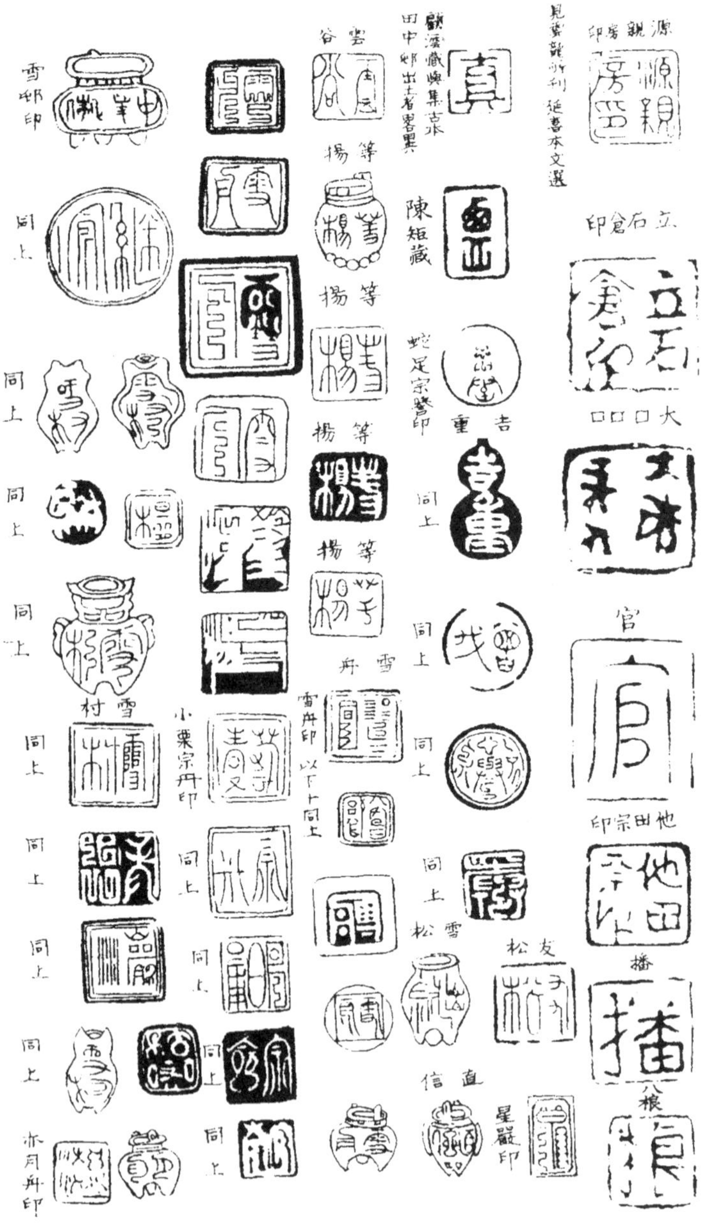

源親房印
見雲龍所刊延喜本文選
觀濤閣集古
田中郁出古書畧卷
雲谷
立石倉印
陳矩藏
等楊
等楊
蛇足宗鑒印
等楊
大口口口
吉重
等楊
同上
官
雪舟
雪舟印 以下十同上
同上
小栗宗丹印
他田宗印
同上
同上
同上
雪松
友松
播
直信
八根
星巖印
雪邨印
同上
同上
同上
同上
雪村
同上
同上
同上
同上
同上
亦月舟印

頼豊私印
虎
安
等悦
等拙
等益
等益
等伯
満
満
經
私福私印
生
愚極
禮才
愚極禮才印
秋月居士
山雪
山雪印
五樂印
宗周
明王院印
大坂出土
揚月印
周揚
雪甫
等禪印
雪山印
吉備本論語所印
宗秀
粟田法眼印
同上
石室印
石室
長者為成印
金澤文庫
延喜本文選
附錄
烙印
民部省廚
民部省廚
拾合
古升所印
拾合
播磨國姬路芥氏所藏
備前国嶋氏古琴所印
日本圖經二十五上
十三
圖經　六之一
養書廬所著書

雲龍按日本亦仿中國曰璽曰印有篆有隸有正書有朱文有白文今据集古十種博古堂集古印譜埋麝發香與夫日本户籍地券税簿倉冊書札神社寺院牒文經籍所印者錄璽而省院印而國郡印而社寺印萃而影之外此非柄政與著聲者概从畧焉烙印亦坿箸近古者綜計所錄凡三百八十有九中有大倭國印一是倭未改和以前印它印櫃一堆漆而飾之以七寶玳瑁集古本謂爲佛乘禪師請自宋朝者也藏之圖之其見重類此匪獨印文酷肖而已助訪者陳氏矩也聞之日本先是朱印墨印二品墨爲上見倭漢三才圖會今以朱印爲率它色偶用非其正矣

国家出版基金项目
NATIONAL PUBLICATION FOUNDATION

海上絲綢之路文獻集成

總主編　陳支平　陳春聲

歷代史籍編 55

主編　范金民

海峽出版發行集團
THE STRAITS PUBLISHING & DISTRIBUTING GROUP
福建人民出版社

本册目次

游歷日本圖經三十卷（卷二五下至卷三〇）

〔清〕傅雲龍撰

日本金石志三下

游歷日本圖經二十五下

奏派游歷日本美利加秘魯巴西等國兼古巴屬地加納大古巴知府用兵部郎中臣傅雲龍述

刀劍志

日本草薙劍有鑽燧縱火之功爲三神器之一又曰天羽斬即十握劍也此外曰大葉刈曰蔀靈曰頭椎曰裍中曰川上此皆漢哀帝以前倭劍之著者也自時厥後尚刀而劍寖微刀以鬼斬小烏二者爲尤著其國後鳥羽天皇聚工而躬與之鍛謂之御所鍛後鳥羽院御番鍛冶之次苐正月則宗二月貞次三月延房四月國安五月恒次六月國友七月宗吉八月次家九月助宗十月行國十一月助成十二月助延閏月番久國御太刀研國弘刑清爲貞後鳥羽院御宇二十四人番鍛冶次苐正月包道國友二月師實長助三月重弘行國四月近房行平五月包近真房六月則次吉房七月朝助宗隆八月章實實經九月包末信房十月朝忠實經十一月包助則宗十二月則真是助於隱岐國定置給番鍛冶次苐正月二月則國三月四月景國五月六月國綱七月八月宗吉九月十月信正十一月十二月助則後鳥羽院御師德參鍛治久國宗吉吉國真利貞次行吉次家則房爲次真守忠國信房皆名工

於是鍛冶良工若正宗貞宗出於相摸若義弘則重出於越中若源左出於筑前若兼氏出於美濃豈生是使篤欵抑時尚然也今競西刀而良工歛泣矣鍛礪之精難可湮沒原劍第一原刀第二雜刃坿刀派及欵識第三形略第四述刀劍志

原劍第一

草薙劍【日本紀】天祖既遺經津主武甕槌二神平葦原中國詔皇孫天津彥彥火瓊瓊杵尊治之賜以八坂瓊曲玉八咫鏡及天叢雲劍是爲天朝三神器天叢雲即草薙一劍也初素盞嗚尊斬八岐蛇於出雲簸川上至尾刃少缺割之獲一劍曰是神劍也獻之天祖【日本紀】【古語拾遺】以蛇之所處常有雲氣名天叢雲【古語拾遺】崇神畏瀆神器詔摸造之聞上古造刀劍者有天目一箇神求其裔令造之祀天祖於大倭笠縫邑藏叢雲劍以新造者爲神器【日本紀】後遷大神宮於伊勢景行遣皇子日本武尊征東夷皇子經伊勢拜大神宮其姑倭姬命取叢雲劍授之進至駿河賊給之曰此地多麋鹿請臨而獵焉皇子從之賊遂縱火於野【古事記】【古語拾遺】皇子挺劍刈撥野草鑽燧縱火火反向賊賊皆焚死【[illegible]劍錄】【古語拾遺】因名草薙【日本紀】皇子旋師至尾張娶宮簀姬【熱田社緣起】授劍而去宮簀姬後祀此劍於熱田【日本紀】天武不豫卜草薙劍爲崇即日送熱田社【神皇正統記】寶劍沒而天祖眞器

則萬古依然

天羽斬 日本紀素盞鳴尊至出雲簸川上國神脚摩乳撫其女哭曰女將爲蛇所啜素盞鳴尊釀酒以待果有蛇至頭尾各八飲酒而睡於是拔十握劍寸斬之古語拾遺古語謂巨蛇爲羽因名劍曰天羽斬藏石上社

大葉刈 日本紀大葉刈一名神戶劍

韴靈 日本紀神武東征抵熊野有神作毒武甕槌平國劍置庫中獻之衆悉起初武甕槌神征出雲至五十田狹拔十握劍倒植地大己貴降出雲平神皇正統記以宇摩志麻治命有大勳賜此劍褒之初在石上社後藏鹿島神宮

頭槌 日本紀神武既滅八十梟帥餘黨熾命道臣命誘虜殄之道臣設宴忍坂選銳雜處約曰酒酣吾歌則發虜醉道臣歌衆拔頭槌劍殺虜

裀中劍 日本紀日本武尊征熊襲魁帥曰川上梟帥宴飲皇子解髮爲童女裝藏劍裀中伺梟帥醉臥刺殺之

熊鰐五十迹手獻劍鏡瓊 日本紀仲哀八年西征抵筑紫岡縣人熊鰐乘船迎之周芳沙磨浦立五百枝賢木於舳上枝掛白銅鏡中枝掛十握劍下枝掛八尺瓊獻之伊覩縣人五十迹手亦乘船迎於穴門引島立五百枝賢木於舳艫上枝掛八尺瓊中枝掛白銅鏡下枝掛十握劍獻之賜號伊蘇志初景行親征熊襲次周芳姿麻有女子神夏磯姬樹素幡於船歸順又拔磯津山賢木上枝掛八握劍中枝掛八咫鏡下枝掛八尺瓊獻之熊鰐等倣之也

川上部一名裸伴 日本記垂仁時皇子五十瓊敷命居茅渟菟砥川上宮造劍一千口名曰川上部又曰裸伴藏石上社仁德時吉備川島河有虬縣守拔劍入水斬虬河水盡赤天智將誅蘇我入鹿抽劍斫

播磨獻寶劍 日本紀天智時播磨國司岸田麻呂等獻寶劍言於

狹夜郡人禾田穴內獲焉

諸劍

中右記 宜陽殿寶劍三十四柄中有二神劍曰破敵曰守護鏤日月五星十二神破敵則每大將出征必授謂之節刀 禁秘抄 又有號大刀契者十柄長三尺或二尺其一鏤北斗龍虎傳爲百濟所獻二寶劍之一 帝王編年記 又有應神寶劍安貞二年盜入內藏寮竊之劍有光盜怖取其裝具欲折劍誤傷其額遂被擒 續古事談 又有壺切寶劍本藤原氏寶器醍醐爲東宮時經基獻之 西宮抄 是後每立皇太子必賜之 增鏡 又有田村寶劍坂上田村麻呂所佩 古事談 銘曰坂上寶劍醍醐嘗置劍輿中失鞘尾裝具有狗嚙之至敦實親王傳之白河時詔獻之相傳雷鳴則劍自脫 源平盛衰記 又有晝御座寶劍平氏攤安德走西海晝御座劍亦遺之

朝日丸

西行物語 佐藤義清工和歌鳥羽命題障子畫十首賜御劍朝日丸

獅子王

源平盛衰記 平家物語 十訓抄 高倉時有鵺夜鳴殿屋上詔源賴政射之賴政令從兵懷名刀骨食闇中一發聽弦而墜當以御劍獅子王 兵家茶話 獅子王備前昉平所造 土岐系圖 傳在播磨齋村氏石田三成之亂齋村敗死東照公賜劍於土岐賴勝以土岐氏與賴政同宗也 鷲峰集 刺鵺刀傳在太田資宗家長五寸五分血漕表裏洞透銘曰國吾蓋骨食也

骨食

詳上

青江劍

伯耆卷 後醍醐自隱岐幸船上適備中青江劍工造劍持至帝取大仙寺寶劍佩之乃送其劍於大仙寺

後光明御劍

鳩巢小說 後光明嗜酒德大寺某諫以御劍賜之

原刀弟二

刀

佩弦齋雜著上古專用劍而刀不多見垂仁二十七年令祠官下兵器為神幣告乃納弓矢橫刀諸神社神后將征高麗久之兵卒來聚乃立大三輪祠以奉刀矛神幣用刀劍此時已重之而出雲振根之殺飯入根武內宿稱之擊恐熊王皆以木刀欺刀外丹治見史者應神壬申歲百濟使其臣久氏獻七枚一口垂仁八十六年詔曰朕聞新羅王子天日槍初來之日多携寶器令在但馬國人崇重朕欲觀之即日遣使詔天日槍之曾孫清彥獻之中有小刀名出石清彥以為比不必獻乃匿袍中賜酒刀自袍出獻之皆藏寶府其後刀無故自失遣告清彥清彥曰昨夕刀子自至臣家曉復失之既而刀在淡路島人以為神立祠祭之刀之見史者不可勝數雄略十三年播磨人文石小麻呂暴掠遣小野大樹討之火其宅白狗突出大樹挺刀斬之乃小麻呂也十八年遣物部目伐伊勢賊朝日郎朝日郎善射目提大刀徑進斬之欽明六年膳臣巳提使使百濟忽失小兒雪中尋有虎抽刀刺之中古以降專用刀良工以大和天國為鼻祖云

鬚切　膝丸

平家物語劍卷中古將師源氏多蓄寶刀而鬚切膝丸最著源滿仲嘗命劍工造刀不稱意笏前三笠郡有良工禱八幡神七日鍛鍊六旬造二刀長二尺七寸試斬死囚銛利無比餘勢一斷其鬚一斷其滕因名鬚切膝丸子賴光傳之呼鬚切為鬼丸已而病瘧拔膝丸斫巨蛛呼為蛛切子賴基傳之及賴光姪賴義征陸輿詔傳二刀於賴義賴義子義家再伐陸輿亦佩二刀孫為義傳之二刀夜自鳴乃呼鬚切為獅丸膝丸為吼丸為義嘗與平氏構隙女壻熊野別當教眞率衆助為義為義感喜授以膝丸教眞藏之神祠及義朝反以鬚切授賴朝義朝敗走賴朝從而後土兵將擒之賴朝拔

刀御之獲免匿近江以鬚切重器使送之尾張熱田及起兵佩之義經之討平氏熊野教真子湛增贈以膝丸義經呼曰薄綠凱旋至鎌倉賴朝拒不納義經乃祈箱根神奉膝丸建久中曾我祐成與弟時宗謀復父仇箱根別當行實授之膝丸兄弟既死賴朝獲膝丸二刀復合太平記其後新田義貞傳鬼切刀即鬚切也延元中義貞將赴北國奉鬼切而去

小烏拔丸

源平盛衰記平氏有二寶刀曰小烏拔丸小烏圖小烏大和天國所造平治物語拔丸伯耆大原眞守所造忠盛傳小烏於子清盛拔丸於次子賴盛郁芳門之戰敵以鉤鉤賴盛兜鍪賴盛揮拔丸斷鉤柄逸

微塵石切

曾我物語源義仲寶刀曰微塵子義高奉之箱根神僧行實贈之曾我祐成平治物語源義平佩刀號石切義朝既死義平偵平氏敵來圍義平拔刀斬數八登屋逸曾我物語二刀皆古之利器不知何人造其他失名多矣源賴朝獵富士野有野猪奔突仁田忠常躍而跨猪刀刺之祐成與弟時宗襲慕府忠常殺之刀亦利器源平盛衰記栗津之戰內田家吉與義仲妾鞆繪搏闘鞆繪拔刀截之利如劃水曾我物語失名可惜況忠臣孝子之寶刀乎初時宗幼時在箱根會賴朝拜箱根神仇人工藤祐經從焉時宗持小刀潛往偵祐經祐經覺取赤木韉刀授之後殺祐經乃以其刀刺喉時宗既就擒衆傳祐成折刀覲之或曰刀則不稱時宗怒曰此即平知盛佩刀屋島之戰遺之舟中曾我太郎獲而獻判官判官賜之太郎所謂奥州丸者也太平記延元中楠正成禦足利尊氏子正行授菊作刀

鵜丸

保元物語白河嘗幸神泉苑放鵜捕魚其一最健忽啣一物而出墜而復啣竟獲之乃大刀也號鵜丸保元之難後白河法皇賜源爲義

東鑑壽永之亂源範賴獲之西海獻法皇古刀銘鑑蓋三條吉家所造也

大津越

十訓抄古事談白河以藤原師綱爲陸奥守時押領使藤原基衡掠信夫郡以爲私邑師綱撿括公田基衡大懼季春曰斬臣頭以謝事必解季春顧斬者曰用何刀斬者曰毘次郎大夫大津越也季春曰善遂見殺毘次郎大夫蓋劍工也大津越時謂斬人時并斷雙臂也

鬼丸

太平記鬼丸北條氏寶刀陸奥眞國所造時政嘗病爐有銀鬼刀斷其頭尋愈因名焉授之子時行或獲刀獻義貞義貞自是佩鬼切鬼丸二刀湊川之戰義貞持二刀戰死敵將足利高經獲鬼丸尊氏索之不與遂搆隙名物牒後豐臣秀吉獲之授本阿彌光德

神息

大友興廢記平氏走西海緒方惟榮擊之有功源義經授以神息刀古今銘盡神息豐前宇佐社僧也興廢記兵家茶話又傳巴造刀寬永中藤堂高次請而觀之床如陷

高平助平包平

古刀銘鑑劍工備前最盛武備志平壤錄外國謂之備前刀古刀銘盡大全高平助平包平皆古良工世謂備前三平源平盛衰記畠山重忠佩高平刀號秩父高平刃廣四寸長三尺九寸宇治河之戰敵將長瀨義員提刀進重忠挺刀邀擊義員逃太平記藤原保昌佩助平刀號懷劍傳在高師直家師直贈之赤松則村尾張名勝志平景清亦佩助平刀號魘丸兵家茶話以刃有黑斑名焉信長記織田信秀兵千秋紀伊獲而佩之後千秋戰死美濃人陰山掃部介獲其刀大柿之戰陰山倚胡床麾衆飛矢中右目方拔之又有矢中左目遂爲瞽丹羽長秀獲其刀又患目疾時人謂魘丸爲崇奉之熱田社明良洪範松平光政傳包平寶刀號大包平光政幼時松平忠雄託光政老臣日置豐前

友成

古今銘盡

一條永延三年召備前友成造刀古刀銘盡大全良工也將如源義經平敎經皆佩其刀古今銘盡友成刀或銘君萬歲三字古刀銘鑑豐前劍工長圓刀亦銘千秋萬歲云雲龍按中國之劍銘壽萬歲者見西京雜記銘萬年者見唐李嶠寶劍篇

正恒

源平盛衰記源義經討義仲進臨宇治河佐佐木高綱揮鞭截流水底有繩乃揮刀駛流中悉斷之而濟名物牒其刀備前正恒所造長二尺四寸餘人呼繩切正恒相國寺供養記佐佐木氏世傳其刀相良系圖相良氏亦傳繩切刀相傳承久之役斷繩於宇治河古刀銘鑑備前三平及友成正恒等刀後世謂之古備前

大原安綱

刀劍祕寶足利氏傳伯耆大原安綱寶刀號童子切傳言源賴光以此斬酒顛童子名物牒長二尺六寸八分老談一言記刀鋒有瑕傳爲童子齒痕刀劍祕寶豐臣秀吉贈東照太平記新田義貞之攻鎌倉夜進至極樂寺坂賊列戰艦於海岸義貞祈海神解佩刀投海遲曉潮退十餘町敵艦漂去遂滅北條刀劍祕寶或曰義貞刀即安綱也安綱造此刀投海江豚呑之爲人所獲至是又投海云古刀銘鑑安綱子真守亦良工元親記長曾我部元親佩真守刀號八幡每戰必佩初命八幡祠官左近卜授眉尖刀左近乃獻所佩真守刀因名

御所鍛

古刀銘鑑後鳥羽好刀劍召工更番造刀山城則國友國安備前則則宗延房宗吉助宗行國助成助延備中則貞次恒次次家武備志謂之上庫刀承久記令次家造刀樸親粹之號御所鍛古刀銘盡大全刀堃影菊花謂之菊御作承久記快利無比承久之役軍敗於大炊渡八田知尚挺賜刀擊之逸

一文字

古今銘盡一文字刀以銘一字名焉自備前則宗始也則宗居福岡爲後鳥羽所親愛影

菊花於刀莖，號菊一文字。子助宗號大一文字，孫助則號小一文字。其他子弟或居福岡，或居吉岡，皆銘一字，因有福岡一文字、吉岡一文字之目。古刀銘盡大全：後鳥羽有菊丸、雁丸二寶刀，助宗所造。名物牒：日光社有一文字寶刀，北條氏茂既取伊豆，請而佩之，號日光一文字，長二尺二寸四分。及秀吉來伐，黑田長政議和，氏政贈以此刀。武家閒談：氏政將北條氏繁用備前助包力。古刀銘鑑：助包所謂吉岡一文字也。信長記：織田信長之攻淀城，細川氏兵下津權內摶敵將岩成主稅於水中斬之。名物牒：其刀即一文字，信長呼其刀曰荒波。藩翰譜：毛利輝元亦傳千鳥、荒波二寶刀，千鳥獻之秀吉，荒波獻東照公。名物牒：千鳥蓋一文字也。島津系圖：島津家久亦佩千鳥一文字刀，朝鮮泗川之戰，家久衝盪陷陣，明兵揮一槊來進，家久下馬舞刀斫折其槊，逕進斬之。淺井軍記：信長嘗以一文字宗吉刀贈淺井長政。名物牒：加賀有淺井一文字刀。古刀銘鑑：宗吉事後鳥羽於隱岐。太閤記：小牧之役，奧平信昌擊森長可破之，東照公賜一文字刀。足利季世記：天文中，木澤長政攻游佐長教於高屋城，長教兵三木牛之助鏖戰，長教賞以吉房刀。古今銘盡：吉房即福岡一文字也。

行平

古今銘盡：行平稱紀新大夫，豐後劍工。古刀銘鑑：事後鳥羽。灣泊集：搢紳佩刀貴行平及菊一文字。常陸吉田社藏行平刀，穴山信君士雨宮筑前所佩。刀劍錄：行平寶刀東照遺物，奉之原廟。

粟田口國綱

古刀銘鑑：北條氏之據鎌倉也，招致劍工，國綱自京師往，助真、國宗自備前往。古刀銘盡大全：北條時賴佩國綱刀，長二尺三寸，號鎝切。明德記：內野之戰，細川詮範望見山名氏清挺佩刀泥丸擊之，氏清墜馬，詮範子滿範拔國綱刀斫之，截脛鎧，斷其脚，遂

籑喜廬所著書

殺之。此刀足利義滿所賜也。義滿有二銘篠作二寶刀，是日佩二刀及小刀藥研徹。山名滿幸來進，義滿抽二銘刀擊破之。【梅松論】足利直義佩篠作刀。【刀劍錄】義滿所傳此刀也。

助眞

【刀劍祕寶】備前助眞在鎌倉，惟康親王問其技，助眞曰：百鍊之剛，精神鍾焉，倉卒鍛治，不異鎰基。【伊勢國司傳記】伊勢赤堀氏傳助眞寶刀，長二尺五寸。長野藤定襲赤堀城，取之。其士野間小六摶一老翁，釋之。翁曰：我赤堀卜月也。取助眞刀授小六，遂自殺。小六後獻刀於織田信包。

光忠

【太平記】備前長船多劍工，世謂之長船鍛治。【武家閒談】光忠、長光為巨擘。織田信長好光忠刀，蓄二十五口，其一號實休。【名物牒】長二尺三寸。【武家閒談】三好實休佩刀也。實休與畠山高政戰而敗，敵揮刀擊實休，實休拔刀制之，剖其脛鎧。信長嘗召界商人木津屋，悉示其刀曰：汝辨實休刀否？商指其一曰：鋒端少缺，得非斬鐵耶？【明良洪範】秀吉嘗賜光忠刀於伊達政宗。【聞書雜和集】關原之捷，竹中重門擒小西行長，行長佩刀即光忠，東照公賜之重門。

長光

【北越軍記】河內金胎寺之戰，宇佐美政豐有功，足利義政賞以長光刀。【武家閒談】政豐玄孫孝忠事越後上杉氏。川越之役，孝忠佩其刀赴援。孝忠傳之子定行，定行後奉上杉定實討長尾為景，景乃獻其刀。定實寶愛，號宇佐美，傳之養子實元，實元贈之兄伊達晴宗。【古今銘盡】長光，光忠子也，薙髮稱順慶。【藩翰譜】上杉輝虎朝京，賜長光刀。【常山紀談】箕形原之役，大久保忠次被創，東照公賜長光刀。【四戰紀聞】姉川之捷，信長服東照公英武，贈長光寶刀。刀本足利氏重器，號大般若。長篠之役，賜之奧平信昌。【總見記】信長當以鉋切長光賜丹羽長秀。【名物牒】長一尺九寸九分。或佩之經伊吹山，遇一匠變異形，或斬之，匠扞以鉋鉋墮地不見因名【武家閒談】織田信忠之攻高遠侍童山口小辨佐佐清藏先登信長召二童謂清藏曰汝真成政甥也手賜長光刀謂小辨曰汝果不負吾兒鑒賞賜山城國久刀【神功皇后】秀吉之征朝鮮親師諸將謁山城御香社【武家閒談】奉長光寶刀而後發【淺川聞書】立花宗茂佩長光短刀【省庵集】宗茂又有長光刀號水田朝鮮之役宗茂兵風斗就澄奮戰宗茂賞以長光元祿中江戸大火柳川邸中寶庫亦罹災就澄曾孫就秀請獻此刀曰此是卿家至寶不可失就秀請安藤守約爲之銘【尾羽記】上野人海野能登佩長光刀號茶礌破長三尺三寸真田昌幸既取沼田令能登守之衆忌能登勇勸昌幸除之乃遣兵襲木之内八右衛門追及之能登拔長光斬之遂與其子相刺而死【常山紀談】紀藩有長光寶刀號腰帶斬人斷而不僵撞以刀欛乃仆【佩弦齋雜錄】本藩有長光寶刀號香西細川政元士香西某佩刀也

來國行

【古今銘盡】來國行稱太郎【太平記】長崎爲基令國行造刀挫錬一百日而成長三尺三寸精光溢發賞錢十萬名曰面影及新田義貞攻鎌倉爲基提刀苦戰所觸鍪鎧皆斷義貞兵不能近【關東兵亂記】其後足利義明佩面影國行刀【足利季世記】桉全漸兵志曰鐵匠能制利刃非獨取鋼爲利生鐵久鑄久煉成而復毀毀而復成朝專煉鍛暮入濕泥如此一百二十日工成其刀可以吹毛削鐵也佐佐木定賴初爲僧足利義植走丹波定賴佩木刀義植賜國行刀【備中集成】山中幸盛佩國行寶刀【秀元記】號新身輝元獲其刀後獻秀吉秀吉嘗謂輝元曰卿獻新身國行清水藤四郎二寶刀我常佩服【名物牒】新身謂錯鍔若新鍛者吉光國光刀亦有號新身者云【名物牒】不動國行以刀上鑿不動像名焉長一尺九寸

九分信長記松永久秀獻之信長武家間談明智光秀敗死其將明智光昌逃入坂本城乃以衣裹不動國行二字國俊刀擲之樓下自殺秀吉譜秀吉後贈之東照公

來國俊

武家間談上杉輝虎有三寶刀一號谷切來國俊造古今銘盡國俊國行子稱孫太郎其刀銘國俊二字者世號二字國俊立花系圖立花宗茂既送歎秀吉賜金裝刀即國俊也古今銘盡子曰國光備前光包號中堂來攝津國長號中島來皆國俊弟子光包最著

來國光

藩翰譜參河一向宗之亂東照公攻上宮寺城戶田忠次爲軍導拔之賜來國光小刀明良洪範板倉勝重罷京師所司代子重宗代之勝重授國光寶刀曰愼勿授柄狂人水府系纂常陸牛久城主岡見治廣嘗與多賀谷氏戰其士塚崎肥後戰甚力治廣賞以國光刀治廣孫治政仕本府肥後子孫攜刀來曰此刀在家人盡病請還之治政受而寶焉

來國次

細川系圖正平中細川賴春與楠正儀戰於四條大宮敗死會其臣町田某等持賴春寶刀國次至自阿波自殺刀頓枯燥古今銘盡國次國俊女婿號鎌倉來淺野考譜小田原之役淺野幸長年十五攻忍城有功秀吉賞以國次刀武家間談浮田秀家佩國次寶刀號鳥飼關原大全關原之役秀家走美濃欲赴薩摩從臣進藤三左衛門曰臣有一策請賜寶刀秀家授之乃往見本多忠勝進刀曰此即浮田氏寶器所謂鳥飼者也寡君自殺請宥妻子秀家遂得往薩摩名物牒稻葉氏亦傳鳥飼國次短刀

延壽

古刀銘鑑肥後延壽國村來國行女婿居菊池太平記南北之亂菊池氏闔族勤王雄於西海古刀銘鑑故國村子孫造刀皆彫南朝年號豫章記大和劍工亦有號壽命者元冦之變河野通有奮刀鏖戰刀即

壽命成俊子孫世傳之

後醍醐御刀

西遊紀程吉野賀名生和田村堀氏藏後醍醐御刀長一尺餘把纏紫韋首尾彫鏤菊花竹葉鞘及鐔皆渾金製之其所副笄子亦金質而彫荔枝蝴蝶軍器考古刀銘鑑山城吉久所造也

粟田口國吉

難太平記今川範國佩粟田口國吉刀名其刀曰八八王俗語謂胄爲鉢鉢八訓讀相通謂剖二胄也觀瀾集近世源君美亦傳名刀獅子初其父正濟有寮亥藤四者出一顱骨破爲兩半曰吾兄少時擊而斷之者刀猶在名以獅子正濟乞而佩之俗語謂顱爲鉢斷顱爲二猶折八得二四獅子即四四蓋得八八之半也折燽柴記又傳國清腰刀古刀銘鑑國清亦粟田口劍工也名物牒赤松滿祐又將弑足利義教請臨其第義教將往佩國吉短刀自挺使人堅鞘口猶挺拔再三遂遭害世呼國吉嘉吉記初滿祐命造刀三百口云太闇記北條氏政聞秀吉來伐命諸將援山中城以國吉刀賜間宮好高

粟田口國光

大友興廢記大內義弘佩國光寶刀號防長言周防長門二國不足以易也及山名氏清舉兵足利義滿使義弘禦之豐後入田原親村從義弘苦戰義弘賞以國光

吉光

刀劍錄後鳥羽好刀劍後宇多時粟田口藤四郎吉光精妙無傳蓋後鳥羽之餘澤也粟田口素多良工吉光祖國友國友弟久國國安國清有國國綱皆爲世所重而父則國兄國吉國光至吉光以絕藝鳴海內然所造不過小刀云尾張名勝志熱田社有吉光寶刀號蛛切刀背金鏤鞘繪兵家茶話以爲源氏蛛切誤矣大友興廢記大友氏傳吉光寶刀號骨啄名物牒長一尺九寸六分本眉尖刀改製以爲佩刀興廢記足利尊氏之走西海大友氏時迎見獻刀曰切骨如泥永祿中

養喜盧所著書

日本圖經卷下　二　圖經六之一

松永久秀弑足利義輝獲刀大友義鎮聞之遺毛利鎮實厚贈久秀索刀授之天正中秀吉遣使索骨喙獻之名物牒大坂滅或獲之獻東照台德請而佩之賜獻者銀三千錠雨夜燈秀吉嘗誇東照以庫中寶器而吉光刀為弟一足利季世記明應中畠山政長爲細川政元等所圍力竭將自殺拔吉光寶刀三劃腹不入怒投之中藥研洞貫政長歎曰重器不忍殺主賊丹下備後挺信國刀授政長自殺世呼政長刀曰藥研藤四郎信長記松永久秀獻之信長名物牒長八寸三分本能寺之變此刀亦焚云朽木系圖永祿中足利義昭以吉光刀賜元綱名物牒多賀豐後佩吉光刀或請割鶴置鐵箸於腹并箸斷之肉名庖丁信長記信長嘗以鎬藤四郎授子信孝太閤記豐臣秀次之死近臣請殉者皆授名刀授厚藤四郎於山田三十郎鎬藤四郎於不破萬作後賜鎬藤四郎於伊達政宗伊達系圖子忠宗獻之大獻名物牒厚藤四郎本足利氏寶刀後在界黑田孝高獲而獻秀次秀次死秀吉賜之毛利秀元秀元獻之國恩錄東照既與秀吉和遣本多忠勝使大坂秀吉以藤原定家書及吉光刀賜之曰定家天下名家吉光天下名刀吾以贈天下名士關原大全關原之捷黑田長政謁東照手賜吉光刀老談一言記長政又有寶刀令近臣執之近臣假寐刀墜鋒少折長政召研工示刀工曰此名刀唯鋒重大今少折幸也若磬礱之天下無雙磨之一夜成形果美刀劍錄吉光既擅名關西其後關東有正宗刻意鍛冶志在集大成乃周游諸國問名工家法遂與吉光齊名

正宗

正宗始見尺素往來論刀劍者語利曰剸犀切玉語文曰龜文龍藻正宗無所不能世傳三好長慶所佩號三好蒲生氏鄉所佩號會津本多忠勝所佩號中務此類甚多

朝倉系圖正平中東寺之戰朝倉氏景提正宗刀斫敵中臂鎧應手而斷乃銘曰籠手切籠手臂鎧也名物牒長二尺二寸六分朝倉系圖或曰貞宗刀也北條五代記三浦義同傳正宗刀長五尺八寸及北條氏茂來圍城將陷子義意提刀鏖戰常山紀談兵家茶話上杉景勝驍將本莊繁長與最上義光戰於千安破之敵將東漸寺右馬頭挈一首級雜繁長兵給曰我獲敵將直馳斫繁長剖其兜鍪繁長被創擊殺之視其刀乃正宗也景勝賜之繁長武家閑談繁長資財黷刀東照獲之號本莊名物牒長二尺一寸五分武家閑談賜之紀藩又獻之名物牒蒲生氏鄉佩正宗刀長二尺一寸六分氏鄉傳記氏鄉臨陣舞刀鈐錄尤好小刀令其兵皆佩一尺八寸刀臨戰鳥銃一發挨刀跳盪蒲生軍記或獻僧辨慶刀長三尺七寸氏鄉召外池甚五左衛門試舞此刀賜之名物牒氏鄉子秀行卒獻正宗於幕府所謂會津正宗也秀吉賜宗茂書立花宗茂獻正宗刀於秀吉多賀豐後所佩名物牒號豐後正宗淺川聞書秀吉誤以爲淺野長政所獻石田三成辨之武德安民記朝鮮泗川之戰東照賜正宗力於義弘名物牒後紀藩獻島津正宗刀於幕府刀劍錄亦島津氏佩也越前黃門行狀石田三成還佐和山東照令結城宰相護送三成獻正宗刀名物牒刀長二尺二寸二分號石田正宗武家閑談大垣之戰水野勝成斬敵獲短刀即正宗因號大垣長八寸三分後獻紀藩永井道存事蒲生氏鄉後去居上野板倉勝重招之京師道存與一客俱往客偷道存副刀棄己刀而去其刀紫鑣無寸輝道存令工去鑣利若投虛乃命磨礪光芒豔發銘即正宗工相之曰此正宗刀之絶佳者也後獻之幕府號永井正宗常山紀談上杉景勝將岡左內佩正宗

刀碎玉話真田幸村佩正宗刀諸家興亡記台德臨上杉景勝第景勝獻正宗刀即輝虎遺物裝飾奇偉鞘尾作蘿蔔形管窺武鑑景勝驍兵夏目舍人助亦佩正宗短刀老圃堂集美濃人澤田常長嘗游伊勢松坂宿民家主人示佩刀常長曰是正宗也乃告松坂城主古田大膳買之寬永中台德命常長相名刀十口中者凡八刀劍錄海內劍工受業正宗者山城有長谷部國重美濃有志津兼氏金重石見有直綱備前有長義兼光筑前有源左越中有鄉義弘則重而義弘尤得其妙正宗父行光子貞宗皆有聲而相摸秋廣廣光亦受業正宗父子云

行光

武家閑談上杉輝虎佩行光刀長三尺一寸號赤豆粥越後三寶刀之一也川中島之役以此刀擊武田晴信常山紀談織田信秀士飯沼小勘平以驍武聞所謂四天王之一也佩行光力及菊一文字小刀新加納之戰池田氏兵森寺四郎兵衛斬之獲其雙刀古今銘盡行光兄為僧號大進坊善造刀工彫鑿鎌倉志鎌倉荏柄天神祠有正宗寶刀鑿梅花及龍即大進坊鑿也

貞宗

藩翰譜最上義光年十六從父義守游高湯義守傳貞宗寶刀初義守年十七有戰功父義定傳此刀云鍋島直茂譜朝鮮之役秀吉召還鍋島直茂賜貞宗刀常山紀談姉川之役小笠原氏助兵渡邊金大夫負朱傘先登信長賜貞宗刀聿修錄關原之役脇坂安治就藤堂高虎納欵後贈貞宗寶刀關原大全石田三成既為田中吉政所擒吉政遇之厚三成有切刃貞宗短刀秀吉所賜遂贈吉政常山紀談長東正家在水口城池田輝政遣船戶帶刀諭降正家贈貞宗小刀關原大全島津家久攻琉球東照賜貞宗大刀左文字小刀伊達系圖元和三年台德朝京師伊達政宗先導賜別所貞宗短刀

【名物牒】長一尺二分【伊達系圖】又嘗以六鼓鐘貞宗刀賜政宗子忠宗【名物牒】界商人大鼓鐘所蓄長八寸三分【古刀銘盡大全】初秀吉遍索名刀【名物牒】吉光則厚藤四郎正宗則道意岡本二刀貞宗則奈良屋大鼓鐘二刀兼氏則界志津【藩翰譜】鳥居元忠佩貞宗小刀【軍器考】相劍之術論工拙辨真偽正宗始得其妙傳之貞宗貞宗傳秋廣秋廣傳齋藤彈正彈正傳宇都宮三河【軍器考】【老談一語記】三河事足利義政命三河相古今名刀定價以賜將士刀有定價自此始也【軍器考】又有妙本阿彌陀佛者事足利氏善相劍工磨礪子孫世傳其業【營膳令】古之制營造軍器皆令鑴題年月及工匠姓名【刀劍錄】而後世刀劍多無銘識相劍之術盛

鄉義弘

【武家閑談】義弘越中松倉鄉人武夫而造刀者也然工不能及世稱吉光正宗義弘曰三作【甲陽軍鑑】甲斐武田氏有義弘左文字二寶刀【武家閑談】紀伊人松本助持佩義弘寶刀號三好鄉【名物牒】三好長慶佩刀也長二尺三寸【武家閑談】及秀吉攻根來助持獻刀乞降秀吉與東照公和贈之【清正記】秀吉封加藤清正肥後賜義弘刀【名物牒】清正佩刀號肥後鄉者此刀也二尺三寸四分後獻之紀伊南龍【鍋島直茂譜】鍋島勝茂嘗爲江上家種所子養家種傳義弘刀關原之役獻之東照【太平記】長二尺二寸六分號鍋島鄉前田利光獲義弘刀於北野號北野鄉長二尺三寸富田知信佩義弘刀秀吉獲之號富田鄉後賜前田利長利長獻之台德又賜之利光初其刀頗長利長截而短之長二尺一寸四分古之長刀三尺餘元弘中丹波人佐治孫五郎佩長五尺三寸刀前此未有其後南北分爭驍將佩長刀見野史者名和長年烟時能篠塚伊賀木寺相摸野木賴玄四尺三寸刀和田正

朝阿部忠實四尺六寸刀藤原康長四尺八寸刀頓宮父子五尺
二寸刀栗生顯友妻慶長宗五尺三寸刀大高重高南部六郎土
岐惡五郎五尺六寸刀赤松氏範五尺七寸刀稱津小次郎六尺
三寸刀時稱弟一安田彈正亦佩六尺三寸刀至因幡人福間三
郎七尺三寸刀蓋弟一長刀也【太閤記】織田信長令步兵持三只
餘刀柄長四尺置之前隊謂之長卷刀【北條五代記】關東有長柄
刀【南部集】然刀亦有長者山中幸盛刀四尺【古今城主記】江上家
種刀四尺八寸刀【四戰紀聞】眞柄直隆刀五尺三寸【懲毖錄】朝鮮之
役兵荷長刀碧蹄館之戰刀皆三四尺【碎玉話】東照游獵步士伏
見彥大夫佩長刀謂之曰知長刀之利乎伏見曰知鑾擊曰可以
代槍【黑田老士物語】黑田長
政當曰士荀提槍長刀何爲

則量

【北越軍談】上杉輝虎將略關東
安中春綱請爲前導輝虎授則
重刀【古今銘盡】則重居越中御服山下從鄉義弘學造刀號御服
鄉後從正宗學其刀酷肖正宗義弘云【加加江彌八郎】堀尾吉晴
佩則重
短刀

源左

【續明良洪範】今川義元佩筑前源左刀【名物牒】世呼
源左曰左文字信長獲此刀呼曰義元左文字長二
尺二寸一分【信長聞書】常佩之【古刀銘鑑】左祖曰西蓮父曰實阿
皆爲僧善造刀【安西軍策】毛利氏攻立花元就賞以左刀【元親記】
長曾我部元親既送款信長信長以左刀賜其子信親薩摩之役
信親戰死後薩人攜刀曰此遺物也元親視之果信親刀【關原大】
【全】朝鮮蔚山之戰三刀谷孝和有功毛利秀元賜左刀【武野燭談】
黑田長政嘗以左刀贈阿部忠秋號入道切忠秋受而不佩至孫
忠鄰佩之【名物牒】土井利房傳左短刀長八寸一分號小
夜中山遠江人嘗以此刀復母仇初其母過中山爲賊所殺

兼光

【常
山

紀談武家閑談上杉輝虎佩備前兼光刀號竹俣越後三寶刀之一也農夫佩之路遇震雷挺刀揭之額天齋刀鋒濺血又嘗擔豆而行囊綻裂豆墜纔鞘輒斷鞘破刃微露輝虎將竹俣參河守聞之曰利器也乞而佩之後獻輝虎弘治中川中島之戰敵以鳥銑伺輝虎輝虎躍馬突進斬之併斷銑筒即兼光也景勝嘗使京師人磨之示人曰磨以京師水竹俣熟視曰賈也彼刀鐔上有孔可貫馬毛景勝乃遣竹俣索之獲眞刀請石田三成窮治贋工斬十三人後獻秀吉及大坂滅東照購之不獲名物牒刀長二尺八寸鑿血漕及劍淺井軍記淺井長政傳兼光寶刀號石破祖亮政愛之長政贈之信長松府重器譜信長以兼光刀賜明智光秀光秀奉之愛宕祠秀吉祈之神代以他刀號太郎坊長二尺三寸後賜青木紀伊守青木贈之加藤嘉明淺川閑書立花鑑連常佩兼光刀子宗茂傳之後與豐臣秀秋有隙秀秋欲馳之宗茂造之直接秀秋座令不得起其計遂沮是日佩兼光刀大友興廢記鑑連晝寢雷震其家拔名刀千鳥一擊騰身避去名其刀曰雷切甲陽軍鑑武田信虎常佩兼光刀武家閑談福島正則常佩朱鞘大刀亦兼光也名物牒二將殘暴利器不幸矣豐臣秀次亦佩兼光刀嘗斬人水濱其人泅而去登岸乃斷因名刀曰浪游長二尺一寸四分鑿龍及血漕秀吉譜秀次殘忍好殺時人呼曰殺生關白太閤記及就死命近臣進刀授以此刀名物牒傳在柳川立花氏備陽國志兼光備前刀最利者也世傳足利尊氏走西海路經備前召兼光造刀試兜鍪應手斷呼曰胄剖小笠原系圖世之利刀不減兼光而失其名者往往有之小笠原長時寶刀曰胄剖上野原之戰斬十八人多斷其胄因名鳩巢集天正中越前人山崎間齋與

敵戰於長泉寺敵手銃擬間齋間齋拔刀逆擊銃口隨手而墜尺許并殺其人名刀曰切銃〔武家盛衰記〕朝鮮之役立花宗茂士戶次統直提刀奮戰斫中鉅石石輒中斷乃名曰研斧〔武家閒談〕近江人百百內藏助當斬一囚囚不覺唱佛名而僵呼其刀曰念佛

長義

〔關原大全〕〔小松軍志〕酒井八右衛門事前田利長其父兄皆事丹羽長重兩家構兵酒井請與父兄同死長重賜備前長義刀〔雜話筆記〕大久保忠世傳長義刀號老杖忠世嘗斬盜三人一揮悉斷其股乃呼曰六股

志津兼氏

〔水府系纂〕織田信安兵前野加賀傳兼氏寶刀〔信長記〕號小志津〔系纂〕信長乞而佩之〔信長記〕〔系纂〕及信安謀逆信長令川尻青貝等殺之授以此刀〔古刀銘鑑〕兼氏初名包氏大和劍工後從美濃〔武家閒談〕慶長中大坂奉行小出秀政錮一囚其友五人縱馬踰牆逃松本助持拔同田貫刀鬭於橋上追斬之秀政賞兼氏刀〔刀鑑錄〕兼氏居美濃志津村稱志津三郎田儀山一大石方十餘間兼氏常詠石上人呼志津石

長谷部國重

〔名物牒〕信長佩長谷部國重刀長二尺一寸四分〔古刀銘鑑〕國重鎌倉劍工後從京師父曰新藤五國光〔刀劍錄〕蒲生氏鄉佩國光短刀號會津新藤五子曰國信國平〔關原大全〕石田三成之亂古田重勝遺小瀨某等接富田知信小瀨令從兵發銃知信贈國信刀〔常山紀談〕毛利元就將浦宗勝攻三村高德於備前常山城城將陷高德妻脫佩刀呼宗勝曰此國平所造吾以父遺物執佩不去身聊以相贈

廣光

〔兵家茶話〕朝鮮之役黑田長政兵與敵相博墜溝中乃斬之其人提首來謁福島正則謂之曰卿宜以堀爲氏乃贈相摸廣光小刀其人稱堀平衛門

當麻

〔太閤記〕秀吉佩村雲當麻短刀

刀劍錄長七寸八分敬公行狀台德公賜之尾張敬公古刀銘盡當麻大和當麻劍工以國行爲始祖名物牒彥根有蛇切當麻刀

青江

松府重器譜志津嶽之戰丹羽長秀將長東正家擒柴田勝家長子國光獻其佩刀青江於秀吉秀吉賜之長秀子長重長二尺三寸餘古刀銘鑑青江備中青江劍工以安次爲始祖碎玉話淺野長政嘗使人於伊勢其人夜遇鬼物微笑而來抽刀斫之滅明日視一石佛頭有刀痕而刃不鈌秀吉觀之曰名刀也名曰珥加理盖俚語謂笑容也刀長二尺五寸即青江刀傳在京極忠高家武家閒談大坂之役井伊直孝驍將庵原助右衛門獲木村重成謂安藤長三郎曰大坂滅則無兵華吾當成卿名乃以首級及佩刀授之安藤獻東照賜青江刀駿話本別集重成刀長二尺三寸五分古備前刀也銘曰道芝露備中集成備中之水名青江者不一有池有井有鎔流史記注疑方言謂水之清者爲青江也淬刀劍西土龍淵劍用龍淵水雍州府志京師圓山有水極澈傳爲宗近造刀時所用鎌倉物語鎌倉正宗宅址有井曰上金水造刀多用之

信國

永府系纂箕形原之戰甲斐兵長某來進注目東照野中重政攬轡退某垂及重政殺之系纂常山紀談賜所佩信國小刀古刀銘鑑信國來國俊曾孫也祖曰了戒亦善造刀慶長年錄大坂之役佐竹氏兵梅津半右衛門力戰有功台德賞以信國刀

波服

細川家譜附錄細川忠興寶刀曰波股備前信長所造嘗命斬人海濱因躍水斬之水中斷其雙股因名後以此刀殺一色義有一時傳爲利器豐臣秀次欲獲之忠興不敢獻秀次更索信長刀獲之一日謂諸將曰吾獲一刀不減忠興刀試斬人不利

南山

志士清談朝鮮之役虎屢來軍中食馬黑田長

政等乃獵近郊有一虎菅正利帥二卒逐之虎啣卒擲地躍搏正利殺之常山紀談其刀備前清光所造黒田臣翰譜長二尺三寸血痕在刃刃皆剝蝕試之精利羅山集林信勝為之作銘名曰南山征韓錄島津義弘亦在朝鮮一日獵虎安田次郎兵衛挺刀刺其口刃出於背

篠雪

明良洪範池田信輝嘗使人斬死囚驗刀劍利鈍有一囚刃交下而體無痕捷近臣片桐與三郎以刀斫之應手而斷信輝命以竹貫尸再斫之又斷信輝愛其快利乞而佩之名曰篠雪長二尺三寸三分美濃兼定所造也信輝寶此刀小刀亦用兼定太閤記羅山集藩翰譜長湫之役信輝爲永井直勝所殺東照以篠雪賜直勝

兼元

信長記姉川之役青木一重斬朝倉氏驍兵真柄十郎松府重器譜其刀美濃兼元造長二尺三寸三分後贈丹羽長重武家間談一言坂之戰櫻井勝次屬本多忠勝提兼元刀鑿鬭刀折東照賜兼元刀牧野勘八乞折刀製爲小刀

月山

蜺岩集梁田鬼九郎事東照以勇聞武德編年集成公有出羽月山刀長三尺五寸鬼九郎因井伊直政請乃賜之神祇考月山西南今猶號鍛治小屋蓋劍工造刀地古刀銘鑑弟子從陸奧者故陸奧亦有月山刀尺素往來京師人甚重月山刀與天國並稱

二王

古刀銘盡大全清綱周防劍工也敵嘗縱火杉森佛寺或揮清綱刀斷巨鐵索救二王像因號二王三郎子孫皆以二王爲號淺川聞書立花宗茂善相劍弟高橋直次嘗來訪宗茂相其佩刀曰此必二王也驗銘果然其士戶次治部適來謁相曰不足用也凡刀劍屢易其主者不足寶也

法城寺

關東兵亂記國府臺之戰足利義明提法城寺眉尖刀馳突敵兵安藤挺大刀來進義明下馬橫擊截錏鍛斷其頭

[古刀銘鑑]法城寺佀馬劍工國光也國光受業貞宗[本多系圖]長湫之役織田信雄服本多忠勝雄武贈法成寺刀

吉則

[信長記][常山紀談]松永久秀既戕足利義輝遺平田和泉偽迎義輝弟周暠害之於途侍童美濃屋小四郎挾三條吉則刀斬平田

波平

[源平盛衰記]一谷之戰東兵豬股則綱斬敵將平盛俊揭首刀鋒大呼其刀薩摩波平刀也[古刀銘鑑]波平以行安為始祖

三池

[名物牒]東照有三池寶刀二口大者號大博多台德時前田利光女有病借刀輒愈遂賜之[古刀銘鑑]三池筑後三池劍工稱典太[落穗集]世傳東照疾篤謂近臣曰取三池刀來乃命曰以此試死囚又呼還曰不有死囚不必試之已而近臣還報曰此刀極利置之枕旁

宗近

[桃源遺事]義公年十二從威公遊三又河截流而濟威公賜三條宗近小刀[神社便覽]宗近京師三條劍工以稻荷山粘土淬刀每往取必祈焉[刀劍錄]世傳稻荷神助宗近造刀以此[武野燭談]莫府有宗近眉尖刀傳為源義經妾靜遺物大獻嘗以此刀截飛雁刀折乃令名工補之鋒利無比前田利常亦傳宗近眉尖刀又傳為靜刀[名物牒]薩摩有鷹巢宗近小刀或入山見巨樹有光探之獲刀於鷹巢因名[南郭集]守山有宗近寶刀東照遺物也疾傳之世子曰不可褻瀆亦好造刀[新刀銘鑑]世呼慶長以後刀劍曰新刀新刀則山城國廣肥前忠吉大坂井上真改為巨魁朝鮮之役秀吉慮諸將士之或乏兵器令國廣忠吉從重

兒手柏

[刀劍錄]寶刀曰兒手柏東照公遺物也初細川藤孝佩之獻之賜威公二尺二寸八分大和包永造

[附錄]槍

助宗槍

[諸家系圖]松平親次稱三郎二郎參河善德從弟也常用鐵槍呼曰槍三郎二郎[春臺集]其槍備前

助宗所造也【太閤記】當時猛士以槍爲號者多中村新兵衛號槍中村林又兵衛號槍林【平家茶話】長坂九郎號血槍九郎【常山紀談】渡邊半藏號槍半藏【甲陽軍鑑】保科彈正號槍彈正【南郭集】親次家世傳其槍服部元喬爲之銘【春臺集】太宰純爲之歌

來國光槍【武德安民記】參河一向宗之亂東照與賊戰於上和田細井勝久先登有爭功者賊聞之揭榜書曰細井喜八郎先登公賜來國光槍

長吉槍【常山紀談】蜂屋貞次善用長槍即山城長吉所造刺必洞貫二連木之戰爲本多忠勝所先乃投槍執刀奮戰而死

志津槍【常山紀談】【武家閒談】加藤清正助小西行長攻志岐城賊將天草民部兵鋒甚銳清正奮十字槍血戰遂獲民部其槍橫刃折奉之佛木坂祠志津兼氏所造

友成槍【松府重器譜】佐佐成政族人某十字槍號篠切備前友成造刃長八寸餘【武德編年集成】榊原康政槍亦號篠切

信國槍【武家閒談】姉川之役小栗忠政先登東照賜山城信國槍【黑田臣翰譜】黑田長政勇將林掃部亦用信國槍刃長二尺餘

兼辰槍【鳳岡集】松平忠景嘗命美濃劍工兼辰造槍子忠定孫好景失槍百餘年再歸其家

蜻蜓切【老談一言記】本多忠勝槍號蜻蜓切參河正實造長一丈餘蜻蜓觸刃斷因名

當麻槍【碎玉話】小田原之役豐臣秀勝攻山中城秀吉賜當麻槍【古今銘盡】當麻劍工善造槍者曰戈光

廣次槍【鶖峰集】朝鮮之役加藤光泰每戰提一鐵槍應手仆刃長一尺二寸銘曰廣次【古刀銘鑑】廣次備前劍工

正宗槍號蜻蜓不留

箭鏃槍造鏃劍工

夏目吉信槍【常山紀談】

鴟背【常山紀談】龜田高綱用螺鈿槍忠親造鞘如鴟背

刀派及欵識第二

宗派

宗近（永延）吉家（寬弘）
真利（長久）真國 宗永 宗
則宗利（宗忠）真
則宗安（宗延）近
村（長久）有國（寬弘）兼
永（長元）國永（天喜）兼
次（永承）兼安（永承）
國家國友（建久）則
國（國實 國資）友（末）久
國（建久）景國 國末 國安
（正治）國清（建仁）家則 國秀
有國（建仁）國久 國
綱（建仁）國吉（寶治）國
光（建長）國延吉光
（正元）正光 吉正 吉國
國吉（仁治）來太郎
國行（正元）來國俊
來國光（嘉元）來光（元亨）
來國光 來國真（正和）
來倫國（正和）來國

刀欵識

山城國

城州住家後○了戒家能作○來家真○了戒家光○
了戒春行作○來友安○利延○時信○近則○了戒
量能作○了戒勝能○備前國長船勝光○了戒景能作○山
城國伏見住藤原兼常○來兼泰作○包次○賴家○賴近○
賴實作○仍房○三條吉則子仍久○義國○信國吉包作○
鞍馬住吉次○平安城住三條吉次作○吉長○永正吉永○
應安吉宗○三條吉則作○京都三條住吉則○平安城住吉
則○了戒吉國○信國吉保○信國吉正作○三條吉房作○
了戒吉行作○信國吉光作○城州住吉光○吉重○信國吉
久○三條住人吉久○三條吉廣○藤原吉廣作○應永吉弘
○信國吉本作○信國吉助作○了戒能量○了戒能次作○
了戒能真作○了戒能定作○了戒能貞作○了戒賢重○應
永慶定○爲義○承元爲真○油小路忠家○建武忠吉○了
戒經能作○恒遠○平安城長吉○平安城三條長吉○平長
吉長光○散位永昌○來直宗○了戒直城作○三條宗親○
埋忠宗吉○了戒宗能作○三條住宗次○宗信○宗國○三
條宗光○來宗光○備前國長船宗光○了戒氏能作○長岡
信家○長谷部信家○信國○信定作○山城國住信貞○文
永信行○了戒信行作○了戒信光○弘安延光○建厤延秀
○了戒宣光○平安城則家作○應安則兼○三條則吉○平

籑喜廬所著書

圖經　六之一

宗・來國末元應來
國次正應來國次國秀
來國泰・來國安
來國長
了戒・久信・定國
瀨信光・信貞・信
國
綾小路定利文永
定則正和定業嘉暦
定家嘉暦國信定
次貞和家安
光長・吉長元德長
吉國・長友・長
長谷部國重・國
重國・信國・平信
行宗・信國・重
天國大寶天座
千手院行信仁和
行吉元曆吉行保建
有行・千壽院寶治
定重文保信真・真
宗保延家宗・行正
元曆
重弘延仁重永承安

安城住則長○則永○天福則清○平安城則光○平安城住
則重○麻應則守○了戒德能作○來國年○來國歲○弘安
國近○左馬允源國賴○來國吉作○承久國長○來國永○
國直○來國村○來國延○來國泰○國房○來國房作○應
安國明○國真○來國行○了戒國行作○國光○來國拜○
來國久○來國廣○洛陽一條住信濃守國廣○承元國弘○
國守○永萬國盛○建保國盛○安俊○安永○正真○應永
正光○平安城房吉○是正○長保在國○建長有家○建長
有隆○有忠○貞應有永○有延○粟田口有國○有清○貞
應有光○貞應有元○弘安真隆○康元真宗○真清○了戒
實能作○正應定俊○了戒定時作○定景○了戒定能作○
了戒定行作○三條住貞包○了戒貞能作○來貞光○菊○
來行宗○了戒行宗作○應永行真○應永行秀○來光吉○
光長○來光定○永仁光重○了戒重能作○建保重高○鞍
馬住重次作○長谷部重信○重國○貞應重房○重行○城
州達磨住入重光○了戒重光○了戒秀能作○來秀次○秀
延○承久久吉○建保久元○了戒衛能○來廣國○了戒弘
能○弘次○了戒基能○三條彌太守家○了戒守能○了戒
守實○應永守助○元麻盛家○天福盛近○了戒盛光○應
永來友○建保來正○來行○文永助友○三條小鍛治助宗
○建久助盛○文永介定○了戒栢能作○平安城雲生○信
國祥雲

大和國

永正家久○友吉○友吉作○友忠○友則○和銅友
光○利光○長俊正作○大和國壽命○大和國住人

包長（永和）包真（藤原）
包真—助氏—助長
包真—家長—包真

有成（長和）—有（國）有
氏（治安）有綱（永和）有
光為吉（長曆）為成
（治曆）為朝（治曆）—有正

都金房兵衛尉政次○南都住藤原金房政長○南都住人金
房左衛門尉政定○南都住金房政重○長昌亮○大寶藤戸
○天仁是高○應永是高○應永是宗○千壽院是重○有利
○有俊○長有俊○有依○正元有幸○寬弘有國○元弘有
正○有先○正中直家○真景○正和真忠○正長真宗○貞
和真光○大和國塔本真光○建武真元○真未○麻仁定利
○定宗○文保定村○貞家○大和國住貞次○正應貞守○
貞未○大永清利○享德清包○大和國住清長作○貞和清
宗○清正○清光○寬弘行國○行安○行光○大和國行平
作○行瀨○應安光友○光吉○永延光長○大和國光夫○
重春○重利○重吉○重業○大和國重業○大和國住人越
智朝臣重安作○正和重泰○貞和重泰○重真○重守○茂
真○奈良住秀真○正應弘直○建長弘村○師宗○文保元
真○建武元清○基近○基真○基行○守經○千手院守久
○千手院盛房○千手院盛久○千手院盛廣○千手院○助
利○大私國助吉作○建武助次○助成作○大和國添上郡
南都住助廷○助則○正安助光○正長助平○元麻介成○
應永未利○未國○康安未行○正元日王○嘉元日光○忠
義○忠香○忠秀○忠雲○秉和僧定生○和州奈良住入道
秉戒作○興福寺○文保勸壽太郎

河內國

應永家安○永延兼平○秦兼平○永延包平○包平
作○河州住藤原吉次作○河內國茨田郡出口正重
作○有經○河內國住有國作
河內國住有重作○有氏月氏

重安 重村（永安）
重久 金王 力手
（永元）瀧
國行（正應）俊行（永仁）
國清 友俊 友清
（元應）友綱（文和）友長
友行 有法師（貞治）
友光（應永）
則弘（建治）則長 則
成（正和）則 國（貞和）則
眞（貞治）助 弘 助 長
家光 則長（貞和）則
長（應永）則永
國光（弘安）貞宗（貞觀）
貞吉 貞清 貞興
貞行（貞和）貞光 貞
村
包永（正應）包永（元亨）
包清（包吉 包行 包光）包國
包次（包次 包收）包
永包利
包氏（應長）包氏 包
友（貞和）包友
國次（建武）包長（貞和）

時末〇萬壽近則〇大和國踊作〇包家〇包治〇正中包遠〇
包俊〇包時作〇　近〇包高〇包成〇南都住人藤原四郎
兵衛包直〇包宗〇包村〇包信〇藤原包則作〇元應包國
包安〇包正〇藤原包政〇南都住藤原包房〇包定〇包貞
〇包清作〇南都奈良手搖住藤原包清〇大和國藤原包光
〇包重〇包林〇包久〇藤原包久〇包弘作〇包持〇包守
〇包助〇包末〇建武義廣〇大和國添上郡千手院義弘〇
大和國住吉友〇吉眞〇吉行〇大和國住吉光〇大和國千
手院住源吉廣〇藤原吉廣〇吉久〇建武善廣〇爲清〇和
州法龍寺爲本〇天仁高包〇支光〇恒利〇恒眞〇正應仲
眞〇嘉元中光〇大和國吉行子龍門山本長吉作〇建武長
則〇長光〇千手院長季〇永包〇藤原住永行〇天保永光
〇千壽院永道作〇正中直忠〇元亨直宗〇宗經〇宗則〇
大和國住宗廣〇千手院信包〇大和國住人長信吉〇信正
〇南都藤原住信清〇延吉〇南都住藤原延清〇大和宣貞
〇則常〇應永則直〇大和國住則永作〇正長則貞〇和州
住則光〇弘長國治〇國友〇文則國門〇國繼〇和州國長
作〇國永〇國宗〇和州高市郡住末國安〇和州高市住國
安〇國定〇大和國國貞〇國清〇國行〇大和國住幸玉國
光〇文保國光〇國廣〇應永國弘〇國助〇國末〇廣繼〇
康道作〇千壽院康重〇藤原住安友〇永延安則〇延文安
清〇南都金房兵衛尉正次〇和州住正恒〇和州住正長〇
藤原住正宗〇正則〇大和國藤原正國〇藤原正眞作〇金
房隼人佑藤原正實〇南都住金房正清作〇金房正重〇南

長文有元吉氏有
行延文

國長元德國長應安
善國國宗長應永吉

房支氏

宗近宗隆

村正村正應永
村正村重

正重

國盛應永國綱永享
國吉國守貞
吉貞吉貞久

和泉國
和泉國住友次○近正○和泉國住景重○泉五郎兼
正○和泉國包真○三條吉則泉國作○三條吉房於
泉國作○和泉住吉定作○和泉國吉廣作○賀正作○常清
○泉次郎國兼○和泉住國次○和泉住正次○正清作○眞
賀○清常○和泉住光正○和泉住
助延作○資公○資利○資正資貞

攝津國
應永友綱○應永吉綱○應永吉氏○攝津住直正作
○國安○攝津兵庫住人國安○攝津於天王寺長谷
部國重○備州長船
祐光於攝津竹原作

伊賀國
包真○伊賀國住信
久○國綱○國久○

伊勢國
於伊勢山田是作和泉守藤原兼定○兼貞○勢州雲
林院住包長造○於勢州一志多氣郡宗重廣次作○
備前國長船則光於勢州作○雲林院正盛○雲林院
政盛○天文廣次○守正○勢州三重郡住末長作

尾張國
若狹守氏房　正長梅利○康正梅忠
貞永安則○相模守藤原政常入道作

三河國
三州八名郡○兼常○參河國住人吉弘○藥王寺孝萬
○文明業宗○三州住平安城長吉○中原國宗○三
州矢作住藥王寺○文亀正真○小原真守○小原實守○三
河國住定吉○正慶光宗○藥王寺大友助吉○藥王寺助次
作○助長作○藥
王寺助七○盛次

友安（應安）元安（應永）
恒林　有行　有正　友光
（應永）友吉　宗次（應永）
義助　義助（享祿）義
綱（天文）定廣（慶應）
廣次　輝吉
國宗（貞永）
國綱（元久）國光　國學
光（永安）國光（[illegible]五）
國廣　國重
大進坊（建長）行光
正宗（文永）（正慶）秋廣
秋廣（建武）行光　貞
宗（元應）廣光（[illegible]）

遠江國
元厤友綱○元厤友安○天仁友行○遠州住兼依作
○高天神兼明○遠江國義綱○遠州住國綱○平治
安行○建保伊平○平治
有行○遠州蔚川住盛吉
駿河國
駿河國富次○友清○駿州富士郡下方住虎明作○
駿州島田住兼明○義重作○駿州住氏房○則宗○
天文國助○元龜政俊○永祿禮助○廣國○廣光○弘治元
助○助宗作○駿州島田住助宗作○助宗作○天正助信○
助光○天
正助守
甲斐國
甲州住兼舍○甲州住義綱○甲州城內義助作○甲
州住有重作○甲州住眞屋○行長○甲州住重宗作
○甲州身延山住廣
舍○甲州住元成
伊豆國
豆州北條
住秀長作
相摸國
正應家宗○永仁家村○相州住春善○相州住春重
○相州住東正○相摸國住富次○相州住富廣作○
相州住俊次○相州住周廣○景總○相州住賴宗○吉宗○
義綱○建武義明○建武義行○義重作○相州住義助○相
州吉廣文保二年○相州住吉廣康安二年○相州住吉廣應
永九年應永廿六年○元仁善行○相州惠國○建武爲吉○
相摸國住爲貞○山內住爲貞○相州住隆廣長祿二年○相
州住藤原左衛門尉隆廣文明十年○相州堯國○相州住五

廣正 廣正應永
正廣正廣 永應
·助真 正元 國廣 永
助綱 正和 國助 建武
助國

·周重 享祿 康重 照重
重

郎入道忠廣○永仁忠家○文保忠村○相州住次廣○相州
住綱家作○相摸國住人綱宗○相州住綱宗○相州住綱廣
○相州住綱光○相州住長吉作○寶治宗幸○山内住宗幸
○相摸國住宗重○相摸國住人則重○相州住國次作○藤
原朝臣國次作○相州住國泰○新藤五國光○相州住國廣
○相州住國弘○相州住康春○相州住康國○相州住康重
作○相州住康廣作○相州桐谷住正知○正俊○相州住正
次○相州住正則○相州住正國作○相州住正真作○相州
住正光作○正久作○相州住五郎入道正廣○相摸國住人
正廣○相摸國住政後○相州住政國○相州住政廣○相州
住冬廣○相州住總宗丈明二年○相州住總宗永正二年○
相州住秋忠○應安秋正○山内住真幸○真廣作○相州住
定吉○相州住定廣作○正和貞國○相州住貞助○行重○
弘安光吉○相州住光吉○縣應光良○光宗○弘安光房○
山内通光○相州住重業○相州住重廣○廣家○相州住人
廣賀作○建武廣次○應安廣次○相州住廣次應永○相州
住廣次明應九年○相州住人廣行作○相摸國住人廣光○
相州住廣重作○相州土塚住弘房○相州住元近○應安基
次○相州住守重○相州住盛重○貞和助廣○應永助廣○
相州住藤原助廣○相州住介重○相州土塚住資芝○雲藤
○相州住廣
次孜覺坊

武藏國建武爲吉○武藏住信國○高麗定家作○天文廣綱○武州於駒橋元近作

•貞宗建武俊長貞和
友吉、友安、有正
有國、安
賴、重、來、高弘延文
和
•兼氏、延文、兼友、兼次
俊武兼氏、兼久
瀬、兼久、兼久、兼水兼
利貞和
•金重元弘金重貞和
金行
國行、宗吉應永壽
命永
•兼吉、兼吉
光、兼光

安房國
安房國
道中

上總國
相州住秋廣於土
總國真里谷作○

常陸國
常州住家善○常州東條住兼廣○常陸國府中住吉
貞○常州住綱吉作○常州住綱貞○常陸東條高田
住月山○常州高田
住英定作○廣家
甘露守友長○後光○兼延○建武吉包○建武吉近

近江國
○來賴繁○弘治自國○近江安土住高天神○近江
守山住高弘○近江國住人長基○永正村吉○園城寺信國
○近江來則包○來源國俊○安友○應永安次○安元○近
江高木住正則○甘露顯光○長祿助吉○永享助次○應永
助長○近江蒲生住助長作○近江住蒲生助光○永享助久

美濃國
濃州關住家次○濃州關住家久○宿光○外藤作○
濃州岐阜住臭衛○兼家作○濃州關住兼舍○兼屋
○兼宿○兼宅○濃州關住人兼岩○濃州關住兼岩作○濃
州關住兼春作○關兼春作○兼治○兼晴○兼豊○兼富○
兼福○和泉守兼友○兼倫○濃州關住兼知○兼朝○兼公
○濃州関住兼伴作○兼供○濃州關住兼奉作○濃州關住
兼付作○兼具○兼等○兼流○濃洲關住兼歲○兼年○兼
時○濃州關住兼辰作○兼言○近江守兼近作○兼周作○
濃州關住兼集○兼女○兼及○兼圭作○兼雄○兼周作○
濃州關住兼若作○兼分○兼涌○兼員○兼量○濃州關住

兼光嘉吉—兼光文明
兼光
●兼貞右衛門尉
兼貞明應六年—大永二年
兼貞
●兼宗應永—兼宗嘉吉
兼基文安—兼元—兼
元暇—兼元—兼元
天正
●兼常嘉吉—兼常
常文明—兼常大永
常天正
●兼房—兼房永正
氏房若狹守—氏房
左衛門尉氏貞
●兼定—兼定和泉
守兼定關住
●國長貞和—國長應永
國長永享
國長文明—國光
千手院
道永—道印康
道康—道千手
定重康繼

兼勝作○濃州關住兼景作○濃州岩捲住兼景○兼門作○濃州關住兼代○兼賴○兼仍○濃州關住人兼自作○濃州関住兼義○兼幸○兼賀○兼嘉平三郎作○兼良作○兼能○兼由小二郎○兼高○兼孝○濃州関住兼上作○兼忠○濃州関住兼武○兼竹○兼種作○兼住○兼龍○兼繼○濃州関住兼綱○濃州関住兼綱作○兼恒○兼經○濃州関住兼鶴○濃州関住兼辻作○兼貫○濃州関住兼成作○兼生○濃州四郎兵衛尉兼作○濃州関住兼得作○濃州関住兼仲○濃州関住人兼長○濃州関住兼永作○濃州関住兼永○兼榮○濃州関住兼直作○濃州赤坂住兼宗○兼棟○兼村○兼氏作○兼植○應安兼信○應永兼信○永享兼信○濃州関住兼信作○應永兼延○兼延○濃州関兼宜○兼順○兼則○濃州関住兼則作○兼則天正十七年○濃州関住藤原介右衛門尉兼法作○兼法○兼德○兼伯○兼憲○兼奥○兼音○兼帶○兼興○濃州兼國○濃州関住兼國○兼洲作○兼邦○兼郡○兼城○兼藏○濃州関住兼安作○兼保○兼益○濃州関住兼丹○兼増○兼卷○兼待○濃州関兼町○兼正○兼政○兼昌○兼方○兼松○濃州住二郎兼丸○兼藤○濃州関住兼船○兼舟○兼枝○兼秋作○関住兼章○濃州関住兼明○兼同○濃州関兼在○濃州関住兼里○兼仙○濃州関住兼真○兼實○兼前○濃州関住兼先作○兼崎○兼清○関住兼白作○兼玉○関住兼行○兼蒲○兼大○兼道作○兼見作○兼峯○兼嶺○濃州関住兼重○濃州関住兼茂○兼林○濃州関住兼秀作○兼英○兼尚

○兼衡○濃州岐阜住兼衡○兼平○濃州関住兼廣○兼弘
○兼寛○兼用○兼持○兼本○兼守○兼盛○兼森○兼杜
○濃州関住兼助○濃州兼介○兼祐○兼亮○兼左○兼貞
○濃州関住兼末作○濃州関住兼杉○兼住作○濃州関住
包永作○濃州関住包町作○千手院包行○濃州関住金高
○金弘○濃州清水住岩捲○濃州不破郡住藤原為次○濃
州住藤原為繼○次兼○長節○長俊○濃州住長勝作○長
包○長吉○長正○長真○濃州赤坂住長廣作○長基○長
守○長蕊○濃州関住大知作○陸奥守大道○濃州岩捲氏
信○清水住氏信○氏直○藤原信舍作○千手院信貞○延
次○延光○國吉作○國次○國宗○應安國重○安重○美
濃國住德永○濃州赤坂住正利○酒藏正吉作○正善○正
次○濃州住正國○正光○濃州関住房伯○真光○貞正○
濃州関藤原貞光○行光○行滿○行平○光長○光真○光
定○滿吉○重永作○濃州平賀法華重信○天正重道○関
住廣則○廣長○廣貞○弘家作○濃州関住弘長作○弘光
○藤原寛近○元兼作○濃州関住元氏○美濃國河邊元信
○元重○盛光○関定作○助次○天正助房○末次○美濃
國位人
末光

飛驒國

飛州白川
住吉次

信濃國

信州住藤原勝家○信州飯田住兼舍○
信州住長治造○貞和有常○天正重高

•安房（永和）雄安（應永）
森房〔貞房〕光長
（應和）〔友恒〕（長友）光光（友國）（光永）
森戸（天授）世安有
正有行
•寶壽（貞和）寶壽（永和）
〔寶壽（應永）〕
•鬼王丸（永和）〔月山〕月山
（近江）〔嶋蜩〕行恒（應保）〔俊恒〕
雁宇丸（文保）我里
馬（應保）玉有（建久）秀
〔安（正治）家時（天福）賴〕
安（文永）賴宗
家長（應仁）宗長宗
〔友宗重宗吉（永祿）〕

上野國
上州住成國○上州住成重○上州住憲重作○上州住正信○上州住正重作○

下野國
野州足利住勝重○野州住足利莊勝廣○武吉○下野國足利莊安但作○重勝○明應廣宗○廣久○下野得次郎住守勝○

陸奥國
家則○幡房　舞草友長○奥州舞艸友長○奥州住兼安○奥州谷住包重○吉綱○高基○武里○奥州田村郡小野住綱家造○長久○宗吉○奥州仙臺住宗弘○氏房○信房○貞治安光○諷誦正廣○奥州舞草政長○房安○是安作○真次○真國○實次○覽長○清房○建久行重○重高○重永○建武師宗○基高○奥州津輕住人森近○奥州津輕住波岡森宗○應永森光○森弘○奥州住月山○壽永諷誦○奥州住月山諷誦○文壽○建久上一丸○上一丸

出羽國
友安○月山利安作○月山利光○出羽國村山之部北寒河鄉谷池谷住人俊吉作○月山谷池俊吉作○月山俊安作○羽州住近則○羽州住月山近則○月山兼永作○月山兼國作○長久○月山宗次○宗長○月山宗光○月山信重○月山國俊○月山國定○安綱○月山正俊作○月山正次作○月山正信○月山昌利○月山定宗作○月月山貞行○月山光長○月山重吉入道作○月山重宗作○月山久利○出羽住月山寬安○軍勝作○羽州住月山

若狹國
小濱住平七郎家次○若州住仍房○吉次○小濱住吉廣○次吉○若州住次廣○小濱住次廣○若狹國

日本圖經卷六

圖經　六之一

「宗清

•國安（貞和）國安（永和）

「守重守弘（應永）守」

弘森弘

•真景（建武）真景國」

「次家次家政家」

「次（永享）家次（文明）家」

「永家次（天文）

左衛門尉藤原長吉○若州本郷住泰行作○泰久作○若州

住泰久○冬光○若州住冬重作○若州住冬廣作○若州住

冬廣作○久右衛門尉冬廣○若州藤左衛門尉冬

廣作○宗延○宗光○宗實綱○若州小濱住守長

越前國

越州住家俊○家吉○家善○越前國住家次○家永

○家安○越前住家正作○友安○越前國友行○藤

島文重應永年○藤島友重（文安三年 康正三年）○藤島友重（延德元年 永正二年）

○藤島俊重○越前國住兼則○越前一乘注兼法作○越前

一條谷住兼法○越州住兼法○越前國住兼廣○義真○吉

家○三條吉則越前作○越前國敦賀郡吉真作○越前國藤

原為繼○貞治嚴淨○次家○越州石冢右衛門尉直長○越

州住直長○宗義○宗吉○越前國住左兵衛尉來宗光○越

前國○應永越前國左兵衛尉來宗光○文明宗光○宗廣○

越前國敦賀郡永津住人三郎左衛門尉宗元作○日下部教

景造○建武國長○越前住藤原國行○國重○國秀○國守

○應永正永○正宗○有俊○藤島有綱○行信○應永行真

○藤島行光康正二年○藤島行光大永手○光忠○越前數

賀光行○越州敦賀住光久○重國○越前國持滿○盛光乍

○越州住盛重○森家○永正森宗○森

重○越前國森弘○越州北莊住助光

加賀國

加州住家俊作○加州藤原家吉作○家成○加州住

人家長○家氏○家正作○加州千代鶴家正○家定

○家清○加州藤島家重○家助○加州住垦真○友家○友

景○加州友次○藤島友次○加州友長○加州藤原友定○

・友重建武友重貞治
友重景光行光
永享行光近則清
光永享清光永正清
光正徹行光

・綿義弘元應義真
文明爲繼爲次
・則重
・國房建武國宗應安
國宗永徳國宗
國久應永國久寶徳
國清文正國吉
國次文禄國久國
房永應國弘國次
國正國次

景加州住包永作○吉家○加州藤原吉次○吉長○次家作○
友清○加州住藤島友重○友久○勝家○出雲寺勝家○
景吉○景則○彤光○天正兼春○天正兼囊○天正兼則○
加州住次廣○宗春○加州中田住宗吉作之○加州藤島住
宗重○信家○和泉守藤原信屋○信友○信長應安○信長
應永○信長棗正三年○加州住人信長○信永○加州住人
信房○加州住藤原則家○則長○則光作○藤原則光○國
兼○藤原康清○加州住藤原正清○正重○加州住定俊作
○貞光○加州住藤原清行○雪光○加州富借住人藤島光
長○重信○廣家作○廣吉○加州住廣次○守吉○盛常○
助家○
助定

能登國

能州笠師國長○國長作
○寶來國近○真元

越中國

家國○友吉○友次應永○友次應仁○友次作○友
長○友行○友則貞治○友則永正○友安○應永友
光○支久應永○支久應仁○友弘○宇多勝國○越中國兼
則○賴國○賴郡○義則○義國○吉國○建武善弘○宇多
長信○宗吉○宗友○宗秀○宗久○宇多國家○國一○越
國高作○國綱○宇多國成○國中作○宇多國長○宇多國
信○國安○宇多國政○國定○國貞○國行○宇多國光○
宇多國重○宇多國平○宇多國守○宇多國盛○宇多國森
○安久○宇多真景○宇多真國○真光○真元○宇多定行
○杤原貞次作○宇多貞國○貞宗○越中國佐伯莊杤原住

正信 瀨 安信 應永
安幸 信重 重信
永享 正重 文明
國宗 文和 正次 正應
正國 延慶
幸次 建武 幸貞 延文
幸真 明德 光包 應永
光助 永享
國俊 元應
國光 貞和 國光 應永
景長 嘉元 景長 建武
景長 應安
安綱 大同 真守
守綱 寬平 真綱

貞住作○越中住清光○光世○光盛○宇多重國○宇多重房○久家○越中國富山住弘次○守重○盛次

越後國

越後國春日山住兼展作○越後國春日山住人兼則作○越後國兼定○越後住兼光○桃川住次吉越州桃川住續吉作○越後國住秦長義○貞治長吉○桃川住長吉○桃川長次○津川住宗定○越後國府中住國吉作○越後國藤原行光○越後國行重作○越後住月心作

佐渡國

佐州五十里住兼先

丹羽國

應永吉次○佐伯住長以○佐伯長未○丹波佐伯住則長○國真○國實○丹波國住正次○佐伯住正國丹州宮田兵衞尉有吉○有正○丹州宮田住清光○幸國○永享重利○丹州住人重宗作

丹後國

丹州田邊住大道作○丹後國宮○津莊住人宗忠○丹後國住則重○

但馬國

長信○但州糸井住長房實重○應永貞次○貞治貞興○應永光俊○應永重貞

因幡國

因州住壽實○因州小幡住景家○景仲○因州住景幸○厤應兼長○厤應上基○長景○因州住宗長作○應永則清○因州住太郎左衞門尉行景作○應永行忠○行長○因州住幸景○久長○未次

伯耆國

伯州住利助作○景國○伯耆國延住兼義作○兼長○建武包次○伯耆國住久包長○大同武保○伯州

安守貞綱爲清
安正川吉守慶宗
安安有綱天麻爲吉
倉助家安天建家
持正麻家時家長
壽吉
元重貞和元應重近
範應安光信成近
光正永應光助時
真應永真吉應永

吉則盛則吉則
清則正則清則
永則清則長享文明
清則永正清則永祿

住長義○作州住宗光伯州於淨島作之○伯州金市住氏吉○文麻則恒○貞治則國○則光○弘安國宗○安家○伯耆國住人安家○安則○應安安光○伯州住正廣作○伯州住冬廣作永正六年○伯州住冬廣作天正七年○應永是重○建武有包○貞治有國○伯州住有正○文永有行○真景○真則○真清○真光○伯州住真光○眞真○倉吉住貞廣○伯耆國大原住人行吉○伯耆國住行次○延文光重○文麻光助○文應重利○永仁重永○應永重國○元應重守○伯州久次作○伯州住廣賀作○伯耆國住見田五郎左衛門尉廣賀作之○伯耆國津原住見田九郎兵衛尉廣賀作○伯州住廣政○伯州石見住師景○伯耆國大原住守真作○伯耆國倉吉住入道祖尾七郎右衛門尉守廣○伯州平盛行○日照○伯耆國一宮日乘○元麻天原

出雲國

雲州住家次○雲州住全道家正作○勝定○雲州住勝貞○雲州住勝重○雲州住兼次作○雲州住兼常作○藤原兼則○雲州住兼久○高寶○高則○忠次作○雲州住忠定○雲州仁田郡住忠貞○雲州住忠定作○雲州安部住忠貞○雲州住安部忠末○雲州仁多郡住次貞○雲州住浪貞作○雲州住宗吉作永正三年○雲州住宗吉作天正伍年○氏重○正長則貞○寛正則清○雲州住冬廣作○森山源兵衛尉冬廣作○真則○真久○雲州住定守作○雲州住貞在○雲州住清貞作○清盛○月山重吉入道作○雲州住重光作○雲州三澤內安倍守貞○雲州住守貞○文安助長

直綱建武 兼綱 綱
直綱 直綱 直重
五至 直貞 行貞
長信正 永祿定 貞守 永應
正吉 未貞 貞未
祐未 未景 長祿
貞綱 正平 貞綱 永應
貞綱 貞行 永應 貞
行 正長 貞未 祥未
祥未 長享 祥貞 明應
國吉 近包
助 常光 助 安賴

石見國

石州長濱住人豐弘作○石州住人利助作○石州和貞作○兼繼○石州出羽住兼繩○石州兼長○石州長濱住人兼長○石州長濱住兼貞○賴繼○石州住賴繼高賴綱○石州住吉貞○石州住吉重○石州長濱住忠繼○○綱○次貞作○右州長濱住人次弘○石州長濱住綱貞○石見國長濱綱久○恒貞○長舍○石州長濱住邑知郡長次○石州住長正○石州住長廣○石州長廣住人直交○直真○直守○石州住直未○石州住直助○宗俊○石州住宗吉○石州長濱宗繼○石州住宗長○石州長濱住宗弘○石州長濱住諶貞○則光○石州住國吉○石州住康平○石州住正喜○文明正綱○石州長濱住正直作○正信○石州長濱住正清○石州正弘○石州住正弘作○石州正元○石州住增重○出羽惟善作○石州出羽住惟善作○真綱○石州出羽住真元○石州住實弘○貞俊作○石州住貞吉作○貞次○貞繼○出羽貞羅作○貞則○貞國○石州住貞昌○坊所新五兵衛尉貞孩○石州住貞重○貞廣○石州長濱住人貞弘○石州長濱住清繼作○石州住清延作○石州住清則○高津住宮行○石州長濱住人重正○石州長濱林喜○石州長濱住林祥○秀宗作○石州季貞○季久○未次○未綱○石州長濱住人未繼作○石州住未光作○未秀作○石州未久作○石州住助吉

播磨國

永延家時○永延家村○宗時行作○播州於三木淡川莊住人兼國○兼久○包吉○播州大明石住人左

正元包吉正嘉包、重
重包元應
●實經文應秀貞、正應
貞弘安忠貞仁和元、
信則房實行、嘉禎
行
●實成永仁友成永延
介成、友定寬弘宗
安寬弘助友勳秀
長曆助近治曆
●正恒長德正恒長元
寬平保元恒次長久真
恒永保近恒應德恒
則元永恒元、真則
永久真定久安真忠
仁平真綱元應定則

衛門尉藤原吉長作之○播州大明石住人高吉作○播州大明石住人高則作○○作州宗光於播州千草作之○宗重○播磨國國吉○國真○國直○備前國住人是光於佐用郡作之○兵部少輔源朝臣政則作○從四位左京大夫源政則作○應永定次○播州三木郡吉河住清次○行俊○行宗○重高

美作國

於美作國大原莊備前國住人長船次郎左衛門尉勝光○作州住兼光作○作州倉敷住兼光作○備前國長船彥兵衛尉忠光於作州飯岡鄉作之○作州住宗光美作國塚谷住六郎右衛門尉宗光作○作州住宗久○備前國長船住左衛門尉藤原朝臣則光於作州鷹取莊黑坂造

備前國

○建長家利○實治家俊○備前國住家俊○正中家包○正長家包○元應家吉○備州長船家吉○家忠作○正應家次○備前國住家次○備前國住人家次○家直○正安家長○天福家宗○家村○仁治家信○貞應家則○寶治家安○備州長船家安○家保○家政○備州長船家真造○備前長船家真○備州長船家行○備州長船家光○建武家重○備州長船家重○備州小田住家重作○元曆家秀○家弘○備州長船家守延文二年○備州長船家守應永十一年○文永家助○備州長船家助文和二年○備州長船家助應永二年○備州長船家助正長二年○備州長船家助文明三年○備州長船次郎左衛門尉家助○○備前國宅但作○備州長船住春繼作○天文春行○備前國住長船春光作○備

治承
高平 應和
包平 永延
助平 寬弘
信房 元曆 延房 信
正信 包行 包 建長
則宗 元曆 安則 正治
末則 則 承元 助宗 元
成宗 元 久
宗 仁 重久 文永
助房 元曆 助房
吉房
吉包 承久 吉
助吉 承久 真吉 建長
吉用 文永 吉貞 助
助綱 文曆 忠吉
元仁 吉元 建治
助行 元曆 行國 承元

前國住長船十郎左衛門尉源春光作○備前國長船住五左
衛門尉春光○備前國住長船孫十郎春光作○備州之住左
衛門七郎藤原春光作○天文春重○備前國長船住春祐○
備州長船治光○正安友利○友後○友景○友吉○友忠○
備前國友次○友綱○備前國友成嘉禎○年○備前國友成
建武二年○備前國住友長○友宗○備州長船友信○友則
應永友則○備前國友房○友定○備州長船友貞○建長友
行○備州長船友行○備前國友光○元亨友重○友弘○友
盛○備州長船友末○備前長船倫國○朝景○建仁朝忠○
備前國住人朝次○備州長船朝宗○康正朝重○建仁朝助
○承久遠近○遠政○備州長船香光○利恒○應永利恒○
利長○利宗○利延○備州長船住岩野利行○備州長船利
行○備州住利行作○備州長船利光至德二年○備州長船
利光永亨二年○備前國住利光○備州長船住利光○利守
○備州住利助○俊忠○應永俊宗○備州長船俊光○俊信
○豐則作○備前國時次○建長時真○備州長船時光○備
州長船時光作○備州長船時滿○時基○備州長船女光○
備州長船周光○備前國近臣○備前國長船住近景○近包
元曆○近包○近吉○建保近忠○近次○備州近恒○近村
○建武近村○近信○近則○備前國近安○近正○近房建
久○近房作○近真○應安近貞○近光○近秀○近助○備
前國新田莊住親依造○備前國長船左兵衛藤原親次○親
行○天文勝家○勝利○勝能○景家○應永景友○景依造
○備前國住人左近將監景依○備州長船景吉○備州長船

國眞曆仁·國眞建治
·國眞嘉元
行高·助成建曆·助
助延助久曆仁·助久建治·助
助村建曆·助守·助
村曆仁
·則房貞應·則房建長
則包·則行·眞利
文曆·眞利文永·定利
正應·定俊文永·定則
·宗國保元·宗吉正治
吉家建久·宗長貞應
宗忠長元文應
長元永仁·長元正中
宗忠·宗家永貞·吉
平長建·守安·吉宗
正吉元吉長·宗·家宗·次
次家文應·次信·吉
友吉景
·守近建久·守家貞永

景良○貞知景高○應安景忠○備州長船景次○景綱○景
長○備前國長船住景長○備州長船景宗○備州長船景氏
○文應景則○元亨景國○備前國住人景國○住元曆門安○
景安正和○備州長船住景政○備前國長船住左衛門尉景
政○備州長船住景真○備州　河住景定作○備州長船景
行○備州長船景光作○備州長船景秀○建治景久○備州
長船景久○備州長船景弘○景守○景助○備州長船景未
○兼次○應安兼繼○備州長船兼綱○兼常○兼永○兼信
○備州長船住兼安○兼守○兼浦○備州長船住包家○包
友○承久包近○備前國住包吉○備州長船包吉天文二年
○包次○備州長船住包長○包永○正應包信○包貞作之
○備前包貞○永享包光○貞應包道○備前國住包平作○
包守○安貞包助○貞應包未○備前國金次○永正賴家○
文安賴景○賴正○寶治依宗○左兵衛尉依氏造○建長依
真○依光○備州長船自光○義家造○備州長船義義家○義
景○備前國長船住義景○備州長船義景○備前國長船住
義景天文三年○備前國住義次○備前國義次○備州長船
義綱○義則○備州河田住義則○保元義憲○備州長船義
清○義行○文和義秀○備前國住義久○備州住人義弘○
義基○義憲男宗義助○義助○吉利○康曆吉近○備州長
船吉景○備前國住吉景○吉依○吉次○備州長船吉綱○
備州長船吉恒○吉成○備州長船住長田兵衛尉藤原吉長
○備州長船吉長○文曆吉直○吉氏○備州長船吉信○吉
延○吉國○元應吉康○吉安○備前國住人吉真造○備州

守家（守家 守重）（守俊 守重）
（守長）家助（永教）真
守（寬正）守恒（正中）宗
恒 守重（應安）守重
（應永）

國真（承安）國真（承元）
真久 國貞（建保）（貞綱）
（貞經）（貞嘉）國宗（貞永）（國經）
（國吉）（國宗）國安（仁麻）真
國（文永）真近

助真（建長）助貞（文永）
助時（弘安）助永 助
次（正和）助安

助吉（正應）（助義）助
助光（永仁）（助光）助
茂（延慶）助包
助次

長船吉清○備州長船吉行○元應吉光○備州長船吉光○備前國住人吉光○備州長船吉光文明十二年○備州長船吉光天文三年○應永吉秀○備州長船吉弘○備州長船吉元○吉基○吉守○備州長船吉助○備州長船吉末○備州長船幸家作○備州長船幸景嘉慶三年○備州長船幸景永享三年○備州長船新兵衛尉幸景○備州長船幸氏○幸繼備州長船幸政○備州長船幸行○備州長船幸光應安三年○備州長船幸光長祿二年○備前國住長船幸光○備前國長船三郎左衛門尉幸光○備前國住長船孫三郎幸光○備前國住長船弥三左衛門尉幸光○備前國長船與三左衛門尉幸光○備前國長船住左兵衛尉幸光○備州長船幸久○幸平○備前國住長船右衛門尉藤原賀光○備州長船賀光享德三年○備州長船賀光文明十六年○備州長船賀光天文六年○貞治良國○備州長船良貞○備州長船良弘○備州長船良守○備州長船能光○備前國　河住兵衛尉菅原爲遠○元麻爲利○爲利○延文爲近○爲景○應長爲依○元麻爲義○爲吉作○爲利次○備前國住爲長○延慶爲信○爲則爲國○正治爲安○嘉麻爲是○建武爲貞○爲清○爲清文保○嘉慶爲光○備州中路住爲道作○爲重○爲久○爲助○高包○高友○高綱○高經○備州長船高長○高安○高實作○高光○高重○高資○隆次○備州長船貴光○備前國住貴光○備前國住長船平右衛門尉貴光○備州長船妙光○備州長船忠利○忠近○正安忠次○忠恒○備州長船往忠信○承元忠國○備州長船忠安作○實治忠貞○備州

助重
助秀
高行
高包
吉氏（弘安）吉氏（貞治）
吉守（正應）吉守 吉
利（永和）吉定 吉久
（應永）
光忠（仁治）安忠 長
光（文永）眞長（永仁）眞
長（正和）長光（嘉曆）光
景光（正安）景光 俊
宗長 宗 爲宗 吉
忠 家光 則光 俊
光（正和）俊次 宗長
眞光（文保）光長（建武）
兼光 倫光 倫光
倫光 兼光（嘉元）義

長船忠行作○備前國住長船貫光○文永次俊○永仁次賴
○永仁次吉○備州長船次吉○次恒○備州長船次貞○次
清○備前國次光○備州長船次光正長二年○備州長船次
光文明十二年○次秀○正應次弘○備州長船綱景○備州
長船經家應安六年○備州長船經家應永廿八年○備州長
船經家永享五年○備州長船經家文明五年○經遠○經義
○備州長船經次○經則○經房○備州長船經光應永廿八
年○備州長船經光文明十五年○恒遠○備州長船恒利○
恒能○備前國住恒次○備前國住左近將監恒次○備州長
船恒正○恒眞○恒清○恒光○備州長船恒光○恒久○備
州長船恒弘○備州長船恒元○恒守○恒未○常家○常遠
○常依○常清○備州長船成景○備前國成包作○備州長
船成包作○成高○成忠○仁平成綱○備前國住成繩○成
恒○成信○備州長船成康○備州長船成光○備州長船住
成重應永○備州長船住成重應仁二年○備州長船成弘○
貞和成盛○業景○業高○業實○長利○長景○備州長船
長景作○正應長包○備州長船長次○長直○貞治長氏○
備州長船長信○備前國福國住左兵衛尉長則造○備前國
長船住左衛門尉長則○備州長船長則○備前國住長則○
觀應長昌○長房作○文應長眞○備州長船長光○長久○
備前國長船住長元嘉元三年○備州長船住長元正平○年
○長基○備州長船住長守○長助○長未○永富○備前國
住人永包○永恒○備前國永則○永國○備州長船永眞○
備州長長船永光貞治二年○備州長船永光永享十一年○備

日本圖經十六　十一

圖經　六之一

光-兼光-兼光-應
兼光-基光-基元
友光-友光-政光
政光-重光-重光
景秀-元應-景秀-正應
重吉-元嘉-重吉-元弘
重吉-重家-成家
康光-康光-康貞
應永-康永-康光-康
元重-元真-重真
重真-元重-元久
永-元家-元行
長義-建武-長義-長守
長重-長重
安吉-兼重-兼長
雲生-雲次-雲次

前國住長船次郎左衛門尉永光大永二年○備前國長船次
郎兵衛尉永光永祿二年○文永永重○永秀○備州長船永
弘○文應永守○備前國住永助○永仁永未○直家○直利
○正元直吉○直忠○直綱○直恒○備州長船直光○直宗
○康厤直正○尚宗○備州長船尚光○宗友○正和宗利○
貞和宗俊○備州長船宗近○宗包○宗依○長船住宗義作
○備前國長船住宗吉○備前國宗吉作○備州長船宗善作
○承元宗隆○文應宗次○宗綱○貞應宗恒○正中宗恒○
宗仲○宗仲○宗永○宗氏○貞應宗則○弘安宗安○建武
宗正○備州長船宗清○建長宗行○備州長船宗行○備州
長船宗重○宗秀○備州住人宗久○建久宗弘○備州長船
住人宗元○宗末○貞應宗助○應永村長○村宗○備前國
住長船村光作○應永村守○氏利○氏依造○正中氏則○
備州長船氏光○文永信家○信近○應永信兼○備州長船
信吉○信賀○備州長船信良○備州長船信長○信直○備
州長船住信宗○備州長船信氏○備州長船信國作○信安
○備州長船信安○備州長船信正○信政○永延信房○備
州長船信房○備州長船信房作○信真○信實○備州長船
信心○備州長船信貞○備州長船信行○正應信光○備州
長船信光○備州長船信重○備州長船信弘○備州長船信
元○備州長船信守○延家○文保延依○延吉○延國○延
正○永正延房○延真○延真○延貞○延光○延秀○延助
○寶治則家○備前國住則家作○延文則時○則近○弘安
則景○備州長船則景應永十年○備州長船則景享德二年

雲生—雲重—雲重
雲生　貞
・爲則—景則—眞
則—則綱—則滿—景
則　景則　氏則—則光
吉則—清則—清則　永則
兼則　盛則—盛則　盛次
・安宗
・定則
・助則
・師光—師光　輔光—盛光
盛久—盛光—盛光
盛光—盛光
・國盛　文應—助盛　正壽
盛助　行衆—盛重—盛重
盛重　盛重—盛重—盛利
元德—盛近—盛恒　延文
盛次—盛景—盛景

○應永則兼○文永則包○文永則依○弼安則吉○備州長
船則吉○應永則能○則高○承元則次○備前國住左兵衛
尉則次○則綱○則經○則恒○則恒○弘安則常○則成○
備州長船則長○備後國長船則長○則直○則宗○備州長
船則宗○則村○則氏○元麻則廷○元麻則安○則眞○備
州住則眞○則實○○備前國則貞○備州長船則重○備州
長船住則重○備州長船則秀○則久○則平○備前國住則
廣作○備州長船則弘○正長則守○貞和則未○則助○備
州長船法光應安元年○備州長船法光應永廿五年○備州
長船法光文安三年○備州長船法光文明二年○備州長船
新左衛門尉法光○備州住長船法光○備州長船法助○備
州長船住範景○備州長船住儀邑○國家○國友○備州長
船國友○文保國利○國包○國善○弘安國忠○永麻國總○
國綱○國綱○國繩○國長作○國備州長船國寶治國永
○應安國宗○備州長船國信○國則○應永國房○國定○
國行○國之○國光○備前國住人國光○備州長船國光○
國重作○備州長船國重○國秀○備州長船國久○國弘○
正應國守○備州長船國守○國盛○備州長船國未作○嘉
慶國助○康家○備州長船康家○應永康高○康行○應永
康道○應永康久○正安康守○安家○備前國住入安家○
安友○安後○安吉○貞治安高○安次○安綱○永和安成
○應永安永○備前國住人安宗○應永安信○安則○正應
安貞○安清○安行○備州長船安光應永廿年○備州長船
安光文安二年○應安安秀○正長安久○備州長船安元○

盛景-景政-景良
師景-師景 師景
師實
・忠光-忠光-忠光
忠光 永和 忠光-忠
光 忠光-忠光
・則光-則光-則光
則光
・宗光 應永 宗光-宗
光-宗光-宗光-宗
光
・祐光 祐光 祐光 祐光
祐光-祐光-祐光
・勝光-勝光 嘉吉 勝

備州長船安守〇泰家〇泰次〇備州泰光〇應永保光〇保
弘〇備前國長船住左兵衛尉保弘〇正俊〇正景〇正包〇
正次〇備前國新田莊住左近將監正次〇正恒〇正則〇正
應正國〇備州長船正安〇正眞〇備州長船正眞〇備州長
船正行〇正光〇備前正重作〇備州長船政吉〇文永政宗
〇政氏〇備前國和氣莊住政則〇政眞〇備州長船政則〇
昌則〇備州長船昌光〇備前國冬廣〇房則〇是友〇是友
弘安三年〇備州長船是吉〇是次〇元應是宗〇是安〇備
州長船是光應永五年〇備州長船是光明應二年〇建久是
助〇縣仁是助〇貞治是介〇應永顯則〇備前國長船顯光
作〇承元章實〇備州長船在光〇備州長船藤原朝臣在光
〇備州長船出雲守在光〇有年住備州〇有忠〇有綱〇有
直〇延文有宗〇有國〇有正〇有眞〇有行作〇備州長船
有光應永〇備州長船有光應仁〇寶治眞家〇眞俊〇眞近
〇備州長船眞近〇縣仁眞景〇眞景〇應永眞依〇承安眞
吉〇眞高〇備州長船住眞忠〇備前國住眞次〇應永眞綱
眞經〇眞恒〇眞成〇備州長船眞長〇備州長船眞永〇眞
宗〇備州長船眞宗〇備州長船眞氏〇眞國〇眞則〇延元
眞宗〇眞政〇兼元眞房〇備州長船住眞房〇眞貞〇備州
任眞貞〇元弘眞行〇備州長船眞行〇備前國長船住眞重
眞秀〇眞久〇眞平〇備州長船眞弘〇備州長船眞元〇應
永眞未〇備州長船眞助〇備州長船實景〇備州長船實吉
〇備前國住人實忠〇建曆實經〇實延〇備州長船實正〇
備州長船實光應永十三年〇備州長船實光長祿三年〇正

—光—勝光—勝光—勝
—光—勝光—治光—治光
—勝光

應實守○備州長船實盛○備州長船鄉光○定俊○定吉○
定善○備州長船定次○備州長船定信○觀應定延○定則
○備州定則○備州住左兵衛尉定眞○定行○備州長船定光
○備州長船定重○備州長船定秀○定久○定基○備州長
船定基○定助○定介○備州長船貞家○貞利○貞近○備
州長船貞近○貞依○備州長船貞吉○貞義○貞忠○備前
國住貞次○備州長船貞次○貞成○貞長○備州長船貞永
○貞直○備州長船貞氏○貞和貞則○應永貞正○貞清○
備州長船貞行康應元年○備州長船貞行永享十二年○備
州長船貞光○貞秀○文保貞守○備州長船貞守○備州長
船貞未應安二年○備州長船貞未明應三年○嘉吉蓮光○
備州長船住清景○備州長船清吉○備州長船住清義作○
清則○備州長船清眞○備前住清貞○備州長船清光○備
前國住長船清光○備前國住長船五郎左衛門尉藤原清光
○備前國長船源五郎清光○備前國住長船輿三左衛門尉
清光○備前國長船彥兵衛尉清光○備前國住長船弥右衛
門尉清光○備前國住長船孫兵衛尉清光○備州長船弥兵
衛尉清光○備前國住長船八左衛門尉清光○備前國長船
源右衛門尉清光○行治○文龜行利○備州長船行利○行
景○備州長船行景○備前國住長船藤三郎行包作之○備
前國長船住中川七郎右衛門尉行包○行吉○應安行忠○
元弘行次○正應行恒○永仁行長○行直○文應行宗○備
州長船行氏○行延○正應行安○行保○應永行正○備州
住行眞○行實○備州長船行貞○備州長船行清○行光○

備州長船行光○行重○行秀○行秀○備前國日笠御莊住
人進士行秀造○備州長船行久○行平○備州長船行弘○
備州長船行元○行守○行未○行助○備州長船住光家○
光近○備州長船光近○備前國光景○光包○光包○光包
○備州長船住光吉○備州長船光吉○建武光次○光恒○
延慶光恒○光宗○正慶光宗○光則○光則○備州長船住
光正○弘安光重○備州長船光重○備州長船光久○備州
長船光弘○光守○備州長船光守○備州長船光未永和二
年○備州長船光未應永廿一年○光助○應永光助○通房
○備州長船通光作○備州長船通光○正應重家○備州長
船重家○備州長船作重利○重富○備州長船重近○備州長
船重景○應永重包○備州長船重代造○重依○備前國住
人重依作○備州長船重義○永仁重高○建武重次○重恒
○備州長船重恒○重永○備州長船重永○建武重直○重
村○備州長船重氏貞治三年○備州長船重氏○重延○重
則○備前國和氣莊住重則○備前國住重則○文應重國○
備州長船住重安○備州長船重正○左衛門尉重正作○備
州長船重政作○元德重房○備州長船住重有○應永重貞
○備州長船重行作○備州長船重光○備州長船重秀○備
州長船重久○正應重弘○備州長船重弘○備州長船重元
○重守○備州長船重未○重助○備前國和氣莊住人重助
○備州長船重助○備州長船秀利○秀近○備州長船秀近
○貞和秀景○備州長船秀景○備州長船平秀景○備州長
船秀景○應永秀包○備州長船秀幸○應安秀次○秀綱○

元守宗○備州長船守氏○備州長船住守信○元久守國○
守康○備州長船守安○備州長船守正○備州長船守政貞
治三年○備州長船守政應永廿年○備州長船守政永祿三
年○守真○備州長船守真○備州長船守貞○備州長船守
清○守行○備州長船守行○備州長船守光應安二年○備
州長船守光應永卅三年○備前國住守道○備州長船住守
廣○備州長船守弘明德三年○備州長船守弘嘉吉二年○
備州長船守秀○備州長船守久○備州長船守元應安二年
○備州長船守元應永卅三年○備州長船住守未貞治五年
○備州長船守未應永卅一年○守助○備州長船住守助○
備州長船守助○備州長船盛家貞治三年○備州長船盛家
嘉吉三年○備前國住盛近○盛包○備州長船盛吉○備州
中路住盛次○盛繩○盛宗○備州長船盛氏貞治二年○備
州長船盛氏文明十年○盛康○盛房○盛行○備州長船盛
秀○州元○備州長井修理亮盛未○備州長船享未○盛助
○備盛長船盛助應永　年○備州長船盛助永盛六年○備
州長船森久○助家○備州長船平助友○備州大宮住助友
○備前國長船住人平助近○備州助勝○助包○助包○備
前國住助包○備前助依○備前國長船住助吉○助良作○
助高○備前國住助次○助經○助繩○助長造○嘉元助直
○備前國住助宗○備州長船助宗作○備前助村○備前國
長船住助村○助氏○備州長船助氏○備州長船住助信○
備州長船助延○助延作○備州長船住人助則○備州國分
寺住人助國作○助正○備州長船助政○備州長船助真○

應永秀繩○秀恒○備前國秀恒○秀宗○秀則○備前國長
船秀則○秀延○秀正○秀正○秀真作○秀貞○永和秀貞
○備州長船秀行○秀滿○備州長船秀光○備州長船左衛
門尉秀光○備州長船秀光○備州住秀重作○秀平○備州
長船秀弘○秀守○備州長船秀助○英景○備州長船住英
法○久利○久景○備前國新田住久次○備州長船久次○
備前國住久宗作○元德久國○備州長船久正○久房○久
行○備州長船久光應永二年○備州長船久光嘉吉二年○
備州長船久光文明三年○備州長船久光永正　年○備前
國長船久光永祿五年○久守○元弘廣俊○廣次○廣綱○
應安廣直○廣光○嘉穌弘家○弘利○備前國左近將監弘
利○弘俊○弘次○文永弘繩○元弘弘經○文穌弘恒○弘
長○弘直○弘安○弘行○弘光○弘助○用吉○承元師實
○元包○應永元恒○貞和元宗○應永元安○應永元光○
元穌元重○備州長船元久○元弘○元守○元助○基近造
○基近○備州長船住基近作○備州長船基景○文保基包
○文保基次○文和基綱○文保基宗○備州長船基正貞治
五年○備州長船基正應永二年○備州長船基政○基真○
基定○文和基貞○備前國長船住基光○備州長船基重○
本恒○備州長船守家造○備州長船守家○守友造○守利
○守利○備州長船守利○元應守俊○備州長船住守景○
備州長船守景○守包○備州長船守吉貞治二年○備州長
船守吉應永廿三年○守忠○備前國住守次○備州長船守
次○守綱○備前國守綱○守繩○守經○守恒○守永○嘉

助貞○備前國助貞作○助定○備州助定○助行○備州長
船助行作○備州長船助光應永二年○備州長船助光永享
三年○備州長船助光作○助重作○備州長船助重○助秀
○助久作○助平○備前國助平○助弘○助茂○助守○備
州長船助守○助未○備州長船住祐定子祐家○應永祐次
○備州長船祐綱○備州長船祐永○備州長船祐宗○祐村
○備州長船輿三左衛門丞祐貞○備州長船祐定○備前國
長船住與三左衛門尉祐定○備前國長船住彥左衛門尉祐
定○備前國住彥兵衛尉祐定○備前國長船住輿左衛門尉
祐定○備前國長船住次郎左衛門尉祐定○備州長船三左
衛尉祐定○備前國長船五郎左衛門尉祐定○備前國長船
次郎九郎祐定作○備前國長船住二郎四郎祐定作○備前
國住長船源兵衛尉祐定○備前國住長船八郎次郎祐定作
之○備前國長船又兵衛尉祐定○備前國長船與左衛門尉
祐定○備前國長船九郎左衛門尉祐定○備前國長船新十
郎祐定○備前國住中川七郎左衛門尉祐定○備前國住長
船高木七兵衛尉祐定○備州長船祐久○備州長船佐光永
和三年○備州長船佐光永正元年○備州長船佐重○備州
長船介次○介真○備州長船介光○寶治介重○介廣○寶
治介弘○介盛○備州長船資則○備前國長船補定○未時
○元弘未景○元弘未兼○未包○備州長船未吉○未次○
正應未長○應安未永○未延○貞治未則○未貞○未行○
備州長船未行○未光○備州長船未重○未秀○備州長船
未久○正應未平○備州長船未弘○備州長船未元○未守

安次　保安　守次　仁平
貞次　元歷　恒次　恒次
恒眞　嘉禎　次家
承次　元久　次吉　俊次　貞吉　眞
次　建久　康次　俊次
建包　次　爲次　則　爲
貞次　成次　國次　弘次
行次　建保　宗次　家
次　家久　延次　文次　信
次　吉次　吉次　家綱

則高　承安　則實　建久
常遠　正治　正恒　常
治　依知　實
康高　家安　安家
成家　宗眞　宗
恒永　時眞　建仁　爲
信　爲依　國依　守　觀利
遠元　承元　眞守　守貞
宗遠
則房　貞應　眞利　文歷

○備州長舩季次○備州住季次○備州長舩李光○備州長
舩季久○季平○備州長舩心哲○

備中國

備中國住家次○建長家綱○家恒○備中國家重作
備中國住家久作○延慶春次○弘安玄次○備中國
住治次作○弘安友次○備中國住朝次○俊忠○年次○建
武時次○時直○親次○備州住親次○近次○備前國長舩
勝光○備中國住景次○應永景長○應永景重○兼次○備
中國淺口河田彈介源兼政○包永○文保包安○備中國青
江住賴次○依次○義次○備中國青井住義則○吉家○備
中國右衛門尉吉次○備中國住吉次作○備中國住人吉長
作○吉房○吉蓂○吉弘○建武幸次○備中國住幸久○備
中國高山住石河左兵衛幸久作○寳治善次○爲遠○爲吉
○爲次○應永爲恒○爲長○應永爲清○應永爲守○忠次
○備中國住次家○次利○備中國住人次賴○弘安次依○
備中國住人左近將監次吉○備中國住次吉○次忠○次恒
○備中國住次直作○備中國住次直○延慶次植○次蓂○
文保次定○建治次秀○備中國住次廣作○延慶次弘○備
中國万壽莊住次未○文和次助○恒家○恒依○恒次○備
中國万壽莊住左兵衛尉恒次○備中國住恒次○永仁恒則
○備中國次家二男恒蓂○恒清○厤仁恒未○常次○成家
○承久成繩○備中國住長次作○備中國住長次○長直○
長守○直景○備中國住直次○備中國住人左兵衛尉直次
○備中國直次作○建武直信○宗忠○備中國住宗次○宗
貞○備中國住宗貞○貞和延貞○弘安則次○國家○國友

依真｜則常仁麻｜則
真建治康則｜安弘
建治

○備中國住國友○源國次○國宗○國信○國則○國清○
國行○備中國荏原住辰房國重○備中國荏原住國重作○
備中國呰部住大月又三郎國重作○備中國松山住左兵衛
尉國重○備中國井原拾助國重○國秀○備中國住國久○
國未○國資○康家○康利○康次○康恒○康道つ安忠○
備中國青江住安忠○備中國住安次作○麻仁安恒○安行
○安弘○寶治泰次○建保正家○寶治正包○正次○政次
○政宗○備中國冬廣作○是重○延文有忠○弘安有次○
有信○應永有行○文和有弘○有未○真景○備中國真次
○真恒作○真長○真信作○真則○真安○備中國住真貞
應安二年○備中國住真貞○真行○真平○寶次○備中國
住定次○備中青江住貞共○備中國住人右衛門太郎平貞
次作○備中國住大隅權介平貞次○備中國松山住大隅權
守平貞次○備中國住人青江貞次○備中國住人貞綱○備
中國住人貞長○貞永○備中國青江住貞守○備中國田之
口住新九郎清光○行永家○應永行利○行後○行忠○行信
延文行安○行真○應永行真○行未○備中國住人如信作
○光次○重次作○延文重永○建武重則○備中國荏原重
正○重未○茂次○正長秀包○秀次作○備中國万壽莊住
左衛門尉秀次○備中國住人秀次○備中國荏原住秀安作
○久次○弘家○弘經○弘恒○永仁弘直○師次○守利○
備中國住人守高○守忠○備中國青江守次○備州青江左
衛門尉守次○守恒○備州妹尾住安○應安守○光○守重
○備中國住盛家○備中國住盛次○助近○備中國住助吉

日本圖經卷十六　圖經六之一

纂喜廬所著書

正家中正　正光　正
家正　重正　清清正
正廣正廣　正信
政廣

一乘　一乘　實家
兼行正兼　兼守
國家　盛家　盛行

貞家　貞次貞弘　宗貞
家次　家次　正寛　家
次

重光　重道　重光
重吉　重俊　重俊
重貞　重俊　重久
重勝　文明

作○備中國住人青江助次○備中國　莊青江助次○備中
國青居郡地頭助繼○助成○助永○助延○助正○建永助
真○助重○助秀○文龜資則○備中國住資安○備中國住
未次作○未永○未國○未真○備中國未行○未光

備後國

備州三原住家次○三原住家永○備州住一乘家重
○一乘家久○備後國三原住貝家廣○備後國住春
光作○備州住友久○永享朝次○應安共重○文和親次○
備州景次○備州景重○景光○應永兼吉○延文兼次○兼
信作○備州住兼安○備州三原住兼安○備州三原住兼光
○兼未作○永享吉次○吉真○永享吉行○吉光○三原住
吉廣○吉弘○備州住善次○高兼○高信○高行○備州住
高光作○備州住忠次○備州尾道住其阿彌忠行○備州住
次吉○備州次貞○備州尾道住五阿彌長吉○長次○備中
國榮安○三原宗近○宗繩○備州三原住宗長○三原住宗
重作○備州三原住宗久○信兼○信次○信平○信守○延
次○備州尾道住五阿彌宣行○則忠○備州尾道辰房則重
○備後國住人生得上手教用作○一乘國家○永享國吉○
應永國正○備後國莊原住辰房國重○備後國西条住國重
○備州住康重○備州住安家○安永○宴至○備州尾道住
五阿彌宴行○三原住正家天文○三原住正家天正○備州
三原住貝正後○備後國三原住人正近作○備後國三原住
人貝正義○備後三原住人正義作○備州三原住人貝正吉
作○備後國三原住貝正賀○備州三原住正次作○備州三
原住貝正成○備後國三原貝正長○三原住正永作○備州

三原住人正直○備後國三原住人正直作○備州三原住正
宗作○備州三原住正信作○備州住正演○備後國三原住
人正則長祿三年○備後國三原住人正則天文十五年○備
州住正法○備州三原住正國○備州住正安○備後國住三
原平正房○○備州三原住正秋○備後國三原住貝正真○
備州住源兵衛尉正真○備州三原住正真作○三原住正定
○重州三原住正貞作○備州三原住正行作○備州三原住
正備作○備州三原住貝正久作天文元年○備後國三原住
貝正久作○備州三原住正廣○備州三原住入正守○備後
國三原住貝正盛作○備後國住人藤原貝正盛○備後國三
原住貝正盛作○備州三原住正祐作○備州三原住正佐作
○政家○政近○政長作○三原住政宗○應永增守○備後
國其阿彌房行○十八國冬廣作○三原住人有俊○備後國
森山住有吉○三原住有重作○備後國尾道五阿彌真次○
真信○真行○鹽野實義○實貞○備州尾道辰房○備州尾
道辰房實重○備州住定家○一乘定利○定吉○定信作○
備州尾道住人其阿彌定行○貞近○貞吉○備州三原貞次
○貞永○備州尾道住五阿彌貞信○三原住貞則○永享貞
國○備州住貞正○備州三原住貞廣○清正○備州尾道行
友○備後國住安久莊行吉作○備後國三原住行吉○三原
住光正○光行○備州住光重○備州尾道辰房光重○備後
國尾道重家○重利○延文重俊○備州住重義○備州住重
吉○隅州住波平重吉○備後國怒歌郡於西条保作○應永
重綱○一乘重氏○重延○濱崎住重則○備州住重安○備

纂喜廬所著書

二王清綱久元清
綱貞和[illegible]清光清貞
清景[illegible]文清長建治
清春[illegible]清忠應永
清眞[illegible]政清－清
政

後國住辰房重正作○辰房重行○重助作○備州住秀次○
備州尾道住五阿彌秀次○備州尾道住五阿彌秀行○備州
住秀重作○備後國住辰房秀重○備後國住久次○備州住
久光○備後國廣家○三原廣正○弘光○守俊○三原守信
作○備州尾道住辰房守重○三原住守久○永井修理亮盛
米○備後國尾道五阿彌盛行○未光○備後國安那郡東条
住右近助國作○備州住助光○
備州尾道住祐法○應永日乘

安藝國

藝州山縣住朝廣○藝州住兼守作○藝州住包定○
藝州吉本作○藝州吉本住人能守作○二王膳清○
藝州山縣住二王膳清作○藝州大山住宗重作康正元年○
藝州大山住宗重作永正三年○安藝國大山住宗重作○永
享則安○建武國光○建武安吉○二王藝州三入住眞清作
○藝州三入住二王眞清作○佐伯莊貞安作○安藝國光世
作○安藝小春住光久○貞治重守○
建武守安○應永守重○安藝國入西

周防國

二王倫清○二王勝臣○二王勝吉作○二王勝清○
二王一清○二王景清○二王膳次作○二王長正作
○二王直清作○二王宗清○防州楊井津住清原右衛門尉
信貞○二王延清○二王正綱作○二王正清○二王政綱作
○二王政綱○政清○政廣○二王雅清○防州富田住是助
○次郎太郎作○二王眞清作○二王寶清○二王定清○二
王清　○二王清春○清雄作○二王清員作○二王清勝○
二王清景○二王清仍○二王清吉作○二王清忠○二王清

·安吉—安吉—顯國
信重
永

·實綱—實綱
實次—景實—則
實—貞實

·師久—氏房—氏舍
房吉—房吉
氏久—氏吉
氏吉—泰吉—泰吉
泰吉

種〇清次〇二王清恒〇二王清綱〇防州玖珂住清綱〇清
仲〇二王清長〇二王清永〇清政〇二王清直作〇二王清
尚〇二王清宗〇二王清則〇二王清信作〇清房〇二王清
在作〇二王清有〇清真〇二王清真〇二王清實作〇二王
清實作〇二王清貞〇清行〇二王清光作〇二王清道〇二
王清重〇二王清久作〇二王清平〇二王清元〇二王清助
〇二王清左作〇清介〇二王光清作〇二王光重〇二王道
清〇二王重真〇二王元綱作〇二王元正〇二王元清〇二
王守清作〇
二王住清作

長門國

長州住治劒作〇高資〇長州全光〇長州住安行作
〇長州住顯亮〇行歲〇行觀〇長州岩倉住行觀〇
長州住幸國〇光吉〇光
資〇長州住重國〇盛清

紀伊國

紀州住友次〇永享俊實〇熊野山住人吉重作之〇
永享賀實〇入鹿景綱〇貞治景宗〇永享景貞〇仲
國〇國次〇實善〇入鹿實可〇實次〇入鹿實綱作〇入賀
住藤原實綱〇應永實就〇實正〇延文實重〇實守〇實弘
〇紀州太作
〇文保本宗

阿波國

阿州藤原吉次作〇阿州住人吉氏造〇吉房〇阿州
住氏善〇氏次〇阿波國助大夫氏宣作〇氏安〇阿
州住氏久〇阿州住氏久作〇阿州西宇住國吉作〇大永泰
長〇嘉吉泰永〇應仁泰行〇阿州住泰光作〇永德有吉〇

•清房（建保）業宗（承久）
景宗國利（寶治）行
利光宗（弘安）秀延
文（保）
•國吉（正應）國永國
正（建武）（正慶）國吉國貞
安至（貞治）國本
•良西（文永）西蓮（建治）
入西實阿（永仁）孝
（元應）安吉（貞和）吉貞
吉弘貞吉定行
（建武）（國弘）行弘（弘安）
弘行定吉
•盛高（永仁）盛高（嘉曆）
盛高（吉盛）高綱（建武）盛
綱盛清（貞治）盛昌
盛次（應永）盛秀（應永）
•万盛

應仁清泰○嘉吉久安○
阿州住廣行作○文明助久

讚岐國

正和友利○文永友行○景光○業吉○讚岐阿闍利
行圓作○康應光宗○讚州志度莊秀延作○讚州志
度莊住
秀行

伊豫國

豫州住仍房○豫州御莊住吉久作○豫州住隆安○
伊豫國住內倉○國益○國久○豫州住安屋作○伊
豫國住安至作○豫州住安長作○豫州住安定○豫州住人
安定作○備州長船實光○豫州三ニ作○豫州住行吉○豫州
重定○豫州住平鎮久○豫
州住久繼○豫州住守久

土佐國

吉光德治元年○吉光貞和○土州鎮多住嘉光
作○土州洲崎住隆吉○土州住宗長○土州住宗國

筑前國

源家盛○延文時行○筑前國樋口景兼○源賴舍○
筑州住義則○源信國平四郎吉政○金剛兵衛吉盛
○源吉盛○左源慶作○筑州住高吉○源種盛作○金剛兵
衛尉源長綱作○筑州住國○國房○筑前國博多息濱住國
光○國廣○安行○金剛兵衛源秦盛○政長作○筑前博多
住是吉○筑前金崎住敦房○金剛兵衛尉真綱○筑州住貞
國○貞行○貞秀○貞弘○筑前國平貞守○筑州冷泉貞盛
○左○筑州住行末○光真○筑州住弘宅作○弘吉作○筑
州平守次○筑州博多住守綱○源盛宅○源盛利作○源盛
包作○源盛吉○筑州太宰府住兵衛源盛高○源盛高○金

•元真（永保）
•家永（武永 永永）良永
資永（文安）朝舍
•長圓（永延）長圓（元曆）
神息（大日）正恒（大福）
•定秀（永曆）行平（元曆）
重家定慶（貞定 保曆）
定眷 定則（正治）行
真兼平家重
•友行 友行（貞寶）行
寶守 守 友光 時行
•忠行（應曆）行政（應安）
行政 行政（永和）
•國宗（永和）國俊（應永）
國時 國重 國安
（書誌）國次（文安）

剛兵衛尉盛高作○盛綱作○盛永作○源盛信○盛國作○
盛康○盛安○源盛正○源盛匡○源盛實○盛定○源盛光
○源盛重○全剛兵衛尉源盛重○源盛秀作○源盛元作○
筑前袖湊住盛廣○源盛弘○筑州住助長作

筑後國
筑後住藤原家長○利延○耆長○良實作○筑後住
忠直○大石種則作○三池住典太次信作○筑後三
池住纏信○大石住永家○筑後國住人永家○三池典太正
國作○三池典太政定○筑後住藤原是永○三池傳田○三
池興太作○三池住典田○三池住顯久作○三池實世○三
池住定守○三池傳多光世○光真○茂實○筑後竹野郡之
内廣次○三池住元光○守綱○筑後
住人濱田藤原盛次作○筑州住助永

豐前國
豐州住家員○豐前住家景○豐前宇佐住吉房○豐
前宇佐住信國吉助作○豐前國住了戒能真作○豐
前住人直宗作○豐州宇佐住信國長禄二年○豐州宇佐住
信國天正二年○豐前住兵衛尉國貞○豐州大野行久○豐
前國了戒
守安作

豐後國
家行作○家光○豐後國家重作○家久作○豐州平
家守○平家盛○豐州高田平治守○豐州高田治盛
藤原豐政○高田住豐盛作○友利○平勝宗○平勝守○平
勝盛○景久○平景守○平景盛○平陰守○平影永○高田
住平兼盛○平吉真○元麻良國○平賢守○平忠守○平忠
盛○豐後住藤原常行作○長則○藤原長行○平長鎮○平

長守○平長盛○藤原永行○豐後州永秀○永守作○高田
住永盛○高田住藤原宗正○平宗盛○豐州高田住藤原統
景○豐州高田住藤原統行○豐州高田住藤原統道○藤原
統久○藤原統盛○平信盛○豐後國住延行作○豐後國朽
網鄉住則貞作○豐州高田住則行○藤原則重○國繼○國
綱○平國廣○豐後國紀新太夫安吉○豐後高田平安守○
豐後國糸棚泰行作○平增行○平增守○豐州高田平增盛
○正勝○正綱○藤原正弘○正守○正盛○房守作○豐州
高田平房盛○鑑豐○鑑忠○鎮種○平鑑成○藤原鑑行○
平鑑秀○平鑑盛○鑑祐作○豐後高田住眞守作○實續○
實久○實衡○定吉作○定次○藤原定行○定光○定廣作
○定守作○平定盛○清平○豐後州糸棚行光○豐州高田
住藤原行秀○豐州高田住藤原行久○重勝○平重高○平
重行○重鑑作○重久○豐州高田重守○豐州高田住平鎮
豐○平鎮景○平鎮榮○平鎮高○平鎮孝○平鎮忠○鎮偵
○豐州高田住藤原鎮種○豐州高田鎮次○鎮繼○平鎮成
○藤原鎮作○豐州高田住鎮永○平鎮信○平鎮德○豐州
高田住平鎮教○豐州住藤原鎮泰○鎮休○平鎮方○平鎮
重○平鎮定○藤原鎮清○平鎮行○豐州住源鎮光○高田
住平鎮秀○藤原鎮秀作○平鎮久○豐州住平鎮廣○豐高
高田住平鎮元○豐州高田住平鎮盛○豐後國住人秀吉○
豐後國朽網住秀次作○豐後國高田住人秀守○豐後住藤
原久行○平久守作○久盛作○豐州高田平守家○豐州高
田守治作○守景作○豐州高田守次○守統○豐州高田住

・盛廣・盛吉號盛
繼號盛行
・光世・光重

・國村・國泰 國泰
國資・國貞・國吉
國時・國村・國吉
國時・國清・國綱
國房・國信・國房
國綱

平守方○守房作○守定作○守貞○高田住平守重○豐州
高山住盛家○豐州高山平盛家○盛近○平盛勝○平盛吉
○豐州高田住平盛高○豐州高田盛忠作○盛種作○豐州
高田住源盛次○豐州高田平盛次○盛繼作○平盛綱○平
盛連作○豐州住高田盛常作○豐州高田住平盛常○平盛
成○豐州高田住盛長○盛氏作○盛信作○平盛康○平盛
正○豐州高田住平盛方○高田○住盛房○盛真○高田住平
盛定○盛貞○平盛行○平盛光○平盛重○平盛鎮○平盛
秀○豐州高田住盛久作○平盛元○
平元秋○平助盛○豐州高田平末行

肥前國

應永治吉○利成○肥前國住近房○肥前國松浦山
代任宗貞○平戶住宗重○宗末○應永長行○肥州
住氏成○貞治則行○肥前國伊左早莊住人散位則末作○
肥前國住人國○肥前國住藤原國勝○平戶住國吉○國房
○肥前住有國○真助○天文貞宗○貞清○應安貞秀○肥前
大村住光近○建武光恆○肥州濱崎住重次○肥前濱崎住
重延○肥州濱崎住重則○濱崎住重貞作○應永秀貞○久
保○肥州元次作○平戶住守清○肥前國住金剛兵衛尉盛
高○肥州志保田住末則○塚崎○住末貞康永二年○塚崎住
末貞應永州二年○肥州住末秀○肥州塚崎莊住末久

肥後國

肥州石貫治國作○時末○菊地住親國○肥州玉名
住石貫景介○菊地住門勝○菊池住門國○肥州住
義行作○肥州菊地住宗國○肥後國求麻郡人吉住人田雅
樂助○肥後國同田貫右衛門○肥後國同田貫延俊○則安

・實昌・實久・實元
實正・實勝・實長
實忠

・久吉・承吉久　長實

○則末○肥州河尻住波平藏人○貞治國家○肥州菊池左
衛門尉國治○肥州左衛門尉藤原國友○肥州菊池住國一
○肥州菊池住藤原國勝○應永國賀○菊池住國高○左衛
門尉藤原國次○國繩○應永國經○應永國永○肥州菊池
住國宗○肥州菊池住延壽國村○肥州住國正○肥州菊池
住國明○兵衛尉國定○應永國貞○國行○菊池住備前守
國光○菊池住國重○肥州菊地住國廣作○肥州菊池住國
元○國本○應安國守○肥州菊池住國守○延丈國末○肥
州小國住鄉安作○菊池住正次作○九州肥後國田貫正國
○日後國波平正祐○石貫正佐作○肥州住石貫昌國倸○
應代○肥州玉名石貫是吉○菊池住人冬國作○肥後國菊
池住旁賀○肥後州有國○菊池住貞則○菊池住貞國作○
肥後國同田貫左馬助○清正○肥州河尻住波平行吉○肥
州合志住行宗○行弘○行久○住行末○廣代○廣國○肥
州元次作○助則○助貞
○末遠○應安末秀○

日向國

日州住家隆作○日州住兼榮○日州住兼次○日州
住平爲居○日州住人國吉○日州古屋住國廣作○
日州住實長作安網○日州住正勝作○日州住正次作○日
州住正光○日州櫛間住正重作○日州住源貞行○日州福
島住人光重作○日州藥師堂通吉作○日州藥師堂通英作
○重學○日州住秀吉作○日州住盛尚作○日州住末次作

大隅國

隅州住隆經○九州住宗成○隅州住儀重作○隅州
住貞德作○隅州住貞清○隅州大隅郡木下重近○

行安—行安—安行
安行—行次
吉行—吉宗—正家
行安—行安—行
安—安綱
家安—光安—明安
朝

重純—重次—重吉
重長—重信—重氏

隅州住波平重吉○隅州住重並作○隅州
住重鑑作○隅州住左任○隅州住末次作

薩摩國

波平家利作○波平春行○波平治行作○友安○波
平利常作○文和利延○波平親安○波平近安○波
平近安作○波平勝宗○波平景行作○波平波平○兼次○波平兼
清作○薩州住義次○波平義安○波平吉平○波平吉安文
明十七年○波平吉安大永二年○波平吉昌○波平吉光○
良貞○高安○波平次貞○長光○薩州住宗俊作○宗近○
宗吉○宗忠○波平宗則○薩州住宗法作○宗行○信光○
延利○則景○則重○安家○波平安友○波平安時作○波
平安一○波平安吉作○薩州住安吉作○波平安世○波平
安次作○波平安繼○波平安宗○波平安則○波平安信○
波平安延作○波平安興○波平安秋○波平安真作○波平
安積作○波平安玉○波平安滿○波平安重作○波平安秀
○波平安久○波平安平造○波平安弘○正國○波平正安
○波平正實○薩州住藤原正清○波平昌行○薩州波平藤
原篤倉○藤原真安○波平實世○波平實安○波平實行○
薩州住實重○波平實久○定安○薩州住貞家○薩州住貞
次作○波平貞安作○貞偶○薩州住貞清○薩州住清吉作
○薩州住清種○清長作○清安作○金兵衛尉清定作○清
行作○藤州住清秀○薩州住清助作○薩州住清佐○薩州
鹿兒島住清左○行家○行吉○行延○波平行安○波平行
康○波平行正○行真○波平行光○行充○行滿○波平行
久○光守○重治作○波平重安作○波平秀吉○波平久安

○波平久行○波平寬安○師久○○源合○○波平盛重○○波平
住安○薩州住純成○文保助近○○助次○貞和助則○應永
助正○薩
州住月山

未詳國

石塔作○富光作○友鶴○藤原左兵衛尉友長○倫
祐○髙篠○利元○近弘○勝滿○甲斐本○宇津左兵
衛尉源頼忠○寄正○小野義通○小松原住吉次○法藏寺
爲吉○髙道作○髙資○上吉作○河盛田住忠宗○常國○
長洞○永國作○直屋○藤原宗春○五郎入道良宗則○順
城○儀廣○國利○國良○八幡山内國理○石見守國房○
國光○國重○國平○正胤○正秀作○昌宗作○冬寶作○
藤光○藤道○大神惟増作○明光○貞光○桃光信○長光
坊重吉○源朝臣繁長○秀弘作○廣法作○廣總○廣明○
弘貞○禮樂○本近○轄吉○盛禮○長肥平助友○寶城寺
○寶山○寶秀○千壽院○平和尚寸切

形略第四

游歷日本圖經二十六

奏派游歷日本美利加秘魯巴西等國英日屬地加納大古巴知府用兵部郎中臣傅雲龍述

日本金石志四

金石年表上

日本人西田直養金石年表所載五百二十有三種彼人士多之然如宇治川摩崖即涅槃經摩崖也刊於寶龜九年而列之七年此猶可曰拓本不可辨矣遠江長福寺鐘天寶七年字不一蝕而列之六年似此往往而有以土著之見聞安間之歲月猶難詳且精如此況迫不及審如雲龍之游歷而欲無一舛耶雖然畏難恥也以避指摘為口實尤恥也賴同志陳氏矩襄蒐討力既志厥文矣餘皆錄目入表有年可紀者得八百九十有餘種無年可紀者今亦得數十種合之印文及刀劒款識不下四千八百有奇其質有金有銀有銅有石有瓦有磁（如伊勢大神宮正印營以木為之西田入表類此所不敢沿）其文有篆有隸有飛白有行有正有梵有日本文其年以中國為宗非沿西田例也述金石年表

中國年		日本年	府縣	國	金石文目
丁巳	漢建武中元二	垂仁八十六			漢委奴國王印
戊午	魏景初二	神功三十八			親魏倭王印
丙辰	隋開皇十六	推古四	愛媛	伊豫	伊豫道後碑
丙寅	大業二	十四	奈良	大和	如意輪觀音大士造像記
丁卯	三	十五	奈良	大和	金堂藥師造像記
辛巳	唐武德四	廿九	大坂	河內	上太子藏聖德太子瑪瑙石記
癸未	六	三十一	奈良	大和	釋迦佛造像記
戊子	貞觀二	三十六	奈良	大和	法隆寺釋迦銅立像背銘
丙午	二十	大化二	西京	山城	宇治橋斷碑
庚戌	永徽元	白雉元	奈良	大和	二天造像記
癸丑	四	四	福井	越前	敦賀常宮鐘銘
戊辰	總章元	天智元	大坂	河內	船首王後墓誌
丙子	儀鳳二	天武五	西京	山城	小野朝臣毛人墓誌
癸未	永淳元	白鳳十一			新田部碑
辛卯	天授二	持統二	滋賀	近江	近江鬼室集斯墓石 三朱雀
己丑	永昌元	二	大坂	河內	釆女墓所碑
			橡木	下野	那須直韋提碑
戊戌	聖曆元	文武二	奈良	大和	藥師寺東塔擦銘
			西京	山城	妙心寺鐘款識
丁未	景龍元	慶雲四	奈良	大和	威奈大郎墓誌　文忌寸禰麻呂墓版
戊申	二	和銅元			和銅開珍

			岡山	備中	下道氏墓誌
己酉	三	二			穗積碑
庚戌	景雲元	三	鳥取	因幡	伊福吉部臣德足比賣墓誌
辛亥	二	四	羣馬	上野	建多胡郡辨官符碑
乙卯	開元三	靈龜元	奈良	大和	粟原寺塔鑪盤銘 和銅八
丁巳	五	養老元	滋賀	近江	近江新田邨碑
辛酉	九	五	奈良	大和	元明御陵碑　楯山碑
丙寅	十四	神龜三	羣馬	上野	上野下賛鄉碑
丁卯	十五	四	奈良	大和	興福寺觀禪堂鐘銘
癸酉	廿一	天平五			天平銅鏡識
乙亥	廿三	七	奈良	大和	武智麻呂墓志
丙子	廿四	八	奈良	大和	安井寺碑
己卯	廿七	十一	奈良	大和	天平古鐘楊貴氏墓志
辛巳	廿九	十三	羣馬	上野	山名邨碑
癸未	天寶二	十五	大坂	河內	金峯寺金堂鍔口款識
乙酉	四	十七			八幡宮鐘銘
辛卯	八	天平勝寶三	奈良	大和	竹野王墓碑
癸巳	十二	三	西京	山城	佛足石圖記碑
			奈良	大和	東大寺聖武銅版勅書又銅版勅書
丁酉	至德二	天平寶字元	奈良	大和	東大寺枚幡鎮鐸款識
庚子	上元元	四			万年通寶　大平元寶　開基勝寶
壬寅	寶應元	六	大坂	攝津	石川年足墓誌

實事廬所著書

			青森	陸奥	修造多賀城碑
			橡木	下野	鑑真和尚墓志
乙巳	永泰元	天平神護元			神功開寶
丁未	大厤二	神護景雲元	奈良	大和	東大寺甲銀壺銘　乙銀壺銘
庚戌	五	寶龜元	福井	越前	織田郡社鐘款識
丙辰	十一	七	大坂	河內	高屋連枚人墓志
戊午	十三	九	奈良	大和	涅槃經摩崖
甲子	興元元	延厤三	大坂	河內	紀廣純女吉繼墓志
丙子	貞元十二	十五			隆平永寶
壬午	十八	廿一	熊本	肥後	淨教寺碑
己丑	元和四	大同四	青森	陸奥	陸奥國大元帥社碑
甲子	九	弘仁五	橡木	下野	沙門勝道上補陀洛山碑
丙申	十一	七	奈良	大和	南圓堂銅燈臺銘
			和歌山	紀伊	慈尊院邨斷碑
丁酉	十二	八	靜岡	伊豆	益山寺花盤款識
戊戌	十三	九			富壽神寶
甲辰	長慶四	天長元	大坂	攝津	地藏院碑
					源賴朝馬蹏研
乙巳	寶厤元	二	奈良	大和	大和州益田池碑銘
丙午	二	三	熊本	肥後	肥後碑
庚戌	太和四	七			僧空海所造陶佛掌圖款識　天長經筒
辛亥	五	八	大坂	河內	眞念寺石佛文

乙卯	九	承和二			承和昌寶
戊[illegible]	大中二	嘉祥元			長年大寶
戊寅	十二	天安二	西京	山城	叡山西寶幢院鐘
己卯	十三	貞觀元			饒益神寶
癸未	咸通四	五	奈良	大和	佛隆寺鐘銘
			青森	陸奥	陸奥介高道墓碑
庚寅	十一	十二			貞觀永寶
乙未	乾符二	十七	西京	山城	神護寺鐘銘
			東京	武藏	牛島牛御前社造像碑
					吉祥院鐘銘
己亥	六	元慶三	西京	山城	元慶寺鐘銘
壬寅	中和二	六			右大臣劒銘
庚戌	大順元	寬平二			寬平大寶
			大坂	和泉	犬鳴谷犬碑
己未	光化二	昌泰二			昌泰經筒
丁卯	天祐四	延喜七			延喜通寶
戊辰	五代開平二	八	西京	山城	鐵鉾款識
壬申	乾化二	十二	大坂	攝津	總持寺鐘
			高知	土佐	土佐寺山鐘
甲戌	四	十四	奈良	大和	東大寺銅鉢款識
丁丑	貞明三	十七	奈良	大和	道澄寺鐘銘（移山城府）
己丑	天成四	延長七	奈良	大和	信貴山毘沙門堂飛鉢

日本圖經十六　三

圖經　六之一

戊戌	天福三	天慶元	大坂	和泉	安松郝石佛
甲辰	開運元	七	靜岡	遠江	遠江長福寺鐘款識
丙辰	顯德三	天麻十	高知	土佐	蓮臺寺鐘
戊午	五	天德二			乾元大寶
甲戌	宋開寶七	天延二			羅城門傍碑
辛卯	淯化二	正麻二 三永祚			永祚瓦研
癸卯	咸平六	長保五	奈良	大和	僧增賀碑
戊寅	寶元元	長麻二	奈良	大和	春日社石燈臺文
癸卯	嘉祐八	康平六	山口	周防	茶湯原鐵札
丁未	治平四	治麻三	青森	陸奧	大重院碑
甲寅	熙寧七	承保元	西京	山城	三鈷寺鐘　三鈷寺門碑
丁卯	元祐二	寬治元	大分	豐前	西明寺經筒
庚寅	大觀四	天永元	大分	豐前	霜田菴經筒
甲午	政和四	永久二	奈良	大和	無量壽院鐘
甲辰	宣和六	天治元			白峯寺古瓦款識
己酉	建炎三	大治四	奈良	大和	中川寺鐘 改鑄于長寬二
庚申	紹興十	保延六	奈良	大和	金峯山寺鐘文
			大分	豐前	求菩提山經筒
辛酉	十一	永治元	奈良	大和	金峯山寺鐘文
壬戌	十二	康治元	大分	豐前	求菩提山銅版經
癸亥	十三	二	岡山	播磨	極樂寺瓦經
甲子	十四	天養元	秋田	出羽	立石寺碑

丙寅	十六	久安二	岡山	播磨	天養瓦經
丁卯	十七	三	和歌山	紀伊	小川鄉八幡宮碑
戊辰	十八	四	大坂	河内	葛井寺瓦當文
己巳	十九	五	東京	武藏	平澤寺經筒
庚午	二十	六	大坂	和泉	高藏寺鐘　高藏寺鏡銘
			東京	武藏	淺草街頭佛碑
			西京	山城	廣隆寺鐘銘
			大分	豐前	求菩提山經筒
壬申	廿二	仁平二	青森	陸奥	基衡室安倍宗任女墓碑
己卯	廿九	平治元	奈良	大和	金剛山寺經筒
庚辰	三十	永曆元	奈良	大和	金峯山寺鐘
癸未	隆興元	長寛元	東京	武藏	松蓮寺經筒
			奈良	大和	玉置山祠鐘　中川寺鐘銘
甲申	二	二	奈良	大和	成身院鐘
乙酉	乾道元	永萬元	東京	武藏	松蓮寺經筒
甲午	淳熙元	承安四	三重	伊勢	菩提寺瓦經
			大分	豐前	足立山鏡
丙申	三	安元二	和歌山	紀伊	宮郷產土祠鐘
丁酉	四	治承元	廣島	安藝	伊都岐島鐘銘
戊戌	五	二	西京	山城	八幡神宮寺鐘銘
			兵庫	攝津	平重盛公墓志
			大坂	河内	譽田八幡別當石棺

			三重	伊勢	世義寺經筒
			新潟	越後	青海社銅器
甲辰	十一	壽永三 元曆元	東京	武藏	烏森稻荷社金鼓文
			大坂	河內	不忍寺鐘
乙巳	十二	四 文治	東京	武藏	上行寺寶篋印塔
丁未	十四	文治三	青森	陸奧	鹽竈鐵燈款識
辛亥	紹熙二	建久二	神奈川	相摸	寶泉寺石燈臺
壬子	三	三	大坂	攝津	長田社鏡
癸丑	四	四	東京	武藏	松蓮寺經筒
丙辰	慶元二	七	神奈川	相摸	極樂寺鐘銘
			大坂	河內	譽田八幡宮鐘款識
			西京	山城	笠置般若臺鐘
丁巳	三	八	羣馬	上野	辛科社鏡
			山梨	甲斐	秋山經筒
			奈良	大和	聖峯寺塔鐘
戊午	四	九	奈良	大和	東大寺鉦鼓
己未	五	正治元	奈良	大和	法隆寺經筒
庚申	六	二	和歌山	紀伊	高野天野道智碑
甲子	嘉泰四	元久元	埼玉	武藏	熊谷寺碑
			橡木	下野	高根石塔婆
戊辰	嘉定元	承元二	青森	陸奧	如法寺碑
庚午	三	四	大坂	和泉	一宮鐘

壬申	五	建厤二	西京	山城	法然上人行業碑
辛未	六	建保元			常行堂磬
乙亥	八	三	福岡	筑前	建保磁鈴款識
			奈良	大和	新樂寺鐘
丙子	九	四	橡木	下野	日光山中禪寺鐘銘
			青森	陸奧	如法寺佛像碑
丁丑	十	五	橡木	下野	日光山中禪寺磬
己卯	十二	承久元	青森	陸奧	如法寺釜堂碑
癸未	十六	貞應二	愛媛	讃岐	千光院鐘銘
甲申	十七	元仁元	奈良	大和	大福寺鐘
乙酉	寶慶元	嘉祿元	奈良	大和	千光寺鐘
丙戌	二	二	西京	山城	笠置石浮屠
丁亥	三	安貞元	神奈川	相摸	星谷寺鐘
戊子	紹定元	二	靜岡	伊豆	善名寺佛器　益山寺花盤銘
己丑	二	寬喜元	大坂	河內	春日山鐘　光德寺雁林堂鐘銘
庚寅	三	二	東京	武藏	眞光寺鐘
			愛知	參河	樂勝寺鐘
			羣馬	上野	小幡內窪石塔
辛卯	四	三	東京	武藏	慈光寺鐘
壬辰	五	貞永元	西京	山城	法隆寺阿彌陀佛
			大坂	河內	得勝寺鐘
癸巳	六	天福元	大坂	河內	觀心寺鐵燈爐銘
			奈良	大和	玉置山金鼓
			靜岡	伊豆	天福寺佛像

己亥	嘉熙三	延應元	奈良	大和	東大寺大佛鐘
壬寅	淳祐二	仁治三	橡木	下野	日光山新宮佛器款識
			群馬	上野	甘樂大日橋石
					常樂庵瓦當
癸卯	三	寬元元	羣馬	上野	高尾郵碑
甲辰	四	二	兵庫	攝津	鴻橋寺鐘銘
			奈良	大和	世尊寺鐘銘　金峯山寺鐘文
乙巳	五	三	東京	武藏	慈光寺鐘
			大坂	攝津	正法寺鐘
丙午	六	四	奈良	大和	金剛山寺鐘銘
丁未	七	寶治元	西京	山城	証空上人塔
					鐸鈴款識
戊申	八	二	神奈川	相摸	建長寺鐘銘
庚戌	十	建長二	西京	山城	市姬宮鏡
			愛知	尾張	野間大坊鐘
辛亥	十一	三	西京	山城	清水寺鐘
			奈良	大和	般若寺碑銘
			大坂	和泉	善法寺鐘
壬子	十二	四	大坂	河內	天野金剛寺鐘
癸丑	寶祐元	五	東京	武藏	六所明神鐵佛銘　新曾觀音寺碑
甲寅	二	六	東京	武藏	野本寺鐘銘
			奈良	大和	東大寺石燈臺　大和山上郵石佛

乙卯	三	七	神奈川	相摸	建長寺鐘銘
			山口	長門	般若寺鐘
丙辰	四	康元元	西京	山城	法華寺金堂鍔口款識
丁巳	五	正嘉元	東京	武藏	騎西阿彌陀佛
			西京	山城	壬生寺金鼓
			鹿兒島	大隅	臺明寺鐘
戊午	六	二	西京	山城	佛生村石棺　鞍馬山鐵燈臺
己未	開慶元	正元元	西京	山城	蓮生塔
庚申	景定元	文應元	東京	武藏	河肥山王社鐘
			奈良	大和	金峯山藏王堂鐘款識
辛酉	二	弘長元	東京	武藏	南河原阿彌陀佛　勝樂寺鐘文應
			奈良	大和	奈良笠卒都婆
壬戌	三	二	西京	山城	法性寺廢趾鐵燈款識
			新潟	佐渡	常樂寺鐘
癸亥	四	三	東京	武藏	北條寺時賴墓志
甲子	五	文永元	神奈川	相摸	新長谷寺鐘銘
			奈良	大和	金峯山藏王堂鐘款識　真言院鐘銘
乙丑	咸淳元	二	東京	武藏	秩父碑　南河原地藏造像
			福岡	筑前	彌勒碑
			茨城	常陸	凌霄寺經筒
			奈良	大和	法華堂銅瓶款識
丁卯	三	四	東京	武藏	騎西碑

戊辰	四	五	奈良	大和	康福寺金鼓
己巳	五	六	神奈川	相摸	東福寺釜
			東京	武藏	稱名寺鐘
			茨城	常陸	淩霄寺經筒
庚午	六	七	東京	武藏	多田藥師石函
辛未	七	八	東京	武藏	平邨碑
癸酉	九	十	東京	武藏	金剛寺金鼓
甲戌	十	十一	大坂	攝津	盛福寺鐘
			神奈川	相摸	法舩寺碑
乙亥	德祐元	建治元	茨城	常陸	般若寺鐘銘
丙子	景炎元	二	和歌山	紀伊	高野山天野道知碑 杖詠
			大坂	河內	長樂寺鐘
			青森	陸奧	如法寺碑文　如法寺鐘
丁丑	二	三	和歌山	紀伊	調月社鐘
戊寅	祥興元	弘安元	青森	陸奧	陸奧山王社碑
			奈良	大和	善福寺鐘
			西京	山城	山城咋岡神社石浮屠
己卯	二	二	東京	武藏	瑞泉寺碑　忍井中所出碑
			奈良	大和	千光寺石佛
			長野	信濃	新善光寺鐘

日本圖經廿六終

日本金石志五　　游歷日本圖經二十七

奏派游歷日本美利加秘魯巴西等國英日屬地加納大古巴知府用兵部郎中臣傅雲龍述

金石年表下

中國年	日本年	府縣	國	金石目
辛巳 元至元十八	弘安四	東京	武藏	野火留平林寺碑
		靜岡	駿河	青山八幡宮鐘
		大坂	河內	小松寺斷碑
壬午 十九	五	青森	陸奥	燕澤碑
癸未 二十	六			一宮燈臺款識
		神奈川	相模	東福寺釜
		山梨	甲斐	最勝寺鐘
甲申 廿一	七	東京	武藏	慈光寺碑　八條郎碑
		滋賀	近江	蓮華寺鐘銘
		奈良	大和	榮山寺燈臺款識
乙酉 廿二	八	和歌山	紀伊	西郎朝日寺鐘
丙戌 廿三	九	東京	武藏	騎西梵文碑
		西京	山城	宇治川塔島塔
		大坂	攝津	淨海石塔
丁亥 廿四	十	青森	陸奥	信田小太郎古館跡碑　高杉鄉主碑
		熊本	肥後	大慈寺鐘
戊子 廿五	正應元	東京	武藏	德泉寺碑 弘安

			奈良	大和	寶生寺鐘
			兵庫	丹後	岩邊寺鐘
己丑	廿六	二	茨城	常陸	長福寺鐘款識
			西京	山城	行願寺鐘
庚寅	廿七	三	山口	周防	春日社鉼
辛卯	廿八	四	青森	陸奥	高杉鄉主碑
壬辰	廿九	五	大坂	河内	慈光寺鐘
			奈良	大和	福智院金鼓
			橡木	下野	日光新宮銅燈臺
			長野	信濃	臼井嶺鐘
					今熊野鐘款識
癸巳	三十	永仁元	東京	武藏	圓明寺斷碑
			西京	山城	悲田院鐘
			青森	陸奥	大鷹宮金鼓　正應六
甲午	三十一	二	青森	陸奥	慈雲寺碑
			大坂	河内	慈眼寺石塔
乙未	元貞元	三	新瀉	佐渡	正光寺鐘
丙申	二	四	橡木	下野	稱念寺鐘
			青森	陸奥	岩切山碑
			神奈川	相模	筥根山鐘銘　路上釜
丁酉	大德元	五	長野	信濃	諏訪宮鐘
戊戌	二	六	青森	陸奥	高杉鄉主碑

己亥	三	正安元	奈良	大和	多武峯石浮屠
			神奈川	相模	筥根崎山鐘　法福寺鐘
			大坂	攝津	釋迦院石塔
			福岡	筑後	觀光寺石塔
庚子	四	二	神奈川	相模	磨崖六地藏
			西京	山城	八幡藥師堂碑　金胎寺石浮屠
			青森	陸奥	守山堂坂妙音寺碑
辛丑	五	三	東京	武藏	稱名寺鐘銘
			神奈川	相模	圓覺寺鐘銘
			青森	陸奥	堀越外崎碑
壬寅	六	乾元元	靜岡	伊豆	定仙和尚塔碑 正安四
			奈良	大和	多武峯六角堂鐘
			神奈川	相模	筥根滿仲追福碑
			青森	陸奥	熊野新宮鐘 正安四
			千葉	下總	新宿郵碑 正安四
癸卯	七	嘉元元	東京	武藏	騎西斷碑
			大坂	河內	地藏堂鐘銘 已改鑄
			西京	山城	禪定寺鐘 正安五
甲辰	八	二	奈良	大和	多武峯摩尼輪塔
甲辰	八	二	青森	陸奥	天王寺碑　相應寺碑　松島五大堂金鼓
乙巳	九	三	青森	陸奥	相應寺碑
丙午	十	德治元	青森	陸奥	長勝寺鐘銘　御島碑

			大坂	攝津	安曇寺鐘
			神奈川	相模	海藏寺造像碑　海藏寺鐘
丁未	十一	二	東京	武藏	總泉寺碑　御岳社鐘
戊申	至大元	延慶元			駒留社經筒德治三
己酉	二	二	東京	武藏	施無畏寺鐘　埼玉碑
			橡木	下野	蓮光寺鐘銘鄰齟
			青森	陸奧	山目邨碑　高杉鄉主碑
			大坂	河內	星邨石塔
庚戌	三	三	神奈川	相模	鶴岡八幡宮銅燈銘
			滋賀	近江	日野碑
			和歌山	紀伊	六代御前碑
			西京	山城	大來院碑
			青森	陸奧	岩切斷碑
辛亥	四	應長元	神奈川	相模	箱根山中碑
			大坂	河內	淨谷寺石佛
壬子	皇慶元	正和元	青森	陸奧	愛宕山碑應長二
			橡木	下野	清巖寺鐵碑
癸丑	二	二	青森	陸奧	醫王寺碑　高杉鄉立碑
			大坂	河內	青谷寺石佛
甲寅	延祐元	三	靜岡	駿河	巨鼇山清見寺鐘銘
乙卯	二	四	奈良	大和	安樂寺金鼓
			大坂	河內	和田寺金鼓

丙辰	三	五	神奈川	相模	鶴岡八幡宮鐘銘
			茨城	常陸	安福寺鐘款識
戊午	五	文保二	千葉	上總	椎津邨古墟碑
			滋賀	近江	寶光寺鐘
己未	六	元應元	静岡	駿河	三保社金鼓
			長野	信濃	阿彌陀堂鐘
庚申	七	二	東京	武藏	烏栖觀音堂鐘　淨雲寺墓石
			静岡	伊豆	普照寺金鼓
			和歌山	紀伊	高野山犬墓碑
辛酉	至治元	元亨元	青森	陸奥	高杉鄉主碑　和田邨碑
			櫔木	下野	天寶寺鐘
			千葉	下總	下總國八幡宮鐘銘
			新潟	越後	如法寺碑
壬戌	二	二	櫔木	下野	日蓮書名號碑
			奈良	大和	下尾邨鐘 穆鼎
癸亥	三	三	奈良	大和	奈良招提寺金堂鮪字
			青森	陸奥	高杉鄉主碑
			和歌山	紀伊	藤代邨石佛
甲子	泰定元	正中元	青森	陸奥	天王寺碑　陸奥鹽竈碑 元亨四
			大坂	攝津	長田社鏡
乙丑	二	二	東京	武藏	万年寺鐘
丙寅	三	嘉麻元	東京	武藏	騎西梵字碑

			靜岡	伊豆	善願上人舍利瓶記
			新潟	越後	彌彥祠銅鉢
丁卯	四	二	宮城	陸奧	松浦碑　藤代小友碑 正中四
			山梨	甲斐	妙臺寺鐘銘
戊辰	致和元	三	大坂	攝津	今福寺鐘
己巳	二	元德元	西京	山城	建仁寺鐘 嘉曆四
庚午	至順元	二	茨城	常陸	長勝寺鐘
			神奈川	相摸	法泉寺鐘
辛未	二	元弘元	青森	陸奧	名取斷碑
			奈良	大和	多武峯石燈
			大坂	和泉	神光寺鐘
			靜岡	伊豆	東明寺鐘
壬申	三	正慶元	神奈川	相摸	東慶寺鐘銘 元德四　淨智院鐘
			靜岡	伊豆	東明寺鐘銘
癸酉	元統元	二	東京	武藏	久米郎將軍冢碑　德藏寺鐘 元弘三
			大坂	和泉	多奈恩山寺鐘
甲戌	二	建武元	西京	山城	廢園提寺石佛
			青森	陸奧	黑森社鐵鉢　仙海墓石
					乾坤通寶　楠正成鏡銘
乙亥	至元元	二	西京	山城	金色院鐘款識
			滋賀	近江	西念寺鐘銘
			大坂	和泉	禪興寺釋迦象

丙子	二	延元元 建武三	東京	武藏	喜多院梵文碑　牛久保鹿島社鐘　窪田郡阿彌陀堂鐘
			大坂	攝津	極樂寺石燈臺
			奈良	大和	菩提寺鐘　元興寺石燈臺
			青森	陸奥	堀越外崎碑
丁丑	三	二 四	熊本	肥後	金子塔 建武四
戊寅	四	三 曆應元	青森	陸奥	馬場社鐘　馬場近津明神地内碑
			羣馬	上野	東覺寺鐘
己卯	五	四 二	奈良	大和	吉野先帝碑 延元四　天川地藏石象 延元四
			大分	豐前	求菩提山金鼓
			青森	陸奥	多福院山吉野碑
庚辰	六	興國元 三	大分	豐前	淨土院鐘
			青森	陸奥	赤石鹽覓松碑
			大坂	河内	尊延寺邨石佛
			埼玉	武藏	泉福眞福二寺鐘銘
辛巳	至正元	二 四	大坂	攝津	野間邨碑　供養碑
			西京	山城	竹田石佛
			東京	武藏	江戸清水御門所出碑
			青森	陸奥	中尊寺鐘
壬午	二	三 康永元	東京	武藏	仙波碑 曆應五
			橡木	下野	長光寺銅塔○鏡
			奈良	大和	堀氏所藏鐘款識
			西京	丹波	西院西縣鐘

日本圖經十一

日本圖經六之一

癸未	三	四 二	大分	豐前	水町𡖖冢
			石川	加賀	白山鐘
			青森	陸奥	中尊寺鐘銘　法花寺鐘碑
			茨城	常陸	中尊寺鐘　法花寺鏡碑
			羣馬	上野	極樂院塔　宗本寺墓石
甲申	四	五 三	東京	武藏	大聖寺碑
			和歌山	紀伊	高野山佛號碑
					僧大鑑舍利塔銘
乙酉	五	六 貞和元	東京	武藏	慈光寺碑
			愛知	參河	鳳萊寺鐘
			青森	陸奥	赤石深浦碑
			西京	山城	大光山瓦當
丙戌	六	正平元 二	青森	陸奥	赤石甕松碑
			橡木	下野	中禪寺貞和釜款識
			和歌山	紀伊	高野山奥院熊谷蓮生碑
丁亥	七	二 三	大分	豐前	德善院鐘
			奈良	大和	鳳閣寺石塔　地藏堂碑
			青森	陸奥	赤石甕松碑
戊子	八	三 四	奈良	大和	地藏堂石階銘
			西京	山城	下醍醐鐘
己丑	九	四 五	東京	武藏	久米邨碑
			和歌山	紀伊	高野法明上人碑

Date	Entry
	青森 陸奥 赤石甕松碑
	羣馬 上野 甘樂梵文碑
庚寅 十 五觀應	東京 武藏 新曾邨碑
	千葉 上總 藥師堂經筒
八二	大坂 攝津 觀音堂石佛正平六
癸巳 十三 八文和二	青森 陸奥 赤石金井碑
	大坂 和泉 蕎麥原祠金鼓正平八
	奈良 大和 南都水屋長尾石水船款識
	千葉 下總 熊野若一王子鐘
	愛知 參河 福林寺鐘
乙未 十五 十四	青森 陸奥 毛越寺鐵燈款識　赤石金井碑　藤代小友碑
	赤石甕松碑
	東京 武藏 慈光寺梵文斷碑
	奈良 大和 橋本大師講碑正平十
	大坂 攝津 川尻邨石塔
	和歌山 紀伊 市脇邨石塔正平十
丙申 十六 十一延文元	神奈川 相模 藤澤寺鐘銘
	青森 陸奥 三世寺碑文和五
	大坂 攝津 延福寺鐘銘
	和歌山 紀伊 名倉西福寺塔正平十一
丁酉 十七 十二二	東京 武藏 新曾邨碑
	大坂 和泉 岸和田邨石佛

日本圖經十二　五

圖經六之一

			羣馬	上野	光源寺五輪
戊戌	十八	十三 三	西京	山城	天龍寺鐘
			奈良	大和	長谷寺水盤
			青森	陸奥	高杉鄉主碑
			和歌山	紀伊	市場滿福寺鐘 正平十三
己亥	十九	十四 四	和歌山	紀伊	道成寺鐘 那賀白山權現碑
			青森	陸奥	高杉鄉主碑 万藏寺舊跡碑 赤石金井碑
			大坂	河內	光瀧寺鐘
庚子	二十	十五 五	東京	武藏	彌勒寺碑
			和歌山	紀伊	岩田氏碑
			青森	陸奥	稻邨碑
			靜岡	遠江	大島觀音堂金鼓
辛丑	廿一	十六 康安元	東京	武藏	新曹邨碑 延文六 六角碑 普濟寺碑
壬寅	廿二	十七 貞治元	東京	武藏	勝願寺舊地碑 瑞泉寺碑
			大坂	攝津	管嚴寺碑 德林寺碑 文和十一
癸卯	廿三	十八 二	東京	武藏	仙波碑 延文八 武藏淺草寺石幢
			青森	陸奥	赤石金井碑 康安三
甲辰	廿四	十九 三	兵庫	播磨	酒見寺鐘銘
乙巳	廿五	二十 四	東京	武藏	慈光寺碑
			青森	陸奥	安養寺鐘 南部黑森社鐘
丙午	廿六	廿一 五	大坂	河內	地藏堂鐘銘
			大坂	攝津	須磨寺金鼓 住吉祠石幢 正平廿一 地藏堂鐘

			大坂 和泉	興善寺鐘 正平廿一
丁未	廿七	廿二 六	大坂 河内	雁多尾畑郵鐘文
			福岡 筑後	青天寺石佛 正平廿二
戊申	明洪武元	廿三 應安元	青森 陸奧	岩城忠教寺鐘
己酉	二	廿四 二	東京 武藏	甘棠院碑
			大坂 河内	新福寺鐘 正平廿四
庚戌	三	建德元 三	愛知 參河	莵足明神鐘
			奈良 大和	越智加賀守碑
辛亥	四	二 四	大坂 河内	觀福寺金鼓
			大坂 和泉	男里郵石塔 正平廿六
			西京 山城	勝持寺石燈
			和歌山 紀伊	押川不動堂碑 建德二
壬子	五	文中元 五	西京 山城	矢田寺鐘
癸丑	六	二 六	東京 武藏	國安社神體　白石佛碑
			羣馬 上野	相生碑
甲寅	七	三 七	東京 武藏	三島社鐘銘
			青森 陸奧	赤石金井碑二　龍泉院鐘 應安七
乙卯	八	天授元 永和元	東京 武藏	比企題名碑 應安八
			奈良 大和	山田八幡祠石燈　檜牧郵石神殿 文中四
			和歌山 紀伊	密寺鐵燈扉識　為尼上智造石塔款識　高野
				碑
丙辰	九	二 二	東京 武藏	深大寺鐘　宮古經冢碑

			西京	山城	叡山西塔鐘
			奈良	大和	布留社鐘款識
			青森	陸奥	岩切山碑　稻邨碑　古經冢碑
			靜岡	遠江	濱松長寶寺鐘
					乾卦研
			大坂	和泉	行者講田碑
丁巳	十	三　三	東京	武藏	澤村碑
戊午	十一	四　四	青森	陸奥	稻村碑
己未	十二	五　康曆元	西京	山城	琰魔堂鐘
辛酉	十四	弘和元　永德元	大分	豐後	盛福寺鐘
			青森	陸奥	赤石甕松碑
壬戌	十五	二　二	東京	武藏	慈光寺梵文碑
			福岡	豐前	求菩提山鐘
			奈良	大和	牧野祠石燈　弘和二
丙寅	十九	三　三	東京	武藏	江戶清水御門所出碑
			西京	山城	五条八幡水盤　京千本琰魔堂石浮圖
丁卯	二十	四　嘉慶元	東京	武藏	淺草寺鐘銘　平林寺鐘
			栃木	下野	妙言寺碑　至德
			青森	陸奥	多福院碑　至德
戊辰	廿一	五　二	千葉	上總	仁井田八幡宮金鼓
己巳	廿二	六　康應元	青森	陸奥	赤石金井碑
庚午	廿三	七　明德元	東京	武藏	新曹邨碑

			靜岡	伊豆	八丈島藥師堂鍔口款識　藥師堂鐘
辛未	廿四	八 二	羣馬	上野	寶篋印塔
			東京	武藏	圓福寺雲版
			大坂	攝津	牛頭天王祠金鼓
			千葉	上總	甘樂法花塔
壬申	廿五	九 三	東京	武藏	新曹邨碑
			千葉	安房	清澄寺鐘銘
			秋田	出羽	赤神山社銅鉢
			青森	陸奧	天台寺鐘 元中九
			靜岡	伊豆	東明寺鐘銘
癸酉	廿六	明德四	東京	武藏	新曹邨碑
			福岡	豐前	伊加利社鐘
			岐阜	美濃	藏王權現鐘銘
甲戌	廿七	應永元	福岡	筑前	千手寺鐘 明德五
			靜岡	伊豆	東明寺鐘
乙亥	廿八	二	東京	武藏	新曹邨碑
			大坂	和泉	梵光寺鐘
			大坂	攝津	淨土寺水盤
丁丑	三十	四	東京	武藏	廣園寺鐘銘　八條邨碑
			茨城	常陸	某神社銅器
戊寅	三十一	五	岐阜	美濃	南宮鐵塔
己卯	建文元	六	靜岡	伊豆	若宮八幡鐘

辛巳	三	八	和歌山	紀伊	志摩社石燈臺
			西京	山城	妙覺寺鐘銘
			大坂	攝津	延福寺鐘　小部郵石塔
			青森	陸奥	栩倉馬塲鐘銘
癸未	永樂元	十	大坂	攝津	天澤寺石燈
			群馬	上野	星田石燈
			佐賀	肥前	觀音院鐘銘
			神奈川	相摸	明王院鐘
甲申	二	十一	福岡	筑後	三井石佛
			青森	陸奥	岩峯寺鐘款識
			羣馬	上野	冬郵五輪佛
					僧佛光塔銘
乙酉	三	十二	神奈川	相摸	明王院鐘銘
			福岡	筑後	久留米城中碑
丙戌	四	十三	奈良	大和	靈山寺金鼓
丁亥	五	十四	東京	武藏	長禪寺銅佛
			靜岡	遠江	佐夜勝黑宮金鼓
己丑	七	十六	東京	武藏	新曾郵碑
			大坂	和泉	國寶寺碑
			大坂	攝津	福嚴寺碑
庚寅	八	十七	西京	山城	賀茂郵闔筒
辛卯	九	十八	山梨	甲斐	廣照寺鐘

					永樂通寶
壬辰	十	十九	福岡	豐前	黑田社鐘
			大坂	和泉	鉢峯山長福寺石燈款識
癸巳	十一	二十	東京	武藏	江戶清水御門外所出碑
			大坂	攝津	蓮花寺金鼓
乙未	十三	廿二	大坂	河內	西琳寺鐘款識
丙申	十四	廿三	櫔木	下野	中禪寺應永釜款識
			愛知	參河	守公神社鐘
乙亥	十七	廿六	奈良	大和	初瀨神宮寺鐘
			福岡	筑後	久留米石佛
庚子	十八	廿七	靜岡	遠江	佐夜兩櫻天王金鼓
辛丑	十九	廿八	福岡	豐前	彥山鐘
壬寅	二十	廿九	東京	武藏	永源寺鐘
甲辰	廿二	三十一	東京	武藏	新曾邨碑　又
乙巳	洪熙元	三十二	山口	周防	吉敷社碑
丁未	宣德二	三十四	奈良	大和	安禪寺金鼓
戊申	三	正長元	東京	武藏	新曾邨碑
			青森	陸奧	石卷妙光碑 應永三十五
庚戌	五	永享二	大坂	河內	二宮祠金鼓
辛亥	六	三	大坂	攝津	勝尾寺石塔銘
壬子	七	四	新潟	越後	神宮寺鐘

松蔭研

癸丑	八	五	西京	山城	因幡堂鐘
乙卯	十	七	奈良	大和	達磨寺碑
			大坂	攝津	勝福寺碑
丙辰	正統元	八	大分	豐前	今井社鐘
戊午	三	十	奈良	大和	八幡宮金鼓
庚申	五	十二	新潟	越後	村上祠金鼓
辛酉	六	嘉吉元	東京	武藏	江戶清水御門所出碑
			西京	山城	藥師寺銅佛背款識
			和歌山	紀伊	中津川阿彌陀堂金鼓
壬戌	七	二	新潟	越後	岩舟神祠金鼓
甲子	九	文安元	靜岡	遠江	土岐天王金鼓
丙寅	十一	三	靜岡	遠江	栗島毘沙門堂打響
丁卯	十二	四	奈良	大和	玉置山金鼓
					文安瓦研
戊辰	十三	五	東京	武藏	河肥井中所出碑
			大坂	和泉	高藏寺鐘銘
			奈良	大和	榮山尼妙一墓碑
己巳	十四	寶德元	大坂	攝津	泙屋重芳藏半鐘識
庚午	景泰元	二	東京	武藏	江戶清水御門所出碑
壬申	三	享德元	青森	陸奥	平澤寺鐘
			愛知	參河	御津神社鐘
甲戌	五	三	福岡	豐前	求菩提山舍利塔

丙子	七	二	和歌山 紀伊	粉川寺畠山滿家碑　高野山彌勒堂鐘
丁丑	天順元	長祿元	奈良 大和	金剛寺石塔　川上陵石塔
戊寅	土		岡山 備前	新熊野山鐘銘
戊寅	二	二	奈良 大和	平安城西洞院石塔
			茨城 常陸	清音寺鐘
己卯	三	三	櫔木 下野	日光淨光寺鐘
			新潟 越後	觀音堂金鼓
癸未	七	寬正四	埼玉 武藏	男衾金山金鼓
甲申	八	五	東京 武藏	慈光寺重尊碑
			靜岡 伊豆	普照寺鐘銘　普照寺碑
乙酉	成化元	六	東京 武藏	大井鹿島社金鼓
丙戌	二	文正元	東京 武藏	新曾觀音寺碑
			山口 長門	遊行上人碑
丁亥	三	應仁元	和歌山 紀伊	天野神社鐘
			奈良 大和	春日山石燈
戊子	四	二	岡山 備前	靈仙寺鐘款識
			埼玉 武藏	騎西伊豆祠金鼓
庚寅	六	文明二	奈良 大和	藏王堂鐵燈款識
			櫔木 下野	日光瀧尾鐵塔
辛卯	七	三	東京 武藏	金剛寺碑
壬辰	八	四	大坂 河內	倉治村石崖
甲午	十	六	羣馬 上野	箕輪八幡石燈臺

乙未	十一	七	西京	山城	阿彌陀寺石佛
			岐阜	美濃	長家宮鐘
丙申	十二	八	奈良	大和	榮山本光房逆修碑
丁酉	十三	九	和歌山	紀伊	神田郵御船明神鐘
戊戌	十四	十	福岡	豐前	求菩提山佛器
			千葉	下總	葛飾題目碑
己亥	十五	十一	東京	武藏	本行寺卅番神堂金鼓
			西京	山城	神宮寺石塔婆
壬寅	十八	十四	兵庫	播磨	清水寺鐘銘
			大坂	攝津	大廣寺碑　寶山寺金鼓
					文明研
癸卯	十九	十五	東京	武藏	地藏堂碑
			奈良	大和	宥秀碑　祐某碑　尼圓明碑　榮山妙因碑
甲辰	二十	十六	西京	山城	清凉寺鐘
乙巳	廿一	十七	東京	武藏	高巖寺碑
			福岡	豐前	不動院石燈臺
丙午	廿二	十八	奈良	大和	榮山寺碑
戊申	弘治元	長享二	西京	山城	金龍寺鐘
			奈良	大和	榮山寺碑
己酉	二	延德元	愛知	參河	永仁寺鐘 三長享
庚戌	三	二	奈良	大和	月瀨祠石燈
辛亥	四	三	奈良	大和	南都般若寺鐘款識

			西京	山城	北野天滿宮鐘
			大坂	河內	向莊村碑
壬子	五	明應元	奈良	大和	般若寺鐘延德
			兵庫	河內	壺井八幡鐵燈臺
癸丑	六	二	靜岡	遠江	山內觀音堂金鼓
			奈良	大和	榮山釋行音碑
甲寅	七	三	大坂	河內	小松寺斷碑
丙辰	九	五	福岡	豐前	求菩提山碑
			山口	長門	游行上人碑
丁巳	十	六	青森	陸奧	鹽竈宮鐘銘
			愛知	參河	伊奈郡八幡鐘
己未	十二	八	青森	陸奧	月藏寺金鼓
庚申	十三	九	西京	山城	龍安寺鐘
癸亥	十六	文龜三	茨城	下總	青砥邨古城跡碑
			愛知	參河	永泉寺金鼓
甲子	十七	永正元	靜岡	遠江	東福寺鐘
			大坂	和泉	正覺寺石佛
丙寅	正德元	三	神奈川	相模	建長寺鈴
丁卯	二	四	靜岡	伊豆	善名寺金鼓
辛未	六	八	和歌山	紀伊	高明院碑
壬申	七	九	靜岡	駿河	富士大宮鐘
			奈良	大和	布大明神鍔口款識

癸酉	八	十	東京	武藏	金剛寺鐘
			奈良	大和	安樂寺石佛
甲戌	九	十一	長野	信濃	松本八幡鐘
乙亥	十	十二	奈良	大和	常樂寺金鼓
丁丑	十二	十四	奈良	大和	辻地藏碑　中川寺石佛
己卯	十四	十六	西京	山城	寶積寺鐘款識
庚辰	十五	十七	岡山	備中	吉備津宮鐘
			靜岡	遠江	佐夜白山社金鼓
辛巳	十六	大永元	西京	山城	醍醐觀音堂鐘
甲申	嘉靖三	四	香川	讚岐	金藏寺鐘
			大坂	河內	常稱寺石佛　平松郡石燈
乙酉	四	五	櫔木	下野	日光別所經筒
丙戌	五	六	兵庫	河內	古野郡石燈
丁亥	六	七	奈良	大和	當麻寺石塔
			靜岡	遠江	石上天王社金鼓
戊子	七	享祿元	東京	武藏	高巖寺碑 大永八
			大坂	河內	真念寺石佛 大永八
			奈良	大和	春日石燈 大永八
己丑	八	二	西京	山城	北白川天滿宮鐘
庚寅	九	三	大坂	攝津	春日祠金鼓
辛卯	十	四	東京	武藏	蓮生寺金鼓
			奈良	大和	春日山石燈

壬辰	十一	天文元	奈良	大和	乳待嶺地藏石像 享祿五
癸巳	十二	二	大坂	攝津	溫泉寺石佛
			和歌山	紀伊	阿彌陀佛碑
甲午	十三	三	東京	武藏	權大僧都碑
			大坂	攝津	地藏堂金鼓
			羣馬	上野	二宮祠金鼓
			大坂	和泉	道音冢　下出郁石佛
乙未	十四	四	大坂	攝津	神宮寺石燈
丙申	十五	五	大坂	攝津	升屋水鉢識
			岐阜	美濃	定勝寺鐘
			福岡	豐前	求菩提山金鼓
丁酉	十六	六	大坂	攝津	溫泉寺鐘
			和歌山	紀伊	[illegible]瑩寺碑
			奈良	大和	月瀨祠石燈
			大坂	河內	巨麻堂石佛
戊戌	十七	七	奈良	大和	高鴨明神金鼓
己亥	十八	八	靜岡	遠江	小胡桃地藏堂金鼓
庚子	十九	九	奈良	大和	春日山石燈臺
			大坂	河內	古野郁石燈
			青森	陸奧	岩崎住吉祠鐘
辛丑	二十	十	東京	武藏	龍華寺鐘銘
癸卯	廿二	十二	和歌山	紀伊	高野御影堂前銅燈臺

			奈良	大和	禪龍寺鐘　春日山石燈臺
			兵庫	河内	碓井邨石佛
甲辰	廿三	十三	青森	陸奥	最勝寺鐘款識
乙巳	廿四	十四	奈良	大和	春日山石燈
丙午	廿五	十五	兵庫	河内	平尾邨石佛
丁未	廿六	十六	和歌山	紀伊	高野四郎鐘
戊申	廿七	十七	奈良	大和	廣瀨邨石燈
己酉	廿八	十八	愛知	參河	神宮寺鐘
庚戌	廿九	十九	靜岡	伊豆	東明寺鐘
			奈良	大和	若艸山石佛
辛亥	三十	二十	東京	武藏	少林寺金鼓
			青森	陸奥	八幡祠鐘
			奈良	大和	榮山墓碑
癸丑	三十二	廿二	奈良	大和	櫻井寺鐘
甲寅	三十三	廿三	福岡	豐前	求菩提山碑
			大坂	河内	真念寺石佛
			茨城	常陸	妙經寺金鼓
乙卯	三十四	弘治元	奈良	大和	春日山石燈 天文廿四
丁巳	三十六	三	大坂	河内	巖涌寺石燈　明光寺石佛　明光寺碑
戊午	三十七	永祿元	兵庫	河内	東足代邨石佛
庚申	三十九	三	奈良	大和	善法寺石佛
壬戌	四十一	五	奈良	大和	春日山石燈

癸亥	四十二	六	奈良	大和	善法寺石佛
			大坂	攝津	靈松寺碑　普門寺碑
甲子	四十三	七	和歌山	紀伊	野上八幡宮金鼓
乙丑	四十四	八	奈良	大和	金峯勝手祠鐘
丙寅	四十五	九	羣馬	上野	近戸明神金鼓
戊辰	隆慶二	十一	橡木	下野	地藏院碑
			大坂	攝津	法花寺碑
己巳	三	十二	兵庫	河内	道明寺鐘銘
			羣馬	上野	今宮祠金鼓
庚午	四	元龜元	靜岡	遠江	氣多八幡金鼓
			奈良	大和	片岡氏碑
辛未	五	二	東京	武藏	吹上觀音堂金鼓
			奈良	大和	春日山石燈臺
壬申	六	三	福岡	豐前	愛宕山經冢
			石川	能登	富來八幡鐘
			大坂	攝津	清普寺碑
癸酉	萬厤元	天正元	奈良	大和	安樂寺石佛元龜四
			大坂	攝津	善源寺碑
					永樂通寶　無名大判　拾兩大判
甲戌	二	二	和歌山	紀伊	邊土郝極樂寺碑
					拾兩大判　丁銀　五兩判　二分判　半兩判
乙亥	三	三	西京	丹後	成相觀音堂金鼓

					永樂通寶　文祿通寶
丙子	四	四	奈良	大和	佐久間信盛碑
丁丑	五	五	西京	山城	八幡神宮寺釜
			羣馬	上野	菅原天神祠金鼓
			奈良	大和	茅原邨石佛
庚辰	八	八	奈良	大和	正法寺碑
辛酉	九	九	大坂	攝津	森邨稻荷祠金鼓
			青森	陸奥	滿福寺金鼓
壬午	十	十	奈良	大和	辨才天社石燈
癸未	十一	十一	和歌山	紀伊	根來山碑
甲申	十二	十二	奈良	大和	來迎寺石佛　榮山寺地藏石像
乙酉	十三	十三	奈良	大和	八田寺地藏堂碑
丙戌	十四	十四	東京	武藏	山王社金鼓　芝崎八幡黃金佛
丁亥	十五	十五	廣島	安藝	嚴島社舞臺欄干擬寶珠
			靜岡	遠江	佐夜八幡金鼓
					天正通寶
戊子	十六	十六	東京	武藏	八王寺八幡金鼓
			大坂	攝津	法國寺墓碑
己丑	十七	十七	福岡	豐前	求菩提山碑
			秋田	出羽	赤神山社銅鉢
庚寅	十八	十八	西京	山城	天瑞寺鐘　三條橋銅柱銘
			福岡	豐前	城井宇都宮鎮房墓碑

辛卯	十九	十九	鳥取	伯耆	大山寺稻荷社鐘
					拾兩大判
壬辰	二十	文祿元	西京	山城	山州橋本新造橋銘
					文祿通寶
癸巳	廿一	二	東京	武藏	乘蓮寺墓碑
甲午	廿二	三	西京	山城	本國寺鐘　曲直瀨道三碑
			和歌山	紀伊	高野山本中院谷明王院石佛
乙未	廿三	四	東京	武藏	新曾觀音寺碑
			大坂	攝津	大門寺碑
					一兩判
丙申	廿四	慶長元			高野山應其上人塔　跋祿
					慶長通寶
己亥	廿七	四	和歌山	紀伊	高野山朝鮮戰死軍兵碑
			靜岡	伊豆	駒碑
					壹分小判　壹分金
庚子	廿八	五	大分	豐前	長圓寺水盤　求菩提山佛器
壬寅	三十	七	兵庫	河內	天野山月見臺欄干擬寶珠　上太子叡福寺
					鐘款識
甲辰	三十二	九	奈良	大和	春日山石燈
			大坂	河內	金峯山寺守社鍔口款識
乙巳	三十三	十	福岡	豐前	求菩提山碑
丙午	三十四	十一	大坂	攝津	法安寺鐘

			奈良	大和	鷹鞭山石燧
			西京	山城	高臺寺鐘
					慶長通寶
丁未	三十五	十二	西京	山城	誓願寺鐘　毘沙門堂擬寶珠
庚戌	三十八	十五	西京	山城	玉鳳寺鐘　觀音院擬寶珠
			椽木	下野	日光高木清秀墓碑
辛亥	三十九	十六	和歌山	紀伊	高野奧院玉川歌碑
癸丑	四十一	十八	福岡	豐前	清水寺石燈臺
甲寅	四十二	十九	西京	山城	西園寺鐘　方廣寺鐘

（未詳年）傳國神器三　天璽瑞寶十種　佛足石和歌　室生山畑中碑　三城目邨碑　忍海原連魚養碑　古碑　勝手明神古鐘銘　猿丸太夫墓志　沓清水碑　二階堂墓志　法隆寺銅斗識　青砥邨古城跡碑　永手墓志　南都東大寺燈臺銘　宇知川磨崖　江島碑　桃尾山門院石壁銘　楠正成墓碑　阿彌陀寺阿彌陀經碑　肥後石敢當碑　佛頭山碑　高貴寺下乘碑　高野山町石繪圖文　八稜驛鈴字　六陵驛鈴字　駒谷邨碑　陸奧宮城郡坪碑　弘川寺下馬碑　壽安鎮國山碑　勉亭林春信碑

大化瓦研　後醍醐琨玉研　曾我堂瓦研　忠峯研　平重衡鄉研　道山研　亨研　子元新造瓦研銘　紫石荷葉研銘　星槎研銘　文庫銘研銘　又　琴研銘　東寺瓦當　又　唐招提寺瓦當　葛井寺瓦當　鴻臚瓦當　天恩山瓦當　白虎樓瓦當　菊地古城瓦當　兵庫瓦當　宗清瓦當　文長瓦當　宗俊瓦當　大慈寺瓦當　□居□永福瓦當　羅漢寺瓦當

游歷日本圖經二十八

奏派游歷日本美利加秘魯巴西等國英日屬地加納大古巴知府用兵部郎中臣傅雲龍述

日本文徵一

文徵上

往籍交涉條目與夫交涉之文具外交一科矣明前金石自有專門書籍敍跋詳藝文志雖然有中國人紀日本事之文有日本人紀事之文又有別國人論日本事之文同文旣見源流變本輒關時務藥石之言未嘗不可對觀也否則文雖蔚如難可概錄文徵之異於徵文以此與湖南文徵例同而不同彼猶爲文計此專爲徵計也采自集者較多非故略史史易撿也述文徵

中國人紀日本事之文

明

朱之瑜與孫男毓仁書

日本禁留唐人已四十年先年南京七拾同住長崎十九富商連名具呈懇留累次俱不準我故無意於此乃安東省菴苦苦懇留轉展央人故留駐在此是特爲我一人開此厲禁也旣留之後乃分半俸供給

我省菴薄俸二百石實米八十石去其半止四十石矣每年兩次到崎省我一次費銀五十兩二次共一百兩省菴先生之俸盡於此矣又土儀時物絡繹差人送來其自奉敝衣糲飯菜羹而已或時豐腆則魚鰯數枚耳家止一唐鍋經時無物烹調塵封鐵鏽其宗親朋友咸共非笑之諫沮之省菴恬然不顧惟日夜讀書樂道已爾我今來此十五年稍稍寄物表意前後皆不受過於矯激我甚不樂然不能改也此等人中原亦自少有汝不知名義亦當銘心刻骨世世不忘也奈此間法度嚴不能出境奉候無可如何若能作書懇懇相謝甚好又恐汝不能也

張斐至長碕告朱楚瑜文

登彼西山兮蹈此東海夷齊千古兮而有公在公之不死兮將有所待公而既死兮痛詎有艾嗟予小子兮有志未逮獨行寡和兮群刺爲怪天乎知我兮心則已憊既窮域內兮復之海外初至國門兮闇者以戒憂從中來兮誰與爲解異方之人兮鬼神是賴公其佑我兮無即于殆

國朝

梅曾亮記日本國事

日本賈人舟膠於臺灣濱海者虜其財事聞於閩浙總督方公公斬爲掠者三人償其財叩頭謝且固辭曰大將軍令不敢私入中國今以風故猝至此稍以貨歸舟中人無脫死者矣公歎異而遣之蓋方公自爲余言如此然余獨怪日本以蕞爾之彝法立於國而民聳然於萬里之外欲有所拾取則狼顧豈其有異術焉抑鱗介之民易爲理也又賈人所攜之書有紀國之年與事者其始祖曰天皇當隋唐之交後數百年而國有大將軍號曰尊公其同姓曰家尊公威權特甚有令以火遞傳之項刻百里大將軍尤惡天主教嘗殺數千人而其教絕他國有天主教者皆絕不通有貨其地者問事何神館某廟舟無守貨人無

所失而入廟不拜者殺之以天主教不拜神也賈他國者分其贏於大將軍無他官府及胥吏假手故民不以分所有爲苦亦毫髮不敢欺嗟夫彼大將軍雖如王視中國不過一郡守耳何乃能若是階級少則事權一胥吏去則上下通然則彼之倔强一隅而役使如志者豈無故哉豈無故哉

黎庶昌教育會演說

丁亥冬日余重使日本至東京即聞有教育會甚盛心嘉創會諸君用意之勤且聞各國公使多列名其中其推戴之會員則以有栖川宮小松宮兩親王爲首未幾會長辻新次君來謁邀余入爲名譽會員余以亞細亞同洲人又兼修好之誼弗敢辭茲開第五屆總會與新會者幾五千人黎庶昌於是起而言曰日本維新以後通國設立男女公私學校類重語言文字藝術孜孜考求不二十年舉事改觀其學力之專精人才之奮起實爲環地球各國所尠見昌明國運有足多者夫漢學家之教人何嘗不視小學爲重孔子論童蒙首在養正禮記中之曲禮內則其教男女之法至瑣至繁管子書載弟子職漢班昭作女誡下至宋儒亦以洒掃應對進退等節文教人皆是由淺入深期諸實用特至今日而西法出研究更見精詳規模益形濶大此亦時會各有不同使然其教人用意則一也即如我國教子弟法其教習不由官設皆係自延是以士大夫家之有教習者十嘗八九頗得自主之權特西法未盛行耳若日本之於西學精神聚注此教育會是其一端矣大凡男女子當十五歲以前一切志趣未定教之易入如流水決之東則東決之西則西事半功倍故大學之教全恃小學爲基礎我國有常語云少成若天性習慣成自然即斯之謂矣余既入會深盼教育之法日新月盛使全國後起之英才秀女如出一轍即余亦與有光榮質之在會諸公其以此言爲當否

黎庶昌游日光山記

日光山一名二荒山又名黑髮山在日本下野國都賀郡距東京百七十里今爲國幣中社國幣者明治維新創設官幣國幣分大中小等社始爲此稱前世第曰二荒神社云爾當唐大厤初彼孝謙天皇神護慶雲間有勝道上人者登此山弘仁時（唐元和中）使唐僧空海弘法大師繼之佛教遂盛山下爲大谷川跨以橋名曰神橋或名菅橋橋之右折入一二里所有小倉山濱一湖極幽奥矮松離立亭亭若人若車蓋御門主（皇族爲僧者之稱）別墅也日光中大瀑曰七瀧曰布引曰索麵曰裏見曰霧降曰般若曰華嚴皆數見異名大猷公廟在山之陽祀德川家康以還三代將軍東照宮又在其東今爲別格官幣社頗相連屬後水尾天皇元和元年（明萬歷四十三年）天海僧正（僧正僧官名）遷德川先代葬此二廟相望於白雲綠樹間飛樓湧殿廻環駁沓金碧錯彩壁皆髹漆如明鏡楣切礎柱黃金塗飾之承塵各爲井字函鏤刻龍鳳金雞孔雀圜紋雜以花竹卉木而檐牙多出猛獸形環偉奇兀窮極人巧大率一準唐制也門外華表高三丈餘塔五層層矗四五丈有朝鮮制蟲食鍾其他石燈號蓮葉蟲蛀輪廻等屬者重列以百數皆各國諸侯所進獻德川氏武威之盛如此俛仰財三百年兩國勢亟變大將軍降於庶人釋道亦落國人至結保晃會歲醵金錢營繕之抑何其黜之甚也予以光緒八年七月游此信宿飲泉坐石得養性之趣一日騎行入山十餘里觀所謂華嚴瀑者直下七十五丈果奇偉迆邐上至南湖南湖一名中禪寺湖近日光頂處泓水清淺直視可里餘衆峰圍之樹陰倒垂湖中幽秀移人下流即華嚴瀑湖西北二十里許聞有湯泉外國客所聚雨甚未能往游也

黎庶昌刻古逸叢書序

予使日本之明年得古書若干種謀次第播行屬楊君星吾任校刻惟夫古籍之僅存兵燹腐蠹之無常其勢不日趨散亡不止學士大夫雖病之而無術以免惟好之而即求求之而即傳差足救敝於後予非

苟爲其難也古書之流遺何幸復見於異邦而自予得之且以付刊焉予亦不自知所以然庸詎知非天之有意斯文而啓予贊其始也予患不學久矣今天假此使事歲月俾得從事讀書不可謂非厚幸予曰好古敏以求之請自茲始書成將斂其版運致之官局以與學者共之雖然卷帙之重而課成於再期校讎之繁而委積於一人或不免抵牾滋多而謭陋如予又不能精勘其誤失使讀者快焉其力僅足存此書而已古書之不亡古人之精神自寄之豈予所能增重而獨至蒐輯之責似若有默以畀予者固不敢不勉也書凡二百卷二十六種刻隨所獲概還其眞無復倫次經始於壬午告成於甲申以其多古本逸編遂命之曰古逸叢書而别條敘目如左光緒十年歲在甲申七月遵義黎庶昌敘　〔敘目〕影宋蜀大字本爾雅三卷此書末有將仕郎守國子四門博士臣李鶚書一行爲蜀本眞面目最可貴宋諱闕愼字其爲孝宗後繙刻無疑日本再繙之今又從再繙本影雕展轉撫摹僅存郛廓而已按後唐平蜀明宗命太學博士李鍔書五經刊板國子監中見王明清揮麈餘錄爾雅在五經外豈明清家有五經僅舉見本而言與鍔鶚不同據此可以訂誤　影宋紹熙本穀梁傳十二卷此與揚州汪氏問禮堂繙刻公羊傳同爲建安余氏家塾本二書均題紹熙辛亥孟冬朔日建安余仁仲敬書而此本第十二卷末有國學進士余仁仲校正國學進士劉子庚同校國學進士陳幾同校國學進士張甫同校奉議郎簽書武安軍節度判官廳公事陳應行參校五衙余氏萬卷堂藏書記又題癸丑仲秋重校訖則穀梁之成當後公羊二歲矣此次撫刻俱精有取藍勝藍之妙附校札　覆正平本論語集解十卷此書根源隋唐舊鈔字句與今行本異同甚夥往往合於陸氏釋文字畫亦奇古卷末題堺浦道祐居士重新命工鏤梓正平甲辰五月吉日謹誌正平甲辰當元順帝至正二十四年其云重新鏤梓則以前有刻本可知然時代無考矣道祐錢遵王讀書敏求記及日本别刻題學古神德楷法日下逸人貫書者均作道祐予謂當從此本作祐是

又有津藩有造館本論語集解亦出舊鈔異同處尤爲近古皆卷子眞面目也天保中有縮刻本　覆元至正本易程傳六卷繫辭精義二卷程子易傳東都事略直齋書錄解題載六卷者是爲原本錢遵王猶及見之後世通行本併作四卷大失程氏舊第近金陵局刻本董氏眞卿周易會通匾作六卷實則未見原書此本雖元時坊刻然宋諱如貞恒桓愼敦等字多缺筆則元翻宋板也所有異同即坿於逐行字句下是東萊呂氏參定之遺尤爲難得原書無呂跋今從會通中錄出補刊於後繫辭精義二卷董眞卿云東萊集周子二程子張子諸家經說語錄及二程子門人共十四家之說以補之然則館閣書目以爲託名者誤也惟卷首諸圖爲坊賈增入　覆舊鈔卷子本唐開元御注孝經一卷孝經註疏序云明皇於先儒註中採摭菁英芟去煩亂撮其義理允當者用爲註解至天寶二年註成頒行天下仍自八分御札勒於石碑即今京兆石臺孝經是也自石臺行而世幾不知有開元十年之註其實石臺即用開元本略加修改而已此本元行沖序完然獨存惜未錄疏然於三才章格外注云疏中廣要道章注云疏下猶可見元氏分卷之遺經義攷引崇文總目云孝經正義三卷邢昺撰初世傳元行沖疏外餘家尚多皆猥俗褊陋不足行遠咸平中昺等奉詔據元氏本而增損焉與文獻通攷所引末句集諸儒之說異陳詩庭云叔明僅據行沖疏爲本未嘗參採諸儒故今本猶止題邢昺校當以朱錫鬯所引爲正　集唐字老子注二卷日本有摹刻張參五經文字唐玄度九經字様甚精與石本無異又有廚總地名字惠攷訂彔以道本王輔嗣老子道德經注今合以局刻華亭張氏本集張唐二家經字爲之　影宋台州本荀子二十卷朱子按唐仲友爲一重大公案其第四狀云仲友以官錢開荀揚文中子韓文四書貼黃云仲友所印四子曾送一本與臣臣不合收受已行估計價值還納本州軍資庫詑此即四種之一卷末有劉向敘目題荀卿新書十二卷三十二篇又有王子韶同校呂夏卿重校銜名熙寧元年國子監劉子及校勘官十五人銜

名又有仲友後序蓋淳熙八年繙雕熙寧官本板心所題姓名即第六狀云蔣輝供共王定等一十八人在局開雕者是仲友雖爲朱子所劾而此書校刻實精錢遵王稱爲字大悅目信然　影宋本莊子注疏十卷南宋槧本每卷首題南華眞經注疏卷第幾次題莊子某篇某名第幾郭象注次題唐西華法師成玄英疏分爲十卷與宋藝文志同又於每卷内題某篇某名第幾郭象注以還子玄之舊故分言之則爲三十三卷合言之則十卷也惟唐藝文志作注莊子三十卷疏十二卷　四庫未收書目依道藏本鈔作三十五卷敏求記又作二十卷均未知如何離析此本爲日本新見旂山所藏字大如錢作蝴蝶裝僅存十分之五予見而悅之以金幣爲請新見氏重是先代手澤不欲售願假以西法影照上木而留其眞予又別於肆中收得養生主一卷德充符數葉爲新見氏所無幷舉而歸之然尚闕應帝王以迄至樂因取坊刻本成疏校訂繕補而別集他卷字當之不足者命工仿寫蓋極鉤心鬭角之苦矣天下至大設異日宋本復出取以與此數卷相校字體多不類讀者當推原其故也成疏稱意而談有郭象注解之曲暢而不蹈其玄虛有林希逸口義之顯明而不至流於鄙俚且世傳老子西出流沙莫知所終疏以爲適之罽賓尙存唐以前舊聞如此類甚可喜也子書善本傳世日少世德堂六子久爲衆所稱貴讀此老莊荀三書更當快然意滿也　覆元本楚辭集注八卷辨證二卷後語六卷朱子注楚辭時年已七十識解在詩集傳之上世行本雖多往往闕辨證後語此獨完整中間宋諱多缺筆亦元繙宋刻與程氏易傳同作讀本最善　影宋蜀大字本尙書釋音一卷武昌張廉卿所藏咸豐初年吳縣潘冏侯手摹與士禮居蜀大字本孝經論語行欵同冏侯詫爲黃蕘圃顧千里諸人所未見不誣也　影舊鈔卷子原本玉篇零本三卷半此眞顧黃門原帙逸千三百年而幸存注文之詳奚翅溢出大廣益會本十倍雖僅僅十分之一足可視爲瓊寶予別有跋篇中放部卷末有馬道二字馬道在大和國奈良興福寺旁古有學校當是出於

此學所藏也單行本已出日本紙幣局長得能良介始從高山寺搜獲糸部卷首至緩字半卷摹刻以印本見詒因另刋補完故一卷中有有兩次第閒之柏木探古云西京某氏尚存一卷在此刻之外但未知何部無從羅致耳西京一卷後亦仿得續刻增入　覆宋本重修廣韻五卷此卽張氏士俊澤存堂所出之本宋諱幽至桓字則徽宗時槧也日本町田久成所藏亦假用西法影照付刻張氏雖名影宋而據玉篇集韻改字頗多顧千里曾以無札記爲憾又行欵部位閒有移易字畫俱一一排勻故明秀異常而遜其一種樸拙之氣今用張刻校其異同别爲札記附後　覆元泰定本廣韻五卷此卽　四庫提要所謂原本廣韻注文簡當者也予以大中祥符重脩本比勘其視此書加詳者實祇姓氏地理兩門提要譏其冗漫亦良有以自重修本盛行此本傳世日希以顧亭林之博洽僅得見明內府中涓本況泰定時槧耶第不知提要所謂元初刻版又是何本也卷中匡朗等字時有闕筆其爲出自宋板無疑惟俗體頗多譌舛亦衆今擇其顯然太甚者正之餘悉仍舊予見楊君星吾所藏明永樂甲辰廣成書堂宣德年閒清江書堂兩次緢刻卽此泰定本注文遞有刋落别有元至順庚午刻本删節尤多然則此本益重可貴矣　覆舊鈔卷子本玉燭寶典十一卷隋著作郎杜臺卿少山撰原十二卷今缺第九卷其書用小戴記月令爲主博引經典集證之較周書月令解呂覽四時紀淮南時則訓加詳此爲專書故也開皇中奏上號爲詳洽陳直齋書錄解題猶載之其亡當在宋以後耳　影舊鈔卷子本文館詞林十三卷半文館詞林有二本一爲高宗顯慶三年原修一千卷一爲武后垂拱二年采詞涉規誡以賜新羅國王者五十卷此則一千卷本也今於林述齋佚存叢書外收得者第一百五十六卷詩一百五十七卷詩一百五十八卷詩三百四十七卷頌四百五十二卷碑四百五十三卷碑四百五十七卷碑四百五十九卷碑六百六十五卷詔此卷殘六百六十六卷詔六百六十七卷詔六百七十卷詔六百九十一卷敕六百九十九卷敕東土僅存之本獲已過

半其中亦有漢書文選所載不盡逸文也字分大小兩種當以類從未獲者附存目錄於後　影舊鈔卷子本琱玉集二卷通志藝文略作二十卷入類書日本見在書目作十五卷入雜傳此僅存兩卷其體例每類以二字名篇先撮所引人物爲耦語冠首再列故事書名於後畧似小傳實小說家言書法頗勁疑遣唐學生之所爲末題用紙若干張天平十九年歲在丁亥(玄宗天寶六載)某月可考見唐時卷子本舊式惟譌字頗多是必傳鈔之誤原纂不如是也　影北宋本姓解三卷雁門邵思纂首有序題大宋景祐二年上祀圜丘後五日其書以偏旁分部始人終暢凡一百七十部爲姓氏譜別裁原槧甚精頗類唐石經北宋本之極佳者向山黃村所藏　覆永祿本韻鏡一卷三山張麟之撰有紹興辛巳嘉泰三年兩序其說本之鄭樵以爲反切之要莫妙於此不出四十三轉而天下無遺音矣序末有慶元丁巳重刊圖記亦宋板也日本享祿戊子(明嘉靖七年)清原朝臣宣賢繙刻之至永祿七年(嘉靖四十三年)又以張氏的本重校　影舊鈔卷子本日本見在書目一卷此記從唐代齎來日本之書皆卷子本也原鈔出自大和國室生寺譌字甚多國人曾刻入群書類從中點畫與此悉同題云七八百年前之物蟲蝕數字餘亦多可疑者然一從原文不敢妄改疑以傳疑之義也又有近人飫肥安井衡書後云右書目中所收爲部千五百七十九爲卷一萬六千七百九十分爲四十家七緯不著卷數又據頭銜蓋寬平中(唐昭宗龍紀元年訖乾寧四年)佐世在奥所輯距今九百六十餘年按史先是貞觀乙未(唐僖宗乾符二年)冷泉院火圖書蕩然蓋此目所因而作所以有見在之稱也據此則唐以前之書卷帙分明原委具在初無所謂古文逸書好古者當亦灼然知歐陽公百篇尚存之說其爲寓言無疑矣　影宋本史畧六卷宋高似孫纘古修似孫有經史子緯騷五略子畧緯略四庫已著錄騷略見存目此史畧其佚者也序云依劉向七錄法各彙其書而品其指意始寶慶元年十月十日畢十一月七日未及一月而書成蓋畧採衆家評隲之言以明史之綱領而已　影唐寫本漢書

食貨志一卷此食貨志之上卷民世治三字皆缺筆字體秀勁當爲李唐人書無疑往歲獨山莫子偲友芝徵君得唐寫本說文木部六紙驚爲奇寶撰箋異一卷余爲手摹以行與此可稱兩絕　仿唐石經體寫本急就篇一卷三十四章日本天保八年道光十七年小島知足所書字體摹唐石經工楷雅致作初學讀本最善　覆麻沙本草堂詩箋四十卷外集一卷補遺十卷傳序碑銘一卷目錄二卷年譜二卷詩話二卷此書前四十一卷宋麻沙本補遺十卷朝鮮繙刻本卷中惟題杜工部草堂詩箋卷第幾及嘉興魯訔編次建安蔡夢弼會箋者爲是餘或稱黃氏或稱集諸家注或云杜工部詩史補遺或題臨川黃鶴集注建安蔡夢弼校正或單加集注增修等皆坊賈妄爲奪文譌字不可勝糾蔡箋繁而寡要適如錢蒙叟杜注敘例所譏可取者編年本獨此耳攷陳景雲注絳雲樓書目宋板草堂詩箋云草堂詩有高麗刻本如水筒詩何假將軍蓋之句蓋高麗本作佩注引李貳師拔刀刺泉事錢受之謂較蓋字爲穩宜從之其爲善本可知似未窺見全體惟翁覃溪復初齋集有二跋論最允當今採附卷末當　四庫開館時覃溪爲纂修官此箋未經著錄僅收詩話一卷想其獲睹全書在提要告成後也　影舊鈔卷子本碣石調幽蘭一卷陳禎明中會稽丘公明所著琴譜之第五卷也予非知音不敢是正以待世之能鑒希聲者　影舊鈔卷子本天台山記一卷　唐道士徐靈府撰見直齋書錄解題及通志略其書與琱玉集皆小說家言以唐人著述日少仿　四庫著錄桂林風土記例收之　影宋本太平寰宇記補闕五卷半　四庫著錄原缺自一百十三卷至一百十九卷此宋槧從日本秘閣借出亦殘闕不完幸存闕卷自一百十三至十七及十八之半卷因影照刻補而以太政大臣往來函件附後以著同文佳話桂林陳蘭森補闕視此可廢矣　按日本存中土逸書古本如唐釋慧琳一切經音義一百卷希麟續音義十卷此乃小學之匯歸佚文之淵藪有白蓮社刻本最爲完整可據唐楊上善黃帝內經太素注原書三十卷今存二十一卷予

獲有傳鈔本又曾借閱祕閣古寫卷子本春秋經傳集解三十卷其書出自隋唐舊鈔經傳字句異同極夥錄有校本又北宋本杜氏通典二百卷卷末鈴大宋建中靖國元年大遼乾統元年高麗十四葉經筵藏書圖記槧刻甚精北宋本世說新語三卷南宋單疏本尚書正義二十卷興國軍本不坿釋音春秋左傳三十卷南宋本集韻十卷胥官庫物又有楊君星吾所收繙刻宋蜀大字本任淵山谷詩注二十卷皆以卷帙繁重未能謀刻姑坿記於此以餉好事君子庶昌又識

黎庶昌跋日本人唐寫卷子本注楞伽經後

此註楞伽經一卷闕首數行原卷子本改爲摺本余以金幣三百獲之東京大養寺國人號爲第一名筆余在日本見天平神護景雲寫經甚衆字體凝厚而大無出此卷右者末雖未有欵識年月以他經證之實天平中物無疑有松浦弘者藏寫經甚富精鑑别携所最珍賞者兩卷來謁一爲鞞婆沙經末題神護景雲二年歲在戊申五月十三日景申一爲增壹阿鋡經末題天平寶字三年十一月四日散位大初位上三島縣主毘麻呂寫余出此卷示之自以爲尚在前五六十年彼卷弗如也攷日本寫經之風唐代大行自慶雲和銅以迄天平神護景雲七八十年之間尤爲極盛蓋當其時彼國數遣信使於唐酷慕漢制靈龜二年玄宗開元四年八月遣吉備眞備阿部仲麻呂僧玄昉入唐留學至天平七年開元二十三年而還獻樂歷書佛經等十三年且下諸州寫經造塔之令其重視佛法如此至神龜延歷以後雖亦爲之而稍衰矣所寫經卷歷世相傳視爲奇寶明治維新之際西法代興始稍稍流出然士族之家收弆珍藏尚猶不絕多者至數十百卷舊傳有日本三筆曰嵯峨天皇曰橘逸成曰弘法大師又有三跡曰小野道風曰參議佑理卿曰大納言行成皆爲世所貴博古之士類能辨之因并記其厓略俾後有攷焉

黎庶昌跋華嚴經私記

右華嚴經私記二卷日本町田君久成以原寫本見示古色斑然目爲瑰寶予先觀其體例第一行單題譯字下注餘石反云云第二行大周下注時云云字又序字下注京兆靜法寺沙門慧苑之作又製字下注之世反云云卷末一題八十卷花嚴經音義上卷一題大方廣佛花嚴經音義卷下別一行題云八十經私記上下二卷知非慧苑本書序音後錄則天皇后新字二十餘文又知其序出武氏御製矣第二卷面有馬道字樣與余所刊原本玉篇同馬道在大和國奈良興福寺旁其地古有學校當是同出一藏因以粵雅堂本苑氏經音與校正注兩文增省異同者可十之四又多將原注所引書名刪落或亦注倭言某某則尤日本人著書之證然其佳處間有溢出原注外者如超四大而高視句下有苞栝二字一條注云苞字在草部亦爲包補殽反果衣也婦懷任於己爲子也十月而生也又爲胞字在肉部胞補交反腹肉也親兄弟也其文與顧野王原本玉篇絕類疑是引顧氏原文而於果衣也下芟去野王案三字若此類不無遺憾至其書法遒挺佛嶺上人徹定以爲神龜天平間物不虛也（當唐玄宗開元時）有好古君子刻而傳之未嘗非苑音之一助末有徹定金邠及何子峩張魯生兩星使四跋予踵其後仍依作者原名題爲華嚴經私記云光緒九年十一月

黎庶昌書森立之壽臧碑後

古之自營兆域者曰石槨曰壽臧曰生壙自宋桓司馬漢趙邠卿以來世多有之皆達者所爲日本森君立之篤信好學喜聚鈔本古書點勘證訂自少至老手不釋卷迹其生平事業若隱若仕界於醫儒之間今年七十有六宦游東京且十年矣東京昔所稱江戶者也立之別起冢先人墓側瘞其髦髮臍帶而題曰壽臧之碑文以志之自古游子悲故鄉森君其有感於是耶抑狐死正首詎嘗以此爲正耶余意立之遭值承平仕不越境無去國之道要皆無取於是孔子曰身體髮膚受之父母不敢毀傷孝之始也立身

行道揚名於後世以顯父母孝之終也森君之爲其致若與古人同而志意則微遠已光緒八年壬午九月大清使者遵義黎庶昌

黎庶昌跋宮島誠一郎戊辰八月上闕書

書疏乃啓悟君上之體貴有一種忠憤悱惻之意流貫其間斯足動聽又必其人先有一段至理蓄藴在胸始能言之有物然此非可僞爲孔子曰修辭立其誠而已劉子政之論甘延壽谷永耿育之訟陳湯所以能見納者以其言眞也此書文氣樸直頗與漢人爲近中間指陳拒命本末情義兼至一以懇誠出之無策士詆諆氣習切而不流於激直而不失之野故能上感主知釋米澤仙臺兩藩之疑解會津之危脫奥羽二州之厄一舉而三善備文之爲用大矣哉光緒八年七月遵義黎庶昌

黎庶昌日本正六位藤野君墓志銘

君諱正啓字伯迪别號海南愛媛縣松山人藤野氏光緒九年余闢使署西廔修重九登高約以賓晉東人士時未識君有來告者曰藤野伯迪蓄道德能文章茲會不可失因不介而致之升吾堂貌愉德充漢行而唐服霎然君子儒也自是雅重君明年夏余往游伊香保邂逅遇之逆旅君挈妻女偕行般桓山中累日究論漢學興廢及礦泉之理之說甚備時時見君點勘荀卿書手不釋卷瀕行出女眞子彈琴作歌志別誼至懇篤眞子多文而衆余私謂君能型其家也君本以漢學著稱自國内改尙西法仕東京二十年不甚顯由昌平學校教授充編修官凡十遷至正六位勳六等與重野安繹巖谷修長松幹數輩先後同官始終不離修史局其年冬余奉諱返國越三年再使日本君方養痾去京未即見歸自熱海猶手書賀正旦間一月耳君子漸來赴則聞君沒矣年六十三惜哉余以異國人而與君交既又與君游卒乃送君之死以臨其葬此雖本邦親故朋好猶不易致況海外萬里乎非偶然已是不可以不書銘曰書同文

百王揆情之親不隔海我爲銘播遐邇名在兹君不死大清欽差大臣遵義黎庶昌撰并書光緒十四年二月

孫點芝公園觀角觝戲記

余駐東之明年初夏清和春花全謝枯坐斗室忽忽不樂新執政黑田君治東邀星使及余等觀角觝戲於芝園駐車隨往遇巖谷修三島毅途次未及語比至門主人迎于階列邦使者咸集四王皁子先後至百執事列就座次階前張彩幔環而觀者千餘人中爲方臺實以土上之左下之右倚柱設方茵坐二壯士觀陣不發聲中立一古衣冠者執團板圓如鏡目灼灼然口呶呶然周旋指揮于角者之間又一人間時舉扇左右招唱某某名即有二人自東西上赤體腰以下繫排帶綴縧縧蹲踞作勢久之始相角頗似獸鬭命名當以此有一二合即負者有數十合或負或仍相持者久相持則共勝然無有逾兩刻者每登臺之先諸力士著彩裙左右上稍立即各下脫裙聽所招次第奏技凡角以首以手不以足與中原拳擊大有異演數十次無或殊余視之久有倦容井上陳政曰未數齣皆名手藝最佳者觀其全余以中村敬宇別有約遂先去歸而問諸全見者則仍曰如向者之所爲越數日會巖谷三島等湖心亭重道及此二子是日坐稠人中均視余余均未見之言無足觀與余同川田甕江則言有三十六法重野安繹曰角觝有四十八法甕江蓋偶誤解者始知之云余謂日本漢學師中土時習師歐羅巴惟是爲獨步目今五大洲均未之或有聞此技始于垂仁天皇創其事者曰當麻蹶速曰野見宿禰皆以勇力稱當麻後爲野見所勝盡得當麻之地蓺苑日涉載其事甚詳七月有相撲節上御仁壽殿觀之左右各三十人烏帽狩衣徒跣不着袴左勝則奏拔頭右則奏納蘇利右先勝則奏納蘇利左奏蘭陵王今綴其略大率武夫健兒相以角力舒筋骨文士亦有習之者久乃爲輿臺卒隸之技竟若與俳優雜劇等古今來名存實亡概若是也然其一線不絕識者

比之爲饑羊黑田君初秉國鈞百廢具舉演此劇以娛賓從之來自四方者若示人以當日武功固在此不在彼而隱以倡復古之機也余因以告日東漢學嗜古之士使之磨厲以須而相與角其所長也遂爲之記（黎大臣庶昌曰角抵始于漢漢書武帝本紀元封三年春作角抵戲三百里內皆來觀又西域傳贊作魚龍角抵之戲以觀視之蓋爲外國客設也應劭曰角者角技也抵者相抵觸也文穎曰名此樂爲角抵者兩兩相當角力角技藝射御故名顏師古曰抵者當也非謂抵觸而余則以應說爲是）

陳矩（榘初名）建武劍銘（有序）

日本刀劍爲中國所重久欲購藏未果戊子歲客東京使館士人有以舊刀求售者中雜短劍形製古雅長工部營造尺尺有一寸篋皮如古松枝作龍鱗狀色類赭石篋旁穴藏小刀長六寸柄亦鐵製上有黃金鏤建武二年十月□日造數字刀面刋曰於濃洲金峕麓御勝山參根川邊包氏二十三代孫志津三郎兼氏造之二十八字蓋造劍人姓字及祖名地名也攷日本史建武二年當中國元順宗元統二年是時日本兵革相踵名工輩出兼氏其一也聞之長老曰人樸質非同他國人常以贋鼎謬爲三代兩漢物以炫售者則此劍爲五百年外物無疑矣屬劉君子貞以錢十千取之懸之壁間時加拂拭寒芒射人頗重之然余愧無班定遠傅介子諸人志寶此何爲聊取魏文帝詠劍詩除凶致福祥之意耳遂爲之銘曰

朝撫此劍鋒利於霜夕撫此劍無月而光不斷犀象名器室藏除凶致福佩以還鄉

陳矩記遵義黎欽使蒓齋先生刋古逸叢書

古逸叢書二百卷遵義黎蒓齋先生出使日本所刋也開雕於壬午告成於甲申以中多古本逸編命名曰古逸叢書蓋先生嗜古有年每嘆中國古籍半消磨於兵災水火日本向屬同文之國歐陽文忠公嘗致想於逸書百篇之存而皇侃論語義疏乾隆間竟得之長崎番舶故今持節彼都不惜金幣上自王室秘府下至寺觀（日本寺觀多有藏書）以及士大夫家所藏莫不網羅擇要而刋之凡二十六種其間半有軼編使中

國千數百年墜簡復還舊觀海內士大夫得者莫不驚爲秘笈吳縣潘尚書伯寅至詫爲刻板以來所未有矩亦承先生之賜出舊藏宋槧世綵堂韓文殘帙及李翰林集相較皆遠遜之亟置篋製銘藏之梧月山館友人華陽王雪澂泰和周伯方聞而來觀皆艷羨不置今游日本東京嗜古之士猶稱道收訪之勤刋刻之精（刋工以木村嘉平爲第一）紙墨之良（日本紙以美濃岳雪爲無上品而猶精益求精墨必項煙令工細磨日盡一丸）刷印之善（每工日印不及千葉微有指痕及一點一畫不明者即棄之）無美不備宜海內有洛陽紙貴之譽也吾知數百年後好古者必更有孔廟虞書貞觀刻之嘆（山谷詩孔廟虞書貞觀刻千兩黃金那購得）雖千金不易矣因嘆世之重黃冶玉帛者收之惟恐不力藏之惟恐不富一旦子孫不肖歸於澌盡朽腐而已出使時値艱鉅乃節三年薪俸萬數千金耗二年心力獨成此書旋舉版畀蘇州書局與海內同志公其好視世之重黃冶玉帛者其度量度越賢不肖爲何如也昔賢謂盛德大業異人所任吾今益信之矣雖乏黃冶玉帛之富然千載而後知此書者即知先生然自視猶以爲未惟其中尚有宜加審勘雖原本如是意在存眞然暇時當助訂之

日本人文

僧空海獻書表（按弘法大師正傳六月二十七日獻劉希夷集四卷王昌齡詩格一卷貞元英傑六言詩三卷及飛白書一卷皆所自寫也其文云）

劉希夷集四卷右伏奉小內記大伴氏上宣書取奉進但恐久韞揮翰筆不勝意不免強書空汙珍紙王昌齡詩格一卷此是在唐之日於作者邊偶得此書古詩格等雖有數家近代才子切愛此格當今堯日麗天薰風通地垂拱無爲頌德溢街不任手足敢以奉進庶令屬文士知見之矣還恐招耻遼豕貞元英傑六言詩三卷元是一卷緣書樣大卷則隨大今分三卷文是秀逸之文書則褚臨王之遺體也比屬臨池之次寫得奉上飛白書一卷亦是在唐之日一見此體試書之虎變爲犬雖未成功夫比之獻芹伏願

天慈曲垂一覽不任葵藿之至謹遣弟子僧實慧謹隨狀奉進輕黷宸嚴伏深戰汗謹進弘仁二年六月二十七日弘法大師正傳

空海獻墨本十部表

德宗皇帝眞蹟一卷歐陽詢眞蹟一卷張誼眞蹟一卷大王諸舍帖一首不空三藏碑一首岸和尙碑一鋪徐侍郎寶林寺詩一卷釋令起八分書一帖謂之行草一卷鳥獸飛白一卷右雖輕乏敢表丹誠但恐輕塵聖覽招恥遼豕謹隨狀謹進弘仁二年八月日沙門空海進同

獻貍毛筆表

空海貍毛筆四管眞書一 行書一 草書一 寫書一

右伏奉昨日進止且敎筆生坂井名淸川造得奉進空海於海西所聽見如此其中大小長短强柔齊尖者隨字勢麤細總取捨而已簡毛之法纏紙之要深墨藏用竝皆傳授訖空海自家試看新作者不減唐家但恐星好各別不允聖愛自外八分小書之樣搨書臨書之式雖未見作得具足口授耳謹附淸川奉進不宣謹進弘仁三年六月七日同

空海獻雜文表

急就章一卷王昌齡集一卷雜詩集四卷朱晝一詩卷朱千乘詩一卷雜文一卷王智章一卷讚一卷詔勅一卷譯經圖記一卷

右伏承昨日進止隨探得且奉進所遺表啓等零在他處今見令人覓取來則馳奉夫尺水本無萬里之鯤培塿何有千丈之幹空海瓦礫之人謬緘燕石不謂聖聰索金聲於芻蕘訪華藤於朽榴雖喜聖綸之下徹還慙亨帚之愆過謹隨狀奉進輕黷聖覽伏深戰越謹進弘仁三年七月二十九日沙門空海進同

空海獻梵字幷雜文表

沙門空海言空海聞帝道感天則秘錄必顯皇風動地則靈文聿興故能龍卦龜文待黃犧以標用鳳書虎字俟白姬以呈體於焉結繩廢而三墳燦爛刻木寢以五典鬱興明皇因之而弘風揚化蒼生仰之而知往察來不出戶庭萬里對目不因聖智三才窮數稽古温故自我垂範非書而何矣況復悉曇之妙章梵書之字母體凝先佛理含種智所以三世覺滿尊而爲師十方薩埵重逾身命滿界之寶半偈難報累劫之障一念易斷文字之義用大哉遠哉伏惟皇帝陛下貫三表號減五稱首道邁規矩明齊烏兎露沈文下六合無爲風動琴上一人垂拱玉燭調化金鏡照耀所謂輪瑞之運于今見矣空海人是瓦礫每仰金仙之風器謝巢許久臥堯帝之雲窟觀餘暇時學印度之文茶湯坐來乍閱震旦之書每見蒼史古篆右軍今隸務光韮葉杜氏草勢未嘗不野心忘憂山情含笑諺曰奴口甘郎舌甜敢因斯義欲獻久矣然猶猥藉汙穢還恐觸塵聖眼徽誠潜達先聞于天伏奉布勢海口勅欣踊繕裝古今文字讚右軍蘭亭碑及梵字悉曇等書都一十卷敢以奉進伏乞天慈不嫌涓滴一覽飛塵伏願陛下一披梵字梵天之護森羅再閱神書神人之衞逼側達水遙泝忽入封疆蕩山覓岫來受正朔常住之字加持不壞之體遂古之民擊耕于今辰矣龍瑞紀官永豫姑射鳳祥名職放曠金閣輕黷旒扆伏深戰越沙門空海誠惶誠恐謹言梵字悉曇字母幷釋義一卷古今文字讚三卷古今篆隸文體一卷梁武帝草書評一卷王右軍蘭亭碑一卷曇一律師碑銘一卷大廣智三藏影讚一卷弘仁五年閏七月八日沙門空海進同

空海獻詩表按弘法大師正傳弘仁七年八月獻詩表文云

沙門空海言去六月二十七日主殿助布勢海將五彩吳綾錦緣五尺屏風四帖到山房來奉宣聖旨令空海書兩卷古今詩人秀句者忽奉天命驚悚難瞻中略對山握管攄物有興自然之應不覺吟咏輒抽十

詔敢書于後伏乞天慈宥其罪過幸甚幸甚謹所書屏風及秀句本隨表奉進輕黷聖覽伏增流汗沙門
空海誠惶誠恐謹言弘仁七年八月十五日同
僧觀賢奉勘空海遺蹟狀延喜十九年十一月二日從內裏被給納件策子革筥一合有錦縫立免褐袋又有左辨官下東寺之勅書一枚觀
勘中眞言根本阿闍梨入唐求得法文册子卅帖如本可納本寺經藏令宗長者代代相承之事右就眞
言一宗伏撿舊迹根本阿闍梨贈大僧正法印大和上空海去延曆末銜詔入唐大同元年歸我本朝
弘仁十一年十月二十日皇帝御書賜大法師位任內供奉十禪師天長元年祈雨有感超少僧都以同
年六月六日任造東寺別當且行造寺之事且興眞言之教即表請東寺爲眞言寺入唐請來佛舍利法
文道具及唐阿闍梨付屬物等收置東寺經藏傳法供家宛如私室以同七年轉任大僧都和尚能知終
期東寺之事一向委付弟子律師實慧以去承和元年追終焉之地歸高野山同二年三月廿一日厭世
間味樂寂滅理朝露永晞夜松獨還惟時件册子法文等更不隨身厥後律師實慧爲宗僧綱守先師迹
次轉少僧都具建行宗事次同弟子僧正眞濟爲宗之長進止宗事此兩代間堅收東寺都不移動次根
本阿闍梨舍弟子貞觀寺眞雅僧正以慧宿大法師爲經藏預請度披見僧正以去貞觀十八年六月六
日令權律師眞然請收件法文之日如本可返納東寺之□仰畢遂至元慶三年正月三日奄然入滅須
件法文如僧正教返納東寺而眞然僧正爲少僧都與宗叡僧正共行宗事兩人不和件册子法文不返
納東寺稱是先師隨身法文隨身持去高野住山二三年此間轉任大僧都至元慶八年在京僧正永入
寂滅住山僧都轉任僧正獨出守道無傍領宗正餘年晚暮寬平之初遂歸本山爰請中云公家初置山
座主壽長大法師是其元也以同三年九月黃葉易散泉流難停也壽長堅閉山持件法文次座主權律
師無空每常隨身往還山城無空去延喜十六年於圓提寺卒去之後觀賢件册子早可返納東寺之由

告知彼弟子僧等而左右遁申都不進納㕝具注事由奏聞河原院即召彼弟子僧殊下勘責取出所給也若非法皇御德於凡僧等中殆令紛失此即以根本重物置枝葉輕處之所致也觀賢去貞觀十年生年十五就貞觀寺眞雅僧正爲師承仕同十四年受具足戒然則十年以往之事依文書見以傳言十一年以後事件貞觀寺所見聞也今或人申云件法文元來在高野者此後生人只見元慶以來近事不知貞觀以往舊事任心偏申也又如圓仁座主法文收彼私室不收延歷寺者此又不例何者圓仁是後出之座主吾師是在初闍製彼山以最初座主傳教大師入唐求得天台法文收延歷寺代代座主相承傳寺此宗亦爾以根本闍製入唐請來眞言法文收東寺代代宗長相傳護來至後後人人所持法文收私室此尤可然何以他宗末人例同宗本師乎定以根本一師之後枝葉繁茂別居之寺雖有其員東寺是根本自餘皆枝葉今以件法文置根本一所枝葉諸寺自然歸仰設令先師以件法文隨身雖云留山今至末世護持人乏門徒僧綱宗之長者取出護持更有何妨況元來收東寺今亦本所代代宗長者相承者此尤可叶先師本意也觀賢以愚昧之質忝爲宗長者就先師遺迹盍尋其本意乎以前依仰旨勘申如件延喜十九年十一月九日同

菅原道眞爲族曾祖姑大皇太后製服幷令素服議

檢開元禮曰皇帝本服大功以上親喪皇帝不視事三日又曰緦麻三月成人正服爲族曾祖姑在室者報皇帝所絶傍親無服者皇帝皇子爲之降一等又案本朝令曰皇帝二等以上親若散一位喪皇帝不視事三日三等以上親百官三位以上喪皇帝皆不視事一日義解曰不視事三日者唯爲三月以上服故也然則大皇太后者皇帝之族曾祖姑天子之宜無服制者也故本朝不列五等之親親遠也唐制猶分義理雖及半分文辭甚以鄙劣者又准之不第然則上上之第令條可尋中上之科前例非昧不第之

絕三月之服服輕也明知皇帝廢事證據無文天下素服因循不例唯大皇后之尊名內親王之貴稱禮制雖無正文同家宜有別議元慶三年三月二十五日從五位上式部少輔兼文章博士菅原朝臣道眞定

菅原道眞定太政大臣職掌有無并史傳之中相當何職議

臣某謹案記傳文書無大政大臣之文惟本朝職員令義解曰大政大臣即是有德之選非分掌之職爲無其分職故不稱掌如此文者先師之釋更無可疑又案漢書表云相國掌承天子助理萬機丞相同之大尉大師大保皆在其下後漢書志曰大傅上公一人掌以善導無掌職大尉司徒司空共在其下晉書志云丞相非常人臣之職相國同之太宰大傅大尉司徒司空並在其下宋書志曰大宰所以訓護人主導以德義也大傅大保同之就此等文案之相國大傅丞相大宰等位冠百僚掌殊常職本朝大政大臣可當漢家相國等又大唐六典曰三師訓導之官大抵無所統職無其人則闕之三公論道之官無所不統故不以一職名其官已曰無所統職又稱無其人則闕之可以唐三師當大政大臣唯我朝制令之意大乖大唐令條何者唐令三師三公獨專其官不備尚書省之官員我朝大政大臣雖無分掌猶爲大政官之職事斯其所爲大乖也元慶八年五月九日三代實錄

菅原道眞爲藤大納言請減職封半狀

右臣氏宗伏奉恩制忝授大納言身居非據位在具瞻銜膽棲冰懼無與二重以就列槐棘封戶八百劃土之賞臣既知其不功欺天之罪臣未計其所避鬼神惡盈况於人乎望請職封之中半將資公府之禮節唯所遺歲入猶足又伏臘還恐朝家以臣爲不知分量矣不勝懇款抗言以聞貞觀八年

菅原道眞爲右大臣請解左近衞大將狀

右臣氏宗言先修表狀辭讓重仍愚誠雖盡遂不聽省兢悚之深心肝如刻大將者國之弓馬君之爪牙也若無其人國失兵機君失武備爲氏宗泛覽官寺黜閱府寮或有缺職連年猶無害者或有空官數月而無憂者至于宿衛豈夫可然古之聖人安不忘危先聲之談自備非常氏宗老病相迫筋力已衰月弦暗委埃塵霜鍔空懸蒲柳三思既畢十上何勞不獨營已專資患國伏願特蒙天鑑避路後賢貞觀十二年四月十二日

菅原道眞爲源相公請罷右衛門督狀

右金吾之職位望惟崇臣忝得居其任皇恩不可以測臣自去春首臥病私門未効藥石之一功已見風景之三改仰思鳳闕悲不重擲空撫龍泉恨無再帶伏望殊降鴻恩幸垂天量解罷臣職消損物譏若今遊魂可招以息殘氣得養而留然後輸懇誠於明時竭忠節於聖代不堪至情修狀以聞貞觀十二年

菅原道眞爲源相公重請罷右衛門督狀

右臣生去十五日修狀伏請罷右衛門督精誠不達天聽逾高臣之愚欵抑而不許臣病根差結藥石無功効之期魂氣既浮衣冠斷趨拜之望若帶官班空塡溝壑不唯負譏於下地亦將得罪於皇天臣盡命重蘇之時枯骨重肉之日灰身粉骨是臣願也伏望特播弘仁再廻聖慮恩詔一降察臣累聞不堪懇至重修表狀貞觀十二年

菅原道眞爲右大辨藤原山陰朝臣請罷所職狀

右臣山陰謹奉去月廿九日詔命以臣任右大辨心肝失據冰谷增危臣業廢文學性無政事幸遇覆燾之包容久偷祿位之過溢況官惟崇望職卽要機量其力思其列顯臣朱愚累臣白罪加之臣先上表狀請罷右近衛權中將慮無他貳專志在侍太上天皇誠概讒通適賜寬裕今當此重任更追先請人臣之

節貴其有終犬馬之情何爲默止伏願殊廻照覽解能所職蒼天蒼天察臣懇欵不堪屏營之至冒昧以
聞臣山陰誠惶誠恐頓首頓首死罪死罪謹言貞觀十九年閏二月十日

菅原道眞請參議之官定爲職事事

右伏見今之參議古之觀察使也考錄無法官位不明謹案續日本紀曰大寶二年四月從三位大伴宿禰安麻呂正四位下粟田朝臣眞人從四位上向朝臣麻呂從四位下下毛野朝臣古麻呂小野朝臣毛野參預朝政本官如故又省去大同二年五月四日問曰觀察使無官位相當仍不注兼字而或云可注兼字何以爲正明法博士讚岐廣直答曰雖無相當官員旣備仍須注兼字弘仁七年六月廿五日問曰未得解由之參議者預釐務□□判事物部敏久答曰參議之號不載令條但大政官去延曆八年八月廿日下民部省符偁得省今月十三日解偁被太政官去六月一日符偁參議正三位佐伯宿禰今毛人去月十日致仕已畢省宜承知依例施行者仍撿案內無有依致仕賜收參議封之例今不知行狀謹請處分者被右大臣宣偁奉勑宜准職封減半自今以後永爲恒例者今據此符參議准職事例然則未得解由不預釐務同十三年四月十三日問曰前太宰帥參議從三位多治比眞人身帶參議不預他職考祿之法未知所行明法博士興江繼人答曰大寶二年始勑任參議朝政然則可謂職事准據令條可預考祿但相准官位事須處分夫則大寶初置之日即云本官如故大同決疑之時又曰須注兼字又未得解由之人不預釐務不帶他職之輩可給考祿之狀明法曹司勘申先畢加之頃年之例自職事拜參議者至兼本官必有宣旨遭喪解任之徒奪情復任亦降勑旨況所食者職事之封所載者除日之簿號之職事所據非少但格式未立考祿馬斷之法官猶無相當行守之文此其或可論非職事之故也若果謂非職事則三位參議不帶餘官者當無家司所以爲非職事三位也爰知可稱職事所據已多論非職事

或有抵牾望請被定官位考祿等之式永爲職事之官謹奏元慶六年七月一日爲式部少輔爲省修此狀

菅原道眞請秀才課試新立法例狀

策問徵事可立限例事

右考課令曰凡秀才試方畧策二條謹案此令問條有限徵事無期仍天長以往一問之中多者四事少者三事尤少者每問載一事纔足於二問通而計之遂留二事承和以來二條之內少則十二義多則十六義至多則一句含數義猶謂之一徵分以言之巳及卅義後文前質理固雖然陳力展材何無程里請立新制將勸後賢

律文所禁可試問否事

右職制律曰凡玄象器物天文圖書讖書兵書七曜厤太一雷公式私家不得有違者徒一年注曰私習亦同然則律條所制不得貯其書亦無習其術已云不習何備試問唯年來之例被勅策問者題下問中時觸禁忌然而問者無辜對者無咎此問之事可謂生常今之學者動設巢窟不獨安己將又窺人假令問者依例適發其微對者固稱畏法不習則得否之決將至申訴訴者稍得其理問者反坐其罪罪科之間不可不慎請豫降處分令問答如流

對策文理可詳令條事

右考課令曰文理俱高者爲上上文高理平理高文平爲上中文理俱平爲上下文理粗通爲中上文劣理滯爲不第謹案文辭甚美義理皆通者所謂上上也文辭差鄙義理共滯所謂不第也又檢前例文辭雖非綺靡披讀頗無大害義理雖非全通所對纔及半分者謂之文理粗通文辭雖有可觀義理不及半

目則令條前例共無可欺唯至上中之文平理平上下之文理共平偏桀令文難可會釋更據前例又無準的請詳釋令條明立流例不令詳定之官有所迷謬

以前條事如件臣某職忝銓衡官兼貢舉講試評判苟居其任況秀才者國家之所重策試之道不敢爲輕至件三事迷途未辨伏請處分謹奏元慶七年六月三日菅家文章

菅原道眞勘奏神泉苑白鹿狀

右謹案史記平準書漢武帝時上林苑有白鹿以發瑞應又孝經援神契曰德至鳥獸則白鹿見宋均注曰應宴嘉賓然則神泉者古之上林苑嘉賓者今之渤海客以今稽古應在明時圖譜所存宜爲上瑞臣伏奉勅勘申如右謹奏同

菅原道眞爲侍從等請引駒日賜幄座狀

右侍臣之職陪從惟務大小宴遊座席隨設唯至引駒未有前例雖然當日早朝會集本所乘輿初出行列如常比至馬埸出居大夫高昇殿上辨少納言引就幄中諸衞府幷臨時候階下之輩各有所守容身就地自餘侍從東西分散及還本宮不遑赴集所司每加嚴呵閉口不敢措詞尋其所怠由無座望請別賜幄座將備祗候送日之資儲在本局事須遞相往還不空幄下晚頭就列陳力無疲謹請處分元慶七年四月一日同

菅原道眞請被補文章博士一員闕共濟雜務狀

右謹撿大學諸道博士明經之學所習惟大故官無暫曠五人全備算明法書音等生徒雖少常補二員文章則學業非小於明經博士猶同於書算非唯乏少又闕一員某天性之暗一人難堪方今碩學成列旣有其人伏望被補件闕共濟雜務元慶八年二月廿五日從五位上行式部少輔兼文章博士加賀權

守菅原朝臣 同

菅原道眞爲在中納言謝民部卿狀

右臣行平伏奉今月九日詔旨以臣爲民部卿恩隨冬日懼切春冰三省而慙一身無厝臣謹撿人民損益倉庫盈虛雖繫國吏之常憂復關所司之明察故既往任此職者皆是詳通政事歷蹈吏途歛日之容具瞻所屬而已臣累佩銀魚久忍尸素縱期粉骨已無才智之可施空叩丹心唯有老病之相迫上畏玄鑒下愧蒼生伏願陛下曲廻聖恩罷臣所職勿俾微臣爲天工之盜機要爲閑曠之官元慶八年三月廿一日 三代實錄三十五

菅原道眞請罷藏人頭獻狀

右臣某伏奉昨日任藏人頭之勅旨夢中之想經曉猶迷冰上之行向春欲陷臣謹撿近代之例天安藤原良繩貞觀藤原家宗同山陰仁和平正範藤原有穗源元當代藤原時平同高經源希等或出自清流或生於鼎族其德也堪守芝蘭之種其威也足率鸞鳳之群未有凡夫懦士之能當此任以遺其名者矣臣罷官南海歸命北辰枯苑更華死骨重肉馴闕下而趨拜分已無涯列侍中以周旋恩何不翅古人云服之不衷身之災也臣自謂褊衣短裳亦復傎之況其職之乖人望乎況乎其任之違天量乎伏願聖主陛下停臣所掌更選其人勿俾跛牂妄觸仙欄腐鼠初汗禁省而已縱使臣凌崩浪於鼇頭臣豈敢辭命縱使臣蹈畏途於虎尾臣豈敢惜身唯此非據之職臣之所不知也寛平三年二月卅日 文粹五

菅原道眞重請解藏人頭狀

臣不堪件職之狀以去二月卅日上奏右少辨希傳勅旨云事須先擧可替之人然後辭退件職又奉口勅云早從職掌不得闕怠自爾以來漸六十日進退周旋莫不違禮奉行宣下皆將失常加以某去三月

九日任式部少輔今月十一日兼左中辨此兩箇職過分踰涯況復貞瀧口撰書之所候御前侍讀之喚所帶者二官所勤者兩役虛瑣之才難可兼濟望請特被殊優將解件職則寵光之中暫全傷翅恩澤之下久養枯鱗不堪至誠重請處分寬平三年四月二十五日藏人頭正五位下左中辨兼式部少輔某菅家文草

菅原道眞請令諸公卿議定遣唐使進止狀

謹案在唐僧中瓘去年三月附商客王訥等所到之錄記大唐凋弊載之具矣更告不朝之間終停入唐之人中瓘雖區區之旋僧爲聖朝盡其誠代馬越鳥豈非習性臣等伏撿舊記度度使等或有渡海不堪命者或有遭賊遂亡身者唯未見至唐有難阻飢寒之悲如中瓘所申報未然之事推而可知臣等伏願以中瓘錄記之狀遍下公卿博士詳被定其可否國之大事不獨爲身且陳欵誠伏請處分寬平六年九月十四日同

菅原道眞請令議者反覆撿税使可否狀

撿税使始議之日臣奏曰臣所見只讚岐一國也以彼國之風論之若遣此使者頗有物煩歟其日大納言源朝臣以下二三人同有不快之氣其後令重議之場大納言奏所勘定剩物之內若半分若三分一適被返給於事無妨參議源希朝臣等意雖無所專許偏被引公益遂無所因難臣某亦復如是其後使定之日臣須暫諫止其黜使事盡愚心以窮可否而未得量决之間依有所疑猶豫不奏議畢之後伏思起慮欲罷不能其間一兩治國能知政術者乍聞此事無不愁悶越前守小野朝臣葛紘等是也又大納言以下雖奏無妨之狀于今猶有內歎臣厚蒙國恩早昇高官人之所不安曾不可隱忍凡此議初起之由爲勘出帳外之剩物以相補國用之不足也以名言之公益甚多臣始不固難之故是也以實論之物

煩不少臣今所重請是也何者天下諸國其俗各雖小異其政孰非一同況乎世衰國弊民貧物乏是故或國司乖文法以廻方略違正道以施權議雖動不爲已其事皆犯法臣今舉三條之否謹侍一覽之用臣伏惟假令或國有百方之正稅其見所勘收者五十万其遺五十万是返舉也收納之日其返舉之物只出利稻不出本稻使留在民身是又明年爲返舉者也如是之例歷年已久不可忽變而其國百万正稅之外更有十万剩物惣而計之國中雖有百十万之官稻其所實在者六十万也（出舉正稅五十万 帳外剩物一十万）其返舉之民不給見稻者專依借貸多成公事其借貸用件剩物爰借貸無利正稅有利給無利之實物克有利之虛物斯乃國司之所以成事百姓之所以均役也況當于損年補調庸闕克租稅欠之儲亦此物也天下分憂之吏不必有奸盜人適依有奸人私用之疑專被收良吏非常之儲臣所大恐者後代有割股肉而療飢之喻是爲國司可失治術其否一也又假令依實將勘收件剩物凡剩物者多是穎稻也諸國穎稻者利稻用度之外皆是輕升也多者三升以下少者一升以上雖理不可令然而天下之風如此又收件物之後任色可克用其克用之間又須施百姓而已春米則取欠之積自爲所負買物則受直之民隨成損弊事依有煩置而不用者勘收之謀全可相違耳是爲百姓可致愁苦其否二也又今所點使者在京七人之中左中辨平季長者宮中要須之人也聖主所照不更具陳式部少輔紀長谷雄者北堂文選講說未畢諸道學生課試有員勘解由次官大藏善行者勘不與解由狀并修貞觀以來國史主稅頭善世有友者勘諸國公文之職不可一日無此人大膳大夫紀淸躬者是可爲官長者也而明年闕國其大者有數推計可任之人兩三人之內淸躬其一人也左大史望材者本職忽劇之上山崎橋事是急務也近日催促殊加恪勤今日如使者等取申者經一年餘僅可窮使事者件等要籍之人東西出去經一年餘假令万分之一無所實得各各取預之事共有擁滯人人所思之謗遂無排却是爲公私可無取

得其否三也望請未召出使等之前重令大納言以下反覆議定臣依此事之有公益不敢進狂昧之詠諍令所請者欲令群臣重辨議以聞愚臣之鬱結也使者未黜之前不奏之怠臣不敢避罪雖然聖主收視反聽以叶古人一日三省之義寬平八年七月五日中納言從三位兼行左大辨春宮大夫侍從菅原朝臣同

菅原道眞復奏囚人拘放狀

右臣某月十三日謹奉口勅云去十日令撿非違使別當從三位中納言兼行左衛門督源朝臣勘錄左右獄中繫囚之數十一日錄奏既訖須朕親到獄對放遣而德不及古事未宜今汝者朕之近習也大師也列見罪人依實拘放令如朕之所念者臣伏奉勅旨十三日早朝率從五位上守左少辨源朝臣唱大外記正六位上多治有友左大史正六位上大原史氏雄等會集右衛門府升殿于時左右撿非違使佐以下召列罪人等祗候南門外大路臣召使等先令辨申所犯輕重使等勘會日記過狀一一執申其犯重其罪明者十六人左十一人右五人二人先死其遺十四人即加防援各還本獄其犯有疑其罪未定者四十六人左二十八人右十八人令使等計列南門之前臣率辨以下及撿非違使等著門中壇上胡床即口宣曰奉勅罪人汝等或被疑殺人傷人强盜竊盜或被告僞印强奸投石放火如是等罪科法有限今如聞有司搜實情之間空送二三年獄官尋證驗之內縱經五六月須雖累年序雖積旬月愜定其犯明立其罪任理出入隨事拘放然而別有所念直以放免汝等重有所犯後日曾不寬宥者罪人等共稱唯或伏地嗚咽或仰天嗟歎勅使府官道路見聞不勝感泣拭淚而歸臣某頓首頓首死罪死罪伏錄事狀寬平八年七月中納言同

菅原道眞爲藤相公請罷職狀

右臣高藤謹言臣伏奉去年十月二十六日詔旨以臣被任參議之列臣激勵愚性扶持病身晨昏備員左右從事而衰老迫來宿痾彌倍計不上則拜除之後及三百日量其力則尩弱之中過六十年縱使皇恩忍以無咎如何天鑒明而不容思之顧之以畏以愼伏願特降寵光罷臣參議不勝至欵修狀抗聞寛平八年某月某日參議從三位行近江守臣藤原朝臣高藤同

菅原道眞請特授從五位上大内記正六位上藤原朝臣菅根狀

右臣某謹尋事意去寛平五年四月二日東宮之始太上天皇勅臣曰此般東宮每事省略仍二員學士闕而不補汝已任亮兼供執經云云臣須伏奉綸旨一身兩役而所守忽劇遂違勅命爰至于十月以臣不遑執經之狀奏聞太上皇卽擧件菅根令聽昇殿菅根晝夜恪勤上日明日每當顧問應對無私縱容之夾宿侍之間引經傳以發睿情抽章句以催文思其所奉授者曲禮論語後漢書等秩卷有餘以口奉習之類不可勝計加以菅根對策及第之後七箇年于今也准之前例謂爲晩成況年四十三多後等輩伏願特蒙天鑒叙之上階一補成業之舊功一明侍讀之新賞寛平九年七月日同

菅原道眞上太上天皇請令諸納言等共參外記狀

右臣某謹檢去寛平九年七月三日讓位詔命曰大納言藤原朝臣權大納言菅原朝臣等可奏可請之事且誨其趣奏之請之可宜可行之政無誤其道宜之行之者而諸納言等持疑以爲奏請宣行自非兩臣更不可勤臣再三反覆詔旨云云奏請之人雖稱所指尋常之務無止諸卿加以臣業有文書欲伺閑以傳授身非木石思寄暇而攝治藤原朝臣獨自從政何堪每日頻參之役伏願太上皇陛下述去年詔命之意察今日申請之誠宣喩諸納言等相共令參外記然則庶務繁多暫無擁滯群臣激勵俱致恪勤昌泰元年九月四日權大納言正三位兼行右近衞大將民部卿中宮大夫菅原同

菅原道眞重上太上天皇决諸納言所疑狀

臣某謹言伏奉今月十八日勑旨諸納言之所疑一朝冰解讓位詔之攸指千載日明臣素性雖劣丹誠寂深奏請宜行盡忠不敢廻避養身傳業隨狀將得優遊臣悅至焉臣願足矣昌泰元年九月十九日同

菅原道眞請罷右近衛大將狀

右臣某出身儒館偷職武官三四年來罪深責重伏願聖主陛下曲降鴻慈罷臣大將不勝悃切之至修狀以聞昌泰三年二月六日同

菅原道眞爲藤大納言辭右近衛大將表

臣氏宗言臣伏奉恩制得備宿衛光寵自天懼心無地臣誠惶誠恐頓首頓首死罪死罪臣才非文武智謝股肱忝假納言之名空竊大將之號一以慙於過分一以耻於非據况乎桑榆景暮蒲柳氣衰僅可陪縉紳之臣何堪預陛戟之列仍先再修上表請解右大將遂無聞天之聲逾益伏地之恐臣以爲甲冑未必忠信忠信自爲甲冑望請解罷所帶避路於後賢臣尸素可以除臣愚丹可以盡不勝懇欵抗表以聞貞觀八年十一月二十九日從三位守權大納言兼右近衛大將臣藤原朝臣氏宗上表三代實錄十三

菅原道眞爲大政大臣謝加年官賜隨身第一表

臣良房言伏奉今月十日勑旨賜臣以食邑如舊命年官准三宮帶刀資人隨身兵仗等事荷恩不力銜膽無間中謝臣聞大政大臣者上理陰陽下經邦國一人有慶師範猶施四海無波儀形自用而先帝不弃臣庸璅委以此崇班純陽未免履氷臘月逾添流汗自愧形影深執撝謙唯許減封三分有一又隨身兵仗等事雖舊貫臣不敢當其仁年官則恩是新情臣未堪爲其首故臣並固辭以視不虛受今陛下更憲章先帝重宣慰鴻私忠誠不移先後惟一臣欲推賢以避路何私陛下公選之官將扶老以干城何分陛

下宿衛之士況比年調和不偶水旱重仍倉廩少禮節之資城池失金湯之險故去十一年六月二十六日聖主下勑曰服御常膳並宜減撤同年七月二日公卿上奏曰五位已上封祿亦暫減折其議未復其事猶存豈君臣偏好卑謙蓋內外共待豐稔若以斯時全食彼邑欺耻格於先帝而取嫌猜於當時也且尸素者天奪其鑒充盈者鬼瞰其家温飽有餘何以忘止足年齡已暮暫欲養遊魂臣所以不奉遵公私兼濟而已不任懇欵屏營之至謹修表狀陳讓以聞貞觀十三年四月十四日大政大臣從一位臣藤原朝臣良房上表三代實錄十九

菅原道眞爲大政大臣重謝年官隨身第二表

臣良房言去十五日中使中納言藤原朝臣基經至奉宣聖旨返臣上表將遂先勅頻苦刻肌再慙蛩耳中謝臣自謂功之輕薄鴻毛則其重萬鈞賞之深淵鼇海則其淺三尺蓋荒年祭祀禮不必充豐嗛歲威儀事或從儉約今陛下藜羹自存王公茅土且減臣全不食邑之意將斷先己之嫌若事不得已義可必行五稼登年群臣復舊然後同享所減臣願足矣又陛下不許臣就私第賜直廬於禁中霜仗百重隨身何用虎賁千列帶仗安施臣所以固辭亦復在此臣所有一兩僕隸皆是陛下幼年之侍童也隨分得官者或年三四人陛下以爲慰舊功力臣以爲拜家數人未報萬乘之先恩何擬三宮以新制臣持心不重暫欲樂地中之山禀質猶輕恐不爲風下之草今不堪懇誠重表以聞貞觀十三年四月十八日同

菅原道眞爲大政大臣重謝年官隨身第三表

臣良房言丹欵無遺紫泥不測事之嫌志之執至于再至于三臣某誠惶誠恐頓首頓首死罪臣伏惟滿而不傾者未聞百器之一器貴而能久者誰見萬家之一家臣雲漢昭回位望斯極天顏咫尺恩寵有餘臣所以固辭崇賞亦復一如前表而已殊恨桑榆景薄蒲柳秋深雖有肝膽之精勤而闕晨昏之供奉縱

使臣封至連城富爲潤屋歲入之多家門可無遊用日充之費伏臘今有幾廻時不可留心不可轉臣輸陛下以忠誠無二陛下賜臣以眉壽且千又如勅旨則陛下自有忘德之嫌歸臣多以好謙之責昧死無地眉目何施而事爲國不爲身義向公不向私將分憂織婦何取笑樵夫臣枯骨之餘請訓蒼旻臣寸心之重願帶黃河今不堪精誠之至累表抗聞貞觀十三年四月二十日同

菅原道眞爲大學助敎善淵朝臣永貞請解官侍母表

臣永貞言永貞當年負笈壯日成功乃心於王室之前叉手於黎民之下臣母妾今年八十有五飆風南吹薄暮西夕毉雖三世藥雖萬金施之遊魂有何一効臣聞侍養之道律令有文子孫盡之然後旁逹臣被天摩折終鮮兄弟臣弟少外記愛成身居顯官才亦可用臣爲大學助敎十五年來圓冠非中身之服函丈是遊手之資羊質虎皮名留實去夫人生於三事之如一居官以養異於委親然而君臣絕道愛敬不可兩全朱白殊門忠孝何以兼濟臣先是帝城之外有一小園茅屋數間草萊三逕樵蘇之費不傭力以何供藜藿之羮不假地而欲薦此是區區之尺土足待老母之餘年弟愛成出爲魏闕之臣臣永貞入爲寒閨之子或家或國共是王臣伏惟聖朝爲民父母以孝行治政不及旦暮之人恩先遍期頤之老昔令伯爲祖母辭官晋帝無不省覽臣今爲所生解侍陛下何敢依違縱謂臣去官請祭多士之居於臣後謂臣專孝將見求忠之心於臣門若桑楡遂落⿰骨宛骨長歸歛手足形乃盡臣節而已今不勝烏鳥之情昧死以聞貞觀十四年同

菅原道眞爲右大臣謝官表

臣基經言基經伏奉恩旨以去八月十五日任右大臣仰思注意望辰極以魂亡俯紆具瞻揖烝黎而顏厚臣某誠恐誠惶頓首頓首死罪死罪臣銀黃濫服菽麥彌昏欲報光寵於昊蒼更累崇班於尸素况乎

禮之強仕臣齒未滿其期書之阜成臣能未及其事昔甘羅之一十餘二以多智不爲少年今微臣之三十有七以無才猶謂太早伏願陛下鴻慈聽臣愚悃退臣所帶俾槐路絶曠官之聲華門得稅駕之地不勝至誠上表以聞貞觀十四年十月十三日文粹五

菅原道眞爲小野親王謝別給封戶第一表

臣某言去九月二十一日勅旨賜臣百戶之封以助齋飵之費仰承溫煦未悟比量中謝臣往年病發沈困不歸謝簪纓於帝城約香火於釋衆菩提一念身雖在草庵之中空觀六時心未離魏闕之下大致臣合門萬事皆隨省折灰冷之服備避風茶茹之湌資送日若更蒙新賞猶滿舊封水石幽閑之地有嫌於貯藏煙霞晚暮之家無節於遊用陛下寵光不翅恩之又恩甚深臣虛受非功過而再過惟重伏願陛下察臣丹欵照臣素情卷中綍於九重留上腴之百戶臣願足矣臣望稱焉貞觀十年十月十九日同

菅原道眞爲小野親王重謝別給封戶第二表

中使右近衛少將平朝臣正範至臣草廬宣傳口勅推心出言中情自見量分辭賞上表無聽臣葭莩屬貴磐石對高將繫欻電於殘魂奄趍玄流於遺敎王臣匪躬之義念念逾貞佛子行道之勤生生何慢至彼曉嵐蕭颯讀誦經行澗水潺湲優游自得斯則所以陛下不咎臣入道俾成臣本願之故也何更家蓄萬鍾空待山鬼之瞰室無懸磬長失野夫之聞陛下鴻慈願賜照察臣之幸矣不亦悅乎無勝欵重累以聞貞觀十三年十月二十五日同

菅原道眞爲小野親王重謝別給封戶第三表

去月二十六日中使左近衛少將藤原朝臣有實至謹奉勅答宣喻殷勤淚汗俱下中謝臣昔帶職從事之日冠蓋無非聖恩今移病出家之時衣鉢皆是官施一死一生或出或處若負恩德明神殛之臣伏案去

十月二十三日施行詔書勸督州吏掩水傷之尸骸收拾郡民復風害之徭役自古聖帝明王未聞無災唯在克己復禮謂之有道而已方今如綸命之旨養臣以孔懷之親陛下既憂國家小臣豈安寢夢嗟厚臣鄉栽松竹寒而不可裁衣產業香華飢而不可充食然猶庶幾手掬山椀以備租稅之逋懸肩舁野蔬以助黎民之炊爨曷爲當此有損之年空受無功之賞使陛下取名於私親小臣忘義於知止縱天下譏不載于口而臣獨自不懼于心乎伏望特賜優恕察臣愚欵臣寄生者陛下將終始於一心臣師事者世尊何屈申於兩舌不敢飾謙恐處違勅慈悲哀愍必垂聽許不堪悃誠之至重以上表拜聞貞觀十六年十一月同

菅原道眞爲式部卿親王請罷所職表

臣忠良言中使官姓名至宣傳口勅抒臣退官之情加以溫慰之辭臣位高二品年迫六旬寵光之恩甚深報國之力既屈亦氣離魂傀王母甫降而不治病結膏肓扁鵲重產而何益望闕嗚咽冠帶不由命矣皇天使臣固疾伏願陛下內照睿情外顧人議以賜優放爲臣長生之術以察愚誠爲臣不死之藥不堪悃欵重累杭聞同

菅原道眞爲右大臣上太上皇重請被停攝政表

臣基經言中使右近衞權中將藤原朝臣山陰至奉傳勅旨抑止臣請不知愚欵之乖聖懷更疑微誠之逸天聽臣某誠惶誠恐頓首頓首死罪死罪臣位貴官重皆是陛下之殊私祿厚封高亦復陛下之絕寵殊恨淹引日月偷安非服不意綸命乍降屬以重寄縱令陛下責臣以有一割之刀而復臣訴陛下以無再全之錦不獨顧身亦能思國以臣忠國之慮將盡報主之情陛下推而察之莫重臣罪臣以爲春蒼夏昊猶是一天朝東暮西未爲兩日伏願臣心不離魏闕將致今上臣子之忠臣身常侍仙階不失亡叔臨

終之命臣謹撿故事皇帝之母必升尊位乂察前修幼主之代大后臨朝陛下若寶重天下憂思幼主則皇母尊位之後乃許臨朝之儀臣竭力施功不敢懈緩臣誠盡矣臣願足焉不堪悃欵之至累表上聞貞觀十八年十二月五日同

菅原道眞爲南大納言致仕表

臣年名言臣聞年滿致仕人臣之禮也氣衰發病人生之命也氣衰年滿臣既知之知而忘之未免重責中謝臣位昇三品職至納言前兢却惕氷淵意危昨是今非犬馬齒截臣平生以爲性雖愚蒙止足之分不敢踰矩力雖喘息貪進之間不敢從心至于陛下即位春秋甚富臣不忍逐孤雲以歸骸骨苟且延數日而報國家豈圖心事不諧困病乍發淹沈未幾魂氣如離臣自謂茅土封高皇天降譴於陰罰康衢漏盡冥鑑結罪於夜行臣八百戸之恩死而不朽臣七十年之壽生以幾時伏願陛下賜臣放歸優臣告老以聞恩許爲藥石之効以蒙勅裕爲招復之方臣欲荷表函以奏闕下起居不便冠帶無由故謹遣男從五位下內藏助良臣抗表以聞貞觀十九年四月八日同

菅原道眞奉勅重上太上天皇請不減御封表

臣諱言伏奉勅旨減折御封不恭承而止畏切棲氷欲柑默以從誠虧底露中謝臣聞天之與人孝子業在諧命事之隨理愚夫愼其有常故一天下之至尊臣不拒前勅於童稚二千戸之甚少臣能稽舊章於老成而今枉降中使重叙睿情纔納半封更增撝挹臣謹計入租伏量輸貢若任土非實恐支用或虛陛下縱損全數雖有撝謙之德臣遂從拆分既忘愛禮之義況皇天貴誠不貴物臣子爲道不爲身陛下臣之皇天也請將盡誠於方寸臣陛下之臣子也請不失道於小銖伏願鴻慈迴照鑒臣血誠仰雲霄以兢惕流汗臨淵谷以累表抗聞元慶三年二月十七日三代實錄三十五

菅原道眞爲公卿賀朔旦冬至表

臣基經等言臣聞潜鱗游泳樂春水於和風稚羽來賓拂曉雲於秋月彼微情之二物猶感奉天況在位之群臣誰忘欽化臣某等誠歡誠喜頓首頓首死罪死罪夫三象知程四騁得道斯乃寒温之平也雙離合璧五緯連珠斯乃聖哲之事也臣等謹案厤曰十一月丙辰朔旦冬至稽之舊章理誠宜賀伏惟皇帝陛下欽若無掩昇惟馨於昊天敬授不偷襲其臭於黎庶蓋古先帝之所希有舊史氏之所罕言陛下得之明德至矣猗歟日則南至陛下向陽之美可觀星惟北共臣等詣闕之誠何切聖壽無疆明時有瑞不勝抃舞拜表以聞元慶三年十一月一日文粹四〇三代實錄三十五

菅原道眞爲尙侍源朝臣全姬請罷職表

妾全姬謹言妾先陳悃誠請解所職重年遠隔單素難通一二年來逾增顏厚今妾位崇三品齡迫七旬將假脂粉以從事紫闥非扶杖之庭欲催綺羅以勤公丹悃慙懸車之義妾不敢謙退白日惟明妾亦無飾詞蒼天在上伏願殊垂降鑒聽妾誠請避高班於賢路養殘氣於幽閨妾全姬誠惶誠恐頓首頓首死罪死罪謹言元慶四年文粹五

藤原爲經欹案銘 竝敍〇應玄同之求

爲書造案將訂吾頑學非口耳體身可閑優柔饜飫易簡不艱天地人物顯微無間有珠在此買櫝莫還數百千載而賢聖出蓋難矣數千萬里而賢聖處豈易哉縱生其世同其地僅止其人而已況乖逢不可測也哉書之爲書也會百千萬人乎一室縮百千萬里乎尺地終百千萬世乎少時益難矣書之所存者賢聖之所存也上臨旁質斯師在此斯友在此其時其地亦在此由是觀之此欹案上乃唐宮也虞廷也禹湯文武之朝堂也稷契皋益夔夷伊傅周召呂散道德政敎禮樂刑兵亦出此杏壇嘉會儼然宛爾四

勿一愚寄簞瓢于此三省一唯易華晥于此暮春春服童冠五六七浴風于此中和位育于此浩氣充塞于此若夫避言避色避地之與世者箕山潁水流峙于此首陽薇蕨生于此秦風蒹葭蒼蒼于此或狂歌于此或耦耕于此或荷蓧于此或抱關擊柝于此閒磬聲于此鬻魚鹽于此莫言無其地莫言無其時莫言無師友待文王而後興者凡民也方今競葩藻貿訓詁之徒犯名讀書而假求勢利萬卷百車入耳出口過眼喪志嗷嗷尙曾我能讀書所謂發冢者歟書以自警且告亡同生辛亥九月二十五日（惺窩文集）

藤原爲經致書安南國代人

日本國□□□□□致書安南國頭目黃公比年鴿舶往還二國之情好稍可徵矣感佩惟深甲辰六月我舟人亡恙歸辱復書添以嘉幣若干（青具肆匹燬一瓶好五匹牙扇二件香白絹大薰香一瓶）厚意不可言焉書中所謂一止於信之一語誠是家國治敎之要矣乎夫信者吾人性中之固有而感乎天地貫乎金石無以不通豈啻交隣通好而已哉雖是千里不同其風也所以五方皆不殊此性者也歟由是見之則其不同者特衣服言語之末而已然則千里萬里雖遠衣服言語雖殊有其不遠者不殊者而存是以所謂一信也前使不德往還彼此之間上下其手表裏其言而多誤事情故處之以國刑想在貴國亦如此乎凡舟人者命市兒販夫之徒而僅見小利則忘大辱其言多任喜怒之恣而不足取其信自今而後二國之信者在書書之信者在印以是爲證耳矣故今附舟人以今夏之復書貴國子細撿焉方物數事聊寓綏好之禮書中又言貴國者詩書禮義之國而非市貨會集之地苟市貨商賈之事惟利是務眞可鄙焉然亦通論之則四民孰非民八政孰非政安民爲政之外無詩書禮義詩書禮義之外無安民爲政是亦五方固有之定性而乃一信之所主在也貴國之所誡者在彼失信而屢生不好之事而已二國不失其信則縱雖有小人何至生不好之事乎然亦不可以不誡若生事則二國各有刑法乎哉舟中規約（貞順運商舶于安南國因代之）一凡回

易之事者通有無而以利人己也非損人而益己矣共利者雖小還大也不共利者雖大還小也所謂利者義之嘉會也故曰貪賈五之廉賈三之思焉一異域之於我國風俗言語雖異其天賦之理未嘗不同忘其同怪其異莫少欺詐慢罵彼且雖不知之我豈不知之哉信及豚魚機見海鷗惟天不容僞欲不可辱我國俗若見他仁人君子則如父師敬之以問其國之禁諱而從其國之風敎一上堪下輿之間民胞物與一視同仁況同國人乎哉況同舟人乎哉有患難疾病凍餒則同救焉莫欲苟獨脫一狂瀾怒濤雖險也還不若人欲之溺人人欲雖多不若酒色之尤溺人到處同道者相共匡正而誡之古人云畏途在衽席飲食之間其然也豈可不愼哉一瑣碎之事記於別錄日夜置座右以鑑焉日本國慶長年月日回易大使司貞子元誌同

物雙松記松浦鹽冶飫浦事

峽史氏曰甚矣哉女色之爲禍也而建武鼎革之際莫慘焉大氏平安之地山水麗秀往往乎生尤物矣迺自桓皇奠都之後數百千年維民所止公卿鉅室世官世祿莫有不家平安者而富貴之娛聲色爲最生女之願人人而有之閨閤所習姆師所誨靡曼妖冶殫思窮巧遂能家出嬙施人擬姬姜延天而降平安麗人之盛淸紫赤染諸女史所記載可概見焉然猶尙文柔爲政風流成習微言佚行何所不有而爭奪之迹寥然乎未聞者是其時與俗爲然也方此時州郡控弦之士不無好色之人其歲時祇役上國執戟負弩宿直禁闈將相之府或道路所目亦豈無心歆而肉飛者迺我謂之神仙之人而彼視猶臧獲焉分素定也以故武人偶有所獲以爲得寶者乃唯閭里之選不過桃葉莫愁之倫耳間或一二桀驁若義仲義經者稍有所漁侵則衆咸驚譟咎之是豈東人獨操乎其廉恥亦積威之漸使然也及有相氏三廢天皇而武之人乃傲然自恣加以胡僧倡禪鑿其混沌眇封以壞風氣大變而上古敦愨之俗幾乎澌矣

於是乎始有覬覦于禁臠者蓋醍皇之西狩則高時流皇子土之畑秦武文從焉皇子思其妃弗措守者憫焉使逕則使武文逕武文還平安覓之不得其所物色於西山識琵琶聲以得之奉以行達于攝尼崎舍于逆旅主人會筑人松浦者阻風舍其鄰也見而說曰仙虜謫虜不耆吾何得與仙耦是不可失矣夜率兵劫之武文武稱其名矣不可當乃火其鄰武文窘負妃以出扇舟于斥以逃也不幸而松浦之舟來不知而屬焉走還取其物逆旅之舍已灰又走覓舟則已發矣又扇之大噱爲弗聽以去遂而聞閧笑之聲武文喩而怒弗可爲也罵曰吾死必爲厲立而剄其腹以死舟過鳴渡颶而厲見松浦懼使人送妃于淡之島武文之厲至于今化爲蟹猶在云亡何有村氏誅醍皇還都而皇子終得與妃處臠者當松浦獲妃大喜時妃則見以爲賤人矣是以弗從此一時也已醍皇急恢復往往以其宮人賜諸將別良賤之耦稍稍習以爲常然猶憾矣及尊氏作難而醍皇又幸南山也尊氏之諸將皆來家平安貴倨甚威福由已其豪富亦曩時公卿鉅室所弗如而曩時妃嬪夫人及宅諸公卿大臣子女皆流落人間丐憐於武人之家諸將既已生長山東罕覩是妹麗嚮以爲禁臠弗可近者一旦而得染指孰能不大嚼以逞諸惟人性變於習則諸妹麗亦稍稍說其壯武也宜淫弗卹攘奪于色蓋未有甚於此時耳於是乎有鹽治氏事迺尊氏之宰高師直疾而不朝者數日其人置酒娛之召瞽歌佐酒所歌賴政射妖宮中天子錫以美人菖蒲事也聞者笑相謂不請邑而請美人賴政癡矣師直方湛於色也亦囅然曰窶人子吾而獲菖蒲邪數十城何之有有舊宮媪侍從者居恒來也是日亦來聞之排闥以出言曰賴政時天子列美人使自取其所請賴政不能擇是菖蒲未必尤也菖蒲而連城邪使公覩西臺翁主者將代以海內矣師直問何似則曰方翁主之在弘徽西臺也諸貴游以名花而喩六宮之人皆喩而不能喩焉是花弗如也問何在曰先皇以賜鹽治氏也以翁主之美而椒房之選不啻矣乃高貞西鄙人烏言耇得以尙之豈不惜哉師直色

動問往邪曰往也老妾自西臺時既已得奉其謦欬心乃謂在西日久色必衰矣日賽神以歸過諸則豔倍昔焉師直蹶然起謂曰奉夫人之敎疇昔之疾良已而又獲宅疾也急呼繡衣十沈香枕爲媼壽因遍使其媒媼始之爲戲至于是焉則恐而心貪其賂也强往微風之亡可色師直乃使善書者兼好作柬且書貽焉庶可以挑也翁主執其柬棄諸庭師直怒曰吾素惡書善書者緩急果何用逐兼好更使公義者作柬公義不作柬代作詩曰我思美人貽之書美人弗讀棄庭除吾拾吾書歸十襲心謂美人手所觸翁主見之悄然者久之誦襲衣之什以入乃佛道中誠姦者辭也媼還報師直喜獲美人一言輒大賞公義金錯刀而又素麤鹵不識其所誦謂何也趣爲美衣服數十屬媼而益責之媼計亡所出妄意使其覩乎夫新浴未及粧時也必闚焉則語師直公忠未見之人矣雖辭懇乎彼詎信之盍窺諸師直大喜與之往以窺出乎浴也魂奪乎猶死之人弗能起扶之歸時值源義助勤王于北陸而尊氏使諸將往擊之又使高貞海道襲其後也將歸國以理其舟楫而期漸逼矣師直心益急愈責媼弗己媼計窮以逃不可蹤師直大怒如喪左右手而弗可奈之何遂讒諸尊氏事稍稍聞于外也高貞不得已以叛竊亡還雲使其親信護妻子間道以從之追兵及之其人殺翁主身殉之以死師直益怒遂躬討高貞以殲諸時厤應二年四月也厥明年又有飫浦氏事初菊亭公有美人阿才者豔而佻師直之族師秋與之狎頗昵矣久之將就封于勢欲與俱往强之留者三日乃許焉及期使其人輿迎之擁以來師秋大喜策馬輒發偕之行至于琶湖而風吹乎簾颺也見一老媼八十許傴而無齒者坐乎輿也愕而詰乃爲美人誑矣師秋自途還以兵圍菊亭氏之第以搜焉亡有也捕女豎鞫之則匿於飫浦氏之所也大怒欲攻之飫浦氏者尊氏之舊勳將也然懾於師直遂亡之備奉源義助以叛余觀於玄慧所輯事僅此焉耳而宅可知焉當是時尊氏乃有事於四方以欲收其鷹犬之用是以弗問也及于恭獻之世宰賴之以禮率其下而后此風稍稍

哉君子蓋傷夫尊氏之諸將若是其暴乎色猶爾勃以興莫之能過者時乎哉

物雙松峽中紀行

寶永丙戌秋余與省吾奉使適峽（國語謂峽爲甲斐地皆峽故得名而甲斐之名行久矣人不識其爲峽也）峽藩所 封國也始藩主得封峽驪甚召計吏所往來者咨詢先公家世舊邑營壘丘墳所在處莫有能悉睹記者及營壽藏于治城北建寺曰靈臺（後改永慶）自撰碑文其所記述山川景象皆遣使圖致文成慮其或貽禹貢九江之議也遂有今命時邦乘及晉書梁書南齊書較讎適畢會九月三日大駕遊藩邸邸諸學士先生例當肄業于御前奉對拜賜以故不得輒發暨五日始召見中命以前事且俾西走駒縣浙武川訪青城柳澤一帶往蹟賜外套各一其夜風雨予憂行路之或濘而僕馬痛黃也省吾則曰開闢來莫有文人游峽者峽之土樸甚此行也將且丹臒其山谷錦繡其草木者峽之神而有知其亦無倩夫風伯雨師者爲吾二人清道乎予笑其誕翼日之家君宅別叔達及僚友門生來謝藤生縣生有贈言其辭甚美口占一絕留別至七日果霽昧爽迺發轎二檜二繫本藩號帶傔三名僕從廿許輩行列整然頗有俗吏狀態唯轎簾間一柄犛尾風吹長毛毵毵然爲露本相耳左都城端門沿垣堞北出郭門經麴坊四谷至內藤驛天始明親鄰差人送行者皆還此處多侯家莊墅曠然已覺勝於都城中第宅使人生悶想也漸行茅舍竹籬漸入佳境則使從者先後取意而行在轎中覺身輕也回思十數年來跼蹐樊籠中足不出都城門仰面無非貴人腰間傲骨日就瘻軟祇以文人無顓職無定局待以間散稍少拘束足自存已一旦藉公事來此不免銜口稱快迺路傍柴門半掩鼾睡聲聞外自顧號帶閃閃頭上猶爾韜車客也惘然自失作詩鳴之歷高圓石原國領等驛蕎麥芋葉往往被路悉谷蕭然至府中驛午飯則故郡縣時州所治處也自五馬之不莅也三百餘年而僅僅乎三戶聚稍整於前後驛耳問故事則零落殆盡矣唯有八月朔馬市存也方今州陞而都而

猶且揭舊名逼于輦轂下雖上之謙讓未遑乎四代昇平猶之草創時一切權宜之制矣是何啻峽之俗爲樸也顧詰省吾不免唯唯道左一古祠頗幽邃路甚除數圍大杉樹矗立成行徒步循樹而入見石華表折三四臥地祠屋不蔽日木居士若枝解者狀則所謂六所明神者也廡上八景歌詩讀之不上口走出過日野余足跡之所涉州相房上下總皆有是名不知何謂渡玉河官渡也夫海內大川者何限此唯東都數十百萬性命所繫屬其功德亦大哉豈非無情物亦有天倖邪況人乎聞南山亦有玉河而能毒人然而彼迺載諸國風之什而此不顯也不啻人已沿岸人家養鸕鷀爲生近年來禁殺之令如束溼也吾儕所未經見者則急下舟目屬者久之呑輒出之以口爲尻邪其腹甚傳舍邪所呑者毋迺勝之乎雖然能以其餘餕於人人有賤焉歟迺以鸕鷀所餘者餕於人獲其食也與其已餕之相距僅一間耳甚矣人之艱于生也不覺惻然去之宿八王子城廢久矣勝國時中山氏者守焉而爲其君死之其子孫振振有顯而侯者天道固不誣哉又有奉峽翁主來奔保焉者其裔所謂千槍兵者今猶家焉以故距都城百二十里而街坊脩飾如在郭門內者忽憶嘗見一劍於友人所其精光非常物脊上鐫唐人詩一聯字皆草書勢如飛動雅雋甚則此邑劍工所鑄也召逆旅主人問之曰非也在下原來往尚有數里路以募故不能往爲之悵然省吾則曰嚮者所過玉河酷似六鄉川哉因思往歲陪板輿游相時事如目見之今則亡矣正其忌日也余亦泣簌簌下不能寢八日雞鳴辭逆旅路入山間頗險由河原驛至駒城嶺尚未辨色有關據嶮而設土人云非天明不得過而關吏既啓鍵登候紫氣者邪更入六七里小佛驛在山中出驛而路益險峻嶺四十八盤所謂小佛嶺也云是相武分界處都城至峽道中第一要害近麓有茶店距絕頂六里下嶺六里亦有之而中間十二里不得一滴潤吻山徑詰曲石角磨牙齧人足指一行人困甚而不可已愈上愈峭皆俯躡推轎夫臂在轎中佝僂而坐尚覺仰面踣余童丱時在房陵頗慣羊腸者且

呫未曾有省吾則可知矣時從轎中昂首看一傒在頭上向阪後而行迺悟古人如往而還之妙也山皆灌木蓊蔚無甚大樹山民皆採桑飼蠶左有溪流奇石怪巖峙立其間水衝石成響琮琤然鳴與省吾下轎緣崖而至其處佇立咏吟久之僕夫皆踞崖上吹烟而憩若知樂之者然自此徒步而上將近嶺頭忽聽鹿鳴呦然恍乎神往如將逐其群而去者狀雌右有採金處有榜禁帶劔人入洞故不可往視洞口棄黑石屑如炭者蓋金氣烈所燬云已至嶺頂回瞻南北百嶺層出如鵬翅斯張愈出愈開正東豁然遙見一帶遙碧橫附地上則總州諸山也其宅皆蒼濛一色不可識誰爲都城矣昨日來懷土之情頗爲野趣所奪及至此嶺迺始潸然以謂此其與函嶺鬱翠蓋天之所以限東西者邪此寧可踰而西哉佇轎半晌許不堪嵐氣來侵而後行下盤一二曲俯瞰谷深可千仞人家數楹空翠映發淸麗可羨人物皆寸大如睟盤中物迺能活動佛經曰如來躍身虛空百由旬下覽十方國土無量衆生猶如掌中菴摩羅果亦如是邪忽疑青溪豈非郭璞詩中人邪急欲睹其人也則棄轎下忙甚不覺下路嶮似上路至則窮民家也闒茸不可言見一老嫗繿縷百結有孫八九歲菜色如鬼尙訝甚能人語皆愕然余獨凝想未消尙道石髓值叔夜則輒凝結不可餌是安知非雲房先生化丐人也頗見嗤笑過嶺西茶店登降阪路三四歷小原驛四瀨驛驛去小佛嶺十三里民戶頗整竹鼻阪貝梟阪皆下迺識嶺之極高也左側林樹間湘水隱見云是猿橋下流也水色頗恬過美稻驛想春月櫻花當盛開矣阪盡有小猿橋長十二丈跨皋猶川過橋而阪歷藤野村關野驛而又下湘水復見道左隔一小壟轎中可俯窺南崖懸者數丈亂石立水中不知其幾水激洶涌然不似嚮恬然者益下有界河河有小橋則相峽隔岸爲界故名已過河行人相逢往往卸笠下馬爲識潴號帶故也又上阪至諏訪晴暖轎中搖搖覺生睡皆步至上野原命炊驛舍雖繁不佳涉鶴川而山行過鶴川驛犾尻驛八坪驛蛇城新田狗目驛陟長岑阪阪右古壘跡機山時加藤丹後

者所築壘前一小池土人誇稱峽中八湖之一水旱不涸溢矣是埳井僅容鼃者登湖云乎哉壘亦不甚高而東自小佛西及篠籠南盡鶴縣皆可一眺蓋踰界河而來此足指皆仰漸行漸高不覺其地已與小佛之腹相値耳更前大松樹偃路左枝皆横指長數丈千年外物也聞昔有一貴人欲捐錢千貫鄭致而不能故名曰千貫松五大夫毋乃慊其銅臭乎雖然以清高之操而兼富有之稱得非揚州鶴邪踰狗目嶺有新田一名戀塚何物村嬪留此媚嫵之名哉以至鳥澤驛皆山路也日暮僕從疲甚民家遠無炬火前導轎夫脚探巖稜以進時或蹈虛而蹟轎輒跳其肩上不已杌隉欲墜者數遂下轎冥行以及所謂猿橋者處前行者還報橋版穿且梁橈如不支不可行躊躇久之會一傔探店者操炬來店主人亦來迓相語是猿王所架長十一丈達水際三十三尋而水深亦三十三尋則命傔跳身欄外而左手據欄右手垂炬倒照從旁下瞰黑深火力短不及傔益俛伸其臂遂致火燄逆上欲燒手輒遽棄墜至水際迺滅予緣是得目送及其未滅而覩彷彿也皆如其言橋下無一柱從兩岸累鉅材架起上者必出下者外尺許愈累愈出以得相近而橋之誠神造也崖光滑無縫罅如削立然土人云崕腹有釜神蛇穴焉歲旱民聚汲竭其釜中水蛇見則雨驚問何以得至釜處迺云土人生于土長于水雖束其手足投橋下不死聞者皆吐舌又問崕石如無縫豈苔滑使然歟云連一驛百家在一片石上則是川亦一大石渠耳益駭異聞遂宿于驛夜寒甚九日晏發過駒橋大月二驛大月亦有橋長二十四丈五尺從橋上東北望長嶺連亘數里一巖突起如駝背橐號曰巖殿有七所權現及大士龕皆溺流所奉祠云更半里將近花崎驛路側民家墻上見如白幢蓋者問是何也芙蓉峰也一行二十餘人皆駭然嶽形端正可愛與昨日道中所見大殊朝暉與雪色相映發光彩浮欲流其去轎中甚近亦不甚高喚之欲膺似是村民庭中物問之云去此三十里駐轎探囊中取羅經測之正值午針所嚮則知芙蓉無嚮背者妄矣轎中輒買村醪引滿相迎是

何減尋常重九賞菊花也花崎驛有上下二站初雁驛亦有中下二站卒不知其上站所在登年紀悠邈地名湮沒無文書可徵歟將別有以歟轎中忽得一聯見花已有東西崎間月何無大小村敲推不成推與省吾亦不能賡足經瀧河原激湍雷轟橋長數丈白野驛有嶺歷葦窪黑岱等驛陟篠籠山山高比小佛嶺未至嶺上二町許有箭立杉大可五圍絕頂有天神祠不知何所香火踰嶺則甘棠縣也數里至駒養驛州之以馬名海內過此以往亦多以命其土不啻此也又三里至鶴瀨驛驛口有川發源天目山龍門度橋有關藩之外門也歷橫吹險路達柏丘村左望柏尾山有大善院相傳長篠之敗台邦靡沸院僧亦懷詛楚之謀問之土人皆彈指詈不休可畏哉勝沼驛人烟繁殷甲峽道日已昃飢甚則使治具店主人報炊熟喚僕從不在皆在葡萄架下買錢亦州之名品也小佛嶺至此將近二百里大氐左大川右峻嶺巖徑崎嶇在亂山萬疊中皆謂信之岐岨紀之熊野不是若也皆目所未睹處亡論其孰爲上此則險矣哉出驛走府城三十里喜皆坦路也過栗原村田中村看將崦嵫悉悔不宿勝沼也一更後詣石和驛宿昔藩主十六世祖五郎使君者以軍功食邑于是舊莊尚存夜黑不往十日蚤起涉一川甚淺俗傳昔有厲禁一遷客犯夜驅鸕鷀捕魚以罹顯戮而死冥讁不輕鬼頻見形愬于人僧日進者書抄經瀨中石薦之不復見今演劇中鵜養一齣是也逆旅主人送者謂其親親獲石于田中者四下平上圓形類不托摩濯皆有南字愈鮮右新善光寺西行入府城街坊莊麗不甚讓東都館定謁邦大夫具告奉使事偕巡視城中入城門登覘樓覺上無豈吻怪訊之古爲爾不知以何故也州原監撫潛邸時所封故事親藩不之國以故城唯樓堞內不設樹閣及吾藩胙茅後不得無所營置也是時土木紛興人工蟻聚喧熱可愴趨而過端門內湧溫泉二所已疝已腳氣明人耳目有効竹林門東堤上產玄芝有輪奐勢誦瑞者口嘖嘖不已飯畢上城中最高處所謂天守臺也有垣繚之不可眺唯垣外二尺地若繞出者四周之下則石

壁百尺亦眩發不可久立令人至今思之病悸也銃兵頭目清水某者先是奉命剪荊棘刊木通道四縣地人頗號稱識州中山川處所者邦大夫俾其來陪則舉其手歷指相語纚纚然也曰北之山其最遠最峻而岩𡾰刺天者金峰也藏王宮之皆黃金地神所甚愛惜以故人往者還必棄其鞋山中跣足出不得拾其一塊石近此一層者爲鉌陀爲王子爲冢原爲積翠峯巒倚疊鮮淡如畫更近而一二森又近而躑躅崎右即藩主壽藏處又益近而夢山大泉寺蓼山者僧疎石所咏爲蝴蝶之栩栩乎家山也後泰雲使君一日凱旋所由假寐山上則曾五郎托夢爲其子是爲機山士人游者採石若草木葉歸寘諸枕亦往往獲佳夢云蓋以石和後世以五郎爲字故傅會其說爾大泉寺者富士川之濫觴有池亦名富士即機山生時所洗浴水也其右有愛宕荒神之山踰嶺則版牆山遠之篠籠山即東來所道由也益右之驪駒山神坐山三阪嶺大石嶺迦葉阪弓卓嶺嚶嶺環匝以至南其迦葉之上皤然可觀者芙蓉峯小殊昨日所覩則載籍來必隷諸駿者蓋取海驛常時所貫視也其實州抱其半而所拱不合者駿與相酒共之是可不謂寃乎又其右身山綿絡數里而七面嶺靦乎視人皆爲法華僧所竄宅稍低者鰍澤口所在衆山左右東富士川而過此益張遂成灝溔汪瀁兩州人得通其鑄山煮海之利者以有此又右櫓田山益之右則農鳥農牛鳳皇地藏駒嶽次第遞列以北與金峯相接者州殆乎在壺中觀天也其巖然二農之上者謂之白嶺望之稜稜乎可畏窮髮之顛每冬時先雪以其皎皎乎莫有草木翳蔽之歟是所以最藉甚乎風人之口歟其嶢然其前者謂之三勅使之川川流雖不甚漲獨長阜之彌望白砂湧銀夕陽映之明月借之此其奇觀或云爲地藏嶽之發靈皇華蓋三臨之云左此者山谷之間林木蔚然黑爲市川莊州最饒邑也要之一目千里四嶺層層良田中闢皆爲膏腴遠之鶴駒縣其東西代棠接壤子午近之遂水爲青龍于左而信駿之驛右稱白虎國史所謂之兜巖之邦者豈不信然乎予與省吾耳提其口目隨指

移一一應酬之弗暇也雖然風塵之勞一洗爲快而眩不遂發夜訪三宅氏謫居以在吾鼓盆後故喜不勝其悲也十一日觀舊治所邦大夫差小吏一名爲道近巳出館取道城北行四五里而至則方僅二三百步東都一關中侯第大耳壘石不存塹皆湮沒唯土城髣髴乎形勢若有也口凡四似其東者爲端門而內城一層臺址在其西北隅極庳矣嗚呼以機山之英武而擁五州兵威震東諸侯莫有敢抗者迺若是其陋也可謂能以國爲城者矣後主之不能學之宜哉乎導者指其西竹林中是當時夫人衆姬所居也唯隔一條路環以小塹南有部婁數尺登其臺榭或假山所設邪奇石幽葩往往點綴乎榛棘間使人潸然生姑蘇采香之想小吏語曰是竹也闊節而堅緻耐久不蚛大小勻莫有本末是宜旗竿視之果然東與躑躅崎亦隔一道菁莽不可往則沿田間逕而至新布金處上廠群有司皆在有啓行厨者喫松蕈美甚下廠工役雜沓予之所不堪者徑詣壽藏所地高敞景太勝懷中出藩主所製作碑文葉誦之予與省吾四目所眺覗毫髮不忒皆嗟嘆以謂神矣藩主明能見千里外也予獨曰吾二人者祇役來此爲是故也而今而後可謂徒行矣皆大笑遂從背後陟山訪躑躅崎緣山脊行里許皆蓁蒙不蹊頗至突傷手足躑躅亦不甚盛及得稍坦處迺機山生平游賞處相傳嘗有小亭在焉唯見數四石頭依俙似柱礎者巳歸與邦大夫謀明日西游事寐則雞鳴矣

物雙松峽中紀行中

十二日平旦右雙羽口而出郭西行初覺轎簾微微搖也遙見前山白草遶峯茸茸然漸行草漸長沒巔迺悟其爲雲氣也頃之有風蓬蓬然北來簾益搖不已轎或欹側不安予怯寒過常人則轎中以外套套頭坐省吾時或見語不應但教鄉道者報所過地名呻吟聲時時聞予外過冢原村覺轎底潺潺有泉聲者再問之涉藍河與荒河皆小流也詞荒河古曰忘河壬忠岑所咏也字蓋由草書誤及富竹村又聞泉

聲苦河也經龍王村路稍折北行雖風不衰轎不復欹亦覺不甚寒也路側有二三茶店轎夫放轎大冢下而入店予尚坐轎中蒙頭忽聞冢上高哦日出三竿詩識爲省吾聲口急推外套出轎則誠巳三竿矣遂同登冢上四眺芙蓉峯巋然巽上群嶺皆如佝僂然峯形與府城所瞻頗同秖覺右邊有缺豈美人側面見頰上一渦歟身山鰍澤口白嶺地藏鳳駒諸嶽亦轉分明也立談間肌膚巳栗忙上轎路復轉西轎復欹而日色漸午不復蒙頭經幻谷村皆屠家也想烟而不得乞一星火出村踰潮河有橋頗危風轉急轎愈欹迺下轎過橋身著數領綿衣風來時殆不支吾也入薤崎驛風始柔從是信駿孔道驛頗佳不甚寂寞驛右人家竹林間似有小巡巡口有一小碣則走大士洞道也下轎訪之步僅半町許至洞處懸崖數十仞鑿崖腹爲龕龕凡二左安地藏右迺大士像皆空海造中間懸銅鐘一別無奇觀唯磴徑屈曲迺得至龕所甚峻難登磴口有一大石下垂者而磴爲其所蔽如無入處然石右與龕址連俯僂由石下進始得磴磴盡處右龕而左有洞始入洞黑暗左右摸壁而前陟降幾級欲躓者再洞腹稍寬右轉而得洞後口豁然迺明始識橫穿嶺身也口甚窄縱橫可三尺出頭以望新府城蹟在前下皆田疇也召鄉兵鄉道者問此可以詣青城邪則曰太迂矣迺還從入口出一僧年可二十拱立以竢蓋住持僧也庵在龕右平地上蕭然數楹欲相邀至庵進茶慮前途故不往行語出門云此龕八百年前有鬼神一夜鑿崖以奉大士像洞昔年士女進香路也時世替革後村人烟漸繁官爲置站驛而洞前地犁爲耕地故今迺反爲間道耳問癸未冬地震時事則不唯龕洞無恙連庵所亦恬然遂別歷一家村過釜無河灘迤邐北行風猶未巳左眺白嶺上黑雲湧出如蒸甑烟憂明日或雨柳澤訪古之弗便也土人迺謂尚隔兩日至祖母石驛云田中有石如老嫗立狀非路所繇故不覩焉驛中有小巡左分薤崎至此爲官道從是取小巡西行涉釜無河身由桐澤而入澤皆石磧縱橫半里許後顧西森則後主移營處俗所謂新府也遙見長崖

數里崖皆懸垂成條矗然如數萬石柱湊成者狀其石飛落處往往嵌空殊爲壯觀澤口盡處右岸上人家數四隱見叢篁間迺折居村也循左岸上小逕南行又見芙蓉峰如笑迎轎前者右有德姓渠前此四五十年德島其姓者激釜無河始爲此渠身三十餘里頭在圓井村西郡皆賴其利云沿渠西行數里至常光寺門前皆田隔田而人家數十作簇即青城村也鄉有司來治餉者偕住持僧出迎揖而入登堂謁藩主先公神主而後往方文話得遺事三條觀機山時舊封券人名門字皆作問蓋古時爲爾花押亦非時樣者古樸頗有趣頃之供湯餅冷硬不中喫鄉有司所治餉亦成僕從皆食拉寺僧覽先公墳墓碑制比諸今世都下士庶所用者極短小其時俗可想字皆剝落不復存辭出寺則先公莊在焉迺經來時路出桐澤口入折居村過入戶野圓井村果有德渠發源處水聲若雷渡小武川至宮掖村則日暮矣宿土豪家是日寒氣甚肅而村在山中夜出庭徘徊覺月痕頗小樹木蒼然忽視如鬼物怖人狀獨吟猛虎一聲山月高佇立久之入戶省吾既寐十三日出宮掖村經牧原右眺金峰艮方也北則谷鹿嶽西北行入山高村路側有數人俯伏訊之柳澤鄉民來迎也右大武川而西行川出自鳳皇山東南流與小武川合東注釜無河南自青城北至慶來一帶地號武川者由此得焉因憶藩主十二世祖源八府君分封十二子武川地事問其邑所則云三吹在艮六里而近白須在子界以山橫手在戌大武川限之僅可三里許慶來在乾有上下二邑上邑十二三里下邑十五六里上慶來有關曰山口迺信州接界處新奧在宮掖西南山中其東北而馬場東南而山寺各有多少路併來路所由青城牧原宮掖皆十二族所姓受者也忽睹金峰轉東則出府城巳五十里州境之將窮也駒嶽亦來逼轎前望之山之不毛者三成似焦石疊起者巖稜角歷歷可數形勢獰然不似前此芙蓉峰笑容相迓者相傳豐聰王所畜驪駒飲是溪而生山上莫有祠宇山猱木客往往而逢以故土人不敢登昔有一人戇而勇齋三日糧以躋絕頂見一老翁相

責曰此上仙福地非若曹所涉處捽其髮放巖下則恍然已在已家屋山後矣問鳳皇山則神鳥來栖處字或作法王法王大日也現瑞山上或曰法王謫東時陟此山望京師予疑其爲道鏡也語未已已至柳澤村口有星山故城左側黍田中插竹表識處謂是使君舊莊其西十步許昔時有大柳樹是邑所名者已枯矣問此去餓鬼隘幾多則在邑西南山中十里許促邑民引至其處皆搖頭懲其險隘不可往也强而後可之濟石窄川穿田禾中漸入山間石角硋轎荆棘曳衣左縈右廻不知其爲幾十百折也轎已不可行則皆步可五六里而至山姜澤迺見右畔崩崖中一種無名野草茁出也自此兩山夾徑徑極險惡時時石尖礙足不可闊步後顧省吾尚隔一重巖隈頗如欲及者狀則輒興發欲小試登山脚迺跳躍以進邑民引路者亦喘喘然已至一巘突然橫在前者下謂是第一關巘上爲千里眼兵部君辟難餓鬼隘時是其待暴客處也路左岬過巘崖下半爲溪流齧極細水皆環繞亂磯間其聲可聽崖下路忽闊忽窄右眺山腹稍平處曰逸見壘處左指兩山相擁最深處謂是山高壘處名櫟平更行一二町無復蹊徑左崖崩可數丈亂石無數狼籍相倚勢殊可畏溪流皆右避而行崖根悉露路蓋爲其齧盡也云前此七年庚辰八月十五日大風雨山大震崖上大石飛落者不知數此至餓鬼隘口皆爾毒水流出皆綠色味鹹酸螫舌下緣石窄川注柳澤山高兩邑田禾皆爲醃漬荒廢不少是爲邑所最疾苦立談間省吾亦至則與邑民謀路所由得樵蹊緣山腹以至一崖上草蓁翳薈高僅六七尺下瞰小澗甚淺石頭出水者若干穿榛下崖擇石而蹈過澗至隘口處水果深綠似染家煮藍草汁崩石皆焦色其理縱橫裂石下有如瀝靑者流出淴淴然乾者凝垷土人號曰巖礬不知爲何用也俯窺水中石間往往有金色砂水搖則鑠鑠然可愛前望瀑布三級珠奔玉響可以洗耳頗疑桃源辟秦人今尚在此中也左則餓鬼隘也其高不知幾十百仞闊僅五六尺峻不可言皆石垷白沙無水欲流脚無可措手亦不得攀據仰視惘然久之邑人

亦勸還予與省吾奮然相謂銜命來此豈可徒還且也當昔避難者雖藩主先公是寧匪人哉相目直登砂果流墜脚不支者數迺得巖稜一脚踏而一脚探探有所得砂礫既沒後踝抽趾稍猛石轉擊在後者偶得樹根橫出者喜甚一行二十人佝僂以進時時抽身輕跳身輕脚健者常得在前而後者每困沙石爭競相推不覺氣息茀接比及中途顧省吾憊甚迺問土人下路安在則云唯是耳因語省吾可以反命邪省吾激甚厲聲謂曰大丈夫等死當死冷石上言訖直前遂得至絕頂處崖崩壓路不可至壘所右登小壟壟上被以迷陽刺手傷足衣皆爲勾破所帶刀劍室亦悉作爪痕省吾即坐不言半晌許予探腰下葫蘆得艸還以啜之迺醒其恒苦蓐食故飢憊也前望壘所迺峻嶺盤曲處中間稍平者可三四十步闊僅十數步後崇前庳腹寬口窄似地獄變相中談口鬼細咽大肚者狀故土俗命名爾遠視皚皚似亦皆砂礫也一巖突臨其右下嵌空如洞亦可容數人也聞兵部府君匿此以俟河淸而邑人祖先多產于此者不知當時婦女弓鞋緣何得登也豈世亂健婦皆娘子軍率然壟前隔一壑艸樹灌蔚水聲洶湧不知高深召土人前行芟斬擬蹈壘地皆飢甚苦懇不已迺慨然曰使予二人不得躡桃花源頭處亦命矣哉下壟取原道投是砂阪五尺軀之所壓與砂相得而走走率七八尺若丈許得石角方輟足頃之背後二十人相推而下砂礫爲其益急人砂之相爲勢如建瓴相似有仰偃以背乘砂走者有失一足愕然膝鞾就以臂代其趾者轉眄間不覺至瀰淵處則振衣立淵中石出者上相顧謂上阪時將謂里許今則似不滿百步現成阪路緣何一倏一短豈山上實有神仙者爲嫌俗物來故驅逐出之邪俯就崖側採巖礬及焦石裂紋者又就掬澗中金砂則閃閃如避人手者狀踰澗上壟行話問嚮者壘所嶺後則鷃鵃澳者即大武川曲極奧絕處岸闊嶺峻唯鳥道在焉又云此去十二三里有一條故壘石室可受二三十人堂房燹扃儼然可識而不審其的在何代爲何事意者譜牒中忠賴者隱也或行或語千里眼忽在頭上踞路

側樹根以憩見一傔後來喘息頗蠡曰試嘗毒水故後也驚問之則曰小人生于東奥而從少時習聞毛人氏事焉毛人造毒箭往山中採草擂泥置少許舌尖上以驗其毒猛者舌輒裂緩者裂亦緩始小人聞毒水時忽憶此事也下澗掬其水綠稍淺者以傅舌上半晌許而舌無恙但覺其味鹹酸耳則旋嘗其色稍濃者亦不裂淡濃等差凡五次而終無它異遂飲至斗許尚健若是也喘者爲其後故也人皆笑奥人憨其性爲爾而渠猶且詬責土人妄語無毒謂有毒不休也會邑人牽鞍馬二頭來候與省吾各騎眞欸段也渡石空川右村北行得柳澤寺及先公內眷觀花等處過里正家供饋餠卻之則云此今秋熟者小人未嘗敢先食也今弊村有天幸再籍藩封中而昨聞二官人來臨訪探先公時營壘處以知藩主奉祖宗之心亦不棄小民也故相聚炊饋治醴自相慶者是盍可薦乎迺舉一箸而出邑人送至界上膜拜別去至宮掖巳過午矣治僕人食山村不慣行人炊熟太遲比發將晡時也過釜無河灘轎夫困灘石放轎息其肩者不啻數次省吾乘間袖一石如帶雪嶺者相視而轎夫則不知迺苦轎緣何俄重邪爲其有阿章癖故也予則思昨游大士洞洞壁瑩白可題名而匆匆不題也與省吾擬再過洞中將近韮崎驛會僕從皆憊憊則命貸馬各跨之皆躍甚閧然過驛里許而後悟大士洞之在後也則憾甚不及日巳沈西轎夫益力轎益搖不已呻吟間不覺睡生遠樹中鐘聲開眼則月出東山上路傍樹葉石頭皆已露下人衣上亦覺有光晶熒相射疑是何境界也舉目遠跳倒峯側崖長嶺短巘奇狀千態千態如流皆與月露相爲色也入眼輒移無處捉摸思句欲成復爲別境撩亂忙謀更張巍巍湯湯之調迺變轎行如飛境不待筆景似避詩而逃也比及二更至府下館所而吟終不成矣館主人久立門首相勞慰而入亂甚猶且痴興之不可已也推窗引月偕清光同寢十四日僕痛故不發巡視府下街坊貨物山積其土產所冠它州者葡萄梨栗柹核桃烟草松蕈石耳凡百漆器疊席絹紬金鉛銅鐵錫良材怪石是爲最魚則多鰷魚而

無鯉鯽海鮮亦從鰍澤口船致罕故貴往歲皇子良純謫居是州一日因聽杜鵑動其懷都之心作和歌一首自此不復鳴矣予疑其似烏羽帝隱岐島事也近郊過一蓮寺游行僧所住持也昔朔日上人者剏之寺原在今府城處地名一條則所謂源八府君者所爲揷一莖草而神祖入州乞以置府別賜今地移寺居焉府君及上人墓見在城中訪之邦大夫皆不復識其處所也暮往新善光寺試其所謂燈臺佛者無復有輕重皆謂佛菩薩似不爲書生地也復遣僕人試之亦爾則見以爲書生所畜奴邪夜詣邦大夫別告以使事已竣明日還也

物雙松峽中紀行下

十五日五更發取道板墻當過惡林寺訪鹽山上天目也天暗且雨憶武川人所言驗矣坐轎中油幕上覆眼界猶無處建立但足續枕上夢耳候吏高唱左有酒折宮當下轎則下入華表祠二云菅神與八幡也昔倭武東征還從筑波閱十日至是作歌歌之群臣不能和一操燭丈人賡成後世業聯歌者所崇祠事見國史古者廷臣之血食外州皆以天神稱而土官號國神以別之其以和歌著也亦謂之和歌宮而八幡神有少宮者而菅天神之名獨顯於海內少與和歌土音易淆則亦謬傳者爾行五六里至櫻井村而曙是機山時稱爲善聽訟者所食邑也稍離村左有舟山有大藏寺隱然乎見烟雨中也由山崎村而左循田中小逕逕甚曲轎頭或南或北雨益甚烟益濛疑在雲氣中行也忽見數十百株樹羅立道左但露去地以上三四尺其它則鴻毛一氣倂與太虛空裹藏之右眺六七里長遙嶺如帶斜疊作兩層色皆縹碧而雨氣所映鮮發不可言則出頭轎中喚省吾指示也大叫一聲不覺絕倒路溢而轎夫幾乎躓徐則曰安所倚少文時畫家子以爲終身臥游具哉蓋其癖又來也訪山梨岡何在北行數十步右眺鹽山左過鎭目寺前益左詣岡下有祠即祀典所載山梨岡社者也踰華表有橋窄隘然橋有屋覆積禾其中

不可行則躡闌干外寸許版而行機山時禁榜猶釘廊椽花押如鮮入廊祠祝出候殿甚古彤髹剝落柱皆成蠹蚌痕殿扉雕鏤頗纖巧云是武田番匠者造蓋曩時工人食禀者如它州稱飛驒匠也前有木刻獨足獸一祠祝不識爲何獸問祠奉何神即大山祇也傳云山之怪夔魍魎豈是邪觀機山賜其先人書及其時有司官劵二道辭頗懇視省吾撰劍首有倦態迺起送出指華表北一石大可五六尺而謂是郡之鎮石歲時有事祠中輒所徙神輿奠幣牲處就視傍作皺紋如綿絮狀厚纔數寸不能識其入地深幾百千尺也出村候吏報兜山在左方嶺上去予轎處里許雲霧封不得覩其眞形蓋兜鍪云更過一二小村又屈曲行田逕經萬力渡遂水一名子酉川爲從府城北流而東而南西循行十二位與釜無合但缺戌亥不周故名爲其國語又有操音意故亦名歟行哉川乎川等邑有七日市三日市則嶺南亥市類耳至惠林寺顒視山門上有鐘僧快川入定大火聚處謁機山像相傳其時召工弘凊者來洛對而爲之既成酷肖曼陀羅中不動明王者貌也遂命螺其髻跏其趺左手操索右手握劍燒頭髮調采色之於今諦視但肉法及胸膺膊上有長毫爲非明王耳僧語此地爲牧莊或號馬城始爲源道縕邑世所稱二階堂出羽入道者也道縕請踈石開山夢室前心字池即國師遺蹟往視右二點爲沙土坍所沒矣及機山時從正法請快川來住持在永祿六年而封劵署七年請出觀之其文詞極恭量田帳籍心縫處印福祿二字圓徑八分許總計處精字亦圓一寸二分蓋當時鄉有司所用官印皆色朱今俗間所罕見也又云機山影原在小松下世後七年始徙此壬午之亂兵燹燼殿閣宅佛像什物皆所掠盡唯此與所奉釋迦文拈華像僧末宗者負謁神祖寺迺復舊觀又覽牧溪畫羅漢唯存二幀則第九第十尊者也快川題署其背墨瀋若新可翫畫海島大士像亦佳筆也又云更入山十二三里有淨居寺奉天王像機山伐駿時夢藉其力高大夫軍鑑謂之上求寺不動尊者訛傳也話間忽移捧河漏麪至蕈爲羹皆芳潔適口知香

積之富也辭出門南行過東方村詣鹽山是和歌者流所稱爲名區者其與海相去遼遠豈芙蓉未從地出時潮汐所激邪將地產鹵鹽或如解池蜀井邪不啻此也州之與信連而反隸海道者皆疑矣問指出磯何則候吏失笑而後徐徐對曰此石和入府城道中可望焉予之緣名近而謂其在此也山門跨橋上扁向嶽寺三字又鐫慧光大圓禪師六字即機山爲拔隊奏請也與吾府公所爲高泉請諡不差一字可怪堂後禪師像冷骨癯貌而有朓然懇至象目精嵌玉烱然如射人衣上漆光如鐵可想其人數十百年後名手造也像左袈裟一副摺疊處皆斷初看如淡黃翻其裏紅彩隱然乎絲理年久壞也哲那環徑三寸合筠剜其中裁而圓之膚皆向外其合縫處漆力盡皆綻矣右有拄杖一不知何材輕甚深黑色作皺皺狀長七尺二寸三分兩梢頗細上梢三寸七分下梢六寸處皆作貫珠形去上梢四尺處有探水繫棕櫚扇一拂子一扇闊七寸二分長一尺柄六寸七分拂唯柄長八寸五分存矣東有峻翁像亦頗肖臞殊甚其弟二祖也西侍者像忘其名年二十四五許目銳皆指角英氣覺逼人皆戴帽五山諸寺一樣形制也從殿左至明白菴寺規榜文極陋住持僧頗似持律比丘矜持焉者子院四十州中菴院隸者百餘其在它州悉爲有勢力者奪取也出見古書畫開山禪師二幅其一只無常迅速惜時不待人作二行書印在行間其一居一切時不起妄念於諸妄心亦不息滅亦二行印在尾上大下小皆無名款字不惹塵埃其人胸中可想省吾則指只惜二字示予似疑笠上笠者峻翁一幅下火語也印亦上大下小在後二行間字弱甚畫達磨一幅上有蜀僧道隆贊題曰爲覸然居士拜贊寺僧謂其錄府始主也是否又云是毗首羯磨畫大巧匠天以筆墨代斤斲自昔未聞可謂時時出神通楊補之梅二幀皆五寸闊錢舜擧芙蓉雪舟雁皆佳僧又云昔寺藏東坡竹補之梅大幀爲一官人請去其人易以宅畫因剪原幀二寸許接在所易畫上以存舊物予笑其用心勤矣哉古銅磬一金山來也僧家常用如仰盂形者徑一尺五寸六分

厚六分銅色粹美不可言緣邊有題署細歸皆鎚痕作字不須刀鏨讀之滴熙三年十二月十二日造三字作叅爲異僧奮腕作勢而打者三聲震山谷不絕半時許遂遍覽寺境堂後大士閣勝和尚鎖眞身處其西南垣內大杉樹三郎使君藏鎧處今移在於曾神祠其西無量壽佛堂南慈氏堂卽葬峻翁處佛巖西有五司寮其南禪堂禪師以其師像代聖僧其師者所謂三光國濟禪師者也諸堂皆華樣如今黃檗規制也薄暮雨不已辭出門過鹽後村涉面川宿勝沼驛夜半地大震思親之心俄甚十六日衝雨東行路側葡萄架采摘殆盡蕭然似非復來路也上柏尾山石磴如都下愛宕高寺僧誇說福原鎌府室町世世霸主文券存又巨勢金岡畫不動幅廣丈二希代物也爲急行故不請觀村口有大橋橫吹川也陰雨與溪流助勢喧豗然物候之驟殊疑取宅道還也至鶴瀨關吏迎謁擇店之可宿留一傢看裝還出關由橋前左山行一里許有諏訪祠始則與都道但隔一川行人之語驛豎之歌往往相聞衣皂白尚可辨識漸行所隔之川又隔山其水聲漸不聞寥寂甚土人指語云後主之棄新府東遁也鶴縣違順迺不得已將固天目山時猶莫有是路冒翳排薈緣前山以進鄉豪士兵處處屯結助逆盜賊蠭生聲勢相扇將校扈從士日日減竄夫人侍姬徒跣荆棘中路草爲之色變父老目擊其事者傳言至今尙爲潸然予與省吾不覺歔欷久之山徑忽東忽北足指稍稍向上過水垈村時有陟降右沿一溪則龍門下流也率行五六里而至景德院雨亦小歇山門南向入門謁後主廟後主郎君夫人影像皆新造者太俗不可觀僧麟岳圓首座將校從死者三十三人虞氏輩十六人皆牌子也廟前有後主所踞自裁者石二竹落其外謁畢詣籌室與住持僧語似有道骨者問遺墳所在則云始後主兵解時闔州厖亂莫有爲修後事者僧拈橋者在廣嚴院聞之來赴既過七日屍血淋漓君臣不辨迺同葬一壙卽今建廟處以故別無窀穸所一二年後神祖命伊奈熊三者建寺奉祀特賜六七里地供香火而猶且草創寺莫有所名之州檄郡符但

以田野精舍爲稱七八年後始得成寺云拈橋巳順世後住者貪暴不作佛事迺採伐境內竹樹圖貨殖爲務則勝國遺臣來事神祖者皆憤甚更請艮尊者居之而使寺境不復隸廣嚴矣艮尊復推其師肯山者爲祖以故拈橋遂湮沒不傳焉後主廟貌皆二三十年前所營置而從死諸臣姓名亦緣小幡氏者作牌寄送然後可得而言也晷已斜則相訣下山行數百步有路右分似入村小徑者予不以爲意沿阪更下可百步行且覔走天目道逢樵子立語迺識嚮者是也反而道焉初見右田夾徑往往而在疑樵子之吾誑也愈行愈遠又疑其眞諦語邪更無隻影從誰而質之大氐八九里間左傍山迺右山稍闢阻之以水水左則左擠影可鑒左右遠近之迭代洗耳之聲皆水而娛目者無非山而後知其不入間地也山間稍坦者曰屋形平卽典廐使君者昔居之皆踞坦處憩息雨益歇頃之仰看雲裂處處見青天熱蒸候甚皆袒膊而行至枕阪相傳古時有龍伯氏之子蹈蓬山而疲茵芙蓉而臥是其枕也右瞻龍門瀑響猛甚但匹練之色不懸于天而布諸地者豈陵谷之數福地弗免邪更行見人家數四曝橡實箔上問何爲也淪殺其味作爲餌也予惘然巧數顆袂之省吾顧曰知棲雲之非遠也以何故詩不云乎白雲生處有人家以是故也相笑而行果得寺門未至十許步路在側小亭安地藏像前有石名息壤始業海西歸行求山水之肖天目者至是罷甚跌石以睡忽開目見一磁椀因憶在茗源與其師中峰約遇天目輒止遂登山四眺果獲勝地出所背中峰像建蘭若奉之則今棲雲寺土人云也以國言磁椀爲天目而傳益以空海三鈷事世俗所傳語率此類耳山門曰對嶽閣影堂曰傳燈菴有所背來中峰像豐胖覺有智福相哲那環作六角記鹽山拔隊像衣上者亦爾則其時尙之也右有業海像亦豐而少骨目視望羊然俱較諸鹽山諸師者精彩若在雁行爲其不嵌睛玉故也凡百工巧中華爲精是獨不然者豈物各有所長邪抑唐代之遺施之吾東方也入方丈啜苦茗喚僧語曰機山七世祖明菴使君造是寺山原名木賊山入更

深有使君養痾處寺罹壬午之災其所爲興復者莫有大有力戮助而陋樸如所見矣封租四十八貫今而廩廩乎四石二斗云訊所謂十境者出業海及使君歌詩一版相示懣其字畫漫漶予慨然誓捐貲重新之僧合掌曰多少福田予曰是不爲福田亦不爲名高僧惘然其十境者雷霳峽山神廟飛猿嶺梵音洞金剛窟忿怒巖天目井井龍門對岳傳燈爲十索其處僧指寺西長嶺如屏障然見百千王孫相負攜纍纍乎垂樹枝間熙也問其它六者則云路甚遠且荆棘鉤衣不可行矣予及省吾强之迺云無可觀色頗憚然向行童喃喃不休若將喚寺戶來芟路者狀慮其妨農收也意闌而止僧則云影堂前大樹每夏夜有三寶鳥來鳴又有神燈來往富嶽夕納涼人多見之又大風或失火必聖僧現瑞種種絮話似爲十境補興者頗猒之即出始上山時得一聯云凝鞋冷石如留我植杖白雲來媚人及還賡成覺歸興之轉佳也寧僧之敗興俾境之無僧者頓覺勝邪未暮至所擇宿鶴瀨人家宿家雖隘而主人頗能話話及天目事主人失驚云何得無宅問之則山中故嘗有木客善撩人迺悟嚮者僧憚爲導爲是故也嗚呼俾我不得探若源之奇者僧慈悲心也夫木客善吟詩豈必畏人哉雖曰畏人亦何怨吾儕是則可謂過慮矣且聞山與在浙者騈其奇絕而千載寥寥不施譽於翰墨間戛戛乎淨老十首寧足攄其烟霞之趣使山靈木客作詡詡面孔向世人哉雖然不留吾二子者無山緣焉迺山之無詩緣也亦其護拙邑吾二子者也又問勝國間事今崇德院門前處其時有二三人家後主之走至此追者既逼則納夫人衆姬妾一民家其人名淸右其子孫見在尙語其時事時會積茅于庭場命撤以擁塞其門口呼一炬火之侍女輩或有走出者皆砍投諸談烟中南牟聲與哭泣俱聞後主曰今而心頭無罣碍其烈可知迺覓地稍高者得令構廟處出寶甲盾無者衣郎君土屋宗藏爲之師顚沛間其執禮不苟者如是後主則提偃月刀欲出奮戰宗藏諫曰主君則新羅三郎宗統所在承二十八世社稷之重上天之不吊一旦運移業巳至是而

豈可放匹夫之勇授首奴子輩哉後主抑憤解甲端坐石上使宗藏奉刃取終或云使小原丹後也從行將校皆耦互刺以死最後宗藏及僧鱗岳在岳謂弓刀之士方其運刃自屠力或不足欲死而不能呼吸綫存是豈不大不可欲事哉僧則亡害也迺使宗藏先審眎其克襄事而後岳以口伏刀鋒貫其背死世謂後主殞於攢戟下者傳聞之誤也予始拜後主影像猶如不拜然至是不勝悚然十七日中夜蓐食迺發上篠籠半嶺天稍稍明深谷底人家雞聲遙聞山登比岱山之崇哉雖然意渴日觀之勝甚使從者推轎而上及至巔遠黛中往往逗紅濃淡相暈覺群山之豔於來時獨憾小佛蔽虧不得眺其虹旌瀞旗後前導擁之繽紛鎔金之在冶其大幾十餘丈也輿之輿歸思相壯步而走飛而下嶺至麓顧仰之省吾尚在山腹喘吁吁然經黑坌初雁花崎諸站歇于猿橋予囊中輿嚮所丐杍實甚索之不得省吾笑曰未聞公之爲狙公杍實遂何用曰嘻方我之在南豫章天譴未霽親親及諸所知識厚祿者無半字相問是以日夜奔走窮山谷間與牧豎耕夫伍備嘗稼穡之所艱難十數年間其所餬口四方者大氐盤中堆盛藜藿芹藻荒歲則草根樹皮居其大半糅以半掬許菽麥其所貢公上香稻白秔悉皆眼飽而口未熟一霑大恩來所事之主雖有大小朝廷之分合而計之可得六七百石米其所下箸雖未能繪五侯之所贈遺如樓氏之子而亦不至借九詐非以諱其窶也況此行軺車之所經郷有司戒前郵丞里正扶服道左迺者下馬言者鞠躬如遂忘昔吾自以固有之也及覩其人狙同糧者爽然自失忽復悟前身矣因思不啻我也其生長東都以老死恩澤中者則前身皆階生哉故我懇丐四五還都後將以饋吾黨紈絝之子俾其獲所謂宿命通者是豈非四五善知識邪善知識而失之是豈不可求之太急邪足下何以笑諸則省吾唯唯腹笑其迂也逆旅主人不知何人年方冠介予所從傔乞留詩奇之甚需燈心紙展而書途中一二首又作五奇果之經鳥澤至狗目驛蓋驛戶自非縮海內之孔道巡述所皆繇冠蓋相望蜚騎塵鶩若

東海一路者則其所朝夕資家口必旁資耕穡用供公上之需也況自有東都來幾十百年峽之成蹊逕昉今日而就封之命未下國臣挈內屬于州者或鮮矣是乃本道之馬豈能昧爽裝鞍立槽終日仰秣以竢寥寥之人影邪毋怪其客至而喚馬于田之遲緩也要之非驛戶之資耕而耕夫之供驛者則亦其心厭驛之妨耕者已以故吾發府城後欠伸之聲必發于驛天目之游已跛思家之心如火斯急而其身雖在轎中乎有馱包焉有罷僕焉不克棄而獨前悉盆不堪驛夫之若將終日于是也於是轎夫放轎驛側者久之予偷出轎獨行而省吾及從者不知也行蓋三四百步許陟一丘而竢而皆不至翹首以望林杪之間亦不見號槍之尖四顧皆青山興益佳慨然又謂寧且行矣此至垈尾道直如髮獨行不岐迷是何假嚮導者哉渠其卽轎之輕而識吾之不在卽吾之不在而直追以及之焉耳乎山谷間雖狐狸長兒孫處是何干茂卿事更有狼與封豕乎峽中是物故嘗不害于人景德寺僧云乎爾也悉益前行不顧矣時豁秋望烟凝山紫夕陽之借色霞霞之借色紅樹而紅樹之經幾霜于來時其色之與歸心益深也目以娛乎足留心以感也步急翁嫗在穫婦子戴餉田皆路左右夾之行語相答侶伴處處有之也黃雲多捲稻禾之大訊之年豐故歷垈尾至鶴川後顧尚杳然迺踞驛人家門傍石丐火吸烟二三管忽聞人語驩然者卽諸人後至也哌之喘且汗相笑偕宿于上野原十八日始自予在藩邸中與省吾雅相善予今年四十一省吾三十九而顏色老矣然予多病善臥其於所啜食頗不及省吾性亦嬾甚又有子房疾行則鴻雁步不能致遠省吾則幼學擊劍甚口使氣忼慨擧止甚急促故予或有粥飯僧之誚而省吾不免名在儒俠間也素常每相見輒必善謔紛然競相誇其健壯以鬭其歲云及在此行涉歷峻危予業已性畏蓐食且便山行故省吾每爲所贏不能莫所憤怪至是日以將踰小佛嶺中夜起治食凡醬豉峽中所造極臭惡味不佳爲其止幽菽不劑麴蘖且貫索懸之屋頗帶塵煤故也曾行厨中者竭乏以取給店主人

是以予亦不復能健啖食而省吾暗喜甚已出驛而過關野美稻等處右眄湘水上烟霧蒙蒙然皆云近冬水方冽也稍稍至小佛嶺技癢復發不得忍則下轎而徒省吾傴僂抱持馬背以下險其尻時時高如野鶴之啄衆皆危之不聽可下嶺三分之一予已飢憊欲上轎則仰面視羊腸上省吾儼然據鞍以臨之恐其望見而嗤笑之也急取翳薈處喚轎而上之而省吾迺謂前去久不見影矣盡下嶺竊已下轎踞路旁巖崖上故爲飛走下嶺者相迎而笑不已省吾以爲信然猶尙左支右吾陽誇不屈久之從行者鼻間微有若匿笑者態省吾迺悟驩呼云果然果然遂一行閧然聲聞里許蓋本月初七發東都以至今日凡一十有二日省吾唯是時爲最得意云駒城嶺下中火而宿府中驛井水會竭而從者皆不得洗浴然皆困極臥輒熟寐十九日晏迺起皆狼狽治裝輒發午時抵藩邸及命藩主欣然慰勞之且賜以一絕曰明時爲客總無惡惹得風流使者名自此予家蓄風流使者印云

物雙松與富春山人書二

闊哉足下近況何似五月香老書至知足下浴痾溫泉也方其時不佞亦伏枕者久矣藉是不能作報香老又不能問足下一字中間功令所驅輿疾移居復有喪女之戚加以虛名所使權貴側目流言蠭涌不佞乃以定力勝之則丸止甌臾居室苟合秋冬之際疾亦漸瘥祇逝者不復返耳因思足下之喪鐵兒京亦如之今與足下皆孑孑乎相望千里之外不知足下以何耗磨壯心邪不佞晚知天命業已作身後計以足下舊交故悉諸別幅足下其知之東壁遺文未能上梓末永七郎竟不至又聞朴道師西還足下落莫可知已孟光無恙井臼之勞可想已

不佞好古文辭足下所知也近來閒居無事輒取六經以讀之稍稍知古言不與今言同也迺徧采秦漢以上古言以求之而後悟宋儒之妄焉宋儒皆以今言視古言宜其舊沒埋窟矣李攀龍王元美僅爲文

章之士不佞乃以天之寵靈而得明六經之道豈非大幸邪蓋中華聖人之邦孔子歿而垂二千年猶且莫有乎爾迺以東夷之人而得聖人之道於遺經者亦李王二先生之賜也足下吾黨祭酒故以告知

物雙松與藪震菴書 答問

承問本邦所傳樂爲三代之聲邪將秦漢耶魏晉耶其中亦必有雅俗之分也是豈予所能知哉雖然本邦之樂隋以前所傳謂之古樂唐時所傳謂之新樂而考其制則六朝以前之聲也何則古樂唯五調至於唐代始設八十四調而本邦所傳亦唯五調故知其然也或謂亦八十四調中僅傳其五者非矣驗諸箏法可知已是不佞所以斷爲三代遺音也至於其曲則五常樂蓋古虞韶之遺武昌樂亦大武之遺安世樂卽漢高祖時唐山夫人所作安世房中歌乃二南之遺也王昭君亦漢樂秋風樂乃魏鐃歌之一曲白柱卽白苧晉樂想夫憐卽南齊王儉相府蓮皆以音近悞採桑亦齊梁樂蘭陵王乃北齊樂其泛龍舟玉樹後庭花陳樂也秦王破陳樂慶雲樂赤白桃李花甘州傾盃樂夜半樂長慶子皆唐樂其宅見於唐羯鼓錄者七十餘曲現存焉其曲雖雜乎唐然皆裁其聲以五調行之則皆三代之遺也樂器唯笙笛爲古觱栗箏琵琶羯皷皆俗樂器也但箏彈法蓋古彈瑟法要之衆曲衆器皆屬唐以前焉以今觀之雖非三代亦今之古也聞足下學觱栗觱栗卽笳萬一疆埸有事守城受圍月夜吹之必有劉琨却胡之妙矣

承問今人聞樂多是惘然是無它故乃其辭不傳故也其辭所以不傳之故乃華音不便於倭口耳其辭不傳則意義不可得而知之惘然者不亦宜乎夫唯以音而已矣則鳥語鶯啼風籟水聲是其類也叚使俗箏三絃不歌而奏之亦鳥語鶯啼之類然人或能愛彼而不愛此者雅俗之分也雅俗之分乃在習熟習乎雅則愛雅習乎俗則愛俗故聖人制雅樂以移人心豈有它術哉亦習而已矣足下所謂不稔熟者亦得此意矣竊嘗思之樂有和有應有節俗箏三絃無和俗謠併和與應亦無之唯有節而已矣而其所

謂節者樂與俗箏三絃俗謠亦皆不同也樂之節緩而簡俗箏三絃之節繁而巧俗謠之節迫人以勢也應者歌黃鐘則絃亦奏黃鐘歌南呂則絃亦奏南呂歌高則絃隨而高歌低則絃隨而低宛轉曲節歌與絃相依不離是俗箏三絃所以極近人情也和者謂以隔八隔六和之歌黃鐘則以林鐘或仲呂和之歌林鐘則以太蔟或黃鍾和之是俗耳所不能知而合異成文之道存焉故和者道也應者情也節者法也聖人之治立法行道以合人情三者備矣世俗不知道但喜合其情故俗箏三絃有應而無和也至於武人之治則本不知道亦不問人情一以法度驅迫之故室町作俗謠無和無應唯有鼓節耳○承問箏和琴有譜乎否箏自有箏譜和琴自有和琴譜然其譜不可唱故以笙篳篥譜行之可也○承問樂中只箏笙備呂律乎否和琴五律篳篥箏七律笛八律箏九律琵琶十律而大氏樂曲所用不過於五律七律所謂宮商角徵羽變宮變徵也○承問十二調中何律本邦伶工家說一越調爲黃鍾斷金調爲太呂次第排布可知也不佞所見則不然黃鐘調爲黃鐘鸞磬調爲太呂次第排布至於鳧鐘調爲應鐘此求諸尺度及樂諸家說所得也而其所以誤之故則古時歌奏異調歌黃鐘則奏林鐘奏黃鐘則歌中呂而伶工家不知歌止知奏故直以黃鐘爲林鐘中呂爲黃鐘耳○承問本邦亦有琴瑟乎否按源氏物語諸書古亦有琴五六百年來廢而不傳矣嘗訪諸狛近寬渠家有猗蘭琴譜予借而覽之乃隋人作桓武以前筆蹟其譜與明朝琴譜大異乃知古樂中華失傳而我邦有之按其譜而鼓琴亦容易耳所悲臺閣皆不學不能讀其書況伶工乎瑟本邦古書罕見矣○承問語助助語辭有何差別尹公之他計曰之語助辭此外更有何義乎譬如和人名有權助有權之助耳○承問熊澤集書不佞未見其書曾聞其人太聰明蓋百年來儒者巨擘人才則熊澤學問則仁齋餘子碌碌未足數也○承問學則誠類煥圖送香洲序者也是古文中李于鱗體耳其實古文辭何必皆難讀客歲翟子歸時所奉書亦皆古文辭也要觀其行文如

何耳吾眡猶彼言吾邦視中國亦猶中國眡吾邦以爲侏離鴂舌者比也尙且象之言中國無象故以畫傳之象者像也字書有此說副墨之子指和訓洛誦之孫指廻環顛倒之讀句有須須者鬚也丁有尾出莊子借以言訓點也兜昧夷狄之樂也○承問五解古樂府謂章爲解出樂府諸書

又

鄉辱尺牘併惠香草君子之言侑以大國之美野夫何德而勞遠情之頻繁也伏惟足下饋食之狀愉快哉如不佞者一臥十有餘旬猶未起加以第宅之令下都人士爲是騷然則輿疾以徙西郊人事旁午琴書狼藉與湯液之具相仍乎湫隘之中焉本月初七日又値哭女之慼於是乎懼人壽之難永天命之不遠約情節哀乃取平生所講論者著之篇曰硡硡乎與二三子唔咿相讎庶以裨補聖道之萬一而答天之寵靈者是不佞知命之急務也其所以報足下之緩者以此願恕其罪焉水足氏之子神童哉亦豈以不佞而傳邪然以有足下之言而思所以弁其卷者而未之有得也請少斯須之其書未報足下其致意投筆頭岑岑然不備

又

辱華牘平安之報深可欣慰不佞亦劣劣依舊耳論語徵旋攵修改亦必費一生之力也養姪爲嗣亦且從國俗何賀之有哉承問數件具別幅不旣

承問今所傳陵王破郎蘭陵王也否是此方或稱羅陵王蘭羅音訛耳破慢也樂有急慢此方訛慢爲破如菩薩蠻此方亦謂之菩薩破可見蠻慢破皆一音訛轉耳○承問此方彈箏法即古彈瑟法者魏書載繼儒論彈瑟法正同故知其然也○承問笙九律千下二管南呂十管舞射乙八二管林鐘工言二管姑洗美管應鐘一七二管太蔟行乞二管黃鐘上几二管中呂比管夾鐘是十二律尙少蕤賓夷則太呂故

日九律也觱栗第一孔淸黃鐘第二孔南呂第三孔林鐘第四孔中呂第五孔姑洗第六孔太蔟第七孔黃鐘後孔與體中音皆舞射是有七律也横笛千林鐘五南呂上舞射尺黃鐘中太蔟六中呂下姑洗工夾鐘是有八律也豈得有十二律乎○承問此方所傳五調者宮調也商調也角調也徵調也羽調也是調名也與曲中宮商角徵羽別矣如所謂隔一律隔二律則曲中宮商角徵羽也黃鐘爲宮隔八生林鐘爲徵又隔八生太蔟爲商又隔八生南呂爲羽又隔八生姑洗爲角又隔八生應鐘爲變宮又隔八生蕤賓爲變徵是相生之序也以清濁高下爲序則黃鐘隔一律爲太蔟又隔一律爲姑洗又隔一律爲蕤賓次爲林鐘又隔一律爲南呂又隔律一爲應鐘是也假如五常樂譜十舞射爲宮下南呂爲變宮十舞射爲宮乙林鐘爲羽工姑洗爲變徵凡中呂爲徵一太蔟爲角是一曲之中五音七律皆備也此樂以乙終爲林鐘林鐘去黃鐘之徵故爲徵調然此以歌調言之在樂調則林鐘爲商調故本邦以平調爲商調者爲是故也向所謂歌黃鐘則奏林鐘者以琴調知之且本邦相傳一越爲鐘黃云云者皆以樂調言之故知其然耳祇樂歌不傳傳者辭耳至其聲音則不可得而知矣惜哉○承問半律與變律有異乎否半律倍律其聲實同如黃鐘九寸半之爲四寸五分是半律也倍之爲一尺八寸是倍律也如變徵變宮是曲中名目有虛位而無定名也但律呂新書有變黃鐘足下豈謂是耶然此蔡西山不得算法故有此說耳謬之大者也

又

承問不佞嘗論陳平君徽學以語足下而足下云云是學問大關鍵處旣承足下辱愛豈容默默乎不思所以啓發足下者乎足下以爲讀史記不如讀經是固然然經皆爲宋儒所壞盡今之讀經者皆從宋儒注解以求聖人之道何以能得之哉大氏宋儒之學主言之凡言之者貴盡理務明白其理使人瞭然於

其所言庶足以服人而無敵是其病根已故其所謂某爲熟聖人某爲生聖人某爲亞聖某爲大賢某爲次賢者皆從其意中想像其次第等級以出之反求之六經都無實憑可謂杜撰妄說也加之不識古言不識古文辭是以其所解說言與理皆失之矣祇史記不經宋儒之手其時世又與三代相接風俗氣習不甚相遠故不佞教人先讀史記者亦欲其藉此以離宋儒一種惡習也且苟不知其世安足以知其人且東京有淸議六朝有淸談隋唐以後有科舉之習宋以後有好議論之弊唯西京之時衆疾未生故前漢人物大非後世所能及也且古者論人物皆舉其長而不言其短古聖人之道爲爾後世不識其意乃以爲有長而無短故其於三代人物也見以爲不可企及者却步顧視莫有所感興焉至於史記則長短兼具纖悉皆有故學者覺其不甚遠於今人而易於感發興起焉是不佞所以教人先讀史記之意也足下之言曰用人之道與學殊是本於厚自責而薄責人焉然所謂厚自責而薄責人者本就與人交言之而非論用人之道與學矣夫聖人之道者平治天下之道也平治天下必須衆材而後成功學以成材材成而用之是皆成其所長豈有二哉故古稱人物必言其所長而不暴其短學問之道亦養其所長而不必責其短周禮六德孔門四科豈不然乎子路勇則孔子語之以勇曾子則孝子夏則君子儒小人儒子貢之言冉求之藝公西華之禮孔子未嘗抑黜之則古之學可知已宋儒則異於是焉徒求爲聖人而不知從聖人之敎聖人之教詩書禮樂如時雨之化大者大生小者小生苟能從其敎以學之則人各隨其性所殊以成德也夫聖人聰明叡知之德稟諸天豈可學而至哉故古者無學而至聖人之說矣今宋儒之說曰聖人之心渾然天理人之性其初皆與聖人一矣但爲氣質人欲所害則有知愚賢不肖之差故必裁有餘補不足變化其氣質以成中和之德而復其初焉夫聖人不自言其心孰能知之六經不言天理唯樂記有之亦曰人欲盛而天理滅而未嘗求無人欲求必無人欲者自宋儒始則宋儒所言實與樂

記殊焉故以天理論聖人者不信六經而信宋儒者也豈足謂之古聖人之道哉人之氣質與生俱生故古無變氣質之說觀書傳所載以大稱堯以和稱舜禹則恭儉不伐湯則寬文王則敬周公則多材多藝孔子則學是各有所長也有所長斯有所短皆氣質之所使也故必求變氣質者死而後已矣豈不妄之甚哉其所謂裁有餘補不足者吾未知其欲無長無短邪將求兼備衆長邪若以為無長無短則碌碌庸人已若以為兼備衆長則天下無此人矣論語曰君子不器謂能用器也辟諸椎鑿刀鋸器也良匠能用之補瀉溫涼皆器也良醫能用之故君子不器猶之良匠與良醫已不知者猶謂己必備衆器而後能用器果其說之是乎則舜必兼二十有二人之長而高祖併擅三傑之能故曰妄之甚者也夫高祖僅可將十萬是亦器也然不欲以器自見故能將將韓信項羽則否是器與不器之辨也故君子知道則雖器亦不器也求必備衆器則雖不器亦器耳故知道者能以人之長補己之短故仲弓問焉知賢才而舉之則孔子語以舉其所知宋儒乃以視觀察為未足而補以居敬窮理足下以此二者對觀則其於古之道思過半矣蓋宋儒所謂聖人亦唯萬德圓滿如來耳然成佛必歷無量劫則其說猶為不窮矣乃以此為極而使學者必求至於此可謂强人以其所不能者已足下其思之

又

承問律呂上下生之說大氐律管之制長短相敘以次而殺長者居上短者居下故其相生之數由長之短三分損一是謂下生由短之長三分益一是謂上生蓋因律管之形有長短而建之名稱本為伶工家至膚淺之語而非別有奥妙之理也其實曰損者益之亦可曰益者損之亦可損則半律益則倍律倍半之聲相飲不忒故上生下生可以移易耳後世儒者不習管中之音徒泥紙上之文苟有不通輒引陰陽東西等之義附會文飾以求其通遂未沿流愈精愈舛其說雖若可聽皆無當於聲音之道而祇足以增

人惑可謂無用之贅論也已如三分損益之說其初亦大槩言之至其精微則定之以耳故伶工之言如斯而足矣儒者乃昧於聲音而求精其數布算益繁曼衍無窮然至於執刀截管則目力所及至分而止釐毫秒忽目力無及刀不可施故必欲求其至當者決之於耳而已蔡元定輩不知其如此而固執三分損益之文遂妄立變黃鐘之目殊不知律之有十二本以其十二生而復其初也不則少之五律七律多之百律千律莫有窮極尙何十二之有以此觀之其妄可知已又如古論律呂皆以管長短言之至於元定乃更定其圍數以求勝於古人亦不知音之失也又如隔八隔六其實隔六隔四耳伶工家併姦聲以數之故云云祇求諸言語之道極爲不順然古來無人能論之者何邪是無它律呂諸說皆出樂工之家其文本不雅馴司馬遷班固輩亦不習其事是以不察其如斯徒采其語著之篇耳凡此之類非足下所問而言及之者爲欲足下由此以得讀樂書之方故也足下其思諸

又

春鶯轉無所見疑是唐樂入破是樂中節目今詩餘有之賀殿無所見命名以倭胡飲酒唐有小飲酒此方伶工不識字如張胡子或作朝小子可見鳥唐有鳥歌萬歲樂廻盃樂唐有回波樂北庭樂無所見承和樂唐雅樂河水樂唐樂河水清菩薩破唐樂李白有菩薩蠻蓋蠻慢破一音訛轉酒胡子無所見疑是酒家胡之義凡曰子者多是唐樂武德樂六朝歷世有之皆擬武舞羅陵王卽蘭陵王北齊樂澁河鳥應是倭樂安樂鹽唐樂凡曰鹽曰豔一音訛轉樂中節目十天樂未詳三臺鹽宋樂萬歲樂唐樂五常樂無所見疑是五行舞卽周太武漢謂之五行舞甘州唐樂又有最涼州卽西涼州胡渭州卽小伊州金鑾無所見慶雲樂唐樂想夫憐南齊樂裹頭樂無所見夜半樂唐玄宗樂陪臚疑是伴侶北齊樂春楊柳疑是折楊柳唐以前有之扶南外國樂勇勝無所見老君子疑是郎君子唐樂小娘子唐樂雞德疑是景德唐

樂越天樂唐樂殿字爲是林歌作臨河爲是孔子琴操王昭君漢樂春庭樂一名和風樂唐有火風柳花苑未詳喜春樂唐有喜春鶯赤白桃李花唐樂安城樂安世爲是即漢唐山夫人所作周房中樂遺聲河南浦未詳央宮樂同上海青樂同上平蠻樂唐樂拾翠樂未詳青海波同上千秋樂唐樂蘇合香唐樂出外國鳥向樂疑是烏白出六朝宗明樂未詳採桑老應是娘字六朝樂輪臺唐樂岑參有歌白柱即白苧六朝樂竹林樂未詳劍氣褌脫氣或作器即張旭悟筆法者杜子美有歌行散手疑是三州乃六朝樂傾盃樂唐樂太平樂北齊樂打毬樂隋樂仙遊霞未詳乾鼓褌脫未詳還京樂俗訛稱還城樂玄宗樂拔頭唐樂一作鉢頭出自外國蘇芳菲唐樂長慶子同上一團嬌同上一弄樂未詳感城樂未詳秋風樂漢樂蘇莫者唐樂作蘇幕遮大人樂無所見賀皇恩宋樂萬秋樂未詳頌者風火驟起家人荷擔而立書庫不可開也祇記予所記耳

服元喬皇侃論語義疏新刻序

往者根伯修與神君彝俱遊下毛足利學足利之藏昔稱石室中遭散失而廑廑乎存於今海外後世所不傳異書猶多矣若彝乃與伯修讎校七經孟子而還考文既刊行於世矣伯修與功爲多矣而又伯修所寫而還皇侃論語義疏即亦海外後世蓋無傳焉據馬端臨考乃目論語疏十卷而晁氏云梁皇侃引衞瓘某某某十三家之説成此書其引事雖時詭異而援證精博爲後學所宗又云皇朝邢昺等亦因皇侃所採諸儒之説刊定而撰正義正義因皇疏則然也未知馬氏所考即所親覩而云歟抑將徒耳所傳而勅說歟夫邢疏出而後亾幾程朱諸氏經生之學紛紛輩出雖別成家弁髦舊傳於其所校皇本異同無一及焉者泯焉可知況復後繼無覩而非宋說者時乃益遠其書不傳必矣獨焦弱侯云公治長辨鳥語具論語疏以駁楊用修其他匏瓜爲星一二若覩皇疏者然不可以一信百道聽相傳文獻不足徵也

因此視之海外後世今亡矣夫要之世好事唯新是貴乃積薪之情率以後世爲尙而作者不厚亦不欲存其舊宋人之弊乃爾則蓋邢疏出而皇疏廢矣廢以至亡無聞焉爾亦其勢耳夫邢氏所疏比諸他正義既屬丙科皇疏雖詭援證復博觀聽不決寸有所長兩立而並行非過存也焉可附之烏有氏哉惟我皇和神明扶持物亦與世代永久於是可知也唯是足利之藏我不可保今而不傳後世恐復散失是可惜也乃伯修氏之志如斯則鐫刻之擧其可緩歟近有請鐫焉者伯修既再校以授之矣此擧也余惟非獨海以內行既弘矣即傳之海外而俾知吾邦厚固有關文明則伯修之勤有功於國華哉乃復伯修氏志余亦喜其足以酬焉遂爲之序南郭集

太宰純繼橋記

東都之東入下總州四十里所其地曰繼里因橋名也繼之爲名區尙矣自山赤人橋蟲生歷世詞人皆詠歌之何詠歌詠歌氏胡氏胡者何女子名也曷爲詠歌氏胡其說未詳以里人所傳氏胡早喪母繼母不慈氏胡事之孝繼里瀕海井水皆不食唯有一井寒泉可食氏胡日汲焉以養繼母有少年見而從之閱其人就闞氏胡家者數矣繼母覺之以爲盜而氏胡爲之內應於是毆氏胡辭弗釋毆之幾乎死氏胡乃走自投橋下而死里人哀之取而葬之封土樹松以識之謂其橋曰繼橋謂其井曰繼井以懲繼母之惡也墓也橋也井也于今猶存云其後僧空海東遊留乎此里人因造寺焉海謚弘法故號弘法寺後廢有僧日蓮修之今見存繼橋在其下繼井與氏胡之墓皆在其東北百步之內自數百年之後海變爲田繼里今南去海可二十里登弘法寺則平野漫漫東不見其所極西望東都則城市人煙盡在目中實勝概也弘法之西北有總寧禪寺亦巨刹也未至弘法里所有關河焉東岸赤壁數仞可觀矣余與藤東壁以丁酉之十月遊繼里東壁之季父爲僧在弘法寺因宿其房而歸既悉其故事矣於是乎記

大宰純登富嶽紀事

日本之國多名山焉而富士最顯富士之所以顯者以其高也以其大也以其形特異也夫山高則多寒凡山之高者自八九月雨雪迄明年三四月乃盡富士則彌四時而不消至高也凡山之大小必稱其高庳如富士之至高也蟠根所據蓋可知也凡山以岝崿巀嶭嶵屹巉爲奇常也富士則堆若螘垤四方視之無有向背遠而望之人未見其峻險也自圖書所載蓋未有可比類者云是豈非特異與有義勇師者峽人浮屠也姓高山氏與余素相善歲甲申中夏勇師將省其父母於峽中謂余曰吾知子好遊也今子不欲登富嶽乎即欲之盍與我偕我且爲東道主余曰偕哉六月己巳朔越戊子黎明發東都道多廝抵駒城關下而宿焉己丑早出關門過小佛嶺徑相地三十餘里而入都盧是謂郡内有都盧河焉勇師省其姊於巖殿巖殿者故武田氏之臣小山田信重之邑也信重嘗城山上而居云基趾猶存山中有神祠主其祀者道士迺勇師之姊夫也信宿而行辛卯抵谷邨郡内之治也勇師之兄仕爲邑宰勇師省之遂行到暮地里得勇師之家而主焉是日也雨午後雨止自谷邑至暮地二十里而近至則日方下舂暮地去富嶽不能數十里而其間無有丘山爲之屏障於是雲散天霽富嶽當牕戸屹而立矯首望之翠靄射眼秀艸可摘始視不見其高且相去尚遠譬如培塿在數十步之内一擧可到漸見其崚嶒插天者焉且其崎嶇曲折殆可以詳之其與平昔在東都望諸數百里之外者豈不萬萬哉余謂勇師曰既已至此不宜遲留請息足一日遂行勇師曰可也越翌日壬辰又雨累日弗止重陰冥冥流潦縱横雖林泉在數里内者尚不得尋討且地乏佳味麥飯之外時啖麪銜杯酒於茅屋之下以消日而已矣七月己亥朔越翌日庚子乃得晴余與勇師喜而相謂曰可因趣治裝辛丑早發暮地與勇師之弟及一鄰人俱一奴裹糧齎酒以從主人送以二馬皆有馭夫余與勇師騎之西南行十餘里所得一聚落曰吉田有富嶽廟焉木

華表甚高大署曰三國第一山皇子某沙門書云廟頗壯麗過此西披荊榛行二十餘里其地名鈴原有廬舍十餘所皆具飲食以待客過此入大麓余與勇師舍馬而徒茂林蓊薱徑路崎嶇上有枝柯交加藤蘿蔭翳下有神木梗塞根抵偃蹇仰恐拘礙俯恐蹉跌或傴僂或跳躍以行可十里而得一佛閣焉乃祀役小角所也俗謂之室中有僧守之上下山者皆憩于此過此而上猶行林中塗則漸峻又可十里所林盡而岵矣岵屺之際俗謂之中空山下之民於此爲倚廬以待客是日向晚復雨比至中空雨甚日亦暮乃投宿廬舍舍葺以蓬甚矮傴而入藉以柴席而坐於是人各出所齎糗糒餅麪酒漿任意食飲之然後枕肱而伏屋漏則以笠蓋首襏襫蓋身夜寒且寢不安故雖體實疲而弗能寐輾轉反側以待旦壬寅天晴遂行自中空以上無復草木唯有石楠叢生高數尺往往而在巨石巉喦塗愈益峻土乾燥色赤如焦循岡度嶺邐迤而躋愈躋愈峻山上無水行客乏飲有齎水者民於巖側爲倚廬而賣飲乃雪水也客患渴者就而求飲一椀直數錢自中空之上十餘里而得平處可以息足有池焉周匝數里中多鯉魚過此而上巖險不可言胸喘口渴盤跚焉勃窣焉前不顧後魚貫而行又十餘里而盡則絕頂矣八峰環列若芙蓉狀中一大坎是昔出火颶煙者也窺之不見底有氣如霧各多投錢於其中者坎上嶺道崎嶇尤甚一登一降旁臨深谿或緣巖角以上或跳躍以過或者梯之或者梁之衆相扶持前者唱于隨者唱喁乾喉焦脣蹩躠以行蓋周行十餘里而復故處于時天晴四面無雲日方禺中自嶺上而四望薄海內外可一目而盡也特恨無離朱之明耳觀其衆山在數百里之內者譬猶登丘陵而瞰田壟也不能復審其大小高下也於是乎同人坐石上而酌酒以助疲因皆題名字於巖側余獨賦五言詩以自娛訖則首歸路降非登之所由也其爲道也比向者不甚艱險而峻則甚焉且也沙土拉攞隨履隨頹足下如流可走下不可徐步故唯降者由此云不食頃而盡二十餘里比登之艱其勞不特三之一於是還反中空則亭午

矣過盧而惕焉遂下行復過大麓而抵鈴原就前舍而息且食飲為下山至是則險阻既遠無復烈風雷雨之虞矣同人因皆逞顏色欣然相勸以酒乘醉趣行從故路還暮地曛黃至高山氏主人問故具以答之主人曰吾聞之凡高山之巔陰晴不常風雨暴作況乎富嶽之高也觸石而出膚寸而合太山之雲不啻俄爾而起則六合窅冥加以急雨如寫大風飛沙礫客若遭之跬步不可行且沙礫撲面或立而顛仆或轉谿谷莫知死所即幸而免者尚多昏眩卒倒故遊客見風雲之起則旁尋廬舍而投之以避害舍人則乘急索錢此遊客之患也是故登富嶽者至山下必占陰晴必待天色晴朗四無雲氣乃可發然山中事猶不可必也此登嶽之所以有遇不遇也今公等一發至崔嵬究覽諸勝而歸可謂遇矣我是用賀余曰然余少在東都每望富嶽於數百里之外而願一遊陟非旦夕矣今年何年今日何日適得酬平昔之願無復遺憾雖曰天幸實亦主人之賜也敢謝嘉惠是夕也沽酒而張宴於高山氏高歌談笑盡歡而罷翌日癸卯又雨余與勇師高枕而臥因相謂愈益喜昔之遇於是息足三日以得晴甲辰乃晴乙巳天色甚佳余乃見主人而告辭遂與勇師同發高山氏從谷郵城下過猿橋涉都盧河抵芳野驛而宿焉是驛也西距暮地百里所而東去武都百餘里云丙午早過小佛嶺而入駒城關薄暮歸東都

大宰純書松井婦植村氏碑陰

女之不尚才固也非惡才也所以閑邪也其苟孝順貞淑無失於婦道何惡於才乎以余所聞松井氏之婦其庶幾乎婦姓植村名精子父曰政房婦其中女也初政房事姬路故本多侯以元祿戊寅六月十四日生婦於姬路及侯早夭無後國人淪喪之四方政房亦以其家徙關東既而婦適松井勝長其爲婦也事舅姑晨昏未嘗廢離修容儀勤女紅暇輒讀書居數歲舉一女當其有孕毋論愼動止自言古有胎教所謂令瞽誦詩道正事者豈如躬親之乎誦讀加於平日旁及此方記載且日作和歌比及月辰成三百

餘篇云產後數月不幸嬰疾荏苒困憊自知不起視死如歸將終之日朝從容呼其女兒賓諸懷撫循頃之又把杯酒摘瓶中菊花以泛之與勝長獻酬以爲訣並不見戚容以是夜二鼓終焉實享保六年辛丑九月二十六日也得年僅二十三葬于某處長勝下館侯大夫某之長子

大宰純服部保菴先生碑

先生諱景忠姓平自其先居伊賀州爲服部氏云家世武人父弘保仕故濵松侯乘春不遇迺致仕家居先生少弗仕好讀方書而爲方甚精遂以善方聞于遠邇自號幽竹子其室號保菴先生之姊夫曰渡邊友益業醫於濵松不幸蚤世而有三子長曰操卽友節尚幼次直之少存忠及二女皆小於是三子之母見其弟而泣曰吾良人者濵松世醫也今未及傳業於其子而沒我未亡人雖竭力紡績夜以繼日何能持門戶乎先生曰寛之小人昔得夫子輔道以至成立爲德也大未有以報今不幸夫子卽世遺孤皆小以貽伯姊憂此小人圖報之秋也予雖不肖敢不盡心迺寄其田宅於鄰里而與其妻寓於渡邊氏與姊及甥同爨而食出則爲人治病入則攝渡邊氏家長營理甚力事姊致其敬養視甥如子敎育毋倦及友節等既長就學講業先生日督課之不少假貸後友節奮西游學京師留三歲卒業而歸居無何濵松先君召見賜之祿食以列醫員其二弟亦皆習醫而季爲坂輪氏所乞養及二女弟出嫁友節娶婦悉出先生營辦也始先生有妻桑原氏多病久無子乃請去從之人或勸再聘先生曰方今寓居且仰我養者多矣如之何更求累哉得吾復家而室之未晚矣遂不復娶以故無子未及歸舊廬而以疾終焉時享保丁未六月十三日戊戌也年五十七狀云友節與其二弟欲不朽其德而乞余文余與友節有故於是爲之銘銘曰命乎適其所如胡不懷永圖唯是孫謀之貽在邊氏之孤

大宰純爽鳩子墓銘

爽鳩子者田原大夫也諱正長字子方其先本石川氏田原侯賜之姓爲兒島氏比公族也祖父正時父正親子方其次子也以元祿庚午八月二十一日己卯生於參州田原爲鷹見君定重所乞養因妻其女鷹見君歿而子方嗣享保乙卯四月十二日辛巳暴病卒年四十六無子以鷹見君晚所生爲子名定與以其嗣鷹見氏故因自號爽鳩子銘曰鄰哉維臣能致其身學而不厭文章以成立功不朽雖死如生爰勒斯石以示後人

太宰純琴鶴丹墀公墓碑

享保二十年乙卯三月二十六日丙申故列相中大夫拾遺沼田侯琴鶴丹墀公薨越閏三月十八日戊午葬于武州高麗郡加治鄉多峰主山世子使純誌其墓四月世子襲封沼田侯越明年丙辰諸大夫群臣議立碑於其墓曰我先公琴鶴府君以特秀之姿歷事四朝奉職唯謹晏子所謂一心可以事百君者豈是之謂與公孝友慈仁其天性也自少爲官出入朝廷五十餘年亟蒙國恩進爵增秩卒至侯善地有名城可謂富且貴矣然公自視欿然不敢以貴富加於人可謂恭矣好施不問有亡親屬故舊咸被其澤可謂惠矣爲鴻臚行官政十歲聽訟折獄民人莫敢不服可謂明矣是以每列相闕衆皆願以公補之後公果爲列相傳儲君朝野相慶以爲得人而未有一人害之者也非有德能如是哉至若公之陰德在人而人未之及知者抑何限也古人有功德者必刻諸金石公不可以無銘宜勒諸石以示後世嗣君曰大夫議是遂命有司立碑於其墓左使純銘之純固辭不獲命乃叙其事以爲銘公諱直邦姓丹墀中山氏冒毌姓黑田氏琴鶴其別號也銘曰於戲丹墀宣化苗裔千有餘載匪絕復繼昭穆相承三十一世維公修德其興勃焉修德伊何禮儀不愆樂道好善孝奉祖先維孝維友施于有政尊賢下士臨事能敬匪驕匪吝愛育百姓公之忠誠知無不爲民之所服天斯福之能終令聞永固厥基

大宰純故醫官余吾瑞善法眼墓銘

余吾瑞善諱元長瑞善其字也本姓中川氏平安人大父曰隆玄父曰養玄母石川氏瑞善少來東都依舅故侍醫喜多村安齋先生時故侍醫古菴余吾君有二子其長守三以無行見放其少元孝先出嗣橘氏即今侍醫宗仙院法印也於是乞瑞善以爲嗣元祿五年壬申十月進見憲廟十二月余吾君告老瑞善嗣歲俸米三百擔入羽林軍襲號古菴十一年戊寅十月爲直醫員寶永元年甲申四月有命滕水戶世子婦藤氏藤氏者憲廟妃之姪憲廟所鳌降也九月加賜俸二十口食五年戊子春藤氏生女憲廟有命增俸米二百擔賞其勞也於是與故所食共五百擔例改爲田祿五百石二十口食如故今朝享保元年丙申十二月拜法眼位二十年乙卯夏有疾請免更直朝廷賜黃金三大板壽乞骸骨長子瑞碩嗣請以二十口食分次子瑞芳令稱本姓中川氏既而謂瑞碩及其家人曰吾疾篤將遂不起吾家貲雖不多亦有財賄吾欲及生之日遺親故以盡吾歡與死後儻使爾曹紛爭因命陳其所有財賄於前而親自撿閱令簽記其所遺遂遣使徧遺親故有所差遺者來謝則喜當是時疾日益劇秋七月十五日壬子午時卒去生寬文四年甲辰七十二歲歷事四朝更直六年滕藤氏二十年未嘗有過配淺井氏二丈夫子一女侍藤氏在水戶邸越十八日乙卯葬于城北駒籠原龍光寺先塋側銘曰惟人之良克纘先緒早執藝事奉直有所出滕主家恪勤于府兼有祿位聿光厥祖康寧且壽緊天錫予澤潤三族永篤其祜

太宰純匹田子業碑陰

是匹田君之墓也君諱進脩字子業號九皐羽州大泉莊內人本姓松平氏藤八郎某之次子也家世仕莊內君年二十餘而爲大夫匹田帶刀君所乞以爲嗣故冒其姓於是以大夫嫡子數從役於東都及帶

刀君既老而君襲其祿起爲番長元文二年丁巳從莊內侯朝東都今歲戊午五月廿五日丙子暴病沒于淺草門外下邸年三十九葬于增上寺清光院君少好學初從東都佐藤先生直方受業後從徂徠先生問古文辭遂盡棄其所學而學焉莊內之士興於文學君實爲之先云配匹田氏即所後帶刀君之女二子長甫成童次十一歲二女皆小君之同僚鈴木子特來請純銘其墓純與君誼等兄弟微鈴木子之請固不可已也於是爲之銘曰骨肉歸復於土魂氣則無不之士固有志四方寧以客死爲悲若問靈柩所在其來覩茲石碑

太宰純了源寺鐘樓碑

東都淺草鄉了源寺故有鐘樓懸洪鐘焉享保丙戌四月廿日罹災鐘幸無恙云住持僧某拮据營建佛堂已成有釋匡眞者前歷遊海內諸州而皆藏經於其名藍巨刹及歸悵了源寺鐘樓未復欲爲募檀家初眞之未爲僧也嘗傭保於山下里賈人家於是主家以眞爲忠因爲出數十緡以應其募遂起屋如故時元文己未之夏也眞主家號伊勢屋稱藤右衞門住持上人釋白詮欲刻其功於石因予友人以乞予文純不敢拒記其大畧且爲之銘曰洪鐘必有樓懸之大功必有文傳之鐘乎樓乎聲其流乎勒銘於石以表勳績

太宰純故大衞騎郎內藤君碑陰

元文庚申二月二日故大衞騎郎內藤君病沒于大坂城官法不得歸葬東都卽葬浪華傳長寺從者治任而歸二子伯南敬仲謀棺君衣履以葬淺草鄉新光明寺因請余銘其墓君先藤秀鄉之苗裔曰義清居參州仕德川氏子重宗事神祖死于小牧之役重宗曾孫重次有七子其六曰重之重次請以四其祿之一與重之因爲衞士重之三子長重形次重玄少重常重形無子以弟重玄爲嗣即君之父也娶原田

氏生君及一女君生二歲喪父逾月喪母爲外王父種茂所撫養數歲外王父亦沒君幼孤入羽林童稚潁敏好讀書能屬文及長博覽史籍兼善和歌爲人恭儉廉貞愼而寡言享保九年調爲大備騎郎在備十七年三戍平安三戍大坂君好著述詩文和歌共若干卷嘗惜前世國史之闕也乃錄自永享至慶長百八十餘年事未成而沒年四十九君諱瞻字君望一字之廉元配阿知波氏生五男一女長曰之周即伯南次夷吾即敬仲次百介其二男一女並夭阿知波氏先君沒再娶渡邊氏生一男又先沒後娶松平氏生一男夭敬仲前出爲族人正方後銘曰年幾半身不可謂夭四丈夫子足以有紹維人無厭哀傷未了

太宰純曉山上人墓碣

上人者下毛宇都人也姓高木氏鄉故家也上人生十四年出家歸釋氏自投於同鄉慈光寺薙髮爲僧從雲頂和尙受佛戒法諱亮徹字雲洞別號曉山初適結城弘經寺就衆位中在新田大光院東都傳通院皆數歲後掛錫於增上寺元文中本師項和尙受命住侍磐築淨國寺上人從行居三歲獲疾而就醫於東都寓於增上寺僧舍遂終焉時寬保二年壬戌二月二十二日也年五十僧臘三十七於增上學席位在第二班上人少好學銳志精進於佛道無所不明潁敏超群器識宏遠自老師耆德莫不推其傑出上人蚤聞古文辭之說於太宰純而用心修辭其於詩自風雅以至唐詩無所不爲業成而以其所作詩若文就示服子遷子遷亦稱頌不容口云後又好國字文辭而有所撰著識者稱善增上三千之衆莫敢抗之者然而上人爲性謙虛不以才智自高不以臘次自居其事本師也如孝子事親人亦以是稱之越月日葬于增上寺淸光院項和尙使其徒於純請銘墓碣於是銘之銘曰遁跡檀林歸心玄津覺悟四諦排遣六塵恢恢德宇養素葆眞尊事師長與衆誾誾學通內外廣覽博聞定慧餘力遊戲斯文屬辭摛藻

才識冠倫天不假年命止中身惟謀不朽責在後人後人有懷展此丘墳

太宰純故内給事毅齋木村君墓銘

君諱高敦字世美號毅齋武州豐島人也本姓根岸氏親父營繕官晢軒翁諱直利之第三子也親母一色氏以延寶八年庚申十二月二日生君元祿十五年壬午大衞騎郎木村翁義久無子乞君爲嗣因以其妹妻之寶永四年丁亥木村翁歿君嗣爲後享保四年己亥爲大衞騎郎九年甲辰爲新衞騎郎十八年癸丑擢爲世子宫大官奉職克敬寬保元年辛酉遷爲世子宫内給事命六品君先世未有位六品者君乃如是人以爲寵君親父晢軒翁好紀載因稍稍纂神祖事實君童齔亦好之及長讀其父書始覺世之紀載者多雜俗說殆失其實慨然志於編纂晢軒翁嘗著四戰紀聞三卷四戰謂姉川三方原長篠長湫四處之役神祖之大事也君從加訂正又纂武德安民記三十一卷錄關原之役神祖受命之事又記神祖時人美言偉行著武家閒談三十卷又更博訪旁搜得神祖一世之事實而著武德編年集成九十三卷書成而進之於朝賜時衣二領以賞之時辛酉之夏也壽又進四戰紀聞皆副上意云君又博綜武藝最善擊劍騎馬自諸郎朝士以下從學者無慮數百人然君之所好在紀載雖直宿官曹必以書策紙筆自隨曹事小暇且抄且筆其退食在私家夜獨坐一室篝燈烱烱事於撰著倦則臥一睡而覺則興復執業家人莫知其臥起云其精苦如此爲内給事歲餘千成秋忽寢疾不起冬十一月一日丙辰終於家年六十三無子前乞養淺香氏子以爲嗣名高章亦習擊劍騎馬皆熟自君爲内官而後命高章代已斂授門人君臨終謂高章曰吾受親母之恩殊深願從其柩於地下吾死葬於其塋側故葬於芝浦原泉岳寺親母一色氏塋側太宰純前以君請序編年集成於是高章使人致書具狀稱先君子遺命以乞墓銘純既受君知愛不敢拒其請遂爲之銘銘曰嗚呼世美生于羽林孤兒孳子克操厥心出爲人後保[illegible]守

祀奉公無私居家亦理紀載是好文史自娛國初之事大小必書成卷成袠藏于祕府龍門如作其將有取嗚呼世失材官之傑博綜衆技武術最絕乃如之人埋骨山原不朽惟業終榮其門

太宰純河津君碑陰

河津君者大瀧先君之庶孫也大瀧先君曰正久其庶子名倫忠賜族爲船越氏自號素賤即君之父也君以正德元年辛卯四月十四日生于東都城北礫川里大瀧侯下邸初生素賤君以與醫師河津翁翁取而養之遂名之爲子冒以其姓爲河津氏翁名祐篤故名君曰祐之而字吉甫君性孝順事其所養莫不盡心十五始仕渥美侯二十三列下大夫二十九謝病致仕以所弟畜河津翁子祐章爲嗣而傳其祿三十二病卒時寬保二年壬戌十二月十四日己亥也君爲人溫雅瀟洒少好和歌嘗爲渥美侯使京師因見藤亞相爲久而學焉既歸數歲從一師學兵法後又從太宰純學古文性嗜茶愛萬壑松風供一啜句因扁其室曰啜松齋自號湯谷子因其所居也君以無年與多病也夙志未遂齎恨而沒哀哉君無子有一女尙幼弟祐章主喪而葬諸城北敎安寺祐章亦從純遊者稱君遺言來求誌其碑陰於是飲泣誌之并銘銘曰天與之才不假之年無年不可以成才有才不得全其天嗟乎命邪自傷性邪

太宰純子良犬塚君墓碑

犬塚子良者莊内之士本姓加賀山氏也犬塚氏之先參州人大岡氏之別也莊内先君之時犬塚安盛始仕莊內食祿三百石長火器隊有二子安盛臨終請於其君分所食祿與長子正盛二百石與少子某百石正盛後增秩五十石爲謁者及告老子盛庸嗣爲行人既納婦而久無子正盛取其長女適加賀山氏所生男而爲盛庸養之正盛歿後三歲盛庸死遂無子乃請以其所養甥男爲嗣是爲子良遂冒舅姓大塚氏名盛傳而字子良親父曰安緇子良以享保四年己亥生於莊內鶴阜幼養於母家事外王父母

孝外王父好客居無閒日子良事之供命趨走未嘗怠惰性聰慧早識字外王父喜覽載籍倦則使子良讀之而隱几聽之或命錄事一如其意成童志於學孜孜讀書能作詩屬文交游皆推其國器元文二年己未莊內侯受上命修日光陵寢子良從役役罷反東都因執束脩以見太宰純而請業焉寬保元年辛酉莊內侯又受上命使於皇京子良爲行人以從竣事反東都遂歸莊內明年春寢疾一歲歿實寬保三年癸亥二月七日辛卯也年二十五妻服部氏生一女一男男裁三歲外王母七十餘尚無恙親戚以孤兒弱不克嗣立也議請於其君乞子良姻親相良氏子以爲嗣使子養孤兒於是葬子良於城東都長圓寺大夫水野子慼子良之不幸爲其孤兒請純銘其墓純固哀子良之死又重大夫之請故爲之銘銘曰

少孤煢煢養于舅氏舅氏既歿遂奉其祀入孝出弟黽勉敬止譬如嘉穀秀而不實溘先朝露奄忽相失不可不識子良之室

太宰純速水象之墓碑

速水子諱恒則字象之本姓山田其先江州人也佐佐木氏之別蓋居江山田因氏焉高祖王父某稱民部時佐佐木氏既喪國民部君猶守先人故居於江芝原曾太父某稱傳右衛門初仕丹羽氏後仕有馬氏於丹福知大父重由有故去福知仕安藤彥四郎氏於東都爲家老有三子長曰重盈次曰重恒代父爲安藤氏之老即象之之父也季曰重供生年屬牛世俗忌其害於父故冒其曾大母姓爲速水氏仕紀相南田邊侯氏於東都食祿二百石無子乃以象之爲嗣象之之父有二子長曰恒仲少即象之於是立爲叔父之後從事吏職於南田邊侯邸四十年遂爲家相以勤勞之久累增秩至三百石爲家相之十年延享元年甲子十二月廿三日丙寅無病暴歿距生貞享二年乙丑十二月廿五日爲年六十初娶山口氏先歿有一女適久保勝與東都弓手隊騎吏也後娶稻垣氏生子男恒孝象之爲人謹敕初未學問年

四十始折節讀書則從純遊其居近於純紫芝園每同志會業象之未嘗不與焉且能晨夜孜孜修明經術職事之暇手不釋卷遂能通大義施諸職事亦有成績云越月日葬城北本鄉昌清寺先塋旣側葬嗣子恒孝因其舅稻垣稱明以請純銘其墓純於象之以一日之長受兄事之隆二十年今象之先歿哀哉純雖不肖交義不可廢也乃可其請而爲之銘銘曰聞道而悅忘年不足斃而後已其人如玉

太宰純莊內先大夫水野君墓銘

是莊內先大夫水野君之墓也君諱重次稱內藏助以天正十一年癸未生于參州吉田少以父任起爲騎士食祿二百石及其父告老襲食其祿六百石除其故所食擢爲騎將增秩四百石與故所食共千石寬永三年爲大夫增秩三百石與故所食共千三百石君娶陶山氏生二子正保四年君有故致仕將其二子而去寓東都麻布鄉光明寺承應三年反國邸復祿位明曆元年君告老長子重久嗣稱武兵衛次子重士特賜祿三百石稱市左衞門無後君特賜祿千石而聽居東都是歲乙未五月十日甲午病卒于東都年七十三葬光明寺重久後增秩二百石與故所食共千五百石爲騎將卒于莊內子重治嗣爲大夫稱內藏助卒長子三重嗣稱武兵衞有廢疾弟重誠代爲後字信甫爲騎將稱內藏助延享元年爲大夫二年來東都展曾大夫君墓於光明寺憫其蕪穢命工修之以其表不可改故新其附石因請予書其事予嘉信甫能追遠乃可其請且作銘曰三河耆姓大泉世家勤勞職事七十懸車安茲郊原歿而有嘉子孫奉祀德音不瑕

太宰純郡山故記室荻生先生墓誌銘

先生諱茂卿姓物部荻生其氏也其先居三河大給實荻生因氏焉累世材官父方菴君諱篤慼廟侍醫母兒島氏生三子先生其中子也爲兒岐嶷五歲自識字幼不與群兒遊昂昂焉十餘歲能屬文辭喜與

長老該論如成人十四從父播遷南總不隕穫於貧賤執志彌固爲學彌勤雖祁寒盛暑乎篝燈燭燭未嘗知倦居無何文章大進在總一紀而反東都從遊者衆故甲斐侯之興也人或薦先生焉乃辟掌書記當是時也憲廟與世子更過侯邸則必召見侯家諸從文學者令進講經書輒有賞賜而先生爲之魁侯好編修先生每爲總裁用是累益其食比侯之捐館舍至五百石嗣君今郡山侯亦優待之先生少學于其家後讀古文辭家書而悟文章之道乃盡棄其學而治古文辭及成益知其舊所爲文之非是因歎曰豈惟我若是哉滔滔者天下皆是也豈惟今日哉千古以來皆是也遂不復屬目於東漢以後書云晚節郊居養病英才自遠方來者從遊如雲號曰徂來先生先生嘗言道者文章而已矣六經亦唯是物舍是而他求後儒所以不知道也故先生之治經也炳若日星使先王之道可行于今者實自先生始也先生學甚博才甚富卓乎有識觀其所著可見矣尤長經濟惜也不得行耳若夫雅樂象胥軍旅法律旁及百爾名物莫不精覈是皆其緒餘已享保六年國家命句讀清帝六諭成則召入賜衣於闕下後數以文學之事應教十二年三月再有入朝之命四月一日寔召見未有後命今茲正月十九日庚午以疾沒自生寬文丙午二月十六日至是爲年六十三元配三宅氏生一女天歿配佐佐氏亦先沒無子兄子道濟嗣月日葬于東都城南三田原長松寺先考墓側遺命屬純銘其墓銘曰南方之原長松之下之子于歸于安其土勿毀勿觖君子之宇蟲獸攸去永固門戶

太宰純故執政沼田侯琴鶴府君丹墀公墓誌銘

公諱直邦初名直重姓丹墀中山氏其先出宣化天皇皇子上殖葉上殖葉之子十市十市之子多治比古其初生也家人燂湯將洗之有虎杖浮於釜中以爲異國人謂虎杖多治謂彥比古故以命之云多治比古之子曰嶋天武天皇詔賜姓多治比眞人因其父名也嶋之四子季曰廣成聖武天平中使唐因自

改多治比爲丹墀廣成之子貞峰淸和時爲武藏守子峯信爲武藏介子峰時生長於任所因家焉後世遂爲武州人而宗族滋蔓于高麗秩父二郡之間峰時之子峯房稱丹貫主乃武州丹氏之宗也峯房之玄孫基房有五子其季經家居高麗加治鄉稱高麗五郎實加治氏之宗也有六子次子家季稱加治二郎十一世孫家勝小字助六後稱勘解由居中山里實爲中山氏之近祖子家範即公高祖當北條氏之興於關東以宗强屬之數見戰功卒死于八王子城子照守即公曾大父從勘解由君事北條氏丞以驍勇知名北條氏亡而歸我神祖因改加治爲中山氏子直定乃公大父有四子長直守延寶中捕盜有功次直張即公父以父祖之廕爲騎郎有五子公其第三子也母黑田氏故館林相朝散大夫直相之女以寬文六年丙午十二月二十七日癸酉生公小字三五郎公少長于母家朝散君愛之因冒公以其姓爲黑田氏延寶七年館林侯擧子以朝散君之故辟公侍之時年十四明年嚴廟殂館林侯以宗藩入承國統是爲憲廟是年十一月立儲君公遂事之天和元年賜歲俸三百苞三年儲君薨公罷歸羽林貞享二年徵爲少府郎遷郎中加俸二百苞四年拜朝散大夫元祿元年加俸千苞四年加俸千五百苞與故所食共三千苞五年改廩米爲田祿三千石更益二千石八年加祿五百石是歲憲廟因出遊過飲公處賜及家人後又數過九年加祿千五百石十三年加祿三千石與故所食共萬石由是列侯十六年加祿五千石封下館寶永元年拜中大夫四年加祿五千石賜騶從荷兩槍六年憲廟殂文廟立公免侍中正德二年春賜告就封秋朝請自是每歲如之今朝享保八年爲謁者兼鴻臚十七年春加祿五千石徙封沼田秋復加祿五千石拜列相傅儲君二十年乙卯三月二十六日丙申以病薨年七十公少好學博覽群書兼理衆技爲人恬靜寡欲慈仁能敬睦親戚厚故舊賙貧振窮不可勝數事憲廟侍中三十年未嘗有過其小心謹愼可知矣及其就封也不喜佚遊以讀書養性爲事扁其堂曰琴鶴取諸白氏之語也爲吏

在官十餘年進退以忠及疾上遣近臣就問之侍醫日視之儲君亦如之及薨上使參政乘堅來賻令海內停音樂營築三日皆如故事越閏三月戊午葬于加治多峰主山公以憲廟命娶于柳澤氏故甲斐侯吉保之女源姓也無子養外甥瀧川某以爲子名直基不幸夭更乞養田中侯藤正矩之子名直純是爲嗣子四女長適桑折侯源忠曉次配嗣子次適綾部侯藤隆恢季許磐城子侯藤政令側室生二子其長早夭其少尚幼外孫凡十二人銘曰深者公之壙固者公之藏龍蟠虎蹲作寢樂園惟神護之聿福後昆

太宰純湯淺母瀧孺人墓誌銘

孺人姓瀧氏名瑠璃其先淡海人高祖諱資就曾祖諱某慶長中始委質於池田氏其後遂爲備前人云祖父諱如次父諱陳良娶野村氏以寬文庚戌十月十六日生孺人孺人生而瀧君有東都之役以妻孥行居數歲歸乎備孺人時八歲所歷山川頗能識之其夙慧如是元祿丁丑適湯淺君時年二十八甞受敎於其母及嫁敬事其良人如事君湯淺君亦待之如賓寶永戊子三月十二日生子元禎及湯淺君爲監察官數往東都孺人居守其室門內之事大小皆有法度湯淺君出則從政入則弗問家事一委孺人人或欲因孺人以有請於湯淺君者一無所聽不徒弗肯聽且面斥其非用是頗爲人所毀云湯淺君爲官十几年其所以得專心致身於職事而不傾於內謁苞苴孺人實有助焉湯淺君老免後寢疾孺人衣不解帶而養扶持抑搔唯其所欲莫不盡心久之至右臂痹痛猶且不懈凡六年如一日湯淺君終天年而孺人亦老矣元禎未室孺人視事如故性行端慤居處未甞有惰容日夜執婦功不敢荒寧暇則讀女史誦國風或時鼓箏以自娛不聽淫樂不詣佛寺不近僧尼巫祝惡奢華好施予聞人之窮則無親疎恤之其弟出繼中村氏者家貧妻死而三子少孺人憐焉取而養之皆至成立初元禎之少也湯淺君命之

讀書孺人自旁贊之嘗語元禎曰昔者天皇雪後望山誦曰香爐峰雪侍女淸氏起而卷簾不亦慧乎當時婦女尙爾文雅況丈夫乎今苟爲士而椎魯不文豈不可恥哉元禎亦能卒業云元禎既長有所從遊孺人審問其益損而定其可否有客至則必留之而爲設酒饌唯恐失驩未嘗厭倦雖愛元禎未嘗以姑息及其有過則不少假貸其嚴正如是元禎娶婦而孺人老未幾寬保元年辛酉九月二十八日庚寅以疾終年七十二孺人性好圖書病中猶置貝原先生岐岨紀行於牀上以其少時所經也狀云越十月二日合葬于備城東南平井山湯淺君墓既遺太宰純書於東都以狀乞誌純因爲之銘曰天胙湯氏予此內助淑人宜家中饋無慮婦德匪虧母儀可度所天逝矣唯子是顧保室沒世歸藏有處于以同穴永安其墓

伊藤維禎靑山石銘并序

濃州一士人獲奇石盈許於梓河原珍焉其狀靑質黑紋上尖下平宛然有岡巒巖谷之勢可以置諸几席之上可以充於燕閒之翫眞書齋之物也頃者士人持其石來于京師見前右丞相藤公請其名與詞公視之愛翫不置遂賜以倭歌及靑山佳名且遍命諸搢紳先生之間屬其賦詠吾曹齓生叉辱與其列感愧數番義不得辭緜繫以銘其詞曰谿間之英爰鍾其精光瑑璀璨綠成崢嶸堅而有理立而不傾維德可紀用命楮生寬文七年丁未仲春初九○古學先生文集

伊藤維禎八尾君玄長墓誌銘

君諱荅字玄長姓八尾氏號淡室以延寶改元癸丑冬十月廿七日病卒于家享年四十不幸無嗣其弟正守及正雄皆賢而有行正守尤以道德學問名赫一時以父從尾陽公在江府私主葬事乃葬于洛東神樂岡之南今爲浮屠之地號紫雲山者也棺槨衣衾雖頗隨時宜其意乃以循古禮爲本可謂善處者

也頃又以誌文見屬予屢謝不得因畧述其術業之所由曰君生甚岐嶷以其世業亦爲醫奏功取驗不可殫記自祖暨父竝嗣大醫壽昌院玄琢及子三竹琢嗣延壽院玄朔朔嗣翠竹院道三三始闡明元朱彥修之旨而宋朝局方之陋爲之一滌實爲當今醫門之宗匠君迨來京師又授素難靈樞於饗庭東菴廣究諸方書兼通諸子百家之言自遷固之書及司馬公通鑑至於野史小說和歌諸集皆有鈔錄公之於業其不惑旁徑而精詣博取若此曾祖諱某字彌三郎後號祐誓以武遊宦于攝河二州之間不遇徙於丹波遂爲丹州人祖諱正重字玄竹始爲醫活人甚多父名正名字道節自丹徙京師拜法橋位尾藩源公雅聞其能辟爲侍醫母上山氏時父母俱無恙君爲人襟宇曠達不事矜持欲言則言欲行則行然至於人之不善未嘗出諸口雖一事之細亦未嘗與人爭故人皆親愛焉而未嘗知其所以爲厚也嗚呼痛哉銘曰猗嗟吾玄長以醫世其家纂輯研磨比祖有加業既勤矣人未知其成學既富矣人未識其宏其惟不我識兮斯厥所以爲厚銘諸幽堂兮敢垂于不朽同

伊藤長胤正庵先生渡邊君墓碑銘

君諱宗臨字道生姓渡邊氏號正庵産于日向州延岡其先世仕于土持氏土持氏既滅居于州之東海祖曰圓秀始遷于大武時郡守高橋右近使監大武清高島考曰益西隱德不仕有馬侯直純致于延岡客遇之妣長末氏君其長子也幼而沈默好學成童遊京師就時名師通儒醫術時承戰爭之餘文教掃地且鄉處僻遠人不知學君孜孜教導久而信服受業百人日誦詩書君之力居多至侯子康純欽其術業使侍嗣君日勸講經籍裨益弘多既而嗣君寵昵嬖臣中外離心君與其傅切諫不聽遂逐其傅併錮君居二年遷于本莊遂歸鄉不許適他邦接士人君亦不樂宦仕茅屋三間鬻藥自業時年四十餘奉母導子弟日徜徉乎花塢清泉之中以待終焉之期其詩曰活計田三畝羲皇千古心十年何所得松竹四

隣深又曰半畝丘園半畝池更無塵事到茅茨山間明月淸風外一二病夫來請醫元祿己卯八月十日終壽六十九葬于善正寺君天資篤實孝恭廉退不苟詭隨行義著聞鄉邑欽淑嘗書忠信篤敬玩物喪志等語以自警雖其流離顚沛之際未嘗忘其君也娶黑木氏子男五人長曰榮嗣其業次曰玄隆繼叔父玄俊之後餘皆夭女一人亦夭榮在洛受業于家君與予有雅素之故使予叙其世系行義之大槩予亦及識 君也故不辭而 系之以銘云 西海之隅兮 爰毓偉人 欲稽厥德兮質諸貞珉 元祿十四年○紹述文集

伊藤長胤磯野竹巖墓碑銘

先生諱員政字竹巖姓磯野氏初曰彥兵衞其先出於六條判官源爲義第十三子淡路守義次義次之裔刑部員友方明德應永間始城于江州磯野而居因姓磯野世爲江北著姓其後若干世丹波守員昌於君爲高祖從于佐和山城以武幹名員昌生員次字勘三郎娶海北氏元龜中父子從淺井長政與信長公戰于姉川大爲所敗退住于磯野員次生吉次字新右衞門娶橫山氏吉次生和乃字新兵衞娶佐野氏始上都住新在家乃君之父也以承應三年甲午九月二十三日生君予新在家宅君長而篤志勉學聞古學先子之講道往而受業旣而從壽元院法印生島道竹學醫能精其術延寶庚申之歲以尾州大塚性海寺住持賴景君之叔父也往而寓焉遂徙于名護屋其術大行元祿十五年賜法橋位娶太田氏先卒子男二人員重員元女一人寶永五年戊子十一月十三日終于家享年五十五員重請予題其□□因係以詞云誅暴夷亂武之善經救夭愈痾仁術斯成其業雖殊其施乃宏惟君之先世以武名君承厥後醫藥以精嗟善順時乃播家聲同

源之熙遊嵐峽記

己亥之春余與存允白約嵐峽遊亡何余與允白同罹痾殗殜卒歲迄今春又同起余促允白將踐前約

允白辭以氣力猶怯既而香山吉甫來曰昨與白士光諸人遊嵐峽櫻花既已十分有記及詩見示余聞之神飛即約武紹光淸水君彝堀士復沖子温諸子幾望以爲期前期一日余賞花於嶽翁家晡後密雲西弇袂衣尙覺燠溽余曰此雨候也明日之約將寒嶽翁曰嵐峽風色不以無花減價雨霽花墜之候未嘗不佳因謂曰汝識松師否曰未也翁曰師見住三秀院汝欲乘月而宿我折簡以屬汝余曰幸甚然每仰空眉頭屢蹙翌日果雨紹光至曰今日天使雨師風伯淸塗請期以明日余含糊應諾以明日晴未可必也是夜風烈詹馬東東數破睡五更起排窗箕尾在霤及日出又乍陰乍晴日午風生開朗如拭乃出門出四條街而西此行也不隨一奚唯携小提爐一爲渴一爲烟已上途各爭爐代勞聚訟不止因訂之約曰請每見緇徒輪流代之咸曰善行十數町非兒女挑菜則牧僮田翁耳士復曰西遊記中說西方有滅法國登得非此條一路乎言未訖遙見一僧彳亍來士温代携之已邇則禿髮花子迎人跪下乞錢衆哄然笑至西院過村店後園一樹殘櫻風起雪舞出村間田生荷花紫草若鋪紅氍毹彌望則菜花遍野遠近一色行人在金界中路左一小亭有石造地藏長殆等身涅黑可醜君彝曰土人還願必以油灌之是以如斯之穢余笑曰關下地藏嘗蒙僧狂雲之褌意使吾儕爲地藏褌與油孰爲勝紹光曰今士學聖人之道抱經世之材欲研行樹德者往往被俗輩輕侮折辱有甚于兹者先生何異彼之爲余憮然謝失言已絕高陽水一名仁和又名紙屋至梅宮梅宮棋祠也過祠前盤廻出村園間西至葛野水又名西河上爲大堰下過桂里鳥羽入澱水者爲桂步頭招舟站立前而長巒透迤南趨者爲松尾嶺嶺下林莽中飛甍參差者爲松尾祠上古丹州豬澤不可國有神曰大山咋寶津底績注爲大堰於是舟之土其藝大寶中剏祠于兹爾後香火日熾云乃舟上西埠抵松尾村沿小渠且北且西過法輪寺出度月橋東投酒店打酒老媼串爛炙之更問有何下酒小鬢取一碟香魚膾來然調理撲稜甚不可口强傾三杯行西得徑轉折數十步有小祠爲櫟谷又行數

十步水北櫻花映波二三茅舍隱隱其間此日以昨雨故遊人頗罕然有幕于碕閼于沙絃歌進酔者有棹小舫者有臨深臂撒網者亦山水中一種佳致既而山溜溢徑草樹露滴衆乃躡石稜進右邊山拓可丈一道瀑布雲際下被怪嵓奇卉劃斷爲級者三爲三級嵓凡度月橋而西遍山皆櫻所憾雨餘殘豔差似繳雲點綴耳到千鳥潭建禮門院冢儻横笛爲情死之處漸進步則截然壁立乎水北者爲龜山山脇有響石呼萬歲則應萬歲儻使漢武聽則將以三百戶封近日山僧禿山不留一毛風景頗減往年俗物不解趣乃爾從此往翠屏閘水勢亦千百其狀大抵水之奇在石石不奇水無所取態如山則以樹爲膚以土爲肉而石爲之骨故膚薄無澤肉少乏態有膚肉無骨則猶之崔季珪雖聲姿高暢竟不如牀頭捉刀人焉峽自櫟谷距舟之龜頸一里而遙其間幽者爲觀音堂堂在半嶺谽者爲觀瀾石爲浪花灘（舊名大顆）瞼者爲叫猿峽（舊名猿飛清瀧水合流之處）爲群書巖（舊名出合）爲石門關爲烏船灘（舊名鷲鵜河水尾川合流之處以上諸勝皆惺窩先生所命）大都膚肉不過二三分而有七八分骨格所以爲奇已余嘗遊丹之龜山舟自寶津下迅流若箭山不待盼是以不得其詳而今欲窮搜諸勝故不上觀音堂沿溪行徑極仄每値樵者背立粘巖如壁錢徑斷續以腕大松兩三枚爲橋者二至觀瀾石飛瀑激射如回飈捲雪如亞父碎玉斗洶洶琤琤咫尺不辨人語是爲浪花灘西顧兩山廻合如襟白雲峰臨其間如神仙雲冠霞臉長揖迎人者有白鷺來立磯上其貌甚閑且行且憩峽漸闊波漸靜乍聞丁丁之響行數十武前嶺横巨水爲架樵者三數人或斧或束水涯產奇石其色青黎可磨以代墨各拾數枚子温於水中得一硯材理甚緻密粗似土佐石試鑿之似石王寺石余曰中古清瀧出硯材元僧闡宥聘于我得清瀧石硯歸事見戴良集今時清瀧多出砥石土人以其稍堅者制硯固不中用此峽與清瀧山脉相屬則此石豈得非闡所携之種哉又行數折水高徑斷或揭或厲稍望叫猿群書石門諸勝然水益深不可涉山益峭不受躧偶有石可席者乃賞詠㪅時顧峽間已昏

黑悵然而返則星斗漸見至千鳥潭波迸金光如千螢低飛仰瞻月已離山遂跨度月橋投三秀院松師邀余叙禮罷飯香積閑話數刻至正廳有復道斜通佛龕倚檻眺之峽中烟嵐得月幽邃可掬乃出後門倘羊乎河濱朗誦坡公赤壁賦因嘆曰此景應不減赤壁都被坡公屏當盡更無下筆處不如讓他獨步時菅莽中倐發悲栗聲劃然山石爲之裂既而瀏然淒然山靈河伯悄不成聲諸人咸曰何等人解趣如斯曲將闋顧不見君彝乃知其所爲三更方歸院就寢其明起排亮槅嵐光逼面旭影麗甚已辭院西上龜山山腰有寬元陵及中書王之墳絕頂稍坦處有亭曰七老嵐山前拱洛城東迤下視削壁碧潭如琉璃使人目眩脚軟西眷峽流回折前日所經石之可坐數人者僅如錢大出沒于滾白澄碧中艑艖數艘旋轉其間遠者若桃葉稍近者若蓮瓣下嶺經小倉山下東過廣澤至仁和寺遍境皆櫻花都人士女絡繹接踵然衆疲甚草草過去時已午投茶肆飦乂東過北野歸既歸窅然如有失之三日稍稍攷爲之記

源之熙堀楓亭墓碣銘

堀貞恒字士輝楓亭其號也本姓菅原氏其先近江人自曾祖元龍君以醫住京師凡海内之醫靡然稱堀氏學者蓋創業於太公北渚先生而先公廻瀾先生祖述之也先公棄世士輝猶幼母氏鈴鹿先沒而士輝零丁孤苦幸獲紹緒業者繼母下村氏之力也余嘗受醫經於廻瀾先生是以士輝從余之數歲業成非余不佞所及自十六七歲已下帷教授生徒者于兹十年所嗚乎哀哉志業垂成而中道折矣士輝所厚莫余若焉非余孰知士輝者余悲其志之不遂也士輝篤學精敏事繼母孝精研草木之學傍工詩賦兼好斂檜頗究其術所著有草木正名醫方三器便覽杏林摘英等書弟貞幹才器頗肖兄冀有成士輝志云士輝以寶麻二年壬申十一月七日生安永六年丁酉六月廿一日卒年廿六葬于洛汭誓願寺中先塋之側之熙銘其碑陰曰蘭根生蘭吆茀其芳其芳兮將遠而倐委秋霜物孰不歸其根若魂則無

不存原之右爲考爲妣泉之中或可以事

柴邦彥自撰墓誌

柴爲姓邦彥爲名智不周挈缾志存普生道不行妻子業任遺經壽於顔淵富于原憲斂有虞氏棺葬君子國野雖不得大葬不死於道路文化四年冬十二月柴邦彥自誌（栗山文集）

倉安世重修三十神祠堂記

蓋此祠之初營也自平山氏之先平山氏下總匝磋縣豪族建久中平山武者署季重之胤室町氏世有季德者新邑於匝磋其裔子季邦屬相北條氏及北條氏亡有季家者義不事豐臣氏就其故邑而隱焉其子孫爲總人在國初有東里翁諱季光就縣淨妙寺崇基立祠以合三十神贊釋氏主祀歲時解祠以歸福孫子且其舊記繫之以平山武者署之裔自土于總絣如綫之嗣世世收食以戾爰茲雖俗在民間猶有所進昨云蓋有託而傳焉此爲其志自祠之成百年于茲土木幾於傾圮曾孫子信懼委其祖先之貽於艸莽因而再之雖基則因蓋構丹雘無不新修儼然象設以安如在祭祀之奠則釋氏存蓋聞神之名號肇乎睢盱之夐或自天而神之或自人而明之祠官典之自類經乎王者而順等而下之家之所主先祀而外有五祀之類焉古之禮也逮于叔世執今爲故自朝夕乎太上函及家人禮已沽矣家人相逐其趨醼事而不聽神獲若石云唯恐禋祀不磬弗能聆其殷云然杜主稱靈則亦震乎其精爽之所赫使人主伏戕胥相告加額以爲與媚竈之弗克得答立祀何古之有唯其威福也神之名號於是乎嬪然部分以兩異哉所聞之禮祠官者蓋不道余觀祠之所列設未知悉與古祀典之所載合邪否邪余非祝氏未云明見之不敢斥言之置之而已姑記其祠所自剏有託而傳焉爾其所以紀世胄以示不忘者有託而傳焉則誰不恤厥子若孫若不可知何人一旦判渙中廢弗肯構堂耶爲人之後以此思之則因以出

入可也人子有何心寧爲其先自我作臧否忍改於其道耶雖各有所見弗敢專也唯其舊之仍與失於薄寧陷而入於厚觀之斯知爲子矣如厥之有繼能則底法本之則致愨書存庶乎追遠亦有取其本而巳子信名季忠自爲武者署者至子信二十五世請余作記

釋大典遊石山記

戊申五月余與中谷世繼二生約遊石山期以十二日會天陰猶豫而發比至大津日巳午買舟雇一郎櫂之俄而天霽上下一碧湖山四敞中流汲清煮茶櫂郎率爾呼曰小人不飮酒而好茶幸賜一碗且曰湖心之水誠美下瀨田數里近山而汲倍美而宜茶坐皆愕曰何物櫂郎有韻如是驟斟飮之過膳所城南折下瀨田橋靑山邐揖目隨舟移櫂郎又指名某山某谷中谷生能畫此行也欲以作圖一一記認置諸胸臆舍舟而上即爲石山北口逆旅十數家因登八幡屋者樓俯水面山足以怡適心目遂定宿焉浴罷詣石山寺路南而西至樓門雙王像頗蒼古忿怒之形如呵禁塵俗然肅肅乎入天仙之境奇石怪岩參差岝𡾋層墖梵宇竦立其間左詣大殿禮拜觀自在梵誦少時東廂有一室相傳紫式部作源語處閫旋臺殿間東北得一亭山水寥闊蓋爲月而設也然闌不可入徙倚其傍縱目而還登樓晚食月已升矣乃復命舟南下數里至大日山之下此河水折旋處正爾月懸長天清流瀰漫放舟乎中流信手而洄酌用試茶芳鮮不可言分一椀爲賞櫂郎則又曰幸勿棄殘葉而與小人明日再煎得以澆飯是其所好倍可憐哉大抵石山多螢每四五月之交遊觀尤多方其盛也群聚水上若相鬬然然逐時稍減且遇月光奪不能顯見余則謂螢火之夥孰與月光之得晴也猶且崖樹翳薈際如衆星燦爛亦足賞矣夜既過甲興未盡而反登樓諄寢翌十三日昧爽獨興開戶倚檻東方既白霞曳烟披平流如鏡飛鳥度之亦可以怡悅而傍人不覺猶鼾齁齁朝餔畢相謀曰舟而歸耶將遊于鹿飛耶中谷則志鹿飛慫慂不巳蓋欲以

入圖也詢之櫂郎曰鹿飛距此十有餘里半可以舟半可以陸而路不太嶮小八請道之於是裹糧具茶而舳已發矣至於關津舍舟而徒見數舫繫在岸問之曰自信樂輸茶如陶器或鬻薪者從此而舫載以達大津云以故山路頗皃往往有店且憩且涉至于鹿飛鹿飛者峽水束隘處鹿可飛而越也兩厓淺瀨而中極深然待水至減而後鹿飛之名可徵焉翠屏千仞林谷幽邃杜鵑之啼響且不絶使人生蜀川之想南去得叢祠名櫻谷息其廡間而飯焉沿路而反遡洄至八幡屋則日正午矣朴與二生再詣石山余則倦不能石山多石率皆礌砐類磨礱可以爲硯采二三以歸遺余一卷壽將歸而既已厭舟矣步而出瀨田之西過粟津歷膳所道大津而入京與二生別徑還寺則既初更矣中谷生意匠略成往來所覩悉入畫中壽當拂絹素世繼生雖年少閑靖樂山水大異乎市井遊冶之倫余今年政七十幸而足猶健與少壯步趨不後從朴子往還一時雅遊不可以無紀詩云駕言出遊以寫我憂蓋自罹祝融之災目覩耳聽無非憂者汗漫之遊姑所共適也至如石山之靈即所謂薩埵實報土敎吾輩舍妄而歸眞尚何區區懷缺減畧是爲哉

釋大典河內四條畷楠公正行墓碑

嗚呼是爲楠公正行之墳云方元應天皇出居芳野也足利氏立延元天皇而奉之於是南北朝分北强南弱諸爲南者多叛而歸北其爲南終始不渝者獨稱新田與楠氏而新田與足利有隙實爲亂階是其爲南不足稱也已楠中將初奉詔笠置首舉義兵據孤城却天下之敵其功烈蓋居第一與義貞尊氏以私忿興勤王之師者異矣及尊氏自西海來寇中將有策不用卒戰死兵庫之湊川矣公時年十三從至櫻井驛中將以天皇所嘗賜菊水刀與公吁嚀遺誡使歸河內撫親族殘黨待年之壯致身王事已而尊氏迭中將首公哀慟欲自裁母苦尼之及長仕歷二朝官至撿非違使左衞門尉兼河內守智勇不減父

數出兵破敵尊氏病之遣高師直師泰帥兵八萬伐之公與弟正時族正朝等一百四十三人同盟誓神自決直詣行宮奏言先臣正成臨末也屬臣以討賊綏國之事臣雖幼銘於心矣恒恐終不得效尺寸而一旦病而就木也今賊率大軍來寇於是不能自決致命則上以失忠下以失孝此行也不能殲敵則臣請殲焉幸一拜天顏而訣言與泣下帝親論曰爾朕之股肱其可失乎可進而進可退而退慎勿自輕辭出謁先帝陵過如意輪塔同盟各以鏑勒名於殿扉末紀倭歌一首又皆薙髮投于殿內眎自決也已而二高率大軍至陣于伊駒飯盛外山四條畷而公兵僅三千詔使中納言藤隆資援之其兵三千汎聚野伏輩號二萬爲向飯盛山勢公則由四條畷而進直衝中軍固決死奮戰一莫不當百殺傷太多至馬創不可乘則又步而前縱横衝突其心一欲獲師直師直在後軍自備及幾逼上山高元裝師直服自號師直戰死以紓師直而師直終不獲也自辰至申連戰崩敵陳無數我軍亦死亡殆盡於是聚殘卒負楯佯奔以誘師直師直不親使稗將追之公回戰所斬五十餘人餘兵敗走又逼師直迺使射手射之矢如蘆亂然甲冑以蓄體久稍輭中莫不貫而集於公身者五它將士皆創莫能興公忽呼曰事畢矣莫爲賊所獲與正時交刺而斃宗族同盟並自殺其他士卒一莫生而反云實正平四年正月五日也公年二十六有子多門丸先夭正時弟正儀仕有功名世稱楠氏三代其事實載在史傳茲不枚舉余嘗嘆以爲使先帝用中將之策則無湊川之敗中原亦不失守也使公從後帝之詔可退而退則身不喪而王室亦賴以存焉之二者豈非天哉抑公之明知皇綱之終不振不忍徒長逝於枕席之上耶其志誠可悲也唯是凜凜忠烈昭于千載而不泯矣公之墓在河內之六鄉乃爲戰場跡蓋爲南朝者封之且恐有所耐焉其兆方篤有餘步四陲疊石頗高在田畝之際歸然尚存中有一楠樹老且大前立一碣所刻刓滅一不可識曾十字士厚河內人也頃與有志者相謀欲立公之碑以圖不朽請余銘之余雖方外嘉其名實略叙其

狀系以銘曰身輕鴻毛名重泰山功泯志立維石永堅

武欽繇河合周佐墓誌銘

河合君周佐歿葬于京師本國寺中其邑宗族某某及外舅世民之徒以洛泉阻脩蘋醪澆奠之難也相謀藏其禮服於父塋之兆樹石以修歲時之奠也是得禮意矣請其文余以余少也同學之故習周佐君是以不辭記其略君姓河合名嘉則周佐其字號恕齋先生別稱理右衛門和泉國泉縣府中人也父宗次母高橋氏宗次頗好學常曰人而不學非人也乃使君親炙東涯先生于京師其學頗有成自謂得仁齋先生所謂孔孟血脈東涯先生易簀後因人推獎爲京兆令屬士值黃蘗山有爭訟上其狀諸吏不能讀之令乃使君而其事乃明爾後委任文翰事且以某爲人明斷果決令破常格擢巡防監督之職而平反無濫而轉攢典之職一切治辦二督叡嶽土木事皆稱能勝任君平生節儉耳目不營於事存太體不苛細其於官暇手不廢經比在病牀亦然君居職二十有八年無有纖髮之失矣屬士隊中未嘗聞有若人也是乃不學之力乎君娶竹田氏生一女適左衞門志飯室元義君生于正德三年癸已冬十月歿于寶麻十一年辛巳九月八日得年四十九君歿之前年嘗訪余曰乃今昇平百數十年然而箠楚不錯訟牘委塡於是任其職者居今執古小大由之有所不行況乎東方自有東方之制未必合聖賢之典於斯乎原情依仁從宜權事唯義之視耳非薄於道不可於時也足下以爲何如余曰此乃得聖意矣神武帝曰夫大人立制義必隨時苟有利民何妨聖造其庶乎君欣然曰他年胸懷乃今洒然其悅色猶在目而今也亡矣嗚呼使君而在轉聽訟之職蓋有可觀矣不亦惜乎銘曰通變制宜才之德勝任合義學之力厥志符聖言庶貽從政則

鈴木恭瀧溪紀游　亨和辛酉

余於都下諸勝最愛瀧溪瀧溪境不太廣而幽有餘水泓深而粗無險危繆戾之態每春時賞花於日暮飛鳥輒必抵瀧溪覺城市湫隘之氣爲一洗也然未嘗以秋冬之交游焉想其幽深淸寂宜加倍常以爲憾今玆孟冬余與渡邊笙和岡橋子良約觀楓之游會余新營居于靈岩島長崎巷十四夜二子爲來煖房因遂促余欲以明日果之約余詢其游之方笙和云都下名楓者東海弘法二寺爲稱首但東海游人寂盛頃間挈酒榼擁絲竹而游者不啻玄都觀裏紅塵拂面之比也夫楓之可賞取其幽爽若以觀美固讓春芳俗子無韵殆以楓爲花乎駢闐如彼豈耐逐風弘法則僻而近幽然子良前日既游矣明日之游宜始自東山行觀日暮飛鳥最後抵於王子瀧溪而止僕請爲前導余亦欲一以秋冬之交游於瀧溪也久矣即相訂而散十五辰牌余出舍往渡邊氏家至則主人迎謂曰吾弟來何晚也子良待久矣余既與子良通寒溫欲即行主人曰亦呼新敬雅欲相伴已差人未知能來否請少佇矣言間蒼奴報命將繼至厨下忽進豆豉湯皆飯飯畢敬雅適至於是四人相伴而出渡邊氏時晨燿映射暄甚比至楊柳堰已近午出郭門經御成街吾友吉川甫新卜宅于此笙和敬雅亦皆其莫逆因勸子良訪之適投其閑遂拉行是日得川甫實出望外云距川甫家僅數里早望東山林端微露霜紅色余意躍如既入寺門丹楓如熾火爛錦掩映乎靑松朱閣之間却想今春觀花之時已屬昔遊令人不免逝川之歎豈止憐秋色而已乎余欲留賞笙和以前途尚遙不可揮策而先沿中堂左行于枯林中落葉布逕簌簌有聲子良云初詣斯境徒謂規模比叡山耳今日窮搜不謂宏壯如此矣子良攝人近者客居都下故云然已而出北門貫感應寺而到日暮里近未牌路左寺曰妙龍寺衆入之門內地即山椒西南延望白山遠翠巒近紅楓迭相映發白塔朱軒點綴其間若列錦屏然方下山廻逕曲磴營設殊勝既下則有庭廣袤數百步春則一望綠蕪今獨睹其塗凍合剔起成片耳有亭關焉寂寞可知回顧山上躑躅霜葉正熾揷若映樹踈踈可愛

旋復攀舊逕登山椒穿寺門而出大路已又入右邊寺就山店憩凡東北數十里景勝盡供目睫近繞山麓者三河島村也田塍繡錯茅舍碁置人馬蠶蠕歷歷可睎亘北而彌漫者曰上尾久曰下尾久晴景遠開層靄障望眞若一幅横披畫云既出日暮里將入道灌山兩境分割之際横通一條逕路是走根岸村之路也笙和川甫皆曾家根岸二子因相與話其往年秋夜游此聽蟲鳴之事令人健羨既入山左隴右壑右設樊垣行里餘樊垣旋輟望更敞豁笙和謾指一處示子艮云正東一帶莽岡偃臥者是鴻臺也子艮頷之蓋子艮前日游弘法之次登焉時愛日煥煦余脫外套而肩之笙和則云老境快樂唯有享暄之美耳衆皆笑行十餘里至飛鳥岡岡上碑享保中鳴島某奉官命所建殊膾炙人口子艮則貪讀不置有楓數十株色尤殷乃知境之漸幽也下瞰則翠樹蓊茂中白色一點若鏡掩匣蓋微露側面之狀者所謂豐島渡是荒川下流也笙和云每官家出狩羽旄玆臨焉則輒地方吏先日命虞司使伐林條除薉翳以令川形全見添豫遊之觀矣出狩較久闕則林條漸修長以致此薉翳也徘徊間聞水聲淙淙然乃知瀧溪之不遠也下岡入王子村村中酒店運簷修整笙和指其店上植偃松者麾衆而入是日同遊五人咸不甚好飲意專在喫飯杯僅二三行命徹去急呼饌既供甘脆芳潔衆不免饕餮店故以好酒肉聞于都下是日吾輩不齎一盒食者豫策館穀也飯畢余往屋後溪湍而漱冽極出店日既晡謁稻荷祠轉後謁事解王子廟廟門南向仍自廟門前南行里許村逕左轉則達瀧溪矣蓋其爲地也兩山對立勢如合抱中東溪川先就其前山而塹焉有臨壑而搭竹棚者意是賣茶店衆將坐怪亡主須臾一村婦自側茀舍中出接客供烟茶衆方纔坐亦山中幽景之處也下瞰則溪流委蛇水色澹沱澄波沈鏡淸響鳴珠楓倚崖生者其枝裊裊然上承晩霞而下映溪面宛若一段爛錦蕩漾也可謂奇觀矣隔溪山上楓亦尤多又多銀杏樹其葉爲夕陽所輝射金彩鮮明衆皆叫奇絕不已留賞者久之余得潭心疑濯錦之句屬川

甫求對未就恐昏黑而去已緣阪路螺旋而下壑至溪口踏略彴而度沿壁轉有窟安龍女祠又復扳阪路螺旋而出壑者猶下前山之狀乃已出乎向所望之山上矣此處又置茶店余與子良懇其老姥要得楓枝老姥云不妨獨患樹逼崖邊難扳耳二人因同往崖邊楓樹下左手握樹幹躬垂崖外而竦右手向上折之殆似獼猴摘果之狀二人更代遞攀各得數枝衆既先行追而及之初衆謀歸途過染井於是不復返來路而取途於東南經曠原而行者十里許稍入細逕笆籬夾路行數百步逕窮而大路出此染井也見一衡門極修潔此盖花師家也從此連東比屋皆是將入門余與子良各手楓枝恐人猜奪此庭中物即置之門外而後敢入庭上築菊塢東胡麻穗作欄花正盛閱錦團玉簇含芬吐芳品類万殊靡能得目余平生不檢芳譜爲之一恨有假山衆登而憩焉遶下植金松數十株蒼翠可愛已而出門余與子良乃各取向所置之楓枝而行衆意欲每戸而窺之至和云止止斯地花師之家不下十餘家今所入西隅角花師名呼五三之家與東隅角呼茂右之家唯此二門獨爲巨擘餘不足煩觀且日逼虞淵奈歸途何衆乃止由大路東行數里至明神祠已擧燈矣祠門之外莽蒼廣闊時淡烟襯地万景朦朧一隻玉兎已走乎林樹之端矣至和云此地有間道可以達東山側矣衆因推至和爲先導從之巡明神祠中而出其背過邸園側云是官飼鷹之所益行村舍斜連竹逕幽邃殆疑避秦人猶在月益光朗如畫左右樹影婆娑蔭地行之如步萍荇流水中途過所謂東山御林者凡行者十里遂達于谷中里轉東山側過篠池至御成街與川甫訣至郭門雇小舟而上時潮漲流駛瞬息抵二洲余及至和敬雅舍舟而上又與子良訣子良則乘流而下也抵渡邊氏浴湯喫飯余又先敬雅而謝去歸舍則已二皷矣明日有客來余舍覩插楓枝於瓶中而置之床頭者詢所由得余告以昨遊瀧溪之所折取且詑曰昨遊盖有三適而觀楓不與焉客問其說曰時惟小春景晴風暖雖曳筇郊外不異曝背軒前以歸途有月即短景無晷不妨對景留

賞一適也日暮飛鳥故自係士女駢闐之境以非花時也車轍馬泥一空如掃塵濁世界頓作清凉境况也瀧溪秋冬之景平生之所庶幾焉而得其伴償宿志二適也同遊中惟笙和最年長最好事最精細最老練既以爲先導故行路間絕無迂迴之差乃若歸時之所由既改來路更得佳境終日不覺興盡三適也有三適而觀楓不與焉客曰善哉曷不記焉因以記實享和改元辛酉冬十月十五日也

鈴木恭伊香保游記

家慈抱積結之疾有年矣疾與年俱老數年不痊多方毉藥粗無一效或有慫惥浴伊香保温泉者恭請之家嚴家嚴許待秋凉之日而往乃詮行李飭板輿以待丁巳之秋閏七月炎蒸稍退風物清凉家人共議宜迨此時而往身體必輕穩道塗必可進過此風露之爪角可畏矣遂使其議卜二十日而發自初發江戶比抵高崎直往二百許里一條官路無可記凡三舍而抵此尚距伊香保六十里而遙明二十有四日出店路從邑中石橋右折從此以往往來行旅皆游浴者也逕唯一綫在田塍間左右畷香稻黃粱曉光方媚白鷺閃閃如雪如柳絮如梨花散翻飛乎其中行誦杜牧之詩而贊其妙逕窮則村曰小烏村中成岐左轉而行數十步有溪泉錯道者二皆揭而度余戲謂未浴温泉先浴冷泉家慈胡盧而笑然其深不及脛又數里至井出村從此以往地勢隆起田皆如岡如壟又數里至中座村地頗平衍從中座而原神田而今宮地勢復隆忽見峯巒簇簇對面而攢立爲之一快余因問村人伊香保在何處即答在其背進而憩于柏木村蓋自高崎抵伊香保六十里此適當其半時日在午乃飯又數里稍入山足徑仄林密身向暗中而行一登一下步亦極艱路徑大澤榛棘鉤衣四顧闃然無見時聞山鳥之磔磔喚人而已已出澤中又涉石澗石滑而不受履吾母子及從者爲之委頓甚已而抵嶺林有兩茶店入店而前後莫有一人家又復登下迂曲而行者數里林稍稍豁而地稍稍曠矣俄出山之半腹眺望益開闊意亦始暢不

覺叫快而進初望之蒼然尤秀者曰水澤山與赤城山相並而見立稍近而貫其中則山忽闢而赤城在東迤北曰抱兒曰雄山其寂遠曰野股山連巒疊嶂競勝獻美吾傍澤山而繞焉下臨則山麓窮處廣田千頃鋪彩設色與山翠相發揮交錯如繡一帶利根川曳練而流余與家慈俱嗟不得家君之手而圖之也繞山而行者數里出其正面有村曰水澤山所以名也仰望矗然挺立山皆喬木蓊薈藤蘿膠葛而彌縫其隙山下有寺寺安觀音所謂坂東三十三番此其一位云假道於寺中而又行數里草稍樹復遮映廻顧則澤山已在後矣路轉而西忽聞泉聲淙淙然鳴意謂溫泉之村不遠矣相呼而進家慈連日局束輿中至此而慈顏之喜可知也

其二

伊香保之巔一名二岳以其屹然雙立也二岳正南面而抱兒雄山拱其前東與水澤隣南與榛名接其西北曰舟坂嶺其村值山復而家焉村後最高稍類一小山山上有藥王堂溫泉窟距此三里所涌乎小山與後山相接處橫流而至堂至堂而下流緣流而修磴夾磴而成村市廛具列高下相臨架屋構樓於山坳間出入無戶皆直由其樓家家架木制如承霤縱橫引流注之槽中以成瀑布槽大方丈家各二三槽業浴之家凡十二戶世爲隣伍長浴者至則主人延之請處何房房中竈突釜甑百事什器具備若夫稻米豆豉及燈膏束薪之類皆市廛各鋪給之殆若有司存云土人說五六月之交浴者尤多自都人士女以逮近郡大腹賈蓋名託於養痾而實辟一時之暑因是絃歌還興粉黛獻笑譊譊之聲繼晷徹且西舍暫歇東鄰復發及秋稍寒此輩皆散余之游也雖曰初秋候長一閏猶是繁華不同他年之例湯莫有臭氣性亦極柔滑溫溫然如蒙狐裘云此最妙於調血以故浴者概多婦人余之奉家慈而來亦非徒游也先是與友生半文卿遊於相之畫島其地形人居模樣與此鄉酷相似使人憶文卿但彼地不乏擊鮮

劄美此地枯魚且不供是可恨若夫朝夕登樓則赤城之霞充吾饔飧欲與文卿分此味偶會盬生文貞追余而到旅舍中置酒聲歡譜及都下諸友中酒出井生餞詩相眎後數日文貞有赤城之行余有草津之游

鈴木恭將游草津路歷村上村宿於澤渡記

旣居伊香保五日喧猥可厭意欲一浴嘗聞草津之泉海內無雙其觀奇甚二十七日下伊香保則多折山路稍甚於前日來路行二十里許而度吾妻川則利根川之上流也焦石無數昔年信之淺間崩沸騰之勢雨石於百里外盖此物云橋上擡首有山塊然名曰兜鍪山眞若覆胄然從此以往其地負山臨川而風景奇絕都名曰村上村云已傍川而行數十步三石鼎立皆高可十尋呼曰大小昌臺其中立者上坦而類臺松植其上臺上有木謂之榭可乎仰睹松身極矯登石之高故耶其右者豐上而銳下若鵬翼將擊而待風躊躇焉其左者石狀極頑粗類蝦蟇凡此三石突兀臨道而成門窺其奧亦皆巨石魁岸如猛獸奇鬼者森然成列余望而過焉三石已去一山復來未至而望之蔚然深秀稍近而仰之維石巖巖蓋山皆純骨巉如劍戟而草樹森欝覆被其面彩布金碧美超畫圖自是李思訓寫眞之眞也益行益奇其圖一頁妙於一頁凡山之多膚者傷於草樹隱蔽而失奇拔之勢多骨則不毛亦乏幽深之致唯此村之山可謂兼之矣至乃峰巒斷續岸巡邐迤與川流曲曲相俯仰而轉焉奇勝極矣大抵此際石積成山石橫滿路石之拔愈高者其出愈危過其下則何僂循墻而走幾爲所壓焉擡首仰之大如垂天之雲其餘龍蟠虎踞之石不可勝數其路創奇乎大小昌臺而至巖堂而盡矣所謂巖堂者一野廟也而構之乎石窟中屋宇爲巖腹所啣而其不被卵壓者抑神之力也歟距村上而二十里有青山村前此山與川流乍迫乍讓迫則壁側之讓則田間之至此遂大讓則人家出焉又數里稍涉一川原蓋吾妻之源發于信

濃而廻流至此而東自其西而順飛者爲山田溪至此而合又數里抵中條驛驛爲北走越之通路踰驛更沿山田溪而行無復巉巖飛壁但聞泉聲之鏘鏘而已又數里溪益深其聲亦漸振岸上多松杉葱倩與澗碧相映窺其淵則龍蟠虎踞之石或偃或立水之繞岩下者泓然如黛時爲石激則飛虹噴雪故其相交之文如曳數匹素練于潑墨淋漓中殊態萬狀殆不可言從此往往見瀑布焉稍入山路則其溪益深而至不可復窺也縈紆轉折可三十里更有一溪水曰澤水橋而度乃澤渡之村也村居極小亦一座溫泉也泉頗有硫黃氣此夕遂宿此村尙距草津六十里餘也日間目矇於觸巉峭口啞於叫奇絕而足疲於行嶮巇因欲得全於酒乃浴而飲飲而醉醉而寢村醪尤美故一醉達曉

澤元愷登富士山記

維昔地湧而山出焉遂潴爲淡海屹者富士淡海之大千里富士跨四國山高四十里海之最深處耶自沙走村至回馬夷陵十有二里阪有衡門過此可三里途窮北折而六里抵中宮祠登者受杖於此雜樹茂草蔚然森布是爲山腰輕蹊邐迤以登又十里許曰沙篩坂自坂巳上所謂四十里削成而四方者也望之兀然壁峭無草樹無正路沙石處處見山骨可踰者不可踰者羊腸萬折但守先導之武以轉趾鬆脆之石或泐而碎於脚底步步輪退將僵而杖扶焉仰之三峰在巓上一跳而可至矣余神先飛足之不進十弓幾十里爾日夕入石室而息導者出纊衣以授脤時維七月尙寒於十月矣余適出室而瞰雲間煜煜然正是玉兎浴海之時也不覺大呼稱快須臾三千世界變爲銀地是不知白雲停而不動但見積素三尺萬有爲白玉巳而此山孤立于太虛眞如一朶芙蓉湧出大銀海中也登又有如是觀哉又登五六里愈寒愈疑積雪耳乃宿第七合之室合猶言級也四十里爲一升十析爲合每合置室室大丈許高五六尺板屋四柱磚石固封所置遠近倚巖勢之可倚登者以息以宿以辟風雨云夜半飦畢乃發山愈

壁而曲㤀過前者後者頂踵不能尺也八合九合峻極佝僂匍匐且登且息呼吸將通帝座耶悚然疑立顧曰我無仙骨韓子之哭不可誚也反顧東方初如發丹竈比至絕頂丹流不知幾千萬里非烟非雲藍海影與顥氣相映也喘定神王振衣瞪然以縱觀焉意亦何壯乃入室以憩頂上之室十餘連簷皆小於路傍者記曰貞觀十一年最頂建祠今唯存衡門導者告報曰曦車將出溫谷急起望之紫赤之中晴氣煇煇金纏萬條倒射余衣熟睎之輪轉如飛金纏棼亂眼睛將熏實一大奇觀也漸升大如盤盂而下界猶且朏明縹緲之際海色淡黃始知古人登岱詩有黃海句遂行八葉此山一名芙蓉故有此稱三峰隆起正中陷爲池乃傍池而行也相傳初有水而竹木蔭蔽寶永焰發之後水涸今唯窪窅而已約徑二十餘丈深數十仞一覽意盡三峰最高爲中臺又名雷電巖不可攀也巖下南轉而行數百步巀嶭相連又不可攀者名曰駒峯有石窟置金馬余詑曰聖德太子騎甲斐驪始登此山故事歟不然陸遜所得巴滇馬類已守者茫莫以荅焉懸梯以登下則銚子口也池缺而沙流故名東南之角寶永峯在脚下寶永年暘焰噴發雨沙石於千里外歇則山之瘤見云俯臨咫尺傍有發焰之穴問之曰距此六里嶮甚未嘗聞有至者以沮人意故不果往也西南絕險有劍峯手捫石坎而踵半外垂者二十餘步過此平坦蹈凍雪而行嗚乎萬古雪尚存耶身在水晶宮裏詎知人間苦熱池邊處處置金人又構小堂堂側有玉井僅僅盆大不竭不溢人以爲靈乃破堅氷而飲冽甚寒氣徹骨凡骨竟不得久留欲下復驚睥四面猶且銀海唯甲之二山見其顚如島嶼然問之不知蓋聞黑駒白嶺之眡椒富士於正南是耶下而二三合雲間覬函根之湖尙在屝履之間下路嶮急足之使目不遑應接時一回首田塍維衆山如綫者酒川導出所賫草鞋以授厚可二寸大如盤着之似柮矣若或一躓鋋走數十丈欲止不止僵而後止六合已下繩路一條直下十有餘里曰沙拂坂即沙篩南也植杖以瞰前行人一瞬十里忽如嬰兒杳如鏡中之象疾於走

盤之丸比下回馬坂日正晡時適昨躋扳之時也擡頭回顧三峰崚嶒而立天表未嘗不悦然自失也聞之群嶽之長爲岱宗封者七十以爲至極其記云自下至顚凡四十里日觀峰觀日於鷄鳴此山中宮而上四十里睠顥於半夜何況容貌絶美其孰企及蓋天地間獨我天皇萬古一姓莫有革命者是其無疆之鎭亦有與于兹哉特立于天下而無比倫不亦宜乎

澤元愷登金華山記

吾聞之天神氏之世大造四橛以鎭大東之國乃金華之山是其一也云古昔未有山名天平年陸奥國始貢黄金改元天平勝寶大伴氏作國歌以獻焉其名金華自伴氏之歌矧爾其山在奥之極東屹然于海上矣高不過百數丈周回亦僅三十六七里要一孤島而已然爲奥東之名山不翅在我一統之志亦載以稱焉但地之僻遠游奥之屨罕至余以戊戌首夏望後五日游初發自富春六十里而石卷自石卷至金華又六十里許山路巇嶇越嶺涉溪或沿海岸而行不復見行客時聞犺齬之聲經一宿而抵鮎川村村距山數里尚不見山出村登一嶺名曰駒嶺嶺上始見海山疑非金華已嶺下海津曰山鳥海路約六里許似可一跳而至矣是日日夕渡海而宿山寺厥明有雨余向在鹽坱偶作禱晴詩徒復擧其句耳既而雨歇雲收沾沾無措急請鄉道而發自寺至山顚七里而遥雨後苔滑屢失足步步唯傎耳山中多麋鹿不必辟人濯濯可愛絶項有小祠曰龍藏祭海龍也寺傍亦有祠乃是古所稱黄金山神社是也絶頂唯望大洋焉淼茫遠與天合余嘗閲西纕輿地圖自此而東幾千萬里無有國土實天下之東極也蹬乎疑立膚寸之雲自脚下起海氣氤氲莫所睹者西北唯諸島出沒于雲裡而已久而意盡乃下則獸逕愈滋奇險石華表皋立于山腹高十餘丈周亦如之相傳初高二十餘丈海龍觸而摧其半矣登上古立此石柱以定東極者耶所謂四橛者是耶俗呼做水晶石不知何謂也益下益嶮時或捫蘿扳枝而後下

足鄉道之僧輕捷如獼猴多不能從也水瀆有名大小匣者大匣最雄壯石壁圍三面廣十數丈高數十仞風浪自千萬里來激怒而騰揚玉碎雪飛若怒甚將衝天而冲如百千百龍爭先而登然小匣則大石重疊而已大抵東邊皆巨石大如夏屋積而作壁不則甃而砌莫非奇觀也不然不足以鎮大東之國焉爾

脇長之長保棉布記

我西海道織品之產博多之緍小倉之棉布最有名焉二物並耳久而不敗世便之而棉布儉宜于中下故其用益廣小比賀子爲崎陽縣吏十數年矣私憂其俗靡而愉仰西客互市之贏不務生產婦女往往有不業者因欲誘導之乃試賃婢十餘人使其配松原氏教以功事松原氏性慧取法於博多小倉織以寧樂機經緯皆染色棉絲間道花紋隨意成章而纖緻綢密終始一貫命曰長保織其意以爲世間趨利惟外是衒或羊質虎皮或金外絮中其敗微可立竢也此豈益人而化俗之道哉居歲餘諸婢咸熟所織稍稍四出會官諭父老興作產事時機暗合婦女請受業者接踵於門輒使諸婢授其法無所顧吝云今茲壬子秋小比賀子偶過於我因得觀夫長保織者余嘆且謂之曰昔者公儀休相于魯見其家織布好而疾出其家婦燔其機曰令工女安所讎其貨乎今也子家首事紡織得如是好布語其所爲則甚異矣而推其心則亦惟公儀子之意而有加焉譬之水彼恐其有所壅而害其流也比慮其無所資而至其涸也故闡其原而導之若莫之夭閼待以歲年其澤必遠果然邪奚翅婦女就業之利於夫國家制產之道豈無所補若子者可謂循吏也已矣小比賀子欣然曰人或意我爲利而吾子能知我心請爲我記之余不能辭於是乎書小比賀三字姓名時肯余之外族也

脇長之遊湯泉記

乙卯春二月二十有六日將觀湯泉道高平山天陰風收海色澹然微瀾不起巨山堤連者倒影可辨由小徑而下曲折幽邃如陷坑中既達于塗田畝相屬麥華未吐行數百步得湯泉曰買見蓋温水方言轉訛也分為二泓一方六七尺深二尺許一差小葢屋之色青蒼少帶硫氣凡數里間諸湯臭色率相類似餘流入渠猶煖而小魚游微草華澤中寒泉冽潔可鑒白砂輕動泡珠如貫咫尺間寒温具呈造物之巧可謂妙矣又行數百步出古市村其西南為竈門為野田為龜川中間淤田平衍萬畝宜席草我聞曩昔海潮達竈門山下今海濱之防曰八町堤距山足凡五六百步蓋桑滄之變無足恠者麓有温泉四其一施石幹徑二尺許為八幡宫爨水禁盥浴餘概方六七尺露泉也山上有祠頗古葺以銅頃盜剝取百餘枚猶未補修三邊樹木映帶前則俯瞰海面陰靄眇茫且雨且止下山行至湯泉隣近土石皆赭蒸氣雲興熱渦輪旋獸肉泉麻裁淪輒熟湯色淡青潭深無底投石若大喚則怒煙欝發目不見山繼而度之延袤凡五十餘丈風土記曰赤湯泉周廻十五許丈湯色赤而有泥土予十年前來見猶如渥丹所以有血盆地獄之號也而濶亦不如今天明之季南畔激沸田陷山裂盪擊雷鳴淤泥騰躍本色盡變去歲山又崩壞石杉松湮沒無迹其曠深可想也唯川首處稍遺血痕其委則否水亦冷上山頂徑纔容足左通渠解二出路傍下者可浴土俗傳景行帝西征日浴之猶呼天皇湯有巨石磐之見木葉文理宛然或曰浸木枝於此二三歲能化為石果然否又雨不可進回步入長泉寺閣欒喫摶飯烹茗吟詩寺上山名姬山有古墳或曰宫人也夜間或髣髴聞管絃或曰源為朝愛姬也其實不可識風雨愈甚不能躋因題一絕句曰長泉寺裡墜花時春雨無情啼鳥悲漠漠山雲難踏破何能覽古吊靈姬乃取塗華房阪而還從游者冠童十數人

脇長之椎谷瀑布記

椎谷在北豐之野有瀑布二焉西爲雄東爲雌予之所遊其東者也蓋三面峻壁閎類竈突高四十丈巔則松檜楓柟雜植交蔽糾紛轇輵巖腹光澤淨潔如拭危絕峭直紫翠照映下則芳卉新苔蔚然衍布清氣馥郁秀發可愛瀑懸最頂截然灌下勢如奔馬逸駕如降龍歸淵如瓶裂壼倒而沛乎傾瀉者如舞雪飛霰之生於寒空也有風觸焉則蕩搖欹側如紨帛之飄珠璣之碎可謂壯觀矣聲響所及山谷互應殷殷洶洶不可細語潭廣四百餘步深與瀑高相如云鑑光藍色激而成瀾其委則爭走石間冽淸甘美石之橫渠上者皆滑而平小者如榻大者可坐十人近瀑之地隱霧濕嵐凉冷徹肌夏日可挾纊也稍距潭處氣融象辨好景足翫焉予則踞巨石掬流泉攀嘉樹搴香草悠爾而望恬然而樂飄逸若遺塵寰者恍惚若入仙之鄉者慕恨來游之晚也而又且想西者之奇不能已也未知曷日克得探其境乎雖然既觀其雌豈有不觀其雄者哉姑記以竢丁巳孟夏下浣

脇長之甘薯說

我無草綿而其有草綿中葉自朝鮮來也大爲絲麻之助甚利斯民矣我無甘薯而其有甘薯近世自琉球來也故一名琉球薯彼屬薩其種之傳首薩故又有薩薯之稱薩而二肥二豐漸漸滋蔓延及五畿達于山東其流播速矣哉其爲物也有四德便於民焉何謂四德不太勞培養一也不專擇土宜二也不必須調和三也甘美而無毒四也加之易殖而直廉窮民貧氓雖艱食之極亦可以家蓄人給也流播之速不亦宜乎近歲饑饉荐至困阨之徒概仰食於此故農圃之業亦多用力於此是以其行殆敵于穀矣余因推奬之謂其利斯民亦夫草綿之亞也噫嘻古者無草綿甘薯而猶得飽煖後世有此二物而往往不免饑寒蓋苟不盡養於原則雖有百綿薯亦末如之何也已矣然盡養於原其責豈在民乎哉

脇長之扶竹説

伊南生來書問曰家生扶竹觀者咸曰獨立孤直竹之常也今也同本而雙莖此必祥矣不知信然否願吾子斷之余以謂此偶然耳非祥也然聞之生之父孝乎其親意者生亦有世濟其美乎果然則祥也非偶然也凡禽獸草木之稱祥瑞者苟得其時與其人則爲祥矣失其時與其人則爲不祥矣祥不祥不在其物而係時與人今夫扶竹之祥不祥亦顧其家之睦不睦其主之善不善何如耳其主善而其家睦則雖無物之祥乎爲其父子兄弟夫婦皆人之祥也況夫同本而雙莖非常之物生於其家謂之爲祥固不誣矣若無有乎爾則亦無有乎爾何貴彼偶然者爲生試以余説正之有道至喜談災祥禍福者不能知其説之當否生其愼勿問焉

日本圖經廿八終

游歷日本圖經二十九

日本文徵二

奏派游歷日本美利加秘魯巴西等國英日屬地加納大古巴知府用兵部郎中臣傅雲龍述

日本人文

賴襄廣邑新墾碑

藝之東山勢彎環與海相出入農蜑襍居稻魚之利生齒之繁甲於諸郡而廣邑居一焉邑之水注海海口沙淤積成廣斥因而隄之以爲田鹹鹵沮洳漸化膏腴者數處其最新成曰彌生新田成於邑里正多賀谷翁宗親多賀谷氏姓平本貫蒲刈島支派來家本邑者二翁爲其一三世相承及翁富最於宗族翁嘗助其父闢田三區今役最大洳工於文化辛未二月之季告竣於其三月有閏焉爲日總五十九日役夫每一日率二千爲夫總十二萬人既成籍其阡陌疆塲之略上於藩府得田三十九町有奇分隸數家課耕勸作租額未立有命特賜一町於多賀谷氏世世勿有所與焉嘉其功也蓋佗邑亦有墾闢者靡官錢鉅萬延以歲月纔能底成翁此舉出於己策取乎己貲未嘗有煩於官雖因其地勢或易爲力抑亦偉矣余自吾父已識翁省鄉之次過得相見翁足跡不出其鄉無佗嗜好獨以奉上濟物爲心自奉儉朴不類豪民所以能成此偉舉也翁請余記其事于石余以病廢仕放浪客土不能報涓埃於父母之邦視翁所成寧不慙恧然因翁以得不朽其隻詞於本土亦所自幸也於是不辭而爲之銘其詞曰維潮與水日戰交綏非海非陸厥地棄遺爰疆爰理畚鍤雲飛非澤於家唯家國之滋遏潮延水祭土之神伐鼓鏜鏜百吏臨焉公曰汝功錫汝一阡襲萬子孫莫之或刊彼汰弗思湎酒漁色失厥舊業新之敢得克菲乃食致力溝洫噫乃孫子視茲所述

纂喜廬所著書

賴襄西大寺新作石門碑

西大寺因寺成邑舟船所輻湊在前備爲一都聚著稱遠近西大舊爲犀戴相傳後鳥羽朝改之或曰不然足利尊氏東上時所改蓋武人不識字認音濫呼或文檄副急苦其點畫稠密故從簡耳寺安觀音像像造於天平勝寶寺建於寶龜之八年僧安隆者遇異人兒島海中授以犀角曰投之水隨其所沈可以興寺從之卽今地是備前二水皆自伯作來南抵兒隝其東者襟州治而西者帶寺波水衝齧日夜不休而基礎屹然邑屋鱗次倚寺而宅者千餘家犀之戴焉非虛言也當烈公之汰諸佛塲此在所不廢烏知非資其堅全以鎭壓方面也哉寺四更造最後疊石于岸益固其垠今寺主正翁又與諸檀越謀新作石門于南岸上柱桷梁楣皆石爲之而起樓架其上柱周丈有六尺高稱之取材近邑一柱載須舟二隻助貲者七十有二人槩係邑人掇工於文化丁丑今茲己卯粗成嶷立雄峙遠望可識自今而後凡舟船之上下者認焉繫泊高帆危檣群聚於慈雲之下不慮風水之患犀戴之名於是益實而邑與寺相須其稱益著可知也夫天平寶龜邈矣足利氏改寺名而降兵亂相踵宰備之士者更赤松山名浦上浮田數氏寺牒所紀歷歷可指而寺獨依然如舊大士像一木片能閱千載之治亂况石門乎未可知其更歷幾千祀也余故不辭正翁之請而書其事于石亦將自託不朽焉爾昔蘇子瞻作蜀都大悲閣記謂其官四方未得歸而想見其處備鄰吾藝省覲所由余無官覊得以涉其處而睹其成寍可無紀耶遂繫之以詩曰南海大士騎犀之背坐鎭斯邑經於百代維犀頭角嶄焉其出其影照水罔兩逃逸角一而已析爲四柱猶之大士一身千手

賴襄玉堂琴士碑

琴士姓紀浦上氏諱弼字君輔世仕備前藩屬其支封內匠君數役江戸雅解音律最善琴偶見古琴傾

橐購獲蓋明人顧元章物背有玉堂清韻字遂自號玉堂琴士琴士常謂漢謠不入國耳因欲被琴以催馬樂樂廢既久取之村野所傳又考舊志參互相驗更得數曲焉寬政甲寅辭仕得肆志四方初娶市村氏先卒有二子選遜於是攜琴與二子東遊會津侯客禮聘待改其廟樂乃留遜仕焉置選江戶而獨攜琴漫遊東窮奥羽西至筑肥最喜平安山水召選共居焉日事遊覽椎髻褒衣鬢鬖鬖然負琴而行雖士女雜沓處逢倦輒憩人環指目之不顧也衣必綿布無副嗜酒不多飲朴器瓦皿肴核隨有醉則鼓琴又寫山水請畫者以酒潤筆輒欣然點染氣韻高渾猶其琴也以文政庚辰九月四日病沒年七十六葬本能寺而建碑于嵯峨其所常遊也所著有琴譜及詩集雜記傳世而琴藏於選家選字春琴善畫遜字秋琴解音皆淵源於琴士琴士自獲琴行住坐臥無不與琴俱嘗爲人誤墮地損其一角即痛哭累日蓋以琴爲命也故以自號又字其子琴在琴士亦在也何以銘爲而吾所以銘者與春琴交久其請不可辭也銘曰人邪琴邪抑水耶山耶山水之韻寓於琴而著於人人雖亡耶不亡者存焉峨峨焉洋洋焉何病吾文之不能傳其人耶

賴襄大塚鳩齋翁墓碑銘

伊丹之酒主乎醇醲一變而爲清淡峻冽者昉於鳩齋翁翁諱信雅字子明稱與右衛門老稱與助攝上野人富田氏養於伊丹酒家大塚探古君君娶住友氏生一女以妻翁翁性質直豪邁疎而不失嗜飲妙悟釀法屬家中微新造清醥曰泉川其名終大噪江都評伊丹者指必先屈於泉川佗名醞殆乎避席至或竊而擬之云文政己丑五月廿九日病沒年六十二葬于邑杜若菴側室一女養京人中村氏子配焉爲嗣曰信行信行請銘墓於余余雖未識翁而識泉川而親愛之久矣不可謂昧平生因不辭而爲之銘銘曰水穀之精合爲清物造之在人若泉始達人如其酒懦夫聳骨

賴襄箕浦東伯墓銘

予嘗寓備後菅先生家其門人有秋月藩醫之子佐谷惠甫頗秀邁可愛先生指而謂予曰恨子未見乃父已而乃父士信來相得甚驩乃知惠甫之秀邁肖士信也士信有豪氣喜相刀劍得長光者所鑄寶刀示予曰此西海一將所嘗佩有故歸我子爲我銘之余諾而未果也無何獲疾西歸病漸篤召見惠甫自知不起卻藥不服以文化庚午九月十八日沒于豐前長洲之寓享年四十七葬於邑之妙滿寺以弟生民承後云後三歲余客京師惠甫來見請銘其父墓告以平生所履歷曰僕父諱順士信其字通稱艮山後改東伯本貫筑前林田人爲箕浦氏幼喪父弱冠來秋月養於佐谷氏配以其女東遊京師學醫於和田翁既歸成婚生一男乃僕是矣已而喪偶又自知其性不堪羈絆也謝其義父以佗人自代以次及僕而自復箕浦氏出遊寓備後三年多請治者復適京師和田翁欲養爲嗣賦一詩辭之去遊江戶以生毋齡老不欲久遠遊歸寓赤馬關請治者蟻傅爲妬者所毀去寓長洲娶溝口氏又生一男曰竹次郎久之攜妻孥遊伊勢其歸也得見先生也臨終謂僕曰曩以刀銘託賴子是不必復相煩煩以吾墓銘予謂知士信者莫若菅先生士信不敢請焉耳然菅氏兄弟集各有送士信詩所稱述頗悉足以不朽士信又何以余文爲至於刀銘余已諾於士信矣雖士信有言不敢不果乃今而後作刀銘以附古人挂劍之義雖然銘刀所以銘士信也銘曰百鍊之鐵工精器珍截妖斷邪可以防身脫室而飛所至吐光非如鄭刀遷地不艮中道鋒折化歸黃泉雖乃沈埋其氣衝天

賴襄北村孟溟墓碣

美濃人學於我者其才皆可育育而各有成其可有成而中道斃者北村孟溟是也孟溟生穎敏髫齡從後藤世張受句讀能讀舶來書無和訓者課之詩有奇語勸之就我學又學醫於河越氏來我塾不過月

一再所作史論立意超卓行文明晳詩雖不甚刻意能言其所欲言吾望其有成也已而數月不來今聞其獲疾歸其鄉岩手村死年厪二十二而已實文政丙戌四月廿日也葬邑之東光寺先塋聞北村氏以農豪於閭里寺亦其祖所建有美竹佳樹環擁其北而南則良田彌望皆北村氏族有也孟溟之疾請其父養病讀書於寺而不能起云其父曰維德請於世張及神田實甫曰吾家自父祖未嘗有讀書者也今得此兒吾雖不知其才與否聞諸君屢稱之心竊喜焉今則已矣或得賴先生之銘其墓可以慰兒志而吾亦可以忘憂二人因來請且曰孟溟學醫非其志不敢違父也及病篤父來猶勉言笑嗚呼吾惜孟溟惜其才而無年也今聞其有至性如此可惜更甚悽然成銘銘曰美其貌粹其神而薄其氣之分天賦之有縮與伸乎平疇交風良苗懷新有秀而不實如若人乎

賴襄小野櫟翁墓碣

余少小從父聞備中有拙齋先生者而其傍豪農有小野氏宗族寔繁己未歲入京路由備中過長尾村宿小野櫟翁家翁亦嘗從先生者子弟扶之出意甚愛客而不屑屑待遇酒食隨有一委家人終日對談不數坐起余就寢夜五鼓眠醒翁復明燭摸索而來就余枕側理前話所言不涉凡俗獨於和漢之興廢忠孝節義之跡慷慨往復忘倦而時雜以諧謔余安而樂之甲戌省鄉亦宿焉歡如平昔至丙子忽聞其訃孤子孝卿葬之邑之堂山先塋以墓銘見屬吾常謂今世鄉俗好讀書者少矣好讀書而能不以文滅質如小野氏者爲最少矣豈非翁所率哉抑亦拙齋先生遺風也余與翁交雖日淺相聞已久而相得如此當速應請而是歲余亦喪父在制三年己卯展墓歸至岡山孝卿與其叔泉藏就我館茲申前請因得詳其狀曰翁諱方字仲直通稱猶吉祖考諱寬正無男養侄爲嗣諱正竝翁其第三子屬二兒皆夭遂當家爲人和毅靖曠與人議論不合至形辭色而事過乃坦然御家人不咎小過不褒小善無他嗜好唯嗜

書壯歲喪明猶使兒輩誦讀聽之逢澀滯處輒覆審析其義往往精當傍喜作國詩又善棊凹凸其子之脊以分黑白摸而下焉不愆一道黠客或暗亂行試之未嘗受濫云配山田氏生二男一女長爲孝卿名務次男天一女適藤井氏喪配繼以其妹生三男嚴佳令二女一夭翁沒於丙子七月五日實爲文政十三年年五十八翁雖喪明其優游和易宜享壽考而止於此何哉因銘之曰唯味於目故明於心壽雖歉乎子弟如林天之乘除誰道不均安此佳城利汝嗣人

賴襄廣江殿峯翁墓碣

赤馬關當西道咽喉海陸商旅所輻湊而廣江翁獨以文雅知名海內凡槖囊而東西行者自狹一藝以上莫不客於翁翁家不甚富而好推奬人䘏其窮困余意翁風流自喜者及西遊往來主翁家然後知吾向淺翁爲人也翁汎容衆而其中有所鑒別自奉朴素性不飲酒日著粗布蔽膝雜奴僕理事暇輒與客對談笑揮洒客安之留滯動經旬月而其妻子亦不之厭也吾聞翁嘗以孝蒙其藩旌賞事在享和癸亥葢其仰事俯育一本誠實各有條理施及朋友無新舊皆得其歡心焉爾世學者浮躁無實以文與事爲二途甚至以好事廢務敗產聞翁之風可以警矣余與翁別三年而得翁訃實文政壬午九月六日享年六十七葬于邑興禪寺翁諱爲盛字文龍號殿峯通稱吉右衞門有三男長爲禎仲爲尙皆先死季鐘二女長適中野氏次在家鐘嘗從余遊今爲嗣以書來請曰先子在時每言吾眼所閱遍天下而晚得賴先生焉則先生宜銘其墓矣翁善畫多從學者又善刻印公卿矦伯時徵其篆雕世多知者故不著著其最大而人不及知者遂銘之曰居商之衢爲文之鄹不淟不流獨勤衆愉吾在翁廬見賓友書與米鹽薄如獺祭魚翁與吾別書月一臻催報如逋必得乃欣嗚呼可以知其爲人矣人謂之敏吾服其篤所以使人不諼況骨肉乎

賴襄渡橋翁墓碣銘

方今列藩皆有銀鈔如山陽一道數鈔錯行我藝鈔流通最廣然行之既久不無壅滯及其交換有司不時給銀是以富商相顧亦不肎置鈔鈔日賤銀日貴尾路爲藝大港船沽貿易皆資於銀而銀不足以運物文政甲申港長老聚議有渡橋翁決策請貸公庫銀自保以某月返納乃榜於牙場大收鈔給銀銀出匱十五萬兩而鈔價卽昂起私藏銀者四萃商旅開通公私共濟盡如翁所策褒賜銀盃特典云翁有心計善斷其所籌畫人或危疑及見效皆服多此類也翁諱忠艮通稱貞兵衛其先藝皃郡人曰彌三郎者據宮原砦因氏焉屬小早川氏有戰功後隱爲民世代不詳至考傳兵衛幼孤流寓尾路冒母氏渡橋貧甚翁自童年爲人僕役纔得生存既長主管一行舖舖三易主翁据拮廿餘年未嘗失誼於各家主多其勞舉舖業歸焉乙酉歲七月十四日病沒年五十六葬于邑千光寺配細谷氏亦賢助翁成家有八男二女長子茂兵衛嗣次榮助爲倉田氏所養一女適川北氏餘在家翁爲人恂恂然而其中精明沈毅汎容衆好爲人救難賑困而口未嘗言故雖狡猾難使者常效用焉而不能欺也臨終戒嗣子曰吾所爲在我可耳汝勿傚焉抑財不可常守欲守者非愚則陋也吾特欲有積尺寸効涓塵於國而百不償一汝尙體此志嗣子謂諸弟父所愛因請之處分翁曰是在汝及葬會送者千餘人其爲衆所畏愛如此邑橋本元吉嘗謂余曰如蛟龍居池不得大展其才是或然也翁使其第三子謙藏就余學以狀來請銘銘曰訥而辨萬口皆瘖積而散厥量海涵市厥門水厥心其謂若人歟有書塡於胸無毫補於父毋邦吾其無忸怩乎翁哉

賴襄大倉翁墓銘

余嘗謂古豪傑皆善治產如馬文淵雖不遇光武亦能自樹殖士之口經濟而不能自活者非實才也今

聞大倉翁事益自信云翁越後芝田人諱道貞稱卯一郞後襲父稱定七其先京畿人來寓蓮瀉祖父時分田產於少子居本邑卽翁父也後視兄家落返其田曰吾可賈以計活也性喜施而貧無以逞有二子長卽翁次喜八住江戶翁於是慨然誓必成富以逞父志日夜勤厲而父逝矣貿劵萬金乃益感奮邑爲北地一都會多大賈每物價高下人人聚議翁笑曰我寧以身不以口輒親赴其所驗虛實可取取可與與未嘗遲疑而要彼我兩利曰知己而不知人者愚也遂至累鉅萬藩侯賜許謁然自奉儉素雖多僮指猶躬薪水至沒不改無佗嗜好好野史使子弟讀而聽之辨興亾之由曰古英雄皆敦信義信義始於骨肉其弟窮且無子遺少子嗣助殖其產文化中越大饑饑死者多翁陰賑救之私語其子曰今而得成父志爾恨不使目之因泣天保庚寅臘月十九日病沒年六十九娶本間氏生十二子長男利安稱儀兵衛次盲次養於弟曰喜七五女其三嫁米氏乙川氏加茂氏其二贅壻分產一男二女夭鄕人安田幹伯識余佐藤德裕學於余竝請余銘其墓德裕父嘗謂翁商賈中之良將也惜不使據大都通衢則所成當不止此德裕亦記翁言曰人老當益厲精不當以貧富易節易節是率子孫汰也信乎其言之彷彿文淵也余則惜其才之用之商賈而已銘曰尙空談而不實試學所以棄也多議論而少成事政所以墜也吾安得起與翁語古今之異耶

賴襄鏡背輿圖記

北野菅神廟龕前大鏡相傳加藤肥州所獻蓋在慶長庚子之後未詳其年月鏡背鑄輿圖好事者懇之廟祝搨以爲珍玩六十六國國署其名旁及諸嶋略備以波紋周之而四角有桐花章其下各以桔梗三花爲品字者承之隱起代鏡鼻故所搨紙微破焉桔梗其家號桐號豊家所賜也源金吾孟仲得一本示我而言曰子謂肥州何如人也當時英雄人有爭心肥州莫乃亦然乎否則鏡背豈無他圖可畫而摸此

大物以已徽號四維之何哉安諸神廟以嘗禱詛其志不可測也余曰不然假使肥州有異志庚子之亂何所不爲物情既定乃規非望禱祠而求之是庸人所不爲曾謂肥州聰明英雄而爲之乎而菅神忠臣之靈而受之也孟仲曰或云肥州忠於豐氏桐花爲豐氏號是祈其主恢復舊物也是亦不然豐家之不可再興亦不待智者而知之愛而禍之肥州必不爲也肥州佐豐臣氏耀武海外既而天下有所歸則去逆就順佐其撥亂之功其於功名可謂成矣銘之金石寘於神廟謀不朽焉耳豈有他哉吾想當日工成撿視必指其壹與對曰彼我少時所艦而渡也指其豊與筑曰彼吾中年所騎而横行也既而自鑑於其面曰吾老矣蓋如此而已孟仲笑曰子猶親見肥州也遂屬我爲之記因書其所問荅於圖下返之

藤田彪七郎衞門川瀨君墓表

知兼衆人力雄萬夫此常人之所驚而所謂材能之士或能爲焉至於富貴利達隨我後刀鋸鼎鑊列我前則材能之士率皆顧望逡巡而惟純明剛毅之士斷然不疑確乎不變矣以余視之七郎衞門川瀨君蓋其人也君諱教德木戸人田丸君諱直方之次子母白石氏川瀨君教雄無子養君爲女婿君弱冠既有奇節寛政中爲徒目附累歴吏職轉寺社役決疑事斷滯獄一府肅然遷郡奉行管石神部抑强撫弱猾吏束手姦民屏息而處事持法不阿巨室又屢建正議大忤權貴黜爲馬廻是日同僚酒井喜昌直詣政府辨君之寃亦見黜一時共事者相尋悉罷方是時奢侈日長財利之競國家之事蓋有不忍言者君忠憤慷慨欲奮士氣以維持紀綱每與二三同志往來辨難上下其議論而世愈偷軟弱力斥剛直之士君愈與之抗毫不回避遂奪祿秩被禁錮居七年遇赦而出今公立不數月以君爲郡奉行管紅葉部君之蒙罪也艱苦困阨僅免死耳而公一旦擢之族廢黜之餘班次祿秩悉復其舊一國愕然小人尤忌之公排衆議聽用其言君亦誓感激報効不遺餘蘊庚寅辛卯間國事一新翕然復視祖宗之治者君與有

力君初君治石神部也視民力日衰察豪猾兼并之害以爲仁政必自經界始古人不吾欺也乃專主其議公爲公子亦嘗用心於民事至是屢責有司以均田君建議謂昔者威公丈量封內也郡宰僅不過三人皆居府下協議同心然後從事今七郡之宰出居各所事極繁雜文移往返動涉歲月齷齪守尋常則可也苟欲大有爲則臣決不見其成功矣時郡制之議衆論喧然公遂移郡廳於城下復四宰之制以君治南郡當時多事未遑及經界也期年之間君之盛名赫灼於一時讒讟亦從而興焉遂出君爲關白藤公夫人傳夫人公之同母姊也君既徙於千里之外而公猶思之不已屢問近臣以兵消息丙申歲天下大飢關左尤甚公謂非常之災不足以應非常之變以君爲勘定奉行君請運西州之糴以備後患公許之乃躬從海至九州淹留數月頗極艱苦而歸當時諸州賑給不繼餓孚相枕於路而本藩闔境晏然無一人死者君之力又亦居多焉君在西海也途患舌疽及歸益劇公親臨官舍視之又屢使侍醫訪之輿而歸水戶宅浸淫數月終不起實天保九年戊戌五月二日也享年六十有二君爲人容貌魁偉氣燄壓人勢若不可近者然亦温然善和無賢愚盡其懽人畏而愛焉處事神速決斷如流文政末哀公疾病世子未定人心洶々有志之士間行赴江戶伺動靜者數十人君實爲之倡也其遭禁錮也忠愛之念未嘗一日忘有親友訪之者則必期以礪名節振士氣恒言丈夫之志須百折不撓假使大鋸鑽我頭從容自若斃而後已耳因大聲叫呼聽者爲之震動四郡新復也君與余及同僚會議廳事適有一老吏持蹟遽來曰南郡之民不欲新制父老相率而來訴事當奈何君瞋目叱曰汝敢抗公命耶今命令既布小民愚昧結黨越訴而汝身爲郡史不能制之乃反黨愚民抗公命耶老吏恐怖不能出蹟而去當時民習故習闔鄉騷然使郡宰少有沮色則公之盛意殆不可行而吏民安堵者賴君之一怒云君不甚讀書而能明物理上自國家政事下及一身急務據義推類鑿々言之論農政則必以經界爲本論風俗則必曰學校

君有二男曰教忠曰教孝教孝出嗣金子氏君沒之明年公丈量封內教孝以西郡宰奉行其事其明年公就國大興學校於大城之外教忠以曾請奉行督其事嗚呼君雖不逮面見盛事亦可以瞑矣悲夫

長戶讓佚齋丹羽君墓碣銘

白河藩致仕佚齋丹羽君以病歿於江都麻布邸舍嗣子成德自白河來奔喪限於藩制不能久留二弟貞翰艮翰代襄其事余昵於艮翰故嘗與君相證於此二人胥議求余文以表其墓乃敘其行件曰君諱成功稱久馬右衛門佚齋其號濱田藩小寺伊野毋諱則廣之第二子出爲丹羽富右衛門諱成明之嗣年甫二十二蔭仕後襲祿二百石尋命爲火器隊長又爲持衛弓隊長先是隊卒慢不奉法君莅職反覆告喻遂皆遵約束事聞特蒙賞賜入爲近習頭侍光覺公左右時公尚幼夏月步內園捕蟬君進言曰夏蟲命矩是可愍憫今乃捕之以爲嬉非人君養德之方也公竦然聳聽君益感激以輔導爲任最後擢爲奧用人兼理民事別加賜粟五十苞君乃條上數事皆獲施行恒國心於民瘼隨歲之豐歉以制其宜是以國度不縮而民租常寬既而君民病辭職遂優遊自恣惑垂釣或往來女子之家得以樂餘年餘君爲人狷介自守性好讀書以得大爲義要常自然慨思欲達諸施爲以圖報效故歷事四世其間四十四年所在皆以副職著稱晚而屬侯家多故又有官命移寺群臣各自懷異議而君獨維持於其間終始不渝多所裨補上下倚賴之故及其去職則雖嘗與君乖異者感莫不惜云嗚呼自世道之下也士大夫率皆以婞婀柔媚相尚靡然成風而求其志操之確事迹之偉卓卓可稱道者其有幾人則若君者所謂空谷足音矣豈不可嘉尚哉君疾病遺囑子姓曰異端之教吾所深惡吾死之後莫用浮屠之法享我也世之祭先者徒知不啖肉爲孝而不知修其身之爲孝汝輩方祭我之日啖肉固可也但勿忘修身耳言畢溘然逝實天保七年十一月十七日也得齡七十六窆於麻布妙善寺前配即成明女先歿後配秋田氏育

五男二女長成德稱英二郎家督次白圭稱鐵三郎嗣藩士淺倉氏殤前配出也次貞雄稱助九郎承舅秋田氏之後爲矢田部藩老次次篤稱轍嗣須長氏爲高槻藩老因病辭職號休齊次良幹稱總兵衛嗣服部氏亦爲高槻藩老女長適藩士酒井與左衛門重樹次適秩父士豪笠原源八郎爲仁後配出也孫男女若干人銘曰所學斯履克秉忠直夷險一節不懈于職遺訓可誦永世維則托之貞珉風霜不泐

芳野長毅古今敎法沿革圖跋

學足以明道而後其言足以輿道于悠久東涯先生盖其人也先生生乎孔聖二千二百年之後憤悱淬厲攻實學而成實德排異端斥邪說以紹述家學其功于聖門德于將來非誠尠少也予固儒種也崇其學慕其德者久異甞得此圖而閲之歷代教法之沿革諸家學術之異同不待饒舌至約至簡盡之于一版盖古今學變之圖解也豈非道明于已之所致耶乃手寫一本揷之架上云復堂遺稿

安井衡金井橋銘幷序代

武之爲州古稱莽蒼之野自開府於江戶五方之民悉聚屋櫛比而人肩摩百貨輻湊無不充足獨地瀕於海聞其水鹹澁不中飲某年中有某君某者欲引玉河水而致之江戶建議得允乃偏相地勢厮渠於羽村邐迤東北流千里以達西郭溝承伏之支分爲數道以偏域內外於是鹹澁之味變爲甘冷之飲都下百萬之民手額相慶至今未衰仁者所爲其澤遠矣哉顧渠既飲於半都之民不其上流者不散徒涉之每逢徑路南北輒橋而通之東西凡數十橋而金井村處其中當南北之衝享保中官又命植櫻於兩堤約千餘株長殆一里每至花時皎然如雲都人士女聯騎竝輿麗衣袪服以逍遙於其間者日數百人以故金井橋之名最顯焉而橋制樸陋遠遜其名雖非利害所關識者竊以爲不宜加之橋材易朽約十餘年乃一便民之病其煩嘉永辛亥里正會議改架石橋而又恐其厲民乃課闔村二百餘戶月積錢若

干將以漸而成之鄰近聞而義之亦醵金若干以助之安政丙辰金既聚矣遂以某月起功至某月而成橋長一丈有二尺廣十三分長之九護以木欄以防墜陷所費凡二百金其議周其工堅始與其名稱而民亦一勞而永逸雖未敢謂仁者之擧抑亦策之善者也橋既成掌其事者欲詔之後世使予銘之予世居是里與有慶焉雖則不文義不可辭乃敢銘之銘曰滾滾玉渠灌于伏溝畏敬所存不敢亂流橋而通之屢敗屢修其煩可厭觀又不優敦彼耆老久藏厥謀易木以石其功千秋積我錙銖以奏丕休于嗟美矣朱欄有捄與花映發春色載浮彼都人士爰優爰游百貨以聚田野豐收誰其爲之維天之庥息軒遺稿

青山延光旌櫻寺觀花記

寺以櫻名以有櫻也櫻以旌名以類旌也寺接瑞龍山往瑞龍者必經焉而余未嘗及其花時故過其門而不入今茲已亥春三月余來過而適遭花時入門則老櫻兩株蟠縈鬱屈宛然如蛟龍而艷雪瀰漫清馨撲面微風一起紛如雪濤噴灑眞名花也世傳八幡公東征凱旋駐軍於此斯花即公所植花心有一瓣類旌旗因名焉先君義公實始祀公於此云夫公之遺迹以花顯者唯此地與勿來而勿來之花則公固嘗詠之顧其地峭壁聳天驚風卷花蓋亦絕景而公乃擁貔貅操麾旄將爲天子屠翦醜類掃平東陲雖有絕景恐不暇一顧而公能賦歌詞於鞍馬之間文艷足以動百世威猛足以鎮四海眞名將也名將而賞名花名花而遇名將此古今之所歆艷而其花則不復存唯其盤根猶有化石者云嗚呼公之所詠者不可復見得見其所植者亦奇矣意公之過此鐵騎滿野旗旌蔽空所在鉅家豪族迎謁擁路委蛇蒲伏頌功上壽公於斯時回憶勿來之事或有所感則詠於彼而植於此無非奇者而花之豐艷可以想公之文樹之老勁可以想公之武況數百歲之久風飈搖撼而不能拔霜雪摧壓而不能僵不可謂非公之威靈此義公之所以祀公於此歟雖然自今而後數千百歲安知斯樹之不化爲石耶則後世之人或欲

見斯花而有不可獲者矣斯可記也遂爲之記（損庵小集）

青山延之日光從駕圖記

余兄仲卿爲扈從隊接武侍臣從駕陪遊者於茲有年其意謂吾公天下之英主雖一事之微出人意表吾幸得見之不畫以傳之則與夫不得見者奚異吾畫雖不巧其可已乎自公就國以來悉圖其所見裝潢呈覽公稱善焉今茲天保癸卯之夏四月公將謁日光神廟特命扈從乃作從駕圖三卷以上之一日示之余余受而展之騎士步卒導前擁後樹千旄羅弓矢老少雲集拜觀如堵是公發江都也樓船破浪旗幟飄空舟楫相望往來如織是公渡利根川也燈火綿亘出沒樹間乍明乍滅殘月在西曉色可想是公赴養源院也神輿出遊伶官奏樂或臂鷹或肩猿有持矛而騎者有擐甲而步者儀衛之嚴俾人起敬近村隣邑雜然駢集是所謂日光大祭也僧徒著法服吹螺供飯其禮不一是所謂日光强飯也其他諸侯之所獻石萃表鐵造燈之類皆盡一國之力以窮天下之雄偉焉至於神廟則宏壯鮮麗非畫之所能髣髴盖闕如也若夫鬼怒川之自西而來觸巖斗折奔放駭逸銀翻玉碎是爲仲巖奔湍急瀨迅激震蕩驚瀾駭沫瀉珠篩雪崖石突出虬盤虎驤是爲籠巖石峰對峙雜樹被之群猿騰趠是爲小二荒湖光藍碧亂峯環抱風起浪涌怒騰噴雪是爲雪浪湖銀條玉縷瑩然傾瀉是爲素麪瀑霧降瀑則飛流千仞奔注於蒼巖翠壁之際裏見瀑則從巖頂瀉虹飛龍矯棧道苔滑沿崖委蛇以達瀑背人之來往如行水晶簾中而箭竹之奇子種石之恠以至於紅櫻石楠之濃艷及鬘髮釋迦白根如寶之巉峻摸寫之巧各極情態使覽者魂飛心往於山川丘壑之間猶身歷其境而目擊其景焉余嘗謂目前光景昨日所見今日不可復見今日所見明日不可復見何况百歲之上千里之外乎雖千里之遠百歲之久了然乎咫尺之間者唯畫圖爲然謝氏所謂人之技巧至於畫而極非虛語矣嗟夫今日之盛事不可復見是此圖之所

以作歟於是乎記

青山延壽櫻花賦

鬱神州之氣鍾於人爲俊英在山爲富嶽在草木爲斯櫻三者皆冠絶宇內實殊方之所驚如人之與山前脩已述之至於斯花或闕品評小子不敏請狀其形夫其生也幽砌弓茂林巉巖弓穹谷或輪囷虯盤兮垂陰百畝或芳柎嫩條兮埋逕照屋夫物以希見貴斯花雖多所珍天然之妙質超出於儔倫其爲木也無碩果之可食取良材之堅緻琓室是資梨棗是利榮顇隨時異於松柏之後彫錦繡耀秋侔乎霜楓之鮮媚若夫春日載陽萬木敷榮蜂蝶飛舞兮如狂黃鳥睍睆兮奏簧於是時仙種含笑冰肌玉澤單葩先開重萼後發或纖而穠或淡而白疎如曉星密如雲霧灼灼妖妖盈盈脉脉枝稠密以霧合蘂璀璨而珠粲異香芬苾兮凝楚畹之蘭秀色煥炳兮瑩和氏之璧膏雨瀉兮花瓏瓏霄露繁兮光妖豔放精彩於月夜嘔艷桃之暗弄晴色於朝曦嘲凡李之淡擁砌兮幄張當戶兮帷垂照渟泓兮鵷鸞舞烘山椒兮彩霞迷近而察之灼若玉屑之輝日遠而望之爛如虹霓之欲谿其體萬狀誰能窮之試評其幽趣或如名媛淑姬兮曼頰皓齒不施脂粉兮芳澤可喜或如名賢才輩兮高堂讌坐神氣清儁兮笑言瑳瑳或如豪將勁騎兮率百萬軍紕絲蔽野兮旌旗簇雲或如明王聖主兮端衣冕旒羔喪後陪兮豹飾前趨或如瑤樓璩臺神仙宴集可望而不可接或如端人良士温良寬裕可愛而不可狎或如海露島霧一離一合或如景星祥雲奕奕嘩嘩於是牡丹之艷望風而引卻海棠之秀候色而潛開如木蘭與芍藥又焉得趨陪若乃天晴氣朗輕颸徐激則玉龍夭矯兮舉首彩鳳翺翔兮奮翼驚風一皷則怒濤兮蹴空水珠兮亂濺繡氍爛兮覆地玉霙繽兮飄天又如銀蛇騰跳又如粉蝶聯翩丹青不能圖其奇詞藻不能摸其逸才士於是輟賦太史於是閣筆若乃室上之樹傳嘉名於皇都芳野之林護鑾駕於一方源將之雄尙爲之留

連歌詠豐公之豪猶爲之裵徊徜徉實三春之秀百花之王可謂天地之奇觀也嗚呼神州之冠萬國何啻卉木之微然賦其微者大者亦可推而知矣

釋紹岷送參政紀公經畧蝦夷序

今夫國家設鎮臺于崎陽戍以肥筑二侯國之兵以備海外萬國之不虞焉北則對府以一國之賦脩三韓戎好之交南控中山薩藩爲之管鑰我既臣妾畜之矣東漸于海乃有毛人焉隷松前氏雖阨以海水欵塞內附貢獻不絕云其俗無文字卉服腥食鳥言蓬行其地積陰便牧畜而不宜耕桑隨畜移徙亡常處焉地之闊蓋千有餘歲而未嘗猾我捍我若古稱蝦夷孔熾者奥羽之兵爲之帥也已方今右文之治烝烝覃乎遐方海內鄉風者且二百年而蠢爾毛人猶尚壅遏未洽至治之澤可不憫哉盖唐虞三代之治世一以教化爲先道愚化蚩惇倫睦俗百王必由之常典也今也國家使群吏彊理其土啓廸頑民而後遣一大臣奉璽書巡行其土以鎮安之參政紀公實命焉蓋自有毛人以有此柔綏之擧也則幾何其不慕義而遷善乎先時奸商征利自肆衒鬻彼稍稍知之乃應以機詐而狙黠始萌陽服而陰怨焉由此觀之彼本樸愚易治其獷馴由我耳夫安邊之制柔夷之策不過以恩信羈縻之所謂非勝之將安之也今毛人業已服屬於我則不唯羈縻之亦宜漸化之以埒於內地矣然人情非匹敵不相爲安非地著不能其水土今先擇於其種立之大人以攝其部落置校尉於塞以領護之禁姦商黜墨吏奠其貢時其朝懸利以誘之設禁以威之時遣吏存問其疾苦交相往來安如其類然後乃募辠人及兇徒復作與之雜處與冬夏衣給田器爲室屋毛其土履其跣變鴃舌馴侏僞則廉耻其心禮讓其行亦未爲難焉夫如此則深仁厚化可以被弱水瀚海之外矣何止一毛人耶若其不然而威稜陵之虛喝懾之一有緩急以軍法從事則彼累足圜視之不暇猶何慕義遷善之有彼已不懷而我棄之則安知不有海外之國欲闔其

間而略其土者乎夫毛人之於我爲東垂之一屏障而一旦屬於彼其所關係非小也近聞發明旨一以寬和從事可弗貴日慶哉乃知公能體國家深仁之意力宣敷德惠克擾衆夷俾毛之氓感且格焉彼阻闕闇留者一朝得披雲霧而矖於天日咸手額望皇華使欣欣然頌曰是聖朝之化而公之靈也然則覆載之所及永世亡畔可與夫崎陽對府及薩藩而稱四邊艾安矣若夫瑣瑣焉楛矢魚服海錯之末產亡輕重於國家者與極星之高卑土氣之寒燠弗急於今日者則當待疆理既奠夷情既化之日然後徐議之而已矣南山外集

釋紹岷鹿門宕岳諸遊記

余之始住南山首問仙臺諸勝鹽浦松嶋以至金華玉水將不曠跡於其間焉然相距數十里若百餘里既局於藩法或錮於叢規不可數遊也況金華之山特峙洋中時乎有天吳之虞人亦從而河漢其說則猶之望蓬瀛於海上云偶得滕冲卿鹿門記讀之揄揚其勝津津極口且云其地與瑞鳳一飛雞可相及也未及卒業投袂而起游懷飄飄足下已生風驟命侶戒徒趣迨游具皆哂余之躁於遊也時有土藩客萬里壯遊姑館吾山拉之俱遊乃出南山南山既載左貞宮而下曰六戸街守廟者家焉雞犬數屋闃如洞民取逕左術地差平衍草天木高山田相錯人家落落不爲村荳棚爪區南東其畝畝盡得崗所謂鹿門之丘也余獨心語於乎忽近覬遠比比皆爾賤家雞愛野鶩於此丘乎見之矣丘以右潤壑餙呀雲樾映蔚壑以南崇巒疊嶂透迤接城山東北割切直抵大海丘之下曰廣瀨一水派流滙于琵琶口繞丘而東兩岸葭菼蒼蒼松石爭奇園亭水榭每各異趣北岸之上竹樹蒙邃茅茨低昂者爲米囊谷雞聲薄午炊烟漠漠盱衡遐睇則平野綿亘雲天一蒼往往見白片點綴少選日景橫射澄皛浮盪方知布帆駕潮也七嶷白石叢崿刺天金華聳突雄視群峰下瞰則行樹離立列第櫛比街衢高低寺觀隱見車馬往來

其間乎但聞繫互嘈雜之聲耳盖城郊之勝幾得其槩也據石小憩客與僕指矚嘖嘖不已臨河茗飲分勝賦詩微風度波游魚不淰林葉水聲琮琤滌耳此地河壖其土捽善崩加以密邇貞宮脩築苦役若河潦衍溢每有懷襄之患是勝之一慨已豈吏昧御水之術歟將意在姑息歟東轉而上曰園丁街掌公園者居焉路碎确細礫齧足前得岐右赴兩足山左上宕岳勝不可兼得問客禮佛乎謁神乎謁無適莫於神佛勝之與比也笑而左宕之背也得大滿寺香火虛空藏客曰遍界皆佛孰能禦之上而禮焉老松一株偃盖竟庭取凉美陰出門盖上巖磴觝面屼勢壓人秀石林立雲蘿轇轕屨奮屨息客皆惙惙磴窮得門峰項延袤僅十數畝一瞬萬象無復遺勝相視稱快而登陟崎嶇主客顑頷呼厨命湌有喰其餂背勝笑食息心目也勝同鹿門曠矚倍蓰之所謂古城丘小泉壯郭諸山歷歷集於寸眸七嶷可撫金華可攀雉堞縹緲闤闠洞達亭亭秀者孤松岡乎童而宛中者勢邱乎屬而嶧者獨而嶠者隋者再成者更獻狀於杖屨之下飄然自疑爲畫中人也盖雖土著而稔于勝者猶且數於此况斷接者安得不抃舞於疊蒼積翠之間乎頃之玄雲滃滃騰東北凄風在樹陽鳥和鳴客曰雨候也盍遄歸乃跟蹌而下及鹿門舉目東北諸峰若阿閦佛國不復再見矣已而雷聲殷殷雨從而至纖要子路屐迓于門委頓而還爾後淫雨彌日足不出戶庭游懷帖然臥聞檐溜淙淙耳鳴乎微向之躁安得今之恬有疇昔之艱而今日之臥始高矣儻夫哂躁者耶非耶 同

佐藤垣記洋製測時器

余嘗藏洋製測時器一儀漢上名之儀時辰表凡泰西諸國所出器玩率無不精巧而獨以足儀爲最今署狀之形圓用白金爲殼盤面銅質金鍍徑一寸二分強厚七分弱邊鑿池周之函銀牌十二以識時辰子午二牌釘牢不動其餘皆活可案候前却以定晝夜長短周圍外鐫百刻內鐫十二時以便牌之移動

此式經本邦改造者如舊式則銅質白磁外紀六十分數內紀二十四小時皆用洋字漆書之是也盤用鐵方軸爲樞軸揷套管出頭以受短長兩鍼鍼尖皆外指短鍼竅圓管受之在下長鍼竅方軸受之在上短鍼拓尖下鑽兩眼爲識平貼盤面左旋晝夜一周指十二時長鍼形弧亦左旋晝夜二十四周以備短鍼運轉之用此亦與舊式異舊式短鍼晝夜二周而其用以長鍼爲重長鍼指刻一刻四周爲一時則晝夜二十四時爲九十六刻而鍼凡二十四周短鍼則指時以紀長鍼之數耳外作白金合盛之空其當盤面處旁有突臍重壓可開盤面羃以玻瓈中隱起起當合之空呼表曰泡殼旁有環挈銀鄉鐺如綬然呼曰表帶鑰垂其端殼底有小孔直殼內揞輪項可納鑰以運軸盤面當子位有暗鎖用拇爪搯起可以觀其胎矣乃發而觀之盤背更有承板與盤相比用活銷牢定又有夾板間植四柱以支之柱亦皆銷定內藏機軸小大相錯其在酉位近盤背者曰大輪四十八齒外鄉餘輪以次漸小其在中位襯盤背者曰二輪五十四齒外鄉有長軸貫入承板內軸齒十二與大輪相直其在子位襯夾板者曰項輪四十八齒外鄉有軸軸齒六與二輪相劘其在丑位中立者曰側輪四十八齒側鄉有軸軸齒六與項輪相劘其在卯位稍近中側立者曰爪輪十五齒側鄉尖如鋸有軸橫設軸齒六與側輪相劘夾板外設圓擺板鑽方竅擺軸植於內與爪輪相直下作槽承之軸項絡以鐵線鬈曲如鬚呼曰遊絲軸齒二上右下左令其與輪相銜輪推而擺逗擺送相制移順逆相制不得輕轉擺乃左右搖動往來叩擊而有遊絲承以齊其快慢之度此於機關爲重矣更有二機曰腸殼曰塔輪轉擺之力資焉腸殼在午位形如小合中植鐵軸軸端貫出殼下內藏發條發條或呼曰腸其製用鋼鎚鎚薄長尺餘緊捲鐵軸數匝不拆則不能見殼外又纏鐵繩數匝長亦尺餘殼下軸端又套小輪別橫螺軸以爲發條收放不常用塔輪或呼曰旋螺輪刳深大輪面上套此輪輪形上窄下廣如塔然其受鐵繩處作螺痕塔項有鐵軸穿夾板出頭塔旁又作一閘以

壓繩塔基更釘牢一輪呼曰鬧輪有齒外鄉尖如牙其與大輪接處夾墊挺簧倒繳鬧輪挺簧兩端相壓令輪可左旋而不可右轉又當盤背與承板之間夾藏三輪曰刻輪曰時輪曰接時刻輪第二輪長軸頭在板內者以刻輪緊冒之刻輪有方軸穿出盤心爲樞即受長鍼者是也其齒與接時刻輪齒相劘接時刻輪軸齒與時輪齒相劘時輪中心作管套刻輪方軸上即受短鍼者是也刻輪從第二輪速轉而套管則相承漸遲此盤面短長鍼之所以遲速不同也不拆則不能見夾板外擺上有圓金羃徑六分用螺鑽牢之羃鑿雜花文玲瓏可窺旁平置小銀輪周鐫洋字自一至十二中有鐵方軸輪下別套半輪有齒相劘端有小鈎受遊絲以鑰左右鐵軸則小鉤往來以取遊絲之緩急蓋諸輪快慢之所由不常用半輪小鉤不拆則不能見羃旁西位橫鐫洗字譯爲龍動亞而子龍動即諳厄利亞國都名亞而子其工人名云測法先撿曆本知晝夜長短度數乃就盤面整排牌子各當其處次用子午線測午晷卽就盤面整鍼尖正指午位以鑰納底孔運螺頂鐵軸以收繩繩既移繞螺痕則諸輪皆活遲速各隨其法試以十二時算之大輪凡六周二輪凡二十四周項輪凡二百十六用側輪凡一千七百二十八周爪輪凡一萬三千八百二十四周而圓擺往來凡二十萬七千三百六十動既閱十二時則鐵繩漸盡諸輪歸於一寂再以鑰收繩活動如前此其測法也蓋此器正倒俯仰未嘗錯亂或放之案上或搭之壁間之或袖之或佩之皆無不可徐而聽之輪擺叩戛響如蠶嚙就而觀之兩鍼遲速移如蠶步及剖其而殼觀其胎則一切機關順逆轉捩如明堂腑位森然羅列脉絡貫通其巧思精妙殆乎不易名狀今戲記之以貽好事者欣賞焉

愛日樓文　廣瀨謙歌詠橋碑

一水出於豐北群山之間南至大肥之鄉過高野視原二村西入筑後川者是大肥川也東岸爲高野西岸爲視原中有激湍是茶屋瀨也瀨上有橋是歌詠橋也捐財造橋者豆田街人廣瀨嘉貞千原鎮正關

村醫師行德元遂周旋其役者嘉貞之弟貞基高野祝原村長及村人也橋名歌詠縣府所命謂行路之人歌詠其悳也此地豐筑孔道也公私往來東至江都西至長崎者無不由此道渡此川此川清淺可揭而涉古來架以徒杠若雨潦一下群山之水盡會其中波勢奔激如建瓴於高屋杠之不存舟亦難施有犯險而涉者往往損命元遂之居近水常見行人艱苦欲不惜勞費以建永世之圖畜志多年未果至嘉永紀元池田府君始涖我縣百度維新元遂乃介貞基謀於嘉貞鎮正終請縣府三人一忠亘二年而功成府君有褒賞之命焉衆乃請予曰天險之設實自開闢今而有此舉是聖世德澤豈我輩力乎但此橋起於嘉永欲表其所始於後代然年號不可以命橋故縣府賜歌詠名取於同音也今欲請吾子明以此意且勸後人繼焉而修徼焉而作不亦善乎於是以孟夏之望往而觀焉誠奇構也橋下不用一柱以石疊起石之與石相支相持實實枚枚不騫不崩離水十尋橫岸二十尋望之穹窿長虹之跨空也新月之啣山也我聞甲之猿橋防錦帶橋與此同制此具體而微然彼木此石論用功則轉難矣過橋者傍觀者扶老攜幼雜還爭先皆欣欣相告曰使我無揭厲之勞無沒溺之憂春秋朝暮任意往來者是誰力歟我見名歟實相稱也乃復歌以詠之辭曰渡長橋之夭蟜兮臨逝川而蜘躕瞻驚濤以駭魄兮哀往者之爲魚何鄭僑之役役兮行小惠於乘輿欣杜氏之施巧兮超前古而馳譽維陵遷以谷轉兮豈斯橋而無渝冀來者之繼善兮聊詠歎以容與淡窗小品

廣瀨謙石阪修治碑

我西人之東也戴殘月履曉露淒淒肅肅以至石阪纔上崔嵬流汗如雨喘如吳牛東人之西者至此輒愀然曰行百里者半於九十非以有此阪耶既降九折馬則玄黃僕則痡矣返照未沈豆隈在眼而稅駕焉若暮夜之際泥濘之候馬旋而止人躓而顛王陽之畏何獨在孝子耶日田之地四面皆山也苟欲出

境無不踰險而往來之繁此路爲最東往上國與魚鹽百物從海來絡繹相接及至近世風教大敷邑之豪右競捨私財以報國恩或道於山或梁於川而石阪獨以屬森府封內無敢輸力焉有山田常良者素抱濟物志慨然以爲四海兄弟苟利於人而已乃請以修治之擧森府許之及歲之庚戌其功竟成阪以石名其險在者也於是乎斵人足軌馬蹄者皆裁而用之否則運而去之登登山路八千餘尺疊之以石爲數百級急者使緩狹者使濶仄者使平危者使安坦乎蕩乎以遠層巓矣阪道屬一瀨邑邑長梶原景履欲建碑記之求文於予顧此擧也我日田與東人實享其利若在森府爲國偏陬非所必急特爲他方耳行路之人誰不謳歌其惠此可銘也常良播名鄰境吾黨榮也何憚操觚勞乎常良稱作兵衛號時中館主人隈街人也銘曰衆庶殉貨錙銖猶爭誰捨千金糞土維輕民之好德實上之化不有同聲豈能相和新碑有傑悠久無疆匪我辭美維德之芳同

廣瀨謙遊綿溪記

天保壬寅之歲予遊大村留賓館數月府城之下有琴湖風景明媚苟有暇日必出遊焉今茲乙巳再往問藩中諸子喜遊者曰琴湖之外猶有佳山水乎對曰有綿溪者人未及知也予欲往皆曰境僻途險不足勞嘉賓之駕予意未已乃曰我爲之導凡百餘人以味爽發行色蟬聯洋溢林塢四十里至千綿邑始入溪口降轎而步溪凡九曲十里而遠有四十八潭因導者指示得識其大者曰古木潭曰赤泉曰雌雄之泉曰抱巖曰蓮潭曰白泉曰摩惠曰木葉不浮之潭曰八丈曰三郎皆巖泉飛落而成潭也巖則丹崖翠壁錦繡交錯尖而如削者平而如截者如岑樓之獨秀者如屛風之迤邐者古松蒼柏奇花異草點綴其間泉勢隨巖形而變爲瀑布爲水簾爲烟之空濛爲雪之飛翻蓄而爲潭溢而爲溪大抵一奇未了一奇已至賓使人應接不暇也八丈最爲偉觀瀑高潭深傍多盤石平曠可坐諸子張筵於其上相議曰溪

勢蜿蜒殆一龍也八丈其頭三郞其髯蓮潭腹而古木尾也乃改八丈泉爲龍頭泉他因舊稱而加修飾品評旣定請予曰此境僻陋未有人知幸辱君子一來請作之記以爲溪之光榮予曰山水待人而著者也浣花於杜少陵永州於柳子厚皆然今綿溪因諸君而著也若建者不能使溪有光而托其餘光已抑琴湖近在城府一邦所瞻猶諸君佩玉立朝乎綿溪幽僻亦蒙賞鑑猶建也窮阨鄙人賓於大邦乎故不辭不敏而作之記將以爲溪賀又以自賀夫我文固不足以盡溪之美然此記之出文士騷客自四方來遊必有奇偉麗特之辭與之相配是諸君命建亦所謂自隗始也何必辭之爲諸子逌然而笑曰賓已許言主豈可默於是賦詩裁歌各奏其技作流觴之戲設金谷之罰行杯不停揮翰如飛四座同唱千巖爭應忽見異氣一道自潭底升爲虹爲蜺紫綠變幻驚而視之夕陽在山與泉光相射也予起曰歡樂極矣何不歸來乃收宴而去時弘化二年季春十九日也豊後廣建記同

齋藤正謙順正書院記

平安新宮涼庭翁以喎蘭醫法雷鳴海內而篤信聖人耽讀墳典嘗歎曰京師首善之地而學校久廢豈非大缺典歟乃出私財營書院於洛東瑞龍山下建祠祀宣聖及醫祖講堂生舍以下悉具多貯漢蘭書籍於其中以待生徒之乏資者京尹間部侯嘉之親書扁曰順正書院林祭酒又書名教樂地四大字贈之幷揭其楣並翁之志也翁本山陰人學醫徒於京師其業大行稱入山積而惡衣菲食自奉甚儉積而能散賙急救困者不可勝計今又有此擧殆費萬金拮据未已謀廣置學田傳之久遠非好學之篤信道之深安能如是哉夫學有道有藝非道則本不立非藝則用不周本末兼擧體用幷修而後其功乃全故古者學校敎士以孝弟爲先以修齊治平爲歸而其藝有禮樂有射御有書數凡供家國天下之用者莫不講貫習熟焉是以其士一旦服官任事皆稱其職所以致濟濟之美也及漢唐以後漸失古意以記覽

爲學以辭章爲業其取士或以詩賦或以經義帖括或以八股時文其事虛而不實於是所學非所用所用非所學人材之及古不勿惑也已蓋聞泰西諸國設學教士皆以適用爲主自天文地理曆筭醫藥至銃炮之術航海之技皆講於學中蓋有支那上古之風而其業歲修其用日精是豈非所謂道失而求於夷者耶今翁所營一書院耳軍國諸技非可悉備焉唯技之關人命切國用者莫若醫藥故先首講於之院中以存一端抑亦泰西設學之意已夫泰西諸國之於天文地理以下之技並非支那所及獨其所爲道妖邪怪誕不可方物比之我聖人繼天立極光明正大爲萬世標準者猶如爝火之於大陽鬼魅之於麟鳳學者豈可捨此而取彼哉今翁修喎蘭之學至於其道則擯棄之以爲異端獨篤信孔孟而尊奉之無他岐之惑所謂由順正以行其義者蓋在於此是其所以名書院歟書院之建已十餘年諸名士以文記之者累十餘篇今翁又欲得某之文某以爲寵書院者有間部侯林祭酒之筆賁書院者有一齋小竹諸先之文莫以加焉欲使某如何措語如何著筆耶辭之再三翁猶以書促之不已乃述平生持論書以爲記贈之

齋藤正鎌後南朝遺蹟碑記

南朝之事豈忍言哉前南朝猶然況後南朝之式微乎後南朝何謂後龜山帝之後也帝之子某號小倉宮宮之三子爲天基王圓滿院空因王空因有二子兄曰尊秀王弟曰忠義王初足利氏患南朝擁神器竦動人心勸帝講和傳神器於北約兩統遞立如先代故事其後及禪代之際負約不立南胤小倉宮恚憤糾伊勢國司北畠滿雅等起兵兵敗滿雅死而宮遜於嵯峨嘉吉中天基王與圓滿院謀率楠氏遺孽夜入禁中收神器去據叡山追兵圍而攻之天基王與楠二郎死之圓滿院抱神器逃竄於吉野川上久之如紀國舉兵亦不捷而死空因初匿近江後來於川上久之殂尊秀王遷於小瀨龍泉寺招集義徒守

神器焉足利氏患之陰許赤松餘黨之請入仕於小瀨伺間戕王奪神器去其士覺追之不及神器遂北時王年僅十八長祿元年十二月二日也乃葬王於神谷金剛寺謚曰自天親王忠義王免難不死義徒又推戴之築宮於高原號岡室御所奉王遷焉翌年正月四日俄獲疾殂年僅十六南朝正統之胤絶矣遺民不堪惋惜乃葬王於御所側以其傍近福源寺爲拜奠所至今四百有餘年香火不絶川上鄉有二十三村小瀨高原並在其中每歲二月五日闔鄉之民祭祀二王出其所遺金鎧寶刀拜視稱爲朝拜高原之墓僅存小石佛而其遺宮至弘化戊申秋爲大風破壞福源寺主紹接恐其久之弗可識欲立碑表之謀之於篠田定勝定勝吾勢下川村人從余遊有好古之癖以其居隣北畠氏遺阯好談舊事遂及南朝事跡屢遊吉野以撿覈之及寺主之請慨然許之以北畠氏爲南朝忠臣取其墟礎石遠輸之於高原磨治爲碑請文於余余亦平生感念南朝至二王事尤悲之但南山乏記載事有異同無由證正今以定勝所錄遺民口語參攷之以書其概略云於戲北畠氏擁護前後南朝不以炎凉變志大義伸於天下是固當大書者也定勝感於北畠氏遂及南朝以發潛闡幽爲已任亦不得不牽連書焉故併書之以爲記

齋藤正謙南木祠碑陰記

忠臣義士之出譬如麟鳳之瑞宜人人欲識其所出也楠中將之生於皇國實爲儀鳳祥麟然世人徒識其授命之處而或不知其降誕之地可耶中將降誕之地在河內國石川郡水分社側中將既死湊川祀以爲神以水分爲楠氏土地神建祠於社之域內建號曰南木大明神蓋出於後醍醐帝之勅旨其地今屬若狹守石川侯之封今茲侯准臣民之請建碑於祠前手書請寡君伊賀中將題署碑面曰楠中將降誕之地又徵謙文爲之記謙嘗歷覽畿內名勝至湊川謁中將墓因憶建武之難中將之謀不被用去險要就平原以少衆當賊之大軍力不支授命於川上南風遂不競爲之歔欷涕泣心中作惡者累日反至

河內過金剛山下因憶元弘之亂中將舉兵據此麓以孤城抗天下之兵數出奇計撓之使賊不敢過此而北義軍因得以成功今望山色鬱鬱蒼蒼高聳雲外中將遺然猶有存者意甚快之破涕爲笑而去抑元弘之舉以簪纓換介胄雪列聖之辱而洩烈士之憤王室中興天下改觀是數百年來所絕無而僅有雖其業不終而一旦克復之功可以跨周宣王而侔漢光武抑亦偉矣而中將之力實居多至乎論功誰出其右哉且中將之降誕亦爲此山下其地與赤阪千劍破咫尺相望而中將成功於其間則此山猶如崧高之降申甫以佐周宣之業實爲中興名蹟忠臣靈蹤過者孰不感歎而仰慕可無一碑表之哉侯准臣民之請寡君許侯之囑亦宜矣而謙之么麼預撰文之任豈非多幸歟乃謹書其由係以頌曰金剛維嶽靈淑氣鍾其神降止篤生楠公帝之夢卜獲此非熊公之召對比彼隆中世推智勇千古英雄士化純德一門精忠中流底柱百萬環攻出奇不屈應變無窮瀾狂既倒障之使東頹日將沒麾之當空民歌復旦人知朝宗中興翼運赫赫厥功

齊藤正謙陰山居士碑陰記

百餘年前紀國有佐野翁者蓋奇士也名正意早辭仕隱於北山因號陰山歌咏自娛祇伯玉爲記草堂詳其爲人時翁年已過古稀其後八十二歲盜入其室翁追斫之以死寶厤二年七月十四日病歿享年九十有七數年前親書平生之志以爲卷遺於子孫歌詩並溫雅手筆亦遒美不類大耋之作矍鑠哉此翁實爲希世之人也然性恬退不求聞達故世無傳之者伴蒿蹊輯畸人傳不及之外玄孫葛西友親恐其名煙滅介小浦來靑請余表墓翁之沒有偈及和歌亦足以知其平生乃勒於碑面以代銘余識其由以實於碑背實安政七年三月也

林長孺力壽姬碑

故三河刺夫大江定基有寵姬曰力壽三河赤坂驛長彌太次郎女也定基在三河數年任滿將歸京師姬臨別自刄以明不見二夫定基深痛悼焉葬諸驛中長福寺建一石以表之今所存上藹石是也既而定基感激姬之貞操悲歎不已遂辭官爲僧改名寂照登比叡山從惠心僧都頗極浮圖氏之奧後航海臻宋宋主眞宗召見大悅賜以紫衣束帛館於上寺賜號圓通大師與一時名流蘇軾米芾之徒友善所謂西園雅集圓通以方外之徒與其會可見其論談風趣與蘇米諸人分鑣而馳不啻能服宋主之心也於是乎名聲大顯嗚呼使圓通至于此者蓋亦姬之貞操有以激諸也余之令斯州也距姬時殆一千年矣偶閱地志知其舊迹然世皆知圓通之名而詳姬之事者蓋鮮矣頃者御油驛長某有感于此乃與赤坂驛長某某等相謀將建碑于長福寺中請余文記之余曰自古丈夫殺身以立節義者往往載於史策歷千百歲之久猶想像其爲人或發之歌詠歎稱不措者非其遺風餘烈之所感歟今姬以巾幗女流其行出於丈夫之所難能使圓通感憤興起以振名聲於海外而後世無稱道姬之事者獨何也又思當時蘇米諸人以文墨鳴於天下既與圓通友善而不得知姬之事故無一辭及之終使其貞操義烈之跡湮沒無聞豈非千古之遺憾耶今幸有建碑之舉不獨慰其貞魂亦使闔州之民生節義之心以助教化是縣令之責也余安得不任其責許其請哉鶴梁文抄續編

林長孺豈止快錄

嘗有青梅里人原精一者來說里西南溪山絕奇諒爲海內僅見惜世不多知盍試探勝吾聞之起舞欲往時以職劇不能也及賜骸則四方干戈起不得酬宿志前後殆三十餘年今且清謐豈可不一遊乎昔人云秋冬之際山川尤美遂與指月道人拉塾生藤田直二以辛未歲九月晦日上途東方赫曦閃閃射人辰刻抵內藤驛右折青梅路小憩六里中野村亦憩七里田無村飯畢出有詩云野草凋殘桑柘黃秋

風一路總荒涼唯看苗麥强人意凛凛抽心氣傲霜十二里小川村申刻投逆旅隘甚三人一床連枕而寢亦客中一適也　十月朔日曉雨發小川村衝雨西行十八里野蕪繚繞想是萊牧之所古者分田必有萊牧地故牛馬壯長助農功後世無遠識者妄意墾闢厚斂瘼民今此地不然乃知民牧有人亭午飯箱根崎村六里憩新町村又六里西分村路右數十步創建卿學一宇蓋先聖祭儀所設處遙拜而過申刻至青梅首問精一則亡已久矣悵然投宿傳舍青梅距東京七十里一市聚也家屋櫛比畦圃衍沃又內藤驛以西所未有居民舊以織土布爲產布質緻密世稱青梅布近時織以洋絲故服用不耐久論價甚賤余乏勝具肩輿發京至青梅乃聞西南路險非京輿可濟改命山轎爲明日濟勝之計　二日新晴晨發山轎甚窄以余肥大幾不容膝入金剛寺親所謂青梅者一幹骨立苔蝕蒼然梅氣薰人乎十步之外里人云青梅古樹白花青實實既結期年乃標其色不變可謂奇種里所以名焉然古樹者十數年前已枯後諸沙門取他樹能類者復栽其所展轉相承到今尙存舊態出寺數里日向和田村群山夾路一溪中貫山睨溪而立溪顧山而走走者蹴石揚波鳴如琴筑號如皷鼙立者擁丹楓翠松而煙霞風雲披拂成趣左顧右盼應接不暇嗚呼山靈引人入勝此爲第一門既入頓覺冷然與人世逈隔六里二股尾村黃柚紅柿顆顆玲瓏皆大如拳藤田生採一柿供余乃噉味逾甘露行六七里間桃數千樹參差路旁隔溪曰下村梅林延亘五六里武陵羅浮鬱然相對花時盛觀可想數里澤井村奇石磈磊福島金藏宅前尤多金藏指曰某名鶴鶴張兩翼欲飛某名龜龜曳尾塗泥某牛某馬馬嘶牛睡某龍也潛身蟄伏終非池中物皆克肖又一石與龍偶而順金藏乞名余曰雌龍哉金藏曰善遂飲金藏氏既出步數里左即御嶽祠路板橋架溪橋影溪光幽邃有趣或云峽中最佳處睥睨而過六里川井村七里小丹波村土人刋木結筏投溪流運達都下亦山民一經濟六里棚澤村三里白丸村瀕溪諸村厥田下下播種五穀率

難繁殖一年唯麰麥一收僅免饑餓幸有藷芋之類足以果腹窮民疾苦使人慘然村西境曰數馬切通聞昔人數馬者病山逕狹塞鏟巉巖開路至今嚴然一石門矣出門有一大石俗呼曰鏡石形圓質明行人留杖照形門右石山六朶並立山甚卑樹甚疎而巖石錯落位置得宜似待人之經畫制作而巧者門左則群巖厲色脅人石溪激怒又作叱咤聲宛然鬼怪圖抑上峽溪山色色莫不奇絕轎窓贊稱殆不絕口到茲間則三人相見瞪眙唯呼奇奇耳而全溪無佳名可憾轎夫曰楓甚美可以名皆曰善嗚呼楓溪之名眞不負是溪溪之得佳名自轎夫始二里氷川村一瀨涓涓自北來曰日原溪橫截村腹奔流而西其下與楓溪會矣有板橋樹石蒼然淸輝可喜度橋農商雜居數十家投宿已夜矣　三日晨雨起四山雲烟一望糢糊恰如米家潑墨圖食頃雨歇乃發天風下降若迎人前導旣烟雲四散天色一淨嗚呼此山得雨而粧得雲而容得風而笑一朝得三美不亦快乎旣行數里山廻溪縈林舞水歌紅楓翠杉繽紛錯落怪禽之語異蟲之音與樵夫野郎之唱雜然相答於遊眸數里之外於是踞石藉草賞心之諧留戀不忍去自此而進地勢益高石峽險窄僅容單人人與驅馬牛者相逢路上遙相呼應暫避便地肩背相摩以行況一雨後沙柔石滑不堪置足下闞深溪股慄目眩投石於崖中石轉走下須臾遙聞崖底轟然之聲孫武云善戰人之勢如轉圓石於千仭於山可謂善喩矣行人至此皆失人色而無別路不得不由此抑峽氓每驅馬牛負重度險鞭撻趁逐馬牛皆羸余謂是必多斃非命可憫也如加愛顧牧養不啻爲馬牛又便人役六里堺村有白髭祠倚山而立石磴百級極斗峻舉足撐頹盤跚乃登祠前一大白巖縱橫各三十間許伏臨深溪望之若神僊技鶴氅釣大澤中觀畢迂路穿林附枯藤而下始反原路七里原村飯孤店六里達小河內村古多藝麻亦稱麻里今居民多織麻爲服按鹽鐵論云古者庶人耄老而後衣絲其餘則麻枲而已今視此里風俗近古訪里正原島古逸古逸古心古貌耽古典一古人也余嘗聞

眞田謙山話故來訪一見服其爲人又怪殊無禮待繼稍欵洽坐談之頃乃知其眞卒坦易無復有他意里故有温泉相傳昔一鶴傷箭來浴卽癒人效以治疾金瘡最奏奇効因命鶴湯云蓋神泉也里人多引泉其家迎客鬻浴古逸亦具浴焉我輩雖無一疴澡泉再三頗起疲氣古逸家群山環擁一溪當軒雪之夕花之晨山色水光莫不獻秀而呈美焉古逸目飽書典心醉山水可共評山水矣吾自青梅至麻里一路溪山五十餘里正視之成壯厲側視之成幽淡俯視之成淸輝明爽仰視之成偃蹇峻嶮高低曲直姿態不同人以爲非一山矣余審視之藕斷絲連骨脉一體嗚呼奇矣試質古逸曰誠然今先生創評一箭中的可謂破天荒乃作絕句云群巒元是一螺青巧幻人來費品評誰識廬山眞面目白雲深處亦分明夫麻里温泉聞于世舊矣來浴者莫不見此勝而勝之不顯者山水無媚態故不入俗眼也抑溪山之奇余聞之精一楓溪之名余得之與夫而溪山之論評余决之古逸嗚呼溪山得三子可謂千古知已矣若夫賛成之任則吾亦有不可辭者時有客又說溪源之勝問古逸則曰源發于甲州丹波村雲取山其勝乃勝矣今視楓溪率無別致儻遊意未慊則自此而北日原村山水絕奇與楓溪局面大異於是歷歷指陳其言有實際我翻然又生望蜀想因請古逸爲前導遂約明日日原之行古逸有一息名賀從僧玉隱研精文墨翩翩一佳兒也夫玉隱京人駐錫山中四十年常耽詠言今爲時事所扼不得來見可恨乃寄詩云禪機悟眞趣卌載避塵埃吟嘯山間寺推敲月下門心中無物在方外唯詩存想合多佳句何時對榻論時夜寒就寢更覆一綿衾聞此地夏月無蚊氣候不齊如此　四日牢晴廻轎前路古逸從行晩投氷川村原島道太家古逸姪也自入峽食無魚今始得枯魚枯甚不可噬但芋魁蘆服根味皆美此夕道太亦艷稱日原之勝娓娓可聽三人遊意益急欲以夜發道太云山路多狼乃止倚柱假寐以達晨　五日遲明發北入十餘里嶂疊澤匯山路紆折沿溪而行溪多石激湍噴雪作颸颸聲隔溪巨巖並立各長

數丈其紺白二色者間道直下作川字形若雲錦片段自天上落眞偉觀也又有白若脫兎者有赤若鼬鼠者龜顧鼈步皆石矣蝦蟆俯獅子仰皆石矣獨立如老僧呼之不應方知其爲石矣造物之巧有如此者又古木千章每風觸奮然竦動使人一見欲駭走偶逢山婦椎髻跣足背負薪炭來言妾等自山中往氷川賣薪炭易酒醬及膏油其憔悴苦勤眞可憐大抵山婦負物率著背不獨薪炭也此間路尤險下轎曳杖以行於突崖懸棧之中殆三十里得一詩云險途瀕死貪奇遊踏遍溪山盡處頭古樹千年陰若夜殘楓十月赤於秋面前絕壁危峰立脚底深崖層壑流此境留笻何可久而風徹骨氣淸幽忽聞鷄犬鳴雲中則日原村也茅屋竹籬山輝水映廓然一幽境可以避世焉欵里正原島巖彥家亦古逸舊族進薻菜一器乃飯而出門外鳥道數里頑石突兀雖壯夫不得不腓動膝折況以余老脚人皆止而焉不可則道人與佐藤生皆杖策相從欵遇一澗水極淺然澗承群山麓每山雨百潦急注輒暴漲民乃橋獨木于其上以備雨水今朽腐不可度轎夫褰裳入水脊余而揭既上岸扶笻一丘一岡或陟或降蹩躠顚頓五六里許遂至一石山趾地稍平濶屐履劣通喬木蔚然水聲琮琮出自林杪有一宇前立一木表曰女人禁制處仰見一石山氣象雄偉絕壁天懸竹樹迸根交絡其間巖彥指曰山有七洞下臨石溪懸崖千尺無逕可通人或失脚乃粉碎矣土人聯鐵鎖便於攀躋以達洞口口皆狹入則深遠莫知所極或云洞潜通羽之湯殿山不知實否洞中黯闇人持炬以入高山青矣巨川白矣宛然仙窟不復見一行人昌黎云洞門無鎖鑰俗客不曾來其不信乎一石山左曰六巖山余視之巖唯存二耳土人云昔一婦猥踵山麓山神震怒四巖裂墜豈其然哉神如怒六巖與一婦俱震裂無遺矣余謂是偶遭雷擊耳夫雷之破山壞廟折樹殺人者先儒以爲陰陽之怒氣也氣鬱而怒方爾奮擊偶或値之則遭矣今所存二巖傑然聳立澤澤蒼古政如銅柱禹貢底柱恐此類又一巖曰燕巖石壁峻挺雜樹聯絡有窟可避風雨燕燕差池頡

頑巖達人喚山燕形不異燕但差大耳巖彦遙指曰立巖巖距此十八里一劍倚空高輝于雲日之表巖背峨峨翠黛皆秩父山矣但望其遙嵐摩天耳嗚呼此際靈洞幽巖異樹怪石皆楓溪所不見而奇特尤饒每遇一奇無不發狂大呌巖彦請探勝殆遍然頃刻涉遊一瞥難盡況歸路修遠暮色欲來因錄其最佳者遂謝巖彦割愛而去日瞑還氷川　六日早微雨午歇與二原叙別復踏來路險棧梅至青乃坦夷矣塵囂雖可壓又有馬頭米囊想薄暮達西分村客舍轎夫辭去乃探囊報勞抑山路崎嶇頑石崇踵一日百憩連日皆然唯道人高屐跋涉毫無倦色又作詩篇篇衝口而出吾因有半旬風月詩千首白里溪山屐一雙之句七日晴命舟行主人曰玉川舟賈每月非三八之日不敢放舟乃滯一日倦極命酒酒味殊惡使子瞻飲復發蘿湯蜜汁之戲初此遊同行者將爲吾齎京酒然同行三人二人不飲飲止吾一人乃謂豈忍以一人口煩一人手耶到處村釀乃可耳然飽眼溪山絕好下物一斗不足多今纔出山乃茅柴苦硬不下咽强飲數爵頹然徑醉不復覺疲倦之在身也　八日薄陰不開上辰步至玉川舟賈並舟待客一舟容客三十人余與二子升舟則解纜玉川即楓溪末流顧眄遙望宮殿嵯峨依約乎白雲間余爲之悵然揖手告別山靈順流而下玉川故以武勝區聞今源入甲版圖前日聞於古逸云甲武田氏全盛時聞武多鑿村山中多產沙金遠令人來採鑄金凡四十萬兩餘命曰甲金然惡名不稱因蠶食大菩薩嶺東北諸村私滑國界又以多摩邪讀近丹波遂改多摩爲丹波傅會了事世人沿襲不察耳至是舟子語亦及之乃摘記存異使後之修地誌者有所攷六里羽村折入支川所謂玉川上水者川幅始狹一掉十四里小金井村時風從背後起舟走十二里兩岸櫻林一時皆搖須臾風正雨至午下開行厨於是同舟人皆行商各矜龍斷甚譁我輩閑談山水厠坐其中亦一奇十五里新町篙工云近時玆川創舟行沼川村驛或訟舟行不便今舟止于此云捨舟就陸時雨靑杖履過靑山迄赤坂分袂道人昏黑與藤田

生歸家抑此行素意在楓溪而又得日原可謂快矣然日原之勝楓溪之所無而楓溪之奇亦日原之所不有也特怪此勝近在邦畿之內而都人士尚鮮知者二子請余紀勝傳世以闡幽嗚呼余老矣向時閱歷如雲煙過眼今求胸臆百不得一二但三十年間夢寐者與一朝耳食者皆得之于此頓覺胸中塵氛皆向毛孔而散去豈止快云爾哉因第標舉臆記自賀山水緣深耳非敢傳天下曰可以闡二勝之幽也抑世有隋駕隱士唯此溪山距都近矣而不顯于世蓋有肖於昔賢僻世者之操嗚呼可嘉也二子欲顯之陋矣同

吉田寅二郎送六人者叙

萬無是事也而且策之者鑒古或有之而不及事焉也無事而策之或受世怪有之而不及嚙臍無益忠臣義士之立事寧受世怪而不辭必以無益乎嚙臍爲憂者也古之有之而不及者兒島高德也而宋有宋澤者亦善似焉吾深敬慕二人寧得不以其不及爲惜哉今彥根之事萬無是考也然一得之流傳吾徒策之流傳之果訛也天下之幸何以加焉而吾之策之非矣故此策也吾不敢公言之獨私之六人者六人者曰傳之輔曰松介曰利輔曰千吉其二人者吾未知之雖則未知見四人者皆與之交最深則知其可與私矣見在京者福原中村中谷萩野生田之倫共五人皆與吾同志矣六人者其往與之謀焉往矣六人本藩方以飛耳長目爲務所以使爾等爾等奔走驅役他日爲俗吏輩奴僕視焉一旦遭遇變故以文武志氣擇事雖輕哉亦可以少吐其氣餒矣爾等不各思飛其耳長其目報所之見擇以意將安以六人者爲哉吾常嘆都會之弊坐收四方之見聞徧應天下之事務志足意滿不以探索爲急似博實陋似徧實徧往々而然五人者固已飛長其耳目今更飛六人之耳長六人之目亦或有益于京師也京師天下之中也近則五畿環之遠則七道繞之凡其耳目之所及人物形勢皆可識而存焉大坂自古稱財

粟之邦而兵庫新爲吾藩信地山田熱田神器所寓名護屋和歌山居三藩之二而名護屋主近爲幕府受辱新宮爲紀藩奸相邑並有民心不安之聞民心懷古而不忘者近畿最推芳野焉抑聞彦根與京師相距十八里驛亭六七其間盖有武人有俠客有富于財者有周于智者矣往與之締交以備緩急耳目在焉手足在焉萬一有事高德不足言矣何況宗澤乎合言矣送六人併語在京五人者二十一回猛士叙○幽室文稿　七月二十六日

吉田寅二郎投獄紀事

余既嚴囚于家之六日十二月五日戌牌支配書至家君披而讀之則曰吉田寅次郎有罪宜上請投獄焉家君時病瘦在蓐急召余余聞之召直塾生作間忠三郎及榮太郎告由二人走報諸同志而富永有隣至與家兄謀作稱寅二羅病請囚諸家書急走造中村道太郎議事而還已而杉藏至佐世八十郎岡部富太郎福原又四郎有吉熊次郎及彌次郎皆隨二人至有吉先是爲俗議所逼以外叔命嚴囚于家岡部往告以由蹶然而出云松島瑞益小田村伊之助亦至會者共十名直八居遠不能報知久保清太郎爲巡番撿使有故稱病家居日久是日甫出直在藏元以故二人皆不會焉時夜寒月沒余置酒唱言于衆曰吾之投獄保首領于今日收聲名于天下何幸加焉而復何悲之有所可悲者君公建白幕府頒示臣下攘夷勤王之旨洋溢于上下一旦奸吏弄權囚繫寅二寅二囚繫夷不可攘王不可勤則使天下之人曰長門獨有一吉田寅次郎而已且如國事何十名皆默然久之佐世杉藏抗言曰急往行府請先生罪名如聞行府向言先生學術不純果以學術獲罪吾輩受業者皆不可免也一座蹶然曰然々各傾一大盃走出是夜小田村未知余投獄之事有別議訪御政務座周布政之助周布稱病拒之心頗不平而不知其由去造兼重讓藏兼重亦周布同僚云松陰隱士不可濟也今日已有投獄之命矣僕實草之

小田村愕然曰罪名何如曰不可語也小田村因具語寅次感激公旨侃直盡言行府欺妄誣陷正士狀每發一語兼重輒愕眙已而曰吾與井上周布雖在同署百不知其一也小田村於是走來吾家而松嶋及八人在焉先是玉木叔父已與政府謀嚴囚余于家出巡其管吉田下關蓋政府約不投余於獄也小田村乃與松島謀曰前日政府與玉木翁言言皆屬妄是不可不詰也如罪名諸君問之爲可八人先往周布周布復稱病不出佐世岡部因閽人謂曰公果有病在蓐不必衆見一二人密就蓐下有所陳白閽人復出曰吾主有急事外出諸君宜去八人不堪不平皆上就座曰公輔不歸徹曉不去勵聲曰急持燈檠火盆來於是放吟劇論旁若無人男兒死耳松柏後凋衝口亂出一無非苦節精忠所鬱積也彌次郎獨立小門側周布冒帽將出見彌次郎卻避蓋從後門出也佐世榮太去訪中村具語以由中村曰余向往周布反復詰問周布遂不語罪名諸君往問則可而周布必不語也二人復歸而周布妻弟粟屋半次郎至面八人云政之助有故外出事若僕可代聽者也則謹聽之矣八人均云今日吉田寅次郎有下獄之命寅次郎吾輩師而忠義人也下獄何罪八人是問粟屋曰謹諾語之政之助八人引去往行府御用談役井上與四郎井上亦稱病使嫡子壯太郎出面八人進言如前且曰子知寅次郎者以爲何如八壯太郎聲顫面如土曰雖僕以爲忠義人唯政府議非阿爺所獨任衆議所決阿爺蓋不能奪也八人曰如聞政府議寅次學術不純是或其所獲罪也歟果然吾輩將有所一言焉壯太郎出入反復遂無明對八人愠曰與此區々者問答終無由得要領矣不如直往兩相而問之皆走歸吾廬而天明矣周布脫去往行府手元內藤萬里介走書井上告急書蓋與八人後先而達云又書招中村中村策曰八人問師罪名非甚可拒當散遣餘人特留一人明告以所以乃可周布曰終不可語也會井上書來云八人者來議及學術豚兒應接頑然不退願出一奇退之內藤拈出一計書召佐世彥七彥七八十郞父岡都福原輩皆

親戚長者尊稱爲丈者也見爲御輿奉行直在殿中謂八十輩憤懣積久今夕必有粗暴之爲矣但殿中直夜不可輙往焉復書辞之小田村歸明倫館呼起赤川直次郎曰義卿下獄子未知乎赤川驚起曰咄義卿同志士義卿下獄吾其同之小田村深然之自是小田村反復往來政府劇論抗議實以下獄自期赤川往周布受其蜜意來慰余曰罹病囚家之請不可公勉强赴獄爲可前日物議僉起皆指公及前田周布目附連請推之苟許推之事連兩相及屬員爲禍不細及今投公于獄事猶可止矣且公輔始終援公々等始終排之不亦負乎余曰公輔奸猾々々不除國事不可濟吾爲國排奸猾寧顧私恩乎赤川顧杉藏等曰聞汝輩爲組預急速歸家爲可余引佐世杉藏于別處密語曰公輔奸猾而回護如彼赤川不可信也且目附能撓政府權如此近時大快事也吾復何恨而目附必不能也吾之獲罪所由甚明公輔欺赤川々々乃信其欺吾則不信赤川之欺也二人頷之巳而八人稍々散歸々則皆囚于其家而亦無罪名政府盖目八人謂暴徒云是夜小田村檄諸同志會議吾家而八人皆囚獨佐世彥七久保至首及罪名議々方半松島赤川突然而至吾輩與內藤謀緩赴獄一日議囚家事公等勿劇論小田村久保素不信赤川疑二人撓正議頗有不平之色赤川勵氣怒聲喋々辨說佐世温慰曰淡水勿怒吾等非以子爲政府赤狗子也終不懌而散獨小田村久保留密議久之而去於是小田村久保益以問罪名自任余作書與二人曰政府以僕投獄而無有罪名矣僕切謂天下有眞勤王有僞勤王不肖矩方與同志諸士皆眞勤王也政府各位則僞勤王也今眞勤王爲僞勤王所忌諱以至于此眞勤王斃矣僞勤王遂將爲眞賊軍眞賊軍之天眞勤王固不共戴焉則僕之投獄盖殁其身矣豈可草草哉雖然吾非畏獄誠使罪名明白欣然以往焉耳若其眞僞邪正天下後世之議將有不可欺者也且附詩一章云吾原爲國生爲國死豈避死且所不避何況叢棘寘然而罪不名酷負平生志野山罪人居寧可混善類賊子奸夫八博

徒與奸吏瓦礫埋明珠牛槽食天驥天下將傳之公家非美事萬世將書之汗靑得無累嗚呼投獄生寧死全其義於是久保與書國府手元前田孫右衛門云佐世八十郎以下八人皆囚于家而不載其罪名八人皆僕門人朋友具悉其平生矣決非不忠不孝獲罪于名教者所以獲罪之由甚可怪也如聞前夜八人均造井上周布問寅次罪名是其罪也果以是爲罪雖僕所切願切願速免八人罪且明示寅次罪名二者皆不聽願議僕罪僕義不可獨完也此事原當問之井上周布而井上布布待吾輩以仇敵雖往不面是以請諸足下足下其有處之且自往口陳其委曲前田不堅對小田村則曰造両藤兼重爲余請罪名甚力復與前田中村反復商議又屢造井上井上固拒不見則與書曰八人者皆性忠義不顧利害者也速未減所犯之罪僕當代寅次益養成其性以報國家也至于寅次行事有其著嚴囚紀事一卷相見之日取以對讀可以驗其無重罪矣足下何以屢拒僕爲小田村久保已不得罪名而政府促余赴獄甚急是時家君病日益危篤醫云是腸胃熱兼神經疫者數數嘔吐食不下咽衰憊日甚性命不可測也而猶屢促余赴獄事余驚與家兄謀與書前田云僕之初意欲罪名明白然後赴獄同志皆以爲然如長井請詔眞僞待來原歸國究詰之而行府不白罪名而促赴獄甚急僕以死自誓焉豈圖家爺疫疾危篤性命難保事已至此僕安區區以前事爲意哉足下幸與行府謀允僕數日看護待父病少間而後赴獄僕何幸尙焉則僕之罪名同志之憤怒及請詔之眞僞一併解除不復究終矣僕向則夜叉今則菩薩重愧且負于同志之士然事不可以代父子之至情唯足下諒之前田好人深哀余意急謀諸行府行府亦以爲然而允其請於是罪名之議始止而促獄之命稍緩玉木叔父在郡聞事且怪且憤急速竣事而還還則井上已去役江戸矣直造周布反復詰責周布不復堅對徒供酒茶叔父曰酒茶燕安之具耳非余所樂也坐有山田亦介叔父素不喜西洋火技陣法因顧山田曰聞遺數人于長崎學火技陣法是盖出

公建議也數人學成歸教一國然後勤王而攘夷事不亦甚緩乎山田默而不答叔父抗言曰前年與公輔諸君相共講究經史意氣甚盛慨然以實踐爲志今知其皆虛矣久矣夫吾之不與諸君語也吾去矣快々而出數日周布亦去役江戶矣已而家君之病稍有善徵余以十二日念六日斷然投獄來別者親戚門生共二十餘名酒酣興發告別家君家君欣然曰一時之屈万世之伸庸詎傷焉家兄家弟久保富永玉木彥介倉橋直之助馬嶋甫仙國司仙吉妻木壽之進藤野荒次郎安田孫太郎岡田耕作增野德民浮屠提山不忍別去皆隨余輿至獄而別提山投輿以糖薑一囊沿道叩榮太郎彌次郎杉藏岡部兄弟佐世父子一面而去或與糖薑一握爲別皆無不欣然稱快矣獨小田村在別筵中悲惋慷慨頻傾大杯曰是不平之酒也百杯不醉矣義卿忠義士也上奉天勅中仰公旨下掃胡虜之塵是其素志耳黜觸奸吏之齒牙投身岸獄吾自任白其罪名々々不白義卿往矣吾其何如是夜耿々不眠幾悶絕者數衆交慰之則自奮曰大丈夫當有報不平之時何必今日初今余書前田曰同志之憤怒吾則解除之蓋行府所憚者憤怒而已憤怒解除勢宜速放其囚焉余已下獄餘囚未放吾切怪焉行府豈欲益增其憤怒多自取禍敗也歟同

川北重憙嶋崎先生墓碣銘

先生諱知盈字若虛一字元次嶋原人其先嘗仕有馬侯侯之移封隱居不從寬文中島原爲吾侯封邑曾祖諱勝易出仕祖諱勝珉考諱盈祥皆繼在仕籍妣永尾氏生四子先生其長也自幼工書調任書記移在江戶邸累遷侍史居十八年以父老歸養後解職無何復任學書記前後通三十年恪勤奉職賚賜不可數嘗命校公室系譜遂建白叙諸士家系等其品流以便選舉並稱詳審爲人嚴毅少所屈撓誠厲子弟毫不假借門人數百人多成立者初受業於小篠氏其在江戶邸師吾華沼先生生明和五年戊子

四月九日沒天保三年壬辰七月十五日享年六十五葬島原域南快光院先塋之側先生在江戶邸娶田邊藩橫川氏生四男一女長元吉次女皆夭次知命字士勳嗣次信義出冒尾崎氏季陽之助亦夭後娶澤氏生二子知德成美既葬門人願捐貲表其墓謀之士勳士勳狀其行郵寄乞余文余與先生有舊亦善士勳故不敢辭銘曰豈翅善書復以學優經紀有法史職是修綿綿世次本枝表揭濟濟士流門地序列嗟爾遺業永久鑑衡弟子弗諼標斯幽坑

藤森大雅天石笛銘幷序

石質粗硬作淺碧色狀楕匾頭廣尾狹旁一孔其中洞然含一石丸如金橘大亦中空有孔吹之則石丸輥轉於中其聲寥亮逸發山石可裂皆成自然不假人巧造物之妙何所不至哉此笛前橋吉川生所藏天山眞逸作之銘曰渾々沌々孰鑿其竅急聲劃然大壑龍嘯緩聲鏘然幽澗泉繞以爲天籟乎吹噓成調以爲人籟乎天發其妙其妙自然雲月朗照天清地肅物止浮叫如不及齋文抄

藤森大雅渡邊先生刀法碑

武州葛飾有村名西大輪村有奇士曰渡邊先生諱邦伸通稱邦藏善神道無念流刀法世之善武技者大率麤鬩自喜輕蔑文事而先生溫恭退讓嗜讀書講大義論古今成敗得失之要皆鑿鑿有據學者無能及是以人多奇之夫溫恭退讓嗜讀書講大義人道之常耳然世之善武技者如彼而先生獨如此則其謂之奇豈不可哉抑是奇之小者予徵之其行事有深知先生之奇有大焉先生雖溫恭退讓其志氣則超群初欲奮於武事曰今世稱士人者佩雙刀事君父執刀而進致死扞難固其分也其技不可不精乃從戶賀崎喜道子學焉祁寒暑雨未嘗少懈遂究其秘蘊又好交天下之士尤篤友誼見過則諫見急則救事有不可則侃然執正不肯詭隨輕財赴義有古人之風焉世日澆季競錐刀之利忠孝節義之風

不講久矣而先生獨行古道處今世是非其奇之大者乎初喜道子之祖以刀法爲世之聞人設教塲於州之淸久授其徒從游者一千餘人至喜道子三世箕裘相承不墜家聲喜道子後徙江都神樂坂乃屬先生以教塲先生移之於西大輪竭力教督其技既精人亦服其爲人是以弟子益進渡邊先生之名震於遠邇矣而享年四十有七安政紀元甲寅十二月四日罹疾歿惜矣哉父諱義榮母關根氏世農家其先有渡邊越後朝綱者臣事北條氏以武顯矣先生志刀法蓋本於此娶酒井氏生二子曰祐之曰祐朝今其徒欲碑其本末而表仰慕之誠以示後昆來乞文於余余善先生之奇足以起頑戒薄樂爲天下稱道之因叙而銘之銘曰恭謙自牧接物盡情奇士非奇人道之常厥常維踐學技斯誠能誠能明能明能精究精入神駿發其聲展也若人武人之師來者取法視於茲碑同

川田剛天山藤森先生墓表

安政戊午黨人獄興自公卿大夫以迄士庶人株連蔓延獲罪者數十百人而吾天山先生與焉當是時權臣專政忌正議者冠儺不啻以先生一代名儒言論文章足鼓動人心爲其所惡尤甚酷吏承風鍛鍊羅織欲處以重刑而事無絲毫實乃指摘言語爲誹謗時政以逐之居數年權臣斃黨禁弛先生特赦歸臥病於家人皆謂進用有日而遂不起悲夫先生諱大雅字淳風姓藤森氏通稱恭助號弘庵晚更天山江戶人其先出自信州諏訪神祠大祝五世祖諱岑輿以善劍擊仕笠間城主井上侯曾祖諱艮整傳公子及公子出嗣酒井氏傳家長子以隨子孫分仕各襲其祿祖諱良武父諱義正去酒井氏更仕小野邑主一柳侯毋堀越氏先生少好學磨勵志摻雖在下位不忘天下之憂甫弱冠承父後爲右筆兼世子侍讀世子嗣立論事忤權貴致仕去會年穀不登物價騰踊先生帑累數口家無擔石儲而舌耕筆芸講讀不懈意晏如也天保甲午土浦侯延爲賓師委以學政旋兼治郡務興文教革吏弊功効漸見然以先生

寄寓用事俗士不喜流言沸起乃謝病去侯思其舊勞給廩三人弘化丁未移家江戸聚徒教授弟子益進侯伯執贄問道諸藩執政往往有就詢國事者嘉永癸丑墨夷遣軍艦來乞互市有司疑懼頗爲其所凌壓先生憤激著海防備論二卷既而水府烈公有旨建白時務先生著芻言六卷上之議論明快切當時病公嘉奬焉當是時先生名播海内大國或有厚祿招之者固辭不就人問其故曰吾不欲事二君公聞而益賢之乃給廩十人有所疑則使人就問焉世以爲優遇以寛政己未三月十一日生以文久壬戌十月八日歿享年六十有四是月十三日葬於麻布曹溪寺先塋之次先生博覽洽聞於書無所不窺然不屑屑乎訓詁特以氣節文章自許嘗曰士不幸不得志當時則宜立言傳不朽若夫一身存歿無所輕重於世不足取也初寛政三博士起於古文壞滅之日推尙韓柳歐蘇以矯蘐園餘習而碧海柴氏豊山長野氏實承其傳先生師事豊山氏周旋於碧海穀堂侗庵諸賢間益講求而加精焉以故其文嚴於法度而語言流暢氣格淵雅蓋得唐宋大家之旨詩亦參酌歷代兼取其長寄託深遠鬱有古色尤妙於五言古風又善筆札晩隱居田野聲價益重四方之士識與不識聞風欽慕爭趨其門先生坦夷待之論文吮筆言笑啞啞終日不倦人服其雅量然而中心有確乎可拔之節先是先生下獄物議洶洶禍在不測先生泰然不動曰吾得與范滂偕遊於地下亦一快矣且死生有命吾將委命以待天定之日嗚呼先生之言在耳猶昨日而今則世局一變黨人赦歸而嚮之用事者削封奪秩貶黜殆盡豈非所謂天定者耶然則先生遭際一浮一沈有足以徵世運隆替者其跡固宜錄於太史氏況文章傳世不朽者在焉尙何待剛輩表章但世之稱先生者或訛傳失實故剛從遺命略撮其行事以揭於墓上云先生先娶池田氏後娶三阪氏三男一女長曰遜承後次有連出嗣尾江川氏並仕幕府次曰建早亡女適前園氏所著有弘菴文集春雨樓詩集及雜錄若干卷采訪冊

鹽谷世弘不盡河修堤碑

不盡河發源於信之八岳南流經甲州與笛吹諸水合繞不盡嶽麓乘高注下以入駿州悍急犇猛勢如激箭及其漲也潮決四出患害最鉅安政甲寅冬駿河地大震河身綻裂噴沙成洲高二三丈其東呀然地陷河流忽徙明年六月大水堤坊決壞丁巳之歲自夏涉秋風雨數作河水溢溢七月廿九日風益猛雨益暴崩坊二百餘步民皆流亡轉遷翌月計吏露木邦憲工吏佐藤嘉長自江都適與工吏嚮在駿者六笠敬明等按視各處謀曰民急矣奚遑俟命乃發徒即役審地勢鑿溝渠長三百五十餘步使水勢有所釃河濵有大石可周千餘尺因築堤一百八十餘步以距大石又就水衝列壘石延袤十有八步以捍水怒明年三月功竣堅牢如天造於是曩之流亡轉遷者扶老攜幼以歸復業田畝漸墾桑麻漸殖是役也計曹長橋津守土岐朝昌首決議以總理工事父老翕然相謂曰吾民得免爲魚復鄉里者壹賴土岐公之仁公家章用桔梗花請名是坊曰歸鄉堤以桔梗與歸鄉邦音相通冀子孫累世莫忘桔梗公之澤也父老又謀創祠於河於以祭水神建碑以表其功來請余文顧前三十餘年予西征經駿州濟所謂不盡河河之左右彌望數十里白沙黃茅絶不見人烟問之則由客歲戊子之灾云爾時嘽嘐之狀昏墊之態躬親覩聞爲之慘然丁巳之害蓋鉅於戊子焉夫防河大役也濟民鴻澤也是堤之成非內外官司上下吏胥悉獲其人而民皆勸事樂功競竭其力烏能如斯之丞且牢也哉凡用工九萬六千人用財若干萬金前後董役者除邦憲等外計吏小高助堅保田謙乃工吏稻田忠室小林儀型而請予文者里正彌兵衛也銘曰凡厥即功匪勇靡決匪智靡籌匪仁靡達堤之始壞民艱傴卒能吏明斷工徒卽發乃堵乃梂乃築乃實素期弗愆課程秩秩土跳石盤神造鬼設緊旄挈倪緊姑從姪載來載歸爰安家室田疇此菑稉稻斯茁鷄犬照照馬牛駓駓吾侯之惠人免魚鼈寔仁寔智神鼈惟佛勒諸貞珉千古芳烈謂吾言

譸問之皦日

壚谷世弘坂井堡蹟碑

坂井舊堡在越之蒲原郡坂井村慶長五年二月芝田城主伯耆守溝口侯所築焉以置其將淺野政久政邇也東北襟苅谷田川西南佩蛇湖福田川自南來貫湖以流于北稱爲形勝之地先是豊太閤遷越後國主上杉景勝於會津以其地賜左衛門尉堀秀治及溝口侯等堀侯居春日山兼治三條下倉諸城而溝口侯居芝田以坂井地勢阻阨外控會津內通春日山爲奧越要衝特選政久父子守之是歲秋石田三成與會津將直江兼續謀使上杉侯起兵將挾擧我德川烈祖兼續嗾越土豪蜂起以擾北陸八月安田柿崎宇佐美諸豪集兵八千餘人攻下倉斬城將小倉政熙吏糾合土兵得二萬許人以攻三條鋒銳甚坂井距三條三里環其側皆上杉氏舊將之墟土豪多竄焉於是政久鎭撫百姓繕修守備告急芝田侯慮封內有應賊者質民子弟淸野峙糧使我有餘畜而彼無所掠又出師援三條政久留政邇守躬率兵馳入芝田軍與堀侯師合擊賊賊潰未幾三成等敗於關原會津師亦綏越之土豪禽竄獸遯不留隻影既而氛埃靖息天下益無事元和四年侯命廢坂井堡於是淺野氏從卒散佃其旁邑侯就賜其地以爲淺野氏采地乃闢釋迦塚地用堡廢材營宅寬永十三年政邇率舊臣五十人遷此至明厤二年政久四世孫政綱辭祿退耕於野爲里正今釋迦塚村田五百石編氓六十戶皆淺野氏君臣之遺裔也政久十一世有孫曰政悳將表乃祖之蹟自狀其顚末千里走書幣以請予文按狀政久始寺本氏山城人系出鎭守府將軍藤原朝臣利仁公考諱直壽爲極樂寺城主兵庫頭忠直第三子仕德川烈祖積戰功至從五位下內膳正娶彈正大弼淺野長政妹擧男即政久溝口侯之居若州高濱政久率其臣屬來客侯以養女配之命冐逸見氏後辭之自稱淺野氏侯再轉封大聖寺又轉今地政久父子皆從往遂以爲

臣云予嘗謂關原之役古今治亂之一大關紐也夫豐公逞威海外人厭兵革而石疊子狂妄獨動諸侯舉兵於畿甸當是時盜賊横野孤寡泣路寒者號飢者籲寃者慍悒而病者窘而屈者車載而斗筭自是役以定之浸之以仁盜賊匿跡孤寡獲安寒者暖飢者飽寃者伸悒者愉窘者樂如膏雨降而百穀蘇也此果誰之德哉□□自足利氏竊柄彝倫紊滅人不知禮義虐下者畔上者凌弱侮寡者弑父者戕君者僭王章者蔑皇命者山積而谷量從是役以掃之導之以義上惠其下下親其上彊安其土而弱保其封弑者絕戕者滅僭者潛蔑者熄如旭日昇而魑魅伏也此果誰之功哉語云千尋之堤壞於蟻穴大凡機之未發者難察而慝之既起者易蔓安田柿崎等皆上杉舊將之遺孽素號慓悍善戰使之蔓延連結則在彼有風火之勢在我有掣肘之害雖天佑吉人其功德之成或將不至如此之速也溝口侯之經略於此乎不爲無佐於霸朝而政久父子亦爲與有力焉余既嘉政惠之意又感其祖先之勞有所關係也釆而敘之令紀之石以宣驩虞之所由來云

安積信陸奥國安積郡郡山八幡祠碑

吾邦自古稱爲神國天神地祇聖帝明王及勳臣賢牧之廟建置於連州而王侯縉紳以至於士庶黔黎莫不趨謁敬禱焉其祭祀之官昔在邦畿則有神祇官郡國則有祝部而國造亦兼攝之及後代王政之變惟爲史祀所司然人心之敬神祇奉禋祀則今猶古也陸奥國安積郡郡山八幡祠係阪上田村麻呂所剏置焉相傳延厤中田村麻呂東征過阿賀岐山山舊有安積國造祠因祭應神帝於此而寄藏旌旗弓矢於祠其鏃至今尚存永承中源賴義東征亦次于此故號其地曰幕內天和三年徙于今地及文化四年罹災邑民胥謀營建之其七年始竣功堂廡寢殿煥乎莊嚴視舊有加焉郡山本一小墟市也百餘年來戶口日滋田野日闢豐饒富衍今爲諸郡之冠蓋應神帝千古之聖主田將軍一代之英傑其精爽

翕霍威靈昭明洋洋乎充塞於寓內而無不在也故邑民之致奠饗盡崇敬其精誠所感神庥庇而冥護之凡疾癘之所籲號旱澇之所請禱皆有靈應古人所云有誠則有神者不信然哉邑人阿部貞宜貞明之弟也寛政九年別成家資產日殖子孫繁育以爲神之所祐其於營建之事既竭其力又欲建碑以勒功德而徵文而余余先比止禰命安積國造也民思其德建祠於阿賀岐山子孫遂爲史祝綿連相承至父安藤親重兄重滿今皆奉先職凡五十餘世矣則其昭著神德詡揄威靈固吾分也然才謭學膚不足以圖盛事乃請於因幡支封冠山老矦而爲之銘是則亘千祀而不朽與貞珉同其壽者也因叙之略其銘曰皇祖神聖國造良翰武人東征肇祀廼壇政禮具舉顕若可觀祀典綿亘萬古不刊文畧

安積信三口橋碑

上總大瀧城南有川曰三口川此地當總房孔道往來者咸出焉平時水淸淺可揭衣而涉暴雨一至輒驟漲奔流迅激如雷勢不可航行旅爲之淹滯土人亦有墊溺之虞大瀧賈入與兵衞憂之乃與衆胥謀壘石于岸立柱于水亘梁比版締造堅緻廣五尺長二十五丈又列杙於橋外以防浮楂經始於文政六年六月至九月乃成蜒蜒如虹霓之臥雖霖潦怒漲而來屹然不少動於是行旅無淹滯之憂土人無墊溺之虞其功德所及遠矣夫以市井間人而一倡群應遂能立百世長利可不謂賢哉頃者介菊池道意請予文因叙其事使勒焉同

積信自阿久津下絹川記

文政已卯正月予歸省二本松居僅五日而還北風峭冷兩耳如著針鉽行數日至阿久津村將駕舟達于都覔旅亭宿亭下有川曰絹川水聲淙淙近在衽席下睡中聞之屢以爲雨至也翌早從流而下同載者數人皆俗漢獨有禪僧可與語是日天霽東風始和川原迢曠流水淸駛嚙石𧮬𧮬有聲坐舟而眺西

北諸峰自那須高原以連于日光蜿蟺磅礴嵐光晴翠欲與人衣袂相接東則筑波山巉然突起旁無附麗烟鬟霧髻澹碧浮空宛如行山陰道上應接爲之不暇予詩其景以示僧僧亦和答倍有佳趣僧曰萍水相遇盡是他鄉之客而君之逸韻太可喜恨餘子碌碌不足談也予曰餘子雖不足談亦自有佳友在焉而師不之知所謂瞋目不見泰山者也僧瞪視踧踖予乃指點諸峰曰雄峻奇拔如偉丈夫之端冕立于朝者日光山也偃蹇踞肆如高士之抱膝而坐者那須山也峙乎其兩間而氣岸軒揭如奇男子之長揖不拜者高原山也至於筑波之秀峭纖麗則雅人之風彩照映人也凡此諸山高可仰清可挹奇可駭秀可餐使人襟懷洒脫鄙悋之心自消則謂之佳友不亦可乎於是僧撫掌笑曰子以無情爲有情是能成變化入吾上乘者歟予亦大笑舟行已五六十里東岸赭壁如屏怪松生其上枝皆倒懸臨潭作獮猴飲溪狀其西平沙淺渚梟鷺淩亂蘆葦蔽虧漁舍隱見極有佳致又行三四十里水漸深湛碧挼藍舟頗遲抵窪田村則暝色不辨人同

安積信遊松連高雄二山記

去歲葦蒲田遊松連寺說其勝甚悉又聞高雄山爲一州靈境而距松連寺不甚遠乃與井爰二君暨鈴生相約以九月八日啓行曉起雨霏霏下二君有故不得偕以此躊躇而遊意沛然不可遏遂與鈴生決策上道出四谷西行二十里雨始霽抵府中驛雇卿導謁六所祠堂廡古雅蓋千年百六舊祠云涉玉州一宮渡平時水極淺積雨一漲渺漫數里兩涘之閒眞不辨牛馬是日秋水始退厮爲二流皆一葦杭曰沙路迤邐一前一却榛菅沒入無嚮導殆陷大澤矣過一宮祠蒼邸青林相接右顧茅屋隱見樹閒曰百草村又行數百步華門如竇堂宇在山腹是爲松連寺相傳天平中道慈律師所建堂前巖桂二大樹童童如羽葆花巳老剩馥襲人自堂數十步黛柏蒼松迷禽闇日八幡祠在焉從祠東而登有亭翼然峙乎

山頂曰清涼臺闢左八州之山環列起伏擁翠疊碧若蹲若奔舉不逃於一覽而玉川縈錯棼糾若銀蛇闞然實近郊勝境也予顧鈴生曰今晨陰雨自謂不能遣茲觀而天色俄霽群峰可歷指殆似山川英靈有以相之者坡翁所謂信我人窮非天阨也因撫掌大笑臺之東一邱突起老松離立有草舍焉曰歡喜亭眺亦佳俯仰之閒暮色蒼色遂下山詣寺見住持僧僧延予小閣玉川縈流於樹杪可坐玩天陰月暗漁燈數點明滅杳靄中談論至夜分乃寢闔境寥闃山氣凄寒不能交睫翌重陽復登清涼臺雲霧滃勃如海濤洶湧千山萬峰皆滅沒唯聞水聲淙淙少焉紅暾閃爍雲霧解駁諸峰如踴躍而出晴翠與日輝相映發有金碧畫致是日欲登高雄山割愛下山出寺折而北過高幡不動祠涉玉川抵八王子驛有同心千人所居皆衡門短垣相向稱千人巷西行二十里駒木根驛驛東蒼山矗立陟降各十里是爲高雄山東距江都百五十里西距小佛嶺二十里嶺即武相之界也自四谷而西百餘里皆平衍無有山壑巖嶂之險地勢自日野漸高至小佛嶺最峻絕重岡複巒相屬故設關於此置衛士於八王子蓋有遠算云山下有門門內左折路甚險左右皆榛莽擁蔽手兩排身中行愈登愈峻息促甚踞巖休歇復作氣以躋挽藤板葛猨其臂上下相引造山腹下視深谷喬木皆在履底仰觀山項有堂謂既造其極一躍而登堂爲金毘羅祠東南望鎌倉諸山絕佳相撲川滉瀁木末若澡帛而曝之賣茶者云高雄廟距此猶四里於是自失又鼓勇而進路稍平廣老杉刺天大可數十圍得忽一大門拾石燈可百級堂宇綺拱丹艧奪目榜曰飯繩宮吳門沈草亭書堂側又石燈可百級極峻仰視之鼻孔朝天喬杉森挺蓋絕巔也予疲苶不果登磴西禪盧一區爲眞言宗從此循故道而還忽聞水聲霅霅在脚底路傍小禊署曰琵琶瀑右折而下徑最欹石齒囓足棘針鉤衣鞠躬窘步既下數十步而水聲仍在谷底矣予雅乏勝具至此疲極喋喋欲頓地然觀瀑之意益奮復作氣而下始達谷底兩山並峙數百仞瀑泉懸焉高三丈餘幅七八尺出巖

項屈折如曲項忽直下如紘索鏘然落于潭潭圓如槽腹而其聲之豪嘈激越則撥鵾絃而商徵間作不啻得琵琶形狀亦并與其音響而得之名洵不虛矣兩傍石壁峭立雜樹𡸣幪陰寒慘骨疑有奇鬼乖龍伏藏其間潭水流而爲澗澗中多怪石可供盆玩沿岸東行八九里茅檐竹落桑柘蔭映雞犬之聲相聞使人窅然有入仙洞想既出山日卿西峰途中與鈴生聯瀑泉詩還八王子宿焉一丈夫來語自言爲八王子同心祿少不能自給耕田而食同僚凡千名其祖皆係武田氏麾下往昔武田氏敗𣊾棲山天目山織田氏攻之甚急竟自裁將士無一降者皆力戰而死其妻五百人挈嬰孩竄于八王子迨區宇無外官諭之使降皆不肯因賜稍食賙焉後復諭之遂降爲同心云翌十日冒雨出舍二十里日野驛驛外有渡爲玉川上流空水澄鮮川原清曠白沙黃蘆鳬鴈游泳江鄉風物可愛抵高井戶村雨甚至從四谷雇竹兜子歸家燈下淬筆作記同

安積信霧島山記

橘南溪東西遊記山川物產之奇粲如列眉其中霧島山尤偉詭讀之不勝神往因譯國字爲漢文以充臥遊與同好者共焉　霧島山在日向州高四十里周廻三百六十里相傳鴻荒之始册諾二神從天橋俯視見海霧中有小島乃以鉾探之遂降臨因以名焉其鉾至今倒立山頂世稱之天倒鉾誠神聖之靈蹟邃古之遺器也但峰巒崇峻巖谷深阻多風火雷電之異登者往往失所在故能極其巔而觀所謂倒鉾者少矣南溪遊西州抵覺島因欲登觀焉而非有膽力者不可偕會一少年乞結伴意氣甚可壯乃以仲冬初八發大抵日薩隅三州瀕南海氣候温煖雖嚴冬不見冰雪是歲最暖惟御一綿衣經水陸二日始達山下陟八里許有廟甚宏麗晚投祝史家詰朝倩鄉道俱登喬木摩天蔭翳晝晦惟踐導者之迹而進直上十五里童然無草樹四望空闊三州諸山環拱起伏如翠浪遙見海水汪洋中孤峰突起儼然琉

璃盤上一點螺也導者云是薩之櫻島山又登十五里山益峻燒石大如栗者撒布路上天忽晦冥暴風揚沙怪雨雲雲自谷底倒捲而上不覺毛髮森竪又登八九里路稍夷而左則絶壑萬仞雲烟密布黮不見其底右亦涘谷數十丈中閒通人處如行馬鬣上曰馬脊越稍進燒石隨步崩下鑿鑿有聲須臾猛火炎熖發于谷中雷電殷轔山鳴谷應腥臭之氣撲鼻或玄雲如潑墨澎湃匝地咫尺不辨往來翕霍倏聚倏散作鬼神佛陀諸靈異之狀或白虹一道自脚底起直上天半或光怪閃爍天地變爲黃金色步武變幻不可方物蓋硫黃芒硝之氣鬱積谷中陽火自燃陰氣應之爆然震激現種種變怪爾特可畏者橫風時來勢如奔馬稍不愼則爲所捲去頓爲火坑之鬼所謂登者失所在皆是物也導者切加警誡每風至即全體俯地既過復起行如是者數次心悸骨驚疑入阿鼻獄少年尤震懼五色無主踬步不能前導者曰此子震懼如是不亟返禍不可測矣遂扶掖而下僅三里許天氣清朗如初相與探橐中摶飯啖之少年色始定南溪獨咄咄以不覩天鉾爲至憾因問從此至絶頂幾里曰不過十里南溪笑曰是不難到子與年少待之可也投袂獨往抵馬脊越天色俄變震電發作滋甚備歷辛艱遂以達于巓果有物焉質如非五百年來物也巓無堂宇無草木徘徊四顧天朗日麗碧漢萬里凡敷州山川城邑攢簇沓疊若覆簣精鐵大如鉅竹長丈餘倒立地中其鐓鏤若鬼面者碧鏽沈蝕古色可掬雖未可必其爲太古遺器而決若聚米神氣浩然有羽駕凌雲之懷但靈境不可久駐急覓來路而歸過馬脊越數百步遙見導者與少年地坐偶語長僅寸餘如畫中所覩既至皆欣幸加手於額相扶下山大都天下名山刊木通路自役小角釋泰澄始故爲緇流所占據梵唄之聲相屬獨此山以諾册二神爲開山祖眞天下之靈境也哉山中多奇樹異草水精之屬大池五十餘池畔多蚺蛇聞人語輒出噬雖雖樵夫畏而不敢過多野馬形極詭異而鬣長委地多大蝦蟇大蜘蛛焉同

室直清送岡島仲通序

伯樂求騏驥之材必於冀北之野而後得之何者冀北乃馬群之所聚也至於君相求英俊之材亦於雄都大縣而後得之何者雄都大縣獨爲人物之會而四方之精鋭所聚也方今四方之求仕者輻輳於東都而列國諸侯之聘士者必取於此焉不然君亦無得材能之士而用之士亦無得賢明之君而事之信乎韓子之言東都固士大夫之冀北也當是之時士往往有身仕窮遠之國以至子孫遂不歸於鄉者此豈人情之所願也哉計出於不得已也孔子之去魯遲遲而行柳下惠之仕魯三黜不去君子之眷眷於父毋之國也如此今也去父毋之國離墳墓之地千里而就官於他邦鄉信動輙踰年不至欲問其親戚故舊孰存孰亡猶不可得此雖仕者之當然無足恠焉者然其實則人生可悲之甚也唯吾友仲通則不然仲通世爲我賀州人先是懷抱利器揚揚適東都以求仕於諸侯者幾年於茲矣度其初心義苟可仕也雖佗邦千里之遠固將往而就之適我侯聞其學行之素招而致之閣下於是仲通以祿歸養其親日與兄弟族人相聚於家以盡朝夕之歡有仕宦之慶無去國之憂此世之仕者取所幸而遇之而不得者今於仲通乎觀之旨朱買臣司馬相如皆以窮阨之後一朝膴仕而歸故鄉亦使後世誇而稱之至與夫衣繡而晝行者比焉然買臣之歸會稽也以郡守相如之歸蜀也以奉使吾考漢史當時守令郡縣者率以五六歲代夫奉使四方者所過循行其境而已安有如仲通之守墳墓而長不去其鄉者哉由是觀之二子之榮不如仲通之仕爲最榮也若夫高車駟馬赫變閭里以眩耀鄉人之耳目則有識之士固無取焉昔人有之未爲多也今人無之未爲少也何足加喜戚於其間哉歲之季秋仲通復役於東武其色有若不懌然者蓋自憂連年奔走於世塵也故吾道其嘗有幸於仕者以慰之仲通與越中南南山友善吾聞南山好學能文明達人也其行過越中試以嚮之所稱者問之未必不以吾言爲然也寶永二年八月

日英賀室直清序

韶光卿小天台山石記

有客語予曰山之高者莫如五岳高而靈者先稱天台爰有山焉曰小天台子知之乎予曰夫天台葛仙之所下劉阮之所遊其高四萬八千丈浸景於重溟拔峰於千嶺故至于今神仙寄跡㞢聖駐錫幽窟深洞異艸奇木難言殫而筆錄焉如子所言其高幾乎其靈何若客袂出一石示予曰此所謂小天台也予哄然一笑茫如有失取而視之巉岸傑峙杳翳隆領峭頂高危蟠根下壯如斷如削似屏似壁眞有分割陰陽呼吸烟霧鳥難及項雲難踰嶺仰而眺則天闕在近登而臨則人寰可盡之象又彷彿乎巨溪大壑深洞懸岩松蘿相翳而暗泉洩韻猿抗互嘯而龍虎共震予謂客曰吁一拳石而有此象此非人間物想趙枕葛杖之類乎諸子語之客曰此石也松平氏宗俊於遠江州天龍河邊所拾得也予之所素知家業武而汰于祿然不特事于弓劍紊于帷幄而樂江山以逍遙嘯詠愛頑石以珍玩襲藏其瀟洒風流高人幽客之流而非塵間俗子之所爲也其趣可嘉而其人可尙矣夫以人之觀物有大有小知其大而不知大之可小知小而不知小之可大若夫莊周爲泰山私毫彭椿槿之說則不知孰是大孰是小想夫藏天地於方寸宙觀宇宙於俯仰則大可以爲小小可以爲大然所居狹則所觀亦小而能得令小大齊乎故孟子曰居移氣養移體孔子上泰山而小天下如宗俊其居廣養驍故所觀亦當大然則天台與一拳石亦何小大之有以此石爲小天台不亦可乎客乞余記且銘焉銘曰山之尤者有小天台雲霧萬仞几席一堆有力夜半巨鰲蓬萊吁方之外孰此遊來

鹽谷誠宕陰鹽谷先生行述

先生諱世弘字毅侯號宕陰一號九里香園以文化六年四月十七日生於江戸愛宕山下其生也有以

箚金兜鍪遺者因稱曰甲藏祖南江君諱某字松盛伊豆人業醫住江戶先考諱時義字松生號桃蹊羽州大館人先妣壚谷氏南江君之次女先考本姓林氏嗣壚谷氏仕濱松城主水野侯先考幼有志節欲以文學興家而値國難流離落魄遂冐他姓刀圭終身非其志也先生爲兒嬉戲常裝軍容執麾踞床群童俯伏莫敢譁先考奇之口授句讀朗朗上口稍長誦四子五經出就外師嶄然見頭角十六歲入昌平校與四方俊髦交刻苦勉勵夜以繼晷先考恐其生病數以爲言先生陽從而陰勵歲二十一遊關西千里單行文章滿囊歸呈先考先考說曰兒能成吾志吾無憾矣越二年先考暴病捐館舍先生哀毀骨立殆不欲生服除下帷教授以養先妣先生既襲家嚴風樹之感不能自已承顏先意定省溫凉色養備至而家道窮縮不能具甘旨焉松崎慊堂者當世碩儒也先生甞師事之於是深憫其窮爲說藩侯乃擢爲文學賜十五口俸適藩侯爲首相勵精勤職改革弊政先生備顧問知無不言言無不盡甞上書極諫其過失自意必獲嚴譴閉戶不出數日侯回光自照嘉納其言賜物賞之一日侯讀宋柴望所著丙丁龜鑑避之命先生倣其體以編輯本朝事蹟名曰丙丁烱戒錄又命重修家譜先後數年先生獨力任之及侯退老嗣君幼沖以先生爲輔導先生感其知遇啓沃輔弼鞠躬盡瘁以積勞增俸至二百石與聞國政先是二十年淸國有阿片亂先生聞之惕然起曰剝膚之漸實在此矣作阿芙蓉遺聞著籌海私議始謹邊釁終通絕始末凡十篇備論海防至是墨夷進口有所要請廟議不決人情恟恟荷擔而立先生日夜憂念殆廢寢食數作書疏以上當路又疏造軍艦便宜二十條以進焉當是時慷慨論事者往往獲禍咎或爲先生危微諷說焉先生奮然曰吾爲國家盡心焉耳禍咎非所顧也最後著隔韡論竟不復言時事先生以文章名每一篇出人爭傳誦之天下之士識與不識咸曰宕陰我歐陽氏也文久二年十二月幕府有徵命十二日初見昭德公尋爲儒官賜二百苞別支十五口俸於是先生以紀列祖政績以報國恩乃

請修史見允纂述經年纔迄大猷公而罹末疾以慶應三年八月廿八日易簀於私第之正寢年五十有九葬於幕北谷中天王寺初先生病皇國史乘之未備欲記織豐二氏以迄當代其在舊藩也嘗請開史局編國史不行而止及其得伸志亦無幾罹疾淹淹伏枕手猶不釋稿而天不假年吞憾而歿悲矣哉先生之學經經緯史以爲實用藴爲德義發爲文章其治經不墨守宋學原諸漢注參諸唐疏必得其是而後止矣然不屑屑乎訓詁不膠膠乎衆說要以經解經平易的當不失經旨其教人先立志立志期爲人聖人人倫之至也事親致其孝事君致其忠推之夫婦長幼朋友之間而皆致其理如是而已矣程明道十四五歲便學聖人朱晦菴八歲題孝經曰不如是便不做人學者自期宜如二先生然前後入門者數百人邦君諸侯亦多執弟子之禮後或有爲閣老參政者先生不復通謁先生雖以文學興家不喜以儒被目嘗語人曰儒學人道者也人孰不爲儒上而天子諸侯下而士農工賈皆儒也世豈別有一種儒者乎予士非儒學槍技於上原氏受兵法於清水赤城覃思研精頗窮藴奧作長沼澹齋傳嘗賦詩曰不願死入儒林傳輕甲一聯藏在家蓋實錄也然平生不對人說兵人亦不知其通兵法也先生容貌端莊寡言笑嚴以持己寬以待人與物不設畛域無貴賤一以誠信接之某公子賢而厄先生多方周旋終致顯達屢傾資財以賑族人推轂人材振恤窮厄皆此類也初娶十東氏先沒生男夭繼配鈴木氏亦死後娶黑河内氏皆無子以誠爲嗣先生一姊一弟姊適佐野某弟即誠也姊不幸寡居迎處於家先生事之猶事先妣愉乎其色婉乎其容而其於誠不假詞色過失必規怠惰必戒誠之不肖得不失其身以承家祭者皆先生之賜也自今而後予將誰從而聽誰從而問也哉噫所著丙丁烱戒錄二卷丕揚錄九卷阿芙蓉彙聞七卷籌海私議一卷隔韡論一卷大統歌一卷鞭駘錄二卷視志緒言二卷學制彙集二卷文集若干卷日乘若干卷享保叢書若干卷昭代記若干卷二書未脫稿岩陰存稿

尾藤孝肇廣輿圖記

四方之國以萬數而大小强弱盖莫不相陵相奪焉吾大八洲獨立乎天地之間萬古一統異類不雜是以五畿七道六十六州建置一定其名號不復易也獨柰中古多事秘府典籍多罹乎災輿地舊圖不可復見慶元建櫜文明之理由此以起迄今二百年所教化益盛於是博雅之士相踵而興互有所考乃國史令格及百家之書復行焉間有善言地理者其圖又先後並出而稱爲精覈者亦不尠然至于山川卿曲之小名則未遑周舉也客歲余從稻葉侯邸偶見一圖即侯之所玩也裝在于一大屏徐而覽之山川卿曲及邪徑小灣皆可指點而知舊圖之詳恐無踰焉余進告侯曰吾大八洲環以大海幅員如是其廣萬古一統不受外邦之侵寔天地間神明之邦也侯以斯圖爲朝夕之玩其意何爲也無乃思一統之所以然邪夫推斯所思以事上則忠義之心凜然乎立以莅民則仁愛之情油然乎生斯圖之玩豈無所益於侯之德哉某也不敏敢以是爲祝侯莞爾曰爲我記之與圖置諸左右時觀時省以味博士之言於是退綴其語貽之若夫壤地廣狹之分道里遠近之差圖既粲然余復何贅

羽倉用九八丈島西山卜神居記

藐南海絶島其鎭曰西山單椒孤竪頂有天地能出雲雨山陰小丘曰元乘曰手石二丘之間坦而饒樹俗以爲海神所栖止呼曰神止山文化中島人與一建白斬樹伐石墾爲麥田歲果增收其民以飽天保紀元以來洪颶屢作害及舟楫人咸駭曰神失其居故有此變請舉向所闢歸之榛莽牒入余謂不然島之險遠漕運難恃每遭闕乏輙開口待哺有類轍鮒父老相傳民及五千必有飢者今也口僅一萬開墾不加又欲併其既闢者廢之不亦謬乎夫災降有數認數爲神不可且神以濟庶爲心吾知其所愛惜在此民而不在此丘也雖然神無定居民乃遂瞻仰茲命吏胥源爲民等卜西山佳處以爲享食所其樹而

不廟者仍舊貫也盖此擧出九獨斷島人不與如有神責殃咎宜在九身九不敢逃九遙管此地恐其或有後言乃刊貞珉以告來茲天保甲午歲四月朔

佐久間啓書頼子成邊防諸策後

迂濶固陋爲世學之通弊久矣求其辨博縱横究知當世之利病如頼子成者殆絶無而僅有也然其力不及兼攻海外之學而通觀大塊之表故規局褊狹而其立論有如此數策者譬諸碁低者見滯一隅而不能灼照全局固無足道已雖其在高者滯深全局之利害而今遽令連屬碁局五六以爲一大局則平日以爲全局者又在其一隅而亦感於所以下子焉夫本邦與漢土小碁局也五大洲大碁局也外蕃航海之術至近日滋精截洪瀾絶窮溟如一葦水而本邦在海中央凡東西南北之虜皆可航而抵豈非向之所云全局者又在一隅也耶子成今則已矣嗚呼安得識此一大局碁者與之抵掌論邊防之略哉嘉永紀元冬十二月既望象山外史平啓書

中井履軒記阿王事

南北之時赤松光範爲津守護屢爲楠正儀所窘憤懣不知所出其隷宇野氏之子阿王父死于墨江之役年十歲告光範曰楠氏父讐也請往事之待以歲月必可得志矣光曰汝年少耳死事者之子也吾弗忍矣阿王曰年大豈得事焉乃遣之阿王抵赤坂獨與一僮彷徨城下有人詗之應曰我爲宇野六郎之子父死而族人奪宗躬無所容將殺丘壑自托緇流也其人以歸告于正儀正儀哀之置于左右正儀素仁惠推心善視之阿王亦勤敏服役居數歲正儀盆器之嘗授以邑阿王辞以未有軍功浮屠氏之法爲死者祈福以七紀數於是宇野六郎死之七年遭其忌阿王感念將欲以是夜刺正儀適正儀以阿王年大也召而冠之賜名曰正寛慶以御賜兜鎧阿王感激無地侍坐抵夜得間既起身而平日恩義弗可弃

也加以晝日之遇弗忍也正儀又從容背坐無復防閑勉強自厲竟弗能也出而哭之慟衆愕共視之阿王具告之實曰吾唯有死而已矣抽刀自刺爲所奪乃髡髮爲僧入山中以正寬爲其號以終身云履軒幽人曰嗚呼阿王之志可哀夫楠氏之子亦可尙也推仁惠于羈族之僮能使冠讐消其戕害之心非誠孚足動物者弗能焉宜哉忠義三世而不隕其家聲也阿王之事微矣故人未有論之者然使今之學者論之其必曰貪小惠而忘父讐非子也感讐之恩而廢主之事非臣也墮志而失信非夫也是未識仁義之源惻怛之實者之言也且也其死王事于鋒鏑之間雖曰楠氏讐也不亦有間乎即以阿王爲義之盡者是亦世俗之論耳嗚呼豫季子之不委質趙孟有以也哉余故不以阿王之事微表而出之使學者思之

帆足萬里鼠戒

帆足子徒居東郭患鼠晝走梁棟間者相屬也夜則穿橐穴筐家不可藏粮嘐嘐聱聱寢不能寢客請畜猫帆足子素惡猫以其柔而賊物也且帆足子事親二十餘年家多鼠其爲患未嘗如此之暴固不畜猫也俯思其所以然喟然嘆曰噫我得之我親之家大小三百餘指誠多事粒米漏於橐囊之與夫餘食棄昧者鼠得以飽因不爲竊自予徒居廡無遺粒廚不舉火者竟日鼠固已飢雖欲無竊不可得也乃散粟於廡下食之鼠患小止故曰禦鼠不在畜猫禁盜不在用刑要使其無窮耳作鼠戒

松本衡源賴義

吾嘗怪源賴朝以孤孽流竄之餘一振臂八州響應終能殪木曾氏殲平氏數年之間戡定四方官至右大將職統征夷將軍何其起之暴也又嘗怪賴朝開府鎌倉諸將趨走儼然如朝廷儀又置守護地頭於諸國使天下之權悉歸于已何其僭之甚也今而知賴朝之所以起與其所以僭皆由祖先之餘烈遺謀

而莫足怪者也雖然賴朝之起爲其祖先之餘烈世已知之賴朝之僭爲其祖先之遺謀世未知之故吾特表而出之史稱天喜四年安部賴時反朝廷命源賴義討之至康平五年寇悉平七年賴義始歸京師其間蓋十一年矣噫以賴義之英武藉朝廷之威靈受閫外之寄行鈇鉞之誅名正事順於擒豎子何有然而遷延依違彌九年之久始克平之猶不即還待任滿而後歸是其中必有不樂爲京官而樂外任者也何則當時朝廷權歸戚畹政出私門取青紫者皆藤原氏之屬而非其屬者視之不啻奴隸輿儓故諸官之於藤原氏非阿諛求容則韜光晦跡或捨身於桑門或竄反不肯爲其下而賴義家世武弁且爲相家所驅使顧其心必不屑之但因襲至此亡如之何及其奉命東征而後喜可知矣恩威并行寬猛兼施關東八州奥羽之土豪稍稍來之懷之得之盡爲我爪牙數万之兵可立聚而縱之收之靡不如意持此而行奚翅奥賊之可滅雖曰衡行天下而无歉可也豈不快乎故賴義一日在京師則相家之奴隸一日在外則三軍之主帥人誰不知奴隸之卑主帥之尊卑則不樂尊則樂人情之常至于賴義獨不然哉山嶽之高其始一拳石爾江河之大其始一勺水爾賴義之樂外任其心不過取一時之快然而其子孫之僭竊皆依放其祖而作俑之罪賴義固不得辭則曰賴朝之僭出於賴義之遺謀不爲過矣雖然賴義之心正大明白固非如賴朝之貪惏猜忍也使賴義居賴朝之地必不肯爲賴朝使賴朝居賴義之地必不能爲賴義何也不能爲者其心私也不肯爲者其心公也

巖村秩平重盛

經稱子事父母之道備矣蓋子之於父母有天屬之親無可去之義故父母有過知可諫而不諫非孝也知不可諫而不諫亦非孝也必也知可諫而不知不可諫反復委曲盡其敬愛不幸而至於逢親之怒撻之流血亦不敢疾怨必納父母於善而後止然後可以爲孝矣非有深愛於其父母者而能之乎吾讀平

內府重盛之事至於祈死一節未嘗不悲其志而又深惜其不聞道也以爲淨海之兇悍極矣而內府未嘗失其愛也逆節暴行日夕相屬而內府驟諫之未嘗一逢其怒也何必逆意來者之不可諫憂戚咨嗟以至於祈死也父母之有過猶其有疾病也爲之子者必將愼醫藥針灸之方盡保抱撫摩之力不幸而劇猶且祈神呼佛哀號狂犇以求其必活安可逆意其不起乎又安可不忍見其屬纊臨絕之狀而殺身以先之乎且內府未嘗失愛於父也猶尚如此設使失愛於父則其祈死將在於若干年之前矣是父未必不聽於其子而子先絕其父於善也可謂有深愛者乎嗚呼內府亦可謂善諫矣乘大義明禍福指陳剴切而父不以爲謗已死以要之而父不以爲悖已舉兵聚衆而父不以爲脅已盡其忠愛根於內而和順發於外故能如此假如內府能得其壽則淨海雖暴必不至於幽君雖狂必不至於遷都禍亂不作平宗可保焉使孝子仁人處之將求千百其齡以保護之之不暇而又安以祈死爲哉內府之祈死此其不聞道之過也或曰子之責人亦無已夫內府之世學術不明雖欲聞道何所從而受也余曰不然孝子仁人値父母有過必將盡心力以求救之之方求方而得斯謂之道而此豈可望之於衆人哉春秋之法責備賢者夫唯賢如內府而後可以責其不聞道也

菅野潔大江廣元

有希世之才者能樹非常之功而亦能造非常之禍爲人君者不可不察也我之材可以用也而不見用焉時可以有爲也而不得有爲焉其性柔則悒鬱死于病其性剛則憤激而思亂其死于病者固無足以慮而思亂者誠亦不可測乃使之一旦得其志而逞其材乎其功洵足以濟一世而其禍適足以蠹人之家國何則其所以蹶然出力奮振發揚者盡出于其前日憤鬱不平之餘以此報睚眦以此市私恩其所施行雖偉也美也要之非光明正大之義也矣是以功禍雖相半而其所貽則禍多於功猶夫薰蕕之不

相濟吾嘗以此相亂世之士百不失一二而如大江廣元其尤也廣元歷世爲王家之臣夙有挺衆之才抱大有爲之資而沈滯不用駒畜轅下其志蓋謂大丈夫處世當有偉業何爲奄息于小朝廷而碌碌老死哉及賴朝擧兵于東其喜可知也一朝之間履徙棄紳笏接踵武弁張膽裂眥執掌拮据移檄之文功令之草贊贊乎得以盡其材而莫不可觀焉如夫置守護地頭以啓封建之端量民力定稅額而革農田之制則其功不獨顯于當代而足以摹擬于後世也抑亦偉矣既而又助老姦跋扈之北條氏以造王家板板之禍是則何也或曰廣元身雖依覇府而其心未嘗不存王室也但其時勢變移騎虎之勢可乘而不可止耳予曰否否廣元蓋性剛而思亂之士也其前從賴朝之心乃後助北條氏之心而俱出于其槩憤積鬱之所發洩焉而其心豈復存王室乎哉即使之果存王室耶颺言獻替維持皇綱可也時不可則爲執簦執靮之君子亦可也否則弼覇尊王爲齊桓之管仲猶之可也何爲弋已富貴張人覇威以致王室之日傾乎何自汙蠛賊類而紊亂名義乎吁希世之材也不用之於正而用之於邪不獻之于順而獻之于逆雖有樹功之美而不得掩造禍之罪非可憎之甚乎雖然天下有非常之主而後能用非常之材苟有其材而無其主不朽則逸矣昔日有人家藏千金之劍而不知其爲良也假之隣里惡少年夜半來刼其主人奪其財儻使主人夙知劍之良而講用之之術必無害矣當時王家之遺失人材大抵類此是以王權一去覇威猖獗又不可復挽回有志之士不勝其慨也然則吾亦何獨尤之于一廣元哉噫

德川西山炊烟知民富

仁德天皇登臺見烟氣多起謂皇后曰朕既富矣復何憂乎皇后曰今宮室朽壞不免暴露何謂富乎天皇曰天之立君本爲百姓故君以百姓爲本古昔聖王一人饑寒顧之責身百姓貧則曰朕貧也百姓富則曰朕富也未有百姓富而君貧者矣

尾藤二洲武夫自薦

加藤清正嘗選保呂騎二十人令部下舉其可用者有坂川者而自薦清正及老臣皆怪問之坂川曰臣父爲君執鋭擢堅非不善戰者而臣不能識其果堪保呂否知人之難父子猶然况敢薦他人耶若我身則知之熟信之厚此臣所以自薦也其言從容其色自若清正歎稱用之

賴春水丹釀男山

有鴻池菟道者以風流知名嘗傾家産新開酒肆其酒本係伊丹釀名曰山井菟道更曰男山用其故里名云男山大售釀主遂欲運諸江戸海運之酒每桶以藁席苞之烙印名號於苞上菟道請諸善書者十餘家余一日過鳴門鳴門使余書男山二字余始不知何由率然應之菟道寄諸釀主使其擇而用之獨取余所書爲印後男山大售於江戸矣菟道因鳴門饋一苞桶爲潤筆余束諸友取數十日醉諸酤戸傳聞之以余書爲吉兆來乞者接踵余盡辭之

長野豐山公判無私

防州板倉公尹京一日出行雖嬰兒皆避匿屏息竢其過有一兒可十歲獨不避且從而罵之公聞之命問其父姓名里居還謂府吏曰民某嘗訟乎吏撿之嘗訟而弗克者於是再召而按之果寃乃賜金謝之嗚呼公判無私官吏之所難知過能改聖人之所貴今防州一舉而兩美具焉豈不賢哉

蒲生君臧魚商止茶毗

後光明帝以痘瘡崩時朝議依舊將火葬有一民鬻魚爲業者呼八兵衛常聽命於宰夫出入宮門聞之大悲慟歎曰嗚呼聖天子何天命之薄也可奈之何且夫火葬者非聖人之道也况今大行在天之靈蓋嘗疾浮屠之虚誕斥異端最甚而其送終尚猶從事於其所斥邪吾小人苟目人不瞑不肯從朝議敢諫

爭止之不能則身死之於是奔走於仙洞及執政之門所至號哭悲泣敢請止火葬以從大行之志朝議輒爲之改而火葬止焉蓋感八兵衛忠誠也

藪孤山滑稽止微行

豐臣將微行近臣諫不聽相謀曰非曾魯利不能止公也廼命之曾魯利以滑稽寵於公於是曾魯利入見公面覆于地咯咯作聲公怪問焉曾魯利曰臣適食怪物心甚惡焉故欲嘔耳公曰何食昔者臣遊北山逢一鬼長丈餘人形而翼鼻長數扶卽世所傳天狗也將攫噉臣無脫足乃試問曰我聞子有翻術請一觀而就死天狗曰唯爾所欲臣曰子既魁然我欲觀子眇然耳於是倏乎一翻飛止臣掌則惴惴如蟻矣臣因一口吞之以歸天狗神獸也一失其威則爲臣食矣不然臣葬乎其腸胃之間也久矣公笑曰善孰使女說遂止微行

山縣周南惠美堂記

海爲萬寶藏萬貨出焉而惠美子所資不過一釣竿之利然世則有福神之名是何說乎古之善處富者陶朱爲首而猶不保其子富之難處哉故厚積若抵出焉如泉可謂諸富未足以爲福者人各自適所居自樂其天則窶而壽壽考矣苟繇斯道也富貴有以行貧賤有以處天下無不可者是可以爲福矣余觀惠美子像豊肥寬裕猶然而笑蒙叟曰除病瘦憂患開口而笑者一月之中不過四五日而已矣夫笑也者人身之和氣祥風也惠美子身有祥風和氣雖有憂患疾病莫之能侵故能終日開口而笑眞福神哉或曰惠美子之笑也則有意焉蓋笑世之專心壹力唯富是務不復知財物之累已耳

室鳩巢隣花樓記

有客來告余曰春將半而花向盛吾子無意於觀花乎若欲待爛熳之時則其後開者獨盛而先開者將

半謝枝矣況寇風賊雨有不可計者乎請與子出遊以取一日之樂不亦可乎余曰諾遂與客游歷鄉曲觀人家花殆乎遍矣既而造一茅屋而登其樓則四隣之花猶在庭中自樓上下視之其美而艷也如少年之人頭著縞巾飄飄于春風之中曳曳如雲皎皎如雪於是酌酒賦詩而樂之久乃知造化之妙使人忘勢利消鄙吝悠然優游自得于塵世之外雖所謂春風沂水之樂亦庶幾乎因名其樓曰隣花之樓夫以四隣之花爲家庭之花隣家之花則我花矣其在彼與在我亦何擇乎苟推此義而充之則君子取人之善以爲已之善者如此爾吾於是得大益矣斯義也吾將表而出之以附大舜取善於人之遺意豈唯一時名樓云爾哉遂爲之記

森田節齋種龍園記

園何以名種龍所種松皆作老龍鱗也種之者誰門人井上子靜之祖善充翁也自翁至子靜三世八十有餘年家與松榮所以名也一日子靜招余置酒園中酒酣屬筆曰此松僕朝夕所撫而盤桓也願先生記記之余肅然正色曰子家之松不可不敬愛也何翫而狎之乎夫松之爲物當衆木摧殘之時逞後凋之色使人敬而畏之其節義如此當其迎素月引淸風使人愛而慕之其韻致如此有兼有節義韻致唯松爲然余不及知翁然以其種松察之其人必尚節義而有韻致者也詩曰維其有之是以似之翁之於松之謂也則此松謂之翁之肖像可也余知尊考甚熟其人亦尚節義而有韻致者也然則此松不獨翁之肖像謂之尊考之肖像亦可也昔者召伯聽訟於甘棠之下民愛之不敢剪拜況此松可翫而狎之乎子靜再拜曰僕過矣自今而後將敬之愛之終身焉請書賜之余乃援筆之於松影婆娑之下爲種龍園記

樺嶋石梁贈高山仲繩序

高君仲繩其由之勇而點之狂者耶可謂奇士矣爲人魁岸悪悪如讎語及忠孝必泣其行天下如適莽

蒼性不避貴權曰七尺之軀三尺之劍無嚴諸侯非勇而何不拘拘於禮俗不汲汲於名利嘗喪其祖妣廬冢上四年學者噭噭君斷然行之好風鑒而不妄假人坐酣擧豁眼引大觥上下千古嘐嘐然非狂而何今歲官徵君於都蓋由其升聞也於是士之苟與君同氣類者皆揚眉抵掌莫不喈喈爲賀焉旣而視君之歸落莫空囊如有失者於是士之苟與君同氣類者又皆張目怒膽莫不憤憤爲吊焉夫高君卑擧不屑一世者也斯徵也遇固無益損于君不遇豈足輕輶于君哉然則遇與不遇於君何賀何吊雖然由我觀之褒貶黜陟國有常典不可易矣抑何官徵君之如彼而遺君之如是也不知官之以毁譽待人猶漢之於河東守耶抑君之所爲實孚于此而有未孚于彼耶將天之抑屈君乃欲使君勉其所不足而要玉成於中行耶嗚呼高君仲繩其由之勇而黠之狂者耶可謂奇士矣孔子曰由也好勇過我無所取材又曰狂簡斐然成章不知所以裁之然則古之所貴于勇于狂者裁焉而已矣夫子逝矣誰歟今之裁仲繩者

芳野匏宇阿經傳

阿經松澤氏鹽谷艷治之妻也艷治業醫居下谷長者町阿經嫁未出月艷治發癲狂忽而笑噱忽而叫哭勿論罵詈畏怕溺壁屎床走屋上入牀下或夜間裸體走十數里凡汚穢危殆厭苦之事無一不爲也而遇阿經尤暴或白刄逼之捉火投之捽髮折齒軀不絕毁傷如有宿怨深仇者然親爲危懼欲絕婚阿經每嗚咽謝曰是豈非宿業所致歟朝而去夕去餓妾不忍雖不幸至撲殺而妾之情義則全矣事之婉順毫無厭苦之態祈神禱佛救療百方無不盡心也方來嫁食已貧至此生理益艱憂以老年三十而髮盡白矣賃一敗屋于角田村而徙挫針治綳厘得以糊口居數年陰陽燮和心神稍復故後擧一子焉於是再還下谷無幾艷治殁旗下德山五兵衛義慨之士也嘗與艷治友善爲與百金以立生業乃買襲官

坊主某氏子名梅長而痴呆人因稱梅坊主好人役使朝出暮歸致簡汲水負重視病凡人所託受而不拒與錢則辭隻言慰謝欣然而去於是又養人爲嗣野史氏曰夫者婦之天也而義因情而生今阿經之嫁未及回鸞所天發疾而艱楚萬狀聞之猶且危彼坦然安命天其天以終其義非貞得之天資深知從一之道者何能然哉夫臣之於君猶婦之於夫其所爲天一也世之爲人臣者能以阿經之心爲心則何艱不忍何事不濟若夫危而不持顛而不扶忽然如不干預者果何心哉于嗟乎阿經之事益有可感焉者

奧野小山鶴堂藪翁墓碣銘

翁諱平字大平稱平三鶴堂其號淡州福良人少小養於大坂布商某氏遂傳大坂籍嗜讀書受業於京儒佐野氏後產業衰替退隱於城南駒池始有以儒興家之志其友勸焉下帷於鰻谷後徙長濠生徒齎集絃誦不絕其講書低聲徐說辨以俚言故雖婦人小子皆能領其旨好賦詩最喜白香山陸放翁故其詩冲澹雅麗絕無羞澁態翁長余二十七歲而每作詩必示余使言其疵瑕其不恥下問皆此類嘉永己酉十月朔病歿享年七十七葬於梅松院翁爲人脫洒不脩邊幅與人對酌滑稽百端旁人絕倒而翁自若也晚歲付家事於嗣子晴日携一瓢而出看花聽鳥醉哦逍遙所著有鶴堂詩集若干卷配星野氏生一男一女男名良字大藏號長水即嗣子女未笄大藏不嗣儒業而以善畫稱不愧爲翁之子云大藏以狀來請銘銘曰逃商爲儒是翁之賢混俗尚志是翁之眞磊落其胸矍鑠其身翰墨優游七十餘年

大槻清崇齋藤公恕招魂碑

天保八年丁酉八月八日齋藤公恕以病終于江戶昌平阪之學舍年僅二十八其弟子德同學在舍乃克經紀後事葬之城南東禪寺後山而博士增島先生辱撰序銘以表其墓斯足以不朽公恕矣既而

德欲別建招魂碑於其鄉之塋域焉依神以來徵文於余顧余非其人也雖然子德之請不可峻拒而公恕之行尚有可錄焉者初公恕之將游江戶余適寓在仙臺乃千里相携遵海而南一路上品山評水不覺長途之勞也既入昌平以余爲相益之友每研究經史商確文詩輒來質其得失而余之素行苟有所不歉公恕則盡言忠告懇懇不倦也嗟夫公恕之於朋友求益盡信如此之厚則其所以孝於父母友于兄弟者皆可推而知也已乃若公恕者殆不愧乎朝聞道夕死者矣是足以報諸鄉里而慰乃父母之心歟遂書以付子德又作招魂之歌曰魂兮歸來舍君之樂處何爲異土之託些異土洵美誰與娛樂些仙臺之東松島之北一片貞珉是君之兆域些歸來歸來某水某丘可以彷徨而游息些

小畑行簡越川由儀仙臺國中漆木種栽記

夫國家之政治以養民爲第一養民以富國家爲基富國家之益豈特五穀種蓺乎哉如諸木菓亦不爲無益矣昔李衡種木奴董奉種杏秦邵平種瓜宋林逋種梅皆有能所贍資雖然如諸木菓則隔歲有有無多寡之異至如漆木則年年取其脂膏湧出平均無有無多寡之異凡漆液之爲塗飾諸器棚櫃或樓閣梁楹類丹黑青白之彩山水卉木之繪皆保壽之久經千秋而不銷磨不變不朽之品故以漆液爲至寶我日本生漆木太多蕃國生漆木太寡是天亦賜膏腴地於吾扶桑而下顧左祖者也耶是以諸蕃人競購覓之萬里航海船齎歸然則我邦於富國家之益可不謂莫大哉越川由儀本是越後蒲原郡荒井濱之產某年月日來寓于江戶數十季出入仙藩有故而願新栽漆木百萬株於奧州仙臺國中賴蒙許準於是也每歲課十萬株積而經十載至百　萬株倩游手逸夫栽之業已至五六年許不論土地高卑有空閒寸隙則無一遺之天然繁殖與新畬相同一栽之則幾千載無寒耕熱耘之勞又無水旱風雹之災其功幾勝新畬遠矣由儀之志於富國家之益可謂英杰液士也蓋漆液之湧出經千秋而不盡塗飾

之堅固彌千秋而不朽越川氏富國家之益與物俱偕不銷磨則是其卓出豪邁豪之志與天地不磨滅必矣（詩山文草）

齋藤馨小笠原太仲墓碣

小笠原氏不詳其先爲何許人戰國之際有將監者始住奥之加美郡南澤子孫相襲者蓋數世矣有香火院罹兵燹而不復存但有古墳一基士人今尚稱將監塚耳奥地文献零落遺績泯沒類此比比可慨也將監之裔某明和中爲岩手山臣某養子不相協遂去而住於志田郡古川生父某亦自南澤來同居焉父常撫其孫（玄）貞曰乃爺出身已誤矣汝努力能興二百年衰廢之家愼勿忘誨督備至（玄）貞乃從松山佐佐樂溟學醫業既成鄉閭乞藥者盈庭戸而本藩醫員中目氏爲其族戚故天保三年請以（玄）貞爲無足醫員更稱太仲七年奥中荐飢疾疫大行太仲請於官而奔走于大崎五郡之地以施療焉於是窮羸疲頓將爲道路之餓莩溝壑之倀鬼者得以生厥死肉厥骨皆太仲之力也八年官召賞之賜書及條紬七端嗚呼醫仁術也而太仲能施之于不報之地其爲仁也更大且夫遠祖將監以來戔戔欲絶之家於是乎有興其亦可謂於家有光矣嘉永三年九月七日以病沒年七十有二名好文字子與號賜王齋幼字万太郎太仲其通稱也子大進持狀乞銘銘曰奥有名族亂離皆泯家聲既隧孰能一新矜矣南澤中興有人（竹堂文鈔）

古賀撲贈茶博士序

小大之事未嘗不始於儉而終於奢故曰禮與其奢也寜儉儉非中道而猶不失其本夫子之言蓋欲世人去末而反本是憫世之君子所宜留心也賞茶之有儀不過閑適一事而已其始尤儉而其流之遠則至侈濫滔天而不可救自儉入奢何其易也茶家之所用屋庫而室狹劣容數人器鐺筅匙包袱花斛之

類必用苦窳缺澇敝敗之物至於珠璣玳瑁金翠綺繡之華煥鮮縟者屏斥弗置其結社也多羽流墨客畸人隱者方袍而圓頂葛巾而野服蟬蛻于塵𡏖之外與之暢情適意於風月之吟嘲寓趣於茶以樂餘閑即有驕泰汰靡之人宜無所施其奢豪及觀輓進世之所爲則有大繆不然者室屋誠庳狹矣然不庥於先人之廬別構一齋珍木怪竹朽株瘿枝購募搜訪極其知力而後已其煩費不減大厦高堂器具誠苦窳敗敝矣然必求諸古代以歲月久近工匠顯晦相誇尙相訾病乃至一破甌一折匙與周鼎殷彝同其貴重積金撑北斗猶不可償比之珠璣玳瑁金翠綺繡之難得什百不啻侈濫極矣是猶室屋器具之奢耳其害有甚焉者凡好此儀者大抵富貴有權力之人而結社多異色人得託茶社以見親昵承奉諂諛其左腹牢不可拔迺請謁囑權勢求官訴屈無所不至而主人恬然不悟其或敗露亦猶以其風流韻士不加罪責敗家亡國之釁或由而起是末流之極弊也然茶社莫先於室町氏當時政綱不振風俗頽壞叛亂相踵無可稱者天下後世獨稱其賞茶之盛耳則其源已濁何咎乎流唐山之茶周公制禮之時已有之其供欣賞則陸盧伊始自時厥後千有餘歲未聞侈濫之害有如本邦者可怪也夫本邦之有茶種僧千光游宋齎歸栽之背振摘贈明惠久而後滿海內方是之時執政北條泰時得無欲之說於惠崇節儉去奢侈以致小康其在當時以茶消食無復後世之彌文可知也今距室町氏數百年而賞茶之毒流於世莫之能除亦獨何歟竊見吾子稟清明特達之資錙銖軒冕土木形骸而又嘅然有憫世道之陵夷之心偶存嗜於此爲茶社宗盟富貴權力者慕仰高風如蟻逐羶得聞謦咳以爲欣幸固非閉門踰墻之所能免及今之時明陳茶社之末失反之於儉同好之會唯談風月不及世事使陸盧僧惠免作俑之誚若反覆手之易者非吾子而誰歟果爾則賞茶數百年之弊習自初植茶之地剔刷洗滌遂及海內非獨爲陸盧僧惠忠臣背振山神亦得伸其寃英靈炳燿兼增大藩之光輝也吾子勉乎詩云他人有心我

忖度之此蓋吾子心下事而僕云云者爲世道謀爲大藩謀又彰吾子與人爲善之美云

鈴木魯與友人論詩書

魯啓頃者與足下會於某生許論文當以氣爲主次及于詩僕又有所云云而草率未盡也今爲足下畢其辭可乎夫文以氣爲主詩何獨不然凡吟詠感動人者亦氣爲之主也若使氣不爲之主則其言詞雖華且壯矣而非土偶之蒙金即優孟之衣冠謂之形似則可也安足以動人耶自漢魏以下至近代諸家其詩苟足動人者皆有所得於氣也而其最得於氣者莫如李杜韓蘇四子宜乎其嗣響於騷雅而後世不得不奉爲榘矱焉然所謂氣云者非一時襲而取之固立於言語文字之外而發於言語文字之間也李氣高逸故其詞縱恣不羈可以驚人杜氣沈鬱故其詞感愴悲涼可以泣人韓氣雄直故其詞峻拔奇矯蘇氣豪放故其詞瀏利痛快皆其氣之流露於不及覺者如此吾邦之於聲詩如中世尊奉白氏之風固不足道距今二三百年來文運漸旺蘐園諸家之唱明詩六如寬齋之唱宋詩皆才學絕倫風靡一時不可謂不盛矣而觀其所爲倚聲調事塗飾均之形似而止及近時山陽星巖二子出變之以清初名家之風雖未能到全脫落皮毛之域要皆機杼在手組織成文一則風神高華一則骨格老蒼有不可徒以形似言之者無他亦其得於氣故也蘇子云論畫以形似見與兒童隣畫且然況於詩乎作者其可知所以自處矣雖然文之以氣爲主古人已言之詩之以氣爲主古人未言之而僕獨言之僕獨言之而所以特爲足下詳陳之者抑又有說焉僕聞可與言而不與之言失人嘗觀足下之詩清而不浮堅而不劇至詠古諸篇寄託幽深往往有不可言之隱因竊念苟使足下無所得於言語文字之外豈能若是然則僕不與足下言之而與誰言之耶足下以爲何如若以僕所言爲謬則其幸勿惜一二見教

阪谷素答友人

承規僕濫爲洋語交洋學社厚矣然僕洵好漢又好洋好其道而已特其人其眼目語不記熟則道不可通者漢然洋然僕少知漢語菲才窮忙無暇學洋書姑爲學語小兒之態以習之耳切欲寡過於桑榆擯虛榮就實益日晚道遠固知讒毁焉而不能顧也嘗以爲漢洋皆學天憲物則去鄙野入雅正其道一而已區區爭文字言語風習之異同如咎人面以不適吾好則陋矣以洋賢所謂克己不爲私欲奴隸者審其自主自由之眞理明其權利義務之界規則浩然正大之氣塞乎天地之間其事與漢相發明無絲毫間隔喩之山春峰秋巒佳處同歸若較其弊處則彼此同醜贅岫耳頑㘸耳僕惡乎取焉惡乎拘焉諒察是祈不宣

片山達細川頼之論

吾讀史至足利氏曰十三世中可以人理論者獨有細川頼之而已其他鬼蜮豕蛇無不得罪於天下後世者也義詮臨終謂義滿曰與汝一父又謂頼之曰與汝一子時義滿甫十歲頼之竭心輔導舉方正勵文武屏便佞於是士風大革又作五箴以授將士命諸禮家定幕府儀式於是官事益辨義滿漸長頗忌頼之近臣從而譖之遂罷職就國頼之即日上途既而義滿思舊勳召還之以養子頼元爲管領而頼之決之足利氏之盛蓋以此也或曰有眞天子在焉而頼之盡力於足利氏是北朝之忠臣而南朝之不忠臣也曰頼之爲足利氏同族之魁父祖世仕北朝亦猶里見大舘諸族之仕新田氏於南朝也是不得不然者矣昔者子張問令尹子文何如子曰忠矣說者乃言子文之相楚莫非僭王猾夏之事吾謂是不知時勢者耳頼之之忠於北朝猶子文之忠於楚也或又曰細川淸氏與頼之同宗也其歸南朝爲徇四國頼之以計滅之是鎩南朝之羽翼也楠正儀爲南朝所依頼一旦背南向北頼之遣頼元援正儀入寇是煽北朝之聲焰也頼之不忠於南朝則天下後世之罪人矣曰頼之之志在混同南北以安海內也自後

醍醐帝之南遷天有二日干戈日尋生民塗炭者五十餘年南弱北強混北於南難同南於北易必也南朝益弱益衰至不能自立而後混同可期矣是故同宗之淸氏而滅之向北之正儀而援之要皆莫非混同之意焉耳嗚呼此意不唯北朝諸將不能知雖則義滿亦不之知也獨正儀明智忖度而得之故先見賴之所謂目擊道存莫逆於心者乎及正儀歸順與山名氏淸戰敗績後十年所正儀已沒而賴之再任職乃誅滅山名氏間歲而南北之和成矣蓋賴之慫慂義滿以畢其事恨其不見南北二帝授受之儀而即世也吾故斷之曰賴之不獨忠於北朝亦忠於南朝矣

竹添進一郎可棲園記

碧流一帶蜿蜒如龍走白沙之上者爲高瀨川川上竹林如幄築茅舍其中讀書之聲琅琅出窗牖是爲可棲之園吾友友枝庄三居焉余也東西南北之人年甫十五負笈辭家及其壯鎭西之山東奥之水無不跋涉又浮海抵淸國循渤海而北徘徊京城之下問政治察風俗遂西吊洛陽之故都觀長安之形勝南入棧道蜀山之嵬峨岷江之盤礴以鼓我氣以壯我懷快則快矣何其役也今茲三十又七歲二分其歲月則半盡于馬蹄櫓聲間矣顧在鄉之日卜居丹津衡門半掩左圖右書講學自修倦則提携妻子訪庄三於玉名之郡隔水呼三四聲庄三則棹小艇來迎相見而笑莫逆於心釣細鱗摘新蔬釃酒對酌陶然而醉往往信宿而反不復知世間有榮辱事也今庄三獨全其棲遲之樂而余則纒繞風塵進不能立功名退不能養其素有愧於庄三多矣庄三嘗屬余記其園余諾而不果頃寄書促之曰知吾者獨有子而已吾園非子記之而誰余爲之悵然者久之園名以可棲者取諸國風衡門之詩室中無長物槁梧蕭然庭前橡樹歲寒不凋其大十圍鬱葱蔽天蓋百年物矣露凉月白之夜風葉披拂素影紛紛亂墜其下有人悄然而立如有所思是懷其寶而自晦者邪將不容於時煢煢無依而寓目於世道者邪

神山述袖雲石記

友人江馬正人歸自美濃來訪焉余問彼地人才多歟曰無多矣山水美歟曰美矣有山水之美何以歸歟曰無可與語之人且既獲一奇石髣髴其山水者是余所以決然歸也其石名曰袖雲有詩見示余受而讀之字字句句縹緲如雲而未知其石果稱此詩否正人徐探袖出石置諸几上曰子美濃人熟知其地形山水請記之余就而諦視之縱三寸橫半之重疊起伏有若群峰矣有若連巒矣白理數條瀰縫其間而爲懸泉野水之狀或洞或壑其數不可枚舉也少焉復座望之峰巒洞壑如縷縷焉起雲浮浮焉生煙者乃概舉全國之山水指石曰其北隅最高者爲金生山即此石所產也山脈赴西一道素練劃斷兩山者爲養老瀑其東西隱然對峙者金華山也繞山穿野委蛇分合同歸西南者非岐蘇則鳳皇呂久諸川也而我故山亦在雲煙縹緲之中於是乎悄然發懷鄉之情矣嗚呼石乎雖小具數百里之景謂之袖美濃全國之勝亦可也豈止袖雲而已哉顧此石當歸於余而歸正人余豈無憾哉抑化工秘之待其人而授者耶正人莞爾而笑袖其如雲詩與如雲石而去遂記贈焉

市村水香遊天王山記

吾高槻四面皆山也其最近而著者爲天王山山屬城州即豐臣公討叛賊明智光秀之地也歲己巳春二月初七日余偶登遊昧爽出家東北行里餘至櫻井驛址實楠公父子所訣別之處路傍有一大松樹盤鬱老蒼見千古之色余乃徘徊松下緬懷當時欽慕感嘆殆不能去也既而北行里許抵山崎是爲天王山麓遂登至寶寺由堂後左折攀磴者數十步得一華表側有枯松號曰太閤懸旗松朽幹中折其高丈餘疊石護根株尚有蚪龍拏攫雲中之勢又上數百武抵八王子祠側有小院院主邀余進茶款晤如舊相識爲導余至山頂指一故墟語曰某丘則豐公所陣也某山則光秀所營也曰此某址也曰彼某蹟

也余隨而縱覽形勝歴歴如覩其當時對壘布陣之狀松風颼颼若聞其昔日叱咤鼓譟之聲慨然者久之旣而還院乃出所携瓢酒貽院主以報嚮導之勞時日方晡山氣冷峭不可久留乃辭院下山復至懸旗松下而小憩回顧前所見諸峯奔青走碧氣象萬千而男山隔河屹立笠置川自東桂川自西北皆與淀河合流滾滾滔滔南入浪華而沿川有翠壁一帶隱見於翠松間即淀城也北望京師南望浪華宛然若一村落然余屢往來京阪問觀都會之盛人家之稠而今反如此此尼山之所以有東山小魯之歎也歟於是予將賦詩紀遊適山雨霎至匆匆下山至觀音寺寺頗宏敞無復可記者途購一硯形圓如月挈而歸遂用其硯以記一日之遊云

小林卓藏京都博覽會記

博覽之爲會無論天造與人作不問海之內外博蒐新古物品之可賞鑑者排列諸一場以使衆庶縱觀蓋是舉也淵源於泰西而本邦亦倣之漸行於各地如我京師旣以故禁內爲其所每歲開場限以自三月至六月凡一百日及期鎖鑰解禁開日華月華之各門掖庭四達仰紫宸清涼之諸殿畫棟雕楹珠簾玉階煌燿生光佳氣瑞雲爲之映帶使人肅然起咫尺天顏之想也時都下士女及僻鄉遠陬人履綦相逐絡繹如織爭來皆入場凡目之所注手之所指各不能無異或有評古者或有賞新者或有熟視甲器以發明乙製者至天造之妙人作之巧則有一見勝百聞之歎所謂即物而窮其理者於是乎在焉則知識不得不開藝業無不進矣乃知博覽會之於衆庶係國家育才之一端其取法外國良有以也若徒徘徊指顧終無所著目銘心則雖百回入此場與彼看花弄月同一閒事而已其効果安在哉其負育才之盛舉亦甚矣況禁門固非遊步地也觀者其可不思哉

佐治太郎墨吐雲煙樓記

晴湖女史者女中丈夫也命所居曰墨吐雲煙樓蓋謂其纖絲之手能吐吞雲煙於紙箋素絹之上也女史下總人舊古河藩士之女幼慧悟通經史而不屑尋章摘句善書畫而不屑塗紅抹綠淡淡着筆而鋒穎雄放神韻活動雖鬚丈夫不及也嘗與淸國秦淮魏昭手翰往復其技益進既卜居東京下谷四方就求書者足音屐響喧於戶外綾光箋影閃於架上其名益著朝紳華族家掛畫裝軸一半係女史之筆都下以書畫立門戶者往往避三舍焉女史標格淸高不帶脂粉氣所交非名公鉅卿則風流儒雅之士常杯酒獻酬詩篇唱和不知顏之將皺苟拂其意則雖貴戚紳士重幣招之固辭不應酒後耳熱談論風發乘興一揮則草書淡畫氣象勃勃精神奕奕創意之奇運筆之勁饒有張臨池鄭板橋之風致矣夫近世閨秀以文雅風流有聲者前有玉蘭采蘋之流後有紅蘭秋蘭之徒前者余不及見之後者余嘗見之於京師於伊勢亦皆奇女子也然而風神雄濶姿貌俊邁者以女史爲最焉昔者小野小町咏歌致雨傳爲美談今女史以寸簡揮萬絹雲吐煙吞龍躍蛟舞萬目眩惑小町致雨比之女史未足爲太奇宜其爲藝林所珍重也於是乎書

龜田保重修公家冢碑

公家冢在下總香取郡名古屋村周回百有五十餘步崇可尋有四尺蓁蒙翳蔚四面環合樵蘇畏無躋者土人相傳尹大納言文貞藤原公之墳也此地世繫乎稍葉越智氏之封土矣謹按舊史元弘帝紀元歲帝震怒北條氏之兇暴且振天戈加王誅公與從臣數人首慫慂之既而事洩賊發兵數千犯闕此時帝用大塔宮策俾公著袞服爲車駕遷幸之儀賊蠢銳急尾擊之帝因幸笠置公尋至行在其後二年春車駕遷於海島於是公亦以其五月囚於下總千葉氏公在流離艱難之中恒慷慨大息曰主憂則臣辱主辱則臣死葅醢轘裂固所甘心也其壯氣忠憤往往著歌詠者尙儼存于今是歲十月廿九日以疾薨

配所齡三十有二公諱師賢歷事花園後醍醐兩朝官至正二位大納言後贈太政大臣賜謚文貞嗚呼當天步艱難之際不問成敗利鈍之所在大義著心從容赴死者公與廷尉楠公特有西東前後耳今越智公夙慕公之大節且聞知公家冢事遍搜古籍細即土老翳袪蹤顯可以能補史傳之闕矣嚴課有司重修公之塋域焉而崇奉之又別礱一碑石走价保所命識其事若夫廷尉公往歲水府義公勒明人朱之瑜贊語於石建諸湊川上今也越智公既追蹤義公而保陋卑誠匪其人雖然公之大節焜燿史策亘古不滅則後之礪磨忠孝節義者亦有以稽於保之斯文矣哉明治紀元歲在著雍執徐月

岡千仞仙臺三好清房墓表

明治己巳某月某日朝廷勅我藩攝知事伊達宗敦上先臣三好清房殉節事狀宗敦具狀以聞聖上嘉歎賜祭資二百金宗敦涕泣語臣岡修曰清房當賊焰衝天之日守義不屈遂爲凶徒所害其精忠大節固宜爲百世人臣之龜鑑況以倍隸之賤辱聖朝之褒典非獨清房一人之榮抑又我藩之榮也子宜表章其節傳之不朽修對曰清房之嬰禍修亦下獄而修幸得免至今日則表清房之大節者固修之責也修敢不勉旃乃退敘其事曰曩者將軍慶喜之奉還政權也朝廷召薩長土等藩參大議尋召我前陸奥守慶邦而我藩僻在一方暗于上國事情異論紛起一二執政不知所措慶邦以清房有大略擢爲參政清房慨然曰我藩始祖以來積勞于王家今日之事可獨委關西諸藩乎勸慶邦西上慶邦乃先命清房率兵入護禁闕會伏見變起四方義師輻輳輦下爭先東伐而朝廷以我藩雄一方特詔討會津命九條道孝爲奥羽鎮撫使澤爲量爲副督醍醐忠敬爲參謀海道東下清房令兵護三使兼程與歸復命先是執政阪英力至江戸宣言曰薩長二藩利聖上幼冲奪德川之政權其心不可測衆以其言爲實然一唱百和牢不可拔清房指陳大義百方辨論議遂决候迎三使駐牙於藩贊慶邦總軍督隣近諸藩伐會津

士氣大奮而英力以下私結黨與通會庄二賊爭放訛言煽動人心而害清房因執正義讒搆無所不至清房知勢難爭引病辭職清房既去凶徒無所忌憚遂至要輿羽諸藩拒王師清房視國事不可爲退寓某采邑既而王師拔白川磐城諸城賊鋒日鈍衆心疑懼凶徒恐清房再起伏兵召清房清房知不免慨然曰事至此不若斷然引決也視母氏訣別母氏欣然曰汝殉王事吾復何恨乃作上醍醐參謀書付二子曰六師臨彊汝宜持之爲王母請命一家掩泣清房從容命酒作書畫詠和歌談笑自如夜半屏左右端坐自刃氣未絕瞋目大息曰咄凶賊輩不知詔勅爲何物如斯頑獷何乃絕實明治戊辰八月十五日也凶徒猶意其僞死輿尸使其黨撿之又收諸與清房同志者下獄既而王師臨疆申諭慶邦始知爲凶徒所罔蔽逮捕英力以下謝罪闕下悔不用清房之言而無復及也嗚呼使當時衆論委清房以討會之事則勦絕賊巢誅鋤亂魁不必須上國之兵也其言不用其志不伸橫嬰荼毒可勝歎哉抑我藩雄東北而一旦爲凶徒所誤有一清房因守大義百折不撓遂以身殉節此亦可少說天下也清房字顯民稱監物其先出于阿波十一世祖義元以善銃術見藩祖於大坂藩祖祿以五百石祖曰義徧父曰義明母菅原氏清房以文化十一年十二月二日生幼喪其父母氏教以義方舉動詳雅如成人長娶菅野氏生七男曰清熙先沒曰清篤曰長親曰清高曰清德二子猶幼四女長夭次適小野氏次適三浦氏次在家卒翌月諸子奉遺命禮葬磐井郡東山黃海松柏山皇德寺享年五十四歲清房爲人果決議論侃侃不求苟合海內多故以來慨然以身許國苟益國家無所不爲前後在職廿年可紀者不一今特表殉難大節庶幾百世之下有聞風而起者矣

橫井忠直佐藤元狩墓碑

大日本明治九年即西厯一千八百七十六年米利堅合衆國設博覽會於費拉特費府遍告之宇內我

政府乃爲送方物派遣審查官三名京都府大屬佐藤元狩實爲其選首元狩受命感喜曰斯行可以酬平生之志矣既而航海舟中罹疾至桑港而沒時四月三十日也享年三十八葬于港內麥東呢克同行事務官田中芳男鹽田眞二君相謀將建石表其墓事務總裁大久保利通君副總裁西鄉從道君以下至僚屬及日耳曼人華那氏英倫人窩文氏等賻金助費二君又報京都府權知事植村正直君曰元狩爲國盡力不幸殞身殊域聞者莫不哀傷焉顧君之於元狩信任有年斯行所期蓋非近小矣而今若此君之惋惜可知也今胥議建石欲傳元狩之名於久遠則所謂記念塔者也敢請爲題其額且令僚友敘其事植村君善之乃與府員某某亦賻以若干金而命文於橫井忠直忠直按元狩幼字麟太郎佐藤其姓長崎縣士族也博聞强記尤善英語慶應中入京都教授生徒明治元年徵充外國事務局員二年轉大坂府員六年遷京都府掌勸業學務二課遂任大屬元狩爲人溫厚詳雅喜怒不形於色其在官刻苦勵精日夜不懈特用意勸業府下工藝物產之日趨殷盛元狩與有力云嗚呼元狩平生以利用厚生爲己任及其奉命海外欲徧考覈萬國之工藝物產以大資我開明而一旦溘逝不獲酬其志悲夫我邦人之航桑港者過其墓思其人慨然爲國盡力以元狩之所任而自任則元狩之志業於是乎遂矣

依田百川墨水看花小引

墨水之櫻冠絕於大都今不必饒舌也而余獨寓居乎此行住坐臥莫不與花共則有不得不贅一辭者蓋看花之候有五絕而又有三可厭焉朝暾昇於東露光的皪萬花欲活一望十里目爲之眩何等快絕既而霧散露晞午影撩亂遊人闐至紅裙翠袖緩步徘徊如與花貌相映發何等艷絕夕陽始沒煙波杳然晝間喧雜之聲既絕獨留明月醉踏花影四顧無一人何等悄絕春陰稍合夜枕聽雨曉起而望花房露滴如出新沐出步花間紅雲濕垂林下寂寞唯聞鳥聲何等幽絕東風一陣藹然而來萬花迎之飛舞

動搖花片如雨繽紛撲面何等奇絕若夫醉奴惡謔狂舞高歌東歪西倒不顧人譏咲一可厭也花下結棚塗面戴釵妖冶成態強人買茶二可厭也奔馳車馬狂突倒人傲然自以爲快三可厭也今去彼可厭而得此五絕蓋自非身在墨水者不能全領其眞境余豈得已乎贅評

野口常共浴沂風詠引

冠童六七詠於沂風於舞雩古人所樂而未若奉毋之爲樂焉余與嵒谷大史舊屢至其家毋夫人含飴弄孫家庭雍穆殆有殆春風駘蕩之氣象何必待此著而後表其咏歸之趣乎然人孰不愛親身貴矣益欲其親壽親壽矣益欲其康寍大史孝養有素而以爲未足奉板輿浴靈泉所以養其氣健其體者至矣仲尼倘在必曰吾與大史也

藤田九萬本田氏二女傳

本田氏二女長曰芳少曰熊長州北浦島人逸父名兄虎之助爲奇兵隊士丙寅七月長兵入豐前虎之助與小倉兵戰於赤坂死之芳年二十一熊年十九深傷兄死誓欲復讐共請入戰隊隊將不許固請乃屬之輜重皆著白衣袴帶長劍杖眉尖刀出入行間八月二十三日姊妹過豐後橋小倉兵四十人許俄至望見二女銃射之二女橫刀厲聲曰若非丈夫乎與婦女子鬪何用火器可執劍來共決死敵怒將進迫之會我斥兵來橫擊走之斬四人獲八人二女奮曰願親斬此八人頭以報兄之仇拔劍三躍盡斬之於是隊將激賞二女且喩之曰汝所以報兄者亦至矣顧汝有老母待汝嘗食汝而死將使老母誰之依言未畢二女泫然泣下即日謝恩歸家野史氏曰語曰精誠所至可以貫金石信哉二女所以能奮亂丸之下而纖手能斷八人頭者非獨其膽大其孝悌篤摯之出於天精神一往而不可遏也世之有鬚髯者其膽豈皆小於婦人臨戰往往有愧於二女者何也傳曰戰陣無勇非孝也吾今而後知孝子臨陣必勇

也

芳野立藏牧大信歸去來帖跋

牧大信受書訣於卷菱湖鉤指回腕必踐其規摸既而放浪江山數年參變化乎流峙會眞理乎風雲色相化而天機張矣此帖筆力遒勁字字入化境洵可嘉尚也於戲生年壯氣銳烟霞之情未可回則其化豈特止乎斯化之又化之可以入神矣

巖谷修八稜研齋題榜自跋

東嶼內史近獲古紫端硯膚質潤美光彩鑑人其形八稜背鐫心太平庵字蓋放翁遺物云內史鍾愛不啻劉玄德於玉人竟以名齋屬余書匾余與內史職同翰苑居隔一墻晨夕過從每觀之流涎三尺欲攫去者數回今題此字不免帶幾分妬氣也

巖谷修題習志野緇兵圖卷

右習志野練兵圖卷畫師某所筆將校號令兵卒進退與夫整列撤隊之狀斫營突陣之勢細圖曲寫無復遺憾披展之際神旺氣勇使人有投筆從戎之慨可謂妙手矣古人云畫與六籍同功果信因連呼三太白而題會有電報曰官軍破薩賊於南關時明治十年二月某日

股野琢書杉田觀梅詩卷後

此行二十八人皆今世名流各自品題以成此卷爲梅花之幸多矣余曾游月瀨短簑衝雨敝鞋跋險詩成無和者又曾過三原時屬亂離據鞍顧望不得呼酒留賞今則詩酒盛游對梅花無慚色抑杉田之勝不及月瀨三原而曾游如彼今游如此豈非遭遇之所致哉則此卷也不特爲梅花之幸而已也

高銳一題群盲評器圖

周鼎殷盤磊落滿前盲者六七人手摸之口品之而其於眞贋似有終不能分者余攷洋籍有年乃雖一二執其理趣而論辨率皆按皆死象之骨以想其生者況地隔萬里人異言語耳目之所未聞見安知其不爲郢書燕說今及觀此圖則知爛爛具眼者亦與黜然不辨五色之群盲無異

木下眞弘予乘四載集跋

昔晁卿遊唐與李白王維諸子交詩賦應酬載在史冊今友人竹添漸卿凌渤海之瀾北拒燕京經歷中原西踰棧道入巴蜀泛江而下探名山之秘究勝地之奧所至唫咏蔚然成卷蓋漸卿才敏學博而足跡所及遠超於晁卿不知彼土諸大家與之應酬又有如李王者否果然則斯卷探秘究奧豈止賦名山勝地而已哉

松岡時敏史訏乙集跋

評史猶治獄地持心光明正大而助之以氣擊斷不過乎剛平恕不流於柔發奸摘慝如神而使正人君子之寃白於天下嘻史豈易評哉簡堂羽君學通古今其爲中泉尹年力兩壯日坐廳事閱訟牒裁決霈然闔邑無寃滯入爲內署司無幾間退孤燈夜雨掃几焚香移夫片言折獄者以斷史案辭簡而理暢自周至清數千年間前人所未論及悉揭而出之鑑空衡平物無遯情豈非所謂光明正大而剛柔得中者乎頃積成冊顏曰史訏蓋戲名之也君齡方七旬神爽體健嚮使君自縣而朝漸陞要職則於世道必多所底續焉乃當天下多事之時徒執翰墨以老矣惜夫

矢上勝之讀觀梅詩卷題其後

此詩此梅相得咸宜雖有此梅無此詩則不能傳清芬于千里外而此詩不藉此梅未必如此靈妙也花天詩地猶有遭遇之不可已者朗吟一過不覺齒牙生香也

島津久光辨妄序

我邦服西洋百工技藝之靈巧者必併信耶蘇教或乃欲敷其教於國中是大患也夫耶蘇教之妄誕固不足辨然其言甘美尤易惑人苟以爲不足辨而不辨之則彼徒煽動其氣燄盡誘天下之民而歸之其勢將不可撲滅矣夫耶蘇教者以拜上天爲其道天即理而已矣子之拜親臣之拜君是即理也從理則吉逆理則凶天之報施於人而不爽者也今臣子而拜天置君父於無有欲以求福是誣天也夫君臣道息父子情絕禍亂何所不至然則辨之不可不早辨也日南安井氏有憂於此著辨妄一編以辨耶蘇之妄誕不經乃遠寄一本以請序余受而閱之辨駁攻擊鑿鑿中窾使讀者心服首肯是書之出吾知如大陽出而群陰散足以奪彼徒之氣而祛我民之惑豈不美哉豈不快哉安井氏今之老儒既絕意仕途其憂世距邪之志縷縷不能自已猶如此此其心與孟軻之距楊墨韓愈之排老佛何異焉而其功蓋亦不在其下矣余雖不文亦與安井氏同憂者安得不樂而序之

木戶孝允萬法精理序

禮之何兄之甞與余在歐洲也屢語余曰歐洲諸國之學術工藝非叩一端而可盡也而近時譯西書者日增月多而百科之譯本其行于世者概斷篇單牘首尾不串不足以見其全彪可甚歎惜焉耳吾輩從事譯述完全一科期其周備斯可矣余深是其言頃日何兄以官暇譯佛國孟德斯鳩氏萬法精理欲以公于世而請序於余余聞孟德斯鳩氏者通國之碩學而尤精于法律爾來諸國回其書而擧治績者蓋不尠矣今也何兄之譯此書首尾串全果不食前言也學者苟就此書而求法理之妙用焉其所以與元氣相流發其所以與邦土風俗相變更其所以與人事百爲相動息者森然具中有幹有條足以盡治體之本末矣如何兄此擧不獨盡課業之責其亦足以助國家之治績也歟明治八年七月松菊木戶孝允

撰幷書

大久保利通英國院章程序

公天下之道莫善於議院而設議院之可否則存於人民之智不智蓋人民既智而不設之者是賊民也人民未智而設之者是亂政也賊民與亂政皆不可爲而論事槪持一偏言其可者未嘗問其否也說其否者未嘗謂其可也曰之可曰之否要之非瑾瑾論者所能議定若夫一國之公衆至於略能辨知理國經世之爲何物不麋示諭而其實始見矣本邦王政一新日尙淺教育未洽今之時乃設議院之時乎予之不得其說也久矣幸遇村田氏之有此譯焉試隨此卷之發兌欲卜人意之所向

三浦梧樓贈前原一誠書

前原一誠足下不相見六七年忽有今日之事得足下書足下嘗舉重職辱顯位雖退臥草野廟議所不合宜極言論陳何有所慊而甘爲叛亂賊乎率無賴兇徒流毒州郡生靈何罪所遇慘虐放火爲盜國憲所不赦僕奉鎮臺司令之命來督軍士地方鎮臺之備方爲誅兇徒如足下者耳僕將不日指揮陸軍操旗鼓相見以答

鷲津宣光與大垣藩老小原栗卿書

宜白小原栗卿足下僕在江戸二十二年客冬應聘始歸國雖有親戚情話之樂然一朝辭人文之淵藪又不能無離群索居之嘆忽辱誨諭若欲激勵勸掖以納諸古君子之域者何幸加之來諭云昔者紀平州在在米澤有治名後仕吾尾與聞國政其所爲止於振學政不能復如米澤僕以爲不然夫天下之書生人人皆謂一邦之君與聞其政吾能強兵吾能富國無不自許管仲季路者果得其君未幾幾蹉躓不能行其志之萬一者往往而在何則年少氣躁輕易視事故也孟子曰不得罪於巨室人君猶然況新進

乎夫新進欲行其言者如蘇子所云上得其君下得其大臣優游浸漬而深交之使之不疑不忌而後可以得志矣蓋平洲之見及於此且米澤之與吾尾其國之大小迥異其施治之遲速不可以一例視故欲待優游浸漬之後而發之惜乎暮年就仕未及悉發其蘊而沒是平洲之功業所以隆於在米澤之日而衰於歸尾之後也今僕未有官銜雖平洲之所能者尚未得下手而足下期望於僕以平洲之所不能者何以異於見卵求時夜然吾藩之收僕若但以生於封內則不過待以斗升之俸耳而今優禮待僕者其意非他是郭隗僕也死馬骨僕也六十萬之提封跨於五州之地其間不可謂無神駿之才吾國家誠求之惡知不有振鬣掉尾來聚者乎豈唯封內爲然天下之神駿又惡知不有不遠千里而至者乎僕雖駑駘年僅過強壯前路尚邈自加鞭策與夫神駿者爲國家馳驅奔走然後足下之所期望或可以塞矣然事大責重非一朝所能辨必寬以日月而可也倘僕以此藉口沈溺廩給之富刓方即圓與時俯仰一無所表見則果負國家也負師友也而僕豈其人耶願足下姑俟之且夫沃土之民逸逸則惰惰則難變瘠土之民勞勞則思思則易從自昔而然吾尾爲天下之沃土化俗移風較諸米澤固有難易然當織田右府豐臣太閤覇天下之日一時英傑翕然輩出均之一尾國非前日之土瘠而今日之土沃顧其鼓舞振作之何如爾足下論之實中肯綮敢不承教僕與足下結交不爲不久然唯知其好文墨而未知其用心於實學著着如此是交臂而失之者也吾那古射距尊藩纔一日程封疆犬牙相接左子所謂脣齒之邦不可不緩急相救從今以後僕之於足下匪獨文墨交而已足下從政之暇不惜時賜書幸甚藩各有禁不得出境相會晤望風企想不宣

三島毅夢清樓記

伊勢川北梅山夙以才學文章名于拙堂齋藤先生之門余少從遊先生而兄事梅山梅山爲余卜寓其

隣隔竹籬相呼應風晨月夕輿來則擷園蔬烹藜祁招余同斟上下議論至爾汝罵詈而止如此數年獲其誘掖者不少既而余釋褐於鄉土梅山爲津藩敎官會世故多難各鞠躬所事雁魚不相通者殆二十歲王政維新之初梅山徵爲史官余遥聞之想其必石樓鐵柱婢妾滿前賓客沓至門如市非復淸儉舊梅山也後數年余拜官于東京一日訪之門庭蕭然絶人跡梅山聞余聲驚喜出迎把手上堂藺席筠榻圖書山積宛然儒者之居也既呼酒小鮮半盂蔬筍滿盤供給淡如乃曰吾每退食謝賓客儉素自養蓋不忘舊巳是以俸餘所積亦足以養殘年矣余於是悔前日想像視梅山之淺也醉後引余登園中一小樓樓不甚華而結搆瀟洒疎梅横焉密樹環焉宛然隱者之栖也曰是吾他日終老之地請子記之余諾而去今茲丁丑春朝廷節經費減官員梅山與焉乃寄書余曰吾老而倦勤今日解綬實爲優恩宜以文酒風流終斯生姚武功有句云休官夢正淸蓋似爲吾言者遂取以名樓曰夢淸請子果前諾夫王政廢封建士無恒産熱中求官者滔滔皆是既得之豪華奢侈靡所不至一旦失之非坐待飢渴則奔走乞憐豈不亦醜乎今春解官千百何限而能高枕安眠結一場淸夢如吾梅山者果有幾人雖然此非一朝夕所能襲而取之也余故歷述梅山平素所養者以爲夢淸樓記

山田敬直遊保津川記

水也者動而周流不息者也石也者靜而剛堅不磷者也以周流不息値剛堅不磷是以觸爲波擊爲飛沫激爲狂瀾怒濤其爲態也瀺灂玉碎雪蜚其爲聲也淵渤雷吼虎嘷淺而爲瀨急而爲湍爲瀧奔而爲灘懸而爲瀑布爲水簾皆水石相値之狀也故水非石不成態石亦假水以成趣砥柱之廻瀾石鐘之發聲龍門呂梁之艱險皆是物也嗚呼天下之至奇孰若水與石哉天下在在處處有水有石而奇者鮮矣其奇多在邊境僻地若余老嬾不能寓一目近京師而奇者二曰宇治曰保津余弱冠嘗步自石山沿流

出宇治磬水石之奇觀至今不忘如保津渴想四十年未果一遊焉丙辰之冬從二客買溪鼠遡大堰經大悲閣下自是以西流益疾石益多愰卒三峯百丈一長年執篙在船首遇石撞之石皆有篙眼凡船上下者各撞篙眼左右以避之一篙若誤則船忽破裂長年手熟左右舞篙如飛鳥遷樹篙細徑寸撐石以屈如弓而不折猶之庖丁解牛遊刃有餘地矣其巨石立中流飛瀾激射者爲觀瀾石灘急而水響嘈呟聾人騰波散花者爲浪花灘既而豁然峽闢水勢稍平傍岸如蓮辨者爲蓮華巖其清瀧川入峽處爲叫猿峽溪彎環而嶮猿飛可踰其崖石裂紋層層如積書冊爲群書巖次爲石門闢舟人呼之屏風巖屈曲似摺屏又類門扇次爲鳥船灘一名鸕鶿河即水尾川入峽處峽中之至奇者止於茲遂回舟下奔流駛若飛箭瞬息間還大堰余顧謂二客曰百丈牽船着力僅進少怠則退吾於是曉學之難進易退既退則乘流如飛欲挽回而勢有所不能吾於是知急流勇退古罕其人也水石相搏飛沫起瀾峽窄石多而流迅峽濶石稀而水平吾於是悟文詞有波瀾開闔抑揚之法也而是猶末也抑石之靜者仁之體也剛堅則剛者之中立不倚也不磷則廉士之介於石也水之動者智之用也周流則教而不倦也不息則學而不厭也觀水與石如是然後始可謂吾輩之遊已矣二客曰善

菊池純白瀧山觀瀑記

辛未六月余寓常陸土浦劇暑如燬不克危坐讀書思欲避暑于山中會有語白瀧山瀑布之奇者乃拉塾子游焉此日炎威尤烈道上沙石悉熱如坐洪爐中汗珠津津浹背口喘肺渴不止吳牛視道傍有茂樹清泉可憩者乃走而就之如斯者數始抵筑波山下登十餘町折從祠傍東下登頓下上行里許縡道崎嶇愈下愈邃如鄭姜與寤生誓于大隧中如三良殉穆公臨其穴惴惴其慄也又下百余步仰而四顧峰巒環抱萬木攙天雲霧晦冥不見白日山上安小祠榜曰白瀧明神磴道頹圯苔蘚被之人跡所罕至

委之山狷木魅但六七月之交士人避暑者往往麕至云忽聞風雨大作側耳聽之則大瀑跳而投深潭也乃下山而觀之大石盤陀水穿山腹來曲折而下下至澗口有一巨石大如臥牛水爲其所遏不得進步拗怒鬱勃欲抒弗暢奮躍上石分爲百道水聲喧豗相馳逐而下下未七八步又爲石所遏每遏益激一激而爲細霧再激而爲劇雨三激而爲密雪爲飛霰爲楊白花三激之後如玉簾下垂如銀河倒懸如百川歸海汪汪滔滔遂投無底深潭凡從初層至此總十一轉每轉異趣千態萬狀弗易方物傍多怪石皆作怒猊渴驥之狀其背坦廣可坐十數人予解衣箕踞傾瓢酒痛飲塾子吟詩予顧而笑於是吟聲笑聲水聲風聲參錯交互與山壑相應窾坎鏜鞳如聞魏獻子之歌鐘意甚適也既而風大作瀑大漲濆沫四散爽氣襲人嚮道上如坐洪爐者乍變如洗于氷海而登于雪山毛骨寒沍使人思御纊衣也乃結束上歸塗行未里許仰見曦景未至申牌如鄭姜出大隧又如贖三良之殉其一喜一懼之情亦可以供異日一噱也抑予觀天下大瀑不爲不多類皆自絕壁而下者如讀一氣呵成文不可謂不壯快也然至其迂餘曲折千轉萬回靡坎不盈後竟歸一壑而止或未能及也獨斯瀑如讀六一得意之文一意往復如合如離如窮如達婉轉而下曲折而進來龍過脉去路結穴條理井然不失其本領豈不曠代奇觀哉予雅素好讀歐文今由觀瀑併悟作文方法欣然援筆記舊游時明治六年七月某日也

南摩綱紀黃石記

張子房佐劉季以復韓仇定漢天下而不居其功從赤松子而游以全其終是黃石公敎之也岡本氏之祖半助君老事務練兵法佐其主直政直孝二君而靖天下之難成東照公之業而不居其功歸美於其主子孫累世奉職盡忠至黃石翁當國步艱難之際拮据鞅掌出百死獲一生大有功業而勇退高蹈遊京都以詩書風流自樂嘗獲一奇石竪尺餘横減十之二太湖之產其質堅滑其色黃赤頭豐脚殺有數

崢峯巒起伏雲烟吞吐之狀口不能叙之況筆能記之乎翁安之几上終日相對賦詩揮毫悠然與世相忘其詩之骨格猶峰巒起伏其書之變化猶雲烟吞吐吁此精妙翁獲之石邪將石學翁而成此狀邪何其相遇之奇哉雖然是皆翁之末技石之皮相不足復論也抑不居其功勇退高蹈從黃石而游以全其終是翁之所以爲翁也嗚呼翁遠學石公子房而然邪將近奉其祖之敎也邪

江馬聖欽新塾記

友人神山古翁新築私整命曰新整囑記於余余以爲新有內外蓋徇外之新世俗之所喜而非學古嗜道者之所與也夫不內省而徒外求者滔滔皆是衣者欲錦綉之新食者貪魚鼈之新居室者喜雕樸刻桷文窻綺疏之新是數者衆人之所汲汲不能已也而學者之於詩文亦競辭藻之新杜少陵曰清新韓昌黎曰陳言之務去夫二子之賢而尙有此言況不及二子者乎蓋視諸嚮之數者其求雖異要之皆徇外之新也若夫志乎道者心意之情僞言動之敬肆徵諸聖經賢傳以身之不修爲懼焉昨日所爲今日見其非省而新之今日所行明日知其非察而新之無有間斷得之於心施之於用耳若彼詩文之去陳競新粉句飾辭於我乎何與況於居室衣食乎其用力如此是之謂徇內之新也苟不務此唯徇外求新則讀充棟汗牛之書才鋒頴出意氣蓋世亦虛焉而已藝焉而已非君子之學也古翁學古嗜道以終始一誠不自欺爲歸乃其所命在於內而不在於外也可知矣余懼其生徒或以新爲徇外之新故代古翁言之使知所警戒以自新焉

石津賢勤游嵐峽記

丙子淸明後七日府僚淞北中村君支峰賴君柴溪立花君及余皆在署辨事是日天霽氣暄春光盎然淞北乃颺言曰良辰難得花候易失今日放衙直赴嵐峽諸君盍偕來支峯欣然余亦魂飛獨柴溪未應

叩之則云今夕有別約吾意惑焉衆乃詭曰紅樓解語之花孰若青山天然之美人柴溪哂曰寃哉雖然請從約遂定既而鼓拆鏘然遍報退廳衆乃曰可矣投袂而起買車上路自城北行未數十輾西入郊坰彌望萬頃極目無際而菜花方盛開麥莖稍長花黃莖翠區劃井分犂然若鋪綵氈放眸則羣巒四圍倚伏綿亘皆在烟靄中淡粧濃抹嫣嫣欲笑獨愛宕一峰巍然聳乾隅稜威逼人衆遙揖而去徑漸低昂轍或不接險焉而徒夷焉而軒忽榮忽辱略與世途相似既而入一村路右有一大祠隱見花簇木叢中乃太秦神社也不謁而過磬折西出則人影較稠往來旁午衆相顧曰近矣近矣呼譽未畢車已抵渡月橋矣橋下一帶水是爲大堰川川之東涯酒肆櫛比綺羅塡咽殆無立錐地衆將下車車夫矯健力挽不已左喝右叱掉臂馳突行人皆爲之辟易亦今日之樊舞陽也既而得一亭虛席無人若爲吾輩設者衆乃稅駕而憩焉亭面西北正與嵐峽相角對宇高軒潤最適眺矚時花候微早後先爭一兩日然爛開已至七八分簇簇溢峽乍而白雲施曳乍而絳霧堆疊翠松彌縫其隙澄潭蕩漾其影千姿萬態不易名狀衆意躍然拍掌稱妙急呼盃命饌亭婢請所供衆問曰有香魚邪曰有曰足矣命而羹之香淸味淡尤爲好下物酒已酣衆皆醺然抱膝唫哦翩翩相唱和偶有一老人白髮丹顏率衆過亭下呼曰支峰先生支峰先生一揖而過即草塲船山也社友市村强堂亦自亭後出亦匆匆分手二人皆屬邂逅不得同賞衆以爲憾焉有妓數輩擁客而過柴溪目逆而送之余問美而艷耶柴溪大息曰亦不及天然之美人一坐哄然時殘陽漸低暮色蒼然山黔花晶人散境靜一日之擅場反在此際衆意留連難於割愛支峰坐中之耆宿乃振鐸曰花在半開酒在微醉淞北亦戒曰亭楣匾曰時鳥是不如歸也二人應聲曰洵然遂束裝出亭時舞陽尚在擁車待歸衆乃分乘二輛淞北與支峰余與柴溪每輛一雙先後相驅路漸昏黑余亦坐睡俄而一覺則已至城北從此兩轅南北各自指家柴溪與余仍在一車柴溪曰今日之游何其樂也

余問與解語之花何如答曰既飫太牢矣不復思其他一噱而别即夜走筆記此且以示柴溪

横山正邵千代崎記

千代崎在東京行人坂上永峯之北舊島原藩邸中舊稱槍之崎相傳新田義興之夫人千代子者聞矢口之難率兵赴之至此聞義興既亡悲悼不自禁脱褻衣掛之松樹自投潭死故後人謂其地曰千代崎謂其潭曰千代潭謂其松曰掛衣松嘉永癸丑之夏余年二十遊學于府下曾遊于此合抱之樹參差蓋天窈冥晝晦西岸竹樹蓊鬱間掛飛泉直下丈餘如曳白練瀦爲潭潭廣數十畝淵涵渟滀色如碧玉潭上仰天宛如管窺風爽爽生蘋末於納涼最宜北穿樹間得一岡岡勢迤邐望富岳雲際遠近諸勝碁置繡錯爭呈奇于下所謂千代崎是也潭之南旁幽徑行數十步雙松樹植立千尺黛色接天所謂掛衣松是也潭上安辨財天祠蓋祭嚴島大神以千代女配之者極有威靈舊藩先侯殊崇敬之其出入于府必謁此祠然後至絶景館而行告至之禮世奉以爲恒例絶景館者藩侯之館號也今茲丙子之春余養疾於邸中病間再至此樹皆伐爲薪地皆鋤爲畦潭皆埋爲田瀑亦潺潺不絶如綫唯松與岡依然仍舊而已追憶前遊殆二十餘年擧目蕭慘不堪滄桑之感聞二三年前邸吏割此地獻于官故其荒蕪亦極矣祠今移合祀于邸中稻荷神云夫忠孝義烈之蹟雖田畯紅女之微人皆知愛惜而保存之況於千代夫人之事乎夫人之事雖史無明文口碑所傳不可誣況於義興而有此夫人理之當然者哉又況百歲之下其神不散赫赫有威靈者哉恭惟方今文明爲治尤留意于風教內務省新設保存故跡之制當不久而有復此祠與潭之盛擧然物換星移青史無徵口碑易滅則恐其或歸泯滅姑記所聞見以待有司之採云

松平慶永贈從一位山內豐信公墓誌

公名豐信山內氏豐著君長子也嘉永元年大宗豐惇公有病養公讓封而逝矣三年叙從四位下土佐守五年任侍從公莅位勵精爲政憂皇室就衰圖翼賛以興之迄在江戶有所建議屢忤幕旨安政六年諭使請病致仕今公嗣封而公屏居鮫洲者四年萬延三年幕府更命使公視國事明春朝京孝明帝詔參朝議辭而歸藩是歲勅令入勤元治元年叙從四位上任左近衛少將三年夏復勅入勤既歸公遺重臣建白請使幕府還大權于朝破鎌倉以後陋習而政歸於一立憲採衆議新與洋外諸國同盟示信義以輝皇威於四表迄冬今上召公謀其事公速入朝議乃决矣於是元帥解職明年則明治紀元賊兵敗于伏見而公輔朝廷任議定曩重臣亦參與焉公又別遣朝臣率藩兵討東北賊所向奏捷此豈得不謂之今日維新之政由公首議耶公夏叙從二位任權中納言冬先鳳輦來東京總裁創立議院學校事明治年已就緒博知學事未幾以病去官直麝香間備咨詢尋叙正三位賜祿三千石然公從之不論時事謂國體確立無復勞顧慮公襟靈爽快敏於材藝能書書法尤遒逸淨掃一樓披書畫陳漢唐古器延好事士品評而晩必呼歌妓侑酒又或謠舞自娛放浪適意以養性朝議將再舉公公固辭而不復朝公誕文政十年十月十九日薨明治五年六月二十日享年四十六葬于府南大堰村塋域母妾平岩氏公幼字輝衞後稱兵庫之助改容堂妻三條氏先逝公有一男三女曰光曰於菟丸曰辰天曰八重皆妾出公薨月詔贈從一位明治五年歲次壬申夏六月

川路利良寺本義久川合好直碑銘

明治九年十月西陲變起衆有戒心二十九日夜警部補寺本義久率二等巡查川合好直三等巡查木村清三四等巡查黑野巳之助撿舟於思安橋下賊十有三人卒然揮刀亂斫義久與好直奮鬭死之清三重傷巳之助得間走報四面傳警賊悉就縛蓋長岡久茂等計舉兵東北以應西也將先襲千葉縣至

此遂無事大警視川路利良壯焉揭之警視廳彰功錄且樹石銘曰以身殉職千秋名譽匪謀悉毀幾旬清宼

長芙內閣顧問木戶公石棺銘

木戶公諱孝允初稱桂氏山口縣人世仕長門藩明治元年登朝爲徵士顧問累遷參議轉內閣顧問叙從二位勳一等賜旭日大綬章以天保癸巳六月廿六日生明治十年丁丑五月廿八日薨于官年四十四贈正二位配岡部氏無子以外姪來原正次郎爲嗣越四日葬公于京都靈山之塋

重野安繹近衞公老女野村氏墓銘

有崎女子焉名瀨崎仕近衞公夫人郁君終身絕穀食羶肉年六十三而歿郁君我大慈公女也近衞左府公（諱基前）爲其世子君（諱忠熙）聘之時郁君尚髫齡隨從難其人瀨崎自十四歲入本府後宮左右郁君慧而克愼因擢爲保傅文化丙子二月郁君赴京師瀨崎進職中臈從焉四月君入堀川第見左府公暨世子君遂與華族縉紳群姻戚相覿贄見有禮進止有容瀨崎出於西裔之鄙奉幼君周旋其間不取嗤笑於失儀京人異之翌年左府公薨郁君孩心悲悸以爲喪依怙日夜啼泣索歸于鄉百方曉諭不可解瀨崎憂惧無可奈何乃自禱于神明誓絕穀食及魚肉以終身所飲食獨酒與菽乳之類而已然卒不語其由於人君意稍解既而納采禮成瀨崎進若年寄尋有合卺君起爲元妃瀨崎陞老女職賜紅袴小掛以賛其儀例也是時瀨崎年三十一文政戊子今左府公有疾危瀨崎又爲郁君憂之則烟酒之類亦絕之以禱焉十二日昏絕幾死官醫福井氏知其性以酒洒之甦施之湯藥僅得起而公病亦瘳大慈公聞之恐其傷性命止禁食全軀以終保傅之功賜金供養病資於是復烟酒而穀肉尚依舊瀨崎在京三十餘年老而多病天保戊戌歲乞暇歸國明年致仕築室其鄉隈城居焉官歲給廩米二十五苞嘉永庚戌

郁君薨于京師遺命賜金及所御被襖褥子安政三年丙辰七月四日病終于隈城葬邑中某寺僧謚曰清鏡院妙尼貞壽以寬政六年甲寅四月某日生幼名千鶴稍長稱喜佐陛若年寄時改今名父野村源藏隈城鄉士母武滿氏其進老女也本府徵父源藏班小姓組累遷番頭班新番報瀨崎之勞也其在京公卿賜賚之物不可枚擧今皆存別祿瀨崎性俊爽清廉施予不吝處事部判明決絶無婦人呫嚅之態人有過則面告之而不復腹誹後言以故人皆畏而敬之奉職深宮數十年身任重寄能始終其事乃辟穀一事亦可以見其堅忍不拔之操矣今夫士太夫一衣一食之不能自克而欲以濟其所任難矣觀於瀨崎氏之爲其亦宜知少媿哉銘曰裙釵而夫夫也寔難樹聲洛澨崎行終天

加藤熙贈正四位錦小路君碑銘

今上踐祚之明年朝權新復百廢俱擧勑復今右府三條公等七人官位故從四位下大和權介兼右馬頭錦小路君爲其一越四年庚午勑贈正四位賜祭粢金若干初君遭癸亥之難客死長州未有以表其墓條公與諸公謀碑之命文于熙熙惶悚謝不敏公曰當時知錦氏者莫子若子其勿辭熙於是再拜奉命謹誌曰神州治平日久積衰不振米使初來海內騷然幕府倉黃失措國家之事日多一日而其能出氣力以身許國如君者蓋亦鮮矣方此時先帝屢下詔旨勵精圖治君乃憤然與條公同心以恢張國威爲已任而遂爲幕府所忌奸奪投隙發兵遽停君等參朝且奪長藩禁衛事生倉猝無復所愬長藩兵乃奉君及條公中納言三條西季知少將東久世通禧侍從四條隆歌修理大夫壬生基修主水正澤宣嘉避難於國追從者數十人熙亦與焉實癸亥八月十八日也既而黨議益熾誣以不軌遂貶君等爲庶人君無毫沮色與條公及長州父子竊圖回天聰復國威明年夏君患嘔血遂以四月二十四日歿于馬關享年三十長州候葬之周防山口朝妻山建祠祀之後三年朝權復古條公出贊萬機諸公皆得顯職顧

使君東帶並立吁喩於朝其必有爲于今而垂于後者而君獨留樞遠鄉呑寃地下何其不幸也雖然朝廷甄其才錄其勳進贈爵位祭祀不諼諸公亦計之不朽君之業於是乎有光於萬世君其可以無憾矣君爲人忠慨果決臨事而不惑不爲勢怵深爲條公所知流寓之際旦夕言談所以爲憂者特在國家而不及其私將死命加淨衣東嚮拜手賦歌數首其辭哀而其情切使人感動蓋君操持之厚出于天性有古忠臣之風云君諱賴德字一貫號翠園以天保六年乙未四月二十四日生嘉永四年辛亥敘從五位下任大和權介累遷從四位下兼右馬頭娶故參議唐橋在久女生一男二女男賴言敘從五位上長女適正五位東久世通暉次女尙幼銘曰朝妻之巔榮兆嚴然犧牲鷄卜且予且薦英靈千載陟降於天

小野長愿臺山勝野君墓碣碑

嗚呼此吾友臺山勝野君之墓也癸丑甲寅以來君之致力於國事也可謂盡矣當戊午之獄起君與日下部伊三次賴三樹梅田源二郎等居其首名三樹源二郎被捕于京師伊三次被縛于江戶而君獨逃脫晦跡幕吏百方搜索終無能獲時人以比張子房避秦余亦竊有所庶幾焉後十餘年勤王兵起皇威日盛而君名不復聞于世余心怪之今得其狀則君入地下旣久矣豈可不嗚咽大息哉君諱正道通稱豐作臺山其號其先出于信濃仁科氏承久建武之際屬于官軍有聞焉及其家衰蓋有所避假稱勝野氏寬永年間有諱正淸者君之家祖也剛强好義與旗下士阿部四郎五郎友善四郎五郎豪俠愛客世稱白柄黨一時倜儻之士多歸焉而正淸爲其上客四郎五郎分其祿百五十石給之後有托孤之言因遂客事其家數世以至于君君爲人慷慨有奇節與水戶藤田東湖安島帶刀高橋多一郎大野謙介等最相親善景山公手書盡忠報國四大字賜之褒其志也君謂幕吏横暴親外夷而蔑朝廷余輩世受恩幕府不禁幕吏之横無以救幕府之亡親藩中唯水戶君明臣良非假水戶之力無以成吾志而水戶亦

非藉朝廷之力無以成此大事於是與安島帶刀等謀親間行詣京師與其水戶邸留守鵜飼父子及賴三樹等協議竊建言乞下攘夷勅于水戶事既行而幕吏不奉命目以謀不軌大索其黨與戊午之獄於是乎起矣君既脫難潛匿于大野謙介家人絕無知之者翌年己未十月十九日病沒享年五十有一謙介密托遺骸于水戶城南大戶村人大野內藏太內藏太瘞之於此云君之晦跡也妻子皆下獄長子森之助謫于三宅島妻松井氏女勇季子正滿見赦今森之助及松井氏已死勇嫁于通家安藤氏正滿官于教部省頃正滿來乞銘蓋以知君者莫余若也乃掩淚爲之銘曰嗚呼臺山豈空與艸木同朽而止者也哉其必爲忠義鬼存乎天壤間也十七士之舉事於櫻田也其鬼必出沒隱見以濟其艱難矣乎王師之東也其鬼必在先鋒隊中盡其心力以奮揚激厲矣乎而其在今日其鬼必冥冥擁衞王宮夙夜無懈矣乎嗚呼臺山豈空與草木同朽而止者也哉

賴復阿長傳

阿長者丹波小林邑木匠某妻也有二女皆幼嘗江戶大災某思獲土木之利往江戶更娶妻遂往江戶不通音書然阿長守操能養二女爲人縫裁澣濯以爲活母子煢煢貧窶逼骨庭有一櫻樹謂是吾夫之手植也猶視其夫日培漑其樹殆二十年矣樹益茂二女皆嫁既而阿長病沒實元文三年四月也無幾樹亦枯矣人稱之曰操櫻邑人長谷川士常携阿長狀來曰操櫻根株今猶存焉邑人皆恐根朽名亡也請子記之使邑人知所警戒焉賴復曰阿長可謂貞婦也哉二十年之久獨養其二女與櫻樹毅然不變其操豈有涵養而然乎然一貧匠婦必不暇聞婦教蓋其貞操出乎天姓也余觀古來忠臣節婦不以遇不遇變其志阿長亦不媿焉世之遠役及客商數年不還則其妻往往棄其所生子走依私夫使阿長有知則必將怒罵地下矣余聞南朝之亡其忠臣義僕多竄匿小林邑噫嘻阿長亦其後裔耶

副島種臣魂神說

垂仁紀曰天照大神治高天大國主神治大地皇御孫尊治葦原國八十魂神魂神者何謂人民也何不謂人民而謂魂神蓋皇御孫尊職掌治人民之魂神而非治人民之形體故謂魂神也

土井恪御悍馬說

莫神於龍有擾而豢之者莫猛於虎有騎而役之者何况於馬馬之有悍由御不得其術故耳伯樂逝矣九方皐不世出天下擾擾以父教子而有不率教之子况馬則殊類之物聲氣不通使之屈千里之足老且死於皂機間時出而駕之則又與駑馬比其尾鬣齊其轡控彼亦何不詭御竊轡以小洩其伊鬱御者從而咎之輒命以悍噫寃矣所謂得其術者則不然豐之芻秣以盈其腹責之千里以展其力時其勞逸鼓其喜而殺其怒而後磨斬馬之劍懸而示之光鋩奕奕以折姦心於未萌一不從命則殺而棄之如剖瓜剉芻不復顧惜其爲術不亦雄乎天下雖有至悍之物未有不畏死者蝡蝡之蟲亦各樂得所欲既得所欲又畏於其所畏猶曰有悍馬者吾不信矣以騏驥御駑馬則驕以駑馬御騏驥則怒怒不可制驕亦不可制乃悍之所由名也嗚呼御悍馬吾猶人也必也使無悍馬乎

中村正直重建狹山茶塲碑記

關左之以茶名者曰狹山與宇治東西相頡頏而或曰狹山茶香氣超出其上狹山者在武藏入間郡其始不過一荒僻之地耳然種茶逐歲增殖其名漸既彰著藕潢林君文可徵也蓋自海關禁弛互市盛行我國茶葉爲出口品之冠其每歲輸將于海外者蓋千有萬斤矣如宇治之製昔獨擅美于邦內者今則著稱于歐亞而如狹山之茶後起爭雄至于洋賈之旅于東者非其名號不顧可謂盛矣抑利之所在其民之所趨也昔關左地曠人希彌望黃茆白葦如那須野原者所在皆然而今則武藏上下毛以及相模

嘗爲豺狼狐兎之所窟宅者亦盡已墾闢爲沃壤膏土其所出之茶莫不題簽曰狹山狹山之名於是乎廣矣原夫舊碑建碑建于天保三年是時未有海外互市之事然而人民勤勉倡導以致產物熾盛若豫立今日輸出品之基礎者其功豈淺尠哉前事之不忘者後事之師也夫既知今日狹山茶場之盛實由于其父祖勤勉之力則又當知後來雲仍之福在于今日人民之繼續不怠益恢弘前緒焉且予聞之人民之克勤職業務富一家者其利於全國更大于一家之利余既嘉狹山人民之勤勉于昔日以致昌盛于今則又更望其堅忍耐久不屈撓于小利害能先前而啓後益有以崇殖邦國之福利也熊谷縣人村野彌七者承其鄉人之意來求余文將欲勒諸石以追配舊碑余深喜其舉故應其請而系之以詞曰茶產武陽味甘且香狹山闢場規模恢張製法精良樹幟一方聲名丕彰蒐道頡頏洋客競嘗日購萬箱沾彼胃腸富我橐囊昔人謀臧邦國之慶繼嗣克昌福利无疆

中村正直重建石燈碑記

有功德於世者久而人益思慕焉如德川氏之祖東照公是也攝州大坂建國寺舊有公祠明治之變祠廢一切器具皆被販賣時有志之士相謀買得石燈二十五基既而東京忍岡祠廟修造功竣因建之祠前實明治九年丙子九月也建國寺舊有百餘基皆係諸侯所獻今幸存其殘餘于此後人之思慕亦有託而存焉乃作之祠曰公之精靈滿於天下何用石燈此區區者乃人有思非物莫寫親賢樂利視此廟社

中村正直古瓦記

信濃國小縣郡上鹽尻村有佐藤八郎右郎門君者事母孝方正廉直能爲人謀而忠嘗被選爲縣會議員今爲常置委員其家傳古瓦灰色蓋本赤質經火而變也好古家謂元和時代物也家祖少兵衞信近

寬永十五年築居宅別爲一家則此瓦係宗家所分可知矣至四世信邑之時延享二年家宅災瓦亦沒第七世考信糾之時安政五年十二月二十六日再災文久二年八月建築之時得此瓦於土中君慨然曰嗚呼使余思祖先而弗已者此瓦也夫使余恐火災而弗已者此瓦也夫遂价松本氏請余文以戒將來余曰書云天作孽猶可違自作孽不可活君之家屢災屢築而君今選爲委員則其榮多矣試觀其隣里鄉黨不罹火災者何限其榮不悉愈于君也人之禍福家之存亡豈火之所命哉書云作善降之百祥作不善降之百殃爲君之子孫者務行善而不自作孽則福祥之集其家可得而期也火災何由而復至乎遂書以爲記

中村正直記念碑

討薩之役東京警視第四方面第四分署警部巡查從軍戰死者二十八其同僚悼之建記念碑於小石川區音羽護國寺以表其忠烈徵余銘余曩應東京各區長請作招魂碑文小石川爲余住區於其警視分署官僚之請豈可得辭哉銘曰不有死者何得克敵士卒善戰將師有績維時明治十年丁丑西南妖氛白日昏黝賊兵環攻孤城堅守將士合志忍苦持久官出援兵警視聯隊敵占要害我失地利屢經敗衂勇氣益振自春涉秋勝負未分砲丸雨注火光獨夜營壘互奪死尸枕藉我軍正正師出以律奇兵挺刀神出鬼沒植木田原荐擢阻險圍城脫危勁敵喪膽自是百戰勢如破竹三軍凱旋風塵靖肅雖曰天意亦由人力戰死有功可不追憶爽塏擇地寺曰護國銘刻貞珉千秋不渤

中村正直旅團小隊長及巡查戰死之碑

明治十年二月鹿兒島亂作第三旅團隊受討代之命赴九州轉戰有功五月二十四日戰于熊本矢羽津嶽陸軍少尉兼一等少警部田中君近憲死之巡查死者若干事平警部相謀立碑于下總葛飾郡午

頭天王祠前以弔死者之魂嗚呼熊本若陷于逆徒則亂何所底極哉乃一城獲全勝算遂定死者之功爲多矣爲之銘曰榛榛狉狉生不異死死光照汗青死而生矣

中村正直東京警視萩原隊戰死之碑

明治十年二月鹿兒島逆徒擧兵反天兵西下各隊將校士卒忠勇善戰遂能戡之而指揮官三等大警部萩原君貞固隊與在其中焉是隊也暴露山野衽席干戈者始于五月訖于八月其所戰之地屬豐後國者曰星珠山曰鏡郙曰竹田曰臼杵曰葛葉屬日向國者曰三河內曰古江曰市尾死者五十三人傷者百二十一人君既還自戰地惻然追念死者建碑於豐後府內及佐伯囑余以文蓋戰陣之捷雖由于將校之良亦士卒效死之功也有所表章以傳不朽豈可已乎作之銘曰賭一勝以鞭撻寰宇逆徒之亡自取之也輕萬死以掃蕩鯨鯢王師之捷天開之矣

弔四士碑

明治十年九月廿四日涌谷邑四士殉王事于城山之役是歲二月鹿兒島逆徒圍熊本鎭臺勢甚猛王師海陸齊發征討之逆徒據險拒戰會諸縣徵兵至四方合擊逆徒大沮逃于大隅日向奔于鹿兒島殲于城山夫平定之功雖由于廟算之得宜而徵兵與有力焉初徵兵之命下前縣令宮城氏令舊邑主亘理脩元諭邑中子弟應徵以松浦保治平塚義造爲首唱召募五十餘名既而衆皆凱旋四士不反鄉人之情有不勝悲嘆者於是松浦平塚二氏相謀樹石於赤心猛雄命社傍以表其忠四子者木村軍記也佐藤運藏也大越和右衞門也遠藤常也也脩元介山村良助謁余銘其辭曰人有一死均所不免死而獲所莫此爲善吁嗟四士殉國而殞赫赫千載其名不泯

中村正直八王子兩社祠道記

武藏國多摩郡八王子兩社者祀素戔嗚尊及譽田尊郡中古祠之冠也世故變遷道路隨改迂折不便落合忠平林義柴田彌田野倉數氏欲開一祠道明治十六年六月請官得允以所募之金千有餘圓購地畢功自是祠道坦廣往來者便之余因其請爲之記系以辭曰瑞穗國兮神所產靈蹟彰兮由來遠風雨若兮百穀登無疵厲兮無水旱神之德兮不可忘修祠道兮思報本行孝弟兮勉稼穡民樂康兮福無限

中村正直畠山莊司君冢碑

武藏國久良岐郡二股村有孔道自秩父赴鎌倉所由也道左灌莽翳薈中有大塚穹如而高土人相傳曰畠山莊司君重忠之塚也傍近塚稍小者曰首塚又有小塚六錯落相望曰六臣之塚昔者鎌倉氏之創覇也莊司君特以忠勇顯及右府薨嗣君闇弱母氏擅私外戚握權當是時君以遺老元勳忠直自勵挺立不屈權姦忌而憚之誣以謀反闔族悉亡自是而奸邪無所復憚權日下移而宗社之事不可復問矣使君依阿摸稜作保身之計乎讒何由起身何由亡然而其忠操則不得而終也距冢數十武有一水支分而流東鑑所謂二股川即此也又曰二男重秀本田近常榛澤成清已下百三十四騎陣于鶴峯之麓今冢北有一山突然隆起者即鶴峯也土人所傳與前史合確然無可疑矣村有清來寺前住持欲爲莊司君建碑石未果而沒某恐其志之無繼也介宮本某欲求予文勒諸貞珉以垂將來余嘉是舉不敢辭而爲之銘銘曰勇敵萬夫忠冠一世覇業之輔誰與作對牝鷄司晨惟臣玉食遍地枳棘孤根松柏君死死如生照耀竹帛奈何荒墳埋茲莽澤迺今有人誅茅表石終古對峙芙蓉雪白

中村正直福島貞雄墓表

余嘗得福島貞雄所著瞻民錄而讀之其大意以謂年歲之不能無凶歉猶人之不能無疾病故農家以

備凶歉爲首務所以備凶歉者莫善於以雜炊爲食焉蓋民俗謂菜蔬和飯煑以爲食者曰雜炊此事雖若甚微而爲益極大嘗推其數一日一度食雜炊十口之家得羨穀一升推之百萬口一歲羨穀三十六萬石天保中比歲大饑因約四十四村共食雜炊是時四方有餓死者而鄰近村邑皆賴以得濟焉故知一人減食可救一人之飢一村減食可救一村之飢等而大之至於天下遍行此法豈亦有饑荒之可患乎哉其論深切懇至國字書之印送于府內八州凡三千部其用意之厚洵可嘉尚已矣貞雄通稱耕八武藏橫見郡荒子村成內丈助之次子也養於足立郡大間村人福島知雄爲子地頭大學頭林君命爲七村取締役繼父職最受知於快烈公稱爲有才幹或召詢民事貞雄有所對公莫不稱善貌魁梧有膽略好賑人窮困築堤防蓄山泉備患水旱皆有法度文久辛酉五月三日病沒葬於鴻巢勝願寺享年七十七釋謚曰大悟院覺譽孝順圓信居士林君之臣鈴木繁善與貞雄善其沒也以狀來請余表其墓有子貞恭嗣其家

中村正直紀恩碑

伊賀國阿拜郡今爲三重縣第九區天嶽直其南長田川界其西而東北則服部柘植二川環之至于郡西三川會合是爲木津川上流當其匯流之衝巨巖橫焉水不能順流而奔注也每遭霖潦逆浪汎濫安政地震以後其害更甚津藩主藤堂氏以郡屬其封內念民瘼㩟濬淤塞起隄防鑿巨巖竭力縻財百方施功而水害猶未已也及至明治三年九月水大溢流屍蔽野邑市田廬蕭條一空於是始有徙民之議會藩廢爲縣今縣令岩村君始至首察民害聽衆庶請遂以舊城址一萬二千步餘爲徙居之地又請于官金四千圓給其費民歡愉趨功小田村人村田順造奉命董役十年七月功竣自是厥後嚮被災之諸村如上野市小田木與淺宇田與市幸阪馬苦勞淸水盡皆化爲良田收穫數倍而城址之新邑比屋連

棟烟火蕃童盛鷄犬相聞民得聊其生較諸曩時蕩產失財死亡且不能救其苦樂災祥之相去奚啻霄壤宜乎闔郡人民之頌道恩德而不能已也順造與衆謀欲立碑以錄其事傳之無窮請余作銘辭曰惟昔之災水浸阡陌下民昏墊每葬魚腹惟今之祥安居聚族孝弟力田天降豐熟粒我育我緊誰之力令我不錄終忘恩德藩政惻怛疏濬盡策縣治忠厚遷徙相宅轉災爲祥易苦以樂厥謀允臧厥恩罔極

藤野正啓與人論漢洋二學得失書

某甲足下乃者於某公席上見足下擯斥洋學生力主張漢學如欲使彼輩改轍者某以爲足下之見亦謬矣邇年洋學盛行彼輩投時好僅僅誦數卷蟹行書乃揚揚有得色惕罵漢學者爲迂腐爲無用足下以好漢之故不能相容忿于色惡于口是相猶也尤而傚之者也某請試舉兩者之得失以正之漢之爲學一言蔽之曰修巳治人六經四子之書千百萬言不過教修其德以治國平天下而已以天下一家之世言之國治而天下平此外復何求若夫與萬國相對立彼是不能合一則强凌弱智侮愚强一毫有不如則一毫取辱知一分有不如則一分受侮德行治平未足恃也西洋之爲國智齊德等國勢强弱大小相似者地聯疆參是以機器技術競相夸推天文究地理務欲凌駕他出其上其術由是以精矣其學由是以博矣我已與之相交不得不奪其所長以挫之氣不則取屈辱是洋學之所以不可緩也雖然修巳治人之道亦豈可闕邪天文地理機器技術者與人競爭之具也不可以養德性無德人不服何以治國古人以文武譬車兩輪不可偏廢漢洋兩學亦復如是若析之言文右武左則漢洋亦自似焉蓋漢之爲學非每事教之每物訓之經子史集皆以誘發其才性耳長養其識力才性既發識力既長則臨未曾聞之事遇未曾見之物時措而莫不宜其功有活用西學則就形迹事物講之學一事則了一事修一科則能一科而已於其所學之外不能復加一事一科其能發前人未發之言者千百萬中偶有一則人皆仰

以爲開祖譬如講天學者創見一星即以其名命之講地理者發見一島則亦如是究明一物創造一器亦復如此故雖有大英才不能兼通百科僅能精一科以求一分長耳然以其修一科則能一科習一藝則爲一藝之用也其功易見其學近實學漢者不至自得不爲用講理學者病空疎事考據者病迂腐修辭章者近游戲宜爲彼輩嘲笑以爲無用也是皆不能深造之弊也非漢學本旨也要之漢學體也洋學用也漢學用也洋學器也用與器實而易執中人以下可與體與道虛而難捉非才性超凡不可能足下何必尤彼輩舍漢就洋邪

藤野正啓星岡表忠之碑

南海有土居得能氏猶西海有菊池氏地既僻遠身又在覇府之下而一朝聞天子蒙塵擧兵勤王土居得能氏以元弘三年二月起於伊豫菊池氏以三月起於肥後此時四隣皆賊黨三氏亦非受王命而首倡擧義非忠義根于天性安能如此哉土居氏諱通增得能氏諱通綱皆河野氏支族也二氏已唱義長門探題北條時直來擊二氏邀戰敗之星岡時北條氏族赤橋重時在烏帽子嶽城占要害二氏討之三日陷之及足利尊氏反二氏入援值尊氏西走逆擊之兵庫敗其先鋒大友貞宗復擊走直義尊氏再闚闕從新田氏力拒於湊川不利還扈車駕入叡山及天子納尊氏欵二氏則奉太子從新田氏赴北國土居氏戰死于鹽津得能氏死于金崎史稱二氏勇毅好義執節終始信矣嚮以二氏之勇武留鎭四國四國永可保也而忠義之所激竟暴骨於異鄉而不顧而其子姪又起兵應官軍請奉脇屋義助軍勢復振不幸義助尋卒細川賴春乘之二氏子大戰于千丈原敗走備後自是西南官軍不振後數年南帝在男山二氏族又入援聞男山陷返四國遂歸賊徒獨二氏族不屈後皆不知其所終嗚呼擧族勤于王事父死子代兄死弟繼其精忠義烈與日月爭光宜哉與楠新田菊池諸族並稱以爲南朝柱石也而其維持

一方之正氣使僻陬民知王室尊者尤與菊池氏相類也今經五百歲王政復古楠氏新田氏首忝朝廷之祟祀菊池氏亦廟食于其土獨土居得能氏以戰沒于客地子孫亦絕無祀之者是豈所以勸忠義乎哉陸軍少尉仙坡太郎土居隣村福音寺人也慨二氏忠績不著以爲星岡二氏始敗賊之地而近土居氏古墳因謀建碑于此以表其忠節募國人醵金乞文余余亦豫人也嘗以地勢考之山脈橫斷中豫山東五郡曰道前山西五郡曰道後道後道前界有高繩山河野氏世據之道前有得能村道後有土居村河野通信承久之役屬官軍抗北條氏因喪其國得能氏土居氏繼起分掌東西伊豫也得能村有常石山得能氏城據之土居村無城蹟史亦不記所據星岡在土居村北十町許占西豫上游控括五郡沃野土居氏蓋以是充城壁所以敗時直於此也且我聞之慶長中加藤嘉明將移松前域相地以天山爲第一勝山次之御幸山又次之及請之幕府以爲第一形勝恐不得允故以勝山置第一以天山爲第二而幕府可其一是爲松山城也天山與星岡及石井山三邱鼎峙吉木川流其間置牙城于中聯三邱爲郭眞天然之名城也余少時古老猶語之今則恐無知者故附記此

藤野正啓奥平君貞幹墓碑

君諱貞幹奥平氏家世仕松山藩食祿百五十石考一有坐事削秩時君尚幼賜廩米七十苞承家既長任代官宰周布桑村二郡郡界山林在關屋田瀧間二村爭之累年不決君始莅任諭以爭爲凶德讓爲美德其言惻然二村民感動息爭相讓君中分其地關屋民曰我邑多山林田瀧乏材因割所得地讓田瀧田瀧民德之爲積財供其旱荒君嘉之出倉穀百苞加之敎關屋民鑿山作洞導山背水以灌田關屋故陸田地瘠民貧至是變爲沃壤爭地不加斧斤者五十餘年田瀧民伐其木鬻得餘財君又出百苞加之通長渠引遠水田瀧亦得沃田數千畝周布海濱有地稱新田床床猶質謂可以耕種也與隣藩小松

接壤疆界不明相爭數十年君又以推讓定界墾田得二千四百畝轉管久米久万山山產茶紙藥材諸物乏穀藩制不稅物而租其地租必納米山民病之或流離或凍餓戶口年減君請官革制折米徵錢山民由是蘇息改知和氣溫泉二郡郡接城市民黠訟繁例以首班任之兼聞諸郡事古三津新濱二村煑鹽爲業自蒲生氏時許專鹽利禁他鹽入村民閉放任意道前五郡不能給鹽藩欲除其弊經數世不能革君諭說百端竟變舊習山西村海岸山嘴陡出海中其旁成灣君謂是可以塡爲田築堤截海議者謂寫鹵則可塡今此海深丈餘波濤衝激寍能成功乎既成得田六千七百畝藩主嘉功命曰大可賀新田藤原村有徒場集封內犯罪者使役之前之徒人情不執事或逃走重罪君命畫工繪勤勉免罪與家和樂者與怠惰遁逃飢餓可感之狀懸場中日夕指示訓誨徒人自是向善君存心忠恕其息爭訟解紛糾皆以恕道諭之常曰能以禮讓治國乎何有先聖豈欺我哉其興業創功亦唯在利民故民皆樂赴之積勞食百三十石遷勘定奉行慶應三年坐事停仕子彈三襲秩既而別賜俸復任勘定奉行明治改制爲會計主事兼民政及藩廢告老謝事明治十五年四月九日病終于家享年六十有六室土屋氏無男養早水某子配以女是爲彈三側室某氏擧一男一女以女配淸水某子牛三分產別成家告老後携幼子貞利亦立一家貞利後君一歲亦歿牛三次子貞敏嗣其後君雖老家居寤寐不能忘國事思而有得或筆或刪草稿堆積予嘗以藩命與君同抵長崎計互市得失也往返三旬君獨談濟世方無一語及他其酗酒說平生所自得軒眉聳肩口角噴沫旁若無人予於是知君以吏事爲性命矣明治十六年十月撰

藤野眞子扶桑木記

扶桑木者不知爲何樹相傳皇祖神武天皇時稱本邦曰扶桑國蓋取此以爲名樹產豫州松山西南其根半在陸半延入海樹身大不知幾百千尋直立衝天枝葉茂繁遮蔽曦陽陰森特甚西方九州不得接

旭光東方諸國不能受夕暉五穀僉以不登居民憂苦謀除之執斧往伐自甲部而及乙部則甲部復生皮及丙部則乙部亦然於是擧火焚之亦不死人以爲神不復再矣後值大風俄然經樹梢而九州宛如橋梁歷年漸久摧折沈于海底遂化爲石狀今所出樹黑色有淡濃者蓋因其受火深淺也後神武天皇十二世景行天皇巡幸豫州問諸古老以載之方冊又後六百餘年舍人親王作日本記亦採而錄之云是說雖怪要非無稽余鄉松山獨出此樹他則無有因屬鄉人致其一片以納之左右或亦足爲異朝考古之一證邪明治廿一年小春日此先致黎大臣

生野克長總持后醍醐天皇祠堂碑

佛法之歷千古熸乎天下者不翅藉哲師高僧用之以自任亦必藉王公相將之外護夫非藉外護也其流不遠非藉自任也其源不淵不淵不遠奚以歷千古熸乎天下然則後世刻意斯法者不翅報法乳之恩亦不可不圖其外護之報也的矣若夫密宗之於宇多帝天台之於桓武帝洞宗之於后醍醐帝則皆不可不報之祠典也昔者道元高祖身以宗室子弟苦學辛參遂究單傳閫奧然而外寵辱得喪纓緇布食蔬糲終身不闒王公相將之丹墀以爲扶桑洞宗之率先眞可謂以斯法自任者矣紹瑾國師親汲高祖法流反不沿其派乃纓紫裳踐瑤階對一人之疑問以荷其渥恩泰然居之不疑者何哉蓋及于師之時四海鼎沸姦雄咆吼互相魚肉斯法與時蓁塞熒熒將熸滅苟非藉王公相將之外護也奚以使斯法復熸乎天下是以不顧世之毀譽自居之不疑以此觀之其躅雖則若與高祖相背馳然其實若與高祖合左契亦可謂以斯法自任者矣方是時后醍醐帝震怒武臣橫暴將以誅鋤之其始也雖西狩于隱島一且能槃鯨觀復辟魏闕其終也適失駕御之術蒙塵南山臨崩不瞑目夫唯然故蓐食旰餐雖尊信斯法而不遑接師問之然廟謨之餘時或決疑於師爾往尊信不措遂裂土壤貺封璽命以洞家出世之道

場迫至于後世雖或饕餮之輩屢升論綍之宏旨蟄兩祖之懿箴叨利姤寵將以褫出世道場之秉鈞然聯綿不失之至于今日者豈非藉王公相將外護之力乎然則後世刻意斯法者不翅報法乳之恩亦不可不圖其外護之報也亦的矣然而幸揔持龍象既圖其報將營其祠堂脩其報祀長也適來焉姑稅吟笈於是管寺等咸屬長述其事彫之貞珉歌以祀帝之靈辭曰覺皇獨嘯龍象如雲爲羽爲翼咸萃靈山乃唱藏通乃唱別圓渡卵濟胎化洽人天化終緣盡倏示涅槃其法東漸普播九寰岐爲南北南則青原激爲洞山爰溢湖濱迸爲永平式濺東垠東垠無人獨登其壇垂訓遺箴懇付兒孫兒孫甡甡孰爲其冠揔持開祖寔爲其人振頹扶衰鼎轉法輪既慮濁世親款天閽身襲紫袍手攀龍鱗法音闐闐轟乎八埏此亦誰力曰維之君綿綿聯聯度幾百春倘微之君安能臻旃苟參玄者孰遺其勳爰營祠堂爰脩明禋筥筐蘋蘩悉致厥虔羞列乎俎酒盛乎罇磬管鏗鏘其聲盈筵走獸停蹟飛禽翔簷皇帝藹然欵解忩顔被髮握劍獨降雲間自得文鈔

信夫祭內匠孺人當舍氏碑

父母之恩喬嶽大海豈容輕重於其間哉而母恩或有篤於父者焉蓋自胚胎以至於分娩惡咀嘔逆困悶苦痛或圻或副以乳以哺三年然後免其懷可謂劬矣況教誨爾子式穀似之如內匠孺人其人者乎孺人名喜利當舍氏下總境町人性靜婉寡言初學書於青柳元達又景慕太田南畝之風善俳諧體歌詞年二十四歸江戶梓人大久保小三郎因私自號曰內匠孺人萬延中其社友胥謀選諧歌數十首題之金龍山白衣大士龕壁孺人亦與焉明治二年當舍氏本宗罹災家道甚難孺人請良人俱往嗣其家乃守淡茹苦拮据營理寢食之不遑未幾家道鬱然復興十二年五月得肺疾綿惙彌留遂以九月十六日沒距其生文政九年四月二十日享年五十有四葬于其鄉日枝神社麓先塋之次生一子曰八十

吉恒侍膝下受其教誨嘗謂之曰諺有之曰茄圃不生瓜汝勿以我故受此謗毀又曰鳶產蒼鷂我願因汝而獲其賞譽嗟夫立身興家男子之職誨兒傳道嚴父之責也而孺人一身任之可不謂才且賢乎孺人爲人慈惠好施予窮民因全活者亦多故其葬知與不知皆來會焉八十吉悲慟不措建碑于其廬東北數十步之地徵文於余余近承乏大學教授應酬詩文率謝絕旃唯八十吉之請而弗允則傷孝子之心亦竊有感於先妣之事是以不敢辭爲筆之併以洩其哀云

島田重禮上黎公使書

島田重禮再拜蒓齋黎君閣下重禮聞古者士大夫相見必執羔雁雉鶩以爲贄又加之以虎豹之皮繪畫之布所以致懽情而將厚意也今重禮之見將以何物爲贄致之以羔雉之類乎閣下之庖餘粱肉矣薦之以皮布之屬乎恐其華而過於文也無已則有一焉請以弊邦文獻之略爲贄是亦古人縞紵之意也上古文運之開昉於仁德中於天智至弘仁天長爲最盛次而爲延喜天歷是時學校如林科分四道課之以策試又遣使隋唐取其長而斟酌之典章制度爛然備具是以俊彥應運並出清原夏野菅原道眞寅工熙載炳爓史冊善道眞貞以經述著春澄善繩以博洽聞小野篁之文章都良香之詩賦皆其選也至經義則恪守漢魏傳注專門授受師承有法文章雖沿駢體氣象渾厚不失古格如三善清行意見封事剴切核實尤中時病綽有賈晁之遺是上代簪纓諸儒之梗概也自此其後干戈相尋斯道幾乎熄矣迨德川氏開覇府首延藤原惺窩而禮遇之又擢林羅山以備顧問制度律令多出其手一代風氣之開以二子爲嚆矢但運屬草昧文辭間有鬱轖不通者時使之然也其後伊藤仁齋出焉初專心宋學既而有疑於程朱性理之說著語孟古義中庸發揮以攄獨得尙書取今文而不取古文以爲古文後人僞託所云人心道心等語出於荀子則非堯舜授受之本語也其識見之卓殆不減亭林閻百詩矣其子東

涯博物洽聞當世無比其古今學變中述堯舜以來教道之源委議論醇正絕無時流偏僻之說又有秉燭談壺簪錄等辨析精確可與洪景盧王伯厚相伯中矣繼仁齋而起者爲物徂來徂來負絕異之才濟以浩博之學夙喜李王古文辭高談秦漢俯視一切聲華意氣牢蓋海內一時翕然隨而附和之經義雖非所長至其精詣處往往有先儒所未發者貴國錢梅溪校辯道辯名二書而翻雕之近人俞曲園亦頗稱贊之此可以觀概矣同時有新井白石其人天分極高學問極博毅然以經世自命奮身儒素卒參機政所著數十種其於典故援據詳洽貫穿古今眞爲有用之實學但率以國字爲文而不能通於他邦此可惜已及寬政中伊物流弊滋甚異說紛興幕府患之舉柴埜栗山古賀精里尾藤二洲爲教官嚴設異學之禁學必程朱文必韓歐非此一切不取於是學術一定文體漸趨正而學力則大遜前矣其在下者如山本北山皆川淇園太田錦城各立標幟掉鞅文壇而錦城尤邃於經著述等身頗有所發明近代儒流未能或之先也其他經義則有朝川善庵猪飼敬所安井仲平海保漁邨文章則有賴山陽佐藤一齋齋藤拙堂鹽谷宕陰皆其傑然者是元和以降諸儒之本末也嗚呼自經籍始傳千有餘年雖文運盛衰不一而其間鴻儒碩學雋才異能之士彬彬輩出或奮發於事業或用心撰述立功立言以扶植世道啓迪後學至其最下猶能摛藻振芳以潤色休明之治者何可勝計流風餘浸延至於今不絕先皇之澤其所及遠矣抑重禮因竊有感焉自古世變與時推移學術亦因之而變今宇內大勢所趨世道之變駸駸乎不知所底止則其於學術亦安能保其無變此憂世者之所宜深慮也閣下學羅古今才資文武敭歷中外屢使異域宇內之形勢四方之情僞洞如指掌其於世道學術升降之故必思之熟而講之精焉重禮雖不似竊有志於斯敢贅鄙文以獻之左右閣下若取其意而略其禮教以其所蘊蓄則幸甚不宣戊子陰厤九月九日

蒲生重章岩崎彌太郎傳

司馬德操曰儒生俗吏不知時務知時務在俊傑其彌太郎之謂邪彌太知航海之爲急務大起運漕之業遂爲世之大益余偉其功績也立之傳彌太郎名寬號東山岩崎氏彌太郎其通稱也父曰彌次郎母小野氏世爲土佐國安藝郡井之口村名族年七歲始就學十四歲藩主養德公召見彌太詩賦以獻公歎賞以爲奇童賜金若干人以爲榮矣彌太遂留高知入岡本疊浦門益勉學安政元年到江戸執贄於安積艮齋門明年聞父爲村吏所誣罹禍晝夜兼行以十三日達鄉是時道路之便未開雖藩急報猶不費十日不能達高知而彌太乃能如此人驚其捷且感其至孝彌太直詣郡奉行廳訴父寃奉行既納村吏賂言不聽彌太怒乃大書廳門柱曰官以賄賂成獄因愛憎決奉行視而怒使削去之彌太復潛大書廳壁如初奉行益怒命吏捕彌太鞫問彌太默而不言奉行再三詰之彌太毅然答曰僕所書也因罰之禁到城下周圍四村彌太乃移居神田村杜門讀書自是其名籍籍於士大夫間與從藤象次坂本龍馬諸子結交尤爲吉田東陽所知東陽土藩碩儒也安政五年奉藩命之長崎探訪外國形勢事情慶應二年出仕藩奉職開成館掌勸業事務明年以藩命再之長崎管通商事務遂航朝鮮既而歸藩任少參事爲大坂邸留守專掌會計當是時藩船多要費用殆不可支因委之於彌太彌太乃創九十九商會以大開運漕之業蓋以藩船用於通商一旦有事則還之藩而充軍艦之法也明治四年朝廷廢藩置縣彌太乃辭官解商會還船舶其所得金數萬圓悉還納更購船舶數艘於藩廳創汽船運漕業於大坂於是始爲自已獨立之業即三菱會社是也七年甲戌佐賀兵起奉朝命運漕庶物於戰地是歲移會社於東京茅場坊既而台灣役起朝廷購汽船數艘以委付彌太運漕貨物於戰地十年丁丑西南兵起彌太又奉朝命掌運漕役罷賞其功叙勳四等後益盛運漕之業於是本邦航海之權實落其手云十八年乙酉疾

發二月六日叙從五位其明七日遂卒年五十二疾革也大聲曰東洋男兒看護者皆喫驚問所欲言彌太曰東洋男兒平生所計畫未成十之二三嗚呼已矣乃瞑彌太爲人豪宕豁達好儒學厚乎人倫克耐艱難平素勤儉不苟費然至於與世盆周人急則往往擲萬金而無吝色朝廷褒賞其善行者前後蓋數十回至於賜金杯二銀杯五十之多云病中自知不起遺囑家人曰余沒則新築邸宅以與社員舊故某某其仁厚如此善諷子曰余不知彌太然觀其寄萬金於斯文會而知其有志於斯文學也又聞其通家岩崎直馬說其逸事又嘗遊塑生館觀其塑像覺精悍之色秀英之氣猶溢乎眉間也嗚乎眞東洋俊傑也哉

龜谷行古鈴記

日向人勝浦巒山携一囊來吾肱之有物銅其質黝然有光圜其形呀然半裂其腹空洞錮銅珠於內搖之錚然有聲吾曰此古鈴也何處獲之巒山曰吾國宮王丸村有農夫嘗穿地見一坎坎方六尺强高三尺許探之獲鈴三口鏃四十許齋瓮一口此鈴其一也吾乞而獲之鑒古者曰蓋不降二千年松浦弘藏白鳥陵所出之鈴酷與此類省軒子曰案周禮春官大祭祀鳴鈴以應雞人本邦亦用諸祭祀此鈴也鳴之者果何人聽之者果何神皆不可知然其黝然而光錚然而鳴者千古如一矣夫神武帝發迹於日向經營八洲至今二千餘年矣蓋鈴之隱晦在於神武創業前後其間陵谷變遷何限而蕞爾此物依然獨全豈不奇哉今也皇家中興揭神武紀元於天下而此鈴乘運而顯益奇也嗚呼一顯一晦有數存焉故瓦釜雷鳴黃鐘棄毀何獨怪於鈴今吾見此鈴亦安知非有數乎乃不辭而記之

杉村武敏古刀記

丁亥十月山田儀卿示古刀一口囑余記曰是吾傳家之器也家祖鈴木重教爲織田氏客將守寺部城

永祿元年爲德川氏所破戰死其二子二弟亦死事載在史乘德川氏之開覇府也遺孫應徵爲旗下士終改姓山田此刀傳至今顧得記以證焉余受而觀之長一尺口有寸廣一寸口分兩面鑿血漕長三寸口分漕中一鐫劍身一鐫老龍纏斂之狀鐵英百鍊色如秋水斜而視之焠華成文如雲如霧滃濛逼眼一見知爲良工之作也脫欛撿之莖長二寸口分兩面有欵識分刻文和八年八月日相模國住人廣光十四字廣光曠代之良工距今五百三十餘年也夫世之稱至寶者凡金石書畫珠玉器皿之屬難覯難得之物何限然吾邦以武建國流風遺俗尤崇兵器而兵器中所重莫若刀蓋以刀之利冠萬國也然而至其以爲至寶者則不一或曰是即英雄豪傑之所佩也或曰是忠臣義士手澤之所存者也又或曰是助吾祖百戰之功者也夫英雄豪傑忠臣義士之所佩者雖非容易可得然天下廣而一家狹非如吾祖遺物之不易得也且其可愛可重之物固不與吾相關何異愛鄰家之寶乎獨至祖先遺物一物之微猶吉光片羽一失之不可復得況於功績可誇之器乎況於邦俗尤所重之刀乎且夫家世廢興不常經年之久或落商賈之手或歸他人之愛往往而然是雖謂至寶所以爲至寶者已失不獨其家之不幸抑亦寶器之不幸也而此刀長不失其主至今而存蓋鈴木重敎之盡力于織田氏一敗不屈捨生取義一家殆盡千載之下使聞者膽壯故忠義之所憾將家垂恤遺孫繼緒家道連綿不衰此刀亦得因傳其勝英雄豪傑忠臣義士之所佩也萬萬矣何可不十襲藏之乎余與儀卿爲斷金交而未知家世之所由今因此刀聞其詳因應其請云

小山朝弘祭藤田東湖先生文

明治二十二年二月十一日朝廷行憲法發布式特追褒有勳勞國家者三人贈之位階藤田東湖先生居其一敘正四位越三月某日故舊門人相謀設祭於水戸某所余作文遙祭之曰夫士負非常之才遭

有爲之主古今所難纔已相遇言聽謀從成績赫然大有可觀而庸俗驚異宵小群議讒簧因乘焉於是君臣廢黜正邪易地可勝歎哉迫外事切迫驟起君幽蟄始見白日青天當是時四方仰瞻宛如北斗泰山維幕府衰運天災地變荐臻城郭震盪淹奪斯人時耶命耶抑神州之不幸誰不悲酸嗚呼哲人雖已正氣磅礴凝不散況有貽謀遺言長留不刊明治中興政屬維新駸駸開明維二十二年之春宣憲法大典寔曠古所未嘗覩聞萬民抃躍都鄙呼懽特賞君之前烈褒贈之榮寶降于帝宸嗚呼非遭聖明之世雖君之英邁絶倫烏得一朝如斯之大伸哉伏惟充塞之氣岳峙川流綱常倫彜永不湮淪民物益殖皇基益堅而君之英霛始當開眉粲然弘也私淑多年竊欽此褒典爰陳不腆之辭以薦芳醇尙饗

村山德淳印人小傳

町田久成號石谷又號心庵薩摩人以博雅著于朝野襟情高逸有嗜古之癖善書法精音律旁能篆刻而尤喜延攬汲汲如不及人有一技寸長者以禮羅致窮乏者輒贍之毫無德色尊酒常盈門多雜賓殆有孔北海之風其所藏鐘鼎古器金石書畫凡數百種傾囊倒橐不少慳吝暇則把玩竟日商搉古今鑒識精審世比歐廬陵之博居在鷗渡樓檻俯水四時之景無不宜月夜風淸蘆花亂發吹簫弄笛聲飄雲外則亦宛然王子喬之流矣君以薩藩閥閲負異才少入鶯溪林氏門講習經史後游海外略涉洋書多能如此至其篆刻之妙特餘事耳我邦古來講說文者寥寥矣文政間狩谷掖齋精通是書老儒松崎慊堂從而受教相與切劘二先生已歸道山世無復講之者濱村薇山以篆刻爲業深研六書義於段玉裁本多所釐正會同人講究討論每月數次近遇淸人楊守敬質音韵併及古篆考徵歴守敬亦服其精敏君之於鐵筆根抵深矣故一點一畫無不本古著有晩悔室印識天資曠淡善談論方其說古篆論印法仰面張唇津津不休甞畫許愼像祭之其風流如此君名大澥字觀侯薇山其別號也備前人本性鹽見

次第三世濱村藏六後冐其性亦號藏六居濹上門庭蕭寂業餘蓺蘭種竹悠然自適中井兼之字資同號敬所東京人與余少小相識天才敏捷學書法於小島成齋門性嗜篆刻就叔父三世藏六受其指授後入益田遇所門刻苦自强業大進戊辰之變去之靜岡品山評水之外益專力于鐵筆聲價日上居數歲復歸東京予逢於墨水徵志堂不相見殆二十五年言語愉愉清羸如不勝衣而予亦早衰鬢髮種種縱談往事相與一笑而已卜居小西湖上小樓翠幙蘋香水影之間欣然皷刀來請者戶屨恒滿近奉命篆紫玉御璽三顆恩賜優渥洵印人之至榮也小野湖山賦七古一篇贈之有三寸鐵筆千鈞力九重恩光萬人驚之句益田厚字士章號香遠東京人父遇所翁以篆刻鳴於一世自幼侍側耳染目濡有不期其精而精者家富印譜一涉其源流故其所刻莫不存乎古法性曠放洒落酷好觀劇俳優團十其所尤愛也杯酒徵逐歡然莫逆蓋團之妙乎技豈有所契合乎尾張衚衕車馬雜遝市聲囂囂君居其間恬然樂易如在村落有人乞篆者頃刻立就而一點不苟各滿意而歸於是名聲隆隆日起其造詣不易測也前田了白號對山東京人爲人長軀偉幹而氣韵恬愉慕陸鴻漸之風然煑湯點茶都有定式中存古道兼精於古器鑒賞又邃思篆籀金印玉章信手而成奏刀雅正遠追秦漢近取文何予嘗過骨董鋪有印譜一帙以爲古人作諦視則君手鐫也乃大驚其巧力平生愛酒方其浮太白玉山忽倒有飄然不群之致田口乾三號逸所東京人爲人溫厚閑雅種學績文有儒先生之風而嗜雕蟲技從中井敬所受刀法矻矻不倦又參旦評戲鐵社求益不已社中五子皆樹赤幟一方者君周旋其間別占風趣奏刀運腕饒有慧心夫段盤周鼎秦籀漢隸其事豈容易君則於人所難而易之恢恢有餘地余斷之以一語曰天分高而學力深

栗本鯤淺草花園森田六翁碑記

陰六乘三而中陽九之二陽九倍一而遇陰六之三是奇偶各得配而數理俱完者無恠于一寸八分之靈居十有八間之堂占大都之上流而香火盛無比也然而昔者西隅千畝之地猶有草昧未闢爲狐兎之窟者嘉永初年輪王寺法親王深憂之知翁精種藝富心計必有所爲徵問可之任其施爲翁感奮指揮衆丁拮据三歳汚壤淨而清泉涌焉惡木伐而美花列焉始爲一大名園而與夫高塔鉅閣相適親王大快之許翁以永爲園主人葢特典也予竊謂翁家世通稱六三郞是不期而應奇偶得配之數噫嘻易理幽深佛因玄妙默而契者葢親王夙識之也歟

高橋貞書水戸藩武田耕雲借軍資劵後

余嘗有弔水戸藩士武田耕雲齋之詩其一聯曰報國此心指天日浮雲何處望皇京並木德信讀之泫然泣下余謂曰此詩能知耕雲心事者矣葢耕雲等奮戰衝那珂湊重圍將訴于京師也間道出上野破高崎藩兵進而入信濃實元治元年十一月十八日也耕雲及田丸稻之右衞門藤田小四郞等其徒千有餘人過吾鄉佐久郡野澤村就乞借軍資詰其故則曰醜虜陸梁運屬危厄宸衷殷憂祈誓神祇以舉膺懲之典吾輩將西上請先鋒之命也見其行裝則奉白櫃於床上以次拜起其禮甚恭葢櫃中安烈公木主也一軍皆雄爽槍鋒滴血或額髮鬖髿被面或髻毛皤然戴雪乃知梳風沐雨經日既久戰袍了鳥不辨色彩余竊義之許以貸金五百兩耕雲謝辭慇懃留劵而去余之與耕雲義而許之德而謝之業已有契約何刼掠之有而幕吏誣以亂賊嗚呼余獨悲耕雲等橫罹殺戮不得踐償還之約其劵猶存爲觸憲之證則不能能瞑于地下也子其表之以雪其寃乃寄劵謂書其後余曰烈公首唱尊攘之義天下靡然從之其忠烈義氣能皷舞天下之士風遂爲中興先鞭耕雲等能服烈公遺訓未嘗一不日以尊攘爲念而蕭牆禍起正奸相軋斃而已矣然事皆關於國家大義其心足以質天地感鬼神矣今也逢遭聖世

龍駕北巡封其宋墓以褒忠臣之節皇澤隆渥恩及朽骨死有餘榮又何憾焉抑豪傑之士必持廉介之志宋謝坊得傾財償軍資萬紛英將空林登不能過債主之門雖細其不苟如此則德信之於耕雲亦能察其志者也歟乃書之還之德信通稱衛七世爲豪農尊王之志尤篤云

城井壽章書素行始末後

明治十年春薩人作亂大舉長驅圍熊本城也海內騷然矣既而賊軍不利解圍而去退據日州延岡高鍋諸城因遙想阪田君動止何如時予數奇在東京胥人或疑予形迹於是奉祠而去赴南總以避之今年春以事至東京訪君々置酒相談々及熊本役君出非卷相示坐上一讀悚然想見當時危惧窮苦之狀蓋君以奉祀都濃免焉予亦以奉祀玉前免焉與予同盟同志而半世數奇應亦略相同未知後來遭遇亦相同如此否乃掩卷慨然質之彼蒼氏云

城井壽章跋藤田小四郎遺墨

余聞宋文信國之死燕獄也隻履敝屣人爭傳以寶之豈非以有其精忠大節與日月爭光者歟今如藤田生以少年一書生唱大義於天下事不成而死之乃得其片紙隻字者信國隻履敝屣不啻也嗚呼天假之以年礱磨其事業或有與信國媲美異代者惜夫

中島雄擬米利堅人上書

外臣曩游大日本國又游大清國頗熟兩國之形勢有不能已于懷者請試陳之外臣竊觀大日本國自今上皇帝陛下踐萬世一系之寶祚舉七百餘年之墜典于今十有五年廢藩置縣改正朔易服色唯耆所在務期日新初也編纂改定律例而頒之今又編纂刑法治罪法而頒之外臣嘗把歐羅巴文明史讀之未見有開化上進之速如大日本國者也則宜與歐羅巴諸國對峙而有餘而效不至於此上下之財

力漸以窮海陸之軍備猶有所欠故使歐羅巴人得行治外法權而未之能禁遏也外臣聞之公法家曰邦國之主權有五自立政體也自定律例也自行治理也自選臣工也自遣使臣也凡此五者行之不違公法則他國不得擅預今大日本國皇帝陛下所定之律例出于地球公法之外者乎據外臣之所見非出于地球公法之外者也大日本國皇帝陛下所行之治理出于地球公法之外者乎據外臣之所見非出于地球公法之外者也定非出于地球公法外之外之律例行非出于地球公法之外之治理而使歐羅巴人得行治外法權而未之能禁遏者豈非損所謂主權者歟是外臣所爲大日本國皇帝陛下恥者也外臣又竊觀大清國自世祖章皇帝定鼎於燕京東踰烏蘇里河北跨黑龍江南至於閩粵控台灣瓊州西達於天山兩路拒前藏後藏外臣嘗披輿地圖觀之三分歐羅巴大小十六國所共有之地大清國殆有當其一之地則宜鞭笞歐羅巴諸國而有餘而效又不至於此常民溺於習俗學者沈於所聞茫茫乎不知今日之大勢故道光二十年定海廣東爲英人所破二十二年江南亦爲英人所破至咸豐十年都城爲英法所陷文宗顯皇帝行幸熱河使恭親王搆和約蓋當是之時雖謂行幸其實蒙塵也雖謂和約其實城下之盟也城下之盟與蒙塵所不忍言是外臣所爲大清國皇帝陛下耻者也秘露南亞米利加之一小國而其馬利也爾士船主敢于地球之公法販大清國之臣民入大日本國之海港猶行無人之境豈非大日本國之耻乎而大清國之耻則更甚焉凡是皆外臣所爲兩國皇帝陛下耻者也外臣所爲兩國皇帝陛下耻者兩國臣民亦非不耻之也輒曰宜日本國與清國合從以防歐羅巴諸國之跋扈也有以之說王公大人者有以之說鄉黨朋友者嗚呼此說也外臣知其不行而已夫六國之合從不行於昔時兩國皇帝陛下之所熟知者自中古法蘭西王富蘭刷第一世會羅馬教皇威尼弗斯祿倫斯密蘭諸侯於客納結聖盟以來史之載稱聖盟者指不暇屈而其能行者十中蓋無一二近世普相俾思麥

說魯西亞皇帝亞歷山得第二世結合從之約遂能破法蘭西及亞歷山得第二世旣崩皇太子卽帝位漸厭普國然則俾思麥之說又將變乎蓋人心之不同如其面而君相又代異欲以代異之君相合不同之人心是所以上下二千餘年合從之能不行也故大日本國與大清國合從之說非外臣所爲兩國皇帝陛下願者也外臣所爲兩國皇帝陛下願者在兩國之不起事也抑使當今元之於北條氏豐臣氏之於明之時那兩國千百起事外臣又何言但今非元明北條氏與豐臣氏之時欲取北條氏之地者不獨元也欲取明之地者不獨豐臣氏也則歐羅巴大小十六國皆是也故兩國若起事何異乎使數十卞莊子坐乘兩虎之弊哉蓋觀夫魯西亞乎往者魯西亞當大日本國政府征長防之時旣竊定取樺太之謀當大清國政府討洪秀全之時旣竊定取黑龍江北與烏蘇里河東之謀夫當今之時一國中起事之弊旣如此兩國間起事之弊果如何也曩使臺灣之役不至兩國之起事者非得兩國祖宗神靈宜護五畿八道二京十八省滿蒙兩藏之地乎兩國皇帝陛下違其祖宗神靈之所宜護起事可也乎況今兩國豈起事之時也哉有各當務之事在也外臣請爲兩國皇帝陛下言各當務之事蓋今日之大日本國殆秦孝公之時乎當孝公之時河山以東彊國六淮泗之間小國十餘楚魏與秦接界皆以夷狄遇秦擯斥之不得預中國之會盟於是孝公發憤耕織之本富其國强其兵遂使其子孫囊括四海幷呑八荒敝邦亦當有似焉者當華盛頓初操國命之時承喪亂之後民力彫弊國帑耗竭外邦有疑其獨立之不成者華盛頓務本之效致興工業通商賈使敝邦有今日然則當今之時大日本國當務之事在務本而已矣詢以皇帝陛下之聰明睿智與夙興夜寐之勞鑄可鑄之山烹可烹之海闢可闢之田與野以務其本昔日之秦何足言且不難及今日之敝邦而後何損主權之事之有大清國則殆趙武靈王之時乎當武靈之時趙東有河薄洛之水與齊中山同之而無舟檝之用自常山以至代上黨東有燕東胡之境西有樓其

其俗之效遂僻地千里復中山之怨魯西亞亦當有似焉者當彼得大帝即位之時其民矇矇昧昧不知開化文明之爲何物於是彼得大帝躬親遊荷英日耳曼取其政度文物與兵制器械以變其俗致破瑞典幷波蘭略西伯利與堪察加使魯西亞有今日然則當今之時大清國當務之事在變俗而已矣洵以堂堂宇內之大帝國取他邦之長與日新之學以變其俗昔日之趙何足言且不難及今日之魯西亞而復何爲蒙塵與城下之盟之事之有則使如馬利也爾士船主者有數百千人不能復于地球之公法販大清國之臣民入大日本國之海港猶行無人之境當是之時外臣雖欲有所爲兩國皇帝陛下恥者而當不有所復恥者也敢盡布之兩國皇帝陛下惟兩國皇帝陛下察之

會澤安論兵制

古者用來目物部之兵而參以民兵國造縣主亦各有兵一變爲軍團再變爲募兵於是兵皆世業號爲弓馬之家而兵農之分始此及爲戰國割據遂成封建之勢論其大勢其變三古藏兵器于神社必裂祭神祇是天神兵也及身毒法入國兵爲人事一變也源賴朝而後鎌倉室町相繼而管轄兵馬再變也古兵皆地着及海沸亂平兵聚都城而上無兵兵無上三變也鎌倉室町之統兵權也豪族大姓據有國郡末年交攻兵猶未離地也豐臣氏患天下之太强舉有上之君處之大坂或役土木或用戰伐俾不得養强于其國東照宮之興務在强本令武士聚都城俾不得養强于其邑於是兵寡民愚然有弱勢無弱形何也東照宮之立基專以節義磨勵士衆知借不虞夫盡膏血以養武士武士所聚貨則亦聚商賈亦聚趨時遂利所以使獷勇忘戰伐者固宜如是而其浮樊則僭居是以富溢生貧貧與弱相依貧而奢利營生顧貨財見利忘義上下交征利無復廉耻國無廉耻則無生氣而弱形見矣擊刺爲私門弓銃充演具馬徒供儀容故兵家選兵鄉野老實有土作色者爲第一而游滑佮便者其忌也養非所用弱矣民既出

五倍之稅以養兵士不可復點爲兵而無兵將何以守夫兵以守地地以養兵戶倍于古而兵寡專得不思

長尾槇太郎儒學本論敍論

余以明治十八年乙酉之春入大學修古典講習科以今年戊子六月將卒業有客來曰子在大學四年備修功課閱年不爲不久讀書不爲不多而其所學者何學其所道者何道其所行者何行余曰吾所學者儒學也吾所道者儒道也吾所行者儒行也曰所謂儒之所宗者何人曰昔仲尼祖述堯舜憲章文武儒之所宗仲尼也言未半容變色叱曰子亦夫纍纍者之徒歟當今之時洋學盛開世趨文明人談數理家修工藝富强是講財利是興有政治學有法律學可以治天下有耶蘇教有倫理學可以修其身駸駸乎世皆倣西法之風而子獨欲爲儒者豈不異哉余曰所謂文明何獨在西洋且夫生乎今之世志乎古之道非溫故知新之術耶嗚呼世道日微周孔之道寖衰雖非無遺書多是斷簡殘編言微理深淺學之徒恐難求繹且今之時非古之時今之學非古之學古之時鎖國不交今則五州萬國絡繹往來古之學一而足今之學百科端緒以有數之日講無際之學恐難得要領於是約要摘義著學儒本論爲篇二爲章六將逐目論述先自儒學定義始

別國人述日本事之文

姜沅是尙窩記

是尙窩者日東儒者斂夫之窩也其所謂是尙者何也予嘗聞孟子之言曰一鄉之善士斯友一鄉之善士一國之善士斯友一國之善士天下之善士斯友天下之善士以友天下之善士爲未足又尙論古之人是以論其世也是尙友也夫以一鄉一國天下有其士孟子猶以爲未足爲友況以一鄉一國天下無

士乎夫以孟子之時去古未遠而猶且尙友古人況以今之時與孟子之時又加相遠乎所賴古昔聖賢之生去我者雖遠而古昔聖賢之心迹布在方策今欽夫盡得以誦説之諷詠以體之涵濡以得之晨夜於其中坐臥乎相對與稷契皋陶伊旭周召揖讓進退於典謨誥命之中與騫牛雍賜游夏由師升降切磋於洙泗杏壇之上欲聞入德之門質之於孟子欲得性命之原問之於子思左手拍濂洛肩右手挹紫陽袂和風慶雲泰山巖巖盡爲責善輔仁之益友則地之相去也雖隔萬有餘里世之相後也雖隔萬有餘歲而吾之所聞者惟古人之言所見者惟古人之事所行者惟古人之道吾之一心即古人之心也一身即古人之身也所居窩之者古人之窩也則是窩之得名是尙其知有所取於斯也予嘗聞日東四大姓藤爲之宗又嘗見宋太史景濂詩有曰聯城甲第競豪華者是也自曠世攝國政以至道長長五世孫京極黄門定家以道德文章顯十一世孫參議爲純是欽夫父也以王綱不振亂賊横恣自幼隱居不仕以道自樂阿堵一世人物渺然則欽夫之所友舍古人其誰哉嗟乎余是遠人也自結髮則對聖賢黄卷中嘐嘐然嘗曰古之人古之人而今者不幸旅寓於絶域之中偷生假思所關一死則於古人成仁取義之道何如哉幽明之間大宮良友聞子之道汗顔哉故爲之記發揮是尙而因以自憚焉萬厤己亥朝鮮刑部員外郎菁川姜沆記

□□□西人論日本水師

水師之用三一守邊二攖敵三戰時保護屬土及本國商業務法英水師有大巡邏船堅而捷以新闢之地坿屬之埠倫於五部不如是不足保屬土護商務也備邊有大鐵甲戰艦船中有極大之礮極熟之兵兩大情形貴國無有無邦外屬土若千島若小笠原島亦人所不取則不必置鐵甲巡邏船鎮守也爲守邊計足矣水師船二千五若與中國開釁可用者不過十號扶桑金剛比叡東艦龍驤筑波日進清輝天

城磐城是也餘皆不中用且中國要口有可怕之礮臺足力之礮船縱無水雷尚難闖入況有水雷乎若與外國開釁用以鎮守東京海灣猶嫌不足建堅固礮臺其費甚鉅況礮臺必俟敵船行至始能轟擊不若以礮攻船也現有之船留爲水師之本藉以成就官兵之學擇數船爲旗船（謂水師提督坐船）分鎮各處數號爲行船往來別國數號爲潜船分布海口數號爲護船遇米加多（謂國主）航海則用以隨從數號爲練船訓練水師後備兵以及守邊之義勇餘則存於船塢夫木船不足供戰將來兵船最得用者即輕捷行遠之巡邏船與內空外實之極快鐵船或鋼船船中安置巨礮多煤船上不用桅帆如斯而已若論貴國則此種船二三十年後仍可無需故不如專自守也水師宜分五鎮一曰北二曰東北三曰中四曰西南國曰西北北路則鎮箱館包括北海道與久米島東北則鎮東京包括全股與坿近地方東北至仙臺西至鳥羽中路則鎮大坂包括全股與坿近地方西至逸見峽與富島東至若山南至四國包括內海與備後至下之關海峽西南則長崎包括九州與對島及沖繩西北則鎮那那阿包全岸與安藝佐渡兩島自依鴉郡海灣（阿布喇他尼港山口縣海岸）以至亞烏木慮海灣每鎮設塢以備修船類乎中國守邊之礮船者置五十號每號裝亞木斯著朗新式三十五噸重後膛礮一門巨木斯著朗新式十二噸重後膛礮兩門加德林或挪丹非次礮二門多置新式軍器已上所言大礮距三十八町日本一里餘（當中國七里餘）可穿入英寸之鐵甲船前行每點鐘可行十英里後行可九英里半前行後行其功相等船兩端有活舵用則安置不難船即駕礮之輪車也乘礮之板在乎堅硬有活機以可進退爲妙每船官兵五十人船五十號只需二千五百人號東京曰第一鎮以扶桑戰艦爲總統旗船鎮守別撥現有之船數號以練後備兵及守邊之義勇再添礮船十二守岸此外布置水雷可也大坂亦曰第一鎮以金剛艦爲旗船號箱館曰第二鎮以龍驤艦爲旗煩秦韓之邊而無騎射之備中山嘗負齊之强兵侵掠趙地係累趙民引水圍鄗而武靈王胡服騎射變

船鎮守號長崎曰第三鎮以比叡爲旗船號那那阿亦曰第三鎮以筑波爲旗船（撥添船隻布置水雷皆如東京）第三鎮各置二等提督一第三鎮置老成船長可也礮船較巨艦得用乃不磨之論譬如敵船欲進東京灣貴國有礮船十二號與水雷布陣聽提督指揮留有後路應進應退操縱在我而巨艦無此靈便也礮船矮而小敵船之礮未易中能擊一不能擊二況靈捷退回灣內其船中小礮亦敷應用入灣則敵船不能前進而敵人水雷無計可施縱礮船沈一二號所失不過百人易於補救礮船每年置十號五年可齊連礮火計較扶桑戰艦（價洋元九十六萬七千五百）所多無幾約亦扶桑價可買礮船五十一（意謂每礮船一隻有十萬五千元可購也）可抵扶桑十二也至于錢財專賴地土格致之學精耕種百工貿易之事熟則西國金銀必將流入則破敵具皆可購耳天下海面皆有船旗市廛皆有商旅可稱第一自守之邦

日本圖經二十九終

游歷日本圖經三十

奏派游歷日本美利加秘魯巴西等國英日屬地加納大古巴知府用兵部郎中臣傅雲龍述

敘例

自敘

皇帝御宇之十三年雲龍應游歷試引見派同刑部主事顧厚焜游日本美利加秘魯巴西等國及英屬地加納大日斯巴尼亞屬地古巴而以日本始先是雲龍游雲南而貴州而四川而湖北而河南而江蘇而山東而直隸而京師當駱文忠總督四川時與阮兵備道祐守潼川府城解敘永廳圍克復長甯等縣艸檄不少綴然年少弗欲早進或代言祿輒辭之堅試京兆蹭郎署廿年碌碌無所短長而以曠分陰為懼於經嗜小學於史嗜地理兵制而苦勘心得舟車所至又深以虛此一游無裨

國計萬一爲懼方游歷總理各國事務王大臣勗之至再道出天津合肥伯傅中堂前此未一面也見則教慰良深雲龍自問當何如游哉初至日本徐大臣承祖屆瓜期矣然照料罔滯以晝游夜記聞黎大臣庶昌實事求是者也雲龍性差近所緜受益宏多竊謂今之都邑地志皆古圖經體奉使高麗圖經微乎其微者也先述游歷日本圖經于十五年夏屬艸廿六卷倉猝難可定稿將有南北阿美利加洲之行黎

大臣入

告謂體例甚善俟從他國回至日本詳核明年航海東旋奪者補之譌者正之未見未聞者譯之訪之欲微而顯故圖欲簡而賅故表然視纂順天府志則難何也古籍爭學漢文而晚出之地理海誌兵法商學藝術諸籍半雜片假平假之字譯文譯義難一西字依聲無定文日本句讀顛之倒之一字輒三四音衍之而本字未可借音難二非涉兵機轉思炷目否則

陽就陰避情勢然也難三日本抄胥動擬俗體難四圖非鏤銅不精鐵道電綫非别之以朱不易指掌而疵輒毛舉難五活字可代寫官然非一再錄纂無以定也難六讐校人尠而期迫難七排印工寡非以鉛版匡其未逮不能刻日成也難八而以行路之歲月倍于閉戶箸書汽船纔泊筆不得停一紙未終火車復上難九況其學與技由西而東積年乃成而欲以一游再游測厥奧窔難十或曰要領足矣奚勞勞爲雲龍則謂挈綱先綜目非撈沿革猶夜行無燭也非測地度猶窺天以管也非别海陸之軍無以洞其取法非問扱仍之官無以鑑其流弊非攷物產之盈虛出入之會計無以判得失而酌損益非究文學之源則漢學幾忘其祖非志藝文與金石則今古之同文經史之異詞無以徵且無以辨也求志則然如識淺何雖然末膚之咎非所敢避畏難之見不敢或萌即疑即問即譯即筆於是錄者圖者排字者鏤銅者刊鉛者石印者萃厥技藝期于成書而非黎

大臣導之勗之洞甘苦而慰勞之幾何不疑懼交迸也乏兼人之勇而欲縮十日之功于一日豈不自知其難哉雲龍勉為其難既以日程依史家編年體入游歷圖經餘紀而此圖經者文不襲古惟其時也然遷表固志桑經酈注之體不欲與之或舛辭不取縟欲其實也而如稗史小說家言亦不系也為類十有四曰天文曰地理曰河渠曰國紀曰風俗曰食貨曰攷工曰兵制曰職官曰外交曰政事曰文學曰藝文曰金石曰文徵曰敘例為子目一百八十有三為卷三十篇第相承自為敘曰航海之經而度起英非記載體爰測自京述經緯表第一　東紀改西不夏時齊非董理之披籍滋迷述中國日本月朔表第二　地形橢圓環日而旋東行日速十七分遷述中國日本較時里差表第三　晴雨何始寒暖何止歷力為之皆空氣耳作晴雨寒暖表第四　涼燠視潮而風視日謂南北分豈曰其實述沿海氣候表第五　風向奚分就實測云述偏多風向表第六

漲縮風偏時測海天述沿海偏盛風表第七　月吸則潮風熱度趨述潮候表第八　分合視圖而説與俱鐵道電綫朱以判之述地圖第九　東高西下形勢孰假述疆域第十　廣袤斜寫離海蓋寡面積而外元和例也述四至八到表第十一　沿革靡記奚見今地疇舊疇新孰同孰異述沿革表第十二　府縣界尋瑞穗非今述府縣分疆表第十三　郡邨離即繫之以國述郡邨繫國表第十四　帶水襟山表裏海灣述疆域險要第十五　蜻蛉一洲環海四周述海道險要第十六　港灣論千小者畧焉其深實測淺異品川述港灣測深表第十七　燈質其常計里測光中國八十未讓扶桑述燈臺表第十八　曰浮曰立見標者習述晝標表第十九　商賈民收燈明舊留諸標坿箸亦立亦浮述民設舊燈明臺諸標表第二十　其形圜錐南北風岐述暴風信號標表第二十一　厥都屢遷橿原其先述國都表第二十二　茅茨意遺西京見之述宮室表第二十

纂喜廬所著書

三　樞密院增餘舊貫仍述官署表第二十四　碎石抵輪無泥無塵其涂廄舊其議則新述城市第二十五　里閭元標曰日本橋述府縣廳至東京里表第二十六　孔道車指支道異此述府縣孔道支道表第二十七　本蝦夷耳其闢未已述北海道闢路表第二十八　九港非新其最橫濱述商港繫年表第二十九　海里互參倭七英三述中外名港里表第三十　與國之疆廄里毋忘述聯約國里表第三十一　析言則多棊布星羅述島表第三十二　國東瀛間而亦多山述山表第三十三　火井寥寥火山燭遙述火山表第三十四　水經與注體微而具述河渠志第三十五　源流紛紜合中有分述水道分合表第三十六　泉性與質測之得實述礦泉表第三十七　引水資工其用不窮述東京神奈川引用水道表第三十八　湖沼起止輒逾廿里述湖沼第三十九　謂瀑曰瀧川源或雙述瀑布第四十　吾妻橋新餘問水濱述橋梁表第四十一

一姓相傳二千餘年述世系表第四十二　明治以前擁器何權述權臣柄政年表第四十三　實陪臣耳封建異此述藩國表第四十四　其語近圖其情易遷述人情第四十五　貌取何為而恥不知述形體第四十六　華士族殊民彝同乎述族類第四十七　厥黨非一主入奴出述黨目第四十八　如寢衣類製與古符作獲野觀注補宋儒述服色第四十九　不歌無魚食肉非初述飲食第五十　圭竇非鄙雅潔有餘今則效西而恐不如述居處第五十一　遲昏則那火化猶多述俗禮第五十二　問歲己酉而農懼迷述節令第五十四　語譯音翻例續輶軒揚子而起不易吾言述方言第五十五　人與代遷魏志其前述日本前代人口表第五十六　琉球而外民數可會述戶口表第五十七　其險漸平其人猶生述北海道土人表第五十八　屯田曰宜漢制之遺述北海道屯田兵表第五十九　公私分列謂之地別述官民地表第六十　肥磽減

加田賦有差述地租表第六十一　東方易生水產易贏述物產第六十二　孰多孰寡舉其要者述動植大要表第六十三　錢瀼溯前而紀今錢述貨幣表第六十四　錢料防侵謂之地金述造幣局金銀料表第六十五　瀼在機先而器亦全述造幣機器表第六十六　其幣流通鑄數非同述貨幣鑄發表第六十七　古金亦及出多於入述貨幣出入表第六十八　藩札濫觴厥利轉長述紙幣表第六十九　商物猶是而直或否述通商物直增減表第七十　商重於農華其大宗述中國出入日本物直表第七十一　所至一途所自則殊述出入物直繫地表第七十二　新潟商疏非八港如述八港稅關物直表第七十三　日本行一國立次之正金又次曰兌換宜述銀行表第七十四　行非會社有相類者述私立銀行分類表第七十五　店正而支百萬有奇述商賈數表第七十六　商亦有屬領標者錄述商標表第七十七　貌襲靡杜心得悔苦東法效西此其可

取述許嫥賣表第七十八　其農遜商而田靡荒述農表第七十九　絲不如湖而出入輸述蠶絲表第八十　鹽豈無税煮海歲計述鹽滷表第八十一　茶得自唐宇治其良述茶表第八十二　葡萄釀新它酒例陳述酒表第八十三　菜蘆亦糖蔗製者良述糖表第八十四　曰他巴苛其音轉倭述淡巴菰工商表第八十五　船形西東汽驅非同述舟表第八十六　車類有四倨句中地述車表第八十七　三萬餘燈煤氣轉承述瓦斯燈表第八十八　獵山漁水食亦賴此述漁獵表第八十九　礦不皆山質詎一般述礦表第九十　製非產比炭礦則否述官礦表第九十一　廾人之遺工其可知述官礦工表第九十二　售礦自官歲同則難述官礦售數繫年表第九十三　出入有章礦務加詳述官礦出入表第九十四　民礦因仍而類則增述民礦金屬非金屬表第九十五　其入孔多如其出何述民礦出入表第九十六　曰官曰民礦行則均述官民礦行

合表第九十七　水火時聞荒政亦云述備荒表第九十八　保物保生險若可平述保險表第九十九　勸學勸工其會從同述博物館博覽共進會表第一百　土木費支歲亦不貲述土木費表第一百一　其債歲會有內有外述國債表第一百二　王制量入豫計非急述歲計出入表第一百三　旁觀者清對鏡則明述歲計比較表第一百四　工同技獨用攷工目述攷工第一百五　兵器課堅以造幣先述官工表第一百六　利器溯原不外聖言述工器表第一百七　日傭計日它工歲出述工直表第一百八　罪人亦工與西役同述罪人工表第一百九　無益無損其則不遠述製度量衡工表第一百十　或造或修聯舉其尤述橫須賀造船表第一百十一　水跨山闢狹我一尺述鐵道計里表第一百十二　鐵軌其同在經營中述鐵道資本表第一百十三　費出自公官董廠工述官立鐵道局費表第一百十四　會社何為猶言公司述民立鐵

道會社費表第一百十五　飛車起止剋期例視述停車里數表第一百十六　車等有差厥數浸加述鐵道車數表第一百十七　所至利生歲計其贏述鐵道計入表第一百十八　民可使由厥闢未休述鐵道年表第一百十九　史言無戰時移法變述兵制沿革第一百二十　兼人者誰入伍有時述徵兵已未入伍表第一百二十一　應召而來固無棄材述徵兵分類表第一百二十二　海陸之軍求志亦云述徵兵志願表第一百二十三　視身視齒技猶後矣述徵兵身格表第一百二十四　既往不追而亦識之述徵兵本業表第一百二十五　其地師管用長舍短述陸軍分管表第一百二十六　非屬不使陸行臂指述陸軍人屬表第一百二十七　大小隊充其間曰中述陸軍隊表第一百二十八　士卒相維生徒學之述陸軍士卒生徒表第一百二十九　豫備之備是為後備述豫備後備士卒合表第一百三十　騎步縱横亦有工兵述豫備後

備兵分數表弟一百三十一　陸軍從行糾以憲兵述憲兵表弟一百三十二　其局馬盤有教導團述軍馬表弟一百三十三　乘組者流不屬則浮述海軍人屬表弟一百三十四　水師進止其練視此述海軍士卒生徒表弟一百三十五　馬力之實誰歟弟一述兵船表弟一百三十六　扼險未全晩造者堅述礮臺表弟一百三十七　封藩非初改官非疏述職官舊制弟一百三十八　樞密長增餘舊貫仍述官制弟一百三十九　再閏月支西紀省之述官祿表弟一百四十　重武輕文兼者仍分述武官祿弟一百四十一　爵亦有五勳章遞受述爵表弟一百四十二　旣居其職亦食其食述有位人表弟一百四十三　秦使至否不可詳矣漢書樂浪非後漢始述中國交涉前事弟一百四十四　錄不可勝出處聊登述往籍交際條目詩目卌弟一百四十五　零落故紙欲徵視此述交際文弟一百四十六　互市款關矣信往還述中外訂約通商年表弟

一百四十七　駐東
欽使自丙子始述中國使臣表第一百四十八　交質非難來使紛如述
別國使日本表第一百四十九　厥使自東絡繹道中述日本使別國表
第一百五十　徐福其先寓公名編述中國流寓表第一百五十一　借
異地材或亦自來述別國人在日本表第一百五十二　初尠分馳僑居
浸滋述日本人在別國表第一百五十三　分寶星光而曰勳章述互受
勳章員表第一百五十四　呂記例沿如指掌然述大事編年表第一百
五十五　權量類通庶其大同述度量衡比較表第一百五十六　遵道
置郵書以函收述郵便表第一百五十七　通字錄音何處海深横濱其
始續之至今述電信局數綫路表第一百五十八　刑始解除西法異初
述刑略第一百五十九　儒學自華支派有差述學派源流第一百六十
片假平假民無疑者五十字音翻切例也述日本文表異字音學坩第一百

六十一　儒學之起以論語始西學流倭格致轉多述學校合表第一百六十二　近墨近朱不學者無述己未入學表第一百六十三　等判初中高等見功述小學校師弟子表第一百六十四　曰高曰初厥等非虛述尋常中學校表第一百六十五　教學時移而學為師述尋常師範學校表第一百六十六　竝鶩者荒博愛者忘述專門學校表第一百六十七　婦學之遺而在于斯述高等女學校表第一百六十八　校皆官立兵商亦習述官立學校表第一百六十九　非府非縣誨亦不倦述雜學校表第一百七十　厥學寖多而亦有科述雜學校科第一百七十一　未入學者亦有園也述幼穉園表第一百七十二　圖書森羅亦不厭多述書籍館表第一百七十三　多以學游此則官留述日本人留學別國計費表第一百七十四　問越高名學費前贏述公學費歲入表第一百七十五　其出有名亦經亦營述公學費歲出表第一百七十六　七略

意遺班志沿之中國所逸不圖在茲述藝文志第一百七十七　豈無重輕正史翼經臣能刻畫敢忘樂貞述金石文第一百七十八　漢魏鑄金賜印傳今它刻層見非玩物尋述印志第一百七十九　歐陽刀歌如未見何劍微刀熾效西則那述刀劍志第一百八十　其樂其貞一千餘名較之彼表孰絀孰贏述金石年表第一百八十一　文豈無徵寓勸寓懲述文徵第一百八十二　自序聊存豈擬龍門敍例二字本史通言述敍例第一百八十三

凡例

國名地名與夫書爵書官不以古飾今紀實也人書名史法也載記亦徵具史體有游歷責又非漫游比也　紀傳從畧游歷圖經在此不在彼也　妄誕之說與其濫收曷若闕如之為愈也　紀年計里以中國為宗籍非大要厥文從省　文不必已出惟其是而已間錄異說勸懲交資意也

據事直書公是非于天下也不捐細大未有不博而能約者也

嫥例

同治十一年十一月三日以前紀年告朔一如中國二千五百餘年矣改用陽厤乃與西同載籍之徵未可一例也　雲龍游歷別國美利加之言即英言也加納大無論已他若秘魯國與夫古巴島皆沿日斯巴尼亞言巴西則仍葡萄牙言其自成方言者獨日本也是以方言為其嫥例　寢衣明衣之類可以翼經金石之中有漢魏賜印其分器贈器亦幾與土地竝重可以補史此亦別國所得未曾有也　鐵道電綫近用英里然日本一里約中國六里有八六尺為間六十間為町即三十六丈也三十六町為里即一千二百九十六丈也六尺方地曰坪又一貫云者中國百兩也一円云者中國一圓也一匁云者中國一錢也

日本圖經三十終

游歷美利加合衆國圖經三十二卷（卷一至卷六）

〔清〕傅雲龍撰

《游歷美利加合衆國圖經》三十二卷，清傅雲龍撰。雲龍既游歷日本，其後三度赴美，以國人專記日本之書已夥，而記美利加之書則尚尠見，《瀛環志略》敘歐羅巴洲，簡明有法，然於美利加則十不明一，遂於美利加各邦，擇其大要，親自跋涉者五之四，故其所記，多得之實地調查，非耳食者比。是書分天文、地理、河渠、國系、風俗、食貨、考工、兵、外交、政事、文學、敘例十二類，類下分一百六十餘子目，另附圖表甚多，翔實可據。卷一至二十五據上海圖書館藏清光緒間排印石印本影印，卷二十六至三十二以中國國家圖書館藏清光緒間石印本配補。

游歷美利加合衆國圖經

三十一卷

光緒十五年冬

順德李文田題

游歷美利加合衆國圖經目錄

花翎二品銜直隸即補道總辦北洋機器局前游歷使臣傅雲龍述

入比較表　合衆國損本商表　許嫥售年表
攷工志一　游歷美利加圖經十八
攷工源流　原工第一　工例第二　取材第三　分制第四　鎔鐵工第五　礦工第六　槍工第七　火箭工第八　火藥工第九　鉛工第十　金屬器工第十一　釘工第十二　紙幣工第十三　絲工第十四　棉工第十五　毛工第十六　化學物工第十七　玻璃工第十八　農器工第十九　紙工第二十　手印字工第二十一　木廠工第二十二　雜工第二十三　工廠
合表　工類表　新英邦工廠利率表　土木工費繫地表
攷工志二　游歷美利加圖經十九
鐵道攷工　原始第一　沿革第二　營業第三　軌式第四　計工第五　分制第六　較費第七　損益第八　稅第九　異常鐵道第十　新奇車第十一　車票第十二　雜說第十三　補攷第十四
攷工志三　游歷美利加圖經二十
鐵道繫部表　鐵道年表　鐵道增人百分率表　鐵道費表　繫地第一　分數第二
鐵軌表　軌費第一　軌寬第二　軌工第三　鋼鐵比較表　鐵道枕木表
計直第一　計年第二
鐵道舛軌表　鐵道利表　繫年利第一　繫地利第二　最巨公司利第三
它國鐵道運直比較表　火車街車工表
攷工志四　游歷美利加圖經二十一

游歷美利加圖經一

美利加天文志

花翎二品銜直隸即補道總辦北洋機器局前游歷使臣傅雲龍述

經緯表

美利加經緯起算一以中國爲宗與日本經緯同一例也以其都城言曰華盛頓（一表內華盛頓乃其一部名非都也）以其都之地名言則曰科侖布亞其緯度在英綠威西七十七度而在我京都南一度此面彼背氣候亦無大異科侖布亞華盛頓都不言經度起止者地無幾也合衆國緯綫起赤道二十五度訖四十九度經綫起英西六十六度四十分訖一百二十五度三十二分以中國京都論則起偏東一百一十四度四十分訖一百七十三度三十二分而阿拉士格不在其內南北爲經東西爲緯見說文釋名周禮疏諸書蓋古誼也述經緯表

	北極高度	高度起止	距中國京都緯度	距中國京都經度	偏英綠威經度	偏科侖布亞經度
合衆國（邦部）	十度十分十秒	起十度十分止	南十度十分北	東百十度十分	起西百十度十分止	東十度十分西
科侖布亞	三八 五三 三九		南○ 一○	○一 一八 三○	七七 ○○	

阿拉巴麻	三二三〇〇〇	三一一〇	三五〇〇	南〇七〇〇	一五六三〇	〇八四五三	〇八八三四	西〇九〇〇
阿剛色斯	三四三〇〇〇	三十〇〇	三六三〇	南〇五〇〇	一五一三〇	〇八九四五	〇九四四〇	西一五三〇
嘉里符尼亞	三七二〇〇〇	三二三二	四二〇〇	南〇三〇〇	一一四四〇	一一四〇八	一二四三五	西四五〇〇
喀挪拉奪	三九三〇〇〇	三七〇〇	四一〇〇	南〇一〇〇	一三七三〇	一〇二〇〇	一〇九〇〇	西二八〇〇
干揑底嘎奪	四〇〇三〇〇	四一〇〇	四二〇三	北〇一〇〇	一七〇五〇	〇七一四六	〇七一三五	東〇四〇〇
特納窪	三九〇〇〇〇	三八五六	四一二一	南〇〇三〇	一六七五五	〇七五〇〇	〇七五四六	東〇〇七〇
佛勸里畲	三〇三〇〇〇	二四三〇	三一〇〇	南一二〇〇	一六一三〇	〇八〇〇〇	〇八七四五	西〇八〇〇
若耳治亞	三四〇〇〇〇	三〇二一	三五〇〇	南〇七〇〇	一六〇三〇	〇八〇四八	〇八五四〇	西〇七三〇
伊利那倚斯	三九三〇〇〇	三七〇〇	四二三〇	南〇一〇〇	一五四三〇	〇八七四九	〇九一二八	西一一七〇
英釐阿納	三九三〇〇〇	三七四七	四一四六	北〇一〇〇	一五七三〇	〇八四四九	〇八八〇二	西〇九〇〇
愛阿窪	四一三〇〇〇	四〇二八	四三三〇	北〇一〇〇	一五二〇一	〇九〇一二	〇九六五三	西一五三〇
剛色斯	三八七〇〇〇	三七〇〇	四〇〇〇	南〇二〇〇	一四五〇〇	〇九四四〇	一〇六五〇	西一八〇〇
根得基	三八〇〇〇〇	三六三〇	三九〇九	南〇二〇〇	一五八三〇	〇八二〇二	〇八九四〇	西〇八七〇
魯西阿納	三〇三〇〇〇	三八五五	三三〇〇	南一一〇〇	一五一一〇	〇八八四〇	〇九四二三	西一三三〇
緬	四四〇〇〇〇	四三〇〇	四七二八	北〇四〇〇	一七三三二	六六五二	七一〇六	東〇七〇〇

瑪理蘭	三七〇〇〇	三七五三	三九四四	南一〇三〇	一六七三〇	七五〇四	七九三三	東〇〇三〇
馬沙朱色士	四二三〇〇〇	四一一五	四二五三	北〇〇二〇	一七三〇〇	六九〇四	七三三四	東〇六〇〇
密西根	四二三〇〇〇	四一四三	四八二〇	北〇四〇〇	一五九三〇	〇八二二五	〇八八〇二	西〇七三〇
梅尼所達	四五〇〇〇〇	四三三〇	四九二四	北〇四〇〇	一五一〇〇	〇八九三〇	〇七七二五	西一六〇〇
密士昔比	三七三〇〇〇	三〇十〇	三五〇〇	南〇七〇〇	一五四〇〇	〇八八十二	〇九一二六	西一三〇〇
密蘇蘆	三八二〇〇〇	三六〇〇	四〇三六	南〇七〇〇	一五一三〇	〇八八五五	〇九五三八	西一五三〇
挐布拉士格	四一〇〇〇〇	四〇〇〇	四九〇〇	北〇五〇〇	一四七三五	〇九〇二〇	一四〇〇〇	西二〇〇〇
列法達	三九〇〇〇〇	三五三〇	四二〇〇	南〇二〇〇	一二五三〇	一一四〇〇	一二〇〇〇	西四二三〇
紐罕布西耳	四三三〇〇〇	四二四〇	四五一八	北〇三〇〇	一七二三〇	〇七〇四〇	〇七二二八	東〇五三〇
紐折爾西	四〇三〇〇〇	三八五五	四一二一	北〇〇〇〇	一六九三〇	〇七三五八	〇七五二九	東〇二三〇
紐約	四二三〇〇〇	四〇三〇	四五〇〇	北〇三〇〇	一六九三〇	〇七一五四	〇七九五〇	東〇三〇〇
諾司喀爾勒那	三六〇〇〇	三五五〇	三六三三	南〇二〇〇	一六四三〇	〇七五二五	〇八四三〇	西〇二〇〇
倭海約	四〇〇〇〇〇	三八二七	四一五七	南〇〇〇〇	一六三〇〇	〇八〇三四	〇八四四八	西〇六〇〇
顛里根	四五〇〇〇〇	四二〇〇	四六二〇	北〇四〇〇	一二五二〇	〇一一六四	〇一二四三	西四六〇〇
賓夕佛尼亞	四一〇〇〇〇	三八五六	四一二一	北〇一〇〇	一六六〇〇	〇七四四〇	〇八〇三六	東〇〇七〇

洛畬埃倫	四二〇〇〇〇	四一一八	四二〇三	北〇一〇〇	一七一四五	〇七一〇八	〇七一五八	東〇五三〇
臾司喀爾勒邦	[illegible]四〇〇〇〇	三二一〇	三五〇〇	南〇六〇〇	一六三〇〇	〇七八二五	〇八三一九	西〇三〇
田捏西	三六〇〇〇〇	三六三〇	三九〇九	南〇四〇〇	一五六三〇	〇八一三七	〇九〇二八	西一〇〇〇
德格瑟斯	三〇三〇〇〇	二五四五	三六三〇	南一〇〇〇	一四四三〇	〇九三三〇	一〇六四五	西一六〇〇
窪蒙	四四〇〇〇〇	四二四四	四五〇二	北〇三〇〇	一七一三〇	〇七一三四	〇七三二六	東〇四三〇
勿爾治尼亞	七七三〇〇〇	三六三三	三九二七	南〇二〇〇	一六六三〇	〇七五一〇	〇八三三三	西〇〇三〇
威士奪勿爾治尼亞	三八三〇〇〇	三七〇〇	三九四三	南〇二〇〇	一六四三〇	〇七七四〇	〇八三四〇	西〇四〇〇
威士干遜	四三〇〇〇〇	四二三〇	四六五八	北〇四〇〇	一五三三〇	〇八四〇八	〇九二五四	西一二三〇
阿里瓊那	三四三〇〇〇	三一二〇	三三二〇	南〇八〇〇	一三三三〇	〇一〇六五	〇一一四四	西三五三〇
打戈達	四七〇〇〇〇	四二三〇	四九〇〇	北〇六〇〇	一四三三〇	〇九六三〇	一〇三三一	西二一三〇
埃得和	四三三〇〇〇	四二〇〇	四九〇〇		一一七三〇	一一一〇〇	一一七〇〇	西三八〇〇
孟大那	四七〇〇〇〇	四四二六	四九〇〇		一三三三〇	一〇四〇〇	一一六〇〇	西三五〇〇
紐墨西哥	三六〇〇〇〇	三一二〇	三七〇〇	南〇六〇〇	一三四三〇	一〇三〇〇	一一七〇〇	西一八三〇
尤達	四七〇〇〇〇	三七〇〇	四二〇〇		一三一三〇	一〇九〇〇	一一四〇〇	西三八〇〇
華盛頓	四七〇〇〇〇	四五三〇	四九〇〇	北〇三〇〇	一六六三〇	一一一五四	一二四四〇	西四六〇〇

歪阿明	四一〇〇〇〇	四一〇〇 四五〇〇	北〇三〇〇	一三九〇〇	一〇四〇〇 一一一〇〇	西二八〇〇
印甸	三六三〇〇〇	三三三五 三七〇〇		一四九〇〇	〇九四二〇 一〇〇〇〇	西一八二〇
阿拉士格	五四四〇〇 七一二四〇			七二〇〇〇 〇二〇〇〇	一四一〇〇 一七二〇〇	西七五〇〇 西一六〇〇

中國美利加月朔表

西紀以三百六十五日爲一年共二月之日二十有八其四月六月九月十一月之日三十餘皆三十一日四年閏一日即周髀所謂三百六十五日者三三百六十六日者一也厥法匪自西始美利加合衆國沿之共立國始乾隆四十一年至於今光緒十五年凡一百十有四同治十二年以後日本亦從西紀與中國月朔異同已見日本圖經此不贅言日本圖經所未逮者雲龍第四子范冕第七子范成依年與月與日排比之第二子范初斠訂之述中國美利加月朔表

	乾隆四十一丙申	西千七百七十六	四十二丁酉
正朔月	大 癸酉	二 十六	小 戊辰
二朔月	小 癸卯	三 二十	大 丁酉
三朔月	大 壬申	四 十八	小 丁卯
四朔月	小 壬寅	五 十八	小 丙申
五朔月	小 庚午	六 十六	大 乙丑
六朔月	大 甲寅	七 十五	小 乙未
七朔月	大 庚午	八 十四	大 甲子
八朔月	小 庚子	九 十三	小 甲午
九朔月	大 己巳	十 十二	大 癸亥
十朔月	大 己亥	十一 十一	大 癸巳
十一朔月	小 己巳	十二 十一	大 癸亥
十二朔月	大 戊戌	一 九	小 癸巳

千七百七十七	四十三 戊戌	千七百七十八	四十四 己亥	千七百七十九	四十五 庚子	千七百八十	四十六 辛丑	千七百八十一	四十七 壬寅	千七百八十二	四十八 癸卯	千七百八十三	四十九 甲辰	千七百八十四
二	大	一	大	二	大	二	大	一	大	二	小	二	大	一
八	壬戌	二十八	丙戌	十六	庚辰	五	甲戌	廿四	戊戌	十二	癸巳	二	丁亥	廿二
三	小	二	小	三	大	三	大	二	大	三	大	三	小	二
九	壬辰	二十七	丙辰	十八	庚戌	六	甲辰	廿三	戊辰	十四	壬戌	三	丁巳	廿一
四	大	三	大	四	小	四	大	三	小	四	小	四	大 閏	三 四
八	辛酉	二十八	乙酉	十六	庚辰	五	甲戌	廿五	戊戌	十三	壬辰	二	丙戌 丙辰	廿一 廿一
五	小	四	小	五	大	五	小	四	大	五	大	五	大	五
七	辛卯	二十七	乙卯	十六	己酉	四	甲辰	廿四	丁卯	十二	辛酉	一	乙酉	十九
六	小	五	小	六	小	六	大 閏小	五 六	小	六	大	五	小	六
五	庚申	二十六	甲申	十四	己卯	三	癸卯 癸酉	廿三 廿二	丁酉	十一	辛卯	卅一	乙卯	十八
七	大 閏小	六 七	大	七	小	七	小	七	大	七	小	六	大	七
五	己丑 己未	廿四 廿四	癸丑	十三	戊申	二	壬申	廿一	丙寅	十	辛酉	三十	甲申	十七
八	大	八	小	八	大	七	大	八	小	八	大	七	大	八
三	戊子	二十二	癸未	十二	丁丑	三十一	丙申	十九	丙申	九	庚寅	廿九	甲寅	十六
九	小	九	大	九	小	八	小	九	大	九	小	八	小	九
二	己未	二十一	壬子	十	丁未	三十	辛未	十八	甲戌	七	庚申	廿八	甲申	十五
十	大	十	小	十	大	九	大	十	小	十	大	九	大	十
一	丁亥	二十	壬午	十	丙子	二十八	庚子	十七	甲午	七	己丑	廿六	癸丑	十四
十	大	十一	大	十一	小	十	小	十一	大	十一	小	十	小	十一
三十一	丁巳	十九	辛亥	八	丙午	二十八	庚午	十六	甲子	五	己未	十五	癸未	十三
十一	大	十二	大	十二	大	十一	大	十二	小	十二	大	十一	大	十二
三十	丁亥	十九	辛巳	八	乙亥	二十六	己亥	十五	甲午	五	戊子	廿四	壬子	十二
十二	小	一	小	一	小	十二	小	一	大	一	小	十二	小	一
三十	丁巳	十八	辛亥	七	乙巳	二十六	己巳	十四	癸亥	三	戊午	廿四	壬午	十一

五十乙巳 大辛亥 小辛巳 大庚戌 小 庚巳 小 戊酉 大 戊寅 大 戊申 小 戊寅 大 乙巳 大 丁丑 小 丁未 大 丙子

千七百八十五 二 九 三 廿一 四 九 五 九 六 七 七 六 八 五 九 四 十 三 十一 二 十二 二 十二 卅一

五十一丙午 小丙午 大乙亥 小乙酉 小 甲戌 大 癸卯 小 癸酉 大 閏小 壬寅 壬申 大 辛丑 大 辛未 大 辛丑 小 辛未 大 庚子

千七百八十六 一 三十 二 廿八 三 三十 四 廿八 五 廿七 六 廿六 七 八 廿五 廿四 九 廿三 十 廿二 十一 廿一 十二 廿一 一 十九

五十二丁未 小庚午 大 己亥 小 己巳 小 戊戌 大 丁卯 小 丁酉 大 丙寅 小 丙申 大 乙丑 小 乙未 大 甲子 小 甲午

千七八十七 二 十八 三 十九 四 十八 五 十七 六 十五 七 十五 八 十三 九 十二 十 十一 十一 十 十二 九 一 八

五十三戊申 大甲子 小甲午 大癸亥 小 癸巳 大 壬戌 小 壬辰 小 辛酉 小 庚寅 大 己未 大 己丑 小 己未 大 戊子

千七百八十八 二 七 三 八 四 六 五 六 六 四 七 四 八 二 九 一 九 卅一 十 廿九 十一 廿八 十二 廿七

五十四己酉 大戊午 大戊子 小戊午 大 丁亥 小 閏小 丁巳 丙午 大 乙卯 小 乙酉 大 甲寅 小 甲申 大 癸丑 小 癸未 大 壬子

千七百八十九 一 廿六 二 廿五 三 廿七 四 廿五 五 六 廿五 廿三 七 廿三 八 廿一 九 十九 十 十九 十一 十七 十二 十七 一 十五

五十五庚戌 大壬午 小壬子 大辛巳 大 辛亥 小 辛巳 小 庚戌 大 己卯 小 己酉 大 戊寅 小 戊申 大 丁丑 小 丁未

千七百九十 二 十四 三 十六 四 十四 五 十四 六 十三 七 十二 八 十 九 九 十 八 十一 七 十二 六 一 五

五十六辛亥 大丙子 小丙午 大乙亥 小 乙巳 小 乙亥 大 甲辰 小 甲午 大 癸卯 小 癸酉 大 壬寅 小 壬申 大 辛丑

千七百九十一 二 三 三 五 小 三 五 三 六 二 七 一 七 卅一 八 廿九 九 廿八 十 廿七 十一 廿六 十二 廿五

五十七壬子 小辛未 大庚子 小庚午 大 閏小 己亥 己巳 大 戊戌 小 戊辰 小 戊戌 大 丁卯 小 丁酉 大 丙寅 小 丙申 大 乙酉

千七百九十二	一 廿四	二 廿二	三 廿三	四 廿一	五 廿一	六 十九	七 十九	八 十八	九 十六	十 十六	十一 十四	十二 十四	一 十二
五十八 癸丑	小 乙未	大 甲子	小 甲午	小 癸亥	大 壬辰	大 壬戌	小 壬辰	大 辛酉	大 辛卯	小 辛酉	大 庚寅	小 庚申	
千七百九十三	二 十一	三 十二	四 十一	五 十	六 八	七 八	八 七	九 五	十 五	十一 四	十二 三	一 二	
五十九 甲寅	大 己丑	小 己未	小 戊子	大 丁巳	小 丁亥	大 丙辰	小 丙戌	大 乙卯	大 乙酉	大 乙卯	小 乙酉	大 甲寅	
千七百九十四	一 卅一	三 二	三 卅一	四 廿九	五 廿九	六 廿七	七 廿七	八 廿五	九 廿四	十 廿四	十一 廿三	十二 廿二	
六十 乙卯	小 甲申	大 癸丑	閏 癸未	小 壬子	大 辛巳	小 辛亥	大 庚辰	小 庚戌	大 己卯	小 己酉	大 戊寅	大 戊申	大 戊寅
千七百九十五	一 廿一	二 十九	三 廿一	四 十九	五 十八	六 十七	七 十六	八 十五	九 十三	十 十三	十一 十一	十二 十一	一 九
嘉慶元 丙辰	小 戊申	大 丁丑	小 丁未	小 丙子	小 丙午	小 乙亥	小 甲辰	大 癸酉	大 癸卯	小 癸酉	大 壬寅	大 壬申	
千七百九十六	二 九	三 九	四 八	五 七	六 五	七 五	八 三	九 一	十 一	十 卅一	十一 廿九	十二 廿九	
二 丁巳	大 壬寅	小 壬申	大 辛丑	小 辛未	大 庚子	小 庚午	閏小 己丑	小 戊辰	大 丁酉	小 丁卯	大 丙申	大 丙寅	大 丙申
千七百九十七	一 廿八	二 廿七	三 廿八	四 廿七	五 廿六	六 廿五	七 廿四	八 廿二	九 廿二	十 二十	十一 十八	十二 十八	一 十九
三 戊午	小 丙寅	大 乙未	大 乙丑	小 乙未	小 甲子	大 癸巳	小 癸亥	小 壬辰	大 辛酉	小 辛卯	大 庚申	大 庚寅	
千七百九十八	二 十六	三 十七	四 十六	五 十五	六 十四	七 十三	八 十二	九 十	十 九	十一 八	十二 七	一 六	
四 己未	小 庚申	大 己丑	大 己未	小 己丑	大 戊午	小 戊子	大 丁巳	小 丁亥	大 丙辰	小 丙戌	小 乙卯	大 甲申	
千七百九十九	二 五	三 六	四 五	五 五	六 三	七 三	八 一	八 卅一	九 廿九	十 廿九	十一 廿七	十二 廿六	

五 庚申	千八百	六 辛酉	千八百〇一	七 壬戌	千八百〇二	八 癸亥	千八百〇三	九 甲子	千八百〇四	十 乙丑	千八百〇五	十一 丙寅	千八百〇六	十二 丁卯
大	一	小	二	小	二	十	一	大	二	小	一	大	二	大
甲寅	廿五	戊寅	十三	癸酉	三	丁卯	廿三	辛卯	十一	丙戌	卅一	己酉	十八	癸卯
小	二	大	三	小	三	小 閏	二 三	小	三	大	二	大	三	大
甲申	廿四	丁未	十四	壬寅	四	丁酉 丙寅	廿二 廿三	辛酉	十二	乙卯	一	己卯	十二	癸酉
大	三	大	四	大	四	大	四	小	四	小	三	小	四	大
癸巳	廿五	丁丑	十四	辛未	二	乙未	廿一	庚寅	十	乙酉	卅一	己酉	十九	癸卯
大 閏小	四 五	小	五	小	五	小	五	大	五	大	四	大	五	小
癸未 癸丑	廿四 廿四	丁未	十三	辛丑	二	乙丑	廿一	己未	九	甲寅	廿九	戊寅	十八	癸酉
大	六	大	六	大	五	大	六	小	六	小	五	小	六	小
壬午	廿三	丙子	十一	庚午	卅一	甲午	十九	己丑	八	甲申	廿九	戊申	十七	壬寅
小	七	小	七	小	六	小	七	小	七	小 閏小	六 七	小	七	大
壬子	廿二	丙午	十一	庚子	三十	甲子	十八	戊午	七	癸丑 壬午	廿七 廿六	丁丑	十六	辛未
大	八	大	八	大	七	大	八	大	八	大	八	小	八	小
辛巳	二十	乙亥	九	己巳	廿九	癸巳	十七	丁亥	五	辛亥	廿四	丙午	十四	辛丑
小	九	大	九	大	八	大	九	大	九	小	九	大	九	小
辛亥	十九	乙巳	八	己亥	廿八	癸亥	十六	丁巳	四	辛巳	廿三	乙亥	十二	庚午
大	十	小	十	大	九	小	十	小	十	大	十	小	十	大
庚辰	十八	乙亥	八	己巳	廿七	癸巳	十六	丁亥	四	庚戌	廿二	乙巳	廿	己亥
小	十一	大	十一	小	十	大	十一	大	十一	大	十一	大	十一	小
庚戌	十七	甲辰	六	己亥	廿七	壬戌	十四	丙辰	二	庚辰	廿一	甲戌	十	己巳
大	十二	小	十二	大	十一	大	十二	大	十二	大	十二	大	十二	大
己卯	十六	甲戌	六	戊辰	廿五	壬辰	十四	丙戌	二	庚戌	廿一	甲辰	十	戊戌
小	一	大	一	小	十二	小	一	大	一	小	一	小	一	大
己酉	五	癸亥	四	戊戌	廿五	壬戌	十三	丙辰	一	庚辰	廿	甲戌	九	戊辰

美利加圖經卷一　五

千八百○七	十三 戊辰	千八百○八	十四 己巳	千八百○九	十五 庚午	千八百十	十六 辛未	千八百十一	十七 壬申	千八百十	十八 癸酉	千八百十三	十九 甲戌	千八百十四
二	小	一	大	二	小	二	小	一	小	二	大	二	大	一
七	戊戌	廿八	辛酉	十四	丙辰	四	辛亥	廿五	乙亥	十三	己巳	一	癸亥	廿一
三	大	二	大	三	大	三	小	二	小	三	小	三	大 閏小	二 三
九	丁卯	廿六	辛卯	十六	乙酉	五	庚辰	廿三	甲辰	十三	己亥	三	癸巳 癸亥	廿 廿二
四	大	三	小	四	小	四	大 閏小	三 四	大	四	大	四	大	四
八	丁酉	廿七	辛酉	十五	乙卯	四	己酉 己卯	廿四 廿三	癸酉	十一	戊辰	一	壬辰	廿
五	小	四	大	五	大	五	大	五	小	五	小	五	小	五
八	丁卯	廿六	庚寅	十四	甲申	三	戊申	廿二	癸卯	十	戊戌	一	壬戌	廿
六	大 閏小	五 六	大	六	大	六	小	六	大	六	小	五	小	六
六	丙申 丙寅	廿五 廿四	庚申	十三	甲寅	二	戊寅	廿一	壬申	九	丁卯	三十	辛卯	十八
七	大	七	小	七	小	七	大	七	小	七	小	六	小	七
五	乙未	廿三	庚寅	十三	甲申	二	丁未	廿	壬寅	八	丙申	廿八	庚申	十七
八	小	八	大	八	大	七	大	八	大	八	大	七	大	八
四	乙丑	廿二	己未	十一	癸丑	卅一	丁丑	十九	辛未	七	乙丑	廿七	己丑	十五
九	大	九	小	九	大	八	小	九	小	九	小	八	小	九
二	甲午	廿	己丑	十	癸未	廿九	丁未	十八	辛丑	六	乙未	廿六	己未	十四
十	小	十	大	十	小	九	大	十	大	十	大	九	大	十
一	甲子	廿	戊午	九	癸丑	廿九	丙子	十七	庚午	五	甲子	廿四	戊子	十三
十	小	十一	小	十一	大	十	大	十一	大	十一	大	十	大	十一
卅一	癸巳	十八	戊子	八	壬午	廿八	丙午	十六	庚子	四	甲午	廿四	戊午	十二
十一	大	十二	小	十二	小	十一	小	十二	大	十二	大	十一	小	十二
廿九	壬戌	十七	丁巳	七	壬子	廿七	丙子	十六	庚午	四	甲子	廿三	戊子	十二
十二	小	一	大	一	大	十二	大	一	小	一	小	十二	大	一
廿九	壬辰	五	丙戌	五	辛巳	廿七	乙巳	十四	庚子	三	甲午	廿三	丁巳	十

二十 乙亥	大丁亥	大丁巳	小丁亥	小丙辰	大乙酉	小乙卯	小甲申	大癸丑	小癸未	大壬子	小壬午	大辛亥	
千八百十五	二九	三十一	四十	五九	六七	七七	八五	九三	十三	十一一	十二一	十二三十	
二十一 丙子	大辛巳	大辛亥	小辛巳	大庚戌	小庚辰	大己酉	閏小己卯	小戊申	大丁丑	小丁未	大丙子	小丙午	大乙亥
千八百十六	一廿九	二十八	三廿九	四廿七	五廿一	六廿五	七廿五	八廿三	九廿一	十廿一	十一十九	十二十九	一十七
二十二 丁丑	大乙巳	小乙亥	大甲辰	大甲戌	小甲辰	大癸酉	小癸卯	大壬申	小壬寅	小辛未	大庚子	小庚午	
千八百十七	一十六	三十八	四十六	五十六	六十五	七十四	八十三	九十一	十十一	十一九	十二八	一七	
二十三 戊寅	大己巳	小己亥	大戊戌	大戊辰	小戊戌	大丁卯	大丁酉	小丁卯	大丙申	小丙寅	小乙未	大甲子	
千八百十八	二五	三七	四五	五五	六四	七三	八二	九一	九三十	十三十	十一廿八	十二廿七	
二十四 己卯	小甲午	大癸亥	小癸巳	大壬戌	閏小壬辰	大辛酉	大辛卯	小辛酉	大庚寅	大庚申	小庚寅	大己未	小己丑
千八百十九	一廿六	二廿四	三廿六	四廿四	五廿四	六廿二	七廿二	八廿一	九十九	十十九	十一十八	十二十七	一十八
二十五 庚辰	小戊午	大丁亥	小丁巳	大丙戌	小丙辰	大乙酉	小乙卯	大甲申	大甲寅	大甲申	小甲寅	大癸未	
千八百二十	二十四	三十四	四十三	五十二	六十	七七	八九	九七	十七	十一六	十二六	一四	
道光元 辛巳	小癸丑	小壬午	大辛亥	小辛巳	小庚戌	大己卯	小己酉	大戊寅	大戊申	大戊寅	小戊申	大丁丑	
千八百廿一	二三	三十四	四二	五二	五卅一	六廿九	七廿九	八廿七	九廿六	十廿六	十一廿五	十二廿四	
二 壬午	大丁未	小丁丑	大丙午	閏丙子	小己巳	小甲戌	大癸卯	小癸酉	大壬寅	大壬申	小壬寅	大辛未	大辛丑

千八百廿二	三 癸未	千八百廿三	四 甲申	千八百廿四	五 乙酉	千八百廿五	六 丙戌	千八百廿六	七 丁亥	千八百廿七	八 戊子	千八百廿八	九 己丑	千八百廿九
一	大	二	大	一	大	二	大	二	大	一	大	二	小	二
廿三	辛未	十一	乙丑	卅一	己丑	十八	癸未	七	丁丑	廿七	辛丑	十五	丙申	四
二	小	三	小	二	小	三	小	三	小	二	小	三	大	三
廿二	辛丑	十三	乙未	一	己未	廿	癸丑	九	丁未	廿六	辛未	十六	乙卯	五
三 四	大	四	大	三	大	四	大	四	大	三	大	四	小	四
廿三 廿二	庚午	十一	甲子	三十	戊子	十八	壬午	七	丙子	廿七	庚子	十四	乙未	四
五	小	五	小	四	小	五	大	五	大	四	小	五	大	五
廿一	庚子	十一	甲午	廿九	戊午	十八	壬子	七	丙午	廿六	庚午	十四	甲子	三
六	小	六	大	五	大	六	小	六	小 閏大	五 六	大	六	小	六
十九	己巳	九	癸亥	廿八	丁亥	十六	壬午	十八	丙子 乙巳	廿六 廿四	己亥	十二	甲午	二
七	小	七	小	六	小	七	大	七	小	七	大	七	大	七
十八	戊戌	八	癸卯	廿七	丁巳	十六	辛亥	五	乙亥	廿四	己巳	十二	癸亥	一
八	大	八	小 閏大	七 八	小	八	小	八	大	八	小	八	小	七
十七	丁卯	六	壬戌 辛卯	廿六 廿四	丙戌	十四	辛巳	四	甲辰	廿二	己亥	十一	癸巳	卅一
九	小	九	小	九	大	九	小	九	小	九	大	九	大	八
十五	丁酉	五	辛酉	廿三	乙卯	十一	庚戌	二	甲戌	廿一	戊辰	九	壬戌	廿九
十	大	十	大	十	小	十	大	十	大	十	小	十	大	九
十五	丙寅	四	庚寅	廿二	乙酉	十一	己卯	一	癸卯	廿	戊戌	九	壬辰	廿八
十一	小	十一	小	十一	大	十一	小	十	小	十一	大	十一	小	十
十四	丙申	三	庚申	廿一	甲寅	十	己酉	卅一	癸酉	九	丁卯	七	壬戌	廿八
十二	大	十二	大	十二	小	十二	大	十一	大	十二	小	十二	大	十一
十三	乙丑	三	己丑	廿	甲申	十	戊寅	廿九	壬寅	十八	丁酉	七	辛卯	廿七
一	大	一	大	一	大	一	小	十二	小	一	大	一	大	十二
十二	乙未	一	己未	十六	癸丑	八	戊申	廿九	壬申	十七	丙寅	五	辛酉	廿六

十 庚寅	小 辛卯	小 庚申	大 己丑	小 己未	閏小 戊子	大 丁巳	小 丁亥	大 丙辰	大 丙戌	小 丙辰	大 乙酉	大 乙卯	大 乙酉
千八百三十	一 廿五	二 廿三	三 廿四	四 廿三	五 廿二	六 廿	七 廿	八 十九	九 十七	十 十七	十一 十五	十二 十五	一 十四
十一 辛卯	小 乙卯	小 甲申	大 癸丑	小 癸未	大 壬子	小 辛巳	小 辛亥	大 庚辰	小 庚戌	大 己卯	大 己酉	大 己卯	
千八百三十一	二 十三	三 十四	四 十二	五 十二	六 十	七 九	八 八	九 六	十 六	十一 四	十二 四	一 三	
十二 壬辰	小 己酉	大 戊寅	小 戊申	大 丁丑	小 丁未	小 丙子	大 乙巳	小 乙亥	閏大 甲辰	小 甲戌	大 癸卯	大 癸酉	大 癸卯
千八百三十二	二 二	三 二	四 一	四 三十	五 廿九	六 廿八	七 廿七	八 廿六	九 廿四	十 廿四	十一 廿二	十二 廿二	一 廿一
十三 癸巳	小 癸酉	大 壬寅	小 壬申	大 辛丑	小 辛未	小 庚子	大 己巳	小 己亥	大 戊辰	小 戊戌	大 丁卯	大 丁酉	
千八百三十三	二 廿	三 廿	四 廿	五 十九	六 十八	七 十七	八 十五	九 十四	十 十三	十一 十二	十二 十一	一 十一	
十四 甲午	小 丁卯	大 丙申	大 丙寅	小 丙申	大 乙丑	小 乙未	小 甲子	大 癸巳	小 癸亥	大 壬辰	小 壬戌	大 辛卯	
千八百三十四	二 九	三 十	四 九	五 九	六 七	七 七	八 五	九 三	十 三	十一 一	十二 一	十二 三十	
十五 乙未	小 辛酉	大 庚寅	大 庚申	小 庚寅	大 己未	大 己丑	閏小 己未	小 戊子	大 丁巳	小 丁亥	大 丙辰	小 丙戌	大 乙卯
千八百三十五	一 廿九	二 廿七	三 廿九	四 廿八	五 廿七	六 廿六	七 廿六	八 廿四	九 廿二	十 廿一	十一 廿	十二 二十	一 十八
十六 丙申	小 乙酉	大 甲寅	小 甲申	大 癸丑	大 癸未	小 癸丑	大 壬午	小 壬子	大 辛巳	小 辛亥	大 庚辰	小 庚戌	
千八百三十六	二 十七	三 十七	四 十六	五 十五	六 十四	七 十四	八 十二	九 十一	十 十	十一 九	十二 八	一 七	
十七 丁酉	大 己卯	小 己酉	大 戊寅	小 戊申	大 丁丑	小 丁未	大 丙子	大 丙午	小 丙子	大 乙巳	小 乙亥	大 甲辰	

美利加圖經卷一　七

千八百三十七	十八戊戌	千八百三十八	十九己亥	千八百三十九	二十庚子	千八百四十	二十一辛丑	千八百四十一	二十二壬寅	千八百四十二	二十三癸卯	千八百四十三	二十四甲辰	千八百四十四
二	小	一	小	二	小	二	小	一	大	二	大	一	大	[illegible]
五	甲戌	廿六	戊戌	十四	壬辰	三	丁亥	廿三	庚戌	十	甲辰	三十	戊辰	十八
三	大	二	大	三	大	三	大	二	大	三	大	三	小	三
七	癸卯	廿四	丁卯	十五	壬戌	四	丙辰	廿一	庚辰	十二	甲戌	一	戊戌	十九
四	大	三	小	四	小	四	小 閏大	三 四	小	四	大	三	大	四
五	癸酉	廿六	丁酉	十四	辛卯	二	丙戌 乙卯	廿三 廿一	庚戌	十一	甲辰	卅一	戊辰	十八
五	大 閏小	四 五	小	五	小	五	小	五	大	五	小	四	大	五
五	壬寅 壬申	廿四 廿四	丙寅	十三	辛酉	二	乙酉	廿一	己卯	十	甲戌	三十	丁酉	十七
六	小	六	大	六	大	五	小	六	小	六	大	五	小	六
三	辛丑	廿二	乙未	十一	庚寅	卅一	甲寅	十九	己酉	九	癸卯	廿九	丁卯	十六
七	大	七	小	七	小	六	大	七	小	七	小	六	大	七
三	庚午	廿一	乙丑	十一	己未	廿九	癸未	十八	戊寅	八	癸酉	廿八	丙申	十五
八	大	八	大	八	大	七	小	八	大	八	小 閏大	七 八	小	八
一	庚子	廿	甲午	九	己丑	廿九	癸丑	十七	丁未	六	壬寅 辛未	廿七 廿五	丙寅	十四
八	小	九	小	九	小	八	大	九	小	九	小	九	大	九
卅一	庚午	十九	甲子	八	戊午	廿七	壬午	十五	丁丑	五	辛丑	廿四	乙未	十二
九	大	十	大	十	大	九	小	十	大	十	大	十	小	十
三十	己亥	十八	癸巳	七	戊子	廿六	壬子	十五	丙午	四	庚午	廿三	乙丑	十二
十	大	十一	大	十一	大	十	大	十	小	十一	小	十一	大	十一
廿九	己巳	十七	癸亥	六	丁巳	廿六	辛巳	十三	丙子	三	庚子	廿二	甲午	十
十一	小	十二	大	十二	大	十一	小	十二	大	十二	大	十二	小	十二
廿八	己亥	十七	癸巳	六	丁亥	廿四	辛亥	十三	乙巳	二	己巳	廿一	甲子	十一
十二	大	一	小	一	小	十二	大	一	小	一	小	一	大	一
廿七	戊辰	十五	癸亥	五	丁巳	廿四	辛巳	十一	乙亥	一	己亥	廿	癸巳	八

二十五乙巳	千八百四十五	二十六丙午	千八百四十六	二十七丁未	千八百四十七	二十八戊申	千八百四十八	二十九己酉	千八百四十九	三十庚戌	千八百五十	咸豐元辛亥	千八百五十一	二壬子
小 癸亥	二 七	大 丁巳	一 廿七	大 辛巳	二 十五	小 丙子	二 五	大 庚午	一 廿四	大 甲午	二 十二	大 戊子	二 一	大 壬子
大 壬辰	三 八	小 丁亥	二 廿六	小 辛亥	三 十七	大 乙巳	三 五	小 庚子	二 廿三	小 甲子	三 十四	大 戊午	三 三	小 壬午
小 壬戌	四 七	大 丙辰	三 廿七	小 庚辰	四 十五	小 乙亥	四 四	大 己巳	三 廿四	大 癸巳	四 十二	小 戊子	四 二	大 辛亥
大	五	小	四	大	五	小	五	小 閏小	四 五	小	五	大	五	大
辛卯	六	丙戌	廿六	乙酉	十四	甲辰	三	己亥 戊辰	廿三 廿二	癸亥	十二	丁巳	一	辛巳
大	六	大 閏小	五 六	小	六	大	六	大	六	小	六	小	五	小
辛酉	五	乙卯 乙酉	廿五 廿四	乙卯	十三	癸酉	一	丁酉	廿	壬辰	十	丁亥	卅一	辛亥
大	七	大	七	大	七	小	七	小	七	大	七	小	六	小
辛卯	五	甲寅	廿三	戊申	十二	癸卯	一	丁卯	廿	辛酉	九	丙辰	廿九	庚辰
大	八	小	八	小	八	大	七	小	八	小	八	大	七	大
庚申	三	甲申	廿二	戊寅	十一	壬申	三十	丙申	十八	辛卯	八	乙酉	廿八	己酉
小	九	大	九	大	九	小	八	大	九	小	九	小 閏小	八 九	小
庚寅	二	癸丑	廿	丁未	九	壬寅	廿九	乙丑	十七	庚申	六	己卯 甲申	廿七 廿五	己卯
大	十	大	十	大	十	大	九	大	十	大	十	大	十	大
己未	一	癸未	廿	丁丑	九	辛未	廿七	乙未	十六	己丑	五	癸丑	廿四	戊申
小	十	小	十一	大	十一	大	十	小	十一	大	十一	小	十一	小
己丑	卅一	癸丑	廿九	丁未	八	辛丑	廿七	乙丑	十五	己未	四	癸未	廿三	戊寅
大	十一	大	十二	大	十二	小	十一	大	十二	小	十二	大	十二	小
戊午	廿九	壬午	廿八	丁丑	八	辛未	廿六	甲午	十四	己丑	四	壬子	廿二	丁未
小	十二	小	一	大	一	大	十二	大	一	大	一	大	一	大
戊子	廿九	壬子	十七	丙午	六	庚子	廿六	甲子	十二	戊午	二	壬午	廿一	丙子

千八百五十二	二	十二	三	十一	四	十九	五	十九	六	十八	七	十七	八	十五	九	十四	十	十三	十一	十二	十二	十一	一	九
三 癸丑	大	丙午	小	丙午	大	乙巳	大	乙亥	小	乙巳	大	甲戌	小	甲辰	大	癸酉	小	癸卯	大	甲申	小	壬寅	大	辛未
千八百五十三	二	八	三	十	四	八	五	八	六	七	七	六	八	五	九	三	十	三	十一	一	十二	一	十二	三十
四 甲寅	小	辛丑	大	庚午	小	庚子	大	己巳	小	己亥	大	戊辰	大 閏小	戊戌 戊辰	大	丁酉	小	丁卯	大	丙申	小	丙寅	大	乙未
千八百五十四	一	廿九	二	廿八	三	廿九	四	廿七	五	廿七	六	廿五	七 八	廿五 廿四	九	廿二	十	廿二	十一	廿	十二	廿	一	十八
五 乙卯	小	乙丑	小	甲午	大	癸亥	小	癸巳	大	壬戌	大	壬辰	小	壬戌	大	辛卯	大	辛酉	小	辛卯	大	庚辰	小	庚寅
千八百五十五	二	十七	三	十八	四	十六	五	十六	六	四	七	十四	八	十三	九	十一	十	十一	十一	十	十二	九	一	八
六 丙辰	大	己未	小	己丑	小	戊午	大	丁亥	小	丁巳	大	丙戌	小	丙辰	大	乙酉	大	乙卯	小	乙酉	大	甲寅	大	甲申
千八百五十六	二	六	三	七	四	五	五	四	六	三	七	二	八	一	八	三十	九	廿九	十	廿九	十一	廿八	十二	廿七
七 丁巳	小	甲寅	大	癸未	小	癸丑	小	壬午	大 閏小	辛亥 癸巳	大	庚戌	小	庚辰	大	己酉	小	己卯	大	戊戌	大	戊寅	大	戊申
千八百五十七	一	廿六	二	廿四	三	廿六	四	廿	五 六	廿三 廿二	七	廿一	八	廿	九	十八	十	十八	十一	十六	十二	十六	一	十五
八 戊午	小	戊寅	大	丁未	小	丁丑	小	丙午	大	乙亥	小	乙巳	小	甲戌	大	癸卯	大	癸酉	小	癸卯	大	壬申	大	壬寅
千八百五十八	二	十四	三	十五	四	十四	五	十三	六	十一	七	十一	八	九	九	七	十	七	十一	六	十二	五	一	四
九 己未	大	壬申	小	壬寅	大	辛未	小	辛丑	小	庚午	大	己亥	小	己巳	小	戊戌	大	丁卯	小	丁酉	大	丙寅	大	丙申
千八百五十九	二	三	三	五	四	三	五	三	六	一	六	三十	七	三十	八	廿八	九	廿六	十	廿六	十一	廿四	十二	廿四

十 庚申	大丙寅	小丙申	大乙丑 乙未	小	乙丑	小	甲午	大	癸亥	小	癸巳	小	壬戌	大	辛卯	小	辛酉	大	庚寅	大	庚申
千八百六十	一 廿三	二 廿二	三 廿二 四 廿一	五	廿一	六	十九	七	十八	八	十七	九	十五	十	十四	十一	十三	十二	十二	一	十一
十一 辛酉	小庚寅	大己未	大己丑	小	己未	大	戊子	小	戊午	大	丁亥	小	乙巳	大	丙戌	小	丙辰	小	乙酉	大	甲寅
千八百六十一	二 十	三 十	四 十	五	十	六	八	七	八	八	六	九	五	十	四	十一	三	十二	二	十二	卅一
同治元 壬戌	大[illegible]申	小甲寅	大癸未	小	癸丑	大	壬午	大	壬子	小	[illegible]午	大 閏小	辛亥 辛巳	大	庚戌	小	庚辰	小	乙酉	大	戊寅
千八百六十二	一 三十	三 一	三 三十	四	廿九	五	廿八	六	廿七	七	廿七	八 九	廿五 廿四	十	廿三	十一	廿二	十二	廿二	一	十九
二 癸亥	小戊戌	大丁丑	大丁未	小	丁丑	大	丙午	小	丙子	大	乙巳	大	乙亥	小	乙巳	大	甲戌	小	甲辰	大	癸酉
千八百六十三	二 十八	三 十九	四 十八	五	十八	六	十六	七	十六	八	十四	九	十三	十	十三	十一	十一	十二	十一	一	九
三 甲子	小癸卯	小[illegible]申	大辛丑	小	辛未	大	庚子	小	庚午	大	己亥	大	己巳	小	己亥	大	戊辰	大	戊戌	小	戊辰
千八百六十四	二 八	三 八	四 六	五	六	六	四	七	四	八	二	九	一	十	一	十	三十	十一	廿九	十二	廿九
四 乙丑	大丁酉	小丁卯	大丙申	大	乙丑	小 閏大	乙未 甲子	小	甲午	大	癸亥	大	癸巳	小	癸亥	大	壬辰	小	壬戌	小	壬辰
千八百六十五	一 廿七	二 廿六	三 廿七	四	廿五	五 六	廿五 廿三	七	廿三	八	廿一	九	廿	十	廿	十一	十八	十二	十八	一	十七
五 丙寅	大辛酉	小辛卯	大庚申	小	庚寅	小	己未	小	戊子	大	丁巳	大	丁亥	小	丁巳	大	丙戌	大	丙辰	大	丙戌
千八百六十七	二 十五	三 十七	大 十五	五	十四	六	十三	七	十二	八	十	九	九	十	九	十一	八	十二	七	一	六
六 丁卯	小丙辰	大乙酉	小乙卯	大	甲申	大	癸酉	小	癸酉	小	壬子	大	辛巳	小	辛亥	大	庚辰	大	庚戌	大	庚辰

千八百六十七	四 五	三 六	二 五	五 四	六 二	七 二	七 卅一	八 廿九	九 廿八	十 廿七	十一 廿六	十二 廿六
七 戊辰	一 庚戌	大 己卯	小 己酉	小 己卯 閏小 戊申	大 丁丑	小 丁未	小 丙子	大 乙巳	小 乙亥	大 甲辰	大 甲戌	小 甲辰
千八百六十八	一 廿五	三 廿三	二 廿四	四 廿三 五 廿二	六 廿	七 廿	八 十八	九 十六	十 十六	十一 十四	十二 十四	一 十三
八 己巳	小 癸酉	大 癸卯	大 癸酉	大 壬寅	小 壬申	大 辛丑	小 辛未	小 庚子	大 己巳	小 己亥	大 戊辰	小 戊戌
千八百六十九	四 十一	二 十三	三 十二	五 十二	六 十	七 九	八 八	九 六	十 五	十一 四	十二 三	一 二
九 庚午	大 丁卯	大 丁酉	大 丁卯	小 丁酉	大 丙寅	小 丙申	大 乙丑	小 乙未	小 甲子	大 癸巳 閏小 癸亥	大 壬辰	小 壬戌
千八百七十	四 卅一	三 二	一 一	五 一	五 三十	六 廿九	七 廿八	八 廿七	九 廿五	十 廿四 十一 廿三	十二 廿二	一 廿一
十 辛未	小 辛卯	大 辛酉	大 辛卯	大 庚申	大 庚寅	小 庚申	大 己丑	小 己未	大 戊子	小 戊午	小 丁亥	大 丙辰
千八百七十一	四 十九	三 廿一	二 廿	五 十九	六 十八	七 十八	八 十六	九 十五	十 十四	十一 十三	十二 十二	一 十
十一 壬申	小 丙戌	大 乙卯	小 乙酉	大 甲寅	大 甲申	小 甲寅	大 癸未	小 癸丑	大 壬午	大 壬子	小 壬午	大 辛亥
千八百七十二	四 九	三 八	二 八	五 七	六 六	七 六	八 四	九 三	十 二	十一 一	十二 一	十二 三十
十二 癸酉	大 辛巳	小 庚戌	小 己卯	小 己酉	大 戊寅	小 戊申 閏大 丁丑	大 丁未	小 丁丑	大 丙午	大 丙子	小 丙午	大 乙亥
千八百七十三	一 廿九	三 廿七	二 廿八	四 廿七	五 廿六	六 廿五 七 廿四	八 廿三	九 廿二	十 廿一	十一 廿	十二 廿	一 十八

中國美利加較時晝差表

周髀所謂東方日出西方夜半晝夜易處於旃證美利加益信美利加合

衆國都科侖布亞之午正當我京都戌初六分而我京都午正則彼都寅正六分也此東西里差法或云時差失古誼矣兹古準今述中國美利加較時里差表

中國京都	午正	較中國京都	較科侖布亞美利加國都
科侖布亞	寅正六分	前三時七刻九分	
阿拉巴麻	丑初三十四分	前五時廿六分	後一時三刻廿六分
阿剛色斯	丑初五十六分	前五時四分	後一時三刻十分
嘉里符尼亞	寅初五十分	前四時十分	後三刻十六分
喀挪拉奪	丑正五十分	前四時四刻十分	後半時三刻十六分
干捏底喀奪	子正三十六分四十秒	前五時四刻廿三分廿秒	後一時七刻廿九分
特納窪	子正四十分八十二秒	前五時四刻十一分四十秒	後一時八刻十七分四十秒
佛勒里噠	丑初十四分	前五時四十六分	後一時三刻五十二分
若耳治亞	丑初十六分	前五時四十二分	後一時三刻四十八分
伊利挪倚斯	丑初四十四分	前五時十八分	後一時三刻廿四分
英薹阿納	丑初三十分	前五時三十分	後一時三刻三十六分

愛呵窪	丑初四十分五十六秒	前五時十分五秒	後一時三刻十六分五秒
剛色斯	丑正二十分	前四時四刻四十分	後半時三刻四十六分五秒
根得基	丑初廿六分	前五時三十四分	後一時三刻四十分
魯西阿納	丑初五十五分廿秒	前五時四分四十秒	後一時三刻十分四秒
緬	子正廿二分	前五時四刻三十八分	後一時七刻四十四分
瑪理蘭	子正五十二分	前五時四刻八分	後一時七刻十四分
馬沙朱色士	子正三十四分	前五時四刻廿六分	後一時二刻二分
密西根	丑初廿六分	前五時三十四分	後一時二刻八分
梅尼所達	丑正四十六分	前四時一刻五分	後七刻五分
密士昔比	丑初四十六分	前五時十四分	後一時三刻廿分
密蘇蠶	丑初五十六分	前五時四十分	後一時三刻十分
挐布拉士格	丑正九分四十秒	前四時四刻五十分廿秒	後七刻五十六分廿秒
列法達	寅初三十八分	前四時廿八分	後三刻三十四分
紐罕布西耳	子正三十二分	前五時四刻廿八分	後一時七刻三十四分
紐折爾西	子正三十二分	前五時四刻廿八分	後一時七刻三十四分

紐約	子正四十二分	前五時四刻十八分	後一時七刻廿四分
諾司喀爾勒那	丑初二分	前五時五十八分	後一時四刻四分
倭海約	丑初十八分	前五時四十二分	後一時三刻四十八分
額里根	寅初三十八分	前四時廿二分	後三刻廿八分
賓夕佛尼亞	子正五十六分	前五時四刻四分	後一時七刻十分
洛畬埃倫	子正三十三分	前五時五十八分	後一時四刻四分
南司喀爾勒那	丑初八分	前五時五十二分	後一時三刻五十八分
田捏西	丑初三十二分	前五時廿六分	後一時三刻三十二分
德格瑟斯	丑正二十二分	前四時四刻三十八分	後七刻四十四分
窪蒙	子正三十四分	前五時四刻廿六分	後一時七刻三十二分
勿爾治尼亞	丑初十八分	前五時四十二分	後一時三刻四十八分
威士奪勿爾治尼亞	丑初二分	前四時五十四分	後四刻
威士干遜	丑初四十六分	前五時十四分	後一時三刻廿分
阿里瑣那	寅初六分	前四時五十四分	後三刻六十分
打戈達	丑正廿六分	前四時四刻三十四分	後七刻四十分

埃得和	寅正十分	前三時四刻五十分後四分
孟大那	寅初六分	前四時五十四分後四刻
紐墨西哥	寅初二分	前四時五十八分後四刻四分
尤達	寅初十四分	前四時四十六分後三刻五十二分
華盛頓	子正五十四分	前五時四刻六分後一時七刻十二分
歪阿明	寅初三刻十三分	前四時四刻二分後八分
印甸	寅正四分	前四時七刻十一分後二分

寒暖平均表

氣候寒暖未必不繫地質與水性然視日光轉移居多中國當地面之北溫帶而美利加則居地背之北溫帶春分秋分日行赤道中國與美利加均非極熱之時春分後日漸北而漸暖同秋分後日漸南而漸寒又同同一溫帶背面異寒暖無異地動之說益信然北溫帶北與赤道遠南與赤道近是以美利加合衆國氣候亦有差科侖布亞爲華盛頓都無嚴寒亦無酷熱伊利那倚斯邦剛色斯邦根得基邦瑪理蘭邦密蘇蘆邦賓夕佛尼亞邦田捏西邦威士干遜邦紐墨

西哥部蓋均得氣之和者也緬邦之北多山故偏於寒紐罕布西耳邦維蒙邦皆似之愛呵窪邦寒於密蘇璽而魯西阿納邦在阿拉巴麻密士士昔比之南寒度較增豈風爲之耶德格瑟斯邦寒暖互異地廣故也梅尼所達邦之河冰輙半年乃泮然而雪少其近英屬地加納大處雪輙歲積百日有奇嘉里符尼亞夏暑甚而海風吹盪沿海阿拗夜輙有霧諾司喀爾勒那邦賓海一帶地溼額里根和暖而多雨倭海約邦英璽阿納邦皆較濱夕佛尼亞爲稍暖馬沙朱色士邦洛島埃倫邦干涅底喝尊邦亦略相等而紐約邦有增阿拉巴麻邦密士昔比邦向南益暖佛勒里會邦則爲合衆國極暖者也綜而論之北界與中國直隸及四十餘度外之奉天伊犂相似漸南漸溫歲雪不及百日南界拗雪與中國廣東等而較墨西哥熱度猶減也美利加測量氣候就一歲之寒暖而平均之述寒暖平均表

國都邦部	極熱	極冷	平均	測量地	雜記
華盛頓部	七五	四〇	五五	科侖布亞	
阿拉巴麻	一〇〇	一五	六六	磨比耳	氣不爽多熱病

阿剛色斯	一〇〇	一一五	六三	利特路苦	氣爽而窪地多疾
嘉里符尼亞	內地一〇〇 三法蘭西斯哥六〇	內地一〇 三法蘭西斯哥五一	五五	三法蘭西斯哥	空氣近海濱冬不寒夏不暑內地夏熱
喀挪拉特	九〇	二一	四八	田窪	冬夏和
干捏底嘎特	九〇	二〇	五〇	哈弗的	冬寒
特納窪	七三	四〇	五三	威耳明登	
佛勒里畣	一五	三〇	六九	非格而	南四時皆春北夏熱
若耳治亞	一〇〇	三〇	五八	阿多南達	中和南及海濱熱
伊利那倚斯	七六	三二	五〇	士兵非里	
英鐙阿納	九〇	三五	五一	英鐙阿納波列士	
愛阿窪	九〇	一〇	四九	弟磨尼斯	冬寒夏涼
剛色斯	九〇	一〇	五一	利紛旺而司	
根得基	七五	四〇	五六	阿疊而	
魯西阿納	七〇	一八	六九	紐阿林	
緬	九〇	二五	四五	奥額士大	夏氣爽
瑪理蘭	七四	四〇	五四	波治磨	風易中人

馬沙朱色士	九八	二一	四八	波士登	
密西根	八五	一二	四七	的奪累	南暖北涼
梅尼所達	七〇	二五	四二	桑保羅	氣爽無熱病病者就以療之
密士昔比	八五	四〇	六四	查克遜	夏多熱時長海邊多熱病
密蘇蘆	七六	三九	五五	先奪路以司	
拏布拉士格	七〇	三二	四九	澳麻哈	
列法達	一〇五	一五	五〇	爰司墨日阿內大	冬煖而東寒
紐罕布西耳	九〇	一〇	四六	剛哥的	夏熱短
紐折爾西	八〇	三五	五三	突連登	
紐約	八一	三五	四八	阿巴尼	
諾司喀爾勒那	七三	三八	五九	老里	山爽濘溼
倭海約	八二	三五	五三	科倫八斯	
頒里根	七〇	三五	五三	北格而	溼氣偏西冬、煖夏涼
賓夕佛尼亞	九〇	三四	五四	哈力斯帛特辣	納窪河側
洛畣埃倫	九五	二一	四八	普拉比田斯	氣淨

叟司喀爾勒那	八〇	五〇	六二	科侖布亞	無黃熱疾
田捏西	七四	三九	五八	那是越里	氣淨夏涼
德格瑟斯	七〇	一七	六七	奧士大	西南熱于西北
窪蒙	九〇	一〇	四三	比里耳	冬夏
勿爾治尼亞	七五	四〇	五七	理治門的	山窪氣異
威士窪勿爾治尼亞	七二	三〇	五〇	路威司	
威上干遜	七二	二〇	四五	馬地遜	夏熱少冬冷
阿里瑣那	七八	三五	六九	打苦遜	
打戈達	一〇〇	一九	四七	楊可屯	空氣淨而乾
埃得和	七一	三〇	五二	波伊斯	山寒窪煖
孟大那	七〇	一五	四二	墨勒拏	氣乾
紐墨西哥	七〇	三〇	五一	散打費	氣清
尤達	七一	二九	五一	蘇士列可	東北寒
華盛頓	八〇	三九	五一	司地佛恩慈	冬煖夏涼
歪阿明	七〇	一二	四一	格樓克	氣淨山中冷

印甸	九八	四〇	六〇力希松　冬亦煖
阿拉士克	七〇	一〇	四六十多格

晴雨表

地背聯邦牙錯而晴雨有同有不同無他地氣與空氣爲之也大氐溼爲熱散則雨少熱爲溼鬱則雨多嘗聞中國四川俗稱漏天言雨多也然未若美利加之阿拉士克一年三百六十日而雨居二百八十五日夏日晝夜晴亦無幾其他三十七邦部與中國無甚差違日光之向背以南北異水氣之溼熱以高低異卽彼一邦以未可槪論也凡以日計皆測自美利加八以數年例常年非臆說也即晴雨之多寡可知地脈之美惡而以風雪之屬附識於篇述晴雨表

國都邦	晴	雨	雜識
科侖布亞	晴二百二十餘日	五十寸七十餘日	霧五十餘日雪十餘日其風來北五十六日西北八十七日東北三十五日東十六日東南二十四日南四十日西南五十五日西五十六日雖不能年無多少而測略如此
阿拉巴麻		四十六寸至四十九寸	雪少
阿剛色斯		五十五寸	
嘉里符尼亞	內地陰晴無定沿海多陰	內地十五寸沿海少雨	大風少夜霧多沿海無雪

喀挪拉孳	西五七月少晴餘月少陰	十五寸至二十	西卜一十二月風多颿雪然逾日即消雲霧少
干揑底嘎套		四十八寸	
特納窪		五十寸	霜雪少
佛勒里畣		五十四寸	
若耳治亞		六十寸	
伊利那倚斯	陰一百廿日		南窪冬〻寒於西北風夏熱於西南風
英鐙阿納		二十八寸	
愛呵窪		四十四寸多西風	
剛色斯		四十五寸	
根得基		五十寸	
魯西阿納	晴百六十餘日	大十五寸九十餘日	雲七十餘日無雲其風來北三十九日西七日東北十一日東五九日東南十六日南十一日西南十五日西北四十六日
緬			霜起〻西九月至六月雪起十一月全三月
瑪蘭理			四十五寸至五十
馬沙朱色士	晴二百一十餘日	北四十八寸南六十寸	風來北三十日西四十九日西北六十四日東北四十三日東三十二日東南十六日南三十七日西南八十八日
密西根			三十寸至三十一雪霜北多

梅尼所達		三十五寸半	北境雪積每年百餘日其餘雪少
密士昔比		海岸六十寸北境四十八寸	無雪
密蘇釐		三十二寸	
拏布拉士格		二十六寸	大風時自落機山東
列法達	夏少陰	春多雨	雪少
紐罕布西耳		山上五十五寸平地四十六寸	冬雪風多
紐折爾西		北境五十寸其餘四十一寸	
紐約		五十二寸	
諾司喀爾勒那		四十六寸	
倭海約	窪地陰多	湖濱三十六寸南境四十七寸	北地雪多
頰里根	東境夏日多晴	二十寸湖雨成多至六千二百寸	雪少露亦少山露多
賓夕佛尼亞		四十四寸	
洛衜埃倫		五十二寸	
叟司喀爾勒那		四十六寸	
田揑西	晴多	四十六寸	霾霧少

德格瑟斯		海岸三十四寸南境三十四寸半	海岸雲霧多
窪蒙		四十四寸	雪多
勿爾治尼亞		五十五寸	山夏多涼風冬多雪窪冬少風
威士奪勿爾治尼亞		四十五寸	
威士干遜		三十二寸	秋霜五十二寸
阿里瑣那		四十寸	
打戈達		二十寸	北境雪少
埃得和	晴多	十二寸	山雪多
孟大那		十一寸	山雪多
紐墨西哥		十寸	
尤達		二十寸	山雪多
華盛頓		西十月至四月或百廿五寸平均五十寸	西七八月雷
歪阿明		十五寸	
印甸		中境三十五寸西北廿寸東南五十二寸	山雪多
阿拉士克	陰雨三百八十五日	九十寸	雪無斷時夏日短

美利加地理志一　　　　　　　　游歷美利加圖經二

花翎二品銜直隸即補道總辦北洋機器局前游歷使臣傅雲龍述

地圖

自神農計里爲地圖權輿而九州之圖言於周官秦之地圖言於漢地理志說者謂繪圖之法以晉裴氏爲得惜無精之者至我

大清康熙間

命鐫銅版二圖上符天度近極則斂近赤道則侈此一定法也以專門而精以晚出而密非智過人抑時使然歟美利加合衆國在我京都緯南一度科侖布亞華盛頓都城而外凡邦三十有八部十然阿拉士克一部新售自俄羅斯不相聯屬是以未克合而圖之分圖屬草矣而未遑鏤且未遑繪時迫之也總圖銅版鏤自雲龍游歷日本時蓋陰文也而印之於紙則爲陽文側聞康熙間

殿版之圖鏤銅已用是法矣述地圖

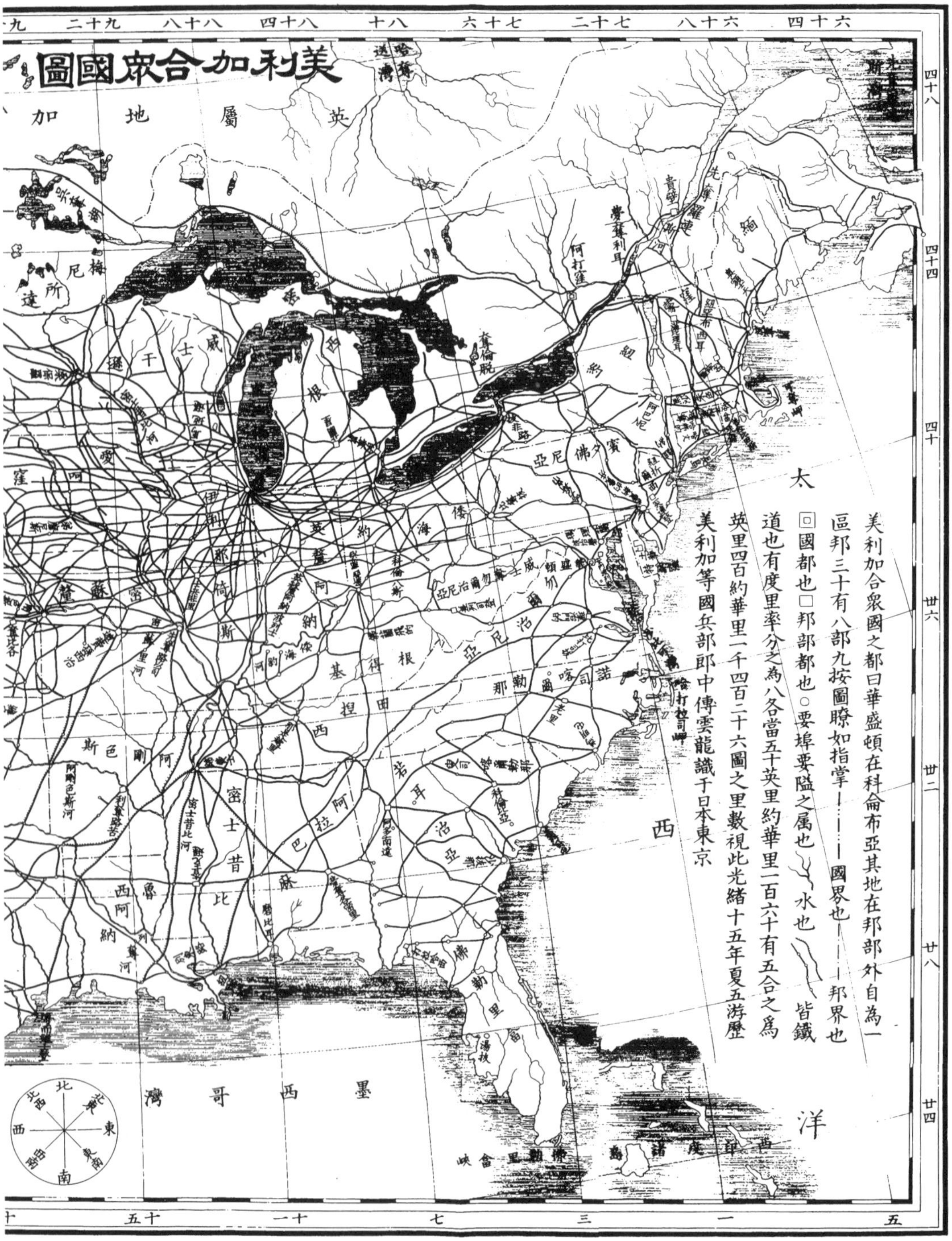
美利加合衆國圖
美利加合衆國之都曰華盛頓在科侖布亞其地在邦部外自為一
區邦三十有八部九按圖瞭如指掌——國界也——邦界也
◎國都也□邦部都也○要埠要隘之屬也 水也 皆鐵
道也有度里率分之為八各當五十英里約華里一百六十有五合之爲
英里四百約華里一千四百二十六圖之里數視此光緒十五年夏五游歷
美利加等國兵部郎中傅雲龍識于日本東京
太西洋
墨西哥灣

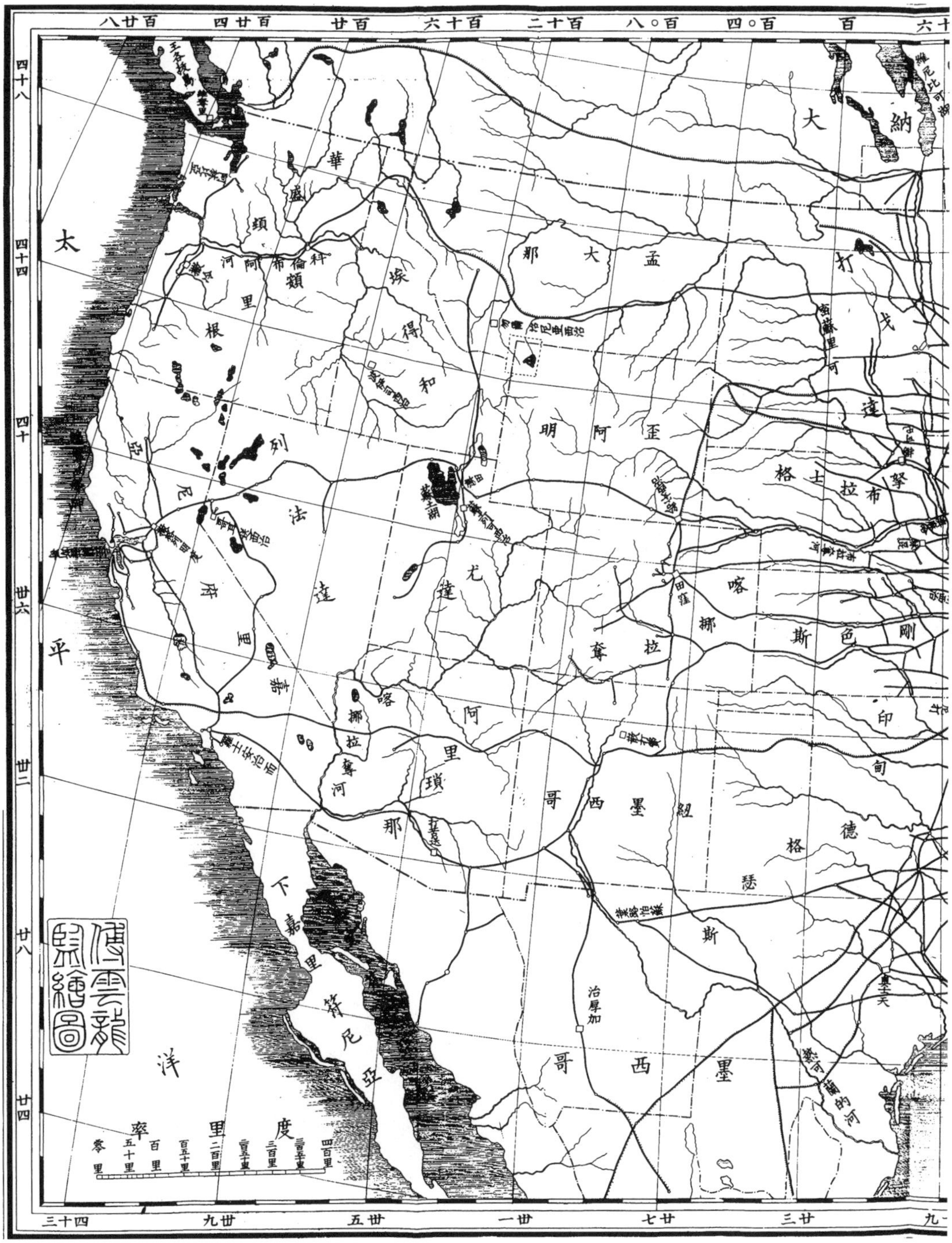
太平洋
華盛頓
孟大那
下嘉里符尼亞
墨西哥
紐墨西哥
度里率
傅雲龍繪圖

畺域原始

觀於今之美利加誰不曰未庶先富歟抑思其始何如探新地者義大利人科侖布亞也義大利不克用而日斯巴尼亞用之於是英吉利人競闢膏腴法郎西和蘭丹瑞諸國亦食如蠶而龍斷之心莫英吉利若生聚二百餘年其取攜於十三邦者固外府也捂克一決倒戈四馳同仇既盟遂不可復可不爲務財鑑乎東北濱海諸邦彈丸壘子而殷富倍商使然也內地幅員遼如半拓於農牧至於今邦部四十有八其國都之城曰華盛頓是舉立國者之姓氏以名之其都之地曰科侖布亞是以尋新地者之名名之也其合衆國曰美利加是以義大利人美利堅之名名之也自言探地在科侖布亞以前而厥跡無徵科侖布名幾爲其掩名以地著其亦有幸有不幸乎述畺域原始

美利加初名新地瓶尋者義大利熱那亞人科侖布也一云阿倫波一云闊龍先是布魯士天文家歌白尼言地球東西間不應無土然第存其說科侖布好航海術謂大洋西當有大陸與亞細亞洲接而家貧舶難

懸說無信者葡萄牙王然其說欲功出己不任科侖布事遂罔效日斯巴尼亞王后倚[illegible]龍喇知人有聲乞食往說會與莫臥兒戰乃罷地圖自給得見王令大臣與科侖布論輒被非笑久之見后爲先入言敵又八年矣適召科侖布縱論乃使自驗厥說兵後費絀典寶器給大艦一小艇二從者二十九水手九十凡百二十人時明弘治五年也西千四百九十二年八月十二日啟行於安達盧西亞之巴魯斯港西駛二十一日糧殆罄矣舟人謀投科侖布於海返舟科侖布覺自約三日無陸則返衆漫應之而水漸淺一夕西十月十二日舟人曰有陸有陸曙見炊烟出卉木間遂泊土人大駭疑艘爲鳥颿爲翼也此地爲南北阿美利加洲間巴哈麻諸島之一科侖布認指爲印度西極海岸遂稱曰西印度其泊舟處曰桑撒窟突兒譯言神護也獸蹄鳥跡灌莽叢雜科侖布欲尋而前發三舟達古巴海地二島而一舟損令舟人土著於此時弘治六年正月千四百九十三載土人土產歸颶風幾覆舟科侖布書新地崖略納筒封投之海而舟竟得達日斯巴尼亞某港王及后錫之爵非笑者大慙皆意厥地金如瓦礫爭從科侖布航至南阿美

利加㖿勒諾哥則廣漠也大失望譖罔王后怒械發日斯巴尼亞久之赦再航海舟破泊牙加海岸土人厚遇日斯巴尼亞人日斯巴尼亞人背科侖布掠土人糧繇是閉科侖布知月將蝕誑土人曰遇我無狀天將使日月不復照汝儕月暗土人謝罪僞禱而復土人以爲神厚遇如初后既死無知科侖布者後科侖布一年義大利舟長阿美利堅（人名曰堅以名地則爲加微異）揭來新地自稱科侖布以前得此箸書記土地風俗物產行世自是人名厥地曰阿美利加先科侖布一年英吉利人可法登銜其王命航北阿美利加洲新嶼寒且瘠無成而歸厥子世巴斯陳亦游新地嗣是洲南諸島隸英吉利然得新地以證地形如球實始於科侖布亞正德年間葡萄牙人馬基蘭以五舟至日斯巴尼亞南與土人角被害（格堅扶云舟覆溺死今據禪治文說與下文合）舟人立嘉奴爲舟督取道喜望峰至美利加東境環地行三年而歸王錫銀鑄小地球一枚鐫其國文譯言始環地而旋者其嘉奴乎志始也嗣是歐羅巴人西行者繇美利加而亞細亞而阿非利加而歐羅巴其東行者先阿非利加而亞細亞而美利加而歐羅巴凡閱六七月一周當馬

基蘭初航太平洋時較大西洋平遂名之曰布亞世邊津區譯言太平也日斯巴尼亞人馬爾慕亞守達里璉牽甲士二百前行槊懲牽強者登大山巔乃見滄溟即太平洋也手劍若旗布告遠近曰長屬日斯巴尼亞侵者拒之嘉靖三年千五百廿四法郎西人之得格阿利納新嶼海岸名新法郎西越十年法郎西人加爾占泝桑羅稜索川得土番一聚落曰蒲比鳌阿土人禮占尋與酋隙遂不服法郎西人虐使土人積怨且苦寒遂去之日斯巴尼亞遣古巴長德曾的牽甲士六百探金鑛達佛勒里畬海岸橫行阿拉巴麻若耳治亞諸地土人遇之無忤日斯巴尼亞人虐轉甚初意得黃金如土既無一得恣焚掠襲取密士昔比河側一部落土人自火遁乃行二三日攀巉巖而進巨流澎湃即密士昔比河也歐羅巴人之得此河始於曾的土人舟載貨物犒之曾的鞭求不已聞河西山中多鑛渡行數十里以瘁死從者欲至墨西哥道出德格瑟斯平原至日斯巴尼亞屬部舟腐集鐵片釘綴木板而歸踵科侖布至美利加者夥然未信土沃嘉靖四十四年千五百六十五日斯巴尼亞人至佛勒里畬墾地營聚落是為開

合衆國之始萬歷七年千五百八十法郎西人徙居新蘇格蘭有產不蓰者至加納大之貫璧而紐約產不蓰湖亦因其探湖而名時美利加北隸法郎西南隸日斯巴尼亞十日闢英吉利遂萌攘志有臘里者女王寵臣也二舟載卒航諾司喀爾勒那所至土人迎勞女酋某享之長島臘里攜二土人歸說土沃女王命臘里徙戶數百往居名其地曰勿爾治尼亞譯言貞絜寓贊美意也然臘里撫御無法小過輒火部落英吉利人度無成亦時逸歸屈者爲土人所殺而臘里无悔日董其人建都城曰臘里糧匱歸二年復往則無一英吉利人遂止後以反誅然臘里往來美利加獲種而歸歐羅巴之有煙草馬鈴薯始此萬歷三十五年千六百七英吉利船將紐波的欲移居長島率衆航海遇颶漂至諾藐爾河得一沃土建市曰占士初屬土酋布魯克巴有威紐波的再至占士疫起土人謀襲而憚船將須密士須密士亦英吉利人與紐波的謀闢新地航勿爾治尼亞土人要擊之密士登岸斬敵三人而陷陂澤拋刀出羅盤鍼土人奇之檻致於克巴所克巴將撲殺之克巴女布嘉本達斯年十二以身蔽密士乃免密士時

時言歐羅巴美頻達斯力赦歸占士有警達斯潛往告之密士歸占士民裁四十未幾紐波的載民與食至密士乘巨艦探覘遮士畢海港以物互市乃作地圖而紐波的所率國人憎甚英吉利王改令特納窪督勿爾治尼亞以九艦載民槖食而至占士最大一舟遇風後至先是密士事無巨細身擔之特納窪曰彼安得役我克巴覘開拓逼己不復通販密士往說出玉弄之克巴問答曰我王所佩克巴請以穀數百易之又以木易麥得不飢火藥倉火密士以傷歸土人苦誅求謀擊之英吉利人逸特納窪將大開勿爾治尼亞說西人運牛豕易菸葉遂於龍動結會社議開新地以婦九十嫁移居者約娶者納菸其地錢故少以菸代之平物直也自是勿爾治尼亞生聚日繁甫嘉本達斯者被英人掠而責贖之克巴怒適有英商落爾布悅達斯而請娶焉克巴許之意遂解其娶歸英也王居之宮中榮之也達斯不堪其寒欲旋勿爾治尼亞未果死子一和蘭人通商東印度而未知美利加西北直接冰海以為大西洋航太平洋較近遣布明遜西北行不可乃航新地縣緬而南深勿爾治尼亞出紐折爾西長島

之間得一海峽入之即紐約也至諾競爾灣遜被紼衣登岸土人驚爲神設饌享羅拜之遜出酒手觴土酋不敢飲傳下坐者皆疑毒一壯者曰與其不飲觸怒孰與飲之一啜而頹少焉起曰洵然入樂地遂爭飲之土人自是嗜酒名其地曰蒲巴但譯言醉宴也又贈日用器不知用而喜或飾鉞於頸或以伸縮布爲菸囊遜泝諾競爾灣至亞爾馬紐與土人結好而歸明年再航而北得大河曰布的遜冰凝舟不動遂死繼至者器易獸皮獲利築壘寨尋竊踞於蒲巴但名曰紐安特隄時萬歷四十二年千六百十四紐約之和蘭人性柔善待土人不貪奇利菸商既行買地必償其金時蒲巴但未開和蘭人以銀二十四圓得其土然往來靡定其挈妻奴居此實始於泰昌元年千六百廿名新和蘭而密士又航新地得緬與馬沙朱色士地曰新英時教二一舊教曰羅馬加特力一新教曰波羅特士旦新教者不肯受制於舊於泰昌元年攜家口航新地其船名馬伊布盧知留間布的遜河岸地可以闢從流而下暴風漂至葛布剛突地屬馬沙朱色士積雪荊榛衣凍如鐵土人來拒璥卻之得一埠少沃名曰毗理謨然編

瘴累累壯者建屋僅蔽風雨明年春暖跡炊烟得衆落土人佐無於世津登來見言初爲大部落二年前疫而蕪地可闢也先是法郎西人航此土人殺且虜被虜者曰天將殛汝而疫行云酋長馬沙朱色士初不之信疫浸起於是土人懼蹙額走相告色士亦懼遂率土人來謝且告之悔厚贈之會色士疾土人不知醫藥輒歌舞符呪英吉利人投所齎藥而差色士德之而土人不悅贈箭百其笴纏響尾蛇皮盛以示意乃報以彈藥樹柵築壘嚴難可侵而糧缺土人閉糴捕魚無網然戮力鬬土者乾魚白水不少懈如是者三四年大稔遷居日衆至崇禎三年千六百三十人且三百欲拓玭理謀北方移堅不列凝波士登等地其地皆屬馬沙朱色士數年後襲麥織毡類以水車代人力商旅輻輳爲一大都會有羅查氏名維廉者撒冷人爲教師大異新教馬沙朱色士人欲逐之維廉乃去涉三月餘至納爾臘幹些的買一廣地名曰普拉以登茲譯言天福也羅波阿的島在納爾臘幹些的海岸山水平遠名平和島維廉亦購之有田可墾其南大塔一有市曰紐波低以紐波低所開而名天啓二年千六百廿二英吉利人

進關經罕布西耳明年治道建屋置商社英吉利王以其地屬馬沙朱色士和蘭人亦闢干揑底嘎奪築堡於哈弗的與土番通商崇禎五年（千六百三十三）玭理謀人玻廉徙居河岸和蘭人壟斷厥地不欲它族偪處見玻廉移家舟來慭駕礮逼之返而玻廉自進颶利瞬過烏璉德索爾二三里登岸營居英吉利人聞玻廉得干揑底嘎奪河岸建堡河口守之名塞福落各後二年徙自馬沙朱色士者日益衆窮棘牧畜而河冰堅凝牛豕不耐凍明年波士登民百餘載牛至於是飲乳充糧而建哈弗的及伊瑟爾西布利多等市邑崇禎十一年（千六百三十八）新英地人開海港名曰新灣十六年（千六百四十三）立部落五十時與法郎西阿蘭陀爭土土人亦蠢動於是玭理謀馬沙朱色士干揑底嘎奪盟約聲援名曰新英會盟國先是英吉利人巴里底莫欲開新地南部說王后瑪理發令從民所好蠲征稅凡百政令不中制之賜誓書人人長得自主權則開拓可大功成俾循藩禮不亦可乎允之遂名其地曰瑪理蘭使往未竣而卒其子須塞爾代之崇禎七年（千六百三十四）率二百餘民泝婆多麥河即瑪理蘭與勿爾治尼亞界河也以金

易地開聚落土人受所贈刀鈚喜遂蒸黍爲餠報之勿爾治尼亞土人且爲奔走聞者踵至有西列慕爾者占商館利塞爾滅之以其父名名之曰瑪理蘭首郡曰巴里底莫當英吉利開新灣之年瑞典人亦航特納窪灣登岸立塞闢道路名曰新瑞典而和蘭人先居新和蘭創開特納窪遇土人無狀未有成而去至是豔羨之當我
朝順治十二年千六百五十五以須占佛產多爲將責瑞典人戰勝之奪其土廢新瑞典名復名特納窪以產多爲郡督英吉利王起大軍降之遂并紐安特隄及新和蘭封王弟約名曰紐約時康熙三年千六百六十四英吉利人得新地沿海自緬至佛勸里侖皆屬之紐折爾西兄弟者王弟約故舊也約既得新和蘭分一部與紐折爾西兄弟政令從其所爲名曰紐折爾西初英吉利人徙勿爾治尼亞土人不堪順治元年千六百四十四酋長克巴襲之被殺而英吉利所任藐爾克列苛斂滋掠衆推巴剛爲將不能容康熙十五年千六百七十六與之戰又不支遂去占土民自火之蕪苦貪苦暴不欲再治兵燹後傳播雜穀免凍餓而已先是順治十年千六百五十三英吉利人繇勿爾治尼亞至諾司喀爾勸那

闢其士康熙九年千六百七十新至者闢叟司喀爾勒那後二年闢查爾士頓於是法郎西蘇格蘭阿爾蘭之民艦至如歸英吉利之守叟司喀爾勸那者議增稅民以同稅偏重爭議乃寢然所遣督政者大率朘削民膏恣飽私橐連黨興訟殆不堪云二十一年千六百八十二英吉利王封船將賓氏於特納淮西地名曰賓夕佛尼亞譯言賓氏林野也先是瑞典人拓此尋屬英吉利而邊氏數立懋績錫之金弗受願有士故封之子曰維廉奉格厄里教凡行新教者拷掠之至是開一埔曰費里地費爲聯邦弟二埔頭而法郎西不欲英吉利獨有厥土有麻利格的者與如畱同尋密士昔比上流爲德會的所未至沿河而下士人爭犒至密西根欲傳其教士人死之獄羅撒爾亦法郎西人航新地泝密士昔比河得一大瀑布曰桑翁疏利築堡互市下密士昔比河達墨西哥名其地曰魯西阿納即法郎西王名也羅撒爾將修河堤於是歸國募工舟至德格瑟斯遇風而損留者半以其半陸行至加納大欲進不果厥後法郎西人欲成羅撒爾志遣人數百沿密士昔比岸而上築堡於那多占康熙五十八年千七百十八以數百人

拓紐阿林其地近晉西阿納爲新地西南一大都會那多占有土人聚落法郎西人將奪之土人憤擊破殲而英吉利人日益進雍正十一年千七百三十三阿爾塞疏里布率民數百達佐巴紐斯川建一市名佐巴紐斯既富且庶當始至時酋迓勞贈水牛革飾以鷙頭鷙皮曰聊表信也疏里布恩信無間土人親之所至無齟齬此未議自立前事也乾隆二十三年千七百五十八華盛頓克大具紐於是勿爾治尼亞建議院以邊丁精政事學推爲議長名其地曰邊丁甫留具而以華盛頓爲紳董二十五年千七百六十新地初定人人意中望大臣新政如望歲而墨吏無厭罔爲民計先是其王約從新地者便宜從事罔或遙制使得自主自立之權且有誓書具在也嗣王占土欲奪民利先令燕士路須爲大都督大會新地人諭還誓書至再誓書甫出一人於燭下奪匿樹罅未幾占土爲國人所逐新地亦捕路須放還之後以布連浮登荼留督軍于此閱兵而衆不受制推宇亞泥須於留次酋爲部將方布連浮登荼留宣讀王諭時衆擲鼓亂其聲叱之止尋復擲聲驫急督軍者意色惡甚衆按劍遂怖不復言英吉利王令物輸新

地者重稅額償兵費也民皆曰英吉利各邦皆有紳董代民參政而新地則無遂不受命三十年一千七百六十五又下令征印紙凡借貸貿易昏嫁皆納錢請官印紙自一錢至三十圓否則罪勿爾治尼亞民集議院有顯理者曰自主自立之權爲人君者制之政令今王暴歛不絕之則魚肉矣或責曰是叛也顯理爭之力衆同之印紙船至衆寸裂之喪服鳴鑼狥於市示同死也而征稅如初以兵戍波士登輒掠民被殺者三復下令向例賣茶納稅繼自今賣者免征而稅買者民遂約不用茶英吉利舟三至波士登諭民買之不聽一夜士人突入艙擲茶筐數百於海船長噤不敢問初以爲士人也聞稱快聲乃知闔非新地民易服爲之督馬沙朱色士者計儒也不戰部卒民殆不堪羣兒偶戲池冰兵錐破之求免被辱其民訴之計儒曰此其一端童子亦切齒矣三十九年一千七百七十四十三邦議者會於費里地費牙顯理決其議立分兵詳兵志四十年一千七百七十五十三邦議者大會於諾司喀爾勒那邦之撒爾督突盟約自立又會於費里地費推華盛頓爲帥明年十三邦議建國號曰合衆申誓約其民會費里地費者萬數鳴鑼

大呼夜則燎火如晝謂之神火時乾隆四十一年即西一千七百七十六年七月四日也日本譯其書四上衍十字而譯聯邦誌者又以七月四日屬之中國皆誤此爲美利加自立之始嗣是歲逢其日則樹旗相賀詳歲時布蘭克林使於法郎西說厥君臣認美利加爲自立國申約盟之巴勒遣援軍數艦器與糧稱之克林幼時其父令學製燭不屑而讀書廢眠食長藉印書業出游及至費里地費牙囊餘一圓金日食粥學不少懈華盛頓擢使得認自立是年復會於賓夕佛尼亞邦公選十三邦紳董賓夕佛尼亞九勿爾治尼亞七紐折爾西五干捏底嘎奪瑪理蘭馬沙朱色士紐約曳司喀爾勒那各四紐罕布西耳特納窪諾司喀爾勒那若耳治亞各三洛畜埃倫二凡五十五人布告同仇之意十有六條大恉謂英吉利王之偏與私與貪與虐與愎與縱與害詞俚不具載四十六年千七百八十一年十月十九日華盛頓復紐約傳捷書於十三邦國會民鳴鐸鈴祝之英吉利乃使議和美利加國會曰和不和在認自立與否使往復而議未決四十八年千七百八十三法郎西說英吉利美利加兩國各遣使會于巴勒立盟誓曰自今美利加十三邦統一自立不屬於英吉利

西四明十九日傳告國中

合衆國沿革

瀛環志略載美利加二十六國今則爲邦三十有八爲部十而科侖布亞則華盛頓都也爲合衆國國會設也合衆國何合渙散之十三邦畔英自立也此非裂地而封蕞爾如洛畜埃倫亦不幷於大猶之郛莒可儕齊魯也十三邦而外窪蒙已自爲邦未克與盟紐約人視之爲屬也越十三年乃許其請歸是或被刼而償或易銀而獲而升自部者居多部何以升視民多而升也方爲部時政事一出國會遣吏治之謂之達璧多里譯言聚落也邦亦譯者擬詞彼人謂之育奈士造有頭目總理誼民衆則酉增後之視今損益雖可槪論矣述合衆國沿革

科侖布亞○華盛頓既定合衆國約遂以科侖布亞爲聯邦會議國政所自是伯理璽天德居之名其城曰華盛頓其西曰卓爾治亞以華盛頓之名名之也是瑪理蘭地其南曰亞力山大是勿爾治尼亞地

阿拉巴麻邦○日斯巴尼亞人來阿拉巴麻在明嘉靖二十年（千五百四
十一）追
大清康熙三十年（千六百九十一）法人亦至乾隆二十八年（千七百六十三）與密士
昔比同歸於法尋屬英四十八年（千七百八十三）歸日斯巴尼亞然與若耳
治亞密士昔比同區且有佛勸里會之地在於其中嘉慶七年（千八百二
始自爲一部二十五年（千八百廿）始歸美利加（海國圖志諸書說同或曰三年歸美利加）道光
元年立邦（此與瀛環志略說異）

阿剛色斯邦○歐羅巴人至阿剛色斯河口在康熙十二年（千六百七十三）
嘉慶五年（千八百）歸日斯巴尼亞與密蘇麓同區二十四年（千八百十九）始
分爲達邏多里不曰土迭而曰達邏多里（譯言地方也）尋爲部道光
十六年（千八百三十六）歸美利加立邦

嘉里符尼亞邦○明萬歷元年（千五百七十三）英吉利水師官至其地詫爲
金穴尋爲日斯巴尼亞人所据後屬墨西哥道光二十九年（千八百四十九）
歸美利加爲部非爲邦也立邦在咸豐元年（千八百五十一）

喀挪拉尊邦○初爲剛色斯斧布拉士格二邦尤達紐墨西哥諸部

之圯淘金人趨若鶩同治元年（一千八百六十二）遂自爲部曾西阿納亦少分驅於此光緒二年（一千八百七十六）立邦

干捏底嘎奪邦○干捏底嘎奪譯言長河也蓋邦以河名云先是明天啟間和蘭人闢岸築堡於哈弗的與土人互市崇禎六年（一千六百三十三）爲部馬沙朱色土人墾地曰赤活稀犢初孳不耐冰飲十二年乃立爲部紐倫敦則英吉利人所墾也迨大淸康熙元年（一千六百六十二）歸於英乾隆四十一年（一千七百七十六）美利加十三邦畔英自立此其一也

特納寨邦○特納寨者和蘭人名因以名地者也先是明萬歷間瑞典人闢和蘭人拓特納寨弗成而返遂主其岸自闢土立寨名曰新瑞典

大淸順治十二年（一千六百五十五）和蘭人奪之復名特納寨康熙四年（一千六百六十五）歸英乾隆四十一年（一千七百七十六）美利加十三邦畔英自立此其一也

雲龍按特納寨沿革或曰明崇禎七年始有綏林人闢其地或曰順治九年爲荷蘭人所奪或曰英人改名底拉華皆異說也瀛環

志略謂道光十年始歸合衆國豈忘其爲十三邦之一耶
佛勒里畣邦○日斯巴尼亞人般士底里晏聞此地有不老泉遂來
闢之名佛勒里畣時明正德七年也千五百十二嘉靖四十四年千五百六十五
建部落曰歐及士代萬厤十二年千五百八十四英吉利人侵其北境迨
大清乾隆二十八年千七百六十三英吉利人以古巴易之越二十年復歸
日斯巴尼亞嘉慶二十五年千八百廿美利加因貨船曾被刼於日斯巴
尼亞人以兵詰之理直以佛勒里畣地償之僑居他徙生聚久之道
光十年千八百三十自成一部二十五年千八百四十五升爲邦
墨龍按科侖布之尋新地在明弘治五年千四百九十二越二十年始有
日斯巴尼亞人訪佛勒里畣之事而海國圖志云千二百九十二
年宋祥興十五年呂宋之戈撒麻士乘船西駛始知此地創立佛
羅里達部落豈非臆說祥興止二年而云十五何耶又云佛羅里
畣部千七百六十三年爲英人所併汁曰明嘉靖六十三年尤謬
若耳治亞邦○若耳治亞者英國王名也雍正十年千七百三十二英人闢
其司各德勒邢英營阿納有日斯巴尼亞新地於是潛將以兵襲其

貧黎百人至此墾荒負耒日至遂以國王之名名部時瑞典和蘭人亦趨之而日斯巴尼亞人之居佛勒里富者拒之以兵乾隆十八年一千七百五十三英人始定厥部四十一年一千七百七十六美利加十三邦畔英自立此其一也

雲龍按若耳治亞亦十三邦之一何瀛環志略又謂嘉慶三年歸合衆國耶

伊利那倚斯邦○初至伊利那倚斯者法郎西人也在康熙十二年一千六百七十三歸於三十九年一千七百墾加士機地乾隆二十八年一千七百六十三英人緊食之三十年一千七百六十五歸英然與英盤阿納同區嘉慶十四年一千八百九自成一部二十三年一千八百十八歸美利加然土人未服道光十二年一千八百三十二略服押定之十八年一千八百三十八立邦

英壓阿納邦○康熙三十九年一千七百法郎西人拓地於此謂之英盤阿納者譯言印度也意謂土人地與印度同也乾隆二十八年英人獲之伊利挪倚斯分疆自此在嘉慶十四年一千八百九歸美利加後於二十一年一千八百十六立邦

愛阿雞邦○初宅此者法郎西人壽陽達拔久也在康熙五十七年千七百十八嘉慶八年千八百三歸美利加道光二十六年千八百四十六升部為邦

剛色斯邦○初屬密西阿納尋為土人巢窟咸豐四年千八百五十四美利加立部十一年千八百六十一升邦

堪得基邦○根得基印度土人獵地也明嘉靖二十二年千八百四十三日斯巴尼亞人蠶食其西迠

大清順治十一年千六百五十四英人跡此而既既焉乾隆三十二年千七百六十七勿爾治尼亞話可略爾勸那叟司格爾勸那之獵狐尋者麕至於是伐木搆居聚落一成狀煙四召三十三年千七百六十八英人達紐爾斯慕或云年碱利達挈孥繈負為卜宅計白人之移居始此初與勿爾治尼亞同區以兵略地四十四年千七百七十九自為一部四十六年千七百八十一歸美利加五十七年千八百九十二立邦

密西阿納邦○初法郎西人拓地於密士昔比之西隅原屬密西阿納者也康熙十一年千六百七十二營眾斯安地從居日益滋乾隆二十七年千七百六十二日斯巴尼亞人侵之少年法郎西人失厥地嘉慶五年千八

百乃復之八年千八百三鬻於美利加凡銀一千五百萬圓自[illegible]落機山以西皆合衆國境十六年千八百十一立爲一部十七年千八百十二升邦

緬邦〇初緬爲馬沙朱色士境明萬厯三十五年千六百七歐羅巴人來四十一年千六百十三法教士又來明年英人互市於土人天啟六年千六百廿六英人自立一鄉於基尼伯河畔久之爲馬沙朱色士之毗墨姆人所并與干捏底嘎奪紐罕布西耳洛侖埃侖窪蒙同名新英歸美利加後自爲一部嘉慶二十五年千八百廿緬民請於國政立邦

雲龍按瀛環志略云與馬沙朱色士合嘉慶二十五年歸合衆國謬矣馬沙朱色士非他是十三邦同盟之一也豈有既與之合而後四十餘年乃歸美利加者乎

瑪理蘭邦〇英吉利律官曰麻爾底摩率民二百至此墾土父子相繼時明萬歴間也崇禎五年千六百三十二請於英女王瑪理願占新地南允之遂名地曰瑪理蘭瑪理之言后蘭之言地猶言干后嗎地也乾隆四十一年千七百七十六美利加十三邦議畔英自立瑪理蘭其一也

馬沙朱色士邦〇馬沙朱色士土酋名也與英人交㝡厚因以名邦

先是明萬歷三十年一千六百二歐羅巴人至勃闌濱灣英人至者三十有二壽返四十二年一千六百十四或復探此泰昌元年一千六百二十英人觸禁律者以勃土茂爲逋逃藪闢地居之崇禎二年一千六百二十九來者數千浸及勿爾治尼亞土人拒甚遂拓馬沙朱色士是爲新英六地之一乾隆四十一年一千七百七十六美利加十三邦議畔英自立馬沙朱色士其一也

密西根邦○初惟東隅仙馬里土人八百居之餘皆荒蕪明萬歷二十九年一千六百一法郎西人來厥土測扐造

大清乾隆三十八年一千七百七十三英人侵之明年歸英道光十五年一千八百三十五歸美利加爲部十七年一千八百三十六升邦

梅尼所逵邦○梅尼之言水所逵之言天青也譯言邦之水如天青然因以名也先至此地者法郎西人也在康熙嘉慶間後有英人曰瑟克爾格獲其西北一鎮曰便比納美利加立國而後畧土人地殆盡遂立此爲部咸豐八年一千八百五十八升邦

密士昔比邦○歐羅巴人至此在明嘉靖二十一年一千五百四十二造

大清康熙五十四年一千七百十五法郎西人扐之與谷西阿納同區明年

立那支士部落徼臺乾隆二十八年一千七百六十三年英人割河東以益之一十年日斯巴尼亞奪河西地或屬若耳治亞或屬阿拉巴麻皆非自爲一部嘉慶二年一千七百九十七年歸美利加爲部二十二年一千八百十七年升邦

密蘇釐邦○法郎西人之至密蘇釐在康熙三十九年一千七百年初與阿剛色斯同區後歸美利加嘉慶二十四年一千八百十九年始自爲部道光元年一千八百二十一年升邦

肇布拉士格邦○咸豐四年一千八百五十四年以後生聚日新然土人以不利已也歷之久乃定十年一千八百六十年自成一部同治六年一千八百六十七年升邦

列法達邦○咸豐十一年一千八百六十一年列法達之地分自尤達尤達至今猶部也而列法達規模驟改於同治三年一千八百六十四年升邦

紐罕布西耳邦○英語郡曰西耳舊有郡名罕民居新地因名此曰紐罕布西耳紐之言新也英人始獲此地在明萬歷四十三年一千六百十五年至天啓三年一千六百二十三年厥土日闢則麻臣俄尼士之力也然與馬沙朱色士同區

大清康熙十八年一千六百七十九年自爲一部乾隆六年一千七百四十一年畫界漸塑四

十一年（千七百七十六）美利加十三邦畔英自立紐䍐布西耳其一也

紐折爾西邦○明泰昌元年（千六百廿）和蘭人闢東北境曰新和蘭地天啟四年（千六百廿四）丹國人有至此者崇禎間瑞典人宅於新和蘭地之旁即紐折爾西地尋歸和蘭後屬英吉利或曰和蘭英吉利公地也大清康熙四十一年（千七百二）英乃自立一部乾隆四十一年（千七百七十六）美利加畔英自立紐折爾西又十三邦之一也

紐約邦○紐約爲聯邦最約者前英吉利王弟之名也紐之言新英人方言轍以克爲語助故亦曰紐約克也先是和蘭國人於明時闢土謂之新和蘭嘉靖二十四年（千五百四十五）義大利人至此是役於和蘭人也非有其土萬歷三十七年（千六百九）英人亨利活多松打海灣（即今紐約港）尚無紐約名天啓六年（千六百廿六）復易爲以銀我

大清順治年間英人兵和蘭人攘其地於是英吉利王弟約受封名曰紐約始此康熙三年（千六百六十四）置吏治之略土人地乾隆十九年（千七百五十四）英法戰於紐約礮堡相望二十八年（千七百六十三）兵靖地屬於英四十一年（千七百七十六）美利加十三邦畔英自立紐約其一也合衆國埠頭

臭大於此至今殷富爲合衆國弟一邦畔後英人欲復不克被兵數歟亦以此

諾司喀爾勒那邦○諾之言北與叟之言南爲對待也先是明萬曆十二年歐羅巴人探此明年至者百人然未成衆落我大清康熙二年千六百六十三英律官有格拉領顛者偕依爾丁蘭威爾那等闢土曰查爾士頓蓋以其國王名名之也臘里所闢與之犬牙相錯遂合名之曰喀爾勒那十九年千六百八十英人祿基至此分爲兩部落置吏五十八年千七百十九合之爲一雍正七年千七百廿九分南北爲二其北部曰諾司喀爾勒那即臘里所墾也乾隆四十一年千七百七十六美利加十三邦畔英自立此其一也

雲龍校海國圖志謂康熙五十九年南始有人托足六十年立查士頓與雲龍所聞異矣又云乾隆五十五年歸彌利堅尤謬

倰海約邦○康熙十八年千六百七十九有法人至此而未開墾美利加立國此猶野地也乾隆五十三年千七百八十八英吉利闢七之人來自西北密西根諸處由麻生達漸拓之嘉慶五年千八百置吏七年千八百二歸美

利加立邦

額里根邦○美利加立國後額里根猶野地也乾隆五十七年（千七百九十二）漸拓厥土嘉慶十六年（千八百十一）立獸皮公司商通民集咸豐八年（千八百五十八）升部爲邦

賓夕佛尼亞邦○初闢厥地者瑞典人也時明崇禎十一年（千六百三十八）厥後和蘭人爭之康熙三年（千六百六十四）屬英十一年（千六百七十二）屬和蘭尋復屬英二十一年英將威廉賓獲之賓其姓氏威廉其名也父董水師有大勳勞錫之金弗受願得土乃授券居新地土曠人稀復買地於土人拓爲大部名曰賓夕佛尼亞譯言賓之野地也乾隆四十一年（千七百七十六）美利加十三邦畔英自立此其一也其議約即在邦之巨邑曰費納的費牙

洛島埃倫邦○明崇禎九年（千六百三十六）馬沙朱色士有維查威廉者謫居於此海灣有島鴆衆闢土康熙二年（千六百六十四）叛築部落名曰洛島埃倫埃倫譯言島也洛島埃倫譯言島部也乾隆十五年（千七百五十）至二十八年（千七百六十三）英之僑黎與法水戰有功四十一年（千七百七十六）美利

加十三邦畔英自立此其最小者也
雲龍校或言立邦在乾隆五十五年非也
曼司咯爾勒那邦○初與諸司咯爾勒那合尋分（詳北司咯爾勒那）校拉領
畟之查爾士頓在此邦內乾隆四十一年（一千七百七十六）美利加十三邦畔
英自立此其一也
田捏西邦○乾隆十九年（一千七百五十四）英人於田捏西河上成一聚落曰
福多維登來自喀爾勒那勿爾治尼亞居多二十五年（一千七百六十）土人
讐英人於呼度鹿洞援兵弗克而和美利加立國後生齒日增嘉慶
元年（一千七百九十六）立邦
德格瑟斯邦○康熙二十四年（一千六百八十五）法郎西人來未幾日斯巴尼
亞人力爭其地乾隆二十八年（一千七百六十三）獲之嘉慶二十四年（一千八百十九）
美利加分其東域道光十六年（一千八百三十六）兩不相屬舉地自治請歸美
利加二十五年（一千八百四十五）立爲邦
洼蒙邦○洼蒙譯言綠山也其境有曼司費耳多山冬不改青故名
明萬歷元年（一千五百七十三）法郎西人來自加納大迨

大清雍正二年（一千七百廿四）英人來自馬沙朱色士乾隆二五年（一千七百六十）十又來自紐罕布西耳輾轉相屬尋屬紐約三十六年（一千七百七十一）已自為邦四十一年（一千七百七十六）不得與盟於十三邦者紐約邦人未之許也偶亦屬英五十五年（一千七百九十）邦人輸銀三萬圓於紐約乃命為聯邦之一明年立為邦是十三邦外之第一邦也

勿爾治尼亞邦○明萬歷三十四年（一千六百六）英女王占士時英人初闢此地以女王名名之曰占士尋更名勿爾治尼亞譯言貞女以志頌也天啟三年（一千六百二十三）土人襲之英人殺土人三百五十明年略地如初迨大清乾隆四十一年（一千七百七十六）美利加十三邦畔英自立此其一也

威士奪勿爾治尼亞邦○美利加立國此猶荒野也略地日拓漸徙日集遂成部落同治二年（一千八百六十三）立邦

雲龍按威士奪王言西猶言西勿爾治尼亞也

威士干遜邦○道光十年（一千八百三十）始有白人來自密西根十二年（一千八百三十二）美利加人以土番為鄉導略地於濱河之都模格草剏部[illegible]築

礦臺以兵戍之或置公司以商運之初與愛阿華省合為一部嗣分廿八年一千八百四十八立邦

阿里埵那部○明嘉靖四十五年一千五百六十六知此出銀者曰斯巴尼亞人也美利加立國後略土人地道光二十八年一千八百四十八浸成聚落同治二年一千八百六十三年二月立邦

打戈達部○初為梅尼所達西境咸豐八年一千八百五十八梅尼所達為邦遂分厥地為打戈達土人不服僑居難可驟集十一年一千八百六十一始為部

埃得和部○初為峯布拉士格邦打戈達部華盛頓部屬地同治二年一千八百六十三始畫界自為一部

孟大那部○初為倭海約屬地同治三年一千八百六十四畫界為部而地狹甚十二年一千八百七十三益以打戈達西地

雲龍桉孟大那地今已廣於歪阿明埃得和諸部

紐墨西哥部○明嘉靖十六年一千五百三十七日斯巴尼亞人初闢厥地居民移自墨西哥居多故曰紐墨西哥紐之言新也萬歷九年一千五百八十一

卜斯巴尼亞置吏治之二十三年以後（千五百九十五）生齒日繁
大清道光二十六年（千八百四十六）歸美利加咸豐元年（千八百五十一）立爲部
亢達部○初屬墨西哥道光二十八年（千八百四十八）墨西哥立約歸美利
加立爲部
華盛頓部○道光二十七年（千八百四十七）爲顆里根地咸豐三年（千八百五十三）
畫地以民凡四千自爲一部
歪阿明部○同治七年（千八百六十八年七月）分自咾挪拉奪打戈達亢達而
自爲一部
印甸部○美利加合衆國地初皆印甸人地也種類散處久矣新地
競指聯邦乃成於是擇地一區在剛色斯邦以南德格瑟斯以北名
曰印甸俾土人亦有所歸立約勿擾凡十有餘族自分部落其著者
曰知祿基族初居押利結尼數十年前賣地聯邦而徙於印甸之東
北二隅當阿剛色斯河之北（約居印甸三分之一）曰吉栗士族初居
若耳治亞阿拉巴麻厥後徙此與西米奴里族爲鄰曰卓道斯曰知
格亞騷斯二族合居於加納大之南分地爲四卓道斯族得其三知

格亞騷斯居其一

阿拉士克部○此美利加購自俄羅斯者也先是乾隆六年千七百四十一俄羅斯人味塔士布林至此越三十四年英人窺伺之末繇入也咸豐六年千八百五十六美利加人以銀七百二十萬圓易之大如嘉里符尼亞略雜拉奪德格瑟斯三邦合一之地

雲龍按以謂美利加議買在咸豐六年而歸治在同治六年爲西一千八百六十七年

美利加地理志二　　游歷美利加圖經三

花翎二品銜直隸即補道總辦北洋機器局前游歷使臣傅雲龍述

合衆國方里表

美利加合衆國沿英里法每一英里合華二里有三百二十步四尺八寸六分五釐每一英方里合華八里有二百四十步一十四尺五寸九分五釐雖然自來計里以一英方里合九華里是爲華三方里矣今用其例舉成數也合衆國方里其說亦未盡一或云三百有一萬英方里增阿拉士克三十五萬凡三百三十六萬方英里而雲龍徵之圖籍分合數則以三百六十萬二千九百九十八方英里爲符以一合三是爲華方里一千八十萬八千九百九十四或言陸方英里十三千萬謂也水陸分之測有未盡難可臆度說合衆國方里表

	面積方里		廣		袤		陸		水	
	華里	英里	華里	英里	華里	英里	華方里	英方里	華方里	英方里
合衆國總計	一〇八〇八九九四	三六〇二九九八	二一〇〇〇	七〇〇〇	一五〇〇〇	五〇〇〇				
科倫布亞	三〇〇	一〇〇	二四	八	三〇	一〇	一八〇	六〇	三〇	一〇
阿拉巴麻	一五六七五〇	五二二五〇	四六二	一五四	九九〇	三三〇	一五四六二〇	五一五四〇	二一三〇	七一〇

阿剛色斯	一六一五 五〇	五三八五 〇	七五〇	二五〇	七二〇	二四〇	一五九一 二五	五三〇四 五	二四一五	八〇五
嘉里符尼亞	五七六九 四三	一八八九 八一	九九〇	三三〇	一三一〇	七七〇	四六七九 四〇	一五五九 八〇	七一四〇	二三八〇
喀挪拉奪	一一七 七五	一〇三九 二五	七六〇	二八〇	一一四〇	三八〇	四〇九三 五	一三六四 五	八四〇	二八〇
十揑庐嘿奪	一四九七 〇	四九九〇	一六五	五五	一五八	八七	一四五五 五	四八四五	四三五	一四五
特納窪	七五〇	二五〇	一〇八	三六	一八八	九六	一八八三	一九六一	二七〇	九〇
佛勒里畲	一八〇〇 四	五八六八 〇	三〇〇	一〇〇	一〇五〇	三五〇	一六二七 二〇	五四二四 〇	一四七六	四九二
若耳治亞	一七八四 二五	五九四七 五	七七二	二六四	九六〇	三二〇	一七六八 四〇	五八九八 〇	一四八五	四九五
伊利那倚斯			六六四	二一八	一一五五	三八五	一六八〇 〇〇	五六〇〇 〇	一八〇〇	六〇〇
英釐阿納	一〇九〇 五〇	三六三五 〇	四二〇	一四〇	八二八	二七六	一三六一 六三	四五四二 一	九九〇〇	三三〇〇
愛呵窪	一六八〇 七五	五六〇二 五	九〇〇	三〇〇	六一一	二〇八	一六六四 二五	五五四七 五	一六五〇	五五〇
剛色斯	二四六二 四五	八二〇八 〇	三三〇	一一〇	六三〇	二一〇	二四五一 〇〇	八一七〇	一一一〇	三八〇
根得基	一二一二 〇〇	四〇四〇 〇	一〇五〇	三五〇	五三四	一七八	一二〇〇 〇〇	四〇〇〇 〇	一二〇〇	四〇〇
魯西阿納	一四六一 六〇	四八七二 〇	七二〇	二四〇	九〇〇	三〇〇	一〇七七 三〇	三五九一 〇	一三二〇	四四〇
緬	一〇五〇 〇〇	三五〇〇 〇	六三〇	二二〇	九〇〇	三〇〇	八〇六八 五	二九八九 五	九四三五	三一四五
瑪理蘭	三三三七 二	一一一二 四	五八八	一九六	三六〇	一二〇	二九五八 〇	九八六〇	七〇五〇	二三五〇

馬沙朱色士	二四九四 五	八三一五	三○○	一○○	四八○	一六○	二四二二 ○	八○四○	八二五	二七五
密西根	一七三九 二五	五七九七 五	七七七	二五九	七五四	二七七	一七二二 九○	五七四三 ○	四五	一四八五
梅尼所達	二五○○ 九五	八三三六 五	五四○	一八三	一一四○	三八○	二四三○ 六○	七九二○ 五	一二四八 ○	四一六○
密士昔比	一四一四 六八	四七一五 六	五六七	一八九	九九三六	三三一一	一一九○ 二○	四六二四 ○	一四一○	四七○
密蘇薆	二○八二 四五	六九四一 五	七三五	二四五	八二五	二七五	二○六一 九五	六八七三 五	二一○四○	六八○
挐布拉士格	二三○五 六八	七六八五 六	一二六○	四二○	六三○	二一○	二二八五 五五	七七一八 五	二六一○	八七○
列法達	三六八七 ○	一二二九 ○	九六○	三二○	一四五五	四八五	六六二二 三	一七七四	一八八三	九六一
紐罕布西耳	二七九一 五	九三○五	二七九	九二	五四○	一八○	二七○一 五	六○○七	七○○	三○○
紐折爾西	二三四四 五	七八一五	二一○	七○	四七一	一五七	二二三三 五	七四四五	一○八○	三六○
紐約	一四一○ ○○	四七○○ ○	二二三六	四一二	九三三	三一一	一四二八 六○	四七六二 ○	四七五○	一五五○
諾司喀爾勒加	六七五○	二二五○	一三五○	四五○	五五五	一八五	一四五七 四	四八七八 ○	一一○一 ○	一六七○
倭海約	一二三○ ○○	四一○○ ○	六七六	二二五	六○○	二○○	一二二二 九○	四○七七 ○	六○○	三○○
頮里根	一八五八 二三	九五二七 四	一○八○	三六○	七八○	二六○	一八二二 八○	七四五七 ○	四四一一	一四七一
賓夕佛尼亞	一三五六 四五	四五二一 五	九○九	三○三	五二八	一七六	一二四七 五五	四四六八 五	六六○	二三○
洛嵒埃倫	三七五○	一二五○	一二○	四○	一四一	四七	三二五五	一○八五	四九五	一六五

美利加圖經卷三　十一

嘍司喀爾勒那	九一七一 〇	三〇五七 〇	八二五	二七五	六二〇	二一〇	九〇五二	一〇一七 〇	一二〇〇	四〇〇
田捏西	一二五一 五〇	四二〇五 〇	一二九六	四三二	三二七	一〇九	一二五二 五	四一七五 〇	九〇〇	三〇〇
德格瑟斯	七九七三 四〇	二六五七 八〇	二二二〇	七四〇	二四七五	八二五	七八六八 七〇	二六二二 九〇	九一四七	三四九〇
猩蒙	七八六九 八	九五六十	一五〇	五〇	四五〇	一五〇	二七四〇 五	九一三五	一二九〇	四三〇
勿爾治尼亞	一一五〇 四四	三八三四 八	一三二〇	四四〇	五七〇	一九〇	一二〇三 七五	四〇一一 五	六九七五	二三二五
威士勿爾治尼亞（威士尼亞）	六九〇〇 〇	二三〇〇 〇	四八〇	一六〇	七二〇	一四〇	七三九一 五	一四七四 五	三〇五	一三五
威士干遜	一六八一 二〇	五六〇四 〇	七八〇	二六〇	九〇〇	三〇〇	一六四三 五〇	五四四五 〇	四七七〇	一五九〇
阿里塡那	三四一七 四八	一一三九 一六					三三八七 六〇	一一二九 一〇	一〇〇	一〇〇
打戈達	四五二九 六	一五〇九 三三	一〇五〇	三五〇	一三五〇	四五〇	四四三一 〇〇	一四七七 〇〇	四〇〇	一四〇〇
埃得和	二五八八 八二	八六二九 四	九〇〇	三〇〇	一二四五	四八五	二五二八 七〇	八四二九 〇	一五〇〇	五〇〇
孟大那	四三一三 一八	一四三七 七六	一六二〇	五四〇	八二五	二七五	四三五八 〇〇	一四五二 〇〇	二三一〇	七七〇
紐墨西哥	三六三七 〇三	一二二二 〇一					三六七三 八〇	一二二四 六〇	三六〇	一二〇
尤達	二五三四 二八	八四四七 六	七八〇	二六〇	一〇五〇	三五〇	二四六五 七〇	八二一九 〇	八三四〇	二七八〇
華盛頓	二〇九九 八二	六九九九 四	一〇二〇	三四〇	七二〇	二四〇	二〇〇六 四〇	六六八八 〇	六九〇〇	二三〇〇
歪阿明	二九三六 四九	九七八八 三	一〇五〇	三五五	八二〇	二七五	二九二七 六五	九七五七 五	九四五	三一五

印甸　二二六九　六八九　九一四一〇　四七〇　六三〇　二二〇　一九三〇　四〇　一八〇　一七〇〇

阿拉士兜　七三一　二一七三二五七七三三二四〇〇　〇七九九三　八〇〇　三三〇〇　一一〇

四至八到表

嘗見謝清高海錄言咩里千國海中孤島也疆域稍狹凡為英吉利所分封毋乃誤歟殆未親歷故也咩里千即美利加之音轉在中國地背聯邦如此而曰孤島稍狹豈圖亦未見耶今依元和郡縣志例述四至八到表

	東	西	南	北	東南	西南	東北	西北
合衆國	西洋	太平洋	墨西哥灣	英藩地	西洋 英藩地	墨西哥 太平洋	英藩地	太平洋
科侖布亞	特納些	勿爾治尼亞	[illegible]司略爾蘭那	瑪理蘭	太平洋	勿爾治尼亞	折爾西	賓夕爾尼亞
阿拉巴麻	若耳治亞	密士昔比	墨西哥灣	田納西	佛羅里噠	墨西哥灣	田納西	田納西 密士昔比
阿瀾色斯	田納西 密士昔比	印甸	魯西阿納	密蘇爾	密士昔比 魯西阿納	[illegible]撒斯	密蘇爾	剛色斯
嘉里符尼亞	列法遜	太平洋	墨西哥	俄里根	阿里孫那	太平洋	俄里根	太平洋
喀挪拉奪	剛色斯	乍達	新墨西哥	乖阿明	[illegible]撒斯	阿里孫那	拏布拉士加	乖阿明
十捏底嘎奪	洛噹埃倫	紐約	西洋	馬沙朱色士	西洋	紐折爾西	馬沙朱色士	紐約

特納窪	西洋	瑪理蘭	西洋	紐折爾西	西洋	瑪理蘭	紐折爾西	賓夕佛尼亞
佛勒里畣	西洋	墨西哥灣	墨西哥灣	右耳治亞	墨西哥灣	墨西哥灣	西洋	阿拉巴麻
右耳治亞	西洋	阿拉巴麻	佛勒里畣	諾司喀賴勒	佛勒里畣	佛勒里畣	叟司喀賴勒	田退西
伊利那倚斯	英蘆阿納	愛阿窪 密蘇盧	根得基	威士干遜	根得基	密蘇盧	密西根	愛阿窪
英蘆阿納	俄海約	伊利那倚斯	根得基	密西根	根得基	伊利那倚斯	密西根	密西根 伊利那倚斯
愛阿窪	伊利那倚斯	打戈達 拏布拉士格	密蘇盧	梅尼所達	伊利那倚斯	拏布拉士格	威士干遜	打戈達
陣色毗	密蘇盧	喀搊拉多	印甸	拏布拉士格	阿剛色斯 印甸	印甸 喀搊拉多	密蘇盧	拏布拉士格 喀搊拉多
根得基	勿爾治尼亞	密蘇盧	田退西	英蘆阿納	勿爾治尼亞	田退西	俄海約	伊利那倚斯
魯西阿納	密士昔比	德格薩斯	墨西哥灣	阿剛色斯	墨西哥灣	墨西哥灣	密士昔比	印甸
緬	英屬地	西屬地	西洋	英屬地	西洋	紐罕布西耳	英屬地	英屬地
瑪理蘭	特納窪	威士乘勿爾治尼亞	勿爾治尼亞	賓夕佛尼亞	西洋	威士乘勿爾治尼亞	紐折爾西	賓夕佛尼亞
馬沙朱色士	西洋	紐約	洛待埃倫 干涅底嘓	紐罕布西耳	西洋	干涅底嘓	西洋	[illegible]
密西根	英屬地	威士干遜	俄海約 英蘆阿納	英屬地	俄海約	英蘆阿納	英屬地	英屬地
梅尼所達	威士干遜	打戈達	愛阿窪	英屬地	威士干遜	打戈達	英屬地	英屬地
密士昔比	阿拉巴麻	阿剛色斯 魯西阿納	墨西哥灣	田退西	墨西哥灣	魯西阿納	田退西	阿剛色斯

密蘇釐	伊利那倚斯	剛色斯	阿剛色斯	愛阿窪	田捏西	印甸	伊利那倚斯	犖布拉士格
犖布拉士格	愛阿窪	歪阿明	剛色斯	打戈達	剛色斯	喀挪拉奪	愛阿窪	歪阿明
列法達	尤達	嘉里符尼亞	嘉里符尼亞	頌里根	列法達	嘉里符尼亞	埃得和	頌里根
紐罕布西耳	緬	窪蒙	馬沙朱色士	英屬地	西洋	馬沙朱色士	英屬地	英屬地
紐折爾西	西洋	賓夕佛尼亞	西洋	紐約	干捏底嘎奪	賓夕佛尼亞	西洋	特納窪
紐約	窪蒙	英屬地	賓夕佛尼亞	英屬地	干捏底嘎奪	賓夕佛尼亞	英屬地	英屬地
諾司喀爾勒那	西洋	田捏西	叟司喀爾勒那	勿爾治尼亞	西洋	叟司喀爾勒那	西洋	勿爾治尼亞
倭海約	賓夕佛尼亞	英釐阿納	根得基	密西根	威士奪勿爾治尼亞	根得基	英屬地	密西根
頌墨根	埃得和	太平洋	列法達	華盛頓	埃得和	嘉里符尼亞	埃得和	太平洋
賓夕佛尼亞	紐折爾西	倭海約	瑪理蘭	紐約	紐折爾西	威士奪勿爾治尼亞	紐約	英屬地
洛畲埃倫	西洋	干捏底嘎奪	西洋	馬沙朱色士	西洋	西洋	西洋	馬沙朱色士
叟司喀爾勒那	西洋	若耳治亞	西洋	諾司喀爾勒那	西洋	若耳治亞	諾司喀爾勒那	田捏西
田捏西	諾司喀爾勒那	阿剛色斯	阿拉巴麻	根得基	若耳治亞	密士昔比	根得基	密蘇釐
德格瑟斯	魯西阿納	紐墨西哥	墨西哥	印甸	墨西哥灣	墨西哥	阿剛色斯	紐墨西哥
窪蒙	紐罕布西耳	紐約	馬沙朱色士	英屬地	馬沙朱色士	紐約	紐罕布西耳	英屬地

勿爾治尼亞	西洋	根得基	諾司喀爾勒那	瑪理蘭	西洋	諾司喀爾勒那	瑪理蘭	威士奪勿爾治尼亞
威士奪勿爾治尼亞	勿爾治尼亞	倭海約	勿爾治尼亞	賓夕佛尼亞 倭海約	勿爾治尼亞	根得基	賓夕佛尼亞	倭海約
威士干遜	密西根	梅尼所達	伊利那倚斯	密西根	密西根	愛阿窪	密西根	梅尼所達
阿里瑣那	紐墨西哥	嘉里符尼亞	墨西哥	尤達	墨西哥	墨西哥	喀挪拉奪	列法達
打戈達	梅尼所達	孟大那	挐布拉士格	英屬地	愛阿窪	歪阿明	英屬地	英屬地
埃得和	歪阿明	頰里根 華盛頓	尤達 列法達	英屬地	歪阿明	列法達	孟大那	英屬地
孟大那	打戈達	埃得和	歪阿明	英屬地	打戈達	埃得和	英屬地	英屬地
紐墨西哥	德格瑟斯	阿爾瑣那	墨西哥	喀挪拉奪	墨西哥	墨西哥	印甸 喀挪拉奪	尤達
尤達	喀挪拉奪	列法達	阿爾瑣那	埃得和	紐墨西哥	列法達	歪阿明	埃得和
華盛頓	埃得和	太平洋	頰里根	英屬地	埃得和	太平洋	英屬地	太平洋
歪阿明	打戈達 挐布拉士格	埃得和	喀挪拉奪	孟大那	喀挪拉奪	尤達	打戈達	英屬地
印甸	阿剛色斯	紐墨西哥	德瑟格斯	剛色斯	魯西阿納	德格瑟斯	密蘇釐	喀挪拉奪
阿拉士克		太平洋	太平洋	英屬地	墨西哥	太平洋	英屬地	太平洋

合衆國名稱歸一表

依音譯地文人人殊莫不曰音轉居多而亦難概論即如米利堅義

大利人也美利加則言美利堅所探之地不言堅省文也謂堅加音轉非也廣東人謂美利加曰花旗然瀛環志略謂白點爲繪北斗則臆說也白點視邦數增減今三十八邦點數正符其橫道赤黑則部也紐之言新諾之言北叟之言南知其誼可也以誼易音不可也音誼既非一例依違難用兩端非果於自信亦聊免歧出云爾依馮繼先春秋名號歸一例述合衆國名稱歸一表

所用名	異稱	美利加文
美利加	美利駕 美利堅 米利堅 彌利堅 墨利加 默理駕 美理哥 美理格 美利剛 彌利哥 花旗 育奈士迭咩里千 合衆國 尤乃特司台茲 尤乃司台茲 米利堅聯邦	
科侖布亞	哥倫米阿 戈擲彌阿 力士勒果勒彌阿	
阿拉巴麻	阿喇巴麻 巴里特摩 阿那麻馬 亞喇罷麻 雅拉巴麻 雅邦 阿拉拔瑪	
阿剛色斯	阿甘色 阿干薩士 阿爾干薩 耳剛色斯 耳邦 阿根梢 阿甘沙士 阿耳根沙士	
嘉里符尼亞	嘉理符尼阿 嘉邦 嘎利法耳尼亞 克勒方呢阿 加利呢亞	
咯挪拉奪	高樓曰阿兜 哥羅拉大 考陸拉徒	
干揑底嘎奪	干揑底吉 干尼底吉 哥內的古 衮特底 揑的格爾 干得格以 揹納的克 高乃得低戈他	

特納窪　特爾拉華　底拉華　地那洼　德拉秃爾　特邦　列勒威爾　特勒灣　德那威爾

佛勒里會　佛勒爾勒薹　佛囉里得　佛羅里達　縛利他　費羅里大　夫洛意日大　佛落里得　福祿力大

若耳治亞　若耳治　若爾藝　若治阿　熱爾治阿　蹻而迦　卓邦　爇可加　磋治阿　惹爾日亞　卓爾治阿　基傲基亞

伊利那倚斯　亦倫諾爾　伊理奈士　依里內士　意黎乃　伊利那倚斯　伊邦　衣鄰奴　士　伊里拏翰

英薹阿納　英薹安納　引底安納　因地阿那　音的亞那　音地亞那　音邦　應地杭　那

愛阿窪　衣阿華　愛約洼　愛邦　愛鶴阿　埃阿華　愛由洼

剛色斯　脫色士　剛邦　鉛出斯　干薩斯

根得基　肝的伊　建德基　建大基　根特機　根都機　建邦　堅德基　揹得記　干得格以

魯西阿納　魯西安納　累西安納　雷西阿那　盧宜西安　累斯安　祿細亞那　祿邦　羅衣西阿那

緬　沼　賣內　美那　美呍　敏勒

瑪理蘭　馬理蘭　馬黎郎　麥爾鸞蘭　馬里蘭　馬邦　美立侖　米而利亩武

馬沙朱色士　麻沙朱色士　馬薩朱色士　馬沙朱碩斯　馬撒主悉　馬洩朱豈斯　墨守楚顯豈　馬沙誅豈　馬沙則色次

密西根　密歇安　米詩干　彌治顏　迷詩安　米邦　米世幹　密希梗　煤遲昔根

梅尼所達　米力蘇打　梅邦　米勒摻達　閩呢疏大　麥納索德

密士昔比　密士失必　米西細比　彌斯栖比　美士細比　米西西比　密斯昔比　密邦　美雪雪比

密蘇鳌	密蘇爾鳌 米薩俄口意 密蘇理 彌梭且 米蘇利 默疏理 默那 米蘇理 密鋤律
挈布拉士格	內播拉司嘎 內孛拉斯噶 呢不拉士格 內播拉斯葛 尼不拉士格
列法達	雷法大 納代阿達 呢華大 尼華大
紐罕布西耳	紐亞什門 紐杭伯褰 紐韓詩爾 牛衛社耳 紐含社 新韓褰 新坑西勒 牛亨姆師兒 牛邦
紐折爾西	紐約爾些 遮而西 紐惹西 新遮些 新日爾基 鳥遮爾西 鳥邦 紐賞席 牛
紐約	紐約克 紐約爾 紐育 新約 新約基 紐邦 牛要克
諾司喀爾勒那	那弗喀爾勸那 北架羅連 奴司嘻爾蘭那 北加洛來 北喀羅來納 納福嘎而來勒 北甲羅里那 北戈羅里
倭海約	倭海阿 阿海阿 阿希阿 阿喜阿 阿宜約 阿那 幗海鶴
頒里根	頒甲恩 頒部 阿甲根 瓦立根 阿利堅 俄日以根
賓夕佛尼亞	賓夕爾勸尼安 品林 遜邦 遜西爾威尼阿 遜西威業 賓西窪尼阿 遜西耳文 奔西爾瓦尼
洛富埃倫	洛哀倫 武棱南武 律愛倫 羅底島 爾羅愛倫 羅德島 洛邦 陸特倫 而柔
賸司喀爾勒那	賸士喀爾勸那 司嘎柔乃勒 南喀爾勸那 曳邦 曳喀阿利納 薩司喀爾蘭那 薩柔
田捏西	田納西 典捏西 地尼西 德內西 典邦 特納西 德黑捏西
德格瑟斯	德過瑟斯 得撒 德抄 特扱 德撒士 脫瑟斯 待克薩司
窪蒙	洼滿的 孟的 屋滿的 非而蠻武 洼門 佛綱脫 華滿 法爾滿 委爾蒙 花滿的 花邦 弗耳

勿爾治尼亞　費爾基尼阿　勿爾吉尼阿　費爾治尼阿　委爾濟尼阿　徃治尼阿　費治彌亞　威頡彌拿　卑其尼亞

威士彌勿爾治尼亞　會斯佛其尼亞　西勿爾呢阿　外司忒非而樂基尼亞

威士干遜　威斯囊申　威仕幹清　威邦　會斯剛生　委司根興

阿里瑣那　爾甲瑣那　阿立所那　亞甲孫拏

打戈達　弟哥達　弟部　達勾大　打哥大　得國塔

埃得和　愛德阿伙　愛塘花　衣打賀

孟大那　漫大那　滿留拏　門他邦

紐墨西哥　柳墨是科　柳部　新墨西哥　牛麥西哥

尤達　武達　武部　尤大　鳥大　油島

華盛頓　華部　瓦爾頓　華興頓　瓦興騰　及乘敦

歪阿明　歪歐命　懷彌　懷阿名

印甸　因底　銀嶺

阿拉士克　阿拉希克　阿拉士格　阿拉斯加

邦部方類

方以類聚非臆爲類也美利加十三邦指立國時盟邦言其他曰二

路曰四十曰五路曰六部若此之類或以時更或以事屬不董理之
徒眩目耳述邦部方類
十三邦孰諳謂勿爾治尼亞一也馬沙朱色士二也洛侖埃倫三也
紐罕布西耳四也干捏底嘎奪五也紐約六也紐折爾西七也特納
澾八也賓夕佛尼亞九也瑪理蘭十也叟司喀爾勒那十一也諾司
喀爾勒那十二也若耳治亞十三也
合衆國東西二路者何其東路在科侖布亞華盛頓都城而外者凡
十有九曰緬曰紐罕布西耳曰滐蒙曰馬沙朱色士曰洛侖埃倫曰
干捏底嘎奪曰紐約曰紐折爾西曰賓夕佛尼亞曰特納澾曰瑪理
蘭曰勿爾治尼亞曰叟司喀爾勒那曰諾司喀爾勒那曰若耳治亞
曰愛呵澾曰密西根曰根得基曰佛勒里侖其西路十有一曰阿拉
巴麻曰密士昔比曰魯西阿納曰英蘐阿納曰田捏西曰阿剛色斯
曰密蘇蘐七部而外有今爲邦部而彼時尚爲印甸土人部落者凡
四曰威士干遜曰威斯頓曰威斯頓特底力曰阿里顏後二者之名與今異而皆
在威士干遜之西此据海國圖志序次凡二十有一云

共言合衆國分南北西中四土者何北非他新英地也凡六曰緬曰紐罕布西耳曰窪蒙曰馬沙朱色士曰洛畣埃倫曰干揑底嘎奪中土之邦五曰紐約曰紐折爾西曰賓夕佛尼亞曰特納窪曰瑪理蘭南土之邦六曰勿爾治尼亞曰諾司喀爾勒那曰叟司喀爾勒那曰若耳治亞曰佛勒里畣曰阿拉巴麻西土之邦十有三曰倭海約曰密西根曰根得基曰田揑西曰密士昔比曰魯西阿納曰英鐙阿納曰伊利那倚斯曰阿剛色斯曰密蘇盧曰威士干遜曰愛呵窪曰德格瑟斯

曷言乎五路也一爲大西洋北岸諸邦曰緬曰紐罕布西耳曰窪蒙曰馬沙朱色士曰洛畣埃倫曰干揑底嘎奪曰紐約曰紐折爾西曰賓夕佛尼亞二爲大西洋南岸諸邦曰特納窪曰瑪理蘭曰勿爾治尼亞曰威士奪勿爾治尼亞曰諾司喀爾勒那曰叟司喀爾勒那曰若耳治亞三爲中央北境諸邦曰倭海約曰英鐙阿納曰伊利那倚斯曰密西根曰威士干遜曰梅尼所達曰愛呵窪曰密蘇盧曰挐布拉士格曰剛色斯四爲中央南境諸邦曰田揑西曰阿拉巴麻曰密

士昔比曰魯西阿納曰德格瑟斯曰阿剛色斯力爲西方諸邦部曰喀挪拉奪曰尤達曰列法達曰華盛頓曰頻里根曰嘉里符尼亞此五路亦稱五部也

其鐵道分六大部奈何一括新英邦曰緬曰紐罕布西耳曰窪蒙曰馬沙朱色士曰洛會島倫曰干捏底嘎奪二括中邦曰科侖布亞曰紐約曰賓夕佛尼亞曰俄海約曰德西根曰英帶阿納曰瑪理蘭曰特納窪曰紐折爾西三括南邦曰勿爾治尼亞曰威士奪勿爾治尼亞曰根得基曰田捏西曰密士昔比曰阿拉巴麻曰若耳治亞曰佛勒里會曰諾司喀爾勒那曰叟司喀爾勒那四括中西邦曰伊利那倫斯曰愛阿窪曰威士干遜曰密蘇疊曰梅尼所達五括二邦一部曰魯西阿納曰阿剛色斯曰印何六括西境密士昔比河岸諸邦部曰打戈達曰紐墨西哥曰歪阿明曰孟大那曰埃得和曰尤達曰阿里瑣那曰華盛頓曰肇布拉士格曰剛色斯曰德格瑟斯曰喀挪拉奪曰嘉里符尼亞曰列法達曰頻里根

曷言乎十部蓋爲輪船而分也一部在新英諸邦二部在北邦諸湖

三四部及六部在倭海約河密士昔比河五部八部在中央及太平洋南岸諸邦七部在墨西哥灣岸諸邦九部在三法蘭昔斯哥太平洋岸十部在密士昔比河

游歷美利加圖經四

花翎二品銜直隸即補道總辦北洋機器局前游歷使臣傅雲龍述

美利加地理志三

合衆國形勢

美利加合衆國在中國之東就阿美利加洲言則在其北與南阿美利加洲界連形若蠭腰秘魯巴西諸國皆在南洲即北阿美利加洲之西北阿拉士克部即美利加售自俄羅斯屬地者也北爲英屬地加納大南爲墨西哥國北洲之中是爲合衆國其地位當中國之背晝夜相反廣狹小異就經緯綫攷之中國與美利加各居經度五十有七其緯度則中國約三十度有奇美利加約二十四度有奇東南北三方陸海兩無大殊惟西則中國界陸爲印度諸國則美利加界太平洋此爲不同西人謂五大洲三分水一分地畫地百分中國居四美利加居六此非就廣狹言蓋就地去水而實測之且平均之也美利加地勢有山有水有平地畫平地爲三一界押山東一界落機山西一居二山間也其東境押山距海岸數百英里約華里一千數百繇東北以至東南山漸低則地漸廣離海亦漸云遠其西境落機

山起洲之西北穿英屬地而入美利加合衆國境由西北而南迄於墨西哥國距太平洋約十度西地廣二千里約華里六千其國河源多出兩山厥派無慮數百六大湖在國之東北而此三分之地東界押山而極之海謂之壢瀾低平地西界落機山而極之洋謂之太平洋平地中界兩山地平且廣謂之密士昔比河谷平地故曰地分三也合衆國之形如三足鼎而東北微形不足佛勒里會邦其東足也德格瑟斯邦南境其中足也嘉里符尼亞邦之下嘉里符尼亞其西足也徧按五大洲分圖界綫如井田惟美利加合衆國居多然四方凸形贏縮者獨喀挪拉奪邦歪阿叨部耳於分見合復於合見分述

合衆國形勢

阿拉巴麻邦長方形南寬於北而東南略缺北有阿粒我宜山漸趨於平而海岸山尾支綿其西北阿拉巴麻等河多南入於磨比耳灣

阿剛色斯邦微小於阿拉巴麻東北隅突出西南隅略缺地勢西高東下中央小山起伏有差東北多澤地

嘉里符尼亞邦袤二十度斜曲而長東有落機山西有押山兩山間

地平甚
喀挪拉奪邦形方罔有缺而南北微短於東西地有坡有原
干捏底嘎奪邦東西長於南北而西南隅有餘東南隅不足地勘平
衍陵谷高下有差
特紲𤺥邦雖等黑子而大於洛畜埃倫邦東北形缺其地平原 勘峻
嶺巨川
佛勒里畜邦斜長如曲尺東與南與西皆海地勢無甚崎嶇惟東南
濱海而潦海岸之長它邦罕匹而艮港少
若耳治亞邦南廣於北而斜出於東南隅邦西多山抑山旁支也邦
之腹地坦甚邦之東南濱海沙土雜出艱於行道
伊利那倚斯邦形如側葉境無峻嶺地平而高於海面三百尺至五
百尺有差漸次傾斜達於南境而至西北
英鼇阿納邦北整南斜少大於緬亦勘高山西北湖多略類湖廣窩
拉士河威河之側地沃而坦
麥呵濹邦幅員略與阿拉巴麻邦同而彼長方此橫寬也地面微高

於海面凹凸有差大河在邦東西居多

剛薩斯邦幅員略狹於密蘇釐邦而彼缺東北此缺東南也多埜地游牧俾之西境落機山蜿蜒南行岡嶺時出地勢自東至西漸低漸坦蓋東境亦有山也

根得基邦形如驅舟地勢東南山起北亦岡運西境平衍

魯西阿納邦南疆歧出地勢平西北微高東南半積潦地而多小島近密士昔比河處低於西北一二百尺有差

緬邦形如擘手平原與山水斷續東南濱海沃壤居多海灣時見近北多山

瑪理蘭邦地居賓夕佛尼亞邦四之一給沙比可灣西北斜貫東南畫邦為二西北疊嶂東南坦塗

馬沙朱色士邦地形橫長中央窪甚其西山高其東南低如中央而多沙漠其東北多崇山峻嶺海灣時出干揑底嘎奪河畫邦若二

密西根邦形如二秋葉居五大湖間北曰西比熱湖東曰費綸湖西南曰密西根湖東南曰野褒湖又東曰恩打熱湖分邦地為二島者

密西湖費綸湖也二島一南一北南島地坦而中高三百尺水流半東半西北島起伏有差

梅尼所達邦東齊西缺地勢西境高於墨西哥灣海面二百丈有奇西北多嶺然高平如原中有坦道湖水無數貫小河如串珠東北有林與英屬地犬牙交錯曠野無際

密士昔比邦地形袤長而西如鋸蓋密士昔比河流曲折界綫因之故也地平而東北畧高是以水多東西分流惟中境之水注墨西哥灣

密蘇鼇邦地略大於阿剛色斯小岡中夥惟西南一嶺差高餘多平坦其南方及密士昔比河畔凹凸有差邦境最高處至二千尺東南湖澤時見以密士昔比河爲東界以密蘇鼇河爲西北界是邦之水入此二河蓋叅半云

拏布拉士格邦形長方而東南有餘西南不足其地勢西界落機山而高漸東漸下拏布拉士格河自西至東不啻爲是邦南北境之中綫也東以密蘇鼇河爲界

列法達邦地形長方北斂南侈而西南缺角界綫則直境平而高高處四千五百尺其西界一萬三千尺則西那列法達山也

紐罕布西耳邦西北作斜銳形西鄰漥蒙以干捏底嘎奪河爲界山嶂四出草木一碧懷多山獨雪積以爲恆

紐折爾西邦形如瓜蒂東南濱海有灣沙漠時露小岡西北多山不離乎押山支脈者近是邦中及南坦道居多

紐約邦東侈西斂其東南隅濱海其東與西與西南皆湖地勢西境高而平

諾司喀爾勒那邦形如水涵山影與勿爾治尼亞邦相爲向背而形亦近之其西陵谷錯落其東與中有岡嶺而平壤多其東南濱海約華里一千數百不爲短矣然灣患淺其畔多潦皺云

倭海約邦形斜近方而東南角缺北承野裏湖如器受漿近湖之地多平無山而腹地岡蜒如蚓

類里根邦形斜方而北凹若盂口境內多山而高

賓夕佛尼亞邦形長方而東界略任天然山脈數支大率來自東北

貫向西南分邦爲三東西二分較中爲平洛侖埃倫邦疆域最小形斜近方而東南一隅以濱海而缺商艘便之都亦濱海叟司喀爾勒那邦地形三角而尖向西北其隅青嶺東南行漸傾斜海岸港灣時出而艮者蓋寡田捏西邦形長蓋南北短於東西也而西界參差東南隅缺蓋西南與東北有餘也或曰境分爲三一在昌拔艮山東謂之東田捏西一在田捏西河西謂之西田捏西一在二境間謂之中田捏西高下相間山多故也東有押山數支東北向南而昌拔艮山之西地勢斜西其邦西界即密士昔比河德格瑟斯邦地面之大此其弟一合魯西阿納密士昔比阿拉巴麻若耳治亞佛勒里侖五邦之地亦不過較此略大而已落機山支脈貫西北境高二千尺至三千尺有差然平坦亦多東南漸斜而低其北高原無草無木西接紐墨西哥部荒野多無人煙其南灣港多淺沙

窪蒙邦地形畧似紐罕布西耳而彼北狹南寬此則北寬南狹也古領山自北而南近水之地時形凹凸餘多坦塗

勿爾治尼亞邦地形如山東崚於西其邦地勢大約有四一東境近海沙土居多一傍山地轉平一中地山脈自東北延貫西南一西地平而寬

威士奪勿爾治尼亞邦地形如鍋柄因形得名東境岡阜叢出西多平原

威士干遜邦地形如壺西南少缺而口向東地勢層疊隆起如覆釜西北微高

阿里瑣那部形方而西界略有參差西南隅缺如折角偏東落機山最長

打戈達部長方形東北一隅略斂

埃得和部形如坐几其背向西

孟大那部地形東整西斜其東與歪阿明埒其西居埃得和之半

紐墨西哥部地形方而西南角有餘山勢起伏落機山最長自北貫

南迄於邦中漸西轉高近山故也河多
尤達邦形長方而東北一角截入歪阿明
華盛頓部其北與東與西略具方形而東北不足西則有餘其南叅
差東南缺角倍于西南角也
歪阿明部形如挪喀拉尊邦合衆國之方境無缺與贅者二而已矣
印甸部形如旗而竿在北其柄則在西北
阿拉士格部自爲一區大如德格瑟斯嘉里符尼亞喀挪拉尊三邦
之疆域海岸無慮數千里

合衆國都

海外國都無所謂城徼獨美利加合衆國然也伯理璽天德所居了
無異人合衆國知有議院而已虛語宮室非其實也述合衆國都
乾隆四十一年（千七百七十六）美利加自立爲合衆國然國都未有定地當
十三邦盟約時在賓夕佛尼亞邦之費納的費牙議院初會於斯徼
調亦𠢎於斯越十年而都紐約時乾隆五十年也（千七百八十五）五十四年
（千七百八十九）乃移國都於科侖布亞謂之華盛頓都不忘所自也亦謂之

華盛頓希得吹士吹客阿夫科侖布亞譯言科侖布亞之華盛頓都城也以都言可云華盛頓以地言不可單言華盛頓也科侖布亞是瑪理蘭邦地亞力山大是勿爾治尼亞邦地伯理璽天德所居曰槐得好司譯言白屋也不雕不飾白堊塗垣故名造於嘉慶五年（千八百年）十九年（千八百十四）英吉利軍燬之二十三年（千八百十八）重修長一百七十尺寬八十有五尺宅都西隅距議院約四華里有奇（英一里半）先是草刱議院北堂華盛頓躬置隅石在乾隆五十八年（千七百九十三年西九月十八日）迨嘉慶十三年（千八百有八）議院弟一會是年南堂成十九年（千八百十四）英吉利軍既入國都南北二堂皆爲灰燼道光七年（千八百二十七）復修咸豐元年（千八百五十一年西七月四日）伯理璽天德密納得非勒穆（弟十八任）又砌隅石院工竣於同治六年（千八百六十七）長七百五十一尺深三百二十四尺舊基包於其中有臺高二百八十尺以雲母石爲之六部官署亦謂之好司與王居無異稱也曰司台德譯言外部也曰阿爾美譯言兵部也曰內威譯言海軍部也三者之署中分外合營造一仿羅馬式長五百七十尺寬三百四十二尺高一百二十八尺曰德雷索里譯言戶部

也曰巴敦特譯言工部也亦譯內部亦譯褒巧院曰阿都內譯言刑部也或譯表法院此外有海軍練兵廠地約二十七野格都南有機器局地大四十五野格拔達根多河岸有海軍天文臺地二十一野格又有海軍病院又有撫孤恤貧療瘋諸院又有育啞學校合之地約一百五十野格又有博物館爲聯邦冠冕又有植物院圖書館又有大學校師範學校官立學校其通衢方正如棋枰當南北交惡時國都危如壘卵居者猶落落晨星耳鐵道既開馬車佐之電車又續之街石砥平市廛浸拓

通都大邑

美利加人謂都曰波列士有國都有邦都其未陞邦之部政治未全故曰治也邑自有表雖曰條分未繇挈領是以撮厥都邑大要其濱海灣者即邑即埠也紐約爲最次則賓夕佛尼亞邦之費納的費牙瑪理蘭邦之波治磨嘉里符尼亞邦之三法蘭昔斯哥又次則魯西阿納邦之紐阿林叟司喀爾勒那邦之查爾士頓佛勒里畲邦之湯拔他若紐罕布西耳德格瑟斯諸邦雖有海灣覩檜下矣伊利那倚

斯邦之希嘎骨諾司喀爾勒那邦之爲明屯其便商舶一也然或臨湖或依河未可與海口同日而語區以別焉賁曷云諉逃通都大邑

美利加合衆國華盛頓都治科侖布亞

阿拉巴麻邦都治夢奪各密里或譯曰滿恩米力在阿拉巴麻河濱衢室壯麗○邑繁盛者曰磨比耳濱海灣之要埠也然灣水不宜民飲居者仿紐約法引取遠水

阿剛色斯邦都治利奪路苦或譯曰厯地洛克在阿剛色斯河南

嘉里符尼亞邦都治撒格列明度在邦中偏北○邑最曰三法蘭西斯哥俗呼舊金山亦濱海巨埠也

干捏底嘎奪邦都治哈弗的或曰哈富今據聯邦志略在干捏底嘎奪邦南距長島灘五十五里約華里一百六十有五市廛甚盛

特納窪邦都治土華

佛勒里侖邦都治打拉哈西在邦北境○其邦弟一大邑曰知愛格生或譯曰月可松爲里合衆國弟一舊城曰先特姜樓司日斯巴尼亞人從此在明嘉靖四十四年此濱海者也灣岸又有邑曰灘壩或譯云湯拔

又譯言湯怕輪船碣來雲龍之游古巴鳥綠此亦一埠也
此外商集之埠有七曰法蘭格林曰先奪甦司曰先奪馬沽司曰西濤曰先奪倭使汀曰蛙沽卅曰阿巴拉西骨納
若耳治亞邦都治阿多南達鐵道要衝也宅邦西境○其邑大者曰沙拔那或譯云颯番拏距沙拔那河十七里約華里五十有一商賈萃之
伊利那倚斯邦都治士兵非里或譯云士伯林飛兒鐵道四通八達○其邑最曰希嘎骨或譯云市高俄或又譯云西可洼在密西根湖岸穀木貿易罕與比者次曰比而利亞或譯云比我里牙在伊利那倚斯河上此用武地也又有邑曰格利牙或譯云額里納產鉛爲最
英簽阿納邦都治英簽阿納波列士在其中境英簽阿納云者印度也波列士云者都也言士人與印度同之都也是爲鐵道總會衢路廣且潔○其邑最曰黑而日意司維一譯匯野王詩爲耳在倭海約河上以煤礦著名商業要地也又曰疊里法人在窩巴士河上船商趨若鶩又曰紐拔洛一譯紐阿耳巴尼在倭海約河畔與根得基邦之路威司一譯路以司維里相對以造船著

愛呵窪邦都治弟磨尼斯在弟磨尼斯河上○其邑最曰德俄衣褒克一譯度卜克在東北隅近密士昔比河又邑曰格林頓舊都也在密士昔比河上

剛色斯邦都治奪比各在其東境

根得基邦都治佛蘭飛的一譯夫蘭福法在根得基河上距河口六十一里約華里一百八十有三官廨壯麗商社如鱗○其邑最曰路威司一譯路以司維里或云慮士威里在倭海約河南

魯西阿納邦都治別東路在其東南境密士昔比河上地踞小岡街市整潔○其邑最曰紐阿林斯一譯紐阿連尼斯一云紐阿連在邦之東南隅北距別東路一百三十里約華里三百九十密士昔比河在其西南百里約華里三百或謂之新月城海關屋巨濱海要埠也

緬邦都治奥額士大大一作天謁也在堅鳌壟比河濱距河五十一里約華里一百五十有三官廨兵房皆壯麗○其濱海鎮曰波奪蘭亦便商一埠也又邑曰盤谷距賓納士吉河六十一里約華里一百八十有三歲出木料約二億萬尺又有巨邑曰巷泥伯

瑪理蘭邦都治安內波列斯○其邑最曰波治磨或譯云八納低莫而殼抵在遮西壁灣之西有紀功碑二或又謂之石碑城爲西與南與北鐵道之要會商賈如雲快舟久有聲謂之波治磨飛船合衆國之鎮市紐約第一費納的費牙第二此其第三亦濱海巨埠也

馬沙朱色士邦都治波士登臨馬沙朱色士灣圖書館博物院工商公司皆邁它邑

密西根邦都治蘭星在南地之南○邑最曰的特累（一譯地推來耶）在野襄湖西十八里約華里五十有四○港深可泊巨艦英屬地商緣此設置此鎮者法郎西人也在康熙九年（千六百七十）

梅尼所達邦都治桑保羅在密士昔比河東岸

密士昔比邦都治查克遜在比耳河西岸市廛藪也亦鐵道衝○邑最曰愛夜洛嘎而恩（一譯維可拔）近密士昔比河民數最多呢布工巨又大邑曰愛夜忒登布司（一譯納柘士）亦近密士昔比河地接小岡可以用武

密蘇黧邦都治遮費孫（一譯遮費爾孫）在邦中密蘇黧河之南距河口一百

二十八里約華里四百一十有五○邑最曰先尊路以司在密蘇爾河南二十一里約華里六十有三密士昔比河密蘇爾河俄海約河之商船颿檣萃此

拏布拉士格邦都治林昆在其東南澳麻哈其舊都也一譯馬哈呵在密蘇爾河西岸

列法達部都治哥耳迭在其西境

紐孚布西耳邦都治剛哥的在其南境○邑最曰米蘿馬沽一譯眉理麥一譯白洛納蒲米麗馬沽河源近此

紐折爾西邦都治突連登在其西境特納登河之西乾隆四十一年華盛頓鳩衆人於此市廛甚盛

紐約邦都治阿巴尼在東南境活多松河之東距河口一百四十五里約華里四百三十有五○邑最曰紐約一譯紐約克譯以克為語助也在長島東枕河流南濱海灣合衆國第一鎮也直衢寬者百尺横道亦至八十尺廛屋櫛比有高十二層者海關商社學堂圖書館之屬與法郎西之巴黎英吉利之倫敦相埒次曰阿洛干尼一譯不

穀鄰亦譯勃耳穀林又其次曰格非路一譯百肺祿一譯不露姆在邦西南境當恩打熱湖野裏湖之間

諾斯喀爾勒那邦郡治老里在邦中央地勢高峻鐵道要衝○邑最曰爲明屯在格布非犸河上商藪也

倭海約邦郡治科侖八斯一譯古濱波斯近士吉河以建造著名○邑最曰勑西那治在其西南倭海約河岸距河口五百里約華里一千五百疋邑地高而曠鐵道無阻又有邑曰格利盈一譯科里八艮在野裏湖上控湖據岡水師提督駐之

頮里根邦郡治撒冷在其西北

賓夕佛尼亞邦郡治哈力斯帛在其南境沙斯格哈拉河東岸鐵道從衡如織○邑最曰費納的費牙一譯費勒特費是合衆國第二海鎭也在特納𣴎河東距海岸九十六里約華里二百八十有八方自立爲國議約於斯徵調於斯市衢通達海關學館造幣局商賈公司之屬罔弗壯麗鐵道亦樞紐也

洛畣埃倫邦郡治普拉比田斯戸口不繁而商與馬沙朱色士埒

叟司喀爾勒那邦都治科侖比亞（比一作仳）在嘎達利河畔壓市新潔○邑最曰查爾士頓一譯差列司屯距海灣七里約華里二十有一商賈輻輳又一要埠也

田揑西邦都治那是越里在金拔倫河南鐵道交衢商業之盛緣此○邑最曰恩德洛司恩（一譯緬賁士古）在密士昔比河上地高三十尺又有城曰納克司（一譯諾可司爲耳）舊都也在沿督司冬河上

德格瑟斯邦都治奧士天（一譯奧士定）在喀挪拉尊河東距墨西哥海灣尚二百三十一里約華里六百九十有三○邑最曰哥而維士登在哥而維士登灣之哥而維士登島商賈要區也次曰珊安各略在珊安各略河上舊城也此地有阿納木寨方自立爲合衆國邦人據寨者一百五十墨西哥兵四千圍而纖旃又有邑曰葉落伯蘇在邦西境熱可蘭的河之東

湼蒙邦都治滿比理耳在邦之中近北○邑最曰而日忒南忒（一譯拉多良）次曰拔林頓在三部道湖上

勿爾治尼亞邦都治理治門的在詹士河畔鐵道衝要也製綿與麥

借詹士瀑布水力居多

威士尊勿爾治尼亞邦都治差列司登在其西境枕山控河商工竝盛鐵道要衝也

威士干遜邦都治馬地遜居四湖間○邑最曰煤路哇格一譯密華基在密士昔比河西岸

阿里瑣那部治打苦遜在其東南

打戈達部治楊可屯在其東南

埃得和部治波伊司在其西南

孟大那部治勿爾治尼亞在其南少西

紐墨西哥部治散打費在其北境

尤達部治蘇士列可在蘇士湖東南

華盛頓部治阿林比亞在其西境皮與直低滑之側

歪阿明部治給安西在其東南

印甸部治維尼打然部落不一

阿拉士克部治士多格

美利加地理志四　游歷美利加圖經五

花翎二品銜直隸即補道總辦北洋機器局前游歷使臣傅雲龍述

合衆國邑表

美利加方言所謂尤乃士台茲者譯言合衆國也所謂士台茲者海國圖志曰士迭譯言邦也所謂達靈多里者指未立爲邦之地或譯爲部也它書謂有邑有郡雲龍問之同文館總教習美利加人丁韙良則言有邑無郡謂邑曰岡地又有村謂村曰湯錫布今按其村雖可枚舉雲龍課子范冕范成譯錄厥邑巳二千七百一十有五述合衆國邑表

合衆國邦部邑名

科侖布亞華盛頓都　若爾治頓瑪理蘭邑　亞力山大勿爾吉尼亞邑

阿拉巴麻邦治夢尊各密里　鏖刀哈　貝哈爾　包特威勒　巴爾薄爾　本頓

卑蒲　不狼特　不那克　巴特樂爾　干拉閔勒

切音不阿耳司　切日有格倚　切日頓　查克道

克拉克　克勒意　克立巴阿耳思　嘎非　高路白

而特　高樓顧　古烏薩　鉤夫音頓　格蘭燒　格
樓慢　德意路　得阿納寺　得克嘎拉蒲　愛夜路
木兒　愛夜司干必亞　衣兜哇　法也得意　夫仁
克林　遮也宜法　嘎而音　孩愛路　亨日利　皆
克生　皆法耳生　納麻阿而　老得而得意路　老
日阿耳喫　利　來施豆路　郎恩得司　煤格恩
墨翟生　馬阿耳恩餓務　米阿且盈　馬而舍路
磨比耳　門入　夢奪各密里　馬而耕勒　白阿耳
日恩　北克根次　拜克　阿耳日恩道府　阿耳日
獸路　山恩法耳特基俄而　舍魯被　舍恩得而
達拉的哈　達拉菩薩　得試嘎路薩　哇嘎阿耳
華盛頓　威利嘎克司　文是得恩

阿剛色斯邦（怡利奪 路苫）

阿剛色斯　愛士雛　伯克士得爾　班登　不嫩
不來大立　干拉閂勒　戈洛　基愛日奧路　共克
戈內　格拉克　哥倫比亞　哥恩木　格利日意

戈南得　格老法　而得　戈內克得恩　格老司
達拉士　得下　得阿樂希　都路　法克內爾　夫
南格林　夫路頓　嘎拉恩特　格蘭特　格利音
亨母斯得愛特　哈特斯蒲林　好韈而特　音的本
頓司　愛沙而特　之愛克司恩　之愛法而司恩
之恩司恩　拉法也得　老日恩次　利　林高彤恩
麗都路日意　婁更　婁歐拉克　[illegible]翟生　米而
利伊恩　梅落而　蜜上昔比　門入　門特更　八而
利　米佛兒大　牛頓　爪其大　伯而日意　肥勤
蒲士　拜克　巴恩舍特　包拉克　包蒲　不意而
日意　不拉司格而　而日恩到路甫　撒來恩　司
嘎特　西爾西　斯巴司的恩　司也非意耳　西阿
蒲　司豆路　司恩夫蒲此司也司　由宜恩　凡必
有人　華盛頓　歪特　烏士煤甫　意阿路
嘉里符尼亞阿拉彌達　阿兒拜嫩　阿麻到而　播特　嘎[illegible]非

邦治撒格列明度

而拉司　格路薩　根得拉嘎司達　得而那耳得

愛洛多日阿多　弗來司樓　亨包而特　因尼幽

嘎日恩　格意拉馬司　內克　拉撒恩　拉司安吉

勸司　米耳日恩　麻耳立菩薩　門豆滿婁　味而

色特　茂達克　茂婁　門疊利　納霸　列法達

不內色而　不內禡士　撒革納釐豆　三卑宜豆

三伯而紈而的婁　山笛葉後　三法蘭昔斯哥　山

周阿根　山路微歐卑士勾　山麻得由　山大巴爾

巴日阿　山天戈拉日阿　山大柯婁司　司阿司大

寫而日阿　誰士革田　收那樓　收樓禡　司大

宜鬧司　誰得耳　得哈蝲　得內義第　都烈耳

都俄隆　凡都於耳拉　幽婁　幽巴

哼挪拉奪邦治崔

阿拉巴烏　班特　包耳德耳　加非　格意利耳哥

狸克　戈尼牙士　嘎士得意拉　格意士得耳　得

格衣來士　阿耳薄而特　阿拉巴司歐　福狸慢特

格内賓　我里特　哥日音姆特　根尼司恩　亨
司得意路　槐耳法婁　皆法而生　内克　拉不拉
達　拉耳狸麻而　拉士安尼麻士　巫内　巴克
不爲不婁　而日幽格南得　擾特　撒花士　三專
司恩煤特　歪樂特

干揑底嘎彝　非耳非耳樂特　哈弗的　力飭非樂特　每得樓賽
邦治哈林的舊治紐哈文　克　紐哈文　紐侖頓　達南特　文特亨姆

特納窪邦治士華　干特　牛嘎斯　其沙格司
阿拉卦　非格而　灘壩　不乃得法而忒　不立法
佛勒里侖邦打拉西　而忒　嘎拉閔勒　格利寅　科侖布亞　得意忒
都法西　愛夜司干必亞　法蘭格林　嘎得司頓
哈畢羅頓　哈而南豆　黑樓司薄而阿府　侯姆司
知愛格生　知愛法而生　納法也得意　克阿也
恩　克阿非　克阿播而地　馬地生　馬拉地　米

而利盈　門入　馬似革隋　納司傲　紐日意　阿
耳日恩此　包客　不特南姆　三大日阿耳由薩
先奪姜樓司　深特魯西　深得而　孰王克阿　得
樂而　非魯西亞　蛙姑那　巫樂頓　華盛頓　巴

若耳治亞邦　治阿多南道

愛蒲不林克　北格而　包路特威勤　半格司
阿耳豆　北阿耳而意恩　北蒲　不奴格司　不雷
盈　北拉克　北而克　北次　干拉閃勤　干浦頓
干不路　干阿耳日傲阿耳　嘎干薩　查日阿耳
頓　查牙頓　查大乎其　查都哈　切入格意　克
拉克　格內　格內頓　格林次　嘎蒲　嘎非　戛
入貫式　哥侖比亞　哥尾達　哥日阿法而式　得
意式　達司恩　得嘎得而　得嘎納蒲　達喫　都
利　達哈地　得革拉司　阿耳利　亦嘎而司　愛
夜府　盈亭姆　愛夜而樂巴耳式　意馬意外諾　煩
宜恩　法耶得　犬老愛式　佛而誰式　佛而晉哥

林　福祿頓　菊奴姆而　柊那司嘎克　格林　嘎
納而頓　格利恩　厷納忒　黑脖兒士亨姆　號俄
而　亨嘎克　哈而司恩　哈而內司　哈而特　黑
而特　亨日意忒　亨日意　哈樓司登　阿而問
皆克司恩　加司脖而　加佛兒司恩　曾司恩　鳩
路綠　老日恩喫　利　雷脖兒地　林高兒　拏氳
得司　能根　煤克道屋而路　煤克得府非　煤克
音道司　煤根　煤地司恩　米而利盈　姆而利微
而　米樂而　米路頓　姆忒畫路　門入　門特根
入而利　馬而根　馬而巽　麥士哥架　牛頓　歐
聶膩　阿勾路薩而蒲　色而丁　北克根此　北阿
耳司　拜克　包勒克　不拉司革意　播忒南姆
歸忒縵勒　阿日阿褒勒　阿日恩道路甫　日衣次
門忒　日阿克得意路　是賴　是格立紛　是包勒
丁　是九轗忒　沙拔那　刀而番特　大利阿非柔

大特纏路　德意樂而　德路非而啓　達而柔
德姆馬斯　達文司　德路浦　德爲格司　由宜恩
愛也蒲司恩　蛙格耳　屋傲路頓　威而路　哇
而恩　華盛頓　威盈　外蒲司德而　外特　威特
夫而特　委魯嘎克司　委路克司　委路根司恩
哇而司

伊利那倚斯
邦　貽土兵非壁

愛衣也頓枚司　阿內克尙德而　脖恩忒　褒勤
不納而恩　不由日歐　于勤閔勤　嘎而日又　益
司　西桑北蔭　格利司地恩　格拉而克　格內
格林格頓　構路司　勾克　格那法而忒　根脖面
南特　德嘎那蒲　德意忒　德各拉司　德蒲北次
愛夜忒格阿耳　愛夜忒蛙而次　愛夜甫夫音亨
姆　法也德意　佛而特　夫來盈格另　福頓　嘎
那丁　格利牙　哥侖地　項姆林頓　亨嘎克　哈
兒定　亨得而司恩　亨日意　黑而格愛司　之愛

克司恩　家司脖而　皆佛兒司恩　基兒司意　鳩
德意非司　曾路司恩　格盈　干嘎格亦　根得奴
納特　內克　納薩勒　納兒仍次　利　內府紛
司頓　樓根　姆克豆告　賣克亨日意　賣克可薩
恩　煤根　馬勾必應　馬地生　米而利盈　馬兒
舍路　煤三　馬薩克　姆那而忒　馬舍而　門入
門特根八兒利　馬而根　姆而得利　歇格路
比而利亞　白而利　不納特　拜克　褒蒲　褒垃
司格　薄忒南姆　而日恩道路甫　而日以喫南特
而日阿愛南特　司音特各利阿而　薩𠰌音三
干門　腮洛而　希嘎骨　晒路比盈　師達克　師
笛紛司恩　得衣司歪格而　由宜音　夫而莫利應
哇巴司　哇日恩　華盛頓　為寅　外特　外特
晒次　為勒日　為內言姆司恩　為內北勾𠕇　屋
忒法而特

英釐阿納邦　治英釐阿納波列士

愛登牧司　阿納恩　巴特兜婁謬　班登　不來克
法而特　褒能　不納文特　嘎日傲　該司　格拏
克　格內克　格林頓　格老阿法而忒　德以非司
疊里法人　德以格大　得嘎納蒲　得那威兒
德入愛司　阿拉克阿而忒　法也頓　夫拉愛忒
法恩頓　夫南柯林　夫頓路　格蒲司恩　格侖忒
格利恩　亨勒魯頓　亨嘎克　黑而日意司維
亨德利克司　亨而日意　好哇　而忒　亨丁頓
之愛柯司　查司脖而　查以　之愛佛而司恩　之
恩凝格司　之恩司恩　納克司　嘎司格由司邁
拉格拉音司　內克　拉八而忒　拉而人次　馬地
司恩　米司利牙恩　馬而曰意要路　馬而丁　米
阿蜜　門入　門特根八而利　馬而根　牛頓　紐
拔洛　我愛意俄　阿而人次　俄恩　巴克　百而
意　拜克　播而頓　褒西　不拉司格　播忒南姆

而日恩道路府　而日以蒲利　而日以言　深次
儿設府　司嘎忒　是阿路比　司奔設而　司達克
司德衣本　司恩立費　水忒司南特　低蒲格路
低蒲頓　由官音　房得而北而合　非而門立應
夫愛勾　哇巴是　哇而本　哇而不內克　華盛
頓　威寅　歪婁司　未忒　謂德利

愛呵磨尼日斯　渾邦治弟

阿德以而　愛頓牧司　阿拉摩格以　阿巴路司
麐笛本　本頓　不來克號克　不烏勒　不離煤司
卑基南忒　卑納非司大　奔告牧　不特各拉而
干拉両勒　該而只傲路　該司　是以得而　是
愛柔格而豆　接柔格以　接嘎是傲　拉格克　格
利盈　格內頓　格林頓　格拉法而特　達納司
德意非司　德格以塔而　德拉威而　德姆愛勒
德意根生　德俄衣褒克　恩馬忒　法而衣埃德
夫鬧衣埃德　夫來音格另　夫利門忒　格利盈

科侖的　郡達利　哈祿利盈　亨嘎克　哈面丁

哈而日以司司恩　亨日意　好蛙而忒　亨阜忒

愛大　愛由蛙　皆各司司恩　加司脖而　基夫佛

而司司恩　基俄恩司恩　鳩路司　鳩路克　嘎司

索忒　利　利恩　路烏衣薩　路嘎司　來由恩

馬地生　馬哈嘎司　米而利牙恩　馬而舍路　煤

路司　煤特舍路　茂樓邢　門入　門特根巴皿利

煤司嘎待路　歐不拉音　阿司勾納　阜次巴

樓阿日兒　不林煤司　不又嘎闕嘎司　包拉克

巴達蛙大　包西克　而衣恩勾而忒　饕克　師嘎

忒晒樓必　晒由格司　是豆而日意　達馬　德

以納而　由尼音　凡鳩日而恩　蛙百魯婁　哇而

而日恩　華盛頓　爲勸　外蒲龙德兒　爲勸非後

爲勸肖　屋特百而日意　哇而次　而日愛次

剛色斯邦治　愛洛輪　恩德而司恩　阿而日阿背屋　阿切司恩

此名

巴而播而　巴而頓　播而笨　不憤　播法樓
脖忒洛而　之以是　昭刀卦　接日又格以　其應
格納克　格內　格鬧德　嘎非　勾蠻坎　嘎婁
利　哥納法而忒　格以非司　德格以德而　德克
格以生　豆尼范　德格那司　愛以忒哇邏　阿拉
克　愛樓內司　愛樓司哇而次　夫特日　法而特
夫來音格林　格夫　哥利言姆　哥侖忒　格利
雛　格利屋歐忒　亨阿恩美利頓　哈而脖而　哈
而非　合衣克慢　侯哇而忒　皆克司恩　皆法而
司恩　鳩歪路　張司恩　剛色司　基而尼　格以
音蠻　拏拜特　屢音　利紛哇而司　林嘎侖　林
來牙恩　馬地生　米而利盈　馬而舍路　姆克
非而生　米德　米阿密　煤忒晝路　門特更八而
利　馬而日以是　內麻哈　尼歐獸　勸司　納而
頓　歐是以喫　阿司巴而恩　歐豆　阿大哇　巴

尼 非勒蒲也司 巴大窩大密 不來得 俄日阿
林次 阿日亦婁 日意百夫內克 阿日愛司 阿
日愛利 柔格司 而日以司 而屢司設路 薩來
司嘎特 鍗 遲威克 西歌牙 西阿而忒 西阿
尼 歇而日衣丹 司煤夫 司大法而持 司大恩
𠻺 司的紛次 司恩勒而 登馬司 利得勾 哇
包路西 哇洛司 華盛頓 威其大 威洛司恩
屋忒司恩 外焉大特
根得基邦抬佛 阿疊而 阿能 恩得洛司恩 百洛納而特 百日
菊飛的 阿而人 八府 百洛 褒勒 不日阿耳本 八愛
特 八愛勒 不來克根 不利疊特 不來克根日
以勅 不來特 百特格以納而 高日特歪洛 干
樓威 干脖洛 干而而洛 嘎得而 格衣 衣
格內司丁 格拏克 格內 格林頓 格內特頓頓
根薄而南特 得以非司 愛以特門勝 愛以勒

雛鴉忒　愛以司得洛　法夜特　福雷命　福紵愛
特　夫來音哥另　夫錄頓　哈納頓　哈日阿特
格能次　格內不司　格內司恩　格利音　格利音
愛以蒲　亨嘎克　哈而丁　哈而能　哈而日意司
恩　哈忒　亨得洛生亨日意　黑克慢　後蒲艮次
皆克司恩　皆佛而司恩　皆司山賣勒　張司恩
查司拜勒　根頓　納給司　納日而利　老日恩
老日恩次　狸　來司狸　來翅而　路威司　林
高路　利福福音司頓　婁根　來意歐恩　馬地司
恩　米而利盈　馬而舍鹿　馬而丁　美司恩　賣
克格來根　馬克根林　米特　壓尼非　壓而設而
美特嘎府　門入　門特更八而利　驫而根　牧
能昂而合　納諾司恩　揑各那司　俄孩幼　歐而
特姆孩　歐翁　阿克司利　班德路頓　百日翼
拜克　褒歪拏而　褒拉司格以　日阿脖兒司生

日愛克嘎司路　而柔彎　而日司肆設路　司嘎忒
赦路比　興司恩　司班包而　大得　得日以柃
以　得另不鹿　由尼音　哇而日而恩　華盛頓
爲盈　外蒲司得而　爲特格羅　鳥由洛府　屋由
特法而特

譯西阿納邦阿司三省（治別東路）　阿法意愛勒　邊非勒　百西而勒　嘎

豆　嘎鹿嘎西也　嘎鹿特外而路　干煤仍　嘎而
日傲路　嘎大平納　格以內巴而恩　肱嘎而的亞
得搜兜　衣司忒巴登入司　衣司忒嘎而日傲路
衣司忒非利西阿大　夫南哥林　哥侖忒　愛必
而利阿　愛百而非勒　皆克生　皆佛而生　那法
也得　那佛而路司　林嘎能　利府夫音司頓　馬
地生　莫而號司　納其大司　紐阿林　瓜其大
不納克哥民　入音觚北　而日阿必得　而日愛忒
而日以福而　而日以遲南特　薩巴音　生百納忒

司音特査洛司　司音特衣孩利納　司音特之衣
姆司　司音特章路日意百蒲得以司忒　司音特能
達利　司音特馬而頓　司音特米而日意　司音特
達麻尼　達恩即拔號　得恩薩司　得而巴恩　由
尼音　非而美利音　非愛而嫩　華盛頓　外蒲司
得而　外是忒八大恩如衣司　外是忒嘎而日傲路
外是忒非利西河那　謂納

緬邦治奧額士大

安得納司嘎亨　何如司兜兒　更百而南特　波蘇
蘭　夫來盈哥另　亨嘎克　干勸拜克　納格司
林嘎侖　阿格司法而忒　非司嘎達貫司　薩阿大
哈克　薩恩臭而賽忒　哇納豆　華盛頓　基泥伯
盤谷

瑪理蘭邦治安那波列斯

阿拉阿納而恩得路　阿拉嘎呢　八納低莫而設抵
八綠低莫而剛抵　嘎拉俳而忒　該柔來恩　該
日傲日　色斯色以洛　查而勸司　達而皆司得而

馬沙朱色士邦治波士頓

密西根邦治蘭星

夫來得而內克　該而熱忒　巴而法而特　好哇

而忒　干忒　門特更八而利　不林次基阿次　歸

音安勒　色音忒米而意　桑默而賽忒　道屋播忒

華盛頓　威鈎米靚　哇而舍司得而

奔司得以脖洛　百而克舍而　脖而司道洛　周克

司　愛夜司晒格司　夫來音格另　亨姆頓　亨姆

是亞而　米得樂晒各司　南得各忒　納法克　玭

理謀　色法克　哇而舍利德而

阿拉勾那　阿利干　阿拉畢納　恩得林　巴而阿

哈而　百而日意　卑伊　奔希　百且盈　百那恩

次　干拉閧勒　該司　查洛法　基拜亨　接百哇

克利而　格林頓　格那法而忒　得納大　意頓

恩壄忒　眞洛希　格來忒威勒　格林忒得那法

而司　各利忒牙忒　黑婁司得以洛　蒿頓　山日

而恩　音亨姆　愛山尼亞　牙司勾　愛薩百納

愛洛黑洛來洛　皆克生　嘎納馬蘇　嘎洛嘎司嘎
嘎恩忒　格威那　內克　納畢而　利拉納　的
奪累　利浦福音司頓　馬格那克　馬勾姆　馬尼
司地　馬尼豆　馬而該忒　煤司恩　米嘎司大
姆婁米尼　煤忒侖特　煤司稍格以　門入　門忒
嘎侖　姆司格以亨　尼威后　歐克侖忒　歐司衣
阿納　歐亨馬　歐恩兜尼亨　阿司西歐那　阿司
勾大　阿忒司衣后　阿忒達哇　不來司格愛洛
日阿司勾門忒　薩黑那　司恩忒克利而　司恩忒
鳩色府　薩尼那克　司姑路各拏府忒　西阿哇是
意　得司勾那　凡鳩人　華盛頓納克　爲勦　外
克司法而忒

梅尼所達邦 治桑保羅

愛以忒根應　阿婁嘎　百克各而　百婁得拉彌
班頓　卑各司豆路　不路而司忒　不來克根而日
以吃　不遶恩　不哈侖　嘎而頓　嘎而佛而　該

司　接本哇　干搜合　克內　勾克　嘎登屋忒
格　蓿威廳　達勾大　達喫　得格那司　法利包血
忒　非路莫而　夫利巴而文　勾忒鳩由　哥侖忒
亨勒賓　司顫　愛山的　意大司嘎　皆克生
嘎拉不來克　干地申縣　格忒生　納克格八而
內克　勒司外而　林嘎侖　來才恩　馬安嘎大
馬斐命　馬而舍路　馬而丁　馬格老忒　馬克
非路　米各而　米洛拉克　謀那恩哈利亞　馬而
利山　茂哇而　壘而各日意　尼勾來忒　斐不路
司　歐斐不司待忒　阿得而得以路　本不盈那
必而路司　拜勒　拜浦司豆路　包樂克　包藩
而樂安姆西　而日愛忒褒忒　而日人非洛　而日
愛司　而日阿克　司音得鹿威司　司嘎忒　舍而
阿而八而恩　司以布利　司達而恩司　司地勒
司地賁次　司謂府忒　達得　德拏非而司　哇巴

密士昔比邦（治查克遜）愛夜忒登布司　愛夜洛嘎而恩　愛夜姆愛忒　阿

肯　哇的拉　哇花大　哇西嘎　華盛頓　哇得哇

勸　外忒而司格（按此野人所居）　威洛根　威婁那　而日

愛忒　也婁買翟生

大拉　班登　波利法而　干拉閂勸　嘎日繞路

基嘎稍　查克大　克利入而恩　格納克　格利寅

瓜後莫　姑歐必亞　嘎夫音頓　德捜豆　夫來

音哥另　各利寅　各利納德阿　亨嘎克　㬎而日

意薩恩　亨次　候姆司　意薩歸那　意大王霸

查克遜　加司脖而　皆佛而生　之由恩司　基脖

而　納法耶德以　老德而德以路　老日恩次　利

克　利　雷夫納而　林嘎侖　能這司　煤地生

米而利盈　馬而舍嶒　門入　門特更莫而利　內

捜巴　牛特　婁誰各比　阿拉磔播哈　巴婁拉

百而利　拜克　奔豆達克　不侖得以司　歸忒滿

內　而日恩根　司嘎忒　薩格以　生姆生　司壘
司　生姆勸而　生夫鬧而　達拉法介　得以忒
得以巴　得搜煤歐　都尼嘎　由尼恩　哇而而恩
華盛頓　威勸　威勸根生　威勸司頓　牙納不
薩　牙搜

密蘇蘆邦治遮費孫西治

先奪路以司　阿恩德婁　愛意其生　奥德利恩
百而利　巴而頓　背次　班頓　包林俄而　不勸
褒哈倫　播忒格而　嘎納忒外路　嘎那威　干
登　格蒲基拉而豆　嘎而日奥路　嘎拉德而　該
司　昔德而　之愛日意頓　克利司地恩　格拉克
克內　克林頓　勾奴　勾百而　勾拉法而特
德以忒　達拉司　德以非司　德格納舖　德單特
達暌　得各那司　登各另　夫蘭哥另　嘎司勾
內忒　貞德利　格利盈　格日恩的　黑而日以生
黑各而日意　候而忒　好哇而忒　好外而路

愛而日恩　宅克生　查司薄而　遮費孫　眞生
納克司　納克利忒　納法也得以　老日恩次　路
委司　林嘎侖　林恩　林夫音司頓　煤根　煤地
生　米而利司　米而利盈　馬克豆　翁納恩　壘
而色而　美路納而　密斯比里　馬尼豆　門入
門特根入而利　馬而根　紐馬得內忒　紐頓　納
得阿威　歐而日意更　歐薩黑　歐薩而克　費美
司嘎忒　百而利　百忒得司　百勒蒲司　拜克
不拉得　包拉克　不納司格　播忒南姆　而日入
與婁司　百日恩道路甫　百日以　而日愛鬧婁司
而日以卜利　而日蒲司　薩來音　是愛洛而是
嘎忒南忒　是嘎忒　是山納恩　舍路比　舍音忒
查洛司　舍音忒各利而　舍音忒夫南司哇　舍音
忒之音勒夫亞甫　舍音忒路委司　司大德而忒
司豆路　深利飯　德以尼　待格薩司　凡必有入

拏布拉士格邦　哈林昆

凡而侖　哇而阿而日入　華盛頓威勒　外蒲司

得而　哇而司　而日愛忒

耶登姆司　安得婁蒲　不來克　百而忒　不勒　百

法婁　脖兒忒　百忒納而　該司　西得而　接以

司　其也恩勒　格內　高洛費格司　根明　格司

得而　達勾大　達生　德以克生　達喫　德各拉

司　登恩的　阿拉克哈而恩　非路莫而　夫來音

格另　夫能愛而　夫而勒司　格以尺　嘎司播而

哥侖拔司　各黎利　侯路　亨美利登　哈而能

黑而日意司恩　黑意司　黑尺嘎克　侯路忒

好哇兒忒　皆克生　皆佛而生　皆恩生　格以而

尼　格以司　絅各司　侖嘎司得特　婁隔戈而忒

林嘎侖　來應　煤地生　煤而日以克　門入

南次　尼馬哈　勒勾路司　歐豆　巴尼　非以洛

卜司　比而路司　不納德　包拉克　而日愛忒威

諾　而日以茶忒生　薩納音　薩而阿耳忒　西哇
而忒　西而門　薩由克司　司丹頓　德以洛而
特以亞而　非愛利　華盛頓　威勒　外卜司得而
威洛而　牙克按此西北地茶併無官　麻地生按此亦無官　爲
勒卑勾按此野人所居　巴尼按此亦野人所居

列法達邦治哥耳達
查車路　德各那司　愛洛勾　愛司墨日阿大內
由日以嘎　亨包洛忒　侖德而　林嘎侖　來約恩
賴　阿兒門司必　而入卜　司豆而日意　哇修
外忒白勒

紐罕布西耳邦治剛哥的
米麗馬沽　該而日傲路　宅司舍而　勾司　各納
夫頓　黑奴司脖拉甫　煤而日意煤克　而日阿根
亨姆　司大夫法而忒　省理分

紐折爾西邦治穿連登
阿忒南對以克　百而根　百而林登　干姆登　格
蒲楣　更姆百而南次　埃司晒各司　各那色司德
兒　黑次生　黑德頓　黑而色而　娟洛路晒哥司

門冒夫　馬而而日以司　歐新　巴司費傲　薩
綸姆　生莫而賽忒　設司賽而司　由尼恩　哇而
領

紐約邦 怡阿巴尼

阿巴尼　阿洛干尼　格非路　嘎大日傲黑司　嘎
由哈　昭刀卦　基門　基南吼　各林頓　科侖布
亞　嘎而忒南忒　德拏威而　德車司　意而利
愛也司晒克司　夫來音各林　夫路頓　干勤喜
各利盈　亨米路頓　懷兒根火兒　宅佛而生　各
音司　路威司　利夫音司頓　馬地生　門入　門
忒根巴而利　紐約　來牙勤那　歐來大　歐婁大
哈　歐恩大利由　阿而音次　阿而林次　阿司威
勾　阿忒其後　播忒南姆　歸意恩司　而日恩次
拉　而日以次門忒　而日愛姑能次　薩日阿兜哈
是內克達的　是由黑而日意　是埃洛而　是恩
尼嘎　是笛聞　生音忒老日傲次　設法克　生利

諾司喀爾勒
邢邦治里

法恩　特歐哈　發姆根次　以婁司德特　哇而而
日恩　華盛頓　威盛　外司忒者司德忒　外歐侖
也以次
阿拉蠻次　阿內克三德而　阿內嘎尼　恩生　愛
司　褒法而忒　百而地　不內頓　不嫩司尾克
本勾姆　百兒克　格衣巴日以司　高忒外樂　根
姆頓　嘎得日愛忒　該司歪樂　嘎到巴　之愛頓
浦　接柔格衣　柔萬　各內　各利井內忒　哥侖
波斯　各列以紛　根波而南恩此　各日利得克
德以而洛　德以非次司恩　德以非　德夫林　尺
勾姆　法而晒次　夫來音各另　益司頓　格衣次
各內音姆　各內恩非洛　利盈　各以洛夫而忒
海利夫愛各司　黑而來忒　黑烏忒　亨達而生
哈忒法而忒　孩忒　野人特路　皆克生　張司
登　周魯司　勒尼哇而　林嘎侖　馬各大威而路

倭海約邦治科　濱入斯

三才和加圖紀卷十五　十四

煤更　馬地生　馬而丁　買而哥侖波而　煤次
以洛　門忒根巴利　莫而　來是　紐亨樓夫而
納而司亨姆登　恩司斐　阿而而盆次　班姆鉜利
巴司果嘗姑　班得而　百而圭巒欠　百而生
北忒　色拉克　而日安大拉甫　日以吃瞞忒　柔
比生　日阿根幹姆　柔彎　日以德而法而忒　繖
横生　司單利　司兜克司　色而日意　司為音
德南司以格非尼阿　德而洛　由尼安　為克　哇
而人　華盛頓　哇刀哈　哇盈　哇樂各司　為哇
生　牙民　牙安西
愛登姆司　愛洛恩　司來恩忒　司達不那　司登
次　儆各內司　百勒門忒　百納恩　播忒洛而
該而繞璔　三北音　格納克　格來而門忒　格林
登　科侖布亞拉　嘎薩姑登　格拉法而忒　瓜牙
胡烏人　達克　德法愛恩司　德那威而　也日意

頗里根邦治沙

非而非路忒　法而登　夫來盈格另　夫魯登
哈利亞　黑要哈　格利盈　嘎而恩西　黑安壘利
頓　新西那治　哈而丁　黑而日意生　亨日意
孩拉恩忒　哈柊以盈　倏姆司倏人　宅克生　宅
佛而生　納克司　內克　老日恩次　內格以音
聿根　婁日以盈　婁嘎司　馬地生　馬倏尼恩
米而利盈　黑地納　煤哥司　馬而色畠　米阿牙
密　門入　門忒根巴利　馬而根　馬而柔　煤司
根根姆　婁百而　呵大哇　包路丁　百而日意
北嘎威　拜克　播而德以次　日以㗂侖　而日呵
司　三德司格以　司格以由豆　司尼嘎　駟路彼
司達克　生煤忒　德侖布入　德司嘎日阿哇司
由尼恩　夫恩歪路忒　夫恩頓　哇而人　華盛
頓　爲盈　爲利牙恩姆司　烏歐德　外恩達忒
北各而　班登　格那嘎莫司　格那克　格那次俄

作

蒲　哥侖比亞　勾司　格而日意　德格那司哥侖
特　宅克生　德色夫音　內克　內盈　路委司
林　米而利盈　煤路忒婁瑪　巴拉克　丁拉姆克
由莫疊拉　恩蒲瓜　由尼音　哇司勾　華盛頓
烟卜黑洛

賓夕佛尼亞邦　治哈力斯部

愛也登姆司　阿勒黑尼　阿姆司得柔姆　必自博
百忒法而忒　百而各司　不內而　不來特法而
忒　播各司　播忒洛而　根薄利亞　格俄而人
嘎布本　生德而　宇司德而派克利而利有恩　克
利意而非日而特　克林頓　科侖布亞　各拉法而
忒　根播而來忒　刀非勒　德勒掔阿威而　愛拉
衣而日意　法牙德以　法而日愛特忒　夫來音
哥另　大路頓　哥利音　亨丁頓　音第阿拉　皆
佛而生　鳩尼阿大　納格哇那　侖嘎司德而　老
日恩次　利巴侖　勒黑愛　路色恩忒　來哥而

馬拉格勒　黑而色而　箋夫夫林式　門入　門式
根巴利　門都而　納而司黑姆頓　納而司亨不路
南式　百而日意　費納的費牙　拜克　巴德而
司乃格格　司乃德而　生莫而司晒式　巴利凡
四斯歌哈那　台歐嘎　由尼音　非南候　哇而恩
華盛頓　威寅　外司式莫而侖恩式　外歐命
[illegible]克
洛畬埃倫邦　夫來司道而　干式　牛播而特　普拉比田斯　華
治普拉比田　盛頓
斯
叟司喀爾勒　阿播非勒　愛以根　恩德洛司恩　巴而恩外洛
那邦比亞（治科侖）　褒法而式　查爾士頓　志以司德而　宅司德而非
樂式　各來而日恩此　嘎樂頓　達林頓　也翅非
洛式　非而非洛式　查狄道勒　各林非樂　亨頓
哈而日意　垓而下　南格司德而　老日恩狄

田揑西邦那治　是越里

來各司司音頓	歐姑司	翅南忒	牙莫司百而各	恩德洛司恩	不老恩特	洛	嘎非	德格以德而	法也德以	垓諾司	亨煤勒頓	格寅次	勒	佛而生
米而利盈	阿人次百納格	司巴登委而各	牙克	拜德法而忒	不來特內	嘎而德而	克納格忒	德格納卜	凡德勒司	各林舍而	亨嘎克	孩烏次	好司頓	眞生
馬而播柔	板洛頓北克根次	生得而		班登	千不婁	其頓	根播而納音忒	德格以司恩	夫來音各岁	各利寅	哈而德滿勒	亨得而司恩	亨夫利司	納克司
牛而利	日以	由尼音		不來特司歐恩	干侖	各內巴而恩	德以非層	德愛耶而	各卜司恩	哥侖的	哈而丁	亨日利	宅克生	內克
		委利			干日繞	各內				亨布侖	哈	黑克慢	宅音姆司	老德而得以路
						嘎克							宅	

老日恩次　牛謂司　林嘎侖　老登　馬克命特
馬克尼而日以　煤根　煤地生　米而地盈　馬而
舍魯　毛日意　煤各司　門入　門特更巴利　莫
而　莫而根　歐比恩　歐夫而頓　百而日意　包
拉克　百特南姆　日意　日歐恩　繞播而曆　柔
德而法而忒　司嘎忒　司瓜基　司非也而　舍洛
比　司煤司　司鳩哇而忒　舍利凡　司恩姆勸而
德卜頓　德路司德衣洛　尼由嘎愛　尼由燕
凡必有人　哇而人　華盛頓　威寅　威德利　外
此　威利姆而生　威理生

德格瑟斯邦治輿士大

恩得洛司恩姆　恩者利納　阿日恩司阿司　哥而
維十登　阿而恩姆司忒柔　阿大司勾薩　奥利訂
巴忒地日阿　北司德日傚蒲　北洛而　庇　北
洛　百克薩而　拜克薩而德司忒內忒　不拉安溝
巴而頓　巴司克　褒威　不內司俄　利亞　不

內司阿司　不內司姑　布納文　百而勒司恩　北
而勒吃　嘎樂忒外樂　干拉閉勒　干拉漢　干墨
仍　干蒲　蓋司　今百而司　接柔各以　接柔德
日耳司　克內　勾柔慢　嘎林　高林次哇而甫
各洛日阿豆　各馬洛　鉤蠻次　各恩州　勾克
嘎而利野愛洛　嘎德而　格納格忒　嘎拉司比
德恩樂司　達生忒　德甫司美司　德洛大　德恩
頓　德威特　德克根次　丁茂特　登利　的法洛
衣是忒來忒　愛時哇而次　葉落伯蘇　愛洛內
司　愛恩西尼阿洛　衣而日阿司　皇司　凡凝忒
法也頓　飛是耳　夫來忒　夫而忒本特　夫來
音各另　夫利拉豆路　夫來由　各盈次　嘎拉夫
司登　嘎拉薩　各洛司拜　嘎利亞忒　嘎利薩來
司　格利盈　格利生　格來格　格來恩姆司　各
哇大婁卜　號魯　寒墨利頓　亨司法而特　哈而

德門　哈兒丁　黑而日以司　黑而日以司恩

哈兒德利　黑司曷洛　黑以司　亨蒲墨以洛　亨

德而司恩　黑以咨洛河　黑意洛　黑巫德　黑克

號司頓　好哇而忒　亨忒　黑忒金司恩　皆克

皆克生　查司播而　宅卜佛而司　眞司恩　之

由路司　嘎而內司　嘎婁卜巒勒　該恩德路　干

特　格以而　更播路　根音　格尼　納格司　納

禡而　侖巴薩司　納而薩樂　納法嘎　利　利阿

恩　利北而斯地　來恩姆斯豆路　雷迫司勾姆

來夫歐克　利阿樓　勒巴克　利林　馬克各拉

馬克南嫩　馬克墨洛嫩　馬地生　米而利亞恩

馬而丁　煤生　馬達合而大　煤費兒利克　墨地

納　墨納而忒　墨勒侖　煤卓路　門大克由　門

忒根巴而利　馬而日以司　馬忒克利　納嘎黑大

士　納法柔　牛頓　婁侖　牛愛各司　歐漫忒亨

姆　阿納日音腴　北婁冰豆　巴婁那　巴而各而
必嘎司　包拉克　包德而　不裹篩地歐　而日
也音翅　而日恩達樂甫　而日愛德日以佛而　而
日以夫夫由基右　日阿波而次　日阿波而次生
日阿克哇路　而日恩拉洛司　日以司克　薩拜音
薩恩克功耶司丁　薩恩查根豆　薩恩巴德利西
由　珊安各路　薩洛比　司壘司　生摩洛夫愛路
司達而　司敵分此　司豆路瓦而路　司爲舍而
德而仍武　德以納而　德納克馬而登　德愛德
司　的德司　登姆哥里音　德來夫非司　德林宜
地　德矮洛而　愛也蒲舍而洛　由法洛豆　凡沙
恩武　非克兜利亞　瓦洛而　哇洛而　華盛頓
歪卜　哇而頓　爲洛而　爲其大　爲洛巴者而
爲利言姆生　爲利生　外卜　烏歐德　意阿恩
薩巴大　薩法那

渥蒙邦北治滿理　耳

勿爾治尼亞　治里治門地

阿也地生　拔林頓　干勒兜尼亞　其登頓　愛司竇各司　夫來音哥林　各染哇愛而　納莫愛　阿人次　阿利人次　而日忒南忒　華盛頓　屋音亨姆　屋音此阿而

阿拉勾莫克　阿拉本莫而那　阿來克三德利亞

阿拉巴宜　阿美利亞　阿安卜合而司忒　阿駁馬大克　奧各司大　巴司　百德法而特　不顛恩特

褒德度而特　不那恩司威克　不衣嘎侖　百根

亨姆　根波路　該諾來　該日奧諾　加洛昔地

加洛德　則司德而非日忒　格拉克　各內克　各洛白巴而　根波而來恩忒　丁威德洛　愛以內司

薩百司昔地　愛夜司竇各司　北而夫愛各司　法

傲歸而　夫老愛德　夫音法那　夫來音各另　夫

內德而內克　該樂司　各那舍司德兒　勾禩侖忒

格內生　各利寅　各利太非洛　海利非愛各司

哈唎佛而　亨日意勾　亨日意　海侖忒　愛勒

歐甫外忒　偕姆司昔地　根恩忒歸寅　根查遲

根䟦利恩姆　南該司德而利　老登　紐衣司

鵨侖百而格　喋地生　喋德由司　喋克阿林百而

各　喋德月賽各司　門忒根莫而利　南此門忒

南洛生　牛根忒　納法克　納而司黑姆登　納而

司亨波洛來恩忒　納德威　阿兒日恩喫　背喫

百德內克　北此洛非尼亞　包孩䀹　百林次夜都

哇忒　百林次查喫　百林威利恩姆　百林次色司

阿那　下拉司格　而日阿巴生綏忒　而日以喫蠻

忒　而日鏖婁克　而日奧克百內喫　而日奧克根

亨姆　日而衣司舍洛　司嘎忒　設嫩道　司麥司

司傲司亨姆頓　司巴忒舍洛非尼亞　司代法而

忒　色而利　色飾各司　德衣司外路　哇而人

哇來克　威士尊華盛頓　外司莫而南忒　外司

外忒亞克

威士奪勿爾治尼亞邦治差列司登

巴而波而　巴而格利　褒勸　不來克司頓　不路頓　格以波儒　干拉閃勸　克內　大德而日以喫　法也德以　各路莫而　哥侖忒　各利寅不來牙　而　亨姆舍而　亨姆嘎克　哈兒的　黑而日以司恩　宅克生　宅佛而生　干納哇　路威司　林嘎侖　魯根　米而利亞恩　馬而舍登　湄生忒　麻克道而　黑而色而　民勸而熱而　莫侖黑以利亞門入　馬而更　尼以各那司　倭海約　本德鹿頓　不來司恩次　褒嘎紅大司　不來司頓　波忒南姆　而日阿樂內　而日恩大路府　日以旗　而日歐勸　司恩莫而司　德以納而　德克嘎而　德矮洛而　愛也卜舍而　爲寅　外卜司德而　外忒抽魯　哇而忒　屋由忒　歪阿明

威士干遜邦

愛德姆司　愛司侖特　百而兒恩　百狄愛各司

治馬地逐

卑以非洛忒　不老恩　百法洛　百而來忒　嘎
納巾麥忒　基百哇　格拉克　俞　亞　各拉法而
忒　德埃洛司　德以音　達喫　兜而　德各來司
德恩　歐克內而　佛恩的室來克　哥俞忒　格
利寅　格利寅內克　愛由哇　宅客生　宅佛而生
之於樓　格樓薩　格哇奧尼　拉各日阿司　納
法也忒　納巴愛恩忒　俞恩各內忒　林嘎俞　馬
尼哇豆克　馬而日阿頓　馬而日意來忒　馬而蓋
忒　煤路哇格　門入　歐俄根兕　恩兜哈密　歐
稍格　百賓　比而路司　包拉克　波而德以喫
不來司　而日阿與　而日以嘎俞忒　而日阿克
沙奧克　沙哇婁　西巴愛根　司音忒克而哇　兜
洛而　德拉恩比阿洛　百而洛恩　哇而哇而司
華盛頓　哇格薩　哇巴嘎　哇歐沙日阿　委勒背
勾　室歐忒

阿里瓊那部咍打苦送
阿巴廆　馬里哥拔　莫哈布　比馬　比督鹿　牙
巴排　尤馬　哈二不路可　波爲　維可庫司　哈
酒柯　布列司可多　加落比里

打戈達部咍暘咍暘可阢
俄柔日阿　巴而日恩翅　必洛　卑林次　波勒阿
姆　波而門　不路克根司　不日阿恩　不履內
百法婁　百而利　干百督　垓司　查洛司煤各司
格那克　格內　嘎衣頓　哥司德而　德以非省
德以　的外洛　德各拉司　恩姆門次　法克
法司德而　格侖忒法各司　格日阿恩忒　亨姆林
亨此　亨此分　好哇而忒　由翅　黑特金分
之以寅　格德而　根司德而日意　內克　納抹而
納而仍次　林嘎侖　來門　馬勾克　買衣俄而
買洛而　彌勒哈哈　姆狄　馬而登　門德來
本必那　本凝頓　而仍姆西　而仍此生姆　而日
以翅侖忒　而日以司克　司諳侖　司賓克　司德

埃得和部治波伊司

孟大那部治勿爾亞尼治

紐墨西哥治散打斐

尤達部治蘇土列可

恩利　司狄分次　司德次煤勒　舍洛利　達德

德內以格　德而勒而　由尼恩　哇來德　圭洛哇

而司　委利恩姆司　烟格登　色斯登按此野八下名亦曰瓦波登

佛而忒色斯登按此下有一地無名無首治

阿大　屬拉都日阿司　北而利內克　巴以司格

以西亞　埃得和歐　由屋德來　侖姆黑意　內百

司衣　歐來大　歐歪黑以　收由捜勒　華盛頓

比百而海忒　皆格以哈日恩　州道　該司德而

達司恩　的而納此　哈拉丁　宅佛而生　斐城司

恩格拉克　煤地生　米格而　米蘇拉

銀成　田明　加西治　窪脫羅司　文格多　昔那

馬多坐

比佛而　巴克司愛洛德而　垓是　德以非司　恩

煤而日意　愛由日恩　之哇卜　格寅　煤洛而忒

馬而根　邦由喫　日以喫　日以由法而基恩

稍婁特內克　山之蔦　山比特　司非而洛　司恩
煤忒　都衣洛　由文大　尤達　哇沙翅　華盛頓
委百而

華盛頓部治阿林比亞
基黑司　格來洛侖姆　格拉克　科侖布亞　哥爲
此　愛侖翅　接甫佛而生　格黃　格持晒卜　格
利格大忒　魯威司　雷生　哈誰甫誰克　此而路
司　三恩之萬　司嘎煤尼亞　司僂黑歐米司　司
褒根　司地佛恩慈　費而司頓　哇嗚根　禨那哇
那　哇特根姆　爲特曼勒　亞格馬　德以司必由
德特愛南次

歪阿明部治給酸
奧洛巴尼　嘎而笨　格樓克　之昂生　納日阿米
司爲特哇德而　由恩達

印甸部治維尼打
我庫拉哈馬　亨利達　屋多瓦鐸　力布松

阿拉士克部治土錫克
十多克　油貢　阿拉拉士克　沽沽斯音列多

美利加地理志五　游歷美利加圖經六

花翎二品銜直隸即補道總辦北洋機器局前游歷使臣傅雲龍述

海灣表

美利加合衆國所濱海灣以墨西哥灣爲大由佛勒里畬而阿拉巴麻而密士昔北而魯西阿納而德格瑟斯五邦一岸湖汐不絕此雖可專屬某邦某部者也若帖加勉龍灣若沙倚那灣若三畬灣若古朗多灣皆濱湖而非濱海其濱海者諾司喀爾勒那邦之小島截水輙成灣形曳司喀爾勒那邦海灣不一類此非微即淺舉無足數今錄著者港可互參也述海灣表

邦部	灣名
合衆國	墨西哥
阿拉巴麻邦	磨比耳
嘉里符尼亞邦	嘉里符尼亞○三法蘭昔斯哥一名金山灣斯山○三百部落○三臺倚戈○山達巴巴納○[illegible][illegible]學理幾博迭嘉○漢博路多

干捏底嘎尊邦　紐哈本○立基波多○紐龍洞○司多音董○希補沽
特納窪邦　特納窪○奢士碧○蘆花泊○突納懷押
佛勒里奮邦　佛勒里奮里夫司
若耳治亞邦　沙拔那○達林○先尊馬立○布蘭司偉沽
瑪理蘭邦　北易埒力東○衣斯丹○衣斯丹符古南特福古○飛
生○赫領○懷特○南符讀○木宜沽○紐坂特○五
耳土陸突○納恩突○水宜標五各生多○生得聞立
猛多○他○懷士多符古南古符多○給沙比可○遮
西壁
馬沙朱色士邦　馬沙朱色士○玭理謀○阿波納項席得○補問特○
開布古多○篤基司達○達古司勃流○赫達馬○內
味得○瓦公得呼波○茶罕冬○叟司○毬都篤○懷
耳福立
梅尼所達邦　活多松
密士昔比邦　先尊壘司

紐罕布西耳邦　紐罕布西耳

紐折爾西邦　紐折爾西

紐約邦　紐約

諾司嗒爾勒那邦　亞壁麻爾○確鸞

洛富埃倫邦　果林懷知○孟塔花坡○拉來干昔多○茶乃甘司特

○紐波底

曳司嗒爾勒那邦　查爾士頓

德格懇斯邦　哥而維士登

非盤頓部　皮與直低

阿拉士克部　維登○比士道

海濱雜識

島與灣自有表海埠大要已見通都大邑若夫灣港之長否灘礁之顯微與夫樓燈碇泊之遠近雖難更僕數而梗概未可忽也述海濱雜識

阿拉巴麻邦濱墨西哥灣其沃澤長三百三十里約非里九百有九

十寬一百五十四里約華里四百六十二以方里計之凡五萬一千七百二十二里約華方里十五萬五千一百六十有六灣內港汊極艮而磨比耳其最也

嘉里衍尼亞邦斯山灣與三百部落灣相通三法蘭昔斯哥灣長四十一里約華里一百二十有三寬九里約華里二十有七此外艮灣尚多三法蘭昔斯哥灣長四十一里約華里一百二十有三寬九里約華里二十有七三法蘭昔斯哥東一百五十一里約華里四百五十有二有峽一深六里約華里十有八寬半里約華一里有奇

干揑底嘎奪邦海岸百餘里約華里三百數十其灣之艮港不少而以紐哈本灣立基波多灣紐龍洞灣司多音董灣希補沽灣為最其紐哈本紐龍洞司多音董之往紐約輪舟日日有之○長島灘在哈弗的南五十一里約華里一百五十有三可通輪船○海灣東西均有河口為河流出路先是西港多石磯怒湍迸激海舶塌來往往艱於進退謂之地獄門近以機器治之無礙行者稱便

特納窪邦特納窪灣初無此名明萬厤三十八年西十六英吉利之亞

吏名特綏運者至灣以其名名之厥後泊舟苦風激潮於是築壩或謂之止波場凡費銀二百一十二萬七千四百有三圓工歷四十年乃竣

佛勒里會邦西南海島相續厥最曰托局額司其險要地名溪會士多以海軍戍之海岸一千一百四十六里約華里三千四百三十有八然勘艮港邦之東南多潦近海然也海濱水淺甚其勘艮港以此邦南之島曰佛勒里會里夫司天然一灣屈流而左墨西哥灣之水繇此而出大西洋輒流如環故受灣流之目

若耳治亞邦東濱於海沙土時雜其接佛勒里會邦界多澤一澤名倭格飛諾基海灣曲甚沙拔那灣達林灣先魯馬立洛布蘭司偉沽灣大氐水深二丈可通巨艦

魯西阿納邦海岸一千二百一里約華里三千六百有三灣港屈曲而無艮港

緬邦灣港枝生島嶼棋布

瑪理蘭邦給沙比可灣分邦為二其灣長二百里約華里六百又測

方里二千八百三十有七約華方里八千五百一十有一隨處可泊商艦小灣時見而東岸無港

密西根邦有港名拔得爾多此通歐邏巴商舶一便道也

密士昔比邦沿墨西哥灣之海濱有港曰比羅格西曰密士昔比希底有灣曰先瓮壘司皆水淺距灣岸七里約華里二十有一有島低如屏障多松船島與此相近

紐罕布西耳邦海岸十八里約華里五十有四有海灣亦一大港口也商舶便之

紐折爾西邦濱海岸一百二十一里約華里三百六十有三然斟艮港

紐約邦有紐約灣有龍島灘然海面較紐阿林更難防守設有敵舟欲進此港雖有礮臺亦不克遏

諾司喀爾勒那邦海岸四百里約華里一千二百其間有灘三曰阿二百馬力曰邦宜格曰哈埋汀皆與小長島近小長島者嶼障道縁而為銳角有岬三曰飛雅曰哈達拉士曰飛果多海灣水淺商舶罕

至洛倉埃倫邦島建樓十丈有奇頂嵌玻璃夜輒然燈數十或謂之亮樓也海船避礁賴此實多它亦有之此其著者南多海港有紐波底灣直達邦都商船尤便拉來干昔多灣劃是邦爲二灣寬處十二里約華里三十有六

叟司喀爾勒那邦海岸二百里約華里六百良港二曰嘉立司東曰頗杜猓邈耳東多海灣羣島環峙

德格瑟斯邦灣岸無慮三百六十里約華里一千八十風潮回激淺沙亦多良港未之有也

窪蒙邦有小灘數十

阿拉士苑部海岸無慮四千餘里約里華一萬二千有奇迤南灣港舟行甚利

島表

美利加之邦部濱海者二十有九然西人著書謂緬邦有島數百諸司喀爾勒那邦小島環峙而雲龍目中所及未詳厥名不知凡幾即詢之數數游者與夫土著亦信疑參半然較之瀛環志略當復何如

竊不欲爲其所囿矣聊舉所知依音錄目而以岬峽之屬坿箸于篇

述島表

邦部	島名
阿拉巴麻邦	大分　匹擠拔愛士　猛來斯　他得耳拔古
嘉里符尼亞邦	阿那雀拔　果南特　羅排得　三過列門得　山米待耳　山宜果納士　山得拔浪　山得恰達里納　山達嘎拉司　山達六沙　蝦莽　沙果納猛得　士低遜沙果納門得　推仕沙果納門得　山農
	坿岬 綿奪西那　坿峽 三法蘭昔斯哥在其東
干捏底嘎奪邦	長　發耳家納士　波士　勿克得雀布挺　介祿力得宜雀布挺　六窪古　隆鵝　買松　密士俱古
特納濟邦	蓬比符沽　客裏士　懇篤　力得耳蓬比符　皮拍基　力離
	坿岬 蓬六冰　地波蛙達北音讀
佛勒里庯邦	佛勒里庯里夫司此小羣島在邦南海中　東羣島在東境海濱　托局

若耳治亞邦

額司其島不一在西南海中基維司奪

附岬佛勒里翕在極南

渟納客比牙○檣排南○拔士○入季○先得樹木司

○吾沙拔○立得耳先得樹木司○比弄○先得雀沙

領○華數○巫魯符

魯西阿納邦

阿蒲來登○押碧台○拔都力苔○博苔○開琉○檣

臺流藹○沽拔○達宜耳士○果南臺○倚士得經博

理雅○果嬾苔多力○愛士魯瓦補力登○愛士魯瓦

比持○愛魯地宜雅○美工士○買石○博羅飛讀納

比篤○先蒲盧○西耳○先得崇石○經博里雅○懷

得耳○懷音

博愛士流拜多○勃令司東○彭特○彭特課羅○渴

羅斯○渴羅基○大密司沽波○地阿○達雅○倚果

六○葛來篤達果○果蓮○果林○哈立根○呼得○

熟布士○拉沙力○力生○力得耳典而○籠○籠○

緬邦

瑪理蘭邦

瑪沙朱色士那

馬實耳○馬知宜格司○馬知王○密士得果○比鼓
○比基多美南○力池猛○西領○司歸耳○畫師○
排篤赫都○五鼎博耳○郁古
阿達木士○拔林○碧麗士○博睹經○勃來特符克
士○活戈○活南得○活來特○懇得○拜松○波羅
○播蒲納○心得日治○夏波○市米司○叟司馬士
愛布綠○派得○蒲力得○蒲綠司達○雀是魯○雀
拜沽飛篤入古○福祿錫司○地阿○愛耳沙別士○
乍綠蒲士○乍髮納綠○果來法力○閒來勿司○哈
符馬牧○活果○荷石○籠○馬沙士還音鴨渚○米
耳沽○馬納牧愛○馬牧○馬司凱雅圖○南秋客得
○納沙懷那○納松○綠納米喜特○品士福得○哈
司九○皮都沽司○軍犀○博郎○領○錫來古○司
碧沽推哭六○司托內拖○雙柏松○秋客茶沽○懷
石特○物都筆力知

密西根邦

附岬可奪
王古司閙里知亦曰王島○阿米果大綠藹亦曰二島大島不西比熱○此
湖○比古必拔亦曰比拔○麻那古里拔亦曰治那麻○土拉門
六古○波愛司勃艮可○先奪歇木司○雀力拔○雀
標○奇耳笛○輕沃茶甲○夫魯凱鄱○鄱納孟篤○
佛師博來司基○介鼎○果難得○果羅司愛耳先得
墨精○閙耳○哈心海○活沽○活沽○修龍○恰笛
矗阿○納沙力○立低耳加力地○立低耳二馬○瓦
基茶古○美松○孟宜多○美貫基○密得耳○密特
而○宜必司○納綠○納綠符古○納綠瓦基登○迫
誰日○拔法笛○納屋甌○納巫篤○綠芽露○詩家
格錄○席司古味得○叟司符古○騷司買宜多○先
奪買鼎○先得為達耳○師括○師篤農宜司○修瓦
○修外○沙耳法○沙馬○達甲米農○特林○特拉
法石○特潦得○華押斯亭司○懷石基○五篤

密士昔比邦加多○低阿○我蘭多○我拉西○紅○比至布衣士
○西補○船

紐折爾西邦客朗○隆必出
枝晒司篤○客兒福○渴宜○渴羅衣六司○法瓶○

紐約邦
飛書阿○福克司○鬧羅拔○鬧笛納○果司來古○
格南特○物力納治阿○物林特司東○西耳○塞沽
○塞芹○博浪○羅平○席耳達○司低鼎○司多宜
○懷耳司

諾司客爾勒那邦
蒲南得○西達○渴林登○大來得○鬧羅○入基司
○諾特○六納沽○宋密石○酸郭達○
〔附岬〕給打拉司

倭海約邦
拔拉司特○西達○愛碧得○果領○鬧耳○開耳來
司○密得耳八司○馬司○納司八斯○八特耳司內
沽○叟司拔士○修納○懷司得昔樹達

洛畣埃倫邦
博錄古○西拜六葛昔特○花司達哈補○工內宜恰

多○笛斯拜呵○達知○達牙斯○倚斯得○果塔○
果司蒲力○果特○福立得○福林司○福客司○夏
戈○夏布○地生司○博里呼鼎士○鬪○魯士○士
拜陸○士塔必果得○入部六達○懷司多

叟司喀爾勒耶邦

勃納客屋克○布露○改布○改巴○希達○愛奇司
郡○亨靜○雀瓦○綠石○先得赫立納○白納克○
白羅客○白魯得○雀膽鬧○愛岐是篤

德格瑟斯邦

本訥沙士○哥而維士登○馬達我達○馬哭○馬司
唐○筏十力○比力昆○先奪日飛士○

物爾治尼亞邦

阿沙基果○星葛低戈○果布司○符沽司○司來石
○丹熱○窪讀○

威士干遜邦

拔司五度　倍阿○昌拜○雀家密恭○士得來○士
必路○立果魯○果納別耳○鬧耳○札二○轄動○
愛養五篤○買地令○孟宜多○密奇格恩○六司度
雲○瓦古○屋達○奧塔○比路得○福郎○祿基○

杉篤○叟司博林○士杯達○先得馬金司○士多克
東司○十多魯蒲來○華盛頓○由耳松○郁古

打戈達部

拔羅別力○果拉亨司○派司雀六

尤達部

出耳杵○雀林東○達埒分○福力孟得○閘宜松○
轄讀○買特○司當司蒲來○詩篤龍吾祿普○阿耳
恰立○必阿

華盛頓部　王各拔

山

美利加山脈歧出然綜厥大要二而已矣一押山即海岸山也起於西北一落機山亦起於西北蜿蜒南行河源半出二山岡巒分脈居多其他自爲起伏輒俯睨之凡高近一萬五千尺者恒被雪峯白而噴石熖殷則火山也此其㝀者述山

阿拉巴蔴邦

阿粒莪宜山在邦之北境長嶺在邦之西北高者百丈有奇爲押山尾支

阿剛色斯邦

倭茶比山在邦之西北高二千尺　小山羅列中央高者不過二百尺

嘉里符尼亞邦

落機山亦名昔拉力巴達起阿拉司格向東南行貫英屬地而至美利加合衆國西北蜿蜒嘉里符尼亞邦突矗一高峯無慮一萬五千尺其在邦境千三百五里英里四百五十寬二百有四十里英里八十東嶮西斜厥徑高六千七百尺居多南峯名偉多宜高處六萬五千尺又一峯名沙巴納奇諾高一萬二千尺與海岸山交界處厥地高八千尺北峯名霞司達火山也紅焰四吐高一萬四千四百尺此外諸峯曰高擊達陸曰達納曰布里窪曰納仙曰喀斯陸或一萬一千尺或一萬四千三百尺山麓雷多雪少自是而南入墨西哥國○押山綏言之則曰押利結尼山一名海岸山亦起西北與落機山並走東南其高峯峙嘉里符尼亞境者約七千尺寬華里一百二十有三英里四十一○沺馬爹山與邦人墳山相望有白貞女墓○約寫馬衣多谷美利加

人謂谷曰法埒也在麻里波波區距舊金山東南約華里四百五十英里百五十適居落機山間長約華里一百九十八英里六十六寬三里有奇英一里餘兩面峭立高處約四千尺有瀑布與谷同名詳河渠志

喀挪拉奪邦

石山即落機山也自北至南貫喀挪拉奪邦之中分支爲三卉木明瑟煙逸雲起高峯一萬三千尺

干捏底嘎奪邦

干捏底嘎奪河東合理約山高八百三十尺近畢禮遮邑○丹山在干捏底嘎奪河西高二百一十尺有奇○布鴿山高一千尺○活沙都宜谷寫木石谷居捏播谷干捏底嘎奪谷與島嶼相望

特納窪邦

西岡高六十尺至七十五尺自南而北小岡時出

佛勒里畬邦

小岡起伏無名

若耳治亞邦

博羅金山在若耳治亞邦北○野多瓦山○阿巴拉杉山高六千尺

○押山旁支斜貫賓夕佛尼亞瑪理蘭諸邦至若耳治亞邦而止○

石山

伊利那倚斯邦

小岡無名

英薹阿納邦

小岡無名

剛色斯邦

落機山旁支在剛色斯邦西境南行○呵撒克山在剛色斯邦東境

向密蘇薹邦

根[illegible]基邦

有山曰根巴藍北多小山無名

魯西阿納邦

有山高二百尺

緬邦

喀達擊山高五千三百八十五尺雲蟠腹地北巒層出

瑪理蘭邦

曰譜綠麗髻山曰阿粒我宜山競秀晨夕𡗝在西北○又有山曰恰多客林曰達宜士曰倚戈綠曰愛綠果麗髻曰格來特拔古曰拔恩曰北林麗髻曰夏士登曰福布拔綠曰克沙里基曰買鏡絲曰密渚曰碧森阿曰宜吾維曰宜吾納詩曰綠絲曰活立絲曰浪渚托布曰涼渚拖布曰果來得沙比疏曰杉篤林希羅曰通綠司西羅曰塔文西羅曰發麗霞曰渾金力治

馬沙朱色士邦

古領山二脈自北而南○沙多山長約華里一萬有八百英哩六十二高三千五十尺來自紐罕布西耳蓬蒙亦北而南○其岡曰碧霞曰碧立壁五曰蓬格曰多爾地須低爾○木基山

密西根邦

西北有山高不過二百尺○西有礦山○壽山近西北熱湖高二百尺至三百尺有差沙色幻異蓋潮汐借風爲之

梅尼所達邦
小山無名
密士昔比邦
比耳山在邦之中央○南界有山而小
密蘇釐邦
呵撒克山來自剛色斯邦起伏西南岡阜中翹楚也
拏布拉士格邦
落機山由華盛頓部類里根邦尤達部而至拏布拉士格邦之西境漸東漸下嶺長一萬數千里（英數千里）直邇聯邦南界高處一萬三千五百尺有奇○巫山斜亘腹地迄於西南然嶺非峻
列法達邦
西那列法達山自北而南平行高八千尺偏東轉延高約一萬三千尺邦名以此○堪報山○西堪報山○碧阿山○拔沙塔碧虎山拔得祿莽臺山○希達山○蒲納沽莽得山○雀魯山○槍力阿嶙特山○却立東山○威納威左山○平石山○青崎山

紐罕布西耳邦

懷多山譯言白山也在邦之北積雪一白歲輒十閱月約華方里三千八百一十（英方里千二百七十）最高處六千二百八十八尺謂之華盛頓峯逶迤疊嶂湖溪時出人稱爲美利加之瑞士也蓋瑞士山爲泰西冠故云○克旻土莫突諾課山○基耳沙里山此二山競拔邦南

紐折爾西邦

押山分支綿亘紐折爾西邦之西北曰布柳山曰嬾鞍憨扈山高處一千七百五十尺又有愛南都山高一千四百尺紆回於活多松河畔者巒高六百尺此二山間有谷曰起塔直宜谷寬華里三十有三（英里十一）

紐約邦

符沙古山○戈林山○布魯理吉山○海瀾特山（東境）喀多司迭陛山（東境）○赫登大拔山○阿基侖富鼓司山其峯高五千四百有三尺邦中第一高山也地名瓦通有天然橋

諾司喀爾勒那邦

阿粒我宜山爲諾司喀爾勒那邦西界蓋山之西即田担西邦也分支南下曰石山曰鐵山曰禿山曰青嶺山曰愛陽山曰司徒馬山曰博魯都山曰司馬基山曰油納加山曰北納客山層巒無數高峯約十有二其最高者曰布林莽峯高九千九百四十尺此密士昔比河東第一峯也曰密接耳峯高六千七百二十二尺拔柯力峯高六千五百九十九尺又有白唐山之收懷峯高五千三百十二尺古南多法打峯高五千九百尺○蒲那士北山在南境○有岡曰威耳林冬曰紐弗多曰赫運冬曰紐榜

倭海約邦

無山有岡高不過千尺峙其腹地餘或四百尺或三百尺北有小岡高四百尺

類里根邦

沙斯克達山自北而南距海岸約華里三百七十有五英里百廿五晝邦境爲二高峯萬尺雪積而火山多○稱多山高一萬三百二十五尺○日發松山高萬有二百尺斯里西司畬山其峯三高九千尺○待

野邈蒙多鄙骨山其峯一高亦如之○可士低宜尺譯言海岸也脈沿岸走距岸約華里七十有五英哩廿五高者四千尺東支曰布魯山譯言黛山也由東北而行西南高者七千尺其分支曰喀拉補鴉山曰安碧約山曰西獅毬山曰伊沽陸古里鼓山曰希拉列拔多山○青山

賓夕佛尼亞邦

邦西有阿粒我宜山高二千五百尺其脈條分其峯攢立曰提羅士峯曰努力耳峯並高三千尺為邦之最曰南峯曰青峯其次也○邦東山曰維畬機宜○布魯山

洛畬埃倫邦

活布汀岡在邦中央

叟司喀爾勒那邦

布魯珊笛山在叟司喀爾勒那邦之東北其峯曰帖布魯高四千尺○青嶺在邦西北高四千尺

田捏西邦

阿拉喀司山○華押布納杉山是用揑西邦東界高五千尺是押山支脈其西高一千尺約華方里二萬七千六百英里九千二百千拔艮山一作干布蘭的在邦西境二支㓜行盤由東北而西南也

德格瑟斯邦

課達路比山在力我沽艮迭河比戈司河之間起伏靡定高者六千尺是落機山支脈也又一支㓜走於比戈司河之東側厥峯高三千尺

鑾蒙邦

古領山譯言青山也曼司費耳多峯高四千三百八十九尺自北而南至輕冬峯分脈爲二而山常青邦以此名○格林冬山是干揑底嘎奪河源所自出○阿司喀多宜山高三千三百二十尺○美路司罕布山亦有高峯○拔林冬岡

勿爾治尼亞邦

阿里阿宜山支脈三分自北而行西南其在東者曰青嶺曰西南達山厥峯㓜高青嶺之東岡巒層見　南多阿山○㓜巴朗多山來自

威士尊勿爾治尼亞邦此三者皆在西界○阿扱拉山○此尊孟多
山高四千尺
威士尊勿爾治尼亞邦
阿粒我宜山在邦東境東南岡阜皆其支脈
威士干遜邦
有數小岡
阿里瑣郱部
三法郎昔斯哥山火山也高一萬一千尺○沐恩龍山自西北而東
南高八千尺○昔拉布里畣山○阿牒沽山○萬高郎山
打戈達部
布納黑山高七千尺西南山高莫此若
埃得相部
碧達路多山爲落機山支脈其峯有二北曰沽迭來南曰科多阿林
○沙釐孟河山○庫立牙鵝畣山○三角山在南
孟大那部

落機山脈高者一萬二千尺

紐墨西哥部

落機山二支一東行至散打費而止一至昔耶馬多嗟而向墨西哥境

尤達部

華達機山從東北至西南盡部為二高一萬三千尺○尤達山○羅阿山○力晉奴山○昔米拉沙奴山○昔拉阿巴若山○阿丹木司赫突山○亨利山○三法蘭昔斯哥山○台坡耳六古山○飛石來沽山○三攘山○昔拉山○潘挪吉斯山

華盛頓部

山脈來自落機曰咯斯咳達山由英屬地東南行截頷與根邦與華盛頓部為二最高峯謂之納里牙高一萬四千五百尺距海約華里六百十有奇英里二百餘○海岸山高八千九百尺此二山間橫亘嗣嶺不少

歪阿明部

落機山脈迤錦於部境由東南而行西北厥峯曰葉路柯曰濕多里拔曰密葛轟曰拉拉米曰密貴布曰麥吉信博○黑山在部東境黑山亦曰黑岡○文達山

印何部

東二山曰阿沙沽曰窪西達

阿拉士克部

先得野力牙司山高一萬七千尺

地輿雜識

合衆國聯邦以幅員言莫小於洛倉埃倫莫大於德格瑟斯雖然富庶之盛衰營造之衝要在彼不在此就甄錄之未盡述地輿雜識

合衆國都英方里一百之內出自瑪理蘭邦者居百之六十出自勿爾治尼亞邦者居百之四十

綦里符尼亞邦地凡一萬萬二千九十四萬七千八百四十野格爾

合衆國弟二大地

咚挪拉奪邦有洞深二千五百尺

若耳治亞邦有土人古寒年月不可攷
根得基邦有洞曰曼孟司在愛以特門勝一譯愛同夢松與谷林河近石若
石灰天然疊成寬九里約華里二十有七深二百里約華里六百中
有石室不假人工有泉流爲河謂之愛古河云詳河渠水中魚盲詳物產
洞內氣候平均五十九度咸豐九年前無知之者
緬邦海港最便有海關十二波斯蘭之稅屋尤壯費銀五十萬圓云
農地而外有林地千萬野格礮臺一
瑪理蘭邦蠣房四結漁艇如梭波治磨有合衆國海軍學校天文臺
圖書館各一
馬沙朱色士邦有補納沽司洞有唐洞有海關十一又有最舊哈拔
大學校又有圖書館
梅尼所達邦地凡五千三百三十五萬三千六百野格司音得安甫
宜瀑布距司音得鹿威司三英里有洞其圖書館不一
密蘇盧邦地凡四千四百四十二萬五千六百野格
拏布拉士格邦地凡九千九百十八萬七千二百野格

列法達邦地已測者五千八百四十三萬六千四百九十八野格鹽
泉既多滷泉亦夥硫質之水濕度輙至二百農地罕甚有林地一百
四十二萬六千四百一十野格
紐罕布西耳邦地凡五百九十五萬五千二百野格其圖書館卓卓
者在剛哥的等處凡四
紐折爾西邦地凡五百萬野格
紐約邦林地勝於農地
諾司喀爾勒那邦地凡三千三百四十四野格
倭海約邦地凡二千六百二十七萬野格
顛里棍邦雪山高火山亦多
賓夕佛尼亞邦地凡二千八百九十三萬七千六百野格費納的費
牙必自博阿勒黑尼皆有海關
洛嗇埃倫邦地八十萬野格聯邦之地莫少於此有圖書館有博物
院
叟司喀爾勒那邦地凡一千九百五十六萬四千八百野格有海關

三有圖書館一有天文臺一

田揑西邦地凡二千六百五十一萬一千野格干拔艮山多洞或探之深至四十里約華里一百三十有二尚未至揑也

德格瑟斯邦地凡一萬萬七千九萬九千二百野格有海關五

溼蒙邦地凡六百十二萬一千六百野格

勿爾治尼亞邦美利加合衆國學人著聲以是邦爲最多云

威士干遜邦地凡三千五百八十六萬五千六百野格有圖書館

埃得和部荒地居三之一林地有八百萬野格湖地有六千萬野格

牧地有五百萬野格農地僅四百八十萬野格

孟大那部林地一千二百萬野格山地二千一百萬野格而農地百萬野格耳

華盛頓部林地有二千萬野格

歪阿明部有地名埃羅斯冬巴沽譯言黃石園也爲是部天然弟一奇地自北至南長六十五英里寬五十五英里面積三千五百七十五英里高於海面六千尺其中有萬二千尺雪山有巖有洞有瀑布

有鐘泉有湖有河同治九年前千八百九十年前人跡罕有至者始至者赫田也

阿拉士克部波因脫拔羅岬是部境之極北在北緯七十一度二十三分士多克是其商賈要區

海上絲綢之路文獻集成

國家出版基金項目
NATIONAL PUBLICATION FOUNDATION

總主編　陳支平　陳春聲

歷代史籍編 58

主編　范金民

海峽出版發行集團
THE STRAITS PUBLISHING & DISTRIBUTING GROUP
福建人民出版社

本册目次

游歷秘魯圖經四卷

〔清〕傅雲龍撰

《游歷秘魯圖經》四卷，清傅雲龍撰。雲龍既游歷古巴，復於光緒十五年（一八八九）春正月有巴西之行，留停十九日，其間諏事歷地、摹圖譯文，獲其崖略，撰成是書。分天文、地理、國系、風俗、食貨、考工、兵制、外交、政事、文學、敘例等十一類，類下分四十餘子目，敘述頗詳贍。據上海圖書館藏清光緒二十七年石印本影印。

欽命二品頂戴江南分巡蘇松太兵備道袁　為

出示諭禁事據分省補用知府傅范初稟稱竊范初故父直隸補用道傅雲龍著有游歷日本美利加祕魯巴西加納大古巴等國圖經及實學文導機器圖說考化白金工記考空氣砲工記比例尺比例尺圖說字學三種各書均已次第付印誠恐坊間翻刻縮印羼淆語意改換名目貽誤匪淺請出示諭禁立案並轉飭上海縣及英法租界委員一体示禁等情到道除分行外合行出示諭禁為此示仰書賈人等一体遵照毋得翻印漁利倘敢故違定行查提究罰不貸其各凜遵毋違切特示

光緒貳拾捌年正月　十八　日示

游歷秘魯圖經卷四

光緒廿七年
冬子范鉅題

游歷秘魯圖經目録

花翎二品銜北洋委用道總辦北洋機器局兼神機營機器局總辦前游歷使臣傅雲龍述

秘魯天文　　　游歷秘魯圖經一上

花翎二品銜北洋委用道總辦北洋機器局兼神機營機器局總辦前游歷使臣傅雲龍述

經緯表

經綫者隨處之子午綫亦即隨處之中綫也中國以京都觀象臺為中綫秘魯國則以其都利馬為中綫自中國中綫偏東一百六十二度至一百七十六度而表就治言未就起訖言也其國緯綫原起赤道以南四度訖二十二度蓋在中國京都緯度南四十三度至五十八度也今除畣拉八嘎與達格納二部落則南少二度矣然畫地之議猶未盡決聊因彼志甄錄如初述經緯表

	南極高度 度分秒	距中國京都緯度 南度分秒	偏中國京都經度 東度分秒	偏英吉利綠威經度 西度分秒	偏秘魯國都經度 東西度分秒
利馬	一二 ○三 ○○	五一 三○ 一○	一六八 ○○ ○○	七七 ○○ ○○	
比五納	五 ○○ ○一	四四 ○一 ○五	一六三 ○○ ○○	八一 ○○ ○一	西四 ○○ ○一
嘎哈馬格	六 ○一 ○一	四三 ○二 ○○	一六二 ○○ ○○	八○ ○一 ○五	西二 ○○ 一一

阿馬所納	六○○一一	四三○○○○	一六○○○○一	七八二○○○	西	一○○一一
羅乃奪	六○○一一	四三○○一○	一七○三○○○	七六五○○○	東	二○○二一
龍拔野格	七○○五○	四三○○○○	一六二○○○一	八○一○○一	西	三○○四○
利必達	八○○一○	四七○○○一	一六八一○○○	七八○○五二	西	一○○一○
安嘎奇	一○○○八○	四九○○三二	一六八○○三○	七八○○一○	西	一○○一○
晲羅戈	一○○○八○	四九○○二一	一六九○○一○	七六三○○○	東	一○○一○
呼寗	一一三○○○	五○一○○○	一六九二○○○	七五一○一○	東	二○○二一
古四戈	一二○○二○	五一二○○○	一七四○○○三	七二○○五一	東	六○○三○
嘉里約	一二○○○三	五一一○○○	一六八二○二○	七七○○三○	東	二○○二一
温嘎㖞里格	一三○○一○	五二○○一○	一六九○○四○	七三○○三一	東	二○○一○
阿牙古曲	一四○○五○	五二○○一○	一七○○○一○	七四○○五○	東	三○○二一
阿不勒馬格	一四○○三○	五三四○○○	一七二○○三○	七三○○六一	東	四一○○○
補羅	一四一○二○	五三○○○○	一七五○○三二	七一○○九○	東	六○○一○
倚格	一五一○一○	五四三○○○	一六九○○一一	七六○○一○	東	二○○三○

阿勒吉拔	一六〇〇一二	五五〇一五〇	一七二〇〇二〇	七二〇〇〇五東	五〇〇〇四
莫格谷瓦	一七〇〇二〇	五六〇一二〇	一七三〇〇一〇	七一〇三〇一東	七〇〇一〇
達格納	一八〇一〇〇	五七〇〇〇五	一七四〇〇三〇	七一〇〇〇五東	八〇一〇二
畣拉八嘎	二一〇〇〇一	五八〇〇〇三	一七四〇〇〇〇	七一〇〇〇二東	八〇〇一一

中國秘魯較時里差表

秘魯國都午正當我

大清京都子正二刻十有八分其故何也日輪自東而西一晝夜周天三百六十度是一時歷三十度也以半時析為六十分是一時為一百二十分也以經度較里差是日行一度需時四分也以每度六十分計之是時一分日行經度一十有五分也如當我京都午正偏東三十度已為未正偏西十五度尚為午初雖然晷影長短冬夏有差所謂實日之時也天算家平均一歲日軌之時謂之平日之時即時辰表所行之時也中國與秘魯既非同一午綫即不同此午時繇此測彼一依游歷日本圖經例述中國秘魯較時里差表

中國京都午正	較中國京都	較秘魯國都利馬
利馬子正三刻三分	前五時四刻十二分	
比五納丑初八分	前五時三刻七分	後十六分
嘎哈馬格丑初十二分	前五時三刻三分	後八分
阿馬所納丑初一刻五分	前五時二刻十分	後四分
羅乃奪子正二刻十分	前五時五刻五分	前八分
龍拔野格丑初十二分	前五時二刻三分	後十二分
利必達子正三刻三分	前五時四刻十二分	後四分
安嘎奇子正三刻三分	前五時四刻十二分	後四分
晚羅戈子正二刻十四分	前五時五刻一分	前四分
呼甯子正二刻十四分	前五時五刻一分	前八分
古四戈子初一刻九分	前五時六刻六分	前一刻九分
嘉里約子正三刻三分	前五時四刻十二分	前八分
溫嘎威里格子正二刻十四分	前五時四刻六分	前八分

阿牙古曲子正二刻十分	前五時五刻五分	前十二分
阿不勒馬格子正二刻二分	前五時五刻十三分	前一刻一分
補羅子正二刻十分	前五時六刻十分	前一刻九分
倚格子正二刻十四分	前五時四刻十六分	前八分
阿勒吉拔子正二刻十二分	前五時五刻三分	前一刻五分
莫格谷瓦子正一刻十三分	前五時六刻二分	前一刻十三分
達格納子初一刻九分	前五時六刻六分	前二刻二分
翕拉八嗄子初一刻九分	前五時六刻六分	前二刻二分

氣候

五大洲無雨之地在東半面亞細亞洲者若蒙古之腹地西藏之高原澳大利之中央與夫亞拉伯波斯俾路芝諸國又有亞非利加洲摩拉哥國與夫撒哈拉之高原埃及之南畺在西半面者北阿美利加洲獨墨西哥高曠之野耳南阿美利加洲有若迮地馬拉有若委內瑞棘之北而秘魯國海岸亦其一也雲龍於光緒十四年冬游秘魯沿海童山單無一碧間

之土人則曰不見微雨十載於兹矣於是叩其所以良谿不毛之地沙石既廣受日薰灼空氣遂熱潮汐之溼熱氣化之罔有或遺其難成雨一也天文家言秘魯風來自東海溼一卷雨霰皆西無草無木難可受溼其難成雨二也而山腹則否雲龍游秘魯國都利馬之基格納山山麓漏日而層巒雨不得止豈非樹木致雨之一見端歟綜而論之嶠嶺之氣洌平陸之氣温巖谷之氣和海曲之氣燥固未可一例視也述氣候

秘魯天氣淨而潤

利馬有春秋無冬夏

海岸雨少穆蘭庫岬及羅澳河之間人不知雨惟冬晨輒霰如霧如雨無溜無聲土人謂之嘎魯阿西六七八月海霧羃迷恆不見日其西巒岫層出雨雪時滋蓋東風送溼而西也利馬以北氣溼極北雨尤多說者謂叢木所致云

喀喀澳地平均熱度六十利馬距喀喀澳數里然冬亦不下六十度終歲無酷熱相傳乾隆五十六年一千七百九十一年二月熱至九十六度是未曾有者也

秘魯人未嘗聞雷然地輒震或當其裂罔有遺
由高山而迄於阿馬所納約居秘魯三分之二雨多而天熱
秘魯峻嶺雪綫一萬六千尺蓋低於玻利非亞一千尺矣凡雪綫以上無
論何時其雪恆結綫下則否
淡木耳抹林埠忌西南風
比士谷埠多南風風巨則陸行輒艱秘魯人呼風曰拔拉嗄司

游歷秘魯圖經一下

花翎二品銜北洋委用道總辦北洋機器局兼神機營機器局總辦前游歷使臣傅雲龍述

秘魯地理

地理圖

秘魯國載於瀛環志畧僅七部耳厥後拓土至二十一部落惜乎其南之含拴八嘎已入智利是以圖内以黑點閒之達格納一部落亦駸駸乎有久假之勢西南一面濱海然就航海之程言則曰東岸也以在天二度為圖之一格經緯瞭如指掌分圖屬草而惟以總圖鐫銅於游日本時者時限之也述地理圖

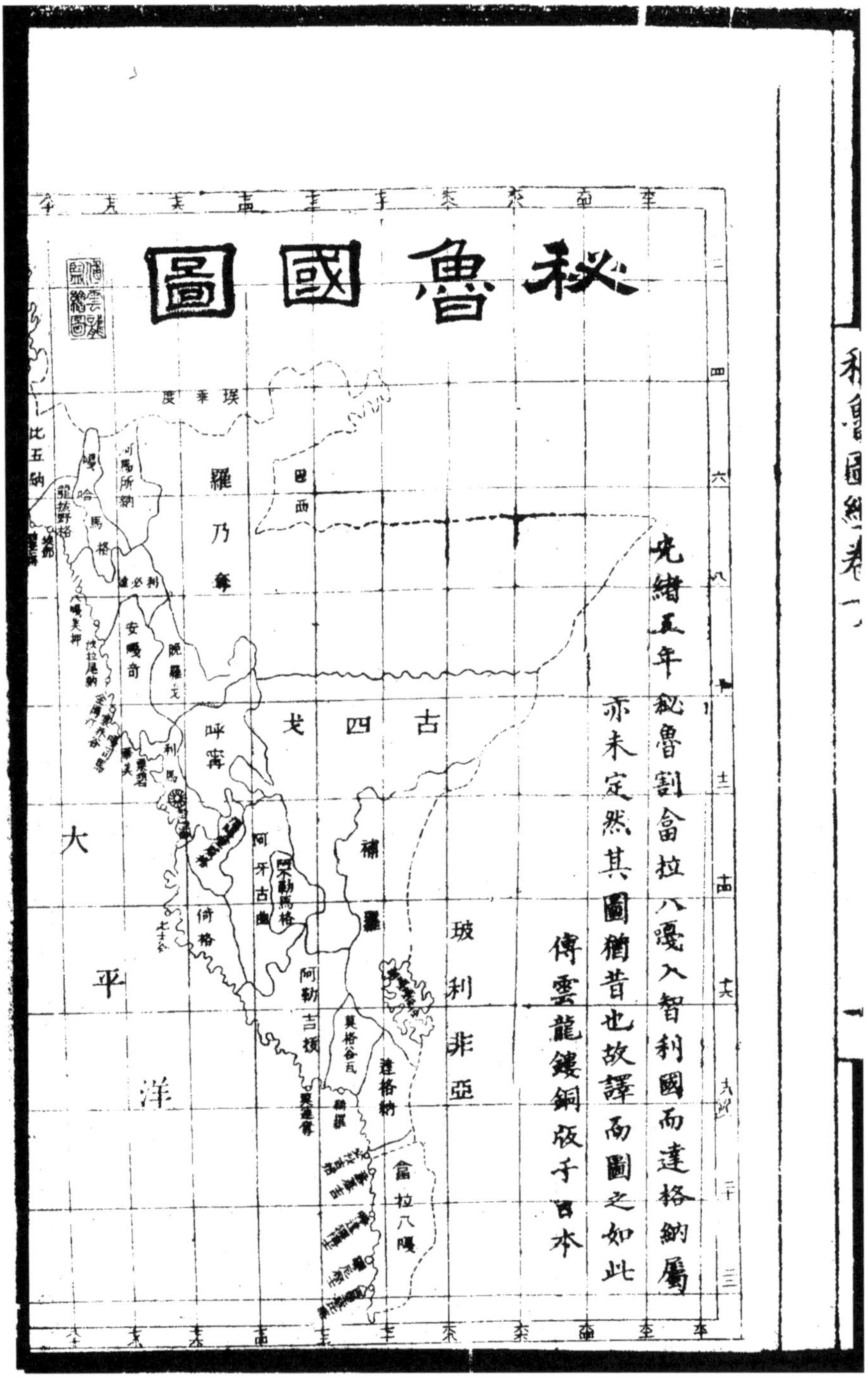
秘魯國圖
傅雲龍鏤銅圖
光緒五年秘魯割畬拉八嘎入智利國而達格納屬
亦未定然其圖猶昔也故譯而圖之如此
傅雲龍鏤銅版于日本
瑛華度
羅乃爹
古四戈
大
平
洋
玻利非亞
補
安嘎奇
呼寗
阿牙古曲
阿勒吉頗
莫格谷瓦
達格納
畬拉八嘎
倚格
比五納

分畺表

秘魯國人無所謂郡與邑也譯者以中國之誼例之云爾瀛環志畧云地分十二部曰加拉架曰加拉波波曰馬拉該波曰哥羅曰都盧詩羅曰美黎達曰瓦黎那曰亞不勒曰瓜牙那曰古麻那曰巴爾蹇羅那曰馬爾加黎大而雲龍游歷時則不弟唯是曰利馬其國都也此外有曰比五納曰嘎哈馬格曰阿馬所納曰羅乃奪曰龍拔野格曰利必達曰安嘎奇曰晚羅戈曰呼甯曰古四戈曰嘉里約曰温嘎威里格曰阿牙古曲西曰阿不勒馬格曰補羅曰倚格曰阿勒吉拔曰莫格谷瓦曰達格納曰畲拉八嘎凡二十有一部落然盒拉八嘎已割入智利國達格納雖十年之期未屆而千萬之銀奚償所屬自有國章難可云非久假矣於是僅錄其部落一十有九其屬如中國郡者九十有一如中國邑者七百三十有九述分畺表

部落	郡（此譯者借名下同）	邑
利馬	六	六十一

比五納	五	二十八
嘎哈馬格	七	六十四
阿馬所納	三	三十九
羅乃奪	四	二十五
龍拔野格	二	十八
利必達	五	四十四
安嘎奇	七	六十七
晚羅戈	三	二十一
呼甯	四	三十三
古四戈	十二	六十三
嘉里約	一	三
温嘎威里格	四	二十六
阿牙古曲	六	五十
阿不勒馬格	五	三十

補羅	七	七十六
倚格	二	十二
阿勒吉拔	七	七十一
莫格谷瓦	一	八
總計	九十一	七百三十九

四至八到表

秘魯國面積方里據英吉利人書云五十萬利馬為其國都都之西曰嘉里約都之東曰呼寗呼寗之東曰晚羅戈都之北曰安嘎奇曰利必達曰嘎哈馬格曰阿馬所納曰龍拔野格曰比五納都之南曰温嘎里威格曰阿牙古曲曰倚格曰阿不勒馬格曰古四戈曰補羅曰阿勒吉拔曰莫格谷瓦又有二部落曰達格納曰畓拉八嘎一質於智利一入於智利也而秘魯人則曰暫議云爾姑如厥志述四至八到表

	東	西	南	北	東南	西南	東北	西北
秘魯國	巴西	大西洋	大東洋	埃垂度	玻利非亞	大東洋	巴西	太平洋

利馬	呼寗	太平洋	倚格	安嘎奇	温嘎里威格	太平洋	呼寗	安嘎奇。太平洋
比五納	嘎哈馬格	太平洋	太平洋	埃垂度	龍拔野格	太平洋	埃垂度	太平洋
嘎哈馬格	阿馬所納	比五納。龍拔野格	利必達	埃垂度	利必達	利必達	埃垂度	比五納
阿馬所納	羅乃奪	嘎哈馬格	利必達	埃垂度	羅乃奪	嘎哈馬格	羅乃奪	埃垂度
羅乃奪	巴西	阿馬所納	晚羅戈	埃垂度	巴西	晚羅戈	巴西	埃垂度
龍拔野格	嘎哈馬格	太平洋	利必達	比五納	利必達	太平洋	嘎哈馬格。比五納	比五納
利必達	羅乃奪	太平洋	安嘎奇	嘎哈馬格	晚羅戈	太平洋	羅乃奪	龍拔野格
安嘎奇	晚羅戈	太平洋	利馬	利必達	呼寗	太平洋	利必達	利必達
晚羅戈	巴西	安嘎奇	呼寗	羅乃奪	呼寗	安嘎奇	巴西	埃垂度
呼寗	古四戈	利馬	温嘎里威格	晚羅戈	阿牙古曲	利馬	晚羅戈	晚羅戈
古四戈	玻利非亞	呼寗。阿牙古曲	阿勒吉拔	巴西	補羅	阿不勒馬格	巴西	呼寗
嘉里約	利馬	太平洋	利馬	利馬	利馬	太平洋	利馬	太平洋
温嘎威里格	阿牙古曲	利馬	倚格	呼寗	阿牙古曲	倚格	呼寗	利馬
阿牙古曲	阿不勒馬格	温嘎里威格。倚格	阿勒吉拔	呼寗	阿勒吉拔	倚格	古四戈	呼寗

阿牙勒古格	古四戈	阿牙古曲	阿牙古曲	阿牙古曲	阿勒吉拔	阿牙古曲	古四戈	阿牙古曲
補羅	玻利非亞	古四戈○阿勒吉拔	達格納	古四戈	玻利非亞	達格納	古四戈	古四戈
倚格	阿牙古曲	太平洋	太平洋	温嘎里威格	阿勒吉拔	太平洋	温嘎里威格	太平洋
阿勒吉拔	補羅	太平洋	太平洋	古四戈	莫格谷瓦	太平洋	補羅	阿牙古曲
莫格谷瓦	補羅	阿勒吉拔	達格納	補羅	達格納	太平洋	補羅	阿勒吉拔
達格納	玻利非亞	太平洋	畬拉八嘎	莫格谷瓦	玻利非亞	太平洋	補羅	莫格谷瓦
畬拉八嘎	玻利非亞	太平洋	智利	達格納	玻利非亞	太平洋	玻利非亞	太平洋

沿革

瀛環志畧載秘魯立國事大率轉販它書難可徵信即如日斯巴尼亞國遣碧沙羅（一譯比薩羅）等以兵入秘魯土酋之境在明嘉靖十年時西紀一千五百三十一年而瀛環志畧謂嘉靖三年何也若此之類耳治不若目治臆揣不若文徵坿會之獵奇不若輶問之紀實獨沿革云爾哉述沿革

秘魯沿革初未之詳宋大觀元年（千一百有七）厥地為土番建國其著名部落曰音格斯起基多訖智利莫利河地南至打喀滿東至安地師山土人族

類恆拜太陽性好戰計至明嘉靖十二年（千五百三十三）土酋歷世十有三凡四百二十有七年遂為日斯巴尼亞所得先是明正德七年（千五百十二）日斯巴尼亞國有打林（地名）撫民之吏名洼斯格藍土低八耳勃亞聞音格斯為金穴欲拓之銳志遠征足蹟未逮而旋嘉靖元年（千五百二十二）拔斯哥耳迭安達峩牙又探海岸之近地三年（千五百二十四）繼探者三一法郎西葛碧沙羅一哈南土低路基一地峩低亞路馬峩魯行達海岸而止尋綠巴拉馬歸十年（千五百三十一）碧沙羅等遂率兵一百七十七懸軍墜巖谷逮蹊徑者再闢榛深入而音格斯土酋不識礮火為何物聞聲辟易困獸莫遑或鬬碧沙羅迺誘虜土人與其蓋藏之金寶未鎔之鑛質約直銀一千七百五十萬圓勒贖而歸厥虜於是土人部落為日斯巴尼亞所踞越年土酋不支盡失厥土（詳立國以前代系表）十四年（千八百三十五）日斯巴尼亞以碧沙羅為其地畫吏土日以闢國民亦日以徙然治民虐二十年（千五百四十一）為其下所殺繼任四十有四銀礦四開享其利者二百八十七年蓋多於墨西哥云日斯巴尼亞遭法郎西之變藩屬輒畔秘魯欲畔苦兵少道光元年與智利合兵逐日斯巴

厄亞之守吏自立為國名秘魯為上秘魯名玻利非亞為下秘魯其時有人名衫馬晉議分二國或沮之越二年內亂又一年（千八百二十四）遂分下秘魯為玻利非亞國而上秘魯則曰秘魯自為一國（互詳國經表）光緒五年（千八百七十九）與智利搆兵越二年議和割地畜拉八嘎入智利又益之以達格納十年為期民願屬秘魯則秘魯給智利銀一千萬圓如屬智利而秘魯仍給如數豈公法亦有此例歟

海埠舉要表

秘魯不濱海之部落曰嘎哈馬格曰阿馬所納曰羅乃奪曰晚羅戈曰呼寗曰古四戈曰溫嘎咸里格曰阿牙古曲曰阿不勒馬格曰補羅其國都利馬即嘉里約部落境也其濱海者曰比五納曰龍拔野格曰利必達曰安嘎奇曰嘉里約曰倚格曰阿勒吉拔曰莫格谷瓦此外曰達格納則暫屬智利者也曰畜拉八嘎則已非其有也而秘魯圖說則曰是固有者述

海埠舉要表

比五納	擺達

龍拔野格	碧甚得○埃鄧
利必達	八嘎美押一譯巴格眉雅○沙拉尾納一譯薩納末納
安嘎奇	金博汀○裳恭谷○嘎司馬一譯士麻喀
嘉里納	華美○栗碧一譯泰比○瓦足一譯機出
倚格	比士谷
阿勒吉拔	莫連奪一譯林臉多
莫格谷瓦	綺羅
達格納	阿列格
畬拉八嘎	必拉古括○意基吉○嗲達倮博士○彎尼郁士○八百里客比喀

秘魯國部落名稱歸一表

雲龍既依馮繼先春秋名號歸一圖爲合衆國名稱歸一表雖非一是差免兩歧矣繼游秘魯其方言猶沿日斯巴尼亞其見之英法人所述秘魯事之籍又不盡同日斯巴尼亞語而况游非一地譯非一人耶不董理之將毋紛如述秘魯國部落名稱歸一表

所用名	異稱
秘魯	索露○尼魯○伯路○北盧○比六○比路○秘○下
利馬	里麻
比五納	彪拉○鄙屋羅
嘎哈馬格	閙沙馬各○巴爾塞羅那
阿馬所納	阿馬若納司○都盧詩羅
羅乃奪	羅里多
龍拔野格	隆發以克○瓦黎那
利必達	利卑爾達○美黎達
安嘎奇	安嘉司
晚羅戈	完粿鼓
呼甯	八凝
古四戈	格士哥○古麻那
嘉里約	嘎麗要○加拉架

温嘎威里格　轟恰卑力克
阿牙古曲　阿牙古說○阿鴉沽腳
阿不勒馬格　阿被利馬鵠○亞不勒
補羅　不諾○哥羅
倚格　以克
阿勒吉拔　阿勒基巴○馬拉該波
莫格谷瓦　磨喀沽洼○馬爾加黎大
達格納　乞沽拉○瓜牙那
畣拉八嘎　獺納𡒉格○加拉波波

海道大要表

秘魯之西南濱海峙者為島為岬流者為灣為港星羅之嶼風泊之涯不勝錄且未遑錄也茲撮厥著而要者得島十有九岬十有三灣六港九海濱雜識可互參也述海道大要表

島	岬	灣	港

金嘉島在倚格之比士谷西北十海里
比士谷島在倚格
新喀斯島在比士谷灣
音迭邊甸斯島
杉羅領若島在嘉里約
若拉低島
飛羅耳島
波納比島
羅波絲機納島
樾撰島
八家嘎馬島
瓜列補島
馬加被島

茶納岬在茶納西北
嘉納岬與茶納岬近其形西行而有石
戈里司岬在阿勒吉拔
沙馬岬在莫連奪埠距阿勒吉拔四十五海里
戈魯達岬在達格納
羅波司岬同
阿列格岬同
碧沙灣岬在黑鷄籠灣西北十五海里
木蘭庫岬
猓馬司岬在猓馬司南
活龍麗郁岬在基耳根

比士谷灣
嘉里約灣
音迭邊甸斯灣
碧沙灣
黑鷄籠灣
費路耳灣

嘉里約港在嘉里約
伯達港在比五納
倚田港在利必達
沙拉伯列港在利必達
比士谷港在倚格
倚士列港在阿勒吉拔
阿里喀港在莫格谷瓦
碧沙鶯港在畜拉八嗔
倚基古港同

勒良可島在安嘎奇
金博汀島同
鐵比生島同
費路耳島同
阿拉沽郎島在阿列格岬間
巴霞羅絲島在畣拉八嘎有島矣

東南
戈力司岬距伊羅五海里半
裳莽谷岬在安嘎奇

海濱雜識

英吉利人航海有聲雲龍推求其故蓋於東西二洋繪圖箸說罔有或遺於南阿美利加洲海岸尤能詳人所畧舟主輒挾一冊圭臬眎之惜乎其無從購也雲龍游秘魯時亦欲以目證耳以問助學雖周咨難期而詳畧或亦互見爰述海濱雜識

金嘉島在倚格部比士谷西北十一海里合華里三十六里其峰三北島當南緯十三度三十八分西經七十六度二十七分北距中島一海里三之一約華一里有一分中距南島一海里四之一約一華里十之八烏矢

出此居多島東二石未出水面者六尺初置浮標色紅今無矣航者愼之

比士谷爲倚格部埠之最

茶納岬東南九英里合華里二十七有埠曰茶納立之未久風大航難水下石多距岸一海里約華三里水深三丈六尺至六丈一棧亦新造也飲水引自遠山物產果外無多然近鑛穴內地阿牙古曲古四戈阿勒吉拔三部商賈互通於此距古四戈雖近而徑行則難由伊士列行稍紆而便有礮臺近嘉納岬

基耳根西北十三英里合華里三十有九地名基魯嘎其地腴者一英里許耳形斜而水佳

阿勒吉拔在基魯嘎高原高于海面七千八百五十尺有地名伊羅距戈里司岬五海里半合華里十七有奇有官而商少有銅鑛而工少水不能飲引自內地又有地名拔戈夾在伊羅南一海里半合華四里有奇其地海岸水六十尺至七十尺有差泊舟便甚又有地名話羅登岸亦便又有地名莫羅迭沙馬從阿列格至染迭司河中間西北窪甚過此海岸有石

轉高至莫羅迭沙馬高三千八百九十尺為此地高處莫羅迭沙馬有岬
名沙馬距阿列格四十五英里合華里一百三十有五舟或泊此載烏矢
也烏矢工外無居者風巨則舟不得泊
戈魯達岬在達格納部阿列格距碧沙灣十八海里合華里五十有四岬
麓海岸低而有石然漸高二千尺至四千尺○羅波司岬在喀馬猓宜司
其地在戈魯達岬北七海里合華里二十有一岬向西南小艇可泊也○
阿列格岬高五百尺圓頂高八百八十尺色白形圓岬間一島名阿拉沽
郎其北水四丈至五丈有差輪泊便之
碧沙灣岬距碧灣一海里四之一約一華里十之八泊者便之○墨鷄籠
灣西北十五海里約華里四十有九有岬名碧夾羅過岬有石航不宜近
舟人慎之
燈臺嘉里約一
水標嘉里約四
山

安地師山為南阿美利加洲山脈之宗徼獨秘魯然也而秘魯諸山礦苗出之河源導之舉國形勢又繫之况基格納山之鐵道為五大洲最高者游目所及其可忽諸述山

安地師山在秘魯國有二脈一曰格治利拉阿里鹽打是其本脈也一曰虎斯奪連治譯言海岸山也南來沿海蜿蜒北行至南緯十五度而二山合高或三千尺或五千尺

基格納山

雲龍游基格納山記曰南阿美利加洲山以安地師為宗秘魯之基格納山亦其脈也而非其極然五大洲山之鐵道高莫高於此向例火車日惟辰初一上辰正一下並歷時四（上說申正二刻）（下說酉初二刻）今日之車來日乃下山半一簡游者皆之是游也前一日秘魯伯理璽天德面約一日往還至是[illegible]車二一正載客也一副載樂工也車停樂作禮也主為外部與吏戶兵刑諸長賓則各國使臣參贊林代使鄭隨使與焉雲龍偕招游者如約往賓主凡二十有二鐵道之度從英不從秘魯皆修自美利加人也計里計尺

輒自嘉里約始嘉里約至利馬八邁高四十八尺爲茲游所未經以辰初一刻五分車發利馬行十邁又四分之一（距嘉里約十八邁有四分之一）經三達嗄拉高一千三百十二尺計自海面非計自利馬也下數距此又十五邁有半經職西格（合前三十三邁半）高二千八百三十二尺又十三邁有半經山希多猓米士（合前四十七邁）高四千九百十九尺又四邁有四分之一經阿沽瓦維五格士（合前五十一邁有四分之一）有常車經此不少停以眎鐵橋故停車步橋橋跨兩山下深英尺二百五十六以英九華十計之即華尺二百八十也（法尺百二十）長三百尺合華尺三百三十恃鐵繩橫柱力居多鐵欄木板車軌繇中上車復行四邁有四分之二經鑽嶌（合前五十五邁有四分之三）高六千六百六十五尺又七邁有奇車停麻多格納（合前六十三邁）高七千七百八十八尺于初矣餐席二雲龍預第一席外部長舉觴屬曰薩魯譯言相視也樂三作而畢復行留此者半行六邁有半經丹鉢尾宿（合前六十九邁半）高八千八百七六大瀑布伏流山凹時露石罅雪如沸如無慮百尺半月前山水驟發損居廬漂蔬穀無算又四邁半經丹博拉格（合前七十四邁）高九千八百四十三尺又三邁半經沙馬牒

約合前七十七邁半高一萬五百三十尺其郵居車路下俯瞰之屋不逾百夾流而居又二邁許經布彎牒因飛拉宜約合前七十九有四分之三邁高一萬九百二十三尺吸水筒立道側曲引至巖又二邁有四分之四經彎笛笛安奇合前八十一邁有四分之七高一萬一千三百尺又二邁有奇經埃約布朗葛合前八十三邁高一萬一千五百四十三尺又三邁有半至基格納合前八十六邁半高一萬二千二百二十尺自利馬至此七十八邁有半英里也合華里二百三十四里有奇合之嘉里約達利馬之八邁約華里二百五十八里有奇測山高低表與所問符非臆測也凡高海面萬尺以上酸素漸絕空氣踊輕呼吸之難以抵力減故肺氣壅者輒眩或曰嗅蒜宜如高至萬五千尺以上毛血或出不易禁也中道之止半以此德意志使勇於游而亦覺不支雲龍則吾然鐵道議不止此工停未蕆其上地名峩羅里牙則銀山也約五十九邁綜計之一百四十五邁合華里四百三十五里有奇高一萬五千六百五十八尺其工始同治九年西千八百七十訖十一年西千八百七十二美利加人點格士造之有立相懸之火車塲其費銀二千一百八十萬圓麻多格納以下仙

人掌怒出沙礫皮毛作白霜色山澗四出雜樹夾滋棉蔗分潤亦油油然而山輒童過此以往巒高轉秀雖乏巨木而棕若蕉一碧千叢山骨嶙峋率黏苔蘚六如文與可畫幅視檜下矣非雨無間日不逮此是日白雲出山麓逐車行午初復漏日影溫度七十五六漸高漸陰裁及萬尺而雨微如毛憩基格納則雨如注衣履盡溼避之廊少頃旋車時申正矣中止餐如前所經隧道三十有九或洞巖腰或貫壑口約畧計之共長一萬七千八百五十尺（由下而上一長三十丈二長四十丈三長三十丈四長六十丈五長廿五丈六長十五丈七長廿四丈此未至麻多格納以前也八長四十丈九長九十丈十長廿丈十一長五十丈十二長廿丈十三長廿丈十四長廿五丈十五長百丈十六長三十丈十七長九十丈十八長六十丈十九長二十丈廿長四十丈廿一長三十五丈廿二長五十丈廿三長三十丈廿四長四十丈廿五長三十丈廿六長四十五丈廿七長六十丈廿八長百廿丈廿九長五十丈三十長百丈三十一長百丈三十二長十四丈三十三長三十丈三十四長四十丈三十五長十四丈三十六長九十丈三十七長四十丈三十八長五十丈三十九長四十八丈）既斜且曲軌罔或阻而議鐵道者方嘖嘖謂難在必直必平也盡亦至基格納山一游

隈緣佳奴達山高一萬五千五百二十五尺

喀拉巴鴉山

阿邦喀山
黄夆山
安達惠列斯山
以上四山亦高
拖魯多迭宜布山在其南境恆積雪高峯一萬六千尺或亦謂之雪山
莽博山
拉偉達山
沙衫昂喀山
戈魯達山其形圓近阿列格岬
米斯基山火山也高二萬有三百尺在阿勒吉拔天晴則可見之於百英
里外約華里三百其部落以火山有聲
被骨地名火山
喀喀澳地名火山
榜低阿士加地名火山

陂多西山高一千六百尺（詳瀛務雜識）

衫晃山在利馬北境

岡板牙山譯言鐘山也以形名

阿列格山有紀戰碑（詳金石）

水

河以長言以阿馬所納河為弟一蓋一萬二千九百六十英里也（地理全志云華里三萬一百五十而地球說畧云一萬五十）湖以高言以低低嘎嘎湖為弟一蓋一萬二千英尺也阿馬所納河不僅流秘魯國境而阿馬所納一部則以河名秘魯他水或入太平洋或入大西洋而入阿馬所納河亦多河水之異泉眼四噴時出河底亦見所未見也汲泉之井錄不勝錄而西流之溪亦難概畧述

水

河

阿馬所納河（一譯阿馬戍河亦譯阿馬孫河又譯亞將松河部落以水名其水導源安地師山東流出秘魯境逕巴西國又西流入大西洋）○阿布里馬格河（入大西洋）○班八士河（入大西洋）○窪啞嘎河（入大西洋）○麻納紐河（入大西洋）○烏嘎啞里河（一譯阿詭利河入大西洋）○馬得來里約士河（入大西洋）○北朗

列河（入太西洋）○董北士河（入太平洋）○基納河（入太平洋）○三達士河（入太平洋）○馬黑士河（入太平洋）○倮瓦子河○凱衣額河○羅澳河○海押里鴉河○羌心納河○葛基底納士河○哈哈河○讓若河○側發麗河○馬拉河○蟒大羅河○馬南籠河○沃拉麗鴉河○八機力河○磅果洼河○拔司達拉河○渴拔灘博河○碧麗衣河○比五納河○比納司河○希納戈河○南泛河○珊攬戈河○達碧機河○多藹鴉河○多馬牙河○度格曳力河○阿宜河○烏魯旁巴河○約括河○馬沙河○約納基倮格河○碧沙灣河（在碧沙灣岬北二海里有半約八華里可潤農地而務農者鮮何也其水黑不能飲）○利馬沽河○嘎馬納河○湯博河○老鵞河○馬納恩河○和納鵞河（入西馬所納河）○五客牙利河（同）○阿碧麗馬果河（同）○五納攀八河（同）○日拔利河（同）○碧納絲河（同）

湖　低低嘎嘎湖（一譯低低喀喀湖一譯其吉嘎嘎湖一譯基基喀喀湖高於海面一萬二千英尺在其國東南即其補羅部落東南也）○喀基多湖○活米葛吉湖○倮力沽格湖○羅林湖

溪　格治利拉山溪（其水西流不甚長而速平時涸）○阿里延達山溪（水流同上）

地理雜識

雲龍游秘魯日淺停峙之脈絡水陸之關隘亦惟撮厥大要不虛跋涉云爾舟車耳目鉛槧繫之述地理雜識

秘魯形勢西南濱海而以安地師山爲天然隄岸國都宅嘉里約境形長方而東南與西北二角有餘其餘部落或長或斜或擠或交錯求如美利加之界綫方正者十不一得其積亘以羅乃奪部爲最次則古四戈也然精華在極南一部曰畣拉八嘎今歸智利矣

秘魯國都建於利馬河濱周圍二十餘奇兒美得稼約華里四十有奇通衢方且直然潔弗如美利加遠甚市廛亦敞亦麗有華人街（謂之唐人街）門窗一如華式每當中國改歲日桃符四出爆竹萬聲幾忘其僑海市也

官署與美利加大同小異

或移山或增石或平地突出山岡或山谷頓成巨壑皆地震然也

其道路國都四達皆鑿山平谷初布石如砥欲其便郵也今引鐵爲軌欲其馳輪也

秘魯國系　　游歷秘魯圖經二上

花翎二品銜北洋委用道總辦北洋機器局兼神機營機器局總辦前游歷使臣傅雲龍述

立國以前代系表

宋大觀元年以前秘魯無稽此後計至明嘉靖十三年其部落曰音格斯土酋十有三歷年四百二十有七嗣是日斯巴尼亞人碧沙羅得地其國遂以碧沙羅為畺吏在十四年譯者比之中國總督其後歷任四十有五歷年二百八十有七逐吏自立為國時我
大清道光元年也名秘魯曰上秘魯名玻利非亞曰下秘魯如是者四年歷任八縣是秘魯於道光五年自為一國綜此三變凡七百八十三年述立國以前代系表

音格斯土酋弟一

代次	名姓	年分	
一	忙各格别	宋大觀元	千一百有七
二	先接猓格	紹興六	千一百三十六

三	欲格因鎊格	乾道七　千一百七十一
四	買得格巴	嘉定四　千二百一十一
五	格巴因鎊格	淳祐十二　千二百五十二
六	昔格羅格	元大德六　千三百有三
七	沙瓦瓦格	至治二　千三百廿三
八	肥拉哥揖	明洪武六　千三百七十三
九	八折骨得	永樂廿一　一千四百廿三
十	音格音邦格	景泰四　千四百五十三
十一	多巴音邦格	成化十九　千四百八十三
十二	倭仙納格邦	嘉靖二　千五百二十三
十三	瓦格音格	七　千五百二十八
十四	麻馬八	十二　千五百三十三

日斯巴尼亞畫吏第二

任次	名姓	年分

一	法蘭西葛碧沙羅	明嘉靖十四千八百三十五[illegible]西 正月十八始
二	格立多襪馬格嘎司奪俄	二十千五百四十一
三	朗葛稞列士委納	廿三千五百四十四
四	皐多羅列納阿薩	廿七千五百四十八
五	安多里約綿稞沙	三十千五百五十一
六	安得立吾司打羅連名稞沙	三十四千五百五十五
七	里野葛稞北士書里格	四十千五百六十一
八	稞白額茜牙加司多羅	四十三千五百六十四
九	法蘭西葛多勒羅	隆慶三千五百六十九
十	馬汀音立格	萬歷九千五百八十一
十一	費丹羅列多立	十四千五百八十六
十二	納西牙吾十打羅列名稞沙	十八千五百九十
十三	立虜逸氏匯拉各	廿四千五百九十六
十四	納巴士書里格阿耆委羅	三十二千六百有四

十五	匿棉襍沙魯來	三十五千六百有七
十六	法蘭西葛襍孩阿拉覽	四十三千六百十五
十七	里野各寫丹别士葛襍瓦	崇禎八千六百三十五
十八	盧逸氏匯單笛嗄别里來	十二千六百三十九
十九	别得落多勒羅野瓦	同
二十	額西牙沙免多縮多馬約	大清順治五千六百四十八
廿一	盧逸氏音勒格嶶是忙	十六千六百五十九
廿二	里野各面納尾迭	十八千六百六十一
廿三	别得落先嬾迭嗄士多羅	康熙六千六百六十七
廿四	馬達沙果元	十三千六百七十四
廿五	蔑卓林忍西得羅	十七千六百七十八
廿六	蔑卓納氤拉納費	廿七千六百八十八
廿七	蔑卓波多加里羅	廿九千六百九十
廿八	忙壘我末三打巴屋	四十六千七百有七

廿九	里野各納多裸列瓦沙	四十九千七百一十
三十	里野各羅西約	五十五千七百六十
三十一	加拉米勒宜各拉格拉洗倭羅	同
三十二	里野各末西約虜肥由都約	五十九千七百二十
三十三	羅寫安免撻列司	雍正四千七百二十四
三十四	和奢阿列蔑裸三	乾隆元千七百三十六
三十五	和奢莽多肥拉士各	十千七百四十五
三十六	安滿迭素臉	廿六千七百六十一
三十七	孟羅一以列	四十一千七百七十六
三十八	阿五汀好列根	四十五千七百八十
三十九	點裸落各魯士	四十九千七百八十四
四十	法蘭西葛赫立	五十五千七百九十
四十一	安博裸約戕倚前	嘉慶元千七百九十六
四十二	格拉必野林拉匪列	六千八百有一

四十三　和箸費丹多阿瓦士格　十千八百有五

四十四　葛今別書納　廿千八百十五

四十五　和箸寫納　道光元千八百廿一

上下秘魯伯理璽天德弟三

代次	名姓	年分
一	赫力那桑麻町	道光元千八百廿一
二	赫力那桀勒撻格來	二千八百廿二
三	赫力那桑麻町再任	同
四	赫力那納莽	同
五	赫力那多力撻格勒	三千八百廿三
六	葛羅勒理完安格羅	同
七	赫力那桀勒撻格來再任	同
八	玻利非亞	四千八百廿四

國系表

秘魯立國斷自道光五年前此與玻利非亞猶一國也擁土方里五十萬不建號不世及一似以華盛頓為規天道地寶亦未為遠遜百十而安危異轍肥瘠異形無它所緣異也立國固不在襲迹哉伯理璽天德四年一更代例許復任而聯任則否有故則副得代理其間同治十一年權任之阿列納則部臣代也自始至今歷年六十有奇歷任已七十二則及期者少也而其人僅五十有二則復任者多也述國系表

代次	名姓 有僅舉姓者讀以別之	復任	年分
一	赫力納額北列沙馬汀		道光五 千八百廿五
二	别由拉士多打爲魯司		六 千八百廿六
三	活沙迭納埃洼哈委羅		七 千八百廿七
四	苦猛波里氏士		同
五	活奢納馬		同
六	活沙迭納埃洼哈委羅	再任	八 千八百廿八
七	因野勒司特納諷迭		九 千八百廿九

八	阿固司汀格巴納一譯安把納		同
九	學奢輔阿必約各索一譯安得勒乃葉		十一千八百三十一
十	沙納委勒		同
十一	瞞猓一墨里牙		十二千八百三十二
十二	阿固司汀格巴納	再任	同
十三	活奢多乃骨一譯干播勒朧奪		十三千八百三十三
十四	安馬納味晚谷		同
十五	峩北倭索格士低押		同
十六	活飛羅埃揆列格一譯面博列時		十四千八百三十四
十七	峩北倭索格士低押	再任	同
十八	活沙迭納埃洼哈委羅	三任	同
十九	沙納為勒		十五千八百三十五
二十	葛羅勒甘黑勒布罕達		同
廿一	沙納為勒	再任	同

廿二	田列嬾撒納士		同
廿三	匡納瓦綦		十六千八百三十六
廿四	峩北倭索		同
廿五	三達古魯士		同
廿六	赫列納得力登		十七千八百三十七
廿七	峩北倭索	再任	同
廿八	羅梁額迭阿落		十八千八百三十八
廿九	峩北倭索	三任	同
三十	額馬納		同
三十一	赫列納里完安格羅		同
三十二	額馬納	再任	十九千八百三十九
三十三	瞞壘逸顛迭		二十千八百四十
三十四	額馬納	三任	同
三十五	免顛迭司		二十一千八百四十一

秘魯圖經卷二上

三十六額馬納	四任	同
三十七免顛迭司	再任	同
三十八田刻那多刀葛		同
三十九田列那尾打		二十二千八百四十二
四十羅多非格猓納		二十三千八百四十三
四十一田列那刀罔奪		同
四十二羅敏葛埃里牙		同
四十三免點迭士		二十四千八百四十四
四十四羅格猓納		同
四十五免點迭士	再任	同
四十六格司低牙		二十五千八百四十五
四十七額折里格		咸豐元千八百五十一
四十八墨里納		四千八百五十四
四十九額折里格	再任	同

五十	格司低牙	再任	五千八百五十五
五十一	賴打納		七千百五十七
五十二	格司低牙	三任	八千八百五十八
五十三	羅梁連莽		九千八百五十九
五十四	格司低牙	四任	十千八百六十
五十五	生納猛		十一千八百六十一
五十六	岡舍各		同治二千八百六十三
五十七	北列		同
五十八	岡舍各	再任	四千八百六十五
五十九	博拉羅		同
六十	岡舍各	三任	七千八百六十八
六十一	馬畣		同
六十二	五迭列士		十千八百七十一
六十三	額領仙瀉瓦約		十一千八百七十二

六十四	博拉羅	再任	同
六十五	瞞壘果多		十三千八百七十四
六十六	博拉羅	三任	同
六十七	八拉奪		光緒二千八百七十六
六十八	納波得		五千八百七十九
六十九	碧耳羅乃		七千八百八十一
七十	泌格羅意格里西亞士		九千八百八十三
七十一	阿列納以部臣代理		十一千八百八十五
七十二	恩得來司一名阿威里納嗄司列士		十二千八百八十六

秘魯風俗　　　游歷秘魯圖經二中

花翎二品銜北洋委用道總辦北洋機器局兼神機營機器局總辦前游歷使臣傅雲龍述

風俗類識

職方外紀謂孛露以珍寶嵌面或以金銀環穿唇及鼻臂腰或繫金鈴復飾重寶夜中光照一室此殆指土人舊俗言歟又言宮室以黃金為板雲龍桉孛露即秘魯也西游目所逮皆不其然移風易俗時使然也於是諏其族類察其形性觀其服飾辨其飲食採其居處攷其俗禮述風俗類識

族類第一

厥初生民皆印甸土人也明時日斯巴尼亞人既來別國人踵之其數詳民數分類表華人僑居不下五萬九千而初不第是

形性第二

日斯巴尼亞裔色白而須髮則黑老媪間亦有須雙眉有斷有連其聲無急其色無厲其性耽逸其嗜好以賭博為多而又喜鬭曰鬭人曰鬭牛曰鬭鷄

服飾第三

男冠黑緞為之高九寸許此吉禮冠也常冠冬氈夏草戎冠有鐵有革出門必冠入則露頂此與美利加無以異也衣或黑或灰或雜色當暑亦白其作燕尾形者小禮服也袴亦緊束如體武夫衣雜金紫巡捕之冠與袴皆紅而衣則綠以金緣褏佩長劍劍首及地其韡與履大率以牛革為之戎韡以有釘有鉤而異○女冠無定質亦無定式宴樂輒曳長裙出門以黑紗罩面其耳或穿或否釧不必雙而手皆有套鞾女披髮者多革履尚窄女衣或直千金有因讌會而質田鬻衣者女髮一理輒論銀數圓云

飲食第四

日三餐與美利加同而食味畧近華餐

居處第五

樓之螺旋屋之壁立不立四柱窗戶之玻璃其內百葉其外鋪地之屋氈階石桉榻之木鐵參半皆與美利加無大異也而亦有異其垣不必皆石與磚其屋頂無瓦而以泥覆或時花草視如平地此終年無雨之處往往然也

有雨則否旅店華麗不亞於美利加其屋之最一日之宿人需銀三十圓
餐浴猶在外也次亦十圓五圓三圓有差

俗禮第六

昏禮女子年十八以後得自主之七日一跳單神所謂單神者跳舞之謂也寓擇配意男先問女女願乃偕詣教堂握手跽聆其戒注之於籍祝之以好語男女自是辭厥父母同游經年或半載三月有差歸則別營新居其女所受於父母之財產則携之來例不置妾

生子以醫接生或數日或彌月必契一神以神名名其子擇友為之主契意謂契父也以銀鑄牌鐫文分贈戚友此亦一俗禮也國王王子所契之神誕則官民皆賀之或豎旗或聚飲

喪禮大畧與美利加同其服制或一年或六月或三月或終身不易吉服祭無肴無酒無紙錢供鮮花而已

宴賓禮亦與美利加同而好客則有過之無不及也酬畣輒以婦女先大讌會輒以音樂娛賓主入坐舉觴屬賓曰薩魯譯言同好相祝也且有隨

便飲酒意

花翎二品銜北洋委用道總辦北洋機器局兼辦神機營機器局總辦前游歷使臣傅雲龍述

人數繫地表

昔覽萬國地理全圖集曰伯路國民二百七十九萬伯路即秘魯也雲龍游歷其國民數轉減僅二百六十二萬一千九百二十有四其閒僑黎往往而有即如華人無慮五萬九千非入籍也說者謂智利一戰溝壑無算而不第是蓋畣拉八嘎已生聚於智利戶口冊中達格納雖曰議猶有待而林總已不屬矣述人數繫地表

地名	民數	地名	民數
利馬	廿萬六千九百九十二	古四戈	廿三萬八千四百五十五
比五納	十三萬五千五百有二	嘉里約	三萬四千四百九十二
嗄哈馬格	廿萬三千三百九十一	溫嗄威里格	十萬四千一百五十五
阿馬所納	三萬四千二百四十五	阿牙古曲	十四萬二千二百有五
羅乃奪	六萬一千一百二十五	阿不勒馬格	十萬九千二百四十六

龍拔野格	八萬五千九百八十四	補羅	廿五萬六千五百九十四
利必達	十四萬七千五百四十一	倚格	六萬有一百一十一
安嘎奇	廿八萬四千有九十一	阿勒吉拔	十六萬二百八十二
晚羅戈	七萬八千八百五十六	莫格谷瓦	二萬八千七百八十六
呼寗	二萬九百八十七	通國	二百六十二萬一千九百廿四

民數分類表

華人之至秘魯國自道光十八年始光緒元年已十一萬有奇然生存者五萬九千耳糖寮甘苦今勝於前其僑利馬嘉里約者一萬二千有奇餘則散居多寡有差或曰三百五萬非實數也其入籍之民出自日斯巴尼亞裔者凡二百一十一萬九百二十有四其它來非一國白黑雜見先是黑者為奴掠買風熾咸豐五年（千八百五十五）禁之著為令自是黑人亦視為民而土著則所謂赤色人也述民數分類表

人類	計數
日斯巴尼亞裔	二百十一萬有九百廿四

華人	五萬九千
別國人	五萬
土人	三十五萬
黑人	五萬二千
總數	二百六十二萬一千九百二十四

物產

職方外紀所謂孛露者即秘魯也據其書言五穀百果草木皆上品鳥獸之多羽毛之麗亦天下第一出金獨不產鐵雲龍觀之不盡然也其產不逮美利加遠甚其羽毛亦難與巴西匹鐵鑛之多雖不如銀然亦未爲不產也其植物以蔗爲大宗蔗宜旱而秘魯海岸十年曾不一雨六年之獲出於一年之植可不謂易乎其動物以養馬爲它國所罕不惟驅策倚之抑且鑄之銀錢亦珍之也厄馬之禽蹏如牛碧格福羅爾之嗜花如蛺又其次也然致富以鳥矢最述物產

穀屬

稻○秫○麥○玉米○薯○大豆○小豆○豌豆○蠶豆○豇豆○胡麻

蔬屬

菘○萊菔○海椒○蔥○韭○蒜○水芹○蕈○萵苣○芋

蓏屬

水瓜即西瓜也○甜瓜○南瓜

果屬

梅○李○桃○梨○頻婆秘魯人謂之漫三○櫻桃○葡萄秘魯人謂葡萄曰[illegible]有青有紅有長有圓有鐵味者○橄欖○栗○胡桃○柿○橘○橙○榴○花生○無花果○蛇[illegible]○蕉實○仙人掌實○青皮有芒中雜細子可食味不惡○阿拔納格形如青瓜其中有核甚巨煮食累加鹽末亦可然味不佳○飛列格形如茄色如黄李其中絲如絞瓜有扁核味酸且澁○棗○忙葛芒一作果

花屬

牡丹○芍藥○紫荊○玉蘭高四五十尺○朱藤是直幹非柔條也○榴有白有黄有紅○紅花與廣東紅花同畧近山茶樹○夾竹桃高二三十尺○木夫容不高○北哈里多譯言雀[illegible]花也其[illegible]高三四十尺葉細如皂莢樹花與豆花同瓣黄心紅○馬纓○月季○茉莉○薔薇○小蜀葵[illegible]

○丁香○桂

艸屬

青艸○生野出力（譯言千年艸也大於蒲數倍）○虎耳艸○藻○蘆○蒿○雁來紅

藥屬

拔爾撒彌（此木脂也香烈異常塗創傷一晝夜肌合如初塗痘不瘢能令肉骨萬年不朽）○新葛那（木名也以之療瘧功同金鷄納霜而少遜）○養馬肝（詳獸屬）○酸硫所達○萆麻子油○信石○石膏○硼砂○鐵酒○魚肝油○兒茶

木屬

松○柏○檜○樅○杉○栗○楊○新葛那（可治瘧詳藥屬）○綢樹○桑（亦知蠶事）○榆○棱櫚○桂

雜植之屬

竹○棉○麻○蔗（秘魯以蔗為大宗一年之種可供六年之穫宜陽宜燥秘魯少雨之地最宜否則漿多而淡）○淡巴菰○加非○蕉○仙人掌○藍

禽屬

鶴○孔雀○雁○鸛○鷲○海鷗○鷺○鷹有異種較大産秘魯之非掩得斯埠飛以高二萬尺為率它鳥莫之及也隼○鶚○黄鵠甚多○鸚鵡巨細五色多種○北野哥司小於鸚鵡四之三黑喙○厄馬中國所無故仍彼名生曠野大身長頸翼翎麗甚而身無毛不飛而善走馬無以及蓋足高而蹏如牛也其卵可作杯勺○火鷄○鴉○鴟○鳩○鴿○鸚鶉○啄木○鵟○白里痕鷲身鷹翅而啄長○碧格福羅爾碧格啄也福羅爾花也體哉寸許食花其飛如蜨

獸屬

養馬形畧似羊曰養馬秘魯人方言然也高如騾而瘦以之馱物然宜於野耳或曰性倔強時或臥地鞭策不起甘言誘之則為所使食少可三四日不食肝生一物如卵可治疾秘魯銀錢所鑄即此蓋重之也○馬○牛○羊○豕○熊○羆○鹿○麇○猿○狐○果子貍雲龍曾見之甚小○豺○狼○貓○野貍○松鼠

鱗介之屬

鯨○墨魚○鯽○鰍○蝦○龍蝦○蟹○牡蠣○文蛤○蚌○螺○水母○蜆○龜○鼈○黿○鼉

蟲蛇之屬

蛇○蝪○壁虎○蜈蚣○蠶○蠭○蟬○蜨○蟻○蠅○螢○蚊○蚋○

蚓○蝗○螳螂○蟋蟀○蚱蜢○蛺○蟢子○蝸○蛾○蜻蛉○蝙蝠

金屬

金○銀鑞○銅○鐵○錫○鉛○白鉛○安質母宜○鎳○汞

石屬

石○雲石○石灰石

土屬

磁泥○陶土

雜鑛之屬

白礬○硝○硫黃○燐○石油

布帛之屬

絲○綢○布○絲棉合織○毳棉合織

冠履之屬

帽○履○衣○領○袴○襪

舟車之屬

輪舟○兵船○礮艦○木驅船○漁舟○運物舸○火輪車○馬車○運物車○救火車○騎輪○風車

器用之屬

電氣器○開鑛器○汲水機器○印字機器○手印字器○訂書器器銜銅絲一拍即自訂書○織器○製糖機器○墨壺○鉛筆○紙○樂器○箕○帚○鋸

木器○席

雜用之屬

鳥矢海島或白或黃皆鳥矢也水禽所遺不知其年泰西舟至輒載歸沃田道光十五年而後秘魯賴以裕國以金嘉島為最○燭○菜油○桐油○松漆油○松香○樟腦○樹膠○墨汁○顏料○火藥○石灰○磚○鯨油○魚膠○厄馬卯○羊毛○泉脂有泉如脂可以塗舟砌垣○蚌珠○蛤殼○牛革○鹿角○狐革○黃羊皮

飲食之屬

麪包○飯○小米粥○穀粉○麥粉○薯○豆粒○豆泥○牛羹○牛肉○燒羊肉○燒豚○炙火雞○炙鶡鶉○雞卵直甚廉○牛乳○冰牛乳○

牛乳油○牛黃油○糖○糖汁○蜜○葡萄酒秘魯人謂酒曰穩羅其名不一曰莫嘎括曰麻哈司曰尾麗曰章改牙曰羅拱八曰倚格曰麥格果納曰法納果宜曰納多奈曰荷羅沙赫勒尾納曰義大利牙曰李格得曰比士谷皆葡萄所釀而多以釀酒之地名名之也○火酒秘魯人謂火酒曰屋隴以蔗渣壓汁為之亦其一種也如中國高粱酒○碧兇酒○橄欖油○檸檬油○沸㶁水○檸檬沸㶁水○加非水○冰水○菂即也茗○醋○醬油○芥末

薪炭之屬

無煙煤○有煙煤○木炭○薪

鑛產

職方外紀謂秘魯獨不產鐵何所見而云然耶特不逮銀鑛多耳日斯巴尼亞銀甕四開利權一握秘魯自立而後藉使以農濟工經營一如美利加合眾國安在其懷寶嘅飢也硝山之冠頓非其有可惜也已述鑛產秘魯銀銅鉛鑛初以畜拉八嘎為最開鑛舊法不便也近改易之較捷其器用機其道用鐵而未改舊法者尚有三穴曰西路低拔斯古曰和路沃約克曰紅達日牙自明崇禎三年千六百三十迄於我

大清嘉慶八年千八百三所出銀直八萬萬五千萬圓秘魯立國後歲出鑛質無慮六百萬圓而銀居六之五溫嘎威里格與夫倚格之地有汞鑛焉其餘有金有鉛有鐵有銅有錫有安質毋宜有鎳格耳有硫磺有酸硫所達之屬有硼砂有雲石有石油有煤

煤亦來自英吉利而煤鑛往往而有其直一頓約銀二十三圓

基格納山鐵道為銀鑛開也道未及鑛而止詳山

著名之銀山曰陂多西詳山周五千八百英里約華里一萬七千四百起巔訖麓鑛苗無算据秘魯人言已出銀七萬二千萬矣它山金鑛時出噴泉穿石亦恆披沙見金

會拉八嘎硝山為五大洲弟一已割入智利

鑛學校在利馬雲龍曾游其中羅列鑛質辨之籌之試之析之有圖有說有師十六有弟子二百其鑿鑛器藉水壓力逼鑽入石鑽端四稜石遇之成孔復爆以藥即開此亦它處所未見也

錢法表

秘魯有鑄錢局金云可鑄而未見鑄也鑄銀自嘉慶二十三年始日可鑄二萬五千梳一梳即一圓也錢式一養馬一螺一木其重約中國六錢六分每百四十梳可易美利加銀百圓其銀紙三年前十五梳直銀一梳光緒十三年銀一梳易三十紙梳今無用者惟納稅許每百圓入銀九十五以紙梳一百五十抵銀五梳蓋收銷也同一銀紙美利加與銀無差且便於銀也而秘魯則否所繇異矣述銀法表

銀錢	銅錢	銀紙
一圓	兩仙	三十圓當一圓惟稅用百之五
半圓重如一圓之半	一仙	
二角		
一角		

國債表

美利加合衆國債初以餉絀而不妨有今以利輕而不必無而秘魯則否利以五六分為率無一輕者未給之利無慮銀五千數百萬逋言所借之

數也有外債有内債内債孰謂謂借自國人者也綜數三十六千八百四十五萬七千九百四十梳述國債表

	利率	借債年	債數計圓	未歸利年	欠利	本利合計
外國債	六分	同治八千八百六十九	一百三十二萬三千四百	光緒元年至十四	六十九萬四千七百八十五	二百一萬八千一百八十五
	六分	九千八百七十	五千六百七十萬七千九百		三千五百九萬五千九百七十五	九千八十萬三千八百七十五
	五分	十一千八百七十二	十千七百七十三萬三千七百	光緒元年至十四	五千六百五十六萬一百八十	十六千四百廿九萬三千八百八十
	歷年合計					廿五千二百十一萬五千九百四十
國内債			二千七百八十萬			一萬一千六百三十四萬一千
			又券八千八百五十四萬一千			
	歷年合計					同
内外總數	三十六千八百四十五萬七千九百四十					

國計

聞之秘魯人言囊括而西執政者不無其人國計之絀以此其然耶其不然耶以地不愛寶之區而有民不聊生之慮非國難為計也於是問其關

榷諏其地直撮其歲計出入述國計

關榷第一

海關於光緒七年（千八百八十一）與智利搆兵以前歲入無慮銀七百萬兵後僅四百七十萬然入口稅極重大率居物直十之六即其輕者亦居物直四之一是以上乘物品望而裹足來者其次取易售也

地直第二

秘魯之地肥瘠不一其直既異而地稅亦以時異

歲計第三

秘魯國用之歲計今昔不同以光緒十四年（千八百八十八）所計言之其入凡銀一千六百一十八萬三千六百七十四圓其出凡銀一千三百六十三萬二千三百八十六圓

商務雜識

秘魯初亦以商為務然多不自為商於秘魯者以英吉利美利加人為最華人及法郎西德意志人次之其餘諸國又次之雜物則義大利人互市

居多外受蠶食内滋角觸於是民貧而商亦不王綜其大要曰銀行曰保險曰輸出輸入曰商船述商務雜識

銀行第一

以利馬二銀行為巨擘一曰嘉里約公司二曰倫敦中南阿美利加洲墨西哥公司其它皆支行也

保險第二

秘魯保險公司有三其二保船保火皆分自英公司其一保命分自美利加之紐約公司皆在利馬外此無有也

輸出輸入第三

商務歲計輸出銀七百九十五萬八千六百二十五圓輸入銀一百有六萬四千七百四十四圓此光緒十四年即西紀一千八百八十八年數也

商船第四

秘魯國商人無火輪船有之皆別國公司也曰英公司船起巴拉馬訖巴西大船十艘有奇小者無數每歷七日一南一北曰南阿美利加公司其

司事者爲智利人亦謂之智利公司大船七艘小者三四七日南北分行亦如之未與智利搆兵時航海利滋兵起航止光緒十四年（千八百八十八）復航如初此外法郎西義大利德意志皆小公司也其駛泰西月一二次耳秘魯風颿艦巨細一百四十有七凡四萬九千八百六十頓其來自別國之船在光緒十一年（千八百八十五）入嘉里約海口四百八十有一艘中有火輪二百七十有四綜計三十九萬三千七十有一頓又有小艇九百一十有四計九千五百四十六頓分駛諸河是年出口之船四百七十有七中有火輪二百七十凡三十九萬四千九百有五頓又有小艇九百二十有五計九千七百四十七頓亦駛自河流者也凡出口船皆以烏矢爲載

秘魯與美利加互市以嘉里符尼亞爲趨向其通輪舟之程或由巴拉馬或由歐羅巴

秘魯攷工　　游歷秘魯圖經三上

花翎二品銜北洋委用道總辦北洋機器局兼神機營機器局總辦前游歷使臣傅雲龍述

攷工

秘魯之工以糖寮為大宗華工初被誘入其苦與古巴無異中國設官倒懸頓解工貲自得食力者甘之矣其寮工多非昔比其硝工半已它屬其烏矢之工雜出其酒工供醉有餘滋利則不足而棉花工廠一而已矣況工主半出別國與美利加之自課之而自利之又有間矣述攷工

秘魯田寮四千三百八十有三巨者十有四雲龍游三達嘎拉田寮其巨者之一也剏自英吉利人於同治十二年（千八百七十三）立寮製機器於美利加者三載厥費既巨歲入幾不敷出而後乃利增其本銀六十萬磅合秘魯銀四百二十萬圓其地約二百法列納曷言乎法列納也其方積約四萬一千四百七十二碼機器有四其抵馬力或四十或五十有差司事者二十有五工四百五十其中有華工二百五十華工日支銀五角二毫歲製糖二十八萬石又有田寮二曰百野治曰華吉壩其蔗皆製自此寮歲計

四十萬石每石直銀四圓其製糖法榨蔗機以鐵鍊排之而托木節亦活亦捷如橋拱如席卷置之屋中而受蔗之機首則自穴達之屋外當道而凹蔗車一至納之凹處卷至穴口對立二工以刀斷其長者橫者卷向上復轉而下自就壓機有工出其蔗之未盡汁者復入之繇是漿從地中機筩貫桶而清去渣也而淨去穢也而濃取諸瀛蒸也而倍濃取諸瀛蒸有差也迨與蜜同則繇機入乾糖器器圓如鉢中有銅杵一機萬轉如磨如扇刻時而乾如沙而白但少潮耳入烘糖器而成以蔗入以糖出歷時僅四又有製為小方形者其異在器諸寮器亦或殊綜其大要約十有七一曰壓蔗機二曰壓蔗渣機三曰立輪機四曰卧輪機五曰煮糖鑊六曰糖汁格七曰煉糖鑊八曰水鑊九曰糖水鑊十曰蔗車十一曰總輪十二曰蔗鑊十三曰總機十四曰烘蔗渣爐十五曰引糖筩十六曰扇糖機十七曰烘糖器凡此機器造自美利加之紐約居多其書詳游歷美利加圖經秘魯織工以密提耳堞之棉花工廠為絕無僅有矣瀛機一其馬力五十水力機一其馬力亦如之紡筒三千日織布三千碼棉花來自華吉壩歲

需七八萬石其布麤而耐久不似販至中國之布之薄也其廠立於同治十三年（千八百七十四）其本銀三十萬圓

硝工以畬拉八嘎為最歲出一千四百萬石其工與山廠水埠濟工之人凡四萬五百有奇中有華工六百然今入智利矣它處硝工往往而有

硝所達工散見各廠

鹽工雜出

鑛工別詳

鳥矢無所謂製造也然秘魯國計半出於此工亦趨若鶩初以金嘉島為最其工歲出數百萬頓道光三十年（千八百五十）英吉利載船四十越三年（千八百五十三）別國載船凡一百八十咸豐八年（千八百五十八）載船三百四十有六凡二十六萬六千七百有九頓平日計之每歷七日工出五萬頓其島三峯同治二年（千八百六十三）中南二峯勝然北峯厚猶二百尺許先是道光三十年（千八百五十）北峯勝於二峯也其工一百五十華人土人參半其工食運自嘉里約

酒工善釀有聲先是倚格有人名伊里牙士釀酒冠厥羣工爭效之遂名其酒曰伊里牙士以其地名亦曰倚格酒也與舍利酒同舍利酒即葡萄酒也倚格部之比士谷有工造酒名曰比士谷又釀火酒雲龍曾於利馬三達嘎拉田寮目驗火酒之法以蔗汁之不淨者入機用玻璃筩螺旋引之而上第三層用瀘不用麴二三華工司之應時而成蓋在知機矣火酒十八磅出自糖汁一石用糖三百石成火酒百餅直銀七圓二角此即化學家所用以分析者也力與中國燒酒埒又有淡木耳抹林之火酒亦其卓卓者

雜工無多其有者若冠履工若席工若土木工若磚瓦工若紙筆工若玻璃工若箕帚工若穀粉麪包工如斯而已

田寮工表

此糖寮工也秘魯之工獨此有聲耳何以不言糖寮若酒若棉若鹽若麪包實兼製之土人呼曰阿先達譯言田寮也先是寮凡四千四百七十有三光緒二年千八百七十六工數十有一萬今也地割則寮減於是寮工不逮三

之一述田寮工表

	田寮	工
利馬	三百十五	二萬五千四百
比五納	七百十	三萬三千一百
嘎哈馬格	三百三十五	三萬七千三百
阿馬所納	百七十二	六千
羅乃奪	三十三	一千五百
龍拔野格	六十	一萬一千
利必達	二百有四	四萬四千六百
安嘎奇	一百九十六	二萬三千一百七十六
曉羅戈	八十五	五千七百
呼甯	三百一十九	一萬四千五百
古四戈	六百九十二	二萬五千三百
嘉里約	八	三百

温嘎威里格	三百五十二	一萬五千三百
阿牙古曲	二百二十五	九千七百
阿不勒馬格	百八十	一萬一千三百
補羅	七百二十三	二萬九千七百
倚格	二百有一	一萬二千一百
阿勒吉拔	三十七	三千五百
莫格谷瓦	七十七	二千

鐵道表

秘魯鐵道自同治初年始其嘉里約至嶶羅里牙一段雖未蕆工其高已為五大洲之冠造自别國者成於美利加人點格士十有二段外此第曰公司不媾出一國也凡鐵道一千七百二十七里有半合華里五千九百一十一每英里約費十一萬五千六百七十一圓即一華里約三萬八千五百五十七圓捨羅得巳司葛所費尚無定數此外二十四段凡費一萬四千有八十九萬圓然八底約士至阿沽納士一段又畣拉八嘎一段已

議歸智利矣此近年數或謂光緒六年（千八百八十）其鐵道一千七百四十四里費二萬萬一百七十一萬九千六百七十三圓是擬數非確數也述鐵道表

鐵道地段	始修年（西年）	已未竣	國商修	長約華里（英里）	高尺	費計圜
利馬至嘉里約	同治三（千八百六十四）	竣	英公司	廿五有奇（八里半）		共百廿萬
利馬至濁耳約士	同	竣	同	廿七（九）		
利馬至麻得里約		竣	法公司	十五（五）		百萬
利馬至掌改	同治九（千八百七十）	未竣	國（點格士）	百二十九（四十三）		三百六十萬
嘉里約至峩羅里牙	同	未竣	同	四百三十五（百四十五）	萬五千六百八十五	二千一百八十萬
莫連奪至阿勒吉拔	同治七（千八百六十八）	竣	同	三百廿一（百七）	七千六百尺	一千二百萬
八嘎美挪至孟達里約	同治九（見上）	未竣	同	二百七十九（九十三）		五百八十五萬
阿勒吉拔至補羅	同	竣	同	六百五十一（二百十七）	一萬四千六百六十九	二千五百廿八萬
沙拉尾納至突海約	同	竣	同	二百五十五（八十五）		三百四十萬
擺達至比五納	同	竣	同	百八十九（六十三）		一百九十四萬五千

倚格至比士葛	同	竣	同	百四十四四十八		一百四十五萬
瓦足至沙啞	同	未竣	同	百一十四三十八		一百七十萬
金博汀至瓦拉司	同治十千八百七十一	未竣	同	五百一十六百七十二	萬一千四十七	二千四百萬
湖里啞嘎至古四戈	同治十一千八百七十二	未竣	同	六百三十六二百十二	萬四千八百七十三	二千五百萬
倚羅至莫格谷瓦	同治十二千八百七十三	竣	同	一百八十九六十三		五百萬
埃鄧至非耳鴉費	同	竣	國	百五十五十		二百六十萬
阿列格至得格納	千八百五十七	竣	公司	百一十七三十九		二百萬
碧芒得至基嘎拉尤	同治六千六百六十七	竣	國	百三十五四十五		百萬
捨羅得巴司葛		未竣	公司	四十五十五		
八底約司至阿姑細司	同治九見上	竣	公司	二百七十九十		百萬
畓拉八嘎	同	竣	公司	五百四十百八十		百廿萬
總其一無數不在數內				五千九百一十二一千七百廿七有半		一萬四千有八十九萬

鐵道分數異同表

秘魯鐵道或官或商或議或停此据已成者言田寮短道不在其內修自

何國公司即從何國算濾計長之里與尺既遞增之後並數之計高之尺或先增後減依地勢言也述鐵道分數異同表

地段	地名	計長法	長數	計高法	高數
利馬至掌改	利馬	法尺			
	基押		千七百		
	壘八地西勇		七千八百五十		
	迎返得士		一萬二千四百		
	布埃得鄙野納		二萬九千五百		
	昂梗		三萬七千四百		
	八沙馬約		五萬八千六百		
	掌改		六萬六千		
嘉里約至基格	嘉里約	英里		英尺	
	利馬		八里半		四十八
	三達嘎拉		十八里有四分之一		千三百十二

納

戳西格		三十三里半	二千八百三十二
山布多猓米		四十七	四千九百十九
阿沽瓦維五格士		五十一有四分之二	五千八百四十
鎖葛		五十五有四分之三	六千六百五十五
麻多格納		六十三	七千七百八十八
丹鉢尾宿		六十九里半	八千八百七十
丹博拉格		七十四	九千八百四十三
沙馬牒約		七十七里半	一萬五百三十
布彎牒因飛宜約		七十九有四分之三	一萬九百二十三
彎笛笛安奇		八十一有四分之七	一萬一千三百
埃約布朗葛		八十三	一萬一千五百四十三
基格納		八十六里半	一萬二千二百二十

擺達至比

擺達	法尺		
瓦嘎		二萬九千二百八十	

五納	素押納		五萬九千八百七十
	固牡牙		七萬五千八百四十
	莫里羅		七萬九千四十
	比五納		九萬五千二百九十八
埃鄧	埃鄧	法尺	二[illegible]八 上岸達次界頭三千
至福	孟昔敷		六千四百三十七
納鵪	吉格納約		一萬九千三百十二
飛	郎八野格		三萬五千七十七
	稱納鴉飛		四萬六千六百七十
吉嘎	吉嘎拉納	法尺	
拉納	杜莽帖列 田容		二百十二
至把	博馬約格 田容		四百五十七
達布	沙拉沙[illegible]		七百三十一
	把達布 田容		二萬四千[illegible]百有一

金博	金博汀	法尺	
汀至	領拱那達		二萬二千
尤納	德胡司		三萬四千
禹格	竹基格納		七萬六千
	本化八野達		[illegible]萬七千
	尤納馬路		十三萬
沙拉	沙拉尾納	法尺	
尾納	拱[illegible]		七千四百
至[illegible]	[illegible]六漾約		一萬一千一百
罕	吉格禹		四萬七千
	勸格別		五萬四千三百
	阿思果別		七萬六千
	擺罕		八萬七千
八嗎	八嗎美那	法尺	

美押至費押	三儸脫		八千
	嗄拉宜是格		一萬五千
	博埃奪固耳謄波		二萬三千
	摺本		三萬八千
	多隴		三萬九千
	拜拜		四萬五千
	盖迭格朗牒		五萬四千
	三達嗄拉		六萬七千
	押養		九萬三千
	奇勒得		十萬三千
	費押		十四萬六千
比士	比士葛	法尺	
葛至	米牙低諧野得		二萬七千
倚格	括達魯北		六萬四千

	倚格	七萬四千	
綺羅	綺羅		
至莫	沙里紹士	二萬六千	
嘎括	阿士比削	五萬二千	
	拱牒	七萬九千	
	沙活窩	八萬三千	
	格魯納	九萬一千	
	莫嘎括	十萬	
莫連	莫連奪	英里	英尺 六
奪至	墨西牙	九里有四分之一	十
阿勒	恩生拉達	十三里有四分之一	三十二
吉拔	瞻波	十九	千
	波士員	二十五里半	千八百三十
	攜領打納	廿九里有四分之三	二千四百九十三

	英里	英尺
格千多	三十四里有四分之三	三千二百五十
瓦肯	四十四	三千五百四十
孥影逸押	五十四	四千一百四十一
常活舍	六十四里半	四千八百五十
斲打鸞	七十六里有四分之一	五千三百五十
急曲尾拉宜	八十四	六千一百二十五
屋曲馬約	九十四里有四分之一	六千四百五十
笛牙尾押	百	六千七百五十
鼎各	百有五	七千二百七十五
阿勒吉拔	百有七	七千五百五十

阿勒吉拔至補羅

阿勒吉拔	英里	英尺
由納	十八	八千四百五十
阿爪士格臉得司	二十六	九千五百
北迭阿勒野羅士	四十四	一萬二千三百

嘎鴉沽瓦司	五十八里有四分之一	一萬三千三百八十
松拔牙多	六十五	一萬三千六百一十八
松拔博野堞	七十二	一萬三千四百一十八
雲葛格押	九十六	一萬四千三百六十
淈奢羅阿耳多	百一十六	一萬四千六百六十六
納古宜牙士	百二十七	一萬四千二百五十
得納果恰	百四十	一萬三千九百四十
三多魯西牙	百四十八	一萬三千二百五十
馬納尾牙士	百五十五里有四分之一	一萬三千
格八宜牙士	百六十八里有四分之一	一萬二千七百五十
富里牙格	百八十九	一萬二千五百五十
補羅	二百十八	一萬二千五百四十

富里牙格

富里牙格	英里	英尺
格拉補納	十四	一萬二千五百六十五

至三宜格洗約	二十一	一萬二千六百五十二
達猓 納羅	二十五	一萬二千七百廿七
沙 布格拉	三十五	一萬二千七百三十八
低拉把達	四十二	一萬二千七百三十一
埃衣鵶費里	五十八	一萬二千八百有七
曲基半比牙	六十六	一萬二千八百三十二
三達猓沙	八十二	一萬三千一百

別國鐵道比較表

秘魯鐵道寬者四尺八寸有半次則三尺六寸較之別國八尺之廣三尺之狹蓋有異焉其尺以十二寸計匪獨秘魯鐵道然也雖利之虛實在彼不在此而工費繁之其可忽諸述別國鐵道比較表

別國	鐵道尺寸	秘魯鐵道比較增減尺寸
英吉利	七尺	減二尺三寸半 三尺六寸
	四尺八寸半	同 減一尺二寸半

法郎西	四尺八寸半	同
俄羅斯	五尺	減三寸半 一尺六寸半
澳大利	四尺八寸半	同減一尺二寸半
德意志	四尺八寸半	同
荷蘭	四尺八寸半	同
瑞士	四尺八寸半	同
土耳其	四尺八寸半	同
義大利	四尺八寸半	同
那威	四尺八寸半	同
	三尺六寸	同減一尺二寸半
瑞典	四尺八寸半	同減一尺二寸半
	三尺六寸	同增一尺二寸半
	三尺	增一尺八寸半 六寸
日斯巴尼亞	五尺六寸	減九寸半 二尺

葡萄牙	五尺六寸	同
埃及	四尺八寸半	同 減一尺二寸半
	三尺六寸	同 增一尺二寸半
美利加	八尺	減三尺三寸半 四尺六寸
	六尺	減一尺一寸半 三尺六寸
	五尺六寸	減七寸半 二尺有半寸
	五尺	減一寸半 一尺四寸
	四尺十寸	減一尺半 一尺四寸
	四尺九寸	減半寸 一尺三寸
	四尺八寸半	同 減一尺二寸半
	三尺	增一尺八寸半 六寸
巴西	五尺六寸	減九寸半 二尺
	五尺三寸	減六寸半 一尺九寸
	四尺八寸半	同 減一尺二寸半

	四尺三寸	增五寸半 減九寸
智利	五尺六寸	減九寸半 三尺
	三尺六寸	
日本	三尺六寸	

秘魯兵制　游歷秘魯圖經三中

花翎二品銜北洋委用道總辦北洋機器局兼神機營機器局總辦前游歷使臣傅雲龍述

兵畧

秘魯初屬日斯巴尼亞道光元年與智利合兵逐守土吏自立為國五年與玻利非亞分論者謂秘魯為有利權之國而弱何也雲龍游敝國都首探兵制次兵事次礮臺次兵船次兵器而不禁為之歎惜其弁以減祿為干進而知兵者退其兵以半餉為餬口而老弱者留其礮臺無固志其兵船尠鐵甲其兵器不克自為無怪乎智利一戰割地偷安硝山之最已非其有而猶曰有兵七千三百七十有一也噫述兵畧

兵制第一

秘魯國今無第一等武官其次猶之中國副將以下者無定額良將佰理璽天德以第一等武官自居四載一更武弁皆隨之以易薪水支不逮半常有自甘減數為干祿捷徑者於是薪水亦靡定額其兵餉月支以銀十七圓為率然支及半者寥寥其兵數陸軍步隊六馬隊二礮隊一槍隊二

凡兵四千又有巡捕兵三千三百七十七內有八百十三為騎巡者也綜而計之凡七千三百七十有一其兵官皆白人也兵多土人凡戰驅土人婦負帳鍋之屬尾之非偷安即退縮

兵事第二

秘土酋建部落好戰獷猂甚然不識火器明嘉靖十年千五百三十一日斯巴尼亞以孤軍深入情敵制勝土兵竄伏罔敢與鬬遂踞厥土是役或墜層崖或格士與已而搗其巢穴曰音格斯初日斯巴尼亞兵僅百七十有七至是猶不[illegible][illegible]非君沙羅身先士卒未易臻此然性暴難為其下尋被殺日斯巴尼亞既得秘魯掠土人地輒虐抗者僑黎生聚日以衆欲畔兵單道光元年遂與智利合兵逐日斯巴尼亞守土吏自立為國詳沿革

秘魯在南阿美利加洲初亦有利權國也無戰事而兵事䖍智利國黷於南玻利非亞起硝稅而智利不允與玻利非亞交惡而開先是秘魯與玻利非亞有相助約智利耳之熟矣兵起智利執政者詢之駐境秘魯使臣而曰無之執政者出睟約艸驅之回國此光緒七年事千八百八十一交兵而秘

爲伯理璽天德納波得遁有名碧耳羅乃者自立爲伯理璽天德與智利抗屢戰輒北餉絀兵輸毁亦遁智利兵入其都利馬掠地於嘉里約諸處民之一年餘矣有曾官秘魯陸軍長者海格羅其名意格里西亞士其姓氏也議主和陰倚智利爲外援自立爲伯理璽天德割畣拉八嘎入智利又議質達格納期以十年外難少息而有嘎綏勒士者主戰民之不服和議者嗾之謂意格里西亞士非出衆舉於是蠭擁入利馬巷戰輒勝每勝輒以石砌街兩端中留一人出入地節節皆壁壘也漸逼伯理璽天德居室時光緒十一年也（一千八百八十五年十二月）意格里西亞士願與議和於是中國代辦使事徐壽朋偕別國駐利馬使臣議之而和議決意格里西亞士如議退位以部臣阿列納權理國事待公舉也兵罷

礮臺第三

利馬礮臺一在國都北衫晃山

嘉利約礮臺一在其西南

阿列格礮臺在達格納部落有礮四然已暫屬智利

兵船第四

今有水師船二彼人謂之膽司北譯言運兵船也一名秘魯一名三多漠沙（以女神名名其船）合計一千三百頓而無礮先是秘魯有鐵甲兵船四智利一役毀其二艘一名莫迭冰點礮二一名火司喀有礮三其巨者用五十磅彈其餘二艘後不適用又有一艘名阿司拉魯帕買自美利加於同治九年（千八百七十）礮凡三與火司喀同今無

兵器第五

兵器皆非自製而槍礮皆購新式尚非陳陳相因然陸勦巨礮水無船礮更無論水雷電引也

秘魯外交　　游歷秘魯圖經三下

花翎二品銜北洋委用道總辦北洋機器局兼神機營機器局總辦前游歷使臣傅雲龍述

中國使臣以次表

中國之與秘魯立約當同治十三年五月十三日為秘魯立國五十年即西紀一千八百七十四年六月二十六日也命出使美日秘大臣自光緒元年十一月十四日始而陳大臣未至秘魯其至秘魯遞國書自鄭大臣始其以參贊代辦秘魯使事自徐壽朋始其為嘉理約領事自劉福謙始隨使多寡往還亦靡定也述中國使臣以次表

出使美日秘大臣	參贊代辦秘魯使事	嘉理約領事	隨從
陳蘭彬 未至秘魯			見美利加圖經使表
鄭藻如 曾至秘魯遞國書	徐壽朋 光緒十年六月由美利加調至秘魯代辦使事	劉福謙 光緒十一年二月至秘魯	見美利加圖經使表
張蔭桓 曾至秘魯遞國書	徐壽朋 光緒十二年調美利	劉福謙 光緒十二年五月留	陸恩長

加	
劉亮元	光緒十二年由古巴總領事調至秘魯代辦使事
林怡游	光緒十四年以參贊代辦使事

鄭鵬程	
莫鎮藩	
梁誠	
楊榮忠	
張丕勲	

別國駐秘魯使臣領事表

秘魯國事蔚矣危矣內外交困矣而國系末之或絕論者謂其計之待賴外交耳玻利非亞與約密甚固無論已即面和暫和如智利亦禮殷使不少衰不然嘎綏勒士之役壁壘四逼別國使臣咸欲為之排難解紛何也然則外交亦曷可少哉中國使自有表其他有二等有代辦下此有總領事有領事有副領事有代理領事述別國駐秘魯使臣領事表

使	英吉利	法郎西
總領事	巴他峩納一利馬	澳大利一利馬
領事	德意志三一利馬一	嘉里約一莫格名瓦
副領事	澳大利一嘉里約	玻利非亞二阿一
代理領事	德意志三一阿勒部	拔等處一莫連奪一擺會等處

義大利
德意志
巴西
智利
玻利非亞
羅馬教使
日斯巴尼亞
美利加
埃瓜多
巴拉圭
科侖布亞
巴他峩納

比利士一利馬
巴西二一利馬一羅乃
奪
科侖布亞利馬
丹一利馬
迻地馬拉一利馬
憨都勒司一利馬
和蘭二一利馬一嘉里
約
葡萄牙一利馬
俄羅斯一利馬
瑞典那威一利馬
烏拉圭一利馬
委內瑞辣一利馬

巴他峩納六一嘉
里約一阿勒吉拔一莫連奪一
擺畓一龍拔野格一篤六溪約
澳大利一莫連奪等
處
比利士一莫連奪
玻利非亞四一阿
勒吉拔一比士谷一綺羅一莫
連奪
科侖布亞三一擺
畓一龍拔野格一阿牙古曲
科士地累各一
利馬
智利一嘉里約

勒吉拔一意基多士
巴西四一嘉里約一阿
勒吉拔一意西倮逸一莫浴邦拔
科侖布亞三一嘉
里約一擺畓一莫浴邦拔
科士地累各一
嘉里約
埃瓜多四一比五納
一呼寓一董北士一安嘎奇
日斯巴尼亞三
一嘉里約一篤六溪約一擺畓
美利加一嘉里約
英吉里七一嘉里約
一阿勒吉拔一莫連奪一擺畓

巴他峩納荷格
澳大利二一安嘎奇
一寓陸巴詩格
比利士一嘉里約
巴西一意西倮逸
丹一伊思來
埃瓜多一擺畓
日斯巴尼亞七
一擺畓一吉嘉里曲一龍拔野
格一吉四戈一比士谷一阿勒
吉拔威格一溫嘎里
美利加八一擺畓一
莫連奪一八嘎美押一金博汀
一董北士一比五納一篤六溪

埃瓜多四 一嘉里約
一擺畬一篤六溪約一嘎哈馬格
日斯巴尼亞一
利馬
美利加一 嘉里約
法郎西二 一嘉里約
一古四戈
英吉利一 嘉里約
迄地馬拉一 嘉里約
檀香山一 嘉里約
憨都勒司一 嘉里約
義大利一 嘉里約
乃口納括二 一利
馬一嘉里約

一山活一寫一沙拉尾納一比士谷
憨都勒司一 擺畬
和蘭一 擺畬
葡萄牙三 一嘉里約
一阿勒吉拔一擺畬
瑞典那威一 嘉里約
瑞士一 利馬

約一古四戈
法郎西五 一阿勒吉
拔一正則買約一篤六溪約一
比五納一荷格
英吉利二 一古四戈
一裸博士
義大利五 一阿勒吉
拔一比士谷一擺畬一八嘎美
押一篤六溪約
薩摩耳為奪一 嘉里約

和蘭一阿勒吉拔
高得麻拉一利馬
薩摩耳為奪等二
一嘉里約一
阿不勒馬格
烏拉圭一利馬

秘魯使別國表

秘魯之使別國也中國而外凡國十有三設總領事之國十有八設領事之國二十有三設副領事之國十三設代理領事之國七其使皆二等其領事不盡有祿有之者四一在巴西之巴拉二在埃瓜多之瓦亞基三在美利加之紐約四在科侖布亞之巴拉馬皆總領事也述秘魯使別國表

使

中國○英吉利二等○名肝達木○法郎西二等同上○義大利二等○名肝列瓦羅○比利事二等同上○和蘭二等同上○羅馬二等○名列接嘎米納戈影○日斯巴尼亞二等同上○美利加二等○名色嘎納○埃瓜多二等○名嘎西牙○玻利非亞二等○名壘法司○烏拉圭二等○巴拉圭二等○新加拉那大二等○巴他峩納二等

總領事

德意志二一駐伯林名勒屯一駐恩補葛名肥野格士○巴西二一駐里約熱內踏名羅馬客納一駐巴拉名拔沙納○玻利非亞一駐拉巴士名必納尾列士○智利一駐意基吉名秘領虎士特○日斯巴尼亞一駐嘎里西牙名沃牙○埃瓜多一駐瓦亞基名三達得○美利加一駐紐約名瓦脫士○科侖布亞一駐巴拉馬名碧寫○法郎西二一駐哈福名衣低鴉格士一駐巴黎名阿尤羅○英吉利五一駐利必牙籤耳名阿列返士一駐少達木東名吉約米一駐得乃逸名西米特一駐為朶牙名邪福根一駐拉士茍名淀必乃登○迄地馬拉一駐迄地馬拉名倮文達耳○檀香山一駐埃多博愛士北名偉葉哈飛意○義大利一駐格得宜牙名繻莎恩得色拉米○墨西哥一駐國都名三得昔里牙○葡萄牙一駐里士博鴉名嚟初里約○俄羅斯一駐山別迭補葛名南別○瑞典那威一駐昔多果末名勒低○委內瑞辣一駐格拉格司名八拉約士

領事

德意志七一駐阿里多納名哈列一駐科侖布亞名哈特一駐特來司迭名威逸私一駐仿佛名沃多一駐柰濟名格能格一駐司駐客得名木立汀阿物一駐抛書影名埃起乃克○巴他峩納三一駐伯埃那矮來司名沙馬乃士一駐閟多沙名拉戈麻西倭壘一駐活約名勒迭司馬○澳大利二一駐肥都納名嘎捫一駐特野司迭名阿得倚○比利士一駐安北列司名勒莫倚勒○巴西四一駐巴西亞名燒沙一駐阿拉痾尾斯名果司達一駐伯能不格名果麥士迭密朗達勒乃耳一駐里約哥蘭的叟路名飛納士○玻利非亞二一駐葛插板拔名莫拉列士一駐倭魯羅名尾喀士○智利五一駐格赫沙八合逸亞耳奪名格士底約一駐色乃納名孟耳哈一駐代耳巴來所名邪莫士一駐孔索布響名縮飛牙一駐格勒得芬名北牙塞埒

○迄地馬拉一駐三河奢名多乃立○丹二一駐三多馬士名嘎米龍一駐恭比啞格名冷○日斯巴尼
亞九一駐巴西猓納一名衣狸北野鴨一駐比里拔屋名埃詫士一駐嘎底司名阿里根一駐嘎那納名鸞迭嘎一駐夏灣納名蝦虯一駐
馬得利名馬五乃納一駐奢里牙名多勒逸所乃約一駐埒完乃西牙迭來西箇名哈納登一駐巴拉馬士名貝里約○埃瓜多
二一駐莽拉比名塞騰約一駐括多名馬汀列司○美利加四一駐費紈的費牙名格來格一駐若爾治亞名孟布廊一駐哈
力斯帛名恩士登約司一駐三法蘭昔斯哥名倭約隈○法郎西五一駐埃勒名莎拉一駐博迭沃士名嘎理松一駐馬沙里
牙名嘎倚牙一駐南得司名公沙拉瓦頁一駐伯約納名沙勒舍納○英吉利十四一駐伯勒法司特名葛猓一駐巴巴拉士
一名果達一駐冬底名拜意一駐布郎名沃格拉宜一駐朶法名埃倚士一駐埃里沙卑司名肯士雷一駐西北拉哈達名士未西一駐香港名
士米特一駐背士打呉名稿島拔一駐莪耳博得名布拉飛一駐民士打屋名島生一駐倫敦名那比阿生一駐嘎底抹名北為一駐葛朗喀
屋名傅烈必○檀香山一駐倭那六魯名喀多法乃澈○義大利十六一駐杜林名巴納格里牙一駐安苟
納名八基鴉力一駐波朧業名基里尼一駐伯里名八八埒波納一駐兵低西名抵呵力西一駐格低乃衣名倚西拉宜一駐福羅能西牙名
多美低一駐利約納名莎乃牙一駐來格沙名拔沙比一駐密朗名蓋音必納地一駐麥西納名費拉納一駐納波勒士名費隈約一駐丈勒
西鴉名北抵轍一駐文地密吉米押名碧養奇一駐阿羅飛約名納葛一駐猓法名法喀弗猓○日本一駐橫濱名橫濱○墨
西哥二一駐墨西哥名安莎瓦得基一駐威拉古五司名恩額格士○葡萄牙二一駐伊事納迭三汶迭喀尾阿得名
籔哈一駐沃波多名埒別羅埒三多火力約○俄羅斯三一駐抹司港名馬特阿能一駐俄迭沙名八法怒邁乞一駐瓦沙非

鴉名埒舍○瑞士一駐赫埒八哈名莫一葉○烏拉圭一駐孟迭尼迭約名阿里果達○三奢法腦

一駐三奢法腦○薩摩耳為奪駐都名墨西雅

副領事

德意志二一駐伯林名博那士一駐恩補葛名逸煞格司○比利士四一駐安北列司名巴思山撥隴得一駐博倮赫

司名默野一駐敢得名骨魯迭一駐雷野哈名沙克藹○巴西一駐西阿拉名倮恰○玻利非亞一駐山達葛

倮士名火哈師○智利二一駐安奪法嘎士達名巴拉逸一駐碧沙沽窪名雷倚沙○日斯巴尼亞四一駐巴西

倮約名比牙一駐馬得利名散奇士一駐馬耶格名北乃士一駐三達得名沃利杜○美利加二一駐波士登名葛羅士拜牙一

駐紐約名得海塔○科侖布亞四一駐葛戈達名倭耳全一駐果龍名額乃納一駐三達馬得名帛納羅士一駐波恩納文

都納名沃多倮○法郎西六一駐博迭沃士名沃台我葛一駐駒博隈列名季拉五一駐哈福名宜葛理一駐沃郎名喀士得力一

駐飛利比名納衣塞孟林一駐南得司名納剛尼○英吉利三一駐法耳孟迭名博阿列一駐利必牙籤耳名碧亞文一駐倫

敦名法五司○義大利三一駐格得里牙名比格昔約埒一駐八埒馬末名巴西一駐赫乃馬名八乃押○葡萄牙

一駐伊事納迭三汶迭喀尾阿得名馬低埒士○委內瑞辣一駐瓜野納名敢南

代理領事

德意志一駐恩徒嘎名唉宜○巴西一駐巴拉名格拉五鈍○智利一駐葛根博名達乃能○迄地

馬拉一駐三河奢名敢米牙司○科侖布亞一駐果龍名叟司別迭士○法郎西一駐麻沙里耳名

里哮○義大利一駐素西野達納名馬沙奇約笛

秘魯政事

游歷秘魯圖經四上

花翎二品銜北洋委用道總辦北洋機器局兼神機營機器局總辦前游歷使臣傅雲龍述

大事編年表

秘魯國事四裔編年表曾未一及今依游歷美利加圖經例以光緒十五年為斷而自道光五年始前此猶非自為一國也述大事編年表

道光五	一千八百二十五年	始立為國○赫力納額北列沙馬汀為伯理璽天德
六	一千八百二十六年	別由拉士多打葛魯司為伯理璽天德
七	一千八百二十七年	活沙迭納埃洼哈委羅為伯理璽天德○若猛波里氏士為伯理璽天德○活沙納馬為伯理璽天德
八	一千八百二十八年	活沙迭納埃洼哈委羅再任
九	一千八百二十九年	因野勒司特納諷迭為伯理璽天德○阿圖司打格巴納為伯理璽天德
十	一千八百三十年	
十一	一千八百三十一年	學奢輔阿必約各索為伯理璽天德○沙納委勒為伯理璽天德
十二	一千八百三十二年	瞞稞一墨里牙為伯理璽天德○阿圖司汀格巴納再任
十三	一千八百三十三年	活奢多乃胥為伯理璽天德○安馬納味晚谷為伯理璽天德○崴伯倰索格士低押為伯理璽天德

十四	年十千八百三十四	活龍羅埃樓列格為伯理璽天德〇嵗我北倭索格士低押再任〇活沙迭納埃洼哈委羅三任
十五	年十一千八百三十五	沙納為勒為伯理璽天德〇葛羅勒甘黑勒布罕達為伯理璽天德〇沙納為勒再任〇田列嫩撒納士為伯理璽天德
十六	年十二千八百三十六	匡納孖綦為伯理璽天德〇嵗我北倭索為伯理璽天德〇三達古魯士為伯理璽天德
十七	年十三千八百三十七	赫列納得力登為伯理璽天德〇嵗我北倭索再任
十八	年十四千八百三十八	羅琛額迭阿落為伯理璽天德〇嵗我北倭索三任〇額馬納為伯理璽天德〇赫列納理完安格羅為伯理璽天德〇華人始來
十九	年十五千八百三十九	額馬納再任
二十	年十六千八百四十	瞞壘克顛迭為伯理璽天德〇額馬納三任
二十一	年十七千八百四十一	免顛迭司為伯理璽天德〇額馬納四任〇免顛迭司再任〇田列那多力葛為伯理璽天德
二十二	年十八千八百四十二	田列那尾打為伯理璽天德
二十三	年十九千八百四十三	羅多非格猓納為伯理璽天德〇田列那力罔奪為伯理璽天德〇羅敏葛埃里牙為伯理璽天德
二十四	年二十千八百四十四	免點迭士為伯理璽天德〇羅格猓納為伯理璽天德〇免點迭士再任
二十五	年廿一千八百四十五	格司低牙為伯理璽天德
二十六	年廿二千八百四十六	
二十七	年廿三千八百四十七	

二十八	廿四年千八百四十八	
二十九	廿五年千八百四十九	
三十	廿六年千八百五十	
咸豐元	廿七年千八百五十一	額折里格為伯理璽天德○始造電綫
二	廿八年千八百五十二	
三	廿九年千八百五十三	
四	三十年千八百五十四	墨里納為伯里璽天德○額折里納再任
五	三十一年千八百五十五	格司低牙再任
六	三十二年千八百五十六	
七	三十三年千八百五十七	賴打納為伯理璽天德
八	三十四年千八百五十八	格司低牙三任
九	三十五年千八百五十九	羅琛連葬為伯理璽天德
十	三十六年千八百六十	格司低牙四任
十一	三十七年千八百六十一	生納猛為伯理璽天德

同治元	三十八年千八百六十二	
二	三十九年千八百六十三	岡舍各為伯理璽天德○北列為伯理璽天德
三	四十年千八百六十四	始造鐵道
四	四十一年千八百六十五	岡金各再任○博拉羅為伯理璽天德
五	四十二年千八百六十六	
六	四十三年千八百六十七	立國章○與智利立航海通商約
七	四十四年千八百六十八	岡舍各三任○馬翕為伯理璽天德
八	四十五年千八百六十九	
九	四十六年千八百七十	始造基格納山鐵道
十	四十七年千八百七十一	王迭列士為伯理璽天德
十一	四十八年千八百七十二	額領仙濵尾約為伯理璽天德○博拉羅再任○基格納山鐵道停工
十二	四十九年千八百七十三	
十三	五十年千八百七十四	聯璽果多為伯理璽天德○博拉羅三任○中國始與立約
光緒元	五十一年千八百七十五	中國代辦使始至

二	五十二年 千八百七十六	入拉奪為伯理璽天德
三	五十三年 千八百七十七	
四	五十四年 千八百七十八	
五	五十五年 千八百七十九	納波得為伯理璽天德○智利兵釁起
六	五十六年 千八百八十	與智利構兵○波利非亞助秘魯
七	五十七年 千八百八十一	碧耳羅乃為伯理璽天德○與智利戰尋和割畣拉八嘎入智利
八	五十八年 千八百八十二	
九	五十九年 千八百八十三	泌格羅意格里西亞士為伯理璽天德
十	六十年 千八百八十四	
十一	六十一年 千八百八十五	部臣阿列納代理伯理璽天德
十二	六十二年 千八百八十六	恩得來司嘎司列士為伯理璽天德
十三	六十三年 千八百八十七	
十四	六十四年 千八百八十八	中國通惠總局成於利馬
十五	六十五年 千八百八十九	

刑畧

秘魯無死刑常律不外監與罰二者雖然鎖項之鐵灌頂之水毛髮不生可不謂非刑乎無虐非罪無曠犯工有可取焉述刑畧

秘魯刑律無所謂斬絞淩遲也監限之年或十五或十二或九或八或六有差其國監所以利馬為最男女亦別在監男二百八十女無犯各房一編號不更編名房楣鐵條一貫開則同開閉亦如之晝自為工銅鐵之器具衣履之縫紉各眎所能願識字讀書者教之飯後步園或引水澣衣重犯乃入闇室犯或狡供入夜輒立之小屋裁足容身頸間橫鐵一鎖頭不得脫屋上水管急流灌頂一刻之久醫士驗之有難禁狀乃釋自是頭面不毛毋乃酷歟監房螺旋而下奥如曲如

罰律半繇負債

兵士有犯別依軍法

郵表

秘魯郵紙行用之法大畧與美利加相似信遞中國京都以兩月為率新

聞紙不出其境無郵費凡信取收單記號謂之單包無論輕重若干每封加銀一角有半交信至宅酬使二仙如入信筒則月支一圓今据光緒十四年一千八百八十八郵寄出入數述郵表

出入郵寄 所寄	寄數	歲計出入 收	用
信	八十六萬五千八百二十三封	五十一萬二千	五十萬六千
新聞紙及商賈報紙	三十八萬六千一百四十一束	五十二圓	六百六十圓

郵率 分地	輕重	收數
南洲境	一昂沙	銀一角
	過一昂沙	二角
	十昂沙遞加	一圓
過巴拉馬	加十之一	
利馬寄嘉里約	不計重過重乃加	五仙
本埠		二仙

雜事

華工之僑秘魯自道光十八年始計至光緒年間無慮十一萬有奇今存者五萬九千耳瑣尾流離存亡參半甚至非癈即盲盲工院之興以此若此之類見聞無多難自為篇聊復欷歔識之非敢瑣屑賍之也若電綫若

新聞閭筆自休其奚可哉述雜事

華工積勞易癃亦易盲可憫也已華商王安惻然倡立盲工院解囊不吝也雖然盲日以滋費將不繼於是謀以通惠總局屋租月銀三百圓濟之

先是鄭大臣藻如立通惠總局取通商惠工誼也其地直銀一萬八千圓修費如之貲集自商居多雲龍游秘魯在光緒十四年冬十二月其工適成華人濡筆屬雲龍署扁與楹聯雲龍作聯曰當六萬里艱難權作寓公相助當如左右手歷五十年生聚每逢佳節何人不起本原情

華工之出水火登衽席責在領事而相助相扶則在會館秘魯之華館一十有四通惠總局其巨者也其次曰中華曰同陞曰南海曰番禺曰岡州曰香山曰福潮曰遠安曰粵東曰潮州曰肇慶曰東義堂曰義勇堂

秘魯有醫院然華醫之術頗行於彼

秘魯土人有從耶蘇教者而其國人則從天主教不容耶蘇一堂也有則燬之獨於華人祀關壯繆則罔有異言是以僑居之鄉工藪之邑輒葺關廟無慮百十

秘魯電綫莫連奪以次十二處皆製自美利加人凡二千二百一十一奇兒美得祿合華里四千四百二十二而咸豐元年以前千八百五十一年前未之有也海電綫近縣商造曰中南美利加公司

秘魯新聞紙雖不逮美利加之有清議權而亦不似古巴之禁議時政其在利馬一十四處一日一紙者六又七日二紙者二又七日一紙者五又七日一畫報者一皆日斯巴尼亞文也此外法郎西文之新聞紙館一義大利文之新聞紙館一並七日一紙廠直多寡有差偶購一紙約銀一角

秘魯文學

游歷秘魯圖經四中

花翎二品銜北洋委用道總辦北洋機器局兼神機營機器局總辦前游歷使臣傅雲龍述

學略

秘魯人非不言學而勤不敵嬉既尠專門復無傑出雲龍舟車所至且苦其文與英又異也於是攷厥文字諏厥學校述學略

文字第一

秘魯用日斯巴尼亞文雖與英吉利文同出羅馬字母而二十六字之中不用之字有二一為K英語若克意美利加語若克也一為W英語若答波游也其與英語同者十有八字一曰A語若葉二曰B語若筆三曰C語若司伊四曰D語若的五曰F語若葉富六曰H語若葉遲七曰L語若葉螺八曰M語若葉牧九曰N語若葉恩十曰O語若鷗十一曰P語若闢十二曰Q語若克齿十三曰R語若阿耳十四曰S語若葉思十五曰T語若睇十六曰V語若限十七曰X語若葉格司十八曰Z語若賽特其與英語異者六字一曰E英語若伊而秘魯語若埃也二曰G英語

若旣而秘魯語若赫也三曰I英語若愛而秘魯語若依也四曰J英語若皆美利加語若者衣而秘魯語若彫得也五曰U英語若游而秘魯語若烏也六曰V英語若外而秘魯語若衣格里也其拼用之字音更為十無一同

學校第二

利馬官學校約四十皆為初學地也注籍而不索費其餘如鑛學醫學法家學兵家學水師專門學文學之屬亦十有奇初不取費欲其貧富無異視也而國帑絀非濟貲難乎其為繼矣民立男女學校猶之中國義學凡五十有奇亦有設塾於菴女弟子以尼為師者其校有三

利馬又有師範農業商業美術諸學校而較美利加則遜阿勒吉拔補羅阿牙古曲等部落皆有大學校此外小學多寡有差

蓺文

美利加蓺文旣坿之文學矣雲龍訪秘魯圖籍錄目如之雖然譯美利加書往往而有而此則尠為可惜也方雲龍游其國都利馬目治耳治一如

游美利加時而地異言異文字又不無互異有箸述家約西其名若羅背路左其姓氏也見雲龍以手代口以圖諷册叩門欲證所學而言不盡意作而曰恨不易舌而語也存目待譯其庶乎述蓺文

紀秘魯事之書第一

秘魯古典地圖物產日斯巴尼亞文刊本

義大利勒莽笛譔○按秘魯人謂之意西堢猓牙赫約嗄非牙婆都寫業司恩得勒秘魯譯言秘魯古典地圖物產也

智利戰紀日斯巴尼亞文刊本

義大利嗄衣脫榔譔○按秘魯人謂之納格拉秘魯智利譯言智利戰紀蓋紀千八百八十一年戰事時光緒七年也

游秘魯內地紀土人事法文刊本

法郎西我理來譔

紀秘魯舊事日斯巴尼亞文刊本

英吉利我低接生譔

秘魯人書第二

各國地輿說畧日斯巴尼亞文刊本

北尼迭士譔○按有數種為秘魯學僮誦習之書秘魯人謂之赫約卡

非押地輿烏尼維各國押薩椰說畧譯言各國地輿說畧也

秘魯地輿記二册同治三年刊本○日斯巴尼亞文

巴莎勒檔譔○按秘魯人謂之赫約卡非押得勒秘魯譯言秘魯地輿記也

秘魯財賦日斯巴尼亞文刊本

得赫達譔○按秘魯人謂之特拉羅所歪在非郎西牙錢幣噫及得來碼律例譯言秘魯財賦也

又同上刊本

拔耳葛譔

又同上刊本

巴奪譔○按秘魯人謂之特拉羅所歪在非郎西牙錢幣噫及骨六睹

納農

秘魯古典　同上刊本

勒納逸尾羅譔○按秘魯人謂之恩地細拉古典得勒之秘魯譯言秘魯古典也

秘魯著名人字典　光緒十一年刊本日斯巴尼亞文

悶地布魯譔○按秘魯人謂之笛格色那納字典得勒之安博來士人色勒拍來士著名得勒之秘魯得士得自從典博時日斯巴尼亞阿司達字米干我戳八先奪百鵞撑得八十心古五譯言秘魯著名人字典也

秘魯醫學　日斯巴尼亞文刊本

額乃地押譔○秘魯人謂之特拉羅孜究得勒之美力各醫赫力拉羅大概譯言秘魯醫學也

又　同上刊本

烏拉羅維譔

秘魯雜識日斯巴尼亞文刊本

福恩迭士譔○按秘魯人謂之倭博海著述所歪在費能西雅財賦美力葛醫婆多小列司物產司達地昔戈會計噫及意士縣耳押典故得納奉達西擁開掬得勒之阿司達我逸至今譯言秘魯雜志也

利馬學問報告日斯巴尼亞文刊本

約西苦羅背譔

金石

金石家於中國言之亦偶證經史云爾何論地背南洲耶更何論立國已晚如秘魯耶雖然沿革證之戰和徵之民用之異同又眡之安云文殊物罕而不一錄也述金石

印甸土人古碑

雲龍桉碑在秘魯國都利馬之科侖石會其題科侖以始探地之人名園不忘本也其云石會譯言方也園方故名或謂之王家花園臨水一屋中立此碑高六尺寬二尺有五其文難可辨矣非日斯巴尼亞文或

曰續形中雜土人俗字其下端如人立雙足之指向外屋外立費力氏鐵像費力氏者羅馬古人之美者也

秘魯智利紀戰碑

雲龍桉碑在阿列格山間紀光緒七年（千八百八十一）秘魯與智利交惡與解兵事是日斯巴尼亞文後之攷古者將以是證史

芝渣哈羅

雲龍桉此古陶器也其文樸拙難可辨識蓋土人古文也呼粟粥曰芝渣呼餅曰哈羅此四百年前物入土復出者也形類葫蘆上節環管通口為出粥處雲龍游秘魯時偶得其一

銅器文

雲龍桉秘魯鄉人掘土時出土人古銅器其文一二其器皆與今異

鐵器文

雲龍桉鐵器時出土中如環如斧亦偶有文職方外紀謂不知用鐵兵器皆燒木銛石其信然歟

陶器文

雲龍桉此陶器甚古游利馬鑛務學校時曾見拓本圍圓數寸有文為昇或曰是日廿也似漢文小篆秘魯人疑為中國陶器雲龍眡之未敢定也其器今藏意基吉某家

游歷秘魯圖經四下

敘例

花翎二品銜北洋委用道總辦北洋機器局兼神機營機器局總辦前游歷使臣傅雲龍述

自敘

雲龍既述游歷日本圖經三十卷美利加圖經三十二卷古巴圖經二卷復以游歷秘魯圖經四卷繼之敘曰雲龍遵
朝諭游歷秘魯於光緒十四年冬十二月十三日至自古巴明年春正月二日即有巴西國之行無他程逾十萬期以二年雲龍之鹿鹿舟車莫遑寢處以此此十九日中諏事歷地摹圖譯文亦既獲其崖畧而未嘗不歎如秘魯者真所謂天時不足恃地利尤不足恃也不然沿海雖無一雨而高原澤多氣淨而潤有春秋無冬夏天時之勝於古巴如此畣拉八嘎為其銀鑛最碩山亦甲大地地利之等於美利加又如彼何農不可務何工何商不可興西人謂其有利權國也而貧與弱一至於是其官以減祿為捷徑其兵以半餉而濫竽其兵輪以一蹶而未克即復無怪其外侵內鬩而僅以交際左支右持也誠如是亦奚足述雖然十五國之詩不删鄭衛

春秋一百五十餘國不略滕杞豈非以勸與懲固未可偏廢歟而況以華人著述秘魯國事之書前此未之有也於是撮厥大要分爲十有一類曰天文曰地理曰國系曰風俗曰食貨曰攷工曰兵畧曰外交曰政事曰文學曰敘例析其子目凡四十有三

蠶食亦懼輿圖如故赤道以南隱割二度述經緯表第一當我京師日午未移較之彼都差逾五時述中國秘魯較時里差表第二不雨而腴濱海涂紆不旱而淨高邃之區述氣候第三割員起止開方眡此二度一格如掌可指述地理圖第四亦安亦危而亦相維曰郡曰邑聊復擬之述分畺表第五海西陸東斷續異同述四至八到表第六土酋其先西屬世延自立為國五十餘年述沿革第七有革有因于海之濱述海埠舉要表第八譯既音殊絲棼將無豈曰一是矛盾可乎述秘魯國部落名稱歸一表第九島岬星羅灣港舶多述海道大要表第十航海有聲西人稱英志杜敷衍庶不虛行述海濱雜識第十一火山煙馳雪山雲支問其脈最曰安地師述山第十二阿馬所納河以長名低低嘎嘎湖莫與京述水第十三耳

沿所存難盡欲言述地理雜識第十四厥跡已陳嗟彼土人書缺有間孰朔孰因述立國以前代系表第十五合衆之美以彼擬此而亦有權立國其始述國系表第十六嬉與勤殊習亦嗜俱述風俗第十七幅錯犬牙生聚有差述人數繫地表第十八類聚西東有異有同述民數分類表第十九植蔗地腴養馬獸殊應有儘有而果腹無述物產第二十銀穴四開而硝山擢述鑛產第二十一謂一梳者即一圓也鑄銀則多鑄金蓋寡述錢法表第二十二利柄競操而赧臺高述國債表第二十三兵食足乎民信有無述國計第二十四商亦取携而非國黎述商務雜識第二十五糖寮工催蔗其甘回述田寮工表第二十六工尠自為舉其所知述攷工第二十七軌道平平而以高名述鐵道表第二十八其轍則符其道或殊述鐵道分數異同表第二十九旁觀則清對鏡則明述別國鐵道比較表第三十外食如蠶內玩虎眈述兵畧第三十一通商從同此重惠工述中國使臣以次表第三十二論交末已賴有此耳述別國駐秘魯使臣領事表第三十三槎使如初交質非歟述秘魯使別國表第三十四亦呂例如彼則

權輿述大事編年表第三十五灌頂之刑聞所未經述刑畧第三十六無遠無遐郵筒四馳述郵表第三十七或後或先或斷或連述雜事第三十八文亦不同非譯曷通學豈其異嬉難為功述學畧第三十九劉班道恉備譯述耳游歷之責不盡在此述藝文第四十豈好奇乎今古事符貞樂不多聊勝於無述金石第四十一實事之符與鑿空殊猶之曝背敘以貢愚述自敘第四十二圖經非先其例有專述專例第四十三助雲龍見聞者証秘魯代辦使林怡游也斠字者雲龍子范初范翔也

專例

凡例已見游歷日本美加利圖經矣秘魯曰秘屬曰斯巴尼亞而自立為國後方言沿之文字亦因之於是長短之度輕重之權類皆與美利加異述專例

秘魯之計里曰奇兒美得祿合英一里之五〇六二五是為華二里〇六即為華一千八百尺有奇也秘魯計地以一百四萬九千二百七十奇兒美得祿為一方里

又方積四萬一千四百七十二碼謂之多列納

秘魯之一昂沙合華衡三錢六分

秘魯車運計重曰多列納達美得力格英重二千二百四磅有八分磅之

五

秘魯鐵軌工程造自英商美商即從英尺計造自法商即從法尺計英謂

尺曰因制英一因制合中國九寸八分五釐卜毫七絲是中國一尺合英

十一因制有十分因制之一也法謂尺曰邁當法一邁當合中國二尺八

寸一分七釐是中國一尺合法三百五十八密里邁當也

銀以圓計秘魯方言謂之梳

子范　筆　霞蔚

游歷巴西圖經十卷

〔清〕傅雲龍撰

《游歷巴西圖經》十卷，清傅雲龍撰。雲龍於同治間入京，任兵部主事，後升郎中。光緒十三年（一八八七），經總理各國事務衙門考試，録爲外交特使，出使日本、美利加、加納大、古巴、秘魯、智利、巴西等國。其間搜集各國地理、風貌、物産、資源等資料，編寫圖志。光緒十五年游歷巴西，諏事譯文，歷地摹圖，撰成是書。全書體例，如前所撰各種圖經，分天文、地理、國系、風俗、食貨、攷工、兵制、政事、文學、敘例十類，類下分子目五十餘種，甚爲翔實。據上海圖書館藏清光緒二十七年石印本影印。

欽命二品頂戴江南分巡蘇松太兵備道袁　為

給示諭禁事據分省補用知府傅范初稟稱竊范初故父直隸補用道傅雲龍著有游歷日本美利加祕魯巴西加納大古巴等國圖經及實學文導機器圖說考化白金工記考空氣砲工記比例尺比例尺圖說字學三種各書均已次第付印誠恐坊間翻刻僞印羼淆語意改換名目貽誤匪淺請出示諭禁立案並轉飭上海縣及英法租界委員一体示禁等情到道除分行外合行出示諭禁　為此示仰書賈人等一体遵照毋得翻印漁利倘敢故違定行查提究罰不貸其各凜遵毋違切切　特示

光緒貳拾捌年正月　十八　日示

游歷巴西圖經十卷

光緒廿七年
冬子范鉅題

游歷巴西國圖經目錄

花翎二品銜北洋委用道總辦北洋機器局兼神機營機器局總辦前游歷使臣傅雲龍述

巴西天文

花翎二品銜北洋委用道總辦北洋機器局兼神機營機器局總辦前游歷使臣傅雲龍述

經緯表

巴西國起赤道南緯五度三分訖四十度其國都出南極高度二十二度五十四分二十四秒居中國京都緯南三十八度至六十九度其經綫在中國京都東五十一度至西一百八十七度即為英綠威東三十五度至西七十三度而巴西人輒從法郎西巴黎起算謂里約熱内路在其西四十五度二十七分彼此互參經緯益著矣述經緯表

	南極高度	距華京緯	距華京經	偏英綠威經	偏巴西都經
	度 分 秒	度 分 秒	度 分 秒	度 分 秒	度 分 秒
巴西國		起三八 訖六九 ○○ ○○	起東一五一 訖西一八七 ○○ ○○	起東三五 訖西七三 ○○ ○○	
里約熱内路	二二 五四 二四	南六三 ○○ ○○	西一五七 ○○ ○○	西四三 ○七 ○六	
巴亞拉		南四二 ○○ ○○	西一五三 ○○ ○○	西四七 二○ ○○	西三 五○ ○○
馬拉瀼	一 ○○ ○○	南四五 ○○ ○○	西一六 ○○ ○○	西四五 ○○ ○○	西二 ○○ ○○
標稀	三 ○○ ○○	南四八 ○○ ○○	西一五八 ○○ ○○	西四二 五○ ○○	

西阿拉		南四四 〇〇 〇〇	西一五三 〇〇 〇〇	西三八 〇〇 〇〇	東五 〇五 〇〇
里約哥蘭的諾的	二 〇〇 〇〇	南四六 〇〇 〇〇	西一五一 〇〇 〇〇	西三五 〇〇 〇〇	東八 〇〇 〇〇
巴來罷	二 五五 〇〇	南四七 〇〇 〇〇	西一四九 〇五 〇〇	西三四 〇五 〇〇	東八 〇三 〇〇
伯能不各	三 〇五 〇〇	南四八 〇〇 〇〇	西一五一 〇〇 〇〇	西三五 〇五 〇〇	東八 〇四 〇〇
阿拉疴瓦斯	五 〇〇 〇〇	南五〇 〇〇 〇〇	西一五二 〇〇 〇〇	西三六 〇〇 〇〇	東八 〇二 〇〇
塞爾日貝	六 〇〇 〇〇	南四八 〇〇 〇〇	西一五二 〇一 〇〇	西三七 〇一 〇〇	東七 五五 〇〇
巴希亞	八 〇〇 〇〇	南五三 〇〇 〇〇	西一八〇 〇〇 〇〇	西三九 〇〇 〇〇	東五 〇〇 〇〇
斯不列多散多	一五 一一 〇〇	南六〇 〇二 〇〇	西一五五 〇二 〇〇	西四〇 〇一 〇〇	東二 〇三 〇〇
勝寶盧	一九 〇〇 〇〇	南六三 〇二 〇〇	西一六一 五五 〇〇	西四七 〇六 〇〇	西五 〇〇 〇〇
巴蘭拏	二〇 〇三 〇〇	南六五 〇三 〇〇	西一六四 〇〇 〇〇	西四八 〇〇 〇〇	西五 〇〇 〇〇
三達加達里拏	二二 三三 〇〇	南六七 三三 〇〇	西一六四 一四 〇〇	西四八 五五 〇〇	西五 五五 〇〇
里約哥蘭的叟路	二五 九五 〇〇	南七〇 〇五 〇〇	西一六六 〇〇 〇〇	西五一 〇三 〇〇	
迷拏日來斯	一五 〇五 〇〇	南六〇 〇四 〇〇	西一六〇 一三 〇〇	西四五 〇三 〇〇	西二 〇〇 〇〇
疴瓦斯	一一 三三 〇〇	南五二 〇〇 〇〇	西一六四 〇五 〇〇	西四九 〇五 〇〇	西六 〇〇 〇〇
馬的噶拉士	九 〇一 〇〇	南五四 〇〇 〇〇	西一七五 〇二 〇〇	西六〇 〇二 〇〇	西一六 〇〇 〇〇

亞馬孫　南四二○○○○　西一七六○○○○　西六一○五○○　西一八○○○○

中國巴西較時里差表

中國京都午正為巴西國都丑初二刻二分是前五時二刻八分也較美利加合衆國都寅正六分增一時三刻一十四分較秘魯國都子正三刻三分減二刻四分較日本東京未初三十三分四秒增四時一刻三十五分彼此互參地動益信縣中測外圖經通例也述中國巴西較時里差表

中國京都午正	較中國京都	較巴西國都
里約熱內路丑初二刻二分	前五時二刻八分	
巴亞拉丑初三刻三分	前五時十二分	後十二分
馬拉瀼丑初一刻五分	前五時二刻十分	前八分
標稀丑初一刻十三分	前五時二刻二分	同國都
西阿拉丑初三刻三分	前五時十二分	後一刻五分
里約哥蘭的諾的丑初四刻十分	前五時四分	後二刻二分
巴來罷丑初一刻九分	前五時二刻六分	前一刻八分
伯能不各丑初三刻十一分	前五時○四分	後二刻十二分

阿拉疴瓦斯丑初三刻七分	前五時○八分	前二刻十二分
塞爾日貝丑初三刻七分	前五時○八分	前二刻三分
巴希亞子正	前六時	前一刻五分
斯不列多散多丑初二刻五分	前五時一刻五分	前八分
勝寶盧丑初一刻一分	前五時三刻十四分	後一刻五分
巴蘭拏丑初○四分	前五時三刻十一分	後一刻五分
三達加達里拏丑初○四分	前五時三刻十一分	後一刻五分
里約哥蘭的叓路子正三刻十一分	前五時四刻四分	後八分
迷拏日來斯丑初三刻十一分	前五時○四分	同國都
疴瓦斯丑初○四分	前五時三刻十一分	後一刻九分
馬的噶拉士子正一刻五分	前五時五刻十分	後四刻四分
亞馬孫子正一刻一分	前五時五刻十四分	後四刻十二分

氣候

雲龍航海至巴西國都里約熱内路在光緒十五年春二月六日彼都以冬為夏正溽暑時也赤烏流沙時疫四起日損其都人二百有奇問何以故

則曰無大雨六閱月矣無微雨亦再閱月僑居邈不可上雲龍乃晝夜兼游十數日遂行而雨說者謂巴西北境赤道增熱濱海彌溼彼都已在東南藉非旱虐猶不至是內地苦熱蓋寡於是進而諏之曰寒暑曰晴雨曰風信述氣候

寒暑第一

巴西冬夏與中國互易熱以二月為最寒以七月為最其二月當中國正月其七月當中國六月由厥國都而北迄於亞馬孫河其寒暖適中之度約二十有六由厥國都而南迄於里約哥蘭的叓路南境熱度驟為之減有格致家測其國山地每高二百有三法尺則寒暑表鍼必降一度其國壤土既遼南北氣候自殊它國多南熱北寒而巴西則南寒北熱無他赤道枕北也瀕流溼勝黃疫時滋內地氣清而和其民多壽最熱之地山忒格寒暑表至三十六度最寒之地降至冰界三度二分謂結冰之度為冰界也咸豐八九年（千八百五十八千八百五十九及）降至六度彼人詫為罕事平原之地冰度逾二半在亞馬孫河側或測之以周年表其適中數在二十七度晝暖而夜差或至十有二度然尋常差數尠逾九度夏冬較差三度往往然也西河拉及里

約哥蘭的諾的地方一年平均之數約在二十六度七分晝夜不無差違然升不過三十度四分降亦不過二十三度一分氣爽而腴亞馬孫部落冬夏較差三度晝夜較差七度一年之氣候尠有高至三十二度低至十六度者

晴雨第二

巴西南北晴少而中地雨少國都濱海在其東南疾風暴雨歲不多見至多不過二十五六日耳多雨之高原歲約二尺六寸有奇而海側僅二尺許然十一月至六月雨輒易至非若秘魯沿海十年無一雨也而光緒十四年夏至十五年春無微雨之潤宜其旱虐恣苦也亞馬孫河側有晴季雨季之別晴季云者六月至十二月雨季云者正月至五月也其地六月以後艸木黃落八月之交猶中國十二月矣

風信第三

陸地夏多北風冬則多南風與中國寒暑互異其以是夫海濱四月至八月多東南風九月至三月多東北而與陸地向背既殊早晚亦異陸風起卯訖巳海風起巳訖酉此其常也亞馬孫河畔之東風恆吹自海以進陸地三十三百

啟羅邁當為率約華里六千有奇七月以後十一月以前厥風烈甚颿船利不得停繇巴來罷南駛迷拏日來斯一千九百八十啟羅邁當約華里三千有奇二十五日可至也多亦不過三十日

巴西地理

游歷巴西圖經二

花翎二品銜北洋委用道總辦北洋機器局兼神機營機器局總辦前游歷使臣傅雲龍述

地理圖

雲龍游歷巴西時曾剏其二十部落分圖之艸而後僅得以總圖鏤銅版於日本東京者一限於時再限於工為可惜也總圖以南下北上符圖學之正例以北寬南狹合地形之橢圓五度一格合海里三百是為華里一千其廣三十度其袤不及四十度海埠之大要亞馬孫河諸大水之源流如聚米如眎掌述地理圖

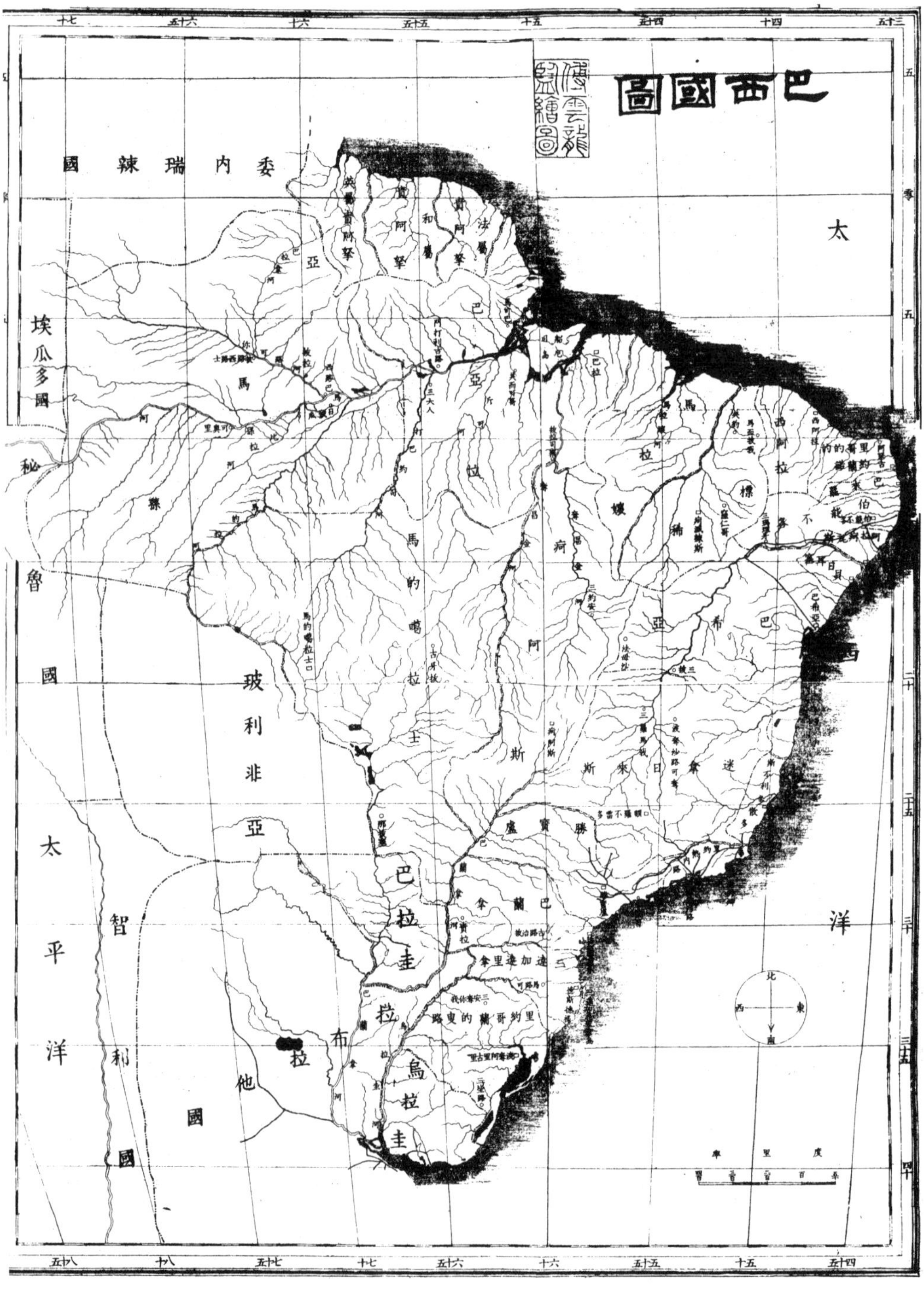
巴西國圖
委內瑞辣國
埃瓜多國
秘魯國
玻利非亞
智利國
布拉他國
巴拉圭
烏拉圭
太平洋

沿革

溯二百九十年以前葡萄牙人尚未至巴西境也其拓土歷二百二十有三年而自為國時道光二年又六十七年而其國人逐王歸葡萄牙國時光緒十五年此大略也述沿革

初屬土酋明宏治十三年(一千五百年)葡萄牙國人伯德祿阿爾瓦利斯始至厥地徙國人墾之厥後日斯巴尼亞國兼并葡萄牙國而巴西亦入和蘭歷五十年有奇葡萄牙既復其國率兵航海逐和蘭人舊地盡復且闢且耕買阿非利加黑奴役之生聚數百年雖墾土十不及三而已為南阿美利加洲一大部落嘉慶年間葡萄牙王受法郎西逼遁至巴西法師退乃歸而其子伯德祿第二留王巴西其為君主之國自道光二年始(千八百二十二〇詳國系)

形勢表

巴西東北迄於東南皆濱大西洋而正東突出是以形勢彎環其陸地岡阜紆蟠河流出之其高山曰中嶺曰東嶺曰西嶺曰北嶺而中嶺最高巓(直[illegible])雲表高於海面二千九百九十四法尺(詳度量衡比較表)或云三千一百四十尺其國它峰莫與京矣部落二十之界綫無一直方地勢有平有險有峻有窪述

形勢表

國都部落	形勢
巴西	形如海雲逐風而東○地勢平險有差
里約熱内路	形如秋葉○地勢平斜海門開朗
巴亞拉	形如葵葉○地勢當亞馬遜河入海口門多窪
馬拉濮	北寬南鋭○地勢有高有低
標稀	南圓而寬○北尖而曲○地勢東北較窪
西阿拉	形如竹節倒立○地勢與標稀同
里約哥蘭的諾的	東近長方而西北微出西南曳尾○地勢亦與標稀同
巴來罷	形東西横長而西南斜下○地勢東面濵海
伯能不各	形如遠山横黛○地勢平坦
阿拉痾瓦斯	形西狹東廣○地勢寬處臨海
塞爾日貝	形如假石枕潮○地勢東南低甚
巴希亞	形如脫巾而頂向東北○地勢東下
斯不列多散多	形如春蠶○地勢西高

勝寶盧	形如雲起○地勢西北多高陸
巴蘭拏	西南欲方而東北不足○地勢與勝寶盧同
三達加達里拏	東北欲方而西南不足○地勢正與巴蘭拏異
里約哥蘭的叟路	形如科斗而頭滋大其尾西南○地勢東南一隅較窪
迷拏日來斯	形如伏蛙而首西南○地勢西北略高
痾阿斯	形如躍魚○地勢高低參半
馬的噶拉士	形如飲觶而西南略缺○地勢漸起
亞馬孫	形如荷貼淪漪○地勢西高東下

部落表

部落今分二十而瀛環志略僅載十有八曰里約熱內盧即里約熱內路也曰勝寶盧曰三達加達里拏曰勝伯德祿即里約哥蘭的叟路也曰馬的噶羅索即馬的噶拉士也曰迷那日來斯即迷拏日來斯也曰斯不黎多三多即斯不列多散多也曰巴義亞即巴希亞也曰塞爾日貝曰阿拉痾瓦斯曰伯爾能不各即伯能不各也曰巴來罷曰北里約哥蘭的即里約哥蘭的諾的也曰西阿拉曰標意即標稀也曰馬拉娘即馬拉瀼也曰加

郎巴拉即巴蘭孥也今又有二部曰巴亞拉曰亞馬孫則未之載也於是稽其部落之治著要於篇述部落表

部落	部落治	識要
里約熱内路	里約熱内路	國都同部落名○海埠第一
巴亞拉	巴拉	
馬拉瀼	馬拉瀼	馬拉瀼亦一海埠
標稀	疴減辣斯	有埠曰巴來孥希拔
西阿拉	西阿拉	西阿拉濱海
里約哥蘭的諾的	耶達路一云耶達里	
巴來羅	巴來羅	
伯能不各	伯能不各	
阿拉疴瓦斯	阿拉疴瓦斯	
塞爾日貝	塞爾日貝	
巴希亞	巴希亞	
斯不列多散多	斯不列多散多	斯不列多散多亦一海埠

勝寶盧	勝寶盧	勝寶盧亦一海埠又一海埠曰三多司
巴蘭孥	巴蘭孥瓜	
三達加達里孥	德斯德祿一云德斯德羅	德斯德祿近海
里約哥蘭的叟路	波奪阿里古里一云伯爾達勒給勒	
迷孥日來斯	額羅不雷夕	
疴阿斯	猗阿撕	
馬的噶拉士	馬的噶拉士	
亞馬孫	亞馬孫	部落以河名

邑表

巴西無邑名也然既譯厥部落略如中國之省則其屬官所理亦猶邑也美利加無郡此亦不言郡而言邑也二十部落之邑凡八百一十其中若巴亞拉之馬可巴標稀之巴來孥希拔西阿拉之阿拉可治里約哥蘭的諾的之阿孥古勝寶盧之三多司雖未逮濱海之國都部治而要皆即邑即埠商工倚之也述邑表

部落	邑數	邑之大要

里約熱内路	三十六	
巴亞拉	四十四	馬可巴○美而可哥○門打利古路○三大人
馬拉瀼	三十七	
標稀	二十五	巴來拏希拔○美約○馬而拔我○窪仁哥
西阿拉	四十一	阿拉可治
里約哥蘭的諾的	二十三	那拏古
巴來罷	三十三	
伯能不各	五十六	三瑪理牙
阿拉疴瓦斯	二十六	
塞爾日貝	二十五	
巴希亞	九十	三拔○法毋沙
斯不列多散多	一十四	
勝寶盧	一百二十	三多司
巴蘭拏	二十六	古路治拔○貴拉
三達加達里拏	一十一	馬路可○德斯德祿

里約哥蘭的叟路	六十	三安奪禰我○三比土路
迷弩亨日來斯	八十九	波奪沙路可奪○三羅馬我
疴瓦斯	二十九	
馬的噶拉士	九	古子拔
亞馬孫	六	西路巴○日波瓜○可奥里

四至八到表

巴西國境從衡八百三十三萬七千二百一十有八法方里校法里云者即所謂啟羅邁當是也華之一步為五尺華之一里為一千八百尺華之一方里為三百二十四萬方尺以華合法每一啟羅邁當合華一里有二百八十六步四尺二寸一分每一方啟羅邁當合華五里一百三十八步一十二尺六寸三分綜而計之約華方里一千六百萬此成數大略也其疆居大地十五之一居南北阿美利加洲五之一而居南阿美利加洲七之三彼都人士之言如是東海西陸正隅可掌睞也述四至八到表

巴西國	東	西	南	北	東南	西南	東北	西北
	大西洋	埃瓜多	大西洋	大西洋	大西洋	拉布拉	大西洋	委內瑞

		○秘魯○玻利非亞○巴拉圭	○烏拉圭	○貴阿拏		他○烏拉圭		辣
里約熱内路	大西洋	勝寶盧	大西洋	迷拏日來斯	大西洋	大西洋	斯不列多散多	迷拏日來斯
巴亞拉	馬拉瀼	亞馬孫	馬的噶拉士	貴阿拏	痾阿斯	馬的噶拉士	大西洋	貴阿拏
馬拉瀼	標稀	巴亞拉	標稀	大西洋	標稀	痾阿斯	大西洋	大西洋
標稀	西阿拉○伯能不各	馬拉瀼	巴希亞	大西洋	伯能不各○巴希亞	痾阿斯	大西洋	馬拉瀼
西阿拉	里約哥蔺的諾的	標稀	伯能不各	大西洋	伯能不各	標稀	大西洋	大西洋

里約哥蘭的諾的	大西洋	西阿拉	巴來罷	大西洋	大西洋	伯能不各	大西洋	大西洋○西阿拉
巴來罷	大西洋	伯能不各	伯能不各	里約哥蘭的諾的	大西洋	伯能不各	大西洋	里約哥蘭的諾的
伯能不各	大西洋	標稀	阿拉府瓦斯○塞爾日貝○巴希亞	巴來罷○里約哥蘭的諾的○西阿拉	大西洋	巴希亞	巴來罷	標稀
阿拉府瓦斯	大西洋	伯能不各	塞爾日貝	伯能不各	大西洋	塞爾日貝	伯能不各	伯能不各
塞爾日貝	大西洋	巴希亞	大西洋	阿拉府瓦斯	大西洋	巴希亞	阿拉府瓦斯	伯能不各

巴布亞	大西洋	痾阿斯	迷弩日 來斯	伯能不 各〇標 稀	大西洋	迷弩日 來斯	塞爾日 貝	標稀
斯不到多散 多	大西洋	迷弩日 來斯	大西洋	巴布亞	大西洋	迷弩日 來斯	大西洋	迷弩日 來斯
勝寶盧	迷弩日 來斯	痾阿斯 〇馬的 噶拉士	巴蘭弩	迷弩日 來斯	大西洋	巴蘭弩	迷弩日 來斯	痾阿斯
巴蘭弩	勝寶盧 〇大西 洋	巴拉圭	三達加 達里弩	勝寶盧	大西洋	拉布拉 他	大西洋	馬的噶 拉士
三達加達里弩	大西洋	拉布拉 他	里約哥 蘭的叟 路	巴蘭弩	大西洋	拉布拉 他	大西洋	巴蘭弩
里約哥蘭的叟	大西洋	拉布拉	大西洋	三達加	大西洋	烏拉圭	三達加	拉布拉

路		他	○烏拉圭	達里拏			達里拏	他
迷拏日來斯	斯不列多散多	疴阿斯	里約熱內路○勝寶盧	巴希亞	里約熱內路	勝寶盧	巴希亞	疴阿斯
疴阿斯	巴希亞	馬的噶拉士	勝寶盧	巴亞拉	迷拏日來斯	馬的噶拉士	馬拉瀼	巴亞拉
馬的噶拉士	疴阿斯	玻利非亞	巴拉圭	巴亞拉○亞馬孫	巴蘭拏	巴拉圭	巴亞拉○疴阿斯	亞馬孫
亞馬孫	巴亞拉	埃瓜多	馬的噶拉士○玻利非亞	委內瑞辣	馬的噶拉士	秘魯	貴阿拏	埃瓜多

巴西國部落名稱歸一表

巴西人自謂其國曰拔拉西然巴西之目相沿久矣若此之類難可變易瀛環志略謂其部落之名里約哥蘭的諾的者曰北里約哥蘭的此又以義改音不言諾而言北也又一部落名里約哥蘭的曳路曳之言南相為對待而瀛環志略未詳厥名漫載之曰勝伯德祿此不敢沿者也於是列所用名繫以異稱述巴西國部落名稱歸一表

所用名	異稱
巴西	巴悉○拔拉西○伯爾西○巴拉西○伯拉西利○巴拉西利○布拉熱爾
里約熱內路	里約熱內盧○里澳珍勒路○牙匿羅
巴亞拉	巴拉○巴兒黎○加郎巴拉
馬拉瀼	馬拉良○馬蘭羊○馬蘭浩
標稀	標意○比烏衣○碧洗○披阿奚○碧養西
西阿拉	布亞納○司兒納○司耳黎
里約哥蘭的諾的	北里約哥蘭的○北大河
巴來罷	巴乃拔○巴拉難伯
伯能不各	伯爾能不各○巴南標高○巴南布轂

阿拉痾凡斯	亞納可達士○亞力高士○阿拉底士
塞爾日貝	奢耳若卑○沙齊蒲○沙其皮
巴希亞	巴義亞
斯不列多散多	斯不黎多三多○衣士泊列滔山滔○夏司[illegible]里多三多司
勝寶盧	南波勞
巴蘭拏	加巴蘭拉○巴侖納
三達加達里拏	山打嘎他力郁
里約哥蘭的史路	勝伯德祿○南捌杜罕
迷拏日來斯	迷拏日來斯○文納渣黎
痾阿斯	可亞司○高也致
馬的噶拉士	馬的噶羅索○馬滔固勞疏
亞馬孫	阿馬所納○阿馬戎○亞麻信○阿馬遜○阿馬戎乃司

山

巴西崇山嶺盤紆其山脈凡四曰中曰東曰西曰北而中最高彼人所謂西拉多馬山者是也高於海面或二千九百九十四尺或三千一百四十尺或七千八

百尺近西之峰一萬有三百尺皆以法尺計巴西高地無出其右巴蘭孥河三瀋司河焦奇天漢夏河皆道㕁源於此他山分合瞰若兒孫矣巴西無大山山名輒隨地而異略厥岡阜諏厥大者述山

西拉多馬山

西拉迭飛納麗喀山

西拉多葉斯冰哈葛山

衣士徐黎拉山

亞麥古山　在里約熱內路

阿拉獵山　在西阿拉

葉碧亞拔壩山　在西阿拉

埃塔巴拉山　在迷孥日來斯

衣綠邊黑觚山　在迷孥日來斯

奇利達山　在蔣阿斯

驪郁山　在里約哥蘭昀叓路與迷孥日來斯交界處

島表

巴西國之部落不濱海者曰迷筝日來斯曰疴阿斯曰馬甪噶拉士曰亞馬孫外此十六部落之海岸無慮四千啟羅邁當碁布星羅小嶼無算而巨島以馬拉可為最從二百七十五啟羅邁當衡一百七十三啟羅邁當其次曰墨西晏筝島曰加維那島皆在亞馬孫河入海之口於是撮厥卓卓而以岬附箸於篇述島表

里約熱内路	高華筝多島○扶里約岬
巴亞拉	馬拉可島○墨西晏筝島○船尼司島○加維那島
里約哥蘭的諾的	三路基岬
三達加達里筝	三達加達里筝島

水

亞馬孫河為天下長河弟一何論巴西水也厥河之長諸說紛如巴西人以啟羅邁當計蓋用法里也以一萬二千九百六十英里約之則謂一萬九千四百啟羅邁當有奇者似覺近是即為三萬八千八百華里有奇也其源導自安地師山在秘魯烏拉圭諸國之間東流入巴西國西境其部落即以水名曰亞馬孫然秘魯人方音訏之為阿馬所納故亦以之名其部落

非上流異名也入巴西境後屈折東流二千五百啟羅邁當逕巴亞拉部落又屈曲東北流一千三百二十八啟羅邁當入大西洋其寬初為一二啟羅邁當有差海口一臨流寬百倍無慮一百八十啟羅邁當其深平均二百六十四尺海口深五百十三尺最深處一千五百二十尺潮起水亦起水面高於潮退時一十六尺閒時未半水流六啟羅邁當有奇每當颿輪風利沙岸之離目不及睇而河水仍劈潮行也洪流奔馳罕有其匹而枝流一十有八且有長逾經流者或曰合計其長逕境無慮七千啟羅邁當其流於地面不下二萬六千四百方啟羅邁當次之曰巴蘭拏河導源西拉多馬山洪濤四溢瀑布雙飛土人名其左右飛瀑曰斯地奇達士高十七尺寬二千二百尺相逼而出七十尺之狹港猛激狂奔聲聞三十三啟羅邁當水氣煙騰射日如雪雖其名遜於北阿美利加洲賴各宜瀑布亦一奇觀也又次曰三藩司河亦導源於西拉多馬山分流貫注於迷拏日來斯而巴希亞而伯能不各而阿拉痾瓦斯與塞爾日貝之間入大西洋方未入有急泉名波老阿方騷分為飛瀑七道奔注於河又有巴拉圭河導源於馬的噶拉士流入巴拉圭國河名以此雖曰巨浸而逕境非長又

有[illegible]奇天漢夏河亦導源於西拉多馬山其餘諸水巨細有差而以亞馬孫河視之皆檜下矣就雲龍目治耳治之河凡四十有一述水

亞馬孫河 一云阿馬所納河一譯阿麻戌納司江

巴蘭拏河

馬低納河

三藩司河 一譯三法郎昔斯哥河

亨瀉河

打巴約司河

拔勒士河

熱發黎河 一譯偏達黎河

巴拉赫力河

阿拉瓜牙河

柳倭宜噶魯河 一譯尼葛陸河

巴猓拉西貝河 一譯馬拉各日貝河

巴拉河 一譯拔拉河

熱格青哈拔河
格博里河
甯圭河
鐵飛河
如綠瓦河
麥椅黎河
焦奇天漢夏河一譯里虜多舍河
巴野迭河
巴拉拉西拔河
美廉河
意他披庫盧河
巴拉西八迭索河
巴拉巴八迭猓多河
巴來羆河
諾巴來羆河諾之言北

意他披米廉河

里貝拉河

意他乍河

巴拉圭河

里約熱内路河一譯珍拏路河

斤可河

馬拉瀼河

珀土司河

奪昌金河

比拉可河

禰可路河

馬的拉河

鴨碧題河

馬格高河

阿里馬司河

華馬濠河

阿拉圭野河

飛納布拉華河

通舟河道表

巴西商舶初多用颿瀛輪公司既立竭來水上其國輙出帑助之歲約銀三百四十三萬六千窓耳來司於是航路二十有八屬巴西公司居多而美利加紐約之道猶在外也嗣航歐羅巴洲之艦亦民立之而官助之其航海恆由巴亞拉之伯廉埠而里約哥蘭的諾的而望提維地奧埠遂與巴拉圭河之舟路接其駛湖以望加保湖遮敔鴨湖巴道司湖為道而通河之道無慮三萬二千三百一十有八啟羅邁當非就河長源委言也若亞馬孫河若巴蘭拏河若馬低納河若三藩司河若亨寫河若打巴約河若披勒士河若熱發黎河若巴拉赫力河若阿拉瓜牙河若柳倭宜噶魯河若巴猓拉西貝河若巴拉河若熱格青哈披河若格博里河若甯圭河若鐵飛河若如綠瓦河若麥橋黎河若焦奇天漢夏河若巴野迭河若巴拉拉西披河若美廉河若意他披庫盧河若巴拉西八迭索河若巴拉西八迭猓

多河皆非短航支駛可同日語也述通舟河道表

河名	經流分流河長計啟羅邁當	通舟河道計啟羅邁當
亞馬孫河	七千	三千八百一十八
巴蘭拏河	四千二百	三千
馬低納河	三千	二千
三藩司河	二千八百	二千
亨瀉河	二千五百	二千
打巴約司河	二千二百	一千八百
披勒士河	二千二百	一千二百
熱發黎河	二千	一千五百
巴拉赫力河	二千	二千
阿拉爪牙河	二千	一千六百
柳倭宜噶魯河	一千六百	一千
巴猓拉西貝河	一千四百	一千
巴拉河	一千二百	一千

熱格青哈拔河	一千二百	八百
格博里河	一千二百	八百
甯圭河	一千六百	一千
鐵飛河	一千二百	八百
如綠瓦河	一千一百	八百
麥橋黎河	一千	六百
焦奇天漢夏河	一千	六百
巴野迭河	一千	六百
巴拉拉西拔河	八百	六百
美廉河	七百	五百
意他披庫盧河	七百	五百
巴拉西八迭奈河	一千	四百
巴拉西八迭猓多河	八百	四百

渠

巴西鐵道既開河道復如梭織故運物不甚加意於渠也雖然內地農工

或以舟車阻於是鑿渠濟之若里約熱內路若馬拉瀼若斯不列多散多若巴蘭弩若勝寶盧無慮渠道九千二百九十九啟羅邁當約以華里近二萬云其它塞爾日貝諸部落或中止或測地不在所計中也述渠

里約熱內路有渠數道一長一百啟羅邁當費銀二百萬窰耳來司一長二十二啟羅邁當一長二千五百九十六啟羅邁當費銀六萬四千窰耳來司一長二千五百五十二啟羅邁當

馬拉瀼渠長一千六百五十啟羅邁當寬二十二啟羅邁當又渠一道鑿之已久由長一千五百四十啟羅邁當推之長二千二百啟羅邁當又於美廉河畔添鑿一渠

斯不列多散多開渠一長十二啟羅邁當

巴蘭弩勝寶盧均有渠凡長二千七百有九啟羅邁當費銀六萬窰耳來司

塞爾日貝鑿渠一僅出四百二十一立方尺之土而止

鑛泉

辨鑛泉質性亦格致學一端也所含或一或兼而以勝者名泉巴西著聲

之目曰鐵泉曰鹻泉曰硫滷泉曰鹽泉凡此皆非熱泉其不含硫質而泉自熱者曰熱泉其視質性而熱度有差者曰熱鹻泉曰熱硫泉此中國溫泉類也浴有宜不宜說者謂迷拏日來斯之熱硫泉為五大洲冠其信然歟

述鑛泉

一曰鐵泉其水含鐵質而雜炭酸性無處無之國都有九又出於真拏澳者十有一迷拏日來斯九若勝寶盧若馬拉瀼若標稀若里約哥蘭的諾的若斯不列多散多泉之多少有差

二曰鹻滷泉其水有鹻沙有煤氣以出迷拏日來斯之亞廉巴黎為最距其國都三百九十六啟羅邁當又出於巴偏第地名距克森標六啟羅邁當者泉亦如之二泉皆有炭酸鹻鹽鐵之質性浴者便之巨池四鑿欲其不污也

三曰硫滷泉在亞廉巴黎泉左近其水含硫磺質雜以煤氣病肝者宜浴於此別有泉六有硫有鹻有鐵或治臟腑或治雜疾迷拏日來斯與疴瓦斯交界處有鄉名勝當銘高出數硫泉迷拏日來斯里約哥蘭的叟路巴蘭拏亦有硫泉

四曰鹽泉以巴希亞為最其最巨者三一名馬特瓜杜司在蘇亞邨一名

摩士接在埃他辟橋路一名里澳斡地三泉之水熱由三十五度至四十一度不等水質含炭酸鐵性病膽病溼者宜浴於斯西阿拉亦有泉一五曰熱泉出於三達加達里拏一名由柯其熱三十五度五分二名納喬拔滔其熱三十六度三名塞喬拔滔其熱四十五度近三達加達里拏建熱泉醫院一其泉質無硫磺里約哥蘭的諾的馬的嗐拉士迷拏日來斯均有熱泉而性稍鹹巴蘭拏亦出熱泉不一

六曰熱鹻泉出疴阿斯之杉達奇魯地名而三見於奇利達山一名納華士浴池十有三二名華力夏士出自金沙石鑛源遠流長與河無異三名巴獵別定涌自泥地淵然一池長三十三尺廣四尺三泉之源皆伏地中其熱或至四十八度其質綠鹽居多中含鹻性雜以石灰白土

七曰熱硫泉以迷拏日來斯之泉為最其水質有硫兼有鹻其地距利達城三十九啟羅邁當中有一泉熱至四十一度距城六啟羅邁當而巨泉凡三一名拔杜老波達濠其水不竭其熱四十有六度二名馬利亞其熱四十有四度三名馬格可士分而為二其一熱四十一度其一熱四十二度中含炭鹽較多故熱度至四十有二也治溼癩奏功夏日浴者輒二三

千人巨池一浴房九而猶有增凡十四齡以下浴資減半測泉性者謂此泉罕有其匹其地高於海面一千八百二十八尺有奇四周無窪澤無腐艸亦無獩惡天氣清而明無霞無霧無陰霾里約哥蘭的史路與迷孥日來斯毗連之區有山名驪鄰其上有泉熱亦如之質性亦相頡頏也其地高於海面一千五百二十四尺里約哥蘭的諾的之鴨博第有熱泉一亦含硫質雖熱度遜而浴輒奏效距西阿拉二百三十七啟羅邁當地名披箸亦有熱泉出其平原厥泉不一其最善者熱三十四度至三十五度斯不列多散多亦有熱硫泉一見之奇列滔地名一見之甜列地名

海濱雜識

巴西海埠四十有一國都枕潮即要埠之最也其船隖則將作倚之其鐙臺則商舶視之致遠鉤深難可與瑣屑同日語述海濱雜識

海埠第一

海埠四十有一其大而要者莫國都里約熱內路若吳若巴亞拉之馬可巴若馬拉瀼若標稀之巴來孥希拔若西阿拉若里約哥蘭的諾的之那孥古若巴來羅若阿拉疴瓦斯若塞爾日貝若巴希亞若斯不列多散多若

勝寶盧之三多司若巴蘭弩之巴蘭弩瓜若三達加達里弩之德斯德祿亦其卓卓者

船隝第二

同治八年（千八百六十九）巴西刱議於沿海通商之要埠分築船隝撥銀競興海口工程於是里約熱內路海灣之東伯德祿各船隝撥銀一千萬密耳來司已用二百四十萬馬拉瀼船隝撥銀二百萬密耳來司巴希亞之船隝撥銀八百萬密耳來司又有馬加希船隝撥銀一百萬密耳來司巴蘭弩及里約熱內路之船隝皆撥銀修之

鐙臺第三

鐙臺巨者二十有六小者二十有二修自光緒初年居多厥後其國政府籌銀六十萬密耳來司欲其隨時修葺也先是以回光為恒近易射光以直射之欲其照遠也

巴西國系　　　　游歷巴西圖經三

花翎二品銜北洋委用道總辦北洋機器局兼神機營機器局總辦前游歷使臣傅雲龍述

國系

道光二年以前千八百二十二年前為葡萄牙國屬地其立為君主之國以是年為斷十一年國君伯德祿弟一歸王葡萄牙而其子伯德祿弟二嗣之尋游泰西而國人視之重於其父雲龍於光緒十五年千八百八十九至其國都見之談游蹤不倦退而喟然曰其子孫必有以好游貽悔者庸詎知未越年而伯德祿弟二以去位去國聞於海外矣其上嗜游其下假權而易君主為民主之議起一似以美利加合衆國華盛頓為規合衆國南北兵解而後投籌公舉未為顯涉於私而巴西時事則陽卜僉同陰挾兵脅始已滋弊久殆不堪然無論民主之議果否何如而至光緒十五年止自道光二年始其世二其年六十有八固儼然一君主國不獨為南阿美利加洲弟一大國且為五大洲大國之一也述國系

世系弟一

弟一世伯德祿弟一自道光二年始是為君主之國而其即位之日為西

一千八百二十二年九月七日不諳土俗國人輕之越九年道光十一年為西千八百三十一年歸王葡萄牙國而留其子王巴西國即伯德祿弟二凡在位十年

弟二世伯德祿弟二於道光十一年嗣位為巴西國君不屬於葡萄牙國時年七歲蓋生於道光六年千八百二十五年十二月二日時由大臣攝政二十年千八百四十年七月二十三日始親政馬明年千八百四十一年七月十八日加冕二十三年千八百四十三年五月三十日行昏禮光緒十五年千八百八十九去位去國殆將一不返凡在位五十有八年

雜識弟二

伯德祿弟二之妻名德麗薩生於道光二年千八百二十二年三月十四日生其父為西昔里島之酋子四長名亞方騷生於道光二十五年千八百四十五年二月二十三日卒於二十七年千八百四十七年六月十一日次名拔杜勞生於道光二十八年千八百四十八年七月十九日卒於三十年千八百四十六年七月二十九日三四二子生於咸豐年間雲龍往游時一居其都一以兵輪游智利諸國女二長生於道光二十六年千八百四十六年七月二十九日適法郎西男爵陸軍長魯爽士佛次生於道光二十七年千八百四十七年七月十三日適德意志人巴西水師長與格斯突士

花翎二品銜北洋委用道總辦北洋機器局兼神機營機器局總辦前游歷使臣傅雲龍述

風俗類識

往讀職方外紀曰伯西爾國人善射前矢中的後矢即破前筈連發數矢相接如貫無一失者俗多裸體獨婦人以髮蔽前後鑿頤及下脣作孔以猫睛夜光諸寶石嵌入為美婦人生子即起作務如常其夫則坐蓐數十日服攝調養親戚問候遺弓矢食物素無君長書籍亦無衣冠散居聚落喜炎人肉按所謂伯西爾者即巴西也雲龍游於其國求如所云十無一合豈概傳聞異詞耶抑古今俗不相同也巴西未自立國以前獉狉之風未可言書難盡信雖然以古例今安云紀實就目證耳庶足徵乎曰族類第一曰形性第二曰服飾第三曰飲食第四曰居處第五曰俗禮第六述風俗類識

族類第一

巴西之華人僑居國都者五百耳此外分類大略有五一曰葡萄牙苗裔二曰別國人入籍若英吉利若法郎西若義大利若瑞士其較多者三曰

黑人釋自黑奴為民者也先是工作悉役黑奴然待之罔有苛虐其工卜晝而不卜夜眠食俾得其所黑奴自種營生者聽其蓄積為他日贖身之計同治十年（千八百七十一）其國定例凡黑奴新生子女不許作奴其在王宮服役之黑奴悉復其身為民又慮其流離無依於標稀朔建耕植院一所以之作工其子女則令學習文字近又造廣廈居之而復集銀於鑛工為每年代民間買奴贖身之計自同治十年（詳上）至光緒元年（千八百七十五）此銀凡四百有五萬六千七百十二圓已釋之黑奴約六千名黑奴新生子女無慮六萬四千一例許其自主四曰土人都邑土著習與性成而散居荒僻則若自為一類五曰雜人則嫁娶不名一類者也

形性第二

國君伯德禄第二童顏鶴髮其性好游國人之生於斯長於斯者須髮非黃目睛非碧其黑與華人彷彿其膚色則視其類而異或白或赤或黑難可強同無急聲無厲色然耽安逸嗜游晏好賓朋溺絲竹雨馬一車容人三十通衢四達晝夜如飛彼都之喧闐轉勝於美利加國都華盛頓也凡勞筋力之事輒役黑人為之土人不事家人生產有食輒同果腹不自私

也能飲不貪或能居水中一二時或能張目視水底物游水便且捷或騎馬獵牛

服飾弟三

光緒十五年以前固儼然君主國也上下服飾有別雲龍見其國君服戎衣佩寶星非若美利加合衆國之伯理璽天德以齊民為率也其官以黑緞高冠為吉以革冠鐵簷為戎以冬氊夏艸為常以出門不露頂入門輙脫帽為儀以遇塗掀帽送別摇帽為情衣形如燕尾者小禮服也或黑或灰或雜色袴則緊束如體武夫金紫巡捕衣袴緣紅居多佩長劍如北向美利加洲若靴若履牛革為之戎靴有鉤有釘○女冠氊艸無定質正斜無定式黑黄雜織無定色紆之絹條以束其散綴之綵萼以隨其意北向美利加洲女罕衣錦而巴西則不第服氊絨之屬而舞必肉袒宴亦曳裙則同步行市廛輙以黑紗蓋面厥耳穿否聽其自便手釧戒指單雙不等而金剛石之屬動飾千金手套亦不一色披髮辮髮則稱女裝束也革履亦略異於男云○土人雖易穿脣鑿頤髮薙前後之風而衣履亦時有異久居都邑者則漸移如一

飲食第四

喜啖人肉之說於傳有之雲龍游時未之聞也一日三餐與北阿美利加洲同然同一食牛食羊而巴西常人不日日膾炙同一盤餐而巴西輒雜木根之粉棕汁之醯其嗜略減於濁其味漸趨於淡論者謂與華食有不謀而合者其信然歟語茶若沙蓋傳自湖北非傳自福建也飲加非酌佳釀海國一例

居處第五

美利加樓居高或十有三層而巴西則三四層歎觀止矣無它地廣人稀也其營室有同有異不立柱之壁生白不傳電之玻璃透風不侵塵之百葉窗與簾鋪地之萬花氈砌階之雲石織網之鐵欄煤氣電氣之鐙鐵榻之轆轤卧几之厚褥同焉者也登樓之拾級而無機梯浴室之以鐵盆而無引水之槽異焉者也冬暑蚊如雷旅店之帳罕又與古巴少殊花園位置亦無大異惟堆山滴乳之石倚欄夾道之木大率假泥為之其假石半近模稜其假木亦隣勦襲

俗禮第六

昏喪諸禮沿葡萄牙舊俗居多而來自別國略有異同然大較無甚差違以跳舞寓擇配意以女十八後得自主昏以男俞女唯偕受戒於教堂此昏禮之同也以醫接生以神名名子以產分女而與子無異視此生子女之同也以鮮花為賻祭以立石為紀念此喪禮之同也

宴賓之禮以絲竹娛賓以婦女酬畣以舉觴相屬寓上壽意

游歷巴西圖經五

花翎二品銜北洋委用道總辦北洋機器局兼神機營機器局總辦前游歷使臣傅雲龍述

巴西食貨

人數繫地表

瀛環志略云巴西國道光年間戶口約四百萬葡人八十萬雜類四十萬黑民十五萬黑奴子孫贖爲民者黑奴百餘萬土人暨各國人七十餘萬去雲龍游歷巴西時僅四五十年耳今之人數已一千三百二十有三萬蓋三倍有奇矣其中華人之僑彼都者不下五百他亦多寡有差諏厥職戶籍者得其都城與二十部落之數迷弩日來斯民二百萬其最多者也述人數繫地表

國都部落	人數
都城	五十萬
里約熱內路	一百六十萬
巴亞拉	四十萬
馬拉瀼	六十萬
標稀	二十五萬

西阿拉	五十萬
里約哥蘭的諾的	三十萬
巴來罷	三十五萬
伯能不各	一百五十萬
阿拉痾瓦斯	四十萬
塞耳日貝	四十萬
巴希亞	一百六十萬
斯不列多散多	一十五萬
勝寶盧	一百二十萬
巴蘭拏	二十萬
三達加達里拏	二十五萬
里約哥蘭的叟路	五十萬
迷拏日來斯	二百萬
痾阿斯	二十八萬
馬的噶拉士	一十五萬

一十五萬

物產

巴西瑰奇之寶羽毛之美艸木之蕃（有用之木二萬餘種土人亦不盡知名）論者謂為五大洲冠以目質耳非臆說矣同食五穀百果而樹根之粉椶汁之醽則異同出子種根生而本末皆花之葛藟瓦漬鹽胎蠟之椶艸則異同乳脂者膏者羸者羽者而不飛之鳥黎果那不走之嬾面鼻端一角之汪碧立司綫舌食蟻之安多蟻畜又其異也同孳卵行仄行連行紆行而四足稜尾之格列項鈴攝蟾之嘎司嘎肴又其異也然雲龍游目所注則在彼不在此其地腴宜農其鑛厚宜工其國東環海島湖河趨之農工苟寖以精又焉往而不宜商而惜乎其農其工時以無人慮也述物產

穀屬

稻（莖之長者或逾一尺）○粟（產三十六種）○稌○玉米○大豆○小豆○豌豆○蠶豆○豇豆○扁豆○刀豆（巴西產豆七十三種僅錄其著者）○野豆（巴西產野豆五十一種）○馬鈴薯○胡麻

蔬屬

菘○萊菔○海椒○葱○韭○蒜○薤○水芹○蕈○窩苣○芋○山芋

○芥○天門冬

蔬屬

水瓜○甜瓜○南瓜○王瓜○苦瓜

果屬

梅○李○桃○梨○籔梨產於巴西海濱沙石間○頻婆○杏○葡萄葡萄牙以此名國巴西初為葡萄牙屬地國君亦葡萄牙君裔也○櫻桃○橄欖○栗○胡桃○柿○橘○熱司亦橘之一種而小於橘皮裹四格每格各儲一瓣味酢以糖浸食之○檸檬或以製油或以入水解渴○橙○柚○榴○花生○無花果○蛇莓○佛手○木瓜○蕉實○葛萄瓦其果青如甜瓜熟而黃則類瓜蔞剖之其子纍纍去白皮其仁紫色食之亦近瓜蔞仁雲龍游歷時見其青者其花詳花屬○芒果其果色如黃李而大五倍之皮裹絡如絞瓜而核扁厥味酢且澀或亦謂之飛列格○棗產於巴西海濱而伯能不各所產彌多○椰實

花屬

牡丹○芍藥○紫荊○玉蘭○馬纓○朱藤○榴○桃○李○梨○夾竹桃○木夫容○月季○茉莉○薔薇○小蜀菊○丁香○豆蔻○葛萄瓦花其葉似枇杷無毛而倍大其花四出略似金粟而白其蕊黃其木二三丈高其幹隨處着花其果詳上○風蘭

艸屬

青艸葥之如蒨雜花如錦如繪○虎耳艸○石里納阿低魯長低嘎沿壁而生其葉似竹而肥其節似白
艸根而大色綠可食○蒲○藻○蘆蒿○雁來紅○棕艸其汁含鹽含鹻其艸織席織筐而不若織帽之爲大
宗歐羅巴洲人爭購之其葉可以製燭且取蠟謂之棕蠟

藥屬

樟腦○丁香○豆蔻○蓖麻　○酸硫所達○信石○石膏○硼砂○魚
肝油○棕根○鐵酒○來思鐵○精錡膏○樟腦酒○加露米○愛阿靛

木屬

松○柏○棕櫚巴西有數十種其一種根可製藥枝可代燭汁可釀醞果汁可代加非○低夫約阿布列西利
美此亦棕之一種其根可以製粉土人稱爲巴西麪包猶言天然食物以果國人之腹也其果類橘互詳農務○杏○梨○栗
○杉○楊○紅木○樟○橡樹○桑○榆○檜○鐵樹○蘇木職方外紀曰有大山
介孛露者蘇木甚多亦稱蘇木國雲龍桉山即安地師山也　○帶五篤中國無此木

雜植之屬

斑竹節短而幹巨高八九十尺叢生如攢○實心竹其節約二尺許外似慈竹而中自堅勁大者心略空小者不空也○細
竹即中國所謂京竹也然較高約七八十尺其節勻而細亦叢生○木本竹其本木也其葉則竹葉色中青邊紅其長倍速宜熱宜陽
○木棉○麻樹其麻柔而靭詳農務○蔗與秘魯種蔗不同而種類亦多詳農務○淡巴菰雖不如古巴而產亦

不少○加非其實嫩青老紅研之焙之以代茗○蕉○仙人掌○藍

禽屬

鶴○灰鶴○倭士得猓司鶴足翦背而肥色灰其行甚速○孔雀○雁○鸛○鷲○鷹○隼

○鶚○鵰○鴻鵠○海鷗○鷺○昔思北列多鷺之一種色黑其喙赤較大○昔思北

朗多亦鷺之一種色白其喙黃較大○希魯牙列鈸形似鷺其首毛突出如松其羽赤白其尾黃紫○希力鴨瑪

其身二寸許毛兼黑白其首有二冠與啄木同○拉拉其形如鷺其色則朱而淡○固拉低似鷺而巨○駝鳥○鸚鵡

三十餘種之一○烏魯八哥鸚鵡之一種頭黃口赤身黑高一尺○阿拉拉司亦鸚鵡之一種雜色不一文采燦目而巨不畏人

○哈敏拔亦鸚鵡之二種采毛在尾尾長於身者倍長短毛各二○溪路碧亦鸚鵡之一種其喙長而曲○無對雌雄形影

相依其聲宛轉如唱隨其羽雜采紛披○烏黎果耶高二尺許六翮色黑而不克飛白毛出首或直或曲其鳴如鈴○葉裏

立其名自呼體微而瘦○梟巴西人言此鳥集屋則否極此與華語同○鳩○鴿○鷓鴣○啄木○鶉○火

雞○雉○拉比力士雉身鷹嘴○熱沽頂格雉別種嘴藍頭白項紅身黑足赤高尺許○格格渚大如鵝之

半首冠如啄木能飛

獸屬

獅犬喙黃毛○象巴西人以之吹風琴且弄琴如調以足擊鼓蹈行臥起為戲○虎餓時猛不可當飽則一人制之有餘饕餮之害

身如此○豹○鹿○麞○熊○狗熊○豬熊○羆○狼○狽○懶面此獸猛甚爪如

人指有鬃如馬腹垂着地不能行盡一月不躡百步喜食樹葉緣樹取之亦須二日下樹亦然○狐○狸○果子貍○叟

格盧前半似狸後半類狐人足梟耳腹下有肉橐可闢可闔恆納其子於中乳則出行輒跳躍○安多蟻畜此食蟻獸也其

口如錐其舌如線眠則尾張蟻嗜其亂爭就穴馬尖則搖尾出蟻而食之食已復眠而蟻穴如初○汪碧立司驢耳馬首騾目毛黑

而黃一角在鼻時至麥場讓雞鶩而食之○馬○野馬擇子騎之練戰為戲○牛○拉洋野牛也先是巴西土人爭獵野

牛為食至今國都不多見矣○羊○黃羊○細毛羊○養馬亦羊類也不多苦秘魯之多○豕○野豕

○各基小野豕之一種尺許○貓○野貍○兎○猿種類百十○漊倮抹石猴之一種鼠尾身長喜食

頻婆蝻雄同行○狼猿圓尾而短前足長甚立且至地○吉吉亦猿之一種長三寸許而尾倍其號吉吉○銀鼠○松

鼠○豹文鼠○鼷鼯○倚拉力尖口長尾細身二尺餘○分波果鼠形二尺据云味美○熱布

基鼠形其尾尺餘

鱗介之屬

鯨○黑魚○鯽○鯉○鱓○人魚○科斗魚形圓長尺許○濶翅魚翅寬聯絡首尾○

珠鱗魚其鱗朱點攙以白珠○星魚○牛尾魚○龍蝦○蟹○牡蠣○蠔○珊瑚蟲

據彼人言珊瑚成於此蟲以蟲房蟲隄例之其言不虛也○文蛤○海螺○蚌○水母○蜆○鼋大者數尺○

鼈○黿○鼉

蟲蛇之屬

蛇○嘎司嘎肴此鈴蛇也體有其文如交而色黃其項有物如鈴觸之輒鳴以蟾爲糧餓則鈴鳴蟾聞聲懼而奔復回視蛇則口張矣復奔復回如此數四自躍入口猶虎之食馬也相制殆由天然○熱格列此四足蛇也身長五尺餘尾長倍於其身而形三稜其色慘綠大腹宅水艸間○壁虎○蜈蚣○䗁○蠭○小蠭○蜴長一尺有奇○一鼓阿納蜥類背上有白點○蟬大於華產二倍亦有小者○蜨五色斑斕巨細咸備以之飾釵蚨直數金博物院亦羅列之○蠅○螢○蟻○蚊○蚋○蚓○蝗○螳螂○蟋蟀○蚱蜢○蛛○蟢子○蝸○蜻蛉○蝙蝠大者長二尺許曾於博物院見之

金屬

金○梯魯利龕磷巴西名色白○壁士密司鉍色淡紅○銀銀少專鎔雜金銅鉛中○銅○錫○鉛○白鉛○鐵○青光鐵○鎳○汞

石屬

金剛石甲於五大洲而以衣綠邊黑廝山爲最○寶石○翡翠玉石○五色雲石○五色石○鐵石○鐵沙石○灰石○灰礦石○紅瑪瑙石○白瑪瑙石○水晶○雜石

土屬

膠泥○陶泥○堅泥○紅泥○白泥

雜鑛之屬
硫磺○硝○白礬○石膏○石墨○燐○石油○玻璃沙
布帛之屬
絲○錦○綾○毳棉合織○絲棉合織○紗○布○呢○絨○氈○毯
冠履之屬
呢帽○革冠○艸帽○黑緞高冠○衣○半臂○女披肩○裙○袴○寬
緊帶○領○襪○革鞾○有鈎有釘戎靴○革履
舟車之屬
兵船○礮艦○颿船○渡船○漁船○運物船○濬泥船○火輪車○馬
車○街車○運物車○救火車○割麥車○水車
器用之屬
測天鏡○視日鏡○顯微鏡○電器○開鑛器○吸水機器○印字機器
○作冰機器○織器○造糖機器○墨壺○鉛筆○紙○樂器○飲器○
食器○鐵櫥○卧几○几○桉○帳○被○褥○枕○席○簾○幔○箕
○帚○翦○刀○鑯○錐○槖○棕籃

雜用之屬
艸蠟〇棕燭〇桐油〇松漆〇樟腦〇樹膠〇顏料〇石灰〇磚〇瓦〇鯨油〇魚膠〇壳魚灰〇蚌珠〇蛤殼〇金甲蟲〇蜨釵〇鳥羽〇牛革〇鹿角〇狐革〇馬尾〇羊毳〇黃羊皮〇蛇皮（巴西有一種巨蛇其皮可製鞾履）〇鯨須

飲食之屬
麪包〇飯〇粟粥〇穀粉〇麥粉〇樹根粉（詳木屬）〇薯〇豆粒〇豆泥〇牛炙〇牛汁〇羊炙〇豚腊〇燒豚〇炙火雞〇炙鷓鴣〇雞卵〇牛乳〇冰牛乳〇牛油〇糖〇糖汁〇葡萄酒〇槐花酒〇麥酒〇蘋婆酒〇舍利酒〇橄欖油〇檸檬油〇沸瀾水〇檸檬沸瀾冰水〇加非水〇茶〇椶醯（詳上木屬）〇醬油〇芥末

薪炭之屬
無煙煤〇有煙煤〇重木炭〇輕木炭〇骨炭〇枯艸〇薪

鑛產
巴西五金莫若金剛石有聲雖然金剛石之利今仍英吉利人操之無他工不逮也善事利器子語其能越乎銀無專鑛而時雜出於金與鉛與銀

亦不得謂五金非備矣雲龍游彼都時訪英人美人之僑居而留心鑛產者謂光緒九年（千八百八十三）先多約翰低列公司出金二十三萬三千九百二十六澳達拔司此即八十三萬七千八百五十八庫蘭也凡海關金直一庫蘭云者當一密耳來司（詳度量衡比較表）而一澳達拔司當三庫蘭有五八六也其他視此堂比脫羅公司出金五百八十五澳達拔司比多基公司出金九千五百五十三澳達拔司散達拔而拔而公司出金一萬二千四百十三澳達拔司巴西公司出金三千六百九十九澳達拔司其輸入之數凡金貨二十一萬四千二百佛郎二十八萬八千一百七十磅巴西政府之金八千密耳來司其輸出之數金質一百四十二萬二百九十七庫蘭此直一百四十六萬四千六百有三密耳來司也銀條二十萬四百九十庫蘭此直八千一十有九密耳來司也金貨一百一十三萬七千七百九十四密耳來司銀貨十三萬四千四百三十六密耳來司此光緒十一年（千八百八十五）數也銅錫鉛鐵多寡有差雜鑛之屬有足珍者述鑛產

一曰金其鑛無地無之而迷拏日來斯（省）王其次為三藩司河之東岸巴西人役黑人開之英吉利人且趨如鶩其次若里約哥蘭的曳路若巴希

亞排澳難若疴阿斯若馬的嗃拉士若西阿拉若巴來罷若伯能不各所出之金多寡有差而里約哥蘭的叟路設有采金公司本銀八十萬圓產金之地或鐵石毓之與火石攙或生河畔沙灘采金之法或以水淘汰或以水銀和取而水淘居多其與金攙雜而生者有白金珍而罕有衣列地龕金之一種也厥質堅甚尠克鎔之有巴竦利龕亦金之一種或謂之黑金非巨火力不能鎔也產於迷拏日來斯馬的嗃拉士有梯魯利龕色白如金而質近硫有壁士密司色淡紅較鉛微硬而脆燭火亦足鎔之產於迷拏日來斯衣列地龕即銥巴竦利龕即鈀梯魯利龕即碲壁士密司即鉍

二曰銀巴西無銀鑛相傳巴希亞有之詢之彼人云未之見雖然含之金鑛往往而有且與鉛同生鉛苗所在未始非銀苗所伏也惜銀之數嘗不敵鉛百之一而銅鑛中時亦有銀其銀居銅百之二

三曰銅所產之地若馬的嗃拉士若疴阿斯若迷拏日來斯若巴希亞若馬拉瀼若西阿拉若里約哥蘭的諾的其卓卓者而山滔晏鄉之鑛尤王是鑛純銅居十之六白銅鑛尠甚惟產於里約熱内路之石鑛迷拏日來斯之沙地有名孟艮宜士者與銅鑛近灰白色堅不易鎔孟艮宜士即錳

四曰錫西阿拉所產居多產自阿拉獵山者鑛無雜質產自葉碧亞拔壩山者中含硫磺或謂之硫磺錫

五曰鉛鑛苗既多且厚中雜銀質鑛之著者若里約哥蘭的曳路之波梁若迷拏日來斯之鴨碧題河司地埒高若巴來罷若巴希亞若三達加達里約若西阿拉若馬拉瀼若標稀而鴨碧題河之鑛其冠冕也

六曰鐵產於埃塔巴拉山衣綠邊里觚山迷拏日來斯與臬格耳青光鐵同產鎳鑛鎔可出純者百分之七十二有五青光鐵可得百分之七十為者亦得百分之二十五或二十有差亦有數鑛產鐵間有或雜品之者謂高於瑞典國之精鐵且鐵鑛之苗層出不窮或近山林或隣瀑布采鐵之工代木以鎔質激水以轉機其工既省其利彌厚迷拏日來斯之就地鑄鐵勝寶盧之鑄局側有林六千六百五十有一畝便莫便於此矣

七曰金剛石巴西金剛石為大地冠所在往往而有而未若衣綠邊里觚山之善也山鑛在迷拏日來斯巴希亞二部落大率民自經營而政府定法監之其工未精是以利柄持自英吉利雲龍游時猶然

八曰寶石其色或黑或藍或綠而藍勝其直倍昂所產之地若迷拏日來

斯若痾阿斯若里約哥蘭的叟路若巴蘭拏皆不名一色
九曰翡翠玉石產於迷拏日來斯者為最多
十曰水晶白者既巨且潔澄澈無匹痾阿斯之產為最中有雜色閃光者
其直尤昂而紅晶遜
十一曰白石瑛產於里約哥蘭的叟路往往輸出別國
十二曰瑪瑙有紅有白亦多產於里約哥蘭的叟路而其部落之互市者
流輾以瑪瑙與白石瑛為大宗商船一集霞如雪如
十三曰五色雲石質極堅緻雕鏤人物者以之其鑛若迷拏日來斯若巴
希亞往往爍出而莫若里約哥蘭的叟路之為愈也其部落之鑛最曰煙
奇葡司溪特以翠而紋采橫生黒而光豔四出者佳又有地名勝老格所
產雲石既易磨治且煥光輝歐羅巴洲之產莫之逮也
十四曰五色石以砌階垣
十五曰鐵石其質含鐵故名
十六曰鐵沙石其質有鐵有沙故名
十七曰灰石其質中含石灰磨之光之與雲石近造石像者以之

十八曰灰磺石其質有硫磺有石灰惟巴希亞及三藩司河畔偶一有之

十九曰膠泥其性黏營造以之

二十曰陶泥可陶可瓦處處有之

二十一曰堅泥產自西阿拉諸部落以製瓦鍋尤固蓋鎔金之鍋非禁烈火者不適用也

二十二曰紅白泥土人多以塗垣

二十三曰硫磺其產若里約哥蘭的諾的若里約哥蘭的叟路其較多者又產於迷拏日來斯之文納司拉華士則非產於鑛而由硫磺泉水熬結而成

二十四曰硝其產若迷拏日來斯若標稀若西阿拉若馬的噶拉士總之不離乎烏勞披列叨迄於三藩司河岸而鄰巴希亞境者近是

二十五曰白礬其產若巴蘭拏若迷拏日來斯若標稀取攜者便之其它土質或含木煤或雜松香可以分析而出

二十六曰石膏產於迷拏日來斯又其國之北疆往往而有

二十七曰石墨亦謂之墨鉛即黑鉛也彼人以之為鉛筆是亦炭類產於西阿拉

二十八曰煤若里約哥蘭的叟路若阿拉疴阿斯其鑛最也它如巴蘭拏三達

加達里拏迷拏日來斯亦有亦精其一種石油煤以巴希亞之南與夫阿拉疴阿斯所產為富

農務

巴西國計以農為大宗其視秘魯何如也雖然地廣人稀其膏腴之地叢木薮之荆棘又遍之其謀招華工徹獨開鑛已也又徹獨樹蓺五穀已也即如種茶一事自嘉慶十七年中國湖北人至彼翔植以來工寖旺而今僅八工耳其工雖尠其土則沃以麥田百分計之歐羅巴洲地產百之二十分巴西恆居百之六十若里約哥蘭的諾的往往居百之七十可不謂宜農為大地冠乎而況蕃孳輒相倚伏也於是諏而錄之耕種第一植物院第二蠶桑第三牧畜第四物產所略互詳於斯述農務

耕種第一

巴西平原高原厥土宜稻時或莖長一法尺說者謂出穀之多較印度良田殆有過之馬拉瀼出穀之豐比於北阿美利加洲無不及也馬的嵩娃士河畔儲水之田尤省人力云　巴蘭拏產粟米三十六種豆一百二十四種其中野豆五十一種　粟米出於南疊居多　產一食物名低夫約阿拉佈

列西利美或譯之曰塔披奥加巴西人所謂巴西麪包者是近且由馬拉濮巴亞拉出口寖及歐羅巴洲矣其樹三十餘種其果類橘而所食則其根也搗根出漿凝於水底久之成粉雲龍曾於彼都食之彼人云是樹宜暖宜乾又宜沙土種之易易耳充飢者便之其利亦厚即市直再減厥半亦非無利也里約熱内路之坎寶士有田一區每方二百二十法尺植樹四萬根出粉三萬六千七百二十啟羅格郎當直賤時約銀四千八百密耳來司較棉蔗加非之利為何如耶種之既省工力且無須精巧機器為也泡製寖精獲利必倍且樹葉樹果堪飽牛羊宜巴西之嘖嘖不置云或曰低夫約阿拉布列西利美粽之一種也又有一種其根可以製藥其枝可以代燭其木可以造樂器其汁可以釀醯其嫩幹中心之性韌可以代水松根其果可以代加非　膠樹產於亞馬孫巴亞拉居多厥用無窮歲稅夥甚　加非之利最厚每一黎格之地樹九百十有八瘠土出加非豆六百七十四啟羅格郎中土一千三百八十四啟羅格郎沃土二千有二十四啟羅格郎大概一人一日能種二黎格之地每啟羅格郎之加非賤直約銀十分密耳來司之三則上上之土得銀一千二百十三密耳來司中土亦得八百三十密耳來司

下土亦得四百有四密耳來司截長補短大約一工歲獲銀六百密耳來司男女無甚差違也　廠土宜蔗者多而里約熱内路伯能不各阿拉疴凡斯塞爾日貝巴希亞尤宜北壘蔗田或留十六年或留二十年而馬的噶拉士蔗園或經四十年之久而土質肥沃不少瘠　其國都植物院植蔗有二十一種歲以蔗種散之四方試植其宜與否然雖土或不宜亦有利也嘗有新地一區廣一法里種蔗十五閱月收蔗十萬啟羅格郎計二法里歲獲銀一千四百密耳來司里約熱内路工直較昂每植蔗園一法里之地費銀一百三十密耳來司如所產之蔗售銀七百密耳來司則獲利銀五百七十密耳來司矣　國中產淡巴菰亦多而以巴希亞為最如工日精可與古巴島夏灣納媲美巴西歲出口之淡巴菰一百四十萬啟羅格郎直銀六百萬密耳來司　南北互市有牛乳油豚腊之屬與夫水果山芋其山芋有名為英種者可與進口之芋比而產巴蘭弩居多　國都及巴希亞伯能不各勝寶盧里約哥蘭的叟路所有蔬圃果園卉鵖於蒔與接之法日益求精　葡萄種不多年而產旺勝寶盧巴蘭弩里約哥蘭的叟路均已著效其植之勝寶盧者無慮一千四百他如里約熱内路迷弩日來斯

亦漸植之巴西天時地利南朔不同無論何種植物不克樹蓺者甚少其南若加非若蔗若棉若淡巴菰若椰若茶與夫亞細亞洲歐羅巴洲恒有之草木百穀亦剏亦仍而要以加非甘蔗為土產大宗若葡萄若桃若梨若頻婆為果之多者僑居柯里梯巴之人增植未備之麥見者謂不亞於別國之最精者　麻之產自巴蘭拏者其絲甚長勝歐羅巴洲遠甚產自里約哥蘭的叟路者亦未多讓剏置治麻機器一取絲倍速　種棉亦已著效不必概借機力小農之戶罔有弗宜約一黎格地可樹棉四千五百四十有五肥者出棉二千一百六十啟羅格郎一人歲植三黎格大約獲銀八百一十密耳來司伯能不各所產之棉與歐羅巴洲互市足代美利加魯西阿納邦之產而巴蘭拏之棉不亞於美利加卓爾治亞邦之產其老農謂巴西棉樹之莖中含韌絲其色白以之敵麻殆無不及也　嘗有英畝十九或三十六畝之地能產棉三百二十九啟羅格郎至九百十八啟羅格郎以植加非則產六千六百八十五啟羅格郎以種粟米則產一千八百十八利脫耳　棕艸中含鹽質鹻質其供用物微獨筐帚已也織帽是一大宗歐羅巴洲人爭購之巴西出口棕艸與夫自用於國中者凡直銀百萬密

耳來司其葉出蠟可以製燭里約哥蘭的叟路所出棕蠟出口之數歲約法銀三十萬巴希拉歲出棕蠟直銀二百萬有奇其中出口者一百五十萬

植物院第二

國都及巴希亞伯能不各里約哥蘭的叟路塞爾日貝皆設植物院欲其講求農務也其在都者農部大臣董之其在部落者畺吏董之先是都城翔植物院費集自紳國君亦撥銀十萬八千密耳來司助之會議之日君亦與焉城外有草木園即繫於此其費出官不出民也凡銀二萬四千密耳來司今積餘銀三十一萬五千密耳來司矣園側築小田莊一羅列農具且課工增造田車之屬售之國人其莊蒔草木無慮數千種非利於用與濟於商者不加意焉若蔗若芋若棉若果若淡巴菰其類不名一種院附帽廠一用智利法以草織帽有精緻聲譽襄於澳大利都賽會嘗受獎牌其草移自秘魯而滋蔓日多其織工皆單寒稚子也來自里約熱内路醫院居多　其院又仿瑞士國章設農務濟貧館一收養孤苦課以農務搖以學業其地遼如内容習武場陰雨工作房器具房蔬圃嗣是議於草木園增獸苑一醫獸館一又議將里約熱内路及迷拏日來斯所產之麻樹

勒其廣植此種麻樹與華麻異初自叢林尋出其絲堅韌無比曾驗之英國其絲七十九萬三千二百四十三啟羅格郎直英銀八十四磅是院歲刊農報一冊又於草木園議設勸工賽物場一　巴希亞植物院費銀四十七萬三千九百三十五密耳來司嘗購農具於歐羅巴洲院有書庫有賽物場有格物化學房凡關耕種之物悉星羅焉　伯能不各植物院已撥帑銀十萬密耳來司為買地建屋費集於其地者不在其內又有農務會　里約熱內路馬拉瀼皆有新集之農務會　國都農務會刱於道光五年（一千八百二十五）成於八年（一千八百二十八）其究農務輒與植物院相表裏也遇有會議其君亦臨道光十三年以來（一千八百三十三）月刊一冊曰勸農報初卜晝不卜夜後設夜館其生彌多

蠶桑第三

巴西勸蠶館即設於植物院內匪惟課桑已也於蠶筐繅室之法雖弗逮中國湖州遠甚而亦三致意云

牧畜第四

巴西內地水多且潔草沃而豐養牛者利之若里約哥蘭的曳路若馬的嗝拉士若疴阿斯若巴蘭拏若勝寶盧若巴希亞若塞爾日貝若里約哥蘭

的諾的若西阿拉若馬拉瀼其尤宜者也牛孳之易出於天然坐享厥利者認犢而外無所事事其牧子半役土人月給工食不過十密耳來司同治十二年千八百七十三至十三年千八百七十四里約哥蘭的叓路一部落出口之牛肉已二千三百八十六萬啟羅格郎有奇直銀六百萬密耳來司即如草田九百萬法方尺可養牛千頭二牧子足矣千頭之牛歲孳一百頭有奇牝牛一頭直銀二十密耳來司牡牛減半二牧子所畜之牛歲利一千五百密耳來司比之種加非厥利相埒或且過之細詠厥故一則牧地之直低於加非蔗園也二則牛易孳直彌廉也三則牧之不須多人也四則市牛以驅而行無運費也論者謂東半地球肉食久將不敷而巴西之牛足以濟之云試即中央之亞拉沙草地言之東西一千九百三十九啟羅邁當南北九百六十八啟羅邁當凡一百八十七萬四千有四十八啟羅邁當以九百萬法尺之地歲孳牛一百頭推算則祇此一區便可孳四百萬矣其國中無處無牛但多寡有差貲本亦異耳迷拏日來斯牧牛日多良由彼都歲銷十萬二千頭皆出於其部落也家畜之牛工貲較鉅然孳亦較繁且可助耕也山田性堅驢馬之力非牛所逮其取乳之牛每頭直銀五十密耳

來司　羊產不王惟里約哥蘭的臾路巴蘭拏較多其國都歲用羊一萬九千頭來自逑拏日來斯其毳可織氍毹同治十二年（千八百七十三）至十三年（千八百七十四）里約哥蘭的臾路出口羊毛凡七十八萬八千五百十八啟羅格郎直銀三十萬有五百密耳來司或以巴蘭拏之細軟羊毛伯能不各之黃羊毛巴布亞之白羊毛在澳大利都大會比賽均受獎牌　牧豕亦利豈第氣候相宜云爾哉抑亦穀蔬充斥也林菁之區厥利彌增逑拏日來斯之豨足供其都罔有缺不計腊外凡用一萬八千頭　騾馬亦蕃而未稱蕃息雖然國人嘗至歐羅巴洲訪求厥良攜歸里約哥蘭的臾路巴蘭拏逑拏日來斯欲其孳也若巴蘭拏若勝寶盧騾馬寖滋於昔

商略

巴西農工兼尚而商亦三致意焉大較以銀行為經以市廛商舶為緯銀行弗逮美利加遠甚雖然利權不假手於人意外之虧輒出帑以助而市廛之消長繫之商舶之損益繫之即國用之盈虛亦繫之述商略

銀行弟一

巴西國立銀行二十有四其本銀一百九十二兆六十萬密耳來司而以立

於里約熱內路者爲最又有民立支行分設部落

市廛商船第二

通國之賈凡五萬七千四百五十有二又有免稅者七千五百八十有八其中設自巴西國人者三萬一千四百三十有六設自葡萄牙人一萬九千五百十有二設自華人及別國人者六千五百有四　商舶之駛自巴西國人者一萬九千九百有奇所載無慮五百數十萬頓舟人三十三萬有奇

保險第三

巴西保室物舟車行李之屬有保險公司二十有五其本銀一百五十六兆密耳來司

進出口貨直表

巴西海濱既長河口佐之金石工起農牧益利其商之易興勢使然也自嘉慶十四年（千八百八）開港互市以來有進無退先是巴西出口之物例須先經葡萄牙國歲直銀二千二百六十萬密耳來司道光二年後（千八百二十二）自有通商之權同治二年（千八百六十九）至十三年（千八百七十四）進出口貨直銀三百

十七兆二十七萬九千四百密耳來司其中進口者直銀一百五十五兆十二萬六千密耳來司出口者直銀一百九十二兆十五萬三千四百密耳來司是出口多於進口論者謂巴西商務日增截長補短約歲增千之二百有六七也光緒十三年（千八百八十七）進口之貨直銀二百有九兆四十萬六千六百九十四密耳來司而出口之貨直銀二百六十三兆五十一萬九千五百九十三密耳來司較之前數為何如耶於是乎有備較之貨直其出口之貨若酒以利脫耳計若棉若獸革若羊毛若馬尾若樹膠若金沙若金剛石若紅木若糖若粱粉若加非若茶若椰若淡巴菰皆以啟羅格郎計而進口貨則視用物之消長為商販之減增光緒十三年進出口貨凡直銀四百七十二兆九十二萬六千二百八十七密耳來司二十部落可約計也於是乎有繫地之貨直述進口出口貨直表

貨直備較弟一

中國年	西年	進出口貨直銀（計密耳來司）	較增
道光十九至二十四	千八百三十九夏起千八百四十四夏止	九十六兆十六萬九千	
道光二十四至二十九	千八百四十四夏起千八百四十九夏止	一百有六兆二十九萬六百	較前五年增十兆十二萬一千六百

道光二十九至咸豐四	千八百四十九夏起千八百五十四夏止	一百四十八兆二十一萬二千四百	較前五年增四十一兆九十二萬一千八百
咸豐四至九	千八百五十四夏起千八百五十九夏止	二百十二兆八萬七千八百	較前五年增六十三兆八十七萬五千四百
咸豐九至同治三	千八百五十九夏起千八百六十四夏止	二百三十六兆五十一萬二千八百	較前五年增二十四兆四十二萬五千
同治三至八	千八百六十四夏起千八百六十九夏止	三百十四兆二十七萬九千二百	較前五年增七十七兆七十六萬六千四百
同治八至十三	千八百六十九夏起千八百七十四夏止	三百四十七兆二十七萬九千四百	較前五年增三十三兆二百

貨直繫地第二

部落	進口貨直銀 計密耳來	出口貨直銀 同上	進出口貨直總數 同上
里約熱内路	一百兆三十六萬二千	一百五兆七十三萬六千	二百十六兆九萬八千
巴亞拉	一十兆九十六萬二千	一十五兆九十三萬六千	二十九兆八十九萬八千
馬拉瀼	六百六萬七千	五百九十二萬九千	一十一兆九十九萬六千
標稀	一百四十萬八千	一百 五萬八千	二百四十六萬六千
西阿拉	四百一十六萬一千	六百一十一萬三千	十兆四十七萬四千
里約哥蘭的諾的	二百二十九萬三千	一百九十五萬六千	四百二十八萬九千
巴來罷	一百一十九萬七千	三百五十六萬	四百八十五萬七千
伯能不各	二十二兆一十九萬七千	三十四兆 六萬	七十二兆二十五萬七千

阿拉荷瓦斯	五百二十二萬五千	九百一十六萬五千	一十四兆三十九萬
塞爾日貝	三百一萬四千	三百五十萬八千	六百五十二萬二千
巴希亞	二十兆一十四萬九千	二十五兆四十三萬四千	五十三兆五十八萬三千
斯不列多散多	一百二十二萬一千	一百八萬	二百三十萬一千
勝寶盧	二百二十五萬二千	二十一兆五十九萬七千	三十四兆八十四萬九千
巴蘭拏	四百二十一萬四千	四百一十萬九千	八百四十九萬三千
三達加達里拏	一百一十三萬二千	一百六萬六千	二百五十二萬一千
里約哥蘭的叟路	一十兆八十三萬一千	二十五兆一十五萬一千	三十七兆九十八萬二千
馬的噶拉士 亞馬孫	二百二十萬七千九百四十	一百九十七萬九千五百	四百十八萬七千
其餘部落	六十七萬四千	九萬二千九十三	七十六萬六千
總計	二百有九兆四十萬六千六百九十四	二百六十三兆五十一萬九千五百九十三	四百七十二兆九十二萬六千二百八十七

别國商物比數表

巴西與别國通商出口入口之颿船滊船無慮一萬有奇所載五六百萬頓舟子三十三萬有奇論者謂互市日增其故有五西洋滊船商物便之一也國有銀行交易而退二也待商之優外無異視三也鐵軌一通以陸達海

四也河海瀛船國祭助之五也彼都人就貿易之成數以萬分較之聊据所聞述別國商物比數表

國名地名	進口數	出口數	進出總計
德意志澳大利	萬分之五百二十一	萬分之三百四十三	萬分之八百六十四
比利士	萬分之一百五十一	萬分之六十四	萬分之二百一十五
智利國及太平洋岸	萬分之四十九	萬分之七十一	萬分之一百二十
丹國	萬分之十九	萬分之八十八	萬分之一百○七
巴拉河烏拉圭等國	萬分之九百一十三	萬分之四百七十五	萬分之一千三百八十八
美利加	萬分之四百六十七	萬分之二千九十	萬分之二千五百五十七
法郎西	萬分之一千九百四十九	萬分之一千三百四十六	萬分之三千二百九十五
英吉利	萬分之五千一百四十七	萬分之四千五百三十	萬分之九千六百七十七
日斯巴尼亞	萬分之一百四十九	萬分之一百四十一	萬分之二百九十
和蘭	萬分之一十五	萬分之三	萬分之一十八
義大利	萬分之四十四	萬分之八十一	萬分之一百二十五
葡萄牙	萬分之五百○一	萬分之四百七十三	萬分之九百七十四

俄羅斯瑞典那威	萬分之三十三（以上綜計萬分之九千九百五十八）	萬分之二百四十四（以上綜計萬分之九千九百四十九）	萬分之二百七十七（以上統計二萬之一萬九千九百○七）
其餘諸國	萬分之四十二	萬分之五十一	萬分之九十八

海關出口物稅表

巴西國關稅之增減恆視商物之盈絀此中消息不待知者而知也光緒十五年雲龍游得其前七年（千八百八十八）海關記以備較之數即其國都里約熱內路第一海關也凡輸出之物直銀三千七百九十八萬八千九百十三密耳來司比之前一年少一千二百萬說者謂由加非之直頓減其海關稅約三百三十一萬五千九百八十二密耳來司即百分之十也述海關出口物稅表

物類	物直	關稅	輸物所至
加非　白糖　淡巴菰	五六一三四九	二六九八三	貴阿納
加非	七二四一一	六四一七	澳大利
加非　酒　蜂蜜　藥艸	一三三五九三	一二〇二一三	比利士
加非	七一四三五	六四二九	英屬地
加非	五八二三二四	五二四〇八	善望峰

加非　淡巴菰　茶	三五三七九	三一八三	智利
加非	一七八七五一	一六〇八〇	丹
加非　蜂蜜　金剛石　漿	三八八五〇九〇	三三九一五一	法郎西
加非　金	四四三三二八三	三九八五三三	德意志
加非　糖　金　金剛石　蜂蜜	三〇五九四一八	二二四八二一	英吉利
加非	二一六二五二	一九四六三	拉布拉他
加非　玫瑰木	四四一八七	四九四八	義大利
加非　玫瑰木	一八四八〇六	一六六三六	地中海諸島
加非	三〇八八三	二七七九	巴他栽納
加非　蘭酒　玫瑰木	一〇〇六六九三	八九七三一	葡萄牙
加非	三二九三	二九二	日斯巴尼亞
加非	五三二四一	四七四八	瑞典那威
加非　糖　蜂蜜　玫瑰木　藥艸	二一五七六七一九	一九三五七四五	美利加
加非　糖　蘭酒　淡巴菰	六五五四三〇	四八四二三	烏拉圭
雜物	一九四九		諸國

總計　　三七九八八九一三　三三一五九八二

財用

自嘉慶十三年以來始千八百有八巴西財用掌於其國户部其海口四十有二而海關之大者二十有三其部落有稅關又分稅於邑之要隘而稅關之大者二十有一若此之類罔弗提挈於户部歳於國會集議時預計明年出入之財用而籌其不足留其有餘交下議院覈之乃上之於其國君雲龍游歷彼都諏知光緒十三年千八百八十六年至千八百八十七年以一年為期進口物直銀二百有九兆四十萬六千六百九十四密耳來司入稅銀七十八兆有一萬六千一十密耳來司則是取三之一可不謂重乎出口物直銀二百六十三兆五十一萬九千五百九十三密耳來司入稅銀一十九兆二十六萬三千四百六十一密耳來司則是所取不及十三之一可不謂輕乎其工商之通惠在此其利權之奧窔亦在此内地稅銀一百四十兆四十九萬四千七百八十四密耳來司其年入銀二百有一兆四十二萬五千密耳來司出銀一百九十八兆八十二萬七千密耳來司雖僅餘一百數十萬而已非入不敷出比矣於是綜其盈虛較其損益曰關稅弟一曰歲計出入弟二述

財用

關稅第一

光緒十三年（詳上）其進口商物直銀二百有九兆四十萬六千六百九十四密耳來司其出口商物直銀二百六十三兆五十一萬九千五百九十三密耳來司是出口多於進口五十四兆一十萬有奇而其進口稅入銀七十八兆有一萬六千一十密耳來司其出口稅入銀一十九兆二十六萬三千四百六十一密耳來司是於本國農工之物輕稅以十餘倍計也是年海關之稅凡九十七兆二十七萬九千四百七十一密耳來司合之內地稅一百四十兆四十九萬四千七百八十四密耳來司凡二百三十七兆七十七萬四千二百五十五密耳來司而其國歲入之數稍減者殆除耗費歟

歲計出入第二

光緒十三年（詳上）國計入銀二百有一兆四十二萬五千密耳來司國用出銀一百九十八兆八十二萬七千密耳來司先是道光六年（千八百二十六）國會剏議第一年也其國入銀六百有四萬二千四十九密耳來司十一年（千八百三十一）千一百十一萬八千七百六十密耳來司二十年（千八百四十）千六百十三萬三千

一百七十密耳來司同治元年（千八百六十二）其國預籌軍餉欲與巴拉圭國搆兵於是入銀五千四百八十萬密耳來司十二年（千八百七十二）增至一百有九兆十八萬密耳來司明年（千八百七十三）又減為百有一兆十六萬密耳來司較近年之數為何如耶部落雜輸不在其內同治三年（千八百六十四）雜收之就地籌費銀千二百七十三萬密耳來司又雜輸公費銀二百六十五萬密耳來司越年計之一增至銀二千一百七十三萬密耳來司一增至四百五十五萬密耳來司其出銀之數同治十二年（千八百七十二）銀百二十一兆六十七萬密耳來司明年（千八百七十三）銀百二十兆九十二萬密耳來司光緒元年（千八百七十四）銀一百有一兆四十二萬密耳來司二年（千八百七十五）銀一百有五兆密耳來司

金銀銅錢比較表

巴西鑄錢第一局剏於康熙三十三年（千六百九十四）時猶未自為國也其局在巴希亞之山縣維多既而遷於國都又遷於伯能不各四十一年（千七百二）復之於都城五十四年（千七百十四）又置局於巴希亞六十年（千七百二十一）又置廠於迷拏日來斯越四年（千八百二十五）廠工乃興其巴希亞之局於道光十四年（千八百三十四）停鑄先是金銀銅錢鑄無異工而迷拏日來斯之廠僅鑄金錢康熙四十二

年千七百三各局所造之錢行於國中者凡銀錢一百五十萬三千有三十密耳來司金錢七十二萬二千八百二十二密耳來司自是厥後其錢兼能行之葡萄牙國其都局自康熙四十二年千七百三至道光十三年千八百三十三鑄金二百一十六兆二十五萬七千六百二十九密耳來司鑄銀十六兆四十六萬有八百六十六密耳來司又至道光二十七年千八百四十七鑄金五十七萬四千七百密耳來司鑄銀四萬八千三百五十九密耳來司又至同治十二年千八百七十三鑄金四十四兆六十四萬二千有三十二密耳來司鑄銀十八兆五十七萬七千九百有一密耳來司巴西產鉅甚夥曰巴竦利龕由其都城鑄錢局與金相攙多寡之數若第一等金八十八分九釐則巴竦利龕為十一分一釐若第二等金九十分二釐有五則巴竦利龕為九分五釐有五若第三等金九十二分三釐則巴竦利龕為七分七釐其大較也雲龍

於是攷其金銀銅錢之本質若干雜質若干述金銀銅錢比較表

錢品	計重	淨數	雜數
金錢每錢直銀二十密耳來司	重一七·九二九六八七五格郎	淨金一六·四四一五二三四格郎	成數九一七
金錢每錢直銀一十密耳來司	重八·九六四八四三八格郎	淨金八·二二〇七六一七格郎	成數九一七

銀錢（每錢直銀二密耳來司）	重二五·五〇〇格郎	淨銀二三·三八三五〇格郎	成數九一七
銀錢（每錢直銀一密耳來司）	重一二·七五〇格郎	淨銀一一·六九一七五格郎	成數九一七
銀錢（每錢直銀半密耳來司）	重六·三七五格郎	淨銀五·八四五八七格郎	成數九一七
白銅錢（每五錢直銀一密耳來司）	重一五·〇〇〇格郎	白銅二十五分	紅銅二十五分
白銅錢（每十錢直銀一密耳來司）	重一〇·〇〇〇格郎	同	
白銅錢（每二十錢直銀一密耳來司）	重七·〇〇〇格郎	同	
紅銅錢（每二十五錢直銀一密耳來司）	重一二·〇〇〇格郎	紅銅九十五分	含錫四鋅一分
紅銅錢（每五十錢直銀一密耳來司）	重七·〇〇〇格郎	同	
紅銅錢（每百錢直銀一密耳來司）	重三·五〇〇格郎	同	

國債繫地表

巴西國債有虛款實款之分曷言乎虛款指道光七年（千八百二十七）前之債與夫戶部兌鈔官局紙幣而言也其前債已還而外欠銀三十三萬八千一百七十三密耳來司又由恤孤會等處借銀三千二百八十九萬七千九百有一密耳來司同治十年（千八百七十一）增長當伯德祿弟二鐵道議由戶部兌鈔不得過銀二十兆密耳來司厥後兌鈔約銀十七兆七十二萬五千二百密耳來

司其紙幣減至一百四十九兆五十萬一千二百九十九密耳來司尋因都城商務不王議由戶部添發兌鈔以日計息或增紙幣以助銀行之所未逮不得過銀二十五兆密耳來司計其國貸與銀行之款凡銀一千六百有三萬三千五十密耳來司已還一千二百萬密耳來司曷言乎實款也指借自別國之外債與借自國民之內債而言其章定於道光七年（千八百二十七）及同治八年（千八百六十九）由戶部以時還之嗣因增築鐵道復借英銀五百萬磅每百磅鈔合銀九十六磅半年息五分時外債凡英銀一千九百九十三萬一千二百磅合巴西銀一百七十七兆十六萬六千二百二十二密耳來司已還英銀三十六萬四千六百磅尚欠一千九百五十五萬六千六百磅合巴西銀一百七十三兆九十二萬五千三百三十三密耳來司所借民債銀二百八十五兆十六萬七千七百密耳來司其中借於道光七年者（詳上）銀二百五十七兆六十七萬二千七百密耳來司借於同治八年者（詳上）銀二十七兆四十九萬五千密耳來司此夙債大略也光緒十四年（千八百八十八）其外債二十二兆九十五萬一千七百密耳來司其內債四百三十七兆三十萬六千七百密耳來司而其國債之分見部落有足徵者述國債繫地表

部落	內外債	銀數
里約熱內路		無
巴亞拉	內	一兆五十九萬四千二百密耳來司
馬拉瀼	內	一兆二萬三千八百密耳來司
標希	內	二十二萬四千四百有四密耳來司二百十一列司
西阿拉		無
里約哥蘭的諾的	內	三十二萬八千五百有五密耳來司五百五十七列司
巴來罷	內	八十八萬二千四百二十九密耳來司九百有三列司
伯能不各	內	七兆六十八萬六百七十一密耳來司六十三列司
阿拉痾瓦斯	內	三十二萬九千二百六十一密耳來司四十二列司
塞爾日貝	內	八十四萬六千四百九十三密耳來司三百七列司
巴希亞	內	十兆一十七萬六千八百九十密耳來司三百十七列司
斯不列多散多	內	六兆四十二萬八千三百密耳來司
勝寶盧	外	七十八萬七千五百列司
巴蘭拏	內	八十八萬二千密耳來司

三達加達里拏　內　十三萬四千五十一密耳來司九百九十二列司
里約哥蘭的史路　內　三百四十六萬三千九百八十七密耳來司八百一十列司
逮拏日來斯　內　十六萬四千三百有五密耳來司五百五十四列司
疴阿斯　無
馬的噶拉士　無
亞馬孫　內　五十三萬二千三百五十三密耳來司有六百三十五列司

食貨雜識

巴西拓土之新疆有三一開自其國一開自其部落一開自其居民此三者之民已至四萬三千七百二十有一加以釋為民之黑奴八千八百一十有六其居新疆之民凡五萬二千三百七十有九食貨之亟亟於新疆一也有土無人如荒蕪何食貨之亟亟於客民二也野地土著不知耕作先之以養繼之以教食貨之亟亟於土人三也述食貨雜識

新疆第一

巴西地大人稀不使至者一夫失所無所取之取諸招徠曰廣也凡墾荒土優之以權利繼之以書館所由爭趨如騖矣　山打康新疆在巴蘭拏

省有英吉利美利加農民九十有三巴希亞海濱新壘四處有客民二百二十八山打里約寶地那新壘在斯不列多散多有德意志義大利瑞士和蘭諸國民五千地分一千七百區每區三十萬二千五百方邁當產穀麥加非蔗芋諸物亦畜牛羊同治十三年（千八百七十四）產加非一百有二萬七千啟羅格郎立公學私塾凡男女二百六十有一里約納窩新壘亦在斯不列多散多距海濱三十啟羅邁當同治十三年（詳上）土民客民凡一千五百三十有五進口貨直銀十二萬二千九百有七密耳來司出口加非直銀十八萬六千密耳來司公局而外又有義塾學生八十有六產加非粟米荳芋牛羊又新壘曰勝左西亦產穀麥加非居民五百六十有二麥枯里新壘在迷孥日來斯距海濱三百八十九啟羅邁當有奇居民七百二十有一德意志人居多產加非麥米淡巴菰與夫牛羊之屬於同治十三年出口貨直銀十五萬密耳來司進口貨直銀八萬密耳來司有公局波滔里盧新壘在里約熱內路有義大利法郎西瑞士諸國民四百產米粟加非蔗芋豆之屬有夜塾一日塾二學生日增坎孥銘新壘在勝寶盧距海濱二十三啟羅邁當有英吉利民四百六十有奇產穀麥蔗淡巴菰之屬有義塾二又有公局

亞申尕新壘距巴蘭督城九十九啟羅邁當有客民一千三百一十有八來非一國産以蔗淡巴菰為大宗有公學私塾公局於同治十三年詳上出口貨直銀六萬密耳來司進口貨直銀三萬密耳來司伊他乍新壘在三達加達里督容民二千八百九十有一德意志人居多産米豆棉蔗淡巴菰牛羊之屬亦工釀酒出口貨直銀十二萬密耳來司有書塾十二廠生三百又有布魯孟耶新壘容民七千六百二十有一産粟米豆棉淡巴菰加非牛畜有治粉房八十四釀酒房七十二於同治十三年詳上出口貨直銀四十三萬九千一百五十三密耳來司進口貨直銀二十九萬三千密耳來司私塾十七由其政府歲佽助之又有公學二男女生六百四十有二山打馬利亞新壘屬於里約哥蘭的叟路距基馬拉口岸十六啟羅邁當商賈趨如騖其壘四區客民二千一百八十有七私塾二廠生一百四十有六公學男女生不在其內産米粟豆麥芋芥之屬有磨粉房此其國家新壘也時以官巡之而匪廠不逮其民凡二萬三千一十有八此外有部落自立之新壘大小十一凡民五千二百九十有四所産米粟豆棉酒加非淡巴菰之屬又有民間自立之新壘大小一十有七凡民一萬五千四百有九綜計新壘三者凡

之民四萬三千七百二十有一加以釋放自主之黑奴八千八百一十有六

凡民五萬二千三百七十有九

客民第二

巴西地廣人稀於柔遠三致意焉勿阻游勿屈僑居勿異視僑黎苗裔其入塾讀書與其國赤子同其習業治產與其國農工商又同別國人二十一歲以上曾居其國二年自願久居即許入籍或娶於其國或置業而農或居肆而工或剏新藝或著異才或生於別國而其父先已入籍雖居無二年之久亦許隨時入籍自同治六年（千八百六十七）至十三年（千八百七十四）別國人入籍於其國者凡一千四百八十

土人第三

野地土人約一百萬散處於樹菁山澤其政府誘而撫之設牧師五十有七先鑿其知識繼教之耕種其年少子女教撫較易於是隨地置塾欲其由漸而進也

花翎二品銜北洋委用道總辦北洋機器局兼神機營機器局總辦前游歷使臣傅雲龍述

兵器工

巴西之工有官有民而其海陸軍器則皆設自官其居工有專局其董工有專官其工多土著而參以外工之精其藝尠外假而廣以擇善之學雖水火之機力半屬綿蕞弗逮美利加遠甚而門徑無殊勸懲有術將作之人官物曲未始非水陸之勝負相為倚伏也述兵器工

陸軍製器局弟一

陸軍之槍礮器械號衣皮帶與夫礮臺之器物悉造自局每局設正副總辦各一彼都製造局工六百需當增一千局中別有隨營工二百皆七歲至十六歲者其故有二一以資練習一以供修理也五十人為一班所學不外步法書數繪圖測器若巴亞拉若伯能不各若巴希亞若馬的噶拉士均立有局此外無局之部落各設軍械所一以儲軍營礮臺應需之物距都城二十六法里有分局一專造火引銅帽藥彈其地廣八萬六千四百方尺平時之工不過百一二十借力機器居多日造有藥有銅帽之槍

彈一萬五千擦火管二百擊火鉞五十木造火引一百火箭十銅帽二萬紙捲藥彈一萬都城火藥局設於衣士徐黎拉山麓其地與摩拉埠之輪路相近局之左右有泉瀑雙引又有老幹千章其木可煅以為藥可伐以為器機係憑水勢其水可倚以轉機或借木為輪或以鐵翼之水流一激得機得勢矣歲造出火藥一十四萬六千九百磅先是巴西與巴拉圭國搆兵其局所造火藥無慮一十六萬一千五百磅云

海軍製器局弟二

海軍製造局凡五而在都城其最也凡工三千巴西土著居多戰艦之用物水師之雜器皆於此取擕焉先是巴西與巴拉圭國搆兵此局供需罔有缺巴西木故不可勝用而鐵則否於是出口之木嘗多於進口之鐵其局擇堅木廣儲之欲其備造船料也可以十年無缺用虞局側船隖二穴石洞開鑿之為隖堅莫堅於此矣馬拉瀼之造船隖一亦卓卓者沿亞馬孫江之兩岸可築船隖之地亦未遑多讓於海濱有小戰船名徐拉珍腦者造自巴西水師官在同治十二年（千八百七十三）器機以精巧稱英吉利水師之船有大小相若者而敏捷殆莫與匹

火藥引彈諸局第三

火藥引局建於里約熱內路之亞麥古山上有一海軍兵官總司之此局工廠凡十工作機器凡二十有六所造為槍彈火藥之引火鋮別有水雷廠一鐵廠一其工平時製造軍需之刀劍修理水師之器具有事則使製造槍礮而防火之法以此局為精　亞麥古地方有鑄造工廠鑄鉛彈兼造止火鋮炸彈實火藥之後用此鋮隔其火藥再安擊手火鋮以防誤觸擊火鋮而彈炸也又造鉛彈箱其箱載鉛彈夕枚置大礮車轅之雖以箱名實礮彈一種也是廠平時工一百五十有五雜夫二十有二有警則倍

鐵道工表

巴西之築成鐵道昉於同治七年千八百六十七懼民之難圖始也於是揀諳練官分歷里約哥蘭的叟路諸部落講求築路之法國會議之而定凡鐵路每年能獲利四分者許由其國家保資本年息以七分為率不足之數以帑補之無所取之取諸勵也其許保之本不得過銀一百兆密耳來司不願保本者每築一里政府津貼若干欲其衆成也初成道六凡長六百八十三啟羅邁當同治十二年千八百七十二成道十有五凡長一千有二十六啟羅邁

當越二年已行之道二十有二長一千六百六十啟羅邁當將成之道十有六長三百六十二啟羅邁當測量之道二十有八擬長六千五百三十一啟羅邁當截長補短歲成之道以一百三十八啟羅邁當為率其在里約熱內路者已成之道長三百十四啟羅邁當已測之道七百五十五啟羅邁當未量之路三百六十五啟羅邁當凡長一千四百三十五啟羅邁當其在迷拏日來斯者未測之道長二千四百六十三啟羅邁當方測之道長一百五十一啟羅邁當凡長二千六百十四啟羅邁當其在里約哥蘭的叟路者已成之道長四百六十六啟羅邁當將成之道四百十三啟羅邁當凡長八百八十啟羅邁當費約三百數十萬密耳來司此光緒以前巴西鐵道大略也雲龍既游厥國諏其高下曲直之軌攷其驗鐵枕木之工雖弗逮美利加遠甚而亦漸拓漸益其寬或一邁當有六或一邁當約以華尺不過三尺有奇其長官工之道二千一百七十有三啟羅邁當民工之道五千四百一十有七啟羅邁當無慮七千五百九十啟羅邁當矣約華里一萬五千成數其費數倍於前其利亦與之俱遠鐵道工表

鐵路地名	寬計邁當	長計法里	費銀計列司

官工第一			
朗比緜羅第二	一·六〇	七二五	九六四二四五〇八六九三
同	一·〇〇	六一	六七四六〇七九四三七
紐阿得我羅	一·〇〇	六五	九一七六二五九九四
康生至沙補那魯	一·〇〇	一二九	三五〇六七八〇七一四
拔司希得	一·〇〇	一一一	四八五八七一七六〇一
立西碧至格郎補末 立西碧至喀郎阿陸	一·〇〇	二二二	二四九四八一二三八一二
三多阿風所	一·〇〇	一一六	六八一三三一九五二三
阿拉戈宜哈士至熱匪納	一·〇〇	三二二	一九八六八九六二二〇
沃猓布里多	一·〇〇	四二	二八三三〇二九七八六
達瓜里至喀西馬力	一·〇〇	三八〇	二一五〇七五六一七二九
民工第二			
納達魯至雇拉累	一·〇〇	一二一	七一一一一一一一一
孔迭低由	一·〇〇	一二一	六〇〇〇〇〇〇〇〇
密希比至巴魯馬昔士	一·六〇	一二五	一六六六六六六六六六
密希比至林窩綠絲	一·〇〇	九六	六八五五五五五五五
馬西司至晉非拉多力	一·〇〇	八八	四五五三〇〇〇〇〇

巴布亞至阿拉痾瓦斯	一·六○	一二三	一六○○○○○○○○
巴布亞中央	一·○○	二九九	一三○○○○○○○○
納大列司	一·○○	三四	一二五○○○○○○○
喀朗果納	一·○○	二二三	六四六六五○七四三一
力忍迭至阿里牙司	一·○○	二八	
三多羅至洪地牙埒	一·六○	一三○	二四四四四四四四四四
木嘎納	一·○○	四九四	一五一○○○○○○○
伊達窪納	一·○○	二一二	三二四八七○二○四二
布拉千吉納	一·○○	五二	二三二○○○○○○○
娑羅喀拔納	一·○○	二○八	五五○○○○○○○○
巴拉納括	一·○○	一一一	一七六五八○七六八○
施里嘎古里司七納	一·○○	一一六	六四九八一三三三
巴赫	一·○○	二八○	一四八八六○○○○○
古洼拉林至伊達奇	一·○○	一七五	六○○○○○○○○
倮拉甜八利士	一·○○	四三	二六○一九九八○八○

里沃至米納士	一.○○	一七○	一五四九五二五三○八五
音我博魯里約	一.○○		
我士得米納士	一.○○	二一八	六六六六七三七○八二
布拉剛卡至米朗	一.○○	五九	一五○○○○○○○○
三多阿拉羅	一.○○	三六	二四○○○○○○○○
里我博里多	一.○○	二二	六○○○○○○○○
拉納列士	一.○○	三四	二五○○○○○○○
巴希亞至米納士	一.○○	一四二	六○○○○○○○○○
一大必里林	一.○○	七○	一五七一四六六九一○
三達一沙必六里我布里多	一.○○	七四	四五一○○○○○○○
必啞屋	一.○○	五二	一八○○○○○○○○
布林西必古朗迭巴拉猓列	一.○○	一三七	一四○○○○○○○○○
瓦林西阿納	一.○○	六三	一六八六○○○○○○
潘基司達	一.○○	二四二	一六三九四六八九七五六
三多喀魯夕司水哈魯	一.○○	二六四	四七九三九○六一○一

馬哈西三多安奪得巴奪納	一·○○	一八九
三多阿納	一·○○	三九
巴拉司迭阿拉馬納	一·○○	四○
先多司拔司基	一·○○	一八
里約哥蘭的諾的	一·○○	六三
巴拉納憐昔	一·○○	一二○
瓦娑阿領夕	一·○○	六
里我把魯迭	一·○○	三六
卡養格	一·○○	二○
我領畲别别里别	一·○○	一二
牙拉赫里納	一·○○	一○
苛魯過巴奪	一·○○	四
灘八迭	一·○○	四
先奪夫先迭	一·○○	九
先多阿馬路	一·○○	二○

納馬路迭夫里八陸各　一〇。　六〇

攷工類識

兵器之工鐵道之宫工民工自有表說者謂巴西百工以汽機為宗堪與英美並駕齊趨雲龍核其實不敢遽信其然而較之秘魯諸國有過之無不及也巴西於工既重視之復寬待之凡罔傷風化靡害身心之藝聽行無阻袪厥嫉能者而重懲之觀賽會物產獲奬之多即工藝不讓它巧之證矣其勸工之法有五工肆著効冠厥羣輒繇政府佽助之優以利權一也若棉花之工優者或免當兵二也精工成物出口免稅國內商販譏而不征三也機器購自別國專備工廠之用則記數免稅四也凡獨出心裁創造一物則給文憑許自享其利雖不得逾二十年之限亦繇議政院視工展期五也攷內地之工若糖若酒若樹根粉若米粉若麥粉若茶若油若醋若蜜若鹽腊若淡巴菰若鹽魚若燭若布若繩索若瓦器若此之類其多者也有昔資他助今皆自為者曰化學物曰航海器曰機器曰鏡曰玻璃曰陶器曰假石曰油布曰地氈曰軟皮曰革履之屬曰醫具曰顏料曰馬車曰油曰漆曰冰曰紙曰淡巴菰捲曰鼻煙於是略其瑣屑撮其巨

要銅鐵工第一滊機滊鍋工第二鐘表工第三木工第四金剛石工第五石工第六瓦工第七織棉毛工第八皮工第九縫紉工第十冠工第十一糖工第十二酒工第十三淡巴菰工第十四油工第十五燭工第十六鹻工第十七述攷工類識

銅鐵工第一舟車工在內

鑄銅鐵工廠十有八其內鐵廠十二銅廠六或造機器或製雜物小工數廠附之其銅鐵之工凡七百有奇每年所造鐵器直銀二百十四萬密耳來司他物直銀三十二萬密耳來司此外尚有局名盤德打利亞其工四百其內有鑄鐵廠有造船廠又有木工廠或鑄鐵橋或造火車或造運物車方成三百匹馬力滊船一艘稅關巡艇兩艘　二十部落皆有銅鐵工

滊機滊鍋工第二

造滊機滊鍋等物之屬之廠曰疏地其工二百近年兼造農具機器曰增棉糖之屬曰利

鐘表工第三

巴西各部落均有造表之工而鐘工亦往往而有

木工第四

巴西木工時雜銅鐵工中有伐木工有鋸木工時倚機器欲其省力也

金剛石工第五

巴西金剛石之工機器未備若磨若光皆弗逮英吉利工遠甚雖多且巨仍藉助他山也惟迷拏日來斯之大安文田拏有琢磨金剛石工廠

石工第六

其國都城外有石工廠四十六其工七百五十歲鑿之石直銀二百二十萬密耳來司又有造假石工廠三處此外部落有攻雲石工廠

瓦工第七

其國都城外有燒瓦工廠二部落亦往往而有

織棉毛工第八

紡棉織布諸局凡工一千八百三十其織機一千一百八十其機之水力滊力凡抵一千二百馬力歲成布一千二百六十萬法尺加以雜費直銀六百五十萬密耳來司里約哥蘭的叟路有織毛布局用細羊毛居多其織氈絨不假別國物料剏於同治十三年千八百七十四其滊機抵七十馬力動連

織機四十其工百其織機二十其織毛毯氈日成二百密里邁當其織麤
絨歲銀四十萬密耳來司迷拏日來斯有織棉布毛絨諸工廠合而計之
歲成之物直銀無慮八十萬密耳來司

皮工第九

巴西製皮之工無處無之獸革不名一類而牛革多

縫紉工第十

縫衣之工男女參半所在皆有

冠工第十一

製冠之廠二十有四其工五百歲成絲冠三萬四千氈冠四十萬四千草帽
雜帽之屬三萬凡直銀一百六十萬密耳來司此外小工廠無算

糖工第十二

糖工不如秘魯之專精然工亦日進其法不外以涼濃糖膠以機器濾糖
漿而恆與酒工合作歲造糖無慮三四十萬啟羅格郎　里約熱內路之
堪寶有造糖果局十數亦商販一大宗也

酒工第十三

釀酒之工局十有八其工四百歲釀碧兒酒八百萬至千萬瓶用槐花約四萬啟羅格郎麥一萬一千至一萬三千桶每桶七十四啟羅格郎勝寶盧歲釀酒一千排蒲合四十萬列脫耳每排蒲直銀一百三十至四百密耳來司或曰葡萄千株能釀酒四千列脫耳

淡巴菰工第十四

巴西淡巴菰工不如古巴遠甚然里約熱內路之勝當明有工廠一其稺工一百前三年給以衣食欲其學工也以暇授書與樂三年而後量材給資

油工第十五

巴西國都油工歲造三十一萬二千利脫耳直銀十四萬密耳來司

燭工第十六

巴西國都燭廠二十有五其工二百六十歲造燭八十五萬箱直銀五百七十五萬密耳來司

鰜工第十七

鰜工歲造四十三萬箱直銀一百七十萬密耳來司

巴西兵　　　　　　游歷巴西圖經七

花翎二品銜北洋委用道總辦北洋機器局兼神機營機器局總辦前游歷使臣傅雲龍述

海陸兵制

巴西立國五十餘年海陸二軍規模具矣同治四年迄於十年與巴拉圭交惡搆兵六載倚水師力居多陸兵有募有額募兵云者猶言民勇也雖曰六十一萬六千五百九十有六而足備精兵者僅二十之一額兵即正兵也有事之數非常額也雲龍游其國都諏知步騎與礮隊凡一萬一千七百四十有八雖精不如美利加而汰弱杜縻之令將毋同歟其海軍正兵三千餘兵一千一百二十有二別有礮隊千人可陸可海操縱自如此又美利加兵制所未逮者也述海陸兵制

陸軍第一

陸軍有額兵募兵之分額兵之責在戰募兵之責在守先是額兵一萬六千人別有礮兵五百時而有事可增至二萬二千或曰八萬非其常也雲龍游巴西時其馬兵二千一百有八步兵七千一百二十有五礮兵二千五百一十有五凡一萬一千七百四十有八額兵中有一千五百人常駐於

巴拉圭國其募兵數有增有減同治十二年（千八百七十三）核計募兵共七十四萬一千七百八十二人其中駐營者六十一萬六千五百九十六人有擊始用者十二萬五千一百八十六人復於其中揀精練者三千三百四十三人以備補額兵之用

海軍弟二

海軍部節制巴西通國水師蓋仿法國水師制度而設部長有巡轄之權而平時察其兵弁稽其礮船謹其軍令則由副長司之臨戰則部長之責益重行文遥達兵官無須副長傳令惟戰艦出境非副長稽之無以徵兵役是否齊集器械是否精良也其官六等曰領兵官三百三十有八曰司會計官一百有一曰醫官七十有九曰司文官無定數曰機器官一百三十有三曰堂驅官亦無定數舟兵之隊三十凡三千人學習舟兵之隊十有七凡一千一百二十二人分班交替如齊集之可得三千四百人海口練習有年方許選充舟兵所學之事不獨行船水戰諸務已也即步卒分合亦期熟諳欲其登岸能攻礮臺也舟兵之外另有海軍礮兵一隊凡一千人在水則為水師在岸則為陸兵欲其備攻臺埠無須借助陸軍也

都城有海軍醫院一珍犽路河口有島曰高華犽多其島初有養病屋一後增築醫院專養水師病者由水師舟兵每人月扣工食一日以充經費已積銀四十萬密耳來司加以歲得息銀陸續集助數所由有贏無绌也其官制第一等者一猶言水師提督也次二猶言副水師提督也又次四猶言三等水師提督也其中一官為其優者又次八猶言水師旗長也其中一官亦為其優者又次十六猶言水師郵政官也中亦有一優者又與略等者一猶言特派水師郵政官也又司兵艦者三十猶言兵船主將也中亦有一優者又次六十猶言總兵也又副者一百六十猶言副總兵也又次五十有六猶言千總也凡水師官三百三十有八

巡捕兵救火兵第三

巴西都城護衛兵凡一千一百有三十其中五百七十職兼巡捕餘分步兵之隊三馬兵之隊三轄於兵長各部落巡捕之數時有增減凡九千六百六十二人　都城有救火兵一隊兵官教習以次凡一百二十有九

海陸軍學

陸軍學校有五曰小學校曰中學校曰兵法學校曰礮兵學校曰操礮學

校而里約哥蘭的叟路馬步兵學校尚在其外海軍學校以測算為一大宗又小學校一為初學設也以繪圖始以測海進其軍日增其學未已述

海陸軍學

陸軍學校弟一

陸軍何以有小學校也彼人云凡欲為兵官而年穉則入此學所學之事以書數始漸而進於測地繪圖行軍之紀律與夫武弁之職事何以言中學校也所學為葡萄牙法郎西文與夫兵法史記性理律法學以二年為期都城之中學校與兵法之中學校毗連其中互質以時有相觀而善之風所學之事兼有武技游水護身等藝學以三年為期其生徒一百三十有一何以言兵法學校也同治十三年（千八百七十四）重訂新章學生所讀之書包括武藝機器各種分一為二其一先授葡萄牙英法文學次授輿圖測繪算學次授史記陣法軍律與夫演習之器游水之術護身之藝其二授精輿算學天然學化學電學天文學萬國公法學與夫本國之形勢攻守之兵法馭將之要領築城開濠之利害水勢河道山徑輪路之險要就目徵籍與年俱進其學校有監督一非請軍務蘊韜略無以勝任也有副一又

有提調一屯練官數人又有司文官一正掌教九副掌教二小掌教六繪圖助教習二三而非試之諏之一不輕一用至於學習諸藝則有武技教師騎馬教師游水教師有書樓一藥房一化學房一製造火具房一小教堂一養疾室一在館宿爨之生徒凡九十有五何以言礮兵學校也建之都城專以訓練司礮之官欲其備礮隊礮臺所需也其生徒凡四百有四其學以礮為大宗旁及步法營費軍樂水性何以言操礮學校也欲造就操礮之教師使之在陸營精其授受其生七十其學為軍器之目操演之法行藏之利火鍼之製而又測馬力以置重礮算礮彈以準遠近考火藥以均多寡　里約哥蘭的叓路有馬兵步兵學校一同治十三年千八百七十四置有監督一提調一司文一掌教五助教二武教習三騎馬教習一所讀之書與兵法學校同

海軍學校第二

海軍學校首重測算蓋此為天文學航海學之本也次之化學質學汽機學操礮學探海學與夫水師雜藝其兵先學英法之文字航海之規條水師之往籍而操練在船以時凡新兵入學三年試之賢乃為舟兵由船將

學長領之航海試練一次船回時船將等將沿途試練情形報之政府臨試舟兵自述親歷實情由是遷將遷長攜帶學生出洋時資訓練不少數小書館一為欲進水師學校之生而設經費出諸公帑所學之業為葡萄牙文字天下輿圖史記算法繪圖與夫英法文字其教習由其國考派又有習礮之廠一是專教水手水兵者此外更有算學館機器館皆為造就人才預備水師之用者其赴歐羅巴洲水師學校學習造船造器測海操礮諸技皆巴西學生之自欲出游者也先是巴西水師工廠多用別國工人近來工廠之長悉巴西人其中不乏傑出之才嘗有巴西人剏製水師器具而在英吉利受獎牌准其獨享此器之利毋許他人倣造一可知已又在巴西都城製造第一艘鐵甲之〻亦嘗被獎其戰船每艘俱有書室一藏書多少與舟人衆寡數埒水師之官未有能武不能文者丹鉛不停時著作行於國中　向者巴西以英法國之子午綫為準繩後在其國都觀天臺測準海道之方位自出新圖改由其國子午綫測算咸豐十一年千八百六十一以兵輪駛亞非利加洲西海之岌華特海島探得途中有石有淺為它航所未言者列入海圖并將測探情形報於其國此一役也巴西兵

官齊奮不惟有益行船即英人由歐羅巴洲設海電綫達於巴西亦得巴西兵官兵船相助之力居多工程一竣奬語隨之光緒元年（千八百七十五）海軍學校之生八十有六試升舟兵者八前此入選已二百二十有四人嗣是彌增矣

兵船表

南阿美利加洲無國無兵輪況其國最若巴西乎先之以刳木揚颿艦樓二三層有差所謂夾板船是也亦謂之木颿船繼之以滊輪重之以鐵甲當道光閒刱機下瀨之時適巴西立國之始以因為刱以鐵被木所謂火輪船是也其意在折衝則謂之礮船其偵通聲氣則謂之巡海快船其水中猛擊寓於滅迹銷聲則謂之魚水雷船雲龍游巴西國彼人輒諮中國兵船所自始應之曰往昔水戰與今異然樓船之女牆走舸之蒙衝游艇之疾駛如風何莫非兵船水雷之屬之權輿也說者又謂巴西兵艦悉造自西亦不其然即如戰船名徐納珍老者造自巴西海軍官工船機以精捷著名或且謂英工罕與之比云方水戰其兵船七十有七其中鐵甲十有五木颿五十有五其螺紋礮七十有二　其滑膛礮六十有五其馬力凡

抵一萬一千一百八十有八又增小鐵甲二小木兵輪九凡兵船八十有八而水雷船猶在外厥後兵解戰巡之艦增減以時欲防其損則為之雙底欲銳其前則為之撞嘴欲利其輪則為之雙螺欲杜其漏則為之隔艙時則有鐵甲船二十有三兵輪之礮利在重巡海之艦利在速時則有巡海快船六厚甲固勝於薄薄甲亦勝於木而木質猶勝於無也時則有木駆兵船四巴西魚水雷孰若美利加之精求無煙無聲也鱗接翼舒亦戰亦守時則有水雷船十於是審其首尾立柱相距之數而謂之長量其中段兩脅相距之數而謂之寬船尾入水非深於前中則輪與柁不克舒展自如也測而準之謂之入水海水重於河水其浮力亦增然計壓力輒從淡水欲其有餘也凡淡水一立方邁當約受重力一頓船之水綫以下體積能壓水若干即為若干頓深而測之謂之壓水一馬之力能於一分時起重三萬三千磅高至一尺抵而積之謂之馬力非於船腰增之使長無以避水之阻力也以海里計謂之速率若甲若質若機式若舟人若造舟之年以類相從似較師船表為少詳也述兵船表

鐵甲船第一　二十三

船名	長(英尺)	寬	入水深	壓水(噸數)	馬力	速率(海里)	甲厚	機式	礮	舟人	造年
蒲納西耳	百九十六尺十寸	三十六尺一寸	十三尺五寸	千三百五十	千八百	十一	六寸五分	船腰礮房	七十磅彈四礮、六十八磅彈一礮		同治元
巴希亞	百七十尺七寸	三十六尺一寸	八尺二寸	千	千四百	十	六寸五分	船腰礮房單旋臺	七寸徑二礮		同治二
利馬北洛士	二百尺一寸	三十六尺一寸	十三尺五寸	千三百五十	千八百	十二	六寸五分	雙旋臺	七寸徑四礮		同治三
阿拉疴瓦斯	百十八尺一寸	二十六尺三寸	四尺七寸	三百四十	百八十	七	臺甲六寸水綫甲四寸三分	單旋臺	七十磅彈一礮		同治三

里約熱内路	百十八尺一寸	二十六尺三寸	四尺七寸	三百四十	百八十	七	臺甲六寸水綫甲四寸三分	單旋臺	七十磅彈一礮		同治三
巴拉	百十八尺一寸	二十六尺三寸	四尺七寸	三百四十	百八十	七	臺甲六寸水綫甲四寸三分	單旋臺	七十磅彈一礮		同治三
馬的噹拉士	百九十六尺十寸	二十九尺六寸	九尺六寸	千四百四十	千五百	九	六寸五分	單旋臺	六十八磅彈二礮		
徐納珍老											同治十二
塞爾日貝	二百十九尺十	四十五尺十一	十二尺一寸	二千一百四十	二千	十二	六寸五分	礮房旋臺	九寸徑四礮		同治十二

		寸		五							
郁發理	二百四十尺	五十八尺	十一尺五寸	三千七百	二千二百	十一	臺甲十一寸水綫甲十一寸九分		十寸徑四礮		光緒元
沙力木愛士	二百四十尺	五十八尺	十一尺五寸	三千七百	二千二百	十一	臺甲十一寸水綫甲十一寸九分		十寸徑四礮		光緒元
里阿提路				一萬	六千	十六				三百五十一	光緒八
第一馬拉可				二千八百	七百五十	十				百四十二	光緒八

柏耳納西拔				二千五百	九百	十一				百三十六	光緒八
阿幾達巴耳				一萬	六千五百	十五				三百五十五	光緒九
阿黎亞穗洛	三百五尺	五十一尺十寸	十九尺六寸	五千七百九十二	六千	十五	臺甲十寸水綫甲十一寸平甲三寸	雙旋臺	二十頓四廠		光緒九
馬納哈				一千五百	四百	八				八十九	光緒十一
馬拉沃司				千五百	百二十	八				百七十四	光緒十
昌路進				千三百	二百	八				六十二	光緒十一

黑沙土拉				千三百	二百	八				六十	光緒十一
巴別地路				千三百	二百	八				六十二	光緒十一
加利沃柯				千三百	二百	八				六十二	光緒十一
阿奎達彭	三百五尺	五十一尺十寸	十九尺四寸	五千七百九十二	六千九百	十六	臺甲十寸水綫甲十一寸平甲三寸	雙旋臺			光緒十一

巡海快船第二六

船名	長	寬	入水深	壓水	馬力	速率	船質	機式	礮	舟人	造年
桅達耳沃里倍	二百三尺五寸	三十六尺一寸	十三尺一寸	千四百	千				七十磅彈四礮		同治六

耳阿											
哥拉納巴拉	二百尺一寸	四十一尺	十六尺四寸	千八百八十一	三千	十四			七十磅彈九廠		光緒三
柏納納西巴	百六十八尺十一寸	二十八尺六寸	十一尺五寸	八百三十八	九百	十三			七十磅彈一廠三十二磅六廠		光緒四
他來納諾	百六十八尺十一寸	二十八尺六寸	十一尺五寸	八百三十八	九百	十三			七十磅彈一廠三十二磅六廠		光緒四
法里邁羅馬耳生	百六十六尺	二十七尺六寸	十尺六寸	七百二十六	七百五十	十一			三十二磅彈七廠		光緒七
阿勒美	二百十	三十七	十七尺	千九百	二千二	十四			七十磅		光緒八

船名	長	寬	入水深	壓水	馬力	速率	木質	機式	礮	舟人	造年
乃特洛	尺	尺四寸		六十	百				彈六礮		
魯書											

木飄兵船第三四

船名	長	寬	入水深	壓水	馬力	速率	木質	機式	礮	舟人	造年
嘉納維				三百						二十八	光緒十
拉士											二
阿補林				三百						二十九	光緒十
直士馬											二
領赫魯											
柏格機				三百						二十八	光緒十
											二
括拉納				三百						二十八	光緒十
碧士											二

水雷船第四十

船名	長	寬	入水深	壓水	馬力	速率	船質	機式	水雷	舟人	造年

阿魯發				五百		二十二	木鐵			一十二	光緒九
柯馬				五百		二十二				一十二	光緒九
比達				五百		二十二				一十二	光緒九
第一船				五百		二十				一十二	光緒九
第二船				五百		二十				一十二	光緒九
第三船				五百		二十				一十二	光緒九
第四船				五百		二十				一十二	光緒九
第五船				五百		二十				一十	光緒九
西馬達				二百	一百二	八				十五	光緒十
路地					十一						
三達西				二百	一百二	九				十五	光緒十
沃波耳					十一						一
多											

新壘戍兵

巴西關荒戍之以兵其意與古者屯兵同而不同屯兵者即兵即農也戍

兵則一以威難馴之野性一以安招徠之僑黎也述新疆戍兵

一曰山達拉巴拉地在馬格高河岸北當阿里馬司馬拉瀼河之合流四十六啟羅邁當有奇距疴阿斯城三百三十啟羅邁當厥土宜稻麥厥草宜畜牧僑黎趨之如市

二曰察陸冰誠地拓自同治三年始（千八百六十四）在華馬濠河岸西北距疴阿斯城九十二啟羅邁當有奇華馬濠河不通舟楫往營耕種者輒航自阿拉圭野河

三曰三達奇魯士地在飛納布拉華河岸距抵司崔北桃郝六十六啟羅邁當距疴阿斯城五百六十有一啟羅邁當有農宜穀宜麥宜棉宜淡巴菰且宜畜牛羊之屬又有工若鑄鐵若鋸木若製衣履皆勇於藝云

四曰三達列波典納地在阿拉圭野河右岸距疴阿斯城四百尺其地高於海面十二尺從十啟羅邁當衡二啟羅邁當厥土上上宜穀宜麥厥草蕃滋宜畜牛羊河路無阻颿檣集之後增輪舟三艘建工廠一機器日增欲以造舟也有女學校曰愛實柏力以之專訓野人之稚者一有爭鬥則兵調息之

巴西政事

游歷巴西圖經

花翎二品銜北洋委用道總辦北洋機器局兼神機營機器局總辦前游歷使臣傅雲龍述

政制

巴西國權分等凡四譯厥大意一曰律政二曰監督三曰行政四曰按察一國之政柄國君與國會同握之而政權則部官代行之其部落因地以治而一期於國制無大違其民之利益範之勿過而若與民主之國之民隱為表裏述政制

國政弟一

曰律政其權操自國會分立上下議院得以議新例須條教革舊章準賦則定歲用而限水陸之軍額國位有疑則決之世系斷續則議之國孫六尺則簡賢衛之繼嗣偶虛時務或舛則諮行政司更正之國債臺高則代肩之凡剏議新例上下議院與行政司均有議權第行政司初議非由下議院核之而以為可即不復集上下議員決其可否也開院聚議歲以四閱月為率遇有非常之事會以時增凡事視左右袒之衆寡以決之議員剏議事例縱有未合不以罪論在任議員非犯重法不得拘禁無論上下

議員國君不得外使議員以事不會議則不得仍干政事凡遇要事欲揀派上院或下院一人出國審視非由院員僉允無以定也下院議員每歲薪俸而外別有路費上院議員薪俸倍之如欲更張律例而原剏律例之人不謂其然則集兩院公斷之如遇兩院議員并集國會其事當以上院之章程為定或以兩院同有之章程為定而以上議院長為監議官其上下議員雜坐不分等次投票亦無分先後蓋投票所以決事之可否擇其多者而從之者也而監議官無決斷之權其權仍視衆寡以決之既議上之國君可否以一月為期逾期未決即行所議不久候也上院議員供職無限期寡過雖終其身可也舉自部落簡自國君而舉三簡一其常也上議員之數不得過下議員之半世子年及二十有一亦廁其列凡君之宗戚或上下議員及樞機大臣有犯不韙者則上議院治之國會屆期而君遷延兩月不令聚者上院得令舉行之下院議員四年一選亦舉自部落其職司稅務定新章核政事之得失考部官之功過　曰監督稽部官之和否察政務之輕重其權之行於律政者可以擇上院之議員斥下院之議員而聚散其國會沿革其律例其權之行於行政者可以進退部員其

權之行於按察者可以暫停其訊斷之可疑者可以寬貰其罪之含寃者

曰行政厥部凡七一閣部兼教部也二義部也三户部也四外部也五兵部也六海軍部也七農工商部也輔君行其政令而受君節制焉凡事責任部員部員有罪雖君曰宥之不能宥也其權可以刱會議簡監督與夫文武之升黜戰守之進退外交之和約邊疆屬地之受授皆聽令於其國之君而令國會核議之臣民有功於國則請之君而頒寶星職銜以獎勵之如君賜銀錢則非國會核議不可

曰按察其權若無拘轄也凡事視其曲直而審斷之稱職則終身不易其官而彼此更調往往而有或自辭職亦視君意何如耳論者謂其按察官有格外權未決之獄可以暫懸已斷之案無以翻覆然一不公則民可訴之於上審期先宣通衢堂皇一坐觀聽四立判語既筆刊報隨之久懸難決之案即令兩造自請訟師當堂剖晰而後斷之

如國君年未十八不克親政擇其宗親年逾二十五者一人以權攝之無懿親則繇國會公舉之其人四年一選上議院長主持其事倘攝政之人被阻或有它故則擇大臣代轄之君或老癃未能治事或叢脞日滋臣民受虐則衆議廢之以年長王子逾十八歲者為之監

攝　樞機大臣十二副亦如之終其身無更調以備其國君諮諏國事凡民有屈控之其廷或行政按察之員有所申訴則聽其君令而斟酌之凡其國君之長子與女年及十八例入樞機練習政務其餘子與壻非有君令不輕進也行政部臣雖亦干預樞機而褫革下院之議員更調諸部之官守則不得與聞

部落政治弟二

二十部落之壘吏由行政司簡派之其壘吏權可以更張部落章程而聚散其會議進退其屬僚各設部落之會專議一部落之事其議員由國會之下議院選之舉之二年一任部落之議員司其賦稅定其出入限巡捕之額數核將作之歲程凡議事非與其國通例及萬國公法相符而又無損隣壘之利不克定也每城設局略具工部之體理事轄兵局以得選籌最多者為局長每城別有公斷人一欲其調停小事也

國民利益弟三

凡事例之所未載不能强人行止剏議期於民衆有益不能少涉偏倚民人有屈許其刊報四馳或向地方官申訴國人或居或行悉從厥便勿强

留無牽制凡百工行商坐賈非於國民有礙之事不得禁之民居不容外人羼擾其國賞功罰罪官民一體無異視也簡選官吏祇論人才之賢能不拘出身之貴賤國用按民產之豐薄定賦稅之多寡無免征亦無苛斂

官祿表

巴西國之分區以分職而異其略有四其一為舉官言也部落二十分之為區而區各一會其區四百三十有二其會一千五百七十有二投籌人百有九萬三千五十有四備入選者二萬有一十六通國會士五百七十有八國會之下議院士一百二十有二國會之上議院士五十有八其國定章凡曾掌封圻握兵柄者不得選入議員若稅務官若按察官若巡捕官若學校官均不與議其二為行政言也部落二十分之為區六百八十有五中有大城二百二十五小城四百六十其三為行教言也部落合之為十二又分之為區十有九為中區二百三十六為小區一千五百五十有三設監督十二副監督二百三十六其四為按察言也分部落為區三百四十有三分中區四百五十有二每區設會審堂一每堂設按察官一國家法師一會審官或十有一或七或五不等惟彼都會審官十有七國

中小大之獄悉由按察審之或有不公則控此分職異地之大較或疑為通國八百一十三邑時有變更而指此為畫域之界誤也海陸軍官別詳兵事其國會上議院有議官其數居下議院官之半又有監議官下議院與上議院官皆有律政之權分部之官凡七一曰閣部兼教部二曰義部三曰戶部四曰外部五曰兵部六曰海軍部七曰農工商部皆有正有副其副或譯之為書記官此皆有行政之權者也此外有監督官有按察官有稅務官巡捕官學校官又有樞機大臣電報大臣郵便大臣又有畫吏以次諸官其職守已詳政制電郵諸科矣而其於古者養廉勸忠之遺風亦有符者述官祿表

官	祿以密耳來司計銀○未入表者以次遞減
七部及樞機大臣	一萬二千
副大臣亦譯書記官	或一萬或八千
電報大臣	一萬二千
郵政大臣	一萬二千
議官	九千

代議官　六千

外交

巴西外交非若秘魯之倚為安危也雖然外部既立專官議約一以西為鵠其願與中國立約於光緒七年者陽開互市陰務招工夫招工誠未可輕許也以彼宜農之土半蕪毓鑛之苗猶秘又慮西人壟斷其勢不招華工不止聞已於新嘉坡諸地隱誘數數矣與其潛引滋虐又孰若祛其弊挈其利之為愈也過此以往華工不招斯已耳茍難竟違其請則置官以領之申約以衛之其庶無覆古巴轍乎述外交

中國立約第一

光緒七年八月十一日為西紀一千八百八十一年十月初三日即巴西立國之六十年也與中國直隸總督李肅毅伯議約於天津者為巴西使臣姓喀各氏名愛度握度其官曰全權內大臣勳賜佩帶羅斯并土爾基黑基地嗳各等寶星所議之約十有七款雲龍游歷巴西喀各使臣一再來見

別國和約第二

巴西互市之國不惟南北阿美利加洲即歐羅巴洲諸國立約居多而葡萄牙國英吉利國法郎西國義大利國美利加合衆國巴拉他國往還之使尤為無間

大事編年表

巴西大事不外兵與農與工與商而天時之寒暑或出非常地利之損益不恤故智君主民主之更議亦似有莫之為而為者欲徵立國以來六十八載之盛衰或亦有取於斯也至光緒十五年止自道光二年始述大事編年表

中國年	巴西年	大事
道光二	一千八百二十二年	伯德祿弟一始立為君主之國
三	一千八百二十三年	始課農
四	一千八百二十四年	始議設國會
五	一千八百二十五年	伯德祿弟二生
六	一千八百二十六年	國會集議弟一次
七	一千八百二十七年	

八	七年千八百二十八	
九	八年千八百二十九	
十	九年千八百三十	
十一	十年千八百三十一	伯德祿第一歸王葡萄牙其子伯德祿第二嗣之
十二	十一年千八百三十二	其君幼大臣攝政
十三	十二年千八百三十三	
十四	十三年千八百三十四	
十五	十四年千八百三十五	
十六	十五年千八百三十六	
十七	十六年千八百三十七	
十八	十七年千八百三十八	
十九	十八年千八百三十九	
二十	十九年千八百四十	伯德祿第二親政
二十一	二十年千八百四十一	伯德祿第二加冕
二十二	二十一年千八百四十二	

二十三	二十二年千八百四十三	伯德祿弟二行昏禮
二十四	二十三年千八百四十四	整海陸軍
二十五	二十四年千八百四十五	
二十六	二十五年千八百四十六	
二十七	二十六年千八百四十七	
二十八	二十七年千八百四十八	
二十九	二十八年千八百四十九	攷工獎厥優者
三十	二十九年千八百五十	
咸豐元	三十年千八百五十一	
二	三十一年千八百五十二	
三	三十二年千八百五十三	
四	三十三年千八百五十四	增通商議
五	三十四年千八百五十五	
六	三十五年千八百五十六	
七	三十六年千八百五十七	

八	三十七年 一千八百五十八	其寒異常度
九	三十八年 一千八百五十九	其寒異常度
十	三十九年 一千八百六十	
十一	四十年 一千八百六十一	
同治元	四十一年 一千八百六十二	增造兵船
二	四十二年 一千八百六十三	與巴拉圭國搆兵端
三	四十三年 一千八百六十四	籌餉
四	四十四年 一千八百六十五	與巴拉圭國交兵
五	四十五年 一千八百六十六	增募鄉兵
六	四十六年 一千八百六十七	議籌兵餉
七	四十七年 一千八百六十八	
八	四十八年 一千八百六十九	
九	四十九年 一千八百七十	
十	五十年 一千八百七十一	與巴拉圭國兵漸息○定黑奴子女為民例
十一	五十一年 一千八百七十二	

十二	五十二年　千八百七十三	
十三	五十三年　千八百七十四	別國人入籍者先後一千四百八十
光緒元	五十四年　千八百七十五	造海軍醫院
二	五十五年　千八百七十六	
三	五十六年　千八百七十七	
四	五十七年　千八百七十八	
五	五十八年　千八百七十九	
六	五十九年　千八百八十	議遣使至中國立約○置公園
七	六十年　千八百八十一	中國與立約十有七條於天津
八	六十一年　千八百八十二	
九	六十二年　千八百八十三	
十	六十三年　千八百八十四	
十一	六十四年　千八百八十五	
十二	六十五年　千八百八十六	議設植物院越二年開工
十三	六十六年　千八百八十七	陸軍歲費二千萬密耳來司有奇

十四　六十七年千八百八十八　旱疫漸起○國君之子馳兵輪游智利諸國

十五　六十八年千八百八十九　其君去國改民主之議起

中國巴西度量衡比較表

同度量衡政之大者也雖然時異地異同洲且然況地背南阿美利加洲之巴西耶巴西之長短多寡輕重不皆以十進互市難之於是國令以其國之舊法較法郎西十十相推之法其度長短言分曰盧吳約法郎西二密里邁當有二九推之為中國七毫一絲四忽四微三纖八沙八塵有二漠八糢糊由盧吳而十二之為蠹吳而八之曰爬吳而五之曰畫拉而二之曰布拉薩而八百四十三之以計里曰啟羅邁當而二千五百二十九之曰黎格其量多寡實物之升曰式拉明約法郎西一利脫耳有一三六按利脫耳為弟滔利脫耳十分之一推之為中國一升五合三勺二撮二抄由式拉明而二之曰馬開亞而四之曰括達而四之曰亞魯開亞而六十之曰卯勞又流質之升曰瓜鐵勞約法郎西千分利脫耳之六六七推之為中國九合三勺六撮由瓜鐵勞而四之曰加納達而六之曰亞魯模得而二十六之曰排蒲而五十之曰墩其權輕重如銀一千列司曰密耳來司約法郎西十二格郎有七五

推之為中國三錢一分九釐五毫八絲七忽一微七沙二塵四埃如物權曰格賴吳約法郎西四桑的格郎有九八一（按桑的格郎居格郎百之一格郎居啟羅格郎千之一）推之為中國一釐三毫一絲九忽六微九纖五沙四塵一埃五渺八漠由格賴吳而七十二之曰祖廉而八之曰歐吳司而八之曰馬克而二之曰磅而三十二之曰亞勞巴而四之曰坤忒里而五十四之曰噸以新改舊總之不離乎以十乘十者近是言英法異同者已有之矣巴西之長短多寡輕重前無問者述中國巴西度量衡比較表

較度第一

度法	中國	巴西	原較法郎西
	七毫一絲四忽四微三纖八沙八塵〇〇二漠八模糊	盧吳（猶言分也）	二密里邁當有二九
	八釐五毫七絲三忽二微六纖五沙六塵〇三渺三漠六模糊	蠢吳（十二盧吳猶言寸也）	二十七密里邁當有五
	六分八釐五毫八絲六忽一微二纖四沙八塵二埃八渺八漠	爬吳（八蠢吳）	二百二十密里邁當
	三寸四分二釐九毫三絲〇六微二纖四沙一塵四埃四渺	畫拉（五爬吳）	一千一百密里邁當
	六寸八分五釐八毫六絲一忽二微四八沙二塵八埃八渺	布拉薩（二畫拉）	二千二百密里邁當
出	五百七十丈八尺三寸三分八釐七毫	啟羅邁當（八百四十三布拉薩有百分之二十三）	一百八十五萬五千一百密里邁當

度　八絲〇三微九纖三沙八埃九渺〇二糢糊

計里　一千七百三十四丈六尺一寸三分釐八毫三忽〇四纖五沙一塵八埃〇八漠　黎格二千五百二十九布拉薩有十分之一　五百五十六萬五千一百密里邁當

較量第二

	中國	巴西	原較法郎西
量實質法	一升五合三勺二撮二抄	式拉明 猶言升也	一利脫耳有一三六
	三升〇六勺四撮四抄	馬開亞 二式拉明	二利脫耳有二七三
	一斗二升二合五勺七撮六抄	括達 四馬開亞	九利脫耳有九一
	四斗八升八合二勺三撮四抄	亞魯開亞 四括達	三十六利脫耳有三六四
	二十九石二斗九升四合〇四撮	卯勞 六十亞魯開亞	二十一弟滔利脫耳有八八 十利脫耳為一弟滔利脫耳
量流質法	九合三勺六撮	瓜鐵勞 猶言升也	千分利脫耳之六六七
	三升七合四勺四撮	加納達 四瓜鐵勞	二利脫耳有六六七
	五升六合一勺六撮	亞魯模得 六加納達	十六利脫耳
	一石四斗六升一勺六撮	排蒲 二十六亞魯模得	四弟滔利脫耳
	二石八斗〇八合	噸 五十亞魯模得	八弟滔利脫耳

較衡弟三

	中國	巴西	原較法郎西
銀衡	三分一釐九毫五絲八忽七微一纖一沙七塵二埃四渺	列司	
	三錢一分九釐五毫八絲七忽一微一纖七沙二塵四埃	密耳來司千列司	十二格郎有七五合英二仙令三品司
物權	一釐三毫一絲九忽六微九纖五沙四塵一埃五渺八漠	格賴吳	四桑的格郎有九八一桑的格郎居格郎百之一
	九分六釐〇一絲八忽〇七纖七沙四塵二埃	租廉七千二格賴吳	三格郎有五八四九或云三五八六疑譌
	七錢六分八釐一絲〇四微六纖一沙九塵三埃六渺	歐吳司八租廉　猶言兩也	二十八格郎有六七九二或云二八六九一疑譌
	六兩一錢四分四釐八絲三忽六微九纖五沙四塵四埃	馬克八歐吳司	二二九格郎有四三三六或云二三九五二疑譌
	十二兩二錢八分九釐六毫七絲三忽九微〇八沙八塵	磅二馬克	四五八格郎有八六七二或云四五九五三疑譌
	四百一十二兩六錢五分六釐五毫〇八忽	亞勞巴三十二磅	二十三啟羅格郎有九四三三六或云二四六九疑譌
	一千六百五十兩七錢八分二釐六毫〇三忽二微	坤忒里四亞勞巴	九一啟羅格郎有七七三四四或云五八七五九疑譌
	八萬九千一百四十二兩二錢六分〇五毫七絲二忽八微	嗷五十四坤忒里	四九五啟羅格郎有五七六五七六[illegible]

刑略

巴西法律不盡沿葡萄牙法蓋事事參之法郎西豈刑章何獨不然也其治罪無死刑其監與罰輕重有差其不宥惡上下無異眡其罪人課工與美利加無

大差違而民重犯法不拾遺不閉戶之遺風亦時一見之述刑略

議法第一

凡國君宗親犯不韙者上議院治如法上下院議員及諸大吏犯亦如之

凡七部之官犯雖君宥之仍治如法

凡庶民有罪無告無令不輕拘禁也無治民吏字據不受拘禁也即禁如章先將其故及訴者姓名諭使民知其小有犯雖鞫而例當釋者不得監禁治民官判斷案情當與律例式符無論如何重大勿過責罰勿以產業充公勿用慘刑勿以重刑施之官犯勿輕斷疑誤之罪倘有兵官投降諸情壘吏審其始末上之而聽其君酌奪焉

監獄第二

巴西國至大之監在伯能不各之花點能島凡伯能不各之犯罰充苦工者即入其監以兵官一人管之又設礮臺二座礮兵一隊堡壘四所欲其防禦也其地兵與罪人凡二千有八十八罪人能作何工則使作之復時以善言導之欲其悔也罪人所得工價由掌獄官代存其半俟期滿釋放時交其自領其罪人近約一百八十有三其工以造鐵器木器衣履之屬居多軍營所用

之靴履半從此出

電報表

雲龍於光緒十五年春游巴西國雖電綫弗逮美利加而關要消息亦罔或滯諏厥綫里則曰一萬八千三百六十四啟羅邁當（詳度量衡比較表）皆官理之無民有之者先是咸豐二年（千八百五十二）剏試短電於其國都六年（千八百五十六）引而伸之於必除勞波烈司此內有海綫一段約長二十啟羅邁當同治二年（千八百六十三）將防里約熱內路海口遂續自都城而海口礮臺而扶里約岬尋因與巴拉圭國交兵由都城造雙綫以達南疊此綫既克報警兼利商務嗣是電報日擴同治年間已有陸綫六千一百二十啟羅邁當水綫八千五百二十三啟羅邁當電報支局八十有七鐵路公司自立之電尚在其外電資匪昂商民便之海電西通歐羅巴洲北通美利加國而毗連之智利巴拉圭諸國更無論已方咸豐十一年（千八百六十一）同治元年（千八百六十二）間僅有必除勞波烈司之綫入資不過三百二十八密耳來司南綫一成增至三千密耳來司同治五年（千八百六十六）至六年（千八百六十七）增至二萬六千密耳來司十二年（千八百七十三）十三年（千八百七十四）增至十七萬一百密耳來司有奇當同治五六年間（詳上）電費銀二十一萬一千六百八十五

密耳來司十一年千八百七十二至十二年千八百七十三其費增至一百二十二萬八千十四密耳來司十三年千八百七十四其費減至一百十九萬三千四百八十八密耳來司厥後增減有差美利加之使巴西者曰絨懷多曾訪電綫告於其國豈雲龍奉朝諭游歷彼都而敢憚勞耶於是詢其電報電話即得力風也之數稽其官報民報之資以密耳來司計述電報

年	電報數	電話數	官報入銀	民報入銀	入銀合計
同治十千八百七十一	四四七七五	一九一一〇三	一八九九三九〇〇	一〇七九四八〇〇	一二六三四二七〇〇
十一千八百七十二	五三一七三	一二五〇七二一	二二七九二〇〇〇	一一七一六一九六四	一三九九五三九六四
十二千八百七十三	八九一六五	一九四五五七九	三〇四七八二〇〇	一三五三〇〇二〇〇	一六五七七八四〇〇
十三千八百七十四	七二三四四	一五九九四〇九	二九〇二六五〇〇	一四一一三八二〇〇	一七〇一六四七〇〇
光緒元千八百七十五	一〇三六八九	二三六三八一九	四〇四四五〇〇〇	二〇八九七〇六一五	二四九四一五六一五
二千八百七十六	一一九三五八	二五一六五〇〇	四六六三七五〇〇	二四〇一四一八七五	二八六七七九三七五
三千八百七十七	一四〇〇三〇	二九二三六六六	六九八九四一〇〇	二九九九八一七〇六	三六九八七五八〇六
四千八百七十八	一八二〇一一	三六九六六五二	一一三四一五七六〇	四六五五四〇九八二	五七八九五六七四二
五千八百七十九	一三二〇二二	四三九七五九二	一四三七六九二〇〇	七一四三七四八九六	八五八一四四〇九六

六千八百八十	二五四四一六	四五五八七三九	一七五四五七六〇〇	六一四二一九六四七	七八九六七七二四七
七千八百八十一	一三七五七三	二四 七四八一	一〇九二八五〇〇〇	三四三九四三九二六	四五三三二八九二六
總計	一四二八五五六	二八五六三三六二	八〇一九四七六〇〇	三三八八七二六二一	四一八八二一七五七一

郵表

巴西郵政欲陸道之四通已非易易況重洋乎即以秘魯言按圖不啻千錯而峻險阻之土番滯之非由智利諸國無以達也不然雲龍游卑何不逕達而必紆道南航耶郵政總局置於其都分設二十部落者皆支局也大邑亦有代理之人凡國內河海之信遞自其國公司而適大西洋猶託別國公司理之時則有英公司六法公司四義公司一其遞英之郵若倫敦若沙汰頓若里華浦若科茂司其遞法之郵若波島若夏華若馬賽其遞比利士之郵若晏畫蒲其遞義大利之郵若苻那華若尼布魯士其遞日斯巴尼亞之郵若巴賒郎等其遞葡萄牙之郵若烈司濱若勝云仙其遞秘魯國之郵若倚格若嘉里約罔弗竭來如期而其政府特假以公司權利取諸無奸也凡郵政通之別國非立約不可巴西通郵之國曰英吉利曰法郎西曰日斯巴尼亞曰比利士曰義大利曰德意志曰美利加曰秘魯引而伸之不第惟是據巴

西人言曾於同治十二年夏至十三年夏（千八百七十三年至千八百七十四）綜計信資入銀九十一萬一千九百七十七密耳來司出銀九十三萬二千九百八十七密耳來司而光緒十二年夏至十三年夏（千八百八十六年至千八百八十七）入銀增至三百有七萬五千二百八十一密耳來司有三百十三列司其出銀亦增至三百四十六萬五千七百八十三密耳來司有三十五列司其郵局以合而理其郵便地則以分而多蓋不下一千八百六十有二云述郵表

部落	郵便所
里約熱內路	三百
巴亞拉	四十四
馬拉瀼	五十三
標稀	二十八
西阿拉	六十五
里約哥蘭的諾的	三十九
巴來罷	三十四
伯能不各	一百二十四

阿拉疴瓦斯	四十六
塞爾日貝	三十
巴希亞	一百二十八
斯不列多散多	三十
勝寶盧	一百五十
巴蘭拏	四十三
三達加達里	三十九
里約哥蘭的臾路	八十五
迷拏日來斯	五百五十九
疴瓦斯	四十
馬的噶拉士	十一
亞馬孫	十四

雜事

巴西之新報有清議權匪惟議院一可新聞四喧已也即問學中若法律若醫藥若格致罔弗報其報或日一印或七日一印或月一印疏密有差他如

樂部亦知風化繫之嘻異矣聊就所聞述雜事

新報第一

巴西新報館多國都之刋官報已十餘載日出一千四百紙印自其官刷印局之活字本其工一百四十其滊機五其手機十三其印工房在刷印局側商報剏自道光元年（千八百二十一）每分三四葉有差以一萬五千分為率執筆者十人采訪者八十工二百四十有八　里約熱內路之報刊行最久蓋剏嘉慶二十一年（千八百十七）其印以五千為分其分以四紙為率執筆者五采訪者二十工五十　地球報剏自同治十三年（千八百七十四）其印以四千五百分為率執筆者五采訪者二十六工多寡靡定印機七　里科麻報剏自同治九年（千八百七十）拏沙阿報日以午時印出一千二百分為率每分一紙其大印機三　那梯斯亞士之報日印一萬二千分至一萬八千分其資既廉其行彌廣采校者十有二司事者五工十有九雜司之人八十大滊機二每半時可印三千二百分　此外隨時排印之報曰文學曰法律曰家範曰史曰醫曰船廠名不一文報居多亦有畫報者或月一出或月四出或日一出凡三十有七　里約熱內路之報二十有四刋在部落之治者四餘一二不等　亞馬孫省新報七起

皆刋在省城　巴亞拉新報十有七刋在部落之治者十一刋在山打廉城者二刋在甲米他城者四　馬拉瀼之報九刋在部落之治者七刋在加司亞士等處二　標稀之報七　西阿拉之報九刋在部落之治者七刋在亞拉甲梯城及科他里沙城者各一　里約哥蘭的諾的之報七刋在部落之治者六刋在摩娑牢城一　巴來罷之報五　伯能不各之報二十有二刋在部落之治者十七内有名伯能不各報者日印以六千分爲率刋在維多利城者二刋在里司乎城者三　塞爾日貝之報五刋在部落之治者四刋在衣士單斯亞城者一　阿拉痾瓦斯之報九起刋在部落之治者五刋在阿拉痾瓦斯城者二刋在披拉城寶得亞蘇加城者各一　巴希亞之報二十有一刋在部落之治者十三刋在甲初衣拉城者四刋在山多亞馬盧城者二刋在南沙獵城華廉沙城者各一　斯不列多散多之報九刋在部落之治者七刋在他城者二　勝寶盧之報二十有六刋在部落之治者八餘印日增　三達加達里拏之報五刋在部落之治者四刋在早燕維盧屬地者一　里約哥蘭的叟路之報二十有五刋在部落之治者六刋在里約哥蘭的叟路者四餘刋他城多寡有差　迷拏日來斯

之報十有六刊在部落之治者二餘刊他城　蔚瓦斯之報二　馬的噶拉士之報二　都城刷印局五十刊報而外兼印圖書　部落印局無慮二百書籍圖畫罔弗印之不獨新報已也

樂部第二

巴西樂部設官而以部官定其可否欲其寓教化於歌舞也都城大樂部二小樂部二花園樂部三樂舞房三而葡萄牙法郎西音樂居多義大利日斯巴尼亞之樂師亦時往還而或近桑間濮上之音輒禁之

巴西文學

游歷巴西圖經九

花翎二品銜北洋委用道總辦北洋機器局兼神機營機器局總辦前游歷使臣傅雲龍述

學校師生表

巴西學校雖非概立自官而皆官為經理置總巡官一與其部落治民之吏以時稽其興廢日館而外復設夜館鳩年長之弟子而課之凡部落學塾計歲入而歲費其三之一學分等凡二一童塾一黨庠其童塾課句讀與書數其黨庠則增象緯輿圖經史格致之學旁及繪畫音樂之技其師男女無異視凡欲為師必先試之如童塾之師則考其葡萄牙文與夫句讀書數如黨庠之男師則考其算學地理英法臘丁文字與格物學如黨庠女師則考其句讀書數地理英法文字與縫紉事凡刱書館司事者將恆用之籍預立之章教習之姓名品學書館之大小位置報之政府禁書而外無論何種書籍均許儲之凡男十歲以上一不與穉女同館先是同治十三年（千八百七十四）光緒元年（千八百七十五）其國撥都義學費銀六十五萬八千六百四十一窊耳來司在都書館一百四十二間其中義塾九十有三民塾四十有一夜館八男女學生凡一萬七千二百七十有九每館設正掌教一副掌教

一牧師一又副教習數人其都又有國學二一建城中一建城外在外者學生得宿而學焉每館設正副掌教各一牧師一副教習數人均由其國試取學生亦自行束脩以季入之而數甚微不敷者國為之助入學七年為期屆滿則試其可者而給文憑猶言秀士也所學之事為葡萄牙臘丁希獵英法德諸文與夫經史算學輿圖以及繪畫音樂兩館學生數百人入選者不及十人得獎牌者一二人耳總巡官歲集兩館國學之教習議其準繩而糾其偏雲龍既游彼都諏而筆之其學校屋凡五千八百九十間其歲入銀凡二千三百一十一萬九千五百七十有六密耳來司其歲費銀五百二十五萬二千八百一十四密耳來司其師七千三百八十其生增減有差光緒十五年凡二十一萬一千三百四十二較前數年增二萬有奇述

學校師生表

	學校屋	師	學生（注較前增減數）	歲入銀（密耳來司）	歲費（密耳來司）
里約熱內路	六百七十四	六百七十四	一萬八千八百九十四	四百二十二萬一千五百五	八十七萬四千八百六十三
巴亞拉	二百五十九	二百七十三	一萬八百八十一（減百四十）	百五十三萬三千六百七十	三十四萬六千三百五十
馬拉瀼	一百六十三	一百四十九	五千九百七十三（減四十七）	八十三萬一千二百九十	十二萬五千一百二

標稀	七十三	五十九	二千一百十八增九十二	三十四萬六千五百二十六	四萬四百五十六
西阿拉	二百五十四	二百五十四	一萬八百六十一	八十一萬一千九百二十九	十八萬三千四十六
里約哥蘭的諾的	百五十二	一百五十二	四千五百八十四減二千二十七	三十一萬八千六百八十二	九萬六千三百五十
巴來罷	一百五十	七十八	二千二百七十一減千六百三十五	七十七萬七千二百三十二	二十六萬四千三百三
伯能不各	五百二	五百二	九千九百十七	二百五十一萬二千四百四十九	四十七萬八千九百四
阿拉疴瓦斯	二百三十	百八十四	五千四百九十五減千五百二十	七十七萬三千五十六	十三萬七千三百
塞爾日貝	一百七十五	一百八十	三千四百二十七減二千二百二十四	六十九萬七千七百三十五	十一萬九千
巴希亞	四百二十五	六百四十三	一萬七千三百六十二	二百一十七萬二千四百三十三	三十六萬三千五百
斯不列多散夕夕	一百三十六	一百三十六	二千二百十六	三十萬	八萬三千
勝寶盧	六百二十四	一千三十	二萬六千九百三十九增一萬四百七十四	二百五十二萬九千六百二十六	三十九萬七千九百七十九
巴蘭孥	一百三十	二百五十二	六千四百七十九增三千三百二	七十二萬七千九百八十五	六萬四千七百二十
三達加達里孥	一百三十七	一百五十一	四千二百九十二增五百七十八	三十一萬一千四百九十二	七萬六千七百二百
里約哥蘭的曳路	四百九十二	五百六十	一萬六千十二增千五百六十九	一百七十萬二千一百	二十七萬五千二百六十
迷孥日來斯	八百九十二	千六百四十九	四萬三千九百三十七增萬九千三百三十	一百六十五萬一千六百四十	六十萬一千六百
疴阿斯	九十五	九十五	二千六百六十六	十四萬七千七百八十七	五萬一千五百五十

馬的噶拉士	五十七	五十七	一千三百六十一	十六萬七千	四萬八千一百一十
亞馬孫	五十九	一百一十	一千六百七十九	五十七萬五千四百三十三	六萬六千六百六十
附錄	二百十九	二百十九	一萬七千二百七十九		六十五萬八千六百四十一

問學類識

巴西土人文字書缺有間立國以來沿葡萄牙文而所習又尚法郎西文兼英吉利文老農老圃之學彼都人士重之已詳農務茲就士與商與工所學之派類而聚之醫學第一法律學第二商學第三鑛學第四工學第五盲人學第六聾啞學第七樂學第八教士學第九圖書庫第十會文第十一博物院第十二天文學第十三技藝學第十四論文雖異言學則同格致其有窮乎述問學類識

醫學第一

醫藥學校二一在國都一在巴希亞而課章無大異也其課以六年為期其學辨藥石之體用而化其定流嘗其動植與夫內外之傷感婦孺之痛楚刀鍼若何補救若何本末又若何二校凡掌教者二十有一助教者十有五均選自其政府各有專課製藥接生之所其學製藥三年為期其學接

生二年為期又有化學室儲藥屋製藥屋格物書籍屋二校各設監督一助掌教者而經營如章又有辦公房有書庫同治十三年（千八百七十四）彼都學校學醫者凡五百有二學製藥者凡一百有三卒業而授醫學證書者五十有四授製藥證書者三十有二巴希亞之學校學醫者二百五十學製藥者九十有五卒業而授醫學證書者三十有二其授製藥證書者六十有四凡內外之專科治牙接生之熟技雖學成於別國而非至二校試藝不得在巴西行醫也試之日以原領證書呈驗否則以別國公文代之年貌既符聲名罔劣乃得與試其別國文憑非經巴西使臣領事核定雖有如無也如在別國書院醫院曾充掌教有書足證而巴西之使臣領事又核之無異詞則免試凡欲學醫先試臘丁英法文字與夫史算地理性理之學其學製藥試之以法文九章句股其學接生惟試書數而已其書以法文為宗二校歲用帑銀二十一萬六千九百一十密耳來司

法律學弟二

法律學校亦二一在勝寶盧一在伯能不各其地異其規同也凡學先通英法臘丁文字與夫九章代數史書格物之學否則屏之門外其課以五

年為期其學曰自然之理曰海國之通例曰交涉之公法曰本國刑錢之章軍政之律航海通商之利弊富强行止之吏事其校各置監督一考其學者之課程諸師之訓法與夫經費出入之盈虛書庫圖籍之損益同治十三年（一千八百七十四）二校學者凡四百有五人卒業而授證書者八十有三而其赴試之生無慮一千八百有奇許其入試者一千一百九十有六其校各設掌教十一助教六皆選自政府其經費二校凡銀一十七萬二千二百窓耳來司

商學第三

學商四年為期其學首法英德文字次以算法為要九章代數句股之類罔有或遺而通商之條例地志之異同及海陸税章之損益皆其學也其校設監督一以官時稽而歲覈之凡涉要事監督與掌教者議乃定掌教亦派自國者也光緒元年（一千八百七十五）試得入學者三十有八未試亦入學者十有九卒業者三嗣是有增

鑛學第四

鑛學校剏設者在迷蜂日來斯其課兩年為期其學不外察地尋苗辨質化

鑛與夫代數測量繪圖機器築室諸奧窔而已

工學第五

此為工學校亦稱雕繪院設監督一掌教及名譽教習凡二十七所課分等凡五一為句股之圖顏色之繪造屋之規模二為人物之鏤石五金玉石之製器三為人物山水之繪影着色四為以算學入畫與夫人物喜怒之容古今圖籍之宗五為歌舞之形神其生分晝夜二班卜晝者二百卜夜者一百有七掌教派自其國名譽教習則舉自肄業者歲一會其生而較其優絀會輒三日而擇尤獎之二年則一大會通國之雕若繪皆與之會以十四日為期別國良工作但經司事核驗入會罔有或阻光緒初年賽會生得獎牌者二十有八凡生屢得優獎者則由校給資令其赴歐羅巴游學如學雕繪往古人物或繪屋宇給六年資其它尋常刻畫或繪山水則給四年資其在義大利學習者二一油繪一雕石均有聲學校中有書庫歲費銀三萬七千五百六十密耳來司

盲人學第六

此學校為瞽而盲者設男女無歧眎也食於斯居於斯卒業亦於斯其學分等

凡二視其齒齡因其材質而教之設監督一其國時以官稽之而校有牧師有醫士初置都城嗣於城外建一新校可容學者六百其課以八年為期其學曰諷誦曰習字曰葡萄牙文曰法文曰九章曰代數曰句股曰古今史曰地理志雖英文不載課程而亦有學者如習技藝男則教以作樂釘書印書修琴女則教以鍼黹音樂據言添設工房而後則分教編竹刓木及製衣履之屬又增習武之塲欲其舒筋力也其費已集銀九萬五千六百九十五密耳來司其掌教六派自其國又助教四或升自肄業生即學一藝亦足謀生光緒元年千八百七十五校中學者二十有九其中男十有九女十半由其國給資時已用銀六萬三千七百七十密耳來司而後益增海國之盲且學而不盲而盲何也噫

聾啞學第七

此學校剏自咸豐六年千八百五十六初為民塾束脩或由其國支給或由衆力樂助同治七年千八百六十八易為公學歲用銀五萬四千密耳來司學生亦宿亦爨教以聾啞相宜之事而有定章其校設於都城之外郊距城六法里亦有習武塲其生二十其學為葡萄牙文句股測量國史地志繪圖與夫

釘書製履之工作凡年適十有二歲亦或學種蔬果花木日學有定時其校中監督一文學掌教三助教三而以聾啞學生升居其一又繪圖習武之教習各一牧師一其經費積銀三萬六千密耳來司又從而生息之存為單寒衣食之助與夫卒業而未得生計者

樂學第八

此院雖附雕繪院中然專設監督一學室亦非混一男女可入學而不納資其學有等始辨音樂而歌而熟而入精妙監督而外有司會計者一司文者一學者一百有八其中男五十有二女五十有六試可者五十有一得賞格者十有七學成輒堪自謀衣食云

教士學第九

教其所教則國有所不同也然亦學格致之屬書院十九區等凡二其一等書院授其所尚與夫古史律法二等書院授各種文字如葡萄牙臘丁希臘英法布魯義大利之類與夫史律輿圖算法格物繪畫音樂彼都之學費足自給其餘均由書院所在之部落佽助凡銀一十一萬五千密耳來司一等書院生約一千有奇二等生三百有奇

圖書庫第十

巴西圖書之富以其都圖書庫為最凡儲十二萬冊分置十有二房中蓄古本為四五百年前之著述嘖嘖於彼都人士者不少其庫分類編列曰史傳類游歷之記附之不下二萬四千冊曰格致類三萬九千冊凡性理經國技藝諸書皆與於此曰律例類臘丁英法之文凡書四千冊舊本重雕今古參半曰文辭類約一萬六千冊文自有法詩亦有韻曰紀述類書三千冊內外之新報自立國前迄於今日皆萃於中近世文學技藝存其尤者而法文多曰地圖類裝潢成冊者二百散幅三百本國之圖居多曰手畫類凡一千二百冊內多古人真蹟及名手油畫曰印板畫類約幅六千從明宏治十三年千五百以來各國雕繪之卓卓罔有缺焉為彼都珍品曰教士書類凡一萬五千冊惟技藝之籍尚無專所然已有書三千五百冊其中論建築者勝凡游人衣服整潔皆許入庫繙閱休息日外起巳訖未又起酉訖亥其廳容人六十每月游人不下一千至一千三百先是費銀二萬五千密耳來司近增至六萬八千八百密耳來司後有增屋之議其餘書庫之在彼都者猶多或公或私而皆不及　醫藥學校圖書庫藏一萬七千

三百十七冊散篇尤夥歲計入觀之人衆多益寡約五千數百司教及學者居多此外人欲參攷圖籍亦得與焉　技藝之書庫藏六千冊其類凡三一曰算學二曰格物三曰雜存辰後聽人入覽　海軍圖書庫藏書一萬九千冊圖五千二百幅船式二十二紙別有習海器具不名一類司庫人選自海軍先是歲出書目一本巡海論一本後或暫停刷印一年之内觀書者亦六七百　陸軍圖書庫藏書籍共二千一百大抵營陣技勇繪圖算法規條之屬居多　國都博物院圖書庫藏書八千冊皆珍品也雖專為院人而設然入觀者亦多　人事部之書庫藏一千八百九十六冊　盲人學校書庫藏千冊有奇　工學校書庫約一千冊　聾啞學校圖書庫藏有地圖地球及葡萄牙文之幼學書籍亦有在院刷印者　部落官署有書庫收藏有差　其在國都民間者曰勝賓尼秪寺書庫藏八千冊曰勝晏滔尼寺孟加米寺二書庫各藏二千冊曰夫魯緡難士書庫藏四萬二千冊墨蹟一百有奇其中有國史事紀之屬庫由衆成而入觀者歲約一千五百有奇曰葡萄牙文館之書庫建於道光十七年（千八百三十七）初僅儲書三千冊後增五萬二千冊其中各國文字如臘丁義大利日斯巴尼亞德意志俄羅斯皆兼有之而

葡文法文為多又有地圖百幅銅板畫二百四十幅雜畫九十二幅此庫屬葡萄牙會別國人亦得納資而入每日辰正開庫未時暫停申正復開戌正乃止歲計觀書者不下四千有奇游觀者亦數百人積銀二十萬密耳來司有擴庫之議据云前此修築之費已八萬一千密耳來司矣曰英公司書庫藏六千二百十九冊英文新報居多曰德意志會書庫建於道光十二年千八百三十二藏書五千七百八十一冊德人著述居多曰文學會曰葡萄牙會曰刷印會皆有書庫一藏三千冊一藏一千九百三十冊一藏八百冊曰史傳地理人事館之庫藏書六千八百四十一冊有足珍者又有墨蹟六百三十六地圖二百六十幅曰美利加國書庫原藏書者馬舒額也多係巴西國君所賜者半由葡萄牙日斯巴尼亞和蘭等國珍本傳寫曰勸工會藏書論農工兩業者多曰步隊第一營書庫藏一千冊曰國都警察署新設書庫已有一萬四千五百冊一年之內入觀者近萬其分藏各部落者里約熱內路一千五百冊巴亞拉官庫藏四千冊其中各國文字不一歲計入觀者六七百又有葡萄牙文會之庫藏三千冊又有藏書局三其大者曰山打廉書局藏三千冊有奇馬拉濮官庫藏書四千一百六十九冊歲

計入觀者三四千又有葡萄牙文會二一藏書五千七百四十九冊一藏書四千冊又有武庫藏書七百冊標稀官庫藏一千三百冊西阿拉官庫藏書四千五百九十冊歲計入觀者二三千人里約哥爾的諾的官庫藏書一千六百六十九冊歲計入觀者四千有奇又有藏書局三曰勝左塞曰亞素曰摩跡牢伯能不各官庫藏書三千六百四十三冊歲計入觀者一千有奇又有法律會藏書二千四百七十一冊葡萄牙文會藏書九千五百冊歲計入觀者數千又於望梯盧地方設觀書樓一阿拉疴瓦斯官庫藏五千一百九十八冊歲計入觀者八九百人又有披尼多城之庫藏三百五十七冊塞爾日貝觀書樓一亦有收藏巴希亞官庫藏書二萬冊歲計入觀者六七千人又有醫藥會藏二千三百五十冊觀者三四千人又有葡萄牙文會藏二千九百七十六冊觀者五六百人又有文學總會藏七千四百二十四冊觀者約二千人又有會藏書六百冊又有植物院書庫藏六千六百冊又有維蘭沙民立書庫藏四百冊斯不列多散多官庫藏書亦多勝寶盧法律會庫藏一萬冊法律家箸作居多又有波飄拉書庫藏二千四百十三冊他庫多寡有差巴蘭拏官庫藏八百七十四冊又民庫七所藏三四百

巴西圖經卷九

冊至二千冊不等三達加達里納官庫藏一千八百冊歲計入觀者七八百人里約哥蘭的叟路官庫藏書七千冊歲計入觀者七千五百人又有觀書樓藏千二百冊又有里約巴多庫藏九百八十五冊又有文會二一藏一千一百三十二冊一藏一百十九冊迷拏日來斯書庫三一為公庫藏二千有八十八冊一為大厭文天拏城為民庫藏二百八十八冊此外烏巴城庫及觀書樓亦有藏書疴瓦斯有文會二凡藏四千三百四十七冊馬的噶拉士有書館藏一千五百冊有奇又有古耶白觀書樓藏一千一百八十七冊此外藏書難可枚舉臚列所知已無慮四十餘萬冊觀者歲近十萬矣

會文第十一

巴西國會文之風浸熾若格致若文學若工藝而有所謂巴西史傳地理人事館者其巨擘也剏自道光十八年（千八百三十八）欲以徵國事印他史修明文字格致之學歲約成書四冊以四百葉為率月會二次於其都國君臨焉　國立醫學文院剏於道光九年（千八百二十九）分門凡三曰內治曰外治曰製藥不相混雜凡疑難症悉以咨之年刻書一冊名曰巴西醫藥年報始

於道光十一年千八百三十一七日輒會文一次　技藝院講求算學機器武藝亦以文布而無定時　實學館考究物理或口講或筆述　律學館剏於道光二十三年千八百四十三專習律例之理與用七日一會同治二年千八百六十三而後年出一書　維牢司晏那文會剏於道光三十年千八百五十更定於同治八年千八百六十九歲刊年報一冊專考天生之物而於巴西土產與夫土人性習原始之事　製藥之會三察其國中官醫配藥之事國助以費年箸一書月刊一報　文學會多名異實同大小不一總之不離乎長學術者近是　學師會專考教授之法　齒科會專究治牙之法　他如習武作樂繪畫考工之會難可勝紀其部落如馬拉瀼伯能不各阿拉疴瓦斯巴布亞勝寶盧亦皆分設文會多寡有差

博物院第十二

嘉慶二十二年千八百十七設博物院於彼都欲其進格致學也論者謂南阿美利加洲之博物院此當首屈一指院分部四首動物次植物三鑛產四人事部各設總司事一副一或二司事無定額而以督辦轄之蓋選自總司事者也凡會議院事督辦監議而總司事以次皆得投票以決可否此院考究國中土產

而口宣格致之學欲國人皆知其理施之實用也口說卜夜居多有大講堂聽者以數百計說畢新報刊其大概傳布遐邇休息日任人入觀動輒盈千其收藏物以地產鑛產為最羅列數房半由采取者動物部羽毛迷目人事部收藏巴西古錢古器及國中各種土人之巧藝鑛產部設化學房一院中擬刊刻格致官報無論內外博學之士但益多聞即刊報端建圜講堂一如半月臺凡屬格致之士可以入堂口說其國政府撥經費銀六萬密耳來司用以收買書籍器物院內有庫藏書九千其中有難得之格致書此外若巴亞拉若西阿拉若阿拉茍瓦斯若迷拏日來[illegible]皆有博物院規模既遜藏物亦嗇然皆漸次恢廓欲其不自囿也即小之如其都技藝院之格致房醫藥植物習武諸院之小庫房亦未嘗無可觀者焉

天文學第十三

觀天臺建於彼都城內私士楚高岡之上其臺置觀天之器中有巨且珍者若回光千里鏡一其窺眼千分法尺之三十五反照之準綫長八尺南美測量至準之具此其大者有測遠近鏡二精當異常其中一架兼能測光又有斜測之鏡數事均極精巧又有測日鏡一其反照之準綫長一十

尺又有測風雨器鏰鐵器海陸二軍取時於此其政府懸賞召人將全國地圖詳細繪出并測準子午綫經緯綫之方位與夫形勢欹斜之度數海口潮汐之高低筆之於書取徵實也先是金星度日其國曾遣人至日本測看近復擇人於本國海口時測以求天文之學伯能不各城亦有觀天臺一為海軍設也

技藝學第十四

凡技藝學生非入校先學二年略知化學地理機器測繪草木鳥獸之綱領不許編入等次也等次既入則專攻一藝所教分藝凡六首曰致知格物之學次曰質學算學三曰地理之學四曰機器之學五曰鑛學六曰巧技製造之學以上六者均以三年為期既滿則試之試可則給文憑其校有掌教二十六助教十繪圖教習八又供職而不教者監督一提調一司文一司會計一司書一寫官一學中有大書樓一化學房一又有草木鳥獸鑛質藥石諸房欲其考究無遺也學生三百九十有九

敘例　　　游歷巴西圖經十

花翎二品銜北洋委用道總辦北洋機器局兼神機營機器局總辦前游歷使臣傅雲龍述

自敘

雲龍既述游歷日本圖經三十卷美利加圖經三十二卷古巴圖經二卷秘魯圖經四卷獻之而復述游歷巴西圖經十卷成敘曰往聞中國西航阿非利加洲而至巴西僅四十餘日程耳雲龍則東航地背取經獨闢由日本航太平洋而美利加合衆國而英屬地加納大而日斯巴尼亞屬地古巴而秘魯國中間假道新加拉那大國之巴拉馬埠即東西洋之一蠭腰西人鑿之而功未奏長夏不冬水青而毒光緒十四年華工至者四百未久而罹疫半矣行人之視為畏塗以此槎行赤道是為埃瓜多國之境彼人謂赤道曰埃瓜多故以名國既至秘魯按圖索之東隣巴西如犬牙錯詎知隔一安地師山雪不得融鳥難可逾無車而驢野人逐逐非紆航而南取道智利國巴他峨尼國無以至也中間麥哲倫峽在緯南五十四度為近南冰洋之弟一峽再南則足迹罕至瀛環志略所謂風烈霧迷濤瀧之猛惡倍於大浪山舟過人人額手喜若更生即此地也着裘猶寒過

此則溽暑如初以冬為夏輪泊巴西國都在光緒十五年春二月六日豈無華黎己忘華語方音半沿於葡萄牙先譯英文乃轉漢字重譯之言至斯而信彼都無雨六閱月矣黃疫四起日損三百餘人水簾欲斷旱魃之驕彌甚其君宅里約熱内路之伯德禄第二園側而自避暑於伯託波利司相去四十啟羅邁當七日一至都治事大吏如之或勸雲龍休矣雲龍則謂巴西為南阿美利加洲第一大國亦五大洲大國之一遵

朝諭游歷雲龍以前未之有也剏始之紀載倍切於人云亦云而況百聞不如一見有游歷責豈避暑來耶游卜其晝兼卜其夜輪蹏於彼都者十有二日宅瀛艦於海濵者二日莫之遑息此何以故一因旋美利加之輪舟歷二十一日乃得一行逾此則資無以繼也一因游程無慮十三萬游期限於二載也雖然瑣屑可略要領所不欲忽險夷可忘利弊與損益斷不欲昧於是以目證耳以今較昔未嘗不歎巴西可以農勝也難者曰尚農曷若美利加鄉雲龍曰此耳食也美利加農工商均無偏重若巴西者厥土宜農為五大洲冠其稻穫輒數倍而耨弗如華其麻種自異常而土未盡利其棉性堅而韌而織虛厥機其語茶若沙傳自中國湖北人而能植

不能製通國焙茶華工八耳第而曰金石之工匱羽毛之工稀云爾哉論者謂可以養僑黎數十萬無怪其陽約互市陰亟招工其願未諳其計轉秘隱引工於新加坡者數矣與其瑣尾於後曷若杜漸於前之為愈然與其斷而不斷勢將伏虐於中又曷若要信於外之為愈也而非申之以約護之以官是誠未可以輕許游歷巴西之大要莫此若矣此而緘默匪心安乎於是依日本諸國圖經例分類十曰天文曰地理曰國系曰風俗曰食貨曰攷工曰兵制曰政事曰文學曰敘例為子目五十有一居赤道南五度有三測自我

京天豈漫談述經緯表第一彼都午時減我

京師約略計之五時有奇述中國巴西較時里差表第二旱虐偶耳而游值此我冬彼夏難一例視述氣候第三（以上天文）開方割員洲南海邊南狹北侈倭銅圖鐫述地理圖第四沿葡萄牙而自立誇六十七載君去何耶述沿革第五陸西海東高下難同述形勢表第六畫吏所立其分二十述部落表第七廠郜已細廠邑四隸述邑表第八正隅維繫元和志例述四至八到表第九譯文輒殊況重譯乎不畫一之豈矛盾無述巴西國部落名

稱歸一表第十危峰雪支起伏雲馳其脈維何曰安地師述山第十一島若星碁而岬附之述島第十二以河長論曰亞馬孫入河入海源流名存述水第十三水不在大利舶則會互市者流竭徠是賴述通舟河道表第十四初亦無渠亦濬亦疏述渠第十五鑛泉非寒格致一端述鑛泉第十六埠隖其良臺鐙有光述海濱雜識第十七以上地理二代之系前非其例述國系第十八綱其同亦多其異則那述風俗類識第十九風俗既招徠之復生聚之注籍成數十兆有奇述人數繫地表第二十金石非虛種畜猶疏羽毛競美而疇克如述物產第二十一甲穿層巔犀照重淵地不愛寶洲南其然述鑛產第二十二蠶桑亦知農其最宜述農務第二十三互市行止盈虛繫此述商略第二十四海口物耆進出有差述進口出口貨直表第二十五對鏡易明而較絀贏述別國商物比數表第二十六亦賦亦征而出稅輕述海關出口物稅表第二十七預計隔年量入則然述財用第二十八三品之幣重輕有制述金銀銅錢比較表第二十九築臺報如有實有虛述國債繫地表第三十其土陳陳闢亦日新述食貨雜識第三十一以上食貨居肆之工而重從戎周官遺意不襲而同述兵器工第三十二鐵

道工長官不如商述鐵道官工民工表第三十三知機無方利器者良述攷工類識第三十四（以上攷工）海陸軍殊而練異乎路遺無拾人火無虞述海陸兵制第三十五軍學專家勿勦襲詩述海陸軍學第三十六螺輪巧拙木不如鐵若魚水雷聲銷迹滅述兵船表第三十七僑黎遠征護之以兵述新疆戍兵第三十八（以上兵制）富強未全而四其權述政制第三十九以祿勸忠而數不同述官祿表第四十有要盟者春秋意也述外交第四十一一以貫之大要可知述大事編年表第四十二異曲同工庶其折衷述中國巴西度量衡比較表第四十三禁罰而已例準西視述刑略第四十四息息相通西將毋同述電報表第四十五有總有支傳舍星馳述郵表第四十六或清議參或風化諳述雜事第四十七（以上政事）斅學籍注亦趨亦步述學校師生表第四十八鳥亦知止誰甘遯此類聚羣分彼其之子述問學類識第四十九（以上文學）居志勿違求是知非遷固之體雖具而微述自敘第五十例貴通權豈曰無專述專例第五十一

專例

凡例見日本圖經凡例補見美利加圖經巴西圖經十卷凡例知之而書成

例定有難相假借者有別䂊心得者第曰重規疊矩非所敢知矣述專例

巴西方言出自葡萄牙苗裔者沿舊語居多別國僑黎自操土音未可指為方言而野人語更無足述

度量衡初沿葡萄牙例厥改從法郎西以十乘十與美利加之用英例異矣不獨華三英一之里數難以概之巴西

圖經六書於分見合未敢自相矛盾然方音既異未敢强同即如秘魯之阿馬所納河即巴西之亞馬孫河而注為一水不沒其異稱殆亦符於水經酈注意歟

阿美利加洲君主之國獨巴西耳其體制與齊民者異自是厥後民主之議決否何如亦難以後概今

子范錚栩翔費斠

游歷圖經餘紀十五卷

〔清〕傅雲龍撰

《游歷圖經餘紀》十五卷，清傅雲龍撰。雲龍光緒間爲清廷委派游歷日本及美洲各國。行跡所至，均有日記，詳載見聞。歸國後，據實地調查記録，參以各類論著，撰成所游各國圖經，其日記則編爲是書，詳記調查訪問情形，與圖經相爲表裏。全書以日繫月，以月繫年，重在記録有關國計民生、軍政學術、天度地險者，他若山水之奇、習俗之異，則退而次之。至於浮聞膚詞，尤所不取。蓋以紀實爲主，務取有裨中國者。據上海圖書館藏清光緒十五年（一八八九）排印本影印。

游歷圖經餘紀一十

五卷

光緒十五年

冬李文田題

游歷圖經餘紀總目

花翎二品銜直隸即補道總辦北洋機器局前游歷使臣傅雲龍述

游歷日本圖經餘紀後編

游歷圖經餘紀叙例

餘紀十四

餘紀十五

游歷圖經餘紀一

游歷地球圖

花翎二品銜直隸即補道總辦北洋機器局前游歷使臣傅雲龍述

雲龍遵

朝諭出洋游歷之國六日本也美利加也秘魯也巴西也英屬地加紳大也日斯巴尼亞屬地古巴也而舟車所至假道層出於是綜日本國而美利加合衆國而英屬地加納大而日斯巴尼亞屬地古巴而新加拉那大國而埃瓜度國而秘魯國而智利國而巴他峨尼國而英屬地巴別衮司島而丹屬地先塔盧斯而美利加而日本凡往還一十有一國歷程一十二萬有八百四十四里異途無論已即往還同航太平洋而潮綫亦異往時起緯三十六度五十七分屈曲北行四十五度十六分又少南行三十九度二十二分而至美利加之三法蘭昔斯哥即舊金山也爲日十八地自西而東舟亦自西而東日速十七分故閏一日於其間還時較往時更北數度行日十五地東行舟西行日遲十七分故少一日算學家所謂循大圓弧而行之理非此無以見也緯綫近北愈狹圓弧愈小程以狹而省即行以省

而遠所謂大周行船法非歟凡繪地圖球面有三一以赤道爲圓界曰平球是猶置身北極外而俯視之也南亦如之如僅繪游歷加納大圖此法庶其可乎蓋與我京同近北極也一以某處地平爲圓界曰偏球游非一地難可概此一以子午圈爲圓界曰正球圓錐切綫之法不外乎是或謂航海難問面積何若壘加禱法乎曰大周行船法省於壘加禱圖中之程多矣航海者先視圓弧之大小次定行舟之曲綫如由橫濱至三法蘭昔斯哥欲東先北此其大驗是圖以正面圖西以斜而補東以朱綫識游程往還謂爲切綫法之正球可謂爲大周行船法之變格亦奚不可南北花旗即南北阿美利加洲別稱亦互見例圖鏤銅版於日本

述游歷圖

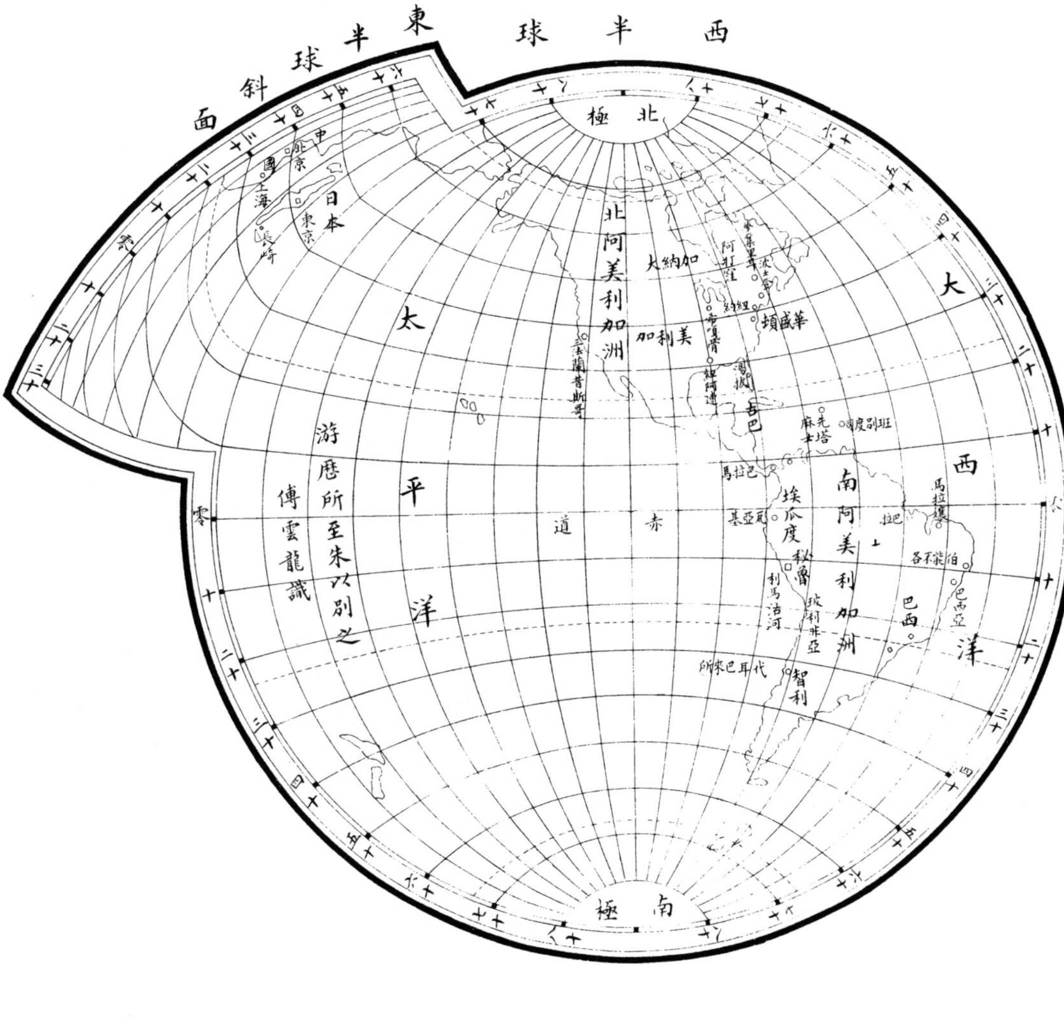
東半球斜面
西半球
北極
南極
中國
北京
上海
長崎
日本
東京
北阿美利加洲
加納大
美利加
華盛頓
古巴
南阿美利加洲
秘魯
智利
巴西
太平洋
大西洋
赤道
游歷所至朱以別之
傅雲龍識

游歷天時地里合表

游歷圖經餘紀二

花翎二品銜直隸即補道總辦北洋機器局前游歷使臣傅雲龍述

居今言游難矣畏難輒阻自忘返者爲之又習恒春與秋若秘魯恒夏若古巴若巴拉馬以太陽紀歲以休息紀日問以正朔幾幾忘之非無跋涉莫探奧窔覩不游其奚以異雲龍用是自省不容一地虛游不敢一日負游賦游日之晴雨即隱以綜地利之厚薄賦游地之寒暑（寒暑室內外度數有異據所測言）即合以徵人事之損益是游起光緒十三年八月十六日訖十五年十月十七日爲月二十有六爲日七百七十（七百八十二日中除小建月一十二日航太平洋往閏一日還減一日仍符原日）爲水路八萬一千五百四十有九里爲陸程三萬八千二百六十有四里凡華里一十二萬八百四十有四地要已見圖經日知復詳餘紀而非以日計地以地緊日安在其能若列眉若指掌也述游歷天時地里合表

表一

光緒　日本明治　游日　游地　華里　晴雨　寒暑

年月日　年月日　干支　水程　陸程　朝　午　夕　朝午夕

十三丁亥

八

十六	廿九	二	庚子				陰	晴	晴	五七	六三	六一
十七		三	辛丑	通州		六二	晴	陰	小雨	六三	六四	六三
十八		四	壬寅				陰	半晴	小雨	五七	六三	六四
十九		五	癸卯				半晴	陰	小雨	六四	六五	六三
二十		六	甲辰				半晴	半晴	晴	六二	六九	六八
廿一		七	乙巳				半晴	晴	晴	六三	七〇	六四
廿二		八	丙午				晴	晴風	晴	六三	七一	六四
廿三		九	丁未				半晴	晴	晴	六八	七二	七一
廿四		十	戊申				晴	晴	半晴	六六	七三	七〇
廿五		十一	己酉				晴風	晴	半晴	六二	七二	七〇
廿六		十二	庚戌				晴	晴風	半晴	六二	七二	七〇
廿七		十三	辛亥			六	晴	晴	晴	六二	七二	七〇
廿八		十四	壬子		七〇		半晴	半晴	陰	六三	七〇	七〇
廿九		十五	癸丑	武淸	一六四		陰	晴	陰	六四	七三	七二
三十		十六	甲寅	天津	八二		陰	晴	晴	六七	六九	六七

九

一	十七乙卯	同		九	雨	陰	雨	六二	六四	六一
二	十八丙辰	同			陰	晴風	陰	六一	六三	六二
三	十九丁巳	同		八	晴	晴風	晴	六〇	六四	六三
四	二十戊午	同		二九	半晴	晴	晴	六三	六二	六〇
五	廿一己未	大沽	二四一		雨	晴風	晴	五九	六一	六〇
六	廿二庚申	海	八六三		半晴	晴風	晴	六〇	六四	六二
七	廿三辛酉	海	六〇〇		晴風	大風	晴風	六一	六六	六九
八	廿四壬戌	海	一〇七七		晴	晴風	晴	六一	六九	七〇
九	廿五癸亥	上海		二	晴	晴風	晴	六〇	六五	六三
十	廿六甲子			九	半晴	晴	晴風	六〇	六五	六三
十一	廿七乙丑			八	晴	晴	半晴	六〇	六〇	六五
十二	廿八丙寅			六	半晴	晴風	半晴	六〇	六二	六〇
十三	廿九丁卯			五	半晴	晴風	晴	六一	六四	六二
十四	三十戊辰			九	陰	晴	雨	六〇	六五	六四
十五	十一　一己巳			八	雨	晴風	晴	五九	六一	六〇

十六	二	庚午			九	半晴	晴		晴	風	五八 六五	六三
十七	三	辛未			七	晴	晴	風	晴		五九 六三	六二
十八	四	壬申			九	半晴	晴		晴		五九 六六	六四
十九	五	癸酉			六	陰	陰	風	陰		六二 六六	六三
二十	六	甲戌			七	陰	晴	風	陰	風	六一 六五	六二
廿一	七	乙亥			九	陰	晴	風	晴		五九 六二	六三
廿二	八	丙子			八	半晴	晴		晴		五八 六六	六三
廿三	九	丁丑			九	晴	晴	風	晴	風	五九 六三	六〇
廿四	十	戊寅			一九	半晴	晴		晴		六〇 六一	六〇
廿五	十一	己卯			二八	晴	晴		晴	風	五八 六二	六〇
廿六	十二	庚辰			一九	晴	晴	風	晴		五三 六〇	五二
廿七	十三	辛巳	海口	四〇	六	晴	晴		晴		五五 五九	五八
廿八	十四	壬午	海	三六〇		晴	晴	風	晴		五八 六〇	五九
廿九	十五	癸未	長崎	三七	一〇	半晴	晴	風	晴		五八 五九	五八
十一	十六	甲申			一〇	晴	晴		晴		五八 六一	六〇

二	十七乙酉			九	晴	晴	半晴	五九 六三 六〇
三	十八丙戌			三五	霰	晴	半晴	五七 五九 五八
四	十九丁亥		一六	四五	半晴	晴風	晴	五二 五八 五四
五	二十戊子		六六	一六	半晴	晴	晴風	五四 六〇 五七
六	廿一己丑			四	晴	晴	晴風	五五 五九 五七
七	廿二庚寅		二〇	六	晴風	晴	晴	五七 六八 六三
八	廿三辛卯	下關	三八五		晴	晴	晴	五六 五七 五六
九	廿四壬辰	神戶	五七〇	一〇	雨	陰	半晴	五六 六九 六〇
十	廿五癸巳	海	一二〇〇		晴風	晴	雨	五四 六六 五九
十一	廿六甲午	横濱	一六〇	四八	半晴	晴	晴	五三 五五 五三
十二	廿七乙未	東京		一八	晴	晴風	晴	五二 五二 五〇
十三	廿八丙申			八	晴	晴	晴	五二 五二 五二
十四	廿九丁酉			一六	晴	晴風	晴	四九 五四 五三
十五	三十戊戌			二九	陰	陰風	陰	五二 五三 五二
十六	卅一己亥			一〇	晴大風	晴風	晴風	五一 五三 五一

十七	十二 一	庚子		一四	晴風晴風晴	四四 四九 四八
十八	二	辛丑		二九	晴晴風晴	四八 五二 五一
十九	三	壬寅		二八	晴晴風晴	四九 五一 五〇
二十	四	癸卯		二五	晴晴風晴	四四 四九 四七
廿一	五	甲辰		九	晴風晴晴	四七 五〇 五一
廿二	六	乙巳		二七	半晴晴半晴	四九 五〇 四九
廿三	七	丙午		一六	晴晴風半晴	四八 四九 四八
廿四	八	丁未			晴風晴晴	四九 五四 五三
廿五	九	戊申		一四	晴陰晴	五二 五六 五五
廿六	十	己酉	横濱	一四〇	晴風晴晴	四九 五六 五五
廿七	十一	庚戌			晴晴風晴	五三 五四 五二
廿八	十二	辛亥			晴風晴晴	四九 五三 五一
廿九	十三	壬子		一六	晴晴風晴	四九 五二 五一
三十	十四	癸丑		一五	陰大雨風風雨	四九 五四 五一
十二 一	十五	甲寅		一七	晴風晴風晴	四九 五〇 五〇

二	十六乙卯			一九	晴	晴風	晴	四六五一五〇
三	十七丙辰			九	晴	晴風	晴風	四八五一四九
四	十八丁巳				晴	晴	半晴	四九五一四八
五	十九戊午			一六	晴	晴風	晴	四七四九四六
六	二十己未			二九	半晴	晴	晴	四七五〇四五
七	廿一庚申			二八	半晴	晴風	晴	四三五〇四九
八	廿二辛酉	橫須賀	四九	一〇九	陰	大雨	陰	四四四五四四
九	廿三壬戌	東京			晴	晴風	晴	四五四六四五
十	廿四癸亥				晴	晴	半晴	四五四六四四
十一	廿五甲子			二五	半晴	晴	晴	四三四六四四
十二	廿六乙丑			一九	晴	晴	半晴	四三四五四二
十三	廿七丙寅			一八	半晴	晴	晴	四一四五四四
十四	廿八丁卯				晴	晴	半晴	四四四六四五
十五	廿九戊辰				晴	半晴	晴	四四四五四四
十六	三十己巳			一六	晴	晴	半晴	四三四六四五

十七		卅一庚午	二九	晴	半晴	雨	四四	四五	四三
十八	廿一	一 一辛未	一九	半晴	晴	風晴	四三	四四	四三
十九	一	二壬申	九三	晴	晴	晴	四二	四三	四三
二十		三癸酉	一九	半晴	晴	晴	四三	四五	四
廿一		四甲戌		半晴	晴	晴	四四	四四	四三
廿二		五乙亥		晴風	晴	半晴	四三	四四	四二
廿三		六丙子		半晴	晴	晴	四二	四四	四三
廿四		七丁丑		晴	晴	半晴	四三	四五	四二
廿五		八戊寅		半晴	晴	晴	四一	四五	四三
廿六		九己卯	二六	晴	晴	晴	四三	四二	四二
廿七		十庚辰橫濱	九六	晴	晴	晴	四四	四四	四二
廿八		十一辛巳東京		晴	晴	半晴	四二	四五	四一
廿九		十二壬午		半晴	晴	晴	四一	四三	四二
十二 一		十三癸未		晴	晴	晴	四二	四三	四二
二		十四甲申熱海	二二八	晴	晴	晴	四一	四三	四二

三	十五乙酉	沼津		九九	半晴	晴	晴	四二	四三	四〇
四	十六丙戌	靜岡		八三	晴	晴	晴	四二	四三	四〇
五	十七丁亥			二九	晴	半晴	晴	四四	四六	四五
六	十八戊子			四八	晴	半晴	雨	四三	四六	四三
七	十九己丑	濱松		二一	晴	晴	大雨	四三	四五	四二
八	二十庚寅	岡崎		一一三	半晴	雨	雨	四二	四四	四二
九	廿一辛卯	名古屋		六七	半晴	半晴	半晴	四三	四五	四一
十	廿二壬辰			二〇	晴	晴	晴	四三	四四	四三
十一	廿三癸巳			二四	晴	晴	晴	四三	四五	四三
十二	廿四甲午			三〇	晴	晴	晴	四三	四四	四三
十三	廿五乙未	長濱		一六四	晴	半晴	雪	四三	四三	四一
十四	廿六丙申	彥根	三八		雪	風雪	雪	四三	四四	四二
十五	廿七丁酉	大津	一二〇	一二	半晴	晴	晴	四三	四四	四三
十六	廿八戊戌	西京		二四	晴	晴	晴	四四	四六	四三
十七	廿九己亥			一〇	半晴	晴	晴	四三	四五	四三

	十八	三十	庚子		二〇	晴	晴	半晴	四二	四六	四四
	十九	卅一	辛丑		二九	半晴	晴	晴	四三	四三	四二
	二十	二一	壬寅		三〇	雪晴	雪	雪	四四	四六	四一
	廿一	二	癸卯		一〇	雪	雪	陰	四二	四四	四三
	廿二	三	甲辰		一〇	半晴	晴	晴	四二	四六	四二
	廿三	四	乙巳		二〇	晴	晴	半晴	四一	四四	四六
	廿四	五	丙午			半晴	晴	半晴	四三	四五	四四
	廿五	六	丁未		七	晴	晴	半晴	四二	四六	四三
	廿六	七	戊申		一五	晴	微雪	半晴	四三	四四	四二
	廿七	八	己酉	大阪	七八	晴風	晴風	大風	四三	四五	四二
	廿八	九	庚戌			晴風	陰大風	晴風	四三	四四	四三
	廿九	十	辛亥		一九	晴	晴風	晴	四二	四四	四二
	三十	十一	壬子		一五	晴	晴風	晴	四三	四五	四二
十	正一	十二	癸丑		一六	陰	陰	晴	四一	四四	四三
四	二	十三	甲寅		一五	半晴	晴	晴	四一	四四	四二

戊子

三	十四乙卯			一二	陰	陰	半晴	四二　四二　四三
四	十五丙辰			二六	陰	晴大風	晴	四三　四四　四二
五	十六丁巳	神戸		六二	陰	陰雪	半晴	四三　四六　四四
六	十七戊午			八	雪	微雪	半晴	四三　四五　四五
七	十八己未			一九	晴	晴	晴	四四　四六　四三
八	十九庚申				雪	雪	雪	四六　五〇　四四
九	二十辛酉			二〇	半晴	晴	半晴	四二　四四　四四
十	廿一壬戌			一五	晴	晴風	晴	四三　四六　四五
十一	廿二癸亥			二〇	晴	晴	半晴	四二　四五　四四
十二	廿三甲子				晴	晴	晴	四三　四六　四三
十三	廿四乙丑				陰	陰	陰	四三　四六　四四
十四	廿五丙寅	去神戸	一一六		晴	晴	晴	四三　四五　四四
十五	廿六丁卯	横濱	一二九四	四八	雨	風	雨	四三　四三　四二
十六	廿七戊辰	東京			晴大風	晴風	晴	四三　四五　四四
十七	廿八己巳				晴	晴風	晴	四一　四二　四〇

十八	廿九	庚午	半晴	晴	晴	四一 四二 三九
十九	三一	辛未	陰	陰	雨	三七 四六 四一
二十	二	壬申	二〇 雨	陰	半晴	四三 四八 四四
廿一	三	癸酉	二四 半晴	陰	半晴	四二 四五 四〇
廿二	四	甲戌	陰	雨	雨	四三 四七 四四
廿三	五	乙亥	一〇 陰	半晴	雨	四三 四八 四二
廿四	六	丙子	陰	晴	半晴	四二 四六 三九
廿五	七	丁丑	半晴	晴	晴	四四 四八 四五
廿六	八	戊寅	晴風	晴	半晴	四三 四七 四四
廿七	九	己卯	半晴	陰	大雨	四五 四六 四四
廿八	十	庚辰	半晴	晴	大風	四四 四七 四五
廿九	十一	辛巳	晴	晴	晴	五二 五六 五三
三十	十二	壬午	半晴	晴	晴	四二 四六 四一
二一	十三	癸未	晴	晴	半晴	四二 四五 四一
二	十四	甲申	晴	晴	風	四二 四三 三九

三	十五乙酉	六二	風雪	風雪	大風	四〇	四〇	三九
四	十六丙戌		半晴	晴	晴風	四三	四八	四四
五	十七丁亥		雨	陰	晴	四二	四五	四〇
六	十八戊子		陰	雨	雨	四八	五二	四九
七	十九己丑		半晴	晴	陰	三〇	五三	五一
八	二十庚寅		晴	晴	半晴	四四	五〇	四五
九	廿一辛卯		半晴	晴	晴	四四	五一	四四
十	廿二壬辰		晴	晴	半晴	四三	五〇	四四
十一	廿三癸巳	一〇	晴風	晴	晴	四四	四九	四三
十二	廿四甲午	八	晴	晴風	晴	五〇	五五	五一
十三	廿五乙未	七	晴	晴	晴	五六	五九	五七
十四	廿六丙申	一五	陰	陰雨	風	五一	五四	五三
十五	廿七丁酉		半晴	晴	晴風	五〇	五四	五二
十六	廿八戊戌		雨	雨	雨風	五三	五七	五四
十七	廿九己亥		晴風	晴風	晴	五六	五六	五五

餘紀卷二

十八	三十	庚子	[九]晴	晴風	半晴	五五	五六	五四
十九	卅一	辛丑	晴	晴	晴風	五四	五六	五〇
二十	四一	壬寅	晴	半晴	風雨	五四	五六	五五
廿一	二	癸卯	晴	晴	半晴	五七	五九	五四
廿二	三	甲辰	晴	半晴	雨	五五	五八	五五
廿三	四	乙巳	晴	晴	半晴	五三	五七	五三
廿四	五	丙午	半晴	晴	晴	五四	五五	五一
廿五	六	丁未	半晴	陰	晴	五五	五九	五六
廿六	七	戊申	晴風	晴	半晴	五三	五八	五四
廿七	八	己酉	半晴	陰	晴風	五七	六〇	五七
廿八	九	庚戌	[九]陰	陰	晴	五二	五七	五三
廿九	十	辛亥	半晴	雨	雨	五四	五八	五五
三一	十一	壬子	陰晴	風	晴	五二	五七	五三
二	十二	癸丑	半晴	晴	晴	五二	五六	五三
三	十三	甲寅	晴	晴	半晴	五五	六〇	五六

日	日期干支	天氣一	天氣二	天氣三	溫度一	溫度二	溫度三
四	十四乙卯	九霧	半晴	晴	六〇	六一	五八
五	十五丙辰	晴風	晴風	晴	五三	六〇	五八
六	十六丁巳	半晴	晴	晴風	五六	六〇	六〇
七	十七戊午	晴風	晴	晴	六〇	六五	五九
八	十八己未	晴	晴	半晴	六七	六〇	六八
九	十九庚申	一九晴	晴風	半晴	五六	五九	五八
十	二十辛酉	半晴	晴	晴	五九	六〇	五八
十一	廿一壬戌	半晴	雨	晴	六一	六二	五九
十二	廿二癸亥	晴	晴風	晴	五八	五九	五五
十三	廿三甲子	半晴	晴	晴	六〇	六三	五九
十四	廿四乙丑	雨	半晴	晴風	五八	五九	五八
十五	廿五丙寅	晴	晴	半晴	六一	六一	五八
十六	廿六丁卯	晴	晴風	晴	六一	六二	五七
十七	廿七戊辰	晴風	晴	晴	五五	五八	五七
十八	廿八己巳	陰	半晴	晴	五三	五七	五四

十九		廿九	庚午	半晴	晴	晴	五三	五六	五三
二十		三十	辛未	晴	雨風	半晴	五四	五七	五三
廿一	五	一	壬申	半晴	晴	晴風	六一	六二	六〇
廿二		二	癸酉	陰	陰	陰	六〇	六二	五九
廿三		三	甲戌	晴	晴	晴風	五七	五八	五六
廿四		四	乙亥	晴	晴	半晴	五八	五九	五七
廿五		五	丙子	晴	晴	晴	六〇	六二	五九
廿六		六	丁丑	陰	晴	半晴	五六	五八	五四
廿七		七	戊寅	雨	雨	雨風	四九	五〇	五〇
廿八		八	己卯	陰	雨	雨風	五一	五三	五〇
廿九		九	庚辰	半晴	晴	晴	六〇	六五	六二
三十		十	辛巳	陰	陰	雨	六三	六五	六二
四 一		十一	壬午	雨	雨	半晴	六四	六八	六八
二		十二	癸未	晴風	晴大風	晴八級風	六三	六五	六四
三		十三	甲申	一〇 晴風	晴	晴	六一	六四	六三

四	十四乙酉				晴	晴	晴	六二六五六三
五	十五丙戌			八	晴	晴	晴	六八六八六〇
六	十六丁亥				晴	晴風	晴	六九七六〇
七	十七戊子				晴風	晴	晴	七一八〇六九
八	十八己丑	横濱		五五	晴	晴風	晴	七七八一七八
九	十九庚寅	高島		一五	晴	晴	晴	六八七五六九
十	二十辛卯				晴	晴	雨	六七七三七二
十一	廿一壬辰				半晴	晴	半晴	六七七二七一
十二	廿二癸巳				陰	半晴	小雨	六七七一七一
十三	廿三甲午				半晴	晴	半晴	六七七二七一
十四	廿四乙未				晴	半晴	晴	六七七三七一
十五	廿五丙申			九	陰	晴	半晴	六七七二七〇
十六	廿六丁酉			七	半晴	陰	晴	六七七二六九
十七	廿七戊戌		一二六		晴	半晴	晴	六七七二六九
十八	廿八己亥				晴	晴	半晴	六六七二六九

表二

光緒年月日	美利加西紀游日年月日	干支	游地	華里水程	華里陸程	晴雨朝	晴雨午	晴雨夕	寒暑朝	寒暑午	寒暑夕
十四年四月十九	一千八百八十八年五月廿九	庚子	太平洋			晴	晴風	晴	六三	六四	六一
二十	三十	辛丑		九五〇		霧	霧	霧	六二	六四	六二
廿一	卅一	壬寅		八五一		半晴	晴	晴	六三	六五	六一
廿二	六一	癸卯		八六三		陰風	晴風	半晴	六一	六二	六〇
廿三	二	甲辰		八七四		霧	大霧	霧	六〇	四二	四三
廿四	三	乙巳		八一八		陰	陰風	陰	五九	六〇	五七
廿五	四	丙午		七九二		陰	風	風雨	五七	五九	六〇
廿六	五	丁未		八九一		陰	半晴	晴	六一	六二	六〇
又廿六				九〇七		陰	陰風	晴	六一	六二	六一
廿七	六	戊申		九四〇		晴風	大風	雨	六一	六二	六一
廿八	七	己酉		八九一		陰	陰	陰	六二	六三	六一
廿九	八	庚戌		九四〇		晴	晴風	晴	六一	六二	六一

月	日	日干支						
	三十	九 辛亥	九五七		晴風	晴	晴	六一 六二 六〇
五	一	十 壬子	九四〇		晴	晴	晴風	六二 六三 六二
	二	十一 癸丑	九二四		晴	晴	晴風	六二 六三 六一
	三	十二 甲寅	九二四		晴	晴風	雨	六一 六三 六二
	四	十三 乙卯	九二四		晴風	大雨	雨	六一 六二 六二
	五	十四 丙辰	六九三	一〇	陰風	晴風	小雨	六一 六二 六二
	六	十五 丁巳		一八	晴風	晴風	晴	五九 六二 六二
	七	十六 戊午		一五	晴	晴風	晴	六九 七二 七〇
	八	十七 己未		九	晴	晴	晴風	六一 七〇 六五
	九	十八 庚申		一七	半晴	晴風	晴	六七 七一 六八
	十	十九 辛酉		一〇	半晴	晴	晴	七二 七三 七三
	十一	二十 壬戌		一五	晴	晴	半晴	七三 七四 七〇
	十二	廿一 癸亥			晴	晴	半晴	七〇 七四 七三
	十三	廿二 甲子		一七	晴風	晴	晴	七〇 七一 七〇
	十四	廿三 乙丑		一九	晴	晴	晴	六八 六九 六八

十五		廿四	丙寅			晴	晴	晴風	七三	七六	七四
十六		廿五	丁卯		一八	晴	晴	晴	七二	七四	七二
十七		廿六	戊辰	二六	一九	晴風	晴	晴風	七二	七四	七一
十八		廿七	己巳	五五	五	晴	晴	晴	七〇	七一	七〇
十九		廿八	庚午			晴	晴	晴	七一	七二	七〇
二十		廿九	辛未		二九	晴	晴	晴	六八	七一	七〇
廿一		三十	壬申			半晴	晴風	半晴	六八	七一	七〇
廿二	七	一	癸酉		一〇	晴	晴風	晴	六九	七二	七一
廿三		二	甲戌	九	一八	晴	晴	半晴	六九	七二	七〇
廿四		三	乙亥		一九	半晴	晴風	晴	六九	七二	七〇
廿五		四	丙子		七二	晴	半晴	晴	七〇	七一	六九
廿六		五	丁丑			半晴	晴	微霰	六九	七一	六九
廿七		六	戊寅		一九	晴	晴	微霰	七〇	七一	七〇
廿八		七	己卯			晴風	半晴	微霰	七〇	七一	七〇
廿九		八	庚辰			晴	晴	半晴	七〇	七一	七〇

六一	九辛巳			半晴	晴	霰	七〇七〇七〇
二	十壬午			半晴	晴	小霧	七〇七一六九
三	十一癸未			小霧	半晴	晴	六九七一六九
四	十二甲申		一七	半晴	晴	陰	六九七一六九
五	十三乙酉			陰	半晴	陰	六九七一六九
六	十四丙戌			陰	晴	陰	六九七一七一
七	十五丁亥			陰	半晴	陰	六九七二七一
八	十六戊子		一〇	半晴	晴	陰	七一七二六九
九	十七己丑			陰	晴	半晴	六九七一七一
十	十八庚寅			晴	半晴	陰	六八七一六九
十一	十九辛卯			半晴	晴	晴	六九七一六九
十二	二十壬辰	三二	一九	陰	晴	陰	六九七〇六九
十三	廿一癸巳			陰	半晴	陰	六九七一七〇
十四	廿二甲午			陰	晴	陰	六九七〇七〇
十五	廿三乙未			半晴	晴	陰	六九七一七〇

十六	廿四	丙申		晴	晴	陰	七〇	七〇	七〇
十七	廿五	丁酉	一九	陰	陰	晴	七〇	七一	六九
十八	廿六	戊戌	一七	陰	晴	小霧	六九	七一	七一
十九	廿七	己亥		半晴	晴	陰	六九	七〇	七〇
二十	廿八	庚子		陰	晴	陰	七〇	七一	七〇
廿一	廿九	辛丑		晴	晴	陰	七〇	七一	七一
廿二	三十	壬寅	二一	晴	晴	半晴	七一	七一	七〇
廿三	卅一	癸卯		晴	晴	半晴	七一	七一	七〇
廿四	八 一	甲辰		半晴	晴	晴	七〇	七一	七〇
廿五	二	乙巳		陰	晴	陰	七〇	七一	六九
廿六	三	丙午	一九	晴	晴	半晴	六九	七一	七〇
廿七	四	丁未	一六	晴	晴風	晴	六九	七二	七一
廿八	五	戊申		晴風	晴風	陰	七〇	七一	七〇
廿九	六	己酉		晴風	晴	半晴	七〇	七二	七一
三十	七	庚戌		半晴	晴	晴	七〇	七二	七一

七一	八	辛亥			半晴	晴	小霧	七〇	七一	七一
二	九	壬子		二〇	晴	半晴	微霰	七〇	七二	七〇
三	十	癸丑		九	晴	晴	晴	七〇	七二	七一
四	十一	甲寅		三六	晴	晴風	半晴	七一	七二	七〇
五	十二	乙卯			半晴	晴	晴	七一	七一	七〇
六	十三	丙辰		一〇	晴	晴	小霧	七一	七二	七〇
七	十四	丁巳		一九	晴	晴	晴	七〇	七二	七〇
八	十五	戊午			晴	晴	小霧	七一	七三	七一
九	十六	己未	鐵道	一六 一八九	晴	晴	晴	七九	八五	八四
十	十七	庚申		一四五二	晴	晴	晴風	[illegible]	一〇九	一〇七
十一	十八	辛酉		一四六一	晴	晴風	晴	一〇〇	一〇八	一〇六
十二	十九	壬戌		一三八〇	晴	晴	晴風	一〇〇	一〇四	一〇〇
十三	二十	癸亥		一七七六	晴	晴風	晴	一〇〇	一〇一	一〇〇
十四	廿一	甲子	紐阿林	三 一二四二	陰	小雨	陰	一〇〇	一〇四	一〇〇
十五	廿二	乙丑		一五	雨	大雨	半晴	九九	一〇〇	九九

十六		廿三	丙寅	鐵道		七二〇	半晴	晴	陰	九九	一〇一	九九
十七		廿四	丁卯			七〇〇	半晴	晴	晴	九九	一〇〇	九八
十八		廿五	戊辰	國都		六六〇	半晴	陰	晴	八〇	八一	八〇
十九		廿六	己巳				半晴	晴	晴	八〇	八一	八〇
二十		廿七	庚午			一〇	半晴	晴風	半晴	八〇	八〇	七九
廿一		廿八	辛未			二〇	晴	晴	晴	八〇	八〇	七八
廿二		廿九	壬申			三〇	晴	晴	半晴	七九	八〇	七九
廿三		三十	癸酉			一〇	半晴	晴	晴	八〇	八一	七九
廿四		卅一	甲戌		三一三	五四	晴	晴	半晴	八〇	八〇	七九
廿五	九	一	乙亥			九	半晴	晴	晴	八〇	八一	七九
廿六		二	丙子			八	晴風	半晴	晴風	七九	八〇	八〇
廿七		三	丁丑			七	半晴	晴	晴	八〇	八一	八〇
廿八		四	戊寅			一〇	晴	半晴	微霰	八〇	八〇	七九
廿九		五	己卯			一五	半晴	晴	陰	七九	八一	八〇
八一		六	庚辰			一〇	陰	半晴	陰	七九	八〇	八〇

表三

二	七辛巳				雨	雨	雨	七九	八一	八〇
三	八壬午				雨	雨	雨	八〇	八一	八〇
四	九癸未			二五	半晴	半晴	小雨	七九	八〇	八〇
五	十甲申	紐約		七〇二	晴	半晴	晴	七九	八〇	七九
六	十一乙酉			一〇	陰	半晴	陰	七八	八〇	七九
七	十二丙戌		二三〇	一五	半晴	陰	陰	七九	八〇	七八
八	十三丁亥			二九四	陰	半晴	陰	七九	八〇	八〇
九	十四戊子		一〇	三九〇	半晴	晴	晴	七九	八〇	七九
十	十五己丑			一一〇	晴	半晴	陰	七九	八〇	七九
十一	十六庚寅			一〇	陰	半晴	陰	七九	七九	七八
十二	十七辛卯			一五	半晴	晴	陰	七九	七九	七八
十三	十八壬辰			五四三	陰	晴	陰	七八	七九	七八
十四	十九癸巳		六	三〇〇	雨	雨	雨	七八	八〇	七八
十五	二十甲午			四〇	雨	半晴	陰	七八	七九	七八

光緒年	月	日	加納大西紀游日 年	月	日	干支	游地	華里 水程	陸程	晴雨 朝	午	夕	寒暑 朝	午	夕
十四	八	十六	千八百八十八	九	廿一	乙未	夢奪里耳		六五七	晴	半晴	陰	七六	七八	七六
		十七			廿二	丙申			五〇	半晴	晴	半晴	六八	六九	六三
		十八			廿三	丁酉			一三八	陰	半晴	陰	六三	六八	六四
		十九			廿四	戊戌	美國都		一〇四〇	半晴	晴	陰	六二	六七	六二
		二十			廿五	己亥			一八	晴	半晴	陰	六一	六二	六一
		廿一			廿六	庚子				陰	微雨	陰	六一	六二	六一
		廿二			廿七	辛丑				陰	半晴	微雨	六〇	六二	六一
		廿三			廿八	壬寅				半晴	晴	晴	六一	六二	六〇
		廿四			廿九	癸卯				陰	半晴	晴	六一	六二	六一
		廿五			三十	甲辰				半晴	晴	半晴	六一	六二	六〇
		廿六		十	一	乙巳				半晴	晴	晴	六一	六二	六〇
		廿七			二	丙午				半晴	晴	半晴	六〇	六二	六一
		廿八			三	丁未				陰	半晴	晴	六〇	六一	六〇

廿九	四戊申		二七	晴	晴	晴風	五八 六〇 五七
九 一	五己酉			晴	晴風	晴	六〇 六〇 五九
二	六庚戌			陰	半晴	雨	六八 六九 七〇
三	七辛亥			晴風	晴	微雨	六九 六九 六二
四	八壬子		一五	半晴	微雨	晴	六四 六〇 六〇
五	九癸丑		一八	陰	晴	晴	六二 六〇 六〇
六	十甲寅			晴	晴風	晴	六〇 六〇 五八
七	十一乙卯			陰	陰雨	雨	五六 五四 五三
八	十二丙辰	紐約	七二三	晴	陰	雨	五九 五九 五八
九	十三丁巳		一八	陰	陰	陰	五九 五九 五九
十	十四戊午		七二二	陰	雨	小雨	五八 五八 五八
十一	十五己未			陰	陰	陰	五九 六二 六二
十二	十六庚申			雨	晴	晴	六六 六六 六六
十三	十七辛酉			晴風	晴	晴	六八 六八 六八
十四	十八壬戌			晴	晴	晴	六四 六五 六四

十五	十九	癸亥	一〇 晴	晴	雨	六六 六六 六六
十六	二十	甲子	陰	晴風	晴	六四 六四 六四
十七	廿一	乙丑	晴	晴風	晴	六二 六二 五九
十八	廿二	丙寅	陰	晴風	雨	五八 五六 五六
十九	廿三	丁卯	陰	微雨	雨	五八 五八 五八
二十	廿四	戊辰	晴	晴	晴	六二 六八 六八
廿一	廿五	己巳	二三 陰風	晴風	晴風	六五 六六 六五
廿二	廿六	庚午	雨	雨	雪	六六 六六 六五
廿三	廿七	辛未	雪	雪	雪	六六 六六 六五
廿四	廿八	壬申	雨	雨	晴	六五 六五 六五
廿五	廿九	癸酉	晴	晴	晴	六五 六六 六五
廿六	三十	甲戌	晴	晴	晴	六六 六七 六六
廿七	卅一	乙亥	晴	晴	晴	六六 六八 六七
廿八	十二 一	丙子	一五 晴	晴	晴	六七 六八 六七
廿九	二	丁丑	晴	晴	晴	六八 六八 六七

七四

三十	三	戊寅	微雨	晴	晴	六七	六八	六九
十一 一	四	己卯	晴	晴風	半晴	六九	六九	六八
二	五	庚辰	晴	晴	晴	六九	七〇	七〇
三	六	辛巳	晴	晴	晴	六九	七〇	七〇
四	七	壬午	一〇 陰	晴	晴	六九	七〇	七〇
五	八	癸未	雨	雨	雨	七〇	七〇	七〇
六	九	甲申	陰	微雨	雨	七四	七五	七四
七	十	乙酉	微雨	陰	晴	七六	七六	七五
八	十一	丙戌	晴	晴	晴	七六	七六	七四
九	十二	丁亥	晴	晴	陰	七五	七六	七四
十	十三	戊子	陰	微雨	陰	七五	七六	七六
十一	十四	己丑	晴	陰	陰	七〇	七〇	六八
十二	十五	庚寅	陰	陰	雨	六六	六六	六五
十三	十六	辛卯	一五 半晴	半晴	陰	六四	六五	六〇
十四	十七	壬辰	陰	陰	陰	五八	五八	五六

表四

十五	十八	癸巳		陰風	晴	雨	五四 五四 五二
十六	十九	甲午		雨風	雨風	陰風	五四 五四 五二
十七	二十	乙未		陰	陰	陰	五四 五四 五四
十八	廿一	丙申		晴風	晴	晴	五四 五四 五二
十九	廿二	丁酉		晴	晴	晴	五二 五二 五〇
二十	廿三	戊戌		晴風	陰	陰	五〇 五四 五〇
廿一	廿四	己亥		陰風	陰	陰	五二 五〇 五〇
廿二	廿五	庚子	一〇	陰	陰風	陰	五〇 五〇 五〇
廿三	廿六	辛丑		雪	陰	雨雪	五〇 五〇 五〇
廿四	廿七	壬寅		陰風	風	微雨	五〇 五〇 五〇
廿五	廿八	癸卯	一五	微雨	陰	陰	五〇 五〇 五〇
廿六	廿九	甲辰		陰	陰	陰	五八 五九 五六
廿七	三十	乙巳		晴	晴	晴風	五八 五八 五七
廿八	十二 一	丙午		晴	晴	晴風	五八 五八 五七

光緒年	月	日	古巴西紀年	月	日	干支	游日游地	華里水程	陸程	晴雨朝	午	夕	寒暑朝	午	夕
十	十	廿九	千八百八十八	十二	二	丁未	游巴古		二二〇〇	晴	晴風	晴	五九	六〇	五九
四	十二	一	十八		三	戊申			二八〇〇	半晴	晴風	晴風	六〇	六一	六〇
		二			四	己酉	灘壩	五九〇		半晴	半晴	晴	六一	六四	六二
		三			五	庚戌	古巴	四七五		半晴	晴	陰	六四	六八	六三
		四			六	辛亥				晴	晴風	晴風	六四	六八	六三
		五			七	壬子			一〇	晴	晴	晴	六五	六七	六五
		六			八	癸丑			九	晴	晴	晴	六六	六八	六八
		七			九	甲寅			一五	晴	陰	雨	六六	六八	六七
		八			十	乙卯			八	晴	晴	晴	六八	六九	六八
		九			十一	丙辰			一〇	晴	晴	晴	六九	七〇	六九
		十			十二	丁巳			八	晴	晴	晴	六九	七〇	六九
		十一			十三	戊午				晴	晴	晴風	六九	七一	六九
		十二			十四	己未			八	晴	晴	晴	七〇	七二	七〇

十三	十五庚申		晴	晴	半晴	七一	七三	七一
十四	十六辛酉		晴	晴	半晴	七二	七四	七三
十五	十七壬戌		晴	晴	半晴	七三	七五	七五
十六	十八癸亥		晴	晴	晴	七五	七六	七五
十七	十九甲子		半晴	晴風	晴	七六	七七	七六
十八	二十乙丑		晴	晴	晴	七七	七八	七七
十九	廿一丙寅	一〇	晴	晴	晴	七七	七八	七六
二十	廿二丁卯	九	晴	晴	晴風	七七	七八	七六
廿一	廿三戊辰		雨	風	小雨	七六	七八	七六
廿二	廿四己巳	一一〇二	風雨	晴	晴風	七七	七九	七八
廿三	廿五庚午	七〇九	晴	晴	晴	七八	七九	七九
廿四	廿六辛未	八五八	半晴	晴	晴	七八	七九	七九
廿五	廿七壬申	八〇五	半晴	晴	晴	七九	七九	七八
廿六	廿八癸酉	八七一	晴風	晴風大	晴風	七八	七九	七八
廿七	廿九甲戌	七五二	晴	晴風	半晴	七九	八一	八〇

光緒年月日	秘魯西紀游日年月日	干支	游地	華里水程	華里陸程	晴雨朝	晴雨午	晴雨夕	寒暑朝	寒暑午	寒暑夕
廿八	三十	乙亥		一一六五		晴	晴大風	晴風	八一	八三	八三
廿九	卅一	丙子	果龍	八七四		晴	晴	晴	八四	九一	八九
三十	千八百八十九 一 一	丁丑	巴拉馬		二七〇	小雨	陰	晴	八九	九二	八九

表五

光緒年月日	秘魯西紀游日年月日	干支	游地	華里水程	華里陸程	晴雨朝	晴雨午	晴雨夕	寒暑朝	寒暑午	寒暑夕
十四 十二 一	千八百八十九 一 二	戊寅	巴拉馬	二〇		半晴	乍雨	半晴	八八	八九	八八
二	三	己卯		一九		陰	晴	晴	八七	八八	八八
三	四	庚辰	海	八五八		陰風	雨	陰	八七	八八	八七
四	五	辛巳		八五八		陰	晴風	晴	八七	八八	八六
五	六	壬午		一二五		陰	晴	半晴	八六	八八	八六
六	七	癸未				晴	晴風	晴	八六	八八	八七
七	八	甲申	擺達	一八〇		晴	晴	晴風	八七	八八	八六
八	九	乙酉	先得布拉司	五三五		晴	晴風	半晴	八六	八八	八七
九	十	丙戌	沙曾尾耳	三三九		晴	晴	晴風	八七	八八	八七

十	十一丁亥				晴	晴風	晴	八七	八八	八七
十一	十二戊子	裳莽	二五三		晴	晴	晴風	八六	八八	八七
十二	十三己丑	栗碧	三六三		晴風	晴	晴風	八六	八八	八七
十三	十四庚寅	嘉里約	二九七	二四	晴	晴風	晴	八六	八八	八六
十四	十五辛卯	利馬		一〇	晴風	晴	晴	八六	八七	八六
十五	十六壬辰			九	晴風	晴	陰	八六	八七	八五
十六	十七癸巳			一五	半晴	半晴	半晴	八五	八六	八五
十七	十八甲午			二〇	晴	晴	晴風	八五	八五	八四
十八	十九乙未			一〇	晴	半晴	晴	八四	八五	八三
十九	二十丙申	基格納山		八七〇	晴	晴 山雨	雨 歸晴	八四	八五	七〇
二十	廿一丁酉			一〇	晴	晴	晴	八四	八四	八三
廿一	廿二戊戌			二〇	晴	晴	晴	八三	八四	八三
廿二	廿三己亥	三達嘎拉		四六	晴	晴	晴	八三	八四	八三
廿三	廿四庚子			五八	陰	晴	半晴	八三	八四	八三
廿四	廿五辛丑			一〇	半晴	晴	半晴	八二	八四	八三

十五己丑

	廿五		廿六	壬寅			一五	半晴	晴	半晴	八二	八三	八二
	廿六		廿七	癸卯			二〇	晴	半晴	晴	八一	八二	八一
	廿七		廿八	甲辰			八	晴	晴	晴	八一	八二	八一
	廿八		廿九	乙巳			八	晴	晴	晴	八一	八三	八一
	廿九		三十	丙午			七	晴	半晴	晴風	八一	八三	八一
正	一		卅一	丁未			一〇	陰	陰風	陰	八一	八二	八一
	二	二	一	戊申	輝發秘魯		二四	陰	陰	陰	八一	八一	八〇
	三		二	己酉	倚格	四三四		晴	晴	晴	八〇	八一	八〇
	四		三	庚戌	猓馬司	五一八		晴	陰	陰	八〇	八〇	七九
	五		四	辛亥	莫連奪	六三三		晴	晴	晴	七九	八〇	七八
	六		五	壬子	阿列格	四二〇		晴	晴	風	七五	七五	七五
	七		六	癸丑	意基吉	三五九		晴	晴風	晴風	七五	七五	七三
	八		七	甲寅	安多法嘎士達	七二六		晴	晴風	晴	七〇	七一	七〇
	九		八	乙卯	千列拉耳	五八〇		晴	晴風	風	七〇	六五	六五
	十		九	丙辰	瓦司古	三二二		陰	陰霧	晴風	六六	六六	六五

十一	十	丁巳	葛根博	一二二四		陰	陰風	半晴	六五	六五	六四
十二	十一	戊午	伐耳巴來所	六六〇	二〇	陰	陰	陰	六五	六六	六五
十三	十二	己未			二〇	陰	陰	陰	六六	六九	六六
十四	十三	庚申	美牙馬		七六	雨	陰	陰	六八	七〇	七〇
十五	十四	辛酉				陰	陰	陰	七〇	七七	七七
十六	十五	壬戌			二〇	晴	晴	晴	八〇	八〇	八〇
十七	十六	癸亥				陰	陰	晴	七九	七九	七五
十八	十七	甲子			一九	陰	陰	半晴	七〇	七〇	七〇
十九	十八	乙丑	舟發智利		一五	晴	晴	晴	七〇	七〇	七〇
二十	十九	丙寅	達果渥羅	七八五		晴風	晴風	晴風	六七	六七	六七
廿一	廿	丁卯	猓達	一八三		晴	晴風	晴	六七	六八	六七
廿二	廿一	戊辰		五〇八		晴風	晴風	陰	六七	六八	六七
廿三	廿二	己巳		八〇五		陰	晴風	風	六七	六八	六七
廿四	廿三	庚午		九三七		陰風	陰風	風雨	六八	六九	六八
廿五	廿四	辛未		一〇二九		小雨	半晴	陰風	六五	六五	六五

表六

光緒年	月	日	巴西西紀年	月	日	游日干支	游地	華里水程	陸程	晴雨朝	午	夕	寒暑朝	午	夕
		廿六			廿五	壬申	際首喝達	八二七		陰風	陰風	晴風	六四	六四	六四
十五	正	廿七	千八百八十九	二	廿六	癸酉	海	八九四		陰	陰	晴	六六	六七	六七
		廿八			廿七	甲戌		九三三		晴	雨	陰風	六九	七〇	七〇
		廿九			廿八	乙亥		九六三		晴	雨	陰	七二	七二	七二
		三十		三	一	丙子		九六三		晴	陰	半晴	七六	七九	七八
	二	一			二	丁丑	蒙德維的羅	五八〇		陰	陰	陰雹	八〇	八一	八〇
		二			三	戊寅				雷雨	陰	陰	七四	七四	七四
		三			四	己卯		八〇八		陰	半晴	風雨	七一	七一	七一
		四			五	庚辰		九四〇		雨	晴	晴	七九	八三	七九
		五			六	辛巳		九三三		雨	大雨	晴	八二	八四	八三
		六			七	壬午	巴西都	七六八		晴	小雨	陰	八八	九〇	八八
		七			八	癸未			一〇	陰	晴風	晴	八八	九〇	八七

八	九	甲申		九	晴	晴風	晴	八八	九〇	八八
九	十	乙酉		一〇	晴	陰	風	八七	八九	八七
十	十一	丙戌		一〇	晴	晴	半晴	八七	八九	八八
十一	十二	丁亥		三八	晴	晴風	半晴	八七	八九	八七
十二	十三	戊子			晴	陰風	風雷雨	八六	八八	八七
十三	十四	己丑		三六	半晴	晴	晴	八七	八九	八八
十四	十五	庚寅			陰	晴	晴	八七	八九	八八
十五	十六	辛卯		一八	晴	晴	小雨	八七	八八	八七
十六	十七	壬辰		二〇	晴	晴	晴	八七	八八	八七
十七	十八	癸巳	一五		小雨	雷電	雨	八六	八七	八七
十八	十九	甲午發巴西			雨	雨	雨	八六	八七	八七
十九	二十	乙未	二四四		陰	晴風	晴風	八七	八七	八七
二十	廿一	丙申	八一一		小雨	半晴	小雨	八八	八八	八八
廿一	廿二	丁酉	八三一		半陰	時雨	半晴	八六	八六	八六
廿二	廿三	戊戌巴希亞	七九八		半陰	乍雨	半陰	八五	八五	八五

廿三	廿四	己亥		八二五	晴	晴	風晴	八三八三八二
廿四	廿五	庚子		三九五	半晴	晴	風陰	八一八二八一
廿五	廿六	辛丑			乍雨	半晴	雨	八二八二八二
廿六	廿七	壬寅			半陰	陰	風雨	八二八三八二
廿七	廿八	癸卯		八五八	半晴	晴	晴風	八一八三八一
廿八	廿九	甲辰		八二一	晴	雨	小雨	八〇八〇八〇
廿九	三十	乙巳		六九三	晴	雨	半晴	八三八四八三
三一	卅一	丙午		二五四	雨	晴風	晴	八三八四八二
二	四一	丁未	亞馬孫	三一三	半晴	晴	陰	八四八五八四
三	二	戊申		五九四	晴風	晴	乍雨	八四八五八四
四	三	己酉	巴亞拉	六八三	半晴	雨	半晴	八五八六八六
五	四	庚戌			陰	雨	晴	八五八六八五
六	五	辛亥		六八六	晴	小雨	陰	八五八六八五
七	六	壬子		八六七	陰風	晴[illegible]	乍雨	八五八六八四
八	七	癸丑		九一四	晴	晴風	風	八五八六八五

九	八	甲寅		八九一		晴	陰風	風	八五	八六	八五
十	九	乙卯	矢巴司別	九八〇		風	晴風	風	八五	八六	八五
十一	十	丙辰		七四五		晴	晴	風晴	八五	八六	八五
十二	十一	丁巳	丹麗地	七二六		晴	小雨	陰	八四	八五	八四
十三	十二	戊午	海	六〇〇		半晴	大風	晴風	八四	八五	八三
十四	十三	己未		八八七		晴	晴風	晴風	七一	七一	七一
十五	十四	庚申		八九一		晴	晴大風	雨	六一	六一	六一
十六	十五	辛酉		八七七		陰	風雨	陰	五九	六〇	五九
十七	十六	壬戌		六九三		風雨	大風	風雨	五九	五[illegible]	五八
十八	十七	癸亥		六九三		乍雨	霧	霧	五六	五七	五六
十九	十八	甲子	紐約	八二五		霧	晴	晴	五六	五七	五六

表七

光緒年月日	美利加西紀年月日	干支	游地	華里水程	陸程	晴雨朝	午	夕	寒暑朝	午	夕
十三二十	千八百八十九 四十九	乙丑			六九	晴風	晴風	晴	六二	六三	六一

五								
廿一	二十	丙寅	國都	七〇二	半晴	晴	晴風	六二 六三 六一
廿二	廿一	丁卯			半晴	晴	晴	六二 六四 六一
廿三	廿二	戊辰	驕晚氐晨	一一四 二四	晴風	晴	晴	六一 六三 六〇
廿四	廿三	己巳			晴	晴風	陰	六〇 六三 六〇
廿五	廿四	庚午		八九	晴	晴風	陰	六一 六三 六一
廿六	廿五	辛未		六八	雨	雨	雨	六二 六三 六二
廿七	廿六	壬申			半晴	雨	雨	六二 六三 六一
廿八	廿七	癸酉			雨風	微晴	陰	六二 六二 六一
廿九	廿八	甲戌			晴風	陰風	晴	六三 六四 六二
三十	廿九	乙亥			半晴	晴	半晴	六三 六四 六三
四 一	三十	丙子			陰	雨	陰	六四 六五 六三
二	五 一	丁丑		二〇	陰	雨	雨	六五 六六 六四
三	二	戊寅		二五	陰	陰風	陰	六六 六七 六六
四	三	己卯	發自其都	五〇五	半晴	半晴	陰	六七 六八 六七
五	四	庚辰		[illegible]八三二	半晴	晴	晴	六八 六九 六八

六	五	辛巳		一二三六		晴風陰雨陰風	六八六九六八
七	六	壬午		一四〇一		半晴晴晴風	六九七〇六九
八	七	癸未		一六八九		雪雪半晴	六九七〇六九
九	八	甲申		二〇一九		半晴晴風半晴	六九六九六九
十	九	乙酉	三法爾昔斯哥	四二二三		半晴晴晴	六九六九六八
十一	十	丙戌		六六		晴晴風晴	六九六九六八
十二	十一	丁亥		四		半晴晴風晴	六八六九六八
十三	十二	戊子			一〇〇九	半晴晴風晴	五〇五一五〇
十四	十三	己丑			九七〇	雨雨風雨晴	五七五八五七
十五	十四	庚寅			一〇二〇	半晴風半晴	五一五二五一
十六	十五	辛卯			一〇二〇	晴風晴晴	五〇五〇五〇
十七	十六	壬辰			一〇九〇	半晴晴晴風	四九四九四九
十八	十七	癸巳			一〇九〇	晴晴風晴	四八四九四八
十九	十八	甲午			一〇九〇	半晴晴風晴	四八四九四八
廿 出蟄日減去		乙未					

表八

光緒年月日	日本明治年月日	干支	游地	華里水程	華里陸程	晴雨朝	晴雨午	晴雨夕	寒暑朝	寒暑午	寒暑夕
廿一	二十	丙申		一一七〇		半晴	小雨	雨	四七	四七	四七
廿二	廿一	丁酉		一一八〇		霧	大霧	大霧	四六	四七	四六
廿三	廿二	戊戌		一一八〇		陰	霧	雨	四七	四七	四六
廿四	廿三	己亥		一三〇〇		陰	陰風	陰	四七	四七	四六
廿五	廿四	庚子		一五八一		陰風	大風	大風	五四	五五	五三
廿六	廿五	辛丑		一二九〇		雨	晴風	陰風	五四	五四	五五
廿七	廿六	壬寅	橫濱	八〇〇		陰風	陰	陰	五五	五六	五五
十四 廿八	廿五 廿七	癸卯	橫濱		四八	半晴	陰風	半晴	五七	五九	五七
五 廿九	二一 廿八	甲辰	東京			半晴	晴	晴風	五八	五九	五八
三十	廿九	乙巳				半晴	晴風	半晴	五七	五九	五八
五 一	三十	丙午				陰	陰風	陰	五八	五九	五七
二	卅一	丁未				陰風	陰	雨	五九	六〇	五九

餘紀卷二　二十二

三	六一	戊申	半晴	雨	陰	五九	六四	六一
四	二	己酉	陰	雨	雨	六四	六八	六四
五	三	庚戌	晴風	晴	晴	七二	七七	七四
六	四	辛亥	晴	晴	晴	七六	七八	七六
七	五	壬子	陰	陰	半晴	七七	七八	七七
八	六	癸丑	陰	陰	半晴	七七	七八	七七
九	七	甲寅	陰	陰	半晴	七七	七九	七七
十	八	乙卯	雨	雨	雨風	七六	七八	七七
十一	九	丙辰	雨	雨	雨	七五	七七	七六
十二	十	丁巳	晴風	晴風	半晴	七六	七八	七七
十三	十一	戊午	晴	晴風	半晴	七七	七八	七六
十四	十二	己未	陰	陰風	陰	七七	七八	七六
十五	十三	庚申	陰	陰	霞	七七	七八	七六
十六	十四	辛酉	陰	陰	霧	七七	七九	七七
十七	十五	壬戌	陰	風陰	陰	七八	七九	七八

十八	十六癸亥	陰風	陰	陰	七九 八〇 七九
十九	十七甲子	陰	陰	半晴	七九 八〇 七八
二十	十八乙丑	半晴	晴風	半晴	七九 八一 八〇
廿一	十九丙寅	陰風	陰	陰	七八 八〇 八〇
廿二	二十丁卯	小雨	陰	小雨	七九 八一 八〇
廿三	廿一戊辰	陰	微雨	半晴	八〇 八二 八〇
廿四	廿二己巳	陰	小雨	小雨	八〇 八三 八〇
廿五	廿三庚午	小雨	半晴	陰	八〇 八二 八〇
廿六	廿四辛未	微雨	晴	雨	八〇 八一 八〇
廿七	廿五壬申	半晴	晴	雨	八〇 八〇 八〇
廿八	廿六癸酉	晴	半晴	陰	八〇 八〇 七九
廿九	廿七甲戌	半晴	陰	半晴	八〇 八〇 七九
六 一	廿八乙亥	陰	小雨	陰	八〇 八〇 七八
二	廿九丙子	陰	半晴	陰	八〇 八〇 七八
三	三十丁丑	陰	雨	陰	七八 八〇 七八

四	七一	戊寅	雨	陰	半晴	七八	八〇	七七
五	二	己卯	陰風	晴	雨	七八	八〇	七七
六	三	庚辰	雨	陰	半晴	七七	八〇	七八
七	四	辛巳	雨	半晴	晴風	七七	八〇	七七
八	五	壬午	雨	陰	雨	七八	八一	七八
九	六	癸未	雨	晴風	晴	七七	八一	七八
十	七	甲申	陰	晴	半晴	七八	八一	七八
十一	八	乙酉	晴風	晴	陰	七八	八一	七七
十二	九	内戌	陰	雨	陰	七七	八〇	七七
十三	十	丁亥	大雨	雨	雨	七六	七九	七六
十四	十一	戊子	雨	雨	雨	七六	七八	七六
十五	十二	己丑	雨	雨風	雨	七五	七六	七五
十六	十三	庚寅	雨風	雨	雨	七四	七五	七五
十七	十四	辛卯	雨	雨	雨	七三	七四	七四
十八	十五	壬辰	陰	陰風	陰	七二	七三	七二

十九	十六癸巳	雨	雨風	雨	七二	七二	七一
二十	十七甲午	半晴	陰風	陰	七一	七一	七一
廿一	十八乙未	雨	雨	雨	七一	七一	七〇
廿二	十九丙申	陰	雨	陰	七一	七二	七〇
廿三	二十丁酉	陰	雨	雨	七〇	七一	七〇
廿四	廿一戊戌	陰	陰	半晴	七〇	七二	七一
廿五	廿二己亥	雨	雨風	雨風	七〇	七一	七〇
廿六	廿三庚子	雨	雨	雨風	七〇	七〇	七〇
廿七	廿四辛丑	雨風	陰	陰	七〇	七一	七一
廿八	廿五壬寅	晴風	晴風	晴	七一	七二	七一
廿九	廿六癸卯	晴風	晴	半晴	七一	七三	七一
三十	廿七甲辰	晴風	晴	晴	七二	七四	七一
七 一	廿八乙巳	六〇 陰	晴	半晴	七四	七七	七五
二	廿九丙午	一〇 陰	晴	晴	七八	八二	七九
三	三十丁未	晴	晴	晴	八一	八二	八一

四		卅一	戊申		晴	晴風	晴	八一	八二	八二
五	八	一	己酉	一〇	晴	晴	半晴	八一	八二	八二
六		二	庚戌		晴風	晴風	半晴	八一	八二	八一
七		三	辛亥		晴	晴風	晴	八〇	八二	八〇
八		四	壬子		晴	晴	晴風	八〇	八一	八〇
九		五	癸丑		半晴	晴	晴風	八〇	八〇	八〇
十		六	甲寅		晴	晴風	晴	八〇	八一	八〇
十一		七	乙卯	一八	半晴	晴風	晴	八〇	八〇	八〇
十二		八	丙辰		陰	晴	陰	八一	八一	八〇
十三		九	丁巳	三	晴	晴	半晴	八一	八一	八〇
十四		十	戊午		半晴	晴風	晴	八一	八一	八一
十五		十一	己未		晴	晴	晴風	八〇	八一	八〇
十六		十二	庚申		半晴	晴	晴	八〇	八二	八〇
十七		十三	辛酉		半晴	晴	晴風	八〇	八二	八一
十八		十四	壬戌	三	晴	晴	晴	八〇	八二	八二

十九	十五癸亥	半晴	晴	晴	八〇	八二	八〇
二十	十六甲子	晴	晴風	半晴	八〇	八二	八一
廿一	十七乙丑	半晴	晴	晴	八一	八一	八〇
廿二	十八丙寅	三六 晴	晴	半晴	八一	八二	八〇
廿三	十九丁卯	晴	晴風	晴	八一	八二	八一
廿四	二十戊辰	雨	雨	雨	八〇	八一	八〇
廿五	廿一己巳	雨	半晴	半晴	八〇	八一	八〇
廿六	廿二庚午	半晴	晴	晴風	八〇	八〇	八〇
廿七	廿三辛未	晴	半晴	雨	八〇	八一	八〇
廿八	廿四壬申	晴風	晴	半晴	八〇	八〇	八〇
廿九	廿五癸酉	晴	晴	晴	八三	八六	八二
八 一	廿六甲戌	晴風	晴	晴	八〇	八二	八一
二	廿七乙亥	半晴	晴	晴風	八一	八三	八一
三	廿八丙子	雨	雨	雨	八〇	八二	七九
四	廿九丁丑	雨	雨	雨	七〇	七五	七〇

五	三十	戊寅	半晴	半晴	小雨	七〇	七四	七〇
六	卅一	己卯	小雨	半晴	陰	七〇	七四	七〇
七	九一	庚辰	半晴	晴	晴	七〇	七三	七〇
八	二	辛巳	晴	晴	半晴	七〇	七二	七〇
九	三	壬午	晴	晴	陰	七〇	七二	七一
十	四	癸未	晴	晴	半晴	七〇	七三	七〇
十一	五	甲申	陰	半晴	小雨	七〇	七二	七一
十二	六	乙酉	小雨	半晴	陰	七〇	七二	七〇
十三	七	丙戌	半晴	晴	雨	七〇	七一	七〇
十四	八	丁亥	小雨	晴	半晴	七〇	七二	七〇
十五	九	戊子	半晴	晴	晴	七〇	七一	七〇
十六	十	己丑	晴	半晴	小雨	七〇	七〇	七〇
十七	十一	庚寅	半晴	半晴	半晴	六九	七〇	六九
十八	十二	辛卯	雨	半晴	晴	六九	七〇	六九
十九	十三	壬辰	半晴	晴	雨	六九	七〇	[illegible]

二十	十四癸巳		晴	半晴	雨	六九 六九 六八
廿一	十五甲午		半晴	晴	雨	六七 八 六八
廿二	十六乙未		雨	雨風	雨	六七 六七 六六
廿三	十七丙申		雨	雨	雨	六六 六七 六五
廿四	十八丁酉		半晴	陰	陰	六五 六六 六四
廿五	十九戊戌		雨	半晴	晴	六四 六五 六四
廿六	二十己亥	三六	半晴	晴	晴	六三 六四 六三
廿七	廿一庚子	九六	雨	晴	晴	六二 六一 六一
廿八	廿二辛丑		半晴	晴	雨	六二 六二 六二
廿九	廿三壬寅		小雨	晴	半晴	六一 六二 六一
三十	廿四癸卯		半晴	晴	晴風	六一 六三 六一
九 一	廿五甲辰		晴風	晴	雨	六一 六二 六一
二	廿六乙巳		半晴	晴風	雨	六一 六一 六〇
三	廿七丙午		陰	陰	晴	六〇 六一 六〇
四	廿八丁未		半晴	晴	陰	六〇 六一 六〇

五	廿九	戊申			晴風	雨	半晴	六〇	六〇	六〇
六	三十	己酉			半晴	晴	陰	六〇	六一	六〇
七	十一	庚戌			陰	小雨	陰	五九	六〇	六〇
八	二	辛亥			半晴	晴風	陰	六〇	六一	六〇
九	三	壬子		二二	半晴	風	雨	五九	六〇	五九
十	四	癸丑			半晴	風	風	五九	六一	五九
十一	五	甲寅			小雨	晴	半晴	五九	六一	五九
十二	六	乙卯			陰	陰	半晴	五九	六二	五九
十三	七	丙辰			小雨	半晴	風	五九	六一	五九
十四	八	丁巳			半晴	風	晴	五九	五九	五九
十五	九	戊午	六六〇		陰	半晴	小雨	五九	六一	五九
十六	十	己未		二二	半晴	晴	小雨	五八	五九	五八
十七	十一	庚申			陰	半晴	半晴	五八	五九	五九
十八	十二	辛酉		四八	晴	半晴	小雨	五八	五八	五八
十九	十三	壬戌	六六三		陰	半晴	半晴	五七	五八	五七

二十	十四癸亥		六六六		陰　半晴半晴	五七 五八 五八
廿一	十五甲子	橫濱		四八	雨　雨風雨風大	五六 五七 五七
廿二	十六乙丑	神戸	一三三三	六	小雨雨　雨風	五六 五八 五七
廿三	十七丙寅		三三〇	一〇	晴　晴風晴	五六 五七 五七
廿四	十八丁卯	下關		二四三	陰　陰風陰風	五六 五七 五六
廿五	十九戊辰	長崎	一八	三六〇	風雨　風雨風雨	五六 五七 五六
廿六	二十己巳	海			大颶　大雨風雨	五六 五七 五五
廿七	廿一庚午	上海	一〇	一四四二	雨　雨　雨	五五 五六 五五
廿八	廿二辛未			二〇	雨　雨風雨	五四 五六 五六
廿九	廿三壬申				雨風　雨風雨風	五五 五六 五五
十一　一	廿四癸酉		六六〇		晴　陰風雨風	五四 五五 五五
二	廿五甲戌				半晴　小雨雨	五四 五五 五四
三	廿六乙亥			三八	雨　大雨大雨	五四 五五 五四
四	廿七丙子				陰　小雨雨	五三 五五 五四
五	廿八丁丑				半晴風　陰	五三 五四 五四

六	廿九	戊寅				陰	晴風	陰風	五三	五四	[illegible]三
七	三十	己卯			四五	陰	小雨	陰	五二	五三	五一
八	卅一	庚辰		六六〇		小雨	陰	陰	五一	五二	五一
九	十二一	辛巳	舟發上海	八九〇		陰	陰	小雨	五〇	五一	五〇
十	二	壬午	煙臺	八〇五		晴風	晴風	晴風	四九	五〇	四八
十一	三	癸未		一八〇九		陰風	風	陰風	四六	四七	四三
十二	四	甲申	大沽	二三一		陰風	風	風	三四	三六	三四
十三	[illegible]	乙酉	小艇火車	二〇〇	四八	陰風	半晴	陰	四〇	四一	四〇
十四	六	丙戌			五八	半晴	小雨	陰風	四二	四三	四〇
十五	七	丁亥	車發天津		八〇	陰	小雨	小雨	四〇	四一	四〇
十六	八	戊子			八一	雨風	陰大風	陰風	四〇	四〇	四〇
十七	九	己丑	回京		九〇	晴	晴	晴	四五	四六	四五

游歷日本圖經餘紀前編上

游歷圖經餘紀三

花翎二品銜直隸即補道總辦北洋機器局前游歷使臣傅雲龍述

雲龍游歷之國六假道之國五而以日本始或曰此島國耳詎知地背以相反而鑑日本正以相因而觀以彼學唐而後至於今已一千二百年有奇事事以中國爲宗同治七年效西如不及當變而變不當變亦變據事直書按而不斷以爲感可也以爲懲無不可也雖然欲知彼而不知己是之謂鶩外雲龍不得不於天津上海視南北洋之門戶凡涉兵與商與工與學罔弗綜厥因革以爲同異互參之據獨日本云爾哉日本前游以光緒十四年四月十九日航太平洋前一日爲斷述游歷日本圖經餘紀前編游歷大恉詳自敘餘紀編年詳凡例

大清光緒十有三年夏閏四月

欽命總理各國事務王大臣考試出洋游歷人員二十一日試吏戶禮人員題爲海防邊防論通商口岸記二十二日試兵刑工人員題爲鐵道論記明代以來與西洋各國交涉大畧分考台取雲龍列名第一

先是十年御史謝祖源奏請收奇傑士游歷外洋十一年二月十一日總理各國事務衙門議由翰林院六部核實保薦

報可十二年十二月初十日傳
旨迅保十三年四月二十六日總理各國事務衙門議奏章程十四
硃批依議至是六部保薦七十五人考取二十有八核記載也王大
臣接見覘器識也六月初四日帶領引
見
硃筆圈出雲龍等十二名七月十日奏派游歷雲龍游歷之國爲日
本國美利加合衆國附英屬地之在美利加者秘魯國附日斯巴尼
亞屬地古巴及巴西國
硃批依議十八日王大臣接見勉勵者再尋給護照時日本使臣鹽
田假歸參贊梶山鼎介代之繙繹鄭永昌交際官中島雄美利加公
使田貝以無給護照權給公函參贊柔繙繹哲士其它按圖指里時
則有同文館總教習美利加丁韙良醫學教習英吉利德貞與夫日
本隱岐嘉雄天野恭太郎
八月十六日雲龍速車行裝先行
十七日行自京城石大人衚衕五里出東便門又三里二閘則大興

縣王家莊慶豐閘初名籍東建自元至元二十九年有上下木閘二俗呼二閘以此元貞元年更名慶豐至順元年易石縱百有二十尺三分長之二爲衡明嘉靖七年并二閘爲一隆慶二年重修水高平津上閘十二尺據元河渠志郭守敬傳周夢陽水部備攷漕運則例纂輯安瀾志國朝康熙中增一閘於上流曰新建據一統志又十七里雙橋交通州界橋下水玉河也其水自玉泉山逕京城爲護城河入德勝門爲積水潭入海子出東便門迴龍閘東出大通橋亦曰大通橋河逕慶豐閘而東十里有奇逕平津上閘四里逕平津下閘三里逕三閘房即雙橋據王在晉通漕類編鄭元慶七省漕搉通州高志又二十里通州北關其水自雙橋而高麗莊而永通橋而取燈莊南而通州新城分流爲護城河復合逕舊城北門外葫蘆頭潦水壩所謂通惠河者是一曰大通河俗呼裏漕河亦名裏河其水北出通濟橋東注榆河據明一統志杜文襄集呂平山水記方輿紀要畿輔唐志李志時繙譯治裝未齊停車待之

二十七日車行三里石壩又沿河行三里登舟按漕自海河運京倉曰正兌運通州倉曰改兌運漕之省九通州其咽喉也歲漕東南凡

三百數十萬石石壩其關鍵也（據會典事例漕運全書石壩須知）二十八日東行三十里張家灣按北運河者白河潮河榆河沙河與玉河諸水之匯流也（按白河源曰沽河潮河古鮑邱水榆河古濕餘水出北沙河橋被沙河名南沙河出盤魚溝玉河卽玉泉也）未逕通州以前非漕運所經無北運河名陸隴其畿輔八府地圖記源流未晰初漕自張家灣正河嘉慶十一年改漕康家溝其水東南流六里逕里二泗與張家灣舊河合（據曹學佺名勝志）又十里保運觀又六里沙孤堆又七里公雞店又七里火燒屯又十里漷縣故城東俗曰漷縣馬頭凡水程灣多里數時異此指所經言也時交亥初舟暫泊

二十九日丑初行十里楊家莊又二十里和合驛（陸程至河西務十六十里水程百五十里）天明然霧重咫尺不見又二十里蕭家邨又十五里扳罾口出通州界入香河境有扳罾口河出通州孤山麓至此入北運河舟又行十五里靳家莊十五里紅廟交武清界五里魯家務十里王家擺渡口五里河西務有城北運河同知管河主簿巡檢及游擊等官駐此元史兵志中衛屯田至元四年遷于河西務食貨志至元二十五年

置漕運司領接海運方輿紀要河西務在縣東北三十里元以來爲漕運要涂明初大軍由直沽敗元人於河西務隆慶六年築城環之據元史長安客話川續異同按康熙五十四年以城東有舊河形對新河下口至三里屯開直河於是新河之溜移西俗評新引河者是也又十里白廟兒又十里蒙邨又四里南蔡莊又十五里柴廠又十五里楊邨有管河通判明建文三年平安敗燕兵於楊邨宣德初征高煦於楊邨即此據方輿紀要

三十日丑初東南行二十里下老米莊莊亦曰店又十里馬家口東交天津界又五里遥旱溝西千總駐此義倉圖謂之旱口又六里蒲溝一日上蒲溝俗名蒲口有把總同治十一年北洋機器局購地五十九畝有奇造火藥庫三每座長十丈六尺四寸寬二丈四尺臺高五尺每庫左右設避雷桿二根桿頂各銅尖能收電氣於桿尖角上承銅條下貫銅絲入地見水而止避雷電也又七里下蕭溝又八里辛莊又一里屆家店又一里桃花口又三里黃泰莊又三里劉家嘴東北倉西又三里王家莊有五空水橋一又四里吳家嘴東又二里[illegible]家嘴東又四里丁字沽沽形似丁故名又四里西沽東有浮橋永定河清河會流處

俗訐上西河又四里窰窪出大紅橋子牙河西南來會之俗訐下西河又五里望海寺望海樓峙其東面海河〔按海河禹貢所謂逆河也亦謂渤海隨潮日海之旁出者爲渤海置渤海郡元海運皆由天津直沽入口明永樂中會通河成始罷其水自天津縣東百二十里東南流入海〕左北運河右南運河〔[illegible]南運河即衛河一日衛河南流會北運河〕是爲三岔河口在天津城東北二百步許舟至東浮橋在鎮海門外即東門也〔門四東鎮海南歸極西衛安北帶河〕謁合肥肅毅伯招商局輪船未至寓局在城東南五里紫竹林南設自同治十一年電報商局附之初光緒四年翊天津電綫由大沽至城僅百里有奇越二年乃增其總局設東門內即問津行館舊址〔俗訐楊家花園〕然設之招商局者有官報機器六又有得力風所謂錄音機者是〔總督行臺新關大沽郵處遞百餘里〕文報局附

九月一日觀天津南岸礮臺桉天津在京東南二百四十里明備日本置天津衛指揮千百戶海防營總兵游擊城守營都司然日本惟永樂間一擾樂亭自劉江望海堝一捷遂不北犯季年患多在南故言海防略北

國朝雍正三年升州明年設水師營都統一駐海口蘆家嘴兵才二

千九年改縣設府乾隆八年增副都統一兵千尋裁置天津鎮總兵據皇朝文獻通考天津縣志今者海禁大開天津其咽喉也然非固奉天之旅順無以固山東之登萊即無以固天津而衛神京所謂北洋者天津東南至奈山二千五百里有奇東至朝鮮千六百餘里南洋起奈山至鳳凰自城山至鴨綠江口六百里與夫盛京鳳凰門爲天津第一門戶登州至鐵山島二百五十里其第二門戶也鐵門關至灤河口三百里其第三門戶也北塘大沽爲切近要隘灤鐵輔李以大局論奉遼東左臂山東右臂而旅順煙臺爲第一門戶以本境論通永鎮爲北路天津鎮爲南路而大沽北塘爲第一要隘北塘舊隸順天府寧河縣在縣南九十里西南三十里在天津東百二十里游擊駐焉自沽河口抵海岸曲折而北六里至北塘河口二河口間泥灘也距大沽北一二里及北塘南塚地而外皆窪也北塘河口有窄澳深入岸間四五里中有堤其外三四里有淺沙口潮退水止二尺潮高輒十三尺輪船行須乘潮咸豐十年西人攻大沽不克轉由北塘登岸攻大沽北口可鑿也礮臺扼之有高墩三峯北一岸南二營之駐此凡六同治十年定營制又南三十里有奇曰大沽海船從此

至天津港口紆且狹不克𥳑駛大者行須乘潮沽口橫沙船難久泊此天險也大礮臺四小四十營六又北四十里爲甯河之蘆臺鎮有總兵又北百九十里有奇曰山海關營六媽二四又東七百里有奇曰大理灣營十又東九十里曰旅順營二十又東九十里營口又東三百餘里高麗明楊鎬以爲拒日本於朝鮮所謂扼上流者此也樂亭縣志明觀察使楊鎬海防圖說倭據朝鮮似居海上流而拒倭於朝鮮所謂扼其上流而薊保山遼可無虞也大沽東南五百里經臺突出營凡八孫七盛一其西外海營衛營凡四而駐天津者直隸總督親軍營二練軍營五又南一百二十里馬廠馬隊營五與夫散布它處者凡北洋馬步隊一百二十營有奇水師八十有奇海口礮臺南三東沽邨東海河口後墻營門小礮臺二十有五修自咸豐八年鐵礮有二百磅炸彈來福鐲礮六十八磅炸彈開花鐵長礮長礮大者重三千斤以上同治十三年大沽後路三十里築新城天津城東八十里以磚圍長九千八百四十尺裏城門臺四城角臺四皆仿礮臺爲之城內大礮臺三明礮臺九護城礮臺四與大沽礮臺相應

二日日本領事波多野承五郎偕繙譯鄭永邦來領事自言華人苗

喬故字濤喬又晤督辦開平鑛務唐廷樞開平隸唐山縣在天津城東北二百里有奇近灤州永平多山產煤鐵光緒初以機器開煤鑛今煤日出八十萬斤鐵道之開以此由天津而大沽而蘆臺而開平約二百八十里有奇按道如弓背若直弦徑則止二百里新開煤河橋十日利涉蘆臺通津裴莊子濟衆大田莊橫辰趙雜錦莊詠唐唐防子履泰泰來望豐佟子莊泄通胥各莊阜民王家河慶成唐山煤井南

三日東渡游武備學堂其學始於光緒十一年成於十二年房三百間堂分上中左右幼凡五學生之揀自營者百六十入幼堂者自選六十德國教習六又印書工一氣毬之大者時有督標親兵刷油未入輕氣入氣用機器管毬者法郎西巴尼司也毬形橢圓縱百尺衡得縱十之七用則以繩綱籠之加沙袋袋十餘成沙毬力偶弱則棄袋一二如籐簍可坐人類皆懸於綱管機器者法郎西拜勒司也器車三一火車不但爲放毬時轉繩之用且融鐵屑和礦強水一出輕氣車即接前車而用之一盛毬車皆高八九尺長亦如之前有鐵環可駕馬而走然非大毬所用蓋小於大毬三之一毬皆機車值銀萬四千大者值銀四千放不用車掘地而置轆轤藏毬鐵屋鳩工

矣今屋以席堂北有演武廳廳之東西有測量臺東臺千里鏡二共爲一架南視機器東局如二十步許其西鏡未之架天津稅關四一鈔關（亦曰大關北門外河北浮橋旁秋田俗曰秋頭子）一海關（城東南閘口河沿）一工部關（河口三岔口）一新海關（紫竹林河岸）

四日游機器局（俗謂東局）局經始于同治五年續拓于光緒二年初度城東十八里賈家沽道（地二十二頃）繼而踰河拓地十一頃內墉外濠中外互證且俟歸日又有埘局者曰水師學堂在紫竹林者曰電報學堂曰水師營務處是夕登海定輪船船主美利加人波多孫云船買自美已十二年長二百六十四尺寬三十四尺

五日巳初開舟（半時行三十一里風與淺則緩）東南行二百四十一里（海里七十）大沽停淺一時乘潮行東風頓起

六日午初泊煙臺二時許其地距大沽五百里（海里一百五十一里半大沽在福山縣北五十華里小成山西六十華里）即之罘島也如吐舌然與登州北岸相連處爲細沙頸東南之東向西北之西長五里山高九百八十尺又有雙岸峯東十二里曰之罘灣（亦曰煙臺港）灣外東北有崆峒列島大潮八尺小潮六

尺半（自劉公島至此二百里有奇東南二百里容艘百餘八角口容艘六七十）其西百二十里威海衛有水雷學堂西正舟西南行大風鼓盪三百六十三里（海里一百二十一）成山其山高五百尺上有華人英人各三入夜有燈

七日風二百三里（海里六十七）黑水洋六百里（海里一百七十）遼馬洋（俗謂黃水洋綠水洋）

八日辰時過奈山高與成山等凡行遼馬洋八百里許（海里二百五十）又二百四十一里（海里七十）吳松口（屬寶山縣）吳松江一名笠澤水經注松江即此源出大湖與黃浦合流出吳松口東北入海船由吳松口而黃浦而虹口凡三十六里（海里十一）泊上海計自天津凡二千九百八十四里（海里九百有四）縣城東北法租界黃浦相傳楚相黃歇鑿又名春申浦明河渠志謂之大黃浦出海之口雖名吳松口實黃浦口也虹口北爲美租界南則英租界涇橋以南爲法租界案上海縣自元至元二十九年析華亭東北境置縣始（元廣四十八里袤百里明廣百六十里袤九十里　國朝廣六十六里袤八十四里去京二千八百九十九里）歷二百六十餘年無城明海防建城于嘉靖三十二年海航入口直抵城東而泊南洋之要害在上海上海之要害在黃浦黃浦之要害在吳松吳松之要害在李家口而滬海之防六朝已重唐

華亭有鎮將宋元屯軍置府明時之注意海防吳松屹爲重鎮咸豐庚申之役規復東南大局恃此滬瀆一隅沿海控制不其重歟康熙二十四年設海關雍正三年屬蘇松太道監收道光二十三年詔西洋各國南五口通商上海居五口之一於是新關亦歸之道所轄海口吳松六十里隸寶山縣劉河百五十里隸鎮洋縣七丫百五十里隸太倉州白茆百八十里隸昭文縣徐六涇二百四十里隸昭文縣福山三百里隸常熟縣黃田四百五十里隸江陰縣瀾港四百九十里隸靖江縣黃家港六百里隸泰興縣孟河五百七十里隸武進縣佳家港四百里隸通州呂四六百里隸通州小海口四百里隸海門廳石莊六百里隸如皋縣施翹河二百八十里隸崇明縣新開河三百里隸崇明縣當沙頭三百里隸崇明縣漴缺百八十里隸華亭縣

九日上岸

十日訪曾經滄海者問途

十一日訪礦務

十二日訪文報局欲通海郵也

十三日石印觀海贈言

十四日訪海上圖籍

十五日訪日本領事太田昇平其繙譯二一爲二口美久一爲伴新三郎又訪美利加領事侃愛德繙譯易孟士

十六日訪日斯巴尼亞領事濮儀喇繙譯渥利喊喇據云游歷巴西道紆甚

十七日刊印中西合璧名刺

十八日訪怡和洋行執事唐廷桂譯假道諸國海程

十九日晤樂善堂書局主人岸田吟香日本人也

二十日出使日本之委員姚文棟來譚近事

二十一日定游歷圖經體例

二十二日檢點錄入餘紀之事實閱同治上海縣志三十四卷其書成於同治七年今又異矣

二十三日攷通商關界曰北海關起安南東京大界至閶州海島曰瓊海關起瓊州海島至海陵山即陽江廳對西之島其海南島沿海各處在內曰粵海關起海陵英經東百十一度四十五分至英東經百十四度曰潮海關起大鵬角至東澎島曰廈門關起東澎島至泉州府泉州港曰江海關起杭州府錢

餘紀卷三　十六

塘江口杭州灣至沿海北黃河舊口緯度北三十四以太倉州鎮洋縣狼山水道為限曰鎮江關起長江上游狼山水道至江寧省城曰蕪湖關起江寧省城至安慶省城曰九江關起安慶省城至湖北半壁山曰江漢關起半壁山至洞庭湖口岳州府城曰臺灣關起臺灣海島至西岸南一半曰淡水關起臺灣海島北至西岸北一半曰閩海關起泉州府泉州港至福寧府霞浦縣南關澳一名南鎮澳曰甌海關起南關澳至台州府臨海縣河口曰浙海關起臨海縣河口至杭州府錢塘江口杭州灣曰宜昌關起岳州府城至宜昌府城上游平善壩曰東海關起黃河舊口至大淸河即黃河淸口也曰津海關起大淸河至山海關曰山海關起長城山海關由牛莊沿南向南至大連灣凡關十有九燈塔燈船燈杆凡八十浮標凡六十六椿標凡六十

二十四日游黃氏公和繅絲局自來水引自黃浦機器運供女工數百涼熱應手日需煤四百磅楊兆鋆尤炯周桂文炆諳絲務訪知外國用中國絲英以織勝法以屯勝美利加亦一大宗也出口絲牛莊不及四川四川不及浙江而浙江絲湖州府為最光緒十一年十一月三

十七日至十二年十二月七日出口湖州生經絲六百四十四萬八千八百二十八斤直銀千七百九十二萬一千三百九十七兩亂絲頭四百五十五萬四千九十一斤直銀二百二十七萬一千九百九十六兩野粗絲百二十五萬五千四百五十七斤直銀三十五萬四百八十二兩是年進口出口物價五千一百六十四萬八千四百二十三兩

廿五日至製造局桉江南製造局在城南高昌鄉同治初赧上海局僦居黃浦之北虹口洋房曰機器局五年巡撫丁昌奏移今處凡七十畝有奇以二十餘畝爲局房製造所以四十餘畝設船廠船塢馬頭及洋工房而華工房則另設廠東其地五畝八年建繙譯館於西北隅以廣方言館附九年於西北增洋槍樓汽機熟鐵捲槍等廠尋增船廠測量臺廣袤四百畝有奇六年於陳家港建火箭分廠其地五畝九年於龍華建製槍細藥銅冒礮引諸廠其地八十畝

二十六日上日本郵船會社輪船名東京丸方音語若托角麥魯一聲之轉凡舉方音皆文同中國而讀日本音也亦評新托角麥魯對

舊言也船長四百八十尺有奇寬四十尺高五十尺光緒十年製自英蘇格士蘭之吳拉斯古地方初名三菱商船會社今與共同運輸會社合爲日本郵船會社凡謂會社爲公司皆中國人譯言非本名或從而爲之說曰洋商糾貿謂之公司此皆臆說今稱會社實錄也

二十七日辰正開船東北行出揚子江逕拍拉拉斯岩而女島而男島所謂黃海是也海北爲直隸灣南爲支那海日本俗呼中國曰支那盖西音柴宜之轉西爲中國陸路東爲日本島

二十八日以極準時辰表測日出時已較上海速十七分有奇

二十九日子正至日本國長崎縣方音語長崎爲納額沙客計自上海海里四百三十有七合華里一千四百四十有二或云千七百九十七里凡行二十一時易三板船又行六里有奇二海里泊海關先乘人力車訪蔡理事軒劉繼譯官慶汾獲免留難少頃游諏訪山

十月一日偕蔡理事訪長崎縣知事日下義雄未遇晤書記官本山正久又訪美利加領事卓爾治

二日日下義雄畣拜無騶從此效西一端也先是游歷一事獨以爲

難內地游者尠商港無兇狀亦跬步不行而今無阻三江館在興福寺始建於光緒九年來自浙江者惟甯波八十有奇又有廣東八閩二館午後游馬魯鴉麻譯言丸山有松柏樓俯瞰比屋鱗如櫛如嶼嵐一角與港煙應道經薩沽拉巴巴譯言櫻馬町鞠花多異種大者一圍尺五其異名曰秋之月曰雨後之月曰龍之玉曰蜀甲玉之鏡皆隨意易稱也或曰西京鞠倍此

三日日下知事遣兵部科藤田俊範導游監獄其長池上四郎偕視男監房五十二已決之屬有禁錮監有屏禁有闇室而闇室爲最地板數孔裁足通氣歲未二十者入懲治監病入病監否則驅之監內工業場舂米結繩強弱有差其直計十之二然在獄不支也未決者猶詰未定小日本謂支全直凡犯四百有奇女監十其目與男同其工課織紉凡犯三十九有堂七日一說佛法凡有幼犯讀書習字處又游中學校其室五級其生六百有商學校生百餘有師範學校生百三十而女學校女師範學校附之即鼓風琴亦其一科導游者校長小山健之游醫學校有植物動物光化電理組織諸學組織云者顯極微物

之謂如以鏡視臟腑蟲於玻璃瓶之類有解剖室剖視恙根目不忍視學醫亦學武日交未正輒習槍刀導游者校長吉田建康校學區圖云長崎小學校一百有奇今游著者又游薩沽拉巴巴覽植物試驗場桑茶從衡花蔬間之

四日游福那臺古馬芝譯言大工町浴也語浴堂音若尤牙午初渡海艤舟三四里至飽浦覽三菱造船機器場始於同治十一年(明治五)職厥事者英人可圖督日本人本山胥也汽機三一視馬力十二視馬力二十有五其器曰波兒低勃耳蓋造釘者也曰水筒節蓋引水者也其房曰鍛冶曰鑄(評楨捍曰苦連)曰螺曰樣(以木製式多用機器)曰鍋曰鎔鐵其無煙煤非出天然也煙以鍛盡鎔鐵用之其磚煙筒高七十尺又南三里至立神亦三菱造船木工場也四鋸齊下巨木立分而鉋亦機器視馬力十有四松木或長七十尺有奇來自美利加其船塢長四百尺寬一十二尺修船入塢以閘抵潮以戽水機乾塢其機馬力五十機下坑深百尺門外大石二石井一井水引自六里外飲食資之又游監獄出役場與監工異故曰出役造煉化石視之磚也罪人入

十辰出申歸月造磚十萬其爐十四是日酉正日下知事讌於伊艮林地名藤屋餐館名客居左而首雲龍漆盤成紙上書某異遠游也在坐有日本西岡逾明裁判所控訴長已遷東京大審院第一局長者也又書記官二一中都正郎一木山正久又屬官四一吉田健康一渡邊信之一藤田俊範一鈴鹿赫泰門燈數十繪龍脫屣升堂席地而食漆盤乘糖作束旗狀一龍一日看各一案方徑尺許進案必跪舉之古所謂舉案非歟主踞客前接盞乃飲繼則主請客盞客洗盞與之既飲洗盞奩之古所謂飛觴非歟其舞學唐微獨字與文與詩已也客有賦詩索和者且出巨筆索書即席應之而皆就地

五日乘輪船二十三里海里七游高島其地隸肥前國西彼杵郡長崎西南境也覽三菱會社石炭鑛其島高千三百七十五尺炭綫十三層上者八尺次曰胡麻第二層名五尺次曰磐砥五尺至十尺又次最低則八尺也第一層煤罄矣先是同治七年慶應四與英吉利人合采後歸三菱鑛主姓岩崎氏名之助日出煤八百頓有奇礦穴深一百二十尺或望而却步雲龍以身先之乘桔槹機須臾而下黝如也以燈視之鐵路四出從衡皆炭箱鐵索揭來環轉不少停掘煤者卷揚機

也凡五扺馬力二百十五瀛罐十一扺馬力三十有五吸筒機十八扺馬力九坑中煤有毒散之以風曰通風機如溝車如鼓胴器罔弗備其工三千而亦用馬移時復乘機上衣襲頓黑鑛師英吉利人司都大也高島西曰二子島又西曰中島屮島亦有鑛東北十餘里（海里五）曰高峯島高百尺圍十倍之和蘭人謂之波泊島初未通商它國輪舟未許過此而今異矣

六日別日下知事尋檢鉛槧明日行

七日餐於松柏樓上輪船曰横濱丸方音語若猶戈哈麻麥會造於光緒十年（明治十七）長三百尺寬三十九尺機器視馬力三百載一千二百九十八頓（凡頓數視物而異如重物以二千斤爲率輕物以立方四尺爲率煤則以二千二百四十斤爲率）祭理事樊繙譯（宗）美利加領事長崎知事之書記來別酉正船行

八日丑初過肥前國之平戶岸燈若星無慮數百長崎至此一百八十里（海里五十四有奇）又航內海亦曰瀨戶內又航馬關亦曰下淵凡二百有七里（海里六十二）辰初螺輪暫停上米數千包包約一石產自豐後有年米禁出境而鴉片煙則禁其入午正行

九日辰正泊神戶方音語若克貝距馬關八百一里（海里二百四十二）距長崎一千一百八十八里（海里三百六十）與徐理事（承禮）游諏訪山楠公祠楠正成者殉難明初墓在祠側酉正船行風雨漸緊從者呼暈

十日爲

皇太后萬壽聖節望北泥首而已風轉急臥不克起同舟有朝鮮往美利加隨使李夏榮等四人又有送長崎兵三十之東京者即導游之藤田俊範

十一日子正泊橫濱距神戶千三百二十二里（海里二百四十二）卯初阮理事（祖棠）遣羅繙譯（庚齡）爲呼小輪舟蓋距岸尚遠也別艤三板船運行李至稅關先是長崎稅關止行李船賴蔡理事力得免留難或曰神戶橫濱難矣而神戶以未易船而免橫濱則非使臣無免阻滯權且非知照外務省不可也得單則行繙譯沈（鐸）劉（坤）同步伊勢山俗稱野毛山者是有坊肩曰報國忠靈石柱題曰余幸全命于西南之役今爲死者募建明治十九年四月十五日識本豐章又有明治十年西征陣亡軍人之碑後題十一年下神奈川縣爲戰死諸子建之時無免

狀欲游輒梗遂至火車棧購票申正登車行未移時已抵東京此爲快車惟神奈川品川再停而已其車一日兩行此外車非其例停車者五計自横濱四十八里日本八里見徐大臣衙署在永田町

十二日日本遞信大臣榎本武揚會爲駐京公使聞雲龍至折柬招敘於墨江之藤花書屋不得不先時過訪申正如約同飲者大學教授中邨正直文部省書記官宮島誠一郎銀行長二一澀澤榮一一大倉喜八又有吳大五郎者繙譯也自言先世福建人明季至此榎本暢言中東利害

十三日舊諸侯裔長岡護美出視倭刀於使署言藏三百年矣索寳刀詩游工廠

十四日申正偕徐大臣與芝山紅葉館興亞會此日本爲亞細亞洲設也在坐有日本北白川王榎本武揚伊達宗城重野安繹恆屋盛服廣部精田邊太一山吉盛義中邨正直宮島誠一郎木邨源七寺田宏渡部宏基吾妻兵治蜂須賀茂韶丸岡莞爾仁禮信之井上陳政小牧昌業末廣重恭關口隆正朝鮮署理使金嘉鎮

十五日訪勝芳閱所箸吹塵錄四十卷惜兵法略今而書未成午後進櫻田門過萬世橋亦名目鏡橋游上野公園觀動物場方音語上野曰維諾亦名東臺方音語若土台有東照宮方音語若土少沃祀明末日本人德川家康又有不忍池亦名蓮湖亦名小西湖圍約華里四又游淺草公園歸過常盤橋

十六日岡千仞弟子館森鴻以其師所箸觀光紀游一書見求改其文數首訪書肆

十七日重野安繹小牧昌業寺田宏井上陳政約敘於偕樂園訂製絨所之游中邨正直長岡護美即席酬答以詩

十八日大學長渡邊太一遣書記官永井久一郎導游大學其沿革科程詳圖經大略分文科理科法科醫科工科其官勅任者曰總長曰評議奏任者曰書記官判任者曰書記又有分科奏任者曰長曰教頭曰教授曰助教授曰舍監又有判任者曰書記其學年課有程三年卒業如出文科則爲文學博士理法醫工如之給憑曰學位記記有式其學年弟一期九月十一日至十二月二十四日弟二期一

月八日至三月三十一日第三期四月八日至七月十日其休業日冬十二月廿五日至一月七日春四月一日至七日夏七月十日地九月十日日曜而外又有皇秋祭（其紀九月廿三）神嘗祭（十月十七）天長節（十一月三）日新嘗（十一月廿三）孝明祭（一月三十）紀元節（二月十一）大學令公布紀念日（三月一日）明皇春祭（三月廿一）其機器經目驗者有分光鏡診脈計呼吸計脈波計截蝕牙器驗肺器驗息器地震上下計製自德意志美利加居多驗地震法實本後漢張衡所造候風地動儀遺意又從而研究之論者謂剏自西人非也圖書館有元本漢書

十九日游千住製絨所其長爲從六位勳四等中澤永秀汽機三大者二視馬力共爲一百小者一視馬力二十其機器繅洗毛而至發采詳圖經日成二千六百四十尺男女工四百有奇其絨一名毛布亦曰羅紗即中國所謂呢也粗者曰火藥包而集其樣爲一册目曰絨鑑

二十日宮島誠一郎導游上野櫻岡之華族會館觀美術協會言術美也先是會曰龍池新法競起古物半徙而西尋每歲一大會月一

常會保舊物也以皇族爲總裁其會員目凡四曰名譽曰特別曰贊助曰通常其役員會頭一副一議員二十幹事七每部委司事者七報告掛會計掛庶務掛無定員其美術品曰書畫曰建築曰雕刻曰陶磁金器曰漆器繡工難更僕數記稍古者有黑磁獅二寸許據言千年物有銅鈴馬字古甚有調子笛孔十二裁二寸許有陶器名水指者三皆仁清倣朝鮮造一粟田燒寫一三島寫一萩寫二百年前茶具也有茶壺謂之水注一百五十年前物有平戶窯白磁瓶年又倍之有銅瓶腹容水三升上半竹管形三百年物有漆器年輙視此若水車蒔繪硯匣面嵌指南鍼卉羽有生氣若楓葉蒔繪硯筥題古滿休意作同休伯安章極之十二字若時代蒔繪手爐有象眼鐙大倍今式二眞鍮二金銀也有鐵兜約十數斤明珍寶光所雕象牙人物十二眉目宛然有磁獅爐二百五十年物其墨蹟名笧二百五十餘葉首神武天皇次王次名人次僧有明惠上人者卽始得中國茶至日本者也距今六百餘年笧藏古筆了仲家又有張度山水扇面自署吳人

二十一日閱英美條約四觔夜餐圖經訪工局

二十二日井上陳政導游大藏省主稅局之調查課地租課酒稅課印紙稅課雜稅課地方稅課監查課計算課徵稅費課統計課文書取扱等處取扱云者有辦意亦有管意印紙稅課大要凡四曰酒曰於曰樂曰國債餘劵無慮數十種關稅局司海關稅其課三曰常務曰調查曰製表府縣分表具在焉關稅局兼主稅局長從五位勳四等中野建明出納局長從九位勳六等松尾臣善國債局長尻稻次郎新潟稅關長從六位葦源清風主計局長正五位勳六等渡邊國武主稅官二一佐伯惟馨一小山正武秘書官二一平山正信一谷謹一郎關稅局次長石川有幸次長猶言副也金庫局長小林好愛又游印刷局局務長一川研三留餐焉工廠長中邨祐興二等技師佐田清次三等技師會計部長本原靜一彫刻師則義大利人碕蘇呢也耗精而嗜古銅器按印刷局在麴町區大手町二丁目成於同治十三年明治八其課職曰庶務課會計曰主計科課工曰調度科其印刷部科四曰製肉製印色也曰色料曰雕刻曰刷版曰活版活版

科後五年增明治十四凡地三萬一千六百三十一坪抄紙部在東京北豐島郡王子邨成於光緒二年明治十九凡地六萬四千四百四十九坪其工日課十一時一月二月十一月十二月課以十時每二時即中國一時也補助銀二千五百八十五圓助自局員又有自積銀十萬二千八百三十圓有奇存自工資餘詳圖經

二十三日游上野

二十四日饕圖經得宋袁樞通鑑紀事本末四十二卷其版徐大臣得自海東瀧藩知事稻葉正邦

二十五日掇羅日本書圖中井敬所求作篆體正變敘立爲屬草

二十六日辰正十五分乘火車游横濱海埠尋訪美領事格利好司不值晤其副希母及英領事霍耳日斯巴尼亞領事克利牟克利牟澳大利人曾游中國十一省自言繪圖未既也雲龍又游中華公學海外之祀孔子始於此見之師三生七十餘亥初歸東京

二十七日徐大臣交來外務省所給游歷內地免狀雜日本文譯免狀略曰一行旬地之外國人可守各地規矩一免狀所記日子後三十日期滿一限日數道有中事不能速歸以亟復訴其國使告外務省一

歸後五日還狀於外務省然如有長崎函館遠地起程再歸原地乃先經其國使署可還外務省不可還三十日一宿亦示狀如巡查或郡區戶長請禱可允其請否則不免阻留一不許貸狀與人一不可和日本民買賣一不可私內地民房一不可發礦遊獵一半途而歸先還收後可更領新狀一如犯前約外務省訴其保八

二十八日訪草木性譜草木備考瓶史諸書

二十九日導游內務省之衛生局者四一田原艮純一須田勝三郎一郿井純之助一清水友輔局長兼元老院議官從四位勳三等長與專齋導雲龍遊歷衛生試驗所執盞語雲龍曰衛生之目當否願論定之爲作衛生說云衛與醫皆所以遂其生也意將毋同然而說異醫恒施于已疾衛則在于未疾也先是明治八年設司藥醫學一端耳十六年易名衛生試驗所表飲食之比較圖服用之損益固合化學算學醫學物理學而自成一衛生學矣長與氏猶慮名實未符問雲龍至再案說文解字衛宿衛也從韋帀從行行衛也帀之言周史記衛令曰周廬以此然則衛生云者有護中意有捍外意不使利生之理有時而出不使害生之物乘間而入穢者潔之讎也去穢即以衛潔贗者眞之賊也辨贗即以衛眞過而不及者中之蠹也退過

進不及即以衛中潔也眞也中也皆所以生也獨醫云乎哉或謂何不曰養曰養難言也以心以氣曰養有自然之道以力以物曰衛有勉然之功今日之勉然未始非自然基然以學言則不必高言養也自以衛生誰曰不宜

三十日佐成源五郎導訪黄石迪七十七詩翁也詩刋十二卷前八卷已入東瀛詩選購海軍省圖惜未全也歸纂圖經至夜分

十一月一日游淺草之動物公園有鳥名拔立根產自美利加有虎一游勸工塲据云無欺無詐

二日辰正四十分地動尋訪陸軍大臣伯爵大山巖海軍大臣伯爵西鄉從道外務大臣次官靑木周造美利加使哈巴圖面朝鮮使金嘉鎭約游日本新王宮之吹上園在大館町故將軍第也瀧聲出石有數百年松

三日遊大勸工塲購皮包儲圖經草欲携以上下火車良便

四日夜日本橋火千餘家淺草橋火六百家板屋葦門木瓦竹墻潔且精矣而火亦易東京尤甚難可勝記

五日訪內閣總理外務大臣伊藤博文農商務大臣黑田清隆宮內省大臣土方久元歸饗圖經

六日海軍大臣西鄉遣傳令使川邨正叻迓游海軍兵學校在築地汐留始于同治十一年明治四年八月學規遞更東至佩刀者遲於門側一爲運用術教授長海軍少佐內田正敏一爲紀律主任教授副總理岡七郎一爲代理心得海軍少佐山本淑儀與夫學校數官縱覽學舍旁及食宿罔弗井井其武職准士官以上四十一下士十四文官奏任十一判任十五英教習一西鄉堅留午餐尋視學生操演法不離乎法郎西者近是夾板船一礮房二器多求舊而有新式克虜伯礮轉螺觀入彈處又至魚性水雷房細測機電皆學生練習處

七日故伊豫國宇和島藩侯伊達宗城招游別墅打鴨溝水通園媒以家禽野鴨一入輒網之餉客伊達氏即同治十年至京立約者也年七十無須父宗紀年九十八七世一堂

八日橫須賀之遊有約而雨或請緩期雲龍不欲失信已初往新橋乘火車適西鄉大臣遣川邨正佐同至橫濱易人力車赴海軍兵舍

而宮內省之御用邸亦其處也晤在勤海軍大尉町田實業錄三板船上火輪船風潮頓起十數尺衣履盡溼岸不得泊易小火輪至造船所在神奈川縣相模國橫須賀港東南隅海軍大技監從五位勳五等造船所次長渡邊忻三導登彈子房樓一飯偕觀修船渠廳舍釁醫製圖諸局其工場二十二有儲料場有庫詳圖經今修天龍快船造橋立快船又造礮艦二一名高雄一名八重山未蕆泊水雷艇一長四十八尺港內人約五千八百有電信支局有警察署歲修竭來船三千六百餘艘輸出物直銀三百數十萬圓而入較多其港近深浦灣其西牛島爲二水門東水門即橫須賀港也東北爲放破島西爲吾妻鼻吾妻山高三百五十餘尺港之東角沙嘴時露水深百尺或數十尺有差

九日土方久元來譚移時饋圖經兵制

十日大山巖答拜佐成源五郎來言朝野新聞載紅葉館與亞會詩獨雲龍作

十一日朝鮮使金嘉鎭留嘗其國食味曰牛足餅牛蹏凍也曰煎油

魚亦謂之煎油花以雞子黃包魚煎餅也曰糉團飯裹豆麪也糉團上物曰肭口是三角形而蜜者也曰藥果以麪印桃酥形而蜜者也曰餞果色紫亦如中國蜜餞曰乾柹曰蹲柹一乾一鮮也曰人參餞果蜜高麗參也曰藥飯即中國八寶飯亦名高麗飯以此曰熟梨煮梨也曰麪以蕎麥用有孔器壓條即順天人所謂活酪也但此白而紉耳面加水角五六其餡雖與牛也而稱饅頭殆襲中國名而未得其詳歟曰南飛殆瀾沸之轉音歟蓋火鍋也然所稱非盡方音蓋其使略解中國語或譯義或諧聲拉雜記之著異也歸游星岡亦名三皇山在中國使署後老柏三五多數百年前物有日本人以新茶末生火量水假古陶器品濃汁少許謂之功夫茶

十二日游新橋書肆訪圖籍然地理類多雜伊呂波文而直轉昂

十三日遊入船町四丁目二番地新富町三丁目三番地訪美利加人威艮問近事

十四日遊王子扇屋歸乘火車遇美利加陸軍將箇魯讀來自日光山亦游歷云

十五日橫濱商董陳瑞章等來初無理事商民交涉事皆理自陳
十六日游淺草
十七日游橫濱學校搨來鐵道皆趁快車是夜爲西紀除夕
十八日日本亦過西年繙譯它往遂自游新橋京橋修竹矮松千門
一碧稻草懸簷白紙閒之牛車喧鼓絃者戴笸此年景也見薄冰
十九日黎大臣來方游四谷警察署遂往見之議游歷事
二十日書肆掇籍復過上野
二十一日黎大臣任使事
二十二日纂圖經
二十三日徐大臣往橫濱
二十四日蒲生重章求敘所箸偉人傳應之致陸軍省書訂游內地
日
二十五日纂圖經
二十六日游東京陸軍省礮兵工場在舊水戶邸有園爲明季朱之
瑜遁居處額曰後樂園署明舜水朱之瑜題七字石橋臥水林木翁

然撫茲陳迹如見寓公二十年前華族居之今場基約十四萬坪機器三馬力或六十或倍其少佐星山貞吉導觀製郵田銃工場凡工十二次而蔵銅藥冒工次如之詳圖經又游高等學校教頭高嶺秀夫導觀學科凡四曰理化曰博物曰文曰女子師範課學有程其生送自府縣學成歸師厥學游不忍池南見中井敬所嗜六書精篆刻

二十七日由火車而人力車訪神奈川知事從四位神守固未見見書記官正七位三橋信方

二十八日大藏省來書云大阪造幣局可游覽也

二十九日饕圖經

游歷日本圖經餘紀前編下　游歷圖經餘紀四

花翎二品銜直隸即補道總辦北洋機器局前游歷使臣傅雲龍述

十二月一日定明日行程

二日辰初乘火車自東京新橋始行四十八里（日本八里）巳初達橫濱此相摸國神奈川縣境也午後乘火車經程谷戶塚而行隧道二千七百尺有奇隧道云者穿山鑿道也如地中行借以名之經藤田而大磯而酒匂橋而國府津自橫濱至此九十六里（日本十六）飯易火車行三十六里（日本六里）達小田原小憩於小伊勢屋易人力車西行左海右山松柏翁然時雜茶花竹節橫通山泉石漏推挽艱甚下車步行過早川橋復車登伊豆山少憩於江浦又行夕日隱山矣電燈如豆海船過隙車聲相屬路不見人忽瞥火樹燭天則焚木祀神也其日爲西紀一月十五非行夏時之一月十五矣而猶沿舊俗行四十八里（日本八里）戌正始達熱海自東京至此二百二十八里（日本三十八）日本溫泉以熱海爲最浴者如雲

三日巳初車發熱海登日金山小憩茶店車路崎嶇步行移時如羊

腸如鳥道乘車下山過大場橋達於三島驛約行四十二里（日本七）此東海道駿河國靜岡縣境也飯於相摸屋之樓有松有冬青有流氷聲又行九里（日本里半）達於沼津驛宿元間屋自熱海至此九十九里（日本十六里半）其地距富士山麓約四十八里（日本里六）而如咫尺峯矗萬四千一百七十尺一名不二山又有白扇倒懸之目蓋象形云日本地誌畧謂四時戴雪每當中國七月爲西紀八月雪融三十餘日游之者衆日本史言孝靈時夜生一山慶宏紀聞言寶永年間山地大震發火焰生一小山於其山腹名寶永山富士山頂大坑蓋火處也其信然歟山跨相摸駿河甲斐三國境東有足柄箱根二山與鷹山對

四日早乘車行九里（日本里半）其地名原天欲雪又十二里（日本里二）元吉原（非行吉原也）又十八里（日本里三）富士川渡其水一南流一東南流皆里許入海水急舟輕兩渡皆然水漲則汪洋類中國巨馬河將渡有歛錢者署屋曰東渡扎揚場扎猶言字條也揚猶言發也又里許（日本五町八間）至蒲原按舊道自原十九里吉原又十七里半蒲原今行新道捷五里有奇（日本不及一里）關自五年前又九里（日本里半）由井又里許（日本五町八間）倉津登

於海歎樓又里餘（日本五町十間）有鐵路隊道穿山三十尺有奇過奥津橋橋北有新鐵路橋四百尺據彼人云鐵軌漸引而申鳩工三載矣明年繇國津府而達西京後有游者無斯紆阻又六里（日本一里）奥津日本魚以鯛爲最鯛以奥津爲最鯛即海鯽又九里（日本半里）料江尻又十七里（日本不及三里）靜岡自沼津至此八十三里有奇（日本十）方行由井道中遇醉弁乘人力車執刀而舞輿夫緩行以避醉者相逼而來無已驅車前醉語喃喃且怒縲譯告所自來出視名刺乃脫帽答刺而去視其刺蓋海軍步兵一等軍曹某

五日靜岡知事正四位勳三等關口隆吉來譚鐵道在縣境已三百里有奇（日本六十里）將與國府津西京承接一氣縣境隊道凡九倉津其一也鐵軌以橋爲道無算其巨者三一天龍川一大井川一奥津也知事子隆正負笈德清蝎來上海者且四年矣或食蛋餻形如截竹有餡關口知事曰此名唐饅頭爲食物學華之一端警察署長袖山正志亦來午初尋常師範學校長兼學務課長蜂屋定憲請見自言關口知事遣其導游師範學校即乘車往其生百五十又游尋常中

學校見校長杉原正市其生三百五十歸咽燥甚蓋靜岡熱於沼津十度有奇數十年一雪

六日蜂屋復來將游久能山如昨日約或勸辭以疾雲龍難爽信遂往山在靜岡縣治東南十八里日本里三高六百尺螺旋而上其曲十有七其石級一千九十登第三層已背汗津津登第二層爲德川將軍家廟少坐登第一層則榊原照久塋也據圖籍人皇三十四代推古天皇時有大政大臣久能忠仁開山祀觀音稱補陀落山久能寺僅成堂塔養老時行基僧以楠木雕觀音像增坊舍三百永祿十一年武田信元領此國移其堂宇於城非如中國之城而有濠兵意城代置福丹後守厥後德川氏起領至松平豐前守置成代元和元年榊原從二位大內記照久卒葬此明治初去佛與神置祠官雲龍游時其祠官出眡照久兜鎧各一伽羅一此茄楠木也長尺六寸寬五寸香盆一丹黑木爲之秋葉硯一即中國端石也長不及尺署曰御旅硯磁香爐一淡綠色它器五十餘箱山轎五鐵水缸五其中二缸文曰文久元年辛酉年九月十七日從五位下伯耆守藤原朝官木多正訥右第二層又

二缸文曰安政七年庚申正月十七日從五位下源朝臣土岐下野守頼昌（在第三壁）皆高四尺圍五尺又一缸文曰文久元年辛酉四月十七日從五位下源朝臣榊原越中奇照求（在持門外）高五尺圍六尺書畫雖多異常者尠祠官仲紙索詩走筆應之下山即根古屋村出糖非蔗非楓非萊菔而以黍稭汁製之供導游者一飯歸是日往還積程華里六十有三（日本十里半）

七日乘人力車發自靜岡西行里許（日本五町八間）過安部橋千二百五十尺有奇其南鐵道未成（成軌里數又有異）行約九里（日本半里）至鞠子過宇都山隧道七千二百尺有奇中有燈七然對面不見人道開於光緒三年（明治十）約行十二里（日本二里）岡部又六里（日本一里）相（一里五町八間）藤枝又九里（日本一里半）島田又一里（日本五町八間）大井川橋三千尺有奇又六里（日本一里）金谷入遠江國境仍愛知縣境也輿夫渡難可進增二人引之上小夜中山有夜啼石色黑扁而圓圍三尺許約行十里有半（日本不及二町）日坂又十二里半（日本二里有奇）掛川又十五里有半（日本二里有一里六）之袋井又九里半（日本一里有過半里）見附又一里（日本五町八間）一言橋橋下稻

田也又六里（日本一里）天龍橋三千九百尺有奇據土人云此其橋最也小憩中町時已上燈雨絲加密衣履盡溼又十八里（日本三里）濱松自靜岡至此百二十一里（日本二十里有五町八間）

八日侵晨雨止車在門矣遂旅人濡墨屬書大米屋有年樓而行二十九里（日本不及五里）新居中間鐵道橋四段凡六千尺有奇下臨濱松湖數年前一夕海水衝之湖遂通海水畔新道曰今切瀨戶切之言割今之言新也又里半（日本四分里之一）上汝見坂車不克前步行久之又九里（日本里半）白須賀又三里（日本半里）入愛知縣三川國境又二十一里（日本三里半）豐橋其橋臥豐川上其地有名古屋鎭臺分營適遇出巡兵百又十七里半（日本不及六里）御油又三里（日本半里）赤坂又十五里（日本二里半）藤川又十四里（日本二里十町十六間）岡崎而宿自濱松至此百十三里有半（日本十八里有六分里之五）

九日人力車發自岡崎行二十三里（日本三里有六分里之二）知立有驛爲愛知縣三河國碧海郡地中間過夫婦橋長數十尺以石爲之又過矢矧邨之矢作橋長千尺亦以石而欄則鐵（或曰不經知立則經馳鯉附）又二十一里

（日本三里半）桶峽間石刻文曰桶峽間古戰場蓋四百年前有豐臣秀吉者襲今川義元於此斃之見日本外史其地有驅疾院又三里半（日本半里二町三十四間）鳴海此愛知縣尾張國境也又半里（日本二町三十四間）笠寺（祀觀音）又十里（日本一里有六分里之四）熱田又九里（日本里半）名古屋即愛知縣知事治也自岡崎至此六十七里（日本十一里有六分里之一）寓秋琴樓松竹楚楚可坐石枕流也然寒甚不似靜岡之暖知事遣書紀官山縣伊三郎與屬吏淺田勝來

十日訪愛知縣知事勝間田稔據云縣境鐵道已成百二十里將成之軌百五里又訪名古屋鎮臺司令官陸軍中將從三位勳二等男爵黑川通軌尋游端下（地名）工場其磁器主爲竹內忠兵衛又游南武平町松邨氏陶器工場其窰凡二月燒二次燒以二日爲率而器出窰以二十二日爲率

十一日游師範學校其生八十其長爲大窪實又游尋常中學校其生四百其長爲朝夷六郎又游商業學校其生九十是夕勝間知事贈詩索和至再答之喜

十二日黑川中將導游鎮臺視天守閣五層高百二十尺下嵌亂石上轉危梯閣脊金鼇二又視兵庫尋至觀兵場黑川中將按轡出臺步兵千餘分隊進礮兵輜車兵亦進抽操如法郎西法既而讌偕行社共社建自光緒十年（日本明治十七）取同袍誼也中將以次三十餘人起屬（雲龍）曰願得詩并叙即席應之又游兵房歸求文若詩無慮數百濡墨達旦明日行矣倚車猶補數紙

十三日黑川中將遣大尉等送至火車行五十四里（日本九里）半田又六里（日本一里）武豐而食梭半田南曰大蘆又南曰長尾初無武豐名厥後開山塡壑積而名之曰武豐屬愛知縣尾張國知多郡之半島兵艦往往泊此欲增商埠非三重之四日市即擇於斯雖已測量規畫未定又乘人力車行九里（日本半里）至鈴谷郵游酒工局一盛田（複姓）久右工門（名）之日本清酒歲製一千二百石一濱倉會社之麥酒即泰西人所謂碧兒酒歲出六千石一森田松食之葡萄酒歲出二十石有奇半田亦有釀麥酒者往還游覽約六里許（日本一里）又旋武豐乘火車仍假道於名古屋易火車行百二十里（日本廿里）至長濱中途經中井橋三

所跨皆中井川也故名從同風雪逼人戍正宿中郵屋是日搗來火車二百四十里人力車十八里凡二百六十四里（日本四十四里）十四日冒雪乘輪船曰庚辰丸艤琵琶湖東西叢嶼積雪已三四尺蓋此地雪四日矣未至竹島先見一島曰竹生不皺而臨則深無底既過磯山颿斜松原行三十里餘（日本五里餘）僅及湖程三之一戶長大鳥居彥平鞠躬道左乘人力車三里（日本半里）寓彥根城北之樂樂園先是彥根爲近江國地其舊諸侯是德川氏所任之井伊氏同治十年（明治四年）廢國置彥根縣令尋併入滋賀縣設裁判所支廳支之言分也有中學校其戶減昔四分之一樂樂園初爲舊藩之槻苑琵琶湖畔大洞金龜山（一名金山一名龜山有閣如城亦訏金城山）膽山（亦名伊勢山）澤山諸名勝歷歷心目所謂三曲紅蓮者咫尺窗罅（土人數景曰大洞白櫻曰三曲紅蓮曰龜城新綠曰槻苑涼風曰兔岩峯大月曰膽山積雪曰澤山返照曰石崎過雨曰松原漁火曰磯浦客颿）然游者非櫻春即荷夏也今則千巒一白湖光沁人心脾它櫻多紅而大洞花白洞側有清涼寺尋步湖邊雪深路難可辦巡捕官刺曰染谷爲之吻索書者麕至十五日有巡捕屬吏曰大平駒雄亦以詩貢依韻畣之踞謝者再輪

船時猶未至且游治絲工場其繅絲女一百二十其機尚不遠上海尋甃湖側三柳亭有土人作獅子舞娛客或弄四丸彷彿公孫舞劍而風濤轉急僕夫欲止而輪船至矣曰太湖丸遂行西航百二十里（日本十二里）戍正泊大津即滋賀縣治也亦近江國境寓中郵屋是日人力車往還十二里（日本二里）船行百二十里（日本二十里）凡百三十二里縣知事時往東京歲輙一往其例也

十六日滋賀縣書記官來譚縣地營兵一千有奇分自大阪有績麻會社其學校有師範有醫餘與愛知略同大津則名鶴濱地形如鶴翼故名其西北有比叡山其東南有三上山俗評近江富士山者此也琵琶湖至大津之瀨田郵頓狹字治川導源於此過木橋二皆以地名湖西火車自此始晡後登車車欲西行而先向東不逮半里蓋換火車頭也車屋懸燈行隊道也西行里半（日本四分里之一）焉馬又二里（日本三分里之一）穿逢坂隊道千五百尺約行二里（日本三分里之一）大谷又六里（日本一里）字治其茶爲通國冠俗評字治茶高無三尺從衡一碧長濱十里彷彿近之又三里（日本半里）三品其地產竹俗評三品竹西北島上有

將軍塋在德川前車少停即行三里（日本半里）伏見有稻荷神社祀狐又六里半（日本一里有奇）西京自大津至此二十四里（日本四里）寓淡路屋

十七日西京府知事屬吏半井眞澄來言知事已赴東京而此爲商賈雜居宜擇勝此者代覓客舍於鴨川三條橋西曰池莊

十八日移居如半井眞澄約西京圖書金石庋藏古寺居多半井眞澄實司之能詩且工和歌即倭歌也導游以明日始聊游誓願寺步寺時過五條橋而歸

十九日游智恩院在東山四條林下町建於日本永觀中當宋雍熙年間也亦曰華頂山大谷寺山以櫻華多故名山塔建於康永元年當元至正二年有鐘樓銅鐘高丈八尺徑九尺厚九寸五分重二萬貫一鳴若震聲達四隅不輕杵也有螢窟爲圓光僧遺跡又有瓜生石七十餘歲老僧徹定（姓養鸕氏）飛錫長崎輒私携寺經與書院僧皆門外漢雜覩所藏據云菩薩處胎經爲善第一軸無書人名字古而拙相傳唐時人寫然世民皆不缺筆其省文有叄（癸）德瓔斐律等字第二軸弓首識住處後人所補善權品以下陶仵虒書在西魏文帝大

統十六年即梁簡文帝大寶元年爲日本欽明十一年庚午已千三百十二年作即伍敬史君碑可證第三軸亦陶書揔作槵偏作徧偏脥作𦡊槃作縏邊作邉幡作幡凝作凝寂作家溼作漯色作色鬼作鬼打作朾剎作刹過作過痛作痛牙作牙匹作疋疆作壃脩作脩講作講妒作妬儀作儀戡作戜牽作牽英作英闇作閶妻作妻施作施厚作厚求作求持作持堆作埴拯作拯微作微對作對族作族係作偯憑作馮律作律夾作挾佛作仏陶作陶搜作搜昏作昏與西魏碑文往往而合又有契鋏偏懇數字行篋無書破俟它日第四軸未見第五軸前十三行後人所補阿須倫已下唐人書它本僅書譯文此以梵字書之海龍王龍四軸第四與和法隆寺所藏大周長壽三年李元德之法華經字體相同又有大意經一軸天平前書也在唐開元前梵女首意經一軸西晉三藏法護譯也優婆夷淨行法門經二軸六百年前物持珠校量功德經一軸尾署曰神龍元年正月廿三日北天竺國三藏梵云阿彌眞那唐云寶思惟宣譯梵本飜經大德僧尸利料多證梵波羅門大首領臣李無諂譯語大興善寺翻經沙

門師利等證義聞老僧言古寫經本往往尾有譯人姓名元明後輒多削去可惜也已按唐中宗復辟改元神龍爲日本慶雲二年乙巳又有中阿鋡經二十九卷尾署曰天平寶字元年九月十五日式部位子少初位下毛野若大何勘本經覆位興福寺沙門行禪證同章十月二日散位少初下岡日佐大澤寫左大舍人少初位上大隅忌寸君足初校散位從八位下大綱君廣道再校神宮舍人少初位上秦忌寸忍國三校裝書近散位少初位上秦忌寸東人裝用穀紙卌七張按天平寶字元年當唐肅宗至德二年丁酉又有黃石公三略建保二年寫本是年當宋甯宗嘉定六年癸酉又有葱嶺石出紀州古屋以形名也又游東寺剏於桓武天皇延歷十三年當唐貞元十年甲戌名左大寺嵯峨天皇宏仁十四年當唐長慶三年癸卯空海董之爲眞言宗之始文明十八年火明成化二十二年丙午也文祿五年地震毁即慶長元年爲明萬歷二十四年丙申先是天正中即明萬歷中豐臣氏曾修講堂其五重塔建自天長三年當唐寶歷二年丙午後燬於雷火寬永十八年當明崇禎十四年辛巳德川家光以錢九

百七十費工歷二載而成其寫經墨蹟若空海請經目錄表大同元年書當唐元和元年丙戌若眞言付法傳宏仁十二年書當唐長慶元年辛丑與夫風信帖之類皆學晉唐書法東京大藏省石印牛出於此又有灌頂經七卷爲一軸郁迦經一軸華嚴經四卷爲一軸又有天長四年卽唐太和元年丁未十喻詩跋一軸華嚴經一軸瑜祇經偈一軸皆空海書又有小野篁書般若心經一軸又元奘所譯顯無邊佛土功德經一軸無書人名又有唐吏部尚書唐臨撰冥報記三卷卷各一軸二行書一楷書也隋作隨換作換戒作或修作佟又有彌勒上生經一軸天平十年出雲國寺從五位下勳十二等石川年足書附文曰維天平十年歲次戊寅六月戊戌朔廿九日丙寅出雲國寺從五位下勳十二等石川願臣年足稽首和南十方諸佛菩聞法門與聖表無量以凝尊眞相開靈隨緣幾而應物故得五根宣化遙變響於和音十念成功遠登神於補處年足慈顏永隔空懷內極之哀諱日俄臨方積終身之感庶憑功於妙力希樹果於艮因謹以茲展敬造彌勒菩薩像一鋪寫彌勒經十部蓮臺寶相含璧月而

被光貝篆靈文貫珠星而流影伏願契道能化昇游正覺菩薩樹下闡妙法之圓音兜率天中得上眞之勝業通該有頂普被無邊並泛慈航同離憂網是文雖曰儷體可補全唐文之遺天平十年唐開元二十六年也又有天安七年歷一軸其年當唐咸通四年癸未又有玉篇第二十七卷與滋賀縣之石山寺一卷奈良縣之尊勝院二卷皆唐寫本可珍也巳牛井眞澄允爲傳鈔然古逸叢書巳補刊系部又有篆隸萬象名義三十卷空海撰是本爲永久二年抄自敦文王本益在宋政和四年又有論語之述而泰伯衛靈季氏四卷爲六百年前寫本何晏集解原屢塗改處亦依寫之又有史記二卷起也在扶風號曰后稷亦六百年寫本又有莊子寫本逾千年矣其它眞蹟雜陳書簿間亦注明又有木刊普門二字空海書也西京之東福寺泉涌寺智積院妙法院清水寺高臺寺建仁寺智恩院歡喜光寺金戒光明寺眞如堂智恩寺大德寺大報恩寺北野神社本法寺妙覺寺相國寺凡古畫六百廿五幅七十六軸帖一屏風六東寺西本願寺東本願寺御影堂大雲院金蓮寺妙心寺仁和寺廣隆寺清涼寺

二尊院天龍寺大覺寺神護寺高山寺古畫二百六十五幅五十一軸屏風十四銀閣寺曼珠院高田坊誓願寺瑞泉寺南禪寺本能寺妙傳寺寂光寺善導寺佛國寺醍醐寺上醍醐寺萬福寺平等院最勝院三室戸寺蟹滿寺海住山寺古畫三百二十六幅二軸帖三屏風三鐘繪一其所藏寫經以智恩院爲最多亦有藏書

二十日游天滿宫一名北野神社在土京弟六組鳥居前町其宫建於天歷元年當唐開運四年去今九百四十三年龍贈大政大臣菅原道眞著有菅家文章二卷其裔宗淵爲輯北野藂艸十卷其宮司田中尚房撰北野神社由來記出眂妙法蓮華經八卷爲一軸道眞筆也其紙硬黃其褾金絲其書金有藏書庫然古本尠善者其庭臥數黑石牛形質不惡而皆非古惟一銅牛有文五行一行曰文政二年巳卯九月吉日二行曰京三條釜座住三行曰近藤播磨掾四行曰御鑄物師五行曰藤原政門作叉游鹿苑寺在山城國高野郡大北山造於應永四年當明洪武三十年去今四百八十二年足利氏義滿將軍之家廟是爲義滿棲隱處以法謚鹿苑爲寺稱閣三層帖

金蝕幾盡銅鳳棲屋頭是以有金閣之目臨池其水源於園之石瀑即所謂龍門瀧者也又泉二曰盥漱曰煎茶合而注焉怪石玲瓏隨溜異形島嶼點點俗訐鏡湖湖心石皆作島狀應仁中被三好賊火金閣巍然獨存尋復其舊有茶室以南天樹爲楹以鷺宿梅爲柱曰夕佳亭取唐太宗山光佳日夕詩句意有怪松一中幹亭亭如檣三四丈前後肯軸艫形不下三十丈有奇勢奔鏡湖五百年前物也曰陸舟松臥幹儼然一舟也松根石五色斑斕其嘖嘖人口者曰後水尾帝手植山茶曰雲根石曰露盤石曰布袋石曰走馬石曰如龍石曰獨鈷水曰渡天石曰富士形手水鉢曰義政所遺石燈籠曰白龍石曰臥龍石曰安民澤曰鯉魚石曰龍門瀧曰虎溪橋曰岩下水曰銀河泉曰九山八海曰夜泊石曰蓮原島曰鏡湖池曰赤松石曰畠石日本有[illegible]字近晦[illegible]曰淡路島曰出島曰出龜曰入龜曰紅葉山曰夜喨石其中銀河泉水爲烹茶上品出漢投壺銅器其筒竹竹蟠龍底方四角作蓮環狀又有銅磬四其質古其蝕綠惜無款識導游者同至今出川中邨樓一飯而雪如掌尋游大德寺在愛宕郡東紫竹大門邨

龍寶山建於元應元年爲元延祐六年去今五百六十四年書畫羅列而宋徽宗鴨圖明仇英漢宮春曉圖旨呈以八分書王建宮詞百首於後其卓卓者雪不得止僧濡筆屬書龍寶山額而歸

二十一日學務課官名三吉艾人名等導游尋常師範學校在上區二十組兩御靈町立於明治九年當我光緒二年其校規定於十九年爲我光緒十二年有校長教頭教諭助教諭幹事舍監訓導書紀諸目其男女生凡百二十有三附小學校生二百八十有一是日爺操者一十有奇又游盲啞院在樓木町立於明治十一年當光緒四年其男女生盲四十三啞五十八其學修身讀書算術地理史學物理體操皆同所異者盲生識字以厚紙凸其字書天地圖輙判高低珠算削子之牛習書借木爲規指南鍼缺鍼尖處手試之而識其地草作螺轉形環行即可知方曰感覺練習場亦有直行練習場其專精音樂者以十三絃箏爲妙品鼓秘曲十又雜以琵琶歌越後獅子曲其它琴有數種曰須磨琴須磨在大坂西即一絃琴也曰八雲即二絃琴也曰吾妻即四絃琴也俗以東爲吾妻故舊訂東京爲吾妻意者

緶自東京歟又有月琴木琴（二種一十三木一四木）胡琴其技有以紙條織盤盂諸器飾以漆若金工細絶勝有目者啞生工繪與木與銅啞者必醉而有發音之學以嘬脣畫掌諸法教之能以字形手勢應又有高等女學校在上京區第二十一組駒之町立於明治五年當同治十一年其生普通學科百七十八縫紉科百三十八綴錦科二毛絲科十八洋服科百七凡四百四十三其學不外漢文國語英語倫理地理數學史學理學家事圖書音樂體操按體操爲學校通例木器四曰球鈴曰球棍曰拏環曰當拔耳（長尺餘日本無定名此譯漢語）而女獨無當拔耳適見體操鈴棍二法又游畫學校在二十一組弟一舟入町立於明治十三年當光緒六年其生男九十女九其學大較有八曰水墨曰寫生曰淡采曰着色曰摹寫曰縮圖曰綫圖曰投影所謂投影者臨畫法也所謂綫圖者照影法也又有醫學校商學校皆無大異

二十二日游繅絲製絨磁器諸所

二十三日游日本舊皇宮之清涼紫宸諸殿紫宸惟繪中國名臣伊尹以次如董仲舒鄭康成以學與焉又游二條城離宮則德川將軍

昔自東京朝時所居也既壯且麗亦堅亦精勝宮多矣剏於豐臣在三百年前德川襲之明治收權以此爲京都府廳者數載今定爲離宮日本之城大氏有天守閣此亦昔有今無蓋爲急時自衛計非若中國爲庇民計也權臣據之君弱之形如見又游桂宮作記云日本西京有水曰桂川導源丹波東南流逕嵐山麓而至桂邨故桂王別業在焉亦曰桂宮光緒十三年冬十二月廿三日爲日本明治廿一年二月四日西尾氏爲忠有偕游約先是人言西京多詩人治經獨尠西尾氏見即問小學出記有經術氣儻其人與游之日冒雪繇皇宮而二條城而桂邨少憩西尾氏語雲龍曰聞子治經能文盍記斯游出其舊記雲龍且游且讀其山無而有其水桂川而外無雜流紅萍半池沿影不波則月波樓也松濤一碧泠泠有絃外音則松琴樓也有亭衣茅柱皮靑末蠹朊則賞花亭也面渠背淑鳥語時來親人則笑意軒也園林堂鎖雲數重扉不得闢爲祀詞人某處池南曰御幸殿增自後尾天皇即明治十年行幸處離宮之百以此中有桂木書庋云來自唐而月字引手蘭瓣古釘疑皆初建時物按厥宮始天

正中豐臣氏代式部卿親王爲之其石牛爲島津加藤福島細川諸氏助之也雲龍起而質疑於西尾氏曰樂樂園以淡遠勝金閣寺以清潔勝皆借山水非盡人爲是宮獨以人而不翅一一出之於天何工何衡而克臻此西尾氏曰善哉問鳩工者小堀政也寬永中所補之工亦非異人任初與豐臣約云太閤不興是役太閤苟欲興之不趣功一不惜貲二不自出己意三豐臣如約以有此也雲龍聞而多之慨然曰世或任工輒謂勿緩也勿費也勿違也嗟嗟雖微乎其微如功難奏何況所責十百此哉桂非花時有留人意嵐山速游車不克停乃掬泉滌塵歌曰桂水清兮斯濯纓年三百兮松倒生人之力兮如天成既而烹雪重曰雲石拳兮雪山起西復西兮止非止工代天兮約眎此又游嵐山山麓水即桂川上流其山春以櫻勝秋以楓勝四時一碧則松也

二十四日屬圖經餘紀草

二十五日游工廠

二十六日冒雪游本願寺建自四百年前明治初燬在我同治七年

後明治十五年爲光緒八年鳩工修之今未及半日本巨寺罕有其匹工用髮繩大者重五千斤小亦數百凡一萬數千斤皆獻自尼詩僧小川泰導游涉成園初爲源左府融河源院莊舊址其改園名曰涉成叔於慶長之幕議寬永之教指文政七年爲我道光四年署扁者紀侯也作記者賴襄也（收作詩十二）今茲園屬之本願寺僧矣賴襄詩所謂印月池者猶在而傍花館已燬滴翠軒襲其舊目而小且欹臥龍堂峙之島間四面皆池水也泊舟一無樹有松爲一千歲前物有石燈籠盞豐臣氏以兵獲自朝鮮者也既而僧擁絹紙數十幅環立索詩應如其意而歸明日行

二十七日檢點行李晡微雪乘人力車至火車頭遂登輪車經東奇而向町而高槻而山崎三十六里（日本六里）交大坂界未至山崎里餘過木津橋長百五十尺有奇跨木津川又行茨城而末田而大阪四十二里（日本七里）自西京至此七十八里（日本十三里）遂旅輒患人滿投中島一丁目弟一號之自由亭與西人狎而中國人前無宿者求一安枕亦難大阪知事又赴東京於是致書其書記官遣屬吏前田辰次郎來

客舍乃定夜風烈甚東區火被燬者曰難波神內彥六座曰古木場說教所社務所曰吾妻橋揚弓店曰禿祠手洗所土藏所

二十八日大風府書記官今井艮一來訂游歷也午正井池筋西川火九十九戶延及大阪橋又火舊橋八百八十八戶其地方隅以高麗橋爲中心自由亭西南面水曰淀川有淀屋橋又有浪花橋在其東南直跨東北橋下水曰堂島川在其亭北

二十九日前田辰次郎導游造幣局其長曰正五勳三等遠藤謹助其局立於明治元年當我同治七年其工試銀爲先以硝強水鎔銀謂之硝強銀水水無色以鹽水再變謂之鹽酸銀水色白則銀之渣滓去又一法以白鉛粉窩鎔銀渣滓入窩則窩黃而銀滓有鎔解所設爐三十有五每爐日鎔銀二千五百兩入鐵模爲板有伸金所壓板以機再壓則燒三壓則薄欲成圓形亦假機器有枰量所幣質既圓入機分三路而出一如式一過重一過輕輕者再鎔重則以機磨邊而再衡之枰量之機見其三種一雙入二單入也有極印所既以機起幣之邊入火燒之以淡硫酸水洗之欲其白也而復印字與花

兩面如法則成造銅幣亦如之鉛與錫居銅百之一歸時復游礮兵工廠在攝津國東區杉山町明治三年爲我同治九年移自香港汽罐一十有六視馬力二百二十有四日需煤一萬二千五百斤所謂熕銅者亦稱唐銅此取法中國之一端也礮式不僅效義大利即如鋼銅礮之名文珠者自法郎西人文珠始也有野礮有攻城礮有海岸礮分等凡七伊藤博文所致於天津者第六等也其機器有壓水力較油力倍速啓厥鐵管則四百頓水力托鐵器而上矣又有壓油力礮門入銅模三漸入漸巨以緩爲功故不用水凡鎔銅爐銅置火前反射之力較平鎔爲猛

三十日爲日本紀元節在官一例休息此猶沿舊紀之一端游博物場在本町橋之橋詰町其中兼勸工場植物動物塲陪厥長天野皎園池傍有寬永十一年甲戌所鑄中鐘高四尺許有銘此德川家光蠲大阪民租民鑄以報者也在明崇禎七年又游生玉宮建於天正年當明萬歷年祀生國榮國兩魂神是日適觀舞祀一女赤足衣白持縣綫杵立湯釜前入酒米於釜以竹梢攪之盤旋四灑而舞兩道

士鳴鼓與鉢舊俗然也
十四年戊子正月一日癸丑是日本二千五百四十八年爲明治二十一年二月十二日即西千八百八十八年二月十二日游天滿橋欲視鐵道橋也其鐵購自英聞山陽鐵道會社議修鐵道由兵庫至神戶岡山兩縣之岡山廣島縣之廣島山口縣之赤間關欲鳩銀五百五十萬圓歸据知米直者言是日米直三田米五圓四角播州米五圓二角生駒米五圓三角仆州米五圓一角五分三田別製米五圓五角上米五圓有五分三田糯米六圓二角播州糯米五圓七角五分肥後糯米四圓九角五分肥前糯米四圓七角小麥則播州四圓六角肥前三圓八角五分肥後四圓一角備中三圓八角五分參州四圓二角新麥安二圓六角五分大豆則肥後新三圓五角朝鮮新三圓三角五分岡三圓五角五分小豆則肥後新四圓一角備中新四圓三角五分大和五圓五角空豆備中二圓四角大和二圓六角大阪之精米所在西區幸町二十目
二日游大阪鎮臺在上町其鎮有步兵四聯隊礮兵工兵輜重兵各

一大隊其分營滋賀縣下大津步兵一聯隊兵庫縣下姬路同京都府下伏見工兵一大隊凡三千六百天守閣毀於火以其址爲測量處近石墻有前十年美利加舊伯里璽天德戈蘭德手植山茶高四尺許又游硫曹製造會社在北區天滿橋筋三丁目十番地立于明治十九年在光緒十二年機器二各視馬力二十有五礦强水即硫酸也硝居礦十之一入爐蒸氣與別管水氣同入密室盤旋出管其氣轉入煤筒者再以煤堆之筒中氣出其中猛力少遜復入磚煙筒而出硫酸底質如青礬而淡可染衣物硫硝各半謂之硝酸水硫十鹽六謂之硫酸曹達其水爲鹽酸曹達礦强鑛石灰高島粉合此三者謂之粗性曹達浸水再熬謂之苛性曹達苛性可去油其餘潔物同功又有硫酸會社在西成郡湊屋新田十二番地大致同此又游製銅會社在中島北區玉江町一丁目汽機三其馬力一五十也一三十五也一十五也又風器爲催火鎔銅之用其工八十場狹然礦工廠大小礦帶皆出于此船工銅板亦然歸晡復游紡織會社在西成郡三軒屋邨于明治十五年即光緒八年汽罐二一四百馬力一

百五十馬力日用煤二萬二千斤男女工千二百有七機器四百有奇紡筒三萬二千由綿花粗質而淨而鬆而勻而鋪而條而縷而分而精而織皆以機器其三層樓上下皆有機梯其四層機鳩工未竣據云已備五百馬力汽機歲紡綿四十萬貫綿以美利加爲最然暖不及中國與日本之產越南綿用亦不少據云去年用中國綿千二百貫又渡安治川游鐵工會社始於明治十三年時光緒六年也汽機一視馬力十有半又有鎔銅鑵火光作金黃色日用煤萬斤工四百造送泥船二將成其舊者亦工雲龍登船視其底有竅蓋送泥至海開而出泥者也其浚泥者曰浚沙握攌機械船大坂鐵工所造首尾兩桔槔各懸取沙器入水自開得泥則合若牙牀然又修輪船曰正義丸又小鐵甲商船二皆鋼鐵也成而訴云送琵琶湖再成之是日至鎮僅陪參謀生兵大尉石橋建藏礮兵大尉伊地知季清大佐牧野毅少佐土屋光春晚歸知陸軍中將子爵高島鞆之助至寓適相左也

三日游尋常師範學校始明治八年當光緒元年共生九十四共課

徑以四年爲期越七年附小學校其生尋常科二百六十七高等科百十五共程期與師範同是日視體操有年八歲者而如法又游女學校始明治十五年當光緒八年其生二百四十二其學英語以英婦人爲師其課程本科亦期四年而手藝科則期三年又游內外用達會社在西成郡難波邨六百六十三番地此革工肆也牛革居多新舊参乍臬雜糅獮（詳圖經）尋至播件樓飯又游製燧社在南區日本橋弟四丁目始明治七年當同治十三年謂燧曰摺付木即中國所謂自來火其工女六百男五十其料以鹽酸加里入赤燐沙粉皮膠爲之燐取自骨赤其色也沙粉即河沙也工有六七歲者以木籤夾横木條條有齒齒有準數如數則安置方架層層不紊男工蘸燧汁乾由女工入盒如數不另算也其木質木匣皆造自二支社一在奈良縣之大和一在鳥取縣之但馬據云年售銀四萬九千五百圓又游硝子會社即玻璃工肆也在西成郡川崎邨立於明治二十年當光緒十三年瀛罐一視馬力五共地六千四百九十三坪其料稱硝子以砫石爲君藥（詳圖經）又游天滿宮亦祀菅原道眞如西京者也有

銅獅其尾署字曰天明六年造蓋乾隆五十一年其它銅牛銅爐皆製自近年

四日大阪府屬吏外務課宮本貞幹導游西南十二里之礮臺日本在天保山其臺一十有三其火藥庫如之四十年前未之有也有燈臺高六十尺有奇有扁署字曰明治五年壬申八月二十九日初點蓋同治十一年誌始也三面臨海若爭形勢雲龍眂之直無用臺六里內水淺日本兵艦萬不克到戍此有陸軍一等軍吏正七位勳六等關本茂行是日陸軍三等監督篠原國清亦至

五日前田辰次郎等言別於火車頭遂行繇大阪而神崎而伏見過二隊道一三百尺有奇爲故諸侯尼崎藩地一一百尺有奇取道西宮迄於三宮又過隊道二百尺有奇此三隊道始于明治六年時同治十二年也行至神戶凡六十里有奇日本見中國駐神戶蹇理事念咸是役三十餘日紀載罔非席地食無豕肉

六日訪兵庫縣書記官牧野伸顯訂游歷也兵庫縣知事治神戶而赴東京未旋牧野伸顯暫代厥職大久保利道子也明治十一年爲

光緒四年大久保以內務卿勤其國君被刺尋游湊川其水導源縣治西北有馬郡之有馬山東南流入海其山有溫泉可浴

七日鈴木行雄導游師範學校在攝津國神戶區下山手通五丁目番外一番地立自明治十年時光緒三年也課以四年為程其生一百十四女生亦在其中坿小學校生二百四十有奇又游商業學校在四丁目立後師範校一年課以三年為程其生一百五十又游鶯石山房茶商鄭氏居有池有瀑布

八日兵庫縣書記官乞書字

九日游川崎造船所在神戶區東川崎町初屬工部省明治十九年為我光緒十二年改歸商業滊罐六其視馬力或四十或十七或十六或十五或十二或十一日燒煤萬四千斤錘鐵器二一力二噸一力半噸有輸船器以池豬水亦曰水溜以蒸滊力壓鐵臂激水通入龍節筒盤旋引船上架修畢則閉上壓管而開下壓管引船入水口船架與塢異架凡二一盤木二百九十尺寬二十五尺一盤木二百尺寬二十尺其工八百五十三見所造船二一為四十九馬力名未

定一爲六十五馬力擬名眺望丸所修船二一木骨鐵皮即紀伊丸也一木質㕘造自英其工料皆可貸日本人稱借用者曰借稱借與人者曰貸其工約分四等曰伍長日銀一圓五十錢曰職工日銀七十五錢曰人足小頭日銀五十錢曰人足日銀三十錢又有作工于水曰水中働半時（即一點鐘）貸銀二圓五十錢用器于水曰水潛器械每日貸銀十三圓其他升降器械滊輪引船皆有貸直又游海軍造船所在兵庫縣攝津國菟原郡小野濱創自英人喀然領日本購船銀二十五萬圓未歸是以明治十七年爲光緒十年將造船所歸之海軍滊罐一馬力三十九有半日需煤一萬一千五百斤其工六百三十六改歸而後造兵礮艦五已成之艦二曰太和曰摩耶將成之艦三曰赤城曰滿珠曰干珠此外有鐵甲一又造水雷艇二十期以三載其長一百一十五尺有半又夾板船二曰弟兄船造于一時故云有礮位四雲龍登視之其亦用美利加松取諸無節而長也又小輪舟一面松而底檜

十日游生田社社千餘年矣階西有木欄環梅曰箙梅譯石刋日本

文亦曰平梅其花白其幹瘦四百年前樹是月祀蛭子神日本舊俗于中國正月十日祀之猶中國祀財神意也又游布引山至厥西麓舍車而步螺旋上土坡未半水聲迎耳小憩寺廊觀瀑石凹一瀉二十尺許注塘淸鑑毛髮茶旣過架板攀松石間如蛇行南望海岸川崎和田兩礮臺火車趨來與輪汽艦颿歷歷在目高野山雪貢白對岸而大阪在蒼茫一色處山風泠然而汗浹背盡行一里有奇始達觀瀧第一樓其水停頓而下四十尺許與前直瀉者異又東南流里許入海飛瀑處松或露根倒生紅櫻初胎易路東下水出石穴以木作槽引溜過澗盎製米水舂也其第一處立自明治七年本今井氏時同治十三年也水舂四十有一以一橫木參差出板撥舂米杵而以水車動木舂水車隔板處漉米也其他舂戶視此炭酸溫泉亦引自此山便道游淸和別野引水爲池高下石溜有聲相距數十步有慈雲院爲華商創祀關壯繆廟

十一日訪知兵庫縣礮臺所謂川崎石堡者外周四十五邁當六十生低邁當內周三十七邁當七十生低邁當外徑十四邁當五十生

低邁當內徑十二邁當內面積一百十三平方邁當總面積一百六十五平方邁當高十三邁當礮門十一邁當及生低邁當詳專例

十二日屬餘紀草

十三日屬草如昨

十四日上日本郵船會社輪船曰山城丸小於橫濱丸十之一有電氣燈船經玉崎有燈臺去神戶二十六里有奇海里八

十五日船出大洋風非極烈然載輕輪震開窗飅難可禁關則汗出如雨竟夕不寐兩餐未克一咽日本人所謂七十三里浪者此也陸程行濱松間正沿此岸酉正至橫濱而未泊岸易小輪舟冒雨而登自神戶至此華里千一百二十二海里三百四十乘車小憩理事署即乘火車行四十八里日里八至東京時亥初

十六日檢點圖籍

十七日見舊鈔日本學校梁皇侃論語義疏而有邢疏推敘注較鮑本多十五條詳日本圖經中國逸藝文志每篇前有睦子二字此經理足利學校僧也有藝文庫三字印章朱文義疏與鮑本偶有異字

十八日屬餘紀艸

十九日饕如昨

二十日晡雨止游書肆搜海圖得寰瀛水路誌諸書厥直昂甚歸路所聞不覺夜半眼脂四起

二十一日游文久橋（跨溪水索過橋錢應之）而靈壽橋而新大橋（跨隅田川）而中之橋至龜戶神社即天滿宮也在龜戶郵其梅多數百年老幹雪萼半胎中雜紅脂有神詩碑刊于近年神即菅原道眞也有紫藤架于水面又游郵之左立馬園而梅彌多有花塚茶筅塚臥龍梅各碑又游小郵之梅園（園主爲梅山氏名松彥）樹百有奇又游木下川園梅數百株如醉如卧多白者有綠萼一樹枝皆倒垂在小山麓歸路經淺草上野過吾妻橋成于光緒十四年十一月亦曰東橋日本吾妻云者有東意此亦一證橋三百尺有奇以鐵爲架可以起其橋板欲其橋下行舟也其欄亦鐵是日外務大臣伯大隈重信來未見

二十二日黎大臣出視須眞經也（其經似是上中下三軸此卷中一軸曰荅法義品第二法純叔品第三聲聞品第四元畏品第五）其後跋一十三行曰維神護景雲二年歲在戊申五月

十三日景申弟子謹奉爲先聖敬寫一切經一部工夫之莊嚴畢矣法師之轉讀盡焉伏願橋山之鳳輅向蓮塲而鳴鑾紛水之龍驂泛香海而留影遂披不測之了義永證彌高之法身遠暨存亡傍周動植同茲景福共沐禪流或變桒田敢作頌曰非有能仁誰明正法惟朕仰止給脩慧業權門利廣兮拔苦知力用妙兮登岸敢對不居之歲月式垂同極之頌翰此亦可補全唐文也神護景雲二年當唐大歷三年以弋爲戊以景爲丙又見日本秘閣金澤文庫古鈔本春秋經傳集解三十卷每紙十六行行十二字字寬八分半頁高尺六寸有奇注夾行傳經字皆列綫外隱十年傳郕人下有郕人二字桓十三年傳以濟下有共水二字昭二十五年傳館於公下哀二十五年傳少畜于公下竝有宮字與昭傳杜注所見本符昭三十年傳使監馬尹下有樂字定十年傳城其西北下有隅字類此以增異與作与士作土寢作寑無作无史作叏隱十一年傳隰作隰僖二十八年傳鄭伯傅王之鄭作傅類此以文異戊作弋襄二十二年傳莒恆之恆作恒類此以缺筆異他如春作卷奉作桊左作厷謂作謂雖作雖齊

作齊叔作秝類皆日本俗字無關原書之異同非多校其書未易判然隱五年傳注皰土革木旁別注土木皰革下有和字轉倭爲和蓋其八音次敘少異中國非杜注也其本杜注亦有增減其校勘署名七卷後云建長六年以參州本寫校宋理宗淳祐九年至寶祐三年又云延久五日十七點延久在熙甯二年又有治承建告文永校勘題名卷八署云建長六年以清家累葉秘說奉授酒掃少尹閤前參河守清原在判又云壽永三年朝間受重御說三水正良業又云文永五年以累家秘說奉授越後次郎尊閤畢音博士清原編卷九署畧同卷十署云建長六年以家秘說奉酒掃少尹尊閤畢前參河守清原在判又云應保二年以證本移點大外記在判造酒正在判又云文永五年以累家之秘說奉授于越州才郎貢殿朝請大夫滿卷十七署云正元二年以清直講本書點又云保延六年重校閣本仁平三年後覆勘賴在明判又云久壽二年見合式本平建曆三年以家秘說授仲宣助教在明判又云天福元年以家說本校點直講在判又云延應二年以累祖之說授隆尚助教在判又云右以累代之

秘說遂四度之校點時正嘉元年明經得業生清原直隆在判又云文應元年以家秘說奉授于越州使君尊閣下直講清原又云文永五年九月以外記大夫本校畢奥本同又云六年以累祖元秘訓奉授于越州二郎才子朝請大夫清原又云應永己丑相之醉醒吁主桑門怡老卷十八署云治承四年於攝州重見合家本畢于時關東兵起稱義舉台岳侍亂勸還都鶴髮前儒獨耆左史類杜預之居襄陽也大外史在判又云文永五年以外記大夫本校畢又云甲子歲讀合畢保延六正廿重合朝之摺本畢賴又云仁平四年以式本并正義讀合畢直講在所判又云長寬二年以證本校合畢造酒正清原祐安又云天福元年以家之證本校點畢直講清原又云延應二年以家說校隆尚畢助教在判又云正嘉元年寫畢孔門貫首在判餘非校勘其名從略黎大臣有光緒九年校于杜注補輯本又視其新購白氏文集七十卷亦日本活字本與歸滂喜齋一部同長慶集五十卷後集五十一至七十卷

二十三日游兵學校

二十四日纂日本圖經凡例

二十五日纂日本圖經經緯表測自中國京都春秋例也

二十六日纂中國日本月朔表

二十七日撩海軍圖土木長從五位西邨捨三招游青雨亭就地書十餘幅

二十八日纂中國日本較時里差表

二十九日纂晴雨寒暑表

三十日訪氣侯

二月一日纂沿海氣侯表

二日纂日本偏多風方向表

三日乘火車游新橋西南六里之品川（日本里許）礮臺峙海水中凡五又行十五里（日本二里半）至大森一山梅數百本繞麓其頂頗平茅屋數椽其角四出窗眼無定格棟與柱曲直無定形所謂八景園是也（日大森秋月曰鈴森夜雨曰池上晚鐘曰根田歸颿曰蒲田落雁曰富士積雪曰六江落日曰寒洲夜風其景不俗而必以八景爲目其能免俗乎鈴森有松竹舊爲戮罪人處池上有不動禪寺羽根田在大森東三里）又三里（日本半里）至蒲田梅林白蕓

數百紅者三本耳有水有小山又三里餘（日本半里餘）至立春梅園水沼之中小嶼鼎立板橋牛通環水之梅幾近千本有白有紅有卧有起而一老幹爲數百年物謂之立春梅蓋以地名名之也歸

四日纂日本沿海偏盛風表

五日纂日本潮候表

六日纂日本圖經疆域

七日攷疆域異同

八日纂日本四至八到表

九日纂日本沿革表

十日纂如昨

十一日游勸工場

十二日游學校

十三日游圖書館

十四日早攷圖籍午初黎大臣偕游日本新宮工起明治十二年當光緒六年今將告竣進東北向之阪下門先至宮內省皆西式繼至

脫帽間日本已用西法故謁君須脫帽於此其會齊處在東者曰東溜間溜有暫留意有當進而不停意南與西與北視此曰化妝間則將見而整衣處也曰賜宴間九屋洞闢几榻翻新其君案左右陳設處有小亭式其柱用羅石紫底而白紋出自德國曰謁見間較狹曰女官待謁所曰常御殿曰后御殿曰太后御殿曰御學問所餘爲其君之子若妃居處堊板漆邊金牙仍從日本舊式但地板以黑白紅木雜嵌屋皆砌爐有熱水氣機其爐四有運溫氣機儲小屋中橫鐵長三尺許徑二寸許圓而螺旋深寸許不下二三十枚上接運氣筒據司器者云須鐵盡熱所運乃周有扇風機可以助熱可以減熱出正南門外爲城城外爲二重橋橋工未蕆門外西側有小園較其東北吹上禁園小數十倍然松竹梅櫻山溪澗石皆出人工一若天然

十五日籑日本圖經府縣分疆表

十六日籑如昨

十七日籑如昨

十八日游工肆

十九日纂日本圖經郡邨繫國表

二十日纂日本圖經疆域險要

二十一日纂如昨

二十二日纂日本圖經海道險要

二十三日纂如昨

二十四日纂日本圖經港灣測深表

二十五日纂日本圖經燈臺表

二十六日纂日本圖經晝標表

二十七日纂日本圖經民設舊燈明臺諸標表

二十八日游練兵場

二十九日纂日本圖經暴風信號標表

三月一日纂日本圖經國都表

二日纂日本圖經宮室表

三日纂日本圖經城市

四日游上野淺艸

五日纂日本圖經府縣廳至東京里表

六日纂日本圖經府縣廳孔道支道表

七日纂日本圖經北海道闢路表

八日纂日本圖經商港繫年表

九日游修船廠

十日纂日本圖經中外名港里表

十一日纂日本圖經聯約國里表或至墨江觀其競渡而自標曰帝國大學運動會其船四十有二其學生各七以競十四次爲率每次三船一白一赤一綠而前三次皆綠勝由吾妻橋犧隅田川上流即墨江也勝者旌之金牌

十二日纂日本圖經島表

十三日纂日本圖經山表

十四日纂如昨

十五日纂日本圖經火山表

十六日纂日本圖經水道仿桑經酈注爲之爲日本書未有之例

十七日蕃如昨

十八日蕃如昨

十九日日本東京等處地震起巳初三十三秒其震自南而東而北而西其中震甚者八秒驗地震器曰鐘水平動至平尺一分五釐上下震多之時六秒動至平尺五釐始則微動經十二秒大震五秒既猛且急自明治九年即光緒二年以後莫此震若（日本人謂此爲第一震次則明治十八年又次則十五年又次則十二年十六年又次則十一年十三年十九年又次則十七年）方震神奈川縣久良岐郡西太田邨距淺間山五十尺有奇崩土四坪約二十四尺是夜或求詩字應之

二十日蕃日本圖經水道分合表

二十一日蕃日本圖經東京神奈川引用水道表

二十二日蕃日本圖經鑛泉表

二十三日蕃日本圖經湖沼

二十四日蕃日本圖經瀑布

二十五日中國立夏即西紀五月五日也日本民間猶沿端陽舊名

而以此日當之游龜井戶邨之龜井寺藤架水灣多二百年前物夜
歸纂圖經餘紀
二十六日纂日本圖經橋梁
二十七日纂日本圖經世系表
二十八日纂日本圖經權臣柄政年表
二十九日纂藩國表
三十日纂日本圖經風俗
四月一日纂日本圖經前代人口表
二日偕黎大臣至虎門內工科大學觀教育會此其第五會也
三日纂日本圖經戶口表
四日纂日本圖經敘目校錄郵寄總理各國事務衙門
五日游勸工場
六日訪游美利加水陸程
七日增備行裝
八日乘人力車至新橋於辰正四十五分攜繙譯等乘火輪快車行

四十八里日本野八至橫濱易人力車赴本町通五十二番地急訂輪舟而艙位例不逾千此次香港茶商竃定若干艙無餘席矣東航非十九日不可

九日游高島在橫濱高島町高島氏著易斷十卷與其易占四編相表裏而問敘於雲龍敘曰易之辭危羑里尚矣至精至變至神幽贊於神明而生蓍其見端耳然謂蓍象非易則否否日本學漢學殆二千餘載一變學西學與舊異庸詎知西學源流亦範圍不過而不自知歟算學自豐臣時始含萬物而化光未始非化學光學之目之濫觴坤道承天時行未始非地繞日動之說之端倪雲龍於游日本見易道曰窮則變於游橫濱見高島氏合於易者曰器尚象動尚變高島氏名嘉右衛門字吞象象以爻見即象其物宜之謂嗟乎易亦難言辭主理或失則襲筮主數或失則虛當泰西人欲擬橫濱瓦斯燈時非高島氏獨利民之理鈎利用之數幾何不利歸之彼鐵道亦圖始難高島氏自橫濱達神奈川塡鐵道基納之官即所謂高島町者是後乃營居町側重櫻老梅爭露松石間國人評高島云入其廬圖書

雜陳易學居多先是學易未能有罪入囹圄不自以无妄之災解而讀易知悔七年乃出改過勇遷善彌勤可不謂風雷益與與譚勘屬語而眉宇有奇氣自言積金六十萬一旦國家有緩急當上之問何不仕曰商吾本色也然獨受從五位亦褒章變例雲龍肅然曰獨筮云乎哉形而下者謂之器舉而措之謂之事業不圖于游歷見之不圖于日本貨殖中見之或且沾沾焉就易斷一書謂其尚辭尚占也毋乃淺之乎視高島歟

十日道路喧傳中國黑龍漠河鑛務已開鑛師延自美利加人云

十一日屬餘紀艸

十二日詢與地家何以橫濱爲日本弟一埠答曰斗出國之極南地名本牧是一岬角嘗設燈船其間灣港即橫濱也先是源義領此追源賴朝敗於石橋山觀兵隅田川大破平氏新田義貞與上野與北條氏戰於武藏國亡北條後新田義與脅屋義治等破足利尊氏於武藏野既而足利氏誘殺義與於矢口渡其季年小田原北條氏掠取此地有氏康者與上杉氏爭川越示弱而勝上杉謂之川越之戰

豐臣秀吉攻小田原事平封德川家康於關東八國於是家康以江戶爲城江戶即今東京地也嘉永六年當我咸豐三年美利加使議通商將軍許之橫濱之爲埠最始此明治改元當我同治七年日本德川將軍敗北於山城竄奔江戶是年冬改江戶曰東京以橫濱爲揭來要道（雲龍）假道五次矣

十三日屬餘紀艸

十四日爲羅理事題明黃忠端崇禎十五年詩畫册又見忠端手寫孝經是百本之弟二十八也寫在前一年又見忠端所箸曹遠思推府文治論在順治元年

十五日游工廠

十六日游書肆

十七日行六十三里（日本十里有半）游江島里如之越十數日補游江島記於太平洋舟中其記曰實者名之符也如名輒過實何雖然實至名果歸耶而如江島者勝不在島臨亦非江何也橫濱要津也（雲龍）竭來數而耳江島名自光緒十四年夏四月始名亦微甚其月十日

將游美利加不遑游未幾艙領滿易期求詩若敍者屬至應之游高島歸羅理事嘉杰戒從導游而于塾師希璟金隨使采沈工部繹盧繙譯永銘澤村繙譯繁太郎理事子肇烓從子肇焜皆至雲龍與焉以十七日爲期而西地阿夫里澳疊日鴉尼路輪船至自香港游幾中止然在休息日遂獲如約以華里計凡馬車二里火車四十里人力車二十里又踏沙行里許而江島相望島中料理人迎道左日本謂授餐日料理識者目笑曰陽嶠也自登島顛惠比壽樓先是日本以人而神者七蛭子其一也主祥瑞日本語蛭子爲惠比壽遂依聲名樓俯瞰潮沙得少佳趣乘潮未至訪巖谷或倦游強之起螺旋而下小憩石燈側步巖谷外蠔結石若階海草紅綠或肖珊枝文身六七出入洪濤探石決明蛤蚌屬擲錢於海應手取之視谷狹甚入而仰之若我京師城門然其下五色石若霞若雪若墨若翡翠行架木上具棧道體而微至龕各手一燭入七十三丈有奇忽一而二又前蹦狹風難可燭遂出相傳或橐糧行三日即出富士山足所未詳也巖乳滴石飲之清且甘或語雲龍曰子嘗欲於遊見道於斯遊何有曰抑知瀑

布莫大於賴各宜海莫大於太平洋乎當科侖布未游時誰得而名之雲龍將於賴各宜瀑布見詞源之大於太平洋見文瀾之雄而先於江島之巖谷見潛學之密而邃邃矣密矣奚怪其無名也而江島何損羅曰善盍記之爲圖若詩先聲時倚裝矣航一萬五千八十四里而至三法郎昔斯哥即所謂舊金山者是回首橫濱則對岸也舟中作記亦如約後有游江島者即以此記爲徵實券可乎

十八日檢點游美利加行裝

游歷美利加圖經餘紀前編上　　游歷圖經餘紀五

花翎二品銜直隸即補道總辦北洋機器局前游歷使臣傅雲龍述

凡游合衆國華盛頓都至自三法蘭昔斯哥者輙繇嘉里符尼亞而列法達邦而尤達部而歪阿明部而拏布拉士格邦而愛阿窪邦而伊利那倚斯邦而英黛阿納邦而倭海約邦而賓夕佛尼亞邦而紐約邦而紐折爾西邦而瑪理蘭邦以至其都此自西至東之中行鐵道道雲龍行南太平洋鐵道何歟耳聞密士昔比河工與中國黃河相頡頏不得不假道紐阿林究其源流僅言弗欲與歸道複猶其次也或曰是有二危德橋𨁂斯動拓無人之地路劫宜鑒前車一也暴風損人畜無算相去二日耳二也然皆履如坦道既著密士昔比河工說遂游厯都擇聯邦工肆之善事若舟若車若兵若農器若五金鎔鑄撮厥大要著之圖經而心目所治依日識之航海以太平洋爲寬瀛車亦難可以南太平洋鐵道爲短也南太平洋鐵道辭上光緒十四年秋八月十五日車發士伯林飛耳將有英屬地之游遂以是日爲斷述游歷美利加圖經餘紀前編

四月十九日辰正登西地阿夫里澳豐日鵶尼路輪船已正羅理事等艤小輪舟別於英止波場而輪發橫濱船主名凹布里其船造自寶夕佛尼亞邦之給斯太初爲巴西人船繼歸美利加公司長三百五十尺寬三十二尺容二千二百七十五頓有奇蒸氣壓力一寸方面約七十五磅受七百七十五客上艙三十四其跌倍之無中艙所謂中艙者即下艙之有卧榻自成片段者也以竹支布卧輙抵足布筒引風裁足通氣呼吸皆穖無病亦病其艙載廣東人七百有奇雖尠略覺然無資者外國人輙自香港假銀三百圓橫濱如之行至舊金山儻乏告貸以二年工償之償足傭錢乃可自得雖然月直多輙百餘圓少亦二十平均以三十圓計之十四萬人即月得其銀四百二十萬圓歲計無慮五千萬有奇矣是以貧趨若鶩礦務鐵道工省且捷用者初無禁意而埃利士工忌之以彼入籍與公舉權而華工則否奚以敵耶洋面無邊初航暈浪輙不克食

二十日午正計自展輪至此海里二百八十八合華里九百五十東航少北北居里六十二東經百四十四度四十五分就英吉利綠威

起算航海通例也北緯三十六度五十七分太平洋潮有寒熱兩綫此行涼潮氣候頓減

二十一日午正又行海里二百五十八合華里八百五十一東航少北北居里六十七東經百四十九度三十八分北緯三十八度三十七分

二十二日午正又行海里二百六十五合華里八百六十四東航少北北居里六十一東經百五十四度三十九分北緯四十度四十四分風少緊鄉者聞廣東香港至甯波一帶七月風多天津上海江蘇海面二三月風多二月初九十九二十八三月三日尤忌而太平洋則以華紀三月後八月前爲平

二十三日霧重午正又行海里二百六十五合華里八百七十四東航少北北居里六十三東經百五十九度五十二分北緯四十二度四十三分雲韭不食五日矣強起少食漸可坐立

二十四日午正又行海里二百四十五合華里八百有八東航少北北居里六十九東經百六十五度有四分北緯四十四度十分

二十五日午正又行海里二百四十合華里七百九十有二東航少北北居里七十四東經百七十度二十五分北緯四十五度十六分風雨交作浪巨甚未時輪缺停修移時廣東人爲雲龍薙髮下艙華工以疾頓少其一

二十六日午正又行海里二百七十合華里八百九十有一東航少北北居里七十八東經七十六度四十三分北緯四十六度有九分

又二十六日午正又行海里二百七十五合華里九百有七東航少北北居里八十一西經一百七十六度四十七分北緯四十七度有九分船主云昨日休息今日仍休息也按每日日出遞遲十七分有奇多一日之說原不必定其多於何日然航海人輒平分航程增於其間

與日本北海道千島嶼緯度同

二十七日大風鼓浪午正又行海里二百八十五合華里九百四十東航少北北居里八十七西經百六十九度五十七分北緯四十七度有九分申時輪頓停蓋滊鑵受損也酉初修竣復行

二十八日午正又行海里二百七十合華里八百九十有一東航少北北居里八十九西經百六十三度三十三分北緯四十七度有二分與日本樺太島緯度同

二十九日午正又行海里二百八十五合華里九百四十東航轉南南居里八十一西經百五十六度五十分北緯四十六度十六分

三十日午正又行海里二百九十合華里九百五十七東航少南南居里七十七西經百五十度有七分北緯四十五度十四分

五月一日午正又行海里二百八十五合華里九百四十東航少南南居里七十五西經百四十三度四十四分北緯四十四度有四分食臥少慣

二日午正又行海里二百八十合華里九百二十四東航少南南居里七十六西經百三十七度三十分北緯四十二度五十五分下艙又一病者疑痘不知所終

三日午正又行海里二百八十合華里九百二十四東航少南南居里七十四西經百三十一度三十九分北緯四十一度二十五分

四日午正又行海里二百八十合華里九百二十四東航少南南居里六十六西經百二十六度有四分北緯三十九度二十二分大風起蕁雨如注夜船頓停以爲至舊金山矣時方子正問知汽鑪重損而修逾半時復行五分時又停五分時開行如常

五日午正又行海里二百一十合華里六百九十三達三法蘭昔斯哥埠自橫濱至此海里四千五百七十一合華里一萬五千八十四其埠隸嘉里符尼亞邦始得此地者法郎西人三法蘭昔斯哥也因名環游地球錄三藩城即此埠口雙島對峙如門西向無草木夕日射潮作金色遂評過盧田拖多譯言金門也華人謂之金山曰舊對新金山言也彼不知痘視勝於疫患者就醫而船歷十四日乃泊是船入口醫驗上下艙不一遺稅務司至又驗客行裝語繙譯曰中國游歷官未至時外部已行文矣船雖不泊得以小舟自達海關未初藉得力風知照中國總領事之駐此者酉初至署計不履地者一十八日五洲洋面此其最寬回首

京都地分腹背出使美利加日斯巴尼亞祕魯張大臣已於四月十

日赴秘魯留代使徐參贊（壽朋）

六日與彭隨使（承謨）視自行街車前此未之見也其行以汽而罐在局不在車車轉四輪行鐵軌上軌道之間嵌鐵條二相離寸許一鐵綫行機流轉於中凡車欲行鉗着鐵綫脫鉗則車立停創自士丹福（詳圖經紅）日本榊原浩逸歐米鐵道經濟論所謂綱牽鐵道即此而核厥名不若稱汽機自行街車然非地無酷寒如三法蘭昔斯哥難免凍而滯當別策以運轉之

七日繇嘉里符尼亞街乘車游拉達耳邱是其公塋地也地高於海面百尺百卉爭妍其碑半雲石爲之或方或圓或如銳塔或肖經幢與汕馬爹山相對譯言新米勝山也山有白貞烈女墓爲文表之曰白貞烈廣東南海人一纏足弱女子也略賣舊金山逼狎不從被虐無告而志堅自即于死時道光年間瘞汕馬爹山在士得頓街東南約華里十有五繇是美利加人謂貞烈爲好女子而忍辱女逢中元輙埽墓以爲常（雲龍）游外國墳山而貞烈孤墳相望律陵且恧遑論文姬女墓而表亦宜嗚呼貞矣嗚呼烈矣南海志其可佚乎

大清光緒戊子夏游歷使兵部郎中德清傅雲龍譔文將勒貞石藉
維氣節於二萬數千里外
八日屬餘紀草游書肆
九日游工廠
十日至中華會館華商述厥始末援筆記曰光緒十三年雲龍游始
日本同文國也華人無舊金山之夥明年夏五至此訪紳耆於中華
會館其總也分館七曰陽和立自東莞香山增城而博羅坿人萬有
奇香山居十之八曰三邑立自南海番禺順德而三水高要四會高
明花縣坿人數同曰人和立自嘉應惠州新安歸善人三千曰寧陽
立自新寧人近六萬曰合和立自開平恩平及新寧余氏人二萬而
余居半曰肇慶立自開平恩平人八千曰岡州立自新會鶴山人萬
五千新會居十之八先是華人來始道光二十六年寧波最先或汕
頭或澳門後皆航自香港數未百次年四百許二十八二十九兩年
盈萬新寧新會開平恩平香山人較多立公司目三十年人且三倍
公司遂分新寧新會開平恩平立四邑公司於唐人街尾東莞增城

新香山立陽和公司於天仁街南海番禺順德立三邑公司於華盛頓街後山咸豐初四邑公司將徙板仁街尋分三一寧陽一岡州一合和新安人又與嘉應惠州歸善立人和公司六公司目始此今板仁街岡州館即四邑公司欲徙處同治初無慮十餘萬人立公所一曰六公司此中華會館權輿合和公司尋分恩開肇慶二館光緒初復合和名肇慶自爲館七會館目緣此八年六公司更名總會館旋繇出使大臣定名金山中華會館以

聞設董事初六繼八護照給自大臣其期一二年有差總董事一揀自總領事四月爲期紳董無定額司務通事律師各一內以解紛外以禦侮第而曰鄉誼云爾哉食用一如中華不忘本也人逾十萬不一資是邦物產招忌以此微獨掩土著工力而已雖然鐵道礦務賴華人居多藝以工習工以商濟道以藝見何莫非

國家儲材外府與會於斯者其庶乎日新月異而歲不同也

十一日總領事偕至麻其脫街觀玻諾拉麻蓋油畫也三法蘭昔斯哥有二一在夜治街一在此圓幕高四十尺許徑二十尺中有高臺

觀畫於斯其畫張壁寫美利加南北黨交惡戰事數百里烟火如在目前羣峯壘雲古木撐塹停峙起伏旋頭隱露有伏兵有疑兵有棄甲裂胄血漬短髮者有馬斷脰猶騎不得下而指麾未已者其畫瑣維理安之弟子爲之謂之密生那里勒治忙騰拔突譯之拔突之言戰忙騰之言山密生那里勒治則南軍所踞山名也鹿克澳奪山加他奴俄溪初亦南軍壁壘同治二年爲西一千八百六十三年西十一月二十五日北軍攻自平野自朝至暮勝之詳圖經兵事畫側有西斯脫者自言戰場將也言之歷歷尋游穩文園或謂之兒司園略近博物院非經半圓無以入有華盛頓石像刻文詳圖經鯨魚骨二交立爲門海象八九尺許雙牙光潤亞於象齒海馬海豹之屬以藥乾之海狗生畜池中獅毛黃高三尺長五尺又有虎豹熊鹿狸猿更格盧狼狽之類狽前足五六寸後足五倍之骨節外曲與犬相反尾長四尺有奇前後判然兩物有洞壁嵌玻璃障水爲池游鱗可數園之中央有沼著艇如環上懸三帆童子以小槳蕩之則盤旋而行其石人衣紋畢肖其油畫形影自分其機轉山水附之飛走如生其花蕙暖室玻璃四圍入則汗

淋淋下其草翦如茵而雜花成錦歸路視九層樓逆旅彼人言五大洲客店高莫此若謂之巴列斯和退西巴列斯云者宮府也和退西云者客店也高百二十尺屋千有奇

十二日屬餘紀草

十三日屬草如昨游機器肆

十四日傅烈秘（詳領事）導游鑛局晤局長愛蘭多兒一試鑛新機器名福育士創自國人哈斯金八年以前未之有也（詳圖經物產）所用煤油謂之瓦斯多兒其試鐵法以二次綠鐵水一二滴入水加安質母宜鑛水變茶褐色如加賚路丹亞內脫鍬水變深藍色其試銅法以銅水加安質母尼水變青色再加輕綠酸水復原色其試汞法以鍬碘水加二次綠汞變黃色有名賚祈粉者色白和火酒變紅局中有天然金高一尺有奇成假山形有魚曰波基尼曰星（詳圖經物產）有木如砧其質石如其色漆如據言開鑛時所用木也壓久而堅有日本古銅鐘（詳圖經金石）又游立庫比澳尼亞會有星石擊之如磬

十五日屬餘紀草

十六日游凱風衛叉游鐵庫所謂歇夫伭波治脫利是也凡埠中極珍重物皆代藏之凡四千六百號每號門設三重以二頓鐵爲之中設機關機動則十六櫃紐俱開其鎖有表日以巳初開酉正閉爲常儻遲早有更則前一日約準開時未至其時無以啓也水火均不克入守藏銅人十有奇環游地球錄所謂最奇鐵櫃見於賽奇公會總院者殆此類之具體而微歟

十七日游船工廠傳烈秘等導乘馬車至華盛頓石君瓦福石君之言衛瓦福之言馬頭也廠主愛文燕蘇克拖自迓道左蘇克拖其氏愛文燕其名也登輪艦行十三里(海里四)至由爾安愛安瓦庫士即其船廠名道光二十八年(一千八百四十八)始立同治九年(一千八百七十)增修創之者二一名比達一名日本斯士納書光緒九年(一千八百八十三)始歸於此前後本銀二百萬圓地二十五野格凡野格云者猶言畝也然爲二千六百四十方尺登岸視厥船塢長四百二十五尺寬六十二尺深十九尺渠水十一尺其揚水器渠之左右各十有八名克莫利那壓力一寸四方受四百頓據言此塢已用銀七十萬圓廠開五年矣今爲諾

維耳修船其修船之第十也價銀二十萬圓視馬力一千二百載千四百頓又修商船名久因巴希費克視馬力二千二百載三千頓而爲合衆國造鐵甲船今其第一擬名茶列司頓長三百尺入水十九尺視馬力七千五百其載三千七百三十頓其速率每時十九諾脫按諾脫譯言海里也合華里五十有六首銳如魚可用以衝鐵甲厚處二寸有奇緊要處以鋼不以鐵其輪軸長五十一尺左右各一其輪葉以銅爲之工始於光緒十三年夏可成於此後六閱月也其廠有圜鋼造物器直徑三十三尺圍三倍有奇據廠主言游歷別國參酌而製五大洲大莫此若又有運物器懸鐵鉤大於手肱數倍形如轎車著於二梁鳴鐘發機可南可北而又可東可西其錐眼機巨細隨意先於鋼板畫從衡文文中錐小眼而器首平處露尖入之而壓如鑽厚紙其釘火鍛紅時安於眼中以模逼鎔如鑄其試銅鐵鋼器有鐵衡長二尺有奇懸錘而扁衡東置機輪繫繩衡西立分物器是日以銅條寸許豎之上下加鍥操縱其繩則機立動須臾扁錘漸移而西銅條亦長逾一寸有奇而細而斷視厥衡數爲萬三千磅力若

鐵可六萬數千而鋼力增欲知鋼鐵甲可受若干礮力非此末繇驗之又造商家鐵甲船一則單輪也小于茶利司頓又造二十餘尺小鐵甲船一則好事者爲之然體罔弗具凡造舟始圖其形繼以木爲模無所取之取諸精也歸艤輪舟如初廠主手觴祝曰此游前未之有非無裨於中國耑曰願實事求是其子羅人斯愛蘇克脫送至海關而別

十八日携繙譯偕傅烈秘等游阿利加揣司地名礮臺乘馬車至華盛頓街馬頭其營官骨徠撥亦至同登輪舟行六里餘二海里達阿利加揣司是三法蘭昔斯哥埠東一小島也在海水中泊岸兵持鎗立四弁握手上馬車行視大礮二小礮一十有奇然多舊式兵監醫室食宿所罔弗備其兵日支麥粉二十二兩可蒸麵包三十一兩每食約餘八九兩以備不足復乘輪船西北行里如初二海里經莎士里頭亦一小埠又三里餘一海里經地曰南音榜曰擠倚耳此奇皆列小礮復經礮臺曰因羌阿倫又西南行九里三海里經法旁倚有方礮臺安礮如孔數又東行里餘半海里白斯低約亦有礮臺然皆非所經意細詢

厥繇民盡知兵萬一倚礮臺爲援工匠四出月餘立辦蓋適用在泥沙不在磚石也又南行里餘海里半至法美士地名而骨徠撥留餐出眂兵器導訪福釐米斯譯言提督也名豪穩見客獨以左手握視其右則無手也自言南北兵起中槍割之伯里璽天德而下提督分等凡三一等一人二等三人豪穩蓋三之一也三等三人親兵千所轄之兵五千見其家人飲中國茶而別往還約六十里有奇輪舟行海里十八馬車行一英里有半

十九日屬餘紀草

二十日眂海濱要隘

二十一日屬草如前

二十二日三法蘭昔斯哥埠火者三電鐘一鳴救火車立至火不成災以此凡報火鐘之數以其地異聞者不問而知尾臣及𦋐罷街數二士得頓及邑連刮桂街數三山岑及邑連刮桂街數五猛金及邑連街數六乾利及邀寅街數八搋委路及邀寅街數九乾利及喀鎛寬呢街數十二付命及步律委街數十三士得頓及步律委街數十四企釐及衣士街數十五怕思域及尾臣街數十六巴思域及乾利街數十七積慎及山岑街數十八爹華士及華盛頓街數十九企釐及乾利街數二十一企釐及爹納街數二十三企釐及搋喊路街數二十四華盛頓及

都扳街數二十五企薹及畢達薹街數二十六猛金及衿尾臣街數二十八卡𫔭寛呢及士得頤街數二十九希力及山岑街數三十一喀𫔭寛呢及地孖街數三十二尾順及士刁街數三十四猛金及扁街數三十五科岑及士刁街數三十六畢達薹及保樹街數三十七丹杰及第二街數三十八考話及士卑街數三十九尖打及尊士街數四十一加薹及尾臣街數四十二柯化路及都板街數四十三柯化路及尊士街數四十五乾利及石打街數四十六壹地及鋪喊路街數四十八士得頓及石打街數四十九科岑及卑薹街數五十一尾純及第付薹杫街數五十二傾及第三街數五十三考話及第二街數五十四罢𤜧寅近第一街數五十六罢蘭崙及第二街數五十七科岑及第一街數五十八唐山火船馬頭數五十九其數所無曰一曰十曰十一曰二十曰二十二曰三十曰三十三曰四十曰四十四曰五十曰五十五止於五十九

二十三日游扳爹毡工廠華人謂之廣英記元利自咸豐八年始（西千八百五十八）中有華工羊毛之精麤製造之良否工費之損益諏度較易（詳圖經考工）

二十四日此西七月四日即華盛頓自立爲美利加合衆國日也其方言謂之弗耳四苃第倭夫之鳩來（詳圖經風俗）是日巳正游兵於埠市恒例也或步或騎或礮車或火藥車繼以救火開山伐木之役下逮授餐雜流罔弗用開國時衣物厥意有二一不忘舊一以勵新南北戰場之餘生老者瘻者裂面者損目劃耳者折肱斷脰者皆得裝束

而出以一車載穉女三十有九其一居中象合衆國也環坐三十八象三十八邦也凡法德義諸國入籍之兵增其國旗别之隊長皮冠或高二尺有奇上插紅纓而皮毛則黑白互異中國爆竹火珠之屬前二夕已有聲未若是日從朝至暮厥聲未已約直銀二萬圓云而救火電鐘鳴十三次

二十五日覩海狗山一道火車其車二艙其艙列几十有五其几客二是一車之客六十也係汽機自行車而乘之行曠野而海岸而隊道約六十餘尺約華里三十有六英里十二至蘇獨樂園草茵蔟花輒與華異或蒡近海棠而葉光或葉似雁來紅而形變罌粟之花壘丁香之花黄皆見所未曾濱海平臺墻如城雉有三十六垛半立泥石人於其上所謂海狗山者可俯瞰也危石三四怒蹲潮頭海狗昂首上石厥毛蒼黃前半類犬喙又類狐尾寬有歧出形或曰即後足也殺海狗者罰有定章此道火車專爲此設車旋山灣猶聞海狗聲也如呵如哈不與吠同

二十六日屬餘紀草

二十七日訪鐵道工

二十八日屬草如前

二十九日遇聲學家與之考究聲傳一秒時之速率視所傳而異如傳自空氣約一千一百四十二尺傳自水約四千九百尺傳自鐵約一萬七千五百尺傳自銅約一萬三百七十八尺傳自木約一萬二千至一萬六千有差然則速莫識若

六月一日鑾游歷美利加圖經經緯表測自中國京都一如日本圖經例

二日測如昨

三日定中國美利加月朔表體例鄧致雲龍子范晃等按日排比

四日訪鐵道公司言及隧道凡洞巖而出其高以三十六尺爲適用欲減其高勿不及於二十六尺也寬亦如之欲減其寬亦勿不及於二十七尺也

五日鑾中國美利加較時里差表三法蘭昔斯哥寅初三刻五分我京都午正

六日纂美利加圖經寒暖平均表

七日纂美利加圖經晴雨表三法蘭昔斯哥雨少然夜多霧

八日撡校美利加地理圖游養兵院

九日按圖如昨

十日按圖又如昨

十一日定合衆國總圖初藁青田縣圖石商林氏等五人登岸先是五人至埠既無護照（上海及横濱理事有給照權）又尠同里欲登不得遂航檀香山所携路資銀一千五百已罄復虧千金以石抵償復至乃登

十二日游阿路美達之開礦火藥引工廠導游者衛福榮也携繙譯等乘雙馬車至海岸而上輪艦初不知車在船中鼓輪乃覺汽船竭來凡十此其一也名紐窪長二百尺寬三十尺載五百二十一頓每一方寸面約一磅（壓）力每泊十五分時而開行十五分時而至海面十六里有奇（海里五）復乘馬車行海濱淺道三里有奇（海里一餘）木梁坦甚有欄欄外即雙鐵道火車如織如飛離海又行三里有奇（英里一餘）而道迷問道於華工之解英語者乃進途見木列庫局（譯言瓦局也）亦以

汽機燒瓦又行三里有奇（英一里餘）至其工廠名維西坦飛屋法克立於本年春其地一野格其房八其費銀萬五千圓其汽罐馬力十有八有機器曰飛油石譯言搓藥器也器頭出樓上形如銅碗盛火藥而底有孔漏於銅管接樓下器筒其線轉之筒中其火藥承之筒孔其機旋轉成索其線別因小輪斜纏索上又機器曰拉丙吾譯言捲線器也中置松香油鑊以機拖索一過入器而裹布條（寬一分許）至再至三拖裹如初入上粉機乾之盤五十尺為一圍日成五萬尺其工長名傅蘭克耳為美利加人其工十二其貲日支銀一圓有半少者一圓耳試燃㶴引入水不熄凡鏞穴置炸藥以此引之其端加銅冒內置炸藥六分廠南七里（英二里餘）又面利柏火藥引廠工器略同歸乘汽船與來船亦無大異是游往還航四十里（海里十二二有奇）車行十五里（英里五）

十三日屬餘紀草而腹疾起食物不化

十四日籑美利加圖經疆域原始

十五日籑如昨夜分始寐

十六日籑美利加合衆國沿革

十七日釋疑於美利加人之地理家
十八日饗合衆國方里表游鋸木廠
十九日饗合衆國四至八到表
二十日饗合衆國名稱歸一表
二十一日饗美利加邦部方類暨合衆國形勢
二十二日饗合衆國都游練兵場
二十三日饗合衆國通都大邑
二十四日饗合衆國邑表
二十五日饗海灣表
二十六日饗海濱雜識訪測海岸者
二十七日饗島表考岬峽之屬於地輿家
二十八日饗美利加圖經山
二十九日饗合衆國地輿雜識
三十日饗美利加世系表欲前游而費未獲
七月一日饗美利加副伯理璽天德表

二日至船工廠愛文燕蘇克拖宅訪聯邦工廠異同

三日欲游英屬地加納大訪之英領事言非紆道至美利加國都向英使索護照不可游也游之不克遝行如是

四日游沃魯定（金）格多（門）巴沽（園）譯言金門園也或謂之公家園其屋中央突起塔形而櫛比不一窗與瓦皆玻璃爲之先是燬於熖花火而士冉福出銀三十萬圓復之以葉作花者多池蓮紅白㕏瓣銳出曲徑通車有屋七其柱（帶）皮横斜皆任天然求之西製所罕見也叢樹陰裏古木一段圓形如礎平面向外直徑一十八尺譯厥標字言木歷三千七百年而伐凡高三千八十尺所存段木裂矣以釘聯之是游縣自行車而乘火車往還凡三十六里（英里十二）

五日饗華盛頓傳

六日饗美利加圖經風俗游織絲廠

七日購覩密士昔比河工及游合衆國都火車票其車出南太平洋鐵道公司其長名布拉多嘉里符尼亞人一月一察軌工此其時也與之偕行是以餐別一車仿彿輪舟餐房而小詢以車工㕏直有差

如上等車之最有房一間堪容四客外房堪容三十客有奇直銀一萬三千圓其次以一千數百圓爲廉機器一車非九千圓不辦也其止車有空氣壓力鐵筒盤抵輪閘停車輒視厥輪有損則易洩漏增油其常也下車之級四凡赴合衆國都由北路居多今由南而東欲覩密士昔比河工也

八日檢點行李

九日增鉛槧册子戌初發行李凡火車上等許攜衣物一百五十磅中下有差逾此索直不少假借攜繙譯等乘輪舟行十五里（海里三）渡海即所謂屋侖也上火車戌正展輪溫度僅八十有五而車發熱增如雷如火棉衣頓卸隱几竟夕睫不得交行十二里（英里四）澳庫蘭叉五十一里（英里十七合前廿一）三拔布路又九里（英里三合前廿四）蘇布蘭低又十五里（英里五合前廿九）比諾里又九里（英里三合前三十二）鎮庫膀又十二里（英里四合前三十六）布士可斯達又十八里（英里六合前四十二）馬治宜都又二十四里（英里八合前五十）卑波因多又十五里（英里五合前五十五）根沃耳又二十四里（英里八合前六十三）安角庫是日行一百八十有九里停車場十有一

十日單衣汗猶浹背濕度已一百十度矣非冠非領不得與餐殆無禮之苛禮歟車軒偶闔氣不克暢當圈一關驚砂坐飛而氷水罔有欲猶幸又行十五里（英里五合前六十八）布達多屋時子初二分又二十七里（英里九合前七十七）比龍又十八里（英里六合前八十二）碧沙宜又九里（英里三合前八十六）多拉西又二十四里（英里八合前九十四）邦達又三十三里（英里十一合前一百有五）拉斯羅布又九里（英里三合前一百有八）理本又十八里（英里六合前一百十四）沙里達又三十九里（英里十三合前一百二十七）莫低斯多又三十里（英里十合前一百三十七）達羅庫又四十五里（英里十五合前一百五十二）理文斯屯又三十里（英里十合前一百六十二）馬斯多又四十八里（英里十六合前一百七十八）阿斯龍又二十一里（英里七合前一百八十五）馬達達又三十六里（英里十二合前一百九十七）馬低拉又三十里（英里十合前二百有七）哈安屯又二十七里（英里九合前二百十六）不內色而又三十三里（英里十一合前二百二十七）法拉又三里（英里一合前二百二十八）金斯拔又四十二里（英里十四合前二百四十一）我信又三十里（英里十合前二百五十一）主納又九十三里（英里三十一合前二百八十二）低拉諾自三法蘭昔斯哥至斯皆坦塗也然水少此地一井資以飲者四十五邑過此行兩山間六十里（英里二十合前三百有二）三擊而山之分者合又三十六里

英里十二合前三百十四維奪有隧道一又二十一里英里七合前三百二十一客林多有隧道二又四十五里英里三十五合前三百三十六比兒彼理有隧道六又十八里英里六合前三百四十二基爾有隧道九長者逾四千尺或出洞中或越洞頂蓋螺旋蝸折則崎嶇頓忘而非測斜度之引力難可敵車受之阻力也又二十四里英里八合前三百五十露布又六里英里二合前三百五十二低哈差比又三里英里一合前三百六十二加米龍又二十七里英里九合前三百七十一摩日布又三十三里英里十一合前三百八十二路沙茂又七十二里英里二十四合前四百有六蘭加斯達又三十三里英里十一合前四百十七阿耳冰又三十里英里十合前四百二十七阿庫屯又十五里英里五合前四百三十二沙阿斯才土有隧道四長短有差又二十一里英里七合前四百三十九蘭又三十三里英里十一合前四百五十蘇客斯又六里英里二合前四百五十二雞厚耳又十二里英里四合前四百五十六堂宜耳又十五里英里五合前四百六十一法南土又三十里英里十合前四百七十一拔颿苦又九里英里三合前四百七十四西帕耳比達又二十四里英里八合前四百八十二羅士安治而又二十一里英里七合前四百八十九學布又六里英里二合前四百九十一三客布理耳又九里英里三合前四百九十四沙拔納又三里英里一合前四百九十五懋地又十八里英里六合前五百有一本地又三十里英里十合前五十

百十一斯帕十拉又十二里英里四合前五百十五波莫麻又十八里英里六合前五百二十一音達里澳又九里英里三合前五百二十四客客茂沃又四十八里英里十六合前五百四十哈而丁又九里英里三合前五百四十三茂士希低又十二里英里四合前五百四十七布耳庫才士是日行一千四百五十二里停車場四十六自三法蘭昔斯哥至此千六百四十有一里

十一日又行二十一里英里七合前五百五十四衣而白阿司時子初一十七分又二十七里英里九合前五百六十三比茂士又十八里英里六合前五百六十九拔宜又十八里英里六合前五百七十五加拔遂又二十四里英里八合前五百八十三懷士沃達又二十四里英里八合前五百九十一希文巴木又六十三里英里二十一合前六百十二印治沃又三十九里英里十三合前六百二十五沃達斯又三十六里英里十二合前六百三十七沙而屯又四十八里英里十六合前六百五十三副鈴庫士又二十四里英里八合前六百六十一士布林庫又三十里英里十合前六百七十一夫羅林維耳又三十六里英里十二合前六百八十三麻磨斯甞庫又三十三里英里十一合前六百九十四晉斯幾士又四十二里英里十四合前七百有八士和林又十五里英里五合前七百十三加多達斯又六里英里二合前七百十五澳治而比又四十八里英里十六合前七百三十一尤馬此猶嘉

里符尼亞邦地也過此入阿畢瑣那部界又十八里(英里六合前七百三十七)加
落比里又二十四里(英里八合前七百四十五)幾拉西低又四十八里(英里十六合前七百
六十一)亞屯低又三十里(英里十合前七百七十一)達庫那又四十八里(英里十六合前七百
八十七)莫哈布又十八里(英里六合前七百九十三)低基沙斯希耳又三十九里(英里
十三合前八百有六)亞低庫又三十里(英里十合前八百十六)斯堂維庫又十五里(英里五合
前八百二十一)千治宜耳又六十九里(英里廿三合前八百三十四)北因土路庫又四十
八里(英里十六合前八百五十)幾拉本土又二十七里(英里九合前八百五十九)路斯幾又三
十里(英里十合前八百六十九)野斯土里拉又二十七里(英里九合前八百七十八)茂低都馬
又二十七里(英里九合前八百八十七)希東又十五里(英里五合前八百九十二)馬里哥拔又
三十里(英里十合前九百有二)西土沃達又三十三里(英里十一合前九百十三)加沙沃蘭
蒂又三十里(英里十合前九百二十三)土耳低庫又二十七里(英里九合前九百三十二)比加
蔦又四十二里(英里十四合前九百四十六)列十路庫又四十五里(英里十五合前九百六十
一)理利土又三十三里(英里十一合前九百七十二)日宜土又十八里(英里六合前九百七
十八)打苦迭又二十一里(英里七合前九百八十五)威耳磨土又二十四里(英里八合前九
百九十三)拔拔沃又三十九里(英里十三合前一千有六)邦達諾又三十里(英里十合前一千一

（十六）美司加祿又二十四里（英里八合前一千二十四）辦送又三十里（英里十合前一千三十四）沃葛亞是日行一千四百六十一里停車場四十有八自三法蘭昔斯哥至此三千一百有二里

十二日又行二十七里（英里九合前一千四十三）土拉昆山時交子初又三十里（英里十合前一千五十三）客治斯又三十三里（英里十一合前一千六十四）維可蓮司又二十七里（英里九合前一千七十三）列路巴斯又四十五里（英里十五合前一千八十八）波爲又四十八里（英里十六合前一千一百有四）杉石茂又四十二里（英里十四合前一千一百十八）斯定斯巴司此阿里瑣那部界也過此入紐墨西哥部界又東北行四十五里（英里十五合前一千一百三十三）比拉美士又十五里（英里五合前一千一百三十八）羅士拔又三十三里（英里十一合前一千一百四十九）利斯本又東南行二十七里（英里九合前一千一百五十八）西鄲又三十三里（英里十一合前一千一百六十九）維而那又二十七里（英里九合前一千一百七十八）格致又三十三里（英里十一合前一千一百八十九）久宜司又十五里（英里五合前一千一百九十四）笛鳴又四十二里（英里十四合前一千二百有八）都宜又四十五里（英里十五合前一千二百二十三）昌布列又四十二里（英里十四合前一千二百三十七）亞田又三十六里（英里十二合前一千二百四十九）阿夫屯又三十里（英里十合前一千二百五十九）拉那連

又三十六里（英里十二合前一千二百七十一）斯土羅斯過此入德格瑟斯邦界又三十里（英里十合前一千二百八十一）羅瑟斯又東行十五里（英里五合前一千二百八十六）葉落怕蘇停車二時易車而行蓋察軌之鐵道公司長至斯同車也先是三法蘭昔斯哥車發時一聯十有三車漸行漸減今皆易之登必下車僅十餘分時從者嘆難果腹申正五十六分行又三十六里（英里十二合前一千二百九十八）世斯利達又九里（英里三合前一千三百有一）利北拉又十八里（英里六合前一千三百有七）三世利沙羅又十五里（英里五合前一千三百十二）古土利拉又九里（英里三合前一千三百十五）法辨斯又二十四里（英里八合前一千三百二十三）理沃柯蘭又五十四里（英里十八合前一千三百四十一）漢柯庫又二十四里（英里八合前一千三百四十九）麻田又二十四里（英里八合前一千三百五十六）冰列又二十七里（英里九合前一千三百六十五）美龍又二十四里（英里八合前一千三百七十三）野所遼又十二里（英里四合前一千三百七十七）而拉布蘭客又三十里（英里十合前一千三百八十七）奧利訂又二十七里（英里九合前一千三百九十六）多拔託又二十七里（英里九合前一千四百有五）達耳拔又二十七里（英里九合前一千四百十四）哈斯幾耳又四十八里（英里十六合前一千四百三十）治斯筏又二十四里（英里八合前一千四百三十八）文地耳又二十四里（英里八合前一千四百四十六）窪遼金又四十

八里英里十六合前一千四百六十二梁又五十七里英里十九合前一千四百八十一馬法時卩亥正五十分是日行一千三百八十里停車場四十五自三法蘭昔斯哥至此四千四百七十里

十三日又行四十二里英里十四合前一千四百九十五碧沙諾時子初二十二分又二十四里英里八合前一千五百有三德而仍忒又十五里英里五合前一千五百有八麻比斯維里又十八里英里六合前一千五百十四薩路比又三十里英里十合前一千五百二十四阿路治拉又四十八里英里十六合前一千五百四十麻拉迭又二十七里英里九合前一千五百四十九窪維苦又二十一里英里七合前一千五百五十六赫茂又二十四里英里六合前一千五百六十二第拔又十八里英里六合前一千五百六十八麻迭斯布林又二十四里英里八合前一千五百七十六路先飛魯又二十四里英里八合前一千五百八十四龍飛路又二十四里英里八合前一千五百九十二野馬迭又二十七里英里九合前一千六百有一三達迭又四十二里英里十四合前一千六百十五野耳士立治又二十一里英里七合前一千六百二十二土雷田又二十一里英里七合前一千六百二十九沙斯屯又四十八里英里十六合前一千六百四十五路綺沙又二十七里英里九合前一千六百五十四沙美斑又六十里英里二十合前一千六百七十四藍士理又三十三里英里十一合前一千六百八十五上拉又三

十里(英里十合前一千六百九十有五)邊低土給博其間有隊道二一長三里(英里一)一長一里有四分里之一(英一里餘)相去僅二十尺(辰刻過之)又二十四里(英里八合前一千七百有三)夫來忒又三十三里(英里十一合前一千七百十四)昆斯土庫又三十里(英里十合前一千七百二十四)費列又三十三里(英里十一合前一千七百三十五)低維耳穿又十八里(英里六合前一千七百四十一)馬地生又二十四里(英里八合前一千七百四十九)德鋑洛而又二十七里(英里九合前一千七百五十八)絨斯屯又四十二里(英里十四合前一千七百七十二)宜維耳又四十二里(英里十四合前一千七百八十六)斯波法土又五十一里(英里十七合前一千八百有三)窪耳土又十八里(英里六合前一千八百有九)古領又三十六里(英里十二合前一千八百二十一)紐我昔司又十五里(英里五合前一千八百二十六)尤又路侖又三十三里(英里十一合前一千八百三十七)加多飛又三十三里(英里十一合前一千八百四十八)沙比那耳又三十九里(英里十三合前一千八百六十一)土哈宜斯又二十七里(英里九合前一千八百七十)漢土又二十七里(英里九合前一千八百七十九)當列又四十五里(英里十五合前一千八百九十四)拉可斯低又廿一里(英里七合前一千九百有一)麻庫土那又五十四里(英里十八合前一千九百十九)三安土呂又三十九里(英里十三合前一千九百三十二)昆拔斯又三十六里(英里十二合前一千九百四十四)馬絨又三十六里(英里十二合前一千九百五十

六西元又二十七里英里九合前一千九百六十五金斯拔列又三十六里英里十二合前一千九百七十七路林又二十七里英里九合前一千九百八十六哈吳土又三十九里英里十三合前一千九百九十九維耳達又三十九里英里十三合前二千一十二福拉土宜阿又十八里英里六合前二千十八原治耳又十八里英里六合前二千二十四斯可連拔又二十七里英里九合前二千三十三維麻又十八里英里六合前二千三十九拔田又二十一里英里七合前二千四十六庫利田又九里英里三合前二千四十九科侖拔斯又九里英里三合前二千五十二司壂司又三里英里一合前二千五十三阿列屯又十八里英里六合前二千五十九蘭西又十八里英里六合前二千六十五以苦路累又二十一里英里七合前二千七十二紐費里地又三十里英里十合前二千八十二以斯土拔那是日行一千七百七十六里停車場六十三自三法蘭昔斯哥至此六千二百四十六里途間向夕東南電掣壂雲游美利加國之見電始此車中人言一年半前邦之匪人於斯刼車外鎗一發內應四出初不辨孰客孰匪也戕其客官二多傷者雖禽治不移時行者不無戒心蓋德格瑟斯境內鐵道閤非短艸黃沙叢生若蕉挺出若樹皆仙人掌也印甸人渴即剖其實飲之初[illegible]鎮市然後此車至力通難以今概

十四日又行二十七里英里九合前二千九十一郎登時子初九分又二十一里英里七合前二千九十八路先拔又九里英里三合前二千一百有一立致猛又二十一里英里七合前二千一百有八臥克又十八里英里六合前二千一百十四斯他法又三十三里英里十一合前二千一百二十五比西又三十里英里十合前二千一百三十五好司頓又四十八里英里十六合前二千一百五十一西路田又十二里英里四合前二千一百五十五嘎拉司比又四十五里英里十五合前二千一百七十低屯又十八里英里六合前二千一百七十六利北而斯屯又三十六里英里十二合前二千一百八十八低拔斯又三十里英里十合前二千一百九十八斯窪列又六十里英里二十合前二千二百十八比茂又三十里英里十合前二千二百二十八低理又三十三里英里十一合前二千二百三十九沃連怡又三十三里英里十一合前二千二百五十西粉又三十里英里十合前二千二百六十野土沃列又四十五里英里十五合前二千二百七十五西湖加列又九里英里三合前二千二百七十八累茶列斯又三十三里英里十一合前二千二百八十九愛呵窪又三十六里英里十二合前二千三百有一雅而治又三里英里一合前二千三百有二日宜庫又四十二里英里十四合前二千三百十六麻緬酒又三十九里英里十三合前二千三百二十九庫路列又二十一里英里七合前二千三百三十六列因又三十里英里十合前二千三百四十六斯格多又十八里英里六合前二千三百五十二拉飛治又三

十三里（英里十一合前二千三百六十三）給士又二十四里（英里八合前二千三百七十一）紐以拔利又六十里（英里二十合前二千三百九十一）波士運又十二里（英里四合前二千三百九十五）夫來晉哥另又四十二里（英里十四合前二千四百有九）拔達遜維里又十八里（英里六合前二千四百十五）拔維庫又三里（英里一合前二千四百十六）磨昆又七十五里（英里二十五合前二千四百四十一）斯苦利拔又九里（英里三合前二千四百四十四）地司阿列傍又一百五十三里（英里五十一合前二千四百九十五）亞而幾亞又三里（英里一合前二千四百九十六）紐阿林英有地名阿林此謂之紐猶言新也盎入魯西阿納邦界已七百餘里（英一百餘）在邦治別東路之東南是日行一千二百四十二里停車場二十有九自三法蘭昔斯哥至此七千四百八十八里向例以申初三十五分爲限而到時已申正三十分矣尋乘輪船度密士昔比河河面三里有奇（英一里餘）船與三法蘭昔斯哥相似而艙間亦有軌道直與鐵道相接既泊以行李付運物車而自乘車投逆旅曰先多茶列斯其廳鋪地皆雲石也電燈纍纍如白茄就桉書名即評波伊攜鑰指屋波伊云者猶言僕役也（有黑奴有白人）從者皆云甚矣憊面黧目赤唇裂腹楞而屋絕點埃欞支牛帳（帳從旁門入上斂下侈）黑奴手一磁盆盛清涼

水漭面頓爽遂檢美利加外務省許視河工之書繙譯加函分致厥官多避暑未回積倦而臥雙睫一交猶覺簸如震如身在輪鐵風日中也中途目擊牛馬或狼籍欄左木根半露板屋四款問知前二日烈風雷雨無慮八百一十里英里二百七十覆煤艦二十有七人畜遇之輒損所損物直銀二百五十萬圓無怪車場電桿非中傷即交倚也此數十年未見之災或曰游早二日將毋危

十五日冒雨乘馬車訪海關官熱那斯坐中有電氣扇銅葉盈尺涼颼頓生據言此地歲秏無慮五十萬雖遜紐約而實爲合衆國之弟二也導登屋頂步馬口鐵東望河流如帶即所謂密士昔比者是問工則曰有治河長召之即至偕游河工署其署分自棉花公司遂乘機梯自上層樓視河工分圖隨即繙譯汗出如雨未克一一講求也訂明日同履河隄之約而退尋游醫學校其長名蘇列共生三百二十有五共陳列諸骸無間人禽此外大校二小校七莫遑遍眂歸又雨如注向晚雷游美利加之聞雷始此

十六日天將明起乘馬車如約與河官等歷視密士昔比河畔問源

窮流復覽所謂堅隄者或受急湍或抵沙灣亦惟是立樁障板編梆雜石焉耳問別有善策乎曰若減寬若去曲若濬中若疏口是其著效者此次雨不決河亦未始非築隄之大驗一言以蔽之曰實（雲龍）於是述密士昔比河工說載之游歷美利加圖經未正歸店疲不堪言從者皆欲且息而房一榻之宿五金一飯之飽二金一馬車之往還十金一客來之酒茗果食又輒數金囊且罄矣於是申初強起即攜繙繹等乘火車行九十里（英里三十）墨西哥灣水歧入紐阿林西北而鐵軌以橋爲道飛車過之夾道漸多長松出魯西阿納邦界又入密士昔比邦界六百三十里（英里二百一十二）

十七日入阿拉巴麻邦行千二百里（英里四百）出界又入若耳治尼亞邦行三百三十里（英里一百一十）出界又入叟司喀爾勒那邦行二百七十里（英里九十）出界是日於阿多蘭達見豕犬首狼尾其耳立叟司喀爾勒那邦土色多赤厥木多松厥土宜棉蔗

十八日又入諾司喀爾勒那邦行一百八十里（英里六十）出界又入勿爾治尼亞邦行二百七十里（英里九十）出界又二百一十里（英里七十）至華盛頓

都科侖布亞時交辰初自三法蘭昔斯哥至此凡一萬有六百六十八里英里三千五百五十六雖然軌道有交有讓有分支車程之伸縮視公司異同難可以彼例此雲龍就所行言也

游歷美利加圖經餘紀前編下　游歷圖經餘紀六

花翎二品銜直隸即補道總辦北洋機器局前游歷使臣傅雲龍述

十九日徐代辦使商定游歷事

二十日游議院是合衆國立法處院分上下議長皆居中高坐餘則層坐圍向之高樓聽議男女罔有或阻面議長者別國使臣以次坐也是日人約數百上院議南黨多黑奴舉伯理璽天德未若北黨之實下院議整飭水陸諸軍聽者鼓掌或離坐私語議長以木拍案蓋遜上院之嚴肅矣其院上左下右其間高屋頂圓而銳中繢人物第三層望如鐫石實亦畫也別有圓屋環立石人厥地鋪石如中國方磚形黑白相間司事者導立某石自語而音如出石又導二三人分立某某石一人語而音如分出人人所立石或者奇之雲記曰殆圓壁斂聲歟有通物理學者曰然又游公家博物院有中國磁器云購自稅務司赫德然明元磁贗歸路[illegible]華盛頓紀功碑以石砌成其高五百五十二尺其體四方其首四削而銳其上四面八窗一面二窗其下有門可螺旋上

二十一日徐代辦使偕往列司台德（或譯列巴多門多㖿夫士迭多）譯言外部其長稱塞格雷達（或譯塞古埋答宜）猶言伯理璽天德參贊也名虮蝮言伯理璽天德願見游歷使以中國八月朔為期蓋避暑即回也凡訪官商繙譯名刺得隨投之獨訪外部不投繙譯名刺若識外部長未出別國使閎或先行殆重之歟然治事多瑣屑即一商出境閎弗親簽護照兵部海軍部與外部署中分外合毋亦謂玉帛或窮干戈相為倚伏歟時陸軍長卒議院石柱圍青布一幅亦識素也訪秘魯使飛加拉英使威使德日斯巴尼亞使模盧活嘉或見或左所需游歷護照亦或給或否見朝鮮使朴定揚（其書記李長榮李商在隨使姜進熙李憲用曾同舟於日本）參贊未至八中西使有參贊日本使有書記朝鮮門兼效東西

二十二日許隨使導游養老兵院去使館十五里（英里五）先是休息南北戰兵之老且癃者歲汰亦得與焉地約三里（英里許）厥屋有增卉底闌杆木下臥几優游此間兵且七百

二十三日游工廠

二十四日游華盛頓阜多（譯言華盛頓礮臺也）乘伯格馬耳（無障以細鐵柱）

支頂巇二十七里英里九至沓文石多理多辭言第七街即輪舟馬頭也登舟泝下葡萄墨河亦謂之婆多麥河行一百五十里英里五十至業拔河也飛由螺致也曲橋起伏五六鐵軌盤旋無所取之取諸游也小車四輪如椽如欄橫板七八雲龍初不知其若飛也坐弟一板厥機一發馳軌上下耳邊生風渴驥之奔未遑多讓況瘁筋力爲之一舒飯後呼艇二彼人坐蕩雙槳無異其邦人須臾微風出岸木恍行餘不溪灣也六里餘英二里餘泊華盛頓礮臺磚石爲之据成者言此其躬定設名同治十一年後千八百七十二無所用之南北兵戰於四十五里外廿五里外少戒嚴也今存舊礮一百一十視之將歸而大雨傾盆避之臺畔雨止即步入艇未幾日出炙背如火尋登輪舟申正展輪酉初三十分易車而歸是日往還舟行三百一十有三[illegible]車行五十四里步行六里

二十五日訪圖籍書坊不如紐約

二十六日游練兵場

二十七日至外部得游英屬坎加納大護照

二十八日徐代辦使導游合衆國戶部印紙局詳圖攷工其局長吳列

布士出視伯理璽天德像蓋局工鏤之鋼板而印者也歸時冒雨游拍登阿夫斯其拍登孰謂謂器式也其阿夫斯孰謂謂公所也此屬巴敦特（或譯和木迭拔多綿多）譯言工部也亦謂之內部凡自出心裁不由勦襲不落窠臼有用於世者則給文憑許專利若干年否則却之此機軸之淵藪亦藝苑之生面也儻獲覽以歲月相觀而善視潛悟爲何如耶其長達利西苦列他往其副馬耳多侖令其屬偕覽罔有阻其地五色磁如毯如錦其上蓋玻璃瓦其層樓竝器橱成行其器式槍礮舟車與夫裝飾細物罔弗新益求新其農具環游地球錄所謂無從記載者皆堪目治即如揚穅器之與華晤符播種器之無啚無縱收穫器之不勞不滯蓺艸器之隨行隨得（詳圖經攷工）曾於司事哈窪道處見圖

二十九日游野褱雅耳昆公司是修水雷者在蟻史忒石多理多譯言東衜然司事所居非鳩工之肆也公司中人哥理登（一譯列棣）古言去年創造空氣水雷礮堪洞一尺四寸厚之鋼板今於紐約之山答阜多廠造四水雷皆帶撞船每船礮四其礮後膛受一千二百磅開花

子以機引入空氣一二分時即發自言水雷勝前者四不見煙一也首銳而堅可衝敵二也近敵堪行水中三也容二十人四也厥功未蒇又游公印書處其長白勒宜古多答問不厭初視鉛字集印無異常處次視單印機亦與上海日本畧同然篇幅大而器亦精一器輒直銀三千五百圓繼視雙印機則見所未曾它機一女工坐置紙張此用不斷之紙寬四尺有奇長二里有奇置之機中不須人司也凡西書一紙分印兩面此印一面即自轉下輪印其背面自截而出一印四紙一紙爲十六葉是一印得六十四葉矣其器直銀二萬二千圓又一雙印機器將紙卷置之機上前後二軸各嵌圓鉛板三十有二如瓦列爲四行行各四板則一印亦六十四葉捷莫捷於此矣其器直銀一萬五千圓其鑄書板法有三一曰泥模泥有三種曰苦雷曰詖沃林皆白色庫拉史拉黃色調之勻之以鐵抹於鋼板以陰文銅板印之至再至三即成二曰紙模溼紙鋪之陰文板面如搨金石層層溼紙再搨再加入之壓機烘之蒸氣旋搨旋烘應手而成此二模者板皆鉛鑄以銅鍍之即紙模亦用二十餘次三曰蠟模傾蠟於

鋼板上以鋼鐫字模壓之點畫極深刀削浮蠟微烘一過濯之硝強
銅水即成紅銅形再入電氣水移時成薄銅片然非附鉛於背可印
而不可久此皆雲龍躬歷目驗不日成之者有摺書機一女工鋪紙
揚機自入機軸摺之再轉再摺自置機下有印書面金字機貼金入
機即壓即字有截書器四面旋截如臂使指有釘書機以書就機一
着一册銅絲一如穿紉而絲端不露自蟠孔內矣所恃以運機者氣
罐異於印紙局彼臥此立居一屋地視馬力一百有五一日需煤九
噸而書成歲束之壓器獨藉水力凡男女工二千二百五十日用紙
二十噸所印農書歲以四十萬部爲率務農之意從可知已據言曾
印紐約海關書一册重百七十七磅

八月一日偕徐代辦使見伯理璽天德如約申正乘馬車至槐得好
司譯言白屋也白堊塗垣故名詳圖經合眾國部速客者導入寢屋外書舍
伯理璽天德出握手爲禮圍坐雲龍言懍遵
朝諭游歷至斯伯理璽天德言至自文物大國固所願見問來程去
路答之復言官兵部耶惜兵無奇制堪供游目欲游何處罔有或阻

酬答數四起辭伯理璽天德握手言再見歸飯後至阿爾美譯言兵部也代理長言無相隱遣其屬吏導視諸圖一爲嘉慶二年千七百九十七創設兵部於費納的費牙圖一爲各營分戍圖歷任部長皆有油畫像第一層樓藏書亦富兵事居多機梯上下有銅扇機又至內威言海軍部也厥長避暑未回

二日朝鮮姜進熙來筆譚能作指頭書工鐵筆求叙印譜

三日檢點行李而雨未已從者告假一日遂以初五日爲出游期

四日乘馬車行十二里英四里觀營房是其最先者也又半里英六分里之一至阿林登中間過一鐵橋長數百尺蓋跨葡萄壘河也雨後泥滑而轍跡凹凸其地爲兵骨藪先是南北兵起南將李有其地兵靖公之有石砌方塋寬數尺高倍之譯其鐫字藏戰場骨二千一百一十有一修於西一千八百八十六年時光緒十二年也李言南北之戰始終厥役願葬於斯後如其言其廳簷圓柱磚石爲之其囿圍廊如環非柱非壁亦石亦磚其上架木距不盈尺朱藤葡萄而外幹葉雜多不知名醫蘭輒以木爲盆面木爲盆鐵絲爲底行自三法蘭昔斯哥以來竹

十數竿（如中國所謂京竹者）獨見此耳老兵云移自南阿美利加
五日申正攜繙譯等乘馬車至火車頭氣輪既展道出水師馬頭過火藥湖湖水無波中央一道塡實非架空也將至瑪理蘭邦之波治磨穿隧道二煤煙不得散雖車軒四闔猶撲鼻也既至又過隧道一經費紆的費牙是賓夕佛尼亞邦大埠適爲餐時餐自有車（每頓客各銀一）獨紐約車道然也它道間食車中厥直昂甚下車食又恩甚冗行經突遵頓是爲紐折爾西邦會城又行渡乞臣河亦謂之赫遜河或謂之赫臣河而至紐約時亥正矣凡七百有二里（其國都至紐約的費拜一百三十四）（又至紐約百里凡英里二百三十四）
六日晁同文館總教習丁韙良子牛爾爲產律科司事雖非官立然紐約房士受授此其總匯本銀五十萬圓長一副二有印字小機器牛爾邀往厥家以未遑辭
七日赴演礦如約先是礦工廠長一名漢屯一名漢奪是黨判南北兵分於昔而上合於今者也約視礦至冉且言礦出新製非陳陳相因此亦非取人所棄比至是行與之俱辰正乘馬車七里有半（英二里半）

稅駕於南擺渡上汽輪艦行三里餘（一海里）泊總督島亦礮臺也雖合衆國都陸軍地其境則在紐約舊礮四十有奇兵百晤兵官麻庫費耳脫亦欲同游於是登艦行六十九里（二十三海里）經拉羅拔塞吉當海灣最狹處两岸礮臺相望南有空臺礮一又行三里餘（一海里）過養痾院凡航海不能無恙則留過此風濤數倍舟輕不翅一葉矣有警鐘有浮標立標又行三十九里（十三海里）泊二地虎捕礮臺時交午正飯後歷視厥礮非仍舊貫即未新修也而導游者曰重不在此克林礮可五發者猶舊製也有空氣大礮於同治二年（一千八百六十三年）造自干捏底嘎奪邦之文特亨姆長二十尺有奇中徑一尺三寸重四十四頓用彈一百二十磅直銀二萬九千圓礮架亦藉空氣壓力旋轉自如直銀一萬三千圓取空氣之機器車一管引蒸汽二管受空氣直銀一千三百圓是日所演則臼礮也半年前造自馬沙朱色士邦波士登即導游者廠也其廠曰叟波士登變安窪苦士重四十頓彈重一百一十五磅火藥六十五磅表綫揚六十度遠發二次遠高如率直銀一萬三千圓又發陸路鋼礮三每發用藥三磅有半彈到四里外（一海里餘）海

水躍高十數尺其屋電機黏銅（線）發則落乘輪（艖）歸往航岸南還航岸北無甚逕庭也往還舟車凡二百四十五里（有英里有海里）

八日辰正十八分乘瀛輪快車游賓夕佛尼亞邦之費納的費牙午初至止約二百七十里（英里九十）易馬車行三里（英里一）游茶利司苦艮布造船廠視未成之鐵甲船擬名拉得摩廠主苦艮布以其猶子導游復乘火車游路色恩忒（或譯來司居）亦賓夕佛尼亞邦地也有鋼鐵工廠曰美治拔耳司治珥距費納的費牙十九里有奇（英六里有半）展輪在未正十五分中途易馬車（午）已未正二十五分戌正乘車投拉費知福泰耳（福泰耳譯言店也）在費納的費牙之白露吐街是日行二百九十四里

九日游費納的費牙華盛頓故居名瞞脫飛鈴在賓夕佛尼亞邦都南一百三十五里（英里四十五）當蘭葡墨河之西邦人思威遺愛下逮婦孺皆出己銀貲之又游繪畫石刻院即百年賽奇會五院之一（四院已改）當門石磴立一銅人手按一書入門有樓四五有園時花街衢四通日以巳初羅列舊物雲龍以游鐵工廠有約莫邉少安恐誤火車也廠在納而司黑姆頓（或譯白司剋狠）距費納的費牙百八十三里（英里六十一）火

車約行半時四十分已初展輪所歷隧道曰三吉嵩曰苦艮布長短有差停輪車塲易以馬車至廠已午初矣鐵軌之鑄以此爲最（詳圖經攷）工又游鋼工塲曰密多拔耳其鋼每磅直銀一角其鐵每十磅直銀二角五分導游者腹枵借飯於八層樓高處約一百四十尺許其店名鉢耳拔林在福十飛奇譯言第四街也餐房三百五十巨纖翳日機梯不階而升也尋驟車於車塲酉初三十分開車行一百九十五里（英里六十五）至勿爾治尼亞渡尋乘馬車而上輪舟泊岸車行至紐約亥初矣是日舟車積程四百里有奇

十（七日）乘馬車行九里（英里三）游仙濯拔克譯者曰仙濯之言中央拔之言大園也克語助詞也費出有恒產者公立非私有也有渠有閣有廊有石亭有卉有叢木有飄艇十數裁容稱子有綠几三五坐臥游人有海虎海獅之屬畜之曲沼有紀念石幢移自埃及（詳圖經鍇石）又行十里有半（英三里半）過鐵綫橋彼人謂之懷崖布理厨既於東河造鐵橋復於對面海埠所謂布綠頓者以鐵綫（縣）橋長三千四百七十五尺高一百三十五尺寬八十尺有奇首尾以徑尺六寸鐵纜數條繫之

謂細絲合糾之纜勝於巨條自成之鍊多矣以方寸計可勝十六萬磅之重云紐約火車飛行空際與英倫敦之輪行地下相爲對待未游時已耳治之應游歷試已曾述及然未目治終嫌惚恍是夜自弟六橫街拾級而上鐵道乘車行至百五十六橫街每過一街輒停須臾凡上者下者易票者扶出醉者爭論者皆其時也其道自下觀之若迴廊初立雙柱今以一柱支橫木中非測量左右不偏不倚無以臻此間承鐵盤寬不逮丈而長倍之其軌往復交互而預留相讓地其車駕馬客位或縱列窗下或橫置短几以容四五十人爲常其車軒高與市樓三四層齊俯瞰煤爇若星籠燈若月雖然行空與行地無異曩聞懸車之目失厥誼矣橫街軌道此類有三一達一百五十有二一達一百五十有八一達一百六十有六按紐約埠市形長而街作田字形縱大街一十有一橫小街一百九十有八而自八始無一至七橫街也尋游蠟人院入門左置收鈔[illegible]側立一人逼眞覩之蠟其貌也一穉女鞠躬着履老者待之其右數人立覩壁字又進則坐羅馬教皇與別國君其它臥者倚者笑者泣者掀髯者拊掌者握算者簪鉛

者佩劍者診疾者對飲者鼓樂者又進則若耳語若假寐若驚刺若鬥獸若老吏斷獄若戰馬濺血囧彿惟妙惟肖而形神無一似者獨華人像五耳行當凹鏡自形矮人樓列萬國影圖我京都儼然在目也一室坳甚稺子坐側索錢乃入一虬髯木偶坐桉能舉手與人對着且拾所謂且拾者與中國象棋略近或與之校輙不克勝或曰其棋以機動以譜勝也一媼坐側又一層樓油畫居多以機梯上是日往還行百一十里有奇

十一日游紐約工廠

十二日倩美利加人薙髮用胰不用水也索銀半圓而不克梳辮午後游救火公司名符庫拉達蓋以車名立於同治四年千八百六十五車長五十五尺弟一層梯以鍊繫一轆轤其輪臥置車前機輪則梯立引而伸之再接一梯可高八十五尺又有蜈蚣梯四其直木徑二寸許鐵皮夾之長十尺有奇橫木排之其梯首有鐵鉤可鉤之屋上此即拉達之謂登者腰繫鐵環可連之梯間此即符庫之謂再接再上視此凡馬三官二夫十其直銀三千八百圓別一車名呵達達窪譯言

水筒如熗也車後置鐵筒如空氣礟形三段相續約長五十五尺筒端接樹膠筒其口銅可曲而上也筒座機活左右軒輊閎弗如意有副筒二欲其助未逮也人馬如前車直銀四千五百圓凡警電無市無匣啟匣之鑰非別以小鑰離之則匣雖啓而鑰不自出也其電達車房則鐘鳴繫馬之鍊自脫馬躍就車一人乘一人轡一人手繩聞鐘歷五秒時則車出矣夜聞電鐘則臥樓者板立而靴袴着體抱銅柱而下（樓門如扃中立銅柱八九小許）它車亦如之又游十四街之眼認公司譯言器械救火也以膠筒車隨器械車出一車二馬其器用銅其爐醮油然柴則機轉其筒接市面水管後分接膠筒於器孔吸水四飛其用不竭車後一銅球大如盆取勻壓力也未試車二亦如之據言馬直銀三百圓耳而訓馬之資相埒火不成灾其以是夫

十三日申初攜繙譯等乘火車行自紐約渡干捏底嘎奪河出干捏底嘎奪邦境入馬沙朱色士邦界烏駛西下飛輪自東車達波士登巳亥初矣是馬沙朱色士邦治亦一著名海埠商鵠亦工藪也計自紐約至此五百四十三里（英里一百八十）遂投逆旅曰馬沙色倚多一飯

一宿一馬車輙論金一十有奇矧日復一日人非一人耶
十四日游礮工廠曰曳波士登愛安窪苦士前此覩演曰礮即鑄自此遇導游之漢奪先視空氣礮函而木式而泥模而鎔鐵而鑄礮歷歷研究（詳圖經攷工）又游鉛工廠曰茶吐維苦列士窪庫（詳圖經攷工）在哈街一百七十六號其鉛百磅直銀五圓八角其廠屋六層有如塔者高百五十尺可以瞭遠東多工肆筒煙四起南港與喀羅司河相掩映西峙保險公司樓高二百尺郵局與鄰遙見礮臺二北望六里外（英里二）拔客希耳紀功碑高二百二十尺是廠樓中有印紙局被火而寄印於斯視厥印機每秒轉二千六百次直銀七百圓字板形如筒瓦而大倍之造自是廠云又乘馬車上瀛輪艦渡波士登港六里有奇（海里二）艦長二百五十尺瀛機視馬力二百泊岸車行里餘（英里半）游陶工廠（亦曰燒泥工廠）曰羅士泰兒窪苦替耳西（詳圖經攷工）廠主羅求留游者名爲署英文而曰願得漢字豈非孔道溢洋之機歟臨岐投一磚有伯理璽天德像隱起如畫遂以照影龕之歸寓噉麵包難可下咽時將申初悤悤檢行李升火車發自波士登行二百九十四里（英里九十八）戌

正至士伯林飛耳亦馬沙朱色士邦境也厥土宜豐雖秋亦春士伯林之言春也飛耳之言田也投逆旅曰布艮司維庫其地華人三千學校罔有缺以短槍工著名

十五日游短槍工廠曰士米史阿多維宋在士得地街（詳圖經考工）又游官鎗工廠曰由內低士底阿眞阿在伯里士路街先至支廠曰瓦打黍布在我那士街此藉水力者也麤工聚藝於斯課工長邀至所居瞰園中葡萄三種一綠而長一紫而巨一紫而細時工授餐於是雲龍先游火車工廠而復游此（詳圖經攷工）歸飯戌正升火車行而英屬坨加納大之游始此

游歷英屬地加納大圖經餘紀　　游歷圖經餘紀七

花翎二品銜直隸即補道總辦北洋機器局前游歷使臣傅雲龍述

雲龍游時之久暫未嘗不視歷地之廣狹若加納大大於英三島者三倍而游時最暫無它一限於時一限於費也雖然天之經緯地之沿革兵制之異同商舶之出入工肆之良窳農務之進退漁獵之損益學校之大小疆吏議紳之黨伐翁打里約貫璧之險要罔弗以見證聞撮厥綱領而吳爾宮凜凜有生氣尤於貫璧低徊不置云且南冰洋於游巴西道中極之而北冰洋則於加納大北境近之述游歷英屬地加納大圖經餘紀

八月十六日巳正三十分至加納大之夢得里耳先是十五日戌正火車發自士伯林飛耳（去經納直逕僅英里一百三十六合華里四百有八）行九里（英里三）停知柯比戌正十八分又十五里（英里五合前八）停哈理基戌正二十一分又二十一里（英里七合前十五）停孟多堂戌正三十八分又六里（英里二合前十七）停諸三布屯戌正五十九分又三十三里（英里十一合前二十八）停叟達費託亥初一十七分又二十四里（英里八合前三十六）停客林費託亥初四十五分又四

十二里英里十四合前五十停叟窪農過此出馬沙朱色士邦界亥正十分又三十里英里十合前六十停布拉多而勃其入窪蒙邦界始此亥正二十六分又二十七里英里九合前六十九停拔多宜亥正四十七分又三十三里英里十一合前八十停威士特名司達亥正五十七分又十二里英里四合前八十四停秘魯司法耳十六日子初十五分又二十四里英里八合前九十二停茶利司頓子初三十八分又三十里英里十合前百有二停客理雅茂子初五十五分又二十四里英里八合前百一十停文多叟子正又四十二里英里十四合前百二十四停懷多里拔丑正二十五分又百二十里英里四十合前百六十四停維司里拔寅初十五分又六十三里英里二十一合前百八十五停先多約翰卯初十分又百三十二里英里四十四合前二百二十九停紐波多辰初又九十里英里三十合前二百五十九停立知法士過此出窪蒙邦界亦即出美利加界自士伯林飛耳至此七百七十七里易加納大火車客位之潔瀫罐之精聯車之富皆弗如美利加遠甚見一司事者雙眉一道左右不分辰初二十五分又三十三里英里十一停沙屯車道之入加納大境始此辰正二十分又六十六里英里二十二合前三十三停繙漢巳正三十分又一百九十八里英里六十六合

（前九十九）至夢奪里耳是貫壁部落境也吳爾富之略貫壁在乾隆二十四年（千七百五十九）法軍聞之膽寒非有是役安在其爲英屬地也厥後受命戰塲嗚呼忠矣加納大人追往事不絕於口加納大之有夢奪里耳猶美利加國之有紐約也商船出入此埠居多工事槩之農具倚之疆吏有自主之權利亦實因之不然西北山鑛多則多矣如招徠難何哈奪遜灣衆維魚矣如氣候寒何此（雲龍）所以欲游翁打里約而先眷眷於此也軍區弟五與六皆屬貫壁而夢奪里耳在六區中其工肆本銀二千八百一十七萬一千八百七十八圓游北多倮牙魯蓋園以山名者也馬車行二十一里（英里七）見北多倮牙魯山高一千一百尺鐵道淩空火車銜軌而上與紐約高軌同而不同其撐道皆鐵柱也鐵道之木直列者五軌側有鍊凡休息日車行蝎來如飛過此有木架空如梁是稺子冬行冰上者也又游學校藥室歸寓申正三十分升火車行十五里（英里九）停麥耳緣土申正四十五分又二十一里（英里七合前十二）停先多馬金中正五十五分又十五里（英里五合前十七）停先多路司酉初五分又九里（英里三合前二十）停先多施列斯酉初十四

分又二十一里（英里七合前二十七）停先多沃司金酉初三十六分又三十里（英里十合前三十七）停先多哈馬司酉初五十六分又三十六里（英里十二合前四十九）停先多比理比酉正三十分又二十四里（英里八合前五十七）停庫達爲理酉正四十四分又六里（英里二合前五十九）停加拉美地酉正四十七分又四十五里（英里十五合前七十四）停孟地比路酉正五十二分又三十里（英里十合前八十四）停諾宜生戌初二分又十八里（英里六合前九十）停沙蘇戌初二十分又十二里（英里四合前九十四）停路庫艮戌初三十九分又十八里（英里六合前一百）停坡金漢戌初五十二分又十二里（英里四合前一百有四）停沃田戌初五十九分又十五里（英里五合前一百有九）停東田布耳戌正三十二[illegible]五里（英里五合前一百十四）停答知紐戌正五十二分又十二里（英里四[illegible]一百十[illegible]）停夫耳亥初又六里（英里二合前一百二十）至阿打窪自夢奪里耳至此三百六十里自士伯林飛耳至此六百五十七里（英里二百十九）自紐約至此一千九百四十八里（英里六百十六）甚矣憊而海關阻行李涼不得衣飢不得食出視護照關吏曰司事歸矣行止難可專擅以得立風語之而不至於是呼車投逆旅曰粒施耳在埃立根街步行五里有奇（英一里有半）訪海關司事

巴督（名）飭吏勿阻而寢食幾廢

十七日天將明繙譯起入盥室失時辰表指北鍼（即中國所謂指南鍼）此風與美利加異矣巴督來言海吏擨見中國游歷使行李之少滯以此過此罔有或阻又言海關長爲加納大三等官其人姓布列士登氏居適同店願一見也見之有訪副疆吏之約葢領加納大全境疆吏它往未歸也先是明萬歷二十八年（千六百）法郎西人至此我乾隆二十八年（千七百六十三）屬於英三十九年貫壁合爲一部落五十六年（千七百九十一）分貫壁爲東加納大而以翁打里約爲西加納大道光二十一年（千八百四十一）併貫壁於翁打里約其領地弟一疆吏之治議久不決而英國君決之於是首治在翁打里約之阿打瓦時咸豐九年也（千八百五十九）同治六年（千八百六十七）復分爲二各設治一部落之疆吏而弟一疆吏領全地如初卯正游其上議院其弟一坐爲疆吏位其弟二坐爲欲言者設此又與美利加異議員八十二人又游其下議院議紳二百一十有一凡開院歲以五閱月爲率而以春二月始此總議院也凡兵農工商之事皆得操是非因革之權此外部落分設議院疆吏得可否

之又游圖書館是其公家藏書處圜樓環列立十二年矣藏書十二萬笧又游書肆搜厥圖籍既而見疆吏之副治獄長亦在坐焉又游木工廠曰阿多米耳以雙河交流之水力助工勝火力多矣灘石激濤如鼓如噴其它農具工織紡工穀麥粉工金銀鐵鑛工綜而計本銀凡三千八百萬圓較貫壁多三之一而木工居多加納大軍區一十有二弟一以至弟四皆在翁打里約而阿打窪在第四區中額兵四萬五千阿打窪爲其樞紐於是察其經緯覘其氣候攷其沿革問其風俗綜其食貨權其工商諏其兵農以屬圖經初草又游公園旋寓一飯計費雖可久支戌正乘火車行

十八日卯正換車計自阿打窪行四百五十里（英里一百五十）又行七十五里（英里二十五）至多朗特下車時交辰正非午正二十分無車行也憩火車塲有玻璃匣列乾魚十二或如鯉而鱗細白點輒凸紅珠或蝦首而鱗如鋸殆鑽穴者歟一獸伏目灼灼齒露如生狼首鼠足獺毳而尾無毛形扁如魚翅皮紋如鯊魚亦歧亦合長三尺詢之彼人亦尠知名火車一至乘之行申初行二百四十里（英里八十）至哈密屯下車無

符車屋駐足候之前途無相識者繙譯亦非就熟問津不置有願導游者遂偕登火車行五十一里（英里十七）西正至賴宜各拉蓋交美利加合衆國紐約邦界矣自阿打窪至此八百一十六里（英里二百七十八）賴宜各拉云者譯言瀑布也彼人謂之五大洲第一瀑布（雲龍）莫過或息遂登馬車游之記曰賴宜各拉之水流急處石巖壁立斷崖千尋其上數椽間道步入推軒瞰飛瀑如銀如雪惜少遠也未幾攙梯藉其水力轉輪激之自下而上如車如樓可受一十二人（雲霄）乘之繩轉如行屋漏中板隙駒光玻璃透之下一百五十尺有奇乃近水岸梯止則室內也出室觀瀑如怒如狂如傾如沸如文瀾機不可遏而又如海潮受月吸也錢塘潮尋常高四五百尺耳猶八月十八日倍故俗評是日為潮生日是游在浙潮數萬里外亦於是日觀五大洲弟一瀑布視觀錢塘潮逮耶不逮耶方坐石騁目照影者曰中國游歷使至此前未之有不留影可乎坐（雲龍）側者繙譯澤郁縈而（雲龍）面黧形悴十倍於游三法蘭昔斯哥時何也一晝夜行數千里五官並用邊計勞耶對岸危棧斷續機梯形如小艇亦藉水輪轉之而高遜

餘紀卷七

此起視所乘機梯丹塗厥外如煙筒而方如禽籠而巨牛倚危崖目眩心駭復入而升乘車里餘英里半觀飛瀑迴流亦謂之轉水潭回首機梯如尺咫也又行七里英里二十餘過鐵綫橋跨賴宜各拉河者四此其一也綫高數百尺鐵柱斜支懸綫如綱一如紐約橋法長一千一百尺有奇橋南為瀑落最寬處雖然瀑非一目可盡北曰馬蹄瀑水寬二千尺水落一百五十四尺東南二瀑名與河同南寬六百六十尺東寬二百四十三尺水落皆一百六十三尺較北瀑且高九尺也如堰開閘如水倒峽雖可以它瀧如簾如練例噴水如氣如煙又如霧過雲輙數百尺許澎湃之聲如霆擊如戰酣又如兩火車狹道相逢離不盈尺過之成磨電聲也旁睨其餘或數尺或尺餘如雨後澮如石竇泉雖曰檜下抑亦餘姸歟瀧沙競下堅土擁之其外如瓦其中如甕水氣乘風輙出洞中所謂風洞者是從者趣歸雲龍答曰不問源可乎以圖質說賴宜各拉在野裏湖之東北即翁打里約湖之西南翁打里約湖或亦謂之恩打熱湖而加納大弟一部落翁打里約與湖同名誠重之也雙流既導一河遂成謂之賴宜各拉河或謂之

河是就源言其南爲美利加合衆國紐約邦境是天之所以界英屬地也殆如鴻溝不然加納大欲盡疆自戍其奚以哉或僅以壯觀目之非雲龍所致知矣記畢游水邊樓羅列水中所産或似玉而脆或似珠而幻一種金黄半雜黑紋謂之虎眼瑪瑙亦有珊瑚高裁數寸凡言珊瑚者率沿陳說指爲海中樹非也蓋蟲爲之或謂之珊瑚蟲或沿木或沿隄未出水時厥性韌出水則堅此可與格物者言又游公園尋至授餐館曰阿布耳計游賴宜各拉往還積程二十一里英里七導游者索酬金五圓而去乘火車已戌正矣行十二里英里四停倚士多拔費路又二十四里英里八合前十二停可林司爲里又十二里英里四合前十八停路宜爲里又六里英里二合前十八停文地又九里英里三合前二十一停庫利天田又十二里英里四合前二十五停柯肥又十五里英里五合前三十停庫路布都又十八里英里六合前三十六停拔達比雅又二十一里英里七合前四十三停比侖又十二里英里四合前四十七停爲司多拔田又十二里英里四合前五十一停拔田又九里英里三合前五十四停茶治爲里又十二里英里四合前五十八停智理又十二里英里四合前六十二停柯路多沃達又二十一里英里七合前六十九停路提司託又九

里英里三合前七十二停布理屯又十二里英里四合前七十六停邊肥耳土自賴宜各
拉至此二百二十八里
十九日子初行六里英里二合前七十八停法波多又二十四里英里八合前八十六停
馬施屯又六里英里二合前八十八停塞耳塞司又九里英里三合前九十一停拔米拉
又二十四里英里八合前九十九停宜塞庫又十五里英里五合前百有四停來音司又
二十一里英里七合前百十一停庫來地又十八里英里六合前百十七停沙拔納又
九里英里三合前百二十停法庫司立直又十二里英里四合前百二十四停波多比侖
又十二里英里四合前百二十八停爲多司波託又十二里英里四合前百三十二停約
切又十五里英里五合前百三十七停面比司又九里英里三合前百四十停達拏司
又九里英里三合前百四十三停安勃倚又十八里英里六合前百四十九停西拉柯斯
又十五里英里五合前百五十四停留維土又九里英里三合前百五十四停滿立司又
九里英里三合前百六十停可庫爲理又十二里英里四合前百六十四停治地南沃又
六里英里二合前百六十六停加納西拉沃又十二里英里四合前百七十停加納司多
達又六里英里二合前百七十二停王司爲理又九里英里三合前百七十五停沃宜達
又十二里英里四合前百七十二停維路來又十二里英里四合前百八十三停庫林司

根又十五里英里五合前百八十八停羅馬又二十一里英里七合前百九十五停沃里司可宜又九里英里三合前百九十八停懷士勃路又十二里英里四合前二百有二停由治柯又三十三里英里十一合前百十一停夫艮庫發託又六里英里二合前二百十四停倚侖又六里英里二合前二百十六停哈幾馬又二十一里英里七合前二百二十三停立土耳法耳司又二十一里英里七合前二百三十停倚司土庫利庫又九里英里三合前二百三十三停先多約翰爲理又十八里英里六合前二百三十九停法多布連又九里英里三合前二百四十二停拔拉金樵又九里英里三合前二百四十五停司布拉柯又九里英里三合前二百四十八停約司多又十五里英里五合前二百五十三停風達又二十四里英里八合前二百六十一停士來布司希耳又九里英里三合前二百六十四停野金又十二里英里四合前二百六十八停安司達唐又九里英里三合前二百七十一停庫拉宜司又二十七里英里九合前二百八十停哈夫滿又二十七里英里九合前二百八十九停司金笛又三里英里一合前二百九十停柯納又十二里英里四合前二百九十四停維司多阿拔宜又九里英里三合前二百九十七停阿拔宜又三里英里一合前二百九十八停倚司多阿拔宜又二十一里英里七合前三百有五停加司多耳屯又十二里英里四合前三百有九停司柯達庫又十八里英里六合前三百十五停司達爲杉又九里

英里三合前三百十八停柯庫司沙基又九里英里三合前三百二十一停司多庫波託又十二里英里四合前三百二十五停哈託松又十二里英里四合前三百二十九停加多幾耳又六里英里二合前三百三十一停利文屯又十二里英里四合前三百三十五停日滿屯又十八里英里六合前三百三十五停治勃理又十二里英里四合前三百四十一停拔理屯又十八里英里六合前三百五十一停來因拔庫又十五里英里五合前三百五十六停司達都拔又十二里英里四合前三百六十停海地拔庫又十八里英里六合前三百六十六停波基布西又十二里英里四合前三百七十停加密路徒又十五里英里五合前三百有七十五停漢拔又六里英里二合前三百七十七停羅波因又十二里英里二合前三百八十一停飛綠幾耳又三里英里一合前三百八十二停達直司又六里英里二合前三百八十四停司多金又十八里英里六合前三百九十停加立松又九里英里三合前三百九十三停海浪又十五里英里五合前三百九十八停比庫司基耳又九里英里三合前四百有一停懋多樂司又三里英里一合前四百有二停庫納沃又三里英里一合前四百有三停沃司加滓多又六里英里二合前四百有五少停又十二里英里四合前四百有九停新新又十五里英里五合前四百十四停達里屯又九里英里三合前百有一十七四阿文屯又九里英里三合前四百二十停赫司金又十二里英里四合前四百二十停絨柯絲又四十八

里英里十六合前四百四十六十八自賴宜各拉至此一千三百二十里英里四百四十所行皆紐約邦境至紐約自邊肥耳土至此一千一百有四十里英里三百

午正乘馬車行海濱登輪艦渡海小憩於火車塲未正升火車行七百有二里英里二百三十四戌正至華盛頓都

游歷美利加圖經餘紀二編　　游歷圖經餘紀八

花翎二品銜直隸即補道總辦北洋機器局前游歷使臣傅雲龍述

雲龍再游美利加合衆國華盛頓都蓋至自英屬地加納大時光緒十五年八月十九日也將有古巴秘魯巴西之游而非此末繇得費且非此末繇得各國使臣護照否則逕行焉假道焉無俟輾轉道左爲不其快歟雖然有紆地無曠時也舟車一停丹鉛再接雞未鳴即起伏案卷非夜過半不掩也此數十日間已屬之草無論已如兵制之簡要兵事之勝負與夫水師之阻道兵艦之攻工礮臺之宜泥不宜石罔弗諏之筆之爲異日排比計十月二十九日投筆行矣以前一日爲斷述游歷美利加圖經餘紀二編

八月二十日檢點圖籍

二十一日乘馬車至仁多耳曼史來因克眎印甸入門馬雖近於戲而舊俗宛然其長美利加舊武職也使人耀馬抛玻璃丸高數十尺輒騎擊以槍斃不中者三千人環目鼓掌聲騰先是裝束如印甸酋者戴白羽冠以鷺毛排插冠簷餘皆被髮赤身塗朱與黃或衣紅綠

先後馳馬出沒莫測被刼之車與室皆美利加人短鎗一發煙火四出一垂髮女槍擊球皆中又立鐵竿二枝高三尺竿首有螺旋塞以繩繫球貫於二竿而有一人持其一竿轉之則球舞靡定其女對鏡以鎗背擊之亦中有馬善舞殆亦中國古者舞馬遺意歟又游倭特祿視磚工廠是日往還十八里英里六

二十二日覽美利加圖經民數年表

二十三日覽男表

二十四日覽人類表

二十五日覽人數繫里表

二十六日覽來徙民數年表

二十七日覽民業大較表

二十八日覽職業分類表

二十九日游內微亞耳譯言水師礮廠也內微之言水師乘馬車行十二里英里四至蒲萄壘河岸水師練船泊此長一百八十五尺寬三十五尺其教習士特里曾使秘魯凡率水師遠戍三載必移之近家亦以三

載爲期復出此美利加水師通例也其生二百習技於斯廠外列臼礮一十有六八寸徑口礮五十有奇（詳圖經攷工）其新增廠屋方以機立椿也置架如梯上安轆轤以繩端繞蒸氣機輪以繩彼端繫一重錘一人挽其輪軸一起一落椿即立矣是日行二十七里（英九里）

九月一日纂美利加圖經民業雜識

二日纂邦部公地表

三日纂五萬人以上地表

四日游頗石馬沙畣（郵政）日彌拉耳（總）底拔多面託（署）譯言郵政總署也其樓四層其機梯如鐵網據司事人言合衆國信局五萬五千有奇日需收信紙據之屬直銀二萬餘磅皆支自此信之留此皆未由交者也本國日約二萬一二千函以女工一百有五拆之記厥姓名別國函數差少儲櫥待之二年爲期逾此則售物充公擇罕見物羅列之一蛇長十尺盤玻璃瓶火酒中殆好事者故作驚人歟郵寄時發匣猶生又游內威（或譯宜比）底拔多面託譯言海軍部也補前游所未逮視鐵甲船樣首尾巨礮各一側礮左右各三此即茶利司頓輪船

式也又游阿沃里可耳酒窪底拔多面託譯言農部也改自農局曾末匝月五穀百卉種囿弗具農圃或購自此以紙包之女傭凡百驗𧀎者三一室雜列植物棉木較華倍高且巨絲麻蔗藺淡巴菰之屬細大不捐果實既酒浸之復蠟肖之棃徑五寸瓜長三尺非虛擬也玻璃柱一十有奇內實花穀果蓏之種旁列鑛石五色燦目或似是而非則自三法蘭昔斯哥鐵道闢時所出者也羊毳細者來自剛色斯邦一木板長十一尺寬六尺六寸據云此四百年前木也有花室十餘椽以玻璃爲瓦署前公園兩亭對崎裁容橫几一水中噴紅紫資潤動物之屬不過猢猻熊牛而已歸路過干捏底嘎奪街有科侖布亞學校視之

五日叢美利加圖經物產

六日由門氏導游德雷索里銀庫猶言戶部銀庫也視新增庫十有六鑿地營室內砌以磚其外鐵柵以寬一寸厚三分鐵條從衡交加成方眼格門亦如之欲移賓夕佛尼亞邦之銀儲之於斯每室可儲銀八百萬圓其存銀行票三百四十兆凡富者慮銀行難可久恃即

以銀易合衆國公鈔銀行或虧則官爲分償百分之六十五凡作僞鈔者攝厥影懸壁緝之獲輒嚴禁一十五年然收僞鈔已至銀二十五萬圓是日馬車往還十八里英里六

七日纂美利加圖經農產大宗表

八日補游紐約工廠申初四十五分火車發自華盛頓都行七百二十有二里英里二百二十四亥正至紐約中途隧道車場皆已詳前寓五層樓雨

九日張大臣至自秘魯見之商游地且借路費也乘馬車游海岸觀礮臺形勢往還十八里英里六

十日欲乘早車而休息日輒減車行次數申正四十分流輪始展冒雨行七百二十二里詳上亥正至華盛頓都

十一日纂美利加圖經麥類近年比較表

十二日纂希嘎骨麥直低昂月表

十三日纂農地產直表游治絲工廠

十四日纂食貨大要表

十五日箋食要緊地表游工廠
十六日箋財產十年一計表
十七日箋食貨價目低昂表
十八日箋鹽表據日報言天文家預測氣候今日當減溫度二十然視寒暑表五十六度較前一日夜間五十九度僅減三度而較之十六日六十四度則減八度冰始見
十九日箋美利加圖經鹽法雜識
二十日箋糖表
二十一日箋酒表有戒酒者然無間晨夕無分男女亦一漏卮
二十二日箋淡巴菰表美利加婦女無嗜淡巴菰者然男輒癖
二十三日箋油表連日雨
二十四日箋棉花年表及收織成物兩表
二十五日箋輸入生絲繫年表
二十六日箋治絲條目表
二十七日箋羊毛年表

二十八日饋鑛類繫地表游鑛局

二十九日饋金銀鑛產繫地表

三十日饋產煤表

十月一日饋鑛務雜識分類三辨鑛第一開鑛第二補識第三

二日饋紐約金直低昂表而腹結氣下之乃愈

三日饋備鑛金銀表是日西千八百八十九年十一月六為美利加公舉伯理璽天德之期南黨多舉固落薄欲其聯也而北黨舉怍雅閔海里孫居之不其操舉權四百有一人舉怍雅閔者居三之二

四日饋造幣金銀出入表求游古巴諸處護照未來

五日饋合衆國紙幣表

六日饋銀鈔表

七日饋官局印紙表

八日饋銀行本銀存銀表

九日饋國立銀行條目表

十日饋國債年表

十一日纂公債虆地表國債條目利率二表
十二日纂利率異同表
十三日纂計入計出年表敘彭贇使大東攬勝圖記
十四日纂國費總目表
十五日纂內稅諸表
十六日纂邦部互出食貨表
十七日纂輸出輸入年表
十八日纂食貨輸出比較表三十年食貨出入比較表合衆國損本商表
十九日纂許嫥售年表美利加工無勦襲商無冒嫉其以此夫
二十日纂攷工源流四鼓始臥
二十一日纂如昨張大臣令陪讌日本使陸奧宗光先是游歷日本與晤再四然未知厥字六石自言取磊磊意
二十二日纂如昨游書肆出銀二十五圓購阿得納司一冊譯言五大洲輿地圖說也重二十斤著自英公司曰蘭多馬沽那列名（公司）空

拔業公司成於光緒六年千八百八十十年一作惜說尠條理

二十三日饗工廠合表雪輝生白地積寸餘時也木葉盡脫而雙柳婆娑垂絲留老蒼色與矮柏相映帶可不謂後彫柳乎以常柳例將毋失之詩言柳往雪來蓋謂柳雪異時也雲龍將有古巴秘魯巴西之游而柳往雪往見所未曾

二十四日饗工類表新英邦工廠利率表土木工費薙地表

二十五日訪火車公司饗鐵道竣工

二十六日饗如昨是日美利加謂之士克司給憤得譯言謝貺日意謂酬謝天貺猶之中國報秋成誼其期諏自伯理璽天德非有定日合衆國人皆食火雞又謂食火雞日

二十七日饗鐵道諸表

二十八日饗如昨夜深忽忽整裝明日進游古巴

游歷古巴圖經餘紀　　游歷圖經餘紀九

花翎二品銜直隸即補道總辦北洋機器局前游歷使臣傅雲龍述

凡綠美利加合衆國往古巴島大率航自紐約海程千二百三十九合華里四千有八十八捷航四日爲期否則航自紐阿連海程七百五十合華里二千四百七十有五捷航三日爲期而雲龍欲補未游道出灘壩以此將行聞灘壩疫起而亦進弗改途也古巴亦北阿美利加洲以其埠果龍爲斷述游歷古巴圖經餘紀

十月二十九日行自華盛頓都凡往灘壩火車之期有二一休息後三日一休息日今即休息日也開車者再早車卯正五十九分雲龍則乘巳正五十七分之車張大臣令徐參贊送至火車頭轉述古巴秘魯官署初至亦難借榻之故而別申初二十分火車逕勿爾治尼邦之理治門將逮車場穿隧道千尺有奇煤煙濃不可散定時爲未正五十八分行少遲矣過此定時酉初四十二分維耳堂屬那同上亥正十分諸司喀爾勸那邦之爲明屯而皆少遲夜行疲甚

十一月一日寅正逕叟司喀爾勸那邦之茶利司頓辰初六分停諸

司喀爾勒那邦之沙拔那易車行額外索銀六圓据車人云疫起戒行否則車不易也定時已初二十五分停諾司喀爾勒那邦之維苦羅司未正二十五分停佛勒里窩邦之日庫登微理中正三十分停杉發多亥正五十五分灘壩（霸）亦謂之湯拔（二屬同邦）亥正猶差華里三百有奇（英里一百餘）

二日丑初五十分乃至灘壩辛輪艦未開急步而登自華盛頓都至此千四百六十里合華里四千三百八十其艘名我理別低光緒十三年（千八百八十七）造自美利加賓夕佛尼亞邦長二百七十五尺寬二百有八尺吃水三十二尺其膨張機視馬力七百其噸數二千三百有奇其速率每半時行十八海里至二十里有差艙位莫大於此空氣流通重樓上縮下伸坐臥便之電燈與喚人機悉弗具餐堂踞頂而近軸食則琴作丑正行午正泊基威士多計百八十里合華里五百九十四威士多之言西基之言島此沿日斯巴尼亞語與英吉利語鍵義略殊今屬美利加之佛勒里窩邦初尋自日斯巴尼亞人是以僑居於此者較歐羅巴洲阿美利加洲人為多約略言之其人凡三

千有奇中有華人十六姓袁氏者卷淡巴菰工也聞雲龍至自來問訊且慰勞久殷如腌如可感也巳亥正行前一時風起舟子鎖玻璃窗濤影滔滔高三十尺身轉如丸汗不克止以清氣壅遏故也行墨西哥灣過基威士多則大西洋潮與之無迸風亦捲云

三日卯初至古巴行百四十四里合華里四百七十五自灘羈至此凡三百二十四里合華里千有六十九陸程並計至自華盛頓合華里五千四百四十九是夜悶不可支輪止狂飈亦微李隨使騤之未冠而通英吉利日斯巴尼亞文借譯署領事照料呼艇登岸行李至海關啟視不少假借游歷以來海關悉重華官免驗此獨眈眈無可吹求乃巳乘車至布拉奪街寓店名八沙赫其店最也房百二十備三十六歲入房銀一萬六千一百一十圓出官稅五百煤氣燈費三千雜用二萬九千五百此光緒十三年數然水無自來浴無熱湯地不毯以熱故也砌雲石方六寸許黑白相間其室地用磚其屋高其窗若門居三層樓房凡三雲龍取厥陋者華盛頓都澁度五十此六十餘蚊多牀有帳大類華製牀柱用鐵足有轆轤取易移也鐵網承蓐

柔甚

四日薙頭華人業此數百其直銀一圓有半洋餐燥甚華人飯館爲致蔬食於旅次訪張總領事等訂見古巴疆吏夏灣納官之約期以明日未初

五日未初如約往無一見者食言若是何民無肥往還未及一時馬車費銀十三圓亥初游嘎司羅埃西班譯言曰斯巴尼亞公讌所也立於同治八年（一千八百六十九）會友二千五百司事者名特我波多枚列八哈兒有跳單神房雲石利行與鋪板異室肖曲尺與洞闢又異油畫多且精皆描摹其國古事其工曰斯巴尼亞人也一幅繪其前女王出首飾資科侖布亞尋新地國人謂之神品有一畫學校兼習英法文字是分此會費所增置者凡茶會起戌止丑是夕雜遝數百樂三停遂不欲觀而歸

六日游書肆購圖籍道出大宮園李隨使偕往觀之曰此義大利優也說而不歌其園爲六園之最中懸煤氣燈三層一貫纍纍如珠不下百餘廊燈無算尋出有媚形類枯木伸手乞五仙錢亦美利加所

無

七日訪李隨使轉諏火車鐵道工程賠洋員理察該理察其名該其姓用華字名刺曰溪理察蓋廣東語溪如該也厥子名拉烏該又一洋員卑卑葉朗得士卑卑其名其子滙多育葉朗得士爲中華學堂洋教習

八日訪譯署領事考礮臺兵船

九日聞知華人會館或曰堂或曰社凡九並有商董欲訪之藉擴見聞而總領事領事並云可勿訪遂從土著諏電綫郵政

十日李隨使爲屬古巴圖草雲龍乃諮要埠注之隨譯隨正初稿憑此

十一日欲覽馬丹薩田寮而停工未開聞其寮以嘎拉迭納士爲多輸之美利加其埠距夏灣納百里約華里三百三十火車行無停日地沃戶約三千人逾二萬

十二日偕李隨使訪葉朗得士卑卑以古巴近事

十三日攷古巴地理

十四日攷古巴農與工商

十五日冬旭可畏晴白雨點窗一陣而歇是島冬恒雷雨而此數日天氣二年來最爽者也夜雁多育來見華字愛之贈數簃以其友雁多約得力照相贈曰有力如虎其相影於馬口鐵片膊大於首問所業則曰擊球也得力其姓雁多約其名

十六日友言古巴蔗一種可留數載或十餘載其收豐歉視雨多寡異所聞矣聞蔗宜旱一種六稜俟至秘魯博諮以證夜考古巴食貨

十七日聞華人方登衽席尋操室戈者有之已可扼腕而恃博之孤注則不可爲而爲也嗜好又不自覺而誰歟覺之也噫夜考學校官制

十八日攷山水又跋古巴圖曰此圖得自古巴領事署之洋員子拉烏該於電綫獨詳譯厥體例一爲雙壘圍而中黑諸省電綫房也二爲壘圍三層總電綫房也三爲壘圍一而中黑電路斜交也四爲黑點開電房也五爲單壘圍閉電房也六爲紅點火車房也七爲直綫而橫短如毛火車路也八爲藍綫國王電也九爲藍點直續官電待補也十爲短豎斷續廢電也然今已修拉烏該增日斯巴尼亞字以

此十一爲紅綫海電也十二爲紅點珠聯擬增海電也十三爲點竪相間支電與孔道異也十四爲黃綫舟道也其雙墨文若尺載數一至十者每數爲十奇兒美得祿圖中視如其長則得百奇兒美得祿也奇兒美得祿者古巴人里數之方言其一爲八分英里之五〇六二五合之中華則爲二里〇六視如其長則是爲中華六百里有奇雲龍既爲漢字古巴圖而始得此遂識之

十九日冬至總領事約於寅正拜牌此地夜出輒有戒心時不得車雲龍遂攜解日斯巴尼亞語之通事盧阿昌偕街巡捕往巡捕喃喃意謂衣冠早行自米士得傅始識語與英吉利同尋歸天猶未曉聞輪艦至遂往購票古巴人語船曰馬波問直多少曰管多馬薩立立乃奴

二十日申正譯署領事同車至馬頭上輪艘先歸盧阿昌向晚乃歸賴盧通言語者十八日舟名覓得師柳約同治十年千八百七十一造自英吉利長一百三十尺寬二十八尺吃水三十六尺其機器視馬力六百其頓數二千四百其速率每半時十一海里以運貨爲宗客艙無

差等門夾餐席規模低且狹清氣罕逮而每食輒酒每逢令節則香餅酒此大東洋艦所無然不飲如雲龍未見其勝

二十一日卯正東行少南經抹羅礮臺側是夏灣納入臺之一水寬七百尺夏灣納灣口也朝雨晡後東風吹斷雨脚所謂買賣風者是尋復微雨夕暈雙虹南望有島

二十二日朝虹尋雨而風南有山色紫土質含酸化鐵有巨鳥名水師午正行三百三十四里合華里一千一百有二北緯三十二度十二分三十秒東經七十一度十七分行峽間浪緊甚

二十三日午正行二百十五里合華里七百有六北緯二十三度二十五分東經六十八度距岸三四里許西南行見一兵船南來問云出自海地島按海地島一小國耳在古巴之東南及北美利加洲之間而兵船游歷乃克如是西人謂其自立未始不由於此夕餐糖果飣餖大類華盤

二十四日辰正泊山地亞低古巴計二百六十里合華里八百五十八自夏灣納至此八百九十里合華里二千三百九十七將泊舟艤

灣口東寬三百尺容一舟行其東山嘴有礮臺一又東有譙樓臺一高一百七十尺輪艦進口約三里合六華里有奇灣內小島爲藏火藥處灣東巨室爲造煤氣處其埠街十字形一東西一南北而多斜据山控水地勢然也市屋瓴板人類五一日斯巴尼亞一法郎西一黑一雜六萬有奇中有華人二百皆工也方言雜法郎西有法郎西公所音樂正副並置日一交申其國醫士於斯避暑西正驟雨打窗尋歇亥正行

二十五日朝虹西懸見一島曰惹美格是英吉利屬地午正南行二百四十四里合華里八百有五北緯十七度三十四分西經六十九度

二十六日西北風巨午正南行少東六度許二百六十四里合華里八百七十有一北緯十三度十二分西經六十九度二十八分

二十七日辰初泊馬達里那計二百二十八里合華里七百五十有二北緯十二度西經六十九度五十分此屬新加拉那大國詳下卷巴拉馬馬達里那依地理全志與聞符即瀛環志略馬黎濟大是其國之一部所治會

城曰加大其那（瀛環志略云紅大輿所聞異）海口一埠也凡海國城率虛名此則石堞百雉高海面二十五尺四面環若華城泊舟處門二上嵌時辰表高六十尺其居沿日斯巴尼亞舊式泥石爲之以海關兵房郵局教堂爲巨庭輒植蕉衖較古巴少潔其賈多女其兵三百五十其人一萬五千無一華人埠東約華里四十九（海里十五）有礮臺一其埠南隅亦有礮臺一礮數有差其埠西南高處又有礮臺一舊礮六尚可用也其寒暑一年平均九十三度其產加非蔗糖與夫造金雞納霜之木皮居多

二十八日辰正行午正計五十里合華里百六十有五北緯十度四分西經七十度四分有一颶船逆風遲甚舟輪稍停所以避也据識路者云少近經道否則不見來船

二十九日辰初停果龍之灣口（一名箇隴與古巴哥即音近）計二百六十五里合華里八百七十有四自夏灣納至此千八百六十二里合華里六千一百四十有四北緯九度四十分西經七十度二十分果龍疑即瀛環志略所謂索各羅也此大西洋與大東洋相隔處有泊舟馬頭然

它船先至酉正乃得泊之否則即至即登其往巴拉馬火車一日而三一辰正一未初一申初無須權宿舟中矣埠於赤道較巴拉馬少遠然聞熱則過之果然溽度九十蚊如雷睫不得交當西紀十二月三十一號其除夕也夜半船鐘競鳴有爆竹聲云來自華有童叟歡呼聲衖車達旦

三十日侵曉雨小而驟冬暑微輕卯正登岸其火車之例與美利加巽行裝計磅如數支費語文既判金銀復差大難大難遇一華人車位之直籍以無浮果龍沿岸形長蕉椰之類結實纍若貫珠華人四百有奇皆商也辰正車行半道輪阻蓋貨車前覆軌間車旋里許停馬美下車無逆旅不知所之遇華醫談(良顯)自言居一郵曰嗅威步設雜物店曰永萬祥然距此較遠轉致同車陳(元志)導憩其兄(信恩)之致祥店烹茗爲黍同人曰出游以來莫甘於此飢者易食非歟賒之小影據云華官經此無下車者華人四五踵至問勞猶憶去年西紀弟一日於日本東京學操方言一二乘人力車游新巴西即新橋也覩戴鬼面者作婆娑舞於松竹間相去何翅天淵然飽猶幸中正車場紅

幟易白見者欣欣然蓋西例道梗旗紅否則白以爲常少頃車至遂行酉正至巴拉馬自果龍至此僅四十八里耳而輾轉車途不下九十里合華里二百七十其停車場著名者三一布郁一納西陸一科猓沙魯而馬美在布郁納西陸間當馬美下車時司票者言易車可無易票不再加直也至是再索但云給收銀單自向鐵道局取前所給如言至局適無一人轉詢亦支梧而已乘馬車投一店曰將來生徹戶台樓宇高且敞而無喚人電機

游歷秘魯圖經餘紀上　　游歷圖經餘紀十

花翎二品銜直隸即補道總辦北洋機器局前游歷使臣傅雲龍述

以赤道言巴拉馬尚居北緯以阿美利加言巴拉馬已屬南洲果龍爲大西洋止境巴拉馬則爲大東洋始境故記秘魯之游始此巴拉馬屬新加拉那大國瓦亞基屬埃瓜度國皆在秘魯北其南有國曰智利與秘魯毗連麥哲倫峽西亦智利境也東有巴他峨尼境過麥哲倫峽即南冰洋矣人跡罕至故去路以麥哲倫峽爲斷述游歷秘魯圖經餘紀

十二月一日訪巴拉馬爲新加拉那大國義斯麻部之一大埠先是明時日斯巴尼亞人科侖波尋地得此最先嘉慶十五年千八百有九畔後八年自立爲科侖布亞國道光十一年千八百三十一國分爲三一埃瓜度一委內瑞辣一即新加拉那大也新加拉那大仍沿科侖布亞名義斯麻部埠二其東曰察機利其西即此埠而西勝其城踞巖石顚堂院插霄卉木怒發水性雖劣南洲名勝罕有其匹一街橫貫半島絲海達海別有皇街自西至東居樓皾用拔耳可宜木窗戶高而闊

天熱然也㪍雕鏤工亦日斯巴尼亞舊式壁多壘石地㪍鋪毯有學堂一教堂一（在大圖西甚壯）尼院五尼室一其地出水陰箭鳩工尋綴然土城斜下海潮亦高雨則自然灘之無少滯其城南曰散打阿納其城西三里（英里一）山曰安昆商高五百四十尺東南青葱掩暎遼野山陽島二一曰扶拉面可一曰百理可並多農畝其城東北十二里（英里四）小河口遺故城基造自康熙十二年（千六百七十三）莫而昆作亂奪之今蘇矣剩塔一圓門一（或稱弓門）橋一泊舟馬頭二堞垣零星往往而有其城北三里（英里一）燈臺一定色紅天晴四十里外（英里十三餘）見之自嘉里符尼亞及科侖布亞鑛見金脈此地爲竭來要津人物因之漸臻嘉里符尼亞至紐約之鐵道一成而此頓減巴拉馬至阿司冰鶉（一曰科侖）鐵道長英里四百七十合華里千四百一十工蕆於咸豐五年（千八百五十五）越二年入銀二十七萬二千磅是每一英里五千七百二十五磅也計百分率即客五十三有二分之一物二十七貨幣九有二分之一郵便八有二分之一小包一有四分之一雜類四分之一其氣候二一乾一溼溼起四月（西五）訖五月（西六）餘月爲乾蓋五月雨多且巨過此

雨少土人謂之小夏十一月西十二後西北風烈雨驟至暑重寒輕終年一例溫度七十五至八十七黃疫多咸豐九年千八百五十九不起者日百嗣是疫時時起今夏錢隨使廣濤經此而有斯疾至瓦亞基不救西法欲免魚腹先浸以酒既出貫喉側入藥水取不腐也銀費數千圓乃歸華人罹疫難更僕數以海岸無稅而趨未已然細問之非無稅也華商歲出銀七千圓附于英商納之張大臣所派商董二一正為曲費兆一副為砲鷄桂曾業酒曹則永安昌號司事也其本鳩自廣東人招瞻豫售金山曰永和生秘魯國曰永安昌智利以秘魯同香港曰祥和店廣泰南北行巴西尚未議也曹所貿以外國女披肩為大宗采繡之屬售美利加紐約論直銀五十圓黑地繡黑之屬售秘魯智利諸國論直減十之二繡自廣東女紅無慮二萬此亦通惠一端歟它如鏤牙器或直金千漆器半雜廣東日本其地華人數百皆商今春來工四百未數月嬰疫死過半倖免者歸矣用物率資別國不自為工所謂工者即浚東西洋腰束一道也計自渠龍四十八里約華里一百四十四此天所以限東西斧工強鑿皆法郎西人有局歷年八

工猶未牛近以費且不支議停然停亦不久美利加領事埃東生語雲龍曰果停則工無食睥睨華商居多以告曹曾於隱慮之埃東生者曾由前鄭大臣照會美利加外部令其照料華商者也新加拉那大國亦轉相照會允之故與華商素不膜視雲龍答拜遂游公所三一曰華安二曰人和三曰三邑據曹述近事甚悉而曾有豪氣蹤跡之自言十年前流落美利加南北兵起北將亨利納李以之率戰十五百槍礮身先無虛發後商秘魯科侖布亞諸國輒自慨無用武地扼腕久之噫此才而棄之此耶微獨魁梧已也有姓易氏者饋濡筆求書柱銘是日時雨時晴溫度八十六暑非酷甚然溽

二日卯正三十分曹曾導登小火輪艇埃東生來贈小影答之少坐聞解纜報鐘乃握手別將展輪秘魯領事必列多亦至岸側脫帽送行航數里登智利公司輪船名開纖木耳造自英吉利長三百八十尺寬五十五尺喫水十九尺馬力三百頓數二千八百下艙與牛豕同居客位多在上艙窗門面海延空氣也否則熱難可支有電燈有喚人電綫而無澣面腖船頂以魚油黏布凡用魚油非入英吉利之

一種泥不易乾也五年一易驟視之如鋪馬口鐵日餐三午正開輪
夜月弦見
三日午正行八百五十八里海里二百六十二北緯六度東經七十九度雨珠
灑濤滂暑微減
四日午正行八百五十八里海里二百六十二北緯三度三十分東經八十度
未正過小島之東其島名伊納拉八納達高五六十尺以測遠鏡視
之近北四分之三麓開洞門四圍色白不見人也艦側一物如犬逐
波上下然尾尖不類海狗
五日辰初泊博龍計行九百一十七里海里二百七十八此屬埃瓜度國戶
五十許人栽數百船頭發鐵礮一有小艇盪槳來眎蓋關船也舟輪
尋展小嶼間異禽貢語奇花娟淪板屋竹籬爲觀海目別開生面不
意於近赤道處見之午初泊瓦亞基計行一百九十八里海里六十自巴
拉馬至此凡二千八百三十一里海里八百五十八南緯二度十二分西經
七十九度五十一分是埃瓜度國一大埔頭日近長安遠不翅爲此
行咏矣國都曰瓜度地當赤道故以埃瓜度名國譯即赤道誼也然

都地高海面三千尺可居以此否則熱難可支瓦亞基灣爲南阿美利加洲海灣第一在基路島之北距陸約華里一百五十（英里五十）灣口寬五十六里（海里十七）灣南樹多而岸低近岸十里（三海里餘）水恒淺灣南有栢鴉納瀨有布納島巨船入灣聽水手目力何如布納島木無算近岸亦淺然爲瓦亞基河口南阿美利加洲大河以瓦亞基河爲最巨凡船喫水不逾十八尺者可達瓦亞基埠九十九里（英里三十三）較小之艇可達一百二十里（英里四十）河寬處四里（英里一里半）有牛兩岸小嶼無數毒蟲蜥蜴之類其恒見者游人裹足河口大島二一曰孟多拉貢一曰馬多宜羅司然亦人跡罕到布納島北水深時可十八尺先是南阿美利加洲土酋印格司治此土人便之曰斯巴尼亞人碧紗羅沿海探南阿美利加洲西岸至此繇瓦亞基河口入布納島自以爲南洲之地觀止矣後進嗤之其島有鎮屬埃瓜度而後曾被入嘅美約人盜掠鎮人逸於瓦亞基尋復厥居屋高市潔空氣流通無一蚊蟻瓦亞基人於雨多時輒於此避暑布納島之東南曰阿理頓岬在沙里納司岬東三十三里（海里十一）對岸之僕柯養必立岬西北三十九里（海里

十二航難始於此岬燈臺形方高於海面五十九尺色紅一分時發光十六秒散光四十四秒晴達三十九里海里十二布納島之東北曰釐荆格岬燈臺形方高於海面一百有八尺定色白光晴達三十三里海里十是岬之北曰野司巴羅納岬在馬納岡東北十三里四海里岬高北行之舟可見其南三里有奇一海里水深三十六尺鼓輪無滯也岬上燈臺高於海面一百三十尺定色白光晴達三十三里海里十瓦亞基灣之南有巴鴉納島又四十六里海里十四曰阿木耳畣牙撻島亦名散達苦拉拉在沙納司岬西南三十九里海里十二高甚長四里餘海一里半島上燈臺九層塔頂高於海面二百五十六尺色光太白一分時散光八秒晴達七十九里海里廿四入灣之舩稱便故稅亦有額舩載每噸風颿輪六仙有半瀛輪輪風颿之半又有不灑古岬南阿美利加洲西端也南緯四度二十分西經八十一度二十分岬有邱二其間為高尖岬麓有小岩石岬北約華里十九海里六有阿耳昆山西面肖樂器管故名蓋謂樂器曰阿耳昆也未初雲龍方欲乘艇登岸新昌和之張盛興李欽秀邱觀生適至導游瓦亞基埠城在瓦亞基河西岸大率以板

餘紀卷十　四

爲屋以馬口鐵片爲瓦其地窪溼其城西氣穢濁而沿河樓高軒敞海關峙焉其城南三阜總名西路低拉苦留司其中阜高三百二十尺長約華三里一英里有高山曰金勃拉蘇距城約華里四十八十六英里可望也在其國都西南約華里二百七十九十英里雙峯猶戴古雪嘉慶七年千八百二測量者二一漢勃多一潘布蘭至山一萬九千二百八十六尺道光十一年勃新可耳多測至萬九千六百八十四尺而未極頂今据測量家言山高國都地面萬一千九百五十八尺高海面二萬一千四百二十四尺然秘魯高山四智利高山一與此同出安地師山脈而皆高於此此居南阿美利加洲弟六或云弟一非也雲龍小憇於華人會館曰惠慶公司踵相問訊無慮百餘有杭州徐四林者言府城不守逸出年裁十二後充蔣益澧營兵戰場被掠繇舊金山至此市酒餬口江西李某販米至自秘魯云獲直倍然稅重廣東潘祿則爲商冠招飲以不飲辭堅留一飯其鋪三一生隆一和生一和安其司事劉福堂亦江西人餘籍廣東人影在地難可獨歸送至輪船者六人其一爲千總黎孜政蓋將同舟往秘魯者也自言昔僑秘魯爲其

國造鐵甲船司工而不司費六閱月船成如式智利之役遁巴拉馬中道輪舟瀛艫壅不可行客多泣下舟主傳語詭歟克修酬銀三千圓黎自應之歷時四鑽孔三十有六舟行如常後見鄭大臣令回廣東曾捧檄入西局爲彭尚書造營礮然入自光緒十一年冬明年夏即出夙貧一罄海賈復爲亦一馮婦也聽語未終慨然一再

六日晨起有登舟售波羅密者云它產無如瓦亞基之佳金雞納霜亦產自埃瓜度國以木皮製治瘧奇品也此埠前十八年千八百七十一歲計來舟一百九十頓數四萬二千九百十三自法郎西居多其輸入直六萬七千四百八十六磅其輸出直二十七萬七千七百六十二磅所出莫多於哥葛鴞食物名今則出入倍午正行未初出灣少停關船來視復行

七日卯正泊擺達此秘魯北境弟一良埠屬比五納部在部西百八十里秘魯里九十自瓦亞基至此計七百二十有六里海里二百二十南緯五度五分西經八十一度十分通比五納部火車約需二時其部林地農地皆藉安地師山一脈之水而擺達一埠無可飲者亦引自內地赤

日黃沙艸無一碧沿海童如薙如過此諸埠比比然也終年無雨而潮鹹不孳然山之東霖雨靡休未可槪從此例攏達歲泊別國輪船二百數十其輸入載數凡十八萬布些有奇雞子五十枚裁直銀一角抑何廉耶果品或如黃李綠纏扁桃味酸且澀或如甜瓜煮食去核橙桃蕉實之類於詳圖經舟客所携有松鼠有果子貍又有禽酷似鸚鵡而小四之三喙不紅而黑呼之爲北野哥司

八日辰初泊比民太耳一譯平民得計行五百有六里海里一百五十六南緯六度五十五分西經七十九度五十四分在倚鼎岬西北二十里秘魯里十水淺泊難距岸五里海一里餘水三十尺輪舟所泊在十一里外海三里半土人運載輙資木筏未正泊先得布拉司埠計行二十九里海里九南緯六度五十五分西經七十九度五十四分岬突出其沙阜二南阜高且險內地二山相去海岸一二十里秘魯里十高千九百尺一四十二里秘魯里二十一高二千四百五十尺海上可見戌正行

九日丑初泊八嘎美押計行百一十二里海里三十四南緯七度二十五分西經七十九度三十七分臨水屋尠正埠在其東南戶二千餘當

八嘎美押岬之北麻拉布里可知西北二者之間岸窪而險距六里餘海里二深六十尺安可那岬距麻拉布里可約四十里有奇海里十二有半行舟在三里外海里許近則有暗礁產米華商梁文神來自秘魯買米而返鏞名賓芳遂同舟焉解日斯巴尼亞語而未嘗金玉爾音此亦一助爲雲龍購一古陶器曰芝渣哈羅土人呼粟粥曰芝渣呼餅曰哈羅此四百年前物今復出土文樸拙形類胡蘆然上節環管曲通即出粥處未正行酉正泊沙魯尾耳計行二百二十七里海里六十九距篤六溪約三百里英里百有火車道先是日斯巴尼牙人比沙路翙立而古蹟古器往往而有其人萬八千華工初困田寮領事既置工身盡贖然聞贖後或復自買如篤六溪約隱毒猶有餘者所未詳也產米與蔗智莫山谷地最腴沙魯尾耳人約千六百水三十尺至三十六尺通舟鐵棧運物便之無風而波未泊以前見島二一長形名臉得羅一斜碪形名伊納得瓦押亞出鳥矢既泊見西南數十里有山如鐘名寫綠岡板牙謂鐘曰岡板牙謂山曰寫綠此日斯巴尼亞語英吉利語曰昆巴羅方音畧轉鐘義則同

十日船載增糖六千米千五百𣗥以包計牛二百豕百餘其牛以繩繫角懸轆轤而上每牛酬載資銀十圓三豕同登繫足以繩號聲攪耳不似牛之寂然載直輒五圓

十一日未初行西正泊金博汀計行二百有四里海里十二六埠依沙峽在費路耳灣北岸灣以勃艮可島及陸地而成形橢圓長約二十三里海里七寬約十二里海里四內有小島又有金勃佤島與鐵比生島相近處一島曰費路耳此勃艮可北大島也又有勃艮可石甚巨勃艮可島側多岩石而金博汀埠前泊舟艮便戌初三十分行亥初泊嶨莽谷計行四十九里海里十五南緯九度十五分西經七十八度二分秘魯海岸大灣也由西北至東南袤十九里海里六廣半灣口之南爲嶨莽谷岬北爲西路島口一十八尺灣內水一百二十尺東南岸一漁邨當尼納河入海處南岸沙多難近水黑不可飲河之左岸有井汲引賴之輸出爲米棉木畜之屬是舟增載豕百

十二日丑正行經埠二日格馬曰華美𣗥以疫聞未之泊也午正泊粟碧計行三百六十三里海里百一十一南緯十度四十九分西經七十七

度四十七分倚山爲居率多板屋嶼麓一洞潮入復出山水所潤遙矚蔗青戌初行

十三日丑正至嘉里約天曉乃下錨泊定中間舟經瓦足埠距粟碧百三十二里海里四十未泊也瓦足至此約百六十五里海里五十安自粟碧至嘉里約海里九十南緯十二度四分西經七十七度十三分自擺達至此二千五百二十四里海里七百六十五自巴拉馬至此凡五千三百五十五里海里一千六百廿三燈臺峙六十尺高於海面九百八十尺色黑定光達三十九里海里十二卯正秘魯醫士來舟審睇無恙海關長復來曰待中華使署官來乃登岸辰初林代使怡游劉領事福謙偕鄭梁張諸隨使照料下舟至火車頭少憩辰正乘火車行二十四里秘魯里八十二英里巳初至利馬爲秘魯國都經緯詳圖經乘馬車投旅舍曰福來西司因立水問直曰日銀三十圓勢難縣出且居其次日減三之二餐浴在外別尋客寓直較廉然外人視之於國體不無關繫遂假館於養和堂之樓若棧若榻若地毯類皆借移它所

十四日從養和堂日食則購自華人所設飯館居停主陳（亨）有元龍風擅雕梨蓺郭（慶颺）師和緩術堂名以此對門曰怡和堂是陳與王（安）貿易處王樂爲善先是華工瑣尾不肯輒肯無告無歸遂惻然與前劉代使（亮沅）議立盲工院解囊以倡明年涌惠總局工蔵將藉屋租以繼此需也時游瓦兄未歸

十五日華商顧兄者多劉領事曰可以偕訪即見即行半日而歸秘魯人約西（名）苦羅背路左（姓氏）聞雲龍急於諮度遂携所著利馬學問報告來談移時曰恨不易舌而語半面之懇切如此

十六日林代使導訪美利加使北客据云出使巴西者瓜期同近矣商廣經原之李（應鸞）其兄與雲龍之仲弟鼎丁卯同舉於鄉能詩永安昌之梁（敦豪）和昌之梁（愼豪）榮盛之黎（紫子）亦至譚地理食貨甚悉

十七日劉領事導游王家花園曰科侖石會其題科侖不忘探地之始也其稱石會譯言方也園方故名造自同治十一年（千八百七十二）其朱藤爲直幹爲巨本與中國柔條異始花榴亦花爲白爲淡黃爲淺紅別有花似山茶而單與廣東紅花同夾竹桃高二三十尺木芙容樹

轉低苂花而玉蘭花未着本高四十尺括生野出力云者譯言千年艸大於蒲數倍北哈里多者譯言雀子花其木高三十尺葉細如皂莢樹花似豆花瓣黃心紅馬纓月季雜露叢林先是動物罔弗備智利之役獅豹類皆攫去今存熊狸鴛鴦孔雀鷹鸇之類鷹有異種較大產秘魯之非掩得斯埠凡有血氣者𢧐克高逾萬五千尺獨此飛以二萬尺爲率池側一鳥曰白黑痕鵝身鷹翅喙長尺許別一大池有橋有艇點綴略寓活機臨水一屋中立印甸土人古碑（詳圖經）屋前立費力氏鐵像費力氏即羅馬古美也又游國監所地居園左無死刑然急流灌頂亦未見之酷刑（詳圖經）出游鑄錢局遂游礦務學堂羅列礦質辨之等之試之析之有圖有說有師十六有弟子二百其鑿礦器藉水壓力逼鑽石鑽端四稜石遇之成孔復爆以藥即開日夕而歸同舟之梁偕其同事古（益孚文）永同與之江（旭亭）來適陳（亨）言東義會館垂成中祀壯繆求書柱銘願嵌東義二字假筆應之曰東壁邇西園正廇貌成今神髣猶昔義漿注仁粟願僑居聚首歸里同心

十八日早起饔圖經申正林代使導訪外部長阿耳沙抹納同見伯

理璽天德蓋外部署與宮通也巡捕長冠袴紅衣綠以金緣裹佩長劍劍首及地候門延入少坐伯理璽天德出其面左戰時創痕猶見握手坐問來涂去路即言明日特備火車約游基格納山而別

十九日游基格納山作記曰南阿美利加洲山以安地師爲宗秘魯之基格納山亦其脈也而非其極然五大洲山之鐵道高莫高於此向例火車日惟辰初一上辰正一下（上記申正二刻　下記酉初二刻）今日之東來日乃下山半一宿游者苦之是游也前一日秘魯伯理璽天德面約一日往還至是備車二一正載客也一副載樂工也車停樂作禮也主爲外部與吏戶兵刑諸長賓則各國使臣參贊林代使鄭隨使與焉（雲龍）借招游者如約往賓主凡二十有二鐵道之度從英不從秘魯者修自美利加人也計里計尺輒自嘉里約始嘉里約至利馬八邁高四十八尺爲茲游所未經以辰初一刻五分車發利馬行十邁有四分之一（距嘉里約十八邁有四分之一）經三達嘎拉高一千三百十二尺計自海面非計自利馬也下數視此又十五邁有半經職西格（合前三十三邁半）高二千八百三十二尺又十三邁有半經山希多猓米（合前四十

七邁高四千九百十九尺又四邁有四分之一經阿沽瓦維五格土合前五十一邁有四分之一常車經此不少停以視鐵橋故停車步橋橋跨兩山下深英尺二百五十六以英九華十計之即華尺二百八十也洋尺長百廿三百尺合華尺三百三十恃鐵繩橫柱力居多鐵欄木板車軌繇中上車復行四邁有四分之二經鑽葛合前五十五邁有四分之三高六千六百六十五尺又七邁有奇車停麻多格納合前六十三邁高七千七百八十八尺午初矣餐席二雲龍預第一席外部長舉觴屬曰薩魯譯言相視也樂三作而畢復行留此者半行六邁有半經丹鉢尾宿合前六十九邁半高八千八百七十尺瀑布伏流山凹時露石罅雪如沸如無慮百尺半月前山水驟發損居廬漂蕩穀無算又四邁半經丹博拉格合前七十四邁高九千八百四十三尺又三邁半經沙馬牒約合前七十七邁半高萬五百三十尺其郵居車路下俯瞰之屋不逾百夾流而居又二邁許經布彎牒因飛拉宜約合前七十九邁有四分之三高一萬九百二十三尺吸水筒立道側曲引自巖又二邁有四分之四經彎留留安奇合前八十一邁四分之七高一萬一千三百尺又二邁有奇經埃約布郎葛合前八十三邁高一萬一千

五百四十三尺又三邁有半至基格納（合前八十六邁半）高一萬二千二百二十尺自利馬至此七十八邁有半英里也合華里二百三十四里有奇合之嘉里約達利馬之八邁約華里二百五十八里有奇測山高低表與所問符非臆測也凡高海面萬尺以上酸素漸絕空氣鑈輕呼吸之難以抵力減故肺氣壅者輒眩或目嗅蒜宜如高至萬五千尺以上毛血或出不易禁也中道之止半以此德意志使勇於游而亦覺不支（雲龍）則否然鐵道議不止此工停未蕆其上地名蛾羅里牙則銀山鑛也約五十九邁綜計之一百四十五邁合華里四百三十五里有奇高一萬五千六百五十八尺其工始同治九年（西千八百七十）訖十一年（西千八百七十二）美利加人點格士造之有立相懸之火車場其費銀二千一百八十萬圓縣多格納以下仙人掌怒出沙礫皮毛作白霜色山澗四出雜樹夾滋棉蔗分潤亦油油然而山輒童過此以往（巒）高轉秀雖乏巨木而棕若蕉一碧千叢山骨嶙峋率黏苔蘚六如文與可畫幅視檐下矣非雨無間日不逮此是日白雲出山麓逐車行午初復漏（日）影濕度七十五六漸高漸陰裁及萬尺而雨微

如毛毯基格納則雨如注衣履盡溼避之廊少頃旋車時申正矣中止餐如前所經隧道三十有九或洞巖腰或貫竅口約略計之共長一萬七千八百五十尺由下而上一長三十丈二長四十丈三長二十丈四長六十丈五長廿五丈六長十五丈七長二十四丈此未至麻多格納以前也八長四十丈九長九十丈十長廿丈十一長五十丈十二長廿丈十三長廿丈十四長廿五丈十五長百丈十六長三十丈十七長九十丈十八長六十丈十九長廿丈廿長四十丈廿一長三十五丈廿二長五十丈廿三長三十丈廿四長四十丈廿五長三十丈廿六長四十五丈廿七長六十丈廿八長一百廿丈廿九長五十丈卅長百丈卅一長百丈卅二長十四丈卅三長三十丈卅四長四十丈卅五長十四丈卅六長九十丈卅七長四十丈卅八長五十丈卅九長四十八丈既斜且曲軌闊或阻而議鐵道者方嘖嘖謂難在必直必平也盍亦至基格納山一游

二十日訪智利使臣索護照據云信斯可矣午後游中華通惠總局名定於前鄭大臣其地直萬八千圓修費如之費集自商居多明示工竣寓客月租約銀三百圓藉濟肓工院經費洵善舉也越數日同人屬雲龍書匾即中華通惠總局六字並作聯曰嘗六萬里艱難權作寓公相助當如左右手歷五十年生聚每逢佳節何人不起本源情

二十一日羅馬教使函致林代使導游尼院此院難可輕游尼弗與人握手爲禮與不授受義符亦一變見端歟至則見老尼二其一有鬚引覩女學堂受戒堂亦潔亦靜凡願尼者住院二年乃定不削髮白布冠如風帽而不曳尾僅僅露面四圍密排布管似鵝毛菊女學非學爲尼乃以尼爲師也學字學文學畫學鍼黹學音樂尼七十女生二百四十內有八十不住院以時入學然無父母與有而遠出者亦宿於斯雲龍歸給秘魯圖戍羽智利使招飲坐有日斯巴尼亞使是日往還十二里秘魯里十六

二十二日劉領事導游三達嘎拉田寮即前游基拉寮所繇道不曰糖寮曰田寮者不以糖限也秘魯此爲大宗詳圖經攷工寮有園卉木燦然茉莉香尤烈小蜀菊高輒數十尺花葉無異有池可浴可灌有鳥長不及寸毛綠雜赭喙似啄木飛類蛺蝶采花心食之名碧格福羅爾碧格之言啄福羅爾之言花也或曰化生自蟲殆蝶而禽歟堂後七椽不壁不簾以鐵條作格空氣既通園景時挹寮主匡羅納携其子一飯去蓋家在百野治亦一田寮也其製糖法述自華人溫

水是其工長華工會館曰忠義堂游之少憇華吉壩田寮主壘頭西牙至乘車與俱經大小橋各一据云成自獨力銀三萬圓取運蔗也橋下爲山水逕道支流四出短橋無算軌道兩旁皆其蔗地種一獲六六年更植斷續交濟宜陽忌陰宜燥忌溼秘魯之無雨處爲宜否則漿多而淡其寮司事人四土工二十華工八十日支銀三角二分或四角或八角視工有差米各二磅無製糖機製自三達嘎拉八十之六歲製二萬石厰地亦種棉棉勝它產花實參半矣歲產七八萬石密撻耳堞所織以此導雲龍步畝視所用機器二枉抵馬力一十有六購自英吉利一東一西相去千尺有奇若耘若犁若種類此均可易器就機時以器犁斜張如翼側用一面蔗根代煤機動則輪卷厰鍊而西轉東亦然竭來如指事半功倍復乘車至其寮居背山帶水生面別開距寮數十武一聯在門漢字也問之曰亦華工會館國人祀天主不容耶穌一堂獨關壯繆聽華人祀無異詞寮主之言如此昆季弄琴或紙或鐵易之則自成一調以機不以手也飯後夕陽在山登車旋三達嘎納一宿是日行四十六里秘魯里廿三

二十三日早雲龍借馬（秘魯馬良而毋閒用鐙不皆銅也以堅木穴半爲之足難便捷）梁麗同之與寮友而四馳視蔗工其犁與運用馬亦用牛嚮聞外國牛不耕種可笑也亦不盡然橫溪斷徑一策渡之迷蹊半道危埂四交與中華農莊未爲大異行約二十里（秘魯十里）乃返寮居午初劉領事復導乘火車游密撻耳堞之棉花工廠（詳經圖）秘魯工廠絕少此其魯靈光矣廠主見其子四以酒當茶視工而返是日行五十有八里（秘魯二十九里）

二十四日訪林代使又增通氏姓潘氏籍訪秘魯郵政

二十五日購廣東鞋銀四圓詣秘魯學校

二十六日訪秘魯鐵道分數異同又訪兵制兵事兵船兵器

二十七日訪知秘魯以外交勝

二十八日同舟之黎導游果園土人謂果曰漫纖園曰我得乘車行約四里（秘魯二里）入門大似鄉莊園約一十有六里（秘魯八里）本銀一萬五千圓果木無慮萬千加非實如櫻而青時未熟也或高木細花或低枝巨瓣問名錄入圖經然難更僕數梨桃葡萄頻婆之正類熟有肩果筐者出林晚之華人也日光透葉如炙雖水聲交送未覺減炎欲歸

園主贈頻婆一謂之漫三皮紅處有日斯巴尼亞字一行字旁則青其法以紙鏤字帖向日之青實歷日七則字與實紅而紙下仍青

二十九日訪秘魯國系及其立國以前代系午後乘車往別外部催巴西使護照

游歷祕魯圖經餘紀下　　游歷圖經餘紀十一

花翎二品銜直隸即補道總辦北洋機器局前游歷使臣傅雲龍述

十五年春正月一日陰祕魯以陰爲好天氣晨起乘車至代辦使署擦萬歲牌歸中華通惠總局董事偕華商十數來來者皆衣中國衣所謂唐人街者幾忘其爲海市爆竹弛禁三日元日已無慮直金數千將有巴西之游雲龍撿點行裝迫甚而求書楹聯者上燈猶濡筆也二日未初乘馬車行僑黎惜別爆竹送之近火車頭聲猶未歇送者四十而分袂於嘉里約居四之三車行二十分時約二十四里詳前未正登輪艦酉正艙位乃定林劉鄭梁張亦歸戍初三十分輪發按智利公司汽輪十四不及英吉利公司之夥行自嘉里約者九行自巴拉馬者五此則巴拉馬之一名伊達達長三百尺寬五十八尺機器視馬力二百四十轉錨機輪在首露鍊左下右起一撥即行一扭即止上層艙門東西面海有廊六尺廊外九尺可瞰下層支棚以布取障日也夜燃燭無喚人電機盥有腕間日屠牛一

三日辰初泊淡木耳抹林計行三百九十二里海里百九十六里餘南緯二十三度西經七十五度此屬倚格部無峯一沙埠也水底泥多約一里有奇海里半以外水深三十尺輪艦泊四里許海里二里餘在淡木耳抹林河入海水口之北忌西南風與金嘉鳥近鳥出鳥矢歲輒二百六十萬頓有奇工一百五十半華人也金嘉鳥木實亦夥辰正行巳正泊比士谷計行四十二里海里二十一里南緯十三度四十三分西經七十六度十六分倚格部之埠最也距倚格四十六里海里二十三里秘魯埠在比士葛灣東南泊距岸三里有奇海里一忌南風謂之巴拉嘎司風起輒蹙額有起貨棧鐵木相續凡二千二百有五尺三寸埠人三千水甘甚酒名比士谷者出此一名伊大利鴉或曰以工名又出火酒葡萄豆棗棉花白糖磁泥鱗介充斥申正行酉初乘巨風低昂而出珊沽盧昔峽怒石豬黑吸濤復噴石頂黃白則鳥矢也

四日辰正二十分泊猓馬司計行五百一十八里海里二百五十九里南緯十五度三十五分西經七十四度五十四分在猓馬司岬北水深四十尺至六十尺有差雖黃沙漩底而泊便地以河潤而腴然飲水遜是以

倚格部人夏浴於斯輒携飲水火酒著名又有所謂常喀喀者紅糖也厥產多於白糖草木蕃滋宜工宜農宜牧宜漁又宜商午正行潮雲翳日

五日辰初泊基耳根先於埠口停輪少頃乃進計行五百六十一里海里一百七十一南緯十八度五分西經七十二度四十九分島色黃白在活龍里約岬西北其水不深舟人至此輒以繩度水巳初行午正泊莫蓮奪一譯抹臉多計行七十二里海里廿二南緯十七度西經七十二度五分屬莫格谷瓦部

六日卯初泊阿列格計行四百二十五里海里一百廿九南緯十八度二十八分西經七十度二十三分屬達格納部距達格納六十里秘魯里三十有火車鐵道部治山頂自埠岸視之非晴天不見也先是道光十五年前千八百三十五埠屬玻利非亞後屬秘魯今則智利踞之屬此屬彼期滿十年乃定然關與官皆智利主之埠首稅山壁立三千尺長倍而頂平有礮四旗一土人呼山曰末駱阿列格海關稅四十二年前六萬四千六百磅今數有增別有小島在一綫洪濤間其少凸處峙臺

一泊處見之其礮臺在倭羅支山或曰涼時可見雪山是安地師山高峯之一天晴無雲可見阿勒吉拔火山海岸一棧造自咸豐二年（千八百五十二）而是舟泊距岸一里有奇（半海里）方呼艇登岸萬利號之黃（唐）馬（景）陳（勝）諸商適來樂爲導游勉留一飯隨問隨答停貿者數時据言游歷官雖爲學術來然較無一華官至猶勝否則貽誚當何如耶望兵輪如望歲智利之役華人死十有九刧貲萬以未設官弗克與西人同償此地兵百或曰道光二十六年（千八百四十六）人裁三千五百今人約五千華人百許其間浙江人一姓藍氏湖南人一姓楊氏餘籍廣東會館一曰新勝堂商以萬利爲巨擘（梁文祺其同事也會至此）次爲和隆又酒館五一林富一關煒一林德一張養一陳生與林括同開而巨賈則英吉利美利加法郎西德意志義大利居多埠北直街二道亦整亦潔物產玉米瓜果葡萄馬草金銀銅錫而以棉花羊毛爲最山羊皮則出玻利非亞土人呼米哀牙譯言山羊產山雪中能却寒毛黃其等有差領毛爲最次足毛又次身毛此外有埠曰理登納去此埠四百里（秘魯里二百）華人百商一二耳餘皆工也會館曰聯義堂又有埠

曰理宜格去此二千里（秘魯里一千）華人不及百有傭無商二埠物產與阿列格略同記畢歸舟智利疆吏名先謀司管猶中國巡撫道左迎見握手祝風順（雲龍）以未遑趨訪咨之握手而別華商送至舟者九勞之則曰彼族且欣欣然何論我輩戌初二十分行自此同舟者美利加出使玻利非亞哈羅禮攜妻避暑據云玻利非亞東西皆安地師山山東涼甚過其東山下見阿馬所納河即巴西東境一若近甚然雪山險難可行故航海紆南而北玻利非亞鑛多而崎嶇艱於運行其國都地高萬五千尺空氣太輕呼吸匪易低低嘎嘎湖與秘魯適五大洲最高湖也

七日卯初十分泊碧沙灣計行二百三十一里（七十海里）南緯十九度三十四分西經七十度十七分島麓三百餘戶了了可數無一卉木巉石爭出巒高處三千餘尺長七千餘尺炊煙時露此地產硝據舟子言駿雞籠灣西北四十五里（十五海理）有碧夾羅岬過岬水石嶙嶙航者遠之恒風且巨泊以碧沙灣岬西北爲穩岬距碧沙灣約一里弱（一海理四分之一）西北水深五十尺碧沙灣岬北八里有奇（二海里半）有碧沙灣河

可以潤地一年水多之時居四之一然水鹹不能飲所飲皆井水也午初行依嶼厥色稍墨裂黃沙紋如葉上筋或曰路也如繡如繒中初三十分泊意基吉計行百二十八里（海浬三十九）南緯二十度十二分西經七十度十四分五大洲硝山以此爲最歲出一千四百萬石以每石七十五斤計之是爲華斤十萬四千有奇其工與山廠水埠濟工之商凡四萬五百有奇其中華人六百有奇或曰二千譌也又有鹽與銀銅沙並夥歐羅巴洲之酒船來輒數十歸載硝鹽而去對面一埠烏矢輸外又上一埠銀銅沙埒此秘魯精華也而智利寶之欲游不果緣往還計時小艇已需四十分礦山火車又需四時而輪舟酉初行矣未行時萬和之譚（芝雲）與它商黃（德記）鄧（祥）陳（政）葉（成霖）雷（貴）李（顯貴）林（泓升）至舟林籍福建餘皆廣東餉之洋酒糖誠厚賂是埠中華館四一聚義堂一忠勇堂一同盛堂一協義堂

八日將觀日出遠島障之辰初四十分過一島近舟千尺有奇名墨西約林司其形平而盤旋數層中凸一頂如冠結無居無木殆鹹無淡水歟無風而艦搖甚未初十分泊安多法嘎十達計行七百二十

六里(海里二百二十)南緯二十度二十分西經七十度二十分前此過埠二日多葛碧日葛尾喀均未之泊是埠戶千有奇銀鑛二遠近有差析之融之工廠即在水埠煙筒雙支火車一道英吉利駐此領事拔羅納篤來見詢知硝工大率設自智利而鑛廠多設自英吉利人匯獨是埠然也華人約六百有奇島壁之土外赭中黃劃字於其上指泊所也蓋埠之左右危石激湍中間二十尺則否藉非無雨未由土壁留字此亦創見浪花亂沸海狗時見颿舟一十有一檣繩如織此船增載銅沙千包有奇酒桶數百酉初二十分行

九日卯初三十分泊叨特拉耳計行三百六十三里(海里百十)南緯二十三度二十八分西經七十度三十八分近埠銀鑛二火車通之工千其廠亦在埠島高七千尺埠依厥麓其兵八十其戶五百有奇其人數千中有華人十餘亦工亦商商惟酤酒埠前水平泊者便之已正行傍島其島輒肖鑛鐵午後淫雲頓掃申正泊千列拉耳計行二百一十七里(海里十八十六)南緯二十五度一分西經七十一度三十九分倚山凹凸石骨蒼黑天然掩映較前數埠一覽而盡者差勝其戶千餘

其人四千餘華人不及二十同舟者二一彭一何何麴工也日獲銀一梳即一圓也近埠鑛山或十餘里或倍工廠在埠如前戌初行海風漸巨溫度驟減至六十五記早間猶七十度也

十日丑初泊嘎列納在沙漠間臨水而不依山鑛廠如前教堂突出埠中如塔巳正四十分行霧中午晴而風距島少遠申正泊嘎里沙耳八火計行二百四十里有奇（海里七十二）南緯二十八度五分西經七十一度十五分在沙漠微起處背山而非倚麓左右山亦略遠戶數百工廠烟筒二（颶風）船四五大風鼓浪海獸輒露首尾酉初十分行酉正風浪轉甚有石數十錯落而出高二十尺有奇低或二三尺鼎彝銅綠庶幾近之假山形似嵣克鎡此戌初四十分泊瓦司古計行八十二里（海里廿五）南緯二十八度二十七分西經七十一度十九分增客併艙位（雲龍）亦讓舊樤亥初行

十一日辰正二十分泊葛根搏計行二百二十四里（海里六十八）南緯二十九度五十五分西經七十一度二十五分前此沙漠居多石偶點綴此則不翅碎石和土裝成也長千尺有奇如牛環然頂植十字一

架葬山帶水結屋千百庭院輒樹卉木石罅怒發仙人掌之類農亂牛青遙相暎帶雖亦不雨生意則滋山後人煙直上與鐵道火車烟續上船婦孺競售葡萄頻婆梨桃微獨此埠然也而此兼售衣與襪白布爲之又有無花果餅形似中華柿餅而大五倍視之相合而成非一果爲一餅午正四十分行舟子言此去伐耳巴來所風浪易起信然

十二日辰初至伐耳巴來所計行六百六十里（海里二百）南緯三十三度一分西經七十一度四十一分自嘉里約至此直行止三千九百六十里（海里一千三百二十）即已泊埠進口曲行七千四百三十八里（海里二千二百五十四）移時永安昌之麥（汝森）醫士區（德光）酒肆邸（福）來舟爲覓小艇登岸海關吏言關長未來且留行李（遂）先至擺阿道骨街郁多理亞酒店是華人陸（滿）所開出游矣司事者何（聯郡）特製華食兩餐便之是店歲入銀二萬圓然房租六千有奇（月五百餘）它費稱此亦宿亦餐故曰酒店華商以永安昌爲最餘多貿酒午後行李來自海關未之開視麥之力也伐耳巴來所是智利二十三部之一瀛環志略僅記八部此未之及

距其國都三低鴉谷百八里五十四智利里有火車路然其伯理璽天德時避暑於伐耳巴來所部之美牙馬埠官紳在都絕少睄後智利人爲芸苔薙頭用胰不用水薙後洗以水髮根撲粉此與紐約少異香水濼髮未能辨也索銀一圓尋至燕宜秉禮射街游中華公司董事李吉黃貴往國都矣見鍾貴廖安陳容公等少慦孺子環立問之華父而不解華語初游美利加秘魯皆無夜市此則晝市轉遜上燈初麥區導游觀者如雲如蟻遂慦邱福處乘馬車歸

十三日巡捕長野思兵得納攜其屬吏二來訪其通國巡捕三千有奇此埠居十之一官二十五又有前伐耳巴來所轄吏叅贊名龍和寫馬利牙立東遮亦來言伯理璽天德願一見也以明日爲期允之復約至其家茶話

十四日早微雨游秘魯以來見雨始此去年七月八西兩多山頂一塘水溢損人一百房六七物值銀二十萬圓遂免月稅以銀二萬圓賑之街道或用石或用英吉利磚或築泥堅甚而從橫畫方如棋秤脩自其國政府然民間按戶月支銀二圓街燈街兵出費有差雨潦之

不積職此午初忽來一人名阿烏鼎姓尾耳林氏自言紐約人在此立保險公司其女製册分國題至於斯者之名聞大清游歷官至其父爲之攜册求結銜署名册中題名夥而華官名自雲龍始鈐小章曰雲龍印信長壽欣然稱謝留照相而退豈海國亦趨風雅歟午正乘馬車至火車頭未初二十分火車展輪四十五分過馬達乃羅少停復行未正二十分至美牙馬亦水埠在伐耳巴來所東三十六里智利里十八龍和寫馬利牙立東遮亦至遂見伯理璽天德握手問起居其母坐左亦握手曰先牒士譯言坐也雲龍言遵朝諭游歷得見甚幸答曰遠來得見甚歡問出游大恉遂言所到閎阻所詢無隱但行期速未克相助暢游耳于女環坐或默或語辭行復握手曰阿理約譯言再會也時火車未至遂游一小園卉木瓜豆閎弗備未正二十五分登車伯理璽天德飭使至車語曰當以一小影贈雲龍作記念四十七分遄海岸礮臺而西申初二十五分易乘馬車歸司日報者基艮太木藉美利加來問行蹤據云智利日報館二十其半在此問氣候則云波迭猛士一年平均五十六度

十五日伯理璽天德使來贈小影一署其國文於角譯曰和寫孟收（其名）麻馬西打（姓氏）現任智利伯理璽天德在伐耳巴來所水埠一千八百八十九年二月十三號贈米士得雲龍傅（按）十三號即十四日也如來使意以小影報之麥汝霖曰今夕元夕也戠食而去

十六日午正將訪內務長（此外部在部兼其事）而龍和寫馬利牙立東遮來言政府意合令伐耳巴來所布羅勉祥（譯言部也）因甸領德（譯言一部畺吏猶巡撫也）以王家小輪舟送行盜亦一見允之車至因甸領德街晤內務叅贊言得其長電信將由美牙烏來見少頃即至遂見伐耳巴來所部長龍和西臻馬山治（姓氏）其水師長龍法耶西士果美野瓦耶亦在坐未幾內務長納孟八農司拉哥至坐中無解英吉利語者問答仗區（德光）而譯文則麥汝霖力居多

十七日伐耳巴來所部長水師長來談移時乃去購智利圖先是游瓦亞基石子穿絨靴頭一孔而乘舟（自注）非此不捷以皮包之直銀三圓憶購自京原直未半也聞其國都三低鴉谷有二街玻璃罩之此埠則無（雲龍）游歷之檄無智利非輕之也期短道長不得不以無約

之國聽之舟車便否獨智利乎哉智利則以在所游中爲幸其使問殷如其伯理璽天德之願見䩄如而况巴西之游非假道末由遝達徧游未遑也不一游尤不可也於是重違厥意藉補圖經所未逮記曰智利在南阿美利加洲之西南東界拉巴拉他北界秘魯東南界巴他哦尼東北界玻利非亞然就形勢言東與東北皆以安地師山爲襟餘以大東洋爲帶（按五大洲輿圖無狹而長如智利者）其國緯綫起赤道南二十一度三十分今劃秘魯二部測自達格納則起十七度二十五分二十三部外有麥哲倫一洲至三十六度而止長七千一百一十六里（以華里計）其國都經綫起中國北京偏東一百七十二度一十分訖一百七十四度十分（按西人言其國都在英都偏西七十二度十分訖七十四度十分）以全國言南偏於西北偏於東蓋斜長非正長也而廣不離乎二度者近是蓋四百餘里也瀛環志畧謂東西四百餘里信然而謂南北四千五百里非今境矣先是明嘉靖十五年（一千五百三十六年）日斯巴尼亞既畧秘魯令亞耳馬哥羅率兵攻智利土人拒之十九年（一千五百四十年）復令瓦爾的維亞畧地無幾然以其名名一部落三十年（一千五百五十一年）瓦爾的

維亞被阿老敵人殺之阿老敵者土人部落之悍者也曰斯巴尼亞末如之何以所畧地附秘魯造我大清乾隆三十八年（一千七百七十三年）曰斯巴尼亞始有智利土而阿老敵部落末之服也嘉慶十五年（一千八百十年）曰斯巴尼亞遭法郎西之變屬地輒畔智利亦欲自立曰斯巴尼亞伐之智利求援於拉巴拉他助之以兵智利遂自立爲國盤先於秘魯十年其部落（國猶省）二十有三（就雲龍）與游歷時言自有者二十有一曰三低鴉谷（或譯散地牙哦）即其國都所在與多波加耳馬河近部與同名曰我希銀司會城名狼瓜鴉曰哥爾乍瓜治先奪法郎各曰苦里格曰達耳格曰里納里司三會城皆同名曰卯勒會城名高給尼斯曰納布里會城名治鸞曰公塞布桑會城同名曰比我比我會城名羅司安黑耳曰馬里格會城名安格爾曰阿羅格會城名吏符曰格金會城名印比埶阿耳曰瓦爾的維亞會城同名曰納納倚屋會城名孟託曰濟盧迭會城名安格多（此在南部）曰伐耳巴來所會城同名曰阿公加瓜會城名先奪非里卑曰葛根博（或譯鐵勃）司會城名西里納曰阿達格馬會城名格比牙波曰安達法噶

士達會城同名割自秘魯者二曰答拉八嘎光緒七年(一千八百八十一)搆兵議和而割曰達格納以十年爲期民願屬之秘魯則償智利銀一千萬圓如願屬之智利則秘魯亦償如數此外又有洲一曰麥哲倫會城名邦達阿里納司視瀛環志畧所謂地分八部復何如耶其山以安地師爲宗高峯被雪無間時火山高者無慮四十八萬尺有奇地震時聞陵谷變遷亦時見也其水導源安地師山居多溫泉無算錄著名者曰阿波金託厥質綠礬厥度二十有三曰渴治約厥質綠與礦厥度三十有六曰高格宜司厥質綠厥度五十曰治鬱厥質綠鐵厥度三十曰阿屋野耳厥質礦厥度二十有一曰渝阿比厥質礦厥度六十有九曰孟達柯厥質綠厥度四十有四曰拔宜馬比他厥質綠與礦厥度三十有一曰布羅比天紗厥質綠與礦厥度十九曰金治里麗渴厥質綠厥度七十曰土羅窪麗低耳厥質綠厥度六十曰柯麗納厥質綠與礦厥度三十二其君民主也五年一更舉今伯里璽天德和爲孟收麻馬西打舉自光緒十二年(一千八百八十六)其大臣凡六一司外務通商一司內部一理刑猶中國刑部尚書也一理財

猶中國戶部尚書也一司水陸軍猶中國兵部尚書也一論機宜其民俗半沿日斯巴尼亞先是嫁娶必就教堂注册教士索費貧者輒生子乃往今則報官亦無不可其民數二百有七萬五千九百七十二中有未嫁娶者一百四十一萬五千八百五十八誠難之也其物產以穀與玉米與百果與麻與淡巴菰爲多其鑛金銀銅鐵鉛煤硝汞硼砂皂弗備其工製若革若氈若紙若酒亦日益精其國計歲入銀三千七百一十一萬六千有七十圓有奇此光緒十二年數千八百八十六年入稅關銀二千三百三十七萬八百六十二圓三毫六仙入火車銀六百三十九萬五千八百二十一圓九毫一仙入鑄銀局息十五萬一千一百七十九圓六毫八仙入郵信印紙電綫銀五十五萬九千四百八十九圓一毫八仙入屋租銀五萬四千七百三十圓三毫八仙入街市銀三十六萬七千三百四圓五毫三仙入地租銀二十四萬五千七百一十四圓四毫五仙入商銀四十六萬二千五百六十三圓六毫九仙入印契銀四十四萬九千九百二十九圓一毫九仙入雜項銀一百有五萬九千四百六十圓有奇其國債內欠銀四十九兆二十二萬三千四百九十一圓外欠三十四兆六十萬有一千二百七十圓其互市中國物以茶絲爲最歲售湖北茶七百石一石百斤約七萬斤直銀九萬圓永昌號售茶最多廣東絲物歲直十萬圓其稅關建自政府者五其進口貨單由舟主交關其商物棧租

不至三十日者不收否則以三年爲期過期納租轉舊作新倘租弗之納則關長權得以貨市銀以銀酬租其度長短所謂舞度路者約中國二尺六寸七分其權輕重所謂機羅者約中國二十六兩有八分七厘每機羅約一千杭毛每百磅約四十六機羅每磅十六昂沙約中國一十二两每昂沙約中國銀七錢五分其稅章或征百之三十五若米若磁器若絲織可類推也或征百之二十五若酒若藥或征百之十五若時辰表之屬難更僕數其錢法銅之屬六曰一仙曰二仙曰二仙半曰五仙曰一角曰二角銀之屬二曰半圓曰一圓銀鈔之屬八曰二圓曰五圓曰十圓曰二十圓曰五十圓曰百圓曰五百圓曰千圓其銀行鈔政府出令收之自光緒十四年始（千八百八十八）先收一圓二圓五圓也以五年爲期又五年收十圓鈔又五年收二十圓鈔由少而多意欲商鈔之皆無庶乎國鈔之獨有也其火車光緒十一年（千八百八十五）入銀六百有八萬八千一百七十八圓出銀三百八十萬有五千四百七十三圓實獲銀二百二十八萬二千七百有四圓明年入銀六百四十三萬三千三百九十三圓出銀四百有二萬

七千三百四十三圓實獲銀二百四十萬有六千有四十九圓此有增無減證也其鐵道大段有八一爲一百四十六萬八千五十尺工銀四百六十九萬四千九百圓是每二千六百七十尺用銀八萬五千三百六十一圓也二爲三百四十四萬四千三百尺工銀六百九十九萬一千九百六十九圓是每二千六百七十尺用銀四萬四千二百有一圓也三爲八十萬有一千尺工銀四十五萬九千有七十圓是每二千六百七十尺用銀一萬五千三百有二圓也四爲三百六十三萬一千二百尺工銀五百萬圓是每二千六百七十尺用銀三萬七千三百一十三圓也五爲百三十六萬一千七百尺工銀百三十七萬八千四百有五圓是每二千六百七十尺用銀九千八百二十圓六爲百七十三萬五千五百尺工銀百八十六萬九千有九十一圓工銀百八十六萬九千有九十一圓是每二千六百七十尺用銀二萬八千七百五十五圓七爲六千三百八十一萬三千尺工銀六百七十萬有八千九百四十四圓是每二千六百七十尺用銀二萬八千有七十圓八爲四千九百六十六萬二千尺工銀四百九

十一萬七千二百五十六圓是每二千六百七十尺用銀二萬六千四百三十六圓益智利所謂一機羅舞度路者猶言千舞度路也譯千尺約中國二千六百七十尺此光緒十二年千八百八十六鐵道成數也以車路言初分孔道十有六續之歧之凡長四十二萬六千二百二十舞度路即合中國千一百三十八萬有七十四尺其停車場九十有九其電綫長七百一十萬有六百七十一舞度路即合中國千八百九十五萬八千七百八十九尺或司郵報或屬火車凡分局一百四十有四其郵信光緒十一年千八百八十五三千三百萬有五千八百六十六中有保無失信十一萬六千三百二十明年三千五百三十萬八千二百一十中有保無失信十二萬五千九百有二或公文或露函或日報或寄物皆在其內信局二百一十有二凡信傳國中重半昂沙即中國三錢七分半也需印紙銀五仙厥重有增輒倍如重一昂沙即中國七錢五分也需印紙銀壹毫五仙可遞推也信傳國外銀倍言不出本埠印紙以二仙爲率露信減半慮信或失則有保[illegible]如原費十之一則增爲十之二有五其遣使之國八遣領事之國二十三其兵陸軍五千五百人水師四千人其

兵艦鐵甲四木輪一十有八魚雷船九或曰十二非也其學校出自公立者生二千費一百五十萬圓游時之見聞如此雲龍曰智利地廣弗逮秘魯鑛又弗逮遠甚而秘魯割地如約未敢自惜五大洲弟一硝穴秘魯不克保而智利踞若固有豈非地利不如人和歟於華人則賤工而重商論者輒謂有勃然機國無小於智利亦云

十八日巳正乘車視兵隊又游稅關其闠闤石阜麓造屯物屋五其山路有火車有礮有旗泊舟處可見也歸爲中華公司書扁曰中華會館尨作聯曰六萬里日月所昭會異地弟兄同鄉父老三百年衣冠初睹計游洲兩美歷歲重周致鏹四十圓夜檢行李

十九日未初麥匽邱李黃五人照料啓行海干有智利國家輪艇送至英吉利公司輪艦曰龍朔拉達造自同治十一年千八百七十二長四百一十三尺寬四十二尺有八寸頓數四千一十有三機器視馬力六百日需煤四頓有九分頓之六每半時速率十三海里有半有電燈有喚人電綫盥亦有廁艙客二十下艙之客時增時減它船早餐巳初中餐未正大餐酉初此則大餐酉正餘同游歷所乘之舟此爲

最穩申正三十六分行大風送之狂濤打窗不下三十尺有奇

二十日浪高八九尺午正行七百有二里(海里二百十三)南緯三十六度一十五分西經七十二度五十七分午正二十五分泊達果窪羅計行七十八里(海里廿五)距伐耳巴來所七百八十五里(海里二百三十八)是埠戶約數百人約二千有奇輪舟三颿船四泊之埠側酉正二十分行

二十一日子初二十分泊猓達計行一百四十一里(海里四十三)煤檠熒熒波星一色埠西燈臺出島木間定色白達十數里晨興視之其埠西向海口南有層巒小港海水入之北則雲擁千章時露屋脊臨水銅廠一烟筒雙起無慮數百尺擺達以南青蔥之氣邱壑之勝無如此者人約五千礮臺一浮標七泊颿船六此艦增載銅質居多未初行未正泊柯濃乃祼計行四十二里(海里十三)在猓達西北回首猶見鎔銅爐煙也埠戶數百人約四千銅廠二高煙筒一小者四亦設自英吉利人方泊時或言火車平甚言未畢一車行岸而覆一人不起殆恃平歟戌正四十分行

二十二日午正行五百有八里(海里百五十四)南緯三十八度五十五分西

經七十四度二十六分南風巨甚船首尾低昂三四十尺濤噴如煙如雪支蓬盡去

二十三日午正行八百有五里(海里二百四十四)南緯四十二度五十一分西經七十五度四十五分轉西南風浪小可以開窗船主約坐船頭照相

二十四日午正行九百三十七里(海里二百八十四)南緯四十七度三十二分西經七十六度三十三分西風較大張二颿受橫風力舟頗不平交酉風轉北則順風也夜雨如注

二十五日午正行千有二十九里(海里三百十二)南緯五十二度二十六分西經七十五度五十分船主以英吉利新聞紙交繙譯視之云西正月五號游英吉利者四而不起一噫

二十六日卯初泊散地奔領計行七百有九里(海里二百十五)自倮達至此四千有三十二里(海里千二百二十二)南緯五十二度四十分西經七十度十分然申正輪航五十四緯度迺轉而東航麥哲倫峽舟中假鉛筆述游麥哲倫峽記云耳食風波惡久矣据瀛環志略云昔時往智利祕

魯由港麥哲倫峽西行多礁近率取道鐵耳爾離依休勾之南狂風迅烈昏霧迷漫濤瀧猛惡倍於大浪山舟過額手喜若更生地理全志亦同雲龍此行為彼夏七月雖云波惡自較風雪差勝東西互異而行峽港則一多礁之說豈今漸罕歟然島嶼皆低又聞輪舟航峽駛船艤外而此埠所泊駛船不少亦行峽間目證也智利國新圖二十三部外有麥哲倫一洲至南緯五十六度而止與英吉利人所著五大洲圖說智利記南緯五十六度五十分適符而地理全志云起二十五雖與瀛環志略合按之今境則否峽西一路如此埠者仍為智利麥哲倫洲境先是尋獲此地者名麥哲倫在明正德十四年阡五百十九故以名峽而散地奔領埠以南則屬巴他峨尼瀛環志略云世傳長人國即此野番長如常人一身有牛遍體皆毛初無衣褐不冠不履以獵為生西人謂為五大洲之最愚者證之今俗又否蓋西俗略同矣據西人著書云智利與拉巴拉他兩爭之其勢將歸智利散地奔領即巴他峨尼境林木不高而色蒼老其戶數百其人千餘臨水結屋亦工亦商初登舟淵度七十今減至五十有九棉衣在篋着

皮半臂殆補冬敷發哥蘭島在此東南鐵耳聶離依休勾亦在此南再南即近南洋水矣（記止此）辰初三十分行未初四十五分泊牒宜嘎達計行百一十八里（海里二十六）岸側豎英吉利旗問知是其屬地非巴他峨尼境也其屋十數椽其人百有奇浮沙一綫埠側淺甚未正四十分行而遇淺退半里許鼓瀾東北而出尋復東行戌初三十分將出峽口其口內東北岸沙平甚無石無木無屋無人紅塔一矗其尖肖筆蓋指路塔也陸路西行殆始此敷復航六十六里（海里二十）出峽瀾自二十五日申正入峽歷時十三有半凡行峽間八百七十四里（海里二百六十五）此麥哲倫峽路大略也（由牒宜嘎達出峽斷歸巴西）

游歷巴西圖經餘紀　　　游歷圖經餘紀十二

花翎二品銜直隸即補道總辦北洋機器局前游歷使臣傅雲龍述

前卷游歷秘魯圖經餘紀以麥哲倫峽爲斷然泊牒宜嘎達在光緒十五年正月二十六日未移時而行越日午正尙有峽道三十海里在内不斷而斷此承接例也天時之春秋異地輿之背面亦異游最後又最遐且最虐而生還猶幸紀游起正月二十七日訖三月十八日述游歷巴西圖經餘紀

正月二十七日午正行八百九十四里海里二百七十一自牒宜嘎達至此計行峽程九十九里海里三十其餘七百九十五里海里二百四十一皆在峽外南緯四十九度三十分西經六十九度五十二分日落涌霞五色

二十八日午正行九百三十三里海里二百八十三南緯四十五度二十二分西經六十二度三十三分

二十九日午正行九百六十三里海里二百九十二南緯四十三度九分西經五十九度十二分

三十日午正行九百六十三里海里二百九十二南緯三十六度五十二分

西經五十六度十八分午陰尋晴單衣亦汗昨日測度七十二今增至七十八矣

二月一日丑正至蒙德維里羅即烏拉圭國都也停輪灣外卯初進口而泊計行五百八十里海里百七十六南緯三十四度五十三分西經五十六度五分自牒宜嘎達至此四千三百三十六里海里千三十四國居南阿美利加洲東南其緯綫起赤道南三十度十五分訖三十五度十五分其經綫起中國北京偏西百六十九度十五分訖百七十四度十五分長廣皆三千六百三十里是爲海里千一百其通國人三十萬此地十一萬有奇徙自外國以義大利人爲多無一華人而日本人僅有其一爲美利加兵船學生非僑居也先是拉巴拉他所轄而巴西奪之未克遂自立爲國語言文字同日斯巴尼亞尚農而兢游牧水以烏拉圭河爲大是埠北有圓岡高約百尺如饅首然無峯無巒東北平沙結居東密市面勝伐耳巴來所多多矣所泊帆檣林立火輪有九小輪艇竭來如梭有虬髯叟雙耳貫環較之華人穉子單環亦相反一端也卓午驟晴夜雲如墨海汲遠天電時一見船蓬螢

光灼灼疑海萍化生否則艘距岸且數百丈安所止耶坐觀移時入艙攷舟行經緯

二日丑初雷雨醒夢侵曉止已正復雨而微熱少減午後溽暑如昨申正行酉初三十分經一小島曰詩羅低纜高裁數十尺燈臺色白立其南臺北屋數椽修潔無塵俗氣沙低一綫北浮一千數百尺復少起搆居更無它嶼南北阿美利加洲島大氐蒼莽有餘平淡莫此若也

三日午正行八百有八里（海里二百四十五）南緯三十三度五十分西經五十二度十分溫度七十一餐房添張機扇以白布爲之直一尺橫五尺兩席一貫席兩面各二機連流罐可動可止下艙機輪作冰歷二日而成

四日溫度較昨日增十有二午正行九百四十里（海里二百八十五）南緯二十九度一十五分西經四十八度五十六分屬圖經餘紀艸午餐蟹肉盛以其甲圍一尺有六寸而肉麤甚龍蝦近尺則嫩其色鮮若朝霞

五日午正行九百三十三里（海里二百八十三）南緯二十五度四十七分西經四十六度三十一分

六日辰正至巴西國都海灣計行七百五十五里（海里二百二十九）自蒙德維里維至此三千四百九十二里（海里一千四十二）自智利伐耳巴來所至此凡一萬四千一百十里（海里四千二百七十九）其都濱海曰里約熱內路部名埠名（大）同入灣相去四海里許停輪關船來驗已初進十三里（海里）三下錨距岸尚里餘也以其國駐秘魯代辦使一信同行李交海關吏而華人無一至者幾幾束手蝶釵羽花時來泥售可憎也已船主之公司小輪至乃藉以登時巴西黃疫起舟中人取道於此皆弗登岸同餐西人脫帽搖巾以送亦無俚中別致也先是駐秘魯之巴西代辦使言由小艇而馬車至嘉德街之嘉孫客寓攜匙至關驗客裝即當移至伯託波利司城投呵利安客寓可以避暑王及官紳在此至是据公司主人云外部長在都王亦於休息第六日至都盍亦往都（雲龍）曰此來非避暑也路阿低馬耳柯街距海關近距王宮亦近遂至其街客寓曰阿低耳地法郎西店主耳多魯補石波泊列符

法耶西人婦爲瑞士國人兼解英吉利語長子爲醫學校師次子茶波多補石波泊列符牙醫也小刃刮垢振振有聲敷藥去疾銀六圓爲率共技世傳乃知外國齒白半由醫致年逾五十則非所宜三四二子它出第五子助理店事稱女阿低宜善繪房直與餐以米里計或六或八或十（雲龍）已居其次或言此國官紳至不宜見臥榻非內房外廳不可亦國體一端也遂徙厥最移時繙譯攜僕至海關而箱免開驗然取攜難按至於斯者華工爲先商次之以官往自唐景星始以京職應游歷試遵朝諭而至則自（雲龍）始巴西用葡萄牙語言文字既非游自澳門則繙譯不過兼習與轉通（先譯英文而轉）而已照料無官且無商遂自致信外部述游歷大旨約相見期回書期以翌午西人浴槽方而長此地用馬口鐵盤形既似中華木盆語浴曰麻浴豈亦沐浴音轉歟夜蚊無帳

七日卯初起訪巴西國鬪案銀四圓午初乘馬車訪外部長語多不

解坐有鶴髮吏解英語據云翌午宜見國王王避暑於伯託波利司相去四十英里合華里百二十舟車參半每月輪舟辰初往申正還登岸有火車道而其王七日一回爲休息前一日給一歸路海關信曰持此可無阻也

八日卯初起放巴西經緯及較時里差午正如約至巴拉西約譯言王宮也在伯德祿第二園之旁其垣白宮門四闢未見外部長一黑兵握出鞘刀立門指所由入不數武登樓數巡捕侯門少立即入王起迓立談大旨以遠來得見爲願話入學操土語王曰吾通英語也問來去路𢖍及鑛工將出王握手言再見曰古拜王鶴髮童顏佩寶星年六十有四在位五十載與民主異宮距寓近乘馬車已須十八米里街車則乘日夕店主導游甘苦三打納譯言大園也先是引水取道成渠滌衣者往焉光緒六年千八百八十一王家改園歷年九樹多二十尺蓋地熱則易長也煤氣燈時露修篁低柳間與池月相掩映彼人呼月曰魯池如環如帶橋欄輒背臥木皮色餘霜飲水一筒作斷木根形一洞若天然石成高長𢖍一百數十尺中寬六七十尺洞穴

石乳下垂或二三尺或四五尺地石上生如筍如骨穴道互貫如蟻穿珠彼人呼瀑布曰該斯格列天久不雨不絕如綫二巡捕居洞禁夜游也然聞游自中國燃燈引視洞外小池金魚可數艸茵夾徑石磴一獅踞石人身而人將斧獅胸彼人呼獅曰體格勒獅若斷橛若橋欄若水筒皆非木也以英吉利泥爲之若瀑洞若池隅若人與獅皆非石也亦以泥和碎石成之惜假木狀尠心裁假石模稜無骨格既出見夜市一如智利與園相對爲救火車房電鐘一鳴車馬自轡一如美利加門側白衣而金綫冠者坐臥二十有奇則救火兵也中有華人而不解華語道經方園有竹有卉有池有煤氣燈有木石磴店前小園視等檐下矣然園池微波適對於所寓三層樓之南窗皂莢花紅角二尺許窗西有山曰新奇東瞰海灣灣島環生兩行燈火與朝星一色夜避雷蚊櫈几時易

九日訪巴西沿革與夫部落形勢四至八到向晚房主導游加米納阿家觀跳單神復至沽員家觀中國磁器古玩其實皆日本物也歸路過圖書館又過王家醫院屋數十椽容三千餘人試驗藥料院與

之毗邐時疫流行逾二時即多不救其國都死者日二百有奇而兢醫卜豈不卜夜問疾狀則濕熱也亦吐亦瀉則霍亂也痧也醫未得法

十日訪山水鑛泉國系風俗先是巴西弟二王子兵船泊伐耳巴來其船有華人麥汝森問知巴西有黃義者置酒店可資照料訪之未見見一漁者陳前住新奇山不識中外一字代訪而黃於日午至言其店在猓三攏六街五十八號同來人三一廖耀初商今無業一張件工也一即陳前然識漢字張一而已華人始千有奇今餘二百中華館三一曰廣府公司在火車頭第二街一客家公司一海南公司皆在那高賓街有姓李氏者爲雜物賈少勝然在恩得里約埠距都五十英里即合華里百五十有火車道卯初行已正乃至申初旋成正乃至先後續見者二一李泥棠江蘇人祖若父皆仕貴州厥兄猶在廣東也幼至三法蘭昔斯哥而古巴而巴西今爲庖人勸之歸漫應而去一鄭東秀曾於前出使美日秘大臣陳蘭彬時從公紐約爲此地華人翹楚而中外字均未之識所設飯館在巴拉司甘馬辣街第

三號與干布三打納園垣柵相望復訪黃店識之往還取道園中黃約一餐力却之得一人照料啓行足矣鄉情遜陳麥遠甚然早見之亦勝一籌不欲後來者之受挾持也變例拉雜紀之

十一日訪民數物產鑛產農務商略午後來巴西人四一曰爰度握度喀各即前往中華立約通商者也至京者再住華二載餘寓赫德處居多一曰彭德思曾爲上海副領事於光緒十三年回國千八百八十七一曰馬羅排得骨羅排來司自言巴西國用倚其力居三之一新遷華族街車公司動物園皆經理之即約一游其園順道視印刷局總管曰布里脫開局甫四月餘機器購自英法登車車几以籐爲之導游者一馬羅排得骨羅排來司一彭德思一昔博林此爲赫德助新聘者行十五里五英里而至地名密納伊奢瓢有餐房踞園之高處少憩四圍皆山形如鳥爪土人遂呼厥山曰八八改譯言鳥爪也園開二年工猶未蕆地直銀千六百萬圓一人騎象至象欄一足入梯之下象乃臥而踞而膝以鼻弄琴以足鳴鼓皆如指餉之麵包糖實鼻捲入口牙尖着二銅珠然視我

京所簝則小五之二步闈無巨木無奇卉有水有橋橋欄背樹亦英
吉利泥爲之草亭板屋無雕鑿工與美利加圜巽其獸虎豹獅熊橐
駝狼狽狐狸而猿類尤多或白或黄或面扁而黑或面長而身之上
半毛散如衣馬褂或首小身細尾長或首圓身短或厖然三尺或微
裁數寸又有獸曰安多蟻畣則食蟻者也類皆檻各一檻若羊若牛
形無大異若養馬似羊在林若野豕一柵百數曰各非小野豕也尺
許數不盈百鼠之屬銀鼠松鼠而外曰倫拉勒尖喙長尾細身約二
尺有奇曰八力波果鼠形長二尺許彼人食之味美曰薏布基亦鼠
形尾尺其禽鷹鶚鵝鸛鷹隼孔雀之類居多曰昔沾音類鸛而小見
其二炏灰色曰倭士得猓司鶴足龜背而肥色灰水側有五厥行速
甚曰烏黎果那頭一白毛彎出如釵身黑高二尺餘鳴近犬吠曰希
魯牙列頂毛一團約寸餘如松釵如華京絨毬而色淡黄眼側毛白
紅各半如燕支如光綫約三寸許身黑其尾黄紫相聯不相雜也色
炏淡形近鷺高二尺許曰希力鴨馬亦鷺形而首有冠身六寸許色
雜黑白棲鐵絲屋曰拉拉亦鷺形身硃紅而淡無雜羽高五寸立池

躑客而飛曰固拉低類鷺而大曰格格渚小於鴿十之五首冠如啄木能飛曰拉比力士鷹喙雞身曰熱沽項格口藍頂白項紅身黑足紫高尺許殆雉別種歟類此少異者夥甚曰葉裏立身黑居鴨之半立淺水能飛不遠鳴如其名曰昔思北列多口紅身黑曰昔思北朗沽口黃身白二者鵝類而大且倍浮池各二其鸚鵡種難更僕數此園未見小者所見曰烏魯八哥首黃喙赤身黑高一尺七八寸曰阿拉拉司或半紅綠或雜紅黃或身藍目赤足黑棲地狎人不去棲枝亦近獮猴了無怖色皆大於尋常鸚鵡三之一所在皆是家禽視之矣其鱗介二尺許龜以百數蟠蛤充牣蛇曰嘎句嘎者帶雙鈴觸之輒鳴如蟬一櫃鐵絲爲門居之長數十尺黑黃斑而形方据導游者言怒極則口張蟾蜍遇之始避繼止終且自趨入口此化學理也雲龍則謂此亦中華生克理動物似此不一而足其它形類互異圓者爲毒最曰熱格列一小一大大者居塘以竿觸之則出蛇首四足尾倍于身作三稜一稜向上遠望之如壁虎而長四尺腹寬八寸色悰綠雜黑小者尺餘宅櫃覽未畢日已銜山餐於店乘車而旋往還華

里三十有八英里十九

十二日攷關稅錢法歲計國債晴滋溽戌初大風驚砂坐飛餐房百葉簾捲窗幔四遮尋電戌正電雨亥初雨止巴西無大雨已六閱月無小雨亦再閱月地熱天炎黄疫職此飲泉欲斷賴一英人引以濟之雖雨午時猶之未雨也

十三日攷巴西兵器工鐵道工辰正植物園長突魯猛笛約視植物乘新車四輪鳴不止易車行導游者一爲愛度摳度喀各一爲彭德思一爲突魯猛笛附游者八與繙譯凡一十有三相去三十里英里十行二十分時輙一停易騾三停而至凡半時有二十分先是西北行邐一海灣曰波得福果其三停處曰體格勒時譯言獅郵也郵舊有獅故名郵之東北山曰各各巴各蒼翠起伏突峙石骨數百尺無土如削如磨郵之西北海灣曰羅低立戈提福理得士有武備院有盲啞學校海灣左右土岡時露石稜入植物園門內棕櫚兩行七十餘株皆逾百尺有木堅如鐵葉近槐木可舟可車有果木曰葛葛瓦葉似枇杷無毛而大倍之花小其瓣四略如桂而白其蕊黄其本二十

尺許枝幹隨處着花結果其果青如甜瓜熟而黃則類瓜蔞剖之其子纍纍去白皮其仁紫食之亦近瓜蔞仁此奇果也曰忙葛即中綠有核者也曰熱司如黃橘略小四格而瓣各一糖浸食之又有木本竹葉其葉長八九寸中青邊紅其長速又有風蘭懸之自生又曰石里納阿低魯長低嘎沿壁而生其葉似竹而肥其節似白艸根而大色綠可食竹種有三一斑竹節短而巨一京竹節勻而細一實心竹節二尺許視如慈竹而大者心略空小者不空也夭大高七八丈叢生密且多園長開橲出肴餐於竹下一肴似福建肉松而色白是樹根也果類橘厥根國人名曰低夫約阿拉布列西利美今之所食是合富里我士低鵝茂司而成譯即巴西麵包義此樹園中亦有之初植茶華工二十餘司之今工無華而茶遂荒通國所產製之者華人入耳農田鑛穴未闢無算匪獨園林已也談及招工雲龍言游歷與招工無涉彼人則謂無可否責亦無見聞責耶繙譯曰見聞固游歷分內事彼人復言國黨二一逐流黨欲招西工一自由黨折之以理意謂西工不如華工者三費多一也勤少二也終且龍斷三也二黨官

與商民罔弗有之至待華工之苛否僑居華人當自言之願歸時直言無隱据此對鏡而知中華修道開鑛之工直廉可用也是日爲其王生日歸路於車場見一街車黃油繢金其項有寶蓋其中正几六旁几二据云費鏹五千圓猶未畢工將以貢王是日往還約三十六里英里十八暑且溽導游者同車而旋以香餅酒餅直六金和冰餉之而去

十四日訪政制刑略與夫電綫郵舍

十五日訪海陸兵制兵學與夫兵艦之鐵木是夜鄭東秀偕游一園曰魯野拔奢有池有橋有三稜塔二對立如矛高三十尺有臺可以觀海灣對岸即所謂三得六民塢者燈火熒熒在目又游一園曰拉里格路司有前王銅像勒怒馬立銅臺上園門四以鐵爲柵

十六日訪巴西學校午正廖耀偕游模藪譯言博物院貳譯寶庭八入門一星石高三尺長倍凹凸如山如鋆色黑而暗上磨尺許有光熊熊据言一年前自天隕於巴西亞之山間歷程四月徙之於此一室列鑛質一室列斷碣殘柱或鏤人文或鐫動植樸拙可珍未遑一攷可惜也已一室雜列不一物中有牙鏤中華船一長二尺許又有矢刀

亦華製也一室列土人物其人羽冠羽裳下唇或長二寸其器如甕而孔如盆而合大幾四尺小亦得半悉土爲之間皆舊時鎔鑛之爐它物充斥一室列農圃物皂角長或三尺松塔高六寸許果禩稱此一室列頭顱百枯骸二多數百年物一室列獸海象十尺有奇獼猴四寸一室列禽鸚鵡之屬巨細若雀若鵲若鷹五色冏茀具其它或啄長倍身或頭冠如張摺箑連嘴一室列蟲與鱗介其蝶或采或紫或黃或白鮮豔如生蝙蝠翼長二尺許蛇類尤多或硃絲纏身或雪珠點尾蟹僅尺餘龍蝦亦尺餘其爪左右各五長鬚二並二尺許口側二鬚僅尺其尖雙口下短爪二魚形或肖蝌蚪長一尺許或身圓而長或下翅起項至尾一鯨骨長百尺有奇置庭對門即干布打斯園三至皆夜冉木未辨也復往一視有木曰班博曳葉似桑柘花肖秋葵大瓣色黃中心一莖蕊紅風來落池花亦有紅者名同植物園會一見之而未問名木多花少難盡諏詳褻甚而歸明日行

十七日巳初上輪艦先是發智利時舟主言歸路以繇英倫敦爲勝巴西十七日可至倫敦船日日開易舟六日至紐約如由巴西北行

逕至紐約雖云日程二十有三恐遲恒逾月也既補西游又閱多費計亦良得而未果按巴西之往紐約輪舟六耳英吉利美利加兩公司各三每二十一日一航信二休息期在月望過此不行微獨炎疫逼人費且靡繼而船期忽改緩二日今日未必展輪而無改期說不得不覓小火輪舟行十五里五海里過蛇島登美利加公司輪船名阿度旺司造自美利加在光緒九年千八百八十三年長三百尺寬三十尺深四十五尺吃水十五尺視馬力一千五百速率半時一點鐘十一海里頓數二千有喚人電綫而無電燈房小煤油燈一有盥面牘有鎖匙巴拉馬必魯智利皆以銀二圓易匙此否不及龍朝拉達達遠甚其艙位分上層中層下層亦與太平洋舟異雲龍坐中層而號數第一申後雨如注舟子漫言明日巳正行十八日雨不止其舟增載亦不止下艙增日本人四言三夫婦同僑巴西兩日間以瘦寡二懼而行是夜一西人子疫斃葬之魚腹薰磺久之雲龍發篋簽古巴圖經先是暈浪而臥久之起而食而行而耐風浪而觀圖籍而補紀事詩當智利南航時又苦峽浪僅僅屬餘紀艸出麥哲倫峽後乃克以乘舟之鉛槧補閉戶之歲月然浪高數十

尺輒蹶否則雖酷暑筆不一停也況舟未行耶

十九日卯初三十分舟始行凡要津之舟通衢之車限時爽亦無幾何到此艱難處遂易期三四所未解也艦小無風而搖雖西人耐浪而與餐者半耳稍減圖經功午正行二百四十四里（海里七十二）南緯二十三度五分西經四十一度五十分是日溫度八十一蓋雨而減也

二十日午正行八百一十一里（海里二百四十六）南緯一十九度二十九分西經三十七度二十一分乍雨乍晴繪軒開閤靡定美利加人謂閤曰下上（聲）帖謂開曰倭本昨食西瓜長二尺有奇皮青子黑瓤紅不沙今食甜瓜大如西瓜之半加鹽味美美利加人呼甜瓜曰麥隴譯言瓜也無甜字義呼西瓜曰握侖麥隴譯言水瓜也是日饔如昨

二十一日午正行八百三十一里（海里二百五十二）南緯一十六度三分西經三十八度八分古巴圖經畢是日起卯初訖亥正稿不脫不寢也圖稿更易者再

二十二日卯初四十五分觀日出雲霧未淨四圍緣金出礴丸日如龍銜珠而紅霞爭透萬丈光也約五分時出海面矣卯正泊巴希亞

計行七百九十八里（海里二百四十二）南緯十三度西經三十八度三十一分自里約熱內路至此二千六百八十二里（海里八百一十三）巴西水埠此居第二即巴希亞部治也乾隆二十八年（一千七百六十三）法郎西爭礮而兵不勝復攻之入里約熱內路都巴西徙都於此尋復都里約熱內路然則此亦一舊都其海灣在南其灣口在北其埠則在東浮沙一道臺閣露椶櫚間結居阜面居多西南漸低人家寥寥泊輪舟三帆船數十乍晴乍雨溼雲壓潮申正行移時猶見西岸層巒低甚蒼翠貼地而雜白如雪如練問之美利加人曰散譯言沙也（雲龍）於餐桉餮古巴圖經餘紀始此晨夕

二十三日西北風起午正行八百二十五里（海里二百五十二）南緯十度五十分西經三十二度三十分當上燈初月未出海而東有星一道常十倍有芒其光射汲南北裁數尺許東西一道無慮萬千尺一燈東閃相去不知幾百里疑帆船也日間餮古巴圖經餘紀疲甚獨坐舟首心目邊際皆空移時復餮

二十四日卯初四十五分觀日見半雲亦未淨也辰初四十分泊伯

能不各行三百七十六里海里一百十四自巴西亞至此一千二百有一里海里三百六十四南緯八度有三分西經三十四度五十一分亦巴西一部也治埠長約三十餘里英里十餘街市面東居三之一其南九里英里二浮沙低綠漸與水平其北十里英三里餘林地也又北二里許高於南四倍比屋斷續蓋一小埠云輪舟帆檣輒泊部治之南埠前有越隄無虞數萬尺寬五六尺潮至越之如閘口如瀑布距六七十尺輒豎鐵柱高四尺餘圍二尺許亦固隄亦便纜也兩頭有口船將泊時北行轉入西灣口小停進於埠東下錨申正移船十九里海里六入越隄內泊教堂前埠市綠木惟此二十餘株外此零星而已越隄北端有白燈塔一高於海面一百尺有奇下半石臺其大倍之南數十尺有八角臺圍約百尺其中爲室其上半樓半臺璃窗八達臺半支廊臺足繫艇臺頂豎旗殆司隄者居之歟或曰隄根皆水蟲結房錄積寸累而成埠又因之作隄亦一奇也然以珊瑚蟲證之其信然歟埠屋臨潮墻白瓦赭譙樓峙其中鐵欄高甚令繙譯登岸觀習騎場饕古巴圖

二十五日觀日如昨雨雲尋起古巴圖經餘紀畢起卯訖亥三餐而外無一刻息也

二十六日饔游古巴詩董始此舟客增新舟載亦减舊也午初三十分行

二十七日午正行八百五十八里（海里二百六十二）南緯四度二十三分西經三十度十分以詩紀事如昨

二十八日午正行八百二十一里（海里二百四十九）南緯三度三分西經三十九度五十五分以詩紀事又如昨

二十九日午正行六百九十三里（海里二百一十二）南緯二度五十五分西經四十二度未初十分輪聲頓寂問知海淺多石宜緩緩行是夕古巴詩董屬草畢

三月一日饔游巴西詩志未初輪行有聲潮綫非淺矣午後雨歇微晴酉初四十分北行轉南進灣而水黃有泥則黃黃即淺也夜難可進遂泊燈臺東十三里許（海里四）計行二百五十四里（海里七十七）南緯二度二十八分西經四十四度十六分其燈臺高於海面一百數十尺

其色白其定光亦白遠達四十里（海里一十二）臺北燈火若見若隱即埠也船首放冲天爆竹一（俗呼升高疑即華製）煙火一（手執放之白而紅而綠艮火）使埠先知船至（是其公司臨號）欲其客貨速集也

二日卯正行泊亞馬孫計行灣內三十三里（海里十）自伯能不各至此二千六百七十三里（海里八百十）南緯二度二十九分西經四十四度十七分此亦巴西一部也治水埠居中方屋雙翻引水屋也其埠面西其東北房密而整其東南浮沙支出海中結屋數椽灣岸地曠淺沙船二其一時方淺沙別艇受之酉初亞馬孫疆吏苛司達組業士偕海關長密朗達至舟問訊欲導游工廠而展輪在即不果深情款款餉之以酒握手交臂而別据云此埠人二萬五千中有華人六其兵一千埠之東北隔港而結巖室者花園也酉正行仍經燈臺東溼雲四起移時猶見臺燈爨如昨

三日爨又如昨午正西北行五百九十四里（海里八百十一）南緯一度五十分西經四十六度二十分是日測度八十七南風激浪高六尺許日輪入海白雨一陣尋止戌正舟之司會計者疫逝輪停四時飽魚腹

四日饔叉如昨寅初西北行入亞馬孫河其水黃巳初經一小島曰鯫石浮沙木遠低綠如薺未見人居而揭來小艇斜帆四五蜻蜓無算尾舟款款移時亦離以此知其飛不讓輪速也午後過輪舟三未初入灣兩岸青葱與瓦亞基之北相仿彿未初三十分泊巴亞拉計行六百八十三里（海里二百七一）其中有三百二十里（海里百）爲亞馬孫河自亞馬孫至此一千二百五十四里（海里三百八十七）南緯一度二十二分西經四十八度二十九分此亦巴西一部也治水埠而東北隅灣口在南臺閣密結西南而東北樹環如垣如堤酉初雨不止移時見燈雨中燈明無算與舟燈相映帶

五日午雨午晴饔倍於昨是夜烏拉圭駐此領事法蘭昔司哥祺所薩（其姓）來舟見雲龍筆不一停索書曰將以存博物院也隨書華箋予之

六日饔叉如昨丑初西北行約三百三十里（海里百）始出亞馬孫河舶海北行辰初行由東南轉而東北午正行三百五十六里（海里一百有八）南緯五分西經四十七度四十八分凡度起赤道南六十分曰一度北

亦如之非一度而南北共爲始也惟逆數易滋轇轕此舟北航則赤道以南爲逆數初四日南緯一度二十二分是再行二十二分乃至一度也一度以北赤道以南皆爲奇數如是日南緯五分過此五分即赤道矣赤道之北即爲順數南北有定舟行則無定今以速率計之則經赤道在午正二十六分未初西北行未正大雨來自東北尋晴由是風浪巨甚所饔飧輟

七日午正西北行八百六十七里（海里二百六十三）北緯三度四十九分西經四十九度三十一分風浪如昨然習慣仍可伏案

八日午正西北行九百一十四里（海里二百七十七）北緯五度六分西經五十二度四十六分見壁間小蟢子一如中國伏案饔如時

九日午正西北行八百九十一里（海里二百七十二）北緯九度五分西經五十九度九分校中阿美利加起緯北七度時巳經共地二度五分矣饔

十日未初五分泊巴別突司島計西北行九百八十里（海里二百九十七）北

游巴西詩志畢時已亥正

緯十三度五十八分西經五十九度三十六分島爲英屬地校西印

度羣島大較分四一曰大安低列二曰小安低列三曰巴哈麻四曰百慕大皆有英吉利屬地而小安低列屬者二十二島此其一也瀛環志略所謂巴巴闌（地理全志云巴巴多）即此其地五百五十方英里合華方里一千五百五十其八十五萬九千置疆吏治比日登有副衆治島五曰散吉（地方二百餘英里）曰多米宜格（地方九百英里）曰安地卦（地方三百五十英里）曰蒙撒拉曰宜惜（二島尤小）是島無高峯而有起伏埠居島麓面西結構叢木間引水風輪甚巨有機器烟筒埠背層岡青葱一色瀛環志略謂土磽瘠未盡然也艤艇黑人赤身居多埠南白燈臺高一百尺有奇玻璃紅色其北浮標二酉初三刻十分舟行兩標間出灣西北行巴西詩志脫稿後此數首隨時續作未至此島以前風浪掀舟十數尺許餐席寥寥

十一日午正西北行七百四十五里（海里二百二十六）北緯十五度二十五分西經六十一度五十六分是日涸度八十六而艦軒銅邊着手如炙西北風起

十二日午初泊先塔盧斯計西北行七百二十六里（海里二百二十）自巴別

突司至此一千四百五十二里（海里四百四十六）北緯十八度十九分西經六十四度五十五分此丹屬地也初隸和蘭尋歸英吉利後乃屬丹亦九百餘年矣西印度羣島小安低列之屬丹者島凡三共英方里六百七十合華方里二千有一十若星若棋若聯如斷其人凡五萬有奇此爲三島之最人約二萬瀛環志略未詳厥名而地理全志謂之三古盧斯與聞亦不盡符丹國近亦釋放黑奴弭斂怨媒以撈拓僻荒爲務此埠居層嶼間倚島麓面北而臨水結屋千餘其脊或人字或四欞以鐵爲瓦有白有黑有黃而紅居多其壁青黃藍紫閃弗備牛崖數椽据舟人云百年以外屋也其東北（埠左）一嶼與它嶼離高三百餘尺麓與頂竝置礮臺是爲舟進要隘其西北（埠右）燈臺之色白而玻璃則紅臺之南有數百尺白石二段出潮面數尺如雪有立標一錐形八角色亦白也浮標十餘竝紅惟東一標紅上增黑錐一埠前鐵棧橫列水中四百尺有奇有起貨機器東南灣角分列煤棧五皆亦爲之煤積如山是艦移泊其棧之最長者初闋無人既而艇載黑人二百許女多於男頭巾腰帬赤足行雨中以筐盛煤（與中國煤筐同）戴

之首竭來若飛棧間支籌須臾而畢艇如梭織售仙人掌實橢圓四五尺刺青蒂紅有水可飲也螺蛉紅黃鮮豔罕匹大者如塔如盤一種水蟲結撰如菌如芝如盂如羊肚如鹿角如珊瑚枝而皆白如雪有纍窠無算長者輙五六尺惟易碎耳據識者言巴拉巴沽隄根亦此種水蟲結成海中小島往往出此厥產煤外以白糖葡萄酒牛皮鸚鵡鱗介爲多島嶼有起伏然形輒圓坳逋峭蕉木叢生而無巨木島之東北數十里一島孤立海面望之若帆土人即以形名之酉初三刻十分舟東北行出灣小嶼無算雨微而風起

十三日午正西北行六百里（海里一百八十二）北緯二十度五十九分西經六十六度二分浪高十一尺東北風緊紙筆皆飛不克伏案如平昔然握觚持鉛無礙也過北緯二十二度又爲北阿美利加洲境矣

十四日午正西北行八百八十七里（海里二百六十九）北緯二十六度有九分西經六十七度四十分潮風漸微發篋可補餘紀也

十五日午正西北行八百九十一里（海里二百七十）北緯二十九度二十六分西經六十九度二十八分饔如昨

十六日午正西北行八百七十七里海里二百六十六北緯三十三度三十六分西經七十一度十四分陰雨東北風漸大浪高數尺然伏尚案覺可支晚餐入坐皺甚未克飽食入夜浪高十三尺凡西人算浪濤言有昂即有低低昂十尺作為五尺此地墨西哥灣熱潮與大西洋冷潮迸而鬬極高約二十四尺然無風輒起十尺有奇況風巨耶是日高十三尺實二十六尺也非夏灣納浪花可同日語驟雨傾盆溜筒漲溢艙檑水流如泉置物皆自移西艦頂布棚盡徹

十七日午正西北行六百九十三里海里二百十北緯三十六度五十七分西經七十二度二十九分風浪高且逾昨晚餐入坐寥寥侍者傳湯以手擎之蓋着桉即拋也食几釘於艙面且有傾倒者然雲龍尚能強食

十八日時雨時止霧起風浪如昨午正約西北行六百九十三里海里二百十而經緯度則西人亦無從測計也是夜時停艦輪以霧大故而風浪略小

十九日霧中行偶見颿影舟人額手申正經三[illegible]夫即前游紐約時

覩礮處也酉初停輪海關前地名博六古領醫士關吏先後至舟乃進灣過礮臺於酉正泊紐納自前一日午正計至此時約行八百二十五里（海里二百五十）自先塔盧斯至此計華里原止四千七百六十五里（海里一千四百四十四）今因風浪逼舟斜航多行七百三十五里（海里二百二十三）北緯四十度西經四十二度自里約熱內路至紐約凡一萬七千八百有六里（海里五千三百九十六）今行則爲一萬八千五百四十二里（海里五千六百十九）方至海關艇如梭撒網小木爲標白紫異形渡輪依岸分行維時霧散漏日矣乘舟過鐵綫橋行十九里（英里六）至寓見者言癯倍昔

游歷美利加餘紀後編　　游歷圖經餘紀十三

花翎二品銜直隸即補道總辦北洋機器局前游歷使臣傅雲龍述

雲龍三至美利加惟國都不得不覆而紐約亦其要津也餘則取徑各別此游爲第三次繇其國都西至三法蘭昔斯哥所馳中央鐵道稍近於北與前編自西至東之車行近南非一途矣一則秋陽赤野一則夏雪崎嶇輶經未曾聞見因之以異蓋不欲陳陳相因虛勞跋涉也不第惟是航太平洋一萬五千里有奇往還程同而所行潮綫微亦有異就熟既視其人乘風又會其時或紆或直或遲或速安在其可刻舟求歟述游歷美利加圖經餘紀

三月二十日因航海日久小憩紐約一日櫛沐檢點行裝然眡礮工

二十一日子初登火車行七百有二里英里二百二十四卯初二十分至華盛頓乘馬車投阿倫敦店有二門通街一曰飛町衕名猶言十五號也一曰埃及凡屋百四十五樓七層雲龍住第六層距地百尺有奇再上一層則非客榻也饗游歷美利加圖經鋼鐵比較表

二十二日饗鐵道枕木平均直表鐵道枕木歷年表鐵道外軌表最

巨鐵道公司利表

二十三日三贊使導游隣脱瓦豐辰初乘哥哥蘭輪舟艤葡萄壘河五十七里（英里十九）巳正泊岸登視華盛頓石棺置於室中蓋就厥故居側營之初非置此三遷乃定在同治二年（千八百六十三）室以紅磚砌成衺龕於石棺無幾棺爲雲石其左一棺面紋雖滅廣狹如之則其妻也室前環以鐵柵室外有石幢二其頂皆銳左幢爲其妻生存時所立右幢則其姪婦所立也故居卑且樸華盛頓兒時斫樹斧猶在而柄朽矣琴書星羅如初其妻紡織器亦置如初婦孺競謀孵囊歲蓄之海外人物能不以華盛頓爲第一流哉是日舟車往還凡百三十八里（英里四十八）歸饜鐵道計入年表夜夢初覺自省年來每到極難處以噴醒自勵每到極險處以忍耐自安而難不在事險不在途遠也

二十四日亟欲前行而從者疾不果饜鐵道利益繫地表它國鐵道運直比較表火車街車工表

二十五日饜輪船考工游修船工廠

二十六日饜船表輪船繫年表輪船分部頓數表游輪船公司

二十七日覽工廠水力汽力繫地表工廠水汽馬力比較表水力汽力繫工表農器工力汽力表棉工水力汽力表銅鐵工水力汽力表馬車運物車工廠水力汽力表紙工水力汽力表

二十八日覽度量衡工表陸軍礮局試驗礮銅表鐵條工繫地表鐵線銅線工表錫器銅器及鐵板工表銀工表印刷工表化學藥物工表藥工兼化學藥料表

二十九日覽電氣器工繫地表電信電話器工表電氣鍍金銀工表修房鐵工表橋工表

三十日覽棉花工廠機器表棉花工繫地表紐約治絲分類表酒工繫地表

四月初一日覽合衆國兵制夜分未已

初二日徐贊使偕乘電力車從紐育埃粉牛(譯言第七衢口)至埃根登視磨電房有生電機器二一已用抵馬力一百六十一未用抵馬力一百日需煤直銀五圓耳其工二需銀八圓日費不過銀一十有二圓然欲諮厥梗概非見司事都路佤兒不克知也期以明日是夜覽陸軍

選兵表十三邦陸軍表

初三日饕陸軍官祿表陸軍繫地表海軍官弁表卹戰士身家十八局表午初攜繙譯乘馬車訪都路低兒於葉扶街大西洋館第二十八號之室據言華盛頓都電力道議修十二里有奇英四里餘今成四之三通國已議道一千二百里有奇英里四百餘公司大小七十有奇波士登爲最紐約次之三法蘭昔斯哥尙未之有此地車成一十有四一等之車直四千圓其窗二層下層以鐵絲編格二等之車直銀一千二百圓亦勝於馬街車造自光緒十四年始一千八百八十八創之者沙無送也華盛頓都公司名沙無送哈司達因求電力之所以然將補圖經鐵道攷工而說未盡譯後於巳本年譯之

初四日三贊使話別於火車頭巳正三十五分展輪午初三十五分行百二十有九里英里四十二停華盛頓整升凡車一停約歷時二十六分又行隧道五百餘尺先是途多松柏過此雜卉具腓或白或紅續穿隧道二百尺午初五十五分行七十八里英里廿六合前六十九停哈可司民庫生其地無一民房午正行百四十七里英里四十九合前百十八停葡萄學

河橋蓋當百二十尺之半也又過橋水淺曾不盈尺不一里穿隧道五十尺午正三十分行七十五里英里廿五合前百四十三停馬迭芬爲下車果腹處未初行七十五里英里廿五合前百六十八停亨特谷沿葡萄壘河行其水寬二三十尺又穿隧道八百尺有奇時未初四十分也河流山夾軌引南岸曲折西行水側卉木雜花素紫參半未初五十四分穿隧道百餘尺未正二十五分計行自亨特谷二百十有三里英里七十一合前二百卅九停康布朗會申初行七十五里英里廿五合前二百六十四停凱若申初三十五分行七十五里英里廿五合前二百八十九停碧毛市申正三十五分行百八里英里三十六合前三百二十五停沃唐又穿隧道五百尺有奇時在酉初酉初卅分行百三十二里英里四十四合前三百六十九停小河南尋行白石燦燦淺渠雙流過鐵橋地名紐北耳有屋百餘椽在兩山間縈卉掩映有一小水曰奇拖河曲流峻峽松根臥濯車輪斜出崖腹跨水深裁數尺酉正十五分行九十四里英里三十合前三百九十九停屯宜耳張又行隧道三千四百尺有奇尋復行隧道二百五十尺戌正三十分行百五十里英里五十合前四百四十九停馬宜墩亥初五十四分行百六十五里英里五十五合前五百有四停悔各

初五日車沿密西根湖南岸而行巳正行八百八十五里（英里二百九十五合前七百九十九）至希嘎谷是伊利那倚斯邦大邑計自華盛頓都而威士奪勿爾治尼亞邦界而倭海約邦界而英鳌阿納邦界而伊利那倚斯邦界（按華盛頓都西北行入威士奪勿爾治尼亞邦界名飛里叉西行入倭海約邦界名巴嘎司拔叉西北行入英鳌阿納邦界名由戌叉西北行入伊利那倚斯邦界名庫納文而停車場不必皆界址也故特注於此）一晝夜車行二千四百里（英里八百）至此一憩而易輪車例也寓店曰可艮託拔西飛庫其街曰庫艮柯沙渴逶是邑市廛通衢寬者輒八十尺爲東北鐵軌會合之道有石暗道二或通水底或行山中先是嘉慶九年（千八百四）民聚寥寥越二十六年人不滿百時道光十年（千八百三十）距今僅六十年增至四十餘萬可不謂敏乎地產五穀百果其商以畜爲大宗以米粉爲通國最其工以鍊鑛治鐵織棉磨粉諸局著聲中雜華工數百適有日報人至詢以機器何者爲新而曰屠者創宰羊豕機千首一落噫憭矣有保險公司同治十年（千八百七十一）一火償銀四千四百萬圓雖然所贏不爲不多光緒二年三年（千八百七十六　千八百七十七）再火郵局稅關亦償亦葺今也車軌錯綜電綫網織惜易車刻晷莫之遑賦酉初三十分

登車行六十三里（英里二十一）停多納士又二十四里（英里八合前二十九）拉北比力又二十四里（英里八合前三十七）停我羅納時交戌初四十分又二十七里（英里九合前四十六）停布里士多魯又十八里（英里六合前五十二）停蒲納羅又十二里（英里四合前五十六）停三突尾奇又九里（英里三合前五十九）停涉抹羅又五十四里（英里十八合前七十二）停阿魯比力又三十三里（英里十一合前八十三）停門多達又二十七里（英里九合前九十二）停阿林登又三十六里（英里十二合前一百有四）停須士登又二十一里（英里七合前一百十一）停維埒突又十八里（英里六合前一百十七）停捕達又十八里（英里六合前一百二十三）停列摹舍又二十四里（英里八合前一百三十一）停格佳宜又二十四里（英里八合前一百三十九）停嘎魯拔又二十四里（英里八合前一百四十七）停阿耳多納又十二里（英里四合前一百五十一）停鵝宜達又十二里（英里四合前一百五十五）停瓦達嘎又二十四里（英里八合前一百六十三）停格耳士博又二十七里（英里九合前一百七十二）停康米籠又二十一里（英里七合前一百七十九）停孟蒙士時亥正六十分輪不得止夢轂與俱

初六日子初行十八里（英里六合前一百八十五）停嘎耳鼓多又六十三里（英里二十一合前二百有六）停拔耳林敦又十二里（英里四合前二百一十）停威士奪拔林登又

四十五里(英里十五合前二百二十五)停紐倫敦又二十四里(英里八合前二百三十三)停馬舞多物力長多又二十四里(英里八合前二百四十一)停猓屋又二十一里(英里七合前二百四十八)停沽林低耳又二十七里(英里九合前二百五十七)停飛雅費耳篤又三十三里(英里十一合前二百六十八)停拔達里雅又二十一里(英里七合前二百七十五)停葉田喜喜地又十八里(英里六合前二百八十一)停沃當瓦又六十九里(英里二十三里合前三百有四)停馬吉松又衍六里(英里二合前三百有六)停阿魯比雅又四十五里(英里十五合前三百二十一)停墨耳羅士又二十四里(英里八合前三百二十九)停納敖耳又二十一里(英里七合前三百三十六)停柴里東又二十七里(英里九合前三百四十五)停魯嘎士又二十一里(英里七合前三百五十二)停塢多拔魚又三十三里(英里十一合前三百六十三)停沃諸納又三十里(英里十合前三百七十三)停馬力又十八里(英里六合前三百七十九)停舍雅又二十四里(英里八合前三百八十七)停阿扶登又二十七里(英里九合前三百九十六)停沽列士登又卌二里(英里十四合前四百一十)停布列士嘎多又二十四里(英里八合前四百一十八)停柯寗又十二里(英里四合前四百二十二)停布魯沽士又十五里(英里五合前四百二十七)停納達威又十五里(英里五合前四百三十二)停比列士嘎又二十四里(英里八合前四百四十)停絲蕩東又二十一里(英里七合前四百四十七)停埒特沃谷又

十八里（英里六合前四百十三）停活莎屋又十二里（英里四合前四百五十七）停野馬松又一十五里（英里五合前四百六十二）停赫士鼎司又十五里（英里五合前四百六十七）停馬魯磅又十八里（英里六合前四百七十三）停奇魯司迭祿又十五里（英里五合前四百七十八）停沃林塢篤又十二里（英里四合前四百八十二）停巴西飛克江戈松又十五里（英里五合前四百八十七）停布拉支馬五司又六十二里（英里廿一合前五百有八）至奧麻哈一譯我馬哈時交戌初暫投逆旅曰拔庫司屯在沙金司街計自希嘠谷西行由拔耳林敦入愛呵窪邦界又西行入孥布拉士格邦界（交界地名康五修佈納符）至此千五百二十四里計自華盛頓都至此三千九百二十四里（英里千三百有八）是埠爲合衆國西境第一厰人已逾十有一萬（使美記畧云二萬四十非今數矣）先是咸豐四年（千八百五十四）始徙西黎於此德義志人居多而英人趨若鶩時有印甸土人名澳麻哈者以其名名地遂沿之以至於今枕密蘇盞河地勢高於海面一千有三十二尺其工以鎔鑛製機鋸木釀酒爲夥其布石成道自光緒六年始（千八百八十）歸是焉車街車軌道四通有鐵道總局六道之軌交錯其中南側有憩客場二而售票所電報所電話所郵信所罔弗具析而言之有道絡太平

洋鐵道公司有密蘇蘆河鐵道公司皆在埠東又有鐵道機器局在埠北三里(英里一)其地基約三十野格可製下中上三等汽車其地高於海面九百八十五尺是低於澳麻哈埠百五十有七尺也礮臺距埠九里(英里三)地大八十野格道自同治七年(千八百六十八)有馬車道可以通埠埠之東北鐵橋一道跨密蘇蘆河長約五里(英一里有奇)上鐵下石其礅二十四其柱径八尺五寸其費銀二百五十萬圓過橋即鐵道總局也戌正五十分登火車行十八里(英里六合五百十四)前停基利摹又十八里(英里六合五百二十)前停巴碧玲又五十一里(英里十七合五百三十七)前停益康又十八里(英里六合五百四十三)前停華利又三十六里(英里十二合五百五十五)前停夫里孟多其地高於海面千一百九十二尺遝絡太平洋鐵道公司而外又有公司遝絡東北鐵道多可知已其居民今逾五千學校日增又八十一里(英里二十七合五百八十二)前停柴頓又六里(英里二合五百八十四)前停司治蘭居民二千

初七日子初行四十八里(英里十六合五百六十)前停哥侖拔司所謂布拉低即此先是咸豐十年(千八百六十)有人名卓治法蘭西斯多遝者謂地當合衆

國中央擬以爲都而未果同治三年（千八百六十四）定爲拏布拉士格邦界火車過此可渡布法庫河厥河多魚厥岸多鳥（雁鴨之屬）漁獵者趨若鶩過河鐵道無屈曲無起伏者百二十里（英里四十）此地人約三千又行西十八里（英里十六合前六百十六）停舍利福司力（一譯利華其力）譯言銀灣也又六十九里（英里二十三合前六百三十九）停隴其里（譯言獨木也）又行六十六里（英里二十二合前六百六十一）停克闌愛倫（譯言大島也）距此六里餘（英里二餘）有大島峙布拉庫河中（或言海島非也）長九十里（英里三十）寬十二里（英里四）地名以此此地爲哈而能邑治地高海面千八百六十尺有機器局工數百以修火車爲最同治五年（千八百六十六）以前尚無鐵道嗣是道日以闢此地停車場備二十有三有地名夫列多司治耳墩形似礮臺而小枕北布拉地河其水上流三百七十五里處（英里百二十五）實至四十五里（英里十五）農田資之獵者猶多先是野牛野馬足跡旁午於道橫死道側日以百數驅之岡色斯境同治十二年以後（千八百七十三年後）厥跡漸稀將名哈拉宜者嘗與印甸人戰勝於此居民一萬又百十一里（英里三十七合前六百九十八）停巴尼又百一十七里（英里三十九合前七百三十七）停布林其列又百三十五里（英里四十五合前七

百八十亭諸布拉地高海面二千七百九十六尺揆布拉土格邦治曰
林昆亦在於斯居民三千有機器局其鐵道自同治五年始一千八百六十六
火車行向正西又六里英里二合前七百八十二停馬福順又四十二里英里十四合前
七百九十六停郡呼布拉又三里英里一合前七百九十七停澳法倫一譯阿花倫沿河沙
岡起伏不絕此居沙岡不宜耕種先是西人至止罪人居多是以淩
弱時蠶咸豐九年一千八百五十九至同治五年一千八百六十六最甚印甸人曰阿拉
拔澳族曰學苦司族皆土著有年鐵道多在岡北岡高處約五百尺
許蓮綿以迄歪阿明部之黑岡長六百里英里二百寬百五里英里三十五人
畜無多而清泉時出又四十八里英里十六合前八百十三停倭戈耳又五十七
里英里十九合前八百三十二停羅士戈又四十五里英里十五合前八百四十七停澳可拉
拉一譯倭加拉賴時巳初十五分也地高三千二百有七尺格以司邑治此
北有小岡地宜牧不宜農同治九年一千八百七十土匪虎眈火車先之以
野馬而火車轉輪冲馬而進車中客手鎗斃刼者無算遂免於難又
五十七里英里十九合前八百六十六停布司冰領譯言大泉也泉源遠而甘地
高三千三百六十尺光緒三年一千八百七十七匪集一十有二刼火車至今

猶呼之大泉賊方刧時斷電綫入車刧郵銀六萬五千圓客銀千三百圓戴之馬背一鞭入林懸賞萬金獲其三賊復銀及半置兵戍之居民百五十又二十一里英里七合前八百七十三停由治司拔或稱維耳或稱田勃而有人焉曰由治司拔遂以名之地高三千四百五十六尺居民六百又六十九里英里二十七合前九百十停西多泥時午正也下車一餐恩甚是拏不拉士格邦最西車場地高四千有九十尺不宜耕種然宜牧養牛羊者輒數千頭有礮臺而小置自同治九年千八百七十騎兵將董之且有營二十一步隊之官署居民千五百又百一十一里英里三十七合前九百三十七停晏地立猶是拏布拉士格邦境也產金錢鹿土人獵鹿居多又三十里英里十合前九百四十七停錦博爾時未初三十五分初名安地維比今以鐵道公司長名名之地高四千六百九十七尺農牧皆宜而牧勝於此五十四里英里十八即交歪阿明界漸西漸高火車所經之野可眺峇司峯是落機山之一峯也南有一峯名白庫司峯頂恒戴雪是喀挪拉拏邦境之最高峯雖隔五百二十五里外英里百七十五可以見之翦花埠在北六百里許英里二百極目無樹而艸輒短有沙無泥故

也即當雨雪無逾五寸而雪恒過之此地之北多山鹿山牛山羊又一百五十九里英里五十三合前一千停給安西一譯格宜一譯加蘭尖嶽此歪阿明大邑也部治亦在於斯思埒沽河環其西南其境西頗東平地質如燒殆初多火山歟河水不少然潤澤無多山水積自冬雪夏霖屈曲出山裁足供牛飲耳是以其地宜牧不宜農其謀生聚自同治八年千八百六十九始令無慮九千人矣議院猶新他如理刑官署學校蓮絡太平洋鐵道局電局馬車廠自來水公司皆以次舉有機器局名可列多先託拉耳瓦庫司其器與屋直銀五百萬圓鐵道汽車悉取利器於此馬鞍工爲通國最有練騎場客店大者二一曰印達澳生一曰美託路波理唐駸駸乎有進部爲邦之勢又行九十九里英里三十三合前千三十一三停頓莽一譯沙間譯夏滿此美利加合衆國鐵道所經落機山最高處也高於海面八千二百四十七尺非山高處是美利加鐵道高處昔者美利加一將名蝮莽厥身高於尋常人故以名此然其高處平而非銳有紀念碑四方方各十尺有奇其頂尖爲澳庫司葉牧士及其弟澳利拔立也此二人者洞山脅通鐵軌有功故誌不忘西北石峯斷續若雲奇石亂

堆短松出罅或欹或臥風烈逼之故也雪餘小艸輒黃登峯遊目西南二百一十里英里七十見倫司峯南四百九十五里英里百六十五見白庫司峯西北三百里英里百見葉綠山微獨黑岡隱約而已自給安西迄於蝮莽鐵道斜平每一英里高千分之一百七十有六是一華里高千分之五十九有奇也天氣濕度八十有二寒度輒至三十東風恒吹雨成雪而西南風尤猛軌工驟至多病者是因空氣稀而薄久之而安是因空氣淨而清雖然四時皆雪嚴冬彌增縱僅數寸而風揚輒沒車軌可危也已足以有攔雪柵護軌柵之工其柵如中國鹿角柵形山凹溪曲宜之其棚以板爲之如隧道或百尺或數十尺板隙有光車行無須上燈有鐵橋跨屈亞夫河長六百五十尺高百二十六尺在停車場西六里許英里二東南千里鷺砂坐飛半爲土人獵地同治八年千八百六十九鐵道拓此既阻且掠互有殺傷土人遂徙深山在數百里外而亦時出獵獸髮黑而披面赤而黯穿耳無分男婦其酋或面塗黃垩冠羽衣皮善騎射道路時有見者所獵熊鹿雉兎居多亦漁於溪以鱒爲最又三十三里英里十一合前千四十一酉合亭列藿大低土一譯華山大土

譯言赤沙塊也其質沙其色赤往往突起或三百尺或五十尺有小礮臺曰拉拉米墩設自咸豐九年（千八百五十九）在北緯四十二度十二分三十八秒今屬弟七步兵隊有將官駐此此地高七千三百尺火車緜此北行又二十一里（英里七合前一千五十一里）亭拉拉米（一譯拉拉米蘗沙名）歪阿明部有邑治此曰澳洛巴尼同治四年（千八百六十八）始置此城拉拉米河水壞廠西有機器場屬鐵道局別有曹達工廠玻璃工廠自來水電氣燈各公司其居民六千而木商鑛工居多初多板屋漸易磚石矣客店之最曰松拔凡陪審官鮮以婦女有之獨此增大學校費銀五萬圓有平原長一百八十里（英里六十）廣六十里（英里二十）不宜耕作然如馬鈴薯可殖也其北有湖緜是而西迄三法蘭昔斯哥火車場多用華人初八日行百有五里（英里三十五合前千八十六）停古巴士列有古巴士湖民多沿湖而居又四十二里（英里十四合前千一百）停碌區又二十一里（英里七合前千一百有七）停羅庫里沽譯言石河也在石河上鐵道曲折東行乃回輪而西北高六千七百有四尺有湖曰可莫長三里（英里一）寬一里有奇（英里半）產猫魚有脛亦一奇也又四十五里（英里十五合前千一百二十一）停果舞又二

十四里（英里八合前千一百二十九）停美治順哺有鐵道局屋作圓形過此二十餘里地勢始坦不見有除雪柵又行三十里（英里十合前一千一百三十九）停加朋（一譯哈柄）居民六百鐵道公司始開煤鑛雖鑛苗不佳而汽車艮足取携地高六千八百二十一尺有山曰葉路柯高萬一千五百十一尺雪積時多又百二十里（英里四十合前千一百七十九）停扶列託是低耳地高六千五百有五尺有礮臺置於同治七年（千八百六十八）越十八年廢自澳麻哈以來再渡北布拉地河其水至此約四百五十里（英里百五十）初以舟渡今踏橋矣入此河之夫蓮治河莫紐緬多河嘗出金沙此外有鑛泉七寒泉一皆可浴也南有地名厚古拔葛譯言鹿背也高五百尺至千尺（蜿蜒）而西形如鹿背故名又三十九里（英里十三合前千一百九十二）停羅林士蓋以大將名地也地高六千七百四十四尺民二千一百牧畜居多然鑛工夥銀鑛既旺雜鑛亦出有一沙石鑛厥色赤厥性酸化鐵道公司兼采之輸之東方有鑛泉來自青石其北四百二十里（英里百四十）有油井又北三十里（英里十分）有印甸土人族居其礮寨名瓦沙基合衆國分弟七步兵隊戍之又三十里（英里十合前一千二百有二）停舌巴利順有分

往詣盍鐵道公司聚議於此而後分勘東西故名之也又五十四里英里三十八合前一千二百二十停利士頓地高七千有三十尺又百一十四里英里三十八合前千二百五十八停嘉步洛譏言平石也地高六千八百九十尺石色赤又三十里英里十合前千二百六十八停畢大起力又六十里英里二十合前千二百八十八停潘他阿符布洛士有采煤公司其工以機日出百車每車二萬二千磅產蠔多在山中土人燒灰輸之遠方又行三十六里英里十二合前千三百停寫耳地威而士譯言鹽井也產煤又四十二里英里十四合前千三百十四停洛士布領司其地涌泉不絕而味鹹又四十二里英里十四合前千三百二十八停布經士仁地勢向南漸高美利加獸皮公司勃立柯立於道光五年千八百二十五又二十一里英里七合前千三百三十五停麻士頓又六十里英里二十合前千三百五十五停可達北又六十六里英里二十二合前千三百七十七產瑪瑙又有石魚剖石則魚紋如繪沙岡達綿數十里許又八十一里英里二十七合前千二百九十七停各耳大蓋以狀師名名地也東三十里英里十有勃立各寨咸豐八年千八百五十八立於其將戎松在北緯四十一度十八分十二秒是此地設官之始兵即弟十七步兵隊也其地宜牧其木多杉鐵道西行漸

高有除雪棚又五十四里英里十八合前千四百一十五停碧波又四十五里英里十五合前千四百三十停阿士邊地高七千三百九十五尺有鋸木廠其木多自文達山來此地斜下至鹽湖濱而止又三十里英里十合前千四百四十停黑納託初木工甚盛木炭亦多光緒十二年千八百八十六匪三百人刼距此九里之比牙河鎮英里二尋靖然市廛減矣比牙河急流也導源文達山北流入比牙湖湖長四十五里英里十五寬十五里英里五湖水北流成河邏尤達部境注大鹽湖又四十五里英里十五合前千四百五十五停伊尹士頓居民二千離此十里有煤鑛名呀耳馬其工八百華人居十之七又三十里英里十合前千四百六十五停華茶治一云葉王司登途間穿石山隧道七百七十尺厥石甚堅不易爲而亦可爲也地高六千七百五十九尺東去澳廠哈二千八百七十一里英里九百五十七西距三法蘭昔斯哥里亦如之光緒十四年千八百八十八設育幼院費銀四萬五千圓有機器局居民三千中有華人一千鑛業居多而以煤爲大宗日出百車輸之嘉里符尼亞者過牛有鐵道公司又一百二里英里三十四合前千四百九十九停葉骨地高五千四百七十一尺有煤鑛兼有鐵鑛山水爭奇石洞巽

常居民二千以牧爲主又四十八里（英里十六合前千五百十五）停威坡民約一千有奇又三十六里（英里十二合前千五百二十七）停迭呼路吉托譯言鬼門關也軌道崎嶇無草無木又十二里（英里四合前千五百三十一）停煙大地高四千五百六十尺同治元年（千八百六十二）教黨曾爭殺於此又二十一里（英里七合前千五百三十八）停倭頓（一譯澳田）時已酉初此易車地也地高四千三百有一尺斷岸高者一千五百尺石山四圍水木交映連絡太平洋火車置公司於此四通八達往鹽湖城車亦於此易之有倭頓洞游者稱之西北十八里有鑛泉四時浴者雲集客店大者曰勃路沐道側攤售五金鑛及瑪瑙之屬車中見華工廖氏問之據云來自煤鑛是工首也月獲傭銀一百圓有奇他工或三四十圓或五六十圓有差是鑛日出煤二千噸每噸直銀七圓一毫七忽華工分六毫三忽耳碎煤減直七之一此地人八千五百西二十七里（英里九）有溫泉名哈脫司布林在停車場右側山端冬雪一積熱霧自衝數里外可以見之其氣含礦兼鐵性也又七十五里（英里二十五合前千五百六十三）停可運或曰可路司桑絲此至三法蘭昔斯哥有鐵道二一即連絡太平洋車軌（非郎一大平洋一）

道故謂之連絡一即所行一道謂之中央太平洋車軌也又百有八里英里三十六合前千九百九十九停布朗門多利先是東西火車於焉分道東至紐約大西洋一道歸東路公司西至三法蘭昔斯哥太平洋一道歸西路公司同治八年千八百六十九始運絡之又四十五里英里十五合前千六百十四停門紐緼地近鹽湖入毛不沈合衆國鹽務大宗也雪山南聳綠樹環之山麓人家斷續

初九日行五十七里英里十九合前千六百三十三停機利頓此屬尤達邦山猶童也然埠有木數十又九十九里英里三十三合前千六百六十六停晉順又一百三十八里英里四十六合前千七百十二停滿迭羅地高四千九百九十九尺又百二十里英里四十合前千七百五十二停燕支偏定司其南山谷二一名碌碧麗一名柯綠邑溪流環之牧畜孳甚有銀鑛其南百九十五里英里六十五有礦臺名活麗碧東枕鹹湖又五十一里英里十七合前千七百六十九停威爾司譯言水井也清泉時見不下三十又九十九里英里三十三合前千八百有二停哈力有營汎有華工又一百十四里英里三十八合前千八百四十停依兒高屬列法達邦人約三千初以布爲屋今改磚石矣去此七百八十里英里二百六十二銀穴

最王又十八里（英里六合前千八百四十六）停模棱又四十五里（英里十五合前千八百六十一）停嘎倫時交未初下車一餐此地人約九百有奇銀銅鑛苗距此或一百五十里（英里五十）或九百里（英里三百）華工雜於其中同車有華人名蔡傳艮是爲鐵道公司華工授食者言矢成公司鐵道與工已二十二年工僅及半蓋起倭卹訖三法蘭昔斯哥也凡九百英里有奇而蔡氏所司有六百英里華工四百有奇每日卯正起戌正止中間休息一時傭貲一圓二角五分授食之蔡氏日受銀三圓華工較埃及士工直廉而力勤嫉者阻之而用者初無心阻之也於此見華工非不可用且勝西工遠甚視量材器使何如耳又四十二里（英里十四合前千八百七十五）停拔里雪居民二百有奇有銀鑛曰田利加嵗出三千二百萬有奇又十五里（英里五合前千八百八十）停拔地耳馬田譯言戰山也舊爲用武地銀銅鑛華工千餘地高四千六百三十六尺又二百八十二里（英里九十四合前千九百七十四）停戈阿達南有金鑛北有銀鑛又六十里（英里二十合前千九百九十四）停雲麗壘機居民千餘開鑛者多又四十五里（英里十五合前二千有九）停心樸魯地其泉甘其木果碩又四十五里（英里十五合前二千有二十四）停麗碧時譯

言麤麥隴也其麥較巨又三十三里(英里十一合前二千有二十五)停阿𨺚延有鑛工所又三十九里(英里十三合前二千有四十八)停納戶樂莊艸木暢茂畜牛輒數十萬頭羊亦居十之二又五十四里(英里十八合前二千有六十六)停布朗場又九十里(英里三十合前二千有九十六)停赫石冷司(譯言溫泉也)其北鹽井叢出有硼砂工局又九里(英里三合前二千有九十九)停迭莎(譯言荒野也)又六十里(英里二十合前二千一百十九)停郁士化戶居民八百距此六十里(英里二十)有銅鑛再南一百有五里(英里三十五)有金穴再南八百四十里(英里二百八十)有硼砂鑛列法達邦之精華在此又五十四里(英里十八合前二千一百三十七)停哈列司又六十里(英里二十合前二千一百五十七)停宜納是列法達大邑也民二千中有華人百餘有二銀行有金銀鑛過此入嘉里符尼亞邦境又七十八里(英里二十六合前二千一百八十三)停渚雛磯民二千有奇工商以木為宗板屋脊鑯如峯無所取諸取雪不積也又四十五里(英里十五合前二千一百九十八)停卓磯一(譯心覓譯言峯頂也)落機山峯高逾萬尺今汽車所行高處高於海面七千有一十七尺鑿山通軌長一千六百五十九尺此外除雪柵護軌柵不一而足又三十九里(英里十三合前二千二百十一)停西司果先是車道止

此阻於落機山故也隧道一通飛輪逕達又二十七里（英里九合前二千二百十五）停安密嘎蘭格譯言游人峽也又四十二里（英里十四合前二千二百二十九）停阿耳達產木最富又十五里（英里五合前二千二百三十四）停高路侖有金鑛華工數百又三十里（英里十合前二千二百四十四）停高羅化司又五十四里（英里十八合前二千二百五十二）停沃本民千有奇先是石山無高木然貼地短樹霜幹虬枝雖僅尺許而恒具松栢梗概至此則羣木雲蔭百果星垂又一境也又三十三里（英里十一合前二千二百六十二）停紐哈司坐羅此地金鑛欲竭蓋采久矣又六里（英里二合前二千二百六十五）停篇羅道經岡阜又三里（英里一合前二千二百六十六）停沽侖士人營屋取石於斯又九里（英里三合前二千二百六十九）停增順民不遷千中有華人百餘厥土枕河宜麥又五十四里（英里十八合前二千二百八十七）停沙嘎斂多華人謂之金山二埠對金山大埠言也其民二萬六千其土宜麥宜木有織絨局曰織千磅有造糖局日出百頓有鐵工陶工粉工汽車四達工商日滋然春雪山解輒患其魚而天氣亦較煖初十日行七十八里（英里二十八合前二千三百一十五）停果爾又四十八里（英里十六合前二千三百三十一）停士司登又三十里（英里十合前二千三百四十一）停納渚拉又三十六

里（英里十二合前二千三百五十三）停伊利士又七十四里（英里二十八合前二千三百八十二）停布里山頓又三十六里（英里十二合前二千三百九十四）停來兒士又七十四里（英里二十八合前二千四百二十二）停屋侖火車止此輪舟渡海遂乘馬車十八里（英里十六合前二千四百二十八）至三法蘭昔斯哥時已卯正然則謂至自華茶治二千八百七十一里（英里九百五十七）未計屋侖以西蓋專指車道言也計自華盛頓凡萬一千二百有八（英里三千七百三十六）雖鐵道公司支軌略殊而大概如是午後至廛見裁縫新器直銀十二圓見脫影器直銀一百十六圓

按西人照相技肇於嘉慶初（千七百九十六年後）越五十餘年（咸豐間當西千八百六十餘年）中國亦有之然未若今之法簡而功捷或用鋼片或用玻璃其玻璃昔用溼片今用乾片大要以利器爲先曰聚光鏡即引光至照片者也凡照人物宜凸面取諸近也凡照山水宜外凸內凹取諸遠也曰聚影匣即前嵌聚光鏡而後列照片者也曰對光鏡視影之離合也曰截光璧因光之明暗而轉移用於其孔也其孔愈小其影於眞曰紅玻璃燈盞已照之片洗於暗室光遇黃白則散所宜惟此也其它若三足架若洗子若盛片匣若遮光布若玻璃量（亦曰玻璃刲子）若曬片木

格皆不可少者也溼片用葛羅甸乾片用膠溴皆以銀水和之膠之速於葛羅甸自七倍至七十倍凡照影眡時之早晚天之陰晴氣之寒燠速率有定而無定也曰發現水用碧陸（也火）嘎里酸十分白羅敏莫尼亞六分水六十分硝強水二分爲一瓶阿莫尼亞水三分水二十分爲一瓶用時合之曰定影水用海波所達四十分水十六倍曰感光紙（一云印影紙）用硝強銀二十分水十六倍白礬五分入紙浸之曰洗紙水用金水三分炭氣所達一分水十四分洗後仍以定影水定之此乾片法也溼片亦大同小異初法無如此捷然新樣磁巾皆宜不必紙也

十一日檢點行李稍游工肆往還六十七、（□英里二一十二）

十二日未初坐馬車至於海濱約四里餘（英一里半）携繙譯澤村繁及襄譯之林釟上嘉力輪船中西學堂周桂森亦來同舟申初行西航經緯較前此東航少偏於北然大致亦無大異以昔例今不更贅也風波既習槧鉛思荒遂稍述美利加圖經水師阻道說

十三日大風鼓浪客多停餐然（雲龍）尚克伏桉艸礮臺經驗說

十四日風雨彌增述陸軍營房表

十五日風潮未息而航彌捷述兵器局表

十六日海旭催輪少拓眼界述兵船表兵船雜識

十七日述古巴圖經自敘及婢例

十八日風復沸濤述船礮經驗說舟中客相問訊適有游自檀香山者（雲龍）證以昔聞述檀香山記曰檀香山云者華人名之也西人謂其國曰耳支威仁謂其島曰柯華壺謂其正埠曰漢奴魯魯其地在阿美利加洲太平洋南距三法蘭昔斯哥七千二百六十里（海里二千一百英里）島高海面四千有六十英尺長百三十八里（英四十六里）寬七十五里（英廿五里）雖一小國而君非民主然司財之官半由英美所轄小島凡八而本島有若中國府者一若中國縣者五皆置疆吏又有若侍衛者四若副將者二若樞密者四又有外部內部正副各一又有稅官獄官醫官治道官巡捕官共兵王軍百二十王后軍亦如之取護衛也馬隊兵百二十巡兵六十三又有土兵美兵英兵商兵各一百有奇疆吏以時練之海口無礮臺設迎送礮六重僅一噸海濱淺甚輪舟出

入非潮不可也此島民二萬一千有奇華民八千二百有奇工商參半商一回華非曾納身家稅者不得領再至文憑小商先納稅銀二十六圓一年爲期期滿復稅如初工則蔗糖居多耕亦有之其土沃宜稻其物產五穀而外有薯芋蔗蔬之屬又有區華可以釀酒非官許不得種也其人稅凡家貲千圓歲納銀七圓五角餘例視此商牌歲稅銀二萬五千圓商之身家歲稅二萬圓入口絲物歲稅銀一十萬圓其俗土人嗜酒每沈醉時踏市歌且舞名曰呼刺或以山花木葉雜挂頭頸爲樂先是八島酋起爭雄血流膏野近屬厥王一曰道威島在柯華壺西北二百八十八里（英里九十六）高四千八百尺長六十六里（英里二十二）寬七十五里（英里二十五）有官若中國巡撫者一若知府者一若知縣者四又有巡捕官四巡兵四其民五千六百有奇華人二千四百有奇其物產以稻蔗爲主二曰獼猴島在道威島西北百三十二里（英里四十四）距柯華壺四百二十里（英里一百四十）高亦如前長六十里（英里二十）寬二十一里（英里七）官同其民百七十有奇華人四十有奇其物產有薯及瓜蔬之屬三曰楙宜島在柯華壺東南二百一十六里（英里

七十二高萬有三十二尺長百四十四里英里四十八寬九十里英里三十有官若中國巡撫者一若知府者一若知縣者三又有巡捕官三巡兵十四稅官一其民萬二千一百有奇華人千七百其物產以蔗爲宗糖局十有二亦猶日斯巴尼亞國之古巴秘魯國之利馬也其境有山曰沽納高而瘴四時皆冬霜雪不斷山麓數十里種蔗者嬰癘輒患足腫此地華人三千四百有奇西人亦不下三千四曰磨羅機島在柯華壺東南十五里英里五高三千五百尺長百二十里英里四十寬二十一里英里七其官由林宜島兼之別設官一巡捕官一巡兵四又於憂路巴巴置管瘋者官一巡捕官一其民二千五百八十有奇瘋者二千有奇聚自各島者也華人三百五十有奇商五十餘工其土磽瘠不宜穀麥而藷芋瓜菜時亦有也五曰南宜島在柯華壺東南百五十里英里五十高三千尺長五十一里英里十七寬二十七里英里九其官亦由林宜島兼之別設若中國知縣者一巡捕官一巡兵四其民三百五十有奇華人三百有奇農工多於商也六曰嘎虎流圍島在柯華壺東南百八十有二里英里六十有一高千四百五十尺長三十三里英里十一寬二十

四里（英里八）官猶未備其民一百有奇華人六十有奇有工無商其土不宜穀土人以畜牛羊爲業然野豕輒嚙馬足狂奔如狼七曰希綠島一名夏威彝在柯華壺東南四百有二里（英里百三十四）高一萬三千八百有五尺此其最高島也長二百七十里（英里九十）寬二百一十九里（英里七十三）有火山有雪山道路崎嶇有官若巡撫者一若知府者一若知縣者六若副將者一巡捕官六巡兵二十六其民萬七千三十有奇華人三千二百其土宜蔗而薯芋區華亦宜獸則牛馬犬豕爲多（黃犬）死八曰古哈納屬於希綠島分南北兩邑巡捕官二巡兵一十有六其民四千有奇華人二千七百五十有奇綜而言之凡民六萬一千六百八十有奇凡華人二萬二千四百有奇八島賦稅皆國王遣官司之別國和約入島疆吏無干預權美利加遣二等使一正副領事各一（商民二千）英吉利遣三等使一（商民三百）法郎西葡萄牙皆遣三等使一兼領事（法民五十葡萄民七千）德意志日斯巴尼亞日本（德民二百日斯巴尼亞民六十餘日本三千）義大利瑞士丹秘魯俄羅斯等國各遣領事一餘有立約而未遣官者

十九日述水雷

二十一日何以無二十日也昔由西而東須閏一日今由東而西則少一日此行在太平洋一十八日抽一日於其間亦航海例也述營燈

二十二日大霧咫尺不見雖無礁險恐與艦逢是以歷五十分輙一鳴煙筒也述中國約表

二十三日午又霧述中國使臣表

二十四日述別國使美利加表

二十五日述中國人至美利加年表東南風大作浪高數十尺然順風也

二十六日述台衆國制

二十七日述官制刑略明日早至日本橫濱計自三法蘭昔斯哥至此凡萬五千有八十四海里四千五百七十一與往時可互參也

游歷日本圖經餘紀後編

游歷圖經餘紀十四

花翎二品銜直隸即補道總辦北洋機器局前游歷使臣傅雲龍述

雲龍昔去日本以光緒十四年四月十九日航太平洋前一日止今來日本以十五年四月二十八日航太平洋至橫濱始東西往還已不下三萬一百六十四里昔以游爲主今以紀游爲主所游諸國以美利加爲富國之翹楚而不得不以日本爲中外之樞紐按圖徵文在己非在人矣雖然弗淸轇轕曷專槧鉛是以東京至止先補地背圖經既而肆力於日本晝夜排比隨編隨印以銅版鏤圖以鉛字列表以石印濟木雕所不逮八月既望瓜期屆矣然猶竭力自効不欲寸分陰曠也述游歷日本圖經餘紀後編

四月二十八日卯正舟泊橫濱乘車少憩於理事署中正上火車行四十八里日本野八至東京

二十九日述美利加大事編年表

三十日述中國美利加度量衡比較表

五月初一日述美利加郵便繫年表雲龍景日本延喜刊本文選弟

五殘卷爲籑喜廬叢書之三敘曰雲龍至自南北美利加洲之第三日從貫陽陳氏榘得見日本延喜十三年艮峰衆樹所刋文選殘卷刋當五代梁乾化三年即鳳厯元年去唐六載耳僅存曹子建送應氏詩弟二首孫子荆征西官屬送於陟陽候作詩一首爲可惜也往讀陸深燕閒錄謂隋開皇十三年十二月八日勅廢像遺經悉令雕刻筆叢亦謂雕本肇隋行於唐擴於五代精於宋人之二說或者疑之今質宋前槧本夫奚疑日本百万塔藏無垢淨光經厥式不一皆出鏤板据孝謙天皇紀刋於神護景雲四年爲唐大厯二年亦唐槧一證也先於是本一百四十五年程大昌演繁露云古書皆卷至唐始爲葉子葉子云者即今書葉而是本猶存唐前卷式上下罫欄縱則無之五代史補謂文選鏤板於孟蜀毋昭裔後此廿載有餘矣按曹子建二詩宋本在弟二十卷下有五詩非卷終也是本題文選卷之五終以宋本斠字曹詩親昵並集送宋本昵作眤孫詩傾城遠迫送宋本迫作追追似勝吉凶如糾纏宋本纏作纆憂喜相紛擾荼陵本云五臣作擾袁本云善作繞攷異曰非也善注引神女賦紛紛擾

擾不作繞傳寫譌耳或疑攷異爲臆斷今得是本正與善注所引合寫官豖魚可資以正宋本作者輒書字一如孫子荆此本書名凡此皆可與宋槧互質異同鱗羽無多萬難當叢書之一雖然所見槧本莫前於此千載外物眎同河洛少云乎哉景而刋之原璧歸之于陳明日跋曰此源親房藏本有印按日本史親房具平親王後家稱北畠畠與畑同猶言旱田也畠畑字中國然無源其氏北畠其姓親房其名也任參議在永仁延慶間永仁元年即元至大元年然則鈐印時去今已五百七十餘年

初二日述美利加郵便繫地表覆刋唐卷子本論語經文爲籑喜廬叢書之一跋曰正平本論語集解已刋入古逸叢書正平甲申爲元順帝二十四年又有菅家本所謂津藩有造館本者是鈔於昌泰二年當唐光化二年吉田因之印活字本迨

國朝道光十七年爲日本天保八年石川之聚刋縮臨本此外有宗重卿鈔本明應印本大永鈔本皇疏印本古鈔諸本有注居多其無注者明嘉靖十二年清原宣賢出所藏阿佐井野刋之謂之天文癸

已本非復唐卷子眞面目嘉永元年本道光廿八出自貞利本當元至正間日本僧深尊依唐本錄之明應六年爲明宏治五年僧桂庵旁增國文舊式失殆盡貫陽陳氏集績學好古得唐卷子本有何晏集解四字然存者經文耳殆文注分鈔本歟勝天文本十倍謂雲龍有同志出爲饕喜廬所刋書之助雲龍梫是本文與津藩本正同遵義黎星使所著津藩本正平本跋有斟勘三百餘事不翅爲是本設也既付手民遂附錄之又跋宋本歷代帝王紹運圖云歷代帝王紹運圖中國逸書也貫陽陳集得宋熙甯本將付梓人屬雲龍跋梫晁公武郡齋讀書志馬端臨通考埶云未詳何人撰陳振孫書錄解題紹運圖一卷諸葛深通甫撰元祐中人未詳爵里書頗行世而經籍訪古志稱歷代帝王編年圖一卷蓋所見爲日本重雕者益熙甯後紀年以元終是本有熙甯九年會稽虞云叙曰友諸葛深字通甫綜集歷代帝王年紀斷自三皇至于宋編之爲圖名曰紹運訪古志易名編年圖何也其書成于元祐前九載書錄解題謂爲元祐中人亦似未碻以名氏所出與德與都與興作與在位與壽終分格旁行表例也

偶亦系連譜體也而以圖名其十二諸侯戰國七雄沿革之系作牽綱形亦佗書所未見牛葉六行至十行字數有差殷匡敬貞恆字皆闕筆廢作廢號作號救作捄昔作㫺圖作啚古俗兼用覆而刋之不失宋本眞面可寶也已

初三日述美利加電綫繫年表

初四日述美利加電話機繫地表

初五日述美利加新聞紙繫地表日報與議院表裏非盡黨同伐異

初六日述美利加雜事

初七日述美利加學派

初八日述美利加電學荟纇門電學自美利加人始

初九日述美利加學目

初十日述美利加字母表

十一日述美利加大學校表

十二日述美利加大學校師生年表

十三日述美利加學期表

二十九日述美利加圖經叙例初豪唐二李唱和集將歸雲龍爲纂喜廬叢書之五然先刋自陳跋曰二李唱和集中國逸書也陳氏榘得北宋本景而刋之屬雲龍跋椄李至宋史東都事略竝有傳昉與李嶅同宗同里時謂嶅爲東家李昉爲西家李昉饒陽人至眞定人非同里矣是詩署昉上至上其爲唱和原卷之式無疑昉文慕白居易今觀二李詩皆與白近微獨昉誦白句結太宗知己也行十九字至廿四五經箱訪古志云十九至二十誤存葉五至廿五中間闕弟十三葉字體麤細有差闕筆字外有奪有蝕景雕一如厥舊可珍也已又作無垢淨光陀羅尼塔記云此日本神護景雲所造百萬經塔之一也貴陽陳氏榘得其二以一歸之雲龍如獲拱璧遂製匱記之曰椄日本史神護景雲四年夏四月造三層小塔一百萬成分置諸寺日本孝謙紀天平寶字八年發願造塔其高各四寸五分徑三寸五分露盤下置根本慈心相輪六度等陀羅尼至是功畢云塔木質經鏤木板粗細略差經曰無垢淨光卷軸紙高寸八分是日本天平尺與今曲尺少異今得自陳氏者不惟與史紀合且與大藏省

所印觀古本無絲毫異可珍也已神護景雲四年當唐大歷五年庚戌去今一千一百三十九年也光緒十五年夏五月德清傅雲龍記

三十日述日本圖經北海道土人表

六月初一日述日本北海道屯田兵表

初二日述日本官民地表

初三日述日本地租表

初四日述日本物產是夜四鼓筆不得休

初五日述日本貨幣表

初六日述日本造幣金銀料表

初七日述日本造幣機器表

初八日述日本貨幣鑄發表

初九日述日本貨幣出入表

初十日述日本紙幣表日本東京吾妻橋費銀二十四萬圓論者謂其所用幣皆鈔也僅費紙料印工銀二十四圓此爲用鈔之益之證

十一日述日本通商物直增減表

十二日述中國出入日本物直表

十三日述日本出入物直繫地表先是夏五月雲龍覆刋唐卷子本新修本草弟四弟五弟十五三卷跋曰新修本草二十卷唐李勣等修於顯慶四年越七十一年傳鈔日本而唐本宋後轉佚久之日本亦遺其卷之十今觀舊鈔本書目存僅五卷是本居五之三雲龍得自陳氏集即所謂卷子本也行十七八字注二十一字或二十六七字有差弟十五卷末結銜後有天平三年歲次辛未七月十七日書生田邊史十八字按經籍訪古志云當時遣唐之使所賫而歸今以唐氏證類校之異同錯出可互是正久晦不顯往歲狩谷卿雲西上觀一揩紳家舊鈔即五六百年前人据天平鈔本錄者存弟四弟五弟十二十三十四十五十七十八十九　凡十卷聿修堂藏今復佚其七然此三卷出唐天平中卷子本無疑在槧本未多以前其字體偏旁木手艸竹心火示衣[illegible]互通用他如熱作爇弱作蒻臭作臰蟲作虫微作㣲煞作敛鹹作醎蛇作虵鐵作鐵珊作珊酒作滔國作国圂硼作碙棗作棗蠱作蠱福作福脩作循類此大率爲秦漢後沿

習俗字金石時有同者唐鈔蝕餘比於獲野玄寗等字謹闕末筆餘嚴竄易存眞面也嗣又獲八卷合之凡十有一卷是爲簒喜廬叢書之二跋曰雲龍既得唐卷子本新修本草四與五與十五凡三卷付手民矣一日書估踵門則經籍訪古志所云存凡十卷者罔弗具是爲小嶋知足家藏舊鈔本不弟惟是十卷而外有弟三卷補寫本行款一仿天平原鈔蓋有尙眞者孰厥父輯本手錄而以政和本草大觀本草一再校之亦一善本也同志求之久不獲今皆得之無誤剞劂中國佚書一旦歸璧可不謂會逢其適與日本之傳鈔唐卷子本自天平三年始時唐開元十五年也距顯慶四年新修本草已七十有三年越五十九年其國內府迺有存本据倭漢三才圖會云延暦六年典藥寮奏新修本草是其證也至于今存者半耳然中國宋嘉祐中已罕有完本尋佚無一卷存嘉祐三年有勅譔本草圖經詔書嘉祐三年十月校正醫書所奏竊見唐顯慶中詔修本草當時修定注釋本經外又取諸般藥品繪畫成圖別譔圖經辨別諸藥最爲詳備後來失傳罕有完本欲望下應係產藥去處令識別人子細詳認根莖苗葉花實形色大小并蟲魚鳥獸玉石等堪入藥用者逐件畫圖并一一開說著花結實收採時月及所用功效其蕃夷所產即令詢問榷場市舶商客亦依此供析以憑照證畫成本草圖并別撰圖

經與今本草經并行使人用藥知所依據詔旨宜令諸路轉運司指揮轄下州府軍監差逐處通判職官專切管句依應供申校正醫書所至六年五月又奏本草圖經係太常博士集賢校理蘇頌分定編撰將欲了當奉勅差知潁州所有圖經文字欲令本官一面編撰了當詔可其年十月編撰成書送本局修寫至七年十二月一日進呈奉聖旨鏤板施行又其證也是書修後三百餘年而佚佚後一千餘年而雲龍乃以日本之不絕如綫者刋之藉彼守殘聊增輶采未始不與重九譯致殊俗相表裏也亦游歷責也米部上品卷弟三玉部中品卷弟四下品卷弟五木部上品卷弟十二中品卷弟十三下品卷弟十四獸禽部卷弟十五果部卷弟十七菜部卷弟十八米部卷弟十九有名無用卷弟二十覆本開雕於夏五既望訖六月十三日

十四日述日本八港稅關物直表

十五日述日本銀行表

十六日述日本民立銀行分類表

十七日述日本商賈數表商標表許嫥賣表其許嫥賣一法雖曰形下進而上之可勵樸實否則既忌且襲堅苦其難

十八日述日本農表

十九日述日本蠶絲表
二十日述日本鹽法表
二十一日述日本茶表酒表
二十二日述日本糖表淡巴菰工商表
二十三日述日本舟表颿惟求舊瀛則日新
二十四日述日本車表雲龍於光緒十四年冬游其西京乘人力車
行風雪中而鐵軌斷續見崖略耳今則神戶長崎漸通漸拓
二十五日述日本瓦斯燈表謂煤油曰瓦斯也其燈無慮三萬有奇
電氣肇矣猶遜
二十六日述日本漁獵表
二十七日述日本鑛表
二十八日述日本官鑛表官鑛工表
二十九日述日本官礦售數年表官礦出入表
三十日述日本民礦金屬非金屬表
七月初一日游礦務諸學校往還車行六十里日本里十述日本民礦出

入表

初二日述日本官民礦行合表以聚珍板印日本圖經其活字率鑄蠅頭勘稍大者措資補其未逮雖已集字數百萬鳩工五十有奇而苦不足瓜期逼矣編可卜夜印難日盡三十須臾也於是以鉛工補表其鐫字鉛版以算不以式也以銅版雕地圖其版文陰印之於紙則文陽也印工難於木版多矣又以石印叻手民若字則以油墨書之難子满紙取西法印之厥直雖昂厥功則倍若印物諸圖則取影而後再印以石其他套版書面之屬仍雕木如紛絲如散錢而急欲同條共貫難乎不難乎旁觀者匿笑曰恐非三十年不成也而雲龍勉力晨昕爲之有進無退先以古巴圖經試印

初三日定日本計里總圖草先是夏五月初草成跋曰日本府縣分合譬定如奈良等併尋復圖之準今者勘雲龍既校今界分圖四十有五輒就王氏海岸圖復計里圖之其大綱曰八道曰十一國曰四大島所謂四大島者一九州二四國三中土四北海道中土云者曰本島也一名本洲島宅國外者又有豆南諸島與州南諸島與千島

列島或合之四大島稱七部焉非總一圖則沿海險要雖有說與表未繇指掌是圖潮也燈臺也陸軍營也淀泊也巖礁也淺灘也疑礁也礁猶未定也國界也道界也鐵路也皆海岸圖例也又跋曰雲龍既刊銅版日本總圖復以電綫爲單朱文鐵道爲雙朱文分鏤木版多有彼圖所猶未逮者庶其加詳也平停車要地增入銅版矣

初四日定分圖四十有五其中爲府者三曰東京曰西京曰大坂爲縣者四十有一曰神奈川曰兵庫曰長崎曰新潟曰埼玉曰羣馬曰千葉曰茨城曰橡木曰奈良曰三重曰愛知曰靜岡曰山梨曰滋賀曰岐阜曰長野曰福島曰宮城曰岩手曰青森曰秋田曰山形曰石川曰富山曰福井曰島根曰鳥取曰岡山曰廣島曰山口曰和歌山曰德島曰高知曰愛媛（後又分縣地置香川縣補圖見後）曰福岡曰大分曰佐賀曰熊本曰宮崎曰鹿兒島（亦曰麑島）爲廳者一曰北海道（後補香川圖凡四十六）皆以緯綫分南北以經綫分東西南侈北斂如圓錐式而付銅工鏤版

初五日游書坊（往還十二里爲日本二里）獲日本人所繢萬國全圖係用墨加禱法於是譯西質東迯墨加禱圖法攷曰大清一統地輿胡氏圖開平

方矣而以虛綫準經是用圓錐切綫法論者謂未若通徑法之便通徑云者不用圓錐外之切綫而用圓錐內之通徑出入圓面交於中圈此法百餘年前猶未行也别有圓柱法以圓柱剖爲平幅亦謂之推方格法𣅀之者明嘉靖四十五年荷蘭人墨加禱也以其名名之謂之墨加禱而法猶疏闡厥法者謂應用餘緯度折半之正切自赤道至八十九度止以距等圈之橫綫與經綫成直角是以緯綫近極彌疏以長補狹即等於球面經綫近極益密之率蓋不於形勢論其面積惟以算法定其遠近航海者便之圖海岸者宜之然輿地家亦未始不用其法日本人續萬國全圖其一也

初六日以所繪美利加合衆國總圖英屬地加納大圖秘魯國圖巴西國圖重𣂉一過付之銅工

初七日送日本備荒表保險表博物官博覽會共進會表土木費表

初八日送日本國債表歲計出入表歲計比較表

初九日送日本攷工

初十日送日本官工表工器表工直表罪人工表製度量衡工表橫

須賀造船所表是夜雞鳴草猶未脫
十一日游鐵道會社往還車行十八里（日本三里）歸述日本鐵道費計里
表鐵道資本表
十二日述日本官立鐵道局費表民立鐵道會社費表
十三日復訪鐵道會社司事者往還車行十二里（日本二里）歸述日本車
車里數表
十四日述日本鐵道車數表鐵道計入表鐵道年表
十五日述日本兵制沿革
十六日述日本徵兵已未入伍表
十七日述日本徵兵分類表徵兵志願表徵兵身格表嗣是增校字
八而日本人籾山逸也校力居多（姓籾山氏名逸也）
十八日游兵房諏諮始末往還車行十二里（日本二里）歸述日本徵兵本
業表
十九日述日本陸軍分管表陸軍人屬表陸軍隊表陸軍士卒生徒
表脫稾雞再鳴矣

二十日述日本豫備後備士卒合表豫備後備兵分數表
二十一日述日本憲兵表軍馬表
二十二日述日本海軍人屬表海軍士卒生徒表其海軍圖皆從實
測雲龍就實測要隘躬歷目驗非臆說也往還車行三十有六里相
里六
二十三日述日本兵船表較師船表有增
二十四日述日本礮臺表
二十五日述日本職官舊制
二十六日述日本官制將景唐刋卷子本陶文爲鼇亭廬叢書之五
叙曰雲龍既刋日本延喜本文選弟五殘卷復得卷子本陶淵明歸
去來辭後署大唐天祐二年秋九月八日餘杭龍興寺沙門覺遠刋
行三兮然作矣熹不作睎與文選宋本同搖搖與陶集宋本遙遙異
壼與文選宋本同以絕爲絕與論語津藩有造本令色之色作𢀶微
異遺陶集宋本作遑胡爲遑遑欲行之與文選陶集然異何胡誼複
行字較勝它如涓願鄉秐秄皋別體之字莫遑毛舉或曰此陶集也

集文此其最後一首紀年署款卷終据也然文目下題陶淵明三字則非專集可知或又曰安知非重刋本曰非也可證者三後題大唐一也日本刋書非增序跋即署款鈴篆旁增彼文此則刋之餘杭沙門不雜一字二也背面寫經墨剝殆盡可辨者數行耳彼僧獲自中國藏西京法隆寺西書競尚乃弁髦眎之其爲唐刋夫奚疑三也延喜本文選刋在五代梁乾化三年此先於彼雖僅九年然唐時槧本此尤碻證矣亟景刋之

二十七日述日本官祿表武官祿表爵表有位人表

二十八日述中國交涉前事自漢始秦使至否書缺有間矣

二十九日述往籍交際條目厥文雖可概錄厥目其可忽諸攷古證今此其嚆筌歟是夜漏盡未寢

八月初一日述日本交際文或羼蹟或單出視此

初二日述中外訂約通商年表中國使臣表別國使日本表日本使別國表

初三日述中國流寓表攷日本姓氏錄華人東至不始嬴秦然可攷

者大率以徐福爲先
初四日述別國人在日本表日本人在別國表互受勳章表每至墨
枯筆秃力雖可支輒自責曰期逼矣自是四鼓輒起伏桉旁觀者曰
何自苦乃爾
初五日述日本大事編年表
初六日述日本度量衡比較表
初七日述日本郵便表電信局數綫路表
初八日述日本刑畧
初九日述日本學泒源流又監續游歷圖成付之銅工
初十日述日本文表
十一日述日本異字音學
十二日述日本學校合表已未入學表
十三日述日本小學校師弟子表尋常中學校表尋常師範學校表
十四日述日本專門學校表高等女學校表官立學校表
十五日述日本雜學校表雜學校科表幼稚園表書籍館表黎大臣

召識筆乃休

十六日述日本人留學別國計費表公學費歲入表公學費歲出表

十七日述日本藝文志卷上初欲遵

四庫書提要述日本藝文提要而時促是以改用劉略班志例也提要佚後活字時形其少不得不以石印助之而費滋甚然異日如未克補

輯可惜也已

十八日述如昨

十九日述藝文志卷下

二十日述如昨

二十一日述中國逸藝文志

二十二日述日本金石文此非好古云爾那須直韋提碑之用唐元

昌年號與南圓堂銅燈臺銘之遵唐制諱丙爲景同一意也豈惟漢

委奴國王印親魏倭王印爲涉交際哉或僅謂法隆寺釋迦銅立像

背銘得自牛井眞澄詑爲神助猶其次也以賑僅僅證經證史孰重

孰輕願與識時務者辨之

二十三日述如昨其金石唐以前不厭其詳後則從略勾麗古碑非日本石而日本兵事見於其中遂先錄厥文而爲之跋碑額曰勾麗古碑文曰惟昔始祖鄒牟王之創基也出自北夫餘天帝之子母河伯女郎剖卵降出生子有聖子　命駕巡車南下路由夫餘奄利大水王臨津言曰我是皇天之子母河伯女郎鄒牟王為我連葭浮龜應聲即為連葭浮龜然後造渡於沸流谷忽本西城山上而建都焉不樂世位因遣黃龍來下迎王王於忽本東岡黃龍負昇天顧命世子儒留王以道興治大朱留王紹承基業四至十七世孫國岡上廣開土境平安好太王二九登祚號為永樂太王恩澤　于皇天威武振被四海掃除　庶寧其業國富民殷五穀豐熟昊天不弔卅有九宴駕棄國以甲寅年九月廿九日乙酉遷就山陵於是立碑銘記勳績以示後世　焉其言曰　永樂五年歲在乙未王以碑麗不息　又躬率　住討叵富山負碑至鹽水上破其丘部洛六七百當用馬兼羊不可稱數於是旋駕因過襄平道東來侯城力城北豐五備猶遊觀土境田獵而還百殘新羅舊是屬民由來朝貢

而倭以耒卯年来渡海破百殘　斤羅以為臣民以六年丙申王
躬率水軍討利殘國軍　首攻取壹八城臼模盧城各模盧城幹
弖利　城閣彌城牟盧　彌沙城　舍蔦城阿旦城古利城
利城雜彌城奧利城勾牟城古須耶羅城頁　城分而耶羅
瑑城　城　豆奴城沸八舡利城彌鄒城也利城大山韓
城掃加城敦拔城　婁賣城散　城　城細城牟婁城弓
婁城蘇灰城燕婁城析支利城巖門至城林城　利
城就鄒城　拔城古牟婁城閏奴城貫奴城彡穰城　盧
城仇天城　其國城賊不服氣敢出交戰王威赫怒渡阿
利水遣刺迫城橫　便國城百殘王困逼獻　男女生白一
千人細布千匹歸王自誓從今以後永為奴客太王恩赦　迷之徵
錄其後順之誠於是　五十八城村七百將殘王弟幷大臣十人旋
師還都八年戊戌教遣偏師觀帛慎土谷因便抄得莫　羅城加太
羅谷男女三百餘人自此以來朝貢論事九年己亥百殘違誓與倭
和通王巡下平穰而新羅遣使白王云倭人滿其國境潰破城池以

奴客為民歸王請命太王　後稱其忠　特遣使還告以　許十年
庚子教遣步騎五萬往救新羅從男居城至新羅城倭滿其中官兵
方至倭賊退　来背急追至任那加羅從拔城城
即歸服安羅人戍兵拔新羅城□城倭滿
九盡臣有尖安羅人戍兵
倭潰城大赤　安羅人戍兵昔新羅安錦未有身
来朝貢　開土境好太王　至　潰
朝貢十四年甲辰而倭不軌侵入帶方界　石城　連
船　率　僕句　相遇王幢要截盪刺倭寇
潰敗斬煞無數十七年丁未教遣步騎五萬　平
穰　合戰斬煞蕩盡所穫鎧鉀一萬餘領軍資器械不可稱數還
破沙溝城婁城還　師　城廿年庚戌東夫餘舊
是鄒牟王屬民中叛不貢王躬率往諸軍到餘城而餘舉國駭
船卩　王恩普覆於是旋還又其慕化隨官来者味仇婁
鴨盧卑斯麻鴨盧椯立婁鴨盧肅斯舍　盧仇所攻破

城六十四村一千四百守墓人烟戶賣勾余民國烟二看烟三東海
賈國烟三看烟五敦城　四家盡為看烟于城一家為看烟碑利城
二家為國烟平穰城民國烟一看烟十弍連二家為看烟住婁人國
烟一看烟卌三梁谷二家為看烟梁城二家為看烟安夫連廿二家
為看烟改谷三家為看烟新城三家為看烟南蘇城一家為國烟新
來韓穢沙水城國烟一看烟一牟婁城二家為看烟豆比鴨岑韓五
家為看烟勾牟客頭二家為看烟求底韓一家為看烟舍蔦城韓穢
國烟三看烟廿一古　䑕羅城一家為看烟炅古城國烟一看烟三
客賢韓一家為看烟阿旦城雜珍城合十家為看烟巳奴城韓九家
為看烟各模盧城四家為看烟各模盧城二家為看烟牟水城三家
為看烟幹弖利城國烟二看烟三亼介卩城國烟七看烟七　利城三
家為看烟豆奴城國烟一看烟二奥利城國烟二看烟八須鄒城國
烟二看烟五百殘南居韓國烟一看烟五大山韓城六家為看烟農
賣城國烟一看烟一閏奴城國烟二看烟廿二古牟婁城國烟二看
烟八瑑城國烟一看烟八味城六家為看烟就咨城五家為看烟彡

穰城廿四家為看烟散那城一家為國烟那旦城一家為看烟句牟城一家為看烟於利城八家為看烟比利城三家為看烟細城三家為看烟國罡上廣開土境好太王存時教言祖王先王但教取遠近舊民守墓洒掃吾慮舊民轉當羸劣若吾萬年之後安守墓者但取吾躬率所略來韓穢令備洒掃言教如此是以如教令取韓穢二百廿家慮其不知法則復取舊民一百十家合新舊守墓戶國烟卅看烟三百都合三百卅家自上祖先王以來墓上不安石碑致使守墓人烟戶差錯惟國罡上廣開土境好太王盡為祖先王墓上立碑銘其烟戶不令差錯又制守墓之人自今以後不得更相轉賣雖有富足之者亦不得擅買其有違令賣者刑之買人制令守墓後

跋曰句麗好大王碑在
盛京鴨綠江北與朝鮮高山城滿浦城近初掩土中三百年前漸掘漸露至今未盡出土出者高約一十八尺面南背北約寬五尺六寸有奇東西兩側約寬四尺四寸有奇四面鐫字而石有凹凸南十一行則起惟訖那西十行起利訖大北十三行起赤訖烟東九行起七

訖後凡四十有三行行四十一字約一千七百五十九然長短有差長者五寸短或三寸刻字深五六寸不等殘缺之字一百九十有七後無年月據碑知爲好大王墓碑甲寅九月廿九日乙酉立未詳當何代甲寅日本人云壬午後二百七十二年之甲寅乎後三百三十二年之甲寅乎一當三國漢建興十二年一當晉元康四年然皆臆說据東國通鑑云漢永光五年壬午高句麗始祖高朱蒙立東國通鑑扶餘王解夫婁老無子祭山川求嗣所御馬至鯤淵見大石相對而淚怪之使人轉其石有小兒金色蛙形王喜曰此天賚我令胤養之名金蛙及長立爲太子後其相阿蘭弗曰夢天帝謂我曰將使吾子孫立國於此汝其避之東海之濱有地曰加葉原土壤膏腴宜五穀可都也遂勸王移都國號東扶餘其舊都有人自稱天帝子解慕漱來都焉及解夫婁薨金蛙嗣得女子於大白山南優渤水問之曰我是河伯之女柳花與諸弟出游解慕漱誘入熊心山下鴨綠室中私之卽往不返父母責我無媒而從人遂謫於此蛙異之幽於室中爲日所炤引身避之日影又逐而炤之因有娠生一卵蛙棄之與犬豕不食棄之路牛馬避之棄之野鳥覆翼之蛙欲剖之不能母裹置暖處有男子破殼而出骨表英奇年甫七歲自作弓矢射之發無不中扶餘俗謂善射爲朱蒙故名之蛙有七子其技能皆不及朱蒙長子帶素言於父曰朱蒙生也非常且有勇不早圖恐有後患蛙不聽使掌喂馬朱蒙增損其芻豆令駿者瘦而駑者肥蛙自乘肥而與朱蒙瘦獵于野與朱蒙矢少而殪必多蛙諸子忌欲殺之母語朱蒙曰國人將害汝以汝才畧何往不可孰與遲留而後悔者乎朱蒙乃與烏伊摩離陜父等三人行至淹淲水無梁祝曰我是天帝子河伯外甥今日逃難追者垂及奈何於是魚鼈成橋朱蒙得渡橋乃解追騎不及朱蒙

至毛屯谷遇麻衣衲衣水藻衣三人麻衣曰再思衲衣曰武骨水藻衣曰默居朱蒙賜再思姓克氏武骨仲室氏默居少室氏語衆曰我方承景命過此三賢豈非天乎俱至卒本扶餘沸流水上都焉國號高句麗因姓高四方聞之來附者衆其地連靺鞨朱蒙恐見侵盜遂攘斥之靺鞨畏服不敢犯朱蒙見沸流水菜葉流下知有人居上流往尋之果有國曰沸流其王松讓見朱蒙曰寡人僻在海隅未嘗得見君子吾子何從而來曰我是天帝子來都卒本松讓曰我累世爲王君立都日淺地小不足容兩主君爲附庸可乎朱蒙忿之因與鬬藝松讓不能抗廿二年夏六月松讓以國降于高勾麗　按廿二年注云漢建昭三年朝鮮史略高勾麗始祖朱蒙立先是東夫餘王金蛙得河伯女柳花爲日影所炤而娠生一卵說者曰夫餘俗謂善射爲朱蒙故名太平寰宇記曰朱蒙棄夫餘東走渡普述水至紇升骨城遂居之號曰高勾麗國此碑鄒牟云者即朱蒙之聲轉日本姓氏錄曰長背連高麗國主鄒牟王之後鄒牟注云一名朱蒙是其一證碑文剖卵浮龜之說雖近附會然質之史籍往往而合三國志注引魏略曰舊志又言昔北方有槀離之國者其王侍婢有身後生子王捐之溷中猪以喙噓之徙至馬閑馬以氣噓之不死王疑爲天子也乃令其母取畜之名曰東明常令牧馬東明善射王恐奪其國也欲殺之東明走南至施掩水以弓擊水魚鱉浮爲橋東明得渡魚鱉乃解散追兵不得渡東明因都王夫餘之地梁書曰高勾麗者其先出自東明東明本北夷

槖離王之子離王出行其侍兒於後任娠離王還欲殺之侍兒曰前見天上有氣如大雞子來降我因以有娠王囚之後遂生男王置之豕牢豕以口噓之不死王以爲神乃聽收養長而善射王忌其猛復欲殺之東明乃奔走南至淹滯水以弓擊水魚鼈皆浮爲橋東明乘之得渡至夫餘而王焉是亦其證也東明即朱蒙身後之號見東國通鑑諸書東國通鑑壬寅夏四月高句麗王立子類利爲太子秋九月高句麗王朱蒙薨太子類利立葬始祖於龍山號東明聖王壬寅注云漢鴻嘉二年高句麗始祖十九年東國二十年歌高句麗祖號東明天帝之孫河伯甥逃難立國卒本川漢元帝建昭二年東國輿地勝覽平安道中和郡東明王墓在龍山俗號眞珠墓又按宋書諸夷傳曰嘉平五年幽州刺史毌丘儉將萬人出元菟討位宮位宮將步騎二萬人逆軍大戰於沸流位宮敗走方輿紀要曰正州城舊志在淥州西北三百八十里本沸流國故地爲公孫康所併渤海置正州於此亦曰沸流郡以沸流水而名契丹因之仍隸淥州後廢證之朝鮮往籍沸流即卒本川俗訏車衣津東國輿地勝覽成川都護府本沸流王松讓故都高句麗始祖東明王自北夫餘來都卒本川松讓以其國降沸流江即卒本川俗稱車衣津在客館西三十步東國三十年歌扶餘國名在北又號北扶餘沸流亦國名即今平安道成川郡太平寰宇記曰馬訾水一名鴨緑水水源出東北靺鞨白山水

色似鴨綠故俗名之去遼東五百里經國內城南又西與一水合即鹽難水也宋書蠻夷傳曰元嘉十五年復爲索虜所攻敗走奔高驪北豐城此可爲碑云鹽水北豐諸證也百殘即百濟斯盧即新羅亦即新盧後漢書曰三韓凡七十八國伯濟其一通考曰晉時勾麗既略有遼東百濟亦略有遼西晉平自晉以後吞併諸國據有烏韓故地南接新羅北距高麗千餘里西限大海處小海之南晉代受藩爵自置百濟郡三國志曰辰韓十二國有斯盧國通典曰新羅國魏時新盧國其先本辰韓辰韓始有六國稍分爲十二新羅其一也魏將毋丘儉討高麗破之高麗王奔沃沮其後復歸故國留者爲新羅或曰閼彌城即關彌城見東國通鑑東國通鑑百濟辰斯王八年冬十月高勾麗攻陷百濟關彌城其城四面峭絶海水環繞王分軍七道攻之二十日乃拔百濟阿莘王二年秋八月百濟王謂真武曰關彌城北鄙要地今爲高勾麗所有其爲我一雪遂命武將兵一萬伐高勾麗圍關彌城帶方城在平壤南漢縣屬樂浪郡公孫度置帶方郡於此杜佑曰後漢建安中公孫康分屯有昭明二縣以南荒地置帶方郡漢志注樂浪郡南部都尉治昭明是也隋大業中伐高麗分軍出帶方道謂此阿旦城修自百濟東國通鑑百濟責稽王元年高勾麗伐帶方帶

方求救於百濟王曰帶方我舅甥之國遂出師救之修阿旦城數城以備高勾麗曰韓曰濊皆朝鮮地古國名後漢杜篤傳注濊貊東夷號也漢書匈奴傳集注濊或作薉晉書音義濊與獩同禮記少儀注有獩人濊釋文濊本作獩今日本人謂朝鮮人曰獩人蓋沿古語方輿紀要云服虔曰薉貊在辰韓北高麗沃沮之南東窮大海漢元朔初其君南閭降漢因置蒼海郡三年罷陳壽曰夫餘國有故城名薉城蓋本濊貊地今不耐濊亦其種云魏毌丘儉破高麗高麗奔沃沮後復國其留者爲新羅兼有沃沮不耐韓濊之地惟好大王不見於東國通鑑諸書而日本姓氏錄云難波連高麗國好大王後据碑知好大王薉號曰國岡上廣開土境平安好大王下文岡上之士又作上蓋石刊塡文而譌也以开爲開與日本二天造像記以刋爲開同一例也曰二九登祚曰卅九晏駕是在位二十二年朝鮮史册弟云高勾麗王十九世廣開土王在位廿二年安知非誤十七世爲十九乎薉號字數有脫略乎其三國史記一書成於宋紹興十年東國通鑑成於明成化二十一年去古遠矣難可盡信此碑可補朝鮮史之缺碑立於百濟新羅高勾麗三國鼎立之時所敘倭戰亦

可補日本史之缺宜日本人珍重碑文不置也惟釋文多誤即如釋栟爲栅庸詎知弗弗古非一字碑云栟被四海栟即栖字與㮚同書堯典光被四表後漢書馮異傳云横被四表爾雅釋言釋文桄孫作光雖無作㮚巳可爲加木旁之證說文𣚣積火燎之也有光詛周禮春官㮚或作栖此㮚栖通用之證

二十四日巡日本印志

二十五日巡日本刀劍志

二十六日巡如昨補游工廠往還三十六里日本里六

二十七日游横濱往還九十六里日本里十六

二十八日巡日本金石年表較日本人西田直養金石年表五百二十三種多四千二百八十有奇

二十九日巡如昨又跋日本聖武寫經曰錢贊使藏日本聖武天皇寫經一爲二行一爲三行合裝一册其二行有大倉耕齋重字印蓋賞鑑家也定爲眞蹟詳黎大臣跋其時當唐天寶至德間去今一千一百年有奇其字以狩爲獸非若惱作惱靜作彭惡作悪用別體字

可比按說文獸守備者从犬狩犬田也亦从犬尙書狩作守此古誼也詩薄獸于敖後漢安帝紀云薄狩於敖漢張遷碑帝遊上林問禽狩石門頌惡虫蔣狩此古狩獸通用碻左也然則寫經雖僅數行已可證經第而口古墨可寶云爾哉精審如贊使宜其什襲倍常也

三十日述如昨見唐時日本四願經後願文曰皇后藤原氏光明子奉爲尊考贈正一位太政太臣府君尊妣贈從一位橘氏太夫人敬寫一切經論及律莊嚴既了伏願斯勝冝奉資冥助永庇菩提之樹長遊般若之津又願上奉聖朝恒延福壽下及寮采共盡忠節又光明子自發誓言弘濟沈淪勤除煩障妙窮諸法早契菩提乃至傳燈無窮流布天下聞名持卷獲福消灾一切迷方會歸覺路天平十二年五月一日記此亦可補全唐文天平十二年當唐開元二十八年

九月初一日述日本文徵其文徵事則錄否則文雖善弗取也叙中村敬宇文集曰光緒十四年冬雲龍游日本東西京言學問中君子人者輒曰其中村敬宇乎時雲龍欲商邃學且未遑也遑問文邪而餉雲龍詩虛懷谷如十五年夏還自南北阿美利加洲嘗一造廬借

書遂賸文集已編之卷凡十有六其前六卷惟弟四未之刊行十四以後則補遺也且曰願得一言爲子孫寶吁采葑之懇切一至此哉時雲龍又補藝文金石而文徵猶未之逮秋七月始蒐古今文集百數十種求不遂流又不泥古者其敬宇文乎以六經爲注腳以五大洲時務爲經緯文人之文豈其匹與集中用字羣玉序曰不拘拘于文字而善道所欲言好文也送三島仲叔序曰文自疵病無不可醫惟僞不可醫旨哉言乎賴山陽書杜集後一字訣曰眞斯文得之人第震富贍如江河沛然莫之能禦猶未也雲龍游歷圖經有文徵一科一以實事爲宗摎敬宇文較它集獨多嗟嗟判古今爲二者俗儒也居今而薄今者腐儒也欲祛二弊非通儒吾誰與歸同人社宗匠則敬宇也不高崖岸不限藩籬蓋欲得奇才異能育之也跡其言行與文往往相副儻所謂學問中君子人與後先之待與守有責也夫

初二日游礮臺往還航海三百九十里海里百三十一車行二十四里日本里四

初三日游小島航海二百三十一里海里七十

初四日逃如昨錄不勝錄復就所取審而删之費缺且時迫也心急

如焚

初五日覆㪷印出日本圖經卷一至四

初六日覆㪷日本圖經卷五至八

初七日覆㪷日本圖經卷九至十二

初八日覆㪷日本圖經卷十三至十六

初九日覆㪷日本圖經卷十七至二十是日紅葉館往還十二里相本里二

初十日補新分之香川縣圖限銅工即日鏤之

十一日覆㪷日本圖經卷二十一至二十四

十二日覆㪷日本圖經卷二十五至二十八

十三日覆㪷日本圖經卷二十九至三十二

十四日因日本圖經印工踰限至再於是先㪷古巴圖經

十五日補游海港要隘航六百六十里海里二百

十六日自至築地諸處嚴催印工往還十二里日本里二求敘者踵門敘先諸之儒學本論曰長尾氏楨太郎以所著儒學本論屬敘雲龍唱

然歎曰嗟嗟居今論儒難矣生於斯長於斯西學恣張而獨述儒學本論鮮不嗤其迂且腐矣雖然儒學非它堯舜禹湯文武周孔之學中外古今一以貫之如布帛如菽粟如水火不可須臾離者也其條目始格致終治平自非樸學者爲之不从知物入遂遁於虛假誠正語治平而效輙不應不爲西學所竊笑者幾希或勝其說曰形而下者其用實形而上者虛語耳不如廢之爲愈嗟嗟堯舜禹湯文武周孔之學非它君臣父子夫婦兄弟朋友之道也人一日不絕則儒學一日不廢慨末學流弊遂并其本疑之可乎哉可乎哉西學不外格致曾子四角不揜之說即地圓之說之祖孟子謂千歲之日可致殆亦算學門徑歟彼詡新奇皆自聖門發端特初不欲以游藝名家書缺有間學者浸失尋繹轉讓彼以實用勝此學者所當媿而思奮也是書僅見上卷儒言居多然如所謂惟拘文校字爲務者訓詁支流而亦非經師訓詁也要而論之薄今而泥古不至跬步難行不止耤忘[illegible]本雖曰權利爭與之京而利端則競權重則凌不以堯舜禹湯文武周孔之學濟之非所敢知矣長尾氏以爲然耶否耶光緒十五

年秋敘於日本東京元田永孚儒臣也揭來相左以書言别並謝前敘其詩集遂檢舊艸揹錄于此曰光緒十三年冬雲龍游西京十四年春航復東所目詩卷無慮百數十作者大氐性靈居多求紀事不數數覯邉言學也今乃得之東野之詩永孚其名元田其氏也官由侍講而居顧問樂天樂四時樂讀聖賢書樂聞古今事樂老少因以五樂名園聞雲龍將以記載餘力續東瀛詩選繇友示所箸講筵餘吟五樂園詩鈔别鈔誦其詩如見其學橫子楠生贈詩有飽嘗泗水源頭味句艮非虛語集中詩如縱使報酬勞夙夜不如聖主愛臣深石閣珠樓非我願夢消梅月牛窗烟未嘗非詩人之詩而性靈中見學養若減家家一分用拯來天下幾寒飢誦經常有陛前坐橫槊曾無馬上行紀事也而體用中見經綸憂國愛君之心動溢字裏戓詩言學居斯位宜因位見學作是詩愈宜謂非於詩選自成一家言與而非學人之詩疇克臻此

十七日日本圖經印竣於是覆斠卷三十三至三十六

十八日日本使大鳥圭介約同舟行來言别者皆往畣拜車行四十

八里日本里八

十九日補朊船工礮工往還航海六百六十三里海里二百有一

二十日檢點行李適有介書二千里外求雲龍詩敘者走筆應之求書者四鼓未已是日游如昨

二十一日辰正發日本東京黎大臣以次送上火車辭之至再黎曰重所學也錢贊使及孫隨使點陳隨使榘同至橫濱照料焉行四十八里日本里四十八羅理事爲訂艙位於輪舟曰西京丸在三十三號艙戶面海冒雨展輪轉側未已

二十二日午正泊神戶去橫濱千一百二十二里海里三百四十三申初雙身自覓小舟登岸訪蹇領事且付郵書約六里許日本里一又游海灣小島航三百三十里海里一百

二十三日游海港航三百三十里海里一百上岸至楠公社觀明徵士朱之瑜所書碑酉初旋舟酉正行

二十四日酉初泊下關即馬關也自神戶至此八百十里海里二百四十三移時即行風潮怒甚

二十五日卯初泊長崎去馬關三百七十九里海里三百六十自神戸至此千一百八十九里海里三百六十楊理事爲呼艇登岸至署日本使大鳥圭介亦以舟迎未遑往也賦冒雨游諏訪山諸處申正旋舟往還約十八里許日本三里酉初行

二十六日潮挾風雨輪舟首尾軒輊輙數十尺出日本島而男島

二十七日辰初舟進揚子江辰正至上海自長崎至此千四百四十有二里海里四百三十七巳正訪文報局員尋至泰康里泰康祥絲棧

二十八日欲乘永清輪舟而行李未繇文報局交齊越一日新勝輪舟亦開矣急行轉運不欲稍曠分陰於是發篋檢點行程記載

二十九日檢秘魯圖經雖初草難可遽定其子目可編次也凡四十有三其分類不外天文地理國系風俗食貨攷工外交政事文學叙例十者是夜三鼓乃寢

十月初一日覓小火輪環眡礮臺燈臺諸要隘往還六百六十里海里二百

初二日分巴西圖經門類凡十曰天文曰地理曰國系曰風俗曰食

貨曰攷工曰兵制曰政事曰文學曰敍例蓋就見聞所獲而分也

初三日聞普濟輪舟將至往海濱候之適至而小甚局中人言艙位定者已溢且不壓浪勸待他舟海晏或初五日行也遂至黃浦循岸一行往還約三十八里

初四日編次巴西圖經子目五十有二而稿難遽定

初五日述巴西圖經專例海晏船初至

初六日海晏船因載不應手改緩二日亦罕有事也定英屬地加納大圖經類目

初七日機器局諸處往還四十五里

初八日上海晏船言行不果隨航流艇補所未游往還六百六十里海里二百

初九日行

初十日子初泊煙臺風不得泊懼浪且懼淺也卸載若干飄捲輪停而暈浪者嘔聲不絕所未見也是日爲

皇太后萬壽聖節憶十三年今日航日本馬關以東將泊橫濱十四

年今日游美利加國都

十一日風浪巨甚

十二日午後航近大沽而無以進自上海至此二千七百四十里海里八百七十由大沽至天津紫竹林二百四十一里約海里七十明日進口與否未可知也改行火車之意決

十三日呼艇凌霜行濕度頓減至四十有奇既飢且寒櫓聲欲洹然非此則濡滯甚傍岸屈曲行四十里乃達火車頭立候車至蜂擁而登行二百里有奇下車行李狼籍道左無與適中和逆旅人曰可以代運於是徒步行八里而宿尋謁合肥肅毅伯大學士日已爲敍日本圖經矣辭行

十四日海關西人以至自日本欲稅不克即行於是料理一艇載行李焉是日往還數次凡五十八里

十五日丑正乘車行自天津視去時行舟異矣六十里楊邨詳前下同二十里蔡邨宿衣履雨濕

十六日丑正雨行然北風起黎明雨止而西北風怒甚五十里安平

三十一里靛莊此通州境
十七日丑初行直道有阻紆途而行乃復舊道凡七十里至京

游歷圖經餘紀敘例

游歷圖經餘紀十五

花翎二品銜直隸即補道總辦北洋機器局前游歷使臣傅雲龍述

自敘

雲龍既述游歷日本國圖經三十卷美利加合衆國圖經三十二卷秘魯國圖經四卷巴西國圖經十卷英屬地加納大圖經八卷日斯巴尼亞屬地古巴圖經二卷凡八十六卷或印或繕圖皆鏤銅先後進繇總理各國事務衙門王大臣察覈恭呈

御覽凡此皆紀事體也不依編年體紀見紀聞則里差何以較時豈獨入與地行順則日增逆則日減未由見歟問學之大小何以日新徵兵之水陸何以月異策國之損益又何以歲不同也而況舟車之流年較閉戶之課功爲尤迫重譯之晨夕較同文之寒暑爲易奇未敢云事事借參悉闕

國計然使曠一分光陰將毋虛一日跋涉何以副志何以對

君此雲龍所以畫游夜記既揭全體之大要入於圖經復探致遠之知幾著於餘紀而不欲以浮聞雜並不敢以膚詞飾遵

旨游歷之國六合之假道之國凡十有一（詳游歷圖敘）爲華里十二萬有八百四十四爲日七百七十以光緒十五年十月十七日旋我京都明年就途所草編之䣍之起夏五月訖秋七月成游歷圖經餘紀十五卷分編十有二自爲敘曰舟車所馳朱以識之潮綫軌綫視掌如斯述游歷地球圖第一寒爲氷劵煥勘塵丞足跡計里逾十二萬述游歷天時地里合表第二州殊文殊此非殊塗中外同異其樞紐乎述游歷日本圖經餘紀前編卝第三地背輪駛亦陸亦水流力之長莫長於此述游歷美利加圖經餘紀前編卝第四英其多屬此會駐足極北近之忠義聊錄述游歷加納大圖經餘紀第五飛瀑流回紐約重來爰諏爰度道左徘徊述游歷美利加圖經餘紀二編第六旱虐未息呼行不得而避莫違冬暑相逼述游歷古巴圖經餘紀第七地背之南赤道舟探海濱無雨水影何藍述游歷秘魯圖經餘紀卝第八春秋異華游其最遐時方炎旱狹彼鶱楂述游歷巴西圖經餘紀第九來非去路駛七朝暮夏雪薄凝車軌勘誤述游歷美利加圖經餘紀後編第十蜻蛉一洲補所未游既紀且䣍兩載倏周述

游歷日本圖經餘紀後編第十一不鑿空沿不繁縟編以日繫月以月繫年述游歷圖經餘紀敘例第十二

專例

餘紀一十五卷略依史家編年體庶其與圖經相表裏乎然彼以地爲主此以日爲主述專例

凡官不假古官結銜於外國官或据同文而直書或譯音釋誼就中國官之近似者譬喻之不敢以中國官蒞名之也

凡人書名不書字或以字行變例書之史法也

凡地名譯音不譯義不以南易叟不以北易諾餘可類推

儷文綺語無所取也以紀實爲主非稽國計即鑑民生非燭軍政即研學術非測天度即諏地險它若山水之奇次之習俗之異又次之而風景翻新則畧

圖經以所游之國爲範圍而餘紀則就一日之見聞不囿一地之甄錄也

圖書在版編目（CIP）數據

海上絲綢之路文獻集成. 歷代史籍編. 第二輯. 第三卷 / 范金民主編. --福州：福建人民出版社，2023.8
ISBN 978-7-211-09076-1

Ⅰ. ①海…　Ⅱ. ①范…　Ⅲ. ①海上運輸-絲綢之路-史料-彙編　Ⅳ. ①K203

中國國家版本館CIP數據核字（2023）第072952號

審圖號　GS（2022）3755號
本書有關內容和地圖僅代表作者個人觀點，不代表官方立場。

海上絲綢之路文獻集成·歷代史籍編（第二輯　第三卷）

主　　編　范金民
責任編輯　莫清洋
美術編輯　白　玫
出版發行　福建人民出版社
電　　話　0591-87533169（發行部）
電子郵箱　fjpph7221@126.com
地　　址　福建省福州市東水路 76 號
經　　銷　福建新華發行（集團）有限責任公司
印刷裝訂　上海盛通時代印刷有限公司
地　　址　上海市金山區廣業路 568 號
電　　話　021-37910000
開　　本　787 毫米 ×1092 毫米　1/16
印　　張　288.75
版　　次　2023 年 8 月第 1 版第 1 次印刷
書　　號　ISBN 978-7-211-09076-1
定　　價　3200.00 元（共 8 册）

国家出版基金项目
NATIONAL PUBLICATION FOUNDATION

海上絲綢之路文獻集成

總主編 陳支平 陳春聲

歷代史籍編

57

主編 范金民

海峽出版發行集團
THE STRAITS PUBLISHING & DISTRIBUTING GROUP
福建人民出版社

本册目次

游歷美利加合衆國圖經三十二卷（卷二四至卷三二）

〔清〕傅雲龍撰

美利加兵志一　游歷美利加圖經二十四

花翎二品銜直隸即補道總辦北洋機器局前游歷使臣傅雲龍述

兵制

兵不在多。雲龍於游美利加益信。美利加地之廣狹。於中國未甚懸絕。而額兵。陸軍不過二萬六千八百有奇。海軍兵數。居陸兵十之一耳。綜而計之。不逾三萬。而民盡知兵。不惟寓兵於農。且寓兵於工商。無事則飽騰。已力。有事則臂指相聯。初論者則謂久將無知兵民矣。然而墨西哥之戰。南北黨之交惡。資民兵力居多。非其明效歟。民有知方之勇。國罕坐食之兵。富强之道。獨通商惠工訓農云爾哉。述兵制。

原兵第一

乾隆三十九年。千七百七十四美利加十三邦議長會於賓夕佛尼亞邦之費納的費牙。而剏定分兵之議者。顧理也。編兵為伍。結伍為團。無論農工商賈。無事自業。有事同仇。呼吸相應。雖一分時亦不容緩。謂之分兵。是為民兵之綿蕞。明年復會於此。議募鄉兵。擁華盛頓為元帥。是為營官之權輿。嗣是定例男子年十八以上自備器械衣甲訓練如期期外歸就本業年至四十乃聽其退所謂人盡為兵非歟　正兵無幾當乾隆四十二年（千七百七十七）英吉利兵在新地者以一萬九千進費納的費禾以一萬五百進紐約以三千戍洛侖埃倫無慮三萬三千而美利加兵僅一萬五千於是國會有增兵之議　國例第八條國中兵餉事總歸議院伯理璽天德統領水陸控馭內外乾隆五十四年（千七百八十九）議院定參贊戎政之職以左右之然例時時更易明年議院謂營兵一千二百一十有六足彈壓矣五十六年（千七百九十一）增兵九百五十七年（千七百九十二）議院欲以民兵濟正兵之不足於是聯邦民壯籍為留兵有三兆二十四萬五千人備調發也嘉慶元年而後（千七百九十六年後）正兵二三萬耳咸豐十一年（千八百六十一）南北交惡北兵戍者不過一萬四千於是伯理璽天德調民兵七萬五千人更代之期以三閱月為率尋增四萬二千期以三年（是西五月三日事）而民罔或違議院籌餉半年足敷五十萬兵之食（議於西七月廿二日）尋籌餉倍之（議於西七月廿五日）而兵形不足同治二年（千八百六十三）議院允增兵三十萬明年又允增兵五十萬凡兵二百六十七萬

八百七十有四。而南兵不過民兵四十萬耳。兵解行伍歸業。議院議留三萬。分戍要隘。以為額兵。是之謂正兵。陸兵更代。五年為期。同治十二年。戍兵之處十有一。而置四營長領之。餘詳下總數　工兵不列行伍。以之測地繪圖。與夫營造之事。　凡戰場豎黃旗。其下護疾與傷。雖敵不害。凡降旗色白。然招敵議事。亦用之。如同治元年。千八百六十二　美利加北軍帶田雞礮船之波爾特。欲降非里巴查克森二堡。令武官給斯德持一白旗。示相商意　凡遇敵船。先發一礮。彈過船首。而不中厥船。意謂。不服則攻此軍禮也。即如波爾特既降非里巴查克森二堡。進攻敵軍米知里米師。一礮先施。其船自去其旗。示服也。　凡降者必貢厥劍。如同治三年。千八百六十四　南軍田捏西船官占斯登至法拉嘎德水師。獻厥劍。其水師將波嘎那。傷不自來。遂代獻之。亦例也。

武學第二

陸軍學校。以紐約邦威士奪簸。因奪為最。距紐約五十英里。約華里一百五十。其生考自兵部。歲以六月為期。自六月朔至八月二十五日。視其身材凡十七歲至二十二者。身長不逮五尺。不選。有疾不選。有婦不選。入學而娶則去。其考以算學英文學地理學美利加史學為宗。其學分類十有二。一曰步兵學。礮兵學騎隊學。鎗礮術軍監軍律。刀法劍法體操。二曰算學。三曰英語。四曰法語。五曰日斯巴尼亞語。六曰畫學。七曰化學。物理學鑛學地質學。八曰天然理學。人事理學。九曰兵器學。十曰史學。地理道德學。十一曰萬國公法。軍法。十二曰土木學。戰陣學。其學年以四為率。第一年居四等生。辰初至午初。學算。未正至申正。學英文。以九月為始。課至明年正月為止。凡休息之弟六日。免英文學。又自正月至六月。凡休息之弟二日。弟四日。學法文。以未正至申正為率。凡休息之弟一日。弟三日。弟五日。學劍法體操。以巳初三十分至午初三十分為率。第二年居三等生。辰正至午初。課算學。午初至未初。課化學。未正至申正。課畫學騎學。其畫與騎各課半年。餘則日課馬。第三年居二等生。辰正至午初。課天然理學。人事理學。即格致學午初至未初。課化學。尋易以化學鑛學地質學。未正至申正。課畫。申正至酉正。課騎。弟四年居一等生。辰正至午初。課土木學。此有定也又有無定之課凡午初至未初課日斯巴尼亞語每歷七日改課騎學凡未正至申正課法律每歷七日改課兵器學四年既滿武職斯膺其校四等之生各居其一一等生四十有四二等生五十有一三等生六十有七四等生九十有三其師以武官為之約數五百此光緒十四年數也時當西一千八百八十八年其生年費銀五百圓衣食書籍皆給自官其它學校雖不及此而所課略同　海軍學校剏於其國海軍長若日班古羅夫多時道光二十五年（千八百四十五年十月）其校在瑪理蘭邦安内波列斯（即其邦治）學以五年為期弟一弟五兩年學於學校其間三年學於兵艦三十年（千八百五十）改名美利加海軍學校以三年為期咸豐十一年（千八百六十一）南北兵起移校於紐巴奪同治四年（千八百六十五）復其舊十二年（千八百七十三）改學課六年為期弟五弟六兩年課之海船以欲其練膽識也歲以五六兩月集而試之以進退其優劣學校之地初僅九野格耳後少少擴有圖凡四十葉其合衆國海軍學生凡一百七十有四卒業者六十有九

總數弟三

領合衆國陸軍弟一等武職一人駐科侖布亞華盛頓都城其二等三人一駐紐約一駐伊利那倚斯邦之希嘎罸一駐嘉里符尼亞邦之三法蘭昔斯哥其三等六人一駐華盛頓都城一駐梅尼所達邦一駐剛色斯邦一駐拏不拉士格邦一駐德格瑟斯邦一駐阿里瑣那部以次六七等有差其步隊二十有五有兵九千三百七十有五有弁八百七十有五其馬隊十有兵一萬九百四十有九有弁四百三十有五其礮隊五有兵二千四百九十有弁二百三十此外巡兵六百旗兵工兵各四百備兵八百三十有六兵學生三百一十綜而計之凡正兵二萬二千七百六十有四餘兵巡兵以次及兵學生二千五百四十有六武弁一千五百四十合之陸軍大臣以次諸官凡二萬六千八百有奇歲用三千九百九十二萬四千七百七十有三海軍官二千四十有奇兵七千五百有奇礮一千二百有奇歲用一千二百九十一萬六千六百三十有九今且議增云

兵器弟四 互詳攷工

美利加步兵初用伊利那倚斯邦之士兵非里所造滑膛鎗槍首着刀馬

兵初用果爾特名人所造蓮房手鎗、及短滑膛鎗、短螺絲鎗。陸路礮兵、初用六磅至十二磅彈子之滑膛礮、十二磅至廿四磅開花彈子之輕礮。水路礮兵、初用十寸八寸徑之科侖布亞礮、十二磅至三十二磅之實彈礮、八寸徑之開花彈輕礮、十三寸至十五寸徑之田雞礮、七寸徑之布魯刻斯礮。水陸之礮、尠螺絲者。今則新法日增。 加托乃鎗、光緒二年前無之。千八百七十六年始造 下為三叉鐵架、架上平列二鎗筒、筒面有口、插銅管、高八寸許、寬二寸、厚六分、內儲藥彈。架旁有小輪、以手轉彈入、自銅管達於鎗膛、隨入隨發、每一分時可四百響。據言直銀六百圓 又有平列四鎗筒者、厥法如前、每鎗連彈三千。據言直銀千二百圓 八響至十二響短鎗、造自士兵非里等廠。俄羅斯亦定製若干、直廉而捷。詳攷工 雙筒鎗、造自紐約、光緒前無此。筒下復有筒、故名。其下一筒受藥彈十六、發一彈則一彈轉入上筒、連發罔有或停、無置彈不及之虞。據言直銀四十 又有來復鎗。 格得林登連環礮、十筒連為一束、架於車上、每一分時發八百響、或至一千、其置藥彈法、如加托乃鎗。大者口徑八寸、彈重八磅、遠及七英里、約華里二十有一、每一分時可響三百。据言直銀八百　空氣礟。雲龍游紐約之拉里拔色苦曾親見之同治二年。千八百六十三造自千撥底嘎奪邦之文特亨姆。邑名一譯奴五長二丈有奇。膛徑一尺三寸。重四十四頓。彈一百二十磅。据言直萬九千　二礟架用空氣壓力。旋轉自如。据言直萬三千　一其入空氣機車一管承蒸氣。兩管入空氣。据言直銀三千三百圓　臼礟。造自馬沙朱色士邦之波士登。重四十頓。彈一百十五磅。藥六十五磅。雲龍目擊礟首揚六十度許。連發其二。彈着海潮躍十數尺。　又有哈及格斯礟。詳工致　陸路鋼礟。藥三磅有半。遠及四英里。約華里十二　美利加礟製。如一百磅生鐵前門。柏勒得造者。其口徑一百六十三密里。其身長三千九百六十二密里。其身重計有四千四百啟羅。其鐵彈重四十五有四啟羅。其炸藥四有五啟羅。其穿鐵甲。一百三十二密里。又如八十磅後門之礟。其口徑身長同前。其身重四千六百十啟羅。其鐵彈重三十六啟羅。其穿鐵甲。一百有七密里。　佩刀長其鞘亦鐵　劍或鋼或鏤金。

水雷地雷之屬別詳。

雜識弟五　隨聞隨錄非盡今數故曰雜識

科侖布亞國都有兵部水師部其海軍練習場在阿那格斯地大二十七野格南隅有兵器局地大四十五野格有海軍觀象臺地大二十一野格又有海軍養疾院　阿拉巴麻邦陸軍兵千　阿剛色斯邦武弁八百有五兵一萬三千五十有七戰時集兵七萬三千　嘉里符尼亞邦陸軍步兵隊二十四槍隊八馬隊三礮隊一海軍戍沙場布陸灣距三法蘭昔斯哥灣廿八英里約華里八十四　喀挪拉奪邦陸軍步兵隊二馬隊二又有土兵隊一在甸博二百二十三人　干捏底嘎奪邦陸軍步兵礮兵凡二千七百三十有一武官百八十有三餉一萬三千六百有奇　特納窪邦陸軍兵一百二十有四　佛勒里奮邦備兵二萬七千四百六十有三海軍碇泊場在西島　若耳治亞邦軍區一千一百三十有六　伊利那倚斯邦陸軍兵七千一百九十武官五百三十有九　英鼇阿納邦立兵器局　愛呵窪邦陸軍步兵馬兵礮兵凡三千九百十有五武官三百三十有五　根得基邦陸軍步兵隊十二馬隊二礮隊一凡兵七百二十有一武官四十有九　魯西阿納邦陸軍步兵隊三礮隊十凡兵二千二百九十七武官一

百七十有一　緬邦南北戰時出馬步兵七萬一百有七陸軍步兵隊二礮兵隊一歲餉約銀八千　瑪理蘭邦陸軍步兵隊六馬兵隊五凡官兵一千二百五十有八　馬沙朱色士邦咸豐七年千八百五十七陸軍餉需七萬光緒年間歲費十三萬五千步兵隊六十馬兵隊三礮兵隊三每隊巨礮四凡官三百十有二兵三千八百五十有四南北兵起出兵十四萬六千七百三十費餉三千萬　密西根邦南北兵起出兵三萬七千三百六十有八其額兵隊三十　梅尼所達邦有正兵有餘兵　密士昔比邦陸軍步兵隊十礮兵隊一凡兵以十八歲至四十五歲為率　密蘇釐邦陸軍兵隊三十五凡官兵一千九百三十　弩布拉士格邦陸軍步兵隊十一礮兵隊一凡官兵五百九十有八　列法達邦陸軍兵隊九凡官兵六百四十有一　紐罕布西耳邦陸軍步兵隊三十礮兵隊一馬兵隊二凡兵一千七百二十有四又備兵四萬三千六百九十有八蓋近民兵云　紐折爾西邦陸軍步兵隊四十七礮兵隊一凡官兵三千五十有八歲餉八萬二千二百四十有五又備兵二十四萬八千四百五十有一多於紐罕

布西耳五倍。紐約邦，乾隆十九年，千七百五十四英法之戰，此其戰場。有陸軍學校。諾司喀爾勒那邦，陸軍白人隊三十二，雜人隊十一。倭海約邦陸軍步兵隊九，馬兵隊三，礮兵隊十，凡官兵八千七百三十有七，歲餉五萬。賓夕佛尼亞邦陸軍官八百十有一，兵八千六百四十有二，先是南北兵起，出北兵無算。洛畬埃倫邦陸軍步兵隊二十三，馬兵隊三，礮兵隊二，礮十二，凡官兵二千四十二，歲餉三萬，又備兵四萬二千四百七十七。叟司喀爾勒那邦，南北兵起，其兵助南，陸軍初與聯邦略同，光緒七年，千八百八十一改變兵制，分為三營，每營一官，微似中國都司職。田捏西邦，英美戰時，出兵二千，今則民兵居多。窪蒙邦陸軍步兵隊十，礮兵隊一，歲餉三千三百。威士奪勿爾治尼亞邦陸軍步兵隊十五，馬兵隊一，礮兵隊一，礮四。威士干遜邦陸軍兵隊三十二，歲餉萬。

附識第六

印甸土人善騎，又善射，其兵可述者有二族焉，一曰卓道斯，二曰知格亞騷斯，凡男皆兵也，間亦充聯邦之兵，厥地四分，卓道斯族居四之三，知格

亞騷斯族居四之一每分督兵者三十有二別有一酋總轄諸軍如將軍然

陸軍選兵表

美利加陸軍於選兵之邦部分為四曰新英其邦六干捏底嘎奪緬馬沙朱色士紐罕布西耳洛畲埃倫窪蒙是也曰中其邦三紐折爾西紐約賓夕佛尼亞是也曰西其邦部十二伊利那倚斯英釐阿納愛阿窪剛色斯密西根梅尼所達倭海約威士干遜喀挪拉奪弩布拉士格打戈達紐墨西哥是也曰大西洋其邦部四嘉里符尼亞列法達頞里根華盛頓是也曰邊其都會與邦六科侖布亞特納窪根得基瑪理蘭密蘇釐威士奪勿爾治尼亞是也曰南其邦十一阿拉巴麻阿剛色斯佛勒里畲若耳治亞魯西阿納密士昔比諾司喀爾勒那叟司喀爾勒那田捏西德格瑟斯勿爾治尼亞是也印甸及有色人不在此數有已升邦而此稱部者就選兵時言也不言同治四年以後其國本年新篇所記亦止此也其費銀以圓計述陸軍選兵表

	咸豐十年人數（千八百六十）	咸豐十一年至同治四年出兵	出黑奴兵	選兵 所選	漏報	自由兵	領軍裝兵	備兵	國費 圓	民出費 圓
干捏底嘎奪	四六〇一四七	五七三七九	一七六四	一二〇三一	一〇一四	六八〇四	三八四二	二四二四	六五八五五	一二四一
緬	六二八二七九	七二一一四	一〇四	二七三三四	三七六〇	一二九九七	四九四六	一九九一	七八二七六四一	一一五
馬沙朱色士	一二三一〇六六	一五二〇四八	三九六六	四一五八二	五一六七	二七〇七〇	八三八二	九一二	二三九六五五五〇	一二三
紐罕布西耳	三二六〇七三	三四六二九	一二五	一〇八〇六	四六四	五四七三	三六五四	二一〇	九六三六三三	一〇六
洛會埃倫	一七四六二〇	二三六九九	一八三七	四三三一	二四九	二八〇九	一一四二	一一七	八一〇七六九	一三六
窪蒙	三一五〇九八	三五二六二	一二〇	七七四二	四二九	四〇九六	四六四六	四三七	四五二八六七五	一一二
新英邦合計	三一三五二八三	三七五一三一	七九一六	一〇三八〇七	一一〇八三	五九二五四	二四六三三	三八六九	五二六七六〇五	一二〇
紐折耳西	六七二〇三五	八〇一〇	一一八五	三二三三五	六二〇五	八二三四	九六五〇	九五一	二三八六八九七	一二〇
紐約	三八八〇七三五	四六七〇四七	四一二五	一五四八	三一七四五	六八〇〇六	三五二九	三三一〇	八六六二九三六	一二九
賓夕佛尼亞	二九〇六二一五	三六六一〇七	八六一二	一七八八七三	三一三〇九	七〇九一三	四〇八〇七	八六一五	四三二四九八七	一二五
中邦合計	七四五八九八五	九一三一六四	一三九二二	三六六六八	六九二五九	一四七一四三	八一九八六	一二七七六	一五三六五三六〇	一二二
伊利那倚斯	一七一一九五	二五九一四七	一八一一	三二〇八五	九五一九	九五五五	五四五九	三五三八	一七二九六二〇五	一五一

英窿阿納	一三五〇四二八	一九七一四七	一五三七	四二一五八	六二三三五	一五四七六	五九六六	七五九七	九八二三五四	一四六
愛呵窪	六七四九二三	七六三一九	四四〇	七五四八	七〇二	二四四六	一二六四	一八六二	一六一五二七	一一三
剛色斯	一〇七二〇六	二〇一五一	二〇八〇	一四二〇	四一九	二八七	二一〇	一一九	五七四四七	一八八
密西根	七四九二三	八九三七三	一三八七	二三一三	四一九四	七一三〇	三七七三	一八〇九	九六〇四八〇五	一一九
梅尼所達	一七二〇二三	二五〇五二	一〇四	一〇七九六	二〇五八	四四四六	一二九一	八六二	二〇〇四六四	一四五
倭海約	二三三九五二	三一九六五九	五〇九二	五〇四〇〇	九三六八	一九七五一	一〇九三八	四二四一	二三五五七二三	一三六
威士干遜	七七五八八一	九六四二四	一六五	三八三九五	一一七四二	一四七三	九七一八	三七二二	五八五五三五六	一三四
喀那拉拏部	三四二七七	四九〇三	九五							一四三
拏布拉士格部	一八八四一	三一五七								一〇九
打戈達部	五八三七	二〇六								四二
紐墨西哥部	九三五一六	六五六一								七〇
西邦部合計	六四九二七四一	一〇九〇八八	一三七二一	二〇三九二四	四四二三七	七三八二五	三八六一九	二三七五〇	六七二三六九八〇	一四八六
嘉里符尼亞	三七九九九四	一五七二五								四一
列法達	六八五七	一〇八〇								一五七

頻里根	五二四六五	一八一〇								三四
華盛頓部	一五二四	九六四								八三
大西洋邦部合計	四五〇八四〇	一九五七九								三一五
科倫布亞都	七五〇八〇	一六八七二	三二六九	一四三三八	五九五四	五六六五	一七五一	九六八	三四二五〇五	三四
特納窪	一三二一六	一三六七〇	九五四	八六三五	一四四三	四一七〇	二五三四	四三七〇	七二四七二五	一二二
根得基	一五五六四	一九〇二五	二三七〇三	二九四二	九五〇三	八〇八八	五七八七	一八六〇	六九二五七七	六八
瑪理蘭	六八七〇四九	五〇三一六	八七一八	一九三九	九二〇七	一一〇二一	六一三四	一四二六	六二七九九二	七三
密蘇蘿	一八二〇二	一〇九三	八三四四	二一五一九	九四四四	五七八一	一六三八	一〇三一	一三八二四九	九二
威士奪勿爾治及亞	三九三三四	三二〇九八	一九六	三一八〇	一〇一四	五六九	二一九	二四二	八六四七三七	八一
邊邦及都會合計	三六〇五二七五	二四〇九二	四五一八四	九六四二二	三六五六五	三五二八四	一八〇三六	九八九七		二一八〇
阿拉巴麻	九六四二一〇	二五七六	四九六九							
阿剛色斯	四三五四五〇	八二八九	五五二六							
佛勒里畣	一四四二四	一二九〇	一〇四四							
若耳治亞	一〇五七二八六									

魯西阿納	七〇八〇〇二	五二二四	三四八六							
密士普比	七九〇三二五	五四五	一七八六九							
諾司喀爾勒那	九九二六三三	三一五六	五〇三五							
吏司喀爾勒那	七〇三七〇八		五四六二							
田揑西	一〇九八〇一	三一〇九二	二〇一三三							
德格瑟斯	六〇四二二五	一九六五	四七							
勿爾治尼亞	一〇三〇八四									三
南邦合計	八七〇九二七	五四一三七	六三五七一							三一
印甸		三五三〇								
雜色		九三四四一								
總數			一四三三四	四〇三〇九七二	一六二一四四	三一五五三三	一六三二八一	五〇二九二	二七三六九九七三	二四五四

十三邦陸軍表

美利加之富半由兵少於其開國固已見之乾隆四十年是其自立為合衆國之前一年也時方用兵而十三邦陸軍不過三萬七千三百六十有

三明年立國約成兵八萬九千七百六十有一。嗣是四十二年兵六萬八千七百二十。四十三年兵五萬一千四十有六。四十四年兵四萬四千二百七十有五。四十五年兵四萬三千七十有六。四十六年兵二萬九千三百四十。四十七年兵一萬八千有六。四十八年華盛頓任伯理璽天德之前四年也兵一萬三千四百七十有七。厥後南北兵起兵增矣事平尋減規模未失於十三邦時所以兵少而無患者人盡知兵也在精不在多地背亦一徵歟述十三邦陸軍表。

十三邦	乾隆四十年一千七百七十五	四十一年一千七百七十六	四十二年一千七百七十七	四十三年一千七百七十八	四十四年一千七百七十九	四十五年一千七百八十	四十六年一千七百八十一	四十七年一千七百八十二	四十八年一千七百八十三
干捏底嘎奪	四五〇七	一三一二七	六五六三	四〇一〇	三五四四	三六八七	三九二一	一七三二	一七四〇
特納窪		七五四	一三九九	三四九	三一七	五五六	八九	一六四	二三五
若耳治亞	一〇〇〇	二三〇一	二一七三	三八七三	八三七	七五〇	七五〇	七五〇	一四五
瑪理蘭		三三二九	七五六五	三三〇七	二八四九	二〇六五	二一〇七	一三八〇	九七四
馬沙朱色士	二〇〇〇	四一三四	一二八一	一三八七	四九二〇	三〇〇〇	三五四五	一二〇五	六九七
紐罕布西耳	二八二四	四〇一九	四四八三	一七八三	一二二六	一七七七	七〇〇	七四四	七三三

紐折耳西		九〇八六	二九〇八	二五八六	一二七六	一二六七	二二三	六六〇	六七六
紐約	二〇七五	八〇九四	五三三二	二一九四	三七五六	四八四七	一一七八	一一九八	一一六九
諾司喀爾勒那	二〇〇〇	四一三四	一二八一	一二八七	四九二〇	三〇〇〇	三五四五	一一〇五	六九七
賓夕佛尼亞	四〇〇	一〇三九五	九四六四	三六八四	三四七六	三三三七	一三四六	一二六五	一五九九
洛島埃倫	一一九三	一九〇〇	二〇四八	三〇五六	一二六三	九一五	四六四	四八一	三七二
叟司喀爾勒那	四〇〇〇	六〇六九	二〇〇〇	三六五〇	四五〇〇	六〇〇〇	三〇〇〇	二〇〇〇	一三九
勿爾治尼亞	八一八〇	六二八一	一一〇一三	七八三〇	八五七三	六九八六	六一一九	二二〇四	六二九
總計	二八一七九	七三八二三	五七四一〇	三八八九六	四四六一	三八一八七	二七〇〇五	七三七八八	九八〇五

陸軍官祿表

熱列納魯云者。譯言武官第一也。每約云者。譯言副也。發士多云者。譯言第一等也。色空多云者。譯言第二等也。其祿或年計。或月計。在官視休官。厥數有差。述陸軍官祿表。

官名	在官		休官	
	隨級	月俸	隨級	月俸

	年支	月支	五年後	十年後	十五年後	廿年後	年支	月支	五年後	十年後	十五年後	廿年後
熱列納魯	一五〇〇〇〇	一二五〇〇					一五〇〇〇〇	一二五〇〇				
經丕藍多熱列納魯	一一〇〇〇〇〇	九一六六七										
每約熱列納魯	七五〇〇〇〇	六二五〇〇					五六二五〇〇	四六八七五				
布重格給鴉熱列納魯	五五〇〇〇〇	四五八三三					四一二五〇〇	三四三七五				
可羅列魯	三五〇〇〇〇	二九一六七	三七五〇〇	三七五〇〇	二六二五〇	二八七五	三二〇八三	三五〇〇〇	二四〇六二	二六二五〇	二八一二五	二八一二五
尤顛藍多可羅列魯	三〇〇〇〇〇	二五〇〇〇	二七五〇〇	三〇〇〇〇	三二五〇〇	三三三三三	二二五〇〇〇	一八七五〇	二〇六二五	二二五〇〇	二四三七五	二五〇〇〇
美有	二五〇〇〇〇	二〇八三三	二二九一七	二五〇〇〇	二七〇八三	二九一六七	一八七五〇〇	一五六二五	一七一八七	一八七五〇	二〇三一二	二一八七五
喀補町	二〇〇〇〇〇	一六六七	一八三三三	二〇〇〇〇	二一六六七	二三三三三	一五〇〇〇〇	一二五〇〇	一三七五〇	一五〇〇〇	一六二五〇	一七五三〇
喀補町	一八〇〇〇〇	一五〇〇〇	一六五〇〇	一八〇〇〇	一九五〇〇	二一〇〇〇	一三五〇〇〇	一一二五〇	一二三七五	一三五〇〇	一〇二五	一一五五〇
主基名捨魯阿家譚多	一八〇〇〇〇	一五〇〇〇	一六五〇〇	一八〇〇〇	一九五〇〇	二一〇〇〇						
立名畬魯阿打麻士畬	一八〇〇〇〇	一五〇〇〇	一六五〇〇	一八〇〇〇	一九五〇〇	二一〇〇〇						
發士多牛點南多	一六〇〇〇〇	一三三三三	一四六六七	一六〇〇〇	一七三三三	一八六六七	一二〇〇〇〇	一〇〇〇〇	一一〇〇〇	一二〇〇〇	一三〇〇〇	一四〇〇〇
發士多牛點南多	一五〇〇〇〇	一二五〇〇	一三七五〇	一五〇〇〇	一六二五〇	一七五〇〇	一一二五〇〇	九三七五	一〇三一二	一一二五〇	一二一八七	一三一二五

色空多年點南多	一五〇〇〇	一三五〇〇	一三七五〇	一五〇〇〇	一六二五〇	一七五〇〇	一二五〇〇	九三七五	一〇三一二	一一二五〇	三一八七	一三一二五
色空多年點南多	一四〇〇〇	一一六六七	一二八三三	一四〇〇〇	一五一六七	一六三三三	一〇五〇〇	八七五〇	九六二五	一〇五〇〇	一一五七五	一一三五〇
喀布林	一五〇〇〇	一三五〇〇	一三七五〇	一五〇〇〇	一六二五〇	一七五〇〇	一二五〇〇	九三七五	一〇三一二	一一二五〇	一一二八七	一三一二五

陸軍繫地表

此非盡由國會籌餉之陸軍，而在官以次者也。倭非沙云者，譯言官也。士大夫倭非沙云者，譯言左參也。立仁民達羅非六安奪士大夫倭非沙云者，譯言再次武官，略如千總之類。孔把林倭非沙云者，譯言如百夫長之類。多大羅南孔米松多倭非沙司米五力堪司布乃北多額多色也他云者，譯言軍樂隊及樂工之屬也。綜而計之，九萬四千八十有一。其邦部民兵不下七百六十九萬六千七百八十有三。此光緒十一十二年數也。述

陸軍繫地表

熱列納魯倭非沙	熱列納魯士大夫倭非沙	立仁民達羅非六安奪士大夫倭非沙	孔把林倭非沙	多大羅南孔米松多倭非沙司米五力堪司布乃北多額多色他	總計以上員數	民兵

科侖布亞	一	九	一九	七	一三〇六	一四〇七	四二一九一
阿拉巴麻	九	五二	二五	一三九	一六三一	一八四六	二〇〇〇〇
阿剛色斯							三五〇〇〇
嘉里佛尼亞	七	九七	五九	一一六	二七九	三三七一	一三八四六六
喀挪拉奪	一	三三	二五	七六	一一六一	一三六九	四七七六九
干捏底嘎奪	一	二〇	四八	一一六	三三九五	二四八〇	七九七三〇
特納窪		九	六	一七	二五二	二八四	二二〇〇〇
佛勒里畓	七	五四	五	八二	八六一	一〇〇八	四二三〇〇
若耳治亞		一三		二四〇	二七九三	三〇四六	二〇〇〇〇〇
伊利那倚斯	二	四二	七八	一九七	三六六二	三九八一	四五〇〇〇〇
英釐阿納	一	一五	二七	一二三	二七五〇	二九一六	四六三一三四
愛呵窪	二	五七	四三	三六	二四四二	二六八〇	二四一一二四
剛色斯	五	三〇	三一	九三	七八一	一九四二	二一三五九
根得基			一八	四五	七九五	八五八	三三二五〇〇

魯西阿納	八	四八	五三	八四	一五四七	一七四〇	一三八四三九
緬	一	一七	一六	六五	一一九七	一二九六	九三四四六
瑪理蘭		二二	三二	一一四	一九一二	二〇八〇	一二五〇〇〇
馬沙朱色士	二	二三	五四	七二	一〇八五	一二三四	四七〇〇〇
密西根	一	二三	三二	一一〇	二三五二	二五一七	二五五〇〇〇
梅尼所達		五	二二	八七	一四〇七	一五二一	一四五〇〇〇
密士昔比							一四〇〇〇〇
密蘇釐		八	三五	一五〇	二三九五	二四八八	三二〇〇〇〇
弩布拉士格		七	七	三一	五三二	五七五	八〇〇〇〇
列法達	三	三五	三	二五	一〇九九	一二二一	一一五四二
紐罕布西耳	一	一八	二六	七七	一〇九九	一二二一	二五〇〇〇
紐折耳西	三	四五	九七	一四七	三四四一	三七三五	二八四八八七
紐約	四	五六	一四七	五二〇	一一七五三	一三四七九	六五〇〇〇〇
諾司喀爾勒那		一七	三六	七三	九二一	一〇四七	一七〇〇〇〇

倭海約			一六	一〇六	二七二	五三八一	五七七五	四五〇〇〇
頻里根							三五〇〇〇
賓夕佛尼亞	四	六一	一三二	四〇八	七六六六	八二七一	五〇七二八
洛畣埃倫	一	二三	五四	七二	一〇八五	一二三五	四七〇〇〇
曳司喀爾勒那	五	五三	四八	三一九	四〇〇五	四四三〇	一一五〇〇〇
田揑西							二〇〇〇〇〇
德格瑟斯	三	三一	四五	一八八	二二五八	二五二三	二三五〇〇〇
窪蒙	一	一四	一二	四一	六六一	七二九	四四六六
勿爾治尼亞	一	五	五五	一六九	二六〇二	二八三二	二〇〇〇〇〇
威士奪勿爾治尼亞		八		一三	一八三	二〇四	八五〇〇〇
威士干遜		二〇	三八	一一四	二一〇二	二三一〇	二八六二八九
阿里瑣那							一五〇〇〇
打戈達	一	二四	一五	五七	一〇三六	一一三三	八二〇〇〇
埃得和							一二〇〇〇

孟大那							二〇〇〇〇
紐墨西哥		九	三二	一二	一五二四	一六七六	二六〇〇〇
尤達							二二〇〇〇
華盛頓	一	二		一八	三九八	四三八	九〇〇〇
歪阿明							九〇〇〇
總計	七六	一〇二九	一四八一	四六一四	八〇五四八	九〇三二八	七〇二三三六

海軍官弁表

美利加海軍。有專部。有專門學。誠重之也。在官。無闕。無冗。無竭蹶。合計巨細。無慮一千二百七十有六。又有水師卒業之生。六十有九。未卒業之生一百七十有四。此光緒十三年數也。千八百八十七。其職其名。雖可以中國例。姑錄厥目。略譯大意。述海軍官弁表。

海軍官名	譯意	員數
阿多米納魯	水師提督	一
倭司阿多米納魯	副水師提督	一

列牙阿多米納魯	第二等提督	七
昆莫土	又次	十
加布田	兵船主	四十四
昆滿達·		八十五
尤顛藍多昆滿達		七十四
尤顛藍多		二百五十
尤顛藍多日宜我庫列魯	第二等尤顛藍多	七十五
延新		一百八十三
沙治安日宜納魯	軍醫總監	一
美治加耳泰列庫多	醫督	十五
美治加耳音司北庫多	醫監	十五
沙治安	外科醫師	五十
怕司土阿西司堂多沙治安	副醫	五十九
阿西司堂多沙治安	第二等副醫	二十二

北馬司達日宜納魯	會計總長	一
北泰列庫多	會計督	十三
北音司北庫多	會計監	十三
北馬司達	會計長	四十五
帕司土阿西司堂多北馬司達	副會計長	二十六
阿西司堂多北馬司達	第二等副會計長	十五
延治宜牙音治輔	機關長	一
治輔延治宜牙	機關師	七十
帕司土阿西司堂多延治宜牙	副機關師	七十九
阿西司堂多延治宜牙	第二等副機關師	五十六
喀布林	牧師.	二十三
布羅賚書阿夫麻施馬治苦	數學士	十二
西庫列達里法阿多米納魯	提督文案官	一
西庫列達里法倭司阿多米納魯	副提督文案官	一

治府昆司多拉庫脫	總教習	一
那拔耳昆司多拉庫脫	水師教習	九
阿西司堂多昆司多拉庫脫	副水師教習	十
西比耳延治宜牙	土木技師	十

卹戰士身家十八局表

戰士身家殘廢與孤與寡皆有卹設局十有八所司邦若部之卹務多寡有差曰科侖布亞局經理科侖布亞瑪理蘭邦紐折耳西邦曰三法蘭昔斯哥局經理三法蘭昔斯哥埠嘉里符尼亞邦列法達邦頻里根邦埃得和部尤達部華盛頓部阿拉士克曰黑樓司薄阿府局經理阿拉巴麻邦阿剛色斯邦佛勒里畣邦若耳治亞邦魯西阿納邦密士昔比邦諾司喀爾勒那邦叟司喀爾勒那邦田揑西邦德格瑟斯邦勿爾治尼亞邦威士奪勿爾治尼亞邦曰阿拉卦局經理緬邦曰希嘎骨局經理伊利那倚斯邦曰英釐阿納波列士局曰弟磨元司局竝經理英釐阿納邦曰奪比格局經理喀挪拉奪邦英釐阿納邦剛色斯邦密蘇釐邦紐墨西哥部曰

路威司局經理根得基邦曰波士登局經理千捏底嘎奪邦馬沙朱色士邦洛畣埃倫邦曰的奪累局經理密西根邦曰剛哥的局經理紐罕布西耳邦窪蒙邦曰紐約局曰嘎大日傲黑司局兹經理紐約邦曰科侖八斯局經理倭海約邦曰費納的費牙局曰必自博局兹經理賓夕佛尼亞邦曰堪路哇格局經理梅尼所達邦威士千遜邦打戈達部孟大那部歪阿明部凡局所置皆衝要也爰條理之述卹戰士身家十八局表

置局	局地	陸軍		海軍		嘉慶十七年千八百十二兵		墨西哥之役		光緒十二年千八百八十六	十三千八百八十七
地名	所屬	廢	寡	廢	寡	孤	寡	孤	寡	受卹人	受卹人
科侖布亞		一四四二	三〇二	六四〇	四五七	八七	五一六	四九二	五六	二五〇九一	一九六五〇
三法蘭昔斯哥	嘉里符尼亞	三三八〇	三九二	九七	二三	一二	七九	七九四	四五	三三六〇	四七三二
黑樓司薄阿府	佛勒里畣	一四二七	四八五二			一七九	三〇七五	二三五一	三三二	一七九七七	二三二一六
阿拉卦	同	八五七七	二三七四			九五	八〇四	三三	三	一三三〇六	一二八八六
希嘎戛骨	伊利那倚斯	二〇六七	六七四九	五〇一	二三一	三九	四七三	五六四	七四	三三四六八	三五三〇一
英鼇阿納波列士	英鼇阿納	二七一八九	六二三八			三九	四六五	三六五	五八	二六五九〇	三四三四四

弟磨尻斯	愛阿窪	二〇五〇六	三三八六			二三	二六六	二八五	一六	二一五四一	二五〇四
奪北各	剛色斯	二四〇三	四一八六			四二	四三七	八九八	七八	二五三五五	二九七四一
路威司	根得基	六九六六	二八〇九			三五	四七七	三八六	六〇	九〇二三	一〇七三三
波士登	馬沙朱色士	一五八二八	七〇六七	八七八	五五一	六八	八五三	八九	一七	二四五八六	二五三五一
的奪累	密西根	四九〇一	三三三二			四六	三一九	一三八	九	一六五八一	一八七三五
剛哥的	紐罕布西耳	九五九三	三四〇五			四四	四四六	三三	五	一三七九八	一三五二七
紐約	紐約	一三九九七	五九九六	五九三	三五六	七六	六九一	一九九	二九	一七一八〇	二一九三七
嘎大日傲黑司	同	一八二七七	六三九一			二七	九九八	七二	七	二四二八三	二五八六二
科侖八斯	倭海約	二六七〇九	六〇二九			八	九四五	三三四	三八	三四二〇八	三九一二六
費納的費牙	賓夕佛尼亞	一五九八五	六三八九	五七二	三五五	二一	四三二	二一八	四二	二〇七八八	二五〇四
必自博	同	一五五四八	四五五九			三〇	三五八	一〇九	一六	一九一七七	二〇六二〇
堞路哇格	威士干遜	一七四六九	三八六四			三五	一九七	一八三	一二	一九六六四	二一七六〇
總計		二六八八四三	八一〇〇九	三二八一	一九七三	九九六	一一八三一	七五三三	八九七	六八〇〇六五	四〇六七三九

美利加兵志二

花翎二品銜直隸即補道總辦北洋機器局前游歷使臣傅雲龍述

兵事

戰者子所慎也好謀而成必曰臨事譬之醫者胸羅古方靡有遺而臨證尠得名時醫歟時之不識得為救時俊傑歟就雲龍所游言日本兵事偏古巴西罕有聞秘魯證則時矣如無時醫何無已盍觀美利加乎闢畺在火器既興後自立僅一百餘載當華盛頓應時起善將知兵而馭下無私咸豐十一年南北兵鬩同室之戈無趨避路南軍失在精銳力散初恃磚石之臺堡遜泥沙遠甚雖然化腐為奇輒智从窮出衝艦之鋒阻路之策有足觀者北軍屢北然首扼要論者謂探驪珠兵輪所至礮艦護之陸師援之艱險不少卻者將令因時也令者事之體時者事之用也如曰於古法乎何與是猶責時醫用藥非神農所嘗也於時證乎何與述兵事

明弘治間（西千四百九十餘年）日斯巴尼亞人馬爾慕亞探太平洋岸率甲士二百尾鄉導得地土人要擊賴火器敗之此為新地戰事權輿　嘉靖三十一

年後（千五百三十四年後）日斯巴尼亞國遣古巴長德曾的率甲士六百備器探鑛驅牛豕數百頭於軍前緣佛勒里畓達阿拉巴麻若耳治亞如入無人境糧罄掠且焚土人拒之德曾的揮獵犬前火器繼之所向摧朽而酷虐不減哥爾德斯密士昔比河側一部落被襲土人自火厥家遁一變焦土德曾的無所得食事罔效怏怏死從者深夜裹厥尸沈之密士昔比河　泰昌元年（千六百二十）英吉利人至馬沙朱色士之葛布剛突土人挾弓拒矢無虛發然不識礮聞轟若霆驚潰遂略定玭理謀先航此者法郎西人也被殺

非剛土者土人一種也獷狂甚居僧斯河東西其牧地浸被英吉利人蠶食蓄怨久一商航海遇土人駛舟其標則英吉利人阿爾的巴也詰之土人躍水逸的巴尸猶伏敝網下創血漬於是新英地民相率擊非剛土土人匿輒火居與儲逼而嘯聚劫英吉利人不問婦孺縛竈上剮之約納爾臘人為助波士登人大恐惟鄉所逐士維廉固納爾臘所素信者請游說乘孤舸往適非剛土之使在坐維廉立破厥說定議援英吉利而波士登人遂夜襲非剛土人鹿挺焰中亂矢蹙之斬俘六百詰朝別堡土人

歸而戰英吉利人殲之種靡有遺　崇禎七年千六百三十四英吉利人巴里底莫拓瑪理蘭地未竟子須塞爾繼成之有西列慕爾者糾黨與之鬩以兵滅之　國朝順治元年千六百四十四英吉利人徙勿爾治尼亞土酋克巴以土著不堪其擾鳩衆襲之弗勝英吉利人擊之斃　十二年千六百五十五和蘭人令須占佛產多討新瑞典先是和蘭人拓特納窪土人畔之遂去瑞典人闢為新瑞典和蘭人快快以有此役產多勇敢大小數百戰傷脛跛而驍不少減遂復新瑞典為特納窪置官若都督即產多也厥後英吉利起大軍伐之至紐安特隄欲降之產多怒裂眦手毀厥書注彈礮膛曰敵至斃之然短撫綏人尠鬬志曰憊甚產多遂降和蘭屬部望風披靡曾不血刃得紐安特隄及新和蘭名曰紐約　非剛土既殲新英地無番乳者數十年土人烏亞者族居羅波阿低島馬沙朱色士之子布亞伊黎福其酋也英吉利人徙納爾朧所墾半土人牧地且驅以獵又患噬謀襲之土人或與英吉利人善洩厥謀酋覺按漏機罪英吉利人聞之怒絞殺土人三土人說黎福起兵黎福度力難敵依違其詞衆憤罔遏遂兵馬沙朱色士先

火虾落。誘英吉利軍至。伏莽士出夾擊。大敗之。英吉利將哥羅斯。率卒三十。据巖石。銃戰。敵彈飛鳴頸側無算。夜半土人藥罄。退。土人歸黎福者三千。軍威振甚。然酷寒膚裂。軍納爾臘冒險營壘。既而冰雪少融。英吉利兵千餘圍柵浚溝架獨木栽通往來。然土人善拒。逼溺無慮數百。英吉利人潛入厥堡。火之。焰既熾。空營出擊。土人潰。掩殺不遺力。黎福僅以身免。行風雪中。不食累日。越數日納爾臘首嘉諾占德被禽且辱。而無怖狀。英吉利人奇之。就問戰略。畣曰。汝輩何知。復語如使番悉降。庶貫一死。占德曰。戀生忘義。非夫也。就戮。不少屈。黎福收拾餘燼。時匿時出。尋饟絶。然得士辛心無去者。乃入海漁蛤食。从哥羅斯康得厥狀。乘無備。禽黎福妻孥。時左右餘二三耳。饑伏陂澤。哥羅斯蹤跡之。黎福自出立樹下。英吉利兵銃擊之。藥溼不得發。有降卒汪丸一發。洞厥胸死。烏亞一族戰死殆無遺種。英吉利兵亦死傷六百云。

康熙十五年。千六百七十六英吉利人巴剛。擊占士土人。先是勿爾治尼亞土人。被英吉利人驅略。饋獸博歡。將弛厥備。襲之。懷異志者夜走占士。吐厥謀。至期有備。土人不勝。怖且憤。所在豨突互損田舍。順治元年（千六百四十四）克巴弟其代兄為酋。有機智。歲百有奇。志力如壯。襲勿爾治尼亞。殺英吉利人數百。而被禽。檻致占士。射殺之。英吉利王以鶃爾克列。守勿爾治尼亞。克列飾情沽譽。物論多之。既而暴斂。人不聊生。克巴弟既斃。削弱無以寇。至是復蠢。士卒欲平之。克列貪互市稅。陽戒開釁。陰慫養癰。巴剛適至。衆擁為將。募兵制土人。克列誣畔。自將攻之。輒北。遂去占士。占士之僑民不欲克列復任。自火占士。而巴剛死。克列歸英吉利。死獄中。聞者稱快。

二十八年。（千六百八十九）英吉利王名維廉。與法郎西搆兵於新地。時稱維廉之戰。初法郎西拓加納大。為一大部。而英吉利闢地。約華里千餘。（英里數百）威權素不相下。爭壘隙日滋。麻如爾氏名阿爾土倫。英吉利人。為聽訟官。駐紐罕布西耳之道。鶃爾與土人交易。苛責劵償。土人怒。一夕令婦敲阿爾土倫門。曰旅行夜憊。乞宿簷下。許之。尋啟戶納土人。縛阿爾土倫。詈曰。汝法官。而如是。剚刃腹中。劃十字形。而逸。其衆焚且掠法郎西人。唆土人襲須占牛克達度。距阿拉巴麻。約華里一百八十。（英里六十）大邑也。壘有戍卒。寢熟。土人銜枚排柵入。居者失措。斬無算。英吉利人憤主謀者短髮衝冠驟馳二隊攻法郎西人曰滅此朝食一向玭理謀一向貴壁皆不利英吉利某婦疾抱子卧土人刼婦𢇁奴婢去夫方課農馳救靡及匿稺以銃自護婦與奴謀遁奴問土人警夜者曰我亦好武未聞殺人法教之乃寢奴若婢擁婦殺警夜者一如所教走歸　四十二年千七百二法郎西與日斯巴尼亞人僑新地者惡英吉利權出己上嗾土人兵而戰時訏安紐之戰安紐英吉利女王名也叟司格爾勒那之畺吏伐日斯巴尼亞人於佛勒里畣比至敵艦已環海岸狼狽棄鑲旋怒土人之助二國也起大軍火聚落斬俘無算法郎西人攻查爾士頓失兵艦一英吉利人雖屢捷苦土人侵不得耕作越二年千七百四法郎西人率土人攻度野波爾其地居馬沙朱色士北夜警嚴法郎西人伺其曉倦冒雪入火廬舍礮彈雨注英吉利人不能支四出觸刃死被俘纍纍維廉守度野波爾與婦及子女五皆被虜行數里婦死越數月英吉利人贖維廉維廉妻厥女於土人與諸子歸度野波爾厥後女至度野波爾或勸留居而曰背夫棄子不忍也遂歸加納大　五十八年千七百十八法郎西人拓紐阿林又侵那旉占

聚落土人襲之婦孺而外罔弗刃法郎西兵至自紐阿林憤軍也遂殲土人　乾隆間英吉利法郎西競拓新地數數搆兵法郎西探得密士昔比倭海約兩河岸徙國人實之與土人和同襲英吉利人毀市廛掠商賈歸加納大既而土人與有隙怒詰之釋憾於英吉利同攻法郎西人英吉利之守勿爾治尼亞者憤侵界使華盛頓詰法郎西人至賓夕佛尼亞見法郎西將乃曰明年春即率水師駛倭海約河問厥罪華盛頓歸曰急築堡於邊丁次甫留具据險待之衆以為然邊丁在費納的費禾遂伐木築堡成方歸具糧法郎西將大具紐襲取之華盛頓攻復其堡法郎西大軍圍擊之華盛頓乞降懈敵而急收軍不損一卒　二十年千七百五十五英吉利將武羅土津具以大軍略定新地人人皆意靖敵旬日土人聞之魄褫謂邁華盛頓數倍土津具趨叢莽襲大具紐堡華盛頓從軍說勿輕進遇伏必敗斥曰汝何知遂行距九里餘英三里餘亂木翳巖無一人蹤跡之有柵有壘方欲退伏兵三起彈霆鳴全軍崩若山輜重器具罔弗貢敵漁獵人至自勿爾治尼亞素狎土著諳蹊徑援之潰兵之不殲賴此土津具被重創衆

以華盛頓言中推其代領軍事於是殿軍斂隊敵目注之礮彈貫衣四馬斃易馬又斃體不一傷人訝天助法郎西之守大具紐者聞警欲遁部將某止之尋聞土津具敗曰戰之罪也時英吉利將某兵馘然敗法郎西人於若耳治湖略馬沙朱色士東地所謂紐武羅須宇井具者是　二十一年千七百五十六法郎西將瞞鑒自加納大軍若耳治湖南岸勵士結土人攻英吉利壘英吉利將威武擁兵別堡相去三十里有奇英里十餘壘人求援書星馳而憚瞞鑒威不出壘食罄降法郎西放還英吉利人大喜過望傾壘出土人俘且斬免者十餘英吉利將若罔聞也法郎西略地二十倍之越二年千七百五十八英吉利王掄易厥帥攻呂伊須甫留區其地在新蘇格蘭東北法郎西人守之不克拔獲大礮歸時瞞鑒軍丁根泥呂我英吉利出精兵伐其軍誓必勝瞞鑒拒之斬首數百　華盛頓欲攻大具紐堡偵十餘輒被捕無脫於是嚴隊以銳攻瞞鑒焚火藥倉率衆逸華盛頓樹幟堡上名厥地曰邊丁甫留具　四十年千七百七十五新地民始與英吉利搆兵謂之改革之戰畔志蓄已久英吉利紳首於馬沙朱色士覺之遣兵築礮臺於波

士登而民藏礮銃火藥於穢箱運之近邑剛哥的英吉利將計儒夜發兵八百曉至勒克新敦其地居波士登剛哥的間民覺鳴鐘發礮分兵頓集分兵兵制詳攻勒克斯敦火器不敵多死者遂潰英吉利軍進剛哥的括器與糧儲糧者曰賣麥麪糊口也無辭以詰奪大礮二歸未至剛哥的留兵扼橋防襲也果襲英吉利合前後軍拒之分兵四散然或攀木或登垣銃斃敵人無慮數百敵兵轉增乃竄是役也有嫗授長子銃一又授次子刀一而刀刃缺泣曰欲汝同力死戰如無利刃何次子曰奪怯夫刀代進可乎人人憤激類此雖曰未勝新地兵會者二萬勿爾治尼亞民疾吏吏逸叟司格爾勒那諾司格爾勒那民刦吏吏亦逸於是十三邦盟約自立産部連湖側一堡曰德剛達魯俄英吉利軍戍之衆舉亞連襲堡然饟匱亞連勵兵曰厥堡糧與器非為我儲耶以偵先以精兵夜渡湖未明至戍礮發拒者敗走入堡亞連從之闌而入短兵相接堡將寢衣未脫攜弩走處之降亞連乘勝進軍加納大襲玭理謀而敗被虜求死不得檻致之英吉利船將獨為免侮其下俘囚謀殺船將而逸亞連不可囚二年放歸亞連嘗貿

百五十圓被訴聽訟者憐貧欲焚券連日但求緩期如期償其云為類此亞華盛頓為帥將兵二萬向波士登雖倍敵兵然未慣行伍器又敝禆將布列士格憂之知木基山可瞰波士登敵人將臺於此列礮遂率人千夜攀山就厥土石立壘詰朝英吉利軍見之驚遂列港中艦礮猛擊之漸擊漸逼士格戒銃兵曰勿仰發勿虛發待辨敵人面目乃可發銃如令斃敵數百敵怒轉戰士格軍藥彈雨罄躍銃投石所向辟易然火器不敵將宇亞蘭死之遂失木基山英吉利軍相賀曰殺一蘭勝百千卒厥後新地民立碑戰死處有布多那者年六十幼居干揑底嘎奪一狼悍甚獵者輒避多那畜羊被噉以硫入藁火厥窟不出驅獒被噬遂自解衣繫絙於脛令人握絙端手銃入擊中狼捕之出嘗忤土人被縛於樹積薪火之遇雨復火救自法郎西人得不死闢地搆兵百戰有聲改革戰起英吉利將計儒曰得五千人橫行新地多那在側曰令嚴明其庶乎否恐婦孺皆勁敵也計儒悚然多那退畊聞剛哥的兵起投鉏策馬數日至廣玭理若從軍木基之役從衡突陣敵人憚之後守互德堡硝藥室火多那馳焰中爛額弗少怯堡得免燬　四十一年春百七千七

十六華盛頓伐波士登。初新地兵起。英吉利王視皆烏合。而屢北。乃乞兵德意志。許之。兵輪蔽海。於是國會以華盛頓率兵萬餘。軍廣玭爾若攻波士登。三晝夜。腿起西三二日不克。側有一岡。曰多爾地須低爾。高十仞有奇。左右負險。天然塞也。而無戍。華盛頓復戰。夜半以兵二千。操板鍤。立成壁壘。日出敵見。大驚曰。神速乃爾。仰攻。雪而退。華盛頓列巨礮。運轟波士登。敵遁北航泊斯達天島。有襲紐約意。華盛頓分兵戍波士登。自馳紐約。叟司喀爾勒那民。聞英吉利兵艦向查爾士頓。遂築堡。束蒲葵為壁。以裨將茂爾多理。率精銳戍之。敵至。礮彈滯蒲葵間。弗克激射。堡中人賴以免。礮門正對敵艦。發輒中。敵舍艦。豨突不利。而退。方戰。堡幟中彈落。軍吏敘須布爾曰。旗何可辱。趨彈叢。拾樹如初。一軍鼓掌。多里脱佩刀奬之。前數日。布爾巡營外。適遇敵卒俘而旋。尾之里餘。敵卒弗覺。卧銃飲泉。布爾藉銃捂殺數人。餘卒棄俘逸。　英吉利既得德意志援兵。將蘇長島。攻紐約。於是新地兵九千。築壘長島。英吉利將法宇。分軍隊為三。以其一薄壘。數交綏不利。以其二出軍後。發礮刦之。新地軍亂。隊將有降敵者。遂潰。死傷無算。華盛頓至自紐約見肝腦蔽野慘然泣下生平喜怒未嘗形色至是憂之曰姑避其鋒會海霧咫尺莫辨促糧航紐約敵弗覺也見者使黑奴告誤入援軍德意志營厥語不通艤軍獲免搆兵後新地聽約之民睎成敗輒搆兩端敗耗一聞屬敵過半初法宇與華盛頓書勸休兵屬如前至是勸和者再遣使與議衆言非我貿王不諧而罷紐約民某謀毒華盛頓授策庖人或屬耳戶外告之方羞豌豆食犬斃攙信石也捕厥黨英吉利方造兵艦於麻留古島欲伐巨木一婦錐樹納硝火之一夕灰燼然新地兵貿日囘聞疫起華盛頓留兵三千戍弗低理棄紐約退法宇入之趣勁旅躡華盛頓而整軍徐退敵逼輒戰卻行六十里（英里二十）軍白原追者復至而戰殺敵過當敵易生力軍華盛頓分兵三千餘戍華盛頓堡以裨將理宰兵五千五百守北加斯德自宰所部渡赫遜河至紐折爾西與弗低理首尾互援然華盛頓堡被圍厥將戰殺千餘圍且數帀死多遂降華盛頓隔水目之尋失弗低理遂棄紐折爾西走敵將閣倫華理斯晝夜尾追華盛頓兵膚凍裂無得食靴穿輒跣行指蹲皸瘃所過血紅沙礫死者枕籍餘生三

千耳。欲渡特納窪河。向賓夕佛尼亞之華理斯比。而冰難可舟。遂築壘河干。與突連登波林斯頓二堡相持。聲喉動驚。華盛頓勵士無異平昔。聞者挾纊。募鄉勇得一千五百。將襲二堡。苦無隙。其俗。西紀冬十二月二十五是中國明年春謂為教祖生日。輒擽而縱飲。華盛頓乘之。兵分隊三。夜半銜枚渡一隊矣。冰稜碎舟。阻後濟者。遂孤隊薄突連登。襲德意志營。營卒醉。弗勝戰。華盛頓身先士卒。摧枯拉朽。殺無算。俘千有奇。華盛頓兵。死三四耳。復渡河合軍而濟。軍突連登。法宇聞之驚。令華理斯收殘退守波林斯頓。華理斯留一隊戍之。自以大軍進。交鋒數十。夾山對壘。夜半。華盛頓令數卒增炬。自將全軍。襲波林斯頓。天明適遇敵軍。是援華理斯而至自波林斯頓者。火器既便且捷。戰不能勝。華盛頓首衝敵陣。立彈火林。衆爭身翳。無不一當百。遂破之。追北。禽三百人。拔波林斯頓。華理斯見列炬處無人。媿入術中不悟云。厥饟儲波林斯威奇。華盛頓欲取之。而軍憊。乃令布多邪。率偏師戍波林斯頓。而自軍莫爾斯敦。兵患痘。且糧絀。賴土人存卹。既布多邪以少勝多。俘千。華盛頓為聯聲勢。英吉利兵之在紐折爾西者。少少逸華斯理諜莫爾斯敦華盛頓覺之令吏作簿書記兵若糧增虛數諜歸乃以為實弱克持彊賴此　四十二年秋千七百七十七年九月法宇一軍攻費納的費矛華盛頓將兵八千邀戰於占德斯弗佤不勝車大小礮轉戰大雨淫硝藥遂失費納的費矛初法郎西人拉菲德倡助美利加自立聞者尼之遂獨攜同志駛之新地國會舉為將華盛頓與議軍事輒效然是役力戰弗之勝　英吉利將費爾卧約翰以大軍發加納大將攻紐約誘土人應之饗於產部連湖遂拔德剛度落俄一堡義都華二堡二堡銳難可當美利加軍徹橋自守糧儲藐任克敦約翰令裨將法武取之賴得麻利斯達克拒戰而勝禽數百人法武創重逸時約翰軍阿耳別尼欲與桑里克爾一軍合被扼不克進遣土人諜美利加將斯克連爾獲諜斬之聞斯丹維克須堡戒嚴以裨將阿爾納爾援初約翰軍發自加納大遣一將攻斯丹維克須堡堡將守之堅費克爾墨民兵將也率數百人援遇伏創脛血不止据鞍不少卻士皆死戰方危迫阿爾納爾兵言大軍會至敵遂退約翰襲藐任克頓其將須達克以民兵禦大呼紅軍無能為英吉利軍衣緋故云

大敗之生禽六百連爾先令厥婦火稼徙畜宅所敵軍既挫又罔獲食遂大困有加多者代連爾築礮臺於赫遜河岸扼之約翰戰於斯地耳奥低爾又不利乞援紐約戍將克林頓不應美利加將莫爾幹發巨礮敵軍震禅將亞爾諾耳突乘之隊皷譟繼敵潰追擊於佐羅多俄自藐任克敦交戰凡死與逸一萬四千有奇險要四扼若張鐵網約翰兵多菜色遂以六千人降新地北部陷敵者復　冬西十月三日　華盛頓襲日耳曼敦去費納的費牙十八里英里六要衝也英吉利兵戍之華盛頓兵不滿萬饑且病然善撫循夜半襲之勝追北斬俘過百敵軍轉戰黎明至晡銃丸斃敵無算華盛頓憐兵腹枵以大纛引退移軍布亞耳理去費納的費牙西北三十三里英里十一英吉利人棄日耳曼敦軍費納的費牙方戰美利加將克利連與軍吏苁䜌馳敵彈汏落軍吏髮連曰勿令敵得軍吏下馬拾尋汏連髮如之怖甚不顧而馳人傳笑之華理甫爾治民與英吉利貿輒富不以自立為然賑軍糧匱尠助者時嬰癘多鈔又尺不行一良家婦獨日饋軍食冒雪堨來服市婦服敵不之疑惟聞其有弟也察不一得婦匿酒榼鎚榼側

孔納食云　四十三年千七百七十八法宇歸克林敦代之駟五華盛頓欲攻費納的費牙餉絀不果越月克林敦棄費納的費牙縣紐折爾西走紐約華盛頓追至瑞某地將戰裨將理內應軍亂然華盛頓止潰鏖戰見星未已夜半交綏華盛頓不解戎衣坐樹下兵皆露臥敵拔陣逸時熱兩軍病暍方戰一礮隊卒攜婦從軍婦汲歸卒中彈矣婦代力戰所當辟易華盛頓擢為軍吏還船將屢有功惜姓氏佚　土人數侵新地民大氐嗾自英吉利人一日土人數百寇宇嗳明郁為賓夕佛尼亞孔道民婦守堡男競出戰不利紿土人曰將遁有入堡者乃殺之土人攻堡不克更生力斃民數百民迫曰使吾儕獲全首領當讓地土人諾民出土人殺之獲免蓋無幾云　冬英吉利軍取佐巴紐斯軍於若爾治亞東部四出焚掠居者苦之法郎西艦既至美利加將林古倫欲合攻佐巴紐斯未至裨將敘斯布爾進軍不勝邦旗淪於敵布爾以為恥復戰死之明年英吉利兵數千圍查爾士敦林古倫力拒之敵發巨礮壁無一完林古倫以五千人降銃礮與糧悉以資敵英吉利軍之戍若爾治亞者以艦五兵四千守一港美利加

將回低以四人奪艦受降歸方至銃齊發大呼指揮若勒大兵船將倉皇降尋悔乃誑之曰以寡誘以衆繼也降者猶豫回低急歸召民兵須臾靡至卒降如初

美利加將布多那以偏師守干揑底嘎奪一日方沐髮鏡角斜影紅衣軍遂佩刀蹤跡之英吉利人見多那即退多那曰誘也自走山寺敵騎轉逼多那偽與人慢言者敵方注目即躍馬遁但聞飛彈鳴耳側

四十四年千七百七十九年十二月布亞爾如翁與英吉利人海戰艦摧欲沈如翁一躍上敵船衆從之敵船火如翁撲滅而虜敵人於水遂奪厥船船將某水逸英吉利論宿績擢船將為奈伊低是為武職貴者如翁曰渠而為此再逢之我當生致供役初美利加畫策者曰英吉利巧於商盍募壯士駛數十艘竭來潮汐取厥利國會以如翁充船將如翁須忽德斯人也精航海術改革戰起蹶然至費里地費於國會議攻守略衆大奇之擢軍吏嘗裂黃絹製旗畫松與響尾蛇而書字其意謂天下孰能敵我者自提以進八面受敵從衡自若驍名大噪逮為船將會英吉利艦載所掠入新蘇格蘭港與之戰奪之其戰雖宅皆如是躍船一役最著

英吉利人既略

佐巴紐斯與查爾士頓遣兵拔曳司喀爾勒那民無以抗然弗能堪羣擁產多爾為將麻利音副之有硝藥箱三而無火器二將遂揀悍卒時時襲敵兵掊持銃者輒奪之宄器類然出沒靡常敵軍苦之遂棄曳司喀爾勒那去繇是二將有聲初以軍隸林古倫戍查爾士頓音偶步酒樓英吉利兵猝至躍而下傷足遇救据險設堡敵環而攻音廢眠食拒之糧絀意氣自若一日敵將易俘音煨芋餉之歸謂其下曰音罔以死生為意非所克制也致劍去其為敵將畏服如此時雖婦女謀國如家或穫稼或輸食或增戎服或侯敵情爭助丁男如不及一女名莫阿爾年十五聞議事輒潛艤與議過敵地弗怯也其以誠感人又如此音偶偵敵被困面壁矣高七尺躍馬捷如飛敵相眎愕眙不敢尾音禪將法里亦以勇聞嘗戰酣軍吏馬其斯多爾被創欲逸法里不可復創至四徐以兵退　國會以加多將大軍略南部民投鉏揭竿會恐後豪富爭助硝藥遂敗英吉利軍於繁克連具落訃方進軍一户畜硝藥厚而敵圍之户中男一耳自禦户外其婦與姑納藥於銃背授之敏捷不少滯敵以為數十人助也疑有備而去乾

隆四十五年間（千七百八十年八月）加多選敢死士數百夜襲計牟殿堡而敵軍適襲加多遇諸塗戰而加多敗僅以身免糧輸之敵國會削厥官以克利連代　募兵靡餉戰北四聞國會未如之何華盛頓督北軍未敢輕進新地西一堡守難其人國會以亞爾諾爾突有驍名遣戍而敵人方以銀五千圓餌之許授上將印令連德爾微服至軍徵誓書歸途被捕發書殺之而諾爾突遁受上將如約屢來寇華盛頓授策勿爾治尼亞人某偽畔事諾爾突將於赫遜河岸捕之會移陣不果然敵軍亦以其畔將薄之　英吉利將閣倫華理斯既克計牟殿堡至諾司喀爾勒那貴族某舉義兵鑿山采硝製藥華理斯攻之貴族敗之公具山生禽數百而兵無一傷自加多督南軍擇衝置戍令莫爾幹以一隊守公邊斯英吉利將達爾禮頓攻之而列礮拒之將不支華盛頓來援立矢石中斬無算禮頓受創華盛頓進攻某堡無礮斬巨松本列臺大呼曰不降轟壘粉碎矣堡人遂降華理斯聞禮頓敗將大軍攻莫爾幹幹濟計太馬河華理斯追至河干夜雨阻之時克利連援莫爾幹遇雨而宿旅舍婦出金曰縮衣節食得飽將士幸矣

連感厥義泣受之尋濟和德加伊河是役也連夜不交睫日不再餐然尾之諾司喀爾勒那抗之哥爾布爾士敵軍逡巡聞者壯之　四十六年千七百八十一英吉利將亞爾諾爾突大爾連頓九字一人名氏閣倫華理斯等屢侵勿爾治尼亞自春徂夏所掠無慮金數百萬美利加將麻利音與黎士同軍格阿利納拔其一堡將拔一女子室被敵焚遂從軍戰而敵豎白旗以降矣麻利音黎士又攻若耳治敦寨克之英吉利軍猝至見美利加兵手不持銃遂逼而美利加軍吏阿爾士拔刀大呼曰一擊輒斃何火器為立斬數十敵卻　英吉利將華理斯遣兵戍叟司喀爾勒那克利連進攻之遇敵於甫武計爾克兵敗而竄遂失數邑麻利音產多爾非堅斯二將援之連轉戰卻敵復所侵地大戰於韋底宇而勝敵退入壁倉皇鎖門首將不可入追兵縛立陣前英吉利軍懼傷首將不敢施銃連身先薄寨獲輜重敵乃分兵潛截軍後連自殿軍得不敗明日敵棄軍實退保查爾士頓時敵將克林敦守紐約華盛頓謀襲不果法郎西將拉菲德以兵艦援至勿爾治尼亞華盛頓遂南與之合令援兵塞河口絕紐約援路自將猛攻紐約

發巨礮輒碎壁堡敵將華理斯麾兵衝堅不之動而欲與克林敦合軍夜
發厥兵濟河風雨驟至後隊阻不得濟進退失据乞降許之受降七千華
盛頓戒士卒勿辱降兵繇是悅服莫敢貳者（西十月十九日）克林敦援兵海陸並
進至則降六日矣費納的費牙國會一老門卒聞捷喜極死　四十八年
（千七百八十七）法郎西議繇英吉利美利加兩使立約認美利加自立英吉利王
下令徹兵（西十一月）無復軍新地者約成英吉利使促國債無償譌傳問罪兵
起國會加稅既虞拂衆解兵空槖意輒怏怏於是馬沙朱色士人遮伊㗊
民作亂應者蠭起國會兵討之遮伊力窮降初勿爾治尼亞諾司嗒爾勒
那叟司嗒爾勒那三邦土人居根得基成一聚落有達紐爾斯慕音者營
立數堡工兵戍之其一堡曰藐爾約翰須德諸土人嘯聚而攻設伏里許
以羸薄堡諜曰誘也堡兵守不一出泉涸婦女出汲土人礮擊而無傷尋
圍解國會買地於土人居倭海約河北者不售而屢寇國會以巴爾米爾
為將分兵進一隊陷敵死桑克羅爾代之土酋列多爾達爾多爾黠且勇
耳懸銀環標異也偵知羅爾將襲厥營先出擊而勝羅爾收潰無以制華

盛頓曰非和連不克平和連奮然曰直搗虎穴於是戰罔弗勝所向披靡土人勢蹙乞降曰自今世世誓不貿德和連曰儻背斯言能令汝族無噍類土人曰不敢　五十六年千七百九十一華盛頓再任國用絀加酒稅不服者結黨逐吏曰安用此掊克吏為推多謀是顛計爾為謀主國會兵平之南北兵未起時美利加水師攻墨西哥之非臘克羅斯城以田雞礮列岸彈雨注而露臺守兵如故易八寸口徑礮八放開花子子落守者輒離礮所勝實心彈十倍水師將波爾特曰船礮齊發可勝聞者多泥古陸礮一抵船礮三十六之說不謂其然大德奴拉獨駛斯必帶非耳船攻珊專氏烏羅瓦礮臺人皆笑之放開花子七十有奇皆中厥臺彈罄而止厥後波爾特代司厥船攻奮巴斯里河礮臺之一臺礮孔直對河干者七然船發開花子二礮兵四散遂泊臺後猛擊之發兵五十登岸撲臺以刃弗以槍而敵兵注目船礮也竟以少勝　咸豐十一年千八百六十一南北兵起其黨一南一北以人判不盡以地判爭舉伯理璽天德南黨遂於查爾士頓港內色末搭堡發第一聲礮為起兵日西四月十二　然南多農凡兵器工半出北黨

屬南之港北軍輒斷厥援路軍製靡出於是南黨搜括故物自造槍礮之屬船廠二一設邊撒果拉一設那爾佛克而初無一艦惟汲汲於鳩民兵踞險要其舊礮臺非里巴堡查克森堡沿密士昔比河沛克堡臨熱可蘭的河磨爾干堡給尺斯堡臨磨比耳海灣口布拉斯給堡臨撒法那河色末搭堡磨特里堡占斯敦堡丙克尼堡皆臨查爾士頓港礮之以口徑八寸為最皆舊式也臺亦遜新式遠甚未可當鐵甲船之巨礮而增堡與臺不厭其密亦既備軍械戍兵馬矣然兵分則力薄製速則工減明年失過半又明年失波里末德堡非克斯波嘎堡波特黑德森於是密士昔比河皆委之北雖曰南通鐵道調兵多易而扼要在北亦未遑讓即如同治二年千八百六十三南將本巴登在非克斯波嘎為北將固蘭德所困占斯敦雖援之無及其他皆如是三年千八百六十四南存查爾士頓為明屯撒法那磨比耳嘎佛斯登五海口而已四年千八百六十五惟墨西哥灣之磨比耳一堡屬南餘皆北矣初兵一萬二千尋損厥半未嘗不深以弗聚精銳於數處為悔此大略也　起兵之年北將安德森守色末搭堡南軍以礮猛攻燬火藥倉

拔之獲礮七十有九　同治元年(千八百六十二)南軍戍弟十號海島宅密士昔比河口北軍難驟拔之軍吏篝斷氏波敦比拉以下路築礮臺五然南軍礮船夜輒過一如是者三十一日恆泊比羅堡下十數里(英里)數船以常船改為初非礮艦也堅弗如北船其輪明其瀛機置之艙面其柁房火藥倉無遮護新瀍其礮臺麓河寬裁三里有奇(英里)一然無大損礮臺可恃而不可恃此其證歟　春北軍攻弟十號海島鐵甲艦六木質艦一田雞礮十六將富德督放開花彈以十分時為率攻二十有三日(起西三月十七)兩岸礮臺無毀僅毀礮一繇於礮臺坮泥沙為之遠勝磚石此一證也北軍礮艦增二曰丏倫氏累曰比次孛革夜過礮臺泝密士昔比河之上流斷厥援路陸軍將波拍攻厥後遂降當夫降時北軍波巴將攻新馬德里假道密士昔比河口弟十號海島即其衝也法拉嘎德水師以丏倫氏累礮船護之逕田揑西河西距弟十號海島礮臺裁三百碼無霧欲進不可波巴憂之適雷雨(西四月四日)遂倚礮船行啞礮盲燈臺上電瞥發礮四十七無一着者復燒卷筒羣子礮未發越四日比次孛革船亦乘雷雨而過發礮五十有四

而未着南將敦根守非里巴查克森二堡希根斯副之司查克森事與紐阿林斯堡輔車相倚北軍以法拉嘎德為水師將以領田雞礮船波爾特為副攻之先引田雞礮船過淺而入密士昔比河者輪艦凡四一哈理額德累那二額瓦斯果三韋斯德非勒德四固里夫登兵船過者三一布魯嘎林二哈德佛德三里止門德其密士昔比河邊撒果拉二船阻淺以哈理額德累那艦引之八日而至巴勒德桃那波爾勒令各氏斯乘珊幾末船測量密士昔比河攜善圖者二一峩德門斯一哈里斯駛額瓦斯果船護之者給斯德也起韋里斯真比訖二堡凡二十一里有奇七英里閱三日測如三角瀘二堡礮擊之無傷或曰田雞礮十出則船底震且脫以三船試於距堡三千碼處破兵疑也田雞礮船測定方位在叢林後距查克森堡二千八百五十碼至三千六百八十碼距非里巴少遠船桅從衡密懸木枝與岸林混亂敵目也田雞礮船分隊三斯米德領第一隊一奴爾佛巴給德自管之二俄里法里屬各德佛里三巴拉屬佛爾迫爾四韋里安斯屬琅安妥那五阿里搭屬斯美德六倍根屬羅只斯七索佛羅尼阿屬巴

度羅苗已上隊布里斯領弟二隊一珍固里非德屬波老那二拉波羅斯屬固里斯珍三累撒屬非尼所四惜浮馬屬偉連斯五恆里遮米斯屬卑迎款六旦斯米佛德屬固老那七額非塔屬布闌查德已上隊固伊那領弟三隊一卧爾德自管之二丙爾款屬查克三馬提俄法雖屬拉法知四卓知慢嘎麻屬戈連斯五俄非搭屬波闌查德六惜德尼查尼斯屬固累哈末隊自一行下錨揚旗給斯德以額瓦斯果船處岸林伏兵使之竄無遺如期攻堡西三月十八日堡中回礮速且夥然非其所波爾特請别駛舟招其彈卧爾德艦尋受南軍一百二十磅開花子斷桅燬火藥倉卓知慢嘎麻艦亦受十寸徑礮子中近水面而查克森堡被開花子裂燬衣物半成灰燼火藥庫賴涇氈護之風起北礮頓停二三兩隊礮彈凡發一千四百然半涂輒裂咎在藥引遂戒鑽引管之孔雖亦有弊不逮則戢明日礮復發北軍丙爾款艦火藥倉中一螺絲彈穿底出厥艦來自紐約遇風桅折而無恙今被擊遂沈它艘颿索非燬則斷隊艦礮兵三晝夜不少停於是三隊遞擊各司二時一日十二時約一百六十八次凡一千五百開花子息手即

瑤時九十里外（英里三十）巴里斯之玻璃窗悉碎自礮震而睡者不覺勞可知已兵艦過堡前四日（西三月廿日）法拉嘎德令所部各策護船法摩爾以鐵鏈回環懸汽機鍋鑪側它艦或護被褥與煤袋沙囊或鐵欄外結繩網或船面塗泥與水同色或粉艙以便夜作是夜令固樂斯比帶賴拉乘比奴拉船置水雷以除攔河物而電綫引不發令丏勒突威拉帶伊打斯嘎船斷敵鐵鏈初南軍自邊撒果拉造巨鏈釘於三丈木置河上流拋七錨定之杙去數尺錨之浮標製於沛勒討那閱數月逐流凡百遇鏈日積抵水力日大錨忽起入海無遺物更以八舊舟浮輕鏈至是丏勒突威拉鬆浮鏈使沈火箭報之敵筏遂逼岸燎兩行一船攔淺比奴拉艦救之乃旋當是時堡距艦八百碼至三百碼有差賴田雞礮子八九同飛使回礮暫歇越四日法拉嘎德令雙紅燈為號列艦作雙魚貫邊撒果拉船起錨少滯右行為弟一隊哈理森管之貝理管丏由嘎礮艦屬其隊攻非里巴堡左行為弟二隊韋納累德管哈德佛德艦貝拉之惜何搭艦多那勒德管之攻查克森堡街尾行河路之辨正借敵火過沈鏈處無阻兩隊分擊如令久

之火煙難判彼此波爾特之田雞礮艦斯瓦德或德之波子末德艦並攻查克森堡群筒子發一筏突衝哈德佛德艦避之自即於淺南船末那色斯衝筏而逼船尾火熾進自礮門爐桅之半藉噴水器滅之礮發如初堡礮漸稀而船突出十有三中有鐵甲二一名羅以借安那一即末那色斯也衝船先之北擊南船毀其十一希根斯謂讓北船行近猛擊之不沈不止而船已過（初擬三刻而費一點鐘十分時）查克生船已引波爾次冒德船至田雞礮船前浪激而下復引之泝流堡礮擊之中柁繩絕遂順流去布魯嘎林艦最後其管船者戈累文也黑夜煙濃（西三月廿四）船自鉤連浮鏈舊船横於排木間非里巴堡礮猛甚震船自離泝波上遇南軍末那色斯船衝中梯（上船梯也）離文許礮子貫護瀛機之沙袋復衝賴懸鏈抵力遂竭速率兩遁又遇一南船礮通行打（頭尾貫子曰通行打）回擊之其船火布魯嘎林船勇退不覺駛近非里巴堡水裁三尺以捲筒群子礮擊堡中露礮人避入房遂過堡與敵船遇互擊而行惟法羅那船最捷波嘎斯督之過堡遇南船輒擊擊一礮船藥轟而裂南將根能見之怒以船向法羅那艦衝腰與尾八寸徑開花彈

三出洞厥後無鐵處法羅那艦避之轉遇一南鐵甲船水面之下鐵吐如椎衝法羅那艦左腰成孔回擊彈弗入甲少卻復衝成孔衝力猛甚震法羅那艦尾厥首偏前受南礮五火揚自觸岸沈當未沈波嘎斯令纜之巨樹且盡礮力水沒礮車人乃躍距衝破時一刻許北軍俄那大艦援之靡及瞥南船名嘎夫那目兒者方泊補其罅漏遂擊而服之法拉嘎德既率兵船過堡令波爾特豎白旗欲招之議降此議事旗也與降旗異而回礮示無降堡將善守兵半北人然罔疑忌德意志人自成一隊堡中礮兵六百有奇槍兵半紐阿林亾賴子被竆瓦斯果艦之羣子礮傷如鱗散歸過半而北軍所受礮傷則出非里巴堡居多螺絲礮最巨者一耳然猛北船僅向此堡發田雞礮開花子中者二一截厥礮為二一震雙礮焚毀所以嫥擊查克森堡者攻一服二勢則然也查克森堡被礮若掘若犂藉非紐阿連以沙袋瀌礮房靡有遺矣堡麓河隄孔穿一百有奇水灌之三尺溝橋寸碎橋側艇免燬者一堡外受彈三千堡中護袋礮毀十有一壁眼一步一見面河之壁嵌彈八十有六護堆三十毀三之二水礮臺藥倉燬其

臺受彈一百七十開花子不裂者二耳或墮溝裂愈有力能令通堡地震偶擊一人入地俄而彈着原處骨肉出飛高數十丈然堡中死不過十有四傷不過三十有九非發礮時輒伏亦恃泥壘溼且輭開花子入土深或二丈子開而上逮其復墮沙飛塡孔如故勝磚石遠甚礮房厚土蓋之耐擊以此水礮臺之礮六其最鑄自德里氏嘎礮廠擊北多倚厥力然北船過堡時彈雨落遂停擊於是北軍密士昔比河之船路通南軍紐阿林堡之後路斷查克森非里巴二堡方舉白旗讓堡如議（原議隨身刀不必繳回未贖不戰而堡中兵器糧食船皆讓出）河魯西阿納鐵甲浮礮臺忽火厥臺艤自紐阿林者二日載四千頓四輪舟附時無救者錨鏈既斷順流下泊非里巴堡對岸礮彈自發板鐵四飛南軍米知里水師輪艦三距北船里餘（英半里）一船已沈波爾特駛艦過其前發礮一船旗自去遂受之紐阿連堡將羅韋勒聞之棄堡逸

北將很大攻波拉斯給堡（起西四月十日）礮初游移越日發皆中且猛螺絲礮彈鑽壁若錐科侖布亞礮繼之厥堡礮臺距波拉斯給千六百碼礮非新式弗克逮也洞堡容二人出入彈復穿孔達硝藥倉垣不可支南軍遂降

是役十三寸徑之田雞礮彈雖及礮房初無功砂袋抵力多也　北軍既踞比羅堡與夫戈倫柏斯第十號海島兩礮臺南軍門戶即以波特黑德森礮臺為最於是就壘增營䏦非克斯波嘎壘且倍密士昔比河流至此一束栽寬里許北將法拉嘎德謂非兵艦過此未繇斷紅河濟敵之路令於軍中大指有六一曰兵艦左各麗礮船一勿近腰恐過臺角於左礮有礙二曰後船偏向前船尾右即捲筒開花子間一早裂無傷後船三曰過礮臺宜護船首四曰過臺隨機以應非克波嘎及巴敦羅知之陸軍而扼紅河口紅河與波特里德森之間遇敵船則取五曰兵艦傷則礮船援兩傷借力風颿或拋小錨引之行六曰距礮臺四五百碼擊彼即護己也此策之要偏將班革斯贊一詞曰利在速即日西四月十三趣船泝流上泊波羅非次島偵知南船五二為衝船昔毀北艦者即此外護棉包餘三運物輪耳詰朝北船速率䏦船配之如里止門德船率小則配力巨行捷之正尺西礮船宅船類此丙德威拉領額惜各斯諸船隨法拉嘎德之哈德佛德船以進哈德佛德船有引水人一立後桅第二盤借喇叭通話筒與管柁

者呼吸相關。是水霧礮煙未易至處。班革斯以兵屯十字道。日夕惟密士昔比末奴嘎希拉二船未至。兵艦成列。礮將發。法拉嘎德止之曰。勿先敵時交子。南臺礮起。北船報之。熖聚蹔停。復擊。哈德佛德船開花子二百有六出。礮之克及南軍者二。一為九寸口徑礮。一為三十磅彈。巴羅德礮丏德威拉。領額惜各斯船繼之。開花子九十出。然哈德佛德過灣流激。幾觸岸。轉駛阿孛德落斯船後。久之始過。當末奴嘎希拉船逕下。礮臺時敵槍發自對岸。擊其附左之給尼俄船。船將俄勒忒斯發二秒引藥開花子捲筒羣子退之。而礮臺彈折給尼俄船斜桅。裂桅柱如劈。彈塞柁柱尾間。不得出。用副滑車連於柁鏈。大力弗動。末奴嘎希拉船亦傷。入水較深。飄觸岙末森角。而擱於淺。於是停給尼俄船之瀛機。一纜而外鏈鐵罔弗震斷。頭錨躍入艙面。遇淺倒行。瀛機輪為之轉。乃以未斷之纜。牽末奴嘎希拉船。使之浮而退。時一船火順流下。賊之密士昔比也。彈自發。躍避西岸者六十有奇。額惜各斯船救之。北軍過此。雖損而喜。夏西六月廿八日北將法拉嘎德率兵船過非克斯波嘎堡。初南軍踞堡而高。乃引田雞礮船擊之。引之之船六一俄克斯多拉累二韋斯德非勒德三固里夫登四查克生五哈理額德累那六額瓦斯果其兵船七曰伊勒固瓦斯帶者巴麻爾曰峩乃大帶者李累曰里止門德帶者阿勒登曰韋撒希前帶者迭甘孛曰惜俄搭帶者多那德森曰哈德佛德帶者韋納累德曰韋奴那帶者固魯斯北其田雞礮弗克逮二百餘尺之高而哈德佛德船礮獨及之互擊移時堡礮漸稀帶固里夫登船者波德韋納也發礮曰螺絲曰船首九寸口徑曰三十二磅彈其引皆用十五秒復擊南軍水礮臺相去千二百碼捲筒羣子繼之瞥查克生船柁房受螺絲開花子柁兵股折將援之而五十磅螺絲彈已貫固里夫登船從左穿右鍋水氣溢死者六而一人躍梯免躍水八人查克生船以小艇救其七它船傷者一伊勒固瓦斯二韋奴那三非奴拉方過埃里斯布勒佛時南軍以大車輪礮截擊賴查克生額瓦斯果二船禦之田雞礮船至者四曰卓知慢嘎麻曰阿里搭曰何拉斯北勒斯曰賽拉波羅文然賽拉波羅文船一人受十二磅彈手斷如截於是斯米德領田雞礮船九列右距敵礮臺二千五百碼水礮臺二千二百碼固伊那

領田雞礮船八列左距敵堡七百碼較近而叢林翳明日（西六月廿七）礮發南軍回擊彈入韋連斯船首未裂遂猛擊之堡礮頓停又明日即北船過堡期也田雞礮擊水礮臺南軍難可回礮兵船密排受傷轉少礮臺去旗北軍意其已服依軍禮歡呼者三方過南軍礮擊厥後桅折越三日（西七月一日）依泥淖列艦南軍伏莽時薄之北軍礮轟而竄陷澤者三遂築小壘懸鐘以五十兵戍南軍輒發紅彈北船多傷者然未退

北將法拉嘎德領哈德佛德艦逕磨爾干堡堡發空心實心礮彈二十空心者開花子也船為之毀雖然此船出水最多故受擊易或曰堡中人弗避其船羣子開花子回擊不少衰奏效以此之二說皆非無見不然如磨爾干堡布丐那與北水師戰起辰訖巳倍此十有五獨氏固未惜鐵甲船受水雷沈餘斟重損何歟秋（西八月六日）北軍艤額斯革斯鐵甲諸船凡七至巴敦露始攻南軍阿堪孛船（詳船）毀厥桅與瀛機然回礮猛額斯革斯船危乃發縱火之開花子中無鐵處而火火藥倉轟厥船遂裂初造自牙素城邊廠瀛機與桅皆斟護瀌然下水即敗北船斃人五傷十有六法拉嘎德追之過非克斯波嘎

等礮臺莫遑回擊而免今竟燬南軍惜之　二年千八百六十三北軍以色末搭堡被奪詳前將復之春西四月七日於華為春水師將夕本德領末尼妥耳鐵甲兵船與諸艦薄堡堡側船礮起閱時四十分即沈北船一而退秋西八月十七北軍築礮臺三與末尼妥耳鐵甲船礮齊發攻堡七晝夜發彈五千有九壁無完礮賸一耳南壘輒新易礮效死弗去北軍復攻三日腿西八三十水師將打拉嘎林以兵三隊進為南軍所敗然末里斯島瓦嘎那礮臺固累嘎礮臺時皆淪北而攻是堡益急西九月廿六巳搭頗斯科鐵甲船與里希輪船於色末搭堡左發螺絲礮彈守者以沙袋補壁以碎磚石補沙袋彈之所逮沙石調和不易深入凡發開花彈四百五十有五堡中裂三百十五其十五寸徑田雞礮用十五秒二十秒之慢引彈裂之堡輒木石四飛或飛空擲地然其將波勒嘎其副哈里斯令嚴且明故耐守如初　北將波爾特攻非克斯波嘎堡猛甚然南礮叵測或出泥堆或穿濠水或響輪車鐵道或攢矮樹密箐或飛自二百餘尺山巔北軍擊其礮之所在輒移它所環而擊之暫停回擊而已土壘無大損臺礮巨者二十北軍吏曰舍陸師攻後無長

策萬人足矣於是陸軍将固蘭德圍攻月餘拔之　波爾特率八鐵甲船攻南軍之固蘭果夫礮臺其臺有礮十三而散列之北礮轟二時有半回擊僅恃一礮餘皆泥揚塞孔於是北兵從四十五里外（英里十五）登岸突臺啞手而得　北将馬各末兹乘額德惜固船攻連波布勒夫（地名）從羅奴克湖流而下至哲米斯比勒以下河灣見陸軍已駐於此遂泊近韋耶羅新方下錨水雷雙發礮為之翻遂沈越日拖船名巴士里者将往布里末德巡隊且於沙馬落刻船撥鑲也行距沈船處數碼水雷復發死者二厥船亦沈額德惜固船側　冬（西十一月廿五日）北将羅施克蘭将兵五萬五千約與南将穆立沂立知穆拉克等戰時南兵七萬既据密生那里勒治山鹿克澳奪山加他奴俄溪於形勢為得北軍幕平野耳届期日未出號礮發兩軍對擊至晡勝負未分各出生力軍鏖戰有伏有疑有刃接有火攻南勝而北軍不少卻日夕南軍少少辟易北軍振臂大呼所向披靡遂留二山一溪之壁壘拔南幟豎北幟矣獲巨礮四十南軍潰走凡死三千六百七十三傷萬六千二百七十四俘若逸者二千有三然北軍亦死一千六百八

十七傷九千三百九十四陣逸五千二百五十五　三年千八百六十四北將法拉嘎德率兵船攻包額勒堡十五寸徑田雞礮開花子中厥火藥倉之太平蓋罔弗裂裂輒孔逾三尺而徑倍之補者沙袋也擊十一日起西二月廿三堡無大損以土築故人死傷各一雖然守者自萌遁計謂東無壁儻從此入勢且束手於是通一慢藥火引於火藥倉逸而殿者燃厥引逾四刻時堡燬

北軍攻磨爾干堡發百磅彈之巴羅德礮磚石之壁不克支彈自三千碼外度溝穿垣成孔徑二尺許其將法拉嘎德以兵船入磨比耳灣逼之磨爾干堡彌危時北將固連乍拔給尼斯堡矣陸軍移屯磨比耳角作平行壘巨風又卷沙作堆於磨比耳角北軍倚築礮臺猛擊之兵房再熾濃煙四塞礮卒目迷藥糧藏無處讓出之堡礮凡一百三十有六然摧過半

北將多本德將攻查爾士頓港之色末搭堡令累訥德帶几俄固革船波代勒與波拉德帶比迫船探查爾士頓港淺處識以浮標一得旗令即魚貫行船距一纜勿擊末里斯島礮臺近色末搭堡則攻厥西南從八百碼內發礮勿過昂勿忘旗記暗號鐵甲船有序一韋何根帶者羅只斯二

巴雖倚刻帶者多里敦三滿拓克帶者臥爾敦四巴搭頗斯科帶者阿萌五牛艾恩帥子帶者妥爾那六恰斯丐勒帶者羅遮斯七難多丐德帶者非爾法克斯八那罕德帶者檮尼斯九几俄固革帶者訥德布定期西四月二日繇布度落油向北伊氏斯度開行水師一旗懸之只米斯阿遮船過淺矣恐韋何根鐵甲諸船或被南軍阿德闌衝船從撒法那忽截擊之為預防策以斯對德帶波勒古尼斯船往布度落油以科爾平帶臥巴士船累奴士帶佛爾門德船往希立敦黑德以希巴果船守布羅德河而波拉左尼斯船入水最淺以之巡布羅德河布佛德河越二日鐵甲均過淺矣詰朝復行而水雷發韋何根船側未傷然磨特里堡色末搭堡水面木桶無算分列數行哲末斯島河路有樁而磨特里堡色里凡島色末搭堡礮相繼發北船辟易隊行輒亂兵輪與鐵甲橫桅絞尋離而卻鐵甲船已傷厥五那罕德船軸斷釘飛巴雖倚刻船之十一寸口徑一礮被毀巴搭斯科船礮架損難多丐德船礮門亦傷几俄固革船受彈三而甲薄難支越一日沈然鐵甲船無一穿者南礮着船之彈大氐平頭力遜圓頭遠甚先是

工程官斯氏末勸水師以末尼妥耳鐵甲船二於船首帶兵船部所[illegible]之水雷連於木排排下多鉤遇敵置水雷即發木排當之船可無恙弗聽[illegible]以木排置韋何根船首帶撈水雷鉤而已　春西四月八日於華猶春　汐退北軍以尼所達船卒見一暗色物距船二百碼詰之曰羅奴客小艇船官阿布納令拖船察之水雷已發其左水雷船退向抵士摩衣司河急行追之弗及梅尼所達船水未漏入然受傷三十有奇　越十日西四月十八北軍管瓦巴士船之周理文見船尾右一百五十碼外有水雷船其形與動皆與攻毀忽撒多尼克船者同逆潮而上速甚遂鳴鐘發槍起錨動機而行水雷船落後四十碼礮猛擊之遂不見　北将巴德森帶每末非斯兵輪船一夕見一船長二丈五尺其色鉛其狀如覆小彤板漸逼尾右約五十碼鳴警鐘動瀛機且行且擊礮不克捷槍子雨飛其船已近復卻每末非斯船追之螺輪較速其船艱於泝流而一燈露影北軍以光為的發十二磅螺絲礮彈厥燈頓暗發小艇蹤跡之無見　北陸師將班給斯攻南軍於魯西阿納東南水師將波爾特率礮船十二運船三十泝紅河應之軍退至阿

里克珊里耶淺不得行，工官倍里曰，非作橫壩無以蓄水，班給斯以兵三千伐木為之，沈煤船於其間，成壩三里。一英里第八日浮三船逮壩，一海雪納、二俄撤止三尺，俄助明日，西五月九日煤船自開，果克新敦船逐流急下，竭瀛機力兩過壩缺尺，俄助船隨之，近口，機頓停，沒水，尋浮兩行，船底觸石成孔，然可補苴，二船過壩無恙。倍里恐阻後船，復於上流築壩六百尺，留口五丈五尺，縱壩數道輔之，越三日，諸船皆行。秋西八月五日北將法拉嘎德以兵船逕磨爾干堡，初南軍於磨比耳下海灣築礮臺，增堡壘矣，給尺斯堡東淺間水既不深，排樁阻之，惟磨比耳灣角與東淺間量水有差，深或六丈五尺，水底沙流，潮面風逼，倉猝未遑它計，於是置水雷三行於磨比耳角東浮標間，留五百碼為已船路。法拉嘎德將往，令曰：凡戰時無需物悉斂，可火物、桅上橫木、風駛繩索悉除，置收碎木網受彈擊碎木也於船左，以舊褥護柁房，以沙袋鐵鏈護瀛機，小舟移左，探水引水者立此，船行必雙縛以纜，始行沙島偏東，至磨爾干堡對面，向西偏北，至中地，向北偏西，銜尾兩行，少偏尾左，過堡則少偏尾右，免礙前船尾礮也，礮勿先敵，回礮欲速，引藥秒數欲小距堡三四百碼即放捲筒羣子或言前擊失之高然宜略向上否則羣子出必少下矣一船傷連船助之船礮重在首尾若敵發捲筒羣子可暫避也輕礮之羣子開花子勿停過堡勿近西其木樁處螺輪船且須停機隨潮飄過明輪機不必停伏水之繩不易被明輪捲起而繞軸也定期攻堡西八月五日法拉嘎德如衆議以布魯嘎林船有巧機可提水雷令阿拉敦駛船先之以固林帶俄克多拉拉船以朱倚德帶彌戈米德船以正經斯帶里止門德船以戈拉提帶布德羅由船以馬爾占德帶拉嘎氐那船以多那德森帶惜彌奴里船以斯忒理帶末奴嘎希拉船以末丐那帶給尼孛給船以里累帶俄惜比船以波老那帶伊打斯果丐船以末拉尼帶烏奈大船以韋里森帶丐里那船合之法拉嘎德所乘船凡十有四此尋常兵輪也末尼妥耳鐵甲船四曰氐固末惜帶者固里文曰曼哈旦帶者尼固森曰韋尼孛固帶者司氐分曰几嘎索帶者柏爾根皆泊木船與磨爾干堡間使南軍水礮臺及堡中礮無所措手礮起氐固末惜船被水雷轟散而沈死者一百二十落水遇救者官二水手六列船過堡南軍田

揑西鐵甲船飛衝北艦擊之少卻而三礮船逼一磨爾根一惜勒麻一苟尼斯彈注北軍至無以報彌他戈米德船轉擊而勝追惜勒麻死傷各八人取其船其餘二者傷而遁北船下錨而田揑西船又至北軍縱二船衝之末奴嘎希拉船鐵甲也首折拉嘎瓦那船堅木質也首碎五尺而田揑西船無大損哈德佛德船復衝未及敵艦轉為拉嘎瓦那船誤撞厥尾戍孔八嘎索船俄惜比船方環攻之田揑西船懸白旗矣死者三耳傷倍水師將波嘎那驍勇有聲然腰左傷重船弁占斯登代獻其劍厥船尾甲鬆礮車毀柁鏈斷船左鐵甲被一尺五寸實心彈穿入外此凹痕六十有奇煙筒既落漏水漸多礮門毀三而北船死傷多於過磨爾千堡時凡死一百七十二傷一百七十兵船除惜彌奴里而外餘罔弗傷然未阻其過堡越日（西八月六日）北軍非里比輪船運糧於田揑西船而旋以淺滯南軍自磨爾千堡擊毀之死傷共二遂取厥船　北將法拉嘎德帶兵輪船二曰彌他戈米德曰惜勒麻將倚礮艦逕磨比耳上灣（西八月五日行）十相去三里有奇（一英里餘）見南軍已將那始非勒船橫沈河路附椿一行軍吏曰礮臺且無論

已如阻路何鄉者佛其尼阿船欲開一道寬四十尺用輪船二以衆起樁無懈無警然費一日十時有奇方闢一船之路今磨比耳與查爾士頓撤法那為明屯西處水道之阻不除無策議攻也　北軍攻瓦嘎那堡西九月五日水陸夾擊陸師巨礮十三攻城礮十七水師苟何那船田雞礮與牛艾恩帥子各鐵甲船之巨礮擊一日有九時其及堡中火藥倉太平蓋者獨牛艾恩帥子船之十一寸徑滑膛礮開花子耳陸礮螺絲彈雖開花而力遜壁沙飛揚羣彈旋落然堡中人無着脚處避之太平蓋北軍乘時築平行壘浸逼溝外斜面以木若沙填厥溝陸軍衝堡有期矣南軍逸是役北軍發彈二千八百六十四中太平蓋者千二百其餘皆壁與隔堆受之面海居多堡中礮毀其三宅無大損　南軍衝船名阿布麻勒者泊羅訥俄革河水寬約六百尺布里末德以下三里許英里有李德爾非船沈於河數小艇戍之灣有礮臺北將固性夜以十三人駕小輪艦往後拖撒麻勒革備敵覺而逸近衝船南人始覺方離招船盡瀉機力警鐘起礮即隨之岸出一燈固性借見衝船外三丈有護柵所謂浮壩者是斜行圓徑南礮猛

擊北船傷者多固性發捲筒羣子直壓浮壩竿伸水雷轟阿布麻勒船左成一巨孔水涌入而北船水聲與之埒受彈重也舟人遂服於南固性逸自水一人從之脫南人收得小輪其鐵甲衝船已沈煙筒猶出水面遂沈三舊船於河路是役也南有陸軍屯岸然未及援　北軍奪堡之易莫若波爾特攻紅河岸之多羅借堡兵輪一出陸師助之南風不競堡幕烏集矣費開花彈三　冬（千八百六十五年正月於華猶冬）北軍取非刷堡先是（千八百六十四年十月二十四日）北將波爾特率兵輪三十六大半為牛艾恩帥子其餘常船也布德拉獨出新法謂以小艇載火藥數頓積近堡二百碼處震破無疑然如說而無一損於是發田雞礮以一分時出彈百十有五為率半時而後回礮暫停蓋開花子裂人無立處故也明日復攻回礮少遲然聲不紊堡礮十七焚有隔堆護之正對海邊者十五海岸容千人北撥槍兵一隊登岸排擊左面船礮亦注直邊守者以捲筒羣子礮乘北船停礮讓岸兵撲堡時羣子四飛岸兵遂卻而北船至蹦多四十四船復攻堡（西正月十三日）其為牛艾恩帥子鐵甲者有亭固斯丙那尼固斯馬何布克麻那德那刻諸船均距

三千尺。夜礮不止。明日（西十四日）復擊。回擊如之。越二日（西十六日）水陸合攻。登岸者水手六百。船兵四百。皆攻對海一面。南軍大半禦此。且出堡擊之。未意韋特里率陸軍突出其後。急遁入壘。力支數時。而二千三百人勢蹙。遂降此三日中。北船放開花子五萬。然堡傷尠。或曰北軍之攻阿爾利索礮臺堡中礮十有一。北鐵甲船礮數僅與之埒。八九寸口徑者九耳。時閱三分。已毀南堡新製鐵條礮房。死傷無筭。等火器也。中亦有倖歟。四年（千八百六十五年四月）北軍攻磨比耳礮臺。時南軍堡壘淪北殆盡。存者獨此。死力守者數千。以磨發水雷置磨比耳灣之波累革里口。北軍礮船環擊。中水雷沈二鐵甲船。一曰米勒俄給。一曰俄撒止。然礮臺終淪於北。越二日。羅多挪鐵甲船。往視所沈之船。水雷復發。而毀。死者三。傷者十有九

美利加兵志三　游歷美利加圖經二十六

花翎二品銜直隸即補道總辦北洋機器局前游歷使臣傅雲龍述

水師阻道說

礮臺而可專恃，則船道不必阻；水雷而可密置，鐵甲船而可無萬有不敵之虞，則船道不必別籌其阻。知其不然，而阻船之法，何者為沈，何者為定，何者為浮，顧可忽諸。美利加拓新畔舊，水戰猶尠，黨兵起，兵艦南遯，而阻道之策遂出而愈奇，就聞挈要，未始非水師鏡也。述水師阻道說。

凡水師進港過堡，未有不通其狹流而克攻其要害者。北船逕查克森非里巴二堡，為魚貫兩行法；逕磨爾千堡，兵船礮船兩兩依附，為魚麗一行法。然磨耳千堡有淺有阻，遂弗克前。非克斯波嘎堡有礮臺扼密士昔比河，而北船過其第十號海島，礮臺距三百碼耳，而北船再過。北軍於氐波散比拉以下築礮臺五，南船夜輒一過，如是者三十一日。它如波特黑德森礮臺，雖損北船而無阻。其阻者若磨比耳，若查爾士頓，若撒法那，若為明屯，非藉礮臺力，亦非資衝艦力（詳兵事）。此其策可深長思也。凡阻船路先測水面之寬狹。泥腳之堅輭。潮勢之高低。風力之向背。其次問水性鹹淡。鹹則審有蝕物蟲否。水流變否。火燒受否。敵船入水若干。衝之礙否。南軍牙素河阻路物。壅流自失。其前車乎。然非礮臺克護之處。未見其克禁敵推之壓之曳之斷之也。禁之而疏如無禁。受礮必重。其工視地。其費有差。一層未固。勿貪多。其法有十。曰築壩。非流淺沙硬不可也。留口以通已艤。作轉動礮臺二。對置如門。藉基浮壩開闔之。而弊有三。已船出難一也。事後去難二也。欲水流久且不變亦難。三也。南軍惟於同治四年（千八百六十五）築之撤法。那木架雙行。橫障河流。以八寸或十二寸方木連固。每層架作臺面狀。磚石鋪之。與潮漲平。而南高三丈至三丈五尺。厥後兵定去之。入水之兵十日乃除一架。南面之工倍北。此阻船壩也。有為行船計者。如同治三年（千八百六十四）北船退紅河。遲阿里克珊里耶。而水落淺。不得下。工長倍里議造數重橫壩。蓄水長三里有奇。（英一里餘）十日為期。於是班給斯以兵三千馬車三百。拆近地機器。伐木於每訥。作平底船運之。築自河左。巨樹為架中實細柯亂石。以老幹聯絡之。近三百尺。用煤艦四。載煤雜石。沈於其間右築如左。承接無縫。雖流速半時即二十七里。英里九。而工如議。弟八日。已浮三兵船至壩。明日煤船自開。船逐流下。倍里復於上流。築壩六百尺。留口五丈五尺。以縱壩數道輔之。越三日船皆行。此非為阻船設。然築壩之法可對觀也。曰沈船。非陸路接濟不可。非社敵潛開尤不可。西千八百五十四年。俄羅斯。曾將黑海船。盡沈車耶以牙灣口。南軍未敢輕置以此。然北船過磨爾千堡後。南軍曾以一未成鐵甲艦。沈之磨比耳灣東北。先是沈戰船漁船於此水衢。自開一路深丈三尺。故以船塞。北軍乘夜納火藥數桶於沈船。電綫引轟之而開。此法而外。尚有用大索曳者。是以沈船宜重。厥載或石或鐵。以巨鏈連之。勿露曰沈石。工較省。然非其地。無以施也。如同治元年。千八百六十二南軍於那始非勒以下。用石斷金拔倫河路。因厥兩岸巨石懸崖。遂鑿數孔。入火藥炸之。石墜塞流。它如波多麥河華盛頓而下。有堪如法處。曰植樁。河下泥沙沍疊則宜。南軍之樁。植以新法。於輪船鍋鑪上連二寸徑之皮管。有通塞門。彼端嘴長且堅。用活結繩縛於樁之下端。送樁入水。通氣吹泥可深四尺。樁定。而塞管氣抽繩結管出泥合。與椎入無異。用工四足矣。一司機一職管二扶樁小風亦無大礙樁用帶皮黃松長尺二寸或尺五寸上端潮平乃見列樁之法三一兩行法此行之樁當彼行二樁間去四五尺排如前式漸排漸進寬二十五尺行間聽填何物小船亦可二密行法後行之樁緊靠前行二樁間鐵鏈縛之以連行三樁為一束以半寸銅冒護之此二者缺口可備方箱盛石臨斷用之或用浮樁水雷以守每二丈間置二可也三方簇法每百樁成方東形方角正向水流簇距三丈自成一行次行如之距約丈許此行樁束亦值彼行兩束間其樁束空處之浮壩以長且重之木兩端用鐵鏈連於樁隨潮長落南軍於磨叱耳下灣起給厄斯堡訖東淺間皆用三法刱立之厥船自欲過口誤撞輒傷色勒麻礮船其一也北將法拉嘎德云不除此則磨叱耳無以拔曰衡拒其法有三南軍防磨爾干堡與東淺間其沙活其浪緊其船道寬不得不從東淺置衡拒數行用堅木二丛長四五丈鐵冒加其上端以六尺許三橫木於長木首尾四尺處各逗其一餘一橫中是為半具以兩半具相連於弟一橫木用螺絲釘貫之令活可動是為一具五具則為一幅巨鏈貫之用菌形重

錨繫鏈以木之下端支沙中而上端張如翦水面下八尺或十尺為牽相去二丈如以水雷代其鐵冒比於木樁銳實過之一也南軍以車軌鐵條二長丈二尺或丈五尺作十字形於十字交用四木夾之連以螺釘木長一丈八尺方八寸每三尺許置鐵十字如前另用小鐵附橫木間略似中國鹿角柵然架與架續善入水者置之敵船不以巨錨斜鈎曳而開之則徑衝可阻二也南軍堡或孤懸同治二年北軍駛小舟五潛至弟十號海島將其六大礮火門釘閉堡兵覺而舟已旋繇是刱作衝拒小船法短樁連貫四面如一或衡或從或斜壓之不能轟之輒覺三也曰浮樁師曳鋸木意也美利加水岸虛腳處風浪如觸如掘樹根墜生沙底梢輒隨流低昂或以伏若鋸木因訏曳鋸木輪艦撞輒損魯西阿納邦歲遣數舸除厥木而浮樁本之以造在多麻比革河磨比耳以上三百六十三里碤十一近倭委那布勒佛處置之用堅木四長四五丈相距二尺其橫木上下各二連為一架下端一箱實以磚石沈之水中近上端一桶空而浮每間四木端加鐵冒諸架聯絡每間八木以水雷代其鐵冒下水面五尺許南北之

戰效雖未聞法難可沒但不能置之潮水長落際曰浮鏈南軍用之密士昔比河起查克森堡訖對岸以巨鐵鏈附木塊使浮北將法拉嘎德令以水雷麗鏈一轟而開又於紐阿連以上三十三里（英里十一）近丏羅敦處用巨木三徑三尺或四尺長三四丈以徑寸鏈於木上下中縛三四帀以二寸徑鏈貫三木間之孔是為一節各節距二丈五尺又於根得基近末戈倫比斯處鐵鏈横欄密士昔比河中北船未逮已逐流去而南軍未厭厥法曰浮壩與浮鏈並用同治元年南軍置之色末搭磨特里二堡間木九並方一尺長二丈排為三層以釘固之鐵箍兩端下層居中之一木離兩端三尺有鐵箍於鐵鏈其鏈三一下二上而下者巨有一横鐵管以車軌鐵條貫之鏈連各節是為浮壩連十二雙（兩霸一雙）曰為一幅横亘水道第一幅起畢倚礮臺大錨定其一端而連第二幅則抛一纖形錨以次錨仿此然單雙間用第三幅雙則第四幅單又置之查爾士頓港中何革海島而變厥法鐵鏈較輕以四分寸之三鐵條為之用木四方一尺長丈五尺兩端鐵箍以鐵條懸木下鐵鏈如前然不耐久同治二年（千八百六十三）密士昔比河

浮壩巨隄斷之出口四流北軍攘自末里斯島數日得三十有三云羅斯活沽河浮壩北將固性以艦壓之而擊其弊有三一上面窄則船可壓行非重重編鏈無裨也一兩端不繫之舉與樁與錨船即不壓亦必推之前行非鏈斷即壩開矣一橫亘受流抵力必大曷若下重上輕順流而浮同水雷用之乎曰浮牌較勝浮壩長短靡定排為四層每層用一寸半徑之椽木以釘連之上層當下層夾縫或上下斜交面各二丈至二丈五尺連以曲鐵板貫以螺絲釘悉加螺蓋其對敵一面加巨鐵桿是為一牌牌與牌連長六十丈或八十丈兩端鐵鏈繫樁隨水長落然南軍用之輒被波逐或亂木日壅抵力弗支而潰如阿拉巴麻河造牌木九萬立方尺工二千五百驢車二千五百起同治元年（千八百六十二）明年（西三月）成而未連水捲一空又羊蘇河罕六斯近克斯波嘎之浮牌四連雜物積之毀於北船未至時矣論者曰非留空奚以免壅非牌寬十丈聯無算小牌又奚以免壓且推也有希理哈者遂設一緊湊法用尺方木長一丈五尺排作方形兩層縱橫交加成一方牌用二寸許之鐵絲繩連牌為一行牌間相去一丈二

尺排行五六每牌定以一錨每行首尾定以一巨錨方角向首面積十六丈為率牌側裹鐵以鐵浮標助其浮力曰浮繩亦南軍剏之也初波嘎那水師於南北未戰數年前船行印度水中巨繩被螺輪捲之愈轉愈緊除之匪易滯航數日於是南軍遇水深不克豎樁輒藉繩阻其在查爾士頓以巴米都木浮巨繩木兩端尖圓遠即難見繩端七寸用二鐵環連於浮標相去二丈大錨定之復綴小繩於巨繩其一種浮標黃松徑二尺五寸長三丈九寸勻排連之巨繩十五為一節繩兩端及中共用大錨定之節節相續是為一行行距百尺凡兩三行次第而欄北軍多本德帶船第一次攻色末搭堡遇繩即怯於進而南船時誤觸之埃氐瓦明輪船飄流下繩綰而停哲斯德非德明輪船泝流距此十碼捲繩入輪巴米多斯對德鐵甲螺輪船至此繩纏下錨除之又有螺輪船避敵出港突觸浮繩絞塞軸孔進退兩難藉它船力引回查爾士頓此其效也欲省而易莫此法若然弊亦易滋繫之非固則漂防之不周則割（敵艇可以潛割）以鐵絲纏繩以重錨拋遠其亦可乎或疑潮有低昂流有緩急如浮標易移繩輒互絞何是賴

守者理之以時使無叢雜小繩兩兩相比一段一縛作8篆形自尠鬆緊旋繞之病而莫善於合牌繩水雷用之法以木牌為等邊三角形匡用尺方木十有三每邊木四各長八尺以寸半徑螺釘連固之三角裹鐵厚寸許寬長竝二尺四寸鑲入木中面與木平上下兩面鐵皮蒙之中空而不入水取其浮力大也下近三角有鐵環一其節活以鐵鏈貫環各節之相連在此排為弓形背向敵船兩端倚樁四行為率每牌墜菌錨一外內兩行資巨錨定之遠流錨鏈與水面齊勿過四十五度水寬可距四百碼宜資鐵樁或石基築一礮臺牌背倚之否則斫泥克固錨其形如巨箱而方浮之水上繫以鐵鏈定以巨錨其間相去四百碼根此以作鐵甲轉動礮臺置一二礮其外一行牌各出桿一長四尺桿端加一磨發水雷敵舟初衝浮牌可以少讓漸進漸深弓背抵力漸大船之速率漸減有四益焉已船易闖易入其益一流物自出牌罅罔有或積其益二洪濤超越潮落與低其益三有事置易無事除亦易其益四或曰法猶有進其繩以菌錨定之以空心水雷浮之無論明輪螺輪遇繩則絞水雷入輪而轟其留己船

之路以四五十丈為率宜用電引水雷臨時置之無難也綜而論之可兩詞蔽也曰沈不如定定不如浮

美利加礮臺經驗說

開疆之初土人不知礮為何物安問臺耶畔英吉利礮術未精壁壘輒藉木石黨兵起南臺舊式難禁北擊乃易沙泥護鐵甲高於水面曰陸礮臺低於水面曰水礮臺活礮座曰鐵甲轉臺以汽機行之曰鐵甲浮礮臺然使船礮多十五倍則必毀臺礮至無以回此非臆說也比之求野庶免嚮壁

鮑述礮臺經驗說

咸豐十一年後（南北兵起之年）船與礮之術益精北將波爾特歷年四載深知其國舊壘與臺無一能當末尼妥耳及牛艾恩帥子之礮擊者磚石居多故也泥沙築之少勝不第耐擊即不勝不止敵亦費時且費彈然則無弊矣乎曰有受彈揚沙礮口易塞如攻非刷堡時彈未裂礮而礮與毀等是在防之者礮臺可恃而不可恃也如是欲恃以阻敵船則波爾特斷之矣曰無論何種臺不能阻也此非妄語假如臺礮可擊鐵甲船一千七百六十碼

以圓徑之半為界。敵船必行圓徑為三千五百二十碼。速率約半時（西一點鐘）行三十三里。（十海里）則過三千五百碼之路。費時十二分。此十二分時。約發礮四。第一為一千七百六十二碼。第二為五百八十六碼三分碼之二。第三已過礮臺五百八十六碼三分碼之二。第四相去一千七百六十二碼。若過三十船十二分時中。發礮三十次。則臺須五十礮。方能敵也。露礮尤忌。或曰同治元年南軍德羅里斯布勒佛礮臺擊末尼妥耳鐵甲船。二年色末搭堡擊退北鐵甲九船之一。撒邊山峽礮臺擊失北船二。謂非露礮奏功歟。雖然瓦嘎那固累嘎礮臺非刷堡固闌德堡各落佛堡非克斯波嘎礮臺磨爾干堡水礮臺皆為北軍所擊。不克回礮何也。列礮百尺不嫌其遠。舊法露礮相去二丈十五為一行。南臺類然。厥後悟列礮太近。輒為末尼妥耳牛艾恩帥子等鐵甲船。十一寸口徑及百磅螺絲礮彈擊毀。儻通行打則一彈輒擊數礮。舊說陸礮一。抵船礮十。非也。露臺雖立隔堆。船礮猛發開花子。捲筒羣子。則守臺難。南軍用鐵軌條疊二三層。作礮房。善矣。然十寸徑彈破之猶易。不如沙壘露一小面。鐵甲厚二尺許。可經百擊。船礟左右可自移。而臺否。於是有鐵甲轉礟之架。船礟遠近可自主。而臺又否。於是有鐵甲浮礟臺之滊機。魯西阿納一臺浮自紐阿林而火已當查克森非里巴二堡降時。非臺咎也。先是礟臺南多踞之。後浸淪北。有足徵者。曰色末搭堡。在查士頓港。與色里凡島末里斯島相持。作五邊形。壁石堅。礟眼三層。上一層露臺也。無護對末里斯島。其間水深時。船不克進。巨艦得達。厥北寬一千七百碼。咸豐十一年。千八百六十一南軍拔之。獲礟七十有九。其中二十四磅彈者六。三十二磅彈者四十有一。四十二磅彈者十。八寸徑口輕礟八。八寸徑口果倫比耶礟十有一。十寸徑口果倫比耶礟二。耤沙袋起高隔堆。其南與後如前。增太平蓋護藥倉也。除可火物。增七寸徑口布魯刻斯礟。阻查爾士頓水路。而復擇要增礟臺。同治二年。千八百六十三堡礟擊沈北船一。北軍築三路礟臺。助鐵甲船以擊堡所列礟。免毀一耳。更礟復毀。僅餘大車輪數礟。藏之倉。而堡未失。北臺之三路。甲路在攻瓦嘎那。弟一次平行壘後。距色末搭堡三千九百八十碼。有八寸徑巴羅德礟二。八十磅彈回得卧得礟二。乙路在攻瓦嘎那弟二平行壘後。臺三。一為布老那距色末搭堡三千五百十六碼有八寸徑巴羅德礮二二為羅斯克闌距色末搭堡三千四百四十碼有六寸四分徑巴羅德礮二三為米德距色末搭堡三千四百二十八碼有六寸四分徑巴羅德礮二丙路在攻瓦嘎那第一平行壘西南臺五一為黑斯距色末搭堡四千一百七十二碼有八寸徑巴羅德礮二二為黑努距色末搭堡四千二百七十二碼有八寸徑巴羅德礮一六寸四分徑巴羅德礮二三為斯低分斯距色末搭堡四千二百七十八碼有六寸四分徑巴羅德礮二四為斯忒琅距色末搭堡四千二百六十碼有十寸徑巴羅德礮一三路而外又礮臺一名克耳比舊名俄魯耳刻有十寸徑田雞礮二曰磨爾干堡在磨比耳角是角為磨比耳灣東拖向西之沙長數里其壁雜磚石築自道光十年（千八百三十）扼磨比耳灣使墨西哥海灣來艦不得徑進此灣也巨艦過磨比耳角與東淺閭（東有淺處故云）距磨爾干堡近者四百尺初築形勢未審後於咸豐七年（千八百五十七）在比嘎多非尼島東磨比耳角西相去十里有奇（三英里餘）築給尼斯堡然距較遠磨爾干堡之壘為六等邊形溝深且寬六面凸出礮臺

可護溝路。臺上有屋遮礮。惟牆內礮露。有八面形之磚礮臺。相去二十碼。守者有屋堡門面北。南軍見非里巴查克森色末搭三堡。難守之病。本欲於此更張。倉猝間僅於四圍用沙作斜面。於溝路作二臺。於西壁外增一臺。以沙袋立大隔堆一。護藥倉也。然磨比耳角風積沙成堆。北軍亦倚沙築礮臺於堡側。每臺有九寸徑之礮。同治三年。千八百六十四北礮擊堡。其礮百三十有六。無一完者。曰非里巴堡。曰查克森堡。並在密士昔比河岸扼墨西哥灣至紐阿林船路。壁皆磚也。有礮房。南守查克森。有三十二磅彈礮三十二。果倫比耶礮二。螺絲礮一。第二層臺果倫比耶礮二。第三層臺八寸徑田雞礮二。西北礮房有三十二磅彈礮八。東北礮房有三十二磅彈礮六。此外輕礮十。大車輪銅礮七。水礮臺。有螺絲礮二。尺徑果倫比耶礮一。九寸徑果倫比耶礮一。側牆有三十二磅彈礮三。凡七十有五。然露礮多。而礮房又近水面。守難。以此雖水急且淺。而北船過之。臺礮末如之何。曰第十號海島。在密士昔比河灣科倫八斯堡之下。與新馬得理堡相望。臺四。共礮或二或四。河左臺十有一。凡長四里許。英一里又四分里之一。第一臺名勒刻爾以次至十有一皆列弟十號海島對面然工拙甚連臺一壁高五尺厚二丈二尺無隔堆無分藏火藥室藥桶置之臺基蒙油布聊避溼曝而已總火藥倉難可耐擊工廠在舊民房後敵礮及之儲糧輪舟二懸黃旗爲疴息處如遇巨礮非避林後不可然北軍礮轟二十三日而臺無重損泥沙勝磚石也曰非克斯波嘎堡在密士昔比河左亦露礮也地勢既得壁壘皆泥沙其厚足當鐵甲船礮然低甚南軍葺之增抵開花彈兵房北軍不能拔陸師合擊乃勝先是北船過堡開花彈注臺上礮兵四避臺礮三十有奇未能敵船礮四十藉非露礮當不至是曰波特黑德森礮臺亦臨密士昔比河比非克斯波嘎壁壘爲巨臺麓河寬里許曰密蘇蹵五礮臺當弟十號海島未拔時北軍在密士昔比河右岸氐波敦比拉以下數里倚密蘇蹵築此陸路橫至弟十號海島不過六里水路三十三里北軍既得新德馬里則弟十號海島下游陸行可至氐波敦比拉過此以往水道可航北軍之築五臺斷水道也然南船夜行凡三十一日無恙曰布拉斯給堡在撒法那河岸磚石爲壁南失北得曰瓦嘎那堡在末里斯島南軍

沙泥為之。所以援色末搭也。北築平行壘逼之而拔。曰非剛堡。在岡非德里德海角。以防格布非鴉河之口。以阻為明屯之路。沙子築壁。有隔堆。堅且厚。火藥倉有太平蓋。礮雖露列。相去十丈。北船擊之不克。其以此乎。陸軍夾擊。乃拔。是堡非不得地。病坐造堡人韋丁。未知外灘形勢臨海太逼。易受船礮。若向後三里有奇。英一里餘雖難禁陸軍築平行壘逼之而攻。然船礮難遠及。前復以臺之行列。起淺訖沮。則敵兵難可撲岸。非入水淺之末尼安耳船。增引水人。不能入給巴非耳河之淺水路。是以築臺微獨審地當然測水。曰希立登黑德礮臺。南軍以舊法築之。北擊而礮手輒避近故也。曰丙斯韋拉堅堡。南軍依新法築之。礮位既遠隔堆復高。以舊石為基。以沙袋土包為護。曰牙素河礮臺。曰海尼斯波羅河礮臺。然以堅稱。礮之巨者十有七。禦前密甚。然後可陸攻。曰門羅堡。其固遜非剛堡遠甚。難耐末尼安耳與牛艾恩帥子鐵甲船之礮。雖然彼易夾攻。此非漸逼漸攻無它策也。費時較久。曰阿爾刋索礮臺。南軍剏用車軌鐵條雙層為礮房頂厥孔僅容礮口。礮凡十。內有九寸至十寸口徑者三。然北船列礮十餘毀其礟殆盡。論者遂謂與露礟同一難恃。然耶不然耶。抑戰之罪耶。曰固閘果夫礟臺礟十有三。散列千五百碼內。其中五門高五丈三尺。餘高一百有九尺。然皆露置。尋失。曰多羅惜堡。南軍築之紅河岸。有一方城。離水側三里許。一英里中有礟房。鋪軌鐵雙礟孔。堅鐵為之。裁露礟門孔內作尋常反面形。礟有轉動之架。北軍既得。於五百五十碼外。試開花彈。擊礟成孔。長一尺二寸。寬八寸。若着二十彈。毀矣。曰包額勒堡。在惜打角與小多非那島之閒。以護戈闌德峽。以阻磨比耳灣進窰士昔比河之路。堡築河中。蛤蚌殼堆。潮大時壘基低於水面。礟臺基高於潮面。臺基之內。填以蛤蚌。高至潮之老平面而止。基綫之外。置木箱。長十尺。寬五尺。高六尺。用一尺二寸方松木為之。中實以沙。外護以石。西面受敵。先築之。高八尺。厚二丈五尺。內外皆斜面也。堡礟面各列三礟房之底。徑一丈八尺。上徑二丈四尺。隔堆高於礟房三尺。引至壘頂。高九尺至十二尺。又引至太平蓋。其礟基相去六丈。堡外有壘。高四尺六寸。一防敵艇潛襲。一護守者出入也。堡中高臺。有隔堆。有槍眼。臺上有回德卧德礟二。有護守兵垣一。其藥倉彈房。工與兵與醫室。皆有太平蓋。每礮有分藏火藥房。隔堆障之。礮房容礮轉動一百十度至百七十度。逾此可割隔堆讓之。欲斂則增沙袋補之。初第十號海島礮基地鬆。列礮五十有一。發而震損三十有八。此基鑿之先用方尺二寸。長丈二尺之四木。平列。相距三尺。再駕四木。尺寸如初。兩層從衡。各割厥半。相入而平。成棋枰方格形。是為弟一層。比牆頂低八尺。泥沙築方格中。繇是而二層。用木十四。而三層。用木十二。而四層。用木十。皆一尺方木。作八等邊形。鐵螺絲層層連固。層遞收狹二尺。成臺級形。礮兵之蔽身以此。礮架磨心。植於半寸厚鐵板中。其根貫下二層木盤。有十字木扶之使直。其木長五尺。寬一尺。厚五寸。鐵螺絲連之臺面。臺上之屋四斜溜雨。松香彌隙。此水礮臺法。初意用化形石。其十字架以鐵。而臨戰以木。亦急就法。堡西水路。用水雷鐵衝鋸阻之。北攻十有一日無恙。然南軍懼東無壁。自棄之。自燬之。惜哉。曰查刻妥布勒佛礮臺。在阿拉巴麻河右岸。距潭北比河左岸之額文布勒佛若二十四里。（英里八）在二河會流上游一百五十里。（英里五十）磨比耳之上三百三十三里。（英里一百十一）南恐磨比耳淪于北乃築臺以過北船入二河也。臺距阿拉巴麻河千。凡九丈一尺。地距灣內。斜臨沙隄。隄甚阻船。便於擊。即過亦便於後擊也。有兩濱。與河略成角形。於濱置礮二。高於潮面五尺。餘置礮堂。低於地面數尺。其平面所向各異。後有壘與礮臺齊。礮既非露。下有暗道。通其總路。寬四尺。深六尺。路一而分。四通八達。其總火藥倉。就無水濱為之。礮堂相距中有厚壘護守兵也。從此放槍。可中敵船之礮門。非隔堆也。而有其益。儲器與醫工諸房。皆有太平蓋。及巨隔堆。能斷通行貫後之彈。南人查爾士頓撒法那為明乇非克斯波嘎諸處。所學之技。復增智慧於艱險者。已盡於此。然以六七十門大礮攢擊。猶恐不支。此外曰沛克堡。在里固來背河班德查德吝湖波那湖之間。曰紐阿林壘。獨長。取諸護也。為明乇之給巴非耳河。紐本之紐斯河。茲有壘曰給尼斯堡壘。近磨比耳城。曰克吝止堡壘。曰麻迦里他堡壘。茲近佛難低那。曰特里堡壘。曰占斯敦堡壘。曰丙克尼堡壘。曰丹阿勒森堡壘。曰那始非勒堡壘。茲在岡比闌河岸。曰布拉希爾城壘。曰撒邊山峽城壘。曰嘎佛斯登城壘。曰音阿奴拉城壘。曰恆里礮臺。有二。一在哲末斯河岸一在田捏西河岸曰科侖斯礮臺曰新馬德里礮臺曰比羅美末非斯礮臺曰波德給布森礮臺共在密士昔比河岸曰若日登礮臺在散氐河岸曰邊撒果拉礮臺曰撒法那礮臺曰波度落油礮臺曰波佛德礮臺曰色里凡島礮臺曰末里斯島礮臺曰哲末斯島礮臺曰塔河礮臺曰巴末里苟海峽礮臺曰羅奴克島曰阿布麻勒海峽曰隈納基河岸礮臺曰那爾佛克礮臺曰休韋勒角礮臺凡此皆臨水者也其内地諸壘如根得基之包令固吝勿爾治尼亞之阿克登里知門德彼特波革先忒推拉田捏西之岡比閘加拍大率南踞之而北拔之礮臺棄取固未可以成敗論然綜厥大要礮不宜露也列礮相去不宜近也臺不宜磚石也臺後不宜空也鐵甲礮房露面沙壘不宜大也沙子隔堆不宜薄也礮房應敵彈之路宜成交角使彈來遇斜偏行不宜成正角也而礮臺之礮則視臺高水面若干而異南北軍滑膛礮十寸十一寸十五寸口徑者於低臺得力尤多嘗閲末尼妥耳鐵甲船之活鐵礮座被十五寸徑之彈損螺絲帽蓋擊力散着平面也再擊即通高臺則宜用巨螺絲礮議者曰田雞礮如作

螺絲。其擊鐵甲船當復何如。此南北軍所未見及者也。

陸軍營房表

美利加合衆國陸軍分布。其營房在科侖布亞華盛頓都城者一。在阿拉巴麻者三。在阿剛色斯者一。在嘉里符尼亞者九。在喀挪拉奪者四。在干捏底嘎奪者二。在特納窪者一。在佛勒里畣者七。在若耳治亞者二。在伊利那倚斯者一。在英釐阿納者一。在剛色斯者四。在根得基者一。在魯西阿納者六。在緬者六。在瑪理蘭者三。在馬沙朱色士者六。在密西根者三。在梅尼所達者一。在密士昔比者二。在弩布拉士格者三。在列法達者一。在紐罕布西耳者二。在紐折爾西者二。在紐約者十有五。在諾司喀爾勒那者三。在倭海約者一。在頞里根者二。在賓夕佛尼亞者一。在洛畣埃倫者二。在叟司喀爾勒那者二。在德格瑟斯者十有二。在窪蒙者二。在阿里瑣那者十有一。在打戈達者十。在埃得和者二。在孟大那者八。在紐墨西哥者六。在尤達者二。在華盛頓者五。在歪阿明者七。在印甸者三。所在扼要。不究不虛。非通火車。即達輪艦。如星羅。如電掣。聲氣罔有隔閡。其以是

夫營房非礮臺也而礮臺亦往往而有述陸軍營房表

合衆國邦部營房

科侖布亞	華盛頓拔拉苦有火車
阿拉巴麻	格因司距磨比耳三十英里有火船　摩路根距磨比耳三十英里有火船　孟脫滑 農拔拉苦距茶列司頓五英里有火車
阿剛色斯	列多路庫拔拉苦
嘉里符尼亞	阿耳可脫拉士道距三法蘭昔斯哥四英里有火船　安治二道距三法蘭昔斯哥七英里日有火船　卑宜沙八拉苦司距昧而色特一英里有舟　必多維二距宜法六百九十三英里有火車　加司毛距三法蘭昔斯哥三百英里有火車　美松距三法蘭昔斯哥三英里有火車　三法蘭昔斯哥距埠四英里有火車得力風　三笛葉後拔拉苦司在三笛葉後有火車　閨費耳脫司可多有火車
喀挪拉奪	屋拉法奪有火車　田拔在田拔西　列維司距內克十二英里　來音距拉士安尼麻士七英里有火車
干捏底嘎奪	脫蘭不二距紐侖頓一英里　可里司沃奪距紐侖頓一英里

特納窪	特納窪距費納的費牙一英里半日有火車
佛勒里畬	拔蘭可司距邊沙各拉九英里有舟　可林治距法蘭格林三英里　日發松距嘎得司頓七十一英里有船　格維司多距灘壩海程一日　麻里音距邊沙各拉十英里有格火車　先奪法蘭西司拔拉苦司從嘎得司頓有火車　題羅
若耳治亞	沃可列蘇比距沙拔那三英里有火車　拔拉司基距沙拔那十四英里有火車
伊利那倚斯	海吳多
英釐阿納	之愛傳而司恩距之愛傳而司恩七英里有火車
剛色斯	勒司在勒司有火車　利列距皆克司恩三英里半有火車　理聞瓦司　理聞瓦司陸軍岳
根得基	干脖洛拔拉苦在干脖洛
魯西亞納	北庫　日柯松拔拉苦距紐阿林六英里有火車　日柯松距紐阿林七十三英里間七日有船　利聞登距紐阿林九十五英里每廿一日有舟行　馬根布距那法也得一英里半有火車　先奪費力比距紐阿林七十三英里每二十一日火船一行
緬	可治司距波奪蘭二英里　波販距納格司水程十二英里陸十五英里　納柯司距阿

	如司兜克一英里　馬苦列距安得納司嘎亨四英里半日日有船　司加美路距波奪蘭
	二英里有火車　布列補利距波奪蘭二英里半水陸皆通
瑪理蘭	加路耳與波治磨近　傅地距華盛頓都城六英里有船　馬柯恆利
馬沙朱色士	可拉各因波因脫距奔司德以脖洛四英里有船　費宜庫司邦都　瓦連邦都
	地距波士登七英里有火船　閘斯羅布士邦都地距波士登二英里　印地本田司距波
	士登三英里　西沃路距奔司德以脖洛一英里半
窓西根	勃拉天有火車　馬基那苦距司恩忒克利而五英里有火車　維宜距的奪累四英
	里有火車
梅尼所達	司宜林有火車
密士昔比	西布烏距百而利水程十五英里　路冰松有火車
拏布拉士格	西德而在邑有火車　宜沃不拉拉距華盛頓邑七英里有火車　澳麻哈距澳
	麻哈四英里有火車
列法達	馬庫達米多距由日以嘎七十九英里有火車
紐罕布西耳	根司治酒生距米麗馬治三英里有船　施路田有火車

紐折爾西	兵司波因多距薩綸姆六英里　薩綸姆距薩綸姆二英里有火車
紐約	科倫拔司距邦都一英里半在總督島上　窪多司澳土各林頓有馬車至此　維司　多波因脫　維利多波因脫距外司忒者司德忒二英里半有火車　吳多從邦都有火車　達比多道有火車　孟多沃美里距而日以次門忒英里半有火車　宜阿可羅距利夫吉司頓七英里有火車　音達里沃　夫羅多拔拔拉庫　波達距格非路不遠　拉費治距播忒南姆六英里有火車　馬直送拔拉苦　司格納距外司忒者司德忒三英里半有火車　哈密屯距播忒南姆六英里日有火車
諾司喀爾勒那	加司為耳距為明屯三十二英里日有火船　絨斯屯距為明屯二十二英里有船　美根距莫而二英里有火車
倭海約	科倫拔司拔拉苦
頞里根	庫納馬司距格那次俄蒲九十一英里有火車　司低聞士距北各而一百有五英里有火車
賓夕佛尼亞	米夫林距費納的費牙五英里
洛畣埃倫	阿堂司距牛播而特三英里有火車　荷蘭廓道距夫來司道而八英里有船
叟司喀爾勒那	摩路多利距查爾士頓五英里有火船　散達距查爾士頓五英里有火車

德格瑟斯

布立司距葉落怕蘇一英里半　布納聞墨勒侖至此有船十日一行　可納各距生摩洛夫愛路九日程日有火車　根角距包拉克三十七英里有火車　達比司距煤費而利克二十四英里　夜里沃多距嘎拉薩三十一英里有火車　黑司葛洛距黑司葛洛一英里有四分里之三　麻庫印脫朱距納法柔一英里　比那可羅拉多距馬地生四英里有火車　林可路多　散安多宜我有火車　德矮洛而昌布距德矮洛而一英里有火車

窪蒙

孟羅日有輪舟來自滿比理耳　墨牙邦都至此有得力風

阿里瑣那

阿帕治距哈二不路可九十英里日有火車　波為距波為十三英里有火車　可浪脫距維可庫司二十七英里日有火車　哈酒柯距哈酒柯七英里日有火車　羅維耳距打若送七英里有火車　摩牙背距嘉里符尼亞邦誰得耳二十五英里有火車　散加路司距維可庫司一百七十七英里有火車　書馬柯距維可庫司不遠日有火車　窪地距布列司可多四十五英里每廿一日有火車　回布路拔拉庫司有火車　馬庫多維耳距哈二不路可三十二英里每廿一日有船

打戈達

阿夫羅漢林可龍距車門德來六英里有四分里之一有船　別宜多距姆狄二十八英里

	有火車 比法多有火車 米阿地距本必那三十英里日有火車 邊比納距德內以洛二英里有火車 蘭達兒距納抹而二十四英里有火車 西施屯距由翅二十一英里有火車 沙利距姆狄二十五英里每廿一日火船一行 都田冬可涉冰而行至此 牙地司距門德來五十八英里有火車
埃得和	波伊司拔拉可司距波伊司二英里有火車 夏滿距埃得和歐半英里
孟大那	阿希宜波因有火車 該司德而距該司德而三十二英里日有火車 日發松 拔拉苦 格沃 馬治宜司距該司德而一百十英里有火車 米蘇拉距米蘇拉四英里有火車 波布拉 硝距哈拉丁八十英里有火車
紐墨西哥	拔押多距銀成九英里有火車 柯明司距田明五英里有火車 馬西司堂屯距加西治一百二十英里有火車 由農距窪脫羅司九英里日有火車 文格多距文格多三英里
尤達	多庫拉司距比佛而三英里有火車 留提司宜距垓士八十八英里
華盛頓	昌比距亞格馬一百四英里有舟車 司波更有火車 窪拉窪拉 望柯拔有火車 達閘先多距海港三英里

歪阿明	布里可距由恩達十英里有火車　羅施耳法多距給安西三英里日有火車　拉拉米距納日阿米二十八英里有火車　馬基宜距納日阿米一百三十五英里有火車　白羅多拔地　寫利端距奧洛巴尼八十英里有火車　窪沙基距之昂生一百四十七英里日百火車
印甸	理納距我庫拉哈馬三十二英里有火車　西陸距亨利達六十五英里日有火車　沙布來距屋多瓦鐸十六英里日有火車

兵器局表

兵器略見兵制陸軍礮局試驗礮鋼自有表銅鐵之藝亦見攷工而美利加兵器專局在嘉里符尼亞若耳治亞伊利那倚斯英釐阿納剛色斯緬五邦者各一在馬沙朱色士邦者二在紐折爾西邦者一在紐約邦者四在倭海約邦者一在賓夕佛尼亞邦者二在德格瑟斯邦窪蒙邦打戈達部者各一在孟大那部者二在華盛頓部歪阿明部者各一凡二十有三中惟紐折爾西為火藥局凝土以為範爍金以為器工肆商廛不在其中述兵器局表

邦部	兵器局
科侖布亞	
阿拉巴麻	
阿剛色斯	
嘉里符尼亞	格路薩在格路薩
喀挪拉奪	
干捏底嘎奪	
特納窪	
佛勒里侖	
若耳治亞	哈而司恩在哈而司恩
伊利那倚斯	六可埃朗脫
英鼇阿納	英鼇阿納波列士在英鼇阿納波列士
愛阿窪	
剛色斯	利紛哇而司在利紛哇而司

根得基	
魯西阿納	
緬	格列北沽在澳額士大
馬理蘭	
馬沙朱色士	宜所拉羅阿抹立在奔司德以脖洛　亨姆頓在亨姆頓
密西根	
梅尼所達	
密士昔比	
密蘇釐	
拏布拉士格	
列法達	
紐罕布西耳	
紐折爾西	美利加此火藥局也距埰拔四英里半
紐約	紐約在沃拔拉島　維勒多博因託　阿達理多距以婁司德特一英里

	列比司道距阿洛千尼三英里
諾司喀爾勒那	
倭海約	科侖八斯在科侖八斯
頞里根	
賓夕佛尼亞	阿列阿宜　福良古法多距哈力斯阜半英里
洛侖埃倫	
叟司喀爾勒那	
田捏西	
德格瑟斯	珊安各略在珊安各略
窪蒙	佛脫猛羅
勿爾治尼亞	
威士奪勿爾治尼亞	
威士干遜	
阿里瑣那	

打戈達	佛脫阿布拉罕林工距門德來七英里
埃得和	
孟大那	先奪路倚斯博達　日發松拔拉柯
紐墨西哥	
尤達	
華盛頓	汪嘎拔拉可
歪阿明	格按克在格按克
印甸	

美利加兵志四

游歷美利加圖經二十七

花翎二品銜直隸即補道總辦北洋機器局前游歷使臣傅雲龍述

兵船表

美利加合衆國海疊自畫非亟亟於兵船新法者也雖然舟材軍械多自為之繹舊悟新華路刮目雲龍游三法蘭昔斯哥時適見其鋼兵輪茶利司頓告成不狃故智有足多者於是諏工按籍知其艦數之多寡月異而歲不同如列國歲計政要所言同治十二年（千八百七十三）美利加之鐵甲輪四十有八曰歐扎克司曰愛哥瑪曰杭姆非脫來得曰克那里堪新曰喀蠻起曰格子桔爾曰漆葛騷曰可花斯曰科拉色斯曰敵得倒曰過德拉曰吼而魯曰過力司曰走勝曰幾何後定曰格拉瑪曰科茹曰利海曰曼忽伯曰曼赫敦曰墨守楚色蚩曰冰杭多羅瑪曰敏爾東茄曰墨纛曰橫乃得撓曰瑪得格曰内杭呸脫曰難脫格梯曰内伯曰撓色脫曰爾伯來斯格曰爾瓦皮曰瓦立根曰瓦棲谷曰伯色葉曰弼斯茄的乖曰玻璃蛋曰陸拏格曰騷葛斯曰少呢曰生閣格曰脫勞曰恩伯乖曰滑色曰委爾陪格曰懷德恩德曰雖座曰莫瑪又廠輪六十有三曰加拉辣

濆。曰波蘭格林。曰敏禰索德。曰禰洋格拉。曰華白須。曰阿拉斯加。曰杭的當。曰孛尼昔。曰波羅格林。曰克勒方禰呵。曰加能五臺括。曰剛格勒斯。曰葛能迭格。曰特拉懷。曰福祿力大。曰哈得福。曰伊里拏合。曰愛鶴滑。曰酌伐。曰拉格旺捺。曰能蓋斯得。曰莫囊概希拉。曰納伐得。曰紐約克。曰沃墨好。曰奔西浮尼亞。曰奔色哥拉。曰伯立模。曰抛阿且。曰立子門。曰薩拉那。曰色文。曰奢難讀呵。曰薩斯賁喊那。曰特納西。曰太康特洛茄。曰華斯德。曰阿斯非拉。曰莫捺克雪。曰格利那。曰益勒乖。曰祖尼阿得。曰鉛色斯。曰九色蠻凿。曰墨伊耕。曰難搭斯桔。曰難拉鹹色。曰納壹雪。曰吾耶。曰伯雪秘。曰奎力掤五。曰奢閣。曰少墨鐵。曰少阿大拉。曰他斯加羅拉。曰眼的。曰華楚色。曰懷鶴鳴。其餘五船。與夫夾板兵船二十有九。皆未著名。較其前一年少鐵甲三。皺輪六。夾板一。其外國師船圖表所載鐵甲十九。曰批烏力呑。曰彌安託諾木。曰安姆非脱來脱。曰馬那特諾克。曰脱羅。曰索古司。曰阿嘎克司。曰堪那尼可司。曰馬胡派克。曰曼哈旦。曰外恩度脱。曰巴薩以克。曰喀蠻次。曰喀次氣耳。曰周生。曰立海。曰滿拓克。曰那罕德。曰難脱克脱。快船二十。曰福郎克林。曰脱納希。曰泊司頓。曰阿脱蘭脱。曰戚喀古。

曰阿陸忒。曰耳愛音執耳。曰阿達姆司。曰阿列恩斯。曰恩託潑來司。曰愛瑟克司。曰內潑息克。曰凡達利亞。曰司挖他拉。曰奎納邦。曰模良克。曰馬利恩。曰喀利那。曰脫林吞。曰鐸爾分。坿以水雷船二。皆光緒十二年以前船也。雲龍閱見既難概同。則互參之符燭。安在勦襲之雷同耶。茲撮雙旋臺者七。以為重鐵甲輪船表弟一。單旋臺者十四。以為鐵甲輪船表弟二。巡海快船十有四。以為鋼兵輪船表弟三。其質不一者十有二。以為木鐵合成兵輪船表弟四。又錄其八以為二颿鋼兵船表弟五。其質非鐵者二十有八。以為木兵輪船表弟六。又舉其十。以為風颿木兵船表弟七。補後知者五。以為補表弟八。凡九十有八船。而水雷別詳。不雜於篇。述兵船表。所引船名據原書

重鐵甲輪船表弟一 七船皆雙旋臺

船名	長	寬	入水深	壓水噸數	馬力	速率海里	甲厚	機式	礮	造年	船廠	直銀
批烏力吞	二百八十尺	六十尺	十七尺	六千有六十	三千五百	十三	臺十六寸水綫十二寸	雙螺旋水平和合四	十四寸徑	同治五	羅基士牙夕在賓夕佛尼亞	三百十七萬八千四十六
彌安託	二百五十尺八寸	五十五尺一寸	十四尺一寸	三千八百一十五	一千四百廿六	十	臺十一寸半水綫七寸	雙螺旋斜合	同	同治三	同	同

諾木												
安姆非 脫來脫	二百五十尺	五十六尺	十五尺	同	一千六百	十二	同	同	同	同	哈郎安奪活領司瓦斯在特納窪	同
馬那特 諾克	同	同	同	同	同	同	同	同	同	同	美利加列必鴉多在三法蘭昔斯哥	同
脫羅	二百九十尺	同	同	同	同	同	同	同	同	同	昔郎布司在費納的費牙	同
阿摩多 巴多六 西布	三百十尺	六十尺	十六尺		八千六百	十七	臺十二寸水線十二寸	雙螺旋橫連三段	同		美利加列必鴉多在窪蒙	二百三十七萬六千
阿摩多 沽魯沙				六千六百四十八	八千七百五十	同	臺十寸半水線十一寸	同	同		美利加列必鴉多在紐約	二百四十八萬四千五百有三

鐵甲輪船表第二十四　船皆單層甲單旋臺

船名	長	寬	入水深	壓水	馬力	速率	甲厚	機式	礮	造年	船廠	直銀

索古士	二百五十尺一寸	四十二尺十一寸	十三尺五寸	二千一百	四百五十	六	臺十寸水綫五寸	單螺旋	十五寸徑二	同治四		
阿嘎克司	同	同	同	同	同	同	同	同	同		司摩冬安奪美松在賓夕佛尼亞	
堪羅宜可司	同	同	同	同	同	同	同	同	同		海里松猓林在馬沙朱色士	
馬湖派克	同	同	同	同	同	同	同	同	同		惹安奪露夫西果在紐折爾西	
滿哈旦	同	同	同	同	同	同	臺十寸水綫五寸	同	同		海里松猓林在馬沙朱色士	
外恩度脫	同	同	同	同	同	同	臺十寸水綫五寸	同	同		賣奴古林烏多在倭海約	
巴沙衣克	二百尺一寸	四十五尺十一寸	十一尺五寸	一千八百七十五	三百五十	同	臺十一寸水綫五寸	同	十一寸徑二	同治二至三	戎赫里沽松在紐約	

喀滿次	同	同	同	同	同		同	同	同		多拉休來羊安奪希果在紐折爾西	
喀斯奇耳	同	同	同	同	同	同	同	同	同		戎赫里沽松在紐約	
洲生	同	同	同	同	同	同	同	同	同		同	
力海	同	同	同	同	同	同	同	同	同		戎赫里沽松在賓夕佛尼亞	
滿拓克	同	同	同	同	同	同	同	同	同		戎赫里沽松在紐約	
那罕得	同	同	同	同	同	同	臺十寸水綫五寸	同	同		必林西果安奪孔巴力在紐折爾西	
南脫克	同	同	同	同	同	同	臺十一寸水綫五寸	同	同		阿多朗起沽瓦沽司	

脫

鋼兵輪船表第三

十四船皆巡海快船式

船名	長	寬	入水深	壓水	馬力	速率	機式	礮	造年	船廠	直銀
希嘎骨	三百一十五尺			四千五百	五千	十四	雙螺旋和合		光緒九	羅基士	八十八萬九千
波士登	二百七十尺			三千一百八十九	二千七百八十	同	單螺旋水平和合		光緒八	同	六十一萬九千
阿多蘭多	同			同	三千五百一十二	十六	同		同	同	六十一萬七千
多魯分	二百四十尺			一千四百八十五	二千二百四十	十五	單螺旋橫合		同	同	八十一萬五千
紐窪沽	三百一十尺			四千八十三	八千五百	十八	雙螺旋水平三段			苦朗布司	一百二十四萬八千
茶利司頓	三百尺		十九尺	三千七百三十	七千五百	十九	雙螺旋水平和合	大礮二次八	光緒十三至十五	由彌安愛安瓦苦士在三法蘭昔斯哥	一百一萬七千
波治磨	三百一十五尺			四千四百一十三	一萬五百	十九	雙螺旋水平三段		光緒十三	苦朗布司	一百三十二萬五千
第四號	三百一十五尺			同	同	同	同			同	一百三十五萬

在馬沙朱色士

補魯沙											
弟五號補魯沙	三百一十尺			四千八十三		同	同			由爾安愛瓦苦士	一百四十二萬八千
弟一號礮船	二百三十尺			一千七百	二千二百	十六	同		光緒十三	苦朗布司	四十五萬五千
弟二號礮船	一百七十五尺			八千九百有一	一千三百	十三	單螺旋水平和合		同	科侖布亞	二十四萬七千
弟三號礮船	二百三十尺			一千七百	三千三百	十六	雙螺旋水平三段			巴馬孔拔宜在賓夕佛尼亞	四十九萬
弟四號礮船	同			同	同	同	同			同	同
開花礮補魯沙	二百四十六尺			七百二十五	三千二百	二十	雙螺旋橫連三段		光緒十三	苦朗布司	二十五萬

木鐵合成兵輪船表弟四十二船

船名	船質	長	寬	入水	壓水	馬力	速率	颿	煤	造年	造所

二飆鋼兵船表弟五　八船

恰達魯巴	木									同治三	
渦哈窩多	木	九十七尺	十九尺	六尺	一千八百八十					咸豐十	
福郡	鐵	一百三十七尺	廿六尺	九尺	四千五百	三百四十	十	雙檣	八十	同治四	波士登
理冬	鐵	同	同	同	同	同	同	同	同	同治五	同
默福拉瓦	鐵	同	同	同	同	三百三十八	十六	同		同	同
孟迭里	木					三百四十	八	同		同治二	同
宜納	鐵	一百三十七尺	廿六尺	八尺	三百五十七	同	十	同	八十	同治四	
羅士莒	鐵	八十四尺	十八尺	同	一百九十					咸豐十一	
羅格多	木	八十五尺	十八尺	七尺	一百八十七	一百四十七	八			同治二	
士比篤	鐵	一百三十七尺	廿六尺	九尺	四百五十	三百四十	十	雙檣		同治四	波士登
瓦耳											
士當接時	鐵	同	同	同	同	同	同	同	同	同	同
飛鴉納	鐵	同	同	同	同	同	同	同	同	同治三	紐約

船名	長	寬	入水	壓水	馬力	速率	航路帶颿	煤數頓	官兵	造年	造船所	造船人
朗顏	一百七十五尺	三十二尺	十二尺	一千二十	五百六十五	十	北太平洋	一百二十六	官廿兵一百廿七	同治十二至光緒二		荷蘭
阿拉多	同	同	同	同	三百九十六	同	太平洋	一百三十三	同	同治十二至光緒元		
孟羅加希	二百三十五尺	三十五尺	九尺	一千三百七十	八百五十	十一	大西洋雙檣	二百二十四	官十二兵一百一十四	同治二		
密西根	一百六十三尺	廿七尺一寸	同	六百八十五	三百有五	十	西北湖	一百三十五		道光廿九		美利加
把羅士	一百三十七尺	廿六尺	同	四百二十	二百四十六	十	大西洋雙檣	一百有二	官九兵四十九	同治四	波士登	
丙達	同	同	十一尺	三百有六	一百九十	八	同	一百十一	官八兵三十七	同		
英多里比羅	一百七十尺	三十五尺三寸	同	一千八百一十二寸	一百有六		同	一百八十		同治十三	波士登	美利加
阿拉阿木	一百五十八尺	二十八尺	十尺	八百	六百	十		四百五		同	紐約	同

木兵輪船表弟六廿八船

船名	長	寬	入水	壓水	馬力	速率	航路帶颿	煤數頓	官兵	造年	造船所	造船人
哭林東	二百五十三尺	四十八尺	二十尺六寸	三千九百	二千四百一十四	十二	大西洋	三百三十七	官廿九兵三百八十七	同治十二至光緒三	紐約	美利加
南大司	二百三十五尺	四十六尺	十九尺二寸	三千二百五十	七百三十三	九	同	二百八十八	官廿二兵三百廿	咸豐八	費納的費牙	同

達	八寸										
布魯古林	二百三十三尺四寸	四十三尺	十九尺六寸	三千	一千一百一十六	十	同	三百三十	官廿三兵二百六十八	同	紐約	威士奪勿爾治尼亞
冰沙古拉	二百三十尺八寸	四十四尺	十八尺七寸	同	六百八十	九	歐羅巴	二百八十五	官三十六兵三百五十一	咸豐八至同治元	賓夕佛尼亞	美利加
哈脫阜多	二百廿五尺	同	十八尺六寸	二千九百	一千二十四	九	同	二百四十	官三十二兵二百八十五	咸豐八	波士登	同
力起猛	同	四十二尺	十七尺四寸	二千七百	六百九十二	九	北大西洋	二百六十五	官廿九兵三百廿一	同		同
倭希	二百五尺	三十八尺	十六尺六寸	一千九百	七百一十五	十	同	三百三十五	官廿兵一百九十四	咸豐十一		同
五馬哈	二百五十尺六寸	三十八尺	同	二千四百	七百五十三	十一	大西洋	一百五十	官廿二兵二百六十九	同治六至八	費納的費牙	同
方達利亞	二百一十六尺	三十九尺	一十七尺三寸	二千一百	一千一百四十七	十二	太平洋	一百八十	官廿七兵一百八十四	同治十一至光緒二	波士登	同
日宜鴉達	二百五尺	三十八尺	十六尺六寸	一千九百	四百九十四	八	同	二百二十	官廿一兵一百七十九	同治二	費納的費牙	

喀列博	二百一十六尺	三十七尺	同	同	九百六十四	十	歐羅巴	一百八十	官十九兵一百七十六	同治十至光緒三	同	同
索阿達納	同	同	同	同	六百八十	十	同	一百八十六	官廿六兵一百八十八	同治十一	紐約	同
嘎里拉	同	三十七尺	同	同	七百七十六	九	北太平洋	一百七十	官廿四兵一百九十	同治十至光緒四		同
馬耳庸	同	二十七尺	同	同	七百五十三	十一	大西洋	一百三十五	官十八兵一百七十六	同治十至光緒元		同
磨希剛	二百十六尺	三十八尺	十六尺六寸	一千九百	六百一十三	十	太平洋	一百六十二	官廿一兵一百九十三	同治十一至十二		同
埃羅貴士	一百九十八尺一寸	三十三尺	十五尺三寸	一千五百七十五	一千二百二	十	同	一百廿八	官十六兵一百七十六	咸豐八	紐約	同
喀沙里	一百九十八尺六寸	三十三尺	十五尺九寸	一千五百九十	八百四十三	十二	同	一百六十五	官二十一兵一百九十一	咸豐十一		同
阿當木士	一百八十五尺	三十五尺	十四尺三寸	一千三百七十五	五百五十	九	同	一百五十	官二十兵一百六十二	同治十三至光緒二	波士登	同
埃耳立	一百八十五尺	同	同	同	六百六十八	九	南太平洋	同	官十八兵一百	同治元至五		同

仁士									六十			
埃色古司	同	同	同	同	五百有五	十	大西洋	一百三十	官十五兵一百七十八	同治十三至光緒二	波士登	同
恩達布來士	同	同	同	同	七百九十	十	同	同	官十八兵一百六十四	同治十二至光緒二		同
列必希古	同	同	同	同	八百三十九	十	同	一百三十二	官廿三兵一百六十一	同治十二至光緒五	科侖布亞美都	同
塔拉補沙	二百四十尺	同	十	一千二百七十	八百七十二	十二	南大西洋○雙檣	二百有一	官十三兵一百四十三	同治十三	波治末	
羊基沽	一百八十尺	三十尺	十二尺二寸	九百	二百二十五	八	北太平洋	一百一十七	官廿兵一百三十四	同治三	費納的費牙	美利加
立司拔基	一百七十四尺	二十五尺	一十二尺四寸	五百六十	五百一十八	十二	雙檣		官六兵七十五	同治十三		

船名	長	寬	入水	壓水	颿式	航路	官兵	造年	造船所	造船人
福朗沽林	二百六十五尺九寸	五十四尺	二十四尺三寸	五百一十七	一千五十	九			咸豐五至同治四		同
瓦拔書	二百六十二尺七寸	五十一尺	二十三尺	四百六十五	九百五十	九			咸豐四	費納的賓牙	同
梅尼所達	二百六十四尺八寸	同	同	四百七十	一千	九			咸豐五	科侖布亞	同

風颿木兵船表第七十船

船名	長	寬	入水	壓水	颿式	航路	官兵	造年	造船所	造船人
孔司迭類生	一百七十六尺	四十二尺	二十尺	一千一百八十六	三檣	水師學堂	官十五兵二百有三	咸豐四		美利加
孔司迭久生	一百七十五尺	四十五尺	同	二千二百	同			嘉慶二	波士登	同
因造兵迭司	一百八十九尺	五十一尺	二十一尺	三千二百七十	同			道光十八	同	同
木籠加	二百廿五尺	三十八尺	十六尺	二千一百	同	大西洋		同治元	費納的費牙	同

船名	船類	長	寬	入水	壓水	馬力	速率	機	礮	造年
非納										
波知郊士	一百五十三尺	同	同	一千一百廿五	同			官十五兵二百一十	道光廿三		同
熱猛司董	一百六十三尺	三十六尺	同	一千一百五十	同			官十七兵二百七十五	道光廿四		同
沙納多額	一百四十七尺	三十六尺	同	一千廿五	同			官十八兵二百七十五	道光廿二		同
仙多類士	一百廿六尺	三十四尺	十五尺	八百三十	同				道光八	科侖布亞	同
仙多買耳業	一百五十尺	三十七尺	同	一千廿五	同				道光廿四	同	同
接羅	一百一十七尺	三十二尺	十四尺	六百七十五	同				道光十九	費納的費牙	同

補表弟八　五船此外有孟磨司等船時為商舶

船名										
約庫堂	第一號礮船	三百三十五尺	四十八尺半	十九尺半	四千四百	九千		四鍋水平和合		
維西維司	空氣礮船	二百四十六尺	二十六尺半	八尺半	七百	三千五百	二十	四圓鍋水平	三	
拔耳知慕	第三號巡海快船	三百三十五尺	四十八尺半	十九尺半	四千四百	九千		螺旋水平重端鍋瀛壓一百三十五磅		
野耳馬	鋼船	三百五十二尺	四十二尺八寸	十八尺	三千五百三十一	二千四百	十二	螺旋橫合三枚鍋瀛壓百六十磅		
紐約	同	三百三尺	四十尺	同	二千五百	一千八百		同		

兵船雜識

凡事有宜有不宜。兵輪何獨不然。暗輪勝明輪遠甚。然一遇攔路之繩。暗輪非乘潮不可。而明輪可行者。不易捲伏繩而繞軸也。美利加北軍凡俄固草船。一傷不支。甲薄然也。於是美利加人謂鐵甲之厚。不能少於六寸。厚則厚矣。入水

因之深得毋不掟歟然出水愈多受礮愈易哈德佛德船亦其徵也兵船已自有表而經驗之兵耐擊之船詳人所略儻亦揀金餘沙歟述兵船雜識

英美水戰美船之與夾耳延耳兵船交衝者曰堪司低杜什被擊未傷又一次美船與曼斯多迎兵船轉戰者曰由乃斯得焚敵艙而旋美利加人言昔有鐵甲船曰瓦里阿耳長三百八十尺寬五十八尺噸數六千一百七十有七汽機二合抵馬力二千四百龍骨不在底而在內生鐵為之樑用熟鐵艙面以下鐵皮為裏厚一寸有奇外被鐵甲厚五寸首有撞鼻長三十尺厚十寸重十八噸有磨盤礮六旁礮三十曾依此造鐵甲靶用六十八磅彈之礮擊於六百尺外而裂南北兵起初惟北軍有兵船其著者如同治元年千八百六十二礮船二一名丐倫氏累一名比次孛革此外有鐵甲六木礮船一此船有四雜礮十有六被擊未毀者未尼妥耳鐵甲船也嘎里那阿羅斯都嘎布德落由南加都嘎各兵船也燬自南礮者哈德佛德船也沈自南軍水雷者氐固末惜鐵甲兵船也明年北軍以未尼妥耳鐵甲船與兵船攻色末搭堡而沈船一復以巴搭頗斯科鐵甲船與里布輪船進嗣是額德惜固船被水雷沈於韋耶羅新越日拖船名巴士里又沈

三年。（千八百六十四）北船攻包額勒堡。又攻磨爾干堡。將攻色末搭堡。探港之船二。曰几俄固革。曰比迫。是役也。鐵甲九。曰韋何根。曰巴雖倚刻。曰滿拓克。曰巴搭頗斯科。曰牛艾恩帥子。曰恰斯丐勒。曰難多丐德。曰那罕德。曰几俄固革。此外巡防之船。曰波勒古尼斯。曰卧巴士。曰佛爾門德。曰希巴果。曰波拉左尼斯。而鐵甲船被南礮擊傷其五。而沉其五之一。雖然鐵甲無一穿者。蓋南礮彈皆平頭也。北陸軍攻魯西阿納水師。以礮船十二。運船三十應之。遇淺。厥後北船過磨爾干堡。其兵輪曰布魯嘎林。曰俄克多拉拉。曰彌他戈来德。曰里止門德。曰布德羅由。曰拉嘎瓦那。曰惜彌奴里。曰末奴嘎希拉。曰給尼孛給。曰俄惜比。曰伊打斯果丐。曰烏奈大。曰丐里那。合之法拉嘎德所乘之船。凡十有四。又末尼妥耳鐵甲四。曰氐固末惜。曰曼哈旦。曰韋尼孛固。曰几嘎索。而氐固末惜一鐵甲。被水雷轟沉矣。未幾南軍田揑西鐵甲船降。

南軍初無兵船。後乃鳩工造之。有礮船三。曰磨爾根。曰惜勒麻。曰茍尼斯。而為北軍所獲之田揑西船。則鐵甲也。造船者非爾斯與巴惜德也。司工者布里刻也。造自阿拉巴麻邦。磨比耳船身甚堅。內用椽松。外衣鐵甲。長二百有九尺。寬四十八尺入水十四尺艙面熟鐵厚二寸船側凸木裏熟鐵二層共厚二寸至水面下六尺而止邊艙以下厚八尺从凸處至礮房底十尺船首衝如椎在水面下長二尺裏熟鐵數層礮房長七丈八尺八寸內寬二丈八尺九寸礮房之外最寬更出十尺黃松礮架用徑十三寸直列無空外用五寸有半其橫列用四寸厚之膠樹木板鐵甲護之礮房鐵甲為熟鐵板三層厚各二寸凡六寸厚寬約六寸首尾甲厚五寸寬如之其鐵甲用一寸二分徑鐵條作螺絲穿過各層之木以鐵圈與螺蓋固之礮房上面熟鐵條厚二寸寬六寸平置於一尺二寸方之木架上交加如柵如網相去五尺門十皆用鐵條有樞礮房有旋轉礮架礮門楕圓立形小徑僅容礮口出入大徑僅容礮口斜向上下若干度兩側墊木割成斜面令礮移動三十二分圓周之一礮門用熟鐵厚五寸其左右之門上下有直槽扶之惟轉動之門則在一邊閉用齒輪齒桿船礮為布魯嘎斯螺絲礮六大公艙較寬而公艙不透風水手兵丁之房便甚不凝水之雙流機筩徑二尺四寸推機之路七尺初為商路舊物先動一木齒輪而軸連一生鐵斜齒輪以動螺輪之軸鍋爐四具平置火路長二丈四尺有總火爐煙由此入帷煙

筒瀛機之房，鍋爐之艙皆悶，北軍將礮子所穿鐵甲一孔，礮門諸傷修之，增風機風扇。

是年北軍欲以二兵輪曰彌他戈米德，曰惜勒麻，同礮船過磨比耳灣，南軍以那始非勒船沈之河路，其後北軍苟何那船與牛艾恩師子鐵甲船攻瓦嘎那堡，入之。南軍有衝船曰阿布麻勒，又有攔河船曰孛德爾飛，北軍之取非剛堡也，兵輪三十有六，半為牛艾恩師子，餘皆常船，後增為四十有四。四年（千八百六十五）北船環攻磨比耳礮臺，被水雷沈鐵甲者二，一為米勒俄給，一為俄撒止，其轟非同時而沈者曰牛艾恩師子，曰忽繖多尼克。

南有鐵甲衝船曰阿布麻勒，有末尼妥耳鐵甲船曰韋何根，曰恰斯苟勒，有兵船曰每末非斯，曰瓦巴士，又有明輪曰埃氏瓦，曰哲斯德非德，又有鐵甲螺輪曰米多斯對德，而鐵甲衝船毀自水雷。

譯船工舊說，謂牛艾恩師子鐵甲一層厚四寸有半，末尼妥耳船是以數層鐵甲為之，初以為一層之厚堅於數層之疊，而不然也。牛艾恩師子倍大於末尼妥耳，觀其被傷，孰為耐擊可知已。末尼妥耳甲傷深凹，螺釘成隙，再擊亦無大

損而牛艾恩帥子船驟視之甲釘未改舊形細審之船板已多裂縫矣

船礮經驗說

墨子曰公輸般自魯之楚為舟戰之具其具孰謂謂鉤拒也時無火器火器興而水戰一變尚可以史記所載太公蒼兕之令同日語耶陸礮宜輕船礮宜重夫人而知之矣雲龍既諏美利加船礮利頓不禁喟然曰徒攻工猶無益也昂礮之度以尺測而準拋物之綫以聲測而便雖然取勝之策不盡在此鄉復鉤沈而挈領曰凡礮勿虛發勿遲發勿散發勿盡發勿視所指而平發（上略）向勿不知避而直發勿迎風過高而發勿背風過低而發述船礮經驗說

嘉慶十七年（千八百十二）英美交惡英吉利兵船用十八磅彈長礮而美利加兵船用二十四磅彈長礮而勝此船礮宜重徵也於是增實心礮重二十四磅初開花彈尚輕以八寸為率欲其易運也漸改徑九寸至十一寸雖不逮遠而擊近則準

美利加人言凡礮可發一千二百次者如昂六度僅二百次昂三十度不過五十次其故由昂多即無退步藥力旁漲一也愈昂愈速退力愈猛不退則損二

也凡兵船下層之礮高於水面六尺至九尺有差礮耳軸在礮中橫界以下半礮徑與艙面平所以低於中橫界者低度少高度多也背風之礮高十一度與海面成四度角迎風之礮低七度與海面平行

拋物綫最遠為四十五度彈行綫無此遠也審彈落之垂綫謂之割面離礮面之初點謂之次點美利加以水平置船使礮軸與水面平視彈墜水面處即為次點之距遠以三十二磅之彈擊三千尺之遠每表尺升降十分寸之一其彈必低昂於所擊二尺有七而美利加表尺在尾箍望準在第二助面從尺中點至望準一綫相連則綫與礮管軸平如所擊匪遥不妨就綫定之遠則不可蓋美利加三十二磅彈礮重三千三百磅其次點相去為八百六十四尺用水面平之望綫向敵船側之一點若在八百六十四尺以內則可中不惟可以度時表測之並可以聲之速率較之聲行之速率每秒一千一百一十六尺如人距礮三千三百四十八尺彈落適聞礮聲

英美水戰時英船礮度太昂屢越美船一日英船在美船下風雖美船桅損而勝論者謂英船於迎風高時發礮其不準固宜譯美利加船中日記云凡礮勿發

於背風最高時勿發於背風最低時勿發於艦在浪窩時而宜於船在浪頂為背風將低時也

美利加人言英美交戰英吉利夾耳延耳兵艦循風右行美利加堪司低杜什兵船駛向西南英礮越過美船既近英船順風轉駛避美礮之擊尾也緣是相左而礮亦弗及凡船在敵之下風其行宜偏宜緩而追下風之船宜視其旁礮循其水路而擊之一日英吉利曼斯多迎兵船與美利加由乃斯得兵船戰英以為在上風也直衝而下而美船不動遂燬英船觀者曰是英船悮行之故

南北兵起南以陸礮勝北以船礮勝北水師將法拉嘎德令曰凡放捲筒羣子宜較所擊略高否則彈出稍下矣雲龍按此理一受空氣之阻力一測垂綫之割面也法拉嘎德以兵船過波特黑德森礮臺又有六令詳兵事其大指以礮船麗兵船以擊人為護已

美利加兵志五

花翎二品銜直隸即補道總辦北洋機器局前游歷使臣傅雲龍述

水雷

國朝前無水雷法。然攷明萬厤十三年。西千五百八十五和蘭國被倭脫活圍攻搭橋欲渡。駭兒紅遂請義大利人蘭索造機器小艇。盛火藥發機轟橋。殆水雷濫觴歟。嗣是二百年間。無於水置藥炸敵者。有之。自美利加人始。述水雷。

原製弟一

乾隆四十一年。千七百七十五干捏底嘎奪人博寫納。剏試水下轟藥。此水雷定法權輿。剏於水下行舟。載藥炸敵船底。此又水雷行法權輿也。又剏浮水藥器。一繩兩端繫機器各一。浮之。乘潮往。繩中值敵船首。其兩端隨水環抱船腹。藥器以溜急沈底。其機齒輪如鐘表。用鑰開之。應時敲火而發。今之空心水雷浮繩一種。脫胎於此。然初製未精。欲轟英吉利兵艦之在美利加境者。閱二載。屢試均不如恉。廿年而後。美利加人福爾吞。進求厥術。

嘉慶二年。千七百九十七至法郎西賽五江濵。無信者。閲數年。求助費於法郎西和蘭。願圖自効。皆不許。七年。千八百一弩破侖第一。許於掌留斯脫。試水下自行之藥船。名撓剔埒司。其礮轟小舟粉碎。朔名叨披毒斯。譯言水雷也。用藥僅二十磅。後令轟英吉利兵船罔効。遂不助費。越二年。英吉利人引至倫敦。其大吏睬之。曰。此法行。水師殆將埽盡。不令它往。然信用尠。一再轟法郎西船之在蒲郎者。然因潮力未克逕送船下。十年。千八百五在滑兒莫開斯爾。以浮水雷轟毀孛黎格船。名陶祿梯耶。被譏不行。福爾吞鬱鬱歸美利加。請費於議政院。試造浮沈水雷。厥法有六。一曰浮水雷。分維繩端。令繩中當敵舟首。作正交綫。兩端隨潮抱舟。如博寫納法。二曰哈坡武水雷。以小舟潛插一篙於敵船。篙有細鏈。引水雷至其船底。三曰司拍水雷着之桿端。置之艇首橫桅。有鏈可轉向也。旋捩即發。四曰孛洛克水雷。以五十頓至百頓之船。囫圇堅厚。首尾四隅皆矗桿。置水雷衝之。五曰麥恩。譯言藥囤也。是為護守之浮水雷。繫之岸。以繩動機。六曰割繩具。為水下小礮帶鐵片如初月形。可斷繩纜。時水九莫潰官名勞極斯。知厥法。議政院令以斯羅船。名阿犿斯者演之。勞極斯以木牌護舟側。以鐵鉤輔鐵網。以重鐵懸橫桅。過舢板船。即墜使沈。以鐮刀矗桿巔。割取人首。福爾吞無所施技。或且毀之。而勞極斯詡甚。議政院費不果助。嗟嗟。水雷猶地道也。豈有敵人知掘地道。克奏效者。福爾吞恚然寡費。未縣專精。道光二十二年。千八百四十二水師克納埒官名科耳脫。剏製水中電線。試之。紐約泊舟處。置藥箱於水。電發自岸而轟。越二年。炸行船如法。其電線以鐵絲合束為一。棉線纏之。浸於阿斯發爾騰。與蠟合成流質之內。阿斯發爾騰。譯言硬石油也。即以煤礦滋漬而出。亦曰黑油。浸後銅裹其外。放之之法。司水雷者。即司電線。背海面鏡而坐。鏡下襯以放大形之凸鏡。光攝海舟影射紙上。有圖繪水雷通電之直線。視舟影一交直線。發其時矣。水雷陰雷之線通電器箱與銅簧椎。所連陽電線相去不能以寸。一拍即發。不失毫釐。水雷之用電線莫前於此。

分類第二

水雷之類二。一曰定。利守。與陸軍地雷同。或樁。或牌。或繩。或桿。其定以之二曰行利攻或流激或機捩或桿轟或繩抱或雷氣觸發或雷潛駛而發水雷之類亦二一曰引發有繩有雷二曰自發有磨有觸有壓而置水雷之類亦二一曰浮二曰沈

引發屬弟三

藥綫引火法至今可廢然一種水雷名德彌占火藥既實綰之浮標以錨定於水面下數尺用尋常曳而克然之礮引通長繩發之美利加南軍用之牙素河口四十八里（英十六）北軍礮船至水雷雙發中船左首尾礮躍艙面歷十二分時而沈雷引之法南軍不多用其故何歟電學弗精一也購料無路二也厥費不貲三也而亦用之為明屯撒法那磨比耳查爾士頓諸處北艦未逮南軍逸矣色末搭堡有北軍牛艾恩帥子鐵甲船停於鍋鑪鐵板所作五千磅藥雷水雷上歷半時許堡中人盡法引之而不克發咎在傳電之銅絲或云咎在拍拉麥譯言引藥也後有巴搭頗斯果鐵甲船於此港被電引水雷轟毀又於哲米斯河轟沈可末多爾卓米斯礮船其電引法白鉛杯九置一板為一幅疊幅多層每杯置一泥杯於中（非磁杯）

泥杯盛硝强水浸生鐵塊而盛淡礦强水於白鉛杯即以杯之白鉛通泥杯之生鐵以螺絲銜緊之是為負電之綫水雷各通正電是為通電之綫通電綫順河岸至一附電氣之器有兩大木塞厥孔半寸徑滿納水銀通正電也繇此而至水雷之綫附於三寸徑之繩歷三寸許輒綫纏之椽皮管厚四分寸之一包之每一丈五尺以長五六尺大四分寸之三之鐵鏈沈繩水底岸藏木篋於地方四尺發機人蹲於其内將通過木塞之綫與發電之綫接則轟美利加人謂舍扣脫克陸實譯言電綫兩端接也分譯之舍扣脫為電綫回環誼克陸實為正負兩端相續而通誼有連電綫於磨而發電之器者南軍用之磨比耳以下卓克都峽司班尼司水道電自礮臺傳過細白金絲而至白熱之度則引藥發

自發之屬第四

不用藥電兩引之法所謂自發者是大略有四一曰强水發火美利加南軍曾於查爾士頓港撒法那兩用之北軍韋何根船觸發賴船首木排抵之無恙（水雷秘要謂滿拓克船被轟毀非也）在同治二年（千八百六十三）其法以薄玻璃小瓶二一

盛鉀一盛磺强水棉裹置於鉛筒筒長六寸上半無縫下半筒底與側有透火之孔容引藥管亦鉛為之又容一黃銅管外有螺絲與水雷口承接彌縫不使水入遇船觸壓其鉛管必彎其玻璃瓶必碎其鉀和强水必生火引藥一然鐵殼內藥轟矣架以三巨木相去數尺橫木連之下端墜錨架自斜立上端即置水雷凡磨發水雷之架視此又一法水雷底有竿直兩瓶間瓶上薄銅片多孔壓竿則破瓶或言加以機輪歷時自轟然南軍用於查爾士頓港而北船出入無損二曰用簧發機造始南人性爾故名性爾水雷其法不簡而哲米斯河查爾士頓港磨比耳灣皆用之殼用鍋鑪薄鐵外通一機下端入藥中有一竿兩端銅冒一接水雷之頂一承螺絲之末又一竿貫孔可進可退一硬螺絲簧挺之側孔有小鍵連發機竿作三木形承以小盒船觸竿首則盒開鍵拔銅冒受貫孔一竿擊力而火發惟置鹹水則海蟲蝕竿與銅冒擊力既柔與未置等如同治三年千八百六十四北將法拉嘎德攻包頟勒堡南軍置之戈蘭德而田雞礟船未受一轟者職此或言包鐵避蟲然簧力久必失挺虛設其能免乎性爾又剏一種空

膛水雷容藥百磅三曰化學磨火法以簡稱剏自南薰累尼斯是若耳治亞邦俄固斯大鎮司造礮料化學官也法用鉀養綠養五十分銻硫三十分玻璃粉二十八分和置銅冒中磨銅冒背即然以醇酒入火藥乾之作引此最易火小椎或木擊之即然以椽木桶作水雷殼內抹油漆外捻黑松香膠一如捻舟以極輕木用鐵箍螺絲附麗桶之兩端作圓椎形亦近棗核形木輕則浮力增桶護則衝力耐形尖圓則順水性又少浪紋阻力因之以減其發火處在木桶橫腰其鐵箍或銅為之有螺旋紋一寸十絲居中受一空心陽螺絲之銅塞中有一杵下端少大免脫也火門在銅塞下加輭墊螺蓋免漏水也杵柄近蓋有小孔一暫鍵以釘免杵壓也置定去鍵其杵下以一螺絲挺簧承之免杵自下也敵船一壓繇杵而簧而火門而引藥其發無閒南軍曾於查爾士頓港諸處用之四曰木管發火厰法益便南軍用之轟沈北軍氏固莫惜鐵甲船在同治三年明年又沈北船六小舟一其法於桶腰堅板作黃銅管承空心銅塞中受木管置發藥於木管中有薄銅冒加以薄蓋障溼也上有螺絲厚蓋置妥則去一受壓力而磨銅冒背

不發者。或變其法為空氣膛。南軍用之羅斯沽河而效。下詳其發火如前。而受磨者五。置皆向上。增火藥五十磅。宅桶四周空中而方。以馬口鐵或白鉛片為之。下有活環連錨。以五熟鐵箍固桶。厚半寸。寬倍磨力。視浮力而大。浮力縣空氣而增。即用之衝拒木亦宜。或借法作擲彈。其發火處較重。必先着地而發。五曰電氣觸發。轟自電射火星。非縣銅絲紅熱也。其法有二。一朔澳地里。發火器始於埃孛那非船觸則引火之藥與電綫不通有九活釘各抵輪齒軸端以引電有通有斷電學家以通能斷為要否則雷電時有悞發者巧而不簡一朔羅末科。作銅十字形四枝作杯形又以金類作四小杯形以細而曲之銅絲作圜圜中肖十字通電以四木釘在四方受壓力以抵銅絲而至十字形之杯則電射火星美利加人有仿製者。而南軍未之用。其故有五。一怯海蟲。二費繁。三力遜磨發。四不耐久。五非其人無以置。若云霧與夜資之。則有阻路物也。是以南軍自同治元年。於律萓忙設水雷總局。用前四法居多。其擊北船可約略數。曰卞洛兵船。毀在是年冬。西十二月曰巴輪德丙孛兵船。在羊蘇河觸水雷轟沈。水深二丈。厥路水雷置自南軍。十有七。金類絲貫之。它船先經。水漲三尺。無發。可見發否亦關漲落此船適直水落。乃觸之。其在同治三年。曰額德惜固兵船。駛羅斯沽河。將泊。

韋耶羅新水雷雙起，洞底沈。明日巴士里拖船，復轟沈於側。曰卓知固倚勒兵船，於詹士河被水雷未沈。詳後曰巴搭波斯科鐵甲船，從色末搭堡下至裏海浮標北三十碼，水雷發，煙出船底艙左，兵為之飛。其將固瓦肯迫士方呼水筒，其副珊布珊未及傳語，已自及水，時裁十五秒，船首插流尾頓上，船中人遇救者四十有九，溺六十有二。曰瓊施兵船，在律崙忙被轟曰阿非斯德摩納兵船，北將打拉嗄林駛往查爾士頓港至卓治挑那，距韋德臺十里，英三里餘泊之，曉行水雷發，遂沈，死者一。曰每希里夫船，是北軍運兵者，行距查克森三十三里，英里十一水雷毀之。曰查得船，北軍以之探正森河水雷，轟截船首，其在四年。曰米勒俄給鐵甲船，曰俄撒止鐵甲船，在磨比耳灣之波累革里口，均受水雷沈，越二日。馬口鐵甲船名羅多挪往視，亦被水雷沈之。曰俄惜搭礮船，蓋將油尼恩斯運船之煤運之伊打斯嗄船，惜巴固船，哲米斯船，埃勒刻船之工所，觸水雷，洞底折桅而沈，死者四，傷六。然船首斜架可使之浮。曰埃大船，新惜那德拖船也，往哲米斯船觸水雷，斷桅掀鍋而沈之。船路不異為南軍增阻路物也。曰新惜那德鐵甲船之頭艇水雷沈之（詳除水雷）曰阿勒替亞船在磨庇里灣觸水雷毀柁房右而沈死傷玆三北軍之用水雷較少當進懷爾頓時兵船有九欲轟洛孥克江鐵橋用船首桿矗水雷法誤觸其機自損船七而橋無恙

浮行水雷第五

借風力水力助自行機或以磺强水定時而發然遇物則停遇岸則觸遇潮則回遇網則收水雷秘要言其穩萬倍謬也美利加南軍數數用之而奏功尠所損獨北軍俄西歐拉一船耳時波爾特絲為明屯攻斯忒堡南軍於上流夜放浮行水雷二百僅損是船柁房衡板身無巨創或曰乞臣河毀北軍數運船者此種水雷也然其種有三一曰羅意斯可擊泊舟二曰麥扣復合擊船若橋當趁潮也三曰急就此則剏自美利加人南軍時置法用銅箱扁而方入藥七十磅馬口鐵縱圍其中而橫一硬銅絲內端接馬口鐵外端出箱其口在箱側三分之一有橡皮塞銅絲內端置汞震藥外端有鐵繩繫之連於浮木遇船牽動鐵繩立拔銅絲而汞震藥在馬口鐵孔摩之即轟其法少勝而罕自主權則一也

拖行水雷第六

小輪艦拖水雷以近敵舟既斷拖繩急回艦柁其水雷有三一曰哈阜水雷仿英吉利堪曼特哈阜所造而變易之水雷頷下之上翹木桂名斯推姆與舟首龍骨上翹之木柱同名發或機捩或電綫或電引撞擊美利加人謂之舍扣克陸實其拒水雷閘鍼一脫沈六十夫特（英六尺）小者減半一撞藥杵即轟轟用雙浮標及孛留克（約束疾馳之具）能趣之速能令之浮繩則司自手輪盤軸如鼓曰鼓軸放一增一其閘鍼亦藉孛留克小盤軸拔之孛留克置船頂夾層以曳繩轆轤置於其前二曰盟延水雷與哈阜略異三曰法拖水雷木質鋼甲後二南北戰時罕用

魚形自行水雷船第七

美利加南軍議攻船莫水雷若遂翔小艦首矗一竿戴水雷衝敵船轟之謂之凹得律潑（潑一作搿）初用尋常舢板易炸遂翔新式於咸豐十一年（西千八百六十一）成第一船長二丈藉鍋鑪鐵板為之行水面下而不適用十三年（千八百六十三）在磨比耳造船一長五丈徑五尺露水高二尺長一丈厥形尖圓有

滊機火輪車載送查爾士頓試之。噴煙濃甚。鍋鑪遇鹹熱力。發泡而氣尠。方出港。漏水。溺斃三人。起船再試復沈。復出修之。固拉借里。北將而南者也。以襲北將勞安所帶牛艾恩帥子鐵甲船。北礮不得發。禦以槍。而水雷轟水躍。鐵甲船頂然水雷船。水入不得動。固拉借里水遁被獲。管機引水二人未出。又於磨比耳灣造船一。攻珊突島港。過磨庇里之奈非灣。鍋裂斃一人。船損。同治三年。一千八百六十四南軍水雷船襲北將希肯生所帶旭薩多尼克兵船於查爾士頓。其水雷船外用鍋鑪鐵。長三十尺。而寬三尺。中頂高五尺。暗輪。以八人輪流轉之。行平水。每半時四繩結。西名撓脫船內蓄空氣。足敷水下九人一時之用。船側兩翅隨意升沈。有洞二。用厚玻璃為罩。拖一水雷。經過北船底擊之。先於船首矗司柏水雷擊北船一巨洞。水驟入。船尾先沈。船身側左。人上繩梯如蟻。發小舠至加難兌固瓦船求援。而水雷船內水手末繇瞭望。逐流入兵船孔。同沈。兵船人十四。水雷船人九。皆斃。是年又於惜勒麻造水雷船。曰森巴德里克。南軍帕脫造阿拉姆水雷船。連撞頭三十二尺。通長一百七十二尺。寬二十七尺六寸。喫水十一尺鐵為之有夾層船底亦分不通水之艙房即有礮損不至沈也行輪轉柁有副滊機一柁輪名法和勒輪戴於直柱其輪偏出旋轉翅水前後藉其推挽此轉半周形也再轉半周輪翅側行但令偏出輪罔有或滯則翅轉較柁倍穩船如磨心上轉不離其處或前或却如臂使指勿俟更張此上乘也戰時首尾之轉宜活其轉船法船後平頂及尾艙上下各有手輪一轉輪柄則滊入小機器其偏出輪縣此機也手輪眎表鍼定其所向藉通話電達之船首兵工　司拍水雷用法以一長鐵筒在中層艙置之架上其筒內以繩與機器束水雷其船側水雷桿長丈八尺其船首水雷桿長三丈二尺遇礙輒覺也不令誤炸阿拉姆水雷船之機器為康胖機器有攢管鍋四約計水熱面積有四千六百平方尺速率每半時行十六繩結船頂露水三尺中有電燈側有格林礮此極猛水雷船也南軍所用一轟梅尼所達船成傷急退一攻每未非斯船一攻瓦巴士船均未及發　北將固性攻破南軍阿布麻勒船其發水雷以小輪船矗竿非魚水雷船也然船亦為南軍所獲水雷可恃而未可盡恃也南軍續造多船大

氏身長四丈至六丈徑七尺兩端尖且圓首出水雷竿長丈至丈五尺欲對準方向美利加人有自造請試者屈時未離原處或非欲行而行不浮不沈恰行水面之下速率無差而未能也凡汽鑪非藉空氣厥火難旺噴煙如貢敵目南水雷船正坐此病或用人力轉其螺輪屢試屢滯遂用壓緊之空氣遠甚壓緊空氣出法郎西然空氣不如炭氣也炭氣受空氣壓力二十倍即顯漲力至四十倍始變定質據知動機之物體積莫少於炭氣水雷竿以克軒輕為宜與其用電綫之水雷曷若用觸發之水雷最後南軍在磨比耳又造數船用槳厥底平厥首尾尖有護人艙一以抵槍子足矣人凡六槳四柁一司水雷一未用而戰止或曰非易輕墊槳難無聲然此種船攻巡皆便

海澆夫水雷船以人名也美利加已造多次且為英吉利代造其一長五十九尺六寸寬七尺六寸深五尺六寸入水一尺三寸有奇有不通水之隔艙五水綫下之船體用鋼為龍骨脅骨釘以木板上用鋼厚十六分寸之一船頂如覆瓦有護水手機器之具螺輪置之船底機器置之前艙兩汽筩一徑十寸半一徑六寸挺桿出筩十寸抵馬力百又有添水抽氣機器緊閉煤間又

有斯妥脫文脫風箱。凡二馬力有半。滊行之暗輪。兩翼輪轉徑三十八寸。螺距五尺。輪軸長二十三尺。柁置船底近梢。略高於船頂。船身機器。重六頓。人與煤與水雷與它物。凡七頓有半。鍋鑪亦海澆夫自造。啖洞有二寸徑。螺管長三百尺。盤於其中。鍋側有分滊具。先經此具。後達滊機。添水恒用升車。令水由螺管上口。入曲行管中。大半變滊。滊與水經過螺管。至分滊具。水為所分。自流而下。滊即上。分滊具頂遝啖門短螺管。則滊增熱。分入機器諸管。据美利加人言。此種鍋鑪。水之變滊較速。即或炸裂。不至傷人。無積水也。水分行。螺管裂處。略噴熱滊耳。管內鹹質。不及留滯。未成滊之水。又為上水衝去。火不多時。水滊即有壓力。其煤可數秒時熄之。是船每半時速率十六繩結。進退均捷。猝閉滊門。其餘力行不過五六十尺即止。尋常水雷船。以小輪船為之。置司拍水雷。半時速率六繩結。或九繩結。其疵二。一機響。二驟轟。或亦自傾。美利加工程官。議水雷船法有四。入水速率半時至少須一海里。一也。機行忌聲。忌煙。煤即煙淡。而漸近漸顯。不若用壓緊炭氣。二也。船隨柁轉。宜寬不宜長。螺輪宜雙。亦宜大。三也。護艙不受槍礮艙面出水一尺八寸鐵甲厚二寸船側如之四也此其議略然鐵甲既厚則非長八十尺寬十八尺難可大其浮力北鐵甲船攻色未搭堡時柁房望孔過小此亦當議水雷竿宜曲宜活一發自斷水雷宜觸發殼厚三分有三其尖有磨發物藥五十磅船用鐵木有漩機風扇柁易漏水必於尾柱增輭墊一齒輪二司柁人六七

火箭水雷弟八

南北軍未用火箭水雷然美利加英吉利亦有今已製之譬如兩鐵甲船相去近甚彼此槍礮相持宜用此攻厥船底又如木船速率勝於鐵甲鐵甲衝力既遜亦宜勝之以此

水雷爆藥弟九

光緒元年美利加水師部化學士歇耳有爆藥說蓋輯自前一年局論擷其大要證以它說爆藥之質二曰定曰流非變無以用也力以漩而漲漲以熱而倍亦有力激變質者總名曰爆爆力與燒力漩漲力宜稱外形若無與於炸性然實相關棉藥不畏水溼用之水雷為宜其體鬆其轟捷壓

積而溼之則燒力緩溼棉藥非燥棉藥無以引之燥棉藥非汞震藥無以炸之所謂奈脫陸格置色令者一名淡養四各里司里尼以十五釐汞震藥約法倫海表熱度四十爆藥發罔或遺四十度以下則否奈脫陸里格里色令及棉藥在空氣內爆發鐵路木石齊飛蓋空氣足以助之其發火有曲有直銅帽拍拉麥電火直也若磨若激則曲凡炸棉藥奈脫陸格里色令千釐為率汞震藥十五釐足矣然烈遜如欲體積微者亦炸則磨之激之為愈也齊爆者美利加人謂之提通內聽汞震等藥皆是棉藥之緩急視空氣之燥溼空氣之溼居百分之二則汞震藥二釐可齊爆也居百之五雖十五釐齊爆亦難齊爆之理繇激力非繇本質譬之玻璃或耐擊力不碎而碎於噤聲其發端微其激力巨炸物二一炸化合物質以化學合之分之一炸併合物質以勉強合亦以勉強分其合成者曰奈脫陸格里色令以硝強酸於低熱度（法倫度四十度以下）淋於格里色令而成格里色令與硝強酸在低熱度內緩和以清水漂去其酸先是硝強酸以濃硫強酸調和之硝強酸水為硫強酸收去則濃奈脫陸里格里色令之質炭輕氣硝

氣養氣化學家名為炭輕硝養奈脫陸里格里色令性在尋常熱度為膩質較重於水為一零六新製色如蜂蜜不透光天熱則清冷則濁不與水和不受水累味甘且香置舌閒覺辣而頭疼新製不透光者在寒暑表零度下負三度至五度然後冰結若透光而清三十九度至四十度閒結白粒置不及百度之熱水即融緩燃不炸其化分力極烈激之炸平散亦炸然合用宜淨雖磨不炸即擊僅燃如其分餘仍飛散也熱度至三百五十六度奈脫陸格里色令之火發矣然熱度再低亦自化分凡炸奈脫陸格里色令用汞震藥為引冰結時多亦不炸昔有一奈脫陸格里色令流質一千六百磅內有冰結六百磅不燃而散但搽抹脫之爆以內有奈脫陸格里色令其餘化合物減輕其力用奈脫陸格里色令七十五分拌以矽養泥二十五分無則輭煤代之（煤半成而未堅實者）調以鉛具成以模印色暗黃在三十九熱度至四十度冰時不炸欲融則置熱水中熱至三百五十六度以汞震藥引則炸炸力大於火藥七倍以造但搽抹脫可為礫石開山之用（廠五）十棉藥以棉花浸於濃硝強酸成之名炭輕硝養（三養）既成棉紗洗淨

置箱烘至一百六十度熱移涼以濃磺强酸一分硫强酸三分攪和置生鐵箱浸數時箱外着冰水既浸後取置於架去酸水置玻璃器澆新酸水移於清水十二時置擠水具去酸分之入水再擠再洗乃入攪具如一長桶內有轉輪輪之邊底各有鋼條由下而上輪轉則棉藥上浮水面沿桶旋入上下鋼條間其桶底可升降棉紗不滯黏不成糊傾之漂桶桶扁處有木輪其軸由邊貫心軸端居桶之半輪有板翼轉則棉藥於水中旋轉漂之既如泥滌之乾之模印之又有壓具二每具有三十六空筩置於水面筩之上口有鐵帽有挺桿既壓成團其溼居百之六凡乾鬆棉藥一發無聲壓緊者亦如之溼則緩取溼者二十擔置木箱再取如數分裝小箱各置藥囤囤以泥沙所作之石築成四周生火微開厥門燃盡爆者上也以乾棉藥少許加汞震藥飛乎士即炸無遺所謂汞震藥者成自汞養淡養硝强酸與醕者也法用水銀一分化於十二分之硝强酸傾之十二分醕內以所盛器置沸水則濁而暗而白而氣質化合提出仍沸滾發濃白氣倘變紅亟以冷醕澆入欲其阻猛烈性也離火借風歐氣則清入冷水則不

沸汞震藥均沈器底色灰或去漉以清水洗之如電氣激熱度三百六十七則猛炸宜溼藏之用一分即乾一分凡此皆出化學宅如杜厄林即奈脫陸格里色令加木屑硝為之立托福拉端用奈脫陸格里色令與矽養泥（出布國西人名嵩式爾衍）煤鈉養硝硫磺合成二者皆次於但捺抹脫也好司來之散藥以鉀養綠養沒石子為之哈阜初造拖水雷用此今用壓棉矣但奈抹脫與棉藥爆力在散不在升上下四旁皆不克阻也凡用棉藥沈水雷七百磅至千磅浮者用五百磅至七百磅撞發者用二百磅至三百磅司拍水雷拖水雷自行水雷用三十磅至五十磅製魚雷則無定數美利加所用之地那每德謂之借洋脫末此大略也

水雷藥引第十

美利加南軍水雷銅帽引藥多用律能提通內聽譯言最烈爆藥也法始律能知亦謂之奈缺陸格里式令一云淡養各里司里尼同玻璃粉用之

亞古皮新式藥引玻璃管盛硫强水置之鉛管而玻璃管外有鉀養綠養和白糖令不動拍拉麥譯言引藥管也實以細粒火藥與火藥接一撞

即發。 藥引。美利加人謂之飛乎士。少入銻硫。或加鉀哀鐵。否則性緩。此化學也。 司替滑特。搠防引藥一法。旋閘。 閘中之空作丁字形。誤撞火从旁洩。用時旋倒丁字。與水雷管通。 電引。二曰鉑絲。白金絲也。中有金鉑絲一段。以兩端接電之通銅絲者。所謂橋也。曰哈愛吞興。譯言火星生火。電氣爆也。不如銅絲穩且易。 一種藥引。曰麥扣復合。白金絲。南軍用之。法以包橡皮之銅絲二條。置模中。用玻璃粉調硫磺。或以帕得闌西門脫代玻璃粉。乘熱化時澆之。勿黏為一。候冷削下端。用銲藥連白金絲。上端銲接白銅套。其隙鬆。受棉花火藥。裹白金絲。以有底紫銅管。入汞震藥。銲連白銅套。與棉藥近。 緩性者法如前。而不變。較銅絲長倍。不畏溼不洩電。 急性者初因溼電未精而作。白金絲燒白。熱度五百。用極大力溼電具一。噶羅哹一盆。勝。然不足恃。 電氣引。曰司塔灘姆。曰皮合支利。曰方愛孛納。曰愛孛爾。曰受格吞帕。即急就法 司塔灘姆為電接引藥之銅絲二條。環插橡皮管。管有一層考泊色爾非特。譯言薄銅硫也。橡皮管有硫。久之與銅絲合化成此質。以汞震藥為引。以含膠水調成。無銅硫之捷。 皮合支利飛乎士。形如圓柱。以輭木銅釘為之。內鉛外蠟。加紙與泰方愛孛納飛乎士。以玻璃粉硫磺調成。愛孛爾飛乎士。為前二種所自出。亦有新法。以皮鼠木為頭節。初掰引藥。名考泊色孛福斯非特。譯言銅燐用十分。又名考泊色孛色爾非特。譯言銅硫四十五分。鉀養綠養十五分。細研而和。少加酒醞。緩火烘乾。入瓶備需。今造愛孛爾急性飛乎士。最捷。以黑鉛粉與汞震藥和。令納電氣至足。

測力弟十一

美利加弟一次試水雷力。用木一尺方寸。從衡成格。居中懸生鐵殼水雷。其殼厚半寸。受礮藥一百五十磅。置水面下一丈五尺。木架下每距四尺。輒懸鐵條。一徑四分寸之一。長三丈。架邊計各八丈。凡鐵條四百。每條繩引至架。連一小木。書鐵條離水雷之遠近。電線既發。離水雷二丈平圓以內。鐵條或斷或曲。以外則否。是一百五十磅藥。入水一丈五尺。不克轟破二丈七尺半外之船底。弟二次試。架如初。以椽皮裹火藥。置之馬口鐵殼轟力僅重十尺以內。弟三次置藥於椽木桶木厚一寸。鐵箍厚六分。轟力與生鐵殼埒。第四次試火藥力。凡水雷容藥五十磅至八十磅。不可在水七尺以上。深一丈二尺。厥力乃大。如用藥一百五十磅。宜下一丈五尺。水雷船尺寸眎此。第五次試轟度可遠幾何。以礮藥擊沈水舊船。如藥四十五磅。下水面二尺。轟近船側。輒成巨孔。相去二尺。所傷已尠。改試容藥百磅之堅殼。雖離二尺。亦成巨孔。再用四百磅五分厚之生鐵者。下水面一丈二尺。但離二尺則無損。以容五百磅藥者。下水面一丈八尺。雖離二尺。亦毀過半。然以容藥千磅之堅木桶。木厚一寸。鐵箍固之。下水面一丈八尺而離四尺。則難損船。必殼內藥盡然乃裂。否則未然之藥。裂付東流。雖多奚裨。又於船底試之。用藥四十五磅。貼底轟為巨孔。數分時即沈。藥五十磅。離底尺許。亦如之。藥數可抵離數也。然距二尺則無傷。離二尺而藥一百五十磅則沈。如前。離四尺。雖藥至四百磅亦無傷（澳地里國試三百三十六磅藥水雷不能傷三丈外船）據此。貼船發之水雷。藥不必多。四十五磅至五十磅。入空氣膛足矣。如水雷尺寸。大於長五尺。徑一尺五寸。當增藥實之。不然。桶搖則揉藥成粉。而力減。水雷離船之減力。與相距之立方比。則觸發勝發自水底者所顯平力較直力大其殼鐵為最生鐵以五分厚為率可增不可減也橡木桶次之厚一寸鐵箍四分寸之一火藥勿過六十磅勿不及四十五磅棉花藥速率勝而積體大不若仍用礮藥或用輭殼如橡皮之類雖不浸水而轟力無定

置水雷法第十二

置水雷法曰行列以此行當彼行間或列如品字南軍阿失河諸處排列如此据美利加人言澳地里舊法用棉藥者相去以三十尺為率電綫通之否則有此轟彼損之虞然觸發水雷距二十五尺可也曰繩梯凡電綫兩端所謂舍扣脫克陸實者有二繩牽連至錨其繩有木長一尺至三尺横撑如梯免絆也然忌海草環繞曰單繩鐵絲為繩綰水雷舍扣陸克實連之鐵錨南軍用之曰活環南軍初繫錨軛以麻索雖絞極堅而浪繞之非緊即鬆非漂即斷二年後概施鐵鏈或鐵絲繩兩端絲綴活環水無以紐鏈長則增環數曰雙錨凡流急處水雷首尾皆繫以錨一上流一下流也凡角板沙漏之繩每四十五尺為一結每半時潮流五結曰重錨錨重

水雷七倍亦澳地里法也美利加仿之或言四倍可矣然失輕弊多過重弊少而水力泥性宜審曰圓椎水面浪紋獨圓椎形水雷較少大率愈淺愈見觸輒發火而機近水面者勿用曰隨水凡無甚軒輊之水僅二三尺則水雷下水面六尺儻下丈餘則水長無着矣潮退太淺轟力又少敵且易見當依隨水長落恆離水面若干尺法希里哈就澳地里滑車法加木桶旁有兩鐵耳下通上連浮標其水面管上端有塞用吸水筒吸出桶水則桶輕而浮水雷即上从管添水入桶則桶沈而下然須人專司之澳地里舊法水雷各一錨錨尾活節連鏈以水雷入水若干為度如水六丈水雷丈五則鏈四丈五尺上端滑車雷綫先穿錨面後連於水雷然南軍海口長落無多故弗覺不克隨水之難曰護殼海中水雷宜生鐵以遇鹹不變之物護之曰審力水雷浮力不可少於藥物重力浮力宜加潮力三倍與其不及而水滲曷若過之為愈也曰因時或同錨並置或先錨鏈與架而水雷則臨用再置而後法勝曰利器置水雷之小輪船首矗鐵桿低而曲懸鏈有鉤勾錨桿首有轆轤船尾立桿亦有之理電纜也有輪為繞電繩成團之用輪前有轉繩輪船前有空心鐵起水雷之架其架腳倚鐵桅而首斜前直鐵桿上齊船首以三寸徑鐵管為之厚八分寸之三長一丈六寸桅長一

丈二寸有鐵鏈長六尺六寸一綰桅首一綰架首適平曰設疑凡識留路之標有明有暗有實有虛南軍之水雷與電纜置多未精然真偽雜出北軍時以難測為憂曰慎置發機之鍵外護之蓋置定乃去南軍於同治三年（千八百六十四年八月六日）以驢車載磨發水雷十二繇磨比耳往狗河口武弁巴宜德騎有黑奴二一隨車一乘車乘車者竊視機巧其發藥處有螺蓋護之方旋蓋震聲頓作騎者回顧而身已與馬離飛墮叢棘皮肉潰血衣袴條分車不知所之尋涂歸碎木四出三驢狼藉行奴死之不數武乘車奴傷亦垂斃而驚馳未已與塵俱遠者一馬一驢也置水雷者恆述以為戒或謂美利加水雷用藥較少故置法易於澳大利云

防水雷法第十三

同治三年（千八百六十四）北軍額德惜固兵船受水雷沈船首木架之網本以網取水雷中綰水雷二然空氣膛新法也牽岸而轟　是年北將漢森帶卓知固倚勒輪船與河馬船之二小船入阿失河探其水雷探得一物小船無如之何卓知固倚勒船尾用三寸圍之麻繩上端綰五十磅之鐵鈎溯

流索之不動乃入繩於船首起錨轆轤挽力漸緊其物斷半而出則松木方架也每邊三丈各一水雷為圓錐形下有四處折邊以螺釘旋牢架上容藥三四十磅中有磺强水之玻璃瓶即觸而發火者也架以石壓潮退下水面二尺潮長下水面八尺越日於上流百碼稍偏處鉤弟二架獲三水雷而架散其弟四水雷附木木先提起水雷碰水淺而轟船腰鍋鑪震拋無物不碎入水九人腸破一人猶幸水有一丈否則船散弟三日又鉤一架與前二列品字形水雷如數殼皆生鐵　新惜那德鐵甲船以頭號小船於磨比耳探得水雷用繩牽至水面下二尺時錨纜忽斷牽水雷之繩受力觸船而轟其小船遂沈西八百六十五年其小船名未詳　除水雷法近水面者以網置水底者以扒其網用巨木二長四五丈作叉縛兩叉股於船首如╳以粗網張叉首如╳下用重物墜之北軍將打拉嘎林如法用之查爾士頓港賴以免轟然額德惜固船在羅奴克河已撈兩水雷入網而復轟沈此以多置而中也況遇重錨或鏈連網不能舉其扒以小船無論礮臺之彈守河之艦時出危機而扒不勝扒如北水師搭止爾事可鑒也　攻

船之浮飄水雷。易取易防。北軍於為明乇。知南放此種水雷二百。即發小船撈之。收數枚。遂張巨網二於船路中。或於水面置一輕浮壩。或以木塊浮繩三兩。抵之。若寬闊處。則於船之四圍。自設浮壩防之。然同治元年。南軍阿布麻勒船。非無浮壩。而北小輪船發水雷沈之。　舊樣舢板。可用以襲取敵人水雷。防有水雷。不妨緩行以擠開之。或可不撞。南北之戰。嘗有前船無恙。而後忽被轟者。　美利加於曽撈水雷立浮標處。或羅不測。

雜說第十四

桶式水雷。兩端尖如橄欖核。免浪翻也。柏油灌孔。將桶滚旋令匀。復塗殼外。免水浸也。容藥百磅。桶側銅管。裝銅帽五。或用化學藥引。螺旋向上。美利加南軍時用之。然漂炸己船者三。此外有孛洛克水雷。鱉形水雷。即所謂脫脫兒麥恩也。南北軍未用。　美利加茅斯發火機。挨用之電報局。試電氣也。此令發火。毋須以人司之。且能振鈴報信。馬蹏鐵端相磨銅片。謂之阿麥俏。　美利加南軍不多用電線者。轟力不以電線而增也。制簡則價廉。强水發火為最。次磨發電氣。次觸而自發電綫。

地雷弟十五

磨比耳礮臺。陸地路口。皆藏地雷。擊斃北軍人畜無算。一種火藥。名奈忒羅固李撒令。其性烈。一動即然。水雷怯用。而美利加人。已於地道用之。剝德拉。帶兵攻里止門德以下之大令堡。北軍已踞高岸及河洲。南軍力不克敵。伏數地雷。北軍踐轟四五。驚而退。　北軍攻大令堡時。慴地雷而卻。遂疑無處無之。一日將戰。南兵有戰無守。其將比給德。於要隘掘鬆其土。旗標四露。如免己兵誤蹈狀。實則無一地雷。而北軍多且勁。無敢入者。　北軍攻瓦嘎那礮臺。南人亦用地雷。　南軍守瓦嘎那礮臺時。仿南黨累尼斯所剙磨發水雷。而製地雷。詳水雷以板蓋杵。杵上一踏即發。

營燈

水雷魚行波底。非借電光燭之。其如盲何。美利加人言之。且有深思之者。不善不止。而法猶有待。其水陸營燈。雖云燭敵。保無供敵目歟。所謂興一利伏一害也。雖然懲噎廢食。其奚可哉。述營燈。　電氣燈。美利加無處無之。然亦燈塔之一端。先是咸豐七年。千八百五十七英吉利東有燈塔。剙電氣火。

越五年，它處增如初，法郎西踵之，美利加畔自英吉利，電燈法同，用木炭二條，削端令尖，不即不離，電氣過之，成光霧，然炭尖易化，必藉機力逼之，漸散漸出，其距有定，其光無改，以法郎西人富孛德所造之燈為最，兵事用電取光，力大而器易攜，足矣，强水所發之電氣光與磨吸鐵埒，而價稍省，然時時慎刷其器，而强水諸物，亦難俯拾即是，是以用武之場，以磨吸鐵為便，倫敦人拉德布魯士人惜門斯所作磨吸鐵電氣機，較舊法勝，美利加有用之者。　北軍用輕養石灰燈，於攻色末搭瓦嘎那兩堡用之，北將法拉嘎德欲於夜間率兵船過黑德森堡，各礮臺南軍於密士昔比河右岸設號火，其光足使守礮臺目擊北船如晝。　北軍嘗駛船夜攻敵堡，礮臺將近，明燈一出，四燭無遺，遂退。　北船屢駛色末塔及磨特里兩堡間，除攔路物，一夕截繩數行，獲浮標廿餘，而旋，兩堡亦有營燈，而未之見。　法拉嘎德過磨爾干堡後，磨比耳灣北軍小船入夜輒探河路，一夕給尼斯堡戍兵，幾被北船成擒，以無燈故。　距固拉敦與馬肯多士兩礮臺千七百碼處，以非尼斯鐵甲船沈阻缺口，夜有水雷聲出水中，蓋北軍

乘無燈火潛轟之也　其缺口為波嘎那兵船出入其後以數平底船盛鐵石阻之遣弁巴尼德夜置水雷北來小船乘無燈暗攻厥船巴尼德急拋水雷河中遇革尼森輪船救之而免水雷之難可專恃也如是或懸燈平底之船或燎於礮臺之對岸何莫非應急法也宜精而儉　美利加石灰燈法與德勒門澳大利人波勒敦所作不同然皆以輕養氣為之燈下用銅管上端近火用鐵管輕養二氣來自分管合於通管据澳大利人或言噴輕養氣小於空氣則光不明而美利加所作僅三倍於空氣其光亦足噴力既小噴孔亦小然半時已用養氣廿五立方尺輕氣倍之是以盛氣之桶通氣之橡皮管皆宜多備或言橡皮管不耐抵力而費滋大莫若以紅銅桶盛壓氣之為愈也然壓氣之器橡皮之管仍不可少淨器之費宜增通氣之管宜近　南北戰時南尠燈塔北兵船官撤邊剏造火油養氣燈既明且簡武夫便之法用管吹空氣入火油燈其光倍繼用火油置玻璃瓶火燒沸而化氣乃以養氣和油氣燃之其器以有管圓玻璃瓶置鐵架沸油之火在其瓶底瓶管曲而吐火其曲分內外二管一向前通油氣

也。一接後通養氣也。其管形如曲尺。有開合機。一端向下以橡皮筩承之。

美利加外交志

游歷美利加圖經二十九

花翎二品銜直隸即補道總辦北洋機器局前游歷使臣傅雲龍述

中國約表

美利加聯邦無外交權其權惟合衆國有之按中國與外國立約自康熙二十八年俄羅斯黑龍江之約始而美利加立國既晚互市非先中國許約而後至咸豐八年乃為立約權輿蓋猶春秋會盟載書遺意也光緒十四年議華工之約未決而前此中國許與互市之約凡四述中國約表

中國年月日	美利加年月日	約	議約所
咸豐八年五月八日	西千八百五十八年六月十八日	立約三十條	在天津議定
八年十月三日	千八百五十八年十一月八日	通商稅則十條	在上海議定
同治七年六月九日	千八百六十八年七月廿八日	續約八條	在美利加華盛頓都議定
光緒六年十月十五日	千八百八十年十一月十七日	續約四條附四條	在中國京都議定

中國使臣表

中國出使美日秘大臣光緒四年七月為履任之始雖陳大臣初任未至

日秘而參贊代使領事分駐既非美利加之地即不列美利加圖經之表紐約初無領事其視事始於光緒十一年七月二十六日金山即三法蘭昔斯哥也有總領事而領事以洋員傅列秘為之先是排難解紛華工賴傅列秘力居多人稱異地朱郭使臣之用為領事以此述中國使臣表

出使大臣	陳蘭彬 光緒四年七月到美 副使 容閎
參贊	陳嵩良 曾耀南 容增祥 葉源濬
金山總領事	陳樹棠
紐約領事	
隨使	黃宗憲 劉觀成 嚴士琦 黃達權 陳楧 張斯栒 劉宗駿 蔡錫勇 容閏 陳為焜 廷鐸 徐承祖 沈金午 譚乾初 何慎之 呂祥 曾海 王國璲

鄭藻如
光緒七年十
一月四日到美

蔡國楨

黃遵憲
歐陽明 歐陽
於十一月七日調

黃錫銓
十一年七月廿六
日始

賴鴻逵
薛樹輝
吳禮堂
楊榮忠
金延緒
楊名泰 武職
李大倫 武弁

嚴士琦
廷鐸
陳宗駿
張宗良
鄭蘭
蔡鈞
蕭紹文
鄭鵬翀
劉宗蕃
趙志楊
譚乾初
吳廣霈
鄭誠
林怡存 武職
曾海
陸恩長
徐學伊
王國遜
賴鴻逵
楊榮忠

張蔭桓
光緒十二年三月廿四日到美

徐壽朋
瑞沅
彭光譽

歐陽明
梁廷贊

易學灝

鄭鵬程
歐陽庚
黎子祥
楊藻光
張丁盛
陸永泉
游德龍
李芳榮
此下學生
李桂攀
張祥和

何慎之
錢廣濤
許玨
姚家禧
梁誠
李春官
莫鎮藩
張佐興
陸恩長
顧士賴
陳吉勝武弁
馬宏源武弁
以上在美
鄭鵬翀
彭承謨
程贊清

歐陽庚
陳茝
呂春榮
易廷麒學生
以上在金山
劉玉麟
劉宗蕃
張丁盛
陸永泉
以上在紐約

別國使美利加表

中國而外別國使美利加者二十有五使自亞細亞洲者二使自歐羅巴洲者十有三使自阿美利加洲者十然南阿美利加洲有智利無秘魯北阿美利加洲無墨西哥凡使有全權有代辦如南阿美利加洲之委内瑞辣使其代辦者也殆為省費計歟唯事簡僑稀者宜之隨使無多大氐有專責云述別國使美利加表

亞細亞洲（注使名下同）	歐羅巴洲	阿美利加洲
日本　陸奥宗光	英吉利　威士地	巴西　伊達祖巴（以下南洲）
土耳其　卑	法郎西　盧師丹	智利　尖納

俄羅斯司徒路夫	科侖布亞轄替杜
德意志阿云司麗邊	埃乖度科麗士
荷蘭域加連	委内瑞辣柯拉華利亞
義大利花畫	烏拉哇高士文
比利時縻利司卜	拉巴拉他基施他
葡萄牙奴基拉司	海地布黎司登以下中洲
日斯巴尼亞毛老鴉瓜	三多明各施黎登
丹羅云隆	迻地馬拉蘭非士達
瑞士夫黎	
瑞典諾威寥達士其奥	
澳大利他威拉	

中國人至美利加年表

光緒十三年美利加合衆國受別國僑民來自亞細亞洲者二十九萬一千有一十五來自歐羅巴洲者一千二百萬四千二百有三來自英屬地

者一百四萬七千有八十來自阿美利加洲別國者一十一萬五千三十有九來自太平洋島國者一萬七千一百六十九外來雜人二十二萬五千三百一十六凡一千三百七十萬有九百二十九中國僑黎即在亞細亞洲數内也然自咸豐五年兩後至止人數可歷數也嘉里符尼亞僑黎之數有贏無絀此舉其箭光緒十三年成數言之凡二十七萬四千四百五十有八述中國人至美利加年表

咸豐五	千八百五十五	三五二六	六	千八百六十七	三八六三	四	千八百七十八	八四六八
六	千八百五十六	四七三三	七	千八百六十八	一〇六八四	五	千八百七十九	九一八九
七	千八百五十七	五九四四	八	千八百六十九	一四九〇二	六	千八百八十	七〇一一
八	千八百五十八	五一二八	九	千八百七十	一一九四三	七	千八百八十一	二〇七二七
九	千八百五十九	二四五七	十	千八百七十一	六〇三九	八	千八百八十二	三五六一四
十	千八百六十	五四六七	十一	千八百七十二	一〇六四二	九	千八百八十三	三八一
十一	千八百六十一	七五一八	十二	千八百七十三	一八一五四	十	千八百八十四	八四
同治元	千八百六十二	三六三三	十三	千八百七十四	一六六五一	十一	千八百八十五	五三

二 千八百六十三	七二一四
三 千八百六十四	二七九五
四 千八百六十五	二九四二
五 千八百六十六	二三八五
光緒元 千八百七十五	一九〇三三
二 千八百七十六	一六六七九
三 千八百七十七	一〇三七九
十二 千八百八十六	一七
十三 千八百八十七	三

國事志　　游歷美利加圖經三十

花翎二品銜直隸即補道總辦北洋機器局前游歷使臣傅雲龍述

合衆國制

美利加合衆國一民主之國也與君主之國之制異厥制以公議為法以齊民為政以上下無隔閡為權利乾隆四十一年畔英自立為國十三邦各遴一二議者會於勿爾治尼亞邦之費納的費牙爾議厥政華盛頓解兵歸里後十三邦寖不相下四十九年議制七條而異同口騰未有所決有富蘭林者設歸一議而或且非之紐約人布阿美利頓勿爾治尼亞人馬德遜又從而為之說至五十一年議閱三載矣而合衆國之議乃定一曰立法之權國會是也一曰行法之權伯理璽天德是也一曰定法之權亦曰執法律政官是也明年華盛頓任伯理璽天德行法之權於是乎始雖然三法增減罔非立自國會國會之權不其重歟述合衆國制

譯合衆國制意謂民欲聯邦如一興利除害爰及後裔永享權利厥法有三

立法之權弟一　論議院曰聯邦立法權歸合衆國國會上下兩議院論下議院紳士一曰下議院紳士選自邦庶二年一更易依邦會舉紳例按各邦自有邦會分上下院紳士由民投籌公舉舉法各異或男女投籌或婦女不與或廿一歲後皆許投籌或非讀書識字不與二曰凡舉下議院紳士必籍隸本邦年在廿五以上入籍美利加已逾七年三曰凡邦派下議院人數科丁稅數皆視其邦戶口之數比例而定綜計良民及來自他邦限年之傭許加奴數五之三凡若干人依數均派印甸土人不納稅者不計國會開後三年之內審覈民數此後每至十年輒依例一覈戶口之冊民數三萬得選下議院紳士一小邦不及三萬亦許選一未造戶口冊以前許派下議院紳士者紐罕布西耳三馬沙朱色士八洛奮埃倫一干捏底嘎奪五紐約六紐折爾西四賓夕佛尼亞八特納窪一瑪理蘭六勿爾治尼亞十諾司喀爾勒那五叟司喀爾勒那五若耳治亞三按合衆國依民數舉紳士之例民數日增則所舉過多屢有更張近年以十三萬五百三十三人許派紳士一凡下議院紳士二百九十二四曰下議院紳士或缺由其邦督諭民舉補五曰院長以下皆其院紳士自選之糾參官吏下議院獨有其權下議院糾參上議院審訊論上議院紳者一曰聯

邦各選上議院紳耆二選政操自邦會紳士六年為期判事可否得抒己見二曰國會初開即分所舉紳耆為三班一班以第二年滿任二班以第四年滿任三班以第六年滿任此後二年一選得新選三之一舊多新少用資熟手如有黜者因事者適值邦會停時未克即選即由其邦總督派權理人下屆會議遴補三曰凡充上議院紳耆必籍本邦年在三十以上入籍美利加已逾九年四曰上議院以副伯理璽天德為院長議事不自可否如衆議從違各半則以院長之可否為行止五曰上議院司事之屬由紳耆自派遇副伯理璽天德他往或攝行伯理璽天德事紳耆可自選本院一人暫充院長六曰凡糾參官吏由上議院審問衆紳耆必重具誓於審問之前如伯理璽天德被參提審則以律政院長為院長必在院紳耆三分之二意見相同方稱信讞七曰官吏被糾得實上議院祇克褫職不許復為合衆國敘用如何治罪責在有司

論國會一曰選國會紳士何時何地用何法皆由邦會紳士自定然國會亦得酌法更章惟舉上議院紳耆之處不得改易按舉上議院紳耆恆在各邦議例院二曰國會至少年會一次以西十二月内

為期期第一箇禮拜一或另易期　論國會事宜一曰國會紳耆得邀公舉之據是否合例由其院紳耆公核每院人數過半即可議事如不及半則停或促其未至者按到院有十五人即得傳其不至者　二曰上下議院得自定章懲不循矩者意同三之二即如章黜三曰院各設一日報刊布所議其機密事不便刊報者由院紳酌定每議一事如在院人員五之一願將可否之名載於日報應即載明按議一事各先辯論至明晰後院長請定行否曰可曰否皆同聲以聲大小定事行止如可否聲埒即按可否之名載日報若在院人有五之一願將可否名俾舉國共知主某說亦載日報　四曰當國會開議之期即遇公允暫停不得逾三日不得別會他處　論國會紳耆應享利益與其所不得為者一曰國會紳耆例得俸薪支自合衆國戶部紳耆議畢言歸畔逆及敗俗而外不得因事拘執在院所議不得他處究詰二曰國會紳耆任內於合衆國新設文職薪俸較優於紳耆本任者不許移充而合衆國現任職官亦不得兼充國會紳士　論立例事宜一曰凡議征收稅課之例應由下議院先議上議院或從或改辦如常例二曰凡例稿經上下議院議成必呈伯理璽天德核准方謂之例准即就例稿畫押否則批明發回剏議斯例之

院（始議或上院或下院）其院將駁詞詳載官報復議如紳耆願行居三之二即將駁詞送又一院重議若願行亦居三之二畫諾即為定例（無須伯理璽天德批准）凡重議可否姓名詳載官報伯理璽天德於國會呈例稿僅十日限除休息日若逾十日稿未發回即作為定例與已批准無異如因國會停議無從發回不在此論三曰凡號令條議畫諾須由兩院核准者除停議日（國會停議日期）（由兩院紳耆公定無須伯理璽天德批准）應依例呈伯理璽天德聽候核定方得舉行如伯理璽天德批駁由兩院重議仍須每院願從人數居三之二方為定例　論國會權一曰國會有權征收地丁稅課出入口稅製造稅以還國債維國是裕國度惟所征出入口稅及製造稅須舉國無異二曰國會得為合衆國揭借債款三曰國會有權立通商章程與外國貿易或各邦互市或與印甸土人買賣四曰國會定外國人入籍章程虧空債項條規事歸一律（按外國人須寄居五年方許入籍）五曰國會飭鑄錢幣定輕重價直定外國泉布相當價直立權衡丈尺六曰國會立例懲假冒鈔票錢幣諸弊七曰國會立郵局驛站八曰國會鼓勵格致技執有用之學凡著書之人剏新式器用之人

給予年限使專厥利毋許他人作偽侵利按現例著作書籍准予二十八年限期限內不許他人翻刻刷新式器給十四年限不許仿造九曰國會有權設立審司衙門巡按署及合衆國按察使署歸律政院統屬十曰國會立法懲治海盜與夫干犯公法之案十一曰國會宣諭交戰發給出疆强償執照定水陸捕緝敵人物業章程惠頓氏萬國公法用力自行伸寃謂之强償本國民遺别國强暴寃屈可給强償執照與受屈者俾其自捕抵償十二曰國會募養兵士惟籌餉不得逾兩年之需十三曰設立水師十四曰立水陸二師軍法十五曰有調集民兵權以申國法平內禦外十六曰國會權得令各邦民兵給予軍裝訓練如經合衆國調用則歸國會節制至於派官統領按照國會所定紀律如何訓練各邦自理按訓練民兵由各邦自行派官者緣民兵本為各邦自衛而設合衆國偶有調用非常事也訓練必遵國會所定紀律者冀舉國一致也十七曰立法管轄畿地其地四方不過十英里由邦讓出經國會核收即為合衆國都至合衆國向某邦之買地既經邦會允許其地用以造礮臺軍裝軍火諸局雖居邦界國會轄之按盟約定後次年瑪理蘭邦讓出婆多麥河東地一段又明年勿爾治尼亞邦讓河西地一段國會核收截地十英里名科倫布亞一千八百年建都曰華盛頓十八曰以上國會應有之權及合衆國部院官遵盟約應有之權由國會詳審立例使

權必行　論合衆國權有限制一曰招徠外國人多寡悉聽各邦自酌國會於一千八百有八年（當嘉慶十三年）以前不得立法禁止凡征別國人稅一人勿逾十圓（按立國初地廣人稀須工懇植暫許招工販奴擬征人稅示禁阻意也）二曰提審票所以卹無辜被押之人不得無故停發遇內亂外侵事勢危急有關大局可停（按提審票由被押者之親屬請領由審司發給逐日提審以免久押受累）三曰越權定罪之例追罪往事之例皆禁之（按越權定罪謂不循例審辦且無確實證據遽定人罪追罪往事謂犯法後始立苛例罪之）四曰征丁稅正稅必按戶口冊均派五曰各邦貨物出口勿征稅其海口貿章稅則不得此優彼絀船貨至某邦或由某邦開行均聽其便不得限定某邦某口為納稅之區（按美利加屬英時不得與歐洲各國貿易凡船載貨出口須赴英國口岸起卸商民病之此革厥弊）六曰戶部存款提用如例勿許濫支支數及如何動用逐一呈報七曰合衆國不設爵銜稱號其食俸任事官非國會允之不得受外國君主禮物酬勞官職稱號　論合衆國各邦權有限制一曰國內各邦不得與外國立約聯邦會盟不得發給出疆强償執照不得鑄錢幣出鈔票除金銀外不得制他物償債不許越權定罪追罪往事凡法勿使人失信而棄約勿用爵銜稱號二曰各邦

非經國會之允不得征收出入口貨稅如抽規費以供本邦驗出產之用者在所不禁各邦所征出入口稅實數歸合衆國戶部動用所有征收稅課例如須更易悉由國會核定各邦非有國會之允勿征船鈔平日勿養兵士置戰艦勿與鄰邦外國訂立條約擅啟釁端若外侮方急從權者不在此例

行法之權第二　論正副伯理璽天德一曰行法權歸合衆國伯理璽天德四年滿任副亦如之二曰各邦依邦會紳士所授法選公舉之人其數與邦舉上下議院紳耆之數相等凡公舉人亦曰國選官即代邦衆公選伯理璽天德者也任國會紳耆及合衆國食俸任事之員不得充公舉人先是立舉伯理璽天德法爲第三條今已不行有續增盟約十二一曰公舉人在本邦聚會出籌擬舉伯理璽天德一副一正正副不得同籍本邦至少須有外籍者一籌上書明選舉某人正另籌書副於是將舉正某副某得籌各若干列爲二單公舉人畫押批明封固於十二月送至合衆國都交上議院按單三分一使交國會一交自郵務局一封存本邦之合衆國巡按司如延至正月內第一箇禮拜三單猶未到則由首

相遣員赴邦巡按司取存案一分至都屆期院長在國會紳者前開拆各邦舉單核計其舉正得籌最多其數又逾公舉人總數之半即定為伯理璽天德如得籌不及公舉人總數之半即以得籌最多者三由下議院投籌重舉一人為伯理璽天德計籌之法每邦無論所派下議院紳士多寡同出一籌此事必到院紳士得聯邦三之二方得開辦若紳士所舉之人籌數逾於邦數之半即以其人為伯理璽天德如下議院紳士於應舉伯理璽天德一事延至本年三月四日未定即以所舉之副署之其法與正故或未克任事者同二曰舉副得籌最多其數又逾於公舉人總數之半其人即定為副伯理璽天德不及半則取得籌多者二人由上議院紳者重舉此事必到院紳者居三之二方得開辦若所舉之人籌數逾於衆紳者人數之半者即以其人為副伯理璽天德按上議院舉副伯理璽天德每員一籌下議院舉正每邦只准一籌舉法各異三曰凡不克勝伯理璽天德任者亦不得副四曰各邦選舉公舉人日期及公舉人投籌日期均由國會酌定惟投籌日期舉國一律按乾隆五十七年即千七百九十二年定例公舉人聚會投籌在十二月內第一禮拜三國會計籌在二月內第一禮拜三又道光二十五年即千八百四十五年定例各邦選舉公舉人在十一

月內第一禮拜一後一日五曰美利加生長之人或入籍在立盟約前方得為伯理璽天德其歲不及三十五入籍未十四年者禁六曰伯理璽天德或故或退或未克任事即以副為正如副又如之則國會議立一人攝行其事或復或再舉如例七曰伯理璽天德任內俸銀勿卒加卒減勿受合衆國及聯邦酬款按伯理璽天德俸銀初定每年二萬五千圓同治十二年即千八百七十三年增至五萬圓副俸年支八千圓八曰伯理璽天德受職先具誓詞意謂指天具誓予小子輸誠昭告而今而後君臨聯邦恪供要職原立盟約永守無失

論伯理璽天德之權一曰伯理璽天德為合衆國水陸二軍將將之長各邦民兵為合衆國調用者亦歸節制各部事務可飭部臣議奏除官員被參不宥外凡有干犯合衆國律法者伯理璽天德有特赦權或命暫行監候二曰伯理璽天德可與外國立約惟須上議院紳耆三之一意見相同方克定議伯理璽天德可派頭等公使各等出使大臣領事官律政院審司及合衆國遵例續設職官然須上議院紳耆公議允從乃定至於屬官或由伯理璽天德自用或由律政院審司及各部重臣揀派應由國會度情立例三曰上議院停議時遇合衆

國官缺伯理璽天德派人暫補其任事期以下屆國會停議爲限　論伯理璽天德職守曰伯理璽天德遇大要事可調集兩院或任調一院紳耆會議如兩院停議日期意見不同伯理璽天德可酌量諭令停至何日再會至於外交各國公使皆其專責然須體察行例有無陰違合衆國職官莅任各予執照　論伯理璽天德被參曰正副伯理璽天德及合衆國文官（謂各部大臣律政院審司及巡按司等官國會紳耆爲各邦所舉者不在職官之列）如有謀叛大惡授受賄賂干名犯義諸事被彈審確即褫職

定法之權（即執法）弟三　論合衆國法院一曰合衆國司法權歸律政院（一譯上法院）及國會隨後所設歸律政院統屬諸法院律政院審司及屬下各法院審司如品行端方即令久於其任薪俸勿減　論審司權一曰凡合邦盟約律法及合衆國所立和約有關涉之事或關公使領事之事海上戰利管轄與夫齟齬諸端合衆國在局內者或此邦與彼邦齟齬或此邦與彼邦之民齟齬或此邦民與彼邦民齟齬或同爲一邦之民憑二邦權以索地基而興訟者或此邦及此邦民與外國及外國民齟齬皆歸合衆國

審司審斷二曰凡有關於外國公使駐劄使臣領事之案或牽涉一邦者律政院有徑行審斷之權其餘前款所述各案件律政院遇上控有復審之權其有禁上控循定章者悉由國會酌定三曰凡審問一切罪案除官吏被劾外須有陪審人員又必在起事之邦審辦如不在邦轄應於何處由國會議行（按陪審以十二員為額擇民間殷實誠樸者當之遇審罪案令陪審者到堂聽審審司執法判案仍須陪審者公議方定）

論反叛一曰興兵謀反或潛附敵人須有見證二人供詞相同或自招方克定罪二曰反逆如何治罪由國會議定惟不得抄家產罰及子孫反逆不處死者不在此例（按同治元年即千八百六十二年國會定例反逆或處死或監禁罰鍰審司酌定惟監禁不得少於五年罰鍰不得少於萬圓）

論各邦例案一曰此邦於彼邦之律例契券及其審司訊判之據當奉為信憑如何察驗以杜假冒由國會立例飭行（按乾隆五十五年即千七百九十年國會立例各邦律例契券審司判詞均以印押為憑）

論庶民利益一曰此邦民赴彼邦其應享利益與彼邦同二曰叛逆逃往彼邦由此邦主政（即總督）行文到彼應即將犯交犯事之邦懲治三曰學徒傭工遵此邦例定有年限如在限內逃往彼邦不得以章程互異為之解脫如經原主問取應即交還

論聯邦

新疆一曰新邦願入合衆國者國會核准但不得於舊邦轄内別為一邦亦不得合二舊邦或數邦以為一新邦更不得割數舊邦地另為一新邦如經邦會國會特准不在此例二曰國會有權定立條例以掌管處置合衆國新疆公掌至合衆國與各邦有應得地盟約各款不得作有礙於其應得之額解說　論護衛各邦一曰合衆國願保存各邦永行民主之政各邦外侵内亂一經邦會或邦總督報聞邦會停議則由總督報知合衆國護之　論增訂盟約權國會紳耆如有三之二欲增盟約或各邦有三之二其邦會請國會將盟約增訂者由國會知照各邦派員會議如何增訂議成邦會紳耆畫押或會議各員畫押應由國會酌定其畫押須得衆邦四之三具名方為定議議定之款與原立各邦盟約無異舉國奉行惟一千八百八年按此為嘉慶十三年以前如有刪訂不得於第一章第九節之一四兩條稍有妨礙各邦非出於自願不減少其應派上議院人數　論國債一曰未立盟約以前所借公債立約均肩自合衆國法與聯邦無異二曰合邦盟約及遵盟約而立之律例暨已立續立之條約俱視為合衆國之上法各邦審

司執法辦案凡邦例與盟約不符者不准行三曰國會邦會紳耆及合衆國與聯邦行法定法之官受職時具誓衛護聯邦盟約至於奉教無關職守無論何教不得歧視　論盟約告成衆邦會議以上盟約如有九邦畫押願從者即作為定議由願從之邦遵行按會議盟約時凡十三邦願從者十一邦此一千七百九十九年嘉慶四年約也

續增盟約十五一曰民間教士國會不阻至於言論著述負屈請申皆聽勿為立例拘制二曰邦練民兵保民也置軍器不禁三曰平時寓兵於民而兵居視室主之願否亂時亦然兵士安插如例四曰凡民身家屋產契劵不得無故搜奪否則誓實指明應搜之處某人某物五曰凡干名犯義由陪審官代呈各邑擇君望者至少十二多則廿三為陪審大員遇有罪案先由陪審大員會議確察原告情形屬實然後具呈有司審辦乃得提犯鞫之水陸二軍及民兵當有事之秋有犯前罪者不在此例罪結不得再緝亦不得刑訊勒供治一如例勿害生命勿制行藏勿奪家產如以私業充公用必須公平酬償六曰被告者由犯事地方例定界限內之陪審官同鞫將所控情由詳告被告人許其當堂與證人對質如被告者

欲得某人為證須即傳案並許律師申理七曰遵例判案凡銀數逾二十圓者由陪審人斷定以後勿在合衆國法院重審其通例許再審者不在此例八曰取保勿索罰款勿重刑法勿酷九曰盟約所載民間應有權利非謂所有權利僅此而已尋常所有者一如厥舊十曰凡盟約中無載特讓合衆國之權及特禁各邦之權准各邦與其居民仍舊以上十條增於一千七百九十一年十二月十五日（乾隆五十六年）十一曰無論本國外國人不得因例案爭端興訟控告合衆國之某一邦合衆國司法之權不得理此等案此增於一千七百九十八年正月八日（嘉慶三年按前立盟約云此邦及此邦之民與外國及外國之人皆得與國內之一邦興訟衆邦以其有礙於體制故增此條刪改之）十二已改十三曰國內不得豢養奴僕不得迫人為奴役之工罪犯定案後罰工不在此例國會定例以行此意此增於一千八百六十五年（同治四年）十四曰合衆國生長之人及入籍或在聯邦即為所住邦之民不得立例減其應享權利並不得違例殺害人之生命拘制人之行藏侵奪人之家產下議院紳士係按邦民多寡定制印甸土人不納稅者不計凡居民男丁年在廿一歲以上既非叛黨又無

犯法若所居邦不許投籌選公舉之人選下議院之紳士及本邦總督審司邦會諸人則其邦應派下議院紳士人數即照不許舉官之男丁數比例核減按向人始准舉官係由各邦自定合衆國本不預聞自釋奴後昔奴作五分之三算者今皆齊民南邦民數頓增所派下議院紳士人數亦與俱增乃南邦不准昔日奴舉官故國會增此意謂南邦紳士既因釋放黑奴而增則黑奴應准舉官否則紳應比例核減欲各邦自擇所從以示限制上下議院紳士合衆國職官各邦立法行法定法等官於受職時已誓守盟約如明歸叛黨或暗助之以後勿再充國會紳士及公舉人與夫合衆國之文武如國會兩院紳耆各三之二願其人復官者不在此例合衆國遵例揭借公債若平亂之餉糧若募兵之獎賞入募者例給糧餉之外有先給鼓勵銀一款所給不一律其多少視募兵之難易其應還者也亂黨之債暨釋奴後奴主虧累之款合衆國及各邦皆無還理此增於千八百六十八年七月廿一日同治七年十五曰凡合衆國民皆得與舉不得以種類不同皮色有異或與夫昔日微賤為奴遂減其舉官之權按十四章意在黑人可一體舉官不在核減紳士人數乃南邦不願黑人舉官國會恐黑人不能一律自立故再增此條欲舉國二十一歲之男丁皆得舉官此增於一千八百七十年三月三十日同治九年凡所增例皆立自國會云

附邦制雜識

邦之首領曰固斐諾爾厥制靡一如特納窪邦佛勒里畬邦有正有副四年一更代根得基邦亦如之然根得基無連任例若一二年有故聽民别選屆三四年則副代如期副亦有故則元老之長代之緬邦有正有副其任一年瑪理蘭邦有正無副有故則元老之長代之亦有故則紳董之長代之密西根邦梅尼所達邦均有正有副其任二年紐折爾西邦有正無副其任三年諾司喀爾勒那邦叟司喀爾勒那邦均與梅尼所達同然一選自紳董一選自元老紳董洛畬埃倫有正有副其他正副有無互異年任增減有差而正副四年居多

邦有議士院略具國會議院體而微其院有元老有紳董英釐阿納邦元老五十紳董百根得基邦元老三十有八其任四年紳董百其任二年瑪理蘭邦元老二十有四四年一任與邦之固斐諾爾同惟分二班每屆二年則一班入一班出馬紳董七十有四二年一任厥俸從同蓋以日計日銀四圓來程每三十英里輒加一圓二年乃一集議馬沙朱色士邦院有

議長八畫邦地為八而分屬之元老四十紳董二百四十密西根邦元老三十有二紳董七十有二其任二年梅尼所達邦元老三十有七紳董八十紐折爾西邦元老二十有一其任三年紳董六十其任一年諾司喀爾勒那邦元老五十紳董（亦譯公室之員）一百二十洛畣埃倫邦元老三十有四紳董七十有二叓司喀爾勒那邦元老四十有五而分二班其任四年每班以二年為期紳董一百二十有四其任二年

印甸知落機族首領一任四年佐理者三其任一年族衆年一會議其選會議之人分班有二下班選十有六上班選二十有四卓道斯族知格亞騷斯族合居而各有首領一人會議者以四十人為率其餘十族有奇略同

官制

美利加立法之權在議院紳（詳國制）設法分職不過佐行法權耳厥部凡七然其中分兵部之事為三而吏禮無專官最重外部猶中國總理各國事務衙門也官自有名以中國官譯之則可以中國官之目改之則不可其

俸伯理璽天德僅五萬圓副者僅八千圓難乎其為下矣而退食裕如何也任其所習則事無難汰其濫食則祿易重於是錄其官司弟一官祿弟二而以邦官附箸於篇述官制

官司弟一

司台德譯言外部也其長一人謂之塞格雷達（他部同名）或譯文書院長（据聯邦志略）或譯首相兼外部長（据列國歲計政要）帥其屬以佐伯理璽天德而總國政凡各國交涉事與其可黜其否上令下行及使別國之大臣內外領事官之文憑皆司之有副三人有屬

德雷索里譯言戶部也其長一人猶中國戶部尚書或譯為司庫院長掌國稅而綜厥入凡國費必於前一年預計之而視厥贏絀三年則稽其國用而總計之自乾隆五十四年始至於今光緒十五年已計三十四次矣始計不過三百餘萬今且十倍而國用益充掘地營庫匱若蠭房以鐵為之存數百兆萬以為常凡鑄幣行鈔諸事皆司之有副一人有屬

阿爾美譯言兵部也又謂之倭爾大意略同然細譯之一指軍營言一指

戰陣言也其長一人猶中國兵部尚書或譯為陸營院長掌陸軍步騎與夫營房之分合兵器局之損益民兵數目之多寡有副一人有屬

內威譯言海軍部也與中國設海軍衙門意同其長一人或譯為水師院長掌水師礮船水雷及礮位之巨細而察其數覈其實增其未備有副一人有屬

博司德譯言郵政部也其長一人或譯為驛遞院長或譯為信部長掌水陸驛傳凡郵以度定遞信之遥邇以重定費銀之多寡以人頭紙通內外之揭來而罔有差違有副有屬

巴敦特譯言工部也其長一人猶中國工部尚書或譯褒巧院長或譯內部長掌百工成事凡自出心裁以利民用者不惟奬之且給專售文憑以杜其襲以存其實而水陸士卒之老癃養之勿遺國地售之於民亦其職也此又略兼中國戶部之事有副有屬

阿都內譯言刑部也其長一人或譯為表法院長或譯為律法院長掌詳解國法之事凡大獄牽涉大吏則理之有副有屬分置聯邦理訟事之官詳下

此外有譯云土司院總統者猶中國理藩院也有長一人掌印甸土人之事凡土人自有管理惟礙國政及往來交涉則院長司之

凡聯邦理訟事之官設自合衆國者厥等有三一曰蘇勃林譯言大審院也官九人内擇其一為院長凡犯國法判之年以西十二月之弟一休息日會鞫一次官不必咸集然非四人不能鞫也二曰薩吉譯言道審院也聯邦之地畫為九道一道一院每院約理四五邦部有差各以大審院之一官為長一年鞫訟二次如道中有犯國法者則判之有枉則訴之大審院非當院長不鞫也三曰州審院聯邦之地分五十州每州官一或理半邦或理一邦其州中犯國法者則歸其官判之一年鞫訟四次有枉亦上訴焉三者皆國官也若諳法罔有差則終身任之其犯邦法者則聯邦自有問官理之未升邦之部則由國會遣官以治其事

門麗司得兒譯言全權公使也一等十餘人二等二十餘人又有賽格得兒麗譯言參贊也又有耕赦禄譯言領事也又有音答兒布拉打耳譯言繙譯也

官祿第二

初國會與諸將約合衆國立即以官祿之半終其身乾隆四十八年千八百八十三約成而國會用歉未克如約諸將以為言國會依違畣之或曰國會官支燕麥足飽一馬而已然設官簡而其後祿易無缺

司台德塞格雷達外部長年俸銀八千圓副三人其一年俸銀四千五百圓其二年俸銀三千五百圓

德雷索里塞格雷達戶部長年俸銀八千圓副二人皆年俸銀四千五百圓

阿爾美塞格爾達兵部長年俸銀八千圓副一人年俸銀四千圓

内咸塞格爾達海軍部長年俸銀八千圓副一人年俸銀四千圓

博司德塞格爾達郵政部長年俸銀八千圓副一人年俸銀四千圓

巴敦特塞格爾達工部長年俸銀八千圓副一人年俸銀四千圓

阿都内塞格雷達刑部長年俸銀八千圓副一人年俸銀五千圓

各部屬官年俸銀二千或一千數百有差

蘇勃林大審院長年俸銀六千五百圓以次遞減

門麗司得兒（全權公使）一等年俸銀二萬圓二等銀一萬五千圓耕赦祿（領事）俸銀有差

邦官弟三

聯邦有審院其官選自其邦之固斐諾爾（邦首領）而必謀之議士院曰可乃任其等凡三曰上審院官六擇一為長邦之命案鞫之曰中審院官十分治庶事若財產若爭角則理之曰下審院邑各一人理責與產之涉訟者部不自設官而印甸之審官分三等

刑略

美利加刑無斬梟而民重犯法無他無瘠民也不然古巴島相去未為大遠也何晝擾若彼或曰合衆國之邑亦自有例而雲龍不謂其然嘗聞之彼都人士曰凡未成邦之部其事皆國會遣官理之然則邑豈重於部耶況邑長選自邦之固斐諾爾即下審院官意者小事得自主之我行我法未可知也邦有邦律行於一邦而要之於國律無礙是其行之聯邦無異言者總之不離乎國律近是其法本約而入國問禁亦略覵大意云爾述

刑略

刑律大較有三一曰絞二曰監禁三曰罰贖凡大逆不道海盜强刦横汙婦女戕民焚市則絞如律立國以來犯者蓋寡次之焚掠所不能無或絞或永監禁出獄無期又次或僞造金銀或竊詐爲非或嗜酒鬥狠大率監禁在六月以上其餘漏稅負責諸犯則罰鍰輕重有差

凡審官而外别有法師是通律學得憑而輔官理訟者也有議長有公民皆正直有聲選自衆而分班備審上班曰議長主議事之行否下班曰公民司聽訟之曲直並有額少亦十二訴者訴之法師書狀出傳單拘被訴者至議長議可審與否上之官官中坐公民陪聽訴者或與公民不合許指名更易迨兩造詞具法師畢詰被訴情實佐證復稿官遂語公民曰犯某法當議如律公民退就所見擬罪陳之意同則斷否則再審再擬録其事以爲後程

凡罪未定不得凌辱聽鞫不跽

凡上下犯律厥罪惟均戶口田土各有其法

凡軍士有犯治如軍法

凡監其國與邦與邑大小有差然皆巨石為之排若蠭房鐵鎖一道連門齊合開則同開不涇不穢有通風窗有出食桉有滌舊池有散步餘地司監者時以善言導之欲其悔也

凡監犯有工程各盡所能如燒磚之工則以兵押至廠為之出入有時計工之直以若干儲出監之用以若干補在監之需而以其餘充公

大事編年表

雲龍既依宋祖謙大事記述日本大事編年表復於美利加編年如例嗟嗟事其所事無他權利而已矣就游紀事以光緒十五年為斷而自乾隆四十一年美利加畔英立國始歷年一百一十有五較之四裔年表多二十有九年分合體異所繇詳略事殊矣述大事編年表

中國年	美利加年	
乾隆四十一	千七百七十六	與法郎西和〇西七月四日自立為美利加國
四十二	千七百七十七	英軍入費納的費牙

四十三	千七百七十八	與法蘭西立相助約○與英議和
四十四	千七百七十九	與和蘭盟○聯十三邦為合衆國○與英軍海戰
四十五	千七百八十	華盛頓援南軍
四十六	千七百八十一	華盛頓受降
四十七	千七百八十二	與和蘭立約
四十八	千七百八十三	法議和約英吉利許美利加自立國華盛頓歸農
四十九	千七百八十四	始有商船至中國買茶○國會議制未決
五十	千七百八十五	國會置於紐約
五十一	千七百八十六	國會始議定立法行法定法之權
五十二	千七百八十七	立國制定為民主四年一更有副國會長六年一更
五十三	千七百八十八	刱議舉伯理璽天德
五十四	千七百八十九	始植木綿○若爾治華盛頓為伯理璽天德○立國都
五十五	千七百九十	禁買黑奴時黑人六十九萬
五十六	千七百九十一	始開銀行本銀千萬○窪蒙立為邦

五十七	千七百九十二	以科侖布亞為華盛頓都城○根得基立為邦
五十八	千七百九十三	華盛頓留任○法郎西乞師不許○始綜計國用
五十九	千七百九十四	與英吉利立約通商○始造兵艦○三百九十二萬餘○征餉四百七十七萬一千
六十	千七百九十五	兵艦始成
嘉慶元	千七百九十六	田揑西立為邦○綜計國用
二	千七百九十七	酕阿但斯為伯理璽天德○密士昔比來屬為部
三	千七百九十八	始置管理水師書記○華盛頓為將軍將與法人戰○禁買奴
四	千七百九十九	華盛頓卒年六十七或云六十三非○續議聯邦盟約○綜計國用
五	千八百	與法蘭西通商○始種痘○始會議於都城
六	千八百一	土馬司哲咈生為伯理璽天德○民五百三十一萬九千餘○出口貨直九百三十萬
七	千八百二	大公會許美利加捕他略賣黑人船○窪蒙來屬○倭海約立為邦○綜計國用
八	千八百三	愛呵窪來屬為部
九	千八百四	
十	千八百五	哲咈生留任○綜計國用

十一	千八百六	復與英吉利盟
十二	千八百七	作火輪船
十三	千八百八	美商被英吉利人辱○綜計國用
十四	千八百九	議禁英舟進口○哲姆斯馬特生為伯理璽天德
十五	千八百十	民七百廿三萬六千餘
十六	千八百十一	禁英法人入境○綜計國用
十七	千八百十二	英使離間覺伐之攻加納大不克
十八	千八百十三	與英人戰勝之○禁買黑奴
十九	千八百十四	與和蘭和歸侵地○英人攻科侖布亞入之法兵敗英人○綜計國用
二十	千八百十五	始立管領水師官○立銀行本二千五百萬
二十一	千八百十六	英兵止○英釐阿納立為邦
二十二	千八百十七	哲姆斯蒙洛為伯理璽天德○密士普比立為邦○綜計國用
二十三	千八百十八	始駛輪舟於海
二十四	千八百十九	佛勒里畣來屬

二十五	千八百二十	民九百六十三萬八千餘○緬立為邦○綜計國用
道光元	千八百二十一	夢洛留任○阿拉巴麻立為邦○密蘇釐立為邦
二	千八百二十二	墨西哥來告自立為國
三	千八百二十三	議約拒伐南阿美利加洲者○綜計國用
四	千八百二十四	與英約禁買黑奴
五	千八百二十五	酕昆雪阿但斯為伯理璽天德
六	千八百二十六	議院南北堂工竣○綜計國用
七	千八百二十七	
八	千八百二十八	
九	千八百二十九	安多柳爵葛勝為伯理璽天德○綜計國用
十	千八百三十	與土耳其立約○民千二百八十六萬六千餘○始造鐵道
十一	千八百三十一	與墨西哥立約通商
十二	千八百三十二	與土耳其戰○綜計國用
十三	千八百三十三	爵葛勝留任

十四	千八百三十四	造波士登鐵道
十五	千八百三十五	英輪舟始來○阿剛色斯密西根來屬○綜計國用
十六	千八百三十六	民千三百餘萬○阿剛色斯來屬為邦
十七	千八百三十七	馬金玉分婆倫為伯理璽天德○魯西阿納立為邦○密西根立為邦　始作電報
十八	千八百三十八	與英吉利互設輪舟公司○伊利那倚斯立為邦○綜計國用
十九	千八百三十九	使至南極拓地
二十	千八百四十	與和蘭等國立約通商
二十一	千八百四十一	威凉哼里哈利生為伯理璽天德尋卒氈帖勒嗣之○綜計國用
二十二	千八百四十二	與英吉利約各正畺界
二十三	千八百四十三	已成鐵道一百五十九英里
二十四	千八百四十四	電綫成四十英里置自國都○綜計國用
二十五	千八百四十五	中國始許立約通商○佛勒里畣立為邦○熱木司帕葛為伯理璽天德
二十六	千八百四十六	英吉利搆兵尋和○與墨西哥戰○愛呵窪立為邦
二十七	千八百四十七	與墨西哥和○始作縫紉具○始開金礦○綜計國用

二十八	千八百四十八	始開三法蘭昔斯哥金鑛○尤達畫自墨西哥國
二十九	千八百四十九	開金鑛日衆初年直銀四百三年即千倍○惹嘎里帖勒為伯理璽天德
三十	千八百五十	密納得非勒穆為伯理璽天德○綜計國用
咸豐元	千八百五十一	嘉里符尼亞立為邦○紐墨西哥立部
二	千八百五十二	符郎古林皮而斯為伯理璽天德
三	千八百五十三	開萬國博物會於紐約○華盛頓立部○綜計國用
四	千八百五十四	與北阿美利加洲之英屬地通商
五	千八百五十五	已成鐵道一千六百五十四英里
六	千八百五十六	阿拉士克售自俄羅斯○綜計國用
七	千八百五十七	熱末司孛剛能為伯理璽天德
八	千八百五十八	五月與中國立約三十款置大西洋電綫通英○十月與中國立通商稅章十款○梅尼所達立為邦頻里根立為邦
九	千八百五十九	紐約人乘氣球二時行九百英里○綜計國用
十	千八百六十	日本使來○弩布拉士格為部
十一	千八百六十一	阿布拉根林更為伯理璽天德○南北軍交惡○剛色斯立為邦

同治元	千八百六十二	喀挪拉奪為部。綜計國用
二	千八百六十三	威士奪勿爾治尼亞立為邦。阿里瑣那立部
三	千八百六十四	列法達立為邦。孟大那立部
四	千八百六十五	安多柳酕松為伯理璽天德。南軍堡壘淪北殆盡。綜計國用
五	千八百六十六	南北兵解
六	千八百六十七	孥布拉士格立為邦。議院工竣
七	千八百六十八	六月與中國續增條約八條。歪阿明立部。綜計國用
八	千八百六十九	緜力西士戈蘭德為伯理璽天德
九	千八百七十	國會增議聯邦盟約
十	千八百七十一	綜計國用
十一	千八百七十二	已成鐵道三千九百有八英里
十二	千八百七十三	戈蘭德留任。分打戈達地益孟大那部
十三	千八百七十四	綜計國用
光緒元	千八百七十五	孟大那部移治黑勒孥

二	千八百七十六	喀挪拉奪立為邦
三	千八百七十七	巴沙符赫司為伯理璽天德○綜計國用
四	千八百七十八	中國出使大臣始至
五	千八百七十九	
六	千八百八十	與中國續議條約四款附議四條○綜計國用
七	千八百八十一	熱末司嘎非為伯理璽天德六閱月卒替士畬阿莎嗣之
八	千八百八十二	
九	千八百八十三	綜計國用
十	千八百八十四	紐折爾西邦立新章
十一	千八百八十五	固落薄庫里八郎為伯理璽天德
十二	千八百八十六	綜計國用○始通澳大利電報
十三	千八百八十七	
十四	千八百八十八	議禁華工中國未許○已成鐵道十三萬二千六百有六英里○始造電氣車秋大風雨損人畜
十五	千八百八十九	

中國美利加度量衡比較表

書曰同律度量衡以度量衡為用而要以同律為體豈非以樂本於天歟至以水為比例而算學日精別國初靡定則或視其君足為尺或視其君大指節為寸雖欲同烏得而同之法郎西患互市滋疑欲更通用之則於是美利加遣其重臣與英法俄德會議久之量地周午綫得其四千萬分之一為一邁當以白金制尺準之為量為權時當嘉慶九年美利加所謂邁當者即其則也合之中國工部營造尺為三尺二寸三分四氂二毫一絲二忽八微緜是十乘十分以計長短大小緜是自乘以計面積緜是自乘再乘以為立方之積容量之數緜是量立方滊水以為權衡之因其度長短曰邁當合華三尺二寸三分四氂二毫一絲二忽八微弟邁合華三十二尺三寸四分二氂一毫二絲八忽生邁合華三百二十三尺四寸二分一氂二毫八絲密邁合華三千二百三十四尺二寸一分二氂八毫第細邁合華三寸二分三氂四毫二絲一忽二微八纖生低邁即第細邁十分之一密里邁即生低邁十分之一其度面積曰阿爾即平方各邊十邁當也百倍於阿爾謂生阿百分阿爾之一謂之生低阿其量容積曰立得即第細邁立方也合華二十九方寸七百九十一分有十六分之一猶言一升也曰第立即十立得也合華二百九十七方寸九百十分有十六分之一猶言一斗也曰生立即百立得也合華三千九百七十九方寸一百分有十六分之一猶言一石也曰密立即千立得也合華二萬九千七百九十一方寸是

為邁當立方積曰第細立即十分立得之一也合華二方寸九百七十九分一百釐其量實積曰帶耳即邁當立方也與密立同曰第帶即十立方邁當也曰第細帶即立方邁當十分之一也與生立同其權輕重曰喀麻即與立方生低邁當之蒸溜水等重其水宜冷至百度表之第四度將結冰者曰第喀即十喀麻也曰生喀即百喀麻也曰密喀即千喀麻也是立方第細邁之水合華庫平二十六兩六錢曰生密喀十萬喀麻也曰密密喀即百萬喀麻也是立方邁當之水曰第細喀即喀麻十分之一曰生低喀即喀麻百分之一曰密里喀即喀麻千分之一其銀衡曰佛郎即五喀麻之銀曰第細法即佛郎十分之一曰生低法即佛郎百分之一互市者便之雖然商通於同而民習其異美出於英矣而他拉云者乃為英之四仙令二品司名目且異何論長短多寡輕重也不析言之比較之以為譯文符燭其弗滋目治耳治疑也

幾希述中國美利加度量衡比較表

較度第一

	度	法		
中國	八分二釐一毫四絲七忽五微（據數理精蘊下同○會典圖工部營造尺八分有一毫學計一得工部營造尺八分八毫三絲三忽）			九寸八分五釐七毫七絲（○會典圖）
較美利加	一因制			一夫特（十二因制為一夫特猶言一尺也○中國一尺合十四因）

美利加圖經卷三十

尺九寸六分一釐二毫學計一得九寸七分稅則海關尺八寸五分一釐新推海關尺八寸五分一釐有六絲三忽八微〇校中國尺長於英尺一分四釐二毫三絲　因制有十分因制之一

三二三四二一二八此小數也居下條百分之一〇　一密里邁當百分生低邁當之一〇省文則單言密里

三分二釐三毫四絲二忽一微二纖八沙　一生低邁當百分邁當之一

二尺四寸五分　一牙脫

三尺二寸三分四釐二毫一絲二忽八微〇會典圖三尺一寸五分五釐學計一得三尺一寸九分或云二尺五寸或云二尺四寸非也　一邁當一譯每得〇美利加依英尺三九三七有八為一邁當

里　二里有三百二十步四尺八寸　一邁路美利加以五千二百八十英尺為一陸里

法　六分五釐

二千六百有二方尺四寸三分　一野格美利加以二千六百四十英方尺為一野格猶言一畝也〇每十二

二釐八毫　英尺為一英方尺

較量第二

	中國	較美利加
量	一升三合五勺有奇會典嘉量斛容積二千五百立方寸	一利脫耳容積一立方得息邁當
法	一升五合三抄五撮	一哀譯言瓶也
	六升一合四勺有奇部尺一百五十三立方寸	一嘎倫容積二百七十七立方英寸強四哀為一嘎倫
	二石五斗七升八合八勺	一巴列四十二嘎倫

較衡第三

	中國	較美利加
銀	六錢二分四釐五毫	一他拉以英四仙令二品司為一他拉○按一仙令合中國一錢五分一品司合中國一分二釐二毫五忽又或省仙令曰仙
衡	三兩	一磅二十仙令為一磅
	六十二兩四錢九分	百他拉以英二十磅十六仙令八品司為百他拉
物	十二兩	一磅一百三十三磅有三分磅之一為中國一石即百斤也
衡		

七百六十八兩　一布些耳六十四磅為一布些耳

一千六百八十斤　一頓〇美利加以二千二百四十英磅為一頓按美利加船載又以五十立方英尺為一頓

郵便繫年表

郵便局五萬五千一百五十七小大有差大局之官有派自伯理璽天德而新水在千圓上者二千三百三十六其里一百一十三萬二千三百二十六（英里海里凡三十七萬七千四百四十二）內火車道三十九萬二千八百四十七（英十三萬九百四十九）輪船道則海里也約三萬四千九百七十（海里萬五百九十七）雜道（馬車類）七十萬七千六百八十八（英里二十三萬五千八百九十六）此光緒十三年數也初海里郵便歲異必一一强合華里保無里差鄉輒就原里箸錄嘉慶二十一年前五載一計厥後歲計今計至光緒十三年止自乾隆五十五年始此繫年者也就光緒十四年言印紙箋函及喀多之類費銀四千五百六十七萬有九百八十四圓喀多譯言不封信紙也勒熱斯畣之類數至千二百五十二萬四千四百二十二勒熱斯畣譯言收條也皆發自郵政部其無從交之信

五百五十七萬八千九百六十五亦其部司之物儲二年逾期則售因公不收郵費者四百六十一萬八千六百九十二圓兌國内銀次數九百二十三萬二千一百七十七平均每次十二圓七角二仙兌外國銀次數六十一萬五千四百有五平均每次十四圓六角八仙用票五百三十萬七千五百五十一入票兌費銀一千一百七十六萬八千八百二十五圓其海郵用費銀四十二萬五千八百一十八圓邦部歲計有差此繫地者也

述郵便表

繫年第一

年	局	里	歲入	歲出	薪水	配工
乾隆五十五（千七百九十）	七五	一八七五	三七九三五	三二一四〇	八一九八	二二六八一
六十（千七百九十五）	四五三	一三二〇七	一六〇六二〇	一一七八九三	三〇三七二	七五三五九
嘉慶五（千八百）	九〇三	二〇八一七	二八〇八〇四	二一三九九四	六九二四三	一二八六四四
十（千八百有五）	一五五八	三一〇七六	四二一三七三	三七七三六七	一一五五二	二三九六三五
十五（千八百十）	二三〇〇	三六四〇六	五五一六八四	四九五九六九	一四九四三八	三二九七六六

廿 千八百十五	二〇〇〇	四三七四八	一〇四三〇六五	七四八一二二	二四一九〇一	四八七七七九
廿一 千八百十六	三二六〇	四八六七三	九六一七八二	八〇四四三二	二六五九四四	五二一九七〇
廿二 千八百十七	三四五九	五二〇八九	一〇〇二九七三	九一六五一五	三〇三九一六	五八九一八九
廿三 千八百十八	三六一八	五九四七三	一一三二三三五	一〇三五八三二	三四六四二九	六六四六二一
廿四 千八百十九	四〇〇〇	六七五八六	一二〇四七三七	一一一七八六一	三七五八二八	七一七八八一
廿五 千八百廿	四五〇〇	七二四九二	一二二九二七	一一六〇九二六	三五二二九五	一八三四二五
道光元 千八百廿一	四六五〇	七八八〇八	一〇三九〇八七	一一八四二八三	三三七五九九	八二五六八一
二 千八百廿二	四七〇九	八二七六三	一二七五九〇	一一六七五七二	三五五二九九	七八六一八
三 千八百廿三	四〇四三	八四八六〇	一二三一一五	一一五六九九五	三六〇四六三	七六七四一四
四 千八百廿四	五一八二	八四八六〇	一一九七七五八	一一八八〇一九	三八三八〇四	七六八九三九
五 千八百廿五	五六七七	九四〇五二	一三〇六五三五	一二三九〇四三	四二一八三	七八五六四六
六 千八百廿六	六一五〇	九四〇五二	一四四七七〇三	一三六六七二三	四四七七二七	八八五一〇〇
七 千八百廿七	七〇〇三	一〇五三三六	一五二四六三三	一四六八九五九	四八六六一一	九四二三四五
八 千八百廿八	七五三〇	一〇五三三六	一六五九九二五	一六八九九四五	五四八〇四九	二〇八六三一三

九（千八百廿九）	八〇〇四	一一五〇〇〇	一七〇七四一八	一七八二一三二	五五九二三七	一一五三六四六
十（千八百三十）	八四五〇	一一五一七六	一八五〇五八三	一九三二七〇八	五九五二三四	一二七四〇〇九
十一（千八百三十一）	八六八六	一一五四八六	一九九七八二一	一九三六一二一	六三五〇二八	一三五二二二六
十二（千八百三十二）	九二〇五	一〇四四七六	二三五八五七〇	二三六六一七一	七一五四八二	一四八二五〇七
十三（千八百三十三）	一〇一二七	一一九九一六	二六一七〇二	二九三〇四四	八二六二八三	一八九四六三八
十四（千八百三十四）	一〇六九三	一一九九一六	二八三七四九	二九一〇六〇五	八九七三一七	一九二五五四四
十五（千八百三十五）	一〇七七〇	一一二七七四	二九九三三五六	二七五七三五〇	九四五四一八	一七一九〇〇七
十六（千八百三十六）	一一〇九一	一一八二六四	三二〇八二三	三六四一七六六	八一三八〇三	一六三八〇五二
十七（千八百三十七）	一一七六七	一四一三四二	四二三六七七九	三五四四六三〇	八九一三五二	一九九六七二七
十八（千八百三十八）	一二五一九	一三四八一八	四二三八七三三	四四三〇六六二	九三三九四八	三一三一三〇八
十九（千八百三十九）	一二七八〇	一三三九九九	四四八四五五七	四六三六五三六	九八〇〇〇〇	三二八五六二二
廿（千八百四十）	一三四九八	一五五七三九	四五四三五二二	四七一八二三六	一〇二八九二五	三二九六八七六
廿一（千八百四十一）	一三七七八	一五五〇二六	四四〇七七二六	四四九九五五八	一〇一八六四五	三一五九三七五
廿二（千八百四十二）	一三七三三	一四九七三二	四五四六八四九	五六七四七五二	一一四七三五六	三〇八七七九六

廿三 千八百四十三	一三八一四	一四二二九五	四二九六二三五	四三七四七五四	一四二六三九四	二九四七三一九
廿四 千八百四十四	一四一〇三	一四四六八七	四二三七二八八	四二九六五一三	一三五八三一六	二九三八五五一
廿五 千八百四十五	一四一八三	一四三九四〇	四二八九八四一	四三二〇七三二	一四〇九八七五	二九〇五五一四
廿六 千八百四十六	一四六〇一	一五二八六五	三四八七一九九	四〇八四二九七	一〇四二〇七九	二七一六六七三
廿七 千八百四十七	一五一四六	一五三八一八	三九五五八九三	三九七九五七	一〇六〇二二八	二四一六四五五
廿八 千八百四十八	一六一五九	一六三二〇八	四三七一〇七七	四三二六八五〇		二三九四七〇三
廿九 千八百四十九	一六七四九	一六三七〇三	四九〇五一七六	四四七九〇四九	一三二〇九二一	二五七七四〇七
三十 千八百五十	一八四一七	一七八六七二	五五五二九七一	五二一二九五八	一五四九三七六	二九六五七八六
咸豐元 千八百五十一	一九七九六	一九六二九〇	六七二七八六七	六三七八四〇二	一七八一六八六	三五三八〇六四
二 千八百五十二	二〇九〇一	二一四二八四	六九二五九七一	七一〇八四五九	一三九六七六五	四二二五三一一
三 千八百五十三	二二三二〇	二一七七四三	五九四〇七二五	七九八二九五七	一四〇六四七七	四九〇六三六八
四 千八百五十四	二八五四八	二一九九三五	六九五五五八六	八五七七四二四	一七〇七〇八	五四〇一三八二
五 千八百五十五	二四四一〇	二二七九〇八	七三四二一三六	九九六八三四二	二一三五三三五	六〇七六三三五
六 千八百五十六	二五五六五	二三九六四二	七六二〇八二三	一〇四〇五二八六	二一〇二八九一	六七六五六三九

七 千八百五十七	二六五八八	二四二六〇一	八〇五三九五二	一一五〇八〇五八	二二八五六二〇	七二三九二三三
八 千八百五十八	二七九七七	二六〇六〇三	八一八六七九三	一二七二二四七〇	二三五五〇一六	八二四六五四
九 千八百五十九	二八五三九	二六〇〇五二	八六六八四八四	一五七五四〇九三	二四五三九〇一	七一五七六二九
十 千八百六十	二八四九八	二四〇五九五	八五一八〇六七	一九一七〇六一〇	二五五二八六八	八八〇八七一〇
十一 千八百六十一	二八五八六	一四〇一三九	八三四九二九六	一三六〇六七五九	二五一四一五七	五三〇九四五四
同治元 千八百六十二	二八八七五	一三四〇一三	八二九九八二一	一二二五三六四	二三四〇七〇七	五八五三八三四
二 千八百六十三	二九〇四七	一三九五九八	一二一六三七九〇	一一三一四二〇七	二八七六九八三	五七四〇五七六
三 千八百六十四	二八八七八	一三九一七一	一二四三八二五四	一二六七七八六	三一七四三三六	五八一八四六九
四 千八百六十五	三〇五五〇	一四二三四〇	一四五五六二五九	一三六九四七二八	三三八八三八二	六二四六八八四
五 千八百六十六	二三五二八	一八〇九二一	一四三八六九八六	一五三五三〇七九	三四五四四六七	七六三〇四七四
六 千八百六十七	二五一六三	二〇三二四五	一五三三七〇二七	六九三三五四八三	四〇三三七二八	六三三六二八六
七 千八百六十八	二六四八一	二一六九六八	一六二九二六〇一	二二七三〇五九三	四二五五三二一	一〇三六六〇五六
八 千八百六十九	二七一〇六	二三三七三一	一八三四四五〇一	二三六九八一三一	四五四六九五八	一〇四〇六五〇一
九 千八百七十	二八四九二	二三一二三二	一九七七二二二一	二三九九八八三七	四六七三四六六	一〇八八四六五三

十 千八百七十一	三〇〇四五	二三八三五九	二〇三七〇四五	二四三九〇二〇四	五〇二六八三八二	一一五二九三九五
十一 千八百七十二	三一八六三	二五一三九八	二六九一五四二六	二六六五八一九二	五一二一六六五	一五五四七八二一
十二 千八百七十三	三三二四四	二五六二一〇	三九九六七四二	二九〇八四九四六	五七二五四六八	一六一六一〇三四
十三 千八百七十四	三四二九四	二六九〇九七	二六四七〇七二	三三三六四一五	五八一八四七三	一八八一三一九
光緒元 千八百七十五	三五五四七	二七七八七三	二六七九一三六〇	三三六二一三〇九	七〇四九九三六	一八七七二〇一
二 千八百七十六	三六三八三	二八一七九八	二七八九五九〇八	三三三六三四八	七三九七三九七	一八三六一〇四八
三 千八百七十七	三七三四五	二九二八二〇	二七五六八三三	三三〇八六三三	七三九五二五一	一八五二九三八
四 千八百七十八	三九二五八	三六二九六六	二九二七七五一七	三四一六五八〇五	七九七七八五二	一九二六二四二一
五 千八百七十九	四〇八五五	三一六七二	三〇四一九八三	三三四四九八九九	七一八五五四〇	二〇〇二八七二
六 千八百八十	四二九八九	三四三八八八	三三三一五四七九	三三六五四二八〇四	七七〇一四一八	二三二五九八四
七 千八百八十一	四四五一三	三四四〇〇六	三三六七八五三九八	三九五一七三六	八二九八七四三	二三一九六〇三
八 千八百八十二	四六二三一	三四三六一八	四一八七六四一〇	四〇〇三九六三五	八九六四六七七	二三八四六二一二
九 千八百八十三	四七八六三	三五三一六六	四五五〇八六九三	四二八一六七〇〇	一〇三一九四四一	二三〇六七三三
十 千八百八十四	四〇〇一七	三五九五三〇	四三三三八一二七	四〇四〇四九六〇	一一三八三八三一	二五三五九八一六

十一 千八百八十五	五一二五二	三六五二五一	四二五六〇八四三	五〇九四二四一五	一一四三一三〇五	二三一七八六三七
十二 千八百八十六	五三六一四	三七一八八九	四三九四八四二三	五〇八三九三四〇	一一三四八一七八	二七七二八二三九
十三 千八百八十七	五五一五七	三七七四四二	四八八三七六〇九	五二三九一六七七	一一九二九四八一	二八〇三一一〇六

繫地第二

國邦部	印紙	計入	修費	運費	計出	差少	較多
科倫布亞	三二四九五五	三三三七四九	六三三二		四四八四八六	一一四七三七	
阿拉巴麻	三五七〇四四	三七五七九六	一六五一三三	四〇五五四	六四一五六六	二六五	
阿剛色斯	二八三七八三	二九九〇六一	一五三二六二	二一九五七六	四四五一七〇	一四六〇四九	
嘉里符尼亞	一三九七八五一	一三八一六三九	三一〇一八〇	八八二九六六	一六二七七八七	二四六二五八	
喀挪拉奪	四〇四五三	四四三一六	一三四五〇六	三八二三一五	六四六六四七	二〇三〇三七	
千揑底嘎奪	八二六五	八八五二〇七	二一六一三七	三〇五九四	七四〇九九六		一四四二一一
特爾拉華	一〇二〇一	一〇三五三五	三三五六〇	三六七一七	九七三八四		六五一〇
佛勒里畬	二六六四五五	二八三四二一	一三九四〇二	二七三九五〇	四六四七一六	一八一四九六	
若耳治亞	五四九四六〇	五六七八八八	一九四四九六	五三三八〇七	九六三一四一	三五九二五八	

伊利那倚斯	三五三五七	三六六九二	二三八五五	四二六五九	六七二五七	三〇五六四	
英釐阿納	一〇三八九三	一一五四八二	四〇八八〇四	八〇八一四二	一五三八七六七	三八三九五四	
愛阿窪	三九六八二六	一四一〇八四一	五三九一一三	八八三九二六	一八五二二一三	四四八三七二	
剛色斯	三二〇五七	一二〇三九五五	四八一三四三	七七七二一六	一四七三一四五	二六九一六〇	
根得基	六八四六〇	七〇八〇九八	二四三五八八	五二六五一三	九五九八四七	二五一七四九	
魯西阿納	五二六三四	五三九三七二	一〇七二九一	二〇六五一九	四七七二七七	三七九〇五	
緬	五八一四七七	六二四〇九五	二三八七四二	二五五二一四	六三一九〇八	一七八一三	
瑪理蘭	七六六〇七九	七八〇三六六	一四九六八四	五三〇三一五	一〇一四七四	二三一一〇八	
馬沙朱色士	三〇六三七八二	三三一四一二九	四四〇四五五	四二八一五七	二一三九五五一		一〇七四五六七八
密西根	一四八七三三四	一五九二六〇八	五九七一六六	六四五七六二	一五三〇〇八五		六二五二三
梅尼所達	九九八〇八三	一〇五二六三四	二六九五〇一	八三四五三六	一四三二〇三八	三七九四〇五	
密士昔比	二五七四一九	二七三四七六	一五〇八五五	三六六一〇七	五五二六〇七	二七九四三一	
密蘇釐	二〇九九二〇九	二一六一八七九	四三〇八三一	一二三九六八六	二六一五三九五	四五三五一五	
孥布拉士格	七二一三二一	七七五八四一	二八〇九五一	九〇二六〇七	一三六八〇九九	五九三三五八	

列法達	五五八二八	六三四七八	三三一〇二	一〇三三〇九	一四六三三五	八二八五七	
經宰布西耳	三四三八四七	三六九〇四五	一五四九七三	一三四八九三	三三二六三四		三六四二一
紐折爾西	九八三四五三	一〇三〇三六	二七二〇三九	三三八五二九	八四六一六		一八四二二一
紐約	八五四六〇九一	八七七五三八	一〇〇三一二	一七四九八七四	五八五二九四		二九三三九四
諾司喀爾勒那	三四九〇九四	三六三三三一	一八九九三九	三五四三四八	六一〇三一六	二四六九八五	
倭海約	二七八三七〇三	二九一三八〇一	六九六五九八	二四三八七三六	四四九三〇二	一五八〇二〇〇	
頸里根	二二三三九四	二四一九二九	九一九〇七	二三九八六五	三八六五六三	一四四六三四	
賓多佛尼亞	四一六〇八七	四三九九六六〇	九〇七二三七	一九七一三〇	三六二八二五五		三七一四〇五
洛畬哀倫	三二七七六二	三五〇五二七	五五〇二五	五七二九二	二一五五一三		一三五〇五
叟司喀爾勒那	二四九一〇三	二六〇二〇〇	一一三一五一	二八四七九四	四八五二六二	二三五六二	
田捏西	五七〇八一二	五八五五一五	一九六五四八	二九二三九六	七〇八九五四	一二三四三九	
德格瑟斯	八八二三四七	九四三九三	三八二二八六	九一四七九八	一五六二〇七四	六一八一五一	
窪蒙	三〇八二三三	三二四八六〇	一五〇一五二	一五七九六九	三四一九八三	一七一二三	
勿爾治尼亞	六五三一二二	六七二一二六	二八六六八〇	七〇三六七六	一五三五〇七	四八一三八一	

威士奪勿爾治尼亞	二五一七九六	二六〇六九一	一二八〇七三	一七四六四五	三五二九二〇	九二三二九	
威士干遜	一〇三二九四四	一〇九九五三六	三六七九九九	六二七八六三	三五六六九六	一五七一六〇	
阿里瑣那	五九三二九	六六〇〇五	三五一〇三	一七一九七二	二一四一九一	一四八一八六	
大戈達	四一一〇四四	四五一一九	二三二九四五	二四五八三七	五二三六七一	七二四八一	
埃得和	六八九五八	七五四一八	四二二二二	九三七三一	一四二一八五	六五七六七	
孟大那	一三二九三七	一五六三八三	六四八七五	一〇〇七五三	一九八四〇〇	四二〇一七	
紐墨西哥	七八八八六	八七七八三	四四七六四	一六七一九〇	二三八九九三	一五一二一〇	
尤達	一一五〇九三	一三二七四九	五一一八二	一六七五六七	二五七七三九	一三四九九〇	
華盛頓	一三二九七七	一四六九三	六八四四九	二一七二五三	二九七五一四	一五〇五八二	
歪阿明	六〇三一三	六八二二七	二九六四一	一三二四〇九	一六五六九三	九七四六六	
印甸	三八六一八九四	四〇二〇二〇八	七三〇二八六	一三〇八〇二五	三五九三五七八		四二六六二九
阿拉西克	一二二〇	一三二六	一〇九九	九八九五	一〇九九四		

電綫年表

電里就地言綫里就綫言綫有迴環有分歧輒長數倍未可以道里例也

此表以英里計每里合三華里而水電則以海里計合華三里三分光緒十二年即西紀一千八百八十六年美利加電報公司凡七十有七其中小者三十七而三十七之內屬鐵道公司者一十有八大者四十以威士黨由戎特勒古拉扶為最先是阿美利剛由農公司電里一萬二千合華里三萬六千阿多南基沾安奪巴西比沽譯言大西洋及太平洋特立古拉扶公司電里八千七百有六此海里也合華里二萬八千七百二十有九其餘英里居多密式久阿耳由農得力拉扶公司千八百八十六年立電里八千本資銀二百五十萬圓博耳基莫安奪倭海約公司電里七千五百三十五本資五百萬班克司安奪馬腔斯公司電里四千本資三百萬債七百五十萬拏比奪公司電里綿紐約波士登費納的費牙波基未科侖布坂非都等處本資百萬波士大魯帖列古拉扶安奪客布魯公司電里千五百本資七百萬先後皆歸威士黨由戎特勒古拉扶公司本資無慮八千八百二十萬統計美利加電里已拓至十八萬有奇此指公電言官電商電鐵道電不在此數而表舉十五萬六千八百一十四英里者就所用里數言也述

電綫年表

年	電里	綫里	局數	電信	計入	費	贏數
同治五　千八百六十六	三七三八〇	七五六八六	二二五〇				
六　千八百六十七	四三七七〇	八五二六一	二五六五	五八七九二八二	六五六八九二五	三九四四〇六	二六二四九二〇
七　千八百六十八	五〇一八三	六七五六四	三二一九	六四〇四五九五	七〇〇四五六〇	四三六二八四九	二六四一七一二
八　千八百六十九	五二〇九九	一〇四五八四	三六〇七	七九三四九三	七三一六九一八	四五六八一二七	二七四八〇一
九　千八百七十	五四一〇九	一二一一六	三六七二	九一五七六四六	七一三八七三八	四九〇七七二	二二七九六六
十　千八百七十一	五六〇三二	一二一一五一	四六〇六	一〇六四六〇七七	七一三七五五九	五一〇四七八七	二五八二六六二
十一　千八百七十二	六二〇三三	一三七一六〇	五二三七	一三五五五九九	八四五七〇九〇	五五六六八六三	二七九〇三三
十二　千八百七十三	六五七五七	一五四四七二	五七四〇	一四四五六八三二	九三三三〇八	六五七五六五六	二七五七九六三
十三　千八百七十四	七一五八五	一七五七三五	六一八八	一六三二六二五六	九二六二六五七	六七五五七三四	二五〇六九二六
光緒元　千八百七十五	七二八三三	一七九四九六	六五六五	一七一五三七一〇	九五六四五七五	六三三五四五	三二二九一五八
二　千八百七十六	七三五三二	一八三八三二	七〇七二	一八七二九五六七	一〇〇二四九八六	六六三五四七四	三三九九五一〇
三　千八百七十七	七六九五五	一六四三二三	七五〇〇	二一一五八九四一	九八一二三五三	六六七二四二五	三一四〇一二八

四千八百七十八	八一〇〇二	二〇六二〇二	八〇一四	二三九一八八九四	九八六一三五五	六三〇九八一三	三五五一五四三
五千八百七十九	八二九八七	二一一五六六	八五三四	二五〇七〇一〇六	一〇九六〇六四〇	六一六〇三〇〇	四八〇〇五五〇
六千八百八十	八五六四五	二三三五三四	九〇七七	二九二一六五九	一三七八二八九五	六九四八九五七	五八三三九三八
七千八百八十一	一一〇三四〇	三二七一七一	一〇七三七	三三五〇八〇〇	一四三九三五四四	八四八五二六四	五九〇八二八〇
八千八百八十二	一三一〇六〇	三七四三六八	一二〇六八	三六八四二〇〇〇	一七二四一六六	九九九六〇九六	七二一八〇七〇
九千八百八十三	一四四三六四	四三二七二六	一二九一七	四〇五八二七七	一九四五四九〇三	一一七九四五五三	七六六〇三五〇
十千八百八十四	一四五〇三七	四五〇五七一	一三七六一	四二〇七六二三六	一九六三三九四〇	一三〇二二五〇四	六六一〇四三六
十一千八百八十五	一四七五〇〇	四六二二八三	一四一八四	四二〇九六五八三	一七七〇六八三四	一二〇〇五九〇九	五七〇〇九二四
十二千八百八十六	一五一八三三	四八九六〇七	一五一四二	四三三八九八〇七	一六二九八六三八	一二三七八七八三	三九一九八五五
十三千八百八十七	一五六八一四	五二四六四一	一五六五八	四七三九四五八〇	一七一九一九一〇	一三一五四六二九	四〇三七二八一

電話機繫地表

西言得力風電話機也所謂得力苦拉扶者電報誼也所謂北羅者鐘誼也所謂野可司昌者揭來誼也美利加電話公司凡一百四十有八綫長英里三萬四千三百有五合華里十一萬三千二百有六其通機處五萬

四千三百一十有九其工三千三百三十有八此一百四十八公司内正者七十有四綫長二萬六千七百六十四英里工二千六百三十副者七十有四綫長僅七千五百四十一英里工七百有八其它私立一百三十二所綫長三萬二千七百三十四英里工三千一百有四不在其内此光緒十二年西千八百八十數也述電話機繫地表

公司名	置公司地名	所屬邦部	綫長	入數圖計	費	本資
亨丁頓得力風野可司昌	亨丁頓	賓夕佛尼亞	五〇	四七四九	四三五七	
阿美利堅北羅得力風	波士登	馬沙朱色士	一三五〇	六〇五一八四	三三九四二六	七三五〇〇〇〇
同	夫路頓	紐約	八	五九七	四四五	
阿美利堅北羅野可司昌	毋司堂	同	四八	一九七二	一三五三	二〇〇〇
阿美利堅的司奪里土得力苦拉扶	由尼音	賓夕佛尼亞	二〇	五五七四	四二四四	四〇〇〇
同	西拉可司	紐約	一二六	一三〇〇〇	一三九四五	二〇〇〇
同	由治各	同	一六〇	一七七七〇	一一九七四	二〇〇〇〇
同得力風	三熱希	嘉里符尼亞	一五	三九〇〇	一八〇〇	

阿美司你拔打得力風	列拔打	愛阿窪				
安斯打堂的列苦拉扶得力風	安斯打堂	紐約	二五	四七九	四〇二	五一〇〇
安打送的比西打里亞	西打里亞	密蘇鳌	四〇	三六〇〇	二三〇〇	
安治送得力風野可司昌	安治送	剛色斯	四五	四〇〇〇	三四五三	一五〇〇〇
以路得力風	以路	馬沙朱色士				
波治路奪	麻里送	伊利那倚斯	一〇六	四九一一	四八九九	
拔打比亞得力風野可司昌	拔打比亞	紐約	三〇	一一二六	一〇八六	
比奪里司也列苦土里各	比而路司	弩布拉士格	四	六四六	五六九	一七〇〇
北羅得力風	格非路	紐約	一二二	七九〇四八	六九三〇二	三〇〇〇〇〇
同	西嘎各	伊利那倚斯	一〇〇	六三五一六	六二九二五	
同	馬地遜	威士干遜	八〇	三五一〇	三五一〇	
同	先奪路以司	密蘇鳌	七五	九七四八八	六三三六八	四〇〇〇〇〇
同	費納的費牙	賓夕佛尼亞	一四三	一六八五一六	一〇三〇二四	三一六四〇〇
不拉可布羅得力風	的土吳度	打戈達	四〇	四二三六	二九二三	

布羅明屯得力風	布羅明屯	伊刹那倚斯	一〇〇	六六五〇	四六五〇	
波司登諾三得力風	沙連	馬沙朱色士	一〇七	三三五四	一六三八	三〇〇〇〇
不來特法而忒得力風	不來特法而忒	賓夕佛尼亞	一〇〇	五六二九	六八六五	
布路可屯得力風	布路可屯	馬沙朱色士	五〇	三七六九	二九一〇	一五三五〇
布路可林得力風野可司昌	布路可林	同	四五	三三六二	三三六二	
拔林屯的司奪里士得力風	拔林屯	窪蒙	三五	四五四一	二六〇〇	
加奪治路的列苦拉扶得力風	加奪治路	紐約	六〇	四六九	三〇六	二〇〇〇
先奪拉路的司奪里士布林金得力苦拉扶	别列阿	倭海約	一九	一五四五	六九二	
同	必自博	賓夕佛尼亞	四五九	九五三〇三	五四二三	五〇〇〇〇〇
同	為寅	威士奪勿爾治尼亞	八七	九〇八九	三八二八	
先奪拉路馬邦得力風	叟沸拉明漢	馬沙朱色士	二〇〇	五四〇八	五一〇八	三六〇〇
先奪拉路賓邦得力風	維良司波奪	賓夕佛尼亞	四六三	二三八一八	一二四〇	一〇〇〇〇〇
先奪拉路得力風	阿路屯	伊利那倚斯	二六七	一〇三七五	一四五五三	
西治司拔番得力苦拉扶	新西那治	倭海約	二一〇〇	一三八二二一	一一三〇七七	一〇〇〇〇〇

替沙郡得力風	幾補	紐罕布西耳				
治北窪拔得力列苦拉扶	由苦列阿	威士干遜	一四〇	六二四六	五六三七	一〇〇〇〇
科侖布亞拉得力風	可里拔良	倭海約	四五六	二三一六八	二一〇四七	一五〇〇〇〇
苦林屯來翁北路得力風	格林頓	愛呵窪	二〇七	六二五〇	六九二七	一〇〇〇〇
喀挪拉奪得力風	田窪	喀那拉奪	七〇〇	七五九二五	五七七四七	一八〇〇〇〇
哥倫比亞得力風	科侖布亞	賓夕佛尼亞	二五	六八五	四四二	
哥倫拔司得力風野可司昌	科侖拔司	英蘆阿納				
昆馬夏路得力風	阿巴尼	紐約	一〇〇〇	四八一七三	四七四七八	五〇〇〇〇
剛哥的得力風野可司昌	剛哥的	紐罕布西耳	四三	二〇〇〇	二〇四〇	
干捏底嘎奪得力風	紐哈文	干捏底嘎奪	一五〇〇	六〇五〇〇	六三六五	一三五〇〇〇
可那司維里北羅得力風	可那司維里	英蘆阿納	二〇	一三六三	六六三	
哥利音得力風野苦司昌	哥利音	賓夕佛尼亞	八	七三九	六五九	
干西不拉扶得力風	干西不拉扶	愛呵窪	一八	三五九三	二九一三	五〇〇〇
堂北里得力風的士怕治	堂北里	干捏底嘎奪	三五	二八一二	二六二八	二〇〇〇

苗濃愛蘭得力苦拉扶	打林	若耳治亞	一〇	九四	三五	
圭美司治苦得力苦拉扶得力風	佽窪	紐折爾西	四七〇	二五六五二	一六一八六	四五七〇〇
堂可苦得力風野苦司昌	堂可苦	紐約	二五	一三七四	一三九九	二五〇〇
以司堂賓邦得力風	里田	賓夕佛尼亞	五六	一〇五三三	六八〇八	五〇〇〇〇
以司乇得力風野可司昌	以司乇	同	二〇	一二〇〇	四六〇〇	
以司奪田邦得力風	加打納可	田捏西	一八五	一八九五六	六二三二	四九〇〇〇
也路米拉北羅得力風	野路米拉	紐約	五五	三九六五	三九六五	二〇〇〇〇
也王司維而得力風野可司昌	野王司維而	英釐阿納	一二〇	一〇五二三	二四六七九	一五〇〇〇
費司幾而得力風	費司幾而	紐約	三三	一四九四	一三一四	一五〇〇
扶里波土得力風野可司昌	扶里波土	伊利那倚斯	三〇	二四八一	四一四二	
扶路乇郡得力風	可路拔司維而	紐約	二〇	三六五六	三六五六	二五〇〇
可列司拔得力風野可司昌	可列司拔	伊利那倚斯	一〇	八〇〇〇	七〇〇〇	
可里翁得力風野可司昌	可里翁	倭海約	一三	五二〇	一八九	
可連吳度得力風野可司昌	可連吳度	愛呵窪	一〇	一五二〇	一四四五	

可連維里得力風野可司昌	可連維里	倭海約	一五	一四二〇	一八三七	六五〇〇
漢尼拔而得力風	漢尼拔而	密蘇釐	八〇	五五六四	四三五一	
哈力斯帛得力風野可司昌	哈力斯帛	賓夕佛尼亞				
亨得洛生得力風野可司昌	亨得洛生	根得基	三三	五五五	二二六	
厚布窪列得力風	厚布窪列	洛崙埃倫	六	二三〇	二〇六	
哈奪司布林得力風	哈奪司布林	阿剛色斯	二五	二四九五	二九二八	一三〇〇〇
哈奪送得力苦拉扶得力風	哈奪送	紐約	四一	五七七九	四〇五〇	五〇〇〇
音打司的土得力風	普拉比田斯	洛崙埃倫	四〇〇	六九九	一五五	三四〇〇〇
以沙可得力風野苦司昌	以沙可	紐約	三〇	二六六一	一七一六	
絨司維列得力風野苦司昌	絨司維列	威士干遜	一七	一一〇五	一八二五	
絨送	文先司	英釐阿納				
約里澳奪得力風	約里澳奪	伊利那倚斯	八五	五四三九	二六三六	
蘭拔奪維列得力風	蘭拔奪維列	紐折爾西				
倫嗄司德而北路得力風		賓夕佛尼亞				

里奪維里得力風	里奪維里	喀挪拉奪	二二〇	一六七三三	一六一八〇	一〇〇〇〇〇〇
里文澳司得力風野苦司昌	里文澳司	剛色斯	一七五	五〇〇〇	三六九七	
利知費奪得力風	利知費奪	干捏底嘎奪	八	七五六	六二一	
利奪路苦得力風野苦司昌	利奪路苦	阿剛色斯	六五	七七八六	七二四五	
路維而的司奪里奪得力風	路維而	馬沙朱色士	一五〇〇	五七八九九	五二八〇一	二五〇〇〇〇
魯西阿納得力風	紐阿林	魯西阿納	四七八	九九四三七	八二七九四	二〇〇〇〇〇
滿替司打得力風野苦司昌	滿替司打	紐孛布西耳	一六五	九〇六〇	六〇五〇	
滿司費土得力風野苦司昌	滿司費土	倭海約	二五	二一三四	三〇七〇	
麻沙而堂得力風	麻沙而堂	愛呵窪	四二	二七三五	二一三五	
瑪理蘭得力風	拔治毋	瑪理蘭	六〇〇	五九六三五	三四三七八	二〇〇〇〇〇
梅費奪	曰苦送維里	伊利那倚斯	三五	二八八〇	一八一六	
棉費司得力風野苦司昌	棉費司	田捏西	一三〇	一四八四一	一五九四五	
麻昌奪得力風得力苦拉扶	鹽波里阿	密蘇釐				
美奪路波里堂得力風	紐約	紐約	四九七三	五四〇二九二	五一八八四五	一〇〇〇〇〇〇

密脫打文得力風	密脫打文	倭海約	八〇	四六〇〇	一二〇〇	四〇〇〇〇〇
密而澳治得力風	密而澳治	威士干遜	五三七	四四九七九	三五九二七	四〇〇〇〇〇
孟大那也仁西	法奪便屯	孟大那	二五	四〇〇	三〇〇	
滿比理耳得力風	滿比理耳	窪蒙				
滿西北路得力風野苦司昌	滿西	英釐阿納	一五	三三八五	一七六五	
那拉昆西奪比理得力風	那拉昆西奪比理	洛侖埃倫	一五	九四五	五九〇	
那西窪得力風野苦司昌	那西窪	紐孚布西耳	一五	二八五四	二七八八	
那是越里得力風野苦司昌	那西比路	田捏西				
那書那路北路得力風	波奪倫	緬	二三〇	二八五五五	二〇九三八	三三三〇〇
那書那路加比土路得力風	華盛頓	科侖布亞	二二	二四〇〇〇	二八〇〇〇	二〇〇〇〇〇
之於樓得力風	之於樓	威士干遜	一〇	一二二五	六二五	
紐波得力風	紐波	紐約	一二五	五三二八	五〇四一	
紐龍敦得力風	紐侖敦	干捏底嘎奪	六〇	五五一一	五九四七	
紐密兒法土北路得力風	紐密兒法土	同	三五	二七一五	二六六〇	

諾士威士堂得力風野苦司昌	密尼亞波里	梅尼所達				
澳田得力風野苦司昌	澳田	尤達	三八	二七一七	五〇一二	一二〇〇〇
澳麻哈也列苦土里可	澳麻哈	孥布拉士格	一七九	一二一三三	七九八八	二五〇〇〇
我文司波得力風	我文司波	根得基	五八	三五五七	一六九〇	二五〇〇
珀西費可北路得力風	散布蘭西司可	嘉里符尼亞	五六五	三六三五四	二九一九六	一〇〇〇〇〇
珀苦西治得力風野苦司昌	珀苦西治	尤達	三	三六〇	二九〇	
珀綿打	吳司打	倭海約	二	六〇〇	四五〇	
比澳里阿北路得力風	比澳里阿	伊利那倚斯	一〇〇	一〇〇〇〇	七三〇〇	
波奪蘭得力風得力苦良也列苦土里苦	波奪蘭	額里根	一〇〇	八二二七	六七六五	三〇〇〇〇
布路比田司得力風	布路比田司	洛畣埃倫	三〇〇	一八四九二	一三〇九二	七五〇〇〇
路毋得力風野苦司昌	路毋	紐約	六〇	四一八六	一七〇九	
拉西維利北路得力風	拉西維利	英釐阿納				
拉奪倫得力風野苦司昌	拉奪倫	窪蒙	二〇	一二〇〇	二四〇	
北路得力風	克林頓	賓夕佛尼亞				

西路北得力風	西路北	倭海約	二	二一六	一一〇	
西奪你北路得力風	西奪你	同	二三	一三六四	一三三五	
學苦司西治得力風	學苦司西治	愛呵窪	七五	四五五八	四二三七	
叟沙良北路得力風	堂維里	窪蒙	七四〇	九三一七七	六七九六四	二九七〇〇〇
叟沙良馬邦得力苦拉扶	紐奪法士	馬沙朱色士	五〇〇	四〇〇〇〇	三五七8	四五〇〇〇〇
叟沙良紐約北路得力風	冰罕乇	紐約	三五	三三七三	五五八三	二五〇〇〇〇
叟沙良倭海約得力風	愛倫乇	倭海約	二一	一[illegible]一二一	一三九四七	
叟沙良澳西司打得力風	叟司布利治	馬沙朱色士	二五	二三〇九	一七九九	
士布林費士得力風	士布林費士	同	一三五	一九九八八	一七七六七	三〇〇〇〇
士堂法奪諾窪苦得力苦拉扶	士堂法奪	干捏底嘎奪	八五	一四〇五	一四二三二	一〇〇〇〇
先奪約西夫得力風	先奪約西夫	密蘇釐	二三五	八八五六	七二六〇	二五〇〇〇
先奪絨士拔利得力風	先奪絨士拔列	窪蒙	七	五一八	三四〇	
斯打法奪得力風	斯打法奪士布林	干捏底嘎奪	一三	五一五	五四八	一六〇〇
斯的文北路得力風	可您	紐約	五〇	一一八〇	四九三九	二〇〇〇〇

得力風治士怕治	哈拔希路	馬沙朱色士	一三五○	三五九四	五九三四	
得力風得力哥拉打昆司奪拉苦生	的奪累	密西根	七二一	七三三六○	五○七八七	一○○○○○
奪比各得力風	奪比各	剛色斯	八○	五五五○	四九六○	
由濃得力風野苦司昌	奴窪	倭海約	二五	八二○	七六五	一九七○
維治尼司得力風	維治尼司	窪蒙	二	一六五	九○	
哇而恩得力風野苦司昌	哇而恩	賓多佛尼亞	二五	一三三	八九三	
我打堂得力風	我打堂	紐約	一五	五○四九	四○五二	
我打拔列澳脫麻治可西可那兒的列苦拉扶	我打拔列	千捏底嘎奪	一一七	一一六○五	一三○一	七五○○
維司堂得力風	希嘎骨	伊利那倚斯				
維司堂馬邦得力風	比土賁奪	馬沙朱色士				
門忒根巴利得力風	維治司拔列	賓多佛尼亞	九八	一○三五三	七四三五	
維明乇北路得力風	維明乇	特納窪	一○八	七八五九	七三一九	
文司的奪得力風	文司的奪	千捏底嘎奪	一○	一三六二	四三三	
文打布拉沙得力風	金司乇	紐約	一三	一八二八	一五三二	

總計　三二七三四　三〇九八〇八一　二三七三七〇三　一三三五八七二〇

新聞紙繫地表

紐司培博譯言新聞紙也紐司之言新聞培博之言紙或黨同伐異或入主出奴或信口雌黃或以耳為目流弊數端亦所難免雖然清議之臧否在是民主之改勉在是上下之情罔或壅亦在是議院一開握鉛四聽朝令夕聞婦孺同視國政繫之微獨獵奇漁利而已一日七日一月自為類詳略有差光緒十三年凡新聞紙館一萬四千六百六十有一述新聞紙繫地表

	光緒六年 西紀一千八百八十									十三年 一千八百八十七
	新聞紙館數	日日報	日日報紙數	七日報	七日報紙數	月報	月報紙數	雜報	紙數合計	新聞紙館數
科倫布亞	四四	五	三四〇〇〇	二三	九六二三三	一五	七一七九一	一	二〇二〇二三	五六
阿拉巴麻	一三九	七	九六六〇	一一	六九六〇三	八	七五五〇	三	八六八三	一五六
阿剛色斯	一二〇	六	五四三〇	一〇七	八六六九一	二	五〇〇	五	九二六二	一六六
嘉里符尼亞	三六四	五九	一七八八六四	二五四	三九八九四七	三三	九四〇〇〇	一九	六七一八二	四二七
喀挪拉多	九〇	二〇	二八〇二五	六五	六四四〇四	四	八九〇〇	一	一〇三二九	一七〇

干捏嘎奪底	一四〇	一七	四五一四〇	一〇〇	一六七八六〇	一四	二〇二四〇	九	二三三四〇	一七〇
特納窪	二六	五	一八三〇〇	二〇	一七六二五	一	一〇〇〇		三六九二五	三一
佛勒里畣	四五	三	二六七五	四〇	二四九三			二	二七六〇七	一一七
若耳治亞	二〇〇	一六	二九九四〇	一九三	二四二四九一	一一	一九一〇〇	一〇	二九一六三一	二三六
伊利那倚斯	一〇三二	七五	二七〇一八二三	七七一	一七二八五九七	一二〇	四四七八〇	六六	二四四五九六〇	一一四九
英釐阿納	四七八	四〇	七三三八七	四四	四七四六四七	二四	四三二五〇	一〇	五九一三八四	五八三
愛阿窪	五七九	三〇	三八五七〇	五二	四六四七三〇	三〇	五二一〇〇	八	五五五四〇八	七三一
剛色斯	三四九	二一	三三〇五一	三二	一三九〇一三	一五	六〇〇〇	二	二九〇〇六四	六八四
根得基	二一三	一一	三二四一五	一六九	三四〇三〇七	二四	二九三三八	九	四〇二〇七〇	二一八
魯西阿納	一一二	一三	三八七六五	二四	九五一一五	二	九五〇	三	一三四八三	一二〇
緬	一三四	一三	一八九四〇	九二	一六〇四三三	一七	一〇三六〇	三	三一五五七三	一一八
瑪理蘭	一四四	一五	一三二四三	一一三	三二五〇二一	三	二〇二六〇	五	三八七五六四	一七一
馬沙朱色士	四二三	三九	二六〇三九九	二八三	一〇九六一〇六	八一	五六三三一三	二九	一九八八八	五八六
密西根	四六九	三三	六四三八九	四〇一	五〇五〇七五	一九	三三二八五	一六	六〇二七四九	五九四

梅尼所達	二三四	一〇	二八九九三	二〇六	一六七五三一	六	二五一五〇	二	三三一六七四	三三九
密士昔比	一三三	五	四二〇〇	一一〇	七七六〇四	二	六一〇〇	六	八七九〇四	一三六
密蘇璺	五三一	四三	一三七五六〇	四一八	七五七五〇〇	五〇	一五六三〇〇	二〇	一〇三一三六〇	六七八
夆布拉士格	一八九	一五	一七一一三	一六五	一三九三〇五	七	一三七四〇	二	一六〇一五八	四四〇
列法達	三七	一四	一六八〇五	三三	一一〇九〇	一	五〇〇		二八三三九五	三〇
紐罕布西耳	八九	一〇	一三八七〇	六七	一四三五九八	八	三九八〇〇	四	一九七三六八	一〇六
紐折爾西	二一七	二六	五〇八七六	一六五	一八八三六四	一三	一九八〇〇	一二	二五六〇四〇	二八五
紐約	一四三	一一六	九九九〇四八	八九一	五五二八〇六	二八三	二八七三九一	一二三	九三九八四九五	一五九一
諾司喀爾勒那	一四〇	一三	七五三四	一一二	八九一三六	七	八一八六	八	一〇四八四六	一七九
倭海約	七七九	五六	二一五九三四	五八六	一〇五七〇九	九〇	六三三五四	四四	一八八五三四七	九三
頦里根	七四	七	一〇七〇	五九	五九九一八	六	一〇〇九〇	二	八一〇七八	一〇三
賓夕佛尼亞	六八五	一〇〇	五九八六六七	六七九	三三二一三七八	一六三	一五九七三四	四四	五五七三四三	一一三八
洛崙埃倫	四四	八	四二一八二	三一	五四一四	三	三〇四〇	二	九八三三六	五六
叟司喀爾勒那	八二	四	七七五〇	七〇	六二〇四二	三	一一一〇	五	七〇九〇二	九六

田捏西	一五二	一二	三〇九九五	一五二	一九九二七四	一七	六八三五〇	一一	二九八六六九	二〇四
德格瑟斯	二七九	三一	三一三五一	二二九	三一四四四七	一三	一〇四〇	七	三五五九三六	四三
窪蒙	一八二	五	四二〇〇	七二	七五〇四三	三	五一五〇〇	二	一三〇八四三	六七
勿爾治尼亞	一九五	二〇	三三四三	一二五	一五七九〇四	三三	六六九〇二	一七	三五八三八	二〇九
威士奪勿爾治尼亞	一〇九	二〇	五三〇〇	九七	七九一七七	五	四八〇六	五	八九二八三	一三三
威士干遜	三四〇	二一	三四一〇〇	二八三	三七五五三〇	二〇	三六七六二	一六	四四六三九二	四五五
阿里瑣那	一七	六	二八〇〇	一一	一〇五五〇				一四三五〇	二六
打戈達	六六	九	四五〇〇	五七	三三三四三				三七八四三	三三八
埃得和	八			七	五〇〇〇			一	五〇〇〇	二八
孟大那	一八	四	一三一三	一四	一九九一五				二一三七	三四
紐墨西哥	一八	三	三二〇〇	一五	六六五五				八八五五	三〇
尤達	二四	五	七九五〇	一〇	二三六五〇	四	五〇七五	五	三六六七五	二一
華盛頓	二九	四	一一〇〇	二四	一六〇四一	一			一七一四一	六三
歪阿明	一〇	三	一九八六	七	三七〇〇				五六八六	二一

印甸	三			三	四三六〇				四三六〇	六
總計	一二四〇三	六三二〇	三六三七四四	八七一八	一九四五九〇七	一一六七	六八一三九三	五三八	三二七七九四	一四六六一

雜事

美利加合衆國實齊民國也國事罔非民事特恐自籌之自理之久必滋紛且歧於是乎有國會有邦會即伯理璽天德亦為民事設也至於今有定之事屬官無定之事不必屬之官名為補政事之不足實為行民事之有餘也官卹民會諸端舉彰彰者述雜事

官卹第一

凡陸軍之步騎水師之辟指曾勞國事而獨者貧者老癃者輒設法歸之歲費籌自政府餼之　凡無年而饑則集銀濟之散穀食之其振之之策不外隨時因地按戸計丁數者　凡與國有災閒亦助之　凡聯邦疾者殘者聾者瞽者啞者置院養之零丁孤苦入撫育院

民會第二

民會大較一十有二曰義學會貧無以學者資之其會鳩金立塾有男有

女大小學備然惟邦自為計曰戒酒會美利加無食鴉片煙者淡巴菰男食女否而酒則男女皆飲之且日日飲之於是會中立簿有願戒者書厥名姓不造不賣不飲曰養老會獨且赤貧者藉此覓生活焉男婦罔有間曰撫孤會猶之中國育嬰堂也曰恤殘會跛者啞者無目者類此雖邦有公院而民且立會助之曰憐瘋會癲者得所則易愈於是衣之食之曰化罪會美利加監犯居處飲食不為不潔而民猶以為歉立會濟其未逮而課以工曰防惡會凡忌才者造言者急事者飲酒若癲者入會而欲其悛曰勸和會專司排難解紛他邦之人異國之事亦調停不一否而鄉鄰有鬪者無論已曰周急會苦工食力不足則入所獲貲於此會就本而支子金焉曰防後會凡人生自願以二十年或三十年歲入所餘銀若干於會厥後子孫支用以時欲其免困也曰保險會平居之物產舟車之取攜報數入銀無事則坐食其功有事則立償其損且有保生齒之修短者矣與水火例同防後保險有分有合

美利加人有范者孀也以銀五十萬助養老撫孤憐疾之會又有紀者鰥

也無子以產十倍於范助撫孤會所撫已無慮二千人矣又有皮伯底者好施助會之資多此類也

防災第三

防旱有樹木引雨法日本前官農務大臣榎本武揚言此法已試驗於日本矣雲龍游美利加時聞合衆國闢土之初少雨諸邦掘井汲泉分潤無幾厥後每歲輒諏一日勸民樹木滋生之冠即受上賞十年而後膏雨隨之地當橫流即以護隄防旱防水一舉兼之矣聞埃及亦用此法中國永定河黃河之隄岸殆亦宜歟

防火則有救火車其馬豢於轅下其鞍轡及御者衣冠懸於空際其人夜卧於後或卧百尺樓上皆承以板其水龍中備煤薪遇火而電綫報之警鐘一鳴厥機四動馬自躍就駕人所卧之板自立雖寢熟亦覺而起而衣冠齊着再一舉首而鞍轡即馬背矣燃薪火煤不一分時揚鞭而往此外有滅火水以綠玻璃瓶盛之旅舍層樓輒懸一二輪船平艙亦纍纍如貫珠然每當海市煙飛火鐘急響聽鳴鐘之聲數即知人火之方隅也同治

九年（千八百七十）伊利那倚斯邦希嘎骨火因風烈磚石皆灰嗣是鑿自流井二十有一或深千尺或千五百尺所以防也

防水之要在築隄濬淺通流美利加之密士昔比河工（詳河渠）亦不外是而電信彼亦有效如美利加國都婆多麥河決於同治十年（千八百七十一）而沿河商賈無損蓋河水導源於山山雨不止暴漲十尺有奇電傳自山濱河物徙一空未幾水至沒屋而直六百萬之物幸免其魚它事類此猶多也

防風聞之一時而風六里人物不覺一時而風行六百里則物尠能支風雨表之變轉去時較近航海或當無可避時也颶起有機風向可燭覺於遠方報之以電美利加國都有防患總會所不一壅閼也

防雪凡火車鐵道適當山凹或出崖側積雪一封車軌易阱於是以鹿角為短柵以板屋覆衝要（雲龍）自美利加國都至三法蘭昔斯哥見之

防雷卽避電鐵桿也剏自美利加人弗蘭克令（詳電學）用之屋與舟皆宜

防霧莫若滊吹筩矣凡航海忌礁防之以燈忌淺防之以標而霧時之礁與淺防之以礮與鐘雖然海霧動輒如幂如籠數十步外一無所見鐘聞

不遠礮有間時於是新法競出光緒初年英吉利歷試諸國之法不名一類
而以美利加瀛吹筒為最其筒以鐵為之長二十尺一端口細二輪倚之
一輪可轉一輪不可轉也均十二齒轉輪則瀛由一齒入筩而聲細轉之
不已則瀛由衆筩爭入而聲巨

防疾弟四

凡航海舟入港口不得逕泊埠岸也有醫士駛艇來出客一一視之無恙
乃登儻一有時疫之患則异病者入醫院而舟中人皆勿登岸以一月為
率如續有病則淹滞無期　凡金創中肢毒創發足或醫無及或藥罔效
則斷若遺懼傳染於内也　凡飲食必辨其水與物中含何質或去其雜
或合其宜

美利加文學志　游歷美利加圖經三十一

花翎二品銜直隸即補道總辦北洋機器局前游歷使臣傅雲龍述

學派

形而下者謂之藝美利加人好學深思不離乎此者近是雖然理非虛構而事皆實踐見智見仁儻亦形而上者相觀之資乎其學派大較有五曰文學之派分之爲古文爲今文爲東文爲詩爲史爲辨曰格致學之派分之爲天文爲質爲地爲金石即鑛學爲電爲化爲氣爲重訥日爲流質重爲氣質重爲身體爲身理爲幾何原本爲算爲代數爲歷爲植物爲動物爲較動物體爲稽古爲風俗爲武爲農爲商爲工曰醫學之派曰法學之派曰教士學之派此所謂五科也又以醫學法學教士學爲三大科而自雲龍視之則以格致學爲最述學派

文學派弟一

曰古文學美利加立國雖晚然非解古文難通古史也其古文孰謂謂希臘羅馬二國文也繇是可通埃及文曰今文學謂英法德與日

義諸國文也美利加以英文爲來脈以別國文爲兼習以法文爲通
倫而以干揑底嘎奪邦紐哈文之雅禮學校馬沙朱色士邦波士登
之[illegible]法學校爲文學之最曰東文學輪會於紐約之琍倫學校及紐
哈文波士登三處習猶太印度文居多解華文者葢寡曰詩學昉於
希臘醫者和美耳當中國周初而美利加則嘖嘖稱耶斐羅一斐安
德二惠弟爾三頗義嘉四哈爾德五曰史學亦昉於希臘而美利加
若艾爾雲若婆斯格德若莫德立若班克福皆有聲曰辦學椒是學
者希臘人阿利多低利當中國戰國時豈游説之風遂溢海外歟有
界語有專重語有申明語有斷定語有次弟論斷語有設譬語有同
類敘語專語美利加未設專門之學而教士學中有練口才一課西學
述略列之文學

格致學派弟二

美利加格致學莫先於費納的費牙之楊湖金學校葢建自棻封楊
湖金者也而以華盛頓都城斯美美學校爲最曰天文學即合星學
天學天視學而言之也地揩圜爲行星之一繞日東行一周爲三百

六十五日有四分日之一又地自東轉一周爲一晝夜地小於日而大於月當日月間地月皆借日光凡地隔日則月食日輪周天而向地平一日十有二辰向日爲午背日爲子東三十度爲未西三十度爲巳其說與周髀諸書往往而合天視學云者即視象之合點同治十三年十一月一日美利加天文家華德孫在我

京都（同時在京有法俄天文家）測金星過日入已初三十三分出未正十七分凡影九十餘圖先是九月一日華德孫測得新星向不列於天文圖其星繞日一千八百五十日一周其軌道與黃道斜交成角爲九度二分四十六秒其上交點在黃赤二道相交迤東二十八分五十秒其星距日二百八十八兆英里名瑞華星（視爲第十等之星）曰質學析言之有格致質學究萬物之質或引或合或本定質遇熱而變爲流質氣質也有天文質學是物力攝引之天文以別乎測日月星之天文也有光質學是合論雜質之光學以別乎光差回光之光學也有地理質學是論潮汐漲落泉石剝蝕風氣冷熱之地學以別乎單言地學地理學也曰地學辨地中層次曰地理學測形勢圖水陸也曰金石學

即鑛學也其類有七氣也水也炭也硫黃也金也土也石也宜依化學別之美利加人代那著金石識別一書以闡其形與色與光與性曰電學學立專門自美利加人弗蘭克令始（電學別詳）曰化學美利加人言化學昉於煉丹而（雲龍）不謂其然神農本草不云乎丹硃能化爲汞朴硝能化七十二種石髮髮仍自還神化若此之類皆爲化學權輿（此證發自雲龍）即謂易含萬物而化光爲光學化學之所本亦未爲不可也其學先辨物質如金銀木炭皆一質也水含二質糖含三質礬含四質雞子白含六質若光若熱若電無質謂之三輕次辨氣若輕（乾隆間英吉利人始知輕氣）若淡若養若硝若炭強若鹽（鹽氣亦名綠氣）皆有氣化學之功二分合而已矣如水分淡養二氣復合二氣爲水也化學之力二吸漲而已矣力學之力自外入化學之力自內出也曰氣學分言之有天氣學有蒸氣學其天氣學亦天學之一推測包地之天氣隨地東旋而兩極之氣不及赤道之速先後推移熱漲寒縮有密有疏其厚者無慮二百里積氣可以鑿山然愈高亦愈輕升高十里每九寸壓力十一斤有六兩至四十里已減四之三日光透亦有差晨夕出入

光綫彌曲不能直入人目是以光歛而體大日午則光綫之曲稍減可直入人目是以光明而體轉小天氣動而爲風結水氣而爲雲推之雨露霜雪雹虹皆天氣爲之其蒸氣學與集韵汽水氣之誼合使氣至一千四百度其力五倍於天氣美利加汽車多於汽舟河輪多於海輪而機器借汽居多曰光學光有熱有冷燐螢冷光之屬也其類有自光有借光有透光有不透光一秒時光行十九萬二千英里約華里五十七萬六千速於聲九十萬倍光學家言光亦有質作層波狀曰火學亦謂之熱氣學其類三引也射也返照也其形三堅也水也氣也曰水學靜水之吸力壓力托力愈深愈大於水磨蓄水見之流水之推力抵力愈急愈大於當衝隄閘見之曰重學亦曰力學分言之有靜重學有動重學其靜孰謂譬如以五金爲長條厚不逮分而力有差鉛懸二十七斤黄金懸一百五十斤白銀懸一百八十七斤白金懸二百七十四斤紅銅懸三百斤鐵懸五百五十斤而動重學難可枚舉其力有吸毗中之力也有驅離中之力也有中心歸重之力也曰流質重學水或沿管上行壓力爲之類此可推曰氣質

重學氣熱則漲物質燒火藥中輒增大三百倍美利加汽機抵馬力無算曰身體學其類二一云阿那多米譯言剖察肢體內外也一云非西由羅機譯言生理即氣血飲食之屬也曰身理學謂其理一有知覺一能伸縮也以補醫學所未明曰幾何原本學曰算學曰代數學曰歷學可補中法之所失然互爲源流不獨借根方出立天元法也曰植物學辨枝幹之經絡質性之異同又謂花之須瓣皆託胎於葉云曰動物學分類四一有脊骨一支節聯屬之（如蟹蝦之類）一體柔一無知識（如海蜇之類）曰較動物體學如人身有難解處即物比較以明其理亦與醫學相表裏也曰稽古學略似中國金石家而美利加金石無古曰風俗學以游而學咸豐十一年美利加人航探北極謂晝夜常晴有地無人其他異俗多著游紀云曰武學有陸軍有水師曰農學美利加初不尚農近則務農滋多如馬沙朱色士邦有農學歲立農會較其優劣有辨土宜精農事者酬銀獎之曰商學貿易者專致而欲精之聯邦往往而有曰工學置機器備圖書而以測算繪圖始曰師範學其學不外乎格致與文學而又須習授受之方評滿得憑可

以爲師

醫學派弟三

曰醫學與化學身體學身理學動植諸學相爲表裏亦有專醫之一科如牙醫之類課程既滿隨診無差乃領文憑科分內外外之耳目喉牙內之心肝胃肺髓亦自有專科

法學派弟四

學分四類曰刑名曰通商曰紀綱曰公法學期三四年有差若惠頓忠多利干德吳爾璽威布斯德華爾敦是美利加公法家之著者

教士學弟五

美利加列爲三大科之一亦教其所教而已

美利加電學

電學者格致學之一也以磨而生謂之乾電微獨人髮猫毛玻璃松香有之其引有類其蓄有瓶其放有叉以強水化金屬謂之溼電有堆有池有路其用信綫爲最格致家近言光熱電三者皆出於一最精之氣總之人電天電其氣一也美利加未立國以前言電久矣當

中國黃帝時希臘人大利司以擦琥珀引輕物爲磨電之棉蕞後三百年有人名地弗拉司士司驗一物如水晶亦引輕物或謂即地學家所言土馬令也當漢平帝時羅馬人不里尼始知電魚明萬厯二十八年苟白得著書言驗電三十餘種內有寶石玻璃火漆松香琉黃所引輕重且知磁石亦引亦推電氣引而不推我大清順治以來各國人若拜臘若格里格若步思若費若波士沒若路多夫若圓來司得若圓尼阿司若阿臘曼得皆知其然而未知其所以然其顯電學自美利加之弗蘭克令始電學自有專書此則不離美利加者近是就見證聞撮要云爾述美利加電學弗蘭克令云起按弗蘭克令一譯弗蘭華林而爲電學在美利加未自立國時然英吉利人著書亦言乾隆年間美國人名弗蘭華林者始創立此一學自是始於美利加無疑

弗蘭克令試電氣力其法用大瓶三盛電氣過半以六人試之弟一人首接傳電之桿手着弟二人之首弟二人手着弟三人首而四而五而六如之弟六人手執鐵鍊通於瓶外將傳電桿彼端連於瓶口六人同時蹶而無聲無光且未覺何等力也復試傳腦亦蹶而均未傷復以療疾覺微痛耳蓋受電則足輕非覺而仆也儻受電氣大力

其傷必速雲龍按雷擊即電擊也傳響爲雷掣光爲電二而一也弗蘭克令所用大力電氣器能使鋼鍼有吸鐵力來頓瓶之理人第知瓶外與內之電氣不同類也瓶盛電氣兩面有入即有出必以一面與地面相通否則不出依弗蘭克令之理瓶內盛以磨玻璃之電氣則瓶外亦滿異性之電氣設內外二面相通則二氣亦相合其瓶仍如未蓄電時所以然者電氣之力在玻璃不在內外之金類金類僅傳電而聚之也不然何以瓶滿電時即將瓶內外金類之皮易以他皮其力同也弗蘭克令又謂如磨玻璃等物不能發電僅能改各物蓄電之數使此有餘彼不足也所以設正負二字以記電氣之狀其理由於電氣同類一有餘一不足而顯二種之力故一爲正一爲負則彼此相引或二正或二負則彼此相推其相引之理在使電氣平均耳是說也與費說玻璃松香有二種電氣之理異然美利加人韙之初未有引天空之電而碻知與人造之電同者美利加人好不金生將以鐵球蓄電氣球外插鍼其尖向外欲電氣力聚於其尖也而轉爲鍼尖散盡弗蘭克令聞之立究其理拔鍼蓄電以他物通地復

以鍼尖近球則電入地散矣於是悟如有金類銳出雲端必能引雷電至地適教士堂塔垂成待之以試而說已喧傳查爾士頓人畢甯詢之復書意謂人電與天電同已驗一十有一發光一也光色無異三也光綫曲三也光速四也金類可傳可引五也同時發聲六也能藏於水七也傳入物體即裂八也能斃動物九也能化金類十也能火易燒物十一也尚未試天雷能爲尖物相引否此乾隆十四年十一月七日事也法郎西有二人依說試之一名打里巴得造鐵捍四十尺一名得路造鐵條九十九尺皆驗而弗蘭克令未之知也塔不速成試以風箏法用二薄木相交以綢一方就四角釘之上有尖鐵絲以引電氣尋常麻綫下連銅節綴以絲帶爲着手處於欲電時放之雷轟風轉緊而電氣未引意謂異矣而綫毛驟立將指近銅火星遂發再試發如初然引電難以綫乾故雨至火星彌大以來頓瓶收之無以異也他國人聞而試之不慎或被擊而斃弗蘭克令乃置鐵條上銳出屋下入屋內條綴小鈴電氣時來鈴舌有聲又刱避雷之桿紅銅爲之徑寸許頂高於屋數尺底低於基宜溼地宜垣外欲其引電入地不入屋

也凡通地金類宜與之連否則電分其半附過而不全傳非通者不
連無害其用紅銅取易傳也於是船桅亦仿其法以鐵條引電入水
其吹流發電之器美利加格致院所造流孔一百四十有九所發火
星速於英吉利人安末司脫浪之器三倍而大小略同一分時能容
流三十六來頓瓶每瓶有銀箔面三十三方尺
其試化電氣器美利加人孛里差特於道光廿四年千八百四十四以筩試
之法用玻璃瓶敷辣克漆於瓶頸而以二紅銅絲貫玻璃筩與輭木
塞於瓶腹二面各一蓋瓶左右有孔也絲端各有鍍金銅板徑二寸
許而金箔條適居其間不即不離金箔條上連銅絲貫玻璃小筩達
於瓶口其絲頂蓋以銅片於是用硝強水發電氣器之鉑片連於紅
銅絲以至鋅片將發電器置辣克板上一磨玻璃而金箔引至鋅片
一摩松香而金鉑引至鉑片二極末相切時已有濃電氣云
其發附電氣以費納的費牙人顯理所作為精先是以紅銅片長百
尺盤圓一寸外包蠶絲以其兩端為二柄又以細銅絲長四千餘尺
迴還曲疊亦以兩端為二柄其中玻璃片隔之二人對立各執二柄

於小發電器由傳而斷每一傳斷人必受附電力而大震發電器大則難禁甚顯理乃用紅銅片長三百尺紅銅絲長五英里約華里一十有五盤旋如式二者相距四尺能令人震相距十三寸則震甚又以數片數絲上下相迭反正相傳大數之附電氣可變大濃之附電氣於結穴處安鍼可變吸鐵之性於片絲間安鉛可變傳電之質其發附電氣器之力以波士登人利記所造爲最原電氣圈用弟九號銅絲繞三層長一百五十尺外包膠樹皮厚十分寸之一通過底板達板底之一層樹皮其外有玻璃管附電氣圈分三段皆繞於玻璃管外每段長五寸兩端用弟卅三號之銅絲每段內長二萬五千五百七十五尺中段用弟三十二號之銅絲長二萬二千五百尺凡長七萬三千六百五十尺銅絲外裹蠶絲而增電氣器有三皆用有漆之紙三層與錫箔相間其一錫箔五十平方尺其二錫箔一百平方尺其三錫箔一百五十平方尺螺絲可分可合皆傳斷電氣器也手轉鬧輪有簧壓於輪齒齒於簧端各有箔而簧以螺絲達於架視其壓力輕重使鬧輪易轉轉慢則銅絲傳電之時長而鐵絲有大吸

鐵力忽斷之時有大附電氣力所發火星既長且濃而有聲如轉漸速則火星自小吸鐵力亦小

美利加電報與英法同時爲之道光十六年（一千八百三十六年）美利加人有賢禮者刱擊鐘爲號之法二電一氣顯力倍常有莫爾斯者亦美利加人也用電氣吸鐵之力使筆成點畫以指字母刱於道光十五年（一千八百三十五年）成於十七年（一千八百三十七年）其法電氣吸鐵着於底板彎銅條着於立板而側孔接鋼螺絲二端銳甚有桿中以橫軸接於二螺絲之銳端極易轉動其桿一端連輭鐵一端連鋼釘釘上鋼條孔與釘相稱紙在其間輪機轉移電氣一傳即引輭鐵而鋼釘入於孔內電氣一斷輭鐵即離而釘亦離其釘切孔之久暫一視電氣之久暫久則成畫暫則成點立板之頂有橫銅片二端螺絲制桿之動不少不多其紙宜長而狹論者謂與英吉利人惠子敦磁鐵指字異曲同工其理在一吸一發猶之蒸氣一伸一縮也運機之力借副磁鐵居多其報枝懸綫之器有摩司耗司二法而耗司稍勝然視英則遜美利加電報驗之鐵絲者華家於一秒時行一萬八千七百八十英里阿彌治里

於一秒時行二萬八千五百廿英里抑又聞之胡客在美利加試銅絲傳電於一秒時得一萬八千英里費果與格那拉試紅銅絲傳電於一秒時得十一萬二千六百八十英里

凡電綫受天空電氣輒有異美利加費納的費牙人顯理著書云時由綫桿而下一一有聲如鎗此因綫外有電與摩器近他物能發火星而有聲雲內電氣齊來甚速故電綫收多而散於外其意謂電動成浪浪有回行有無雷電時而綫亦動者蓋空氣中之電氣晴雨以地而異濃淡以時而殊原電之綫恆以附電之力而動也而電綫或被雷電擊之而損如道光廿四年千八百四十四美利加莫爾斯弟一電綫是也於是設引電入地以獲電綫之法美利加所用之器以二黃銅板徑二寸半厚十六分寸之一中夾膠皮隔之上板連報綫別有一綫連報器下板通地天空之電一傳報綫即由板入地報器無恙也美利加通英吉利海電設於咸豐八年千八百五十八先是道光三十年千八百五十英法叙造海電未克適用咸豐元年千八百五十一乃成是年美利加紐約人帖比暁與英吉利人哿思本欲造海電至英屬地牛分蘭[illegible]

於美利加諸埠未果六年（一千八百五十六）立大西洋電報公司明年造綫長一千五百英里而電氣以受暑熱不一律入深而斷八年（一千八百五十八）三修乃成尋損同治四年（一千八百六十五）復作電綫內用紅銅綫七以査脫頓料裹之再絞銅絲六而裹如初外增硬膠樹皮鎔而裹如是相間凡四層乃浸於七十五度熱之水一日有奇後將麻沙樹膠繞之復以鐵綫十條先侵麻油之麻沙（麻能保鐵絲且輕鐵質）絞於其外成即盤之水中近岸者外增鐵繩十亦絞如前每英里長其重約二十頓與深海者連其深海之綫每英里重三十擔八十四磅其受牽力七頓十五擔其入海計里凡二千三百而載於大東論舟之綫無慮二千九百四十海里之長欲其有餘也汐落風定電綫鹽吐時同治四年七月三十三日夕也十日而畢然此十日中繞者斷者截者電氣散者修續如法六年（一千八百六十七）取出驗之無恙復置如初每分時傳十四字閱有或舛

同治十一年（一千八百七十二）美利加始與澳大利通電信先是南北既隔赤道東西復間兩海一葦郵馳數月期遠今則電行一晝夜閱有或滯

是年美利加兵船航太平洋測海電程其水離岸漸深至三千海里外深亦不過二千仞繇是通電如法

美利加用遂司鉛字印信之電報宜陸不宜海其法以電氣傳斷爲印鉛字母其鉛字母附於一輪而輪以電氣傳斷逐字跳動而轉又以壓力運韝鞴而抵印鉛字母其制氣門連於銜鐵而借電氣傳斷以推引之一時西兩點鐘印字三千速於莫爾斯電報然非大電力不克用也

學目

据學功之先後言是之謂學程据學校之巨細言是之謂學制据學者之異同言是之謂學類區以別焉不學蓋寡述學目

曷言乎合衆國之學程也曰初學或云孺館即此未入小學之先教以字母字音配數故實而以謳謌暢其天機曰小學非漢宋儒所謂小學也或入自初學或逕入於此其數以四五爲率大氐學今文與字與圖與史與筆算或獨延授學謂之私學官私以費分不以學分也曰幼學即西學考略所謂經館也其生年十四五居多其學習臘

丁之文詩格致之理或謂之實學館亦附女學曰大學幼學有成拔入大學又有輔大學所未逮者曰書院外學（猶中國書院）或逕由幼學入大學或歷書院習其課程而後入之大學者學之總匯區也外學數十或歸統司其學以法學醫學教學爲三大科然文學格致學皆課有程而算化諸學與三科埒四年爲期始學一年試可得進三等否則黜之使理舊藝再試再進四載既屆國學試列超等予之文憑凡此皆以課程先後言也其學制奈何曰鄉學就邑所治之鄉視產科銀鄉各一校貧富蒙求無異視曰邑學其費支自邑官此二者初學小學之程多出於此曰邦學多寡有差日課有時休息有日有缺輒補司事尙廉且能由衆舉於邦會曰可然後司之其費或捐自富或致自徒而邦會助其不足幼學外學半在其中曰國學入學之生他多自籌資斧惟水陸軍之武學生學於陸軍水師兩學校者厥費支自國帑是以謂之國學大學爲學之最亦謂之國學也曰義學費不支官如士覓學是也先是英吉利人士覓氏多財無子與聯邦書遂施銀於合衆國會爲之立學以其餘爲歲費焉類此不一而足曰公

學即中國來學意也師門設教以束脩入曰私學蓋自延師以教子弟也其學類孰謂曰男學白人黑人雜人之校有分有合曰女學有私立者有官立者有附男學者有設專門者增之女紅以盡其能許入大學以勵其志周官女史婦學之遺意殆有暗符者歟女醫既有專科文學格致學亦未遑多讓女師不下十四萬有奇曰聾瞶學或亦謂之盲啞學瞽者善誦其辨書圖以手代目蓋教者別瓶一格既爲凸印之字復造嵌綫之圖也未有啞而不聾者以目代耳示之手勢欲其代語也雖聽而不聞而教之字母欲其見唇之開合而通文也甚且聾瞶兼之而圖畫能之者矣曰罪人學在監課工炊課學至少男弱女之獲咎則有小島小學以教之

字母表

美利加合衆國文字一沿英文以羅馬二十六字母爲宗與埃及古文異矣此二十六字惟AIO三字可以獨用A者一也I者我也O者嘆詞也餘非相合無以達意AEIOU五字罔有或離謂之配音字WV二字可以通用謂之半音字字以配異其字之音亦視

所配之字而異或二三字而諧一音或五六音而成一言或十數字而成一誼論者謂英美如一然雲龍與衆譯問難再三如英語K爲克意而美則語若克葉此其一音之轉猶無大異至若美語J爲者衣與英語J爲知愛則不得謂之同音兹列其大小正書與大小草書之字母而就華音諧之述字母表

大正書	小正書	大艸書	小艸書	音	學時學音（音以拼異）
Z	z	Z	z	賽特	賽
Y	y	Y	y	外	愛○意
X	x	X	x	葉格司	格司○設
W	w	W	w	答坡而游	惟○游
V	v	V	v	限	限
U	u	U	u	游	○游屋○葉○鷗
T	t	T	t	睇	特
S	s	S	s	葉思	色
R	r	R	r	阿耳	耳

美利加圖經卷三十一　　十一

C	D	E	F	G	H	I	J	K	L	M	N	O	P	Q
c	d	e	f	g	h	i	j	k	l	m	n	o	p	q
C	*D*	*E*	*F*	*G*	*H*	*I*	*J*	*K*	*L*	*M*	*N*	*O*	*P*	*Q*
c	*d*	*e*	*f*	*g*	*h*	*i*	*j*	*k*	*l*	*m*	*n*	*o*	*p*	*q*
司伊	蒂	伊	葉富	志意	葉運	愛	者衣	克葉	葉螺	葉牧	葉恩	鷗	闢	克由
克○色	得	伊○鷗○菓	佛	格○基	赫	愛○意	齏	克	螺	姆	勒	○葉 鷗○俄○阿	坡	克由

B	A
b	a
ℬ	𝒜
𝒷	𝒶
筆	葉
波	葉○鷗○儀
○阿○愛	

大學校表

由小學幼學而入大學其校以光緒十二年八千八百八十六計之凡三百四十有五其課有豫備有專門師生之數可分計也其經費有學田有歲修其儲書無慮三百萬八千二百八十冊有奇凡此視地有差然不按年而稽損益末由多見光緒二年美利加大學校三百五十有六其師三千六百二十其生五萬六千四百八十一越十年學校減九而師則四千七百三十生則五萬六千九百七十有二是校減而學與課學者一增也述大學校表

大學校繫地第一

	校數	豫備課師	豫備課學生	專門師	專門學生	學田歲入	學生致脩	圖書館書數	房地直
科侖布亞	五	六	一五九	六八	二七八	一〇〇〇〇		五二一〇〇	四〇〇〇〇〇
阿拉巴麻	二	二	五五〇	二八	三〇四	二四八八〇	九五〇	一〇〇〇〇	三五〇〇〇〇
阿剛色斯	四	一五	五三〇	一三	一七五	一〇九〇〇	四八〇〇	四一〇〇	二七五五〇〇

嘉里符尼亞	三	四五	六二二	一〇六	一〇一四	三七〇〇	七七三三 五	五八二三 〇	一〇九八 〇〇〇
喀挪拉奪	三	一二	二七五	二八	八二二	三五〇〇		八一〇〇 〇	六〇〇〇 〇
干揑底嘎奪	三			八四	八七一	五二八一 〇	一二二七 四	一九一七 五〇	五〇九六 三〇
特納窪	一			五	四一	四九八〇			七〇〇〇 〇
佛勒里畬	一		四四	九	六五	二六〇〇	七〇〇	一五〇〇	一五〇〇 〇
若爾治亞	七	二五	七二七	四三	五九一	一二四五	四五三七	三六〇七 〇	四九三〇 〇
伊利納倚斯	二四	四六	一八八三	二三三	一六二九	七〇二四 二	一一五一 五七	一一三八 三六	二九九六 六四六
英鼇阿納	一四	四五	一二三五	一五二	一四一四	六三六九 九	二一七一 一	九七五五 〇	一三七一 〇〇〇
愛呵窪	一九	五〇	一八六三	一八四	一九六九	四五五六 一	五八四四 八	六九九五 〇	一三六四 〇〇〇
剛色斯	九	二二	六〇二	一一五	八九八	一三一三 〇	一六五〇 〇	二八一〇 〇	五七八六 一四
根得基	一二	二六	六〇〇	八一	八三一	四八四五 〇	四五三一 九	五二四七 〇	五〇五五 〇〇
魯西阿納	一一	五一	一〇四〇	九七	七〇一	八三二四 二	二九七二 一	五四二五 五	四八七七 六四
緬	三			三三	四〇三	四八七四 四	二一三九 三	六六九二 〇	二九〇〇 〇〇
瑪理蘭	八	二一	三〇一	一一二	四七〇	二〇八二 一四	二一六七 六	六六一〇 〇	一〇〇六 七三八
馬沙朱色士	一六	三	一九五	一六〇	二〇六八	三七七一 一三	七一三五 一	四〇二八 〇〇	一〇〇〇 〇〇〇

密西根	九	一四	六三七	一四三	一一五〇	七四二〇四	八四〇七二	一〇一三五六	一六八一〇〇〇
梅尼所達	五	三	四六六	八〇	四六二	四九九五一		四〇七五〇	一二三五七六九
密士昔比	三	七	一五六	二二	三一八	三三二四三	五四七一	一二三〇	二六五〇〇〇
密蘇豐	一七	八二	一九二三	一七七	一三〇八	四六九八三	一〇三〇〇〇	九八二三一	一六〇八〇〇〇
拏布拉士格	四	九	一六五	三三	二九九	一三五〇〇	二〇〇〇	一五六九二	一二二〇〇〇
列法達	一	二	五一			二四九五一		四〇〇	二〇〇〇〇
紐罕布西耳	一			一八	二四九			六五〇〇〇	
紐折耳西	四	五	四〇	七二	五一八	三四八二八	二四三一	七五九〇〇	六〇〇〇〇
紐約	二二	七六	二四六九	四三五	四〇〇九	六一七二四五	四三〇七六四	三六七六四八	七九八五八一
諾司咯勒那	九	二〇	五四〇	七八	五二八	一八八〇〇	二二〇〇	四一四二一	七五〇〇〇
倭海約	三二	七八	一九四一	二九六	二二六三	一五一〇三八	四九六二二	二〇二七三六	五六一六〇〇〇
頞壘根	六	一三	六一二	四五	九二	一九二五〇	一三五〇〇	一〇四〇〇	二七一〇〇〇
賓夕佛尼亞	二六	六三	一二六八	三三一	三三二	一四八七六七	一一〇六四五	二五一七九四	三三九六一五〇
洛畜埃倫	一			二二	二四三	四一九三八	二五九四四	六五一八三	六〇〇〇〇〇
叟司咯勒那	九	九	五九一	三九	四八四	二六二七三	六八四三	四四三〇〇	五一一〇〇〇

田捏西	一八	四五	一五四五	二三一	九四〇	一二二五〇五	六六九〇五	七六八〇六	一五六〇一七四
德格瑟斯	六	一二	四二九	五二	四六四	四四七一三	四三〇〇	九六五〇	三三五〇〇〇
窪蒙	二			一四	二二七	五一七一六	五〇五四	五一〇〇〇	四五〇〇〇〇
勿爾治尼亞	七	三	一二三	七一	四〇八	一一〇〇〇二	四七九六九	一〇〇〇五〇	二〇〇四五九七
威士尊勿爾治尼亞	二	三	一〇七	一七	六三	六三四八	三五〇	五〇〇〇	二七五〇〇〇
威士干遜	八	一九	八〇七	九七	六六	六二四二〇	四八五八四	五八一二〇	一〇五四〇〇〇〇
打戈達	三	五	八三	一四	四二			四一〇〇	二〇五〇〇〇
孟大那	一	二	三	八	三八		二五〇〇	五〇〇	五八〇〇〇
尤達	一			一一			六六七四	三六〇九	七〇〇〇〇
華盛頓	二	八	二二一	一三	二八	九〇〇	七六五八	四〇〇〇	一三五〇〇〇
總計	三四五	三四八	二四八〇四	三八九〇	三一八二六	二七三六五八九	一四六二八一八	三〇二〇四七七	四三二二三五六五

大學校繫年第二

年	大學校數	師數	學生數
光緒二 千八百七十六	三五六	三六二〇	五六四八一
三 千八百七十七	三五一	二九九八	五七三三四

四	千八百七十八	三五八	三八八五	五七九八七
五	千八百七十九	三六四	四二四一	六〇〇一一
六	千八百八十	三六四	四三六一	五九五九四
七	千八百八十一	三六二	四三六一	六二四三五
八	千八百八十二	三六五	四四一三	六四〇九六
九	千八百八十三			
十	千八百八十四	三七〇	四六四四	六五五二二
十一	千八百八十五	三六五	四八三六	六五七二八
十二	千八百八十六	三四五	四七二〇	五六九七三

學期表

美利加入學以六歲爲率然按日計歲美利加之六歲實中國之八歲也光緒十二年其國有六歲以上至十四歲者凡一千九十二萬八千九百四十有三其聯邦學校起訖自有定期難可概論述學期表

邦部	學期	開學校日人數	六歲至十四	未及學齡

科倫布亞	千八百八十五年至千八百八十六	七月一日	二〇三四五九	三五二二八八	六一七
阿拉巴廳	同	十月一日	一四六七三八四	三二六七七五	七二一
阿剛色斯	同	七月一日	九三五〇五八	二一二〇四六	六二一
嘉里符尼亞	同	同	一〇〇一二九三	一五八七二七	五一七
喀挪拉奪	同	九月一日	二四三九一〇	三〇一八五	六二一
干捏底嘎奪	同	同	六七〇八〇七	一〇四六〇八	四一六
特納窪	千八百八十三年至千八百八十四		一五八七八六	二八九六六	六二一
佛勒里畓	千八百八十五年至千八百八十六	十月一日	三三八四〇六	七五〇九五	七二一
若耳治亞	千八百八十六年	一月一日	一六九四八〇九	三七六二六五	六一八
伊利那倚斯	千八百八十五年至千八百八十六	七月一日	三二八〇二〇四	六四四九七〇	六二一
英黌阿納	同	九月一日	二〇六一〇〇八	四一五六二五	六二一
愛呵窪	千八百八十三年至千八百八十四	三月	一七六六二三九	三四六四三六	五二一
剛色斯	千八百八十五年至千八百八十六	八月一日	二二八四八〇九	二五九〇六六	五二一
根得基	千八百八十二年至千八百八十三		一八〇一八三一	三九〇二六八	六二〇
魯西阿納	千八百八十六年	一月一日	一〇〇八九五一	二一八六〇五	六一八

緬	千八百八十五年至千八百八十六	四月一日	六四七三一九	一〇三六九七	四二六
瑪理蘭	同	八月一日	一〇〇九七九八	一九一六四七	六二一
馬沙朱色士	同	九月	一九四二一四一	一八五七七八	五一五
密西根	同	九月七日	一九一二一八一	三三七三九〇	五二〇
梅尼所達	同	八月一日	一一一七七九八	二〇三一四五	五二一
密士昔比	同	十月一日	一一三七四五三	二八二九九九	五二一
密蘇蘆	同	七月一日	二四三三七四七	五二二四八五	六二〇
挐布拉士格	同	七月	七四〇六四五	一四六六〇一	五二一
列法達	同	九月一日	五九三八八	七〇九〇	六一八
紐罕布西耳	同	四月一日	三六二二九二	五〇八一四	五一五
紐折爾西	千八百八十四年至千八百八十五	七月一日	一二七八〇三三	二二五九六〇	五一八
紐約	千八百八十五年至千八百八十六	八月	五二二〇四九一	八七八三二二	五二一
諾司喀囉勒那	同	十二月一日	一五二五三四一	三一八九八九	六二一
倭海約	同	九月一日	三三四八五八九	六三八九二二	九二一
額里根	同	三月	一二三四五八二	四二二五六	四二〇

賓夕佛尼亞	同	六月一日	四七二二九五四	八九一〇六五	六二二
洛島埃倫	同	五月一日	三〇四二八四	四六一八六	五一五
嗖司咯囉𨺻嘞那	同	九月一日	一〇八五七八九	二四一六〇一	六一八
田捏西	同	七月一日	一七二三九九六	三八三六三八	六二一
德格瑟斯	同	九月一日	二〇二七八九五	四四六四八二	八一六
渼蒙	同	四月一日	三三二一五五	五四四七四	五二〇
勿爾治尼亞	同	八月一日	一六六〇七八二	三五十三二	五二一
威士𡃤勿爾治尼亞	同	七月一日	六九二七二六	一五三二六六	六二一
威士干遜	同	同	一五六三四二三	三〇五五六二	四二〇
阿里瑣那	同	同	七六八九二	九六三一	六一八
打戈達	同	同	四一五六一〇	六八〇〇四	
埃得和	同	九月一日	五五〇九五	八二七九	五二一
孟大那	同	同	九三〇二九	一〇六〇七	四二一
紐墨西哥	千八百八十年		一三一九八五	二五七七八	七一八
尤達	千八百八十五年至千八百八十六	七月一日	一七九二三八	三八五七九	六一八

華盛頓	同	同	一〇四七三二	一八五八七	[illegible]	六二二
歪阿明	千八百八十年		三一三九一	三七〇二		七二二
印甸			五六三三四七一一	九二八九四三		

官學校學生課日表

美利加官學生之歲邦部有差著籍名數亦有差綜計歲課之日多者一百五十日有奇少者僅六十日耳然日課以時計故有奇數以點別之亦算學家法也述官學校學生課日表

	學生歲數	六歲至十四歲生	著籍學生名數	日入學生	綜歲課日
科倫布亞	七歲至廿	六八〇〇四	八二八六六	五四九六二	一·一〇
阿拉巴麻	七歲至廿一	三二六七七五	二五二一八九二	一五三七七六	八九·二五一
阿剛色斯	六歲至廿一	二一二〇四六	一七五九三五	九二〇〇〇	
嘉里符尼亞	五歲至十七	一五八七二七	一八九二二〇	一三五七一八	
咯挪拉奪	六歲至廿一	三〇一八五	四〇六九〇	二六四二八	一七·二一〇〇
干捏底嘎奪	五歲至十六	一〇四六〇八	一二五五三九	七九三八四	一七·九七四
特納窪	六歲至廿一	二八九六六	三一一六三	二一四四七	一五七·四
紐罕布西耳	五歲至十五	五〇八一四	六四二一九	四四七六九	一〇一八五
紐折爾西	五歲至十五	二二五九六〇	二二三一七	一三二〇一七	一·九二
紐約	五歲至廿一	八七八三二二	一〇二七七六七	六二五八一三	一七八·五
諾司喀羅勒那	六歲至廿一	三二八九八九	三〇五五九八	一八五七〇六	六〇·
倭海約	六歲至廿一	九三八九二二	七七五一四九	五一七八四四	一·六一
類里根	五歲至廿	四三一五六	四九一七六	三五二四五	一·〇一
賓夕佛尼亞	六歲至廿一	八九一〇六五	九八九四二九	六六五三一二	一·四三

弗勒里 畣	六歲至 廿一	七五〇九六 五	〇七六 七	八八〇二 四	一·四一
若耳治 亞	六歲至 十八	三七六二 六五	三一九七 二四	二二六四 〇七	
伊利那 倚斯	六歲至 廿一	六四四九 七〇	七四三四 五	五〇三七 九八	一·五三
英釐阿 納	六歲至 廿一	四一五六 二五	五〇六一 二六三	四六五七 五	一·二九
愛阿窪	五歲至 廿一	三四六四 三六	四七二九 六六	二八四四 九八	一·四四
剛色斯	五歲至 廿一	二五九〇 六六	三六五二 三九	二一九九 〇八	
根得基	六歲至 廿	三九〇二 六八	二八二五 一四	一七八六 七二	一·〇二
魯西阿 納	六歲至 十八	二一八六 〇五	一〇三四 一六	七三〇九 一	一·二六
緬	四歲至 廿一	一〇三六 九七	一四五三 一七	一〇二五 一三	一·〇四
瑪理蘭	六歲至 廿一	一九二八 四七	一七四九 八〇	六四五六 二	一·九一
馬沙朱 色士	五歲至 十五	二八五七 七八	三四九六 一七	二六〇〇 八八	一·七二
密西根	五歲至 廿	三三七三 九〇	四一六七 五一	二五〇〇 〇〇	一·四四
梅尼所 達	五歲至 廿一	二〇三一 四五	一三三七 二一	一一八六 九七	一·一六
密士昔 比	五歲至 廿一	二八二九 九九	三〇四三 八〇	一八五三 八五	一五二· 七八
密蘇釐	六歲至 廿	五一二四 八五	五六八九 五二一	三七四三 〇九	一·〇二
洛畣埃 倫	五歲至 十五	四六一八 六	四七八八 二	三三〇二 三	一●九〇
蛟司咯 爾勒那	六歲至 十八	二四一六 〇一	一八三九 六六	一二六六 九六	七〇·
田捏西	六歲至 廿一	三、三六 三八	三八三五 〇七	二七八二 七六	八〇·
德格瑟 斯	六歲至 十六	四四六四 八二	六一〇 二一	一二九四 二九	
窪蒙	五歲至 廿	五四四七 四	七一六六 七	四六六二 五	一●三六
勿爾治 尼亞	五歲至 廿一	三五七三 二二	二〇八二二 九六	一七二三 五一	一·一八
威士務勿爾治 尼亞	六歲至 廿一	一五三二 六六	一七二二 五七	一〇三八 九九	
威士干 辛	四歲至 廿	三〇五五 六二	三三二三 二七	一七七〇 〇四	一七五· 六
阿里頓 那	六歲至 十八	九六三一	六〇七六	四二三二	
打戈達	六歲至 十七	三五二八 八	七二三三 六	二一〇二 一	一八九
埃得和	五歲至 廿一	八二七九	一一〇〇 〇	八〇〇〇	九七
孟大那	四歲至 廿	一〇六〇 七	一一三八 八	四四六五	一·一四
紐墨西 哥	七歲至 十八	二五七七 八	四七五五	三一五〇	
尤達	六歲至 十八	三八五七 九	三一五八 三	一九四三 七	一·二五
華盛頓	六歲至 廿一	一八五八 七	二八〇〇 〇	一七五〇 四	九〇

挈布拉士格	五歲至二十一	一四六六〇一	一八〇〇五九	一〇七九四五
列法達	六歲至十八	七〇九〇	七八九	七五三六九
總數				

歪阿明	七歲至二十一	三七〇二	二九〇七	一二二〇 三三三二一〇〇
阿拉司克				
		一一二四六九四三	一四八〇二一三六	七五〇七九一七

師範校及習師會表

美利加人言師範學者輒以瑞士國之貝斯羅西英吉利國之蘭戛斯德爲範光緒十二年美利加官立師範學校凡一百一十有七學爲師之男女凡一千一百一十有五其已卒業而可以爲師者凡三千七百七十有二師範學校所藏圖書凡二十萬九千一百二十有一卷其亦以古爲師歟美利加人鐸德云者譯言可爲師也既得師範學校可爲師者已三千七百有二而復立習師會翼之以文會友以友習師可不謂䀢格乎於是樂輸厥用者時則有畢博第一阿禪格二所謂習師會捐欵是也白黑人無異視其會日多寡有差茲就光緒十二年數述師範校及習師會表

師範學校第一

學校	教習	師範學生 總計	白人男	白人女	雜人男	雜人女	光緒十二年卒業 白人	雜人	附錄帋 學校

科侖布亞	二	七	五〇		五〇			五〇		七〇〇
阿拉巴麻	六	五八	一四一〇	四一三	四三五	二五九	三〇二	五五	八	五
阿剛色斯	一	三	二〇二	三九	七	二〇七	四九	八		一
嘉里符尼亞	二	三一	八二六	一〇四	七二三			一四三		二
干捏底嘎奪	一	一四	二七八	六	二六〇		一二	四三		一
佛勒里嗒	一	六	七五	六	二	五四	一三		三	
伊利那倚斯	三	四九	一六八一	二七四	七〇九	三五三	三四五	一一七	八	三
英釐阿納	三	三三	一六二一	二九六	四二六			五九		二
愛阿窪	三	一七	六六三	一三六	三一六	八〇	一三一	三八	三四	二
剛色斯	一	一一	四三一	一五〇	二八一			三三	一	一
魯西阿納	二	八	一七五	二二	一五三			五五		一
緬	五	二八	九〇五	一八一	五一〇	五一四	六〇	一〇四	六二	四
瑪理蘭	二	一六	三〇二	二六	二七六			九一		一
馬沙朱色士	一〇	八五	一三七四	九〇	一二七一		一三	三五七		六
密西根	一	二〇	六六	二二七	四〇一			八七		一

檽尼所達	三	三九	一〇八八	一二八八	六〇五	一〇四	九三	八八		三
密士昔比	一	三	六二	一五	九	二二	一六	七		一
密蘇蠡	五	四六一	五九二	六〇六	七四九	五九	六七	一一七	四〇	四
挈布拉士格	二	一二	六四六	一〇九	一九九	一五四	一八四	五八二六〇〇		
紐罕布西耳	二	八	一〇〇	五	五七	一三	二五	一〇	一四	二
紐折爾西	三	一〇	五三八	三〇	一五八	一五〇	二〇〇	一一〇	三三	二
紐約	一一	一七四	五二一八	三五〇	二七五四	一三七	一六六	六二六	七三	一
那司喀爾勒那	五	二一	六二一五	二五一	一八五	二八	一七	一三		二
倭海約	五	三八	五四九	五二	一三七			一二七		三
頻畢根	一	七						三	四〇	
賓夕佛尼亞	一一	一八四六一六九		一八五二二九〇三		七四三	六七一	六七一	六	一一
洛畣埃倫	一	六	一五三	六	一四七			二五		
螋司喀爾勒那	一	六	一〇五	三	一〇二					
田揑西	一	一三	一五四	四六	一〇八			五一		
德格瑟斯	一	七	二一五	八六	一二九				三	

渥蒙	三	一八	三七六	四五	一四六			七七		一
勿爾治尼亞	四	二八	一一五三	三二五	五二八	一八六	一一四	六四	七	三
威士等勿爾治尼亞	六	一三	七二八	三六五	三三七	一五	一一	四九		一
威士干遜	五	六八	一四〇三	三九八	七八七	八八	一三〇	九八		五
打戈達	二	一〇	二八八	九四	一四七	一六	二九	四		二
總計	一一七	一一一五三	一 一八〇	六八九四	六 一六一〇	二七二三	一六四九	三四四〇	三三二	八三

習師會第二

	習師會人數 白人	習師會人數 黑人	習師會人數 合計	土籍人數 白人	土籍人數 黑人	土籍人數 合計	習費計圖 總數	習費計圖 邦部邑		習師會捐款	習師會用數
阿拉巴麻	一三	六	一九				二〇〇〇			二〇〇〇	三一
阿剛色斯	一〇四	一〇	一一四							一五〇〇	一九八
嘉里符尼亞	四五		四五	三八四一		三八四一					
喀挪拉奪	五			五							六〇
干捏底嘎奪	一六		一六	一八九八		一八九八					
佛勒里畓			一三				三七六一二四七四			一二八七	
若耳治亞				一五〇〇	五九	五五九	一五〇〇			一五〇〇	二四

伊利那倚斯	一一〇		一一〇	一三六 六		一三六 六〇	二七五 五〇		二二五		一四二 九
英蘆阿納	九二		九二	一三七 三四		一三七 三四	九〇〇		四五〇 〇		四六〇
喇色斯	八四		八四	八九九 二		八九九 二	二六四 一九				一六六 一
魯西阿納			七			八四四				一〇〇 〇	
緬	二一		二一								
馬沙朱色士	一一		一一	六八五		六八五					
密蘇蘆	九六		九六	四〇四 四		四〇四 四	四二〇 八				八二五
拏布拉士格	六六		六六	五三五 九		五三五 九	一一九 四八		六四〇		七二六
列法達	三		三	二二五		二二五	三〇〇	一〇〇	二〇〇		七
紐罕布西耳	一〇		一〇	一〇四 七		一〇四 七	一六六				
紐約	七七		七七	一七五 〇〇		一七五 〇〇					
諾司咯爾勒那	六三	五〇	一一三	一一八〇	八一四	一九九 四	三五九 八			一〇〇 〇	
倭海約	八八		八八	一三三三 二		一三三 三二	二〇四 八〇		一八四八 四		七四四
額里根	三		三								一九
賓夕佛尼亞	六九		六九	一八一五 六		一八一 五六	三四六 〇九		一二六二 九		三四四

叟司客爾勒那			三二	八〇二	三四六	一一四八	二三一七	一五〇〇		八一七	
田捏西			四五四			四八〇九				一二〇〇	六六四
德格瑟斯	三一	一〇	四一	一八五五	四七八	二三三三三					
寒蒙	二		二	二二〇		二二〇					七
勿爾治尼亞	二	一	三	七七一	二五二	一〇一三	一五七五			一五七五	九六
威士奪勿爾治尼亞	[illegible]		五八	六〇八八		六〇八八	一〇〇〇	五〇〇		五〇〇	
威士干遜	七五		七五	六二四六		六二四六	六六九六	六六九六			四七七
打戈達	五三		五三						二七九四		
孟大那	一三		一三								四二

學校師生繫地表

美利加學校之生先注名而後入學其師有男有女就光緒十三年邦部之斆學相長者述學校師生繫地表

邦部	學生注名數	入學數	一年平均學日	師男	女	男	女
科侖布亞	二七二九九	二〇七三〇	一九〇	三五	四二五	九二三	六一二七
阿拉巴麻	一七七四二八	二四五二七	七九	二九三八	一六二六	平均二十一元五角二	

阿剛色斯	一一七六九 六	五六二九一		一九七七	四四一	
嘉里符尼亞	一六八〇二四	一〇七一七七	一五五●四	一一五六	二六二一	七九●六七六四●四八
喀攎拉奪	三五七三八	一八四八八	一〇〇	二七〇	六三〇	
干揑底嘎奪	一二二一八五	七七〇四一	一七九●六六	六一七	二五〇三	六三●四四三五●九四
特納窪	二九一二二	一七四三九	一五三	二二二	三〇五	三一●四九二七●五六
佛勸里畜	五一九四五	二四九二三		六七八	四四八	
若耳治亞	二五六四三二	一六四一八〇	六五	平均六三五一		五〇●〇〇三〇●〇〇
伊利那倚斯	七一三四三一	四五二四八五	一五〇	八〇七〇	一四二二五	四六〇八六三七●七六
英鼇阿納	四九八七九二	三〇五五一三	一三三	七二七四	五九五	三八●四〇二二三●二 〇〇
愛呵窪	四〇六九四七	二五三六八八	一四二	六〇四四	一六〇三七	三五●二〇三七●四六
剛色斯	六九九四五	一七二〇一七	一一四	三三二四一	四八〇八	三一●四二二四●九五
根得基	二三八四四〇	一四九二二六	一〇二	四一九五	二七一五	平均二三一●八七
魯西阿納	六二三七〇	四五六二六	一〇〇	七七三	八二	平均三一●五〇
緬	一四七九八八	一二二八八	一一七	平均七七九七		三七●三九二二●四〇
瑪理蘭	一五九九四六	八三二一八九	一九九	一二二〇	一九七七	四〇●〇〇四〇〇●〇 〇

馬沙朱色士	三三〇四二二	二三五七三九	一七八	一〇七九	七八五八	一〇二●九〇	三四●三二
密西根	二八五〇四	二六二七七五	一四八	三八八七	一〇五〇	四一●五六	二七●四四
梅尼所達	一九六六四二	九七五三二	九八	一六二五	三三二八	三六●五〇	二八●五〇
密士昔比	二三七二八八	一三六三一五	七五●五	平均五二五三		平均二九●一〇	
密蘇蠻	四九二七四九	一六〇五四〇	八七	六〇二八	五七七六	四四●〇〇	三八●〇〇
拏布拉士格	二五五四六	六六〇二七	一一	一八六二	三五〇七	三七●五〇	三九●二四
列法達	八一五八	五二八六	一四六	五四	一四八	一〇一●五九	七六●七三
紐罕布西耳	六四三四九	四三九九六	九六●二七	四七七	三一一七	三六●四五	二一●三六
紐折爾西	二〇九五二九	一一三五三二	一九二	九一一	二五九四	五六●九六	三三●四一
紐約	八 一〇四一〇六	五六九四七一	一七六	七一二三	二四一一〇	平均四三●二八	
訥司喀爾勒那	二三三〇七一	一三二五四六	六二●五	三五八六	一五八七	平均二四●一一	
倭海約	七五一一〇一	四八一三二一	一五五	一一〇八六	一三〇四九	三九●〇〇	二九●〇〇
額里根	三七七三四	二七三四七	九〇●六	六六一	七五〇	四三●九五	三一●六一
賓西佛尼亞	九四五三四五	六一一三一七	一五三●七八	九〇五一	一二七七八	三五一二	二八八九
洛當埃倫	四五六九五	二九三九〇	一八四	二五八	一〇五二	七七四四	四三二二

暖司客爾勒	一四五九七四	一〇一八一六	八〇	一九四〇	一四七三	二六·〇〇	二三九七
田捏西	二六四三五六	一八〇五六九	七二	四〇八三	一六〇四平均二四六五		
德格瑟斯	一四二九六〇	六〇二五九	九二	三七六七	一二七〇		
窪蒙	七四〇〇〇	四七七七二	一二六·五	六五三	三七二三	三〇五二	一八二[illegible]
勿爾治尼亞	二五七三六二	一四四九〇四	一一八·二	三一八一	二四一六	二九四七	二五六一
灘尼士尊勿爾	一九五五四四	九六六五二	九九	三〇四五	一三一五	二七八七	三〇六四
威士干遜	三〇三四五二	一九〇八七八	一七五·六	二四五六	七六三一	三八九一	二五四〇
阿里瑣那	三八四四	二八四七	一〇九	四四	八二	八四·〇六	六八·一九
打戈達	二五四五一	八五三〇		三四六	六八七	三三·〇〇	二六·〇〇
埃得和	六〇八〇	四一二七	一五〇平均二二〇			六〇·〇〇	五〇·〇〇
孟大那	六〇五四	三五五八	一二五	六四	一二七	七五七四	六四·一〇
紐墨西哥	四七五五	三一五〇		一二八	三六平均三〇·六七		
尤達	二七二一六	一七五九四	一三九	二八三	三九六	四六·四三	二六·〇三
華盛頓	一四七五四	一〇五四六		一四九	二〇五		
歪阿明	二九〇七	一九二〇		三一	三九平均六〇一三		

印甸	三〇四八 千六〇	一七九二 二七〇	一八〇 一八〇
又	一四六〇 七六九	一二六〇	二〇〇 一八〇
又	二二六	一七四	一八〇
總計	一〇〇一三八六 二二六一	一一八三三	一三三〇 二九三二九 四

學費表

美利加合衆國學校之費有稅有租有子息有雜收已計至光緒十三年矣其官學校費前一年計之凡一萬一千一百二十九萬四千九百三十圓其通國學校之財產又前一年計之雖科侖布亞及阿拉巴麻等三十八邦部已有成數而特納㲼愛阿㲼根得基啓西阿納德格瑟斯紐墨西哥華盛頓歪阿明印甸阿拉士克諸邦部尚未之綜也就可徵者述學費表

學費通計第一

邦部	邦部稅銀	局地稅銀	增減	稅共銀	租及利銀	雜收	總計
科侖布亞	二八二六八九	二八二六八九		五六五三七七			六五六三七 七
阿拉巴麻	一二三〇〇〇	一七五〇〇〇		三六九九〇四六八〇〇 〇	一四一二四八	一七五〇〇〇	七二一一三四 八

阿剛色斯		四四五五九三	一〇一六七八				八七一五 / 七五
嘉里符尼亞	一八八四〇六 五	一六九〇七〇 五		三五七四七七 〇	一三八五九六		三七一三 / 三六六
喀掷拉奪		八〇一八一八	一〇八〇七	八〇一八一八	一三一二	一二一一九九	九三六一 / 四四
干揑底嘎奪	二二八四四九	一二〇六八〇 三		一四三五〇五	一六一九三〇	六六〇三七	一六六三 / 〇一九
持納達	五二〇六六一	六一〇四八	八三〇〇四 二				二一三一 / 〇四
佛勒里盒					三四三一八		
若耳治亞	四九一一八六	二七八一〇九	六八六四六	七六九二九四			七六九二 / 九四
伊利那倚斯	一〇〇〇〇〇 〇	八二三九〇四 二	三三三三九六五	九一三九〇四 二	五六三四三七四	一一三三一一	一〇二四 / 七八一一
英黛阿納	一四四八四四 七	二八八一六一 九		四三三〇六六	六七五三九二	四三二一四九	五〇四八 / 七〇七
愛呵達	六九八二二三	四九七二二七 八				六五九三〇二	六三三八 / 〇三
湖色斯		二六六〇六一 七		二六六〇六一	二四〇八一六〇	一七四九六九	三一四三 / 七四五
魯西阿納							六七一一 / 三九
緬	三四二四六二	七〇三七一七	一九四三	一〇四六二〇 八		三〇三〇三	一〇七六 / 五一一
瑪理蘭	四八一四七九	一〇三二二四 九	三四五四二	一五一二七二 八	五二三四一	一八九七二三	一七五四 / 七九二
馬沙朱色士					二三九八七四		

美利加圖經卷三十一　三十一

密西根		三三七六四五	二八五四	三三七六四五	七六二四〇三	九一三三三	四六三三二 九九二
梅尼所達		六 一九九九八六		六 一九九八六	三五〇七八七	二七三五〇六	一六一四 一五五
密士昔比	二〇〇〇〇〇	二 五〇〇七七六		二 八〇〇七七六	六六〇〇〇		八六六七 七六
密蘇釐	五一四三六〇	二九四二六四	五四二一四八	三四五七〇〇	七三三七四一	二四六七三	四二一五 四一五
挐布拉士格		一		一			二一三八 四二八
列法達	四二六四八	八八五〇八				二八八	一三一四 四四
紐罕布西耳	四七〇一七七	七五七二一		五四五八九八	五四〇二一	一七五五三	六一七四 七二
紐折爾西	八 一三九六九六	八九二四四八	八五五六	六 二三八九四一	一三二三二四		二一二一 七四〇
紐約	〇 二七五〇〇〇	九 九九一八七一		一九 一二六六八七	二四五〇〇〇	六二四二二九	一三五三 七九四八
諾那司喀爾勒	五一二〇六一	三五七三四		五四七七九五		一二二八七七	六七〇六 七二
倭海約	二 一六五三三	四 五七四四〇七三		六 〇九四〇八	二四六三三七	七 一〇七九九	一〇四二 〇四二〇
阿拉士格	一五〇〇〇			一五〇〇〇			一五〇〇 〇
頗里根	二六〇二六二	一三一五八〇		三九一八四二	七四五七一	三八四五四八	八五〇九 六一
賓夕佛尼亞	〇 一一二六〇〇						三[illegible]一 〇
洛亭埃侖	一一一六三一	六三六七三八		七四八三六九	一六三九六	三三四九七	七九八二 六

瘦司客爾勒	四〇二五〇八			四〇二五〇八		五八四〇五	四六〇九 / 一三
田捏西	一三九一〇七	七九九二五三		九三八三六〇		一三八七九一	一〇七七 / 四五一
窪蒙		四八七二五八	三二五七二	四八七二五八	六二一三七	七一九七五	六二一三 / 七〇
勿爾治尼亞	六二六八〇六	六〇五四五四		〇一二三二六	四九八六	二〇〇〇〇〇	一四三七 / 二四五
溦威士薩勿爾尼亞	三六七七二五	七八五三二〇	一三七八六	五 一一五三〇四			一一五三 / 〇四五
威士干遜	六一〇一七	大 二六四四八五	一〇六七二三	六 二七〇五八七	四九二五二〇	四 一四一二二九	四六一〇 / 六九〇
阿墨瑣那	一〇六六二	八五七六〇	五六三〇	九六四二二		一八四四一	一一四八 / 六三
打戈達	五五四〇〇	二 一九六二三二	一九九〇	二 二〇二一七二			二〇二一 / 七二二
埃得和							一四七二 / 五三
孟大那		二二八三三三	五〇〇一七	二二一八三三三			二二八三 / 三三
紐墨西哥			九五二二				三二一七 / 一
尤達	一〇〇一七一	五三〇八六	九五二二	一五三二五七	三三二九	六五一三一	二二一七 / 一七
華盛頓		三〇〇〇〇〇		三〇〇〇〇〇			三〇〇〇 / 〇〇
歪阿明							三六一六 / 一

官學校費第二

地名	學師薪水校貲合數	
科倫布亞	四二四七 二九	五六五三 七七
阿拉巴麻	七二七三 七五	七四一二 四四
阿剛色斯	七一四一 一八	八七七八 九二
嘉里符尼亞	二七一〇 六二二二	三五〇五 九三一
喀挪拉奪		九〇五六 二三
干捏底嘎奪	一一八八 〇五六	一七九一 六六六
特納達	一五二五 九一	一一五一 六一
佛勒里信		三八五八 〇〇
若耳治亞		七一一九 九〇
伊利那倚斯	六一三二 八六六	一〇一三 六〇五八
英釐阿那	三四九四 九二七	五二一四 一九八
愛阿窪	三六九六 四五三	四六六〇 〇〇〇
剛色斯		二八四九 〇一七
根得基		七〇〇七 九〇
瑪理蘭	一二七八 九九七	一八三二 三八三
麻沙朱色士		七一五一 〇七五
密執西根		四三三三 九六八
梅尼所達	一四一三 四七四	二三七一 九九〇
密士昔比	八一六七 七六	八四〇七 七六
密蘇釐		四三二八 五九六
挐布拉士格		二三五〇 八六九
列法達	一〇六八 七四	一二八二 八五
紐罕布西耳	四五四八 七四	六〇一四 〇二
紐折爾西	一五九七 〇〇五	二四二二 二九九
紐約	九一〇二 二六九	一三二二 四八八六
北司喀爾勒挪	五二七〇 六	六七一一 一六
倭海約	六一一八 六〇九	九三二七 五四九
頦里根	三七五一 五八	一六四三 六八六
叟司喀爾勒那	三七三六 四一	四一五九 〇三
田捏西	九〇六六 六一	一〇四七 二二三
德格瑟斯	一九五〇 五五四	二一六六 六三三
窪蒙	四五八〇 四四	五六六五 一五
勿爾治尼亞	一一〇九 一四一	一四五三 一〇三
威士勿爾治尼亞	六六九五 〇七	一〇三六 八七四
威士干遜	二三〇一 一九一	三六三五 一六〇
阿里瑣那	八〇五五 一	一四四六 八七
打戈達	六九一四 〇七	一九一七 二五九
埃得和		一三五三 一三
孟大那		二五九九 三〇
紐墨西哥	二〇〇 二	二八九七 三
尤達	一五〇〇 七二	二一七九 三九
華盛頓	二〇〇〇 〇〇	二七一〇 〇〇

晉西阿納　三七九九二四五〇〇　緬　七　三〇
賓夕偏尼亞　五七六〇一〇〇三　二九六　一六二七
洛畐埃倫　一〇九九　三五二　四八三一　四七　七八二九　六七
歪阿明　二五八九二八五〇　四　四
阿拉士格　八四七〇一五〇〇　〇

合衆國學校財產弟二

邦部	光緒十一年增圓計	可收銀圓計	雜收銀圓計	邦部地稅圓計	學生租圓計
科侖布亞					一三九五七〇八
阿拉巴麻				一六七二二一五九四	
阿剛色斯	一七五三八二			一二六八二六三九四	五五四八七四
嘉里符尼亞	二五二七五〇〇			七二五七一二四三〇	八九二〇九八四
喀挪拉奪	八三八三八	一五四八六八		一一五四二〇一九四	二三四三九八三
千揑底嘎奪		二〇二二二〇四		三四九一七七五九七	五五七四四七一
佛勒里侖	三一五〇〇	一〇二二〇〇	五二二二八四	七六六一一四〇九	三〇〇〇〇
若耳治亞				三二九四八九五〇五	
伊利那倚斯	二一二二七六五	一二〇四九二八三		七九八四八二八二三	二二八九二四三五
英蠻阿納	六六〇八一	九四五八〇八六		七九四六九六五九七	
剛色斯				二七七五七〇〇六四	六[illegible][illegible]一[illegible][illegible]七

緬		四四二七五八		二六五九七八七一六	三一〇九七四五
瑪理蘭		一〇〇〇〇〇		四六九五九三二二五	二五〇〇〇〇
馬沙朱色土		二七一五九四四			
密四根	八二〇八三	三八三八七二八		九四五四五〇〇〇〇	一一八五〇八七一
梅尼所達	四八五四一〇	六七三一七二三三	一〇〇〇〇〇〇	三九九七二九七六六	六八四六二〇〇
密士昔比				一四〇〇〇〇〇〇〇	
密蘇蠻	一二二六二八	一〇四七五三三四	一〇五八七九六二	七二五七七五二五九	九七三三三九〇三
挐布拉士格		四九九四一九一		一三三四一八七〇〇	三八九〇七五〇
列法達				二六二四七〇一八	二三七九七六
紐罕布西耳				二三〇五八八五五四	二三一四八四五
紐折爾西				五六五五〇〇六八七	六八三二九二六
紐約		四〇八三三三三		三二二四六八二三四三	三五六六二〇八四
諾司喀爾勒那			一〇〇〇〇〇〇〇	二〇二七五二六二二	六五三一〇六
倭海約		四三七五八〇六		一六八八六七六一六	二八四六七〇〇五
頗里根	一五五二五	一〇〇〇〇〇〇	二〇〇〇〇〇〇	七五三〇六四五三	一一三九九九八

賓夕佛尼亞					三五三七一八四九
洛畬埃倫	九九〇	一七三三三〇	一二〇四		二二十四五七一
叟司客爾勒那				一四九九七三三六五	三九二九〇三
田捏西				二二六八四四一八四	一七九七七六九
窪蒙		八八〇〇〇〇		一六九九八六四一三	
勿爾治尼亞	三二五一六	一〇六一六二		三四一七三五七〇七	一八三八九四二
威士奪勿治尼亞	二一二一五	五七〇四七三		一五九五一四七五二	一九六四六四五
威士干遜	六一八八一	三〇一五四〇九		四九八七二五八四三	七一八四〇三三
阿里瑣那					二〇一九八四
打戈達		八八〇〇〇〇			二九八九六九六
埃得和				七二三六四四七	
孟大那					四三七五八八
尤達		五一二四〇四		三五六二〇三二五	四七八四九一

學師薪水繫地表

美利加學校之師男女並重然薪水未有女增於男者斆學之繁簡

異也就多少數適中言之曰平均其男女無差者曰同數較之舊數有增有減邦部或以歲計或以月計述學校師薪水繫地表

邦部	每月薪水 男師平均	增減	女師平均	增減	男女同數	每年薪水 男師平均	女師平均
科侖布亞	一一六六二		六一一七			一六六二〇	六一一七〇
阿拉巴麻					二六•七八	一一二•七九	一一二•七九
嘉里符尼亞	七九•二二	減〇•七五	六四•三三	減一•五六			
喀挪拉奪	六四•六四	減二•五八	五六•五九	減〇•七七			
干揑底嘎奪	六九•八九	增七三	三七•九七	增〇•三三			
特納窪					一三二•三一		
彿勒里畣	五二•〇〇		五二•〇〇				
伊利那倚斯	五一•一四	〇•三二	四一•七三	〇•六一			
英第阿納	四四•六〇		三六•八〇			二八七•六七	二二七•三六
愛阿窪	三七•四〇		三〇•四二				
剛色斯	四一•〇二	一一•七	三三•八五	三•五七			
根得基					一二三三三三		

督西阿納	三五●○○		三二●○○				
緬	三四●一五	三●○八	一六●六八	○●八四			
瑪理蘭	三八●六○		三八●六○			三五一●二六	六三五一●二
馬沙朱色士	一一一●二三	九●四九	四三●九七	○●一二			
密西根	四五●○七	一●一○	一三●二○	○●○二		三三二一●五○	四二二四●六
梅尼所達	三九●[illegible]○	○●二一	三○●○○	○●○七		二四○●○○○	一六○●○
密士背比					二八七四		
密蘇釐					五一○○	二六○●一○	二六○●一
拏布拉士格	四●二六八	一●○六	二四●七○	三●○四		五○○●○○	三六○○
列法達	一○一●○○		六七●七二				
紐罕布西耳	四○●二三	一●○一	二三●五六	○●三六			
紐折爾西	六三●九六	一●九三	三六●三○	○●六六			
紐約						四○九●二七	
諾司咯爾勒那	二●五○五		二二●五○				
倭海約	五五●○○	增一●○○	四○○○	增○●○○		四四○●○○○	三二○●○

類里根	四六•二〇	減	二•〇二	三四六〇	減	二•三一		
寶夕佛尼亞	三八•三八	減	〇•六三	二九九〇	減	〇•一八		
洛侖埃倫	七九•八五	減	〇•三六	四三八五	增	〇•一四		七五八•五七四一六•五 七
叟司喀爾蘭那	二八•六四	增	一•一四	二五三〇	增	〇•八二		八五•二四八八•五五
田揑西							二八•六五	
窪蒙	三四•〇〇	增	二•四四	二二〇〇	增	〇•七二		
勿爾治尼亞	三〇•七七	減	〇•二三	二六五四	減	〇•二四		一八二•一五一五七•一 一
威士干遜	一〇六•五八 四二•六四	增	一•八六 〇•八九	三九•九〇 二八•一五	增	一•三七 〇•一五		
阿里瑣那	八〇•四五			七六•一八				八〇四•五〇七六一•八 〇
打戈達	三六•四二	減	一•八一	三〇•九〇	減增	〇•三九		
埃得和							五〇•〇〇	
孟大那	八〇•〇〇			六〇•〇〇				
紐墨西哥							三〇•六七	
尤達	四六•九〇	減	三一•〇	二七•三三	減	一•二七		三二八四二•一六四•四 二一 五
華盛頓	四六•〇〇	增	一〇•〇	三〇•〇〇	減	七•〇〇		

歪阿明			六○●二三		
阿拉士格	一二五●○○	五八●五○		一○六二●○○	五八五●○○

非官立學校師增減表

光緒十二年美利加聯邦學校有非錄官立者猶中國民立義學也然師凡三十二萬三千有六十六絕尠素餐即其年之增減亦非無爲爲之錄之以例其他兹非官立學校師增減表

邦部	記名師	男師	增減	女師	增減	娚師	娚增減	司事
科侖布亞		五六	減二	五一四	增七	五七○	增五	
阿拉巴麻		三六一九	增八三	一八七二	增一五	五四九○	增九八	
阿剛色斯		二八四五	增四四	八四六	增六五	三六九一	增一○九	
嘉里符尼亞		一一二八	增四	三三○六	增一八八	四四四四	增二○二	
喀挪拉奪	一九七九	三四七	增一三	九五七	增九四	一三○四	增一○七	
干提底嘎奪	一五一七五	五六一 三四六		二四七七 二六七○		三○三八 三○一六		
特納窪							增六二四	
佛勒里當		一○一三	增九二	八二五	增九三	一八三八	增一八五	

美利加圖經卷三十一　二十六

若爾治亞	四六八八九					七七〇〇		
伊利那倚斯	九一二五七	六八〇四		一三八一五		二〇六一九		
英釐阿納	四二五四三	六八七二		六四七一		一三三四二		
愛阿窪		五七六〇		一七三五九		二三一一九		
剛色斯		四〇二九	增四四三	五三五八	減九六	九三八七	增三四七	八五三七
根得基		三七二一		三二八七		七〇〇八		
魯西阿納		一〇三六	增四二	一一七六	增五〇	二二二二	增九二	
緬		一六四〇 四二〇		三〇二三 五〇四三		五四六三		
瑪理蘭		一一九四	增一六	二三五二	增一一二	三五四六	增一二八	
馬沙朱色士	二八一一四	一〇六〇	減一	八六一〇	增一五〇	九六七〇	增一四九	
密西根		三九三四	增五八一	一三九二	減九〇一	五三二六	減三二	
梅尼所達		一七九〇	減四	五〇二三	減二四七	六八一三	增二三四	
密士昔比		四〇四二		三三〇八		七三三六		
密蘇釐						二二九六七		一一二二九
孥布拉士格		二六〇五	增二三六	五八八四	減五六一	八四八九	增七九七	

列法達	五一八	四九			一六五			二一四			
紐罕布西耳		四〇四	減	二〇	三〇七六	減	一四	三四八〇	減	六	
紐折爾西	四八五一〇	八一八	減	一九	二九九八	減	一四八	三八一六	增	一二九	
紐約	一二七七八	五九五二	減	六九	二五三七三	減	五三	一三二五	減	七四	
諾司喀爾勒那	三	三一一八			二〇〇二			五一二〇			
倭海約	一五四一八	一〇八二五	增	三八	一三七九五	減	四六	二四六二〇	減	八	一八四六四
類里根		八〇七	增	六四	四〇五四	增	九六	一八六一	增	一六〇	一九八五
寳夕佛尼亞		八七九五	增	三二四	一四五〇八	增	一一五	二三三〇三	減	四三九	
洛畬埃倫		一七二			一一〇三			一二七五	增	三八	
嗖司喀爾勒那		二〇九一	減	一八	一七四四	增	九〇	三八三五	增	六二	
田揑西	三一三五五	四九六一	減	三八	二三四六	增	一三一	七三〇七	增	九二	
德格瑟斯								七九四一			
窪蒙	七二四七	五三一	減	二八	三七九七	增	一〇一	四三二八	增	七三	
勿爾治尼亞		三四〇五	增	五四	三三八〇	增	一三八	六七八五	增	一九二	
厄士奪勿爾治尼亞		三二四〇	增	一	一六八五	增	一一三	四九二五	增	一一四	

威士干遜	二三四九	減七三	八六九九	增二五五	一一〇四八	增一八二七八九三
阿里瑣那	六一	增五	八八	減四	一四九	增一
打戈達	一六一四	減三三〇	三四四一	增五八〇	五〇五五	增九一〇
埃得和					三五〇	
孟大那	一一五	增一五	二六二	增二五	三七七	增四〇
紐墨西哥	一二八		三六		一六四	
尤達	三〇三	增一三	三〇八	減一六	六一一	減三
華盛頓	四二〇		六八〇		一一〇〇	
歪阿明	三一		三九		七〇	
阿拉士格	四		六		一〇	
總計					三二一三〇六六	

小學校表

美利加人六歲始入小學光緒十二年其國宜學者一千一百四十三萬五千二百九十七入學者七百二十七萬九千六百一十六其師三十二萬三千六十有六平均計之一師課生二十有二此官立

小學校也見之市鎮者猶中國鄉學也其分部凡五一大西洋北岸諸邦也一大西洋南岸諸邦也一中央北境諸邦也一中央南境諸邦也一西方諸邦也出入視地有差述小學校表

官立小學校弟一

	學生總數	平均日課生	師數	學校費圓計	一生年費	入學生一人年費
光緒二 千八百七十六	八三六二七二八	四〇六六八四八	二四九二八三	八四〇〇五三三三	一〇〇四	二〇六六
三 千八百七十七	八九五四四七八	四九一九四〇八	二五九二九六	八〇二三三四五八	八九六	一八三四
四 千八百七十八	九三七三一九五	五一三一四一三	二七一一七四	八〇五二九九五八	八五九	一五六九
五 千八百七十九	九四 四〇八六	五二八二三三七	二七二六九一	七八一九一五二二	八二〇	一四八〇
六 千八百八十	九七八一五二一	五八〇五三四二	二八二六四四	八〇〇三二八三八	八一八	一三七八
七 千八百八十一	九八六〇三三三	五六六四三五六	二八九一五〇	八五一一一四四二	八六三	四五〇二
八 千八百八十二	一〇〇一三八二六	六一一八三三一	二九三二九四	九一一五八〇三九	九一〇	一四七一
九 千八百八十三	一〇三六四四七三	六三四四〇六三	二九八五五二	九七八四四五二一	九四四	一五四二
十 千八百八十四	一〇七三八一九二	六六九三九二八	三〇七八〇四	八 一〇[illegible]九四九五二	九六八	一五五三
十一 千八百八十五	一一一六九九一三	六九〇〇六二五	三一九五四九	七 一一〇三八四六五	九八八	一五九九

十二千八百八十六　一一四三五二九七　七二七九六一六　三二三〇六六一一一三〇四九二　七　九七二　一五二二九

市鎮小學校弟二

邦部	學校計出 城市數 出數計圓	學校計入 城市數 人數計圓	師脩 城市數 脩數計圓	校費總計 城市數 費數
大緬	一四一二二八三四 〇	一四一九二三〇四	九一六八一六七	一五三一六一 一八
西紐罕布西耳	八八四七六〇一	六三一五四八	六一五八九一〇	九二二一三 九九
洋窪蒙	二二一四五〇〇	五二〇四九〇三	六七一二〇一	六一〇四五 三一
北馬沙朱色士	四〇九五六二二九 〇	四〇二五六七三〇 八	四三二九八〇一四 六	六五五四九四 〇五八
岸濟畲埃倫	一四二〇九九八二 七	一二二八四〇四五	七三三〇五一六	一三六六八八 五八
諸干捏底嗝奪	二四四〇三四七七 四	二五一二八六五一 六八	二五七一〇五八七	二六一二一〇 一九六
紐約	三七二六一九六七 八四	三七九一〇八九六 八	三七五四六九五一 九	三七八〇一七 六一三
紐折耳西	二二三五一二四 五	二〇一三一九〇六 八	二一八六八四五二	二一一三三三 一三一
賓夕佛尼亞	三六一四〇四五七 九二	五〇四五二三三三 一	五〇二四八七〇四 三	五〇四四一四 一七三
合計	一九六六一六八一九 五三	二一二一九六九六五 四三	二〇七一三二四四五 四一	二四二二一七七 〇一四七
大特納窪	一三九八六六〇	一一一八六六一	一六三二一〇	一一一六七 五八
西瑪理蘭	二二二二五六六 一	一八一〇七五四	二五五八七九九	二八一九九 四五

洋南岸諸邦				
勿爾治尼亞	九六四七一四五	一〇二三二六六七	一〇一七八一七五	一〇二三三三八二
威士奪勿爾治尼亞	二三三二四八二八	一六五三一二	一二五九七九三	二八四二五三
諾司喀爾勒那	三六四〇〇〇	二二五五八〇		
叟司喀爾勒那	三一六二三九六	三一〇四〇五一	三七七九二六	三一〇八八六二
若耳治亞	五六二四七五〇	五一九六〇七五	五一六〇三三八	五二一五三六〇
合計	二五四四三六四五〇	二三一五五三一〇〇	二三一〇九八一五一	二三一五七八五六〇
中央北境諸邦				
倭海約	三五八〇八九五四〇	三六三二一二〇八七	三六一八四二一六七	三七三〇七二一七二
英薹阿納	一六二九四二〇五	一四六一五六四九	一五四九八〇八〇	一五七七三七九四
伊利那倚斯	一六八一三一四七六	二六二九七二七五一	二六一五三六〇八二	二六二八九一一九三
密西根	一八三四六[illegible]四九〇	一七一〇五一七三一	一八五五二六二七	一八一〇八八〇六五
威士干遜	一五三一四五六一二	一四七六二一五四	一三三九八七五四	一五[illegible]九一四〇〇
梅尼所達	九三〇六六三一〇	三一〇一六二二七	三二二四六五九	四[illegible]四[illegible]二九〇
愛呵窪	一二二〇五七九五〇	一一四九八一五六	一一三一二二八六	一一五二〇[illegible]一八
密蘇薹	九四五一三一七〇	七一三〇〇〇六七	七七九〇三三三	八一[illegible]九一八四六
拏布拉士格	四一二六三〇〇〇	四三四六〇三五	四一三九七九〇	四三[illegible]五三七〇

美利加圖經卷三十一　三十九

剛色斯	五四六五五五五	六一七〇六〇九	六八六六三七	六一六二五 七三
合計	一四九三六一四二三 〇八	一三八一一九九五四 六六	一四〇六三七七二一 五	一四四二九九三 二二一
中央南境諸邦				
中根得基	四一二七〇九七 四	三三九四七二〇	四二六八九六九	四四四〇七 一五
田捏西	六五九六六三三	六二一九二四七	六一六七五六八	六二三一八 二四
阿拉巴麻	四二六七七〇〇	三七一九三三	三三〇六一二三	二一七〇八一 九
密士昔比	二三七八〇〇	二二六九三五	二二一〇一五	二二七一 九
魯西阿納	一七六一〇〇〇	一二一五〇〇〇	一一七六一七八	一二一五〇 〇〇
德格薩斯	七九二三一九七五	九三二七三七五	一〇三一二四四九	一〇四〇一四 一七
阿剛色斯	一一四七一八七	一四四〇二七	一二六八二四	一四九三九 四
合計	二五三六〇四二七 四	二五一二九九二三 七	二七九〇三六一六	二七一四三五 九五九
西方諸邦				
西咯挪拉奪	二三四二〇〇	二三八〇二三	二一八三八七	二三五四九 七
尤達	一四九三〇〇	一〇三七八	一六一七四	一一〇九七 三
列法達	二二〇二七〇〇		二二〇六六〇	二二五七三 六
華盛頓	二一六七〇〇〇	二四一八三七	二二六五〇二	二五〇二四 四
顛里根	一三六八〇〇〇	一一〇八二九五	一六三四二〇	一一二九三 六二一

嘉里符尼亞	七四一〇二二七五	八一三一八〇八七	八一〇三七七八七	八一二九五九四二
合計	一五五一〇三四七五	一四一五一六三〇	一六二七二九三〇	一六一五四七七五四

不學人表

美利加人六歲入學而亦有不學者十歲以下猶得曰未學也十歲以上直謂之不學若者爲白人若者爲雜色人或流寓或入籍邦部有冊亦以勵學云爾人不可以不學地背其有異乎述不學人表

邦部	十歲以下	十歲以上不識字		白人		雜色人	
				外至	入籍	外至	入籍
科侖布亞	一一〇八五六	一六九一二	一九四一四	八三四六	六六三〇	一七一六	一一〇六八
阿拉巴麻	三五一七八〇	三七〇二七九	四三三四四七	一一七六七	一一一〇四〇	七二七	三三一六八〇
阿剛色斯	五三一八七六	一五三三二九一五	一〇二〇一	九八五四二	九七九九〇	六五一	一〇三四七三
嘉里符尼亞	五三一八七六	一五三三二九一五	一〇二〇一	九八五四三	九七九九〇	五五二	一〇三四七三
喀挪拉奪	一五八二二〇	九三一一	一〇四七四	九九〇六	八三七三	一五三三	五六八
干捏底喝奪	四九七三〇三	二〇九八六	二八四二四	五六七六三	三七二八五	一三〇三	一六六一
特納窪	一三六九〇七	二一五四一	二五七七八	三九八八	一九五〇	二〇三八	二一七九〇
佛勒里畓	一八四六五〇	七〇二一九	八〇一八三	一九七六三	一九〇二四	七三九	六〇四二〇

若耳治亞	一○四三八四	四四六六八三	五二○四一六	二二八九三四	一二八三六	五七二	三九一四八二
伊利那倚斯	○二二六九三一	九六八○九	一四五三九七	一三二四一二六	二八八五一九	四三九○	一二九七一
英戴阿納	五一四六八○六	七○○○八	一二○七六一	一○○三九八	八七七八六	七一二六一	一○三六三
愛阿窪	五一一八一六四	二八二七	四六六○九	四四三三七	二三六六○	一二○六七	二二七二
剛色斯	一七○四二九七	二五五○三	三九四七六	二四八八八	一七八二一五	七七○六三	一四五八八
根得基	一一六三四九	二五八一八六	三四八三九三	二二一四四九七	二○八七九六	五七○一	一三三八九五
魯西阿納	八六四九○七○	二九七三一	二三一八三八○	五八九五一	五三二六一	五六九○	二五九四二九
緬	五一九六六九	一八一八一	二三二一七○	二一七五八	八七七五	一二九八	四一二
瑪理蘭	六九五三六一	一一一三八七	一三四四八八	四四三一六	三六○二七	三八二八九	九○一七二
馬沙朱色士	一四三二一八	七五六三五	九二九八○	九○六五八	二九三三	八三七二	二三二二
密西根	二一二三六六八	四七一一二	六三七二三	五八九三二	一九九八一	五三八九五	四七九一
梅尼所達	六五五九九七七	二○五五一	三四五四六	三三五○六	五六七一	一一七八三	一○四○
密士昔比	七五三六九三	三一五六二二	一一七三二	五三四四八	五二九一○	五五三八	三一九七五三
密蘇盤	一五五七三一	一三八八一八	○一二○八七五四	一五二五○	一三七九四九	一四五六	五六二四四
奈布拉士格	三一八二七一	七八三○	一一五二八	一○九二六	五一○二	一五八二四	六○二

列法達	五〇六六六	三七〇三	四〇六七	一七一六	二四〇一九七五		二一五四
紐罕布西耳	二八六一八八	二九八二	一四三〇二	一四二〇八	二七一	一一四九	九四
紐折耳西	八六五五七一	三九一三六	五三二四九	四四〇四九	二〇〇七三一	八三九五	九二〇〇
紐約	三九八一四二	一六六六七二	一九六〇〇	二〇八一七五	一九五一六	六一四八六	二四二五
諾司喀爾勒那	八九五九九五一	三六七八九〇	四六三九七五	一七二〇三二	一九一九一二	五九九一九二七一九四三	
倭海約	二三九九三六	八六七五四	一三一八四七	一一五四九一	八三一八三	一三三三三〇	一六三五六
額里根	七一三〇六六一	五七六	七四二三	四一四	一四三三	九一〇	三〇八〇
賓夕佛尼亞	四三三〇三一五	一四六一三八	二二八〇一四	二〇九九八一	一二三二〇六八六七七		八〇三三
洛倉埃倫	二二〇四六一	一七四五六	二四七九三	二三五四四	四二六一	五一九二八	一二四三
叟司喀爾勒那	一〇六一一三	二九四三八五	四一〇七二二二	二二一六二二七	二二一四九九四	三一二三三二	一七四四九五
田捏西	〇六六七四五六	三二二七八〇	三六九八四八	五九七七七	五九四一五	一三二一三二	〇〇〇七
德格瑟斯	一〇六四一九	二五六二二二	三三一六四三二一	一二三九一二	九七〇九八二七	四四一一	九二五二〇
窪蒙	六二六四〇五二	一二九九三	一五八二七	一五六八一	五三五四	七一〇三二	一五六
勿耳治尼亞	一〇五九〇三	三六〇四九五	一四三〇二五二	一四六九二	一二三九一五	七七七三	一五六六〇
威士敦勿爾治尼亞	四四二八五八七	五二〇四一	八五三七六	七五三三七	七二八二六	一四一一	一〇一三九

威士干遜	阿里瑣那	打戈達	埃得和	孟大那	紐墨西哥	尤達	華盛頓	歪阿明	總計
九六五七一二	三一九二二	九九八四九	二五〇〇五	三一九八九	八七九六六	九七一九四	五五七二〇	一六四七九	三六七六一六〇七
三八六九三	五四九六	三〇九四	一三八四	一五三〇	五二九九四	四八五一	三一九一	四二七	四九二三四五一
五五五五八	五三七二	四八二一	一七七八	一七〇七	五七一五六	八八二二八	三八八九	五五六	三〇一九〇八〇
五四二三三	四八二四	四一五七	七八四	六三一	四九五九七	八一三七	一四二九	三七四	三〇一九〇八〇
一一四九四四二七三	一二二六五三五九九 九	九三三三三二一四	四四三	一七二	四六三二九	三一八三	八九五	一七七	二二五五四六〇
			三四一	三五九	三二六八	九四五四	五二四	一九七	七六三六三二〇
一三二五	一〇一八	六六四	九九四	一〇七六	一五五九	六八九	二四六〇	一八二	二二〇八七八

藝文

周官外史掌四方之志其志外國藝文權輿歟雲龍述游歷日本圖經既列藝文一門而美利加僅附志於文學者多寡異也例亦有變彼分類二此則類三其事紀自華人蓋寡別國往往而有也述紀美利加事之書弟一立國百年作者林立然道其所道若艾莫孫若卜

世那爾若斐斯克若頗德爾若懷定雖彼都人士嘖嘖不置而皆居不錄之列所錄一於實用而已述美利加人書第二美利加人譯中國事實之書道光年間已有之矣其文同英而譯自別國之文亦有之矣雖文之譯屑出以不同文之書譯自不同文之人音義或較鮮譌歟述美利加人譯書第三非專書不錄錄者注刊注寫此仍目錄家通例也嗟嗟士夫患書不足忌耳然律己可勵人則不可忘者不能脩忌者畏人修旨哉韓文公之言非爲地背設而地背已慮及此於是一書叙成獎文隨之所繇弗狃所習晚出彌勝歟厥書充棟安在一游而謝挂漏譏也雖然不敢爲志略之犀照而聊云譯述之磁引可乎述藝文

紀美利加事之書第一

使美紀略 活字本

陳蘭彬譔○按始使美利加及日斯巴尼亞秘魯者陳太常也時光緒四年正月二十八日領國書三月二十四行此其日記所至亦惟美利加也

美利加史記備考英文刊本

德意志何士德譔○按西學攷略云學士何士德箸述頗宏爲美國史記備攷一書德人亦勞以銀資埀梨棗其論不偏

防海新論十八卷上海刊

布魯士希理哈譔○金匱華衡芳筆述英吉利傅蘭雅口譯○按是書希里哈於美利加南北兵起曾在南軍四年以阻河口伏水雷爲防海新法自敘於西一千八百六十六年時同治七年也

美利加人書弟三

華事月考刊英文本

裨理哲 衛廉士同譔○按此書起道光十七年訖咸豐六年歷年二十皆以中國時事播之地背

覓新州記英文本

艾爾雲譔○按譔人爲美利加史學家之著所箸書數十種此其一也

墨西哥古世考英文本

斐斯楷德譔〇按北阿美利加洲美利加而外獨墨西哥國耳是書考其未立國以前事

秘魯古世考 英文八十

斐斯格德譔〇按譔人此書而外尚有三種所未見也

和蘭國史 英文八本

莫德立譔〇按書有二種

美利加史 英文

班克福譔

中國關係略論

林樂知譔

聯邦志略二卷 咸豐十一年上海重刊

高理文裨治文譔〇按高理文其名裨治文其姓氏也自注云別名依力雅而其徒梁植又云名儀來哲字高理文何歟是馬沙朱色士邦人道光廿一年以前游中國及英吉利法郎西日斯巴尼亞日本諸國作書刊之廣東而日本以其國文譯之咸豐十一年

中國人宋小宋爲之删益續刊今譯它書互斠所志不無舛牾夫以國人志國事而僅如是可不謂難乎

米利堅志四卷 同治十二年日本刊

格堅扶譔○日本岡千仞河野通之譯○按美利加人格堅扶原書英文也日本人岡千仞與河野通之同譯而從瀛環志略聯邦志略萬國公法格物入門諸書間取而補之於譯書體例未合於中國未譯之地名人名用彼方音填之亦未畫一以譯者譔亦非

羅馬國史 同治十一年紐約刊英文本

司密斯譔○按美利加人謂之司密斯羅馬希斯脫里譯言司密斯羅馬國史

巴西國志 光緒五年刊英文

福列嘉譔○按是書爲美利加人志巴西國事謂之巴耶西奴安奪巴耶西力羊

萬國通鑑 英文本

謝衛樓譔

地球說略一卷 光緒四年上海活字本
禕理哲譔○按禕理哲由美利加至中國有年是書之作中國人
李口口助之然疏略甚
紅人風土記 英文本
古裴爾譔○按是書記印甸土人風土
黑人風土記 英文本
司託譔○按美利加釋放黑奴賴司託力居多黑人猶能道之
雜說數種 英文本
郝託碌那譔○按美利加人稱著說家輒於郝託爾那屈一指焉
謂其文雅馴云
美利加憲法史總說 光緒九年刊英文
博達譔○按美利加人謂之阿吳脫拉因阿夫由賴低脫斯低脫
昆司治主屑那耳希士脫里譯言美利加憲法史總說也
美利加領事官百年考徵篇
海某譔○按公法便覽謂美國前駐埃及總領事海某評論領事

新規一書云章程尚有疵處俸銀太少一也不得食俸者多二也零星費用各項不足三也簡派無定例四也遷無定序五也病老開缺不得食俸無以養贍六也海總領事聞國會議減領事祿遂著此書諫之時值美利加百年因以名書

國會紀事 刊英文

不著譔人○按此官書也亦猶歲報美利加人謂之孔烏力沙那奴力可多譯言國會紀事

治國法歲報 刊英文

不著譔人○按美利加人謂之安紐而路每年司塔衣司特申已悟者爬拉台衣格司治國法譯言治國法歲報蓋報新悟之法也

地理書 刊英文

南約馬沽那列公司譔○按此非出一人故曰公司不著譔人也譔於光緒七年千八百八十一

陸路測量 光緒五年印英文

宜列斯譔○按美利加人謂之南多沙費耳音吾譯言陸路測量

也有圖

輿圖備識刊英文圖

不著譔人○按美利加人謂之司塔特司持勾牧地圖河特美司忒備識譯言輿圖備識也此圖似爲識事設非專爲圖計也

樹蓺歲報光緒十四年刊英文

農務局官書○按美利加人謂之安紐而諾每歲日意坡特報低拍拖文托局阿夫之意各利客日誠樹蓺譯言樹蓺歲報也凡植物荒者蟲者轉爲無恙者皆以圖系說五色俱備誠農務實學也

工部船廠造新補舊歲報光緒十四年刊英文

船廠長譔○按美利加人謂之安紐而阿每歲日意坡特報阿夫之司葉此奇法總官阿夫之司葉此必由柔部柯恩司之葉克生新造日意培兒古舊譯言工部船廠造新補舊歲報也

工廠察勘歲報光緒十四年刊英文

工廠書○按美利加人謂之法克特日意工廠阿夫之司葉此音司配克唾兒司察勘譯言工廠察勘歲報也

美利加編年實笈 光緒十三年刊英文
不著譔人○按美利加人謂之美利加國傲門納克編年運柔司日意可實阿夫之浮克得司實續譯言美利加編年實笈也

公文鈔
不著譔人○按此官書也美利加人謂之阿捕思多拉沽多阿夫帕不立沽多久勉譯言公文鈔也下七字譯有公文誼是抄涉地理者

密士昔比河圖說 道光二十三年刊英文
倪閣勒系譔○按美利加人謂之密士昔比利拔麻布譯言密士昔比河圖也有說

紀游 嘉慶十六年刊英文
擺骨熱必隆猛多沃壘列譔○按是人起嘉慶十年千八百五訖十有二年千八百七游北阿美利加洲之西作此紀事

國游紀 嘉慶十四年刊英文
勒維斯[illegible]拉庫同譔○按是書署曰勒維斯安得庫拉庫所謂安奪者譯言及也二人皆航海舟主作此以紀所游

紀游（道光三年刊英文）

龍語熱木斯夜多汶譔○按譔人爲費納的費牙知事嘉慶二十四及二十五兩年（一千八百十九二十兩年）游石山及必自博作此

落機山頻里根北嘉里符尼亞游報（刊英文）

佛鼇猛多布黎別多譔○按美利加人謂之落機毛五鼎（落機山）頻里根諾斯嘉里符尼亞（邦二）立博知（遊報）譯言落機山里根頻斯嘉里符尼亞游報也曰諾斯嘉里符尼亞者言游嘉里符尼亞北也其游在道光二十二年至二十四年（一千八百四十二至一千八百四十四）

阿美利加洲日歷及庫事（光緒十四年刊英文）

士博法多譔○按譔人籍紐約邦是書分類三曰史記曰財賦曰時政著於光緒十四年（一千八百八十八）而附光緒五年（一千八百七十九）共洲之戶口册

導游外國人書

醫里松譔○按是書述華盛頓都是

尤宜費兒司地底會計

呵利譔○按美利加人謂之尤宜費兒司地底名地意基兒波愛譯言尤宜費兒司地底會計數也

通融公法英文本

華爾敦譔○按是書釋疑案與斯多利所譔同名而非一書

萬國公法四卷同治三年同文館活字本

惠頓譔○美利加丁韙良與中國人江南何師孟通州李大文大興張煒宗海曹景榮譯　按譯書事略云丁譔非也惠頓使布魯士國有年嘗游歐羅巴洲殆徧持論以不偏有聲是書亦名萬國律例凡四卷弟一卷釋公法本旨論自治自主之權弟二卷論諸國自然之權制定律法之權平行之權掌物之權弟三卷論諸國平時往來之權商議立約之權弟四卷論交戰條規及敵國交戰之權戰時局外之權和約章程據公法便覽謂書著於一千八百三四十年時在道光年間所譯用諸國紀元而卷二之約有未譯者然則此非足本

公法源流考英文本

惠頓譔○按是書著於西一千八百四十三年時道光廿三年也

通融公法 英文本

思多利譔○按是書著於西一千八百三四十年時道光年間也

公法九章 英文本

干德譔○按是書著於西一千八百二三十年時道光年間也據公法便覽云美利加之論法以干氏爲最

公法便覽四卷續一卷 光緒三年同文館活字本

吳爾璽譔○丁韙良與中國汪鳳藻等譯○按書首總論公法本原三十六節卷一論邦國平時之權利應荅之責守凡三章四十六節卷二論邦國通使之權利與議約之規利凡三章三十二節卷三論交戰之利凡五章四十五節卷四論戰國與局外交際之例凡七章六十二節續卷弟一章摘錄盟約大旨凡六節弟二章證義凡二十八節丁叙謂倫敦新書考言吳氏公法便覽問世已十五載法家視爲權衡準則本都重刊四次倫敦繪報吳氏公法有新刊夫英美國文而重刊之日本巽文而繙譯之茲譯華文汪

力爲多凡例云吳年近八旬曾與雅禮學院總理學政以老乞休專力公法著此書以課子弟又跋注云吳氏於一千八百七十一年重刊然視所譯有刪節處書龍於紐約見英文本是光緒九年刊人奸扒洎謂之因打宜學邢耳羅譯言萬國公法也

中國古世公法 同文館活字本

丁韙良譔○按西學考略謂光緒七年閏七月十五日布京東文大會余議東周列國往來之例以示中國早有公法之意旋以[illegible]文刊刻行世又謂於冉城識太學公法教習霍爾農將中國古公法論略事點竄付諸手民

國紀述議 英文本

威布斯德譔○按譔人亦法學家也

漢英韻府 漢英合文本

衛廉士譔○按此學英文初步

習法文 刊英法文本

法斯幾耳譔○按美利加人謂之法斯幾耳斯夫仁智葛郡譯言

法斯幾耳習法文是書用英法文互參俗語初學者也譔於咸豐年間

東學考略 刊英文

丁韙良譔○按譔人爲同文館總教習二十年有奇考中國學之書有數十小箱流行海外此其大者

西學考略上下卷 光緒九年同文館活字本

丁韙良譔○按譔人於光緒六年回美利加國八年旋京凡歷日本美利加法耶西德意志瑞士英吉利義大利七國所記以學爲宗上卷紀游下卷論學

格物入門七卷 同治七年同文館活字本

丁韙良譔○按是書設爲問答一水學曰靜水曰流水二氣學曰天氣曰蒸氣曰音聲三火學曰熱氣曰光四電學曰乾電曰溼電曰論磁石曰電報五力學即重學也曰論力推原曰助力器具六化學曰物之原質曰氣類曰金類曰生物之體質曰總論七算學曰測算水學曰測算氣學曰測算光學曰測算力學而皆有圖其算學小引

曰此卷旣以算學協助格物固非專論算學孫子算經九章算術梅氏叢書皆有可採究不如英國偉烈續增利幾何原本並偉烈所作數學啟蒙代數學代微積等部爲詳而易明至於本卷弟四章論計算力學欲稍爲加詳則有艾約色所著之重學在略附數條以分別書中所有名目

增訂格物入門 抄蒙本

丁韙良譔○按是書補前書所未逮今適脫稾尚未印行

格物測算 [illegible]蒙本

丁韙良譔

鑛物 光緒七年刊英文

不著譔人○按美利加人謂之力濤脫阿夫熱待立克脫阿夫熱敏多都譯言鑛物也

吹管分拆鑛物學 同治十二年刊英文本

布六斯譔○按美利加人謂布那攏不阿那費士斯阿夫富宜拉奴譯言吹管分拆鑛物學也有圖

合衆國金銀產光緒六年刊英文

官書○按美利加人謂之蒲蘆達古松阿夫果魯多安奪西魯拔音熱尤乃言台茲譯言合衆國金銀產也

金石識別十二卷刊本

代那譔○美利加瑪高溫口譯金匱華蘅芳筆述○按是書金石云者非如中國金石家蓋指鑛學言也卷一論金石結成之形卷二論金石形色性情卷三論氣類卷四論鏰金類卷五論土金類卷六至卷八論鑛金類卷九論石類卷十雜論卷十一論金石化學卷十二論金石分類之法

冶金錄三卷刊本

阿發滿譔○英吉利傅蘭雅口譯新陽趙元國蓋等述○按是書上卷論範模中卷論鎔鑄下卷論金類之雜質

化學初步光緒四年刊英文本

宜各羅譔○按美利加人謂之夜列緬奪里馬紐亞耳阿夫客勞斯脫里譯言化學初步

代微積拾級十八卷 咸豐九年譯刊

羅密士撰○英吉利偉烈亞力口譯中國海甯李善蘭筆述○按是書卷一以代數推幾何卷二作方程圖法卷三論點論綫及易縱橫軸法卷四論圜卷五論拋物綫卷六論撱圓卷七論雙曲綫卷八論曲綫依代數式分類卷九論越曲綫擺綫對數曲綫螺綫亞奇默德螺綫雙曲綫螺綫對數螺綫此九卷皆言代數幾何也卷十例及論函數微分卷十一論疊微分及馬氏捷術戴氏新術又論諸自變數之函數卷十二弟一次微係數解論函數極大極小又論求函數極大極小捷法卷十三論越函數指函數微分對函數微分圜函數微分卷十四曲綫義用微分推曲綫之四綫法論極曲綫之次切綫切綫輪曲綫及曲綫之面積曲面體積諸微分論極曲綫及其面積之微分論曲綫之漸近綫卷十五曲率半徑漸伸綫及漸伸綫諸例擺綫理卷十六論一切曲綫中諸理此七卷皆言微分也卷十七積分總論論各微分之積分用級數求積分法論弧綫微分之積分論合名微分之積分卷十八用積分

術令曲綫改直綫之理求曲綫面積求曲面積求曲綫體積此二卷皆言積分也其代數孰謂謂法即西人代加德也立縱衡二軸綫推曲綫內諸點距軸遠近自代加德始也緜是曲綫無不可推而一以直綫爲限函數云者言數中函元之加減乘約開方自乘諸數也長數云者言幾何漸增漸減之微數也變數云者言數漸變大或漸變小也常數云者言不變之數也○李善蘭叙中法之四元即西法之代數也諸元諸乘方諸互乘積四元別以位次代數別以記號法雖殊理無異也我

朝康熙時西國來本之奈端二家又創立微分積分二術其法亦借徑於代數其理實發千古未有之奇秘代數以甲乙丙丁諸元代已知數以天地人物諸元代未知數微分積分以甲乙丙丁諸元代常數以天地人物諸元代變數其理之大要凡綫面體皆設爲由小漸大以剎那中所增之積即微分也其全積即積分也故積分逐層分之爲無數微分合無數微分仍爲積分其法之大要設設縱橫二綫以天代橫綫以地代縱綫以彳代橫綫之微分以

他代縱綫之微分凡代數式皆以法求其微係數係於仸或他之左爲一切綫面體之微分故一切綫面體之微分與縱橫之微分皆有比例而疊求微係數可得綫面體之級數曲綫之諸異點是謂微分術既有綫面體之微分可反求其積分而最神妙者凡同類諸題皆有一公式而每題又各一本式公式中恆兼有天地或兼有仸他但求得本式中天與仸之同數或地與他之同數以代之乃求其積分即得本題之全積是謂積分術由是一切曲綫曲綫所函面曲面曲面所函體昔之所謂無法者今皆有法一切八綫求弧背弧背求八綫眞數求對數對數求眞數昔之所爲至難者今皆至易嗚呼算術至此觀止矣蔑以加矣羅密士合衆之天算名家也取代數微分積分三術合爲一書分款設題較若列眉嘉惠後學之功甚大偉烈亞力聞而善之亟購求其書請余共事設行中國偉烈之功豈在羅下哉是書先代數次微分次積分由易而難若階級之漸升譯既竣即名之曰代微積拾級時幾何原本刊行之後一年也咸豐九年孟夏八日敘

筆算數學三卷 光緒元年上海刊中國文

狄考文譔○按是書專言筆算爲初學階梯代數微分積分皆未之及是以名爲數學

星學發軔 同文館活字本

羅密士譔○英吉利駱三畏同文館熙璋王鎭賢懿善譯貫榮校○按是書印工未竣

天文推步 英文本

華德孫譔

天文推步 英文本

永思錫譔○按此與前書同名而非出一人之手

三角術 光緒四年刊英文本

惠伊那譔○按美利加人謂之多聲沃羅美多聲譯言三角術也

幾何 光緒二年刊英文本

拍谷譔○按美利加人謂之阿拉聲奇格羅及呵默多聲譯言幾何蓋算學也

合衆國礮隊法 光緒八年刊英文

陸軍工廠長譔○按美利加人謂之尤乃司台茲合衆國阿美兵阿鐵洛日意礮隊他殼鐵克司法譯言合衆國礮隊法也雲龍欲令弟四子范冕譯此不果

長短來復鎗放法 光緒十二年刊英文

布魯南德譔○按美利加人謂之來復名鎗安鎗及喀本短法而盈放譯言放來復及短者意謂長短來復鎗放法也亦欲譯不果

合衆國步兵法 光緒十二年刊英文

阿布騰譔○按美利加人謂之尤乃司台茲阿美合衆兵音凡遲日意步兵他殼鐵克司法譯言合衆國步兵法也雲龍弟四子范冕曾譯十之三

合衆國騎兵法 光緒十二年刊英文

陸軍工廠長譔○按美利加人謂之尤乃司台茲阿美合衆國兵喀法路日意騎兵他殼鐵克司法譯言合衆國騎兵法也范冕亦譯十之三

合衆國造大車礮法 光緒六年刊英文

提德渡撰○按此陸軍官書也謂之瞞由外兒諾 譯工作或譯造也 阿夫之赫飛阿鐵勒日嵩歐 大車 色而爲司 用供國 尤乃司台茲阿美 國合衆兵 譯言合衆國造大車礮法也

造小鎗礮供國用圖說 光緒七年刊英文

不著撰人○按此鎗礮公司書也謂之法百雷克生 造 阿夫之司毛洛 小 阿美司 礮鎗 尤乃司台茲 國合衆 色而爲司 用供國 譯言造小鎗礮供國用也有圖有說

士兵非里鎗 長短來復 來復鎗兵六筒鎗法 光緒十三年刊英文

不著撰人○按此士兵非里陸軍礮廠書也謂之士兵非里 地名 鎗 來復 鎗名 總谷本 短 阿美 兵 日意法奴非而 鎗六筒 譯言士兵非里鎗長短來復鎗六筒鎗也造法練法有圖有說

爆藥記要六卷 刊本

歇而撰○慈谿舒高第口譯新陽趙元益筆述○按歇而爲美利加合衆國水雷局化學博士著是書而自敘之謂出記錄書一卷

名記錄爆藥美國水師部印頒据知其書成於光緒元年西一千八百七十五年蓋係前一年水雷局講論爆藥摘出原爲一卷而譯之筆之爲六卷也卷一記爆法與爆藥卷二記淡養各里司里尼卷三記綿花火藥卷四記畢克里類與汞震藥卷五記含爆藥類之藥卷六記淡養各里司里尼與棉藥之功用

兵船礮法六卷刊本

美利加水雷局譔○美利加金楷理口譯嘉興朱恩錫筆述崇明李鳳苞刪潤○按是書述礮與彈與來復綫及水戰之要旨而不著譔人

汽機進船法乾隆五十三年刊英文

日母司蘭明譔○按譔人籍勿爾治尼亞邦刱輪舟以汽力導水力

蒸瀛簡明法乾隆五十三年刊英文

日母司蘭明譔○按是書爲美利加瀛輪之椎輅較之今法猶疏

新兵船譜光緒十四年刊英文

畢脫譔○按譔者爲美利加人而所述爲歐羅巴洲大國兵船之式

水雷書

彭恩新譔○按書目見水雷秘要與下二書皆譔自美利加人同名而非一書

水雷書

方肖里哈譔○按書目見水雷秘要

水雷書

司替滑特譔○按書目亦見水雷秘要

雷電同異論英文本

弗蘭克令譔○按電學闡於弗蘭克令在乾隆年間是書論雷電同異之理碻能道其所以然

電學

顯理譔○按譔人籍隸賓夕佛尼亞邦之費納的費牙是書發明電學如附電氣如電綫受空氣電氣之異格致家韙之

電機說 英文本

莫爾斯譔○按美利加電綫之吸鐵畫字自莫爾斯始也剏造於道光十五年千八百三十五成於十七年千八百三十七是爲第一電報遂著書論之

電學書 英文本

賢禮譔○按賢禮爲美利加國學長剏以二電路相聯其力增倍所謂副磁鐵也以之傳遠擊鐘爲號在道光十六年千八百三十六遂著是書

化學

嘉約翰譔

醫學

嘉約翰譔

機器原論 光緒四年刊英文

魏斯拔奇譔○按美利加人謂之西阿梨奇茄奴墨喀宜古斯譯言機器原論也

機器學光緒六年刊英文本

魏斯拔奇譔○按美利加人謂之熱墨喀宜古斯阿夫恩目尼鴉林屋安奪阿夫熱空斯奪拉沽松阿夫墨幸斯譯言機器學也有圖有說

造糖機器圖光緒十二年刊印

柯維兒譔○按機器製自紐約以備秘魯造糖之用欲售而先之以圖說謂之蘇梗兒糖器與日意器凡譯言造糖機器也圖十有八一糖寮二壓蔗機器三壓蔗渣機四立輪機五臥輪機六煮糖鑊七糖汁格八鑊與格總圖九練糖鑊十水櫃十一糖水鑊十二蔗車十三總輪十四蔗鍋十五總機之最十六烘蔗渣爐十七糖汁格十八成糖機器

機器新法光緒十三年刊英文

不著譔人○按美利加人謂之格駱甫進阿夫之音得司痴衣拏特作機器阿特法譯言機器新法也

水手須携

勸得夥譔○按美利加人謂之些維斯合㗎多木谷譯言水手須携也紀航海風潮磁鍼駛錨下及瑣事

荒野商業 道光二十四年刊英文

葛利各若夏譔○按美利加人謂之孔馬斯阿夫熱博勒理譯言荒野商業也

合衆國商業航海書 光緒十年刊英文

不著譔人○按此官書美利加人謂之康䙺斯安孳立維㗎松阿夫熱尤乃斯台茲譯言合衆國商業航海書

華人僑居生計 光緒七年刊英文

西窪那譔○按美利加人謂之柴宜司衣谿勸松譯言華人僑居生計

囊括 刊英文

譔○按美利加人謂之爬音特司書名無譜波爬克特衣可鈫人饕柯皮典美緒譯言囊括也此錄見聞細大不捐亦瑣錄類也

密耳屯全集

密耳屯譔○桉美利加人謂之密耳屯昆布利撿密古譯言密耳屯全集也以詩紀古事略近中國古體有長短句有天然韵編集之人不著名姓

中西聞見錄選編光緒三年刊

丁韙良編○桉是書文非一手編始同治十一年夏至光緒元年夏

美利加人譯書弟三

富國策三卷光緒六年刊同文館活字本

丁韙良等譯○按是書爲英吉利人法思德譔同文館副教習汪鳳藻譯據凡例言丁韙良詳核云

公法會通十卷光緒六年刊同文館活字本

丁韙良譯○按是書爲瑞士人步倫譔原書以美利加行軍訓誡爲末卷譯亦如之同譯者爲同文館聯芳慶常聯興貫榮桂林

陸地戰例新選一卷光緒九年同文館活字本

丁韙良譯○按是書爲瑞士人穆尼耶等十一人同譔

星軺指掌
丁韙良譯○按是書同譯者有同文館聯芳慶常諸人

形學備旨上海刊
狄考文譯

物理書光緒二十年譯英文刊本
阿多景松譯○按譔者爲法郎西人嘎樂子謂之嘎樂子飛倚谷譯言嘎樂子物理書也是物理學之權輿美利加人阿多景松以英文譯之雲龍按譯書有美利加人口譯美利加人所著書而中國人筆述爲漢文者已列美利加人所著書此不錄目

金石
雲龍既述日本金石志未嘗不嘆進游美利加諸國非其例矣彼所謂金石學者鑽學也於證經史乎何與然見泰西刻石搨本有三千年前文字目異嗜同安云無耶雖如美利加者立國百年石文無古而日本之鐘埃及之石藏之立之摩挲不置第而日弔兵鎚鎩紀功勒石云爾哉專門固未足列就見志目以爲美利加金石志之濫觴

可平雲龍無作白貞烈女墓表文將謀鐫石而表章其文曰白貞烈廣東南海人一纏足弱女子也歲賣於三法蘭昔斯哥人斜狹巷不從彼虐無告而志堅自刎於死時在道光下間墜汕頭爹山譯言新米勝山也在上得頓街東南約華里十有五孫是日利加人謂纏足爲好女子而忍辱女逢中元節輒掃墓以爲常云龍出游假道外國墳山而一坏相望言往事者曰此貞烈墓也噫之律陵且恐違論文姬女墓而表亦宜嗚呼烈矣南海志其叫佚乎人告光緒戊子夏游歷使兵部郎中德清傅雲龍撰文將勒貞石藉維詞飾於二萬里外述金石

鑛局所藏日本鐘銘

雲龍按日本國鐘在嘉里符尼亞邦三法蘭昔斯哥之鑛局銘曰東國八中軍船船主吳佛林清等祈求販東平安合船八十四人募緣日所鑄答謝歲次乙未仲冬立斤目三百四十八斤日本長崎之住安山善十郎國次作凡正書六十有一字考日本史稱云壬戌歲福州姚部院秦攻東國靖海將軍命施琅發軍艦數百攻東國國賢防不利秦舍遂降朝燕京遇之甚篤或曰秦舍是明末鄭芝龍之子孫避難據東國島在我
朝康熙年間然則此鐘是二百年前物

弔戰兵詩鐵碑

雲龍按鐵碑在瘞南北兵骨處距華盛頓都城十二英里約華里三十有六地名阿林登碑高尺許斜立路側面鑄英文苔癬雜之舌人曰此弔南北戰兵詩也

繪畫石院銅人字

雲龍按銅人字在賓夕佛尼亞邦費納的費牙之繪畫石院門首石磴上先是光緒二年千八百七十六設百年賽奇會其院五繪畫石刻院而外有總院有機器院有耕種院有花木院而會後繪畫石刻院其留靈光也銅人手按一書

伯理璽天德華盛頓紀功石幢字

雲龍按幢在美利加合衆國科倫布亞之華盛頓都城以石砌成高五百五十有二尺其體四方其首鋭如削其上四面窗各二其下有門五螺旋而上其中有英文字而少

南北兵骨石塔字

雲龍按石塔距華盛頓都城十二英里約華里三十有六地名阿林登是其國瘞兵處南北黨交惡戰死無算兵靖昇骨掩土以石

砌墓如塔言其所刋英文字知其中藏骨二千一百一十有一造於一千八百八十六年當光緒十二年

華盛頓石像銘

雲龍按華盛頓石像在嘉里符尼亞邦之三法蘭昔斯哥吳司園中以像爲塔造以雲石高二十有五尺正面鐫英文銘譯厥大意若謂戰功之第一和約之第一同胞人心之第一

沃費多石像字

雲龍按沃費多石像在嘉里符尼亞邦三法蘭昔斯哥金門園中以雲石爲之高三十尺沃費多是嘉里符尼亞邦之圖裴諾爾譯言統領也石像有字英文

華盛頓紀功碑

雲龍按華盛頓紀功石碑在瑪理蘭邦之波治磨邑高一百八十尺又有諾司波因奪戰功碑或呼波治磨爲石碑鎮其以此歟

諾司波因奪戰功碑

雲龍按石碑在瑪理蘭邦之波治磨邑嘉慶十九年千八百十四諾司

波因奪之戰翦除英兵立碑紀功

英美兵戰紀念碑

雲龍按石碑在馬沙朱色士邦蓮格岡上可剛譯碑記乾隆四十年仟七美利加與英吉利戰事高二百二十尺獨力立之者邦人晚霞秋也爲鑿石於海岸者邦人苦延希那也時道光五年

紐約徙立埃及紀念石幢

雲龍按石幢今在紐約中央之大園其頂方而銳高約七十尺基八尺四面刋文間剝蝕中有一似篆文宗字者未遑深考是爲埃及國阿歷山打府大石撞之一美利加立國而後不知用何等力徙立於此嘗聞埃及古人造紀念石輒逾百尺樹之通衢或寢殿祠凡生平所嗜器用羽毛往往鐫之不一造不盡鐫其上古文字也嘉慶四年仟七百九十九有法郎西機器匠工掘獲石碣刻畫文不一名一爲埃及古文一爲希臘文就希臘文可識者辨之知爲譯埃及古文記厥古君若民之俊傑崖略與夫掘造之事石既出土競徙別國者踵相接二千年前羅馬王運至羅馬城凡五十有奇或

徙巴黎國徙倫敦而美利加人徙一於紐約邦蓋其巨者也雲龍又聞埃及古都曰度奈而河時露古時石門石柱於瓦礫間河之南爲卡那廟廢址磚垣圍之中有石柱三十行彫文尚在字體匪細其石礎可容百人其廳基長四百二十二尺寬一百六十有五尺廢天花板以石爲之凡存一百二十有四條其最巨一條圍圓十尺長七十尺有奇亦彫亦繪四千餘年色猶燦然又聞皮拉米士云者墳塔意也埃及王舊藏在斯歷年數百不朽塔高四百六十尺基長七百四十六尺地凡十二野格其工動輒數千云

重鐫埃及紀念石

雲龍按此石藏華盛頓都老媼士丹力家厥夫曾官水師長死久矣彭寶使光譽得其打本蓋依埃及古石而縮刋者也長七寸寬九分四釐鐫文如原石

美利加敘例　　游歷美利加圖經三十二

花翎二品銜直隸即補道總辦北洋機器局前游歷使臣傅雲龍述

自敘

周官既有懷方合方訓方而後以上訓道地圖以詔訓道方志以小行人籍其利害禮俗政教爲書以外史掌四方之志內史讀之此豈好奇愛博可同日語歟詩列十五國風鄭康成譜敘謂欲知風化芳臭氣澤則旁行以觀之孔子作春秋有取於百二十國言傳稱左史能讀九邱孔安國謂爲九州之志設當日騶衍九州談出目驗地皆舟車閭閻戶庭其道圖道志更不知若何亟亟也雲龍遵

朝諭出洋游歷既述日本圖經以美利加合衆國圖經繼之夫記日本事之專書出自華人數數覯矣而此則尠然而難不在此瀛環志畧簡明有聲證之歐羅巴洲非不其然而美利加十不明一耳食非歟然而難猶不在此苟爲簡而已乎奚云知其當然苟爲不簡而已乎又奚云知其所以然美利加非有同文之書同倫之行而掊克一憤生聚百年其强何以自雄其利何以有出藍勝藍之概彼豈適然

而致耶泥古者既不屑道自積習者爲之又嗜所嗜而止嗟嗟彼人於中國地理民生婦孺類能言之而一物不知恥復何如況有游歷責耶此雲龍所以竊不自揆弗欲貿貿焉空勞跋涉而力爲其難也而非隨地與人與時末絲銖銖而積之絲絲而理之非無遺地也無虛地耳光緒十四年雲龍游嘉里符尼亞邦而阿里瑣那部而紐墨西哥部而德格瑟斯邦而魯西阿那邦而密士昔比邦而阿拉巴蔴邦而佛勒里畣邦而若爾治亞邦而叟司喀爾勒那邦而諾司喀爾勒那邦而勿爾治尼亞邦而華盛頓都城而紐約邦而賓夕佛尼亞邦而馬沙朱色士邦而窪蒙邦而瑪理蘭邦而特納窪邦而紐折爾西邦而干揑底嘎奪邦而落畣埃倫邦弟而曰敨河工於紐阿林孜船工於三法蘭昔斯哥孜檜礮水雷工於費納的費牙波士登士兵非里云爾哉明年歸自秘魯巴西復繇華盛頓都而游威士奪勿爾治尼亞邦倭海約邦英薹阿納邦伊利那倚斯邦愛阿窪邦歪阿明部尤達部列法達邦以至嘉里符尼亞邦蓋合衆國邦部凡四十有八雲龍擇厥大要游五之四曷言乎人也照料如奉旨張大臣也而

質詩疑時則有贊使徐壽朋彭光譽隨使梁誠何慎之而譯文徵時則有澤郵繁林鈌二籾山逸也逸也其名丙維禮而置郵玖巽時則有雲龍子范冕范成而以諸說之聚訟辨惑於丁韙良而以畫一之斠補責成於雲龍子范初所可異者美利加人初無一面而叩輒鳴若惴惴焉懼舌人未盡欲言以指代口以圖佐笧罔或一客曷言乎時也雲龍初苦航潮高輒數十尺食不得咽然腹稾未嘗須臾間久之習風浪著書篷樓如閉戶車軒屬草無論已憂勤而生彼人亦以雲龍爲耐勞瓜期已逾兩月銅版圖成遂旋罔敢以家事艱難少輟鉛槧晝夜鉤索未嘗不欲銳一再游之心力洞數十年之學識而猶有知有不知時限之也雖然向弟知中國京師午正爲彼都寅正六分即周髀東日西夜意而今乃恍然於迎日順日之增減向弟知器利寶興即梓匠廾人名官意而今乃恍然於人力孰若風力火力水力電力之爲愈也向弟知人盡知兵即古者兵農合一意而今乃恍然於額兵三萬之汰弱以無糜食佐富以無濫竽致強向弟知文武不分即六藝書射意而今乃恍然於無不學之水陸軍將向弟知電學之

瓶格致學之因即含萬物而化光意而今乃恍然一無勦襲以給文憑故嗟嗟彼自問弗如中國者聖王之道之無不貫而以仁義爲本耳今且有以中國孝治天下爲文者善於取法多此類也於是雲龍就測地制器知兵通算分之爲類十有二曰天文曰地理曰河渠曰國系曰風俗曰食貨曰攷工曰兵曰外交曰政事曰文學曰叙例爲子目一百六十有二爲卷卌有二篇弟相承一如游懋日本圖經例自爲叙曰地承天成背面時行緯南一度偏東西經迻游經緯表弟一彼國百年歲月同遷表異於同莫爲之先迻中國美利加月朔表弟二言地動始易有厥旨南短北長日景異視周禮土圭法已寓此迻游中國美利加較時里差表弟三瀛帶之北乃同中國氣亦有差赤道離即迻寒暖平均表弟四何澍何霽一空氣系阿拉士克雨非它例迻晴雨表弟五女以志上天神農計㞢是輿圖始南侈北歛地背天視迻地圖弟六探新地者科侖布也以言國畺足跡勿假泚畺域原始弟七勿食如蠶邦部同甘今四十八初盟十三迻合衆國沿革弟八華英里歧測方何辭既測度表又水陸之迻合衆國方里表弟九

一洲定多在海之阿英屬而外隣墨西哥述四至八到表弟十音以
文符言人人殊自戒矛盾非判主奴述合衆國名稱歸一表弟十一
類自彼分從而云云否則滋疑將毋絲棼述邦部分類弟十二東西
海環營兩山間別開生面亦津亦關述合衆國形勢弟十三輪軌既
平六街如枰白屋非重議院非輕述合衆國都弟十四昔無都會蒼
涼猶儈血海市闤紐約其最述通都大邑弟十五郵非不有難毛舉
某無如郡者陳言否否述合衆國邑弟十六海不一灣曲潮汐間紐
約其大商船往還述海灣表弟十七灘不畏淺有標則顯礁不懼多
有識則免述海濱雜識弟十八國亦島耳環峙何似如立如拱岬峽
附此述島表弟十九霞標雲逐蜿蜒鴻陸抑與落機二山起伏述山
弟二十山不讓壤集益在廣亦既見畢作拾遺想述地輿雜識弟二
十一以上地理志亦河亦渠惜尠專書推桑經例也背權輿述水道弟二
十二河亦有分巨浸罕聞衆流一萃勿慮緒紛述水道合流表弟二
十三河瀦海鹽湖水其兼述湖表弟二十四伏流瀑布往往而遇橋
斜天然洞疑無路述水道雜識弟二十五築堤則功導流則涸黃河

異此工將毋同述密士昔比河工說弟二十六疏口未已測水其始厥害弗忘厥利乃起鐵道欲周官民交修水陸倚伏今車昔舟述渠工表弟二十七利不止農亦商亦工述水利雜識弟二十八以上河渠志變世及規四載爲期既舉之或再任之述世系表弟二十九其正不虞其副前趨述副伯理璽天德表弟三十轉敗不危得土不私是識時者府阿但斯述華盛頓傳弟三十一以上紀國志其白則那其信猶多述形性弟三十二氣類或參大較有三述族類弟三十三南北二黨議輒抵掌述黨目弟三十四衣冠平均在位同民述服飾弟三十五刀勺是供穀食非宗述飲食弟三十六異英蓋寡偶仿維駱述居處弟三十七習與嗜俱何足具乎述俗禮弟三十八例之以英亦沿亦更述歲時弟三十九土著鄉曲亦移舊俗述土人風俗弟四十以上風俗志戶籍[illegible]買奴革前國會之計期以十年述民數表弟四十一坐食其免無業者鮮以利爲權擇術爭先述民業表弟四十二業既類分復錄所聞述民業雜識弟四十三公地何義國會之地述邦部公地表弟四十四人五萬衆三十有五述五萬人以上地表弟四十

五已成野格其直有額述地直表弟四十六產不訝奇適用亦宜述
物產弟四十七稻田亦闢不如尚麥玉米次之土人充積述農產表
弟四十八孰博孰約非要則略述食貨表弟四十九合農工商而綜
厥常述財產十年一計表弟五十塩場幾增亦寂亦仍述鹽表弟五
十一鹽質轉奇多識奚辭述鹽法雜識弟五十二蔗糖其一歲計所
出述糖表弟五十三種五十餘擇要而書述酒表弟五十四雖遜古
巴厥產亦賒述淡巴菰表弟五十五油種不一其用勿失述油表弟
五十六布織之謀不疵取求述棉表弟五十七絲弗如湖厥入歲輸
纖之治之如棼則無述絲表弟五十八毛織非低與棉絲齊述羊毳
表弟五十九鑛不獨金雜類分尋述鑛類繫地表弟六十誰歟鑛珍
曰金曰銀述金銀鑛繫地表弟六十一舟車輪閧相需在煤述煤鑛
表弟六十二辨鑛有苗火水力超述鑛務雜識弟六十三金直如何
紐約商多述紐約金直低昂月表弟六十四利用以時經之營之錙
銖不爽意杜漏卮述造幣金銀表弟六十五國都之局造幣紙足述
合衆國紙幣表弟六十六有用有存就册數言述銀鈔表弟六十七

關稅之校商賈之著操劵而獲無欺忌慮述官局印紙表弟六十八存者無虧用者無疑國之盈羨而寓商規述銀行表弟六十九債以貸成利以富輕非專國會易舉衆擎述國債表弟七十利勿過桼違有罰約述利率異同表弟七十一用綜內外工兵其大量入之出弟其亦何害述出入表弟七十二勿濫勿隘國會是戒述國費總目表七十三內稅之規罰鍰隨之述內稅表弟七十四農工勉之商爲流轉國外之商非由此選述邦部互出食貨表弟七十五出入盈虛今復何如述輸出輸入年表弟七十六出無虛歲十年一計述食貨輸出比較表弟七十七祛出入弊卅年一世述三十年間食貨出入比較表弟七十八勿謂善賈褒或舛舞述合衆國損本商表弟七十九免毀與襲庶其思集述許嫥售年表弟八十（以上食貨志）善事利器周官遺意惟專則精匪過人智述攷工源流弟八十一居肆以成而恥平平述工廠合表弟八十二兼營其常專門者艮述工類表弟八十三工始敎英利視技成述新英邦工廠利率表弟八十四工費末央舉其彰彰述土木工費繫地表弟八十五鐵軌不頗華工居多洞若觀

火無飾無訛述(鐵)道攷工表弟八十六椎輪纍陸(纍陸言軌也)之分部爲六述(鐵)道繫部表弟八十七其册足徵軌與年增述鐵道年表弟八十八道存其人工商相因述鐵道增人百分率表弟八十九圖始其難而費莫殫勿慳勿濫商勝於官述鐵道費表弟九十寬狹難同而用其中軌成俄傾利器省工述鐵軌表弟九十一(鐵)不若鋼而韌者良述鋼鐵比較表弟九十二厥枕維木具直伸縮木取不朽誰歟其久述鐵道枕木表弟九十三勿即於陷此其借鑑述鐵道舛軌表弟九十四日利百金何追何侵述鐵道利表弟九十五運直愈廉獲利愈添述它國鐵道運直比較表弟九十六汽輪勝馬市有衆者述火車街車工表弟九十七易飆而輪舨自西人重甲之鐵亦善於因述輪船攷工弟九十八此非兵鑑飆輪無滅述船表弟九十九明輪暗輪湖濱海濱述輪船年表弟一百十部輪舟載亦或侔述輪船分部頓數表弟一百有一水火之濟各精其藝述工廠水力汽力繫地表弟一百有二十年一變攷工易見述工廠水汽馬力比較表弟一百有三力倍工牛成物非玩述水力汽力繫工表弟一百有四火力競資

水或過之技也進道善無常師述水力流力巨工繫地表弟一百有五礦鋼之力難云徵實其伸其縮勿僞勿失述陸軍礦局試驗礦鋼表弟一百有六鐵用紛然覘地與年述鐵條工年表弟一百有七紡筒萬千成力蟬聯述棉花工器十年一計表弟一百有八絲工所會誰歟其最述紐約治絲分類表弟一百有九學始神農爻感則鎔述化學藥物工繫地表弟一百一十寄意寄音飾銀飾金此其淺者技亦從心述電工繫地表弟一百十一嗟彼酒傭亦其大宗化學資之爰攷厥工述酒工繫地表弟一百十二取博于約聊補將作述雜工繫地表弟一百十三以上攷工志軍不習練百不當一諸葛之言暗符無失述兵制弟一百十四分不挫鋒合則交衡陸戰百變勿離其宗述陸軍選兵表弟一百十五短舍長諳邦原十三述十三邦陸軍表弟一百十六所以勸也靡不足者述陸軍官祿表弟一百十七一隊名奇曰康拜宜里基門脫三營奚疑述陸軍繫地表弟一百十八練有專門厥師水屯環海一航有深意存述海軍官弁表弟一百十九鏖戰餘生卹之有成述卹戰士身家十八局表弟一百二十勿通狹流

阻道是謀孰沈孰定而亦有浮述水師阻道說弟一百二十一水陸
臺誇船礮或加勿曰鐵石而遜泥沙述礮臺經驗說表弟一百二十
二如棊之布如星之羅少安勿躁兵不在多述陸軍營房表弟一百
二十三局廿有三藥彈爭諳述兵器局表弟一百二十四開花彈馳
微鐵孰支雖非西最多自爲之述兵船表弟一百二十五宜與不宜
兵艦說歧孰兩以用勿倚勿遺述兵艦雜識弟一百二十六重礮宜
船合度勿偏尺測則準聲測則先述船礮經驗說弟一百二十七去
煙無聲精且求精源流覶掌豈曰識名述水雷弟一百二十八敵或
借覶罔兩怯此述營燈弟一百二十九以上兵志邦無外交國約罔淆述
中國約表弟一百三十華使之先光緒四年述中國使臣表弟一百
三十一外使其來厥館競開述別國使美利加表弟一百三十二覶
途不畏華黎往穀聊復僑居入籍則未述中國人至美利加年表弟
一百三十三以上外交志其制不同而下情通述合衆國制弟一百三十
四遜議紳權而無冗員述官制弟一百三十五綱疏易狎而重犯法
述刑略弟一百三十六爲省繁計一如呂例述大事偏年表弟一百

三十七車書未同較之以中述中國美利加權量衡比較表弟一百三十八星郵日新難例陳陳述郵使表弟一百卌九電聖綫里難一例視綫繞或歧誰歟董理述電綫年表弟一百四十日得力風揭來綫通述電話機繫地表弟一百四十一潰濫防川而說紛然院紳一議萬本四喧述新聞紙繫地表弟一百四十二亦郵亦防或暫或常述雜事弟一百四十三以上政事志派奚取諸莫格致如述學派弟一百四十四電學始名誰歟與爭述美利加電學弟一百四十五程以功云制禁緒紛厥類不一聚而不分述學目弟一百四十六字母云者本之羅馬述字母表弟一百四十七業無虛課學舉其大述大學校表弟一百四十八起訖有期計程兢師述學期表弟一百四十九七日一休而戒曠修述官學校學生課日表弟一百五十可以為師而恥不知述師範學及習師會表弟一百五十一入學視年注籍於先述學校師生繫地表弟一百五十二費不皆官益被單寒述學費表弟一百五十三自嚴亥豕素餐則恥述學校師薪水繫地表弟一百五十四其義學乎亦古為徒述非官立小學校師增減表弟一百五

十五六歲其始囿判都鄙男女皆然有進無止述小學校表弟一百五十六與未學殊別爲一途述不學人表弟一百五十七或其事編或其人傳聊摭班志象譯魚笙述藝文弟一百五十八紀念紀戰往往而見籍曰獵奇奇非其羨述金石弟一百五十九以上文學志向歆奏書自叙豈虛此何足數而力亦餘述自叙弟一百六十圖經例同以補而踵述凡例補弟一百六十一此非彼例法立文繁述專例弟一百六十二

凡例補

凡例六則已見游歷日本圖經彼可例此何補乎爾雖然述美利加圖經旣成前言覺有未盡述凡例補

諸表指游歷時言後雖有異未始非沿革一證也　書目錄所見者注刊注寫亦目錄家通例　名稱不以誼易音欲其免歧也

嫥例

美利加合衆國也與日本秘魯巴西英屬地加納大日斯巴尼亞屬地古巴或異中見同或同中見異目謀耳謀難概論也述嫥例

中西月朔表　雲龍欲述專書久矣就游歷言同治十二年以後已表之日本圖經所以著其改從西紀也而美利加則自乾隆四十一年立國始　美利加文字沿英吉利而方音微有異者字母亦不能無無表　美利加里法沿英每里合華二里有三百二十步四尺八寸六分五釐曰三里舉成數也所游加納大視此然彼一英屬地也而此則自爲一國之里法　國無兵事者蓋鮮而美利加南北黨之役則敵在同國始末有足鑑者　電學剏自美利加立電學門以此表國系通例也立傳則鮮而華盛頓非海外弟一流人歟烏得不傳

游歷加納大圖經八卷

〔清〕傅雲龍撰

《游歷加納大圖經》八卷，清傅雲龍撰。雲龍光緒間游歷日本及美洲各國，撰成游歷圖經數種。其於加納大，游時最短，其書亦最晚出，然於其國情形，無不以見證聞，撮其綱領，分天文、地理、風俗、食貨、攷工、兵制、政事、敘例八類，中以攷工類爲詳。附有加納大地圖。據上海圖書館藏清光緒二十八年（一九〇二）石印本影印。

欽命二品頂戴江南分巡蘇松太兵備道袁　為

給示諭禁事據分省補用知府傅范初稟稱竊范初故父直隸補用道傅雲龍著有游歷日本美利加祕魯巴西加納大古巴等國圖經及實學文導機器圖說考化白食工記考空氣砲工記比例尺比例尺圖說字學三種各書均已次第付印誠恐坊間翻刻偷印羼淆語意改換名目貽誤匪淺請出示諭禁立案並轉飭上海縣及英法租界委員一体示禁等情到道除分行外合行出示諭禁為此示仰書賈人等一体遵照毋得翻印漁利倘敢故違定行查提究罰不貸其各凜遵毋違切特示

光緒貳拾捌年正月十八日示

游歷加納大圖

經八卷

光緒廿八年子範鉅謹題

游歷英屬地加納大圖經目錄

花翎二品銜北洋委用道總辦北洋機器局兼神機營機器局總辦前游歷使臣傅雲龍述

食貨

民數表十年一計第一歲增第二所自至第三已未入籍第四　民物産　農産大宗表　食畜表　東南鑛金年表　輸出表鑛物第一農物第二工物第三　輸入表繁年第一有税無税第二分類第三　海關税銀年表　互市美利加物表輸自美利加第一輸往美利加第二　農産互市美利加表　互市百分率表　商物備較表　巨商本利表　漁業大宗表　蔓奪里耳商舶表　商船出入頓數年表　出入輪船颿船繫地表出入輪船第一出入颿船第二　銀行表計本第一分類第二計存第三　公債年表

卷五　游歷加納大圖經五

攷工

鐵道歲修增里表　鐵道費年表　官工經費出入年表　攷工雜識

卷六　游歷加納大圖經六

兵制

兵要軍區第一軍制第二軍訓第三軍律第四

卷七

游歷加納大圖經七

卷八

游歷加納大圖經八

加納大天文

花翎二品銜北洋委用道總辦北洋機器局兼神機營機器局總辦前游歷使臣傅雲龍述

經緯表

加納大經緯諸說紛如雲龍今以中國為宗其領全土畫吏在翁打里約之阿拉窪出北極之高度為四十六度四十八分三十秒當我京都緯北五度五十分以全土言其緯起赤道北四十三度二十六分試四十九度非也訖九十度其經起英綠威西五十三度訖百三十六度而以中國京都言則起東一百有三度訖西一百六十九度其為廣八十五度則一也其東以紐官蘭島為極其西以勒里治西科侖布亞為極今就部落畫吏之治言之與起訖固有異矣述經緯表

	北極高度（度分秒）	距華京緯（度分秒）	距華京經（度分秒）	偏英綠威經（度分秒）	偏阿打窪（度分秒）
翁打里約（阿打窪）	四六 四八 三〇	北 〇五 五〇 〇〇	東 一三六 〇〇 〇〇	西 七六 〇〇 〇〇	
貴壁	四七 〇〇 〇〇	〇七 〇〇 二一	一二一 〇〇 〇〇	七一 二三 〇〇	東 〇五 〇〇 〇〇

紐勃郎司委骨	四六 一三 一〇	〇六 〇〇 〇〇	一一七 〇〇 〇〇	六七 〇〇 〇〇	東 〇九 〇〇 〇〇
那拔司果夏	四四 〇〇 〇〇	〇四 〇〇 〇〇	一一三 〇〇 〇〇	六三 〇〇 〇〇	東 一三 〇〇 〇〇
布林司埃奪丑脫	四七 〇〇 〇〇	〇六 〇三 〇〇	一一三 〇〇 〇〇	六三 〇〇 〇〇	東 一三 〇〇 〇〇
瑪宜脫拔	五〇 〇〇 〇〇	一〇 〇〇 〇〇	一四七 〇〇 〇〇	九七 〇〇 〇〇	西 二一 〇三 〇〇
勃理治西科侖布亞	四七 〇三 〇〇	〇八 三三 〇〇	一七三 〇二 〇〇	一二四 〇〇 〇〇	西 四八 〇〇 〇〇
諾司威司奪里土利	五四 〇〇 〇〇	一三 〇〇 〇〇	一六三 〇二 〇〇	一一三 〇〇 〇〇	西 三八 〇〇 〇〇

分測經緯地備較表

有定之緯度可以無定者用之無定之經度斷不可以有定者例之如緯起赤道有定者也然就地言如加納大在我

京都緯北五度五十分是有定中之無定者也經綫航海輒起英都而雲龍則以我

京都起算或且欲以有定目之可乎加納大益地開方半出敉測部落之經緯已準我

京都為表而彼測之加詳亦旁參之借鏡也述分測經緯地備較表

部落	測經緯地	北緯	西經自英測
翁打罵約	阿打窪	四十五度二十六分	七十五度十四分
	波因脫比里	四十一度五十分	八十三度三十八分
	吳因奪蘇	四十二度十九分	八十三度二分
	波脫司堂列	四十二度四十分	八十一度十三分
	司脫宜古里古	四十二度四十分	七十九度四十三分
	葉路瑪	四十二度四十五分	八十度
	各連可理	四十二度四十五分	八十一度四十三分
	波脫都拔	四十二度四十七分	八十度十三分
	新可	四十二度五十分	八十度二十一分
	維多里阿	四十二度五十三分	七十八度五十六分
	維蘭	四十二度五十九分	七十九度十七分
	司脫拉司累	四十二度五十九分	八十一度四十二分
	沙宜亞	四十度五十九分	八十二度二十四分

部落	測經緯地	北緯	西經自英測
	理治孟	四十五度四十分	七十二度十二分
	夏勃路庫	四十五度三十五分	七十二度十分
	納比耳必理	四十五度四十七分	七十二度一分
	先奪母列士司	四十六度十三分	七十度四十八分
	古蘭紅	四十六度二十二分	七十度三十七分
	夢奪理耳	四十六度三十分	七十三度三十三分
	漢金屯	四十五度五分	七十四度十分
	自各治米	四十八度二十五分	七十一度五分
	阿沙拔司可	四十八度三十一分	七十二度一分
	格布瑪克達連	四十九度十六分	六十五度一十分
	安治各司治	四十九度二十四分	六十三度二十六分
	背路島	五十一度五十八分	五十五度一十二分
	格布納路芒	五十一度五十八分	五十五度五十四分

蘭屯	四十三度	八十一度十五分
因沃蘇路	四十三度二分	八十度五十七分
比路	四十三度二分	八十一度五十五分
宜阿俄拉峽	四十三度六分	八十度六分
澳庫司法脫	四十三度八分	八十度四十七分
布林司可多	四十三度十分	八十度二十一分
克蘭東	四十三度十二分	八十一度二十一分
哈密屯	四十三度十六分	七十九度五十三分
堂達司	四十三度二十二分	七十九度五十九分
先多若治	四十三度二十三分	八十度十七分
司脫拉脫佛土	四十三度二十三分	八十一度
沃路脫	四十三度二十三分	八十度二十九分
各宜司脫沃	四十三度三十三分	八十度三十一分
沃達路	四十三度三十三分	八十度十六分

紐勃郎司委骨　○那拔司果夏　○布林司竢聳瓦脫

格布羅生	四十八度五十二分	六十四度十五分
若治達恩	四十六度十一分	六十一度三十五分
坐羅脫達恩	四十六度十四分	六十三度十分
格路瑪古美骨	四十六度四十八分	六十四度二分
克蘭土瑪南	四十四度四十二分	六十六度四十八分
波因脫列布留	四十五度四分	六十六度二十七分
先聳安土留	四十五度五分	六十七度四分
先多絨	四十五度十七分	六十六度三分
多路治司達	四十五度五十五分	六十四度三十二分
夫列低里可屯	四十五度五十七分	六十六度二十八分
拔司河	四十六度三十分	六十五度十五分
加達救	四十七度三分	六十五度二十九分
拔沙路司脫	四十七度三十九分	六十五度四十二分
達路哈西	四十八度四分	六十六度二十二分

克拉亨佛司脫	四十四度五十四分	七十九度二十分
至古羅扶脫	四十五度一分	七十七度五十分
昆我路	四十五度一分	七十四度四十三分
必脫里司	四十五度八分	七十九度二十分
拔里灘	四十五度十九分	八十度
連扶留	四十五度二十六分	七十六度三十九分
漢脫必路	四十五度三十分	七十九度八分
費都累港	四十五度三十分	七十六度十四分
司班息低路	四十五度三十三分	七十九度二十二分
瑪宜脫窪宜古	四十五度四十一分	八十一度四十九分
列澳理骨拏路	四十五度四十一分	七十四度四十二分
若理	四十五度四十二分	七十九度十分
賓不路古	四十五度五十分	七十七度七分
理脫路骨連奪	四十五度五十七分	八十一度五十四分

牙瑪司	四十三度五十分	六十六度二分
里拔布	四十四度二分	六十四度四十二分
自古比	四十四度三十八分	六十五分四十六分
哈里法可司	四十四度三十九分	六十三度三十六分
吳因奪蘇	四十四度五十九分	六十四度六分
脫路羅	四十五度二十二分	六十三度十八分
安知沃宜血	四十五度三十八分	六十一度五十九分
波脫哈司金	四十五度三十九分	六十一度二十四分
紐虞拉司沃	四十五度四十一分	六十二度三十九分
比右脫	四十五度四十二分	六十二度四十一分
拔低古	四十六度六分	六十度四十九分
西奪宜	四十六度八分	六十度十分
虞列司灣	四十六度十二分	五十九度五十八分
俄以司勒羅	四十五度二十三分	六十一度二十九分

羅古里扶	四十六度十二分	七十七度五十五分
瑪斝米司	四十七度三十分	八十四度五十分
波脫阿路司	四十八度二十七分	八十九度十二分
骨路瑪	四十九度四十五分	九十四度五十八分
毋士法古脫理	五十一度十六分	八十度五十六分
瑪夭佛路	五十一度三十分	八十六度三十分
各列	四十三度三十九分	七十八度五十六分
奪倫脫	四十三度三十九分	七十九度二十三分
勃蘭多	四十三度四十一分	七十九度四十六分
以羅拉	四十三度四十一分	八十度二十四分
文脫沃司	四十三度四十五分	八十一度四十三分
拉希路	四十三度四十五分	七十九度二十三分
阿士亞窪	四十八度五十三分	七十八度五十二分
門脫法列司脫	四十三度五十八分	八十度四十四分

瑪宜　脫拔

野瑪路送	四十九度一分	九十七度十三分
蘇里司佛多	四十九度八分	一百一度
澳古湖	四十九度四十五分	一百度三十五分
先奪波宜費	四十九度五十分	九十七度六分
布蘭東	四十九度五十分	九十九度五十分
維宜別苦	四十九度五十五分	九十七度七分
波布拉害多	五十度四分	九十七度四十七分
司脫宜芒天	五十度五分	九十七度十二分
拉比奪西芝	五十度七分	一百度
密宜奪沙	五十度十四分	九十九度四十七分
治母里	五十度三十七分	九十六度五十八分
拉息路	五十度五十分	一百一度二十一分
野司格磨	四十八度二十六分	百廿三度二十七分
維多理	四十八度二十五分	百廿三度三十分

勃里　治西

	野克列門脫	四十四度	八十度五分
	紐瑪格脫	四十四度二分	七十九度二十七分
	夫論低納庫	四十四度五分	八十一度四十一分
	波脫北里	四十四度六分	七十八度五十六分
	脫連堂	四十四度八分	七十七度二十九分
	打哈妆	四十四度十分	八十度五十分
	背路比路	四十四度十分	七十七度二十三分
	低蘇倫脫	四十四度十一分	七十七度四分
	金骨天	四十四度十一分	八十一度三十七分
	金司屯	四十四度十四分	七十六度二十九分
	比拉勃路	四十四度十七分	七十八度十八分
	紐貴路毋勃古	四十四度十九分	七十八度十八分
	納路吳奪	四十四度二十二分	七十七度五十九分
	勃立司	四十四度二十三分	七十九度四十分
科侖	拉奪拏司蘭天	四十九度六分	百廿三度四分
布亞	紐維司多明司打	四十七度十二分	百廿二度五十三分
	司賓息司不立治	五十度二十五分	百廿一度三十分
	里羅野多	五十度四十二分	百廿二度二分
諾司	佛脫窪路司	四十九度四十二分	一百九度五十一分
威司	佛脫瑪古列㒵	四十九度三十九分	百十三度二十分
奪里	美低新哈脫	五十度五分	一百十度三十分
士利	列治拏	五十度二十五分	一百四度三十五分
	貴阿北路	五十度四十四分	一百三度四十二分
	克列金	五十度五十分	百十二度五十五分
	骨路沃里	五十一度二分	百十四度四十分
	巴古蘭多	五十一度十五分	一百三度二十分
	佛三脫佛古	五十一度四十五分	一百一度三十分
	司王河	五十一度五十二分	一百一度五十七分

列格費路多	四十四度二十五分	七十八度十五分
司低納	四十四度二十五分	八十度四分
蘇新	四十四度三十分	八十一度二十一分
阿門灘	四十四度三十分	八十五度五十五分
不羅古鼻路	四十四度三十五分	七十五度四十二分
賓宜堂格新	四十四度四十五分	七十九度五十六分
貴壁		
貴壁	四十六度四十八分	七十一度十二分
勃倫	四十五度十二分	七十二度三十四分
拔奪耳法脫	五十二度四十一分	一百八度二十七分
倚多門東	五十三度三十五分	百十三度三十分
司酒阿脫湖	五十四度十一分	百廿四度四分
佛多堂布根	五十六度	百十八度二十分
斯列布湖	五十五度二十分	百十五度
約古寨	五十七度	九十二度二十六分
佛奪治布窪揚	五十八度四十三分	百十一度十九分
維多里蘭土	六十二度四十分	百十五度十分

中國加納大較時里差表

加納大居美利加合衆國之北我中國京都午正為其重吏所治之阿打窪丑正三刻十一分然則前四時四刻四分矣較之美利加國都之前三時七刻九分增四刻十分其部落增減有差若勃理治西科倫布亞後五時六刻二分其最多者也述中國加納大較時里差表

中國京都午正	較中國京都	較阿打窪
阿打窪丑正三刻十一分	前四時四刻四分	
貴壁寅初一刻四分	四時二刻六分	後一刻一分
紐勒郎司委骨寅正十三分	三時七刻二分	前二刻六分
那拔司果夏寅正一刻十三分	三時六刻二分	前三刻七分
布林司埃聳瓦脫寅正一刻十三分	三時六刻二分	前三刻七分
瑪宜脫拔丑正十二分	四時七刻三分	後五刻九分
勃理治西科侖布亞子正一刻十三分	五時六刻二分	後一時四刻十三分
諾司威士聳里土利丑正三刻十三分	五時二分	後一時二刻六分

氣候表

往聞西人言加納大為英屬地之極寒雲龍游之而知其言難可盡信英地內外無慮九百萬萬方英里在地球東西反對地（一連北阿美利加洲在西半球一連歐羅巴洲在東半球此英本土）或謂之對蹠地者居六之二其中有無雨之地在亞細亞洲歐羅巴洲溫帶閒地居六之一在熱帶之印度諸地亦居六之一世稱酷

熱而加納大則居六之二世稱嚴寒方法郎西復地不克畫地屬英懼滋民怨宣言於其國曰不過氷雪一塊土耳地理家耳食者輒沿厥說商舶或經美路別里半島歸而曰熱湯灌自桅頂即幻霰落船板潑潑有聲水銀為彈槍發可以中禽杏仁油氷丸四結以之為彈穿板墮地不一碎然此在哈奪遜灣北英人之欲營於西南者於加納大之瑪宜脫拔亦多貶詞謂一年氷雪者七閱月風寒者五閱月其信然歟雲龍諏之土著曰廣袤如此或四時皆春或萬古無夏或三百六十日節序與中國無甚參違此何以故北氷海之風寒大西洋之風溼太平洋之風輭熱帶海潮之風炎不然何以加納大北極叢木若薺高者不逮二尺南則卉木百果較之法郎西義大利未遑多讓地當溫帶則播種尤宜植物罔有遏論者謂加納大可括地中海迄於氷洋無定之氣候與羅馬諸國不第緯南之度同即面積亦略相等論者又謂寒暑當辨者六緯綫何度一也高低廣狹二也海面高尺三也隣地若何四也海潮炎涼五也大陸即離六也南不必暖北不必寒南風不必溫東風不必溼西北風不必皆無雨獨加納大云

爾哉日路西島距格路西島僅二十英里約華里六十耳而彼人一則謂之拔巴譯言可浴意謂熱也一則謂之許圭譯言束身與首意謂凍也加納大畫吏於是立候氣臺最大者十次之報以電者二十有三又次之不報以電者三十有八又次之觀氣者六十有九又次之測暴風雨者三十有八又次之觀日者一十有二又次之測雨雪類者一百三十有五又次之觀象於金境者二百九十有二（此二百九十二在大西洋濱四十四在先奪羅連司灣一百三十六在湖濱一百有五在太平洋岸之）凡臺一百六十有七日日報之阿打窪政府而鈎致之日母士河側溫度不過六十有五阿打窪河沙格尼河之岸與夫那拔司果頁之北溫度不過六十（與英南境法都德意志中央畧同）自先奪羅連司湖而奪倫脫而金司屯而夢奪里耳而先奪羅連司而貫壁溫度亦不過六十有五凡溫度之增減固視緯度之南北亦視高度之異同西人有平均高度法謂亞細亞洲以一千一百五十一尺為適中數歐羅巴洲以六百七十一尺為適中數南阿美利加洲以一千一百三十二尺為適中數北阿美利加洲以七百四十八尺為適中數而加納大平均高度為三百尺自大西洋濱至

西比熱湖每一英里高六因制是每一華里高二寸許夢奪里耳（三每）數百英里先奪羅連司河過之而其地河面高於海面僅十有八尺況氣候時因海潮而異即如西布路島受墨西哥灣溫潮南風一嘘薙雪如鐮加納大西境王各拔島受太平洋風潮英國南人謂與其故土相近而夏暑之酷且此減於彼也維多里溫度不過八十隆冬冰點亦不過二十二度或謂加納大前為荒陸而識者曰否其地掘不及泉已有沃土此熱潮所不及蕩沙颺所不及灼者也哈奪送灣袤一千英里廣六百英里夏日溫度六十有四冬則溫於西比熱湖三度淡水湖多自北緯四十四度至五十一度湖水面積一十三萬平方英里説者謂居五大洲湖面二之一冬流不凝氣候繫之難者曰如生聚難何詎知法郎西人先至今且十代據云父老或逾百歲光緒十一年（千八百八十五）西北烽起兵馳五千從者千餘而襁負之六千人踵相逸時鐵道未全乘車蚪蓋晨夕雨雪迄於緯北五十五度而途中無一觸疫者非氣淨證歟難者又曰地利以天時而慳詎知農產且輸別國即以頻婆言一入英市加納大之種至今猶貴於美利加

之種也夏霜損穀西南之地有之而非其常厥土宜麥亦無大害而耳治者流遂被全境以極寒之目不亦謬乎茲就温度之已測者述氣候表

部落	測寒暑地名	夏温度	平均一年度數
翁打	阿打窪	六十五度二分	四十度五分
里約	波因脫比里	七十度五分	四十八度四分
	吳因奪蘇	六十九度	四十八度二分
	波脫司堂列	六十六度一分	四十五度四分
	司脫宜古里古	六十五度一分	四十五度三分
	葉路瑪	六十三度七分	四十二度八分
	各連可里	六十五度七分	四十四度三分
	波脫都拔	六十六度一分	四十五度四分
	新可	六十六度七分	四十六度二分
	維多里阿	六十五度八分	四十五度四分
	維蘭	六十五度八分	四十五度四分

部落	測寒暑地名	夏温度	平均一年度數
	夏勃路庫	五十九度六分	三十六度八分
	納比耳必理	六十一度八分	三十九度四分
	先奪母列士司	六十度九分	三十八度九分
	古蘭紅	五十八度六分	三十六度四分
	夢奪里耳	六十五度五分	四十二度一分
	漢金屯	六十三度六分	四十一度一分
	自各治米	六十度五分	三十六度六分
	阿沙拔司可	五十四度七分	三十五度
	格布瑪克達連	五十六度一分	三十四度八分
	安治各司治	五十四度七分	三十四度六分
	背路島	四十九度六分	二十八度四分

上欄

司脫拉司累	六十五度一分	四十四度三分
沙宜亞	六十三度五分	四十三度四分
蘭屯	六十六度	四十五度二分
因沃蘇路	六十四度一分	四十二度八分
比路	六十三度六分	四十二度四分
宜阿俄拉峽	六十四度一分	
澳庫司法脫	六十四度三分	四十三度八分
布林司可多	六十七度二分	四十五度一分
克蘭東	六十三度六分	四十三度六分
哈密屯	六十八度二分	四十七度
堂達司	六十六度五分	四十五度七分
先多若治	六十四度	四十一度一分
司脫拉脫佛土	六十三度九分	四十三度一分
沃路脫	六十四度八分	四十四度二分

中列：紐勃　郎司　委骨　○那　拔司　果夏　○布　林司　埃奪　瓦脫

下欄

格布納路芒	五十二度五分	三十一度八分
格布羅生	五十五度六分	三十四度五分
若治達恩	六十一度二分	四十度九分
坐羅脫達恩	六十二度二分	四十度七分
格路瑪古美骨	六十一度二分	三十九度二分
克蘭土瑪南	五十八度八分	四十二度
波因脫列布留	五十五度五分	三十九度五分
先奪安土留	六十度一分	四十一度二分
先多絨	五十八度四分	四十度三分
多路治司達	五十八度二分	三十八度六分
夫列低里可屯	六十二度一分	三十九度七分
拔司河	六十度七分	三十八度三分
加達牧	六十一度三分	三十八度四分
拔沙路司脫	六十三度二分	三十九度六分

各宜司脫沃	六十三度一分	四十一度四分
沃達路	六十四度七分	四十四度四分
克拉亨佛司脫	六十二度七分	四十一度
王古羅扶脫	五十八度五分	三十八度
昆我路	六十五度二分	四十二度三分
必脫里司	六十度九分	三十九度一分
拔里灘	六十二度九分	四十一度二分
連扶留	六十一度六分	
漢脫必路	六十一度八分	三十七度
費都累港	六十四度七分	四十度九分
司班息低路	六十度五分	三十五度二分
瑪宜脫窪宜古	六十二度五分	四十二度五分
列澳理骨拏路	六十二度四分	四十度三分
若理	五十八度三分	

達路哈西	五十九度四分	三十六度一分
牙瑪司	五十八度五分	四十二度八分
里拔布	六十二度七分	
自古比	六十度八分	四十三度八分
哈里法可司	六十一度五分	四十二度五分
吳因奪蘇	六十二度二分	四十二度七分
脫路羅	六十度四分	四十度八分
安知沃宜血	六十一度四分	四十度八分
波脫哈司金	六十一度三分	四十一度八分
紐虞拉司沃	六十二度四分	四十一度五分
比古脫	六十二度三分	四十一度二分
拔低古	六十一度	四十一度一分
西奪宜	六十度三分	四十一度一分
虞列司灣	五十九度七分	四十度五分

賓不路古	六十四度六分	四十一度
理脫路骨連奪	六十三度四分	三十九度五分
羅古理扶	六十一度九分	三十八度六分
瑪拏來司	五十六度八分	三十五度五分
波脫阿路司	五十九度九分	三十六度二分
骨路瑪	六十二度	三十四度七分
毋士法古脫里	五十七度八分	三十度六分
瑪天佛路	五十五度一分	二十五度九分
各列	六十四度六分	四十三度九分
奪倫脫	六十五度一分	四十四度五分
勃蘭多	六十六度二分	四十四度四分
以羅拉	六十一度	四十一度
文脫沃司	六十五度九分	四十五度二分
拉希路	六十一度五分	四十二度八分

瑪宜脫拔

俄以司勃羅	六十一度六分	四十度六分
野瑪路送	六十一度五分	四十度七分
蘇里司佛多	五十七度八分	三十三度一分
澳古湖	五十七度	三十度八分
先奪波宜費	五十九度四分	三十一度九分
布蘭東	五十八度一分	三十度一分
維宜別苦	六十度八分	三十二度九分
波布拉害多	六十一度五分	三十四度五分
司脫宜芒天	六十度九分	三十三度七分
拉比奪西芝	六十二度二分	三十四度三分
窗宜奪沙	五十六度四分	二十九度五分
治毋里	五十八度九分	三十一度八分
拉息路	五十四度七分	二十八度九分
希路妙	五十八度	

阿士亞窪	六十二度	四十二度一分
門脫法列司脫	六十四度六分	四十二度二分
野克列門脫	六十一度七分	四十度四分
紐瑪格脫	六十三度一分	四十二度二分
夫論低納庫	六十四度二分	四十四度
波脫北里	六十六度八分	四十五度八分
脫連堂	六十四度三分	四十一度五分
打哈牧	六十一度三分	三十九度四分
背路比路	六十七度三分	四十四度三分
低蘇倫脫	六十四度八分	四十二度六分
金骨天	六十四度六分	四十四度
金司乜	六十六度五分	四十四度二分
比拉勃路	六十六度九分	四十四度六分
紐貴路母勃古	六十六度五分	四十四度

勃理	野司格磨	五十七度三分	四十八度八分
治西	維多理	五十六度六分	四十七度四分
科侖	拉奪拏司蘭天	五十七度九分	四十五度九分
布亞	紐維司多明司打	六十度六分	四十八度一分
	司賓息司不立治	六十七度六分	四十七度五分
	里羅野多	六十三度八分	四十四度
諾司	佛脫窪路司	五十六度	
威司	佛脫瑪古列輿	六十二度一分	三十六度一分
奪里	美低新哈脫	六十度七分	三十九度六分
利土	列治拏	五十六度五分	二十七度六分
利	貴阿北路	五十四度八分	三十度
	克列金	五十六度四分	
	骨路沃里	五十三度四分	
	巴古蘭多	五十五度一分	

貴壁

納路吳奪	六十三度九分	四十三度四分
勃立司	六十五度一分	四十三度二分
列格費路多	六十三度三分	四十一度七分
司低納	六十一度六分	四十二度四分
蘇新	六十二度八分	四十二度八分
阿問灘	六十三度三分	四十二度三分
不羅古鼻路	六十四度九分	四十一度八分
賓宜堂格新	六十三度四分	四十一度九分
貴壁	六十二度三分	三十八度六分
勃倫	六十二度六分	四十度
理治孟	六十一度九分	三十九度八分

費三脫佛古	五十三度三分	
司王河	五十八度七分	
拔奪耳法脫	六十度	三十五度七分
倚多門東	五十七度二分	三十一度七分
司酒阿脫湖	五十四度二分	三十八度八分
佛多堂布根	五十二度三分	二十八度八分
斯列布湖	五十四度六分	
約古寨	五十一度九分	二十度二分
佛奪治布窪揚	五十三度五分	二十三度九分
維多里蘭土	五十四度	二十度九分

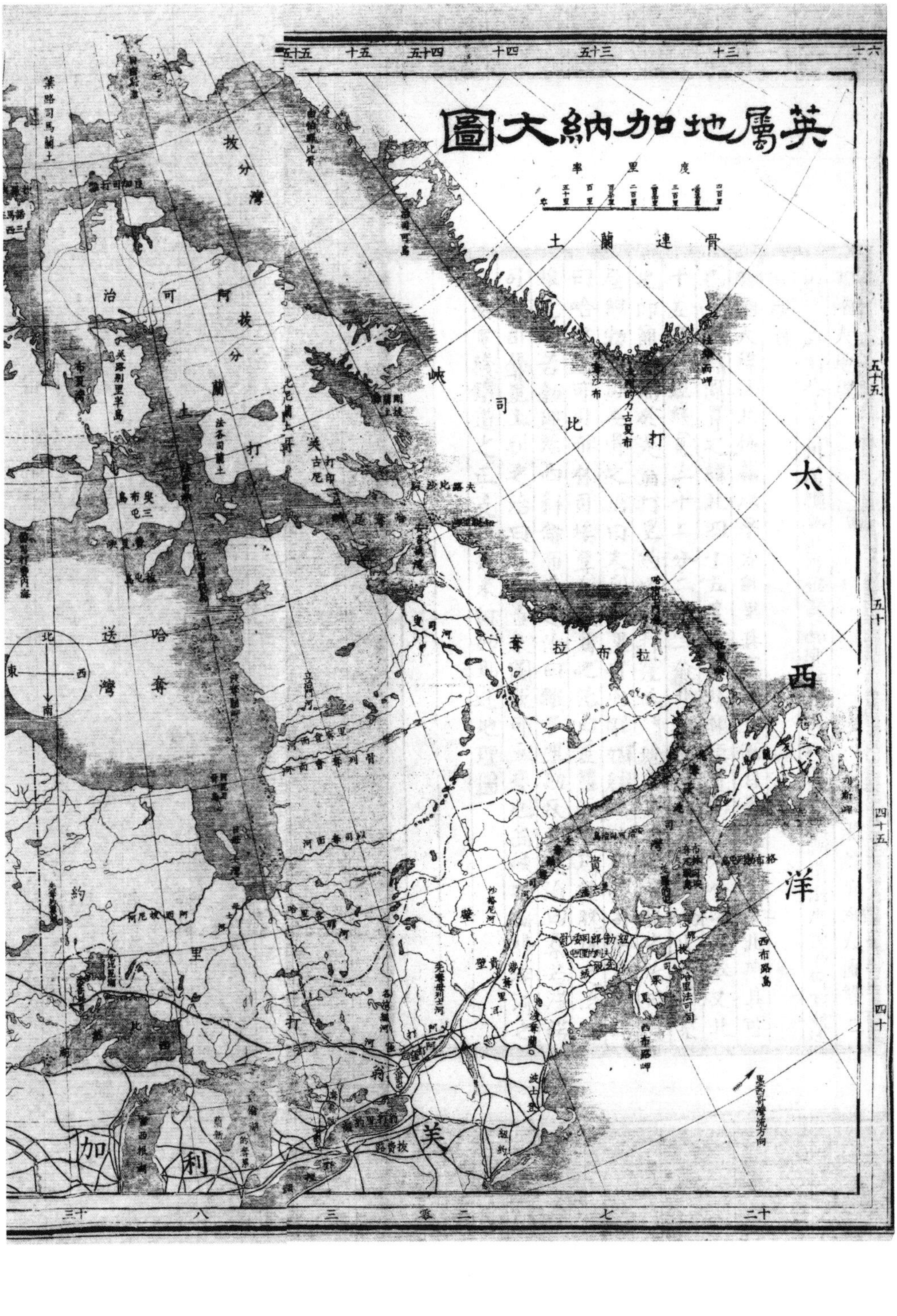
英屬地加納大圖
太西洋

太平洋
合衆國
傅雲龍繪圖

加納大地理　　游歷加納大圖經二

花翎二品銜北洋委用道總辦北洋機器局兼神機營機器局總辦前游歷使臣傅雲龍述

地理圖

加納大緯達北極藉以平方尉里具不失真面目者幾希南後北狹具可已乎以橢圓算之緯北四十五度之經綫相距寬四十六分四九五又北十五度之經綫寬三十二分二有二愈北愈斂至一分有五而止此俯察也仰觀即寓於是翁打里約之阿打窪爲互地畫吏之治貴璧之治曰貴璧紐勃郎司委骨之治曰夫列低里可也（或譯福來得力克吞）格那披司果夏之治曰哈里法可司布林司埃奪瓦脱島之治曰差羅的也瑪頁脱拔之治曰維尼別若勃理治西科侖布亞之治曰維多里紐反蘭之治曰桑若漢諾司威司奪里土利之治曰耳黎吉來圖說可互參也島峽之斷續湖河之脉絡電綫鐵道之正支視聚來何如即述地理圖

沿革

泰西諸國屬地之多莫英若矣英屬地之忽得忽失忽離忽合忽戰忽和忽危忽安亦莫加納大若美利加初與同屬於英尋自立而加納大雖受讓責服英如初雖隨術中服英亦如初論者謂於英最忠不其然歟抑亦英鑒美利加十三邦之積憤生畔而除苛法與之更始歟於是原畫域之始徵三變之由一變於探地有人宋咸平五年前未之聞也再變於法英反復明嘉靖十三年後有足徵者三變於英有廠土而倭海約啓士昔比畫入美利加嗣是分黨之爭大同之約又不變之變後之游加納大者安在可以陳跡拘也述沿革

昌言乎一變也加納大初皆印甸土人至自歐羅巴洲者相傳爲德意志人或曰葡萄牙人在宋咸平五年西一千其航海登陸即今所謂紐反蘭島那拔司果夏島是其僑跡第一也明宏治九年千四百九十七有英吉利人方沃馬者自喜望峯至印甸新路又有骨勃者攜子受英君顯理第七世令繇大西洋探西北航路信如是言英吉利人之至阿美利加洲南北同歲是

時骨勃父子所歷不踰紐反蘭拉布拉奪明年骨勃子孫游再進哈奪送峽冰稜觸舟銳甚於是轉航而南無陸不泊歸報駐足之土多沃英屬之基在此十二年（千四百九十九）葡萄牙國遣人名寫司拔葛低里路艤二舟至拉布拉奪之海濱不知其地何名而名之曰拉拉布拉奪久之訛為拉布拉奪厥土宜農進游而至先奪羅連司灣後有法郎西二人踵之至一曰低宜在明正德元年（千五百六）一曰阿拔路在低宜游後二年（千五百八）皆至先奪羅連司灣而旋同時德意志人名布列東至紐反蘭海濱業漁其魚富不可勝漁也遂名峽曰布列東今猶沿名訛之雖然若此之類殆無一植民者有之自法郎西人拔侖低列里始在明正德十三年（千五百十八）而民聚未果僅遺馬於格布勃列屯島至今馬羣蕃孳繼之植民者法郎西人雖先他企也攫利急而法郎西君欲與共利揚言日斯巴尼亞葡萄牙二國欲分阿美利加豈先民有言耶明嘉靖三年（千五百二十四）法郎西君令佛勒里畣人名佛勒沙宜話者至北緯五十度海濱附之以骨勃所探之地總名之曰紐法郎西猶言新法郎西也嗣是英法兵爭而明嘉靖九年前（千五百三十年前）

加納大之大略如是曷言乎再變也明嘉靖十三年（千五百三十四）法郎西兵少少息復於新地經之營之而所謂加納大者即自浙格沽穴氏基之其人艤二舟約載六十頓許航珀里峽騁目於拉布拉奪之荒濱紐反蘭島之壘界而轉西南達差六灣登沃司布巖樹法郎西幟仰天誓曰法郎西君法郎西司第一世所有土也於是溯先奪羅連司灣分眺左右陸地而止明年夏歸法郎西君大喜又明年浙格沽穴氏復往其舟則三大者載百二十頓此行以植民互市為重先奪羅連司者故西僧名也浙格沽穴氏以祭僧日（西八月十日）泊灣遂以名之然初名灣隅耳今則全灣與河並受厥目沂流迄於彼可司島今所謂阿林司島是也土酋阿耳昆閫率舟十二徒五百見之於是浙格沽穴泊以冬期投錨於先奪羅連司河口其地有印甸土人故城謂之呼司達達葛納上崎高岡形肖甲蟲今所謂貴壁故城是也浙格沽穴艤一小艦容人五十航於先奪比達沙為之滯易乘短艇乃達印甸人之大邑曰火治納沃其上有岡名曰門脫羅牙路猶言君山也亦謂之門脫里牙土人喜蟻聚河濱餉印甸穀即玉米也復餉魚骨

至者第知西南水陸難可殫窮居三日旋司達逢葛納經冬裋褐不禁酷寒腹枵雷鳴相酬奮而瘦乘之明年春旋法郎西虜酋東拉格納等凡九人與之俱後五年浙格沽穴又航於加納大時法郎西君以羅勿拔耳爲其畫吏同舟往土人遇如初然聞東拉格納等不返遂滋怨望浙格沽穴從者重禁苛凍不能支遂歸經返蘭島羅勿拔耳强留之不可明嘉靖二十二年（千五百四十二）浙格沽穴復來約羅勿拔耳同歸而羅勿拔耳已閱三冬誓不再至自是加納大新地之營中止雖有人名瑪格司低拉羅西者僑於西布路島所留僅法郎西園之目明萬歷二十八年（千六百）剏業於加納大境者沙秒路低相布連也論者輒首屈一指能航能征紐法郎西奏功有聲三十一年（千六百五）航向加納大同行者名波脱兒列布初載獸革居多繼攜民往當再航時那拔司果夏之吏偕行於波脱羅牙路三十三年（千六百五）加納大僑黎之成一聚落始此法郎西人之藝麥於加納大亦始此麥之剏植出積雪中數年而後麥亦有秋英法交惡以此爲戰場歷一百五十載英吉利人掠之者五一曰阿沃耳在明萬歷四十一年（千六百十三）二曰

骨古在明天啟元年千六百二十一三曰息知威葛在我
大清順治十一年千六百五十四四曰摶布在康熙二十九年千六百九十五曰宜格
耳松在四十九年千七百十法郎西人復之者四一復於阿沃耳在明萬歷四
十一年千六百十三二立約於先奪日耳緬在崇禎五年千六百三十二三立約於勿
拉達在我
大清康熙六年千六百六十七四立約於里司威可在三十六年千六百九十七英吉利
人襲之不克勝者三一名察支在康熙三十三年千六百九十四二名瑪支三名
溫來多皆在四十六年千七百七法郎西人又引印甸人侵之亦不克勝者二
一曰阿布低羅達二曰尤必拔皆在乾隆九年千七百四十四又一略於他族尋
棄在康熙二十九年千六百九十又一略於美利加尋棄在乾隆四十六年千七
百八十一先是明萬歷三十六年千六百八沙秋路低相布達再登先奪羅連司灣
岸躬歷貴壁巖麓剏畫城邑之基是為加納大第一城也繼員至者營居
闢土月異日新然險阻艱難往往而有印甸人之掊擊則法郎西人自招
也其始媒孽於浙格沽穴之虜東拉格納而西其繼伏毒於沙秋路低相

布連之助阿耳沃閫襲綺羅格司夫綺羅格司加納大印甸土酋之强者也非困獸可同日語蠻吏遣自法郎西者曰布林司昆低曰阿脫美拉耳夢多磨連希曰尤古賓達而沙秒路低相布連之勇而信畫史輒自媿弗如其尋源流以先奪羅連司河阿打窪河為最其航海揭來如初其戰士人艱險不避其桀貴壁城而自戍之為全境扼要明崇禎三年千六百二十九英吉利將沙達炎多古闉之危矣而安五年千六百三十二先多日耳緬之和約成法郎西遂有全境越三年沙秒路低相布連卒於先奪羅連司城其地在貴壁高原難乎其為繼矣我

大清康熙十二年千六百七十三有扶侖低納柯者後來翹楚也先是植民數年僅及百人閱三十載裁及二千夢奪里耳城置於夢奪瑪古宜亦僅為商業綿蕞而未若扶侖低納柯之有進無退初探密士昔比河著效而植民於此則雞土酋綺羅格司既仇白人康熙二十七年千六百八十八英法兵起延毒於斯殆將十載三十六年千六百九十七英法立約於里司威葛各復故地明年扶侖低納柯卒低古理耳繼之越四年英法兵再熾五十二年千七百十三

印甸土人乘之起東自阿骨治之濱西至山莽之原漂杵之血殆有過之屋脫列葛之約成紐反蘭島哈奪送灣屬英而僑黎難可驟增康熙六十年千七百二十一民籍之報謂加納大人二萬五千六百人然怠於農而競於商其商獸革居多與印甸人互為嫁娶乾隆九年千七百四十四英法交惡如初布路東岬倚司勿耳葛堅壁難可仰襲而英將北布列耳陷之十三年千七百四十八英法約成於野倚格拉察北列識者曰攤息計也非英法決一大戰兵難終息十四年千七百四十九那拔司果夏之會城曰哈里法可司成畫吏昆窪理監之兵機已釁越五年千七百五十四鏖戰事起華盛頓軍將與法郎西將尤門必耳戰於佛奪低貴司宜礮焰四塞法軍不支微獨加納大境自時厥後畔英之美利加既自立為合衆國而美利加北之加納大遂割屬於英畫畺自戍世稱英法七歲之戰起乾隆二十年千七百五十五訖二十八年千七百六十三巴里之和約乃立中間樹績彼此軍不乏人而英將吳爾富法將門奪葛耳木嘖嘖至今不置當乾隆二十四年千七百五十九吳爾富略貴壁明年虜低勿奪列里於夢奪里耳於是法郎西全軍氣墨而加納大境驟屬於英

其未復者先拿比路及美貴侖二小島耳昌言乎三變也加納大屬英而後印甸人漸與相安然法郎西人曰新埘英吉利人曰舊居久將釀患論者慮之而畺吏村拉耳磨列快察列東善彌厥隙生聚乃如初顧同治十三年千七百七十四刱立貴壁新章自拉布拉拿至窩士昔比河又自倭海約至哈拿送灣許法郎西人行止水濱罔肎苛稅民俗兼沿法郎西之習刑章則用英吉利之法於是英人僑此者謂其利益稍減美利加人僑此者謂倭海約河北境與夫近西之地何以必屬加納大退有後言而法郎西人視為固然是以令行其地十有七年其又起其時較暫而慘即美利加合衆國自立之戰縣產布璉湖侵加納大初陷先拿絨堡繼陷相布列堡後陷夢拿里耳時貴壁危甚而美利加兵再攻再北乾隆四十一年千七百七十七美利加既立四十六年千七百八十一兵漸息四十八年千七百八十三畫地約成而加納大之倭海約窩士昔比割入美利加凡矢志臣民於英者眾僑居於美利加而轉徙於加納大於是英吉利政府不得不撥銀三百萬磅衣之食之護持而羈縻之時傳翁打里約民之至止已二萬五千遒自美利加居

多先是乾隆四十九年（千七百八十四）翁打里約猶荒蕪也西人二千散聚於先奪羅連司巒其西濅僑十二萬人畫吏令曰凡居西境任開闢者助種與具唯民所欲五十一年（千七百八十六）英之畫吏曰老德多知司達前二年（千七百八十四）畫吏始得特權至是權如之且增立法議院公舉之權五十六年（千七百九十一）英國政府重訂加納大章程於是分東西為二加納大厥法有差設自英國君者有畫吏有議政官有行政官有裁判官皆非僑民所樂有也有議政會紳選自民以四年為期學校道路橋梁之經費實可否之而朋黨時出是年又設議政院於貴壁明年（千七百九十二）又設議院於維尼別苦即瑪宜脫拔之會城也亦謂之高加納大議院嘉慶二年（千七百九十七）移院於紐克即令所謂奪倫脫也明年民數日增土地日闢而政事亦日苛畫吏攬權亦因之自重嘉慶十七年（千八百十二）至十九年（千八百十四）美利加戎機倚伏亦勢使然也本同屬於英而一畔一服相形既殊相連又最近美利加之視加納大不啻視英也加納大實無鬥志防守之險要無慮一千五百英里而兵僅六千是時美利加合衆國民不下八百萬有奇而加納大民僅三

十萬然無退縮態戰守二載如閩司東並穴低貴之役以大捷嘖嘖人口論者謂與英人窪達羅法人澳司達里之捷並稱外患少平內亂欲潰又勢使然也東西兩加納大撓議政官行政官之重權積門户之見顯主奴之形於是東西欲判爲二道光二年（千八百二十二）東加納大即貴壁也遣一法人名路倚司北比諾西加納大即翁打里約也遣一英人名威力木里昂瑪更治議事紛如聚訟於是事僱歸一之議起而亦莫之能決二十年（千八百四十）有人名老德達耳哈木刱議緐英國國會決之明年（千八百四十一年二月六日）東西加納大盟約乃成謂之合協之例其略謂加納大置議政院一東西兩加納大各舉人四十有二此八十四人皆其民所素服凡稅賦限制於此人有議政官署一其官二十五又有行政官署一其官八而畺吏則立法者也皆任自英國之君是年刱立合協集議院會於金克司東越三年（千八百四十四）移於蒙奪里耳道光二十九年（千八百四十九）匪毀集議院復於奪倫脱築之三十年（千八百五十）東加納大民七十六萬八千三百三十有四西加納大民七十六萬五千七百九十有七咸豐九千（千八百五十九）變更畺吏首治之

議沸然未之或決而決於英國之君以翁打里約之阿打隆為首治至今從之先是官民黨歧東西黨又歧而以代議員比例之爭為最合協之例東西員數無差然西加納大之民寖多於東於是乎有民數多寡定議員增減之議而東加納大僑黎之來自法郎西者堅執不聽合協之例幾為之破幸大同之約成於道光三十年（千八百五十）其約倡議於嘉慶十二年（千八百八）者李察脫由宜亞柯也先立大同約法院於那拔司果夏十九年（千八百十四）貴璽裁判官西維耳說士德拔沙司脫曰非大同約無以解時事之分爭道光二年（千八百二十二）西加納大有人名絨必拔列羅品送其官曰阿脫宜日力拉路館亟亟於大同約者也五年（千八百二十五）有人名瑪葛羅力辯大同約之益十五年（千八百三十五）有人名羅拔脫沃列於英國倫頓倡論北阿美利加洲大同約十九年（千八百三十九）老德達耳哈木（人名詳上）究大同約之利咸豐四年（千八百五十四）有人名絨司東於那拔司果夏議曰可速決大同約七年（千八百五十七）絨司東及阿知拔耳脫遣人至英都議之若沃路脫若古宍若絨羅司若拔耳隆李頓皆以大同約為然咸豐十一年（千八百六十一）那拔司果夏集議

院為議大同約之卓卓者議決於明年報之英國政府同治三年（千八百六十四）有人名若治布拉恩報大同約之利若那拔司果夏若紐勃郎司委骨若布林司埃奪尾脫島皆遣人會於察羅脫達恩議之加納大畫吏亦使與議於是海陸大同之論生而大會於貴辟時與議者那拔司果夏紐勃郎司委骨布林司埃奪瓦脫島紐反蘭島新舉人也然議決五六年四年（千八百六十八）貴辟又議其上達治氏為議倡其下褐蔦多納耳脫氏為議首可者九十有一否者三十有三而大同約遂決然紐勃郎司委骨議院猶有難者五年（千八百六十六）那拔司果夏議政院察列司達拔氏議曰那拔司果夏宜選識時人赴英與議可者三十有一否者一十有九而議遂決紐勃郎司委骨議亦如之可者三十有一否者八而議亦決英都既議之明年於是大同之約乃行大同約云者不分東西而總名之曰加納大或曰意謂皆加納大領地云英國之君許之加納大之民從之時同治六年也（千八百六十七）

其部落一曰翁打里約明萬歷二十八年（千六百）法郎西人始至於我大清乾隆二十八年上計屬英二十九年（千八百七十四）衍貴壁為一部落五十六

年千七百九十一分翁打里約為上加納大以貴壁為下加納大道光二十一年千八百四十一合之為一同治六年千八百六十七復分為二而阿打窪則加納大畺吏之治也二曰貴壁明嘉靖十三年千五百三十四法郎西人略地後萬歷三十六年千六百六植民崇禎十五年千六百四十二立夢奪里耳為一聚落至我

大清乾隆二十八年詳上屬英分合已詳翁打里約三曰紐勃郎司委胥明崇禎十二年千六百三十九法郎西人在加略阿斯灣植民與那拔司果夏為一我

大清乾隆四十九年千七百八十四始自為一部落同治六年千八百六十七屬英四曰那拔司果夏明萬歷三十二年千六百四法郎西人植民後英吉利人略厥地錫其國人沙韃良阿列多衫達遂名其地云那拔司果夏譯言新蘇格土蘭也我

大清康熙六年千六百六十七屬法五十二年千七百十三復屬英乾隆二十八年千七百六十三格布勒列屯島布林司埃奪瓦脫島併此部落三十五年千八百七十布林司埃奪瓦脫島又不隸此五曰布林司埃奪瓦脫自乾隆三十五年詳上

分自那拔司果夏後同治十二年（千八百七十三）自為一部落六曰瑪宜脫拔先是英人營此為哈奪送灣公司商地同治八年（千八百六十九）屬英明年立為部落七曰勃理治西科侖布亞咸豐八年（千八百五十八）寖成聚落同治十年（千八百七十一）增為加納大領地之一部落八曰紐反蘭明宏治十年（千四百九十七）日斯巴尼亞人法人英人至止皆漁也萬歷十一年（千五百八十三）屬英四十二年（千六百十四）植民我

大清順治十一年法人亦植民而英法爭尋和列斯岬法人約得漁道光十二年（千八百三十二）置吏然未為加納大領地光緒十四年（千八百八十八）島人願為加納大之一部落許之九曰諾司威司奪里土利初為哈奪送灣公司商地同治九年（千八百七十）屬英地廣人稀聊以為一部落其南壘居瑪宜脫拔之西勃理治西科侖布亞之東者擬為部落四曰沙司可治王曰愛司利袞亞曰愛沙筏司曰諾泊爾大其在貴壁之北曰拉布拉奪亦有寖成部落之勢

壘域

加納大疆域至今未盡理也已成之部落凡九一曰翁打里約二曰貴壁三曰紐勃郎司委晉四曰那拔司果戛五曰布林司埃奪瓦脫六曰瑪宜脫拔七曰勃理治西科侖布亞八曰紐反蘭九曰諾司威司奪里土利擬為部落者五而在諾司威司奪里土利境內者四曰沙司可治王曰愛司利裒亞曰愛內筏司曰諾泊爾大其在貴壁北曰拉布拉奪瀛環志略僅紀六部曰上加拿他即翁打里約也曰下加拿他即貴壁也曰新不侖瑞克即紐勃郎司委晉也曰新蘇格蘭即那拔司果戛也曰嵒約翰即布林司埃奪瓦脫也曰新著大島即紐反蘭也今之視昔已倍後之視今復何如耶其部落莫廣於諾司威司奪里土利凡二百六十五萬英方里是為華方七百九十五萬矣而莫狹於布林司埃奪瓦脫僅僅二千一百三十三英方里合之華方里即為六千三百九十有九然則此小於彼一千二百倍而僑黎所趨在此有土者安在其以大小論也不然加納大湖水面積而外陸面積無慮三百五十一萬方英里（或曰三百四十七萬三百九十二英方里或曰三百三十七萬二千二百九十英方里）合華方里已為一千五十三萬大於英國三島五十倍較

之法郎西義大利合計之地實有過之而地利及耶不及耶有土者又安在其以大小論也雖然居勍敵北而部落日以增有土此有人抑亦未可限量述疆域

曰翁打里約起北緯四十一度三十分訖五十度三十分經綫之起訖一十七度其面積凡十萬七千七百八十英方里

曰貴壁起北緯四十五度訖五十三度三十分經綫之起訖二十二度二十二分其面積凡一十九萬三千三百五十五英方里

曰紐勃郎司委骨起北緯四十四度三十五分訖四十八度五分經綫之起訖六度十八分其面積二萬七千三百二十二英方里

曰那拔司果夏起北緯四十三度二十六分訖四十七度五分經綫之起訖七度四十五分又屬以格布勃列屯島西布路島其面積凡一萬六千九百五十六英方里

曰布林司埃奪瓦脱島起北緯四十五度五十八分訖四十七度七分經綫之起訖二度二十七分其面積二千一百三十三英方里

曰瑪宜脫拔起北緯四十九度訖五十度三十分經綫之起訖三度其面積三千九百六十九英方里

曰勃理治西科侖布亞起北緯四十八度十九分訖六十度經綫之起訖二十三度其面積三十五萬六千英方里又屬以王各拔島起北緯四十八度十八分訖五十度五十五分經綫之起訖六度五分其面積又一萬六千英方里

曰紐反蘭起北緯四十六度三十七分訖五十一度四十分經綫之起訖七度五十一分其面積四萬二百英方里

曰諾司威司奪里土利起北緯四十八度訖九十度經綫之起訖八十五度其面積二百六十五萬英方里

地勢較高海面表

加納大濱大西洋者曰紐反蘭島曰布林司埃奪瓦脫島曰那拔司果夏曰紐勃郎司委骨濱太平洋者曰勃理治西科侖布亞而翁打里約一部落又南控五湖北枕哈奪送灣論者謂形勢得矣而未若貴壁以安治可

司島為聲援以先奪羅連司灣為貫注也視諾司威司奪里土利衆灣散漫其不等檜下也幾希山脈有二一曰押山即海岸山也一曰落機山並起西北蜿蜒東南行如分加納大為六一曰哈奪遜灣畔面積二百萬英方里二曰先奪羅連司河畔面積五十三萬英方里其中七萬屬美三曰馬宜脫拔面積五十五萬英方里四曰先脫絨河畔五曰大西洋濱斜地凡面積五萬有二百一十四英方里六曰太平洋濱斜地面積三十四萬一千三百五英方里近水之窪下若彼沿山之崎嶇又若此而瀛環志略乃曰其地大半平坦何見何聞而云然耶彼人謂高於海面若干尺寒暖繫之旱潦繫之鐵道之軒輊亦繫之述地勢較高海面表

部落	測地	地高海面計英尺	部落	測地	地高海面計英尺
翁打里約	阿打窪	二百三十		夢奪里耳	一百八十七
	波因脫比里	五百八十		自各治米	一百五十
	吳因奪蘇	五百九十九		阿沙拔司可	二十
	波脫司堂列	五百有二		安治各司治	二十

波脱都拔	六百三十五		背路島	四百有五
新可	七百		格布羅生	三十九
維蘭	五百八十	紐勃郎	若治達恩	一百
蘭屯	八百一十六	司委骨	坐羅脱達恩	三十八
澳庫司法脱	九百八十	○那拔	格路瑪古美骨	二十
布林司可多	七百五十	司果夏	波因脱列布留	四十五
克蘭東	一千有一十五	○布林	先奪安土留	三十六
哈密屯	三百五十	司埃奪	先多絨	一百五十
司脱拉脱佛土	一千一百八十二	瓦脱	夫列低里可屯	五十九
沃路脱	八百七十		拔司河	七十
昆我路	一百七十五		加達牧	五十
拔里灘	六百四十一		拔沙路司脱	三十五
費都累港	二百		達路哈西	四十五
賓不路古	三百八十九		牙瑪司	六十一

理脫路骨連奪	六百有八		里拔布	三十
羅古里扶	四百一十八		自古比	一百五十
波脫阿路司	六百四十二		哈里法可司	一百二十二
母士法古脫里	三十		吳因奪蘇	八十七
奪倫脫	三百五十		脫路羅	七十七
勒蘭多	七百一十		拔低古	二十五
文脫沃司	七百二十八		西奪宜	二十八
門脫法列司脫	一千三百七十六		虞列司灣	三十四
夫論低納庫	五百八十七	瑪宜脫	野瑪路送	七百八十四
打哈救	一千四百五十	拔	澳古湖	一千三百八
背路比路	三百二十一		維宜別苦	七百五十八
低蘇倫脫	二百七十二		司脫宜芒天	八百有三
金骨天	六百八十四		密宜奪沙	一千七百一十
金司乜	三百有七		治母里	七百二十三

貴壁	比拉勃路	六百六十八
	紐貴路毋勃古	四百八十
	納路吳奪	六百三十九
	勃立司	七百六十八
	司低納	七百一十四
	蘇新	六百五十六
	不羅古鼻路	二百七十三
	賓宜堂格新	七百二十五
	貴壁	三百一十二
	理治孟	四百三十七
勃理治西	紐維司多明司打	三十二
科倫布亞	司賓息司不吉	七百六十
諾司威	美紙新哈脫	二千一百三十六
司奪里	貴阿北路	二千一百一十五
土利	骨路沃里	三千三百八十九
	拔令耳法脫	一千六百二十
	倚多門東	二千二百五十三
	司酒阿脫湖	一千八百
	約古寨	五十五

四至八到表

雲龍游加納大至自其南蓋與美利加毗連也進而諏之其東濱大西洋其西控大東洋其北盡北冰洋其東南如西其西南如東其東北枕丹屬地骨連蘭土其西北隣美屬地阿拉司格此隅崖略也以言部落綿亘雖

張易轍未已無論瀛環志略為影響談即按之西人圖冊或以紐反蘭屬法或以布林司埃奪瓦脫島併之那拔司果夏皆與今異界且未明於正隅乎何徵雲龍徵之以今不敢謂不變之正隅亦聊為正隅屢變之一證也述四至八到表

	加納大	翁打里約
東	大西洋	美利加國
西	太平洋	諾司威司奪里土利○瑪宜脫拔
南	美利加國	美利加國○費綸湖○野裏湖○西比
北	北冰洋	日毋士彎○哈奪送彎
東南	大西洋	美利加國○翁打里約湖
西南	太平洋○美利加國	美利加國
東北	丹屬地骨連蘭土○打比司峽	諾司威司奪里土利
西北	美屬地阿拉司格	哈奪送彎○諾司威司奪里土利

熱湖

貴壁　先奪羅諾司威美利加拉布拉美利加翁打里先奪羅諾司威

連司灣司奪里國○翁奪○諾國　約　連司灣司奪里

○差六土利○打里約司威司　土利

灣○紐翁打里　奪里土

勃郎司約　利

委骨○

美利加

國

紐勃郎那拔司貴壁美利加差六灣大西洋美利加先奪羅貴壁

司委骨果夏　國　國　連司灣

那拔司大西洋紐勃郎大西洋格布勃大西洋大西洋大西洋大西洋

果夏　司委骨　列屯島　○布林

○大西　○先奪　司埃奪

	布林司埃奪瓦脫	瑪宜脫拔	勃理治西科侖
	先奪羅連司灣○那拔司果夏	翁打里約	諾司威司奪里
洋	先奪羅連司灣○紐勃郎司委骨	諾司威司奪里土利	美屬地阿拉司
	先奪羅連司灣○那拔司果夏	美利加國	美利加國
羅連司灣	先奪羅連司灣	諾司威司奪里土利	諾司威司奪里
	先奪羅連司灣○那拔司果夏	翁打里約○美利加國	諾司威司奪里
	先奪羅連司灣○紐勃郎司委骨	諾司威司奪里土利○美利加國	太平洋○美利
	先奪羅連司灣○格布勃列屯島	諾司威司奪里土利○翁打里約	諾司威司奪里
瓦脫	先奪羅連司灣	諾司威司奪里土利	美屬地阿拉司

布亞土利格○太土利土利○加國土利格
平洋美利加
國
諾司威大西洋美屬地貴壁○北冰洋貴壁勒理治打比司美屬地
司奪里○貴壁阿拉司翁打里西科侖峽○丹阿拉司
土利○拉布格○勒約○哈布亞屬地骨格
拉奪理治西奪送灣連蘭土
科侖布○瑪宜
亞脫拔○
美利加
國○勒
理治西
科侖布
亞

加納大部落名稱歸一表

譯名以體例繩之猶虞方言變轉難可畫一況忽而諧音忽而會意乎它書不足責獨怪瀛環志略亦復爾也即如那拔司果夏音也其義為新蘇格蘭舍音用義原可互參例以它地又不其然何歟伐異之見所不敢出亦矛盾自懲云爾述加納大部落名稱歸一表

所用名	異稱
加納大	堪納達○加拏陀○加拿他○新北勒達尼亞
翁打里約	上加納大○西加納大○高加納大○昂德里歐
貴壁	歸別古○魁北克○下加納大○東加納大○低加納大
紐勒郎司委骨	新不倫瑞克○新本士威○紐不蘭司維○新不林司為克○牛不靈司為克
那拔司果夏	新蘇格蘭○諾拔司可夏○穴耳低門脫帶拉沽伭○奴無司柯堆
布林司埃	散約翰○布林司○布領士野多窪多愛蘭○賓司夜德洼而

奪孛瓦脫　得愛司侖德○愛篤無得佳

瑪宜脫拔　麻彌多巴○麻宜土巴○煠内土拔

勒理治西　科侖布亞○科侖比阿○哥倫比阿○白低司可侖比阿

科侖布亞

紐反蘭　新著大島○紐紅篤郎多

諾司威司　那斯維斯丹珀力多力士

奪里土耳

山島岬峽表

加納大山脈有二一曰落機山起自美利加地阿拉司格之西北極境蜿蜒東南入加納大之諾司威司奪里土利二曰押山岸山一名海亦起西北時起時伏見於紐勒郎司晏骨宅山皆支脈也島則屢見迭出或以為部落如布林司埃奪瓦脫之類或以為部落之治如勒理治西王各拔島之類亂闖見筆之難悉數也若岬若峽附著於篇述山島岬峽表

山	島	岬	峽

貴壁	北多槑牙粤山○羅林山○羅達酒陰山○林岡	安治可司治		
紐勒郎司香普	䌌山			羅三拔南海峽
那拔司果夏	高岡	格布勒列屯島○西布路一名半島○南岸小島	西布路岬	那拔司果夏峽
勒理治西科侖布亞	西北海岸山○蟒多輔格山島一五千七百尺○蟒多布拉轟山一萬六千尺	五各拔島		

	○喀斯喀迭山○接希納業八答山			
諾司威司奪里土利	落機山○沙里王峰○飲耳多山	治司可島○忙司費脫島○美路別里半島○叟三布屯島○拔屯島○阿昆司骨島○布林司怕脫力可島	法維両岬○知脫里岬○波奪蘭岬○怕列岬	哈奪送峽○法各司峽○費夏峽○拔羅峽
紐反蘭			列斯岬	珀里峽

河表

加納大之大河有四一曰先奪羅連司河是自翁打里約東北流逕貴壁長一千五百英里而入先奪羅連司灣者也可通舟者六百英里二曰沙司可治王河導源諾司威司奪里土利東南流一千五百英里入方迭灣

商舶便之三曰瑪更治河導源諾司威司奪里土利西北境東南流一千二百英里入骨列奪斯列布湖四曰夫列沙河導源落機山流逕勒理治西科侖布亞四百五十英里入若日鵷灣可通舟者一百英里其水金沙出焉此外諸水或分洪流或合巨浸略彼微涓訪茲別派抑又聞之量吏籌銀四百二十五萬一千二百一十圓備十五載修河之用又銀一千二百六十七萬一千一百二十五圓供十五載修渠之用此光緒八年事也然則彼亦加意水利爰述河表

四大河第一

河名	所逕	長英里	河闊英方里
先奪羅連司河	翁打里約○貴壁	一五○○	三三○○○○
沙司可治王堋尼西送河	諾司威司奪里土利	一五○○	五四○○○○
瑪更治河	諾司威司奪里土利	一二○○	四四○○○○
夫列沙河	勒理治西科侖布亞	四五○	三○○○○

諸河第二

河名	所逕
沙格尼河	貴璧
先奪母列士河	
各治紐河	
阿打窪河	
日母士河	翁打里約
賴宜各拉河	
阿而拔尼河	
勒基道河	
先奪絨河入方迭灣通舟者二百二十四英里	紐勒郎司委骨
維尼別苦一譯維尼比可河長一百五十英里入列奪河	瑪宜脫拔
列奪河一名埒得里巴譯言北紅河也由諾司威司奪里土利逕瑪宜脫拔二百四十英里入維尼比可湖在梅尼所達邦北可乘舟者一百五十英里	瑪宜脫拔○諾司戚司奪里　土利
夫列河	勒理治西科侖布拉

北斯拉星河		
新布松河		
科侖布亞河一譯科倫布阿一譯科倫比阿來自美利加華盛頓部		
叟司河		諾司威司奪里士利
里奪會而河		
骨列里奪會而河		
以司奪面河		
哈里客那河		
費西河		
差治耳河		
斯列布河		
由昆河		
比司河		

大湖表

加納大之翁打里約是部落而以湖名者也美利加人謂之恩打熟湖其西與野裏湖鄰是二湖者即賴宜各拉瀑布之源奔濤一落無慮一百五十八尺是為五大洲第一瀑布雲龍曾目擊之野裏湖之西北有湖曰費綸費綸湖之西有湖曰窰西根窰西根湖之北有湖曰西比熱三湖流通與前二湖皆在翁打里約之南其在瑪宜脫拔部落者曰瑪宜脫拔湖曰維宜別苦湖曰維尼別可西湖此外曰西打湖曰土分湖皆卓卓者厥長均出三百華里以上次之在翁打里約者曰民比昆湖曰先奪約西扶湖在瑪宜脫拔者曰吴度湖即美利加人所謂吴奪者是曰維尼比可湖亦謂之維尼別苦湖在勃理治西科侖布亞者曰奢勃羅阿湖在諾司威司奪里土利者曰比骨湖曰骨列湖曰我羅司屯湖曰的阿湖曰以而麻湖曰阿沙拔司骨湖曰骨列奪司列布湖曰骨列奪比阿湖又次湖難枚舉西人謂加納大湖當五大洲二分之一雖難遽信而面積一十三萬平方英里約之不下華方里三十九萬云略厥稍次述大湖表

湖名	長英里	寬英里	深英尺	高英尺	英方里

西比熱湖	四二〇	一七〇	一〇〇〇	六〇〇	三一五〇〇
容西根湖	三二〇	七〇	七〇〇	五七六	二二四〇〇
費倫湖	二八〇	一〇五	一〇〇〇	五七四	二一〇〇〇
野裏湖	二四〇	五七	二〇〇	五六五	九〇〇〇
翁打里約湖	一八〇	五五	六〇〇	二三五	五四〇〇
維尼別苦湖	二八〇	五七		七一〇	八五〇〇
瑪宜脫拔湖	一二〇	二四		七五二	一九〇〇
西打湖				七七〇	三一一二
土分湖				七〇〇	一七〇
維尼別可西湖	一二〇	二七		七七〇	一六三六

海灣海灘表

海埠濱灣若先奪羅連司蓋有之矣地非臨海而貫峽衝島無慮千二百海里不曾以淵為灣若哈奪送者罕有其匹便商便漁其可略歟灘者又航海之所慎也附著於篇述海灣海灘表

海灣第一

灣名　濱灣部落

先奪羅連司　貴壁○布林司埃奪瓦脫○紐反蘭

差六　貴壁○紐勃郎司委骨

加略阿斯　瑪宜脫拔

若日鴉　勃理治西科侖布亞

方迭　勃理治西科侖布亞

哈密屯內海　拉布拉奪

海灘第二

灘名　濱灘部落

魯篤加　勃理治西科侖布亞

宜基納多

剛拔蘭土　諾司威司奪里土利

司密斯

良加斯打

美路别里

加納大風俗

游歷加納大圖經三

花翎二品銜北洋委用道總辦北洋機器局兼神機營機器局總辦前游歷使臣傅雲龍述

風俗

瀛環志略云居民大半佛郎西人士女面紫眉目端好不解沐浴英人惡其不潔噫何耳食之不確如是法郎西之苗裔與英吉利同為白人而面紫者印甸土人也已詳美利加圖經者此從略焉撮厥梗概曰形性曰族類曰服飾曰飲食曰居處曰俗禮述風俗

形性第一

白面青瞳須髮半黃者英法諸國人也印甸土人面紫其膚微黃目如點漆無黃須無黃髮心計弗逮西人而好客過之

族類第二

初皆印甸土人法郎西人既至别國人踵之苗裔生聚在英吉利人先然出自英法諸國皆謂之白人出自土著則謂之赤人出自互相嫁娶則謂之雜人而華人無幾

服飾第三

衣冠沿英沿法與美利加亦無大異土人服飾亦十革五六是以詳於美利加圖經茲不再述

飲食第四

一日三餐與夫飲啜加非乳茗之屬皆無異於英吉利即無異於美利加也惟嗜豕肉者較多先是土人不用節匙亦不用刀叉以手而食今俗異矣

居處第五

加納大東與南與西皆營室如美利加或參羅馬或沿法郎西亦非逕庭也惟北畺土屋四壁壘架層木泥塗其外加之白堊屋脊不瓦不鐵覆板而已極北營窟又與阿拉司格同

俗禮第六

加納大俗禮或沿英或沿法或沿印甸雖然西黎既增土俗漸改與美利

加大同小異

加納大食貨　　　　游歷加納大圖經四

花翎二品銜北洋委用道總辦北洋機器局兼神機營機器局總辦前游歷使臣傅雲龍述

民數表

加納大之民瀛環志略謂一百二十餘萬非今數矣先是民來自歐羅巴洲散處於先奪羅連司灣墨西哥灣之間沿海結廬漸進漸北又漸西當美利加未自立時同屬於英同為新地之僑黎彼畔此守於是繇合而分繇南而北轉徙於加納大者數千人何莫非忠於英者也其遷自魯西阿納者又法郎西苗裔居多其始寄居貴璧其繼復聚紐反蘭諸島綜而計之今無慮五百萬人矣較之瀛環志略何止三倍云雲龍游之歲徵其年民籍而曰未成然其成數大較有四一曰十年一計由嘉慶十一年而道光十四年而二十四年而咸豐元年而十一年而同治十年而光緒七年前此無稽後此猶有待也二曰歲增其增民難於美利加無它近北則寒然自同治七年以迄光緒十一年中間有歲增十三萬數千者三曰民所自至初皆印甸土人歐羅巴洲人趨之法郎西未遑多讓於英吉利而英

終有之中國人無綫別國僑黎則日以增光緒十年十一年可徵也四曰已未入籍其西北地曠人稀其西南生聚稍易而未若東南少而壯而老英法苗裔居多土著漸與之習而未入籍者初至之五萬有奇是光緒十一年數也述民數表

十年一計第一

中國年	西年	人數
嘉慶十一	千八百六	四十五萬五千八百九十九
道光十四	千八百三十四	一百三十萬二千九百六十一
二十四	千八百四十四	一百八十萬二千八百八十九
咸豐元	千八百五十一	二百五十四萬七千一百五十八
十一	千八百六十一	三百三十二萬三千二百九十二
同治十	千八百七十一	三百六十萬二千五百九十六
光緒七	千八百八十一	四百三十二萬四千八百一十

歲增第二

中國年	西年	人數
同治七	千八百六十八	一萬二千七百六十五
八	千八百六十九	一萬八千六百三十
九	千八百七十	二萬四千七百六
十	千八百七十一	二萬七千七百七十三
十一	千八百七十二	三萬六千五百七十八
十二	千八百七十三	五萬五十
十三	千八百七十四	三萬九千三百七十三
光緒元	千八百七十五	二萬七千三百八十二
二	千八百七十六	二萬五千六百三十三
三	千八百七十七	二萬七千八十二
四	千八百七十八	二萬九千八百二
五	千八百七十九	四萬四百九十二
六	千八百八十	三萬八千五百五

七	千八百八十一	四萬七千九百九十一
八	千八百八十二	十一萬二千四百五十八
九	千八百八十三	十三萬三千六百二十四
十	千八百八十四	十萬三千八百二十四
十一	千八百八十五	七萬九千一百六十九

民所自至第三

國名	光緒十年千八百八十四	光緒十一年千八百八十五
英吉利	一八六三八	一〇五一一
法郎西比利士合計	一五〇	一〇四
德意志	一二三七	五一〇
和蘭	四四七三	二一〇七
俄羅斯	三二二	五〇
澳大利	九五	一八
義大利	三五	

	男	女
羅馬	五〇	
埃及	三八	九三
別國	六四九一	三六三七
總計	三一五二九	一七〇三〇

巳未入籍第四

計歲	男	女
入籍 一歲以下	六一七〇四	五九四七三
五歲以下	五四〇五七六	五二一一七四
八歲以下	三七六九七三	三八四〇〇七
十二歲以下	二七四五〇五	二五〇三三七
三十歲以下	二三八三一八	二二〇九五六
四十歲以上	二三七三一七	二三九二八一
六十歲以上	四三〇六七四	四二一九五四
不老少合計	二九九二一	二九八四八

入籍

物產

加納大之農產視土有宜有不宜即如翁打里約宜冬麥春麥稞麥烏麥馬鈴薯而不宜玉米貴壁如之而兼宜淡巴菰紐勃郎司委骨亦如之而兼宜菘若布林司埃奪瓦脫若瑪宜脫拔視此而那拔司果夏則宜玉米西北之耕種弗如東南遠甚宅如果以頻婆稱木以松杉蕃動物夥甚其獸以皮法耳貂獺猞猁著聲然則羽不及巴西而毛豈讓俄羅斯所產耶先是厥地無家畜二百年前墨西哥灣漂西舶數駒於西布路島西人航此攜畜者踵相接畜日以孳以鑛而言金不如美利加銀不如秘魯雖然金粒孕於山金沙汰於水銀苗又時出於穴若銅若鐵若錫皆有無互見雜鑛以煤爲大宗雖翁打里約無煤而那拔司果夏之以有煤勝西北部落之以無煙雜出徼獨自用之且輸隣國其他雜鑛與雜用飲食之屬抑亦有可徵者右述物產

穀屬

稻　秫　大麥　烏麥　稞麥　春麥副一種麥翁打里約貴壁諸處有之　秋麥翁打里約有之

冬麥貴壁有之　玉米　蕎　薯　白薯　大豆　小豆　豌豆　蠶豆

豇豆　胡麻　達宜布翁打里約貴壁諸處皆有之

蔬屬

菘　萊菔　辣椒　葱　韭　蒜較大於中國產　水芹　蕈　萵苣　芋　山芋　山藥豆

蓏屬

水瓜　甜瓜　南瓜

果屬

梅　李　桃　梨　頻婆加納大頻婆有八十四種光緒十二年所產直銀二十萬圓宅歲仿此英吉利都市售其佳者輒貴於美利加種　柿　橙　橘　柚　柑　檸檬　杏　榴　花生　栗　胡桃　葡萄　波羅蜜　無花果　蛇莓　蕉實　橄欖　松子　椰實

花屬

牡丹　芍藥　紫荊　辛夷　合歡　雞冠花　洋菊　榴花　桃花
梨花　杏花　瑞香　馬蘭　茉莉　蕉花　罌粟　月季　懸鐘花
薔薇　丁香　燈盞花　金銀花
草屬
青草翦如美利加　牧畜草　虎耳草　雁來紅　蒲　蘭　藍　藻　蘆
蒿
木屬
紅松　白松此二種叢植河畔翁打里約最多　柏　杉　櫸　栗　柳　槐　桑　榆
橡　我克即橡樹　茶　樟　黃楊　櫻樹　杏　橙　橘　紅木
藥屬
洋蔘翁打里約於光緒十二年產三百四十七萬八千七百五十一布些耳他部落亦有之　酸　硫所達　草麻子
油　金雞納霜　信石　石膏　硼砂　滑石　鐵酒
雜植之屬
棉　麻　蔗　淡巴菰　加非　蕉　仙人掌

禽屬

鶴　孔雀　鴻雁　鷲　駝鳥　海鷗　鷺　朱鷺　鶚　鷹　鸚鵡

海燕　杜鵑　鷄　火鷄加納大食鷄火鷄居多光緒十二年翁打里約畜鷄六百九十六萬八千九百九十五歲産視此無甚差違此外部落所畜多寡有差　雉　鴨　野鴨　鵝　鴟　鳩　鴿　鷓鴣　啄木　鴉

獸屬

獅　海獅　虎　海虎　豹　鹿　熊　皮法耳形畧似松鼠而大數倍尾長且大其皮以細膩加納大人取以製冠　馬光緒十六年翁打里約畜馬五十六萬九千六百四十九他歲準此此外部落多寡有差　海馬　騾　海騾不亞於俄羅斯所産　驢　牛光緒十六年翁打里約畜二百一萬八千一百七十三頭他歲倣此此外部落多寡有差

野牛　海牛　羊　細毛羊　豕光緒十六年翁打里約畜豕八十六萬一百二十有五他歲倣此此外部落多寡有差　野豕　海豬　貓　野貍加納大所産毛細與猞猁等昂者直銀五十圓云　豺　狼

狽　狐與阿拉司格産同　貍　貂　獺　猞猁此三物不讓於俄羅斯産　兎　猿　鼠

白鼠　松鼠　黄鼠狼　犬　海狗不建三法郎昔斯哥之多然時見之小島間

鱗介之屬

鯨　星魚　剌猬魚　鮭　海鯽　墨魚　電魚　蛤　蚌　螺　蝦

蟹　龜　鼉

蟲蛇之屬

方蛇　圓蛇　蜴　壁虎　蜈蚣　蠶　蠭　蝭　蟬　蟻　蠅　螢

蚊　蚋　蛙　蚓　蝗　螳螂　蟋蟀　蜻蛉　蝸牛　蚱蜢　蛛　蟢

蝙蝠

金屬

金勃理治西科倫布亞多粒金同治二年采金直銀三萬圓其冬休工他部落金或出水沙或出山穴　銀翁打里奧貴壁諸部落皆有之

銅　鐵所在多有而貴壁鐵鑛開者較多　鋼　錫　鉛　白鉛有而不多　汞

石屬

白石　雲石　沙石　火石　石灰石

土屬

磁土　白堊

雜鑛之屬

玻璃沙　硫黃　硝　石油　燐　白礬

布帛之屬

絲　錦　絨　紗　布　呢　氈　罽

冠履之屬

呢帽　草冠　衣　裙　領　襪　鞾　履　護脅（以樹膠爲綫織之婦女以護脅下）

舟車之屬

輪車　馬車　街車　運物車　水車　救火車　兵輪船　礮船　颿船　渡船　漁艇　濬泥船　騎輪　犂車

器用之屬

測天器　測量器　電器　金木石工機器　織器　印字器　雕刻器　油畫器　紙　筆　墨　農器　兵器　家具　玻璃器　銅器　鐵器　木器　纖　叉　勺

雜用之屬

蠟　菜油　桐油　松油　膠　樹膠　顏料　火藥　石灰　磚　玻

璃　獸革　羊毛光緒十二年翁打里約出羊毛五百五十四萬七千八百六十七磅他歲仿此此外部落多寡有差　蚌

珠　蛤殼

飲食之屬

麪包　鼻司格似麪包少小而堅兵食兼支此種　飯　粥　薯　豆泥　牛羹　牛肉

羊肉　燒豚　腊　炙火雞　雞卵　牛黃油加納大全境有製牛黃乾油塲七百七十其中六百二十有七在翁打里約光緒十二年翁打里約所製五千一百八十有五磅直銀四百七十九萬一千五百八十八圓他可類推　牛

乳　牛乳油　牛乳餅　冰牛乳　糖　蜜　酒　火酒　撖欖油　檸

檬油　沸瀾水　穀粉　麥粉　加非水　茶　無花果脯　醬　醢

芥末

薪炭之屬

煤　有煙煤　無煙煤　木炭　薪

農產大宗表

加納大土不如農而農難西北之霜雪孰若東南雨露之為愈也沙石之荒瘠又孰若土田膏潤之為愈也雖然不毛之地難概其他即如翁打里

約地闊一千九十三萬八千四百七十一野格合之動物用物直銀九億八千九百四十九萬七千九百一十一圓其中耕種地無慮七百四十萬三千二百八十一野格直銀六億四千九百萬九千八百二十八圓又有果園十八萬六千六百十六野格牧畜草地三百二萬六千三百二十一野格論者指為農家之餘業貴壁林地殆有過之而伐木者多難乎為繼於是農事亦起他部落輒歎不及撮厥食最辨厥土宜述農產大宗表

農產大宗	翁打里約野格	計布些耳	貴壁野格	計布些耳
大麥	七三五七七八	一九五一二二七八		一七五一五三九
烏麥	一六二一九○一	五八六六五六○八		四一七○四五六
稞麥	六七七七九	一一○六四六二		四三○二四二
春麥	五七七四六五	九五一八五五三		一九九九八一五
秋麥	八八六四○二	一八○七一一四二		
冬麥				一九八一九
蕎	七○七九二	一六七八七○八		二○四一六七○

玉米	一五六四九四一〇八〇五三〇九	八八八六一九
大小豆	七〇六一〇八一六一二五八〇六	四一七〇四五六
薯	一四〇一四三一六〇一二三五八	一四八七三二八七

食畜表

加納大初無牛羊豕也從自歐羅巴洲日寖蕃孳歸英吉利後有增有減而增數居多牛或食或取乳而羊豕足食彼人歲計可徵也述食畜表

中國年	西年	牛	羊	豕
光緒二	千八百七十六	二二六五六	二〇五八九九	二〇六三
三	千八百七十七	二五三五七	一四一一八七	一四五四一
四	千八百七十八	二九九二五	二四二九八九	三三〇一
五	千八百七十九	四六五二九	三〇八〇九三	六八〇三
六	千八百八十	五四九四三	三九八七四六	六二二九
七	千八百八十一	六二二七七	三五四一五五	二八一九
八	千八百八十二	六二一〇六	三一一六六九	三二六三

九	千八百八十三	八六三九六	三〇八四七四	三八六八
十	千八百八十四	八九二六三	三〇四四〇三	三八八三
十一	千八百八十五	一四三〇〇三	三三五〇四三	一六五二

東南鑛金年表

加納大歲産鑛金多寡有差平均計之以百萬元為適中之數金穴在勒理治西科侖布亞居多是加納大西境也而東南鑛苗亦未多讓那拔司果夏鑛報自同治元年始至光緒十二年止有足徵者述東南鑛金年表

中國年	西年	金直以圖計銀
同治元	千八百六十二	七千二百七十五
二	千八百六十三	一萬四千有一
三	千八百六十四	二萬二十二
四	千八百六十五	二萬五千四百五十四
五	千八百六十六	二萬五千二百有四
六	千八百六十七	二萬七千三百一十四

七	千八百六十八	二萬五百四十一
八	千八百六十九	一萬七千八百六十八
九	千八百七十	一萬九千八百六十六
十	千八百七十一	一萬九千二百三十七
十一	千八百七十二	一萬三千九十四
十二	千八百七十三	一萬一千八百五十二
十三	千八百七十四	九千一百四十
光緒元	千八百七十五	一萬一千二百有八
二	千八百七十六	一萬二千三十八
三	千八百七十七	一萬六千八百八十二
四	千八百七十八	一萬二千五百七十七
五	千八百七十九	
六	千八百八十	一萬三千二百三十四
七	千八百八十一	一萬七百五十三

八	千八百八十二	一萬四千一百有七
九	千八百八十三	一萬五千四百四十六
十	千八百八十四	一萬六千五十九
十一	千八百八十五	二萬二千二百有三
十二	千八百八十六	二萬三千三百六十二
總計		四十一萬二千五百四十二

輸出表

加納大輸出之物不必皆出於其地以近達遠以贏濟歉大較有三一曰鑛物為互市言非為辨鑛言出自加納大者直銀三百八十萬五千九百五十九圓非出自加納大者直銀三十萬四千六百四十九圓凡銀四百一十一萬六百八圓二曰農物出自加納大者居多直銀四百八十九萬二千九百十三圓非出自加納大者直銀一千八百八十二萬六千二百三十五圓凡銀二千三百七十一萬九千一百四十八圓三曰工物通商即以惠工惜器非盡利所繇事未盡善也欲得所無先易所有出自加納

大者直銀三百七萬九千九百七十三圓非出自加納大者直銀四十二萬七千六百三十二圓凡銀三百五十萬七千六百有四圓此皆光緒十三年數也或計頓或計嘎倫或計布些耳或計巴列或計仙令物之多寡輕重未可概論而直銀計圓而止則一也述輸出表

鑛物第一

物名	加納大物 物數	加納大物 直銀下計圓同	非加納大物 物數	非加納大物 直銀	合計 物數	合計 直銀
金塊金沙頓計		一〇一七四〇一				一〇一七四〇一
銀同	四〇	二四九三七			四〇	二四九三七
銅同	五二六七	一八一五四五			五二六七	一八一五四五
鐵同	二三三八七	七一九四四			二三三八七	七一九四四
錳同	一五八六	六〇一六二			一五八六	六〇一六二
銻同	二一四	一二一〇			二一四	一二一〇
砂同	一三五六二七	二三二〇七			一三五六二七	二三二〇七
石板同	四八	一三〇〇			四八	一三〇〇

農物第二

石類內有大理石□同	一二二〇五	六五六〇一		四八	一二二〇五	六五六九四
石膏同	一四八五三三	一六六五一四			一四八五三三	一六六五一四
燐同	二二八〇三	三九六四四九	一一四〇	一九〇〇〇	二三九四三	四一五四四九
煤同	五二七〇〇四	一五二二二七二	八六九一八	二〇七五二六	六一三九二二	一七二九七九八
鹽計布些耳	一〇六六四三	九四四六三	一〇二八二一	一九一三七	二〇九四六四	二八六〇〇
鑛油計嗄倫	三一〇六六七	一一一五一	二四五五	三一一	三一三一二二	一一四六二
雁來紅計仙令	七一八〇	三二七八			七一八〇	三三七八
雜物		二三八六二五		五八六二七		二九七二五三
大麥計布些耳	九四五六九六四	五二五七八八九			九四五六九六四	五二五七八八九
稞麥同	一二四四二七	六七二六九			一二四四二七	六七二六九
烏麥同	二〇四八二四〇	六五三八三七			二〇四八二四〇	六五三八三七
小麥同	五六三一七二六	四七四五一三八	五四九五三一九	三一一四四〇〇	九一二七〇四五	六八五九五三八
玉米同	二五〇七	一三五七	三三七一二五七	一六四五三八六	三三七三七六四	一六四六七三六
大豆同	一九八三一八	二〇七四〇二	一四九	二二三	一九八四六七	二〇七六二五

小豆同	三九七五七七一	二五〇七四〇四			三九七五七七一	二五〇七四〇四
雜穀同	六八三〇三	二九二二一			六八三〇三	二九二二一
甘藷計磅	二一五五三一	一五七六九			二一五五三一	一五七六九
番薯同	一五六八六七一	四三九二〇六			一五六八六七一	四三九二〇六
麥粉計巴列	五二〇二一三	二三二二一四四	一〇九三九	四四三二八	五三一一五二	二三六六四七二
烏麥粉同	四八〇二六	一八九二二三			四八〇六二	一八九二二二
玉米粉同	二六七	七三三	六九九	一四五五	九六六	二一八八
雜粉同	六四三六	二〇二九八	一九	七五	六四五五	二〇三七三
大麥芽計布些耳	一八二二七六	一四六〇一二			一八二二七六	一四六〇一二
頻婆計巴列	四〇二一四一	八五二八九〇	五四〇三	一〇一〇三	四〇七五四四	八六二九九三
雜果計直		一八二九八		一六五四四		三四八四二
穀皮計利脫耳	一二一四三一	七三七八八			一二一四三一	七三七八八
麻同	一〇一二八	七八四三三	三九四	四三二五	一〇五二六	八二七四七
麻子計布些耳	六八九	七〇〇			六八九	七〇〇

雜子同		九六六九〇		二四六		九六九三六
野菜計頓		八三六三九		四九		八三六八八
哈布司計磅	七〇五	一一二	二四九八	五四三	三二〇三	六五五
菸葉同	三八	一二	三二三五四八	五四八九六	三二三五八六	五四九〇八
蒿計頓	四九二三	二一三七八			四九二三	二一三七八
牧草同	七六八四三	七四三三九六			七六八四三	七四三三九六
雜物同		二五四〇二六		二四〇		二五四三六六
總計		一八八二六二三五		四八九二九一三		二三七一九一四八
工物第三						
圖書計直	一〇一二八	七八四二二	三九四	四三二五	一〇五二二	八二七四
農具同	一二一四三一	七三七八八			一二一四三一	七三七八八
馬車類計數		一八二九八		一六五四四		三四八四二
雜革馬具計直		六八二七		四七四		七三〇一
衣裳類計直						五二五七八八九
帽子同		一六九		一一八九		一三五八

鞋同		六二九五二		二六二		六三二一四
鞋甲同		四四○六一六		七五一		四四一三六七
玻璃類同		一三二六		七一六		二○四二
棉花同		一○一四六		八四五○		一八五九六
繩類同		二六四○		五一○九		三一五一九
裁縫機計數	四九六四	三四三四五	三一	一四四八	四九九五	三五七九三
小機器計直		七七六○二		四○九六三		一一八五六五
船同	九二六三	一四三七七二			九二六三	一四三七七二
帆同		一○九六				一○九六
爛布同		九三四六		八八		九四三四
家具同		二四三八九四		一○五五二		二五四四四六
窗戶同		三五二○○				三五二○○
桶類同		五八五四		三四二七		九二八一
毛織物同		二五○九三		二九七八五		五四八七八

雜樂器計直		二一〇		二二五		四四五
澳昆樂器計數。	二八三七	一九〇五四八			二八三七	一九〇五四八
比牙那。樂器同	六五	一六五七八	一二	四二八二	七七	二〇八五三
銅及銅蓋計直		四八七〇四		八三二五		五七〇二九
鐵塊同			五〇	六九六	五〇	六九六
鑄鐵計直		一七五七〇		一二七六		一八八四六
鐵爐同	二二〇	四一〇九	九	一六七	二二九	四二七六
鐵片同		六三九二四		一一四一九		七五三四三
小鐵器同		一〇一一七一		二八七九三		一二九九六四
石灰同						
磨石同		二三六一四				二三六一四
石膏藥紙同		一六四二九				一六四二九
石類計直		一六四九〇				一六四九〇
油餅脫耳計利	四五七七二	八六九七三			四五七七二	八六九七三

油計嘎倫	四七五六	二四六二	五三二〇	一五二八	一〇〇七六	三九九〇
䏟子計磅	一九八六三六	七三〇四	三八二	七三	一九九〇一七	七三七七
漿同	一二三九三九〇	二六七五〇	四八六〇四七	一五〇五〇	一七一五四三七	四一八〇〇
蠟燭計磅	四〇二一四一	八五二八九〇	五四〇三	一〇一〇三	四〇七五四四	八六二九九三
餻餅計利脫耳	六八九	七〇〇			六八九	七〇〇
醯計嘎倫	五	四			五	四
麥酒同						
火酒同						
曲八酒同			二八五五	一三四八	二八五五	一三四八
蘭酒同			三三六九七	八七七〇	三三六九七	八七七〇
回司幾酒同	五三八六	八九三三	一七五三	二六一二	七一三九	一一五四四
葡萄酒同	九九九	九一七	六一四〇	一三七六五	七一三九	一四六八三
雜酒同	六一	六六	一九〇	三〇三	二五一	三七九
糖類計磅	六九九二	四九五	一〇五二三六	三〇〇	一一二二二八	三四九五

糖汁計嘎倫			一一九九九一	二四三三七	一一九九九一	二四三三七
卷淡巴菰計磅	二九三六	一五二六	七七二七	一九八四二	一〇六六三	二一三六八
鼻菸同	一〇	四			一〇	四
菸草同	五三二〇〇〇	五八四〇	三二二八二	一七〇二	五六四一八二	一〇二四二
雜菸同	三五七九七	七六四三	四六二六	二一九六	四〇四三	九八三九
雜具計直		二八八二六四		二四四九七		三一二七六一
印甸樹膠同		二三七三		二一八七		四五六〇
醫用木皮計利脫耳	一六六〇四	二九三九一	二一五	一八〇九	一六八一九	三一二〇〇
野胡蘿蔔計回列	九四九九	一三六〇七七			九四九九	一三六〇七七
雜物同		五〇一七五七		九六六四九		五九八四六
總計		三〇七九九七二		四二七六三二		三五〇七六〇四

輸入表

加納大之物輸自境外者英吉利其最也次之若中國若日本若美利加若法郎西若德意志若日斯巴尼亞若葡萄牙若義大利若和蘭若比利

時若西印度若南阿美利加洲若瑞士其餘亦非無黴雲龍所知至光緒十三年止自同治十二年始此物直之繫年者也凡輸入物其有稅者物不必有欲其濟財用之不足其無稅者物不可無欲其易彼物之有餘此稅之分有無者也其物所自有差若茶若加非來自美利加居多此物之分類者也述輸入表

繫年第一

	中國日本	英吉利	美利加	法郎西	德意志	日斯巴尼亞	葡萄牙
同治十二 一千八百七十三	一七〇九八五六	一〇七二六六六二四	八九〇八二〇四	二〇五五一九五	一一七六四七八	五〇二九六六	二六六一八八
十三 一千八百七十四	一二六三七二八	一〇八〇八三六四二	九〇五二四〇六〇	二五六九七一二	一〇二二四二八	四五九〇二七	二九四〇〇七
光緒元 一千八百七十五	六九四四七二二	一〇〇三七九九六九	八〇七一七八〇三	二一五四〇六五	八三九四四二	三九〇七八四	二三六七九〇
二 一千八百七十六	九七一三四	八一四五七七三七	六八〇〇三四九二	二三九四八一三	六〇八三五五	四四五一五一	一九九一九五
三 一千八百七十七	四五五七五五	八一一三九七〇八	七七〇八七九一四	一七三〇〇六二	四〇四九一八	三四〇七五七	一七五四二五
四 一千八百七十八	四八六二四四	八三三七二七一九	七三七八六四三七	一七五四三九四	五二一五六〇	三三五二四五	一四五八四一
五 一千八百七十九	五〇五五一三	六七二八八八四八	七〇九〇四七二〇	二二四七〇六六	五五二九九九	三九四四四五	一六一二五八

年	義大利	和蘭	比利士	西印度	南阿美利加洲	瑞士	其餘各國
六 千八百八十	九三一四五七	八三〇七二八六	六二六九六八五七	一九二八六七〇	五三二〇二八	二九七二四五	二〇一六五二
七 千八百八十一	一四三〇七二四	九七三三五三七八	七三五七〇三七	二二九四〇四三	一〇一九一九八	四四六三三七	一六五四八七
八 千八百八十二	一六三五七一七	九五八七一八〇二	九六二二九七六三	二九二二九三二	一六三三二一八	五七〇三〇一	二〇一六五六
九 千八百八十三	一七五〇六四二	九九一九七六八二	九七七〇一〇五六	二九三四二一〇	一九四二八五	七四五八九七	二四三一九二
十 千八百八十四	一九七〇五四一	八七一五四二四二	八九三三三六六	二二六〇八〇四	二二七一三四五	六四八五六九	二四〇二三五
十一 千八百八十五	二五二八三六九	八三三八四四八二	八六九〇三九二五	二三三九八九〇	二三八五三四四	四八一九一〇	二三七〇九六
十二 千八百八十六	二四五九七〇三	八二一四三八二六	八一四三六八〇八	二五〇九五八二	二四〇八八二一	四三二五四〇	三〇一九二七
十三 千八百八十七	二六一九五八四	八九五三四〇七九	八二七六七二六五	二四一五〇〇一	三六七二九八五	四八一二八九	二〇四六七一
同治十二 千八百七十三	二三九六五七	二三九七七〇	三六四四五六	六二六三四二五	一七〇一六三三	一二〇五一四	一〇九九九八
十三 千八百七十四	二三六二九六	二七一〇四三	五三四一五三	六〇八六五二九	一六八六五〇八	一三九六七四	九二七七四三
光緒元 千八百七十五	一二四三六六	二六〇五〇三	三三七六七四	六一三九一〇	一〇六四五九三	一一六一二八	一一五三〇八二
二 千八百七十六	一八三一九九	二九七八九五	三七四八八〇	五二九一四三	九七五七六二	五六一六八	一七六四四八三
三 千八百七十七	二四三九四二	二九六八六〇	五一八七二四	五〇三一六六七	六五六五九六	六九〇六六	一四七一七三四

有稅無稅第二

中國年	光緒二	四	五	六	七	八	九	十	十一	十二	十三
西年	一八七六	一千八百七十八	一千八百七十九	一千八百八十	一千八百八十一	一千八百八十二	一千八百八十三	一千八百八十四	一千八百八十五	一千八百八十六	一千八百八十七
		二〇五二七一	一八一九三三	六三三二九五	二三四七三三	二五六八四一	三二二五五四	三二二四九九	二五五七一二	二一五二九八	二四五五七〇
物來自英吉利　有稅	七九八一	二六六七六四	二一〇二八八	二七三八三七	四四〇九四四	六一三三四一	三二四八〇〇	三三三九七七	三六一八七九	三〇九五五九	三〇九九二〇
物來自英吉利　無稅	二〇四九	三〇五六九二	二一九四六一	八三七八九七	六七一二六七	六四五五六八	六一二二一二	七四六五二八	五五一六四五	五一七四七三	九二七五八〇
物來自美利加　有稅	四六三一	四三九七九九六	四七五三〇九九	六四八九二五七	六九六二五一六	七〇一八九五六	七四九四二九一	六七二六四八六	五六九八〇五七	五二六六〇四二	四〇一七五九三
物來自美利加　無稅	五三六九	六六九八〇四	七四五八三〇	一〇七三四二一	一三六九七三一	二三一四七七九	二九五四六二八	二七五六三七一	二八〇二〇四二	二二一一〇二九	二六三五〇六六
自別國　有稅	八二二一	六二一七八	九四七八一	九四二二五	一四一七八九	二六八六〇九三	三三六〇四〇	二四二三八〇	二一七六六六	二〇三〇八五	二一九七七七
自別國　無稅	一七一九	一三六六五三二	一三九一七九九	一三一四四二九	一六四四一七〇	二二三四九三三	一七〇六五九五	二〇七八六七六	一九八九二八〇	一三六三〇一四	二八四一九一三

三	一八七六	八三一九	一六八一	四五八六	五四一一	八一四一	一八五九
四	一八七八	八五八六	一四一四	四八二五	五一七五	八一一七	一八八三
五	一八七九	八七三四	一二六六	五四三一	四五六九	九一七七	八三
以上平均		八三九二	一六〇八	四八六八	五一三二	八四一四	一五二六
六	一八八〇	八一三九	一八六四	六六六七	三三三三	八二四九	一七五一
七	一八八一	八二二七	一七七三	六九八三	三〇一七	三九四四	一〇五六
八	一八八二	八一九四	一八〇六	六八二二	三一七八	八一〇七	一八九三
九	一八八三	七八二五	二一七五	六八九八	三一〇二	八一〇七	一八九三
十	一八八四	七五六〇	二四四〇	七〇八九	二九一一	七九七七	二〇二三
十一	一八八五	七四一四	二五二六	六六二二	三三七八	八〇〇一	一九九九
以上平均		七八九二	二〇九七	六八四六	三一五三	八二三〇	一七七〇

分類第三

物名	計數法	物數	直銀計銀	稅銀計圓與角與仙
圖書			一二八七四六二	二二六五四〇、五二

加納大圖經卷四　十五

農具			二三〇〇六五	六三七三八一〇
穀類	布此三耳	一八二七四〇三	一二三七一二三	一四六二五四八〇
米類			二一九六四〇	七六九八三七五
大麥芽	磅	一七二八〇	九九八	一五五九〇
茶來自美利加	磅	三二三七五〇三	六〇四七〇九	六〇五三四·三五
酒	嘎倫	三一八八二六	一八三〇〇九	四七九九六·二八
有光酒	德從（一德從十二枚）	二〇五一二	一五一八六九	八七九五三·二〇
無光酒	嘎倫	五四二五一〇	四六三八〇七	三二八八五九·八
人酒類	嘎倫	九七三〇三五	九九一二三〇	一三七〇〇七一·二九
淡巴菰	磅	二九九七八一	三五九六三〇	二〇六三一二·三二
腊類			二二四〇五一七	三〇〇三三二·九四
果			七五五五六一	一六九〇六一·三七
乾果			一二八四六三〇	三〇三三二·七四
魚			一〇一〇〇〇	一九八八九八一

鹽類			一一四二一二五三	三二〇八九	一三〇八六·三一
藥劑				八四〇八九二	一八三九二九·二四
棉花類				九七六九九七六	二一五五二七二·〇五
鑛類				四三八三六九	一〇五一四九·五二
黃銅及黃銅器				三七一七七〇	一〇二五一〇·五五
銅及銅器				二三二三二三	三〇二二九·六〇
鐵鋼器				一三〇一七九九四	二七九九三四三·一九
鉛及鉛器				一八九九二二	三〇三五一·五〇
表及金銀寶石				一四二七五七六	三二六四三六·五一
玻璃及玻璃器				一一四一九九〇	三二〇七二九·三四
陶器磁器				六五三七三一	一八三四〇〇·五八
火藥				五一五七九	一五六五三·〇九
繩類				一六五九五五	二二八五三·四四
翫弄物				二一七一六〇八	四五七〇八〇·五五

絲類			二八七一〇七一	八四六九三〇、九七
獸皮			七〇二六七八	一一一五三二、九一
羊毛類			九八四七六〇四	二六〇一二〇、一八
煤類	噸	一六七九九一四	六三七七〇五七	八三〇〇二四五四
加非來自美利加	磅	五九七〇三一	八六一四五	一一六一二、六七
治奇裡采	磅	一九六五五九	八〇〇二	六八三七、八八
蠟燭	磅	二三五一三三	三二六二九	七九三八、七五
粉類	巴列	三四七四〇七	一四六二七六七	一五八七〇三、六一
酸類			三二〇三三	六九八六、〇四
動物			二九八二〇六	五七七四二、八一
腌子類			七三九七〇	二一七〇七、四七
冠類			一三二四〇三四	三三一〇七八、六二
香料			一七九五六六	三六一四七、四[illegible]
漿	磅	五四二八九六	三六二八五	一〇八五六、四六

木料及木器			二二一八八九八	五四五八九六，三八
糖類			六三三三四三	二六三三四三五，六六
樂器			四六三一九九	一三一四三〇·五四
礦油類	嘎倫	三四〇一九〇二	四二七九一二	二四五七八三·〇六
雜油		一五七〇八七三	七〇五六三二	一六六四六四·一〇
染顏料			五四〇二三六	七七八五五·五四
紙及紙器			一一四三九七三	三〇一九二二·四四
香水類			二三〇二〇	六九九八·七五
雜子			二一五二三〇	三三六〇六·五三
皮及皮器			一九三九九八七	四三〇三九九·四二
雲石及石類			二一六〇〇六	二九三八三·六九
哈布司	磅	三五七五八五	二四三二五〇	一九三二二·二六
雜物	磅	一六七〇七	七〇三一	五〇一·二一
有稅雜物			九四一三三七六	二二五一五六一·二八

無稅物			二八五〇二三二五	
貨及地銀（除美利加）			一二三八六二〇	
總計			一一七五二一一九五	二二〇七六八二·九〇

海關稅銀年表

加納大海關計稅甎自同治七年始稅收百分之三十五者居多其出口物直約銀五千七百五十六萬七千八百八十八圓其入口物直約銀七千三百四十五萬九千六百四十四圓出入物直凡一萬三千一百二萬七千五百三十二圓以視今數為何如耶物直之增減關稅之損益繫之即屬地之貧富因之於見綜其出入銀以圓計而稅銀則計圓而角而分

述海關稅銀年表

	出口物直	入口物直	用入口物直	海關稅銀
同治七（千八百六十八）	五七五六七八八八圓	七三四五九六四四圓	七一九八五三〇六圓	八八一九四三一·六三（圓角分）
八（千八百六十九）	六〇四七四七八一	七〇四一五一六五	六七四〇二一七〇	八二九八九〇九·七一
九（千八百七十）	七二五七三四九〇	七四八一四三三九	七一二三七六〇三	九四六二九四〇·四四

十 千八百七十一	七四一七三六一八	九六〇九二九七一	八六九七四八二	一一八四三六五五·七五
十一 千八百七十二	八二六三九六六三	一一一四三〇五二七	一〇七〇九一一六	一一三〇四五九三·五〇
十二 千八百七十三	八九七八九九二三	一二八〇一一二八一	一二七五一四五九四	一三〇一七七三〇·一七
十三 千八百七十四	八九三五一九二八	一二八二一三五八二	一二七四〇四一六九	一四四一八八二·六七
光緒元 千八百七十五	八〇九六六四三五	九三二一〇三四六	九四七三三二一八	一二八三三一一四·一八
二 千八百七十六	七五八七五三九三	九九三二七九六二	九六三二〇〇四八三	一二五四八四五一·〇九
三 千八百七十七	七九三二三六六七	九三〇八一七八七	九一一九九五七七	一二七九五六九三·二七
四 千八百七十八	七七八八六九七九	一二三〇七〇二八三	一一九六八八六五七	一五三六一三八二·一二
五 千八百七十九	七一四九一二五五	八一九六四四二七	八〇三四一六〇八	一二九三九五四〇·六六
六 千八百八十	八七九一一四五八	八六四八九七四七	七一八七二三九四	一四一三八八四九·一二
七 千八百八十一	九八九二〇八二三	一〇五三三〇八四〇	九一六一一六〇四	一八五〇〇七八五·九六
八 千八百八十二	一〇二一三七〇二三	一一九四一九五〇〇	一一二六四八九二七	二一七〇八八二七·四三
九 千八百八十三	九八〇八五八〇四	一三二二五四〇二二	一二三一三七〇一九	一三一七二三〇八·九七
十 千八百八十四	九一四六四九六	一一六三九七〇四三	一〇八一八〇六四四	二〇一六四九六三·三七

十一千八百八十五	八九三二八三六二	一〇八九四一四八六	一二〇七一〇〇七九	一九一三三五五八.九九
十二千八百八十六	八五二五一三二四	一〇四四二四五六一	九九六〇二六九四	一九四四八一二三.六〇
十三千八百八十七	八九五一五八二一	一一二八九二二三六	一〇五六三九四二八	二二四六九七〇五.八三
總計	一六五四九五二三八九	二〇五九二四一七四九	一九五七〇六六七	三〇四一二五三五八.八七

互市美利加物表

加納大南境與美利加犬牙相錯以有易無歲以爲常光緒九年輸自美利加者直銀四千一百六十六萬八千七百二十三圓較前一年四千七百九十四萬七百一十一圓則減而輸往美利加者直銀五千六百三萬二千三百三十二圓較前一年四千八百二十八萬九千五十二圓則增八百萬有奇其中有稅物直三千八百六十五萬二千四十五圓無稅物直一千七百三十八萬二百八十八圓述互市美利加物表

	部落	光緒九年千八百八十三	較前一年	增銀	減銀
輸	翁打里紛	二三三六二三六八	二九〇〇七二六三		五六二四八九五
	貴壁	五五一五八九〇	六二八八三九九		七七二五〇九

自美利加	紐勒耶司委骨	二九七五三二七	二七九八三四五	一七六九六八	
	那拔司果夏	三四九七三六五	三〇七六九三〇	四二〇四三五	
	布林司埃奪瓦脫	五四九四七二	六二八一八三		七八七二一
	瑪宜脫拔	一六七八七五	一〇二四二二		六五四九六
	勒理治西科侖布亞	一五四二一〇九	一九七三六六一	三一五五二	
	諸部落金	六三一六〇〇	三七〇五六二	二六一〇二八	
	海埠金額	三四一六七二四	四〇九四九四六		
	總計	四一六六八七二三	四七九四〇七一		
輸往美	翁打里約	二三九四四三三	二一二九一〇三二	二六五三三〇	
	貴壁	一四七八三三六六	一五一六九九一七		三八六五五一
	紐勒郎司委骨	三二一四八三三	二七二八五九七	四八六二三六	
	那拔司果夏	二九七四九三七	二二三六九〇五	七三八〇三一	
	布林司埃奪瓦脫	一七六三〇八	一八五五三四		九二二八
	瑪宜脫拔	七八六六四八六	四三九六四七八	三四七〇〇〇八	

利加			
勃理治西科侖布亞	二三四六四四五	一八四六九三九	四九九五〇六
諾司威司篝里土利	七二五六二六	四三三六五〇	二九一九七六
總計	五六〇三二三三三	四八二八九〇五二	

農產互市美利加表

互市不獨美利加而近莫近於是互市美利加不獨農產而多莫多於是其植物以不勝其動物以魚勝而售之美利加者非以此為大宗穀果之取携牧畜之挹注不謂如加納大者亦知以農為本以商為用也就光緒九年數述農產互市美利加表

植物 物名	物直銀	動物 物名	物直銀
麥	八四一七三八	馬 萬二千六百三十五	一五九七六一一
裸麥	六〇五八〇一	牛類 二萬三千一百八十	五一六五八五
烏麥	二七五三二〇	豕 三千六百三十四	一一三〇一
大麥	六二四五二六三	羊 二十二萬八千五百四十一	七二三六五五

大豆	二一二二八二	雞	一五七二八八
小豆	二八一〇八四	牛黃油	二〇六一五四
甘薯	一二一六四	牛黃乾油	二四四六八
馬鈴薯	九二八六三七	雞子	二二五一三〇四
大麥芽	一一三六五五六	牛腊	一七一一七
雜穀	一七二五七	羊腊	一九七七〇
雜子	二九一六四	雜腊	一六四〇三
野菜	八二一五一	羊毳	二五五〇四三
草	八四三四〇四		
果	八一九〇二		

互市百分率表

物非自為之源源而來謂之輸入以其所有易其所無謂之交易百分物直而眎其所居之數謂之百分率執兩端而用其中無過也無不及也謂之平均不獨加納大然也加納大出入之物直曰英曰美曰別國可稽也

述互市百分率表

中國年	西年	輸入加納大百分率 英吉利	輸入加納大百分率 美利加	輸入加納大百分率 別國	交易總計百分率 英吉利	交易總計百分率 美利加	交易總計百分率 別國
光緒二	一八七六	四三〇〇	四八六三	八三七	四七三九	四三二五	九三六
三	一八七七	四一〇九	五三二八	五六三	四七一二	四四七七	八一一
四	一八七八	四一〇四	五三三三	五六三	四八八九	四三三二	七七九
五	一八七九	三八五八	五四四四	六九八	四四二二	四六六九	八九九
已上平均		四〇九三	五二四二	六六五	四六九〇	四四五二	八五七
六	一八八〇	四八〇八	四〇八八	一一一一	五〇二九	三九二六	一〇四五
七	一八八一	四七五七	四〇〇七	一二三六	五一二五	三八七四	一〇〇一
八	一八八二	四四九一	四二八七	一二二三	四四六四	四四八〇	一〇五六
九	一八八三	四二七五	四五五〇	一一七三	四三〇六	四二四一	一四五三
十	一八八四	四〇一三	四六六七	一三二〇	四一九四	四二九八	一五〇二
十一	一八八五	四〇三一	四五九〇	一三八〇	四二〇二	四三三四	一四六四

已上平均	四四〇〇	四三六〇	一二四〇	四五五三四	四一九一一	一二五六

商物備較表

光緒十年加納大商物輸出之直約銀八千九百二十三萬八千三百六十一圓較之前一年直銀九千一百三十一萬八千七百七十五圓雖僅減八百有奇究與日增異矣易有無者引以為歉徵損益者安可略而不稽耶述商物備較表

物類	光緒十年千八百八十四 加納大產	非加納大產	合計	較前一年 加納大產	非加納大產	合計
鑛物	三六三九五三七	一九六九三三	三八三六四七〇	一七二〇六八四二八	一六八一五二八	一八七八八三六
海產	七九六〇〇〇一	一六三一二	七九七六三一三	七四六五三七四	四七八八五	七五三二五九
林產	二〇九八九七〇八	一三八三五九七	二二三七三三〇五	二四五六〇九九七	一二七六〇〇五	二六二三七〇〇二
農產	一四五一八二九三	四六〇二〇七三	一九一二〇三六六	二二八一七八三四	六七〇六三二二	二九五二四一五六
動物	二五三三七一〇四	一一六六八九〇	二六五〇三九九四	一九九六二八六八	八四二二五七	二〇八〇五一二五
工製	三一八一五〇一	六一二七二八	三七九四二二九	三四九四二五六	五六六七四〇	四〇六〇九九六
雜物	五五七三七四	一〇一一一三	六五八四八七	五六二九七〇	一〇四八三一	六六七八〇一

二十二

巳上合數	七六二八三五一八	八〇七九六四六	八四二六三一六四	八〇九七四九八三	九七二二一九二	九〇六八七一七五
錢幣			二〇二六九八〇		六三二六〇〇	六三二六〇〇
虧本物			二九四八二二七			
總計			八九三三八三六一			九一三二八七七五

巨商本利表

加納大農工商如美利加遠甚，而商則取法於英之經營，雖入以出絀，未克裕如，而互市常贏，未可没也。即如光緒十一年所售直銀四百一十四萬三千八百六十六圓，其本四十二萬三千六百五十一圓，其利三百七十二萬二百一十五圓，可不謂厚乎。前此十年有足徵者，述巨商本利表。

年	珍重物直	本銀	贏數
光緒元年 千八百七十五	一三四四五七三	三〇二七七一	一〇四一八〇二
二 千八百七十六	六八六二〇五	三二八一七八	三八七[illegible]五
三 千八百七十七	六三二二六九	二二九六五	六一七
四 千八百七十八	一二〇二五六九	一	五二二一八

五 千八百七十九	一一五二六一二	二一二二二四	九四〇三八八
六 千八百八十	一二九五五六五	一六一二一三	一一三四三五二
七 千八百八十一	四一八八九二五	二一四二五一	三九七四六七四
八 千八百八十二	三一七一五〇五	二一五三三九	二九五六一六六
九 千八百八十三	二七八四八八一	三七三四五一	二四一〇九二四
十 千八百八十四	四八一四八七二	五一一二〇八	四三〇三六六四
十一 千八百八十五	四一四三八六六	四二三六五一	三七二〇二一五

漁業大宗表

濱海部落大率營業兼漁而孰若加納大之漁爲大宗也魚旺於夏集舟如蟻內以哈奪遜灣爲淵外以先奪羅連司灣爲數島岬之出納湖河之取携居行既烹其鮮別國教士之流輒飽其腊光緒十一年其出魚直銀一千七百七十二萬二千九百七十二圓較前一年一千一百一十一萬七千八百八十九圓[illegible]數增矣其輸魚於別國直銀七百九十六萬有一圓較前十年光緒元年直銀五百五十萬一千二百二十圓數亦有增瀛環志畧不

詳物產而獨言魚意謂舉其所尚也況業日進乎就光緒十一年數述漁業大宗表

出魚部落	魚直銀數
翁打里約	一三四二六九二
貴壁	一七一九四六〇
紐勃郎司委骨	四〇〇五四三〇
耶拔司果夏	八二八三九三三
布林司埃奪瓦脫	一二九三四三〇
勃理治西科侖布亞	一〇七八〇三八
總計	一七七三二九七二

輸魚別國國名	魚直銀數
美利加	三五六〇七三一
法郎西	三三三五〇
法郎西外司威音低	一三〇三三五
義大利	一二三五〇七
比利士	一一五二八六八
比利士姑才部	九七四三八
澳大利	八二一八二
埃瓜多	二九〇七
南阿美利加各國	二九五六四七
其餘各國	二三五六五三六
總計	七九六〇一七一

夢奪里耳商舶表

加納大海埠以夢奪里耳爲最論者謂猶紐約之爲美利加第一埠也即以光緒七年運往巴西之魚言無慮九兆五千四百磅直銀四十萬九千八百二十六圓來自巴西者糖三千五百九十三萬四千六百九十八磅蜜三十八萬九千九百五十五磅糖汁七百四十五磅凡直銀一百十萬五千六百七十四圓後益日增況歐羅巴洲乎光緒九年輸出別國物直凡銀二千八百六萬五千四百五十八圓入自別國物直凡銀四千五十二萬六千六百二十二圓此皆指夢奪里耳言也是年來歐羅巴船五百五十二艘已載五十六萬六千八百六十四頓矣合之它洲商船至埠六百六十艘明年六百二十六艘又明年六百二十九艘較前有增有減述夢奪里耳商舶表

中國年	西年	到埠商船	船載頓數	船載物直銀
道光三十	千八百五十	二一一	四六一五六	一七四四七七二
光緒六	千八百八十	七一〇	六二八二七一	三〇二二四九四

七	千八百八十一		五六九	五三一九二九	二六五六一一八八
八	千八百八十二		六四八	五五四六九二	二六三三四三二
九	千八百八十三		六六〇	六六四二六三	二七二七七一五九
十	千八百八十四		六二六	六四九三七四	二七一四五四二七
十一	千八百八十五		六二九	六八三八五四	二五二七四八九八

商船出入頓數年表

光緒十三年加納大出入商船所載頓數無慮一千四百九萬九百九十八此合翁打里約貴壁紐勃郎司委骨那拔司果夏布林司埃奪瓦脫瑪宜脫拔勃理治西科侖布亞諸部落而言前此十有一年頓數可互參也未始非通商損益之一證述商船出入頓數年表

年	翁打里約	貴壁	紐勃郎司委骨	那拔司果夏	布林司埃奪瓦脫	瑪宜脫拔	勃理治西科侖布亞	總計
光緒二 千八百七十六	三七二八〇八五	二四〇四八五二	一四三四五八	一六二一七一六	一四二一六〇		五九二九二九	九九一一一九九
三 千八百七十七	四〇八八七三三	二七六六七七九	一五三七五八二	一八九三二三八	一八二三六九		六二二五五三	一一〇九一二四四
四 千八百七十八	五〇四一五〇三	二六七七三〇四	一六二四七〇五	一八五五八三四	一三八一九七		七一七三四七	一二〇五四八九〇

五 千八百七十九	五五六七八八	二三二七八〇二	一四五八七七一	一七四八三九	一七二三二一	四一六〇二	七四〇三九〇	一一六四六八二二
六 千八百八十	六八四一七三	二八〇四一九一	一六三〇八四一	二〇五七五九八	一五四三一九	三六三八八	七一〇三三六	一三五六七八四五
七 千八百八十一	五六四五三八	三二五二七四	一七六一三九八	二六六四六二	一五二〇九六		七五三六三五	一三一八〇二四三
八 千八百八十二	四九八五六四六	二七三〇三六八	一九一七六〇四	二七〇四六〇八	一二二九四五		九一八七二一	一三三七九八八二
九 千八百八十三	五〇九四二一四	二九九八九六六	一八六六六五二	二七六六八一九	一〇九八〇一	六五一〇	九一七七六三	一三三六七〇七三五
十 千八百八十四	五二二四二四三	三三〇七八三二	一八八二三七二	二八一七三二	一〇八五七〇	三一五〇	一二一五五二六	一四三五九〇二六
十一 千八百八十五	五七九四九九三	二八五三三五四	一四八一七七五	二六二五四三二	一二四六七五	一七三六二	一二八七一二一	一四〇八四七二二
十二 千八百八十六	五二八七五一六	二九九五九七二	一六三五二二一	二六五四八〇三	一八四三三七	一二五六	一三〇三二七	一三九六九二三
十三 千八百八十七	五一六九六八一	二九五三〇九四	一六七一九一五	二九一一六八	一九九五七〇		一二八五〇五七	一二四〇九〇九八

出入輪船驅船繫地表

加納大之輪船入自英國者一萬九千一百五十六入自別國者一百四十五出往英國者一萬七千三百七十三出往別國者一百三十一其驅船入自英國者二萬九千六十四入自別國者三百六十八出往英國者二萬九千六十一出往別國者八百八十九此光緒十三年數也其中惟

入自英國之輪船翁打里約獨少於貴壁然視頓數則有過之豈非艦以巨勝歟或執艘概之失其實矣述出入輪船驅船繫地表

出入輪船第一

	船入自英國 船數	船入自英國 頓數	船入自英國 水手	船入自別國 船數	船入自別國 頓數	船入自別國 水手	船出往英國 船數	船出往英國 頓數	船出往英國 水手	船出 船數
翁打里約	一〇二二	三一七九二	一五七〇〇				八五七七	三九一四一一	一二三〇九	
貴壁	二三三	一六三四五三九	五六〇四四	六六	二九一五四	一一三〇	三三八三	一六〇〇八二六	五四八六〇	四五
紐勃郎司委骨	五二七	二〇一五二七	九五四五				四八三	二〇八一五七	九五六三	一
那拔司果夏	二二六一	七七二三四五	三七二七三	四四	三九四七〇	一三八五	二二〇一	七二九二〇六	三五三〇五	五〇
布林司埃奪瓦脫	一〇四一	四一八四五二一	一九〇五五	三五	三〇一三六	一三一〇	一〇四〇	四二七八六五	一九〇七二	三五
瑪宜脫拔	一三	一五二〇	七五				一三	一五二〇	七五	
勃理治西科侖布亞	一八七三	七二六六七九	三一〇九七				一八七六	七二八九六二	三一一一七	
總計	一九二五六	六八八二九二一	三一〇〇八九	一四五	九八八六〇	三六二五	一七三七三	六〇八七九四六	二七一三〇一	一三一

往別國頓數	水手
一六〇〇九	九二
三六	七
四七八七三	一六三三
三〇一三六	一一二〇
九四〇五二	一五三三

出入颿船第二

	船入自英國船數	船入自英國頓數	船入自英國水手	船入自別國船數	船入自別國頓數	船入自別國水手	船出往英國船數	船出往英國頓數	船出往英國水手	船出往別國船數
翁打里約	五二三七	五七三三六三	一八七七九				五二六九	五八七七五三	一八五八三	
貴壁	四〇二四	三五七五五七	一三四〇六	二三	七〇一〇八	一一七八	三九六二	三四七九六八	一三三〇七	六〇五
紐渤郎司委骨	四六一一	二七〇七二〇	一四四三三	二三	三八六七	一一三	四六四二	二三九九五三	一四一六七	一九
那拔司果夏	一二四八	七三五三九二	五六九二七	一一五	一二四〇九	九三二	一二四五八	七七三九八二	五〇六一〇	二五八
布林司埃奪瓦脫	二五七〇	一二〇一六四	八四七八	九	六六八	六六	二四九八	一一二七八九	八一一六	七
瑪宜脫拔	一七	二一〇六	二二				一七	二一〇六	二二	
勃理治西科侖布亞	二一七	一〇二六二	五九四				二一五	一〇二三二	五八六	
總計	二九〇六四	二〇六九五八三	二一六三九	三六八	八七〇五二	二一八八	二九〇六一	二〇六四七四三	一〇五三九三	八八九

往別頓數		八四三九九	三三八一	三九八八七	八一二		一三四七九
國水手		九八五	九七	二八九四	四六		四〇二二

銀行表

雲龍前游美利加之紐約聞紐約一司銀行者席卷而逸之加納大非其屬地末如之何或曰如其數微必不顧為逋數噫銀行利弊從可知已又聞加納大銀行分支於紐約互市切矣而何如是加納大之銀行其類有四出納自官謂之國立授憑自官謂之許立部落分置謂之支行與官無涉謂之民立光緒十一年綜厥本銀無慮一萬萬七百六十二萬三千八百三十三圓此其計本者一也其歲入有貨直有罰鍰有質物銀有兑銀有實銀有實金有代存皆合以銀計圓而止此其分類者二也其銀行微獨流通公用而已孤嫠之日積殷實之經營半在其中翁打里約貲璧之存數多者無慮銀萬其它則百圓以下亦不之拒殆亦積纖成巨意歟此其計存者三也述銀行表

計本第一

銀行	同治七年（一千八百六十八）	光緒四年（一千八百七十八）	光緒十一年（一千八百八十五）
國立	二一六七〇二五	八四九八一四六	三四八三六七八三
許立	二四六一〇八〇	五八三五四三三	九〇六四九五九
支行	一八七〇三六六四	三一五五二〇三八	四九八四五五一五
民立	九五九〇五一	八二六九二九五	一三八七六五七六
總計	二四二九〇八二〇	五四一五四九一二	一〇七六二三八三三

分類第二

年	貨直	收入罰鍰質物銀		兑銀	實銀	實金鉛銀	代存
同治七（千八百六十八）	七七八七二二五七	四三七二二六四七	三二八〇八一〇四	八三〇七〇七九	八八七九八一四	五〇五〇〇三六	
十三（千八百七十四）	一九四五七九四五〇	二二〇三一四八五	八一三六六九六五	二九〇四六二七三	七三五四九九三	二三三七三二二六	
光緒三（千八百七十七）	一七七四二二〇四四	九九一二五一六三	六九七六三六六八	二一九二二七四九	六七八八八一〇	二二六一六九五七七	
十一（千八百八十五）	三三〇九一三七〇	一四一七一三六四四	一〇八七五二九九二	三一二三四六二一	六八二六三三七	一五八二〇九一七四	一七七八四四三

計存第三

千圓以下		三百五十圓至千		三千至五千		五千至萬		萬圓	
男	女	男	女	男	女	男	女	男	女

	百圓以下 男	百圓以下 女	百圓至三百 男	百圓至三百 女	三百至五百 男	三百至五百 女	五百至千 男	五百至千 女	千以上 男	千以上 女
翁打里約	一七四一五	二二六一四	三五九〇	二二一〇	一三二一	五三九	八八三六	六一七一	三〇〇五	二五四九
貴壁	二八七三	一五〇	七二五	一〇六〇	四一八	六〇	一六三六	八九〇	六五四	九四四
翁打里約之奪倫脫	五八三	二四〇	二六五	一一二	一二七	五三	一四一	四三	一六〇	五八
紐勃郎司委骨	三一二五	二五一〇	一九一一	一五一六	八一〇	五二七	八二七	四四九	七五〇	三〇八
那拔司果夏	四七八八	三五六二	二八七五	一七一四	一一六六	六〇六	一一六三	四七五	一三九二	四四一
布林司埃奪瓦脫	九七六	七〇七	六七五	三九二	二八五	一〇七	二八四	九五	二九六	七三
瑪宜脫拔	七八九	二三二	五五二	一三五	二三三	三七	一九一	二七	一一五	二六
勃理治西科倫布亞	一四一七	三九六	六二八	一四八	三四〇	六三	四三九	六七	六五〇	一〇二

公債年表

加納大非一國也厥用不足以債濟之雖受稽於英國之君而用與償皆籌於其地且經營於其量吏或謂之國債不若目為公債之為愈也或曰債六百五十萬磅紐反蘭三十一萬磅亦日異乎所聞光緒六年是其一千八百八十年歲計之數可徵一計之數亦可徵是年凡負銀一萬萬九

千九百一十二萬五千三百二十三圓其中爲鐵道借者六千二百萬云

述公債年表

年	債計銀至圓而止
同治六千八百六十七	九千三百有四萬六千有五十一
七千八百六十八	九千六百八十九萬六千六百六十六
八千八百六十九	一萬萬一千二百三十六萬一千九百九十八
九千八百七十	一萬萬一千五百九十萬三千七百有六
十千八百七十一	一萬萬一千五百四十九萬二千六百八十二
十一千八百七十二	一萬萬二千二百四十萬有一百七十九
十二千八百七十三	一萬萬三千有七十七萬八千六百九十八
十三千八百七十四	一萬萬四千一百十六萬三千五百五十一
光緒元千八百七十五	一萬萬五千一百六十六萬三千四百有一
二千八百七十六	一萬萬六千一百二十萬四千六百八十七
三千八百七十七	一萬萬七千四百六十七萬五千八百三十四

四千八百七十八　一萬萬七千四百九十五萬七千二百六十八

五千八百七十九　一萬萬八千三百九十七萬四千七百五十三

六千八百八十　一萬萬九千九百十二萬五千三百二十三

加納大攷工　　游歷加納大圖經八

花翎二品銜北洋委用道總辦北洋機器局兼神機營機器局總辦前游歷使臣傅雲龍[illegible]

鐵道歲修增里表

攷加納大工鐵道其大宗也其道綱領有二一曰太平洋一曰大西洋北西北荒蕪車軌無幾可同日語也雲龍游自美利加而翁打里約而貴壁輪鐵四馳罔非大西洋一道高軒之整而潔同軌之正與支皆弗如美利加遠甚雖然西道火車出美利加工居多而董吏經營亦何可厚非歟先是英美鐵道既闢加納大議亦如之民難圖始道光十一年（千八百三十七）乃淑造鐵軌於貴壁長一十六英里裁合華里四十有八耳其軌寛五英尺八寸咸豐元年（千八百五十一）議拓三十四道在翁打里約者半在貴壁者亦半其中二十道已成於道光十九年（千八百三十九）厥後三年工罔有增二十四年（千八百四十四）車道之運日益其客二萬七千一百八十八其物一萬二千六百三十九頓二十八年（千八百四十四）有人名馬治老丙議自那拔司果頁之哈里沃可司修至貴壁於光緒四年工竣而土人請通車道迄於太平洋海口在

咸豐元年千八百五十一未之許也同治六年千八百六十七鐵道公司競拓鐵軌其東道長九百英里有五河橋一道則先成於咸豐八年也千八百五十八其西道長三百英里有三而軌道之狹後斟酌於英美間者數矣屢議屢更至咸豐元年千八百五十一乃定厥議美利加道凡五等或寬四尺八寸有半諳加鹵約或寬四尺十寸或寬五尺或寬五尺六寸或寬六尺於是擇其五尺六寸而從之又用四尺八寸有半則英美所同者也又有東道寬三尺六寸長二百一十二英里又有西道近北寬三尺長一百英里有四此與英美異焉者也窄道漸引八百五十英里有三寬四尺八寸半者已至五百三十英里有七欲工於同治六年詳成道二千二百五十八英里其在翁打里約及貴璧一千八百四十七英里其在紐勃郎司委骨二百六十六英里其他一百四十五英里九年千八百七十而後加納大議勘更張工繳退縮而上力亦日以省何也車機大力能斜而上於是山谷之洞達津梁之鈎連雖軒輊有差無礙也若太平洋岸若紐勃郎司委骨若格布勃列屯島四十尺中軌高一尺而尋常軌道欲高一尺則以六十尺為率曲徑欲高一尺

則文以一千五百尺爲率馬直格宜司義士英人也剏議拓道括地中滋東西洋使英屬地聯爲一道官商分治加納大人嘖嘖不置云同治十年千八百七十一勃理治西科侖布亞隸英後即拓鐵道起奢勃羅阿湖訖維宜培葛數年工成光緒七年增巨車孔道分支不在其內其支道若近河湖則輪船濟之電報引之此省橋良策也商修不足官給助銀二千五百萬圜地二千五百萬畝向南稍低工歷五年鐵道公司成此二千四百英里中有支道五百修自官者六百英里奠其地造道之難曰河曰山河橋長一千尺山道長二百七十英里至自維宜培葛約九百英里每歷一百三十二尺約高一尺其山高於海面五千二百九十二尺是以山間軌道不足四十五尺即高一尺矣勃理治西科侖布亞入道每二十二尺輒高一尺用三十三頓報耳登文機器車載重百頓每一時許行十二英里約華里三十有六似此之道凡一百五十英里其太平洋公司有車道二千九百英里有六合之支道租道凡四千三百三十八英里續修支道一百二十五英里欲其達貴壁與翁打里約也阿打窪河一橋長三千四百五十尺

礮孔一十有五中二孔深四百尺高於水面六十尺側八孔深二百四十尺又側二孔深二百七十尺又側三孔深八十尺高於水面二十八尺以鋼鐵為之用鋼二千八百頓鐵八百頓橋面鋼軌每碼重五十六磅此車道橋之最也橋軌形如几字置之枕木礮底宜寬礮側宜堅否則壓力難禁擦力又易損也枕木高四寸有半或至五寸其間相去三尺光緒二年（千八百七十六）鐵道修至五千一百五十七英里十一年（千八百八十五）增至一萬七百七十三英里凡西人歲計輒以六七月為起訖非以年終為始末也是年冬車道增至一萬一千二百七十五英里用鋼十萬頓鐵二十五萬頓此十年中（光緒二年至十一年）或言歲增三百十餘英里者蓋平均言之也實言之則多寡有差述鐵道歲修增里表

年	鐵道歲增英里	合計
光緒二 千八百七十六		五一五七
三 千八百七十七	四一七	五五七四
四 千八百七十八	五六九	六一四三

五千八百七十九	三四一	六四八四
六千八百八十	四〇七	六八九一
七千八百八十一	三六九	七二六〇
八千八百八十二	二七〇	七五三〇
九千八百八十三	一一九六	八七二六
十千八百八十四	八四九	九五七五
十一千八百八十五	一一九八	一〇七七三

鐵道費年表

鐵道之費宜省然有萬不可省者即如狹道之費省於後道夫人而知之庸詎知狹道則壓力易損修費日增一也機車一或不稱任重易覆二也此其故加納大人非不知之而道有寬有狹費限之也勃理治西科侖布亞之道工艱則費亦鉅官助銀二千五百萬圓乃成其車計至光緒十二年千八百八十六凡有機器者三百三十有六載客者三百四十有五運物者八千費銀一萬二千六百八十八萬四千六百一十有三圓中有三百一十

一萬四百三十四圓用以租道其軌道費計至光緒十一年（千八百八十五）凡銀六萬二千五百七十五萬四千七百有四圓中有二千萬圓出自外假其利之不見有餘以此是年入銀三千二百二十二萬七千四百六十九圓一年車行竭朿積之爲三千六十二萬三千六百八十九英里費二千四百有一萬五千三百二十一圓計里合銀居百分之七十四有二分之一就本合利居一釐有四分釐之一其利雖微而拓道未已意謂責日輕則利日重也述鐵道費年表

年	增費（以圓計銀）	合計
光緒二千八百七十六		三二三二三二一一
三千八百七十七	一二〇六四〇六九	三三五二九六三八〇
四千八百七十八	一四〇六七〇七〇	三四九九六三四五〇
五千八百七十九	一四六八九五一	三五一四三二四〇二
六千八百八十	一九六一八七九〇	三七一〇五一一九二
七千八百八十一	一八二三四五〇七	三八九二八五七〇〇

八千八百八十二	二六三二六一〇九	四一五六一一八一〇
九千八百八十三	八五一二三八二五	五〇〇七五三六三五
十千八百八十四	五六八七九四三四	五五七六一五〇六九
十一千八百八十五	六八一三九六三五	六二五七五四七〇四

官工經費出入年表

雲龍游加納大在光緒十四年秋諏前一二年工費而冊未出也得十一年即西一千八百八十五年之數其入凡三百六萬五千五百有二圓其出凡三百二十七萬八百一十圓是入數不敵出數二十萬有奇天推而溯其前二十年出入之數有敵有不敵也述官工經費出入年表

年	入銀	出銀
同治七千八百六十八	九〇一四六六	六二六二八六
八千八百六十九	九一八九三三	六九二八五三
九千八百七十	一〇〇六八四五	八一一六三〇
十千八百七十一	一一四六二四〇	八三一〇七二

十一千八百七十二	一二一七七二九	一〇〇五四四三
十二千八百七十三	一三一六六三六	一四九六一八五
十三千八百七十四	一五〇九九一五	二三八九六八〇
光緒元千八百七十五	一四三二三六〇	二一三九五七三
二千八百七十六	一四七九二三二	二〇四四四九七
三千八百七十七	一八〇七〇七六	二三五一八三二
四千八百七十八	二〇三四四八四	二四七一四三八
五千八百七十九	一八六三一四九	二六八〇九七九
六千八百八十	二一六七四〇一	二三二九六二六
七千八百八十一	二六八二九二四	二七〇三六六六
八千八百八十二	二七一一一三四	二八九三五一三
九千八百八十三	三一〇一一三四	三二六四八七七
十千八百八十四	三〇五五七九二	三三〇二七九二
十一千八百八十五	三〇六五五〇二	三二七〇八一二

攷工雜識

加納大鐵道工而外無卓卓者雖然議院官紳猶津津然曰有能以一藝空前者輒予專利文憑罔有吝雲龍輶軒所至見木工倚水為機不為少矣善事利器殆將有進述攷工雜識

翁打里約工肆本銀三千八百萬圓厥工不外乎農具汽機木器鋸木機家具織布製履磨麥粉造馬車開金銀鐵鑛引鹽井開石油井而木工多

貴壁工肆本銀二千八百一十七萬一千八百七十八圓厥工農具麥粉紡棉織絨製紙作衣履居多

紐勃郎司委骨工肆本銀六百萬圓厥工或織絨或製革或造紙或度木或屑麥

那拔司果夏工肆本銀與紐勃郎司委骨同然尠異常之工其費半在鋸木造船也

布林司埃奪瓦脫工遜即鋸木造船亦工未精

瑪宜脫拔工無足數

勅理治西科侖布亞工亦遜而鑛工少多
諾司戚司奪里土利亦工而尠
加納大棉花工廠二十有一在翁打里約貴壁居多其機九千九百五十
其紡筒四十七萬二千其工一萬二百其本銀八百五十萬圓

加納大兵制　　　游歷加納大圖經六

花翎二品銜北洋委用道總辦北洋機器局兼神機營機器局總辦前游歷使臣傅雲龍述

兵要

英吉利既得美利加新地以兵爭其北土即加納大也法郎西初鬬之而未嘗不欲復之其兵不可廢一也華盛頓畔英自立加納大初與同屬繼非同畔則相形有相敵之勢而犬牙又復相錯其兵不可忽二也英屬地之非自主戍卒輒來自國而加納大雖曰屬地有自主權防守之兵集自僑黎雖徵兵在君而畫吏軍長得以兵應急其兵不可輕量三也或曰加納大兵三萬七千耳雲龍游時已至四萬五千其海陸軍均分爲二曰額兵亦謂之現役兵曰額外兵又謂之後備兵分加納大全境爲十二區自一至四在翁打里納自五至七在貴壁其八在紐勃郎司委骨其九在瑪宜脫拔其十在那拔司果夏其十一在科侖布亞亦謂之勃理治西科侖布亞也其十二在布林司埃奪右脫島於是别其營地曰軍區第一官祿之厚薄兵餉之減增礮兵步兵騎兵工兵之分合雖維繫於英國之君而

因地時有損益於是察其範圍曰軍制第二亦以刑助禮亦以威寓恩於是稽其罰禁曰軍律第三兵以火器為先藏器之庫以火藥為重於是徵其通氣之方避溼之論曰火藥庫第四此四者加納大兵家之挈領未始非泰西兵學之舉隅也述兵要

軍區第一

加納大軍區一十有二第一區在翁打里約汎地之大邑曰葉西可司曰更多曰波司維曰蘭屯曰波奪阿路司曰葉耳金曰澳庫司法脫曰黑倫曰勃立司曰巴司曰沂達路曰維林屯第二區亦在翁打里約汎地之大邑曰那法可曰奪倫脫曰哈治滿曰懋庫曰維蘭曰林昆曰內柯拉曰文脫沃司曰哈密屯曰比路曰古維耳曰各列曰阿而可麻曰新可曰約克第三區亦在翁打里約汎地之大邑曰達漢曰維多里阿曰比拉勅路曰那散拔蘭曰黑司金曰布林司埃奪瓦脫曰連納庫曰金司屯曰夫論低納庫第四區亦在翁打里約汎地之大邑曰阿打窪曰利抬曰各連維利曰拉納庫曰連扶留曰加列屯曰堂達司曰拉西路曰司多懋多曰昆我

路曰布林司可多曰各連可理第五區在貴壁汎地之大邑曰朋夏柯曰阿仁治耳曰漢金屯曰納比耳必理曰先奪絨司以拔維里曰密西司可倚曰勃倫曰息法多曰治理猛曰多納懋曰斯塘司低多曰見勃路庫曰渾布屯第六區亦在貴壁汎地之大邑曰夢奪里耳曰蘇蘭治司曰比哈納以司曰拉布列理曰都曼天司曰低理本曰哈治拉柯曰拉治司加耳曰拉拔耳曰拉送布生曰夢奪可曰熱理低曰巴夏曰麻司基濃治三合曰先奪羅連司曰宜可列奪曰阿沙拔司柯曰窪路費曰牙麻司柯曰拔可多曰立治劉曰先多黑金施曰勃維理曰維治理司曰昌布列第七區亦在貴壁汎地之大邑曰貴壁曰羅多比宜理曰美渾治可曰比斯曰德提司達曰列維司曰別利茶西曰孟多馬可宜曰以司列多曰可莫可司可曰低密斯可達曰利莫司儀曰波那文茶曰可斯比曰昌布連曰孟多墨連西曰加列勃以可斯曰沙格宜第八區在紐勃郎司委骨第九區在那拔司果夏第十區在瑪宜脫拔第十一區在勃理治西朴倫布曇第十二區在布林司埃奪瓦脫島

加納大軍區一十有二時以官巡之其官出自軍吏不更增祿若非在官則日支如額

軍制第二

加納大海陸軍巨權遂繫於英吉利君凡行軍未遑身率則加納大第一畺吏代之

海陸軍有長有副凡軍以堡壘扼防守之險以礮艦爭低昂之綫以藥彈求火器之捷以武庫儲戎具之需以佩服辨進退之儀將有更張則詣議之而聽可否於其君其副可久可暫

正軍官有曰美條日宜拉路者歲祿銀四千圓副軍官有曰骨宜路者歲祿二千六百圓

軍區一十有二區置一官曰路低南脫骨宜路歲祿一千二百圓其任五年為期遣自畺吏凡年六十三歲以上者勿遣

凡兵限十八歲以上六十歲以下而當除軍籍者四一曰十八歲以上三十歲以下未昏或昏而鰥且無子二曰三十歲以上四十五歲以下未昏

或昏而鰥且無子三曰十八歲以上四十五歲以下或無子或有子無妻四曰四十五歲以上六十歲以下不問妻子之有無

凡海陸兵以英人為之謂之國民兵有現役有後備昌言乎現役也陸軍之兵或出自選或出宄選或自選宄選合隊海軍則水兵水手與常從事於海舶者為之自選宄選與陸軍同凡非現役皆後備兵海陸一也

凡一大隊必有後備曰路低南脫骨宜路者一曰美條日者二必選於入籍其地者凡注籍軍民皆路低南脫骨宜路司之有宄故則以美條日之年長者代之

昆芒夆因知扶猶中國提督也（日本謂之大將）其次曰路低南脫日宜拉路猶中國總兵也（日本謂之中將）率一軍團所謂阿美古布司是也又次曰美條日宜拉路猶中國參將也（日本謂之少將）率一師團所謂智鼻生是也又次曰布里格得路日宜拉路率一聯隊所謂布理格奪是也又次曰骨宜路率一大隊所謂智面脫是也又次曰路低南脫骨宜路又次曰美條又次曰骨布金率一小隊所謂康拜宜是也一小隊兵四十有八合十小隊成一大隊以二

加納大圖經卷六

若三大隊成一聯隊以二若三聯隊成一師團以二若三師團成一軍團軍團云者即全軍也昆芒奪因知扶率之

凡一小隊置官一曰骨布金而副者二曰路低南脫非居其地者不輕用也隊兵注籍骨布金司之它出則路低南脫之年長者代之

凡十八歲以上六十歲以下男子免入兵籍者曰治獄官吏曰學校師生曰關稅官吏曰病院長屬曰癃病曰孤

又有半出軍籍例若引船出入港口而航海未已者謂之引水人若航海期中校師未滿者雖曰注籍而非攻守兵起且勿從役

凡體殘而自願入兵籍者勿拒

凡陸軍有騎隊有礮隊有步兵有工兵有護壘兵率數之增損部伍之進退英國之君得以遙制海軍亦如之臨事之車道輜重之征程病院軍糧之盈虛雖受命於英國君而軍長得因應之

凡加納大海濱戒嚴英國君宜起海軍援之

凡民入兵籍任軍吏必矢之曰盡忠於英國之君始終不渝隊長以上如

之

凡陸軍之兵覲兵有令習戰有期皆得着戎服佩銃劍也否則禁

凡汰軍隊悉聽英國君令

凡小隊骨布金一路低南脫一二等路低南脫一沙錢脫三萬波拉路三鳴號箭者一兵四十有八而時有增亦不逾七十有五

凡野戰一小礮隊美條一骨布金一路低南脫一二等路低南脫一十有一軍醫一獸醫一古輿達瑪司他沙錢脫一沙錢脫美條一沙錢脫四萬波拉路四紅拔智路四此發火箭者多郎北達一鳴號箭者華理牙一馬醫號礮手及乘者五十有八此中有鞍工車輪工鞾工各一其馬五十有一而軍馬騎馬不在其內臨陣有豫備馬四

凡海軍一小隊骨布金一以次兵弁不逾七十有五

凡英人充陸軍之令役兵以三載為期未滿期而欲自退者報軍長於六月以前已報欲退留軍不逾一年矣儻一年又不欲退宜聽令於英國之君此指自選兵言也他選兵師出即不得退凡兵期已滿軍長授之以狀

釋之歸

加納大軍隊以入伍之舊新定出隊之前後其最前者其最舊者也第一英君所立陸軍大學卒業隊第二騎兵學校卒業隊第三壘吏所屬騎兵護衛隊第四加納大領地騎兵隊第五加納大領地礮兵隊第六野戰礮兵隊第七堡塞礮兵隊第八工兵隊第九步騎學校卒業隊時步時騎從其便宜之兵第十步兵學校卒業隊第十一壘吏所屬步兵護衛隊第十二加納大領地步兵正隊第十三步兵補隊

凡軍吏大較有二曰士官命自英國君曰下士官任自軍長然非老癃不輕一退隊長以下不必終其身繫之軍籍而名册不改

凡印號製自壘吏於令軍吏之文黏於壘吏官名下即與壘吏手書同它人不容僞為也違則治死如軍律罔或貸

凡軍吏從役而退無不躋者謂之退隱士官以路低南脫骨宜路以下官名授之已退復出其權操之英國之君其編入退隱士官若路低南脫骨宜路以六十三歲為限若美智約以五十八歲為限若骨布金以五十歲

為限若路低南脫以四十五歲為限年限未及而癈且弱者報翁打里約

阿打窪軍部

凡欲為軍吏非以加納大陸軍學校之證書與軍吏部入格之文据則屏之而曾任士官與下士官者不在此例

凡軍吏當無事時無論何人不得羼入國民軍而任路低南脫骨宜路以上官而有事則骨宜路以上唯英國之君命是聽欲踰美智約日宜拉路而上無時或見其可也

正軍之士官命自英國君者也位在國民軍士官之上不以前後計然以正軍之士官暫為國民軍之士官則視國民軍制

臨陣傷者既免役之復歲恤之然視創痍分等為四一則曰或傷兩手或損雙目非扶則危非相則迷有一於此如其為沙錢脫猶軍曹也歲飲銀七十五圓多則一百十圓如其為葛波拉路猶伍長也歲飲銀六十圓多則九十圓如其為兵歲飲銀四十五圓多則六十圓二則曰非殘非盲而難自謀衣食則沙錢脫歲銀六十圓或九十圓葛波拉路歲銀四十五圓

或六十圓營兵歲銀三十圓或五十五圓三則曰微傷而可自活則沙錢脫歲銀四十五圓或六十圓葛波拉路歲銀三十圓或四十五圓營兵二十三圓或三十圓四則曰爲兵雖非有餘自謀非盡不足則沙錢脫歲銀三十圓或四十五圓葛波拉路二十三圓或三十圓營兵十五圓或二十三圓

凡軍吏臨戰身負重創或失隻眼或落單肢其時得支祿一年如初起受傷之日受支歲恤之資若路低南脫骨宜路則銀一千二百圓若骨布金則銀四百圓若路低南脫則銀二百八十圓五年而後傷愈則止傷無幾時而卒其嫠受祿之半加之第一年受十二月之祿其孤受祿十分之一加之第一年受四月之祿凡軍吏卒於戰場在疾六閱月以內者其嫠歲受夫祿八分之三其孤歲受父祿十二分之一然自上恤之無能自下索之或嫠貧後富或改適而去或男至十八歲或女至二十一歲則歲恤斷無妻子而有母則母受嫠之恤無母與妻子昆季而有女兄弟者受恤亦如之

凡歲未十八不得為兵歲逾六十不得為騎兵礮兵與夫步兵正隊之長

凡為軍吏必居其軍區境內宅往即任難如初

凡軍吏用年長者

凡礮兵騎兵工兵步兵之軍吏任閱一十二月試可乃用否則除名

凡長一隊欲其隊律無紊則必一言一動與對敵無異

步兵隊長而外惟士官二人得騎美條掌軍隊軍律以佐其長其長宅往以年長之美條代之凡習戰事美條二人皆出年長者指揮其右其次則左有官名阿酒堂者掌隊中瑣務與行文事而輔隊長之未逮

骨布金以下為國民軍之康拜宜隊軍吏欲其維持小隊也路低南脫骨宜路及阿酒堂則司康拜宜而察骨布金之坐作與夫戎衣兵器之成敗其隊兵或入或除或除而復是骨布金之責撿其衣食欲其潔也蓄其筋刀欲其無恙也

謂軍醫曰沙生掌醫藥事凡隊兵疾輒日報之長而診視之將有練習則以醫藥二吏從之

陸軍學校立自英國之君者欲下士官兵士有所取裁也授學一年三期其第一期以一月一日始其第二期以四月一日始其第三期以九月一日始又立陸軍騎兵學校一在貴壁又立礮兵學校二一在貴壁一在翁打里約又立步兵學校四二在翁打里約一在貴壁一在紐勃郎司委骨又立步騎兵學校一在瑪宜脫拔校長皆選自久於軍隊熟於軍旅者凡訓練事以時報之阿打窪軍部

學校授業有三曰短期以三閱月為率其師士官十人下士官二十人其校即選於士官下士官三十人中曰長期騎兵步兵三閱月礮兵九閱月其師即選於短期師中而拔其尤其師俸士官日銀一圓下士官日銀五十仙短期長期無以異也皆分二等甲為士官乙為下士官又分為一級二級曰特期專為士官而分一級二級是三期者皆有卒業證書

凡陸軍學校計日而學於三閱月得七十五日每七日以二十五小時即中國時半課戰事以三小時課學理曷言乎學理也如騎兵校則曰軍律曰軍訓曰行列綫法而又偵察地利謂之列蒿内脫夜候非常謂之拔脫羅林

探敵營之動靜謂之司瓜脫若礮騎之分合驘馬之醫藥其旁參也如礮兵校則曰軍律曰藥引曰礮綫曰礮術曰礮身如步兵校則曰軍律曰軍訓曰習藝曰職分

陸軍大學校立自英國之君欲其毓全才也年以西九月上旬開學明年西六月下旬止學凡居加納大之丈夫子已歷五年起十五歲至十八歲試可入學為生其體宜健其學有七一曰算學合數學代數學幾何學而言二曰文學以英法文為宗三曰地理學既鉤致之又辯論之四曰史學以英吉利之源流加納大之因革為重五曰法郎西語學譯文且會意也六曰羅馬語學通今且攷古也七曰圖學與地理學相表裏年於西六月一試三試三黜即不與試學以四年為期卒業則授證書卒業而優則授優等證書其生初納銀百圓次納二百圓又次納一百五十圓束脩日食書圖文具在其中

凡騎兵一隊礮兵三小隊步兵五小隊約一千人為恒久隊其職以堡壘司防守之要以武庫儲兵器之精以學校育後起之材以三年為進退之

期凡恒久隊者非英裔臣民不得與焉年在十八以上四十五以下其身材礮兵以五非特六因制爲率騎兵步兵以五夫特五因制爲率腰圍以三十四因制以上爲率其俸若司打扶沙錢脫日銀一圓若軍曹日銀八十仙若葛波拉路日銀七十仙若火箭日銀五十仙若拔骨拉者鳴鼓日銀四十仙若礮手日銀四十仙恒久隊之日支如此其他火箭手礮手矛手及兵之優者第一年日支銀二仙第二年日支銀三仙第三年日支銀四仙終一期而入恒久隊中二期之第一年日支銀五仙第二年日支銀六仙第三年日支銀七仙

居美條之職已歷十年率礮兵野戰隊有聲得遷布列背路列南脫骨宜路之官布列背云者酬功之謂也凡役十年克盡骨布金之職或勝阿酒堂之任得遷布列背美條之官凡役二十年爲其軍醫即所謂沙生者得遷沙生美條之官而祿不增

凡軍吏而非從事於實戰謂之濃昆拔堂克盡厥職得受阿納列理蘭克所謂蘭克者官名也所謂阿納列理者官之名譽也濃昆拔堂亦謂之比

瑪司達職司出納者也又有古與畓瑪司達職司衣食者也又有司脫阿格拔職司庫藏者也又有來金瑪司達職司戰馬者也

北瑪司達有與路低南脫相當官位者在官五年而後得選阿濃列理骨布金之官在名譽骨布金十年得選名譽美條之官凡相同官謂非實戰之軍吏而為比擬之畧同也與骨布金相同之北瑪司達在官十年得選美條相同之官年同位同之古與畓瑪司達亦得美條相同之官沙生亦如之沙生美條得路低南脫骨宜路之相同官無異於路低南脫相同軍醫補五年後得骨布金之相同官年同位同之獸醫得遷骨布金與夫來金瑪司達得遷路低南脫皆相同也

凡奬牌寶星受自戰功着之胸左得自排難扶危着之胸右

凡號礮或祝或祭或護衛或逢節開會或送往迎來其軍隊以執銃表敬其樂隊以奏國歌六律為率若英國之君生日加納大畫吏紀念日君族至止日皆礮發二十有一加納大領地議院之啟閉日礮發一十有九諸部落議會之起訖日礮發一十有五

軍制第二

加納大平時練兵出塲者以四萬五千為率每年八日以上十六日以下每日約三小時其日支銀路低南脫骨宜路為四圓八十七仙美條為三圓九十仙北瑪司達為三圓五仙一等阿酒堂為二圓四十四仙二等阿酒堂為二圓十三仙阿酒堂職與路低南脫均蓋隊内司事吏也沙生為三圓六十五仙副沙生為二圓四十三仙古奥打瑪司達為一圓九十四仙骨布金為二圓八十二仙一等路低南脫為一圓五十八仙二等路低南脫為一圓二十八仙此皆士官也其下士官沙錢脫美條為一圓古奥打瑪司達沙錢脫為九十仙北瑪司達為九十仙書吏為九十仙病院軍曹為九十仙北沙錢脫為八十仙沙錢脫為七十五仙葛波拉路為六十仙拔骨拉為五十仙兵亦五十仙

凡定期訓練則給訓練之銀於其隊每年騎兵一隊銀四十仙野戰之礮兵礮臺之軍長銀二百圓堡壘之礮隊步工之小隊皆銀四十圓

凡軍吏軍卒日受軍食麪包一磅有半又稍小而堅之麪包謂之鼻司格

一磅肉一磅著一磅熟麥一恩司加非三恩司之一牛乳餅二恩司茶四分恩司之一蔗糖二恩司鹽半恩司胡椒三十六分恩司之一如無鮮肉以腊代如乏麪包與鼻司格以麥粉米粉玉米粉代其正代異其多寡同謂軍吏勤役曰司打扶若副阿酒堂曰宜拉路日支銀七圓三十仙若古輿畬瑪司達若宜拉路日支銀六圓九仙若布理格奪美條日支銀五圓十六仙若司達扶骨布金日支銀三圓七十七仙若司達扶路低南脫日支銀三圓五仙若司達扶北瑪司達日支銀五圓四十七仙其布陣官若古輿畬瑪司達日銀三圓七十七仙兵在一千以上日支衣食吏銀五圓兵在五百以上日支衣食吏銀三圓九十仙若沙生美條日支銀四圓八十七仙

軍區之官北瑪司達司出納而受令於軍部畫事有難決則上狀決之歲計鄧告之阿打窪管庫長

凡不足五小隊之軍不置北瑪司達其官以士官為之其軍曹曰沙錢脫然食北瑪司達之祿欲其退食無缺也凡二小隊以上四小隊以下則以

一士官攝北瑪司達並古輿畣瑪司達司衣食事而食北瑪司達之祿一
小隊之長則兼司其事
臨戰士官之騎六十日內每一馬日支一圓六十日外則日支五十仙
凡將戰五千人以為一隊則常支外日加銀二圓四十三仙將五百人以
為一隊則常支外日加銀一圓五十仙古輿畣瑪司達並沙生常支外日
增一圓將騎兵一百或礮兵一百或步兵二百五十日增一圓二十五仙
凡恆久隊路低南脫骨宜路平日銀四圓臨戰將騎兵礮兵步兵二百五
十則日銀四圓八十七仙其隊兵一人一日銀二十仙其軍行一人一百
銀二圓五十仙合起訖計
凡結營地欲其乾水欲其近草欲其肥而積
凡習武塲國帑助之多寡有差如容一小隊地助銀二百五十圓地倍則
助銀四百五十圓如容一小隊一大隊地助銀六百圓如容二小隊一大
隊地助銀八百圓如容三小隊一大隊則助銀千圓
謂執旗之軍曹曰骨拉沙錢脫居一小隊下士官之首宜敏宜捷宜公明

凡騎兵二小隊謂之司葛奪倫十小隊謂之剳知面脱自二至十小隊謂之拔打理恩合二三列知面脱謂之布理格奪

軍醫救之既病之後古奥畓瑪司達保之未病之前將出隊其物皆古奥畓瑪司達司之

凡置樂隊欲其步伍不紊也每一小隊樂兵三四其樂有四曰國歌曰號符曰急步曰緩步

凡國民軍旗與英國正軍旗同步兵軍旗以帛為之從三非特衡三非特有九因制柄八非特七因制有半其纓金紫大隊旗二一曰一等旗中繪君冕下記隊之位數二曰二等旗上繪合符下記隊之位數凡執旗為軍曹之冠非其人不輕用也

沙錢脱美條居下士官之首古奥畓瑪司達沙錢脱屬於古奥畓瑪司達掌糧物之事一日二巡糾營壘之不整而報之古奥畓瑪司達

火司比達沙錢脱譯言醫藥軍曹也屬於沙生凡有疾自隊移之軍病院

奪拉收美條譯言鼓卒頭也司大小鼓而鳴之以時

布羅勒司沙銭脫譯言警察軍曹也凡有違律者押之監倚酒造言則罪之

沙銭脫屬於小隊助隊長之訓練而以身先之

凡稱良卒固有不韙之謂也潔其衣履整其器械慎其辭氣勿醉勿怠勿私出

國民軍衣與正軍同騎兵之衣表褐礮兵之衣表亦步兵之紅衣表藍而緣衣則表紅也五載一更衣

凡為士官自備戎衣三閱而衣不具不之任也

凡陸軍大學校卒業者有國民軍吏之職而未入隊亦衣步兵隊衣

凡士官衣戎衣而送葬宜籠手肱宜結黑巾

凡騎隊士官着漢達絨譯言撒腳袴長形而稍鬆者也以長韡配之礮兵則士官着大禮衣曷言乎大禮衣也其衣深紅其帶曰䩞劍長其袴緣亦紅而內勤之士官其袴金綫緣之凡騎兵乘馬時用息波達西譯言革囊自垂劍帶下也礮兵士官用亦如之工兵士官軍衣有二曰進軍式曰復

習式

凡兵冠勿斜將講武事士官用布路牧譯言加羽冠也兵亦如之曰哈扳豐譯言儲糧革囊也懸之右肩曰背約宜脫譯言鎗尾刀也懸之左臂

凡雨用油衣

凡士官右手繫治布俞譯言官等高下之標記也以四綫為優而左手繫扳治司譯言勤且良之標記也

武庫長司軍器之配合其下有吏並物之性質亦宜通之否則出納難於適中

工兵隊選自陸軍大學校工兵科之卒業生

凡兵受器與衣上武庫以單月一要之而報厥數於阿打窪軍部

軍律第三

凡現役國民軍之律定自英國之君

凡現役國民軍不告而出隊七日以上目之為私逃卒交司軍律者鞫之

孰使孰誘孰助資而逸孰受逸而隱監禁六閱月或若役或不若役則賍其情之重輕而估惡與否

凡軍儀與軍律相爲表裏加納大軍吏於此三致意欲懲其已然勉其將至也

凡懈事與濫行長吏以時察而糾之

凡軍士與農工商相接以禮見長官則敬有加

凡對長官脫帽爲禮行伍聚首以手近鬢

凡毀譽長官是軍律未嚴之證濫受其下賄者禁

凡軍事禁私偵

凡臨目兵事冒名入伍者罰然不得逾銀百圓誤籍與遲偵亦罰不逾五十圓注名之籍有誤必告而正之否則罰銀十圓

凡罪吏監禁有疏有密其在密禁不得私出半步其在疏禁出步以時而不得逾限地如禁地有礙於罪吏之身則擴之

凡罪吏禁着軍服外之衣而去佩劍之帶既釋其長吏無以前過再禁

凡禁非其罪則訴無阻其例定於光緒七年千八百八十一

監禁有二一曰押室附近衛室暫禁者居之一曰獄室亦附近衛室隔別之罪卒居之其鎖司自衛獄長

凡監禁皆罪重者其罪之輕或誤鳴鼓或舛呼名或休息逾期或行伍參差皆懲留隊中不之禁也

凡抗三令五申之罪則禁之

凡酗酒兵則囚之去其兵器脫其長靴越十二時乃鞫欲其全醒也以醉致疾則軍醫視之

凡軍卒不服長官聽訟例許訴之監軍揭之新聞紙然一人訴之聽而同盟訴之則禁

凡軍吏軍卒勿得結黨議政如聚訟然

凡軍中人受英國之君糾察無定時釋亦如之

凡陪鞫官若拒當誓之約滯當出之文緘當畣之辭則致畫吏鞫獄官問之

凡軍律死刑之罪曰謀叛曰私降曰委敵以陣壘城堡曰通敵以機密文書然非英國之君允治如律不得遽決

凡鎗礮之屬勿委之軍卒手藏之於武庫而官監之用則以軍卒出其所需設損罰銀四圓無庫之地則責之軍長年給小隊銀四十圓騎兵則六十圓欲其責專而免損也

軍律官會議之起訖訊獄之多寡副阿酒堂日宜拉路及布理骨奪美條之文報皆有定式

火藥庫第四

加納大火藥庫禁人之輕出輕入凡入門衛撿厥身無爆發物而後入之吏入必更衣履庫中自有衣履也禁吃淡巴菰禁手燈而外別携燭夜物凡火藥庫非空氣十分流通不可也藏至百桶宜置寒暑表將有烈風暴雨則閉户掩窗平日門衛宅往亦如之庫內銅器而外一無雜物無藥之桶拂拭之巾皆不可留宅無論已其桶距壁以六寸為率

雲龍於游加納大時尋繹之而知火藥庫忌溼其溼生於大氣凡大氣罔

沸含有水氣然氣清則水氣少氣溼則水氣多積溼生熱積熱蒸氣積流成水水氣之多寡又視温度之高低温度高則含水多温度低則含水少雖然由低增高則溼下難由高減低則溼下易若温度驟減則大氣化為滿氣與室內冷物觸則成露點其露點何由而成蓋成於水氣以縮而滴也夫如是似氣不足以消溼轉足以生溼非使新氣之流通其奚可哉外氣宜防亦宜容如外氣之露點度高於屋內是外氣温於內氣其氣入內是生溼也烏可以不防反是則外氣冷於內氣其氣入內是收溼也烏可以不容凡壁厚屋背凹之庫冬則外氣冷於內夏則反是於是冬宜通氣四窗洞達無間日夏則閉之溼生開之溼更生然則何策處之曰大氣不可不通而以石灰鋪之低處可以收大氣中之水氣可以露內氣中之大氣

花翎二品銜北洋委用道總辦北洋機器局兼神機營機器局總辦前游歷使臣傅雲龍述

加納大政制

自乾隆二十五年（千七百六十）加納大地屬於英行政之權一遂制於英國之君而執地之議法立法同治六年（千八百六十七）以前非兵爭即黨異也大同之約既行加納大無所謂東西奚政所自出大畧一十有四畫吏一也官之紀録在樞密院二也裁判官治獄三也陸有鐵道局水有運河局四也土木之工有長五也地理有局六也或司官署或司文冊或司印刷或司文具謂之政務部七也或司燈臺或司水役或司海稅或司商船行止或司養魚謂之海濱部八也或司額兵鄉兵或司礮臺塞堡或司陸軍學校謂之軍務部九也或職金庫或轄銀行謂之財務部十也關稅有專司十一也或司地賦或司舟運或司食用或司度量衡之屬謂之內稅部十二也郵政有局十三也或司特許文憑或司豐歉歲報謂之農部十四也此外有騎役局有司印甸土人事局則繫之樞密院微獨難以美利加概且難

盡以英吉利例也述加納大政制

加納大大同之約既立於是北阿美利加洲英屬地東西加納大互異之章同歸於一而其例頒自英國之君時同治六年也（千八百六十七）

加納大畫吏猶中國總督諸部落之畫吏猶中國巡撫有議政官（或譯內閣）所以輔畫吏之不逮而選自議院者也然非議院之員信之及半不輕於任或初過半而後不及則畫吏權能黜之

加納大陸軍長猶中國提督也任自英國之君而非曾任英國陸軍美條目宜拉路舘官不輕任之其祿支自加納大畫吏

加納大政府置於貴璧之阿打窪是雲龍所游歷者

加納大議會有二一曰上院彼人謂之息宜脫一曰下院亦曰衆議院上院議員七十有八選自議政官無大過則終其身不移其中選於翁打里約者二十有四選於貴璧者數亦如之選於那拔司果與者十選於紐勃郎司委骨者十選於勃理治西科侖布亞者三選於布林司埃奪瓦脫者四選於瑪宜脫拔者三凡入選其年以三十歲外為限其家產以銀四千

圖上為率其籍以英吉利臣民為準下院議員二百一十有一公舉之多寡䀀民數之損益一年一計民籍五年一舉議員即如光緒七年千八百八十一準民舉員翁打里約舉九十有二貴壁舉六十有五紐勃郎司委胥舉一十有九那拔司果夏舉二十有一布林司埃德瓦亂舉六揣質駁拔舉五勃理治西科倫布亞舉六此其大較也

凡租稅之增減出入之因分其議皆自下院發之但非盡更商肯無以行也上下二院所有權利自加納大議會限定之不容或逾於同治六年千八百六十七英都議院所許也二院年一會議遇意外事不拘常限

凡別國女字於英人即認之為英民也居加納大已歷三年政令[illegible]有在[illegible]違以良善視之權利所在無異視也

凡舉議員投紙當籌

凡有舉議員之權者其年在二十以上其籍原隸於英其家產銀約三百圓以上其納稅月在二圓以上或居城邑得祿歲至三百圓否則不得與聞

官制

加納大海陸軍官制別詳兵要其畫吏所謂皐分拉迎起夫者猶中國總督也加納大領全地之第一畫吏視此所謂晉挺登特皐分拉者猶中國巡撫也加納大諸部落之畫吏視此皆任自英國之君其它屬地或官非民願易之至再至三加納大未至於斯然為有自主權之屬地是以畫吏以下佐貳官畫吏實進退之議院之員則舉自民述官制

領全地畫吏一諸部落畫吏各一皆有佐貳

加納大會城在阿打窪有治獄長一猶中國按察使也副五諸部落獄訟匯萃於斯而上之英都翁打里約有聽訟官長一副三以次官備貴壁有大聽訟署長一副五又有小聽訟署長一副二十有六翁打里約貴壁又有季審官抄捕官那拔司果夏有聽訟署長一副四紐勃郎司委骨有聽訟署長一副五布林司埃奪瓦脫有聽訟署長一而兼副職瑪宜脫拔勃理治西科命布吡皆有聽訟官諾司威司奪里土利有分置治民官歲給常祿正副有差

加納大議院自乾隆三十九年（千七百七十四）始設議員官選之非民舉之也其官選議員四十有八其議紳則舉自民自咸豐四年始（千八百五十四）其公舉地分一百二十有五其所舉人凡一百三十先是上下加納大同一議院爭論鋒起同治六年（千八百六十七）以後加納大既合爲一乃於阿打窪立上下總議院又於諸部落立上下議院部落之畫吏得可否之加納大領地之畫吏又得可否部落畫吏之議加納大阿打窪總議院分爲上下上院議員八十二人下院議員二百一十有一光緒十二年（千八百八十六）許土著與舉議員每一萬七千人得舉一人諾司咸司奪里土利每千英方里增人及千則增舉一人總議院所司之事財一也商二也稅三也債四也郵五也户口六也水陸防守七也官祿八也燈塔浮標之屬九也船政十也船中病者十一也漁十二也津渡十三也錢法十四也銀行鈔十五也銀行利十六也權度十七也行市十八也官利十九也償逋二十也卹窮二十一也新法專憑二十二也禁爭商襲書二十三也土人二十四也入籍二十五也昏嫁据二十六也罪人二十七也監獄二十八也雜事二十九也曰翁

打里約上議院員二十有四下議院員八十有八部落議院紳八十有八曰貴壁上議院員二十有四下議院員六十有五部落上下議院同曰紐勃郎司委骨上議院員一十有六部落議院上院紳十八下院紳四十有一曰那拔司果夏上議院員十二下議院員二十有一部落議院上院紳十五下院紳三十有八曰布林司埃奪瓦脫上議院員四下議院員六部落議院紳十三曰瑪宜脫拔上議院員二下議院員五部落議院紳三十有五曰勃理治西科侖布亞上議院員三下議院員六部落議院紳二十有七曰諸司威司奪里土利上議院無員下議院員四部落議院一選自官者七選自民者一十有四諸部落議院所司之事一十有六修改部落事章一也厥土稅用二也就地償債三也部落官職四也田地林木五也營造監獄六也病院七也民訟八也歲入九也公産十也商十一也昏嫁十二也物産十三也用刑十四也罰鍰監禁十五也雜事十六也紐芬蘭一島光緒十四年(千八百八十八)始入加納大領地而置參吏則在前三年(千八百八十八)正一佐七議員一十有五議紳三十有六

學校表

翁打里約有總司學校官長一小學校生四十七萬五千中學校生一萬三千其大學校在會城者三在外邑者五又有農學校女學校盲啞學校緝犯學校皆有官司之貴璧有總校長一佐者三十有五其生多寡有差少長各從厥便紐勃郎司委骨以五歲至二十為限那拔司果夏以七歲至十二歲為要布林司埃奪瓦脫以七歲至十三歲為要瑪宜脫拔學勘嚴限所緜生數較多矣勃理治西科侖布亞以六歲至十六歲為期有生十五即設一校以三人理之諾司威司奪里土利有生一十即設一校亦以三人理之欲其絃誦日增也紐反蘭大小學校四百八十部落學校之費或助自官或集自民或半籌自議院或束脩增自諸生有同有異有增有減述學校表

部落	學校	雜識
翁打里約	大學校○中學校○小學校房五千一百二十 學校○師範學校○農三○師薪水銀二百有	

	學校○女學校○盲啞學校○穉祀學校	七萬二千八百五十二圓
貴壁	大學校○中學校○小學校	學費官民互籌
紐勃郎司委骨	大學校○中學校○小學校	大學校立於嘉慶五年
那拔司果夏	大學校○中學校○小學校	學校由議院紳司之學費銀七十萬
布林司埃奪瓦脫	大小學校	
瑪宜脫拔	大小學校	
勃理治西科侖布亞	小學校	

大事編年表

編年斷自乾隆二十五年前此加納大猶未屬英也英屬地不皆有自主權而加納大有之不詳四裔編年所畧欲徵安危所繫利害所關其道末

縣衣豈無領疇其挈之綱豈無綱疇其理之述大事編年表

中國年	西年	大事
乾隆二十五	千七百六十	加納大屬英
二十六	千七百六十一	
二十七	千七百六十二	
二十八	千七百六十三	格布勒列屯島布林司埃奪瓦脫島併於那拔司果負
二十九	千七百六十四	
三十	千七百六十五	貴壁屬英
三十一	千七百六十六	
三十二	千七百六十七	
三十三	千七百六十八	
三十四	千七百六十九	
三十五	千七百七十	布林司埃奪瓦脫島不隸那拔司果負
三十六	千七百七十一	

三十七	千七百七十二	
三十八	千七百七十三	
三十九	千七百七十四	貴壁始改法律從英。始用議員選自官。豪吏得特權
四十	千七百七十五	
四十一	千七百七十六	
四十二	千七百七十七	
四十三	千七百七十八	
四十四	千七百七十九	
四十五	千七百八十	
四十六	千七百八十一	美利加兵漸息
四十七	千七百八十二	
四十八	千七百八十三	割倭海約密士昔比入美利加國
四十九	千七百八十四	英吉利撥銀三萬磅濟之
五十	千七百八十五	

五十一	千七百八十六	
五十二	千七百八十七	
五十三	千七百八十八	
五十四	千七百八十九	
五十五	千七百九十	
五十六	千七百九十一	分上下加納大○議員改由民舉
五十七	千七百九十二	設瑪宜脫拔議院
五十八	千七百九十三	
五十九	千七百九十四	
六十	千七百九十五	
嘉慶元	千七百九十六	
二	千七百九十七	移瑪宜脫拔議院於尊倫脫
三	千七百九十八	
四	千七百九十九	

五	千八百	
六	千八百一	
七	千八百二	
八	千八百三	
九	千八百四	
十	千八百五	
十一	千八百六	
十二	千八百七	
十三	千八百八	倡大同議
十四	千八百九	
十五	千八百十	
十六	千八百十一	
十七	千八百十二	兵時起
十八	千八百十三	

十九	千八百十四	
二十	千八百十五	重議大同約
二十一	千八百十六	
二十二	千八百十七	
二十三	千八百十八	
二十四	千八百十九	
二十五	千八百二十	
道光元	千八百二十一	
二	千八百二十二	合一議起
三	千八百二十三	合協例成
四	千八百二十四	
五	千八百二十五	議大同約未決
六	千八百二十六	
七	千八百二十七	

八	千八百二十八	
九	千八百二十九	
十	千八百三十	
十一	千八百三十一	
十二	千八百三十二	
十三	千八百三十三	
十四	千八百三十四	
十五	千八百三十五	倡北阿美利加洲大同約
十六	千八百三十六	
十七	千八百三十七	
十八	千八百三十八	貴壁内亂
十九	千八百三十九	
二十	千八百四十	亂靖
二十一	千八百四十一	合上下加納大為一

二十二	千八百四十二	
二十三	千八百四十三	
二十四	千八百四十四	
二十五	千八百四十五	
二十六	千八百四十六	
二十七	千八百四十七	
二十八	千八百四十八	
二十九	千八百四十九	匪毁集議院復築於奪倫脱
三十	千八百五十	議大同約
咸豐元	千八百五十一	定舉議員百三十
二	千八百五十二	
三	千八百五十三	
四	千八百五十四	復議大同約未決
五	千八百五十五	

六	千八百五十六	
七	千八百五十七	
八	千八百五十八	勅理治西科命布亞漸成聚落
九	千八百五十九	定阿打窪為領地畫吏治
十	千八百六十	
十一	千八百六十一	
同治元	千八百六十二	
二	千八百六十三	
三	千八百六十四	會議海陸大同約
四	千八百六十五	又議大同約可者九十一遂決
五	千八百六十六	會議大同約於英都
六	千八百六十七	分貴壁翁打里約為二部落。大同議定自是屬地合一（紐方蘭島未屬）
七	千八百六十八	
八	千八百六十九	

九	千八百七十	以瑪宜脫拔爲一部落
十	千八百七十一	增勃理治西科侖布亞爲一部落
十一	千八百七十二	
十二	千八百七十三	增布林司埃奪瓦脫島爲一部落
十三	千八百七十四	立貴壁新章
光緒元	千八百七十五	
二	千八百七十六	
三	千八百七十七	
四	千八百七十八	
五	千八百七十九	
六	千八百八十	
七	千八百八十一	
八	千八百八十二	
九	千八百八十三	

十	千八百八十四	
十一	千八百八十五	西北亂尋定
十二	千八百八十六	
十三	千八百八十七	
十四	千八百八十八	紐反蘭島屬英
十五	千八百八十九	
十六	千八百九十	

電報表

加納大電綫十年一綜計之光緒六年翁打里約電報公司報前一年千八百七十九加納大全境電局一千六百一十有九其電鐘一百七十二萬四千三十其入銀四十七萬八千四百三十五圓三十二仙其費銀三十三萬五千五百七十三圓八十三仙明年千八百八十電局一千六百七十有四是增五十五矣其入銀五十五萬八百四十圓一仙其費銀三十五萬八千六百七十六圓八仙除費而外据彼人言歲積銀四五萬圓計自光緒元

年始此利之繫年者也光緒六年又其綜計電費之期其一千六百七十四局各費銀一百二十五圓凡二十萬九千二百五十圓其柱一萬二千七百三英里有四分英里之一每一英里費銀六十圓凡七十六萬二千一百九十五圓其綫二萬一千五百六十八英里有半每一英里費銀四十圓凡八十六萬二千七百四十圓其水底綫費銀三萬一千六百三十圓七十九仙局之在阿打窪貴壁夢奪里耳諸處者凡費銀二十九萬九千六百五十二圓三十八仙支自帑銀九萬三千三百九十圓二十五仙支自鐵道公司者十一萬四千九百九十九圓十一仙支自銀行及局中者五萬九千四百有二圓六十八仙綜而計之銀二百四十三萬三千二百六十圓二十一仙合本銀言非僅就歲費言此費之分類者也述電報表

電利繫年第一

年	入銀（計圓計角計仙下同）	費銀	利銀
光緒元（千八百七十五）	五五〇四九三·三四	三七三四〇三·九〇	一七七〇八九·四四

二千八百七十六	五〇八九一九.二五	三五七三五六.二四	一五一五六三.〇一
三千八百七十七	五一四一二二.二六	三四五四五〇.八三	一四二〇九七.六二
四千八百七十八	四八五三〇二.四六	三四三二〇四.八四	一四二〇九七.六二
五千八百七十九	四七八四三五.三三	三五五五七三.八六	一四二八六一.四六
六千八百八十	五五〇八四〇.〇一	三五八六七六.〇八	一九二一六三.九三

電費分類第二

分類	銀計圓計角計分
機器及電局器用	一〇六四七.六五
煤氣燈	九三五二.四三
發電器	五八一七.五〇
修葺	四九〇〇.二八
公房費	九七五〇.四五
薪水	二五六五五〇.七〇
租	一三九五五.二〇
稅	六三五〇.〇〇
雜費	四三五一.九〇
總計	三五八六七六.〇八

雜事

不拾遺不閉户之風未敢於加納大信豈富庶未臻故歟抑清議之權亦遜美利加歟而因陋就簡之譏彼又豈不欲免歟於是删其繁瑣覼其扶持曰刑畧曰補救曰保險曰新報述雜事

刑畧第一

罰鍰監禁一如英律理刑官司之英國之君以狀師聽之如罪至不貸則

巾之英都刑長而可否之加納大阿打窪與夫部落之議院又以時議而審慎之監獄在翁打里約之奪倫脫

補救第二

撫孤恤嫠之會弗如美利加遠甚然兵燹後之養瞻災疫時之捐注與夫病院瘋院亦未嘗不因地因時爲之

保險第三

保險無大公司然保物器保行李近亦稚輪畧具

新報第四

乾隆廿九年一千七百六十四年前未有新報是年日日新報剏印於貴壁光緒六年一千八百七十六年中止尋復廢後翁打里約諸部落踵之或日報或七日多寡有差

郵政表

加納大之郵局歲入銀二百二萬二千九百九十六圓費銀二百四十五萬八千三百五十六圓其郵路一千八百九萬一千九百九十六英里是一英里費銀十三仙有半也傳別國信其重五錢需銀三仙傳境內信其

重如前需銀一仙重數增則銀數亦增此光緒十三年大畧也十年一較其損益西一千八百八十五年當我光緒十一年以前十年較之則當光緒元年也述郵政表

目	郵票出數	注册信函	雜入銀	出入平均銀	銀信	兑銀
光緒十一年（千八百八十五）	二三二五四九〇	三〇六〇〇〇〇	三五二二九〇四	一四六〇	六〇〇〇〇〇	七三五九三
較前十年（千八百七十五）	一一七八七五一	一七五〇〇〇〇			一三一三五二	五四三六〇
增百分率	九七	七五			三五六	三五

敘例　　　　　　　　　　　　　　　　游歷加納大圖經八

花翎二品銜北洋委用道總辦北洋機器局兼神機營機器局總辦前游歷使臣傅雲龍述

自敘

雲龍既述日本圖經三十卷美利加圖經三十二卷秘魯圖經四卷巴西圖經十卷古巴圖經二卷先後恭呈

乙覽茲復成加納大圖經八卷敘曰彼一英屬地耳而有自主權何也英迭蠶食以為藩者且二百年大較有三一曰國君屬地政出自君二曰半自主屬地官轄自英三曰自主屬地畫吏以下皆不任自英國之君若加納大是其自主之一也其緯綫袤四十七度二十六分其經綫廣八十五度其面積三百五十一萬方英里大於英三島實三倍之而雲龍所不敢忽猶不在是美利加華盛頓於民則公於君則畔而加納大英人百折不回乾隆二十五年貴壁一役法軍膽寒非吳爾福之忠未易臻此光緒十五年秋八月十六日雲龍游夢奪里耳即貴壁境也述往事者嘖嘖吳爾福不置向謂彼人知利而已不謂一英屬地而亦有吳爾福其人者難者

加納大圖經卷八　一

曰英官薄稅一如法例畔民少安以此然加納大關稅今征百之三十有五重耶輕耶徵美利加之畔亦去太甚焉耳難者又曰初固危也而後安庸詎知法裔既惜前功土人且思困鬬而況强鄰相形自居何等積媿滋釁又豈意外事哉其工不如商其農不如漁而先亟亟於兵殆亦時勢然歟向使官英屬地者悉於吳爾福未遑多讓是誠未可輕量以忠爲權視鰓鰓焉以利爲權復何如耶然則杞憂又在彼不在此是書分類八曰天文曰地理曰風俗曰食貨曰攷工曰兵制曰政事曰敘例子目六十有一

專例

加納大一英屬地而有自主權難可與曰斯巴尼亞屬地之古巴同日語也因地之宜有未可以凡例概者述專例

方言沿英吉利居多故風俗省方言門　漁不足述然英法之爭島實肇於漁即加納大之民業亦未輕賑於漁故表出之　加納大工無專精鐵道其大也故首著之　加納大之軍區猶中國之汎地也營治之界畫與治民者異何亦暗符歟是以詳之兵要

子范[illegible]斠

游歷古巴圖經二卷

〔清〕傅雲龍撰

《游歷古巴圖經》二卷，清傅雲龍撰。雲龍光緒間再游美利加，取道赴古巴、秘魯、巴西，居古巴十九日。國人記述古巴之書，前已有譚乾初《古巴雜記》一卷，雖早雲龍游歷僅二載，而古巴社會情形變易已多。雲龍爰據見聞，析爲天文、地理、風俗、食貨、攷工、兵制、職官、政事、文學、敘例十類，類下子目凡二十七。書中譯語，得隨使李之騏力居多。第以古巴華僑尠見，雲龍聞見稍隘，故不及其他圖經爲詳耳。據中國國家圖書館藏清光緒間排印本影印。

游歷古巴圖經二卷

遊歷書十九
之丙圖經丙
之丙纂喜廬
所著書

游歷古巴圖經目錄

卷一

天文

地理

風俗

游歷古巴圖經卷一

奏派游歷日本美利加秘魯巴西等國英日屬地加納大古巴知府用兵部郎中

經緯表

古巴日斯巴尼亞屬地也居北阿美利加洲東南爲西印度羣島之一開方無幾而割員有度緯綫起赤道北十九度五十八分（或曰五十分非也）訖二十三度十分經綫起中華京都偏東一百六十八度三十分五十四秒訖一百七十八度四十分五十四秒以英吉利計則起偏西七十四度七分訖八十四度五十七分十二秒坿島難可枤計也述經緯表

古巴	北極高度	距中國京都緯度	偏中國京都經度	偏英吉利經度	偏夏灣納經度
	〇十度十分十秒	南十度十分十秒	東百十度十分十秒	西十度十分十秒	〇十度十分十秒
夏灣納	〇二三 〇九 〇〇	一六 四六 〇〇	〇一七一 〇九 〇五	八二 二二 一	
兵納里屋	〇二二 〇八 〇〇	〇一七 四七 〇〇	一七〇 十一 〇六	〇八三 二〇 〇〇	西〇〇 五八 〇〇

馬丹薩	〇二三〇〇〇三	〇一七〇五〇二	一七一〇五六一	〇八一〇四〇〇	東〇〇〇四〇二
山得客拉納	〇二二〇五〇五	〇一七〇〇〇〇	一七三〇三六六	〇七九〇五〇五	東〇二〇二〇七
波都朴領希皮	〇二一〇二〇五	〇一八〇二〇〇	一七五三一	〇七八〇〇〇〇	東〇四〇二〇二
山地亞戈低古巴	〇十九〇五〇五	〇二〇〇〇〇〇	一七七〇四六一	〇七五〇五〇〇	東〇六〇三〇二

中國古巴較時里差表

中國月朔古巴匪自爲異不述以此而較時之里差則難可以日斯巴尼亞概之不第惟是兵納里屋諸部亦與夏灣納有差或曰中國京都午正是夏灣納亥初一刻十九分今詆天文家當以亥正二刻七分爲是述中國古巴較時里差表

中國京都午正	較中國京都	較夏灣納
古巴夏灣納亥正二刻七分	後五時二刻七分	
兵納里屋亥正一刻十二分	後五時一刻十二分	前十分
馬丹薩亥正三刻有五秒	後五時三刻有五秒	後八分五秒

山得客拉納亥正三刻九分	後五時三刻九分	後一刻二分
波都朴領希皮子初一刻	前六時三刻	後二刻八分
山地亞戈低古巴子初一刻七分	前六時三刻七分	後三刻

寒暑表

古巴夏不如冬冬日乾天雨恆起夏四月訖冬十月（西五月至十一月）然有終年雨者雨多之年夏灣納二十七寸有八少則十二寸有七雪不恆有咸豐元年五年（西千八百五十一千八百五十五）一再雪七月至九月（西八月至十月）多大風十月至正月（西十二月至二月）無貿易風而北風一日再至然風輒偏西其東恆地震凡高海面千尺之地多爽終年不衣棉也沿海風亦解慍而溼熱甚於內地溫度惟嘉慶十八年（千八百十三）至一百有四餘則暑恆九十寒亦六十述寒暑表

	寒	暑	平均
夏灣納	六十度	八十二度	七十六度

内地高原	六十度	七十四度	六十七度
沿海	六十四度	八十九度	七十七度

分畺表

古巴一島部落六曰夏灣納爲轄全島畺吏之治曰兵納里屋曰馬丹薩曰山得客拉納曰波都朴領希皮曰山地亞低古巴島人謂之部路分錫亞如中華之道隸部落者名拔底多猶州縣也大小有差叉其次名得耳民羅司末力息拔理司猶郵鎮也與其虛擬曷若原名之存實也述分畺表

部路分錫亞	拔底多	得耳民羅司末力息拔理司
夏灣納　轄拔底多六〇得耳民羅司末力息拔理司三十六	夏灣納　管二	夏灣納 馬里鴉羅
	關納伯歌　管四	關納伯歌

夏魯葛　管九

山安多宜鷰迭羅士巴約司　管四

里格納

麻納括

山達馬里牙得羅沙笛

夏魯葛

八逸𤙖瓦

阿瓜嗄𤙖

嗄西括士

希拔戈瓦

三多里約

得耳里約不朗葛

三活寫𤙖拉士拉哈士

達巴士𤙖

山安多宜鷰迭羅士巴約司

阿耳格少

彼何嘎沽倚禰 管十

詭列士 管七

歸拉密乃納

舍八迭納栝

彼何嘎

巴達拔縲

八五達

嘎羅

鷄尾根

沙魯

山地亞沽迭納士宜格士

三多宜約迭納士宜格士

衣西拉得彼羅士

三非列別

詭列士

格畣里約

兵納里屋 轄拔底多三〇得耳民羅司末力息拔理司二十四

兵納里屋 管九

馬都魯格
墨里納得六數
六耳發八府
山里戈納那
皮丙
兵納里屋
阿隴羅哈 士巴哈
剛棱拉西甕得徠特
翁棱拉西甕得耳數六
括業
馬篤鶴
沙望伊馬抵力
沙魯依士
尾啞勒士

三客里士多拔羅　管七

括納海　管八

三客里士多拔羅
剛得里納牙
莾格士
拔納西約士
巴納列啞勒得杉勒骨
山地亞汰得羅士巴里約司
山達沽魯士得六士比亦

括納海
阿篩米塞
巴衣牙甕畣
嘎晚牙士
嘎衣哈博士
嘎衣牙把羅
麻里藹羅

馬丹薩　轄拔底多西末〇得耳民羅司末力息拔理司二十四

馬丹薩　分南北爲二管六

嘎列迭納士　管六

第十二位阿耳方所　管三

山地亞沽遻魯列士

馬丹薩

格別薩

格拉希

瓜馬嘎螺

沙八里牙迭耳戈楳達楳

山達阿納

嘎列迭納士

希馬楳列士

括摸達士

括納哈牙博士

嘎麻里約格

拉活里牙士

第十二位阿耳方所

山得客拉納　轄拔底多六〇得耳民羅司末力息拔理司二十八

謌郎　管九

山得客拉納　管五

博籠牒朧

我宜擁得類葉士

過籠

倭非啞挪士

馬沽里黑士

馬括格

北里葛

羅格

上河鞋迭猓司馬羅士

葛耳尾得士

衣巴羅米牙士

山得客拉納

埃士北朗沙

山地亞沽迭六瓦葉

沙華刻楠低　一名沙華〇管七

星天委古　一名星輝府以下管偨訪

山晃迭納野拉士
邦朱野羅
沙華刻楠低
阿馬落
阿拉巴薩
寫哈迭爬不落
挌馬六司得詭列士
獺雀尼羅絲
山多羅茗葛
星天委古
阿布尾挪士
格馬猓列士
格達赫納
古魯偕士

波都朴領希皮（轄拔底多二〇得耳民羅司末力息）拔理司五

山地亞戈低古巴（轄拔底多五〇得耳民羅司末）力息拔理司〇十五

利木低湖司

得林爾拉

山地士卑力度

波都朴領希皮（分爲二）

山地司皮領都士

山地亞戈低古巴（分爲二）

馬山爾約

巴挪古巴摩

河耳刻煙

巴拉戈阿

山畣一沙背落迭納哈士

兒美約士

四至八到表

兵納里屋在夏灣納西餘四炏在其東此西印度羣島之巨擘也其東米希岬距赫基島九十七里（奇兒美得祿四十八）有峽名穗多阿其西三安多宜呵岬距欲家丹海岸二百六十一里有奇（奇兒美得祿一百三十）其南距若米加島一百七十一里有奇（奇兒美得祿八十五）其北距美利加之佛勒里啇二百六十一里有奇（奇兒美得祿一百三十）然環島皆海也全島寛狭四十里至二百六十一里有差（奇兒美得祿二十里至百三十里有差）平均之爲一百六十餘（奇兒美得祿八十）面積廣袤古巴皆以奇兒美得祿計也述四至八到表

古巴	面積	廣	袤	東	西	南	北	東南	西南	東北	西北
	四三三一九	八〇合華	七六〇合華	海	海	海	海	海	海	海	海
	合華里八	里百六十	里一千								

	萬五千九百餘	餘	六百十里餘								
夏灣納				馬丹薩	兵納里屋	兵諸海士	海	山得客拉納	兵納里屋	馬丹薩	海
兵納里屋				夏灣納	海	海	海	海	海	夏灣納	海
馬丹薩				山得客拉納	夏灣納	山得客拉納	海	山得客拉納	海	海	海
山得客拉納				波都朴頒希皮	兵納里屋	海	海	海	海	海	馬丹薩
波都朴頒希皮				海	山得客拉納	海	海	山地亞戈低古巴	海	海	海
山地亞戈低古巴				海	海	海	海	海	海	海	波都朴頒希皮

沿革

明弘治五年以前無稽葢爲古巴土人部落也科侖波尋獲後至今三百九十有七年屬日斯巴尼亞國中間爲英吉利踞夏灣納者一年財聚民散直謂無人可也其能長有土乎美利加有購議不果述沿革

明弘治五年（西千四百九十二年十月廿八號）古里司多法（科侖波名）科侖波（姓氏）爲日斯巴尼亞國尋獲西印度羣島之西者即古巴也先是土人部落書缺有間酋屬無徵然原名古巴以地形類魚而名也獲地時王子名往遂名古巴曰往納其後國王佛丁納特卒後改往納曰佛得里納尋易名山地亞戈以曰斯巴尼亞神名名島也又易名阿非馬里牙以女神名名島也後復名古巴迨得墨西哥秘魯諸地未遑理此羣盜踞之而畔者踵起幸存此島乃加培護倚爲外府夏灣納經營於正德十四年（千五百十九）至嘉靖十七年（千五百三十八）法郎西人入之尋復三十三年（千五百五十四）法郎西人復入之又復自是種淡巴菰及蔗而海賊輒掠貲去我

國朝乾隆二十七年（千七百六十二）英吉利水軍奪夏灣納明年割呼羅列達地予之乃復五十五年（千七百九十）胥吏納斯喀沙士養民榷商

有聲踵者輒視民苛道光二十七年（千八百四十七）西吏瓦魯迭士禁買奴其馬丹薩部建於康熙三十二年（千六百九十三）有要埠日嘎列迭納土則立於道光八年也（千八百二十八）二十八年（千八百四十八）美利加欲買古巴論直銀百萬圓不允咸豐九年（千八百五十九）增直三千萬不允如初同治七年（千八百六十八）內亂色斯比迭士自立爲伯理璽天德日斯巴尼亞兵大至擊之勝乃靖然餘孽時萌

部落名稱歸一表

古巴之拔底多二十九（詳分邑表）就地問名譯人人殊部落凡六如夏灣納如馬丹薩當以案籍爲据餘則審音立目聊袪兩岐敢云一是耶迷部落名稱歸一表

所用名	異名
古巴	往納　佛得里納　山地亞戈　阿非馬里牙

夏灣納　哈彎拉　哈瓦那瀛環志略

兵納里屋　便納彌窑　比五納迭里鶩

馬丹薩　麻日沙　麻丹煞

山得客拉納　山得嘉拉　三達馬里亞瀛環志略

波都朴領希皮　波都篇斯皮　波耳登卜領西沁

山地亞戈低古巴　山地亞的沽巴　三的牙頗瀛環志略

險要

古巴之於阿美利加洲一拳石耳雖然西鎭墨西哥灣之口西北鎖密士昔比河之衝輪舟所通一紐約一魯西阿納之紐呵連一賓夕佛尼亞之費里地費法爾治末阿一佛勒里畣之灘灞洵美利加一關鍵也述險要

島西二海口爲墨西哥灣要津西北一海口寬約華里四百七十一海里百二十四起潘一格葛石島北訖潘坦恰一名咯博舍波羅是佛勒里畣之東北西南

一海口較狹約華里三百六十九（海里九十七）起喀博三安多宜約訖喀多切（在商喀登海口尖處）其東客慕藍（一名三宜哥拉同）之三多多茗葛有岬約華里一百五十二（海里四十）自古巴極東之邁希至逸拉括約華里一百七十一（海里四十五）是六嘎鴉島之最近古巴者巴哈麻海濱東地名老白哈麻有岬名六格理穴爲三多多茗葛之要隘相去約華里一百五十九（海里三十四）其南理曳龍口接一小灣曰馬脘納在夏灣納與八達拔挪島之間袤約華里三百五十五（海里七十五）其要埠在夏灣納曰阿格沙曰山宴多泥約曰偉羅司在兵納里屋曰巴拉西我士曰巴衣牙甕得曰括納海曰阿迭美沙在馬丹薩曰嘎列迭低納士曰北美哈曰謌郎在山得客拉納曰施拉馬連納曰沙華曰嘎衣八臉曰上汪羅美留司曰星天委古（一名星坪府）曰山地土皁力度曰得林禰拉在波都朴領希皮曰山畣沽六司在山地

亞戈低古巴曰魯埃非得士曰嘎約羅馬諾曰希巴勒尸呵耳梗曰麻沙泥約曰官丹納磨曰把拉戈阿曰山地亞戈低古巴曰山打嘎畣里約其要港以夏灣納爲西印度第一此外岸北十岸南七皆良港也

城市

海國大率無城况島耶然古巴之夏灣納則自有而無街衢畧似美利加然絜穢殊涂述城市

夏灣納城廢先是無城苦兵康熙四年西千六百六十五建城乾隆二十七年毁於英吉利兵至今未葺街市之城址時見增房輒去之日益少而城工舊製頗近中國遺址猶有存者曰波譪得低來譯言城門名也其街名街葉渺耳語街曰街葉語日曰渺耳葢日街也又餘二城門曰莫駕拉得一出一入入在街葉比是博出在街葉

我類頁其餘部落無城

夏灣納街道十數輒砌碎石以其餘時卉翦艸鑿池木下十數武一臥鐵榻然視外城之道則狹外城有總市街長三百五十尺寬三百三十尺高五十五尺樓多四層地非雲石即皆磚也屋頂平以磚代瓦通衢而外穢溺不之禁

街兵街燈除道器物之費出自商家工廠馬車公司伶園

島山合表

古巴人言島曰基言羣曰音低鵶言西曰威士多謂古巴爲羣島西者也古巴一島耳雖然北岸島五小島六鍵島三十七小鍵島五百二十一鍵島者灰石結成色白南少於北而喀尤拉葛島方里一百有五英里三十二是其著者埘島以兵諾士爲大山脈斜畫古巴段落向東轉西而東南高其高八千尺者昔納山也从旁他迭

墨希至沽溜士岬者是餘難枚舉茲摎島六十有四山三十有一

述島山合表

島	山
兵諾士	昔納
哈里窪納	阿魯米基
莎得基榜古	巴拉葛窪
莎得基	喀打里納
騾馬羅	撻馬里我葛士
密拉窪司迭納窪納	多養吉
馬姆比士	多士巴果
落司比打里羅士	故拉馬逸士
羅司拉約落士	喀巴那剛
拉司嫣楷羅士	葛馬海牙

拉八里霞
恰基列士迭羅勒
一司納迭比羅士
雲爲司格
格夏拔
發落
葉六簸格
格穩迭
格沙拉迭阿榧竦
格三達馬里牙
加約莎拉比奇瑣
喀約莎迭打納
喀約莎迭抹打多
落司音覺末士

佳宜佳宜葛
惹馬加士
我野迭羅鐵落
阿司喀
龠加倚納
打魯多
打基落
喀巴拉司
喀沙司
鳩比龠士
馬里鴉納
英米牙士
加納撻
古補理

拉司惹美格納士
拉司多里格士
拉沙猓
拉一士里納
拉髮布里格
染壘士
委那博
伏裏氷
腳士
阿拉馬里牙
可博士
白基鴉拉納
納被那
日畣士

古理士畣羅
傅理恊羅
馬當酣末
抹
宜必
朗巴拉羅
杉約士

佛朗寫士
古柳日
空榧造士
果可
開鶩
粿達
煤大那
馬拉布里葛
魯格司
拉施里
若里　士
古郎迭
古拉民葛
比多拉

比多拉司
拉書里納
安八
哈里六拉
古里孱士逸六巴多粿
古里東
巴低鴉迭羅枯迭魯
阿奴喀多拉昔司
博加司迭安冬
阿里希非拉翻迭拉士
阿基北拉冬迭加尼晚尼各
安笛納

水表
河以果多爲最源出希拉迭魯可布林山入碧烏拉赫斯必郎惹

灣通小舟一百六十五里英里五十此外通舟僅十六里英五或二十里英八耳泥羅河有瀑布二百尺有天然橋自北至南河流不下二百六十然多而短撮著名者三十有一其湖凡三礦泉難更僕數摎厥大要衫林鵞而外皆硫泉也逑水表

河	湖	鑛泉
果多	磲所猍	衫林鵞
八甕葛	馬衰牙	喀葛阿士魯
塔布拉司	衫野士迭班	衫畬馬利牙迭魯羅沙力鵞
喀魯巴里約		祈密決耳
喀司可納		三畬非
喀羅阿		新非過士
喀落倭		希各猛迭虐

果基羅
空布拉馬野多里
旣巴納
空才羅
哈拉巴納
北若基戈里博
南若基戈里博
日巴括
日戈愓牙士
熱越
若羅
髮千迭士
忙恰
墨街司約

馬亞里
安撻沽里寺
里我羅
猓非
力馬奇
那啞抹
北
喀多
若巴熱
羅士比羅士

畺域雜識

古巴地形狹長而伸縮北稍圓轉東南高於西北海岸之北尤窪潮汐競澆溼熱職此內地奇闢時聞拉襍及之述畺域雜識

海岸之南从惹阿至薩碧納有澤長合華里六百有八（海里百六十）而北岸澤少

馬丹薩在夏灣納東一百七十里有奇（奇兒美得祿八十五）謂之兩河城其河一名儐幌一名育木里分地爲二育木里河北曰維薩葉在二河與舊城間一也儐幌河南曰布威皤羅魯尾博二也

馬丹薩有洞初無知者同治元年（西千八百六十二）工尋逸物見此緜是有奇奥名洞口酤酒亭一更衣小室一游人更衣手燭入洞下百餘級達內仰穴高或二百五十尺寬七十尺長約華里十（奇兒美得祿三十）滴泉不得止石乳四結如柱如筍如雲如人如科斗如鳥獸異貌變狀難可殫筆洞中路二殊塗同歸刊有日斯巴尼亞字（詳金石）至自馬丹薩部治約華里十此外名勝有育木里山谷

山地亞戈低六瓦葉有溫泉治足疾泉流爲池沿池結屋

兵諸士島地方一千七百十里有奇奇兒美得祿八百一十雲石爲巴古冠泉水出松石間避暑養疴者往焉在夏灣納南由已達拔㹳至是合華里二百六十有六海里七十日於卯正火車發自夏灣納辰正至巴達拔㹳乘輪舟兩時至島兩時四點鐘也

天然橋在泥羅河

風俗

古巴屬日斯巴尼亞國今已三百九十八年計至光緒十五土人雖自有俗已習其十之八九秘魯初亦同屬若服色若飲食若居處若昏祭類非逕庭而主奴之性黨伐之情則難可同日語畧彼所詳同中見異述風俗

七日一跳單神男高冠以緞爲之衣燕尾衣尙黑女袒而曳長帬平日男冠或毡或艸衣或黑或白或雜色女冠無定式衣無定色

出以黑紗罩首飲食之味與中國畧近屋高樓廠門窗四開地尠鋪毯凡榻𣰃藤鐵牀紗帳板瓦石垣多日斯巴尼亞舊式女出入有父母或昆季隨之此與美利加異然女字得自主男先問女願則偕詣教堂戒以條𢦓以咒祝以吉語握手跽聆而昏禮成女輒重富又奢甚男不以嗣續爲意往往終其身不嫁取者以此父母或有所阻例許訴之畺吏遂詣其居勸諭如父母不聽即代主昏亦有自詣教堂如約者生子女輒契一神以神名名擇友爲之主契意謂契父也神誕有慶國王王子所契神誕屬土官民皆賀之子女一律分產或歸之戚友或公之善事其家屬亦無異詞教信天主一教士食一里一牧師食一部一教主食一國若昏若祭若生若疾歿有例金忌日齋期四十不作樂三日之內車馬不行凡服制或一年或六月或三月或終身不易吉服喜鬬或人或牛或

雞與秘魯同所鬬之牛以勤里達所產爲最七日一鬬呂宋票之多莫如古巴以四之一充國稅餘入博者一月或再或三限地售票歲納牌費九圓二角照費六圓票報四聞一如中國售試錄者一不爲怪方言與日斯巴尼亞同官民各爲一黨官皆任自其國古巴土人不獲一預聚歛苛而宴游如昔其節令曰弗力鴉博司是日官不治事曰安尼麻譯言百鬼日曰北薩蠻納司譯言嗅手也王若后及其父母太子生日羣黎皆欲嗅其手有尊親意有上壽意今外國人見教皇使猶跽嗅其手之戒指意亦同此其它神誕與它國同是以休息日多年工作不過二百日而已亦有禮禱不停工之日月分牌有記一爲卍是兩交誼停工一爲十是一交誼不停工

人數表

瀛環志畧言古巴民七十萬少於古巴雜記七十四萬六千七百二十八古巴雜記一百四十四萬六千七百二十八少於今光緒十四年四千八百八十八十五萬九千八百九十八按西人書云一千七百七十四年人十七萬一千六百二十一千七百九十一年八廿七萬二千三百一千八百六十年人二十八萬內五十萬四千爲白人人類凡五一華人一日斯巴亞人一諸國人一土人一黑人其華人散居夏灣納及外埠阿格沙山宴多尼約偉羅司又兵納里屋及外埠巴拉西我士括納海阿迭美沙又馬丹薩及外埠嘎耳低納司北美哈詞郎又山得客拉納及外埠施拉馬連納沙華刻楠低有增有減而烏簕云四萬三千二百九十八數如厥簕總數乃符然較之中國領事所註與釆訪簕新增之數互有微異黑人居三之一未滿奴限尚在十萬以外綜而計之人凡一百六十萬有六百二十男居十之六迻人數表

	諸色人	華人	合計
夏灣納	四十一萬五千一十	九千三百一十一	四十二萬四千一百二十一
兵納里屋	二十萬七千五百一十	二千四百九十	二十二萬
馬丹薩	二十四萬一千九百有一	一萬九千二百	二十六萬一千一百有一
山得客拉納	三十四萬二千一百有二	一萬七百二十七	三十五萬二千八百二十九
波都扑領希皮	六萬八千七百二十六	一百八十	六萬八千九百有六
山地亞戈低古巴	二十七萬五千二百一十一	四百五十二	二十七萬五千八百六十三
總數	一百五十五萬七千十六	四萬三千五百六十四	一百六十萬有六百二十
前一年比較（光緒十三）	一百四十七萬八千一百廿	四萬三千五百六十	一百五十二萬一千六百八十
前十年往較（光緒三）	一百四十萬三千四百三十	四萬三千二百九十八	一百四十四萬六千七百廿八

華人往還表

華人至古巴自道光廿七年始（西一千八百四十七）先是誆入糖寮月銀四圓八年爲期得滿工紙可易行街紙爲自直之工月貲二三十圓

或倍而工主於期滿勒爲助工鞭箠且甚牛馬逸則拘官所若橋若道唯其所驅久無主認行復賣之事聞同治十二年令前副都御史陳（蘭彬）往詰光緒四年訂約置總領事等官乃釋所拘二千餘人給行街紙四萬三千有奇爲通書鄧則經譯譚（乾初）力居多此四十二年間來者不下十二萬有奇（此外未登岸者一萬七千有奇或病或溺或鎗或自盡）注領事簿者四萬三千二百九十二（較報簿少六）滿洲一廣東三萬八千二百三十四廣西三百四十一福建三千七百三十三浙江一百有五江南七十八江蘇六十三直隸十五江西百六十七安徽河南各八湖南百七十六湖北山東各三山西甘肅各二四川五雲南一貴州二安南國入華籍者百四十九生於古巴者百九十六其餘八萬有奇歸僅百之一二貿貿然來初呼豬崽近則非商不遽至是以增者寥寥而簿數未與

聞也逑華人往還表

年分	未登岸（疾與非命）	至古巴數	歸中國數
道光二十七（千八百四十七）	四十一	六百一十二	
咸豐三（千八百五十三）	八百四十三	五千一百五十	
四	三十九	一千七百五十	
五	一百四十五	三千一百三十	
六	一千一百八十二	六千一百五十二（內有女七）	
七	一千五百五十四	一萬一百有一	
八	三千二十七	一萬六千四百十一	
九	一千三百三十二	八千五百三十九	
十	一千有八	七千二百二十七	
十一	五百二十二	七千二百六十三	
同治元（千八百六十二）	五十六	四百	
二	九十四	一千有四十五	

三	五百三十二	二千六百六十四	
四	四百有九	六千八百一十	
五	一千一百二十六	一萬四千一百六十九	
六	一千二百九十七	一萬五千六百五十九	
七	七百三十二	八千四百	
八	一千四百七十五	七千三百四十	
九	六十三	一千百三十二	
十	一百七十八	一千八百二十七	
十一	七百六十六	八千九百十四	
十二	四百二十七	五千四百八十八	
十三	一百八十六	二千六百七十七	
光緒六千八百八十			三百
七			二百九十八
八			二百七十五

九			四百六十
十			二百九十六
十一		三十六	二百五十六
十二		五十九	
十三		二百一十四	
十四			

物産

物産繫地据英吉利人箸書言古巴農地二百六十六萬三千野挌荒地七百四十四萬一千四百三十五野挌林地一千五百三十九萬一千野格牧地有二一不假人力者八百六十七萬四百六十野格而出自人闢者八十三萬二千野挌此與古巴人所計奇兒美得祿異矣然梗概已見此産物陸地也沿海鱗介充斥難

盡見聞述物産

穀屬

黍　麥　玉麥　豆　薯

蔬屬

白菜　菠稜　葱　豆芽　茄　竦椒　芹　蘿蔔

蓏屬

西瓜　甜瓜　黄瓜　冬瓜　南瓜

果屬

葡萄　無花果　頻婆　桃　梨　橘　花生較中國大　蕉實　波羅蜜　各沙拔

花屬

芍藥　桂　月季　水仙　葵　夾竹桃　桃　梨　紫荆　丁

香　蕉花　風蘭　玫瑰　指甲花　茉莉

藥屬

芎藭　牽牛　芍藥　蓖麻子　紅花

艸屬

艸　虎耳艸　老少年變色甚多　藻　萍

木屬

棕櫚　黑檀土人呼葉波尼　杉土人名理可南　玫瑰木土人名羅可吳度　黑硬木土人名麻哈可尼　戈木土人名連司吳度　可拉拏治拉

雜植之屬

蔗　棉　麻　芭蕉

鳥屬

吐綬雞　雉　鴨　鴿　白鳥　鷗　鷚　雀　鶉　燕　鷹

獸屬

馬　牛　羊　犬　野犬　狼　鹿　野猫　由治亞（長自一尺二寸至一尺八寸）　鼠　猿

鱗介之屬

魚　蠣　蚌　蟹　鯉　蝦

蟲蛇之屬

蛇　蝎　蜨　蠭　蜻蜓　蜘蛛　蠅虎　蠅　蚊

金屬

金　銀　銅　鐵　鉛　安質母尼

石屬

石　大理石

造釀之屬

糖　糖膠　飴　葡萄酒　火酒（白薯釀）　石油　煤氣

薪炭之屬

炭　薪

錢法表

古巴銀錢無自鑄用美利加墨西哥兩國銀錢來輒穿小孔一不欲如趺復回飛也金錢鑄自日斯巴尼亞國其最爲十七圓次對開次四開次八開次十六開厥數有差厥等凡六銀紙之等次十有三其用僅抵銀錢十之四全島六部用銀紙者三一夏灣納二兵納里屋三馬丹薩餘用實銀其金半兩合銀八圓有五先是流通金錢約三千萬至三千五百萬銀底約百萬有奇銀紙之存夏灣納國銀行者光緒六年（西千八百八十年四月三十日報）約五千七百八十五萬七千圓內四千四百五十萬是爲巴西代製其銀之輸自外國

光緒二年千八百七十六六百十六萬九千圓明年九百四十一萬四千圓又明年九百一萬一千五年四百七十一萬二千圓六年五百二十五萬七千圓越四年遂衰述錢法表

金錢	紙幣
十七圓	千圓
八圓半	五百圓
五圓三角	三百圓
四圓二角五	一百圓
二圓一角二分五	五十圓
一圓有六仙二分五	二十五圓
	十圓
	五圓
	二圓

一圓	
五角	
一角	
五仙	

稅畧

古巴人之蓄怨日斯巴尼亞大氐以稅重故然問歲貢其國幾何則曰無地非磽也鑛非匱也蔗與淡巴菰之類非遜也而官肥民瘠道路以目歛者自若光緒十年（西千八百八十四）災異四出黑人晝攫其國有減稅議而實政未聞詢厥底蘊且諱言也人稅自有表爰就得聞述稅畧

聞歲產約直五百萬圓而官稅五百萬圓有一（据新聞紙）此殆甚言之歟

無物不稅光緒十四年稅銀（千八百八十八）出口一百一十六萬七千圓入口九百一十萬圓它國出口物輒無稅古巴則否無事不征即如呂宋票古巴以四之一充稅它無論已稅事有劵無菸不征或麤或精以領牌爲憑

人稅表

人稅以行街紙爲左證舊章之易新例在光緒七年（西千八百八十一）視歲入之盈虛課稅征之多寡紙年一易厥等有七僑逮三載曰長居其期未及曰寄居稅外有費寄居不征也華人則領事代領其紙人出筋費銀紙二圓或銀一圓（有不用銀紙處）年老癈疾免述人稅表

等次	視年納正稅銀數	視年受薪水及入數	行街紙稅	鄉董局費
第一	五千圓	二萬五千圓	二十五圓	十二圓五角
第二	三千圓至四千九百九十九	六千二百五十圓至二萬四千九百九十九	十二圓五角	六圓二角五仙

第三	千圓至二千九百九十九	三千二百五十圓至六千二百四十九	六圓二角五仙	一圓一角六仙
第四	五百圓至九百九十九	二千圓至三千二百四十九	三圓	一圓五角
第五	二百五十圓至四百九十九	七百五十圓至一千九百九十九	一圓五角	七角五仙
第六	二百五十圓以下	三百七十五圓至七百四十九	七角五仙	三角七仙五釐
第七	無	三百七十五圓以下〇或工	二角五仙	一角一仙五釐

通商物直表

古巴通商外國自嘉慶二十三年始西千八百十八越四十一年少旺時咸豐八年也論者謂裨日斯巴尼亞國而於古巴人尠益光緒六年千八百八十歲計白糖五十四萬六千四百七十九頓糖汁十八萬五千頓農物產直九千九百萬圓据英吉利人所箸書嗣是有增按所產之糖輸歐羅巴者十之二輸美利加者十之八直近六千萬圓不獨夏灣納以淡巴菰爲一大宗也光緒十年千八百八十四黑西哥德意志

糖多直廉古巴糖滯寮主停工者多銀行爲之不支至今猶未盡復出口貨之直彼人出視十年前之數黃銅而外凡直七千八十九萬四千四百二十九圓六角四仙亦其梗概也述通商物直表

物目	出數	約數	直銀
糖	六十五萬八千八百六十七箱	每桶一千六百磅	四千五百二十六萬四千四百四十三圓六角
糖	二十四萬三千三百七十四箱	每箱五百磅	四百七十四萬九千二百二十八圓二角
糖	三十一萬三千四百四十七袋	每袋二百六十磅	三百八十一萬五千二百五十八圓一角
糖膠	十五萬三千九百桶	見上	二百七十三萬四千九十三圓七角三仙
密	二十五萬入千三百十二搭侖	每搭侖八斤	十二萬九千一百五十六圓
黃蠟	二十五萬九千磅		八萬九千九百四十四圓四角
白蠟	四萬五千磅		一萬八千二百一圓四角
淋酒	二萬五千六百三桶	每桶百二十五搭侖	八十二萬四千四百十六圓六角
淡巴菰 一名呂宋菸	一萬八千二百三十五萬五千七百二十枚		七百二十五萬四千二百二十九圓六角

紙卷菸（一名孖卷菸）	千二百八千一萬六千九百三包	每包枝數（或十一或十二或十四）	二十五萬六千三百三十八圓六仙
碎菸（自以紙卷）	四十四萬五千磅		十七萬八千圓
菸葉	千三百萬磅		五百五十萬圓
木			四萬一千一百十圓八角六仙
黃銅			無定直

銀行表

古巴孤揆銖積寸累悉精銀行蓄之漁利之素封無論巳聞夏灣納諸銀行所藏銀數光緒六年春（西一千八百七十九年十二月三十一日）約八百六十五萬七千圓越三月（一千八百八十年三月三十一日）約九百八十四萬九千圓越一月（四月三十日）約一千五十二萬二千圓亦似日益以進而十年（千八百八十四）糖商一蹶銀行閉者接踵一在夏灣納一在山得客拉納之沙華刻楠低虧銀無慮數百萬圓其國下令分償數成然償無幾今存銀行四其大者一餘則或商或農而當產一行則新議開

置也述銀行表

地	銀行	本銀計圓	支行
夏灣納	大銀行	八百萬	分置波都朴領希皮
夏灣納里格納	商業銀行	三百五十萬	外分數家
夏灣納	當產銀行	一百	分行未定
波都朴領希皮	農業銀行	五十萬	

鑛表

金鑛少而不王銅銀初見脈於道光七年（西千八百二十七）銅以戈布刀山爲最距衫沙戈二十四里有奇（奇兒美得祿十二）有鉛有水銀有煙煤此外石油雲石安質毋尼麻苦揑沙鹽信石之類往往而有擇厥大要述鑛表

鑛目	金	銀	銅	鉛	亞鉛	水銀	煤
計所	十二	一百有三	五十二	一	三	二	一

攷工

中國之農工分外國之農工合微獨古巴然也合中有分紀國則然區區一島若蔗若淡巴菰其料出農其製自工推之牧畜養蠶連類可及而製器工絕少一布帛一箕帚輒資外至此大畧也述攷工

田寮一譯糖寮（義詳秘魯圖經）秘魯工罔或停古巴則否即如雲龍游當冬十一月（西十二）工停開遲兩月後也其寮初一千三百六十五至今光緒十四年（千八百八十八）僅八百所大小有差機器巨者一直銀十萬圓有奇次萬又次數千購自英吉利法郎西美利加居多壓蔗機有鐵轆轤三安置如品字形圖如轉竹蔗渣中出汁貫渠筒伏流達鑊曲折注池筒與池並鐵爲之汁冷轉入木桶中滲出即糖膠也居糖十二之一（糖十二桶出膠一桶）膠末滲淨則糖不成滲以十二日

爲率製糖一斤以蔗十五斤爲率其直銀以桶計糖約三十五圓冰糖沙糖約六十圓糖膠二十至二十二圓其一桶爲六十阿羅巴一阿羅巴爲二十五磅入蔗出糖以絲鐵道火車長者費銀二三萬圓次數千又次數百華工昔受箠楚於其中者至十二萬六千有奇今工自由

淡巴菰工廠九千四百八十然製輸出之品歲直一千三四百萬圓惟其中大廠一百二十有奇五在夏灣納兵納里屋馬丹薩三部其它大廠十數內地自供弗外出也其次或葉或碎或紙卷無處無工支廠居多有華工有女工然停工時聞其製法大呂宋菸以其葉卷長二寸餘小呂宋菸卷之以紙而包數有差或十或十二或十四曰葉曰碎葉食者自卷僉謂香烈爲五大洲冠雲龍則罔知其味

加非工廠九百九十六炒之磨之與它國同
確高工廠十三以挪子製
牧畜園九千有二十三其豢與取牛乳皆以工
製蜜工廠二千二百八十四
酒工或坿田寮或自爲工淋酒爲多
造礮船工有廠在夏灣納先是康熙六十一年西千七百廿二就地擇木造舟而良修者踵接於雍正十二年千七百三十四成船不一其塢可入千頓之艦機器馬力二十
軍器工有鑄鐵廠有造礮廠在夏灣納西南隅乾隆二十七年千七百六十二英吉利兵起毀之越四年千七百六十六復其造礮亦用銅曰布攏司譯言黃銅也出古巴島
鐵道火車表

鐵道火車工之巨者或曰古巴鐵道道光十七年（西千八百三十七）長四十五里（以夏灣納至詭列士）光緒六年（千八百八十）長四百六十里皆約畧詞也按古巴之計里曰奇兒美得祿算學家謂其一當八分英里之五不如直言英一里之六分二釐有五合華二里有六釐也車運之計重曰多列納達美得力格其重三千二百四磅有八分磅之五然則合華三萬八千四百五十五兩有五爲三千一百五十三斤七兩有五道分東西綜長四百二十五奇兒美得祿約英里二百六十四合華里八百七十一其西造至兵納里屋之剛梭拉西甕得猓特一百五十五奇兒美得祿即九十六英里有五百五十馬合華里三百一十七里每奇兒美得祿費銀二萬五千八百圓即英里費四萬一千五百萬二十三圓合華一里費一萬二千五百八十二圓七角二毫有奇其東每奇兒美得祿費銀四萬二千七

百圓數多於西十之四其工較早其物較備述鐵道火車表

	東道	西道
起訖	起夏灣納訖馬丹薩	起夏灣納訖兵納里屋
長奇兒美得祿	二百四十八	一百七十七
工程	已成	成一百五十五奇兒美得祿
停車房	三十 其要者五曰屋一牙猓藹瓦曰八達搏猓曰詭列士屬夏灣納曰沙猓逸士屬馬丹薩	口十 其要者五曰喀里士挺納曰古以勒司曰阿耳格沙曰阿洪米沙曰貢莈納希擁屬夏灣納
車房費皆修自美利加公司	八千圓至一萬二百圓	九百圓至一萬三千圓
客車費	一等六千至八千圓二三等四五千圓	一等四千圓二等二千二百圓三等一千七百圓
運物車費	五百五十圓	貨車六百圓畜車八百圓
載客計奇兒美得祿	一等一圓二等二仙有二三等一仙有六	同東
運物多列納達美得力格運奇兒美得祿	三仙有九	同東
客車速率半時即一一點鐘	四五十奇兒美得祿	三十八奇兒美得祿

運物車速率　二十五奇兒美得祿　二十奇兒美得祿

鐵道費計奇兒美得祿　四萬二千七百圓路旁物工在內　二萬五千八百圓

古巴圖經一終

游歷古巴圖經卷二

奏派游歷日本美利加秘魯巴西等國英日屬地加納大古巴知府用兵部郎中臣傅雲龍述

陸軍表

古巴全島胥吏曰喀必黨赫列君羅其職武也島分部六夏灣納兵納里屋馬丹薩之胥吏所謂喀必納朶羅者管民不管兵其兵管自武職此外三部兵與民同管於喀必納朶羅猶中國巡撫管標兵也然陸兵分隊自有婷司曰步兵隊有大小曰馬兵有馬一千五百分屬三隊曰礮兵分置礮臺水口曰機器兵曰工兵或鑄鐵廠或礮工廠若兵甲若槍藥若鞍轡若礮臺電綫皆指使之曰營醫分內外科兼製藥曰文兵謂之得兒時吾或傳兵法或持軍令或司文簿或助胥吏司軍費亦分步馬二隊凡此皆正兵也其備兵曰測量兵儲之以修礮臺等事其雜兵曰守衛兵或呼紅衫褎有兵差局曰

民兵（一云鄉約局兵一云義勇）亦分馬步隊不受官家月餉其隊大小視部而分寓自保身家意曰救火兵好義者爲之入局月助銀三圓衣冠自備國家待若鄉兵示優異也曰牧師兵其首名阿奇必說誦經於軍中醫院曰罰兵是犯軍法罰爲鄉約局兵者也後三者無定額民兵救火兵而外合之水師歲餉月六百五十萬一千一百有一圓五角先就島兵有額者述陸軍表

軍目	巡察官	副	軍律官	隊	兵數
步兵	薩柄司兵多	牙安		大小分隊	一萬六千七百二十五
馬兵	同			三	二千六百二十七
礮兵	同			一	千有六十四
機器兵	同				九百二十
工兵					二百
營醫					四百

文兵步隊	同			米里達五奇天得	一	二千一百七十八
文兵馬隊	同			頓石〇有副	一	二千六百二十七
測量兵						一千三百
守衛兵	同牙安					八百三十三
民兵	同				步馬	八萬
救火兵						無額
牧師兵						無額
罰兵						無額

水師礮船表

聞日斯巴尼亞水師三千其官正一副六又次十四司機器官九十二管礮兵官五十九管水師官三百六十一糧弁三百有一醫一百六十四軍律官二十六謂管駕兵船官日格布冄一等二十其副百二一等四十其副二百五十八三等八十七水手一萬二千

九百七十六其兵船一等十二（新造六）練船（水師學堂）六廢四二等（新造十六）測海船二練船一三等二十（新造一）運船三練船一又礮船四十七（一將成）運礮船一礮艇十（新造六）水雷艇十三（一將成）躉船六而分駛古巴者水師裁十之一礮船居十之三其中一船名山地希馬得力宜達造自乾隆三十一年置礮一百十二而兵船不恒泊也昔聞英吉利人著書言古巴兵常二萬兵船三礮三百水手四千核與今數不符豈數以時異耶迻水師礮船表

官	兵	水手	船
水師長（猶中國提督）	水步兵二百五十	一千二百十五	礮船十四
司機器官	水師鎮兵一百（守署局）		礮　三
管水步兵官			躉船一
軍律			

礮臺表

古巴有修礮臺工兵全島六部落惟波都朴領希皮無礮臺夏灣納八兵納里屋二馬丹薩三山得客拉納一山地亞戈低古巴五凡十有九或曰六臺非也匪惟臺尠足恃礮亦舊式居多逃礮臺表

古巴礮臺	十九
夏灣納	辨達　蒲林希必　喀巴聶司　山達沽拉納　勒納　阿打力司　第四號　抹羅
兵納里屋	列納　阿馬里牙
馬丹薩	三希賫里羅　抹里約　兵里阿打司
山得客拉納	惹括
山地亞戈低古巴	抹羅　抹里約　馬達金　喀司麂約阿六打　喀司麂約巴羅

兵事

未屬日斯巴尼亞以前古巴土人不知火器爲何物平地一轟聞聲四潰得之既易撫之無難與民休息伏莽其何滋乎悖入者興戎之媒也述兵事

明弘治五年日斯巴尼亞以礮攻古巴土人勝之遂獲其地後獲墨西哥諸國而此地未遑戍且治盜以爲藪焚掠時起南北阿美利加洲屬地畔者踵相接乃以兵靖此島嘉靖十七年西千五百三十九法郎西海盜攻夏灣納入之尋復二十一年日斯巴尼亞國王遣古巴長德晉的率甲士略美利加之阿拉巴麻諸處三十三年千五百五十四夏灣納不守一如十七年事又復海盜尋復掠之

國朝康熙四年千六百六十五建夏灣納城防侵伐也乾隆二十七年千七百六十二英吉利水軍隊長阿魯別馬陸毀城踞夏灣納一載割羅列

達地予之兵退而城未葺

前有美利加人名喀力恬頓聚黨五十古巴人謂將爲亂以兵禽之於格士低約得阿達堞司礮臺殲之以鎗兩行對擊每行六人美利加駐此領事若罔聞也英吉利領事議禁後戮勿復此慘美利加僑黎酬以金

古巴土人怨稅苛久數數亂滋不果同治五年（千八百六十六）土人兵時起七年（千八百六十八）有麻惹里那人名色斯比迭士又火魯囷人名阿魯比尼又阿斯久那司人名格霞又山地亞戈低古巴人名法郞迭士蠭起爲亂時日斯巴尼亞國戍古巴兵二萬冬間增兵二萬有奇而色斯比迭士勢張甚自立爲伯理璽天德分邦四以爲合衆國十三年（千八百七十四）大戰古巴人不勝死一萬三千六百被虜四萬三千五百入獄是役也日斯巴尼亞兵增至二十三萬

光緒十年（千八百八十四）火藥局火煤氣繼之商逸民梟賊蠭起黑人晝攫土人將爲亂兵殆不支尋定然伏亂機

畺吏表

武可兼文泰西通例微獨日斯巴尼亞國也古巴弟一畺吏以武治民曰喀必黨赫列君羅犸之中國總督夏灣納諸部落畺吏各一曰喀必納朵羅犸巡撫也拔底多之治民官曰阿閏打免度猶知州知縣也然官與地多寡輒有差如夏灣納轄拔底多六而所設阿閏打免度則十有二盇一自八皆以夏灣納名而分治之它率類此要皆視一喀必黨赫列君羅爲轉移喀必黨赫列君羅一任或三年或五年受代靡定歲祿銀五萬圓與美利加伯理璽天德同國王選之大臣議之可然後任誠重之也雖然恣飽私橐輒尠善政先是咸豐四年（西千八百五十四）或欲刺其國女王倚薩比牙賄

左右徧獨土耳塞否謀乃洩土耳塞一百長耳遂任此此猶錄功

餘槍下矣刑事有治訟官佐之遞畺吏表

喀必黨赫列君羅　一	喀必納朶羅　六	阿閏打兌度　三十六
古巴	夏灣納	夏灣納弟一 夏灣納弟二 夏灣納弟三 夏灣納弟四 夏灣納弟五 夏灣納弟六 夏灣納弟七 夏灣納弟八 關納伯歌 夏魯葛

	兵納里屋	馬丹薩	山得客拉納
山安多宜鷥迭羅士巴納司 彼何嘎沽倚爾 詭列士	兵納里屋 三客里士多拔羅 括納海	馬丹薩弟一 馬丹薩弟二 嘎列迭納士 弟十二位阿耳方所 譚郞	山得客拉納 沙華刻楠低

籑喜廬所箸書

	波都朴領希皮	山地亞戈低古巴
星夫委古 利木低湖司 得林彌拉 山地士卑力度	波都朴領希皮第一 波都朴領希皮第二 山地皮地利都士	山地亞戈低古巴第一 山地亞戈抵古巴第二 馬山彌約 杷椰摩 和耳客奄 壩拉戈阿

中國總領事等官表

中國之設官古巴自光緒五年始先是無官保護華工被誘作苦至十六萬六千有奇官設夙虐一清凡招工之地非先設官其奚可哉其奚可哉古巴總領事一馬丹薩領事一隨使無定額述中國總領事等官表

	年月日	總領事	馬丹薩領事	隨使
出使美日秘陳大臣任內	光緒五 四月廿二日	劉亮沅		見美利加使表
	四月十二日		陳善言	
鄭大臣任內	七 十一月 留差	劉亮沅	陳善言	
張大臣任內	十二 四 月	陳善言 調自馬丹薩領事	張桐華	譚乾初 江鑑 張泰 李之騏

十四	
張桐華	
譚乾初	
楊葆光以下學習 張樹椿	

駐古巴各國領事表

領事之駐此者中國而外二十有奇阿美利加洲居其大半中國領事雖自有表然此難闕如述駐古巴各國領事表

亞細亞洲	歐羅巴洲	阿美利加洲
中國	英吉利	美利加
	法郎西	墨西哥
	俄羅斯	巴西
	德意志	秘魯
	澳大利	智利

瑞士
比利時
和蘭
義大利
希臘
瑞典諾威
葡萄牙

科侖布亞即新加拉那大
埃瓜多
委內瑞辣
烏拉圭
拉巴拉他
海地
三多明各即多米利根
憨都勒司

刑署

有聽訟官刑視兵輕有治律學科與醫等與美利加亦大畧同也

就其異者述刑畧

刑之常律不出監與罰二者監禁半年繇負責不完再犯帶鍊作苦

工衣緻衣背有號數往返有時押之以兵休日則否
古巴官博而稅即呂宋栗指巨者言小博則嚴禁之犯罔少貸初犯入闇室十日再犯倍厥日數三犯仍監載新聞紙布告之然富與貴犯此罰銀百圓
監房監犯之費征自工商
義兵之在救火局鄉約局者有犯視平民減科
罰欵以漏稅爲重有直數十圓而罰至數千者
重罪屛諸兵諸士島或責取雲石
雜事
古巴一島其人類雜其風俗雜其政事之見聞亦罔弗雜匪第惟是事分則瑣事合則連爬羅剔抉差勝於遺逑雜事
華工易聾亦易癃積勞然也療之瞻之責在總領事而衆力易功

則在會館古巴之華館九曰義勝堂董事溫晚曰合勝堂梁祐興曰聯勝堂張應曰莞城安社陳發曰緒義堂何達明曰保良社鄧彬曰福潮堂枕桂曰興義堂吳全曰保扶堂陳揚

疫盛於夏日斯巴尼亞人徙此夏輒避之它國如是三四乃克久居鄉謂華人寓公無斯疾亦不其然獨土人罕罹耳

總醫院一在夏灣納華人就醫者月五六十緜總領事署巡捕爲之簽名領醫官驗票乃入例不收費然輒託詞而滯乃議助司藥者尼也凡尼試志三載靡有悔乃定即見戚屬亦隔戶若欄視菴尼異矣

夏灣納育嬰堂一嬰納自窗有盤半出轉則電鍾自鳴乳母拾嬰率無姓氏中自有塾教文與鍼黹願出者聽女嫁自院輒助匳銀三百圓

馬丹薩有養老院爲無似續而貧者設

投物會無定所大底爲善事費或不足遂折柬集物盈百編籌累千議售售籌付物皆幼女司之一日集腋無算

夏灣納火災甲於它處或隙而乘或狡而避是以人火居多立救火會非其人不得入詳救火兵

光緒十年西八千十八四百四月五日夏灣納火藥局轟二礮鐵飛貫煤氣局鑊亦發如霆擊如陣摧怒焰一起戶窗四裂死者數十

新聞紙館於美利加諸國有權而古巴則否禁議政然物議時沸其館十數

郵便寄信以八錢重爲率其郵紙直銀一角北阿美利加洲如是中國亦如是論出境弗論遠近也重倍費亦倍

火輪船通美利加者其道有四一紐約二魯西阿納之紐阿連三

賓夕佛尼亞之費里地費四瑪理蘭之法耳末阿五佛勒里含之灘壐

海水之電綫通佛勒里含

學校表

古巴外虞秦蠶內困虎猛不勤而戲且詡厥園曰大宮曰巴衣列不出大地五名而外則何益矣而亦有學尙律與醫家有子二輒分習之學校大者一而已在夏灣納其餘曰中曰小曰畫曰蓺凡七百六十有六英吉利人著書謂波都朴領希皮亦有大學校與所聞異矣其學生數百人男居百之四十五女居百之十五黑人男居百之五女居百之六述學校表

大學校	中學校	小學校	畫學校	蓺學校	學校師數	學校學生數
夏灣納一	夏灣納一	古巴七百五十七	夏灣納一	夏灣納一	千百十	白男女二萬一百有八

黑男女六百六十九

兵納里屋一

馬丹薩一

山得客拉納一

都波朴領希皮一

山地亞戈一

低古巴一

蓺文

游古巴時或嘖嘖稱詩人司馬宜牙赫力及押而雲龍若罔聞者中外體異未必與政敎時相表裏繼閒問學有若士迭納卡把里約天文有若委宜司而未見箸述惜箸述家又靡遑一一甄摎也

述蓺文

古巴雜記 光緒十三年刊

順德譚乾初譔　譚詳總領事等官表中國人紀述古巴事之

書此其權輿自敘謂筆墨素非所長已非自欺欺人者比況所記勝空談遠甚耶未可以體例苛繩之　出使美日秘國大臣太僕寺卿張蔭桓叙古巴在南北阿墨利加之交隸日斯巴彌亞國其地肥饒利耕種尤宜甘蔗糖次則烟葉皆古巴致富之道也奴禁未弛以前田園富人不僅千指咸買自南墨洲展轉而流毒中土閩粵黠者假招工爲名潛相拐販自道光丁未至光緒戊寅華人被誘作苦數至十二萬六千餘拘役鞭捶虐甚牛馬事聞於

朝特令前副都御史陳蘭彬往查詰華人環遞訴詞裒然成帙遂與日斯巴彌亞國重訂條約陳副憲旋握使符駐紮美日秘三國掄派知府劉亮沅知縣陳善言駐古巴爲領事官諸華人乃重見天日數十年虐政一旦掃除華人傭力自食無官工所之

陳蘭彬有
華工條議
華工呈詞

束縛拐販絕跡商賈漸集蔚然可觀前年直粵水患及海防諸費領事官勸諭華人捐助一呼而集二萬餘金可謂不忘本矣中國道光巳酉以後水旱偏災數見又值髮捻倡亂𤞑燄西熾用兵垂二紀華人生計日艱謀食海外舊金山域多利檀香山秘魯古巴暨南洋之新架坡小呂宋噶拉巴三寶壟巴泗未新金雪梨暹羅越南諸島無慮數百萬初祗颿船往來漸而輪船雜遝商工闤闠自成市集曰唐人街生意之盛者每不暇計長久但先營酒樓戲園以供游賞讌集若夫博簺烟霞則無大小埠皆一致焉數萬里航海遠來力博蠅頭屢爲土人所迫錙積寸累悉消磨於意錢燈火之中巳可痛惜甚或聯強欺弱自傷其類仇殺之案窮於誡諭其能謹愿習勤薄有盈羨寄以贍家者雖求什一於千百也古巴一島華人日稀來源既絕少者漸

老而其政俗又不克自振糖業浸爲鄰國所奪土客交窘無數華傭閒藉呂宋票爲歸計得釆則急裝以行且遍覓同來之人挈之返里贈以資斧風義可嘉而被惠者願先索憑據慮歸後食言無以爲活人心不同如此然華人能善全鄉誼者古巴一島而已吾鄉譚司馬子剛以繙譯官從事於此爲古巴雜記一卷島中風俗人情擷其要領彙爲筆記誠有心人也而尤可喜者爲華人設書郵以通重譯華人每得家書輒痛哭既振其水源木本之思而其父母妻子亦知遠人音問保全實多此皆子剛不憚煩瑣爲之往返分寄其功勳在語言文字外也蔭桓持節逾年凡百無補比者于役歐洲渡大西洋歷英法諸國而抵日斯巴彌亞都城客牕月夕高樹招爽子剛出是編就政爰序其緣起俾付剞劂所記祇古巴一島編帙非富視剪桐隨筆使

規諸書體例固異他日

四庫重開博搜海外記載則是編仍不失爲蠡勺豹班更願同役

諸君毋騁空談隨事爲記即以是編爲喤引可乎攷殊域之土

風寫征人之雨雪安石碎金醴陵賸錦固非文釆自矜夫豈心

思誤用也哉

古巴地理志　道光二十八年刊

司馬宜牙迭納多里譔　譔人猶存地理家稱之古巴人也書

成於道光廿八年即西一千八百四十八年爲日斯巴尼亞文

古巴地理志　咸豐五年刊

必卞魯奪譔　古巴人書成於咸豐四年即西一千八百五十

四年爲日斯巴尼亞文

土產記　同治六年刊

阿魯巴羅譔　古巴人書成於同治六年即西一千八百六十七年爲日斯巴尼亞文

政事奴論同治五年刊

安多宜約沙各譔　古巴人書成於同治五年即西一千八百六十六年爲日斯巴尼亞文

日斯巴尼亞師語光緒十三年刊

拔辱拉譔　古巴人書成於光緒十三年即西一千八百八十七年以日斯巴尼亞方言譯英吉利文兩載之爲學語津梁

金石

古巴兵器卄具園欄橋柱多銅鐵爲之大率鐫日斯巴尼亞字然非新即率所見難可入錄石刻訪近古者聊具甗涔云爾述金石

科侖波墓堂詩碣

碣在古巴夏灣納弟一禮拜堂左立於西一千七百九十六年當我嘉慶元年刋日斯巴尼亞文爲島黎紀念詩譯厥義云公本是吾儕大啓土之人幾千百年猶在在甕之內實在萬國人之心案明時爲日斯巴尼亞國尋獲古巴島者科侖波也英吉利語曰科侖波士日斯巴尼亞語曰科侖波然人尠知厥骨在古巴島其卒在日斯巴尼亞國發拉多理（地名）時明弘治十八年爲西一千五百有六年其日爲海國登高日在五月二十號殯三法郎昔斯哥寺正德八年爲西一千五百十三年移於嘎都先抹拉司特耳來呵夫金必六（此地一名拉司古藹北士）其時國王與后令男女二人一名弗勒鼎納特一名衣沙比牙同造紀功碑此在日斯巴尼亞國也嘉靖十四年爲西一千五百三十六年移科侖波棺與厥子棺至海低島（黑人城）之三多施敏古亦祀神地後

纂喜廬所箸書

乃並其子棺移至夏灣納西一千七百九十六年正月十五成灰入小甕置之石龕藏於嘎低住拉屋第一禮拜堂在此監牧師之禮拜堂立石其上

馬丹薩洞字

洞詳畺域雜識洞中穴口並以日巴尼亞文署名譯厥文義一曰科侖波之隱地一曰鎮魂一曰祝福類此未克徧譯

科侖波石像文

石像在馬丹薩之嘎列迭納士埠立於西一千八百二十六年時道光六年也古巴之科侖波像此爲最先文亦紀念

第二日薩比亞石像

石像在夏灣納之中園曰拔格先得朗語園曰拔格語中曰先得朗第二日薩比亞爲日斯巴尼亞女王名其造像工名委葛其園在 雲 龍 所寓客舍前間日兵樂一奏起辰訖巳

自敘

華黎飢驅僑海國無慮數百萬航古巴島百之一二耳然亦十數萬光緒四年倒懸頓解而是島土著困虎苛如初防口甚道路以目嗟嗟彼孳孳爲利者猶亟亟甘鴆也謂無人焉可隸土其有常乎得如議售猶幸雲龍游古巴裁十八日紀述古巴事之書已有譚氏古巴雜記論者謂難出窠臼其然耶其不然耶文求其是奚必已出雖然譚記今已二載測天猶是而歲月異察地猶是而舟車異問俗猶是而喜怒異民生物產猶是而增減與盈虛又異糖商浸被鄰奪淡巴菰工亦視昔數縮若水師若畺吏若大小學校總之不離乎有退無進者近是欲仍譚說烏乎仍況恥勦襲志也難強同體也爲類九爲子目二十七爲卷二時譚權領事問難倚之而諧音轉注得李隨使之騏力居多惜僑黎尠見者寡聞職此

光緒十五年四月十七日傅雲龍自敘於太平洋嘉力舟

孴例

古巴與秘魯語言文字𠀤宗日斯巴尼亞而俗亦相習故詳彼畧此

是日斯巴尼亞屬方言不自爲編

田寮與秘魯互見惟淡巴菰以此爲最

若郵若醫若善事若災異未克成編類歸雜事

古巴圖經二終

国家出版基金项目
NATIONAL PUBLICATION FOUNDATION

海上絲綢之路文獻集成

總主編 陳支平 陳春聲

歷代史籍編 56

主編 范金民

海峡出版發行集團
THE STRAITS PUBLISHING & DISTRIBUTING GROUP
福建人民出版社

本册目次

游歷美利加合衆國圖經三十二卷（卷七至卷二三）

〔清〕傅雲龍撰

美利加河渠志一　水道一　　游歷美利加圖經七

花翎二品銜直隸即補道總辦北洋機器局前游歷使臣傅雲龍述

水道

美利加合衆國河無慮一千五百二十（合支流計）而著名水一百七十有四其中自爲一水者四十有四注於他水者百一十而受水者二十密士昔比河其受水之河之最也渠凡五十舊渠四十有七雲龍既依桑經酈注例参之禹貢志日本國河渠復欲以之例美利加水道見者疑必無成謂文異圖略徒費時日況舟車尠暇耶而雲龍則寢食幾忘孜孜焉以耳證目以箭質圖以出入探脈絡大要既得條厥細流往復問難於梁氏誠藎通英語而於其水道不厭諏諮者也雖里數難可陸里同語土著問畣亦滋同異而占三從二冀尠差違於是綱舉目張勉爲厥難一如志日本國水道例且一如志順天府水道例而疑者乃釋然曰歐羅巴洲自來無此著書例何論美利加立國僅百餘年也然則鈔撮異域圖志之誚其庶免也乎綱闕斠譌請俟暇日述水道

密士昔比河

密士昔比河出梅尼所達邦吳奪湖過威士干遜西界威士干遜河入之

密士昔比河導源吳奪湖或譯云倚畐士克湖在梅尼所達邦北境淵而溢流河水出焉東貫七湖屈行西南轉流東南三百七十一里約華里一千一百一十有三逕桑保羅即梅尼所達邦都也梅尼所達河入之

梅尼所達河出打戈達部東界入梅尼所達邦西境東南流屈轉東北二百餘里約華里六百一十有奇注密士昔比河注自河西

密士昔比河又東南流逕梅尼所達威士干遜二邦間一百八十一里約華里五百四十有三受奇窪白河

奇白窪河出威士干遜邦東北境西南流二百餘里約華里六百一十有奇入密士昔比河入自河東

密士昔比河又東南流一百五十一里約華里四百五十有三受布拉沽河布拉沽河出威士干遜邦南流百五十一里約華里四

百五十有三入密士昔比河自東入河
密士昔比河又東南流二百一里約華里六百有三逕威士干遜
愛呵窪二邦間受威士干遜河
威士干遜河出威士干遜邦東北境南流一百餘里約華里三百
一十有奇其西一源西南流六十里合爲一流又南流屈折西南
二百一里約華里六百有三入密士昔比河自東入河
密士昔比河之逕是邦實處四分里之一約華一里之七先是法郎
西人一名麻利格一名如雷地二人同探密士昔比河上流
又過愛呵窪邦東伊利那倚斯邦西
密士昔比河又南流二百三十一里約華里六百九十有三逕愛
呵窪東北界伊利那倚斯西北界受羅古河
羅古河出威士干遜邦西南流百九十里約華里五百七十入密
士昔比河自東入河
密士昔比河又東南流屈曲西南二百里約華里六百爲伊利那
倚斯愛呵窪二邦界受弟六廕尼斯河

弟磨尼斯河一譯抵士摩衣司河或云抵摩安河出梅尼所達邦西南隅東南流十一里約華里三十三入愛呵窪邦西北隅又東南流三百六十里約華里一千八十又東南流至其邦之東南界入密士昔比河入自河西

又過伊利那倚斯密蘇盩二邦界密蘇盩河入之

密士昔比河又東南流二百八十一里約華里八百四十有三逕先尊路以司在伊利那倚斯密蘇盩二邦間受密蘇盩河

密蘇盩河譜謂多泥也河水渾濁因以名之猶言渾河也長湍遠發水有數源一出英屬地加納大導源於落機山澗最怒鼓騰溶波額盤迄於孟大那部西北境二支雙引南流一支謂之福勒畣里多河逕境一百里餘約華里三百有一入福勒畣里多湖其東南流一支又七十一里約華里二百一十有三一小水東北流注之又九十一里約華里二百七十有三一小水亦東北流注之皆在隄水門又五里約華里十五受密羅沙河

密羅沙河出孟大那部西境落機山北麓東南流百一里約華里

三百有三入密蘇鼇河入自河西

密蘇鼇河又東南流一百四十一里約華里四百二十有三合麻松吉河在河之南又一源也

麻松吉河源導自麥岐松湖在歪阿明部西北隅西北流十一里約華里三十有三入孟大那部南界又北流八十一里約華里二百四十有三逕高宜田又北流少東九十一里約華里二百七十有三與密蘇鼇河合合自河南

密蘇鼇河又北流二十五里約華里七十有五又東流七十一里約華里二百一十三受北漢河

北漢河出孟大那部腹地東北流二十一里約華里六十有三入密蘇鼇河入自河南

密蘇鼇河又東流九十一里約華里二百七十有三受密沙路土高路河

密沙路土高路河出孟大那部在北漢河源之東南境東北流九十一里約華里二百七十有三入密蘇鼇河入自河南

密蘇蘆河又東北流一百二十一里約華里三百六十有三受喀那督河

喀那督河出孟大那部東境北流七十五里約華里二百二十有五入密蘇蘆河（入自河南）

密蘇蘆河又東北流五十一里約華里一百五十有三受密路奇河

密路奇河出英屬地加納大東南流入孟大那部北界又東南流十一里約華里三十有三受一小水（北流注之）又東流百一里約華里三百有三又東南流十一里約華里三十有三入密蘇蘆河（入自河北）

密蘇蘆河又東北流二百二十一里約華里六百六十有三出孟大那部東北隅入打戈達西北界而匯日發松河又一源也

日發松河源導自日發松湖在歪阿明部西北隅痲吉松湖之東湖水北流自成一河十一里許約華里三十有三入孟大那部南界又北流五十一里約華里一百五十有三又東流百一里約華里三百有三又屈曲東北流受限老扶河馬沙土明河

限老扶河出孟大那部東境南流五十五里約華里一百六十有
五入日發松河入自臥酉
馬沙士期河出孟大那部東南境北流一百十一里約華里三百
三十有三入日發松河入自河東
日發松河東北流二百一里約華里六百有三至佛容仁與密蘇
鐙河合合自沿南
密蘇鐙河既入打戈達界東北流百一十一里約華里三百三十
有三又東南流三百二十一里約華里九百六十有三又南流二
百四十一里約華里七百二十三又東南流三十一里餘約華里
九十有三受屈亞夫河
屈亞夫河出歪阿明部東之黑山東流二百一里約華里六百有
三入密蘇鐙河入自河西
密蘇鐙河又東南流二百一里約華里六百有三受郁則斯河
郁則斯河出打戈達部東北境南流二百十一里約華里六百三
十有三入密蘇鐙河入自河北

密蘇爾河又東南流五十一里約華里一百五十有三逕拏布拉
土格邦東北隅又東南流受呵窪拏布拉士格二邦界八十一里
約華里二百四十有三受葉多斯拖河
葉多斯拖河一譯葉落斯脩河誼謂黃石河也出拏布拉士格邦
東流六十一里約華里一百八十有三入密蘇爾河
密蘇爾河又東南流百一里約華里三百有三與拏布拉士格河
合
拏布拉士格河出落機山在歪阿明部東南境飛流注谿瓓波怒
溢東流四十一里約華里一百二十有三受一小水東南流注水北又東
流少南八十一里約華里二百四十有三又東南流十一里約華
里三十有三受一小水東北流注水南又東流八十一里約華里二百四
十有三又東北流折東百一里約華里三百有三合密蘇爾河合自
酮密蘇爾河洄湍類聚箭流濬發而東南流受呵窪拏布拉士格
二邦界如前又一百一十一里約華里三百三十有三出受呵窪
西南界又逕密蘇爾拏布拉士格二邦間一百一里約華里三百

有三叉屈曲東南流密蘇蠡剛色斯二邦間一百二十里餘約華
里三百六十有一受士木枝希路獲河
士木枝希路獲河出剛色斯邦西境東流十一里約華里三十有
三受一小水西北流十一里約華里三十三水注南又屈曲東流九十一里約華里
二百七十有三受沙林河
沙林河出剛色斯邦西北在士木枝希路獲河之北側東流七十
一里約華里二百一十有三注士木枝希路獲河自北注河
士木枝希路獲河又東流五十一里約華里一百五十有三入密
蘇蠡邦西北界注密蘇蠡河自西注河
密蘇蠡河屻曲鯨噓東南流八十一里約華里二百四十有三受
奧西池河
奧西池河出剛色斯邦東隅東流十一里約華里三十有三入密
蘇蠡西界又東北流五十一里約華里一百五十有三注密蘇蠡
河自南注河
密蘇蠡河又東流四十一里約華里一百二十有三受嘎司戈耶

里河

嘎司戈那里河出密蘇薹邦西南境東北流一百一十一里約華里三百三十有三入密蘇薹河入自河南

密蘇薹河又東流一百一十一里約華里三百三十有三逕剛色斯希底地名入密士西比河

又過伊利那倚斯根得基二邦界倭海約河入之

密士昔比河又南流少東三百七十一里約華里一千一百一十有三受倭海約河

倭海約河導源賓夕佛尼亞邦南境屈曲西北流九十九里約華里二百九十有七又西南流一百一十一里約華里三百三十有三受磨攏阿墨那河

磨攏阿墨那河出威士奪勿爾治尼亞邦西北境北流三十七里約華里一百一十有一入賓夕佛尼亞邦西南界屈東轉西又折北流四十一里約華里一百二十有三注倭海約河注自河南

倭海約河又西北流五十一里約華里一百五十有三受阿粒我

宜河

阿粒我宜河出紐約西南境西南流五十一里約華里一百五十有三入賓夕佛尼亞邦西北境阿粒我宜山澗交衝奔注一流水益以山目也西流五十里約華里一百五十又東南流二十一里約華里六十有三又東流二十一里約華里六十有三又西南流四十一里約華里一百二十有三注倭海約河雅舶河南倭海約河又西南流百里約華里三百其水入威士奪勿爾治尼亞邦西北界又西南流一百四里約華里三百一十有二受口喀納哈河

口喀納哈河出威士奪勿爾治尼亞邦西南隅阿里阿宜山東北流三十一里約華里九十有三與紐克河合哈舶河東

紐克河出勿爾治尼亞邦西南境東北流十五里約華里四十有五又西北流六十五里約華里一百九十有五入威士奪勿爾治尼亞邦西南界又十一里約華里三十有三合口喀納哈河

口喀納哈河又西北流七十五里約華里二百二十有五至倭海

約邦東南界入倭海約河自南入河
倭海約河又西南流倭海約威士奪勿爾治尼亞二邦間百一里
約華里三百有三受元多地河
元多地河出威士奪勿爾治尼亞邦西南隅東北流七十一里約
華里二百一十有三入倭海約河自東入河
倭海約河又西南流十一里約華里三十有三受宰士堅勤河
宰士堅勤河出倭海約邦東境屈曲東南流五十五里約華里一
百六十有五入倭海約河自西入河
倭海約河又西南流二百里約華里六百受士吉河
士吉河出倭海約邦南境地名鶴金雙枝一合東北流五十一里約華
里一百五十有三入倭海約河自東入河
倭海約河又屈曲西南流一百二十一里約華里三百六十有三
受米晏力河
米晏力河出倭海約邦西南境屈曲南流五十一里約華里一百
五十有三入倭海約河自北入河

倭海約河又西南流五里約華里十五是根得基倭海約英詹阿納三邦交界處受麗金河

麗金河出根得基邦東境西北流一百七十一里約華里五百一十有三入倭海約河入自河南

倭海約河又西南流根得基英詹阿納二邦間二百二十一里約華里六百六十有三受谷林河

谷林河出根得基邦西北境西南轉西屈曲流八十一里約華里二百四十有三又北流十一里約華里三十有三入倭海約河入自河南

倭海約河又西南流五十一里約華里一百五十有三受窩拔土河

窩拔土河出英詹阿納邦北境雙源一引曲屈西南流百一里約華里三百有三又南流爲英詹阿納伊利那倚斯二邦之界四十里餘約華里一百二十有奇受威河

威河出英詹阿納邦東南境東南流一百十一里約華里三百三

十有三入窩拔士河入自河東

窩拔士河又南流爲二邦界五十一里許約華里一百五十有三入倭海約河入自河北

倭海約河又西南五十一里約華里一百五十有三受金拔倫河

金拔倫河一譯干布闌的河出根得基邦東南境西南流百一里約華里三百有三入田揑西邦北境逕田揑西邦治北又屈曲西流少北百里約華里三百其水入根得基西南隅又北流七十一里約華里二百一十有三入倭海約河入自河南

倭海約河又西南流三十一里約華里九十有三與田揑西河合合自河東

田揑西河導源諾司喀爾勒那邦西南隅西北流十一里約華里三十有三入田揑西邦東南界又西北流五十一里約華里一百五十有三受沿曾司冬河又受古領基河

沿曾司冬河一譯後路士屯河出田揑西邦東界西南流一百二十一里約華里三百六十有三入田揑西河入自河北

古領基河出田捏西邦東北在沿營司各河之北畔西南流八十一里約華里二百四十有三入田捏西河入自沿營司各河西北田捏西河北田捏西河雙湍既受又流一合又西南流八十一里約華里二百四十有三入阿拉巴麻邦北境西流八十二里約華里二百四十六入密士昔比邦東北界又西北流三十一里約華里九十有三入田捏西邦南界又北流少西二百一里約華里六百有三出我耳福河入根得基西南界又北流五十一里約華里一百五十有三合倭海約河合自河南

倭海約河又西南流六十一里約華里一百八十有三至密蘇蘆邦伊利那倚斯邦根得基邦三界合處注密士昔比河雲龍按順治十一年千六百五十四英吉利人武多來探密士昔比河於根得基邦嗣是有二人曰戎分理贍理業捧來自諾司喀爾勒那邦探列奪河倭海約河也

又過田捏西邦西又過阿剛色斯邦東

密士昔比河又南流三十里約華里九十其水出根得基邦界逕

田捏西阿剛色斯二邦交界處又南二十一里約華里六十有三受我耳福河

我耳福河出田捏西邦西北境西南流二十一里約華里六十有三穿田捏西河又屈曲西流少南五十五里約華里一百六十有五入密士昔比河入自阿東

密士昔比河又南流七十一里約華里二百一十有三受先奪路以司河

先奪路以司河一譯先奪法郎西司河出密蘇爾邦東南境東南流六十一里約華里一百八十三有入阿剛色斯邦東北隅東南流三十里有奇約華里一百注先奪法郎西司湖湖圍長四十一里約華里一百二十有三又南流爲河五十里有奇約華里一百五十有奇入密士昔比河入自阿西

密士昔比河又南流九十里有奇約華里二百七十有奇出田捏西界入密士昔比邦西界阿剛色斯東南界又南流十一里約華里三十有三受阿剛色斯河

阿剛色斯河出剛色斯邦東南境東南流二百里有奇約華里六百入印甸部東北境又東南流三百一里約華里九百有三會力堔阿剛色斯河

力堔阿剛色斯河出印甸部西北隅二源雙導曲曲東南流一百餘里約華里三百一十有奇屈湍合流又一百一里約華里三百有三涓流爭趨北來六七又東南流二百一里約華里六百有三與阿剛色斯河合合自河西

阿剛色斯河又東南流五十一里約華里一百五十有三受窪基沽理斯河

窪基沽理斯河出剛色斯邦東南隅南流十一里約華里三十有三入印甸部東北界又南流九十一里約華里二百七十有三注阿剛色斯河注自河東北

阿剛色斯河又東南流四十一里約華里一百二十有三受伊利納依斯河

伊利納依斯河出印甸部東北境南流四十一里約華里一百二

十有三注阿剛色斯河（注自河北此與伊利那依斯河非一水也）
阿剛色斯河又東南流十一里約華里三十有三會喀那地央河
喀那地央河出紐曇西哥部東北隅石山東麓東南流四十一里
約華里一百二十有三入德格瑟斯邦西北境又二十里約華里
六十一小水西北流入之（入自水北）又東流百一里約華里三百有三
入印甸部西界又東流一百八十里約華里五百四十受西厤河
西厤河出印甸部中央東南流百一里約華里三百有三注喀那
地央河（入自河北）
喀那地央河又東流少轉東北百一里約華里三百有三受維斯
活沽河
維斯沽沽河出紐曇西哥部東北隅石山東麓東南流五十一里
約華里一百五十有三入德格瑟斯邦西北界在喀那地央河北
力堞阿剛巴斯河南其水東流百一里約華里三百有三入印甸
部西界又東南流三百一里約華里九百有三注喀那地央河（註自
河北）喀那地央河又東流二十里有二約華里六十有六與阿剛色

斯河合合自阿剛色斯河南

阿剛色斯河又東流少北三十一里約華里九十有三出印甸界入阿

剛色斯邦西界又東北流屈轉東南二百里有奇約華里六百一

十有奇受威地河

威地河出阿剛色斯邦北界東南流二百一里約華里六百有三

注阿剛色斯河注自河北

阿剛色斯河又東流十一里約華里三十有三入密士昔比河

又過密士昔比邦東又過魯西阿納邦西入於墨西哥海灣

密士昔比河又南流二百五十五里約華里七百六十有五出阿

剛色斯邦界地而逕魯西阿納邦東界密士昔比邦西界又南流

少東百一里約華里三百有三受羊蘇河

羊蘇河出密士昔比邦西北隅在湖之東屈曲東南流轉還東北

一百四十里有奇約華里四百二十有二注密士昔比河注自河東

密士昔比河又南流七十一里約華里二百一十有三受白油碧

霞河

白油碧霞河出密士昔比邦北境地名文金摩尼西南流八十里有奇約華里二百四十一里有奇注密士昔比河注自河東密士昔比河又南流少西一百七十三里約華里五百一十有九受列奪河

列奪河亦曰路列河譯言紅河誼也有二源西源出紐墨西哥部東界入德格瑟斯邦西境東南流轉而東北二百餘里約華里六百一十有奇與東源合東源出德格瑟斯邦北境東南流百里約華里三百二源合一東流爲德格瑟斯邦中何部之界四百一里約華里一千二百有三受波九河

波九河出印甸部東南境四源一流屈曲東南七十一里約華里二百一十有三注列奪河注自河北

列奪河又東流五里約華里十五受襟我期河

襟我期河出印甸部東南隅在波九河之東其水西南流七十一里約華里二百一十有三注列奪河注自河北

列奪河又東南流百一里約華里三百有三其水又東不爲邦部

界暹阿剛色斯邦西南隅六十一里約華里一百八十有三又南入魯西阿納邦西北界百一里約華里三百有三又東流百一里約華里三百有三受華士什達河

華士什達河二源並出阿剛色斯邦北境南流七十一里而合約華里二百一十有三又五十一里約華里一百五十有三入魯西納阿邦北界又東南流百八十一里約華里五百四十有三注列奪河注自河北

列奪河又東南流十一里約華里三十有三入密士昔比河

密士昔比河又南流少東一百六十五里約華里四百九十有五爲密士昔比魯西阿納兩邦之界又東南流邐魯西阿納東南隅二百五十一里約華里七百五十有三入墨西哥海灣

雲龍按密士昔比河爲美利加合衆國第一河其經流自北至南包有名之水六十有二若密蘇爾倭海約諸河皆不得謂爲小水也受流無慮數十密蘇爾雖長不逮密士昔比河而實更甚然皆貫注於密士昔比河是河凡長三千一百七十有五里約華里九

千五百二十五其支流五十有五圖者畧之然合計支水之長凡七千里約華里二萬一千

諾揑的大河

諾揑的大河出梅尼所達邦入英屬地

諾揑的大河導源梅尼所達邦北境與密士失比河發源地相距數里約華里十餘然不相通間有人舁小艇過此受邦西諸小水入英屬地長凡英里一千八百約華里五千四百有奇

珊安冬畧河

珊安冬畧河出德格瑟斯邦入墨西哥灣

珊安冬畧河導源德格瑟斯邦西南境地名美摠拉東南流一百九十一里約華里五百七十有三與可達魯比河台

可達魯比河出德格瑟斯邦南境地名衣滑司東南流二百一里約華里六百有三會珊安冬畧河會自河北

珊安冬畧河又東南流一十一里約華里三十有三注衣士擺路列挑珊挑灣達於墨西哥灣

雲龍按珊安冬略河在美利加合衆國南境與可達爲比河合長二百二十里約華里六百有六

喀挪拉奪河

喀挪拉奪河出喀挪拉奪邦西界過尤達部

喀挪拉奪河俗名古耶多河亦曰靑河導源喀挪拉奪邦西界西南流二里約華里六入尤達部東界又西南流三百一里約華里九百有三受奇鈴河

奇鈴河之上流曰北耶河出喀挪拉奪邦落機山西北流三十一里約華里九十有三又西南流百二十一里約華里三百六十有三受思埒沽河與紐宜昔河別名正同

思埒沽河出歪阿明部南境西南流四十一里約華里一百二十有三入北耶河入自河北

北耶河又西流十一里約華里三十有三入尤達部東北境易名奇鈴河又西南流三百五十一里約華里一千五十有三入喀挪拉奪河入自河北

又南過阿里瑣那部列法達邦入太平洋

喀挪拉奪河又西南流百一里約華里三百有三入阿里瑣那部北界又南流少西一百三十一里約華里三百九十有三受小喀挪拉奪河

小喀挪拉奪河出阿里瑣那部東界西北流三百一里約華里九百有三入喀挪拉奪河河自東入

喀挪拉奪河又西南流二百一里約華里六百有三逕列法達邦南界受威占河

威占河出尤達部華達機山一譯華實治山雙源一合西南流四十一里約華里一百二十有三入列法達邦東南隅又七十一里約華里二百一十有三入喀挪拉奪河河自北入

喀挪拉奪河又西流十一里約華里三十有三其水爲嘉里符尼亞邦阿里瑣那部之界纔始此屈曲南流三百一里約華里九百有三受吉林河

吉林河出阿里瑣那部東南境蔦高郎山西南流一百十一里約

華里三百三十有三受仙達高士河

仙達高士河出阿里瑣那部東南境北流屈轉西北一百二十一里約華里三百六十有三入吉林河入自河南

吉林河又西南流一百二十一里約華里三百六十有三入喀挪拉奪河

喀挪拉奪河自此出阿里瑣那部界注嘉里符尼亞灣達于太平洋

雲龍校喀挪拉奪河之在美利加合衆國西南境包小水六凡長一千四十八里約華里三千一百四十四

科倫布亞河

科倫布亞河出英屬地符力賓湖過華盛頓部

科倫布亞河或譯云科倫布阿河導源符力賓湖在英屬地加納大境長湍遠發西南箭溜一百里約華里三百其水入華盛頓部東北界在挨得柯西北又西南流一百一十一里約華里三百三十有三司玻喀宜河入之

司玻喀宜河出埃得和部北境之科多阿林湖西北流二十一里約華里六十有三入華盛頓部東境又五十里約華里百五十入科侖布亞河（入自河東）

科侖布亞河屈轉西北迴湍百一里約華里三百有三阿高納近河入之

阿高納近河出英屬地加納大境西南流二十一里約華里六十有三入華盛頓部北界又四十餘里約華里一百二十入科侖布亞河（入自河東）

科侖布亞河又折東南流二百一十一里約華里六百三十有三野雞麻河入之

野雞麻河出華盛頓部歧源雙引合流斯迅東南流一百十一里約華里三百三十有三入科侖布亞河（入自河西）

科侖布亞河又南流三十一里約華里九十有三紐宜昔河入之

紐宜昔河亦名思埒沽河出埃得和部之東南境石山麓濬波頹疊西南流二百一里約華里六百有三馬里牙鵝達河入之

馬里牙鵝達河出埃得和部南境三角山二源一合南流五十餘
里約華里一百五十有奇入紐宜昔河入自河北
紐宜昔河又西北流百一里約華里三百有三受米道路河
米道路河出埃得和部西南境西北流五十一里約華里一百五
十有三入紐宜昔河入自河北
紐宜昔河又西北流百一里約華里三百有三受隈納基河
隈納基河出頞里根邦東南隅青山麓雲洄怒溢湖水同趨東北
流一百二十一里約華里三百六十有三入紐宜昔河入自河西
紐宜昔河又北流十一里約華里三十有三受北曲絲河
北曲絲河出埃得和部東境西流少南一百五十一里約華里四
百五十有三入紐宜昔河入自河東
紐宜昔河又北流二百一里約華里六百有三是爲頞里根邦埃
得和部之界受沙魯孟河
沙魯孟河出埃得和部東境落機山之支嶺或曰沙魯孟河山也
二源一合西北流一百七十一里約華里五百一十有三入紐宜

昔河（自東入河）

紐宥昔河又北流五里約華里一十有五受駱年河

駱年河出額里根邦靑山東北流二十五里約華里七十有五入

紐宜昔河（自西入河）

紐宜昔河又北流六十一里約華里一百八十有三入華盛頓部東南界又北流折西百五十一里約華里四百五十有三入科侖

布亞河（自東入河）

科侖布亞河又南流二十一里約華里六十有三受窪拉窪拉河

窪拉窪拉河出額里根邦東北隅靑山互嶺沿溪懸洪壓濤西北流四十一里約華里一百二十有三入華盛頓部東南界又西北流八里約華里二十有四入科侖布亞河（自東入河）

又西流爲額里根邦華盛頓部界入太平洋

科侖布亞河又西南流二十一里約華里六十有三逕窪拉窪拉礮臺東畔其水爲額里根邦華盛頓部之界綫始此西南流五十一里約華里一百五十有三受諳務梯拉河

諸務梯拉河出頞里根邦東境青山西北流四十一里約華里一百二十有三入科侖布亞河（自南入河）科侖布亞河又西流六十一里約華里一百八十有三受準得士河

準得士河出頞里根邦青山其源歧引而合西北流百一十里約華里三百三十入科侖布亞河（自南入河）科侖布亞河又西流四十一里約華里一百二十有三受科路河

科路河出頞里根邦之西南境沙斯克達山東北流一百六十一里約華里四百八十有三入科侖布亞河（自南入河）科侖布亞河又西流百一里約華里三百有三又西北流六十一里約華里一百八十有三又西流六十里約華里一百八十其水至華盛頓西界入太平洋

雲龍按科侖布亞河在美利加合衆國西北隅受河凡八所受之經宜昔河五小河入焉是一水而包水十有三其經流長九百一十英里約華里二千七百三十

沙沽納勉多河

沙沽納勉多河出嘉里符尼亞邦入太平洋

沙沽納勉多河導源沙斯克達山南麓在加里符尼亞邦北境（地名底×希麻）石澗所積漂淌斯迅南流八十五里約華里二百五十五受

三若蘗河

三若蘗河出久納湖在嘉里符尼亞邦西南隅西北流五十一里約華里一百五十有三受卓治拉河

卓治拉河出嘉里符尼亞邦東境昔拉力巴達山亦落機山一脈也西流四十里約華里百二十入三若蘗河（自東入）

三若蘗河又西北流五十一里約華里一百五十有三受斯擔士樓河

斯擔士樓河出嘉里符尼亞邦之苦昔力巴達山西流五十一里約華里一百五十有三入三若蘗河（自東入）

三若蘗河又西北流四十五里約華里一百三十有五入沙沽納勉多河（自南入）

沙沽納勉多河又西南流十五里餘約華里四十五有奇注斯三灣達於三法蘭昔斯哥海灣

雲龍按沙沽納勉多河在美利加合衆國西南隅包小水三凡長百里有奇約華里三百有奇

阿拉巴麻河

阿拉巴麻河出阿拉巴麻邦入墨西哥海灣

阿拉巴麻河出阿拉巴麻邦東南境（地名谿榴）原名他納蒲沙河西南流百一十一里約華里三百三十有三受高沙河

高沙河一譯古沙河出阿拉巴麻邦東北境（地名治六奇）南流一百五十一里約華里四百五十有三入阿拉巴麻河（入自河北）

阿拉巴麻河又西南流百一里約華里三百有三受潭北比河

潭北比河一譯統碧沽比河出阿拉巴麻邦東北境西南流八十一里約華里二百四十有三又屈折東南流一百一里約華里三百有三入阿拉巴麻河（入自河北）

阿拉巴麻河過此亦名毛比河南流五十一里約華里一百五十

有三至阿拉巴麻邦西南界入墨西哥海灣

雲龍按阿拉巴麻河在美利加合衆國東南境包小水二凡長二百六十三里約華里七百八十有九

阿耳畬麻哈河

阿耳畬麻哈河出若耳治亞邦入大西洋

阿耳畬麻哈河導源若耳治亞邦東南境東南流三十一里約華里九十有三受我沽合發吉河

我沽合發吉河出若耳治亞邦西境東南流百一里約華里三百有三入阿耳畬麻哈河入自河朝

阿耳畬麻哈河又東南流二十二里約華里六十有六受我歌宜河

我歌宜河出若耳治亞邦東北境二源雙導而合東南流百十里約華里三百三十入阿耳畬麻哈河入自河北

阿耳畬麻哈河又東南流四十四里約華里一百三十有二入大西洋

雲龍按阿耳畣麻哈河在美利加合衆國東南隅包小水二長凡九十七里約華里二百九十有一

山地河

山地河出叟司喀爾勒那邦西入大西洋

山地河一譯散底河導源叟司喀爾勒那邦西境東北流十五里約華里四十有五又東南流五十一里約華里一百五十有三受嘎達利河

嘎達利河

嘎達利河之上流名哈多把河出諾司喀爾勒那邦西境阿粒我宜山濤涌波襄東南流六十一里約華里一百八十有三入叟司喀爾勒那邦北界易名嘎達利河一譯堪厄理河又東南流四十里約華里一百二十入山地河大自河此

山地河又東南流五十一里約華里一百五十有三入大西洋

雲龍按山地河在美利加合衆國東南隅包小水一凡長一百一十七里約華里三百五十有一

細比地河

細比地河出叟司喀爾勒那邦入大西洋

細比地河導源叟司喀爾勒那邦東北境東南流四十一里約華里一百二十有三受理補河

理補河出諾司喀爾勒那邦東南隅藩那士北山南流三十一里約華里九十有三又西南流十一里約華里三十有三入叟司喀爾勒那邦東境又西南流十一里約華里三十有三入細比地河

細比地河又西南流四十一里約華里一百二十有三入大西洋

雲龍按細比地河在美利加合衆國東南隅包小水一凡長八十二里約華里二百四十有六

詹士河

詹士河出勿爾治尼亞邦入給沙比可海灣

詹士河一譯日木司河導源勿爾治尼亞西北境五十一里瀑布流而東南約華里一百五十有三又東北流五十一里約華里一百五十有三又東南流五十里約華里一百五十又屈曲東北流百一里約華里三百有三又東南流五十一里約華里一百五十

有三又東北屈曲流一百五十一里約華里四百五十有三受阿
里惹伯斯河
阿里惹伯斯河出勿爾治尼亞邦南境東流六十一里約華里一
百八十有三入詹士河入自河南
詹士河又東流六十一里約華里一百八十有三入大西洋
雲龍按詹士河在美利加合衆國東境包小水一凡長五百一十
有五約華里一千五百四十有五
拉比安樂河
拉比安樂河出勿爾治尼亞邦入給沙比可灣
拉比安樂河導源勿爾治尼亞邦東北境東南流四十一里約華
里一百二十有三受拉比宴河
拉比宴河出勿爾治尼亞邦北境東南流四十一里約華里一百
二十有三入拉比安樂河入自河西
拉比安樂河又東南流六十五里約華里一百九十五入給沙比
可灣

雲龍按拉比安樂河在美利加合衆國東境包小水一凡長一百有六里約華里三百一十八

婆多麥河

婆多麥河出瑪理蘭邦南界入給沙比可灣

婆多麥河一譯葡萄擧河導源瑪理蘭邦南界即威士弗勿爾治尼亞邦東界也屈曲東流十一里約華里三十有三共爲勿爾治尼亞邦北界瑪理蘭南界始此又屈曲東流百一里約華里三百有三受山宜多河

山宜多河出勿爾治尼亞邦北境東北流八十一里約華里二百四十有三入婆多麥河

婆多麥河又東南流二邦界二百八十一里約華里八百四十有三入給沙比可灣

雲龍按婆多麥河在美利加合衆國東境包小水一凡長三百九十三里約華里一千一百七十九

沙斯格哈拉河

沙斯格哈拉河出賓夕佛尼亞邦

沙斯格哈拉河一譯色斯貫哈拏河出賓夕佛尼亞邦東北境其源有二東西相距五十里有奇約華里一百五十有五並東南屈曲流一百五十里約華里四百五十其水雙流一合又東南流十一里約華里三十有三受直利亞達河

直利亞達河出賓夕佛尼亞邦南境東北屈曲東流一百六十一里約華里四百八十有三入沙斯格哈拉河

沙斯格哈拉河入自河酊又東南流二百五十一里約華里七百五十有三出賓夕佛尼亞邦東南界

又東南過瑪理蘭邦入給沙比可灣

沙斯格哈拉河又東南流十五里約華里四十有五入給沙比可灣

雲龍按沙斯格哈拉河在美利加合衆國東境包小水一其水二源未合以前各長一百五十里約華里四百五十水流既合凡長二百七十七里約華里八百三十有一

干揑底嘎奪河

干揑底嘎奪河出英屬地南流紐折爾西窪蒙二邦界

干揑底嘎奪河導源英屬地加納大南流入美利加合衆國界又南流少西三百八十里約華里一千一百有四十其水爲紐折爾西邦東界窪蒙邦西界又過馬沙朱色士邦又過干揑底嘎奪邦入大西洋

干揑底嘎奪河又南流逕馬沙朱色士邦六十里約華里百八十受績高比河

績高比河出馬沙朱色士邦南境西流二十二里約華里六十有六入干揑底嘎奪河入自以東

干揑底嘎奪河又東南流十一里約華里三十有三入干揑底嘎奪邦界又西南流十二里約華里三十有六又南流三十三里約華里九十有九又東南流十一里約華里三十有三入江島灘達于大西洋

雲龍按干揑底嘎奪河在美利加合衆國東北隅包小水一其逕

境內凡長五百有七里約華里一千五百二十有一

乞臣河

乞臣河出窪蒙過紐約邦入大西洋

乞臣河一譯赫遜河一音之轉也導源紐約邦東北境屈曲東南流一百十里約華里三百三十與活多松河合活多松河出窪蒙邦西北隅之產部運湖一譯產不璉湖湖西派引南流入紐約邦東北界又南流未半轉折西南一百十里約華里二百三十入乞臣河入朝乞臣河又屈曲東南流一百五十一里約華里四百五十有三入大西洋

雲龍按乞臣河在美利加合衆國東北包小水一長二百五十里約華里七百五十

東河

東河出紐約邦入大西洋

東河導源紐約邦紐約鎮之東北其水南流二十二里約華里六十

十有六受哈蘭河

哈蘭河出紐約東南流十三里約華里三十有九入東河

東河又南流二十五里約華里七十有五入大西洋

賴宜各拉河

賴宜各拉河亦曰湖河導源野麋湖息打熱湖此即翁里打北岸屬加納大之翁打里約南岸屬美利加之紐約邦其飛瀑或落一百五十四尺或落一百六十三尺其水東流五十三里約華里一百五十有九入大西洋

沙倚那河

沙倚那河出密西根邦入費綸湖

沙倚那河導源密西根邦東境東北流六十一里約華里一百八十有三凡受小水三其少大者曰西阿華希河

西阿華希河出密西根東境西流二十二里約華里六十有六入沙倚那河入自河南

沙倚那河又北流一百五十一里約華里四百五十有三又西流

一百四十一里約華里四百二十有三入沙倚那灣達于豈綸湖

雲龍按沙倚那河在美利加合衆國北境包小水三凡長三百五十三里約華里一千有五十九

由昆河

由昆河出加納大過阿拉士克部入那登灘

由昆河一譯由功河導源英屬地加納大東北流曲轉西北三百五十一里約華里一千有五十三入阿拉士克部東界受波久平河

波久平河一譯溥洽冰河出加納大西流五十一里約華里一百五十有三逕阿拉士克部又西南流三十一里約華里九十有三入由昆河

由昆河又西流四百五十一里約華里一千三百五十有三受小水

小水出阿拉士克部北流四十一里約華里一百二十有三入由昆河

由昆河又西流四百五十一里約華里一千三百五十有三又西南流七十一里約華里二百一十有三受小水

小水出阿拉士克部東流轉折西北六十一里約華里一百八十有三入由昆河

由昆河又屈曲西流五百五十一里約華里一千六百五十有三入那登灘凡長一千八百四里約華里五千四百十二

哥斯格平河

哥斯格平河出阿拉士克部入北洋

哥斯格平河導源阿拉士克部南境西流百十里約華里三百三十受北來一小水入自河南哥斯格平河又西流三里約華里九受南來一小水入自河北哥斯格平河又西流二十二里約華里六十有六受東北來一小水入自河南哥斯格平河又西流一百二十一里約華里三百六十有三入於北洋凡長二百五十六里約華里七百六十有八

阿魯斯篤古河

阿魯斯篤古河出緬邦入英屬地神莊河
阿魯斯篤古河導源緬邦東北境東流折北又轉而東四十里約華里一百二十其水出界又東流三十三里約華里九十有九入英屬地之神莊河
沙果河
沙果河出緬邦入大西洋
沙果河導源緬邦東境格倫湖東南流爲邦與英屬地之界綫四十一里許約華里一百二十有三入大西洋
賓納士吉河
賓納士吉河出緬邦入大西洋
賓納士吉河一譯泌諾卜斯格河導源緬邦東北境南流六十一里約華里一百八十有三又東南流十一里約華里三十有三又南流八十一里約華里二百四十有三又東南流十二里約華里三十有六入大西洋其水長百六十有五約華里四百九十有五
基泥伯河

朞泥伯河出緬邦入大西洋

朞泥伯河一譯堅梨北河導源緬邦北境東西曲折而南流三百一里約華里九百有三入大西洋

阿魯斯高金河

阿魯斯高金河出紐罕布西耳邦過緬邦入大西洋

阿魯斯高金河導源紐罕布西耳邦東境之安拔[illegible]湖南流十一里約華里三十有三轉折東流二里約華里六共水入緬邦西界屈曲東流二百一十一里約華里六百三十有三入大西洋

米麗馬沽河

米麗馬沽河出紐罕布西耳邦過馬沙朱色士邦入大西洋

米麗馬沽河一譯眉理麥河導源紐罕布西耳邦過馬沙朱色士邦東北境東北流四十四里約華里一百三十有二入大西洋

喀羅司河

喀羅司河出馬沙朱色士邦入馬沙朱色士灣

喀羅司河導源馬沙朱色士邦東境東流少北二十二里約華里

六十有六入馬沙朱色士灣

特納窪河

特納窪河出紐約邦過紐折爾西邦界至特納窪邦入大西洋

特納窪河導源紐約邦南境東南流五里約華里十五又東南流一百十一里約華里三百三十有三爲紐約邦賓夕佛尼亞邦之界又東南流一百十里約華里三百三十爲賓夕佛尼亞邦紐折爾西邦之界又東南流入特納窪邦境達於給沙比可灣

拔達布斯葛河

拔達布斯葛河出瑪理蘭邦入大西洋

拔達布斯葛河導源瑪理蘭邦東北境東南流二十七里約華里八十有一入給沙比可灣

拔達根多河

拔達根多河出瑪理蘭邦入大西洋

拔達根多河導源瑪理蘭邦東北境歧源合流屈曲東南三十三里約華里九十有九入給沙比可灣

約奇河

約奇河出勿爾治尼亞邦入給沙比可灣

約奇河導源勿爾治尼亞邦東北境東南流三十三里約華里九十有九入給沙比可灣

確鸞河

確鸞河出勿爾治尼亞邦過諾司喀爾勒那邦入大西洋

確鸞河導源勿爾治尼亞邦東南境東南流十一里約華里三十三入諾司喀爾勒那邦東北界又東南流十二里約華里三十有六至確鸞灣達於大西洋

恩祿河

恩祿河出勿爾治尼亞邦過諾司喀爾勒那邦入大西洋

恩祿河導源勿爾治尼亞邦南境東南流一百三十三里約華里三百九十有九入諾司喀爾勒那邦又東南流九十一里約華里二百七十有三入確鸞灣達於大西洋

格布非鴉河

格布非鴉河出諾司喀爾勒那邦入大西洋

格布非鴉河導源諾司喀爾勒那邦北境東南流二百三十一里約華里六百九十有三入大西洋

雅多經河

雅多經河出諾司喀爾勒那邦過叟司喀爾勒那邦入大西洋

雅多經河即大比地河之上流導源諾司喀爾勒那邦北境（地名六雲）東南流二百里約華里六百其水入叟司喀爾勒那邦易名大比地河又東南流一百二十一里約華里三百六十有三入大西洋

埃立士多河

埃立士多河出叟司喀爾勒那邦入大西洋

埃立士多河導源叟司喀爾勒那邦腹地（地名艾地菲）謂上流曰北埃立士多河下流曰南埃立士多河東南流一百五十一里約華里四百五十有三入大西洋

西灣納河

西灣納河過叟司喀爾勒那邦西入大西洋

西灣納河導源叟司喀爾勒那邦西界若耳治亞邦東界沿界東南流二百三十三里約華里六百九十有九又南流少西百十里約華里三百三十入大西洋

沙拔那河

沙拔那河出若耳治亞邦入大西洋

沙拔那河一譯颯骨拏河導源若耳治亞邦南境東南流七十七里約華里二百三十有一入大西洋

仙莊士河

仙莊士河出佛勒里噠邦入大西洋

仙莊士河導源佛勒里噠邦東境湖流所積南流一百三十二里約華里三百九十有六入大西洋

沙戈力河

沙戈力河出若耳治亞邦過佛勒里噠邦入墨西哥灣

沙戈力河導源若耳治亞邦南境東南流十五里約華里四十有五入佛勒里噠邦北界又東南流四十四里約華里一百三十有

二又東流五里約華里十有五又西南流十五里約華里四十有五入墨西哥灣

察他郁芝河

察他郁芝河出若耳治亞邦過佛勒里畣邦界入墨西哥灣

察他郁芝河導源若耳治亞邦西境南流十五里約華里四十有五又南流爲若耳治亞邦西界阿拉巴麻邦東界一百五十一里約華里四百五十有三又南流逕佛勒里畣邦西境十一里約華里三十有三入墨西哥灣

巴斯嘎我納河

巴斯嘎我納河出密士昔比邦入墨西哥灣

巴斯嘎我納河之上流曰利肥河導源密士昔比邦東境地名佐士東南流五十五里約華里一百六十有五逕濆臣地名乃有巴斯嘎我納河之目又南流四十四里約華里一百三十有二注密士昔比灣達於墨西哥灣

比耳河

比耳河出密士昔比邦入采補力安布立湖

比耳河一云比爾里譯其謂猶言珠江也導源密士昔比邦比耳山是山居邦之中央山水所積漂湍遠引南流少西百十里約華里三百三十又東南流五十五里約華里一百六十有五入采補力安布立湖或譯云未安湖即此在邦南界外與墨西哥灣近矣

沙邊河

沙邊河出德格瑟斯邦入墨西哥灣

沙邊河導源德格瑟斯邦東北境東南流二十二里約華里六十有六其爲德格瑟斯邦東魯西阿納邦西之界始此又南流百五十一里約華里四百五十有三入墨西哥灣

脫泥立地河

脫泥立地河出德格瑟斯邦入哥而維士登灣

脫泥立地河導源德格瑟斯邦東北境地名阿慈東南流三百三十里約華里九百有九注哥而維登士灣或譯云嘉路臧士頓灣達於墨西哥灣

布拉蘇士河

布拉蘇士河出德格瑟斯邦入墨西哥灣

布拉蘇士河出德格瑟斯邦西北境二源雙引東流二十二里約華里六十有六而合又東南流四百五十一里約華里一千三百五十有三入墨西哥灣

喀羅喀羅河

喀羅喀羅河出德格瑟斯邦入宰拖歌畲灣

喀羅喀羅河導源德格瑟斯邦西境地名波顯東南流三百五十一里約華里一千五十有三注宰拖歌畲灣達于墨西哥灣

熱可蘭的河

熱可蘭的河出喀挪拉奪邦過紐墨西哥部德格瑟斯邦入墨西哥灣

熱可蘭的河或譯云日納河出德格瑟斯邦之落機山雙源並引東南流十一里約華里三十有三又西南流三十三里約華里九十有九入紐墨西哥部又南流少西一百六十一里約華里四百八十有三入德格瑟斯邦境又東南流三百三里約華里九百有

九入墨西哥灣

布拉庫河

布拉庫河出拏布拉土格邦

布拉庫河導源北布拉地東北二百二十五里英里七十五

理低倭亞河

理低倭亞河出尤達部入理低倭亞湖

理低倭亞河導源尤達部西境華達機山北流八十一里約華里二百四十有三又屈折西南流三十三里約華里九十有九入理低倭亞湖

堪報河

堪報河出列法達邦入堪報湖

堪報河導源列法達邦東北境堪報山二源雙引一合南流四十四里約華里一百三十有二又西流八十八里約華里二百六十有四又南流四十里約華里一百二十注堪報湖湖在邦西境西堪報山西

奇拉麻斯河

奇拉麻斯河出嘉里符尼亞邦入太平洋

奇拉麻斯河導源嘉里符尼亞邦東北境額湖西流六十一里約華里一百八十有三又南流三十三里約華里九十有九又西流四十四里約華里一百三十有二入太平洋

差奇璨石河

差奇璨石河出華盛頓部入太平洋

差奇璨石河導源華盛頓部喀斯喀達山西流六十五里約華里一百九十有五入太平洋

先奪古理亞河

先奪古理亞河導源密西根邦出入費綸野裏二湖

先奪古理亞河或譯云我西布里河出費綸湖南流二十二里約華里六十有六入於野裏湖即或云衣利湖者是也

列新河

列新河出密西根邦入野裏湖

列新河導源密西根邦東境東流十五里約華里四十有五入野

裏湖汛漲時亦通費綸湖

波衣岡河

波衣岡河出密西根邦入密西根湖

波衣岡河導源密西根邦西境地名宋岡士達雙引一合西流三十三里約華里九十有九入密西根湖入自湖東

馬業師擠河

馬業師擠河出密西根邦入密西根湖

馬業師擠河導源密西根邦北境地名高羅佛雙引一合西南流五十一里約華里一百五十有三入密西根湖入自湖東在波衣岡河南五十一里約華里一百五十三

野系嘎納華河

野系嘎納華河出密西根邦入密西根湖

野系嘎納華河或譯云渴納華司河導源密西根邦西北境地名馬吉東流二十二里約華里六十有六入密西根湖入自湖北

力脫猓逸河

力脫倮逸河出密西根邦入西比熱湖
力脫倮逸河導源密西根邦西北境地名馬吉在野系嘎納華阿西東流十五里
約華里四十有五入西比熱湖入自湖西南
帖加勉龍河
帖加勉龍河出密西根邦入西北熱湖
帖加勉龍河導源密西根邦北境地名摺杯和在野系嘎納華河北面
其水東北流三十三里約華里九十有九注帖加勉龍灣達于西
比熱湖入自湖南
愛古河
愛古河出根得基邦入曼孟司洞
愛古河一譯野葛河導源根得基邦愛以特門勝之曼孟司洞有
泉濶然流而爲河寬二百尺深三十尺其水流長一里有四分里
之三約華三里有奇即出無目魚處
格筏河
格筏河出阿拉士克部入北洋

格筏河導源阿拉士克部東南境西南流九十九里約華里二百九十有七入於北洋

沙士提拉河

沙士提拉河出阿拉士克部入北洋

沙士提拉河導源阿拉士克部南境在格筏河之西北其水西流二百廿里約華里六百六十入於北洋

紐士查格河

紐士查格河出阿拉士克部入比士道灣達於北洋

紐士查格河導源阿拉士克部西南境西流一百五十一里約華里四百五十有三入比士道灣（在阿拉士克部西南）達於北洋

多拉廉河

多拉廉河出阿拉士克部入羅登灣達於北洋

多拉廉河導源阿拉士克部北境西流一百十一里約華里三百三十有三入羅登灣達於北洋

哥路威河

哥路威河出阿拉士克部入北洋

哥路威河導源阿拉士克部東北境東北流百十里約華里三百三十入於北洋

其徼涓別派聊諏河目及所逕邦部附述於篇

蒲納古法力○博塔密基○雀拖押○曲古塔華基○孔宜庫○哈互派○凱達花基○曲渚達花基○飛暑○藹二沽○藹綠檣碧雅○福鈴得○夫林特○立低耳○立低耳雀多派○立低耳塔拉蒲沙○立低耳通碧果比○博力○綠果拔納○磨比里○業拔耳牙○綠司○肥樹○朋格六○派多沽裏闊○派歧哭○細布疏○甜暑○通碧果皮○曲沽拖花帶

此三十河逕阿拉巴麻邦

納果綠○力直耳○麗支○立綠○力得二密蘇里○立得二來特○懷得○馬美力○沙領○磨耳碧立○果起塔○來特○沙林○司布林○司篤祿浦裏○臺龍闊○懷特○白納沽○愛立蓬猛拔迎特○飛波○經午

此二十一河逕阿剛色斯邦

槐得〇布納牒

此二河逕喀挪拉奪邦

藹多買綠〇髮明東〇阿土拔達庫〇碧果路〇湖沙多宜沽〇美綠〇牧牛延枝沽〇綠阿達沽〇哈慕納音多〇紐音奇沽〇綠蛙沽〇博美綠〇均博〇綠林蒲盧沽〇市達歧尾〇西波〇西木市〇懷石涷〇揚奇沽

此十九河逕干捏底嘎奪邦

引地漾

此河逕特納窪邦

雀多麻〇嘉多雅〇福沙押基〇雀綠基〇野拖阿〇博綠突〇佛領得〇五如基〇法碧魯〇麗得耳〇來得福碧〇沙基納〇立得耳沙基納〇沙派納〇紐八多〇先得買林〇先奪馬領〇紐拔騷〇多納波沙〇達綠蠟〇修雅路〇黴路〇維司客沽基

此二十三河逕若耳治亞邦

羅渴○碧果馬蒂○碧果引田○阿補綠○野多窪多○燕八納士○髮渴斯○科蘭多碧阿○果林○蓋多○美力○美朱○宜拔新果○碧喀多宜果○勃蘭

此十五河逕伊利那倚斯邦

皮法○樹達○音麗石○熱木石○瓦宜達○瓦甚申沽基○泌綠琫○熱碧爵納○塔基

此九河逕英釐阿納邦

拔都閘○噴喝綠扶得○蒲盧○凱綠○科立雅○科立雅○科立綠塔耳○倚果綠○倚綠篤鵝沽納石○藹綠沽○藹綠馬○篤石○音田漾○我沽八石○窪耳○拔力共○碧綠得○來樹○潦恩瀆○納樹○山讀西綠○西綠扶○斯碧力得○斯多牧○綠黃○綠黃○綠黃○紫家沙○托閻蒲盧○托藹耳夫墨倚綠○鞠英○鞠英○鞠英○華蓬西○華哈蓬西○華耳○華耳

此三十八河逕愛呵窪邦

碧阿○碧拔○碧果蒲盧○碧果山特○碧特樹閘○蒲納福○雀

祿拔力○雀宜○雀突綠魯沽○檣布忙○奇家絲夾○西木隴○
渴東屋○凱屋○渴綠格渚○突納懷耳○臺路○藹綠沽○藹綠
木○福綠○福綠士○赫古蒲來○剛色士○渴○納碧笛○納達
○力敵爾渴恩○力渴詩○力敵爾亞夕如○牧木塔祿○米祿○
美路碧立○美馬哈○內馬蘇○沙布○米來書家○綠絲凱宜○
綠司米來書家○綠司沙路孟○綠歹如○拍納達倚斯○波宜○
波倚從○波來立突古○博宜樹篤屋門○北篤綠司內沽○力柏
補立看○沙得○司來得○司馬基夕耳○書耳奇亞○書路孟○
叟司書路孟○他盖○屋祿○華羅荼得○多雲流地○髮瓦葺○
法奇果立司○華羅荼得○懷得華特

此六十一河逕剛色斯邦

碧果派林○碧果山特○金罷南特○根得棊○綠林○琫杜○沙
得○

此七河逕根得基邦

阿密低○阿家法納押○阿家法納押○蒲納古○蒲納古培郁○

蒲納古來沽培郁○蒲壁培郁○祿朮培郁○杯福○杯五福培郁○恰祿恰祿○凱恩○吉奠古基○篤石基培郁○突納奇培郁○突司阿力孟突培郁○達及麻茶○蒲南特凱絲培郁○果南席低培郁○納活星培郁○納福基培郁○納古培郁○力低耳○美工培郁○墨孟東○力司若完培郁○碧耳○碧基多凱陸培郁○法力雅培郁○乃得○羅培郁○雖林培郁○屯宜拔華○多基培郁○屯沙司培郁○奇古福○多納拔五培郁○法美濃

此三十八河逕晉西阿納邦

押納雅司○晉篤綠司古納○耳羅士抵沽○碧果馬夏司○博六沽得○達馬力司古達○突讀○丕納波司古達○飛樹○木司○客宜八閒○客宜八石司○客宜派沽○力得陸馬○哈司○沙古○力得陸馬達威司家○馬哈司○墨雅六威○麥達旺基○莫南恰斯○納我雅詩○派沙丹基○配納果司戈篤○山低○碧石恰塔基○博宜常得○博來司九○沙讀羅拔古○樹拜斯○西波司果得○先得崇○由農○先得格來○先得法蘭昔斯

此三十四河逕緬邦
耳力得祿○阿沽錫得○阿家序來得○莽亨○拜席祿○麥力買
沽○懷司得飛耳特○派阿○里派○蒲納葛詩東○密祿○蓬沙
多○密司歧沽○家立司○納沙○納司○納石○果耳讀○孔沽
讀○拍忙席讀○筏家○突阿飛耳特○博朗○華近東○均業拔
○華得○福林芝○搜司○搜石○福領○福領○司多官蒲南處
○衣莎五得○洹沽蒲南處○拖東○蝦沙拖宜沽○直立○哈派
多○懷耳○一碧四限沽○懷司得飛爾特○勢碧黍○懷司特拔
得○熟宜司○懷懷直直

此四十五河逕馬沙朱色士邦
拔特○北納沽○楷波○希達○地特○果南得○修隴○密士介
美○密受理○沃錫北鹿○碧入洪○披蔭○納碧都○沙得○山
特○司達粱○司灣○紅搭納弓○懷得

此十九河逕密西根邦
懷麗○來斯○數灣○司東○來特○披印○馬石○希耳○雀農

○北納果○別阿○拔地得○拔布基增

此十三河逕梅尼所達邦

阿米低○碧羅奇稀○直喀沙窪○戈綠多沃達○法石○鴨多○哈磨芝石○綠果沙拔力納○林果格司○司多嫩○山福納瓦○達納哈池○多渴納○登碧渴比○五路福○鴨納布夏○約納拔達哈

此十七河逕密士昔比邦

碧果○碧果○碧果蒲留○蒲納果○蒲南拖法○家司多○爲懷多果喀南○加立登○果綠渴拖○果綠柯突法課○基拔○客連多○倚客綠法果○肥星○福力低立果○客南渚○客南渚○執柯司伐柯○執某詩伐柯○立多祿○祿達○立多祿蒲納柯○立都綠蒲留○立柯伐柯○立多祿伐柯○立多祿伐柯士○立突祿讓格○密納美柯○密多耳伐柯○宜喀祿○讓客○諾達威○諾司○諾司法碧石○諾司伐柯沙多○諾司窪達○沃司伐柯○比宜○蒲盧地○波泌地達力○綠茶筏司○沙柯○莎多○沙司法

碧士○懷多○沙司法果石○沙司法果懷多○司蒲林○沙屋松
○米多耳法果客南○威士多法果蒲納柯○威士多法果基筏○
威士多法果沙多
此五十三河逕密蘇鼇邦
碧果白蘆○白蘆○奇石馬耳○藹露果華木○溪阿仁核○立地
耳白蘆○立地耳美馬哈○綠布○密特耳綠蒲○綠石白嚴基藹
路沽○北布拉地○納司露布○布拉地○納碧渚○椒蔀里疊○
納迎華得○司來沽○愛綠沽花木○露布○力沽白蘆○懷東滿
石○屋特○阿石○八篤米力升○碧拔○碧把○碧筏○白納沽
拔特○拔地沽石○博沽石○八登○雀吉○雀納馬石○希達○
希大○果來○博里阿○喀特○庚錫貳○得特護士○望牧○福
阿眉祿○耳阿○祿登○隆拜○眉布耳○眉奇生○瓦篤○瓦地
○披印○攀布嶺○來特維綠○留農○納士○司沽耳○晉耳○
司布林○得碧○精拔○多朗沽留地○塔基○法奇沽立司○懷
耳多

此六十三河逕拏布拉士格邦

安奇綠布○阿馬谷沙○阿樹○博二基○碧疏波○博地○波達○波塔○波耳朗○波閘多○凱恩○雀農○雀松○雀司綠○錫達○果奈阿○喀羅拉渚

此十七河逕列法達邦

干多果戈○丹養盂○瓦多○丕博囘○喜立布士○莎倚禰得○

此六河逕紐罕布西耳邦

阿多松○拔士○拔篤士庫○兌特○果來得愛柯哈波○墨茶司亹○牧麗石○梅兌功沽○密綠石凍○華耳基綠○瓦石孔雷多功○納拜星沽○綠司納力達○窪石懷沽○夏沽○泊石沽○碧圭石得○綠槐○納馬蒲○納力達○叟司○叟司納力達○達甲賀○懷亭

此二十四河逕紐折爾西邦

屋隨蒲盧○琵琶○北納客○北納客○恰宜司多○希大○恰許赳衣力○活活沽東○渴魯登○電阿○哭耳納華○格納司○衣

司多北乃杵○熱宜士衣○引吉櫻○引吉櫻○密突羅北南儲○馬士○來法行沽○來額納○五四懷額儲○五四懷果○波多宜○納格多○沙公達○沙二猛○沙耳猛○沙納茶沽○希內格○先得猓林士○魯圭地○納五魚篤○拉吳魚篤○畢五魚篤○勒屋魚篤○耳福篤○沙納篤隈○司沽隆○西內家○西外度○希羅拜○士家宜帖力司○錫林○錫納士○士密司○叟司○司波林○先得力熱士○司多宜○托羅特○多羅得○達拔○達拔士懷特○阿伯雀低宜○阿伯三納茶沽○五音特福耳○五多碧宜

此五十八河逕紐約邦

倍○布納克○卓灣○西愛瓦司○魯課務讀夏裏○朗拜○宜司○納士○納地來廓○蓬立格○派司格唐果○旁戈○稌納沽○叟司○達○多來得○維得瓦古

此十七河逕諸司喀爾勒那邦

沃果來字○北納沽○雀果林○孔紐多○曲活隈○達耳碧○果南特○果南特米阿米○合古合今○耳力特合古合今○修隆○

先得密耳林○先得恕如福○多雲○法耳密綠俄華拔石○懷得
司冬○立得耳密阿米○立得耳瓦司金亨○瓦度○瓦哈金○馬
薩○拔地如○蘇基○山達司基
此二十五河逕倭海約邦
耳食○拔恩○希多沽○希瓦肯○起基吉○果石○渴吉利○福
立克得○地司楷低一士○果南待侖得○一題路依士○衆題○
恕但○開耳西士○納縴味尤得○來懷司恩讀克納客○林古○
隆悚○綠石多○猛哈○買典巴特○馬耳哈○瓦金熱○美知士
○美哈侖○美家士○來司托領○紐○綠士巴達○綠士蓋西耳
○綠士隆特○綠士音波括○沃味基○泡達○波定○綠术○三
江福沽○二講富沽○雷六味石○福納士六○士米市○士內沽
○叟司福沽○叟司福沽地司閘低士○叟司品布甲○司波納术
○福納克士○起維讀古司○油馬起納○懷得物○立阿美得○
懷艮士○懷耳松○約嘉茲
此五十四河逕頰里根邦

飛法○雀石魯瓦○柯納麗紅○孔內模○哈外內士勾○來○愛耳柯○哈力士○昔士格宜米達司○納甲華格心○該沃○活多馬沽○熱宜鴨達○司基耳凱兒○恕雞沽○達耳必活根○油恕密力

此十七河逕賓夕佛尼亞邦

愛綠麗○果來得碧立○立地耳碧提○綠石愛吉士得○沙昝畣○達鴨路○外恰牧

此七河逕叟司喀爾勒那邦

碧沽哈基○碧沽比日洪○碧沽山特○北飛鷺○達沽○愛耳沽○福林池北羅○夏基○西瓦石○碧特羅田揑西○鈕○綠石福沽提阿○屋派特○屋派○屋碧紅○屋沽一○時沽基○叟司福沽○叟司福沽隄阿○叟司福沽碧甕○司東木○帖宜沽○華達額

此二十三河逕田揑西邦

阿南沙士○碧柯維治納○布讓果○波士基○喀納直安○科力

雅福果○昆鞠○低碧耳司○哭來○納窪科○力恩○立阿納○
立士耳○立士耳維○知泰○納羅○美直納○納拔士達○密哭耳
昆科米生○納碧達宜○基司○納南○納司碧○納司烘沽○納
司來特○宜甲司○拔沽司○拔達浪司○楷綠納渚○耳哈窪果
納屋特兒○力窪果蘭特○力窪果蘭特○昔平○沙得蒲納茶○
沙得果陸納渚○沙得來特○山音篤宜五○叟司福古○叟司耳
來特○先得馬沽司○懷石得拖力地○來特
此四十六河逕德格瑟斯邦
篤果○馬士○瓦特○紐合閏○懷得○懷吾士基
此六河逕窪蒙邦
拔宜司達○北納沽屋達○溽格烘米宜○清基○竹音○果里果
路○唐○活啓士東○受牧士○受牧士○受牧士○力得綠○維
沙福古○瓦達拔宜○眉育○眉海林○紐沽力沽○綠司鴨茶○
納篤回○綠司鴨沽活魚市冬○北莽基○碧果○浦冬馬沽○浦
回耳○納碧登○羅納沽○市米士○叟司福沽錫納渚阿○司堂

冬○司多宜○

此三十河逕勿爾治尼亞邦

碧沽果耳○碧沽山笛○布力達耳拔士○派飛綠○雀章○雀多

○篤乃福古○愛耳果○愛耳果○飛書○果來○果來得懇納窪

○物林碧里雅○果養渚地○米篤○米篤耳愛來特○紐力拜○

綠士福古補多浦○派達松○烘特華古○五多買沽○山隄○收

法司福沽○叟司修入沽○叟司北蘭基五多浦○士布留司福古

○懷司冬

此二十七河逕威士尊勿爾治尼亞邦

阿納碧○阿木宜功○阿波魯○拔特○拔納蒲○碧果○蒲納沽

○懷司白蘆○懷司白蘆○拔飛六○拔乃得○起碧窪○福闔○

渴丕○由博力阿○由博力阿○由博林○音拔納司○飛石阿○

福納果○福南陪○福古司○夏多○海○涵金○愛養瓦里○棠

波○西爵布○乃古誇得○立達福亨得○紐五都○立得耳浦林

○立得耳配司基果○立得耳力蒲○立得耳沙密沽○立得耳紐

二福○立得耳愛六○羅蘭○買蘭懷音○米納宜宜○米特耳○
米特耳音八納士○猛得利耳○蘭美恰恭○六司音八納沙○六
司丕古○鴨供得○烹碧宜必孟○烹沙基○披石基果○披音○
披音○披音○博六阿○蒲地多○博來果○來特○來特西士達
○六沽○三特○熟沽東○沙木○叟司五工多○石碧立得○先
得博來可士○受介○沙茶浦六○沙瓦華沽○多雅恩溪沽○多
納波○多林比留○華沙基○懷石得恩八納市○懷石得比手基
果○懷士鹿五耳福○懷多○懷鹿○五耳福○五多○愛陸○愛
陸○馬士

此八十二河逕威士干遜邦

碧拔檀○碧果山特○碧陸懷艮○蒲納克○博宜亶○達羊孟○
倚司得福古○格納○奇納八宜亶○果爾得畫石○黑突裕得力
低耳克○羅納士○恰茶蒲畫石○力羅克石○力得耳恰羅納士
○綠石福古○派立阿○立沃恰宜十○沙得○沙得○三凱羅司
○三法蘭昔斯哥○三碧多羅○三達瓦里○石力洪司福古○石

力洪司福古○法仁○懷格布晝石○懷得孟鼎○懷得孟鼎

此二十九河逕阿里瑣那部

法度○珮力福基○碧果起野宜○碧果來福○碧果收沽士○博

愛司收沽士○博珮士○雀農八耳○打戈達○地司納古○愛鹿

○愛鹿馬○果難得○果難得柯立○沽司○黑特○哈得○倚孟

福果○熱木石○起愛八哈○眉蒲盧○立地耳起宜○立地耳來

福○立地耳密蘇盪○立地耳馬流○馬流○馬石○雲地林○懷

達士○懷司得法密力洪○晝古拔士甲○法密葺○達多○通沃

○叟司懷得○叟司果難得○叟司看農博耳○叟司基宜○沙力

特○西宜○沙多○來特○氷甲○拜沽○凹耳○六士古南托○

六士看農博耳

此四十七河逕打戈達部

拔納古○碧阿○蒲留紐○客納古司○南特藺○倚司得福古沙

納慕○福納得拔○五谷勤司○衆六司○亨利司雷沽○埒味司

內古○立地耳沙納慕○那納○納司通○瓦納特○瓦來特○米

突羅可里愛華得○墨蒙沙納孟○六司博愛司○六司柯力愛華得○六司五味希○博古○派地○拔得牛夫○郡士○納福拖○來特○羅另○羅多宜○市內古○沙納猛福耳士○市米回倍阿○叟司博愛司○沙瓦司○叟司果力愛華得○叟司沙納孟○叟司士內古○叟司懷沙○先得執日福○地東○達坐國士碧阿○會沙○五讀○由派○六司司內沽

此四十五河逕埃得和部

拔達○碧博哈特○碧果勃納古福東○碧果拔達○碧果罷來○碧果華羅○碧果華牧○碧果博力沽坐拔阿○博力司得○蒲盧○克納客司福沽○克納客司福沽科侖布亞○恰特旁沽○地阿拔牧○篤果○倚司經閘納經○倚司得博乃里○福[illegible]得借多○海耳等特○入谷○立特耳碧果化牧○立特耳勃納古福冬○立特耳密蘇里○密蘇納○買席耳石耳○派沽○帕達○杉○博里隈士○誇瀝額士○來特華得○博愛林蒲蘭芝○綠司蒲多○綠比○先得列吉司拔及阿○帖東○杉松○澹八沽○通吉○懷士

冬○懷土得闈納經○愛納士東

此四十二河逕孟大那部

阿沽阿恰領基○阿沽日徒納碧達○阿綠衣阿納馬石○阿綠衣
果六納特○勃蘭福雅夫入力北○阿六衣流西六○阿[illegible]郁山名
宜魯○阿魯郁希沽○等特○阿拜背納奇養○入宜○蒲蘭[illegible]雅
福梯力北○希拔納○加納大地六奇魯○希沽阿納郁○起力宜
阿納郁○希馬隴○楷六納度○孔滿基○倚士得福沽入密司○
奇納○入密司○入密司○慕納○南碧○司布林○乃特○蒲宜
多○楷馬○果司基納○納士○阿宜馬士○孔甲士○碧納司○
納農○派若力多○飛力克士○福力直六士○介立納士○果蘭
特○果蘭特地耳六敵○紅達○紅達○納波拉達○納起阿○朋
拜士○宜沃納○碧沽士○碧納士沽○婆阿沽○西婆阿沽○來
特士○沙碧羅○山熟士○杉染○派六馬士○久納○久納六庫
○三法蘭昔斯哥○翰絲久

此六十一河逕紐墨西哥部

阿丹牧師哈徒○飛石來沽○石達○博沽○亨立○愛蓋○宜笆
○山碧芝○三法蘭昔斯哥○臺拔耳六沽○納派熟
此十一河巡尤達部
阿達納○碧阿○檣眉六○雀石納波托路○希達○起朗○果宜
克士○揩活孟○揩活立芝○丹徐宜石○篤阿米石○倚呼孟○
愛路陪○音基阿多阿○蒲來石○果林○亨達利波士○哈納馬
○開多路○果立基達○來回士○立得耳士拔肯○來耍○馬五
○米沙○米士誇來○納吉士○來舍耳○福沽沙基○六士○屋
基茶甲久○阿立達郁士○蒲納沽司○陪士沽○陪士沽司○婆
耶納波○陪芝○飛立宜篤○奇納耳○納福多○沙耳猛○沙耳
猛○杉拔納○沙得速波○南宜得○士格奇多○司納額路米○
司納夏米石○書甲○司基耳貫米石○司篤南遮士○手谷米士
○唐押谷士○帖谷納○起耳東○懷得沙納猛○音猛○懷石加
○維六奇○約基馬○起納派納波○多日斯○多拖耳○達家農
○阿派約基馬○華叔額耳○華望芝○懷茶司○懷納雀榜○懷

多○懷得沙納猛○音猛○懷石加○維綠起○約基馬

此七十五河逕華盛頓部

五印度○拔八愛如○欣經華得○叟司基宜○崴得華持○培阿

○碧耳立福基○碧果轟○博石○果來恩○果來蒲耳○入隈多

○衆果立石○納納密○立得耳拔八愛如○立得耳拔達○六司

奇宜○宜瓦北納納○六石內北納士甲○六石迫納地○阿百愛

六士東○羅庫里沽

此二十二河逕歪阿明部

博綠○奚乃○起米石○立地耳○米篤拔如○華司達○來師客

坦達○綠石福沽肯納地養○來特○沙得○五衣花甲

此十一河逕印甸部

其渠凡五十

其沙格司

此渠逕特納窪邦

三達飛

此渠逕佛勒里畣邦
波達士格○沃格奇
此二渠逕若耳治亞邦
伊利那倚斯
此渠逕伊利那倚斯邦
哈隆迭羅多○沃連邦古○哈飛士○孔八列士○達六甚雅非奴
此五渠逕魯西阿納邦
先奪古理亞○西比熟
此二渠逕密西根邦
特納窪二○磨里士○賓司列古
此四渠逕紐折爾西邦
野理○沃司維果○西宜格○羌補領○布拉沽活○沃宜達○特
納窪
此七渠逕紐約邦
阿六比馬力○飛阿肥耳○紐榜

此三渠遥諸司喀爾勒那邦
沽里八浪○瓦耳烘吉○火金○米阿米○馬士金束
此五渠遥倭海約邦
威納米地
此渠遥頞里根邦
賓夕佛尼亞六○沙司格拉○由農○士格九○麗海○特納窪○
磨隴力赫納○墨西○特納窪
此十四渠遥賓夕佛尼亞邦
嘎拉夫司登
此渠遥纔格瑟斯邦
阿六比馬力○地司馬六纖布○若日東
此三渠遥勿爾治尼亞邦
共舊渠凡四十有七
華盛頓
此渠遥科侖布亞都城

發名冬○罕布夏○恩飛理文
此三渠逕干揑底嘎奪邦
瓦拔修○懷多水
此二渠逕英鶯阿納邦
康拔浪
此渠逕緬邦
米多猓爲古上○波達哈董○孟大有○南哈多力
此四渠逕馬沙朱色士邦
波沸瀛司○福沽奢多○阿摩司丹野○由農○寫沃麓
此五渠逕紐罕布西耳邦
奇南克二○古六客多列沽○奇滿○飛畣○借揑西○當司亞奴
○密六沽波古○日沽松○漥宜達
此十渠逕紐約邦
威耳登
此渠逕諾司喀爾勒那邦

三牒○倭海約賓夕佛尼亞○納克司○婁百而

此四渠逕倭海約邦

賓夕佛尼亞紐約○賓夕佛尼亞二○埒力美公司○由農○由尼

音○士博林里古

此七渠逕賓夕佛尼亞邦

布納古司東

此渠逕洛畐埃倫邦

生得而○穩約○喀多拔○瓦牒宜○科侖布亞○果立納○羅里

沽司○羅古哈多

此八渠逕叟司喀爾勒那邦

實學叢書史部載記類

美利加河渠志二　水道二　游歷美利加圖經八

花翎二品銜直隸即補道總辦北洋機器局前游歷使臣傅雲龍述

水道合流表

雲龍述游歷日本圖經有水道分合表茲何不云分也美利加水分自湖者不乏巨流而分自河者洪流蓋寡若密士昔比河雖分支五十有五入海時細支難可枚舉圖者畧焉其以大水包小水莫密士昔比若矣若密蘇蠻河若倭海約河皆受水數十而注之密士昔比河然包水之水二十不必皆大所包之水無慮一百一十自爲一水者四十有四總計一百七十有四合之微涓分支凡一千五百一十有九而渠流不在其內述水道合流表

大水水名	所逕邦部	合流水水名	所逕邦部	歸宿
密士昔比河	梅尼所達邦○威士干遜邦○愛呵窪邦○伊利那	梅尼所達河	打戈達部○梅尼所達邦	墨西哥海灣
		奇白窪河	威士干遜邦	
		布拉沽河	威士干遜邦	
		威士干遜河	威士干遜邦	

倚斯邦○密蘇蘆邦○根得基邦○田捏西邦○阿剛色斯邦○昝西阿納邦○密士昔比邦

羅古河	威士干遜邦
抵士摩衣司河	梅尼所達邦○愛阿窪邦
密蘇蘆河	孟大那部○打戈達部○歪阿明部○拏布拉士格邦○愛阿窪邦○密蘇蘆邦○剛色斯邦
落機山澗水	孟大那部
小水	孟大那部
小水	孟大那部
密羅沙河	孟大那部
麻松吉河	歪阿明部○孟大那部
北漢河	孟大那部
密沙路士高路河	孟大那部
喀那督河	孟大那部
密路奇河	孟大那部
小水	孟大那部

日發松河	歪阿明部○孟大那部
隈老扶河	孟大那部
馬沙士期河	孟大那部
屈亞夫河	歪阿明部
郁則斯河	打戈達部
葉多斯拖河一譯葉落斯惰河	拏布拉士格
拏布拉士格河一云拉拉米河	歪阿明部
小水	歪阿明部
士木枝希路獲河	剛色斯邦○密蘇蘆邦
小水	剛色斯邦
沙林河	剛色斯邦
奧西池河	剛色斯邦

嘎司戈那里河密蘇蘆邦

以上二十二水

入密蘇蘆河

倭海約河賓夕佛尼亞邦○威士奔勿爾治尼亞邦○根得基邦○倭海約邦○英蘆呵納邦○密蘇蘆邦○伊利那倚斯邦

磨攏阿壘那河威士奔勿爾治尼亞邦○賓夕佛尼亞邦

阿粒我宜河紐約邦○賓夕佛尼亞邦

口喀納喀河威士奔勿爾治尼亞邦

紐克河勿爾治尼亞邦○威士奔勿爾治尼亞邦

元多地河威士奔勿爾治尼亞邦

宰士堅勤河一譯穆士撒翁河倭海約邦

士吉河倭海約邦

米晏力河

一譯米亞密河

麗金河　根得基邦

谷林河　根得基邦

窩拔士河　英蘭阿納邦○伊利那倫斯邦

威河　英蘭阿納邦

金拔倫河一譯干布蘭的河　根得基邦○田揑西邦

以上十三河入

倭海約河

田揑西河

沿魯司冬河一譯移路士屯河　諾司咯爾勒那邦○田揑西邦○阿拉巴麻邦○密士昔比邦○田揑西邦○根得基邦

古領基河　田揑西邦

以上二河入田

揑西河	田揑西邦
我耳福河	
先奪路以司河一譯先奪法郎西斯河	密蘇蘿邦〇阿剛色斯邦
阿剛色斯河	剛色斯邦〇印甸部
力璨阿剛色斯河	印甸部
窪基沽理斯河	剛色斯邦〇印甸部
伊利那倚斯河	印甸部
喀那地央河	紐墨西哥部〇德格瑟斯邦〇印甸部
西麻河	印甸部
羅斯活沽河	紐墨西哥部〇德格瑟斯邦〇印甸部
威地河	阿剛色斯邦
羊蘇河	密士旹比邦
白油碧霞河	密士曾比邦

諸揑的大河　梅尼所達邦
珊安冬畧河　德格瑟斯邦
喀挪拉奪河　喀挪拉奪邦○阿里瑣那部○嘉里符尼亞邦
科侖布亞河　華盛頓部源出　英屬地○頰里阿高納近河

列奪河紅河也一譯辟路河列　德格瑟斯邦○印甸部○阿剛色斯邦○墨西阿納邦
波九河　印甸部
襟我期河　印甸部
華士什達河　阿剛色斯邦○墨西阿納部
諸小河　梅尼所達邦　入英屬地界
可達魯比河　德格瑟斯邦　西哥灣
奇鈴河上流曰北亞河　喀挪拉奪邦　太平洋
思埒沽河　歪阿明部
小喀挪拉奪河　阿里瑣那部
威占河　尤達部○列法達邦
吉林河　阿里瑣那部
仙達高士河　阿里瑣那部
司玻喀宜河　埃得利部○華盛頓部　太平洋
頰里阿高納近河　華盛頓部

根邦

野雞麻河　華盛頓部

紐宜昔河一名思埒沽河　埃得和部○須里根邦○華盛頓部

馬里牙鵝達河　埃得和部

米道路河　埃得和部

隈納基河　須里根

北曲絲河　埃得和部

沙魯孟河　埃得和部

路年河　須里根邦

窪拉窪拉河　須里根邦○華盛頓部

諳務梯拉河　須里根邦

華得士河　須里根邦

科路河　須里根邦

沙沽納勉多河

嘉里符尼亞邦

三若藥河　嘉里符尼亞邦

卓治拉河　嘉里符尼亞邦

三法蘭昔斯哥海灣

		斯擔士樓河	嘉里符尼亞邦	
阿拉巴麻河亦名他納蒲沙河又名毛比河	阿拉巴麻邦	高沙河一譯古沙	阿拉巴麻邦	墨西哥海灣
		潭北比河一譯統碧沾比河	阿拉巴麻邦	
阿耳會麻哈河	若耳治亞邦	我沽合魯吉河	若耳治亞邦	大西洋
		我哥宜河	若耳治亞邦	
山地河一譯散底河	叟司喀爾勒那邦	嘎達利河上流名哈多把河又名嘎達利河一譯堪厄理河	諾司喀爾勒那邦○叟司喀爾勒那邦	大西洋
細比地河	叟司喀爾勒那邦	理補河	諾司喀爾勒那邦○叟司喀爾勒那邦	大西洋
詹士河	勿爾治尼亞邦	阿里惹伯斯河	勿爾治尼亞邦	大西洋
拉比安樂河	勿爾治尼亞邦	拉比宴河	勿爾治尼亞邦	給沙比可灣

葡萄墨河（一譯婆多麥河）	瑪理蘭邦〇勿爾治尼亞邦〇威士奪勿爾治尼亞邦	山宜多河	勿爾治尼亞邦	給沙比可灣
沙斯格哈拉河（一譯色斯貴哈拏河）	賓夕佛尼亞邦〇瑪理蘭邦	直斯亞達河	賓夕佛尼亞邦	給沙比可灣
干揑底嘎奪河	紐折爾西邦〇窪蒙邦〇馬沙朱色士邦〇干揑底嘎奪邦	績高比河	馬沙朱色士邦	大西洋
乞臣河（一譯赫遜河）	窪蒙邦〇紐約邦	活多松河（一譯布的遜河）	紐約邦	大西洋
東河	紐約邦	哈蘭河	紐約邦	大西洋
沙倚那河	密西根邦	西阿華希河	密西根邦	費綸湖
		小水	密西根邦	

	小水	密西根邦
由昆河一譯由功河	阿拉士克部波久平河一譯博洽	阿拉士克部那登灘
	水河小水	阿拉士克部
	小水	阿拉士克部
哥斯格平河	阿拉士克部	
	小水	阿拉士克部北洋
	小水	阿拉士克部
	小水	阿拉士克部

以下自爲一水

水名	所逕邦部	歸宿
阿磐斯篤古河	緬邦	禰莊河在英屬地
沙果河	緬邦	大西洋
賓納士吉河一譯祕諾卜斯格河	緬邦	大西洋
基泥伯河一譯堅黎北河	緬邦	大西洋
阿磐斯高金河	紐罕布西耳邦〇緬邦	大西洋

米麗馬沽河一譯眉理麥河	紐罕布西耳邦○馬沙朱色士邦	大西洋
喀羅司河一譯茶利司河	馬沙朱色士邦	馬沙朱色士灣
特納窪河	紐約邦○紐沂爾西邦○特納窪邦	大西洋
賴宜各拉河	紐約邦	大西洋
扨達布斯葛河	瑪理蘭邦	大西洋
拔達根多河	瑪理蘭邦	大西洋
約奇河	勿爾治尼亞邦	給沙比可灣
確鸞河	勿爾治尼亞邦○諾司喀爾勒那邦	大西洋
恩祿河一譯大爾奎士河	勿爾治尼亞邦○諾司喀爾勒那邦	大西洋
格布非鴉河一譯結比非耳河	諾可喀爾勒那邦	大西洋
雅多經河下流名大比地河	諾司喀爾勒那邦○叟司喀爾勒那邦	大西洋
埃立士多河	叟司喀爾勒那邦	大西洋
西灣納河	叟司喀爾勒那邦	大西洋
沙提拉河	若耳治亞邦	大西洋
仙莊士河	佛勒里畣邦	大西洋

沙戈力河	若耳治亞邦〇佛勒里畣邦	墨西哥灣
察他郁芝河	若耳治亞邦〇佛勒里畣邦	墨西哥灣
巴斯嘎我納河上流名利肥河	密士昔比邦	墨西哥灣
比耳河	密士西比邦	釆補立安布立湖
沙邊河	德格瑟斯邦	墨西哥灣
脫泥立地河	德格瑟斯邦	哥而維士登灣
布拉蘇士河	德格瑟斯邦	墨西哥灣
喀羅喀羅河	德格瑟斯邦	宰拖歌畣灣
熱可蘭的河	喀挪拉奪邦〇新墨西哥部〇德格瑟斯邦	墨西哥灣
布拉庫河	弩布拉士格邦	
比牙河	歪阿明部	
理低倭亞河	尤達部	理倭亞湖
堪報河	列法達邦	堪報湖
奇拉麻斯河	嘉里符尼亞邦	太平洋
差奇瓈石河	華盛頓部	太平洋

先奪古理亞河	密西根邦	費綸湖野裏湖
列新河	密西根邦	野裏湖
波衣岡河	密西根邦	密西根湖
馬業師擠河	密西根邦	密西根湖
野系嘎納華河	密西根邦	密西根湖
力脫倮逸河	密西根邦	西比熱湖
帖加勉龍河	密西根邦	西比熱湖
愛古河一譯野葛河	根得基邦	曼孟司洞
格筏河	阿拉士克部	北洋
沙士提拉河	阿拉士克部	北洋
紐上查格河	阿拉士克部	北洋
多拉廉河	阿拉十克部	北洋
哥路威河	阿拉士克部	北洋

湖表

美利加合衆國之湖夥甚然如阿拉巴麻特納塞佛勒里畣若耳治

亞剛色斯根得基瑪理蘭馬沙朱色士倭海約湖見密西根紐約洛倉埃倫
湖多而小叟司喀爾勒那田捏西威士奪勿爾治尼亞此十三邦無著名
巨湖阿里瑣那印甸阿拉士克三部亦如之而阿剛色斯邦之湖十
有五嘉里符尼亞邦之湖五十尾納湖長十四里約華里四十二寬九里約華里二十七水黑無魚人謂
之弗萍海布納沽司湖古司湖在邦北喀挪拉奪邦之湖六千捏底嘎奪邦之湖十伊
利那倚斯邦之湖十有二英鑪阿納邦之湖七十有九愛阿窪邦之
湖四十司碧里特湖在邦西北高一千六百五十尺爲是邦高處魯西阿納邦之湖四十有九緬
邦之湖六十有七密西根邦之湖九十有八密西根湖周圍四十里約華里一百二十野裏
湖初訪之者爲法郎西人魯巴多喀比里雅拉沙里在康熙八年當西一千六百六十九年湖高海面五百六十五尺梅尼所
達邦之湖十有一捏的湖譯言紅湖也吳奪湖一譯奇畜士克湖密士旹比河源也補特湖一譯林湖半屬英地密
士昔比邦之湖四密蘇鑪邦之湖一拏布拉士格邦之湖十列法達
邦之湖十有四西界之達活湖長廿一里約華里六十三寬十里約華里三十深一千五百尺高於海面六千尺他湖皆
菲淡水出鹽居多且多渾水湖之巨者不下華里三百餘紐罕布西耳邦之湖十有一小湖多其最大湖曰
元宜比蘇吉七十二英方里約華方里二百十六安抜鶴滿郎阿魯斯高金河源也紐折爾西邦之湖十湖小而佳
紐約邦之湖八十有五諾司喀爾勒那邦之湖四河里孟特湖長十里約華里十八寬

美利加圖經卷八　八

三里約華里九高於海面二十一尺頦里根邦之湖十有三古埒達湖三十六英方里約華方里一百有八賓夕佛尼亞邦之湖五十有八德格瑟斯邦之湖十有三達蒙邦之湖十有五部達湖一譯產亦湖長百三十里約華里三百九十寬十八里約華里五十四中央有洲置邑別有小灘數十遶嶼涵波華那壺來極深處三百尺可駛巨舟先是嘉慶十九年美利加未立國時曾戰於此湖勿爾治尼亞邦之湖一東南水澤間一湖曰突納勿多一譯多拉費由積大方里約華方里十有八威士干遜邦之湖七十有四北有修必椰湖高於海面千七百尺密西根湖在東打戈達部之湖三十有二低碧路士湖長四十里約華里一百二十寬十二里約華里三十六水黑埃得和部之湖十有二孟大那部之湖五福勒會里多湖一名福納西徙長二十里約華里九十寬十一里約華里三十三紐墨西哥部之湖十有五尤達部之湖十有一果來得沙多湖一譯格南得書持來戈湖長七十五里約華里二百二十五寬三十里約華里九十水淺有鹽泉注之湖水百分中二十二分比原水重一分有奇一七尤達湖清而淡長一百三十二里約華里三百九十六華盛頓部之湖十有八歪阿明部之湖八凡八百五十此外小湖無慮一萬四千有奇在密西根者五千有奇在梅尼所達邦者七千有奇在紐罕布西耳邦者千五百有奇在諾司喀爾勒那邦者數百難毛舉也

述湖表

阿剛色斯　碧果　碧果馬色　婆福得　克力鴨　雖布乃士

嘉里符尼亞

咯挪拉奪

干捏底嘎奪

福納得　介松　果耳定　福枘希　開來　美松
綏布來司　台龍峽　陽烏　先奪法郎西司
阿列　碧沽納　布納法司　碧五納回斯達　葛司
達沽　沽里牙一　沽里牙二　沽里牙三　沽冷　瓦納
衣沽魯　鐵里納　鐵里揷別司　福魯　福龍里夫
　福里納　福冷奇　果魯多　古司一　古司二　果畲
流布　果朗得　軋耳　海朗　哈宜　嬪　可藍馬
司　納生　路甕　突里沙　羅往　米多　米多魯
　莫多古　木諾　泥納　我聞字　希羅拔　蒜
大活　狄納牙　託納基　久納　久路一　久路二　亞
拔　來得　海南　西魯白
格南得　山果力　山果斯　山達莫里鴉　得納排
　多雲
朋達　嘎社納　隆我　樸嘎達布　沙魯東斯多
西宜布希古　朔雲　華栗木　華農　蘇八拉古

伊利那倚斯別戈　別戈格拉司　喀納蔑特　待松　法客斯
格拉司　暇手一　暇手二　沙託　利馬　山瀆　自立
處
阿立懋　平錫　皮髮　皮古孛魯　皮古一　皮古二
皮古買納懋龍　皮古納沽木　皮古錫納　孛納克
勃魯一　勃魯二　拔古　拔夕農　雀內達　夕夕羅
渴力阿　克羅　笛阿一　笛阿二　達戈　衣戈　衣
司特活沽懷多倚羅　倚羅　矮耳介託　佛羅　法
斯　戈納方呼浦　哈來　音低羊一　音低羊二　矮路
貫斯　根恰基　羅令　別戈　立闊　音特耳蒲盧
立特耳木農　立特路必冲　綠綠登　綠軋　買
晉田兒　木米　米羅　縊昔士宜　莫埃斯　瓦瀆
瓦底　瓦司卡　達達沽　納司福庫　納司福庫沙
特　華海約　派多喀　皮峽鳴沽　皮日甕　潘陰
一　潘陰二　潘沽　婆乃林一　婆乃林二　路沽一　路沽二

英齏阿納

愛阿窪

魯西阿納

沙納木宜　沙特　山瀆　司米色司　司布鈴　先
得熱日一先得熱日二先得買力司　雪牙　奇必喀
納　塔莽土　肥義土　法孟虎沽　華拔土　懷土
特福沽懷託懷託　懷多華特　藹羅
巴渚軋　朋格祿福特　孛魯　開魯　可力牙一可
力牙二可里司塔耳　衣戈路　衣司篤鵝古拉石
矮路苦　矮路馬　戈司　音田秧　矮窪堰　溪角
苦　納度　祿司特藹浪　末奇秧　米沙牙　鵝沽
巴石　洼耳　陪里拱　司碧里特　來樹　老恩瀆
納樹　使潰一使潰二使潰三使潰四子嘎沙　託
郎孛羅　脫藹耳夫麥衣羅　橘陰一橘陰二橘陰三
華朋昔　華耳一華耳二華哈朋希
沃蘇　培油碧耳　比斯低米　特拉苦一特拉苦二
拔秋　拔吾　袷奢　開耳魯沃　強希司宜牙　袷
希司宜牙　袷達呼納　雀立斯　奇柯特　瞉羅絲

低古笛　低司埃來曼特　飛耳多　戈南得一戈
南得二戈納司　若特　乃力　里低邇　弄　磨力
拔斯　美將多　美耳　磨流　瓦多一瓦多二納取
斯一納去斯二沃司巷磨　碧弭　碧鶍牙　噴嘎託
領　市多麥士　納羅里　朗根渚　西鈴　沙鈴
山戈森　沙吐　司拜宜孔　推斯　華乃特　華司

緬

懷特
鴉納鴨恝　阿項　拜司嘉綫昂　別阿　別戈　播
藹　孛納沙　華沽瓦鵝買古　強排鈴　接山果果
雀七流　沽力蒲南得　沽里福得　沽祿福得
衣格綠　恩得雷司　飛書力排　戈納石阿　戈南
得一戈南得二格綸　熟瓦連　暑牛　克宜別沽
耳裏多爾馬司納古　祿婆司達　隴一隴二末達阿
孟　莫達汪皮古　麥蔚布　米里納克託　馬斯黑
多　馬斯烹多　馬斯話古麻　馬里戇開蒙沽

密西根

馬伹生濟古　麥多　宜家篤士　派米果低果　派
馬治內　撥方常持　暇地遲一　暇地遲二　潑力蒲盧
南如邇　立多多崧　綠基　沙耳蒙　司古奇苦
一司古奇苦一　相福排一　希排沽　希波衣司　石
波實司　石多衣沽　沙魯　司本沙　司卑達　司
果本　先得絨　才樊布乃柊司　多雲　音巴沽
阿拜　懷耳特　雲盟綠浦
西比熱一二云蘇比碧古密西根　賀論　野裏一二云衣利　恩打
熱一二云安德里安　碧把一　碧把二　別戈一　別戈果蘭　別戈
波堆蓐　別戈綏潑路　蒲納柯　蒲里福得　勃祿
祿　拜齒　屑波　希大　奇波藹捍　奇甲貢　克
拉沽　福乃阿　柯綠得華時　福祿克得一　福祿克
得二柯力司得耳　低藹一　低藹二　低別路　矮耳沽
法埃扶　孰熱　戈林　戈藍得　戈藍得歲白鹿
戈納司　戈納角特　迎　西鏡石　下夕喝特

下司搜　下東　哈排渚　音低朋定司　音低秧
音塔米久託　埃別士　孰滕　來果會立　立低耳
立低耳克南　立低耳夕白綠　隴鷄一隴鷄二懋
宜時起久　買白鹿　米奇介密　米納柯起埃　米
力柯軍司　懋納司起機　馬司基讀　馬司　茂頂
瓦度一瓦度二馬力子　馬書拉特　馬司機貢
馬宜司機督　沃多西戈　沃塔　拔拔　塔吉　別
柯馬吉司　丕櫻一丕櫻二丕櫻三布拉低　布低入
一布低入二來斯　魯司　郎特一郎特二納士　司
格發　西耳發　西司沽味特　阿木丕櫻　懋宜時
起機　司拜　司布乃特衣格羅　道壓司　多機
多機乃得　他多耳一他多耳二華龍　懷司特別特
時　懷託
捏的　補林　吳奪　科祿時　衣果綠　愛祿拔
龍吾　馬士　瓦多　來士　書環

梅尼所達

密士昔比　拔約石　呆補力安布立　葉裏嘶　鵝嘶
密蘇鐙　宜果米
拏布拉士格　福里阿　讀得　福來斯華特　比里肯　來蒙特
沙領　沙露　司低鴨　阿波頓　書環
列法達　兒祿恰立　兒納基　兒祿協立　皮果納　堪報
雀耳生　先多路　穀羅克　達古一　達古二　達古三
飛石　福兒地來　福郎果林
紐罕布西耳　孔內古溪恰託　丹養孟　果士　隴恩　五士比
昔公　司觀　沙度　安拔鸛　沃耳峽　元宜比蘇
吉
紐折爾西　白度　揩綠派石　果鈴　果鈴五特　霍巴多工
末利師　隆恩　沙加　沙特華得　華華秧達
紐約　歐羅巴宜　櫻派　屋綏蒲盧　必已士　別戈固里
鵝　別戈馬士　別戈烏羅夫　別司皮　北納克
白羅芒頂　波克　波里雅士　白藍杵　白藍得

拔邢拜低　朋特　雀邢大　恰蘭地牙　雀多林
恰尤外　利達　遲櫻　長布林　雀俱待　佐治
雀機　福里阿一福里阿二穀羅比　根內沙士　克
藍別里　克羅古冬　克羅士　達宜哭耳　愛耳古
愛龍　愛林　愛里　活侖士比一活侖士比二洪
大里阿　福克多　福祿冬　壽鵝至　果鈴五多
介羅　狠鹵古　狠特松　呼士睦　熟克士　熟騰
里特　里懷　里得耳葛南比里　力平士東　龍
一龍二羅睦一羅睦二祿阿加地各　祿阿沙達納古
瓦古華力　瓦沙懷比　米漲　馬紫　瓦特一瓦
特二牛空婆　賴宜各拉　窪宜達　窪蒙達阿　紅
塔里鴉　五機士古　屋篤上古　屋威上格　碧士
古　博納士特　布里常特　波來達　波蓋特　波
等特　侖把　力直　陸古　陸鈴司
諸司喀爾勒那阿里猛持　麥達墨士幾　明果　士加拜墨

頓里根

阿派特　華低耳　波力士馬師　西耳拔　旦加家
桑買　古埒達　沙米得　哈宜　阿拔古納馬司
鴨特　華丹白　馬希耳

賓夕佛尼亞

拔耳士　皮知　皮果　皮果孛林果　皮果西谷力
皮果金沽　孔宜特　孔宜機　布路克得　布里
士特耳　果納西　亨塔　藹藍　熊　諾波　乃懷
士　綠果塔溫　龍一龍二龍三龍四龍五龍十八　蜀粤
司　綠阿　綠阿烏多　馬希　達沽哈波　衣知
藹耳沽一藹耳沽二藹耳沽三藹里　格藍特　米納
莫夕司五多　瓦瀆　雞東　拔拔沽　巴知一巴
知　渴甲　綠機黑耳　魯直　山瀆　由奇　沙機
耳　竹福司　夕耳派　夕來　休頓　體久索隱
士藹耳呼美路　阿拜烏　懷司機侖　懷得華古
來達

德格瑟斯

加士　希達一希達二古力漫司　野士攀圖沙　費

窪蒙
勿爾治尼亞
威士干遜

里　法吉士　鶆拉士美牙西　鶆林　哈衣沙柯
米生　澳衣司達　西文
沃士金　朋拔任　柏芬　雀士低音　産部達　柯
裹嘶翕綠　唐馬　歐羅馬　美都士董　門福力馬
果　密須士歸　宜耳士　沙鈴　先馬耳　維羅別
哭納勿多
阿篤全司　白羅山　培阿　碧拔　碧拔丹　碧果
碧果山得　派知　北納達　拔五　起達布　古朗
渴得鶆力類士　柯納蒲　渴綠波　低茶得　衣
果綠　活沽立阿　分士　飛石　飛石矮　福郎培
福納特　福阿買祿　福固司　入宜伐　福林
果林得司登　哈派多　海　藹藍得　康阿路　機
司　活士活農　力力　力得耳拜阿　弄俄　綠特
眠篤達　米乃甲　瓦瀆　瓦士起鶆　納米揩鑽
宜拜愛門　納沽懷別　納司披力根　披雀五

打戈達

埃得和

披里根　披米　披果米耳　沛音　波瀾　樸達
樸愛拱　納篤　別直士　納穩瀆　山瀆一山瀆二
叔阿納　夕士柯未特　司古來特衣果綠　士東
摻外金　沙米篤　杉布　託馬呼古　託六得　多
音　阿拜先拜渴來士　懷蒲士　懷得飛石　味宜
白果　皮拔丹
耳羅拔得　櫻低生　櫻低露補　阿綠屋多　碧果
士東　抽奇　低碧路士　瀆來　亨得力活　入石
咨　衆松　肯必司駕　綠機司　弄恩　慢音華
庚　璞因夕得　波宜石得　來得　納石　沙得夕
綠　山得白立　司雀塔烏度　士必里多五度　士
多宜　常機恰達　通波逕　拖納法士　託雲　暉
特　暉特屋都　暉得
培阿　沙哭阿林　哭拉西　亨力士　若克松　從
沽立士　恰宜沽士　羅馬　瓦多　瓦客多　朋讀

孟大那

紐墨西哥

尤達

華盛頓

歪阿明

牙立立　納文瀆

日發松　痲吉松　福勒畲里多　果里士里培阿

來得六吉

勃納沽　拔得　宣沽　哭來南納　華士　藍納一

藍納二　藍納可路納多　藍納宜我納　來果　克古

士　沙造來古士　秘魯　巴達　新金司波林

阿耳恰里　別阿　蘇士　果來得沙多　活篤司布

林　理低倭亞　朋機之　納士　西皮耳　尤達

大鹽

勃納沽　奇藍　讀納米士　衣達司　海司　衣奢

鄙來　楷機蘇　福里藍　梅松司　華匣波　區納

託　沙里士　沙託　沙瓦泥石　沙米石　湯亞古

士　懷納司日本　畫得功

孰里亂　古巴士　哈多　麥歧松　歐魯士東　日

發松　可[illegible]　比牙

水道雜識

水道之微涓細支已難毛舉無或遺遑閒它水雖然美利加賴宜各拉瀑布爲五大洲弟一其次亦非概無是數即礦泉鹽井之取求陂澤津梁之同異既見既聞其可忘諸述水道雜識

阿剛色斯邦礦泉之質多硫或曰溫泉以八百計未盡詳也

嘉利符尼亞邦約寫馬衣多瀑布在三法蘭昔斯哥東峽約寫馬衣多谷高二千六百尺咸豐六年前無知之者

喀挪拉尊邦有瀑布

佛勒里當邦明正德八年千五百十三有人名本士得署欲探不老之泉至此

若耳治亞邦押山中有石洞高數丈望之流水冷冷好事者結筏入歷十數里約華里三十有奇則瀑布飛落難可復進又有瀑布二曰達棚拉曰多各阿里東南水潦地名沃給費綠支周圍一百八十里約華里五百四十

愛呵窪邦境多急流瀑布不少

緬邦有喀埒伯沽安奪羅司果尋瀑布
密西根邦北境之山有鹽井有藥泉
梅尼所達邦有瀑布曰梅尼哈哈譯言水笑也又有瀑布曰桑安多宜此邦密士昔比河所經數千里在桑安多宜瀑布以上者過半○鹽泉不一宜沐浴宜療疾
紐罕布西耳邦山谷間飛瀑時鳴
紐折爾西邦瀑布夥其著者名拔希渴
紐約邦西有野裹湖恩打熱湖此二湖間有瀑布曰賴宜各拉是五大洲弟一瀑布也如濤頭如堰口平瀉至此一落一百六十三尺分流之瀑或漂或環流爲賴宜各拉河亦曰湖河長五十三里約華里一百五十有九跨水之橋不一其一鐵綫長僅一千一百尺此外瀑布在東布金士者五合長五百尺在磨利松者曰奇用約高一百三十六尺在磨沽者曰活虎司高一百有二尺在哈京馬者五曰托命谷長二百尺在福林者二曰凱達司高一百八十尺曰基耳高八十五尺又有瀑布曰音宜鼓高二百有三尺曰藹沙裂曰突連登曰熱

宜司尺數有差○天然橋在威盈（一名崔連）○紐約邦都界諸水中然不適飲東北有渴啓登河相去一百二十里有奇約華里三百六十以鐵管引水於市鑊中鑿巨石窟儲之窟側□置小管枝分厥水六街萬戶於焉吸飲各戶就涌管作止水機用則啓機洩之集其水租上之益水之工費銀已一千五百萬云

諸司喀爾勒那邦有澤在阿二百馬力灘之北與勿爾治尼亞邦毗連凡十五萬野格中有阿生猛特湖

倭海約邦有鹽泉又有鹽井井之深者七八百尺

賓夕佛尼亞邦有鑛泉○費納的費牙在沙斯格哈拉河直利亞達河之間然水不適用以暗管引淸水飲之

叟司喀爾勒那邦有瀑布曰沙留達曰推蒲六蒲點

田捏西邦有藥泉以之療疾有奇效云

勿爾治尼亞邦東南水澤夥甚巨者曰知司馬延綿于諸司喀爾勒那邦長三十里約華里九十寬十二里約華里三十有六澤之中央一湖曰窔納勿多○中央有瀑布曰勢本司○礦泉多當夏浴者如

歩又有數鹹泉終年不竭又有力斯馬陀斯晚布譯言水澤也船從不一〇山官多河有天然橋厚四十尺寬六十尺高於水面二百尺

威士奪勿爾治尼亞邦倭海約河上有鐵綫橋境有鹽泉

威士干遜邦之水皆清流也與密蘇爾邦之水之渾異矣

美利加河渠志三　河工　水利　　游歷美利加圖經九

花翎二品銜直隸即補道總辦北洋機器局前游歷使臣傅雲龍述

密士昔比河工

美利加河工莫密士昔比河若矣說者謂密士昔比河居五大洲弟二中國黃河則居弟六殆就長短言歟其長說亦靡定或曰二千英里或曰二千七百英里廣東人所箸地理全志則謂一萬三千二百里今詢河官參以圖籍約華里一萬一百有奇然河之長短未足定工之難易又安知其同耶異耶雲龍舟車所至既於密士昔比河窮源溯流迹厥水道復履隄諏工罔敢遺力意者其有合乎耳之目之知難概同葢其河本清流也受密蘇釐河水挾泥而濁然平均量泥僅居水二十之一耳黃河則沙居十之二其異一以本流之清刷受泥之濁宜乎行窄河底法水暢中流泥歸兩側而事半功倍黃河旋濬旋淤流沙靡定其異二密士昔比河易汜之由在水道往往高於地面然其泥性膠濬深即以築高雲龍歷睞厥隄僅於水流急處立樁障板編柳雜石即所謂堅隄也餘則兩邊斜下丈許種草護根隄

上行路寬裁二三尺河泥而外不假它物黃河之沙奚云築耶其異
三收束河身之策近於與水爭地而截曲減寬遂著成效足其水性
雖曰靡常尙非永定河四何論黃河其異四必於異中見同則分段
也籌費也設官也築隄也濬中淤也疏下口也借清刷濁也皆黃河
在工者所因地因時而自爲謀者也無已其測量乎以測始以圖繼
水之高低以尺寸計流之遲速以秒時計沙泥之多寡以平均計河
未臨而要已握功已奏而工未已一言以蔽之曰實是又存乎其人
矣儻亦治河者所欲借鑑一二歟述密士昔比河工
論治密士昔比河大要不外分段測量籌費課工四者其分段奈何
密蘇蘆邦先奪路以司之北其上流也無害故不必治自此而南是
爲下流厥害輕重有差皆曰意頓（一譯加倚呂）而下分段四弟一段起皆
曰意頓訖四十號島麓長二百二十里約華里六百六十其河之宜
修者曰紐麻土里多里知（距皆曰意頓四十二英里）自八號島至十四號島長六
十里約華里一百有八十又曰播忒南姆因多里知（距皆曰意頓四十七英里）百
自二十六號島至三十六號島長亦如之弟二段起四十號島訖河

口長一百八十里約華里五百四十其水之宜修者曰密斯比里自四十號島距皆日意頓二百二十英里至斯昌艮士長二十七里約華里八十有一中有密比斯港初管自合衆國兵部土木局光緒八年千八百八十二屬密士昔比河官又曰宜列納里自格蒲基拉而豆一譯昆麻斯加阿大距皆日意頓二百七十英里至夫列牙士波因奪長五十五里約華里一百六十有五第三段起河口訖密士昔比邦華盛頓長二百二十里約華里六百六十其水之宜修者曰角苦脫里治自剛色斯邦可苦斯波因脫距皆日意頓四百三十英里至剛色斯邑長三十二里約華里九十有六又曰列苦布羅比田斯里地自密士昔比邦干拉闕勒一譯加路現奈良田至九十五號島三十五里約華里一百有五其間他維苦斯拔港工於光緒八年千八百八十二年八月歸密士昔比河官第四段起華盛頓密士昔比邦之邑訖河口長四百八十四里約華里一千四百五十有二要工有五曰頽給斯港曰列奪河口曰先奪路以司河口曰布拉基銘背由背由譯詰江口曰紐阿林港此分段大畧也其測量奈何水面有高有低所測之地八曰皆日意頓最高四十有九尺八寸最低五尺三寸在其上游者三曰新

西那治最高五十八尺五寸最低十四尺三寸曰野王斯維耳最高四十二尺二寸最低五尺五寸曰怕達可最高四十九尺八寸最低十四尺八寸在其下游者四曰緬比斯最高三十四尺四寸最低十四尺九寸曰黑列納最高四十二尺七寸最低二十二尺四寸曰維苦士拔最高四十一尺八寸最低二十七尺四寸曰紐阿林最高三十尺五寸最低六尺一寸此據光緒五年千八百七十九至八年千八百八十二實測之數近六年視此又量水之遲速以一秒時計其出口水大輒流一百萬尺立方之水就逕魯西阿納邦紐阿林水平均言之約五十七萬五千立方尺其中來自上游經流十萬有奇來自密蘇蘆河十二萬來自倭海約河十六萬來自先奪路以司河三萬來自剛色斯等河十萬來自列奪河六萬歲得一百五十方里約華方里四百五十又量泥之多寡密士昔比河所受之水多於經流先奪路以司河水視上流三倍密蘇蘆河則視倭海約河七倍即泥亦以密蘇蘆河爲最其上游泥居二百之一至五千之一即平均七百之一也迄於紐阿林泥居八百之一至七千之一即平均二千之一也河口泥居

八百之一至十萬之一即平均四千五百之一也倭海約河泥最少合密蘇達等河之泥一秋時約一百七十尺立方即一日五十萬立方牙脫蓋一牙脫合中國二尺四寸五分也及水巨時一日輒至四百萬牙脫立方一年平均可濬泥築隄一千英里約華里三千而注之墨西哥則二千之一至三千之一皆泥也此測量大要也其籌費奈何雲龍游歷紐阿林時問之河官言國會歲籌銀三百萬圓就地籌二十有五萬圓先是河費靡定久之立預算法綜計工需三千萬圓歲以二三百萬爲率光緒元年千八百七十五計修舊隄八百六萬五千七百牙脫立方每一牙脫費銀二角三仙合銀一百八十五萬五千一百一十有一圓雜費十六萬四千八百八十九圓凡二百有二萬圓然測量未蕆鳩工未半增高減曲不在此數當八年間甫九閱月千八百八十年正月至九月濬築費二百四萬六千有五圓一角九仙測量圖志工船雜費十四萬七千三百七十八圓九角二仙凡二百十九萬三千三百八十四圓一角一仙厥後歲費比較以此其課工奈何大較有九一曰設官密士昔比河初無專吏有之自光緒五年始千八百七十九

年六月受制於陸軍長後分爲二一置自國會司水道船務一置自會西阿納等邦紐阿林之土木局其巨者也二曰築隄往無定章乾隆十五年千八百五十至二十三年千八百五十八下流漲溢兩岸無恙後二十年皆曰意頓及列奪之間隄決平地水逾尺商郵苦之遂議築隄光緒八年千八百八十二河水數泛田揑西密士昔比魯西阿納剛色斯諸邦損人一百三十有八漂銀九百六十五萬五千圓時密比斯港隄成得免於害十四年七月千八百八十八年八月雲龍游紐阿林大風雨損人畜煤船無算而密士昔比河水尙有或溢雖非盡由於隄亦與有力焉隄起皆曰意頓迄於河口或單隄或重隄或數重隄視地有差三曰減寬此束河身法也光緒前無之其議自美利加人益比西斯點始意謂河幅太寬則泥易滯隄易低水流易變以華三里英里一爲率過此則減之爲愈無或寬或狹之勢即漲忽緩忽猛之流四曰去曲曲則流爲斜爲環而溜紆而泥壅去之微獨溜可迅泥可刷水面亦可低隄脚亦可固此河官議意也然河曲斷難盡去五曰濬中此窄河底法議自熱知西斯點蓋掘中流之底深至三丈有奇直瀉刷泥自注

兩旁久之泥附隄根漸少梗流之患光緒五年千八百七十九行之紐麻土里及播咸南頓因二處厥後又行之紐阿林等處六曰疏口以濬濟疏仍窄河底法也先是紐阿林南有河水入海之口三一西一中一東或合或分分者謂之底耳打譯言扇地以形名也大氐舊流東西二口居多中口淺甚今既用東河身法築隄直出海面長十里約華里三十奏效而復歲濬之罔有懈昔之水僅十二尺者今已深三十二尺中流靡阻兩口無需而工猶未已七曰置器水力自克刷淤機器之功轉遜水力之猛然器亦罔缺即如光緒九年千八百八十三工簰修紐麻土里時曾備運捍器二十汽艦四十方艇六二百尺長之舟四一百尺長之舟六家舸六小舟四十而掘泥機船尤便八曰分支竇士昔比河雖受密蘇釐諸河細大不捐然經流僅長三千六十有一里約華里一萬一百有一而支流五十有五可通舟者無慮一萬七千里約華里五萬六千有一百匯獨潤落機山東之赤地已也洪流藉實分減九曰護隄編柳籠石排椿障板隄之兩面種草植柳不以少遠而減有分水之漸功有固泥之根據凡此皆雲龍游歷魯西阿

納諸邦目測心維而知密士昔比河工之著效不外乎此

密士昔比河水測量表

密士昔比河之測量有二一曰河水高低其下流地面或視海面更低然水面繫地亦繫時高始九月當中國秋初低極正月當冬至前後所測地以日殊懇滋轇轕就測紀年其當中國月日互見月朔表中光緒五年以前未測八年後此可類推曰水至日數皆至自新希奈治非分計也一曰水害地段初受水害之邦七以方里計伊利那倚斯一百九十五英六十五密蘇薹八千有五十二英二千八百七十四根得基三百七十五英百廿五田挰西一千三百五十英四百五十二阿剛色斯一萬三千九百五十六英四千六百五十二密士昔比二萬有七百七十二英六千九百二十六魯西阿納四萬四千有十五英一萬四千六百九十五而分段凡九伯送云者譯言澇也列夫多云者譯言左也幫苦云者譯言隄也安奪云者譯言及也雖奏新功難忘舊患述密士昔比河水測量表

河水高低第一

最高	最低	平均

測地	新希奈治 月日	新希奈治 尺寸	野玉斯維耳 月日	野玉斯維耳 尺寸	野玉斯維耳 水至日數	伯打可 月日	伯打可 尺寸	伯打可 水至日數	加倚呂 月日	加倚呂 尺寸	加倚呂 水至日數	緬比斯 月日	緬比斯 尺寸	緬比斯 水至日數
西千八百七十九年千八百八十年	九 三	二五 五	九 五	二○	二	九 七	一六 二	四	九 七	一九 四	四	九 九	一三 六	六
	一二 二七	四二 五	十二 三○	三七 三	三	一二 三一	三七 六	四						
	一 九	四二 四	一 一二	三七	三	一 一六	三九 四	七	一 二	三七 四	六	一 六	二九 四	一○
	二 一六	五三 二	三 三二	四二 三	五	二 二三	四二 四	七	二 一六	四一 九	七	一 一九	三二 四	一○
	四 一六	四五 六	三 三	三五 二	四	三 六	二三 二	七	二 二四	四三 八	八	三 二	三三 三	一五
	十二 八	三七 二	十二 九	三八 七	二	一二 一一	三二	三	三 六	三八 四	七	五 一○	三○	一一
									十二 一一	三一 五	三	十二 一四	二三 九	六
千八百八十一年	二 一七	五一 五	二 一九	三八 七	二	二 二三	四 六	六	二 二四	四二 六	七	三 一	三二 五	一一
	四 一七	四一 九	四 二○	三四 八	三	四 二○	三八 六	三	四 二○	四五 三	三	四 二八	三四 四	一一
千八百八十二年	一 二四	四五 八				一 三○	四八 八	六	一 三二	四七 六	七			
	二 二一	五八 五				二 一六	四九 八	五	二 一六	四九 八	五			
	一 二	八八	一 五	五 五	三	一 八	五五	六	一 八	五三	六	一 一○	二四	八
	二 一○	一四 三	二 一一	一三 三	一	二 一一	一四 八	一	二 一二	一九	二	二 一二	一四 九	二
					二一十			五二			五七			十

美利加圖經卷九

五

㬎 月日	列 尺寸	納 水至日數	維 月日	苦斯 尺寸	拔 水至日數	紐 月日	阿 尺寸	林 水至日數
九 十一	十八 七	八	九 十四	十八 四	十一			
一 八	三八 七	一二	一 卌一	四〇	廿二	二 一	三〇	
一 廿二	四一 三	一三	五 十三	四〇 八	十四	十二 二二	六五	
五 十一	三八 五	一二	十二 十九	三一 九	十一			
十二 十五	三一 八	七						
三 五	四一 八	一六	三 八	四一 八	十九			
五 五	四三 七	一八	五 十一	四一 六	廿四			
一 一二	七四	十	二 一七	二七 三	七	一 一三	七〇	一五
二 一三	二二 四	三				二 一九	六一	九
一		一二八			一六八			九一五

水害地段第二

段地	邦	方里 華	英	每段方里總計 華	英
第一 先㮣路以司伯送起北緯三十七度十分訖三十四度三十二分	密蘇釐	九四八四	二八七四	二〇〇九七	六〇九〇
	阿剛色斯	一〇六一三	三三一六		
第二 列夬多幫苦起北緯三十七度十分訖三十五度十分	伊利那倚斯	二一四	六五	一〇四五	六一六
	根得基	四一四	一二五		

第三　懷脫安豢阿剛色斯伯送起北緯三十四度三十二分訖三十三度三十六分

第四　牙摻伯送起北緯三十五度六分訖三十二度二十分

第五　馬鼠波夫安豢天沙司伯送起北三十三度四十分訖三十一度

第六　列夫多䂓苦起北緯三十二度二十分訖三十度三十分

第七　阿茶拉費牙伯送起三十一度訖三十度七分

第八　帆茶番連起北屯羅訖墨西哥灣

第九　羅法治伯送起土耶西十送維里訖墨西哥灣

田捏西	一四〇六	四二六		
阿剛色斯	四六四〇	九五六		
田捏西	八九	二七		
密土昔比	二一八七六	六六二一	二一九八二	六六四八
阿剛色斯	一五六六	四八〇	一六三三五	四九五
	一四七六七	四四七五		
密土昔比	一〇〇六	三〇五一	一三〇六九	四一五
魯西阿納	三六三	一一〇		
魯西阿納	二〇〇八〇	六〇八五		
魯西阿納	六六〇三	二〇〇一		
魯西阿納	六六七九	二〇二四		

渠工表

美利加勸民修渠自第一伯理璽天德華盛頓始嗣是有興有廢今用之渠凡五十皆修於乾隆四十九年以後資以運行是與鐵道相輔者也往往利不償費遜鐵道遠甚然亦未可偏廢其淺水里則運物不足潤物有餘興工之年可徵濟工之費可計所謂歲入則渠利成數也其舊渠四十有七先是運物資渠居多鐵道既拓昔日駛舟之渠半改飛車之軌其渠凡四千四百六十八里有奇約華里一萬三千四百有四其費凡銀二億一千四百有四萬一千八百二圓今用渠僅二千五百十五里有奇約華里七千五百四十有五此外一千九百五十三里約華里五千八百五十有九皆不用之而未忘渠工者輒於輶軒所至指而曰此某年所修某渠而水陸異矣於是稽其名溯其流問其修與廢之年綜其計長之里鳩工之費埒著于篇未始不可見舟車廢興相爲倚伏也述渠工表

渠工第一

渠	所經流水及合	修渠年	渠長 英 華	淺水里 英 華	寬 面 底	深	修費 雜費	歲入

特納窪邦共			六〇二二〇	一四〇〇					三七三〇一三〇二〇二七	六二二四五八三
其沙格司	其沙格司		六〇二二〇	一四〇〇					六二二四五二〇二七	八三
勃佛里翕邦共			三[illegible]六五	一〇五〇					七〇〇〇〇	
三達飛	我里特		一四六五	一〇五〇			三五	五	七〇〇〇〇	
若耳治亞邦共			八二五〇	二五〇〇					一九〇七八一八八二〇九	一四八六二
波達士格	沙拔那	道光廿七	一九八〇	六〇〇			一五〇	一一	一五〇〇〇〇〇九〇九	七二八二
沃格奇	沙拔那	道光九至廿	五二八〇	一六〇〇			一二〇	三	四〇七八一八七九八〇	七三〇〇
伊利那倚斯倚共			三三六六〇	一〇二〇〇					六五五七八一一〇七六	一二五六〇〇五
伊利那倚亞	希嘎骨	道光六至廿八	三三七六〇	一〇二〇〇			六〇	六	六五五七八一一〇七六	一二五六〇〇五
魯西阿納邦共			六二七〇	一九〇〇					二〇三〇〇〇〇二七八四	一三六五〇〇
哈隆迭羅多	紐阿林	乾隆五十九	六六〇〇	二〇〇			六〇	七	一五〇〇〇〇	
沃蓮邦古	紐阿林	道光十二至十五	二一四五	六五〇			八五	七	一〇〇〇〇〇〇一三六五	二〇三四〇〇
含飛士		道光十	一八九七	五七五			四五	六	一五〇〇〇〇	
孔八列士	密士昔比河	道光廿七	九九〇	三〇〇	二九七〇	九〇〇	四〇	六	九〇〇〇〇七五〇〇	
達六基雅非奴	密士昔比河	光緒六至七	三五四七	一七五			四〇	四	四〇〇〇〇	

密西根邦共			一〇六二 三一四		三一四		七四二五三〇〇 二九五二二	五二五一 九
先奪古理亞	先奪古理 亞河	咸豐三至五	三三六 一〇二		一〇〇	一七	二五〇〇〇〇 七七七六	四四七四 三
西比熱	西比熱湖	同治七至十 二	六九九〇 二一一二		一〇〇	一四	三九二五三〇〇 六〇九五	七七七六
紐折爾西邦共			五六四三六 二七一〇二				一〇七六三五二 四六一七六二	六一五一 〇八
特納窪	百而根	道光十四至 十八	一四五二〇 四四〇〇		八〇	七	四七三五五五 五三一三四四	四四九四 二一
特紩窪	百而林登	道光十八	七二六〇 二二〇〇		六〇	六		
磨里士	干姆登	道光五至廿 五	三三九九〇 一〇三〇〇		四五 二五	五	六〇〇〇〇〇 一六〇四一八	二一五六 七七
賓列司古	哇而領	嘉慶五至同 治十一	六六六 二〇二		一〇〇 七五	五	四一〇〇〇	
紐約邦共			二三一三五七五 六〇七七五	三七九七九 一一五〇九			六八二二九四一六 一〇九九七九四	一二二三九 四四八
野理	門巴尼	嘉慶廿二至 同治元	一二〇六〇八 三六五四八	九七六四 二九五九	七〇 五二	七	五一六〇九二〇 六七八一二四	一一二〇 六九一
沃司維果	嘎大日 黑司	道光五至同 治元	五九四〇 一八〇〇	六六〇〇 二〇〇〇	七〇 五六	七	三〇七七四二九 一五三二一	一四三八 八
西宜格	播忒南姆	道光五至咸 豐五	八一七四 二四七七		七〇 五六	七	一五二〇五四二 一一七八八	一五三二
羗補領	懷兒根火 而	嘉慶廿二至 同治九	二六七三〇 八一〇〇		五八 四四	六	二二七八九一〇 一三六五二〇	五一二六 七
布拉沽活	干勒喜	道光十六至 咸豐十一	一一七一五 三五五〇	一四〇二〇 四二五〇〇	四二 八二	四	三二二四七七九 五一三九三	一一八〇 〇
沃宜達	亨米路頓	道光十九至 三十		六六〇〇 二〇〇〇	八〇 六〇	四	七九三四六	七二〇

特納窪	以婁司德特	道光六至八	二二五三九 六八三〇〇	九九〇 三〇〇	四八 三二	六	六三三九二一〇 六四二七二〇	三九五〇
諾司喀爾勒那邦共								
阿六比馬力本勾沽		咸豐五	一八一五 五五〇		八〇	七		
飛阿肥耳	阿內噶尼	同治七	一四八五 四五〇		四〇	六	一〇〇〇〇〇 三〇〇〇	八〇〇〇
紐榜	各列以紛	光緒六至八	九九〇 二〇〇	二六 八	八〇	七〇	二〇〇〇〇	
倭海紐邦共			二二三〇九六 六七四二五	二四七五〇〇 七五〇〇			一五〇二二五〇一 二二三六四三	二二四八 九一
沽堅八浪		道光五至十 五	一〇六五九〇 三一三〇〇				四六九五二〇二 二二二六四三	六九五 一〇二
瓦耳烘吉	司達克	道光廿三	八二五〇 二五〇〇		四〇 三六	四	六〇七三六九	三八〇〇
火金	哈而丁	道光廿二	一二八六〇 四一二〇		四〇	四	九四七六七〇	六四七〇
米阿米	新西那治	道光五至十 五	九四一三一七 二八四二一五		四〇	四	七四四二二一四	一一一 〇〇
馬士金吏	馬而色富	道光廿		二四七五〇 七五〇〇	五〇 六〇	五	一六二八〇二八	一九二三 六
領里根邦共								
威納米地	領里根莫司	同治十二	二四七 〇七五		四〇	九	六〇〇〇〇〇	
賓夕佛尼亞邦共			六二八五七	四八一九六 一四六〇五			三七七〇六六四五 五八八〇二四	一五六二 〇一八
賓夕佛尼亞	科侖布亞	道光六至十 四	四六〇〇		五〇 三二	六	七七三一七五〇三六八七 一七七八二六七〇	

同上	武各拉法而	道光八至十四	四一○○	九九○ 三○○	五○ 三二	六		
同上	利巴侖	道光十	九六四○○	一三二○ 四○○	五○ 三二	六		
同上	亨丁頓	道光七至十四	九○○○		四○ 二五	四		
同上	克林頓	道光八至十三	六八○○		四○ 二八	四		
同上	納格哇那	道光八至十九	一三○○		四○ 二五	四		
沙司格拉	科侖布亞	道光十七至廿	三○○○	一六五一六 五○○五	五○ 二○	五	四九三○七○五 三五九七九	五五二六 ○
由農	那武根巴 利	嘉慶廿一至 道光六	四三六四		四三 二八	四	三九○七八五○ 二二四九六	二六九九 七
士格九	普納地費 牙	嘉慶廿一至 道光十六	五八一八		四五	六	一二五八○四六一 七八八五四	一八七五 二○
麗海	夫路頓	嘉慶廿四至 道光元	一六八四○ 四八○○	二八○五 八五○○	六○ 四五	六	三○○○○○○ 七八八五四	一八七五 一○
特納窪	播各司	道光十	一八八○○ 六○○○		四四 二六	六	二四三三三五○ 一三三一三	一一三三 三四
磨隴刀赫納	必自博	道光十八至廿四				六	一一一五四五二 五九五八五	三三六九 二九
璺西	璺而色而		二四七 ○七五		四○ 二五	四	七○七七 一九	七五
特納窪		道光六至十八	八二五○ 二五○○					
德格瑟斯邦共			二六四○ 八○○	九九○ 三○○			三四○○○ 三四五四	四五三五
嘎拉夫司登	嘎拉夫司登	道光三十至 咸豐元	二六四○ 八○○	九九○ 三○○	五○	三	三四○○○ 三四五四	四五三五

吻尼陶治亞邦共			一四三七四 / 四三五六	一〇二一〇 / 三一〇〇			四〇四二三六三一〇四〇 / 七一六一二四三
阿六比馬力	納法克	咸豐五至十	二七八五 / 八四四	九九〇〇 / 三〇〇〇	八〇 / 六〇	七	一六四一三六三八六一三 / 五六四三二八
地司馬六敝伸	愛夜司賽貲各司	乾隆五十九	二九四〇 / 二八〇〇	三三〇 / 一〇〇	六〇	六	一一五一〇〇〇一三五二 / 六〇〇〇四
若日東	威士奪華盛頓	道光十	二三四九 / 七一二		六〇 / 四二	六	一二五〇〇〇四三八六 / 九一〇〇

舊渠弟二

渠	所經邦及合流水	修年	廢年	渠長里（華）	渠長里（英）	費圜計
科倫比亞共				三九九	一二一	二五九七八
華盛頓	婆多馬古			三九九	一二一	二五九七八
干捏底嘎奪那共				二七三九〇	八三〇〇	八二七〇〇〇
發名冬	紐哈文	道光五	道光廿七	一八四八〇	五六〇〇	六〇〇〇〇〇
罕布夏	猓杉布冬	道光五至十五	道光廿七	七二六〇	二二〇〇	二二七〇〇〇
恩飛理文	干捏底嘎奪河			一八一五	五五〇	
英藍阿納邦共				一四九四九〇	四五三〇〇	七七二五二六二
瓦拔修	黑爾日意哥維	道光三至咸豐元		一三一〇七〇	三七九〇〇	六三二五二六五
懷多水	褒西			二四四二〇	七四〇〇	一四〇〇〇〇〇

緬邦共				六七六五二〇〇〇〇〇	二〇五〇
康拔浪	波奪蘭	嘉慶廿五至道光七	光緒元	六七六五二〇〇〇〇〇	二〇五〇
馬沙朱色士邦共					
米多獼爲古土	賠利司道格	嘉慶九	咸豐三	八一四〇六〇五〇〇	二七〇〇
波達哈董	猓尾	道光十四		三九一五五〇〇〇〇	一八六五
孟大有	干埋底嘎奪河			六六〇	二〇〇
南哈多力	干捏底嘎奪河			六六〇	二〇〇
紐罕布西耳邦共				一六九二一四二〇〇〇	五一三
波沸滷司	米麗馬沽	嘉慶十七		二四七二五〇〇〇	〇七五
福沽奢多	米麗馬沽		道光三十	〇四二一七〇〇〇	〇一三
阿摩司丹野	米麗馬沽			三三〇五〇〇〇〇	一〇〇
由農	米麗馬沽			九九〇五〇〇〇〇	三〇〇
寫沃麓	米麗沽馬	道光十七		〇八二	〇二五
紐約邦共				一六九二一四二〇〇〇	五一三
奇南克	設法克	道光十三至十七	光緒四	四二三二九六二七八二一二四	一二八一七

哥南克	丙罕東	道光十三至十七	光緒四	一三二〇〇	四〇〇〇	
古六客 多列沽	各林頓	道光十至十三	同治十三	二五一〇	七六九	三三二八九
哥滿	歌婁大哈	道光十至十三	光緒四	七五九〇	三二〇〇	一二七三二六一
飛倉	以婁司德 特			六五一七	一九七五	
借揑西	基門	道光十七至廿	光緒四	三五三一五	一〇七〇〇	五三三七八一三
當司亞奴	德車司	道光廿	光緒四	合上		
嗗六沽波古	盛盈			合上		
日沽松	歐婁大哈	咸豐九		三六三〇	一一〇〇	二四〇〇〇
窪宜達	窪宜達湖	道光十二至十六		一七四九	三三〇	七八八二九
諾司喀爾 勒那那邦 共				三九六〇	一二〇〇	
威耳登	本勾沽	道光九		三九六〇	一二〇〇	
倭海 約邦 共				六七六五〇	二〇五〇〇	三二二七五五二
三牒	壘地納	道光十四至廿六	咸豐二	二七七二〇	八四〇〇	二〇〇〇〇〇〇〇
倭海納賓 佛夕尼亞	傲各內司	道光十八		二七七一〇	八七〇〇	一〇〇〇〇〇
納克司	納克司			三四三二	一四〇〇	

斐百而	斐百而			六六〇〇二一七五五二	二〇〇〇
賓夕佛尼亞邦共				一六五八二〇一二七四五七八〇〇	四七七〇〇
賓夕佛尼亞紐約	百而各司	道光十六至三十	同治十一	三三九〇七一〇〇〇〇〇〇	一〇二七五
賓夕佛尼亞	亨丁頓	道光十	同治十三	一一二一〇	三七〇〇
賓夕佛尼亞	必自博	道光十	同治二	三四四〇七三七七三四三二	一〇四二五
埒力美公司	鳩尼阿大	道光八	道光十二	八五八〇一四五五〇〇〇	三六〇〇
由農	不來特法而弍	道光八至十二	同治元	三六三〇六八四〇五七	一一〇〇
由尼音	由尼音	道光十三至廿四	同治十	五三一三〇六四三三一九一	一六一〇
士博林里古	百弍法而弍	道光十五	同治四	八二五〇	二五〇〇
路崙埃倫那共				一四八五〇七五〇六〇〇	四五〇〇
布納古司東	扶來司道而	道光四至八	道光廿八	一四八五〇七五〇〇〇〇	四五〇〇　一
斐司喀爾勃那邦				一六九四五五五〇〇〇〇	五一三五
生得而	生得而	嘉慶七		七二六〇七二〇〇〇〇	二二〇〇
穩約	穩約灣			二四四二	七四〇
喀多拔				二一四五	六五〇

瓦牒宜	氊司米六			一三二〇 四〇〇
料侖布亞	空加麗			二〇五二 六二〇
果立納	沙曾富河			四九五 一五〇
羅里沽司	布濼得			三三〇 一〇〇
羅古哈多	布猓得	嘉慶廿三至道光五咸四二		九四七一三〇〇〇 二七五
合衆國總計				六八四六七九四四〇一三一六六 一九五三三五六

水利雜識

中國水利以農爲主而外國則以商舶爲大宗即工之資水力亦未遑多讓於農之資水潤也拉雜記之何莫非彼利見端耶述水利雜識

阿拉巴麻邦潭北比河高沙河皆通輪舟河岸有水利〇阿剛色斯邦臨河澤地皆沃物產滋多非中央易蕪可同日語駛舟於密士昔比河者以數百計其遥境通舟之河不下千五百里約華里四千五百嘉里符尼亞邦沙沽納勉多河之入三法蘭昔斯哥灣可行輪舟百二十里約華里三百有六十三若檗河可行輪舟百五十里約華

里四百五十歲當雨多時可達久納湖喀挪拉奪河之入三法蘭昔斯哥灣可行輪舟六百十二里約華里千九百十六泊舟處曰喀維偉宜○干揑底嘎奪邦沿河地土膏腴○佛勒里翕邦河多通舟而水利寖滋○若耳治亞邦河多可航流潤亦廣○伊利那倚斯邦通舟之河既多土潤而沃爲合衆國冠英鑾阿納邦倭海約河竄拔上河左右之地既平且腴○愛阿窪邦西高於東故河流西南者輒促而流於東南者頗紆諸河之舉大氐潤而腴水利不爲少矣而北孫○剛色斯邦濱河之地多木南北土脈皆潤○根得基邦河多通舟而密士昔比河輪舟絡繹巨商使之河側田土皆沃○魯西阿納邦東西諸河通舟楫居多沿流地脈極腴○緬邦水凡三千二百方里約華里九千六百大約居邦地十五之一以滋以潤厥土宜農○馬沙朱色士邦河通舟者尠而多水利沿流土無磽瘠○密西根邦宅湖水間利商亦利農○梅尼所達邦土多沙石然濱水之地宜木亦宜白穀密士昔比河之流於是邦舟揖所通幾得二百三十日○密士昔比邦土地豐沃其沿密士昔比河岸之膏腴不多得也密士昔

比河水源落機山東赤地凡一百二十四萬方里約華方里三百七十二萬微獨物產資之運輸亦借力居多即今湍瀨所通寬自二千二百尺至五千尺深自七千尺至一千七百尺○密蘇疊邦小河如織而密士昔比密蘇疊二大河之間地脈尤沃○黎布拉士格邦西境地多沙漠其沃土在葉多斯拋河畔○列法達邦河罕通舟然沿河地較沃○紐罕布西爾邦湖河競潤而物產之阜資阿登斯高金河居多○紐折爾西邦沿河多水利○紐約邦水居三分之二其可舟者八百八十里約華里二千六百四十○頞里根邦西境之河通舟者勘科俞布亞河通輪舟凡百十五里約華里三百四十有五駛小輪舟可行百六十五里約華里四百九十有五近河之地亦沃○賓夕佛尼亞邦沿野襄湖之地長四十五里約華里一百三十有五亦沃土也○田拏西邦沿河多沃土山地弗如○德格薩斯邦熱可爾的河通舟四百里約華里一千二百傍河少沃○狒蒙邦湖河流潤地沃資此居多○勿爾治尼亞邦通舟之河既多沿河分潤居地四分之三中央有熱木司瀑布織綿製粉者倚水力以爲利○威士

奪勿爾治亞邦之河通舟者五而地脈資潤不竭唯是○威士干遜邦湖河利滋○阿里瓚挪部西界嗱挪拉奪河通舟六百十二里約華里千八百三十六沿河地沃○打戈達部綠蘇蘆河通舟河側土脈較腴○埃得和部界經宜昔阿側隱沿河埠通舟二百里約華里六百河畔地沃○孟大那部諸河之側地坳磽瘠○紐墨西哥部落機山西麓牛資灌溉於熱可蘭的河○尤達部之湖與河有鹹有淡利各有在○華盛頓部河側有沃土○歪阿明部河側亦有沃士○印甸部雖有河潤土不皆腴○阿拉士克部由昆河夏日通舟楫濱河亦有沃土

美利加國紀

花翎二品銜直隸即補道總辦北洋機器局前游歷使臣傅雲龍述

世系表

美利加爲民主合衆國稱厥總統曰伯理璽田特今書伯理璽天德舊譯相沿已久也四年一任再舉則邦部土著年須三十五以上或入籍已閱十四年其居科倫布亞者非先移居不得預焉是以籍若居難可從略以西紀十一月弟一休息二日爲舉期明年三月四日受事例也它故則任無定期厥俗書名輒先姓氏如所謂卓爾治華盛頓是近見譯書或單稱或並舉非舛即漏爰壽一之華盛頓六十七歲十月此見俗計歲數以足月爲率也餘則略月弟一任在乾隆五十二年即西一千七百八十七年計至今光緒十五年凡一百有三創繼二十三人再任者六歷任二十有九述世系表

任次	名	姓氏	籍	居	任年	任時歲	生年	卒年	歲數
弟一人	卓爾治	華盛頓	勿爾治尼亞	同籍	千七百八十七至千七百九十七	五十七	千七百三十二	千七百九十九	六十七歲有十有
二見上									

三第二人	毦一譯臧𤮕	阿但斯	馬沙朱色士	同籍	千七百九十七至千八百一	六十二	千七百三十五	千八百廿六	九十
四第三人	土馬司	哲咈生	勿爾治尼亞	同籍	千八百一至千八百九	五十八	千七百五十三	千八百廿六	八十五
五見上									
六第四人	哲姆斯	馬特生	勿爾治尼亞	同籍	千八百九至千八百十七	五十八	千七百五十一	千八百三十六	八十五
七見上									
八第五人	哲姆斯	夢落	勿爾治尼亞	同籍	千八百十七至千八百廿五	五十八	千七百五十九	千八百三十一	七十二
九見上									
十第六人	毦昆雪	阿但斯	馬沙朱色士	同籍	千八百廿五至千八百廿九	五十八	千七百六十七	千八百四十八	八十
十一第七人	安多柳	辟葛勝	曳司咯爾勒那	田挰西	千八百廿九至千八百三十七	六十二	千七百六十七	千八百四十五	七十八
十二見上									
十三第八人	馬金王	分婆倫	紐約	同籍	千八百三十七至千八百四十一	五十五	千七百八十二	千八百六十二	七十九
十四第九人	威涼哼里	哈利生	勿爾治尼亞	俀海約	千八百四十一	六十八	千七百七十三	千八百四十一	六十八
十五第十人	毦	帖勒	勿爾治尼亞	同籍	千八百四十一至千八百四十五	五十一	千七百九十	千八百六十二	七十一
十六第十一人	熱末司	帕葛	諾司咯爾勒那	田挰西	千八百四十五至千八百四十九	五十	千七百九十五	千八百四十九	五十三
十七第十二人	惹嘎里	帖勒一譯台芬	勿爾治尼亞	魯西阿衲	千八百四十九至千八百五十	六十五	千七百八十四	千八百五十	六十五

十八 第十三人	密納得非勒穆	紐約	同籍	千八百五十至千八百五十三	五十	千八百	千八百七十四	七十四
十九 第十四人	衎郎古林皮而斯	紐翠布西耳	同籍	千八百五十三至千八百五十七	四十九	千八百四	千八百六十九	六十四
二十 第十五人	熱末司孛剛能	資夕佛尼亞	同籍	千八百五十七至千八百六十一	六十六	千七百九十一	千八百六十八	七十七
廿一 第十六人	阿布拉狼林更	根得基	伊利那倚斯	千八百六十一至千八百六十五	五十二	千八百九	千八百六十五	五十六
廿二 第十七人	安多柳酕松	諾司喀爾勒那	田攞西	千八百六十五至千八百六十九	五十七	千八百八	千八百七十[illegible]	六十六
廿三 第十八人	繇力西士戈蘭德	伊利那倚斯	同籍	千八百六十九至千八百七十七	四十七	千八百廿	千八百八十五	六十三
廿四 見上								
廿五 第十九人	巴沙苻赫司	倭海約	同籍	千八百七十七至千八百八十一	五十五	千八百廿二		
廿六 第廿人	熱末司嘎非	倭海約	同籍	千八百八十一僅六月	四十九	千八百廿一	千八百八十一	四十九
廿七 第廿一人	替士會阿莎	窪蒙寧	紐約	千八百八十一至千八百八十五	五十一	千八百廿一	千八百八十六	五十六
廿八 第廿二人	固落薄庫里八郎	紐孫爾西	紐約	千八百八十五至千八百八十九	四十八	千八百廿七	千八百三十八	
廿九 第廿三人	忭雅閔海里孫	倭海約	英蘭阿納	千八百八十九	五十八	千八百三十三		

副伯理璽天德表

國會操議法之權主上院者有正副正即副伯理璽天德也食祿在官不得受舉與伯理璽天德舉例同伯理璽天德有事故則承厥乏

任期舉期皆如之其弟一任後伯理璽天德初任二年在乾隆五十四年即西紀一千七百八十九計至光緒十五年凡一百有一其人二十有五遷任伯理璽天德者七再任者二凡二十有七任其歲供銀萬圓合華銀九千二百有奇抵英吉利銀二千磅居伯理璽天德歲供十之二述副伯理璽天德表

任次	名	姓氏	籍居	任年	任時歲數	遷任	生卒年	歲數
一 第一人	翰	阿但斯	馬沙朱色士同籍	千七百八十九至千七百九十七	五十四	詳世系表	千七百三十五 千八百廿六	九十二
二 見上								
三 第二人	土馬司	哲啡生	勿爾治尼亞同籍	千七百九十七至千八百一	五十四	詳世系表	千七百四十三 千八百廿六	八十三
四 第三人	愛命	盤爾	紐折爾西 紐約	千八百一至千八百五	四十五		千七百五十九 千八百三十六	八十
五 第四人	弱熱	克臨登	紐約同籍	千八百五至千八百十二	六十六		千七百一十九 千八百十二	七十二
六 第五人	野而不立治	蓋律	馬沙朱色士同籍	千八百十三至千八百十四	六十九		千七百四十四 千八百廿五	七十
七 第六人	打爾野而	唐景篩	紐約同籍	千八百十五至千八百廿五	四十三		千七百四十 千八百廿五	六十
八 見上								
九 第七人	翰	茄六烘五	叟司喀爾勒那同籍	千八百廿五至千八百三十二	四十三		千七百八十二 千八百五十	六十八

十	第八人	馬金王	分婆倫		千八百三十三至五十一 千八百三十七	詳世系 表	
十一	第九人	立可士	毫松	根得基 同籍	千八百九十七至五十六 千八百四十一		千七百八十 六十九 千八百五十
十二	第十人	毫	帖勒		千八百四十一至五十一 千八百四十五	詳世系 表	
十三	第十一人	爇地	達拉斯	實夕佛 同籍 尼亞	千八百四十五至六十三 千八百四十九		千七百九十一 七十二 千八百六十五
十四	第十二人	登綏得	非勒穆		千八百四十九至四十九 千八百五十	詳世系 表	
十五	第十三人	維艮	金吾惠蘭	堵司喀州拉巴 爾勒巴麻	千八百五十三至五十三 千八百五十七		千七百八十六 七十二 千八百五十三
十六	第十四人	毫	伯勒金理奇	根得基 同籍	千八百五十七至三十六 千八百六十一		千八百廿一 五十四 千八百七十五
十七	第十五人	哈里八兒	亨臨	紐 同籍	千八百六十一至五十二 千八百六十五		千八百 八 六十六 千八百七十四 一
十八	第十六人	安多柳	毫松		千八百六十五 六十七 〇一月	詳世系 表	
十九	第十七人		福奥斯德	千擯威 同籍 嗄亞	千八百六十五至 千八百六十九		
二十	第十八人	司基納	老爾法斯	紐約 英籍州 二 納	千八百六十九至四十六 千八百七十三		千八百廿三 六十一 千八百八十五
廿一	第十九人	狼立	韋耳生	孖翠布馬沙朱 弯耳色士	千八百七十三至一十一 千八百七十五		千八百十二 六十三 千八百七十五
廿二	第廿人	維艮	悔納	紐約 同籍	千八百七十五至五十六 千八百八十一		千八百十九 六十一 千八百八十一
廿三	第廿一人	替七畣	阿莎		千八百八十一 五十一	詳世系 表	
廿四	第廿二人	打比脫	畣必斯	瑪狸蘭 勿爾治 尼亞	千八百八十一至六十六 千八百八十三		千八百十五 七十一 千八百八十六

美利加圖經卷十上　二一

廿五 第廿三人	熱治	埃朶猛子	密蒙特 同籍	千八百八十三至 千八百八十五	五十六	千八百廿八
廿六 第廿四人	脫馬史	亨得里骨	係海納 英屬阿 納	千八百八十五至 千八百八十九	六十六	千八百十九 千八百八十五 六十六
廿七 第廿五人	禮威	黑爾敦	紐約 同	千八百八十九	五十八	千八百二十三

華盛頓傳 阿但斯

君美利加合衆國者謂之伯理璽天德譯言總統也立國百有餘年四載一易不少守成然叔未有之局能不以華盛頓爲海外人傑哉

述華盛頓傳

卓爾治姓華盛頓氏以氏行勿爾治尼亞人遷自英吉利雍正十年生（千七百三十二）深沈有識量爲童子時羣兒與嬉戲皆出其下父素好樹而華盛頓以試斧是斧雲龍見之怒詰或勸佯爲不知乃曰兒所伐也不敢欺父怒頓釋其信多類此十歲孤受母教如父教然長善測量家在婆多麥河岸測河不遺力饑獵獸果腹厥母飼悍馬二堅中少年受踶嚙鮮克馭者獨華盛頓馳騁如所欲英法兵搆英帥沒華盛頓功弗一錄而不言也雍正末年（千七百二十餘）守賀爾治尼亞者憤法郎西人數侵界遣華盛頓詰之時釁已成歸涂銃擊咫尺間乘筏河

氷凝不得前竿盪之墜水遇救得不死築堡於費納的費牙歸具饟法將襲取堡華盛頓再至復之大敵至佯降懈敵遂班軍人多其能然堡猶輕乾隆二十年（一千七百五十五）武羅士津具襲大具紐堡華盛頓策必遇伏不聽果敗代收潰卒騎馬再斃而身不一傷二十三年（一千七百五十八）克大具紐堡衆舉爲勿爾治尼亞紳董四十一年（一千七百七十五）十三邦盟約自立推華盛頓爲帥復波士登明年十三邦義建國號曰合衆然長島兵挫紐約不支首鼠者流畔而屬敵過半華盛頓勵士不平曰拔突連登波林斯敦二堡以虛爲實以弱拒強以少勝多以蹶轉奮當乘風薄大城取之方血戰英師數倍然老矣法郎西人憤英之荒橫攘新地航師助之力於是搭克着不能支畫界與之所餘者北土寒耳四十八年（一千七百八十三）約成諸將士欲王之華盛頓曰得國而傳子孫是私也不問賢愚如億兆何遂謝兵柄（西十二月）歸里留之不可拉菲德以下從歸人民環視曰我曹有今日國父力也起軍六年矣上堂拜母母曰能如是吾復何憂然十三邦不相下議國制久而後定五十二年（一千七百八十七年三月）衆願華盛頓爲伯理璽天德以阿但斯副國

會使迎之西四十四明所至挈老提幼歡呼之曰國父來何暮也視事于
費納的費牙國債偪甚從波美利頓議以帑付商得積償之五十六
年千七百九十一四年任滿衆留之辭而留益堅乃依再任例或毀其戀權
勢衆皆折之曰我國已亡國父存之我民已病國父蘇之而忘之耶
法郎西內亂請援不可英吉利既逼且爭衆欲問罪又不可一以務
農休兵爲尚下令國中大惰謂繼自今有貪別國土虐聯邦民而階
厲媒者衆共誅之放兵於農留戍萬人足矣嘉慶二年千七百九十七任再
滿乃退四年千七百九十九寒疾卒明年始開國都於婆多麥河岸以華盛
頓生於斯名其城曰華盛頓初地屬瑪理蘭勿爾治尼亞荆榛滿目
國都既立國會亦堂於斯而置紀念幢如塔高數十丈許繼其任者
阿但斯氏也龢其名馬沙朱色士人乾隆五十二年千七百八十七爲副伯
理璽天德再任凡八載嘉慶二年千七百九十七從衆爲伯理璽天德先是
改革時阿但斯使法郎西而船將與英吉利艦戰海中將助船將曰
子使者也不戰何害而兩軍鏖戰不止阿但斯手銃助戰既繇副而
正法郎西人奪商艦阿但斯怒遣舟師戰於海中獲其一艦俘卒二

百有奇令路德塞爾等十二人護之會大風雨法郎西艦漂失其人欲乘鬧刺塞爾覺之乃閉俘檻板下三晝夜不交睫法郎西畏而不發其知兵用人多此類也厥後曰士馬司姓哲咈生氏曰哲姆斯姓馬特生氏曰哲姆斯姓夢洛氏曰氊昆雪姓阿但斯氏曰安多柳姓爵葛勝氏曰馬金王姓分婆倫氏曰威涼亨里姓哈利生氏曰氊姓帖勒氏曰熱末司姓帕葛氏曰惹嘎里姓帖勒氏曰密納得姓非勒穆氏曰苻郎古林姓皮而斯氏曰熱末司姓孛剛能氏曰阿布拉狠姓林更氏曰安多柳姓氊松氏曰緜力西士姓戈蘭德氏曰巴沙苻姓赫司氏曰熱末司姓嘎非氏曰替士侖姓阿莎氏曰固落薄姓庫里八郎氏今之伯理璽天德曰忭雅閔姓海里孫氏溯自華盛頓始凡二十有三人歷任二十有九蓋華盛頓而後再任者爲哲咈生馬特生夢洛爵葛勝戈蘭五人

雲龍曰美利加地拓自英非歟而畔英自立一利權國也非華盛頓力不逮此公器聽之公論抑何偉歟厥後墨西哥秘魯諸國畔日斯巴尼亞南北步武一似以華盛頓爲規而肥瘠殊涂弱強異轍豈幸

不幸耶襲迹者流難可並實力論也雲龍游華盛頓都見其遺像若石鏤若油繪皆蘿須如媼狀而奇傑如此國都六十里有奇葡萄壘河之西岸地曰瞞脫瓦農是其舊居也羅列平昔器用兒時斫樹斧猶在而柄朽矣石槨置於室側婦孺時葺過者輒脫帽供花唏噓遺愛不能忘歲逢立國日尤甚鳴競謀呼雖非世及何以加哉

美利加風俗志　　游歷美利加圖經十一

花翎二品銜直隸即補道總辦北洋機器局前游歷使臣傅雲龍述

美利加方言一如英吉利而風氣繫地詎無轉移居中國之地背俗習相反又何怪其然也雖游歷之責匪第曰采風問俗而民俗與國政實相表裏略彼瑣屑綜厥大要曰形性曰族類曰[illegible]目曰服飾曰飲食曰居處曰俗禮曰歲時而以土人風俗附箸於篇土人散居不皆著印甸部境故不曰印甸人而曰土人也述風俗志

形性

色白皙碧眼黃須半似英吉利人而亦不盡然男子鬑須既生例不概芟惟日日撚之分翹於吻之左右年至五十六十或薙上唇之須或盡去之老媼間亦于思但美髯少耳髮有黃有黑男短女否人情尚利而亦思義格物而恥襲人所最重者信耳於養生三致意而棄死名遺惡疾而剖視則言笑自若與人無急聲厲色師之於弟不假夏楚主之於奴圉或唾罵而外交不溢尺寸性好游既昏必游未仕必游欲攻工必游將有拓於商業必游當暑富者貴者輒避暑外游

若有例焉其未避者時匿於家恐被訕也○紐罕布西耳邦北之人禀清和之氣而多壽往往有年逾百者緬邦窪蒙邦梅尼所達邦近北之人亦如之

族類

厥初生民皆印甸土人也明時日斯巴尼亞人既來於是法郎西荷蘭瑞典諸國之人趨若鶩而英吉利人覊食獨多生聚日衆而掠買黑奴亦寖以滋矣埃及土人亦以工至掊克弗堪自立爲國百餘年來厥種大較有三一白人也來自歐邏巴洲一黑人也來自阿非利加洲初爲奴今許爲民一雜人也各種昏配而生至若中國人無慮十數萬而未入籍

黨目

美利加人分南北二黨每舉伯理璽天德時黨競分舉以人之多寡判舉之得失南得則內外官吏隨之而易北得亦然有昆仲夫妻分黨南北者平居不之覺一遇議事出奴入主牽以爲常前此二黨構兵實以黨分不以地分也雖防海新論云南北風俗不同政令互異

意欲爭強久之分黨成仇南半務農北多爛工一似其始未嘗不以地分而細譏分黨之目彼人士謂南黨曰德墨咳特譯即重民意也北黨有二名初斐德拉三十年前改曰雷布博里干譯此二目不離乎重國者近是百餘年來所爭之端雖異而分黨之目則同

服飾

衣冠之制男女有別其男冠黑緞爲之高九寸許形如且字吉禮冠也微獨官紳用之常冠夏草冬氈草多本色略似中國野老黃冠而簷不及三寸氈則或黑或灰然輕於楮低者或六角或八角皆有簷簷遮日光也繫之以帶戎冠或鐵或革加漆當額簷吐如舌裁寸餘其上攢插禽羽有黃有紅有白凡出門必冠入則露頂衣服稱身黑以爲常雜色次之夏亦用白大氐長不逮膝無左右衽衣角裁圓作燕尾形所謂小禮服也冬以法蘭絨爲裏衣短小無領加一短褐四圍纏身其領高出頷下有一頸巾縛之其表着一半臂後單前夾高齊頸膊以法蘭絨爲内袴短而緊外袴較長而束下體亦緊不容指短褐在中不在外也前後兩鈕扣以十字交加外衣用呢居乡亦

無寬博態窮口作袋儲隨身物也褻長至掌領則雖暑必不可少外衣眎如被漿洋布而實以樹膠爲之既潔且白着汗可拭然質硬其袴脚小于中國不縛帶也民主之國君民服色無異惟武夫服色或緣朱或飾金巡捕胸右有花紋亦有過膝氈衣出門着之至人家則脫之襪之長拂過膝鞋用牛皮底面皆然薄者一層厚則疊五靴亦長不逾膝着於袴裏或黃或黑皆牛革也戎靴邊底有釘有鈎○女冠或黑或灰亦氈亦絨亦皮亦草其高低與從衡與斜正無定式而輒偏着前額其後有髻也出門以紗罩面紗間有黑點驟見之如痘日本國女不穿耳而美利加則兩環大似中國恒以金剛鑽石爲飾不穿耳者亦夥非若中國一律也女帶無紋金戒指是已字人之別也否則珠寶鑲之不以此例而臂釧左右不必如一也厥衣緊束厥腰尚細腰下裾突出於後撒罩四圍曳行地上長四五尺上下截然如狷出戶則衣不及地入跳舞會則裸胸及肩背而兩指手則皆有套或以玻璃細管飾衣前後纍纍若貫珠穉女往往披髮而亦辮之以絹束不以繩纏也革履亦尚窄小後底微高此與男履小異○鮮花

綴襟男女皆然○四時衣無一定夏雨衣皮冬晴着單○手套出門必着入戶則除當食亦除以白爲貴惟見君后用之○寢必有衣長與身等有襞無襟白布爲之偶遇中國人當暑而衣白衫疑爲誤衣寢衣而出其以是夫

飲食

日三餐皆有定晷早餐謂之脖拉克夫司忒厥時或辰或巳午餐謂之帖福盈時在未申間晚餐謂之色布兒非酉即戌也午餐亦曰大餐肉以牛爲最麞鹿羊兎雞鶩鶡鶉魚蛤鰕蟹之屬次之豚亦偶食燔之炙之自割而食羹惟一味牛汁居多凡食禽獸委棄肝腸麪包馬鈴薯豌豆其糧也間亦飯然盛於盤以勺食之凡餐男女團坐一長案案可伸縮視人而定鋪白枲布中供時花雜列生果及棗栗菰支胡桃無花果之屬當席人各一巾有刀有叉有勺而無箸左刀右叉其常也先設空盤侍者擎肴以次自取亦或分自主坐之人凡飲設玻璃盞二四大小有差蓋飲葡萄酒之類用其大者如香餅酒則高足而杯淺其較小者也肉食既畢乃食生果等物此與中國相反

之一端大餐則然若早晚二餐則肴列無多半屬冷食凡食輒以玻璃碗盛涼水飲之夏則加冰蓋日啗肉炙非此無以澆也食畢必飲加非亦或飲茖即茶也加糖及牛乳而後飲之當暑則增冰牛乳是其佳品○生蔬以鹽醯拌食謂之撒拉子

居處

好樓居二層至九層有差三法蘭昔斯哥有旅店以九層樓著名而紐約有十二層居室其罕見者也曲折處一二層處拾級以升而逾此則升降以機之為愈也若小屋然旁有坐几以一人司之凡欲上下呼以電鐘則機動或謂之升梯樓板以狹木而長排嵌之既堅且平皆木心也不取寬大其理亦確凡室尚明然壁窗僅以兩扇為率玻璃生白而護窗輒絲以寸板相距數分斜排成之而活可上可下欲其透光且通清氣也謂之百葉窗其簾亦有似此者或稱板簾此名見聯邦志略得中國磁器則懸之壁上鼎彝庋之壁必糊紙金采眩目就壁砌爐以鐵管達烟於外窗壁張帷地鋪花毯坐籍輭褥臥几無定式坐几高低不一或四足或於足安半圓木可前後軒輊有木有籐

有鐵其槅亦以鐵爲之足有轆轤推挽甚便褥厚數尺枕長而方被不以絮而以氈無屖無水引之以管閉洩有機飲之嗽之可隨意也浴室有三管一熱一涼一除水喚人多以電鐘富貴之家傳言半藉得力風矣居無仞墻其短垣率用天然石或以鐵作柵或以冬青樹作垣其地種草時時翦之如茵亦雜奇花如錦其澆花卉以膠管引水其園引渠坐石樹下置几皆淡雅不及日本而整密過之康色費忒里譯言暖室也養花草以之有蒸瀛盤旋其中瓦與瓷與戶皆用玻璃或謂之玻璃房其燈初亦用油厥後煤氣比戶皆然以表測出用之多寡月計而收其直罔有或爽今則電氣浸廣矣美利加已非西式之華麗者然已不免於俗而潔則有餘○門輒畫掩欲入先以指彈門二三其門內人應之曰康民則推門入康民猶言來也門之機關大約有三一機可內外上鎖非匙不開二機雖內外可閉而手撥即啟三內鎖之機外不克開○阿拉士克部之人多穴地而居輒聚處百人有奇

俗禮

昏禮大約男子二十一而取女子十七而嫁此其常也無髫齡結褵之例前三五載時相往還性質無相隱也貧富無相飾也有跳舞會寓擇配意與中國苗疆跳月之俗略同父母不主其事非男合女意昏未由定迨乎女愈男唯告之父母不納采不奠雁取之日或牧師主之或邑長主之男女偕詣主昏者當衆戒其自今以後唱隨勿或乖異記之於籍與以爲憑復以好語祝之男女自是辭厥父母別營新室女家贈奩略如中國其女所受於父母之財產亦携之來既昏夫婦同游經年累月資斧匱者亦作數月之游整冠結履婦輒役夫在塗在宴不避也其昏嫁逾時者忌面問待字之年而女或終身不字其意有三一無相當二謝拘束三不以有後無後爲意也而男或終身不取非赤貧即廢疾也鰥續寡醮今亦有之凡婦再適子留爲前夫之後而女輒隨之去例不置妾

凡生子女以醫接生以媼代乳生數日或彌月父母命名既定至老不得一更凡稱謂先名後姓如美利加合衆國第一伯理璽天德阜爾治華盛頓所謂阜爾 治者其名也所謂華盛頓者其姓氏也學語

則呼父曰爸爸呼母曰媽媽俗語之同於中國蓋由天籟謂稱子曰差綠忒謂小女曰幼顏兒內地家財子女均分無異視

喪禮先以淨水沐死者著以潔白衣斂手合掌以大布束厥肢體入棺或二三日或三五日葬之墓中磚石圍砌或鐵或錫砌亦如之墓表砌石立圓首石書生死日或立華表二三丈頂琢六角其碑或銳上或立石如柱或鑴形如生或鏤生平所精何藝所嗜何器或修殯室中作數穴穴各一棺其棺大小視身當面罩以玻璃家人思之久猶啟睎然惟富者如是尋常以膚就土而已昔且先深後淺重迭而葬今則一席之地僅足容身或有餘地則石欄鐵鍊防踐踏也國例葬地由官擇定非不產金與煤與琉之地不能葬也親朋送葬衣黑不衣白蓋以白為吉也墓祭無酒無肴與紙錢惟供鮮花瓶盆雜陳紅紫競蒔游目所及輒疑墳山與花園無以異也弔者亦持花云其未亡人出門輒頭蒙黑紗車亦用黑

友誼最重君民一體不以貴賤分家產有不盡子子女而分之友者

○非親屬無親吻禮然賓至婦輒酬酓有女則女出應賓以為敬○

有婦女在坐則男賓不得吸菸如菸出主人則亦吸之必其無拘束者也○與婦女言形狀不得及腰以下○初見之賓老者不叩年齒不知性名則互相投刺刺以白柬爲之長二三寸許有喪服則黑其緣○見賓握手以右不以左也不迎不送遇諸塗而少遠則脫帽爲禮○軍禮舉手向耳邊一揚○凡賓至無茶先之以菸繼之以酒酒必杯與杯接磴磴有聲起祝好語乃飲○凡宴賓之席主坐長桉之中則以對主爲上如主坐桉頭則以主左右爲上男女雜坐之席則女右男左蓋尙右也女重於男

歲時

美利加歲時沿英吉利以三百六十五日爲一年二月之日二十有八一三五七八十十二皆三十一日餘則三十日四年閏一日紀日以日月火水木金土爲敘七日一休息日曜給假所謂休息也據其方言生得云者即休息日捫得云者休息後一日也（即禮拜一）諸使得云者休息後二日也外德勒司得云者休息後三日也色而司得云者休息後四日也佛而得云者休息後五日也沙德而得云者休息後

六日也廿休息日當中厤之房虛昴星四宿

西正月一日謂之孩比（歡喜）紐（新）意兒諾（年）譯言歡喜新年也男皆出

賀女則不出門而酬應客之來賀者賀以三日爲率

西七月四日是華盛頓自立爲國日也（雲龍於光緒十四年五月游美利加是月廿四日即其七月四日）其方言謂之弗耳（四）茨（弟）倭夫（之）鳩來譯言七月之弟四日也

陳舊物游宿兵是日三法蘭昔斯哥放中國所製爆竹直銀二萬圓

此有定日也其無定日而歲按休息日推算在何日者如所謂衣士

得者耶穌復生日也不離西紀四月（如光緒十四年二月二十一日即西一千八百八十八年四月一日是彼所謂復生日）得之言日也所謂沽德弗列得者耶穌死日也（如光緒十四年二月十九日爲西一千八百八十八年三月三十日是其日也）所謂喀裏士末斯得者耶穌生日也（如光緒十四年十一月二十三日爲西一千八百八十八年十二月廿五日是其日也）是日大宴會勝於彼人

之新年凡穉子至必給物其俗相傳昔有鬖武（名）克樂斯（姓氏）者日

耳曼國人會於是日前一夕降從竈突遺玩物於小兒韈中頌孺呼

爲番耐日耳曼至今美利加穉子猶沿遺俗於是夜懸韈以待其父

兄輒投物以實厥說云所謂華盛頓波耳茨得者華盛頓生日也（如光

緒十四年正月十一日爲西一千八百八十八年二月廿二日是其日也又有所謂十克司給憤得者譯言謝既日蓋謂酬謝天既猶報秋成誼也其日由伯理璽天德諏定屆期輒炙火雞宴客故亦謂之食火雞日如光緒十四年十月二十六日爲西一千八百八十八年十一月廿九日是其所定日此外如其伯理璽天德生日亦懸旗相賀云

土人風俗

土人軀幹長大髮如漆黑翦之留數寸如鍼如芒刺總束之頂面赤色其性情貴男賤女紉衣爲黍荷重搆屋大率役婦女爲之婦女操業盛兒於圓器置壁隅行則負之男子非漁獵軍役則坐食居多覗聽頴敏或爲白人所不逮而多猜忌哺呴之恩睚眦之怨必報好鬬結隊擁酋燃炬露宿出沒莽荊專尚襲擊所過蹤迹以木葉覆之斬獲輒剝面皮或懸屋上或貼衣帶自矜往往舉所剝之數蓋數多則驍勁有聲也方有所俘其男女老稺執木兩行立乃爨俘行於其間執木齊下或縛之樹於數十步外投鋮輒中俘面以爲樂亦養降俘爲子不屈則殺其殺先炙以薪繼射以矢殘忍類此今漸改移矣其族類不一美利加自立爲國而後土人之族尚有十餘自分部落其

著者曰知祿基曰吉栗士曰西米拏里曰卓道斯曰知格亞騷斯凡此諸族之源既書闕無徵彼亦不克自解美利加人稗治文之言曰印甸人頗與亞細亞洲人彷彿其洲人今有由太平洋遭風來聯邦者或初亦因此而至未可知也其服飾男女均穿耳以毛羽簪髮以熊爪飾巾幘以刀鉞弓矢負背所用之箭或長丈餘鏃端倒鉤淬以毒藥北部苦寒衣獸皮或以獸毛織衣以獸筋紉之貫者亦衣魚皮飾以翎毛南部苦熇輒裸體布蔽腰下厥履用革其飲食以玉米爲糧故有印甸米之目獵獸而肉剖仙人掌而飲其居處構屋先立四柱葺以木皮獸革居梅尼所達邦之土人出入駕車昔以犬代其俗禮無聘取定儀葬或棺斂或土掩亦無定法子死母輒懸之樹枝風動則泣子守父母之墳尤謹遇掘則拒之力有武力者死則以刀矢之屬與獵犬殉謂死生雖異此數者不可一日無之亦知善惡謂善者復生樂國樂國云者謂鳥獸蕃滋便田獵也好賓客殺饌必盛一或不飽則悵恨累日

土人有一種曰非剛土道光十年後千八百三十餘英人殲之無遺種

游歷美利加圖經十二

花翎二品銜直隸即補道總辦北洋機器局前游歷使臣傅雲龍述

美利加食貨志一

民數年表

美利加有土有財生聚基之先是新地多屬日斯巴尼亞而葡萄牙亦有屬地作販黑人俑日斯巴尼亞以新地人稀歲許買奴四千歐羅巴人輒以販奴爲業美利加之有奴自明天啟初西千六百廿一新英地買自和蘭人之載奴至勿爾治尼亞始轉販滋多若牛馬然英吉利人有悔心以水師巡海禁賣違則罪且罰厥舟時我嘉慶十二年也千八百七年明年美利加禁如之道光二十年八百四十英吉利立役奴禁獨西海島不受禁令厥王計奴八十萬許出八千萬銀贖之美利加國會亦議凡在聯邦三十六度三分以南地用奴者聽以北勿許而密蘇釐奴如故爭之不可閱數年始一約曰密蘇釐而外繼入聯邦宜遵前約否則屏勿納國人諾名是約曰密蘇釐相準之法共民數聯邦歲計書之始國會十年一綜乾隆五十五年民數三百九十二萬九千二百一十四有奴六十九萬七千八百九十七嘉慶五年民數五

百三十萬八千四百八十三有奴八十九萬三千四十一十五年民數七百二十三萬九千八百八十一有奴一百十九萬一千三百六十四二十五年民數九百六十三萬三千八百二十二有奴一百五十三萬八千三十八道光十年民數一千二百八十六萬六千二十有奴二百萬九千四十三二十年民數一千七百六萬九千四百五十三有奴二百四十八萬七千四百五十五三十年民數二千三百十九萬一千八百七十六有奴三百二十萬四千三百十三咸豐十年民數三千一百四十四萬三千五百七十七有奴三百九十九萬九千三百五十三有（北無奴凡民千八百八十萬二千有奇南有奴居一千二百四十三萬五千有奇）歸是民數同治九年爲三千八百五十五萬八千三百七十一光緒六年爲五千十五萬五千七百八十三民數之繫年者一也此五千十五萬五千七百八十三民中無公舉權者居十之七八以是知鄉者聞美利加重女亦不甚然也其國女子近以不克與舉伯理璽天德有變例意會議尚有成說其國男子之有公舉權在二十一歲以上白人雜色無與焉學校師弟郵局寫字工廠技藝不盡丈夫子而兵政巨

端勘假女手民數之計男者二也此五千十五萬五千七百八十三男中有中國人十萬五千三百一十三而實不止此此就彼簿成數言又有白人四千三百四十萬二千九百七十又有雜人六百五十八萬七百九十三又有印甸人六萬六千四百有七然印甸人數就徙居邦部言之其印甸士人七萬五千阿拉司克之印甸人八千六百五十五與夫阿拉司克之白人三百九十二不在其內民數之分類者三也皆就光緒六年言其繫里則就十一年言凡人數五千六百七十八萬五千四百五十有六是每一方里得三百五十七萬有二百七十一每一野格得二百二十八萬四千九百七十三民數之繫里者四也印甸士著而外民皆外至然嘉慶二十五年以前無入籍簿二十四年合衆國政府始令海關記外至民數計至光緒十三年凡六十有九年民數之來徙者五也述民數表

民數繫年第一

	乾隆五十五年千七百九十	嘉慶五年千八百	嘉慶十五年千八百十	嘉慶廿五年千八百廿	道光十年千八百卅	道光廿年千八百四十	道光三十年千八百五十	咸豐十年千八百六十	同治九年千八百七十	光緒六年千八百八十
科倫布亞		一四〇九三	二四〇二三	三三〇三九	三九八三四	四三七一二	五一六八七	七五〇八〇	一三一七〇〇	一七七六二四

阿拉巴麻				一二七九○一	三○九五二七	五九○七五六	七七一六二三	九六四二○一	九九六九九二	一二六二五○五
阿剛色斯				一四二五五	三○三八八	九七五七四	二○九八九七	四三五四五○	四八四四七一	八○二五二五
嘉里符尼亞							九二五九七	三七九九九四	五六○二四七	八六四六九四
喀挪拉奪								三四二七七	三九八六四	一九四三二七
干揑底噶奪	二三七九四六	二五一○○二	二六一九四二	二七五一四八	二九七六七五	三○九九七八	三七○七九二	四六○一四七	五三七四五四	六二二七○○
特納窪	五九○九六	六四二七三	七二六七四	七二七四九	七六七四八	七八○八五	九一五三二	一一二二一六	一二五○一五	一四六六○八
佛勒里當					三四七三○	五四四七七	八七四四五	一四○四二四	一八七七四八	二六九四九三
若爾治亞	八二五四八	一六二六八六	二五二四三三	三四○九八五	五一六八二三	六九一三九二	九○六一八五	一○五七二八六	一一八四一○九	一五四二一八○
伊利那倚斯			一二二八二	五五一六二	一五七四四五	四七六一八三	八五一四七○	一七一一九五一	二五三九八九一	三○七七八七一
英釐阿納		五六四一	二四五二○	一四七一七八	三四三○三一	六八五八六六	九八八四一六	一三五○四二八	一六八○六三七	一九七八三○一
愛呵窪						四三一一二	一九二二一四	六七四九一三	一一九四○二○	一六二四六一五
剛色斯								一○六二○六	三六四三九九	九九六○九六
根得基	七三六七七	二二○九五五	四○六五一一	五六四一三五	六八七九一七	七七九八二八	九八二四○五	一一五五六八四	一三二一○一一	一六四八六九○
魯西阿納			七六五五六	一五二九二三	二一五七三九	三五二四一一	五一七七六二	七○八○○二	七二六九一五	九三九九四六
緬	九六五四○	一五一七一九	二二八七○五	二九八二六九	三九九四五五	五○一七九三	五八三一六九	六二八二七九	六二六九一五	六四八九八六

瑪理蘭	三一九七二八	三四一五四八	三八〇五四六	四〇七三五〇	四四七〇四〇	四七〇〇一九	五八三〇三四	六八七〇四九	七八〇八九四	六三四九四三
馬沙朱色士	三七八七八七	四二二八四五	四七二〇四〇	五二三一五九	六一〇四〇八	七三七六九九	九九四五一四	一二三一〇六六	一四五七三五一	六七八三〇八五
密西根			四七六二	八七六五	三一六三九	二一二二六七	三九七六五四	七四九一一三	一一八四〇五九	一六三六九三七
梅尼所達					一		六〇七七	一七二〇二三	四三九七〇六	七八〇七七三
密士昔比		八八〇五	四〇三五二	七五四四八	一三六六二一	三七五六五一	六〇六五二六	七九一三〇五	八二七九二二	一一三一五九七
密蘇蠻			二〇八四五	六六五五七	一四〇四五五	三八三七〇二	六八二〇四四	一一八二〇一二	一七二一二九五	二一九八三八〇
拏布拉士格								二八八四一	一二二九九三	四五二四〇二
列法達								六八五七	四二四九一	六二二六六
紐罕布西耳	一四一八八五	一八三八五八	二一四四六〇	四四四〇二二	二六九三二八	二八四五七四	三一七九七六	三二六〇七三	三一八三〇〇	三四六九九一
紐折爾西	一八四一三九	二一一一四九	二四五五六二	二七七四二六	三二〇八二三	三七三三〇六	四八九五五五	六七二〇七五	九〇六〇九六	一一三一一一六
紐約	三四〇一二〇	五八九〇五一	九五九〇四九	一二七二一一	一九一八六〇八	二四二八九二一	三〇九七三九四	六八〇七三五	四三八二七五九	五〇八二八七一
諾司喀爾勒那	三九三七五一	四七八一〇三	五五五五〇〇	六三八八二九	七三七九八七	七五三四一九	八六九〇三九	九九二六二二	一〇七一三六一	一三九九七五〇
倭海約		四五三六五	二三〇七六〇	五八一二九五	九三七九〇三	一五一九四九七	一九八〇三二九	二三三九五一一	二六六五二六〇	三一九八〇六二
額里根							一三二九四	五二四六五	九〇九二三	一七四七六八
賓夕佛尼亞	四三四三七三	六〇二三〇五	八一〇〇九一	一〇四七五〇七	一三四八二三三	一七二四〇三三	二三一一四八六	二九〇六二一五	三五二一九五一	四二二八九一

洛富埃倫	六八八二	六九一二	七六九三	八三〇一	九七一九	一〇八八	一四七五	一七四六	二一七三	二七六五
	五	二	一	五	九	三〇	四五	二〇	五三	三一
嗖司咯爾勒那	二四九〇	三四五五	四一五一	五〇二七	五八一一	五七四三	六六八五	七〇三七	七〇五六	九九五五
	七三	九一	一五	四一	八五	九八	〇七	〇八	〇六	七七
田捏西	三五六九	一〇五六	二九一七	四二二七	六八一九	八二九二	一〇〇二	一一〇九	一二五八	一五四二
	一	〇二	二七	一一	〇四	一〇	七一七	八〇一	五二〇	三五九
德格瑟斯							二一二五	六〇四二	八一八五	一五九一
							九二	一五	七九	七四九
窪蒙	八五四二	一五四四	二一七八	二三五九	二八〇六	二九一九	三一四一	三一五〇	三三〇五	三三二二
	五	六五	九五	六六	五二	四八	二〇	九八	五一	八六
勿爾治尼亞	七四七六	八八〇二	九七四六	一〇六五	一二一一	一二三九	一四二一	一五九六	一二二五	一五一二
	一〇	〇〇	〇〇	一一	四〇五	七九七	六六一	三一八	一六三	五六五
威士奪勿爾治尼亞									四四二〇	六一八四
									一四	五七
威士干遜						三九九四	三〇五三	七七五八	一〇五四	一三一五
						五	九一	八一	六七〇	四九七
阿里瓚那									九六五八	四〇四四
										〇
打戈達								四八三七	一四一八	一三五一
									一	七七
埃得和									一四九九	三二六一
									九	〇
孟大那									五〇五九	三九一五
									五	九
紐墨西哥							六一五四	九三五一	九一八七	一一九五
							七	六	四	六五
尤達							一一三八	四〇二七	八六七八	一四三九
							〇	三	六	六三
華盛頓								一一五九	二三九五	七五一一
								四	五	六

歪阿明　九一一八　九　二〇七八

總數　三九二九五三〇八七二三九九六三三一二八六一七〇六二三一九三一四四三八五五六〇一五
二一四　四八三　八八一　八一二二　六〇二〇　九四五三一八七六三五七七八三七一　五七八三

男數弟二

	男數 白人	男數 雜色	男數 合數	有公舉權男數 白人 國內生人	有公舉權男數 白人 外國生人	有公舉權男數 白人 合數	有公舉權男數 雜數
科侖布亞	一一八〇〇六	五九六一八	一七七六二四	五九六一八	一三七六四	三三八二	一三九一八
阿拉巴麻	六六二一八五	六〇〇三二〇	一二六二五〇五	一三六〇五八	五四〇三	一四一四六一	一一八四二三
阿剛色斯	五六一五三一	二一〇九九四	七七二五二五	一二九六七五	六四七五	一三四一五〇	四六八二七
嘉里符尼亞	七六七一八一	六七五一三	八三四六九四	一三五二〇九	一一七三七四	二六二五八三	二六六八〇九
喀挪拉奪	一二一二一六	三二〇一	一二四三二七	六五二一五	二六八七三	九二〇八八	一五二〇
干捏底嘎奪	六一〇七六九	一一九三一	六二二七〇〇	一一八七四	五五〇一二	六六八八六	三五三二
特納塞	一二〇一六〇	二六四四八	一四六六〇八	二七四四七	四四五五	三一九〇二	六三九六
佛勒里畣	一四二六〇五	一二六三八八	二六九四九三	三〇三五一	三八五九	三四二一〇	二七四八九
若耳治亞	八一六九〇六	七二五二七四	一五四二一八〇	一四二〇四四	五九二三	一四七九六七	一四三四七一
伊利那倚斯	三〇三一一五一	四六七二〇	三〇七七八七一	五〇五二七二	二七七八八九	七八三一六一	一三六八六

英蓬阿納	一九三八七 九八　三九五〇三 一　一九七八三〇四一四二五二　七三四四六四八七六九八一〇七三九
愛阿窪	一六一四六 〇〇　一〇〇一五 五　一六二四六一三二八七五三〇　一一六一〇三　四一三〇三三　三〇一五
剛色斯	九五二一五 五　四三九四一　九九六〇九六二〇一三五四　五三五九五二五四九四九　一〇七六五
根得基	一三三七一 七九　二七一五一一 〇　一六〇八六九二八七三六二　三〇二一七　三一七五七九　五八六四二
魯西納阿	四五四九五四八四九九二九三九九四六 四　八一七七七　二七〇三三　一〇八八一〇　一〇七九七 七
緬	六四六八五 二　二〇八四六四八九三六　一六四一七三　二二四八六　一八六六五九　六六四
瑪理蘭	七二四六九二一〇二五〇 三　九三四九四三　一四四五八六　三八九三六　一八三五二二　四八五八四
馬沙朱色士	一七六三七 八二　一九三〇三 五　一七八三〇八三二六〇〇二　一七〇六九〇　四九六六九二　五九五九
密西根	一六一四五 六〇　二二三七七 七　一六三六九三二八五四六九　一七六〇八八　四六一五五七　六一三〇
梅尼所達	七七六八八 四　三八八九七八〇七七三　八八六二三　一二二七七　二一一三九九　一〇八六
密士昔比	四七九三九 八　六五二一九九 七　一一三一五九一〇二五八〇　五六七四　一〇八二五四 六　一三〇二七
密蘇瀝	二〇二二八 二六　一四五五五四二 〇　一六八三八三九六三二二　一一一八四三　五〇八一六五三二三〇四二
拏布拉士格	四四九七六 四　二六三八四五二四〇二　八三三三四　四四八六四　二二八一九八　八四四
列法達	五三五五六　八七一〇　六二二六六　一一四四二　一四一九一　二五六三三　五六二二
紐罕布西耳	三四六二二 九　七六二　三四六九九一　八八七九〇　一六一一一　一〇四九〇一　二三七

紐折爾西	一 一〇八七二	一〇八四四	一一九五六五	二六四二三	四五五八	三〇九[illegible]一	三〇九八一
紐約	二二 八〇一六〇	六六八四九	一 八〇八二八七	八五二〇九四	五三六五九八	二 一三八八六九	二〇〇五九
諾司喀爾勒那	二 八六七二四	五三二五〇八	〇 一三九九七五	一八七九三七	二〇九五一	九〇〇三二	八 一二五〇一
倭海約	二〇 三二二七九	八〇一四二	二 三三〇八〇六	六一三四八五	一九一三八六	八〇四八七一	二一七〇六
頻里根	五 一六三〇七	一一六九三	一七四七六八	三八〇〇六	一三六三〇	五一六三六	七九九三
賓夕佛尼亞	一六 四一九七〇	八五八七五	一 四二八二八九	七九七五三二	二一二八六〇	二 一〇一〇三九	二三八九二
洛鳥埃倫	九 二六九九三	六五九二	二七六五三一	四七九〇四	二七一〇八	七五〇一二	一八八六
叟司喀爾勒那	五 三九一一〇	六一四四七二	七 一〇〇五五七	八二九一〇	三九九六	八六九〇六	九 一一八八八
田揑西	三一 一一三八八	四〇三五二八	九 一五四二三五	二四〇九三九	九一一六	二五〇〇五五	八〇二五〇
德格瑟斯	三七 一一九七二	三九四五一二	九 一五九一七四	二四六〇一八	五五七一九	三〇一七三七	七八六三九
窪蒙	八 三三一二一	一〇[illegible]八	三三三三一六	七七七四	一七五三三	九五三〇七	三一四
勿爾治尼亞	八 八八〇八五	六三一七〇七	五 一五一二五六	一九八二七七	七九七一	二〇六二四八	七 一二八二五
威士奪勿爾治尼亞	七 五九二五三	二五九二〇	六一八四五七	一二三五六九	九二〇八	一三二七七七	六二一八四
威士干遜	一八 一三〇九六	五八七九	七 一三一五四九	一四九四六三	一八九四六九	三三八九三二	一[illegible]五〇
阿里瑣那	三五一六〇	五二八〇	四〇四四〇	九七九〇	八二五六	一八〇四六	二三五二

打戈達	一三三一四七	二〇三〇	一三五一七七	二五四七六	二五四八九	五〇九六二	六四一
埃得和	二九〇一三	三五九七	三二六一〇	七三三一	四三三八	一一六六九	三二二六
孟大那	三五三八五	三七七四	三九一五九	一二一六二	七四七四	一九六三六	一九〇八
紐墨西哥	一〇九二一四七	九九〇九九	一一九一二四六	一九〇六五六	九九三〇九	二八九九六五	一〇六七〇
尤達	一四二四二三	一五四〇	一四三九六三	一三七九五	一八二八三	二二一〇七八	六九五
華盛頓	六七一九九	七九一七	七五一一六	一五八五八	八三九三	二四二五一	三四一九
歪阿明	一九四三七	一三五二	二〇七八九	六〇四二	三一九九	九二四一	九三九
總計	四六三七三一〇〇	六七九二三一三	五三一六五四一三	七九四九七九九	三〇二八〇六九	一〇九七七八六八	一七六三一七二

民類第三

	光緒六年千八百八十					比較前十年仟八百七			
	白色	雜色	中國	印甸	合數	白色	雜色	中國	印甸
華盛頓	一一八〇〇六	五九五九六	一七	五	一七七六二四	八八二七八	四三四〇四	三	一五
阿拉巴蘇	六六二一八五	六〇〇一〇三	五	二一三	一二六二五〇六	五二一三八四	四七五五一〇		九八
阿剛色斯	五九一五三一	二一〇六六六	一三三	一九五	八〇二五二五	三六二一一	一二二一六九	九八	八九
嘉里符尼亞	七六七一八一	六七八	七五二一八	一六二七七	八五九三五四	四九九四二四	四二七二	四九三一〇	七二四一

喀挪拉奪	一九一一二六	二四三五	二六一二	一五四	一九四三二七	三九二二一	四五六	七	一八〇
干担底嘎奪	六一〇七六九	一一五四七	一二九	二五五	六二二七〇〇	五二七五四	五六六八	二	二三五
特納窪	一二〇一六〇	二六四四二	一一	五	一四六六一八	一〇二三二一	二二七九四		
佛勒里當	一四二六〇五	二二六六九〇	一八	一八〇	二六九四九三	九六〇五七	九一六八九		二
若耳治亞	八一六九〇六	七二五一三三	一七	一二四	一五四二一八〇	六三八九二六	五四五一四二	一	四〇
伊利那倚斯	三〇三〇一五一	四六三六八	二二二	一四〇	三〇七六八七一	二五一一〇九六	二八七六二	一	三一
英薹阿納	一九三八七九八	三九二三八	二九	二四六	一九七八三〇一	一六五五八三七	二四五六〇		二四〇
愛呵窪	一六一四六〇〇	九五一六	三三	四六六	一六二四六一五	一一八八四〇七	五七六二	三	七四八
剛色斯	九五二一五五	四三一〇七	一九	八一五	九九六〇九六	三四六三七七	一七一〇八		九一四
根得基	一三七七一七九	二七一四五一	一〇	五〇	一六四八六九〇	一〇九八六九二	二二二二一〇	一	一〇八
魯西阿納	四五四九五四	四八三六五五	四八九	二八四八	九三九九四六	三六二〇六五	三六四二一〇	七一	五六九
緬	四五四八五二	一四五一	八	六二五	六四八九三六	六二四八〇九	一六〇六	一	四九九
瑪理蘭	七二四六九三	二一〇二三〇	五	一五	九三四九四三	六〇五四九七	一七五三九一	二	四
馬沙朱色士	一七六三七八二	一八六九七	一三七	三六九	一七八三〇八五	一四四三一五六	一三九四七	九七	一五一
密西根	一六一四五六〇	一五一〇〇	二八	七二四九	一六三六九三七	一一六七二八二	一一八四九	二	四九二六

梅尼所達	七七六八八四	一五九四	二五	二三〇〇	七八〇八〇三	四三八二五七	七五九		六九〇
密士昔比	四七九三九八	六五〇二九一	五一	一八五七	一一三一五九七	三八二八九六	四四四二二〇一	一六	八〇九
密蘇鼊	二〇三三八二六	一四五三五〇	九一	一一三	二一六八三八〇	一六〇三四六	一一八〇七一	三	七五
拏布拉士格	四四九七六四	二三八五	一八	二三五	四五二四〇二	一二二一七	七八九		八七
列法達	五三五五六	四八八	五四一九	二八〇三	六二二六六	三八九五九	三五九	三一五二	二三
紐罕布西耳	三四六二二九	六八五	一	六三	三四六九九一	三一七六九七	五八〇		二三
紐折爾西	一〇二一〇一七	三八八五三	一七二	七四	一〇六〇一一六	八七五四〇七	三〇六五八	一五	一六
紐約	五〇一六〇二二	六五一〇四	九二六	八一九	五〇八二八七一	四三三〇二一〇	五二〇八一	二九	四三九
諾司喀爾勒那	八六七二四二	五三一二七七	一	一二三〇	一三九九七五〇	六七八四七〇	三九一六五〇		一二四一
倭海約	三一一七九二〇	七九九〇〇	一二二	一三〇	三一八九〇六二	二六〇一九四六	六三二二三	一	一〇〇
額里根	一六三〇七五	四八七	九五二二	一六九四	一七四七六八	八六九二九	三四六	三三三三〇	三一八
賓夕佛尼亞	四一九七〇一六	八五五三五	一五六	一八四	四二八二八六一	三四五六六〇九	六五二九四	一四	三四
洛倉埃倫	二六九九三九	六四八八	二七	七七	二七六五三一	二二二一九	四九八〇		一五四
叟司喀爾勒那	三九一一〇五	六〇四三三二一	九	一三一	九九五五七七	二八九六六七	四一五八一四	一	一二四
田捏西	一一三八八三一	四〇三一五一	二五	三五二	一五四二三五九	九三六一一九	三二二二三三一		七〇

民數繫里第四

德格瑟斯	一一九七二三七	三九三三八四	一三六	九九二	一五九一七四九	八六四七〇〇	二五三四七五	二五	三七九
窪蒙	三三一二一八	一〇五七		一一	三三二二八六	三一九六一三	九二四		一四
勿爾治尼亞	八八〇八五八	六三一六一六	六	八五	一五一二五六五	七一二〇八九	五一二八四一	四	二二二九
威士勿爾治尼亞	五九二五三七	二五八八六	五	二九	六一八四五七	四二四〇三三	一七九八〇		
威士干遜	一三〇九六一八	二七〇二	一六	三一六一	一三一五四九七	一〇五一三五一	二一一三		二二〇六
阿里瑣那	三五一六〇	一五五	一六三一	三四九三	四〇四四〇	九五八一	二六	二〇	三一
打戈達	一三三一四七	四〇一	二三八	一三九一	一三五一七七	一二八八七	九四		二二〇〇
埃得和	二九〇一三	五三	八八七九	一六五	三二六一〇	一〇六一八	六〇	四二七四	四七
孟大那	三五三八五	二四六	一七六五	一九九三	三九一五九	一八三〇六	一八三	一九四九	一五七
紐墨西哥	一〇八七二一	一〇一五	五七	九七七二	一一九五六五	九〇三九三	一七三		一三〇九
尤達	一四二〇二三	二三二	五〇一	八〇七	一四三九六三	八六〇四四	一一八	四四五	一七九
華盛頓	六七一九九	三二一五	三一八七	四四〇五	七五一一六	二二五五	二〇七	一三三四	一三一九
歪阿明	一九四三七	二九八	九四	一四〇	一〇七八九	八七二六	一八三	一四三	六六
總計	四三一三八五七〇	六五七九七七五	一一〇三〇四	六六七三七	四九八九五四八六	三三〇六八九三八	四八八〇〇一二	六三三二五四	二六四二九

邦部	方里人數	野格人數	同治九年千八百七十	光緒六年千八百八十	光緒十一年千八百八十五
科侖布亞	七〇九	四五三七六	一三一七〇〇	一七七二四	二〇三四五九
阿拉巴麻	五〇七二二	三二四六二〇八〇	九九六九九二	一二六四〇一三	一五〇〇〇〇〇
阿剛色斯	五二一九八	三三四〇六七二〇	四八四七一	八一一五二五	八八〇〇〇〇
嘉里符尼亞	一五六五九一	一〇二一八五六	三六〇二四七	八六四六九四	一〇七九〇〇〇
喀挪拉奪	一〇四五〇〇	六六八八〇〇〇〇	三九八六四	一九四三二七	二四三九一〇
干揑底嘎奪	四七五〇	三〇四〇〇〇〇	五三七四五四	六二二七〇〇	六七二三〇〇
特納窪	二一二〇	一三五六八〇〇	一二五〇一五	一四六六〇八	一五〇〇〇〇
佛勒里畣	五九二六八	三七九三一五二〇	一八七七四八	二六九四九三	三四二二五一
若耳治亞	五八〇〇〇	三七一二〇〇〇〇	一一八四一〇九	一五四二一八〇	一五〇〇〇〇〇
伊利那倚斯	五五四一四	三五四六四九六〇	二五三九八九一	三〇七七八七一	三三八六三〇〇
央薹阿納	三三八〇九	二七六三七五六〇	一六八六六三七	一九七八三〇一	二〇〇〇〇〇〇
愛阿窪	五五〇四五	三五二二八八〇〇	一一九四〇二〇	一六二四六一五	一七五三九八〇
剛色斯	八〇八九一	五一七七〇二四〇	三六四三九九	九九六〇九六	一二六八五六二
根得基	三七六八〇	二四一一五二〇〇	一三二一〇一一	一六四八六九〇	一七二四五〇〇

魯西阿納	三九九二四二五五五一三六〇	七二六九一五	九三九九四六	九九〇〇〇〇
緬	三五〇〇〇二二四〇〇〇〇〇	六二六九一五	六四八九三六	六五〇〇〇〇
瑪理蘭	一一一二四七一一九三六〇	七八〇八九四	九三四九四三	一〇〇〇〇〇〇
馬沙朱色士	七八〇〇四九九二〇〇〇	一四五七三五一	一七八三〇八五	一九四一四六五
密西根	三六四五一三六一二八六四〇	一一八四〇五九	一六三六九三七	一八五六一〇〇
梅尼所達	八三五三一五三四五九八四〇	四三九七〇六	七八〇七七三	一一一七七九八
密士昔比	四六七五〇二九九二〇〇〇〇	八二七九二二	一一三一五九七	一一六五〇〇〇
密蘇蘆	六五三五〇四一八二四〇〇〇	一七二二一九五	二一六八三八〇	二四二五〇〇〇
孥布拉士格	七五九九五四八六三六八〇〇	一二二一九九三	四五二四〇二	七四〇六四五
列法達	一一二〇九〇七一七三七九〇〇	四二四九一	六二二六六	五八〇〇〇
紐罕布西爾	九四九一六〇七四二四〇	三一八三〇〇	三四六五九一	三六一三三六
紐折爾西	三八二〇五三二四八〇〇	九〇六〇九六	一一三一一一六	一二七八〇三三
紐約	四七〇〇〇二〇〇八〇〇〇〇	四三八二一五九	五〇八二八七一	五四六五〇〇〇
諾司喀爾勒那	四三八〇〇二八〇三二〇〇〇	一〇七三六一	一三九九七五〇	一四八六〇〇〇
倭海約	三九九六四二五五七六九六〇	二六六二五六〇	三一九八六二	三五二五〇〇〇

頻里根	九五二七四大〇九七五三六〇	九、九二三	一七四七六八	二四九二一二
賓夕佛尼亞	四六〇〇〇二九四四〇〇〇〇	三五二一九五一	四二八二八九一	四四二四〇〇〇
洛奮埃倫	一〇五四六 六七四九四四	二一七三五三	二七六五三一	三〇四二八〇
麥司喀爾勃郡	三四〇〇〇二一七大〇〇〇	七〇五六〇六	九九五五一七	一〇二〇〇〇
田揑西	四五六〇〇二九一八四〇〇〇	一二五八五二〇	一五四二三五九	二二五〇〇〇〇
德格瑟斯	二七四三五六一七五五八七八四〇	八一八五七九	一五九一七四九	一七六〇〇〇
窪蒙	一〇二一二 六五三五六八〇	三三〇五五一	三三二二八六	三五〇〇〇
勿爾治尼亞	三八三四八二四五四二七二〇	一二二五一大三	一五六二五六五	二二二〇〇〇
威士奪勿爾治尼亞	二三〇〇〇一四七二〇〇〇〇	四四二〇一四	六一八四五七	七〇〇〇〇
威士干遜	五三九二四三四五一一三六〇	一〇五四六七〇	一三一五四九七	一五六三四二三
阿里瑣那	一一三九一六七二九〇六二四〇	九六五八	四〇四四〇	七〇〇〇〇
打戈達	一五〇九三二九六五九六七八〇	一四一八一	一三五一七七	四一五六一〇
埃得和	八六一九四 五五二八一六〇	一四九九九	三二六一〇	七五〇〇〇
孟大那	一四三七七六九二〇一六六四〇	二〇五九五	三九一五九	一〇〇〇
紐墨西哥	一二二一〇一七七五六八六三〇	九一八七四	一一九五六五	一三五〇〇〇

尤達	八四四七六	五四〇六四六四〇	八六七八六	一四三九六三	一七〇〇〇〇
華盛頓	六九九九四	四四七九六一六〇	一二三九五五	七五一一六	一二九四三八
歪阿明	九七八八三	六二六四五一二〇	九一一八	二〇七八九	六五〇〇〇
印甸	九八九九一	四四一五四三四〇	八七八五	七八三一〇	八〇〇〇〇
阿拉士克	五七七三九六	三六九五一九六〇〇	四六一	三三四二六	三七五〇〇
總計	三六〇五八〇六	二一三一四〇四一〇二	三六九七〇五二一	五〇四〇八九二七	五六六八三四三二

來徙民數第五

年	來徙民數	年	來徙民數	年	來徙民數
嘉慶廿五（千八百廿）	八三八五	道光廿三（千八百四十三）	五二四九六	同治五（千八百六十六）	一六七七五七
道光元（千八百廿一）	六一二七	廿四（千八百四十四）	七八六一五	六（千八百六十七）	二九八九六七
二	六九一一	廿五（千八百四十五）	一一四三七一	七	二八二一八九
三	六三五四	廿六	一五四四一六	八	三五二七六八
四	七九一二	廿七	一三九六八	九（千八百七十）	三八七二〇三
五（千八百廿五）	一〇一九九	廿八	二二六五二七	十	三二一三五〇
六	一〇八三七	廿九	二九七〇二四	十一	四〇四八〇六

七		一八八七五
八		三七三八二
九		二二五二〇
十	千八百三十	二三三二二
十一		二二六三三
十二		六〇四八二
十三		五八六四〇
十四		六五三六五
十五	千八百三十五	四五三七四
十六		七六二四二
十七		七六三四〇
十八		三八六一四
十九	千八百三十九	六八〇六九
廿	千八百四十	八四〇六六
廿一	千八百四十一	八〇二八九
三十	千八百五十	三六九九八〇
咸豐元		一七九四六六
二		三七一六〇三
三		三六八六四五
四	千八百五十四	四二七八三三
五	千八百五十五	二〇〇八七七
六		一九五八五七
七		二四六九四五
八	千八百五十八	一一九五〇一
九		一一八六一六
十	千八百六十	一五〇二三七
十一		八九七二四
同治元	千八百六十二	八九〇〇七
二		一七四五二四
三		一九三一九五
十二		四五九八〇三
十三		三一三三三九
光緒元	千八百七十五	二二七四九八
二	千八百七十六	一六九九八六
三	千八百七十七	一四一八七五
四	千八百七十八	一三八四六九
五	千八百七十九	一七七八二六
六	千八百八十	四五七二〇七
七		六六九四三一
八		一八八九九二
九		六〇三三二二
十	千八百八十四	五一八五九二
十一	千八百八十五	三九五三四六
十二	千八百八十六	三三四二〇三
十三	千八百八十七	四九〇一〇九

廿二 千八百四十二	一〇四五六五	四 千八百六十五	二四七四五二

民業表

美利加之綜覈民業大較有二一曰繫地其士農工商之有無職業者就光緒六年數依其邦部次弟之二曰分類其司農司工司商有官其練海陸軍有學有律有醫而農內有工工或兼商難概區分輙就要者著者略以類聚國計之分出民生之嫥營皆於是乎見然以巧弋利多自爲之勞苦工役牽驅外至述民業表

民業繫地第一

	十歲以上	入學入數	有職業入數	農	商	鑛工
科侖布亞	一三六九〇四	三九九七五	六六六二四	一四六四	九八四八	一五三三七
阿拉巴麻	八五一七八〇	七二二二一	四九二七九〇	三八〇七三〇	一六九五二	二二九九六
阿剛色斯	五二一八七六	一三四六六	一六〇六九二	二一六六五五	九二三二二	一一三三八
嘉里符尼亞	六八一〇六二	一二一四三五	三七六五〇五	七九三九六	一五四九一	四七四〇八
喀挪拉奪	一五八二二〇	一四八一三	一〇一二五一	一三五三九	一五四九一	四七四〇八
干捏底嘎奪	四九七三〇三	五一二九六	二四一三三三	四四〇二六	二九九二〇	一一六〇九

特納塞	一一〇八五六	一七〇一一六	五七五八〇	一七八四九	四九六七	一四一四八
佛勒里畐	一八四六五〇	一七九二三	九一五二六	五八七三一	六四四六	八四三六
若耳治峃	一〇四三八四〇	一〇四二六九	五九七八六二	四三二二〇四	一二五二二二	三六一六七
伊利那倚斯	二二六九三一五	二二九四六七	九九九七八〇	四三六三七一	一二八三七二	二〇五五七
英釐納阿	一四六八〇九五	一三七二八一	六三五〇八〇	四三六三七一	一二八三七二	二〇五五七
愛阿窪	一一八一六四一	一〇三九三二	五二八三〇二	三〇三五五七	五〇八七二	六九九四一
剛色斯	七〇四二九七	五三五〇七	三二二二八五	二〇六〇八〇	二六三七九	三九三一九
根得基	一一六三四九八	一〇四二三九	五一九八五四	三二〇五七一	三三五六二	六一四八一
魯西阿納	六四九〇七〇	九八一一一	三六三二二八	二〇五三〇六	二九一三〇	三〇六八一
緬	五一九六六九	四七四一一	二三一九九三	八二一三〇	二九七九〇	七二六六二
瑪理蘭	六九五〇三四	九八九三四	三二四四三二	九〇九二七	四九二七四	八五三三七
馬沙朱色士	一四三二一八三	一七〇一六〇	七二〇七七四	六四九七二二	一一五七六	三七〇二六
密西根	一二三六六八六	一四三二四九	五六九二〇四	一四〇三一九	五四七二一二	一三〇五一
梅尼所達	五五九九七七	五九四五二	二五五一二五	一三一五三五	二四三四九	三九七八九
密士昔比	七五三六九三	四九四四八	四一五五〇六	三三九九二八	一二九七五	一三一四五

密蘇釐	一五五七六三一	一四八五八八	六九二九五九	三五五二一九七	七九三〇〇	一〇九七七四
挐布拉士格	三一八二七一	二八七四六	一五二六一四	九〇五〇七	一五一〇六	一八二二五五
列法達	五〇六六六	一〇三七三	三二三三三	四一八〇	四四四九	一三二三二
紐罕布西耳	二八六一八八	二八二〇六	一四二四六八	四四四九〇	一一七三五	五八〇三七
紐折爾西	八六五五九一	一一〇七二二	三九六八七九	五九二二四	六六三八二	一六〇五六一
紐約	三九八一二四八	五八七八九七	一八八四六四五	三七七四六〇	三三九四一九	三二九八六九
北諾司咯爾勒那	九五九九五一	六九三二一	四八〇一八七	三六〇九三七	一五九六六	三三九六三
倭海約	二三三九九三六七	二五〇三七一	九九四四七五	三九七四九五	一〇四三一五	二四二二九四
頰里根	一三〇六五五	一六六四五	九七三四三	二七〇九一	六一四九	一七四五八
賓夕佛尼亞	三二〇三二一五	四四六七一三	一四五六〇九七	三〇一一二一	七九九六五	五二八二七七
洛畬埃倫	二二〇四五六	二四六五七	一一六九七九	一〇九四五	一五二一七	六六一六〇
南叟司咯爾勒那	六六七四五六	六四二四六	九九二二〇二	二九四六〇二	一三五五六	一九六九八
田捏西	一〇六二二三〇	九四一〇七	四四七九七〇	二九四一五三	二三六二八	三六〇八二
德格瑟斯	一〇六四一九六	九七五六一	五二二一三三	三五九三一七	三四九〇九	三〇三四六
窪蒙	二六四〇五二	二八一七四	一一八五八四	五五二一五一	八九四五	二六二一四

勿爾治尼亞	一〇五九〇三四	一四六六六四	四九四二四〇	二五四〇九九	三〇四一八	六三〇五九
威士勿爾治尼亞	四二八五八七	三一六八〇	一七六一九九	一〇七五七八	一〇六五三	二一六二八八
威士干遜	九六五七一二	九七四九四	四一七四五五	一九五九〇一	三七五五〇	八六五一〇
阿里瑣那	三二一九二三	八二一〇	二二二七一	三四三五	三二一五二	七三七四
打戈達	九九八四九	一四〇一六	五七八四四	二八五〇八	六二一九	九一〇一
埃得和	二五〇〇五	三八六一	一五五七八	三八五八	一三二七	六五三二
孟大那	二一六八六	六九五四	二二二五五	四五一三	二七六六	八〇二二
紐墨西哥	八七六九九	一九〇四二	四〇八二二	一四一三九	三二六四	四三七七
尤達	九七一九四	一一一四四	四〇〇五五	一四五五〇	四一四九	一〇二二二
華盛頓	五五七二〇	六六四〇	三〇一二二	一二七八一	三四〇五	七二二九六
歪阿明	一六四七九	四〇一一	八八八四	一六三九	一五四五	一六八九
總計	三六七四〇六九九	四一二三六三八	一八〇二五二二九	八三六〇三七二	二四一五九〇一	三五六四六八一

民業分類第二

職官海陸軍	學術律醫	農漁獵樹	工一	工二	商	雜藝業
分類覃合七八十	分類覃合七八十	分類覃合七八十	分類覃合七八十	分類覃合七八十	分類覃合七八十	分類覃合七八十

官	四四七四三	五七〇八一
海陸軍官	二二八六	二六六〇
海陸軍兵水手	二三三三八	二四二六一
製造廠	二七二〇	三一九八
巡察	一三三八四	
學校師	一二八一六〇	二二七七一〇
美術師	四〇七一	九一〇四
化學	六〇八	一九〇九
化學人	一一五一	二四四九
篴演說	八四六	一一三一
記事	一〇三二八五三	一八五九二三
教門師	四三八七四	六四六九八
狀師	四〇七三六	六四一三七
醫	六二四四五	八五六七一
外科	一六六	二一三六
齒醫	八五〇五	三三一四
洗眼	二八七三	三三一六
雜學	四五七〇	
管農	三六〇九	三一〇六
農	二八八五九九六	三三二三八九六
蔬木	二九七七二	四二二五九五
花草	一〇八五	四五五〇
管圃	三二五四七	五一四八二
牧	三一八一	三四四〇
馴畜	六五九〇	二四〇九八
孳畜	六五八八	一六五二八
蜜蜂	一三六	二〇一六
雜農	四五	
以上農		
漁	二七五四九	四一三五二
獵	一一一一	一九一二
土木	七三七四	八二六一
木工	三四四九九六	三七三一四三
伐木	一七七五二	三〇六五一
斷木	二〇九四二	一五五九二
鋸木	四七二九八	七七〇五〇
車工	八三三八	一二七三一
板工	二〇二九	四二二九
薄板	三〇四二	七五〇五
造房	二〇一七	三三七五
蓋屋	一二九二	一二〇六
葺居	七五二	一〇八〇四
窗戶工	五一五五	四九四六
廁工	四二八三五	五〇六五四
鐵道	四三六	二二〇六
橋工	一〇二九	一三七五
規矩構鐵工	六九三九	五一九五
印刷	四一〇七三	七二七二六
裝訂書	九一〇四	一三八三三
圖	九七〇	二五〇三
畫	九三四	二八二〇
裱工	二四九〇	五〇一三
糊工	三二五六	一八〇七一
雕刻	四二二六	四五七七
紙工	一五四六九	一四三〇
鍍工	一五三四	一七六三
染	四九〇一	八二二三
漆工	一〇九二	一三六五
樹膠	二九七五	三五一四
玻璃工	九五一八	一七九三四
瓦工	二六〇七〇	三六〇五二
總結	八六七二	一六八四九
司筆札	六一三八	二五四六七
店主	二六三九四	三三四五三
旅餐館事	八六七二	一六八四九
司錢	六九三	四二一三
日報圖書	三七三八	五四一九
絲	四〇八〇	一二八二三
麻	一〇四六	一八九四
絲綫織	一六一八二〇	一三三七五六
冶毛廠	五八八三六	八八〇一〇
器械	一六五一四	七八五八
土器	五〇六〇	七二三三
家具	一四三九	一九六七
車輪廠	七九四七	一二九六四
樂器	六六七	二四三七
相馬	八六七二	一六八四九
照相	七五五八	九九九〇
繪相	三九七〇	五八一七
樂師	一六〇一〇	三〇四七七
樂技	二五三五	五四一三
學樂	一八六	二一一八
礪刀	一四一三	一八三九
剃髮薙須	二四七九四	四四八五一
洗髮	一〇二六	一九六五
擊毬	一二二〇	一五四三
優	二〇五三	四八一二
雜戲	一一七七	二六〇四
潤地傭	三一六	一三八三
司閽	五六六	一三三〇八
司廁	八五〇四	一四二一三

鑛工	一五二一〇七 三三四二二八	燒木炭石灰	三八三四 五八五一	繩索	二二六 二三三一	官傭	一四四〇七 三二四〇二
金銀工	二八五〇八 二八四〇五	磨油	八五一二三 二八五五六	傘具	九一〇八四 二八五四〇二	家役	九七五七三四 一〇七五六一三
鋼鐵工	八六二〇三 二四五三九	農工	三八一一 四八九一	裁縫器	七八〇 一三六一	惠貧院傭	八四八 二三八六
銅工	二二二 二三四二	鞍工	三八一七 三九九六九	賣箱	六〇八〇 一五七六二	旅館餐傭	二三四三八 七七四一三
黄銅工	四六九四 二五六八	綫工	一七〇八	售衣	二四七九四 四四八五一	酒傭	二〇二四一 三四五三六
錫工	三三五九	絨工	一五六六九 一七〇六八	拍賣	二二六六 二三三一	司教堂	一一五一 二六〇四
鉛工	二一〇五	牙骨器工	二〇二九 四二二九	售油	一七四七 三九二九	看餐館	三五一八五 一三〇七四
鍛冶	一四一七七四 一七二七二六	鐘表工	一七七六 一三八二〇	鹽商	二三〇九 二九五〇	代租房	一二七八五 一九〇五八
石鑛工	一六七二 一三六六	墨工	三〇六七八 二九八四二	藥	二三五七七 二三〇八三	澣衣	六〇九〇六 二二一九四三
石工	八九七一〇 一〇二四七三	磨工	一三四七	賣酒	一二四六 一六二七八	引婦傭	一〇九七六 一三四八三
雲石工	二五八三一 三二八四二	皮夾袋工	八八六六 一四〇八	售菸	三〇五三四 四二五一八	稱傭	一五三二 四四一七〇
窰工	一三五八九 一五一六九	織工	五三五一 一三七四九	麪包	一六〇九 二三二七	運行李	五三五一 一三七四九
井工	三八〇三 七三四〇	皮工	一一九一 一五八〇	售果	八四八 二三九六	屠	七五一 一〇八〇四
大船工	三七八八 五一六六	絲工	五六九 二二三五	乳漿	三五一八五 三〇七四	拾布紙	六一七 一四四一
舸工	二一〇 二〇六三	棉花工	二一六〇六 一六九七七二	肚肉	一一九四 三四三六	雜類	五一八六 二三〇八

颿工	三八八六 六三五〇	草工	一五四三 三三四一	粉	四一五八三 五三四四〇
輪工	五七三六 一〇四四三	籠工	三二九七 五六五四	蠟燭	一九四二 二九二三
水車工	四一六一九 三〇八三六	桶工	四一七八九 四九〇三八	雜商	八二七〇 一三五四三
馬車工	二二二八 四七〇八	帚刷工	五八一六 八四七九		
刊字畫	四二四六四 四九八八一	裁縫	三八八一 二七二五		
礮工	八一八四 一〇五七二	帽工	一二六二五 一六八六〇		
機關師	二〇二四二 三四五三六	手套工	二三二九 四五一八		
機器工	四二八七七 四四〇一九	襪工	三六三三 二三一九四		
小機器	二五八三二 二三八四二	衣飾工	四六六〇		
蒸氣機工	一八五八 四〇六一	花草飾	一一六九 三三九九		
鎔煤氣	一一一四三 一九三八三	鈕工	一二七二 四八七二		
煤氣工	二〇八六 四六九三	糖藥工	八二一九 三三六九二		
吸水筒	一五七七 二九八一	酒工	二八七四 三三四五		
鑪工	六九五八 一二七七一	菸工	二九二三		
銅鐵綫工	二〇九四二 一五五九二	醫事用	五八六一 一〇一一四		

釘工	螺釘工	化學水及瓶工
五八〇三	四一六一〇二七	二〇八一

民業雜識

合衆國生聚百年其來有自積習豈遽忘耶雖然見異之遷輙不敵因地之宜緬之民何以業船多木且濱海也又業楓糖多楓也紐約之民何以多商瀛輪無阻也其它業漁之民枕流業獵之民宅山業工之民取材於地業農之民分潤於水弟曰觀其所業云爾哉旣表大較復錄所聞述民業雜識

阿拉巴麻邦之民工少商多而商以棉爲大宗以磨比耳海灣爲出路○阿剛色斯邦之民罕外商初設銀行而虧遂視爲畏途而農居四之三○嘉里符尼亞邦之民工商未遑多讓多鑛又環海也○喀挪拉奪邦之民淘金者多工農商亦兼有之○干揑底嘎奪邦之民亦農亦工而商浸熾於輪船通後○特納窪邦之民尙農然工亦造火藥布紙與船與機器著○佛勒里達邦之民工不如商海灣商輪

如飛○若耳治亞邦之民初以工著鐵路既闢而商業起○伊利那倚斯邦之民木多宜工穀備宜農鉛商亦夥○英釐阿納邦之民工以造酒勝商以運煤勝而農亦多○愛呵窪邦之民濱河者業農而北邇商以土產交易外貿少甚而鉛商浸滋○剛色斯邦之民農工邦東居多○根得基邦之民初尠外商而近漸滋農其最也○魯西阿納邦之民海灣宜商而商以棉著地腴宜農而農不僅以穀重○緬邦之民商以販木爲業歲出無慮二億萬尺工以造舟爲業聯邦莫之與京而居島灣半業漁也潮汐一落綱罟四張或業楓糖當春取楓汁爲之○瑪理蘭邦之民亦農亦工亦商○馬沙朱色士邦之民業農者多畝起數十或至百千漁業時亦有之商居合衆國四分之二以次弟言蓋弟二也而工則爲冠○密西根邦之民工商竝著木鹽之利多也○梅尼所達邦之民交易或以獸皮五穀○密士昔比邦之民多坐賈罕外貿者工以呢布爲最○密蘇釐邦之民初不工而商倭海約河上商舶驅檣林立今以鐵條工著○挐布拉士格邦之民業與梅尼所達同○列法達邦之民開鑛者不少○紐罕布

西耳那之民不名一業而牧多○紐約邦之民商業居聯邦弟一居五大洲海埠弟二輪駛一集湖海四通其工可與新英邦埒○諾司喀爾勒那邦之民商業河海並資工以松香松油著亦有鑛工○倭海約邦之民初商不王舟車輪駛什一利逐而販豕獨有聲工有酒有鑛○頬里根邦之民商以獸革始剏立公司在嘉慶十六年千八百十一所謂太平洋獸革公司是也商浸以增其工有鑛○賓夕佛尼亞邦之民工居合衆國弟三邦人嘖嘖稱煤鑛冠五大洲云開石油井無慮數千矣合衆國製鐵半出此邦可不謂盛乎若棉若羊毛其工亦多以農爲食以商爲翼○洛侖埃倫邦之民商工與馬沙朱色士埒織棉磨麥多借風力蓋建樓高六七十尺輪轉因風也○叟司喀爾勒那邦之民農以棉爲最商業不在海而在河工有鑛○田揑西邦之民工以織棉著商以鐵道興而業農者衆初不知厥土宜棉康熙九年千六百七十業棉者試之浸植而利亞淡巴菰諾司喀爾勒那亦云○德格瑟斯邦之民商以哥而維士登爲藪亦農而荒地多亦工而鑛業遜○窪蒙邦之民有糖工有牛乳工有黃油工有開鑛工而

商農俱備○勿爾治尼亞邦之民藉飛瀑之水力以磨麥織棉此工之大宗也又有鑛工淡巴菰工及革靴工商之輸出有麥粉淡巴菰之屬○威士奪勿爾治尼亞邦鐵道既拓工商日增而農亦務○威士干遜邦之民工商未著而農較多○阿里瑣那部之民鑛工多而亦農○打戈達部之民農維麥而兼牧亦有鑛工○埃得和部之民農有麥亦有稻金煤鑛其工也○孟大那部之民有木工有鑛工農植麥而已○紐墨西哥部之民鑛工寖滋○尤達部之民與紐墨西哥同○華盛頓部之民開鑛耨地工農時兼○歪阿明部之民工農較多於商○印甸土人亦農亦工亦業文字○阿拉士克部之民工商棉蒿耳漁獵者多

邦部公地表

有土之權利美利加民實公有之雖然國會既立邦部未植民處謂之公地干捏底嘎奪特納窪咢耳治亞緬瑪理蘭馬沙朱色士紐罕布希耳紐折爾西紐約諾司喀爾勒那曳司喀爾勒那賓夕佛尼亞洛倉埃倫田捏西德格瑟斯窪蒙勿爾治尼亞威士奪勿爾治尼亞

皆無之其有公地者邦十有九部八印甸阿拉士克然得附著然設司公地之官僅十六邦八部也官數有差凡一百有九其地瘠者每野格直銀一圓二角五仙肥者倍未測量者尚有八萬四千一百七十八萬有六百五十二野格測量之公地計至光緒十三年五月十日止即西紀一千八百八十七年六月三十號也巡邦部公地表

	管公地官	邦部公地 野格	方里	測量野格數目 光緒十一年 計至千八百八十五年六月	十二年以前未報地	十三年 計至西千八百八十七年六月止	未測量地 計中有印甸地
阿拉巴麻	二	三二四六二一一五	五〇七二三	三二四六二一一五		三二四六二一一五	
阿剛色斯	四	三三四一〇〇六三	五三一〇三	三三四一〇〇六三		三三四一〇〇六三	
嘉里符尼亞	十	一〇〇九九二六四〇	一五七八〇一	六一九八二四八一	五九九五	七一九八八四七六	二九〇〇四一六四
喀挪拉奪	九	六六八八〇〇〇〇	一〇四五〇〇	五七八七三三〇一	九七四四九	五八一八四七五〇	八六九五二五〇
佛勒里會	一	三七九三一五二〇	五九二六八	八〇六七八六六三	二五五七四	一〇七〇四五七八	七二二七〇〇二
伊利那倚斯		三五四六五〇九二	五五四一四	三五四六五〇九三		三五四六五〇九三	
英鐙阿納		二一六三七七六〇	三三八一九	二一六三七七六〇		二一六三七七六〇	

愛呵窪	一	三五二二八八五五〇四五 〇〇	三六二二八八一一四一 〇〇	三五二二八八 〇〇
剛色斯	十	五一七七〇二八〇八九一 四〇	五一七七〇二 四〇	五一七七〇二 四〇
魯西阿納	二	三七六三一五四四八九三 二〇	三七〇六七七 六二	二七〇六七七一六六三三三 六二 八
密西根	四	三五四六五〇五六四五一 九二	三六一二八六 四〇	三六一二八六 四〇
梅尼所達	九	二一六三七七八三五三一 六〇	四二一五二六一六三四一四 七四	四二三三一六〇一一四三七 八八 二五
密士昔比	一	三五二二八八四七一五六 〇〇	三〇一七九八 四〇	三〇一七九八 四〇
密蘇蠡	三	五一七七〇二六五三七〇 四〇	四一八三六九 三一 一	四一八三六九 三一
挈布拉士格	九	六七三一〇九七三五五八 〇	四六九八九〇 三九	四六九八九〇八八三三〇 三九
列法達	二	三六一二八六一一二〇九〇 四〇	三二七九三七 〇二	三二七九三七三八九四二八 〇二 九八
倭海約		五三四五九八三九九七二 四〇	二八五八一九 七六	二五五八一六 七六
頖里根	五	三〇一七九八九五二七四 四〇	三九七〇四六一六三三五六 三九	三九八六七九二一一〇七 九五 三六五
威士干遜	六	四一八三六九五三九二四 三一	三四五一一三 六〇	三四五一一三 六〇
阿里瑣那	三	七二九〇六二一一三九一六 四五	一三八〇四五 三八	一三八〇四五五九一〇一 三八 〇七二
打文達	十	九六五九六四一五〇九三二 八	七三九一三二四七二九一一 四二	四七八六五一四八七三二 五三 二七
埃得和	五	三五二二八一八六二一九四 六	一〇二五六四九四一四五 六	一〇三五〇五四四八七七 五四 〇六

美利加圖經卷十二　十七

孟大郡	三	九二〇一六六	四〇	一四三七七六		一八一四二八	五五	三九七四八〇		一八五四〇三	三五	七三四七六三	〇五
紐墨西哥	二	七七五六八六	四〇	一二一二〇一		四六〇四六八	〇三	五三三六八二		四六五八〇四	八五	三〇九八八一	五五
尤達	一	二四〇六四六	四〇	八四四七六		一二九一〇五	四〇	一六七六三二		一三〇七八一	七二	四〇五八六四	六八
華盛頓	五	四四七九六一	六〇	六九九九四		二一一七四三	五二	一〇七二七〇		二一二八一六	二二	二三五一四五	二八
歪阿明	二	六二六四五一	二〇	九七八八三		四七〇四七〇	七〇	一九四二八		四七〇九三四	九八	一五五五一六	二二
印甸		四〇四八一六	〇〇	六三二五三		二七〇〇三九	九〇			二七〇〇三九	九〇	一三四七七六	一〇
阿拉司克		四七〇七三五	九	五七一三九〇								三六九九二九	六〇〇
雜界夾道		三六七二六四	〇	五七三八								三六七二六四	〇
合計		一二三二八八	九四九三	二八三〇七三	五	一〇〇三九二	七一一五	三一一二三八七	六	九七三七二三	二五五	八四一三八	六四二

五萬人以上地表

人數十年一計西紀一千八百八十年當光緒六年其國都華盛頓人裁十四萬七千二百九十三其邦都人五萬以上者英釐阿納邦都曰英釐阿納波列士緬邦都曰奧額士大瑪理蘭邦都曰安納波列斯馬沙朱色士邦都曰波士登紐約邦都曰阿巴尼倭海約邦都曰科侖八斯賓夕佛尼亞邦都曰哈力斯帛勿爾治尼亞邦都曰理

治門的然皆無如紐約埠一百二十萬六千二百九十九人之多百年以前人數尤少就今數言得地三十有五述五萬人以上地表

	所屬	乾隆五十五年千七百九十年	嘉慶五年千八百年	嘉慶十五年千八百十年	嘉慶二十五年千八百廿年	道光十年千八百卅年	道光二十年千八百四十年	道光三十年千八百五十年	咸豐十年千八百六十年	同治九年千八百七十年	光緒六年千八百八十年
華盛頓	科侖布亞		三二一〇	八二〇八	一三二四七	一八八二七	二三三六四	四〇〇〇一	六一一二二	一〇九一九九	一四七二九三
三法蘭昔斯哥	嘉甲符尼亞						五〇〇	三四七七六	五六八〇二	一四九四七三	二三三九五九
士華	特納窪				六五〇七	一〇九五三	一七二九二	三八八九四	七一九一四	一〇五〇五九	一三六五〇八
路威司	威士寧勿爾治尼亞					六四七四	二〇七九六	三三三八三	三六八二七	四一九二八	五二四七五
希嘎骨	伊利那倚斯						四四七九	二九九六三	一〇九二六〇	二九八十七七	五〇三四八五
英蘆阿納波列士	英蘆阿納					一九二四	二六九二	八〇三四	一八六一一	四八二四四	七五〇五六
奪比各剛色斯									四四一八	三二二六〇	五五七八五
路威司根得基		二〇〇	三五〇	一三五七	四〇一二	一〇三五二	二一二一〇	四三一九四	六八〇三三	一〇〇四七五三	一二三七五八
紐阿林	魯西阿納	六三八〇	八五〇〇	一七二四二	二七一七六	四六三一〇	一〇二一九三	一一六三七五	一六八六七五	一九一四一八	二一六〇九〇
奧頡士大	緬		二〇九五	二五七七	二九六二	四一七二	七四九七	一七〇四九	二四九六〇	四一一五	五八二九一
波治磨	瑪理蘭	一三五〇三	二六六一四	四六五五五	六二七三八	八〇六二五	一三四三七九	一六九〇五四	二一二四一八	二六七三五四	三三二三一三
紐哈布同			四四四九	五七七二	七一四七	一〇一八〇	一四八九〇	二〇二四五	三九二六七	五〇八四〇	六二八八二

安內波列斯	同	六二八〇	七六一四	一〇〇	一一七	一六八三	二三一七	四一五一	五〇六六	六八九	一〇四八
				七一	六七	二	一	三	六	四	五七
波士登	馬沙朱色士	一八〇三	二四〇二	三二二一	四三二六	一三九	六三三八	一二六八	一七七八	三五〇五	三六九三
		八	七	五〇	九八	二	三	八一	一二	二六	三二
亨姆頓司	同	二一一五	二四五三	二三二一	三二九	六〇七八	八四〇九	一五二一	二六〇六	三九六三	五一六六
				三	五			五	〇	四	九
的奪累	密西根			七七〇	一四二二	二三三二	九一〇二	二一〇一	四五六一	一九五七	一一六三
					二			九	九	七	四〇
先奪路以司	密蘇爾			一六〇	四五九	五八五二	一六四六	七七六〇	一六〇七	三一〇八	三一〇五
				〇	八		九		七三	六四	一八
設司塞各司	紐拆爾西						三〇七二	九八五六	二九二二	三二五四	一二〇七
									六	六	二二
阿巴尼	紐約	三四九八	五三四九	九三五	一二六	二四二三	三五七二	五〇七六	六二三六	六九四二	九〇七五
				六	三〇	八	一		七	二	八
夫來音格林	同	一六〇三	三二九八	四四〇	七一七	一二〇四	三六二三	九六八三	二六六六	三九六〇	五六六六
				二	五	二	三	八	六一	九九	六一
格非路	同			一五〇	二〇九	八六五三	一八二一	四二二九	八一一二	一一七七	一五五一
				八	五		三	一	九	一四	三四
紐約	同	三三一三	九〇四八	九六三	一二三	二〇三〇	三一一七	五一五五	八〇五六	九四二二	一二〇六
			九	七三	七〇六	〇七	一〇	四七	五一	九二	二九九
利夫青司頓	同				一五〇	九二六九	二〇一五	三六四〇	四八二〇	六二三八	八九三六
					二			三	四	六	六
而日阿姑能次	同				一八一	六九二九	一一〇一	二二二七	二八一一	四三〇五	五一七九
					四		四	一	九	一	二
歐思大利田	同						一二二二	三八二九	一三七九	三一五八	五〇一三
									八	四	七
德挐威而	同			四九二	五二六	一一六〇	一九三三	二八七八	三九二三	四〇四六	五六七四
				六	四	五	四	五	二	五	七
新西那治	倭海約		七五〇	二五四	九六四	二四八三	四九三三	一一五四	一六一〇	二一六二	二五五一
				〇	四	一	八	三六	四四	三九	三九

科侖布亞拔	同			五四七	六○○	一○七六	九○七一	一七一三 四	四三四一 七	二二八二 九	一六○一 四六
科侖八斯	同				一四五 ○	二四三七	九○四八	一七八二 二	一八六二 九	三一二七 四	五一六四 七
馬地生	同						七五九六	一一三三 四	一九五八 八	三三五七 九	五一○三 一
哈力斯帛	賓夕佛尼亞							二一二六 一	二八七○ 二	五三一八 ○	七八六八 三
費納的費牙	同	四二五二 ○	七○二八 七	九六六 六四	一○八 一一六	一六七一 八八	二五八○ 三七	三四○○ 四五	五六二五 二九	六七四○ 二二	八四七一 七○
必自博	同		一五九五 一	四七○ 八	七二四 八	一二五四 二	二一一一 五	四六六○ 一	四九二一 七	八六○七 六	一五六三 八九
理治門的	勿爾吉尼亞	三七六一	五五三七	九七三 五	一二○ 四六	一六○六 ○	二○一五 三	二七五七 ○	三七九一 ○	五一○三 八	六四六七 ○
煤路哇格	威士干遜						一七○○	二○○六 一	四五二四 六	七一四四 ○	一一五七 一二

地直表

美利加地以野格計百年以來未盡開墾其已成野格者光緒十三年約五萬萬三千九百三十萬九千一百七十有九其直銀凡一百有一萬萬九千七百有九萬六千七百七十六圓述地直表

邦部	野格數	地直銀圓計
科侖布亞	一八一四六	三六三二四〇三
阿拉巴麻	一八八五五三三四	七八九五四六五八

阿剛色斯	一二〇六一五四七	七四二四九六五五
嘉里符尼亞	一六五九三七四二	二六二〇五一二八二
喀挪拉奪	一一二六五八五	二五一〇九二二三
干捏底哩奪	二四七六四一三	一二一〇六三九一〇
特納塞	一〇九〇二四五	三六七八九六七二
佛勒里翕	一三二九七三二四	二〇二九一八三五
若耳治亞	二六一二七九五三	一一一九一〇五四〇
伊利那倚斯	三二四〇二三四三	一〇〇九五九四五八〇
英鼇阿納	二〇六五六二五九	六三五二三六一一一
愛阿塞	二五〇五五一六三	三六七四三〇二二七
剛色斯	二二四五四四七六	二三五一七八九三六
根得基	二一九四一九七四	二九九二九八六三一
魯西阿納	八二七三五〇六	五八九八九一一七
緬	六五五二五七八	一〇二三五七六一五
瑪理蘭	一五一八五二二一	一六五五〇三三四一

十八

馬沙朱色士	三三五九〇七九	一四六一九七四一五
密西根	一三八六九二二一	四九九一〇三一八一
梅尼所達	一三四〇三〇一九	一九三七二四二六〇
密士昔比	一五八八三二五一	六二八四四九一五
密蘇蘴	二八一七七九九〇	三七五六三三三〇七
拏布拉士格	九九四四八二六	一〇五九三二五四一
列法達	五三〇八六二	五四〇八三二五
紐罕布西耳	三七二一一七三	七五八三四三八九
紐折爾西	二九二九七七三	一九〇八九五八三三
紐約	二三七八〇七五四	一〇五六一七六七四一
諾司喀爾勒那	二二六三九六四四	一三五七九三六〇二
倭海約	二四五二九二二六	一一二七四九七三五三
頰里根	四四二八七一二	五六九〇八五七五
賓夕佛尼亞	二〇〇六〇四五五	九七五六八九四一〇
洛島埃倫	五一四八一三	二五八八二〇七九

斐司喀爾勒那	一三五三五二三七	六八六七七四八二
田揑西	二○六六九一五	二○六七四九八三七
德格瑟斯	二六三○三四五四	一七○四六八八八六
羅蒙	四八八二五八八	一○九三四六○一○
勿爾治尼亞	一九九一○七○○	二一六○二八一○七
威士奪勿爾治尼亞	一○二二九三四一	一三三一四七一七五
威士干遜	一五三五三一一八	二五七七○九五○七
阿里瑣那	一三五五七三	一二二七九四六
打戈達	二八○○六五六	二三四○一○八四
埃得和	三二七七九八	二八三三八九○
孟大那	四○五五八三	三三三四五○四
紐墨西哥	六三一二三一	五五一四三九九
尤達	六五五五二四	一四○一五一七八
華盛頓	一四○九四二一	一三八四四二三四
歪阿明	一二四四三三	八三五八九五

總計　一五四六三〇九〇七九　六六四七七〇七〇〇六

美利加食貨志二

花翎二品銜直隸即補道總辦北洋機器局前游歷使臣傅雲龍述

物產

地不愛寶豈地背而有異耶雖然日本物產與中國大同小異而美利加異多同少非僅欲於異中見同也耳治則求人較難目治則由已稍易不得不乖中國生物之名紀地背所見之物異日者就所述之目注方言之音庶其易乎中國所未有與夫有而迴異者則紀彼名曰穀屬彼非米弗若也而非其所宗曰蔬屬聞之彼人云非時之蔬一莖數金老圃以成粉之糞屑裹置菜根從玻璃屋下薰之溉之生速而嫩殆中國唐花意歟而隨時生菜甘者尤衆謂之撒拉子曰蓏屬與中國浮瓜時亦相近不似巴西之易冬爲夏也曰果屬其果之酸且堅者接以他本則可甘可脆此與中國略同而言釀則莫葡萄若曰花屬以葉作花者奇亦藉人巧變以藥水一色千變花不豔者可使之豔曰草屬鋪地者其常也曰木屬任巨且久者勝曰藥屬所產不盡與中國殊然售藥者有藥酒藥水藥丸藥粉而無飲片曰

雜植之屬惟竹移自南阿美利加洲而亦罕見曰禽屬雀非昔有而鵲且今無曰獸屬獅形類犬乃知厥字從犬之碻曰鱗介之屬莫大於鯨曰蟲蛇之屬莫毒於響尾蛇曰金屬曰石屬曰土屬曰雜鑛之屬若美利加可不謂藏富於民歟曰布帛之屬曰冠履之屬曰舟車之屬曰器用之屬曰雜用之屬凡此牛詳攷工而晚出者精其國兵器別具兵志矣曰飲食之屬可與風俗參觀也曰薪炭之屬火力之機所緜熾歟凡此二十有四其中不無轉移之物亦聊撮所目大要云爾而竊有說焉夫四畜之靈兩歧之麥中國自有生成何取乎四翼之鳥無目之魚然而一物不知儒且恥况有游歷責耶即如我克木一物俗謂之橡樹易長而堅且韌用之舟與津梁久而不朽微獨膠用甚廣已也類此之物植而用之推而廣之既非遷地弗良竊欲倣人比例也述物產

穀屬○稻○秫○麥○烏麥○裸麥○玉米一名包穀○馬鈴薯○大豆○小豆○豌豆○蠶豆○豇豆○胡麻

蔬屬○菘○萊菔○番椒小如櫻桃有黃有紅其大者去辛味熟食之○葱○韭○蒜○

水芹○蕈○天門冬不入藥而為蔬者食之醮滷甚佳○萵苣○芋○山芋出南北喀爾勒那邦若耳治亞邦

蔬屬○水瓜即西瓜○甜瓜○番南瓜

果屬○龍眼見之園林而非恆有○梅○李○桃○梨○栗○胡桃一種小而長如橄欖形○柿○橘○柚○橙○柑○杏○榴較中國榴大○頻婆○林檎○花生較中國花生大○波羅蜜謂之葉都嘎而布○無花果美利加人謂其有益於人○蛇泡○佛手○木瓜○葡萄有青有紅有長有圓有羊羶味者○蕉實有黃紫二種○橄欖○菱○芡○松子其松塔有長尺許者

花屬○牡丹○芍藥○合歡○紫荊○辛夷○雞冠○洋菊○石榴花○桃花○梨花○杏花○瑞香○馬蘭○風蘭○茉莉○睡蓮○蕉花○紅花○罌粟花有紅有白又有紫黑大如芍藥○迎春○玫瑰○月季○荷包花○鳳仙○葵謂之生福闍兒猶言日花○桂花謂之歐羅愛福兒格侖司○薔薇沿壁護窗輒百尺有奇雲龍於三法蘭昔斯哥中西學堂見之○黃丁香它色與中國同淡黃一種見所未見○燈盞花○懸鐘花開時倒懸如鐘其外四出其中單雙層有差其須出蕚居一寸之五六其色或紅或紫或五色間弗備其種二一草本一木本然皆折插土中即活且易成叢雲龍曾於三法蘭昔斯哥目驗之○金銀花

草屬○青草（或種子或移根少長則翦晨夕以樹膠管引水澆之其綠如茵雜植短花爲字爲錦如織如繪然雷同而無異致）○虎耳草○雁來紅（似此之類或以葉作花或千變萬化不名一類）○蒲○藻○蘆○蒿○油貢草（出阿拉士克）

木屬○松○黃松（出阿拉士克者頁）○柏○檜○樅○欅○杉○栗○楊柳○槐○榆○桑○橡○楓（可以造糖）○檀○杏○樗○樺○椶櫚○我克（或曰橡樹卽膠樹也機器之條郵函之封引水之管所用尙不止此而木性尤堅）○茶○樟○得克烏德（譯言油木）○黃楊○桂

藥屬○洋薑（出英釐阿納邦紐孚布西耳邦居多）○酸硫所達○蓖麻子油○金雞納霜○信石（出德格瑟斯）○石膏○硼砂（類里根有硼砂泉）○陽起石○滑石○鐵酒○鰴魚肝油（以鐵燒紅用魚肝炙之取油）○補益藥水（初出佛勒里畣邦）○來思鐵（亦藥水也治溺陽效）○加露米（藥粉治積）○莫宜阿鐵（合下二種通血海）○德至得來司○葛羅方水○碧絲謬司（合下二種治嘔）○暫篩阿宜嘎○司葛念酒○愛阿靛（塗創瘍初起製自來銀其色紅）○精錡膏（治溼創）○樟腦酒

雜植之屬○竹（美利加無竹而花園偶亦種之移自南阿美利加洲）○棉○木棉○麻○蔗○淡巴菰○加非（未游歷時傳聞是豆非也一種木結子實如櫻先青後紫炒研入熱水飲之）○蕉○仙人

掌其種不一有高如樹者結實甚大土人剖而飲之

禽屬○鶴○孔雀○雁○鸛○淘河○鷲○駝鳥○海鷗○鷺○朱鷺○鷹○隼○鶚○鸚䳇種類少於巴西國而亦不一○鴛鴦○燕○杜鵑○雞○火雞○雉○鶯○鴨○野鴨○鵞○鴟○鳩○鴿○鶡鶉○啄木○紅雀○鴉○四翼鳥似畫眉而有四翼翼下翎毛數莖長甚○小鳥數百爲羣小如蠐螬一鳥一色文采斑斕

獸屬○獅犬類○虎○豹○鹿印甸多○麞麋屬○熊阿拉士克歲出皮一千張印甸亦有之○羆○馬初無馬來自歐羅巴之始土人異之蓋誤目爲人騎相連爲一物也今則牧馬滋多其相馬以鼻孔巨首小驍壯毛滑皮薄爲良而毛時翦衣之以織類其蓄數阿拉巴麻邦十一萬三千九百直銀六百四十五萬一百五十七圓每馬五十六圓六角有三阿剛色斯邦十九萬一千一百直銀八百六十五萬三千圓每馬四十五圓三角嘉里符尼亞邦二十七萬三千直銀一千二百六十萬七千一百四十圓每馬四十六圓一角八仙干扣底嘎奪邦五千四百直銀三百十九萬六千八百圓每馬五十九圓一角特納窪邦二萬三百直銀一百五十萬七千二百七十五圓每馬七十四圓二角五仙佛勒里窩邦二萬二千四百直銀一百三十萬一千六百每馬六十圓若耳治亞邦十二萬直銀八百六萬圓每馬六十七圓五角伊利那倚斯邦百七萬八千直銀五千五百六十九萬每馬五十一圓七角英釐阿納邦六十八萬八千八百直銀三千七百六十萬每馬五十四圓六角愛阿窪邦七十七萬八千四百直銀四千二百九十五萬九千每馬五十五圓二角剛色斯邦三十萬直銀一千四百五十八萬每馬四十八圓六角根得基邦四十萬二千四百直銀一

千八百一十二萬四千九十六圓每馬四十五圓四仙寧西阿納邦八萬二千五百直銀三百一十四萬七千三百七十五圓每馬三十八圓一角五仙緬邦八萬一千七百直銀四百九十一萬四千三百五十五圓每馬六十圓一角五仙瑪理蘭邦一十萬八千六百直銀六百七十六萬五千七百八十圓每馬六十二圓三角馬沙朱色士邦十三萬六千二百直銀三百一萬每馬五十五圓五角密西根邦三十五萬五百直銀二千六百五十二萬五千每馬七十五圓七角梅尼所達邦廿七萬四千五百直銀一千七百七十二萬七千十圓每馬六十四圓五角八分密蘇釐邦六十四萬直銀二千五百八十萬每馬四十圓三角拏布拉士格邦十七萬六千一百直銀一千一百三十三萬每馬六十四圓三角四分紐罕布西耳邦五萬七千一百直銀三百五十萬五千九百四十圓每馬六十一圓四角紐浙爾西邦十一萬四千五百直銀五百三十九萬每馬七十九圓七角諾司咯爾勒那邦十四萬六千七百直銀八百六十八萬七千圓每馬五十九圓二角俀海約邦八十一萬一千直銀四千六百六十萬每馬五十七圓五角賓夕佛尼亞邦六十萬二千直銀四千有四十八萬每馬六十七圓二角洛窩埃倫邦一萬六千二百直銀一百五十三萬每馬九十四圓五角叟司喀爾勒那邦六萬二千直銀四百九十四萬每馬七十七圓七角田捏西邦三十二萬七千直銀一千六百二十六萬每馬五十圓德格瑟斯邦九十六萬四千直銀二千一百三十三萬每馬廿二圓一角窪蒙邦七萬七千四百直銀七百九十一萬八千每馬六十三圓五角威士干遜邦三十九萬二千一百直銀二千三百六十二萬每馬六十圓二角此西一千八百八十三年當我光緒九年之數也此外邦部馬數多寡有差馬形亦與華產少異高大者阿剛色斯邦八萬二千九百直銀五百十九萬圓多耳小者頁○騾每騾五十五圓九角嘉里符尼亞邦二萬五千七百直銀一百七十三萬五千七百七十八圓每騾六十七圓五角四仙特納窪邦四千直銀三十八萬一千三百二十圓每騾九十圓佛勒里窩邦一萬二千直銀七十四萬九千每騾六十三圓若耳治亞邦十萬直銀七百五十萬圓每騾七十五圓伊利那倚斯邦十三萬

百直銀三百五十七萬每騾六十圓七角麥爾窪邦四萬四千七百直銀三百十六萬六千七百九十五圓每騾七十圓八角根得居邦七十萬九千六百直銀五百三十一萬九千九百八十四圓每騾四十八圓四角魯西阿納邦八萬七百直銀五百六十一萬三千四百九十二圓每騾六十九圓五角六仙瑪理蘭邦七萬七千三百直銀九十七萬八千五百七十七圓密西悉邦四千四百直銀三十七萬四千每騾八十五圓一角梅尼所達邦七千三百直銀六十四萬八千三百十三圓每騾八十八圓八角密蘇薩邦十九萬二千直銀九百十二萬每騾四十七圓五角孥布拉士格邦一萬五千二百直銀一百三十二萬六千八百八十七圓三角紐折爾西邦一萬三千七百直銀一百四十六萬每騾一百有六圓九角諾司喀爾勒那邦七萬四千七百直銀四百六十萬五千每騾九十一圓九角五分俄海約邦二萬四千八百直銀一百五十萬每騾六十圓七角賓夕佛尼亞邦二萬四千九百直銀二百十二萬六千每騾八十一圓六角斐司喀爾勒那邦五萬三千直銀四百八十一萬每騾九十圓八角田揑西邦九萬六千七百直銀五百四十萬六千每騾五十五圓九角德格瑟斯邦十九萬一千直銀八百萬每騾四十一圓八角威士干遜邦八千九百直銀六十四萬每騾七十二圓九角此光緒九年數也此外邦部騾不盡有其有者多寡有差○驢○取乳

牛

阿拉巴麻邦二十一萬七千三百直銀二百九十三萬三千五百五十圓每牛十三圓五角阿剛色斯邦十九萬九千直銀二百七十一萬八千三百四十圓每牛十三圓六角六仙嘉里符尼亞邦四十七萬三千四百直銀一千三百五十五萬二千九百十圓每牛二十八圓六角五仙干揑底嘎奪邦一萬八千八百直銀三百四十八萬九千一百五十六圓每牛廿九圓四角特納窪邦二萬四千八百直銀八十萬六千每牛三十二圓五角佛勒里富邦七萬二千八百直銀六十七萬四千八百五十六圓每牛九圓三角若耳治亞邦二十七萬三千一百直銀三百六十二萬每牛十三圓三角伊利那倚斯邦七十萬直銀千八百五十二萬每牛廿六圓六角英蟄阿納邦

四十三萬四千八百直銀一千九十萬九千每牛廿五圓一角愛阿雅邦七十二萬四千五百直銀七百五十三萬二千九百圓每牛廿四圓二角剛色斯邦三十五萬一千四百直銀八百三十二萬每牛廿三圓六角根得基邦二十七萬直銀六百十萬七千四百圓每牛廿二圓六角二仙脅西阿納邦十一萬五千二百直銀二百七萬三千六百圓每牛十八圓緬邦七十六萬六百直銀三百八十七萬四百六十圓每牛廿四圓一角瑪理蘭邦九萬九千五百直銀廿七萬六百四十圓每牛廿七圓二角馬沙朱色士邦十六萬七千一百直銀五百八十萬八千每牛三十五圓密西根邦四十一萬六千九百直銀一千一百十二萬二千每牛廿六圓七角梅尼所達邦三十萬四千直銀六百十二萬八千六百四十圓每牛廿圓一角六分密蘇釐邦五十二萬六千直銀一千十一萬五千每牛十九圓二角拏布拉士格邦十四萬二千九百二十直銀三百七十一萬五千四百每牛廿六圓紐罕布西耳邦九萬八千一百直銀二百七十四萬六千八百每牛廿八圓紐折爾西邦十五萬三千七百直銀五百三十九萬每牛三十五圓諾司喀爾勒那邦廿三萬直銀二百八十九萬八千每牛十二圓六角倭海約邦七十萬直銀一千八百五十萬每牛廿六圓四角賓夕佛尼亞邦八十三萬六千直銀二千二百三十萬每牛廿六圓六角洛侖埃倫邦二萬二千直銀六十六萬每牛三十圓叟司喀爾勒那邦十三萬二千六百直銀二百二萬二千每牛十五圓二角牛田捏西邦廿四萬八千一百直銀四百廿四萬每牛十七圓一角德格瑟斯邦五十六萬六千三百直銀七百八十四萬每牛十三圓八角威士干遜邦四十五萬八千直銀八百九十八萬每牛廿一圓八角此光緒九年數也此外邦部牛數多寡有差○

供屠牛阿拉巴麻邦廿六萬七千八百直銀二百七萬五千四百五十圓每牛七圓七角五仙阿剛色斯邦三十七萬一千三百直銀三百九十萬圓每牛十圓五角嘉里符尼亞邦九十九萬九千九百直銀一千八百四十六萬八千一百五十五圓每牛十八圓四角七仙干捏底嘎得邦十一萬五千六百直銀三百六十三萬六千一百廿圓每牛廿九圓特納淮邦三萬二千直銀九十八萬一千四

百四十圓每牛三十圓七角佛勒里畣邦五十一萬四千直銀三百十五萬五千每牛六圓一角若耳治亞邦四十萬直銀三百十六萬每牛八圓伊利那倚斯邦百廿三萬五千直銀二千六百五萬每牛廿一圓一角英釐阿納邦七十五萬六千六百直銀一千四百十一萬每牛十八圓六角五仙愛阿窪邦一百三十七萬四百直銀二千六百六十四萬每牛十九圓四角剛色斯邦六十四萬七千七百直銀千三百十六萬每牛廿圓三角根得基邦四萬六千七百直銀八百七十萬六千三百三十五圓每牛十九圓五仙魯西阿納邦十一萬九千六百直銀一百十五萬一百四十圓每牛九圓六角緬邦二十萬三千七百直銀四百八十八萬八千八百圓每牛廿四圓瑪理蘭邦十二萬四千直銀二百三十七萬六千六百九十六圓每牛十九圓七角四仙馬沙朱色士邦十一萬五千直銀三百九十二萬二千每牛三十四圓一角密西根邦四十三萬二千直銀六百七十三萬七千每牛廿二圓五角梅尼所達邦三十二萬二千四百直銀五百六十二萬九千一百有四圓每牛十七圓四角六分密蘇釐邦一百九十四萬八千三百直銀二千八百八十萬每牛十七圓五角拏布拉士格邦四十二萬八千直銀九百廿一萬五百五十圓每牛廿一圓五角牛紐罕布西耳邦十二萬二千五百直銀三百五十九萬六千六百每牛廿九圓三角六分紐折爾西邦八萬四千五百直銀二百五十一萬五千每牛廿九圓七角諾司喀囉勒那邦四十一萬五千八百直銀三百四十五萬五千每牛八圓三角倭海約邦八十萬直銀一千七百七十萬每牛廿二圓四角賓夕佛尼亞邦六十六萬直銀一千四百三十萬每牛廿一圓七角洛畣埃倫邦一萬五千七百直銀四十七萬一千七百八十五每牛三十圓叟司喀爾勒那邦十九萬一千八百直銀一萬七千七百每牛十圓五角田挰西邦三十九萬七千直銀四百三十四萬七千每牛十圓九角德格瑟斯邦四百四十六萬四千直銀三千九百六十四萬每牛八圓八角八分窪蒙邦十二萬六千五百直銀二百六十六萬每牛廿一圓威士干遜邦五十二萬二千直銀九百三十二萬每牛十七圓八角此光緒九年數也此外邦部多寡有差

○野牛○水牛

出印甸曠野○羊阿拉巴麻邦二十一萬四千二百直銀三十三萬二千有十圓每羊一圓五角五仙阿剛色斯邦廿九萬三千
五百直銀四十五萬七千八百六十圓每羊一圓五角五仙嘉里符
尼亞邦七百六十四萬六千八百直銀一千二百三十八萬七千八
百十六圓每羊一圓六角二仙千捏底嘎奪邦九萬七千一百直銀
三十三萬一百四十圓每羊三圓四角特納窪邦三萬八千八百直
銀十四萬八千六百每羊三圓八角佛勒里畗邦六萬直銀十萬四
千八百每羊一圓八角若耳治亞邦三十七萬四千直銀五十四萬
每羊一圓五角伊利那倚斯邦百十一萬直銀二百八十八萬八千
每羊二圓六角英釐阿納邦一百二萬直銀二百三十三萬三千每
羊一圓三角愛阿窪邦四十五萬四千四百直銀一百十五萬四千
一百七十六每羊二圓五角剛色斯邦三十七萬二千直銀八十三
萬每羊二圓三角根德基邦一百萬九千八百直銀二百五十五萬
四千一百六十四圓每羊二圓五角三仙魯西阿納邦十三萬五千
一百直銀二十二萬五千六百十七圓每羊一圓六角七仙緬邦五
十九萬六千三百直銀三百八十七萬四百六十圓每羊三圓二角
三仙瑪理蘭邦十五萬二千七百直銀四十七萬七千九百五十一
圓每羊三圓一角三仙馬沙朱色士邦六萬三千三百直銀廿二萬
六千六百每羊三圓四角密西根邦一百八十五萬六千直銀四百
七十萬每羊二圓五角梅尼所達邦三十萬七千五百直銀六十五
萬九百七十五圓每羊二圓一角三分密蘇釐邦一百五十二萬三
千三百直銀二百七十八萬每羊一圓八角拏布拉士格邦十七萬
二千八百直銀四十七萬一千七百四十四每羊二圓七角紐罕布
西耳邦廿一萬二千一百直銀六十八萬五千一百四十三圓每羊
二圓八角紐折爾西邦十二萬七千四百直銀五十一萬八百七十
四圓每羊四圓諾司喀爾勒那邦四十二萬五千直銀六十一萬六
千每羊一圓四角五分俄海約邦四十萬直銀一千一百五十四萬
每羊二圓八角賓夕佛尼亞邦一千六十五萬直銀四百九十六萬
每羊三圓洛畗埃倫邦二萬八千二百直銀十萬四千三百二十每
羊三圓七角叟司喀爾勒那邦十九萬六千五百直銀三十一萬每

羊一圓七角六分田捏西邦八十五萬八千五百直銀一百三十七萬三千每羊一圓六角德格瑟斯邦五百十四萬八千四百直銀九百七十三萬每羊一圓九角窪蒙邦四十九萬八千直銀一百七十三萬五千每羊三圓四角威士干遜邦一百三十一萬六千直銀三百十四萬五千每羊二圓四角此光緒九年數也此外邦部多寡有差

○豕　阿拉巴麻邦一百十一萬七千直銀三百十萬五千二百六十圓每豕二圓七角八仙阿剛色斯邦百十四萬六千直銀三百四十萬三千六百二十圓每豕三圓嘉里符尼亞邦六十六萬一千直銀二百六十二萬四千一百七十圓每豕三圓九角七仙干捏底嘎奪邦六萬六百直銀五十三萬五千七百有四圓每豕八圓八角特納窪邦四萬七千六百直銀二十六萬八千每豕五圓六角佛勒里启邦二十一萬七千三百直銀五十萬六千三百每豕二圓三角若耳治亞邦一百六十八萬五千直銀五百三十萬每豕三圓一角伊利那倚斯邦三百廿萬直銀一千八百萬每豕五圓六角英釐阿納邦二百十八萬六千直銀一千二十七萬每豕四圓七角愛阿窪邦二百七十七萬八千四百直銀千四百八十九萬二千二百廿四圓每豕五圓三角剛色斯邦百廿萬八千七百直銀六百三十八萬二千每豕五圓二角八仙根得基邦一百八十一萬二千直銀五百九十萬七千一百廿圓每豕三圓二角二仙魯西阿納邦三十七萬八千五百直銀一百五十二萬一千五百七十圓每豕四圓二仙緬邦六十六萬直銀四十七萬五千八百圓每豕七圓九角三仙瑪理蘭邦二十六萬四千八百直銀一百三十二萬一千三百五十二圓每豕四圓九角九仙馬沙朱色士邦五千直銀一百五萬七千每豕十二圓七角密西根邦五十三萬八千直銀二百六十五萬每豕五圓梅尼所達邦十九萬四千二百直銀一百二萬五千三百七十六圓每豕五圓二角八分密蘇釐邦二百六十二萬直銀九百一萬四千每豕三圓四角四分拏布拉士格邦六十九萬八千七百直銀三百六十四萬每豕五圓二角紐罕佈西耳邦四萬五千直銀五十二萬八千七百五十圓每豕十一圓七角半紐折爾西邦十五萬三千直銀一百十三萬一千每豕七圓四角諾司喀爾勒那邦一百廿六

萬直銀三百八十九萬七千每豕三圓一角五分倭海約邦一百四萬五千直銀一千二百四萬每豕五圓賓夕佛尼亞邦九十一萬直銀六百二十五萬五千每豕六圓九角洛侖埃倫邦一萬三千八百直銀十二萬每豕八圓七角叟司喀爾勒那邦五十四萬四千直銀一百五十二萬八千每豕二圓八角田挪西邦一百七十一萬直銀五百八十八萬每豕三圓四角德格瑟斯邦一百八十一萬七千直銀四百六十三萬每豕二圓五角窪蒙邦四十九萬四百直銀三十七萬六千每豕七圓六角威士干遜邦五十七萬直銀二百九十萬每豕五圓一角此光緒九年數也此外邦部多寡有差彼人初不多食豕肉畜豕滋多以華人僑居日衆也販豕亦華黎居多○野豕○貓○豺○狼○狽○狐阿拉士克歲出皮八千○兔○猿種類不一○鼠○白鼠○松鼠○黃鼠狼○海龍出阿拉士克○海獅較海虎游馬行尤速○海虎○海象○海馬○海狗三法蘭昔斯哥有海狗山濱海一島石也海狗登自海水前半與犬同後足連尾類水族尾映硌似犬嗾而以供游目荼察近之禁獵違者有罰○海豕較江猪身大○海狸阿拉士克歲產十萬皮直銀百萬○獺出阿拉士克者多○貂○模司麑首馬身足開二趾角長而扁分十餘葉作鋸齒狀昔產南阿美利加洲今則北洲亦偶有之○鯨獸華盛頓都海岸有獸類鯨鯆之鯨獸

鱗介之屬○鯨鱗屬卵生鯨魚與河豚則胎生也無鱗有鼻其目細如馬其睫有毛其耳有孔無輪廓其兩骨如綱其口寬其喉小其牙或有或無其胸有乳流瀦至數百丈時唾而時出水兩呼吸生氣以鼻噴水飄高二百尺有奇胎一歲而生鰤長十有二尺二十餘年始大其皮內網脂即鯨油也阿拉士克人競取其油曾獲一較大者長百尺胸寬二十尺首長二十尺有奇脊骨六十二節骨共二十有八其腹有肺翅長十餘尺尾寬二十餘尺其骨重三十六頓肉八十六頓皮血之屬一百餘頓油三十頓其雌曰鯢或曰鄭

莊子所謂鯤也雲龍游美利加曾見魚骨長百尺外譯者曰此海鰍也最大然則鰍即鯨之俗稱鰍○波基尼魚形類栗殼刺寸許其口在刺間雲龍見於鑛局○星魚其殼五出或廿一出蓋鱗屬而兼介屬也亦於鑛局見之局在三法蘭昔斯哥○鮭華盛頓部漁鮭歲直銀百萬圓阿拉士克鮭歲直銀二千圓它處亦多○果多魚阿拉士克運至三法蘭昔斯哥者歲約六十萬尾○青魚○鱈阿拉士克尤多○墨魚巨者可以抱舟美利加人言十餘年前漁舟出港以鈎著一黑物纍抱舟欲沈漁人奮刃斷其臂乃折視臂乃知為墨魚也斷者長二十五尺寬三寸許○電魚一種口如初月腮有五孔名扎比杜美利加未見而有一種名記麥奴脫司內其形畧似蟮而無鱗凡發電之魚皆無鱗也○海鯽○盲魚或謂之無目魚產於根得基邦曼莫司洞中泉其水之魚皆盲○白鱓○鰍○牛尾魚○鼠頭魚○猫魚產至阿明可莫湖有壓○人魚○雷魚○鰕○龍鰕甚巨而紅鮮罕比堆盤一螯已足○蟹種類夥或殼扁或足多或偏長○牡蠣生食亦良○文蛤○蚌○螺○紅螺○水母○海參

○蜆○龜○鼈○黿○鼉

蟲蛇之屬○響尾蛇尾響如蟬鳴非有懼心非有噬人噬物意則不鳴被噬者罔有療治蓋毒甚也頭不甚巨頸少細而身長且大尾細於頸往往盤於草莽間○蜴○壁虎○蜈蚣○蠶所吐之絲弗逮浙江湖州遠甚然罕有變故殆亦有補偏救弊術歟○蜜蠭○小蠭○蟬○蜨○蟻○黃蟻雲龍游美利加之國都時凡桉間細小黃蟻如綫之牽是以食物宜封○蠅尚潔稍少然舟車飛行無處無之○螢汪洋一片黑夜時露据英人丙維理言美利加海濱有長數寸者○蚊○蚋○蛙○蚓○蝗○螳螂○蟋蟀○蛛○

蟢○蚱蜢○蝸牛○蛾○蜻蜓○牙蘭米此殆中國所謂洋蟲歟先是墨西哥人養而食之美利加與之毗連且分地於墨西哥間亦有之○蝙蝠曾於博物院見大尺許者

金屬○金詳鑛下同○白金最貴○銀○銅○鐵○綠鐵○馬口鐵以薄鐵鍍錫○鋼鍊鐵而成其法不一○錫○鉛○亞鉛○錳○安質母宜

石屬○玉產緬邦○白石○雲石有似大理石而其地並無所謂大理者或名大理石非也窪蒙歲產直銀三百萬他處亦有○磁石產紐罕布西耳邦○胰子石○雲母石○寶石○沙石○紅沙石產干捏底嘎奪邦○礪石○火石○石灰石

土屬○磁器土○陶器土○紅泥產梅尼所達邦宜陶○白堊○德門塞克雖以化學造成然土性有宜有不宜

雜鑛之屬○玻璃沙○白礬○硫黃○硝○燐叟司喀爾勒那邦較多○金沙喀挪拉奪邦所產良○水銀○水晶○墨晶○瑪瑙○石油

布帛之屬○絲○錦○綾○紗○布○絲棉合織○毳棉合織○呢○絨○氈○毯

冠履之屬○呢帽○革冠○黑緞高冠○草帽○衣○燕尾服○戎服半臂○袴○寬緊帶中國謂爲象筋帶其實樹膠爲之○領○韈○革靴○有釘

革靴○革履

舟車之屬○兵船○礮船○魚雷船○馬船其用若車特形爲舟前以二馬曳之而行人騎其馬之弟三策之使前今不用○颿船○漁舟○方舟載牛之用○火輪船詳食貨攷工○火輪渡船此有一定之地車馬皆可入舟如履平地初至忘其在舟中也○濬河船如舟尾短而方廠首銳有鐵架若人字形上穀長鐵柱伸向於外其柱端繫鐵兜若雞心甚尖利兩面相合船中置輪盤二皆繫鐵鍊由架達於柱首復垂繫鐵兜爲輪機旣動曳左鍊則兜口開而入水曳右鍊則兜口合而取泥出水廠柱長甚四面皆可濬泥其巨者可濬海口約長二百五十尺○馬車○駕馬街車○汽機街車其機在公司鐵綫暗行街道車著則行○電氣車詳攷工○火輪車○運物車○騎輪有三輪有雙輪有單輪或輪行數千里如飛○犂車有二一生鐵以犂熟地一熟鐵以犂荒地一人御馬二三一過深可尺許寬尺六七寸○乃祿司犂車大器向前惟有小鐵輪達於車中軒輕隨意淺深視此○割麥車左有鐵箕距地一寸有奇箕口鐵齒直排上下可容割刀其割刀亦排若鋸齒尾連曲柄於車車行則箕口直齒插麥中以約麥梗於是割刀游及麥梗立斷而自偃於車內側有木如梳形自行運動令偃車之麥移於車之後而凡用馬二八一每日可割八十畝約中國二百六十畝有奇○刈草車與割麥車同而不同○打麥車形與火輪車相似一頭有輪可轉一頭有軸無輪平置地上前仰後俯二軸聯以循環鐵鍊鍊上圍以木板其麥穟由車前入於板上馬由後入踐之馬行板上板卽下移再行再移而馬不離其處板則周而復始粒從木隙漏下梗從車後退出又進麥穟如初○救火車詳雜事○水車

器用之屬○渾天儀謂之葉兩每洛阿勒意○測地器○畫圖器○吹流發電器速於英器三倍詳學派電學○來頓瓶電氣久澀空氣則散以錫箔包玻璃瓶名來頓瓶來頓者地名也美利加沿其法瓶口以紅木爲蓋中貫銅絲絲之上端有銅球下端有鏈切於瓶底之錫箔其傳電之法右邊爲鉗用銅絲彎如叉兩端皆有銅球以玻璃爲柄便手執也其球一切瓶外錫箔一切瓶上銅球則外內錫箔之電氣自傳放矣又有五花光來頓瓶○顯電氣器一名測電器○增電器以松香類爲板以金類爲盆以木或金類包錫箔爲蓋以玻璃爲柄○倍電氣器仿法利所造爲之○摩電器一名摩器以玻璃筩爲之○量電氣器雲龍曾見其一以玻璃爲瓶外被錫箔倒貫銅桿桿連磨器以欲量之來頓瓶連於銅桿上端而測以受電已滿之瓶連於瓶外量之○吸鐵電氣器能速發火星能發地雷水雷○發熱電氣器其種不一○點畫電報器剏自美利加人莫爾斯○懸電綫器美利加有莫斯耗司二種○電氣時辰鐘○船上測電器以蠶絲懸吸鐵鍍與囘光鏡之重心上下繫架雖大風浪可測二力比例○電氣燈此與下四種皆剏自美利加人哀狄孫詳電學○電氣傳音機○電氣顯微聲機○電氣顯微熱機○錄音機不假電力雲龍曾於美利加國都見之其筒可截而分用之但聽者非其輪軸不可○定北鍼中國所謂指南鍼也○風雨鍼水銀與地氣之力相稱然非無雜之水銀不驗○寒暑鍼玻璃筩上通下塞下有圓膽先以燈火熱圓膽則筒中之氣出以指掩筩口俟冷以筩口入水銀則自入焉半筩爲率再熱如初水銀受熱則升升滿即以吹筩就火吹鎔其口俟冷復降如初畫分寸而驗之又有圓制其法一也○醫用寒熱鍼以玻璃管於診脈時令病者口銜其端九十六分爲平和一百一十二分爲熱據云酒熱一百七十六分水熱至二百十

二分○權風秤○量雨尺以方尺之器鐵爲裏衣受雨而別以方寸之管畫分寸於管外於是將器內雨水入之管
中如高一尺即知得雨一分蓋方尺之器百倍於方寸之管也○觀星鏡○覲日鏡○回光鏡○千
里鏡○測天遠鏡美利加國都有鏡鋼筩長二丈四尺徑二十寸是折光鏡也向天直視光透鏡中而聚大者長輯
此直四萬四千圓雖重五頓而旋轉自如○反光鏡以凹鑑借光送於目中背所視之處而視也○顯微鏡○
眼鏡有單有雙有藍有白有黑凡見中國眼鏡輒詫爲大○耳鼓失聰者宜之○泳氣鐘入水之工用之至三
十四尺而止可與地氣之力敵過此則水力大而氣宄壞也其鐘高五尺口約八尺頂有玻璃窗透光而不浸水鐘側一機氣由此開亦
入則閉然船上人宜攝空氣入之否則不活○却水衣樹膠爲之一如人模亦工人用之輪舟備急者輒攜小艇○
時辰鐘謂之克鬧克有懸有坐○時辰表謂之咗尺貴者輒數百金○試礮電器○試礮紙
輪○試鋼器○試礮鐵靶○試礮管醋燈○彈規試彈之用○量水尺○
入水權物秤○試鑛機器謂之礶苛士雲能於三法蘭吉斯哥之鑛局見之據言緻自美利加人哈斯金歷四
年乃成不用煤而用煤油所謂瓦斯多見是也其器第一層圓八九寸長尺許立一鐵桿可上可下取壓力也風箱橫抽此則立壓耳承以
小管先橫轉立立者之端其孔如鍼油火從此直射小爐之門其焰猛其聲烈鑪可頃刻融也○行室以木爲之高廣皆七尺四
尺許視之若櫝啟機則若一室左右有葉窗前門之中榻一側列櫥一盥漱器備據彼人云直銀二百圓○木櫥前半桉啟其面
則鏡與盥漱器在焉抽屜盛衣具曳櫥門則一榻下直銀百八十圓蓋備游行之用云○哥阿力司譯言機器名也緻自
美利加人阿力司故名美利加製造之工多藉機器大氐以輪激澈鐵管受之宛轉達於各器大輪動則器罔不動其蒸澈所未逮藉皮

條與膠條牽之倚梁而轉著輪則活○吸水機器水由筒洩入池復由池底吸回此吸彼洩循環不斷凡鑛內有水用此○造紙機器自始至成其器七約直銀萬圓詳致工○印字機器美利加後出者勝較舊式尤便捷○手印字器有小而便者直銀一百數十圓大者直有差○縫紉器形如牛桉上置器下爲鐵架足踐之機動可製衣可刺繡宜直行耳新式不以足踐而以手轉尤靈便而小○織布機製始紅約以鐵爲之寬一丈深二尺高如之布幅五尺者一時成一丈狹則其成較多側有小輪二動則其下皮條亦動梭行捷甚每分時往來九十六次非若他機以木梃擊梭聲震人耳直銀三百餘圓一女工司之足矣○製銅鎖釘器式如方几高一尺上置機架用鋼鐵板寬一寸長一二尺厚一分者鉗入機口其左爲輪手轉之成釘出器前小門釘長寸許首圓尾鋭日製十五萬此器直銀二百餘圓○利刃製釘器式如鼎覗如几者較大高二三尺側有大輪中有利刃三而合一以鐵板長三四尺寬二寸者置刃口輪動亦成釘皆長二寸每日所成約重千八百斤以三四人司之此造大釘之器也直銀五百五十圓○製瓶罐底蓋器高三四尺方尺餘左右兩輪下有鐵板中爲模置鐵片於模足踐之上下一擊即成一具日成二千小者成至萬數其器直四百圓○鏤玻璃器以細銅管如曲尺形立桉上管端嵌鋼片小于錢若琢玉輪盤鋒犀利管中通蒸氣激片旋轉凡款字花樣就而刻之○造信函器裁紙黏膠摺成皆藉輪機一時可成數千一女工計數包之而裝盒○織錦機器能以五色細絲織各國賢主名臣像花木山水不露梭織跡一人司之足矣○抽繭機若牀架高方各六尺四柱用細鐵條浛絲浴前爲熱水鑊若盥盆鑊沿離水三四寸有機管二以繭十六入水分二起將絲頭入機管左一輪動抽絲繞架後木軸繭盡續之日抽五千女工專司入繭出蠶續絲之事軸絲如數取送弟二器器長六尺高方三尺下排木管四五十各長三寸管後一排置繞絲木軸數如管輪機動木管亦動軸上絲過入

管上遞至弟三器以二管絲併一管成雙股至弟四器繞勻再過別管卽可染色牽入織機而成綢矣可以女工數日而成　○績麻綫器　有五機弟一機理麻使勻而淨轉入弟二淨者成捲渣滓漏去再轉弟三捲自成條再轉弟四條二而一再轉弟五小輪數百旋轉鬆者漸緊已成綫矣有精有粗精織布粗織毯袋　○造棉綫器　先以棉花置輪機紡成細紗轉入別器絞爲雙股綫又一器如梭兩旁多機將木管入機頭管長寸許大如指綫頭承於其端繞之捷而勻每管繞綫六十丈每日繞三十八萬四千管以五六人司之卽中華所謂洋紗者是　○絞棉子器　式如牛梭一時絞淨棉二千二百四十磅器直銀二百五圓亦藉蒸氣運動　○手轉絞棉器　高三尺方廣一尺口巨身細中有鐵片若鋸齒外輪四右有曲柄納棉口手轉曲柄則四輪皆動淨棉出左其子出下日絞棉四百磅不藉蒸氣直銀一百五十圓　○礦底碎煤機　機下爲鐵路路上置器高尺餘寬四尺長七尺下有四輪與鐵路凹凸相合前有鐵齒若龍骨可左右旋用以刮碎卝底大塊者以三人司之直千五百圓礦內隨行隨刮日行四百尺之遙先是斧斤鑿之鐵球擊之無如此易　○鶴頭秤　置岸側船側以上下商物　○普壘　譯言轆轤也以起重物索穿厥上索行則轆轤與之俱轉　○灰倚耳埃格　譯言輪軸也以運重物　○咯布司黨　譯言絞盤也船之錨鍊或以繩繫於絞盤　○安葛　譯言錨鍊尾器也起落皆藉絞盤力　○斜板　船初下水用之高岸貨物移於低處亦用或易板以梯亦可　○燕尾鎚　美利加人所謂庫路多哈麻卽此用以拔釘　○螺絲釘　美利加凡連物欲堅皆用螺絲釘其法久矣蟲類中具螺絲鑽嘴卽克穿木石無阻象形爲之謂之士骨柳譯卽螺絲也多用於夾盤左右旋轉而上下之　○野吉　譯言尖口也鐵爲之以裂木以開煤以乘石礦之隙而橋拱亦用尖口相逼而成　○風輪吸水器　輪側二軸平運軸前爲輪軸後有尾如柁恆迺風勢輪面迎風而轉無論風來何方軸有曲拐

戽轉挹水之器其桅尾初未之用皷增而風力易受此灌溉具器也○風輪磨麥器洛畬埃倫邦有之○擷玉

米器立鐵輪二一動一靜面有麄鑱齒鑲輪多一緣邊有曲柄搖之以手玉米入自頂上一經齒磨米與皮分出矣○播種

器與中國器畧同其不同者前有小犁犁土種由斗底漏下則有一斗漏水澆之又一八字小鐵鏟鏟土覆之又一輕磚碌壓土平之

○紙既厚且重○石印紙○玻璃紙照影用之○鉛筆鉛中木外刀削成鋒○墨水筆以鐵

為之半筒而尖醮壺墨汁書之○墨汁壺○石印墨○磁碗○磁盤○肴刀以鐵飾銀或錫

○叉○勺○玻璃碗○玻璃杯○玻璃瓶○煤氣燈○石油燈○自

來火○洋火鐮曳之則然蓋中以齒輪磨火石而取火也○拄杖○女扇較中國畧大然男子不用○

繖謂之生恩不拉納耳男以避雨女則兼以障日○木榻○鐵柱榻○几○臥几○藤几○

枕○褥○墊○菸袋謂之葛齒朴○箕○帚○鍋○盆○信函

雜用之屬○木蠟○燭○菜油○桐油○松漆油○松香○樟腦方塊

如晶之瑩澈耐久不易消○膠○樹膠○墨汁○顏料○火藥○石灰○磚○玻

璃片○鯨油鯨魚大而多油可燃可塗利用不一捕鯨一獲取油者輒如蟻附如鶩趨其力在尾美利加漁鯨者駛三板艇伺鯨噓氣擊以

鎗標鯨負痛沉急縱鎗繩聽其起落或磨繩生火則澆之或挽艇欲沉則斷之一尾力竭赤潮風涌○海狗須○鯨筋

○馬尾○牛革○虎革○鹿角○狐革○羊毳○蚌珠○蛤殼可以鋪地

飲食之屬○麵包謂之白而滌或長數尺或圓[illegible]○飯謂之姑克得而[illegible]

已盛以盤○小米粥勃盤餐也○薯○豆粒謂之皮恩司○豆泥○牛羹謂之搜拍○牛
肉謂之皮甫○燒羊肉謂之牧登○燒豚○燒豚腊謂之巴肱○燒雞○火雞肉○
炙鵪鶉○兔肉以陳爲佳○生雞卵○牛乳謂之褒得兒默滷克○牛乳膏加糖入瓶耐久○
謂之默滷克○牛乳油謂之基司○冰牛乳謂之勾司達而忒用牛乳雞卵黃白加糖入水少許調勻盛以薄鐵
器置冰桶中須臾而成○牛黃油謂之白兜克食麵包用之常人賴此○糖蔗製謂之酥格兒有粉有小方塊○
楓糖○萊菔糖可解毒以消食○糖汁○蜜養蠭者多○葡萄酒○頻果酒○麥
酒○舍利酒○香餅酒○火酒酒有五十餘種難可枚舉○橄欖酒○檸檬油○
沸瀾水玻璃葫蘆瓶分二層各有一嘴下層滿受清水加蓋以漏斗入白粉晶粉各一盃於上層去其下層之蓋歛瓶合水粉交
融湯化成氣約一時許卽得不可受日光之熱恐其炸也冬冷不能爲之○檸檬沸瀾水卽入檸檬油二三滴於沸瀾水
押諾乃飲○穀粉謂之功福酪兒分譯之功之言穀福酪兒之言粉也○麥粉○棗餻畧似中國重陽餻食時以
火酒澆而火之熄卽食○加非水味以鍋焦湯加糖飯後及晨夕代茗○苟呼茶爲苟尙紅色入糖○蘑菇
嫩而不香謂之北達多○無花果脯○葡萄乾○醬油謂之收思其味辛○醋謂之威勒格
○芥末
薪炭之屬○煤○有煙煤○骨炭化學家以鎔堅物○重木炭○輕木炭火藥
宜之○薪

農產表

美利加重農然尙稻不如尙麥是以其國民食麥爲最其所產麥希嘎骨爲最市直之消長繫之聯邦之損益又繫之可歲綜可月計也次於麥者爲玉米印甸土人資爲恆食故謂之印甸米而大宗不第唯是棉以包計淡巴菰以磅計他輒以布些耳計其平均野格之直計銀至圜而止其野格平均產物之直計銀至仙而止視地有差歷歲有增以分徵合以類相從曰麥玉米繫地弟一曰麥玉米近年比較弟二曰希嘎骨麥直低昂弟三曰農產大宗繫年弟四述農產表

麥玉米繫地弟一

	麥	烏麥	粿麥	大麥	小麥	玉米
科倫布亞	六四〇二	七四四〇		三七〇四		二九七五〇
阿拉巴麻	一五二九六五七	三〇三九六三九	五二八一	二八四〇一	三六三	三五四五二七八
阿剛色斯	二六九七三〇	三三一九八三	一九五二	三三三八七	五四八	三四五六四七
嘉里符尼亞	三九〇七七〇七	一三四三七一	二三五七九五六二	一八二六八一	三三三〇七	一九九三三五
咭挪拉奪	二四一五〇一四	六四一九〇〇	一〇七一一六八	一九四六五	一一六	四五五九六八

干捏底嗄奪	三八七四二	一〇〇九七〇六	一二二八六	三七〇七三三	一三七五六三	一八八〇四二 一
特納窪	一一七五二七二	一三七八五〇八	五二三	五九五三	五八五七	三八九四二六 四
佛勒里畣	四二二	四六八一一二	二一〇	二九六五		二一七四二三 四
若耳治亞	二一五九七七一	一五五四八七四 三	一八六六二	一〇一七一六	四〇二	二三二〇二〇 一八
伊利那倚斯	五一二〇五〇二	六三一八九二〇 〇	一二二九五二三	一二一七八五	一七八八五九	三二五七九二 四八一
英釐阿納	四七二八四八五 三	一五五九九五一 八	一三八二八三五	三〇三一〇五	八九七〇七	一一五四八二 三〇〇
愛呵窪	二一一五四〇二 五	五〇九一〇五九 一	四〇二二五八八	一五一八六〇五	一六六八九五	二七五〇二四 二四七
剛色斯	一七三二四一四 一	八一八〇三八五	三〇〇二七三	四一三一八一	二四四二一	一〇五七二九 三二五
根得基	一一三五六一一 三	四五八〇七三八	四八六三二六	六六八〇五〇	九九四二	七二八五二二 六三
魯西阿納	五〇三四	二二九八四〇		一〇一三		九九〇六一八 九
緬	六六五七一四	二二六五五七五	二四二一八五	二六三九八	三八二七〇一	九六〇九三三
瑪理蘭	八〇〇四八六四	一七九四八七二	六〇九七	二八八〇六七	二二六六六七	一五九六八五 三三
馬沙朱色士	一五七〇八	大四五一五九	八〇一二八	二六三七一六	六七一一七	一七九七五九 三
密西根	三五五三二五四 三	一八一九〇七九 三	一二〇四三一六	二二九四九一八	四一三〇六二	三二四六一四 五二
梅尼所達	二四六〇一〇三 〇	二三三八二一五 八	二九七二九六五	二二一五二四五	四一七五六	一四八三一七 四一

美利加圖經卷十三　十二

密士昔比	二一八八九〇	一九五九六二〇三四八		五一三四		二一三四〇八 〇〇
密蘇盧	二四九六六二 七	二〇六七〇九五 八	一二三〇三一	五三五四二六	五七六四	二〇二四八五 七二三
挐布拉士格	一三八四七〇〇 七	六五五八七五	一七四四六八六	四二一四三四八	一七五六二	六五四五〇一 三五
列法達	六九二九八	一八六八六〇	五一三四七〇 八			一二八九一
紐罕布什耳	一六九三一六	一〇一七六二〇	七七八七七	三四六三八	九四〇九〇	一二五〇二四 八
紐折爾西	一九〇一七三九	三七一〇五七三	四〇九一	九四九〇六四	四六六四一四	一一一五〇七 〇五
紐約	一一五八七七六 六	五七五七五五〇 六	七七九二〇六 二	二六三四六九〇	四四六一二〇〇	二五八九五四 八〇
諾司嗑爾來挪	三三九七三九三	三八三八三六八	二四二一	二八五一六〇	四四六六八	二八〇一九八 三九
倭海約	四六〇一四八六 九	二八六六四五〇 五	一七〇七一二 九	三八九二二一	二八〇二二二	一一八七七 一二四
頌理根	七四八〇〇一〇	四三八五六五〇	九二〇九七七	一三三〇五	六二〇六	一二六八六二
賓夕佛尼亞	一九四六四〇五 九	三三八四一四三	四三八一〇〇	三六八三六三	三五九三三二六	四五八二一五 三一
洛會埃倫	二四〇	一五九三三九	一七七八三	二二九九七	二二五四	三六二九六七
掃司嗑爾來挪	九六二三五八	二七一五五〇五	一〇二五七	二六〇四九		一一七六七〇 九九
田捏西	七三三一三五三	四七二二一九〇	三〇三一九	一五九四一九	三三四三四	六二七六四四 二
德格瑟斯	二五六七七六〇	四八九三三五九	七二一七八六	二五三九九	五三五	二九〇六五一 七二

窪蒙	三三七二五七	三六四二三八二	一六七六二五	七一七三三	三五六六一八	二〇一四二七一
勿爾治尼亞	七八二二五〇四	五三三三一八一	一四二二三	三二四四三一	一三六〇〇四	二九一〇六六六一
威士尊勿爾治尼亞	四〇〇一七一一	一九〇八五〇五	九七五〇	一一三一八一	二八五二九八	一四〇九〇六〇九
威士干遜	二四八八六八九	三二九〇五三二〇	五〇四三一一八	二二九八五一三	二九九一〇七	三四二三〇五七九
阿里瑣那	一三六四二七	五六四	二三九〇五一			
打戈達	二八三〇二八六	二二一七一三二	二七七四二四	一四三五九	二五二一	二〇〇〇八六四
埃得和	五四〇五八九	四六二二三六	二七四七五〇	四三四一		一〇四〇八
孟大那	四六九六八八	九〇〇九一五	三九九七〇	四三〇	四三七	五六四九
紐墨西哥	七〇六六四一	一五六五二七	五〇〇五三	二四〇		六三三七八六
尤達	一一六九一九九	四一八〇八二	二一七七四〇	九六〇五		一六三三四二
華盛頓	一九二一三二三	一五七一七〇六	五六六五三七	七一二四	二四九八	三九一八三
歪阿明	四六七四	二二五一二		七八		
光緒六年千八百八十總計	四五九四七九五〇五	四〇七八五八九九九	四四一一三四九五	一九八三一五九五		一七五四八六一五三五
比前三十年	一〇〇四八五九四四	一四六五八四一五九	五一六七〇一五	一四一八八八一三	八九五六九一二	五九二〇七一一〇四
較前二十年	一七三一〇四九二四	一七二九四三一八五	一五八二五八九八	二一一〇一三八〇	一七五七一八一八	八三八七九二七四二

前十年	二八七七四五六 二六	二八二一〇七一 五七	二一九七六一三〇 五	一六九一八七九 五	九八二一七二	七六〇九四四 五四九

麥玉米近年比較第二

年	麥	烏麥	裸麥	大麥	玉米	合計
光緒八 千八百八十二	五〇二七九八六 〇〇	四七〇〇〇〇〇 〇〇	四七〇〇〇〇〇 〇	二〇〇〇〇〇〇 〇	一六二四六一七 〇〇〇	二六六二七一 六四〇〇
九 千八百八十三	四二一〇八六一 六〇	五七一三〇二四 〇〇	四〇一三六〇九 七	二八〇五八五八 三	一五五一〇六六 八九五	二六二一六五 〇一三五
十 千八百八十四	五一二七六三五 〇〇	五八三六二八一 〇〇〇	六一二〇六二九 二	二八六三七五九 四	一七九五五二八 四三二	二九八一七六 四二一八
十一 千八百八十五	三五七一一二〇 〇〇	六二九四〇九〇 〇〇	五八三六〇〇〇 〇	一一七五六〇〇 〇	一九三六一七六 〇〇〇	三〇〇二八一 三〇〇〇
十二 千八百八十六	四五七二一八〇 〇〇	六二四一三四〇 〇〇	六〇〇〇〇〇〇 〇	二六〇〇〇〇〇 〇	一六六五四四一 〇〇〇	二八三二七九 三〇〇〇
十三 千八百八十七	四五六三二九〇 〇〇	六五九六三四〇 〇			一四五六一六一 〇〇〇	

希嘎骨麥直低昂第三

月 西紀 光緒	一 低	一 昂	二 低	二 昂	三 低	三 昂	四 低	四 昂
二年 千八百七十六	九五〇	一〇二一	九七一	一〇六〇	九六三	一〇五〇	九五一	一〇五一
三 千八百七十七	一三三三	一三一〇	一二一七	一三二一	一二〇三	一二八一	一二六〇	一七六〇
四 千八百七十八	一〇一〇	一〇九〇	一〇一三	一一一一	一〇四〇	一一二一	一〇五一	一一四〇
五 千八百七十九	八一五	八一七	八五一	九三五	八八一	九六〇	八三一	九一一
六 千八百八十	一一四一	一三二〇	一一八一	一二五一	一一二〇	一二五七	一〇六一	一一四〇
七 千八百八十一	九五三	一〇〇〇	九六一	九九三	九八一	一〇四一	一〇〇三	一〇四一
八 千八百八十二	一二五一	一三六〇	一二〇一	一三二一	一二四一	一三六〇	一三三〇	一四〇〇
九 千八百八十三	九三五	一〇三三	一〇四〇	一一一一	一〇五〇	一〇九一	一〇二〇	一一一五
十 千八百八十四	八八一	九五一	九〇三	九六六	八二〇	九三五	七六〇	九四一
十一 千八百八十五	七六〇	八一一	七四一	七九一	七三三	七九五	七七一	九一三
十二 千八百八十六	七六一	八五〇	七八三	八一三	七五三	八一三	七二〇	八〇一
十三 千八百八十七	七六七	八〇一	七一三	七八一	七一三	八〇一	七六五	八四五

	五低	五昂	六低	六昂	七低	七昂	八低	八昂	九低	九昂	十低	十昂	十一低	十一昂	十二低	十二昂	計年	計年	平均月值
	九五七	一〇七三	一〇二一	一〇三〇	八三〇	一〇五一	八四一	九六〇	九二一	一一〇五	一〇五一	一一六	一〇七一	一一三三	一一二一	一二九三	八三〇	一二六三	一〇二七
	一四三〇	一七六一	一四一〇	一四四〇	一二一〇	一四八一	一〇一一	一二三〇	一〇九〇	一一八〇	一〇六三	一一四一	一〇五一	一一一三	一〇六一	一一〇三	一〇一一	一七六一	一二七一
	九八〇	一一三〇	八七三	一〇一五	八八三	一〇八一	八九〇	一〇一〇	八五一	八九三	七七〇	八七七	八〇〇	八四五	八一一	八四一	七七〇	一一四〇	九六三
	九〇三	一〇一三	一〇三〇	一〇七〇	八八一	一一〇〇	八三三	八八〇	八五〇	一〇五三	一〇四五	一二〇〇	一一一三	一二一三	一二二〇	一三三一	八一五	一三三一	九九三
	一一二一	一一九〇	八六三	一〇一三	八八一	九六〇	八六一	九二〇	八七〇	九五一	九二三	一〇一七	一〇一一	一一二〇	九三一	一〇九三	八六〇	一三二〇	一〇五一
	一〇一〇	一一二五	一〇六三	一一四〇	一〇八一	一二一〇	一一九〇	一四〇〇	一二一一	一四〇一	一三一〇	一四三一	一二三一	一三二〇	一二四三	一二九〇	九五三	一四三一	一一五一
	一二三〇	一四〇〇	一二五〇	一三五〇	一二五〇	一三六〇	九九〇	一三四〇	九七〇	一〇八〇	九二一	九六三	九一一	九四一	九一一	九四三	九一一	一四〇〇	一一八〇
	一〇八〇	一一三三	九八三	一一三一	九八一	一〇二二	九九二	一〇三三	九三〇	九九一	九〇〇	九六一	九三一	九八二	九四五	九九一	九〇〇	一一三一	一〇一三
	八五〇	九四三	八三七	八九五	七九七	八四一	七六一	八三〇	七三一	七九三	七二三	七九一	七一一	七四七	六九一	七六三	六九一	九六〇	八二七
	八五三	九〇三	八四一	九〇〇	八五一	八〇一	七八〇	八九〇	七六一	八六三	八四一	九一一	八三三	九〇三	八三一	八八五	七三三	九一三	八二一
	七二一	七九一	七〇七	七八〇	七三〇	八二〇	七三七	七九一	七二〇	七六七	六九三	七五〇	七二七	七六五	七五一	七九一	六九三	八五〇	七七
	八〇七	八九一	六八〇	九四三	六七五	七二〇	六六三	六九一	六七三	七一三	六九一	七二三	七一三	七六一	七四三	七九一	六六三	九四三	八〇九

農產大宗繫年弟四

年	物	產數	野格數	地價	每野格平均產	每野格平均價
光緒十（千八百八十四）	米	七九五五二八四三二	六九六八三七八〇	六四〇七三五五六〇	二五·〇八	九六九
	麥	五一二七六五〇〇〇	三九四七五八八五	三三〇八六二二六〇	一三·〇〇	八二八
	烏麥	五八三六二八〇〇〇	二一三〇〇九一七	一六一五二八四七〇	二六·四〇	七五八

	裸麥					
	大麥	一九〇六四二〇〇〇	二二一〇九八〇	七五五二四二一九〇	八五．八〇	三四四九
	蕎					
	棉花	五六四六四四一	一七四三九六一二	二五三九九三三八五	三．三	一三五六
	淡巴菰					
	草	四八四七〇四六〇	六八五七一五九三	三九六一三九二〇九	一二．六〇	一一〇二七
十一 千八百八十五	米	一九三六一七六〇〇〇	七三一三〇七八〇	三三五六七四六三〇	二六．五〇	八六九
	麥	三五七一一二〇〇〇	三四一八九二四六	二七五三二〇二九〇	一〇．四〇	八〇五
	烏麥	六二九四〇九〇〇〇	二二七八三六三〇	一七九八三一八六〇	二七．六〇	七八八
	裸麥	五八三六〇〇〇〇	二七二九三五九	三一三九七六九六	四一．四〇	一二〇四
	大麥	二一七五六〇〇〇	二一一九三〇一	一二五九四三二〇	一〇．二〇	五九二
	蕎	一七五〇二九〇〇〇	二二六五八二三	七八一五三四〇三	七七．二〇	三四四九
	草	四四七三六五五〇	三九八四九七〇一	三八九七五二八七三	一一．二〇	九七八
十二 千八百八十六	米	一九九五四四一〇〇〇	七五六九四二〇八	六一〇三一一〇〇〇	二三．〇〇	八〇六
	麥	四五七二一八〇〇〇	三六八〇六一八四	三一四二二六〇二〇	一二．四〇	八五四

十二

千八百八十七

烏麥	六二四一三四〇〇〇	二二三六五八四七四	一八六一三七六三〇	一六·四〇	七八七七
裸麥					
大麥					
薯	一六三〇〇〇〇〇〇	二二三二八七六	七三三五〇〇〇〇	七三·〇〇	三二八五
棉花	六四五〇〇〇〇	一七五〇一六六七	二三七三六六三八七	三六·〇〇	一二八三
淡巴菰	四八五〇〇〇〇〇〇	六七二一五三	三三四六五〇〇〇	七〇〇·〇〇	四八三〇
草	四五〇〇〇〇〇〇〇	三八〇〇〇〇〇〇〇	三三一一〇〇〇〇〇	一·一八	八六八
米	一四五〇一六一〇〇	七二三九二七二〇	六四六一〇九七七〇	二〇·一〇	八九三
麥	四五六三二九〇〇〇	三七六四一七八三	三一〇六一二九六〇	二二·一〇	八二五
烏麥	六五九六一八〇〇〇	二五九三〇九八〇	二〇〇六九九七九〇	二五·四〇	七七四
裸麥					
大麥					
薯	一三四〇〇〇〇〇〇	二三九二八六〇	九一一二〇〇〇〇	五六·〇〇	三八三五
棉花	六三〇六一五〇	一六八五四一八四	二五四一一七三五〇	三二·八〇	一二六四
淡巴菰					

美利加合衆國圖經卷十三　十五

草

食貨表

美利加食貨之直有增有減就增減而條理之則平均之數見其鐵與煤與米麥粉與豕牛之類皆銀以圓計餘則以仙計牛乳乾黃油之直大率減牛乳油之半云計至光緒十三年而自道光五年始此食貨低昂大較也其出入則百分爲率就光緒六年數言之其產物之自用者內需甒溢於外出而棉花獨否棉花淡巴菰羊毳鋼鐵之屬以磅計煤艸以頓計糖汁以嘎倫計餘並以布些耳計此食貨出入大宗也述食貨表

食貨低昂弟一

	道光五 千八百廿五		六		七		八	
	低	昂	低	昂	低	昂	低	昂
鐵	八五○○	一二○○	八五○○	一○○○	七七○○	九五○○	七七五○	八二五○
鐵條	三五○○	七五○○	五○○○	七○○○	五○○○	五五○○	五○○○	五五○○
棉	一八	二七	九	一四	八	一二	九	一三
無煙煤	八○○	一一○○	一一○○	一二○○	一○五○	一二五二	一○○○	一二○○
麻	二一	二五	一八	二四	一七	二四	一八	二四
羊毛	三○	三八	二八	三八	二○	三○	二○	三○
鹽	二三七	三○○	二一二	二六○	三一五	二三五	二三五	三二五
米	二○○	四○○	二○○	三八七	二五○	四○○	二五○	四○○
麥	七五	一○六	八四	一○二	九○	一二五	九五	一九二
烏麥	二六	四○	四二	六○	三○	五六	二四	三七
玉米	四二	七五	六二	八三	五四	七五	四六	六二
粉	三二五	四二五	四二五	五七五	四三七	六五○	四五六	八○○

九	七二五〇 八二五〇	四〇〇〇 五五〇〇	八 一一	一〇〇〇 一二〇〇	一八 二三	一八 二七	二一二 三〇〇	二五〇 三七五	一〇〇 一七五	二七 四六	四八 六四	五〇〇 八八七
十（千八百三十）	七二五〇 七七五〇	四〇〇〇 五〇〇〇	八 一三	七〇〇 一二〇〇	一八 二三	一六 八〇	一七五 二二〇	二〇〇 三五〇	一〇〇 一一五	二九 四〇	四八 六五	四七五 六〇〇
十一	七〇〇〇 八〇〇〇	四〇〇〇 四七五〇	七 一一	六〇〇 九〇〇	一八 二四	二〇 三五	一七五 二三五	二五〇 四〇〇	一〇六 一三五	二七 四八	五四 七五	五〇〇 七二五
十二	七〇〇〇 七五〇〇	四〇〇〇 四七五〇	七 一二	八五〇 一六〇〇	一七 二五	三〇 三五	一七五 二五〇	二七五 四二五	一一二 一三五	三八 五六	五〇 八七	五六〇 七〇〇
十三	七一〇〇 七五〇〇	三七五〇 四七五〇	九 一七	五五〇 一〇〇〇	一六 二〇	二七 三五	一六〇 二〇〇	二七五 三七五	一一五 一二八	三〇 四八	六五 八六	五五〇 六五〇
十四	六七〇〇 七五〇〇	三七五〇 四八〇〇	一〇 一六	五五〇 七五〇	一四 一九	二五 三五	一四〇 一八〇	二二五 三六二	一〇二 一一〇	二八 四八	五三 七五	四八一 五七五
十五（千八百三十五）	六七〇〇 七五〇〇	三八〇〇 四二五〇	一五 二〇	五五〇 九〇〇	一四 二〇	二五 四〇	一四七 二二五	二七五 四五〇	一一四 一五〇	三三 七五	七〇 一一二	五三七 七八七
十六	七五〇〇 一〇五〇〇	三八〇〇 六二五〇	一二 二〇	三〇〇 一一〇〇	一四 二三	三五 五〇	一六〇 二一二	三〇〇 四二五	一三七 二一二	四一 七五	八三 一一二	六八七 一〇二五
十七	八五〇〇 一〇五〇〇	四〇〇〇 七〇〇〇	七 一七	八五〇 一一〇〇	一五 二四	二八 五〇	一二〇 二一二	三一二 五〇〇	一五五 二一〇	四〇 七五	一〇〇 一一五	七〇〇 一一六二
十八	八五〇〇 九七五〇	三七五〇 五五〇〇	九 一二	七〇〇 九五〇	一六 二二	二八 四〇	一六二 二三七	三二五 五三七	一三五 二〇〇	二五 六〇	七〇 一〇〇	七〇〇 九〇〇
十九	八二五〇 九五〇〇	三七五〇 五五〇〇	一一 一六	九五〇 九〇〇	一七 一五	三七 四〇	一四四 二一二	三〇〇 五〇〇	一一五 一三七	三〇 六〇	七五 九八	五七五 九一二
廿（千八百四十）	七〇〇〇 八二五〇	三二五〇 四〇〇〇	八 一〇	九〇 八五〇	一六 二二	二一 三五	一四〇 一七五	二七五 四〇〇	九五 一二五	二四 四三	四六 六三	四六二 六五〇
廿一	六〇〇〇 七五〇〇	三二〇〇 三七五〇	九 一一	六五 九〇〇	一九 二三	二〇 二〇	一四〇 一九八	二八七 四七二	九〇 一五〇	三七 五〇	四七 八一	四六八 七五〇
廿二	五〇〇〇 六二五〇	二三五〇 三五〇〇	七 九	五〇〇 九〇〇	一六 二〇	一八 二二	一三七 二二五	二〇〇 三三一	八三 一三〇	二五 五三	五四 六八	四二五 六三七
廿三	五五〇〇 六〇〇〇	二二五〇 三二〇〇	五 八	四五〇 六〇〇	一五 一八	一八 二四	一三五 一六二	一八七 三〇〇	八四 一二〇	二七 三四	四八 六〇	四四三 五六二

廿四	五七五〇	三〇〇〇	五	四二五	一四	二五	一二五	二二五	八二	三七	四三	四二五
	六五〇〇	三五〇〇	九	六〇〇	一七	二七	一五二	三六二	一一二	三七	五四	五〇〇
廿五 千八百四十五	六二五〇	三〇〇〇	四	四五〇	一四	二四	一三二	二九二	八五	二九	四五	四三一
	八五〇〇	五二五〇	九	六〇〇	一六	三〇	一四七	四七五	一四〇	五一	八五	七〇〇
廿六	七五〇〇	三五〇〇	六	五〇〇	一一	一八	一二五	二八七	八〇	二八	五五	四〇〇
	八〇〇〇	四二五〇	九	七〇〇	一四	二八	一五〇	四五〇	一三五	四八	八〇	六〇〇
廿七	七〇〇〇	三〇〇〇	七	五〇〇	一一	二二	一二〇	八二五	一〇五	三九	六四	五五〇
	七七五〇	四二五〇	一二	七〇〇	一八	三〇	一五五	一三七	一九五	六五	一一〇	八二五
廿八	五〇〇〇	二五〇	五	五〇〇	一二	二〇	一二五	七七五	九五	三二	五一	五二五
	七〇〇〇	三七五〇	八	六〇〇	一六	三〇	一五五	一三〇	一四〇	五一	七八	六六二
廿九	四〇〇〇	二二五〇	六	五〇〇	一三	二五	一二〇	二二五	一二〇	三三	五七	四九三
	五五〇〇	二七五〇	一一	六〇〇	一七	三二	一四〇	三五〇	一三五	四九	七〇	六一二
卅 千八百五十	四〇〇〇	二一〇〇	一一	五〇〇	一四	三〇	一一五	二二五	一〇九	三七	五五	四九三
	四五〇〇	二四〇〇	一四	七〇〇	一七	三五	一七五	三三七	一五〇	五一	七二	六二五
咸豐元	三三五〇	一九〇〇	八	四二五	一三	三〇	一〇二	二七五	九三	六五	五三	四〇〇
	四一〇〇	二五〇〇	一四	七〇〇	一六	四〇	一六〇	三一二	一二二	八〇	六八	五一二
二	三四〇〇	一九〇〇	八	五〇〇	一二	二六	一〇五	二七五	一〇三	七五	六二	四二五
	五五〇〇	三一〇〇	一〇	七〇〇	一八	四二	一五五	五〇〇	一五五	八六	七八	六〇〇
三	五五〇〇	二八〇〇	一〇	五〇〇	一七	三八	一一二	三三七	一二二	四一	六四	四八七
	七五〇〇	三八〇〇	一一	七〇〇	二一	四四	一六二	四五〇	一八〇	五二	八二	七五〇
四	六二五〇	三一〇〇	八	六〇〇	一八	二五	一四七	四一二	一七五	二六	七六	七二五
	七七五〇	四二五〇	一〇	七〇〇	二五	四〇	一七〇	四六二	二五〇	四五	九八	一〇七五
五 千八百五十五	五五〇〇	二六五〇	七	五五〇	一九	二四	九〇	二五〇	一九六	四二	九三	一五〇
	六五〇〇	三七〇〇	一一	七五〇	二五	三四	一二二	五八七	二八〇	八二	一一五	一〇一八
六	五〇〇〇	二九〇〇	九	五五〇	二四	三〇	八〇	三六二	一三〇	三五	四八	五二〇
	六五〇〇	三七〇〇	一二	六五〇	三〇	三八	一〇五	四八七	二一七	五〇	九四	八三一
七	五二〇〇	八二〇〇	一三	六〇〇	三六	三〇	七〇	三二五	一二五	四〇	七一	四二五
	六二五〇	三七五〇	一五	七〇〇	三三	四四	八四	五三七	一九五	六六	九八	六七〇
八	七七〇〇	三二〇〇	九	五〇〇	二一	二七	六二	二七五	一二〇	四〇	六八	三七五
	五五〇〇	二七〇〇	一三	六〇〇	二六	三二	八〇	三七五	一五〇	五三	一〇三	五二五

九	四二五〇 五〇〇〇	二二〇〇 三一五〇	一一 一二	五二五 五五〇	二〇 二七	三四 四五	七五 一〇七	三〇〇 四五〇	一三〇 一九五	三六 五八	七六 一〇五	四〇〇 六五〇
十 千八百六十	四一〇〇 四四〇〇	二〇五〇 二七〇〇	一〇 一一	五五〇 六〇〇	二〇 三三	三四 四〇	九八 一一五	三〇〇 四六二	一三五 一七〇	三七 四七	六四 九五	四二五 五五〇
十一	三八〇〇 五〇〇〇	二〇〇〇 二四五〇	一一 二八	四二〇 六〇〇	一七 二三	二二 四五	五〇 九五	三〇〇 七二五	一二〇 一六〇	三〇 四七	四八 七四	三九〇 五六五
同治元	五〇〇〇 七〇〇	二一〇〇 三三〇〇	二〇 六八	四二五 八五〇	二〇 三一	四〇 六五	八五 一五二	六六二 七七五	一三〇 一一五	三七 六七	五〇 七五	四二〇 五八五
二	六五〇〇 七六〇〇	三一五〇 四五〇〇	五四 八八	七〇〇 二二〇〇	二六 三一	六二 八〇	一二〇 一七〇	三七五 二五〇	一二五 二〇〇	五八二 九〇	六八 一二三	五一〇 八〇〇
三	一〇五〇〇 二二〇〇〇	四三〇〇 八〇〇〇	一二 一九〇	九〇〇 一五〇〇	三一 四六	七五一 二〇	一七五 二五〇	七〇〇 一五五〇	一七二 二七五	八六 一〇二	一二五 二九七	七一五 一一七五
四 千八百六十五	一〇〇〇〇 一三〇〇〇	四〇〇〇 五五〇〇	三三 一二三	八五〇 一三五〇	三〇 四〇	七〇 七七	一五五 二五〇	九七五 一四〇〇	一二五 一八八	四五 九〇	七〇 九七	五〇〇 八八〇
五	九四〇〇 一一五〇〇	四二〇〇 五五〇〇	三二 五二	八五〇 一三〇〇	三〇 三九	二五 二七	二五〇 四一〇	一一五〇 一五二五	二二〇 三四五	五五 八五	八〇 一三二	五二五 一一七〇
六	八〇〇〇 一〇〇〇〇	三八〇〇 四九〇〇	一五 三六	六五〇 八五〇	二八 三三	二五 三七	二〇〇 二七五	八五〇 一二五〇	二三〇 三四〇	六七 九四	一〇〇 一四〇	九二五 一一三〇
七	八〇〇〇 九五〇	三五〇〇 四五七五	一六 三三	六五〇 一一五〇	二五 三〇	三四 三七	二五〇 二六〇	三二五 一一二五	一〇五 三二五		一〇一 一四一	五五〇二 九七五
八	八五〇〇 九五〇〇	三四五〇 四五〇〇	一五 三五	六五〇 一〇五〇	三八 三二	三二 三五	二五〇 三〇〇	一二五 一〇〇〇	一四五 二一八	六二 八四	七五 一一六	四九五 六四〇
九 千八百七十	七〇〇〇 九〇〇〇	三一〇〇 三七〇〇	一五 二六	四五〇 八五〇	二七 三一	三四 四五	二四〇 三二五	五五〇 九五〇	一四〇 一九〇	五二 六九	七六 一一五	四五〇 六〇五
十	七〇〇〇 九五〇〇	三〇〇〇 三九〇〇	一五 二五	五〇〇 一三〇〇	二六 三〇	三二 六三	二八〇 三二五	六七五 九七五	一四五 二〇〇	四二 七〇	六五 九〇	四六〇 七〇〇
十一	八五〇〇 一二〇〇〇	三三五〇 六一〇〇	一八 二五	三七五 六二五	二七 三一	四五 六七	二八〇 三二五	七五〇 九五〇	一六五 二一〇	四二 五七	六一 八〇	五二五 六八〇
十二	七五〇〇 一一〇〇〇	三七〇〇 五二〇〇	一三 二一	五〇〇 六五〇	二五 三一	三五 五七	三〇〇 三五〇	七〇〇 九五〇	一五五 二三五	四二 五八	五〇 七七	四六二 七二五

	十三	光緒元 千八百七十五	二	三	四	五	六 千八百八十	七	八	九	十	十一 千八百八十五	十二	道光五 千八百廿五
淡巴菰昂低	五五〇〇 八〇〇〇	五五〇〇 六二五〇	四〇〇〇 五四〇〇	四四八〇 四八七二	四二五〇 四五〇〇	四五〇〇 七八〇〇	五〇〇〇 八五〇〇	九三七五 六五〇〇	五六〇〇 六七二	四七〇〇 五六〇〇	三七〇〇 四四八〇	三四〇五 三八〇〇	二四〇〇 四七〇〇	三 九
酒昂低	三三〇〇 四五〇〇	二九〇〇 四一〇〇	二七五〇 三七〇〇	二五〇〇 二八〇〇	二一五〇 二六五〇	一九〇〇 三〇五〇	二一〇〇 二五〇〇	一三〇〇 二六〇〇	二三〇〇 二六五〇	二〇〇〇 二五五〇	一八〇〇 二三〇〇	一七〇〇 二一〇〇	一八〇〇 二一五〇	二五 三一
糖昂低	一五 一九	一三 一七	一一 一三	一一 一三	九 二二	九 一三	一一 一三	九 一三	一一 一三	一〇 一一	一〇 一一	一〇 一一	八 九〇	六 二一
糖汁昂低	四五五 五五五	四八〇 五五五	三七五 五五五	三二五 三七五	二七〇 四五〇	二一五 二二五	三五〇 四四五	四〇〇 四六五	四四〇 四七五	二六五 四四〇	四四〇 四五〇	三二〇 四二五	三一五 三四五	二八 四三
加非昂低	二八 三〇	二七 三〇	二一 二九	二三 三〇	一九 二三	一八 二九	一三 三一	二一 二六	二一 二五	二六五 四四〇	四四〇 四五〇	三三〇 四二五	一一五 三四五	一六 一九
棉花昂低	三六 四八	三八 四八	二五 四三	三一 四三	二一 三三	一七 五〇	二五 四五	二一 四七	三七 四八	二一 二四	二一 二五	二〇 二四	一九 一四	一三 二五
牛肉昂低	一一〇 三〇〇	一一五 三三五	一一〇 二五〇	一一〇 二五〇	一一〇 二五〇	一四〇 二五〇	一二〇 二五〇	九五 三二五	一〇〇 三二〇	九〇 二三〇	八〇 二一〇	七五 二四〇	七〇 二一五	八〇〇 一〇〇〇
牛乳油昂低	六七五 一〇〇〇	六五〇 八五〇	五〇〇 七五〇	五〇〇 七五〇	五五〇 八〇〇	五五〇 七二五	五五〇 八〇〇	五〇〇 七七五	五二五 八五〇	四〇〇 七二五	四五〇 六五〇	三二五 五三八	二〇〇 五〇〇	八 二二
家肉昂低	九三 一三五	九二 一三七	八四 一二七	一〇六 一八五	八三 一三一	一一〇 一五九	一六三 一五九	一一四 一五六	一〇三 一四三	九五 一二四	七四 一〇五	八八 一〇五	八三 九五	一二〇〇 一四七五
家脂昂低	三八 五三	三〇 四六	二八 三五	二三 四六	二九 四五	三一 五〇	三六 四九	四二 五二	三七 七二	三六 五一	三二 四二	二七 四一	三〇 二九	七 一〇
火腿昂低	五三 八四	四九 七六	三八 四九	四一 五八	四五 六〇	四四 六四	四八 六一	四八 七六	六三 一〇九	五五 七〇	四五 六六	四〇 五七	四三 五五	七 一一
鹽水魚昂低	四二五 七〇〇	四〇〇 六五〇	四〇〇 六〇〇	四一五 八〇〇	三七五 五五〇	三六〇 六四〇	三七五 五七五	四一〇 六六五	四七五 八七五	三五〇 四四〇	六〇〇 五七五	二九〇 三七〇	二六五 三五〇	五〇〇 五七五

六	三 八	二六 三六	六 一○	一八 三六	一四 一七	一○ 二五	八○○ 一○○○	一三 一八	一○○○ 一二○○	七 九	八 一一	四五○ 五七五
七	三 九	二五 三五	六 一○	三一 三九	一四 一五	八 一八	八五○ 九七五	一二 二二	一一二五 一五二五	七 一○	一○ 一二	四七五 六一二
八	三 六	二○ 三六	六 一○	三○ 三六	一二 一五	五 一○	八五○ 一○○○	一三 一八	一二○○ 一五○○	六 九	八 一一	四七五 六五○
九	五 七	二○ 二六	五 九	二七 三三	一二 一三	四 一一	八○○ 一○五○	一二 一六	一一○○ 一三七五	四 六	九 一○	四八七 六○○
十 千八百三十	三 七	二一 三二	六 九	二八 三三	一○ 一二	一○ 一五	七六六 一○○○	一二 一六	一一○○ 一五五○	五 一三	九 一一	五○○ 六八七
十一	三 六	二七 三七	四 七	二五 三四	一○ 一三	八 一七	七○○ 九二五	一二 一八	一二○○ 一五二五	八 一一	九 一一	五五○ 六七五
十二	三 六	二六 三五	五 七	二六 三五	一二 一四	一二 三七	八三七 一○七五	一二 一八	一二五○ 一四二五	六 一○	九 一一	四七五 六五○
十三	三 八	二六 三六	五 九	二七 三六	一一 一四	一七 三八	八五○ 一一○○	一四 二○	一二五○ 一七○○	七 一一	八 一○	六二五 七○○
十四	四 八	二○ 二九	五 八	二六 三一	一一 一二	一○ 二○	八五○ 一○○○	一二 一七	一二七五 一五○○	七 九	八 一○	六○○ 六五六
十五 千八百三十五	六 一一	三○ 三八	六 九	二六 三六	一一 一三	一一 一九	八七五 一三五○	一三 二三	一二五○ 一八五○	七 一一	八 一二	六○○ 八二五
十六	六 一○	三一 四四	七 一一	三二 四八	一一 一三	一二 一七	九二五 一三五○	一○ 二六	一八○○ 三○○○	一一 一七	九 一七	八○○ 一○六二
十七	一 九	二○ 四八	五 八	三二 四五	九 一二	五 九	一一○○ 一五○○	一二 一四	一六○○ 二四五○	六 一五	九 一五	八○○ 一○七五
十八	四 一三	三○ 四三	六 八	二八 四五	九 一二	四 一七	一四○○ 一六○○	一七 二一	一六五○ 二五○○	七 一五	一○ 一五	一○五○ 一二一八
十九	八 一六	二八 四六	六 八	二六 三六	九 一二	一五 一八	一二五○ 一六○○	一二 二五	一四五○ 二三五○	八 一五	一○ 一四	一二○○ 一四五二
廿 千八百四十	三 一六	二一 三○	四 八	二○ 三○	九 一二	一八 六二	九七五 一四七五	一二 二一	一三○○ 一六○○	七 一二	四 一○	一一○○ 一四五○

美利加圖經卷十三　十八

廿一	四 一四	一九 二五	四 七	二〇 三八	九 一一	一二 四〇	七〇〇 一〇二五	八 一五	八七五 一三五〇	六 九	四 九	二二〇〇 一四七五
廿二	二 九	一六 二一	三 七	一六 二四	六 一〇	一〇 一六	六二五 八二五	九 一五	六七五 一〇二五	五 八	四 九	八〇〇 一二二五
廿三	二 七	一八 二四	三 七	一八 三一	六 九	六 一二	六〇〇 八三七	六 一一	七五〇 一一五〇	五 八	三 九	七六二 一一〇〇
廿四	二 六	二一 二九	五 七	一七 三一	六 七	七 一五	五〇〇 六七五	八 一四	八五〇 一〇二五	五 七	三 九	九七五 一二二五
廿五 千八百四十五	二 七	二〇 二八	三 七	二二 三七	五 八	一二 三三	五五〇 九七五	九 一七	九二五 一四一二	六 八	五 一〇	一一五〇 一四〇〇
廿六	二 七	一八 二五	五 八	二二 三四	六 八	一一 三五	六二五 八五〇	一〇 一七	九六二 一三三七	五 八	五 一一	八三七 一三五〇
廿七	二 八	二四 三四	五 八	三〇 三八	六 八	八 一五	八二五 一三七五	一三 二二	一〇二五 一六〇〇	六 一一	六 一三	八一二 一一七五
廿八	三 八	二一 二七	一〇 一五	二〇 二八	五 八	三 七	七七五 一三〇〇	一三 二〇	九〇〇 一三〇〇	六 九	五 一一	七〇〇 一一〇〇
廿九	三 九	二〇 二八	四 六	二〇 三二	五 一〇	六 一七	八七五 一四〇〇	一〇 一八	九八七 一四二五	六 八	六 一一	八一二 一三五〇
卅 千八百五十	五 一四	二三 二七	四 七	二一 三三	七 一四	八 一九	八〇〇 九四五	一二 一八	一〇〇〇 一一八七	六 七	六 一一	八五〇 一二五〇
咸豐元	三 四	二[illegible] 二七	四 六	二八 三三	七 一一	二四 六三	七五〇 九七五	一〇 一八	一二〇六 一五五〇	七 一〇	七 一一	八五〇 一一七五
二	三 九	二〇 二五	三 五	二七 三五	七 一〇	一七 四七	八二五 一七〇〇	一五 二九	一四六二 一九七五	九 一二	八 一〇	八三七 一二五〇
三	四 一〇	二二 三二	四 六	二六 三三	八 一二	一八 四〇	七〇〇 一一二五	一三 二〇	一三〇〇 一九七五	九 一二	八 一〇	一一五〇 一六〇〇
四	五 一一	二六 四一	三 六	一九 二九	八 一二	二二 四六	八〇〇 一四〇〇	一五 二四	一二一二 一六〇〇	九 一一	七 一一	一五一二 一九〇〇
五 千八百五十五	六 一三	三〇 四三	四 八	二三 四〇	八 一二	五 二七	八二五 一四〇〇	一六 二八	一二五〇 二三〇〇	九 一二	八 一一	一八五〇 二三〇〇

六	六 一六	二五 三六	六 一〇	四二 七五	九 一二	四 一三	八〇〇 一二〇〇	一三 二八	一六二五 二一〇〇	九 一四	九 一一	一九〇〇 二三〇〇
七	七 二〇	二一 三七	九 一一	三五 八〇	一〇 一二	三 一二	九五〇 一五〇〇	一六 二八	一六五〇 二五七〇	一〇 一六	九 一〇	一九〇〇 二二〇〇
八	六 一八	二一 三五	五 八	二六 五二	九 一二	四 一〇	九〇〇 一二〇〇	一三 二五	一五三五 一九〇〇	八 一二	九 一三	九五〇 一四〇〇
九	四 一四	三三 二九	五 八	三六 五一	一〇 一三	八 一八	五〇〇 九七五	一四 二七	一四六〇 一八一二	一〇 一二	九 一二	一五二五 一六七五
十 千八百六十	三 一三	一九 二七	六 八	三六 五五	一一 一五	六 二五	四五〇 五五〇	一〇 二一	一六一二 一九七五	一〇 一三	一〇 一三	一五〇〇 一八五〇
十一	三 一六	一五 二六	四 九	三〇 五五	一一 一七	六 三二	五〇〇 六二五	八 三一	一二二五 一八〇〇	八 一〇	七 一一	一五〇〇 一四七五
嗣元	六 三〇	一九 三九	七 一一	三二 五五	一〇 三三	一二一 二三	五〇〇 一〇七五	一〇 二六	一一〇〇 一四五〇	七 一〇	五 九	九〇〇 一六五〇
二	八 三六	四四 七八	七 一四	三五 六二	二六 三三	一五 三〇	五〇〇 九〇〇	一四 三〇	一一五〇 一八二五	九 一二	五 八	一五五〇 一八五〇
三	八 五五	六〇 二〇三	一一 二五	六五 一二五	三三 五二	二〇 五二	五〇〇 一九〇〇	二一 四八	一九五〇 四三二五	一二 二四	一一 一七	一八〇〇 二八〇〇
四 千八百六十五	七 四五	一九二 二二五	一一 一七	六五 一五〇	二一 二二	一〇 六五	九〇〇 一四〇〇	二〇 三八	一九〇〇 三一五〇	一五 二九	一一 二三	一五二五 二五〇〇
五	八 一八	二〇〇 二三三	一〇 一五	六六 一二五	一八 二一	二五 七〇	一一〇〇 二一五〇	二五 六〇	二一八 三三五五	一二 二三	一一 二二	二〇〇〇 二六〇〇
六	九 一六	二一〇 二三二	九 一〇	六五 一二〇	一七 一九	四〇 七〇	一二〇〇 二八〇〇	一五 四八	一八九〇 二四一〇	一一 一四	一〇 一六	一四五〇 二一五〇
七	八 一五	九一 二三〇	九 一二	六〇 一〇五	一六 一七	五 五五	一一〇〇 二四七五	二八 六〇	二一〇 二九五〇	一二 二〇	一一 一八	一四二五 二三五〇
八	八 一三	九〇 一一四	九 一三	六五 一〇五	一一 一三	八 二八	五〇〇 一六五〇	一六 五五	二六五〇 三三三七	一六 二一	一七 二四	二一五〇 二八〇〇
九 千八百七一	七 一二	八二一 一〇五	九 一〇	六五 一二〇	一一 一三	三 一七	五〇〇 一六〇〇	一八 四六	一二〇〇 一三〇〇	〇二 〇八	九 一四	二七〇〇 三〇〇〇

十	六一一	八五九五	七一〇	五〇七五	一二一七	八六五	八〇〇一八〇〇	一二四二	一二八五二三〇〇	九一三	六一三	一三〇〇二七五〇
十一	九一六	八二九一	七九	七八八六	一六一九	二〇七五	四〇〇一二〇〇	二〇三九	一二八〇一六〇〇	七一〇	六九	一〇〇〇二五〇〇
十二	九一六	八六一〇五	七九	六一九七	一九一三	二五五五	八〇〇一一〇〇	一八五〇	一三〇〇一九〇〇	七九	五一〇	一二〇〇二四〇〇
十三	七二五	九二一〇三	七八	六〇八五	一六二八	二二四五	八二五二五〇	一八三六	一三八五二四二五	八一六	八一一	八五〇二二〇〇
光緒元 一千八百七十五	九二八	九三一一九	七九	五四八〇	一七二一	一五四五	八〇〇一〇〇〇	一七二八	一八〇〇二二七五	一三一六	九一一	七〇〇二四〇〇
二	七一九	一〇四一一〇	七一〇	五〇六八	一六二〇	一五三七	八五〇一一〇〇	一五三三	一五七〇二三三七	一二一四	七一三	二一五〇二三〇〇
三	七一六	一〇四一〇九	七一〇	四〇五〇	一五二一	一〇三二	九五〇一一二〇	一三二四	一一七五一七三七	八一二	一〇一四	八五〇一五〇〇
四	四一七	一〇三一一四	六八	三六五〇	一四一九	五一二	九〇〇一三五〇	九二〇	八二五一三〇〇	六九	七一二	九〇〇二〇〇〇
五	四一七	一〇五一一七	六九	三二五〇	一三一七	六四五	九五〇一一〇〇	九二四	七八〇一二七五	五八	七一二	一二五〇二〇〇〇
六 一千八百八十	五七	一一〇一一五	六七	四〇六五	一一一七	一七三九	八五〇一〇二五	一四三〇	一〇五〇一八〇〇	七九	八一一	一〇〇〇二〇〇〇
七	五一二	一一三一二〇	六八	四八六六	一〇一四	一二三〇	九五〇一三〇〇	一二三〇	一二七五二〇〇〇	九一三	九一四	一五四〇二六〇〇
八	五九	一一一一一八	六七	五三七五	七〇一一	一七一一三	一一五〇一六〇〇	一六三八	一六二五二四〇〇	一〇一四	一一一六	一〇〇〇二二〇〇
九	五一一	一一〇一一九	五七	四五六〇	八一二	一四一一〇	一一五〇一四〇〇	一四二八	一一五〇二〇〇〇	八一一	一二一五	一三五〇一七五〇
十	五九	一一二一一九	四七	四六五九	九一三	一八三二	一一五〇一二五〇	一七二〇	一二〇〇一九〇〇	七一〇	一〇一四	一六〇〇二四〇〇
十一 一千八百八十五	七九	二一二八	四五	四五五九	八一〇	五一四	一〇〇〇一六五〇	一二二〇	九〇〇一四五〇	六七	九一二	一四〇〇二四〇〇

十二　食貨出入第二

七 一一〇 四 二七 八 五 五〇〇 一五 一〇〇六 一六 一五〇〇
九 二一七 五 四八 一四 二八 一二〇〇 三八 一二五〇七 二一 二九〇〇

	光緒五年物產千八百七十九 數	光緒五年物產千八百七十九 價計圓	光緒六年千八百八十出外邦部 數	光緒六年千八百八十出外邦部 價	邦部自用百分率	出外邦部百分率
米	一五四七六〇一七九〇	五八〇四八六二一七	一八七八八四八九二	一五四二七九六〇八	九四三二	六八
麥	四四八七五六六三〇	四九七〇三〇一二四二	一八〇三〇四一八一	二二二一五八七九五〇二一	五九八二	四〇一八
裸麥	二三六三九四六〇	一五五〇七四三一	三八八七一二九五	三二三八七四九三	七九三九	二〇六一
烏麥	三六三七六一三二〇	一二〇五三三二九四	七六六三六六	三〇八一二九	九九七九	二一
大麥	四〇二八三一〇〇	二三七一四四四四	一一二八九二三	七八四八一九	九七二〇	二八〇
蕎麥	一三一四〇〇〇〇	七八五六一九一				
薯	一八一六二六四〇〇	七九一五三六七六三	九六〇八〇	五二二〇三九	九九六二	三八
白糖	一七七六四四〇〇〇		三〇一四二〇〇四	二七一八六二七	八三〇三	一六九七
糖汁	一二二〇〇〇〇〇		三五九六〇一〇	五三九六〇三	七〇五二	二九四八
淡巴菰	四七二六六一一五九	三六六二四三五七	二一五九一〇一八七	一六三七九一〇七	五四三二	四五六九
棉花	二三六七五四〇九〇〇	二四二一四〇九八七	一八二二〇六一一一四	二一一五三五九〇五	二三〇四	七六九六

艸	三五四九三〇〇〇	三三〇八〇四四九四	一三七三九	二〇六八一九	九九九六	〇四
羊毛	二三二五〇〇〇〇〇		一九一五五一	七一九八七	九九九二	〇八
鐵條	五四八三七〇六〇〇〇		二九四八七七三	五四一一五	九九九五	〇五
鐵軌	八四〇三二〇〇〇〇		一五五五八四〇	三二七四六	九九八一	一九
鋼	一二八六二二六〇〇〇		七〇二〇四〇	一四七四四	九九四七	五一
煤	五九八〇八三九八		六一五二六〇	二〇五八〇八〇	九八九七	一〇九

財產十年一計表

此合農工商賈言十年一計計銀至圓而止光緒七年以後稔未及十未綜以此平均計數殆亦與足食遺意暗符歟述財產十年一計表

	道光三十年千八百五十 財產	平均每人圓數	咸豐十年千八百六十 財產	平均每人圓數	同治九年千八百七十 財產	平均每人圓數	光緒六年千八百八十 財產	平均每人圓數
科侖布亞	一四〇一八八七四	二七一	四一〇八四九四五	五四七	一二六八七三六一八	九六三	二二三〇〇〇〇〇〇	一二五五
阿拉巴麻	二二八二〇四三三二	二九六	四九五二三七〇七八	五一四	二〇一八五五八四一	二〇二	三七八〇〇〇〇〇〇	二九九
阿剛色斯	三九八四一〇二五	一九〇	二一九二五六四七三	五〇四	一五六三九四六九一	三七三	二四六〇〇〇〇〇〇	三〇七

嘉里符尼亞	二二一六一八七二	二三九	二〇七八七四六一三	五四七	六三八七六七〇一七	一一四〇	一四三〇〇〇〇〇〇〇	一六五四
喀那拉奪					二〇一四三三〇三	五〇八	一四九〇〇〇〇〇〇	七六七
干捏底嘎奪	一五五七〇七九八〇	四二〇	四四四二七四一一四	九六六	七七四六三一五二四	一四四一	八五二〇〇〇〇〇〇	一三六八
特納淮	二一〇六二五五六	二三〇	四六二四二一八一	四一二	九七一八六八三三	七七七	一三八〇〇〇〇〇〇	九四一
佛勤里畣	二二八六二二七〇	二六一	七三一〇一五〇〇	五二二	四四一六三六五五	二二三五	九五〇〇〇〇〇〇	三五三
若耳治亞	三三五四五七一四	二三七〇	六四五八九五二三七	六一一	二六八一六九二〇七	二二六	五五四〇〇〇〇〇〇	三五九
伊利那倚斯	一五六二六五〇〇六	一八三	八七一八六〇二八二	五〇九	二一二一六八〇五七九	八三五	三〇九二〇〇〇〇〇〇	一〇〇五
英鼇阿納	二〇二六五〇二六四	二〇五	五二八八三五三七	三九二	一二六八一八〇五四三	七五五	一四九九〇〇〇〇〇〇	七五八
愛呵淮	二三七一四六三八	一一三	二四七三三八二六五	三六六	七一七六四四七五〇	六〇一	一四一五〇〇〇〇〇〇	八七一
剛色斯			三一三二七八九五	二九二	一八八八九二〇一四	五一八	五七五〇〇〇〇〇〇	五七七
根得基	三〇一六二八四五六	三〇七	六六六〇四三一一一	五七六	六〇四三一八五五二	四五七	八八〇〇〇〇〇〇〇	五三四
魯西阿納	二七三九九八三六四	四五二	六〇二一一八五六八	八五〇	三二三一二五六六六	四四五	四二三〇〇〇〇〇〇	四四九
緬	一二二七七七五七一	二一〇	一九〇二一一六〇〇	三〇三	三四八一五五六七一	五五五	五〇一〇〇〇〇〇〇	七七二
瑪理蘭	二一九二一七三六四	三七六	三七六九一九九四四	五四九	六四三七四八九七六	八二四	八六九〇〇〇〇〇〇	九二九
馬沙朱色士	五七三三四二三八六	五七七	八一五二三七四二三	六六二二	二一三二一四八七四一	一四六三	二七九五〇〇〇〇〇	一五六八

美利加圖經卷十三　二十一

密西根	五九七八七 二五五	一五〇	二五七一六 三九八三	三四三	七一九二〇 八一一八	六〇七	一三七〇〇 〇〇〇〇	八三七
梅尼所達			五二二九四 四一三	三〇四	二二八九〇 九五九〇	五二一	六三八〇〇 〇〇〇〇	八一七
密士昔比	二二八九五 一一三〇	三七七	六〇七三二 四九一一	七六七	二〇九一九 七三四五	二五三	三二四〇〇 〇〇〇〇	二八六
密蘇釐	一三七二四 七七〇七	二〇一	五〇一二四 三九八	四二四	一一八四九 二三八九七	七四六	一五三〇〇 〇〇〇〇〇	七〇六
拏布拉士格			九一三〇一 五六	三一七	六九二七七 四八三	五六三	二九〇〇〇 〇〇〇〇	六四一
列法達					三一一三四 〇一二	七三三	六九〇〇〇 〇〇〇	一一〇八
紐罕布西耳	一〇三六五 二八三六	三二六	一五六三一 〇八六〇	四七九	二五二六二 四一一二	七九四	三二八〇〇 〇〇〇〇	六四五
紐折爾西	二〇〇〇〇 〇〇〇〇	四〇九	四六七九一 八三二四	六九六	九四〇九七 六〇六四	一〇三八	一四三三〇 〇〇〇〇〇	一二七六
紐約	一〇八〇三 〇九二一六	三四九	一八四三三 三八五一七	四七五	六五〇〇八 四一二六四	一四八三	七六一九〇 〇〇〇〇〇	一四九九
諾司喀爾勒那	二二六八〇 〇四七二	二六一	三五八七三 九三九九	三六一	二九〇七五 七二四四	二四三	四四六〇〇 〇〇〇〇	三一九
倭海約	五〇四七二 六一二〇	二五五	一一九三八 九八四二二	五一〇	二一三五四 三〇二〇〇	八三九	三三〇一〇 〇〇〇〇〇	一〇三二
頗里根	五〇六三四 七四	三八一	二八九三〇 六三七	五五一	五一五五八 九三二	五六七	一二六〇〇 〇〇〇〇	七二一
寶夕佛尼亞	七二二四八 六一二〇	三一三	一四一六五 〇一八一八	四八七	三八〇八三 四〇一一二	一〇八一	五三九三〇 〇〇〇〇〇	一二五九
洛畣埃倫	八〇五〇八 七九四	五四六	一三五三三 七五八八	七五五	二九六九六 五六四六	一三六六	四二〇〇〇 〇〇〇〇	一五一九
叟司喀爾勒那	二八八二五 七六九四	四三一	五四八一三 八七五四	七七九	二〇八一四 六九八九	二九五	二九六〇〇 〇〇〇〇	二九七

田捏西	二〇一二四 六六八六	二〇一	四九三九〇 三八九二	四四五	四九八二三 七七二四	三九六	六六六〇〇 〇〇〇	四三二
德格瑟斯	五二七四〇 四七三	三八	三六五二〇 〇六一四	九〇五	一五九〇五 二五四二	一九四	七二五〇〇 〇〇〇〇	四五五
窪蒙	九二二〇五 〇四九	二九四	一二二四七 七一七〇	三八九	二三五三四 六五五三	七一二	二八九〇〇 〇〇〇〇	八七〇
勿爾治尼亞	四三〇七〇 一〇八二	三〇三	七九三二四 九六八一	四九七	四〇九五八 八一三三	三三四	六九三〇〇 〇〇〇〇	四五八
威士奪勿爾治尼亞					一九〇六五 一四九一	四三一	三〇七〇〇 〇〇〇〇	四九六
威士干遜	四二〇五六 五九五	一三八	二七三六七 一六六八	三五三	七〇二三〇 七三二九	六六六	九六六〇〇 〇〇〇〇	七三七
阿里瑣那					三四四〇七 九一	三五六	二三〇〇〇 〇〇〇	五六九
打戈達					五五九九七 五二	三九五	六八〇〇〇 〇〇〇	五〇三
埃得和					六五五二六 八一	四三七	一二〇〇〇 〇〇〇	三六八
孟大那					一五一八四 五二二一	七三七	二九〇〇〇 〇〇〇	七四一
紐墨西哥	五一七四四 七一	八四	二〇八一三 七六八	二一三三	二一三四九 七九三	三四一	三〇〇〇〇 〇〇〇	二五一
尤達	九八六〇八 三	八七	五五九六一 一八	一三九	一六一五九 九九五	一八六	六七〇〇〇 〇〇〇	四六五
華盛頓			五六〇一四 六六	四八三	一三五六二 一六四	五六六	四八〇〇〇 〇〇〇	六三九
歪阿明					七〇一六七 四八	七七〇	二〇〇〇〇 〇〇〇	九六二
總計	七一三五八 〇〇二二五	一〇二四三	一五二三一 五六四二三四	一九四〇三	五〇二〇七 三九八四七	二九三六八	四二四五五 〇〇〇〇〇	三五六六五

游歷美利加圖經十四

美利加食貨志三

花翎二品銜直隸即補道總辦北洋機器局前游歷使臣傅雲龍述

鹽表

美利加鹽法以光緒六年即西一千八百八十年較之前十年同治九年西一千八百七十其鹽場前二百八十有二後二百六十有四其本銀前六百五十六萬一千六百一十五圓後八百二十二萬五千七百四十圓其重量前一千七百六十萬六千一百有五磅後二千九百八十萬二百九十八磅其直銀前四百八十一萬八千二百二十九圓後四百八十一萬七千六百三十六圓場雖減而本則增也鹽漸益而直則廉也述鹽表

邦部	鹽場數		鹽本銀		鹽重量		鹽直銀	
	同治九年	光緒六年	同治九年	光緒六年	同治九年	光緒六年	同治九年	光緒六年
嘉里符尼亞	八	一二五	六六五〇〇	三六五六五〇	一七四八五五	八八四四四三	四八一五〇	一二一九五〇
根得基	四	三	一六五〇〇	二〇五〇〇	六四〇〇〇	八三〇〇〇	二〇九二〇	二一九五〇
馬沙朱色士	九	六	二七三〇〇	九〇〇〇	一三一八四六	九九七五	一一五五〇	三九五〇

密西根	六五	八六一七一七五 〇〇	二一四七二 〇九	三九八一三 六	二四二五八 八五	一一七六八 一	一二三七一 九一三
紐約	九三	六九一五八四二 一一	二二八九〇 八一	四九七七七 二〇	八七四八二 〇三	九二五七〇 九	一一〇九七 四〇
倭海約	四〇	二五一〇八五九 一四	二三二六〇 〇	二八九八四 九	二七五〇三 〇一	七七三四九 二	三六三七九 一
賓夕佛尼亞	二七	一六一七〇〇	二三四五〇 〇	五七九九七 〇	八五一四五 〇	一八七三一 二	一七七四一 五
威士袞辛勿爾治尼亞	二〇	一一六三一三 〇	一九〇九五 〇〇	四六三五八 一三	三一〇五三 三三	一五〇八八 六〇	一五〇八〇 四七
尤達	一	一〇六五〇	一三四〇〇	一九五〇	四八三八〇 〇	七八〇	六〇一八〇
雜產	一五	一三二六〇〇五 〇	四〇七三〇 〇	二六八九八 六	五五七九〇 八	一六四六五 〇	一八一七〇 〇
總計	六八二	二六四六五六一六 一五	八二二五七 四〇	一七六〇六 一〇五	二九八〇〇 二九八	四八一八二 二九	四八一七六 三六

鹽法雜識

合衆國濱海無淡食處鹽法宜無足述雖然彼亦非不經意也密西根邦鹽爲聯邦最擧布拉士格邦次之其它多寡有差大氐鹽湖鹽泉居多而列法達之冰鹽石鹽阿里瑣那之山鹽其異也鹽自有表就所餘聞述鹽法雜識

密西根鹽爲聯邦最有鹽區七其鹽公司第一區十有五第二第三區各十有三第四區十有四第五區十有三第六區六第七區四歲

出大約一千二百萬布些耳布些布詳度量衡比較表本銀二百十四萬七千二百有九圓

梅尼所達邦有鹽泉

拏布拉士格邦有鹽泉泉水鹽居百分之廿九

列法達邦獨大活湖水淡它皆鹽湖其鹽有冰鹽有石鹽

諾司喀爾勒那邦有鹽泉

倭海約邦歲出鹽二百四十萬布些耳

類里根邦鹽泉多

田捏西邦有鹽泉

威士奪勿爾治尼亞邦鹽泉以千納哇一不來克司頓二湄生忒三三邑爲最

阿里瑣那部加落比里有鹽山鹽潔而明

尤達部尤達湖淡水也其它湖水鹽居百分之二十有二

糖表

美利加糖出魯西阿那邦居多糖汁以桶計三十六嘎倫爲一桶四

袞爲一嘎倫袞譯言瓶也約中國一斤四兩是其一桶約重四十五斤歲出糖汁計至光緒十三年即西紀千八百八十七年止自道光三年即西紀千八百二十三年始弟一年三萬弟二年三萬二千弟三年三萬弟四年四萬五千弟五年七萬一千弟六年八萬八千弟七年四萬八千弟八弟九二年未詳弟十年七萬弟十一年七萬五千弟十二年十萬弟十三年三萬弟十四年七萬弟十五年六萬五千弟十六年七萬弟十七年十一萬五千弟十八年八萬七千弟十九年九萬弟二十年十四萬弟二十一年十萬弟二十二年二十萬弟二十三年十八萬六千弟二十四年十四萬弟二十五年二十四萬弟二十六年二十二萬弟二十七年二十四萬七千弟二十八年二十一萬一千弟二十九年當咸豐元年二十三萬六千五百四十七弟三十年三十二萬一千九百三十四弟三十一年四十四萬九千三百二十四弟三十二年三十四萬六千六百三十五弟三十三年二十三萬一千四百二十七弟三十四年七萬三千二百九十六弟三十五年二十七萬九千六百九十七弟三十六年三十六萬二

千二百九十六弟三十七年二十二萬一千八百四十第三十八年二十二萬八千七百五十三弟三十九年四十五萬九千四百一十弟四十年當同治元年七萬六千六百有一弟四十一年未詳弟四十二年一萬有三百八十七弟四十三年一萬八千有七十弟四十四年四萬一千弟四十五年三萬七千五百四十七弟四十六年八萬四千三百五十五弟四十七年八萬七千有九十弟四十八年十四萬四千八百八十一弟四十九年十二萬八千四百六十一弟五十年十萬八百五十二弟五十一年八萬九千四百九十八弟五十二年十一萬六千八百六十七弟五十三年當光緒元年十四萬四千一百四十六弟五十四年十六萬九千三百三十一弟五十五年十二萬七千七百五十三弟五十六年二十一萬三千二百八十一弟五十七年十六萬九千九百七十二弟五十八年二十一萬八千三百十四弟五十九年十二萬二千九百八十二弟六十年二十四萬一千二百二十弟六十一年二十二萬一千五百十五弟六十二年十七萬四百三十一弟六十三年二十三萬一千二百九十弟六

十四年未詳第六十五年十四萬五千九百六十八然美利加所用糖與糖汁不盡出於其邦內外統綜述糖表

	糖 用數	糖 外入	糖 內製	糖汁 用數	糖汁 外入	糖汁 內製
咸豐十 千八百六十	四一五二八一	二九七二五〇	一一九〇三一	四七三二八八七七	二八七二四二〇五	一八五九四六七二
十一	三六三八一九	二四一四二〇	一二二三九九	四〇一九一五五六	二〇三八三五五六	一九八〇八〇〇〇
同治元	四三二四一一	二四一四一一	一九一〇〇〇	六二六六八四〇〇	二五六五〇四〇〇	三七〇一八〇〇〇
二	二八四三〇八	二三一三九八	五二九一〇	三七五六九〇八八	二六五六九〇八八	二〇〇〇〇〇
三	二二〇六〇〇	一九二六六〇	二八〇〇〇	三二四一〇三二五	二八五八二三二五	三八二八〇〇
四	三五〇八〇九	三四五八〇九	五〇〇〇	三五一八五〇三八	三四三三五〇三八	八五〇〇〇
五	三九一六七八	三八三一七八	八五〇〇	四五一四〇一一〇	四三八四〇一一〇	一三〇〇〇〇
六	四〇〇五六八	三七八一六八	二二五〇〇	四九七七六四六五	四六七七六四六五	三〇〇〇〇〇
七	四六九五三三	四四六五三三	二三〇〇〇	五五九五七九六九	五二五八七九六九	三三七〇〇〇〇
八	四九二八九九	四四七八九九	四五〇〇〇	五四三六一〇九二	四七九六一〇九二	六四〇〇〇〇〇
九	五三〇六九二	四八三八九二	四六八〇〇	四九三三三一七一	四二七二三一七一	六六〇〇〇〇〇

十	六三三三一四	五五三七一四	七九六○○	四 五二○六五七八	四 四一一六五七八	○○ 一○九○○○
十一	六三七三七三	五六七五一三	六九八○○	三 五三六九五二○	三 四二九九五二○	○○ 一○七○○○
十二千八百七十三	六五二○二五	五九二七二五	五九三○○	六 五一四八五五二	六 四一九八五五二	○ 九五○○○○
十三千八百七十四	七一○三六九	六六一八六九	四八五○○	七 四八二○六二五	七 三六五○六二五	○ 八七○○○○
光緒元	六八五三五二	六二一八五二	六三五○○	四 五八六○八七三	四 四六四一八七三	○○ 一二一九○○
二	六三八三六九	五六一三六九	七七○○○	四 四八八○九五○	四 三六四五九五○	○○ 一二三五○○
三	六六六一九四	五七七一九四	八九○○○	六 三九九六五九○	六 二七○六五九○	○○ 一一九○○○
四	六八五六七○	六一四一七○	七一五○○	九 四三八一二五○	九 二八六六二五○	○○ 一五一五○○
五	七四三一七四	六三一一七四	一一二○○	二 四八七○四六八	二 三四五○四六八	○○ 一四二一○○○
六	八一九三四一	七三○五一九	八八八二二	四 四五二九九一八	四 三三○九九一八	○○ 一二二○○○
七	九一八三四五	七九○九七八	一二七三六七	七 四一九八六六七	七 二五九八六六七	○○ 一六○○○○
八	九四二八九○	八六六五一七	七六三七三	八 四九一六○七四	八 三七一六○七四	○○ 一二○○○○
九	一○五○○一五	九○八七一七	一四二二九八	五 四八四○三○六	○ 二九四三六三一	五五九 一八六六七
十	一一六八四七	九八一四○四	一三五四四三	五 四八七三七九九	九 三○三七二六七	五三一六 一八三六
十一	一○九七四四五	九九六五六九	一○○八七六	三 四一三六三○四	五 二六七○九四三	○八 一四六五三七

十二 千八百八十六	一一九五四六六	一○六○三○八	一三五一五八	五七九八六三五八	三六四七七六二二六三	二一五○八七

酒表

此非指美利加所造之酒言而第言其所用也有外至有內作道光二十年約計一人歲飲四十嘎倫有奇同治年間已增至一百二十有奇日增其有已乎雖曰戒酒有會其去虛語幾何述酒表

年	火酒			葡萄酒			麥酒			總計	每人歲飲約嘎倫數
	內作	外至	合數	內作	外至	合數	內作	外至	合數		
道光二十年 千八百四十	四○三七八○九○	二六八二七九四	四三○六○八八四	一二四七三四	四七四八三六二	四八七三○九六	二三一六二五七一	一四八二七二	二三三一○八四三	七一二四四八二三	四二
	四六七六八○八三	五○六五三九○	五一八三三四七三	二二一二四九	六○九四六二二	六三一五八七一	三六三六一七○八	二○一三○一	三六五六三○○九	九四七一二三五三	四一
	八三九○四二五八	六○六四三九三	八九九六八六五一	一八六○○○八	九一九九一三三	一一○五九一四一	一○○二二五八六九	一一二○七九○	一○一三四六六五九	二○二三七四四五一	六四
	七八四九○一九八	一四○五五一○	七九八九五七○八	三○五九五一八	九一六五五四九	一二二二五○六七	二○三七四三四○	一○一二七五	二○四七五六一五	二一九六七六九三	七七
	六二三一四六二八	一七四五○三三	六四○五九六六一	四九八○七八三	一○八五三二八○	一五八三四○六三	二三九八三八一三	一二九九九○	一二四一三八一三	一三二一○三一八三	八一
	六六二三五五七八	二一八六七○二	六八四二二二八○	六九六八七三七	九七一三三○○	一六六八二○三七	二六八三五七九八三	一九四○九二三	二七○二九八九○六	三五五四○三二二三	八七
	六五九一一四一	二一二五九九八	六八○三七一三六	八九五三二八五	九八九二七四六	一八八四六○三一	一九八五九六七五	二一七七五八七	三○○九九七一三	三八七五八一四三	九三
	六二五八一五六二	一九五八五二八	六四五四○○九○	一○六五一八五九	九五一六八五五	二○四六八七一四	二一九七一九九八	五二○○八四	一二九九二一○八	二八四五二九八六	九○
	六四四二五九一一	一六九四六四七	六六一二○五五八	三九五四九六一	七○三六三六九	一○九九一三三○	二九二九六一○四	一九九二一一○	二九四九五三一五	三七二○六五○四	八七

五八〇一二六九三	一四七一一九七	五九四八三八九〇	一四九六八〇八五	五一九三三七二三	七〇一六一八〇八	三〇六八五二四[illegible]	一四八三九二〇	三〇八三三六三[illegible]	三八七九八二〇[illegible]	八六
五八五四三三八九	一三七六七二九	五九九二〇一一八	一六九四二五九二	四九三三七三八	二一八七六三三〇	三〇三八五四六[illegible]	一〇七二九七九	三〇四九二六六[illegible]	三八六七二三一五	八三
五〇七〇四一八九	一二二七七五二	五一九三一九四一	一七九五三三八六	四三一〇五六三	二二二六三九四九	三一七一三六五[illegible]	八三二七五五	三一七九六九三[illegible]	三九二一六五二[illegible]	八二
五三〇二五一七五	一二五三三〇〇	五四二七八四七五	一九八四五一一三	四五三二二〇一七	二四三七七一三〇	三四三七二四九[illegible]	八八〇五一四	三四四六〇五四[illegible]	四二三二六一〇[illegible]	八六
六二一三二四一五	一三九四二七九	六三五二六六九四	二三二九八九四〇	五〇三〇六〇一	二八三二九五四一	四一三二〇八八[illegible]	一〇一一二八〇	四一四二二〇一[illegible]	五〇六〇七六四[illegible]	一〇一
六九一二七二〇六	一四七九八七五	七〇六〇七〇八一	一八九三一八一九	五二三一一〇六	二四一六二九二五	四四二九四七六[illegible]	一一六四五〇五	四四四一一二一[illegible]	五三八八八二一[illegible]	一〇五
七一九七六三九八	一五八〇五七八	七三五五六九七六	一九九三四八五六	五六二八〇七一	二五五六二九二七	五二四八四三三[illegible]	一五三六六〇	五二六三七九九[illegible]	六二五四九九八[illegible]	一一八
七六七六二〇六三	一六九〇六二四	七八四五二六八七	一七四〇六〇二八	八三七二一五二	二五七七八一八〇	五四九六一六三[illegible]	一八八一〇〇一	五五一四九七三[illegible]	六五五七二八二[illegible]	一二二
七九六一六九〇一	一五一一六八〇	八二二八五八一	一七四〇二九三八	三一〇五四〇七	二〇五〇八三四五	五八八〇〇五六[illegible]	二〇一〇九〇八	五九〇〇一六五[illegible]	六九一六五三四[illegible]	一二四
六九一五八〇二五	一一四四二六五二	七〇六〇〇六七七	一七四〇四六六[illegible]	三四七六九三七〇	二〇八八一六三[illegible]	五九[illegible]〇六三〇[illegible]	二一六八七七一	五九六一三一八[illegible]	六八七六一四一[illegible]	一二二
七四九八八九六一	一四〇五四五七	七六三九四四一八		三六〇五一五六		六一二二八〇三[illegible]	二二二〇〇八八	六一四五〇〇四[illegible]		

淡巴菰表

美利加淡巴菰雖不及古巴著聲然所產不爲少矣其種二有大捲有紙捲喀那拉㝵邦孟大那尤達歪阿明三部厥土不宜其它多寡有差述淡巴菰表

	野格	磅數
科侖布亞	二	四
阿拉巴麻	二一九六	四五二四二六
阿剛色斯	二〇六四	九七〇二三〇
嘉里符尼亞	八四	七三三一七
干捏底嘎奪	八六六六二	一四〇四四六五
特納窪	四	一二七八
佛勒里侖	九〇	二一一八二
若爾治亞	九七一	二三八五九〇
伊利那倚斯	五六一二	六六三五八二五
英釐阿那	一一五五	八八七二八四八
愛阿窪	六九一	四二〇四七七
剛色斯	三三三	一九一六六九
根得基	二二六一二〇八四	一七一一二〇七
魯西阿納	二五三	五五九五四

	野格	磅數
列法達	二	一五〇〇
紐罕布西耳	八八	一七〇八四三
紐折爾西	一五二	一七三二一五
紐約	四九三七	六四八一四三一
諾司喀爾勒那	五七二〇八	二六九八六二一三
倭海約	三四六七六	三四七三五二三五
頗里根	五三	一七三二五
賓夕佛尼亞	二七五六六	三六九四三七二
洛侖埃倫	二	七八五
嗖司喀爾勒那	一六九	四五六七八
田捏西	五一五三二	二九三六五〇五二
德格瑟斯	六八五	二二一二八三
窪蒙	八四	一三一四三二
勿爾治尼亞	一四〇七九一	七九九八八八六八

緬	一	二五〇	威士奪勿爾治尼亞	四〇七一
瑪理蘭	三八一七四	三六五八二四七	威士干遜	八八一〇
馬沙朱色士	三三丑八	五三六九四三六	阿里瑣那	一
密西根	一七〇	八三九六九	打戈達	五
梅尼所達	一六三	六九九三	埃得和	二
密士昔比	一四七一	四一四六六三	紐墨西哥	七
密蘇釐	一五五二一	三〇一五六五七	華盛頓	八
拏布拉士格	一〇一	五七九七九	總計	三三八四九

油表

凡計油四十二嘎倫爲一拔列耳其足徵者自同治三年始卽西紀千八百六十四也九年爲其千八百七十所產一萬萬八千五百二十六萬二千六百七十二嘎倫輸出一萬萬一千三百七十三萬五千二百九十四嘎倫光緒六年爲其千八百八十所產九萬萬四千有六萬五千三百七十八嘎倫輸出四萬萬二千三百九十六萬四千六百九十九嘎倫越十年而再計當更有增其油大較分五一曰

雜鑛油未經人工者也二曰抹船及機器油以松脂合石油煤油而成者也三曰燈油所謂火水油者是四曰發光油揩物出光者也五曰萆麻子油去垢力居多可入藥可平地直銀𡚁以圓計述油表

	國產		輸出											
	拔列耳	嘎倫	雜鑛油 嘎倫	雜鑛油 直銀	抹船機油 嘎倫	抹船機油 直銀	燈油 嘎倫	燈油 直銀	發光油 嘎倫	發光油 直銀	麻子油 嘎倫	麻子油 直銀	總計出數 嘎倫	總計出數 直銀
同治三（千八百六十四）														
四（千八百六十五）	二四七八七〇九	一〇四一〇五七七八	九九八〇六五四	三八六四一八七	四三六一九七	一五四〇九一	一二七九一五一八	六七六四四二一					二三二〇八三六九	一〇七八二六八九
五	二四二四九〇五	一〇一八四六〇一〇	一二二九三八九七	六八六八五一三	四八〇九四七	一七三九四三	一二七二二〇〇五	九五二〇九五七					二五四九六八四九	一六五六三四一三
六	三六五七〇〇	一五三五九四〇〇〇	一六〇五七九四三	六〇一五九二一	六七三四七七	一八八二五	三四二五五九二二	一八六二六一四一					五〇九八七五四一	二四〇三〇八八七
七	三五九一九〇〇	一五〇八五九八〇〇	七三四四二四八	一八六四〇〇一	一二二四五七六	三四一七五	六三六八六六五七	二二五〇九四六六					七〇二五五四八一	二四四〇七六四二
八	三六八三七〇九	一五四七一五七七八	一〇〇二九六五九	一五六四九三三	一五一七二六八	二六七八七三	六七九〇九九六一	一九九七七八七〇					七九四五六八八	二一八一〇六七六
九（千八百七十）	四〇四六五五八	一六九九五五四三六	一三四二五五六六	二九九四四〇四	二六七三〇九四	四四五七七〇	八四四〇三四九二	二七六三六一三七	一三四五三二	五一一二二			一〇〇六三六六八四	三一一二七四三三
十	四四二〇一六八	一八五六四七〇五六	一〇四〇三三一四	二二三七二九二	五四二二六〇四	五一六四八六四	九七九〇二五〇五	二九八六四一九三	六八七一	二六一一			一三七三五二九四	三二五六八九六〇
十一	五五五八七七五	二三四四六八五五〇	九八五九〇三八	一九七一八四七	七二〇九五九二	七四六七九七	一三二六〇八九五五	三四三三八七三六	五九六三二	二二六六〇	一五五四七四	一四七七〇	一四九八九二六九一	三六八九四八一〇〇
十二	五八四二四九七	二四五三八四八七四	一三五五九七六八	二三〇七一一	八〇九二六三五	九三二一六〇	一二二五三九五七五	三〇五六六一〇八	五四四一九	二一一二八七	四三八一四六	四一七二四	一四五一七五八三	三四〇五八三九〇
十三	七二四二三四三	三〇四一七八四〇六	一八四三九四〇七	[illegible]	九七四三五九三	一四八一四三九	一五八一〇二四一四	三七一九五[illegible]	七四八六九九	二七七九六六	七八〇七四	七九五[illegible]	一八七八五一八七	[illegible]

續[illegible]	二二八八七四一	四六九九二[illegible]	一七七七六四一九	二〇九九六九六	九七三七四九七	一〇三八六二二	二一七二二〇五〇四	三七五六〇九九五	三四四三〇五	四〇四二四三	一八二七七九八	一四二二九九
二	一〇〇八三八二八	四三五二〇七七六	一四七一八一四	一四〇六〇一八	一一七五八九四〇	一一四一四四〇	一九一五五一九三	二七〇三〇三九一	一一七三四七三	三一三六四六	二七五二八四八	一八七一〇三
三	八八三三四二	三七〇五七九六四	二〇五二〇三九七	二二二〇二六八	一四七八〇二三六	一四四二八一一	二〇四八一四六七三	二八七五五六三八	九六三四四二	三〇三八六三	二五八一四〇四	一九三二〇六
四	一〇八二三八七一	四五四五六〇五八二	三七五六七二九	二六八一九二〇二	一五一四〇八三	一八一六六八二	二六二四四一八四	五五四〇一一三	一九〇一〇六五	四九七五四〇	三一九六二〇	三一七三五五
五	四〇七三八一六二	六五九〇〇七〇〇四	二六九三六七一七	二六九四〇一八	一六四一六六二	一四一一八一二	二八九二一四五四	四五一三六七六	二三〇四六二四	六三九三八一	二九六八七九〇	三一六〇八七
六	一六九七六〇六	七〇五三九四五二	二五八七四四八	二一八〇四一三	一五〇五四三六	一二五八七八〇	三三一五八六四二	三五九九八六二	二四八七六八一	六五五四六八	三三〇七〇二八	二一〇七二六
七	三三八二五〇九	六四〇〇六五三七八	二一九七九九七	一九二七二〇七	一八四一一〇四四	一九二一二九	二六七三二五八三	三一七八三五五五	五一六二八三五	一〇三九一二四	四七六七〇〇〇	二七六四九〇
八	二五八〇五三六三	一〇八三八二五三四六	三九九八四八四	三〇六五四九四	一七二九二三一〇	一六九三九七五	三三三二八三三四五	三四三一七六九五	四五三〇三	一〇五四〇六四	三二四七八〇	一八四四一一
九	七六五〇二一一	三三三〇八八六二	四一三〇四九七	三一一二九五一	二〇二三〇九八八	一八〇九一四三	四八二一三〇三三	四四五八八八五四	六五〇八一〇〇	一四九二三九六	三七一五三六二	二一二八〇二

續[illegible]	二四七八〇六四八二	四一二四五八一五
二	二二一九五五三〇八	三〇〇七八五六八
三	二四三六三〇一五二	三二一九一五七八六
四	三〇九一九八九一四	六一七八九四三八
五	三三八四一三〇三	四六五七四九七四
六	三七八三一〇〇一〇	四〇三〇五二四九
七	四二三九六四六九九	三六二一八六三五
八	三九七六六〇二六二	四〇三一五六〇九
九	五五九九五四五九	五一二三三七〇六

棉表

棉花每包四百七十五磅曾見美利加售筋四十九年以前約得八十七萬有四百十五包較之光緒十三年五百五十一萬三千六百二十三包增十之八其計年之筋自道光九年始此据未織者言織則計尺就光緒十三年成數計之凡成一百三十六萬二千五百九十九尺就平均數計之每野格約得一百八十九尺其未織棉直銀

一萬萬有二百二十萬六千三百四十七圓其成物直銀一萬萬九千二百有九萬一百十圓述棉表

繫年弟一

道光九一千八百二十九	八七〇四一五	道光廿九	二六二八五九六	同治八	二四三九〇三九
十一千八百三十	九七六八四五	三十一千八百五十	二〇九七〇六	九一千八百七十	三一五四九四六
十一	一〇二八八四八	咸豐元	二三五五二五七	十	四三五三二七
十二	九八七四八七	二	三〇五〇二九	十一	二九七四三五一
十三	一〇七〇四三八	三	三三六二八八二	十二	三九三〇五〇八
十四	一二〇五三三四	四	二九三〇〇二七	十三	四一七〇三八八
十五一千八百三十五	一三五四三三八	五一千八百五十五	二八四七三三九	光緒元一千八百七十五	三八三三九九一
十六	一三六〇七五二	六	三五二七八四五	二	四六六九六八
十七	一四三二九三〇	七	二九三九五一九	三	四四八五四三三
十八	八〇四九七	八	三一一三九六二	四	四八二三六五
十九	一三六〇五三三	九	三八五四八一	五	五〇七三五三一
二十一千八百四十	三二七七八三五	十一千八百六十	四六六九七七〇	六一千八百八十	五七五七三九七

年	數	年	數	年	數
廿一	一六三四九四五	十一	三六五六〇〇六	七	六五八九三二三
廿二	一六八三五七四	同治元		八	五四三五八四五
廿三	二三七八八七五	二		九	六九九二二三四
廿四	二〇三〇四〇九	三		十	五七一四〇五二
廿五 千八百四十五	二三九四五〇三	四 千八百六十五		十一 千八百八十五	五六六九〇二一
廿六	二一〇〇五三七	五	二一九三九八七	十二	六五五〇二一五
廿七	一七七八六五一	六	二〇一九七七四	十三	六五一三六一三
廿八	二三四七六三四	七	二五三二九九三		

收織第二

每野格平均數目

邦部	包數	運子綿磅數	織布尺數	綿花子磅數	邦部出數 織布尺數	綿子頓數
阿拉巴麻	〇三〇	四二九	一四三	二八六	一六六一六八	三三二三三六
阿剛色斯	〇五八	八三一	二七七	五五四	一四四四六一	二八八九二二
佛勒里畣	〇二二	三一八	一〇六	二一二	一三〇一六二	二六一二二四
若耳治亞	〇三一	四四四	一四八	二九六	一九三四三〇	三八六八五九

根得基	○四一	七二九	二四三	四八六	三三一五	六四九
疊西阿納	○五九	八三七	二七九	五五八	三○七八五	二四一五七○
密士昔比	○四六	六五一	二一七	四三四	二二七○○四	四五四○○
密蘇壟	○六○	八六一	二八七	五七四	四六八七	九三七三
諾司咯爾勒那	○四四	六二一	二○七	四一四	九二三三○	一八五○五一九
田揑西	○四六	六五一	二一七	四三四	七八五二八	一五七○五六
叟司咯爾勒那	○三八	五四六	一八二	三六四	一二四一○五	二四八二一○
德格㗶斯	○三七	五二八	一七六	三五二	一九○八六五	三八一七三○
勿爾治尼亞	○四九	六九三	二三一	四六二	四○三七	八○七五
總計	五六一	八一二九	二七一三	五四二六	一○七九七八七	三八七六八二三

成物弟三

邦部	未織綿花 包數	磅數	直銀計圓	織綿成物 磅數	品數	直銀計圓
阿拉巴麻	一四七○二	七二七一七九一	七八三七一一	六一五四四七○	九九五七五一九	一二二八○一九
阿剛色斯	六三○	三四○○○○	三三三二○五	二五五○○○		五○○○○

干捏底嗎奔	一〇九七三	七一 五二三八四一七	八〇二九一二七	七 四二二八五五一	六七 一七三三二四六	七一 一六〇六九七
特納窪	七五一二	三三三六一八四	五二七二〇五二	八六七九六九	八六四四〇二八	八七一〇〇七
佛勒里荅	三五〇	一六六二五〇	一八〇九五	一三四〇〇〇		二五〇〇〇
若耳治亞	七一三八九	九 三三七五七一九	四〇一九六七三	三 二七七三三一五	二 六〇五四〇七一	六四八一八九四
伊利那倚斯	二二六一	一〇九九一三〇	一四二二一八三	九一七六三四		二一九八六一
英釐阿納	一一五五八	六三六四八八七	六五一四三四	五二三八〇二〇	七 一一〇六〇八八	一一五五〇二九
根得基	四〇五〇	一八八二二三四	二五三八一八	一七二二五〇〇		四一八二八六
魯西阿納	一三五八	六四四〇〇〇	七二四七〇	一六六四九六	七四九五三六	八六七七六
緬	一一二三八一	一 五四一八五〇六	七三二〇一五二	八 四四三五二六九	七五 一四四三六八六	三 一三三一九三六
瑪理蘭	五一五三七	二 二四一六六二三	二八八七九三三	一 三三三二四五一	七 二九四五三八〇	四六八二二一四
馬沙朱色士	五七四八五七	八九 二七三七一八八	九 三五九九四一〇	〇五 二二九一六〇一	三四 九七一一八二	八 七二二八九五一
密西根	六〇〇	三〇〇〇〇〇	四一〇〇〇	二五〇〇〇〇	一〇〇〇〇〇〇	七〇〇〇〇
梅尼所達	四〇〇	二〇〇〇〇〇	三〇〇〇〇	一六〇〇〇〇		四〇〇〇〇
密士昔比	六四一一	二八八一八五三	三三七一四九二	四八一〇二二	六一六三九一六	六七九〇九三
密蘇釐	六三九九	三〇八二一三二	三七六〇八一	三二〇〇〇二七	四七〇二六一三	五二二九八〇

紐罕布西耳	一五七六七三	九 七六三八六四九	四 一〇一四六九〇	〇 六三八八一五四	三三 二四四一四五五	三 一七九五三四〇
紐折爾西	二一〇六九	九九五〇六〇九	二〇一八一七五	八六七五二六〇	七 三二九八〇七三	四五四八二七八
紐約	六四六一四	四 三一六五六五九	四六五二七四五	九 二六六四九四五	七一 一三六三三六八	八二六六八三六
諾司咯爾勒那	二七六四二	一 一一八三二六四	一四六三六四五	九六四六三八〇	五 一五〇二七七四	二五五四四八二
倭海約	五三二三三	二五〇六一八二	二八九六九二	一九九三一八二		六三七〇〇〇
賓夕佛尼亞	八三九九七	九 四〇三一一八〇	六一〇五七〇〇	三 三四四五七三二	三 八二一四三六八一	四 一一〇二一〇五
洛畣埃倫	一六七四八〇	一 八一一三七一七	七 一二二九一四三	二 六〇九〇五六四	一三 二六四三五五六	一 二二八七五一一
叟司咯爾勒那	三三六二四	五 一五六〇一〇〇	一八〇八三〇〇	二 一二二五一二七	〇 二九九八二四四	二八九五七六九
田捏西	一〇四三六	四九四四二七九	五五三二七六一	三八七四六一六	九八九〇六八一	八七四七一七
德格蕯斯	二四六	一一九九八九	一四八二七	九九八八〇	四二〇〇〇	二二六〇〇
[illegible]蒙	七四〇四	三五六二〇八八	五〇八二九七	二一五九一〇八	五 一六一六六二四	八五五八六四
勿爾治尼亞	一一四六一	五〇八七五一九	六四〇三九一	四三三九四七六	六 一五七〇四一二	一〇四〇九六二
威士干遜	三一七三	一五四一七九七	一九四五五六	一三一四三六四	五一八九〇一四	三二八三八九
尤達	五四	二五七八八	三四七二	一三一二〇	二五六〇三	七九三七
總計	四 一五七〇二九	八四 七五〇三四三九	四七 一〇二二〇九三	四四 六〇七二六三七	〇二五 二二七三二七八	一〇 一九二〇九〇一

絲表

美利加之絲商務一大宗也一曰生絲產於其國者不少而入自紐約三法蘭昔斯哥者尤多道光二十三年至光緒六年其磅數包數與夫銀直之圓數有足徵者一曰治絲其工麤細互用凡十有九曰機器槎絲始修理也曰縫衣絲線也曰麤絲別乎精者而言也曰織衣絲如式備織也曰緞絲縛以織緞也曰搭肩絲女飾也曰女帽諸物絲非一端也曰大段絲幅取諸寬也曰手巾絲物小而用多也曰帶絲自爲一類也曰繼絲非漁網而織亦如網也曰邊帶絲襲邊如帶也曰穗絲結絲如穗與華製略同也曰纓絲婦孺所用居多也曰戎裝絲兵服者冠所需者也曰馬車絲用之車帷間也曰配皮製帽絲男帽所用與女殊皮衣之絲織則同也曰繡絲分合適宜也曰雜絲難更僕數也光緒六年直銀二千九百九十八萬三千六百三十圓述絲表

輸入生絲弟一

年	磅數	價銀計圓	紐約舊金山絲包數	年	磅數	價銀計圓	紐約舊金山絲包數

道光廿三	千八百四十三	一七八九八	五三三五〇	
廿四	千八百四十四	五九一九二一	七二五九三	
廿五	千八百四十五	六二一六九七	二〇八四五四	
廿六	千八百四十六	六八九三八二	二一六六四七	
廿七	千八百四十七	一〇〇三四二	五〇〇八六	
廿八	千八百四十八	一八九三一九	三五四九七三	
廿九	千八百四十九	一四四二〇四	三八四五三五	
三十	千八百五十	一二〇〇一〇	四〇一三八五	一五四〇
咸豐元	千八百五十一	一四四一四四	四五六四四九	
二	千八百五十二	一一九六〇四	二七八七四七	一三四〇
三	千八百五十三	三四六四八〇	七二二九二一	一五二七
四	千八百五十四	三〇五五二三	九一〇九九三三	五六〇四
五	千八百五十五	一五七九六八	七五一六一七	三七七六
六	千八百五十六	二四九九四	九九一二三四	四四二二五
七	千八百五十七	一九〇七五七	九五三七二四	三一〇七
同治元	千八百六十二	一三二四六〇	四八九五二六	一〇〇八
二	千八百六十三	二五〇七四〇	八一〇一八四六	二六六七
三	千八百六十四	四〇七九三五	四二〇五七九六	二四二一九
四	千八百六十五	二九〇〇二一	〇一一九三八七	二〇九三
五	千八百六十六	五六七九〇四	〇三四三七九〇	三九七七
六	千八百六十七	四九一九八三	一二四六九〇〇	二二五二
七	千八百六十八	五一二四四九	三二九二一五七	四九三八
八	千八百六十五	七二〇〇四五	六三三一八四九	五九四六
九	千八百七十	五八三五八九	八三〇一七九五	五二六三
十	千八百七十一	一一〇〇二八	二五七三九五九	八一六四
十一	千八百七十二九	一〇六三八〇	〇五六二六六二	九二〇三
十二	千八百七十三〇	一一五九四二二	一六四六〇六二	一一一二九
十三	千八百七十四	七九四八三七	八三八五四〇〇	七八六二
光緒元	千八百七十五一	一一〇一六八	六四五〇四三〇	九七六八
二	千八百七十六一	一三五四九九	八五四二四四〇	一一六六〇

八千八百五十八	四二二六五八	一五四二一九五	五〇三七
九千八百五十九	三八八五九七	一六一九一五七	三八五九
十千八百六十	二九七八七七	一三四〇六七六	五二四一
十一千八百六十一	三六一八九一	一五〇七八七六	三八三七
三千八百七十七	一一八六一七〇	六七九二九二七	一〇六四〇
四千八百七十八	一一八二七五〇	五一〇三〇八四	一〇一九〇
五千八百七十九	一八八九七七六	八三七一〇二五	一五九四九
六千八百八十	二五六二二三六	一二〇二四六九九	二一七四一

治絲條目第二

絲直	絲目	銀數計圓
	機管搓絲	五八九一三〇〇
	縫衣絲	七七八二五〇
	纚絲	一六六九三五
	織衣絲	三八九六五二五
	織緞絲	[illegible]一〇〇一七五
	搭肩絲	五四七六七五
	女帽諸物絲	九七七四九五
	大段絲	五三八六五五

絲直	絲目	銀數計圓
	綑絲	四〇六三〇〇
	邊帶絲	八二八二五五
	穗絲	三五九〇八六〇
	纓絲	九三〇五四〇
	戎裝絲	九四七四〇五
	馬車絲	二三四七〇
	配皮製帽絲	六二八一〇
	繡絲	五四九〇〇

手巾絲	三五八三二二五
帶絲	五五三五二〇五
雜絲	一二三七五〇
總計	六九六八二九〇

羊毛表

美利加織物之資毛不減於絲與棉也羊毛爲最今就同治二年至光緒十三年出入之數述羊毛表

年	輸入 內產	輸入 外來	輸入 共	輸出 出外邦	輸出 出外國	輸出 共	自用數	外來百分率
同治二 千八百六十三	一〇二〇〇〇〇〇〇	七五一二一七二八	一七七一二一七二八	三五五七二二	七〇八八五〇	一〇六四五七二	一八〇一五七一五六	四一・一
三	一二三〇〇〇〇〇〇	九一二五〇一一四	二一四二五〇一一四	一五五四八二	二二三四七五	三七八九五七	二一三八七一一五七	四二・四
四	一四二〇〇〇〇〇〇	四四四二〇三七五	一八六四二〇三七五	四六六一八二	六七九二六一	一一四五四六三	一八五二七四九一二	二三・六
五	一五五〇〇〇〇〇〇	七一二八七九八八	二二六二八七九八八	六七三〇七五	八五一六四五	一五二四七二〇	二二四四六三二六八	三二・一
六	一六〇〇〇〇〇〇〇	三八一五八三八二	一九八一五八三八二	八〇七四一八	六一九五五〇	一四二六八九六八	一九七二三一四一四	九・四
七	一二八〇〇〇〇〇〇	二五四六二一九七	一五三四六二一九七	五五八四三五	二八〇一八五二	三三六〇二八七	一九〇一〇一九一〇	一二・六
八	一八〇〇〇〇〇〇〇	三九二七五九二六	二一九二七五九二六	四四四三八七	三四二四一七	七八六八〇四	二一八四八九一二二	一七・九
九	一六二〇〇〇〇〇〇	四九二三〇一九九	二一一二三〇一九九	一五二八九二	一七一〇〇五三	一八六二九四五	二〇九三六七二五四	二三・三
十	一六〇〇〇〇〇〇〇	六八〇五八〇二八	二二八〇五八〇二八	二五一九五	一三〇五三一一	一三三〇五〇六	二二六七二七五五二	二九・九

十一	一五〇〇〇	〇〇〇〇	一二六五〇七	四〇九	二七六五〇七	四〇九	一四〇五一五	二二六六三九	三	三四〇六九〇	八	二七四一〇〇	五〇一	四四・九
十二	一五八〇〇	〇〇〇〇	八五四九六〇	四九	二四三四九六	〇四九	七五一二九	七〇四〇三八	六	七一一五五一	五	二三六三八〇	五三四	三五・一
十三	一七〇〇〇	〇〇〇〇	四二九三九五	四一	二一二九三九	五四一	三一九六〇〇	六八一六一五	七	七一三五七五	七	二〇五八〇三	七八四	二〇・二
光緒元	一八一〇〇	〇〇〇〇	五四九〇一七	六〇	二三五九九一	七六〇	一七八〇三四	三五六七六二	七	三七四五六六	一	二三二一五六	〇九九	二三・三
二	一九二〇〇	〇〇〇〇	四四六四二八	三六	二三六六四二	八三六	一〇四七六八	一五一八四二	六	一六二三一九	四	二三五〇一九	六四二	一八・九
三	二〇〇〇〇	〇〇〇〇	四二一七一一	六二	二四二一七一	一六二	七九五九九	三〇八八九五	七	三一六八五五	六	二三九〇〇二	六三六	一七・四
四	二〇八二五	〇〇〇〇	四八四四九〇	七六	二五六六九九	〇七九	三四七八五四	五九五二二二	一	六三〇〇〇七	五	二五〇三九九	〇〇四	一八・九
五	二二〇〇〇	〇〇〇	三九〇〇五一	五五	二五〇〇〇五	一五五	九〇七八四	四一〇四六一	六	四一九五四〇	〇	二四五八三九	七五五	一五・六
六	二三二五〇	〇〇〇〇	一二八一三一	七四七	三三八〇六三	一七四七	一九一五五一	三六四八五二	〇	三八四〇〇七	一	三五六七九一	六七六	三五・五
七	二四〇〇〇	〇〇〇〇	五五九六四二	三六	二九五九六四	二三六	七一四五五	五五〇七五三	四	五五七八九八	九	二九〇三八五	二四七	一八・九
八	二七二〇〇	〇〇〇〇	六七八六一七	四四	三三九八六一	七四四	一一六一七九	三八三一八三	六	三九四八〇一	五	三三五九一三	七二九	二〇・〇
九	二九〇〇〇	〇〇〇〇	七〇五七五四	七八	三六〇五七五	四七八	六四四七四	七〇一〇〇四	三	七〇七四五一	七	三五六五〇〇	九六一	一九・六
十	三〇〇〇〇	〇〇〇〇	七八三五〇六	五一	三七八三五〇	六五一	一〇三九三	二三〇四七〇	一	二三一五〇九	四	三七六〇三五	五五七	二〇・七
十一	三〇八〇〇	〇〇〇〇	七〇五九六一	七〇	三七八五九六	一七〇	八八〇〇六	三〇一五三三	九	三一〇三三四	五	三七五四九二	八二五	一八・七
十二	三〇二〇〇	〇〇〇〇	一二九〇八四	九五八	四三一〇八四	九五八	一四六四二三	六五三四四二	六	六六八〇八四	九	四二四四〇四	一〇九	二九・九

十三

千八百二八五〇〇一一四〇三八三九九〇三八二五七九四〇六七二八二六六九八六二〇三九一〇五一二九●一

八十七〇〇〇〇　〇三〇　〇三〇　二　二　七九八

游歷美利加圖經十五

花翎二品銜直隸即補道總辦北洋機器局前游歷使臣傅雲龍述

美利加食貨志四

鑛類繫地表

凡舟車之所至火輪競熾鐵用益廣美利加四十八邦部其不以鐵著者惟咯挪拉奪邦剛色斯邦密士昔比邦類星根邦埃得和部華盛頓部耳然合衆國未自立時營鑛者志在金不在鐵采鐵自英吉利人町口羅列始而實始於咯挪拉奪邦時明萬歷十四年也此外無處無之而以緬與賓夕佛尼亞爲最其五金備者則有賓夕佛尼亞邦阿里瑣那部而未若嘉里符尼亞邦之金爲聯邦冠其雜鑛之用莫煤若矣方以類聚述鑛類繫地表

	鑛	雜鑛
阿拉巴麻	金〇銀〇鐵	白雲毋石〇石灰石〇沙石〇胰子石〇煤
阿剛色斯	鐵〇鉛〇亞鉛〇錳	石〇硫黃
嘉里符尼亞尼	白金〇金〇銀〇銅〇鐵〇錫〇亞鉛〇鉛〇鉍〇安的摩	硫黃〇石〇石灰石〇硼砂〇水銀〇煤
咯挪奪拉	金〇金沙〇銀〇銅〇鐵〇鉛〇亞鉛	煤

十捏底嘎奪	銅○鐵○鉛	雲母石○石灰石○石○紅沙石
特納窪	鐵	
佛勒里倉	鐵	煤
若耳治亞	金○銅○鐵○錫	煤
伊利那倚斯	銅○鐵○鉛	雲母石○石灰石○有烟煤
英黛阿納	鐵	金剛沙○石○石灰石○沙石○磨石○煤○鐵
愛呵窪	鐵	石灰石○有烟煤
剛色斯	亞鉛	石灰石○石油○煤
根得基	鐵○鉛	煤
密西阿納	鐵	硫黃○鹽石○石灰石○石膏○煤
緬	銅○鐵○鉛○亞鉛	雲母石○石灰石○粉石○石
瑪理蘭	銅○鐵	雲母石○石○白礬○煤
馬沙朱色士	銀○鐵○鉛	雲母石○石○煤少
密西根	金○銀○銅○鐵	
梅尼所達	銅○鐵○鉛	石灰石○玻璃沙○磁泥○紅泥宜陶

密士昔比		石
密蘇釐	銀○銅○鐵○鉛○亞鉛	雲母石○石灰石○煤
拏布拉士格	鐵	石灰○石沙石○陶土○磁泥○有烟煤
列法達	銀○銅○鐵○錫○鉛○亞鉛	雲母石○沙石○石灰石○泥○硼砂
紐罕布西耳	金○鐵○錫○鉛○亞鉛	磁石○胰子石○石
紐折爾西	鐵○亞鉛	玻璃沙○磁土○石灰石○沙石○石
紐約	銅○鐵○鉛	雲母石○石○粉石○沙石○石灰石
諾司喀爾勒那	金○銀○銅○鐵○黑鉛	石灰石○有烟煤
倭海約	鐵	石灰石○石油○石膏○火石○煤○泥
頻里根	金○金砂○銀	石○煤
賓夕佛尼亞	鐵	煤○石沺
洛埃島倫	銅○鐵	雲母石○石灰石○煤少
傁司喀爾勒那	金○銅○鐵○鉛○錳	雲母石○胰子石○石灰石○燐
田捏西	金○銀○銅○鐵	雲母石○石○石油○石灰○沙石○硝石○煤
德格瑟斯	金○銀○銅○鐵○鉛	雲母石○信石○石膏○磁泥○有烟煤

窪蒙	金○銀○銅○綠鐵○錫○鉛○錳	雲母石○胰子石
勿爾治尼亞	金○銀○銅○鐵○錫○鉛○亞鉛	雲母石○硫黃○煤
威士奪勿爾治尼亞	銅○鐵○鉛○亞鉛	雲母石○沙石○玻璃沙○磁土○石灰石○硝○石油○礬
威士干遜	銅○鐵○鉛	石膏○煤
阿里瑣那	金○銀○硫黃銀○銅○硫銅○鐵○錫	石灰石○石膏○煤
打戈達	金○銀○鐵○鉛	煤○石油
埃得和	金○銀	煤
孟大那	金○銀○銅○鉛	石灰石○煤○有烟煤
紐墨西哥	金○銀○銅○鐵○亞鉛○錳	水銀○煤○有烟煤
尤達	金○銀○銅○鐵○鉛	雲母石○火石灰○沙石○煤○有烟煤
華盛頓	金○銀○銅○鉛	煤○有烟煤
歪阿明	金○銀○銅○鐵○鉛	煤○石油○金所達○硫黃所達
印何	鐵	煤○有烟煤

金銀鑛繫地表

此光緒十二年金銀鑛數也嘉符里尼亞金鑛雖弗逮前然數至千

四百七十二萬五千圓仍較它鑛爲多銀鑛則以喀挪拉奪千六百萬爲最凡金銀八千六百一十九萬有五百圓述金銀鑛繫地表

出鑛邦部	金鑛	銀鑛	合數
嘉里符尼亞	一四七二五〇〇〇	一四〇〇〇〇〇	一六一二五〇〇〇
喀挪拉奪	四四五〇〇〇〇	一六〇〇〇〇〇〇	二〇四五〇〇〇〇
若耳治亞	一五二五〇〇	一〇〇〇	一五三五〇〇
列法達	三〇九〇〇〇〇	五〇〇〇〇〇〇	八〇九〇〇〇〇
諾司喀爾勒挪	一五七〇〇〇	三〇〇〇	一七八〇〇〇
頞里根	九九〇〇〇〇	五〇〇〇	九九五〇〇〇
婁司喀爾勒挪	三七五〇〇	五〇〇	三八〇〇〇
德格瑟斯		二〇〇〇〇〇〇	二〇〇〇〇〇〇
阿里埇挪	一一一〇〇〇〇	三四〇〇〇〇〇	四五一〇〇〇〇
打戈達	二七〇〇〇〇〇	四二五〇〇〇	三一二五〇〇〇
埃得和	一八〇〇〇〇〇	三六〇〇〇〇〇	五四〇〇〇〇〇
孟大那	四四二五〇〇〇	一四二〇〇〇〇〇	一六八二五〇〇〇

紐壘西哥	四〇〇〇〇〇	二三〇〇〇〇〇	二七〇〇〇〇〇
尤達	二二六〇〇〇	六五〇〇〇〇〇	六七一六〇〇〇
華盛頓	一四七〇〇〇	八〇〇〇〇	二二七〇〇〇
阿拉司克	四四六〇〇〇	二〇〇〇	四四八〇〇〇
密西根田拿西窪蒙務勿爾治尼亞阿拉巴麻歪阿明	五〇〇〇	五〇〇〇	一〇〇〇〇
總計	三四八六九〇〇〇	五一三二一五〇〇	八六一九〇五〇〇

煤鑛表

美利加產無煙煤者六邦產半煙煤者十有四邦舟車資之工廠資之日食之烹炙又資之同治十一年至光緒六年所產之數其地有足徵者述煤鑛表

	同治十一 千八百七十二	十二 千八百七十三	十三 千八百七十四	光緒元 千八百七十五	二 千八百七十六	三 千八百七十七	四 千八百七十八	五 千八百七十九	六 千八百八十
產無煙煤									
瑪理蘭	二一九〇八	二〇四〇七	二三四四	一五八四〇	六〇一三	九四八八	六二四五	一五二二 六	二三〇〇 〇
馬沙朱色士	四二五〇	五四三二	一〇二一四	一一一四〇					九一五五
紐折爾西	一〇三八五八	一〇二三四 一	九〇一五〇	六四〇六九	三五三四 九	五二九〇 九	七〇九五 八	九六九〇 八	一七〇〇 四九

紐約	二七一 三四三	二六七 四八九	二九八 四二八	二五四 九三五	一一三 五三五	二一三 八七九	二三一 九三六	二二〇 九二七	三六七五 一七
賓夕佛尼亞	九六八 四五三	九一三 〇八五	七七五 〇〇八	五五四 九九二	五八八 八二九	六五八 五二一	七八三 七三一	九三九 五六九	一一三七 九三〇
勿爾治尼亞		四〇〇	六〇〇〇	七〇七〇	八五二				
合計	一三六九 八一二	一三一二 七五四	一二〇二 一四四	九〇八〇 四六	七九四 五七八	九三四 七九七	一〇九二 八七〇	一二七三 〇三四	一八〇七 六五一
產牛煙煤									
阿拉巴麻					一四一五	一六四〇 〇	一七四八 九	一七八五	三九四五 三
若耳治亞			五五一六	一二六八 五	一〇〇一 八	九一九四	一三八六 〇	一六二四 〇	二〇〇四 四
伊利那倚斯	七八六 二七	五五七 九六	三七九 四六	四九七 六二	五四一 六八	六一三 五八	七八四 五五	七八一 四三	一五〇五 五六
英發阿納	二九二 二一	三二四 八六	一一六 三二	二〇三 八一	一二八 六九	一四二 〇〇		一一三 〇三	一〇五〇 〇
根得基	二七六 九七	二七六 七〇	二四五 八三	二六〇 六〇	一七四 七二	三〇六 〇三	三三二一 五四	三五九 八九	三六五三 四
瑪理蘭	一二〇 七九	五二六 四	七二〇 九	一七五 一		七七		二二七 七	五三八七
密西根	一三三 八二	九五三 一	七六九 三	一三〇 〇〇	一二七 〇〇	七〇〇 〇			
密蘇盪	五五五 六九	四六〇 一六	二六七 二四	一九九 三二	四四一 一〇	四五〇 〇五	三一六 三八	六六八 〇〇	八九七八 六
倭海約	三〇四 一二一	三〇五 五三一	三三二 一六六	三五三 九二二	三五四 三四六	三五八 二八一	三八七 四七八	四〇四三 〇六	六〇五〇 一七
賓夕佛尼亞	三八八 〇一一	四三〇 六三四	三九七 一四七	四七一 四〇一	三九七 六八五	四六五 一九九	五二九 五四二	六三二 二九九	八〇一八 一七

美利加圖經卷十五　四

用捏西	八三六〇	三六〇二	一一五四三	一〇三〇〇	一四五一七	一四七三二一	一七一二〇	三三九〇八	五四一九八
勿爾治尼亞				七五一九	四八四四	六二四一	一〇五九五	一一一七〇	一五八九一
或士尊勿爾治尼亞	一九八四六	二一一〇六	二六七三四	二四一七七	四〇八六五	三三六五五	五〇二六一	七〇六〇一	六七〇九三
威士干遜	三七二四六	三五二六八	二一八一九	三六六五六	二五〇〇〇		二二四〇〇	五八〇九二	五三九二九
合計	六八四一五九	九七七九〇四	九一〇七一二	九四七五四五	九九〇〇〇九	一〇六一九四五	一一九一〇九二	一四三八九七八	一九五〇二〇五

鑛務雜識

美利加合衆國之鑛闕者蓋寡微獨嘉里符尼亞邦之金哆挪拉尊邦之銀密西根邦之銅賓夕彿尼亞邦之鐵伊利那倚斯邦緬邦之鉛著聲聯邦已也雲龍游歷於此三致意大氏鑛之出水者工無它巧濾之汰之金沙銀沙之袋恒航千百石鑛則鑽之彌堅不若火力之爲愈也孔過三分實爆藥三之一勿築而以石膏封之以經雨不溼之藥綫引之轟輒應手結石未堅之鑛又不若水力之爲愈也新法以機激水擊鑛輒碎曾於三法蘭昔斯哥按鑛工圖如親見之鎔鑛風力居多而試鎔簡要之物曰金剛石以較鑛性之堅柔也曰綠輕酸曰醋酸曰硝酸强與塞皆宜玻瓈以資化也曰沸拉克斯即硼砂與燐

鹽與素特以資試也曰玻璃曲管曰玻璃箭以爲熱試酸試也它物稱是夫人而知之然非貫光學氣學力學化學地學不足以精鑛學即其所謂金石學者是非中國金石學也聊撮所見以箸於篇周官丱人遺意儻亦有暗合者歟辨鑛弟一開鑛弟二補識弟三述鑛務雜識

辨鑛弟一

金類定質也然嘉里符尼亞等邦有水銀鑛美利加人謂之金類或以流質疑之不知五金可鎔爲汁可升爲氣故美利加人箸書謂天空之氣以化學法冷之可變流質可成定質不能決其非金類此形熱化氣氣凝成形之理亘非臆說何論水也更何論土與石也

美利加五金所自出或土或石而亦產於水如阿拉士克部鷄鹿多谷里沽諸鑛是也谷里沽譯言小河也然冰結則鑛人裹足

凡水從金鑛中流出則水中有消化之金謂之金水

外辨之法曰色曰光（明暗）曰味曰輕重曰堅柔內別之法曰析之以觀其元質曰熱之酸之以別其他物合成之狀且以臭其辛（蔥蒜氣）與腐

敗蛋氣與琉與土與艸根之氣

美利加呆五云者譯言有金之石猶言藴玉之璞也美利加鉛鑛之呆五曰如丙而刻斯罷曰赫飛斯罷

雲龍於三法蘭昔斯哥見鑛有純有雜雜者一鑛輒露金與銀與銅鍊之之法三而已矣一除呆五二汰雜物三析合質易鎔之金碎而燒之即出否則研之汰之以水銀灌之其金自和水銀而出以熱升去水銀即得純金凡汰雜物或用熱力或以物引如養氣鐵則和木炭屑熱則養氣爲炭所引而去即得純鐵其金非一種或取其重如銀中雜鉛以火熱以風吹使養氣引鉛爲渣滓則銀無雜或兼收之於礶中用骨灰收得養氣鉛美利加人所謂克白來身即此它法尚夥

美利加白金遜俄羅斯遠甚初獲自砂凡砂三千七百磅獲白金三磅後亦獲之土與石而美利加則偶獲之金鑛中其質不鏽不蝕不易鎔化學家以爲鍋取諸鍊硫也又以爲盃若礶取諸火試酸試也又以爲水電器與夫裹金之箔取諸不溼不剝也又以和金與鐵與

鉛欲其融且精也可作絲細至二千分寸之一而所忌曰輕酸卜對斯曰燐酸曰炭遇之則蝕先是粒若散星落落難合或以硝綠輕酸化之以綠氣酸阿摩尼阿降之以二倍綠氣白金阿摩尼熱之成粉復紅之壓之成餅而塊美利加化學家曰不若以輕養火燒之爲易鎔也於是小粒鎔爲大塊其最大者鎔至二十有八兩以之造器白金居十之九則器可成光不逮黃金之明而精勝

白金之類有名衣日地恩哈思彌恩鑛其形粒堅於白金然有此則色遜久鎔則沈而析之美利加鑛人曾別其粒於金鑛中

黃金天然者雲龍曾於嘉里符尼亞邦見之高數尺許美利加人言五大州歲產金約一百九十五頓而出於美利加之三法蘭昔斯哥與夫俄羅斯南阿美利加州新金山四處者歲約一百七十五頓三法蘭昔斯哥之金鑛歲以二百萬磅爲率先是明嘉靖間英吉利水師官至嘉里符尼亞相厥土質謂金苗厚尋爲日斯巴尼亞人所据久之屬墨西哥而鑛未開屬美利加後采金自道光二十八年始時西一千八百四十八年也東西山皆金鑛東脈尤王長無慮一千餘

里約華里三千三百有奇寬百里約華里三百是邦人謂之金田言采金如稷稻也曾見天然黃金肖山石形而待鍊之金輒筋脈交錯枝葉四分又或薄片層出時露大塊凡大塊金無如美利加三法蘭昔斯哥者塊重一百三十四磅計得純金一百有九磅十一两直銀二萬六千圓凡沙金如黍如豆大氐石有時而雨有時而冰即有時而泐散而爲沙金重於沙七倍所繇逐流而沈遠處金少近處金多矣金脈半結石中而先後有差如三法蘭昔斯哥之金結在煤鑛之後以其淺於煤脈也

凡采金碎石如粉篩之欲其細也淘之汰其輕也水銀調之欲其金和也美利加人謂之阿馬兒合木清流滌之欲其泥去也入礶熱之則水銀升而金純成粒之金以淘汰出儻金雜銀銅礶而鍊之欲其銅之析也硝以酸之欲其銀之分也厥礶以骨灰爲之安磁籠中厥籠有孔數十無所取之取諸風也一法加鉛鍊之鉛得養氣自成養鉛且助銅而易得養氣以成養銅其銅與鉛入礶之骨灰中而金銀流質在礶鍊至其面光明冷之則凝搥之則片入濃硝酸滮之旋易

旋沸至再至三則銀化於硝酸而金純凡辨鑛沙之金用量水表量二十分重之硝酸四兩有四分兩之一以五合鉛包半金鑛沙入其內沸二十分時又易硝酸二兩沸十分時再易再沸如之如是四五濾之滌之得金可鎔矣

銀之天成輒合它金美利加銀鑛或雜銅中而不與銅合而爲一火鍊較易其純者美利加人謂之十二潑尼威脫儻攙銅十二分之一謂之十一潑尼威脫攙十二分之二謂之十箇潑尼威脫此以成色言也銀鑛不一曰光銀鑛硫黃銀鑛也曰黑銀鑛亦謂之脆銀鑛蓋爲硫黃安的摩尼也曰紅銀鑛暗者有五十九分銀餘爲硫黃安的摩尼明者有銀六十五分有四餘爲砒硫黃曰角銀鑛綠氣銀也曰生銀鑛美利加銀出此五者居多

凡鍊銀之法二一水銀引之一同鉛鍊之二物易與銀合故也美利加一法兩不用之而以鑛研粉和食鹽燒之變爲綠氣銀置鹽水中沸之則銀化於水以銅入水降之得銀硫黃銀鑛燒之於倒焰爐使變硫酸銀置水中沸之亦化於水以銅降如前法其銀雜銅者化於

硝酸降之以鹽得綠氣銀百分中有純銀七十五有三三

銅自然者多藏石突處大塊輒重數百頓相傳美利加一山全銅鑿之難故取之者少（見橋采訪八云）此外曰玻璃銅鑛曰藍銅鑛曰硫鐵銅鑛謂之鈺倍來底斯曰紅銅鑛養氣銅也曰黑銅鑛美利加人謂之低奴來脫亦養氣銅曰硫酸銅鑛此非以銅屑入淡硫酸熬成者也曰炭酸銅鑛美利加人謂之麥來益脫又謂藍色炭酸銅爲愛如來脫曰夕里開銅鑛曰砒酸銅鑛曰燐酸銅鑛曰綠氣銅鑛其它鑛目難可悉數

凡銅鑛有火試酸試二法雜硫黃鐵則有自鎔法（以碎鑛堆作四方形蓋土中通煙燒六月而成）英吉利用倒焰爐費多且緩美利加則以猛風爐代之又新法燒硫黃銅得天空氣即變硫酸銅化之於水降之以電氣得銅

二分銅一分白鉛其率也五分銅一分白鉛色如金八分黃銅五分白鉛色如銀三十二分黃銅九分白鉛美利加人謂之拔孚金易之以錫七分至十分則爲礮銅錫八分則爲響銅若作回光大遠鏡銅一百二十六分錫五十七分有半

鐵鑛之目七十有九厥類大較有五斯罷鐵之類曰炭酸鐵鑛磁石鑛之類曰養氣鐵鑛希美台脫之類曰光紅鐵鑛來脈奈脫之類曰褐色鐵鑛肥浮哀奈脫之類曰水鐵鑛美利加之鐵五類皆有而水鐵中雜腐物有燐其性脆其鍊易其直廉不任重者用之

養氣炭酸二類入礶燒之即得鐵矣光紅鐵鑛粉十分用炭酸灰或石灰十分碎玻璃六分木炭末二十分之一磁石鐵鑛粉十分用碎玻璃十二分茶而刻十二分木炭末一分或用石灰三分煆泥三分木炭末二分有牛褐色鐵鑛用石灰泥灰各十分木炭末三分美利加以鑛入猛風爐鍊之鑛中有養氣引之以炭則化易其爐回火進風風熱五六百度而後入爐生鐵變熟美利加人謂之利番亦去其炭氣雜質而已新法鎔而調之淬之謂之撥代令

美利加鐵鑛艮多喀挪拉聲之鑛非其王者然鑛脈先見於是邦在明萬歷十四年時西一千五百八十五年也

錫自然者少或云金沙中偶見細粒其鑛大較有二曰養氣錫鑛間錫木錫蟾眼錫皆其類也曰琉黃錫鑛中含硫質三分

凡鍊先碎而汰其輕者入倒焰爐去其砒與磺再淘再鍊加炭屑石灰欲其淨也試鑛則如法燒之於礶以一滴錫較鑛輕重即知錫居若干分矣以七十分爲最

鉛自然者少與硫黃鑛連者多曰呆里那譯言硫黃鉛也美利加之呆里那所合之鑛泥鐵石也鐵倍來底斯也開來鑾白倫脫炭酸鉛也硫酸鉛也銅苦抱爾鑛也視鉛鑛法丏而刻斯能多其下鉛少丏而刻斯能少其下鉛多見紅色鐵土其中有呆里那見美合尼西灰石中微有鉛其下當有鉛脈見石面有青黑花形地面有隱起山脈或凹綫草木異種自成一路皆鉛徵也掘三四十尺尋之美利加鉛之鑛呆里那居多又有銅鉛石亦其屬也曰苦抱爾鉛鑛砒鉛也曰土弗里奴斯愛脫砒硫黃鉛也曰西里尼恩鉛曰脫羅里恩鉛曰頁脫羅里恩鉛曰密尼恩養氣鉛也曰安合利雖脫硫酸鉛也曰西路雖脫炭酸鉛也曰待屋克西來脫硫炭酸鉛也曰勒地來脫硫黃多炭酸鉛也曰郤里馱奈脫銅硫炭酸鉛也曰倍路莫非脫燐酸鉛也曰喝地非恒砒燐酸灰鉛也曰客羅科雖脫客羅彌酸鉛也曰彌爾

客羅愛脫亦其類也曰服客利奴愛脫客羅瀰酸銅鉛也曰免迭倍脫曰可多每脫皆綠氣鉛也曰角鉛客羅瀰酸炭酸鉛也曰目力別迭酸鉛曰西里尼酸鉛曰凡奈弟酸鉛曰東斯天酸鉛曰松香鉛而皆非遠呆里那之多

凡鍊鉛以倒焰爐舊法也美利加用猛火爐

白鉛無自然者曰白倫脫硫黃白鉛也曰尋克愛脫紅養白鉛也曰白微得利來脫硫酸白鉛也曰炭酸白鉛又曰白鉛花土形之炭酸白鉛也曰開來鑾夕里開白鉛也曰月里每脫無水之夕里開白鉛也用白鉛之法得自中國而美利加之白鉛則開來鑾及炭酸居多其性施熱至二百十三度則柔而可成片與條美利加之黃銅皆以白鉛相合而成上見

安的摩尼恒與硫黃鉛及臬客爾銀銅之鑛連有自然者而出於鍊亦易

水銀有自然者美利加人謂之美客而林流者如珠冷至三十九度即成定質熱之則升其與銀合曰銀汞鑛又曰阿巳來脫亦其類也

硫黃水銀曰惜納拔美利加三法蘭昔斯哥之水銀得於此種之鑛居多鑛近山巔高一千二百尺在綠色之台而客中有一層黃土厚四十二尺歲采惜納拔二百萬磅曰角水銀綠氣水銀也曰愛阿靛水銀色紅褐曰西里尼水銀色鋼灰

凡製水銀初以鑛緊粉入土罐於窰燒之冷則降新法以鑛粉和石粉置鐵筒煆之使氣入水冷則結而成

開鑛弟二

科侖布亞（華盛頓都）鑛工一萬五千三百三十七此光緒六年數也（千八百八十年下同）

阿拉巴麻邦鑛工二萬二千九百九十六

阿剛色斯邦鑛工一萬一千三百三十八

嘉里符尼亞邦華工十數萬采金不止三之一西人無論已以所鎔金計之道光二十八年（見上）五百萬圓有奇二十九年（千八百四十九）二千萬有奇三十年（千八百五十）四千五百萬有奇咸豐元年（千八百五十一）四千八百萬有奇二年（千八百五十二）四千六百萬有奇三年（千八百五十三）五千五百萬有

奇四年千八百五十四五千二百萬有奇五年千八百五十五四千五百萬有奇六年千八百五十六五千一百萬有奇七年千八百五十七四千九百萬有奇嗣是多寡有差光緒十二年千八百八十六僅一千四百七十二萬五千之數此其大較也是年產銀一百四十萬○鑛工凡四萬七千四百有奇

喀挪拉奪金鑛始於咸豐九年千八百五十九開自格內賓一譯蓉錄陸丙大約出金三百二十萬銀一千七百萬初采十年以內無機器工之不盛職此鑛路開至一千二百尺厥後新法既增新鑛益拓其邑曰內克一譯勒谷有鑛名立篤偉力開於光緒四年千八百七十八金銀鉛不下二千七百萬而銀尤多居是邦五分之三邑入以月計之西紀之月正月出鑛五百一十六萬七千四百二十磅銀一百四萬五千三百五十六金一百五十四船載之鑛五百七十銀直一百一十九萬萬四千五百有九金直三千八十鉛直二十六萬九千五百四十六船載之直一十四萬八千九百二月出鑛五百九萬二千七百十九銀八十萬八千七百五十八金一百六十九船載之鑛六百一十銀直九百一十一萬八千二百九十二金直三千三百九十鉛直二十九萬二千七百四

十二船載之直一十七萬三千一百八十二三月出鑛五百四萬二百三十八銀七十四萬三千四百有三金九十一船載之鑛一千二百七十五銀直八十四萬一千九百一十六金直二千一百二十鉛直二十九萬三千九百二十五船載之直一十六萬六千一百三十三四月出鑛四百九十五萬三千六百七十三銀六十三萬六千七百一十六金四船載之鑛九百二十五銀直七十二萬四千三百二十金直八十鉛直二十四萬六千九百三十二船載之直十萬九千三百九十四五月出鑛六百一十七萬七千六百六十銀八十六萬四千三百八十八金四船載之鑛八百七十三銀直九十八萬六千一百六十四金直八十鉛直二十八萬二千七十三萬七千船載之直十萬九千六百八十三六月出鑛四百二十二萬七千八百二十八銀六十一萬九千二百二十七船載之鑛八百八十七銀直七十二萬二百八十一鉛直十九萬三千有五船載之直十二萬六千九百九十七七月出鑛四百五十九萬八千七百三十八銀六十一萬九千四百八十九金三百船載之鑛六百六十四銀直七十五萬三

百六十七金直六千鉛直二萬六百九十三船載之直七萬七千八百八十五八月出鑛六百九十九萬六千三十九銀七十六萬九千二百四十八金三百五十船載之鑛一千一百六十二銀置八十七萬八千九百八十九金直七千鉛直三十四萬九千七百九十九船載之直十二萬八千三百九十一九月出鑛七百五十二萬四千七百四十七銀八十四萬八千七百一十五金二百五十一船載之鑛二千九百三十七銀直九萬九千二十七金直五千六十鉛直三十七萬五千三百六十五船載之直二十一萬七千一百四十七十月出鑛六百四十四萬三百九十四銀七十五萬七千三百六十六船載之鑛一千六百九十銀直八十五萬八千三百六十五金直三千八百二十四鉛直十九萬八千七百二十一船載之直十二萬七千四百五十三十一月出鑛五百六十萬一千九百八十二銀六十二萬五千八百五十三船載之鑛八百一十七銀直七十萬八千一百五十六金直二百四十鉛直二十六萬三千四百三十一船載之直六萬八千二百十二月出鑛五百八十六萬六千八百五十一銀五

十八萬三千八百八十金一百五十七船載之鑛六十銀直六萬六千七百八十三金直三千一百四十鉛直二十六萬二千三百七十二船載之直七千合一年計之約得鑛直一千五百二萬五千一百五十三又邑曰歪樂特（一譯泥鹿孖）其鑛居是邦三之二歲約金三百三十二萬銀三十萬有鑛名先奪納希地所有船載之鑛正月十二萬五千二月十萬七千六百三月十一萬三百四月十五萬五百五月七萬三千七百六月十萬八千一百七月八萬一千四百八月萬六千七百九月十三萬四千五百十月九萬五千一百十一月九萬五千一百十二月十萬五百凡一百二十六萬四千三百五十而金居多又邑曰格意利耳哥狸克（一譯岡里鴉故利谷）金十五萬八千銀二百二十三萬此以銀勝者也又邑曰包耳得耳（一譯濮鹿會）有鑛名嘉里博我金三十萬銀八十萬又邑曰嘎士得意拉金七十八萬銀十萬又邑曰巴克金五萬五千銀四十萬鑛之著名者二一名列多威里古羅姑挪一名羅基慢天力必屋又邑曰根尼司恩有鑛五一名果基拔多一名鹿筆江補一名倭海約希地一名阿斯本希地一名曳昝沽滿

點此五者出銀三十萬又邑曰我里特一譯沙米多金六萬三千銀三十三萬又邑曰加非葢分自内克邑者也金三萬銀倍又邑曰三專一譯彩若王金五萬銀三十五萬光緒十二年見上計是邦之金凡四百四十萬銀一千六百萬聯邦銀鑛此其最也○鑛工凡四萬七千四百有奇

干揑底嘎奪邦鑛工十一萬六千九十有奇

特那窪邦鑛工一萬四千一百四十有八

佛勒里畣邦鑛工八千四百三十六

若耳治亞邦北境三分之一皆有金鑛厥鑛十四一名多羅依二名非司篤拉布三名若業士四名槐多五名分多列六名巴多七名羅沽哈多八名沽里司空九名比寫饕魯子十名達宜十一名達羅里格十二名心沽魯冬十三名北魯十四名布羅沙氏光緒十二年見上是邦之金十五萬二千五百銀千○鑛工凡三萬六千有奇

伊利那倚斯邦山產銅鐵鉛而鉛最其多鉛之邑曰格利牙一譯厄里納工作亦以采鉛爲最○鑛工二十萬五千五百七十

英簦阿納邦鑛工與伊利那倚斯同
愛呵犨邦鐵少○鑛工六萬九千九百四十一
剛色斯邦鑛工三萬九千三百一十九
根得基邦鑛工六萬一千四百八十一
魯西阿納邦鑛工三萬六百八十一
緬邦產銅鐵與鉛而鐵鉛多其鐵產於海濱諸山爲多○鑛工七萬二千六百六十二
瑪理蘭邦鑛工八萬五千三百三十七
馬沙朱色士邦之波士登鎔鑛公司與喀那拉奪公司二而一者也其舶載金六十九萬四千五百銀一百五十五萬六千銅四十八萬此光緒六年數也千八百八十總計之二百七十三萬五百前一年凡二百四十四萬九千五百蓋歲有增云○鑛工三十七萬二百六十五
密西根邦產銅鐵而銅多爲聯邦最○鑛工十三萬九百一十三
梅尼所達邦銅鐵鉛多出山嶺間○鑛工三萬九千七百八十九
密士西比邦鑛工一萬三千一百四十五

密蘇爾邦山地產銀銅鐵鉛○鑛工十萬九千七百七十四
挐布拉士格邦鑛工一萬八千二百二十五
列法達邦光緒十二年𡊨金三百九萬銀五百萬○鑛工一萬三千
二百三十二
紐罕布西耳邦山間產鉛錫○鑛工五萬八千三十七
紐折爾西邦鑛工十六萬五百六十一
紐約邦鑛工三十二萬九千八百有奇
諾司喀爾勒那邦其著名鑛凡二十有九其一名沙里司拔列薟合
四鑛爲一者也曰阿侖曰尤立加曰希魯發巴列曰希魯巴寫鹿合
之名此其二名當山幼帖通其三名巴農其四名乃馬雅多經其五
名達多鹿忙其六名哈多蟒其七名羅蟒其八名何鹿左沙其九名
赫列司其十名鵝綠多修其十一名莽多補里讓多其十二名魯磔
希鹿其十三名列其十四名新補松其十五名纛其十六名加羅地
其十七名夏蟒其十八名金滿頂其十九名農沽力谷其二十名達
飛其二十一名猓平松其二十二名沙皁多其二十三名起司冬其

二十四名拉毃耳其二十五名倚古啓其二十六名比巴當其二十七名山沽列希長其二十八名沽羅味耳其二十九名波吉司又有舊鑛三其一名夯多列司其二名喀奪那其三名孔拉多秀光緒十二年（見上）是邦出金十七萬五千銀十七萬八千○鑛工三萬三千九百六十三

倭海約邦東境產鐵○鑛工二十四萬二千二百九十有奇

類里根邦金銀鑛多在石中而艮厥脈巳得厥費未裕是以未盡采也試采之鑛曰磨牛門畣啓曰柔布達曰偉熱碧曰背司列曰列拔士偉多曰紐約曰冬丙曰磨牛門畣陸赤魯色巳出金二十二萬六千六百四十七銀四百此外報鑛之邑曰班登（一譯本董）有鑛二出金三千四百九十五銀四十曰哥侖特舊鑛開自華工得金七萬五千新鑛金百萬銀九百四十三曰宅克生（一譯夏沽松）有鑛一出金一千五百六十七曰林有小鑛二約采半年出金二千七百二十六曰由莫疊拉華工之鑛多其開自美利加人者一金五萬一千曰由尼音有鑛出金三百四十七又華工開鑛金六萬光緒十二年（見上）凡金九十九

萬銀五千〇鑛工一萬七千四百五十八
賓夕佛尼亞邦產鐵居合衆國之大半〇鑛工五十二萬八千二百七十七
洛侖埃倫邦鑛工六萬六千一百六十
叟司喀爾勒那邦鑛不少於諸司喀爾勒那而開者較少其著名鑛四曰布里拔曰黑立曰莽屋挪立牙曰董前二水鑛也光緒十二年凡金三萬七千五百銀五百〇鑛工一萬九千六百九十八
田捏西邦鑛工三萬六千有八十二
德格色斯邦光緒十二年出銀三十萬〇鑛工三萬三百四十六
滙蒙邦鑛工二萬六千二百一十四
勿爾治尼亞邦五金備而金多〇鑛工六萬三千五十九
威士奪勿爾治尼亞邦鑛工二萬六千二百八十八
威士干遜邦鑛工八萬六千五百一十
阿里瑣那部中有馬里哥拔邑金鑛著者曰費耳遲銀鑛著者曰太格此外金鑛雖多皆弗如也凡金九萬七十二銀二十三萬八千一

百十九又有比拏鹿邑其金鑛著者曰倮布地其銀鑛著者曰希魯巴井吾西北有莫哈布邑其鑛最曰沙巴多曰嵇聶納魯把谷曰馬谷沽納梗曰新屋納耳後二鑛尤厚可出金一萬七千三百五十銀十七萬八千三百二十九東南有比馬邑其鑛最曰冬布士屯曰哈笑曰達所登曰士司加卑沙士曰士納坤曰華盛頓約出金七萬八千八百十三銀五十九萬二千有奇北有牙巴排邑其鑛出金三千三百七十四銀二十五萬一千三百九十九西南有尤馬邑以銀鑛勝凡出五萬又有銅鑛曰阿多拉嘉里符尼亞曰三法蘭昔斯哥光緒十二年壜凡金一百一十一萬銀三百四十萬○鑛工七千三百七十四

打戈達部布納黑山鑛脈四層本凝頓邑之鑛四曰司當多比曰維基埃鹿台曰賓業瑣達曰喀他沃沽又有水鑛五曰巴都魯古巠谷海朶猓里谷曰火都米迭曰里都魯拉比多曰比谷拉比多曰福林士此五鑛夏旺卑林次邑之鑛八曰鵝鹿町士達曰海瀾曰葛鹿町奇納曰葝篤五多曰法沙迭士米多曰阿米利士曰栽楊多曰呵鹿

達比又報鑛十八曰海羅多曰活木言迭古曰密耳我多布拉古希六斯曰沃紇田迭拉曰迭多五多曰海瀾曰栽楊多安奪我六多阿比曰喀力多宜雅曰苦拉納曰孔所耳迭多曰夫羅領司曰埃羅里飛屋廓曰呵庇多粉吉曰牛朗角曰拉士多江司曰沃法孔所力迭多曰法侖迭士美迭多曰披同其鑛有石有水凡金二百九十萬五千有奇銀二萬六千九百有奇光緒十二年共出金二百七十萬銀四十二萬五千〇鑛工九千一百有一

埃得和部阿大邑之金九千九十銀八十五屬拉都日阿司邑之金十四萬九千九十六銀十三萬五千二百七十四巴以司邑之金七十六萬五千八十六銀十一萬四千七百五十七格以西亞邑之金三萬八百五十二埃得和歐之金四十一萬四千七百五十八銀百侖姆黑意冷一譯言吾邑之金九萬九千二百九十一銀七萬六千一十內百司衣邑之金三十七萬三千二十五歐來大邑之金九萬一千三百歐歪黑以邑之金五萬九千二百有五銀十二萬八千七百一十一凡金一百九十九萬一千七百有三銀四十五萬四千九百三十

七此前十年數也光緒十二年[垷]金一百八十萬銀三百六十萬○
鑛工六千五百三十二
孟大那[illegible]比百而海忒邑之金十五萬銀六十萬的而納此邑之金
六十萬銀一百六十萬哈拉丁邑之金七萬五千宅佛而生邑之金
二十萬銀十五萬婁威司恩格拉克邑之金四十五萬銀十萬煤地
生邑之金四十七萬五千銀五萬米格而邑之金二十五萬米蘇拉
邑之金二十萬凡金三百四十萬銀二百五十萬此亦舊數也光緒
十二年垷金四百四十二萬五千銀一千二百四十萬○鑛工八千
有二十二
紐墨西哥部鐵道既開金銀之鑛乃旺道光二十八年[千八百四十八]至同
治六年[千八百六十七]凡二百五十萬七年[千八百六十八]二十五萬八年[千八百六十九]數
五十萬九年[千八百七十]十年[千八百七十一]十一年[千八百七十二]十二年[千八百七十三]數
亦如之十三年[千八百七十四]三十萬光緒元年[千八百七十五]三十二萬五千二
年至六年[千八百七十六至八百八十]二百二十萬明年金十二萬銀四十二萬
五千十二年[千八百八十六]金四十萬銀二百三十萬○鑛工四千三百七

十七
尤達部著名之鑛曰衫迭曰尤達孔所里迭多光緒十二年上晛金二十一萬六千銀六百五十萬〇鑛工一萬二百一十二

華盛頓部金鑛之最在司高拉近河雖冬可采也此外水鑛寒輒阻冰又與英屬地連界有銀鑛又有四鑛在格利格大忒約三十方里光緒十二年上晛金十四萬七千銀八萬〇鑛工七千二百九十六中有華工

歪阿明部光緒十二年上晛合之密西根邦田捏西邦窪蒙邦勿爾治尼亞邦阿拉巴麻邦凡金銀各五千云〇鑛工一千六百八十九

阿拉士克部薪炭既多工力亦賤鑛務宜其可爲也鑛最曰土多克其次曰鵝鹿多谷里沽曰沙魯蒙谷里沽曰古納夏谷里沽所謂谷里沽者譯言小河盇水鑛也此四者冬皆弗旺又有山鑛光緒十二年上晛凡金四十四萬六千銀二千

光緒六年即西一千八百八十年据波士登及喀挪拉奪諸邦公司報册自一千八百七十九年七月至明年六月所鎔之鑛以磅計之

來自嘉里符尼亞邦喀挪拉奪邦列法達邦勿爾治尼亞邦打戈達部埃得和部孟大那部尤達部歪阿明部者凡金一千五十二萬五千有一十銀二千五百四十萬八千五百八十三合計之得三千五百九十二萬三千五百九十三共入銀行凡金二百一十四萬有九百五十三銀二千七百一十三萬九千五百五十三合計之得二千九百二十八萬五百有六

補識弟三

嘉里符尼亞邦鑛地與農地埒合計為四千九百五萬四千野格

剛色斯邦煤鑛之地在東者勝凡一萬七千五百英方里西鑛弗逮遠甚鐵鑛雖多而良者尠

挐布拉士格邦之烟煤鑛往往而有歲出約一千數百頓

列法達邦空斯多古樂多（鑛名）銀鑛在打峯多松山東據言銀鑛之多此為第一云自咸豐十年（千八百六十）至光緒二年（千八百七十六）出銀二萬萬三千四百七萬四千三百有九圓其厚二千尺是邦鑛地凡一百六十六萬八千六百野格

倭海約邦煤鑛地在東南凡一萬方英里其穴凡九千九百五十有二其歲產約五百萬頓有奇又石油歲出一百廿餘萬嘎倫

額里根邦宅克生一譯霞法洛之金鑛始見於咸豐元年千八百五十一哥倫特亦名巴路之金鑛始見於十一年千八百六十一

賓夕佛尼亞邦無烟煤鑛地四百七十英方里其脈厚矣而有烟煤居合衆國三分之二其鑛地一萬二千英方里石油井亦鑛屬也始開於咸豐六年千八百五十六出五十萬巴列巴列詳度量衡比較表同治四年千八百六十五出三百四十九萬七十巴列九年千八百七十出五百六十七萬三千巴列光緒二年千八百七十六出九百八萬巴列凡煤與石油之鑛皆有鐵道通之

叟司喀爾勒那邦金銅之鑛不一北境有鉛鐵鑛而煤鑛稀

田捏西邦煤鑛逭賓夕佛尼亞邦四千英方里

德格瑟斯邦煤鑛地凡六千英方里有石油井

窪蒙邦雲石歲直銀三百萬圓雜石亦百萬圓

勿爾治尼亞邦有金之地起合衆國都至愛夜司賽各司長二百英

里寬廿五英里奧各司大一格內生二該諾來三三邑有銅鑛外司邑有鉛鑛已開百餘年矣有亞鉛鑛曰布朗拔哥在阿美利亞邑名海利非愛各司邑名二邑其有煙煤鑛半在瑪理蘭邦年出九萬頓夫老愛德有硫黃

威士奪勿爾治尼亞邦鑛以煤爲最與賓西佛尼亞毗連之地煤質居多厚一千尺其鐵淨者居十之五六石灰石所在皆有在東者勝

阿里瑣那部有炭酸鐵有酸化鐵

紐墨西哥部金鑛在骨郞多地名喀奴法沽斯地名巴拉里納地名而骨郞多亦有銀鑛其銅鑛在皮納斯阿納多斯地名

孟大那部金鑛始見於咸豐二年千八百五十二在葛羅多骨裏骨地名十一年千八百六十一開鑛而銀多居三之二鑛地五百萬野格

尤達部銅鑛之兼金者一在司非而洛或譯阿非牙一在之哇卜或譯金其古

阿拉士克部沽沽斯音列多是其煤鑛多處

紐約金直低昂月表

美利加之金出產以三法蘭昔斯哥爲最通用以紐約爲多聯邦之

消長內外之出入皆視紐約金直爲轉移金直云者以銀易金之直也低昂視年亦視月西紀正月當中國十一十二兩月間詳月朔表中茲就可稽者自同治元年卽西紀一千八百六十二始述紐約金直低昂月表

年	一月低	一月昂	二月低	二月昂	三月低	三月昂	四月低	四月昂	五月低	五月昂	六月低	六月昂	七月低	七月昂	八月低	八月昂	九月低	九月昂	十月低	十月昂	十一月低	十一月昂	十二月低	十二月昂	平均低	平均昂
同治元 千八百六十二	一〇一三	一〇三三	一〇二六	一〇四三	一〇一一	一〇一	一〇一一	一〇二一	一〇二一	一〇四一	一〇三一	一〇七一	一〇八三	一二〇一	一一二一	一一六一	一一六一	一二四	一二二	一三三一	一二九	一三三一	一二八一	一三四	一〇二一	一三四
二 千八百六十三	一三二五	一六〇三	一[illegible]二一	一七二一	[illegible]	一七三	一四五一	一五七七	一四三一	一五四三	一四〇一	一四八三	一二三一	一四五	一二二七	一二九三	一二六七	一四三一	一四〇三	一五三三	一四三一	一五四	一四八一	一五二三	一二二一	一七二一
三 千八百六十四	一五一一	一五九三	一五七一	一六八一	一五九	一六九三	一六八一	一八四三	一六八	一九〇	一九三	二五〇	二二二	二八五	二三一	二六三	一九一	二五四	一八九	二二七三	二一〇	二六〇	二一三	二四三	一五一一	二五八
四 千八百六十五	一九七一	二三四三	一九六三	二一六三	一四八一	二〇一	一四三一	一五四一	一二八一	一四五一	一三五一	一四七五	一三八五	一四六一	一四四一	一四五一	一四二五	一四五	一四四一	一四九	一四五一	一四八三	一四四一	一四八一	一二八一	二三四三
五 千八百六十六	一三九三	一四四一	一三五三	一四〇五	一二四七	一三六一	一二五一	一二九一	一二五一	一四一一	一三七一	一六七三	一四七	一五五三	一四六一	一五二一	一四三一	一五七一	一四五一	一五四三	一三七一	一四八五	一三一一	一四三	一二五一	一六七三
六 千八百六十七	一三二一	一三七七	一三五一	一四〇三	一三三五	一四〇三	一三二五	一四〇五	一三五	一三八七	一三六三	一三八三	一三八	一四〇五	一三九七	一四二一	一四一	一四六三	一四〇一	一四五五	一三八一	一四一一	一三三	一三七七	一三二一	一四六三
七 千八百六十八	一三三一	一四二一	一三九三	一四四	一三七七	一四一一	一三七三	一四〇三	一三九一	一四〇一	一三九三	一四一一	一四三一	一四五一	一四三一	一五〇	一四一一	一四五一	一三三三	一四〇一	一三二	一三七	一三四三	一三六三	一三二	一五〇
八 千八百六十九	一三四五	一三六五	一三〇七	一三六一	一三〇三	一三二一	一三一三	一三四五	一三四一	一四四三	一三六一	一三九五	一三四一	一三七三	一三一三	一三六一	一二九三	一六二一	一二八一	一三二	一二二一	一二八三	一一九一	一二四	一一九一	一六二一
九 千八百七十	一一九三	一二三一	一五一	一二一一	一一〇一	一一六三	一一一一	一一五三	一一三三	一一五一	一一〇七	一一四三	一一一一	一二二二	一一四三	一二二	一一二一	一一六三	一一一一	一一三三	一一〇	一一三三	一一〇三	一一一三	一一〇	一二三一
十 千八百七十一	一一〇一	一一一一	一一〇三	一一二一	一一〇一	一一一五	一一〇一	一一一三	一一一	一一二一	一一一三	一一三一	一一二三	一一三三	一一一五	一一三一	一一二三	一一五三	一一一一	一一一五	一一〇三	一一二三	一〇八三	一一〇一	一〇八三	一一五三

十一千八百七十二		十二千八百七十三		十三千八百七十四		光緒元千八百七十五		二千八百七十六		三千八百七十七		四千八百七十八	
一〇八一	一一〇一	一一一五	一一四一	一一〇一	一一二一	一一一三	一一三三	一一二三	一一二一	一〇五一	一〇七一	一〇一一	一〇二七
一〇九一	一一一一	一一二七	一一五一	一一一三	一一三	一一三一	一一五三	一一二三	一一四一	一〇四五	一〇六一	一〇一五	一〇一三
一〇九三	一一〇五	一一四五	一一八一	一一一一	一一三七	一一四三	一一七	一一三三	一一五	一〇四一	一〇五三	一〇〇三	一〇二
一〇九七	一一三一	一一六三	一一九一	一一一三	一一四三	一一四	一一五一	一一二一	一一三七	一〇四三	一〇七七	一〇〇一	一〇一一
一一二一	一一四三	一一六五	一一八五	一一一七	一一三一	一一五	一一六三	一一二一	一一三一	一〇六一	一〇七三	一〇〇三	一〇一一
一一三	一一四三	一一五	一一八一	一一〇一	一一二一	一一六一	一一七一	一一一七	一一三	一〇四三	一〇六三	一〇〇五	一〇一
一一三一	一一五一	一一五	一一六三	一〇九	一〇七	一一三	一一七一	一一三	一一二三	一〇五一	一〇六一	一〇〇三	一〇〇三
一一二一	一一五五	一一四三	一一六一	一〇九一	一一〇一	一一二五	一一四三	一〇九三	一一二一	一〇三七	一〇五一	一〇〇一	一〇〇三
一一二五	一一五一	一一〇七	一一六一	一〇九三	一一〇一	一一三三	一一七三	一〇九一	一一〇三	一〇二七	一〇四	一〇〇一	一〇〇一
一一二一	一一五	一一七三	一一六一	一〇九三	一一〇三	一一四一	一一七五	一〇八七	一一三一	一〇二一	一〇三三	一〇〇一	一〇〇一
一一一三	一一四一	一〇六一	一一一一	一一〇	一一二三	一一四一	一一六三	一〇八一	一一〇一	一〇二一	一〇二三	一〇〇一	一〇〇一
一一一三	一一二一	一〇八二	一一〇一	一一〇一	一一一三	一一二五	一一五一	一〇七	一〇九	一〇二一	一〇三三	一〇〇	一〇〇一
一〇八一	一一五五	一〇六一	一一二五	一〇九	一一四三	一一一三	一一七五	一〇七	一一五	一〇二一	一〇七七	一〇〇	一〇二七

造幣金銀表

美利加造幣金銀一曰備鑄就光緒十二年數言凡一千萬萬有奇貨幣其有緇乎彼亦非無術而至此二曰出入雖所鑄有金有銀然皆合銀計圓入者存數也出者多欠數所謂傾銷局餘者鑄局所存銷銀之餘也所謂國立銀行貯者國立銀行貯於金銀所之數也所謂別貯者雜數也此三者皆廢銀也其它有贖有納述造幣金銀表

備鑄弟一

邦部	金	銀	合數

阿拉巴麻	二二九五二二七九四	六六四八	二〇一九五九四四二
嘉里符尼亞	七四五二四二三〇八一一	三九八四八一五五九	七四九二二七一二三七〇
喀挪拉尊	五二〇四二〇二〇八九	一四三〇九五六七三五	七六三五一五八八二四
若耳治亞	八五四〇五八九九四	三九四六七八	八五四四五三七二
英鰲阿納	四〇一三		四〇一三
緬	五六三八二〇	二二〇〇	五六六〇二〇
瑪理蘭	五〇七四二	三二九	五〇五〇七一
馬沙朱色士		九一七五六	九一七五六
密西根	五三〇一六〇九	三六六〇五九五一八	三七一三六一一二七
拏布拉士格	六一六三	六一一八	一二二八一
列法達	一三九三一九二六四九	九三三六五六五一一四	一一七二九七五七八一三
紐罕布西耳	一一〇二〇五五		一一〇二〇五五
諾司喀爾勒挪	一一七四〇一一六二	五〇一五六二四	一一二三四一六七八六
額里根	一九一八九〇〇八八五	六四八〇六〇三	一九二五三八一四八八
賓夕佛尼亞	一一三八三四	一五八八四七	三七二二六八一

墺司喀爾那	一六四九六二五八四	一五六一八八	一六五一一八七七二
田揑西	八七八四五二二	一〇一五	八七八五五三七
德格瑟斯	二一四七四〇	二七三九〇三	四八八六四三
窪蒙	八五五九八二一	四九九四	八五六四八一五
勿爾治尼亞	一七二四八六〇五〇	二七〇二三	一七二五一三〇七三
阿里瑱那	四二三三五九一五一	一三六〇六一三三三六	一七八三九七二四八七
打戈達	二八三七五一一五五四	七七九五八六四九四	三六一七〇九八〇四八
埃得和	二九〇二八五〇六二四	一六〇六〇〇〇四四	三〇六三四五〇六六八
孟大那	六〇一七一九二八六五	一四二一四三五〇〇九	四七三八六二七九七四
紐墨西哥	二七二〇三八七〇〇	五五九〇五二六一四	八三一〇九一三一四
尤達	八九四八七五二一四	一九〇四四六五〇七七	一九九三一六〇一
華盛頓	四四六四八八二〇	二二三三〇三八	四四八七一八五八
歪阿明	七五九六四五三六	二二一八二二三	七七一八二七六九
阿拉司格	三四九三三七一〇	三一一三五〇	三五一四五〇六〇
雜	三七六六一〇三四九九	四二〇一九二八〇八四	七六八〇三一五八三

總計　一〇二八六〇六三五四〇　二二九三四一一六二八一　一二五三四五六五〇二三七

出入第二

造幣地	入	金圓	金條	大銀圓	小銀圓	銀條	金圓票	銀圓票	合衆國票	國立銀行票	零星票
華盛頓		二五八六四〇七八五		六五一〇五五一〇	二九四四二〇〇		二三八三四〇〇〇	一四三七三六八二〇	二三五八六四七三二三	二六七八五八四一	一〇四四四九
波基都末		七三二〇五二〇〇		二二五三二二〇〇	三九四六七三五〇		五四四四〇〇〇	五〇〇五九〇〇	一二四七五九〇〇	三六一七〇〇	六一〇〇
紐約		三六五五五二五		三九五六六三〇〇	一〇九四二三七二		一九五三七三〇〇〇	二六一二七〇〇〇	一五三七五三三五七	一六八九四〇〇	二〇〇〇〇
費里地費		九七四六七四三五		一二三二四四〇〇	一四三八〇〇五		一六七〇八九〇〇〇	二五三〇八三〇〇	四四九三九五三〇〇	一二四〇三〇〇	九八八五八
波士登		九七〇三〇〇三五〇		一六三七五七〇〇	八九三七四四〇		五三三〇五三〇〇〇	五九一〇九〇〇	七〇〇〇四七〇〇	三九九九九〇〇	
新西納基		一〇五三八〇〇		六六二六七〇〇	五〇〇三〇〇〇		三〇二三〇〇〇	八八六六〇〇	一九五九〇〇〇〇	二七〇〇五〇〇	
希嗄骨		八四五〇〇六〇〇		二五三〇七〇〇	一五一九三八〇〇		七六〇六〇〇〇	一二三九三〇〇	二九四三五八〇〇	七〇二〇〇〇	五〇〇
先奪壘士		八一五三二〇〇〇〇		一〇八七三六四八〇〇	一四九〇〇五〇〇		六二七〇〇〇〇	二二六三九〇〇〇	九五八〇八〇〇	八〇三〇〇〇	
紐阿連		四九八三三九六〇〇		三三九四六六三〇〇	四二四四三二一		一二四七五一〇〇〇	一三八三〇〇〇	四九六七四四九二	四七四四五〇〇	
三佛郎昔斯戈		二九四〇四三三〇		三三六六三三三〇〇	七二四〇八二五〇		一五〇〇〇〇〇〇		一五三三七三二一〇〇		
為通算　造幣試驗		七〇六八九七三〇	八五三八〇二六七六	七六三六五三六〇〇	一二二九九三八四				一〇二〇〇		
各官出納				四三八〇〇	一〇〇〇〇〇〇	四四四五九一二九		三五〇〇〇〇〇	一二三六六七八九五六	一六〇〇〇〇〇	
以上　總計		一九七三九八六三五	八五三八〇二六七六	二二四九五二六八〇〇	二六九八六三九三四〇	四四四五九一二九	三〇九三三〇	三三五三〇三〇	二六五一七五四一三六	一四五五七一四四	二二九七〇七

最小圓	例贖存票	季納息票借券	柯倫佈亞券息	購洋貿易銀	鑄餘	廢銀	以上合計	國立銀行存	普通局鑄小圓	重鑄銀	已上合計	傾銷局餘	國立銀行貯	別貯
四九六八五五		一九六四四三〇〇		五〇八〇〇〇			七二六〇五九九一二							
四四七八六一	一七〇〇〇〇〇	六三八六七〇〇		三〇三九三〇〇			二〇四九五〇二							
三三八七六三三		四四四七三九二	二九五三五	一三九四五〇〇		一三八一八七八	一七四八九三六八七							
四五七三七五五	一二〇〇〇〇〇	二六九二六五四六		六二〇七五〇〇			二〇九四六四三四							
一五六六七〇二	二〇〇〇〇〇〇	三三二八〇八七七		二八〇七〇〇〇			一八〇三四六二六九							
一四九七三二		一三二六八二		二九四七二〇〇			九七七五二六二三							
一〇四〇七八		一〇〇四一二五〇		二九三四〇〇			五九三〇六五八六							
七四三〇〇六		一九四七九四八		一二五三七〇〇			一三三六五七六八五							
四二九三二		一二〇六四九五		一六〇六〇〇		七〇三五三〇九	二六八六八八四八							
一八四五四七				九六〇四七〇〇			五九八二六五九七							
一七三		九四七二八二		六三五四三二六	六五〇七二九二四六	四三五五七九六	七三二六一〇〇七 / 一六五〇八〇一九〇					七一五六一〇六		
二五四七六四	三〇〇〇〇〇〇	五五六六六九	二九五三五	六九六九七六八	六五〇七二九四六	二三九九八三	六〇六五七四三五	三三一六八五九	五〇〇〇〇〇	六三九六	六九九四四八五	七一五六一〇六	二四七六三八	三七〇二一七

項目	數	另記	合計
上二項合計			六三〇三三五二三三
戶部存附庫帑	二四六五八八七八六六		二四六五八九八六六六
總計			六五四四八八九七〇七八
出			
欠諸存款		三五〇六二五二	三五〇六二五二
各官分派	三五八九二九四三二 三三五三二六三三 一六八九八六七三三六八四三三〇八三 一四四九四四五五八二四四八四三三三八 一〇八五八九六八八七三三八九二二七 五〇三三七四四九七七二三〇		二五三三五三七九八二九
郵便	二〇五九三二〇七 二二六五五四〇七 二八九二六九四八一六五八五三三八〇 六三三七一七七五三七三三六八〇五四四五七三三八二 三三六八四六三三〇六 二八九七七八五九三二九三八六四		六五五五九三三五三七
科倫布亞券息	三〇五四二六四		三〇五四二六四
戶部存各庫帑	二四八八七二三八九 五五八八四六〇八三二九三七五五五三四八七七九四九 〇七二九五三二 二八二五三三六一 四二八九〇七四二四三三四一五八〇 三〇六〇二六七〇		二四六五八九八六六
贖國銀行鈔	一〇六一〇六三五三四三		一〇六一〇六三五三四三
欠戶部附票	五四九二七六三三 一四〇〇一七三 九六五九四九三六三六八九二九 二〇三三九七五 三七九九八二四 六五八五三三三 九〇三四二四九 八一九五一四九 一四五八一三一		二二四五五九九九
欠戶部存銀行	一〇九七五六八二九 二九六六一五九五〇三 二六三二四四四九八 二六八三八八五七 四二六四三五二九三 一八四一〇六四 一九七九九八六四 五四八〇九〇六四五五九九三三三 四四九八二三九五	三五〇〇六二五二	一六五三三五七四四
各官存銀行			五二六六一四六
以上合計			四六八八九〇三〇四
戶部總計			二六九六九九二一〇

美利加圖經卷十五　二十二

合衆國紙幣表

乾隆四十一年千七百七十五十三邦會議於費納的費牙募勇無貲於是始作紙幣即銀鈔也四十五年千八百八十用紬兵民交困於是多造紙幣振之旣而物直日騰紙幣日賤一革靴輒直鈔六十圓至於今紙幣重於實銀無他信爲之也其國都官印紙局以造幣爲重亦曰造幣局屬土里沙庇怕立面講言戶部也工若器炊詳攷工所印特許貿易印紙及海關印紙自有表此關錢法爰就光緒十三年即西紀千八百八十七年之局簿特甄錄之述合衆國紙幣表

紙幣目	印紙幣年	紙數	銀數
合衆國銀鈔	光緒六千八百八十連續	一百廿九萬一千六百廿五	四千八百十八萬
流通貨券	光緒元千八百七十五連續	千三百三十四	三千一萬五千
銀券	光緒六千八百八十連續	三萬一千	二萬四十八萬
	十二千八百八十六連續	五百十四萬九千	三千四百八十九萬二千
國家流通貨票	光緒元千八百七十五連續	十二萬二千六百三十七	三百八十一萬一千
	八千八百八十二連續	五十八萬九千二百七十	一千八百八十九萬七千五百五十

總計					
			七百十八萬四千八百六十六	十	一萬萬三千八百廿七萬五千五百五

官局印紙表

拔留阿夫奪里日利譯言戶部印紙局也工器詳攷工據光緒十三年即西千八百八十七年局辦歲費七十九萬四千四百七十二圓十四年預計九十一萬八千有三十圓十五年預計一百十五萬二千五百十五圓所印以紙幣爲重另有表而海關印紙與夫特許貿易印紙其年績其種別其紙數與印紙數又異特稅印紙爲叛造設也述官局印紙表

總目	分類	印年	種	稅物原數	紙數	印紙數
海關印紙	酒類	光緒十二 千八百八十六續	一	一千	十萬	廿萬
	薪水票		八	二十七	二千七百	十三萬五千
	呂宋菸	光緒五 千八百七十九續	三		十九萬	一百九十萬
	紙卷菸	同	三		五千	廿二萬
	雜菸	同	一		一萬六千	十六萬
	封鎖紙		一		千	二萬五千

特許貿易印紙

蒸溜火酒	光緒四千八百七十八續	七	九千八百三十	四十九萬一千五百	百四十七萬四千五百
再溜火酒		十	七千六百六十	三十八萬三千	百五十三萬二千
整售酒		六	二千一百九十	廿一萬九千	六十五萬七千
雜酒		二	五千	五十萬	一百九十九萬
釀碧牙酒		一	二百五十	二萬五千	十萬
呂宋菸輸出	光緒九千八百八十三續	二	二百七十	二萬七千	十萬八千
淡巴菰烟卷	同	六	萬八千五百五十	百四十八萬四千	七百四十二萬
鼻菸	同	二	百廿	九千六百	四萬八千
酒類特稅		十一	五千八佰六十六	十五萬八千五百八十	廿八萬三千四百八七
淡巴菰特稅	光緒十三千八百八十七續	十	九千七百十六	三十二萬六千百廿	六十二萬四千八百廿
呵里呵馬咯林特稅	光緒十二千八百八十六續	三	一千三百	一萬三千	一萬二千
輸出雜物	同	一	二百五十五	一萬五千五百	十萬二千
稅印紙	同	十	七千八百廿	三十九萬一千	百五十六萬四千
碧牙酒	光緒二千八百七十六續	七		三百五十四萬三千	七千八十六萬
淡巴菰長印紙	光緒九千八百八十三續	六		七百九十一萬九千五百	二萬萬七千六百六十萬五千

鼻菸小印紙	同	三	十七萬九千	二千八百八十二萬
同長印紙	同	四	三十三萬五千	六百廿三萬
同寬大印紙	同	五	三萬五千五百	四十二萬六千
呂宋菸長印紙	同	六	六百四十萬	六千三百四十三萬
紙卷菸小印紙	同	二	百七十萬一千	一萬萬三千六百八萬
同長印紙	同	二	三萬八千	四十二萬二千
封鎖紙			二千	十萬

銀鈔表

美利加合衆國銀票自一圓至百圓其恒用者也由五百而千而五千而萬則存票兌票居多有國立銀行票有例許通行票歲計有差可互參也述銀鈔表

分類	光緒十三年千八百八十七 國立銀行票	例許通行票	合計	比較合計 十二年千八百八十六	十一年千八百八十五	十三年千八百八十七 銀券
一圓	三九一二七四	八 一四三一九二三	二 一四七一〇五一	八 一四七二八九二	三 二三一三九一七	一三九七九四九六
二圓	二〇一五九	五 一四九三八三一	三 一五一三九九二	一 二五一五三七四	〇 二三四七二四二	八九〇五九九六

五圓	七六四二三五二一 五	九七九九〇三一 〇	一七四四一三八 三五	一八〇七八〇七 五〇	一六六〇二四九 四九	七七二八二四二
十圓	八九六二八七一 〇	七一二五七九二 四	一六〇八八六六 三四	一七〇五四四八 四四	一七五二一四六 八〇	五四二〇〇八七六
廿圓	六四一八四〇八 〇	五六七四五四六 三	一二〇九二九五 四三	一二七七〇〇七 四三	一三七〇二八七 八七	五〇六二九〇一六
五十圓	一五六七三五〇 〇	二一六九八九四 五	三七三七二四四 五	三九八九二五九 五	四三五三五一四 五	五一九六一〇〇
百圓	二四七六九四〇 〇	二九二三二八二 〇	五四〇〇二二二 〇	五七八九九九二 〇	六一二二一七九 〇	三七一三四三〇
五百圓	三一五五〇〇	八四九五五〇〇	八八一一〇〇〇	八八八五〇〇	一五四七〇五〇 〇	六六九〇〇〇
千圓	六四〇〇〇	三一九四二五〇 〇	三三〇〇六五〇 〇	三三〇二一五〇 〇	二二〇四一五〇 〇	五二一〇〇〇
五千圓		五〇〇〇〇	五〇〇〇〇	五〇〇〇〇	六五〇〇〇〇	
萬圓		一〇〇〇〇	一〇〇〇〇	一〇〇〇〇	三〇〇〇〇	
外立小票	二三七四二		二三七四二	二三七一五	二一八九〇	
總數	二七一六七五三 二九	三四六六八一〇 一五	六一九三五六三 四四	六四八六九四二 三六	六六七二五六五 八三四	一四五五四三一五〇

銀行表

銀行立自合衆國曰國立立自聯邦與民曰邦立曰私立無無本者而義庫則爲窮黎積財計其本或有或無無本之經費牛出集腋凡存銀百圓以上少給子金不及則代存而已多寡無限其本銀存銀

計至百萬而止起光緒三年訖八年此本銀存銀之綱領也其國立銀行光緒五年二千有四十八六年二千有九十七年二千一百三十二八年二千二百六十九九年二千五百有一十年二千六百六十四十一年二千七百一十四十三年三千有四十九當西紀千八百七十九至千八百八十七惟千八百八十六年未詳有貸有存有正有餘有官虧有民欠厥銀計至兆止此國銀立行之條目也述銀行表

本銀存銀弟一

年	國立銀行 數	國立銀行 本銀兆	國立銀行 存銀	邦私立銀行 數	邦私立銀行 本銀	邦私立銀行 存銀	有本存銀義庫 數	有本存銀義庫 本銀存銀數	無本存銀義庫 存銀數	總計 本銀存銀
光緒二一千八百七十六	一〇九	五〇〇	七一三	三八〇	二一四	四八〇	二六	五〇三七二六九一	八四四六六一	七一九四
	一	四	五	三	〇	〇			六 一	二〇七五三
	二〇七	四八一	七六八	三七九	二一八	四七〇	二六	四九三八二六七六	八四三六五七	七〇四五
	八	〇	二	九	六	五			二 九	二一一〇一
	二〇五	四七〇	六七七	三七九	二〇二	四一三	二三	三二二六二六六八	八〇三六四五	六七五八
	六	四	二	九	二	三			三 六	一九二〇〇
	二〇四	四五五	七一三	三六三	一九七	三九七	二九	四二三六一六四四	七四七六三六	六五六五
	八	三	四	九	〇	〇			一 〇	一八九三五
	二〇七	四五六	九〇〇	三七九	一九〇	五〇一	二九	四〇三四六六二九	七八三六五二	六五〇〇
	六	〇	八	八	一	四			〇 九	二二一九九

二一一 四六○一○三四○一二○六六二七 三六 四二三七六 六二九 八六二六七九六七○九
五 二 九九 六 五 五 三 六 二六大七三
二三三 四七七一三 四四○二三一 七四七一 三八 三九四一三 大二三 九二九七三○七 一二一
九 二 一七 三 ○ 六 八 二 二八五○四
一二三 四八四 一一一 四四七二二八 七七九 四二 四○四三五大二五 九五○ 七四四 七一七三
○八 九 九八 三 四 ○ 二 八 二九○二五

國立條目第二

	光緒五年 千八百七十九	六 千八百八十	七 千八百八十一	八 千八百八十二	九 千八百八十三	十 千八百八十四	十一 千八百八十五	十三 千八百八十七
借數	八七八五	一○四一○	一一七三八	一二四三二	一三○九二	一二四五三	一三○六一	一五八○○
通行票數	三五七三	三五七八	三六三三	三五七六	三五一四	三二七四	三○七七	一八○○
別項國券	七一二	四三六	五六五	二七四	三○七	三○四	三一八	三四六
雜券	三九七	四八九	六一九	六六二	七一一	七一四	七七五	八八八
銀行互欠	一六七三	二一三五	一三○八	一九八九	二○八九	一九四二	一三五三	二五六二
產直	四七八	四八○	四七三	四六五	四八三	四九九	五一三	五七九
金銀	四二三	一○九三	一一四三	一○二九	一○七八	一二八六	一七一九	一六五一
例行票	六九二	五六六	五三二	六三二	七○七	七七○	六九七	七三七
國立銀行票	一六七	一三二	一七七	二○七	二二七	二三三	二三一	二一九
稅關兌票	一一三○	一二一一	一八九三	二○八四	九六四	六六三	八四九	八八八

國存照票	二六八	七七	六七	八七	一〇〇	一四二	一八八	六二
國庫欠款	一七〇	一七一	一七五	一七二	一六六	一七七	一四九	九三
雜項	二二一	二三〇	二六一	二八九	二八九	三三八	三六九	四八七
以上合數	一八六八八	二一〇五八	二三五八四	二三九九八	二三七二七	二三七九五	二四二九九	二六一一二
本資	四五四一	四五七六	四六三八	四八三一	五〇九七	五二四三	五三七五	五七八五
餘款	一一四八	一二〇五	一二八一	一三二〇	一四二〇	一四七〇	一四六六	一七四〇
未分利息	四一三	四六一	五六四	六一二	六一六	六三二	五九四	七一四
流通票銀	三一三八	三一七三	三二〇二	三一五〇	三一〇五	二八九八	二六九〇	一六七四
各戶存款	七三六九	八八八二	一〇八三一	一一三四九	一〇六三六	九九三〇	一一二〇一	一二七四七
別家銀行款	二〇一二	二六七六	二九四九	二五九九	二七〇四	二四六四	二九九五	三二九五
未收雜欠	六七	八五	一一九	一二七	一四九	一五八	一〇八	二四七
以上合數	一八六八八	二一〇五八	二三五八四	二三九九八	二三七二七	二三七九五	二四四二九	二六二〇二

食貨志五

花翎二品銜直隸即補道總辦北洋機器局前游歷使臣傅雲龍述

國債年表

美利加合衆國富矣何以有國債也曰彼不以債累國正以其國之富而債之利輕也方立國英債日促雖欲債其奚多誠其債之始末亦其國之貧富所由見起乾隆五十六年此繫年也其公債有平均法每人多者以五十圓計少者一圓有奇而邦部有差此繫地也其無利之債較少其有利者年利有合有分有新有舊有戶部借欵有外銀未收以債抵數起咸豐十年即西紀千八百六十訖光緒十三年即西紀千八百八十七中間同治四年即西紀千八百六十五分計共數一以西六月止一以西八月始銀皆計圓此條目也其債利自百分之三而三有半而四而四有半而五而六而七有差同治四年彼之六月以前凡利銀十二萬萬二千一百十一萬一千九百一十八圓八月以後凡利銀二十三萬萬八千一百五十八萬有二百九十四圓厥數鉅矣光緒十三年利銀十萬萬八千六百三十一萬

五千八百六十二圓債日以減此利率也述國債表

繫年第一

年	國債	年	國債
乾隆五十六 千七百九十一	七五四六三四七六·五二	道光二十 千八百四十	五二二五〇八七五五四
五十七 千八百九十二	七七二二七九二四·六六	二十一 千八百四十一	一三五九四四八〇七三
五十八 千七百九十三	八〇三五二六三四〇四	二十二 千八百四十二	二〇六〇一二二六三八
五十九 千七百九十四	七八四二七四〇四·七七	二十三 千八百四十三	三二七四二九二二〇〇
六十 千七百九十五	八〇七四七五八七·三九	二十四 千八百四十四	二三四六一六五二五〇
嘉慶元 千七百九十六	三八七六二一七二〇七	二十五 千八百四十五	一五九二五三〇三〇一
二 千七百九十七	八二〇六四四七九三三	二十六 千八百四十六	一五五五〇二〇二九七
三 千七百九十八	七九二二八五二九一二	二十七 千八百四十七	三八八二六五三四七七
四 千七百九十九	七八四〇八六六九七七	二十八 千八百四十八	四七〇四四八六二二三
五 千八百	八二九七六二九四三五	二十九 千八百四十九	六三〇六一八五八六九
六 千八百一	八三〇三八〇五〇八〇	三十 千八百五十	六三四五二七七三五五
七 千八百二	八〇七二六三二二二五	咸豐元 千八百五十一	六八三〇四七九六〇二

八	千八百三	七七〇五四六八六三〇
九	千八百四	八六四二七二二〇八八
十	千八百五	八二三一二一五〇五〇
十一	千八百六	七五七二三二七〇六六
十二	千八百七	六九二一八三九八六四
十三	千八百八	六五一九六三一七九七
十四	千八百九	五七〇二三一九二〇九
十五	千八百一十	五三一七三二一七五二
十六	千八百十一	四八〇〇五五八七七六
十七	千八百十二	四五二〇九七三七九〇
十八	千八百十三	五五九六二八二七五七
十九	千八百十四	八一四八七八四六二四
二十	千八百十五	九九八三三六六〇一五
二十一	千八百十六	一二七三三四九三三七四
二十二	千八百十七	一二三四九一九六五一六
二	千八百五十二	六六一九九三四一七一
三	千八百五十三	五九八〇三一一七七〇
四	千八百五十四	四二二四二二二二四二
五	千八百五十五	三五五八六九五六五六
六	千八百五十六	三一九七二五二七九〇
七	千八百五十七	二八六九九八三一八五
八	千八百五十八	四四九一一八八一〇三
九	千八百五十九	五八四九六八三七八八
十	千八百六十	六四八四二二八七八八
十一	千八百六十一	九〇五八〇八七三七三
同治元	千八百六十二	五二四一七六四一二一三
二	千八百六十三	一一一九七七二一三八六三
三	千八百六十四	一八一五七八四三七〇五七
四	千八百六十五	二〇八六〇四七八六九七四
五	千八百六十六	二七七三二三六一七三六九

二十三	千八百十八	一〇三四六六六三三八三
二十四	千八百十九	九五五二九六四八二八
二十五	千八百二十	九一〇一五五六六一五
道光元	千八百二十一	八九九八七四三七六六
二	千八百二十二	九三五四六六七六九八
三	千八百二十三	九〇八七五八七七二八
四	千八百二十四	九〇二六九七七七七七
五	千八百二十五	八三七八八四三二七一
六	千八百二十六	八一〇五四〇五九九九
七	千八百二十七	七三九八七三五七二〇
八	千八百二十八	六七四七五〇四二八七
九	千八百二十九	五八四二一四一三六七
十	千八百三十	四八五六四四〇六五〇
十一	千八百三十一	三九一二三一九一六八
十二	千八百三十二	二四三二二二三五一八
六	千八百六十七	二六七八一二六一〇三八七
七	千八百六十八	二六一一一八七八五一一九
八	千八百六十九	二五八八四五二二一三九四
九	千八百七十	二四八〇六七二四二七八一
十	千八百七十一	二三五三二一一三二三一
十一	千八百七十二	二二五三二五一三二八七八
十二	千八百七十三	二二三四四八二九三二〇
十三	千八百七十四	二二五一六九〇四六八四三
光緒元	千八百七十五	二二三二二八四五三一九五
二	千八百七十六	二一八〇三九五〇六七一五
三	千八百七十七	二二〇五三〇一三九二一〇
四	千八百七十八	二二五六二〇五八九二五三
五	千八百七十九	二三四九五六七四八〇四
六	千八百八十	二一一二〇四一五三七〇一三
七	千八百八十一	二〇六九〇一三五六九五八

十三	千八百三十三	七〇〇一六九八八八
十四	千八百三十四	四七六〇〇八二〇三
十五	千八百三十五	三七五一三〇六
十六	千八百三十六	三三六九五七八三
十七	千八百三十七	三三〇八一二四〇
十八	千八百三十八	一〇四三四二二一一四
十九	千八百三十九	三五七三三四三八二
八	千八百八十二	一九一八三一二九九四〇三
九	千八百八十三	一八八四一七一七二八〇七
十	千八百八十四	一八三〇五二八九一三五七
十一	千八百八十五	一八八九五七七一〇三七五
十二	千八百八十六	一四六四二二七四九三三五
十三	千八百八十七年	一二七九四二八七三七〇二

繫地第二

光緒六年千八百八十	邦債	郡債	工部債	合數	前十年比較
都邦					
科侖布亞			二二六七	二二六七	二五九六
			五四五九	五四五九	五四五
阿拉巴	九〇七一	一七〇三	三九五三	一四七二	一三二七
麻	七六五	二六六	五一四	八五四五	七一五四
阿蘭巴	四〇三九	三一三五	七六三二	七九三八	四一五一
斯	七三七	七四九	九八	七八四	一五二
嘉里符	三三〇六	七三一二	六一三六	一六七五	一八〇八
尼亞	六一四	四八九	五八五	五六八八	九〇八二
路哪拉	二三八一	二四九二	八八九〇	三四〇五	六八一一
尊	四	四六一	四一	二九六	五八

光緒六年千八百八十	邦債	郡債	工部債	合數	前十年比較
邦部					
紐析	八一三六	六六六八	四二〇六	四九五一	二二八五
爾西	七五	四六三	四六六一	七一〇二	四三〇四
紐約	七五三六	一二三九	一九八七	二一八七	一五九八
	七三二	九三〇八	八七三四	二三三四	〇八三四
諾司咯爾	五七〇六	一五二四	九六三三	八一九四	三二四七
勘那	六一六	六五四	三六	六〇六	四〇三六
倭海	五七三二	二九六二	四〇〇五	四八七五	二二二四
約	五〇〇	六四九	八八〇五	二九五四	一九八八
頓里	五一一三	二一一七	一二五三	八四八五	二一八四
根	七六	六七	五九	〇二	八六

美利加圖說卷十七　二十一

干捏底	四九六七	一〇一四	一六九三	二二〇〇	一七〇八
嘎奪	六〇〇	〇〇	二六六一	一六六一	八九〇六
特納窪	八八〇七	四四〇〇	一四二一	二二四六	五二六一
	五〇	〇	五八三五	八五	二五
佛勒里	一一二四	四三五九	一〇五五	一六二六	二一八五
翕	八八〇	九三	六三六	五〇九	八三八
若耳治	九九五一	一八一七	九五四八	一九六八	二一七五
亞	五〇〇	九〇	六一三	一九〇三	三七一二
伊利那		一四一八	二〇九九	四五一八	四二一九
倚斯		一一三四	九七八八	〇九二二	一八六九
英聲阿	四九九八	〇四〇八	九三〇七	一八二五	七一一八
紐	七八	〇五四	五〇五	三七三七	七一〇
愛阿窪	三七〇四	二九九二	四五九九	七九六二	八〇四三
	三五	五七三	七五九	七六七	一二三
剛色斯	一〇八七	七九五〇	六九六七	一六〇〇	九四四二
	七〇〇	九二一	二三二	五八五三	二八二
得基	一〇八九	五八七七	八〇一〇	一四九七	一八九五
絨	〇五六	〇四三	九八二	七〇八一	三四八四
曾西阿	三二三四	一一〇七	一八三二	五一七七	五八〇八
紐	三七四〇	九五一	〇三七一	二〇五二	七四四一
緬	四六八二	四五一八	一七二七	二二四〇	一六六二
	七四一	〇九	二三〇〇	六八五〇	四六二四
瑪理蘭	七六二七	一三七七	一八九一	一〇八九	二九〇三
	六六八	三二五	〇一三	〇〇六	二五七七
馬沙朱	二〇一五	一三七一	六九七五	九一二八	九二一
色士	九四七八	二一三	三二二二	三九一三	一五三八
密西根		八九六七	七九〇六	八八〇三	六七二五
		〇〇	四四四	一四四	一二一
梅尼所	二五六五	九〇一四	五〇〇〇	五三四七	二七八八
達	〇〇〇	一二	九九五二	六〇六四	七九七

資夕偶尼	二〇一一	九七八一	八三五三	一一四〇	八九〇二
亞	六二八五	三八四	七〇九〇	三四五	七一三一
格侖	一八三二		一一二七	一三一〇	五九三八
挨偏	四六三		〇三二七	二七九〇	六四二
諾司路爾	六六三九	一五七三	五一一二	一三三四	一三〇七
勒必	一七一	八五九	九〇八	五九三八	五二二九
田捏	二七四四	三〇六〇	六八八六	三七三八	四八八二
西	〇四三一	五四五	九二四	七九〇〇	七一九一
德洛	五五六六	二四九九	三五三八	一一六〇	一六一三
斯	九二八	二八七	六九八	四九一三	九〇七
蒙家	四〇〇〇	二三四二	四三二四	四三五二	三五九四
尊		一	七四七	一六八	七〇〇
勿爾治尼	二九三四	一二八三	一一四七	四二〇九	五五九二
亞	五二二六	五七四	一〇〇二	九八〇二	一二五五
威士衆勿		五九二七	九二〇六	一一一三	五六一七
爾治尼亞		八〇	四四	四二四	六七
威士	二二五二	二二二二	七三三一	一一八七	五九〇三
千遜	〇五七	二二五四	六八一	九九二	五三二
阿里		三五三二	二七二八	三八〇五	一〇五〇
那		一七	四	〇一	〇
打戈		九六一五	三七二九	一〇三八	五七六一
達		七〇	〇	八六	
偈	八八三八	一四三七	三一九六	二三五三	二二二六
和	一	四二		一九	二一
孟大	六四六七	六五九六	三五五	七五九九	二七八七
那	七	九六	二	二五	一九
紐墨		八四八七		八四八七	七五六〇
西哥		二		二	
尤達	六一二〇	一五一三	九一九九	一一三二	
		二	九	五	

嗑士苜 三七九四一一三四 四九八九二〇 一三二五九四 華盛 二〇四三三四九一二三三 八八

比 八五 七六三 四二 一九〇 四一五 頓 八四 七 二 七

密蘇釐 一六二五 一一九二二 一九二一四 五七四三 四六九〇 至阿 一七〇〇 一六九三 一九〇八 二〇五四

九〇〇〇 三三一二 九〇一〇 一三二二 九八六五 明 〇 七七 五 六二

拏布拉 三七五五 五一二〇 一九二九 七四二五 一〇八九

士格 八二 一二六二 八一三 七五七 二六四

列法達 八九一〇 一三三五 一〇二四 一九八六 總計 二四三五 一六九八 五四五五 一八二 八七六八

一七 〇六 五二三 〇九三 一四一五六 〇一一九 一四七八 〇三三五 八五〇二

九 二 九〇 〇

紐罕布酉耳 三六一 七六九〇 九三八三 一〇七二二一五

二二〇〇 三四 九一六 四一七〇三三七三

條目第三

年		年利	利完債	無利債	外銀未收	戶部債	衆利	分攤利	總利
咸豐十	千八百六十	三四四三六八七	二〇一四五〇		六四八四二三八八	四八七七八八一六	九九六四四〇二	一九一	二
十一	千八百六十一	五〇九二六三〇	一九九九九		六〇五八〇八七四	二八六二二一三	八七七一八六二七四六〇		一六
同治元	千八百六十二	二二〇四八三〇九	二八〇一九五	一五八五九一三九〇	五二四一七六四一二	一八八六三六六〇	五〇五三二二七五二	一五四五	六七
二	千八百六十三	四一八五四一四八	四七三〇四八	四一一七六七四五六	一一一九七七一二三八	八四二二四〇一	一一一三五三三〇七三七	三一	一一二五
三	千八百六十四	七八八五三四八七	四一六三三五	四五五四三七二七一	一八一五七八四一三七〇	一〇六三三〇九三	二一七〇九四五〇二一二二二七七		一三三一
四	千八百六十五年六月止	一三七七四六二一七	一二四五七七一	四五八〇九〇一八〇	二六八〇六四七八六九	五八三二〇一三	二七四八一七六九八五八五六		三九七
	千八百六十五年八月起	一五〇九七七六九七	一五〇三〇二〇	四六一六一六三二	二八八四四六四九一六二六	八八二一八〇五五	二七五六四三七八二五一五七一		四二九
五	千八百六十六	一四六〇六八一九六	九三五〇九二	四三九九六九八七四	二七七三三三六一七三	一三七二〇〇〇一〇	二六二六〇一一四二二二六一六三		四一二二六

六	千八百六十七	一三八八九二一八四〇六一	四五一	五	四二八二二二六七八一二	八一〇一	六一〇三	一六九九七四	八九二	二五〇八一五	二一一	六九二六	三八四
七	千八百六十八	一二八四五九一一九七三四	五九八	〇	四〇八四〇二六一一六八	一七八二	七八五一	一三〇八三四	四三八	二四八〇八五	三四一三	六七二〇	三四八
八	千八百六十九	一二五五二三五二六〇一八	九九八	一	四二一一三二五八八四五	一五一〇	二二一三	一五五六八〇	三四〇	二四三二七七	一八七三	六四四三	三三二
九	千八百七十	一一八七八四三七〇八六四	九六〇	一	四三〇五〇二四八〇六七	八〇六四	二四二七	一四九五〇二	四七一	二三八一一六	九九五六	六〇四六	三〇八
十	千八百七十一	一一一九四九一九四八九〇	三三〇	二	四一六五六二三五三二二	五六八〇	一三三二	一〇六二一七	二六四	二二四六九九	四〇六八	三六八一	二八三
十一	千八百七十二	一〇三九八八七九二六七九	四六三	七	四三〇五三二二五三二五	〇四三一	一二二八	一〇三四七〇	七九八	二一四九七八	〇五三〇	五二六五	二五六
十二	千八百七十三	九八〇四九八五一九二九七	〇四	一〇	四七二〇六一二三四四八	九三三二	一九一三	一二九〇二九	三三	二一〇五四六	一〇六〇	五〇四九	二三五
十三	千八百七十四	九八七九六〇三二一六五九	〇四	〇	五〇九五四二二五一六九	三一二八	〇四六八	一四七五四一	三一五	二一〇四一四	九一五三	四九一〇	二三一
光緒元	千八百七十五	九六八五五六一一四二五八	九〇	二〇	四九八一八二二三二二八	二四一一	四五三一	一四二二四三	三六一	二〇九〇〇四	一一七〇	四七四四	二一九
二	千八百七十六	九五一〇四二三九〇二四二	六九	〇	四六五八〇二一八〇一二	七一九六	九五〇六七	一九四六九	七二六	二〇六〇九二	五三四〇	四五四八	二一〇
三	千八百七十七	九三一六〇六一六六四八八	四三	六〇	四七六七六二二〇五三〇	四〇三一	一三九二	一八六〇二五	九六一	二〇一九二七	五四三一	四三三一	二〇〇
四	千八百七十八	九四六五四四五五九四五六	七二	〇	四五五八七二二五六二〇	五六八二	五八九二	二五六八一三	六一二	一九九九三八	二三八〇	四一六七	一九七
五	千八百七十九	八三七七三七三七〇一五六	七八	三〇	四一〇八三二二四五四九	五七四二	五〇七二	二四九〇八〇	一六七	一九九六四一	四九〇五	四〇四二	一六九
六	千八百八十	七九六三三九七六二二四五	八一	五	三八八八〇二一二〇四一	〇八一五	五二七〇	二〇一〇八三	六二三	一九一九三二	六七四八	三八一六	一五八
七	千八百八十一	七五〇一八六六七二三八六	九五	五	四一二七二二〇六九〇一	一九五四	三五七〇	二四九三六三	四一五	一八一九六五	〇一五四	三五一二	一四五

八	千八百八十 二	五七三六〇一 一一	一六二六〇八 〇五	四三二四一 七八九	一九一六三一 二九九四	二四三二八九 五二〇	一六七五〇二三一七二 三四七四	一〇〇
九	千八百八十 三	五一四三六七 〇九	七八三一四一 五	五三八一一一 一一六三	一八八四一七 一七二八	三四五三八九 九〇三	一五三八七八二八四二 一八二五	九五
十	千八百八十 四	四七九二六四 三二	一九六五二〇 五	六四三〇八 八六八	一八三〇五二 八九二四	三九一九八五 九二八	一四三八五五二五八九 二九九五	八六
十一	千八百 八十五	四七〇一四一 三三	四一〇〇九五	六六三七一 二九二八	一八〇三九六 四八七三	四八八六一二 四二九	一二七五三五二四一四 二四四四	八三
十二	千八百 八十六	四九三八七五 〇九	九七〇四四四 五	五三六一〇 三一四八	一七八三四三 八六九八	四九二九一七 一七三	一二九〇五二二二〇九 一五二五	八四
十三	千八百 八十七	四一七八〇五 二九	六一一五一六 五	五九五七九 八五六四	一七〇〇七七 一九四八	四八二四三三 九一七	一二一八三三二一〇二五 八〇三一	六九

利率第四

年	百分之三	三分半	四分	四分半	五	六	七	總計
咸豐十 千八百六十					四三四七六 三〇〇	二一一六四 五三八		六四六四〇八 三八
十二 千八百六十一					三三〇二三 二〇〇	五七三五八 六七四		九〇三八〇八 七四
同治元 千八百六十二			五七九二六 一一六		三〇四八三 〇〇〇	一五四三一 三二二五	一二二五八 二四八五	三六五三〇四 八二六
二 千八百六十 三			一〇五六二 九三八五		三〇四八三 〇〇〇	四三一四四 四八一四	一三九九七 四四三五	七〇七五三一 六三四
三 千八百六十 四			七七五四七 六九六		三〇〇二一 三四八〇	一四二八八 二六五二	一三九二八 六九三五	一三五九九三 〇七六三
四 千八百六十五年六月止			九〇四九六 九三一		二四五七〇 九四二〇	一二一二四 九五一七〇	六七一六一 〇三九七	二三二一三一 一九一八
千八百六十五年八月起			六一八一二 八		二六九一七 五七二七	一二八一七 三六四三九	八三〇〇〇 〇〇〇〇	二三八一五三 〇二〇四

美利加圖經卷十六

五 千八百六十六			一二一四四一八七九		二○一九八二六六五	一一九五五四六○四一	八一三四六○六二二	二三三二三三一二○七
六 千八百六十七			一七七三七○二五		一九八五三三四三五	一五四三四五一○八○	四八八三四四八四七	二二四八○六七三八七
七 千八百六十八	六四○○○○○○		八○一三六一		二二一五八六一八五	一八七八三○三九八四	三七三九七一九七	二二○二○ノ八七二七
八 千八百六十九	六六一二五○○○				二二一五八八三○○	一八七四三四七二二二		二一六二○六○五二二
九 千八百七十	五九五五○○○○				二二一五八八三○○	一七六五三一七四二二		二○四六四五五七二二
十 千八百七十一	四五八八五○○○		六七八○○○		二七四二三六四五○	一六一三八六七三○○		一九三四六九六七五○
十一 千八百七十二	二四六六五○○○		六七八○○○		四一四五六七三○○	一三七四八八三○○○		一八一四七九四一○○
十二 千八百七十三	一四○○○○○○		六七八○○○		四一四五六七三	一三八一二三八六五○		一七一○四八三九五○
十三 千八百七十四	一四○○○○○○		六七八○○○		五一○六二八○五○	一二一三六二四七○○		一七三八九三○七五○
光緒元 千八百七十五	一四○○○○○○		六七八○○○		六○七一三二七五○	一一○○八六五五五○		一七二二六七六三○○
二 千八百七十六	一四○○○○○○				七一一六八五八○○	九八四九九九六五○		一七一○六八五四五○
三 千八百七十七	一四○○○○○○			一四○○○○○○○	七○三二六六六五○	八五四六二一八五○		一七一一八八八五○○
四 千八百七十八	一四○○○○○○		九八八五○○○○	二四○○○○○○○	七○三二六六六五○	七三八六一九○○○		一七九四七三五六五○
五 千八百七十九	一四○○○○○○		七四一五二二○○○	二五○○○○○○○	五○八四四○三五○	二八三六八一三五○		一七九七六四三七○○
六 千八百八十	一四○○○○○○		七三九三四七八○○	一五○○○○○○○	四八四八六四九○○	二三五七八○四○○		一七二三九九三一○○

五

七	千八百八十一	一四〇〇〇〇〇〇		七三九三四七八〇〇	二五〇〇〇〇〇〇〇	四三九八四一三五〇	一九六三七八六〇〇	一六三三九五六七七五〇
八	千八百八十二	一四〇〇〇〇〇〇	四六〇四六一〇五〇	七三九三四九三五〇	二五〇〇〇〇〇〇〇			一四六三八一〇四〇〇
九	千八百八十三	三二一八二〇四三五〇	三二〇八二六〇	七三七九四二二〇〇	二五〇〇〇〇〇〇〇			一三三八二二九一五〇
十	千八百八十四	二三八六一二一五〇		七三七九五一七〇〇	二五〇〇〇〇〇〇〇			一二二六五六三八五〇
十一	千八百八十五	二〇八一九〇五〇〇		七三七九六〇四五〇	二五〇〇〇〇〇〇〇			一一九六一五〇九五〇
十二	千八百八十六	一五八〇四六六〇〇		七三七九六七五〇〇	二五〇〇〇〇〇〇〇			一二二一〇六三七六一二
十三	千八百八十七	三三七一六五〇〇		七三七九七五八五〇	二五〇〇〇〇〇〇〇		六四六二三五一二	一〇八六三一五八六二

利率異同表

不言利而以美利利天下固難爲外人道也美利加開國百年有奇大率以利爲權即利生息其細焉者然亦未嘗無則厥例許取百之六至百之十面議者百之六至百之十八違則罰本罰利或本利並罰或立禁限有期之券或展或否邦部自爲令有差雖畫一未聞而與中國禁重利律意儻亦暗符歟述利率異同表

	例許利息	面議	逾例罰率	屆限
華盛頓都	六	二〇	罰利	許
紐罕布西耳	六		六罰利	許

阿拉巴麻	八	八	罰利	許	紐折爾西	六	六	無	許
阿剛色斯	六	一〇	罰利	許	紐約	六	六	本利叅罰	許
嘉里符尼亞	七		無	許	諾那司客爾勒	六		罰利	許
喀挪拉尊	一〇		無	許	倭海約	六	八	禁逾利規	許
干揑底嘎尊	六	六	無	許	頻里根	八	一〇	本利叅罰	許
特納窪	六	六	罰本	許	賓夕佛尼亞	六	六	禁逾利規	許
佛勒里畬	八		禁逾利規	許	洛畬埃倫	六		無	許
若耳治亞	七	八	禁三倍利	許	叟那司客爾勒	七	一〇	禁倍利	許
伊利那倚斯	六	八	罰利	許	田揑西	六	六	禁重利	許
英黛阿納	六	八	無	許	德格瑟斯	八	三	罰利	許
愛阿窪	六	一〇	禁逾利規	許	窪蒙	六	六	禁逾利規	許
剛色斯	七	三十分	禁八分至	許	勿爾治尼亞	六	六	禁八之六	許
根得基	六	六	罰利	許	威士尊勿爾治尼亞	六	六	禁逾利規	許
魯西阿納	五	八	無	許	威士干遜	七	一〇	罰利	許
緬	六		禁逾利規	許	阿里瑣那	一〇		無	許

瑪理蘭	六	六	無	許	打戈達	七	三	禁逾利規	許
馬沙朱色士	六		禁逾利規	許	埃得和	一〇	一八	罰利	許
密西根	七	一〇	禁逾利規	許	孟大那	一〇		禁逾利規	否許
梅尼所達	七	一〇	禁逾利規	許	紐墨西哥	六	三	本利坎罰	否許
密士昔比	六	一〇	罰利	許	尤達			無	否許
密蘇蘿	六	一〇	無	許	華盛頓	一〇		無	許
挐布拉士格	七	一〇	無	許	歪阿明	三		無	許
列法達	一〇		禁三倍利	許					

美利加食貨志六　游歷美利加圖經十七

花翎二品銜直隸即補道總辦北洋機器局前游歷使臣傅雲龍述

出入表

美利加合衆國所入曰海關曰內稅曰直稅曰公地曰雜收曰淨入所出曰工曰兵曰養民曰酬勞曰子金其計出入之筴自乾隆五十四年始就光緒十三年言凡出銀二萬六千七百九十三萬二千一百八十圓其入除費而外實銀三萬七千一百四十萬三千二百七十七圓述出入表

計入第一

	海關	內稅	直稅	公地	雜收	淨入
乾隆五十四五六	四三九九四七三				一〇四七八	四四〇九九五一
五十七千七百九十二	三四四三〇七一	二〇八九四三			九九一九	三六六一九三三
五十八	四二五五三〇六	三三七七〇六			二一四一一	四六一四四二三
五十九	四八〇一〇六五	二七四〇九〇			五三二七八	五一二八四三三
六十千七百九十五	五五八八四六二	三三七七五五			二八三一八	五九五四五三四

嘉慶元	六五六七九八八	四七五二九〇		四八三六	一一六九四一六	三二一七五三〇
二	七五四九六五〇	五七五四五一		八三五四二	三九九一三九	八六〇七八二一
三	七一〇六〇六二	六四四三五八		一一九六三	五八一九三	七八二〇五七六
四	六六一〇四四九	七七九一三六			八六一八八	七四七五七七三
五 千八百	九〇八〇九三三	八〇九三九七	七三四二二四	四四四	一五二七一二	一〇七七七一〇
六	一〇七五〇七七九	一〇四八〇三三	五三四三四三	一六七七二六	三四五六四九	三三八四六五三〇
七	三四三八二三六	六二一八九九	二〇六五六六	一八八六二八	一五〇〇五〇六	一四九五五八三五
八	一〇四七九四一八	二一五一八〇	七一八七九	一六五六七六	一三一九四五	一〇六四〇九八
九	二〇九八五六五	五〇九四一	五〇一九九	四八七五二七	一三九〇七六	二八二六三〇七
十 千八百五	三九三六四八七	二一七四七	二一八八三	五四〇一九四	四〇三八二	三五六〇六九二
十一	一四六六七六九八	二〇一〇一	五五七六四	七六五二四六	五一一二二	一五五五九九三一
十二	一五八四五五二二	一三〇五一	三四七三三	四六六一六三	三八五五〇	一六三九八〇一九
十三	一六三六三五五〇	八一九〇	一六一五九	六四七九三九	二一八二三	一七〇六〇六六二
十四	七二五七五〇七	四〇三四	七五一七	四四二二五二	六二一六三	七七七三四七三
十五 千八百十	八五八三三〇九	七四三一	一二四四九	六九六五四九	八四四七七	九三八四二一四

十六	三三三三二三	二二九六	七六六七	一〇四〇二三八	五九二一一	一四四三三六三四
十七	八九五八七七八	四九〇三	八五九	七一〇四二八	一二六一六五	九八〇一一三二
十八	一三三二四六二三	四七五五	三八〇六	八三五六五五	二七一五七一	一四三四〇四一〇
十九	五九九八七七二	一六六二九八五	二二一九四九七	一一三五九七一	一六四四〇〇	二八一六二五
二十千八百十五	七二八二九四二	四六七八〇五九	三二六二六七三	三八七九五九	二八五二八三	一五六九六九一七
二十一	三六三〇六八七五	五二二四七〇八	四二五三六三五	一七一七九八五	二七三七八二	四七六七六九八六
二十二	二六二八三三四八	二六七八一〇一	一八二四一八七	一九九二三三六	一〇九七六一	三三八九六六二三
二十三	一七一七六三八五	六五五二七〇	二六四三三三	二六〇六五四五	五七六一八	二一〇六〇一七一
二十四	二〇二八三六〇九	二二九五九四	八三六五一	三三七四四二三	五七〇九八	三三九二八三七四
二十五千八百二十	一五〇〇五六一二	一〇六二六一	三一五八七	一六三五八七二	六一三三九	一六八四〇六七〇
道光元	一三〇〇四四四七	六九〇二八	二九三四九	一二二九六六	一五二五八九	一四四六八三八〇
二	一七五八九七六二	六七六六六八	二〇九六二	一八〇三五八二	四五二九五七	一九九三五九二八
三	一九〇八八四三三	三四二四一	一〇三三八	七一六五二三	一四一一二〇	二〇一九〇六六六八
四	一七八七八三二六	三四六六三	六二〇二	九八四四一八	一二七六〇四	一九〇三二一三
五千八百二十五	二〇〇九八七一三	二五七七一	二三三一	一三一六〇九一	一三〇四五二	二二四七五三五八

六	二三三四一三三二	二一五九〇	六六三九	一三九三七八五	九四五八九	二四八五七九三四
七	一九七一二二八三	一九八八六	二六二七	一四九五八四五	一三二五七二八	二三五四六三六四
八	二三三〇五五二四	一七四五二	二二一九	一〇一八三〇九	六五一二七	二四三〇八六二九
九	三六八一九六六	一四五〇三	一一三三五	一五一七一七五	一一三六四九	二四三三七六二七
十 一千八百三十	二九二三三九一	一二一六一	一六九八一	二三二九三五六	七三二二八	二四三五四一七
十一	二四二三四四四二	六九三四	一〇五〇六	三三〇八一五	五八四一二四	二八〇三六八二一
十二	二八四六五二三七	一一六三一	六七九一	二九二三三八一	二七〇四一一	三一三七七四五一
十三	二九〇三二五〇九	二七五九	三九四	三九六七六八三	四七〇〇九七	三三四七三四四一
十四	一六二一四九五七	四一九六	二〇	四八五七六〇一	四八〇八一二	二一五五七五八六
十五 一千八百三十五	一九三九一三一一	一〇四五九	四二六三	一四七五七六〇一	七五九九七二	三四九二三六〇六
十六	二三四〇九九四〇	三七〇	七二九	二四八七七一八〇	二三四五九〇二	五〇五八四一二一
十七	二一一六九二九〇	五四九四	一六八八	六七七六二三七	七〇〇一四四五	二四九五四一五三
十八	一六一五八八〇	二四六七		三七三〇九四六	六四一〇三四九	二六三〇二五六二
十九	二三三七九二五	二五五三	七五五	七三六一五七六	九七九九四〇	三一四八二七五〇
二十 一千八百四十	一三四九九五〇二	一六八二		三四一一八一九	二五六七一一二	一九四八〇一一五

二十一	一四四八七二一七	三二六一		一三六五六八二七	一〇〇四〇五五	一六八六〇一六〇
二十二	一八一八七九〇九	四九五		一三三五七九七	四五一九九六	一九九七六二一九七
二十三	七〇四六八四四	一〇三		八九八一五八	二八五八九六八	八二三一〇〇一
二十四	二六一八三五七一	一七七七		二〇五九九四〇	一〇七五四二〇	二九三二〇七〇八
二十五千八百四十五	二七五二八一一三	三五一七		二〇七七〇二二	三六一四五四	二九九七〇一〇六
二十六	二六七一二六六八	二八九七		二六九四四五二	二八九九五〇	三九六九九六八
二十七	二三七五七〇七一	三七五		二四九八三五五	二二一八〇八	二六四六七四〇三
二十八	三七五七七一	三七五		三三二八六四三	六一二六一一	三五六九八六九九
二十九	二八三四六七三九			一六八八九六〇	六八五三七九	三〇七二一〇七七
三十千八百五十	三九六六八六八七			一八五九八九四	二〇六四三〇八	四三五九二八八九
咸豐元	四九〇一七五六八			二三五二三〇五	一一八五一六六	五二五五五〇三九
二	四七三三九三二七			二〇四三二四〇	四六五二四九	四九八四六八一六
三	五八九三一八六六			一九九七〇八五	九八八〇八一	六一五八七〇三一
四	六四二二四一九〇			八四七〇七九八	一一〇五三五三	七三八〇〇三四一
五千八百五十五	五三一三五七九四			二一四九七〇四九	八二七七三一	六五三五〇五七五

六	六四〇二二八六三			八九一七六四五	一一一六一九一	七四〇五六六九九
七	六三八七五九〇五			三八二九四八七	一二五九九二	六八九六五三二
八	四一七八九六二一			三五一三七一六八	一三五二〇二九	四六六五五五六六
九	四九五六五八二四			一七五六六八七	一四五四五九六	五二七七一〇八
十	五三一八七五一二			一七七八五五八	一〇八八五三〇	五六〇五四六〇
十一	三九五八二三六			八七〇六五九	一〇二三五一五	四一四七六二九九
同治元	四九〇五六三九八		一七九五三三二	一五二一二〇四	九一五三二八	五一九一九二六
二	六九〇五九六四二	三七六四〇七八八	一四八五一〇四	一六七六一七	三七四一七九四	一二一〇九四九四六
三	一〇二三六一五三	一〇九七四二一三四	四七五六四九	五八八三二三	三〇二九一七〇二	二四三四一二九七一
四千八百六十五	八四九二八二六一	二〇九四六四二五	一二〇〇五七三	九九六五五三	二五四四一五五六	三三二〇三一五八
五	一七九〇四六六五三	三〇九三六八一三一	一九七四七五四	六六五〇三一	二九〇三六三一四	五一九九四九五六四
六	一七六七一七八二	三六六〇二七五三七	四二〇〇二三四	一一六三五七六	一五〇三七五二二	四六二八四六六〇
七	一六四四六四六〇〇	一九一〇八七五八九	一七八八一四六	一三四八七一五	一七七四五四〇四	三七六四三四四五四
八	一八〇〇四八四二七	一五八三五六四六一	七六五六八六	四〇二〇三四	一三九九七三三九	三五七一八二五六
九千八百七十	一九四五三八三七四	一八四八九九七五六	二二九一〇二	三三五〇四八二	一三九四二一八	三九五九五九八三四

十	二〇六二七〇四〇八	一四三〇九八一五四	五八〇三五五	二三八八六四七	二三〇九三五四一	三七四四三一一〇五
十一	三六三七〇二八七	一三〇六四二七八		二五七五七一四	一五一〇六〇五一	三六四三九四二三〇
十二	一八八〇八九五三三	一三三七二九三一四	三一五二五五	二八八二三一二	一七一六八二七〇	三三二一七七一六七四
十三	一六三三〇三八三四	一〇二四九七八五		一八五二四二九	三三五七五〇四三	二九九九四一〇九一
光緒元 千八百七十五	一五七一九七七二二	一一〇〇七四九四		一四一三一六四〇	一五四三二九一五	二八四〇二〇七七一
二	一四八〇七一九八五	一一六七〇〇七三二	九三七九九	一一二九四六七	二一四〇七〇六〇三	二九〇〇六六五八五
三	一三〇九五六四九三	一一八六三〇四〇八		九七六二五四	三〇四三七四八七	二八一〇〇〇六四二
四	一三〇一七〇六八〇	一一〇五八一六二五		一〇七九七四三	一五六一一七二八	二五七四四六七七六
五	三七二五〇〇四八	一一三五六六一		九二四七八一	二〇五八五六九七	二七二三二一三七
六 千八百八十	一八六五三三〇六五	一三四〇〇九三七四	三一	一〇一六五〇七	二九七八五二五	三三三五二六五〇一
七	一九八一五九六七六	一三五二六四三八六	一五一七	三〇一八六二	二五一五四八五一	三三六〇七八三九三
八	三〇四一〇七二〇	一四六四九七五九五	一六〇一四二	四七五三一四〇	三一七〇三六四二	四〇三五二五二五〇
九	二二四七〇六四九七	一四四七二〇三六九	一〇八一五七	七九五五八六四	三〇七九六六九五	三九八二八七五八二
十	一九五〇六七四九〇	一三五八六〇七三	七〇七二一	九八一〇七〇五	二一九八四八八二	三四八五一九八七〇
十一 千八百八十五	一八一四七一九三九	一一三四九八七二六		五七〇五九八六	二四〇一四〇五五	三二三六九〇七〇六

十二	一九二九〇五〇二三	一二六八〇五九三六	一〇八二四〇	五六三〇九九九	二〇九八九五二八	三三六四三九七二七
十三	二七二八六八九三	一一八八三三九一	三二八九二	九二五四二八六	二六〇〇五八一五	三七一四〇三二七七
總計	五八五八九七一六七三	五六八二八九四五七	二八一三〇四三	二五〇八七七一六四	五九四〇七八八六	一〇三〇〇三四七五七九

計出第二

	國內修葺費	陸軍費	海軍費	印甸費	報費	出利	連利共費
乾隆五十四五六	一〇八三九七二	六八三二〇八〇四		二七〇〇〇	一七五八一四	二一七七八六三	二〇九七四五二
五十七 千七百九十二	四九七二六八六四	一一〇〇七〇二		三三六四九	一〇九二四三	二五七二三六二二	八二六九八七〇
五十八	五二四五一	一一二〇二四九		二六二八三	八〇〇八八	二〇九七八五九	三八四六九三〇
五十九	七五〇三五二	二六三九〇九六	六一四〇九	一三〇四三	八一三九九	二七五二五三	六二九七八三
六十 千七百九十五	一三七八九二	二四八〇九〇	四一〇五六二	二二四七六	六八六七三	二九四七〇五九	七三〇九六〇一
嘉慶元	八〇一八四八	一二六〇二九四	二七四七八四	二三五六四	一〇〇八四四	三三三九三四八	五七九〇六五一
二	一二五九四二三	一〇三九四〇二	二八二六二三	六二三九七	九二二五七	三一七二五一七	六〇〇八六二七
三	一一三九五二五	二〇〇九五二	一三八一三四八	一六四七〇	一〇四八四五	二九五五八七六	七六〇七五八六
四	一〇三九三九二	二四六六九四七	二八五八〇八二	二〇二〇二	九五四四四	二八一五六五一	九二九五八一八
五 千八百	一三三七六一二	二五六〇八七九	三四四八七一六	三一	六四一三一	三四〇二六〇一	一〇八三九七一

六	一二四七六八	一六七二九四四	二一一四二四	九〇〇〇	七三五三三	四四一一八三〇	九二九二五〇〇
七	一四六二九二九	一一七九一四八	九一五五六二	九四〇〇〇	八五四四〇	四二三九一七二	七九七六二五二
八	一八四二六三六	八二三〇五六	二三五二三一	六〇〇〇〇	六二九〇二	四九四九四六二	七九五二三八七
九	二一九一〇〇九	八七五四二四	一一八九八三	一一六五〇〇	八〇〇九三	四一八五〇四九	八六三七九〇七
十 千八百五	三七六八五九九	七一二七八一	一五九七五〇〇	一九六五〇〇	八一八五五	二六五七一四	九〇四三四九
十一	二八九〇一三七	一二三四三五五	一六四九六四一	二二三四二〇〇	八一八七六	三三六八九六六	九四四九一七八
十二	一六九七八九七	一二八八六八六	一七二二〇六四	二〇五四二五	七〇五〇〇	三三六九五七八	八三五四一五一
十三	一四二三二八六	二九〇〇八三四	一八八四〇六八	二一三五七五	八二五七六	二五五七〇七四	九〇六一四一三
十四	二二五八〇四	三三四五七七二	二四二七七五九	三三七五〇四	八七八三四	二八六六〇七五	一〇二八〇七四七
十五 千八百十	二一〇一一四五	三九四三二四	一六五四二一四四	一七七六二五	八三七四四	三一六三六七一	八四七四七五三
十六	一二三六七二九一	二〇三二八二八	一九六五五六六	二五一八七五	七五〇四四	二五一八五四三五	八一七八〇四〇
十七	一六八二〇八八	一一八一七七九八	三九五九三六五	二七七八四五	九一四〇二	二四五一二七三	二〇二八〇七七一
十八	一七二九四二六	一九六五二〇一三	六四四六六〇〇	一六七三五八	八六九九〇	三五九九四五五	三一六八一八五二
十九	三二〇八〇三〇	二〇三五〇八〇七	七三二二九一	一六七二九五	九〇一六四	四五九三三九	三四七二〇九二五
二十 千八百十五	二八九八八七〇	一四七九四二九四	八六六〇〇〇	五三〇七五〇	六九六五六	五九九〇〇九〇	三二九四二六六一

二十一	二九八九七四一	一六〇三〇九七	三九〇八二七八	二七四五一二	一八八八〇四	七八二二九二三	三一一九六三五六
二十二	三五一八九三七	八〇〇四二三七	三三四五九八	三一九四五四	二九七三七四	四五三六二八三	一九九九〇八九二
二十三	三八三五八三九	五六二二七一五	二九五三六九五	五〇五七〇四	八九〇七二〇	六八二〇九九四	二〇〇八六二八
二十四	三〇六七二一一	六五〇六三〇〇	三八四七六四〇	四六三八一	二四一五九四〇	五二一一七三二	二一五二〇〇四
二十五 千八百二十	二五九二〇二三	二六三〇三九二	四三八七九九〇	三一五七五〇	三二〇八三七六	五一五一〇〇四	一八二八五五三五
道光元	二三二三二一	四四六二九二	三三一九二四三	四七七〇〇五	二四二八一七	五一二六〇七四	一五八四九五三
二	一九六七九九六	三二二九八一	三三四四五九	五七五〇〇七	一九四八一九九	五一七二七八九	一五〇〇〇四三二
三	二〇二〇九四	三〇九六九四	二五〇三七六六	二八〇七八二	一七八〇五八九	九二二四七五	一四七〇六六二〇
四	七一五五三〇九	三三四〇九四〇	二九〇四五八二	四二九九八八	一四九九三二七	四九四三五五八	二〇二七三七三二
五 千八百二十五	二七四八五四五	三六五九九一四	三〇四九〇八四	七二四一〇六	一三〇八八一一	四三六六七五七	一五八二七二七
六	二六〇〇一七八	三九四三九四	四二八九〇二	七四三四四八	一五五六五九四	三九七五五四三	一七〇三七三五九
七	二六二三四七七	三九四八九七八	四二六三八七七	七五〇六二五	九七六一三九	三四八六〇七一	一六二三九一六七
八	三二六七六〇五三	四一四五五四五	三九一八七八六	七一五〇八四	八五〇五七四	三〇九八八〇一	一六三九四八四三
九	三〇八二二三五	四七二四二九一	三三〇八七四五	五七六三七五	九四九五九四	二五四二八四三	一五一八四〇五四
十 千八百三十	三三三七四一六	四七六七一二九	三二八九四二九	六二二二六八二	一一三六三二九七	一九一二五七五	一五一四二一〇八

十一	三〇六四六四六	四八四一八三六	三八五六一八三	六一三〇七三八	二七〇六六五	三七三七四九	一五二三七八六
十二	四五七七一四一	五四四六〇三五	三九五六三七〇	一三五二四三〇	二八四四二三	七七二五六一	一七二八八九五〇
十三	五七一六二四六	六七〇四〇一九	三九〇三五七	一八〇二九八一	四五八九一五三	三〇三七九七	二三〇一七五五二
十四	四四〇四七二九	五六九六一八九	三九五六二六〇	一〇〇三九五三	三三六四二八五	二〇二一五三	一八六二七五七〇
十五 千八百三十五	四二二九六九九	五七五九一五七	三八六四九三九	一七〇六四四五	一九五四七一一	五七八六三	一七五七二八一三
十六	五三九三二八〇	一一七五七三四五	五八〇七七一八	五〇三七〇三三	二八八二七九八		三〇八六八一六四
十七	九八九一三二七〇	一三六七二七三一	六六四六九一五	四三四八〇三六	二六七二一六二		三七二四三三一四
十八	七一六〇六六五	三八九七三四	六一三一五八一	五五〇四一九一	二一五六〇五七	一四九九六八	三三八六四七一五
十九	五七二五九九一	八九一六九九六	六一八二二九四	二五二八九一七	三二四二七五一	三九九八三四	二六八九六七八二
二十 千八百四十	五九九五三九九	七〇九五二六七	六二一三八九七	二三三一七九五	二六〇三五六二	一七四五九八	二四三一四五一八
二十一	六四九〇八八一	八八〇一六一〇	六〇〇一〇七七	二五一四八三七	二八八四三五	二八四九七八	二六四八一八六八
二十二	六七七五六二五	六六一〇四三八	八三九七二四三	二一九九一〇〇	一三七八九三	七七三五五〇	二五三四八八六
二十三	三二〇二七一三	二九〇八六七三	三七二七七一二	五七八三七一	八三九〇四一	五二三五八四	一七八〇〇九二
二十四	五六四五一八四	五二一八一八四	六四九八一九九	二三五六五三二	二〇三二〇〇九	一八三三四五二	二二四八三五六〇
二十五 千八百四十五	五九一一七六一	五七四六二九一	六二九七一七八	二五三九三五一	二四〇〇七八八	一〇四〇四五八	二二九三五八二八

二十六	六七二一二八四	一〇四一三三七二	六四五五〇一四	一〇二七六九四	一八二〇九八	八四二七二三	二七二六一八三
二十七	六八八五六〇八三	三五八四〇〇二〇	七九〇〇六三六	一四三〇四一一	七四四八八四	一一九二一五	五四九二〇七八四
二十八	五六五〇八五二	二七六八八三三四	九四〇八四七六	一二五二二九七	一二二七四九七	二三九〇七六六	四七六一八二二〇
二十九	二八八五三三四	一四五五八四七三	六七八六七〇六	一三七四一六二	一三二八八六八	三五六五五三六	四三四九九〇七八
三十 千八百五十	一六〇四三七六三	九六八七〇二五	六七〇四七二五	一六六三五九二	一八六六八八六	三七八二三九三	四〇九四八三八三
咸豐元	一七八八八九九二	三二六一九六五	八八八〇五八一	二八二九八〇二	二三九三三七七	三六九六七六一	四七七五一四七八
二	一七五〇四一七一	八五二一五〇六	八九一八八四二	二三〇四三五七六	二四〇一八五九	四〇〇二九八	四四三九〇二五二
三	一七四六八三〇六八	九九一〇四九八	二一〇六七七九〇	三八八〇四九四	一七五六三〇六	三六六五八三三	四七七四三九八九
四	二六六七二一四五	一一七三三八三	一〇七九〇〇九六	一五五〇三四〇	一三三二六六五	三〇七〇九二七	五五〇三八四五五
五 千八百五十五	二四〇九〇四二五	一四三四八〇七四	一三三二七〇九五	二七七二九九一	一四七七六一三	二三一四四六五	五八六三〇六六
六	三一七九四〇二九	一六九六三一六一	一四〇七四八三五	二六四四二六四	一二九六一一三〇	一六五三八二三	六八七二六八三五〇
七	二八五〇五四九九	一九一五九一五一	一三六五一六九五	四三五四四一九	一三一〇三八一	一五九三二六五	六七六八三四四〇九
八	二六四〇〇〇一六	二五九七九一二二	一四〇五二二六五	四九七八二六六	一二一九七六八	一六五二〇五六	七三九八二四九三
九	三三七九七五四四	三五四七二〇	一四六九〇九二八	三四九〇五三五	一二二二二二三	二六三七六五〇	六八九九三六〇〇
十 千八百六十	二七九七七九七八	一九四七二二〇三	一五一四六五〇	二九九一二二二	一一〇〇八〇二	三一四四一二一	六三二一〇〇八七五

十一	二三三七二八八	二三〇〇一五三一	一二三八七二五七	二八六五四八二	一〇三四六〇〇	四〇三四一五七	六六六六五〇二一三
同治元	二六三八五八六三	三八九一七三五六二	四二六四〇三五三	二三二七九四八	八五二一六〇	一三一九〇三四五	四六九五七〇二四
二	二三一九八三八二	六〇三三一四四三	六三二六二三五	三一五二〇三三	一〇七八五三	二四七二六七〇一	七八七三四二七六
三	二七五七二二一七	六九〇二九一〇四九	八五七〇四九六四	二六二九九七六八	四九八五四七四	五三六八五四三	八六四九六九〇九八
四 千八百六十五	四二九八九三八三	三〇三〇六九〇四〇〇	一三二六七四三四	五〇五九三六一	一六三五七六二一	七七三九五〇九〇	一三九五〇九九六九
五	四〇六二三一四	二八三五四六七六	四三二八五六六三	三二九五七二九	一五六〇五五五〇	一三三〇六七六二五	五一九〇二三五六
六	五二一〇二三四	九五二三四四一六	三一〇三四〇一一	四六四二五三三	二〇九三六八五五二	一四三七八一五九二	三四六七二九三六
七	五三〇〇九八六八	一三三四六六四九	二五七七五五〇三	四一〇〇六八一	二三七八二三八七	一四〇四二四〇四六	三七〇三三九三四
八	五六四七四〇六二	七八五〇九九一	二〇〇〇〇七五八	七〇四二九二三	二八四七六六二三	一三〇六九四三四三	三二一九〇五九七
九 千八百七十	五三三三七四六三	五七八五一五六七五	二一七八〇二三〇	三四〇七九三八	二八三四〇二〇二	一三九二三五四九八	二九三六五九〇〇五
十	六〇四八一九一六	三五七九九九二	一九四三一〇二七	七四二六九九七	三四四三八九五	一三五五七六五六六	二八三六〇三九三
十一	六〇九八四七五七	三五三七二一五七	二二五九八一〇	七〇六一七二九	二八五三三四〇三	一一七三五七八四〇	二七〇五五九六九六
十二	七三三二八二〇	四六三二三一三八	二三五二六二五七	七九五一七〇一五	二九三五九四二七	一〇四七五〇六八八	二八五三三九三五
十三	八五一四一五九四	四二三一三九二九	三〇九三三五八七	六六六九二四六二	二九〇三八四一五	一〇七二九八一五	三〇二三八八〇〇
光緒元 千八百七十五	七一〇七〇七〇一二	四一二〇六四六八	二四九七六二一六	八三八四六五七	二九四五六二一六	一〇三〇九三五四五	二七四六二三三九三

二	七三五九九六六二	二八〇七〇八八九	一八九六三三一〇	五九六六六五五八	二八二五七三九六	一〇〇二四三二七一	二六五一〇〇八四
三	五八九二六六五三	三七〇八二七三六	一四九五九九三五	五二七七〇〇七	二七九六三七五三	九七二四五二三	二四三三四四七五
四	五三七七〇四	三二一五四一四八	一七三六一五三〇一	四六二九二八〇	二六二三七〇一九	一〇二五〇〇八七五	二三六九六四三七
五	六五七四一五五	四〇四二五六六二	一五三五一二七	五二一六二〇九	三五二三四八二	一〇五三二七九四九	二六六九四七八四
六千八百八十	五四七一三五三〇	三八一六九一六	一三五三六九八五	五九四五四五七	五六七七七七四	九五七五七五七五	二六四八四七六三七
七	六四四六八三二五	四〇四六八四六二	一五六八六六七二	六五一四一六一	五〇〇五九二八〇	八二五〇八七二	二五九六五一六三九
八	五七二一九七五一	四三五七〇四九四	一五〇三二〇四六	九七三六七四七	六三四五一九四	七一〇七七二〇七	二五七九八一四四〇
九	六八六七八〇三	四八九一三八三	一五二八三四三七	七三九二五九〇	六六〇一二五七四	五九一六〇一二一	二六五四〇八一三八
十	七〇九二〇四三四	三九四二九六〇三	一七二九二六〇一	六四七五九九九	五五四二九二二八	五四五七八三七八	二四四二六二四四
十一千八百八十五	八七四九四二五八	四二六七〇五七八	一六〇二一〇八〇	六五五二四九五	五六〇二二九七	五三八六二五六	二六〇二二六九三五
十二	七四一六六九三〇	三四三二四一五三	一三九〇七八八八	六〇九九一五八	六三四〇四八六四	五〇五八〇一四六	二四二四八三三八
十三千八百八十七	八五二六八四八二五	三八五六一〇二六	一五一四一二七	六一九四五二三	七五〇二九一〇二	四七七四一五七七	二六七九三二八〇
總計	三〇三七六二七七六	四五九七九八〇九三〇	三二一〇九五三五	三三六〇四〇九三	九七四七一四一〇六八	三五二七〇九九七二	二一五七九〇三五四三六

國費總目表

議院時有整頓海陸軍議而礮臺郵賞武備學堂諸費或備於未至

或酬於己然若農若外交若修地與河與港與郵便若伯理璽天德及議院裁判皆有費支絀者補之雜出者綜之銀以圓計計至光緒十四年卽西紀一千八百八十八年止自三年卽西紀一千八百七十七始光緒十五年之數猶有待也述國費總目表

	國支總數	總統及議院刑部費	修內地	陸軍費	海軍費	印留費	河港費	修礮臺	武備學堂費	郵政費
光緒三 千八百七十七	八三四〇六六六	二〇五七〇二	五八九五〇六五	三三六二二七九一	一三七四七九一	四五八七〇六八	五〇一五〇〇〇	三一五〇〇〇	二九〇〇一八五	五九二七四九八
四 千八百七十八	二五四〇七六八六	一五七五六七四	二七〇七九二五八		一三五八九九三	四八二七六六六		二七五〇〇〇	二八六六〇四	二九三九七二五
五 千八百七十九	五三三六〇二四	四三五八六六九四	二四九六六〇五九〇	五二二七九二九八	一四五三四三二	四四七三四八七六	八三二七〇〇	二七五〇〇〇	二九二八〇五	四三三三七五
六 千八百八十	四六三三〇八四	一六三三六二三〇	一九七二四八六九	三二〇九七三〇	一四〇二八〇四六九	四七三三四七九	九五七七四三	二七五〇〇〇	三九五四七	五八七二三七六
七 千八百八十一	六二八〇八五	二五三三〇〇九	三三五〇三五〇八	三六四二五〇〇	一四四〇五七九八	四六五七五〇三	一八九七六五〇〇	五五〇〇〇〇	三一六二三四	三八八三四三〇
八 千八百八十二	五三〇八六一八二	二七九七三九八	二三〇二三三三	三六八八七〇〇	一四五六六八三八	四五八七八六七	八九七七六八五〇	五七五〇〇〇	三三四三五	二五三三五八
九 千八百八十三	九八五三六九	二〇三二九〇八	二五四二五四九	二七〇三三九九	一四九〇三三五九	五三三九六〇四	一八九八八〇五	三七五〇〇〇	三三四三五	一九〇二七八
十 千八百八十四	二八三三六八〇	二〇七六三八四二	三三七三四〇四	二四六八一三五〇	一五九五四三四七	五三八八六八五六		六〇〇〇〇〇	三八六五七	
十一 千八百八十五	四三八五八六三	四五五六九〇二	三三四四六七五〇	二四四五四四五〇	一八九三三八五六	五六〇二五一	一四九四八三〇	七〇〇〇〇〇	三四五六三	
十二 千八百八十六	四三三三七七	二四九五六三	二五九六九〇四	二四〇四〇五二	二三三六〇七六七	五七一三三八		三五〇〇〇〇	三〇九九〇二	
十三 千八百八十七	三三七六八三	二八〇九七八一	三五八五〇六五八	三三七五三〇五七	一六四九五五七	五五〇八二三六三	一四四六四九〇〇	五九八七七	二九七八〇五	
十四 千八百八十八	一三七〇〇〇	二〇七七二三	三三六九〇四	三三七二四七九	三五七八六八〇六	五三三四三六八			五一九九七	
十五 千八百八十九										

郵賞費	二九五三三三〇	二八五三二〇〇〇	二九三七五七四	五六二三三二〇〇	四六四四〇〇〇	六八六八二三〇七	一六〇〇〇〇〇	八六六七五〇〇	二〇八〇〇〇〇	六〇〇〇〇〇〇〇	七六〇七五三〇〇	八三五二五〇〇
外交	二八八七九七	二四六七四八	一〇八七五三五	一〇九七七三五	二八〇三二三五	二九一四三五	二五六八五五	二九六二五五	二三五四〇	三四二九二五	二三六四六五	一四二九九四二
農務							四二七二八〇	四〇五六四〇	四八〇一九〇	五八〇七九〇	六五四七一五	一〇二八七三〇
科倫布亞費							三四九六〇六〇	三五〇五四〇五	三五〇九四三五六	三三六八三六八二	三七二〇一五一	四二八四五〇
雜	四三四六九二	一四二五〇九	三三二六二九〇	二九九五二四	四九五九三三	二二八〇〇六	三八八九九四	一八〇六四二九	七八〇〇〇四	二三六八二九三	一〇八四五七一	四六九四〇五
總計	三四二三〇二一	八八三五六九〇三	七〇二六八〇九	二六二四〇四〇八	一五五八三〇四	一七九五七〇〇	二五四二八二七	一八七九二五六八	三三七四五三九八	一七〇六〇八二四	二〇九六九五八三	一九三〇二五八六

内稅表

銀行稅百分之一至百分之十二火酒卽布藍的也一嘎倫稅銀七角酒三十一嘎倫稅銀一圓野緑酒碧兒酒同其造碧兒酒之類每一萬五千五百嘎倫稅一百圓不及此數稅五十圓淡巴菰大捲一千稅約三圓紙捲三鎊以上稅亦三圓不及則稅五角違章有罰如印紙如舊職業稅各有差計至光緒十三年止自同治二年始此繫年者也然非繫地則損益末繇列眉無地無稅於分見合述内稅表

繫年第一

銀行	火酒	酒	淡巴菰	罰金	印紙	舊職業

同治二 千八百六十三		五一七六五三〇	一六二八九三四	三〇九七六二〇	二七一七〇	四一四〇一七五	二六九三二七六三
三 千八百六十四	二八三七七二〇	三三三九一五〇	三九〇二〇九	八五九二〇九九	一九三六〇〇	五八九四九四五	六七〇〇八二二三
四 千八百六十五	四六四〇八七一	一八七三四二三	三六三四九二八	二四〇一三六三	五二〇三六三	二二六二三九一	一六〇六三八一八〇
五 千八百六十六	三四六三九八八	三三二六八一七二	五二二〇五五三	一六五三〇〇八	二四二八五三	一五〇四四三七三	三三六二三六〇三七
六 千八百六十七	二〇四六五六二	三三五四二九五三	六〇五七五〇一	一九七六五四八	一四五九一七一	一六〇九四七一八	一八六九五四四三
七 千八百六十八	一八六六八七四六	一八六五五五三	五九五五八六九	一八七三〇〇九五	三五六八八二	一四八五三五二	一二九八九三〇九〇
八 千八百六十九	二九六〇五四	四五〇七一三	六〇九九八八〇	二三四三〇七〇八	三七七〇八九	一六四二〇七一〇	六五九四三〇七三
九 千八百七十	三〇二〇〇八四	五五六〇六〇四	六三一九一二七	三三五〇七〇八	八二七九〇五	一六五四四〇四三	七二五六七九〇八
十 千八百七十一	八六四四二四二	四六二八一八四八	七三八九五〇二	三二三五七八九七	六八三六九八〇	一五三四二七三九	三七一三六九五八
十一 千八百七十二	四六二八二二六	四九四七五五六	八二五八四九八	三二七一三六七一	四四二二〇五	一六七七三二	一九〇五三〇七
十二 千八百七十三	三七七一〇三一	五二〇九九三七三	九三二四九三八	三四三八六三三	四六一六五三	七七〇二三七七	六三二九七八二
十三 千八百七十四	三三八七一六一	四九四四四〇九〇	九三〇四六八〇	三三二四二八七六	三六四二一六	六一二三六八四五	七六四八八〇
光緒元 千八百七十五	四〇九七二四八	五二〇八一九九一	九一四四〇〇四	三七三〇三四六二	二八一一〇八	六六五五七三三〇	一〇八〇二一
二 千八百七十六	四〇〇六六九八	五六四二六三六五	九五七三八一	三九七九五三四〇	四〇九二八四	六六五八四八八	五〇九六三一
三 千八百七十七	三八二九七二九	五七四六九四三〇	九四八〇七八九	四二〇六五四七	四一九九九九	六四五〇四二九	二三八二六一

四 千八百七十八	五 千八百七十九	六 千八百八十	七 千八百八十一	八 千八百八十二	九 千八百八十三	十 千八百八十四	十一 千八百八十五	十二 千八百八十六	十三 千八百八十七	合計
三四九二九三二	三九八八八四	三三五〇九八五	三七六二二〇	五二五三四五	三七四八九九五		二五〇〇〇		四二八八	七〇五七三二一三
五〇四二〇八六	五二五七〇二八五	六二一八五五〇九	六七一五三九五	六九八七三四〇八	七四三六八七七五	七六九〇〇三八五	六七五二一〇八	六九〇九三三六	六五八二九三三	三五八五七〇六四三
九九三七〇五二	一〇七二九三〇	一二八二九八〇三	三七〇〇二四一	一六二一五三九二〇	一六九〇〇六一六八	一八〇八四九五四	一八三三〇二八二	一九六七六七三	二一九二二八七	二五七九四五五三九
四〇〇九一七五五	四〇一三五〇〇三	三八八七〇一四〇	四二八五四九九一	四七三九一九八九	四二一〇四二五〇	二六〇六二四〇〇	二六四〇七〇八八	二六八〇七三六三	三〇一〇八〇六七	七四七九八四一〇
三四六〇〇八	一五七八五九一	三八三七五五	二三一〇七八	一九九八三〇	三一五八〇三	二八九一四四	二二三六八一	一九四四三	二二〇二〇五	三三九一九九〇
六三八〇四〇五	六二二七五三八	七六六八三九四	七九二四七〇八	七五七〇一〇九	七〇五三〇五三					二〇七八七三四四
四二九六五九			一五二一六一三	七八五五九	七一八五二	二七八一五六	二七三二六一	三三〇八七	二一五〇六	二五七〇九四六三七

	阿拉巴麻	阿剛色斯	嘉里符尼亞
光緒七 千八百八十一	一三〇六五三	一三三〇八七	三六一三二九一
八 千八百八十二	一四〇五三三	一〇九〇三九	四一二七一七八
九 千八百八十三	一三八六七四	九七七一六	四〇〇二三七三
十 千八百八十四	八五三九八	九〇一〇	三三八四七六六
十一 千八百八十五	七三三一五	八七二九二	二六二三一六〇
十二 千八百八十六	七八五四三	九七六三〇	二〇八一三三

喀挪拉奪	二一五〇五一	二四七二六四	二〇六一〇〇	一九五九九九	一九五一九五	二六〇一五五
干揑底嘎奪	五七九六九〇	五六五八〇一	五〇六九九一	四三八三七一	四一二六二六	四八一四〇五
特納窪	三二〇六七	三五〇九〇六	二九三六三六	二一〇三二七	二四四一八四	二六三二九八
佛勒里侖	二五四八九〇	二八〇二七	二四三五四五	一七八五六二	二一八八三七	三二二九〇二
若耳治亞	三六四一三四	三五九三六一	三九五六八一	三七九七四二	三一六四四一	三三六七〇六
伊利那倚斯	二五七八四六八二	二八二五二四一七	二五九七七五二五	二三五二〇四八五	二三〇七五八六六	二四八二五七〇四
英鰲阿納	七二八一二五四	六四八五三五七	五五九二七二〇	五六八五一二	四〇三一八六六八	四二五九〇三九
愛阿窪	九二三七七七	一八四三九〇五	四〇六二七二〇	二七五七四一七	二三二三〇五九	一九五二二五
剛色斯	二三九五二七	二六四〇一四	二三九七六三	一六七三五一	一七〇二〇二	二二二二〇
根得基	八七一九一六二	一〇五三三三六	一五三八七〇七八	一八五八三一七二	一四八四二四七五	三四七五三〇
魯西阿納	七六〇六一九	九一八八九九	七三八六六六八	五六〇一八五	五三八八一五	五四三七四九
緬	八二四五七	八五二九〇	七二八九三	五六五九九	五三九五〇	五〇二八七
瑪理蘭	二四八三四六三	二八二二三八	三四二九五三	三一四六四九一	二七七四三八四	二八七五五九七
馬沙朱色士	二六九九六八一	二九三七三五九	二七五八六六二	二三九六五九〇	二三八七四五四	二四七一一三一
密西根	一七八七二七五	二〇〇三一九一	一八八二四五二	一四一九三八一	一五二八一五五	一八〇一九〇〇

梅尼所達	四四五一四〇	五二八四九二	五三五四六三	四九三九八一	四九二七〇五	五五四〇八九
密士昔比	九六一二三	九四〇九九	六〇四八〇	五六四五〇	四七九五一	四二六〇八
密蘇麓	六四七〇三四九	七五三九四八八	七六八〇四一一	六四七三八〇六	六二七六六六	七八五八七八九
挐布拉士格	九三二〇六五	二〇八一九一	一三二〇五一七	一五一五五八六	一九七一二九六	二三九三四〇五
列法達	五三四二	四九一〇四	四〇八七一	三八二七	五五九二九	七〇四一九
紐罕布西耳	三〇九七二	三四九九四二	三五二九九八	三九〇三七	三八三四七九	三七七五六二
紐折爾西	四八七三六七六	五四五一六三四	五四二四四五八	三四七七二三	三六六一三五九	四五九六二六二
紐約	一七二三三二六八	一九四五五〇四〇	一七九六七一八七	一三七六〇三八四	一三八二三六四五	一五〇三〇三
諾司嗒爾勒鄰	二四七六八四四〇	二八六七四一五	二三七七一二七	一七六〇九六七	一六八六八二九	一九五〇七〇二
倭海約	一九二八五八三六	一八三五九二九九	一五七〇四〇四八	一三五二〇二六五	一二五六五五七	二三八九八二七
頞里根	八五〇〇四	八八六八〇	一〇一四五一	一二八二七五	二九七二三	一五二三二八
賓夕佛尼亞	七六六九二一四	八七七五一〇六	八七〇三六七九	七八八八七〇〇	一三七一二〇	八三〇二八三
洛畬埃倫	二〇九〇七九	二二九二五九	三九五三一九	一三〇四六八	一二七五八八	二二六二三一
叟司嗒爾勒鄰	一三五九〇七	二九一〇〇	二一七〇九三	九三八九七	六四五一八	一〇〇二七
田捏西	二四六七六四	九九七七二八	二一七三八九〇	一二四九九七六	一〇五七一八九	一〇一二五一六

德格瑟斯	二四八六二三六	二五八四三三	二六三六五二	二一〇一四九	一八一八三〇	二〇九一四四
窪蒙	五三一四六	五六四四五	四六〇六二	三〇九〇五	二九三九〇	三〇一二〇
勿爾治尼亞	六〇六三一〇六	六二三六三〇八	五〇七八一九六	三二三二七二六	三〇五二九四〇	二九二三三九五
威士奪勿爾治尼亞	四五二五九六	五〇二二七七	五四六四八三	五六〇三二八	五四三二八九	五三八二六六
威士干遜	二九一〇〇九五	三一九三二五	三一九七四九九	二九九三七五六	三〇三三〇一八	三一七九九六四
阿里瑣那	三八〇〇八	四五四六四	四〇〇〇八	二七一五		
打戈達	四八六〇四	六七四三七	八六八七五	九六六四		
埃得和	二五八〇〇	三一九〇八	三五〇八〇	二六三四		
孟大那	四四八八二	六八〇〇一	七五五四三	三五三七〇	九〇五六五	一〇一五八
紐墨西哥	四七四六六	五五九〇三	五四〇三七	六九一四〇	六六六九九〇	六二三五六五
尤達	四三一七	四八五二三	五三八九五	四五六〇		
華盛頓	三二七六四	四〇二〇三	四九二〇八	六九三九		
歪阿明	一八五五一	二〇三八六	一七四三四	一二〇三		
總計	三七八五一六三五	三八九五四一六五	三七五〇〇二九一	三一三六八六二〇	三三四一九四九一	二八八二九五二四

邦部互出食貨表

邦若部食貨有無相通其數可舉就工商言曰貨物就穀食言曰農產輸出宅國不在此數銀以圓計至光緒十三年止自道光三十年始述邦部互出食貨表

年	貨物輸出	農產輸出	比較
道光三十（一千八百五十）	一三六九四六九一二	一二三八二五八〇八	九〇四四
咸豐元（一千八百五十一）	一九六六八九七一八	一六五八二八七三六	八五六九
二	一九二三六八九八四	一四四〇三七四六五	七四八五
三	二一三四一七六九七	一七六五八九四一八	八二七四
四	二五二〇四七八〇六	一九五二五八九五三	七七四八
五（一千八百五十五）	二四六七〇八五五三	一七五三八五三三八	七一〇九
六	三一〇五八六三三〇	二四八〇九一〇八四	七九九一
七	三三八九八五〇六五	二六〇一三九九二五	七六七五
八	二九三七五八二七九	二三三四七八九五三	七九四九
九	三三五八九四三八五	二五八四四九九九〇	七六九六
十（一千八百六十）	三七三一八九二七四	二九五〇八一四八四	七八六二
同治八（一千八百六十九）	四一三七六一一二五	三一七五六六八六五	七五一二
九	四九九〇九二一四三	三九三六八九六〇五	七九〇一
十	五六二五一八六五一	三九九六三二二一〇	七一七五
十一	五四九二一九七一八	四〇七一四一七〇六	七四一三
十二	六四九一三三五六三	四九三九六三六九七	七六〇〇
十三	六九三〇三九〇五四	五五〇〇四三六三六	七九三七
光緒元（一千八百七十五）	六四三〇九四七六七	四七九八三三三二二	七四六三
二	六四四九五六四〇六	五二四三三九八六六	八一三〇
三	六七六一一五五九二	五一七七三七九九八	七六五八
四	七二二七九四九九	五九二四七五八三	八一九八
五（一千八百七十九）	六九九五三八七四二	五四三三六九二七四	七七七二

十一	二二八六九九四八六	一八〇五一六四四二	八二四六
同治元千八百六十二	二三〇六九五一九	一六〇八二二五九七	七五五六
二	三五〇五八八四九八	二三五二七三五六八	七〇三六
三	三二〇〇三五一九九	一八三三五六六七六	五七二九
四	三三七四三一八七	二〇七三三七四九	六四〇一
五	五九〇六八四三七	四六一五七二四二	七五五八
六	四三八五七七三二	三三〇四三三四六	七五三五
七千八百六十八	四五四三〇七一三	三九〇〇四五三一	七〇二三
六	八二三八四六三五三	六八五八六七七七	八三二四
七	八八二九二五九四七	七三〇〇四〇二六〇	八二五九
八	七三三三九七三	五五三三六五二一	七五三一
九	八〇四三三六八三三	六一九二六九四四九	七七〇〇
十	七二四九六四八五二	五三六八三二五三八	七三九八
十一	七二六六八二九四六	五三〇七二九六六六	七二九六
十二	六六六五九六四五九	四八四九五四五九五	七二八二
十三千八百八十七	七〇三〇三九二三	五二三〇七三七七四	七四四〇

輸出輸入年表

乾隆五十五年爲華盛頓既任伯理璽天德之第四年即西紀千七百九十年也出入雖略具成數然嗣是三十年間有合數無分數其分數可稽自道光元年始出入輸自商而曰食貨則統農工之物言曰金銀又合用與質言數以圓計所列九十有八年國用之盈虛國帑之消長皆於是乎徵述輸出輸入年表

輸入	輸出	除費輸入	除費輸出

	食貨	金銀	合數	食貨	金銀	合數	食貨	金銀	合數	食貨	金銀	合數
乾隆五十五 一千七百九十			二三〇〇 〇〇〇〇			五三九 一五六			二二四六 〇八四四			一九六六 六〇〇〇
五十六			二九二〇 〇〇〇〇			五一二 〇四一			二八六八 七九五九			一八五〇 〇〇〇〇
五十七			三一五〇 〇〇〇〇			一七五三 〇九八			二九七四 六九〇二			一九〇〇 〇〇〇〇
五十八			三二一〇 〇〇〇〇			二一〇九 五七二			二八九九 〇四二八			二四〇〇 〇〇〇〇
五十九			三四六〇 〇〇〇〇			六五二六 二三三			二八〇七 三七六七			二六五〇 〇〇〇〇
六十 一千七百九十五			六九七五 九二六八			八四八九 四七二			六一二六 六七六六			三九五〇 〇〇〇〇
嘉慶元			八一四三 六一六四			二六三〇 〇〇〇〇			五五一三 六一六四			四〇七六 四〇九七
二			七五三七 九四〇六			二七〇〇 〇〇〇〇			四八三七 九四〇六			二九八五 〇二〇六
三			六八五五 一七〇〇			三三〇〇 〇〇〇〇			三五五五 一七〇〇			二八五二 七〇九七
四			七九〇六 九一四八			四五五三 二三〇〇〇			三三五四 六一四八			三三一四 二五二二
五 一千八百			九一三五 二七六八			三九一三 〇八七七			五二一二 一八九一			三一八四 〇九〇三
六			一一一三 六三五二			四六六四 二七二一			六四七二 〇七九〇			四七四七 三二〇四
七			七六三三 三三三三			三五七七 四九七一			四〇五五 八三六二			三六七〇 八一八九
八			五四五五 五五五五			一三五九 四〇七二			五一〇七 二五九四			四二二〇 五九六一

九	八五〇〇〇〇〇〇	三六二三一五九七	四八七六八四〇三	四一四六七四七七
十（千八百五）	一二〇〇〇〇〇〇〇	五三一七九〇一九	六七四二〇九八一	四二三八七〇〇二
十一	一二九四一〇〇〇	六〇二八三二三六	六九一二二七六四	四一三一五三七二七
十二	一三八五〇〇〇〇〇	五九六四三五五八	七八八五六四四二	四八六九九五九二
十三	五六九九〇〇〇〇	一二九九七四一四	四三九九二五八六	九四三三五四六
十四	五九四〇〇〇〇〇	二〇七九七五三一	三八六〇二四六九	三一四〇五七〇二
十五（千八百十）	八五四〇〇〇〇〇	二四三九一二九五	六一〇〇八七〇五	四二八六六六七五
十六	五三四〇〇〇〇〇	一五〇二二七九〇	三七三七七二一〇	四五二九四〇四三
十七	七七〇三〇〇〇〇	八四九五一二七	六八五三四八七三	三〇〇三二一〇九
十八	二二〇〇五〇〇〇	二八四七八四五	一九一五七一五五	二五〇〇八一五二
十九	一二九六五〇〇〇	一四五一六九	二二八一九八三一	六七八二二七二
二十（千八百十五）	一一二〇四一二七四	六五八三三五〇	一〇六四五七九二四	四三九七四四〇三
二十一	一四七〇三〇〇〇	一七一三八五五〇	二二九九六四四四四	六四七八一八九六
二十二	九九二五〇〇〇〇	一九三五八〇六九	七九八八一九三一	六八三一三五〇〇
二十三	一二一七五〇〇〇	一六四二六六九六	一〇二三二三三〇四	七三八五四四三七

二十四	二十五 千八百二十	道光元	二	三	四	五 千八百二十五	六	七	八	九	十 千八百三十	十一	十二	十三
		五四五二 ○八四五	七九八七 一六九五	七二四八 一三七一	七二一七 ○○三七	九○一八 九三一○	七八○九 三五一	七二三三 二九三八	八○二○ ○八三一	六七○八 八九一五	六二七二 ○九五六	九五八八 五一七九	九五一二 一七六二	一○一○四 七九四三
		八○六四 八九○	三三六九 八四六	五○九七 八九六	八三七八 九七○	六一五○ 七六五	六八八○ 九六六	八一五一 一三○	七四八九 七四一	七四○三 六一二	八一五五 九六四	七三一五 六四五	五九○七 五○四	七○七○ 三六八
八七一二 一五○○○	七四四五 ○○○○	六二五八 五七二四	八三二四 一五四一	七七五七 九二六七	八○五四 九○○七	九六三四 ○○七五	八四九七 四四七七	七九四八 四○六八	八八五○ 九八二四	七四四九 二五二七	七○八七 六九二○	一○三九 二一二四	一○○二 九二六六	一○八一 一八三二
		一○八二四 四二九	一一四七 六○二二	二一一七 ○六三五	一八三二 二六○五	二二七九 三五八八	二○四四 ○九三四	一九四三 一八三○	一四○四 四五七八	一二三四 七三四四	一三一四 五八五七	二三○七七 ○六九	一九七九 四○七四	一七五七 七八七六
		一○四七八 ○五九	一○八一 ○一八○	六三七二 九八七	七○一四 五五二	八七九七 ○五五五	四○九八 六七八	六九七一 三○六	七五五○ 四三九	四三一二 一三四	一二四一 六二二	六九五六 六四五七	四二四五 三九九	二二四四 八五九
一九一六 五六八三	一八○八 ○二九	二一三○ 二四八八	二二一八 六三○二	二七五四 三六二二	二五三三 七一五七	三三五九 ○六四三	二四五三 九六一二	二三四○ 三二三六	二二五九 五○一七	一六六五 八四七八	一四三八 七四七九	二○○三 三五三六	二四○三 九四七三	一九八二 二七三五
		四二六九 六四○五	六八三九 五六七四	五一三一 ○七三六	五三八四 七四三二	六六三九 五七二二	五七六五 二五七七	五四九○ 一一○八	六六九七 五五○五	五四七四 一五七一	四九五七 五○九九	八二八○ 八二○	七五三三 七六八八	八三四七 ○○六七
		三四一 三一六九	一七四四 ○三三五	二二七五 ○九一	一三六四 四一八	一一六四 六二九○	二七八二 二八八	一七九 八二四	一六○ 六九八	三○九二 四七八	六九一四 三四二	三四九 四八八	一六六二 一○五	四八二五 五○九
六七九五 九三一七	五六四四 一三七一	四一二八 三二三六	六○九五 三五三九	五○○三 五六四五	五五二一 一八五○	六三七四 九四三三	六○四三 四八六五	五六○八 ○九三三	六六九一 四八○七	五七八三 四○四九	五六四八 九四四一	八三一五 七五九八	七六九八 九七九三	八八二九 五五七六
		四三六七 一八九四	四九八七 四○七九	四七一五 五四○八	五○六四 九五○○	六六九四 四七四五	五二四四 九八二五	五七八七 八一七	四九九七 六六三三	五五○八 七三○七	五八五二 四八七八	五九二一 八五八三	六七二 六五二九	六九九五 ○八五六
							六○五 八八五	一○四三 五七四	六九三 ○三七	六二八 八二	一九三七 一五一	二○五八 四七四	一四一○ 九四一	三六六 八四二
五○九七 六八三八	五一六八 三六四	四三六七 一八九四	四九八七 四○七九	四七一五 五四○八	五○六四 九五○○	六六九四 四七四五	五三○五 五七一○	五八九二 一六九一	五○六八 九六六九	五五七○ ○一九三	五九四六 二○二九	六一二七 七○五七	六三一三 七四七○	七○三一 七六九八

十四	十五（千八百三十五）	十六	十七	十八	十九	二十（千八百四十）	二十一	二十二	二十三	二十四	二十五（千八百四十五）	二十六	二十七	二十八
一〇八六〇九七〇〇	一三二六七六四二九五	一七六八五七九一五四	一三〇四七二八〇三	九五九七〇二八八	一五六四九六九五六	九八二五八七〇九	三二九五七五四四	九六〇七五〇七一	四二四三三四六四	一〇二六〇四六〇六	二三一八四二二	二七九一四〇六五	三三四二四四三九	一四八六三八六八四四
一七九一一六三二	一二三三二四四七	一三四〇〇八一	一〇五一六四一四	一七七四七二六	五五九五一七六	八八八二八一三	四九八八六三三	四八七〇一六八	三二三二〇三三五	五八三〇四二九	四〇七〇二四二	三七七七七三二	二四一二一二八九	六三六〇二八四
三六五三二三二	一四九八九五七四三	一八九九八〇〇三五	一四〇六八九二七	一二三七一七四〇四	一六二〇九二二三二	一〇七四一五一九	一二七九四六一七七	一〇〇一六二〇八七	六四七五三七九九	一〇八四三五〇三五	二七二五四五六四	二二一六七一七九七	一四六五四五六三八	一五四九九八九二八
二六三六五五三	一四七五六三二一	一七七六八七七六三	一七七六二二三三	六四七六九〇	一〇六二六四〇	一二〇〇八三七二	八一八一二三五	八〇七八七五三	五一三九三三五	六二一四〇五八	七五八四七八一	七八六五二〇六	六一六六七五四	七九八六八〇六
一六七六二五八	五七四八一七四	三九七八五九八	四六九二七三〇	三〇三五一〇五	六八六八三八五	六八一九四一	七二八七八四六	三六四三七八五	一四一三三六二	五二七〇八〇九	七七六二〇四九	三四八四一七	一八四四四〇四	一三一四一二〇四
三三三二二八二	二〇五〇四四九五	三七四六三六〇	二一八五四九六二	一二四五二七九五	一七四九四五三五	一八一九〇三二二	一五四六九〇八一	二七二一五三八	六五五二六八七	二四八四八六七	一五三四六八三〇	一一三四〇六二三	八〇一一五八	三一一二八〇一〇
八六九七三四七	一二一〇〇七九七四	一五八八二三九二	一三三一〇五七一	八〇五五二五九八	一四五八七〇八六	八六二五〇三三五	二四七七六三二〇六	八七九九六三一八	八七二九四一二九	九六三九〇五四八	一〇五五九九五四一	一一〇〇四八八五九	二一六二五七五九五	一四〇六五一八三八
一六二三五三七四	七三八三二七三	八四二三二八三	五八二三六八四	一四七一二〇一一	二二七三二〇九	二七〇〇八七一	二三二九九二一三	四四四二三一	二〇九〇六九七三	五五九六二〇	一三六九一八〇七	二九六三一五	二二二七六八八五	一六七八〇九二〇
一〇三二〇八五二一	一二九三九二四七	一六八三三六七五	二九一三四二五五	一〇一二六八四六〇九	一四四五九七六〇七	八八九五一二〇七	二二四七七〇九六	八八四四〇五四九	五八二〇一一〇二	九六九五〇一六八	一〇一九〇七七三四	二〇三四五一七四	三八五三四四八〇	三三八七〇九一八
八〇六二三六三	一〇〇四五九四八一	一〇六五七〇九四二	九四二八〇八九五	九五五六〇八〇	一〇一六二五五三	二一六六〇五六	一〇二六三六二三六	六一七九九二四二	七七六八六三五四	九九五三一七七四	九八四五五三三〇	一〇一七一八〇四二	一五〇五七四八四四	一三〇二〇三七〇九
四〇〇五〇〇	七二九六〇一	三四五七三八	二八三五一九	四七二一九四一	一九〇八三五八	二三三五〇七三	二七四六四八六	二七〇七五四	一〇七四二九	一八三四〇五	八四四四四六	四二三八五一	六二六八二〇	二七〇〇四一二
八一〇二四一六二	一〇二八九〇八一	一〇六九二六八〇	九五五六四四一四	九六〇三三八二一	一〇三五三三八九	二三八九五六三四	一〇六三八二七二一	九二九六九九六	七七七九三三七八三	九九七一五一七九	九九二九九七七六	一〇二一四一八九三	一五〇六三七四六四	一三二九〇四一二一

二十九	三十 千八百五十	咸豐元	二	三	四	五 千八百五十五	六	七	八	九	十 千八百六十	十一	同治元	二
一四二一〇 六一九九	一七三五〇 九五一二六	二一〇七七 一四二九	二〇七四四 〇三九八	二六三七七 七二六五	二九七六二 三〇三九	二五七八〇 八七〇八	三〇四三 二二一〇	三四八四二 八三四二	三六三三三 八六五四	三三一三三 三三四一	三五三六 六一一九	二八九三 〇五四二	一八九三五 六六八七七	二四三三三 五八一五
六六五一 二四〇	四六二八 七九一	五四五三 五〇三	五五〇五 〇四四	四二〇七 三八二	六九三九 三四二	三六五九 八一二	四二〇七 六三二	三四六一 七九九	一九二七 四四九六	七四三四 七八九	八五五〇 一三五	四六三三 九六一一	一六四一 五〇五二	九五八四 一〇五
二四七八五 七四三九	一七四一三 八三一八	二六三三 四九三	二二九四 五四四二	二六七九七 八六四七	三〇四五六 二七八一	二六八四九 八五二〇	三四六三 九九四二	二六〇八九 〇一四一	二八二九一 三一五〇	三三八七六 八一三〇	三六二六 六二五四	三三五六 五〇一五三	一〇五七七 一七二九	二五二九 一九九二〇
八六四二 〇九一	九四七五 四九三	一〇二九 五二一	二二〇五 三〇八四	二三六二 〇一二〇	二二六三 一二六〇	二二八一五 八三六八	一四七八一 三七二	一四九一 七〇四七	二〇六六 〇二四一	一四五〇 九九七一	一七三三 三六三四	一四六五 四二一七	一一〇二 六四七七	一七九六八 〇一五三五
四四四七 七七四	五四七六 三一五	一一四〇 三一七二	五二三六 二九八	三九三八 三四〇	三二一八 九三四	二二八九 九二五	一五九七 二〇六	九〇五八 五七〇	一〇二二 五九〇一	九三八五 一〇六	九五九九 三八八	五九九一 二一〇	五八四二 九八九	八一六三 〇四九
二三〇八 八八六五	一四九五 一八六八	二一六九 八二九三	一七二八 九三八二	一七五五 八四六〇	二四八五 〇一九四	二八四四 八二九三	一六三七 八五七八	二三九七 五六一七	三〇八八 六一四二	二〇八九 五〇七七	二六九三 三〇二二	二〇六四 五四三七	一六八六 九四六八	三六一一 三一五八四
二三二五六 五一〇八	四〇三 四〇三	二六六四七 六三〇八	一九五三八 七三一四	二五〇一五 七一四五	二七五九九 一七七九	三三一六五 〇三四〇	二九五六五 〇九三八	三三三五 一二九五	三四二六七 八四一三	三二六八二 三三七〇	三三三六八 二四八五	二七四六五 六三二五	一七八三三 〇二〇〇	三五三七 五二八〇
二二一〇二 四六六	一八四七 五二三	一五九四 九六六九	二九八 七四六	二九八 〇四二	三七二〇 四〇八	一三六九 八八七	二六一〇 四二六	三四〇三 二二九	九〇四八 五九五	一〇四九 六八三	一一〇四 九二五三	四〇三四 八四〇一	一〇五七 二〇六三	一四二一 〇五六
二三四七六 八五七四	二六三一八 六五〇	一九四五三 六六八三九	一九五六五 六〇六〇	二五〇四三 〇一八七	二七九七二 二一八七	二三三〇三 〇二二七	二九八二六 二三六四	三三三六九 四五二四	二五一七二 七〇〇八	三七八七 三〇五三	三三五三 三二三二	三五〇〇 四七二六	一八八九〇 二二六三	二三六七九 六三三〇
二三一七一 〇〇八一	二三四九〇 〇二三三	一七八六二 〇一三八	一五四九三 二四七	一八九八六 九一六二	二一五三三 八二〇〇	一九二七五 二三一五	二六六四三 八〇五一	二七八九〇 六七二三	二五三三五 一〇三三	二七八三九 二〇八〇	三三六二四 二四二三	二〇四八九 九六八六	一七九六四 四〇二四	一八六〇〇 三九一二
九五六 八七四	二〇四六 六七九	一八〇六九 五八〇	三七四三 七八三七	二三五四 八五三五	三八〇六 二五七〇	五三九五 七四一八	四四一四 八二七九	六〇〇七 八三五二	四二四〇 七二四六	五七五〇 二三〇五	五六九四 六八五一	二三七九 九八七〇	三一〇四 四六五一	五五九九 三五六三
二三六六 六九五五	二三六九四 六九一二	一九六九八 六七一八	一九三三六 八九八四	二三三四一 七六九七	二五三三九 〇八七〇	二四六七〇 八五五三	三〇五八 六三三〇	三三八九八 五〇六五	二六三七五 八二七九	三三五八九 四三八五	三七三一八 九二七四	二二八六九 九四八六	二〇六八 八六七五	二四一九九 一四七四

三	四 一千八百六十五	五	六	七	八	九 一千八百七十	十	十一	十二	十三	光緒元 一千八百七十五	二	三	四
三一六四四 七二八二	二三八七四 五五八〇	四三四八一 二〇六六	三九五七六 三一〇〇	三五七四三 六四四〇	四一七五〇 六三七九	四三五九五 八四〇八	五二〇二二 三六八四	六二六五九 五〇七七	六四三二二 六二一〇	五六七五〇 六三四二	五三三〇 〇五四三	四六〇七四 一一九〇	四五一三三 三二一六八	四三七〇五 一五三二
二一四四 五六二二	九八一〇 〇七二	一〇七〇 〇〇九二	二二〇七 〇四七五	一四一八 八三六八	一九八〇 七八七六	二六四一 九一七九	二一二七 〇〇二四	二三七四 三六八九	一二四八 〇九三七	二八四五 四九〇六	二〇九〇 〇七一七	一五九三 六六八一	四〇七七 四四一四	二九八二 一三一四
三二九五 六二八九五	二四八五五 五六五二	四四五五一 二一五八	四一七八三 三五七五	三七一六 二八〇八	四三七三一 四二五五	四六二七 七五八七	五四一四六 三九〇八	六四〇三 八七六六	六六三六二 七一四七	五九五八六 一二四八	五五三九 〇四一五三	四七六六七 七八七一	四九二〇九 七五四〇	四六六八七 二八四六
二五三三 三九六一	二九〇八 九〇五五	二三四一 四二〇	一四七一 九三三二	二二五六 二九九九	一〇九五 一〇〇〇	一六一五 五二九五	一四四二 一三七〇	一五六九 〇四二五	一七四四六 四八三	一六八四 九六一九	一四一五 八六一一	一四八〇 二四二四	一二八〇 四九九六	一四一五 四六九八
四九三三 九六九	三〇二五 一〇二	三四〇〇 六九七	五八九二 一七六	一〇〇三八 一二七	一四二二 二四一四	一四二七 一八六四	一四〇三 八六二九	七〇七九 二九四	一〇七〇 三〇二八	六九三〇 七一九	八二七五 〇一三	六四六七 六一一	一三〇二 七四九九	六六七八 二四〇
三〇二五 六九四五	三一二一 四一五七	一四七四 二一七	二〇六一 一五〇八	二二六〇 一一二六	二五一七 三四一四	三〇四二 七一五九	二八四五 九八九九	二二七六 九七四九	二八一四 九五一	二三七八 〇三三八	二二四三 三六二四	二一二七 〇〇三五	二五八三 四九五	二〇八三 二九三八
三〇二二一 三三二二	二〇九六五 六五二五	四二三四七 〇六四六	三八一〇四 三七六八	三四四八〇七 三四四一	四〇六五五 五三七九	四一九八〇 三一一三	五〇五八〇 二四一四	六一〇九〇 四六二	六二四六八 六七二七	五五〇五五 六七二三	五一八八四 六八二五	四四五九三 八七六六	四三八五 八一三〇	四二二八九 六八三四
八一九二 六一三三	六七八四 九七〇	七二九九 三九五	一八一七 八二九九	四一五〇 二四一	五五八五 四六二	三一一四 七三五	七二三一 三九五	六六六四 三九一五	一〇七七 七九〇九	二一五二 四一八七	一二六二 五七〇四	九四六九 〇七〇	二七七四 六九一五	二三一四 三〇七四
三〇九三〇 五九五五	二一六四四 一四九五	四三〇七七 〇〇四一	二九七二二 二五六七	三四九〇二 三六八二	四三二四 〇八四一	四三五五 〇四二八	五三〇三 三八〇九	六一七五六 九〇一七	六三五四六 七六三六	五七二〇八 〇九一〇	五三一四七 二五二九	四五五四〇 七八三六	四六六二六 五〇四五	四四六〇三 九九〇八
一四二五〇 四〇二七	三六九四 〇二四八	三三七五 八一〇二	三九七八 六八〇九	二六九三八 九九〇〇	三七五一六 六六九七	三三八六 六四七三	五一三〇三 三八〇九	九一七五六 九〇一七	六三五四六 七六三六	五七二〇八 〇九一〇	五三一四 二五二九	四五五四 〇七八三六	四六六二六 五〇四五	四四六〇三 九九〇八
一〇四七 三五六二	六四六一 八一二四	八二六四 三三七四	五四九七 六一九六	八三七四 五九七五	四二九一 五九六六	四三八八 三八〇二	四二八三九 八九〇八	四二八四八 七一三一	五〇五〇三 三四三九	五六九四三 三四二一	四九九二八四 一〇〇四一五 五九六五二四	五二五五八二 二四七四一〇 五〇七五六三	五八九六七〇 二三〇四三 〇五一七九	九八〇六八 三七九八
二四三九七 七五八九	三〇五五 八三七二	四二〇一五 一四七六	三三四七六 三〇〇五	三五三五 五八六五	三一八〇八 三六八三	四二〇五〇 〇二七五	八四四〇五三 八〇三五九 三二九七	七二七九五〇 二八八二四〇 五三七一	七三九〇五七八 九三五五四六八 九八五	五九六九六二九 一三一〇七九六 六四一二〇〇 五九	八三八五五八三二 四一二一九七五一 二九四一五 九六五二四	五〇三五五七五六 二九三八 一四一二三 五一七九八	四三三三六三一 八〇四九四八 一四七三八三 〇五一七九八	二七〇五七七三 八七八二四九八五 四一〇五三五 八五七

五	四四五七七 七七七五	二〇二九 六〇〇〇	四六六〇七 五七七五一	一二〇九 八六五一	七四四二 四〇六	一九五四一 〇五七	四三三七七 九一二四	二八五 三五九四	四四六五三 二七一八	四四六五三 二七一八	六九八三四 〇七九〇	[illegible]
六千八百八十	六六七九五 四七四六	九三〇三 四三一〇	七六〇八八 九〇五六	二一六九二 三〇五	七七九五 〇二六	一九四八七 三三一	六五六二六 二四四一	八五二三 九二八四	七四一五〇 一七二五	七四一五〇 一七二五	八二二九四 九三五三	[illegible]
七	六四二六六 四六二八	一〇五七 五四九七	七五三四 〇一二五	一八四五 一三九九	五一七九 九〇三	二三六八 一九〇二	六二四二 一三二九	一〇五三九 五五九四	七二九六〇 八八二三	七二九六〇 八八二三	八八三九二 五九四七	[illegible]
八	七二四六三 九五七四	四二四七 二二九〇	七六七一 一九六四	一七三〇 二五二五	五九三七 二〇八	二三二三 九七三三	七〇七三 七〇四九	三六四三 五一八二	七四三七七 二二三一	七四三七七 二二三一	七三三三 九七三一	[illegible]
九	七二三一八 〇九一四	二八四八 九三九一	七五一六七 〇三〇五	一九六一 五七七〇	一〇一九 七一五二	二九八一 二九二二	七〇三五六 五一四四	一八二九 二二三九	七二一八五 七三八三	七二一八五 七三八三	八〇四三 三六三二	[illegible]
十	六六七六九 七六九三	三七四二 六二六二	七〇五二 三九五五	一五五四 八七五七	一六八九〇 七七四八	三二四五 六五〇五	六五三四 八九三六	二〇五一 八五一四	六七二六六 七四五〇	六七二六六 七四五〇	七二六六六 二九四六	[illegible]
十一千八百八十五	五七七五 七三二九	四三二四 二二三三	六二〇七六 九六五二	一五五〇 六八〇九	一七八五 五四五	三三三六 二二二四	五六二〇 二〇五二〇	二五三八 六九〇八	五八七四〇 七四二八	五八七四〇 七四二八	七二六六八 二九四六	[illegible]
十二	六三五四三 六一三六	三八五九 三六五六	六七四〇二 九七九二	一三五六 〇三〇一	二〇五三 九二九三	三四〇九 九五九四	六二一八 七五八三五	一八〇五 四三六三	六三九三 〇一九八	六三九九 二〇一九八	六六五九 六四五二九	七一七八八六 四六四一四七 九八八〇
十三	六九二三一 九七六八	一六〇一七 〇七九二	七五三四 九〇五六三〇	一三一六 二八八	一三二八 七二三五一	二六四四 七六三九	六七九五 九四七七	四六八八 二四〇一	七二六〇四 二八七八	七二六〇四 二八七八	七〇二〇二 二九二三	一二五七三 三二一六三

食貨輸出比校表

美利加食貨輸出之直時有異同每十年一比校之損益可見述食貨輸出比校表

	道光三十年千八百五十	咸豐十年千八百六十	同治九年千八百七十	光緒六年千八百八十
海軍器	二四二七三	一九六九六四三	一九二〇〇八五	二四五二六〇八
農具			一〇六八四七九	二二四五六四三
菜油		二六七九九	三三六三〇九	三四七六〇四〇
畜	二一五五二四七	一八五五〇九一	一〇四五〇三九	一五八八三三〇

紙類	九九六八九六	二八五七九八	五一四五九二	二一八三四〇
馬車	九五七二二	八一六九七三	九七六五四二	一四〇七四三五
化學製藥器	四三三四七八九	四三五四五五	二四九五一五六	三五三〇四五〇
裁縫具			二三三三三二六	一六四九三〇七
鐘表類			五八九〇〇八	一四五三三七
鑛產	一九七六五四	二二二六八五	八五三四四五	一九二八〇三〇
鐵	一九二三二〇	五七〇三〇四三	二〇〇二九〇二	三二六〇五五六
水銀		二五八六八二	五二一九一八	一三六〇一七六八
煤	一八七〇九〇	七四〇七八三	一三〇六二五三	二〇五八〇八〇
石油			三二七七八九〇	三六二八六二五
棉花	七一九八四六六六	二九一八〇六五五五	三二七〇二七六四	三三五三九〇五
棉布	四七三四四二四	一〇九三四七九六	二七八〇七二八二	九九八一四八
麻	六六八七六六	三八三九一七	三三〇七九一	三七二四五一
松香	五二二九七四	一九一六二八九	三五七三〇二	二三三五四
動物油	一四六四三四	二三八二四九	二四八二九	一六七六〇七九
牲油		一五九八七六八	三八四八六一	七六八九二三
革	三四二九一	一五四七七	六七三三三	七六八九二三
毛皮	八五二四六六	一五三三〇八	一九四二三九	五四〇四四一八
木	四八二六〇八七	一〇〇四七九五六	三七三四八三八	一六三三七三七六
五穀	三三〇六六五九	二四四二三三〇	七二五〇九三	二八〇二六〇五
果	二四九七四	二〇六〇五五	五四二五〇二	二〇九〇一六三四
菜子	四〇四〇	一六〇〇七二九	九八四七八	二七七六八三
槐花	一四二六九二	三三八六六八	二五一五七三四	二五七三九二
食物	二〇九二七四〇五	一六六二四四三	二九七五五三九	三七〇四三四二
油餅		一六〇九三八二四	一九二八八	一六二五九八七
白糖糖汁	三二二三三〇	四四〇二一〇	一六六一五二六	三三三九九七
火酒	三二六六〇四	一四六一四三九	七二五四二一	三〇二七一五四三
淡巴菰	一〇五九九八五五	一九二八九九七五	二二七〇五三五	一八四四二七三
雜	二〇〇九四八八	一四六二三六八	二七八八六九二	二〇二一五九〇
總計	三四九〇〇二三三	三三六八四二四三三	四五五二〇八五四	八三三九四八三五三

美利加圖經卷十七　十六

三十年間食貨出入比較表

美利加物利在出非美利加物利在入三十年爲一世銀以圓計多少有差可參鑑也述三十年間食貨出入比較表

年	商入 圓	商出	比較 入多	比較 出多	雜入	雜出	比較 入多	比較 出多
咸豐六 千八百五十六	三〇四三二二〇	二八一三一九四三		二七二二八八七	四二〇七六三二	四五七四五四八五		四一五三七八五三
七	三四八四二八二四	二九三八二三七六〇		五四六〇四五八二	二四六一七九九	六九一三六九二三		五六六七五三三
八 千八百五十八	二六三三三八六五四	二七二〇二二七四	八六七二六二〇		一九二七四四九六	五二六三三三四七		三三三四八六五一
九 千八百五十九	三三三三三三四	二九二九〇一〇五一		三八四三二二九〇	七四三四七八九	六三八八七四二一		五六四五二六三
十 千八百六十	三五三六六二一九	三三三五七六〇五七		二〇〇四〇六二	八五五〇一三五	六六八五四六三九		五七九九六一〇四
十一 千八百六十一	二八九三一〇五四三	二一九五五三八三		六九七五六七九	四六三三九六一	二九七九〇八〇	一六五四八五三一	
同治元 千八百六十二	一八九三五六六七七	一九〇六七〇五〇一	一三三八二四		一六四一五〇五二	三六八八七六四〇		二〇四七二五八八
二 千八百六十三	二四三二五八一五	二〇三九六四九九七		三九三七〇八一八	九五八四一〇五	六四一五六六八二		五四五七二五〇六
三 千八百六十四	三一六四四七二八三	一五八八七九八八		一五七五五九六五	三三一五六一二	一〇五三九六五四		九二二八〇九二九
四 千八百六十五	三三八七四五五八〇	一六六〇一三五〇〇		七六七三二〇八二	九八一〇〇七二	六七六四三三二六		五七八三三二五四
五 千八百六十六	四三四八三〇六六八	三四八八五九五三		八五九五二五四四	一〇七〇〇九二	八六〇四四〇七一		七五三四三九七九

六 千八百六十七	三九五七六三二〇〇	二九七二〇三六五三	九八四五九四四七	二三〇七〇四七五	六〇八〇八三七二	三八七九七八九七
七 千八百六十八	三五七四三六四四〇	二八一九五二一八九九	七五四八三五四二	一四一八八三六八	九三七八四一〇二	七九五九五七三四
八 千八百六十九	四一七五〇六三七九	二八六二七六九七	一三一三八八六八二	一九八〇七八七六	五七一三八三八〇	三七三三〇五〇四
九 千八百七十	四三五九五八四〇八	三九二七七六八	四三一八六六四〇	二六四一九七九	五八一五五六六六	三一七三六四八六
十 千八百七十一	五二〇二三六八四	四四二八二〇一七八	七七四〇三五〇六	二一二七〇〇二四	九八四四一九八八	七七一七一九六四
十一 千八百七十二	六二六五九五〇七七	四四四一七七五八六	一八二四七四九一	一三七四三六八九	七九八七七一五三四	六六二三三八四五
十二 千八百七十三	六四二二三六二一〇	五二二四七九三一七	二一九六五六二八八	二四八〇九三七	八四六〇八五七四	二三一二七六三七
十三 千八百七十四	五六七四〇六三四二	五八六二八三〇四〇	一八八七六六九八	二八四五四九〇六	五六六三〇四〇五	二二七五四九九
光緒元 千八百七十五	五三三〇〇五四三六	五三三四四一七一	一九五六三七二五	二〇九〇〇七二七	九二一三二一四三	七二三三一四二五
二 千八百七十六	四六〇七四二九一	五四〇三八四七	七九六三三四八〇	一五九三六六八一	五六五〇六三〇二	四〇五六九六二一
三 千八百七十七	四五三三三六八	六〇二四七五三〇	一五二五二〇九四	四〇七七四四四	五六六二六二三七	一五三八七七五三
四 千八百七十八	四三七〇五一五三三	六九四八四八四六	二五七七九六九六四	二九八二三一四	三三七三三二二五	三九一一九一一
五 千八百七十九	四四五七七七七五	七〇四三九四四一	二六四六六六六六	二〇二九六〇〇〇	二四九九七四四一	四七〇一四四〇
六 千八百八十	六六七九五四七四六	八三五六三八六五八	一六七六八三九二	九三〇三四三一〇	一七一四二九一九	七五八九三九一
七 千八百八十一	六四二六六四六二八	九〇二三六七三四六	二五九七〇二七一八	二一〇五七五四九七	一九四〇六八四七	九二一六八六五〇

八千八百八十二	七二四一八三九五四	七五〇五四二三五七	二五九〇二六八三	四二四六二三九〇	四九四一七四七九	六八九四五〇八九
九千八百八十三	七二三八〇九一四	八二三八三九四〇二	一〇〇六五八四八	二八四八九三九一	三一八二〇三三三	三三三〇九四二
十千八百八十四	六六七六九七六八三	七四〇五三三六〇九	七二八一五九一六	三七四三六二六二	六七一三三八三	二九七〇七一二
十一千八百八十五	五七七五二七三九	七四二八九七五五	一一八四六六二四二九	四三二四三三三	四二三三一五二五	一〇一〇七九八
十二千八百八十六	六三五四三六八三六	六七九五三四八三〇	四四〇八八六九四	三八五九三六五六	七二四六三四一〇	三三八六九七五四
十三千八百八十七	六九三三九七六八	七一六一八三三一	二三八六三四四三	六〇一七〇七九二	三五九九七六九一	二四一七三一〇一

合衆國損本商表

美利加農工之物倚商爲出入獲利巨甚然損本之商往往而有其足徵者起咸豐七年即西紀一千八百五十七訖光緒十三年即西紀一千八百八十七中間同治元年至四年惟知迤北諸邦一爲商店一千六百五十二銀二千三百有四萬九千圓一爲商店四百九十五銀七百八十九萬九千圓一爲商店五百二十銀八百五十七萬九千圓一爲商店五百三十銀一千七百六十二萬五千圓其歲計數而通國之歲計彼簿未詳闕如職此其損本多者店至一萬九百六十八八至九十九萬四千二百八十有一銀至二萬萬九千一

百七十五萬圓亦不可謂非巨數矣合衆國損本商表

年	損本商店	損本銀圓	損本商人
咸豐七 一千八百五十七	四九三二	二九一七五〇〇〇	
八 一千八百五十八	四二二五	九五七四九〇〇〇	
九 一千八百五十九	三九一三	六四三九四〇〇〇	
十 一千八百六十	三六七六	七九八〇七〇〇〇	
十一 一千八百六十一	六九六三	二〇七二一〇〇〇〇	
同治元 一千八百六十二			
二 一千八百六十三			
三 一千八百六十四			
四 一千八百六十五			
五 一千八百六十六	一五〇五	五三七八三〇〇〇	
六 一千八百六十七	二七八〇	九六六六六〇〇〇	
七 一千八百六十八	二六〇八	六三六九四〇〇〇	
八 一千八百六十九	二七九九	七五〇五四〇〇〇	

年	損本商店	損本銀圓	損本商人
同治十二 一千八百七十三	五一八三	二二八四九九〇〇〇	五五九七六四
十三 一千八百七十四	五八三〇	一五五二三九〇〇〇	六〇〇四九〇
光緒元 一千八百七十五	七七四〇	二〇一〇六〇〇〇〇	六四二四二三
二 一千八百七十六	九〇九二	一九一一七〇〇〇	六九〇九九二
三 一千八百七十七	八八七二	一九〇六六九〇〇〇	六七四七四一
四 一千八百七十八	一〇四七八	二三四三八三一三二	六九三四二〇
五 一千八百七十九	六六五八	九八一四九〇五三	七〇二三五九
六 一千八百八十	四七三五	六五七五二〇〇〇	七二四五一七
七 一千八百八十一	五五八二	八一一五五九三二	七八一六八九
八 一千八百八十二	六七三八	一〇一〇〇〇〇〇〇	八二二二五六
九 一千八百八十三	九一八四	一七二八七四一七二	八六三九九三
十 一千八百八十四	一〇九六八	二二六三四三四二七	九〇四七五九
十一 一千八百八十五	一〇六三七	一二四二二〇三二一	九一九九九〇

美利加圖經卷十六　十八

九 千八百七十	三五五二	八八二四二〇〇〇	四二六〇〇〇
十 千八百七十一	二九一五	八五二五二〇〇〇	四七五一四五
十一 千八百七十二	四〇六九	一三一〇三六〇〇〇	五二八七九一
十二 千八百八十六	九八三四	二四六四四二九	九六九八四一
十三 千八百八十七	九六三四	一六七五六〇九四四	九九四二八一

許娉售年表

事無論巨細垂成則毀既成則襲毀者忌其成襲者欲以似亂真欲以貌抵質欲以半功掩全力於是相率而趨於僞與巧微獨技藝然也泰西有許娉售一法美利加亦如之卽以著書言先報厥名與居郵寄於議院圖書局卽所謂力部利楊鶩夫空列士是也出費銀一圓給特許出板之照其書印竣於十日内以二部呈之否則罰二十有五圓不呈不報罰百圓其宅大率類此以二十八年爲期期滿許其人或其家屬展限前期之半期内宅人不得分其權也無縱工無懈力無期詐與苟且之術其以此夫其以此夫述許娉售年表

	報自作數	被控不許數	給特許照	入費圓	出費圓	差圓
道光十七 千八百三十七			四三五	二九二八九〇八	三三五〇六九八	
十八			五二〇	四二二三五四	三七四〇二一〇	四七二一四四

十九			四二五	三七二二六〇〇〇	三四五四三五二	二七一六四九
二十 千八百四十	七三五	二二八	四七三	三八〇五六五二	三九〇二〇六七	
	八四七	三一二	四九五	四〇四一三〇一	五二六六六八七	
	七六一	三九一	五一七	三六五〇五六八	三三三四一四八	五二六四二〇
	八一九	三一五	五三一	四五八一五八二	三〇七七六九六	四五三八八五
	一〇四五	三八〇	五〇二	四二五〇九二六	三六二四四七三	六二六四五三
	一三四六	四五二	五〇二	五〇七六一四	三九三九五六五	二六八〇四九
	一三七二	四四八	六一九	五〇二六四一六	四六一五八七一	四一〇五四五
	一五三二	五五三	五七二	六三三二一九	四一八七八三五	二一三三二八四
	一六二八	六〇七	六六〇	六七五七六六九	五八九〇五八四	八六七〇八五
	一九五五	五九五	一〇七〇	八〇七五二九八	七七七一六四四	三〇三六五四
	二一九三	六〇二	九九五	八六九二七〇五	八〇一〇九五	六八一六一三
	二二五八	七六〇	八六九	九五七三八六二	八六九六九三	八八二六〇
	二六三九	九九六	一〇二〇	三二六五六三四	九五九二六九一	二六七三九四八
	二六七三	九〇一	九五八	一三五二七四五	一三二三六九八三	

	三三二四	八九八	一九〇二	一六三七八九九八四	一六七一四六三二	
	四四三五	九〇六	二〇二四	二六四五九三五	一七九五四三三	三六九一九〇二
	四九六〇	一〇二四	二五〇二	一九二五八八〇二	一九九九三〇二	
	四七七一	一〇一〇	二九一〇	一九六二三二〇一	二二一五八二〇九	
	五三六四	九三四	三七一〇	二三七六一六	一九三九三七四	一〇五二三四二
	六三二五	一〇七九	四五三八	二四五九四二五	二一〇二七八四一	三五六六三七四
	七六五三	一〇八四	四八一九	二五六三五二九	二五一八二〇八〇	三五三一七九
	四六四三	七〇〇	三三四〇	三七三五四四四	二三一四九一九一	
	五〇三八	八二四	三五二一	二一五七五四九	一八二八一〇三九	三二九四四九〇
	六〇一四	七八七	四一七〇	一九五五九三九	一八九四四一四	六一七九一五
	六九三三	一〇六三	五〇二〇	二四〇九一九九八	二三九八六八〇〇	一一〇五一九八
	一〇六四	一九三七	六六一六	三四八七九一八四	二七四一九九三四	七四五九二五〇
	一五二六九	二六二三	九四五〇	四九五六八五三八	三六七二四二八	一三三九四二〇
	二一二七六	三五九七	一三〇一五	六四六五八一九二	六三九二六三三二	一三一八六八〇
	二〇四二〇	三七〇五	一二三七二	六八一五六五八六八	六二八六七九七七	五二八八六〇九

	一九二七一	二六二四	一三九八六	六九三一四五八一	四八六四三〇七八	二〇六七一五〇三
	一九一七一	三二七三	一三三二一	六六九四五一六六	五五七一四九一九	一二三〇七五七
	一九四七二	三三六六	一三〇三三	六七八七一六四六	五九〇五九五〇八	二八一二三八
	一八二四六	三〇九〇	一三五九〇	六九九七二六三九	六六五五九三六	三四三五〇二
	二〇四一四	三二四八	一三八六四	七〇三一九一七七	六九一七八九八	一二〇二七二
	二一六〇二	三一八一	一三五九九	七三八二七八一七	六七九一八八四一	五八九八九七六
	二一六三八	三〇九四	一六二八八	七四三四五三三六	七二一六五七七一	二七九五六五
	二一四二五	二六九七	一七〇二六	七五七九八七六五	六五二五四二六〇	一〇五四四五〇五
	二〇三〇八	二八〇九	一三六一九	七三三四二八五	六一三一五二六二	一九〇二三
	二〇二六〇	二七五五	一二九三五	七二五三七五五五	五九三〇八二八九	一九二九二六六
	二〇〇五九	二六二〇	一三七二五	七〇三九三一四七	五二九六三八七	七四二九二五〇
	二三〇一二	二四九〇	一三九四七	七四九六八五三	五三八八六五七	二〇八二〇一五
	二六〇五九	二四〇六	一六五八四	八五三六六五八九	六〇五一七三二八	二四八四九二六
	三一五二二	二五五三	一九二六七	一〇〇九二九四五	六八三八六七六七	二四八四九二六
	三五五七七	二七四一	二二三八三	二四六二四〇〇〇	六七五二三四八六	四七一〇〇五二

			總數
三五六〇〇	三五七一七	三五九六八	五九一九二
二五八二	二五五二	二五一三	八一三九三
二〇四一三	二四二三三	二二五〇八	三八四三九九
一〇七五七九八八〇	二八八〇八九一五	二五四五五一四〇	二〇四九二六七七三
一九七〇五七九七六	一〇二四五七八八五	一四九二五〇五四五	一七三三八一二〇四〇
一〇五三九〇四	一六三七一〇三〇	一六二〇四七九五	三一〇七四五三五三

花翎二品銜直隸即補道總辦北洋機器局前游歷使臣傅雲龍述

美利加攷工志一

攷工源流

美利加之富工力居多鑛工輪船工火車鐵道工所攷別詳不獨造幣工金工石工木工土工之為利藪也織工尤稱無害以棉者布之屬以絲者綢綾之屬以毳者毡毯之屬其他分鑛者冶工鏤器者雕工補舊者修工設色者染工要不若軍器之工為三致意云天工人代大率借風力火力水力為之然非課實藝未易別良工也凡自成一技以式貢之官驗之而了無異人則却否則酬金資獎功牌給文憑許享利若干年他人不得勦襲之即成一書亦然例刱自英而美利加沿之光緒二年千八百七十六已給憑五千有奇善事利器所由不湮沒也夫原工弟一工例弟二取材弟三分製弟四鋼鐵工弟五礮工弟六槍工弟七火箭工弟八火藥工弟九鉛工弟十金屬器工弟十一釘工弟十二紙幣工弟十三絲工弟十四綿工弟十五毛工弟十六化學物工弟十七玻璃工弟十八農器工弟十九紙工弟二十手

印字工第二十一木廠工第二十二雜工第二十三爰就見聞撮厥大要述攷工源流兵船水雷之類別詳

原工第一

當美利加欲自立國時工議起若蠶若鶩然織造機器尠甚所用有二一則曰充車也一則曰埽車也充車者手織麤布之用埽車者以手轉器埽除羊毛之具也人競用之而器非利於是采英吉利紡器置之勿爾治尼亞邦此其制器之權輿也時乾隆四十五年在西紀一千七百七十五年爲美利加立國之前一年轉機欲利於是乎有水車之制四十六年即西紀一千七百八十年馬沙朱色士邦之勝利司道洛仿之立廠是善於因者也明年英吉利不欲利於美利加令禁以制造成法行之合衆國又禁其國人凡輸出器物若組就之毳綿絲麻及百凡器械無論巨細精麤均勿入美利加境違則罰金二百磅監一年厥後增律彌厲凡工造術不得徙居是於美利加工大有妨也於是乎制造之工之器不得不自相發明五十四年即西紀一千七百八十九年政府立護工之法於是制造之事起先是乾

隆五十二年即西紀一千七百八十七年於馬沙朱色士邦玭理謀剏立綿布工廠是爲合衆國之第一越三年（五十五年西千七百九十）洛畣埃倫邦之普拉比甲斯有沙米吳司打拉氏者建一工廠乃益鉅紡借水力聲喧壁間至今廠猶巋立初有呼沙氏者生於英吉利（乾隆三十年西千七百六十八）而徙於美利加者也方年十四即爲密路哈耳脫工廠役諳工事苦英禁難獲利器於是潛挈厥術於乾隆五十四年（西千七百八十九）營業於紐約五十七年（西千七百九十二）美利加人四尊宜氏剏制埽綿器以去綿實五十九年以前用別國組織居多論者倡宜用自績之說而工廠乃增嘉慶十四年（西千八百九）織綿之工肆已八十有七紡筒之實數已逾八萬波士登佛艮西司羅葉耳氏於十六年（西千八百十一）游歷英吉利欲參秘術而其秘不可得窺羅葉耳氏苦心鈎致獨出機軸遂歸而立工廠於馬沙朱色士邦之俄耳堂下十九年（西千八百十四）工成所用力臺與英吉利異曲同工緜纚而精有條不紊觀者嘆未曾有也力臺既竣手梭競易荒落之市頓熾機鳴若羅葉耳與羅運司與弱里澳苛與俄耳利拔諸處皆以織棉而興矣以逸勝勞事半功倍

織毛織絲無異於綿改新日衆美利加織工無慮三百萬有奇變而從事於機關者不下五分之四其彰彰者若農具若礦物若輪舟若車轍若樹膠若木器樂器縫衣器類皆仿此而行此三百萬人所制之物較之舊法可抵一億五千萬人之工力即以紡績言舊法一次可抽一條者新法出一千一百其它準此此制物利也初美利加手梭之夫一日所獲不克越銀五十仙所織每周或四十牙脫或五十牙脫每牙脫或直十仙或五仙其它縫直每牙脫或十仙或十二仙有差嘉慶廿年後西千八百十五力臺機行其織綿之工合男與女與幼者平均傭資每周合銀一圓五十仙每年得七十有八圓所役約十萬人占百分率之六十道光三年西千八百廿三羅葉耳機器既興越五年馬沙朱色士工肆最著女工每周獲二圓五十五仙至二圓八十二仙十六年西千八百卅六每周最高二圓五十三仙最低二圓十九仙平均之爲一圓廿五仙除傭食諸費得五十仙多至一圓其縫工每周約七十五仙溯光緒六年以上四十年間傭資日進千八百六十年至千八百七十八年馬沙朱色士邦織綿工銀增百分率十九從千八百七十八年至千八百八十一年百分率九七是千八百五十年美利加工男則全數百

分率三十九女百分率三十八強其千八百七十一年男廿五歲以上三十一強百分率女十六歲以上四十九百分率幼者百分率十七其工效增而役時則減往者日六時有半每時二點鐘下倣此或七時今則機力既廣日役五時或五時有半工勞省矣而工資倍酬道光八年千八百廿八每周傭銀二圓六十二仙者今獲四圓八十四仙咸豐十年千八百六十平均傭銀每年百九十六圓者光緒六年千八百八十馬沙朱色士邦增至二百五十八圓四十二仙東方諸邦二百五十五圓七十七仙中部諸邦二百三十五圓十九仙南部諸邦一百六十八圓五十九仙西部諸邦二百十六圓九十一仙傭資增則貧者無困物直減則用者嘗贏即如嘉慶二十一年西千八百十六織巾之直每牙脫三十仙同治九年千八百七十減十仙有五分之四光緒六年千八百八十遂減七仙有半嘉里符尼亞織綿之直道光七年千八百二十九每牙脫廿二仙同治九年千八百七十減十三仙光緒六年千八百八十遂減七仙麤綿之直每磅嘉慶廿二年千八百十六三十仙同治九年千八百七十減十四仙有半光緒六年千八百八十遂減十二仙有半自道光八年千八百廿八至光緒六年千八百八十綿布每牙脫價率由六零下七七減至三零下三一而傭資

則二零下六二增四零下八四其手梭之工每周織𥿋巾四十二牙脫(或四十八牙脫)今則一人可司六力臺凡織一千五百牙脫其手轉車一紡筒歷五時可紡八兩每周約三磅耳今則一紡可出三千磅其利鈍不待知者而知也

工例弟二

美利加考工之例略依英吉利而始行於其境者十三邦也而例亦有異　緬邦例謂凡年不逮十三未曾入公私小學不役爲織綿織毳工其工學官有證傭主有憑違者罰銀三百圓凡工年未及十六者日役不逾五時違例罰銀百圓凡工廠高者役於其上必設避火門　紐罕布西耳邦例謂凡年十五以下者孤則自書諾日役勿逾五時不得用十歲以下者其年至十二而在小學勿工其在小學休課時願工者聽　澤蒙邦例謂年未及十禁工十五歲以下者日工勿逾五時非曾入小學三月不得工於水車場及制造所　馬沙朱色士邦例謂年十二以下勿工十四以下非入公私小學二十周月亦勿工冬夏休課願工者聽然以學校文證爲準傭主於十六歲以

下者將生日入學日紀錄違則罰二十圓以上或五十圓以下巡吏稽其姓名十四歲以下不克入小學寫字讀書而父母輒令工者亦罰如之凡工不豫告傭主而停工者償其工資或強抗罰銀百圓十八歲以下男女凡工勿逾五時然如役輕亦可否則罰五十圓或倍凡蒸氣機關宜愼凡工場樓三四層而工至四十以上宜設火門違亦有罰女工未執業時宜授之几　洛畜埃倫邦例謂年十二以下禁工十五以下非已入學三月亦禁工已學而工者每年歷月勿九凡十二歲以上十五歲以下工每日勿逾六時有半違者罰銀二十圓凡役於第二層樓必留火口　干捏底嘎奪邦例謂年十四以下非曾入小學六十日勿工巡吏年稽三次而糾其違者託孤或違每一周罰銀五圓凡十四歲以下工其傭主以學單爲憑十五歲以下工日役勿逾五時違則有罰工在二層樓則內設梯二外留口一防火也　紐約邦例謂年十四以下者非曾入小學十四日勿工日以四時爲率田園家役不在此例或工勞而酬重亦不問也　紐折耳西邦例謂十歲以下勿工其工非壯日以五時爲率違者罰銀五十

圓凡木棉羊毛絲紙玻璃銅鐵諸工每日五時耐勞即爲合法　賓夕佛尼亞邦例謂工無特約日以四時耐勞爲率農耕則否以年以月不以日則否織工以五時爲率勞工勿役年十三以下者違則罰銀三十圓凡工年十三以上十六以下而非一歲中有三閱月入小學者禁一歲中工逾九閱月者年少雖有合約亦禁每日以五時爲率違則罰銀五十圓以下凡工居三四層樓設避火門　瑪理蘭邦例謂凡工年十六以下日役勿逾五時違則罰銀五十圓以下　倭海約邦例謂水車金鑛禁役年十四以下者其曾入小學者聽然以學單爲憑十六歲以下男女勿強使勞工而日逾五時違則罰銀五圓至五十圓其餘諸邦大同小異無強使無欺誘無意外虞是以工術日精

取材弟三

軍器所需之鋼鐵用麤輒倍於用精精者之直多而工料省麤者之直少而工料增是以美利加槍礮用其國內精鋼居多道光二十二年一千八百四十二年以前所製冠銃尖刀謂之拔約尼奪又制火藥插謂之蘭

路多又制彈機關謂之司布林斯猶未精於用鋼也歸是短手槍來復而槍較精所需若鐵若鑿若銼若油若寶砂若樹膠若曹達若薪若骨炭皆不若需煤之多計一工人年費煤約三頓干揑底嘎奪邦馬沙朱色土邦諸廠類然如司火適宜則火力較省

分制弟四

凡制軍器非出一手美利加工廠大氐分之衆工合為一器其分工多寡不同故所成優劣亦異而分制之法自康熙五十六年（一千七百十七年）法郎西人游礮始美利加人野里四奪宜仿其意為埽綿器厥後軍器支分勝合不離其宗一槍也模之錘之鑿之錐之磨之通之若不相謀而相應相求缺一不可不啻六呂之和五色之組而其初人未之知也嘉慶十七年（一千八百十二）有礮名麻司格奪易毀於是四奪宜氏哈耳氏諸而司氏精出思議越三年俄都我司躂四奪宜之議以分制法改制麻司格奪槍來復而槍分之軍隊試如法時諾司於干揑底嘎奪邦之密脫耳打愿亦用分制法緻造短手槍嘉慶二十四年（一千八百十九）哈耳氏亦自精其法演術有聲蓋自嘉慶二十二年至道光

二年美利加軍器之工乃進其益得百分率之二十云道光九年（一千八百廿九）哈耳氏制來復而槍於密脫耳打慮觀者以品優報二十年（一千八百四十）軍器局長脫瑪司塞摯精覈制法而法益精英吉利俄羅斯布魯士日斯巴尼亞瑞典土耳其埃及丹國皆需美利加機械同治六年（一千八百六十七）丹國增礮四萬瑞典增礮一萬鎖鍊二萬皆造自美利加明年美利加工爲日斯巴尼亞制礮又明年爲埃及制礮六萬尋益十萬它如日本墨西哥秘魯智利土耳其諸國踵相造礮藥彈有缺其造軍器之工由分而合而其豫算造器之工實以合而分凡工月支三百圓以至三百五十圓如年成最上乘之來復而槍二百即良工矣凡工一年實得三百十二日一日實役五時凡小工廠八人不敵大工廠三人之益器爲之也火車分制之法詳鐵道攷工

鋼鐵工第五

明萬歷十四年（西一千五百八十六）英吉利人可口羅列既辦喀那拉奪耶鐵鑛穴賦三十六年（一千六百八）勿爾治尼亞置煆鐵工鐵一頓直銀四磅此歐羅巴人制鐵於此之始也四十七年（一千六百十九）英吉利商會至勿爾

治尼亞設制鐵所於符林及各里古越五年遂廢論者謂鐵工之效實以馬沙朱色士灣近地曰林新英蘭爲弟一鑄鐵廠以波士登南三十餘華里地名不連脫里爲弟二鑄鐵廠嗣是踵起泰昌元年（西千六百二十）英吉利開新疆於馬沙朱色士後一百年其地遂爲美利加制鐵之最肇於邦之西陲伸於邦之東境至我

大清乾隆四十九年（千七百八十四）馬沙朱色士邦制鐵之肆七十有六次之爲紐平文又次之爲羅脫愛蘭然最著聲者沙里司布力鐵鑛也自雍正十二年（千七百三十四）設制鐵所於藍毋羅可每日出鐵五百磅多至七百乾隆十三年（千七百四十八）列基威耳鐵廠既開每十二時（廿四點鐘）制鐵二噸有半以鑛三噸制鐵一噸（噸約六二百五十磅）他廠漸增五十五年（千七百九十）其邦鐵廠已五十矣工力用之鑄（輪）爲多美利加制鐵寖熾莫賓夕佛尼亞若雖然當康熙三十一年（千六百九十二）鎔鑪初支歲出四十磅耳蓋十三邦最後之新疆也鐵工置又最後他邦差與匹五十二年（千七百十六）工少少旺其進如馳乾隆二十五年（千七百六十）工廠已至六十新疆人嘆罕與勸立國後其東陲工業尤起五十五年（千七百九十）凡

伸之爲條錘之爲片以明沙文及倫司脫列斯兩廠爲多是今日符
尼古鼻路工廠之椎輪也嘉慶二十二年（一千八百十七）骨尼路愛沙古馬
脫氏於利奪司古里可（地名）置碾鐵機既鑄之鐵以碾而枝分之此美
利加碾機之綿蕞也乾隆五十六年（一千七百九十一）寶夕佛尼亞邦煆鐵窰
十有六工廠三十有七嘉慶二十一年窰四十四廠七十八又釘廠
一百七十五道光二十九年（一千八百四十九）窰二百九十八廠一百二十一
初鍊廠六轉碾廠七十九其窰用無煙石煤者五十有七用有煙者
十一餘用木炭鍊之蓋自道光二十年（一千八百四十）石炭既熾三十年後
（一千八百五十後）以木炭制鐵者求之寶夕佛尼亞邦殊寥寥矣倭海約邦之
鐵工自嘉慶八年始（一千八百三）道光二十六年（一千八百四十六）工漸進光緒六年
（一千八百八十）其工居合衆國弟二紐約邦之鐵工自乾隆五年始（一千七百四十）
置廠於哈多松河東約華里四十二（英里十四）科侖布亞郡之安古拉（廠一）
各里古（廠二）初不如他邦遠甚嘉慶五年（一千八百）相布連之鑛既開越四
十年資石煤功光緒六年（一千八百八十）鐵工遂居合衆國之弟三綜而計
之美利加制鐵作長方形其工用無煙煤者咸豐四年（一千八百五十四）造三

三十三萬九千四百三十五頓光緒元年千八百七十五增爲九十萬八千四十六頓六年千八百八十增爲一百六十萬七千六百五十一頓其工用有煙煤者咸豐四年造五萬四千四百八十五頓光緒元年增爲九十四萬七千五百四十五頓六年增爲一百九十五萬二千五頓其工用木炭者咸豐四年造三十四萬二千二百九十八頓光緒元年增爲四十一萬九百九十頓六年增爲五十三萬七千五百五十八頓據此可見木炭之所增無幾石煤之所資益多

或曰乾隆五十八年千七百九十一有阿列基三打哈密耳東者著書曰合衆國人亦知製巨細鐵釘矣蓋言其鐵工之未善也嘉慶七年千八百二或謂紐折爾西邦有鐵工廠一百五十每廠年造鐵二十頓總計一年得三千頓光緒六年千八百八十則每一工廠年造三千頓矣其廠以百計五十年前曾造長方鐵四頓即爲上廠當同治四年千八百六十五以前問有每次造長方鐵一百五十頓之廠乎曰無有也光緒元年千八百七十五而後則每次造七百頓者所在皆然六年千八百八十千頓一周七年千八百八十一且有每次一千三百五十七頓者矣

美治拔兒司治耳鐵廠在勿爾治尼亞邦之來司唐製鐵礮亦製舟車之輪與夫鐵器之屬然以鎔鐵爲一大宗鎔兼用煤而以用煤氣爲一大觀有爐數十一爐居一小屋其口出上一層地面有鐵作之穴長方二尺有奇高如之受煤自此時變煤煙以火引之則然其氣通大鐵管盤折而入鎔鐵大爐爐形略肖中國傾銷銀爐而巨且高貯鐵則闔爐門煤氣所至皆純青火也不可嚮邇隔藍頗黎視之初覺燄怒繼漸燄低後乃燄平鐵融其時也鋼模試之傾汁則爆花四飛據司事者云煤氣之力大於煤三倍汽機馬力一千又馬力四十之拖錘九工凡七百方鑄礮名來司壹

美列加鐵工巨廠十白司列狠其弟二也在勿爾治尼亞邦工三十平均之日直銀一圓七角五仙造鐵輪鐵橋之機械罔弗備非鐵道專工也然鐵軌實造於此造法已詳鐵道工其跨水道橋欄立若弓背長六七丈許光緒十三年廠費近千萬云

鑄鐵之料與鑄成之物兩兩相較價直宜居百分率之二十礮制尚矣以足踏機而成者重量六十磅或六十有五其細巧緊切之機或

十二磅或二十五磅譬如鑄尋常器十萬則聚合之工一百七十有五徵實之工一百二十鎔鑄之工如之漆飾之工四十收紀之工百凡五百五十有五美利加產鐵不爲少矣然以之供鑄則用如蘇格蘭鑛鐵之低者

美利加初無鋼工雍正六年千七百廿八干捏底嘎奪邦有工曰非克比鍊鐵爲鋼是美利加製鋼濫觴也英倫敦會會賞厥術嗣是馬沙朱色十乾隆十五年千七百五十五十二年千七百八十七先後置鋼工廠各一其工多其直廉然品遜於別國以之造刃則不足謂之泥鋼亦謂之脹鋼蓋制自泥窩而面輒浮如脹也嘉慶十五年千八百十合衆國綜其鋼製凡九百一十七頓而其內五百三十一頓出自賓夕佛尼亞道光十一年千八百三十一合衆國鋼工廠凡十有七年製一千六百頓有奇而質猶遜厥後工欲求精咸豐十年千八百六十有商會曰哈西威耳士其工較良越二年比脫拔耳布地名有商會曰怕古工與之勸此美利加鋼精之漸也未幾卑司馬氏出有聲而西緬氏踵之起工乃大進卑司馬氏者英吉利人也一日制鐵悟曰鎔鐵壓之極薄可以化鋼其

法鐵既鎔以強壓力注入極寒之大氣則大氣所含之養氣（是六十餘元素之一）與鐵中所含元素迸合而生極高熱度使雜氣全消遂謂之鋼鎔鐵之器形似梨其重自五頓至十五頓合所鎔之鐵重二十頓或至三十頓即以䃵子觸之亦可軸轉而生熱度也咸豐八年（千八百五十八）試者謂其術驗得專賣之權利浸積銀一百五萬七千磅於是同治三年（千八百六十四）惟思亞母達扉氏推行其法光緒六年（千八百八十）合衆國用此法之鋼工廠已十有五凡置鎔器三十有三然多用之以造鐵軌其始依法造軌者同治四年（千八百六十五）西可俄轉碾機廠也自同治六年（千八百六十七）至光緒六年（千八百八十）所造鋼軌凡三百七十八萬四千一十九頓其間推之以制他種微獨鐵軌已也同治十一年（千八百七十二）鋼軌九萬四千七十頓鋼錠十二萬一百有八頓光緒六年（千八百八十）鋼軌九十五萬四千四百六十頓鋼錠一百二十萬三千一百七十三頓所謂開爐制鋼法則出自西緬氏者也鎔長方鐵於盤形之模而以熱力鍊之其鋼應模之大小五頓或至十五頓有差合衆國始行此法者同治八年（千八百六十九）干捏底嘎尊邦之銀鋼商會目布里治波

多久之競效光緒六年一千八百八十合衆國開爐制鋼所三十有七伊利
那倚斯邦二根得基邦一馬沙朱色士邦四紐罕布西耳邦一紐折
耳西邦一倭海約邦十賓夕佛尼亞邦十四洛倉埃倫邦一田拿西
邦二窪蒙邦一先是同治十一年一千八百七十二開爐制鋼僅三千頓明年
三千五百頓光緒六年一千八百八十已增十一萬二千九百五十三頓此
二十年間美利加行此制鋼两法增鋼不啻五十倍云
道光二十四年一千八百四十四以前U形鐵而外無有用於軌道者光緒六
年一千八百八十美利加鐵軌重一百三十萬五千二百一十二頓鋼居三
之二爲T形軌嘉慶十五年一千八百十造長方鐵重五萬三千九百八頓
道光二十年一千八百四十增爲三十一萬五千頓咸豐十年一千八百六十增爲
八十二萬二千三百二十三頓光緒六年一千八百八十增爲三百八十三
萬五千一百九十一頓明年增爲四百五十萬頓有綜大地鐵數者
謂光緒八年凡出一千七百六十八萬八千五百九十六頓鋼則四
百三十四萬三千七百十九頓而美利加鐵是年三百八十三萬五千一百九十一頓居
百之二十二鋼是年一百三十四萬七千三百二十五頓居百之二十九即歐羅巴洲諸

美利加圖經卷十八　九

國莫美利加若矣然美利加需此猶若不足輸自別國未嘗絕也前十年（千八百七十）工廠八百有八至是（千八百八十）一千有五是增百之二十四有奇其本貲則由一億二千一百七十七萬二千七百四十四圓（千八百八十年數）是增百之八十九有奇其料費由一億三千五百五十二萬六千一百三十二圓（是千八百七十年數）改爲一億九千一百二十七萬一千一百三十圓（是千八百八十年數）其出產價由二億七百二十萬八千三百九十三圓（是千八百七十年數）改爲二億九千六百五十五萬七千六百八十五圓（是千八百八十年數）是增百之四十三有奇其造鋼鐵由三百六十五萬五千三百十五頓（是千八百七十年數）改爲七百二十六萬五千一百四十頓（是千八百八十年數）是增百之九十八有奇其工數由七萬七千五百五十有五（是千八百七十年數）改爲十四萬九百七十有八（是千八百八十年數）是增百之八十一有奇其交貨銀由四千五十一萬四千九百八十一圓（是千八百七十年數）改爲五千五百四十七萬六千七百八十五圓（是千八百八十年數）是增百之三十六有奇光緒六年（千八百八十）造鋼鐵十萬頓以上者十二邦其最爲賓夕佛

尼亞百年前鐵工已著同治九年千八百七十其鐵礦居合衆國之半越十年增百之九十七由一百八十三萬六千八百八頓至三百六十一萬六千六百六十八頓他邦莫之與京矣次之爲倭海約同治九年千八百七十出四萬九千七百六十八頓越十年爲九十三萬一千四十一頓蓋增百之五十七有奇又次爲紐約同治九年千八百七十出四十四萬八千二百五十七頓越十年爲五十九萬八千三百頓蓋增百之三十三又次爲紐折爾西光緒六年千八百八十出二十四萬三千八百六十頓較前十年增百之十二又次爲伊利那倚斯同治九年千八百七十僅出二萬五千七百六十一頓越十年頓增爲四十一萬七千九百六十七頓是不啻數十倍矣他邦曾不足數以本貫言賓夕佛尼亞幾與全國埒蓋居百之四十六倭海約居百之十一紐約居百之九所謂四部云者蓋就合衆國四分之曰東部諸邦鋼鐵弟一曰南部諸邦鋼鐵弟二曰西部諸邦鋼鐵弟三曰太平洋岸諸邦鋼鐵弟四同治九年千八百七十從事於鋼鐵之邦三十有五越十年邦凡三十其產以百分率計之賓夕佛尼亞居五十倭海約居十三紐約

居八伊利那倚斯居六紐折爾西居三凡工十萬九百七十八其中年十六以上男十二萬三千二百有三年十五以下女四十有五年十六以下男七千七百有九年十五以下女二十有一其賃銀五千五百四十七萬三千七百八十五圓平均之一八一年凡三百九十三圓五十一仙一日賃銀優者二圓五十仙絀者一圓二十四仙分別每日優者最高交銀四圓爲洛裔埃倫喀那拉奪歪阿明最低交一圓二十五仙爲北部之邦其絀者最高交銀二圓爲雪阿明次交一圓七十五仙爲喀那拉奪嘉里符尼亞最低交五十四仙爲北部之邦就四部剖言之東部諸邦優者二圓七十仙絀者一圓二十一仙南部諸邦優者二圓五仙絀者一圓三仙西部諸邦優者二圓七十仙絀者一圓三十一仙太平洋岸諸邦優者三圓五十仙絀者一圓七十五仙其工課日合衆國平均之每七日休息而外得在工六十五點鐘即三十二時半也日得五時有半功多者爲渥蒙邦七日得三十七時有半功少者爲特納渥剛色斯七日得二十八時

礮工弟六

哈及格斯礮以叛造人名之也本美利加人而法郎西人竊其法而名轉隱於是往訟得申遂留於法郎西國都科侖布亞礮工廠在婆多麥河岸水師馬頭曰內微亞兒特初爲造船廠其造礮自光緒十年始千八百八十四蓋水師部官廠也工凡六百五十機器馬力一千二百五十其法嵌器如輪小立大臥或刮或滑各就厥機欲其圓也置器如牀或切或刻往復如指有造礮筒機器長六十九尺臥螺旋鋼條長如之有作眼機器形如竹筒分而爲二一立一臥皆徑尺許長五六尺立者銜機柄臥者筒向內有焊有輪鋼錐倚輪立遠近可推臥筒就之錐有螺旋凹文轉輪着鐵成眼此機器之藉人工者礮車可架十寸徑口礮凡三下有筒受水壓力礮之軒輊以此有銅壁分隔礮位所造八寸徑口礮車較小其八寸徑口礮一爲舊式名堪司底兒以整鋼製成一爲新式名福耳知底兒千錘而就筒內螺旋斜轉以機爲之皆容彈百五十磅火藥五十磅其十寸徑口礮一長三十一尺用鋼塊四十合製重四十噸容彈五百磅火藥二百五十磅一長三十五尺工與彈藥同新增工房長七百五十尺一爲二皆造礮

所一造十二寸徑口一造十六寸徑口中潤屋底掘深丈許詢之據言礮筒外輒加箍以燒紅直加爲率此爲立礮筒而設半年而後工器均增云

又鐵礮工廠曰叟波士登愛安湮苦士在波士登始於道光二十八年(一千八百四十八)有圖工繪空氣礮分合如視諸掌它閃弗岡有木式工牛藉機力有泥模工模成受鐵汁其鎔鐵鑪六在泥模所造空氣礮長三丈二尺直二萬圓有奇其空氣發礮機重八頓直銀三千圓空氣車直銀一萬五千圓(雲龍)於光緒十四年八月七日視演礮於拉維拔塞吉(紐約境)即造自此南北兩黨戰時尚無此製據言其路軍約造一百皆直萬三千圓彈以六十五磅爲平均數又造八寸許鋼礮亦陸礮也長二丈一尺遠及華里約廿有七(英里九)機力抵馬二十又有電氣機輪工力彌省其工二百足矣年費約銀一百萬圓美利加陸師小來復礮大氐熟鐵爲之欲其堅而輕也然鍛難美利加兵船曾炸一熟鐵巨礮蓋過鍛則鐵質枯船礮欲其體厚而質重不如生鐵之爲愈也精讓黏錫之銅而鎔鑄倍難美利加錫以十二有半爲率

銅先入爐三時有半七點鐘木攪銅汁祛廠浮渣停半時入錫攪雜可停既灌之模如厥中遲冷錫浮而銅沉非原合數矣礮若銅多而重礮口錫多而輕預留有餘截去礮口一段用之往往錫質消於火藥或云略和白鉛則堅生鐵堅非銅匹而硬過之用冷風與炭鎔化者爲最次則熱風與炭又次白煤又次枯煤而尋常煤斯爲下矣煤炭中合鐵硫之質損鐵有餘鎔鐵不足是以美利加軍政釆最上乘先鑄礮試之凡鐵色灰性堅而韌屈之不折彎之不開截之不倒白鐵聲之清越此宜礮者也再提再鎔方寸之堅一萬六千磅成礮堅十二萬八九千磅否則色淡而不柔炭質過多而不堅凡生鐵之養氣銷盡爲熟鐵而沙留炭質即僞鋼生鐵中之炭質居百之五鋼之炭質居百之一凡笵沙爲模以泥和之如鑄大礮熱度宜少既鑄乃鑽礮管而截餘質而刮礮面而滑礮耳而穿門眼而孔礮尾礮尾亦謂之紐又謂之後截繞綫槽於尾鏇謂之尾鏇綫礮口外形如圓柱曰直口礮形如柱礎曰壺口礮美利加道光二十五年後千八年四十五陸礮船礮小者而外皆壺口式也藥膛居彈膛外其形或如圓錐或爲截

球美利加兵船開花彈礮陸路小礮及二千七百磅以上之礮皆有藥膛不與三十二磅彈之無膛者同開花彈礮侈口大於礮管其藥膛底之四周作圓稜其尾籠後隆起上有表尺爲表臺兩耳間隆起礮面者爲表準臺先是一萬五百斤之二十四磅彈礮尾有齒條欲其軒輊也今惟陸礮有之新式或如瓶或名道耳格稜礮徑九寸至十一寸開花彈較勝

凡試礮用器二十有八回光鏡一也照管燈二也礮管準三也量徑尺四也量表五也準桿六也礮耳環七也礮耳尺八也礮耳準九也鋼劈十也礮耳桿十一也準板十二也量門眼桿十三也量臺尺十四也量礮口二器十五也叉規十六也門眼準十七也鋼絲鉤十八也半規尺十九也洗桿二十也量彈器二十一也壓水綫二十二也木齒二十三也礮準尺二十四也彈準尺二十五也印礮銅鐵記二十六也徑規二十七也方矩二十八也凡礮耳軸可低於礮管軸而不可高礮耳徑可減不可增門眼臺可長且寬而不可短且狹其試法三一曰火二曰水三曰電美利加火試以十次爲率每次藥彈視

礮巨細有差如一萬六千八之十一寸徑礮用藥十五磅開花彈一百三十五磅一萬二千磅之十寸徑藥十二磅半開花彈百磅九千磅之九寸徑藥十磅開花彈七十二磅六千三百磅之八寸徑藥十磅彈六十四磅五千五百磅之八寸徑藥七磅彈〤十四磅又有重萬六百磅之礮藥十六磅彈六十四磅一等三十二磅彈礮重六千一百磅藥十磅二等三十二磅彈礮重五千七百磅藥九磅二等三十二磅彈礮重五千一百磅藥八磅四等三十二磅彈礮重四千六百磅藥七磅五等三十二磅彈礮重四千二百磅藥六磅六等三十二磅彈礮重三千三百磅藥四磅半七等三十二磅彈礮重二千七百磅藥四磅凡造自商廠之工試十裂一輒退不一留或取其一試一千次一秒時之速率勿減千六百尺彈周勿不及於中號彈圍勿過於大號試千次之礮不再用水試在火試後以浸油之木堅塞門眼昂礮入水用二空氣機壓之一立方寸重三十磅水浸者棄淫餘拭後者亦棄其試礮質即以礮口之截鑽孔之餘用機器試其折力扭力坼力如式魚油抹而藏之欲無鏽也其電試奈何是有三器一曰擺二曰引電三曰截電由引而擺而截速率視此用之屋內欲其免風雨也雲龍曾於美利加見之先是礮體之前後厚薄工無定法美利加人逢動發刱法試之始穿一孔近礮口與管成直角形孔受鎗管管納小彈乃發其礮而測小彈出管之速率從而漸移漸後試如初而愈後愈速七試後速倍前藥力既大

彈之漲力亦增則礮之體質宜厚而自彈膛至礮口之厚薄當視速率增減之後有羅登門者改鎗管之式爲推機之法有鑿有銅方礮發而鑿銅方成孔亦漸移漸後至後段別鑿較其磅數此法簡矣而碻避礮發而礮身難免於退何也爆藥有引力後燃之藥有推力其退以此此理力學家深知之礮重於彈二百倍其退之速率較彈礮合重之速率亦二百分之一如礮重於彈僅百倍則退之速率居百之一是礮之定力減而退力增矣然彈出礮退於彈速率無減也架易損耳美利加人言礮式以新勝而礮性則以久勝非工弗若也鑄鐵之質凝久彌堅咸豐二年（千八百五十二）美利加試相若之八寸徑三礮一新鑄也試七十二次而炸二皆鑄自六年以前一試八百次而炸一試二千五百八十有二次而無恙也礮架之工木不如鐵生不如熟美利加曾以熟鐵架試礮四千次無損是以礮臺陸路一以熟鐵爲架船礮初架四輪而患滋多尤患者三一礮口不易伸也二風浪易移也三震退時之力非偏即猛也美利加人瓦爾得設救弊法去其呆輪而於兩軸間循礮軸釘一木復以一桿承礮耳欲其掀動也

以活板承礮架欲其不着艙面也以一繩繫之中檻欲其無偏緊力也以一桿二輪掀活板欲其不難轉移也厥後又用瑪耳錫理架(仿法郎西製)省後二輪會以七千磅之八寸徑礮置四輪架需時一分二十三秒(按裝礮言)以九千磅之九寸徑礮置瑪耳錫理架需時一分四十五秒於是美利加兵船九寸徑礮恆用瑪耳錫理架其礮口高低初工備礮劈與劈墊易脫亦易損或用螺絲桿曰螺墊雖難於捷而穩勝美利加螺墊二其一刱自到耳格林將桿穿於礮尾螺絲一轉礮高一度其二刱自哈耳德有凹凸二螺絲當極昂時齊旋入軸木間厥後新式日增瓦耳德以螺墊代螺桿劈下鐵槽之端螺槽牛嵌其後端有搖柄欲其劈之進退也尋改其法不嵌入劈而別綴雌螺於劈前劈與桿可進可退無彈出礮劈之患螺桿一轉亦礮高一度美利加兵船已廢之又有帕爾德着礮劈之末用筍入墊板之長槽欲其不欹也劈之兩側有齒欲其與墊齒合也將昂則起劈之後半使旁齒從齒條退出而劈之前有一長輪欲其易退也以條齒之多寡定礮口之軒輊黑夜難可視準即定遠近於齒數美利加兵船用劈之

礮準此凡礮彈之工以沙和泥爲模以紫銅两半球爲匣美利加之實彈開花彈一以灰色鐵爲之取諸柔也實彈不一以重名曰三十二磅曰六十四磅蓋彈以磅名也以形名曰連彈彈爲两半鐵條貫之曰鏈彈彈亦两半短鏈聯之入礮管爲圓體出則一而二也惟焚敵颿用之曰羣彈或以圓彈九中貫一柱而以四鐵片夾之或攢羣彈而以布颿褢之曰鐵管彈馬口鐵筩納生鐵彈雜以木屑而受羣彈數層每層中一邊六以七爲率彈徑居礮管徑三之一凡此皆實彈也空者曰開花彈引門形如圓錐曰子母彈內雜鉛子取諸多也炸藥置於藥膛不與彈黏欲其免炸也曰火彈與開花式同而有三孔納白松香及松香膠火藥之屬以爛麻滿之以木杵穴之用時增松香諸物欲其速裂也此外曰熱彈以穿敵船曰鐵汁炸彈以資急就曰流火炸彈（納燐與炭硫類）以燎敵颿道光二十年後仟（八百四十年後）礮彈之工無論礮管徑若干寸留隙十分寸之一二分謂之彈隙所以必留隙者一防彈圓偶差也二恐礮彈兩鏽也三恐藥或結膏也然隙過大則彈搖而出所指易變彈之重心與彈之中心有合有分試儲水

銀以彈入之如重心在中則浮而不動否則左右欹側美利加人言重心若在彈上面則彈出較遠然不如中心即重心之爲愈也美利加之試透力用硬木靶

來復礮之工沿來復槍而起（來復綫詳槍工）先是用於陸礮輕且小者後膛工熾斜綫漸開而美利加哲末斯造來復則用前裝法彈形上如圓錐下如圓柱彈底有孔孔有縫通外外有彈殼放時藥氣出孔推殼入來復綫其殼用錫皮油布爲之錫布之間灌鎔化鉛雖克及遠而遜九寸礮之準刷耶所造來復綫六與彈棱合拍勒所造來復綫五曾鑄百磅彈者管徑六寸重九百磅用藥十磅彈圓柱形而上剡其端用螺絲扭合紅銅圜於彈底放時藥氣入紅銅圜漲大厭彈以合來復綫藥引可用綫管可用自來火試如法是以美利加陸礮用之又有造自到耳格林者重萬六千磅開花彈百五十磅復造圓錐彈下有鉛托托縫滿儲羊油燈煤放時油過礮管又有造自伯勒克里者彈有六乳分爲二道與來復綫合又有造自巴可克者生鐵外包熟鐵斜繞鋼條益直紋之漲性生鐵倍於熟鐵熟鐵又倍於鋼耐漲

多矣又有造自升克力之彈後半如截圓錐上有直縫其外有殼又有造自哈止克之彈上有藥引中容炸藥彈分三段前後可離放時藥力合之來復綫礮受藥既少遠率亦難至每秒一千六百尺

槍工弟七

槍工有來復綫何謂也後膛已勝前膛彈出猶不免於改向而槍管直綫之制起然未若斜綫之爲愈也於是造來復綫斜繞一周綫斜則彈旋而動出槍口時自無偏倚之患美利加人美那德造來復槍藥裹之以金欲免溼也槍後有柄槍尾折而向上既納藥彈復下如初美利加試工知凹綫或三或五其數宜奇欲其與凸綫對也凹凸面等欲其不損彈形也來復綫之斜勢視槍受藥之多少大氐藥多則斜少欲其彈循綫動也藥少則斜多欲其彈增速率也莫妙於前斜甚後斜多矣美利加工言凹綫近尾可深千分寸之十有五近口漸淺可深千分寸之五此適中數也用壓成之彈上端如圓錐下半如圓柱槍孔亦作圓錐形藥引用圓木捲成之紙管道光二十六年千八百四十六格里納造來復綫槍之漲彈彈工循之法用圓彈削平一面

中留圓錐形孔以錫鉛鋅二質爲塞藉藥力入之無旁隙故彈遠無分力故彈速無改勢故彈直然彈旋自左其落偏右彈旋自右其落偏左雖曰偏差非無定也

官槍工廠在馬沙朱色士邦之士伯林飛兒曰由內低士史底阿眞阿立於乾隆六十年（千七百九十五）先是用火石觸綿發火謂之彿領多羅古造於八十七年前又有馬槍名必士脫魯造於四十二年前或肖礮或無刀皆舊式羅列一屋種凡數百今所造者即以地名所謂士兵非墨者是粗工居於分廠曰瓦打黍布譯言水廠也專資水力引自米耳河以開蓄水一瀉數丈水車輪轉屋下二丈有奇機關有三一抵馬力二百一抵七十五一抵百有五十（雲龍）乘鐵級活梯至底視之聲緊激風溫度驟減水力較火力有增出觀正廠其受彈者名立希拔其法以水廠所造麤質而磨之使光次爲孔次爲巨孔次滑厥孔次開彈槽次滑彈槽次增諸孔次橫穿次合彈孔次增直孔次增邊制次修邊次增背孔次造兩端螺紋而以染工繼之其染槍之法分爲三段下段既成出火淬水如石如骨黑紋與茶色相間中段

即立希拔也入熱曹達其中有油以木屑入則熱約五分時即黑如漆有光久而不鏽上段槍筒也炙染慮失直形是以木塞兩端排架入櫃受蒸氣而色與中一其他零星澆油炙之欲其堅也槍筒看準處長釘雙臥中留一綫謂之晒上聲多工之用力用錐機無大異其鑽筒眼亦由鑪而精也其造槍柄一鐵模一木質機鋒相倚不失絲毫獨配合驗試仍資人力耳工一千三百八十一月成槍四千五百既成被油入木櫝可歷三十年無恙所用之滊機如秤馬力二百五十短槍工廠亦在士兵非里曰士米史阿多維宋蓋廠以人名也立於咸豐七年千八佰五十七所謂必士耳者一彈槍也今不制所制曰立簸白耳譯言數彎槍也或五或六或更有增短者三寸直銀十圓四五寸者尤精直銀十數圓至二十圓俄羅斯於此廠約造十五萬遠及三百二十尺有奇厥法鐵成條一也截如牽二也孔三也壓四也齊頭五也圓之六也拓孔七也滑中八也磨外九也其受彈者曰立希拔法如官槍廠綜計厥工凡歷三十番而成滊灌馬力三百小機約七百有奇煤日三頓其工凡五百七十月成槍七萬

火箭工弟八

美利加火箭之工一曰號箭以皮紙爲管箭首如圓錐內藥或紅或黃外徑寸半或二寸厚分二段一短一長可分可合放時爆火如星蓋加火酒樹膠取其易黏藥粉也二曰鐵皮火箭可焚壢可驚敵可穿開花彈有三磅六磅十二磅二十四磅三十二磅之製惟易受空氣之阻力難循抛物之綫路耳近有以來復礮發火箭者三曰旋風火箭美利加所造旁有三孔在近箭頭處

火藥工弟九　互詳水雷藥引

火藥之工中國爲先美利加立國既晚火藥已興其工一曰硝以鉀養淡養而成要以鉀養炭養而始無論天生人爲非鉀養淡養不可或以灰水代之中含鉀養炭養也鉀養即中國所謂鹼也一曰炭炭輕者勝美利加當木液春滋伐徑一寸半以內之柳去皮乾之入鐵筩熇之一曰硫黃或以熱融使雜質重者沉輕者自浮而取其中之淨硫或熱至法倫海表一百七十度硫黃化氣上升冷則凝研之爲粉美利加尋常礮藥硝居百之七十有六炭居百之十四硫黃居百

之十硝增則速率增炭增而溼氣轉增法郎西之工用杵美利加之工則沿英吉利而用碾碾固勝於杵也凡火藥末不如粒粗不如光藥末之火先後有差而粒則否粗粒之光透火轉難而光粒則否凡藥患不速而忌太速以彈受藥氣之漲力少也礮長彈重則藥宜稍緩美利加人言試礮乃知管大藥粒亦宜增大燒時亦自從容非若槍彈匪重以用速藥之爲愈也用藥勿過彈重三分之一凡試工製之藥美利加以生鐵爲臼如小田雞礮容藥一兩生鐵彈重二十四磅於每筩取三兩有半入於鐵管口乃向上受藥及彈以昂四十五度爲率以試八次而止以彈遠八百四十尺至九百尺爲式細粒之藥以彈遠九百尺至九百六十尺爲上不及六百七十五尺者棄之久藏之藥不過五百四十尺者備操而已

凡藥引之工美利加開花彈計時有三曰五秒曰十秒曰十五秒其紙管造法紙糊圓木下端少銳翦去而入鋼錫管先以鉛塞半空半實空處受捍而擊令鉛漲欲其與藥引管緊合也其彈既裝藥引用帽式之皮縛于引上亦或用紙不用銅鉛其彈上引門必有鉛片或

木片可用木錐揰入紙管也美利加船礮輕者恆用綫管每彈藥引五種畫綫爲記自一秒至五秒有差陸礮亦用綫管初以色別黑者紅者二秒綠者四秒黃者五秒皆以寸計也藥引以二寸長爲率今不用色而用波爾曼之藥引法將引藥壓勻且堅以鉛爲管以截柱爲形以分秒爲表美利加碰藥引之工猶未精也以點銅爲管以鐵珠爲炸然炸或誤其自來火門藥美利加近用毛管不去下端而上以紙代絨既納尋常火藥於管蓋之以紙而置自來火於紙上所謂自來火者以水銀爆粉火藥末爲之新法陸礮磨而生火居多法以紅銅管受門藥別有短管在其一端橫通長管內容鉀養綠養並銻硫之質是溼自樹膠水者也以有齒鐵絲塞之齒端形扁彼端性柔可曲可絞用時曳去鐵絲管中之火受磨則生先是藥引在門引之以火一變而有受藥引之孔再變而有鵝翎之管藥三變而有雞喙之火石嗣是變而日精而難無弊一爲定時藥引既藉礮發之火必資急燃之藥或失則早一爲磁火藥引以抵力之簧受推力之彈或失則遲一爲自來火藥引不藉礮發之火專資彈到之力或失則弱

一爲磨火藥引初爲陸礮之用漸試船礮之藥或失則誤今有電引別詳水雷

鉛工第十

鉛工廠曰茶吐維苦列士窪庫在波士登始于道光二十二年（千八百四十二）初工猶拙近十二年乃精有鑪鎔鉛傾入臺盤兩面倚墻兩面立鐵板尺許接臺者壓鉛機器也名路羅以木活軸排列兩行中設小轆轤巨繩引鉛上軸導入壓機即雙鐵軸（軸大徑尺餘）間也出軸再轉而入則鉛愈薄其造吸水管亦壓力爲之機略似磨一凹一凸凸者長而小于凹鉛汁入隙以壓而出自成管矣承管以入汁無或罅則管無或斷引之盤之皆以機器錫筒視此其鎔資火其堅資水而得力風筒亦然視造成者管受繩百其繩蠶以綫纏銅絲者也滊罐馬力二百又有水力五機凡三百八十頓工四十

金屬器工第十一

金屬器之工優者日獲銀二圓以上或三圓以下有差試工一圓以上一圓半以下然則計一優工年需千圓矣其獲利道光三十年（一千

百五十得二百八十一圓越十年（咸豐十年千八百六十年）三百二十一圓又越十年（同治九年千八百七十年）四百七十一圓又越十年（光緒六年千八百八十年）三百九十一圓是有增亦有減而減少其刀刃類斧以巨頭爲次（第一斧第二雙頭單頭斧）鑽以螺鑽爲最餘制不一（鑿石器鑽剪之類）而劍工馬沙朱色士有鑄鋼者長二尺三寸有半厥刃以鋼二十九兩有半煉之得百分率之三十五凡鑄五尺劍如合造千劍以上鑄之錘之磨之光之試于其工日造十二或至十五其造小刀用抽頭錐美利加新法也司錐之工一扶錐之工一造刀日可三千較之舊法日僅一百五十相去幾何耶以錐造巨斧日成四十八尋常斧一百五十小斧二百五十道光八年以前（千八百二十八）工日成巨斧八耳斧工之錐小者直銀八百圓巨者直千云三十年（千八百五十年）前銼工以手今則以機鋼鐵之直百之二十加以鋼鐵工之直百之五十鋸工料直多於銼工鋼鐵之直百之四十煤之直百之四凡銼工機械每工僅用半馬力或一馬力足矣而鋸工之錘鐵以一馬力爲常包鋼則需二馬力以上

釘工第十二

馬沙朱色土邦人于同氏爲釘工最冬夜不少輟稱子亦能之於是邦人若骨布波金白瓶切釘機器於乾隆六十年千七百九十五官假專售之權爲新英諸邦冠

紙幣工第十三

紙幣工曰拔留阿夫奪里日利譯言戶部印紙局也首造紙幣其次許貿易印紙其次海關印紙所印以鋼板爲精鋼板機器以熱鵝米多里加落爲最鎔物爐煤氣管四有副管通空氣也籠象牙炭非此末鎔堅銅也印紙幣機有新舊二式藉工着色揩板與日本所用同者舊式也新式名密里岡鋼板凡四旋轉而印板下有鍊如表內法條先自着色而出一工手摸白灰摩之女工鋪紙其上自就壓機機有毡平壓厥紙而轉女工揭紙周而復始一印可分四鈔絲綫隱夾紙內二行如界綵然其鈔分印華盛頓以次伯理璽天德相例無用生人者亦印女相自華盛頓妻發巴始所印銀一圓紙幣是也此外印許貿易紙淡巴菰始一兩訖九十磅酒鼻菸之屬輕重亦有差郵便所用司丹即人頭紙也亦印於此印號數機有數種一同號連印

一巽號迭印一銷號易印機器作於若耳治亞邦之紐阿克居多然局有工長名若瑟善製器截邊計數半藉工力烘紙幣所以署汁刷紙幣背分置木格數層入蒸氣煖屋立乾厚紙夾之入水力壓機則平是機約五十頓紙幣既成撿去疵者包如數入箱車致戶部蓋號而後用之功次約五十有二需日凡四十有二它處流罐皆平列非二三間屋無以容也此則直置裁一屋地抵馬力一百八十日煤四頓廠工計日刊鋼板工銀十六圓次或五圓或一圓有半或八角有五日工以四時爲率彼所謂八點鐘也工千二百共中女工八百茲据光緒十三年即西千八百八十七年局爺官祿工資銀三十四萬一千八百有五圓六角鋼鐵板刊工銀二十九萬九千三百有八圓五角四仙料直器直銀十四萬九千五百九十九圓有六仙（以上十九萬七百三十圓二十仙）印工銀二千六百四十六圓七角五仙雜費六百九十九圓九角五仙凡七十九萬四千四百七十二圓九角明年九十一萬八千有三十圓又明年一百十五萬二千五百十五圓此預計數也

綠工弟十四

往北阿美利加地無絲工有之自明嘉靖十年（即西）一千五百三十一年始其試蠶之邦爲勿爾治尼亞其吏設賞罰例曰若有地逾百野格而不植桑十本以上者罰於十磅嗣是賞格有差順治十四年（一千六百五十七）製生絲直二百磅者賞於萬磅製屑絨直千磅者賞於五千磅然絲未旺歷雍正八年（一千七百三十一）至乾隆廿年（一千七百五十五）此二十五年間從喀挪拉奪輸出英吉利生絲僅二百五十一磅而晉西阿納繼之（亦）若耳治亞又繼之絲工寖織乾隆十五年（一千七百五十）繭出六千三百磅越四年（一千七百五十四）輸出生絲直銀八千八百圓乾隆二十四年（一千七百五十九）繭一萬磅三十一年（一千七百六十八）繭二萬磅計自二十年（一千七百五十五）至三十七年（一千七百七十二）此二十三年間輸出生絲直銀八千八百二十九磅若耳治亞邦懸賞勸蠶凡植桑之地免租繭出一磅輒賞銀五仙道光十二年（一千八百三十二）于捏底嘎奪邦令曰若二歲樹桑百本賞銀一圓紡絲一磅賞銀五十仙道光十五年（一千八百三十五）渥蒙邦繭出一磅則賞銀十仙明年馬沙朱色士邦繭出十磅則賞銀一圓紐折爾西邦繭出一磅賞銀十六仙十八年（一千八百三十八）哭運登賓栽（桑）三十萬本一本

直銀四十仙至五十仙百巾根（地名）農地每一野格桑植四之三費銀千圓明年賣之獲六千圓矣十九年（千八百三十九）賓夕佛尼亞邦報賣桑二十六萬本直八萬一千二百十八圓七十五仙其絲馬沙朱色士邦於道光十七年（千八百三十七）生絲出直九百五十二圓熟絲出直十五萬四百七十七圓工凡一百五十有六中國與日本絲之始入美利加也在道光八年（千八百二十八）計自十一年（千八百三十一）至十六年（千八百三十六）輸入生絲三十九萬九千七百七十一圓其自美利加輸出歐羅巴者此六年間凡直三十九萬三千有二圓道光二十四年（千八百四十四）美利加遂出熟絲三十九萬六千七百九十磅三十年（千八百五十）出絲直一百二十萬九千四百二十六圓綢直一萬七千五十圓纓直五十八萬三千圓合計之爲一百八十萬九千四百七十有六圓咸豐十年（千八百六十）絲直六百六十萬七千七百七十一圓越十年（千八百七十）直一千二百二十一萬六百六十二圓又越十年（千八百八十）直三千四百五十一萬九千七百二十三圓其生絲輸自亞細亞洲歐羅巴洲者道光三十年（千八百五十）十二萬磅直銀四十萬一千三百八十五圓咸豐

十年六千八百二十九萬七千八百七十七磅直銀一百三十四萬六百七十六圓同治九年七千八百五十八萬三千五百八十九磅直銀三百一萬七千九百五十八圓光緒六年八千八百二百五十六萬二千二百三十六磅直銀一千二百二萬四千六百九十九圓此未製物絲也其工治之絲道光三十年五千八百直銀一千七百六十七萬九千一百三十七圓咸豐十年六千八百直銀三千二百九十六萬一千一百二十圓同治九年千八百直銀二千三百八十七萬一百四十二圓光緒六年千八百直銀三千二百十八萬八千六百九十圓是年別國輸入紐約絲織之物直銀三千三百三十萬五千四百六十圓析言之曰綢直千七百六十六萬五千三十八圓曰緞直二十六萬七千九百二十九圓曰縐紗直四十四萬三千二百三十八圓曰下等綢直八千二百有五圓曰片絨毛布直四十萬八千二百十九圓曰翦絨直二百四萬四千一百三十九圓曰絲帶直三百五十六萬三千八百四十八圓曰繡帶直百五十四萬八百九十二圓曰披巾直二萬六百七十七圓曰手套直二十二萬八千三百三十八

圓曰頭布直九萬三千三百三十九圓曰手巾直六萬四千七十七
圓曰襪直十一萬八千八百三十八圓曰紐絲直二十三萬九千七
十二圓曰綢邊直一百六十四萬六千八百六十八圓曰絲毛合織
巾直十九萬九千八百五十四圓曰絲綿合織巾直九百四十三圓
是年美利加治絲之工所成物直凡三千四百五十一萬九千七百
二十三圓析言之曰機扭絲直六百萬七千七百三十五圓曰縫絲
直七十七萬六千一百二十圓曰絨絲直二十二萬五千二十五圓
曰衣綱直四百一十一萬三千二百五圓曰緞直一百十萬一千八
百七十五圓曰押膊巾類直六十萬六千六百七十五圓曰絲女帽
直八十九萬一千九百五十五圓曰大呢巾直六十二萬七千五百
九十五圓曰手巾直三百八十八萬一千五百九十圓曰絲帶直六
百二萬三千一百圓曰繡帶直四十三萬七千圓曰綢邊直九十九
萬九千六百八十五圓曰衣線直四百九十五萬二百七十五圓曰
穗纓及帽飾之類直一百八十六萬六千五百七十五圓曰馬具軍
裝直一百三十九萬二千三百五十五圓曰車輿窗飾直三萬七千

五百一十圓曰皮被類直五萬九千八百有五圓曰馬韁絲類直銀五十一萬九千六百四十三圓先是道光三十年（千八百五十年）美利加治絲廠六十有七凡工一千七百二十有三其中男五百有三女千二百二十本資銀六十七萬八千三百圓賃銀二十九萬七千四百十六圓絲料直一百九萬三千八百六十圓制出物直一百八十萬九千四百七十六圓咸豐十年（千八百六十年）絲工廠一百三十有九凡工五千四百三十有五其中男一千五百八十有五女三千八百五十絲料直三百九十萬一千七百七十七圓制出物直六百六十萬七千七百七十一圓同治九年（千八百七十年）絲工廠八十有六或用器械廠數減而規模巨矣蒸氣機四十八抵馬力一千一百二十二水車四十五抵馬力七百八十五其機編絲之器三十織絲之器一千二百五十一手織機一百八十有八紡筒一萬二千四百十繡機二千四百二十有七旋機三千三十有八凡工六千六百四十有九其中十六歲以上男一千七百三十四十五歲以上女三千五百二十九穉工一千三百八十六本銀六百二十三萬一千一百三十圓賃銀一百七

十四萬二千二百八十六圓絲料直七百八十一萬七千三百五十七圓制產直一千二百二十一萬六百六十二圓光緒六年千八百八十絲工廠三百八十有二本銀一千九百一十二萬五千三百圓機器直五百二十二萬七千五百圓築造費銀三百八十三萬六千六百圓十六歲以上男工九千三百七十五十五歲以上女工一萬六千三百九十六穉工五千五百六十九價銀九百十四萬六千七百有五圓絲料直二千二百四十六萬七千七百有一圓制產收銀四千一百三萬三千四十五圓其工每周云者七日而除休息一日也繅生絲者女工銀五圓二十五仙淨生絲者女工銀三圓三十七仙雙合生絲者女工銀五圓十八仙績生絲者男工銀五圓五十七仙女工四圓八十七仙紐生絲者男工銀五圓九十八仙女工五圓六十七仙雙搓轆絲者女工銀四圓旋轉轆絲者女工銀四圓九十六仙直紐轆絲者男工銀十圓七十五仙女工銀七圓六十二仙捲轆絲者男工銀十二圓十一仙女工銀七圓七十二仙手織男工銀十四圓十五仙力織男工銀十一圓四十三仙女工銀七圓九十四仙繡

帶機男工銀十九圓七十五仙編機男工銀十六圓女工銀五圓四十一仙結絲女工銀五圓三十仙總類女工銀五圓二十九仙成物最後之男工銀十三圓五十仙出新最初之男工銀二十四圓七十一仙分（[illegible]）男工銀十一圓六十八仙染絲男工銀十二圓七十七仙司機關男工銀十二圓三十三仙司機械男工銀十二圓四十仙司織起止男工銀十五圓八十七仙雜織男工銀八圓七十三仙

綿工第十五

凡綿四十磅爲一束（亦曰一捆）世間歲出成數約一千一百二十萬（束）即四十四億八千萬磅也而美利加始出其半此半數中分之爲二一紡之歐羅巴洲一紡自美利加益六億二千八百萬磅矣以十四億人計之一人需綿三四磅有差而美利加則一人可用十五磅綿其國植綿之地約二千五百萬野格而以南部爲綿最挐布拉士格邦之山脈東北延向西南其土受海潮之潤微雨之浸喀那拉奪若耳治亞阿拉巴麻三邦高地宜綿大山之西有密士昔比河支流灌溉自然肥澤也瑪理蘭邦澤地墨奴從事於棉者有增落機山雪匯爲

巨流奔注邦北乾地轉涇土蘊蟲㲉亦綿種易孳之機也天熱不酷白黑諸人競營綿事若祛子若分束若取油力不少輟此人力也其惜地力亦非無謂凡綿五百磅約消澤質五磅許然綿梗及根有灰汁居百之五委地而資之以肥則生機無盡若耳治亞邦曾試之有驗凡生一束綿之地依此法沃之則明年綿倍咸豐十年千八百六十以後產綿之業愈變愈通矣美利加有利無害之端以綿爲最云咸豐十年美利加紡筒五百廿三萬五千凡綿一束直銀四十圓至五十圓明年南北兵起綿減以此兵止凡綿一束直增九百圓未幾復直如初其綿工廠凡七百五有六本銀二億八百廿八萬三百四十六圓紡筒一千六十五萬三千四百三十五機臺廿二萬五千七百五十九其工十七萬四千六百五十有九此內男工年十六以上者四萬九千七百四十有八年十六以下者一萬五千四十有二女工年十五以上者八萬四千五百三十有九年十五以下者一萬三千二百十有三司機雜工年十六以上者九千九百三十有七年十六以下者六十有五吏書年十六以上者二千七十有五年十六以下十

有七年十五以上女十有九年十五以下女四其工貲銀四千二百四萬五百十圓綢料直銀一億二百二十萬六千三百四十七圓產直銀一億九千二百九萬一百十圓

毛工第十六

光緒六年千八百八十春美利加織毛之工如恆夏秋趣工不少輟而毛殆罄歐羅巴助工且輸毛冬工頗寡工亦莫之爲而爲豈時使然歟其工廠凡二千六百八十有九分言之厥類有六絨之肆一千九百九十毛巾之肆七十六氈工之肆二十六地氈工之肆百九十有五毡帽工之肆四十有三手織雜物之肆三百五十有九其本銀一億五千九百九萬一千八百六十有九圓其工十六萬一千五百五十有七其賃銀四千七百三十八萬九千八十七圓其料費銀一億六千四百三十七萬一千五百五十一圓其制產直銀二億六千七百二十五萬二千九百十三圓孰所織毛析言之羊毛爲最產自美利加二億二千二百九十九萬一千五百三十一磅產自別國七千三百二十萬六百九十八磅此外駱駝毛一百五十八萬三千一百十

九磅山羊毛十五萬九千六百七十八磅水牛毛六十七萬一千二十七磅雜毛五百六十六萬四千一百四十二磅夾棉四千八百萬八百五十七磅爛絲五千二百十六萬三千九百二十六磅總計四億有四百四十三萬四千九百七十八磅

扳爹毡工廠在三法蘭昔斯哥其毡中國所謂毯也集股本銀百萬圓中有華商號廣英記元利司事衛福榮廣東人始於咸豐八年西千八百五十八屋與器銀五十萬圓其器曰喀脫譯言櫛臺凡三十七曰龍司譯言櫛機臺凡百六十曰司氷土而譯言錘也亦譯紗子棍凡一萬六千又有護紗牀四十汽罐馬力七百其餘機器曰所金譯言揀羊毛曰司古林譯言洗羊毛曰布拉奪法拇譯言織曰加田譯言打毛出紗曰比金譯言擿毛曰司比獰譯言獲紗曰司比林譯言紗砵曰布列新譯言紡紗曰雜文譯言櫛機曰士羅文譯言穿紗上簆曰費宜新譯言摺毡曰拔因田譯言捆毡邊曰希林譯言鈒毡翦毡曰布列新譯言擇毡曰布拉新譯言掃毡刷毡曰知田譯言棘仔抓溼毡又抓乾毡曰傅林譯言碌毡曰𨂏新譯言洗毡曰打因譯言染毡

晾毡烘毡曰天地林譯言𩌐毡曰代斯打付譯言造色曰拔金譯言焙毛其費以歲計曰阿以而譯言油也七千圓曰司布譯言胰子類也萬八千圓曰因治我譯言靑藍也三萬二千二百五十圓曰可而譯言煤也三萬圓曰來脫譯言燈也一千二百五十圓曰拉布利給金譯言搓擦也千圓曰利比亞譯言修也六千圓曰日尼拉而沙希來譯言雜費也萬圓曰我打譯言水也千圓曰代司打布譯言染色也三萬五千圓曰厚司沙布來譯言養馬等費也三千五百圓凡費銀十四萬一千圓又毛費六十八萬一千三百七十一圓合之歲工三十五萬一千圓凡一百有七萬三千三百七十一圓光緒十三年千八百十七其制物品曰發蘭泥華評如之凡一百八十三萬三千邁當一邁當約華三有奇重三千四萬七千磅曰列低司土列司我土譯言女飾品凡六十九萬六千邁當重二十九萬九千磅曰密施拉尼牙司譯言雜絨凡三十萬邁當重三十五萬磅曰布蘭格脫譯言毡凡二萬對重二十萬五千磅是年約入直銀一百五十萬圓工凡七百華工居多其織毡與絨與布之法雲龍往復譯考得其顛末羊毛

忌纝忌長惟紗細乃克紡之成紗於可用中以手擇分三等精造之品其料用上如有棘子立霎等刺則用火燒油開水澆之於高處用打毛出紗機器碎毛絞之使爛有風櫃去其泥沙有一木筒接此機器毛從木筒漏落水槽機行熱水滌如雪此機器又能擠乾布快填毛織成氈入漉房乾之染色再乾入紡大絛紗之機器毛從後出而碎轉前而出有鐵齒抓之毛紗成條大如茶盅又一機器承接畧細其紗又一機搓紗極細始如綠棉即將紗子棍豎置機牀橫頭所謂紡筒也每護紗牀約置四百紗頭繫筒橫插之機牀自走紗亦自轉自細鐵盡則停而轉走自放自纏如此往復以紗可入織梳孔為度以鐵鍊定紗絛大小工手穿紗於箴機安置椅機臺畧如中華織布而紗絛掮來皆以機絛綫或盡則更易之織既成滌以熱水取質淨也抓以棘子取毛起也掃以手刷取光滑也如織絨則非礪以機器不光織布之類大同小異

化學物工弟十七

光緒六年千八百八十美利加化學制物工廠凡一千三百四十有九建

築費銀一千九百有一萬九千一百三十九機械直銀一千五百六十五萬六千四百七十六圓本銀八千五百三十九萬四千二百十一圓其工男二萬六千七百七十有六女一千四百九十有三稚工一千二百五十有一工貲銀一千一百八十四萬七百有四用硬煤二十七萬三千一百六十一噸直銀九十六萬八千四百二十二圓柔煤三十一萬九千三百九十八噸直銀九十一萬三千八百八十五圓料直銀七千七百四十七萬一千八百三十六圓制物直銀一億一千七百三十七萬七千三百二十四圓其制物之品析言之其一炭氣十二分輕氣七淡氣一顯深藍色造八萬五百十八磅直銀十萬七千二百九十二圓其二自硬煤造三十四萬四千一百一十四磅直銀九萬九千二百四十二圓其三硫養造一千五百五十七萬五千八十八磅直銀六十一萬八千四百八十五圓其四硫色白透光易結成八角形曹達及酸氣合化物也用之五金其工奇造三百六十九萬二千四百四十三磅直銀二十七萬七千二百三十三圓其五化紅褐色流動物也氣臭海水中用之造四十萬四千六百

九十磅直銀十一萬四千七百五十二圓其六燐造五萬六千二百九十二磅直銀二萬九千二百七十一圓其七草麻油造十九萬三千八百二磅直銀七十二萬七百四十一圓其八酸燭與獸脂質同造一千八百三十六萬三千有六十六磅直銀二百二十八萬一千六百圓其九酸腖益酸自油化者也造三千三百有五萬八千四百十一磅直銀一百七十萬七千九百六十圓其十硬腖造三億七千八百七十四萬三千六百二十七磅直銀一千八百二十九萬九千三百五十圓其十一[illegible]腱造三千四百四十九萬四千有一磅直銀三十五萬八千二百八十圓其十二流動物也質自炭氣輕氣養氣相合而化味甘而性黏造七百十一萬七千八百二十五磅直銀七十六萬一千四百七十七圓其十三淡質造三百有三萬九千七百二十二磅直銀一百八十三萬四百一十七圓其十四肥料七十二萬七千四百五十三頓直銀一千九百九十二萬一千四百圓其十五乾色料六千七百四十八萬二千四百一十五磅直銀四百八萬六千八百二十一圓其十六白鉛造一億二千三百四十七萬七千

八百九十磅直銀八百七十七萬六百九十九圓其十七次鉛造一千一百三十七萬五千四百六十六磅直銀七十五萬八千六百八十圓其十八化自鑛土最重者造一萬九千一百六十五噸直銀三十七萬一千八百二十九圓其十九亞鉛化酸造二千十二萬一千七百六十一磅直銀七十六萬六千三百三十七圓其二十炭灰化酸䕃自炭輕養三氣各四分合之而化者也加珍珠灰造四百五十七萬一千六百七十一磅直銀二十三萬二千六百四十三圓其二十一曹達造四千二十五萬九千九百三十八磅直銀八十六萬六千五百六十圓其二十二硫黃造一百二十萬磅直銀二萬一千圓其二十三硫酸造三億八百七十六萬五千四百三十二磅直銀三百六十六萬一千八百七十六圓其二十四酒之一種非出於蔗而造自乾葡萄子者也一億五千一百七十四萬四百磅直銀四百五十五萬一千二百十二圓他物直銀四千四百九十二萬七千一百有一圓綜計直銀一億一千七百三十七萬七千三百二十四圓工廠之在紐約一百五十有九勿爾治尼亞一百有九波士登一百有

六曹達之用不違枚舉即如玻璃窗面硬肺子紙非此無以成也漂布與麪包之類亦必用之光緒六年一千八百八十美利加所用曹達三億九千八百五十萬磅而出自其國者四千二十五萬九千九百三十八磅自然利用之曹達唯一邦而已列法達邦查車路邑嘉遜之野距窪脫奧司南方二十四英里合華里七十有二其地接太平洋鐵道之綫路有湖二相去僅二百二十五牙度舊爲火山噴口形圓瞼塘高至一百五十尺無鱘而水極涌湖之巨者面周四百有二野格深至一百七十尺中含炭石灰諸氣有人曰顯理賓拉屯氏辨之爲曹達炭氣三零二八六曹達琉一零八四八曹達綠養七零三七一是天然曹達也此地距三法蘭昔斯哥埠市不遠運行易易耳歪阿明部亦有之然運難故稱便唯此十年以前美利加肥料頗增光緒六年一千八百八十所造直銀一千九百九十二萬一千四百圓肥料云者肥農地物也其東與中南諸部地澤競漁非資物力如土瘠何補國肥料工廠不下二百有八其工所造有三種焉一曰燐益化白礦或化自動物骨也美利加化燐之地爲南部之喀挪拉尋非通國所資

大半出此是邦鑛燐自同治七年（千八百六十八）始越十二年（千八百八十）工廠二十有一本銀二百有七萬一千三百圓工三百二十有五料費銀三十二萬四千六百五十九圓產直銀一百一十二萬三千八百二十三圓醫士西濮多氏以百分率析南部之燐得燐酸二十八（少則廿五）炭酸五（少則二半）硫酸二（少則半）石灰四十二（少則卅五）養氣鐵四（少則一）砂十二（少則四）有機物及化合水六溼氣四（少則半）此舉其多數也初無燐工有之自同治九年（千八百七十）始始制之邦爲紐折爾西其時一磅直銀一圓二十五仙越三年（同治十二西千八百七十三）頓減直七十五仙明年復一圓二十仙光緒四年（千八百七十八）減爲五十仙今則紐約市直六十仙可不謂廢歟然另國輸入之燐未遑多讓二曰油殘蓋化自制油工廠所餘之殘鱠及屠人所棄之腥膻也三曰化合硫即所謂安母尼亞也其工列法達邦居多光緒六年（千八百八十）其工廠一耳在漢波耳脫（地名）停車場西北約華里一百一十一（三十七英里）叢山之中采之制之達於三法蘭昔斯哥（即舊金山）歷年有增先是光緒二年（千八百七十六）生硫入自別國者九十六萬二千四百四十九磅越二年輸入一百七十五萬六千七

百四十五磅硫酸之用難可勝數若煤油若綠養氣若燐若化合硫皆資之以成微獨肥料已也凡硫酸制自歐羅巴洲者大氏衆用銅鐵化合之硫而美利加則用純硫此肥料工大略也美利加曹達初濾木灰而慮木貲不貲且將不繼有列布蘭氏者以海木濟陸木之窮而復發明新制用⿰鹵栗腰子其工稱便曹達之始出也嘉里符尼亞居多而列法達邦繼之地噴白如花與石灰氣鹽氣硫氣相融無間濾土煉之遂成始制石灰者賓夕佛尼亞邦古羅法奪之野孟氏沙基遂氏也道光二十七年（一千八百四十七）雖有試造者而工實成於同治元年（一千八百六十七）益自爆藥發明而後石灰之聲價頓增也光緒六年（一千八百八十）工廠二十置於賓夕佛尼亞者十置於嘉里符尼亞者五置於馬沙朱色士密士昔比紐約紐折爾西倭海約者各一

玻璃工弟十八

美利加初立十三邦衆志不略於工玻璃工其一也明萬歷三十六七年間（一千六百八九）始立若毋司達恩玻璃工廠一其時歐羅巴洲未曾有也叛工制罇繼之者曰阿列加三奪里亞工廠也立於我

大清乾隆五十二年（千七百八十七）此二工廠並在勿爾治尼亞邦明年低窪鼻路氏觀厥工報曰年制萬磅工凡五百嘉慶二十五年（千八百廿）其邦工廠曰威耳士波耳可歲制玻璃直銀二萬圓本資一萬二千利八千料費一萬二千其工男十四穉男十二所制火石玻璃及中虛玻璃二種賓夕佛尼亞邦玻璃工廠始於康熙二十二年（千六百八十三）其後光道十一年（千八百三十一）工廠四日溶八千磅年制玻璃二千頓牛屬瓶罇飲器然爲工最歷今百餘年猶存此美利加玻璃工廠最久者也嘉慶十五年以前（千八百十）工制用薪嗣是試煤固有礙試之者賓夕佛尼亞邦之非脫波耳布工廠也於工又爲今最美利加玻璃工廠道光十七年（千八百三十七）凡十有三制產直銀七十萬圓咸豐七年（千八百五十七）增爲三十有三此內制火石玻璃者九制窗面色綠及黑者二十有四綜直銀二百六十三萬一千九百九十圓工一千九百八十二工貲銀九十一萬一百十六圓料費二百有七萬八千七百三十四圓四十仙同治四年（千八百六十五）工廠制瓶罇與制窗面與火石各十有五凡四十有五此八年間增百之三十六矣光緒六年（千八百八十）凡工

廠五十有一本銀五百四十八萬一千圓鎔之數八十有五鎔器之數七百九十有七凡工六千五十有三此內年十六以上男四千四百四十二年十五以上女一百四十有一穉工一千四百七十工貲二百六十八萬六千四百二十五圓料費銀二百十三萬九千六百五十八圓產直銀五百六十六萬八千二百一十二圓通國所制直銀凡二千一百十五萬四千五百七十一圓此百萬圓以上之邦有四賓夕佛尼亞第一直八百七十二萬五百八十四圓紐折爾西邦第二直二百八十一萬一百七十圓紐約邦第三直二百四十二萬七百九十六圓倭海約邦第四直一百五十四萬九千三百二十圓光緒六年（千八百八十一）通國工廠二百一十有一本銀一千九百八十四萬四千六百九十九圓窰數三百四十有八鎔器數二千九百八十有二凡工二萬四千一百七十有七工貲銀九百十四萬四千一百圓料直銀八百有二萬八千六百二十一圓其制玻璃之法不一視物質之純雜與爐火之強弱以定配合之損益而大畧可得而言也凡窗面玻璃以砂八千磅鹽餅二千八百磅炭粉四十磅信石五十

磅爲率鎔質之爐煙筒高八十尺爐身徑廿二尺十寸爐心徑十八尺十寸容泥盤十有二盤長六尺寬四尺四寸邊厚二寸底厚三寸盤容物料三千八百磅七日可鑄玻璃四次有牛成約一百有二頓盤之歷久可三四十日當泥盤燒紅時攙料既勻入之以鏟以滿爲度漸鎔漸縮縮則增之至再至三司火者覩色可攪即以木攪之或置亞信尼呢舌於盤底則料滚而起炭氣外颺鎔時有差約費時六既鎔火力宜猛非滚透則慮生泡也以花俞泥所造寒暑表測之宜三四千度之熱如是者又二時許三四點鐘益火宜猛不宜久久則失光轉起絲發不後不先吹工以鐵捍一長六尺至八尺徑一寸中通小孔挑鎔料少涼復挑至於三所挑橫徑七八寸重十磅有奇置之水內口含小孔吹之成橢圓形名爲長筒置弟二爐且燒且吹筒形增巨出筒於爐而筒尾猶近於火再吹則筒尾穿一小孔復入於爐隨轉隨吹其孔乃巨於是用火紅鐵片畫筒之接捍處使與之離又以鐵片入筒直畫一面使之自開置於涼處數分時即得每一時可造玻璃筒十有八長五十六寸寬三十八寸厚十分寸之一重約八磅吹工月銀一百三十圓至二百五十圓助工七十五圓至八十圓有差而平玻璃之工繼之其爐長圓中有小平臺可旋轉也以泥爲之厚約四寸或六寸許面平且滑爐之一面有門中有鐵條二如鐵軌然其道半居旋臺半出爐口工以鐵架送一玻璃筒置旋臺機括一撥旋臺即向弟二爐口轉去有工持捍俟其轉至即挑筒俾旋臺轉回原處乃置玻璃筒於旋臺而以裂縫向上輾轉再四其筒漸向兩面攤平以鐵捍橫置一木如丁字者推筒既平乃使旋臺轉向爐口弟三處遠火漸即於堅以叉置架歷六時許即付裁工其攤平之工月銀一百三四十圓其裁之之工月銀一百廿圓凡造大片玻璃法質無大異鎔亦如之然彼出於吹此成於鑄廠鑄如鐵所鎔之料運以鐵斗鑄於鐵臺此臺四周有邊邊之高下即以定玻璃之厚薄邊以鐵條爲之操縱自如寬狹因之臺面宜平鎔料既傾以圓鐵捍轉於其上欲其堅也少涼置冷熱窰歷日四五由熱而涼而冷取不裂也磨工繼之先白砂次金剛砂厥要有三曰平曰滑曰光皆借力於機器鑄後漸底於光凡歷機器三十有六既光兩面約

減十之四每易一機輒易一砂砂由麤而精易輒洗其前砂取不濇也有瑕則裁之凡造瓶罇法以砂一千五百磅鉛六百磅灰鹽炭五百磅孟根尼土一磅有牛信石亦一磅有半爲率或以砂一千五百磅石灰百五十磅灰鹽炭五百磅蘇達硝二百磅爲之亦一法也爐與鑄窗玻璃者同而泥盤微異此有蓋而彼則無也盤頂留小口一取其可入吹管也料鎔而後以通心鐵桿挑之巨細不拘一格如欲爲罇則吹空心形與罇相仿而後收入鐵模花紋自成其成冰裂紋者由模入冷水俄頃復炙使裂者自合瓶亦如之出模之初非入爐再炙片時不平滑也口或不齊磨以機器然非熟巧工爲之非失之厚即失之薄此常法也其特重質千里鏡之類是也凡光力隨重力而增是格致學之定則光力非輕變則窮何以視物而能大小異耶玻璃之質輕重則玻璃之光輕輕其堅質爲之其輕重則體爲之也最輕之玻璃出自石灰最重之玻璃造於鉛類或區分言之曰石灰玻璃二零三九六曰鑄盤玻璃二零四八八曰窗面玻璃二零七三二曰瓶罇玻璃二零七三二曰鉛玻璃其中尋常者爲火石玻璃

二零九增重者爲眼鏡玻璃三零三論其擠力亦作加壓每一方約二千五百磅至九千磅論其壓力每一方約六千磅至萬磅凡欲其堅非含砂力不可美利加產砂最良據美利加書言同治六年一千八百六十七法郎西國博覽會火石玻璃之得最獎者是以美利加砂制之云其產砂處爲馬沙朱色士邦之拔可沙地名賓夕佛尼亞邦之鳩尼阿大地名勿爾治尼亞邦之奧各司大地名伊利那倫斯邦之法可司地名密蘇里邦之克利司地恩西治皆彰彰者哥古氏辨賓夕佛尼亞之砂爲最就美利加玻璃綜言之厥類有四曰平盤玻璃鏡類直八十六萬八千三百有五圓曰窗面玻璃亦平盤也直五百有四萬七千三百十三圓曰火石玻璃及卽石英吹管化學家器具直九百五十六萬八千五百二十圓曰綠色玻璃綠黑琥珀色等屬瓶及飲器之類直五百六十七萬四百三十三圓此光緒六年一千八百八十數也

農器工第十九

他工大率聚於通都大邑獨農器工不必然也然居肆則同其在紐邦工四百四十有八而皆聚於基泥伯浩芟刀鐮鋤艸叉之屬其在

紺罕布西耳邱工一百七十有八而半聚於各納夫頓(地名)米麗馬沽(地名)造芟刀把鐮之屬其在澄蒙邦工四百六十有四而半聚於納莫愛(地名)文(邑)蘇(名)文漢(地名)造芟刀手耙草叉制糖器之屬其在馬沙朱色士邦工九百七十有三而半聚於脖利司道洛(地名)造鏟犁草刀馬耙之屬其在平撻底喝奪邦工五百六十有五而半聚於每得棲齋克(地名)造芟刀刈器鋤犁之屬新英邦工廠多依川塘海濱所造耙鋤居名論者謂芟刀之屬用多而工廠不必大然雨犁風車月鐮分造則用阻台制則工增是以紐約至伊利那倚斯農器之工不少於他器同治九年(仟八百)居百工之六十九越十年居百工之六十六其在紐約邦工六千四百六十有二而半聚於五邑其在賓夕佛尼亞邦工二千六百十有七而半聚於四邑其在倭海約邦工七千五百卌有六而半聚於三邑其在英鼇阿納邦工二千四百七十有一而半聚於二邑其在伊利那倚斯邦工七千三百而半聚於五邑其在密西根邦工二千六十有七而半聚於二邑其在梅尼所達邦工一千一百九十有七而半聚於華盛頓邑以外諸邦弗逮遠甚然工聚

則同問聚工最多之邑則爲倭海約之格納克工二千三百七十有九次爲伊利那倚斯之德各拉司工一千二百九十次爲倭海約之司達克工一千二百有十次爲紐約之嘎由哈工一千一百卅有六次爲伊利那倚斯之勾克工千九十有六次爲紐約之而日恩次拉工九百十有三次爲英釐阿納之巴特兜婁謬工有九百有十次爲威士干遜之馬地遜工八百四十有二次爲英釐阿納之威寅工七百九十有五次爲倭海約之門特更巴利工七百次爲梅尼所達之華盛頓工六百有七次爲伊利那倚斯之爲內北勾而工五百四十有三此十數邑工數幾居通國百分之卅五其農器首刈禾次耙屬耕器打禾器蒸氣機關器馬力器次犂鐮次薅禾器種樹器種棉器次壓蔗器扇糖器而嘉里符尼亞工特著者以耕作擴於他邦也通國工以年進以同治九年廿十八百與光緒六年八十千八百比較之即如壓蔗水車前出根得基喀挪拉奪後則非造糖地亦有之丁香除皮之器前出三邦後倍植玉麥之器前出七邦後三倍植棉器前出総蘇釐後出十四邦犂前出卅三邦後出三十六邦耙前出廿三邦後

出三十四邦耕田器前出二十四邦後出三十三邦他器準此惟打禾器前出二十二邦凡造二萬四千六十有二後出二十六邦凡造九萬九千五百廿九非數轉減是合二而爲一也工增而廠則減是小幷於大也美利加農器工廠最多之邦有六曰紐約三百三十七曰伊利那倚斯二百九十四曰賓夕佛尼亞二百八十六曰俄海約二百十九曰密西根一百六十四曰英盧阿納一百廿四此外干捏底嘎奪紐罕布西耳緬馬沙朱色士威士干遜愛阿窪梅尼所達嘉里符尼亞剛色斯拏布拉士格十邦有增無減根得基密蘇盧紐折爾西特納窪頰里根工廠皆減於同治九年千八百七十而復加於光緒六年千八百八十前五十年直犂者新器適用於舊式也二輪車犂之直十倍於犂騎耕器之直五十倍於鋤馬耙之直四十倍手耙刈器之直百倍於芟刀打禾稾機之直千倍於禾棒雖然昔五農合作而不足者今一農獨力而有餘不弟唯是日省費省概可知已即以犂言色黏性黏之土密士昔比河沿岸皆然非鋼犂不可歲需以五十萬計西部農用二輪車犂者不下六萬光緒六年千八百八十資耕已無慮

三萬五千野格矣美新英邦耕用一馬西部諸邦耕用兩馬一馬鋤力抵五農一鐵耙輪功勒六犁以一馬播穀一日遍十野格矣以一機刈禾一日可穫二十野格矣嘉里符尼亞有廿五馬力打禾之器一日打麥六千束尋常之器半時十束耳一機器約抵手器十有五然欲用馬力其地宜足需六馬力以上欲用氣力其地宜足八馬力以上非二百野格不克與一蒸氣機關相當其費欲收也昔牛今馬改變日多以道光三十年千八百五十與同治九年千八百七十比較之馬沙朱色士牛四萬六千六百十一減爲二萬四千四百三十而馬四萬二千二百十六增爲四萬七千七百八十六倭海約牛六萬五千三百八十一減爲二萬三千六百有六而馬四十六萬三千三百九十七增爲六十萬九千七百二十二伊利那倚斯牛七萬六千一百五十六減爲一萬九千七百六十六而馬二十六萬七千六百五十三增爲八十五萬三千七百三十美利加農器鋼鐵一頓大率相當於木質千尺其工巧機弟一木工弟二鎔鑄弟三磨研弟四錘煉弟五以一百工所需本銀平均而比較之道光三十年千八百五十四萬九

千三百六十五圓咸豐十年千八百六十進之爲七萬七千四百七十六圓同治九年千八百七十進之爲十三萬七千九百六十四圓光緒六年千八百八十又進之爲十五萬六千九百廿一圓不惜勞費則工精可見

紙工弟二十

造紙之工木皮稻根與夫敗絮陳絹皆可爲之先將紙料洗之浸之春之入鐵磨和水磨之磨形如鍋約高六尺深二尺中有槽若鋸齒上懸鐵板與槽合納紙料於其中而板旋轉其底心有曲管紙料過管入旁之大桶桶底之側亦接以管入弟二器其器如牀四周及底皆以銅爲之水管上懸細鐵絲篩紙漿漏下以布承之使平且勻而弟入三器壓以薄銅片瀝乾則成紙再入弟四器接以氈毯捲上木軸遞轉而至弟五器中橫圓鐵筒六具內蓄蒸汽紙由各筒纏繞一過則烘燥矣引至弟六器以鐵爲高架架中橫疊鐵軸八其紙由下達上復纏一過則磨研光潔又至弟七器架稍低而橫長其中有軸紙穿此軸截紙成張自推桉上二人對坐計數又二人一包一束數時而成自成二千三百斤七機器皆寬六尺長共八丈有奇而傭不

須多也

手印字工第二十一

印書初藉人工今印以機而亦有字印字之器大率司以女工歷觀其器無定式有小而便者舟車可攜咄嗟立辦置之方几高一尺寬八寸以鐵爲之中有機括嵌墨汁設鐵板其下列洋文字母二十六形若棊子凡印字其工以紙鋪鐵板上欲印某字以手按某字母即推上一字配合成文隨手印之亦有點圖以備其用惜不克印華文

木廠工第二十二

美利加木廠工多甚即中國人所置機器之工亦指不勝屈今就目及者言之三法蘭昔斯哥埠有木廠工曰大興立於光緒十年百八八十四劈木之器直銀二千五百圓鋸木之器直銀二千二百圓造鐵房之器直銀三千五百圓汽機抵馬力三十直銀二千圓工三十有二歲費銀一萬四千圓

雜工第二十三

美利加時辰表工自道光二十八年千八百四十八始波士登有抵宜送氏

實試爲之其交易濫觴爲馬沙朱色士之我路堂公司也嗣是分制
與合成之工益精瑞典國表工四萬平均之一人年造四十而美利
加則一工年造一百五十蓋三倍有奇矣以百分率計工跳條之工
十七有半齒輪澁鑽之工十五有半螺釘平鋼遁齒之工十二有半
寶石之工石孔之工雕石之工各七有半秤輪之工七機器之工六
有半晷工六木鐵記時之工六有半擊石鍍金之工三有半髮條之
工一有半工有男有女而女居多分制之工凡十切柱置柱一也穿
鍼及螺釘孔二也切割輪齒三也磨齒四也鍍金五也髮條六也置
條七也製寶秤螺八也配合而行九也試驗十也又機械之工八撞
之壓之一也制銅二也光之三也火之四也印晷五也鏇蓋雕蓋六
也整輪與齒七也反正相成八也其工以重廿磅之鐵撞表輪日出
輪萬又切輪齒之工半時成輪六千自轉切齒之機精者直銀四千
圓日切百表之齒又以機造螺釘之工日出千有二百最小之螺重
十二萬二千四百分一磅之一鉈輪之工一日得輪三千髮條之工
一日磨二百五十寶石板以金剛鋸制之以金剛片磨之一工五時

造三百枚每板重十五萬分一磅之一實石以長塊分之一工日出二百每枚重二十五萬六千三百二十分一磅之一黃金青銅之螺釘則二人手機合作之日成四百其螺簸一工日成二千二百計秤輪轉機六十六回則簸穿矣

時辰鐘工十年一計其數迥殊矣以百分率較之道光三十年千八百五十居後十年之八十二咸豐十年千八百六十居後十年之七十三同治九年千八百六十九居後十年之四十七取材國內居多美利加銅與亞鉛之質本良銅綫綫綫用之不竭厥工大要有二曰盤工曰綫工鐘本可少於表鐘工亦可少於表光緒六年千八百八十其國報告書曰凡表一工歲需木銀一千二百二十圓鐘則七百五十六圓足矣美利加始制時辰鐘之地爲千揑庭嘎[illegible]邦一工七日乃爲一鐘嘉慶二十五年千八百二十一工年成木鐘八十有三光緒六年千八百八十一工年成青銅鐘五百二十大鐘則成一百廿有五鐘工居百之十其以機械制木鐘者野里低利氏也時在嘉慶十二年千八百七改制青銅鐘者容文施低俞氏也時在道光二十年千八百四十越二年千八百四十二輸之英吉

利而別國且有自謂弗如者
燒泥工廠曰羅士泰兒瑪苦替耳西在波士登港其工所造非瓦非磚略近琉璃以泥入模燒之或砌爐面或鋪地錦五色四露亦雜冰文厚纔數分楕圓三角長短隨形伯理璽天德之相印於其中須眉畢見如畫如影若他盤盂之屬罔弗具火爐水瓶動與古會
畫工以油畫爲最或塗布或橅紙或繪木板近視之若塗鴉而痕輙凸遠觀之則陰陽深淺遠近高低極繪影繪聲之能事論者謂繪亦體難於衣冠皮色筋骨無絲毫假借雕鑄覩此微獨美利加然也而美利加畫工日益精有砌碎磁如畫者一畫論直數萬金不以爲異
磚工廠自在監八者無多其工廠科侖布亞三十有一阿剛色斯二十嘉釐符尼亞二十有五喀挪拉奪一千捏底嗄奪五十有九特納窪十若耳治亞四伊利那倚斯九十有九英奠阿納四十有八愛呵窪四十有三剛色斯十有七根得基十有二魯西阿納十有八緬十有六瑪理蘭四十有七馬沙朱色士二百七十有二密西根三十有九彌尼所達八十有一密士昔比五密蘇纍七十有九孥布拉士格九

紐罕布西耳十有二紐折爾西六十有九紐約二百八十諸司咯爾勒那一倭海約一百有二賓夕佛尼亞一百有九洛倉埃倫四十有七田捏西八德格瑟斯四勿爾治尼亞十威士尊勿爾治尼亞四威士干遜廿有二紐墨西哥二尤達四凡工廠一千五百九十有一其工凡二萬六千有二十（其中惟洛倉埃倫一）其工本銀三百九十九萬七百有六圓其工支銀凡六百八十八萬八百六十六圓其磚質之直一千一十二萬三千四百七十八圓其成磚之直二千五十八萬六千五百五十三圓此光緒十二年數也（千八百八十六）美利加人謂磚曰百麗客謂方磚曰司夸兒特衣盤而長形者多與中國所造同惟色紅耳

自來火工似無足數然美利加工亦不爲少謂自來火曰黑齒司嘉里符尼亞廠四工十有八千捏底嘚舞廠五工一百六十有二特納窪廠一工二百伊利那倚斯廠二工六十有七緬廠三工百有五馬沙朱色士廠三工一百一十有五密西根廠二工三百七十有五紐折爾西廠一工二十有四紐約廠八工三百九十倭海約廠一工二百廿有八額里根廠一工四賓夕佛尼亞廠五工一百一十有六威

上千選廠一工三百七十其工本銀二百一十一萬四千八百五十圓其工支銀五十三萬五千九百二十有一圓其取材之直三百二十九萬八千五百六十有二其成物之直四百六十六萬八千四百四十有六圓此工女多於男樂

器工嘉里符尼亞干捏底嘎奪特納寔伊利那倚斯英釐阿納剛色斯緬瑪理蘭馬沙朱色士梅尼所達蘇密釐紐罕布西耳紐折爾西紐約倭海約賓夕佛尼亞田捏西寔蒙十八邦凡工廠八十有四其工五百七十有三其工本銀六十五萬四千八百五十其工銀二十九萬三千六十有二其取材之直三十八萬五千七百七十有八其成物之直八十五萬三千七百四十有六此工男倍於女

工廠合表

光緒十三年綜核美利加百工之廠凡廿五萬三千八百四十平均工數凡二百七十三萬八千九百五十其本貲銀二十七萬九千有二十二萬三千五百有六圓造成物直凡五千三百六十九兆六億六萬七千七百有六圓亦致富一端歟述工廠合表

邦部	工廠數	本貲	平均工數	一年平均工直	物直	造成物直
科倫布亞	九七一	五五五二五二六	七一四六	三九二四六一二	五三六五四〇〇	一一八八二三一六
阿拉巴麻	二〇七〇	九六六八〇〇八	一〇〇一九	二五〇〇五〇四	八四七〇二〇六	一三五六五五〇四
阿岡色斯	一二〇二	二九五三一三〇	四五五六	九一五三五八	四三八二〇八〇	六七五六一五九
嘉里符尼亞	五八八五	六一二四三七八四	四三七九九	二一〇七〇五八五	七二六〇七七〇九	一一六二一七九七三
喀挪拉奪	五九九	四三一一七一四	五一七四	二三一四四二七	八七七二六二	一四二六〇一五九
干捏底嘎奪	四四八八	一二〇四八〇二七五	一一二九一五	四三五〇一五一八	一〇二七六九三四一	一八五六八〇二一一
特納窪	七四六	一五六五五八二二	一二六三八	四二六七三四九	一二八二八四六一	二〇五一四四三八
佛勒里窩	四二六	三二一〇六八〇	五五〇四	一二七〇八七五	三〇四一一九	五五四六四四八
若耳治亞	三五九三	二〇六七二四一〇	二四八七五	五二五二九五二	二四〇一〇二三九	三六四四七四四八
伊利那倚斯	一四五四九	一四〇六五二〇六六	一四四七二七	五七四二九〇八五	二八九八二六〇七	四一四八六四六七三
英鳌阿納	一一一九八	六五七四二九六一	六九五〇八二	二一九六〇八八八	一〇〇二六〇八九二	一四八〇〇六四一一
愛呵窪	六九二一	三三九八七八八六	二八三七三	九七二五九七二	四八四〇八三一一	七一〇四九二六
剛色斯	二八〇三	一一九二五一五	一二〇六四	三九九五九九	二一四〇七九四一	三〇七九〇二一二
根得基	五三二八	四五八一三〇三九	三七三九一	一一六七八四四	四七四六一八九〇	七五四八三三七七

魯西阿納	一五五三	八 一一四六二四六	一二一六七	四三五八八四一	六 一四四四二五〇	八三 二四二一五一
緬	四四八一	一 四九九八四五七	五二九四九	八 一三六二一五三	六八 五五一一一九二	九三 七九八二五三
瑪理蘭	九七八七	[illegible] 五八七三五六八	七四九四二	一八九〇四〇五	〇 六六九二三六三	九三 一〇六七一三
馬沙朱色士	一四三五二	八五 三〇三八〇六一	三五二二五五	六二 一二八三一五三	五五 二六九五二六	四八四 六三一五一一
密西根	八八七三	九 九二九三〇九五	七七五九一	二 二五三一八六八	九 九二八五二九六	〇二 一五〇六九二
梅尼所達	三四九三	一 三一〇〇四八一	二一二一二	八六一三一九四	一 五五六六〇六八	八 七六〇六一九
密士昔比	一四七九	四七二七六〇〇	五八二七	一一九二六四五	四六六九六五八	二 七四九五八〇
密蘇鳌	八五九二	四 七二五〇七八四	六四〇九五	六 二四三〇九七一	九 一一〇〇九八三	〇〇五 一六三八四
拏布拉士格	一四〇三	四八八一一五〇	四七九三	一七四二三一一	八二〇八四七八	三六 一二六二七三
列法達	一八四	一三三三三〇〇	五七七	四六一八〇七	一〇四九七九四	六 二一七九六二
紐罕布西耳	三一八一	五一一一二二六	四八八三一	三 一四八一四七九	二 四三五五二四六	三八 七三九七一〇
紐折爾西	七一二八	九三 一〇六二二六	二六〇三八	五 四六〇三八〇四	七九 一六五二八〇一	三三三 二五四三七
紐約	四二七三九	五 五一四二四五七	五三一四七三	二九 一九八六三四〇	五〇 六七九五七八六	八六九六 一〇八〇六三
那[illegible]司喀爾勒	三八〇二	九 一三〇四五六三	一八一〇九	二七四〇七六八	七 一三〇九〇九三	三七 二〇〇八四二
倭海約	二〇六九九	一四 一八八九三九六	一八三六〇九	〇 六〇一〇二八〇	〇六 二一五〇九八	三九〇 三四八三〇五

頞里根	一〇七五	六二八四二五六	三四二四	一六三六五六 六	六九三三三六	一〇八七九八 二
寶夕佛尼亞	三一二一五	四七四四九九九 九三	三八七一一二	一三四〇五五三 〇三	四六二九七七二 五八	七四四七四八 〇四五
洛畣埃倫	二二〇五	七五五七五九四 三	六二八七八	二一三五五六一 九	五八一〇三四四 三	一〇四一〇三 六二一
叟司喀爾勒那	二〇七八	一一二〇五八九 四	二三一二八	二八三六二八九	九八八五五三八	六七三八〇〇 八
田捏西	四三一六	二〇〇九二八四 五	二二四四五	五二五四七七五	二三七一〇二五	二七〇七四八 八六
德格瑟斯	二九九六	九二四九五六一	一二一五九	三三四三〇八七	一二九五六二七 九	二〇七九九二 八
窪蒙	二八七四	二三二六五二三 四	一七五四〇	五一六四四七九	一八三三〇六七 七	三一三五四三 六六
勿爾治尼亞	五七一〇	二六五六八九九 〇	四〇一八〇	七四二五二六一	三二八七九三三	五一八一〇五 九二
威士奪勿爾治尼亞	二三七五	一三八八三三九 〇	一四三一一	四三一三九六五	一三八九一四四 四	二二八六七一 二六
威士干遜	七六七四	七三八二八〇二	五三二一九	一八八一四九一 七	八五七九六一七 八	一二八二四五 四八〇
阿里瑣那	六六	二七二六〇〇	二二〇	一一一八〇	三八〇〇二三	六一五六六五
打戈達	二五一	七七一四二八	八六八	三三九三七五	一五二三七六一	二三七三九七
埃得和	一六二	六七七二一五	三八八	一三六三二六	八四四八七四	一二七三一七
孟大那	一九六	八九六三九〇	五七八	三一八七五九	一〇〇六四四二	一八三五八六 七
紐墨西哥	一四四	四六三一七五	五五七	二一八七三一	八七一三五二	一二八四八四 六

尤達	六四、二六五六六五七	二四九四	八五八八六三二五六一七三七	四三二四九九
韓盛頓	二六一三三〇三四九七	一一四七	五三三三二六一九六七四六七三二五〇一三	二
歪阿明	五七三六四六七一三	三九一	一八七七九八	六〇一二一四八九八四九四 四
總計	二四六九六四二三一四一一六一三八二二八三 三九四		九二〇三七〇〇 二三	三六四〇六四九四九八六九三 九〇三 四七〇八

工類表

工作物品之直未有十年不變者道光三十年爲西紀千八百五十約直銀十億一千九百十萬六千六百十六圓越十年直銀十億八萬八千五百八十六萬一千六百七十六圓又十年直銀四十億二萬三千二百三十二萬五千四百四十二圓又十年當光緒六年直銀五十億三萬六千九百五十七萬九千一百九十一圓厥數難可枚舉弟與廠本之資歲工之費計至十萬圓而止舉同治九年光緒六年以例其餘工𥳑拉雜輒釐理之述工類表

工類	同治九年千八百七十年				光緒六年千八百八十年			
	工廠本銀	工數	工銀	所造價銀	工廠本銀	工數	工銀	所造價銀
農具	二〇七六	三四八二五二四 九	二二	五二一〇一九四三	六二二三九五八 〇	一五三	六八六	

鍛冶	二六三六四	一五九	五二九八二	九二一	四一八二	八一〇一	一九六	三四五二六	一一一	四三七
紅銅工	三一九	六七	五七〇三	二四	一〇四	四四二	一五三	一二四六一	五六	二六六
錫銅鋼工	六六四六	二一〇	二五八二三	六五	四〇六	七九九九	一二二二	一六二四八	一〇七	四八〇
鐵鋼工	三九三九	二一六二	一四八七七三	七九二	一八四	五三二二	二五〇九	一五九五二九	六二七	三三五九
鉛工	二一五九	三七	四七八三	二二	一〇三		五九	九六八四	四七	一八一
鐵道馬車	一七〇	一六	一五九三一	九六	六六七	三八四一	九二一	一四二三三	五五	二七九
馬車行李車	一一六〇〇	三七三	五五八四一	二一六	二一七	一九五	三七九	四五三九四	一八九	六四九
舟工	八八	九一	一一〇六三	五五	一七九	二一六一	二〇六	二一三三五	一二七	三六八
木工	一七一四二	二五一	六七八六四	二九一	一三二九		一九五	五四一二八	二四五	九四一
造房	三一一四	二〇五	四三一九三	一〇七	二九〇	五六三	二七六	六六三五五	一三四	三二八
窗戶	六九	二一二	二〇三七九	一〇〇	三六六	六九二	二四	二一八九八	八五	三六六
桶工	四九六一	九七	二三二一四	七八	一六一五	六七二八	一二一	二五九七三	八九	三三七
伐木	二八九七	一六一五	一六三六三七	四六二二	二五二三	二一九一	一八一一	一四七九五六	三一八	二三三二
油抹	六六九	三一	一一三八六	四三	一四二	二八四六	五六	一七七一一	七九	二二四
石工	二三六四	一六二	一八九〇九	一〇〇	三〇二	二六九二	一四四	二二四七一	一〇二	三二四

美利加圖經卷十八　四十

石刻字畫	二五九	二五 三 一一〇四	四二	一四五	四九五八	三九 ○ 一六〇二	六八	二〇五
印書	五六	三一九 八 二五一八	一六〇	五七九	八七二	六二九 八 五八四七	三〇五	九〇七
裝訂書	五〇〇	五三 七六九七	三〇	一四〇	五八八	五七 二 一〇六一	三九	一一九
紙工	七〇五	二四三 一七九〇	七一	四八六	一五九一	四六二 二 二四四二	八五	五五一
皮工	七五六九	六一一 三 三五二四	一四五	一五七二	一五一九	七三三 ○ 四〇二六	一六四	二〇〇〇
羊毛工	一九三八	九七一 ○ 七七八七	二六六	一五一二	一二八八	九六〇 四 八六五〇	二五八	一六〇六
雜毛工	一〇二	一〇〇 ○ 一二九二	四三	二二〇	一二四	二〇三 三 一八八〇	五六	三三五
橡膠工	七六〇七	七四 六〇二五	二五	一四五		六〇 六二六八	二二	一三七
棉花工	九六九	一四〇九 六三 一三五七	三九一	二六八	三八九八	一九五 七二 一八五四	四五六	二一〇九
衣服	六七〇五	五三七 二四 一一九八	三三二	三一〇	一三〇	八八〇 ○五 一八六〇	五二六	二四一五
帽工	四八三	六四 三 一六一七	六五	三九五	三八一	九〇 ○ 二二七一	八五	二九八
襪	四 二四[illegible]	一〇九 八 一四七八	四四	二四八	一一三〇	一五五 五 二八八	六七	一 二九一
靴履	八 二三四二	五八九 九 一二三八	五一九	一八一六	二 七九七	五四三 一九 一三三八	五〇九	一九六九
地毯	二一五	一二五 八 一二〇九	四六	一三二九	九一八四	二一四 一 二〇三七	六八	三一七
染	二六一	五〇 四二七二	一八	三五六	一一五五	二七〇 五 一八〇六	六九	三三九

綢類工	六一四	六二二六六九九	一九	一二七		一九一二一三三 七	六一	四一〇
鞍轡工	一六〇五	一三九二三五五 七	七〇	三二七	三九六八	一六五二一四四 六	七九	三八〇
裁縫器具工	七六二	九五八四二一	五七	一五八		一三二一一三七 五	五三	一五九
器具	一九七二	一〇一一八五一四	四七八	一三八五	一一七	一五四四一四五三 五一	六五九	二一四三
家具	五九八一	七三九五三二九 八	二一五	四四四九		四六六六一六九 八	二四五	八三一
煤氣	三九〇	七一七八七三三	六五	六九〇二四三三 八				
玻璃	二〇一	一四一一五八二 二	七八	三二〇	五五八四	二〇七二五七六 三	九八	二三六
刀工	一〇一六	二三六二四七五 〇	一二〇	一九一		三一二二三三二 六	一三七	四二一
寶石工	六八一	一一七一〇〇九 一	四四	三五六四	三五九	一一四一二六九 七	六四	二二二
蠟胰	一〇九一	一〇四四四二三	一九	二一五	三四六七	一四五五二八九	二三	二六五
麪包	三一五	一〇〇一四一二 六	五三	三六九	六三九六	一九一二二四八 八	九四	六五八
麪粉	二六一	五〇四二七二	一八	三五六	四九四	一七七三五八四〇 し	一七四	五〇五一
製藥	六一一	一九四七一六五	三一	一七七九	一〇〇五	三九二一三五七 〇	五八	五二八
蒸酒	一九七二	一五五五一三一	二〇	三六一	七三九	二四二六五〇二	二六	四一〇
糟	三九八	四八七一二四四 三	六七	五五七	五六二一六	九一二二六二二 〇	一二二	一〇一〇

酵	二六九四 五	二三	一四八六	二	二三	八四四	二五	九六七	二	二一
白糖 糖汁	六六四六	三〇九	二六一八 一	四四	一一九七	九〇	二七四	五八五七	二八	一五五四
淡巴菰	五二〇四	二四九	四七八四 八	一四三	七一六		三九九	八七五八 七	三五〇	一一八六
層	三一一九	三二一	六四八五	二〇	六二二		四九四	二七二九 七	一〇五	三〇三五

新英邦工廠利率表

合衆國以工勝而新英邦爲最所謂新英邦者干捏底嘎尊緬馬沙朱色士紐罕布什耳洛畣埃倫達蒙等邦也製造公司著者六十有五本銀多至三百萬少亦二十萬有奇集股成本按股攤利如阿美利剛卜林汀公司本銀五十萬每股百圓光緒三年至七年無利可分八年九年每股分利十圓十年僅分五圓明年無利十二年分利銀十有五圓其它視此趨工若騖利在則然利器善事輒繇於是計本分股銀數至圓而止惟攤利則計角與仙凡算銀洋文圓以●限非若●之弟爲醒目計也與中國經籍省文遺意殆亦暗合歟述新英邦工廠利率表

工廠名	工廠本	工廠歺按股分利年分●下爲角數仙數

	銀 計至圓止	股 計至圓止	紀元三 千八百七十七	四 千八百七十八	五 千八百七十九	六 千八百八十	七 千八百八十一	八 千八百八十二	九 千八百八十三	十 千八百八十四	十一 千八百八十五	十二 千八百八十六
阿美利剛卜林汀	五〇〇〇〇〇	一〇〇						一〇◓	一〇◓	五◓		一五◓
阿末力	九〇〇〇〇〇 〇	一〇〇					三◓	六◓	六◓	〇◓	〇◓	六◓
阿摩司擠	三〇〇〇〇〇 〇	一〇〇〇	八◓	一〇◓	一〇◓	一〇◓	一一◓	一五◓	一三◓	一〇◓	一〇◓	一〇◓
安多羅司戈景	一〇〇〇〇〇 〇	一〇〇	六	三	三	八	一〇◓	一〇◓	一〇◓	一〇◓	七◓	六◓
阿補晉冬	六〇〇〇〇〇	一〇〇〇	〇◓	〇	〇	三	六◓	六◓	六◓	三◓	〇◓	〇◓
阿林冬	一〇〇〇〇〇 〇	一〇〇		五	一〇◓	一〇◓	一〇◓	六◓	六◓	六◓	六◓	六◓
阿多南擠古	一〇〇〇〇〇 〇	一〇〇	三◓	六◓	六◓	八	一〇◓	一〇◓	一〇◓	六◓	〇◓	〇◓
貝仔	一〇〇〇〇〇 〇	一〇〇	六◓	三◓	八◓	九	一二◓	一三◓	一二◓	一〇◓	六◓	六◓
波畣西底	八〇〇〇〇〇 〇	一〇〇						六◓	八◓	七◓	四◓	一◓
補多	一二〇〇〇〇 〇	一〇〇〇	九◓	七	一〇◓	一〇◓	一〇◓	一二◓	一二◓	三◓	五◓	五◓
波士登	八〇〇〇〇〇	一〇〇〇	六◓	六	六	七	六◓	六	六◓	六◓	六◓	六◓
波士登白耳金	七〇〇〇〇〇 〇	一〇〇		〇	一〇◓	一一◓	一二◓	一三◓	一〇◓	一一◓	一〇◓	四◓
波士登打沽	三五〇〇〇〇	七〇〇	七◓	七	八◓	九	一〇◓	一〇◓	一〇◓	八◓	六◓	九◓

喀博司多	六○○○○○	五○○	七●	五	一○●	一○●	一○●	一○●	九●	六●	三●	○●
且司米六	五○○○○○	一○○						八●	六●	三●		六●
司文比	○一○○○○○	一○○	七●	七	八	一○●	一三●	一三●	一一●	七●	○●	○●
果基葛	○一五○○○○	五○○	九●	九	七	一○●	一○●	八●	二●	二●	六●	六●
科倫布亞	三五○○○○	一○○○	八●	八	九	一○	九●	一○●	一○●	一○●	一○●	一○●
空基領倉陞	○一五○○○○	一○○	○	○	○	○	○●	○●	○●	四●	○●	○●
宛多	○一二○○○○	五○○	○	○	三	八	九●	一○●	一○●	七●	六●	七●
墨白里多	八○○○○○	一○○	三	二	六	八	一○●	八●	○●	○●	○●	○●
佛郎故領	○一○○○○○	一○○	○	○	三	七	八●	八●	六●	六●	六●	六●
古拉納一比魯	○一○○○○○	一○○○						一六●	一二●	一二●	七●	一二●
古勒得阜耳	○一五○○○○	一○○	○	○	六	六	六●	三●	三●	○●	○●	○●
哈米路冬古蓋	○一八○○○○	○一○○○	三	三	三	七	八●	八●	五●	○●	○●	○●
哈米路冬五能	○一○○○○○	一○○	一○	一○●	一○●	一○・三	一○●	六●	六●	○●	○	○●
墨督	○一○○○○○	一○○	三	○	三●	六	六	六●	六●	五●	○	二●
若沽松	六○○○○○	一○○○	六	六	七●	七	九●	九●	一○●	七●	六●	六●

金非里貝米六	四〇〇〇〇〇	一〇〇						六◓	七◓	〇◓		六◓
拉沽聶	〇一〇〇〇〇〇	四〇〇	六	六	六◓	八	八◓	八◓	八◓	七◓	六◓	五◓一
郞哈士打	〇一二　〇〇〇	四〇〇	一二•六	二〇◓	二〇◓	一七•一	一四◓	九◓一	七◓一	六◓	六◓	六
朗東	五〇〇〇〇〇	一〇〇〇	六	五	三	一〇◓	一〇◓	一〇◓	七◓	三◓	〇◓	三◓
猓二勒𠀋朽耳	七五〇〇〇〇	一〇〇							三◓	四◓一	一◓	◓一
猓能士	〇一五〇〇〇〇	一〇〇〇	八◓	八	九	一〇◓	一〇◓	一〇◓	〇	九◓	六◓	六◓
猓偉耳	〇二〇〇〇〇〇	六九〇	〇〇◓二	〇〇◓三	五〇◓三	五〇◓六	五〇◓二	五〇◓三	五〇◓二	七〇◓一	〇〇◓三	〇〇◓二
猓二勒布里起立	四〇〇〇〇〇	二〇〇	六◓	三◓	二	五◓	六◓	六	五◓	六◓	六◓	六◓
猓二勒壘心	九〇〇〇〇〇	五〇〇	一一〇◓	一〇	二一〇◓	一〇◓	五一〇◓	一〇◓	一〇◓	一〇◓	六◓	六◓
乃滿	〇一四七〇〇〇	一〇〇	六◓	六◓	六	七◓	八◓	八◓	六◓	二◓	〇	二◓
莽接士畣	〇二〇〇〇〇〇	一〇〇	八◓	七◓	九	一二◓	一二◓	七◓	七◓	八◓	八◓	八◓
馬沙朱色士	〇一八〇〇〇〇	一〇〇〇	六◓	六◓	六	六	六◓	八	八◓	四◓	二◓	二◓
默加里古寫奴	八〇〇〇〇〇	一〇〇						九•	八	四◓		六◓一
馬江子	二八八〇〇〇	一〇〇						六◓	二二◓	四◓	一◓	八◓
馬力磨古	〇二五〇〇〇〇	一〇〇〇〇	八◓	六	七	一〇◓	一〇◓	七◓	六◓	六◓	六◓	六•

美利加圖經卷十八　四十三

詸多羅先沽	一七五〇〇〇	一〇〇	一九◓	一二◓	一九◓	二〇◓	一三◓	一一◓	一三◓	一一◓	九◓	一一◓
拉納剛色多	四〇〇〇〇〇	一〇〇						八◓	六◓	三◓	一◓	六◓
拉刷	〇 一〇〇〇〇〇	五〇〇	四◓	六	九	九	八◓	八◓	七	〇◓	〇	〇
郎吉	〇 一五〇〇〇〇	一〇〇	六◓	〇	五	六	八◓	八◓	八	六◓	〇	二
紐馬格多	八〇〇〇〇〇	五〇〇	三◓	二	三	九	六◓	六◓	六	五◓	〇	〇
波斯博吾	六〇〇〇〇〇	一〇〇						一〇◓	六◓一	二◓	〇	八◓
波基士	八〇〇〇〇〇	一〇〇〇	八◓	八	八	九	八◓	一〇◓	一〇◓	一〇◓	一〇◓	一〇◓
塔西非古	〇 二五〇〇〇〇	一〇〇〇	二〇◓	一三◓	一四◓	一三◓	二〇◓	九◓	〇◓	五◓	一〇◓	一〇◓
博拔勒	〇 一二〇〇〇〇	五〇〇	一〇◓	一〇◓	一〇◓	一二◓	一五◓	一四◓	一四◓	一二◓	一二◓	一二◓
博加奢多	八〇〇〇〇〇	一〇〇						二◓	〇	〇◓		〇
力基蒙多	八〇〇〇〇〇	一〇〇						五◓	五◓一	二◓	〇	三◓
落北松	二六〇〇〇〇〇	一〇〇〇						〇◓	一六◓	二◓		四◓一
沙我磨	六〇〇〇〇〇	一〇〇						五◓	六◓	六◓	一◓	八◓
沙猛埠耳	六〇〇〇〇〇	三〇〇	二◓	四	五	四	八	八	八	下◓	〇	四
杉多委沽	二〇〇〇〇〇〇	八〇	〇◓	〇	〇	〇◓六	〇◓五	〇◓三	〇◓五	〇◓六	〇◓二	〇

思餘沽	一二五〇〇〇〇〇	一〇〇〇	三●	六	八	八	八	一〇●	九●	二●	五●	[illegible]
松帶沽	四五〇〇〇〇	一〇〇〇	七●	七	七	八	八●	九●	一〇●	七●	二●	五●
骨力猛多	二〇〇〇〇〇	一〇〇	八●一	六	六	六	九●	一〇●	一〇●	六●	二●一	三●
尤農可冬	七五〇〇〇〇	一〇〇					二〇●	二〇●	二〇●	一六●	一二●	一六●
萬拔洛	七五〇〇〇〇〇	一〇〇						九●	一二●	五●		九●一
華盛頓	一五六〇〇〇〇	一〇〇	六●	六	〇	六	四●	〇●	〇			
約鼓	九〇〇〇〇	七五〇	八●	九●一	九●二	一●〇	一●〇	九●	〇	五●	六●	七●

土木工費繫地表

美利加土木工之巨若河港若路渠若官房若燈臺浮橋若造幣驗工諸局若礮臺兵器諸肆多寡視地有差合而計之數若列眉就光緒十三年之數述土木工費繫地表

	河港	路渠	官房	燈臺浮橋	造幣試驗局	礮臺兵器局
科侖布亞	二九一五〇〇					一四〇四三一九
阿拉巴麻	一〇九一七六二	九一三九七一	五八一三一〇	三五九五二〇		一八四九四九九
阿剛色斯	三一六五〇〇	六〇一一三三	三〇七一五〇			八一五二七〇

嘉里符尼亞	一七一七〇〇〇		二二三六五五六	一〇九八七七三	二六二九一九二	八六五三八四五
喀挪拉奪		二五六一四	四五〇〇〇		八〇〇〇〇	
干捏底嘎奪	一五八五九二七					
特納塞	二三三二七一六五二		一〇三五〇〇	一〇三七一五六		九二四五〇九〇
佛勒里肏	七六〇三五〇	一九三四八三	二七〇四二五	二二二〇八六		〇八〇〇四四九
若耳治亞	二二二五九七		五〇四六五六	六四九四七一一	八七九七〇	九一四六三五五
伊利那倚斯	二六七二三〇五	八〇〇〇	七四八五四四	二五三一九二	三〇一四二〇	二八一二一〇三四
英釐阿那	七八六二〇四	六二〇三五三	八八九九〇〇	二三三〇〇〇		
愛呵塞	二五〇〇	七〇五〇〇	五二七三七一			
剛色斯		二〇〇一六一	二八〇〇〇〇			八〇四九七
根得基	四五七〇〇〇		九三六二七〇			
魯西阿納	二四五四〇〇	四三三二一一一五	五〇二〇九四三	一四九五九四九	六七八三一五	三三一一六八九
緬	一四七五八八四	一三七七四八	二一一二七〇七	九三二八四五		五三八二五二四
瑪理蘭	一七三二八一八		二〇六一四二九	五九八三六〇		五一九五八四〇
馬沙朱色士	三二一九七九九		七九八一八六三	一四七四〇五二		八六六七六八二

密西根	七九八四八七七	八七四四六七	九九八三九二二二六四七七四四			三四六〇〇〇
梅尼所達	四四七五〇〇	六〇九二五四	五九一八一七	二五〇〇〇		
密士昔比	三七七九〇〇	九八〇九五一	二三八二七五	二〇四一一六		五五五〇〇〇
密蘇釐	一二〇〇〇	一〇九七五九六四七四八九一				一八二一五〇
拏布拉士格		一一〇〇〇〇	六二九三三六			
列法達		八四一四			三六二四二一	
紐罕布西耳	二二二五〇〇		七〇八七一九	八四三一〇八		一四七三五〇（〇）
紐折爾西	一〇九九六三		七〇八七一九	八四三一〇八		
紐約	一〇二三七六二	三五〇〇	一四八二八五一（三）	二四三九〇四一	六八五三一九	八七九八〇〇（七）
諾司咯爾勒那	一三九九〇五九		五一二二一五	一三〇四二八五	一〇五八六二	一一四三八五（〇）
倭海約	三一一六一四七	二九九九三九	六五〇七七五四	四八〇〇九七		二七二五七五
類里根	六五四〇〇〇	二三四九三〇	六二四六二九	四一一〇〇〇	一一〇〇〇〇	
賓夕彿尼亞	二一一五八〇四二		七九一二八六二	一四〇七三八	四七八三八〇	七二四七八二（一）
洛隆埃侖	七三三七〇〇		三五四七七八	六〇八一七三		二三九四三一（七）
嗖司咯爾勒那	九六三〇〇〇		三五二一一三六七	八五八五六六		二一七〇五四（五）

田捏西	八五五〇〇		一五〇三九一五			
德格瑟斯	二五六六二〇〇		三〇二〇〇〇	三八二五〇〇		四八五〇〇〇
窪蒙	五五一九八〇		一九七三五一	六一三〇〇		一五八〇〇
勿爾治尼亞	一七三四八八〇	一八六〇〇	八六七〇四七	八八四八八八		六二六九七七 四
威士奪勿爾治尼亞	一五三一三〇〇		四三六七一一			
威士干遜	四六五九五四二	二七二一一六	六〇一八八七	五〇五五六三		
阿壟璸那						
打戈達			三〇〇〇〇			
埃得和	一〇〇〇〇		四一七四〇		七七二二四	
孟大那		一〇〇〇〇	四七九五		六九〇〇〇	
紐墨西哥		二四五六四五	一五〇〇〇〇			一八〇七五
尤達			六五〇〇〇			
華盛頓	五五〇〇	三〇〇〇〇〇	二二七五四六	二〇四〇〇〇		七五〇〇
歪阿明			四〇四一三			
阿拉士格			六〇〇〇〇			

雜地	四九七六五七六二 三	一四一〇九五七九二八一〇一 三		五六〇二九一六 一		一九一一六七 九二
總計	一〇九一二〇六 六五	五一八五〇七四 四	八八二一六三三九 八	一二六三五八四 五〇	五六六五〇〇三	八〇八一九七 六九

美利加攷工志二　　游歷美利加圖經十九

花翎二品銜直隸即補道總辦北洋機器局前游歷使臣傅雲龍述

鐵道攷工

鐵道不自美利加始也先是西人運物藉風火力希臘羅馬諸國運軍糧改道埃及修墓塔因築石道其鐵道權輿歟義大利踵之爲雲石道明萬歷三十年（千六百二）英吉利人紐克斯耳開鑛運石炭以馬曳車猶木道也其用鐵軌自紐加斯助低分孫始在康熙六年（千七百六十六）或曰始於德意志壘地特未低亦一說也汽機亦不自美利加始也順治十三年（千六百五十六）西人窩士多侯捌用蒸汽力爲汲水器越二十五年法郎西人比濱遂增厥法康熙四十九年（千七百十）紐加緬格禮二人踵之法益進五十七年（千七百十八）鑛師查馬禮氏資汲山水乾隆三十五年（千七百七十）窩德製之嘉慶九年鑛長理查度士里比悉久掀造汽車鐵道一時（兩點鐘）行十英里約華里三十車載十頓而製未全十八年（千八百十三）英吉利人約耳西提文遜於鑛山諳機關術明年試汽關造一車而成鐵道公司以銀二千五百圓購之（存英博物院）道光九年

始行之綫路其試驗者即西提文遜也明年法郎西人造鐵道車一時行三十英里約華里九十已以精著聲然覘美利加火車之速率一時約行華里一百二十有奇過耶不及耶合衆國三十八邦部雲龍游十之八而塗遠則近藉非汽機之力幾何不費日且二十倍也於是輪不得止風草與俱原始弟一沿革弟二營業弟三軌式弟四計工弟五分制弟六較費弟七損益弟八稅弟九異常鐵道弟十新奇車弟十一車票弟十二雜說弟十三補攷弟十四述鐵道攷工

原始弟一

美利加之修火車鐵道自嘉慶十四年始千百九初美利加人羅拔脫傳耳屯往學於英吉利而歸僅僅通風力依水力耳而道未修其始修鐵道者坦木松也瓶於賓夕佛尼亞邦軌寬四英尺枕木寬八英尺綫路長一英里約華里三非其弟一工歟其造流機車自道光八年始千八百廿七先是合衆國會於乾隆五十六年千七百九十一修勿爾治尼亞賓夕佛尼亞沿海之道運物藉蒸汽機力然水運多嘉慶十四年後鐵道漸拓道光五年千八百廿五馬沙朱色士邦人晚霞秋立爭戰紀

念碑邦人苦盬希那鑿海岸造鐵道四英里合華里十二有奇而曳車以馬七年（千八百廿七）賓夕佛尼亞邦起利害川訖馬治昌煤鑛修十三英里之鐵道嗣是鐵道彌增

沿革第二

華盛頓都鐵道凡四皆達自外邦不自爲道也此外一曰阿拉巴麻邦方南北黨戰時鐵道約華里二千四百一十五（英八百有五）國會給鐵道局地六百六十萬野格其道自計英里今以華里計同治九年（千八百七）三千四百七十一里（英千一百五十七）十年三千五百八十八里（英千一百九十六）十二年四千八百八十四里（英千六百廿八）十三年五千一百六十六里（英千七百廿二）光緒五年五千四百九十六里（英千八百三十二）八年五千五百六十二里（英千八百五十四）本銀凡三千八十六萬九千一百十八圓工雜罪人二曰阿剛色斯邦方南北黨戰時鐵道裁一百一十四里（英三十八）同治七年二百五十八里（英八十六）九年五百五十里（英二百五十）十一年一千三百五十里（英四百五十）十三年二千二百一十里（英七百）光緒七年二千六百有七里（英八百六十九）本銀凡一千一百六十萬二千一百三十五圓

約一華里費三千餘圓至四千五百圓（英里萬圓至一九千）三曰嘉里符尼亞邦鐵道剏自咸豐九年光緒七年成六千六百三十三里（英二千二百十一）四曰喀挪拉奪邦鐵道剏自同治九年明年成二千八百七十一里（英九百五十七）十一年三千一百三十五里（英一千四十五）十二年三千四百八十里（英一千一百六十）十三年三千六百二十四里（英一千二百八）光緒八年六千八百廿二里（英二千二百七十四）寬者三尺本銀凡一千六百萬圓費三千五百萬圓五曰干揑底嘎奪邦鐵道剏自道光十八年於二十二年成五百二十八里（英百七十六）咸豐二年增一千四百八十八里（英四百九十六）明年官鐵道局漸興同治元年一千八百九十里（英六百三十）十一年二千五百九十四里（英八百六十八）光緒七年二千八百七十四里（英九百五十八）六曰特納塞邦鐵道咸豐十一年剏一百二十尺同治十年成六百里（英二百）光緒三年八百一十六里（英二百七十二）八年八百三十四里（英二百七十八）凡本銀二百四十五萬一千三百有四圓七曰佛勒里會邦鐵道同治六年剏四十三尺光緒元年成一千四百四十里（英四百八十）五年一千五百五十七里（英五百十九）八年二千三百七十九里（英七百九十三）前一年計本

凡銀三百二十三萬五千圓八曰若耳治亞邦鐵道道光二十一年成八百七十三里（英二百七十一）咸豐元年二千三百八十五里（英七百九十五）十一年四千二百六十里（英千四百廿）南北兵起其工輒滯光緒七年本銀三千一百三十八萬費四千九百六十七萬六千七百二十三圓九曰伊利那倚斯邦鐵道咸豐二年成一千二百三十六里（英四百十）十年八千三百七十里（英二千七百九十）同治四年九千四百五十里（英三千一百五十）九年一萬四千四百六十九里（英四千八百廿三）光緒五年二萬二千七百三十四里（英七千五百七十八）八年二萬四千九百七十五里（英八千三百廿五）道成之速爲聯邦最賓夕佛尼亞次之倸海約又次之十曰英鶯阿納邦鐵道道光二十五年剏九十里（英三十）咸豐五年成四千二百一十八里（英千四百六）同治四年六千六百五十一里（英二千二百十七）光緒元年八千八百九十二里（英二千九百六十四）四年一萬二千九百里（英四千三百）八年一萬四千二百九十二里（英四千七百六十四）前一年（千八百八十二）計本凡銀一萬萬二千二百四十七萬七千圓十一曰愛阿窪邦鐵道剏自咸豐五年於同治四年成二千六百七十三里（英八百九一）九年八千有四十九里

英二千六百八十三光緒二年一萬一千八百一十七里英三千九百三十九八年一萬八千三百六十里英六千一百廿本銀四千六百九十三萬八千圓費八千九百廿三萬六千六百圓十二日剛色斯邦鐵道叙自官地同治四年成一百二十里英四十國會給地九百三十九萬野格光緒三年成四千九百六十二里英千六百五十四共開自民地者同治八年二千七百九十三里英九百三十一九年四千五百有三里英千五百有一光緒元年六千四百五十里英二千一百五十二年六千七百一十四里英二千一百三十八三年七千有五十六里英二千三百九十二四年七千三百七十一里英二千四百廿七五年九千三百有九里英三千一百有三八年一萬有八百七十五里英三千六百廿五本銀六千四百十二萬三千九百圓十三日根得基邦鐵道道光二十一年千八百四十一八十四里英廿八咸豐元年二百八十二里英九十四十一年一千六百四十七里英五百四十九同治九年三千有五十一里英千十七里光緒三年四千五百一十八里英千五百有六此民修也六年立官鐵道公司越二年千八百八十二合計本銀二千七百七十八萬八千圓十四日智西阿納邦鐵道同治七年成一千有五里英三百三十五九年一千三百五十

英四百五十光緒四年一千五百三十七里英四百六十六五年一千三百九十
八里英五百四十四七年二千有四里英八百六十八十五日緬邦鐵道道光二十
一年瓶三十六里英十二咸豐元年七百七十九里英二百九十三十一年一
千四百一十六里英四百七十二同治十年二千六百十三里英八百七十一十二
年二千七百一十五里英九百有五十三年二千八百七十一里英九十百五七
光緒三年二千九百六十七里英九百八十九七年三千有三十六里英千十二
皆民修也前一年千八百八十本銀千七百七十七萬七千四百三十七
圓十六日瑪理蘭邦鐵道道光二十一年七百七十七里英二百五十九同
治十年二千四百六十里英八百二十十三年二千七百里英九百光緒元
年二千七百八十七里英九百廿九三年二千八百三十二里英九百四十四四
年二千八百五十六里英九百五十二五年二千八百九十八里英九百六十六七
年三千二十一里英千有七前一年千八百八十計費銀四千一百五十五萬
三千六十二圓十七日馬沙朱色土邦鐵道瓶自道光十五年千八百三
十五同治六年成一千二百有三里英千四百有一十年四千八百一十八里
英千六百有六十二年五千二百六十五里英千七百五十五光緒二年五千五百

一十一里（英千八百三十七）五年五千六百一十里（英千八百七十八）年五千八百八十九里（英千九百六十三）本銀九千二百六十二萬圓十八日密西根邦鐵道道光二十一年四百一十四里（英八百十二）三十年一千有二十六里（英三百四十二）十年二千三百二十八里（英七百七十八）光緒七年一萬一千七百八十四里（英二千九百四十八）國給地四百七十一萬二千四百八十野格費一萬萬三千六百萬圓自是西商便之十九日梅尼所達邦鐵道自同治元年始三年至八年歲增二百里（英百）九年二千三百八十五里（英七百九十五）光緒元年五千八百七十里（英千九百九十）八年一萬有一百七十九里（英二千三百九十三）前一年（西千八百八十一）本銀一萬萬三千六十九萬六千三百九十圓費一萬萬九千四百六十二萬四千八百三十四圓二十日密士昔比邦鐵道道光二十四年𦕈七十八里（英廿六）咸豐四年六百六十里（英二百廿）同治三年二千五百八十六里（英千八百六十二）十二年二千八百七十里（英九百九十）光緒元年三千有五十四里（英千十八）有二年三千有七十二里（英千有八十四）四年三千四百一十八里（英千一百廿六）七年三千三百七十八里（英千一百四十）二十一日密蘇蘆邦鐵道咸豐六年四百

三十二里（英四百四十）十年二千四百五十一里（英八百十七）同治五年至十二年平均歲增七百五十里（英二百五十）十三年八千六百四十里（英二千八百八十）光緒二年九千四百三十八里（英三千一百四十六）四年九千八百六十八里（英三千二百八十六）五年一萬一千二百二十里（英三千七百四十）八年一萬二千九百三十三里（英四千三百十一）前一年計本銀九千二百七十八萬二千一百八十圓費二萬萬二千七百八十二萬二千七百六十一圓

二十二日拏布拉士格邦鐵道同治四年三百六十六里（英一百二十二）五六兩年五百四十里（英一百八十）九年六百九十六里（英二百三十二）光緒元年三千八百五十一里（英千二百八十七）光緒八年三千五百有一里（英一千一百六十七）前二年計本銀千四百八十三萬費三千萬

二十三日列法達邦鐵道同治六年九十里（英三十）七年一千二百有六里（英四百有二）九年一千七百八十八里（英五百九十六）光緒二年一千八百八十一里（英六百二十七）五年二千一百八十里（英七百二十）六年本銀一千六百萬費一千四百四十二萬七千六百二十九

二十四日紐罕布西耳邦鐵道道光二十四年二百七十六里（英九十三）三十年一千四百有一里（英四百六十七）咸豐十年一

千九百八十三里(英六百六十一)同治六年二千有一里(英六百六十七)九年二千二百有八里(英七百三十六)十三年二千八百有二里(英九百三十四)光緒三年二千八百九十二里(英九百六十四)七年三千有五十七里(英千有十九)本銀一千八百五十萬八千三百二十二圓二十五日紐折耳四邦鐵道道光二十一年五百四十里(英百八十)咸豐元年九百有九里(英三百有三)十一年一千七百六十一里(英五百八十七)同治十年三千三百七十五里(英千一百廿五)光緒八年五千二百五十九里(英千七百五十三)本銀八千二百五萬五千七百圓費銀一萬萬五千四百七十四萬四千四百八十九圓二十六日紐約邦鐵道道光十一年五十六里(英十七)二十五年二千一百五十七里(英七百十九)咸豐五年七千三百三十二里(英二千四百四十四)同治四年八千三百有七里(英二千七百六十九)九年一萬一千七百八十四里(英三千九百廿八)光緒元年一萬六千二百六十九里(英五千四百廿三)二年一萬六千五百七十五里(英五千五百廿五)三年一萬七千一百六十五里(英五千七百廿二)四年一萬七千六百三十一里(英五千八百七十七)五年一萬八千一十二里(英六千有四)七年一萬八千一百六十八里(英六千五十六)緻修而後至光緒六

年凡費二萬萬七千九百七十一萬三千八百有六圓二十七日諾司喀爾勒那邦鐵道道光二十一年二百四十三里（英八十一）咸豐元年八百四十九里（英二百八十三）十一年二千八百一十一里（英九百三十七）咸豐十年三千五百七十里（英一千一百九十）光緒八年四千八百五十七里（英一千六百十九）本銀二千二十二萬五千二百圓費二千三百八十萬七千圓二十八日倭海約邦鐵道道光二十一年一百有八里（英三十六）二十六年二百五十一里（英八十四）咸豐元年一千七百一十六里（英五百七十二）三年四千一百五十五里（英一千三百八十五）同治十年一萬一千二百二十三里（英三千七百四十一）光緒八年一萬九千九百二十九里（英六千六百四十三）本銀二萬萬五千九十三萬圓費四萬九千五十萬圓二十九日額里根邦鐵道光緒七年一千五百六十里（英五百二十）三十日寶夕佛尼亞邦鐵道之多為美利加第二凡產煤與石油處皆有之溯自道光六年在費納的費牙與必自博之間費納的費牙之渠與鐵道同時修治渠八百七十九里（英二百九十三）鐵道三百七十八里（英一百二十六）共費千八百六十一萬五千六百六十三圓工竣在道光十一年（一千八百三十一）同治四年一萬一千一百八

十四里（英三千七百廿八）九年一萬三千九百六十八里（英四千六百五十六）光緒五年一萬八千二百有四里（英六千六十八）七年一萬八千六百八十一里（英六千二百廿七）前一年計本銀三萬萬一千三百十二萬八百六十五圓（[illegible]）四萬萬二千一十萬圓今聞是邦本銀增至六萬萬爲公司最三十一曰洛奮埃倫邦鐵道剏自道光二十一年一百五十里（英五十）咸豐元年二百有四里（英六十八）十一年三百二十四里有（英百有八）同治十年三百九十里（英百三十）光緒七年六百三十一里（英二百十）本銀四百五十九萬六千四百三十七圓費五百八十五萬五千有二十五圓三十二曰臾司喀爾勒那邦鐵道同治六年三千有二十一里（英千有[illegible]）九年三千四百一十七里（英千一百三十九）光緒五年四千二百七十二里（英千四百廿四）八年四千四百四十六里（英千四百八十二）前二年計本銀千六百五十萬五千一百七圓費三千四十二萬四千六百六十五圓三十三曰田提西邦鐵道咸豐五年一千三百三十八里（英四百四十六）十年三千七百五十九里（英千二百五十三）同治四年三千八百八十八里（英千二百九十六）九年四千四百七十六里（英千四百九十二）光緒八年四千九百一十九里（英千九百七十三）前

一年計本銀一千七百五十萬三千六百五十六圓費四千六百六十萬六千七百四十一圓三十四曰德格瑟斯邦鐵道咸豐四年九十六里（英三十二）同治四年一千三百九十五里（英四百六十五）十一年三千二百三十四里（英千七十八）光緒元年五千有五十八里（英千六百八十六）五年八千六百七十里（英二千六百九十）八年一萬六千有三十二里（英五千三百四十四）本銀三千八百九十二萬一千二百五十四圓費一萬萬二百十七萬八千一百四十三圓三十五曰滓蒙邦鐵道觙自道光二十九年無多同治六年一千七百六十一里（英五百八十七）十年二千有二十五里（英六百七十五）光緒元年二千四百三十里（英八百十）七年二千七百二十七里（英九百有九）本鐵千九百十六萬六千圓費三千六百三十五萬圓三十六曰勿爾治尼亞邦鐵道咸豐十一年四千一百三十七里（英千三百七十九）同治十一年四千五百有六里（英千五百有二）十三年四千八百二十四里（英千六百有八）光緒四年四千九百三十八里（英千六百四十六）五年五千有一十六里（英千六百七十二）七年五千六百三十七里（英千八百七十九）前、一年計本銀四千九百七十七萬七千五百六十圓費一萬萬七百四十八萬二千五百四十六圓三十七曰威士奪勿爾治尼亞邦鐵道光緒七年二千一百一十二里英七百有四三十八曰威士干遜邦鐵道咸豐四年六十里英廿五年五百六十一里英百八十七十年二千七百一十五里英九百有五同治四年三千里英千同治九年四千五百七十五里英千五百廿五光緒元年七千六百九十五里英二千五百六十五八年一萬有三百二十三里英三千四百四十一本銀七千八十四萬圓費一萬萬九千二百五十萬圓三十九曰阿里瑣那部光緒三年前無鐵道四年觙九十里英三十五年四百五十六里英百五十二六年五百九十四里英百九十八七年一千一百四十里英三百八十四十曰打戈達部鐵道修自同治九年一百三十里英六十五十一年七百有五里英二百三十五光緒三年八百七十里英二百九十四年九百六十里英三百廿五年一千二百里英四百八年四千九百一十四里英千六百卅八四十一曰埃得和部光緒七年成鐵道九百六十里英三百二十九年二百四十九里英八十三四十二曰紐墨西哥部鐵道光緒五年觙二十四里英八六年三百五十四里英百十八七年一千九百七十四里英六百五十八四十三曰尤達部鐵道光緒七年二千一百三十里英七百十

四十四曰華盛頓部鐵道光緒七年八百二十八里英二百七十六四十五曰歪阿明部鐵道光緒七年一千四百一十六里英四百七十二四十六曰印何部有鐵道二光緒七年成八百二十五里英二百七十五

營業弟三

美利加之營業以鐵道爲大端與英法各國大同小異一曰局便停車也二曰埠頭宜上下也三曰廳房棲乘客也四曰水穽供汽爐也五曰煤廠易取求也六曰電報備非常也七曰稅關稽偷漏也八曰司計職車票也九曰車棧備增減也十曰貨棧藏載物也十一曰標誌嚴亂趨也創造既竣覛埠頭之衰旺而經理之於是以司站理庶事以司數稽出入以司票謹收發以司棧謹葢藏以司報通消息以司路治道途以站之等弟定役之名數大站正職外有二副輪車既行以管輪制疾徐以管票察等次以管貨辨載物以管守瞭險阻而復縣分站協總站有總司所以領庶職有會議所以制總司凡人未用必試之既用必察之役二三年依次擢之役二十五年終身廩之凡掌財入有票出有箯而歛散之權分月有要歲有會而出納之數

合其入數或因地之遠近或視時之久暫工有二部或核創造之難易或度客貨之多寡或酌用度之繁簡外加國稅它物別有專則

軌式第四

初鐵軌凹軌凹則輪凸或形如工字取上下易用也雖然軌承輪久不無變形難可如式後改凸上平下旋螺釘於枕木既簡且堅衡枕於道實以碎石欲其氣疏以達而難朽也

計工第五

鐵道一英里需工之數美利加四百五十足矣而法郎西二千三百十二英吉利一千七百七十七瑞典一千三百六十瑞西一千七百二十五日耳曼二千比利時二千三百二十丁抹二千三百三十澳大利三千一百三十日斯巴尼亞三千八百義大利五千三百六十俄羅斯四千五百羅馬六千土耳其三萬一千均未有廉於美利加者美利加工業商貨隨地取携皆便也〇工視天時冷則難精亦視地利險則難速亦視物力而美利加物力獨便亦視工師技倆以測量始以試驗止然皆視司事首公次明次勤次熟而巧則又其次

分制第六

汽車既行其修車法合之則工費分之則工省道光十二年（千八百三十二）美利加人伯耳士文氏立分制法於澳路土愛安才徒磯既精且固無外無滯別國競就造之非伯耳士文之力不逮此所造牛時一點行四十英里合華里一百二十可載重三十噸（驛譁）厥後工益精同治八年（千八百）所造汽輪客車可載二十八噸貨車可載三十噸如行平地可載千噸光緒六年（千八百八十）車直較前十年減四之三藉非分制未易臻此其工以百分率計之起造之工二十有八鉻鋪之工十有七機關之工二十有二鍾鐵之工十鏤櫃之工十有四司書雜職居百之九雜分則美舉業則易此之謂矣

較費第七

美利加鐵道之費以一英里計據光緒八年報告新英邦人稱軌道之廣者其費九萬圓狹者減五之二西部邦人稱費二萬圓其國人可若滿氏答言美利加鐵道減十千遜之最費者五萬七千八百六十圓其次費一萬五千二百四十四圓據前數年平均數曰五萬

二千九百七十二圓較法郎西之十九萬四千八百六十圓省十四萬三千九百有奇較英吉利之十九萬圓省十三萬七千有奇較比利時之十萬六千九百八十圓省五萬四千有奇較澳大利之九萬六千六百八十圓省四萬三千有奇較德意志之九萬二千四百四十六圓省三萬九千五百有奇今聞美利加公司平均新數每一英里銀三萬圓足矣是一英里費銀一萬圓

損益第八

美利加人馬格禮精鐵道術言修費視所司有差民修用五百抵官修五百萬金之功論者譽之雖然鐵道官道也宜歸商業而官轄稅如額

美利加人我路拔營多冰苦爲路倚司維里及那西維兒副司事言鐵道費大略有二一有定若橋梁枕木車場綫路運費工食一無定軌輪之磨而失與夫重量速力非推測不知也就繕費論賓夕佛尼亞公司乘客居三之一運物居三之二野里公司乘客居五之二運物居五之三譬如車身重二十頓列車一即爲二百頓此無償重量

也一車之客平均四十十車即爲四百多多益善此爲有償重量臥室車美室車自重約三十噸就本計利不如準費計利之爲愈也譬之一英里入四千圓或一萬圓而費多則不足或四千圓或一千五百圓而費少則有餘

稅弟九

美利加火車台衆國政府無稅鐵道公司僅收銀行票於政府而巳印紙稅無幾光緒九年千八百八十三國庫既充郵便稅減而印紙稅亦廢初南北兵起帑絀其募兵資鐵道公司力客物費因之增納二分五釐於官尋改三分後且五分同治十二年千八百七十三減爲二分五釐後免然諸邦課稅有差如馬沙朱色士邦鐵道公司每年於西五月朔按票根納稅其公司私有之地與屋與綫路計直稅之倭海約邦鐵道公司物產與不毛之地稅然視直密西根邦鐵道英里歲入四千圓以上稅三分四千圓稅二分臥室車美室車稅三分鐵道外地或一人之地皆稅如常例威士干遜邦一英里歲入三千圓以上稅四分三千圓以下稅三分一千五百圓以上稅二分以下按五則合直

以稅梅尼所達與前二邦略同而亦有異剏立公司後三年按所入數稅一分四年至七年稅二分後稅三分

異常鐵道弟十

山水工難城市直昂其鐵道最高者出海面一萬有八百五十二尺在田花里澳我蘭佤（地名）縣沙耳帕司最長者曰加奈治安太平洋鐵道自費別克達太平洋此指公司之道言其一綫路之長則在阿奇遜（地名）所比克（地名）三打費（地名）約長華里二萬四千里（英八千里）山巔岡頂鑿之如遁六丈輙穴其腹爲隧道美利加以馬沙朱色士傳紗可爲最（東部四英里四分之三合華里十二有奇）軌道左右石灰彌隙巖漏導之中道入溝伏流水復出隧費紙中止其國助力至同治四年（千百八十六）乃成費銀一千四百萬圓

石山一帶或架木翳道如隧實非隧也車道忌雪山凹路曲藉板障道側其險要則非板屋無以逦雪中之道也遇谷墳之如近百尺則以鐵爲梁下臨深且險者梁不資柱挽以鐵絲如網美利加最長者紐約之波基布希橋剏造於同治九年（四一千八）

百廿十八水長時橋身出水面一百一十九尺中高處出水面一百三十五尺鐵大繩者四每繩以鋼綫五千四百三十四交合而成徑十尺有半量力克勝一萬二千噸兩墩足相距一千五百九十五尺每餘橋首至橋墩長五百三十尺其地兩屬屬紐約長一千五百六十二尺有半屬布碌崙長九百七十一尺凡長五千九百八十八尺有半寬八十五尺鐵道之橋莫逾於此

新奇車弟十一

火車不一曰客車力小而捷其捷之最每一分時可達三華里有奇九十三分時九十二英里其式動輪大徑二尺有奇大輪一轉小輪數周而曲柄短取諸速也然柄短難以任重逾六萬磅則滯費納的費牙之列田鐵道八輪客車直八千五百圓有臥室者長七十尺寬十一尺橫三十盡推鈎自起夜下橫相對張帷懸牌直一萬五千圓至一萬九千圓分等凡三中下之直有差下等五六千圓曰貨車曲柄長則力巨動輪小則行遲輪徑一尺有奇一時行華里一百八十英里諴近三萬石不滯也曰兼榥車亦客亦貨凡運欲速餘此謂之快車一時行

華里三百一十有奇之三者輪或四或六或八或十二美利加八輪者多而動輪惟二動輪或先後錯置汽筩之壓力亦形式迭更客車一貫可二十有奇貨車三十有奇

汽機自行車改自街市鐵道馬車剏之者三法蘭昔斯哥之士丹福也費銀一百五十萬圓漸擴漸增公司今六其車道里數企九十九英三十哈那遜二十二英七沙得三十三英十三吉耳四十馬根如之黑以斯亦如之英十二凡二百七十四里英十八此光緒十四年數也十五年有增此外希嘎骨波士登皆沿之而修其法軌與火車略同軌條之間地面嵌鐵條二相去寸許其下穴道一鐵鍊流轉其中而汽機則在公司屋車首一人司鉗以鉗街鍊即行高低自如不惡火輪脫鉗則停其磨車之法初拙今法𨭖捷省于馬車多矣

登山之車紐約白山諸處有之險道則輪齒嚙軌昂降無滯

電力車之造於華盛頓都自光緒十四年始先是德意志剏車專借電力方美利加設博覽會於波士登時已有於波士登繪圖織造者未果近年乃如議行華盛頓都踵之從紐育埃粉牛第七街口達埃根登

軌二其間逐段立鐵柱上橫鐵條左右各繫鐵繩曰繩者細鐵絲紐
成也繩各引車塲來相護罔有阻電氣房則一也摩擦生電之機器
凡二一抵馬力百一抵百六十車行無多僅用其一日需煤直銀五
圓耳工二需八圓日費銀圓十有二可不謂廉歟華盛頓車十有四
一等直四千圓窗列重層下層四圍鐵絲編格二等直一千二百圓
亦勝駕馬街車始闢車道於此者沙無送也故華盛頓公司名沙無
送哈（可）打（雲龍）訪其司事都路司低兒据言科侖布亞華盛頓都電
力車道議修十三里有奇（英四里）今成四之三通國已議道一千三百
里有奇（英四百餘）公司大小七十有奇波士登爲最鉅約亦有之三法蘭
昔斯哥尚未之有諏諮至再出說一紙（此紙鄭汝騤助譯）譯之大恉謂電力
車如通行天下利何如之夫電燈勝於他火十年前人未之信後由
發光之力推及機器而浸施之車嚮慮其費今知價廉繼慮氷雪阻
車今則試行無碍然傳引之力不一或借皮帶或用空氣壓力如街
車之鐵纜可致遠矣然耗力大惟電力則否鐵綫所達電克隨之電
能生力遞引夫人而知之矣即以平常電鐘觀氣通電攝鐵之捲綫

引動輭鐵所繫之鐘鎚戲震其鐘自鳴此傳電小驗也大之則電信印字機傳音器不外此理電機之動力始生於精錡之化養氣（精錡質似）鉑借他力動之亦克生電此機之電度於彼機則彼機亦行但彼機轉動之方向與此機反此電引綱領也價廉利倍甚善於此電火亦能化金制器者之消寒熱物轍資於電匯弟光力然也街車之用電力人見其動知必有力問何以能竭來自如此理良不易言蓋電學有相生功用爲物甚奇喻言不易凡所謂氣者其勢推移向前居多電氣初無向前之勢而惟有震動高下之勢無已譬觀以水激輪乎水性就下電氣豈無所就而與水異藉捷徑以還其原莫電若矣試於電機動時斷度電之綫則氣自無從運行再將綫端連於鐵柱或人持其端立於溼地電氣立復然則何所之乎曰入于地地爲注水之池亦爲蓄電之藪電從人過能殺人從鐵柱過無損何也曰鐵柱無阻而人有也或以白金纖絲接於電綫始紅繼白而終則化蓋白金不善引電也此所謂電氣有還原而入於地之性也旣有此性而光與力因之以生燃燈從電母（生電之機曰電母）引一綫牽接它燈其弓形

燈從電母引至上段炭精復從下段炭精引至次燈如是而三而四以至於末仍回電機其燈之炭精先則上下相摩電氣一到有機括令其相離十六分寸之一或八分寸之一電氣躍過此隙與空氣相激而生大熱熱聚於炭則光發其發光之力之強弱視燈之多寡綫之長短弓形燈氣小而力強且急白光燈氣稍大而力緩若求其熱不顧其光則氣大矣生電機之理與此大同小異但電綫巨細有差接綫之法亦巽耳生電之機大要有二一爲硬攝鐵一爲輭攝鐵硬者不動輭者動非皆纏鐵綫電之氣不生多力不加猛也軟鐵形如筒轉於硬鐵之上使陰陽電端互相配合筒之鐵綫直纏之使與攝鐵之紋曲尺相對鐵綫宜分數段每段兩端輙接銅片筒之兩側置銅掃二其筒動則掃與銅片相摩既激筒身之攝力透入鐵綫引於銅掃達於硬攝鐵之捲綫從電引發出方氣透軟硬攝鐵時兩鐵吸引之力更相激動愈增愈烈蓋搖動電機須用如是之力也電機有母子之分子電藉母電所生之氣以動兩機造法相髣髴惟鐵綫巨細異耳子機孤搖亦克生電惟藉母電之機運動之則輭鐵筒轉與

母電之機相背與皮帶牽引無異力大以此此理甚奧非深於電學者難可與語譬如有涌管一兩端各置風車此車動則風由管以達彼車兩車皆動而方向相背風譬之轄風旋轉亦然此理仍不足以盡子母電機之理略近焉耳欲考子電機推街車之理莫若舉道旁所豎電綫以解之此等電綫一則接連電氣局之母電機與車下之子電機一則接連軌道之鐵條其綫懸於木杆高約廿尺其與子電機相連則用一輪輪以鋼鑽鐵柱附黏於綫電氣由綫而達子電機子電機受電而運于軌道軌道之電仍還之子電機而循環不絕然電綫抵拒之力固視綫之巨細亦視綫之長短故電氣局宜設車道適中之地如道十里則電氣運至盡頭其遠不過五里車行則從杆上鐵綫吸取電氣其電氣之多少視車之急徐輕重此則半由御者定奪半由一小電機限制凡電氣由綫達機先過一禦電之器使其氣由漸而進電機車行由綫而速免猝動也車行漸速則不復限制之法新且精其驗先以力動電機而生電氣而生電力而行街車然不可謂創造之技已至其極也初電機法煩形拙以今較昔不過四

分之一耳厥費隨減而電力轉勝此後精益求精安知不汽車皆易電車或即於車中造電自行如汽機然不必沿途設局庶其便乎

車票第十二

車票（日本謂之切手）大約十九一曰路加魯格多譯言綫路通行票也可以隨意勾留二曰里密低尋知格多譯言限時票也價無加減用之百里以上三曰野密可累生知格多譯言下等票也（日本謂之移住民切手）它分上下此則崇乘貧民波士登三法蘭昔斯哥之間阿馬波等處皆有之四曰低比司知格多敍自美利加人低比司故名（日本謂之組合綫路切手）譯言零星合票也由近而遠所乘車截票記號其上有漆票寸許五曰是路知格多譯言諸公司沿綫通行票也尋常限時下等皆有之出票公司之名在下六曰西送知格多譯言四季票也往復許用三月較之買一月價省如買一月需六圓買二月需十一圓買三月止需十五圓然美利加波士登我耳拔尼公司有六月十二日者此就我耳多可路尼公司常例云未滿十八歲者半價女價減四之一蓋女工多朝夜往復故減於男其人姓名遞用皆列號每月日曜而外平

鐵軌之工雲龍曾於勿爾治尼亞之官司列狼鐵廠攷之須臾而成
誠哉其妙造自然矣外是以鑛質入分析爐凡六爇徑二丈有奇高
四五丈煙筒大如中國圓桉盤旋而上出煤焰尺許有聲其汁分管
而瀉其鐵之未純者雜入鎔爐一工轉厥樞紐則汁自瀉入鼓形之
淨鐵器中器可上下轉向外鐵內泥凡六皆徑五六尺長倍之頂多
鑿孔以泥補之底接空氣筒架於樓斗斜向上以鐵煙筒封鐵皮如
無底瓮罩之而受其焰空氣一入孔泥四穿鐵之雜氣爭孔而噴略
似中國煙火之花筒也鐵花亂出飛燄二丈移六分時燄漸歛光漸
少即鐵漸淨矣以土作模徑二尺餘高四五尺以機引淨鐵器就模
傾汁又有花吐如蘭如梅汁方就範即出於模截鐵爲二猶通紅也
置滾鐵器有活左架徑六七尺橫鐵軸五六軸圍三尺有奇軸隙有
鐵爪撑出可左可右架軒則爪藏架輊則爪出承架有一立器其孔
四五弟一孔大如鐵以次漸小孔後方架鐵軸如前紅鐵上軸爪限
其界架揚軸轉紅鐵自入弟一孔而至後架揚爪移之自出弟二孔
而前架再揚再入往復不少停鐵成軌範以三丈爲率自就量丈尺

而受其截截之者鋼輪也截兩端各數寸如率其聲鏗然司機者二三人耳是時鐵紅未褪近彎形機二工揚機則成弓形機伏則鐵軌已置格上磨之刮之乃藉人力釘眼之屬則仍就機爲之鐵軌一條直銀七圓據言光緒十三年（千八百八十七）造軌之鐵十六萬頓其鐵日鎔七百頓用煤非用煤氣也汽機三（馬力八千）機輪大者徑三十二尺又汽機六其輪皆雙各抵馬力六百五十○鐵軌不如鋼軌說詳鋼鐵工

○火車工廠在士兵非里曰窪迭客昆帕宜立於嘉慶十五年（千八百十）有圖工有模工若鋸若截若鏍若光若鑿皆以汽機爲之抵馬力一百五十又有水壓機抵馬力十五工千所用之木來自墨西哥古巴居多名庥哈嫣宜香且堅用花紋薄板以蓋木面其造鐵輪既成而鐵猶紅亟入沙窩三四日熱乃退盡否則速冷而堅遜之其沙窩十數如竈也方爲賴各宜（物名）造車一直銀五千圓又爲葡萄牙國造車二直倍之長五十三尺

花翎二品銜直隸即補道總辦北洋機器局前游歷使臣傅雲龍述

鐵道繫部表

校道光十四年（西一千八百三十四年）美利加鐵道公司初報拔治莫阿及倭海約公司鐵道有十五英里在瑪理蘭邦斯治治耳窪列航水公司鐵道有十一英里在賓夕佛尼亞邦米爾河麻印秋公司鐵道有三英里百分之八十亦在賓夕佛尼亞邦叟加路里那公司鐵道有十英里在叟司喀耳勒那邦今以弟一弟二弟三連入弟二部弟四連入弟三部其外尙多併綫之路此剏始崖略也通國鐵道分六大部其一括新英邦曰緬曰紐罕布西耳曰窪蒙曰馬沙朱色士曰洛鳥埃倫曰干揑底嘅等其二括中邦曰紐約曰賓夕佛尼亞曰倭海約曰密西根曰英鼇阿納曰瑪理蘭曰特納窪曰紐折爾西曰科侖布亞其三括南邦曰勿爾治尼亞曰威士勿爾治尼亞曰根得基曰田揑西曰密士昔比曰阿拉巴麻曰若耳治亞曰佛勒里倉曰諾司喀爾勒那曰叟司喀爾勒那其四括中西邦曰伊利那倚斯曰愛阿窪

曰威士干遜曰密蘇盧曰梅尼所達其五括邦部曰魯西阿納曰阿剛色斯曰印甸其六括國西密士西比河岸諸邦部曰打戈達曰紐墨西哥曰歪阿明曰孟大那曰埃得和曰尤達曰阿里瑣那曰華盛頓曰拏布拉士格曰剛色斯曰德格瑟斯曰喀那拉奪曰嘉里符尼亞曰列法達曰頗平根其叙修鐵道弟三部當道光十年千八百三十年下倣弟一部弟二部當十四年弟五部當十八年弟四部當二十二年弟六部當咸豐六年初修僅三十八英里百分之八十漸增漸廣平均計之每年一千七百三十三英里百分之十六計至光緒五年千八百七十九凡修八萬四千九百二十四里百分之八十五比於初年增二千一百二十三倍以十年一期計之第一期二千二百六十四英里百分之六十七當千分之二十六第二期五千四十五里百分之七十七當千分之五十七弟三期二萬一百九里當千分之二百二十九弟四期一萬六千九十里百分之三十六當千分之百八十三弟五期四萬一千四百五十四里百分之二當千分之五百有五据知十年一計增道無已弟四期較少於弟三期兵興故也起道光十年爲西

西一千八百三十年至光緒五年爲西一千八百八十年逑鐵道繫部表

年	第一部 英里	第一部 併計	第二部 英里	第二部 併計	第三部 英里	第三部 併計	第四部 英里	第四部 併計	第五部 英里	第五部 併計	第六部 英里	第六部 併計	通國 英里	通國 併計
道光十			二九八〇	二九八〇	一〇〇〇	一〇〇〇							三九八〇	三九八〇
十一			九八七〇	一二八五〇		一〇〇〇							九八七〇	一三八五〇
十二			一〇七六二	二三六一二	八三六八	九三六八							一九一三〇	三二九八〇
十三			一三五九	二四九七一	一〇二三二	一九六〇〇							一一五九一	四四五七一
十四	三一六〇	三一六〇	一八二三二	四三二〇三		一九六〇〇							二一三九二	六五九六三
十五	六六五五	九八一五	七一二七	五〇三三〇		一九六〇〇							一三七八二	七九七四五
十六	四六〇七	一四四二二	二〇二〇一	七〇五三二	三二〇〇	二二八〇〇							二八〇〇八	一〇七七五三
十七	五六一五	二〇〇三七	二三二三八	九三七七〇	五九七五	二八七七五							三四八二八	一四二五八一
十八	五〇七六	二五一一三	二四三三一	一一八一一〇	三八〇六	三二五八一			二〇七五	二〇七五			四五二六八	一八七八九九
十九	一〇五五五	三五九六八	二八七九	三三九九九	六一五四	三八七三五				二〇七五			三八五八八	二二六四八七
二十	一五三六六	五一三三四	八三八七	四八三七六	二四九九八	七三七三三				二〇七五			九四〇五一	三二七五五六

二十一	二十二	二十三	二十四	二十五	二十六	二十七	二十八	二十九	三十	咸豐元	二	三	四	五
九九九七	一八○一六	二○九三	四二一六	八八四六	三三三八	一六二四三	四四三九	五八三七六	三三九七九	三三六四七	三二八二七	一六八七六	一四五一九	三二八九一
六三三二	七九三四七	八一四四○	八五六五六	九四五○二	一○六八二○	三三○二三	一六七二○二	三三五五八	二五九五七	二七三○四	三○六○三一	三三九○七	三七四二六	三五○三二七
二四四○二	二○四二九	四七八八	一○八三○	一七九四五	五一四九	七五○八	四九九六七	三三○二	五三四九○	八六七○八	一三三七○二	四二五三五	三三六八七	七○七三二
一七二七七九	一九三五七	一九八○四五	二○八八二五	三三六八二○	三一九六九	二九四七七	二八九四四四	三三○五四六	三七四○三六	四六○七四四	一五九三四四六	七三六九七二	八四九六五八	九二○三九一
二六六九	四○○○	二九○○	二九五○	九○○	一五八○○	二五○○	一○五五○	三三○五○	三七六三五	一四六九一	四四五五二八	三八一六	一○五三四	三五三七二
九九九二三	一○三九二三	一二六八三	一二八七二	二九六二	四五四二	一四七九七二	一五五五三	一七○五三	二○八二○七	三三八九八	二七八四二六	三○二四二	四五五七六	四五○八四八
	五四○○						一○○○	三三○○○	一○○○	二四○○	一七七八七	三五四五	一三四七六	三三四八七
	五四○○	五四○○	五四○○	五四○○	五四○○	五四○○	六四○○	九七○○	一○七○○	三一○○	三○八八七	五三四二二	一六二九八	二八五三九六
	二五七三											三三○○	二○○	四八○○
	四六四八	四六四八	四六四八	四六四八	四六四八	四六四八	四六四八	四六四八	四六四八	四六四八	四六四八	七八四八	八○四八	一二八四八
														二四五八三
	五○四六八	二八七八一	一七九九六	二七六九一	三三七七	二六二五一	一六五六四○	一○四八二八	三六一○四	三七四四六	二八八四四	二六九六二	三四四三六	三四五六八二
	三八六五二四	四五三五五	四二三三五一	四六○四二	四九四三九	五二○五七○	六二六二一六	七三一○四四	八五七四八	九八五四九四	三三四三八	一四三○四○○	二七四四六六	二○九八九八

六	二五一九	三五二八三六	五五七二九九	九七六六九〇	四〇〇四七	四四九九九五	四三三八	三三七三三	〇七五	三九二三	四八一九	四八一九	一四七〇八七	三三六六九八六
七	九二八〇	三六三三六	七九五四	〇五七二五四	六四九七〇	五五五九六五	五五八九〇	三六〇六三三		一一九三三	一〇〇〇	五八一九	三〇七七〇四	三三七四八九〇
八	三〇九	三六三四五	七三二九〇	三三〇五四四	六三〇九八	六七〇六三	五七五七八	四三八九一	一八〇〇	一四七三	一五三〇	七三四九	一九六六〇五	三五七二九五
九	四二〇	三六三八四五	三七九五九	三六八五〇三	九五九三五	七一二九九八	三三三九	四七〇四七〇		一四七三	四一九	二四六八	一七〇七二	三七四三〇〇七
十	五七九	三六四四三四	二四二八	二九二七三	七七七八一	七九〇七二九	二四六七七	四九五四七	一〇三〇〇	二五〇三三	一三四一七	三三八五	一四九七三	二六九九七九
十一	六一二一	三七〇五四五	三三三	一〇四〇四四	五七八〇五	八四五八四	一六五一	五一三九八	六一六〇	三三八三	四〇二五	二七九一〇	一〇一五八五	二六九三五六四
同治元	三九七	三七九四二	三九九九〇	三四四〇三四	一三二〇〇	八六七八四	一八四三	五二九七二		三二八三		二七九一〇	七二〇〇〇	三〇六五五六四
二	一五七〇	三七五三二	四四〇四一	一三八四七〇	二七一〇	八六四四四	五六三〇	五三五三四		三三八三	三四四〇	三三五〇	五七三九〇	三三九五四
三	三三七四	三七五八六	四〇六二五	三三六九九	二四五六	八六六九五〇	三三七〇	五六八五二		三三八三	一五二五	四六四六五	九四七四〇	三三六九四
四	三九〇四	三七九七九〇	三七三一	一三六九三〇	一〇七五	八六八〇二五	二七八九五	五九六四六		三二八三	二七六七	五八三二	八八七二	三三九五六
五	五六九三	三八五四八三	五四三六一	一四〇二九一	三六五〇	八七〇六七五	三三六八二	六二九〇八	一九四〇	三三一二三	四三〇三三	一〇一二六四	一四〇三五八	三四三九九四
六	八一四二	五九六三五	七二四七五	一四九二七六六	四五二一〇	九五八八五	七六八五四	七〇五九四二		三三一二三	五三八七	一五二六五	二三四〇六八	三三六九三九二
七	八四四九	四〇二〇四	五三三六八	五四四一三二	三三六四四	九四九五三九	五七九九二	七六三九三五		三三一二三	九五三三四	二四七九八五	二四六七八六	三九四〇七七八
八	九三八七	四一四六一	二〇八七六	一九五三〇八	五二四三	一〇〇〇六七二	一四七五三七	九二四九二		三三一二三	九一三〇二	三三九二八七	四〇二六五	四三五一四三
九	二一二三	四三三六七三	三七四八五	一八二九九三	六〇三八八	一〇六九六〇	二九五九三	三〇三八五		三三一二三	三八五二	四五七九九	五六五九〇	四九六八三三

十	四八二七五	四〇八九四八	一五七九三	一九八六六六	五三〇五三	三四〇一三	二九三七四四	三九六八四九	三〇一九七	五三三〇	九三六四五	五五一四四	六六六〇二七	五五八二八六〇
十一	二九四四七	五一〇二九五二〇	二三六四	三八五七〇	八二八二三四	二九六八四七	二四三四七	二八四〇二六	六七〇〇	六〇〇二〇	二七九二二	七三〇六五六	七四三九四四	四六三〇七六五
十二	二七〇二六	五三七四二一	一五五七六五	三四三三五	七七三〇〇	一二七四四七	一五五五七二	二七九五八四九	三五〇〇	六三五二〇	一〇二五四二	八三三九八	五三二七〇六	六六八四四七〇
十三	一六八四〇	五五四六一	一一三二四	三四五四九	二八四八五	三〇六三	七五五六〇	一八七一五九		六三五二〇	二四二八〇	八七四四八	二五八二七九七	一〇六八四九
光緒元	一五〇九四	五六九三五	五七〇二六	三五四四五五	四四一〇	三〇七四三	二五五五五	一六九七〇四	八八八〇	七二四〇〇	四九六八三	九〇一六一	一六〇六四八	七三六七四九七
二	二九九九	五七三三五四	七四三九七	二五六八八二	二六七一八	三三三七六〇	五四一〇一	九五二六五	四五〇〇	七六九〇〇	九三八二三	一〇〇九八四	二五七五三八	七五五二五〇三五
三	二二六一	五八四五一五	七四〇四〇七	三六三三七〇	一五〇八四	三四〇八四四	五三九六五	三〇五三		七六九〇〇	七三三五一	一〇七四三三五	二三七九六八	七七五三〇〇三
四	三九九二	五八八五〇七	六八八三一	二七二二〇	一五九九二	三三六四八二六	八五四〇六	三〇九〇五二六	一三五〇	七八二五〇	六七二四四	二四一五九	二四二八一五	七九九五八八
五	五九四五	五九四四五一	七二〇九九	二八四三〇九	五五四五三	三四二〇八九	一五四〇五七	三二四四七二	七三〇〇	八五五五〇	三〇五七九三	三四七二七二	五〇〇六四七	八四九六四五四
六	三二七八	五九四八三〇	三五九五三	三八四〇六三	三三〇七	四三一九六	五一六八〇	三九六三七三	九四〇八	九五〇三八	七四八七一	一五三二四三	二八三六七七	八七三三四二

鐵道年表

第一部（六大部詳鐵道繫部表）鐵道於道光十四年修自波士登阿路拔尼公司始成三十一英里百分之六十計至光緒五年平均每年成一百三十一英里百分之四十此四十五年間凡修五千九百十二英里百分之九十二是百八十七倍於初道光二十四年修最多弟二部

鐵道於道光十年修自拔奇莫阿倭海約公司始成十五英里斯奇其爾窪列航水公司亦成十一英里米爾河麻印秋公司亦成三英里百分之八十計至光緒五年平均每年成五百七十一英里百分之六十八凡修二萬八千十二英里百分之廿九是九百三十四倍於初同治十一年修最多弟三部亦於道光十年修自臾加路利奈公司始成十英里計至光緒五年平均每年成二百八十九英里百分之六十五凡修一萬四千一百九十二英里百分之八十九是一千四百十九倍於初咸豐四年修最多弟四部於道光二十二年修自窪拔希先奪路倚司太平洋公司始成五十四英里此後六年無修道光二十八年各西我北西公司復修之計至光緒五年平均每年五百有五英里百分之十九凡修二萬二千三百九十一英里百分之九十三是四百十六倍於初同治十年修最多弟五部於道光十八年修自苦林登波奪哈脫松公司始成二十英里百分之七十五計至光緒五年平均每年十九英里百分之八十八凡修八百三十四英里百分之七十五是四十倍於初同治十年修最多弟六部

於咸豐六年修自口口口口公司始成四十八英里有百分之十九計至光緒五年平均每年八十餘英里凡修二千五十七英里有百分之九十三是五十餘倍於初光緒五年修最多迷鐵道年表

年	已未成合里	已成里數
道光十（千八百三十）	二三	
十一（千八百三十一）	九五	七二
十二（千八百三十二）	二二九	一三四
十三（千八百三十三）	三八〇	一五一
十四（千八百三十四）	六三三	二五三
十五（千八百三十五）	一〇九八	四六五
十六（千八百三十六）	一二七三	一七五
十七（千八百三十七）	一四九七	二二四
十八（千八百三十八）	一九一三	四一六
十九（千八百三十九）	二八〇二	三八九
二十（千八百四十）	二八一八	五一六

年	已未成合里	已成里數
咸豐十（千八百六十）	三〇六三五	一八四六
十一（千八百六十一）	三一二八六	六五一
同治元（千八百六十二）	三二一二	八三四
二（千八百六十三）	三三一七〇	一〇五〇
三（千八百六十四）	三三九一八	七三八
四（千八百六十五）	三五〇八五	一一七七
五（千八百六十六）	三六八一〇	一七一六
六（千八百六十七）	三九二五〇	二四四九
七（千八百六十八）	四二二二九	二九七九
八（千八百六十九）	四七八四四	四六一五
九（千八百七十）	五二九一九	六〇七〇

廿一	千八百四十一	三五三五	七一七
廿二	千八百四十二	四〇二六	四九一
廿三	千八百四十三	四一八五	一五九
廿四	千八百四十四	四三七七	一九二
廿五	千八百四十五	四六三三	一五六
廿六	千八百四十六	四九三〇	二九七
廿七	千八百四十七	五五九八	六六八
廿八	千八百四十八	五九九六	三九八
廿九	千八百四十九	七三六五	一三六九
三十	千八百五十	九〇二一	一六五六
咸豐元	千八百五十一	一〇九八二	一九六一
二	千八百五十二	一二九〇八	一九二六
三	千八百五十三	一五三六〇	二四五二
四	千八百五十四	一六七二〇	一三六〇
五	千八百五十五	一八三七四	一六五四
十	千八百七十一	六〇二九三	七三七九
十一	千八百七十二	六六一七一	五八七八
十二	千八百七十三	七〇二六八	四〇九七
十三	千八百七十四	七二三八五	二一一七
光緒元	千八百七十五	七四〇九六	一七一一
二	千八百七十六	七六八〇八	二七一二
三	千八百七十七	七九〇八八	二二八〇
四	千八百七十八	八一七一七	二六二九
五	千八百七十九	八六四六三	四七四六
六	千八百八十	九三三四九	六八七六
七	千八百八十一	一〇三一四五	九七九六
八	千八百八十二	一一四七一三	一一五六八
九	千八百八十三	一二一四五四	六七四一
十	千八百八十四	一二五三七九	二八二五
十一	千八百八十五	一二八九八七	三九〇八

六 千八百五十六		二三〇二一	三六四七
七 千八百五十七		二四五〇三	二六四七
八 千八百五十八		二六八六九	二四六五
九 千八百五十九		二八七八九	一八二二

十二 千八百八十六	一三七九八七	九〇〇〇
十三 千八百八十七	一四八九八七	一一〇〇〇
十四 千八百八十八		一三三六〇六

鐵道增人百分率表

美利加人言鐵道愈開人數愈增其故有二需工既多來者日集一也運物捷且便商業之旺因之綫路之里數恒與歲增之人數相應十年一計述鐵道增人百分率表

	道光十 一千八百卅	二十 千八百四十		三十 千八百五十		咸豐十 千八百六十		同治九 千八百七十		光緒六 千八百八十		雜記
	人數	人數	增	人數	增	人數	增	人數	增	人數	增	
第一部	一九五四七一七	二二三四八二二	一四三•	二七二八一一六	二二二•七	三一三五二八三	一四•九	三四八七九二四	一一•二	七〇一〇五二九	一四•九	移住明證
第二部	五[illegible]六三八五九	七五二五六七六	三七九•	九九六一三八七	二二•七	一二七七二三八二	二七•八	一五三七八三七一	二•〇四	一八五九三五三	二〇•七	移住許居半
第三部	四八九八〇九九	五九〇八九二八	二〇七•	七三一六一〇八	一三•八	八五一一二四九	一六•三	九二二〇四四六	八•三	一一九二二三一七	三九•	
第四部	二九七九〇〇	九三三九四二	二一三•五	二〇三七一九六	一一八•一	四五一六七八〇	一二一•六	六九四九五八二	五•三八	八九六[illegible]一二六	二九•二	移住明證
第五部	二四六一二七	四四九九八五	八二八•	七二七六五九	六一•七	一一四三四五二一	五七•一	一二二一三八六	五•九	一七四二四七一	四三•八	同

弟六部			三九一四 一〇	一二六四二一四八二二三一〇 〇七五・五六六二	六九四四九四九一一三 一二二・九	同
通國	二三八六一 〇七〇二三五三	七〇六三二一・七	一三二一九三五・ 一八七六九	三一四四一二五 三三三二一・五	三八五五二二一・ 八三七一六	五〇一五三〇・ 五七八三一

鐵道費表

美利加鐵道司事與工無慮百萬人以上其𩔗本三萬九千九百五十萬八千五百有八圓其劵借三十八萬八千二百九十六萬六千三百三十圓其無稽債三萬八千有六十七萬三千八百十四圓其修鐵道費七十三萬五千四百九十九萬五千二百二十三圓此費之繫地也鐵道之利未入鐵道之費先出未有惜費而克利用者然不條理之費將毋糜而會計加密其運轉居十之四有奇其修繕居十之五有奇此費之分數也述鐵道費表

繫地弟一

	鐵道長	今行道本費	劵債	無稽債	造費
阿拉巴麻	二二〇五	一九五六三五六〇七八三 一	三九三二九七二三 七	一三七二二八三	七〇〇九〇七八四
阿剛色斯	一五八六	一三五五二三七六四四二四 九	三二一七六八一 〇	六九八六〇八	二九五四一七六三
嘉里符尼亞	三七五七	三八〇七一六二三七一三 六	一四九九〇九四 三〇	八一〇〇七一六三	一九五六四三

喀挪拉奪	二三四七	二〇三七	八六五九八八〇〇	四七二五三八〇〇	二七七八六六六	一二九四九四一三一
干捏底嘎奪	九九二	一〇四七	三六七六四一四五	一二四九〇四〇〇	一〇四七二七九	四八三九一一六一
特納窪	三〇五	二六八	七〇六七四六四	一八五一六〇〇〇		二五五八一四六五
佛勒里畬	一五〇六	一〇六二	二五〇二八九〇〇	二〇六六六四〇〇	一三三九五八八	四一五九五〇六一
若耳治亞	三三二八	二六一七	四四三三一三一九	四六三四二八二四	二八五九〇八七	八一六〇三五七三
伊利那倚斯	一四七〇八	一五六二八	三三二七二五三九五	三三〇七三七八八九	一八六九七六五七	六三八五〇一五五七
英蠻阿納	五六四二	七二八八	一四七六五二四四八	一六七〇四五六〇九	六四三三七一六	二七八八三八八四
愛阿窪	三三〇〇	二五六一	五三一六五九七四	四九七〇三五五七	七六九九〇八八	一一七〇二六七九二
剛色斯	四九七一	四三四四	一一三三〇九八二三	九七三三二四〇六	一二一七五五〇二	二一一八三四九五九
根得基	二七六三	一九三四	七五一九五四七二	一一四六九二五四	二七九六七〇八	一五八五二三五八八
穡西阿納	一六六〇	九八〇	四〇二八三七六〇〇	四一〇三五七一六	七〇三四九八	八五八一六八二八
緬	一二二九	一一一九	一八四二七四一三	二四六〇三一〇〇	八〇一〇八七	四〇三四八一〇〇
瑪理蘭	一二四六	一一〇二	四六三一二二二四	四四〇一九二〇〇	二六一七五二〇	九三五二三一五五
馬沙朱色士	二三五六	三〇五三	一〇六三〇九五八九	八三五九六五七五	九〇五六六六九	一八二七二七二五四五
密西根	五二一二	四三五八	九五九一六五〇八	九五三〇〇六五四	一〇一一五二二一	二〇三三二五六二八三

梅尼所達	六七〇三	六五七三	一八〇四九六二四九	一五八七六八四一二	六五九〇七五	三四五七二五一四二
密士昔比	六四五	一二四三	一〇一三一九七七	九六六二五四一	四四七七〇四	一九四四九五八五
密蘇疊	六八〇六	六三一三	二〇七三一一五〇五	一八九〇九六五九三	二八四八四九五	三四四一三一九六四
拏布拉士格	二八九五	二五四七	六五六七二〇〇〇	一三三三〇〇六四〇	一六五六九三四八	一八四一二一六一一
列法達	五〇八	一四七	一二〇五二二八四	五三五五〇〇	一三一九二七	一四七七八七二九
紐罕布西耳	八五四	三〇三一	一六七六六四〇〇	五六四三一〇〇	二〇六五一〇三	一三七七四四七四
紐折耳西	一八七五	一三九八	一二〇六六三一七〇	一二四六〇八二〇〇	七〇二二九九三	二二四六〇八四〇七
紐約	七六四九	七〇八五	四四四七三二一六一	三九〇五三六三七八	二九五八四三五六	八二四四三〇三七四
諾司咯爾勒那	一八三四	一四〇〇	二四八八五三七五	二一九二四九〇〇	五六一六三六	四六二八三六一八
倭海約	七二四七	七一五四	三八六四四〇八七七	三三八〇一〇九一〇	二一四一四七九九	七〇三〇一一七八三
類里根	一四二一	一〇二七	四二六六〇〇〇	二九九七〇六七〇	三〇〇〇〇〇	六二七〇四七〇三
寶夕佛尼亞	七四四五	七九九九	四一六七五〇八七九	四三七五四〇六九九	六四三九四四四九	五三九四一〇二三四二
洛畣埃倫	一四六	一四〇	四五五二〇三〇	二一九四〇七五	一九五四八	六二六九〇五三
婆司咯爾勒那	一七二三	一六九九	一七二五〇三三五	二八四七七六九一	五二八五九六	三四〇一四一六九
田捏西	二八〇五	三〇〇六	八二七二〇六〇	六三五一一五〇〇	五〇九〇四七	一五四一五二二五五

	修繕費			運轉費		
德格瑟斯	六五〇四	五三〇四	六二 一〇四三九二一	〇〇 一四六〇七五五	〇 一六四八五一六	八 二三七三三〇八八
窪蒙	一八六二	七六七	〇 一九八五三九〇	〇 一五二六三〇〇	一一二五五〇三	三四一三〇三三二
勿爾治尼亞	三〇〇六	三四五五	三四 一〇九一一七〇	一五 一〇四一九〇二	六九一六〇六五	六 一九三一四八六三
威士尊勿爾治尼亞	六八一	三一七	二 二九二六八三七	〇 九八四七一八〇	七六九五五九	三一四九八九二〇
威士干遜	七〇八五	六六四一	一 九二一六二六六	〇〇 一四七五六〇〇	一八四六四九四	五 二四〇一四二八八
阿里瑣那	五三八	七一	二八三〇八〇〇	〇 一三〇四二〇〇	三一〇六〇〇	三四六九六八〇三
打戈達	二九〇	一五	五五九〇〇〇	五二五九〇〇〇		一〇八一八〇〇〇
孟大那	一六	九	五〇〇〇〇	四〇〇〇〇〇		九〇〇
紐墨西哥	九七一	九〇七	〇 七五八八一一〇	四 四〇七三六五三	八一〇七七三〇	一 一二〇六五五四二
尤達	一二九八	一二四四	七 二一三四八七七	〇 二〇一八〇〇〇	一四五一七九九	四三五三三四〇八
華盛頓	一二〇	四四	一〇七六〇〇〇	一一八九〇〇〇	九一一〇四	二七一五四七一
歪阿明	六六六	六二四	一七二六八〇〇	〇 一四九三一一〇	九四七六二	三二一四一四五二三
總計	一三一六〇六	一 一三五三四五	二九八 四〇六五〇九三	四二 三八六七四七八	一四 二七三五三〇八	一八 九〇九八四五四二
分數第二						

車	一七.九二	薪炭	一三.六一
場屋	二.四二	膶油系屑	一.三一
路	二六.一	出店票料	八四
橋	一〇.〇一	帳落印刷物	七八
綫路機械	一六.四	列車人給料	一三.〇九
		停車場人	一五.三四
		雜役	一二.一二
		借地借屋租	三三
		償損失	一.五二
		雜用	一四九
		業稅	五〇六

鐵軌表

鐵軌二尺四寸五分謂之一牙脫重者七十磅輕者八磅輕則直廉大氐適用者四十五磅居多如用六十磅之鐵條十英里需二萬六百八十圓用四十五磅者祇直一萬五千四百圓可減費五千二百

八十圓美利加公司平均法鐵條每頓約銀二十二圓此鐵軌之較費也鐵軌寬有差而平均者輙舉適中以爲準其里依英其尺寸亦依英鐵軌之等廿有一最寬者六尺弟二部有之其次五尺六寸弟五部有之其次五尺有五分弟三部有之其次五尺弟三弟五兩部有之其次四尺十寸有五分弟二弟三兩部有之其次四尺十寸弟二部有之其次四尺九寸有八分寸之三亦弟二部有之其次四尺九寸有四分寸之一弟二弟三兩部有之其次四尺九寸弟二弟三弟四等部有之其次四尺八寸有四分寸之三弟二弟四兩部有之其次四尺八寸有五分依此居多弟二三四五六諸部皆有之蓋無慮七萬一千四百有三里矣其次四尺八寸其次四尺三寸其次四尺一寸此三者弟二部有之其次三尺六寸自弟一部至弟六部皆有之然止三百有六英里其次三尺四寸其次三尺二寸其次三尺有五分此三者弟二部有之其次三尺各部皆有之其次二尺九寸弟二部有之其次二尺是最狹者弟一部有之光緒六年美利加之鐵道如此此鐵軌之計寬也美利加之製鐵軌鎔鐵就範而伸而截

刻晷可成其肆一百三十有一其工僅七百六十六謂非器利則工省歟歲需工銀三十六萬九千有奇藉覓利源奚以爲出此鐵軌之計工也述鐵軌表

軌費第一

一牙股重量計磅	華里三英里一所用鐵軌條計重	直銀計圓
七〇	一一〇	二四二〇
六八	一〇六	二三三〇
六七	一〇五	二三一〇
六五	一〇二	二二四四
六四	一〇〇	二二〇〇
六二	九七	二一三四
六〇	九四	二〇六八
五七	八九	一九五八
五六	八八	一九三六
五二	八一	一七八〇

五〇	四五	四〇	三五	三〇	二五	一六	一二	八
七八	七〇	六二	五五	四七	三九	二五	一八	一二
一七一六	一五四〇	一三六四	一二一〇	一〇七八	八五八	五五〇	三九六	二六四

軌寬第二

軌寬	第一部公司里數	第二部公司里數	第三部公司里數	第四部公司里數	第五部公司里數	第六部公司里數	國里數
六尺		一六二五九．一五					一六二五九．一五
五尺六寸					二一二七．七五		二一二七．七五
五尺半寸			一二〇．〇〇				一二〇．〇〇

五尺			九〇一二二三 六六一	一	一二四五● 三二		九一一二二八 一●九三
四尺十半寸		一一三・〇 〇	一七・ㄎ〇				二二〇● 五〇
四尺十寸		二五二・七 八					二五二・七 八
四尺九寸八分之三		三一七五〇 七					三一七五・ 〇七
四尺九寸四分之一		一五二五● 〇	二二〇六六 九				三二六〇・ 一九
四尺九寸		一一〇七三 三●五三	一二七九七・ 五四	六六七〇八 八		三一三二六 〇	二一三一二三三 四五五
四尺八寸四分之三		六七九九● 〇九		三一一二五 ●九一			九一九二五 〇〇
四尺八半寸		三〇二三九一 四〇●三〇	二二一四一〇 六四 〇	一六二三五三 九●九一	六六二六三 五	九九一三九〇七 六・一七丸	二七一四〇 三・四四
四尺八寸		一五●八九					一五・八九
四尺三寸		一八●五八					一八・五八
四尺一寸		一四六七					一四・六七
三尺六寸	一五〇〇	二六五・五 〇	三六一八三	一八〇〇	三八八三八	三六八三三一三	三三〇六・ 九四
三尺四寸		一八●〇〇					一八●〇〇
三尺二寸		一二五〇〇					一二五〇〇
三尺半寸		一四三●五 〇					一四三・五 〇

三尺	七五九六二五五一	三三四二四（二四）	五五九六二四（五）	九○六六（三）	一二三七●五三（○）	二二二九二一（八六）	四五一九○（四 ●五○）
二尺九寸	一一●○○						一一・○○
二尺	一一八○○						一一八○○
大尺及四尺九寸	一一五五○五						一一三五○五
六尺及四尺八寸半	二六○八・（四二）						三二八○八（四二）
四尺九寸八分之三及三尺	一一三五○						一一三五○
四尺九寸四分之一及四尺九寸	一一○九五（九）						一一○九五（九）
四尺八寸半及四尺三寸	一一五六九	一三七一五（○）	一六三○○		一一八○七（二）		四六三○九（一）
合計	九八二六二五（四）	二二八九六一五（二四三 六）	一五五七二二（一九六 七）	二六三一（四三三）	一四二○二五（三○ 八）	一三一六五八（○五八）	一一四三八○（七四八九一）
鐵路里數	五九四八（三○）	二八四○（一●六二）	一四三一（五九六）	二二九六（二七三）	九五○●（三八）	一五二二（二四三）	八七八○（一四二）
路及延長線比較	一三六	一四三	一○九	一一五	一○八	一○九	二二三

軌工第三

廠	本銀（圓計）	工	稱工	工銀	材料費	製物費
嘉里符尼亞	二　二○○○	二		一五五○	五四○○	一四一○○
干揑底嘎奪	一　四○○○○	四		九二五	二一一六	五三三

特納窪	五	三二七五	一		三九一二	四六八五	一三四〇三
伊利那倚斯	五	一〇〇〇〇	二七		一五五九〇	[illegible]	四二八八二
英蘆阿納	二	九〇〇〇	一三		三七〇〇	五七一〇	一三六一〇
根得基	三	七五〇〇	一六		八二〇〇	一〇六〇六	二五四八〇
瑪理蘭	七	六八〇〇	二一		八四五〇	一五〇〇〇	三六三〇〇
馬沙朱色士	二	三八五〇〇	二三		九九五〇	一九五六〇	四〇三六〇
密蘇蘆	六	一三四〇〇	三四	五	二〇七六〇	二五三六〇	六三四〇〇
紐折爾西	九	一三六七五	一三	四	一三四八九	五三六九二	八〇八七四
紐約	四九	二〇〇六九七	二八一	六	一八二七七〇	二二四九一三	五二九〇六七
倭海約	一八	二一〇五〇	一二八	二二	五一九八〇	一三〇四一九	二二三七八六
賓夕佛尼亞	二〇	一三〇一五〇	一三〇	一	四四六三三	一〇七三三三	二〇一三三五二
勿爾治尼亞	一	一五〇	一		二五〇	五〇〇	一五〇〇
尤達	一	二〇〇〇	四		三七四四	三〇〇〇	一〇〇
總計	一三一	六六二二一九二	七二八	三八	三六九九〇三	六一五五四八	一三〇五四 九

鋼鐵比較表

美利加人語加司鉻靄養果陸譯言鎔鐵軌也（加司養鉻也靄謂養鐵也果陸軌也）謂鋼曰司隄耳以鋼爲軌逾年十八且不朽勝鐵八倍剛柔異也然鐵直廉弟四部（詳前）鋼軌九千五百三十英里百分之十三此外一萬六千七百七十五里百分之二十皆鐵也每牙脫（詳前）鋼重三十五至六十七磅鐵重二十至六十五磅弟五部用鋼自光緒四年始每牙脫重五十四磅至六十磅鐵則重五十五及五十六五十八磅又有十六或三十五或四十五磅者用之小鐵道弟六部每牙脫鋼軌重磅或三十二或三十五或三十六或四十五或四十八或五十或五十二或五十五或五十六或五十七或五十九或六十鐵重或三十或三十二或三十三或三十四或三十五或三十八或四十或四十三或四十六或四十七或四十八或五十或五十一或五十二或五十三或五十六或五十七鋼少於鐵其大較也述鋼鐵比較表

類	第一部	第二部	第三部	第四部	第五部	第六部	通國
鋼	二九三六・一二	一七〇〇四・七四	三六四五・〇四	九五三九・一三	一一三二・九〇〇	四〇七〇・八	三七三二八・七八
鐵	五一六六・五八	一三四七〇・三一	一一九一六・九一	一六七七五・二〇	八九二一・四〇	一二五〇・九七二	七〇七四一・一三

一共	八一〇二•六九	四〇四七五•〇五	一一九六二七一九六	一六三一四•三三	一〇二五•三[illegible]	一六五八〇•五二	一〇八〇六九九一
鋼百分率	二二八	四二	一三	三六	一三	二五	三五
鐵百分率	六四	九八	七七	二八四	八七	七五	二八五

鐵道枕木表

聞之德意志有鑄成鐵軌衡條自屬亦承以木然壞輙難更美利加不沿厥製以此枕木長短以英寸計木直有差平均之爲銀三角五仙以英里計用木之寸數亦有差分權之銀之多寡視寸之申縮寸數愈增木數愈減此宜計直者一也枕木之朽歷年有差塡以拳石欲其氣疏以達也或浸木以礦銅水取諸堅也然視木質何如美利加有木名羅可司壽歷廿年亦不盡朽其它不耐久者五六年耳恒用之木既欲其堅又欲其廉其紅木白橡乎美利加用橡與杉與松居多而松遜此宜計年者二也述枕鐵道木表

計直第一

一英里枕木寸數	所用木數	直銀
十八	三千五百二十	一千二百三十二圓

廿一	三千十七	一千有五十五圓有奇
廿四	二千六百四十	九百二十四
廿七	二千三百四十八	八百二十一圓有奇
三十	二千一百十三	七百三十九圓有奇

計年第二

美利加木名	譯中國名	六大部鐵道	用木不朽年數
羅可司奪		第二部	九年至廿
西打	杉	同	六年至十五
		第三部	十五年
		第四部	七年至十
		第五部	九年
替司奪那脫	票	第二部	五年至十二
		第三部	五年
懷齊澳苦	白槐	第二部	五年至十二
吳路那奪	胡桃木	同	十年至十二

我沽	橡	第三部	十二年
		第四部	七年至十二
		第五部	九年
		第六部	七年
才布列司	柏	第三部	十一年
		第六部	七年
列奪吳度	紅木	第五部	九年
西里坡奇	櫻	第三部	八年至九
勃拉苦阿西	黑槐	同	四年半至八
帕因	松	第二部	四年至七
		第四部	六年至八
邊羅苦		第二部	三年至八
打麻拉苦		同	四年至八
		第四部	七年至八
	榆	同	六年至八

不拉苦耳拔沙母		第六部	八年
不拉苦法耳		同	七年
蘇扶奪美布路	柔楓	第二部	五年至七
可屯吳度		第六部	五年

鐵道舛軌表

雲龍於光緒四十年十月間自英屬地加納大旋美利加國都華盛頓聞賓夕佛尼亞邦於九月初火車偶誤時刻撞車一百有奇傷人四十有八因訪其國似此者往往而有自光緒四年至十二年車損之數可借鑒也雖然以警司車之心目則可儻遂謂火車必不可行母乃類於因噎廢食歟述鐵舛軌表

年分	撞車次數	不愈人數	受傷人數
光緒四 千八百七十八	七四〇	二〇四	七五六
五 千八百七十九	九一〇	一八五	七〇九
六 千八百八十	一〇七八	三一九	一一七二
七 千八百八十一	一四五八	四一四	一五九七

八 千八百八十二	一三六五	三八〇	一五八八
九 千八百八十三	一六四〇	四七四	一九五四
十 千八百八十四	一一六一	三八九	一七六〇
十一 千八百八十五	一二一七	三〇七	一五三〇
十二 千八百八十六	一二一一	四一六	一四〇九

鐵道計入年表

美利加鐵道建築既善獲益日增公司利金多寡有差然据平均者言曰利百圓本貲莫巨於賓夕佛尼亞公司其利亦爲通國冠載客之多莫過於紐約滿哈淡夜列背低脫日載五十二萬五千有奇或曰美利加鐵道公司於光緒九年計本已至六十六億四千有四十九萬圓然諏之至再知其中有劵責有存額此計利之繫年者也鐵道無地不宜塞者可通斷者可連險者可平於是乎瘠者可肥其利不外載客運物雜入而已然經理苟非其人有利與無利等美利加於用人三致意而當拓道之初則視地之繁簡以課利之遲速此利之繫地也其鐵道公司以賓夕佛尼亞爲最光緒八年本銀一億四

千四百五十二萬圓歲收五千三百三十萬圓內運物三千四百八十一萬圓載客一千一百六十五萬圓雜入六百八十三萬圓除費計入一千一百四十五萬圓平均計之運物一噸每一英里入八釐一毫費四釐七毫存三釐三毫載客一入二錢二釐七毫費一錢七釐三毫存六釐七毫其簿起咸豐六年訖光緒九年此二十八年間以本一圓計其月利此公司利之巨者也述鐵道利表

繫年利弟一

年		本貲		計入收數		除費淨收貲				載客	
同治十 千八百八十一	四四ナ一四	四〇三三二一九二〇	八	一四一七四六四〇	四	二九四四三〇三二	二	一〇八八九八八八	六	五六四五六六	八一
十一 千八百七十二	五六五二三	四六五二四一〇五	五	一ナ五七五四三七	三	三四〇九三一七八	五	一三二三〇九二七	〇	六四四一八一	五七
十二 千八百七十三	六六二三七	五二六四一九九三	五	一八三八一〇五六	二	三八九〇三五五〇	八	一三七三八四四二	七	六七一二〇七	〇九
十三 千八百七十四	九六二七三	五二〇四六六〇一	六	一八六五七〇九五	八	三七九四六六九三	五	一四〇九九〇八	一	六七〇四二九	四二
光緒元 千八百七十五	七一七五九	五〇三〇六五五〇	五	一八五五〇六四三	八	三六八九六〇二三	四	一三九一〇五二七	一	七四二九四二	〇八
二 千八百七十六	七三五〇八	四九七三五七九五	九	一八六四五二七五	二	三六一一三七三七	六	一三六一二〇五八	三	六八〇三九六	六八
三 千八百七十七	七四一一二	四七二一九〇九二七	二	一七〇九七六六九	七	三四二八五九二二	二	一三〇〇五〇〇五	〇	五八五六六三	二二

四	千八百七十八		七八九六〇	一	四九〇一〇三三五	七	一八七五七五一六	一	三六五四六〇六	〇	一二四六三七二九	六八	五三六二一九三
五	千八百七十九		八二二二三	九	五二九〇一二九九	四	二一九九一六七二	八	三八六六七六一〇	一	一四二三三六一九六	七〇〇	一七八一四
六	千八百八十		八四二二一五	一	六一五四〇一九三	六	二五五一九三四三	八	四六七七四八九二	三	一四七六五三〇〇	一一	七七一一五四
七	千八百八十一		六四四八六	九	七二五三二五一一	九	二七六六五四一一	七	五五一九六八四七	二	一七三三五六六四	〇〇	九三三四四一
八	千八百八十二	八	一〇七一五	六	七七〇三六六七一	七	三一〇六八二八七	七	五〇六三六七二四	五	二〇二二四〇七七	四三四	一〇二〇三一
九	千八百八十三	四	一一〇四一	四	三二一三七七二九二	五	二九八三六七二八	五	五四九七五六六九	四	二一五二八七八二	五四三	一〇二〇五二
十	千八百八十四	二	一一五六七	八	七七〇六八四九〇	六	二六八〇六四四九	五	五〇九六二五三七	〇	二〇八三〇〇九四	三五	九三二四四八
十一	千八百八十五	〇	一二三三二	三	七七二五六八八三	一	二六九四九三九三	二	五一九六九〇九九	一	二〇〇八八三九一	〇五	七七六七二一
十二	千八百八十五	六	一二五一七	九	八二三一九一九四	五	二九七三一一六一	四	五五〇三五九〇五	七	二一一九二九八五	〇于	八〇〇九四一

繫地利弟二

	載客利(計圓)		運物利		雜利		除費淨存入利		揭單照本		(雜利攤)
阿拉巴麻	一八六〇四七二		五一三〇八〇七		七四〇八六九		二〇六三二二七		一七二六八六五七		[illegible]〇〇
阿剛色斯	九八四九五〇		二二五五〇九九		三四六四六五四		一〇一六六八八		六三二一一五		一七四三
嘉里符尼亞	八五五三七四一	五	一五二四五一二	〇	二五二五〇五九	三	一一五六〇六四		五八九一三〇〇	一〇	一九六七四
喀挪拉奪	一九五九六七五		七一二一四六三		九七一二三一八六		三〇五五三二四		一四三一七九八		一五〇〇〇

美利加圖經卷二十　十五

干捏底嘎奪	五八〇四七九四	五六一二九〇二	一二二六九八一四六	二〇七六八〇	六六七〇一四	二三四五一五一
特納窪	三七四四〇七	七三五五八五	一二二〇七九六	一八七〇三八	一六七〇〇〇	九一九七四
佛勒里畜	九二五四〇五	一一三七八九三	二三九三二九六	六五九二二一三	六四二九五二	九〇〇〇
若耳治亞	二四〇五一四〇	六一八二二一六	六三五三三七	一二七二九九五	二二四一〇三六二	九七〇四三
伊利彬倚斯	二二七四一八三四	六七八七一五九四	九七六八五八八二	五〇五七二二一一	一八五六二七五一	一六四八二五九六
英蠻納阿	八四二三一九六	二二六六五七一四	三三五四七二三九	八四九一六六〇	四六〇二〇八八	六三四九二九
愛呵窪	二五九七〇四二	四七四〇七一一	六七一二五六五	一六二七九三三	三三五七四六二	二九九八四〇
堪色斯	五五二六四六一	一六二八八一四〇	二三〇五一〇一一	六六五〇八七一	三三八五四三三	四二四九八三八
根得基	二八八五八一六	八〇三四三二八	一一八八九二二五	四六五三八九四	三五六六四一六	九五〇〇
魯西阿納	一一三三〇〇五	五三九九七八八	六八七六八七〇	一八五六七二四	二六五七三六一	四〇〇〇〇
緬	一九二七九二一	一一九七三九四三	五六九一八二	一九五三二六三	一一六三九〇四	九〇二五二〇
瑪理蘭	三〇九七七〇八	九三一四五七八	一二〇七八六九三	五一一三五九六	〇六二九六七	一五一八七六
馬沙朱色斯	一六三九〇二六九	一八二二六三二〇	三七四八〇四九三	一一八六一八五	四一八七五二八	四九七四五〇二
密西根	八〇〇八一二五	一七七七九四〇二	二七四一一四九二	八三三八六五六	四九九三五三六	一五七三〇一八
梅尼所達	六七一〇一一七	一一五九二六三八	一九六八五七三三	一三一七四六六	九一四一八五五	二五七一一七四

密士昔比	三〇八二五[illegible]	七七五五七七	一一四一八一五	二〇七三九三	三五七六七八	
密蘇蘆	八二六八二九七	七 二六四二三八〇	一 三七三六三四九	五 一五四四〇三〇	九 一〇八五七八二	二五 三八二三八
挈布拉士格	四六一五六九〇	六 一三五〇二九九	三 一九六一八四七	七九二八七九五	五六六六一三九	
列法蓬	三六五五三	五九二七七七	六五六九〇八	二八〇〇四四	四七五〇〇	〇 一八〇〇〇
紐罕布西耳	七三四六〇七	一二九二〇一六	二一九二九二二	八六九八四〇	三一四二八六	六一九 七三〇〇九
紐折耳西	六四 一〇一三七五六	四 一三〇四八九二	三 二一四六九七四四	六三五〇二二九	二 一一六四四一八	二一 四〇七一七
紐約	五 二〇五八〇三九	四 五一六三一五四	六 七三三六〇九〇二	九 四七二五九七	九 一四八四六五二	五 六六八〇一
諾司喀爾勒那	七五八〇九二	一九〇九〇五一	二九五〇一六六	九四五八三五	六六五七六三	七 八〇八〇三
倭海約	七 一九五六六三八	四 四八六八一〇三	〇 七一一九六六一	七 二三一四三六	〇 一一九八七八	七四 五一九六五
頌里根	九九二二〇七	三五八四一八三	六五六三三四	二七八五六七三	七四〇二九〇	〇〇 一五六〇〇
寶夕佛尼亞	三 二三六二五六六	六 八四八四四七七	四四 一二二五四三二	〇 五一〇二七四四	二 二二九〇九一六	三一五 一五三六八
洛畜埃倫	八七一九二二	六三二三二七	一六〇二五九一	五九九二〇二	一三九七七六	〇 二五六〇〇
嗖司喀爾勒那	一三七四三六六	三一三七四八八	四九四六九八九	一一五七四七四	一二四三二〇九	九 一一〇二四
田捏西	三二八一七五二	六七〇七二〇六	八 一〇六八八一六	三八三〇五六四	一七九四〇三九	五 一一七〇九
德格瑟斯	四〇二四七九〇	三 一四三二六九六	三 二〇四〇二五六	四一九八五二六	三九二五六二九	

窪蒙	一二四七八八八	二三四七九八三	三八三八七一四	一一七六四○三 三	四○五三五六	○二七九○ 九
勿爾治尼亞	三九○七八七八	一一六二三八五 九	一七一三三一九 ○	六五三六一四四	三六三三九九四	二九九二一 九
威士苓勿爾治尼亞	三七六八九六	七八三六○九	一二一三七六二	三四二二三	三一二四五五	一九○二 九
威士干遜	六四三三一八五 四	一九九○七六三 四	二八一七四二七 ○	一一五三五四八 一	七一一九三七四	三二二三七 六七七
阿里瑣那	九七七二	一四一三二六	一五八六三四	一○一○○七	六六七九二○	
打戈達	六七三	六八九六五	七○四三六	一一二五○	三六三三○	
孟大那	四○八○○	八一○○九	一二二二二	一三○一五	一○○五二○	三六○○○
紐墨西哥	六○八七二三	九九五八九○	一七七八七一○	三二七四六	五○四四三六	
尤達	九五六二七一	二八九○四三六	四○九四七五○	一三三七五一二	九○四二二八	
華盛頓	二九○五○	一三○○○○	一六七二九一	五九九五七	二○七六○	
歪阿明	四三一三七○	一三八八七六	一九四三○六六	五九一六七九	八九五八六○	
新英邦	二六九七七四六	三一○八五四九 ○	九二六五三七一 八	一九八八○二○ 三	六八七七八六四	九四八三三 六○
中邦	五八二二五七三 七	一六○一七五四 ○五	二三四九○一○ 八一	八七四○四二八 二	六○一九五二○ 三	二七七三一 ○九二
中北邦	六二一七三三九 六	一七六九○五三 七八	二五七七一八九 一三	九二○八一九七 五	四七二六六五二 九	二七一二四 七六四
南邦	九七五七七七七	二四七七四七一 九	三七九八○七七 四	一二三五四八四 一	八九○八七三五	二二一六一 四六

墨西哥灣密士昔比河畔各邦	九四六九三〇四	六 二六〇四七七〇	七 三八〇六六九四	二 一二六一一七四	六 一〇一〇二三五	五 六〇一五六
西南邦	六 二一三七二八九	二 六七四一一三六	九五八七一一五	八 三三六二八九二	九 三二七三七二三	〇六 八〇九〇四
太平洋邦	四 一〇五七七五九	七 三二五八三八四	六 三六八五五九一	一六〇二八三六	八三七一九九八	四〇 一九三九七
總計	八七 四三四七四六三	四〇八 一〇五三一七八	三〇八 一五一七一〇九	一四 五七四〇四二七	〇八 三三七六八〇〇	四一〇三 一四一六五

最巨公司利弟三

年	實銀利	券利	年	實銀利	券利
咸豐六 千八百五十六	八分		同治九 千八百七十	一圓	
七 千八百五十七	四分		十 千八百七十一	一圓	
八 千八百五十八	六分		十一 千八百七十二	一圓	
九 千八百五十九	六分		十二 千八百七十三	一圓	
十 千八百六十	六分		十三 千八百七十四	一圓	
十一 千八百六十一	六分		光緒元 千八百七十五	八分	
同治元 千八百六十二	六分		二 千八百七十六	八分	
二 千八百六十三	九分		三 千八百七十七	三分五釐	
三 千八百六十四	五分		四 千八百七十八	二分	

四 千八百六十五	一圓	五 千八百七十九	五分	
五 千八百六十六	九分	六 千八百八十	四分	二分
六 千八百六十七	六分	七 千八百八十一	八分	
七 千八百六十八	八分	八 千八百八十二	六分五	二分
八 千八百六十九	一圓	九 千八百八十三	四分五	四分

它國鐵道運直比較表

運直愈廉獲利愈厚鐵道秘策莫善於此按法郎西工銀平均之數日裁四十仙美利加男工一日平均二圓女工減半運直之廉否似宜視工而美利加轉廉何耶物價既省本資復充官修不若商修此其明證也車等上下有差就美利加一英里之運直平均之為二圓四角九𢀖据法郎西統計學士於光緒八年所計比例法而知美利加僅略增於那威比利時二國餘皆有減無增也迆它國鐵道運直比較表

它國	一英里運直紬圓而仙	美利加比較廉數增減
羅馬	七〇	減四五一

土耳其	五六六	減三一七
法郎西	三八八	減一三九
英吉利	四〇一	減一五二
俄羅斯	三一〇	減六一
日斯巴尼亞	四〇八	減一五九
澳大利	三六九	減一二〇
義大利	三五〇	減一〇一
葡萄牙	三・五〇	減一〇一
和蘭	三・三〇	減八一
丁抹	三・三〇	減八一
瑞典	三・〇四	減五五
德意志	三・一一	減〇六二
瑞西	三・一一	減〇六二
希臘	二・八二	減〇三三
那威	二・三四	增〇一六

比利時　二三四　增〇一六

火車街車工表

美利加火車街車之工廠凡一百三十其本銀九百廿七萬二千六百八十圓其車料直銀五百五十萬七千七百五十三圓其工一萬四千二百三十二其工銀五百五十萬七千七百五十三圓其車直銀二千七百九十九萬七千一百九十五圓此光緒十三年數也述

火車街車工表

邦部	工廠	本銀	男工	女工	穉工	工銀	料費	車直
科侖布亞	一	三〇〇〇〇	一五			一七四五〇	一〇〇〇〇	二九〇九七
嘉里符尼亞	一	二〇〇〇	二五			一五〇〇	二五〇〇〇	三〇〇〇〇
特納鏗	二	五八九一〇〇	七六〇		一〇〇	三一九九一五	七七五九〇〇	一一八五六 八八
若耳治亞	一	一〇〇〇〇	一二			三二〇〇	六〇〇〇	一一〇〇〇
伊利那倚斯	七	七七一五〇〇	一〇五七		二九	四七六七四二	一八七五一九 一	二五四三六 八二
英薩阿納	五	四五〇〇〇	二四八三		二五	七九一二六七	三七九二六〇 〇	四九六〇五 〇〇
根得基	二	六〇〇〇	三七			一七五〇〇	一四七七五	三九五〇〇

魯西阿納	一三〇〇〇	[illegible]	一		三〇〇〇	六〇〇〇	一〇〇〇〇
瑪理蘭	一五〇〇〇	二一			一二八四〇	一〇〇〇〇	二四七二八
馬沙朱色士	二二八五二二五〇	七五九	一〇		三三二一五五三	一、二四九六 〇	一四八〇六 一一
密西根	三七二六八九六	七七八		一六	四〇五四四八	九〇六二一一	一四六六二 五六
密蘇釐	八四二四二〇〇	九二六		五〇	四一一五九	一四〇五四六 〇	一九三一六 〇九
紐罕布西耳	一一〇〇〇〇	二〇〇			五五〇〇〇	一二五〇〇〇	二〇一六五 九
紐約	二六九八〇五二二二	一二三一	一	三九	五五六五九〇	一四七〇二三 二	二三〇四六 八〇
倭海約	一〇二六四〇〇 〇	一五一二		三七	六七五八〇六	二一三三二八 八	三四二九九 九六
賓夕彿尼亞	四三二九四六九三	三八六〇	二	四八	一三五二二一九 九	六〇三二一一 四	八〇八二三 七二
洩司喀爾勒那	二一三〇〇	九			三九一二	三九四〇	九八一三
田捏西	三一七五〇〇〇	一九〇			六九五〇〇	一六一五〇〇	二五一〇〇 〇
德格瑟斯	一一五〇〇〇	五			二〇〇〇	二〇〇〇〇	五六〇〇
總計	一三〇六六二〇四〇 一	一三八八 五	一三	三三四	五一三七二七 九	一九七八〇二 七一	二七九九七 五九一

美利加圖經卷二十　十九

美利加攷工志四

游歷美利加圖經二十一

花翎二品銜直隸即補道總辦北洋機器局前游歷使臣傅雲龍述

輪船攷工

航海兵船始於意大利蓋即宋時維尼司國折奴阿國也用颿不用輪其用輪自嘉慶八年美利加人始越四年乃成於紐約用明輪不用暗輪暗輪亦曰螺輪自道光十二年澳人勒賽始也其用算法自乾隆閒瑞典人結呵遜門始其造船用鐵自道光元年英吉利人始生鐵甲以德國工爲最熟鐵甲英法德俄皆有之鋼面鐵甲則剏於英人而美利加將作之程善因亦善剏也述輪船攷工

原始弟一

美利加既立國之三十二年當我

大清嘉慶十二年西千八百七年有扶路屯者作蒸流輪船曰苦拉孟多此美利加適用之弟一舟也先是明萬歷六年西千五百七十八年英吉利潘氏剏舟側轂輪之式崇禎三年西千六百三十年有脫比多爾西者試以風力抗潮進舟之法類此輩出五年西千六百三十二年有蘇厮司苦達奪十年西千六百三十七年有法

艮西司林十三年（一千六百四十）有葉多窪脫法奪逭我康熙六年（一千六百六十七）
有鏖西司打候十年（一千六百七十一）有鱗麻司奪可脫二十一年（一千六百八十二）又
有于加散叛作一舟輪置其側以馬牽之雍正八年（一千七百三十）醫士絨
阿連揣吸水進（船）之策又有學納散厚兒者參用蒸汽轉輪進舟之
術然虛擬之未實（用）之乾隆三十九年（一千七百七十四）法艮西有澳基倫伯
者試航海術於是因河舟久而有得而用蒸汽機器則自乾隆四十
七年（一千七百八十二）的熱夫羅（人名）造舟於沙澳宜河始其舟長一百四十尺
厥法傳入美利加於是有賓夕佛尼亞邦之絨費治（人名）勿爾治尼亞
邦之日母司蘭西（人名）出而變易之五十一年（一千七百八十六）絨費治作一輕
舸置徑三寸之通心圓柱明年得官許十四年專售之利（此係賓夕佛尼亞特）
（紐塞紐約勿爾治尼亞四邦之例）遂作弟二舟置徑十二寸通心圓柱兩側之機各
六前六即之水則後六離之機器一轉則舟進十一尺每半時行華
里十二有奇（英四里餘）勿爾治尼亞波林登往來之旅人便之五十四年
（一千七百八十九）復造舟一用徑十八寸之通心圓柱明年法又變每半時行
華里二十二里（英七里半）是舟機居舳後五十六年（一千七百九十一）美利加專售

之權許於絨費治日毋司蘭西三人嘉慶二年（千七百九十七）千揑底嘎奪邦之斯達（八名）與之七年（千八百二）根得基邦之維司多（八名）與之十四年（千八百九）科倫布亞之宋頓（八名）與之紐約邦之扶連治（八名）又與之十五年（千八百十）紐折爾西之斯低文（八名）勿爾治尼亞邦之勃路頓（八名）梵與之十六年（千八百十一）勿爾治尼亞邦之莫利送（八名）紐約邦之扶路頓（八名）梵與之多先是嘉慶元年（千七百九十六）絨費治歸自歐羅巴洲剏造一舟於可列苦塘置螺形輪所謂布路北拉者是也然而未精其罐容十嘎倫至十二嘎倫每一嘎倫約中國五斤許罐有厚蓋其圓柱以木爲之外作桶形有箍行至再四蒸汽易盡思索未已以戾輟而猶新造一式長三尺許雙輪夾舟壽佚絨費治以汽力動機器而日毋司蘭西則以汽力導水力也當乾隆四十九年（千七百八十四）其置機浮法謂之施金波路成小舟於勿爾治尼亞邦之拔格列伯理璽天德見之喜賜文憑然法亦未精越四年復成一舟用醫士亞仁等之術導水入舟放之於軸取抵力也謂此理曰列法司堂斯後因絨費治得專售之權遂游英吉利倫敦於西毋司水上試各種新機所著書一名用蒸汽

簡明法一名說汽機進船法厥法爲識不一曰A船之小部分也曰S船之脊骨也曰B船之大方管也水入此管放之於軸C C即門也水自此入於大管之C C亦門也D D之箴中即因F之吸水盤也吸水盤爲G桿所升而上實與盤箴通也其下之圓柱筒運於其箴F即大管之門也近D D箴之機器一動空氣既通E門而水即過C C門入箴F H爲汽機之上方圓柱也F G爲下方圓柱H桿也螺釘結於G桿工者管中大部分也管通柱上水過此管下吸水盤其連合處爲K之力既入E吸水盤然後蒸汽退於冷氣箭內爲N此言汽機大略也雖然日毋司蘭西所造於美利加之輪船僅用機器而猶未用汽力也乾隆五十四年一千七百八十九有擎山列多者於馬沙朱色士邦置機與輪強壓汽力運動之五十五年一千七百九十有沙米吳耳摩列者用蒸汽動輪於千揑底嘎奪河明年有維艮倫司多利脫者試輪舟於沙拔那河五十七年一千七百九十二有夜利牙澳絨司背者試鳥足形輪馭船於羅多愛艮布路冰司嘉慶三年一千七百九十八有路西維耳多者紐約人也九年一千八百四有絨斯低文者紐折爾西人也有

澳里拔野王司者勿爾治尼亞人也嘗試輪船於特納窪河自名之曰葉羅苦多路安費勃里司桉絨司低文所造之汽輪於罐內分爲數枚謂之施苦書那耳勃以拉盤螺器二重也每半時行華里廿有三英里七此船機器尚存紐折爾西邦之哈勃津道光二十四年一千八百四十四易置一船每半時行華里二十有四英里八扶路頓者絨費治同時人也學於英吉利大學維司多而又嘗遇窪脫窮究其術窪脫者諳機器學者也厥後勃立治澳達聘扶路頓爲工師越一年斯堂法布又招之嘉慶二年一千七百九十七美利加出使法郎西之理文斯屯欲携扶路頓歸紐約扶路頓遂造一機器圓柱筒徑二十四寸罐三十尺深七尺寬八尺於十一年一千八百六運至紐約明年作船置機半時行華里十五英里五此爲美利加第一大輪船也厥後絨斯低文造舟如之設輪於側然因理文斯屯有專售之憑遂移船於特納窪河轉航外洋此爲美利加輪船行外洋之始也自是航海日新論者輙歸功於扶路頓云所造輪船十有二一曰苦拉孟多二曰可阿扶尼夫屯皆嘉慶十二年造一千八百七三曰拉里壹是十三年造一千八百八四曰帕拉昆是十

六年造什一八百五日昌田六日法牙夫來皆十七年造什二八百七日立智猛八日彝盛頓九日挪蘇皆十八年造什三八百十日維司比阿司十一日扶路頓十二日日西皆十九年造什四八百

程工第二

雲龍游美利加船廠凡造一船先視厰圖有旁面圖兩面無殊例以一面有直剖圖自首至尾有横剖圖視脅廣狹有平剖圖上視下也有反剖圖觀厰底也有水線圖或直或横或平循尺寸也未圖先算曰重心取重力所積之中心也船之中心既得次就船測壓水力次就不變次船重心而測體壓水力而變之活重心次就活重心之壓水力與船重以之中線而得其交點之擺心然船形有銳有鈍重心即有異有同竿長準之而非作曲綫圖不可以直綫爲竿長表以横綫爲側度表即以曲綫爲船側度數以曲綫異内各直綫爲船側度時竿長數何以言頓力也曰以水之浮力受船之壓力河海之水有差河水受壓一立方邁當重一千頓海水受壓一立方邁當較多二十六頓造船之工量以淡水則受載略增亦不甚差也先是鐵船患

鏽患蟲又患吸鐵鍼差又患冷氣與空氣觸結受溼美利加今不患此謂塗紅粉則無鏽謂油且洗則無蠔謂鐵吸可回木襯可漆則無一害

美利加船工以緬邦爲最肯造無慮三五百艘近海且多木也其他工亦日精工之大要一曰輪有暗有明而暗勝即螺輪也二曰滊機有平臥法滊筩不高於水綫兵船宜之欲避礮也又有倒置法滊筒在上曲拐在下商船便之均磨力也其湯氣有滿含加熱二法三曰水管先是鍋鑪用烟管今則水管居多蓋烟行火櫃不若水管列若干行其行管六以上三管納氣而與汽櫃接以下三管受水而與水箱連近有盤管而上者四曰水表玻璃爲之以測鍋水高度五曰汽表鍋鑪能容若干漲力測悶有差六曰水銀風雨表試壓水力以此七曰鍋鑪殼此受大漲力鋼鐵宜厚然過厚則釘難密切既慮氣洩復易熱滅也鍋鑪方不如圓新出者勝八曰柱有中有邊或貫橫梁或受曲拐一氣相承飛輪應之九曰外軸內方而外圓方入內樞圓入外樞十曰柁熟鐵爲之十一曰桅有正有斜取瞭遠也十二曰繩

梯舟人下上如飛十三曰破風三角䌫二木斜置繫繩成三角形依勾三股四法也布䌫三角銅環附之便操縱也風逆則張䌫以破風否則歛之十四曰通風管其口或單或雙雙者兼吸新吸舊之用十五曰鐵甲生鐵不如熟鐵熟鐵不如鋼面凡鋼含炭質過少則柔而易穿過多又剛而易脆以萬分之五十二爲率耐礮擊則無過少之失耐牽力則無過多之失是在驗之者十六曰角條其鋼板以冷摺爲艮十七曰鋼釘其帽成个字形以受三十頓力者爲最鋼長八寸牽長十之二此驗例也十八曰螺釘蟲喙有成螺形者刺木石罔有阻螺釘象此爲之船有撞嘴者尤資乎此十九曰龍骨木船夾之以此鐵甲船改用空心者蓐易立板後又以平式爲適用云二十曰轆轤美利加人所謂普壘者是輪船置此於船以起重物輪船之工之分合不外乎是

增造第三

嘉慶二十五年一千八百二十美利加既有輪船七十一凡載頓數一萬四千二百有七二零五其中五十二船頓數一萬五百六十有四三四造

自其國大西洋沿岸及新英邦又四船頓數九百二十有一零八四又一巨者頓數二百九十九於昌夫遶湖造之又其一頓數二百十八零八四於莫比列造之此造較早而名較著者也道光十年千八百三十於西方諸水造輪船二百九十有六頓數五萬一千五百有六零八五是時大西洋濱及新英諸邦有一百十三船頓數三萬三千六百六十七零八八又北方五大湖輪船十一頓數二千三百有八零六四二十年四十八百通國有輪船一千五百二十八頓數二十六萬六千七百有七二零

第一部新英諸邦之造蒸汽輪船自嘉慶二十二年千八百十七始其船名馬沙朱色士造自勿爾治尼亞邦於波士登灣開輪航海尋輟改道航南於諸司喀爾勒那邦海濱不利是年紐倫敦亦造一船名伊可爾之就意鳥頓數八十二五凡六閱月竭來南達替多及紐別尊法脫之間道光三年二千二十三百紐約一船名帕天德馭於波多蘭前此紐約未之有也時西方諸河火輪白艘吳大西洋沿岸亦有七十艘明年輪船名緬者至背路法司多於是格宜別可航海公司買帕天德船

以行波士登扱司之間買緬船以行扱司東港此二埠間有港七一曰布司卑二曰澳司黑多三曰昌田四曰別法司多五曰施治維苦六曰可蘭別列七曰陸別可而時或回航於先奪絨司及紐布蘭司維可按帕天德船造自馬沙朱色士邦美士法吐頓數九十八叓三三時道光元年千八百廿一無颶風甲板西人所謂哈列廣帖固者是客室列下式如扶路頓巨輪半出於甲板緬船則一桅半船式也有橫檣而底骨二成頓數一百有五其直均銀一萬三千圓自波士登至波多蘭歷八時有半道光三年千八百二十三造一船名渥打比列明年行格宜別可河六年千八百二十六公司售於治司列多是船於前二年千八百二十四造自紐約頓數一百有七馬力六十男室二女室一以黑硬木名栎哈可尼及楓木爲之越二年轉售南邦九年千八百二十九有西渥郡波打者買船曰千揑底嘎奪蓋嘉慶二十一年千八百十六造自紐約者也頓數三百五十前後二檣方颿曲一牙脫中國二尺四寸五分機器擬扶路頓式所謂捍輪者也道光十二年千八百三十二波多蘭地名之苦維司亦購維多里船於紐約明年又購昌西路理文斯頓是船亦造自紐約在嘉慶二十

一年千八百十六頓數四百九十四厰後修之增長而頓數與速率均增圓柱之筩徑五十六寸煙筒六尺三檣三斜桅一連斜桅其前檣有驅方形道光十四年千八百三十四西窪都波打又購之明年移厰機器於新船名波多蘭頓數四百檣一烟筒二硬煤火力㠯此船之行波士登始波士登盤谷航海公司之設在前二年千八百三十二盤谷船造自紐約駛盤谷波士登間頓數四百前後二檣機器方形而無我金比姆所謂我金比姆者譯言走桿也不用煤而用木一航約燒二十五束其本銀集自波士登人道光二十二年千八百四十二盤谷輪船徙駛歐羅巴洲地中海矣先是道光十五年千八百三十五船長西窪都波打有船名散達期基走盤谷波士登間同航者因低本田司船也二十二年千八百四十二東部鐵道成矣波多蘭車軌四通於是乎舟輪利減起波多蘭訖波士登一人之直酬銀半圓耳其故有二一因輪機猶未造極一因航路未盡周流也是年船長散法多移葉苦司布列斯船於波多蘭卑宜布司可多河之間越二年又移茶打我鼓及阿多米拉二船於王達比路多長島灘而波多蘭斯治毋帕格多公司乃即設於道

光二十四年（千八百四十四）造一船於波多蘭曰言治宜拉爾逢連竭來波士登波多蘭之間明年又一船成曰昆孟士布理布列又購一船於紐約曰絨馬沙路其輪皆坿船側或謂之側輪船也二十五年（千八百四十五）散法多遂開航路曰散法多路繼拓新路於紐約勿爾治尼亞間與英吉利拔布魯之航路通矣雖然快駛船自道光二十年（千八百四十）而後由五百頓增至四倍側輪頓數莫之與敵咸豐二年波士登勿爾治尼亞輪船公司頓數僅以千計瑪昌多米那司多艮司波低生公司設於瑪理蘭邦而其本亦出自波士登人有側輪二艘一名熱西布維多宜一名維艮人金斯咸豐九年（千八百五十九）增船二一名斯波田一名低法士同治三年（千八百六十四）尼布堂航路之船曰尼布堂曰宜立司曰可羅各司曰美治司曰施里司曰士列斯竭來紐約布路比田司之間先是澳格司阿美詩（人名）大將會脫宜（人名）二人有輪船曰熱西勃立曰拔司城曰西列司曰沙而勃曰養脫低曰麻列散法多曰黑兒曰密牙密厥後損益有差光緒六年弟一部輪船凡二十有六頓數約三千二百八十有七

弟二部湖宅北方嘉慶十七年前一千八百十二兵事未起恩達利澳湖風
驅如梭織二十一年一千八百十六沙格多港造側輪船名恩達利澳明年
船成航湖是弟三部輪船弟一艘也噸數二百三十一有百分之五
十七圓柱筒徑三十四寸越二年紐約邦勃拉苦路苦造弟二船曰
澳可音列我達噸數三百四十有二機器則下方壓而狹者也未幾
毀於紐約拔費路是年又於沙格多港造鑠費牙船噸數四十九有
百分之七十又一船曰扶倫底奈可駛於加納大湖至嘉慶廿五年
一千八百二十僅四艘耳時西方諸河有七十一艘噸數一萬四千二百七
有百分之五十三弗如遠矣道光十年一千八百三十北方湖上輪船凡八
一曰朱比望澳三百四十六噸百分之三十八道光二年一千八百二十二造
自拔費路二曰瑪沙澳田四十八噸百分之六十三道光三年一千八百
二十三造自沙格多港三曰珀澳宜牙一百二十四噸百分之六十七道
光五年一千八百二十五造自拔費路四曰納可拉一百五十六噸百分之九
十二五曰狠些苦列三百一噸俱道光六年一千八百二十六造六曰煙達布
來司二百一十九噸七曰維艮邊二百一十五噸其八則一小輪也

九十四頓綜計一千五百五頓有百分之十三閒飛輪減色之故則因湖無避風處咸豐五年千八百五十五領憑之輪船一百二十有八凡六萬八千八十有九頓末領憑者一百一十有五凡二萬一千二百五十有二頓道光二十一年千八百四十一造輪船於澳司維可曰王達理牙是湖上作追進輪船之始也亦謂之後輪一百三十八頓明年又造澳司維可船一百五十一頓二十三年千八百四十三後輪船凡七一曰哈古拉司二百七十二頓二曰散送二百五十頓三曰葉米各蘭脫二百七十五頓四曰拉新五曰紐約六曰西可鵝均一百五十頓七曰印低本田司二百六十頓明年造船曰波打三百一十頓又明年造船三曰西拉可司曰布林司頓曰費尼苦司道光三十年千八百五十綜計後輪已五十艘矣凡一萬六千四百二十七頓然猶小於側輪又有船名施而屯散送於道光十二年千八百三十二兵戈之際駛至希臘骨頓數約三百四十噸造自道光九年云千八百廿九第三第四第六諸部在倭海約河密士昔比河一帶乾隆四十三年千七百七十八以前商船趨至倭海約河法郎西之兵與兵器輒資平底艦

往還河上比多墩人徙往根得基乘亦如之船長維林馭巨平底船二載土物至紐阿林貿易兵器且携兵五十而歸比多士人知利乃輸北物於南得印度物於是密士昔比河舟行不絕嘉慶二十二年千八百十七往紐阿林舟有一千五百其中平底者五百易物無算前六年千八百十一扶路頓理文斯屯於比多拔苦造船名阿林越一年至紐阿林是火輪馭密士昔比河之始也河流箭駛初航凛之後十年造自比多拔苦之輪船已三十艘凡五千六百九十八頓有百分之七十八嘉慶廿年千八百十五路以司維里亦造輪船癸道光五年千八百二十五成三十五艘約六千三十二頓有百分之二十六自嘉慶二十二年千八百十七至道光七年千八百二十七造自新西那治者五十有二凡九千三百六頓有百分之六十一曰維司打曰倚可路曰黑骨拉曰狠達撻曰新西那治皆其彰彰者就嘉慶二十五年千八百二十諸部輪船計之七十一艘凡一萬四千二百七頓有百分之五十三又造自太平洋岸五十二艘凡一萬五百六十四頓有百分之四十三此內有新英邦船自紐阿林至路以司維里運費計重一磅酬銀一仙有半至二仙有差

弟五弟八兩部爲合衆國之中央與南太平洋沿岸諸邦輪舟之行此者一日毋司蘭西也二絨費治也三葉王司也四扶路頓也五司低文也嘉慶十七年卄二八百始造一船於勿爾治尼亞名曰廣田五十三頓有百分之三十又造船四曰勿爾治尼亞二百十四頓有百分之廿六曰布里司多路一百一頓有百分之五十三曰伊骨路二百六十一頓有百分之四十九曰特納寧二百六頓有百分之八十六明年卄三八百造替沙比苦船於拔治莫耳一百八十三頓有百分之廿三嘉慶二十一年卄六八百造由濃船於華盛頓都六十三頓有百分之六十九先是乾隆五十五年九十七百絨費治造一船於特納窪河竭來不下華里九千英里然未航海嘉慶二十四年卄九八百沙拔那輪船來自紐約是航大洋之始西馭廿五日而至英吉利是輪船航大西洋之始此廿五日機行十八日驅行七日復往俄羅斯都而旋沙拔那凡五十三日聞者多之厥後航大西洋過哈達拉司岬而失此美利加輪船遇險之始此地當墨西哥灣衝流風力激浪輒高弟二航海之船名羅拔多扶路頓七百三頓有百分之三十嘉慶

二十四年千八百四十九開輪由紐約而差列司頓而紐阿林而夏灣拏九日爲率懸三年機無一舛然利不償費於是售之巴西國爲其兵艦又郵船曰叟沙那道光二十六年一千八百四十六往還紐約差列司頓間

弟七部墨西哥灣岸諸邦紐阿林與夫德格瑟斯阿拉巴麻佛勒里噫是也船一百二十有六凡四萬一千六百十頓有百分之六十七本銀三百二十七萬二千八百儒一千九百一十有九工銀一百有一萬六千八百圓

弟九部太平洋濱道光二十八年一千八百四十八一船曰嘉里符尼亞馭之紐約明年旋三法蘭昔斯哥而同至者一船曰頞里根是年有海河航路公司之設一小輪鐵船名珀澳尼亞行自波士登陸路而入沙沽納勉多河

弟十部密士昔比河道光十一年阿美利加獸皮公司於比多拔造一輪船曰葉路司屯其輪側其客室與機罐皆居甲板背船宜長駱弟一航由比列塞往先多路以司明年弟二航至由濃塞又造一輪船曰阿西宜勃倚越年火於哈多河上十數年間此公司專航澳麻哈之

上流或溯密蘇爾河而至渡布拉河口蓋載北地獸皮也道光三十年千八百五十墨路帕蘇亦至密路古河口然大率以由濃襄爲航路嗣是船增七百一行咸豐九年千八百五十九造治比窪船南北兵起千八百六十一礮臺在密蘇爾河岸居多蘭達耳其一也學古司西治之上流輪船增至十二然同治七年千八百六十八鐵道一通船機減矣

船表

兵船而外厥數有四曰火輪五千有奇曰風颿一萬六千有奇曰運河船曰小船各千有奇凡二萬三千有奇前此三年間或得邦部分數或得河海舟目詳略互見抆甄錄之遞船表

	火輪船數	火輪船頓	風颿船數	風颿船頓	運河船數	運河船頓	小船數	小船頓	合計數	合計頓
科倫布亞	三〇	八五八[illegible]	四一	一〇九九			一	五〇八	七二	一〇一八七
阿拉巴麻	五九	五六九七	八二	四八〇〇			一一	五六〇	一五二	一一〇五七
嘉里符尼亞	一九四	一〇一七五七	七〇六	一四九三八五					九〇〇	二五一一四二
干捏底嘎奪	一四八	三六五六五	五二二	四五九五九	二	二五一	一六五	二五八九六	八三七	一〇八六七一
特納窪	二六	五〇九九	一六〇	一四八四七					一八六	一九九四六

佛勒里當	一一〇一一五六	三七九二七九二	八　〇			四八九三九四八	八
若耳治亞	五二二四〇二	八二一一八〇	四　七			一三三三五八三	一
伊利那倚斯	一七七二一〇七	二二六五三四四	六　六			四〇三七四五二	二
英釐阿納	六〇八七二八					六〇八七二八	
愛阿窪	六八九一二八					六八九一二八	
根得基	七四一七三一		五			七四一七三一	五
魯西阿納	一八七五四三一	四〇九一五六三	三　九			五九八六九九五	二
緬	一一九二二一四二三五六	四大四五	二　一〇	二	八二二	二四七七　四八六八	三四
瑪理蘭	一七三五三三七二〇九八	九一二六	〇	九	二三〇七	二三八〇　一四大八	三八
馬沙朱色土	一五六六八九四一九〇二	三七〇九	一　二五	一〇	二九七一	二〇六八　四四二八	三七
密西根	五一一一一〇八	五〇四　九九〇〇	五九　八	五六	一六五二	一〇七一　二二六三	九
梅尼所達	六四六六六五	一　八八		一三	一六一五	七八　八一六八	
密士昔比	四四四八〇一	一二〇　四五三四				一六四　九三三五	
密蘇釐	一五五五四四七		四	一二八	一一二八	二九　一六七三	七二　四
挐布拉士格	二二四〇一三					二二　一〇一三	

紐罕布西耳	七三八八	五九一〇五〇 一					六六一〇八八 九
紐折耳西	一〇五一三六八 八	九二四六一四九 一	一	二七九	四八	一九五 四	一〇七八八九四一 二
紐約	一二七四四五七〇 三八	二八〇八五六四七 六四	六八	九〇一一 八	五一四	一〇六一 九三	五五六四一二一八 一一三
諾司咯爾勒那	六二四七三八	二八八一〇一六 七					二五〇一四九〇 五
倭海約	二五二九六六四 二	一六六六五八二 〇			六	二一七二	四二四一六四六 三四
頓[illegible]根	一二九四二六二 六	四七一〇五九 二			八	五九七三	一八四五九一九 一
賓夕彿尼亞	二六一一三三七 九六	五四三一三六一 〇四	四四	五八一一	三二	六六九二	一〇八〇二八二四 〇四
洛會埃倫	四四二二二〇 九	二三六一八五七 七					二七〇三九七八 六
搜司咯爾勒那	五二六七六一	一七五六〇四五					二二七一二八〇 六
田捏西	一〇六二〇四二 二						一〇六二〇四二 二
德格瑟斯	三六二一九七	二二一四七三二			四	五九〇	二五二八六一九
窪蒙	八三三一八	一三一〇六二	一三	一二一一			三三四五九一
勿爾治尼亞	一〇一八三四六	一一三五三七四四					一二三六四五七八 七
威士奪勿爾治尼亞	一一二一三四七 九						一二二一三四七 九
威士干遜	一五〇三三三九 一	二四五五一六三 四					三九五八四〇二 五

華盛頓	七九六四二四		八九	七三五二					一六六四九七七　六
阿拉布克	二	一三一	一六	三六七					一八　四九八
光緒十二（一千八百八十六年）共　二	一六五三二	二三七三　八八四	五三九九	一四九四　九一七	一〇二七	九七六八　一	一〇〇五	二九九四　五一	二三九六四二六五　三　九二四
次年共　八	一六〇一	二二二〇　二〇三	五四六七	一五二二　九八四	一〇三五	九八七四　三	一〇一四	二九九二　〇六	二三五三四一三一　四　一二二
大西洋墨西哥海灣　二	一三六五	一六六五　〇七〇	二六八〇	七七三八　二三	一二六一	四二九六　五	六九七	一五六四　一五	一七三九二六三八　〇　二七三
太平洋	七九六	一八九九　一六	四三二一	一六〇五　五六			八	五九七三	一二三六三五六四　四五
北方諸湖	一二八六	三一五〇　七九	一二二五	三七〇三　九八	五四九	五六四八　七	八四	二一七五　八	三一四四七八三七　四二二
西方諸河	一	九二一	一四四	二一七九　四二			一四八	一〇九三　七二	一二九三三二七四　〇五
光緒十三（一千八百八十七年）共　一　五	九七三二	一七〇一　一五七	四八一	一五四二　七一八	九一〇	九九四五　二	九三七	二九三五　一八	三〇六四一〇五　三　八四五

輪船年表

輪船之將作已詳攷工兵船之力數亦載兵志而航河航海之汽機明輪暗輪之噸力非甄繆之易徵損益其噸力成數以噸計奇數以百分之十一計至光緒六年止自嘉慶十二年始遞輪船年表

年	船	噸（整數 奇數）	年	船	噸（整數 奇數）	年	船	噸（整數 奇數）
嘉慶十二至	十一	一三二四〇　〇	道光十三（一千八百三十三）	八八	一三〇五七　〇〇	咸豐七（一千八百五十七）	二四二	六五二[illegible]七[illegible]四

美利加通紀卷

年	西曆		
十六	千八百七至千八百十一	四	五七〇八
十七	千八百十二	七六	一二九六
十八	千八百十三	二	七一一六五
十九	千八百十四	五	九五四六五
廿	千八百十五	一七九	三五一八八
廿一	千八百十六	一〇八	一三三三二
廿二	千八百十七	二六九	五二六七二
廿三	千八百十八	二八四	七二九〇七
廿四	千八百十九	二三八	三六一〇五
廿五	千八百二十	二二一〇	一四一九九
道光元	千八百廿一	一六一	二二二二二三
二	千八百廿二	二三一六	二一〇九九
三	千八百廿三	三八八	五九四六二
四	千八百廿四	四一五	六九一七六

年	西曆		
十四	千八百三十四	七二七六	一〇七六九
十五	千八百三十五	一四五六七	二三二一八
十六	千八百三十六	一五八〇六	三三四五五
十七	千八百三十七	一〇五〇九	二四一五八
十八	千八百三十八	一六四五九	二四八九七
十九	千八百三十九	八七五一	一四六八五
廿	千八百四十	一〇八八一	二三五四三
廿一	千八百四十一	一四〇一五	二四五五〇
廿二	千八百四十二	七九六七	一三八三七
廿三	千八百四十三	一六三五八	三二〇三〇
廿四	千八百四十四	一六三三八	三三六八〇
廿五	千八百四十五	二二五七一	四六三五九
廿六	千八百四十六	一九七〇〇	五八二〇
廿七	千八百四十七	一七五〇一	五二五二六
廿八	千八百四十八	一一五〇一	四三〇一八

年	西曆		
八	千八百五十八	一七七	三二三〇五四五
九	千八百五十九	二七五	六九三〇〇七
十	千八百六十	二六六	六〇六八六三六
十一	千八百六十一	一八三	五六四四九一七
同治元	千八百六十二	三六〇	九四二二三六七
二	千八百六十三	五二〇	三一七四九九八
三	千八百六十四	四一一	五一四五六九六三
四	千八百六十五	三五八	二一一五一八三
五	千八百六十六	一七九	七二〇一〇三
六	千八百六十七	一三三六	六四四〇〇六
七	千八百六十八	二七九	六〇五六五九九
八	千八百六十九	二九〇	七〇六二〇九二
九	千八百七十	三〇二	八七八四二四九
十	千八百七十一	二九二	六二二〇九六五
十一	千八百七十二	四〇二	八八〇一〇六六

年	西曆	頓數
五	千八百廿五	六六一二二七九 三〇
六	千八百廿六	五二八九一七 〇
七	千八百廿七	三四六〇八五〇 三
八	千八百廿八	五五一一一九二 一八
九	千八百廿九	四八七〇六八八 九
十	千八百三十	三九五三二五四 四
十一	千八百三十一	一〇〇一五四〇一 二三二一
十二	千八百三十二	六五一〇七三四 二五
廿九	千八百四十九	一九七五一二五八 三五
三十	千八百五十	二四七七八三二六 四七
咸豐元	千八百五十一	二六八八五五三二四 三三
二	千八百五十二	二八〇九五一五五 六七
三	千八百五十三	二八四八八八二 八二
四	千八百五十四	二四六七二七六〇 三二
五	千八百五十五	二三二六五一三九 三四
六	千八百五十六	二七二七四四五九 五九
十二	千八百七十三	四〇四一〇一九一九 二
十三	千八百七十四	三二三六二四五九八四
光緒元	千八百七十五	三三六九二五一九一
二	千八百七十六	二六五四七五一四五一
三	千八百七十七	三三四八一八五九六九
四	千八百七十八	三五八六三六一三五
五	千八百七十九	三四八七八八五三七〇

輪船分部頓數表

美利加輪船在新英諸邦者爲第一部在北邦諸湖者爲第二部在倭海約河密士昔比河者爲第三弟四弟六部在中央及太平洋南岸諸邦爲弟五弟八部在墨西哥灣岸諸邦者爲弟七部在三法蘭昔斯哥大平洋岸者爲弟九部在上密士昔比河者爲弟十部輪船增造已詳攷工茲就船數頓數依所計之年錄之未計者闕非漏也

述輪船分部頓數表

第一商船數噸數第一

年	船	噸數（整數）	噸數（奇數）
嘉慶廿二 千八百十七	一	八〇五二	
道光元 千八百廿一	一	九八三三	
三 千八百廿三	一	一三五〇八	
四 千八百廿四	二	二九四五五	
五 千八百廿五	一	五一〇一六	
六 千八百廿六	一	六五二三	
七 千八百廿七	三	四五三一九	
八 千八百廿八	一	二一五一五	
九 千八百廿九	二	一一三〇二	
十 千八百三十	一	三七六〇	
十二 千八百三十二	二	四五〇九二	
十三 千八百三十三	一	二六一七〇	
十四 千八百三十四	二	三〇六一二	
道光廿三 千八百四十三	四	五八五八八	
廿四 千八百四十四	九	一五三六八	一
廿五 千八百四十五	六	一七九一三	三
廿六 千八百四十六	七	一八七九二	六
廿七 千八百四十七	五	二九七〇五	
廿八 千八百四十八	十	四六五八〇	一
廿九 千八百四十九	九	一四〇五一	二
三十 千八百五十	九	一一〇二六	一
咸豐元 千八百五十一	一三	一七五九	九
二 千八百五十二	一〇	一七五九八	九
三 千八百五十三	一三	二九六〇三	七
四 千八百五十四	一三	二五八〇三	六
五 千八百五十五	二〇	七七三四七	八
同治二 千八百六十三	二一	一〇三五〇八五	
三 千八百六十四	三一	一〇九四二九六	
四 千八百六十五	四一	一二〇〇八〇三	
五 千八百六十六	二九	一五三三九六七	
六 千八百六十七	一三	一一六〇一七一	
七 千八百六十八	九	六八七二六〇	
八 千八百六十九	一一	一四三三九九	
九 千八百七十	一三	三八〇八九五	
十 千八百七十一	一七	三三八三九二	
十一 千八百七十二	一六	二七〇一六四	
十二 千八百七十三	二九	二九八一八五	
十三 千八百七十四	二一	二四三四九三	
光緒元 千八百七十五	一三	一〇二八七	

年	船	頓整數	頓奇數
十五 千八百三十五	五	一三〇一五	八
十六 千八百三十六	三	一二五〇六	一
十七 千八百三十七	四	七七九二〇	
十八 千八百三十八	五	一五二九九	四
十九 千八百三十九	三	二四一九四	
廿一 千八百四十一	一	六〇五七一	
廿二 千八百四十二	四	一〇七三三	〇
六 千八百五十六	二一	[illegible]	八
七 千八百五十七	八	一三三九五	三
八 千八百五十八	八	二〇二一七	六
九 千八百五十九	七	二一七二三	〇
十 千八百六十	四	五四八八四	四
十一 千八百六十一	一四	三八〇〇三	八
同治元 千八百六十二	一三	七九五七四	一
二 千八百七十六	二六	[illegible]	
三 千八百七十七	二〇	一五二五九三	
四 千八百七十八	二四	一七一四一六	
五 千八百七十九	三六	四七五〇七三	
六 千八百八十	二六	三二八七七九	

第二部船數頓數第一

年	船	頓整數	頓奇數
嘉慶廿一 千八百十六	一	二三一五七	
廿二 千八百十七			
廿三 千八百十八	一	六九〇二七	
廿四 千八百十九			
廿五 千八百廿			
道光元 千八百廿一			
道光十九 千八百三十九	九	二五〇四九	五
廿 千八百四十	六	一一三六	九
廿一 千八百四十一	三	八一三九〇	
廿二 千八百四十二	五	一三九七六	八
廿三 千八百四十三	三	五三二四二	
廿四 千八百四十四	九	一四七六二	四
咸豐十一 千八百六十一	二〇	二三七七四五	
同治元 千八百六十二	四一	九三〇七六三	
二 千八百六十三	七三	一三五七八一一	
三 千八百六十四	一五七	七〇六六九二八	
四 千八百六十五	四八	六四二五〇八	
五 千八百六十六	四五	四七六〇九六	

二	千八百廿二	一	三四六三八
三	千八百廿三	一	四八六三
四	千八百廿四		
五	千八百廿五	一	一二四六七
六	千八百廿六	四	八九一六三
七	千八百廿七		
八	千八百廿八		
九	千八百廿九		
十	千八百三十	一	九三八二
十一	千八百三十一	一	三一四一
十二	千八百三十二	四	七五二七四
十三	千八百三十三	七五	一五六三四
十四	千八百三十四	十九	二一五八四
十五	千八百三十五	三○	一一八八七
十六	千八百三十六	三	四一三五七
廿五	千八百四十五	五五	二二四一七
廿六	千八百四十六	五一	五八六一六
廿七	千八百四十七	一九九	七六五九四
廿八	千八百四十八	一三九	七三七八三
廿九	千八百四十九	一九○	二一四○三
三十	千八百五十	八一	三三五一○
咸豐元	千八百五十一	九四	五三四七○
二	千八百五十二	一九四	八六○○九
三	千八百五十三	二九三八	一三三三○
四	千八百五十四	三一一三	一六五六五
五	千八百五十五	二二九三	二三一○九
六	千八百五十六	一六八○	一三六五三
七	千八百五十七	四一四九	一六七二八
八	千八百五十八	三七三九	一二九一七
九	千八百五十九	一六四	二五四四○
六	千八百六十七	三六	八五九五○五
七	千八百六十八	六五	一一三一三四○
八	千八百六十九	七七	一三三三八七三
九	千八百七十	四九	七一九五八四
十	千八百七十一	四五	一一一六八四三
十一	千八百七十二	六○	一五九二五九一
十二	千八百七十三	一○四	二二七九一二
十三	千八百七十四	九九	二四四八七二○
光緒元	千八百七十五	七○	一二四八九○五
二	千八百七十六	七九	八九七二三○
三	千八百七十七	三九	三八○一九五
四	千八百七十八	五五	八六四三六五
五	千八百七十九	四四	一一五四二四八
六	千八百八十	五六	一四三○六三○

年	船	頓整數奇數
十七 千八百三十七	六八	一九〇四八
十八 千八百三十八	一二四	三一〇四七
十 千八百六十	二〇七	五〇一〇八

中邦太平洋南岸諸邦船數頓數第三

年	紐約 船	紐約 頓整數奇數	勿爾治尼亞 船	勿爾治尼亞 頓整數奇數	拔治莫耳 船	拔治莫耳 頓整數奇數	大西洋濱 船	大西洋濱 頓整數奇數
嘉慶十七 千八百十二	二	一八九五二	二	二六七五六			四	四五七〇八
十八 千八百十三	二	五一三四九	三	五六九八八	一	一八三二一	七	一四二九六六
十九 千八百十四	一	三七〇九三					一	三七〇九三
廿 千八百十五	四	一二三〇三〇	一	一二五七〇			一	一二五七〇
廿一 千八百十六			三	四七八六四	三	三三三二一〇	三	二五三二九四
廿二 千八百十七	一	一五三三			二	三一二四八	四	四五〇〇九
廿三 千八百十八	二	二二六五二	二	三九五三六	一	三〇九三九	六	一一五三四五
廿四 千八百十九	二	一一二九〇一	一	四〇七五七	一	二九七〇〇	五	一九七四九三
廿五 千八百二十	二	七一八八	一	一四八〇〇			五	七四[illegible]六五
道光元 千八百廿一	二	三七三二二	二	一七二〇五			六	六六八三〇

美利加關稅冊二十一　十四

二 千八百廿二	一 二〇七八五	—	二 三六九一〇	四 八六五三一
三 千八百廿三	二 二九四六三	—	—	四 六三六九七
四 千八百廿四	六 九二四六一	一 二〇八二〇	—	一三 二二三〇六八
五 千八百廿五	一一 二三八八八七	—	—	一五 二八三七七五
六 千八百廿六	一七 三五二九五四	三 六九九〇五	—	二三 四四三四二九
七 千八百廿七	六 一六一四〇一	二 五五三四七	二 二五五八八	一四 八一三六
八 千八百廿八	一〇 二一四三二一	一 二三〇九三	二 四〇四一〇	二四 二八二六六三
九 千八百廿九	七 一四五〇一〇	—	三 一二五九八二	一五 三三九九〇〇
十 千八百三十	五 六五二七二	二 三三〇三四	三 八七五〇五	一三 二二二六一二
十一 千八百三十一	四 六六三六四	—	—	五 八一五七五
十二 千八百三十二	四 一〇八四一五	—	—	八 二〇〇九六九
十三 千八百三十三	五 一四四四六一	一 三一四二〇	四 一一四八〇四	一三 三三六〇五〇
十四 千八百三十四	七 一二三五四〇	—	一 三二四二六	一四 二三二八九三
十五 千八百三十五	二 二八八一四	二 四八六〇五	二 七七二六	一一 二三四〇七三
十六 千八百三十六	一六 三九二七一	三 七六六四四	一 三二一六四〇	三一 六六二六三九

十七 千八百三十七	一六	五一〇九三〇	二	八七〇六七	四	一七九三七二	三一	九二〇七七八
十八 千八百三十八	七	一七五七五九	二	六二七七六	四	一三三一九一七	二二	六八九六五四
十九 千八百三十九	一六	三六九五五六	四	三一〇〇四	五	一二一三五六	四三	七五四二九〇
廿 千八百四十	八	二六四七四九	一	七四五一	一	四一三六五	一七	四二五六七五
廿一 千八百四十一	八	五〇二三六一	一	二七〇六二			二一	五六八三八五
廿二 千八百四十二	一八	四五三三四四	一	二〇四二	二	六九八五	二八	五七四〇四二
廿三 千八百四十三	五	一八一九二八	三	二四七八九	一	三九四三〇	一三	二九三九一九
廿四 千八百四十四	一四	三〇七九五四	二	一八六九三			一九	一六二一八四
廿五 千八百四十五	一七	六五七八三七	八	一〇九四九四			三三	九三九六九〇
廿六 千八百四十六	二三	八二四九五九	六	五九八八七	三	八二九六五	四五六	一一八八〇九
廿七 千八百四十七	一五	八七六七六三	八	一三三五一一	一	四六二五二	三三四	一二一九六五
廿八 千八百四十八	一九	九九八八三一	五	一二〇〇〇四	一	一三一六二	二八四	一二六〇一九
廿九 千八百四十九	二一	三〇一八〇八	一二	一九二一四五	五	二三二四〇〇	四五	一六九〇六五
三十 千八百五十	二九	一九二七〇八	一七	三六六九四九	四	一一五九三二	六二〇	二六五二八八
咸豐元 千八百五十一	四七	三三四九七四	二六	七九四一五八	四	三六〇三三	八九〇	四四[illegible]三八一

二 千八百五十二	四三五 二七四八七一	二〇 五六六八四二	七 三三一六〇六	八九 三八五九八〇
三 千八百五十三	五八七 二八六〇〇五	三三 七七二四八四	一 六三四一	九四一 四〇七四四二
四 千八百五十四	四九 二五五〇六〇	一九 三七七九〇九	四 一八七二四〇	九一九 三四七二四二
五 千八百五十五	四四九 一九一九二一	三三 五二六一五一	四 二五三五六二	八二九 二八三七五五
六 千八百五十六	二〇 二七七五六四	八 五五六五二		四二〇 一四二二〇六
七 千八百五十七	二七五 一二二七〇七	一四 一五三四七八	二 一〇七六三四	五五五 一八一一四五
八 千八百五十八	二七四 一二二九九一	一二 二三八五六七	二 一五四七二	五一三 一七一二八二
九 千八百五十九	二〇 八一五九四七	六 一八五三六八	二 六九九一九	四七八 二四九一三六
十 千八百六十	二七九 一三九一〇六	九 一三〇六四四	二 二三三八六五	五七〇 二四六六三八
十一 千八百六十一	四〇四 一八五一九六	一一 一三七六四七	一 一九四〇〇	五七一 二二〇七〇七
同治元 千八百六十二	五三六 一三三六一一	八 四四三四三〇	四 六九九三八	七三四 三〇六九四九
二 千八百六十三	八四三 三五三三一四	四三 九五六〇一〇	四 一三一九七六	一四一七 四八四一三二
三 千八百六十四	三一九 六〇九三三八	六〇 一二八六二一	一〇 二七一二〇〇	一九九〇 七八〇〇四二
四 千八百六十五	七一一一 五三〇八四三	三一 六五〇〇一一	一〇 九三四〇〇	一二二九 六二九一四一
五 千八百六十六	三九六 二五五九四六	四六〇 一四四二二六	四 二二四七五五	一〇九三 五二三〇八五

六 千八百六十七	三六	二七五二五三一	六	二九六五〇三	一	五〇九〇	五九	三八〇三二五〇
七 千八百六十八	一七	一四八〇六〇	四	五三三七九	三	六五八一	四九	二〇四三九四一
八 千八百六十九	三一	一八六〇〇二三	三三	二六四五八三	一	二七三一	七七	二四四〇八八三
九 千八百七十	二八	一三六八四七五	六	二〇四七三五	三	一五三八八	七二	一九二九九九八
十 千八百七十一	二一	九六三〇五〇	一四	三一四一五五	三	四四九九五	六八	一九九七二一四
十一 千八百七十二	三〇	七四一四二八	二六	二一九五八五	七	一四七九八五	八八	一六八七三九〇
十二 千八百七十三	六六	一八一九三四二	二六	八八六二〇三	六	九五〇一五	一四〇	四〇四九一二四
十三 千八百七十四	六〇	二五七二八一	三三	一六三六七八四	二	一四八四五四	一三五	五一六三三〇三
光緒元 千八百七十五	三八	五四六三七一	三〇	一八三三四四七	二	五六四三	一〇〇	三〇九六五〇一
二 千八百七十六	二三	五三五三一九	三一	一三四三五九二	二	一三二一七〇	八六	二九七八〇八〇
三 千八百七十七	二〇	六四〇八二〇	一七	六五一四七二	二	一四〇六九	五八	一五一〇二九四
四 千八百七十八	三〇	五八五一五六	二四	二一二九八六七	六	四三七一四	八八	三四一〇四三二
五 千八百七十九	三三	三〇六一三一	二八	一九五〇六四〇	七	一〇〇三六九	九五	二九一三六二四
六 千八百八十	四〇	三八三一六三	二八	一六九五七七一	七	二二一九四	一一〇	二九三大九三〇
總計	一五七八	五八四七三四八七	八〇九	二三九七二一七〇	一八二	四七〇五一二七	三一〇四三	一一四三五九七〇七

三法蘭昔斯哥太平洋船數噸數第四

年	三法蘭昔斯哥 船	三法蘭昔斯哥 噸數	太平洋濱 船	太平洋濱 噸數
咸豐五 千八百五十五	三三	一九七·一四	三三	一九七·一四
七 千八百五十七	三五	一八二·三九	三五	一八二·三九
八 千八百五十八	三五	二〇〇·五七	三五	二〇〇·五七
九 千八百五十九	三一	一八一·七〇	三〇	一八一·七〇
十 千八百六十	四三	二三四·三九	四三	二三四·九三
同治元 千八百六十二	五〇	二七六·五四	七五	三〇四·七七
二 千八百六十三	四四	二二五·〇九	六八	二五八·六八
三 千八百六十四	四三	一八八·五三	七〇	三二五·九八
四 千八百六十五	六三	三三六·八六	八八	三八一·二四
五 千八百六十六	七三	四二七·三八	九九	四六八·一二
六 千八百六十七	八五	四九一·六二	一一九	五七一·九八
七 千八百六十八	八七	六四二·五四	一〇七	六九六·四五

八 千八百六十九	一一三	六五六●六〇	一六六	七五九●三四
九 千八百七十	一〇一	五三六●二五	一六四	六三一●五六
十 千八百七十一	一一〇	七〇五●三十	一八〇	八二二●七九
十一 千八百七十二	一〇七	七一九●九六	一七三	八三九●二五
十二 千八百七十三	一二四	六七八●〇四	二〇四	八三二●七一
十三 千八百七十四	一三六	七九八●三〇	二一七	九五六●四三
光緒元 千八百七十五	一三六	七九三●九二	二三二	九八三●六九
二 千八百七十六	一五二	七四四●三三	二四九	九四九●五七
三 千八百七十七	一六三	七八三●四八	二七一	一〇二九●一二
四 千八百七十八	一六五	八三六●六四	二八八	一一二三●二七
五 千八百七十九	一六一	七八四●〇一	二九二	一〇九七●九〇
六 千八百八十	一六一	七八五●九九	二八八	一〇七七●二九

美利加攷工志五

花翎二品銜直隸即補道總辦北洋機器局前游歷使臣傅雲龍述

工廠水力流力繫地表

美利加工初資流力後兼水力水力輪流力尤便中國四川閘口之水彷彿近之轉輪引機而先藉水旋輪其水出閘一瀉數丈實倍火力而皆以馬力計凡一馬力能於一分時起重三萬三千磅高至一尺壓力準此矣就光緒六年數述工廠水力流力繫地表

邦部	工廠	水輪馬力（水輪機力）	汽罐馬力（蒸汽機力）	機械馬力	合計馬力
科侖布亞	一一五	一五八八〇	一二七	一一四二二六三	三一四三
阿拉巴麻	二二五七	九三一七一一七九	六一六	五五一九一五七七	二七五七六
阿剛色斯	七二九	一四九二〇二四	五五五	五四五九一三七〇	一五七三三
嘉里符尼亞	一〇〇〇	二〇五四八五〇	九九	七七九一二八〇七	三二一九二一
咳挪拉奪	一八一	一二二一八四九	一五八	一五二三九五二	五八〇二
干揑底嘎奪	二〇二八	一七八四六五一二〇	一六七〇	一二四七五七〇二	一一八三三
特納窪	三一七	二三三二四七八五	五六五	二五四三一〇六四	一五四二一八

佛勒墨畬	一四四	七〇九三九	二九一一九三六二〇八	七一四七
若耳治亞	二〇七四	一九一七三〇六 七	九四八七九九二一一〇 三	五一一六九
伊利那倚斯	三七二二	七五一一七四四 五	一四四三三四四五一一六八 四三	一四四二八八
英蘆阿納	四六六六	一一四二二一八一〇	三八八九三六三四一〇九九 六〇	一三一七七〇
愛阿窪	一五四六	一〇九三二〇三六 三	一二二九一〇六八三三八五 八	五四二二一
剛色斯	五七八	二九九七六一一	四二一六三九六一三四六 八	二二〇七九
根得基	一七六七	六五三九〇一二	一六三六一四九四四五九一 七	六〇〇二九
魯西阿納	四〇二	一三九〇	四九一四三〇一一二五 六	一一三四六
緬	一九一八 二四	二八八七七九七一 七	七四七五一一二〇七五 九	一〇〇四七六
瑪里蘭	一五二二	一〇〇四一八〇四 三	一二〇二九一四三三三一 六	五一二五九
馬沙朱色斯	五一七三	三〇四六一三八三 六二	五一〇五三〇九六一七一三 九七	三〇九七五九
密西根	三五八一	一七四六三四三九 五	四一〇九二〇八五一三〇三 五二	一七三七四七
梅尼所達	九六四	六五〇二八六八 九	七六〇五六九二五一九 一	五三八〇
密士昔比	八〇三	三〇一三四九	六七六六三五一五〇〇 一	一八四五〇
密蘇蘆	二四二一八	五三七八一六二	二四四八二二二八七二五八 七	八〇七四九

挈布拉士格	二六二	二四五五四九五	一二八	一二六二九九九	八四九四
列法達	二六	六 一〇八	二七	二三 六〇八	七一六
紐罕布西耳	一六六三	二二二二六九一五 九	五九八	四五六一八五七 五	八七〇三〇
紐折耳西	二二二六	二二一三二七〇六 六	二二五三	一六一九七二七九 二	九九八五八
紐約	一一七七 六	九七五二二一九三 四八	八一〇一	六六七二二三四七 九五	四五四一四三
諾司喀爾勒那	二三二二三	二三七〇三〇〇六 三	六九十	六一六一五〇二 五	四五〇八八
倭海約	六六八四	二八〇三八六四 一	七〇八	二六二一五二二五 〇二	二六一一四三
嫣墨根	四四三	三七三九二五五	一九六	一七六四三三四	一三五八九
賓夕佛尼亞	一〇三八	七〇七五一一〇二 七六	一二〇九五	七九一三四〇二一 三二	五一一四〇八
洛畲埃倫	六〇八	三八六二二二四 〇	一一六四	四七六四一三三 五	六三五七五
田捏西	二一〇八	一三八三一八五六 四	一〇七四	九六七三三三八 八	五一九五二
德格瑟斯	一三三四	一七四二五〇八	一二二九	一一六七二八〇二 六	三〇五三四
窪蒙	一五八二	二一三八五二二二 六	三七八	二七二一一〇八 八	六三三二一四
勿爾治尼亞	二七六八	二三九九三七四六 四	九八二	八九九一九七一 〇	五七一七四
威士尊勿爾治尼亞	一一九〇	六七〇六四五四	九三四	八一六二八四五 六	三四九一〇

威士干遜	二一五四	二〇二二	四五三五 六	一八七九	一三六六	六〇二 九	一〇七二九
阿里瑣那	二一	八	一六〇	一五	一四	三七〇	五三〇
打戈達	七九	三六	八〇三	五六	五五	一四二一	二二一四
埃得和	六七	四八	一一二六	二三	二二	五四六	一六八二
孟大那	六三	三九	九五四	三一	三一	五四四	一四九八
紐墨西哥	七八	六九	九三二	一九	一九	四二七	一三五九
尤達	二四三	二一四	三五二五	五五	五五	一一五四	四六八九
華盛頓	七〇	四六	一一八五	九六	六一	三二一〇	四三九五
歪阿明	一〇	二	三八	一八	一八	七一七	七五五
總計	八五二七 四	八三七三一	一一八八 四九六	七五三一二	五五九七 四	二一七三 三三	三二九〇六四九

工廠水流馬力比較表

水力流力厥工既繫地以表矣光緒六年八千八百美利加水流之馬力凡三百四十一萬有八百三十七較之前十年同治九年八百七十八年增力一百有六萬四千六百九十五美利加人以百分率比之述工廠水流馬力比較表

邦部	同治九年七十八百	光緒六年八十八百	增百分率
科侖布亞	一八八九	三一四三	六六·三八
阿拉巴麻	一八七五一	二七五七六	四七·〇六
阿剛色斯	七六四六	一五七三三	一〇五·七七
嘉里符尼亞	二五三七〇	三二七二一	二九·七〇
喀挪拉奪	二二二五	二八〇二	一六〇·七六
干揑底嘎奪	八〇三七四	一二八二五三	四七·一〇
特納塞	八五三三	一五四二八	八〇·八〇
佛勸里畓	三一七〇〇	七·一四七	九三·一六
若耳治亞	三八一四三	五一一六九	三二八〇
伊利那倚斯	八六〇四四	一四四二八八	六七六九
英薹阿納	一〇〇三六九	一三一七七〇	三一·二九
愛呵窪	三九五四七	五四二三一	三七·一一
剛色斯	八一四九	二一〇七九	一五八·六七
根得基	三七五六八	五四九二九	三八八二

魯西阿納	二五〇六六	一一三四六	二六一七
緬	七九五七三	一〇〇四七六	五八・一〇
瑪理蘭	三二四二二	五一二五九	六八〇二
馬沙朱色士	一八四三五六	三〇九七五九	五五・六四
密西根	一〇五八五一	一六四七四七	一六七・五四
梅尼所達	二〇一三九	五三八八〇	四七・九三
密士昔比	一二四七二	一八四五〇	四六六・五
密蘇蠻	五五〇六二	八〇七四九	一五六・五四
拏布拉士格	三三一一	八四九四	
列法達	八五四五	七一五	一三・八五
紐罕布西爾	七七〇七八	八七七五〇	七一・七六
紐折耳西	五八一三九	九九八五八	三五・八二
紐約	三三四三六三	四五四五一四三	三六・〇〇
諾司喀爾勒那	三三一五二	四五〇八八	四九・八〇
倭海約	一七四三二三	二六一一四三	

頓里根	八二七七	一三五八七	六四二·八
賓夕佛尼亞	三六三九一八	五一三四〇八	四〇·八〇
洛島埃倫	四二〇二七	六三五七五	五一·二七
南戛司喀爾勒那	一四九二三	二五八六八	七三·二四
田捏西	三七九八一	五一九五二	三六·七八
德格瑟斯	一三〇四四	三〇五三四	一三四·〇八
窪蒙	五一三三二	六三三一四	二三·三七
勿耳治尼亞	四九六一二	五七一七四	一五·二四
威士薩勿爾治尼亞	二七三三一	三七九一〇	三八·七一
威士干遜	六四二二三	一〇六〇八五	六五·一八
阿里巴麻	九〇	五三〇	四八八·八九
打戈達	三二四	二二二四	五八六四二
埃得和	六六	一六八二	一七七五六
孟大那	一六一七	一四九八	
紐墨西哥	九一二	一三五九	四九·一八

尤達	二五〇〇	四六八九	八七五六
華盛頓	二八二三	三九五	五五六九
歪阿明	三四四	七五五	一一九五四八
總計	二三七一五九三	三〇二三五一二	五五九二一六六

水力瀉力槳工表

美利加百工所用機器其水力瀉力凡抵馬力三百四十一萬八百三十七所省人力難可勝數此光緒六年數也述水力汽力槳工表

工業	工廠	水輪橫力 水輪	馬力	蒸瀉機力 瀉罐	機械	馬力	合計馬力
農器	一三八一	五一九	一二六四五	一一六〇	一〇一四	三一〇八六	四四七三
馬車	三五三	六八	一四四七	三一七	八二	九三六六	一〇八一三
地毯	五九	一六	二一五一	二四四	五二七	三八四〇	一〇四〇
衣	一四〇	三	一一	一一三	二八二	一六六〇	一六七一
帽	四三	七	六七二	一〇二	九八六	三三二〇	三九九二
靴履	七四一	一三三	四二〇	六〇二	四	一一一六	一一五七四
襪類	二二六	一一八	五四九一	一二一四	三六三九	六〇六九	一一五〇一

棉布	九五九	一二六五一四八七 五四	一二五八四	一四二一一二六七 五〇	二七五[illegible]〇四
絲穗類	一二六	一八一一四一	五二	七八六一四九〇	二六三一
栒	二四二五 八	二九〇二六四六九九 八七	九四四八	二九三〇一二 一四	七七一二〇一
小器具	四二〇九	六一一一五三六 四	三七四五	八四四五八四七八 六	一〇〇一五〇
鐵鋼類	七八一	三六〇一六五〇 六	七二三七	一六三三八〇七 四一	三九七二四七
鋸木	二五六八 〇	一四六三三九二七八六 八六	二〇四一八	三二一〇五五四三一 四二	八二一九二八
紙	六九二	一八五六八七六一 一	一〇一八	一七二六三六三〇 八	一二二九一三
印刷	一五四八	五九三三五	一二〇六	六七三一五九九 〇	一六三二五
鹽	二〇二	七一〇八	二六七	一一七九八三六八	八四七六
絲	一九七	五四一五六二	二一九	四一二七二四八	八八一〇
窗戶	一一三二	二八四六五〇五	九九三	一五六三一三九 一	三七八九六
糖類	四九		四一二	八四二一〇五二 二	二〇五二
羊毛類	一九八四	一五〇五五三六一 〇	一六七六	三〇一五二八九 七	一〇六五〇七
雜毛	七六	五一六三〇三	二〇三	四七一〇一三 五	一六四七三
雜物	二一二九 〇	五二九一一二四五 七一	二一〇四六	一〇〇五一九九 九三	六四四五六四

雜物	八五九二 三	五五七八三一三三 八七〇	七三三一六一七一四二二一三 四 〇七三	一二四四六九四三
雜物		三七九八四九一	一〇二五七四二二七六一 一 五	三六一〇六
總計	一七一七 六九	一六七四四九六二八四 〇三五	一四七〇四一二一八四四四九 二八 六	一五七六六五二四

水力滊力巨工槩地表

美利加工之機力不專資滊就巨者言一曰農器工其水輪機抵馬力一萬二千六百四十有九其滊機抵馬力三萬二千有八十六凡馬力四萬四千七百三十有一二曰棉工其水輪機抵馬力十四萬八千七百五十四其滊機抵馬力十二萬六千七百五十凡馬力二十七萬五千五百有四三曰鋼鐵工其水輪機抵馬力一萬六千五百有六其滊機抵馬力三十八萬七百四十有一凡馬力三十九萬七千三百四十有七四曰車工馬車運物車其水輪機抵馬力一千四百四十有七其滊機抵馬力九千三百六十有六凡馬力一萬八百一十有三五曰紙工其水輪機抵馬力八萬七千六百一十有一其滊機抵馬力三萬六千三百有一凡馬力三千九百一十有二然則棉紙之工皆以水力勝此光緒十二年數也迻水力滊力巨工槩地表

邦部	工廠	水輪機力 水輪	馬力	蒸汽機力 汽鍋	機械	力馬	合計馬力
農器工第一							
阿拉巴麻	一			一	一	九	九
阿岡色斯	二			二	二	二七	二七
嘉里符尼亞	七			八	八	一〇六	一〇六
干捏底嘎奪	一七	二七	一〇四一	七	六	三〇五	一三四六
特納濟	六	一	一五	六	六	六一六	八一
若耳治亞	七五	二	一〇	八	八	二五一	二六一
伊利那倚斯	一三三	三五	一三九二	一五九	一二四	五三九六	六七八八
英釐阿納	五六	三	一四七	六七	五六	二三〇四	二四五一
愛阿濕	二五	一	二〇	四〇	三五	八五一	八七一
剛色斯	五			六	六	九七	九七
根得基	一三			一九	一七	八〇三	八〇三
緬	一三	四八	一四八四	五	五	五二	一五三六
瑪理蘭	二〇	九	八二	一四	一三	二一八	三〇〇

馬沙朱色士	二四	四一	六二	一七	一二	八一三	一四六五
密西根	一〇四	二〇	四〇八	九六	九〇	一九三一	二三三九
梅尼所達	二二	一	三七	二九	二二	一二三〇	一二六七
密士昔比	三			三	三	七〇	七〇
密蘇蘆	二一			二一	二二	四九三	四九三
拏布拉士格	四			四	四	五五	五五
紐罕布西耳	一六	一八	四二八	二	二	六七	四九五
紐折爾西	一八	九	一二三	一四	一二	一六六	二七八
紐約	一三八	一四四	三九七一	一七一	一五二	四二三二	八二〇三
北司喀爾勒那	二五	一〇	一二八	一六	一六	二〇三	三三一
俄海約	一二五	一二	二九九	一五八	一二六	五九二二	六二二二
額里根	三	四	一五四	一	一	五	一五九
賓夕佛尼亞	一七四	六一	六七二	一五四	一三七	三六四〇	四三一二
洛畜埃倫	四	二	三六	二	二	三五	七一
南司喀爾勒那	二			三	二	四一	四二

田捏西	一三	三二七	一〇	一〇[illegible]	[illegible]
德格瑟斯	七		七	七六三	六三
窪蒙	三三	四〇九一二	八	八一四六	一〇五八
勿爾治尼亞	三九	一六二五〇	二六	二六五二一	七六一
威士勿爾治尼亞（威士汚尼亞勿爾）	五		五	五一二〇	一二〇
威士干遜	七二	一二三五八	七一	六八二七〇六	二〇六二
尤達	一	一一二			一二
總計	一二七三	五一九一二〇五　五	一二〇八	一〇一四三三七八　一	四四七三一
棉工第二					
阿拉巴麻	一六	九一三〇七	一九	九五一〇	一八一七
阿剛色斯	二	一四八	二	一八〇	一二八
干捏底嘚奪	九〇	一七〇一七六三　一	一一七	五一六六一六	一四二四七
特納窪	一〇	九四四五	二七	七九五九	一四〇四
佛𡷊里畲	一	七	一	一三五	三五
若耳治亞	四一	五九七三〇	三三	一八一四五七　九	八七五七

伊利那倚斯	四	三八〇	四	二	二九〇	三七〇
英蠻阿納	四	二八〇	二九	一〇	一三七〇	一四五〇
根得基	四	一五三	八	四	四四八	五〇一
魯西阿納	二		五	三	二五〇	二五〇
緬	二三	九一一三五八 六	三〇	九	一八七五	一五四六一
瑪理蘭	二〇	二五二五三八	六五	一九	四七一七	七二五五
馬沙朱色士	一九四	三三八四八四二	一〇〇六	三二八	五五四五 八	一〇三九一〇
密西根	二		二	一	一四〇	一四〇
梅尼所達	一	一二八				二八
密士昔比	七	三一七二	一四	七	七六三	九三五
密蘇蠻	四		一二	五	六八〇	六八〇
紐罕布西耳	三六	一〇二〇一四 〇	七八	二一	四五六九	二四七〇九
紐折爾西	二三	一九一四八五	七七	二八	三四〇四	四八八九
紐約	五二	七四九一八九	八一	三〇	三九九一	一三一八〇
那司喀羅來納 鄂	四八	五一一二〇四 六	一七	一〇	五八二	三六二八

倭海約	六	三 九〇	一三	六 三六〇	四五〇
賓夕佛尼亞	一八五	三五一七八三	四三四	一八二一四四〇［八］	一六一九一
洛畜埃倫	一二九	二〇〇一五九六［九］	四六三	一一四二一四三［三］	三七四四二
璣隻司嶸爾勒	一四	一三二一三九八	六	三 四二五	二八二三
田捏西	一九	一四 四六二	一七	七 八一二〇	一二七二
德格瑟斯	二		四	二 二五	二〇五
逵蒙	八	一二一〇七六	一四	五 五七〇	一六四六
勿耳治尼亞	七	一三一一九〇	三	二 一六五	一三五五
威士干遜	一	四 一八〇	三	一 一八〇	三六〇
尤達	一	一 二六			二十
總計	九五七	一二六五一〇四〇［四四］	二六〇四	七八四一二六七［六〇］	二四〇九三〇
鋼鐵工第三					
科侖布亞	一		三	二 一三五	一三五
阿拉巴麻	八		四四	一〇二四〇〇	一四〇〇
嘉里符尼亞	一		四三	一六 六〇〇	六〇〇

喀挪拉奪	一			七	四	三一五	三一五
干揑底嘷奪	一七	一四	九一八	四六	二二	二一四五	三〇六三
特納塞	七	二	一八九	六三	三二	二三七〇	二五五九
若耳治亞	九	四	五三	三四	一五	一一五四	一五九九
伊利那倚斯	一六			一九八	一二七 六	一七八五	一七八五二
英釐阿納	一〇			七七	六〇	二 四四九五	四四九五
爾色斯	二			二一	一二	一九〇〇	一九〇〇
根得基	一八			一四六	七六	六四〇〇	六四〇〇
緬	一三	六	七八五	三三	一〇	一一〇〇	一八八五
瑪理蘭	一八	一一	六七〇	一四五	六九	五二七六	五九四六
馬沙朱色士	二四	三九	一六五〇	二一八	一二二	一三八二	一五四七一
密西根	一五	二	四五	九二	六三	一 五一九五	五二四〇
密蘇盪	一〇			一一八	六〇	五九一五	五九一五
拏布拉士格	一			五	五	三〇〇	三〇〇
紐罕布西爾	二			三〇	一一	七五五	七五五

紐折耳西	三六	三六	一一九六	三三二	一三三	一三七七九	一四九三五
紐約	七四	八二	四七〇九	六二六	二四一	二五一三八	二九八四七
諾司喀囒勒那	六	一三	二五三				二五三
倭海約	一〇三	一	一〇〇	八五九	四三九	五〇八七〇	五〇九七〇
額里根	一	一	一四七				一四七
賓夕佛尼亞	三二一	一〇一	三七一三	三六八九	一五〇六	一九七五六九	二〇一二八二
洛島埃倫	一			一四	五	四二〇	四二〇
田揑西	二九	二二	二九三	七五	四一	六〇三五	六三二八
德格瑟斯	一			一	一	六〇	六〇
窪蒙	二	一	二五	一〇	一	三五〇	三七五
勿爾治尼亞	一九	二九	一五九六	一八	九	三七五	一九七一
威士敦勿爾治尼亞	一六			一〇三	五〇	八六〇〇	八六〇〇
威士干遜	八	六	一六四	六八	五三	四六〇〇	四七六四
歪阿明	一			一〇	一〇	四五五	四五五
總計	七八三	三六〇	一六五〇 六	七二三七	三二〇五	四四〇七 四一	四〇六八三七

鐵道工弟四

科侖布亞	一			一	一	一五	一五
阿拉巴麻	一			一	一	六	一
阿剛色斯	二			二	二	四〇	四〇
嘉里符尼亞	四			三	三	五〇	五〇
喀挪拉奪	一			一	一	二〇	二〇
干捏底嘎奪	一七	三	一七六	八	七	二〇一	三七七
特納窪	一			一	一	四〇	四〇
若耳治亞	七	一	一五	五	五	五二	六七
伊利那倚斯	三〇	四	九〇	三	二八	九五三	一〇四三
英薹阿納	一九	一	二〇〇	二六	一八	一三三一	一五三一
愛呵窪	二	一	二〇	九	九	二四六	二六六
剛色斯	三			三	二	一六二	一六二
根得基	二			四	三	二五〇	二五〇
魯西阿納	一			一	一	四	四

緬	九	六	七十	四	四	三十	一一五
馬沙朱色斯	二〇	二	一二五	二〇	二一	三六九	四九四
密西根	二五	四	三一	二一	一九	六二二	六五四
梅尼所達	四			四	四	六〇	六〇
密士昔比	三			三	三	一〇五	一〇五
密蘇薹	八			八	九	二六〇	三六〇
紐罕布西耳	一〇	七	二〇五	六	四	一五三	三五六
紐折爾西	一〇	二	二七	七	八	一〇二	一三九
紐約	五五	一八	三〇三	三四	三八	九七五	一二七八
諾司咯爾勒那	二	一	一〇	一	三一	三〇	四〇
倭海約	三五			三九	三二	一三七八	一三七六
寶夕佛尼亞	一八	一	六	一九	一六	三六一	四二一
洛畣埃倫	二		二	一	一	一二	一四
叟司咯爾勒那	三	一	八	二	二	三三	四一
田揑西	三			七	四	一五〇	五〇

德格瑟斯	二			三	二	二五	二五
窪蒙	七	六	七〇	二	三	一二	八二六
勿爾治尼亞	四			四	四	七三	七三
威士奪勿爾治尼亞	三			六	四	二二二	二二二
威士干遜	一九	一	一七	二九	一〇	一〇一六	一〇三三
打戈達	一					四	四
總計	三八四	六九	一三八二	二七七	三七二	九三六八	一六五六
紙工弟五							
科侖布亞	一	二	九五	二	一	二〇	一一五
嘉里符尼亞	六	五	二二五	一七	二	六一〇	八三五
喀挪拉奪	一	一	七〇	一	一	一五	八五
干揑底嘎奪	六五	一五四	六二二一	六〇	四一	二二五〇	八四七一
特納窪	四	九	五八九	二六	一〇	一〇七八	一六八七
若耳治亞	七	一〇	三六七	八	八	三五〇	七一七
伊利那倚斯	一三	七三	二三八三	二九	一六	八三九	三二二二

英盧阿納	一九	四二二四六九		一九	一七	五七三	三三〇四二
爰呵達	四	八	五三二	二	八	四七〇	一〇〇二
剛色斯	一	二	四五				四五
根德基	二			一八	九	六九二五	九二五
緬	一三	八四四九五八		一四	六	四三五	五三九三
瑪理蘭	二五	四五一二三五		二九	二一	七八六	二〇二一
馬沙色士朱	九六	三六八二一〇四	五	一七五	二三三六二六一		二七四〇六
繆西根	二一	五五二三六三		一九	九	四八九	二八五二
梅尼所達	二	五	六五〇				六五〇
孥布拉士格	一	五	六五				六五
紐罕布西耳	二五	八〇四九三一		九	七	三〇八	五二三九
紐折爾西	三二	五七二三三二		五七	二二二	一八〇	四五〇一
紐約	一六八	四九九二一八三	一	二二	九〇四四七四		二六三〇五
北加那司路加勒	四	一	六九八	一	一	一五	七一三
倭海約	六〇	九〇	四二三二八	一八一	二一	六八六八	一一〇九六

類里根	一	六	八〇				八〇
賓夕佛尼亞	七八	一〇八	二七六六	二〇二	一三四	六六六八	九四三四
田捏西	一	一	四〇	二	一	一五	五五
澤蒙	一三	五三	四六一三	五	四	八二	四六九五
勿爾治尼亞	四	四	一九五	四	二	一〇〇	一九五
威士勿爾治尼亞	三	一	一〇	一五	八	二五五	二六五
威士干遜	一三	六八	二五五一	一	一	四五	二五九六
尤達	一	一	三五	一	一	五〇	八五
總計	七〇一	一七九一	八七五六	一〇二七	六七〇	三六二六	一二三八七二

花翎二品銜直隸即補道總辦北洋機器局前游歷使臣傅雲龍述

陸軍礮局試驗礮鋼表

試驗礮鋼以三寸二分爲率一鑄而成不如逐段而續之固也陸軍學校有礮術學一門無物不驗此第就驗礮身大要而言鋼以鐵煉至五千之十有六始精有挺力有韌力韌之爲言柔而固也一伸一縮人使之然非天然伸縮可同日語（按自然伸縮動物有之否則熱伸冷縮類皆不離乎天然者近是）驗法會見試鋼機器鐵衡懸錘而扃其東機輪繫繩其西置引伸器銜鋼兩端上下分曳以機引繩輪動衡錘移西受引之數以磅計計磅之力以錘分懸引而長而細而斷視此然此非泛論驗法也合衆國陸軍礮局於光緒十二年即西紀一千八百八十六（西六月三十號）所驗礮鋼實有此數漸製漸精是驗後之工程非此力量不如法非此分數不如法非如法不用不記編礮筒號欲其成也分前後膛陸戰需也置驗礮式鑑本數也驗方寸挺力可至七萬五千磅重學一端也次驗方寸引伸分數凡寸以百萬分之一千五百五十爲率引長

太過則挺力失也引伸而後有能縮之韌力可至十二萬五千磅在方寸間亦重學也引長而斷斷後較本數每百分長若干分謂之百分率凡鋼可引長百之十二過此易斷斷分數有差也斷後亦有縮力較將斷時長減若干亦用百分率二者有百分之一以下奇數令用雙行夾寫免牽混之變例也述陸軍礮局試驗礮鋼表

鋼表

礮筒編號前後膛	礮式	分寸礮鋼挺力磅數	方寸礮鋼引伸分數	引伸復縮韌力磅數	曳斷較長百分率	曳斷自縮百分率
二六前	一	四七〇〇〇	·〇〇一五五〇	八八〇〇〇	二五〇五	四九二
二六前	二	四八〇〇〇	·〇〇一五五〇	八七九〇〇	二五〇	四九一
二六後	一	四六〇〇〇	·〇〇一五〇〇	八九一五〇	二三〇	四三三
二八後	二	四六〇〇〇	·〇〇一九五〇	八八七五〇	二〇〇五	四三三
二八前	一	四五〇〇〇	·〇〇一四五〇	八九七〇〇	二三〇	四三三
二八前	二	四五〇〇〇	·〇〇一五五〇	八七三五〇	二三〇五	四三三
二八後	一	四六〇〇〇	·〇〇一五五〇	九一一〇〇	二一〇	四三三
二九後	二	四四〇〇〇	·〇〇一五五〇	八八二〇〇	二三〇五	四六二
二九前	一	五一〇〇〇	·〇〇一八〇〇	九一六五〇	二四〇五	四三三
二九前	二	四九〇〇〇	·〇〇一六五〇	九〇八五〇	二四〇	四六二

二九	後	一	五一〇〇〇	．〇〇一七〇〇	九四四五〇	二四〇	四三三
二九	後	二	五〇〇〇〇	．〇〇一八〇〇	九三七五〇	二四〇五	四三三
三二	前	一	五二〇〇〇	．〇〇一七〇〇	九三〇〇〇	二一〇	四六二
三二	前	二	五〇〇〇〇	．〇〇一六〇〇	九二〇〇〇	二三〇	四三三
三二	後	一	四五〇〇〇	．〇〇一四五〇	八七五五〇	二三〇五	四九一
三二	後	二	四七〇〇〇	．〇〇一五〇〇	八七五五〇	二三〇五	四六二
三三	前	一	五一〇〇〇	．〇〇一八〇〇	八七五五〇	二二〇五	五一九
三三	前	二	五一〇〇〇	．〇〇一七五〇	八八四五〇	二三〇五	四六二
三三	後	一	四八〇〇〇	．〇〇一七〇〇	八九〇〇〇	二五〇五	四六二
三三	後	二	四七〇〇〇	．〇〇一五五〇	八六七〇〇	二七〇	四三三
三五	前	一	四八〇〇〇	．〇〇一六五〇	八三九五〇	二三〇五	四三三
三五	前	二	四九〇〇〇	．〇〇一六〇〇	八一四〇〇	一六〇	四六二
三五	後	一	四五五〇〇	．〇〇一五五〇	八三四五〇	二二〇五	四九一
三五	後	二	四五〇〇〇	．〇〇一五五〇	八四八〇〇	二四〇五	四三三
四二	前	一	五〇〇〇〇	．〇〇一六〇〇	八七五〇〇	二三〇	四三三
四二	前	二	五〇〇〇〇	．〇〇一八〇〇	八五七〇〇	二四〇	四九一
四二	後	一	四七〇〇〇	．〇〇一六〇〇	八一六〇〇	二三〇五	四五六
四二	後	二	四九〇〇〇	．〇〇一六〇〇	八四四五〇	一五〇	二七四
四二	後	三	四六〇〇〇	．〇〇一五五〇	八一〇〇〇	二〇〇五	五一九
四二	後	四	四九〇〇〇	．〇〇一六五〇	八六〇〇〇	一五〇五	二七四

四二後	五	四九○○○	·○○一六五○	八四九五○	一九○五	四三三
四二後	六	四九○○○	·○○一七○○	八五三○○	一一五○五	四三三
四四前	一	四八○○○	·○○一五五○	七九六○○	一一六○	四六二
四四前	二	四六○○○	·○○一六○○	八一九五○	一一四○	四六二
四四後	一	四七○○○	·○○一五五○	八五二五○	一一三○	四六二
四四後	二	四五○○○	·○○一六五○	八六八五○	一一四○	四九二
四五前	一	五一○○○	·○○一八○○	九○四○○	一一一○	四六二
四五前	二	五二○○○	·○○一八五○	九二四○○	一一一○五	四六二
四五後	一	四八○○○	·○○一六○○	八八四五○	一一四○五	四三三
四五後	二	四九○○○	·○○一六○○	九○○○○	一八○五	三七一
四六前	一	四七○○○	·○○一五○○	八五○○○	一一○○五	二七四
四六前	二	四五○○○	·○○一五五○	八三九○○	一一四○	四○三
四六後	一	四八○○○	·○○一七○○	九○二○○	一一○○	三七一
四六後	二	四七○○○	·○○一六○○	八八四○○	一一二○	四○三
四六前	三	四八○○○	·○○一六○○	八五六○○	一一一○	二七四
四六前	四	四五○○○	·○○一四五○	八四五○○	一一五○	四三三
四七前	一	四八○○○	·○○一六○○	八八三五○	一一一○	四三三
四七前	二	四六○○○	·○○一四五○	八七六○○	一一五○五	四三三
四七後	一	四八○○○	·○○一六五○	九○八○○	一一三○五	四○三
四七後	二	五○○○○	·○○一六五○	九一四○○	一一三○	四○三

四八	前	一	四八〇〇〇	．〇〇一六五〇	八一五〇〇	二八〇五	四六二一
四八	前	二	四八〇〇〇	．〇〇一五五〇	八五九五〇	二四〇五	四三三
四八	後	一	四六〇〇〇	．〇〇一七〇〇	八六九〇〇	二一〇	四〇三
四八	後	二	四八〇〇〇	．〇〇一六〇〇	八八九〇〇	二三〇	四六二一
四九	前	一	五〇〇〇〇	．〇〇一六五〇	八七一〇〇	二一〇	四六二一
四九	前	二	四九〇〇〇	．〇〇一六五〇	八七八五〇	二一〇	四六二一
四九	後	一	四八〇〇〇	．〇〇一五〇〇	八七四〇〇	一九〇	四三三
四九	後	二	四九〇〇〇	．〇〇一七〇〇	八八〇〇〇	一九〇五	四三三
五〇	前	一	四四〇〇〇	．〇〇一四五〇	八六二〇〇	二二〇五	四〇三
五〇	前	二	四五〇〇〇	．〇〇一五〇〇	八五〇〇〇	二五〇	四〇三
五〇	後	一	五四〇〇〇	．〇〇一八五〇	九二三〇〇	一七〇五	四三三
五〇	後	二	五一〇〇〇	．〇〇一八〇〇	八九一五〇	二一〇	四〇三
五〇	後	三	五〇〇〇〇	．〇〇一七〇〇	八九四九〇	一九〇五	四三三
五〇	後	四	五九〇〇〇	．〇〇一六〇〇	八五三五〇	二三〇五	四〇三

鐵條工年表

五金鐵之用廣美利加鐵條之工亦最多其肆之居二十八邦部五百九十有一鐵條之數歷年有差述鐵條工年表

廠	光緒五 一千八百七十九	六 一千八百八十	七 一千八百八十一	八 一千八百八十二	九 一千八百八十三	十 一千八百八十四	十一 一千八百八十五	十二 一千八百八十六

阿拉巴麻	一九	四九三四一	七七一九〇	九八〇八一	二二七六五	一七二四六五	一八九六六四	二二七四三八	二八三八五九
嘉里符尼亞	一			四四一四	九八七	五三二七	二一五七		一七五〇
喀挪拉奪	一			六八九六	三三七一八	二四六八〇	一五八三七	五四八一	一〇四五一
干捏底嘎奪	九	一六七五九	二二五八三	二八四八三	二四三四二	一九九七六	一四一七四	一七五〇〇	一九三九〇
若耳治亞	四	二〇三七三	二七三三一	三七四〇四	四二四四〇	四五三九四	四二六五五	三二九二四	四六四九〇
伊利那倚斯	一六	七八一四三	一五〇五五六	二五一七八一	三六〇四八七	三三七六五七	三三七五六八	三三七六七七	五〇一七九五
英釐阿緬	二	二三〇三	一二五〇〇	七三〇〇	一〇〇〇〇	九九五〇	二五六八	六六八三四	一六六六〇
根得基	六	四八七二五	五七七〇八	四五九七三	六六八五三二	五四六八二九	四五〇五二	三七五五三	五四八四四
緬	一	一二四〇	三五七八	四四〇〇	四一〇〇	四四〇〇		四四〇	五〇六〇
瑪理蘭	一九	二七二三七	六一四三七	四八七五六	五四五二四	四九六五三	二七三四二	一七二九九	三〇五〇二
馬沙朱些士	四	五四〇四	一九〇一七	一八三一八	一五三三五	一〇七六〇	四九〇二	八六九	八一二四
密西根	二七	一〇五三九	一五四四二四	一八七〇四三	二一〇一九五	一七三一八五	一七二八三四	一四三一一三	一九〇七三四
梅尼所達	一		三五二〇	七四四二	八一二六	八〇〇〇			
密蘇釐	一一	八四六三七	一〇五五五五	一〇九七九九	一二三六四四	六〇〇四三	六〇〇四三	五一四〇八	七四五二三
紐折耳西	一八	七八一四三	一七〇〇四九	一七一六七二	一七六八〇五	一三八七三	八二九三五	七三六六七	一五七八八六
紐約	四二一	二三九〇五六	三九五三六二	三五九五	四一六一五六	三三一九六四	二三六四八六	一六〇一五七	三三六一八
謌喀爾勤	一一			八〇〇	一一五〇		四三五	一七九〇	二二〇〇
倭海約	八一	四四七七五二	六七四二〇七	七一〇五一六	六九八九〇〇	六七九六四三	五六七一一三	五九三九六三	九〇八〇九四
頗里根	一	三五〇〇	五〇〇〇〇	六一〇〇	六七五〇	七〇〇〇	三六四〇	三八三二	
賓夕佛尼亞	二四八	二六六七七三	二〇八三三一	二一九〇七八六	二四四九二五六	二六三八八九一	二三八五四〇二	二四四五四九六	三三九三八九

田捏西	一七	四一四七五	七〇八七三	八七四〇六	一三七六〇二	一三三九六三	一三四五九七	一六一一九九	一九九一六六
德格瑟斯	二	四三〇	二五〇〇	三〇〇〇	一三二一	二三八一	五一四〇	一八四三	三二五〇
窪蒙		六二五	一八〇〇	二七九六	一二一〇				
勿爾治尼亞	三七	一八八七三	二九九〇四	八三七一一	八七七三一	一五二九〇七	一五七四八三	一六三七八二	一五六二五〇
西勿爾治尼亞	八	七〇八〇一	七〇三三八	六六四〇九	七三二二〇	八八三九八	五五二三一	六九〇〇七	九八六一八
威士干遜	一三	八九五三二	九六八四二	一〇二〇二九	八五八五九	五一八九三	五二八一五	二四六三二	六五九三三
尤達					五七				
華盛頓	一			一二〇〇		二三一七	五四〇	一八五七	二八四二
總計	五九一	三〇七〇八七五	四二九五四一四	四六四一五六四	五一七八一二二	五一四六九七二	四五八九六一三	四五二九八六九	六三六五三三八

棉花工器十年一計表

美利加棉花之利普矣聯邦不皆有有者三十三邦部其工肆之消長視機臺之利鈍紡筒之盈虛而亦視工力之優絀工有男有女有穉厥資有差述棉花工器十年一計表

邦部	咸豐十年千八百六十			同治九年千八百七十			光緒六年千八百八十		
	工廠 機臺	紡筒	工	工廠 機臺	紡筒	工	工廠 機臺	紡筒	工
科侖布亞	一 八三	二五六〇	九五						
阿拉巴麻	一四 六二三	三五七四〇	一三一二	一三 六三二	二八〇四九	一〇三二	一六 八六三	四九四三二	一四四八

阿剛色斯	二		二五	二	一一二五	一七	二 二八	二〇一五	六〇
千提底嘎奪	一二九 八六七五	四三五四六六	六〇〇二	一一一 一一九四三	五九七四二	一二〇八六	八二 一八二六一	九三六三七六	一四四八四
特納窪	一一 九八六	三八九七四	一一〇九	六 七七一	三九五三四	七二六	八 八二二	四六一八八	七九一
佛勒里侖	一 二〇	一六〇〇	六五	一			一	八一六	三一
若耳治亞	三三 二〇四一	八五一八六	二八一三	三四 一八八七	八五六〇二	二八四六	四〇 四四九三	一九八六五六	六二一五
伊利那倚斯	三		一一	五 一六	一八五六	九八	二 二四	四八六〇	二二〇
英釐阿納	二 三七五	一〇〇〇	三六七	四 四四八	一七三六〇	五〇四	四 七七六	三三三九六	七〇八
愛阿窪						六			
根得基	六 七六	二九一八	二四六	五 七二	七七五四	二六九	三 七三	九〇二二	三四八
魯西阿納	二 一五〇	六七二五	三六〇	四 二九二	一三〇八四	二四〇	二 一二〇	六〇九六	一〇四
緬	一九 六八七七	二八一〇五九	六七六四	二三 九九〇二	四五九七七二	九四三九	二四 一五九七一	六九五九二四	一一七五九
瑪理蘭	二〇 一六七〇	五一八三五	二六八七	二二 一九四七	九八一一二	二八六〇	一九 二四七七	一二五七〇六	四〇四二
馬沙朱色士	二一七 四二七九	一九七三四九八	三八四五一	一九一 五五三四三	二六一九五四二	四三五一二	一七五 九五三一	四三六〇八四	六一三四六
密西根							一 一三一	五一〇〇	八六
梅尼所達							一 二四	一七〇八	二二
密士昔比	四 九〇	六三四四	二一五	五 五二	三五二六	二六五	八 六四四	一八五六	六九五
密蘇釐	二 八〇	五〇〇	一七〇	三 四一五	一六七一五	三六一	三 四三一	一九三一二	五〇八
紐罕布西耳	四四 一七三三六	六三六七八八	一二七三〇	三九 一九〇一	七四九八四三	一二五四二	三六 二四二九九	九四四〇五三	一六三九五
紐折爾西	四四 一五六七	二三五四八	二五三四	二七 二一七六	二〇〇五八〇	三五一四	一七 三一八〇	三三二一	四一七九
紐約	七九 七八八五	三四八五八四	七六五九	八一 一七二一八	四九二五七三	九一一四	三六 一二四〇	五六一六五三	九二二七

諾嘮爾勒那	三九 七六一	四一八八四	一七五五	三三 六一八	三九八九七	一四五三	四九 一七九〇	二九三八五	三二三二
倭海約	八 五四〇	一九六六四	八四〇	七 二〇八	二三二四〇	四六二	四 四二	一三三二八	四八一
賓夕佛尼亞	一八五 一二九八四	四七六九七九	一四九九四	一三八 一二八六三	四三四二四六	一二七三〇	五九 八四八八	四三三九一	九八七九
洛畣埃倫	一五三 一七三一五	八一四五五四	一四〇七七	一三九 一八〇七五	一〇四三三四二	一六七四五	一一五 二九六六九	一七六四三六九	三一一七四
南喀爾勒那	一七 五二二五	三九八九〇	八九一	一二 七四五	三四九四〇	一一二三	一四 一六七六	八二三三四	二〇一八
田捏西	三〇 三四三	二九八五〇	八九九	三八 三一三	二七九二三	八九〇	一六 八一八	三五七三六	一〇一五
德格瑟斯	一 一〇〇	二七〇〇	一三〇	四 二三五	八八七八	二九一	二 七一	二六四八	六六
窪蒙	八 三六〇	一七六〇〇	三七九	八 六二八	二八七六八	四五一	七 一一八〇	五五〇八一	七二一
勿爾治尼亞	一六 二一六〇	四九四四〇	一四四一	一一 一三一〇	七七一一六	一七四一	八 一三二二	四四三四〇	一〇八五
威士干遜							一 四〇〇	一〇〇〇〇	二六六
尤達			七	二 一一	一〇二〇	一六	一 一四	四三二	二九
總計	一〇九八 一二六三三			一〇九八 一五七三一〇	七一三二四一五		七五六 二二五七九		

紐約治絲分類表

美利加產絲不獨紐約而治絲之工以紐約爲最同治十二年至光緒五年此七年間所織之物合以所直之銀亦攷工者所欲知也述紐約治絲分類表

絲織類
同治 一千八百七十四
十三 一千八百七十五
光緒元 一千八百七十六
二 一千八百七十七
三 一千八百七十八
四 一千八百七十九
五 一千八百八十

衣綢	一〇五八一二九九	一二六三九三九七	一二七〇七一九二	二二九七八一三五	一一八三四九三一	一五一〇四〇二六	一七六六五〇三八
緞	二五〇七五六	一〇七五〇一	四一四〇三	二六七九五	五〇二一九	二〇二六七二	二六七九二九
縐紗	六四一三八〇	四七〇八〇六	五〇四二七七	三九七九〇五	三七二二三一	四三五六六二	四四三二三八
下等綢	二六二一九	一〇一二六		二六一七	三九四	一九九六	八二〇五
片面絨毛布	一二七〇四五	一三五七二二	八五六六八	七三七七七	一〇一一九八	一二五四八七	四〇八二一九
剪絨	一〇八七一三一	一一五一四二七	一三八四四五〇	一〇四九三〇五	一五一〇二四〇	一九七六一三三	二〇四四一三九
絲帶	三一八〇六四七	二九八四二七一	一八三七五三七	一六八九四一三	一八二九八三八	二一八〇二六〇	三五六三八四八
花帶	一七〇八一八一	一〇三〇〇五五	一二四八七四〇	一一五八六八九	九二一二六五	一〇五九九六九	一五四〇八九二
繡	一二二四	六九九		二〇二〇			
披肩巾	一五一	七一九八一	五八三一	五六一一	五五一九	一二一七九	二〇六七七
手套	二三五七一	四六六二二	二九八一二	四一一八九	一一二九四一	一二六二八四	二二八三三八
頸巾	一八六七三〇	四一一六八九	五〇二七一	五五七七	一〇一〇四九	一一五四四一	九三三三九
手巾	三八七五四	一一七三六八	四六二九四	四九九三	四八七六一	五四六八八	六四〇七七
女頭巾			五七三				
披肩	二四六七	三六〇八	二四二七				
襪	二六九五八	四六七九〇	五五六一八	三四一二八	四八九五五	八九九九七	二一八八三四
扭絲	三七八九八	一一三六七	一六五五七	八一七六四	五〇六三二	一九四一〇三	二三九〇七二
辮並綑邊	一〇三八三二〇	一二〇〇五五	九六四八八三	一一四三七三七	九三五九三	一三四三七六〇	一六四六八六八
絲毛合織巾	四七六五六一	四二一七九一	一六五七一四	一三六一九四	一三六〇六五	一五六二九三	一九九八五四
絲棉合織巾	三八七六九五二	二三一二六五四	二〇三四八二三	一九九二〇三三	一九八一八九九	二六五二二二八	四七五一九四六

絲蔴合織巾	三八九六	三六八九	一〇三一六	三七二〇	六六〇	六五一	九四三
總計	三三二九二五五一	三三一六八二八	三一九二三八六	一九九二二七四一	二〇〇四二七三〇	三五八三〇八二九	三三三〇五四六〇

化學藥物工表

美利加化學藥物工兼之者多然各視所重以爲名一曰化學工其肆之居三十八邦部者一千三百四十有九其工二萬九千五百二十二曰藥物工其肆之居三十三邦部者五百九十二其工九千五百四十五皆光緒十二年數此以見進求化學者之多也何莫非神農硝化之學爲之權輿與述化學藥物工表

化學工第一

邦部	廠	本銀			工			工銀
		房直	器機直	本資合計	男	女	童	
科侖布亞	一二	七三五〇〇	四一九〇〇	二〇五九六七	一三三	一	二	四六八七五
嘉里符尼亞	四三	三六八三〇〇	四〇九七二五	二四〇六三五〇	五四八	五四八	九	二八二六一四
喀拉挪奪	二	七〇〇〇	一二五〇	三六〇〇〇	一八	二		一八二〇〇
干揑底嘎奪	四一	二八五〇五〇	三〇五二五〇	一四三四二五〇	五〇六	三〇	四	二七〇七五四
特納窪	二三	一七七二〇〇	二二九九〇〇	九三一三七九	三七〇	一四二	二四	一〇〇〇二六
佛勒里畣	一	四〇〇	一五〇	七〇〇	二			三一五

若耳治亞	四	六六五六〇〇	二八〇〇〇	三四五〇〇〇	八二		七	二八三七七
伊利那倚斯	五二	七八四四二九	七四七八四九	三三四八五五〇	一二九三	七二	九八	五七一四一七
英釐阿納	一六	三七四〇〇	三六五五〇	一〇二七〇〇	七三			二三一一六
愛阿窪	一七	六三四五六	五四二二一	二一九六〇〇	一〇八	六	三	三四〇二〇
剛色斯	二二	一七二九〇	一五〇三五	六八〇〇	四三		二	一一九九二
根得基	一五	一七二九八八	一三七二〇	七一二四四〇	一五七	二七		六三四七五
魯西阿納	七	六六一〇〇	六三三〇一	二一八七〇一	八七	八	五	四五九四三
緬	二四	一一三六〇〇	七二八〇〇	三九八四八〇一	一六一			五三四六一
瑪理蘭	六〇	九五九三五〇	五七〇八三九	五五七八三〇二	一三六一		一九	五三五一五二
馬沙朱色士	一七九	一五三〇二三三	一〇六七九九八	六八二八四七三	三〇一六	六三	六三	九五三七八四
密西根	三八	六五五〇〇	六六二〇〇	二五八六九二	一九八	二	四	六五一五八
梅尼所達	六	三五〇三五	一九〇〇〇	一一三五〇〇	三〇	七		一九〇二四
密蘇釐	三九	七六七一五四	六九一九二二	三四一五三〇〇	二一四	三一	二九	五四二七六九
拏布拉士格	七	三五八〇〇	三五一七五	一一九三〇〇	六五	二	七	二四九三六
列法達	七	三一八〇〇	二四八〇〇	二七四五〇〇	五三			三三六七〇
紐罕布西耳	二〇	三一一七五	一二〇二五	八〇六〇〇	四九	一		一九八四九
紐折爾西	六二	一七二二九二〇	一三七二三四四	七三七一四〇〇	二三四五	七八	二三二	二七二六五四
紐約	二一七	五五〇八六七八	三六一九三一四	二〇一四一五八六	五五二	四二九	二七〇	二九〇一九六〇
諾司喀爾勒那	一	四〇〇〇〇	三〇〇〇〇	三五〇〇〇〇	一〇〇		二五	四〇〇〇〇
倭海約	九二	一一三四一〇〇	九三八五七九	五九六一〇〇三	一五四一	一四〇	一二一	七〇六四三四

頖里根	二	三九五〇	八二〇〇	二二〇〇〇	八			三七〇〇〇
賓夕佛尼亞	一八二	三九三二一二五	三八二四〇三一	一八三四九九三〇	四二七三	三三六	一八七	二一五一七九九
洛畬埃倫	四一	二八四二五〇	三五三〇五〇	一二九一一三六	六〇五	七四	八	二七四六五七
叟司喀爾勒那	二九	三九六五五〇	五九二七三〇	三四九六三〇〇	二六八〇	一〇	七〇	五七七一〇〇
田捏西	九	四一二〇六	四五四七一	一二七六〇〇	六四		一	一四四〇六
德格瑟斯	六	七〇〇〇	五八〇〇	三〇〇〇〇	一六		三	九四八八
窪蒙	一一	五〇八〇〇	二八五五〇	一九五九〇〇	九五			二三四二二
勿爾治尼亞	三八	一三三二五〇	一〇五八〇〇	六四五七〇〇	七九五	三	三〇	二二五〇一〇
威士奪勿爾治尼亞	九	二三六五〇	五〇三〇〇	一四〇九〇〇	九三		一〇	三二九九九
威士干遜	二四	七二二〇〇	五二七八四	二五一九七二	一三六	一四	一三	五七三九七
尤達	二	四七〇〇	七七〇〇	二〇〇〇〇	四			二七七八
華盛頓	一	五〇〇	二〇〇	二〇〇〇	三			一〇〇〇
總計	一三四九	一九〇一九一三九	一五六五六四六	八五三九四二一	二六七七六	一四九三	一二五一	一一八四〇七〇四

藥物工第二

邦部	廠	本銀	男工	女工	穉工	工銀	料費	成物直
科倫布亞	五	五四〇〇〇	二五		一	一〇一九〇	三一八三六	六三〇二五
嘉里符尼亞	三九	三九九六二五	五〇	二	三	九一六三九	二九六六〇一	六二三〇四一
喀挪拉奪	三	一〇八〇〇	八	一		五九〇〇	一五五〇〇	三八五〇〇
干捏底嘎傳	九	二二七四〇〇	二五	一		五三三四〇	二一九四四〇	三四四一六四

美利加圖經卷三十三　七

若耳治亞	一	一〇〇〇〇	一〇〇	二五		三七〇〇〇	五〇〇〇〇	一二五〇〇〇
伊利那倚斯	二八	五一三八〇〇	二三〇	六六	一六	一三二七〇〇	七三四八二八	一一七〇二一六
英釐阿納	九	八四七〇〇	四八	二六		二六九六七	六三三六九二	一二九二七三
愛阿窪	六	一一七〇〇	一〇	一	一	三二〇〇	一四八五〇	二七三五〇
剛色斯	一	三〇〇〇〇	八	三	五	一二〇〇	一五〇〇〇	二三五〇〇
根得基	七	四六五〇〇	二三		一三	九七七〇	二七二五〇	六一五〇〇
魯西阿納	三	一三五〇〇〇	四四			一〇八〇〇	九八〇〇	二八八〇五
緬	七	一六七〇〇	一三			四一九〇	八八五〇	二二七五〇
瑪理蘭	五	八四四〇〇	三〇	二		一〇一五〇	二七九五〇	六四〇〇〇
馬沙朱色士	一八	六五五三〇〇	一九四	四七		八〇三九四	五三一四八五	八八一一二五
密西根	三八	二一三〇三五〇	三八四	二四	五	一八五二七四	一〇三五六九四	一一六七六六三〇
梅尼所達	三八	二一六一五〇	一九二	二一	一六	六六六六〇九	一一五七六一	四四七六八一
密蘇釐	八	二八五五〇	一二			四六〇〇	一九七五〇	四〇八〇〇
拏布拉士格	二一	七三二四五〇	二三六	六四	三二	一三〇四七五	六八〇五四五	一二二〇二二
列法達	二	二〇五〇〇	一二			六三〇〇	一六〇〇〇	一六二二〇〇
紐罕布西耳	二一	一二四〇〇〇	二二			二三三三〇	三五一七五	二〇七一六〇
紐折爾西	六	一七二〇〇	一三			二一七八	二六二九三	三七九九一
紐約	四一	三八三〇七五〇	一二一五	二七	三〇	五九八七四三	三五二八二〇四	四九九三九六五
倭海約	二二	六七七九八九九	一六五二	三九二	四六	九九三五五六	六九七八七五五	九九九一二五九
類里根	四六	八三九五〇〇	三六六	六	一〇	一九二一九	六一八一四五	一〇八二四二〇

賓夕佛尼亞	二	三〇八〇〇	五			二八〇〇	八〇〇〇	一八〇〇〇
洛畬埃倫	七五	一一六八〇三	二三六二	三四〇	七六	一三〇〇三八	八二四五三九七	三〇九二八六三
德格瑟斯	一二	四七二五一〇	二三九	七〇		一四二〇九九	五八四四三六	八四七二七八
窪蒙	一	一二〇〇		二		二〇〇	一〇〇〇	一八〇〇
勿爾治尼亞	二〇	三八一〇〇〇	三四四	二	五	六三五〇〇	二八〇七四〇	四三八〇三〇
威士衿勿爾治尼亞	一〇	八七一〇〇	五四		一	二一七四五	六六六二一〇	一八〇一九六
威士干遜	一四	六六二九七二	三一	一五	一	一四三六一	七六八七九	一一八五六八
尤達	一	二〇〇〇	七		二	五五五三	六〇〇〇	一三八二七
華盛頓	一	八〇〇					六〇〇	一五〇〇
總計	五九二	二八五九八四九八	八一四四	一一三八	二六三	四五七一六三	二四三八〇五六六	三八一七八六五

電工繫地表

電氣器工之夥自美利加入如弗蘭克令之防電鐵賢禮之二電鐘莫爾斯之畫字磁鐵哀狄孫之電氣燈乾電機傳音機顯威聲機顯微熱機其嘖嘖者至如蓄電測電引電磨電化電吸鐵鑛電之屬工善於因器不失利其肆三十有六其工三百七十有七其成物直銀一百七萬四千三百八十有八圓又有電信電話諸工其肆四十而紐約過半其工八百九十三其成物直銀百五十八萬六百四十八

圜又有電鍍金銀工凡鍍金與鉑以金綠水鉑綠水鍍銀以銀養水淡養五水而未若用金衰鉀衰與銀衰鉀衰也或以鈣衰化鉀鉀衰凡造金水難于銀水昔以鉀衰化爲金養今以電氣爲之鍍金熱鍍以二百十二爲率雜鍍采色有差法磨鋼面有光承於電氣正極浸於鉛養醋酸此大略也其肆二百二十一其工千四百三十二其成物直銀一百九十七萬五千七百圜蓋肆列二十一邦部矣前二者僅九邦部之（二者前一依光緒十二年數後一爲十三年數）亦電學家耻於不知也述電工

繫地表

電氣器工弟一

	廠	本銀計圜	男工	女工	穉工	工銀	料費	成物直
嘉里符尼亞	三	六八二一〇〇	二二			〇六〇〇	一七一六二	五三四九
干捏底嘎亞	二	三三〇〇〇	六			六五〇〇	四〇〇〇〇	一〇〇〇〇〇
伊利那倚斯	三	三七三〇〇	一二七	二五		一〇〇六〇三	一四三五八七	五四三〇〇〇
英釐阿納	二	一四〇〇					八〇〇	二三〇〇
根得基	一	一五〇〇	二			七五〇	一六〇〇	四三〇〇
密西根	一	三〇〇〇	一			一五〇	五〇〇	一四〇〇
紐約	三	一七五〇〇〇	一一	一		八四五〇	一七一五〇	三八九〇〇

倭海約	六	八三九〇〇	三二	八	一六	一五三一〇	八〇九〇〇	一七四一八九
賓夕佛尼亞	三	一五〇〇〇	一六		一	七四七二	七一四九	二〇七七〇
總計	三六	八七三三〇〇	三三五	三五	八	三一四七五八	三六〇五七五	一〇七四三八八

電信電話器工第二

邦部	廠	本銀	男工	女工	穉工	工銀	料費	成物直
伊利那倚斯	一	二〇〇〇	一六			一七五〇	二二五〇	五七〇〇
英釐阿那	一	八〇〇〇	七七	六	三〇	四四〇〇〇	九〇〇〇〇	一八〇〇〇〇
瑪理蘭	一	一七五〇〇	二九		一	一二六八〇	三七〇〇六	五三三三九
馬沙朱色士	二	二二〇〇〇	一八五		一五	九〇六〇〇	二三九六二五	四〇九九三〇
密西根	一	六〇〇〇	九			四二九九	二〇〇〇〇	三五〇〇〇
密蘇釐	二	二五〇〇〇	一四			九〇〇〇	一四四〇〇	三六〇〇〇
紐約	二五	三三三五五八	四一三	三一	一〇	二七八八〇一	三三一〇六六	七九八九三九
倭海約	三	三四〇〇	一三			四五〇三	七一〇〇	一六〇〇〇
賓夕佛尼亞	四	五七〇〇〇	四一		三	一二七七二	二四四四四	四五八四〇
總計	四〇	六三六四五八	七九七	三七	五九	四五八四〇六	七五五八九一	一五八〇六四八

電鍍金銀工第三

	廠	本銀	男工	女工	穉工	工銀	料費	成物直
利命布亞	二	五五〇〇	一		一	五七八	三三〇	二〇八

嘉里符尼亞	一一	二一七五○	一一	三	一	六五四二一	一三七七三	三五九三一五
干揑底嘎奪	一六	一八三二○○	一六七	一六	一○	一○○四○○	一一六九○○	三二○一○○
伊利那倚斯	一一	三三三○○	四二	二	六	二二六四五	一三○二○	七一○○○
英釐阿納	三	一四○○	三			一二一八	一一五○	四五五○
根得基	一	二○○○	四			一六○○	七○○	四四○○
緬	三	二一○○	八			二五五○	六四九六	一○九八二
瑪理蘭	五	一七五二五	二九		二	一○一六六	七三五○	三六六○
馬沙朱色士	三三	四一三五○	一三五	六	三	六二六六	八九五九○	一四三○○
密西根	五	三七五○	一六	一		五二六三	五二九五	一四三○○
梅尼所達	一	二○○	一			五○	一○○	八○○
密蘇釐	九	一七九○○	三○	一	二	一三二二五	九九二○	四五二○○
紐罕布西耳	二	三○○○	三			一五五○	二四○○	五七○○
紐折爾西	二	三○○○	七			二八○○	三五○○	一一○○○
紐約	七八	二二八六○○	五二	五	五二	六二四一六九	一八五九二七	六九六九三二
倭海約	一二	三八六一○	一○七	二	五	三七○三七	二六八六五	一○二○九○
賓夕佛尼亞	二四	一○二四六三	一二○	五	一一	五二四三七	四三一七五	一四五○九四
洛畣埃倫	一○	六五六○○	五八	一	二	二六一六二	一三六三七二	二○八一六四
田揑西	一	一○○					二七五	八七五
窪蒙	一	一○○○	二			六○○	三○○○	四二○○
威士干遜	一	五○○	二			七○○	四五○	一一一五○

總計	三二一	八六五八九八	一二五七	八九	九五	六二〇八四八	六六三五八八	一九七五七〇〇

酒工繫地表

美利加人威音云者譯音酒也無慮五十種有奇不獨火酒葡萄酒麥酒而三者之用廣火酒之爲化學家用者彼人謂之阿羅鈎喉樂造法不一其飲者謂之布藍笛色黃中有阿羅鈎喉樂五十分蓋釀自葡萄者也謂葡萄酒曰波提色有紫有淡黃其佳釀曰香餅然審方音云山配音不云香餅譯音變轉耳凡葡萄酒亦有阿羅鈎喉樂二十分麥酒爲碧兒酒之一不名一類或釀自槐子或釀自頻婆或釀自桃吉之屬或釀自山藥豆此曰麥酒舉其最也火酒之工六千五百有二葡萄酒之工九百六十有七麥酒之工二萬六千二百二十有一綜而計之不下三萬三千六百九十此光緒十二年數也述酒工繫地表

火酒工第一

		本銀	男工	女工	穉工	工銀	料費	成酒直
阿拉巴麻	一	三〇〇〇	三			五一〇	三二二一	五一七〇

阿剛色斯	一一	二二一〇〇	一六			一九六五	一四二〇二	二二一〇五
嘉里符尼亞	三七	三三三〇二四	一〇四		八	五一六五三	四二四二五二	六三七二九八
千揑底嘎奪	四	六一〇〇〇	七			二〇七五	一九一三五	二九〇七五
特納窪	一	八〇〇	一			七五	四一五	七〇〇
若耳治亞	二五	四一〇七三	三一			五三五〇	四五一八七	七三〇七〇
伊利那倚斯	三六	三四三七六六	二一一四			九三四七五一	一〇〇六六八六〇	一四六〇〇七六〇
英釐阿納	二二	二三〇〇二五〇	四一五			一七七七六七	二〇〇〇五二三	二九九七〇六三
愛阿窪	三	二一八二〇〇	七五			二〇〇〇〇	一九二三三八	二八八〇〇
剛色斯	一	二五〇〇〇	四			一三五〇	一四五七〇	二二〇〇〇
根得基	二一五	六三四五九三	一四一四	三	一三	五六〇一二一	五四五三五七五	八二八一〇一八
魯西阿納	二	八五〇〇	二			二四〇	一九二五	二九二五
瑪理蘭	一六	七一五五〇〇	一五六	一		六五三四〇	八五八六五四	一二〇三九三
馬沙朱色士	一〇	五八三八四〇	一五五		三	六七八二八	七四〇〇六〇	一一〇四三九一
梅尼所達	一	五二〇〇	二			七六〇	八三三五	一二五〇〇
密蘇釐	二〇	二三〇一〇〇	五四			三五三三八	三五四九七三	五二七五三〇
拏布拉士格	一	二〇〇〇〇〇	五〇			一七七七五	一五〇〇〇〇	二二五〇〇〇
紐罕布西耳	一	二五〇〇〇	四			一七〇〇	二〇五〇〇	三一五〇〇
紐折爾西	一九	一〇二〇四五	一四			二九〇〇	二七五五〇	四一八九〇
紐約	一九	四五三〇二五	一一五			七〇八二〇	六七三四七二	一〇二五五〇
諸司喀爾勒那	一七四	一七六〇四九	一一〇			二〇〇四五	六二六一七	二五五八三八

倭海約	三七	四八一三一八五	九七六	五	一一	四〇六一九七	三二二三	六六九二七三六
賓夕佛尼亞	七〇	二一九八七五三	三三四			一三八七四五	三一六一二〇	一八五六四八四
斐司喀爾勤那	一〇	六七〇〇	一〇			七八五	六二四六	九〇七五
田揑西	六三	三七三五七三	一三六			四三三四四	三五三七七六	四五〇七二九
德格瑟司	一	六〇〇	一			五〇	四二五	六五〇
勿爾治尼亞	三四	一七五五四〇	三七	一		八八六〇	七五五五三	一一四八九五
威士奪勿爾治尼亞	二	二〇一〇〇〇	二六			八八〇六	一一三四二〇	一六九三二〇
威士干遜	六	三九四〇〇〇	四四			一八四〇〇	二〇五二九六	三三二三一三
埃得和	一	六〇〇〇	一			三七五	二二三〇	三七一〇
紐墨西哥	一	一〇〇〇	一	一		四〇	三五〇	五三五
總計	八四四	二四二四七五九五	六四五二	一〇	四〇	二六六三九六七	二七七四四二四五	四一〇八三六六三

葡萄酒工第二

嘉里符尼亞	四五	六三九六〇〇	三八三		二六	七二三〇七	二九二〇七五	六二二〇八七
英釐阿納	二	三〇六〇	四		三	二五四〇	一〇一七一	三〇九三一
愛阿窪	九	一六三九五〇	三七	二四	八四	一二二三七	三五二五七	六六四四五
剛色斯	二	一二〇〇	三	一		七五	四〇〇	一三〇〇
根得基	二	一二五〇〇	三		五	七〇〇	四〇〇〇	二四〇〇
密西根	一	三六〇〇	二			二五〇	七〇〇	一五七〇
密蘇釐	九	四五九九五〇	四九	二		二三一三五	九四二三〇	一八九五〇〇
紐折爾西	五	六八〇〇〇	四二	二		八五二五	五八三六〇	七九七〇〇

紐約	一二	四五九〇〇	九三			三三六五〇	二五四〇五六	三七五一五〇
諾司喀爾勒那	一	五〇〇〇	三			四〇〇	一五〇	四〇〇〇
倭海約	二一	七四七五〇〇	一三三	二三	九	五四九九〇	五八三七〇〇	七七三一一〇
賓夕彿尼亞	一	五〇〇〇	四			一二〇〇	三五〇〇	七〇〇〇
德格瑟斯	三	一七五〇〇	一〇	一		四三〇〇	二九〇〇	九〇〇〇
勿爾治尼亞	三	六〇〇〇	一二	四	二	一三五〇	三二三〇	六六〇〇
紐墨西哥	一	一三〇〇	三			八〇〇	一五〇〇	四〇〇〇
總計	一一七	二五八一九一〇	七八一	五七	一二九	二一六五五九	三四〇六二九	二二六九一九三

麥酒工第三

科倫布亞	一〇	二〇八三〇〇	六〇		四	三〇一八六八	二六二七三九	二七五二三二
嘉里符尼亞	一八五	二八〇〇五一五	一二〇一			五七〇六二四	三四四一一九	三八六二四三一
喀挪拉奪	二三	五二七一〇	一三四		五	六二〇九六	二三〇六九五	四一八九〇二
干揑底嘎奪	一九	四一六八一〇〇	一一四			五五四八四	三一五七〇二	五三三七五三
特納窪	二	九五〇〇〇	一五			七三七〇	三八九五九	六六九九八
若耳治亞	一	六五〇〇〇	二五			一〇九四三	六〇五六七	九九五八四
伊利那倚斯	一一一	六〇九八八三五	一六四〇	二	六	七五四五一〇	二六一二七二	五七九八一〇九
英鼇阿納	六三	一六〇九一七〇	五七七			二五七五一四	一〇九二七五三	一九九〇八〇三
愛阿窪	一一四	一九八七三四二	五二六			三八〇一七	九二八一三五	一六五三八五一
剛色斯	三〇	四六八三五〇〇	一〇二	二		三五三三八	一三三二九一	二四〇一二〇
根得基	三〇	一一二六〇九四四	四三五	一	三	二〇九一四三	八九七九二二	一四九一六五九

魯西阿納	九	一六〇六一三	一一四			五五〇九二	二九五七七八	四五八四五九
瑪理蘭	五三	三四五五九〇	四二一			二〇〇二九一	一〇〇一七六六	一八二〇三〇二
馬沙朱色士	三一	三二八五四〇〇	一一八〇			五六三五四七	二八五五〇四六	五二三三七
密西根	一一三	三三二八四八	六三三	六	四	二八五七二六	一二二五八八六	二一八四三八六
梅尼所達	一〇二	一三八九九〇〇	四一六	八	一一	一五〇九五二	六四七三四五	二一五三一二二
密蘇釐	一六四	四九四二七〇〇	一三九四		一〇八	六九九六一六	二八五二二三六	五〇四八〇七七
拏布拉士格	二三	四二七二〇〇	一四三			五六六六三	二一〇一〇九	三九三八七〇
列法達	三三	一八六一七〇	五九			二三三六三	八八四八八	一五七五三一
紐罕布西耳	五	八四五〇〇〇	三〇四			一三八七一九	七〇一五二三	一二六五四七七
紐折爾西	四九	三二六〇八〇〇	一一二一			四九三七四一	二五六四七四八	四五三二七三三
紐約	三二五	二七五八〇五〇二	八〇六四	八	二一	三九一二七九八	一九八二三八五三	三五三九二六七七
倭海約	一六三	八一七八五四五	二六九二	二	一二	一一八四八二五	五二〇五八七	九一三五〇一四
領里根	二三	二八七五〇〇	五七			二四九六一	九二四〇九	一六七六八一
賓夕佛尼亞	二九一	二二〇七三〇六八	二四三九		一三	一二〇〇二八九	五七六五八三七	一〇二三四三四八
洛島埃倫	四	一六五〇〇〇	九〇			三九四一〇	二三六九四四	三九八七四三
奧司喀爾勒那	一	七五〇〇〇	六			二六一七	一三四四六	二二二四〇
田挰西	三	六六五〇〇	三〇			九六〇二	四三六三七	七三八六九
德格瑟斯	一九	四五四〇〇	一八			六二四一	二八八四一	四七〇五九
尤達	一四	一五三五〇〇	四七		三	三二〇七一九	七七〇一一	一三九二三九
勿爾治尼亞	二	二五三五〇〇	五一			一六三七五	七三六七二	一三七八〇七

威士奪勿爾治尼亞	九	二二一〇一七	九五			三六四三四	一六八七四二	二八〇九六六
威士干遜	二〇三	七二五三三〇五	一六八〇			八二三一二四	三五三六四三八	六三一三一七三
阿里瑣那	九	三五五五〇	六			二一四〇	七八二四	一四三四五
打戈達	一〇	六四四〇〇	二〇			八六四〇	三一六四九	五七一六〇
埃得和	二	九〇〇〇	三			七九四	三〇七七	五三五九
孟太那	一七	一七〇五〇〇	三二			一〇八二五	四〇九二八	七二四四二
紐墨西哥	三	六〇〇〇	二			四一〇	一七七二	三二九〇
華盛頓	一八	一〇一五〇〇	三九			一二二四七	四六四三〇	八三〇一一
歪阿明	二八	三五〇〇〇	一六			六四〇三	二四三三六	四三二九二
總計	二一九一	九一三〇八三四	二六〇〇六	二九	一九二	三二九八〇五三	五六八三六五〇〇	一〇〇五八三八五

雜工繫地表

一曰度量衡工比較已詳政事其肆之居十六邦部者六十有四其工五千五百五十四其成物直銀三百二十萬圓二曰鐵綫銅綫工其肆之居十一邦部者四十其工六千一百七十一其成物直銀千有八十三萬六千六百五圓三曰錫銅器及鐵片工美利加錫工時雜鉛工肆茲記與銅器鐵片合作者蓋無邦部無之其肆七千五百九十五其工二萬六千二百四十八其成物直銀四千八百九萬六

千三十八圓四曰銀工其肆之居十五邦部者三十八其工一百三十一其成物直銀三十六萬三千九百一圓五曰修房鐵工其肆之居二十一邦部者八十九其工千一百六十八其成工直銀二百一十萬九千五百三十七圓六曰橋工非津梁常工也其肆之居二十邦部者七十五其工四千二百九十三其成橋直銀八百九十七萬八千一百二十二圓七曰刷印工亦無邦部無之其肆三千四百六十七其工五萬八千四百七十八其成物直銀九千七十八萬九千三百四十一圓此皆光緒十三年數述雜工繫地表

度量衡工弟一

邦部	廠	本銀	男工	女工	穉工	工銀	料費	成物直
阿拉巴麻	一		一			一五六	三〇〇	八〇〇
干揑底嘎奪	一		二			六〇〇	一〇〇〇	二五〇〇
伊利那倚斯	六		八八			四九三五〇	一二三三四〇	二四四七五〇
英釐阿納	一					二四〇〇	三〇〇〇	八五〇〇
愛阿窪	三		一三			三〇八〇	九一五〇	一三六〇〇
根得基	一	一〇〇〇〇	七			三〇〇〇	六〇〇〇	一六五〇〇

瑪理蘭	三	九二〇〇	七			四八一	二八一九	二一〇七七
馬沙朱色士	五	七〇〇〇	五五	一	四	三〇五七〇	二六四四〇	七七六三
密西根	二	一二〇〇	八		一	六一七〇	二三〇〇	九二〇〇
梅尼所達	一	四〇〇	二			一〇〇〇	一〇〇〇	二五〇〇
紐約	一九	三六九八〇〇	三二〇		八	一五五七三五	一六五九五七	四五六一四七
倭海約	四	二二二〇〇	二三		二	九三五〇	六三〇〇	三〇〇〇〇
賓夕佛尼亞	一〇	一五三〇〇〇	一八〇		九	九四〇八一	七三四九〇	二三八六九九
田捏西	一	五〇〇	三			一九六〇	一五〇〇	三五〇〇
窪蒙	三	三〇五一四八	七八三			四〇七八六	二一五二一五	二〇八〇四七四
威上干遜	三	二九五〇〇	三二		二	一〇六〇〇	一六九〇〇	五六六〇〇
總計	六四	三八一四九八一	一五二七	一	二六	七八三〇九	六五四七二一	三三五二四六〇

鐵綫銅綫工弟二

干捏底嘎奪	四	二三二〇〇〇	二五二	八九		一四二六六四	六八五四三九	五八六六九八一
伊利那倚斯	三	四五〇〇〇	五五	二	三	二〇八〇〇	三七六〇〇	八二四七九
愛阿窪	三	一三一〇〇〇	四六			三五一三五	三一九三五〇	四四七五〇〇
剛色斯	二	一〇五〇〇	一〇			二六九八	一九四	二八四〇〇
緬	一	三〇〇〇	一八			七二〇〇	一五〇〇〇	二四〇〇〇
馬沙朱色士	八	一七四二〇〇〇	二四四二	二二	一二	九六一四〇〇	二九八七九〇〇	四五三九三九九
密蘇釐	三	三七八六〇〇	四九四		五一	二二九四八〇	六五一〇〇〇	九七三〇〇〇

紐折爾西	三	二六〇〇〇〇	四三〇	六	一〇〇	二七三三五〇	七一八〇〇〇	一〇九三五〇〇
紐約	四	三三五〇〇〇	三八三		一一	一七六六六六	四三五〇三八	七三五四一八
倭海約	三	二五七四七一	一三九八		二五七	六〇三三〇	一三五一〇〇〇	一八九五〇〇〇
賓夕佛尼亞	五	五六五〇〇	一〇六	一三		五八一〇八	二六九三三八	三七八六五八
洛畬埃倫	一	一五〇〇〇	一〇	四〇		一五〇〇〇	四五〇〇〇	七三〇〇〇
總計	四〇	四二三〇〇七一	五五四四	一七二	四五三	一九八二七三一	七〇三四〇六五	一〇八三六〇五

錫銅器及鐵片工第三

科倫布亞	四二	六六九六五	八七		三	四四八五七	九六四六三	一九〇二八一
阿拉巴麻	二四	二八二〇〇	六二		一	二四四五九	四八一〇〇	九九一三五
阿剛色斯	二〇	二九〇七五	五四			二二九五二	五五〇二〇	一〇六六五〇
嘉里符尼亞	一八六	七九七六七五	六三三	一	七五	四〇二九九六	八五二〇五	一六二二六三三
喀挪拉奪	二二	六〇四五〇	七四		一〇	四九〇四〇	一一四五〇	二四二一六〇
干捏底嘎奪	二三	三六九五九〇	四二〇	三一	二	二〇五六八七	四三八八三九	八二七一六二
特納窪	二一	一三四六〇〇	七一		九	三四六五八	九五四六三	一八〇一五二
佛勒里畬	二	七〇〇	四			一四〇〇	九〇〇	三六〇〇
若耳治亞	五六	一五五三五〇	二〇四		八	六七五六〇	一八一七一〇	三三九六二四
伊利那倚斯	五六二	一四九一七〇八	一七六〇	一〇八	一七二	八七〇八〇七	二〇七一三四五	三八九四六五五
英韃阿納	三九	六三四四八	八〇五	三	三二	三二五四四七	七九八〇七九	一五五三四八四
愛阿窪	三二	五二〇五〇	六一四		六	二五六二六六	五八三七八六	一二九八八〇四
剛色斯	一四三	二九九六七五	二九六		三	一三五九三九	三三二六一七	六二九六〇三

根得基	一三七	三三〇九六五	三四四	一	一二	一四九六五六	四〇二八六六	七七二四八
魯西阿納	四一	一〇七二五〇	一四五		五	六一三七一	一一四七九〇	二三七七五九
緬	九九	二五九三〇〇	二二七		一	九〇三〇四	一九二四五五	四〇〇一九五
瑪理蘭	三二六	一一七九二六七	一三六九	一〇一四	三〇九	六〇九一一三	二三三二六八七	三五六四九九四
馬沙朱色士	三七五	一三一三三五三	一五九	八四	一九	七三一六四七	一四二六三九二	二九〇一三三
密西根	二一九	四七〇〇二〇	六五二	一	三二	二九〇〇〇四	五一五六七七	一二一四八七四
梅尼所達	一四五	二〇一一三一	三一二		五	一五七八三六	三三四八一四	六六五九九九
密上昔比	二四	五八九〇〇	五六		三	二八六五五	六〇八二五	一二五八〇〇
密蘇釐	二九七	六五六八六〇	七七二	一八	六三	三三八五九七	八六四六四三	一六八七三二〇
拏布拉士格	七一	一三三六七五	一五一		二	六四二二八	一六五〇五〇	三三〇六八〇
列法達	四	一五四三〇〇	二三		四	一六九〇〇	六九〇〇〇	一〇七八〇〇
紐罕布耳西	八五	二三〇〇五〇	二五一	四		一〇八八七三	二三五九二四	四六三九九七
紐折爾西	一六五	六五六三一〇	八〇八	三八	八八	三六一二七四	七九六九九九	一四〇四六五五
紐約	二九〇	四七五六〇七九	四七〇七	二八〇	三〇九	二一五三九七	五二七八六四	九八五八七六八
諾司喀爾勒那	二三	三二〇〇〇	六四		三	一九五二〇	三九四五〇	七七七〇六
倭海約	七〇四	一四五六三三三	一八二六	一〇	八七	六九九一〇八	一六二六三四六	三二三〇二〇八
額里根	四六	二三三一五〇	九四		一	六四〇〇六	一五一四七五	三一一六五〇
賓夕佛尼亞	一〇〇	三三三三八三六	三〇九三	一二八	八五	一三二五〇二〇	二七三五五一四	五四四二五五五
洛畣埃倫	七五	二二四一五〇	二八二	三	三	一五三六七四	二六一四七三	五六一五一五
南司喀爾勒那	二〇	二七八五〇	七〇		三	一八五九七	四三三九六	八一八五八

田捏西	七〇	二七八五〇	三七四	一〇	七	三四三六七	三四六二九〇	七一〇八五三
德格瑟斯	八六	二三六七三〇	二一		六	一〇五一七四	二五九三〇〇	四九一四二〇
窪蒙	九五	二九一三〇〇	二五三	六	三	九四九六六	二二六六九〇	四二九七一五
勿爾治尼亞	一〇四	二三三五	三七〇	一	七	一三四〇七八	三五五九八	六〇八二五〇
威士奪勿爾治尼亞	五一	一〇〇八五	一二二		五	四六四三三	一一八〇八六	三九一三六
威士干遜	二七九	五三三〇七五	五五六	二	三	二三六六二八	四九八一九五	九九六六〇八
阿里瑣那	三	三一〇〇	三			二九五〇	四四五〇	一三八〇〇
打戈達	二〇	三九一五〇	三五			一九五〇〇	四六八〇〇	九八四〇〇
埃得和	八	二九三〇〇	一〇			七四六〇	二二一〇〇	四一三〇〇
孟大那	六	一四五〇〇	一三			一四五〇三	四四五〇〇	六九五〇〇
紐墨西哥	二	三〇〇〇〇	一二			一〇一〇〇	二二〇〇〇	四〇〇〇〇
尤達	九	三五四〇〇	二九		五	二二五五〇	五一二〇〇	九三四七〇
華盛頓	九	五六五〇〇	二四			一九六七七	二九九〇〇	六五一〇〇
歪阿明	二	二三〇〇	四				一三〇〇〇	一七〇〇〇
總計	七五九五	三二五二二六	二三九〇三	八五三	一四九二	一〇七二二九七四	二五二三二二八	四八〇九六〇三八

銀工第四

嘉里符尼亞	一	八〇〇					一五〇	九〇〇
若耳治亞	一	八〇〇					二五〇	一八八五
剛色斯	三	二一〇〇	一			四〇〇	六〇〇	二七〇〇

瑪理蘭	五	一〇五二八	三六				二六九九九	一一三〇六一
馬沙朱色士	五	四三五〇	二	二			五八二一	一六三三五
密西根	一	三〇〇〇	二			四〇〇	四〇〇	二九〇〇
梅尼所達	一	二五〇〇	三			一〇〇〇	一〇〇〇	三〇〇〇
密蘇釐	四	二二三五〇	一六			七三〇〇	二四四五〇	四三〇五〇
紐折爾西	二	一〇八〇〇	四一	四		三〇〇〇〇	一三〇〇〇	六〇〇〇〇
紐約	一	八〇〇〇	四	二		一七〇〇	四〇〇〇	七〇〇〇
諾司喀爾勒那	一	五〇	四				二五	五〇〇
倭海約	三	七二五	二			一九〇〇	五〇〇	三八五〇
田捏西	五	二七五〇	一			二一〇〇	一一二五	五二五〇
德格瑟斯	三	四九五				五〇	八五〇	二三〇〇
勿爾治尼亞	二	八五〇					六四〇	一三〇〇
總計	三六	二五七二九八	一二三	八		七六六四〇	一〇二〇五八	三六三九三一

修房鐵工第五

喀挪拉奪	一	五〇〇	八			三六〇〇	六〇〇〇	一五〇〇〇
干捏底嘎奪	一	一〇〇〇〇	一四			二一〇〇	八〇〇〇	一二〇〇〇
若耳治亞	二	一三〇〇〇	三五			二〇〇〇〇	一七五〇〇	五〇〇〇〇

伊利那倚斯	一三	六八〇〇〇	一四四		一二	七二八五四	一七七八〇〇	一三八九〇〇
英釐阿納	四	一二一〇〇〇	一三二			四四六〇〇	八七六九一	一五〇八九二
愛阿窪	四	一一七〇〇	二八			一四一〇〇	二一〇〇〇	四九五〇〇
根得基	六	三六〇〇〇	三七			一四四五四	二七四四〇	五九九九三
魯西阿納	三	一八〇〇	一〇			三四三二	四二〇〇	一四五〇〇
緬	一	四〇〇〇	六			三八〇〇	四五〇〇	九二五〇
瑪理蘭	一	一〇〇〇〇	二一			一三二八五	一二〇〇〇	三〇三五六
馬沙朱色士	六	五一五〇〇	一〇一			三四七七	六九四九四	二〇三五六
密西根	二	二九〇〇	一四			六五〇〇	七五〇〇	一八三五〇
梅尼所達	三	一九五〇〇	六〇			二七五〇〇	四一〇〇〇	一〇八一一七
密蘇釐	五	三四八〇〇	五四			二一八五〇	三四八六〇	七七六一〇
紐折爾西	一	六〇〇〇	二五			九〇〇〇	一八〇〇〇	三〇〇〇〇
紐約	九	一〇六〇〇〇	一〇四		一	四八六五三	一八四六四七	二九三一三一
倭海約	一八	一九五三五〇	二九一		一	一〇二〇八七	三〇五二一五	五四九五六七
賓夕佛尼亞	五	一六四五〇	三七			二〇〇〇〇	三二三七〇	六六八二五
洛畜埃倫	一	二〇〇〇	三			一〇四〇	一〇〇〇	二七五〇
德格瑟斯		二〇〇〇	三			二五〇〇	四〇〇〇	八〇〇〇
勿爾治尼亞		三二〇〇〇	二五	二		一〇〇〇〇	一九七〇〇	四二六五〇
總計	八九	七三八〇〇〇	一一五二	一六		四七四七二	一〇八二八一七	二一〇九五三七

橋工第六

嘉里符尼亞	八	九九〇〇〇	三四四			一七二九七〇	三七四〇〇〇	六九四〇〇〇
干揑底嘎奪	二	五五〇〇	四六			一三九〇〇	三二〇〇〇	七〇七〇〇
若耳治亞	一	五〇〇	六			二〇〇〇	五〇〇	五〇〇〇
伊利那倚斯	三	三四八〇〇〇	六四三			三一一七六三	一四七三〇〇〇	一九七四〇〇〇
英釐阿納	二	一一〇〇〇	三〇			一六五〇〇	一一〇〇〇	三五〇〇〇
愛阿窪	八	六八〇〇	一三六		二	八七八〇八	二四二八五八	三五一四七六
剛色斯	二	二六八〇〇	二九			一一六二〇	四四〇〇〇	六七〇六五
根得基	一	二五〇〇〇	一一〇		一五	七〇〇〇〇	一八〇〇〇〇	三〇〇〇〇〇
瑪理蘭	二	二〇二〇〇〇	九八〇			七八九七二	七九〇〇〇	一四三〇〇〇
馬沙朱色士	一二	七七五〇〇	二三五			一〇〇六〇七	二四九七五七	四三四八七六
密西根	一	三〇〇〇〇	一九四			四八九七二	七九〇〇〇	三五七〇二三
密蘇釐	二	一四四〇	一一			一〇六〇七	二四九七五七	一二五〇〇
拏布拉士格	二	七五〇〇	三四			二五四〇〇	八五〇〇〇	一三三五〇〇
紐折爾西	二	八五七〇九	一七五			五二四八四	二九八四四八	四一五二九一
紐約	四	三一四〇〇〇	一七一			六五五〇〇	九〇〇〇	四二六〇〇〇
倭海約	一〇	七〇〇五〇〇	九五五		一四	三六四二三三	八五九七四八	一六六〇五六三

賓夕佛尼亞	七	七二四〇〇	八五九		一三	四二五二九〇	一〇七一九三六	一七五七九三
洛畬唉倫	二	五〇〇〇〇	二八			一二八〇〇	一五九九三	五八二九四
勿爾治尼亞	二	五五〇〇	一九			三四〇〇	一五五五〇	一九八〇〇
威士干遜	三	二七〇〇	四			一七四一七	四六〇一三	八二一〇二
總計	七五	四〇五八六四五	四一五三		一四〇	一八八二一七九	五六六九七九三	八九七八一二三

印刷工第七

科侖布亞	二八	九七一八〇〇	一〇二六	六八八	二八	一四七八八八〇	八二七五一九	二八九六三一二
阿拉巴麻	一九	七七一〇〇	八四	三	四	四〇九二〇	六五五四六	一四一一七五
阿剛色斯	六	二九八〇〇	五一	二	六	二三五三〇	一五七五〇	七七八〇〇
嘉里符尼亞	一七一	一八三八二三五	一四〇八	一〇七	一一四	一二七二四一二	一〇五四三五五	三一四八九七八
喀挪拉奪	五	一八一四五〇	一九七	一二	一九	一三五五七〇	九五七五〇	三〇七五〇〇
干揑底嗄奪	七〇	一四四五九〇〇	六六六	一一三	三四	四四九八三五	三四一六七〇	三二一八八
特納窪	二	一八〇〇〇	一二		一	五五八〇	六五二〇	一四五〇〇
佛勒里畬	三	八〇〇〇	一三		二	六〇〇〇	五二五〇	一六〇〇〇
若耳治亞	二一	五〇六八〇〇	四〇六	二一	五七	三三〇五二	二一八三〇六	五七九〇五四
伊利那倚斯	二四三	三六二五四〇〇	三六五〇	五三一	五三一	二四〇一八九四	二八〇七三六	七二一四九三九
英釐阿那	九九	一一二六三二〇	一二二二	一〇八	一六〇	六八九五九〇	七〇三九八四	一八三二〇二三
愛阿窪	一四六	一二二五〇八六	八三三	七九	七八	四九八三九	五一四三八〇	一三九九二八九

剛色斯	五〇	二八九五六五	三五三	七五	七九	一九七八六二	二一二三五九	五一九五九七
根得基	四八	一四〇一七〇〇	七四〇	一〇六	八六	四五二一三	四七六二一四	一二八九三一六
魯西阿納	二五	三〇三〇五〇	五〇三	四	一七	四〇七九四六	二二六六〇〇	七六四六三六
緬	四八	七四七五〇〇	四一〇	二一六	一四	二九七〇〇五	九七六三一七	一六〇六〇九八
瑪理蘭	六六	二〇四五六〇〇	七九七	二五	一一一	四四三九八九	五八五八五七	一四七七一六四
馬沙朱色士	二八〇	三七一三八六九	三八一九	九八〇	一九五	二七七四八一八	二六二一九八三	七七五七二六〇
密西根	一一四	一三七四六二五	一一五一	一一一	一五七	六二三一七五	五〇三八九〇	一五七六五二三
梅尼所達	七八	八一七八四五	五九九	三三	一〇七	四〇九一〇四	三五一九四一	一〇四三六六四
密蘇釐	一一	九六五〇〇	一二三		二	五八七二一	三八六六一	一三八五〇〇
密士昔比	一三一	二九四九六六〇	二三八〇	二五〇	一六一	一五三八五六四	一五一五〇四八	四四九二九六二
絡布拉士格	二二	一九一三五〇	二一七	三一	五三	一六七四三八	一五七八六〇	四一九四六一
列法達	四	七三五〇〇	四八		九	八四二四〇	五五五〇	一〇八〇一二
紐罕布西耳	二九	二七五〇五〇	一五一	四二	五	八八〇八八	九一〇七六	二六四七五〇
紐折爾西	九三	八六五四七五	八五九	八二	一二〇	四七七二二四	四一八七五八	一二二四五一九
紐約	七一三	二〇〇二七九八九	一一六五一	一六七八	一〇八八	八〇五九四八七	九五一八一七	二七八五三七二
諾司喀爾勒那	三一	九五六〇〇	一五八	一〇	三四	六三一二〇	五五三九二	一七九一三二
倭海約	二三七	四六八八五三五	三四六一	五四三	九七六	二〇六七五九三	二三八二三〇五	六五七九五六五
頻里根	一五	六五六〇〇	七二	八	七	六五〇六七	三七〇一五	一三三九〇〇
賓夕佛尼亞	三七一	八九六二三二〇	五八九七	六二五	一一八〇	三二七四九六九	四一五七〇四五	一〇二二一八九三
洛畗埃倫	三二	三六一八五〇	三九八	一八	六八	二八〇九〇〇	二一八一二〇	六七四〇二五

叟司喀爾勒那	一四	一三二七〇〇	一九四	三五	一三	一一五九四七	八九四五〇	二九九五二〇
田捏西	三〇	六二五五五〇	三〇七	四一	五三	二四八三五六	二一三〇二六	六五三六四五
德格瑟斯	三九	四四七九〇〇	一一八	一九	八八	二三二九二四	二〇七四三八	六〇五〇〇〇
窪蒙	一八	九九六〇〇	一〇一	二一	八	四二七二七	六二〇八六	一三一七九九
勿爾治尼亞	四五	三四四九〇〇	四八六	一五	三三	二三七九一八	二一一八五四	六二四九七五
威士奪勿爾治尼亞	一八	一三七〇〇〇	一五二	一五	三五	七四四三二	四六七六四	一八五七五六
威士干遜	八三	七二九八〇〇	八二七	九三	八八	四二九七七七	三三七二九〇	一〇九三五一〇
孟大那	一	二〇〇〇〇	三	一	一	一八〇〇	一五〇〇	四五〇〇
尤達	七	一五九六六〇	一一八	一三	一七	九四八六一	七二〇五四	二一四六二五
華盛頓	三	九三〇〇	一〇	五		六〇〇〇	二七〇〇	一三五〇〇
總計	三四六七	六六九八三七〇四	四五八八〇	六七五九	五八三九	三〇五三一六三七	三三四六〇三九五	九〇七八五三四一